Wissen für die Praxis

WALHALLA

Effertz · Bach-Terhorst

TVöD Bund
Kommentar 2026

Jahrbuch mit allen wichtigen Tariftexten und der Entgeltordnung Bund

Bibliografische Information der Deutschen Nationalbibliothek
Die Deutsche Nationalbibliothek verzeichnet diese Publikation in der Deutschen Nationalbibliografie; detaillierte bibliografische Daten sind im Internet über www.dnb.de abrufbar.

Zitiervorschlag:

Effertz/Bach-Terhorst, TVöD Bund Kommentar 2026
Walhalla Fachverlag, Regensburg 2025

Hinweis: Unsere Werke sind stets bemüht, Sie nach bestem Wissen zu informieren. Alle Angaben in diesem Buch sind sorgfältig zusammengetragen und geprüft. Durch Neuerungen in der Gesetzgebung, Rechtsprechung sowie durch den Zeitablauf ergeben sich zwangsläufig Änderungen. Bitte haben Sie deshalb Verständnis dafür, dass wir für die Vollständigkeit und Richtigkeit des Inhalts keine Haftung übernehmen.
Bearbeitungsstand: 1. November 2025

Walhalla Mediengruppe

WALHALLA – eine Marke der Walhalla Mediengruppe

Kontakt bei Fragen zur Produktsicherheit:
Walhalla u. Praetoria Verlag GmbH & Co. KG, Haus an der Eisernen Brücke, 93042 Regensburg, E-Mail: produktsicherheit@walhalla.de, Telefon: 0941 5684-0

Satz und Produktion: Walhalla Mediengruppe, Regensburg
Printed in Germany
ISBN 978-3-8029-7906-4

Zur Walhalla Mediengruppe gehören die Marken WALHALLA, Deichmann+Fuchs, metropolitan und Annual Multimedia Award.

ROE-CPI-1225-22859-0

Das aktuelle Tarifrecht des Bundes 2026

Seit dem letzten Tarifabschluss vom 6. April 2025 sind einige Monate verstrichen, die die Tarifpartner genutzt haben, die vereinbarten Eckpunkte in förmliches Tarifrecht umzusetzen. Dieser Jahrbuch-Kommentar enthält die entsprechenden Texte.

Auf die nachfolgenden Änderungen des Tarifrechts möchten wir Sie besonders aufmerksam machen:

1. Erhöhung der Entgelte

Die Tabellenentgelte erhöhen sich zum 1. April 2025 um 3,0 Prozent, mindestens jedoch um 110 Euro. Zum 1. Mai 2026 erfolgt eine weitere Anhebung um 2,8 Prozent.

Tarifliche Zulagen, für welche die Dynamisierung über die allgemeine Entgeltanpassung vereinbart worden ist, werden zum 1. April 2025 um 3,11 Prozent sowie zum 1. Mai 2026 um weitere 2,8 Prozent angehoben.

Sämtliche Ausbildungs- und Studienentgelte werden zum 1. April 2025 und zum 1. Mai 2026 jeweils um einen Festbetrag von 75 Euro erhöht.

2. Einvernehmliche Erhöhung der Arbeitszeit

Zum 1. Januar 2026 wird in § 6 TVöD ein Absatz 1a aufgenommen, der Beschäftigten und Arbeitgebern im gegenseitigen Einvernehmen eine Erhöhung der regelmäßigen wöchentlichen Arbeitszeit auf bis zu durchschnittlich 42 Stunden ermöglicht. Die Vergütung dieser Erhöhungsstunden ist in § 8 Abs. 7 TVöD geregelt.

3. Anhebung der Jahressonderzahlung und Möglichkeit der Umwandlung in Freizeit

Zum 1. Januar 2026 werden die Prozentsätze der Jahressonderzahlungen angehoben, von 90 auf 95 Prozent in den Entgeltgruppen 1 bis 8, von 80 auf 90 Prozent in den Entgeltgruppen 9a bis 12 und von 60 auf 75 Prozent der Bemessungsgrundlage in den Entgeltgruppen 13 bis 15; vgl. § 20 (Bund) TVöD.

Mit § 29a (Bund) wurde eine Regelung in den TVöD eingefügt, der eine Umwandlung eines Teils der Jahressonderzahlung in bis zu drei freien Tagen vorsieht („Zeit-statt-Geld-Wahlmodell"). Erstmals können die Tauschtage 2026 für das Kalenderjahr 2027 beantragt werden.

4. Übernahmeregelung für Auszubildende und Studierende

Die zum 1. August 2025 neu gefasste Übernahmeregelung des § 16a TVAöD sieht erstmals die Möglichkeit einer unbefristeten Übernahme im unmittelbaren Anschluss an das Ausbildungsverhältnis vor, wenn die Abschlussnote mindestens „Befriedigend" lautet, ein dienstlicher bzw. betrieblicher Bedarf bei der Ausbildungsstelle oder dem Betrieb gegeben ist sowie keine personen-, verhaltens-, betriebsbedingten oder gesetzlichen Gründe entgegenstehen.

Für Studierende wurde in § 16a TVSöD eine entsprechende Regelung neu aufgenommen.

Bei erfolgreichem Abschluss der Ausbildung, jedoch schlechter als „Befriedigend", bleibt es bei der bisherigen zweistufigen Übernahmeregelung nach dem TVAöD; zunächst eine befristete Übernahme der Auszubildenden für zwölf Monate und bei Bewährung anschließend eine unbefristete. Eine entsprechende Regelung fehlt dem TVSöD, sodass bei Studierenden keine verpflichtende Übernahme vorgesehen ist, die ihre Ausbildung schlechter als „Befriedigend" abschließen.

Ein Sonderbeitrag beinhaltet eine ausführliche Darstellung der durch die **Tarifrunde 2025** erfolgten Änderungen und deren Umsetzung in den Tariftext.

Hingewiesen wird auf die **„TVöD Trends 2026"**, die einen schnellen Überblick über die jüngsten Entwicklungen und die aktuelle Rechtsprechung vermitteln.

Eine zusätzliche Arbeitshilfe stellen die ergänzend abgedruckten **gesetzlichen Regelungen** dar, wie etwa das Arbeitszeitgesetz, das Teilzeit- und Befristungsgesetz und das Kündigungsschutzgesetz. Sie erleichtern das Arbeiten mit dem von den Tarifpartnern bewusst schlank gehaltenen Tarifrecht, das in Teilbereichen auf eigene Regelungen verzichtet, sodass gesetzliche Bestimmungen zur Anwendung gelangen.

Kompakt und handlich enthält dieses Jahrbuch die folgenden Tarifvorschriften:

- TVöD (Bund) mit fachlicher Kommentierung
- TVöD Besonderer Teil Verwaltung mit Erläuterungen
- TVÜ-Bund (Tarifvertrag zur Überleitung der Beschäftigten des Bundes in den TVöD und zur Regelung des Übergangsrechts) mit Hinweisen zur praktischen Umsetzung der Vorschriften

- Tarifvertrag über die Entgeltordnung des Bundes (TV EntgO Bund) mit ausführlichen Erläuterungen zu den Hintergründen, Struktur und Technik der Entgeltordnung des Bundes
- Tarifverträge für Auszubildende des öffentlichen Dienstes (TVAöD, TVAöD – BBiG, TVAöD – Pflege)
- Tarifvertrag für Studierende in ausbildungsintegrierten dualen Studiengängen im öffentlichen Dienst (TVSöD)
- Tarifvertrag für Praktikanten des öffentlichen Dienstes (TVPöD) und Praktikantenrichtlinie Bund
- Tarifvertrag für Kraftfahrerinnen und Kraftfahrer des öffentlichen Dienstes (KraftfahrerTV Bund)
- Tarifvertrag über das Leistungsentgelt für die Beschäftigten des Bundes
- Tarifvertrag zur Entgeltumwandlung für die Beschäftigten des Bundes und der Länder
- Digitalisierungstarifvertrag und Tarifeinigung über mobile Arbeitsformen mit Hinweisen des BMI zu deren Anwendung und Durchführung
- Tarifvertrag Altersversorgung
- Tarifvertrag zur Regelung flexibler Arbeitszeiten für ältere Beschäftigte mit Durchführungshinweisen

Wir wünschen ein zuverlässiges und erfolgreiches Arbeiten.

Bearbeiter und Verlag

Schnellübersicht

Aktuelle Schwerpunkte

Abschnitt I
Aktuelles Tarifrecht

Abschnitt II
Tarifvertrag für den öffentlichen Dienst und Überleitungstarifvertrag

Abschnitt III
Tarifrecht der Auszubildenden, Praktikanten, Schüler und Studierenden

Abschnitt IV
Eingruppierung

Abschnitt V
Zulagen

Abschnitt VI
Weiteres Tarifrecht des Bundes

Abschnitt VII
Altersvorsorge und Altersteilzeit

Abschnitt I
Aktuelles Tarifrecht

TVöD Trends

Tarifrunde 2025

TVöD Trends 2026

Von Andreas Bach-Terhorst

Im folgenden Abschnitt „TVöD Trends 2026" werden die Auswirkungen der höchstrichterlichen Rechtsprechung des Bundesarbeitsgerichts (BAG) auf das Tarifrecht im öffentlichen Dienst sowie damit im Zusammenhang stehende Änderungen in den einschlägigen Tarifwerken – insbesondere dem Tarifvertrag für den öffentlichen Dienst (TVöD) – dargestellt. Die Entscheidungen des BAG können teilweise erhebliche Konsequenzen für die Anwendbarkeit der tariflichen Vorschriften und die Rechte der Beschäftigten in diesem Sektor haben. Orientiert am Aufbau und der Struktur des TVöD wird aufgezeigt, welche jüngeren Urteile tarifliche Regelungen bestätigen, welche die Anwendung tariflicher Regelungen beeinflussen oder welche Anpassungen in den Tarifwerken notwendig werden, um den rechtlichen Anforderungen gerecht zu werden.

Digitales Zugangsrecht einer Gewerkschaft zum Betrieb

Das BAG hat mit Urteil vom 28. Januar 2025 – 1 AZR 33/24 – entschieden, dass ein Arbeitgeber nicht verpflichtet ist, einer Gewerkschaft die dienstlichen E-Mail-Adressen seiner Arbeitnehmer für Mitgliederwerbung zu übermitteln. Die Gewerkschaft hatte argumentiert, dass ihr Zugang zu den betrieblichen Kommunikationssystemen gewährt werden müsse, um die Arbeitnehmer digital zu erreichen. Die Beklagte, ein weltweit tätiger Sportartikelhersteller, lehnte dies ab.

Das Gericht bestätigte, dass Art. 9 Abs. 3 GG der Gewerkschaft grundsätzlich die Nutzung betrieblicher E-Mail-Adressen für Werbung und Information gewährleistet. Allerdings müssen auch die Grundrechte des Arbeitgebers (Art. 14 und Art. 12 Abs. 1 GG) und der Arbeitnehmer (Art. 2 Abs. 1 i. V. m. Art. 1 Abs. 1 GG) hinreichend berücksichtigt werden. Eine bloße Übermittlung der E-Mail-Adressen ohne weitergehende Regelungen sei nicht ausreichend, um die kollidierenden Verfassungswerte auszugleichen.

Die Gewerkschaft kann jedoch die Arbeitnehmer vor Ort nach ihren betrieblichen E-Mail-Adressen fragen, was als schonender Ausgleich gilt. Auch die Nutzung des konzernweiten Netzwerks wurde abgelehnt, da die Beeinträchtigungen für den Arbeitgeber überwiegen.

Das Urteil betont die Notwendigkeit, die Grundrechte aller Beteiligten in Einklang zu bringen und schafft keine generelle Pflicht für Arbeitgeber, Gewerkschaften Zugang zu betrieblichen Kommunikationssystemen zu gewähren.

I

Änderungen des Nachweisgesetzes (§ 2 TVöD)

Mit dem im Gesetz zur Umsetzung der Richtlinie (EU) 2019/1152 des Europäischen Parlaments und des Rates vom 20. Juni 2019 über transparente und vorhersehbare Arbeitsbedingungen in der Europäischen Union im Bereich des Zivilrechts und zur Übertragung von Aufgaben an die Sozialversicherung für Landwirtschaft, Forsten und Gartenbau vom 20. Juli 2022 (BGBl. I S. 1174) wurde u. a. das Gesetz über den Nachweis der für ein Arbeitsverhältnis geltenden wesentlichen Bedingungen (Nachweisgesetz – NachwG) geändert. Daneben enthält dieses Gesetz Änderungen im BBiG (im Wesentlichen erweiterte Dokumentationspflichten in Bezug auf die geltenden Ausbildungsbedingungen). Die Niederschrift nach dem NachwG[1] ist an die geänderten Rahmenbedingungen angepasst worden.

Durch das am 26. September 2024 vom Bundestag verabschiedete „Vierte Bürokratieentlastungsgesetz (BEG IV)" wurde das NachwG noch einmal punktuell geändert. Nach § 2 Abs. 1 Satz 1 NachwG waren Arbeitgeber bislang verpflichtet, die wesentlichen Bedingungen eines Arbeitsvertrages schriftlich niederzulegen. Die europäische Richtlinie über transparente und vorhersehbare Arbeitsbedingungen (RL 2019/1152) fordert jedoch nicht die Einhaltung der Schriftform, sondern lässt auch den Nachweis der Arbeitsbedingungen in elektronischer Form zu. Die Bundesregierung hat sich im Rahmen des Vierten Bürokratieentlastungsgesetzes darauf verständigt, die Schriftform im Nachweisgesetz durch die Textform (§ 126b BGB) zu ersetzen. Zumindest für den Arbeitsvertrag als solchen gilt jedoch unverändert das tarifvertragliche Schriftformerfordernis nach § 2 Abs. 1 TVöD.

Personalgestellung (§ 4 Abs. 3 TVöD)

Eine Personalgestellung gem. § 4 Abs. 3 TVöD fällt nicht in den Anwendungsbereich der Europäischen Richtlinie über Leiharbeit (2008/104/EG). Das hat der Europäische Gerichtshof (EuGH) am 22. Juni 2023 – C-427/21 – entschieden. Es bleibt folglich dabei, dass die Bereichsausnahme des § 1 Abs. 3 Nr. 2b Arbeitnehmerüberlassungsgesetz greift und öffentliche Arbeitgeber eine Personalgestellung auf Grundlage von § 4 Abs. 3 TVöD vornehmen können. Das BAG hat zwischenzeitlich in einem Anwendungsfall des § 4 Abs. 3 TVöD entsprechend der vorgenannten Entscheidung des EuGH vom 22. Juni 2023 geurteilt (Urteil des BAG vom 25. Januar 2024 – 6 AZR 390/20). Damit setzt das BAG – für die Praxis höchst relevant – einen Schlusspunkt hinter die lang umstrittene Frage. Die Bereichsausnahme des § 1 Abs. 3 Nr. 2b

[1]) Muster hierzu abgedruckt als Anhang 5 unter **250** Musterverträge (Bund)

AÜG stellt nach Auffassung des BAG insbesondere keinen Verstoß gegen den von Art. 3 Abs. 1 GG geschützten Gleichheitssatz dar, weil es bei der Personalgestellung nämlich nicht darum gehe, mit einer dauerhaften Verleihung des Beschäftigten das Verbot von Ketteneinsätzen zu umgehen, sondern dem Beschäftigten vielmehr dauerhaft die Sicherheit seines an sich verlorenen Arbeitsplatzes im öffentlichen Dienst zu erhalten.

Rückzahlungsvereinbarungen (§ 5 TVöD)

Rückzahlungsvereinbarungen sind nicht untersagt und damit grundsätzlich zulässig, soweit die Qualifizierungsmaßnahme selbst einer Rückzahlungsvereinbarung zugänglich ist (BAG-Urteil vom 1. März 2022 – 9 AZR 260/21). Eine Regelung, nach der sich der Arbeitnehmer an den Kosten einer Ausbildungsmaßnahme zu beteiligen hat, stellt nach der Rechtsprechung des BAG keine generelle unangemessene Benachteiligung dar. Gesetzlich sind Form, Inhalt und Gestaltung von Rückzahlungsvereinbarungen nicht geregelt. Über die Jahre hat die Rechtsprechung jedoch einen Rahmen entwickelt, was beispielsweise als angemessene Bindungsdauer anzuerkennen ist oder was bei der erforderlichen Transparenz hinsichtlich der Kosten zu beachten ist. Das BAG musste sich in den vergangenen Jahren immer wieder mit den Inhalten von Rückzahlungsvereinbarungen auseinandersetzen und kam beispielsweise in seinem Urteil vom 25. April 2023 – 9 AZR 187/22 – zu dem Schluss, dass im Urteilsfall die Rückzahlungsklausel eine unangemessene Benachteiligung der Arbeitnehmerin im Sinne des § 307 Abs. 1 Satz 1 BGB darstelle, da in der Vereinbarung nicht danach differenziert werde, aus welchen Gründen die Arbeitnehmerin nicht an der maßgeblichen Prüfung teilgenommen hat. Die Linie, wonach in Rückzahlungsklauseln in Aus- oder Weiterbildungsverträgen deutlich nach der Sphäre der Verursachung des Rückzahlungsgrundes zu differenzieren ist, verfestigt sich immer mehr. So hat das BAG mit Urteil vom 9. Juli 2024 – 9 AZR 227/23 – entschieden, dass eine Regelung, die den Beschäftigten mit den Kosten der Fort- oder Ausbildungsmaßnahme belastet, wenn „er das Arbeitsverhältnis kündigt, ohne dass ein wichtiger Grund vorliegt“, ihn entgegen den Geboten von Treu und Glauben unangemessen benachteilige (§ 307 Abs. 1 Satz 1 BGB). Ohne eine konkrete Regelung zur Sphäre der Kündigung sei insbesondere der nicht fernliegende Fall, dass die Beendigung des Vertragsverhältnisses durch ein vertragswidriges Verhalten des Arbeitgebers veranlasst wurde, welches zwar nicht die Schwere eines wichtigen Grundes erreicht, dem Beschäftigten aber das Festhalten am Vertrag unzumutbar macht, nicht abgedeckt.

Der TVöD enthält (anders als der BAT als Vorgängerregelung) keine diesbezügliche tarifvertragliche Regelung. Im Umkehrschluss steht § 5 TVöD der Vereinbarung einer solchen Rückzahlungsklausel in der Qualifizierungsvereinbarung nach § 5 Abs. 5 TVöD bzw. einer individuellen Vereinbarung grundsätzlich auch nicht entgegen. Werden Rückzahlungsvereinbarungen geschlossen, muss dies gemäß § 2 Abs. 3 TVöD schriftlich erfolgen. Es ist davon auszugehen, dass sich die Gerichte in den kommenden Jahren immer wieder mit den verschiedensten Fallgestaltungen von Rückzahlungsvereinbarungen befassen werden. Vor diesem Hintergrund sind Arbeitgeber gut beraten, wenn sie sich im Vorfeld des Abschlusses einer Rückzahlungsvereinbarung erneut mit der einschlägigen Rechtsprechung vertraut machen. Denn durch eine nichtige Rückzahlungsvereinbarung hat der Arbeitgeber nichts gewonnen.

Arbeitszeiterfassung (§ 6 TVöD)

Die seit Jahren bestehende Rechtsunsicherheit hinsichtlich der verpflichtenden Arbeitszeiterfassung besteht weiter fort. Das einschlägige Urteil des BAG vom 13. September 2022 – 1 ABR 22/21 – liegt mittlerweile über drei Jahre zurück und auf gesetzgeberischer Ebene zeichnet sich weiter keine klarstellende Lösung ab. Es bleibt mit Spannung abzuwarten, ob sich die neue Bundesregierung der Sache annimmt und den von der alten Bundesregierung erstellten, aber nicht weiterverfolgten Referentenentwurf vom 18. April 2023 für ein Gesetz zur Änderung des Arbeitszeitgesetzes und anderer Vorschriften aufgreifen und vorantreiben wird.

Zum Hintergrund: Das BAG hat mit seinem Beschluss vom 13. September 2022 – 1 ABR 22/21 – für großes Aufsehen gesorgt. Mit der Entscheidung, dass Arbeitgeber bereits nach derzeit geltendem Recht (§ 3 Abs. 2 Nr. 1 Arbeitsschutzgesetz) verpflichtet sind, Arbeitszeiterfassungssysteme einzuführen, hat das BAG eine weitreichende Grundsatzentscheidung getroffen. Allerdings lässt das BAG auch nach Vorliegen der Entscheidungsgründe viele Detailfragen offen und überlässt es dem Gesetzgeber, an dieser Stelle Licht ins Dunkel zu bringen. Hoffnung brachte da die Ankündigung des Bundesministeriums für Arbeit und Soziales (BMAS), im Jahr 2023 einen praxistauglichen Vorschlag für die Ausgestaltung der Arbeitszeiterfassung im Arbeitszeitgesetz (ArbZG) vorzulegen.

Mit der Entscheidung des BAG stand insbesondere fest, dass Arbeitgeber Beginn, Dauer und Ende der Arbeitszeit (inkl. Überstunden und Pausenzeiten) erfassen und aufzeichnen müssen. Das System müsse entsprechend den Vorgaben des EuGH objektiv, verlässlich und zugänglich sein. Eine elektronische Zeiterfassung sei nach dem Urteil des BAG nicht zwingend geboten. Auch eine Delegation der Aufzeichnung an die Beschäftigten sei grundsätzlich zulässig.

Der TVöD enthält in den einschlägigen Vorschriften zur Arbeitszeit (§§ 6 ff.) keine eigenständigen Bestimmungen zur Erfassung ebendieser.

Das BMAS hat mit Datum 18. April 2023 den Referentenentwurf für ein Gesetz zur Änderung des Arbeitszeitgesetzes und anderer Vorschriften veröffentlicht. Nach § 16 Abs. 2 Satz 1 ArbZG in der Entwurfsfassung ist der Arbeitgeber verpflichtet, Beginn, Ende und Dauer der täglichen Arbeitszeit der Arbeitnehmer jeweils am Tag der Arbeitsleistung elektronisch aufzuzeichnen. Mit der elektronischen Aufzeichnung geht der Gesetzentwurf wesentlich über das Urteil des BAG hinaus. Nach § 16 Abs. 7 Nr. 1 ArbZG in der Entwurfsfassung soll jedoch von der elektronischen Aufzeichnung in einem Tarifvertrag oder aufgrund eines Tarifvertrages in einer Betriebs- oder Dienstvereinbarung abgewichen werden können. Für kleine und mittlere Unternehmen sollen diesbezüglich Übergangsregelungen gelten (§ 16 Abs. 8 ArbZG in der Entwurfsfassung). § 16 Abs. 7 Nr. 3 ArbZG in der Entwurfsfassung sieht zudem vor, dass in einem Tarifvertrag oder aufgrund eines Tarifvertrages in einer Betriebs- oder Dienstvereinbarung zugelassen werden kann, dass die Pflicht zur Aufzeichnung (§ 16 Abs. 2 Satz 1 ArbZG in der Entwurfsfassung) nicht bei Arbeitnehmern gilt, bei denen die gesamte Arbeitszeit wegen der besonderen Merkmale der ausgeübten Tätigkeit nicht gemessen oder nicht im Voraus festgelegt wird oder von den Arbeitnehmern selbst festgelegt werden kann. Die Voraussetzungen für die Anwendung der Regelung können nach der Gesetzesbegründung etwa bei Führungskräften, herausgehobenen Experten oder Wissenschaftlern gegeben sein, die nicht verpflichtet sind, zu festgesetzten Zeiten am Arbeitsplatz anwesend zu sein, sondern über den Umfang und die Einteilung ihrer Arbeitszeit selbst entscheiden können. Aufgrund ihrer Sachnähe können die Tarifvertragsparteien oder aufgrund eines Tarifvertrages die Betriebspartner festlegen, für welche Arbeitnehmerinnen und Arbeitnehmer die Voraussetzungen zutreffen.

Mehrarbeitsvergütung für Teilzeitbeschäftigte (§ 7 Abs. 6 TVöD)

Mit der Regelung in Absatz 6 greifen die Tarifpartner den Sachverhalt auf, dass Teilzeitbeschäftigte über das mit ihnen individuell vereinbarte Arbeitspensum hinaus zusätzliche Arbeit leisten. Diese Mehrarbeit führt – solange nicht die Regelarbeitszeit eines vollbeschäftigten Arbeitnehmers erreicht bzw. überschritten wird – nicht zu mit Zuschlägen zu vergütenden Überstunden, sondern zu gemäß § 8 Abs. 2 TVöD lediglich mit der anteiligen Vergütung zu bezahlender Mehrarbeit. Erst beim Überschreiten der Regelarbeitszeit eines Vollbeschäftigten entstehen auch bei teilzeitbeschäftigten Arbeitnehmern Überstunden.

Die Rechtmäßigkeit dieser Verfahrensweise war über Jahrzehnte hinweg höchstrichterlich mehrfach bestätigt worden (siehe BAG-Urteil vom 25. Juli 1996 – 6 AZR 138/94 – und vom 26. April 2017 – 10 AZR 589/15). Sie hielt demnach auch einer kritischen Betrachtung im Hinblick auf das nach dem Teilzeit- und Befristungsgesetz (TzBfG)[1]) zu beachtende Nachteilsverbot Teilzeitbeschäftigter und vergleichbare europarechtliche Grenzen stand; denn auch Vollbeschäftigte erhalten Überstundenzuschläge erst, wenn die durchschnittliche regelmäßige wöchentliche Arbeitszeit überschritten ist. Diese Auffassung wurde durch das zum Manteltarifvertrag Systemgastronomie ergangene gegenteilige Urteil des BAG vom 19. Dezember 2018 – 10 AZR 231/18 – zwar vorübergehend erschüttert. Mit Urteil vom 15. Oktober 2021 – 6 AZR 253/19 – hat das BAG dann aber erneut entschieden, dass Teilzeitbeschäftigte für Mehrarbeitsstunden, die nicht die regelmäßige Arbeitszeit von Vollbeschäftigten überschreiten, keinen Anspruch auf Überstundenentgelt haben und die zwischenzeitliche Rechtsunsicherheit zunächst beseitigt.

Dem Anschein nach kehrte mit dieser 2021er Entscheidung des BAG etwas Ruhe in die Rechtsproblematik. In einer anderen diesbezüglich zu entscheidenden Sache hat das BAG jedoch beschlossen, das Verfahren zunächst auszusetzen und dem EuGH entsprechende Fragen zur Vorabentscheidung vorzulegen. Der EuGH hat mit Urteil vom 19. Oktober 2023 – C-660/20 – hierzu entschieden, dass Teilzeitbeschäftigte nicht schlechter behandelt werden dürfen, wenn es darum geht, eine erhöhte Vergütung wegen Überschreitung einer bestimmten Zahl an Arbeitsstunden zu erhalten. Bemerkenswert an dem Urteil des EuGH ist, dass dieser die einzelnen Entgeltbestandteile isoliert voneinander betrachtet. Dies mit der Folge, dass Arbeitnehmer in Teilzeit bei Überschreiten der vereinbarten (Teilzeit-)Arbeitszeit bei einem gleichen Arbeitsumfang wie vergleichbare Vollzeitarbeitnehmer durch Überstundenzuschläge regelmäßig eine höhere Vergütung als Arbeitnehmer in Vollzeit erreichen.

Am 29. Juli 2024 hat der EuGH (C-184/22 und C-185/22) in einem ebenfalls vom BAG vorgelegten Fall an seiner Entscheidung aus Oktober 2023 festgehalten und präzisiert, dass ein Tarifvertrag, der die Zahlung

---

[1]) abgedruckt als Anhang 1 unter **210** § 30 TVöD

von Überstundenzuschlägen an Teilzeitbeschäftigte nur für Arbeitsstunden vorsieht, die über die regelmäßige Arbeitszeit eines vergleichbaren Vollzeitbeschäftigten hinaus gearbeitet werden, zum einen eine Schlechterbehandlung von Teilzeitbeschäftigten und zum anderen eine mittelbare Diskriminierung aufgrund des Geschlechts darstellen kann. Das BAG hat am 5. Dezember 2024 entsprechend der vorgenannten Auslegung des EuGH geurteilt (BAG-Urteil vom 5. Dezember 2024 – 8 AZR 370/20) und damit bundesweit für Aufsehen gesorgt. Die dem Urteilsfall zugrundeliegende Mehrarbeitsvergütungsregelung ähnelt zwar auf den ersten Blick der Regelung in § 8 Abs. 1 Satz 2 Buchst. a) i. V. m. § 7 Abs. 7 und 8 TVöD („Überstundenzuschläge erst ab Überschreiten der Arbeitszeit von Vollzeitbeschäftigten"), weicht aber zugleich in wesentlichen Details ab. Beispielsweise differenziert der dem Urteil zugrundeliegende Manteltarifvertrag gar nicht zwischen „Mehrarbeit" und „Überstunden", wie es im TVöD der Fall ist. Denn nach dem Manteltarifvertrag sind auch die Arbeitsstunden, die ein Teilzeitbeschäftigter über seine vereinbarte Arbeitszeit hinaus leistet, Überstunden. Diese Überstunden sind nur nicht zuschlagspflichtig, da Überstunden erst ab dem Überschreiten der Arbeitszeit eines vergleichbaren Vollzeitbeschäftigten zuschlagspflichtig werden. Das BAG hat diesbezüglich offengelassen, ob eine entsprechende Differenzierung im Tarifvertrag zwischen Mehrarbeit einerseits und Überstunden andererseits, wie sie der TVöD vorsieht, einen sachlichen Grund darstellen könnte, der eine Ungleichbehandlung rechtfertigen würde. Eine rechtssichere Übertragung des BAG-Urteils auf die Regelungen im TVöD und TV-L ist aus Sicht des Verfassers nicht möglich. Gewerkschaftsseitig wurde eine entsprechende tarifvertragliche Regelung in der Tarifrunde 2025 gefordert. Ein einigungsfähiger Kompromiss schien an dieser Stelle nicht möglich gewesen zu sein.

Maßgeblicher Ort für einen Anspruch auf Feiertagszuschlag (§ 8 Abs. 1 TVöD)

In einem Verfahren vor dem BAG stritten sich zwei Parteien über einen Anspruch auf tariflichen Feiertagszuschlag nach § 8 Absatz 1 Satz 2 Buchst. d) TVöD i. d. F. des § 43 Nr. 5 Absatz 1 Unterabsatz 1 Satz 2 Buchst. d) TV-L. Die Regelung im TV L gleicht der Regelung in § 8 Absatz 1 TVöD. Der Kläger ist in Nordrhein-Westfalen in einem Klinikum beschäftigt und nahm in der Zeit vom 1. November 2021 bis 5. Dezember 2021 an einem Lehrgang in Hessen teil. „Allerheiligen" am 1. November eines jeden Jahres ist in Nordrhein-Westfalen ein gesetzlicher Feiertag, in Hessen jedoch nicht. Die Anreise am 1. November 2021 wurde seitens der Beklagten als Dienstreise behandelt und der Kläger leistete an diesem Tag für seinen Arbeitgeber zehn Stunden Arbeit. Der Kläger verlangte für diesen Tag jedoch nicht nur die Gutschrift von zehn Stunden auf sein Arbeitszeitkonto, sondern forderte darüber hinaus einen Feiertagszuschlag. Nach Auffassung des Klägers seien für die Berücksichtigung des tariflichen Feiertagszuschlags die rechtlichen und tatsächlichen Verhältnisse am gewöhnlichen Arbeitsort (hier: Nordrhein-Westfalen) entscheidend. Das beklagte Klinikum meinte hingegen, dass ein Anspruch auf Zahlung des Feiertagszuschlags die tatsächliche Erbringung von Arbeitsleistung an einem Arbeitsort voraussetze, für den ein gesetzlicher Feiertag festgelegt sei. Das BAG entschied letztlich mit Urteil vom 1. August 2024 – 6 AZR 38/24 –, dass sich der Anspruch auf Feiertagszuschläge danach richtet, ob am **regelmäßigen** Beschäftigungsort (hier: Nordrhein-Westfalen) ein gesetzlicher Feiertag ist. Vorsicht ist bei dieser Feststellung des BAG insbesondere vor dem Hintergrund geboten, dass es nach Kenntnis des Verfassers z. B. bei der steuerrechtlichen Beurteilung nach § 3b EStG auf die Verhältnisse am tatsächlichen Tätigkeitsort (hier: Hessen) ankommt.

Unterschiedliche Ausbildungen als sachlicher Differenzierungsgrund bei der Eingruppierung (§ 12 TVöD i. V. m. Entgeltordnung)

In einer Eingruppierungsfrage zum TVöD (VKA) hat das BAG mit Urteil vom 26. Februar 2025 – 4 ABR 21/24 – zunächst wenig überraschend bestätigt, dass die Tarifvertragsparteien bei der Normsetzung aufgrund einer sich unmittelbar aus der Verfassung ergebenden Beschränkung der Tarifautonomie den allgemeinen Gleichheitssatz zu achten haben. Die gerichtliche Kontrolle am Maßstab des Art. 3 Abs. 1 Grundgesetz sei bei Tarifnormen, deren Gehalte – wie etwa bei der Festlegung von Tätigkeitmerkmalen zur Bestimmung des Entgeltanspruchs – dem Kernbereich der Arbeits- und Wirtschaftsbedingungen unterfallen, allerdings auf eine Willkürkontrolle beschränkt, wenn spezifische Schutzbedarfe oder Anhaltspunkte für eine Vernachlässigung von Minderheitsinteressen nicht erkennbar sind.

Die Beschäftigte im Urteilsfall ist ausgebildete Medizinische Fachangestellte (MFA) und war seit dem 1. August 2023 bei der Arbeitgeberin, einer Trägerin mehrerer Krankenhäuser, zunächst in der Patientenaufnahme tätig. Auf das Beschäftigungsverhältnis findet der TVöD (VKA) Anwendung. Zum 1. März 2024 wurde die Beschäftigte mit Zustimmung des Betriebsrats in den Bereich der Operationssäle, einschließlich des Ambulanten Operationszentrums (AOP), umgesetzt. Dort arbeitete sie in einem interdisziplinären Team, das sich aus MFA und Operationstechnischen Assistenten (OTA) zusammensetzt. Der

Betriebsrat verweigerte die beantragte Zustimmung zur Eingruppierung in Entgeltgruppe 6 Stufe 2 TVöD (VKA). Aus seiner Sicht übe die Mitarbeiterin vorwiegend pflegerische Tätigkeiten aus und sei daher der Entgeltgruppe P 8 TVöD (VKA) zuzuordnen. Die Arbeitgeberin hingegen vertrat die Auffassung, dass für die Eingruppierung von MFA die allgemeinen Tätigkeitsmerkmale des Teils A, Abschnitt I, Ziffer 3 der Entgeltordnung (VKA) aufgrund des Verweises in den speziellen Tätigkeitsmerkmalen unter Teil B, Abschnitt XI, Ziffer 12 der Entgeltordnung (VKA) maßgeblich seien.

Das BAG bestätigte im Ergebnis die Auffassung der Arbeitgeberin. Die Beschäftigte übe zu 50 Prozent Tätigkeiten aus, die dem Berufsbild der MFA entsprechen. Ihrer Eingruppierung stehe nicht entgegen, dass die von der Beschäftigten auszuübende Tätigkeit auch dem Berufsbild einer OTA entspricht. Hierin liege – entgegen der Auffassung des Betriebsrats – auch dann kein Verstoß gegen den allgemeinen Gleichheitssatz des Art. 3 Abs. 1 GG, wenn eine MFA für die im Wesentlichen gleiche Tätigkeit im OP/AOP eine geringere Vergütung erhalte als eine OTA. Ein unterschiedliches Entgelt bei im Wesentlichen gleicher Tätigkeit verstoße damit nicht gegen den allgemeinen Gleichheitssatz des Art. 3 Abs. 1 GG, wenn für die Unterscheidung der sachliche Grund in der unterschiedlichen Ausbildung besteht.

Das BAG bestätigt damit, dass die Tarifautonomie es den Tarifvertragsparteien erlaubt, bei nahezu gleichen Aufgaben unterschiedliche Entgeltstufen vorzusehen, wenn unterschiedliche Qualifikationsvoraussetzungen bestehen. Damit geht auch einher, dass von der Ausübung der Tätigkeit noch nicht auf dasselbe Fachwissen geschlossen werden kann, welches durch eine spezielle Ausbildung erworben und durch den konkreten Abschluss nachgewiesen wird.

Stufenzuordnung bei Wiedereinstellung nach § 16 TVöD

Das BAG befasste sich in seinem Urteil vom 20. Februar 2025 – 6 AZR 108/24 – erneut mit der Stufenzuordnung bei Wiedereinstellungen beim selben Arbeitgeber im Geltungsbereich des TV-L. Die Stufenzuordnungsregelungen des TV-L und des TVöD weichen in einigen Punkten wesentlich voneinander ab. Während der TV-L beispielsweise in § 16 Abs. 2 hinsichtlich der Stufenzuordnung maßgeblich darauf abstellt, ob einschlägige Berufserfahrung beim selben Arbeitgeber oder einem anderen Arbeitgeber erworben wurde, stellen die Stufenzuordnungsregelungen in § 16 Abs. 2 TVöD (VKA) und § 16 Abs. 2 TVöD (Bund) allein auf das Vorhandensein einschlägiger Berufserfahrung ab. Identisch sind hingegen die Regelungen zur Anerkennung förderlicher Zeiten bei Neueinstellungen (§ 16 Abs. 2 Satz 4 TV-L sowie § 16 Abs. 2 Satz 3 TVöD (VKA) und § 16 Abs. 2 Satz 3 TVöD (Bund)) sowie die Stufenzuordnungsregelung bei einer Einstellung im unmittelbaren Anschluss an ein Arbeitsverhältnis im öffentlichen Dienst (§ 16 Abs. 2a TV-L sowie § 16 Abs. 2a TVöD (VKA) und § 16 Abs. 3 TVöD (Bund)).

Zum einen stellt das BAG in dem Urteil klar, dass die Anerkennung förderlicher Zeiten nach § 16 Abs. 2 Satz 4 TV-L sowie die Übernahme von Stufen nach § 16 Abs. 2a TV-L ausschließlich bei der erstmaligen Begründung eines Arbeitsverhältnisses, der sog. „Neueinstellung" zulässig sind. Erwähnenswert ist diese Klarstellung, da es hierzu zeitweise abweichende Auffassungen des BAG gab, beispielsweise im Urteil des BAG vom 15. Oktober 2021 – 6 AZR 268/20. Nach damaliger Auffassung des BAG sei die Anerkennung vorheriger Zeiten als förderliche Tätigkeiten bei jeder (Wieder-)Einstellung (neu) zu prüfen. In dem vorliegenden Urteilsfall hat das BAG nun entschieden, dass wenn solche Zeiten bei der ersten Einstellung anerkannt wurden, diese bei späteren gleichartigen Wiedereinstellungen ohne schädliche Unterbrechung fortwirken. Die jüngste Entscheidung des BAG erscheint mit Blick auf den Wortlaut der Regelung („bei Neueinstellungen") auch konsequent.

In seinem Urteil stellt das BAG zudem fest, dass eine fehlerhafte Stufenzuordnung durch eine Rückstufung auf den Zeitpunkt der fehlerhaften Stufenzuordnung korrigiert werden kann, insbesondere bei Irrtümern über das Vorliegen der Voraussetzungen der Ermessensnormen (im Urteilsfall § 16 Abs. 2 Satz 4 bzw. Abs. 2a TV-L). Eine bloße Überzahlung genüge nicht, um eine Ermessensausübung durch den Arbeitgeber anzunehmen. Entscheidend sei, ob aus Sicht des Beschäftigten erkennbar war, dass eine Willenserklärung zur Ermessensausübung vorlag.

Hemmung der Stufenlaufzeit während Elternzeit (§ 17 Abs. 3 Satz 2 TVöD)

Nach § 17 Abs. 3 Satz 2 TVöD wird die Zeit der Elternzeit nicht auf die Stufenlaufzeit angerechnet, die Fortschreibung der Stufenlaufzeit wird ausgesetzt. Das BAG hat nun noch einmal bekräftigt, dass diese Hemmung der Stufenlaufzeit während der Inanspruchnahme von Elternzeit nicht gegen höherrangiges Recht verstößt. Sie führt nach Auffassung des BAG insbesondere nicht zu einer Diskriminierung wegen des Geschlechts oder zu einer unzulässigen Benachteiligung von Arbeitnehmern in Elternzeit. Dies entschied das BAG mit Urteil vom 22. Februar 2024 – 6 AZR 126/23. Der Entscheidung lag der Fall einer Beschäftigten im Geltungsbereich des TVöD zugrunde, welche in der Zeit von 2013 bis 2021 verschiedene Elternzeiten in Anspruch nahm. Während dieser Zeiten kam es zu Stufenlaufzeithemmungen gem. § 17 Abs. 3 Satz 2 TVöD, welche dafür ursächlich waren, dass die Beschäftigte im Vorfeld einer Höhergruppierung die reguläre Stufenlaufzeit der Stufe 4 nicht mehr absolvieren konnte und es dadurch im Zeitpunkt der Höhergruppierung zum Wegfall der bereits absolvierten Stufenlaufzeit in Stufe 4 kam (die Stufenlaufzeit in der höheren Entgeltgruppe beginnt nach § 17 Abs. 4 Satz 2 TVöD mit dem Tag der Höhergruppierung – die Berücksichtigung von vor der Höhergruppierung in der vorherigen Stufe erreichten „Restzeiten" sieht der Tarifvertrag nicht vor). Die elternzeitbedingten Hemmungen der Stufenlaufzeit führten daher dazu, dass die Beschäftigte die Stufe 5 erst 5 Jahre und 2 Monate später erreichte. Die Beschäftigte vertrat die Auffassung, dass die tarifliche Regelung gegen höherrangiges Recht verstoße. Das BAG hingegen hat mit seinem Urteil die Rechtmäßigkeit der tariflichen Regelung bestätigt. Das Gericht argumentiert unter anderem damit, dass die Tarifvertragsparteien nicht für einen Ausgleich der Nachteile sorgen müssen, die sich für Beschäftigte daraus ergeben, dass nach der gesetzlichen Ausgestaltung das Arbeitsverhältnis in der Zeit des Erziehungsurlaubs ruht.

Beweiswert einer Arbeitsunfähigkeitsbescheinigung (§ 22 TVöD)

Die Tarifpartner haben im TVöD auf eine eigenständige Regelung zu den Nachweispflichten im Krankheitsfall verzichtet. Es greifen daher die gesetzlichen Regelungen in § 5 Entgeltfortzahlungsgesetz. Der hohe Beweiswert von Arbeitsunfähigkeitsbescheinigungen ist jüngst Gegenstand zahlreicher Verfahren vor dem BAG gewesen. Hierbei hat das BAG die diesbezügliche Rechtsprechung entscheidend zugunsten der Arbeitgeber fortentwickelt. So kann beispielsweise der Beweiswert von (Folge-)Arbeitsunfähigkeitsbescheinigungen nach Auffassung des BAG dann erschüttert sein, wenn ein arbeitsunfähiger Arbeitnehmer nach Zugang der Kündigung eine oder mehrere Folgebescheinigungen vorlegt, die passgenau die Dauer der Kündigungsfrist umfassen, und er unmittelbar nach Beendigung des Arbeitsverhältnisses eine neue Beschäftigung aufnimmt (BAG-Urteil vom 13. Dezember 2023 – 5 AZR 137/23). Gleiches gilt, wenn der Arbeitnehmer am Tag nach seiner Eigenkündigung eine Arbeitsunfähigkeitsbescheinigung vorlegt (BAG-Urteil vom 18. September 2024 – 5 AZR 29/24). Dass es hinsichtlich des Beweiswertes einer Arbeitsunfähigkeitsbescheinigung immer auf eine Gesamtbetrachtung des Sachverhaltes ankommt, hat das BAG zuletzt mit Urteil vom 15. Januar 2025 – 5 AZR 284/24 – betreffend des Beweiswerts einer im Nicht-EU-Ausland ausgestellten Arbeitsunfähigkeitsbescheinigung noch einmal verdeutlicht. Insgesamt lässt sich aus der Rechtsprechung ableiten, dass es Arbeitgebern heute zunehmend leichter fällt, eine Erschütterung des Beweiswertes erfolgreich zu begründen. Die Rechtsprechung präzisiert immer mehr die relevanten Umstände, die hierfür herangezogen werden können.

Urlaubserinnerungsmanagement (§ 26 TVöD)

Das BAG hat am 20. Dezember 2022 gleich mit zwei Entscheidungen die Mitwirkungs- bzw. Hinweisobliegenheiten für Arbeitgeber im Zusammenhang mit den Urlaubsansprüchen der Beschäftigten erneut verschärft.

Das erste Urteil des BAG vom 20. Dezember 2022 – 9 AZR 245/19 – betrifft den Verfall von Urlaubsansprüchen bei längerer Krankheit des Arbeitnehmers. Das Gericht entschied, dass der Anspruch auf den gesetzlichen Mindesturlaub aus einem Urlaubsjahr, in dem der Arbeitnehmer tatsächlich gearbeitet hat, bevor er aus gesundheitlichen Gründen an der Inanspruchnahme seines Urlaubs gehindert war, regelmäßig nur dann nach Ablauf eines Übertragungszeitraums von 15 Monaten erlischt, wenn der Arbeitgeber ihn rechtzeitig in die Lage versetzt hat, seinen Urlaub in Anspruch zu nehmen. Dies folge aus einer richtlinienkonformen Auslegung des § 7 Abs. 1 und Abs. 3 BUrlG. Das BAG hat dies mit der Entscheidung vom 28. März 2023 – 9 AZR 488/21 – bestätigt. Nicht von den Gerichten geklärt war in diesem Zusammenhang der Fall, in dem der Arbeitnehmer bereits in den ersten Tagen des Urlaubsjahres erkrankt und der Arbeitgeber seinen Hinweisobliegenheiten zu diesem Zeitpunkt noch nicht nachgekommen ist. Das BAG entschied mit Urteil vom 31. Januar 2023 – 9 AZR 107/20, dass in diesem Fall nur solche Urlaubstage nicht verfallen, die bis zum Eintritt der Arbeitsunfähigkeit auch in natura tatsächlich hätten erfüllt werden können.

In einer weiteren Entscheidung vom 20. Dezember 2022 – 9 AZR 266/20 – bestätigte das BAG, dass der gesetzliche Anspruch eines Arbeitnehmers auf bezahlten Jahresurlaub zwar der gesetzlichen Verjährung unterliege. Allerdings beginne die dreijährige Verjährungsfrist erst am Ende des Kalenderjahres, in dem der Arbeitgeber den Arbeitnehmer über seinen konkreten Urlaubsanspruch und die Verfallfristen belehrt und der Arbeitnehmer den Urlaub dennoch aus freien Stücken nicht genommen hat.

Die Rechtsprechung zu den Hinweisobliegenheiten gilt gleichermaßen für den gesetzlichen sowie für den tariflichen Urlaubsanspruch.

Das BAG hat dies zur Regelung in § 26 TVöD entschieden. Die Tarifvertragsparteien des TVöD haben nach Auffassung des BAG die Mitwirkungsobliegenheiten des Arbeitgebers bei der Gewährung und Inanspruchnahme von tariflichem Mehrurlaub nicht abweichend von den gesetzlichen Vorgaben geregelt. Abweichungen bestünden lediglich zur Dauer des Übertragungszeitraums, nicht jedoch hinsichtlich der Voraussetzungen, unter denen das Fristenregime aktiviert wird. Dies mit der Folge, dass von einem Gleichlauf des gesetzlichen Urlaubsanspruchs und des Anspruchs auf tariflichen Mehrurlaub auszugehen ist (z. B. Urteil des BAG vom 20. Dezember 2022 – 9 AZR 245/19, Rn. 46 ff.).

Im Lichte der jüngsten Rechtsprechung sind Arbeitgeber gut beraten, wenn sie ihrer Hinweisobliegenheit im Rahmen des Urlaubserinnerungsmanagements möglichst frühzeitig im Kalenderjahr nachkommen und dabei jeden Beschäftigten individuell und konkret

- über die Anzahl der im Kalenderjahr und ggf. noch aus vorherigen Kalenderjahren zustehenden Urlaubstage informieren,
- zur rechtzeitigen Urlaubsinanspruchnahme auffordern,
- über die einschlägigen Verfallfristen informieren sowie
- auf den Verfall der nicht rechtzeitig in Anspruch genommenen Urlaubstage hinweisen.

Nur Arbeitgeber, die ihren Hinweisobliegenheiten hinreichend nachkommen, können sich auf die Verjährung bzw. den Verfall von Urlaubsansprüchen berufen.

Kürzung Erholungsurlaub bei Elternzeit (§ 26 TVöD)

Nach § 26 Abs. 2 Buchst. c) TVöD vermindert sich der Anspruch des Beschäftigten auf Erholungsurlaub für jeden vollen Kalendermonat, in dem das Arbeitsverhältnis ruht, z. B. aufgrund von Elternzeit. Im Fall der Elternzeit entstehen jedoch zunächst dem Grunde nach Urlaubsansprüche (siehe Urteil des BAG vom 16. April 2024 – 9 AZR 165/23), welche dann wiederum auf tarifvertraglicher Basis zu kürzen sind. Grundlage für die tarifvertraglich vereinbarte Kürzung des Erholungsurlaubs ist eine entsprechende „Kann-Regelung" in § 17 Abs. 1 Satz 1 BEEG.

Betreffend das Kürzungsrecht des Arbeitgebers nach § 17 Abs. 1 Satz 1 BEEG hat das BAG in seinem Urteil vom 16. April 2024 – 9 AZR 165/23 – entschieden, dass dieses nur den bezahlten Erholungsurlaub betrifft und nicht die eventuelle Urlaubsabgeltung. Für eine wirksame Ausübung des Kürzungsrechts sei es nach Auffassung des BAG erforderlich, dass dem Arbeitnehmer die rechtsgeschäftliche Erklärung zur Ausübung des Kürzungsrechts während des noch laufenden Arbeitsverhältnisses zugestellt wird. Erfolgt dies nicht, stehe dem Arbeitnehmer die vollständige Urlaubsabgeltung zu, was im Einzelfall zu erheblichen finanziellen Belastungen für den Arbeitgeber führen kann.

Im bestehenden Arbeitsverhältnis kann der Arbeitgeber sein Kürzungsrecht vor, während und nach dem Ende der Elternzeit ausüben, nicht jedoch vor der Erklärung des Arbeitnehmers, Elternzeit in Anspruch zu nehmen. Die Kürzung des Urlaubs nach § 17 Abs. 1 Satz 1 BEEG erfordert eine hierauf gerichtete rechtsgeschäftliche Erklärung, die dem Arbeitnehmer zugehen muss. Die Kürzungserklärung kann ausdrücklich oder stillschweigend abgegeben werden. Dazu ist es ausreichend, dass dem Arbeitnehmer – abweichend von seinem Urlaubsverlangen – nur der gekürzte Urlaub gewährt wird oder für ihn aufgrund sonstiger Umstände erkennbar ist, dass der Arbeitgeber sein Kürzungsrecht ausüben will (Urteil des BAG vom 19. März 2019 – 9 AZR 362/18).

Mit Blick auf das vorgenannte Urteil des BAG vom 16. April 2024 und eine evtl. unmittelbar an die Elternzeit anschließende Beendigung des Arbeitsverhältnisses empfiehlt sich zur Erfüllung der tariflichen Kürzungsregelung jedoch eine schriftliche Erklärung vor Beginn der Elternzeit.

Hinweis:

Gemäß § 17 Abs. 1 Satz 2 BEEG darf eine Kürzung nicht stattfinden, wenn der oder die Beschäftigte während der Elternzeit Teilzeitarbeit leistet und damit das Arbeitsverhältnis nur teilweise ruht. Die tarifliche Kürzungsregelung betrifft ausschließlich volle Kalendermonate, in denen das Arbeitsverhältnis vollständig ruht.

Verweigerung der Wiedereinstellung eines wegen Erreichens einer tarifvertraglichen Altersgrenze ausgeschiedenen Arbeitnehmers kann zugunsten eines jüngeren Bewerbers zulässig sein (§ 33 TVöD)

Das BAG hatte über eine Klage auf Entschädigung wegen Altersdiskriminierung i. H. v. 30.000 Euro zu entscheiden. Der Kläger (eine ehemalige Lehrkraft bei dem beklagten Land), der sich wegen Erreichens der Regelaltersgrenze in der gesetzlichen Rentenversicherung seit Anfang des Jahres 2018 im Ruhestand befindet, war seitdem immer mal wieder im Rahmen befristeter Arbeitsverhältnisse als Lehrkraft für das beklagte Land tätig. Auch Ende 2021 bewarb sich der Kläger erneut als Vertretungslehrkraft an einem Gymnasium des beklagten Landes. Auf die ausgeschriebene Vertretungsstelle bewarb sich zudem eine deutlich jüngere Lehrkraft. Anfang 2022 schlug die Schulleitung den im Ruhestand befindlichen Kläger zur Einstellung vor.

Die zuständige Bezirksregierung wies die Schulleitung diesbezüglich darauf hin, dass bei einer beabsichtigten Einstellung eines Bewerbers, der die Regelaltersgrenze überschritten hat, zu bestätigen sei, „dass sich sonst niemand mit einer Lehramtsbefähigung beworben habe oder ... sehr detailliert und nachvollziehbar dargelegt und begründet [werden müsse], warum ggf. vorhandene Mitbewerber/-innen trotz einer vorhandenen Lehramtsbefähigung für die Übernahme der Vertretungsstelle weniger bzw. nicht ausreichend qualifiziert sind". Die Schulleitung teilte der Bezirksregierung daraufhin mit, dass sie den Kläger zwar für besser qualifiziert halte, gleichwohl aber die Besetzung der Vertretungsstelle mit dem jüngeren Mitbewerber beantrage. Die Stelle wurde schließlich mit dem jüngeren Mitbewerber besetzt. Der Kläger verlangte eine Entschädigung wegen Altersdiskriminierung. Schließlich sei er allein wegen seines Alters nicht eingestellt worden – dies sei nicht zu rechtfertigen. Die Altersgrenze des insoweit mit § 33 Abs. 1 Buchst. a) TVöD vergleichbaren § 33 Abs. 1 Buchst. a) TV-L beziehe sich nur auf die Beendigung des Arbeitsverhältnisses.

Das Gericht lehnte mit Urteil vom 25. April 2024 – 8 AZR 140/23 – die Entschädigungsforderung ab. Zwar geht auch das Gericht zunächst davon aus, dass der Kläger wegen seines Alters unmittelbar benachteiligt wurde, doch ist die unterschiedliche Behandlung des Klägers nach Auffassung des Gerichts im vorliegenden Fall nach § 10 Satz 1 und Satz 2 AGG zulässig. Sie sei durch ein legitimes Ziel (hier: ausgewogene Beschäftigungsverteilung zwischen den Generationen) gerechtfertigt. Die einschlägigen Regelungen im TV-L entsprächen dieser Zielsetzung. Insbesondere sehe der TV-L keine generelle Höchstaltersgrenze für die Begründung von Arbeitsverhältnissen vor. § 33 Abs. 1 Buchst. a) TV-L ordne nur die Beendigung des Arbeitsverhältnisses mit Ablauf des Monats an, in dem die/der Beschäftigte das gesetzlich festgelegte Alter zum Erreichen der Regelaltersrente vollendet hat. Dies sei der im Allgemeininteresse liegende Grundsatz. Allerdings komme nach § 33 Abs. 5 Satz 1 TV-L die Weiterbeschäftigung des nach § 33 Abs. 1 Buchst. a) TV-L ausgeschiedenen Beschäftigten in Betracht. Die Möglichkeit der Wiedereinstellung nach Erreichen der Altersgrenze solle nach dem BAG-Urteil aber nur einer vorübergehenden Weiterbeschäftigung bei besonderem Bedarf und Fehlen jüngerer qualifizierter Bewerber dienen.

Das BAG hat seine Auffassung mit Urteil vom 8. Mai 2025 – 8 AZR 299/24 – erneut bestätigt.

Maßregelungsverbot und Arbeitszeugnis (§ 35 TVöD)

Das Maßregelungsverbot in § 612a BGB verbietet es Arbeitgebern, Arbeitnehmer, die ihre Rechte in zulässiger Weise ausüben, zu benachteiligen. Dies gilt nach Auslegung des BAG auch über die Beendigung des Arbeitsverhältnisses hinaus.

Eine ehemalige Assistentin der Geschäftsführung verlangte dreimal hintereinander die Korrektur eines vom Arbeitgeber ausgestellten Arbeitszeugnisses. Während in den ersten beiden Fassungen das Zeugnis mit einer Wunsch- und Dankesformel abschloss, enthielt die dritte Fassung die entsprechende Formel nicht mehr. Diese „erzieherische Maßnahme" der ehemaligen Arbeitgeberin hat das BAG mit Urteil vom 6. Juni 2023 – 9 AZR 272/22 – als Verstoß gegen das Maßregelungsverbot für unzulässig erklärt. Das berechtigte Verlangen der Zeugniskorrektur dürfe nicht zur Verschlechterung des Zeugnisses führen. Zwar stelle die Wunsch- und Dankesformel kein notwendiges Element eines qualifizierten Zeugnisses nach § 109 Abs. 1 GewO dar, dennoch sei die ehemalige Beschäftigte dadurch, dass die Formel in den ersten beiden Entwürfen enthalten war, durch die Herausnahme der Klausel unrechtmäßig benachteiligt worden.

Arbeitgeberzuschuss zur Entgeltumwandlung nach § 1a Abs. 1a BetrAVG im öffentlichen Dienst (TV-EntgeltU-B/L sowie TV-EUmw/VKA)

§ 1a Abs. 1a des Betriebsrentengesetzes (BetrAVG) ist durch Artikel 1 des Betriebsrentenstärkungsgesetzes vom 17. August 2017 mit Wirkung vom 1. Januar 2019 in das BetrAVG eingefügt worden. Danach haben Arbeitnehmer, die eine Entgeltumwandlung zum Zwecke der betrieblichen Altersversorgung durchführen, gegen ihre Arbeitgeber grundsätzlich einen Anspruch auf einen Arbeitgeberzuschuss i. H. v. bis zu 15 % des umgewandelten Betrags. Die Höhe des Arbeitgeberzuschusses ist begrenzt auf die Höhe der tatsächlich ersparten Arbeitgeberaufwendungen zur Sozialversicherung.

Das Gesetz sieht vor, dass der Arbeitgeberzuschuss (ganz oder teilweise) durch eine tarifliche Regelung abbedungen werden kann. Von der gesetzlichen Verpflichtung kann in Tarifverträgen abgewichen werden. Die für die Beschäftigten der Länder, der Kommunen und des Bundes geltenden Tarifverträge zur Entgeltumwandlung sind jeweils vor dem Inkrafttreten des Gesetzes abgeschlossen worden, beinhalten aber bis heute (trotz zahlreicher Anläufe in verschiedenen Tarifverhandlungen) keine Aussagen zu einem solchen Zuschuss des Arbeitgebers. Strittig war seit dem Inkrafttreten des Gesetzes daher, ob darin eine (stillschweigende) Abbedingung im Sinne dieses Gesetzes gesehen werden kann. Trotz arbeitgeberseitiger Überzeugung, dass der Arbeitgeberzuschuss wirksam „durch Nichtregelung" in diesen Tarifverträgen abbedungen wurde, wurde teilweise vorsorglich eine übertarifliche Zuschussgewährung ermöglicht (z. B. Rundschreiben des BMI vom 30. März 2022 – D 5-31004/11#14).

Zwischenzeitlich waren mehrere Verfahren zu dieser Frage sowohl aus dem öffentlichen Dienst als auch aus der Privatwirtschaft anhängig. Bereits mit Urteil vom 20. August 2024 – 3 AZR 286/23 – hat das BAG höchstrichterlich entschieden, dass die Auslegung des § 19 Abs. 1 BetrAVG ergibt, dass von den gesetzlichen Regelungen zur Entgeltumwandlung (§ 1a BetrAVG) auch in Tarifverträgen abgewichen werden kann, die bereits vor Inkrafttreten des Ersten Betriebsrentenstärkungsgesetzes am 1. Januar 2018 geschlossen wurden. Die Tariföffnungsklausel erfasst entgegen der Auffassung des Klägers auch bereits vor dem 1. Januar 2018 geschlossene Tarifverträge. Die Entscheidung erging zum Tarifvertrag zur Altersversorgung zwischen dem Landesverband Niedersachsen und Bremen der holz- und kunststoffverarbeitenden Industrie e. V. und der IG Metall vom 9. Dezember 2008. Nach dem Tarifvertrag steht den Beschäftigten kein Anspruch auf einen Arbeitgeberzuschuss wie nach § 1a Abs. 1a BetrAVG zu. Während diese Entscheidung schon ein erstes Indiz zur Bestätigung der Auslegung der öffentlichen Arbeitgeber darstellte, gab es am 11. März 2025 eine gleichlautende Entscheidung des BAG in einem Fall betreffend den TV-EUmw/VKA (BAG-Urteil vom 11. März 2025 – 3 AZR 53/24). Die Urteilsgründe lagen bei Redaktionsschluss noch nicht vor. Laut der Pressemitteilung des BAG liegt mit dem TV-EUmw/VKA eine solche von § 1a BetrAVG abweichende Regelung im Sinne des § 19 Abs. 1 BetrAVG vor. Es bedarf weder einer konkreten oder ausdrücklichen Abbedingung des Zulagenanspruchs aus § 1a Abs. 1a BetrAVG im Tarifvertrag noch einer hierauf bezogenen oder sonstigen Kompensation.

Präventionsverfahren gem. § 167 Abs. 1 SGB IX bei Kündigung eines schwerbehinderten Menschen (§ 34 TVöD)

Das BAG hat mit Urteil vom 3. April 2025 – 2 AZR 178/24 – klargestellt, dass die Vorschrift des § 167 Abs. 1 SGB IX („Prävention") während der Wartezeit des § 1 Abs. 1 Kündigungsschutzgesetz (KSchG) nicht zur Anwendung komme. Vielmehr ergebe die Auslegung der Bestimmung, dass sie ausschließlich für Kündigungen im zeitlichen und sachlichen Anwendungsbereich des Kündigungsschutzgesetzes gilt. Damit hat das BAG die in jüngster Zeit aufgekommenen Rechtsunsicherheiten beseitigt und entgegen zweier vorangegangener Entscheidungen des ArbG Köln und des LAG Köln entschieden.

Im vorliegenden Verfahren wurde der Kläger vom Arbeitgeber in Kenntnis von dessen Schwerbehinderung mit einer sechsmonatigen Probezeit eingestellt. Der Arbeitgeber kündigte den Beschäftigten innerhalb der Probezeit, ohne vorher ein Präventionsverfahren gem. § 167 Abs. 1 SGB IX durchgeführt zu haben. Nach Auffassung des Verfassers ist zu betonen, dass das BAG bei seiner Entscheidung nicht auf die vereinbarte Probezeit abstellt, sondern maßgeblich auf die Wartefrist nach § 1 Abs. 1 KSchG. Im Regelfall deckt sich die tarifliche Probezeit von sechs Monaten (§ 2 Abs. 4 Satz 1 TVöD) mit der sechsmonatigen Wartezeit nach § 1 Abs. 1 KSchG, sodass der Verzicht auf ein Präventionsverfahren gem. § 167 Abs. 1 SGB IX (wie im Urteilssachverhalt) zugleich auch nur für Probezeitkündigungen in Betracht kommt. Entfällt die Probezeit nach § 2 Abs. 4 Satz 2 TVöD bei der unmittelbaren Übernahme von Auszubildenden, greift auch das KSchG unmittelbar, da die Ausbildungszeit auf die Wartezeit nach § 1 Abs. 1 KSchG angerechnet wird. Insoweit wäre ein Verzicht nicht möglich. Erfolgt jedoch eine befristete Einstellung ohne Sachgrund, beträgt die tarifliche Probezeit nach § 30 Abs. 4 Satz 1 1. Halbs. TVöD lediglich sechs Wochen, die Wartezeit nach § 1 Abs. 1 KSchG jedoch weiterhin sechs Monate.

Mutterschutzanpassungsgesetz

Mit dem Mutterschutzanpassungsgesetz aus Dezember 2024 wird der besonderen Belastungssituation von Frauen nach einer Fehlgeburt Rechnung getragen, indem seit dem 1. Juni 2025 Schutzregelungen für Frauen mit Fehlgeburten in das Mutterschutzgesetz (MuSchG) neu aufgenommen wurden. Zudem erfolgte mit dem Gesetz eine Klarstellung zur Dauer der Schutzfristen bei Totgeburten.

Der Gesetzgeber führt für Frauen mit einer Fehlgeburt ab der 13. Schwangerschaftswoche eigene, gestaffelte Schutzfristen (Beschäftigungsverbote) in § 3 Abs. 5 MuSchG n. F. ein. Danach gelten seit dem 1. Juni 2025 folgende Beschäftigungsverbote:

- zwei Wochen bei einer Fehlgeburt ab der 13. Schwangerschaftswoche oder
- sechs Wochen bei einer Fehlgeburt ab der 17. Schwangerschaftswoche oder
- acht Wochen bei einer Fehlgeburt ab der 20. Schwangerschaftswoche.

In der Folge steht den Frauen für die Dauer der neu geregelten Schutzfristen ein Anspruch auf Mutterschaftsgeld und gegenüber dem Arbeitgeber ein Anspruch auf Zuschuss zum Mutterschaftsgeld zu. Auf eine mögliche Arbeitsunfähigkeit und Attestierung einer solchen kommt es in den Fällen der Fehlgeburt nun nicht mehr an. Auf Verlangen des Arbeitgebers ist jedoch ein Nachweis über die Fehlgeburt zu erbringen. Dies kann z. B. durch die Vorlage eines Mutterpasses, aus dem die Fehlgeburt hervorgeht, oder einer von einer Ärztin, einem Arzt oder einer Hebamme ausgestellten Bescheinigung zum Nachweis der Fehlgeburt erfolgen.

Der Gesetzgeber legt fest, dass im Fall einer Fehlgeburt ausschließlich die in § 3 Abs. 5 MuSchG neu geregelten Beschäftigungsverbote nach der Entbindung gelten. Die Anwendung der Regelungen für Schutzfristen vor der Entbindung ist ausdrücklich ausgeschlossen (§ 3 Abs. 5 Satz 3 MuSchG n. F.). Es besteht für die Frauen die Möglichkeit, sich entgegen der Schutzfristen ausdrücklich und für die Zukunft widerruflich für die Weiterarbeit zu entscheiden. Der besondere Kündigungsschutz bis zum Ablauf von vier Monaten nach einer Fehlgeburt ab der 13. Schwangerschaftswoche bleibt unverändert bestehen (§ 17 Abs. 1 Satz 1 Nr. 2 MuSchG).

I

Die Umsetzung der Tarifeinigung 2025 für die Beschäftigten des Bundes und der Kommunen

Von Andreas Bach-Terhorst

I. Rückblickende Anmerkung zur Tarifeinigung

Die Tarifrunde 2025 von Bund und Kommunen endete nach teils schwierigen Verhandlungen und einem Schlichtungsverfahren mit einem Kompromiss, der von allen Seiten als Ergebnis „in schwierigen Zeiten" bewertet werden konnte. Die Tarifrunde wurde von dem Eindruck hoher Arbeitsbelastungen, Personalmangel und steigender Lebenshaltungskosten geprägt, woraus ein hoher Druck auf beiden Seiten entstand. Für die Beschäftigten dürfte vor allem die Einführung flexiblerer Arbeitszeitmodelle, ein weiterer Tag Urlaub und die überdurchschnittliche Erhöhung der unteren Gehaltsgruppen als Erfolg gewertet werden. Arbeitgeber hingegen dürften angesichts der angespannten Haushaltslage die Verteilung der Entgeltsteigerungen auf die längere Laufzeit von 27 Monaten sowie hinsichtlich des Fachkräftemangels die beidseitig freiwillige Erhöhung der wöchentlichen Arbeitszeit als Kompromiss bewerten.

Das Einigungspapier aus der Tarifrunde 2025 enthielt zu vielen Einigungspunkten bereits konkrete Ausformulierungen für die Umsetzung ebendieser in förmlichen Änderungstarifvertragstext. Andere Einigungspunkte hingegen waren recht global formuliert worden, sodass sich bei einem genaueren Blick durchaus Praxis- bzw. Folgefragen ergaben, deren Beantwortung den Tarifpartnern in den Redaktionsverhandlungen vorenthalten blieb.

Wie gewohnt, sind die mittlerweile vorliegenden und in das Gesamtwerk eingearbeiteten Änderungstarifverträge nicht in allen Punkten selbsterklärend. Die nachstehende, nach Themenschwerpunkten aufgebaute Zusammenfassung, soll es Ihnen erleichtern, sich den weitreichenden Änderungen zu nähern.

II. Die Umsetzung der Tarifeinigung in Tariftext

Die Tarifeinigung vom 6. April 2025 als solche begründete noch keinerlei Ansprüche der Beschäftigten gegenüber ihren Arbeitgebern. Diese ergeben sich regelmäßig erst aus den im Nachgang zu einer Tarifeinigung abzuschließenden (Änderungs-)Tarifverträgen. Tarifeinigungen sind vielmehr als eine Art Abrede der Tarifpartner zu verstehen, die vorhandenen Tarifverträge im Sinne der getroffenen Absprache zu ändern. Traditionell werden die Texte der Änderungstarifverträge im Anschluss an die Tarifrunden des Bundes bzw. der Kommunen von der Arbeitgeberseite (unter Federführung der des BMI bzw. der VKA) „handwerklich" vorbereitet bzw. ausformuliert und dann den Gewerkschaften zur Prüfung übersandt. Nach Abschluss dieser Prüfung werden i. d. R. von den Gewerkschaften Änderungsvorschläge unterbreitet, die dann (ggf. unter Einbindung der jeweiligen Gremien) je nach Umfang in Redaktionsgesprächen oder im schriftlichen Verfahren beraten werden. Am Schluss des ganzen Prozesses liegen dann unterschriftsreife (Änderungs-)Tariftexte vor, die von den jeweiligen Spitzen der Tarifpartner unterzeichnet werden. Bei dem Umfang der zu formulierenden Änderungen kann es nicht verwundern, dass sich das Umsetzungsverfahren oftmals über mehrere Monate hinzieht.

Die abgestimmten Tariftexte der Tarifrunde 2025 lagen im Juli (Bund) bzw. August (VKA) 2025 vor. Ein vertiefter Blick in das Einigungspapier ließ erwarten, dass sich die Redaktionsverhandlungen, also die Umsetzung der Tarifeinigung in förmlichen Tarifvertragstext, aufgrund zahlreicher Praxis- und Detailfragen über mehrere Monate ziehen könnten. Dem Vernehmen nach war der Abschluss der Redaktionsverhandlungen in weniger als vier Monaten jedoch nur durch mehrere „materielle Zugeständnisse" nach zahlreichen Gesprächsrunden möglich. Entgegen dem grundsätzlichen Verständnis waren die Redaktionsverhandlungen daher in diesem Jahr wohl nicht nur ein reines „redaktionelles Umsetzen" der Tarifeinigung.

Frühestens ab dem Versand der Änderungstarifverträge durch Bund und VKA begannen die Ausschlussfristen zu laufen (z. B. § 37 TVöD). In der „vorelektronischen Zeit" wurde teilweise sogar die Auffassung vertreten, die Ausschlussfrist beginne erst mit der förmlichen Veröffentlichung der Texte. Ob diese sehr formelle Betrachtung auch im Zeitalter der elektronischen Medien und der schnelleren Verbreitung der geeinten Tariftexte im Internet bzw. Intranet Bestand haben kann, ist weiterhin umstritten.

III. Die wichtigsten Änderungen

Wie bereits im vorangegangenen Schwerpunktbeitrag zu der Tarifeinigung der Tarifrunde 2025 für die Beschäftigten des Bundes und der Kommunen wird auch die Umsetzung der Tarifeinigung untergliedert in den folgenden Abschnitten näher dargestellt und erläutert:

1. Entgelterhöhungen für die Beschäftigten und Auszubildenden
2. Arbeitszeit
3. Sonstige Vereinbarungen bei VKA (3.1) und Bund (3.2)

4. Auszubildende, Studierende und Praktikantinnen und Praktikanten
5. Laufzeit und Ausblick

1. Entgelterhöhungen für die Beschäftigten und Auszubildenden

1.1 Erhöhung der Tabellenentgelte

In der zurückliegenden Tarifrunde haben sich die Tarifpartner nicht nur auf zwei lineare Erhöhungen der Tabellenentgelte zum 1. April 2025 und zum 1. Mai 2026 geeinigt, sondern die Erhöhung zum 1. April 2025 um die soziale Komponente „Mindestbetrag" ergänzt. Dadurch sollen die Beschäftigten der unteren Entgeltgruppen in einem höheren Maß von den Tarifsteigerungen profitieren und von den weiter steigenden Lebenshaltungskosten entlastet werden.

Die Erhöhungen der Tabellenwerte wurden entsprechend der Änderungstarifverträge wie folgt in die Entgelttabellen dieses Werkes eingearbeitet:

1. zum **1. April 2025** Erhöhung der Tabellenentgelte um **3,0 Prozent**, mindestens jedoch 110 Euro monatlich (das betrifft die Entgeltgruppen 1 bis 5 und bestimmte Stufen in den höheren Entgeltgruppen bis hin zur Entgeltgruppe 9b Stufe 1)
2. zum **1. Mai 2026** Erhöhung der Tabellenentgelte um weitere **2,8 Prozent** (ohne Mindestbetrag).

Im Bereich der VKA wurden die Entgelttabellen zum TV-V (Versorgungsbetriebe) grundlegend neu gefasst. Die zu den abweichenden Stichtagen in Kraft tretenden Entgelttabellen ab dem 1. Juni 2025 und ab dem 1. Juni 2026 wurden in Anlage 2 zu § 6 TV-V eingearbeitet.

Abweichend von den oben genannten allgemeinen Erhöhungsschritten wurde das Tabellenentgelt der Entgeltgruppe 1 Stufe 2 im Bereich des Bundes ab dem 1. Mai 2026 auf den Betrag von 2.543,55 Euro angehoben.

Die vorgenannten Erhöhungsschritte haben darüber hinaus auch Auswirkungen auf das Entgelt der Tarifbeschäftigten in individuellen Zwischen- und Endstufen. Die diesbezüglichen Erhöhungsschritte haben die Tarifpartner in gesonderten Protokollerklärungen festgehalten (die individuellen Endstufen in § 6 TVÜ-VKA bzw. § 6 TVÜ-Bund sowie die individuellen Zwischenstufen in § 8 TVÜ-VKA bzw. § 8 TVÜ-Bund).

Die erhöhten Beträge für die Tabellenwerte der Entgeltgruppen 2Ü und 15Ü wurden in § 19 TVÜ-VKA bzw. § 19 TVÜ-Bund eingearbeitet.

1.2 Erhöhung tariflicher Zulagen

Tarifliche Zulagen und sonstige Entgeltbestandteile, für welche die Dynamisierung über die allgemeine Entgeltanpassung vereinbart ist, werden zur angemessenen Berücksichtigung des Mindestbetrages von 110 Euro zum 1. April 2025 um 3,11 Prozent und zum 1. Mai 2026 entsprechend der allgemeinen Entgelterhöhung um 2,8 Prozent angehoben. Die angepassten Werte wurden an den entsprechenden Stellen in die vorliegenden Tarifvertragstexte eingearbeitet.

Diese Erhöhungssätze finden im Übrigen auch auf die Stundenentgelte und weitere Entgeltbestandteile im TV-Fleischuntersuchung Anwendung.

Grundsätzlich nicht dynamisch sind die Zulagen für ständige und unständige Wechselschicht- und Schichtarbeit. Hier haben sich die Tarifpartner in der zurückliegenden Tarifrunde auf die nachstehenden überproportionalen Erhöhungen verständigt, welche zwischenzeitlich in das Tarifwerk eingearbeitet wurden:

Die Zulage für ständige **Wechselschichtarbeit** gemäß § 8 Abs. 5 Satz 1 TVöD wird ab dem 1. Juli 2025 von 105 Euro auf 200 Euro monatlich angehoben. Die Stundensätze gemäß § 8 Abs. 5 Satz 2 TVöD für nicht ständige Wechselschichtarbeit werden zu demselben Zeitpunkt von 0,63 Euro auf 1,18 Euro pro Stunde erhöht. Für den Bereich der Krankenhäuser, Pflege- und Betreuungseinrichtungen wird die Zulage für ständige Wechselschichtarbeit gemäß § 50 Abs. 2 Satz 1 TVöD BT-K bzw. § 49a Abs. 2 Satz 1 TVöD BT-B ab dem 1. Juli 2025 von 155 Euro auf 250 Euro monatlich angehoben. Die Stundensätze gemäß § 50 Abs. 2 Satz 2 TVöD BT-K werden zu demselben Zeitpunkt von 0,93 Euro auf 1,49 Euro pro Stunde erhöht. Die Stundensätze gemäß § 49a Abs. 2 Satz 2 TVöD BT-B werden zu demselben Zeitpunkt von 0,93 Euro auf 1,47 Euro pro Stunde erhöht.

Die Zulage für ständige **Schichtarbeit** gemäß § 8 Abs. 6 Satz 1 TVöD wird ab dem 1. Juli 2025 von 40 Euro auf 100 Euro monatlich angehoben. Die Stundensätze gemäß § 8 Abs. 6 Satz 2 TVöD für nicht ständige Schichtarbeit werden zu demselben Zeitpunkt von 0,24 Euro auf 0,59 Euro pro Stunde erhöht.

Wichtig:

Die erhöhten Zulagen für Wechselschicht- und Schichtarbeit werden für allgemeine Entgeltanpassungen nach dem 31. Dezember 2026, also voraussichtlich erstmalig für Erhöhungen in der Tarifrunde 2027, dynamisiert. Hierzu haben die Tarifpartner eine Protokollerklärung zu § 8 Absätze 5 und 6 TVöD bzw. § 49a Abs. 2 Satz 3 TVöD BT-B und § 50 Abs. 2 Satz 4 TVöD BT-K ergänzt.

Im Bereich der VKA wurden für dynamisierte Zulagen und Zuschläge im **TV-V** aufgrund der Neustrukturierung der entsprechenden Entgelttabelle (siehe unter 1.1) abweichende Erhöhungswerte und Zeitpunkte festgelegt. Die Erhöhungen ab dem 1. Juni 2025 um 5,1 Prozent sowie ab dem 1. Juni 2026 um weitere 1,25 Prozent wurden in das Tarifwerk eingearbeitet.

1.3 Anhebung der Jahressonderzahlungen

Sowohl im Bereich des Bundes als auch im Bereich der VKA werden die Jahressonderzahlungen ab dem Kalenderjahr 2026 erhöht. Die neuen Prozentsätze wurden in das Tarifwerk – § 20 TVöD (Bund) und § 20 TVöD (VKA) – eingearbeitet. Während der Bund weiterhin an unterschiedlichen Prozentsätzen jeweils für die Entgeltgruppen 1 bis 8, 9a bis 12 und 13 bis 15 festhält, hat sich die VKA erstmals für einen einheitlichen Prozentsatz für alle Beschäftigten entschieden. Lediglich in § 54 Abs. 3 TVöD BT-K und § 52a TVöD BT-B wurden für bestimmte Entgeltgruppen abweichende Prozentsätze festgelegt.

Hinsichtlich der in diesem Zusammenhang vereinbarten Umwandlungsmöglichkeit der (teilweisen) Jahressonderzahlung in bis zu drei freien Tagen siehe Ziffer 2.1.

1.4 Anhebung der Entgelte für Auszubildende, Studierende sowie Praktikantinnen und Praktikanten

Sämtliche tariflichen Ausbildungs-, Studien- und Praktikantenentgelte werden jeweils zum 1. April 2025 und zum 1. Mai 2026 um einen Festbetrag von 75 Euro erhöht. Die entsprechenden Beträge wurden in § 8 TVAöD, § 8 TVPöD, § 8 TVSöD sowie § 9 TVHöD eingearbeitet.

2. Arbeitszeit

2.1 Freizeit statt Jahressonderzahlung

Sowohl der Bund als auch die VKA haben sich im Tarifkompromiss für ein Wahlmodell entschieden, bei dem die Beschäftigten ab dem 1. Januar 2026 freiwillig einen Teil der Jahressonderzahlung in bis zu drei freien Tagen umwandeln können (sog. „Tauschtage"). Die konkrete Umsetzung erfolgt durch Neuaufnahme des **§ 29a (Bund) TVöD „Zeit-statt-Geld-Wahlmodell"** bzw. des **§ 29a (VKA) TVöD „Teilweise Umwandlung der Jahressonderzahlung"**. Die Umwandlungsmöglichkeit findet keine Anwendung auf den TVöD BT-K und TVöD BT-B. Erstmals können die Tauschtage 2026 für das Kalenderjahr 2027 beantragt werden.

Es scheint den Tarifpartnern mit den neuen Vorschriften gelungen zu sein, das Wahlmodell möglichst konkret auszugestalten. Die beiden Vorschriften sind identisch strukturiert. Das betrifft insbesondere die Anspruchsvoraussetzungen und die Antragstellung (Absatz 1), die genaue Berechnungsmethode für die Umwandlung (Absatz 2 inkl. Protokollerklärung(en) zu Absatz 2), die Inanspruchnahme der Tauschtage (Absatz 3) sowie den Umgang mit der „Nicht-Inanspruchnahme" von Tauschtagen (Absatz 4). Im Detail weichen die Vorschriften jedoch in Teilen voneinander ab. So setzt beispielsweise die Umwandlungsmöglichkeit des Bundes einen Anspruch auf mindestens fünf Zwölftel der Jahressonderzahlung nach § 20 (Bund) TVöD voraus. Eine vergleichbare Voraussetzung gibt es im Bereich der VKA nicht, dort wird lediglich auf eine nach § 20 (VKA) TVöD zustehende Jahressonderzahlung abgestellt. Hinzu kommt, dass im Bereich des Bundes für nicht genommene Tauschtage ein finanzieller Ausgleichsanspruch entsteht. Im Bereich der VKA verfallen die Tauschtage, wenn sie nicht innerhalb des Inanspruchnahmezeitraums genommen werden. Ein finanzieller Ausgleichsanspruch entsteht im Bereich der VKA nur dann, wenn die Tauschtage wegen unverzüglich angezeigter und durch ärztliches Attest nachgewiesener Arbeitsunfähigkeit oder wegen dringender betrieblicher oder dienstlicher Gründe nicht in Anspruch genommen werden konnten.

2.2 Erholungsurlaub

Der tarifliche Erholungsurlaub nach § 26 TVöD erhöht sich ab dem Kalenderjahr 2027 von jährlich 30 Tagen auf 31 Tage. Der zusätzliche Tag Urlaub wurde gleichermaßen auch für die Auszubildenden in § 9 TVAöD – BBiG bzw. § 9 TVAöD – Pflege, für dual Studierende in § 9 TVSöD bzw. § 12 TVHöD sowie für Praktikantinnen und Praktikanten nach dem TVPöD in § 10 TVPöD eingearbeitet.

2.3 Freiwillige Erhöhung der wöchentlichen Arbeitszeit[1])

Für die beidseitig freiwillige Erhöhung der wöchentlichen Arbeitszeit wird in § 6 TVöD mit Geltung ab dem 1. Januar 2026 nach Absatz 1, welcher die regelmäßige wöchentliche Arbeitszeit von 39 Stunden regelt, ein neuer Absatz 1a aufgenommen. Dieser ermöglicht Beschäftigten und Arbeitgebern im gegenseitigen Einvernehmen die wöchentliche Arbeitszeit auf bis zu durchschnittlich 42 Stunden (ausschließlich Pausen), befristet auf 18 Monate, zu erhöhen. Weitere

1) siehe hierzu im Einzelnen auch das unter 165 abgedruckte BMI-Rundschreiben vom 22. Oktober 2025.

Einzelheiten können in Betriebs- oder einvernehmlichen Dienstvereinbarungen geregelt werden. Aus dem neuen Absatz 1a geht jedoch nur die Möglichkeit für die Vereinbarung der erhöhten Arbeitszeit hervor. Die Vergütung ebendieser Zeiten wurde an anderen Stellen im Tarifvertrag geregelt. Zunächst definiert § 7 Abs. 8 TVöD die oberhalb der tariflichen regelmäßigen durchschnittlichen wöchentlichen Arbeitszeit liegenden vereinbarten Arbeitsstunden nach § 6 Abs. 1a TVöD als „Erhöhungsstunden". Für diese Erhöhungsstunden erhalten die Beschäftigten neben einem Stundenentgelt (siehe hierzu die Neuregelung in § 24 Abs. 2 Buchst. b) TVöD) auch einen Zeitzuschlag je vereinbarter Erhöhungsstunde entsprechend der Neuregelung in § 8 Abs. 7 TVöD. Die Protokollerklärung zu § 8 Abs. 7 regelt ergänzend, dass der in Absatz 7 geregelte Zuschlag als verstetigtes Entgelt in Monatsbeträgen zu zahlen ist.

Auf die abweichende Regelung in § 44 Abs. 1a für den Besonderen Teil Krankenhäuser wird hingewiesen.

2.4 Gleitzeit

Die Protokollerklärung zu § 6 TVöD wurde mit Wirkung ab 1. Juli 2025 geändert. Ziel ist es, dass Arbeitgeber und Beschäftigte fortan gemeinsam darauf achten, Gleitzeitkonten regelmäßig durch Freizeitausgleich auszugleichen, damit am Ende eines Ausgleichszeitraums keine Stunden oberhalb der erlaubten Salden verloren gehen. Dazu kann im Einzelfall frühzeitig die Anordnung von Überstunden genutzt werden. Zudem können Plusstunden auf ein Langzeitkonto gemäß § 10 TVöD übertragen werden, wenn ein solches existiert. Damit wollen die Tarifpartner augenscheinlich eine Verbindung zu der nachstehenden Neuregelung von Langzeitkonten (neuer Absatz 7 in § 10 TVöD) knüpfen. Weitere Details zur Umsetzung können in den jeweiligen Gleitzeitregelungen festgelegt werden.

2.5 Langzeitkonten

Zusätzlich zu der bestehenden Möglichkeit, mit einzelnen Beschäftigten ein Langzeitkonto gemäß § 10 Absatz 6 TVöD einzurichten, wurde zum 1. Juli 2025 eine neue Regelung in § 10 Absatz 7 TVöD eingefügt, wonach solche Langzeitkonten auch auf betrieblicher Ebene vereinbart werden können. Dabei sind insbesondere die sozialrechtlichen Vorschriften für Wertguthabenvereinbarungen nach §§ 7b ff. SGB IV zu beachten. Da es sich bei § 10 Absatz 7 TVöD um eine neue Regelung im Tarifvertrag handelt, kann die Übergangsregelung des § 116 Abs. 1 SGB IV nicht greifen, sodass die Kontenführung nach den einschlägigen sozialversicherungsrechtlichen Regelungen ausschließlich als

„**Wert**guthaben" erfolgen darf. Das bedeutet, dass Entgeltbestandteile in Arbeitsentgelt eingebracht und angespart werden können. Es handelt sich nicht um ein Zeitkonto, auf dem Entgeltbestandteile in Zeit faktorisiert gutgeschrieben werden. Für die Möglichkeiten zur Verwendung des Wertguthabens wird auf § 7c SGB IV verwiesen. Im Detail bleibt die Ausgestaltung den Betriebs- bzw. Dienstvereinbarungen vorbehalten. Welche Inhalte die Betriebs- bzw. Dienstvereinbarungen insbesondere regeln sollten, geht aus der neuen Vorschrift hervor.

3. Sonstige Vereinbarungen

3.1 VKA

3.1.1 Beschäftigte im Rettungsdienst

Die Neuregelungen für Beschäftigte im Rettungsdienst wurden in Teil B des Anhangs zu § 9 TVöD eingearbeitet. Dabei wurde die nachstehend zusammengefasste Regelung in einem neuen Absatz 1a eingefügt:

Für Beschäftigte im Rettungsdienst, deren Tätigkeit regelmäßig und in erheblichem Umfang Bereitschaftszeiten umfasst, darf

1) die Summe aus den faktorisierten Bereitschaftszeiten (zur Faktorisierung siehe unten) und der Vollarbeitszeit die Arbeitszeit nach § 6 Abs. 1 TVöD nicht überschreiten,
2) die durchschnittliche wöchentliche Summe aus Vollarbeits- und Bereitschaftszeiten folgende Grenzen nicht überschreiten:
   - Bis zum 31. Dezember 2025: 48 Stunden
   - Ab dem 1. Januar 2026: 46 Stunden
   - Ab dem 1. Januar 2027: 44 Stunden

Die Bereitschaftszeiten werden bis zum 31. Dezember 2025 zu 50 Prozent und abweichend zu § 9

- ab dem 1. Januar 2026 zu 56,25 Prozent und
- ab dem 1. Januar 2027 zu 64,29 Prozent

als tarifliche Arbeitszeit gewertet (faktorisiert).

Zudem wurde Absatz 2 durch eine Neufassung ersetzt. Diese hat (zusammengefasst) nachstehende Regelung zum Inhalt:

Ab dem 1. Januar 2026 kann durch Betriebs-/Dienstvereinbarung eine tägliche Höchstarbeitszeit unter Einrechnung der vorgeschriebenen Pausen von bis zu 24 Stunden eingeführt werden, wenn die Vollarbeitszeit innerhalb der Gesamtdauer der täglichen Arbeitszeit neun Stunden regelmäßig nicht überschreitet und durch besondere Maßnahmen (insb. Sicherstellung ausreichender Ruhephasen und

Bereitstellung gesonderter Ruheräume, doppelte Freiwilligkeit) vor Einführung sichergestellt wird, dass die Gesundheit der Beschäftigten nicht gefährdet wird.

3.1.2 Hebammen und Entbindungspfleger

Hebammen und Entbindungspfleger mit abgeschlossener Hochschulbildung werden seit dem 1. Januar 2025 in eine neue Entgeltgruppe P 11 eingruppiert. Hierzu haben die Tarifpartner in Teil B Abschnitt XI Ziffer 1 der Entgeltordnung (VKA) nach der Entgeltgruppe P 9 folgende neue Entgeltgruppe P 11 eingefügt:

„Entgeltgruppe P 11

1. *Hebammen mit abgeschlossener Hochschulbildung und entsprechender Tätigkeit.*
2. *Hebammen und Entbindungspfleger der Entgeltgruppe P 8 Fallgruppe 3, die aufgrund gleichwertiger Fähigkeiten und ihrer Erfahrungen entsprechende Tätigkeiten der Fallgruppe 1 ausüben."*

Für die Überleitung der betroffenen Beschäftigten wurde ein neuer § 29e in den TVÜ-VKA aufgenommen.

3.1.3 Weitere Verbesserungen im TV-V

Wie unter 1.1 und 1.2 dargestellt, wurden abweichende Erhöhungsschritte und Zeitpunkte für die Tabellenentgelte und die dynamischen Zulagen in den TV-V eingearbeitet. Darüber hinaus wurde mit § 6a TV-V erstmalig eine Öffnungsklausel für „Alternative Anreize" (z. B. Zuschüsse für Fitnessstudios oder Fahrtkostenzuschüsse für ÖPNV-Tickets) eingeführt. Die Umwandlungsmöglichkeit von Teilen der Jahressonderzahlung in bis zu drei freie Tage wird ab dem 1. Januar 2026 ebenfalls durch Aufnahme des neuen § 15a „Teilweise Umwandlung der Sonderzahlung" eingeführt. Auch die beidseitig freiwillige Erhöhung der wöchentlichen Arbeitszeit wurde mit Wirkung ab 1. Januar 2026 in § 8 Abs. 1a TV-V eingearbeitet. Die Vergütung ebendieser Erhöhungsstunden wird in § 9 Abs. 9 und § 10 Abs. 11 TV-V geregelt. Ab dem Kalenderjahr 2027 erhalten auch die Beschäftigten im Geltungsbereich des TV-V auf Grundlage des angepassten § 14 Abs. 3 TV-V einen weiteren Tag Urlaub.

3.1.4 Sparkassen

Die einzige Änderung, die im Besonderen Teil Sparkassen des TVöD im Rahmen der Tarifrunde 2025 eingearbeitet wurde, ist die Neuaufnahme des § 50b „Teilweise Umwandlung des garantierten Anteils der Sparkassensonderzahlung". Diese Regelung nimmt Bezug auf die

Neuregelung des § 29a (VKA) TVöD und ergänzt Maßgaben, unter denen die Beschäftigten im Geltungsbereich des Besonderen Teils Sparkassen einen Teil des ihnen zustehenden garantierten Anteils der Sparkassensonderzahlung in bis zu drei freie Arbeitstage (sog. „Tauschtage") umwandeln können.

3.2 Bund

3.2.1 Erschwerniszuschläge

Für die Dynamisierung der Zuschläge findet das in § 5 LohnzuschlagsTV i. V. m. der Niederschriftserklärung zu § 19 Abs. 5 Satz 2 TVöD beschriebene Verfahren Anwendung. Der für die Erhöhung der Zuschläge maßgebliche Vomhundertsatz in Höhe von 12 Prozent beträgt ab dem 1. April 2025 3 Prozent und ab dem 1. Mai 2026 2,8 Prozent und wurde in die Niederschriftserklärung eingearbeitet. Der überschießende Vomhundertsatz für die Ermittlung der nächsten 12 Prozent für die Erhöhung der Zuschläge gemäß § 5 LohnzuschlagsTV beträgt für die Zeit nach dem 1. Mai 2026 0,99 Prozent.

3.2.2 Angleichung der Arbeitsbedingungen Ost an West

Für den Bereich des Bundes wurden weitere Angleichungen der Arbeitsbedingungen zwischen den Beschäftigten in den Tarifgebieten Ost und West vereinbart. Diese wurden sowohl in die Regelung in § 30 Abs. 2 bis 5 TVöD zu befristeten Arbeitsverträgen als auch in die Regelungen zur ordentlichen Unkündbarkeit gemäß § 34 Abs. 2 TVöD eingearbeitet.

4. Auszubildende, Studierende und Praktikantinnen und Praktikanten

4.1 Entgelte

Zum 1. April 2025 sowie zum 1. Mai 2026 wurde jeweils eine Erhöhung der tariflichen Studien-, Praktikanten- und Ausbildungsentgelte um 75 Euro in die Tarifwerke eingearbeitet, siehe unter 1.4.

4.2 Übernahmeregelung[1])

Die in § 16a TVAöD enthaltene und für den Bereich BBiG und Pflege geltende Übernahmeregelung war (wie üblich) am 31. Dezember 2024 ausgelaufen. Sie wurde zwar wieder in Kraft gesetzt und bis

1) siehe hierzu im Einzelnen auch das unter **160** abgedruckte BMI-Rundschreiben vom 1. August 2025.

zum 31. März 2027 verlängert, aber mit Wirkung ab dem 1. August 2025 neu gefasst. Danach haben Auszubildende nach erfolgreichem Abschluss ihrer Ausbildung einen Anspruch auf unbefristete Übernahme, wenn folgende Bedingungen erfüllt sind:

- mindestens die Gesamtnote „Befriedigend“,
- ein dienstlicher bzw. betrieblicher Bedarf bei der Ausbildungsstelle oder dem Betrieb,
- und keine entgegenstehenden personen-, verhaltens-, betriebsbedingten oder gesetzlichen Gründe.

Wird die Ausbildung zwar erfolgreich, aber mit weniger als der Gesamtnote „Befriedigend“ abgeschlossen, gilt weiterhin die vorherige zweistufige Übernahmeregelung (jetzt § 16a Abs. 2 TVAöD). Danach erfolgt die Übernahme – bei dienstlichem oder betrieblichem Bedarf und sofern keine genannten Hinderungsgründe vorliegen – zunächst befristet für zwölf Monate und bei Bewährung anschließend unbefristet.

Für die Übernahme – egal ob unbefristet oder befristet – müssen Auszubildende außerdem die freiheitlich-demokratische Grundordnung im Sinne des Grundgesetzes durch ihr gesamtes Verhalten anerkennen.

Ein entsprechender § 16a wurde erstmalig in den TVSöD und ein entsprechender § 21a in den TVHöD aufgenommen.

Wichtig:

Die Regelungen im TVSöD und TVHöD beziehen sich jedoch ausschließlich auf die unbefristete Übernahme von Studierenden, die den Ausbildungs- und Studienteil jeweils mindestens mit der Gesamtnote „Befriedigend“ abgeschlossen haben. Eine vergleichbare Regelung zu § 16a Abs. 2 TVAöD n. F. bzw. § 16a TVAöD a. F. wurde für Studierende nicht aufgenommen. Es besteht damit keine Verpflichtung, Studierende, die nicht mindestens die Gesamtnote „Befriedigend“ haben, befristet zu übernehmen.

4.3 Erstattung von Zuschlägen bei Familienheimfahrten im Bereich Pflege

Seit dem 1. Juli 2025 können den Auszubildenden im Bereich TVAöD – Pflege Zuschläge bzw. besondere Fahrpreise (z. B. für ICE) im Bahnverkehr wie nach TVAöD – BBiG erstattet werden. Hierfür wurde § 10a TVAöD – Pflege durch einen neuen Satz 2 ergänzt. Satz 3 in der Neufassung grenzt die Fälle ab, in denen aufgrund geringerer Entfernung eine tägliche Rückkehr möglich und zumutbar ist oder der Aufenthalt weniger als vier Wochen beträgt.

4.4 Verpflegungszuschuss bei auswärtigen Bildungsmaßnahmen

Auszubildenden nach dem TVAöD sowie dual Studierenden nach dem TVSöD und nach dem TVHöD wird seit dem 1. Juli 2025 bei notwendiger Unterbringung am auswärtigen Ausbildungsort der Verpflegungszuschuss nach Bundesreisekostengesetz (Bund) bzw. landesrechtlichen Reisekostenregelungen (VKA) gewährt. Die Tarifpartner haben sich dazu entschieden, die Umsetzung dafür zu nutzen, im TVAöD und im TVSöD jeweils den bisherigen § 10 durch § 10 (Bund) „Ausbildungsmaßnahmen außerhalb der Ausbildungsstätte" und § 10 (VKA) „Ausbildungsmaßnahmen außerhalb der Ausbildungsstätte" zu ersetzen. Einzelheiten sind den neuen Vorschriften zu entnehmen. Im TVHöD erfolgt die Umsetzung durch Neuaufnahme der Sätze 2 bis 4 in § 13 Abs. 2.

4.5 Praxisintegrierte duale Studiengänge

Die Arbeitgeber haben im Rahmen der Tarifeinigung auf Grundlage einer bestehenden Verhandlungszusage erneut zugesagt, bei Vorliegen der notwendigen rechtlichen Grundlagen (Tarifkompetenz) umgehend Tarifverhandlungen zu praxisintegrierten dualen Studiengängen aufzunehmen. Hintergrund dieser Absprache ist, dass die Tarifkompetenz für diese Berufsvorbereitung seit Jahren strittig ist. Daher gibt es in diesem Bereich bislang lediglich arbeitgeberseitige Richtlinien. Es bleibt abzuwarten, ob vor der nächsten Tarifrunde Anfang 2027 Bewegung in dieses Thema kommt.

5. Laufzeit und Ausblick

Für die in der Tarifeinigung 2025 vereinbarten Erhöhungen der Tabellenentgelte, für die Anhebung der Vergütungen für Auszubildende, Studierende und Praktikantinnen und Praktikanten sowie für die Übernahmegarantie für Auszubildende und Studierende wurde eine Mindestlaufzeit bis zum **31. März 2027** (27 Monate) vereinbart.

Die Regelungen zur freiwilligen Erhöhung der regelmäßigen Arbeitszeit auf bis zu 42 Stunden und zu den Tauschtagen können gesondert und nur insgesamt gekündigt werden. Die Sonderkündigung ist schriftlich mit Frist von sechs Monaten zum **31. Dezember 2029** möglich. Die dann bereits laufenden individuellen Vereinbarungen bleiben von einer Kündigung unberührt. Die Nachwirkung ist ausgeschlossen. Die genannten Regelungen sollen Anfang 2029 evaluiert werden. Wichtig: Nach der ab dem 1. Januar 2027 geltenden Protokollerklärung zu § 26 Absatz 1 Satz 2 TVöD wird der Erholungsurlaub im Falle der vorstehenden „Blockkündigung" automatisch wieder von 31 Tage auf 30 Tage reduziert. Vergleichbare Protokollerklärungen wurden auch bei den Urlaubsansprüchen der Auszubildenden und Studierenden aufgenommen (z. B. § 20a Absatz 3 Buchst. d TVAöD – BBiG). Auch die abweichenden Erhöhungen der Jahressonderzahlungen im Bereich BT-B und BT-K werden bei einer Kündigung nach § 39 Abs. 4 Buchst. j TVöD zurückgenommen (vgl. Protokollerklärung zu § 54 Absatz 3 TVöD BT-K und Protokollerklärung zu § 52a TVöD BT-B).

Für den TV-V gilt: Die Regelungen der freiwilligen Erhöhung der regelmäßigen Arbeitszeit auf bis zu 42 Stunden sowie zur Umwandlung der Jahressonderzahlung in freie Tage können gesondert und nur insgesamt gekündigt werden. Die Sonderkündigung ist schriftlich mit einer Frist von sechs Monaten zum 31. Dezember 2029 möglich. Die laufenden individuellen Vereinbarungen bleiben von einer Kündigung unberührt. Die Nachwirkung ist ausgeschlossen. Die genannten Regelungen sollen Anfang 2029 evaluiert werden.

Die Themenvielfalt und das aus diesem Abschluss resultierende finanzielle Volumen, das in die Waagschale gelegt werden musste, um einen Kompromiss auszutarieren, war in der letzten Tarifrunde erneut beachtlich. Die Umsetzung der Änderungen in förmlichen Tariftext hat im Vergleich zu den vorangegangenen Tarifrunden mit rund vier Monaten in etwa durchschnittlich viel Zeit in Anspruch genommen. Die Laufzeit von insgesamt 27 Monaten (bis 31. März 2027) hat den Tarifpartnern mittelfristige Planungssicherheit verschafft. Die nächste Tarifrunde ist im Frühjahr 2027 zu erwarten. In den kommenden Jahren ist mit weiteren Herausforderungen im öffentlichen Dienst zu rechnen, insbesondere im Hinblick auf den Fachkräftemangel und den finanziellen Druck auf Bund und Kommunen.

Einigung in der Tarifverhandlung für die Beschäftigten des öffentlichen Dienstes von Bund und Kommunen

Vom 6. April 2025

Teil A
Gemeinsame Regelungen für Bund und VKA

1. Entgelt

Die Tabellenentgelte einschließlich der Beträge aus individuellen Zwischen- und Endstufen sowie die Tabellenwerte der Entgeltgruppen 2Ü und 15Ü werden

- ab dem 1. April 2025 um 3,0 Prozent, mindestens jedoch 110 Euro monatlich, und
- ab dem 1. Mai 2026 um weitere 2,8 Prozent erhöht.

Tarifliche Zulagen, für die die Dynamisierung über die allgemeine Entgeltanpassung vereinbart ist, werden

- ab dem 1. April 2025 um 3,11 Prozent und
- ab dem 1. Mai 2026 um weitere 2,8 Prozent erhöht.

2. Entgelte der Auszubildenden, Studierenden und Praktikantinnen und Praktikanten

Die Ausbildungsentgelte nach dem TVAöD, die Praktikantenentgelte nach dem TVPöD sowie die Entgelte nach § 8 Abs. 1 Satz 2 TVSöD und das Studienentgelt nach § 8 Abs. 2 Satz 2 TVSöD werden

- ab dem 1. April 2025 um 75 Euro monatlich und
- ab dem 1. Mai 2026 um weitere 75 Euro monatlich erhöht.

3. Regelungen zur Arbeitszeit

a) Zulagen für Wechselschicht- und Schichtarbeit

Die Zulage für ständige Wechselschichtarbeit gemäß § 8 Abs. 5 Satz 1 TVöD wird ab dem 1. Juli 2025 auf 200 Euro monatlich angehoben. Die Stundensätze gemäß § 8 Abs. 5 Satz 2 TVöD werden zu demselben Zeitpunkt auf 1,18 Euro pro Stunde erhöht.

Für den Bereich der Krankenhäuser, Pflege- und Betreuungseinrichtungen wird die Zulage für ständige Wechselschichtarbeit gemäß § 50 Abs. 2 Satz 1 TVöD-BT-K bzw. § 49a Abs. 2 Satz 1 TVöD-BT-B ab dem 1. Juli 2025 auf 250 Euro monatlich angehoben. Die Stundensätze gemäß § 50 Abs. 2 Satz 2 TVöD-BT-K werden zu demselben Zeitpunkt auf 1,49 Euro pro Stunde erhöht. Die Stundensätze gemäß § 49a Abs. 2

Satz 2 TVöD-BT-B werden zu demselben Zeitpunkt auf 1,47 Euro pro Stunde erhöht.

Die Zulage für ständige Schichtarbeit gemäß § 8 Abs. 6 Satz 1 TVöD wird ab dem 1. Juli 2025 einheitlich auf 100 Euro monatlich angehoben. Die Stundensätze gemäß § 8 Abs. 6 Satz 2 TVöD werden zu demselben Zeitpunkt auf 0,59 Euro pro Stunde erhöht.

Die vorgenannten Zulagen für Wechselschicht- und Schichtarbeit werden bei allgemeinen Entgeltanpassungen nach dem 31. Dezember 2026 jeweils um den von den Tarifvertragsparteien festgelegten Vomhundertsatz erhöht.

Die Erhöhung hat im Bereich der VKA im TVöD ein Volumen von 0,25 Prozent.

b) Freiwillige Erhöhung der wöchentlichen Arbeitszeit

Beschäftigte und Arbeitgeber können nach Ende der Probezeit beiderseits freiwillig befristet die Erhöhung der regelmäßigen Arbeitszeit auf bis zu durchschnittlich 42 Stunden wöchentlich (ausschließlich der Pausen) vereinbaren. Die Erhöhung ist zu befristen und kann bis zu 18 Monate betragen. Verlängerungen sind einvernehmlich möglich und zu befristen. Die Verlängerung kann jeweils bis zu 18 Monate betragen. Soweit tarifvertraglich auf die regelmäßige durchschnittliche wöchentliche Arbeitszeit von Vollzeitbeschäftigten Bezug genommen wird, gilt in diesem Fall die individuell erhöhte regelmäßige wöchentliche Arbeitszeit nach Satz 1. Die Vereinbarung kann aus wichtigem Grund in Textform mit einer Frist von vier Wochen zum Monatsende gekündigt werden. Näheres kann durch Betriebs- oder einvernehmliche Dienstvereinbarungen geregelt werden.

Beschäftigte mit einer erhöhten Arbeitszeit erhalten das Tabellenentgelt und sonstige Entgeltbestandteile in dem Umfang, der dem Anteil der individuell vereinbarten durchschnittlichen Arbeitszeit im Verhältnis zur regelmäßigen Arbeitszeit gemäß § 6 Abs. 1 Satz 1 TVöD entspricht, soweit tarifvertraglich nicht ausdrücklich etwas anderes geregelt ist. Für Arbeitsstunden, die über die durchschnittliche regelmäßige wöchentliche Arbeitszeit von Vollbeschäftigten hinausgehen (Erhöhungsstunden), erhalten Beschäftigte einen Zuschlag

in den Entgeltgruppen 1 bis 9b	in Höhe von 25 Prozent und
in den Entgeltgruppen 9c bis 15	in Höhe von 10 Prozent

des auf die Stunde entfallenden Anteils des Tabellenentgelts der Stufe 3 der jeweiligen Entgeltgruppe.

Erhöhungsstunden sind keine Überstunden im Sinne von § 7 Abs. 7 und Abs. 8 TVöD.

Die Regelung tritt zum 1. Januar 2026 in Kraft.

c) Gleitzeit

Die Tarifvertragsparteien werden die Protokollerklärung zu § 6 TVöD zum 1. Juli 2025 wie folgt fassen:

> Gleitzeitregelungen sind unter Wahrung der jeweils geltenden Mitbestimmungsrechte unabhängig von den Vorgaben zu Arbeitszeitkorridor und Rahmenzeit (Absätze 6 und 7) möglich. Sie dürfen keine Regelungen nach Absatz 4 enthalten. In gemeinsamer Verantwortung von Arbeitgeber und Beschäftigten soll darauf hingewirkt werden, dass Gleitzeitkonten durch Zeitausgleich zum Ende des Ausgleichszeitraums keine Minus- oder Plusstunden ausweisen, welche die geregelten Saldogrenzen überschreiten. Hierzu gehört auch, dass im Einzelfall frühzeitig auch von der Möglichkeit der Anordnung von Überstunden (§ 7 Abs. 7 und Abs. 8) Gebrauch gemacht wird. Soweit ein Konto gemäß § 10 eingerichtet ist, kann auch die Übertragung von Plusstunden auf dieses erfolgen. In den Gleitzeitregelungen können weitere Einzelheiten, insbesondere zur Anwendung der vorgenannten Möglichkeiten, geregelt werden.

d) Langzeitkonten

Die Tarifvertragsparteien vereinbaren, dass auf betrieblicher Ebene die Einrichtung von Langzeitkonten vereinbart werden kann. Das Langzeitkonto (Wertguthabenkonto) kann gemäß § 7c SGB IV genutzt werden. Hierfür wird zum 1. Juli 2025 ein neuer § 10 Abs. 7 TVöD angefügt:

> Auf betrieblicher Ebene kann die Einrichtung eines Langzeitkontos für die Beschäftigten vereinbart werden. Ein in das Langzeitkonto eingebrachtes Wertguthaben kann gemäß § 7c SGB IV (insbesondere für ein Sabbatical, für eine Verringerung der Arbeitszeit, die der Beschäftigte nach § 8 oder § 9a TzBfG verlangen kann, Freistellung wegen Kinderbetreuungszeiten und Pflegezeit) verwendet werden. Die Ausgestaltung geschieht durch Betriebsvereinbarung oder einvernehmliche Dienstvereinbarung, in der insbesondere geregelt werden:
>
> - Verfahren zur Einbringungsmöglichkeit, insbesondere die Einzahlung von Entgeltbestandteilen,
> - Regelung von Störfällen und die Übertragung des Wertguthabens, insbesondere bei Beendigung des Arbeitsverhältnisses, Berufsunfähigkeit, Tod,
> - Rahmen der Ansparvereinbarung, insbesondere hinsichtlich der Grenzen der Ansparung,
> - Regelungen zur Freistellungsphase, insbesondere zu Mindestzeiten, Beginn und Dauer, Ankündigungsfristen,

- Entgelt in der Freistellungsphase,
- Insolvenzsicherung im Falle der Insolvenzfähigkeit des Arbeitgebers.

4. Erholungsurlaub (§ 26 TVöD)

Ab dem Kalenderjahr 2027 erhalten die Beschäftigten einschließlich der Auszubildenden, dual Studierenden sowie Praktikantinnen und Praktikanten nach dem TVPöD einen zusätzlichen Tag Erholungsurlaub.

5. Übernahme von Auszubildenden und dual Studierenden

Auszubildende nach dem TVAöD und dual Studierende nach dem TVSöD und dem TVHöD, die ihre Abschlussprüfung mit mindestens der Gesamtnote „Befriedigend" abgeschlossen haben, werden bei dienstlichem bzw. betrieblichem Bedarf im Anschluss an die Ausbildung bzw. das Studium in ein unbefristetes Arbeitsverhältnis übernommen, sofern eine freie und besetzbare Stelle bzw. ein freier und zu besetzender Arbeitsplatz vorhanden ist, die/der eine ausbildungsadäquate Beschäftigung auf Dauer ermöglicht. Voraussetzung für die Übernahme ist, dass keine personen-, verhaltens-, betriebsbedingten oder gesetzlichen Gründe entgegenstehen.

Im Übrigen wird die bisherige Regelung des § 16a TVAöD wieder in Kraft gesetzt.

Voraussetzung für die Übernahme ist, dass Auszubildende und dual Studierende des Bundes und anderer Arbeitgeber, in deren Aufgabenbereichen auch hoheitliche Tätigkeiten wahrgenommen werden, sich durch ihr gesamtes Verhalten zur freiheitlich demokratischen Grundordnung im Sinne des Grundgesetzes bekennen.

Die Regelungen werden auf die Dauer der Laufzeit der Tarifeinigung befristet.

Die erhöhte Arbeitszeit nach Teil A Nummer 3 Buchstabe b) darf nicht bereits mit Beginn des Arbeitsverhältnisses vereinbart werden.

6. Erstattung von Zuschlägen bei Familienheimfahrten im Bereich Pflege

Für Familienheimfahrten bei Entfernungen von mehr als 300 km können Auszubildenden im Bereich TVAöD – Besonderer Teil Pflege Zuschläge bzw. besondere Fahrpreise (z. B. für ICE) im Bahnverkehr wie nach TVAöD – Besonderer Teil BBiG erstattet werden. Die Regelung tritt zum 1. Juli 2025 in Kraft.

7. Verpflegungszuschuss bei auswärtigen Bildungsmaßnahmen

Auszubildenden nach dem TVAöD sowie dual Studierenden nach dem TVSöD sowie nach dem TVHöD wird bei notwendiger Unterbringung am auswärtigen Ausbildungsort der Verpflegungszuschuss nach Bundesreisekostengesetz (Bund) bzw. landesrechtlichen Reisekostenregelungen (VKA) gewährt. Die Regelung tritt zum 1. Juli 2025 in Kraft.

8. Praxisintegrierte duale Studiengänge

Die Arbeitgeber sagen auf Grundlage der bestehenden Verhandlungszusage zu, bei Vorliegen der notwendigen rechtlichen Grundlagen (Tarifkompetenz) umgehend Tarifverhandlungen zu praxisintegrierten dualen Studiengängen aufzunehmen. Sie sagen zu, sich bei den zuständigen Ressorts für das Anliegen einzusetzen.

Teil B
Besondere Regelungen für den Bund

1. Entgelt der Entgeltgruppe 1 Stufe 2

Das Tabellenentgelt der Entgeltgruppe 1 Stufe 2 wird ab dem 1. Mai 2026 auf den Betrag von 2543,55 Euro festgesetzt.

2. Erschwerniszuschläge

Für die Dynamisierung der Zuschläge findet das in § 5 LohnzuschlagsTV i. V. m. der Niederschriftserklärung zu § 19 Abs. 5 Satz 2 TVöD beschriebene Verfahren Anwendung. Der für die Erhöhung der Zuschläge maßgebliche Vomhundertsatz in Höhe von 12 Prozent beträgt ab dem 1. April 2025 3 Prozent und ab dem 1. Mai 2026 2,8 Prozent. Der überschießende Vomhundertsatz für die Ermittlung der nächsten 12 Prozent für die Erhöhung der Zuschläge gemäß § 5 LohnzuschlagsTV beträgt für die Zeit nach dem 1. Mai 2026 0,99 Prozent.

3. Zeit-statt-Geld-Wahlmodell (Bund)

Die Jahressonderzahlungen werden ab dem Kalenderjahr 2026 für den Bereich des Bundes

- für die Entgeltgruppen 1 bis 8 auf 95 Prozent,
- für die Entgeltgruppen 9a bis 12 auf 90 Prozent und
- für die Entgeltgruppen 13 bis 15 auf 75 Prozent

erhöht. Es wird ein Zeit-statt-Geld-Wahlmodell eingeführt, bei dem Beschäftigte einen Teil der Jahressonderzahlung im Wert von bis zu drei freien Tagen umtauschen können. Die Berechnung für den Wert der freien Tage erfolgt auf Stundenbasis (§ 24 Abs. 3 Satz 3 TVöD).

Im Falle einer unverzüglich angezeigten und durch ärztliches Attest nachgewiesenen Arbeitsunfähigkeit für den gewährten freien Tag sowie im Falle der Geltendmachung von dringenden betrieblichen/dienstlichen Gründen durch den Arbeitgeber für den gewährten freien Tag tritt für diesen Tag keine Minderung der Jahressonderzahlung ein.

4. Angleichung der Arbeitsbedingungen Ost an West

Bisher unterschiedliche Arbeitsbedingungen zwischen Beschäftigten in den Tarifgebieten Ost und West werden wie folgt angeglichen:

a) Angleichung der Arbeitsbedingungen bei befristeten Arbeitsverträgen

Die Regelungen des § 30 Abs. 2 bis 5 TVöD gelten künftig unabhängig vom Tarifgebiet und für alle Beschäftigten; ausgenommen bleiben Beschäftigte mit Arbeitsverhältnissen, für die §§ 57a ff. HRG, das Gesetz über befristete Arbeitsverträge in der Wissenschaft (Wissenschaftszeitvertragsgesetz) oder gesetzliche Nachfolgeregelungen unmittelbar oder entsprechend gelten.

b) Angleichung der Voraussetzungen für die ordentliche Unkündbarkeit

Die Regelung zur ordentlichen Unkündbarkeit gemäß § 34 Abs. 2 TVöD wird gleichermaßen auf alle Beschäftigten im Geltungsbereich des TVöD und unabhängig vom Tarifgebiet angewandt.

Teil C
Besondere Regelungen für die VKA

1. Entgelt TV-Fleischuntersuchung

Die Stundenentgelte nach § 7 Abs. 2 Satz 1 Buchstabe a bis d TV-Fleischuntersuchung werden

- ab dem 1. April 2025 um 3,11 Prozent und
- ab dem 1. Mai 2026 um weitere 2,8 Prozent erhöht.

Die Entgeltbestandteile nach § 8 Abs. 1 Satz 1, 1. Halbsatz, § 8 Abs. 2 Satz 1, § 8 Abs. 5 Satz 2 Buchstabe a bis d, § 8 Abs. 10 Satz 1 und § 9 Satz 2 Buchstabe a bis d TV-Fleischuntersuchung sowie die Begrenzung der Entgeltsummen nach § 8 Abs. 7 Buchstabe a bis c TV-Fleischuntersuchung werden zu denselben Zeitpunkten wirkungsgleich erhöht.

2. Entgelt TVHöD

Das monatliche Studienentgelt nach § 9 Abs. 1 TVHöD wird

- ab dem 1. April 2025 um 75 Euro und
- ab dem 1. Mai 2026 um weitere 75 Euro erhöht.

3. Jahressonderzahlung und Umwandlung in freie Tage

Die Jahressonderzahlungen werden ab dem Kalenderjahr 2026 für den Bereich der VKA vereinheitlicht und auf 85 Prozent erhöht. Dies gilt auch für Beschäftigte, die nach der P-Tabelle sowie der S-Tabelle eingruppiert sind (außer im Bereich BT-B und BT-K). Es wird für Teil- und Vollzeitbeschäftigte der Bereiche TVöD-BT-V, TVöD-BT-S, TVöD-BT-F und TVöD-BT-E eine Regelung zur Umwandlung in freie Tage eingeführt, bei dem Beschäftigte einen Teil der Jahressonderzahlung bzw. Sparkassensonderzahlung in bis zu drei zusätzliche freie Tage umwandeln können. Die Berechnung für den Wert der freien Tage erfolgt auf Stundenbasis (§ 24 Abs. 3 Satz 3 TVöD).

Im Falle einer unverzüglich angezeigten und durch ärztliches Attest nachgewiesenen Arbeitsunfähigkeit für den gewährten freien Tag sowie im Falle der Geltendmachung von dringenden betrieblichen/dienstlichen Gründen durch den Arbeitgeber für den gewährten freien Tag tritt für diesen Tag keine Minderung der Jahressonderzahlung ein.

Die Jahressonderzahlung im Geltungsbereich von TVöD-BT-K und TVöD-BT-B wird ab dem Kalenderjahr 2026 für die Entgeltgruppen 1 bis 8 (einschließlich Entsprechungen) auf 90 Prozent festgelegt. Für die Entgeltgruppen 9a bis 15 (einschließlich Entsprechungen) wird die Jahressonderzahlung auf 85 Prozent erhöht.

4. Regelungen für Beschäftigte im Rettungsdienst

Teil B des Anhangs zu § 9 TVöD wird wie folgt geändert:

a) In Absatz 1 Satz 1 werden die Wörter „im Rettungsdienst und" gestrichen.

b) Nach Absatz 1 wird folgender Absatz 1a eingefügt:

„(1a) [1]Für Beschäftigte im Rettungsdienst, in deren Tätigkeit regelmäßig und in nicht unerheblichem Umfang Bereitschaftszeiten fallen, gelten folgende besondere Regelungen zu § 6 Abs. 1 Satz 1 TVöD:

[2]Die Summe aus den faktorisierten Bereitschaftszeiten und der Vollarbeitszeit darf die Arbeitszeit nach § 6 Abs. 1 nicht über-

schreiten. [3]Die Summe aus Vollarbeits- und Bereitschaftszeiten darf durchschnittlich

- bis zum 31. Dezember 2025 48 Stunden,
- ab dem 1. Januar 2026 46 Stunden und
- ab dem 1. Januar 2027 44 Stunden

wöchentlich nicht überschreiten. [4]Bereitschaftszeiten sind die Zeiten, in denen sich die/der Beschäftigte am Arbeitsplatz oder einer anderen vom Arbeitgeber bestimmten Stelle zur Verfügung halten muss, um im Bedarfsfall die Arbeit selbständig, ggf. auch auf Anordnung, aufzunehmen und in denen die Zeiten ohne Arbeitsleistung überwiegen. [5]Bereitschaftszeiten werden bis zum 31. Dezember 2025 zu 50 Prozent und abweichend zu § 9

- ab dem 1. Januar 2026 zu 56,25 Prozent und
- ab dem 1. Januar 2027 zu 64,29 Prozent

als tarifliche Arbeitszeit gewertet (faktorisiert). [6]Zur Berechnung eventuell anfallender Zeitzuschläge und der durchschnittlichen Summe aus Vollarbeits- und Bereitschaftszeiten gemäß Satz 3 werden die Stunden eines Dienstes in vollem Umfang herangezogen. [7]Bereitschaftszeiten werden innerhalb von Beginn und Ende der regelmäßigen täglichen Arbeitszeit nicht gesondert ausgewiesen.“

c) Absatz 2 wird wie folgt gefasst:

„[1]Die zulässige tägliche Höchstarbeitszeit beträgt zwölf Stunden zuzüglich der gesetzlichen Pausen. [2]Gemäß § 7 ArbZG kann durch Betriebs- oder einvernehmliche Dienstvereinbarung eine tägliche Höchstarbeitszeit unter Einrechnung der gesetzlich vorgeschriebenen Pausen von bis zu 24 Stunden eingeführt werden, wenn die Vollarbeitszeit innerhalb der Gesamtdauer der täglichen Arbeitszeit neun Stunden regelmäßig nicht überschreitet und durch besondere Maßnahmen (insb. Sicherstellung ausreichender Ruhephasen und Bereitstellung gesonderter Ruheräume) vor Einführung sichergestellt wird, dass die Gesundheit der Beschäftigten nicht gefährdet wird. [3]Die Betriebs- oder einvernehmliche Dienstvereinbarung hat Regelungen zur näheren Ausgestaltung der Arbeitszeit sowie zum Arbeits- und Gesundheitsschutz, insbesondere durch eine jährlich durchzuführende Beurteilung der Arbeitsbedingungen gem. § 5 ArbSchG zu enthalten. [4]Der Arbeitgeber hat vor Einführung einer über Satz 1 hinausgehenden täglichen Höchstarbeitszeit durch eine Beurteilung der Arbeitsbedingungen gem. § 5 ArbSchG (einschließlich arbeitsmedizinischer Aspekte) die für die Beschäftigten mit ihrer Arbeit verbundene Gefährdung und etwaige Maßnahmen des Arbeitsschutzes zu ermitteln. [5]Die Vereinbarung einer über Satz 1 hinausgehenden täglichen Höchstarbeitszeit bedarf der Einwilligung der/des Beschäftigten in Textform. [6]Der/die Beschäftigte kann die Einwilligung in Textform mit einer Frist von sechs Monaten, in dringenden Fällen mit einer Frist von zwei Wochen, widerrufen. [7]Eine Maßregelung für den Fall, dass die/der Beschäftigte ihre/seine Einwilligung nicht erklärt oder diese widerruft, ist ausgeschlossen."

5. Hebammen

Hebammen und Entbindungspfleger mit abgeschlossener Hochschulbildung werden in eine neue Entgeltgruppe P 11 eingruppiert. Ausgebildete Hebammen und Entbindungspfleger können ebenfalls, wenn sie aufgrund gleichwertiger Fähigkeiten und ihrer Erfahrungen entsprechende Tätigkeiten ausüben, in die Entgeltgruppe P 11 eingruppiert werden.

6. TV-V

a) Entgelttabelle

Die Anlage 2 zu § 6 TV-V wird

- ab dem 1. Juni 2025 wie aus Anhang 1[1]) und
- ab dem 1. Juni 2026 wie aus Anhang 2[1]) ersichtlich gefasst.

b) Die dynamisierten Zulagen und Zuschläge werden

- ab dem 1. Juni 2025 um 5,1 Prozent und
- ab dem 1. Juni 2026 um weitere 1,25 Prozent erhöht.

c) Alternative Anreize

a. Nach § 6 TV-V wird der folgende § 6a eingefügt:

„§ 6a Alternative Anreize

(1) Durch Betriebs- oder einvernehmliche Dienstvereinbarung kann geregelt werden, dass arbeitgeberfinanzierte Maßnahmen zur Verbesserung der Arbeitsplatzattraktivität, der Gesundheitsförderung oder der Nachhaltigkeit (alternative Anreize) getroffen werden (z. B. Zuschüsse für Fitnessstudios, Fahrkostenzuschüsse für ÖPNV/Job-Ticket, Sachbezüge und Kita-Zuschüsse).

(2) In der Betriebs- oder Dienstvereinbarung nach Absatz 1 sind die Kriterien für die alternativen Anreize und das Verfahren festzulegen."

---

[1]) Anhang 1 und Anhang 2 zum Einigungspapier sind hier nicht abgedruckt.

I

b. In § 16 Absatz 1 Satz 2 2. Halbsatz wird nach der Angabe „Leistungsprämien (§ 6 Abs. 6)" die Angabe „, alternative Anreize (§ 6a)" eingefügt.

c. Im Inhaltsverzeichnis wird nach § 6 eingefügt:

„§ 6a Alternative Anreize"

d) Verhandlungsverpflichtung

Die VKA verpflichtet sich, nach der Tarifrunde 2025 Verhandlungen über Eingruppierungsmerkmale im TV-V mit den Gewerkschaften zu führen.

e) Sonstige Regelungen

Die Möglichkeit der Umwandlung von Teilen der Jahressonderzahlung in bis zu drei freie Tage wird ab 2026 auf den TV-V übertragen. Die Berechnung für den Wert der freien Tage erfolgt auf Stundenbasis (§ 6 Abs. 4 TV-V).

Beschäftigte erhalten ab dem Kalenderjahr 2027 einen weiteren Erholungsurlaubstag.

Die doppelt freiwillige befristete Erhöhung der regelmäßigen durchschnittlichen Wochenarbeitszeit auf bis zu 42 Stunden wird ab 2026 sinngemäß auf den TV-V übertragen.

7. Sparkassen

Die Tarifvertragsparteien haben im Rahmen der Tarifverhandlungen auch die besondere Situation der Sparkassen erörtert. Sie waren sich einig, dass für die größte Finanzgruppe in Deutschland während der Tariflaufzeit und zwischen den Verhandlungen ein regelmäßiger Austausch zwischen den Tarifparteien erfolgt. Einigkeit besteht ebenfalls darüber, dass bei künftigen Tarifverhandlungen die besondere Situation der Sparkassen sowie sparkassenspezifische Angelegenheiten besprochen werden.

8. Nahverkehr

Die Umsetzung im angekoppelten Nahverkehr erfolgt nach den jeweiligen landesbezirklichen Regelungen.

9. Weitere Regelungen

a) Durchgeschriebene Fassungen

Die Tarifvertragsparteien sind sich einig, dass die durchgeschriebenen Fassungen zum 1. Januar 2026 außer Kraft treten und ab diesem Zeitpunkt nur noch der Allgemeine Teil und die Besonderen Teile des TVöD gelten.

b) Weitere Aussetzung des Akkreditierungserfordernisses

In der Protokollerklärung zu Satz 5 der Vorbemerkung Nr. 3 zu Anlage 1 – Entgeltordnung (VKA) wird die Zahl „2024“ durch die Zahl „2029“ ersetzt.

Teil D
Erklärung zur Niederschrift

Die Tarifvertragsparteien erklären, dass sie keine Veranlassung sehen, von der geübten Praxis bezüglich der Tarifverhandlungen und der Tarifvertragsanwendung für Ärztinnen und Ärzte abzuweichen.

Teil E
Schlussbestimmungen

1. Wiederinkraftsetzen zum 1. Januar 2025

Die betroffenen Tarifverträge nebst Anlagen werden, soweit nicht vorstehend ein abweichender Zeitpunkt genannt ist, mit Wirkung zum 1. Januar 2025 nach Maßgabe der vorstehenden Regelungen wieder in Kraft gesetzt.

2. Laufzeit

Der vorstehende Teil A Nummer 1 und Nummer 2, Teil B Nummer 1 sowie Teil C Nummer 1 und Nummer 2 laufen, soweit nichts anderes vereinbart ist, mindestens bis zum 31. März 2027.

Die Regelungen der freiwilligen Erhöhung der regelmäßigen Arbeitszeit auf bis zu 42 Stunden, zum weiteren Urlaubstag, zum Zeit-statt-Geld-Wahlmodell/zur Umwandlung der Jahressonderzahlung in freie Tage sowie die Kompensation bei den kommunalen Krankenhäusern und Pflege- und Betreuungseinrichtungen (TVöD-BT-K, TVöD-BT-B) können gesondert und nur insgesamt gekündigt werden. Die Sonderkündigung ist schriftlich mit Frist von sechs Monaten zum 31. Dezember 2029 möglich. Die laufenden individuellen Vereinbarungen bleiben unberührt. Die Nachwirkung ist ausgeschlossen. Die genannten Regelungen sollen Anfang 2029 evaluiert werden.

Für den TV-V gilt: Die Regelungen der freiwilligen Erhöhung der regelmäßigen Arbeitszeit auf bis zu 42 Stunden, zum weiteren Urlaubstag sowie zur Umwandlung der Jahressonderzahlung in freie Tage können gesondert und nur insgesamt gekündigt werden. Die Sonderkündigung ist schriftlich mit Frist von sechs Monaten zum 31. Dezember 2029 möglich. Die laufenden individuellen Vereinbarungen bleiben unberührt. Die Nachwirkung ist ausgeschlossen. Die genannten Regelungen sollen Anfang 2029 evaluiert werden.

Die Arbeitgebervertreter erklären, dass von Maßregelungen (Abmahnungen, Entlassungen o. ä.) aus Anlass gewerkschaftlicher Arbeitskampfmaßnahmen, die bis einschließlich 6. April 2025, durchgeführt wurden, abgesehen wird, wenn sich die Teilnahme an diesen Arbeitskampfmaßnahmen im Rahmen der Regelungen für rechtmäßige Arbeitskämpfe gehalten hat.

Die Erklärungsfrist zum Widerruf der Tarifeinigung endet mit Ablauf des 14. Mai 2025.

Übernahme von Auszubildenden des Bundes sowie Studierenden des Bundes in ausbildungsintegrierten dualen Studiengängen

BMI-Rundschreiben vom 1. August 2025
– D5.31005/7#9 –

Mit diesem Rundschreiben werden die Neuregelungen zur Übernahme von Auszubildenden des Bundes sowie Studierenden des Bundes in ausbildungsintegrierten dualen Studiengängen bekanntgegeben und Hinweise zur Durchführung erteilt. Im Bezugsrundschreiben vom 3. August 2012, D 5 – 220 233 – 53/7, wird Abschnitt C „Neuregelungen zur Übernahme von Auszubildenden" aufgehoben und durch dieses Rundschreiben ersetzt.

Inhaltsverzeichnis

1 Neuregelungen zur Übernahme von Auszubildenden sowie Studierenden in ausbildungsintegrierten dualen Studiengängen

Die Tarifvertragsparteien haben die Übernahme von Auszubildenden sowie Studierenden in ausbildungsintegrierten dualen Studiengängen im Anschluss an das Ausbildungsverhältnis bzw. Ausbildungs- und Studienverhältnis neu geregelt.

Zunächst wird die bisherige Regelung zur befristeten Übernahme von Auszubildenden nach § 16a TVAöD – Allgemeiner Teil – rückwirkend zum 1. Januar 2025 wieder in Kraft gesetzt. Sie gilt materiell unverändert weiter, bis sie durch die neue Regelung zur unbefristeten und befristeten Übernahme von Auszubildenden ersetzt wird. Die neue Tarifnorm tritt für den Bund mit Wirkung ab dem 1. August 2025 in Kraft.

Die Laufzeit der Regelung zur Übernahme von Auszubildenden nach § 16a TVAöD – Allgemeiner Teil – wird bis zum 31. März 2027 verlängert.

Ferner wird – für den Bund mit Wirkung ab dem 1. August 2025 – mit derselben Geltungsdauer bis zum 31. März 2027 ein neuer § 16a zur Übernahme von dual Studierenden aufgenommen, die in den Geltungsbereich des Tarifvertrags für Studierende in ausbildungsintegrierten dualen Studiengängen im öffentlichen Dienst (TVSöD) fallen.

2 Geltungsbereich der Neuregelungen

Die Neuregelungen sehen u. a. eine Übernahme in ein unbefristetes Arbeitsverhältnis im unmittelbaren Anschluss an das Ausbildungsverhältnis bzw. Ausbildungs- und Studienverhältnis für Auszubildende im Geltungsbereich des TVAöD bzw. dual Studierende im Geltungsbereich des TVSöD vor, die ihre Abschlussprüfung mit mindestens der Gesamtnote „befriedigend" abgeschlossen haben, sofern auch die übrigen Voraussetzungen erfüllt sind.

Laufende Ausbildungsverhältnisse bzw. Ausbildungs- und Studienverhältnisse, die erst ab dem 1. August 2025 beendet werden, sind von der Anwendbarkeit der Neuregelungen erfasst. Bei einer Beendigung des Ausbildungs- bzw. Ausbildungs- und Studienverhältnisses vor dem 1. August 2025 gilt die neue Regelung dagegen nicht.

3 Voraussetzungen für den Anspruch auf eine Übernahme von Auszubildenden nach § 16a TVAöD – Allgemeiner Teil –

Grundvoraussetzung für eine Übernahme ist der (dauerhafte) dienstliche bzw. betriebliche Bedarf, vgl. § 16a Absatz 3 TVAöD – Allgemeiner Teil –. Deshalb ist zu beachten, dass bereits zum Zeitpunkt der Entscheidung über die Übernahme in ein unbefristetes oder (zunächst) befristetes Arbeitsverhältnis weitreichende Prüfungen stattfinden müssen. Die Übernahmeverpflichtung setzt nach § 16a Absatz 3 TVAöD – Allgemeiner Teil – voraus, dass der dienstliche bzw. betriebliche (Dauer-)Bedarf nach Absatz 1 Satz 1 oder Absatz 2 Satz 1 sowie die dazu erforderliche freie und dauerhaft besetzbare Stelle bei der Ausbildungsdienststelle bzw. dem Ausbildungsbetrieb bereits zum Zeitpunkt der Beendigung der Ausbildung vorliegen müssen. Beide Voraussetzungen sind demnach frühzeitig zu prüfen. Dies gilt auch für den Fall einer zunächst befristeten Übernahme nach § 16a Absatz 2 TVAöD – Allgemeiner Teil –, da für den Fall einer sich ggf. anschließenden Entfristung nach entsprechender Bewährung keine weitere Prüfung stattfindet.

Der Anspruch auf Übernahme von Auszubildenden nach erfolgreich bestandener Abschlussprüfung im unmittelbaren Anschluss an das Ausbildungsverhältnis setzt als persönliche Voraussetzung insbesondere das Erreichen einer bestimmten Mindestabschlussnote voraus:

- bei Bestehen der Prüfung mit mindestens der Gesamtnote „befriedigend“: Übernahme in ein unbefristetes Arbeitsverhältnis (siehe hierzu auch Ziffer 3.1);
- bei Bestehen der Prüfung in allen anderen Fällen: Übernahme in ein für die Dauer von zwölf Monaten befristetes Arbeitsverhältnis, im Anschluss bei entsprechender Bewährung Umwandlung in ein unbefristetes Arbeitsverhältnis (siehe hierzu auch Ziffer 3.2).

Es dürfen der Übernahme im Einzelfall keine personenbedingten, verhaltensbedingten, betriebsbedingten oder gesetzlichen Gründe entgegenstehen. Insbesondere müssen sich die Auszubildenden des Bundes und anderer Arbeitgeber, in deren Aufgabenbereichen auch hoheitliche Tätigkeiten wahrgenommen werden, durch ihr gesamtes Verhalten zur freiheitlich demokratischen Grundordnung im Sinne des Grundgesetzes bekennen.

Werden Auszubildende im unmittelbaren Anschluss an das Ausbildungsverhältnis in ein Arbeitsverhältnis übernommen, entfällt die Probezeit (§ 2 Absatz 4 Satz 2 TVöD). Bei einer Kündigung des sich unmittelbar an die Ausbildung anschließenden Arbeitsverhältnisses sind § 30 Absatz 5 TVöD und § 34 TVöD sowie die allgemeinen gesetzlichen Bestimmungen zu beachten.

Diese und die weiteren Voraussetzungen für eine unbefristete oder befristete Übernahme nach § 16a TVAöD – Allgemeiner Teil – werden im Folgenden erläutert.

3.1 Übernahme in ein unbefristetes Arbeitsverhältnis nach § 16a Absatz 1 TVAöD – Allgemeiner Teil –

Unter den Voraussetzungen, die im Folgenden unter Ziffer 3.1.1 bis 3.1.8 im Einzelnen dargestellt werden, wird im unmittelbaren Anschluss an das Ausbildungsverhältnis bzw. Ausbildungs- und Studienverhältnis ein unbefristetes Arbeitsverhältnis abgeschlossen. Zudem werden unter Ziffer 3.1.9 und 3.1.10 Hinweise zur regelmäßigen durchschnittlichen wöchentlichen Arbeitszeit im anschließenden Beschäftigungsverhältnis sowie zum empfohlenen Arbeitsvertragsmuster gegeben.

3.1.1 Erfolgreich bestandene Abschlussprüfung mit mindestens der Gesamtnote „befriedigend"

Ein Anspruch auf unbefristete Übernahme setzt zunächst eine erfolgreich bestandene Abschlussprüfung mit mindestens der Gesamtnote „befriedigend" voraus. Die Abschlussnote ist auch bei der Auswahlentscheidung als Kriterium heranzuziehen (siehe hierzu auch Ziffer 3.1 und 3.1.8).

3.1.2 Bestehen eines dienstlichen bzw. betrieblichen Bedarfes

Es muss ein dienstlicher bzw. betrieblicher Bedarf an einer dauerhaften Beschäftigung der/des ehemaligen Auszubildenden vorliegen. Ob dies gegeben ist, hängt insbesondere von der Personalplanung des Arbeitgebers ab. Soll z. B. aufgrund einer Organisationsentscheidung ein Arbeitsplatz nicht nachbesetzt werden oder zumindest nicht auf Dauer, fehlt es an einem für die Übernahmeverpflichtung nach § 16a Absatz 1 Satz 1 TVAöD – Allgemeiner Teil – erforderlichen dienstlichen bzw. betrieblichen (Dauer-)Bedarf.

Soweit im Bereich der Bundesverwaltung eine Ausbildung über Bedarf stattfindet, können regelmäßig nicht alle Auszubildenden übernommen werden. Ausbildungsdienststellen bzw. Ausbildungsbetriebe sind nicht gehalten, Vorkehrungen zu schaffen, um eine dauerhafte

Weiterbeschäftigung zu ermöglichen. Sie sind insbesondere nicht verpflichtet, entsprechende Stellen zu schaffen.

Sofern nur ein vorübergehender dienstlicher bzw. betrieblicher Bedarf an der Übernahme von Auszubildenden besteht, ist auch außerhalb des § 16a Absatz 1 und 2 TVAöD – Allgemeiner Teil – eine befristete Beschäftigung möglich (siehe hierzu auch Ziffer 3.3).

3.1.3 Verfügbarkeit einer freien und dauerhaft besetzbaren Stelle bei der Ausbildungsdienststelle bzw. dem Ausbildungsbetrieb

Die Übernahmeverpflichtung nach § 16a Absatz 1 TVAöD – Allgemeiner Teil – setzt beim Bund zudem eine freie und dauerhaft besetzbare Stelle bei der Ausbildungsdienststelle bzw. dem Ausbildungsbetrieb voraus, vgl. § 16a Absatz 3 TVAöD – Allgemeiner Teil. Eine solche Stelle ist nur dann gegeben, wenn es sich um eine sog. Haushaltsstelle handelt. Ein Arbeitsplatz im organisatorischen Sinne (z. B. Funktion) ist hierfür nicht ausreichend.

Hinweis:

Die Formulierung im Tarifvertrag „freie und besetzbare Stelle bzw. freier und zu besetzender Arbeitsplatz" trägt dem Umstand Rechnung, dass bei kommunalen Betrieben und Unternehmen überwiegend keine Stellen in einem Stellenplan ausgewiesen werden. Für den Bereich des Bundes ist allein die haushaltsrechtliche Kategorie der sog. „Stelle" einschlägig.

Sofern nur Stellenreste vorhanden sind, die zeitweilig zur Verfügung stehen, handelt es sich nicht um eine Stelle i. S. des § 16a Absatz 3 Satz 1 TVAöD – Allgemeiner Teil. Den Personalstellen ist es unbenommen, derartige Stellenreste für eine befristete Übernahme von Auszubildenden außerhalb des § 16a Absatz 1 und 2 TVAöD – Allgemeiner Teil – zu verwenden (siehe hierzu auch Ziffer 3.3). Stellen, die haushaltmäßig gesperrt sind sowie künftig wegfallende Stellen sind keine freien bzw. dauerhaft besetzbaren Stellen im Sinne der Tarifnorm.

3.1.4 Gewährleistung einer ausbildungsadäquaten Beschäftigung auf Dauer

Die freie und dauerhaft besetzbare Stelle bei der Ausbildungsdienststelle bzw. dem Ausbildungsbetrieb muss zudem eine ausbildungsadäquate Beschäftigung auf Dauer ermöglichen. Dies ist der Fall, wenn für die Wahrnehmung der auszuübenden Tätigkeit diejenige Qualifikation erforderlich ist, die die Auszubildenden im Rahmen der Ausbildung erlangt haben.

Arbeitsplätze, auf denen Tätigkeiten ausgeübt werden, die nicht durch die Ausbildung abgedeckt sind oder die eine höhere oder geringere Qualifikation erfordern, erfüllen nicht die Voraussetzungen einer ausbildungsadäquaten Beschäftigung. So kann z. B. ein Arbeitsplatz, der als fachliche Voraussetzung den Abschluss eines IT-nahen Ausbildungsberufes vorsieht, nicht mit einer/einem Auszubildenden besetzt werden, die/der im Bereich der Bürokommunikation einen Ausbildungsabschluss erworben hat.

3.1.5 Zeitpunkt der Prüfung des dienstlichen bzw. betrieblichen Bedarfes und der Stellenverfügbarkeit

Ob ein dienstlicher bzw. betrieblicher Bedarf für eine Übernahme auf eine freie und dauerhaft besetzbare Stelle besteht, die eine ausbildungsadäquate Beschäftigung bei der Ausbildungsdienststelle bzw. dem Ausbildungsbetrieb ermöglicht, ist nach § 16a Absatz 3 Satz 1 TVAöD – Allgemeiner Teil – zum Zeitpunkt der Beendigung der Ausbildung zu beurteilen. Auszubildende werden nach der tarifvertraglichen Regelung im unmittelbaren Anschluss an die Ausbildung in ein Arbeitsverhältnis übernommen. Zu diesem Zeitpunkt muss bereits eine solche Stelle zur Verfügung stehen. Steht sie erst zu einem späteren Zeitpunkt zur Verfügung, kann die Stelle im Rahmen des § 16a Absatz 3 Satz 1 TVAöD – Allgemeiner Teil – nicht berücksichtigt werden. In diesen Fällen können ehemalige Auszubildende jedoch auch außerhalb des § 16a Absatz 1 und 2 TVAöD – Allgemeiner Teil – (befristet) beschäftigt werden (siehe hierzu auch Ziffer 3.3).

3.1.6 Kein Entgegenstehen von personenbedingten, verhaltensbedingten, betriebsbedingten oder gesetzlichen Gründen

Trotz des gleichen Wortlautes sind diese Gründe nicht i. S. des § 1 Absatz 2 Satz 1 KSchG zu verstehen, da es bei der Übernahme von Auszubildenden nicht um die Frage geht, ob ein bereits bestehendes und bestandsgeschütztes Arbeitsverhältnis aufzulösen ist, sondern darum, dieses erst zu begründen. Als Anhaltspunkte können diese Gründe jedoch bei der Beurteilung herangezogen werden.

Personenbedingte Gründe, die einer Übernahme in ein Arbeitsverhältnis entgegenstehen, sind z. B. mangelnde persönliche Fähigkeiten (z. B. fehlende Teamfähigkeit, fehlende soziale Kompetenz), mangelnde Eignung oder unter Umständen auch häufige oder langfristige Erkrankungen.

Verhaltensbedingte Gründe können z. B. unentschuldigte Fehlzeiten, Verstöße gegen Verbote am Arbeitsplatz wie Alkohol- und Drogenverbote, Störungen des Betriebsfriedens oder Diebstahl sein.

Liegen Anhaltspunkte vor, die einer Übernahme aus den genannten Gründen entgegenstehen, ist zu prüfen, ob diese geeignet sind, eine angemessene Arbeitsleistung der/des Auszubildenden oder ein vertragsgerechtes Verhalten der/des Auszubildenden während eines sich an die Ausbildung anschließenden Arbeitsverhältnisses in Frage zu stellen, ohne dass die Anforderungen einer ordentlichen Kündigung erfüllt sein müssen.

Zu den betriebsbedingten Gründen, die einer Übernahme entgegenstehen, zählen organisatorische Maßnahmen, wie z. B. Verlagerung und/oder Wegfall von Aufgaben oder Übertragung von Aufgaben auf andere Dienststellen.

Ob ein gesetzlicher Grund einer Übernahme nach § 16a Absatz 1 TVAöD – Allgemeiner Teil – entgegensteht, ist im Einzelfall zu prüfen.

3.1.7 Bekenntnis zur freiheitlich demokratischen Grundordnung im Sinne des Grundgesetzes

Voraussetzung für die Übernahme in ein unbefristetes Arbeitsverhältnis ist zudem, dass sich die Auszubildenden und dual Studierenden des Bundes und anderer Arbeitgeber, in deren Aufgabenbereichen auch hoheitliche Tätigkeiten wahrgenommen werden, durch ihr gesamtes Verhalten zur freiheitlich demokratischen Grundordnung im Sinne des Grundgesetzes bekennen müssen. Diese Voraussetzung bezieht sich auf den Zeitraum des Ausbildungsverhältnisses bzw. des Ausbildungs- und Studienverhältnisses. Ab dem Zeitpunkt der Begründung des Arbeitsverhältnisses gilt § 41 Satz 2 TVöD – Besonderer Teil Verwaltung –.

3.1.8 Auswahlentscheidung

Haben mehr Auszubildende die Voraussetzungen für eine Übernahme nach § 16a Absatz 1 TVAöD – Allgemeiner Teil – erfüllt als freie und dauerhaft besetzbare Stellen bei der Ausbildungsdienststelle bzw. dem Ausbildungsbetrieb zur Verfügung stehen, muss die Personalstelle eine Auswahlentscheidung unter Berücksichtigung der Ergebnisse der Abschlussprüfung und der persönlichen Eignung treffen. In die Auswahlentscheidung sind alle Auszubildenden eines Abschlussjahrganges einzubeziehen. Die Auswahlentscheidung kann daher erst getroffen werden, wenn die Personalstelle Kenntnis über alle Abschlussergebnisse der Auszubildenden hat. Bis dahin kann eine

Übernahme nur unter Vorbehalt angeboten werden. Haben Auszubildende eines Ausbildungsjahrganges ihre Prüfung bereits früher als zum regulären Abschlusstermin erfolgreich abgelegt, kommen diese Auszubildenden auch bereits zu diesem Zeitpunkt für eine Übernahme nach § 16a Absatz 1 TVAöD – Allgemeiner Teil – in Betracht.

Der Anspruch einer/eines Auszubildenden auf Übernahme in ein unbefristetes Arbeitsverhältnis kann u. U. in Konkurrenz zur Weiterbeschäftigung von befristet Beschäftigten nach § 30 Absatz 1 Satz 2 TVöD stehen. Beschäftigte mit kalendermäßig befristeten Arbeitsverträgen mit Sachgrund sind bei der Einstellung auf Dauerarbeitsplätzen nach § 30 Absatz 2 Satz 2 TVöD bevorzugt zu berücksichtigen. Eine Konkurrenz besteht allerdings nur dann, wenn die Befristung zeitgleich mit dem Ausbildungsende ausläuft.

Da § 30 Absatz 2 Satz 2 TVöD, anders als § 16a TVAöD – Allgemeiner Teil, die Ausschreibung des zu besetzenden Dauerarbeitsplatzes nicht ausschließt (vgl. BVerwG, Beschluss vom 7. Dezember 1994, 6 P 35.92 – zu der Vorgängerregelung in der Protokollerklärung Nr. 4 zu Nr. 1 SR 2y BAT), hat die unbefristete Übernahme einer/eines Ausgebildeten grundsätzlich Vorrang vor der Weiterbeschäftigung einer/eines befristet Beschäftigten. Dies gilt erst recht in Fällen einer sachgrundlosen Befristung, da hier der Arbeitgeber gemäß § 30 Absatz 3 Satz 2 TVöD lediglich zu prüfen hat, ob eine unbefristete oder befristete Weiterbeschäftigung möglich ist.

Ebenso besteht eine Konkurrenz zur Weiterbeschäftigung ehemaliger Auszubildender des letzten Ausbildungsjahres, die aufgrund der Vorgängerregelung des TVAöD – Allgemeiner Teil – befristet für zwölf Monate weiterbeschäftigt worden sind. Eine Vorrangregelung dieser Beschäftigten besteht hingegen nicht.

Bei einer unbefristeten Übernahme nach erfolgreich bestandener Abschlussprüfung sind auch die besonderen gesetzlichen Schutzvorschriften zu beachten, die zu Gunsten von Auszubildenden bestehen, die Mitglied einer Personal- bzw. einer Jugend- und Auszubildendenvertretung sind (vgl. § 56 BPersVG bzw. § 78a BetrVG). Nach der gesetzlichen Wertung kommt dem Weiterbeschäftigungsanspruch des Personalratsmitglieds oder Jugend- und Auszubildendenvertretung ein hohes Gewicht zu. Grundsätzlich haben die Mitglieder der Personal- oder Jugend- und Auszubildendenvertretung bei Übernahmen Vorrang auch gegenüber den nach ihrem Ausbildungsabschluss als fachlich besser qualifiziert ausgewiesenen Mitauszubildenden, soweit – bezogen auf das Anforderungsprofil des freien Arbeitsplatzes – kein offenkundig schwerwiegender Qualifikationsmangel vorliegt (vgl. BVerwG, Beschluss vom 17. Mai 2000, 6 P 9/99). Dieser gesetzlich geregelte Vorrang wird durch die Regelungen in § 16a TVAöD – Allgemeiner Teil – nicht berührt.

3.1.9 Arbeitszeit

Der Wortlaut des § 16a TVAöD – Allgemeiner Teil – sagt nichts darüber aus, mit welcher regelmäßigen durchschnittlichen wöchentlichen Arbeitszeit Auszubildende zu übernehmen sind. Vorrangig wird auf verfügbare Vollzeitstellen abzustellen sein. Der Wortlaut des § 16a TVAöD – Allgemeiner Teil – schließt das Angebot einer Teilzeitbeschäftigung allerdings nicht zwingend aus, wenn keine geeignete Vollzeitstelle zur Verfügung steht, die eine dauerhafte Weiterbeschäftigung zulässt. Ein Anspruch hierauf besteht jedoch nicht.

Eine ab dem 1. Januar 2026 befristet und auf Basis beiderseitiger Freiwilligkeit mögliche Erhöhung der regelmäßigen wöchentlichen Arbeitszeit auf bis zu durchschnittlich 42 Stunden darf mit ehemaligen Auszubildenden nicht bereits mit Beginn des Arbeitsverhältnisses vereinbart werden (vgl. Rundschreiben vom 11. April 2025 zur Tarifeinigung vom 6. April 2025, D5.31002/75#8).

3.1.10 Arbeitsvertragsmuster

Liegen die vorgenannten Voraussetzungen (siehe hierzu auch Ziffer 3.1 und 3.1.1 bis 3.1.8) für eine Übernahme von ehemaligen Auszubildenden nach § 16a Absatz 1 TVAöD – Allgemeiner Teil – vor, ist mit diesen Beschäftigten schriftlich ein unbefristeter Arbeitsvertrag abzuschließen. Hierzu empfiehlt es sich, das bekannte „Arbeitsvertragsmuster TVöD Einstellung auf unbestimmte Zeit" zu verwenden. Dabei ist zu beachten, dass gemäß § 2 Absatz 4 Satz 2 TVöD die Probezeit entfällt (vgl. Ziffer 3); das Arbeitsvertragsmuster ist entsprechend anzupassen.

3.2 Übernahme in ein zunächst befristetes Arbeitsverhältnis nach § 16a Absatz 2 TVAöD – Allgemeiner Teil –

Auszubildende, die ihre Ausbildung nicht mit mindestens der Gesamtnote „befriedigend" abgeschlossen haben, werden nach einer erfolgreich bestandenen Abschlussprüfung und sofern die in Ziffer 3.1, 3.1.1 bis 3.1.8 genannten Voraussetzungen erfüllt sind, im unmittelbaren Anschluss an das Ausbildungsverhältnis zunächst in ein befristetes Arbeitsverhältnis übernommen.

Nach § 16a Absatz 2 TVAöD – Allgemeiner Teil – wird ein sachgrundlos befristetes Arbeitsverhältnis für die Dauer von zwölf Monaten begründet. Hierzu empfiehlt es sich, das bekannte „Arbeitsvertragsmuster für Auszubildende im Anschluss an die Ausbildung" zu verwenden. Eine kürzere Dauer als zwölf Monate ist im Rahmen des § 16 Absatz 2 Satz 1 TVAöD – Allgemeiner Teil – nicht zulässig. Während dieser Zeit müssen sich die Auszubildenden hinreichend bewähren. Bei einer entsprechenden Bewährung wird das Arbeitsverhältnis entfristet und in ein unbefristetes Arbeitsverhältnis umgewandelt.

Im Anschluss an das zunächst befristete Arbeitsverhältnis nach § 16a Absatz 2 Satz 1 TVAöD – Allgemeiner Teil – werden die ehemaligen Auszubildenden und nunmehr Beschäftigten bei entsprechender Bewährung in ein unbefristetes Arbeitsverhältnis übernommen (vgl. § 16a Absatz 2 Satz 2 TVAöD – Allgemeiner Teil –). Dazu empfiehlt es sich, das bekannte Arbeitsvertragsmuster „Arbeitsvertragsmuster TVöD Einstellung auf unbestimmte Zeit" zu verwenden oder in einem entsprechenden Änderungsvertrag zu regeln, dass die/der Beschäftigte auf unbestimmte Zeit weiterbeschäftigt wird; hierzu kann auf das „Arbeitsvertragsmuster TVöD Änderungsvertrag" zurückgegriffen werden.

Die/Der Beschäftigte hat sich dann bewährt, wenn die Erfüllung der ihr/ihm während des befristeten Arbeitsverhältnisses übertragenen Aufgaben nicht beanstandet wurde und sie/er sich den Anforderungen gewachsen gezeigt hat. Einer Bewährung nach § 16a Absatz 2 Satz 2 TVAöD – Allgemeiner Teil – stehen nur solche Verfehlungen der/des Beschäftigten entgegen, die unter Berücksichtigung ihrer/seiner im Übrigen gezeigten Leistungen nennenswert ins Gewicht fallen. Dies schließt auch Verfehlungen ein, die aus einer mangelnden persönlichen Eignung der/des Beschäftigten resultieren. So können trotz nicht zu beanstandender fachlicher Leistungen erhebliche Defizite in den sozialen Kompetenzen der/des Beschäftigten vorliegen (z. B. Defizite im Umgang mit Kundinnen und Kunden, zu betreuenden Personen, Bürgerinnen und Bürgern, Externen oder bei der Zusammenarbeit mit Mitarbeitenden), die einer Bewährung der/des Beschäftigten entgegenstehen. Es ist im Einzelfall genau zu prüfen, ob die Verfehlungen der/des Beschäftigten eine Bewährung ausschließen.

Zeichnet sich im Laufe der Bewährungszeit ab, dass die/der Beschäftigte den mit der übertragenen Tätigkeit verbundenen Anforderungen nicht genügt, sollte der Arbeitgeber dies der/dem Beschäftigten möglichst zeitnah mitteilen, um ihr/ihm die Möglichkeit zu geben, ihre/seine Leistungen zu verbessern. Es empfiehlt sich schon aus Beweisgründen, entsprechende Personalgespräche aktenkundig festzuhalten. Je nach Einzelfall kann auch eine entsprechende schriftliche Mitteilung angezeigt sein – noch unterhalb einer förmlichen Abmahnung.

3.3 Übernahme ausschließlich in ein befristetes Arbeitsverhältnis außerhalb des Anwendungsbereiches des § 16a TVAöD – Allgemeiner Teil –

Sofern die Voraussetzung des § 16a TVAöD – Allgemeiner Teil – nicht erfüllt sind, weil nur ein vorübergehender dienstlicher bzw. betrieblicher Bedarf an einer Beschäftigung besteht oder zum Zeitpunkt der Beendigung der Ausbildung keine freien und dauerhaft besetzbaren Stellen bei der Ausbildungsdienststelle bzw. dem Ausbildungsbetrieb vorhanden sind, kann auch außerhalb von § 16a TVAöD eine befristete Beschäftigung erfolgen. Die Tarifvertragsparteien haben dies in der Protokollerklärung zu § 16a TVAöD – Allgemeiner Teil – ausdrücklich klargestellt.

Nach Ablauf der Befristung besteht hier kein Anspruch auf Weiterbeschäftigung nach § 16a Absatz 2 Satz 2 TVAöD – Allgemeiner Teil. Eine Entfristung ist aber möglich, sofern dann eine freie und dauerhaft besetzbare Stelle bei der Ausbildungsdienststelle bzw. dem Ausbildungsbetrieb zur Verfügung steht.

Steht eine freie und dauerhaft besetzbare Stelle bei der Ausbildungsdienststelle bzw. dem Ausbildungsbetrieb nicht zur Verfügung, können Auszubildende nach Maßgabe der Ziffer 5 des BMF-Rundschreibens zur vorläufigen Haushaltsführung 2025 vom 16. Dezember 2024 in der Fassung der zweiten Aktualisierung vom 30. Juni 2025, II A 2 –- H 1200/24/10030, i. V. m. der Ziffer 5.14 des BMF-Rundschreibens zur endgültigen Haushaltsführung 2024 vom 7. Februar 2024, II A 2 – H 1200/23/10033, zunächst außerhalb des Stellenplans beschäftigt werden. Die Bezahlung erfolgt aus Titel 427.9. Voraussetzung hierfür ist, dass Zweck des Arbeitsverhältnisses die Wahrnehmung von Aushilfstätigkeiten oder zeitlich befristeten Aufgaben (z. B. Projekttätigkeiten, zeitlich befristete Aufträge anderer Bundesbehörden oder Dritter) ist.

Befristete Arbeitsverträge sind gemäß § 30 Absatz 1 Satz 1 TVöD nach Maßgabe des TzBfG zulässig. Das befristete Arbeitsverhältnis im Anschluss an das Ausbildungsverhältnis ist dabei grundsätzlich sachgrundlos nach § 14 Absatz 2 Satz 1 TzBfG abzuschließen. Das Anschlussverbot des § 14 Absatz 2 Satz 2 TzBfG betrifft nur frühere Arbeitsverhältnisse, nicht aber ein vorangegangenes Ausbildungsverhältnis (vgl. BAG, Entscheidung vom 21. September 2011, 7 AZR 375/10).

Der Arbeitsvertrag muss schriftlich abgeschlossen werden und sollte klar zum Ausdruck bringen, dass eine befristete Beschäftigung außerhalb des § 16a TVAöD – Allgemeiner Teil – vereinbart wird. Hierzu empfiehlt es sich, das bekannte „Arbeitsvertragsmuster TVöD Einstellung befristet" zu verwenden. Dabei ist zu beachten, dass gemäß § 2 Absatz 4 Satz 2 TVöD die Probezeit entfällt (vgl. Ziffer 3), sofern es sich um eine Übernahme im unmittelbaren Anschluss an das Ausbildungsverhältnis handelt; das Arbeitsvertragsmuster ist in diesem Fall entsprechend anzupassen.

Nimmt der Arbeitgeber nach bestandener Abschlussprüfung die Arbeitsleistung ohne Abschluss des schriftlichen Arbeitsvertrages entgegen, hat dies regelmäßig ein unbefristetes Arbeitsverhältnis gemäß § 16 Absatz 5 TVAöD – Allgemeiner Teil – zur Folge.

3.4 Mitteilungspflichten gemäß § 16 Absatz 3 TVAöD – Allgemeiner Teil –

Damit sich Auszubildende für den Fall, dass sie nicht in ein Arbeitsverhältnis bei ihrer Ausbildungsdienststelle bzw. ihrem Ausbildungsbetrieb übernommen werden, rechtzeitig um eine andere Beschäftigung im Anschluss an die Ausbildung bemühen können, sieht § 16 Absatz 3 TVAöD – Allgemeiner Teil – eine Informationspflicht des Arbeitgebers für den Fall vor, dass er die Auszubildenden nicht übernehmen will. Wenn keine Übernahme in ein – unbefristetes oder befristetes – Arbeitsverhältnis beabsichtigt ist, hat die Ausbildungsdienststelle bzw. der Ausbildungsbetrieb dies den Auszubildenden drei Monate vor dem voraussichtlichen Ende der Ausbildungszeit schriftlich mitzuteilen.

Ist eine (unbefristete oder befristete) Weiterbeschäftigung mehrerer Auszubildender eines Ausbildungsjahrganges beabsichtigt, ohne dass für alle Auszubildenden die Voraussetzungen des § 16a TVAöD – Allgemeiner Teil – vorliegen, sollte auch im Hinblick auf die noch zu treffende Auswahlentscheidung anhand der Abschlussnote und der persönlichen Eignung den Auszubildenden vor Beendigung der Ausbildung mitgeteilt werden, dass erst mit Beendigung der Ausbildungen entschieden wird, welche Auszubildenden im Rahmen des § 16a TVAöD – Allgemeiner Teil – weiterbeschäftigt werden.

3.5 Mitbestimmungsrechte gemäß § 16a Absatz 3 Satz 3 TVAöD – Allgemeiner Teil –

Nach § 16 Absatz 3 Satz 3 TVAöD – Allgemeiner Teil – bleiben bestehende Mitbestimmungsrechte des Personal- bzw. Betriebsrats unberührt.

Mitbestimmungsrechte bestehen unter anderem nach § 78 Absatz 1 Nr. 1 BPersVG bei der Einstellung von Beschäftigten bzw. der Übernahme von Auszubildenden. Die unbefristete oder befristete Übernahme von Auszubildenden nach § 16a Absatz 1 oder 2 TVAöD – Allgemeiner Teil – stellt eine mitbestimmungspflichtige Einstellung dar.

Grundsätzlich besteht dieser Mitbestimmungstatbestand nach ständiger Rechtsprechung des BVerwG und des BAG auch dann, wenn ein befristetes Arbeitsverhältnis in ein unbefristetes Arbeitsverhältnis umgewandelt werden soll (vgl. BVerwG, Beschluss vom 1. Februar 1989, 6 P 2.86). Anders kann es in solchen Fällen sein, in denen dem Personalrat schon bei der befristeten Einstellung eindeutig mitgeteilt wird, dass sich das befristete Arbeitsverhältnis bei Bewährung in ein unbefristetes Arbeitsverhältnis umwandelt (vgl. BAG, Beschluss vom 7. August 1990, 1 ABR 68/89). Das dürfte auch für den Fall eines mit der/dem ehemaligen Auszubildenden gemäß § 16a Absatz 2 TVAöD – Allgemeiner Teil – begründeten befristeten Arbeitsverhältnisses zutreffen, das bei entsprechender Bewährung nach Ablauf von zwölf Monaten als unbefristetes Arbeitsverhältnis fortgesetzt wird. Sofern der Personalrat entsprechend beteiligt wurde, dürfte der Normzweck des Mitbestimmungstatbestands nach § 78 Absatz 1 Nr. 1 BPersVG unter Zugrundelegung der Rechtsprechung des BAG keine erneute Beteiligung erfordern.

4 Voraussetzungen für eine Übernahme von Studierenden in ausbildungsintegrierten dualen Studiengängen nach § 16a TVSöD

Mit Wirkung ab 1. August 2025 wird ein neuer § 16a zur Regelung der Übernahme von Studierenden des Bundes in ausbildungsintegrierten dualen Studiengängen in den TVSöD aufgenommen. Die Regelung sieht vor, dass dual Studierende nach dem TVSöD, die den Ausbildungs- und den Studienteil jeweils mindestens mit der Gesamtnote „befriedigend" abgeschlossen haben, sofern auch die übrigen Voraussetzungen erfüllt sind, im unmittelbaren Anschluss an das Ausbildungs- und Studienverhältnis in ein unbefristetes Arbeitsverhältnis übernommen werden. Zur Erläuterung der einzelnen Voraussetzungen wird auf die Erläuterungen zu § 16a TVAöD – Allgemeiner Teil – in Ziffer 3.1, 3.1.1 bis 3.1.8 verwiesen. Es empfiehlt sich, das bekannte Muster „Arbeitsvertragsmuster TVöD Einstellung auf unbestimmte Zeit" zu verwenden.

Einführung der Möglichkeit zur freiwilligen Erhöhung der regelmäßigen durchschnittlichen Wochenarbeitszeit auf bis zu 42 Stunden („42-Stunden-Woche auf freiwilliger Basis")

BMI-Rundschreiben vom 22. Oktober 2025
– D5.31001/17#32 –

In der Tarifrunde 2025 haben die Tarifvertragsparteien eine neue Möglichkeit zur Flexibilisierung von Arbeitszeiten geschaffen. Ab dem 1. Januar 2026 können Beschäftigte und Arbeitgeber im gegenseitigen Einvernehmen individuell vereinbaren, die regelmäßige durchschnittliche wöchentliche Arbeitszeit über 39 Stunden hinaus zeitlich befristet auf bis zu 42 Stunden zu erhöhen. Es besteht für keine Seite eine Pflicht zum Abschluss einer solchen Vereinbarung (doppelte Freiwilligkeit). In dem Maße, in dem sie ihre Arbeitszeit erhöhen, erhalten Beschäftigte ein anteilig erhöhtes Entgelt. Hinzu kommt ein Zuschlag für die Erhöhungsstunden, der Anreize setzen soll, die Arbeitszeit freiwillig zu erhöhen (siehe hierzu Ziffer 2.1.2).

Bei der befristeten Erhöhung der Arbeitszeit gemäß § 6 Absatz 1a handelt es sich um eine weitere Sonderform der Arbeit. Die tariftechnische Umsetzung der Regelung erfolgte aus rechtssystematischen Gründen in den folgenden vier Tarifnormen:

- Basisregelung in § 6 Absatz 1a (siehe hierzu Ziffer 1.2 – 1.5),
- Begriffsbestimmung der Erhöhungsstunde in § 7 Absatz 9 (siehe hierzu Ziffer 1.5),
- Zuschlag für Erhöhungsstunden in § 8 Absatz 7 einschließlich Protokollerklärung (siehe hierzu Ziffer 2.1.2),
- Entgeltregelung für Tabellenentgelt und sonstige in Monatsbeträgen festgelegte Entgeltbestandteile nach § 24 Absatz 2 Buchstabe b (siehe hierzu Ziffer 2.1.1 und 2.1.3).

Die Regelung ermöglicht es, in besonderen Situationen das Arbeitszeitvolumen – vergleichbar wie bei angeordneten Überstunden – über die regelmäßige durchschnittliche wöchentliche Arbeitszeit hinaus zu erhöhen. Das neue Instrument bietet für Arbeitgeber und Beschäftigte für die Dauer der Vereinbarung Planbarkeit und Verbindlichkeit; dies gilt sowohl hinsichtlich des zusätzlichen Arbeitszeitvolumens als auch hinsichtlich des zusätzlichen Entgelts. Anders als bei Überstunden, die eher für kürzere Zeiträume angeordnet und vorrangig mit Freizeit ausgeglichen werden, steigern die vereinbarten Erhöhungsstunden die Arbeitskapazität längerfristig und werden deswegen sofort mit der Entgeltzahlung für den laufenden Kalendermonat finanziell honoriert.

In diesem Rundschreiben zitierte Paragraphen ohne Tarifvertragsangabe sind solche des TVöD.

Inhaltsverzeichnis

1. Vereinbarung einer erhöhten Arbeitszeit nach § 6 Absatz 1a

1.1 Persönlicher Geltungsbereich

Die Regelungen zur Erhöhung der regelmäßigen durchschnittlichen wöchentlichen Arbeitszeit gelten für alle Beschäftigten im Geltungsbereich des TVöD und seiner Besonderen Teile. Keine derartige Regelung vereinbart wurde hingegen für Auszubildene im Geltungsbereich des Tarifvertrages für Auszubildende des öffentlichen Dienstes (TVAöD), dual Studierende im Geltungsbereich des Tarifvertrages für Studierende in ausbildungsintegrierten dualen Studiengängen im öffentlichen Dienst (TVSöD) sowie Praktikantinnen und Praktikanten im Geltungsbereich des Tarifvertrages für Praktikantinnen und Praktikanten des öffentlichen Dienstes (TVPöD).

1.2 Vereinbarung zwischen Arbeitgeber und Beschäftigten

Nach § 6 Absatz 1a können Beschäftigte und Arbeitgeber künftig abweichend von § 6 Absatz 1 einvernehmlich die Erhöhung der regelmäßigen Arbeitszeit von durchschnittlich 39 auf bis zu durchschnittlich 42 Wochenstunden (ausschließlich der Pausen) vereinbaren. Diese Möglichkeit besteht für Vollzeitbeschäftigte im Geltungsbereich des TVöD.

Die Vereinbarung zur Erhöhung der Arbeitszeit kann frühestens nach Ablauf der Probezeit getroffen werden. Die Probezeit umfasst gemäß § 2 Absatz 4 Satz 1 i. d. R. die ersten sechs Monate der Beschäftigung, soweit nicht eine kürzere Probezeit vereinbart wurde. Wurde dagegen keine Probezeit vereinbart oder entfällt diese, kann die Vereinbarung zur Erhöhung der Arbeitszeit sofort mit Beginn des Arbeitsverhältnisses getroffen werden.

Eine Ausnahme besteht für ehemalige Auszubildende nach dem TVAöD und ehemalige dual Studierende nach dem TVSöD, die im unmittelbaren Anschluss an ihr Ausbildungs- bzw. ihr Ausbildungs- und Studienverhältnis in ein Arbeitsverhältnis übernommen wurden. Für ehemalige Auszubildende entfällt unter den Voraussetzungen des § 2 Absatz 4 Satz 2 zwar die Probezeit, gleichwohl darf auch hier die Erhöhung der regelmäßigen wöchentlichen Arbeitszeit nicht bereits mit Beginn des Arbeitsverhältnisses vereinbart werden (§ 6 Absatz 1a Satz 2). Dadurch soll sichergestellt werden, dass auch in diesen Fällen die doppelte Freiwilligkeit tatsächlich gewahrt wird. Die Übernahme in ein Arbeitsverhältnis darf nicht davon abhängig gemacht werden, dass eine erhöhte Arbeitszeit nach § 6 Absatz 1a vereinbart wird.

Auf die in beiderseitigem Einvernehmen zu treffende Vereinbarung besteht weder von Beschäftigten- noch von Arbeitgeberseite ein

Rechtsanspruch. Sie bedarf zu ihrer Wirksamkeit der Textform im Sinne des § 126b BGB. Hierfür genügt z. B. eine per E-Mail oder elektronischem Workflow getroffene Vereinbarung zwischen Personalstelle und Beschäftigter/Beschäftigtem. Es wird empfohlen, die in der **Anlage** als Muster beigefügte Zusatzvereinbarung zum Arbeitsvertrag zu nutzen. Zudem besteht die Möglichkeit, die näheren Einzelheiten durch eine Betriebs- oder einvernehmliche Dienstvereinbarung zu regeln (§ 6 Absatz 1a Satz 8). Dies ändert jedoch nichts daran, dass die Vereinbarung der erhöhten Arbeitszeit selbst infolge der doppelten Freiwilligkeit jeweils nur individualvertraglich geschlossen werden kann.

Die Vereinbarung der Erhöhung der Arbeitszeit von Vollzeit auf bis zu 42 Wochenstunden ist nur im Ausnahmefall mitbestimmungspflichtig (siehe dazu sogleich Ziffer 1.3). Die Rechte der Gleichstellungsbeauftragten und ggf. der Schwerbehindertenvertretung sind zu wahren.

1.3 Erhöhung der regelmäßigen durchschnittlichen wöchentlichen Arbeitszeit

Wenn sich Dienststelle und Beschäftigte/Beschäftigter auf die Einzelheiten einer Erhöhung der regelmäßigen Wochenarbeitszeit verständigt haben, also die Anzahl der Erhöhungsstunden, den Beginn und die Dauer der Vereinbarung festgelegt haben, tritt ab dem Zeitpunkt ihres Wirksamwerdens die vereinbarte erhöhte Stundenzahl an die Stelle der nach § 6 Absatz 1 grundsätzlich geltenden regelmäßigen Arbeitszeit von 39 Stunden pro Woche. Die/Der Beschäftigte ist dann verpflichtet, entsprechend mehr oder länger zu arbeiten. Im Gegenzug leistet der Arbeitgeber das nach § 24 Absatz 2 Buchstabe b entsprechend erhöhte Arbeitsentgelt sowie die nach § 8 Absatz 7 zustehenden Zuschläge für Erhöhungsstunden (siehe Ziffer 2.1.2). Die Erhöhung der Arbeitszeit muss dabei nicht in vollen Stunden festgelegt werden. Denkbar ist z. B. auch eine Erhöhung um eine Stunde und 30 Minuten. Eine über durchschnittlich 42 Stunden hinausgehende Erhöhungsvereinbarung ist nicht zulässig.

Wollen Teilzeitbeschäftigte Erhöhungsstunden nach § 6 Absatz 1a leisten, muss ihre Arbeitszeit zunächst – ggf. auch zum gleichen Zeitpunkt – arbeitsvertraglich auf Vollzeit (§ 6 Absatz 1) erhöht werden. Die Vereinbarung wird in diesem Fall rechtlich in zwei Schritten geschlossen, nämlich zunächst durch die Erhöhung auf Vollzeit mit entsprechender Änderung des Arbeitsvertrages und dann durch die Zusatzvereinbarung über die Erhöhungsstunden. Dabei ist die Erhöhung auf Vollzeit mitbestimmungspflichtig, wenn die Erhöhung der Arbeitszeit nach

Dauer und Umfang als erheblich anzusehen ist. Hinsichtlich der Dauer ist dabei in Anlehnung an § 78 Absatz 1 Nummer 7 BPersVG auf einen Mindestzeitraum von drei Monaten abzustellen. Ihrem Umfang nach ist die Aufstockung erheblich, wenn die zusätzlichen Stunden mindestens 25 Prozent eines Vollzeitarbeitsverhältnisses ausmachen. Die sich an die Aufstockung auf Vollzeit anschließende Zusatzvereinbarung über die Erhöhungsstunden ist grundsätzlich nicht mitbestimmungspflichtig – es sei denn, die Erheblichkeitsschwelle wird erst durch das gleichzeitige Zusammentreffen von Erhöhung auf Vollzeit und die Vereinbarung zusätzlicher Erhöhungsstunden überschritten. In diesem Fall sind aufgrund des einheitlichen Lebenssachverhalts beide Vereinbarungen mitbestimmungspflichtig.

Beispiel 1:

Eine Beschäftigte möchte ihre Arbeitszeit für zwölf Monate von 35 Stunden auf 40 Stunden erhöhen und nach Ablauf der zwölf Monate regulär in Vollzeit arbeiten. Die Dienststelle ist damit einverstanden. Zu diesem Zweck schließen beide Seiten einen Änderungsvertrag zu dem bestehenden Arbeitsvertrag, wodurch die regelmäßige durchschnittliche wöchentliche Arbeitszeit dauerhaft auf 39 Stunden (Vollbeschäftigung) erhöht wird. Einer vorherigen Zustimmung der Personalvertretung bedarf es angesichts der Aufstockung von nur vier Stunden nicht. Zugleich (eine juristische Sekunde danach) treffen Dienststelle und Beschäftigte eine Zusatzvereinbarung, in der sie auf zwölf Monate befristet eine Erhöhungsstunde vorsehen.

1.4 Befristung und Dauer

Die Vereinbarung von Erhöhungsstunden ist zu befristen. Jede Vereinbarung darf längstens einen Zeitraum von 18 Monaten umfassen; kürzere Zeiträume sind möglich (§ 6 Absatz 1a Satz 3 und 5). Eine getroffene Vereinbarung kann im gegenseitigen Einvernehmen verlängert werden, bei Bedarf auch mehrmals (§ 6 Absatz 1a Satz 4). Bei jeder Verlängerung ist eine neue Vereinbarung zu schließen. Anlass und Umfang der Erhöhung können von Vereinbarung zu Vereinbarung variieren. Eine Verlängerung kann auch bereits während der Laufzeit einer bestehenden Vereinbarung geschlossen werden.

Eine vorzeitige Beendigung der getroffenen Vereinbarung ist im gegenseitigen Einvernehmen jederzeit möglich. Einseitig kann die Vereinbarung über die Erhöhung der Arbeitszeit von jeder Seite vorzeitig gekündigt werden, wenn ein wichtiger Grund vorliegt (§ 6 Absatz 1a Satz 6). Ein wichtiger Grund muss gewichtiger sein als ein bloß nachvollziehbarer Grund. Ein wichtiger Grund liegt vor, wenn Tatsachen gegeben sind, auf Grund derer der/dem Beschäftigten oder dem Arbeitgeber unter Berücksichtigung aller Umstände und Abwägung der Interessen die Fortführung der Vereinbarung unzumutbar ist.

Die Kündigung bedarf zu ihrer Wirksamkeit der Textform. Es ist eine Frist von vier Wochen zum Ende eines Kalendermonats zu wahren.

Die Kündigung ist nicht mitbestimmungspflichtig. Beteiligungsrechte der Gleichstellungsbeauftragten und ggf. der Schwerbehindertenvertretung sind zu beachten.

1.5 Erhöhungsstunden nach § 7 Absatz 9

Erhöhungsstunden sind eine neu eingeführte Sonderform der Arbeit und nach § 7 Absatz 9 als vereinbarte Arbeitsstunden definiert, die über die regelmäßige durchschnittliche wöchentliche Arbeitszeit von Vollbeschäftigten (§ 6 Absatz 1 Satz 1) hinausgehen.

Haben sich Beschäftigte/Beschäftigter und Arbeitgeber gemäß § 6 Absatz 1a auf eine Arbeitszeiterhöhung über 39 Wochenstunden hinaus verständigt, ändert sich dadurch die regelmäßige wöchentliche Arbeitszeit der/des Beschäftigten. Soweit tarifvertraglich auf die regelmäßige durchschnittliche wöchentliche Arbeitszeit von Vollbeschäftigten Bezug genommen wird, gilt in diesem Fall die individuell erhöhte regelmäßige durchschnittliche wöchentliche Arbeitszeit (§ 6 Absatz 1a Satz 7). Bei der Vereinbarung von Erhöhungsstunden gemäß § 6 Absatz 1a ist für die Berechnung des Durchschnitts der regelmäßigen wöchentlichen Arbeitszeit wie im Falle des § 6 Absatz 1 ein Zeitraum von bis zu einem Jahr zugrunde zu legen (§ 6 Absatz 2).

Beispiel 2:

Ein Vollbeschäftigter vereinbart mit seinem Arbeitgeber ab dem 1. Januar 2026 für die Dauer von zwölf Monaten die Erhöhung seiner regelmäßigen Arbeitszeit auf durchschnittlich wöchentlich 41 Stunden. Von Januar bis März leistet der Beschäftigte durchschnittlich wöchentlich 41 Stunden. Von April bis August leistet er durchschnittlich wöchentlich 43 Stunden und von September bis Dezember durchschnittlich wöchentlich nur 38,50 Stunden. Der Beschäftigte leistet über den gesamten vereinbarten Zeitraum von zwölf Monaten durchschnittlich 41 Stunden pro Woche und erhält dafür sowohl das erhöhte Tabellenentgelt für 41 Wochenstunden als auch den Zuschlag für die zwei Erhöhungsstunden als verstetigtes Entgelt nach § 8 Absatz 7

Da die vereinbarten Erhöhungsstunden Teil der regelmäßigen Arbeitszeit sind, handelt es sich bei ihnen nicht um Überstunden im Sinne des § 7 Absatz 7. § 7 Absatz 9 Satz 2 stellt dies klar. Für Erhöhungsstunden besteht ein Anspruch auf den Zuschlag nach § 8 Absatz 7, nicht aber auf Zeitzuschläge für Überstunden nach § 8 Absatz 1 Satz 1 Buchstabe a. Überstunden gemäß § 7 Absatz 7 können aber bei Überschreiten der vereinbarten erhöhten wöchentlichen Arbeitszeit entstehen und überstundenzuschlagspflichtig werden (siehe dazu im Folgenden unter Ziffer 1.6.4).

1.6 Verhältnis zu weiteren Sonderformen der Arbeit

Das Zusammentreffen von Erhöhungsstunden und weiteren Sonderformen der Arbeit nach § 7 Absatz 1 bis 8 ist möglich. Dafür vorgesehene Zeitzuschläge sowie Zulagen richten sich nach § 8. Sie werden von einer Vereinbarung nach § 6 Absatz 1a nicht berührt.

1.6.1 Wechselschichtarbeit und Schichtarbeit

Wechselschichtarbeit und Schichtarbeit nach § 7 Absatz 1 und 2 sehen eine Arbeit nach einem Schichtplan vor. Bei der Gestaltung der Schichtpläne sind dann Vereinbarungen über die Erhöhung der Arbeitszeit nach § 6 Absatz 1a entsprechend zu berücksichtigen, z. B. indem für diese Beschäftigten innerhalb des Schichtplans eine zusätzliche Schicht eingeplant wird.

1.6.2 Bereitschaftsdienst und Rufbereitschaft

Bereitschaftsdienst nach § 7 Absatz 3 sowie Rufbereitschaft nach § 7 Absatz 4 leisten Beschäftigte jeweils auf Anordnung des Arbeitgebers und außerhalb der regelmäßigen Arbeitszeit. Aufgrund einer Vereinbarung nach § 6 Absatz 1a gilt die neu vereinbarte erhöhte wöchentliche Arbeitszeit als regelmäßige durchschnittliche Arbeitszeit (§ 6 Absatz 1a Satz 7). Somit können Bereitschaftsdienst oder Rufbereitschaft nur außerhalb dieser neu vereinbarten individuell erhöhten regelmäßigen durchschnittlichen wöchentlichen Arbeitszeit geleistet werden.

Im Gegensatz dazu werden Bereitschaftszeiten nach § 9 nicht außerhalb der regelmäßigen Arbeitszeit geleistet – siehe dazu sogleich unter Ziffer 1.7.

1.6.3 Nachtarbeit

Die Vereinbarung von Erhöhungsstunden hat keine Auswirkungen auf die Regelungen zur Nachtarbeit.

1.6.4 Überstunden

Die Anordnung von Überstunden ist unter Beachtung der arbeitszeitrechtlichen Grenzen der §§ 3 ff. Arbeitszeitgesetz (ArbZG) zulässig, wenn diese außerhalb der erhöhten Regelarbeitszeit zusätzlich erforderlich werden. Gemäß § 7 Absatz 9 Satz 2 sind die Erhöhungsstunden zu unterscheiden von Überstunden nach § 7 Absatz 7 und 8 (siehe hierzu Ziffer 1.5).

Überstunden sind die auf Anordnung des Arbeitgebers geleisteten Arbeitsstunden, die über die im Rahmen der regelmäßigen Arbeitszeit von Vollbeschäftigten (§ 6 Absatz 1 Satz 1) für die Woche dienstplanmäßig bzw. betriebsüblich festgesetzten Arbeitsstunden hinausgehen und nicht bis zum Ende der folgenden Kalenderwoche ausgeglichen werden (§ 7 Absatz 7). Im Fall einer erhöhten regelmäßigen durchschnittlichen wöchentlichen Arbeitszeit legt § 6 Absatz 1a Satz 7 fest, dass an die Stelle der Arbeitszeit von Vollbeschäftigten nach § 6 Absatz 1 Satz 1 (39 Stunden) die erhöhte regelmäßige wöchentliche Arbeitszeit nach § 6 Absatz 1a Satz 1 tritt. Auch im Rahmen der Vereinbarung einer erhöhten Wochenarbeitszeit können also zusätzlich Überstunden angeordnet werden; dabei sind die Vorschriften des ArbZG zu beachten (insbesondere Höchstarbeitszeiten von werktäglich 10 Stunden und 48 Stunden wöchentlich im Durchschnitt sowie eine ununterbrochene Ruhezeit von mindestens elf Stunden nach Beendigung der Arbeit). Die Maßgaben zum Freizeitausgleich und zur Abgeltung nach § 43 (Bund) TVöD – BT-V sind zu beachten.

Beispiel 3:

Ein Beschäftigter hat mit seinem Arbeitgeber eine Vereinbarung über die Erhöhung der regelmäßigen durchschnittlichen wöchentlichen Arbeitszeit auf 40 Stunden geschlossen. Aufgrund von erhöhtem Arbeitsaufkommen ordnet sein Arbeitgeber zusätzlich Überstunden nach § 7 Absatz 7 an. Die Überstunden sind die geleisteten Arbeitsstunden, die über die vereinbarten Erhöhungsstunden hinausgehen, hier über 40 Stunden pro Woche, sofern sie nicht bis zum Ende der folgenden Kalenderwochen ausgeglichen werden.

1.7 Verhältnis zu Bereitschaftszeiten nach § 9

Für Beschäftigte, deren Tätigkeit regelmäßig Bereitschaftszeiten in nicht unerheblichem Umfang beinhaltet (§ 9 Absatz 1 Satz 2), kann die Möglichkeit zur Vereinbarung einer erhöhten regelmäßigen Arbeitszeit nach § 6 Absatz 1a eingeschränkt sein. Gemäß § 9 Absatz 1 Satz 2 Buchstabe d darf die Summe aus Vollarbeits- und Bereitschaftszeiten durchschnittlich 48 Stunden wöchentlich nicht überschreiten.

Von Bereitschaftszeiten in „nicht unerheblichem" Umfang ist nach der Rechtsprechung des Bundesarbeitsgerichts auszugehen, wenn die Bereitschaftszeiten etwa 25 Prozent der regelmäßigen Arbeitszeit betragen (BAG, Urteil vom 30.10.2019 – 6 AZR 16/19). Bereitschaftszeiten werden in diesem Fall zur Hälfte als tarifliche Arbeitszeit gewertet (Faktorisierung nach § 9 Absatz 1 Satz 2 Buchstabe a).

Für Beschäftigte, in deren Tätigkeit regelmäßig und in nicht unerheblichem Umfang Bereitschaftszeiten fallen, setzt sich eine gemäß § 6 Absatz 1a erhöhte regelmäßige wöchentliche Arbeitszeit aus der Summe von Vollarbeitszeit und faktorisierter Bereitschaftszeit zusammen. Diese Summe darf bei entsprechender Vereinbarung bis zu 42 Stunden betragen.

Gleichzeitig darf jedoch die Summe von Vollarbeitszeit und tatsächlicher Bereitschaftszeit nicht oberhalb der Grenze von 48 Stunden liegen. Eine Erhöhung der Arbeitszeit nach § 6 Absatz 1a ist daher nur möglich, wenn dieser Wert dadurch nicht überschritten wird.

Beinhaltet die Tätigkeit einer/eines Beschäftigten Bereitschaftszeiten nach § 9, sollte bei einer Vereinbarung der Erhöhung der Arbeitszeit nach § 6 Absatz 1a aus ihrer/seiner Sicht geklärt sein, dass die Bereitschaftszeiten weiter zur Hälfte als tarifliche Arbeitszeit zu werten sind. Dies setzt voraus, dass die Bereitschaftszeiten auch in Bezug auf die erhöhte Arbeitszeit in „nicht unerheblichem" Umfang bestehen.

2. Berechnung und Auszahlung der erhöhten Entgelte

Im Falle einer Vereinbarung über die Erhöhung der regelmäßigen durchschnittlichen wöchentlichen Arbeitszeit auf bis zu 42 Stunden erhalten Beschäftigte gemäß § 24 Absatz 2 Buchstabe b ein erhöhtes Tabellenentgelt. Neben dem Entgelt für jede Erhöhungsstunde erhalten diese Beschäftigten zusätzlich einen Zuschlag nach § 8 Absatz 7. Die erhöhte Arbeitszeit wirkt sich außerdem auf die sonstigen Entgeltbestandteile aus, soweit tarifvertraglich nicht ausdrücklich etwas anderes geregelt ist.

Die Berechnung und Auszahlung richten sich nach § 24. Die erhöhten Entgelte werden jeweils am Zahltag für den laufenden Kalendermonat als verstetigtes Entgelt in Monatsbeträgen gezahlt (§ 24 Absatz 1 Satz 2 und 3). Bemessungszeitraum ist somit der Kalendermonat (§ 24 Absatz 1 Satz 1).

2.1 Neufassung von § 24 Absatz 2

Zum 1. Januar 2026 wurde § 24 Absatz 2 neu gefasst. Neben der bisherigen Regelung für Teilzeitbeschäftigte (Buchstabe a) wurde eine neue Regelung für Beschäftigte mit einer erhöhten Arbeitszeit eingeführt (Buchstabe b).

Mit der Ergänzung der neuen Regelung (Buchstabe b) wird erreicht, dass das Tabellenentgelt (§ 15) und sonstige Entgeltbestandteile für Beschäftigte mit einer Vereinbarung von Erhöhungsstunden zeitanteilig über die bisherigen für Vollbeschäftigte geregelten Entgeltbeträge hinaus zu berechnen und auszuzahlen sind. Wie bisher schon bei Teilzeitbeschäftigten hat die zeitanteilige Umrechnung dabei auch für Beschäftigte mit einer erhöhten Arbeitszeit für jeden Entgeltbestandteil einzeln zu erfolgen (vgl. § 24 Absatz 4 Satz 3).

Keine Umrechnung erfolgt, soweit tarifvertraglich ausdrücklich etwas anderes geregelt ist (§ 24 Absatz 2 Satz 2). Das gilt z. B. nach § 23 Absatz 2 Satz 2 für das Jubiläumsgeld, das alle Beschäftigten bei Vollendung der jeweiligen Beschäftigungszeiten in Höhe der dort genannten Euro-Beträge erhalten, also unabhängig vom Umfang ihrer individuell vereinbarten Arbeitszeit. Zudem erfolgt keine Umrechnung, wenn Entgeltbestandteile in Stundensätzen (Euro pro Stunde) festgelegt sind oder nach dem Stundenentgelt bzw. in Bruchteilen davon bemessen werden. Dies gilt beispielsweise für Zeitzuschläge nach § 8 Absatz 1 oder die Wechselschicht-/Schichtzulage bei nicht ständiger Wechselschichtarbeit oder nicht ständiger Schichtarbeit nach § 8 Absatz 5 Satz 2 bzw. Absatz 6 Satz 2.

2.1.1 Tabellenentgelt bei Erhöhungsstunden

Das Tabellenentgelt (§ 15) bei Erhöhungsstunden gemäß § 6 Absatz 1a wird in dem Umfang berechnet, der dem Anteil ihrer individuell vereinbarten erhöhten regelmäßigen durchschnittlichen wöchentlichen Arbeitszeit gemäß § 6 Absatz 1a Satz 1 entspricht. Maßgebend ist somit das Verhältnis der individuell erhöhten durchschnittlichen Arbeitszeit (§ 6 Absatz 1a) zur regelmäßigen Arbeitszeit von Vollbeschäftigten (§ 6 Absatz 1 Buchstabe a).

Beispiel 4:

Eine Vollbeschäftigte der Entgeltgruppe 8 Stufe 4 trifft mit ihrem Arbeitgeber eine befristete Vereinbarung nach § 6 Absatz 1a zur Erhöhung der Wochenarbeitszeit auf 42 Stunden, beginnend ab 1. Januar 2026. Die Voraussetzungen nach § 6 Absatz 1a sind erfüllt. Vor der Erhöhung der Arbeitszeit erhielt die Beschäftigte ein monatliches Tabellenentgelt in Höhe von 3.883,66 Euro. Neben dem Tabellenentgelt erhält sie keine weiteren Entgeltbestandteile. Ab dem 1. Januar 2026 erhält die Beschäftigte das Tabellenentgelt nach § 15 [und alle sonstigen in Monatsbeträgen festgelegten Entgeltbestandteile] im Verhältnis 42/39 (=1,076923) wie folgt:

42/39 × 3.883,66 Euro = 4.182,4027 Euro; gerundet 4.182,40 Euro

Die Berechnung des auf eine Stunde entfallenden Entgeltanteils richtet sich nach § 24 Absatz 3 Satz 3 und bleibt unverändert. Hiernach sind zur Ermittlung des auf eine Stunde entfallenden Entgeltanteils die in Monatsbeträgen festgelegten Entgeltbestandteile durch das 4,348-fache der regelmäßigen wöchentlichen Arbeitszeit (§ 6 Absatz 1 und entsprechende Sonderregelungen) zu teilen. Zur Erleichterung der Berechnung wird auf die Tabellen der Stundenentgelte in Anlage 1 des Rundschreibens zur Zahlbarmachung vom 15. Juli 2025 – D5.31002/75#8 – verwiesen.

Hinweis:

Der nach § 24 Absatz 3 Satz 3 vereinbarte Monatsfaktor von 4,348 findet auch Anwendung für die Ermittlung der Anzahl der durchschnittlichen monatlichen Stunden einschließlich der Erhöhungsstunden (Gesamtstunden pro Monat einschließlich der vereinbarten Erhöhungsstunden). Dafür wird die gemäß § 6 Absatz 1a erhöhte wöchentliche Arbeitszeit von z. B. 42 Stunden mit dem Faktor 4,348 multipliziert. Die sich danach ergebende Anzahl der Gesamtstunden pro Monat beträgt 182,62 Stunden (42 Stunden × 4,348).

2.1.2 Zuschlag für Erhöhungsstunden

Zusätzlich zum erhöhten Tabellenentgelt wird gemäß § 8 Absatz 7 für jede Erhöhungsstunde ein Zuschlag bezahlt. Die Bemessungssätze für den Zuschlag sind nach Entgeltgruppen gestaffelt:

Entgeltgruppen 1 bis 9b	25 v. H.	Stundenentgelt der jeweiligen Stufe 3 des individuellen Tabellenentgelts
Entgeltgruppen 9c bis 15	10 v. H.	

Der Bemessungssatz bestimmt sich nach der Entgeltgruppe, in welche die/der Beschäftigte eingruppiert ist. Die Zuschlagshöhe ergibt sich aus dem auf eine Stunde entfallenden Anteil des Tabellenentgelts der Stufe 3 der jeweiligen Entgeltgruppe. Bemessungsgrundlage ist also die Stufe 3, unabhängig davon, welcher Stufe die/der Beschäftigte individuell zugeordnet ist.

Hinweis:

Bei der Festlegung des Bemessungssatzes werden Beschäftigte der Entgeltgruppe 2 Ü und 15 Ü entsprechend der Niederschriftserklärung Nr. 18 zu § 20 (Bund) Absatz 2 zugeordnet. Danach gehören Beschäftigte der Entgeltgruppe 2 Ü zu den Entgeltgruppen 1 bis 8 und die Beschäftigten der Entgeltgruppe 15 Ü zu den Entgeltgruppen 13 bis 15.

Der Zuschlag für Erhöhungsstunden wird als verstetigtes Entgelt in Monatsbeträgen gezahlt (Protokollerklärung zu § 8 Absatz 7 Satz 1). Im Gegensatz zu den Zeitzuschlägen, die nur für jede tatsächlich geleistete Arbeitsstunde gezahlt werden (siehe § 8 Absatz 1 Satz 1), müssen vereinbarte Erhöhungsstunden also nicht in jeder Kalenderwoche (gleichmäßig) geleistet werden. Der für die Berechnung des Durchschnitts der regelmäßigen wöchentlichen Arbeitszeit maßgebende Bemessungszeitraum von bis zu einem Jahr (§ 6 Absatz 2) wird auch für die Durchschnittsberechnung der erhöhten Arbeitszeit nach § 6 Absatz 1a angewendet. In Fällen einer Erhöhung, die kürzer als ein Jahr befristet ist, gilt der Zeitraum der Vereinbarung.

Zur Ermittlung des Monatsbetrages des Zuschlags sind zunächst die vereinbarten wöchentlichen Erhöhungsstunden mit dem Faktor 4,348 (§ 24 Absatz 3 Satz 3) zu multiplizieren (1. Berechnungsschritt). Für die Berechnung des Zuschlags pro Stunde wird das nach § 24 Absatz 3 Satz 3 auf Basis der Stufe 3 berechnete Stundenentgelt mit dem jeweiligen Bemessungssatz nach § 8 Absatz 7 multipliziert (2. Berechnungsschritt). Anschließend wird die Summe der ermittelten monatlichen Erhöhungsstunden mit dem Zuschlag pro Stunde multipliziert (3. Berechnungsschritt).

Beispiel 5:

Die Beschäftigte aus Beispiel 4 erhält neben ihrem (erhöhten) Tabellenentgelt aus der Entgeltgruppe 8 Stufe 4 einen Zuschlag in Höhe von 25 Prozent des Stundenentgelts der Entgeltgruppe 8 Stufe 3, der als verstetigtes Entgelt monatlich gezahlt wird. Der monatliche Zuschlag nach § 8 Absatz 7 beträgt 71,85 Euro und berechnet sich wie folgt:

1. **Zuschlag pro Stunde nach § 8 Absatz 7 Satz 2:**
   Stundenentgelt nach § 24 Absatz 3 = 22,05 Euro
   (3.738,60 Euro [Entgeltgruppe 8 Stufe 3]/169,57 Monatsstunden)
   22,05 Euro × 25 % = 5,5125 Euro; gerundet 5,51 Euro
2. **Anzahl monatliche Erhöhungsstunden:**
   3 Erhöhungsstunden pro Woche × Faktor 4,348 = 13,04 Stunden monatlich
3. **Zuschlag pro Monat:**
   13,04 Stunden monatlich × 5,51 Euro = 71,8504 Euro; gerundet 71,85 Euro

Im Ergebnis erhält die Beschäftigte ein erhöhtes Tabellenentgelt in Höhe von 4.182,40 Euro zuzüglich eines monatlichen Zuschlags für die Erhöhungsstunden in Höhe von 71,85 Euro. Auf die entsprechenden Rundungsregelungen gemäß § 24 Absatz 4 wird hingewiesen.

2.1.3 Sonstige in Monatsbeträgen festgelegte Entgeltbestandteile

Der Wortlaut der Tarifnorm des § 24 Absatz 2 bezieht neben dem Tabellenentgelt alle sonstigen Entgeltbestandteile mit ein, *„soweit tarifvertraglich nicht ausdrücklich etwas anderes geregelt ist"*. Entsprechend der Verfahrensweise bei Teilzeitbeschäftigten, bei denen die zeitanteilige Kürzung mittels des Teilzeitquotienten erfolgt

(Buchstabe a), wird mit der Neuregelung des Buchstaben b klargestellt, dass die Vereinbarung einer erhöhten Arbeitszeit gemäß § 6 Absatz 1a zu einer dem Arbeitszeitquotienten entsprechenden zeitanteiligen Erhöhung von in Monatsbeträgen festgelegten Entgeltbestandteilen (z. B. Zulagen) führt. Hierzu zählt beispielsweise auch die Schicht-/Wechselschichtzulage (§ 8 Absatz 5 und 6) oder die vermögenswirksame Leistung (§ 23 Absatz 1).

Beispiel 6:

Die Beschäftigte aus Beispiel 4 erhält aufgrund ihrer Tätigkeit im Schichtdienst nach § 8 Absatz 6 eine monatliche Schichtzulage. Vor der Vereinbarung der Erhöhungsstunden wurde ihr die Schichtzulage in Höhe von 100 Euro monatlich gezahlt. Mit der Erhöhung ihrer durchschnittlichen wöchentlichen Arbeitszeit auf 42 Stunden erhöht sich auch der Betrag der monatlichen Schichtzulage in dem Umfang ihrer vereinbarten Erhöhungsstunden wie folgt: 42/39 (= 1,076923)

42/39 × 100,00 Euro = 107,6923 Euro; gerundet 107,69 Euro

2.1.4 Über- und außertarifliche Zulagen

Werden über- oder außertarifliche Zulagen gewährt, findet § 24 Absatz 2 TVöD grundsätzlich auch auf diese entsprechend Anwendung. Etwas anderes gilt nur dann, wenn die betreffende rechtliche Grundlage (z. B. BMI-Rundschreiben) etwas anderes vorsieht.

Beispiel 7:

Ein Beschäftigter beim Bundesamt für Migration und Flüchtlinge vereinbart mit seinem Arbeitgeber die Erhöhung seiner wöchentlichen Arbeitszeit auf 40 Stunden. Er erhielt vor der Erhöhung eine außertarifliche monatliche Zulage nach Nummer 8 des Rundschreibens vom 23. Dezember 2019 – D5-31002/68#1 (Zulage für Beamte und Soldaten bei dem Bundesamt für Migration und Flüchtlinge – Vorbem. Nr. 8c zu den BBesO A und B des BBesG) in Höhe von 110,00 Euro. Mit der Erhöhung seiner durchschnittlichen wöchentlichen Arbeitszeit erhöht sich auch der Betrag der außertariflichen monatlichen Zulage in dem Umfang seiner vereinbarten Erhöhungsstunden wie folgt: 40/39 (= 1,025641)

40/39 × 110,00 Euro = 112,8205 Euro; gerundet 112,82 Euro

2.1.5 Jahressonderzahlung nach § 20 (Bund)

Bemessungsgrundlage für die Jahressonderzahlung ist das Entgelt, das der/dem Beschäftigten in den Kalendermonaten Juli, August und September durchschnittlich gezahlt wird (§ 20 [Bund] Absatz 3 Satz 1 erster Halbsatz). Im Fall der Vereinbarung einer erhöhten Arbeitszeit gemäß § 6 Absatz 1a spiegelt sich der Beschäftigungsumfang somit bereits unmittelbar im durchschnittlich gezahlten monatlichen Entgelt wider. Soweit innerhalb des o. g. Bemessungszeitraums ein erhöhtes Tabellenentgelt und der Zuschlag für die Erhöhungsstunden nach § 8 Absatz 7 gezahlt werden, fließen diese erhöhten Entgelte in die Bemessungsgrundlage für die Jahressonderzahlung ein. Bezüglich der Einzelheiten zur Berechnung der Jahressonderzahlung verweise ich auf die Durchführungshinweise zu § 20 (Bund) vom 22. Dezember 2017 – D5-31002/1#6.

2.2 Entgeltfortzahlung nach § 21

In den in § 21 Absatz 1 genannten Fällen der Entgeltfortzahlung wird das erhöhte Tabellenentgelt und der Zuschlag für die Erhöhungsstunden in die Bemessungsgrundlage für die Entgeltfortzahlung nach § 21 einbezogen. Das nach § 24 Absatz 2 Buchstabe b erhöhte Tabellenentgelt sowie der Zuschlag, der als verstetigtes Entgelt in Monatsbeträgen gezahlt wird, sind nach dem sogenannten Lohnausfallprinzip weiterzuzahlen (§ 21 Satz 1). Die Hinweise aus dem Durchführungsrundschreiben zu § 21 vom 18. Juni 2020 – D5-31002/33#10 sind zu beachten.

2.2.1 Teilmonatsbeträge (§ 24 Absatz 3)

Sofern der Entgeltanspruch nicht für einen vollen Kalendermonat besteht, werden die Teilmonatsbeträge gezahlt, die auf den Anspruchszeitraum entfallen. Dies betrifft auch das erhöhte Tabellenentgelt sowie den Zuschlag für die Erhöhungsstunden.

2.2.2 Tageweise Kürzung

Entfällt der Entgeltanspruch für ganze Tage eines Kalendermonates, wird nur der Teil gezahlt, der auf den Anspruchszeitraum entfällt (§ 24 Absatz 3 Satz 1). Danach werden das erhöhte Tabellenentgelt und der monatliche Zuschlag für die Erhöhungsstunden sowie die sonstigen in Monatsbeträgen festgelegten Entgeltbestandteile durch die Zahl der tatsächlichen Kalendertage des jeweiligen Kalendermonats geteilt und mit der Anzahl der Anspruchstage multipliziert. Jeder Entgeltbestandteil ist dabei einzeln zu berechnen und sodann zu runden (§ 24 Absatz 4 Satz 3).

Gleiches gilt beispielsweise, wenn eine Vereinbarung über Erhöhungsstunden innerhalb eines Kalendermonats beginnt bzw. endet, Beschäftigte innerhalb eines Kalendermonats aus dem Arbeitsverhältnis ausscheiden oder die Entgeltzahlung im Lauf des Kalendermonats endet bzw. aufgenommen wird (z. B. wegen Sonderurlaub nach

§ 28). Die Teilmonate werden dann ebenfalls auf kalendertäglicher Basis berechnet, wenn kein Fall nach § 24 Absatz 3 Satz 2 vorliegt.

Beispiel 8:

Der Beschäftigten aus Beispiel 4 werden in Absprache mit ihrem Arbeitgeber im März 2026 drei Tage Sonderurlaub nach § 28 unter Verzicht auf die Fortzahlung des Entgelts gewährt. Ohne den Sonderurlaub hätte die Beschäftigte Anspruch auf das erhöhte monatliche Entgelt in Höhe von 4.182,40 Euro und auf den monatlichen Zuschlag für die Erhöhungsstunden in Höhe von 71,85 Euro. Aufgrund der drei Tage Freistellung ohne Fortzahlung des Entgelts wird sowohl das erhöhte Tabellenentgelt als auch der monatliche Zuschlag für drei Tage gekürzt Die tageweise Kürzung erfolgt auf kalendertäglicher Basis (§ 24 Absatz 3 Satz 1). Der betroffene Monat März hat 31 Kalendertage. Von dem monatlichen Tabellenentgelt sowie von dem monatlichen Zuschlag werden daher 3/31 abgezogen. Die Beschäftigte erhält somit im Monat März 2026 das anteilige erhöhte Tabellenentgelt in Höhe von 3.777,65 Euro und einen monatlichen Zuschlag in Höhe von 64,90 Euro:

1. 28/31 (= 0,903225)
2. 4.182,40 Euro × 28/31 = 3.777,6482 Euro; gerundet 3.777,65 Euro
3. 71,85 Euro × 28/31 = 64,8967 Euro, gerundet 64,90 Euro

2.2.3 Stundenweise Kürzung

Besteht nur für einen Teil eines Kalendertages Anspruch auf Entgelt, wird das Entgelt entsprechend gekürzt. Dabei wird für jede geleistete dienstplanmäßige oder betriebsübliche Arbeitsstunde der auf eine Stunde entfallende Anteil des Tabellenentgelts sowie der sonstigen in Monatsbeträgen festgelegten Entgeltbestandteile gezahlt (§ 24 Absatz 3 Satz 2). Bei vereinbarten Erhöhungsstunden ist entsprechend zu verfahren. In diesem Fall wird das auf eine Stunde entfallene anteilige Entgelt ermittelt. Zur Berechnung der maßgebenden Stundenentgelte siehe Ziffer 2.1.1.

Beispiel 9:

Bei der Beschäftigten aus dem Beispiel 4 ist der Entgeltanspruch wegen Fernbleibens von der Arbeit ohne Zustimmung des Arbeitgebers an einem Kalendertag für drei Stunden zu kürzen. Auf Basis des individuellen Stundenentgelts in Entgeltgruppe 8 Stufe 4 von 22,90 Euro (3.883,66 Euro/169,57 Stunden [= 39 Stunden × 4,348]) ergibt sich für drei Fehlstunden somit ein Kürzungsbetrag von 68,70 Euro (22,90 Euro × 3 Stunden).

Bei einer stundenweisen Kürzung des nach der Protokollerklärung zu § 8 Absatz 7 ermittelten Zuschlags für die Erhöhungsstunden ist wie folgt zu verfahren:

Der stundenweise Abzug des monatlichen Zuschlages für die Erhöhungsstunden erfolgt aufgrund der Zahlung als verstetigtes Entgelt auf Basis der Anzahl der monatlichen Gesamtstunden (inklusive vereinbarter Erhöhungsstunden); siehe Hinweis in Ziffer 2.1.1.

Beispiel 10:

Im Beispiel 9 würde der monatliche Zuschlag für die Erhöhungsstunden ohne Kürzung 71,85 Euro betragen. Der Monatsbetrag wird um 0,39 Euro pro Stunde gekürzt (71,85 Euro/182,62 Stunden [= 42 Stunden × 4,348]). Für drei Stunden erfolgt eine Kürzung in Höhe von 1,17 Euro (0,39 Euro × 3 Stunden).

2.3 Auswirkung auf das zusatzversorgungspflichtige Entgelt

Gemäß § 15 Absatz 2 Satz 1 ATV ist zusatzversorgungspflichtiges Entgelt der steuerpflichtige Arbeitslohn, sofern die Tarifvertragsparteien in Anlage 3 des ATV keine Ausnahmen von diesem Grundsatz geregelt haben. Das erhöhte Tabellenentgelt sowie die Zuschläge für die Erhöhungsstunden sind nach derzeit geltender Rechtslage im vollen Umfang steuerpflichtiger Arbeitslohn, und es trifft auch sonst keine der tariflich normierten Ausnahmen zu. Deshalb handelt es sich dabei um zusatzversorgungspflichtiges Entgelt.

2.4 Pfändbarkeit

Erhöhungsstunden sind Mehrarbeitsstunden im Sinne von § 850a Nr. 1 ZPO (siehe § 850a ff. ZPO unpfändbare Entgeltbestandteile), da es sich hierbei um Arbeitszeit handelt, die über die im TVöD grundsätzlich festgelegte Regelarbeitszeit von Vollbeschäftigten hinausgeht. Folglich sind die für die Leistung von Mehrarbeitsstunden gezahlten Teile des Arbeitseinkommens zur Hälfte unpfändbar. Unpfändbar ist dabei die Hälfte der Gesamtvergütung für die geleisteten Mehrstunden, nicht nur der Zuschläge. In Fällen der Pfändbarkeit bei Unterhaltsansprüchen gilt für die Höhe des Einbehalts § 850d Absatz 1 Satz 2 ZPO, wonach nur ein Viertel der Mehrarbeitsvergütung unpfändbar ist. Diese Entgeltbestandteile sind daher nicht von der Pfändung erfasst und vom Arbeitseinkommen im Sinne des § 850 ZPO abzusetzen.

3. Besonderheiten für Beschäftigte im Geltungsbereich des KraftfahrerTV Bund

Für Kraftfahrerinnen und Kraftfahrer im Geltungsbereich des Tarifvertrags für die Kraftfahrer und Kraftfahrerinnen des Bundes (KraftfahrerTV Bund) finden die Regelungen zur erhöhten Arbeitszeit gemäß § 6 Absatz 1a TVöD einschließlich des erhöhten Tabellenentgelts sowie des Zuschlages für die Erhöhungsstunden keine Anwendung. Diese Beschäftigten leisten bereits aufgrund ihrer Tätigkeit höhere Arbeitszeiten, als die nach § 6 Absatz 1 bzw. § 6 Absatz 1a und erhalten dafür ein Pauschalentgelt (§ 4 KraftfahrerTV Bund). Mit dem Pauschalentgelt sind das Tabellenentgelt (§ 15 Absatz 1) sowie das Entgelt für Überstunden und Zeitzuschläge für Überstunden (§ 8 Absatz 1 Satz 1 Buchstabe a) abgegolten (siehe § 4 Absatz 1 KraftfahrerTV Bund).

Für Kraftfahrerinnen und Kraftfahrer, die dem Geltungsbereich des KraftfahrerTV Bund nicht unterfallen, wäre eine Vereinbarung zur erhöhten Wochenarbeitszeit § 6 Absatz 1a Satz 1 möglich. Jedoch wäre in diesem Fall die Schwelle zur Erfassung vom Geltungsbereich des KraftfahrerTV Bund zu beachten (siehe Protokollerklärung zu § 1 KraftfahrerTV Bund). Auf Ziffer 1.2 der Durchführungshinweise zum KraftfahrerTV Bund vom 25. September 2019 – D5-31005/26#3 wird hingewiesen. Es ist insofern sorgfältig zu prüfen, ob eine Vereinbarung von Erhöhungsstunden sinnvoll ist.

4. Medizinische Beschäftigte nach § 46 (Bund) Kapitel III TVöD – BT -V

Für Ärztinnen und Ärzte sowie für Beschäftigte im Pflegedienst in Bundeswehrkrankenhäusern und anderen kurativen Einrichtungen der Bundeswehr gelten die Regelungen des Abschnitt II zur Arbeitszeit. Die Regelungen zur Arbeitszeit gemäß § 44 Absätze 1 bis 2 TVöD – BT – K finden keine Anwendung (siehe § 46 [Bund] Kapitel III Nr. 19 TVöD – BT-V). Somit können auch für diese Beschäftigten Erhöhungsstunden vereinbart werden. Für die Berechnung der erhöhten Entgelte gelten die Sonderregelungen wie folgt:

- Ärztinnen und Ärzte sowie Zahnärztinnen und Zahnärzte gelten die Tabellenentgelte nach Anlage D (Bund) zum TVöD BT-V (§ 46 Nr. 21a Absatz 1 Satz 3 TVöD – BT-V)
- Beschäftigte im Pflegedienst gelten die Tabellenentgelte nach Anlage E (Bund) zum TVöD-BT-V (§ 46 Nr. 22 Absatz 1 Satz 1 TVöD – BT-V).

5. Beschäftigte mit einem außertariflichen Entgelt

Beschäftigte mit einem außertariflichen Entgelt sind von der Vereinbarung von Erhöhungsstunden ausgenommen, da die Vorschrift des § 6 für diesen Beschäftigtenkreis keine Anwendung findet. Für die Arbeitszeit finden nach den jeweiligen Musterarbeitsverträgen (siehe BMI-Rundschreiben vom 18. Januar 2019 – D5-31000/21#2) die für vergleichbare Bundesbeamtinnen und Bundesbeamte jeweils geltenden Regelungen entsprechende Anwendung.

6. Statistische Erfassung und Berichtspflichten

Die Dienststellen werden gebeten, die Anzahl der im Kalenderjahr getroffenen Vereinbarungen, deren Dauer, die jeweils vereinbarten Erhöhungsstunden sowie Vereinbarungen über Verlängerungen zu erheben. Das Bundesministerium des Innern wird diese Daten zum Zwecke der Evaluierung bis zum 31. Januar des Folgejahres abfragen.

Anlage

Zwischen

der Bundesrepublik Deutschland

vertreten durch .... (Arbeitgeber)

und

....

(Vorname Name)

wohnhaft in: ....

geboren am: ....

wird auf der Grundlage von § 6 Absatz 1a TVöD i. V. m. § 7 Absatz 9 TVöD folgende

Zusatzvereinbarung

zum Arbeitsvertrag vom

[in der Fassung des Änderungsvertrages vom][1])

zur Erhöhung der regelmäßigen durchschnittlichen wöchentlichen Arbeitszeit getroffen:

§ 1
Erhöhung der regelmäßigen durchschnittlichen wöchentlichen Arbeitszeit

Die regelmäßige Arbeitszeit wird abweichend von § 6 Absatz 1 Satz 1 Buchstabe a TVöD ab dem .... vom durchschnittlich 39 Stunden wöchentlich auf durchschnittlich .... Stunden wöchentlich (jeweils ausschließlich der Pausen) erhöht.

§ 2
Berechnung und Auszahlung der erhöhten Entgelte sowie des Zuschlags für Erhöhungsstunden

Berechnung und Auszahlung der erhöhten Entgelte richten sich nach § 24 TVöD. Der Zuschlag für Erhöhungsstunden wird nach § 8 Absatz 7 TVöD ermittelt.

[1]) Hinweis: Für den Fall, dass ein Änderungsvertrag geschlossen wurde.

§ 3
Befristung und Kündigung der Zusatzvereinbarung

(1) Die Zusatzvereinbarung ist befristet

☐ bis zum ....[1]).

☐ bis zum Erreichen folgenden Zweckes „ ...."; längstens bis zum ....[2]).

(2) Die Zusatzvereinbarung kann von jeder Partei aus wichtigem Grund in Textform mit einer Frist von vier Wochen zum Monatsende gekündigt werden.

....
(Ort, Datum)

....
(Arbeitgeber) (Vorname Name)

---

1) Hinweis: längstens für die Dauer von 18 Monaten

2) Hinweis: längstens für die Dauer von 18 Monaten

Abschnitt II
Tarifvertrag für den öffentlichen Dienst und Überleitungstarifvertrag

Tarifvertrag für den öffentlichen Dienst (TVöD)

Vom 13. September 2005 (GMBl. 2006 S. 459)

Zuletzt geändert durch
Änderungstarifvertrag Nr. 22 vom 6. April 2025[1])

II

Tarifvertragstext mit Erläuterungen

Inhaltsverzeichnis

A. Allgemeiner Teil

Abschnitt I
Allgemeine Vorschriften

Abschnitt II
Arbeitszeit

Abschnitt III
Eingruppierung, Entgelt und sonstige Leistungen

---

1) Die Abstimmung des Textes des Änderungstarifvertrages war erst im August 2025 abgeschlossen.
§ 6 des Änderungstarifvertrages Nr. 22 enthält folgende Regelung:

„§ 6
Ausnahmen vom Geltungsbereich

Für Beschäftigte, die spätestens mit Ablauf des 6. April 2025 aus dem Arbeitsverhältnis ausgeschieden sind, gilt dieser Tarifvertrag nur, wenn sie dies bis 30. September 2025 schriftlich beantragen. Für Beschäftigte, die spätestens mit Ablauf des 6. April 2025 aufgrund eigenen Verschuldens ausgeschieden sind, gilt dieser Tarifvertrag nicht."

Abschnitt VI
Übergangs- und Schlussvorschriften

Anlagen

II

A.
Allgemeiner Teil

Abschnitt I
Allgemeine Vorschriften

§ 1 Geltungsbereich

(1) Dieser Tarifvertrag gilt für Arbeitnehmerinnen und Arbeitnehmer – nachfolgend Beschäftigte genannt –, die in einem Arbeitsverhältnis zum Bund oder zu einem Arbeitgeber stehen, der Mitglied eines Mitgliedverbandes der Vereinigung der kommunalen Arbeitgeberverbände (VKA) ist.

(2) Dieser Tarifvertrag gilt nicht für

a) Beschäftigte als leitende Angestellte im Sinne des § 5 Abs. 3 BetrVG, wenn ihre Arbeitsbedingungen einzelvertraglich besonders vereinbart sind, sowie Chefärztinnen/Chefärzte,

b) Beschäftigte, die ein über das Tabellenentgelt der Entgeltgruppe 15 hinausgehendes regelmäßiges Entgelt erhalten,

Niederschriftserklärung zu § 1 Abs. 2 Buchst. b:

Bei der Bestimmung des regelmäßigen Entgelts werden Leistungsentgelt, Zulagen und Zuschläge nicht berücksichtigt.

c) bei deutschen Dienststellen im Ausland eingestellte Ortskräfte,

d) Arbeitnehmerinnen/Arbeitnehmer, für die der TV-V oder der TV-WW/NW gilt, sowie für Arbeitnehmerinnen/Arbeitnehmer, die in rechtlich selbstständigen, dem Betriebsverfassungsgesetz unterliegenden und dem fachlichen Geltungsbereich des TV-V oder des TV-WW/NW zuzuordnenden Betrieben mit in der Regel mehr als 20 zum Betriebsrat wahlberechtigten Arbeitnehmerinnen/Arbeitnehmern beschäftigt sind und Tätigkeiten auszuüben haben, welche dem fachlichen Geltungsbereich des TV-V oder des TV-WW/NW zuzuordnen sind,

Protokollerklärung zu Absatz 2 Buchst. d:

[1]Im Bereich des Kommunalen Arbeitgeberverbandes Nordrhein-Westfalen (KAV NW) sind auch die rechtlich selbstständigen Betriebe oder sondergesetzlichen Verbände, die kraft Gesetzes dem Landespersonalvertretungsgesetz des Landes Nordrhein-Westfalen unterliegen, von der Geltung des TVöD ausgenommen, wenn die Voraussetzungen des § 1 Abs. 2 Buchst. d im Übrigen gegeben sind. [2]§ 1 Abs. 3 bleibt unberührt.

e) Arbeitnehmerinnen/Arbeitnehmer, für die ein TV-N gilt, sowie für Arbeitnehmerinnen/Arbeitnehmer in rechtlich selbstständigen Nahverkehrsbetrieben, die in der Regel mehr als 50 zum Betriebs- oder Personalrat wahlberechtigte Arbeitnehmerinnen/Arbeitnehmer beschäftigen,

f) Beschäftigte, für die der TV-Fleischuntersuchung gilt,

g) Beschäftigte, für die ein Tarifvertrag für Waldarbeiter tarifrechtlich oder einzelarbeitsvertraglich zur Anwendung kommt, sowie die Waldarbeiter im Bereich des Kommunalen Arbeitgeberverbandes Bayern,

h) Auszubildende, Schülerinnen/Schüler in der Gesundheits- und Krankenpflege, Gesundheits- und Kinderkrankenpflege, Entbindungspflege und

Altenpflege, sowie Volontärinnen/Volontäre und Praktikantinnen/Praktikanten,

i) **Beschäftigte, für die Eingliederungsleistungen gewährt werden,**

k) **(weggefallen)**

l) **Leiharbeitnehmerinnen/Leiharbeitnehmer von Personal-Service-Agenturen, sofern deren Rechtsverhältnisse durch Tarifvertrag geregelt sind,**

m) **geringfügig Beschäftigte im Sinne von § 8 Abs. 1 Nr. 2 SGB IV,**

n) **künstlerisches Theaterpersonal, Orchestermusikerinnen/Orchestermusiker sowie technisches Leitungspersonal und technisches Theaterpersonal nach Maßgabe der nachfolgenden Protokollerklärungen,**

Protokollerklärungen zu Absatz 2 Buchst. n:

1. [1]Technisches Leitungspersonal umfasst technische Direktorinnen/Direktoren, Leiterinnen/Leiter der Ausstattungswerkstätten, des Beleuchtungswesens, der Bühnenplastikerwerkstatt, des Kostümwesens/der Kostümabteilung, des Malsaals, der Tontechnik sowie Chefmaskenbildnerinnen/Chefmaskenbildner. [2]Für die benannten Funktionen kann in den Theatern je künstlerischer Sparte jeweils nur eine Beschäftigte/ein Beschäftigter bestellt werden.
2. Unter den TVöD fallen Bühnenarbeiterinnen/Bühnenarbeiter sowie Kosmetikerinnen/Kosmetiker, Rüstmeisterinnen/Rüstmeister, Schlosserinnen/Schlosser, Schneiderinnen/Schneider, Schuhmacherinnen/Schuhmacher, Tapeziererinnen/Tapezierer, Tischlerinnen/Tischler einschließlich jeweils der Meisterinnen/Meister in diesen Berufen, Orchesterwartinnen/Orchesterwarte, technische Zeichnerinnen/Zeichner und Waffenmeisterinnen/Waffenmeister.
3. In der Regel unter den TVöD fallen Beleuchterinnen/Beleuchter, Beleuchtungsmeisterinnen/Beleuchtungsmeister, Bühnenmeisterinnen/Bühnenmeister, Garderobieren/Garderobiers bzw. Ankleiderinnen/Ankleider, Gewandmeisterinnen/Gewandmeister, Requisitenmeisterinnen/Requisitenmeister, Requisiteurinnen/Requisiteure, Seitenmeisterinnen/Seitenmeister, Tonmeisterinnen/Tonmeister, Tontechnikerinnen/Tontechniker und Veranstaltungstechnikerinnen/Veranstaltungstechniker.
4. In der Regel nicht unter den TVöD fallen Inspektorinnen/Inspektoren, Kostümmalerinnen/Kostümmaler, Maskenbildnerinnen/Maskenbildner, Oberinspektorinnen/Oberinspektoren, Theatermalerinnen/Theatermaler und Theaterplastikerinnen/Theaterplastiker.

o) **Seelsorgerinnen/Seelsorger bei der Bundespolizei,**

p) **Beschäftigte als Hauswarte und/oder Liegenschaftswarte bei der Bundesanstalt für Immobilienaufgaben, die aufgrund eines Geschäftsbesorgungsvertrages tätig sind,**

q) **Beschäftigte im Bereich der VKA, die ausschließlich in Erwerbszwecken dienenden landwirtschaftlichen Verwaltungen und Betrieben, Weinbaubetrieben, Gartenbau- und Obstbaubetrieben und deren Nebenbetrieben tätig sind; dies gilt nicht für Beschäftigte in Gärtnereien, gemeindlichen Anlagen und Parks sowie in anlagenmäßig oder parkartig bewirtschafteten Gemeindewäldern,**

r) **Beschäftigte in Bergbaubetrieben, Brauereien, Formsteinwerken, Gaststätten, Hotels, Porzellanmanufakturen, Salinen, Steinbrüchen, Steinbruchbetrieben und Ziegeleien,**

II

s) Hochschullehrerinnen/Hochschullehrer, wissenschaftliche und studentische Hilfskräfte und Lehrbeauftragte an Hochschulen, Akademien und wissenschaftlichen Forschungsinstituten sowie künstlerische Lehrkräfte an Kunsthochschulen, Musikhochschulen und Fachhochschulen für Musik,

Protokollerklärung zu Absatz 2 Buchst. s:

Ausgenommen sind auch wissenschaftliche Assistentinnen/Assistenten, Verwalterinnen/Verwalter von Stellen wissenschaftlicher Assistentinnen/Assistenten und Lektorinnen/Lektoren, soweit und solange entsprechende Arbeitsverhältnisse am 1. Oktober 2005 bestehen oder innerhalb der Umsetzungsfrist des § 72 Abs. 1 Satz 7 HRG begründet werden (gilt auch für Forschungseinrichtungen); dies gilt auch für nachfolgende Verlängerungen solcher Arbeitsverhältnisse.

Niederschriftserklärung zu § 1 Abs. 2 Buchst. s:

Die Tarifvertragsparteien gehen davon aus, dass studentische Hilfskräfte Beschäftigte sind, zu deren Aufgabe es gehört, das hauptberufliche wissenschaftliche Personal in Forschung und Lehre sowie bei außeruniversitären Forschungseinrichtungen zu unterstützen.

t) Beschäftigte des Bundeseisenbahnvermögens.

(3) [1]Durch landesbezirklichen Tarifvertrag ist es in begründeten Einzelfällen möglich, Betriebe, die dem fachlichen Geltungsbereich des TV-V oder des TV-WW/NW entsprechen, teilweise oder ganz in den Geltungsbereich des TVöD einzubeziehen. [2]Durch landesbezirklichen Tarifvertrag ist es in begründeten Einzelfällen (z. B. für Bereiche außerhalb des Kerngeschäfts) möglich, Betriebsteile, die dem Geltungsbereich eines TV-N entsprechen, in den Geltungsbereich

a) des TV-V einzubeziehen, wenn für diesen Betriebsteil ein TV-N anwendbar ist und der Betriebsteil in der Regel nicht mehr als 50 zum Betriebs- oder Personalrat wahlberechtigte Arbeitnehmerinnen/Arbeitnehmer beschäftigt, oder

b) des TVöD einzubeziehen.

Erläuterungen

§ 1 TVöD trifft Regelungen zum Geltungsbereich des TVöD und zu den Ausnahmen vom Geltungsbereich. Diese Themenbereiche waren im BAT in den §§ 1, 1a und 3 geregelt.

Auf die abweichenden Sonderregelungen in § 41 des Besonderen Teils Krankenhäuser wird hingewiesen.

Unmittelbarer Geltungsbereich (Abs. 1)

Der TVöD gilt zunächst für die Arbeitnehmer und Arbeitnehmerinnen (im TVöD nachfolgend „Beschäftigte“) des Bundes und der Arbeitgeber, die Mitglied eines Mitgliedverbandes der Vereinigung der kommunalen Arbeitgeberverbände (VKA) sind.

Der TVöD gilt nicht im Bereich der Länder; dort löste mit Wirkung vom 1. November 2006 der Tarifvertrag für den öffentlichen Dienst der Länder (TV-L) den BAT ab.

Für die vom Marburger Bund vertretenen Ärzte wurde ein eigenständiger Tarifvertrag vereinbart – TV-Ärzte/VKA.

Entgegen den bisherigen, nach Angestellten (BAT) und Arbeitern (MTArb, BMT-G) differenzierenden Manteltarifverträgen des öffentlichen Dienstes gibt der TVöD diese Unterscheidung auf und gilt einheitlich für Arbeiter und Angestellte.

Ebenfalls aufgegeben wurde die Trennung in Tarifverträge für das Gebiet der alten Bundesrepublik („Tarifgebiet West") und das Beitrittsgebiet („Tarifgebiet Ost"). Der TVöD enthält aber in einigen Bereichen unterschiedliche Regelungen für das Tarifgebiet West und Ost.

Unter den Begriff „Bund" fällt nur der unmittelbare Bundesdienst, nicht aber vom Bund beherrschte Einrichtungen, Zuwendungsempfänger, etc. Bei den kommunalen Arbeitgebern reicht zwar nach dem Wortlaut die Mitgliedschaft in einem entsprechenden Arbeitgeberverband aus; eine sogenannte Gastmitgliedschaft, die die Einhaltung der satzungsgemäßen Pflichten (eines Vollmitgliedes) nicht verlangt, wird aber nicht genügen.

Nach allgemeinen tarifrechtlichen Grundsätzen werden vom Geltungsbereich nur diejenigen Beschäftigten erfasst, die entweder einer der am TVöD unmittelbar beteiligten Gewerkschaften angehören, oder die Mitglied einer sonstigen Gewerkschaft sind, die (künftig) durch einen Anschlusstarifvertrag in den Geltungsbereich des TVöD einbezogen wird. Der TVöD ist nicht allgemeinverbindlich im Sinne des § 5 des Tarifvertragsgesetzes. Für die tarifgebundenen Beschäftigten sind die Normen des TVöD Mindestbedingungen, die nicht zu Ungunsten der Beschäftigten abgedungen werden dürfen (siehe § 4 Abs. 3 Tarifvertragsgesetz). Übertarifliche Zahlungen sind tarifrechtlich ohne weiteres möglich, werden aber durch die haushaltsrechtlichen Vorschriften der öffentlichen Arbeitgeber meist untersagt bzw. streng reglementiert.

Mit den nicht tarifgebundenen Beschäftigten vereinbaren die Arbeitgeber des öffentlichen Dienstes in der Regel im Arbeitsvertrag die Anwendung des TVöD auf das Arbeitsverhältnis. Die Vorschriften des TVöD finden dann nicht kraft normativer Wirkung des Tarifvertrages, sondern kraft (arbeits-)vertraglicher Vereinbarung Anwendung. Auf diese Weise werden im öffentlichen Dienst einerseits einheitliche Arbeitsbedingungen erreicht und wird andererseits dem Umstand

Rechnung getragen, dass eine mögliche Gewerkschaftsmitgliedschaft seitens des Arbeitgebers nicht erfragt werden darf.

II

Ausnahmen vom persönlichen Geltungsbereich (Abs. 2)

Absatz 2 enthält in seinen Buchstaben a) bis t) eine Reihe von Beschäftigtengruppen, die von der Geltung des TVöD ausgenommen sind. Es ist denkbar, dass Beschäftigte von mehreren Ausnahmetatbeständen gleichzeitig erfasst werden. Im Einzelnen handelt es sich um die folgenden Ausschlussgründe:

Buchstabe a)

Hiernach unterliegen leitende Angestellte nicht den Regelungen des TVöD, wenn ihre Arbeitsbedingungen besonders vereinbart sind. Ferner sind Chefärzte vom TVöD ausgenommen.

Die „besondere Vereinbarung" kann beispielsweise die Vereinbarung beamtenrechtlicher Versorgung oder eine Umsatz- oder Ergebnisbeteiligung sein.

Für die nähere Bestimmung, was „leitende Angestellte" sind, wird auf die Regelung des § 5 Abs. 3 Betriebsverfassungsgesetz Bezug genommen. Diese Vorschrift hat folgenden Wortlaut:

§

§ 5 Abs. 3 und 4 Betriebsverfassungsgesetz

(3) Dieses Gesetz findet, soweit in ihm nicht ausdrücklich etwas anderes bestimmt ist, keine Anwendung auf leitende Angestellte. Leitender Angestellter ist, wer nach Arbeitsvertrag und Stellung im Unternehmen oder im Betrieb

1. zur selbständigen Einstellung und Entlassung von im Betrieb oder in der Betriebsabteilung beschäftigten Arbeitnehmern berechtigt ist oder
2. Generalvollmacht oder Prokura hat und die Prokura auch im Verhältnis zum Arbeitgeber nicht unbedeutend ist oder
3. regelmäßig sonstige Aufgaben wahrnimmt, die für den Bestand und die Entwicklung des Unternehmens oder eines Betriebs von Bedeutung sind und deren Erfüllung besondere Erfahrungen und Kenntnisse voraussetzt, wenn er dabei entweder die Entscheidungen im Wesentlichen frei von Weisungen trifft oder sie maßgeblich beeinflusst; dies kann auch bei Vorgaben insbesondere aufgrund von Rechtsvorschriften, Plänen oder Richtlinien sowie bei Zusammenarbeit mit anderen leitenden Angestellten gegeben sein.

Für die in Absatz 1 Satz 3 genannten Beamten und Soldaten gelten die Sätze 1 und 2 entsprechend.

(4) Leitender Angestellter nach Absatz 3 Nr. 3 ist im Zweifel, wer

1. aus Anlass der letzten Wahl des Betriebsrats, des Sprecherausschusses oder von Aufsichtsratsmitgliedern der Arbeitnehmer oder durch rechtskräftige gerichtliche Entscheidung den leitenden Angestellten zugeordnet worden ist oder
2. einer Leitungsebene angehört, auf der in dem Unternehmen überwiegend leitende Angestellte vertreten sind, oder
3. ein regelmäßiges Jahresarbeitsentgelt erhält, das für leitende Angestellte in dem Unternehmen üblich ist, oder,
4. falls auch bei der Anwendung der Nummer 3 noch Zweifel bleiben, ein regelmäßiges Jahresarbeitsentgelt erhält, das das Dreifache der Bezugsgröße nach § 18 des Vierten Buches Sozialgesetzbuch überschreitet.

Chefärzte im Sinne dieser Vorschrift sind die ärztlichen Direktoren der Krankenhäuser und die Chefärzte der Abteilungen (z. B. Chirurgie, Urologie) und Kliniken (z. B. Chirurgische Klinik, Kinderklinik).

Buchstabe b)

Nach dieser Vorschrift sind alle Beschäftigten, die ein über die höchste Entgeltgruppe des TVöD hinaus gehendes Entgelt erhalten, von der Geltung des TVöD ausgenommen. Dabei spielt es keine Rolle, ob die Vergütung frei oder in Anlehnung beispielsweise an B- oder C-Besoldungsgruppen vereinbart ist. Die Tarifvertragsparteien haben keinen spezifischen prozentualen Abstand zur höchsten tariflichen Entgeltgruppe festgelegt, sodass nach Auffassung des BAG ein geringfügiges Überschreiten ausreicht (siehe Urteil vom 23. Oktober 2024 – 5 AZR 82/24).

Während in einer ergänzenden Protokollnotiz zu der entsprechenden Vorschrift des BAT (§ 3 Buchst. h) definiert war, dass unter der höchsten Vergütung die Monatsvergütung i. S. d. § 26 BAT (also nur Grundvergütung und Ortszuschlag) zu verstehen war, enthält die Formulierung des TVöD keinerlei Einschränkungen. Die Tarifpartner haben aber in einer Niederschriftserklärung verdeutlicht, dass zur Bestimmung des regelmäßigen Entgelts Leistungsentgelt, Zulagen und Zuschläge nicht berücksichtigt werden. Ab dem 1. Oktober 2005 kann auch das Niveau der ehemaligen Vergütungsgruppe I BAT nur außertariflich erreicht werden (siehe § 17 Abs. 2 zweiter Spiegelstrich TVÜ-Bund[1]) bzw. TVÜ-VKA). Die entsprechenden Beschäftigten unterliegen nicht dem TVöD. Diejenigen Beschäftigten, die aus der Vergütungsgruppe I BAT in den TVöD übergeleitet worden sind, unterliegen weiterhin dem TVöD; für

[1]) abgedruckt unter **270**

sie wurde die Entgeltgruppe 15 Ü geschaffen (siehe § 19 Abs. 2 TVÜ-Bund bzw. TVÜ-VKA).

Gemäß § 41 des Besonderen Teils Krankenhäuser fallen bestimmte Ärzte nicht unter die Vorschrift des § 1 Abs. 2 Buchst. b; sie unterliegen somit grundsätzlich dem Geltungsbereich des TVöD.

Buchstabe c)

Nach dieser Vorschrift sind die bei deutschen Dienststellen im Ausland eingestellten Ortskräfte von der Geltung des TVöD ausgenommen – und zwar unabhängig von ihrer Staatsangehörigkeit. Für diesen Personenkreis gilt der „Tarifvertrag zur Regelung der Arbeitsbedingungen der bei Auslandsvertretungen der Bundesrepublik Deutschland beschäftigten deutschen nicht entsandten Beschäftigten vom 1. November 2006".

Zur Situation der unter den TVöD fallenden Beschäftigten des Bundes, die zu Auslandsdienststellen des Bundes entsandt sind → Abschnitt VIII § 45 des Besonderen Teils Verwaltung.[1] Für die Beschäftigten des Bundes, die zur Dienstleistung im Ausland eingesetzt werden und die aufnehmende Stelle keine Auslandsdienststelle des Bundes i. S. des § 45 Nr. 1 TVöD BT-V ist, können für die Dauer des Auslandseinsatzes grundsätzlich nach den Maßgaben der Tarifnorm des § 45 TVöD BT-V zu dem Tabellenentgelt nach § 15 Abs. 1 TVöD übertariflich Auslandsbezüge in entsprechender Anwendung der § 15 und §§ 52 bis 55 BBesG gezahlt werden (siehe BMI-Rundschreiben vom 23. 6. 2023 – D5.31006/1#21).

Buchstabe d)

Diese Vorschrift nimmt die unter den Geltungsbereich spezieller, kommunaler Tarifverträge – nämlich des TV-V (Tarifvertrag Versorgungsbetriebe) bzw. TV-WW/NW (Tarifvertrag für die Arbeitnehmer/innen der Wasserwirtschaft in Nordrhein-Westfalen) – fallenden Beschäftigten von der Geltung des TVöD aus.

Ebenfalls ausgenommen sind die Beschäftigten von rechtlich selbstständigen, dem Betriebsverfassungsgesetz unterliegenden Betrieben mit in der Regel mehr als 20 zum Betriebsrat wahlberechtigten Arbeitnehmern, wenn diese Beschäftigten Tätigkeiten ausüben, die unter den fachlichen Geltungsbereich der unter Ziffer 1 genannten Tarifverträge fallen.

---

[1]) abgedruckt unter **215**

Buchstabe e)

Nach dieser Vorschrift ausgenommen sind die unter einen TV-N (Tarifvertrag Nahverkehr) fallenden Beschäftigten.

Ebenfalls ausgenommen sind die Beschäftigten von rechtlich selbstständigen (also nicht mehr unmittelbar zum öffentlichen Dienst zählenden) Nahverkehrsbetrieben, wenn dort in der Regel mehr als 50 zum Betriebs- oder Personalrat wahlberechtigte Arbeitnehmer beschäftigt sind.

Buchstabe f)

Diese Vorschrift nimmt diejenigen Beschäftigten vom Geltungsbereich des TVöD aus, die bei Schlachtungen im Inland in der Schlachttier-, Fleisch- und Trichinenuntersuchung sowie in der Hygieneüberwachung in Schlacht-, Zerlege-, Be- oder Verarbeitungsbetrieben oder in Kühlhäusern tätig sind und unter die speziellen Regelungen des TV-Fleischuntersuchung fallen.

Buchstabe g)

Nach dieser Vorschrift ausgenommen sind Waldarbeiter. Für sie gelten die eigenständigen Regelungen z. B. des TV-Wald-Bund.

Buchstabe h)

Ausgenommen vom Geltungsbereich des TVöD sind nach dieser Vorschrift die Auszubildenden, Schülerinnen/Schüler in der Gesundheits- und Krankenpflege, Gesundheits- und Kinderkrankenpflege, Entbindungspflege und Altenpflege sowie Praktikanten. Für diesen Personenkreis haben die Tarifpartner eigenständige tarifvertragliche Regelungen vereinbart. Im Einzelnen handelt es sich dabei um die folgenden Tarifverträge:

- Tarifvertrag für Auszubildende des öffentlichen Dienstes (TVAöD) sowie die diesen ergänzenden Besonderen Teile Pflege und BBiG vom 13. September 2005[1]).
- Tarifvertrag für Praktikantinnen/Praktikanten des öffentlichen Dienstes (TVPöD)[2]). Für nicht unter den Geltungsbereich des TV Prakt fallende Praktikanten ergeben sich Regelungen aus den Praktikanten-Richtlinien des Bundes[3]) und der Vereinigung der kommunalen Arbeitgeberverbände.

---

[1]) abgedruckt unter **305**, **312** und **318**

[2]) abgedruckt unter **335**

[3]) abgedruckt unter **370**

Ebenfalls nicht unter den TVöD fallen Volontäre. Dies sind – in Anlehnung an § 82a HGB – nach Definition des Bundesarbeitsgerichtes (siehe BAG-Urteil vom 1. 12. 2004 – 7 AZR 129/04 –) Personen, die – ohne Auszubildende zu sein – zum Zwecke ihrer Ausbildung unentgeltlich oder gegen geringe Vergütung im Dienst eines anderen beschäftigt werden.

Buchstabe i) und k)

Nach dem Wortlaut des Buchstaben i sind die Beschäftigten vom Geltungsbereich des TVöD ausdrücklich ausgenommen, deren Beschäftigung durch Eingliederungsleistungen gefördert wird. Diesen Ausnahmetatbestand haben die Tarifpartner mit Änderungstarifvertrag Nr. 20 zum TVöD vom 14. Juli 2022 neu gefasst und nunmehr abstrakter auf den Begriff der Eingliederungsleistungen beschränkt; der bisherige Buchstabe k ist in diesem Zuge ersatzlos gestrichen worden. In der bis zu diesem Zeitpunkt geltenden Fassung des § 1 Abs. 2 Buchst. i und k TVöD galt der TVöD nicht für Beschäftigte, für die Eingliederungszuschüsse nach den §§ 217 ff. SGB III gewährt wurden (Buchst. i) bzw. die Arbeiten nach den §§ 260 ff. SGB III verrichteten (Buchst. k).

Unter Eingliederungszuschüsse sind grundsätzlich Zuschüsse zum Arbeitsentgelt zu verstehen, die Arbeitgeber für die Einstellung von förderungsbedürftigen Beschäftigten erhalten können. Die Zuschüsse sollen dabei regelmäßig dem Ausgleich von Minderleistungen dienen, die z. B. aufgrund langfristiger Arbeitslosigkeit, einer Behinderung, einer geringen Qualifikation oder des Alters zu erwarten sind. Einen ausdrücklichen Hinweis, dass es sich bei der Neufassung des Buchstaben i um Eingliederungsleistungen im Sinne des SGB II bzw. SGB III handelt, haben die Tarifpartner (anders als in der bisherigen Formulierung des Buchstaben i) nicht aufgenommen. Nähere Informationen zu den Eingliederungsleistungen können der *„Gemeinsamen Erklärung des Bundesministeriums für Arbeit und Soziales (BMAS) und der für die Grundsicherung für Arbeitsuchende zuständigen Ministerien der Länder als aufsichtführende Stellen nach §§ 47, 48 SGB II zu den Leistungen zur Eingliederung in Arbeit im SGB II nach § 16 SGB II i. V. m. §§ 44, 45 SGB III und nach §§ 16e, 16f und 16i SGB II"* in der jeweils geltenden Fassung entnommen werden.

Zu nennen sind als derzeit geltende Förderinstrumente insbesondere § 88 ff. SGB III (Eingliederungszuschüsse; ggf. i. V. m. § 16 Abs. 1 SGB II) sowie § 16d (Arbeitsgelegenheiten) und § 16e (Förderung von Arbeitsverhältnissen) SGB II. Die VKA hat sich in der Vergangenheit aber dafür ausgesprochen, Beschäftigte, für die die Förderinstrumente nach § 16e SGB II (Eingliederung von Langzeitarbeitslosen) sowie § 16i SGB II (Teilhabe am Arbeitsmarkt) i. d. F. des Teilhabechancengesetzes vom 17. Dezember 2018 (BGBl. I S. 2583) genutzt werden, in den TVöD einzubeziehen.

Nach gefestigter Rechtsprechung des BAG zu der vergleichbaren Vorgängervorschrift des § 3 Buchst. d BAT verstößt die Herausnahme dieses Personenkreises aus dem BAT und die Vereinbarung einer hinter dem Tariflohn zurückbleibenden Vergütung nicht gegen den Gleichbehandlungsgrundsatz (siehe Urteil vom 18. 6. 1997 – 5 AZR 259/96; AP Nr. 2 zu § 3d BAT).

Buchstabe l)

Nach dem Wortlaut dieser Vorschrift gilt der TVöD nicht für Leiharbeitnehmer von Personal-Service-Agenturen, soweit deren Rechtsverhältnisse durch Tarifverträge geregelt sind.

Da Leiharbeitnehmer – sofern es sich um eine rechtmäßige Arbeitnehmerüberlassung handelt – ohnehin kein Arbeitsverhältnis zu dem ausleihenden, sondern nur zu dem verleihenden Unternehmen begründen, dürfte diese Vorschrift ins Leere laufen.

Buchstabe m)

Diese Vorschrift nimmt geringfügig beschäftigte Arbeitnehmer i. S. v. § 8 Abs. 1 Nr. 2 SGB IV (das sind sogenannte kurzfristige Beschäftigungsverhältnisse) vom Geltungsbereich des TVöD aus. Die sozialversicherungsrechtliche Vorschrift hat folgenden Wortlaut:

§ 8 SGB IV Geringfügige Beschäftigung und geringfügige selbständige Tätigkeit; Geringfügigkeitsgrenze

(1) Eine geringfügige Beschäftigung liegt vor, wenn

1. das Arbeitsentgelt aus dieser Beschäftigung regelmäßig die Geringfügigkeitsgrenze nicht übersteigt,
2. die Beschäftigung innerhalb eines Kalenderjahres auf längstens drei Monate oder 70 Arbeitstage nach ihrer Eigenart begrenzt zu sein pflegt oder im Voraus vertraglich begrenzt ist, es sei denn, dass die Beschäftigung berufsmäßig ausgeübt wird und die Geringfügigkeitsgrenze übersteigt.

(1a) [1]Die Geringfügigkeitsgrenze im Sinne des Sozialgesetzbuchs bezeichnet das monatliche Arbeitsentgelt, das bei einer Arbeitszeit von zehn Wochenstunden zum Mindestlohn nach § 1 Absatz 2 Satz 1 des Mindestlohngesetzes in Verbindung mit der auf der Grundlage des § 11 Absatz 1 Satz 1 des Mindestlohngesetzes jeweils erlassenen Verordnung erzielt wird. [2]Sie wird berechnet, indem der Mindestlohn mit 130 vervielfacht, durch drei

II

geteilt und auf volle Euro aufgerundet wird. [3]Die Geringfügigkeitsgrenze wird jeweils vom Bundesministerium für Arbeit und Soziales im Bundesanzeiger bekannt gegeben.

(1b) Ein unvorhersehbares Überschreiten der Geringfügigkeitsgrenze steht dem Fortbestand einer geringfügigen Beschäftigung nach Absatz 1 Nummer 1 nicht entgegen, wenn die Geringfügigkeitsgrenze innerhalb des für den jeweiligen Entgeltabrechnungszeitraum zu bildenden Zeitjahres in nicht mehr als zwei Kalendermonaten um jeweils einen Betrag bis zur Höhe der Geringfügigkeitsgrenze überschritten wird.

(2) [1]Bei der Anwendung des Absatzes 1 sind mehrere geringfügige Beschäftigungen nach Nummer 1 oder Nummer 2 sowie geringfügige Beschäftigungen nach Nummer 1 mit Ausnahme einer geringfügigen Beschäftigung nach Nummer 1 und nicht geringfügige Beschäftigungen zusammenzurechnen. [2]Eine geringfügige Beschäftigung liegt nicht mehr vor, sobald die Voraussetzungen des Absatzes 1 entfallen. [3]Wird beim Zusammenrechnen nach Satz 1 festgestellt, dass die Voraussetzungen einer geringfügigen Beschäftigung nicht mehr vorliegen, tritt die Versicherungspflicht erst mit dem Tag ein, an dem die Entscheidung über die Versicherungspflicht nach § 37 des Zehnten Buches durch die Einzugsstelle nach § 28i Satz 5 oder einen anderen Träger der Rentenversicherung bekannt gegeben wird. [4]Dies gilt nicht, wenn der Arbeitgeber vorsätzlich oder grob fahrlässig versäumt hat, den Sachverhalt für die versicherungsrechtliche Beurteilung der Beschäftigung aufzuklären.

(2a) Absatz 1 Nummer 2 gilt nicht für aufgrund der Beschäftigungsverordnung zugelassene kontingentierte kurzzeitige Beschäftigungen.

(3) [1]Die Absätze 1, 1a und 2 gelten entsprechend, soweit anstelle einer Beschäftigung eine selbständige Tätigkeit ausgeübt wird. [2]Dies gilt nicht für das Recht der Arbeitsförderung.

Geringfügige Beschäftigungen nach Nummer 1 der Vorschrift (in 2026 „603-Euro-Jobs“) sind nicht von der Geltung des TVöD ausgenommen.

§ 1 Abs. 3 des jeweiligen Überleitungs-Tarifvertrages (TVÜ-Bund[1]), TVÜ-VKA) enthält eine Übergangsregelung, nach der für geringfügig Beschäftigte i. S. v. § 8 Abs. 1 Nr. 2 SGB IV, die am 30. September 2005 unter den Geltungsbereich der Manteltarifverträge des öffentlichen Dienstes fallen, die bisher jeweils einschlägigen tarifvertraglichen Regelungen für die Dauer ihres ununterbrochen fortbestehenden Arbeitsverhältnisses weiterhin Anwendung finden. Im Hinblick auf die geringe Höchstdauer der kurzfristigen Beschäftigungsverhältnisse dürften die Auswirkungen der Übergangsvorschriften eher gering sein.

---

[1]) abgedruckt unter **270**

Buchstabe n)

Nach dieser Vorschrift sind Orchestermusiker und das überwiegend künstlerische Theaterpersonal von der Geltung des TVöD ausgenommen worden. Für diesen Personenkreis existieren spezielle Tarifverträge (z. B. der „Normalvertrag Bühne" oder der „Tarifvertrag für Musiker in Kulturorchestern"). Das nicht überwiegend künstlerisch tätige Theaterpersonal unterliegt dem TVöD. Durch den 8. Änderungstarifvertrag zum TVöD vom 26. Februar 2013 wurde die Abgrenzung zwischen künstlerischem (nicht vom TVöD erfassten) Theaterpersonal und nicht-künstlerischem (vom TVöD erfassten) Theaterpersonal neu gefasst. Betroffen von der neu definierten Abgrenzung ist insbesondere das technische Theaterpersonal und das technische Leitungspersonal. Zu der Vorschrift des Buchstaben n haben die Tarifpartner nun insgesamt vier Protokollerklärungen vereinbart. In Protokollerklärung Nr. 1 haben sie definiert, was sie unter „technischem Leitungspersonal" verstehen. In den weiteren Protokollerklärungen haben sie dann festgelegt bzw. aufgezählt, welche technischen Berufe unter den TVöD fallen (Protokollerklärung Nr. 2), „in der Regel" unter den TVöD fallen (Protokollerklärung Nr. 3) bzw. „in der Regel" nicht unter den TVöD fallen (Protokollerklärung Nr. 4). Die Änderungen des 8. Änderungstarifvertrages sind am 1. Juni 2013 in Kraft getreten und gelten im Ergebnis nur für neue Arbeitsverhältnisse. Für über den 1. Juni 2013 ununterbrochen fortbestehende Arbeitsverhältnisse gilt das alte Recht fort (siehe § 38a Abs. 3 TVöD VKA).

Buchstabe o)

Diese Regelung nimmt Seelsorger bei der Bundespolizei vom Geltungsbereich des TVöD aus. Die Arbeitsbedingungen für diese Beschäftigten werden auf der Grundlage entsprechender Vereinbarungen zwischen dem Bund und den Kirchen vertraglich geregelt.

Buchstabe p)

Diese Vorschrift betrifft ausschließlich die Hauswarte und Liegenschaftswarte bei der Bundesanstalt für Immobilienaufgaben und nimmt diesen Personenkreis von der Geltung des TVöD aus.

Buchstabe q)

Nach dieser Vorschrift sind Arbeitnehmer im Bereich der Vereinigung der kommunalen Arbeitgeberverbände, die ausschließlich in Erwerbszwecken dienenden landwirtschaftlichen Verwaltungen und Betrieben, Weinbaubetrieben, Gartenbau- und Obstbaubetrieben und deren Nebenbetrieben beschäftigt sind, von der Geltung des TVöD ausgenommen worden.

Hingegen unterliegen Arbeitnehmer in Gärtnereien, gemeindlichen Anlagen und Parks sowie in anlagenmäßig und parkartig bewirtschafteten Gemeindewäldern den Regelungen des TVöD.

Buchstabe r)

Diese Vorschrift betrifft die Arbeitnehmer in Bergbaubetrieben, Brauereien, Formsteinwerken, Gaststätten, Hotels, Porzellanmanufakturen, Salinen, Steinbrüchen, Steinbruchbetrieben und Ziegeleien und nimmt diese Beschäftigten von der Geltung des TVöD aus.

Arbeitnehmer in Kantinen sind – wie zuvor schon in § 3 Buchst. a BAT – nicht erwähnt und unterliegen somit den Regelungen des TVöD.

Buchstabe s)

Nach dieser Vorschrift sind Hochschullehrer, wissenschaftliche und studentische Hilfskräfte und Lehrbeauftragte an Hochschulen, Akademien und wissenschaftlichen Forschungsinstituten sowie künstlerische Lehrkräfte an Kunst- und Musikhochschulen und an Fachhochschulen für Musik von der Geltung des TVöD ausgenommen.

Die Aufzählung ist abschließend. Für am 1. Oktober 2005 vorhandene Beschäftigte wird sie jedoch insoweit durch eine Protokollerklärung ergänzt, als dass auch wissenschaftliche Assistenten, Verwalter von Stellen wissenschaftlicher Assistenten und Lektoren vom TVöD weiter ausgenommen bleiben.

Wer zu den aufgezählten Beschäftigtengruppen zählt, bestimmt sich nach den jeweils einschlägigen Hochschulgesetzen.

In einer Niederschriftserklärung haben die Tarifpartner dokumentiert, dass sie davon ausgehen, dass studentische Hilfskräfte Beschäftigte sind, zu deren Aufgabe es gehört, das hauptberufliche wissenschaftliche Personal in Forschung und Lehre sowie bei außeruniversitären Forschungseinrichtungen zu unterstützen.

Buchstabe t)

Hier ist klargestellt, dass Beschäftigte des Bundeseisenbahnvermögens nicht unter den Geltungsbereich des TVöD fallen.

Freiwilliger Geltungsbereich (Abs. 3)

Absatz 3 Satz 1 eröffnet die Möglichkeit, Betriebe, die dem fachlichen Geltungsbereich des TV-V oder des TV-WW/NW entsprechen (und nach Absatz 2 Buchst. d nicht dem TVöD unterliegen), durch landesbezirklichen Tarifvertrag in den Geltungsbereich des TVöD einzubeziehen.

Absatz 3 Satz 2 ermöglicht es, durch landesbezirklichen Tarifvertrag Betriebsteile, die dem Geltungsbereich eines TV-N entsprechen (und nach Absatz 2 Buchst. e nicht dem TVöD unterliegen) in den Geltungsbereich des TVöD oder des TV-V einzubeziehen. Die Einbeziehung in den TV-V setzt aber voraus, dass in diesem Betriebsteil in der Regel nicht mehr als 50 zum Betriebs- oder Personalrat wahlberechtigte Arbeitnehmer beschäftigt sind.

§ 2 Arbeitsvertrag, Nebenabreden, Probezeit

(1) Der Arbeitsvertrag wird schriftlich abgeschlossen.

(2) [1]Mehrere Arbeitsverhältnisse zu demselben Arbeitgeber dürfen nur begründet werden, wenn die jeweils übertragenen Tätigkeiten nicht in einem unmittelbaren Sachzusammenhang stehen. [2]Andernfalls gelten sie als ein Arbeitsverhältnis.

II

(3) [1]Nebenabreden sind nur wirksam, wenn sie schriftlich vereinbart werden. [2]Sie können gesondert gekündigt werden, soweit dies einzelvertraglich vereinbart ist.

(4) [1]Die ersten sechs Monate der Beschäftigung gelten als Probezeit, soweit nicht eine kürzere Zeit vereinbart ist. [2]Bei Übernahme von Auszubildenden im unmittelbaren Anschluss an das Ausbildungsverhältnis in ein Arbeitsverhältnis entfällt die Probezeit.

Erläuterungen

§ 2 TVöD trifft Regelungen über den Arbeitsvertrag, über Nebenabreden zum Arbeitsvertrag und zur Probezeit. Diese Themenbereiche waren im BAT in den §§ 4 und 5 geregelt.

Auf die abweichenden Sonderregelungen in § 55 (VKA) des Besonderen Teils Verwaltung wird hingewiesen.

Arbeitsvertrag (Abs. 1)

Auch das Arbeitsverhältnis zwischen dem Arbeitgeber des öffentlichen Dienstes und seinen Arbeitnehmern ist ein ausschließlich privatrechtliches Arbeitsverhältnis, für das die Regeln des Zivilrechtes (insbesondere § 611 BGB – Dienstvertrag) gelten.

Die in Absatz 1 getroffene Bestimmung, dass der Arbeitsvertrag schriftlich geschlossen wird, trägt dem Interesse der eindeutigen Vereinbarung der für das Arbeitsverhältnis maßgebenden Bedingungen und ihres Nachweises (z. B. bei Streitigkeiten vor den Arbeitsgerichten) Rechnung. Das tarifliche Schriftformerfordernis umfasst auch spätere Änderungen des Arbeitsvertrages.

Gemäß § 12 Abs. 3 TVöD Bund/VKA ist die Vergütungsgruppe des Beschäftigten im Arbeitsvertrag anzugeben.

Neben dem Schriftformerfordernis des Absatzes 1 sind die Dokumentationspflichten des Nachweisgesetzes[1]) zu beachten. Danach ist der Arbeitgeber verpflichtet, spätestens einen Monat nach dem vereinbarten Beginn des Arbeitsverhältnisses die wesentlichen Vertragsbe-

[1]) abgedruckt als **Anhang 1**

dingungen in eine Niederschrift aufzunehmen.[1]) Teilweise reicht die Angabe der anwendbaren Tarifverträge – siehe § 2 Abs. 4 NachwG. Die Niederschrift ist am ersten Tag der Arbeitsleistung auszuhändigen – siehe § 2 Abs. 1 Satz 4 NachwG. Nach § 3 NachwG n. F. ist jede Änderung der wesentlichen Vertragsbedingungen dem Arbeitnehmer spätestens an dem Tag, an dem sie wirksam wird, schriftlich mitzuteilen. Diese Mitteilungspflicht gilt nicht bei einer Änderung der auf das Arbeitsverhältnis anwendbaren gesetzlichen Vorschriften, Tarifverträge sowie Betriebs- oder Dienstvereinbarungen.

Nach § 2 Abs. 1 Satz 2 Nr. 4 NachwG ist in die Niederschrift der Arbeitsort oder, falls der Arbeitnehmer nicht nur an einem bestimmten Arbeitsort tätig sein soll, ein Hinweis darauf aufzunehmen, dass der Angestellte an verschiedenen Orten beschäftigt werden kann. Als Arbeitsort ist in der Regel die politische Gemeinde anzugeben, in der die Beschäftigungsdienststelle ihren Sitz hat. Wird der Beschäftigte an einem anderen Ort als dem Sitz der Beschäftigungsdienststelle eingesetzt (z. B. in einer Außenstelle, an einem von mehreren Betriebshöfen), ist dieser Ort als Arbeitsort anzugeben. Wenn der Beschäftigte an verschiedenen Orten beschäftigt werden soll, ist in der Niederschrift darauf hinzuweisen.

Nach § 2 Abs. 1 Satz 2 Nr. 5 NachwG ist in der Niederschrift auch eine kurze Charakterisierung oder Beschreibung der von dem Beschäftigten zu leistenden Tätigkeit aufzunehmen. Nach der Gesetzesbegründung erfordert diese Kennzeichnung der von dem Beschäftigten zu erbringenden Tätigkeit keine detaillierten Ausführungen. Es reicht z. B. eine Umschreibung der zu leistenden Tätigkeit oder die Angabe eines der Tätigkeit entsprechenden charakteristischen Berufsbildes aus (z. B. „Angestellter im allgemeinen Verwaltungsdienst", „Technischer Angestellter", „Angestellter im Sparkassendienst").

Die oben dargestellten gesetzlichen Verpflichtungen muss der Arbeitgeber nicht nur bei neu eingestellten Arbeitnehmern erfüllen, sondern auf deren Verlangen auch bei Arbeitnehmern, deren Arbeitsverhältnis bereits bei Inkrafttreten der Änderungen des NachwG am 1. August 2022 bestanden hat (siehe § 5 NachwG).

Die Niederschrift wird kein Bestandteil des Arbeitsvertrages; sie ist allein vom Arbeitgeber zu unterzeichnen (§ 2 Abs. 1 Satz 1 NachwG).

Dem Beschäftigten ist ein Exemplar der Niederschrift auszuhändigen (§ 2 Abs. 1 Satz 1 NachwG).

---

[1]) Arbeitsvertragsmuster und Mustervorlagen für die Niederschrift nach dem Nachweisgesetz abgedruckt unter **250** (Bund)

Bei der Einstellung von Beschäftigten und bei einer Vielzahl von Vertragsänderungen sind die Mitwirkungsrechte der Personalvertretungen zu beachten, die sich aus den folgenden Vorschriften ergeben:

Personalvertretungsgesetze

- Bund: Bundespersonalvertretungsgesetz vom 9. 6. 2021 (BGBl. I S. 1614)
- Baden-Württemberg: Landespersonalvertretungsgesetz i. d. F. der Bekanntmachung vom 12. 3. 2015 (GBl. S. 221)
- Bayern: Bayerisches Personalvertretungsgesetz i. d. F. der Bekanntmachung vom 11. 11. 1986 (GVBl. S. 349)
- Berlin: Personalvertretungsgesetz i. d. F. der Bekanntmachung vom 14. 7. 1994 (GVBl. S. 337)
- Brandenburg: Landespersonalvertretungsgesetz vom 14. 5. 2024 (GVBl. I Nr. 18)
- Bremen: Bremisches Personalvertretungsgesetz vom 5. 3. 1974 (Brem. GBl. S. 131)
- Hamburg: Hamburgisches Personalvertretungsgesetz vom 8. 7. 2014 (HmbGVBl. S. 299)
- Hessen: Hessisches Personalvertretungsgesetz vom 28. 3. 2023 (GVBl. S. 183)
- Mecklenburg-Vorpommern: Personalvertretungsgesetz vom 24. 2. 1993 (GVOBl. M-V S. 125)
- Niedersachsen: Niedersächsisches Personalvertretungsgesetz i. d. F. der Bekanntmachung vom 9. 2. 2016 (Nds. GVBl. S. 2)
- Nordrhein-Westfalen: Landespersonalvertretungsgesetz vom 3. 12. 1974 (GV. NRW. S. 1514)
- Rheinland-Pfalz: Personalvertretungsgesetz i. d. F. der Bekanntmachung vom 24. 11. 2000 (GVBl. S. 530)
- Saarland: Saarländisches Personalvertretungsgesetz vom 13. 11. 2024 (Amtsbl. I S. 1042)
- Sachsen: Sächsisches Personalvertretungsgesetz i. d. F. der Bekanntmachung vom 29. August 2018 (SächsGVBl. S. 570, 2021 S. 658)
- Sachsen-Anhalt: Landespersonalvertretungsgesetz Sachsen-Anhalt i. d. F. der Bekanntmachung vom 16. 3. 2004 (GVBl. LSA S. 205, S. 491)
- Schleswig-Holstein: Mitbestimmungsgesetz Schleswig-Holstein vom 11. 12. 1990 (GVOBl. Schl.-H. S. 577)
- Thüringen: Thüringer Personalvertretungsgesetz i. d. F. der Bekanntmachung vom 23. 1. 2020 (GVBl. S. 1, S. 111)

Auch aus den Gleichstellungsgesetzen des Bundes und der Länder können sich Mitwirkungsrechte (der Frauenbeauftragten) ergeben.

Gleichstellungsgesetze

- Bund: Bundesgleichstellungsgesetz vom 24. 4. 2015 (BGBl. I S. 642)
- Baden-Württemberg: Chancengleichheitsgesetz vom 23. 2. 2016 (GBl. S. 108)
- Bayern: Bayerisches Gleichstellungsgesetz vom 24. 5. 1996 (GVBl. S. 186)
- Berlin: Landesgleichstellungsgesetz i. d. F. der Bekanntmachung vom 6. 9. 2002 (GVBl. S. 280)
- Brandenburg: Landesgleichstellungsgesetz vom 4. 7. 1994 (GVBl. S. 254)
- Bremen: Landesgleichstellungsgesetz vom 20. 11. 1990 (GBl. S. 433)
- Hamburg: Gleichstellungsgesetz vom 2. 12. 2014 (GVBl. S. 495)
- Hessen: Hessisches Gleichberechtigungsgesetz vom 20. 12. 2015 (GVBl. S. 637)
- Mecklenburg-Vorpommern: Gleichstellungsgesetz i. d. F. der Bekanntmachung vom 11. 7. 2016 (GVOBl. M-V S. 550)
- Niedersachsen: Niedersächsisches Gleichberechtigungsgesetz vom 9. 10. 2010 (NdS. GVBl. S. 558)
- Nordrhein-Westfalen: Landesgleichstellungsgesetz vom 9. 11. 1999 (GV. NRW. S. 590)
- Rheinland-Pfalz: Landesgleichstellungsgesetz vom 22. 12. 2015 (GVBl. S. 505)
- Saarland: Landesgleichstellungsgesetz vom 24. 4. 1996 (Amtsbl. S. 623)
- Sachsen: Sächsisches Gleichstellungsgesetz vom 19. 10. 2023 (SächsGVBl. S. 850)
- Sachsen-Anhalt: Frauenfördergesetz vom 27. 5. 1997 (GVBl. LSA S. 516)
- Schleswig-Holstein: Gleichstellungsgesetz vom 13. 12. 1994 (GVOBl. Schl.-H. S. 562)
- Thüringen: Thüringer Gleichstellungsgesetz vom 6. 3. 2013 (GVBl. S. 49)

Einheitlicher Arbeitsvertrag (Abs. 2)

Wie bislang § 4 Abs. 1 Unterabs. 2 BAT schränkt § 2 Abs. 2 TVöD die Begründung mehrerer Arbeitsverhältnisse zu demselben Arbeitgeber ein. Sie sind nur dann zulässig, wenn sie in keinem unmittelbaren Sachzusammenhang miteinander stehen (z. B. bei Tätigkeit in zwei unterschiedlichen Dienststellen). Besteht ein unmittelbarer Sachzusammenhang, gelten die Beschäftigungen als ein Arbeitsverhältnis; die Eingruppierung ist auf der Grundlage der gesamten Tätigkeit zu bestimmen.

II

Wenn der Ausnahmetatbestand aber zu bejahen und somit von **mehreren** Arbeitsverhältnissen auszugehen ist, sind die Arbeitsverhältnisse mit allen Konsequenzen getrennt zu beurteilen und abzurechnen. Dies hat in der Regel in erster Linie Auswirkung auf die Eingruppierung, weil die Tätigkeiten separat zu beurteilen sind und dann auch Tätigkeiten eine Bedeutung erlangen können, die bei einer Gesamtbewertung keinen eingruppierungsrelevanten Umfang erreichen. Weitere Auswirkungen ergeben sich bei der Beurteilung von Stichtagen (z. B. bei der Jahressonderzahlung, bei Einmalzahlungen etc.). Auch hier kann – z. B. wenn eine der Tätigkeiten nicht ganzjährig bestand – eine getrennte Beurteilung zu anderen Ergebnissen führen wie eine Gesamtbetrachtung. Zwar sind abweichend von dem Grundsatz der isolierten Betrachtung aus arbeitszeitrechtlicher Sicht die Arbeits-/Einsatzzeiten beider Arbeitsverhältnisse bei der Prüfung der gesetzlichen Arbeitszeitgrenzen zusammenzurechnen (§ 2 Abs. 1 Satz 1 zweiter Halbsatz der Arbeitszeitgesetzes). Dies ist aber eine reine Frage des möglichen Höchsteinsatzes, der auch mit dritten Arbeitgebern abzustimmen wäre. Die Bezahlung der tatsächlichen Einsatzzeiten ist von der arbeitszeitrechtlichen Frage des rechtlich möglichen Einsatzes zu trennen. Sie ist für beide Tätigkeiten getrennt nach den Regeln des TVöD zu prüfen – und zwar ohne Querblick auf das zweite Arbeitsverhältnis. Da es sich bei den getrennten Arbeitsverhältnissen jeweils um eine Teilzeitbeschäftigung handelt, stellt die dort über das vertraglich vereinbarte Arbeitszeitmaß hinaus erbrachte Arbeitsleistung bis zum Erreichen der Regelarbeitszeit eines vergleichbar Vollbeschäftigten lediglich Mehrarbeit im Sinne des § 7 Abs. 6 TVöD dar und ist mit der individuellen Stundenvergütung zu entlohnen (§ 8 Abs. 2 TVöD). Erst wenn innerhalb des jeweiligen Arbeitsverhältnisses die Vollzeitgrenze überschritten werden sollte, können Überstunden im Sinne des § 7 Abs. 7 TVöD anfallen, die dann entsprechend zu vergüten wären und einen Anspruch auf Zeitzuschläge auslösten (§ 8 Abs. 1 TVöD).

Nebenabreden (Abs. 3)

Satz 1 der Vorschrift bestimmt, dass Nebenabreden nur wirksam sind, wenn sie schriftlich vereinbart worden sind. Fehlt die Schriftform, sind sie gemäß § 125 Satz 2 BGB nichtig.

Typische Gegenstände einer Nebenabrede sind beispielsweise

- die Vereinbarung, Ausbildungskosten zurückzuzahlen, wenn das Beschäftigungsverhältnis nach Abschluss der Ausbildung nicht eine bestimmte Zeit fortgesetzt wird,
- die Verkürzung der Probezeit,

- die Genehmigung bestimmter Nebentätigkeiten,
- die Möglichkeit der ordentlichen Kündigung bei befristeten Arbeitsverhältnissen.

Weitere Abmachungen jedweder Art sind möglich, soweit sie nicht gegen zwingende gesetzliche oder tarifvertragliche Vorschriften verstoßen. Der Vereinbarung einer geringeren als der tarifvertraglich vorgesehenen Vergütung stünde z. B. das Tarifvertragsgesetz (§ 4 Abs. 4) entgegen.

In Satz 2 der Vorschrift ist festgelegt, dass Nebenabreden nur dann gesondert gekündigt werden können, wenn dies einzelvertraglich vereinbart ist. Fehlt diese ausdrückliche Festlegung im Arbeitsvertrag, können sich die Vertragspartner – ebenso wie vom übrigen Inhalt des Arbeitsvertrages – nur einvernehmlich durch einen Änderungsvertrag oder einseitig durch eine Änderungskündigung lösen. Für diese Kündigung gelten dann die Regeln und Fristen, die für die Kündigung des gesamten Arbeitsvertrages maßgebend sind. Wenn zwar die Kündigungsmöglichkeit der Nebenabrede ausdrücklich vereinbart worden ist, jedoch keine Festlegung einer besonderen Kündigungsfrist (z. B. 14 Tage) erfolgt ist, sind die allgemeinen Kündigungsfristen des TVöD zu beachten.

Probezeit (Abs. 4)

Nach Satz 1 der Vorschrift gelten die ersten sechs Monate der Beschäftigung als Probezeit, ohne dass es einer besonderen Vereinbarung dazu bedarf. Durch eine Nebenabrede zum Arbeitsvertrag (→ Erläuterungen zu Absatz 2) kann aber eine kürzere Probezeit vereinbart werden.

Nach Satz 2 entfällt die Probezeit, wenn Auszubildende im unmittelbaren Anschluss an das Ausbildungsverhältnis in ein Arbeitsverhältnis übernommen werden. Dabei wird davon auszugehen sein, dass es sich um ein Rechtsverhältnis zu demselben Arbeitgeber handeln muss.

Die in § 5 BAT vereinbarte Verlängerung der Probezeit um eine zehn Arbeitstage übersteigende Unterbrechungszeit ist in § 2 Abs. 4 nicht mehr enthalten. Auf die Probezeit werden jedoch aufgrund gesetzlicher Bestimmungen nicht angerechnet:

- Zeiten der Teilnahme an einer Eignungsübung (§ 8 Satz 3 der VO zum Eignungsübungsgesetz)
- Wehrdienstzeiten als Soldat auf Zeit und Zeiten einer Fachausbildung (§ 8 Abs. 5 des Soldatenversorgungsgesetzes).

Die rechtliche Bedeutung einer Probezeit darf nicht überschätzt werden. Auch während der Probezeit unterliegt das Beschäftigungsverhältnis uneingeschränkt den Vorschriften des TVöD. Die Probezeit ist daher z. B. Beschäftigungszeit i. S. v. § 34 Abs. 3. Die Probezeit zählt außerdem als Wartezeit im urlaubsrechtlichen Sinn (siehe § 4 BUrlG i. V. m. § 26 TVöD) und ist bei der Sechsmonatsfrist des § 1 Abs. 1 des Kündigungsschutzgesetzes zu berücksichtigen. Auch steuerlich, sozialversicherungsrechtlich und im Sinne der Zusatzversorgung gelten keine Besonderheiten.

Das Arbeitsverhältnis ist auch während der Probezeit unbefristet. Stellt der Arbeitgeber während der Probezeit fest, dass der Beschäftigte für die Tätigkeit nicht geeignet ist, muss er das Arbeitsverhältnis kündigen.

Die Kündigungsfrist nach § 34 beträgt unabhängig von der Probezeit nach § 2 Abs. 4 zwei Wochen zum Monatsschluss, das Kündigungsschutzgesetz gilt während der ersten sechs Monate nicht.

Die Möglichkeit, ein befristetes Arbeitsverhältnis zur Erprobung zu schließen, bleibt unberührt. Die Befristung zur Erprobung ist in § 14 Abs. 1 Satz 2 Nr. 5 TzBfG[1]) ausdrücklich als Sachgrund genannt.

---

[1]) abgedruckt als Anhang 1 unter **210** § 30 TVöD

Anhang 1

Gesetz über den Nachweis der für ein Arbeitsverhältnis geltenden wesentlichen Bedingungen (Nachweisgesetz – NachwG)

Vom 20. Juli 1995 (BGBl. I S. 946)

Zuletzt geändert durch
Viertes Bürokratieentlastungsgesetz
vom 23. Oktober 2024 (BGBl. I Nr. 323)

§ 1 Anwendungsbereich

Dieses Gesetz gilt für alle Arbeitnehmer. Praktikanten, die gemäß § 22 Absatz 1 des Mindestlohngesetzes als Arbeitnehmer gelten, sind Arbeitnehmer im Sinne dieses Gesetzes.

§ 2 Nachweispflicht

(1) Der Arbeitgeber hat die wesentlichen Vertragsbedingungen des Arbeitsverhältnisses innerhalb der Fristen des Satzes 9 schriftlich niederzulegen, die Niederschrift zu unterzeichnen und dem Arbeitnehmer auszuhändigen. Die Niederschrift nach Satz 1 kann in Textform (§ 126b des Bürgerlichen Gesetzbuchs) abgefasst und elektronisch übermittelt werden, sofern das Dokument für den Arbeitnehmer zugänglich ist, gespeichert und ausgedruckt werden kann und der Arbeitgeber den Arbeitnehmer mit der Übermittlung auffordert, einen Empfangsnachweis zu erteilen. Im Fall des Satzes 2 hat der Arbeitgeber auf Verlangen des Arbeitnehmers die Niederschrift unter Hinweis auf den Geltungsbeginn der wesentlichen Vertragsbedingungen unverzüglich in der Form der Sätze 1 und 8 zu erteilen. Satz 3 gilt entsprechend, wenn die wesentlichen Vertragsbedingungen nicht nachgewiesen wurden. Die Verjährung des Anspruchs nach den Sätzen 3 und 4 beginnt mit dem Schluss des Jahres, in dem das Arbeitsverhältnis endet. Die Sätze 2 bis 5 finden keine Anwendung auf Arbeitnehmer, die in einem Wirtschaftsbereich oder Wirtschaftszweig nach § 2a Absatz 1 des Schwarzarbeitsbekämpfungsgesetzes tätig sind. In die Niederschrift sind mindestens aufzunehmen:

1. der Name und die Anschrift der Vertragsparteien,
2. der Zeitpunkt des Beginns des Arbeitsverhältnisses,
3. bei befristeten Arbeitsverhältnissen: das Enddatum oder die vorhersehbare Dauer des Arbeitsverhältnisses,

II

4. der Arbeitsort oder, falls der Arbeitnehmer nicht nur an einem bestimmten Arbeitsort tätig sein soll, ein Hinweis darauf, daß der Arbeitnehmer an verschiedenen Orten beschäftigt werden oder seinen Arbeitsort frei wählen kann,
5. eine kurze Charakterisierung oder Beschreibung der vom Arbeitnehmer zu leistenden Tätigkeit,
6. sofern vereinbart, die Dauer der Probezeit,
7. die Zusammensetzung und die Höhe des Arbeitsentgelts einschließlich der Vergütung von Überstunden, der Zuschläge, der Zulagen, Prämien und Sonderzahlungen sowie anderer Bestandteile des Arbeitsentgelts, die jeweils getrennt anzugeben sind, und deren Fälligkeit sowie die Art der Auszahlung,
8. die vereinbarte Arbeitszeit, vereinbarte Ruhepausen und Ruhezeiten sowie bei vereinbarter Schichtarbeit das Schichtsystem, der Schichtrhythmus und Voraussetzungen für Schichtänderungen,
9. bei Arbeit auf Abruf nach § 12 des Teilzeit- und Befristungsgesetzes:
   a) die Vereinbarung, dass der Arbeitnehmer seine Arbeitsleistung entsprechend dem Arbeitsanfall zu erbringen hat,
   b) die Zahl der mindestens zu vergütenden Stunden,
   c) der Zeitrahmen, bestimmt durch Referenztage und Referenzstunden, der für die Erbringung der Arbeitsleistung festgelegt ist, und
   d) die Frist, innerhalb derer der Arbeitgeber die Lage der Arbeitszeit im Voraus mitzuteilen hat,
10. sofern vereinbart, die Möglichkeit der Anordnung von Überstunden und deren Voraussetzungen,
11. die Dauer des jährlichen Erholungsurlaubs,
12. ein etwaiger Anspruch auf vom Arbeitgeber bereitgestellte Fortbildung,
13. wenn der Arbeitgeber dem Arbeitnehmer eine betriebliche Altersversorgung über einen Versorgungsträger zusagt, der Name und die Anschrift dieses Versorgungsträgers; die Nachweispflicht entfällt, wenn der Versorgungsträger zu dieser Information verpflichtet ist,
14. das bei der Kündigung des Arbeitsverhältnisses von Arbeitgeber und Arbeitnehmer einzuhaltende Verfahren, mindestens das Schriftformerfordernis und die Fristen für die Kündigung des Arbeitsverhältnisses, sowie die Frist zur Erhebung einer Kündigungsschutzklage; § 7 des Kündigungsschutzgesetzes ist auch bei

einem nicht ordnungsgemäßen Nachweis der Frist zur Erhebung einer Kündigungsschutzklage anzuwenden,

15. ein in allgemeiner Form gehaltener Hinweis auf die auf das Arbeitsverhältnis anwendbaren Tarifverträge, Betriebs- oder Dienstvereinbarungen sowie Regelungen paritätisch besetzter Kommissionen, die auf der Grundlage kirchlichen Rechts Arbeitsbedingungen für den Bereich kirchlicher Arbeitgeber festlegen.

II

Der Nachweis der wesentlichen Vertragsbedingungen nach Satz 1 in elektronischer Form ist ausgeschlossen. Dem Arbeitnehmer ist die Niederschrift mit den Angaben nach Satz 7 Nummer 1, 7 und 8 spätestens am ersten Tag der Arbeitsleistung, die Niederschrift mit den Angaben nach Satz 7 Nummer 2 bis 6, 9 und 10 spätestens am siebten Kalendertag nach dem vereinbarten Beginn des Arbeitsverhältnisses und die Niederschrift mit den übrigen Angaben nach Satz 7 spätestens einen Monat nach dem vereinbarten Beginn des Arbeitsverhältnisses auszuhändigen.

(1a) Wer einen Praktikanten einstellt, hat unverzüglich nach Abschluss des Praktikumsvertrages, spätestens vor Aufnahme der Praktikantentätigkeit, die wesentlichen Vertragsbedingungen schriftlich niederzulegen, die Niederschrift zu unterzeichnen und dem Praktikanten auszuhändigen. In die Niederschrift sind mindestens aufzunehmen:

1. der Name und die Anschrift der Vertragsparteien,
2. die mit dem Praktikum verfolgten Lern- und Ausbildungsziele,
3. Beginn und Dauer des Praktikums,
4. Dauer der regelmäßigen täglichen Praktikumszeit,
5. Zahlung und Höhe der Vergütung,
6. Dauer des Urlaubs,
7. ein in allgemeiner Form gehaltener Hinweis auf die Tarifverträge, Betriebs- oder Dienstvereinbarungen, die auf das Praktikumsverhältnis anzuwenden sind.

Absatz 1 Satz 8 gilt entsprechend.

(2) Hat der Arbeitnehmer seine Arbeitsleistung länger als vier aufeinanderfolgende Wochen außerhalb der Bundesrepublik Deutschland zu erbringen, so hat der Arbeitgeber dem Arbeitnehmer vor dessen Abreise die Niederschrift nach Absatz 1 Satz 1 mit allen wesentlichen Angaben nach Absatz 1 Satz 7 und folgenden zusätzlichen Angaben auszuhändigen:

1. das Land oder die Länder, in dem oder in denen die Arbeit im Ausland geleistet werden soll, und die geplante Dauer der Arbeit,
2. die Währung, in der die Entlohnung erfolgt,

3. sofern vereinbart, mit dem Auslandsaufenthalt verbundene Geld- oder Sachleistungen, insbesondere Entsendezulagen und zu erstattende Reise-, Verpflegungs- und Unterbringungskosten,
4. die Angabe, ob eine Rückkehr des Arbeitnehmers vorgesehen ist, und gegebenenfalls die Bedingungen der Rückkehr.

Auf die Verpflichtung nach Satz 1 finden folgende Regelungen entsprechende Anwendung:

1. Absatz 1 Satz 2, 5 und 6 sowie
2. Absatz 1 Satz 3 und 4.

(3) Fällt ein Auslandsaufenthalt nach Absatz 2 in den Anwendungsbereich der Richtlinie 96/71/EG des Europäischen Parlaments und des Rates vom 16. Dezember 1996 über die Entsendung von Arbeitnehmern im Rahmen der Erbringung von Dienstleistungen (ABl. L 18 vom 21. 1. 1997, S. 1), die durch die Richtlinie (EU) 2018/957 (ABl. L 173 vom 9. 7. 2018, S. 16) geändert worden ist, muss die Niederschrift nach Absatz 1 Satz 1 neben den Angaben nach Absatz 2 auch folgende zusätzliche Angaben enthalten:

1. die Entlohnung, auf die der Arbeitnehmer nach dem Recht des Mitgliedstaats oder der Mitgliedstaaten, in dem oder in denen der Arbeitnehmer seine Arbeit leisten soll, Anspruch hat,
2. den Link zu der einzigen offiziellen nationalen Website, die der Mitgliedstaat, in dem der Arbeitnehmer seine Arbeit leisten soll, betreibt nach Artikel 5 Absatz 2 Buchstabe a der Richtlinie 2014/67/EU des Europäischen Parlaments und des Rates vom 15. Mai 2014 zur Durchsetzung der Richtlinie 96/71/EG über die Entsendung von Arbeitnehmern im Rahmen der Erbringung von Dienstleistungen und zur Änderung der Verordnung (EU) Nr. 1024/2012 über die Verwaltungszusammenarbeit mit Hilfe des Binnenmarkt-Informationssystems – („IMI-Verordnung") (ABl. L 159 vom 28. 5. 2014, S. 11).

Auf die Verpflichtung nach Satz 1 finden folgende Regelungen entsprechende Anwendung:

1. Absatz 1 Satz 2, 5 und 6 sowie
2. Absatz 1 Satz 3 und 4.

(4) Die Angaben nach Absatz 1 Satz 7 Nummer 6 bis 8 und 10 bis 14 können ersetzt werden durch einen Hinweis auf die auf das Arbeitsverhältnis anwendbaren Tarifverträge, Betriebs- oder Dienstvereinbarungen sowie Regelungen paritätisch besetzter Kommissionen, die auf der Grundlage kirchlichen Rechts Arbeitsbedingungen für den Bereich kirchlicher Arbeitgeber festlegen. Ist in den Fällen des Absatzes 1 Satz 7 Nummer 11 und 14 die jeweilige gesetzliche Regelung

maßgebend, so kann hierauf verwiesen werden. Die Angaben nach Absatz 2 Satz 1 Nummer 2 und Absatz 3 Satz 1 Nummer 1 können ersetzt werden durch einen Hinweis auf konkrete Bestimmungen der einschlägigen Rechts- und Verwaltungsvorschriften und Satzungen oder Tarifverträge, Betriebs- oder Dienstvereinbarungen sowie Regelungen paritätisch besetzter Kommissionen, die auf der Grundlage kirchlichen Rechts Arbeitsbedingungen für den Bereich kirchlicher Arbeitgeber festlegen.

(5) Wenn dem Arbeitnehmer ein schriftlicher Arbeitsvertrag ausgehändigt worden ist, entfällt die Verpflichtung nach den Absätzen 1, 2 und 3, soweit der Vertrag die in den Absätzen 1 bis 4 geforderten Angaben enthält. Ist dem Arbeitnehmer ein Arbeitsvertrag in Textform nach Maßgabe des Absatzes 1 Satz 2 übermittelt worden, entfällt die Verpflichtung nach Absatz 1 Satz 1 und 2 und den Absätzen 2 und 3, soweit der Vertrag die in den Absätzen 1 bis 4 geforderten Angaben enthält; unberührt bleibt der Anspruch nach Absatz 1 Satz 3, auch in Verbindung mit Absatz 2 Satz 2 Nummer 2 oder Absatz 3 Satz 2 Nummer 2. Satz 2 gilt nicht in den Fällen des Absatzes 1 Satz 6.

§ 3 Änderung der Angaben

(1) Eine Änderung der wesentlichen Vertragsbedingungen oder der in § 2 Absatz 2 und 3 genannten Angaben ist dem Arbeitnehmer spätestens an dem Tag, an dem sie wirksam wird, schriftlich mitzuteilen. Auf die Verpflichtung nach Satz 1 finden folgende Regelungen entsprechende Anwendung:

1. § 2 Absatz 1 Satz 2, 5 und 6 sowie

2. § 2 Absatz 1 Satz 3 und 4.

Satz 1 gilt nicht bei einer Änderung der auf das Arbeitsverhältnis anwendbaren gesetzlichen Vorschriften, Tarifverträge, Betriebs- oder Dienstvereinbarungen sowie Regelungen paritätisch besetzter Kommissionen, die auf der Grundlage kirchlichen Rechts Arbeitsbedingungen für den Bereich kirchlicher Arbeitgeber festlegen.

(2) Die Verpflichtung nach Absatz 1 Satz 1 entfällt, sofern dem Arbeitnehmer hinsichtlich der Änderung ein schriftlicher Änderungsvertrag ausgehändigt worden ist. Das Gleiche gilt, wenn dem Arbeitnehmer hinsichtlich der Änderung ein Änderungsvertrag in Textform nach Maßgabe des § 2 Absatz 1 Satz 2 übermittelt worden ist; unberührt bleibt der Anspruch nach § 2 Absatz 1 Satz 3. Satz 2 gilt nicht in den Fällen des § 2 Absatz 1 Satz 6.

§ 4 Bußgeldvorschriften

(1) Ordnungswidrig handelt, wer

1. entgegen § 2 Absatz 1 Satz 1 eine in § 2 Absatz 1 Satz 7 genannte wesentliche Vertragsbedingung nicht, nicht richtig, nicht vollständig, nicht in der vorgeschriebenen Weise oder nicht rechtzeitig aushändigt,
2. entgegen § 2 Absatz 1 Satz 3, auch in Verbindung mit Satz 4, jeweils auch in Verbindung mit § 2 Absatz 2 Satz 2 Nummer 2, Absatz 3 Satz 2 Nummer 2 oder § 3 Absatz 1 Satz 2 Nummer 2, eine dort genannte Niederschrift nicht, nicht richtig, nicht vollständig oder nicht rechtzeitig erteilt,
3. entgegen § 2 Absatz 2 Satz 1, auch in Verbindung mit Absatz 3 Satz 1, eine dort genannte Niederschrift nicht, nicht richtig, nicht vollständig oder nicht rechtzeitig aushändigt oder
4. entgegen § 3 Absatz 1 Satz 1 eine Mitteilung nicht, nicht richtig, nicht vollständig, nicht in der vorgeschriebenen Weise oder nicht rechtzeitig macht.

(2) Die Ordnungswidrigkeit kann mit einer Geldbuße bis zu zweitausend Euro geahndet werden.

§ 5 Übergangsvorschrift

Hat das Arbeitsverhältnis bereits vor dem 1. August 2022 bestanden, so ist dem Arbeitnehmer auf sein Verlangen spätestens am siebten Tag nach Zugang der Aufforderung beim Arbeitgeber die Niederschrift mit den Angaben nach § 2 Absatz 1 Satz 7 Nummer 1 bis 10 auszuhändigen; die Niederschrift mit den übrigen Angaben nach § 2 Absatz 1 Satz 7 ist spätestens einen Monat nach Zugang der Aufforderung auszuhändigen. Soweit eine früher ausgestellte Niederschrift oder ein schriftlicher Arbeitsvertrag die nach diesem Gesetz erforderlichen Angaben enthält, entfällt diese Verpflichtung.

§ 6 Unabdingbarkeit

Von den Vorschriften dieses Gesetzes kann nicht zuungunsten des Arbeitnehmers abgewichen werden.

§ 3 Allgemeine Arbeitsbedingungen

(1) Die Beschäftigten haben über Angelegenheiten, deren Geheimhaltung durch gesetzliche Vorschriften vorgesehen oder vom Arbeitgeber angeordnet ist, Verschwiegenheit zu wahren; dies gilt auch über die Beendigung des Arbeitsverhältnisses hinaus.

(2) [1]Die Beschäftigten dürfen von Dritten Belohnungen, Geschenke, Provisionen oder sonstige Vergünstigungen in Bezug auf ihre Tätigkeit nicht annehmen. [2]Ausnahmen sind nur mit Zustimmung des Arbeitgebers möglich. [3]Werden den Beschäftigten derartige Vergünstigungen angeboten, haben sie dies dem Arbeitgeber unverzüglich anzuzeigen.

(3) [1]Nebentätigkeiten gegen Entgelt haben die Beschäftigten ihrem Arbeitgeber rechtzeitig vorher schriftlich anzuzeigen. [2]Der Arbeitgeber kann die Nebentätigkeit untersagen oder mit Auflagen versehen, wenn diese geeignet ist, die Erfüllung der arbeitsvertraglichen Pflichten der Beschäftigten oder berechtigte Interessen des Arbeitgebers zu beeinträchtigen. [3]Für Nebentätigkeiten bei demselben Arbeitgeber oder im übrigen öffentlichen Dienst (§ 34 Abs. 3 Satz 3 und 4) kann eine Ablieferungspflicht zur Auflage gemacht werden; für die Beschäftigten des Bundes sind dabei die für die Beamtinnen und Beamten des Bundes geltenden Bestimmungen maßgeblich.

(4) [1]Der Arbeitgeber ist bei begründeter Veranlassung berechtigt, die/den Beschäftigte/n zu verpflichten, durch ärztliche Bescheinigung nachzuweisen, dass sie/er zur Leistung der arbeitsvertraglich geschuldeten Tätigkeit in der Lage ist. [2]Bei der beauftragten Ärztin/dem beauftragten Arzt kann es sich um eine Betriebsärztin/einen Betriebsarzt, eine Personalärztin/einen Personalarzt oder eine Amtsärztin/einen Amtsarzt handeln, soweit sich die Betriebsparteien nicht auf eine andere Ärztin/einen anderen Arzt geeinigt haben. [3]Die Kosten dieser Untersuchung trägt der Arbeitgeber.

(5) [1]Die Beschäftigten haben ein Recht auf Einsicht in ihre vollständigen Personalakten. [2]Sie können das Recht auf Einsicht auch durch eine/n hierzu schriftlich Bevollmächtigte/n ausüben lassen. [3]Sie können Auszüge oder Kopien aus ihren Personalakten erhalten.

(6) Die Schadenshaftung der Beschäftigten, die in einem Arbeitsverhältnis zu einem Arbeitgeber stehen, der Mitglied eines Mitgliedverbandes der VKA ist, ist bei dienstlich oder betrieblich veranlassten Tätigkeiten auf Vorsatz und grobe Fahrlässigkeit beschränkt.

(7) Für die Schadenshaftung der Beschäftigten des Bundes finden die Bestimmungen, die für die Beamtinnen und Beamten des Bundes gelten, entsprechende Anwendung.

Erläuterungen

§ 3 TVöD regelt die Bereiche Schweigepflicht (Absatz 1), Belohnungen/Geschenke (Absatz 2), Nebentätigkeiten (Absatz 3), ärztliche Untersuchung (Absatz 4) und Personalakten (Absatz 5). Diese Themenbereiche waren im BAT in den §§ 7 (ärztliche Untersuchung), 9 (Schwei-

II

gepflicht), 10 (Belohnungen/Geschenke), 11 (Nebentätigkeit) und 13 (Personalakten) geregelt.

Auf die abweichenden Sonderregelungen in § 43 des Besonderen Teils Pflege- und Betreuungseinrichtungen bzw. § 42 des Besonderen Teils Krankenhäuser (Nebentätigkeit) wird hingewiesen.

Zur Ausgestaltung der mobilen Arbeitsformen für den Bereich des Bundes siehe die Tarifeinigung über mobile Arbeitsformen[1]) und den Digitalisierungstarifvertrag vom 10. Juni 2021.[2])

Schweigepflicht (Abs. 1)

Nach dieser Vorschrift ist der Beschäftigte verpflichtet, über die Angelegenheiten, deren Geheimhaltung entweder durch Gesetz oder durch Anordnung des Arbeitgebers vorgeschrieben ist, Verschwiegenheit zu wahren.

Die Palette der in Betracht kommenden gesetzlichen Vorschriften ist vor dem Hintergrund der Bandbreite der Betätigungsfelder des öffentlichen Dienstes und der dabei anzutreffenden Berufsbilder sehr groß. Nachfolgend ist daher nur eine Auswahl der wichtigsten Gesetzesvorschriften aufgezählt. Dazu zählen

- die Datenschutzgesetze des Bundes und der Länder,
- die Abgabenordnung (§ 30: Steuergeheimnis),
- die Sozialgesetze (§ 35 SGB I: Sozialgeheimnis; § 213 SGB IX: für Beschäftigte der Integrationsämter etc.),
- § 9 des Bundesarchivgesetzes für die Beschäftigten, die mit der Bearbeitung der Bundesstatistiken beschäftigt werden,
- das Strafgesetzbuch (§§ 93 bis 101a: Landesverrat und Gefährdung der äußeren Sicherheit, § 203: Verletzung der Schweigepflicht, § 353b: Verletzung eines Dienstgeheimnisses, § 353c: unbefugte Weitergabe geheimer Gegenstände oder Nachrichten).

Es ist ausdrücklich bestimmt, dass die Verschwiegenheitspflicht auch über die Beendigung des Arbeitsverhältnisses hinaus fortbesteht.

Ein Verstoß gegen die Pflicht zur Verschwiegenheit stellt eine erhebliche Beeinträchtigung für das Arbeitsverhältnis dar und berechtigt den Arbeitgeber zur ordentlichen oder – je nach Schwere des Einzelfalles – sogar zur fristlosen Kündigung. Dazu hat das BAG im Urteil vom 18. 6. 1970 – 2 AZR 369/69; AP Nr. 82 zu § 1 KSchG – festgestellt, dass der Angestellte des öffentlichen Dienstes keine Kündigung zu befürchten

---

[1]) abgedruckt unter **660**

[2]) abgedruckt unter **662**

braucht, wenn er von seinem Petitionsrecht (Art. 17 GG) Gebrauch macht und dabei auf gewisse Missstände in seinem Amt aufmerksam macht. Mit seinem Urteil vom 3. 7. 2003 – 2 AZR 235/02; AP Nr. 45 zu § 1 KSchG 1969 Verhaltensbedingte Kündigung – hat sich das BAG ausführlich mit der Frage auseinander gesetzt, ob ein Arbeitnehmer wegen einer von ihm veranlassten Strafanzeige gegen seinen Vorgesetzten (sog. „whistleblower“) verhaltensbedingt gekündigt werden kann. Dies hat das BAG, das das Verfahren zur weiteren Entscheidung an die Vorinstanz zurückgewiesen hatte, für den Fall bejaht, dass der Arbeitnehmer in einer Strafanzeige gegen seinen Arbeitgeber oder dessen Repräsentanten wissentlich oder leichtfertig falsche Angaben gemacht hat. Auch die vorherige innerbetriebliche Meldung und Klärung des zur Anzeige gebrachten Missstandes sei dem Arbeitnehmer in gewissen Fällen zuzumuten.

Unabhängig von der im Einzelfall zu prüfenden Kündigungsmöglichkeit besteht bei Gesetzesverstößen (z. B. gegen die unter 2. genannten gesetzlichen Vorschriften) die Möglichkeit der strafrechtlichen Verfolgung.

Soweit die Pflicht zur Verschwiegenheit besteht, bedarf der Beschäftigte für die Aussage vor Gericht der vorherigen Genehmigung durch den Arbeitgeber (§ 376 ZPO, § 54 StPO, § 46 Abs. 2 ArbGG).

Auf die Regelungen des zum 2. Juli 2023 in Kraft getretenen Hinweisgeberschutzgesetzes wird in diesem Zusammenhang hingewiesen. Hierin wird der Schutz natürlicher Personen, die im Rahmen ihrer beruflichen Tätigkeit Informationen über Verstöße erlangt haben und diese an die internen oder externen Meldestellen weitergeben („hinweisgebende Personen“), geregelt. Die Arbeitgeber sind zur Einrichtung ebendieser Meldestellen (intern oder extern) verpflichtet.

Belohnungen/Geschenke (Abs. 2)

Nach dieser Vorschrift ist es den Beschäftigten untersagt, von Dritten Belohnungen, Geschenke, Provisionen oder sonstige Vergünstigungen ohne Zustimmung des Arbeitgebers anzunehmen. Sie haben entsprechende Angebote unverzüglich ihrem Arbeitgeber anzuzeigen.

Auch wenn die Vorschrift praktisch unverändert aus dem BAT übernommen worden ist, so ist sie vor dem Hintergrund der in der Öffentlichkeit, aber auch innerhalb des öffentlichen Dienstes gesteigerten Sensibilität gegenüber der Korruption sicher deutlich enger auszulegen als bei Inkrafttreten des BAT. Die beispielsweise in der damaligen Zeit dem Vernehmen nach nicht unübliche, von den Amtsleitungen gebilligte oder zumindest stillschweigend tolerierte Praxis manches ortsansässigen Steuerberaters, in der Vorweihnachtszeit kleinere Präsente (meist in Flaschenform) in den Finanzämtern abzugeben, wird heute in einem anderen Licht zu beurteilen sein.

Ein Verstoß gegen das Verbot, Geschenke und dergleichen anzunehmen, stellt einen Grund für eine ordentliche oder – je nach Schwere des Einzelfalles – sogar zur fristlosen Kündigung dar. Der Beschäftigte macht sich unter Umständen schadensersatzpflichtig und muss die erlangten Vorteile herausgeben.

Daneben besteht die Möglichkeit der strafrechtlichen Verfolgung (wegen Bestechlichkeit bzw. Vorteilsannahme – §§ 331 bzw. 332 StGB).

Das Verbot der Annahme von Geschenken etc. gilt formal nur für den Zeitraum des Bestehens des Arbeitsverhältnisses; eine Nachwirkensklausel wie etwa bei der Verschwiegenheit (s. o.) ist nicht ausdrücklich vereinbart. Unter das Verbot fiele in diesem Fall – wenn und soweit nachweisbar – allenfalls das Sich-Versprechen-Lassen von Vorteilen.

Nebentätigkeiten (Abs. 3)

Während im Bereich des damaligen BAT hinsichtlich der Nebentätigkeit von Angestellten die für die Beamten des Arbeitgebers geltenden Vorschriften (z. B. die Bundesnebentätigkeitsverordnung) sinngemäß Anwendung fanden, enthält der TVöD eigenständige, im Wesentlichen an das zuvor für Arbeiter geltende Recht (siehe § 13 MTArb) angelehnte Bestimmungen. Es bestanden schnell Zweifel, ob diese Regelungen den Bedürfnissen der Praxis gerecht werden; denn gerade im Bereich der Angestellten höherer Vergütungsgruppen enthielt das beamtenrechtliche Nebentätigkeitsrecht viele sinnvolle Bestimmungen, die mit Inkrafttreten des TVöD (nächst) fortgefallen sind (z. B. Limitierung der Höhe bestimmter Nebeneinkünfte; Abführungspflichten). Dieser Kritik haben die Tarifpartner im Zuge des 2. Änderungstarifvertrages vom 31. März 2008 Rechnung getragen und mit Wirkung vom 1. Juli 2008 Satz 3 der Vorschrift eingefügt. Zu den Folgen s. u.

Nach Satz 1 der Vorschrift hat der Beschäftigte Nebentätigkeiten gegen Entgelt seinem Arbeitgeber vorher – also vor deren Aufnahme – schriftlich anzuzeigen. Das BMI hat sich mit Rundschreiben vom 14. November 2023 hinsichtlich des Schriftformerfordernisses in § 3 Abs. 3 Satz 1 TVöD damit einverstanden erklärt, dass die Textform nach § 126b Satz 1 BGB ausreiche. Dabei ist der Begriff des Entgeltes weit zu fassen und schließt auch geldwerte Vorteile, aber nicht den Ersatz von Auslagen ein. Unentgeltliche Nebentätigkeiten (z. B. Ehrenämter) sind daher anzeigefrei.

Satz 2 der Vorschrift zählt abschließend auf, in welchen Fällen der Arbeitgeber berechtigt ist, die Nebentätigkeit zu untersagen oder mit Auflagen zu versehen. Dies ist der Fall, wenn die Nebentätigkeiten geeignet sind, entweder die Erfüllung der arbeitsvertraglichen Pflichten oder berechtigte Interessen des Arbeitgebers zu beeinträchtigen.

Dabei reicht es aus, dass die Nebentätigkeit lediglich von ihrer Art her „geeignet" sein muss, Beeinträchtigungen hervorzurufen. Eine tatsächliche Beeinträchtigung im konkreten Einzelfall ist nicht Voraussetzung für das Verbot durch den Arbeitgeber. Das hat das BAG mit Urteil vom 19. Dezember 2019 – 6 AZR 23/19 – bestätigt.

Von einer (ein Verbot rechtfertigenden) Beeinträchtigung der Erfüllung arbeitsvertraglicher Pflichten wird man davon ausgehen können, wenn die Tätigkeit zu einer zeitlichen oder physischen Überbeanspruchung des Beschäftigten führt. Bei Teilzeitbeschäftigten scheidet eine zeitliche Überbeanspruchung so lange aus, wie Haupt- und Nebenbeschäftigung das Maß der regelmäßigen Arbeitszeit eines Vollbeschäftigten nicht überschreiten.

Ein zur Untersagung der Nebentätigkeit führender Interessenkonflikt ist bei Überschneidung von dienstlichen und nebenberuflichen Tätigkeiten anzunehmen (z. B. wenn ein im Bauamt für die Bewilligung von Bauvoranfragen etc. zuständiger Beschäftigter nebenbei für ein Architekturbüro arbeitet und Bauvoranfragen etc. erstellt). Entsprechendes gilt nach dem Urteil des BAG vom 28. 2. 2002 – 6 AZR 357/01 –, wenn die Tätigkeit in der öffentlichen Wahrnehmung zu Irritationen führen kann (im Urteilsfall war ein Krankenpfleger in der Nebentätigkeit als Leichenbestatter tätig).

Der Arbeitgeber kann seine Zustimmung auch von Auflagen abhängig machen (z. B. einer zeitlichen Obergrenze).

Der Verstoß gegen die Pflicht, Nebentätigkeiten anzuzeigen, und die Ausübung untersagter Nebentätigkeiten können arbeitsrechtliche Sanktionen (je nach Schwere des Einzelfalles von der Abmahnung bis zur fristlosen Kündigung) nach sich ziehen.

Satz 3 ist mit Wirkung vom 1. Juli 2008 angefügt worden. Die neue Regelung ermöglicht es, die im BAT automatisch durch Inbezugnahme des Nebentätigkeitsrechts für Beamte geltenden Abführungspflichten bei Nebentätigkeiten beim selben Arbeitgeber oder im öffentlichen Dienst (im Sinne der Vorschrift des § 34 Abs. 3 Satz 3 und 4) zur Auflage zu machen und einzelvertraglich zu vereinbaren. Bei den Beschäftigten des Bundes soll dies durch Inbezugnahme der für die Bundesbeamten geltenden Vorschriften des Nebentätigkeitsrechts geschehen. Bei Beschäftigten der Kommunen sind die Regeln im Arbeitsvertrag zu benennen; es dürften auch hier keine Bedenken bestehen, wenn insoweit das Nebentätigkeitsrecht des Bundes (oder ggf. eines Landes) einzelvertraglich in Bezug genommen wird.

Ärztliche Untersuchungen (Abs. 4)

Die Vorschrift des Absatzes 4 regelt das Recht des Arbeitgebers, den Arbeitnehmer „... bei begründeter Veranlassung ... zu verpflichten, durch ärztliche Bescheinigung nachzuweisen, ob er zur Leistung der arbeitsvertraglich geschuldeten Arbeit in der Lage ist".

Was unter einem „begründeten Anlass" zu verstehen ist, ist nicht festgelegt. Darunter werden aber die Einstellungsuntersuchung vor Beginn des Beschäftigungsverhältnisses und eine Untersuchung bei Zweifeln an einer behaupteten Arbeitsfähigkeit bzw. behaupteten Arbeitsunfähigkeit gehören. Ein „begründeter Anlass" bedarf in jedem Fall hinreichend objektiver Umstände bzw. tatsächlicher Anhaltspunkte, die aus Sicht des Arbeitgebers Zweifel daran begründen, dass der Beschäftigte zu der vertraglich geschuldeten Arbeitsleistung gesundheitlich in der Lage ist; Routineuntersuchungen oder willkürliche Untersuchungen sind im Umkehrschluss nicht zulässig. Auch das alleinige Vorliegen von Minder- oder Schlechterleistungen wird ohne konkreten Gesundheitsbezug in der Regel nicht dazu ausreichen, „berechtigte Zweifel" im Sinne dieser Vorschrift zu begründen. Die Weigerung des Arbeitnehmers, bei gegebener Veranlassung auf Wunsch des Arbeitgebers an einer ärztlichen Untersuchung zur Feststellung der Arbeits(un)fähigkeit mitzuwirken, kann je nach den Umständen des Einzelfalles geeignet sein, eine Kündigung zu rechtfertigen (s. BAG vom 27. September 2012 – 2 AZR 811/11).

Bestehende gesetzliche Regelungen zur ärztlichen Untersuchung von Arbeitnehmern bleiben durch die Tarifvorschrift unberührt. Dabei kommen insbesondere die folgenden Gesetze in Betracht:

- das Infektionsschutzgesetz
- das Arbeitssicherheitsgesetz
- die Biostoffverordnung
- das Jugendarbeitsschutzgesetz
- die Gefahrstoffverordnung
- die Strahlenschutzverordnung

- die Unfallverhütungsvorschriften der Berufsgenossenschaften und
- die Bildschirmarbeitsplätze betreffenden Regelungen der Arbeitsstättenverordnung[1])

Satz 3 der Vorschrift bestimmt, dass der Arbeitgeber die Kosten der ärztlichen Untersuchung (Untersuchungskosten, Laborkosten, Fahrtkosten, bezahlte Freistellung von der Arbeitsleistung etc.) zu tragen hat.

Der mit der Untersuchung zu beauftragende Arzt ist von Arbeitgeber und Betriebs- bzw. Personalrat (in keinem Fall durch den Beschäftigten allein) gemeinsam festzulegen; er ist – wenn eine Einigung erfolgt – letztlich beliebig. Die Einschaltung eines Amts-, Betriebs- oder Personalarztes, die in Satz 2 vorgeschlagen wird, ist nicht verbindlich, sondern zeigt nur denkbare Möglichkeiten auf. Dabei ist z. B. eine betriebsärztliche Untersuchung kein milderes Mittel gegenüber einer amtsärztlichen Untersuchung (BAG vom 25. Januar 2018 – 2 AZR 382/17).

Personalakten (Abs. 5)

Die Vorschrift enthält keine Bestimmung darüber, ob, in welcher Weise und in welchem Umfang Personalakten für den Beschäftigten geführt werden. § 3 Abs. 5 TVöD setzt das Vorhandensein von Personalakten voraus.

Satz 1 begründet das Recht zur Einsichtnahme in die vollständigen Personalakten, schließt also die Einsichtnahme in Bei-, Hilfs- oder Nebenakten ein. Ein besonderer Anlass muss für den Wunsch der Einsichtnahme nicht genannt werden; der Beschäftigte hat jederzeit ein Recht auf Akteneinsicht.

Der Arbeitnehmer hat auch nach Beendigung des Arbeitsverhältnisses ein berechtigtes Interesse daran, den Inhalt seiner fortgeführten Personalakte auf ihren Wahrheitsgehalt zu überprüfen. Das Recht auf Einsichtnahme in die Personalakte erlischt daher nicht mit dem Ende des Beschäftigungsverhältnisses (so auch BAG, Urteil vom 16. November 2010 – 9 AZR 573/09).

Nach Satz 2 kann der Beschäftigte das Recht der Akteneinsicht auch durch einen von ihm dazu schriftlich Bevollmächtigten ausüben lassen. Besondere Anforderungen an eine etwaige Qualifikation (z. B. Rechtsanwalt) oder Funktion (z. B. Personalratsmitglied) stellt die Vorschrift nicht. Es kommt also jede bevollmächtigte Person in Betracht. Ent-

[1]) abgedruckt als **Anhang 1**

gegen der Regelung in § 13 Abs. 1 Satz 4 BAT wird dem Arbeitgeber keine besondere Berechtigung eingeräumt, einen Bevollmächtigten aus dienstlichen oder betrieblichen Gründen zurückzuweisen.

Nach Satz 3 können die Beschäftigten Auszüge oder Kopien aus ihren Personalakten erhalten. In der Praxis dürften Ablichtungen das geeignete Mittel sein. Satz 3 enthält keine Regelung über die Tragung der dadurch entstehenden Kosten. Sie gehen, da die Kopie im Interesse und für den Beschäftigten gefertigt wird, zu Lasten des Beschäftigten, wenn und soweit der Arbeitgeber nicht von der Geltendmachung der Kosten absieht.

Schadenshaftung (Abs. 6 bzw. 7)

Die Absätze 6 und 7 sind im Zuge des 2. Änderungstarifvertrages vom 31. März 2008 mit Wirkung vom 1. Juli 2008 angefügt worden.

Sie treffen – getrennt nach Kommunen (Absatz 6) und Bund (Absatz 7) – Regelungen dazu, ob und in welchem Umfang die Beschäftigten im Schadensfall haften, und grenzen das gesetzliche Haftungsrisiko ein.

Für die Beschäftigten der Kommunen ist dies in Absatz 6 durch die Beschränkung der Haftung auf Fälle des Vorsatzes und der groben Fahrlässigkeit geschehen. Die Wirkung dieser Vorschrift ist nicht zu unterschätzen. Sie begrenzt die Haftung der Beschäftigten der Kommunen auf Fälle des Vorsatzes und der groben Fahrlässigkeit. Somit haften die Beschäftigten im Falle normaler Fahrlässigkeit, für den nach der Rechtsprechung des Großen Senats des Bundesarbeitsgerichts – Beschluss vom 27. September 1994 – GS 1/89 (A) – eine Aufteilung des Schadens zwischen Arbeitgeber und Arbeitnehmer vorzunehmen wäre, nicht. Fälle leichter Fahrlässigkeit würden nach dieser BAG-Rechtsprechung ohnehin zu Lasten des Arbeitgebers gehen.

Für die Beschäftigten des Bundes ist in Absatz 7 vereinbart, dass für sie die für Bundesbeamte geltenden Bestimmungen zur Schadenshaftung Anwendung finden. Die Regelung entspricht im Ergebnis § 14 BAT und stellt eine Angleichung an die vergleichbare Regelung in § 3 Abs. 7 TV-L dar.

Anhang 1

Verordnung über Arbeitsstätten (Arbeitsstättenverordnung – ArbStättV)

Vom 12. August 2004 (BGBl. I S. 2179)

– Auszug –

Zuletzt geändert durch
Cannabisgesetz
vom 27. März 2024 (BGBl. I Nr. 109)

6. Maßnahmen zur Gestaltung von Bildschirmarbeitsplätzen

6.1 Allgemeine Anforderungen an Bildschirmarbeitsplätze

(1) Bildschirmarbeitsplätze sind so einzurichten und zu betreiben, dass die Sicherheit und der Schutz der Gesundheit der Beschäftigten gewährleistet sind. Die Grundsätze der Ergonomie sind auf die Bildschirmarbeitsplätze und die erforderlichen Arbeitsmittel sowie die für die Informationsverarbeitung durch die Beschäftigten erforderlichen Bildschirmgeräte entsprechend anzuwenden.

(2) Der Arbeitgeber hat dafür zu sorgen, dass die Tätigkeiten der Beschäftigten an Bildschirmgeräten insbesondere durch andere Tätigkeiten oder regelmäßige Erholungszeiten unterbrochen werden

(3) Für die Beschäftigten ist ausreichend Raum für wechselnde Arbeitshaltungen und -bewegungen vorzusehen.

(4) Die Bildschirmgeräte sind so aufzustellen und zu betreiben, dass die Oberflächen frei von störenden Reflexionen und Blendungen sind.

(5) Die Arbeitstische oder Arbeitsflächen müssen eine reflexionsarme Oberfläche haben und so aufgestellt werden, dass die Oberflächen bei der Arbeit frei von störenden Reflexionen und Blendungen sind

(6) Die Arbeitsflächen sind entsprechend der Arbeitsaufgabe so zu bemessen, dass alle Eingabemittel auf der Arbeitsfläche variabel angeordnet werden können und eine flexible Anordnung des Bildschirms, des Schriftguts und der sonstigen Arbeitsmittel möglich ist. Die Arbeitsfläche vor der Tastatur muss ein Auflegen der Handballen ermöglichen.

(7) Auf Wunsch der Beschäftigten hat der Arbeitgeber eine Fußstütze und einen Manuskripthalter zur Verfügung zu stellen, wenn eine ergonomisch günstige Arbeitshaltung auf andere Art und Weise nicht erreicht werden kann.

II

(8) Die Beleuchtung muss der Art der Arbeitsaufgabe entsprechen und an das Sehvermögen der Beschäftigten angepasst sein; ein angemessener Kontrast zwischen Bildschirm und Arbeitsumgebung ist zu gewährleisten. Durch die Gestaltung des Bildschirmarbeitsplatzes sowie der Auslegung und der Anordnung der Beleuchtung sind störende Blendungen, Reflexionen oder Spiegelungen auf dem Bildschirm und den sonstigen Arbeitsmitteln zu vermeiden.

(9) Werden an einem Arbeitsplatz mehrere Bildschirmgeräte oder Bildschirme betrieben, müssen diese ergonomisch angeordnet sein. Die Eingabegeräte müssen sich eindeutig dem jeweiligen Bildschirmgerät zuordnen lassen.

(10) Die Arbeitsmittel dürfen nicht zu einer erhöhten, gesundheitlich unzuträglichen Wärmebelastung am Arbeitsplatz führen.

6.2 Allgemeine Anforderungen an Bildschirme und Bildschirmgeräte

(1) Die Text- und Grafikdarstellungen auf dem Bildschirm müssen entsprechend der Arbeitsaufgabe und dem Sehabstand scharf und deutlich sowie ausreichend groß sein. Der Zeichen- und der Zeilenabstand müssen angemessen sein. Die Zeichengröße und der Zeilenabstand müssen auf dem Bildschirm individuell eingestellt werden können.

(2) Das auf dem Bildschirm dargestellte Bild muss flimmerfrei sein. Das Bild darf keine Verzerrungen aufweisen.

(3) Die Helligkeit der Bildschirmanzeige und der Kontrast der Text- und Grafikdarstellungen auf dem Bildschirm müssen von den Beschäftigten einfach eingestellt werden können. Sie müssen den Verhältnissen der Arbeitsumgebung individuell angepasst werden können.

(4) Die Bildschirmgröße und -form müssen der Arbeitsaufgabe angemessen sein.

(5) Die von den Bildschirmgeräten ausgehende elektromagnetische Strahlung muss so niedrig gehalten werden, dass die Sicherheit und die Gesundheit der Beschäftigten nicht gefährdet werden.

6.3 Anforderungen an Bildschirmgeräte und Arbeitsmittel für die ortsgebundene Verwendung an Arbeitsplätzen

(1) Bildschirme müssen frei und leicht dreh- und neigbar sein sowie über reflexionsarme Oberflächen verfügen. Bildschirme, die über reflektierende Oberflächen verfügen, dürfen nur dann betrieben

werden, wenn dies aus zwingenden aufgabenbezogenen Gründen erforderlich ist.

(2) Tastaturen müssen die folgenden Eigenschaften aufweisen:

1. sie müssen vom Bildschirm getrennte Einheiten sein,
2. sie müssen neigbar sein,
3. die Oberflächen müssen reflexionsarm sein,
4. die Form und der Anschlag der Tasten müssen den Arbeitsaufgaben angemessen sein und eine ergonomische Bedienung ermöglichen,
5. die Beschriftung der Tasten muss sich vom Untergrund deutlich abheben und bei normaler Arbeitshaltung gut lesbar sein.

(3) Alternative Eingabemittel (zum Beispiel Eingabe über den Bildschirm, Spracheingabe, Scanner) dürfen nur eingesetzt werden, wenn dadurch die Arbeitsaufgaben leichter ausgeführt werden können und keine zusätzlichen Belastungen für die Beschäftigten entstehen.

6.4 Anforderungen an tragbare Bildschirmgeräte für die ortsveränderliche Verwendung an Arbeitsplätzen

(1) Größe, Form und Gewicht tragbarer Bildschirmgeräte müssen der Arbeitsaufgabe entsprechend angemessen sein.

(2) Tragbare Bildschirmgeräte müssen

1. über Bildschirme mit reflexionsarmen Oberflächen verfügen und
2. so betrieben werden, dass der Bildschirm frei von störenden Reflexionen und Blendungen ist.

(3) Tragbare Bildschirmgeräte ohne Trennung zwischen Bildschirm und externem Eingabemittel (insbesondere Geräte ohne Tastatur) dürfen nur an Arbeitsplätzen betrieben werden, an denen die Geräte nur kurzzeitig verwendet werden oder an denen die Arbeitsaufgaben mit keinen anderen Bildschirmgeräten ausgeführt werden können.

(4) Tragbare Bildschirmgeräte mit alternativen Eingabemitteln sind den Arbeitsaufgaben angemessen und mit dem Ziel einer optimalen Entlastung der Beschäftigten zu betreiben.

(5) Werden tragbare Bildschirmgeräte ortsgebunden an Arbeitsplätzen verwendet, gelten zusätzlich die Anforderungen nach Nummer 6.1.

6.5 Anforderungen an die Benutzerfreundlichkeit von Bildschirmarbeitsplätzen

(1) Beim Betreiben der Bildschirmarbeitsplätze hat der Arbeitgeber dafür zu sorgen, dass der Arbeitsplatz den Arbeitsaufgaben angemessen gestaltet ist. Er hat insbesondere geeignete Softwaresysteme bereitzustellen.

II

(2) Die Bildschirmgeräte und die Software müssen entsprechend den Kenntnissen und Erfahrungen der Beschäftigten im Hinblick auf die jeweilige Arbeitsaufgabe angepasst werden können.

(3) Das Softwaresystem muss den Beschäftigten Angaben über die jeweiligen Dialogabläufe machen.

II

(4) Die Bildschirmgeräte und die Software müssen es den Beschäftigten ermöglichen, die Dialogabläufe zu beeinflussen. Sie müssen eventuelle Fehler bei der Handhabung beschreiben und eine Fehlerbeseitigung mit begrenztem Arbeitsaufwand erlauben.

(5) Eine Kontrolle der Arbeit hinsichtlich der qualitativen oder quantitativen Ergebnisse darf ohne Wissen der Beschäftigten nicht durchgeführt werden.

§ 4 Versetzung, Abordnung, Zuweisung, Personalgestellung

(1) [1]Beschäftigte können aus dienstlichen oder betrieblichen Gründen versetzt oder abgeordnet werden. [2]Sollen Beschäftigte an eine Dienststelle oder einen Betrieb außerhalb des bisherigen Arbeitsortes versetzt oder voraussichtlich länger als drei Monate abgeordnet werden, so sind sie vorher zu hören.

II

Protokollerklärungen zu Absatz 1:

1. Abordnung ist die Zuweisung einer vorübergehenden Beschäftigung bei einer anderen Dienststelle oder einem anderen Betrieb desselben oder eines anderen Arbeitgebers unter Fortsetzung des bestehenden Arbeitsverhältnisses.
2. Versetzung ist die Zuweisung einer auf Dauer bestimmten Beschäftigung bei einer anderen Dienststelle oder einem anderen Betrieb desselben Arbeitgebers unter Fortsetzung des bestehenden Arbeitsverhältnisses.

Niederschriftserklärung zu § 4 Abs. 1:

Der Begriff „Arbeitsort" ist ein generalisierter Oberbegriff; die Bedeutung unterscheidet sich nicht von dem bisherigen Begriff „Dienstort".

(2) [1]Beschäftigten kann im dienstlichen/betrieblichen oder öffentlichen Interesse mit ihrer Zustimmung vorübergehend eine mindestens gleich vergütete Tätigkeit bei einem Dritten zugewiesen werden. [2]Die Zustimmung kann nur aus wichtigem Grund verweigert werden. [3]Die Rechtsstellung der Beschäftigten bleibt unberührt. [4]Bezüge aus der Verwendung nach Satz 1 werden auf das Entgelt angerechnet.

Protokollerklärung zu Absatz 2:

Zuweisung ist – unter Fortsetzung des bestehenden Arbeitsverhältnisses – die vorübergehende Beschäftigung bei einem Dritten im In- und Ausland, bei dem der Allgemeine Teil des TVöD nicht zur Anwendung kommt.

(3) [1]Werden Aufgaben der Beschäftigten zu einem Dritten verlagert, ist auf Verlangen des Arbeitgebers bei weiter bestehendem Arbeitsverhältnis die arbeitsvertraglich geschuldete Arbeitsleistung bei dem Dritten zu erbringen (Personalgestellung). [2]§ 613a BGB sowie gesetzliche Kündigungsrechte bleiben unberührt.

Protokollerklärung zu Absatz 3:

[1]Personalgestellung ist – unter Fortsetzung des bestehenden Arbeitsverhältnisses – die auf Dauer angelegte Beschäftigung bei einem Dritten. [2]Die Modalitäten der Personalgestellung werden zwischen dem Arbeitgeber und dem Dritten vertraglich geregelt.

Erläuterungen

§ 4 TVöD regelt die Bereiche Versetzung und Abordnung (Absatz 1), Zuweisung (Absatz 2) und Personalgestellung (Absatz 3). Diese Themenbereiche waren bislang weitgehend in § 12 BAT geregelt. Auf die abweichenden Sonderregelungen in § 45 (Bund) des Besonderen Teils Verwaltung[1]) wird hingewiesen.

---

[1]) abgedruckt unter **215**

Die Vorschrift des § 4 konkretisiert bzw. erweitert die sich schon aus dem allgemeinen Direktionsrecht des Arbeitgebers ergebenden Möglichkeiten des flexiblen Personaleinsatzes. Dabei handelt es sich um einseitige Maßnahmen des Arbeitgebers, von denen er stets nur nach pflichtgemäßem Ermessen – also nicht willkürlich – Gebrauch machen darf. Das in Absatz 1 und 2 der tariflichen Regelung verlangte Erfordernis dienstlicher oder betrieblicher Gründe für die Umsetzung ist zu beachten. Es dürfte bei Umorganisationen aber ebenso zu bejahen sein wie bei kurzfristiger Umsetzung Beschäftigter als Ersatz für Personalausfälle.

Das Arbeitsverhältnis zwischen den Vertragspartnern besteht fort; Rechtsverhältnisse bestehen somit auch im Fall der Zuweisung und der Personalgestellung nur zwischen dem Arbeitnehmer und dem „alten" Arbeitgeber.

Auch in den Fällen, in denen eine Abordnung oder Versetzung grundsätzlich möglich ist, sind Grenzen zu beachten. So kann zwar der Arbeitgeber im Rahmen und in den Grenzen der Tarifvorschrift den Einsatzort des Beschäftigten einseitig verändern. Die übrigen Arbeitsbedingungen – insbesondere die Vergütung – bleiben dadurch aber unberührt und können nur durch eine einvernehmliche Änderung des Arbeitsvertrages oder im Rahmen einer Änderungskündigung modifiziert werden. Der Einsatz auf einem geringer bewerteten Einsatzplatz ist selbst dann ausgeschlossen, wenn der Arbeitgeber die bisherige Vergütung fortzahlt (siehe BAG-Urteile vom 8. 10. 1962 – 2 AZR 550/61 – und vom 14. 7. 1965 – 4 AZR 347/63 – AP Nr. 18 bzw. Nr. 19 zu § 611 BGB Direktionsrecht).

Bei Abordnung und Versetzung sind nach dem Bundespersonalvertretungsgesetz bzw. den Personalvertretungsgesetzen der Länder Mitbestimmungsrechte der Personalvertretung zu beachten. Eine Liste der in Frage kommenden Gesetze ist bei den Erläuterungen zu § 2 Abs. 1 abgedruckt. Entsprechendes gilt im Geltungsbereich des Betriebsverfassungsgesetzes.

Versetzung, Abordnung (Abs. 1)

Die Vorschrift des Absatzes 1, in der die Möglichkeiten der Abordnung und Versetzung bestimmt sind, entspricht der Regelung des § 12 Abs. 1 BAT. Beschäftigte können demnach aus dienstlichen oder betrieblichen Gründen versetzt oder abgeordnet werden (Satz 1). Sollen sie an eine Dienststelle oder einen Betrieb außerhalb ihres bisherigen Arbeitsortes versetzt oder für voraussichtlich mehr als drei Monate abgeordnet werden, sind sie vorher zu hören (Satz 2).

In zwei Protokollerklärungen zu Absatz 1 haben die Tarifpartner – im Gegensatz zur Regelung des § 12 BAT, die auf eine eigene Begriffsbestimmung verzichtete – definiert, was sie unter den Begriffen „Abordnung" bzw. „Versetzung" verstehen. Abordnung ist demnach (siehe Protokollerklärung Nr. 1) die vorübergehende, Versetzung (siehe Protokollerklärung Nr. 2) die auf Dauer angelegte Beschäftigung bei einer anderen Dienststelle oder einem anderen Betrieb desselben Arbeitgebers. In beiden Fällen besteht das Arbeitsverhältnis fort.

Die Versetzung zu einem anderen Arbeitgeber ist somit nicht möglich, und zwar auch dann nicht, wenn der Beschäftigte einer solchen Maßnahme zustimmen würde. Wenn kein Fall des Absatzes 2 oder 3 vorliegt, muss das bisherige Arbeitsverhältnis in solchen Fällen beendet und mit dem neuen Arbeitgeber ein neues Arbeitsverhältnis begründet werden.

Nicht unter den Begriff der Abordnung bzw. Versetzung fällt der Wechsel des Arbeitsplatzes innerhalb derselben Dienststelle oder desselben Betriebs; hierbei handelt es sich um eine Umsetzung, die nach den Regeln des allgemeinen Direktionsrechtes zu beurteilen ist.

Der Beschäftigte ist in den Fällen des Satzes 2 (s. o.) vor der Abordnung bzw. Versetzung zu hören. Ihm ist somit die Gelegenheit zu geben, sich zu der beabsichtigten Maßnahme zu äußern, damit seine Interessen bei der Ermessensentscheidung des Arbeitgebers hinreichend berücksichtigt werden können. Eine Zustimmung des Beschäftigten ist aber nicht erforderlich.

In einer Niederschriftserklärung zu § 4 Abs. 1 haben die Tarifpartner klargestellt, dass der in Absatz 1 der Vorschrift verwendete Begriff des „Arbeitsortes" ein Oberbegriff sein soll, dessen Bedeutung sich nicht von dem bislang verwendeten Begriff des „Dienstortes" unterscheidet.

Zuweisung (Abs. 2)

In Absatz 2 ist das Verfahren der Zuweisung geregelt. Dem Beschäftigten kann demnach im dienstlichen/betrieblichen oder im öffentlichen Interesse vorübergehend eine Tätigkeit bei einem Dritten zugewiesen werden, die Tätigkeit muss mindestens gleich vergütet werden und die Zuweisung bedarf der Zustimmung des Beschäftigten (Satz 1). Er darf sie aber nur aus wichtigem Grund verweigern (Satz 2). Die Rechtsstellung des Beschäftigten bleibt – ebenso wie das Arbeitsverhältnis – unberührt (Satz 3). In Satz 4 ist vereinbart, dass die (von dem Dritten gezahlten) Bezüge auf das Entgelt (aus dem fortbestehenden Arbeitsverhältnis) angerechnet werden. Im Ergebnis führt diese Formulierung dazu, dass der Beschäftigte mindestens sein bisheriges Entgelt erhält und darüber hinausgehende Zahlungen behalten darf. Wäre gewollt gewesen, dass der Beschäftigte nur sein bisheriges Vergütungsniveau behält, hätten die Tarifpartner an Stelle des Begriffes „anrechnen" den Begriff „abführen" verwenden müssen.

II

In einer Protokollerklärung zu Absatz 2 ist bestimmt, was unter dem Begriff der „Zuweisung" zu verstehen ist. Zuweisung ist demnach die vorübergehende Beschäftigung bei einem Dritten im In- oder Ausland, bei dem der allgemeine Teil des TVöD nicht zur Anwendung kommt. Eine Zuweisung von der Verwaltung einer Kommune zur Verwaltung einer anderen Kommune oder zum Bund ist daher nicht vom Begriff der Zuweisung erfasst. Wie bei der Abordnung und Versetzung besteht das Arbeitsverhältnis fort.

Personalgestellung (Abs. 3)

Absatz 3 regelt den (Sonder-)Fall der Personalgestellung und bestimmt, dass Beschäftigte auf Verlangen des Arbeitgebers bei einer Verlagerung von Aufgaben auf Dritte ihre vertraglich geschuldete Arbeitsleistung bei diesem Dritten erbringen müssen (Satz 1). Satz 2 der Vorschrift stellt klar, dass § 613a BGB und gesetzliche Kündigungsrechte unberührt bleiben.

§ 613a BGB Rechte und Pflichten bei Betriebsübergang

(1) Geht ein Betrieb oder ein Betriebsteil durch Rechtsgeschäft auf einen anderen Inhaber über, so tritt dieser in die Rechte und Pflichten aus den im Zeitpunkt des Übergangs bestehenden Arbeitsverhältnissen ein. Sind diese Rechte und Pflichten durch Rechtsnormen eines Tarifvertrags oder durch eine Betriebsvereinbarung geregelt, so werden sie Inhalt des Arbeitsverhältnisses zwischen dem neuen Inhaber und dem Arbeitnehmer und dürfen nicht vor Ablauf eines Jahres nach dem Zeitpunkt des Übergangs zum Nachteil des Arbeitnehmers geändert werden. Satz 2 gilt nicht, wenn die Rechte und Pflichten bei dem neuen Inhaber durch Rechtsnormen eines anderen Tarifvertrags oder durch eine andere Betriebsvereinbarung geregelt werden. Vor Ablauf der Frist nach Satz 2 können die Rechte und Pflichten geändert werden, wenn der Tarifvertrag oder die Betriebsvereinbarung nicht mehr gilt oder bei fehlender beiderseitiger Tarifgebundenheit im Geltungsbereich eines anderen Tarifvertrags dessen Anwendung zwischen dem neuen Inhaber und dem Arbeitnehmer vereinbart wird.

(2) Der bisherige Arbeitgeber haftet neben dem neuen Inhaber für Verpflichtungen nach Absatz 1, soweit sie vor dem Zeitpunkt des Übergangs entstanden sind und vor Ablauf von einem Jahr nach diesem Zeitpunkt fällig werden, als Gesamtschuldner. Werden solche Verpflichtungen nach dem Zeitpunkt des Übergangs fällig, so haftet der bisherige Arbeitgeber

für sie jedoch nur in dem Umfang der dem im Zeitpunkt des Übergangs abgelaufenen Teil ihres Bemessungszeitraums entspricht.

(3) Absatz 2 gilt nicht, wenn eine juristische Person oder eine Personenhandelsgesellschaft durch Umwandlung erlischt.

(4) Die Kündigung des Arbeitsverhältnisses eines Arbeitnehmers durch den bisherigen Arbeitgeber oder durch den neuen Inhaber wegen des Übergangs eines Betriebs oder eines Betriebsteils ist unwirksam. Das Recht zur Kündigung des Arbeitsverhältnisses aus anderen Gründen bleibt unberührt.

(5) Der bisherige Arbeitgeber oder der neue Inhaber hat die von einem Übergang betroffenen Arbeitnehmer vor dem Übergang in Textform zu unterrichten über:

1. den Zeitpunkt oder den geplanten Zeitpunkt des Übergangs,
2. den Grund für den Übergang,
3. die rechtlichen, wirtschaftlichen und sozialen Folgen des Übergangs für die Arbeitnehmer und
4. die hinsichtlich der Arbeitnehmer in Aussicht genommenen Maßnahmen.

(6) Der Arbeitnehmer kann dem Übergang des Arbeitsverhältnisses innerhalb eines Monats nach Zugang der Unterrichtung nach Absatz 5 schriftlich widersprechen. Der Widerspruch kann gegenüber dem bisherigen Arbeitgeber oder dem neuen Inhaber erklärt werden.

In einer Protokollerklärung haben die Tarifpartner den Begriff der Personalgestellung als die auf Dauer angelegte Beschäftigung bei einem Dritten definiert. Das Arbeitsverhältnis zum bisherigen Arbeitgeber besteht auch im Fall der Personalgestellung zu den bisherigen Bedingungen fort. Die Einzelheiten der Personalgestellung werden „auf Arbeitgeberebene" zwischen dem ausleihenden alten Arbeitgeber und dem Dritten vereinbart.

Die tarifvertraglich mögliche Personalgestellung stößt unter Umständen rechtlich an die inzwischen recht engen Grenzen des Arbeitnehmerüberlassungsgesetz (AÜG). Die Änderungen durch das „Erste Gesetz zur Änderung des Arbeitnehmerüberlassungsgesetzes – Verhinderung von Missbrauch der Arbeitnehmerüberlassung" vom 28. April 2011 (BGBl. I S. 642) sowie durch Artikel 1 des Gesetzes zur Änderung des Arbeitnehmerüberlassungsgesetzes und des Schwarzarbeitbekämpfungsgesetzes vom 20. Juli 2011 (BGBl. I S. 1506) schränken die Möglichkeiten einer Personalüberlassung nämlich deutlich ein.

Bis dahin war eine Arbeitnehmerüberlassung erlaubnisfrei, soweit sie nicht gewerbsmäßig war. Künftig ist eine Arbeitnehmerüberlassung, soweit keine der Ausnahmen des § 1 Abs. 3 AÜG vorliegt, nur noch dann erlaubnisfrei, wenn sie nicht im Rahmen der wirtschaftlichen

Tätigkeit des Arbeitgebers erfolgt, wobei der Begriff der wirtschaftlichen Tätigkeit weit auszulegen sein wird. Es ist zu empfehlen, im Einzelfall frühzeitig zu prüfen, ob und inwieweit die beabsichtigte Personalmaßnahme durch das AÜG berührt wird.

II

Eine Personalgestellung gem. § 4 Abs. 3 TVöD fällt nicht in den Anwendungsbereich der Europäischen Richtlinie über Leiharbeit (2008/104/EG). Das hat der Europäische Gerichtshof (EuGH) am 22. Juni 2023 – C-427/21 – entschieden. Es bleibt folglich dabei, dass die Bereichsausnahme des § 1 Abs. 3 Nr. 2b AÜG greift und öffentliche Arbeitgeber eine Personalgestellung auf Grundlage von § 4 Abs. 3 TVöD vornehmen können. Dies hat das BAG mit Urteil vom 25. Januar 2024 – 6 AZR 390/20 – bestätigt.

Die denkbaren Anwendungsfälle der Tarifvorschrift sind im Wesentlichen in drei Fallgruppen zu suchen.

Da § 613a BGB in Absatz 1 vorsieht, dass das Arbeitsverhältnis bei einem rechtsgeschäftlichen (also vertraglichen) Übergang eines Betriebs/Betriebsteils ebenfalls auf den Erwerber übergeht, bleibt in diesem Fall kein Raum für eine Personalgestellung. Dies wird auch in Satz 2 des § 4 Abs. 3 deutlich, wonach die Vorschrift des § 613a BGB unberührt bleibt. Bei grundsätzlich zu bejahender Anwendbarkeit des § 613a BGB können nur die Fälle von § 4 Abs. 3 TVöD erfasst werden, in denen der Beschäftigte nach § 613a Abs. 6 BGB dem Übergang seines Arbeitsverhältnisses widersprochen hat und deshalb beim alten Arbeitgeber verbleibt. Daneben sind Fälle des Aufgabenübergangs auf Dritte denkbar, die nicht von § 613a BGB erfasst werden, weil der Übergang eines Betriebs/Betriebsteils auf Dritte nicht vertraglich, sondern gesetzlich geregelt ist, oder weil der Aufgabenübergang auf Dritte nicht mit dem Übergang eines Betriebs/Betriebsteils einhergeht.

Wenn – wie oben dargestellt – die Voraussetzungen gegeben sind, dass zwar Aufgaben auf Dritte übergehen, der mit den Aufgaben betraute Beschäftigte aber beim alten Arbeitgeber bleibt, kann der alte Arbeitgeber den Beschäftigten an den Dritten ausleihen und die Einzelheiten dazu mit dem anderen Arbeitgeber vertraglich regeln.

Neben organisatorischen und finanziellen Fragen wird die Frage sein, inwieweit das Direktionsrecht auf den Dritten übertragen wird.

Der „Entleiher" kann nur insoweit ein Direktionsrecht ausüben, als nicht in die unverändert bestehenden Vertragsbeziehungen zwischen Arbeitnehmer und Arbeitgeber eingegriffen wird. Arbeitsvertragliche Beziehungen bestehen nämlich weiterhin nur zwischen dem Arbeitgeber und dem Arbeitnehmer, nicht jedoch zwischen dem Dritten und dem Arbeitnehmer. Diese Rechtsbeziehungen werden durch die

Personalgestellung im Sinne des § 4 Abs. 3 TVöD nicht berührt – im Gegenteil: der Fortbestand des Arbeitsverhältnisses zum ursprünglichen Arbeitgeber wird von den Tarifpartnern in der Protokollerklärung zu § 4 Abs. 3 ausdrücklich bekräftigt. Es entspricht allgemeinen arbeits- und zivilrechtlichen Grundsätzen, ist aber an sich auch eine Selbstverständlichkeit, dass die Berechtigung zu in den Arbeitsvertrag eingreifenden Maßnahmen nicht auf den Dritten übertragen werden kann. Diese bleiben – wenn es sich um einseitige Maßnahmen wie z. B. Kündigungen, Abmahnungen etc. handelt – dem Arbeitgeber vorbehalten bzw. sind als zweiseitige Maßnahmen (Vertragsänderungen jeder Art; z. B. Änderungen der Wochenarbeitszeit) nur zwischen Arbeitgeber und Arbeitnehmer wirksam möglich. So hätte z. B. eine vom „Entleiher" ausgesprochene Abmahnung vor Gericht keinen Bestand, weil sie ein Arbeitsverhältnis mit ihm voraussetzte. Der „Entleiher" müsste in diesem Fall den Arbeitgeber rechtzeitig und umfassend von einem abmahnungswürdigen Verhalten des entliehenen Arbeitnehmers in Kenntnis setzen, damit dieser dann die Abmahnung aussprechen könnte.

Soweit die vertraglichen Beziehungen zwischen Arbeitnehmer und Arbeitgeber nicht betroffen sind, kann der die Arbeitskraft des Beschäftigten entgegen nehmende Dritte das Direktionsrecht ausüben und z. B. im Rahmen der allgemeinen gesetzlichen und tarifvertraglichen Grenzen Zeit und Ort der Arbeit bestimmen, fachliche Weisungen erteilen, Dienstreisen anordnen und Erholungsurlaub, Arbeitsbefreiung erteilen.

Übertragbar ist somit im Ergebnis lediglich die „Regie des Tagesgeschäftes", die nun durch den „Entleiher" bestimmt werden kann; insoweit kann er das Direktionsrecht übernehmen.

Die Möglichkeit, dem im eigenen Betrieb u. U. wegen des Fortfalls seines Aufgabenbereiches nicht mehr benötigten Beschäftigten bei Vorliegen aller übrigen Anforderungen an eine Kündigung betriebsbedingt zu kündigen, bleibt dem Arbeitgeber – wie in Satz 2 der Vorschrift verdeutlicht – unbenommen.

Hinweis auf ein wichtiges BVerfG-Urteil zu Personalüberleitung im öffentlichen Dienst

Die Anwendung der Regelungen des § 613a BGB im Bereich des öffentlichen Dienstes ist ebenso wenig unproblematisch wie die nicht selten gewählte Variante der Personalüberleitung durch Gesetz oder Verordnung. Das zeigt zuletzt die Entscheidung des Bundesverfassungsgerichts (BVerfG) vom 25. Januar 2011 – 1 BvR 1741/09. Das BVerfG hat in dieser Entscheidung den gesetzlich geregelten Personalübergang im Rahmen der Privatisierung der Hessener Universitätskliniken gerügt. Dies geschah vor allen Dingen mit Blick auf die Identität von Gesetzgeber und Arbeitgeber (jeweils Land Hessen), die dazu führt, dass der Arbeitgeber sich wegen seiner gleichzeitigen Funktion als Gesetzgeber Vorteile verschaffen kann. Das BVerfG hat darin einen Eingriff in die grundgesetzlich (Art. 12 Abs. 1 GG) geschützte Freiheit der Berufswahl, zu der auch die Freiheit der Wahl des Vertragspartners gehört, gesehen.

Da das Urteil auf die besondere „Privatisierungsgeschichte" der Hessener Universitätskliniken bezogen ist, sind Zweifel an seiner uneingeschränkten Anwendbarkeit in anderen Privatisierungsfällen angebracht. Das Urteil sollte bei anstehenden Privatisierungen gleichwohl mit Blick auf mögliche Parallelen geprüft werden, da zumindest die Hürden dafür höher geworden sind.

§ 5 Qualifizierung

(1) [1]Ein hohes Qualifikationsniveau und lebenslanges Lernen liegen im gemeinsamen Interesse von Beschäftigten und Arbeitgebern. [2]Qualifizierung dient der Steigerung von Effektivität und Effizienz des öffentlichen Dienstes, der Nachwuchsförderung und der Steigerung von beschäftigungsbezogenen Kompetenzen. [3]Die Tarifvertragsparteien verstehen Qualifizierung auch als Teil der Personalentwicklung.

II

(2) [1]Vor diesem Hintergrund stellt Qualifizierung nach diesem Tarifvertrag ein Angebot dar, aus dem für die Beschäftigten kein individueller Anspruch außer nach Absatz 4 abgeleitet, aber das durch freiwillige Betriebsvereinbarung wahrgenommen und näher ausgestaltet werden kann. [2]Entsprechendes gilt für Dienstvereinbarungen im Rahmen der personalvertretungsrechtlichen Möglichkeiten. [3]Weitergehende Mitbestimmungsrechte werden dadurch nicht berührt.

(3) [1]Qualifizierungsmaßnahmen sind

a) die Fortentwicklung der fachlichen, methodischen und sozialen Kompetenzen für die übertragenen Tätigkeiten (Erhaltungsqualifizierung),
b) der Erwerb zusätzlicher Qualifikationen (Fort- und Weiterbildung),
c) die Qualifizierung zur Arbeitsplatzsicherung (Qualifizierung für eine andere Tätigkeit; Umschulung) und
d) die Einarbeitung bei oder nach längerer Abwesenheit (Wiedereinstiegsqualifizierung).

[2]Die Teilnahme an einer Qualifizierungsmaßnahme wird dokumentiert und den Beschäftigten schriftlich bestätigt.

(4) [1]Beschäftigte haben – auch in den Fällen des Abatzes 3 Satz 1 Buchst. d – Anspruch auf ein regelmäßiges Gespräch mit der jeweiligen Führungskraft, in dem festgestellt wird, ob und welcher Qualifizierungsbedarf besteht. [2]Dieses Gespräch kann auch als Gruppengespräch geführt werden. [3]Wird nichts anderes geregelt, ist das Gespräch jährlich zu führen.

(5) [1]Die Kosten einer vom Arbeitgeber veranlassten Qualifizierungsmaßnahme – einschließlich Reisekosten – werden, soweit sie nicht von Dritten übernommen werden, grundsätzlich vom Arbeitgeber getragen. [2]Ein möglicher Eigenbetrag wird durch eine Qualifizierungsvereinbarung geregelt. [3]Die Betriebsparteien sind gehalten, die Grundsätze einer fairen Kostenverteilung unter Berücksichtigung des betrieblichen und individuellen Nutzens zu regeln. [4]Ein Eigenbeitrag der Beschäftigten kann in Geld und/oder Zeit erfolgen.

(6) Zeiten von vereinbarten Qualifizierungsmaßnahmen gelten als Arbeitszeit.

(7) Gesetzliche Förderungsmöglichkeiten können in die Qualifizierungsplanung einbezogen werden.

(8) Für Beschäftigte mit individuellen Arbeitszeiten sollen Qualifizierungsmaßnahmen so angeboten werden, dass ihnen eine gleichberechtigte Teilnahme ermöglicht wird.

II

Erläuterungen

In § 5 TVöD haben die Tarifvertragsparteien im Wesentlichen den besonderen Wert, den Qualifizierungsmaßnahmen nach ihrer Auffassung haben, dokumentiert, die verschiedenen Arten von entsprechenden Maßnahmen aufgeführt und Öffnungsklauseln für weitergehende Betriebs- oder Dienstvereinbarungen vereinbart. Abgesehen von dem Anspruch auf regelmäßige Mitarbeitergespräche zum Thema Qualifizierungsbedarf können die Beschäftigten aber keine Ansprüche – insbesondere keinen Anspruch auf individuelle Qualifizierung – ableiten. Eine vergleichbare Vorschrift enthielt der BAT nicht, gleichwohl waren Qualifizierungsmaßnahmen natürlich auch in der Vergangenheit möglich und üblich. Die Zukunft wird zeigen, ob die Vorschrift des § 5 in Bezug auf Qualifikation Änderungen in der alltäglichen Praxis bewirken kann.

Auf die abweichenden Sonderregelungen in § 44 des Besonderen Teils Pflege- und Betreuungseinrichtungen bzw. § 43 des Besonderen Teils Krankenhäuser wird hingewiesen.

Wegen der Qualifizierung bei Rationalisierungsmaßnahmen bzw. im Zuge der Digitalisierung siehe die im Tarifvertrag über den Rationalisierungsschutz bzw. für den Bereich des Bundes im Digitalisierungstarifvertrag[1]) getroffenen Vereinbarungen.

„Präambel" (Abs. 1)

Absatz 1 enthält keine konkrete Regelung, sondern beschreibt – fast im Stil einer Präambel – das gemeinsame Interesse von Arbeitgebern und Beschäftigten an einem hohen Qualifikationsniveau und den hohen Nutzen der Qualifizierung.

Rechtscharakter der Vorschrift (Abs. 2)

In Absatz 2 beschreiben die Tarifpartner, dass Qualifizierung als Angebot zu verstehen ist, ohne dass die Beschäftigten daraus einen individuellen Anspruch auf Qualifizierung herleiten können. Die Vorschrift lässt Raum, das Angebot durch freiwillige Betriebsvereinbarungen näher zu konkretisieren.

Definition der Qualifizierungsmaßnahmen (Abs. 3)

Satz 1 der Vorschrift enthält eine Aufzählung der unterschiedlichen Arten von Qualifizierungsmaßnahmen, nämlich die Erhaltungsqua-

---

[1]) abgedruckt unter **662**

lifizierung (Buchst. a), die Fort- und Weiterbildung (Buchst. b), die Umschulung bzw. Qualifizierung für eine andere Tätigkeit (Buchst. c) und die Wiedereinstiegsqualifizierung (Buchst. d). Die Grenzen zwischen diesen Gruppen dürften teilweise fließend sein.

In Satz 2 ist bestimmt, dass die Teilnahme an Qualifizierungsmaßnahmen zu dokumentieren und den Beschäftigten schriftlich zu bestätigen ist.

Regelmäßiges Gespräch (Abs. 4)

Die Regelung des Absatzes 4 räumt den Beschäftigten einen Anspruch auf regelmäßige Mitarbeitergespräche mit der jeweiligen Führungskraft zum Thema Qualifizierungsbedarf ein. Es soll – wenn keine anderen Vereinbarungen getroffen werden – jährlich erfolgen und darf auch in der Form eines Gruppengespräches stattfinden.

Kosten/Eigenbeitrag (Abs. 5)

Nach Satz 1 der Vorschrift sollen die Kosten einer Qualifizierungsmaßnahme grundsätzlich vom Arbeitgeber getragen werden, soweit es nicht einen Dritten als Kostenträger gibt. Dies gilt auch für eventuelle Reisekosten.

Die Sätze 2 bis 4 höhlen diesen Grundsatz insoweit aus, als dass dort auch ein Eigenbetrag des Beschäftigten – sei es in Form von Geld oder in Form von „geopferter" Zeit – zugelassen wird. Dies ist durch eine Qualifizierungsvereinbarung zu regeln, wobei Satz 3 einen Appell an die Betriebsparteien enthält, eine faire Kostenverteilung unter Abwägung des beiderseitigen Nutzens vorzunehmen.

Die Vorschrift enthält keine – z. B. der Nr. 7 der SR 2a zum BAT entsprechende – Regelung, wonach der Beschäftigte bei auf Veranlassung und im Interesse des Arbeitgebers durchgeführten Weiterbildungsmaßnahmen die entstandenen Kosten bzw. Teile davon zurückzahlen muss, wenn er sein Arbeitsverhältnis kurz darauf beendet. Es dürften aber keine Bedenken bestehen, solche Regelungen in Qualifizierungsvereinbarungen oder individuell zu vereinbaren; dabei sind natürlich die von der gefestigten Rechtsprechung des BAG zur Zulässigkeit und zu den Grenzen von Rückzahlungsvereinbarungen aufgestellten Grundsätze zu beachten (siehe z. B. Urteil vom 6. 11. 1996 – 5 AZR 498/95 – NZA 1997, S. 663).

Qualifizierungsmaßnahmen als Arbeitszeit (Abs. 6)

In Absatz 6 ist bestimmt, dass die Zeiten einer vereinbarten Qualifizierungsmaßnahme als Arbeitszeit gelten. Dies steht nicht im Widerspruch zur in Absatz 5 beschriebenen Möglichkeit, dass der Beschäftigte einen Eigenbeitrag in Zeit leisten kann; denn der Verzicht auf (die Bezahlung von) Zeit setzt ja gerade voraus, dass diese eingesetzte Zeit grundsätzlich als Arbeitszeit zählt und zu vergüten ist.

Gesetzliche Regelungen (Abs. 7)

Nach dieser Vorschrift können gesetzliche Förderungsmöglichkeiten in die Qualifizierungsplanung einbezogen werden. Die Ansprüche des Beschäftigten, die sich u. a. aus den Weiterbildungs- bzw. Bildungsfreistellungsgesetzen einiger Länder (→ Erläuterungen zu § 29), aus dem Personalvertretungsrecht und anderen gesetzlichen Vorschriften ergeben können, bleiben von der Regelung des § 5 TVöD ohnehin unberührt.

Beschäftigte mit individuellen Arbeitszeiten (Abs. 8)

Die Regelung des Absatzes 8 legt – wohl in erster Linie den Arbeitgebern – nahe, Beschäftigte mit individuellen Arbeitszeiten in die Qualifizierungsmaßnahmen einzubeziehen und ihnen eine gleichberechtigte Teilnahme zu ermöglichen. Im Hinblick auf die Bandbreite der im öffentlichen Dienst möglichen und praktizierten Teilzeitvarianten (Beschäftigung nur an bestimmten Wochentagen, Wechsel zwischen Vormittags- und Nachmittagstätigkeit, Arbeitsplatzteilung, rotierende Systeme etc.) wird die Umsetzung dieser Vorschrift eine Herausforderung an die Praxis sein.

Abschnitt II
Arbeitszeit

§ 6 Regelmäßige Arbeitszeit

(1) [1]Die regelmäßige Arbeitszeit beträgt ausschließlich der Pausen durchschnittlich 39 Stunden wöchentlich. [2]Bei Wechselschichtarbeit werden die gesetzlich vorgeschriebenen Pausen in die Arbeitszeit eingerechnet. [3]Die regelmäßige Arbeitszeit kann auf fünf Tage, aus notwendigen betrieblichen/dienstlichen Gründen auch auf sechs Tage verteilt werden.

(1a)[1)] [1]Abweichend von Absatz 1 können Beschäftigte und Arbeitgeber im gegenseitigen Einvernehmen, frühestens nach Ablauf der Probezeit, die Erhöhung der regelmäßigen Arbeitszeit auf bis zu durchschnittlich 42 Stunden wöchentlich (ausschließlich der Pausen) in Textform vereinbaren. [2]Bei der Übernahme von Auszubildenden sowie dual Studierenden im Geltungsbereich des Tarifvertrages für Studierende in ausbildungsintegrierten dualen Studiengängen im öffentlichen Dienst (TVSöD) oder des Tarifvertrages für Studierende in einem dualen Hebammenstudium im öffentlichen Dienst (TVHöD) darf die Vereinbarung gemäß Satz 1 nicht bereits mit Beginn des Arbeitsverhältnisses geschlossen werden. [3]Die Erhöhung ist auf maximal 18 Monate zu befristen. [4]Verlängerungen sind nur befristet und nur in gegenseitigem Einvernehmen möglich. [5]Die Verlängerungen können jeweils bis zu 18 Monate betragen. [6]Die Vereinbarung kann aus wichtigem Grund in Textform mit einer Frist von vier Wochen zum Monatsende gekündigt werden. [7]Soweit tarifvertraglich auf die regelmäßige durchschnittliche wöchentliche Arbeitszeit von Vollbeschäftigten Bezug genommen wird, gilt in diesem Fall die individuell erhöhte regelmäßige wöchentliche Arbeitszeit nach Satz 1. [8]Näheres kann durch eine Betriebs- oder einvernehmliche Dienstvereinbarung geregelt werden.

(2) [1]Für die Berechnung des Durchschnitts der regelmäßigen wöchentlichen Arbeitszeit ist ein Zeitraum von bis zu einem Jahr zugrunde zu legen. [2]Abweichend von Satz 1 kann bei Beschäftigten, die ständig Wechselschicht- oder Schichtarbeit zu leisten haben, ein längerer Zeitraum zugrunde gelegt werden.

(3) [1]Soweit es die betrieblichen/dienstlichen Verhältnisse zulassen, wird die/der Beschäftigte am 24. Dezember und am 31. Dezember unter Fortzahlung des Entgelts nach § 21 von der Arbeit freigestellt. [2]Kann die Freistellung nach Satz 1 aus betrieblichen/dienstlichen Gründen nicht erfolgen, ist entsprechender Freizeitausgleich innerhalb von drei Monaten zu gewähren. [3]Die regelmäßige Arbeitszeit vermindert sich für jeden gesetzlichen Feiertag, sowie für den 24. Dezember und 31. Dezember, sofern sie auf einen Werktag fallen, um die dienstplanmäßig ausgefallenen Stunden.

Protokollerklärung zu Absatz 3 Satz 3:

Die Verminderung der regelmäßigen Arbeitszeit betrifft die Beschäftigten, die wegen des Dienstplans am Feiertag frei haben und deshalb ohne diese Regelung nacharbeiten müssten.

(4) Aus dringenden betrieblichen/dienstlichen Gründen kann auf der Grundlage einer Betriebs-/Dienstvereinbarung im Rahmen des § 7 Abs. 1, 2 und des § 12 ArbZG von den Vorschriften des Arbeitszeitgesetzes abgewichen werden.

---

1) Absatz 1a wurde im Rahmen des Änderungstarifvertrages Nr. 22 vom 6. April 2025 eingefügt und gilt ab dem 1. Januar 2026.

Protokollerklärung zu Absatz 4:

In vollkontinuierlichen Schichtbetrieben kann an Sonn- und Feiertagen die tägliche Arbeitszeit auf bis zu zwölf Stunden verlängert werden, wenn dadurch zusätzliche freie Schichten an Sonn- und Feiertagen erreicht werden.

(5) Die Beschäftigten sind im Rahmen begründeter betrieblicher/dienstlicher Notwendigkeiten zur Leistung von Sonntags-, Feiertags-, Nacht-, Wechselschicht-, Schichtarbeit sowie – bei Teilzeitbeschäftigung aufgrund arbeitsvertraglicher Regelung oder mit ihrer Zustimmung – zu Bereitschaftsdienst, Rufbereitschaft, Überstunden und Mehrarbeit verpflichtet.

(6) [1]Durch Betriebs-/Dienstvereinbarung kann ein wöchentlicher Arbeitszeitkorridor von bis zu 45 Stunden eingerichtet werden. [2]Die innerhalb eines Arbeitszeitkorridors geleisteten zusätzlichen Arbeitsstunden werden im Rahmen des nach Absatz 2 Satz 1 festgelegten Zeitraums ausgeglichen.

(7) [1]Durch Betriebs-/Dienstvereinbarung kann in der Zeit von 6 bis 20 Uhr eine tägliche Rahmenzeit von bis zu zwölf Stunden eingeführt werden. [2]Die innerhalb der täglichen Rahmenzeit geleisteten zusätzlichen Arbeitsstunden werden im Rahmen des nach Absatz 2 Satz 1 festgelegten Zeitraums ausgeglichen.

(8) Die Absätze 6 und 7 gelten nur alternativ und nicht bei Wechselschicht- und Schichtarbeit.

(9) Für einen Betrieb/eine Verwaltung, in dem/der ein Personalvertretungsgesetz Anwendung findet, kann eine Regelung nach den Absätzen 4, 6 und 7 in einem landesbezirklichen Tarifvertrag – für den Bund in einem Tarifvertrag auf Bundesebene – getroffen werden, wenn eine Dienstvereinbarung nicht einvernehmlich zustande kommt und der Arbeitgeber ein Letztentscheidungsrecht hat.

Protokollerklärung zu § 6:

[1]Gleitzeitregelungen sind unter Wahrung der jeweils geltenden Mitbestimmungsrechte unabhängig von den Vorgaben zu Arbeitszeitkorridor und Rahmenzeit (Absätze 6 und 7) möglich. [2]Sie dürfen keine Regelungen nach Absatz 4 enthalten. [3]In gemeinsamer Verantwortung von Arbeitgeber und Beschäftigten soll darauf hingewirkt werden, dass Gleitzeitkonten durch Zeitausgleich zum Ende des Ausgleichszeitraums keine Minus- oder Plusstunden ausweisen, welche die geregelten Saldogrenzen überschreiten. [4]Hierzu gehört auch, dass im Einzelfall frühzeitig auch von der Möglichkeit der Anordnung von Überstunden (§ 7 Abs. 7 und 8) Gebrauch gemacht wird. [5]Soweit ein Konto gemäß § 10 eingerichtet ist, kann auch die Übertragung von Plusstunden auf dieses erfolgen. [6]In den Gleitzeitregelungen können weitere Einzelheiten, insbesondere zur Anwendung der vorgenannten Möglichkeiten, geregelt werden.

Erläuterungen

§ 6 TVöD trifft Regelungen zur regelmäßigen Arbeitszeit. Der Regelungsinhalt gehört zu den Kernbereichen des TVöD, um ihn haben die Tarifpartner in den Verhandlungen zum TVöD heftig gerungen. Letztlich war nur eine hinsichtlich der regelmäßigen wöchentlichen Arbeitszeit unterschiedliche Lösung für den Bund einerseits und die Kommunen andererseits kompromissfähig.

Die regelmäßige Arbeitszeit war früher in § 15 BAT geregelt.

Auf die abweichenden Sonderregelungen in nahezu allen Bereichen der Abschnitte VIII (Bund) bzw. VIII (VKA) des § 42 (Saisonaler Ausgleich) des Besonderen Teils Verwaltung[1]) und in den Besonderen Teilen Pflege- und Betreuungseinrichtungen bzw. Krankenhäuser wird hingewiesen.

II

Regelmäßige wöchentliche Arbeitszeit (Abs. 1)

Die regelmäßige wöchentliche Arbeitszeit beträgt im Bereich des Bundes mit In-Kraft-Treten des TVöD einheitlich für das Tarifgebiet West und das Tarifgebiet Ost 39 Stunden (Absatz 1 Satz 1 Buchst. a).

Im Bereich der Kommunen betrug die regelmäßige wöchentliche Arbeitszeit bei Inkrafttreten des TVöD zunächst unverändert im Tarifgebiet West 38,5 Stunden und im Tarifgebiet Ost 40 Stunden. Es bestand aber die Möglichkeit, sie durch landesbezirkliche Regelungen auch im Tarifgebiet West auf bis zu 40 Stunden zu verlängern (Absatz 1 Satz 1 Buchstabe b alte Fassung). Zur Durchsetzung entsprechender Vorstellungen wurde den Mitgliedsverbänden der VKA in § 39 Abs. 3 a. F. die Möglichkeit eingeräumt, die Arbeitszeitregelung auf landesbezirklicher Ebene mit einer Frist von einem Monat zum Monatsende zu kündigen.

Von der Verlängerungsmöglichkeit war in den Ländern Baden-Württemberg, Hessen und Niedersachsen Gebrauch gemacht worden.

Im Zuge des Änderungstarifvertrages Nr. 2 vom 31. März 2008 wurde die Vorschrift des Absatzes 1 Satz 1 Buchstabe b neu gefasst und die Arbeitszeit in den Kommunen des Tarifgebietes West mit Wirkung vom 1. Juli 2008 auf 39 Stunden erhöht. Die Option, die Arbeitszeit auf landesbezirklicher Ebene zu verlängern, wurde ebenso gestrichen wie das Sonderkündigungsrecht in § 39 Abs. 3. § 38a (VKA) enthielt Übergangsvorschriften zur Einführung der geänderten Arbeitszeit und Bestimmungen zur Fortgeltung bzw. Aufhebung der landesbezirklichen Regelungen, die aber – inzwischen bedeutungslos – im Zuge des Änderungstarifvertrages Nr. 7 vom 31. März 2012 wieder gestrichen worden sind.

Im Bereich des Tarifgebiets Ost blieb es für die Beschäftigten der Kommunen zunächst unverändert bei einer Arbeitszeit von 40 Stunden.

Erst im Zuge der Tarifrunde 2020 wurde eine stufenweise Absenkung bzw. Angleichung der Arbeitszeit des Tarifgebietes Ost an die des Tarifgebietes West vereinbart. Sie beträgt ab dem 1. Januar 2022

---

[1]) abgedruckt unter **215**

39,5 Stunden und ab dem 1. Januar 2023 39 Stunden. Wegen der abweichenden Angleichungsregelungen im Bereich der Krankenhäuser siehe § 44 BT-K.

Pausen zählen nach Absatz 1 Satz 1 grundsätzlich nicht zur regelmäßigen Arbeitszeit; nach Satz 2 werden aber bei Wechselschichtarbeit (→ § 7 Abs. 1) die gesetzlich vorgeschriebenen Pausen in die Arbeitszeit eingerechnet.

Als Ruhepause können dabei nur Zeiten der völligen Freistellung von der Arbeit gelten. Zeiten der Ruf- oder Arbeitsbereitschaft sind keine Pausenzeit (siehe BAG-Urteil vom 27. Februar 1992 – 6 AZR 478/90, AP Nr. 5 zu § 3 AZO Kr.).

Die Mindestdauer der Pausen ist gesetzlich geregelt. Gemäß § 4 des Arbeitszeitgesetzes[1]) muss die Arbeit durch im Voraus festgelegte Ruhepausen von mindestens 30 (bei einer täglichen Arbeitszeit von mehr als sechs Stunden) bzw. 45 Minuten (bei einer Arbeitszeit von mehr als neun Stunden) unterbrochen werden. Die Ruhepausen dürfen in mehrere Zeitabschnitte von jeweils mindestens 15 Minuten aufgeteilt werden.

Bei jugendlichen Beschäftigten ist § 11 Abs. 1 des Jugendarbeitsschutzgesetzes zu beachten. Nach dieser Vorschrift sind Jugendlichen Ruhepausen von 30 (bei einer täglichen Arbeitszeit von mehr als viereinhalb Stunden) bzw. 60 Minuten (bei einer Arbeitszeit von mehr als sechs Stunden) zu gewähren.

Neben weiteren gesetzlichen Vorschriften (z. B. für Kraftfahrer oder für stillende Mütter) sind tarifliche Bestimmungen über Pausenregelungen (z. B. in den Tarifverträgen über die Arbeitsbedingungen an Bildschirmarbeitsplätzen) zu beachten.

Die regelmäßige Arbeitszeit ist grundsätzlich auf fünf, sie kann aus notwendigen betrieblichen/dienstlichen Gründen auch auf sechs Tage verteilt werden (Absatz 1 Satz 3).

Der TVöD enthält – anders als z. B. § 15 Abs. 7 BAT, wonach die Arbeitszeit an der Arbeitsstelle beginnt und endet – keine Regelung über Beginn und Ende der Arbeitszeit. Streitigkeiten über die Berücksichtigung von Wegezeiten innerhalb des Betriebes sowie um Umkleidezeiten waren damit vorprogrammiert. In seinem Urteil vom 19. September 2012 – 5 AZR 678/11 – hat das BAG zur vergleichbaren Vorschrift des § 6 TV-L entschieden, dass das Umkleiden für die Arbeit dann zur Arbeitszeit gehört, wenn der Arbeitgeber das Tragen einer bestimm-

---

[1]) abgedruckt als **Anhang 1**

ten Kleidung vorschreibt und das Umkleiden im Betrieb erfolgen muss. In diesem Fall gehören nach Auffassung des BAG auch die innerbetrieblichen Wege von einer vom Arbeitsplatz getrennten Umkleidestelle zum Arbeitsplatz zur Arbeitszeit. Diese Rechtsprechung hat das BAG danach mehrfach bestätigt, z. B. im Urteil vom 6. September 2017 – 5 AZR 382/16 – im Fall auffälliger Dienstkleidung. Duschzeiten sind dann als Arbeitszeit zu bewerten, wenn sich der Arbeitnehmer während der Arbeitsausführung so stark verschmutzt, dass ihm das Anlegen von Privatkleidung oder der Heimweg ohne vorherige Reinigung im Betrieb nicht zugemutet werden kann (siehe Urteil des BAG vom 23. April 2024 – 5 AZR 212/23).

Freiwillige Erhöhung der wöchentlichen Arbeitszeit (Abs. 1a)[1])

Mit Wirkung ab dem 1. Januar 2026 können Arbeitgeber und Beschäftigte im Anwendungsbereich des TVöD auf Basis beiderseitiger Freiwilligkeit vereinbaren, die durchschnittliche regelmäßige Wochenarbeitszeit auf bis zu 42 Stunden zu erhöhen. Die Vorschrift wurde als Bestandteil des Tarifabschlusses 2025 mit dem Änderungstarifvertrag Nr. 22 vom 6. April 2025 neu eingefügt.

Eine Erhöhung der regelmäßigen wöchentlichen Arbeitszeit ist danach unter folgenden Voraussetzungen zulässig:

- Beidseitiges Einvernehmen von Arbeitgeber und Beschäftigten (arbeitgeberseitig ist insbesondere der arbeitsrechtliche Gleichbehandlungsgrundsatz zu beachten)
- Die Probezeit ist abgeschlossen (Sonderregelung für Auszubildende und Studierende, die ohne Probezeit übernommen werden)
- Der Antrag liegt in Textform vor
- Die maximale Erhöhung auf bis zu 42 Wochenstunden (ausschließlich Pausen) wird eingehalten
- Es erfolgt eine Befristung der Vereinbarung auf maximal 18 Monate

Verlängerungen nach Ablauf der Befristung sind ebenfalls für eine Dauer von bis zu 18 Monaten zulässig. Diesbezügliche Kündigungen sind aus wichtigen Gründen mit einer Frist von vier Wochen zulässig. Weitere Einzelheiten können in Betriebs- oder einvernehmlichen Dienstvereinbarungen geregelt werden. Die Vereinbarung und die Verlängerungen bedürfen der Textform. Dabei bietet sich eine Änderung zum Arbeitsvertrag an, worin insbesondere auch die Befristung zu dokumentieren ist.

---

1) siehe hierzu im Einzelnen auch das unter **165** abgedruckte BMI-Rundschreiben vom 22. Oktober 2025.

Es wird darauf hingewiesen, dass die freiwillige Erhöhung der wöchentlichen Arbeitszeit im Bereich der Krankenhäuser auf eine maximale durchschnittliche wöchentliche regelmäßige Arbeitszeit von 41,5 Stunden (ausschließlich der Pausen) begrenzt ist (siehe § 44 Abs. 1a TVöD BT-K). Damit haben die Tarifpartner entschieden, dass es bei der Erhöhungsregelung – ausgehend von der regelmäßigen wöchentlichen Arbeitszeit von 39 Stunden nach § 6 Abs. 1 TVöD – auf die Erhöhung um bis zu drei Stunden ankommt und nicht auf die Erhöhung auf bis zu maximal 42 Wochenstunden.

§ 7 Abs. 8 TVöD definiert die oberhalb der tariflichen regelmäßigen durchschnittlichen wöchentlichen Arbeitszeit von Vollzeitbeschäftigten liegenden vereinbarten Arbeitsstunden nach Absatz 1a als „Erhöhungsstunden". Für diese Erhöhungsstunden erhalten die Beschäftigten neben einem Stundenentgelt, welches spiegelbildlich zur Ermittlung des Entgeltes für Teilzeitbeschäftigte berechnet wird (siehe hierzu § 24 Abs. 2 Buchst. b) TVöD), einen Zeitzuschlag je vereinbarter Erhöhungsstunde entsprechend § 8 Abs. 7 TVöD. Die Protokollerklärung zu § 8 Abs. 7 regelt ergänzend, dass der in Absatz 7 geregelte Zuschlag als verstetigtes Entgelt in Monatsbeträgen zu zahlen ist.

Durchschnitt der regelmäßigen wöchentlichen Arbeitszeit (Abs. 2)

Nach Absatz 2 Satz 1 ist für die Berechnung der regelmäßigen wöchentlichen Arbeitszeit ein Zeitraum von bis zu einem Jahr zugrunde zu legen. Der Jahreszeitraum des TVöD ermöglicht eine flexiblere Arbeitszeitgestaltung und hilft, jahreszeitliche Belastungsspitzen abzufangen. Nach Satz 2 der Vorschrift kann in den Fällen ständiger (Wechsel-)Schichtarbeit ein „längerer" von den Tarifpartnern nicht nach oben begrenzter Zeitraum zugrunde gelegt werden.

Heiligabend, Silvester, Feiertage (Abs. 3)

Nach Satz 1 der Vorschrift wird der Beschäftigte am Heiligabend und an Silvester unter Fortzahlung des Entgelts von der Arbeit freigestellt, wenn die betrieblichen/dienstlichen Verhältnisse dies zulassen. Wenn die Freistellung aus betrieblichen/dienstlichen Gründen nicht erfolgen kann, ist innerhalb von drei Monaten ein Freizeitausgleich zu gewähren (Satz 2). Auch nach Ablauf der Dreimonatsfrist wandelt sich der Freizeitanspruch nicht in einen Bezahlungsanspruch um, sondern bleibt weiter als Freizeitanspruch bestehen. Unabhängig von dem Anspruch auf Freizeitausgleich wird für die Arbeit am 24. Dezember und 31. Dezember nach 6 Uhr ein Zuschlag in Höhe von 35 % (§ 8 Absatz 1 Satz 2 Buchst. e) gezahlt.

Nach Satz 3 der Vorschrift vermindert sich die regelmäßige Arbeitszeit für jeden gesetzlichen Feiertag und für den 24. Dezember und 31. Dezember, sofern diese Tage auf einen Werktag fallen, um die dienstplanmäßig ausgefallenen Stunden. Dies gilt nach der Protokollerklärung zu Absatz 3 Satz 3 aber nur für die Beschäftigten, die wegen des Dienstplanes an dem Feiertag ohnehin frei haben und deshalb ohne die Regelung des Satzes 3 die ausgefallene Zeit nacharbeiten müssten (so auch das BAG in seinem Urteil vom 8. Dezember 2010 – 5 AZR 667/09). Beschäftigte, bei denen die Arbeitszeit wegen des Feiertages ausfällt (die also an sich an dem Tag hätten arbeiten müssen), brauchen die Zeit nicht nacharbeiten und haben Anspruch auf Entgeltfortzahlung gemäß § 2 Abs. 1 des Entgeltfortzahlungsgesetzes. Beschäftigte, die an einem Feiertag arbeiten, erhalten neben ihrem Entgelt einen Feiertagszuschlag in Höhe von 35 % bzw. 135 % (mit/ohne Freizeitausgleich) (§ 8 Abs. 1 Satz 2 Buchst. d).

Die gesetzlichen Feiertage ergeben sich aus den folgenden Ländergesetzen:

- Baden-Württemberg: Gesetz über die Sonntage und Feiertage in der Fassung vom 8. 5. 1995 (GBl. S. 450), zuletzt geändert durch Gesetz vom 1. 12. 2015 (GBl. S. 1034),
- Bayern: Gesetz über den Schutz der Sonn- und Feiertage (Feiertagsgesetz – FTG) vom 21. 5. 1980 (GVBl. S. 215), zuletzt geändert durch VO vom 26. 3. 2019 (GVBl. S. 98),
- Berlin: Gesetz über die Sonn- und Feiertage vom 28. 10. 1954 (GVBl. S. 615), zuletzt geändert durch das Gesetz vom 10. 7. 2024 (GVBl. S. 460),
- Brandenburg: Gesetz über die Sonn- und Feiertage (Feiertagsgesetz – FTG) vom 21. 3. 1991 (GVBl. S. 44), zuletzt geändert durch Gesetz vom 30. 4. 2015 (GVBl. I Nr. 13),
- Bremen: Gesetz über die Sonn- und Feiertage vom 12. 11. 1954 (GBl. S. 115), zuletzt geändert durch Gesetz vom 3. 3. 2020 (Brem. GBl. S. 52),
- Hamburg: Gesetz über Sonntage, Feiertage, Gedenktage und Trauertage (Feiertagsgesetz) vom 16. 10. 1953 (HmbGVBl. S. 289), zuletzt geändert durch Gesetz vom 17. 2. 2021 (HmbGVBl. S. 75, S. 346),
- Hessen: Hessisches Feiertagsgesetz (HFeiertagsG) i. d. F. der Bekanntmachung vom 29. 12. 1971 (GVBl. I S. 344), zuletzt geändert durch Gesetz vom 16. 10. 2013 (GVBl. I S. 566),
- Mecklenburg-Vorpommern: Gesetz über Sonn- und Feiertage (Feiertagsgesetz Mecklenburg-Vorpommern – FTG-MV) i. d. F. der

II

Bekanntmachung vom 8. 3. 2002 (GVOBl. M-V S. 145), geändert durch Gesetz vom 7. 7. 2022 (GVOBl. M-V S. 427),
- Niedersachsen: Niedersächsisches Gesetz über die Feiertage i. d. F. der Bekanntmachung vom 7. 3. 1995 (Nds. GVBl. S. 50), zuletzt geändert durch Gesetz vom 22. 6. 2018 (Nds. GVBl. S. 123),
- Nordrhein-Westfalen: Gesetz über Sonn- und Feiertage (Feiertagsgesetz NRW) i. d. F. der Bekanntmachung vom 23. April 1989 (GV. NRW. 1989 S. 222), zuletzt geändert durch Gesetz vom 20. Dezember 1994 (GV. NRW. S. 1114),
- Rheinland-Pfalz: Landesgesetz über den Schutz der Sonn- und Feiertage (Feiertagsgesetz – LFtG) vom 15. 7. 1970 (GVBl. S. 225), zuletzt geändert durch Gesetz vom 27. 10. 2009 (GVBl. S. 358),
- Saarland: Gesetz Nr. 1040 über die Sonn- und Feiertage (Feiertagsgesetz – SFG) vom 18. 2. 1976 (ABl. S. 213), zuletzt geändert durch Gesetz vom 13. 10. 2015 (ABl. S. 790),
- Sachsen: Gesetz über Sonn- und Feiertage im Freistaat Sachsen (SächsSFG) vom 10. 11. 1992 (GVBl. S. 536), zuletzt geändert durch Gesetz vom 23. 4. 2025 (SächsGVBl. S. 146),
- Sachsen-Anhalt: Gesetz über die Sonn- und Feiertage (FeiertG LSA) i. d. F. der Bekanntmachung vom 25. 8. 2004 (GVBl. S. 538), zuletzt geändert durch Gesetz vom 22. 11. 2006 (GVBl. S. 528),
- Schleswig-Holstein: Gesetz über Sonn- und Feiertage i. d. F. vom 28. 6. 2004 (GVOBl. S. 213), zuletzt geändert durch Gesetz vom 21. 3. 2018 (GVOBl. S. 69),
- Thüringen: Thüringer Feier- und Gedenktagsgesetz (ThürFtG) vom 21. 12. 1994 (GVBl. S. 1221), zuletzt geändert durch Gesetz vom 19. 3. 2019 (GVBl. S. 22).

Für alle Länder gilt außerdem Artikel 2 Abs. 2 des Einigungsvertrages vom 31. August 1990 (BGBl. II S. 885), der den 3. Oktober (Tag der Deutschen Einheit) als Feiertag bestimmt.

Arbeitszeitgesetz, abweichende Regelungen (Abs. 4 und 9)

Das Arbeitszeitgesetz[1]) enthält in seinen §§ 7 und 12 verschiedene Öffnungsklauseln für von den gesetzlichen Vorschriften abweichende tarifvertragliche Regelungen (hinsichtlich der Höchstarbeitszeit und Sonn- und Feiertagsarbeit). Die Vorschrift des Absatzes 4 schöpft die gesetzlich vorgesehene Möglichkeit aus, dass die abweichenden Regelungen durch einen Tarifvertrag einer Betriebs-/Dienstvereinbarung überlassen – also „nach unten" delegiert – werden kann. Für die

---

[1]) abgedruckt als **Anhang 1**

Abweichung von den gesetzlichen Bestimmungen müssen dringende betriebliche/dienstliche Gründe vorliegen.

Absatz 9 sieht für den Fall, dass eine solche Betriebs-/Dienstvereinbarung nicht „einvernehmlich" (→ dazu § 38 Abs. 3) zustande kommt, eine Regelung durch landesbezirklichen Tarifvertrag (Kommunen) bzw. Tarifvertrag auf Bundesebene (Bund) vor. Dies gilt aber nur in den Betrieben/Verwaltungen, in denen ein Personalvertretungsgesetz Anwendung findet, und ist darauf beschränkt, dass der Arbeitgeber ein Letztentscheidungsrecht hat.

Nach der Protokollerklärung zu Absatz 4 ist die Möglichkeit gegeben, in vollkontinuierlichen Schichtbetrieben die tägliche Arbeitszeit an Sonn- und Feiertagen auf bis zu zwölf Stunden zu verlängern, wenn dadurch zusätzliche freie Schichten an Sonn- und Feiertagen erreicht werden.

Verpflichtung zu Sonderformen der Arbeit (Abs. 5)

Nach dieser Vorschrift, mit der die sich aus dem allgemeinen Direktionsrecht des Arbeitgebers ergebenden Rechte bzw. Pflichten konkretisiert werden, ist der Beschäftigte verpflichtet, verschiedene Sonderformen der Arbeit im Rahmen begründeter betrieblicher/dienstlicher Notwendigkeiten auszuüben. Für Teilzeitbeschäftigte ergibt sich die Verpflichtung zu Bereitschaftsdienst, Rufbereitschaft, Überstunden und Mehrarbeit nach dem Willen der Tarifpartner nur, wenn dies im Arbeitsvertrag vereinbart ist oder die Betroffenen zustimmen. Wegen der Definition der besonderen Arbeitsformen siehe §§ 7 und 9.

Arbeitszeitkorridor (Abs. 6, 8 und 9)

Für Verwaltungen und Verwaltungsteile, die nicht in Schicht oder Wechselschicht arbeiten, kann nach Absatz 6 ein Arbeitszeitkorridor eingerichtet werden. Dieser ermöglicht die Anordnung von bis zu 45 Arbeitsstunden pro Woche, ohne dass dafür ein Überstundenzuschlag gezahlt werden müsste. Andere anfallende Zeitzuschläge, z. B. für Nachtarbeit, müssen bezahlt werden. Die durchschnittliche Wochenarbeitszeit muss im einjährigen Ausgleichszeitraum erreicht werden (→ auch zu Absatz 2). Können die angeordneten Mehrstunden bis zum Ablauf des Ausgleichszeitraums nicht ausgeglichen werden, sind sie mit 100 % des individuellen Entgelts abzugelten zzgl. etwaiger Zeitzuschläge.

Die Einführung des Arbeitszeitkorridors setzt eine entsprechende Dienst- bzw. Betriebsvereinbarung und die Einrichtung eines Arbeitszeitkontos (→ § 10 Abs. 1 Satz 3) voraus. Die Regelung des Absatzes 9 (→ Erläuterungen zu Absatz 4) ist zu beachten.

II

Rahmenzeit (Abs. 7, 8 und 9)

Für Verwaltungen und Verwaltungsteile, die nicht in Schicht oder Wechselschicht arbeiten, kann eine bis zu zwölfstündige Rahmenzeit zwischen 6 und 20 Uhr eingerichtet werden. Innerhalb dieser Rahmenzeit bleibt eine angeordnete Mehrarbeit zuschlagsfrei. Andere anfallende Zeitzuschläge, z. B. für Samstagsarbeit, müssen bezahlt werden. Die durchschnittliche Wochenarbeitszeit muss im einjährigen Ausgleichszeitraum erreicht werden (→ auch zu Absatz 2). Können die angeordneten Mehrstunden bis zum Ablauf des Ausgleichszeitraums nicht ausgeglichen werden, sind sie mit 100 % des individuellen Entgelts abzugelten zzgl. etwaiger Zeitzuschläge.

Auch die Einführung der Rahmenzeit setzt eine entsprechende Dienst- bzw. Betriebsvereinbarung und die Einrichtung eines Arbeitszeitkontos voraus (s. o.). Arbeitszeitkorridor und Rahmenzeit können nur alternativ, nicht nebeneinander vereinbart werden.

Die Regelung des Absatzes 9 (→ Erläuterungen zu Absatz 4) ist zu beachten.

Gleitzeit (Protokollerklärung)

Gleitzeitregelungen (bestehende und neu vereinbarte) sind unabhängig von den Vorgaben zu Arbeitszeitkorridor, Arbeitszeitkonto und Rahmenzeit unter Wahrung der jeweiligen Mitbestimmungsrechte der Personalvertretung möglich. Sie dürfen aber keine die gesetzlichen Vorschriften abdingende Regelungen (→ Absatz 4) enthalten. Zum 1. Juli 2025 wurde die Protokollerklärung um die Regelungen der Sätze 3 bis 6 ergänzt. Danach soll in gemeinsamer Verantwortung von Arbeitgebern und Beschäftigten darauf hingewirkt werden, dass Gleitzeitkonten regelmäßig durch Zeitausgleich ausgeglichen werden und es so beispielsweise am Ende eines Ausgleichszeitraums nicht zu einer Kappung von Stunden oberhalb der Saldogrenze kommt. Zudem ermöglicht die Protokollerklärung, dass bei gleichzeitiger Einrichtung eines Kontos gem. § 10 TVöD auch die Übertragung von Plusstunden auf dieses Konto erfolgen kann. Weitere Einzelheiten hierzu können in den Gleitzeitregelungen geregelt werden.

Anhang zu § 6 (VKA)

Gewerkschaften und kommunale Arbeitgeber haben im Zuge des Änderungstarifvertrages Nr. 2 vom 31. März 2008 mit Wirkung vom 1. Juli 2008 den Anhang zu § 6 vereinbart.

Die Regelungen gelten nur für die Cheffahrer im Bereich der Kommunen. Die Tarifpartner haben die Öffnungsklauseln des Arbeitszeitgesetzes genutzt und im Interesse eines möglichst flexiblen Einsatzes der Cheffahrer vom Arbeitszeitgesetz abweichende Arbeitszeiten vereinbart. Die besonderen Arbeitszeiten bedürfen zu ihrer Wirksamkeit im Einzelfall noch einer Zustimmung des jeweiligen Beschäftigten (so genannte „Opt-out"-Erklärung), zu der er nicht gezwungen werden kann.

Für den Bereich des Bundes sind vergleichbare Regelungen im Kraftfahrer-TV[1]) vereinbart worden.

[1]) abgedruckt unter **610**

II

Anhang 1

Arbeitszeitgesetz (ArbZG)

Vom 6. Juni 1994 (BGBl. I S. 1170)

Zuletzt geändert durch
Viertes Bürokratieentlastungsgesetz
vom 23. Oktober 2024 (BGBl. I Nr. 323)

Erster Abschnitt
Allgemeine Vorschriften

§ 1 Zweck des Gesetzes

Zweck des Gesetzes ist es,

1. die Sicherheit und den Gesundheitsschutz der Arbeitnehmer in der Bundesrepublik Deutschland und in der ausschließlichen Wirtschaftszone bei der Arbeitszeitgestaltung zu gewährleisten und die Rahmenbedingungen für flexible Arbeitszeiten zu verbessern sowie
2. den Sonntag und die staatlich anerkannten Feiertage als Tage der Arbeitsruhe und der seelischen Erhebung der Arbeitnehmer zu schützen.

§ 2 Begriffsbestimmungen

(1) Arbeitszeit im Sinne dieses Gesetzes ist die Zeit vom Beginn bis zum Ende der Arbeit ohne die Ruhepausen; Arbeitszeiten bei mehreren Arbeitgebern sind zusammenzurechnen. Im Bergbau unter Tage zählen die Ruhepausen zur Arbeitszeit.

(2) Arbeitnehmer im Sinne dieses Gesetzes sind Arbeiter und Angestellte sowie die zu ihrer Berufsbildung Beschäftigten.

(3) Nachtzeit im Sinne dieses Gesetzes ist die Zeit von 23 bis 6 Uhr, in Bäckereien und Konditoreien die Zeit von 22 bis 5 Uhr.

(4) Nachtarbeit im Sinne dieses Gesetzes ist jede Arbeit, die mehr als zwei Stunden der Nachtzeit umfaßt.

(5) Nachtarbeitnehmer im Sinne dieses Gesetzes sind Arbeitnehmer, die

1. auf Grund ihrer Arbeitszeitgestaltung normalerweise Nachtarbeit in Wechselschicht zu leisten haben oder
2. Nachtarbeit an mindestens 48 Tagen im Kalenderjahr leisten.

Zweiter Abschnitt
Werktägliche Arbeitszeit und arbeitsfreie Zeiten

§ 3 Arbeitszeit der Arbeitnehmer

Die werktägliche Arbeitszeit der Arbeitnehmer darf acht Stunden nicht überschreiten. Sie kann auf bis zu zehn Stunden nur verlängert werden, wenn innerhalb von sechs Kalendermonaten oder innerhalb von 24 Wochen im Durchschnitt acht Stunden werktäglich nicht überschritten werden.

§ 4 Ruhepausen

Die Arbeit ist durch im voraus feststehende Ruhepausen von mindestens 30 Minuten bei einer Arbeitszeit von mehr als sechs bis zu neun Stunden und 45 Minuten bei einer Arbeitszeit von mehr als neun Stunden insgesamt zu unterbrechen. Die Ruhepausen nach Satz 1 können in Zeitabschnitte von jeweils mindestens 15 Minuten aufgeteilt werden. Länger als sechs Stunden hintereinander dürfen Arbeitnehmer nicht ohne Ruhepause beschäftigt werden.

§ 5 Ruhezeit

(1) Die Arbeitnehmer müssen nach Beendigung der täglichen Arbeitszeit eine ununterbrochene Ruhezeit von mindestens elf Stunden haben.

(2) Die Dauer der Ruhezeit des Absatzes 1 kann in Krankenhäusern und anderen Einrichtungen zur Behandlung, Pflege und Betreuung von Personen, in Gaststätten und anderen Einrichtungen zur Bewirtung und Beherbergung, in Verkehrsbetrieben, beim Rundfunk sowie in der Landwirtschaft und in der Tierhaltung um bis zu eine Stunde verkürzt werden, wenn jede Verkürzung der Ruhezeit innerhalb eines Kalendermonats oder innerhalb von vier Wochen durch Verlängerung einer anderen Ruhezeit auf mindestens zwölf Stunden ausgeglichen wird.

(3) Abweichend von Absatz 1 können in Krankenhäusern und anderen Einrichtungen zur Behandlung, Pflege und Betreuung von Personen Kürzungen der Ruhezeit durch Inanspruchnahme während der Rufbereitschaft, die nicht mehr als die Hälfte der Ruhezeit betragen, zu anderen Zeiten ausgeglichen werden.

§ 6 Nacht- und Schichtarbeit

(1) Die Arbeitszeit der Nacht- und Schichtarbeitnehmer ist nach den gesicherten arbeitswissenschaftlichen Erkenntnissen über die menschengerechte Gestaltung der Arbeit festzulegen.

II

(2) Die werktägliche Arbeitszeit der Nachtarbeitnehmer darf acht Stunden nicht überschreiten. Sie kann auf bis zu zehn Stunden nur verlängert werden, wenn abweichend von § 3 innerhalb von einem Kalendermonat oder innerhalb von vier Wochen im Durchschnitt acht Stunden werktäglich nicht überschritten werden. Für Zeiträume, in denen Nachtarbeitnehmer im Sinne des § 2 Abs. 5 Nr. 2 nicht zur Nachtarbeit herangezogen werden, findet § 3 Satz 2 Anwendung.

(3) Nachtarbeitnehmer sind berechtigt, sich vor Beginn der Beschäftigung und danach in regelmäßigen Zeitabständen von nicht weniger als drei Jahren arbeitsmedizinisch untersuchen zu lassen. Nach Vollendung des 50. Lebensjahres steht Nachtarbeitnehmern dieses Recht in Zeitabständen von einem Jahr zu. Die Kosten der Untersuchungen hat der Arbeitgeber zu tragen, sofern er die Untersuchungen den Nachtarbeitnehmern nicht kostenlos durch einen Betriebsarzt oder einen überbetrieblichen Dienst von Betriebsärzten anbietet.

(4) Der Arbeitgeber hat den Nachtarbeitnehmer auf dessen Verlangen auf einen für ihn geeigneten Tagesarbeitsplatz umzusetzen, wenn

a) nach arbeitsmedizinischer Feststellung die weitere Verrichtung von Nachtarbeit den Arbeitnehmer in seiner Gesundheit gefährdet oder

b) im Haushalt des Arbeitnehmers ein Kind unter zwölf Jahren lebt, das nicht von einer anderen im Haushalt lebenden Person betreut werden kann, oder

c) der Arbeitnehmer einen schwerpflegebedürftigen Angehörigen zu versorgen hat, der nicht von einem anderen im Haushalt lebenden Angehörigen versorgt werden kann,

sofern dem nicht dringende betriebliche Erfordernisse entgegenstehen. Stehen der Umsetzung des Nachtarbeitnehmers auf einen für ihn geeigneten Tagesarbeitsplatz nach Auffassung des Arbeitgebers dringende betriebliche Erfordernisse entgegen, so ist der Betriebs- oder Personalrat zu hören. Der Betriebs- oder Personalrat kann dem Arbeitgeber Vorschläge für eine Umsetzung unterbreiten.

(5) Soweit keine tarifvertraglichen Ausgleichsregelungen bestehen, hat der Arbeitgeber dem Nachtarbeitnehmer für die während der Nachtzeit geleisteten Arbeitsstunden eine angemessene Zahl bezahlter freier Tage oder einen angemessenen Zuschlag auf das ihm hierfür zustehende Bruttoarbeitsentgelt zu gewähren.

(6) Es ist sicherzustellen, daß Nachtarbeitnehmer den gleichen Zugang zur betrieblichen Weiterbildung und zu aufstiegsfördernden Maßnahmen haben wie die übrigen Arbeitnehmer.

§ 7 Abweichende Regelungen

(1) In einem Tarifvertrag oder auf Grund eines Tarifvertrags in einer Betriebs- oder Dienstvereinbarung kann zugelassen werden,

1. abweichend von § 3
   a) die Arbeitszeit über zehn Stunden werktäglich zu verlängern, wenn in die Arbeitszeit regelmäßig und in erheblichem Umfang Arbeitsbereitschaft oder Bereitschaftsdienst fällt,
   b) einen anderen Ausgleichszeitraum festzulegen,
2. abweichend von § 4 Satz 2 die Gesamtdauer der Ruhepausen in Schichtbetrieben und Verkehrsbetrieben auf Kurzpausen von angemessener Dauer aufzuteilen,
3. abweichend von § 5 Abs. 1 die Ruhezeit um bis zu zwei Stunden zu kürzen, wenn die Art der Arbeit dies erfordert und die Kürzung der Ruhezeit innerhalb eines festzulegenden Ausgleichszeitraums ausgeglichen wird,
4. abweichend von § 6 Abs. 2
   a) die Arbeitszeit über zehn Stunden werktäglich hinaus zu verlängern, wenn in die Arbeitszeit regelmäßig und in erheblichem Umfang Arbeitsbereitschaft oder Bereitschaftsdienst fällt,
   b) einen anderen Ausgleichszeitraum festzulegen,
5. den Beginn des siebenstündigen Nachtzeitraums des § 2 Abs. 3 auf die Zeit zwischen 22 und 24 Uhr festzulegen.

(2) Sofern der Gesundheitsschutz der Arbeitnehmer durch einen entsprechenden Zeitausgleich gewährleistet wird, kann in einem Tarifvertrag oder auf Grund eines Tarifvertrags in einer Betriebs- oder Dienstvereinbarung ferner zugelassen werden,

1. abweichend von § 5 Abs. 1 die Ruhezeiten bei Rufbereitschaft den Besonderheiten dieses Dienstes anzupassen, insbesondere Kürzungen der Ruhezeit infolge von Inanspruchnahmen während dieses Dienstes zu anderen Zeiten auszugleichen,
2. die Regelungen der §§ 3, 5 Abs. 1 und § 6 Abs. 2 in der Landwirtschaft der Bestellungs- und Erntezeit sowie den Witterungseinflüssen anzupassen,
3. die Regelungen der §§ 3, 4, 5 Abs. 1 und § 6 Abs. 2 bei der Behandlung, Pflege und Betreuung von Personen der Eigenart dieser Tätigkeit und dem Wohl dieser Personen entsprechend anzupassen,
4. die Regelungen der §§ 3, 4, 5 Abs. 1 und § 6 Abs. 2 bei Verwaltungen und Betrieben des Bundes, der Länder, der Gemeinden und sonstigen Körperschaften, Anstalten und Stiftungen des öffentlichen Rechts sowie bei anderen Arbeitgebern, die der Tarifbindung eines für den öffentlichen Dienst geltenden oder eines im wesentlichen

inhaltsgleichen Tarifvertrags unterliegen, der Eigenart der Tätigkeit bei diesen Stellen anzupassen.

(2a) In einem Tarifvertrag oder auf Grund eines Tarifvertrags in einer Betriebs- oder Dienstvereinbarung kann abweichend von den §§ 3, 5 Abs. 1 und § 6 Abs. 2 auch zugelassen werden, die werktägliche Arbeitszeit auch ohne Ausgleich über acht Stunden zu verlängern, wenn in die Arbeitszeit regelmäßig und in erheblichem Umfang Arbeitsbereitschaft oder Bereitschaftsdienst fällt und durch besondere Regelungen sichergestellt wird, dass die Gesundheit der Arbeitnehmer nicht gefährdet wird.

(3) Im Geltungsbereich eines Tarifvertrags nach Absatz 1, 2 oder 2a können abweichende tarifvertragliche Regelungen im Betrieb eines nicht tarifgebundenen Arbeitgebers durch Betriebs- oder Dienstvereinbarung oder, wenn ein Betriebs- oder Personalrat nicht besteht, durch schriftliche Vereinbarung zwischen dem Arbeitgeber und dem Arbeitnehmer übernommen werden. Können auf Grund eines solchen Tarifvertrags abweichende Regelungen in einer Betriebs- oder Dienstvereinbarung getroffen werden, kann auch in Betrieben eines nicht tarifgebundenen Arbeitgebers davon Gebrauch gemacht werden. Eine nach Absatz 2 Nr. 4 getroffene abweichende tarifvertragliche Regelung hat zwischen nicht tarifgebundenen Arbeitgebern und Arbeitnehmern Geltung, wenn zwischen ihnen die Anwendung der für den öffentlichen Dienst geltenden tarifvertraglichen Bestimmungen vereinbart ist und die Arbeitgeber die Kosten des Betriebs überwiegend mit Zuwendungen im Sinne des Haushaltsrechts decken.

(4) Die Kirchen und die öffentlich-rechtlichen Religionsgesellschaften können die in Absatz 1, 2 oder 2a genannten Abweichungen in ihren Regelungen vorsehen.

(5) In einem Bereich, in dem Regelungen durch Tarifvertrag üblicherweise nicht getroffen werden, können Ausnahmen im Rahmen des Absatzes 1, 2 oder 2a durch die Aufsichtsbehörde bewilligt werden, wenn dies aus betrieblichen Gründen erforderlich ist und die Gesundheit der Arbeitnehmer nicht gefährdet wird.

(6) Die Bundesregierung kann durch Rechtsverordnung mit Zustimmung des Bundesrates Ausnahmen im Rahmen des Absatzes 1 oder 2 zulassen, sofern dies aus betrieblichen Gründen erforderlich ist und die Gesundheit der Arbeitnehmer nicht gefährdet wird.

(7) Auf Grund einer Regelung nach Absatz 2a oder den Absätzen 3 bis 5 jeweils in Verbindung mit Absatz 2a darf die Arbeitszeit nur verlängert werden, wenn der Arbeitnehmer schriftlich eingewilligt hat. Der Arbeitnehmer kann die Einwilligung mit einer Frist von sechs

Monaten schriftlich widerrufen. Der Arbeitgeber darf einen Arbeitnehmer nicht benachteiligen, wenn dieser die Einwilligung zur Verlängerung der Arbeitszeit nicht erklärt oder die Einwilligung widerrufen hat.

(8) Werden Regelungen nach Absatz 1 Nr. 1 und 4, Absatz 2 Nr. 2 bis 4 oder solche Regelungen auf Grund der Absätze 3 und 4 zugelassen, darf die Arbeitszeit 48 Stunden wöchentlich im Durchschnitt von zwölf Kalendermonaten nicht überschreiten. Erfolgt die Zulassung auf Grund des Absatzes 5, darf die Arbeitszeit 48 Stunden wöchentlich im Durchschnitt von sechs Kalendermonaten oder 24 Wochen nicht überschreiten.

(9) Wird die werktägliche Arbeitszeit über zwölf Stunden hinaus verlängert, muss im unmittelbaren Anschluss an die Beendigung der Arbeitszeit eine Ruhezeit von mindestens elf Stunden gewährt werden.

§ 8 Gefährliche Arbeiten

Die Bundesregierung kann durch Rechtsverordnung mit Zustimmung des Bundesrates für einzelne Beschäftigungsbereiche, für bestimmte Arbeiten oder für bestimmte Arbeitnehmergruppen, bei denen besondere Gefahren für die Gesundheit der Arbeitnehmer zu erwarten sind, die Arbeitszeit über § 3 hinaus beschränken, die Ruhepausen und Ruhezeiten über die §§ 4 und 5 hinaus ausdehnen, die Regelungen zum Schutz der Nacht- und Schichtarbeitnehmer in § 6 erweitern und die Abweichungsmöglichkeiten nach § 7 beschränken, soweit dies zum Schutz der Gesundheit der Arbeitnehmer erforderlich ist. Satz 1 gilt nicht für Beschäftigungsbereiche und Arbeiten in Betrieben, die der Bergaufsicht unterliegen.

Dritter Abschnitt
Sonn- und Feiertagsruhe

§ 9 Sonn- und Feiertagsruhe

(1) Arbeitnehmer dürfen an Sonn- und gesetzlichen Feiertagen von 0 bis 24 Uhr nicht beschäftigt werden.

(2) In mehrschichtigen Betrieben mit regelmäßiger Tag- und Nachtschicht kann Beginn oder Ende der Sonn- und Feiertagsruhe um bis zu sechs Stunden vor- oder zurückverlegt werden, wenn für die auf den Beginn der Ruhezeit folgenden 24 Stunden der Betrieb ruht.

(3) Für Kraftfahrer und Beifahrer kann der Beginn der 24-stündigen Sonn- und Feiertagsruhe um bis zu zwei Stunden vorverlegt werden.

§ 10 Sonn- und Feiertagsbeschäftigung

(1) Sofern die Arbeiten nicht an Werktagen vorgenommen werden können, dürfen Arbeitnehmer an Sonn- und Feiertagen abweichend von § 9 beschäftigt werden

1. in Not- und Rettungsdiensten sowie bei der Feuerwehr,
2. zur Aufrechterhaltung der öffentlichen Sicherheit und Ordnung sowie der Funktionsfähigkeit von Gerichten und Behörden und für Zwecke der Verteidigung,
3. in Krankenhäusern und anderen Einrichtungen zur Behandlung, Pflege und Betreuung von Personen,
4. in Gaststätten und anderen Einrichtungen zur Bewirtung und Beherbergung sowie im Haushalt,
5. bei Musikaufführungen, Theatervorstellungen, Filmvorführungen, Schaustellungen, Darbietungen und anderen ähnlichen Veranstaltungen,
6. bei nichtgewerblichen Aktionen und Veranstaltungen der Kirchen, Religionsgesellschaften, Verbände, Vereine, Parteien und anderer ähnlicher Vereinigungen,
7. beim Sport und in Freizeit-, Erholungs- und Vergnügungseinrichtungen, beim Fremdenverkehr sowie in Museen und wissenschaftlichen Präsenzbibliotheken,
8. beim Rundfunk, bei der Tages- und Sportpresse, bei Nachrichtenagenturen sowie bei den der Tagesaktualität dienenden Tätigkeiten für andere Presseerzeugnisse einschließlich des Austragens, bei der Herstellung von Satz, Filmen und Druckformen für tagesaktuelle Nachrichten und Bilder, bei tagesaktuellen Aufnahmen auf Ton- und Bildträger sowie beim Transport und Kommissionieren von Presseerzeugnissen, deren Ersterscheinungstag am Montag oder am Tag nach einem Feiertag liegt,
9. bei Messen, Ausstellungen und Märkten im Sinne des Titels IV der Gewerbeordnung sowie bei Volksfesten,
10. in Verkehrsbetrieben sowie beim Transport und Kommissionieren von leichtverderblichen Waren im Sinne des § 30 Abs. 3 Nr. 2 der Straßenverkehrsordnung,
11. in den Energie- und Wasserversorgungsbetrieben sowie in Abfall- und Abwasserentsorgungsbetrieben,
12. in der Landwirtschaft und in der Tierhaltung sowie in Einrichtungen zur Behandlung und Pflege von Tieren,
13. im Bewachungsgewerbe und bei der Bewachung von Betriebsanlagen,

14. bei der Reinigung und Instandhaltung von Betriebseinrichtungen, soweit hierdurch der regelmäßige Fortgang des eigenen oder eines fremden Betriebs bedingt ist, bei der Vorbereitung der Wiederaufnahme des vollen werktägigen Betriebs sowie bei der Aufrechterhaltung der Funktionsfähigkeit von Datennetzen und Rechnersystemen,
15. zur Verhütung des Verderbens von Naturerzeugnissen oder Rohstoffen oder des Mißlingens von Arbeitsergebnissen sowie bei kontinuierlich durchzuführenden Forschungsarbeiten,
16. zur Vermeidung einer Zerstörung oder erheblichen Beschädigung der Produktionseinrichtungen.

(2) Abweichend von § 9 dürfen Arbeitnehmer an Sonn- und Feiertagen mit den Produktionsarbeiten beschäftigt werden, wenn die infolge der Unterbrechung der Produktion nach Absatz 1 Nr. 14 zulässigen Arbeiten den Einsatz von mehr Arbeitnehmern als bei durchgehender Produktion erfordern.

(3) Abweichend von § 9 dürfen Arbeitnehmer an Sonn- und Feiertagen in Bäckereien und Konditoreien für bis zu drei Stunden mit der Herstellung und dem Austragen oder Ausfahren von Konditorwaren und an diesem Tag zum Verkauf kommenden Bäckerwaren beschäftigt werden.

(4) Sofern die Arbeiten nicht an Werktagen vorgenommen werden können, dürfen Arbeitnehmer zur Durchführung des Eil- und Großbetragszahlungsverkehrs und des Geld-, Devisen-, Wertpapier- und Derivatehandels abweichend von § 9 Abs. 1 an den auf einen Werktag fallenden Feiertagen beschäftigt werden, die nicht in allen Mitgliedstaaten der Europäischen Union Feiertage sind.

§ 11 Ausgleich für Sonn- und Feiertagsbeschäftigung

(1) Mindestens 15 Sonntage im Jahr müssen beschäftigungsfrei bleiben.

(2) Für die Beschäftigung an Sonn- und Feiertagen gelten die §§ 3 bis 8 entsprechend, jedoch dürfen durch die Arbeitszeit an Sonn- und Feiertagen die in den §§ 3, 6 Abs. 2, §§ 7 und 21a Abs. 4 bestimmten Höchstarbeitszeiten und Ausgleichszeiträume nicht überschritten werden.

(3) Werden Arbeitnehmer an einem Sonntag beschäftigt, müssen sie einen Ersatzruhetag haben, der innerhalb eines den Beschäftigungstag einschließenden Zeitraums von zwei Wochen zu gewähren ist. Werden Arbeitnehmer an einem auf einen Werktag fallenden Feiertag beschäftigt, müssen sie einen Ersatzruhetag haben, der innerhalb

eines den Beschäftigungstag einschließenden Zeitraums von acht Wochen zu gewähren ist.

(4) Die Sonn- oder Feiertagsruhe des § 9 oder der Ersatzruhetag des Absatzes 3 ist den Arbeitnehmern unmittelbar in Verbindung mit einer Ruhezeit nach § 5 zu gewähren, soweit dem technische oder arbeitsorganisatorische Gründe nicht entgegenstehen.

§ 12 Abweichende Regelungen

In einem Tarifvertrag oder auf Grund eines Tarifvertrags in einer Betriebs- oder Dienstvereinbarung kann zugelassen werden,

1. abweichend von § 11 Abs. 1 die Anzahl der beschäftigungsfreien Sonntage in den Einrichtungen des § 10 Abs. 1 Nr. 2, 3, 4 und 10 auf mindestens zehn Sonntage, im Rundfunk, in Theaterbetrieben, Orchestern sowie bei Schaustellungen auf mindestens acht Sonntage, in Filmtheatern und in der Tierhaltung auf mindestens sechs Sonntage im Jahr zu verringern,
2. abweichend von § 11 Abs. 3 den Wegfall von Ersatzruhetagen für auf Werktage fallende Feiertage zu vereinbaren oder Arbeitnehmer innerhalb eines festzulegenden Ausgleichszeitraums beschäftigungsfrei zu stellen,
3. abweichend von § 11 Abs. 1 bis 3 in der Seeschiffahrt die den Arbeitnehmern nach diesen Vorschriften zustehenden freien Tage zusammenhängend zu geben,
4. abweichend von § 11 Abs. 2 die Arbeitszeit in vollkontinuierlichen Schichtbetrieben an Sonn- und Feiertagen auf bis zu zwölf Stunden zu verlängern, wenn dadurch zusätzliche freie Schichten an Sonn- und Feiertagen erreicht werden.

§ 7 Abs. 3 bis 6 findet Anwendung.

§ 13 Ermächtigung, Anordnung, Bewilligung

(1) Die Bundesregierung kann durch Rechtsverordnung mit Zustimmung des Bundesrates zur Vermeidung erheblicher Schäden unter Berücksichtigung des Schutzes der Arbeitnehmer und der Sonn- und Feiertagsruhe

1. die Bereiche mit Sonn- und Feiertagsbeschäftigung nach § 10 sowie die dort zugelassenen Arbeiten näher bestimmen,
2. über die Ausnahmen nach § 10 hinaus weitere Ausnahmen abweichend von § 9
   a) für Betriebe, in denen die Beschäftigung von Arbeitnehmern an Sonn- oder Feiertagen zur Befriedigung täglicher oder an diesen

Tagen besonders hervortretender Bedürfnisse der Bevölkerung erforderlich ist,

b) für Betriebe, in denen Arbeiten vorkommen, deren Unterbrechung oder Aufschub
   aa) nach dem Stand der Technik ihrer Art nach nicht oder nur mit erheblichen Schwierigkeiten möglich ist,
   bb) besondere Gefahren für Leben oder Gesundheit der Arbeitnehmer zur Folge hätte,
   cc) zu erheblichen Belastungen der Umwelt oder der Energie- oder Wasserversorgung führen würde,

c) aus Gründen des Gemeinwohls, insbesondere auch zur Sicherung der Beschäftigung,

zulassen und die zum Schutz der Arbeitnehmer und der Sonn- und Feiertagsruhe notwendigen Bedingungen bestimmen.

(2) Soweit die Bundesregierung von der Ermächtigung des Absatzes 1 Nr. 2 Buchstabe a keinen Gebrauch gemacht hat, können die Landesregierungen durch Rechtsverordnung entsprechende Bestimmungen erlassen. Die Landesregierungen können diese Ermächtigung durch Rechtsverordnung auf oberste Landesbehörden übertragen.

(3) Die Aufsichtsbehörde kann

1. feststellen, ob eine Beschäftigung nach § 10 zulässig ist,
2. abweichend von § 9 bewilligen, Arbeitnehmer zu beschäftigen
   a) im Handelsgewerbe an bis zu zehn Sonn- und Feiertagen im Jahr, an denen besondere Verhältnisse einen erweiterten Geschäftsverkehr erforderlich machen,
   b) an bis zu fünf Sonn- und Feiertagen im Jahr, wenn besondere Verhältnisse zur Verhütung eines unverhältnismäßigen Schadens dies erfordern,
   c) an einem Sonntag im Jahr zur Durchführung einer gesetzlich vorgeschriebenen Inventur,

und Anordnungen über die Beschäftigungszeit unter Berücksichtigung der für den öffentlichen Gottesdienst bestimmten Zeit treffen.

(4) Die Aufsichtsbehörde soll abweichend von § 9 bewilligen, daß Arbeitnehmer an Sonn- und Feiertagen mit Arbeiten beschäftigt werden, die aus chemischen, biologischen, technischen oder physikalischen Gründen einen ununterbrochenen Fortgang auch an Sonn- und Feiertagen erfordern.

(5) Die Aufsichtsbehörde hat abweichend von § 9 die Beschäftigung von Arbeitnehmern an Sonn- und Feiertagen zu bewilligen, wenn bei einer weitgehenden Ausnutzung der gesetzlich zulässigen wochent-

lichen Betriebszeiten und bei längeren Betriebszeiten im Ausland die Konkurrenzfähigkeit unzumutbar beeinträchtigt ist und durch die Genehmigung von Sonn- und Feiertagsarbeit die Beschäftigung gesichert werden kann.

Vierter Abschnitt
Ausnahmen in besonderen Fällen

§ 14 Außergewöhnliche Fälle

(1) Von den §§ 3 bis 5, 6 Abs. 2, §§ 7, 9 bis 11 darf abgewichen werden bei vorübergehenden Arbeiten in Notfällen und in außergewöhnlichen Fällen, die unabhängig vom Willen der Betroffenen eintreten und deren Folgen nicht auf andere Weise zu beseitigen sind, besonders wenn Rohstoffe oder Lebensmittel zu verderben oder Arbeitsergebnisse zu mißlingen drohen.

(2) Von den §§ 3 bis 5, 6 Abs. 2, §§ 7, 11 Abs. 1 bis 3 und § 12 darf ferner abgewichen werden,

1. wenn eine verhältnismäßig geringe Zahl von Arbeitnehmern vorübergehend mit Arbeiten beschäftigt wird, deren Nichterledigung das Ergebnis der Arbeiten gefährden oder einen unverhältnismäßigen Schaden zur Folge haben würden,
2. bei Forschung und Lehre, bei unaufschiebbaren Vor- und Abschlußarbeiten sowie bei unaufschiebbaren Arbeiten zur Behandlung, Pflege und Betreuung von Personen oder zur Behandlung und Pflege von Tieren an einzelnen Tagen,

wenn dem Arbeitgeber andere Vorkehrungen nicht zugemutet werden können.

(3) Wird von den Befugnissen nach Absatz 1 oder 2 Gebrauch gemacht, darf die Arbeitszeit 48 Stunden wöchentlich im Durchschnitt von sechs Kalendermonaten oder 24 Wochen nicht überschreiten.

§ 15 Bewilligung, Ermächtigung

(1) Die Aufsichtsbehörde kann

1. eine von den §§ 3, 6 Abs. 2 und § 11 Abs. 2 abweichende längere tägliche Arbeitszeit bewilligen
   a) für kontinuierliche Schichtbetriebe zur Erreichung zusätzlicher Freischichten,
   b) für Bau- und Montagestellen,
2. eine von den §§ 3, 6 Abs. 2 und § 11 Abs. 2 abweichende längere tägliche Arbeitszeit für Saison- und Kampagnebetriebe für die Zeit der Saison oder Kampagne bewilligen, wenn die Verlängerung

der Arbeitszeit über acht Stunden werktäglich durch eine entsprechende Verkürzung der Arbeitszeit zu anderen Zeiten ausgeglichen wird,

3. eine von den §§ 5 und 11 Abs. 2 abweichende Dauer und Lage der Ruhezeit bei Arbeitsbereitschaft, Bereitschaftsdienst und Rufbereitschaft den Besonderheiten dieser Inanspruchnahmen im öffentlichen Dienst entsprechend bewilligen,
4. eine von den §§ 5 und 11 Abs. 2 abweichende Ruhezeit zur Herbeiführung eines regelmäßigen wöchentlichen Schichtwechsels zweimal innerhalb eines Zeitraums von drei Wochen bewilligen.

(2) Die Aufsichtsbehörde kann über die in diesem Gesetz vorgesehenen Ausnahmen hinaus weitergehende Ausnahmen zulassen, soweit sie im öffentlichen Interesse dringend nötig werden.

(2a) Die Bundesregierung kann durch Rechtsverordnung mit Zustimmung des Bundesrates

1. Ausnahmen von den §§ 3, 4, 5 und 6 Absatz 2 sowie von den §§ 9 und 11 für Arbeitnehmer, die besondere Tätigkeiten zur Errichtung, zur Änderung oder zum Betrieb von Bauwerken, künstlichen Inseln oder sonstigen Anlagen auf See (Offshore-Tätigkeiten) durchführen, zulassen und
2. die zum Schutz der in Nummer 1 genannten Arbeitnehmer sowie der Sonn- und Feiertagsruhe notwendigen Bedingungen bestimmen.

(3) Das Bundesministerium der Verteidigung kann in seinem Geschäftsbereich durch Rechtsverordnung mit Zustimmung des Bundesministeriums für Arbeit und Soziales aus zwingenden Gründen der Verteidigung Arbeitnehmer verpflichten, über die in diesem Gesetz und in den auf Grund dieses Gesetzes erlassenen Rechtsverordnungen und Tarifverträgen festgelegten Arbeitszeitgrenzen und -beschränkungen hinaus Arbeit zu leisten.

(3a) Das Bundesministerium der Verteidigung kann in seinem Geschäftsbereich durch Rechtsverordnung im Einvernehmen mit dem Bundesministerium für Arbeit und Soziales für besondere Tätigkeiten der Arbeitnehmer bei den Streitkräften Abweichungen von in diesem Gesetz sowie von in den auf Grund dieses Gesetzes erlassenen Rechtsverordnungen bestimmten Arbeitszeitgrenzen und -beschränkungen zulassen, soweit die Abweichungen aus zwingenden Gründen erforderlich sind und die größtmögliche Sicherheit und der bestmögliche Gesundheitsschutz der Arbeitnehmer gewährleistet werden.

(4) Werden Ausnahmen nach Absatz 1 oder 2 zugelassen, darf die Arbeitszeit 48 Stunden wöchentlich im Durchschnitt von sechs Kalendermonaten oder 24 Wochen nicht überschreiten.

Fünfter Abschnitt Durchführung des Gesetzes

§ 16 Aushang und Arbeitszeitnachweise

(1) Der Arbeitgeber ist verpflichtet, eine Kopie dieses Gesetzes, der auf Grund dieses Gesetzes erlassenen, für den Betrieb geltenden Rechtsverordnungen und der für den Betrieb geltenden Tarifverträge und Betriebs- oder Dienstvereinbarungen im Sinne des § 7 Absatz 1 bis 3 und der §§ 12 und 21a Absatz 6 den Arbeitnehmern über die im Betrieb oder in der Dienststelle übliche Informations- und Kommunikationstechnik zur Verfügung zu stellen oder an geeigneter Stelle im Betrieb oder in der Dienststelle zur Einsichtnahme auszulegen oder auszuhängen.

(2) Der Arbeitgeber ist verpflichtet, die über die werktägliche Arbeitszeit des § 3 Satz 1 hinausgehende Arbeitszeit der Arbeitnehmer aufzuzeichnen und ein Verzeichnis der Arbeitnehmer zu führen, die in eine Verlängerung der Arbeitszeit gemäß § 7 Abs. 7 eingewilligt haben. Die Nachweise sind mindestens zwei Jahre aufzubewahren.

§ 17 Aufsichtsbehörde

(1) Die Einhaltung dieses Gesetzes und der auf Grund dieses Gesetzes erlassenen Rechtsverordnungen wird von den nach Landesrecht zuständigen Behörden (Aufsichtsbehörden) überwacht.

(2) Die Aufsichtsbehörde kann die erforderlichen Maßnahmen anordnen, die der Arbeitgeber zur Erfüllung der sich aus diesem Gesetz und den auf Grund dieses Gesetzes erlassenen Rechtsverordnungen ergebenden Pflichten zu treffen hat.

(3) Für den öffentlichen Dienst des Bundes sowie für die bundesunmittelbaren Körperschaften, Anstalten und Stiftungen des öffentlichen Rechts werden die Aufgaben und Befugnisse der Aufsichtsbehörde vom zuständigen Bundesministerium oder den von ihm bestimmten Stellen wahrgenommen; das gleiche gilt für die Befugnisse nach § 15 Abs. 1 und 2.

(4) Die Aufsichtsbehörde kann vom Arbeitgeber die für die Durchführung dieses Gesetzes und der auf Grund dieses Gesetzes erlassenen Rechtsverordnungen erforderlichen Auskünfte verlangen. Sie kann ferner vom Arbeitgeber verlangen, die Arbeitszeitnachweise und Tarifverträge oder Betriebs- oder Dienstvereinbarungen im Sinne des

§ 7 Abs. 1 bis 3, §§ 12 und 21a Abs. 6 sowie andere Arbeitszeitnachweise oder Geschäftsunterlagen, die mittelbar oder unmittelbar Auskunft über die Einhaltung des Arbeitszeitgesetzes geben, vorzulegen oder zur Einsicht einzusenden.

(5) Die Beauftragten der Aufsichtsbehörde sind berechtigt, die Arbeitsstätten während der Betriebs- und Arbeitszeit zu betreten und zu besichtigen; außerhalb dieser Zeit oder wenn sich die Arbeitsstätten in einer Wohnung befinden, dürfen sie ohne Einverständnis des Inhabers nur zur Verhütung von dringenden Gefahren für die öffentliche Sicherheit und Ordnung betreten und besichtigt werden. Der Arbeitgeber hat das Betreten und Besichtigen der Arbeitsstätten zu gestatten. Das Grundrecht der Unverletzlichkeit der Wohnung (Artikel 13 des Grundgesetzes) wird insoweit eingeschränkt.

(6) Der zur Auskunft Verpflichtete kann die Auskunft auf solche Fragen verweigern, deren Beantwortung ihn selbst oder einen der in § 383 Abs. 1 Nr. 1 bis 3 der Zivilprozeßordnung bezeichneten Angehörigen der Gefahr strafgerichtlicher Verfolgung oder eines Verfahrens nach dem Gesetz über Ordnungswidrigkeiten aussetzen würde.

Sechster Abschnitt
Sonderregelungen

§ 18 Nichtanwendung des Gesetzes

(1) Dieses Gesetz ist nicht anzuwenden auf

1. leitende Angestellte im Sinne des § 5 Abs. 3 des Betriebsverfassungsgesetzes sowie Chefärzte,
2. Leiter von öffentlichen Dienststellen und deren Vertreter sowie Arbeitnehmer im öffentlichen Dienst, die zu selbständigen Entscheidungen in Personalangelegenheiten befugt sind,
3. Arbeitnehmer, die in häuslicher Gemeinschaft mit den ihnen anvertrauten Personen zusammenleben und sie eigenverantwortlich erziehen, pflegen oder betreuen,
4. den liturgischen Bereich der Kirchen und der Religionsgemeinschaften.

(2) Für die Beschäftigung von Personen unter 18 Jahren gilt anstelle dieses Gesetzes das Jugendarbeitsschutzgesetz.

(3) Für die Beschäftigung von Arbeitnehmern als Besatzungsmitglieder auf Kauffahrteischiffen im Sinne des § 3 des Seearbeitsgesetzes gilt anstelle dieses Gesetzes das Seearbeitsgesetz.

§ 19 Beschäftigung im öffentlichen Dienst

Bei der Wahrnehmung hoheitlicher Aufgaben im öffentlichen Dienst können, soweit keine tarifvertragliche Regelung besteht, durch die zuständige Dienstbehörde die für Beamte geltenden Bestimmungen über die Arbeitszeit auf die Arbeitnehmer übertragen werden; insoweit finden die §§ 3 bis 13 keine Anwendung.

§ 20 Beschäftigung in der Luftfahrt

Für die Beschäftigung von Arbeitnehmern als Besatzungsmitglieder von Luftfahrzeugen gelten anstelle der Vorschriften dieses Gesetzes über Arbeits- und Ruhezeiten die Vorschriften über Flug-, Flugdienst- und Ruhezeiten der Zweiten Durchführungsverordnung zur Betriebsordnung für Luftfahrtgerät in der jeweils geltenden Fassung.

§ 21 Beschäftigung in der Binnenschiffahrt

(1) Die Bundesregierung kann durch Rechtsverordnung mit Zustimmung des Bundesrates, auch zur Umsetzung zwischenstaatlicher Vereinbarungen oder Rechtsakten der Europäischen Union, abweichend von den Vorschriften dieses Gesetzes die Bedingungen für die Arbeitszeitgestaltung von Arbeitnehmern, die als Mitglied der Besatzung oder des Bordpersonals an Bord eines Fahrzeugs in der Binnenschifffahrt beschäftigt sind, regeln, soweit dies erforderlich ist, um den besonderen Bedingungen an Bord von Binnenschiffen Rechnung zu tragen. Insbesondere können in diesen Rechtsverordnungen die notwendigen Bedingungen für die Sicherheit und den Gesundheitsschutz im Sinne des § 1, einschließlich gesundheitlicher Untersuchungen hinsichtlich der Auswirkungen der Arbeitszeitbedingungen auf einem Schiff in der Binnenschifffahrt, sowie die notwendigen Bedingungen für den Schutz der Sonn- und Feiertagsruhe bestimmt werden. In Rechtsverordnungen nach Satz 1 kann ferner bestimmt werden, dass von den Vorschriften der Rechtsverordnung durch Tarifvertrag abgewichen werden kann.

(2) Soweit die Bundesregierung von der Ermächtigung des Absatzes 1 keinen Gebrauch macht, gelten die Vorschriften dieses Gesetzes für das Fahrpersonal auf Binnenschiffen, es sei denn, binnenschifffahrtsrechtliche Vorschriften über Ruhezeiten stehen dem entgegen. Bei Anwendung des Satzes 1 kann durch Tarifvertrag von den Vorschriften dieses Gesetzes abgewichen werden, um der Eigenart der Binnenschifffahrt Rechnung zu tragen.

§ 21a Beschäftigung im Straßentransport

(1) Für die Beschäftigung von Arbeitnehmern als Fahrer oder Beifahrer bei Straßenverkehrstätigkeiten im Sinne der Verordnung (EG) Nr.

561/2006 des Europäischen Parlaments und des Rates vom 15. März 2006 zur Harmonisierung bestimmter Sozialvorschriften im Straßenverkehr und zur Änderung der Verordnungen (EWG) Nr. 3821/85 und (EG) Nr. 2135/98 des Rates sowie zur Aufhebung der Verordnung (EWG) Nr. 3820/85 des Rates (ABl. EG Nr. L 102 S. 1) oder des Europäischen Übereinkommens über die Arbeit des im internationalen Straßenverkehr beschäftigten Fahrpersonals (AETR) vom 1. Juli 1970 (BGBl. II 1974 S. 1473) in ihren jeweiligen Fassungen gelten die Vorschriften dieses Gesetzes, soweit nicht die folgenden Absätze abweichende Regelungen enthalten. Die Vorschriften der Verordnung (EG) Nr. 561/2006 und des AETR bleiben unberührt.

(2) Eine Woche im Sinne dieser Vorschriften ist der Zeitraum von Montag 0 Uhr bis Sonntag 24 Uhr.

(3) Abweichend von § 2 Abs. 1 ist keine Arbeitszeit:

1. die Zeit, während derer sich ein Arbeitnehmer am Arbeitsplatz bereithalten muss, um seine Tätigkeit aufzunehmen,
2. die Zeit, während derer sich ein Arbeitnehmer bereithalten muss, um seine Tätigkeit auf Anweisung aufnehmen zu können, ohne sich an seinem Arbeitsplatz aufhalten zu müssen,
3. für Arbeitnehmer, die sich beim Fahren abwechseln, die während der Fahrt neben dem Fahrer oder in einer Schlafkabine verbrachte Zeit.

Für die Zeiten nach Satz 1 Nr. 1 und 2 gilt dies nur, wenn der Zeitraum und dessen voraussichtliche Dauer im Voraus, spätestens unmittelbar vor Beginn des betreffenden Zeitraums bekannt ist. Die in Satz 1 genannten Zeiten sind keine Ruhezeiten. Die in Satz 1 Nr. 1 und 2 genannten Zeiten sind keine Ruhepausen.

(4) Die Arbeitszeit darf 48 Stunden wöchentlich nicht überschreiten. Sie kann auf bis zu 60 Stunden verlängert werden, wenn innerhalb von vier Kalendermonaten oder 16 Wochen im Durchschnitt 48 Stunden wöchentlich nicht überschritten werden.

(5) Die Ruhezeiten bestimmen sich nach den Vorschriften der Europäischen Gemeinschaften für Kraftfahrer und Beifahrer sowie nach dem AETR. Dies gilt auch für Auszubildende und Praktikanten.

(6) In einem Tarifvertrag oder auf Grund eines Tarifvertrags in einer Betriebs- oder Dienstvereinbarung kann zugelassen werden,

1. nähere Einzelheiten zu den in Absatz 3 Satz 1 Nr. 1, 2 und Satz 2 genannten Voraussetzungen zu regeln,
2. abweichend von Absatz 4 sowie den §§ 3 und 6 Abs. 2 die Arbeitszeit festzulegen, wenn objektive, technische oder arbeitszeitorga-

nisatorische Gründe vorliegen. Dabei darf die Arbeitszeit 48 Stunden wöchentlich im Durchschnitt von sechs Kalendermonaten nicht überschreiten.

II

§ 7 Abs. 1 Nr. 2 und Abs. 2a gilt nicht. § 7 Abs. 3 gilt entsprechend.

(7) Der Arbeitgeber ist verpflichtet, die Arbeitszeit der Arbeitnehmer aufzuzeichnen. Die Aufzeichnungen sind mindestens zwei Jahre aufzubewahren. Der Arbeitgeber hat dem Arbeitnehmer auf Verlangen eine Kopie der Aufzeichnungen seiner Arbeitszeit auszuhändigen.

(8) Zur Berechnung der Arbeitszeit fordert der Arbeitgeber den Arbeitnehmer schriftlich auf, ihm eine Aufstellung der bei einem anderen Arbeitgeber geleisteten Arbeitszeit vorzulegen. Der Arbeitnehmer legt diese Angaben schriftlich vor.

Siebter Abschnitt
Straf- und Bußgeldvorschriften

§ 22 Bußgeldvorschriften

(1) Ordnungswidrig handelt, wer als Arbeitgeber vorsätzlich oder fahrlässig

1. entgegen §§ 3, 6 Abs. 2 oder § 21a Abs. 4, jeweils auch in Verbindung mit § 11 Abs. 2, einen Arbeitnehmer über die Grenzen der Arbeitszeit hinaus beschäftigt,
2. entgegen § 4 Ruhepausen nicht, nicht mit der vorgeschriebenen Mindestdauer oder nicht rechtzeitig gewährt,
3. entgegen § 5 Abs. 1 die Mindestruhezeit nicht gewährt oder entgegen § 5 Abs. 2 die Verkürzung der Ruhezeit durch Verlängerung einer anderen Ruhezeit nicht oder nicht rechtzeitig ausgleicht,
4. einer Rechtsverordnung nach § 8 Satz 1, § 13 Abs. 1 oder 2, § 15 Absatz 2a Nummer 2, § 21 Absatz 1 oder § 24 zuwiderhandelt, soweit sie für einen bestimmten Tatbestand auf diese Bußgeldvorschrift verweist,
5. entgegen § 9 Abs. 1 einen Arbeitnehmer an Sonn- oder Feiertagen beschäftigt,
6. entgegen § 11 Abs. 1 einen Arbeitnehmer an allen Sonntagen beschäftigt oder entgegen § 11 Abs. 3 einen Ersatzruhetag nicht oder nicht rechtzeitig gewährt,
7. einer vollziehbaren Anordnung nach § 13 Abs. 3 Nr. 2 zuwiderhandelt,
8. entgegen § 16 Abs. 1 die dort bezeichnete Auslage oder den dort bezeichneten Aushang nicht vornimmt,

9. entgegen § 16 Abs. 2 oder § 21a Abs. 7 Aufzeichnungen nicht oder nicht richtig erstellt oder nicht für die vorgeschriebene Dauer aufbewahrt oder
10. entgegen § 17 Abs. 4 eine Auskunft nicht, nicht richtig oder nicht vollständig erteilt, Unterlagen nicht oder nicht vollständig vorlegt oder nicht einsendet oder entgegen § 17 Abs. 5 Satz 2 eine Maßnahme nicht gestattet.

II

(2) Die Ordnungswidrigkeit kann in den Fällen des Absatzes 1 Nr. 1 bis 7, 9 und 10 mit einer Geldbuße bis zu dreißigtausend Euro, in den Fällen des Absatzes 1 Nr. 8 mit einer Geldbuße bis zu fünftausend Euro geahndet werden.

§ 23 Strafvorschriften

(1) Wer eine der in § 22 Abs. 1 Nr. 1 bis 3, 5 bis 7 bezeichneten Handlungen

1. vorsätzlich begeht und dadurch Gesundheit oder Arbeitskraft eines Arbeitnehmers gefährdet oder
2. beharrlich wiederholt,

wird mit Freiheitsstrafe bis zu einem Jahr oder mit Geldstrafe bestraft.

(2) Wer in den Fällen des Absatzes 1 Nr. 1 die Gefahr fahrlässig verursacht, wird mit Freiheitsstrafe bis zu sechs Monaten oder mit Geldstrafe bis zu 180 Tagessätzen bestraft.

Achter Abschnitt
Schlußvorschriften

§ 24 Umsetzung von zwischenstaatlichen Vereinbarungen und Rechtsakten der EG

Die Bundesregierung kann mit Zustimmung des Bundesrates zur Erfüllung von Verpflichtungen aus zwischenstaatlichen Vereinbarungen oder zur Umsetzung von Rechtsakten des Rates oder der Kommission der Europäischen Gemeinschaften, die Sachbereiche dieses Gesetzes betreffen, Rechtsverordnungen nach diesem Gesetz erlassen.

§ 25 Übergangsregelung für Tarifverträge

Enthält ein am 1. Januar 2004 bestehender oder nachwirkender Tarifvertrag abweichende Regelungen nach § 7 Abs. 1 oder 2 oder § 12 Satz 1, die den in diesen Vorschriften festgelegten Höchstrahmen überschreiten, bleiben diese tarifvertraglichen Bestimmungen bis zum 31. Dezember 2006 unberührt. Tarifverträgen nach Satz 1 stehen durch Tarifvertrag zugelassene Betriebsvereinbarungen sowie Regelungen nach § 7 Abs. 4 gleich.

§ 7 Sonderformen der Arbeit

(1) [1]Wechselschichtarbeit ist die Arbeit nach einem Schichtplan, der einen regelmäßigen Wechsel der täglichen Arbeitszeit in Wechselschichten vorsieht, bei denen Beschäftigte durchschnittlich längstens nach Ablauf eines Monats erneut zur Nachtschicht herangezogen werden. [2]Wechselschichten sind wechselnde Arbeitsschichten, in denen ununterbrochen bei Tag und Nacht, werktags, sonntags und feiertags gearbeitet wird. [3]Nachtschichten sind Arbeitsschichten, die mindestens zwei Stunden Nachtarbeit umfassen.

(2) Schichtarbeit ist die Arbeit nach einem Schichtplan, der einen regelmäßigen Wechsel des Beginns der täglichen Arbeitszeit um mindestens zwei Stunden in Zeitabschnitten von längstens einem Monat vorsieht, und die innerhalb einer Zeitspanne von mindestens 13 Stunden geleistet wird.

(3) Bereitschaftsdienst leisten Beschäftigte, die sich auf Anordnung des Arbeitgebers außerhalb der regelmäßigen Arbeitszeit an einer vom Arbeitgeber bestimmten Stelle aufhalten, um im Bedarfsfall die Arbeit aufzunehmen.

(4) [1]Rufbereitschaft leisten Beschäftigte, die sich auf Anordnung des Arbeitgebers außerhalb der regelmäßigen Arbeitszeit an einer dem Arbeitgeber anzuzeigenden Stelle aufhalten, um auf Abruf die Arbeit aufzunehmen. [2]Rufbereitschaft wird nicht dadurch ausgeschlossen, dass Beschäftigte vom Arbeitgeber mit einem Mobiltelefon oder einem vergleichbaren technischen Hilfsmittel ausgestattet sind.

(5) Nachtarbeit ist die Arbeit zwischen 21 Uhr und 6 Uhr.

(6) Mehrarbeit sind die Arbeitsstunden, die Teilzeitbeschäftigte über die vereinbarte regelmäßige Arbeitszeit hinaus bis zur regelmäßigen wöchentlichen Arbeitszeit von Vollbeschäftigten (§ 6 Abs. 1 Satz 1) leisten.

(7) Überstunden sind die auf Anordnung des Arbeitgebers geleisteten Arbeitsstunden, die über die im Rahmen der regelmäßigen Arbeitszeit von Vollbeschäftigten (§ 6 Abs. 1 Satz 1) für die Woche dienstplanmäßig bzw. betriebsüblich festgesetzten Arbeitsstunden hinausgehen und nicht bis zum Ende der folgenden Kalenderwoche ausgeglichen werden.

(8) Abweichend von Absatz 7 sind nur die Arbeitsstunden Überstunden, die

a) im Falle der Festlegung eines Arbeitszeitkorridors nach § 6 Abs. 6 über 45 Stunden oder über die vereinbarte Obergrenze hinaus,

b) im Falle der Einführung einer täglichen Rahmenzeit nach § 6 Abs. 7 außerhalb der Rahmenzeit,

c) im Falle von Wechselschicht- oder Schichtarbeit über die im Schichtplan festgelegten täglichen Arbeitsstunden einschließlich der im Schichtplan vorgesehenen Arbeitsstunden, die bezogen auf die regelmäßige wöchentliche Arbeitszeit im Schichtplanturnus nicht ausgeglichen werden,

angeordnet worden sind.

(9)[1)] [1]Erhöhungsstunden sind die nach § 6 Abs. 1a vereinbarten Arbeitsstunden, die über die regelmäßige durchschnittliche wöchentliche Arbeitszeit von

---

1) Absatz 9 wurde im Rahmen des Änderungstarifvertrages Nr. 22 vom 6. April 2025 eingefügt und gilt ab dem 1. Januar 2026.

Vollbeschäftigten (§ 6 Abs. 1 Satz 1) hinausgehen. ²Erhöhungsstunden sind keine Überstunden nach Absatz 7 und 8.

Erläuterungen

II

§ 7 TVöD definiert die Begriffe für Sonderformen der Arbeit und korrespondiert mit § 8 TVöD, in dem der (finanzielle) Ausgleich für diese besonderen Formen der Arbeit bestimmt ist, und hinsichtlich des Zusatzurlaubs für (Wechsel-)Schichtarbeit mit § 27 TVöD. Die Begriffsbestimmungen waren früher in § 15 (Absätze 6a, 6b und 8) und in § 17 BAT enthalten; der Zusatzurlaub ergab sich aus § 48a BAT.

Anders als im Geltungsbereich des BAT trifft die Vorschrift des TVöD lediglich Begriffsbestimmungen, enthält aber keine Verpflichtung des Arbeitnehmers, bestimmte Sonderformen der Arbeit (z. B. Rufbereitschaft, Bereitschaftsdienst oder Überstunden) auszuüben. Diese Verpflichtung ergibt sich jedoch aus § 6 Abs. 5 TVöD. Unabhängig davon besteht die Möglichkeit, Sonderformen der Arbeit anzuordnen, bereits auf der Grundlage des allgemeinen Direktionsrechtes des Arbeitgebers.

Auf die abweichenden Sonderregelungen in §§ 46 und 48 (Bund) bzw. §§ 46, 47 und 48 (VKA) des Besonderen Teils Verwaltung[1]), die abweichenden Sonderregelungen in §§ 45, 46 des Besonderen Teils Pflege- und Betreuungseinrichtungen, der §§ 44 ff. des Besonderen Teils Krankenhäuser sowie die Regelung des § 43 (Überstunden) des Besonderen Teils Verwaltung[1]) wird hingewiesen.

Wechselschicht/Nachtschicht (Abs. 1)

Die in Satz 1 und Satz 2 der Vorschrift getroffene Definition der Begriffe Wechselschichtarbeit und Wechselschicht entspricht der früheren Begriffsbestimmung in § 15 Abs. 8 BAT. Wechselschichtarbeit liegt vor, wenn die Arbeit nach einem Schichtplan ausgeführt wird, der den regelmäßigen Wechsel des Beginns der regelmäßigen Arbeitszeit vorsieht und den Beschäftigten durchschnittlich spätestens nach Ablauf eines Monats erneut zur Nachtschicht heranzieht. Die gelegentliche Heranziehung zur Nachtschicht reicht somit zur Annahme von Wechselschichtarbeit nicht aus. Wechselschichten setzen den ununterbrochenen Betrieb bei Tag und Nacht sowie an Sonn- und Feiertagen (also einen „Rund-um-die-Uhr-Betrieb") voraus.

Satz 3 bestimmt, dass Nachtschicht (im Sinne des Satzes 1) die Arbeitsschichten sind, die mindestens zwei Stunden Nachtarbeit umfassen.

---

1) abgedruckt unter **215**

Der Begriff der Nachtarbeit ist in Absatz 5 der Vorschrift definiert; darunter ist die Arbeit zwischen 21 Uhr und 6 Uhr zu verstehen.

In seinem Urteil vom 24. März 2010 – 10 AZR 58/09 – hat sich das BAG mit der Frage befasst, welche Auswirkungen Urlaub oder Krankheit auf den Anspruch auf Wechselschichtzulage nach den Regelungen des TVöD haben. In dem entschiedenen Fall hatte der Kläger von Mitte August bis Mitte September Erholungsurlaub. Er hat deswegen erst nach mehr als einem Monat wieder in Nachtschichten gearbeitet. Ohne urlaubsbedingte Freistellung wäre er spätestens nach Ablauf eines Monats erneut zu mindestens zwei Nachtschichten herangezogen worden. Die Arbeitgeberin hatte dem Kläger für den Monat September nur die Zulage für ständige Schichtarbeit, nicht aber die für ständige Wechselschichtarbeit gezahlt. Das BAG hat – anders als die Vorinstanzen – der Klage stattgegeben. Fällt eine tariflich für den Zulagenanspruch geforderte Schicht nur deshalb aus, weil der Beschäftigte wegen der Gewährung von Erholungsurlaub oder aus anderen in § 21 TVöD genannten Gründen (z. B. Arbeitsunfähigkeit während des Entgeltfortzahlungszeitraums) von der Verpflichtung zur Erbringung der Arbeitsleistung frei ist, so steht dies nach Auffassung des BAG dem Anspruch auf die Zulage für ständige Wechselschichtarbeit nicht entgegen. Entscheidend ist, ob der Beschäftigte ohne die Arbeitsbefreiung die geforderten Schichten geleistet hätte.

Schichtarbeit (Abs. 2)

Die Definition der Schichtarbeit lehnt sich an die bisherigen Regelungen des § 15 Abs. 8 bzw. § 33a Abs. 2 Unterabs. 1 Buchst. b Doppelbuchst. bb BAT an. Die Voraussetzungen für das Vorliegen von Schichtarbeit im tariflichen Sinne entsprechen weitgehend denen der Wechselschichtarbeit, bleiben aber insgesamt hinter den dort geforderten Mindestbedingungen zurück. Schichtarbeit liegt vor, wenn die Arbeit nach einem Schichtplan ausgeführt wird, der den regelmäßigen Wechsel des Beginns der regelmäßigen Arbeitszeit vorsieht. Individuell wechselnde Arbeitszeiten des Arbeitnehmers sind nicht ausreichend (siehe BAG-Urteil vom 23. Juni 2010 – 10 AZR 548/09). Weitere Voraussetzung für das Vorliegen von Schichtarbeit im Sinne des TVöD ist, dass

– der Wechsel des Beginns der täglichen Arbeitszeit in Zeitabschnitten von höchstens einem Monat erfolgt (der Wechsel von sechs Wochen Frühschicht mit sechs Wochen Spätschicht ist folglich keine Schichtarbeit),

- die Schichten um mindestens zwei Stunden zueinander verschoben sind (der Wechsel zwischen einer um 7 Uhr beginnenden Frühschicht und einer um 8 Uhr beginnenden Spätschicht führt also auch nicht zu Schichtarbeit),
- und dass die Arbeit innerhalb einer Zeitspanne von mindestens 13 Stunden, bezogen auf den Beginn der frühesten und das Ende der spätesten Schicht geleistet wird (bei einer üblichen Frühschicht von 6 bis 16 Uhr und einer regelmäßigen Spätschicht von 9 bis 18 Uhr liegt somit keine Schichtarbeit vor). Die 13-Stundenfrist muss dabei nach den BAG-Urteilen vom 21. Oktober 2009 – 10 AZR 70/09 und 10 AZR 807/08 – nicht am selben Wochentag erreicht werden. Nach Auffassung des BAG ist es ausreichend, wenn die Mindestzeitspanne von 13 Stunden zwischen dem Beginn der frühesten und dem Ende der spätesten Schicht des jeweils zu beurteilenden Monats erreicht wird.

Bereitschaftsdienst (Abs. 3)

Die Vorschrift definiert – wie § 15 Abs. 6a BAT – Bereitschaftsdienst als die Zeit, in der sich der Arbeitnehmer auf Weisung des Arbeitgebers außerhalb der regelmäßigen Arbeitszeit an einer vom Arbeitgeber bestimmten Stelle (in der Regel dürfte dies die Arbeitsstelle sein) aufhält, um im Bedarfsfall die Arbeit aufzunehmen. Die in § 15 Abs. 6a BAT enthaltene Einschränkung, dass der Arbeitgeber Bereitschaftsdienst nur anordnen darf, wenn zwar zu erwarten ist, dass Arbeit anfällt, die Zeit ohne Arbeit aber erfahrungsgemäß überwiegt, ist nicht in den TVöD übernommen worden.

Eine Regelung des Begriffes der Bereitschaftszeiten (im Sinne der Arbeitsbereitschaft in den bisherigen Arbeitertarifverträgen) bzw. der Voraussetzungen und Folgen haben die Tarifpartner in § 9 getroffen.

Wegen der Auswirkungen der gesetzlichen Arbeitszeitregelungen › Erläuterungen zu § 9.

Rufbereitschaft (Abs. 4)

Satz 1 der Vorschrift definiert – wie § 15 Abs. 6b BAT – Rufbereitschaft als die Zeit, in der sich der Arbeitnehmer auf Anordnung des Arbeitgebers außerhalb der regelmäßigen Arbeitszeit an einer dem Arbeitgeber anzuzeigenden (nicht vom Arbeitgeber bestimmten; in der Regel dürfte dies die Wohnung sein) Stelle aufhält, um auf Abruf die Arbeit aufzunehmen. Die in § 15 Abs. 6b BAT enthaltene Einschränkung, dass der Arbeitgeber Rufbereitschaft nur anordnen darf, wenn erfahrungsgemäß nur in Ausnahmefällen Arbeit anfällt, ist nicht in den TVöD übernommen worden.

In Satz 2 der Vorschrift ist – abweichend von der bislang dazu im Schrifttum vertretenen Meinung – ausdrücklich bestimmt, dass die Ausstattung des Arbeitnehmers mit einem Mobiltelefon oder einem vergleichbaren technischen Hilfsmittel Rufbereitschaft nicht ausschließt.

Zeiten der Rufbereitschaft sind auch unter Zugrundelegung der EuGH-Rechtsprechung zum gesetzlichen Arbeitszeitrecht (→ § 9 Erläuterungen) keine Arbeitszeit; lediglich die Zeiten der tatsächlichen Inanspruchnahme während der Rufbereitschaft stellen Arbeitszeit im arbeitszeitrechtlichen Sinne dar.

Nachtarbeit (Abs. 5)

Nachtarbeit ist nach dieser Definition die Zeit zwischen 21 Uhr und 6 Uhr. Die Festlegung der Tarifpartner weicht damit von der bisherigen Regelung in § 15 Abs. 8 BAT (20 Uhr bis 6 Uhr) und der Definition des § 2 Abs. 3 des Arbeitszeitgesetzes (23 Uhr bis 6 Uhr) ab.

Mehrarbeit (Abs. 6)

Mit der Regelung in Absatz 6 greifen die Tarifpartner den bisher (teilweise) in § 34 Abs. 1 Unterabs. 1 Satz 2 BAT geregelten Sachverhalt auf, dass Teilzeitbeschäftigte über das mit ihnen individuell vereinbarte Arbeitspensum hinaus zusätzliche Arbeit leisten. Diese Mehrarbeit führt – so lange nicht die Regelarbeitszeit eines vollbeschäftigten Arbeitnehmers erreicht bzw. überschritten wird – nicht zu mit Zuschlägen vergütenden Überstunden, sondern zu lediglich mit der anteiligen Vergütung zu bezahlender Mehrarbeit (→ § 8 Abs. 2). Erst beim Überschreiten der Regelarbeitszeit eines Vollbeschäftigten entstehen auch bei teilzeitbeschäftigten Arbeitnehmern Überstunden.

Beispiele:

Individuelle vertragliche Arbeitszeit 30 Stunden, tatsächliche Arbeitszeit 35 Stunden: Die fünf überplanmäßigen Stunden sind mit der anteiligen Vergütung zu entlohnen.

Individuelle vertragliche Arbeitszeit 30 Stunden, tatsächliche Arbeitszeit 40 Stunden: Auf der Grundlage der Regelarbeitszeit für Arbeitnehmer des Bundes (39 Stunden) sind 9 Stunden mit der anteiligen Vergütung und eine Stunde mit der Überstundenvergütung zu entlohnen.

Die Rechtmäßigkeit dieser Verfahrensweise war höchstrichterlich mehrfach bestätigt worden (siehe BAG-Urteil vom 25. 7. 1996 – 6 AZR 138/94 – und vom 26. 4. 2017 – 10 AZR 589/15). Sie hielt dennoch auch einer kritischen Betrachtung im Hinblick auf das nach dem Teilzeit- und Befristungsgesetz (TzBfG) zu beachtende Nachteilsverbot Teilzeitbeschäftigter und vergleichbare europarechtliche Grenzen stand; denn auch Vollbeschäftigte erhalten Überstundenzuschläge erst, wenn die durchschnittliche regelmäßige wöchentliche Arbeitszeit überschritten ist. Diese Auffassung wurde durch das zum Manteltarifvertrag Systemgastronomie ergangene gegenteilige Urteil des BAG vom 19. Dezember 2018 – 10 AZR 231/18 – zwar vorübergehend erschüttert. Nach Kenntnis des Verfassers wurden im Bereich der VKA mit Blick auf zum TVöD anhängige Verfahren aus dem BAG-Urteil vom 19. Dezember 2018 zunächst keine Konsequenzen gezogen. Mit Urteil vom 15. Oktober 2021 – 6 AZR 253/19 – hat das BAG dann erneut entschieden, dass Teilzeitbeschäftigte für Mehrarbeitsstunden, die nicht die regelmäßige Arbeitszeit von Vollbeschäftigten überschreiten, keinen Anspruch auf Überstundenentgelt haben und die zwischenzeitliche Rechtsunsicherheit zunächst beseitigt. Zwei weitere Verfahren zu vergleichbaren Regelungen in der Privatwirtschaft hat das BAG jedoch zunächst ausgesetzt und den EuGH zur Vorabentscheidung eingebunden. In beiden Fällen entschied der EuGH (Urteile vom 19. Oktober 2023 – C-660/20 – und vom 29. Juli 2024 – C-184/22 und C-185/22 –), dass ein Tarifvertrag, der die Zahlung von Überstundenzuschlägen an Teilzeitbeschäftigte nur für Arbeitsstunden vorsieht, die über die regelmäßige Arbeitszeit eines vergleichbaren Vollzeitbeschäftigten hinaus gearbeitet werden, zum einen eine Schlechterbehandlung von Teilzeitbeschäftigten und zum anderen eine mittelbare Diskriminierung aufgrund des Geschlechts darstellt. Das BAG hat mit Urteil vom 4. Dezember 2024 – 8 AZR 370/20 – entsprechend entschieden. Der Umgang der Tarifpartner mit der Rechtsprechung bleibt abzuwarten.

Vor dem Hintergrund des Nachteilsverbotes kann den Betroffenen die anteilige Zahlung von in Monatsbeträgen festgelegten Zulagen/Zuschlägen, die auch ein Vollbeschäftigter erhält und die bei dem Teilzeitbeschäftigten zuvor gemäß § 24 TVöD auf den Umfang der vertraglichen Teilzeit reduziert worden sind, nach Auffassung des Verfassers jedoch nicht verweigert werden.

Beispiel:

Die Wechselschichtzulage, die auf ein angenommenes vertragliches Arbeitszeitvolumen von 50 % reduziert wurde, ist – wenn der Betroffene Mehrarbeit leistet und damit auf 75 % der Arbeitszeit kommt – ebenfalls auf 75 % aufzustocken.

Zuschläge für z. B. Feiertags- oder Nachtarbeit und andere unständige Bezügebestandteile werden ohnehin „spitz" nach der geleisteten

Arbeit berechnet und sind deshalb auch für Mehrarbeitsstunden zu zahlen.

Überstunden (Abs. 7)

II

Die Definition der Überstunden entspricht weitgehend der bisherigen Regelung in § 17 Abs. 1 BAT. Sie ist aber im Hinblick auf die neu aufgenommene, spezielle Vorschrift für Mehrarbeit Teilzeitbeschäftigter (→ Absatz 6) auf Vollbeschäftigte beschränkt. Ferner gelten Mehrarbeitszeiten nur dann als Überstunden im tariflichen Sinne, wenn sie nicht bis zum Ende der folgenden Kalenderwoche ausgeglichen werden. Im Ergebnis ist der Ausgleichszeitraum im Vergleich zum BAT damit von maximal einer auf maximal zwei Wochen angehoben worden.

Überstunden sind nach der Tarifvorschrift die auf Anordnung des Arbeitgebers geleisteten, über den Rahmen der für die Woche dienstplanmäßig bzw. betriebsüblich festgesetzten Arbeitszeit hinausgehenden Arbeitsstunden. Es gilt die wöchentliche Überstundenberechnung; somit führen Überschreitungen der täglichen dienstplanmäßigen bzw. betriebsüblichen Arbeitszeit, die innerhalb derselben Woche ausgeglichen werden, nicht zu Überstunden. Weitere Voraussetzung ist, dass kein Ausgleich bis zum Ende der folgenden (also der zweiten) Woche erfolgt (siehe oben).

Entgegen der bisherigen Regelung in § 17 BAT enthält die Vorschrift des TVöD keine Bestimmungen, ob und ggf. mit welchen Einschränkungen Überstunden angeordnet werden können. Es ist somit nach den allgemeinen Grundsätzen des Direktionsrechts zu verfahren.

Überstunden in besonderen Fällen (Abs. 8)

Bei dieser Bestimmung handelt es sich um eine Ausnahmeregelung zu Absatz 7. Abweichend von den dort vereinbarten Grundsätzen sollen Überstunden in bestimmten Fällen unter anderen Voraussetzungen – insbesondere in Bezug auf Ausgleichszeiträume – entstehen.

Nach Satz 1 Buchst. a entstehen Überstunden im Falle der Festlegung eines wöchentlichen Arbeitszeitkorridors (→ § 6 Abs. 6) erst bei Überschreiten der in diesem Zusammenhang durch Betriebs-/Dienstvereinbarung festgelegten Obergrenze des Zeitkorridors (max. 45 Stunden).

Nach Satz 1 Buchst. b können im Fall der Einführung einer täglichen Rahmenzeit (→ § 6 Abs. 7) Überstunden erst bei Überschreiten des durch Dienst- oder Betriebsvereinbarung festgelegten Rahmens entstehen.

Nach dem Wortlaut des Satzes 1 Buchst. c entstehen im Fall der Wechselschicht-/Schichtarbeit Überstunden nur unter besonderen Voraussetzungen. Diese hatte das BAG in seinen Urteilen vom 25. April 2013 – 6 AZR 800/11 – und vom 23. März 2017 – 6 AZR 161/16 – ausgelegt und detailliert dargestellt. Nach der in diesen (durch neuere Rechtsprechung – siehe unten – überholten) Urteilen vom BAG vertretenen Rechtsauffassung gilt die Tarifvorschrift für zwei unterschiedliche Sachverhaltsalternativen. Die erste Alternative betreffe den Sachverhalt, in dem zu den im Schichtplan festgesetzten „täglichen" Arbeitsstunden zusätzliche nicht im Schichtplan ausgewiesene Stunden angeordnet werden, es also zu einer Überschreitung der täglichen Arbeitszeit aus akutem Anlass komme. Solchen „ungeplanten" Überstunden stunden die Fälle der zweiten Alternative gegenüber, in denen die regelmäßige wöchentliche Arbeitszeit (von Vollbeschäftigten) bereits durch die im Schichtplan angeordneten Stunden überschritten werde (sog. „eingeplante" Überstunden). Der Unterschied zwischen den beiden Alternativen besteht nach Auffassung des BAG darin, dass bei den sog. ungeplanten Überstunden (erste Alternative), die über die tägliche Arbeitszeit hinaus abweichend vom bestehenden Schichtplan kurzfristig angeordnet werden, keine Möglichkeit des Freizeitausgleichs besteht. Das BAG ging im Ergebnis davon aus, dass diese ungeplanten Mehr-Stunden als Überstunden anzusehen sind und bei im Schichtplan beschäftigten Teilzeitbeschäftigten auch vor Erreichen des Arbeitszeitvolumens eines Vollzeitbeschäftigten Überstundenzuschläge auslösen können. Demgegenüber kann im Fall sog. eingeplanter Überstunden (zweite Alternative) noch ein Ausgleich der Stunden im Rahmen des Dienstplanturnus und dadurch das Entstehen von Überstunden vermieden werden.

Diese Rechtsauslegung hat das BAG mit seinem Urteil vom 15. Oktober 2021 – 6 AZR 253/19 – aufgegeben. Das BAG hat die Vorschrift des § 7 Abs. 8 Buchst. c TVöD insgesamt für unwirksam erklärt, weil sie nach Auffassung des Gerichts gegen das Gebot der Normenklarheit verstößt. Folge ist, dass die Frage des Entstehens von Überstunden allein auf der Grundlage der allgemeinen Vorschrift des § 7 Abs. 7 TVöD zu beurteilen ist. Maßgeblich für die Entstehung von Überstunden sowohl für Vollzeit- als auch für Teilzeitbeschäftigte ist aufgrund des eindeutigen Wortlautes des § 7 Abs. 7 TVöD, dass über die dienstplanmäßig bzw. betriebsüblich festgesetzten Arbeitsstunden hinaus Arbeit zu leisten ist. Somit kann es nur noch ungeplante Überstunden geben. Geplante Überstunden – wie bisher auf der Grundlage der o. g. früheren Rechtsprechung im Rahmen von § 7 Abs. 8 Buchst. c TVöD – sind damit ausgeschlossen. Sollte die Sollarbeitszeit überplant werden, kommt es zum Ausgleich gemäß § 8 Abs. 2 TVöD, wobei der gemäß § 6 Abs. 2 TVöD festzulegende Ausgleichszeitraum maßgeblich ist. Gelingt der Ausgleich von geplanten Arbeitsstunden in dem Ausgleichszeitraum nicht, werden die verbleibenden Stunden nicht zu Überstunden, sondern gemäß § 8 Abs. 2 TVöD je Stunde mit 100 v. H. des auf eine Stunde entfallenden Anteils des Tabellenentgelts der jeweiligen Entgeltgruppe und Stufe ausbezahlt. Überstundenzuschläge fallen dabei nicht an. Für Teilzeitbeschäftigte – sowohl innerhalb als auch außerhalb von Schicht- und Wechselschichtarbeit – ist nach Auffassung des BAG uneingeschränkt die Regelung zur Mehrarbeit in § 7 Abs. 6 TVöD (siehe dort) maßgeblich. Danach sind Arbeitsstunden, die Teilzeitbeschäftigte über die vereinbarte regelmäßige Arbeitszeit hinaus bis zur regelmäßigen wöchentlichen Arbeitszeit von Vollbeschäftigten leisten, Mehrarbeit und ohne Überstundenzuschläge mit dem Stundenentgelt zu vergüten.

Erhöhungsstunden (Abs. 9)

Mit dieser Regelung stellen die Tarifpartner klar, dass die sog. „Erhöhungsstunden“, die nach der ab dem 1. Januar 2026 geltenden Fassung des § 6 Abs. 1a TVöD über die regelmäßige durchschnittliche wöchentliche Arbeitszeit von Vollzeitbeschäftigten vereinbart und geleistet werden können, keine Überstunden im Sinne der Absätze 7 und 8 sind und infolgedessen die Abgeltung dieser Stunden auch nicht nach der Regelung zur Abgeltung von Überstunden in § 8 TVöD erfolgt. Die Abgeltung der Erhöhungsstunden erfolgt nach der ebenfalls zum 1. Januar 2026 neu eingefügten Regelung des § 8 Abs. 7 TVöD.

§ 8 Ausgleich für Sonderformen der Arbeit

(1) [1]Der/Die Beschäftigte erhält neben dem Entgelt für die tatsächliche Arbeitsleistung Zeitzuschläge. [2]Die Zeitzuschläge betragen – auch bei Teilzeitbeschäftigten – je Stunde

a)	**für Überstunden**	
	– in den Entgeltgruppen 1 bis 9b	**30 v. H.,**
	– in den Entgeltgruppen 9c bis 15	**15 v. H.,**
b)	**für Nachtarbeit**	**20 v. H.,**
c)	**für Sonntagsarbeit**	**25 v. H.,**
d)	**bei Feiertagsarbeit**	
	– ohne Freizeitausgleich	**135 v. H.,**
	– mit Freizeitausgleich	**35 v. H.,**
e)	**für Arbeit am 24. Dezember und am 31. Dezember jeweils ab 6 Uhr**	**35 v. H.,**
f)	**für Arbeit an Samstagen von 13 bis 21 Uhr, soweit diese nicht im Rahmen von Wechselschicht- oder Schichtarbeit anfällt**	**20 v. H.**

des auf eine Stunde entfallenden Anteils des Tabellenentgelts der Stufe 3 der jeweiligen Entgeltgruppe. [3]Beim Zusammentreffen von Zeitzuschlägen nach Satz 2 Buchstabe c bis f wird nur der höchste Zeitzuschlag gezahlt. [4]Auf Wunsch der/des Beschäftigten können, soweit ein Arbeitszeitkonto (§ 10) eingerichtet ist und die betrieblichen/dienstlichen Verhältnisse es zulassen, die nach Satz 2 zu zahlenden Zeitzuschläge entsprechend dem jeweiligen Vomhundertsatz einer Stunde in Zeit umgewandelt und ausgeglichen werden. [5]Dies gilt entsprechend für Überstunden als solche.

Protokollerklärung zu Absatz 1 Satz 1:

Bei Überstunden richtet sich das Entgelt für die tatsächliche Arbeitsleistung nach der jeweiligen Entgeltgruppe und der individuellen Stufe, höchstens jedoch nach der Stufe 4.

Protokollerklärung zu Absatz 1 Satz 2 Buchst. d:

[1]Der Freizeitausgleich muss im Dienstplan besonders ausgewiesen und bezeichnet werden. [2]Falls kein Freizeitausgleich gewährt wird, werden als Entgelt einschließlich des Zeitzuschlags und des auf den Feiertag entfallenden Tabellenentgelts höchstens 235 v. H. gezahlt.

(2) Für Arbeitsstunden, die keine Überstunden sind und die aus betrieblichen/dienstlichen Gründen nicht innerhalb des nach § 6 Abs. 2 Satz 1 oder 2 festgelegten Zeitraums mit Freizeit ausgeglichen werden, erhält die/der Beschäftigte je Stunde 100 v. H. des auf eine Stunde entfallenden Anteils des Tabellenentgelts der jeweiligen Entgeltgruppe und Stufe.

Protokollerklärung zu Absatz 2:

Mit dem Begriff „Arbeitsstunden" sind nicht die Stunden gemeint, die im Rahmen von Gleitzeitregelungen im Sinne der Protokollerklärung zu § 6 anfallen, es sei denn, sie sind angeordnet worden.

II

(3) [1]Für die Rufbereitschaft wird eine tägliche Pauschale je Entgeltgruppe bezahlt. [2]Sie beträgt für die Tage Montag bis Freitag das Zweifache, für Samstag, Sonntag sowie für Feiertage das Vierfache des tariflichen Stundenentgelts nach Maßgabe der Entgelttabelle. [3]Maßgebend für die Bemessung der Pauschale nach Satz 2 ist der Tag, an dem die Rufbereitschaft beginnt. [4]Für die Arbeitsleistung innerhalb der Rufbereitschaft außerhalb des Aufenthaltsortes im Sinne des § 7 Abs. 4 wird die Zeit jeder einzelnen Inanspruchnahme einschließlich der hierfür erforderlichen Wegezeiten jeweils auf eine volle Stunde gerundet und mit dem Entgelt für Überstunden sowie mit etwaigen Zeitzuschlägen nach Absatz 1 bezahlt. [5]Wird die Arbeitsleistung innerhalb der Rufbereitschaft am Aufenthaltsort im Sinne des § 7 Abs. 4 telefonisch (z. B. in Form einer Auskunft) oder mittels technischer Einrichtungen erbracht, wird abweichend von Satz 4 die Summe dieser Arbeitsleistungen auf die nächste volle Stunde gerundet und mit dem Entgelt für Überstunden sowie mit etwaigen Zeitzuschlägen nach Absatz 1 bezahlt. [6]Absatz 1 Satz 4 gilt entsprechend, soweit die Buchung auf das Arbeitszeitkonto nach § 10 Abs. 3 Satz 2 zulässig ist. [7]Satz 1 gilt nicht im Falle einer stundenweisen Rufbereitschaft. [8]Eine Rufbereitschaft im Sinne von Satz 7 liegt bei einer ununterbrochenen Rufbereitschaft von weniger als zwölf Stunden vor. [9]In diesem Fall wird abweichend von den Sätzen 2 und 3 für jede Stunde der Rufbereitschaft 12,5 v. H. des tariflichen Stundenentgelts nach Maßgabe der Entgelttabelle gezahlt.

Protokollerklärung zu Absatz 3:

Zur Ermittlung der Tage einer Rufbereitschaft, für die eine Pauschale gezahlt wird, ist auf den Tag des Beginns der Rufbereitschaft abzustellen.

Niederschriftserklärung zu § 8 Abs. 3:

Zur Erläuterung von § 8 Abs. 3 und der dazugehörigen Protokollerklärung sind sich die Tarifvertragsparteien über folgendes Beispiel einig: „Beginnt eine Wochenendrufbereitschaft am Freitag um 15 Uhr und endet am Montag um 7 Uhr, so erhalten Beschäftigte folgende Pauschalen: Zwei Stunden für Freitag, je vier Stunden für Samstag und Sonntag, keine Pauschale für Montag. Sie erhalten somit zehn Stundenentgelte."

(4) [1]Das Entgelt für Bereitschaftsdienst wird landesbezirklich – für den Bund in einem Tarifvertrag auf Bundesebene – geregelt. [2]Bis zum In-Kraft-Treten einer Regelung nach Satz 1 gelten die in dem jeweiligen Betrieb/der jeweiligen Verwaltung/Dienststelle am 30. September 2005 jeweils geltenden Bestimmungen fort.

(5) [1]Beschäftigte, die ständig Wechselschichtarbeit leisten, erhalten eine Wechselschichtzulage von 200 Euro monatlich. [2]Beschäftigte, die nicht ständig Wechselschichtarbeit leisten, erhalten eine Wechselschichtzulage von 1,18 Euro pro Stunde.

(6) [1]Beschäftigte, die ständig Schichtarbeit leisten, erhalten eine Schichtzulage von 100 Euro monatlich. [2]Beschäftigte, die nicht ständig Schichtarbeit leisten, erhalten eine Schichtzulage von 0,59 Euro pro Stunde.

Protokollerklärung zu Absätzen 5 und 6:

Die Beträge verändern sich bei allgemeinen Entgeltanpassungen nach dem 31. Dezember 2026 um den von den Tarifvertragsparteien vereinbarten Vomhundertsatz.

(7)[1] [1]Beschäftigte mit einer erhöhten Arbeitszeit nach § 6 Abs. 1a erhalten neben dem Entgelt für jede Erhöhungsstunde einen Zuschlag. [2]Der Zuschlag beträgt je Erhöhungsstunde

– in den Entgeltgruppen 1 bis 9b	**25 v. H.,**
– in den Entgeltgruppen 9c bis 15	**10 v. H.**

des auf eine Stunde entfallenden Anteils des Tabellenentgelts der Stufe 3 der jeweiligen Entgeltgruppe.

Protokollerklärung zu Absatz 7:

[1]Der Zuschlag wird als verstetigtes Entgelt in Monatsbeträgen gezahlt. [2]Dabei sind die vereinbarten wöchentlichen Erhöhungsstunden (§ 7 Abs. 9) zunächst mit dem Faktor 4,348 (§ 24 Abs. 3 Satz 3) und anschließend mit dem sich aus § 8 Abs. 7 ergebenden Zuschlag zu multiplizieren.

Erläuterungen

§ 8 TVöD regelt den finanziellen Ausgleich für Sonderformen der Arbeit und ergänzt insoweit die in §§ 7 und 9 TVöD getroffene Definition der einzelnen Arten besonderer Arbeitsformen. Dieser Themenbereich war früher in den §§ 33a (Wechselschicht- und Schichtzulagen) und 35 BAT (Zeitzuschläge, Überstundenvergütung) geregelt. Die Möglichkeit der Pauschalierung von Zeitzuschlägen entsprechend § 35 Abs. 4 BAT findet sich heute in § 24 (Berechnung und Auszahlung des Entgelts) Abs. 6 TVöD.

Auf die abweichenden Sonderregelungen in vielen Bereichen des Besonderen Teils Verwaltung[2] (z. B. §§ 45, 46 und 47 des Abschnitts VIII Bund, auf die §§ 45, 46 und 48 bis 50 des Besonderen Teils Krankenhäuser sowie die Regelung des § 43 (Überstunden) des Besonderen Teils Verwaltung[2]) wird hingewiesen.

Wegen der Umschlüsselung der besonderen Entgeltgruppen der Beschäftigten des Sozial- und Erziehungsdienstes in die für die Höhe der Überstundenzuschläge nach § 8 Abs. 1 Satz 2 Buchst. a) maßgebenden Entgeltgruppen siehe § 1 Abs. 3 der Anlage zu § 56 (VKA) bzw. § 52 Abs. 3 BT-B.

---

[1] Absatz 7 wurde im Rahmen des Änderungstarifvertrages Nr. 22 vom 6. April 2025 eingefügt und gilt ab dem 1. Januar 2026.

[2] abgedruckt unter **215**

II

Zeitzuschläge (Abs. 1)

In dieser Vorschrift sind die Zeitzuschläge festgelegt, die neben dem Entgelt für die Arbeitsleistung zu zahlen sind.

Die Zuschläge betragen

- für Überstunden (→ § 7 Abs. 7 und 8) 30 v. H. in den Entgeltgruppen 1 bis 9b und 15 v. H. in den Entgeltgruppen 9c bis 15. Wegen der Ausnahmen für bestimmte Beschäftigte der obersten Bundesbehörden → § 43 Abs. 2 des Besonderen Teils Verwaltung wird hingewiesen,
- für Nachtarbeit (→ § 7 Abs. 5) 20 v. H.,
- für Sonntagsarbeit 25 v. H. Sonntagsarbeit ist die Zeit an einem Sonntag in der Zeit zwischen 0 Uhr und 24 Uhr,
- für Feiertagsarbeit ohne Freizeitausgleich 135 v. H., mit Freizeitausgleich 35 v. H. Nach Maßgabe der Protokollerklärung hierzu muss der Freizeitausgleich im Dienstplan besonders ausgewiesen und bezeichnet werden. Falls kein Freizeitausgleich gewährt wird, werden als Ausgleich für Feiertagsentgelt und Zeitzuschlag höchstens 235 v. H. gezahlt. Feiertage i. S. dieser Vorschrift sind die gesetzlichen Feiertage (→ dazu Erläuterungen zu § 6 Abs. 3). Der Oster- und Pfingstsonntag sind nach den meisten Feiertagsgesetzen keine **gesetzlichen**, sondern **kirchliche** Feiertage. Für diese Tage ist somit abweichend vom alten Recht des BAT/BMT-G nur der Sonntagszuschlag des § 8 Absatz 1 Satz 2 Buchstabe c TVöD und nicht der höhere Feiertagszuschlag nach Buchstabe d der Vorschrift zu zahlen. Dies hat das Bundesarbeitsgericht mit Urteil vom 17. März 2010 – 5 AZR 317/09 – für den Ostersonntag und mit Urteil vom 17. August 2011 – 10 AZR 347/10 für den Oster- und Pfingstsonntag inzwischen ausdrücklich bestätigt. Diese Tage werden im neuen Tarifrecht im Ergebnis wie alle anderen Sonntage behandelt. Nur wenn sie (wie z. B. im brandenburgischen Feiertagsgesetz) ausdrücklich zu gesetzlichen Feiertagen erhoben werden, kommen Feiertagszuschläge in Betracht. In gleicher Weise ist auch die frühere Sonderstellung für Ostersamstag und Pfingstsamstag entfallen. Das BAG entschied am 1. August 2024 – 6 AZR 38/24 –, dass sich der Anspruch auf tarifliche Feiertagszuschläge danach richtet, ob am regelmäßigen Beschäftigungsort ein gesetzlicher Feiertag ist,
- für Arbeit am Heiligabend und an Silvester jeweils ab 6 Uhr 35 v. H. Besondere Zuschläge für an diesen Tagen in der Zeit vor 6 Uhr anfallende Arbeit sind nicht vorgesehen,
- für Arbeit an Samstagen in der Zeit von 13 Uhr bis 21 Uhr 20 v. H. Außerhalb dieses Zeitrahmens liegende Arbeitszeiten bleiben

zuschlagsfrei. Ebenfalls ausgeschlossen sind Zuschläge, wenn die Samstagsarbeit im Rahmen von Wechselschicht- oder Schichtarbeit (→ § 7 Abs. 1 und 2) anfällt.

Bemessungsgrundlage ist gemäß Satz 2 der Vorschrift das Stundenentgelt der Stufe 3 der jeweiligen Entgeltgruppe (→ Entgelttabelle zum TVöD)[1]), und zwar auch dann, wenn der Beschäftigte tatsächlich nach einer anderen Stufe vergütet wird. Wegen der abweichenden Regelungen für die im Zuge der Entgeltordnung des Bundes in die Entgeltgruppe 9a übergeleiteten Beschäftigten s. § 27 Abs. 3 Satz 5 TVÜ-Bund. Die tatsächliche Arbeitsleistung wird bei Überstunden nach der individuellen Stufe der jeweiligen Entgeltgruppe, höchstens aber nach Stufe 4, vergütet (Protokollerklärung zu Absatz 1 Satz 1). Wegen der abweichenden Regelungen für die im Zuge der Entgeltordnung des Bundes in die Entgeltgruppe 9a übergeleiteten Beschäftigten s. § 27 Abs. 3 Satz 5 TVÜ-Bund. Die Tarifpartner haben keine ausdrückliche Regelung dazu getroffen, ob Zeitzuschläge auch für Stundenbruchteile zu zahlen sind. Der Wortlaut der Tarifvorschrift, wonach die Zeitzuschläge „je Stunde" (→ § 8 Abs. 1 Satz 2) gezahlt werden, ist nicht eindeutig. Er lässt sowohl die Auslegung zu, dass Zeitzuschläge auch für Bruchteile von Stunden abzugelten sind, als auch die Auffassung, dass Zeitzuschläge nur für volle Stunden zustehen. Bei der vergleichbaren Vorschrift des § 35 Abs. 1 BAT hat sich zwar in der Literatur und in der Praxis die Meinung durchgesetzt, Zuschläge seien auch zeitanteilig für Stundenbruchteile zu gewähren. Zur Regelung des § 10 des Tarifvertrages Versorgungsbetriebe, der unmittelbares Vorbild für die Vorschrift des TVöD war, finden sich aber auch Meinungsäußerungen, nach denen die Zeitzuschläge nur für volle Stunden zu zahlen sind. Der Bund hat sich in ersten Hinweisen zur Anwendung des TVöD für eine zeitanteilige Gewährung der Zuschläge entschlossen. Es bleibt abzuwarten, ob sich die Kommunen dieser Auslegung anschließen oder Zeitzuschläge nur für volle Stunden gewähren.

Beim Zusammentreffen der Zeitzuschläge nach den Buchstaben c bis f (also für Sonntags- und Feiertagsarbeit sowie für Arbeit an Samstagen bzw. Heiligabend und Silvester) wird gemäß Satz 3 jeweils nur der höchste Zeitzuschlag gezahlt. Folglich wird für Arbeit an auf einen Sonntag fallenden Feiertagen der höhere Feiertagszuschlag gezahlt, der geringere Sonntagszuschlag geht unter. Zuschläge für Überstunden (Buchst. a) und Nachtarbeit (Buchst. b) hingegen können nebeneinander und auch neben den Zuschlägen nach den Buchstaben c bis f gezahlt werden.

---

[1]) abgedruckt unter **210** Anlagen TVöD

Nach den Sätzen 4 und 5 der Vorschrift können auf Wunsch des Arbeitnehmers die entsprechend dem jeweiligen Vomhundertsatz (also 6 Minuten für 10 v. H. Zuschlag) in Arbeitszeit umgerechneten Zuschläge (Satz 4) und die Überstunden als solche (Satz 5) einem Arbeitszeitkonto gutgeschrieben werden, wenn die betrieblichen/dienstlichen Verhältnisse dies zulassen. Voraussetzung dafür ist, dass ein Arbeitszeitkonto (→ § 10) durch Betriebs-/Dienstvereinbarung eingerichtet worden ist und dass der betroffene Arbeitnehmer unter diese Regelung fällt.

Bestimmte Zuschläge können steuerfrei gezahlt werden. Die Steuerfreiheit der Zuschläge für Sonntags-, Feiertags- und Nachtarbeit ist durch das Steuerreformgesetz 1990 mit Wirkung ab 1. 1. 1990 neu geregelt und ist durch das Steueränderungsgesetz 2003 geändert worden. § 3b des Einkommensteuergesetzes in der aktuellen Fassung lautet wie folgt:

§ 3b EStG Steuerfreiheit von Zuschlägen für Sonntags-, Feiertags- oder Nachtarbeit

(1) Steuerfrei sind Zuschläge, die für tatsächlich geleistete Sonntags-, Feiertags- oder Nachtarbeit neben dem Grundlohn gezahlt werden, soweit sie

1. für Nachtarbeit 25 Prozent,
2. vorbehaltlich der Nummern 3 und 4 für Sonntagsarbeit 50 Prozent,
3. vorbehaltlich der Nummer 4 für Arbeit am 31. Dezember ab 14 Uhr und an den gesetzlichen Feiertagen 125 Prozent,
4. für Arbeit am 24. Dezember ab 14 Uhr, am 25. und 26. Dezember sowie am 1. Mai 150 Prozent

des Grundlohns nicht übersteigen.

(2) [1]Grundlohn ist der laufende Arbeitslohn, der dem Arbeitnehmer bei der für ihn maßgebenden regelmäßigen Arbeitszeit für den jeweiligen Lohnzahlungszeitraum zusteht; er ist in einen Stundenlohn umzurechnen und mit höchstens 50 Euro anzusetzen. [2]Nachtarbeit ist die Arbeit in der Zeit von 20 Uhr bis 6 Uhr. [3]Sonntagsarbeit und Feiertagsarbeit ist die Arbeit in der Zeit von 0 Uhr bis 24 Uhr des jeweiligen Tages. [4]Die gesetzlichen Feiertage werden durch die am Ort der Arbeitsstätte geltenden Vorschriften bestimmt.

(3) Wenn die Nachtarbeit vor 0 Uhr aufgenommen wird, gilt abweichend von den Absätzen 1 und 2 Folgendes:

1. Für Nachtarbeit in der Zeit von 0 Uhr bis 4 Uhr erhöht sich der Zuschlagssatz auf 40 Prozent,
2. als Sonntagsarbeit und Feiertagsarbeit gilt auch die Arbeit in der Zeit von 0 Uhr bis 4 Uhr des auf den Sonntag oder Feiertag folgenden Tages.

Mehrarbeitsvergütung (Abs. 2)

Für nicht durch Freizeit ausgeglichene (Mehr-)Arbeitsstunden, die keine Überstunden im tariflichen Sinne darstellen, erhält der Beschäftigte je Stunde 100 v. H. des auf seine Entgeltgruppe und -stufe entfallenden Stundenentgelts. Die in Absatz 1 vereinbarte Pauschalierung auf das Stundenentgelt der Stufe 3 findet nicht statt. Einziger erkennbarer Anwendungsfall sind die Mehrarbeitsstunden Teilzeitbeschäftigter (→ § 7 Abs. 6 und die dortigen Erläuterungen).

Durch Protokollerklärung ist klargestellt, dass im Rahmen von Gleitzeitregelungen anfallende Stundenguthaben nicht unter die auszugleichende Mehrarbeit fallen. Diese Zeitguthaben sind unter Beachtung der Gleitzeitvereinbarung nur durch Freizeit auszugleichen.

Vergütung der Rufbereitschaft (Abs. 3)

In Absatz 3 haben die Tarifpartner geregelt, wie die Rufbereitschaft (Sätze 1 bis 3) bzw. die tatsächliche Arbeitsleistung innerhalb der Rufbereitschaft (Satz 4) zu vergüten sind. Die Sätze 7 bis 9 treffen besondere Regelungen für die Fälle stundenweiser Rufbereitschaft. Die Definition des Begriffes der Rufbereitschaft ergibt sich aus § 7 Abs. 4.

Das Entgelt für die Rufbereitschaft ist – unabhängig von der tatsächlich anfallenden, gesondert zu vergütenden Arbeitsleistung – als Tagespauschale mit einem Vielfachen des Stundenentgelts der Entgelttabelle zum TVöD bestimmt worden. Für die Tage Montag bis Freitag beträgt das Entgelt für die Rufbereitschaft das Zweifache, für Samstage, Sonn- und Feiertage das Vierfache des maßgebenden Stundenentgelts. Für die Bemessung der Pauschale (also die Frage, ob das Zwei- oder Vierfache des Stundenentgelts zu zahlen ist) ist der Tag des Beginns der Rufbereitschaft maßgebend. In einer Niederschriftserklärung haben die Tarifpartner mit einem Beispiel verdeutlicht, wie die Stundenpauschale zu berechnen ist. Bei einer Wochenendrufbereitschaft von Freitag 15 Uhr bis Montag 7 Uhr erhält der Beschäftigte demnach folgende Stundenpauschalen: für Freitag zwei Stunden, für Samstag und Sonntag je vier Stunden, für Montag keine Pauschale; ergibt zehn Stundenpauschalen für die Rufbereitschaft (zzgl. ggf. ein Entgelt für die tatsächlich angefallene Arbeitsleistung).

In den Fällen stundenweiser Rufbereitschaft (diese liegt nach Satz 8 bei einer ununterbrochenen Rufbereitschaft von weniger als zwölf Stunden vor) wird nach Satz 9 an Stelle der Tagespauschale ein Stundensatz von 12,5 % des tariflichen Stundenentgeltes gezahlt. Dies gilt nach dem Urteil des BAG vom 5. Februar 2009 – 6 AZR 114/08 – auch, wenn der Arbeitgeber an einem Kalendertag oder binnen 24 Stun-

II

den an zwei aufeinanderfolgenden Kalendertagen mehrere jeweils weniger als zwölf Stunden andauernde Rufbereitschaften anordnet, zwischen denen der Arbeitnehmer frei hat oder die normale Arbeitsleistung zu erbringen hat. Auch diese Rufbereitschaften sind stundenweise mit 12,5 % des tariflichen Stundenentgelts je angeordnete Stunde zu vergüten. Die Voraussetzungen für den Anspruch auf die tägliche Pauschale werden nach Auffassung des BAG nicht erfüllt. Die Regelung enthält keine Rundungsvorschrift; Stundenbruchteile sind daher nicht zu vergüten.

Die tatsächliche Arbeitszeit während der Rufbereitschaft sowie die damit verbundenen Wegezeiten sind mit dem Entgelt für Überstunden sowie etwaiger Zeitzuschläge (z. B. für Sonntagsarbeit) zu vergüten und zwar neben dem Entgelt für die Rufbereitschaft, das auch während der tatsächlichen Inanspruchnahme zusteht. In seinem zur vergleichbaren Vorschrift des § 11 Abs. 3 Satz 4 TV-Ärzte/VKA ergangenen Urteil vom 20. August 2014 – 10 AZR 937/13 – hat das BAG ausdrücklich klargestellt, dass auch die Wegezeiten Zeitzuschläge auslösen können. Bei Einsätzen außerhalb des Aufenthaltsortes im Sinne des § 7 Abs. 4 ist gemäß § 8 Abs. 5 Satz 4 die Zeit jeder Inanspruchnahme einschließlich der erforderlichen Wegezeiten auf volle Stunden aufzurunden.

Beispiel:

Während der Rufbereitschaft fallen drei Einsätze von jeweils (einschließlich Wegezeit) 45 Minuten an. Die Einsätze sind für die Vergütung einzeln auf drei mal eine Stunde – somit auf insgesamt drei Stunden aufzurunden.

Wenn die Arbeitsleistung ohne Verlassen des Aufenthaltsortes (z. B. telefonisch) erbracht wird, wird die Arbeitsleistung nach § 8 Abs. 5 Satz 5 erst am Ende der Rufbereitschaft auf die nächste volle Stunde aufgerundet.

Beispiel:

Wie Beispiel oben, aber Einsatz jeweils nur per Telefon ohne Verlassen des Aufenthaltsortes. Die Einsätze von insgesamt 135 Minuten (2 Stunden und 15 Minuten) sind für die Vergütung zunächst zu addieren und erst am Ende der Rufbereitschaft auf drei Stunden aufzurunden.

Die Zeitzuschläge während der Inanspruchnahme aus der Rufbereitschaft sind nach Auffassung des BAG (Urteil vom 24. September 2008 – 6 AZR 259/08) „spitz" für die tatsächliche Arbeitsleistung zu zahlen; eine Rundung kommt nicht in Betracht.

In Satz 6 der Vorschrift haben die Tarifpartner bestimmt, dass Absatz 1 Satz 4 entsprechend gilt, so dass bei Vorhandensein eines auf der Grundlage von Bezirks-/Dienstvereinbarungen eingerichteten Arbeitszeitkontos die Rufbereitschaft und die tatsächliche Arbeitszeit auch in Form einer Zeitgutschrift abgegolten werden kann, soweit dies nach der jeweiligen Bezirks-/Dienstvereinbarung möglich ist.

Vergütung des Bereitschaftsdienstes (Abs. 4)

Hinsichtlich der Bereitschaftsdienstvergütung (zur Definition des Bereitschaftsdienstes → § 7 Abs. 3 und § 9) trifft der TVöD keine eigenständige Regelung, sondern überlässt dies landesbezirklichen Tarifverträgen (Kommunen) bzw. einem entsprechenden Tarifvertrag für den Bund. Bis zum In-Kraft-Treten entsprechender – noch auszuhandelnder – Tarifverträge soll es nach dem Willen der Tarifpartner bei den am 30. September 2005 in der jeweiligen Verwaltung bzw. dem jeweiligen Betrieb geltenden Regelungen bleiben. Dies sind in der Regel die Vorschriften des § 15 Abs. 6a BAT und der Sonderregelungen (z. B. in den SR 2a, 2b und 2c) dazu.

Wechselschichtzulage/Schichtzulage (Abs. 5 und 6)

In Absatz 5 bzw. 6 ist geregelt, dass der Arbeitnehmer, der ständig Wechselschichtarbeit/Schichtarbeit leistet, eine monatliche Zulage von 200 Euro (Wechselschichtarbeit/Abs. 5) bzw. 100 Euro (Schichtarbeit/Abs. 6) erhält. Die Höhe der Zulagen ist bei allgemeinen Entgeltanpassungen ab dem 1. Januar 2027 dynamisch ausgestaltet worden (siehe Protokollerklärung zu den Absätzen 5 und 6). Das BAG hat mit Urteilen vom 24. September 2008 – 10 AZR 634/07 – und 25. September 2013 – 10 AZR 4/12 – die Kürzung der Wechselschicht- und Schichtzulagen bei Teilzeitbeschäftigten auf deren Arbeitszeitanteil als rechtmäßig beurteilt und damit die Auffassung der öffentlichen Arbeitgeber bestätigt. In der Kürzung liegt nach Auffassung des BAG keine Diskriminierung von Teilzeitbeschäftigten. Wegen der Definition der Begriffe Wechselschichtarbeit/Schichtarbeit → § 7 Abs. 1 bzw. 2.

Wer nicht ständig Wechselschichtarbeit/Schichtarbeit leistet, erhält eine Schichtzulage von 1,18 Euro (Wechselschichtarbeit) bzw. 0,59 Euro (Schichtarbeit) pro Stunde. Die Höhe der Zulagen ist bei allgemeinen Entgeltanpassungen ab dem 1. Januar 2027 dynamisch ausgestaltet worden (siehe Protokollerklärung zu den Absätzen 5 und 6). Für unter den BT-K und BT-B fallende Beschäftigte gelten seit dem 1. März 2021 abweichende Beträge – siehe § 50 Abs. 2 TVöD BT-K bzw. § 49a Abs. 2 TVöD BT-B.

Was unter „ständiger" Wechselschichtarbeit/Schichtarbeit zu verstehen ist, ist in der Tarifvorschrift nicht näher definiert worden. Nach dem allgemeinen Sprachgebrauch wird man davon ausgehen können, dass „ständig" nicht im Sinne von „ausschließlich" zu verstehen ist, dass aber eine lediglich gelegentliche Heranziehung zur (Wechsel-) Schichtarbeit – beispielsweise im Rahmen der Vertretung – nicht ausreicht, um entsprechende Ansprüche zu begründen. Die Ausübung arbeitszeitlich wechselnder (Wechsel-)Schichtarbeit muss zum normalen Dienstablauf des Arbeitnehmers gehören – siehe dazu auch BAG vom 13. Juni 2012 – 10 AZR 351/11.

Erhöhungsstunden (Abs. 7)

Die ab dem 1. Januar 2026 nach § 6 Abs. 1a bestehende Möglichkeit zur freiwilligen Erhöhung der Wochenarbeitszeit führt bei Überschreiten der regelmäßigen wöchentlichen Arbeitszeit von Vollzeitbeschäftigten zu sog. „Erhöhungsstunden" (siehe § 7 Abs. 9). Diese Erhöhungsstunden werden nach Absatz 7 vergütet. Neben ein auf diese Erhöhungsstunden entfallendes Stundenentgelt (siehe hierzu § 24 Abs. 2 in der ab dem 1. Januar 2026 geltenden Fassung) erhalten die Beschäftigten einen Zuschlag in Höhe von 25 Prozent (Entgeltgruppen 1 bis 9b) bzw. 10 Prozent (Entgeltgruppen 9c bis 15) des auf eine Stunde entfallenden Anteils des Tabellenentgelts der Stufe 3 der jeweiligen Entgeltgruppe. Nach der Protokollerklärung zu Absatz 7 ist der Zuschlag als verstetigtes Entgelt in den Monatsbezügen aufzunehmen. Das bedeutet, dass die nach § 7 Abs. 9 vereinbarten wöchentlichen Erhöhungsstunden mit dem nach § 24 Abs. 3 Satz 3 einschlägigen Faktor von 4,348 auf die durchschnittlichen Erhöhungsstunden je Monat hochzurechnen und diese anschließend mit dem sich aus Absatz 7 ergebenden Zuschlag zu multiplizieren sind.

§ 9 Bereitschaftszeiten

(1) [1]Bereitschaftszeiten sind die Zeiten, in denen sich die/der Beschäftigte am Arbeitsplatz oder einer anderen vom Arbeitgeber bestimmten Stelle zur Verfügung halten muss, um im Bedarfsfall die Arbeit selbständig, ggf. auch auf Anordnung, aufzunehmen und in denen die Zeiten ohne Arbeitsleistung überwiegen. [2]Für Beschäftigte, in deren Tätigkeit regelmäßig und in nicht unerheblichem Umfang Bereitschaftszeiten fallen, gelten folgende Regelungen:

a) Bereitschaftszeiten werden zur Hälfte als tarifliche Arbeitszeit gewertet (faktorisiert).

b) Sie werden innerhalb von Beginn und Ende der regelmäßigen täglichen Arbeitszeit nicht gesondert ausgewiesen.

c) Die Summe aus den faktorisierten Bereitschaftszeiten und der Vollarbeitszeit darf die Arbeitszeit nach § 6 Abs. 1 nicht überschreiten.

d) Die Summe aus Vollarbeits- und Bereitschaftszeiten darf durchschnittlich 48 Stunden wöchentlich nicht überschreiten.

[3]Ferner ist Voraussetzung, dass eine nicht nur vorübergehend angelegte Organisationsmaßnahme besteht, bei der regelmäßig und in nicht unerheblichem Umfang Bereitschaftszeiten anfallen.

(2) [1]Im Bereich der VKA bedarf die Anwendung des Absatzes 1 im Geltungsbereich eines Personalvertretungsgesetzes einer einvernehmlichen Dienstvereinbarung. [2]§ 6 Abs. 9 gilt entsprechend. [3]Im Geltungsbereich des Betriebsverfassungsgesetzes unterliegt die Anwendung dieser Vorschrift der Mitbestimmung im Sinne des § 87 Abs. 1 Nr. 2 BetrVG.

(3) Im Bereich des Bundes gilt Absatz 1 für Beschäftigte im Sinne des Satzes 2, wenn betrieblich Beginn und Ende der täglichen Arbeitszeit unter Einschluss der Bereitschaftszeiten für diese Beschäftigtengruppen festgelegt werden.

Protokollerklärung zu § 9:

Diese Regelung gilt nicht für Wechselschicht- und Schichtarbeit.

Erläuterungen

In § 9 TVöD haben die Tarifvertragsparteien den Begriff der Bereitschaftszeiten definiert und Regeln für diese besondere Form der Arbeitszeitgestaltung bestimmt. Sie folgen damit den Regelungen zur „Arbeitsbereitschaft", die bislang in erster Linie im bisherigen Recht der Arbeiter (z. B. § 18 MTArb) zu finden waren. Die Rechtsprechung zu den bisherigen Vorschriften zur Arbeitsbereitschaft hat diese besondere Form der Arbeit treffend als „Zeit wacher Achtsamkeit im Zustand der Entspannung" bezeichnet.

Auf die abweichenden Sonderregelungen in §§ 45, 46 des Besonderen Teils Krankenhäuser wird hingewiesen.

Begriffsbestimmung; Bewertung (Abs. 1)

Nach der Definition in Satz 1 der Vorschrift sind Bereitschaftszeiten Zeiten, in denen der Beschäftigte sich bereithalten muss, um im Bedarfsfall die Arbeit aufzunehmen. Den Aufenthaltsort bestimmt der Arbeitgeber; es kann der Arbeitsplatz oder ein anderer Ort sein. Grundvoraussetzung für die Annahme von Bereitschaftszeiten ist, dass die Zeiten ohne Arbeitsleistung überwiegen.

Für Beschäftigte, in deren Tätigkeit regelmäßig und in nicht unerheblichem Umfang Bereitschaftszeiten fallen, und die in entsprechenden organisierten Bereichen arbeiten, gelten die Regelungen des Satzes 2 Buchst. a bis d. Demnach werden Bereitschaftszeiten

- abweichend von den Vorschriften des Arbeitszeitgesetzes zur Hälfte als Arbeitszeit gewertet (Buchst. a),
- innerhalb der regelmäßigen Arbeitszeit nicht gesondert ausgewiesen (Buchst. b),
- zusammen mit der Vollarbeitszeit auf die Regelarbeitszeit des § 6 Abs. 1 begrenzt (Buchst. c; dabei ist die Summe aus der Vollarbeitszeit und der faktorisierten, d. h. halbierten Bereitschaftszeit maßgebend),
- zusammen mit der Vollarbeitszeit auf 48 Wochenstunden begrenzt (Buchst. d); dabei ist die Summe aus Vollarbeitszeit und tatsächlichen Bereitschaftszeiten nicht halbiert, sondern 1 : 1 zu bilden.

Maßgaben im Bereich der VKA (Abs. 2)

Die Vorschrift des Absatzes 2 schränkt die Anwendung des Absatzes 1 im Bereich der Kommunen ein.

Die Anwendung setzt im Geltungsbereich eines Personalvertretungsgesetzes[1]) eine „einvernehmliche" Dienstvereinbarung voraus. Was darunter zu verstehen ist, haben die Tarifpartner in § 38 Abs. 3 definiert. § 6 Abs. 9 gilt entsprechend, somit kann die Dienstvereinbarung auch durch einen landesbezirklichen Tarifvertrag ersetzt werden.

Im Bereich des Betriebsverfassungsgesetzes unterliegt die Anwendung des Absatzes 1 der Mitbestimmung.

Maßgaben im Bereich des Bundes (Abs. 3)

Im Bereich des Bundes setzt die Anwendung des Absatzes 1 lediglich die betriebliche Festlegung des Beginns und des Endes der täglichen Arbeitszeit unter Einschluss der Bereitschaftszeiten voraus.

---

1) Liste der Personalvertretungsgesetze abgedruckt in der Erläuterung zu **210** § 2 Abs. 1 TVöD

Protokollerklärung

In einer Protokollerklärung haben die Tarifpartner vereinbart, dass die Regelungen des § 9 über Bereitschaftszeiten nicht für Wechselschicht- und Schichtarbeit gelten.

Sonderregelungen

In einem **Anhang zu § 9** haben die Tarifpartner spezielle Regelungen zu den Bereitschaftszeiten von Hausmeistern (Abschnitt A) und von Beschäftigten im Rettungsdienst und in Leitstellen getroffen (Abschnitt B). § 22 TVÜ-Bund[1]) bzw. § 24 TVÜ-VKA bestimmen, dass die Nr. 3 (regelmäßige Arbeitszeit) der Sonderregelungen SR 2r des BAT und entsprechende Regelungen fortgelten. Sie sind jedoch an die Bestimmungen des Anhangs anzupassen.

Daneben enthalten die Besonderen Teile Krankenhäuser (BT-K) und Pflege- und Betreuungseinrichtungen (BT-B) des TVöD für die Beschäftigten seines Geltungsbereichs spezielle Regelungen des Bereitschaftsdienstes etc.

---

1) abgedruckt unter **270**

II

Anhang zu § 9

A. Bereitschaftszeiten Hausmeisterinnen/Hausmeister

[1]Für Hausmeisterinnen/Hausmeister, in deren Tätigkeit regelmäßig und in nicht unerheblichem Umfang Bereitschaftszeiten fallen, gelten folgende besondere Regelungen zu § 6 Abs. 1 Satz 1 TVöD:

[2]Die Summe aus den faktorisierten Bereitschaftszeiten und der Vollarbeitszeit darf die Arbeitszeit nach § 6 Abs. 1 nicht überschreiten. [3]Die Summe aus Vollarbeits- und Bereitschaftszeiten darf durchschnittlich 48 Stunden wöchentlich nicht überschreiten. [4]Bereitschaftszeiten sind die Zeiten, in denen sich die Hausmeisterin/ der Hausmeister am Arbeitsplatz oder einer anderen vom Arbeitgeber bestimmten Stelle zur Verfügung halten muss, um im Bedarfsfall die Arbeit selbständig, ggf. auch auf Anordnung, aufzunehmen und in denen die Zeiten ohne Arbeitsleistung überwiegen. [5]Bereitschaftszeiten werden zur Hälfte als Arbeitszeit gewertet (faktorisiert). [6]Bereitschaftszeiten werden innerhalb von Beginn und Ende der regelmäßigen täglichen Arbeitszeit nicht gesondert ausgewiesen.

B. Bereitschaftszeiten im Rettungsdienst und in Leitstellen

(1) [1]Für Beschäftigte in den Leitstellen, in deren Tätigkeit regelmäßig und in nicht unerheblichem Umfang Bereitschaftszeiten fallen, gelten folgende besondere Regelungen zu § 6 Abs. 1 Satz 1 TVöD: [2]Die Summe aus den faktorisierten Bereitschaftszeiten und der Vollarbeitszeit darf die Arbeitszeit nach § 6 Abs. 1 nicht überschreiten. [3]Die Summe aus Vollarbeits- und Bereitschaftszeiten darf durchschnittlich 48 Stunden wöchentlich nicht überschreiten. [4]Bereitschaftszeiten sind die Zeiten, in denen sich die/der Beschäftigte am Arbeitsplatz oder einer anderen vom Arbeitgeber bestimmten Stelle zur Verfügung halten muss, um im Bedarfsfall die Arbeit selbständig, ggf. auch auf Anordnung, aufzunehmen und in denen die Zeiten ohne Arbeitsleistung überwiegen. [5]Bereitschaftszeiten werden zur Hälfte als tarifliche Arbeitszeit gewertet (faktorisiert). [6]Bereitschaftszeiten werden innerhalb von Beginn und Ende der regelmäßigen täglichen Arbeitszeit nicht gesondert ausgewiesen.

(1a) [1]Für Beschäftigte im Rettungsdienst, in deren Tätigkeit regelmäßig und in nicht unerheblichem Umfang Bereitschaftszeiten fallen, gelten folgende besondere Regelungen zu § 6 Abs. 1 Satz 1 TVöD: [2]Die Summe aus den faktorisierten Bereitschaftszeiten und der Vollarbeitszeit darf die Arbeitszeit nach § 6 Abs. 1 nicht überschreiten. [3]Die Summe aus Vollarbeits- und Bereitschaftszeiten darf durchschnittlich

II

- bis zum 31. Dezember 2025 48 Stunden,
- ab dem 1. Januar 2026 46 Stunden und
- ab dem 1. Januar 2027 44 Stunden

wöchentlich nicht überschreiten. [4]Bereitschaftszeiten sind die Zeiten, in denen sich die/der Beschäftigte am Arbeitsplatz oder einer anderen vom Arbeitgeber bestimmten Stelle zur Verfügung halten muss, um im Bedarfsfall die Arbeit selbständig, ggf. auch auf Anordnung, aufzunehmen und in denen die Zeiten ohne Arbeitsleistung überwiegen. [5]Bereitschaftszeiten werden bis zum 31. Dezember 2025 zu 50 Prozent und abweichend von § 9

- ab dem 1. Januar 2026 zu 56,25 Prozent und
- ab dem 1. Januar 2027 zu 64,29 Prozent

als tarifliche Arbeitszeit gewertet (faktorisiert). [6]Zur Berechnung eventuell anfallender Zeitzuschläge und der durchschnittlichen Summe aus Vollarbeits- und Bereitschaftszeiten gemäß Satz 3 werden die Stunden eines Dienstes in vollem Umfang herangezogen. [7]Bereitschaftszeiten werden innerhalb von Beginn und Ende der regelmäßigen täglichen Arbeitszeit nicht gesondert ausgewiesen.

(2) [1]Die zulässige tägliche Höchstarbeitszeit beträgt zwölf Stunden zuzüglich der gesetzlichen Pausen. [2]Gemäß § 7 ArbZG kann ab 1. Januar 2026 durch Betriebs- oder einvernehmliche Dienstvereinbarung eine tägliche Höchstarbeitszeit unter Einrechnung der gesetzlich vorgeschriebenen Pausen von bis zu 24 Stunden eingeführt werden, wenn die Vollarbeitszeit innerhalb der Gesamtdauer der täglichen Arbeitszeit neun Stunden regelmäßig nicht überschreitet und durch besondere Maßnahmen (insb. Sicherstellung ausreichender Ruhephasen und Bereitstellung gesonderter Ruheräume) vor Einführung sichergestellt wird, dass die Gesundheit der Beschäftigten nicht gefährdet wird. [3]Die Betriebs- oder einvernehmliche Dienstvereinbarung hat Regelungen zur näheren Ausgestaltung der Arbeitszeit sowie zum Arbeits- und Gesundheitsschutz, insbesondere durch eine jährlich durchzuführende Beurteilung der Arbeitsbedingungen gem. § 5 ArbSchG zu enthalten. [4]Der Arbeitgeber hat vor Einführung einer über Satz 1 hinausgehenden täglichen Höchstarbeitszeit durch eine Beurteilung der Arbeitsbedingungen gem. § 5 ArbSchG (einschließlich arbeitsmedizinischer Aspekte) die für die Beschäftigten mit ihrer Arbeit verbundene Gefährdung und etwaige Maßnahmen des Arbeitsschutzes zu ermitteln. [5]Die Vereinbarung einer über Satz 1 hinausgehenden täglichen Höchstarbeitszeit gemäß Satz 2 bedarf der Einwilligung der/des Beschäftigten in Textform. [6]Die/der Beschäftigte

kann die Einwilligung in Textform mit einer Frist von sechs Monaten, in dringenden Fällen mit einer Frist von zwei Wochen, widerrufen. [7]Eine Maßregelung für den Fall, dass die/der Beschäftigte ihre/seine Einwilligung nicht erklärt oder diese widerruft, ist ausgeschlossen.

II

(3) Die allgemeinen Regelungen des TVöD zur Arbeitszeit bleiben im Übrigen unberührt.

(4) Für Beschäftigte, die unter die Sonderregelungen für den kommunalen feuerwehrtechnischen Dienst fallen, gilt § 46 Nr. 2 Abs. 1 BT-V (VKA), auch soweit sie in Leitstellen tätig sind.

§ 10 Arbeitszeitkonto

(1) [1]Durch Betriebs-/Dienstvereinbarung kann ein Arbeitszeitkonto eingerichtet werden. [2]Für einen Betrieb/eine Verwaltung, in dem/der ein Personalvertretungsgesetz Anwendung findet, kann eine Regelung nach Satz 1 auch in einem landesbezirklichen Tarifvertrag – für den Bund in einem Tarifvertrag auf Bundesebene – getroffen werden, wenn eine Dienstvereinbarung nicht einvernehmlich zustande kommt und der Arbeitgeber ein Letztentscheidungsrecht hat. [3]Soweit ein Arbeitszeitkorridor (§ 6 Abs. 6) oder eine Rahmenzeit (§ 6 Abs. 7) vereinbart wird, ist ein Arbeitszeitkonto einzurichten.

(2) [1]In der Betriebs-/Dienstvereinbarung wird festgelegt, ob das Arbeitszeitkonto im ganzen Betrieb/in der ganzen Verwaltung oder Teilen davon eingerichtet wird. [2]Alle Beschäftigten der Betriebs-/Verwaltungsteile, für die ein Arbeitszeitkonto eingerichtet wird, werden von den Regelungen des Arbeitszeitkontos erfasst.

(3) [1]Auf das Arbeitszeitkonto können Zeiten, die bei Anwendung des nach § 6 Abs. 2 festgelegten Zeitraums als Zeitguthaben oder als Zeitschuld bestehen bleiben, nicht durch Freizeit ausgeglichene Zeiten nach § 8 Abs. 1 Satz 5 und Abs. 2 sowie in Zeit umgewandelte Zuschläge nach § 8 Abs. 1 Satz 4 gebucht werden. [2]Weitere Kontingente (z. B. Rufbereitschafts-/Bereitschaftsdienstentgelte) können durch Betriebs-/Dienstvereinbarung zur Buchung freigegeben werden. [3]Die/Der Beschäftigte entscheidet für einen in der Betriebs-/Dienstvereinbarung festgelegten Zeitraum, welche der in Satz 1 genannten Zeiten auf das Arbeitszeitkonto gebucht werden.

(4) Im Falle einer unverzüglich angezeigten und durch ärztliches Attest nachgewiesenen Arbeitsunfähigkeit während eines Zeitausgleichs vom Arbeitszeitkonto (Zeiten nach Absatz 3 Satz 1 und 2) tritt eine Minderung des Zeitguthabens nicht ein.

Niederschriftserklärung zu § 10 Abs. 4:

Durch diese Regelung werden aus dem Urlaubsrecht entlehnte Ansprüche nicht begründet.

(5) In der Betriebs-/Dienstvereinbarung sind insbesondere folgende Regelungen zu treffen:

a) Die höchstmögliche Zeitschuld (bis zu 40 Stunden) und das höchstzulässige Zeitguthaben (bis zu einem Vielfachen von 40 Stunden), die innerhalb eines bestimmten Zeitraums anfallen dürfen;

b) nach dem Umfang des beantragten Freizeitausgleichs gestaffelte Fristen für das Abbuchen von Zeitguthaben oder für den Abbau von Zeitschulden durch die/den Beschäftigten;

c) die Berechtigung, das Abbuchen von Zeitguthaben zu bestimmten Zeiten (z. B. an sogenannten Brückentagen) vorzusehen;

d) die Folgen, wenn der Arbeitgeber einen bereits genehmigten Freizeitausgleich kurzfristig widerruft.

(6) [1]Der Arbeitgeber kann mit der/dem Beschäftigten die Einrichtung eines Langzeitkontos vereinbaren. [2]In diesem Fall ist der Betriebs-/Personalrat zu

beteiligen und – bei Insolvenzfähigkeit des Arbeitgebers – eine Regelung zur Insolvenzsicherung zu treffen.

II

(7) [1]Auf betrieblicher Ebene kann die Einrichtung eines Langzeitkontos für die Beschäftigten vereinbart werden. [2]Ein in das Langzeitkonto eingebrachtes Wertguthaben kann gemäß § 7c SGB IV (insbesondere für ein Sabbatical, für eine Verringerung der Arbeitszeit, die der Beschäftigte nach § 8 oder § 9a TzBfG verlangen kann, Freistellung wegen Kinderbetreuungszeiten und Pflegezeit) verwendet werden. [3]Die Ausgestaltung geschieht durch Betriebsvereinbarung oder einvernehmliche Dienstvereinbarung, in der insbesondere geregelt werden:

a) Verfahren zur Einbringungsmöglichkeit, insbesondere die Einzahlung von Entgeltbestandteilen,

b) Regelung von Störfällen und die Übertragung des Wertguthabens, insbesondere bei Beendigung des Arbeitsverhältnisses, Erwerbsminderung, Tod,

c) Rahmen der Ansparvereinbarung, insbesondere hinsichtlich der Grenzen der Ansparung,

d) Regelungen zur Freistellungsphase, insbesondere zu Mindestzeiten, Beginn und Dauer, Ankündigungsfristen,

e) Entgelt in der Freistellungsphase,

f) Insolvenzsicherung im Falle der Insolvenzfähigkeit des Arbeitgebers.

Erläuterungen

§ 10 TVöD trifft erstmalig Regelungen zur Einrichtung und zum Inhalt eines Arbeitszeitkontos.

Auf die abweichenden Sonderregelungen in § 48 (Bund) des Besonderen Teils Verwaltung[1]) wird hingewiesen.

Arbeitszeitkonten sind wichtige Hilfsmittel, um die Arbeitszeit flexibler zu gestalten. Während in der Privatwirtschaft schon seit geraumer Zeit die unterschiedlichsten Modelle von Arbeitszeitkonten existieren, enthielten der BAT und die übrigen Manteltarifverträge des öffentlichen Dienstes keine Regelungen zur Einrichtung und Führung von Arbeitszeitkonten.

Die in der Privatwirtschaft anzutreffenden Modelle eines Arbeitszeitkontos lassen sich im Wesentlichen zwei verschiedenen Hauptarten zuordnen, nämlich dem Kurzzeitkonto und dem Langzeitkonto.

Das Kurzzeitkonto lässt sich als eine Art „Girokonto" definieren, auf dem kurzfristige Bewegungen (hier: von Zeitbuchungen) abgewickelt werden. Hauptziel ist es dabei, einerseits Ausgleichsmöglichkeiten für Beschäftigungsschwankungen innerhalb eines bestimmten Zeitrahmens (häufig ein Jahr) zu schaffen, andererseits den Beschäftigten

---

[1]) abgedruckt unter **215**

zu ermöglichen, innerhalb näher bestimmter Grenzen die individuelle Arbeitszeitgestaltung selbst zu bestimmen und so beispielsweise auch erwirtschaftete Zeitguthaben in zusätzliche freie Stunden/Tage umzusetzen.

Das Langzeitkonto lässt sich – um bei den Begrifflichkeiten des Bankwesens, die eine bildhafte Darstellung ermöglichen, zu bleiben – als eine Art „Sparbuch" oder „Sparplan" charakterisieren. Hierbei geht es um den langfristigen Aufbau von Arbeitszeitguthaben, die dann einen zeitweiligen (Sabbatjahr, Langzeiturlaub) Ausstieg aus dem Berufsleben, oder – wenn sie ans Ende der Berufszeit gelegt werden – faktisch einen vorzeitigen Ausstieg aus dem Berufsleben ermöglichen.

Einrichtung des Arbeitszeitkontos (Abs. 1)

Hierbei handelt es sich grundsätzlich um eine **Kann**-Vorschrift, die die Einrichtung eines Arbeitszeitkontos durch Betriebs-/Dienstvereinbarung zulässt (Satz 1). Soweit in Betrieben/Verwaltungen ein Arbeitszeitkorridor (§ 6 Abs. 6) oder eine Rahmenzeit (§ 6 Abs. 7) vereinbart ist, **muss** ein Arbeitszeitkonto eingerichtet werden (Satz 3).

Satz 2 sieht – wie § 6 Abs. 9 für den Fall, dass eine solche Betriebs-/Dienstvereinbarung nicht einvernehmlich zustande kommt – eine Regelung durch landesbezirklichen Tarifvertrag (Kommunen) bzw. Tarifvertrag auf Bundesebene (Bund) vor. Dies gilt aber nur in den Betrieben/Verwaltungen, in denen ein Personalvertretungsgesetz Anwendung findet und ist auf die Situation beschränkt, dass der Arbeitgeber ein Letztentscheidungsrecht hat.

Was unter einer „einvernehmlichen" Dienstvereinbarung zu verstehen ist, haben die Tarifpartner in § 38 Abs. 3 definiert.

Geltungsbereich des Arbeitszeitkontos (Abs. 2)

Die Betriebsparteien legen in der Betriebs-/Dienstvereinbarung fest, ob das Arbeitszeitkonto im gesamten Betrieb/der gesamten Verwaltung, oder nur in Teilen davon eingerichtet wird (Satz 1). Der exakten Abgrenzung wird dabei in der Praxis große Bedeutung zukommen; denn nach Satz 2 der Vorschrift gilt das Arbeitszeitkonto für alle Beschäftigten in diesen festgelegten Bereichen.

In das Arbeitszeitkonto einfließende Zeiten (Abs. 3)

In Satz 1 der Vorschrift ist bestimmt, welche Zeiten zur Auffüllung des Arbeitszeitkontos zur Verfügung stehen. Hierbei handelt es sich um

- das nach der Durchschnittsberechnung der regelmäßigen Arbeitszeit innerhalb des festgelegten Ausgleichszeitraums (§ 6 Abs. 2) verbleibende Zeitguthaben (ggf. auch Zeitschuld),
- nicht bereits durch Freizeit ausgeglichene Überstunden (§ 8 Abs. 1 Satz 5),
- nicht bereits durch Freizeit ausgeglichene Mehrarbeit (§ 8 Abs. 2),
- auf Wunsch des Arbeitnehmers in Zeit umgerechnete Zeitzuschläge (§ 8 Abs. 1 Satz 4).

Die Freigabe weiterer Zeiten, die (ggf. nach Umrechnung von Geld in Zeit) in das Arbeitszeitkonto einfließen können, kann gemäß Satz 2 nur durch Betriebs- oder Dienstvereinbarung – also eine kollektive Regelung – und nicht etwa auf Wunsch einzelner Arbeitnehmer erfolgen. Die in der Vorschrift genannten Beispiele (Entgelt für Bereitschaftsdienste/Rufbereitschaft) sind nicht abschließend.

Buchungen ohne eine vorherige konkrete Vereinbarung dürften mit Blick auf das BAG-Urteil vom 21. März 2012 – 5 AZR 676/11 ausgeschlossen sein. In diesem Verfahren hatte das BAG Minusbuchungen des Arbeitgebers im Zusammenhang mit einer tariflich geänderten Gewährung von Erholungszeiten abgelehnt.

Die Entscheidung darüber, welche der zulässigen Zeiten letzten Endes auf dem Arbeitszeitkonto gebucht werden, liegt gemäß Satz 3 der Vorschrift beim Arbeitnehmer. Im Interesse der Planungssicherheit und Praktikabilität muss dazu die Betriebs-/Dienstvereinbarung eine Bestimmung enthalten, für welchen Zeitraum der Arbeitnehmer an seine Entscheidung gebunden sein soll. Eine unterschiedliche Handhabung „von Fall zu Fall“ wird dadurch ausgeschlossen.

Folgen einer Erkrankung (Abs. 4)

Absatz 4 regelt den Fall, dass eine beantragte/genehmigte Inanspruchnahme von Zeitguthaben an einer Erkrankung des Beschäftigten scheitert. Sofern der Beschäftigte seine Arbeitsunfähigkeit unverzüglich anzeigt und durch ein ärztliches Attest nachweist, tritt eine Minderung des Zeitguthabens nicht ein.

Mit der Niederschriftserklärung zu § 10 Abs. 4 TVöD haben die Tarifpartner klargestellt, dass mit dieser dem Urlaubsrecht entlehnten Regelung (wie Erkrankung während des Erholungsurlaubs) keine weitergehenden Ansprüche aus dem Urlaubsrecht wie z. B. Abgeltung, Übertragung und dergleichen begründet werden können.

In der Betriebs- oder Dienstvereinbarung zu regelnde Kernpunkte (Abs. 5)

Die Vorschrift gibt Rahmenbedingungen vor, die bei Betriebs-/Dienstvereinbarungen zu beachten sind.

- Nach Buchstabe a) muss die Betriebs-/Dienstvereinbarung Regelungen über die höchstmögliche Zeitschuld (bis zu 40 Stunden) und das höchstzulässige Zeitguthaben (bis zu einem Vielfachen von 40 Stunden) innerhalb eines bestimmten Zeitraumes enthalten,
- gemäß Buchstabe b) muss die Betriebs-/Dienstvereinbarung Fristen für das Abbuchen von Zeitguthaben vorsehen, die nach dem Umfang des beantragten Freizeitausgleiches zu staffeln sind. Dabei versteht es sich von selbst, dass die „Vorlaufzeit" bei Inanspruchnahme einiger freier Stunden bedeutend geringer sein kann, als bei längerfristigen Abwesenheiten aufgrund eines Freizeitausgleichs. Die nähere Ausgestaltung wird den Betriebsparteien vor Ort überlassen. Buchstabe b) legt den Betriebspartnern auch auf, die Fristen für den Abbau von Zeitschulden zu bestimmen,
- Buchstabe c) enthält die in Betriebs-/Dienstvereinbarungen zu konkretisierende Berechtigung des Arbeitgebers, zu bestimmten Zeiten (z. B. an Brückentagen) das Abbuchen von Zeitguthaben vorzusehen,
- in Buchstabe d) wird den Betriebspartnern auferlegt, in der Betriebs-/Dienstvereinbarung auch Regelungen über die Folgen eines Widerrufs bereits genehmigter Freizeitausgleiche durch den Arbeitgeber zu regeln. Hier wäre denkbar, dass der Arbeitgeber einen „Strafzuschlag" entrichten muss und somit die auf seine Veranlassung nicht abgerufenen Zeiten nicht nur im Verhältnis 1 : 1, sondern mit einem höheren Wert dem Konto weiterhin gutschreibt.

Langzeitkonto (Abs. 6)

Während es sich bei dem Arbeitszeitkonto auf der Grundlage des § 10 im Regelfall um ein Kurzzeitkonto handelt, schafft Absatz 6 die Möglichkeit, auch ein Langzeitkonto einzurichten. Entgegen den üblichen Grundsätzen setzt dies keine Betriebs-/Dienstvereinbarung, sondern – unter Beteiligung des Betriebs-/Personalrates – eine individuelle Vereinbarung zwischen Arbeitgeber und Arbeitnehmer voraus. Rahmenbedingungen dafür werden tarifvertraglich nicht vorgegeben. Lediglich für den Fall, dass der Arbeitgeber insolvenzfähig ist, schreibt Satz 2 der Vorschrift eine Regelung zur Insolvenzsicherung vor. Diese Verpflichtung (und weitere Details zur sozialversicherungsrechtlichen Abwicklung von Langzeitkonten) ergeben sich inzwischen bereits aus den §§ 7 bis 7g des SGB IV i. d. F. des Gesetzes zur Verbesserung der Rahmenbedingungen für die Absicherung flexibler Arbeitsbedingungen – „FlexiG II" vom 21. Dezember 2008 (BGBl. I S. 2940).

Langzeitkonto auf betrieblicher Ebene (Abs. 7)

Im Rahmen des Änderungstarifvertrages Nr. 22 vom 6. April 2025 wurde neben der bestehenden Regelung für die einzelvertragliche Vereinbarung eines Langzeitkontos (Absatz 6) zum 1. Juli 2025 die Regelung des Absatzes 7 für die Einrichtung von Langzeitkonten auf betrieblicher Ebene eingefügt. Dabei sind grundsätzlich dieselben gesetzlichen (insbesondere sozialversicherungsrechtlichen) Regelungen wie bei den Vereinbarungen nach Absatz 6 zu beachten.

Gleitzeitregelungen (Protokollnotiz zu Abschnitt II)

Nach der Protokollnotiz zu Abschnitt II bleiben bei In-Kraft-Treten des TVöD bestehende Gleitzeitregelungen unberührt, brauchen also insbesondere nicht an die Vorgaben des Absatzes 5 angepasst zu werden.

§ 11 Teilzeitbeschäftigung

(1) [1]Mit Beschäftigten soll auf Antrag eine geringere als die vertraglich festgelegte Arbeitszeit vereinbart werden, wenn sie

a) mindestens ein Kind unter 18 Jahren oder

b) einen nach ärztlichem Gutachten pflegebedürftigen sonstigen Angehörigen

tatsächlich betreuen oder pflegen und dringende dienstliche bzw. betriebliche Belange nicht entgegenstehen. [2]Die Teilzeitbeschäftigung nach Satz 1 ist auf Antrag bis zu fünf Jahre zu befristen. [3]Sie kann verlängert werden; der Antrag ist spätestens sechs Monate vor Ablauf der vereinbarten Teilzeitbeschäftigung zu stellen. [4]Bei der Gestaltung der Arbeitszeit hat der Arbeitgeber im Rahmen der dienstlichen bzw. betrieblichen Möglichkeiten der besonderen persönlichen Situation der/des Beschäftigten nach Satz 1 Rechnung zu tragen.

(2) Beschäftigte, die in anderen als den in Absatz 1 genannten Fällen eine Teilzeitbeschäftigung vereinbaren wollen, können von ihrem Arbeitgeber verlangen, dass er mit ihnen die Möglichkeit einer Teilzeitbeschäftigung mit dem Ziel erörtert, zu einer entsprechenden Vereinbarung zu gelangen.

Protokollerklärung zu Abschnitt II:

Bei In-Kraft-Treten dieses Tarifvertrages bestehende Gleitzeitregelungen bleiben unberührt.

Erläuterungen

§ 11 TVöD trifft Regelungen zum Anspruch auf Teilzeitbeschäftigung. Die Vorschrift entspricht – von redaktionellen Änderungen abgesehen – dem früheren § 15b BAT.

Die Regelung des § 11 TVöD stellt nicht die alleinige Grundlage für einen Anspruch auf Teilzeitbeschäftigung dar. Neben den in den Gleichstellungs- bzw. Frauenfördergesetzen des Bundes und der Länder (→ dazu Erläuterung Nr. 6 zu § 2 Abs. 1) enthaltenen Regeln zur Förderung der Teilzeitbeschäftigung, den Teilzeitanspruch nach § 3 des Pflegezeitgesetzes[1]), sowie den besonderen Teilzeitmöglichkeiten des Familienpflegezeitgesetzes[2]) ist insbesondere das Teilzeit- und Befristungsgesetz (TzBfG)[3]) zu beachten. Es enthält in § 8 Abs. 1 einen allgemeinen Anspruch auf Teilzeitarbeit, der über die tariflichen Ansprüche hinausgeht. Da – von wenigen Ausnahmen abgesehen – von den Regelungen des TzBfG weder durch Tarif noch durch

[1]) abgedruckt als Anhang 1 unter **210** § 29 TVöD

[2]) abgedruckt als **Anhang 1**

[3]) abgedruckt als Anhang 1 unter **210** § 30 TVöD

Arbeitsvertrag zuungunsten der Beschäftigten abgewichen werden darf (→ § 22 TzBfG), wird häufig auch dann ein Anspruch auf Reduzierung der Arbeitszeit zu bejahen sein, wenn die Voraussetzungen des § 11 TVöD nicht vorliegen. Auch die Fälle, in denen nach dem TzBfG ein Anspruch auf zeitliche Befristung der Teilzeit besteht, gehen über die Möglichkeiten des § 11 TVöD hinaus (sog. „Brückenteilzeit" – s. § 9a TzBfG i. d. F. des Gesetzes zur Weiterentwicklung des Teilzeitrechts vom 11. Dezember 2018, BGBl. I S. 2384). Nach dem so genannten Günstigkeitsprinzip finden die Tarifvorschriften uneingeschränkt Anwendung, wenn sie günstiger als die Gesetzesnorm sind. Dies ist insbesondere während der ersten neun Monate des Arbeitsverhältnisses der Fall; denn das TzBfG verlangt im Gegensatz zur tariflichen Anspruchsgrundlage eine Wartezeit von sechs Monaten und eine nach Ablauf der Wartezeit beginnende Frist von drei Monaten zur Geltendmachung des Anspruches.

Teilzeitbeschäftigung aus familiären Gründen (Abs. 1)

Nach Satz 1 der Vorschrift soll mit Beschäftigten, die mindestens ein Kind unter 18 Jahren (Buchst. a) oder einen nach ärztlichem Gutachten pflegebedürftigen sonstigen Angehörigen (Buchst. b) tatsächlich betreuen oder pflegen, eine geringere als die vertraglich festgelegte Arbeitszeit vereinbart werden. Zwar handelt es sich um eine „Soll-Vorschrift", die vom Wortlaut keinen unbedingten, sondern einen „weichen" Rechtsanspruch schafft. Gleichwohl kann bei Soll-Bestimmungen generell das Begehren nicht nach dem beliebigen Ermessen des Arbeitgebers, sondern nur bei Vorliegen wichtiger Gründe abgelehnt werden. Hinzu kommt bei § 11 TVöD, dass die Vorschrift selbst aufführt, dass (nur) **dringende** dienstliche bzw. betriebliche Belange der Bewilligung entgegenstehen können. Daran sind sehr strenge Maßstäbe anzulegen. Eine Ablehnung wird in der Praxis allenfalls in sehr kleinen Verwaltungen/Betrieben möglich sein können, wenn dort der Beschäftigte für eine begrenzte Übergangszeit unverzichtbar ist. In der Regel ist jeder Arbeitsausfall (hier: durch die Reduzierung der Arbeitszeit) durch organisatorische Maßnahmen aufzufangen.

Die Tarifvorschrift gilt – entgegen § 15b BAT – nicht nur für vollbeschäftigte, sondern auch für ohnehin nichtvollbeschäftigte Arbeitnehmer, die folglich einen Anspruch auf weitere Reduzierung ihrer individuellen Arbeitszeit haben. Damit haben die Tarifpartner die Konsequenzen aus der Rechtsprechung des BAG gezogen, das in seinem Urteil vom 18. 3. 2003 – 9 AZR 126/02, AP Nr. 3 zu § 8 TzBfG – in dem Ausschluss Teilzeitbeschäftigter eine rechtlich unwirksame Benachteiligung Teilzeitbeschäftigter gesehen hat.

Die Tarifpartner haben auf eine eigene Festlegung, was unter den Begriffen „Kind", „Angehöriger" und „pflegebedürftig" zu verstehen ist, verzichtet. Insoweit muss auf allgemein gültige Definitionen zurückgegriffen werden.

Zur Frage, wer als **Kind** im Sinne des Absatzes 1 Satz 1 Buchst. a anzusehen ist, kann auf die kindergeldrechtlichen Begriffsbestimmungen (§ 63 i. V. m. § 32 Abs. 1 Einkommensteuergesetz, § 2 Abs. 1 Bundeskindergeldgesetz) zurückgegriffen werden. Diese Vorschriften haben folgenden Wortlaut:

§ 63 EStG Kinder

(1) [1]Als Kinder werden berücksichtigt

1. Kinder im Sinne des § 32 Absatz 1,
2. vom Berechtigten in seinen Haushalt aufgenommene Kinder seines Ehegatten,
3. vom Berechtigten in seinen Haushalt aufgenommene Enkel.

[2]§ 32 Absatz 3 bis 5 gilt entsprechend. [3]Voraussetzung für die Berücksichtigung ist die Identifizierung des Kindes durch die an dieses Kind vergebene Identifikationsnummer (§ 139b der Abgabenordnung). [4]Ist das Kind nicht nach einem Steuergesetz steuerpflichtig (§ 139a Absatz 2 der Abgabenordnung), ist es in anderer geeigneter Weise zu identifizieren. [5]Die nachträgliche Identifizierung oder nachträgliche Vergabe der Identifikationsnummer wirkt auf Monate zurück, in denen die Voraussetzungen der Sätze 1 bis 4 vorliegen. [6]Kinder, die weder einen Wohnsitz noch ihren gewöhnlichen Aufenthalt im Inland, in einem Mitgliedstaat der Europäischen Union oder in einem Staat, auf den das Abkommen über den Europäischen Wirtschaftsraum Anwendung findet, haben, werden nicht berücksichtigt, es sei denn, sie leben im Haushalt eines Berechtigten im Sinne des § 62 Absatz 1 Satz 1 Nummer 2 Buchstabe a. [7]Kinder im Sinne von § 2 Absatz 4 Satz 2 des Bundeskindergeldgesetzes werden nicht berücksichtigt.

(2) Die Bundesregierung wird ermächtigt, durch Rechtsverordnung, die nicht der Zustimmung des Bundesrates bedarf, zu bestimmen, dass einem Berechtigten, der im Inland erwerbstätig ist oder sonst seine hauptsächlichen Einkünfte erzielt, für seine in Absatz 1 Satz 3 erster Halbsatz bezeichneten Kinder Kindergeld ganz oder teilweise zu leisten ist, soweit dies mit Rücksicht auf die durchschnittlichen Lebenshaltungskosten für Kinder in deren Wohnsitzstaat und auf die dort gewährten dem Kindergeld vergleichbaren Leistungen geboten ist.

§ 32 EStG Kinder, Freibeträge für Kinder

(1) Kinder sind

1. im ersten Grad mit dem Steuerpflichtigen verwandte Kinder,
2. Pflegekinder (Personen, mit denen der Steuerpflichtige durch ein familienähnliches, auf längere Dauer berechnetes Band verbunden ist, sofern er sie nicht zu Erwerbszwecken in seinen Haushalt aufgenommen hat und das Obhuts- und Pflegeverhältnis zu den Eltern nicht mehr besteht).

. . .

§ 2 BKGG Kinder

(1) Als Kinder werden auch berücksichtigt

1. vom Berechtigten in seinen Haushalt aufgenommene Kinder seines Ehegatten oder Lebenspartners,
2. Pflegekinder (Personen, mit denen der Berechtigte durch ein familienähnliches, auf Dauer berechnetes Band verbunden ist, sofern er sie nicht zu Erwerbszwecken in seinen Haushalt aufgenommen hat und das Obhuts- und Pflegeverhältnis zu den Eltern nicht mehr besteht),
3. vom Berechtigten in seinen Haushalt aufgenommene Enkel.

. . .

Es ist aber nicht Voraussetzung, dass der Angestellte auch das Kindergeld erhält.

Bezüglich des in Absatz 1 Satz 1 Buchst. b verwendeten Begriffs **„Angehörigen“** kann die Legaldefinition des § 20 Abs. 5 Verwaltungsverfahrensgesetz herangezogen werden. Diese Vorschrift hat folgenden Wortlaut:

§ 20 VwVfG Ausgeschlossene Personen

. . .

(5) Angehörige im Sinne des Absatzes 1 Nr. 2 und 4 sind:

1. der Verlobte,
2. der Ehegatte,

2a. der Lebenspartner,

3. Verwandte und Verschwägerte gerader Linie,
4. Geschwister,
5. Kinder der Geschwister,
6. Ehegatten der Geschwister und Geschwister der Ehegatten,

6a. Lebenspartner der Geschwister und Geschwister der Lebenspartner,

7. Geschwister der Eltern,
8. Personen, die durch ein auf längere Dauer angelegtes Pflegeverhältnis mit häuslicher Gemeinschaft wie Eltern und Kind miteinander verbunden sind (Pflegeeltern und Pflegekinder).

Angehörige sind die in Satz 1 aufgeführten Personen auch dann, wenn

1. in den Fällen der Nummern 2, 3 und 6 die die Beziehung begründende Ehe nicht mehr besteht;

1a. in den Fällen der Nummern 2a, 3 und 6a die die Beziehung begründende Lebenspartnerschaft nicht mehr besteht;

2. in den Fällen der Nummern 3 bis 7 die Verwandtschaft oder Schwägerschaft durch Annahme als Kind erloschen ist;
3. im Falle der Nummer 8 die häusliche Gemeinschaft nicht mehr besteht, sofern die Personen weiterhin wie Eltern und Kind miteinander verbunden sind.

Partner einer eingetragenen Lebenspartnerschaft gelten gem. § 11 Abs. 1 Lebenspartnerschaftsgesetz als Familienangehöriger des anderen Lebenspartners.

„Pflegebedürftigkeit" ist anzunehmen, wenn die betroffene Person infolge ihrer körperlichen, seelischen und/oder geistigen Behinderung zu den Verrichtungen des täglichen Lebens aus eigener Kraft nicht imstande ist, so dass für ihre Pflege die Arbeitskraft einer anderen Person in Anspruch genommen werden muss. Vergleiche auch § 14 SGB XI:

§ 14 SGB XI Begriff der Pflegebedürftigkeit

(1) Pflegebedürftig im Sinne dieses Buches sind Personen, die gesundheitlich bedingte Beeinträchtigungen der Selbständigkeit oder der Fähigkeiten aufweisen und deshalb der Hilfe durch andere bedürfen. Es muss sich um Personen handeln, die körperliche, kognitive oder psychische Beeinträchtigungen oder gesundheitlich bedingte Belastungen oder Anforderungen nicht selbständig kompensieren oder bewältigen können. Die Pflegebedürftigkeit muss auf Dauer, voraussichtlich für mindestens sechs Monate, und mit mindestens der in § 15 festgelegten Schwere bestehen.

(2) Maßgeblich für das Vorliegen von gesundheitlich bedingten Beeinträchtigungen der Selbständigkeit oder der Fähigkeiten sind die in den folgenden sechs Bereichen genannten pflegefachlich begründeten Kriterien:

1. Mobilität: Positionswechsel im Bett, Halten einer stabilen Sitzposition, Umsetzen, Fortbewegen innerhalb des Wohnbereichs, Treppensteigen;
2. kognitive und kommunikative Fähigkeiten: Erkennen von Personen aus dem näheren Umfeld, örtliche Orientierung, zeitliche Orientierung, Erinnern an wesentliche Ereignisse oder Beobachtungen,

II

Steuern von mehrschrittigen Alltagshandlungen, Treffen von Entscheidungen im Alltagsleben, Verstehen von Sachverhalten und Informationen, Erkennen von Risiken und Gefahren, Mitteilen von elementaren Bedürfnissen, Verstehen von Aufforderungen, Beteiligen an einem Gespräch;

3. Verhaltensweisen und psychische Problemlagen: motorisch geprägte Verhaltensauffälligkeiten, nächtliche Unruhe, selbstschädigendes und autoaggressives Verhalten, Beschädigen von Gegenständen, physisch aggressives Verhalten gegenüber anderen Personen, verbale Aggression, andere pflegerelevante vokale Auffälligkeiten, Abwehr pflegerischer und anderer unterstützender Maßnahmen, Wahnvorstellungen, Ängste, Antriebslosigkeit bei depressiver Stimmungslage, sozial inadäquate Verhaltensweisen, sonstige pflegerelevante inadäquate Handlungen;
4. Selbstversorgung: Waschen des vorderen Oberkörpers, Körperpflege im Bereich des Kopfes, Waschen des Intimbereichs, Duschen und Baden einschließlich Waschen der Haare, An- und Auskleiden des Oberkörpers, An- und Auskleiden des Unterkörpers, mundgerechtes Zubereiten der Nahrung und Eingießen von Getränken, Essen, Trinken, Benutzen einer Toilette oder eines Toilettenstuhls, Bewältigen der Folgen einer Harninkontinenz und Umgang mit Dauerkatheter und Urostoma, Bewältigen der Folgen einer Stuhlinkontinenz und Umgang mit Stoma, Ernährung parenteral oder über Sonde, Bestehen gravierender Probleme bei der Nahrungsaufnahme bei Kindern bis zu 18 Monaten, die einen außergewöhnlich pflegeintensiven Hilfebedarf auslösen;
5. Bewältigung von und selbständiger Umgang mit krankheits- oder therapiebedingten Anforderungen und Belastungen:
   a) in Bezug auf Medikation, Injektionen, Versorgung intravenöser Zugänge, Absaugen und Sauerstoffgabe, Einreibungen sowie Kälte- und Wärmeanwendungen, Messung und Deutung von Körperzuständen, körpernahe Hilfsmittel,
   b) in Bezug auf Verbandswechsel und Wundversorgung, Versorgung mit Stoma, regelmäßige Einmalkatheterisierung und Nutzung von Abführmethoden, Therapiemaßnahmen in häuslicher Umgebung,
   c) in Bezug auf zeit- und technikintensive Maßnahmen in häuslicher Umgebung, Arztbesuche, Besuche anderer medizinischer oder therapeutischer Einrichtungen, zeitlich ausgedehnte Besuche medizinischer oder therapeutischer Einrichtungen, Besuch von Einrichtungen zur Frühförderung bei Kindern sowie
   d) in Bezug auf das Einhalten einer Diät oder anderer krankheits- oder therapiebedingter Verhaltensvorschriften;
6. Gestaltung des Alltagslebens und sozialer Kontakte: Gestaltung des Tagesablaufs und Anpassung an Veränderungen, Ruhen und Schlafen, Sichbeschäftigen, Vornehmen von in die Zukunft gerichteten

Planungen, Interaktion mit Personen im direkten Kontakt, Kontaktpflege zu Personen außerhalb des direkten Umfelds.

(3) Beeinträchtigungen der Selbständigkeit oder der Fähigkeiten, die dazu führen, dass die Haushaltsführung nicht mehr ohne Hilfe bewältigt werden kann, werden bei den Kriterien der in Absatz 2 genannten Bereiche berücksichtigt.

Das Vorliegen der Voraussetzungen ist vom Angestellten durch ein ärztliches Gutachten nachzuweisen; ein amtsärztliches Gutachten ist in der Regel nicht erforderlich.

Die im Falle des Absatzes 1 Satz 1 Buchst. a bzw. b geforderte **tatsächliche Betreuung oder Pflege** erfordert nicht, dass die Betreuung oder Pflege durch den Angestellten zwingend geboten ist, d. h. keine andere Person hierfür zur Verfügung steht.

Die Teilzeitbeschäftigung ist auf Antrag des Beschäftigten auf bis zu fünf Jahre zu befristen. Wird kein entsprechender Antrag gestellt, ist die Teilzeitbeschäftigung unbefristet. Bei rechtzeitiger Antragstellung (spätestens sechs Monate vor Ablauf der Befristung) kann die Teilzeitbeschäftigung über den ursprünglichen Zeitpunkt hinaus verlängert werden. Die Verlängerung ist vom Zeitrahmen beliebig, sie unterliegt – anders als die erstmalige Befristung – keinen zeitlichen Begrenzungen, solange die Anspruchsvoraussetzungen (z. B. an das Höchstalter des betreuten Kindes) noch vorliegen.

Fallen nach der Bewilligung der Teilzeitbeschäftigung die Voraussetzungen des Absatzes 1 Satz 1 Buchst. a oder b weg, z. B. weil das Kind den Haushalt verlassen hat oder der Pflegebedürftige verstorben ist, bleibt die vereinbarte Ermäßigung der Arbeitszeit bestehen. Dies gilt auch, wenn es sich um eine zeitlich befristete Verkürzung der wöchentlichen Arbeitszeit gehandelt hat (z. B. für die Dauer von fünf Jahren). Die Voraussetzungen müssen lediglich zum Zeitpunkt der Vereinbarung nach Absatz 1 vorgelegen haben. Auf Wunsch der Beschäftigten sollte in solchen Fällen jedoch geprüft werden, ob im Rahmen der jeweiligen dienstlichen oder betrieblichen Möglichkeiten eine Änderung der Vereinbarung erfolgen kann.

Satz 4 legt dar, dass der Arbeitgeber bei der Gestaltung der Arbeitszeit den Belangen der Kinder oder sonstige pflegebedürftige betreuenden/pflegenden Beschäftigten im Rahmen der dienstlichen/betrieblichen Möglichkeiten Rechnung tragen soll. Hieraus resultiert jedoch kein Anspruch des Beschäftigten auf eine Änderung des Arbeitsvertrages bezüglich der Lage der Arbeitszeit. Die Ausgestaltung der verringerten Arbeitszeit bleibt Teil des Direktionsrechts des Arbeitgebers (s. BAG vom 16. Dezember 2014 – 9 AZR 915/13).

Teilzeitbeschäftigung aus anderen Gründen (Abs. 2)

Die Regelung in Absatz 2 eröffnet die Möglichkeit einer Teilzeitbeschäftigung auch aus anderen als familiären Gründen. Der Beschäftigte kann – falls dies notwendig sein sollte – von seinem Arbeitgeber verlangen, dass er mit ihm die Möglichkeit einer Teilzeitbeschäftigung mit dem Ziel erörtert, zu einer entsprechenden Vereinbarung zu gelangen. In jedem Einzelfall ist das persönliche Interesse des Angestellten an der Vereinbarung einer Teilzeitbeschäftigung mit den dienstlichen Belangen abzuwägen. Personalwirtschaftliche und organisatorische Gesichtspunkte sind zu berücksichtigen; die Berufung auf organisatorische Schwierigkeiten kann für sich allein jedoch nicht als Grund angesehen werden, den Antrag eines Angestellten auf Teilzeitbeschäftigung abzulehnen.

Rückkehr zur Vollbeschäftigung (bis 31. 10. 2022 Abs. 3)

Bis zum 31. Oktober 2022 enthielt § 11 TVöD mit Absatz 3 eine Bemühensklausel, wonach der Arbeitgeber auf der Grundlage des § 11 Abs. 1 oder 2 TVöD teilzeitbeschäftigte Beschäftigte im Rahmen der dienstlichen bzw. betrieblichen Möglichkeiten bei der Besetzung eines Vollzeitarbeitsplatzes bevorzugt berücksichtigen soll. Die Regelung stellte jedoch nur auf ehemalige bzw. frühere Vollzeitbeschäftigte ab. Dagegen kann nach der weitergehenden Formulierung des § 9 TzBfG[1]) jede teilzeitbeschäftigte Person den Wunsch zur Verlängerung der Arbeitszeit anzeigen. Dieser Wunsch ist unter den dort genannten Voraussetzungen zu berücksichtigen. Die Tarifvertragsparteien haben den Absatz 3 vor diesem Hintergrund zum 1. 11. 2022 aufgehoben.

Mit Urteil vom 13. 11. 2001 – 9 AZR 442/00, AP Nr. 1 zu § 15b BAT – hat das BAG zur inhaltsgleichen Vorschrift des § 15b Abs. 3 BAT entschieden, dass eine Angestellte, deren Arbeitszeit wegen der Betreuung ihres Kindes antragsgemäß und ohne zeitliche Begrenzung auf die Hälfte der regelmäßigen tariflichen Wochenarbeitszeit verkürzt worden war, später nicht einseitig die Erhöhung ihrer Arbeitszeit verlangen kann – und zwar auch dann nicht, wenn der Arbeitgeber die Angestellte vor der Verringerung der Arbeitszeit nicht auf die Möglichkeit hingewiesen hatte, die Herabsetzung der Arbeitszeit zeitlich zu befristen.

Auswirkungen einer Teilzeitbeschäftigung

Nachfolgend sind die Auswirkungen einer Arbeitszeitreduzierung auf das Arbeitsverhältnis bzw. Leistungsansprüche dargestellt.

---

[1]) abgedruckt als Anhang 1 unter **210** § 30 TVöD

Beschäftigungszeit: Zeiten der Teilzeitbeschäftigung zählen uneingeschränkt zur Beschäftigungszeit i. S. d. § 34 Abs. 3.

Entgelt: Der teilzeitbeschäftigte Beschäftigte erhält den Teil des Entgelts, der dem Maß der mit ihm vereinbarten Arbeitszeit entspricht (→ § 24 Abs. 2).

Jubiläumsgeld: Der nicht vollbeschäftigte Beschäftigte erhält das Jubiläumsgeld in voller Höhe (→ § 23 Abs. 2 Satz 2). Zeiten einer Teilzeitbeschäftigung werden im vollen Umfang bei der Festsetzung der dem Jubiläumsgeld zugrunde liegenden Beschäftigungszeit berücksichtigt.

Jahressonderzahlung: Ist die regelmäßige Arbeitszeit in mindestens einem der Monate Juli, August und September herabgesetzt, ergibt sich über die Ermäßigung des für die Jahressonderzahlung maßgeblichen Durchschnittsentgelts eine Verringerung des Grundbetrages der jährlichen Zuwendung (→ § 24 Abs. 2 i. V. m. § 20 Abs. 2).

Vermögenswirksame Leistungen: Nicht Vollbeschäftigte erhalten von der vermögenswirksamen Leistung für Vollbeschäftigte den Teil, der dem Maß der mit ihnen vereinbarten regelmäßigen wöchentlichen Arbeitszeit entspricht (→ § 23 Abs. 1 Satz 2 i. V. m. § 24 Abs. 2).

Zusatzversorgung: Seit der Neuregelung des Rechts der Zusatzversorgung durch den Tarifvertrag Altersversorgung (ATV/ATV-K)[1] sind teilzeitbeschäftigte Arbeitnehmer nicht mehr von der Pflicht zur Versicherung bei der VBL ausgenommen.

Eine Minderung der Zusatzrente im Vergleich zur Zusatzversorgung eines Vollbeschäftigten ergibt sich in Folge des im Vergleich zur Vollbeschäftigung geringeren Entgelts und der entsprechend niedrigeren Einzahlungen bei der VBL.

---

[1]) ATV abgedruckt unter **710**

II

Anhang 1

Gesetz über die Familienpflegezeit (Familienpflegezeitgesetz – FPfZG)

Vom 6. Dezember 2011 (BGBl. I S. 2564)

Zuletzt geändert durch
Viertes Bürokratieentlastungsgesetz
vom 23. Oktober 2024 (BGBl. I Nr. 323)

§ 1 Ziel des Gesetzes

Durch die Einführung der Familienpflegezeit werden die Möglichkeiten zur Vereinbarkeit von Beruf und familiärer Pflege verbessert.

§ 2 Familienpflegezeit

(1) Beschäftigte sind von der Arbeitsleistung für längstens 24 Monate (Höchstdauer) teilweise freizustellen, wenn sie einen pflegebedürftigen nahen Angehörigen in häuslicher Umgebung pflegen (Familienpflegezeit). Während der Familienpflegezeit muss die verringerte Arbeitszeit wöchentlich mindestens 15 Stunden betragen. Bei unterschiedlichen wöchentlichen Arbeitszeiten oder einer unterschiedlichen Verteilung der wöchentlichen Arbeitszeit darf die wöchentliche Arbeitszeit im Durchschnitt eines Zeitraums von bis zu einem Jahr 15 Stunden nicht unterschreiten (Mindestarbeitszeit). Der Anspruch nach Satz 1 besteht nicht gegenüber Arbeitgebern mit in der Regel 25 oder weniger Beschäftigten ausschließlich der zu ihrer Berufsbildung Beschäftigten.

(2) Pflegezeit und Familienpflegezeit dürfen gemeinsam 24 Monate je pflegebedürftigem nahen Angehörigen nicht überschreiten (Gesamtdauer).

(3) Die §§ 5 bis 8 des Pflegezeitgesetzes gelten entsprechend.

(4) Die Familienpflegezeit wird auf Berufsbildungszeiten nicht angerechnet.

(5) Beschäftigte sind von der Arbeitsleistung für längstens 24 Monate (Höchstdauer) teilweise freizustellen, wenn sie einen minderjährigen pflegebedürftigen nahen Angehörigen in häuslicher oder außerhäuslicher Umgebung betreuen. Die Inanspruchnahme dieser Freistellung ist jederzeit im Wechsel mit der Freistellung nach Absatz 1 im Rahmen der Gesamtdauer nach Absatz 2 möglich. Absatz 1 Satz 2 bis 4 und die Absätze 2 bis 4 gelten entsprechend. Beschäftigte können diesen

Anspruch wahlweise statt des Anspruchs auf Familienpflegezeit nach Absatz 1 geltend machen.

§ 2a Inanspruchnahme der Familienpflegezeit

(1) Wer Familienpflegezeit nach § 2 beanspruchen will, muss dies dem Arbeitgeber spätestens acht Wochen vor dem gewünschten Beginn in Textform ankündigen und gleichzeitig erklären, für welchen Zeitraum und in welchem Umfang innerhalb der Gesamtdauer nach § 2 Absatz 2 die Freistellung von der Arbeitsleistung in Anspruch genommen werden soll. Dabei ist auch die gewünschte Verteilung der Arbeitszeit anzugeben. Enthält die Ankündigung keine eindeutige Festlegung, ob die oder der Beschäftigte Pflegezeit nach § 3 des Pflegezeitgesetzes oder Familienpflegezeit in Anspruch nehmen will, und liegen die Voraussetzungen beider Freistellungsansprüche vor, gilt die Erklärung als Ankündigung von Pflegezeit. Wird die Familienpflegezeit nach einer Freistellung nach § 3 Absatz 1 oder Absatz 5 des Pflegezeitgesetzes zur Pflege oder Betreuung desselben pflegebedürftigen Angehörigen in Anspruch genommen, muss sich die Familienpflegezeit unmittelbar an die Freistellung nach § 3 Absatz 1 oder Absatz 5 des Pflegezeitgesetzes anschließen. In diesem Fall soll die oder der Beschäftigte möglichst frühzeitig erklären, ob sie oder er Familienpflegezeit in Anspruch nehmen wird; abweichend von Satz 1 muss die Ankündigung spätestens drei Monate vor Beginn der Familienpflegezeit erfolgen. Wird eine Freistellung nach § 3 Absatz 1 oder Absatz 5 des Pflegezeitgesetzes nach einer Familienpflegezeit in Anspruch genommen, ist diese in unmittelbarem Anschluss an die Familienpflegezeit zu beanspruchen; sie ist dem Arbeitgeber spätestens acht Wochen vor Beginn in Textform anzukündigen.

(2) Arbeitgeber und Beschäftigte haben über die Verringerung und Verteilung der Arbeitszeit eine schriftliche Vereinbarung zu treffen. Hierbei hat der Arbeitgeber den Wünschen der Beschäftigten zu entsprechen, es sei denn, dass dringende betriebliche Gründe entgegenstehen.

(3) Für einen kürzeren Zeitraum in Anspruch genommene Familienpflegezeit kann bis zur Gesamtdauer nach § 2 Absatz 2 verlängert werden, wenn der Arbeitgeber zustimmt. Eine Verlängerung bis zur Gesamtdauer kann verlangt werden, wenn ein vorgesehener Wechsel in der Person der oder des Pflegenden aus einem wichtigen Grund nicht erfolgen kann.

(4) Die Beschäftigten haben die Pflegebedürftigkeit der oder des nahen Angehörigen durch Vorlage einer Bescheinigung der Pflegekasse oder des Medizinischen Dienstes der Krankenversicherung nach-

zuweisen. Bei in der privaten Pflege-Pflichtversicherung versicherten Pflegebedürftigen ist ein entsprechender Nachweis zu erbringen.

II

(5) Ist die oder der nahe Angehörige nicht mehr pflegebedürftig oder die häusliche Pflege der oder des nahen Angehörigen unmöglich oder unzumutbar, endet die Familienpflegezeit vier Wochen nach Eintritt der veränderten Umstände. Der Arbeitgeber ist hierüber unverzüglich zu unterrichten. Im Übrigen kann die Familienpflegezeit nur vorzeitig beendet werden, wenn der Arbeitgeber zustimmt.

(5a) Beschäftigte von Arbeitgebern mit in der Regel 25 oder weniger Beschäftigten ausschließlich der zu ihrer Berufsbildung Beschäftigten können bei ihrem Arbeitgeber den Abschluss einer Vereinbarung über eine Familienpflegezeit nach § 2 Absatz 1 Satz 1 bis 3 oder eine Freistellung nach § 2 Absatz 5 Satz 1 beantragen. Der Arbeitgeber hat den Antrag nach Satz 1 innerhalb von vier Wochen nach Zugang zu beantworten. Eine Ablehnung des Antrags ist zu begründen. Wird eine Freistellung nach Satz 1 vereinbart, gelten § 2 Absatz 2 bis 4 sowie § 2a Absatz 1 Satz 4 und 6 erster Halbsatz, Absatz 2 Satz 1, Absatz 3 Satz 1, Absatz 4 und 5 entsprechend.

(6) Die Absätze 1 bis 5 gelten entsprechend für die Freistellung von der Arbeitsleistung nach § 2 Absatz 5.

§ 2b Erneute Familienpflegezeit nach Inanspruchnahme einer Freistellung auf Grundlage der Sonderregelungen aus Anlass der COVID-19-Pandemie

(1) Abweichend von § 2a Absatz 3 können Beschäftigte einmalig nach einer beendeten Familienpflegezeit zur Pflege und Betreuung desselben pflegebedürftigen Angehörigen Familienpflegezeit erneut, jedoch insgesamt nur bis zur Höchstdauer nach § 2 Absatz 1 in Anspruch nehmen, wenn die Gesamtdauer von 24 Monaten nach § 2 Absatz 2 nicht überschritten wird und die Inanspruchnahme der beendeten Familienpflegezeit auf der Grundlage der Sonderregelungen aus Anlass der COVID-19-Pandemie erfolgte.

(2) Abweichend von § 2a Absatz 1 Satz 4 muss sich die Familienpflegezeit nicht unmittelbar an die Freistellung nach § 3 Absatz 1 oder Absatz 5 des Pflegezeitgesetzes anschließen, wenn die Freistellung aufgrund der Sonderregelungen aus Anlass der COVID-19-Pandemie in Anspruch genommen wurde und die Gesamtdauer nach § 2 Absatz 2 von 24 Monaten nicht überschritten wird.

(3) Abweichend von § 2a Absatz 1 Satz 6 muss sich die Freistellung nach § 3 Absatz 1 oder Absatz 5 des Pflegezeitgesetzes nicht unmittelbar an die Familienpflegezeit anschließen, wenn die Inanspruchnahme

der Familienpflegezeit aufgrund der Sonderregelungen aus Anlass der COVID-19-Pandemie erfolgte und die Gesamtdauer nach § 2 Absatz 2 von 24 Monaten ab Beginn der ersten Freistellung nicht überschritten wird.

§ 3 Förderung der pflegebedingten Freistellung von der Arbeitsleistung

(1) Für die Dauer der Freistellungen nach § 2 dieses Gesetzes oder nach § 3 des Pflegezeitgesetzes gewährt das Bundesamt für Familie und zivilgesellschaftliche Aufgaben Beschäftigten auf Antrag ein in monatlichen Raten zu zahlendes zinsloses Darlehen nach Maßgabe der Absätze 2 bis 5. Der Anspruch gilt auch für Vereinbarungen über Freistellungen von der Arbeitsleistung nach § 2a Absatz 5a dieses Gesetzes.

(2) Die monatlichen Darlehensraten werden in Höhe der Hälfte der Differenz zwischen den pauschalierten monatlichen Nettoentgelten vor und während der Freistellung nach Absatz 1 gewährt.

(3) Das pauschalierte monatliche Nettoentgelt vor der Freistellung nach Absatz 1 wird berechnet auf der Grundlage des regelmäßigen durchschnittlichen monatlichen Bruttoarbeitsentgelts ausschließlich der Sachbezüge der letzten zwölf Kalendermonate vor Beginn der Freistellung. Das pauschalierte monatliche Nettoentgelt während der Freistellung wird berechnet auf der Grundlage des Bruttoarbeitsentgelts, das sich aus dem Produkt aus der vereinbarten durchschnittlichen monatlichen Stundenzahl während der Freistellung und dem durchschnittlichen Entgelt je Arbeitsstunde ergibt. Durchschnittliches Entgelt je Arbeitsstunde ist das Verhältnis des regelmäßigen gesamten Bruttoarbeitsentgelts ausschließlich der Sachbezüge der letzten zwölf Kalendermonate vor Beginn der Freistellung zur arbeitsvertraglichen Gesamtstundenzahl der letzten zwölf Kalendermonate vor Beginn der Freistellung. Die Berechnung der pauschalierten Nettoentgelte erfolgt entsprechend der Berechnung der pauschalierten Nettoentgelte gemäß § 106 Absatz 1 Satz 5 bis 7 des Dritten Buches Sozialgesetzbuch. Bei einem weniger als zwölf Monate vor Beginn der Freistellung bestehenden Beschäftigungsverhältnis verkürzt sich der der Berechnung zugrunde zu legende Zeitraum entsprechend. Für die Berechnung des durchschnittlichen Entgelts je Arbeitsstunde bleiben Mutterschutzfristen, Freistellungen nach § 2, kurzzeitige Arbeitsverhinderungen nach § 2 des Pflegezeitgesetzes, Freistellungen nach § 3 des Pflegezeitgesetzes sowie die Einbringung von Arbeitsentgelt in und die Entnahme von Arbeitsentgelt aus Wertguthaben nach § 7b des Vierten Buches Sozialgesetzbuch außer Betracht. Abweichend von

Satz 6 bleiben auf Antrag für die Berechnung des durchschnittlichen Arbeitsentgelts je Arbeitsstunde in der Zeit vom 1. März 2020 bis zum Ablauf des 30. April 2023 auch Kalendermonate mit einem aufgrund der COVID-19-Pandemie geringeren Entgelt unberücksichtigt.

(4) In den Fällen der Freistellung nach § 3 des Pflegezeitgesetzes ist die monatliche Darlehensrate auf den Betrag begrenzt, der bei einer durchschnittlichen Arbeitszeit während der Familienpflegezeit von 15 Wochenstunden zu gewähren ist.

(5) Abweichend von Absatz 2 können Beschäftigte auch einen geringeren Darlehensbetrag in Anspruch nehmen, wobei die monatliche Darlehensrate mindestens 50 Euro betragen muss.

(6) Das Darlehen ist in der in Absatz 2 genannten Höhe, in den Fällen der Pflegezeit in der in Absatz 4 genannten Höhe, vorrangig vor dem Bezug von bedürftigkeitsabhängigen Sozialleistungen in Anspruch zu nehmen und von den Beschäftigten zu beantragen; Absatz 5 ist insoweit nicht anzuwenden. Bei der Berechnung von Sozialleistungen nach Satz 1 sind die Zuflüsse aus dem Darlehen als Einkommen zu berücksichtigen.

§ 4 Mitwirkungspflicht des Arbeitgebers

Der Arbeitgeber hat dem Bundesamt für Familie und zivilgesellschaftliche Aufgaben für bei ihm Beschäftigte den Arbeitsumfang sowie das Arbeitsentgelt vor der Freistellung nach § 3 Absatz 1 zu bescheinigen, soweit dies zum Nachweis des Einkommens aus Erwerbstätigkeit oder der wöchentlichen Arbeitszeit der die Förderung beantragenden Beschäftigten erforderlich ist. Für die in Heimarbeit Beschäftigten und die ihnen Gleichgestellten tritt an die Stelle des Arbeitgebers der Auftraggeber oder Zwischenmeister.

§ 5 Ende der Förderfähigkeit

(1) Die Förderfähigkeit endet mit dem Ende der Freistellung nach § 3 Absatz 1. Die Förderfähigkeit endet auch dann, wenn die oder der Beschäftigte während der Freistellung nach § 2 den Mindestumfang der wöchentlichen Arbeitszeit aufgrund gesetzlicher oder kollektivvertraglicher Bestimmungen oder aufgrund von Bestimmungen, die in Arbeitsrechtsregelungen der Kirchen enthalten sind, unterschreitet. Die Unterschreitung der Mindestarbeitszeit aufgrund von Kurzarbeit oder eines Beschäftigungsverbotes lässt die Förderfähigkeit unberührt.

(2) Die Darlehensnehmerin oder der Darlehensnehmer hat dem Bundesamt für Familie und zivilgesellschaftliche Aufgaben unverzüglich

jede Änderung in den Verhältnissen, die für den Anspruch nach § 3 Absatz 1 erheblich sind, mitzuteilen, insbesondere die Beendigung der häuslichen Pflege der oder des nahen Angehörigen, die Beendigung der Betreuung nach § 2 Absatz 5 dieses Gesetzes oder § 3 Absatz 5 des Pflegezeitgesetzes, die Beendigung der Freistellung nach § 3 Absatz 6 des Pflegezeitgesetzes, die vorzeitige Beendigung der Freistellung nach § 3 Absatz 1 sowie die Unterschreitung des Mindestumfangs der wöchentlichen Arbeitszeit während der Freistellung nach § 2 aus anderen als den in Absatz 1 Satz 2 genannten Gründen.

§ 6 Rückzahlung des Darlehens

(1) Im Anschluss an die Freistellung nach § 3 Absatz 1 ist die Darlehensnehmerin oder der Darlehensnehmer verpflichtet, das Darlehen innerhalb von 48 Monaten nach Beginn der Freistellung nach § 3 Absatz 1 zurückzuzahlen. Die Rückzahlung erfolgt in möglichst gleichbleibenden monatlichen Raten in Höhe des im Bescheid nach § 9 festgesetzten monatlichen Betrags jeweils spätestens zum letzten Bankarbeitstag des laufenden Monats. Für die Rückzahlung gelten alle nach § 3 an die Darlehensnehmerin oder den Darlehensnehmer geleisteten Darlehensbeträge als ein Darlehen.

(2) Die Rückzahlung beginnt in dem Monat, der auf das Ende der Förderung der Freistellung nach § 3 Absatz 1 folgt. Das Bundesamt für Familie und zivilgesellschaftliche Aufgaben kann auf Antrag der Darlehensnehmerin oder des Darlehensnehmers den Beginn der Rückzahlung auf einen späteren Zeitpunkt, spätestens jedoch auf den 25. Monat nach Beginn der Förderung festsetzen, wenn die übrigen Voraussetzungen für den Anspruch nach den §§ 2 und 3 weiterhin vorliegen. Befindet sich die Darlehensnehmerin oder der Darlehensnehmer während des Rückzahlungszeitraums in einer Freistellung nach § 3 Absatz 1, setzt das Bundesamt für Familie und zivilgesellschaftliche Aufgaben auf Antrag der oder des Beschäftigten die monatlichen Rückzahlungsraten bis zur Beendigung der Freistellung von der Arbeitsleistung aus. Der Rückzahlungszeitraum verlängert sich um den Zeitraum der Aussetzung.

§ 7 Härtefallregelung

(1) Zur Vermeidung einer besonderen Härte stundet das Bundesamt für Familie und zivilgesellschaftliche Aufgaben der Darlehensnehmerin oder dem Darlehensnehmer auf Antrag die Rückzahlung des Darlehens, ohne dass hierfür Zinsen anfallen. Als besondere Härte gelten insbesondere der Bezug von Entgeltersatzleistungen nach dem Dritten und dem Fünften Buch Sozialgesetzbuch, Leistungen zur

Sicherung des Lebensunterhalts nach dem Zweiten Buch Sozialgesetzbuch und Leistungen nach dem Dritten und Vierten Kapitel des Zwölften Buches Sozialgesetzbuch oder eine mehr als 180 Tage ununterbrochene Arbeitsunfähigkeit. Eine besondere Härte liegt auch vor, wenn sich die Darlehensnehmerin oder der Darlehensnehmer wegen unverschuldeter finanzieller Belastungen vorübergehend in ernsthaften Zahlungsschwierigkeiten befindet oder zu erwarten ist, dass sie oder er durch die Rückzahlung des Darlehens in der vorgesehenen Form in solche Schwierigkeiten gerät.

(2) Für den über die Gesamtdauer der Freistellungen nach § 2 dieses Gesetzes oder nach § 3 Absatz 1 oder 5 des Pflegezeitgesetzes hinausgehenden Zeitraum, in dem die Pflegebedürftigkeit desselben nahen Angehörigen fortbesteht, die Pflege durch die oder den Beschäftigten in häuslicher Umgebung andauert und die Freistellung von der Arbeitsleistung fortgeführt wird, sind auf Antrag die fälligen Rückzahlungsraten zu einem Viertel zu erlassen (Teildarlehenserlass) und die restliche Darlehensschuld für diesen Zeitraum bis zur Beendigung der häuslichen Pflege auf Antrag zu stunden, ohne dass hierfür Zinsen anfallen, sofern eine besondere Härte im Sinne von Absatz 1 Satz 3 vorliegt.

(3) Die Darlehensschuld erlischt, soweit sie noch nicht fällig ist, wenn die Darlehensnehmerin oder der Darlehensnehmer

1. Leistungen nach dem Dritten und Vierten Kapitel des Zwölften Buches Sozialgesetzbuch oder Leistungen zur Sicherung des Lebensunterhalts nach dem Zweiten Buch Sozialgesetzbuch ununterbrochen seit mindestens zwei Jahren nach dem Ende der Freistellung bezieht oder
2. verstirbt.

(4) Der Abschluss von Vergleichen sowie die Stundung, Niederschlagung und der Erlass von Ansprüchen richten sich, sofern in diesem Gesetz nicht abweichende Regelungen getroffen werden, nach den §§ 58 und 59 der Bundeshaushaltsordnung.

§ 8 Antrag auf Förderung

(1) Das Bundesamt für Familie und zivilgesellschaftliche Aufgaben entscheidet auf schriftlichen Antrag über das Darlehen nach § 3 und dessen Rückzahlung nach § 6.

(2) Der Antrag wirkt vom Zeitpunkt des Vorliegens der Anspruchsvoraussetzungen, wenn er innerhalb von drei Monaten nach deren Vorliegen gestellt wird, andernfalls wirkt er vom Beginn des Monats der Antragstellung.

(3) Der Antrag muss enthalten:

1. Name und Anschrift der oder des das Darlehen beantragenden Beschäftigten,
2. Name, Anschrift und Angehörigenstatus der gepflegten Person,
3. Bescheinigung über die Pflegebedürftigkeit oder im Fall des § 3 Absatz 6 des Pflegezeitgesetzes das dort genannte ärztliche Zeugnis über die Erkrankung des oder der nahen Angehörigen,
4. Dauer der Freistellung nach § 3 Absatz 1 sowie Mitteilung, ob zuvor eine Freistellung nach § 3 Absatz 1 in Anspruch genommen wurde, sowie
5. Höhe, Dauer und Angabe der Zeitabschnitte des beantragten Darlehens.

(4) Dem Antrag sind beizufügen:

1. Entgeltbescheinigungen mit Angabe der arbeitsvertraglichen Wochenstunden der letzten zwölf Monate vor Beginn der Freistellung nach § 3 Absatz 1,
2. in den Fällen der vollständigen Freistellung nach § 3 des Pflegezeitgesetzes eine Bescheinigung des Arbeitgebers über die Freistellung und in den Fällen der teilweisen Freistellung die hierüber getroffene schriftliche Vereinbarung zwischen dem Arbeitgeber und der oder dem Beschäftigten.

§ 9 Darlehensbescheid und Zahlweise

(1) In dem Bescheid nach § 8 Absatz 1 sind anzugeben:

1. Höhe des Darlehens,
2. Höhe der monatlichen Darlehensraten sowie Dauer der Leistung der Darlehensraten,
3. Höhe und Dauer der Rückzahlungsraten und
4. Fälligkeit der ersten Rückzahlungsrate.

Wurde dem Antragsteller für eine vor dem Antrag liegende Freistellung nach § 3 Absatz 1 ein Darlehen gewährt, sind für die Ermittlung der Beträge nach Satz 1 Nummer 3 und 4 das zurückliegende und das aktuell gewährte Darlehen wie ein Darlehen zu behandeln. Der das erste Darlehen betreffende Bescheid nach Satz 1 wird hinsichtlich Höhe, Dauer und Fälligkeit der Rückzahlungsraten geändert.

(2) Die Höhe der Darlehensraten wird zu Beginn der Leistungsgewährung in monatlichen Festbeträgen für die gesamte Förderdauer festgelegt.

(3) Die Darlehensraten werden unbar zu Beginn jeweils für den Kalendermonat ausgezahlt, in dem die Anspruchsvoraussetzungen vorlie-

gen. Monatliche Förderungsbeträge, die nicht volle Euro ergeben, sind bei Restbeträgen bis zu 0,49 Euro abzurunden und von 0,50 Euro an aufzurunden.

§ 10 Antrag und Nachweis in weiteren Fällen

(1) Das Bundesamt für Familie und zivilgesellschaftliche Aufgaben entscheidet auch in den Fällen des § 7 auf schriftlichen oder elektronischen Antrag, der Name und Anschrift der Darlehensnehmerin oder des Darlehensnehmers enthalten muss.

(2) Die Voraussetzungen des § 7 sind nachzuweisen

1. in den Fällen des Absatzes 1 durch Glaubhaftmachung der dort genannten Voraussetzungen, insbesondere durch Darlegung der persönlichen wirtschaftlichen Verhältnisse oder bei Arbeitsunfähigkeit durch Vorlage einer Arbeitsunfähigkeitsbescheinigung der Darlehensnehmerin oder des Darlehensnehmers,
2. in den Fällen des Absatzes 2 durch Vorlage einer Bescheinigung über die fortbestehende Pflegebedürftigkeit der oder des nahen Angehörigen und die Fortdauer der Freistellung von der Arbeitsleistung sowie Glaubhaftmachung der dort genannten Voraussetzungen, insbesondere durch Darlegung der persönlichen wirtschaftlichen Verhältnisse,
3. in den Fällen des Absatzes 3 durch Vorlage der entsprechenden Leistungsbescheide der Darlehensnehmerin oder des Darlehensnehmers oder durch Vorlage einer Sterbeurkunde durch die Rechtsnachfolger.

(3) Anträge auf Teildarlehenserlass nach § 7 Absatz 2 sind bis spätestens 48 Monate nach Beginn der Freistellungen nach § 2 dieses Gesetzes oder nach § 3 Absatz 1 oder 5 des Pflegezeitgesetzes zu stellen.

§ 11 Allgemeine Verwaltungsvorschriften

Zur Durchführung des Verfahrens nach den §§ 8 und 10 kann das Bundesministerium für Familie, Senioren, Frauen und Jugend allgemeine Verwaltungsvorschriften erlassen.

§ 12 Bußgeldvorschriften

(1) Ordnungswidrig handelt, wer vorsätzlich oder fahrlässig

1. entgegen § 4 Satz 1 eine dort genannte Bescheinigung nicht, nicht richtig, nicht vollständig oder nicht rechtzeitig erstellt,
2. entgegen § 5 Absatz 2 eine Mitteilung nicht, nicht richtig, nicht vollständig oder nicht rechtzeitig macht oder
3. entgegen § 8 Absatz 3 Nummer 4 eine Mitteilung nicht, nicht richtig, nicht vollständig oder nicht rechtzeitig macht.

(2) Verwaltungsbehörde im Sinne des § 36 Absatz 1 Nummer 1 des Gesetzes über Ordnungswidrigkeiten ist das Bundesamt für Familie und zivilgesellschaftliche Aufgaben.

(3) Die Ordnungswidrigkeit kann in den Fällen des Absatzes 1 Nummer 1 mit einer Geldbuße bis zu fünftausend Euro und in den Fällen des Absatzes 1 Nummer 2 mit einer Geldbuße bis zu tausend Euro geahndet werden.

(4) Die Geldbußen fließen in die Kasse des Bundesamtes für Familie und zivilgesellschaftliche Aufgaben. Diese trägt abweichend von § 105 Absatz 2 des Gesetzes über Ordnungswidrigkeiten die notwendigen Auslagen. Sie ist auch ersatzpflichtig im Sinne des § 110 Absatz 4 des Gesetzes über Ordnungswidrigkeiten.

§ 13 Aufbringung der Mittel

Die für die Ausführung dieses Gesetzes erforderlichen Mittel trägt der Bund.

§ 14 Beirat

(1) Das Bundesministerium für Familie, Senioren, Frauen und Jugend setzt einen unabhängigen Beirat für die Vereinbarkeit von Pflege und Beruf ein.

(2) Der Beirat befasst sich mit Fragen zur Vereinbarkeit von Pflege und Beruf, er begleitet die Umsetzung der einschlägigen gesetzlichen Regelungen und berät über deren Auswirkungen. Das Bundesministerium für Familie, Senioren, Frauen und Jugend kann dem Beirat Themenstellungen zur Beratung vorgeben.

(3) Der Beirat legt dem Bundesministerium für Familie, Senioren, Frauen und Jugend alle vier Jahre, erstmals zum 1. Juni 2019, einen Bericht vor und kann hierin Handlungsempfehlungen aussprechen.

(4) Der Beirat besteht aus einundzwanzig Mitgliedern, die vom Bundesministerium für Familie, Senioren, Frauen und Jugend im Einvernehmen mit dem Bundesministerium für Arbeit und Soziales und dem Bundesministerium für Gesundheit berufen werden. Stellvertretung ist zulässig. Die oder der Vorsitzende und die oder der stellvertretende Vorsitzende werden vom Bundesministerium für Familie, Senioren, Frauen und Jugend ernannt. Der Beirat setzt sich zusammen aus sechs Vertreterinnen oder Vertretern von fachlich betroffenen Interessenverbänden, je zwei Vertreterinnen oder Vertretern der Gewerkschaften, der Arbeitgeber, der Wohlfahrtsverbände und der Seniorenorganisationen sowie aus je einer Vertreterin oder einem Vertreter der sozialen und der privaten Pflege-Pflichtversicherung. Des Weiteren

gehören dem Beirat zwei Wissenschaftlerinnen oder Wissenschaftler mit Schwerpunkt in der Forschung der Vereinbarkeit von Pflege und Beruf sowie je eine Vertreterin oder ein Vertreter der Konferenz der Ministerinnen und Minister, Senatorinnen und Senatoren für Jugend und Familie, der Konferenz der Ministerinnen und Minister, Senatorinnen und Senatoren für Arbeit und Soziales sowie der kommunalen Spitzenverbände an. Die Besetzung des Beirats muss geschlechterparitätisch erfolgen.

(5) Die Amtszeit der Mitglieder des Beirats und ihrer Stellvertreterinnen oder Stellvertreter beträgt fünf Jahre und kann einmalig um fünf Jahre verlängert werden. Scheidet ein Mitglied oder dessen Stellvertreterin oder Stellvertreter vorzeitig aus, wird für den Rest der Amtszeit eine Nachfolgerin oder ein Nachfolger berufen.

(6) Die Mitglieder des Beirats sind ehrenamtlich tätig. Sie haben Anspruch auf Erstattung ihrer notwendigen Auslagen.

(7) Der Beirat arbeitet auf der Grundlage einer durch das Bundesministerium für Familie, Senioren, Frauen und Jugend zu erlassenden Geschäftsordnung.

§ 15 Übergangsvorschrift

Die Vorschriften des Familienpflegezeitgesetzes in der Fassung vom 6. Dezember 2011 gelten in den Fällen fort, in denen die Voraussetzungen für die Gewährung eines Darlehens nach § 3 Absatz 1 in Verbindung mit § 12 Absatz 1 Satz 1 bis einschließlich 31. Dezember 2014 vorlagen.

II

Abschnitt III
Eingruppierung, Entgelt und sonstige Leistungen

§ 12 (Bund) Eingruppierung

(1) [1]Die Eingruppierung der/des Beschäftigten richtet sich nach dem Tarifvertrag über die Entgeltordnung des Bundes (TV EntgO Bund). [2]Die/Der Beschäftigte erhält Entgelt nach der Entgeltgruppe, in der sie/er eingruppiert ist.

(2) [1]Die/Der Beschäftigte ist in der Entgeltgruppe eingruppiert, deren Tätigkeitsmerkmalen die gesamte von ihr/ihm nicht nur vorübergehend auszuübende Tätigkeit entspricht. [2]Die gesamte auszuübende Tätigkeit entspricht den Tätigkeitsmerkmalen einer Entgeltgruppe, wenn zeitlich mindestens zur Hälfte Arbeitsvorgänge anfallen, die für sich genommen die Anforderungen eines Tätigkeitsmerkmals oder mehrerer Tätigkeitsmerkmale dieser Entgeltgruppe erfüllen. [3]Kann die Erfüllung einer Anforderung in der Regel erst bei der Betrachtung mehrerer Arbeitsvorgänge festgestellt werden (z. B. vielseitige Fachkenntnisse), sind diese Arbeitsvorgänge für die Feststellung, ob diese Anforderung erfüllt ist, insoweit zusammen zu beurteilen. [4]Werden in einem Tätigkeitsmerkmal mehrere Anforderungen gestellt, gilt das in Satz 2 bestimmte Maß, ebenfalls bezogen auf die gesamte auszuübende Tätigkeit, für jede Anforderung. [5]Ist in einem Tätigkeitsmerkmal ein von Satz 2 oder 4 abweichendes zeitliches Maß bestimmt, gilt dieses. [6]Ist in einem Tätigkeitsmerkmal als Anforderung eine Voraussetzung in der Person der/des Beschäftigten bestimmt, muss auch diese Anforderung erfüllt sein.

Protokollerklärungen zu Absatz 2:

1. [1]Arbeitsvorgänge sind Arbeitsleistungen (einschließlich Zusammenhangsarbeiten), die, bezogen auf den Aufgabenkreis der/des Beschäftigten, zu einem bei natürlicher Betrachtung abgrenzbaren Arbeitsergebnis führen (z. B. unterschriftsreife Bearbeitung eines Aktenvorgangs, eines Widerspruchs oder eines Antrags, Betreuung bzw. Pflege einer Person oder Personengruppe, Fertigung einer Bauzeichnung, Erstellung eines EKG, Durchführung einer Unterhaltungs- bzw. Instandsetzungsarbeit). [2]Jeder einzelne Arbeitsvorgang ist als solcher zu bewerten und darf dabei hinsichtlich der Anforderungen zeitlich nicht aufgespalten werden.
2. Eine Anforderung im Sinne der Sätze 2 und 3 ist auch das in einem Tätigkeitsmerkmal geforderte Herausheben der Tätigkeit aus einer niedrigeren Entgeltgruppe.

(3) Die Entgeltgruppe der/des Beschäftigten ist im Arbeitsvertrag anzugeben.

Erläuterungen

Bei den §§ 12, 13 TVöD (Bund) handelt es sich um die zentralen Eingruppierungsvorschriften des TVöD, die für den Bund mit Wirkung vom 1. Januar 2014 durch den Änderungs-Tarifvertrag Nr. 9 zum TVöD eingefügt worden sind. In Verbindung mit der Entgeltordnung für die Beschäftigten des Bundes[1]) bestimmen sie die Grundsätze der Eingruppierung der Beschäftigten des Bundes. Eine ausführliche Dar-

[1]) abgedruckt unter **420**

stellung dazu finden Sie im Schwerpunktbeitrag „Einführung in die Entgeltordnung für die Beschäftigten des Bundes".[1])

II

[1]) abgedruckt unter **405**

§ 13 (Bund) Eingruppierung in besonderen Fällen

(1) [1]Ist der/dem Beschäftigten eine andere, höherwertige Tätigkeit nicht übertragen worden, hat sich aber die ihr/ihm übertragene Tätigkeit (§ 12 Abs. 2 Satz 1) nicht nur vorübergehend derart geändert, dass sie den Tätigkeitsmerkmalen einer höheren als ihrer/seiner bisherigen Entgeltgruppe entspricht (§ 12 Abs. 2 Sätze 2 bis 6), und hat die/der Beschäftigte die höherwertige Tätigkeit ununterbrochen sechs Monate lang ausgeübt, ist sie/er mit Beginn des darauffolgenden Kalendermonats in der höheren Entgeltgruppe eingruppiert. [2]Für die zurückliegenden sechs Kalendermonate gilt § 14 sinngemäß.

(2) [1]Ist die Zeit der Ausübung der höherwertigen Tätigkeit durch Urlaub, Arbeitsbefreiung, Arbeitsunfähigkeit, Kur- oder Heilverfahren oder Vorbereitung auf eine Fachprüfung für die Dauer von insgesamt nicht mehr als sechs Wochen unterbrochen worden, wird die Unterbrechungszeit in die Frist von sechs Monaten eingerechnet. [2]Bei einer längeren Unterbrechung oder bei einer Unterbrechung aus anderen Gründen beginnt die Frist nach der Beendigung der Unterbrechung von neuem.

(3) Wird der/dem Beschäftigten vor Ablauf der sechs Monate wieder eine Tätigkeit zugewiesen, die den Tätigkeitsmerkmalen ihrer/seiner bisherigen Entgeltgruppe entspricht, gilt § 14 sinngemäß.

Erläuterungen

Bei den §§ 12, 13 TVöD (Bund) handelt es sich um die zentralen Eingruppierungsvorschriften des TVöD, die für den Bund mit Wirkung vom 1. Januar 2014 durch den Änderungs-Tarifvertrag Nr. 9 zum TVöD eingefügt worden sind. In Verbindung mit der Entgeltordnung für die Beschäftigten des Bundes[1]) bestimmen sie die Eingruppierung der Beschäftigten des Bundes. Eine ausführliche Darstellung dazu finden Sie im Schwerpunktbeitrag „Einführung in die Entgeltordnung für die Beschäftigten des Bundes".[2])

---

[1]) abgedruckt unter **420**

[2]) abgedruckt unter **405**

II

§ 14 Vorübergehende Übertragung einer höherwertigen Tätigkeit

(1) Wird der/dem Beschäftigten vorübergehend eine andere Tätigkeit übertragen, die den Tätigkeitsmerkmalen einer höheren als ihrer/seiner Eingruppierung entspricht, und hat sie/er diese mindestens einen Monat ausgeübt, erhält sie/er für die Dauer der Ausübung eine persönliche Zulage rückwirkend ab dem ersten Tag der Übertragung der Tätigkeit.

Niederschriftserklärung zu § 14 Abs. 1:

1. Ob die vorübergehend übertragene höherwertige Tätigkeit einer höheren Entgeltgruppe entspricht, bestimmt sich im Bereich der VKA für nach einem gemäß § 2 Abs. 2 TVÜ-VKA weitergeltenden Lohngruppenverzeichnis eingruppierte Beschäftigte nach der Anlage 3 zum TVÜ-VKA.
2. Die Tarifvertragsparteien stellen klar, dass die vertretungsweise Übertragung einer höherwertigen Tätigkeit ein Unterfall der vorübergehenden Übertragung einer höherwertigen Tätigkeit ist.

(2) Durch landesbezirklichen Tarifvertrag – für den Bund durch einen Tarifvertrag auf Bundesebene – wird im Rahmen eines Kataloges, der die hierfür in Frage kommenden Tätigkeiten aufführt, bestimmt, dass die Voraussetzung für die Zahlung einer persönlichen Zulage bereits erfüllt ist, wenn die vorübergehend übertragene Tätigkeit mindestens drei Arbeitstage angedauert hat und die/der Beschäftigte ab dem ersten Tag der Vertretung in Anspruch genommen worden ist.

(3) Die persönliche Zulage bemisst sich nach dem jeweiligen Unterschiedsbetrag zu dem Tabellenentgelt, das sich bei dauerhafter Übertragung nach § 17 Abs. 4 Satz 1 für Beschäftigte im Bereich der VKA und nach § 17 Abs. 5 Satz 1 für Beschäftigte des Bundes ergeben hätte.

Erläuterungen

§ 14 bestimmt, dass ein Beschäftigter, der vorübergehend im Vergleich zu seiner arbeitsvertraglich bestimmten Tätigkeit höherwertige Aufgaben erledigt, für die Dauer der anspruchsvolleren Tätigkeit eine Zulage erhält. In einer Niederschriftserklärung ist klargestellt, dass die vertretungsweise Übertragung höherwertiger Tätigkeiten eine „vorübergehende" Übertragung im tarifvertraglichen Sinne ist. Dieser Sachverhalt war früher in § 24 BAT geregelt.

Auf die abweichenden Sonderregelungen in § 45 (Bund) des Besonderen Teils Verwaltung[1]) wird hingewiesen.

Die Vorschrift des § 14 korrespondiert mit den Regelungen zur Eingruppierung – bis zum In-Kraft-Treten eines neuen Eingruppierungssystems also mit den Eingruppierungsvorschriften des BAT bzw. des MTArb/BMT-G. § 14 trifft Regelungen für die Fälle, in denen der

[1]) abgedruckt unter **215**

Beschäftigte auf Veranlassung des Arbeitgebers vorübergehend eine höherwertige Tätigkeit ausübt.

Die Interessenlage von Arbeitgeber und Beschäftigten dürfte in der Regel so sein, dass der Beschäftigte natürlich an einer dauerhaft höheren Eingruppierung interessiert ist, während der Arbeitgeber im Interesse eines flexiblen Personaleinsatzes eher eine vorübergehende, ohne besondere (Änderungs-)Kündigung rückgängig zu machende Maßnahme bevorzugt.

Wegen der unterschiedlichen Interessenlage sind Meinungsverschiedenheiten und gerichtliche Auseinandersetzungen über die Zulässigkeit einer nur vorübergehenden Übertragung und Zahlung einer Zulage (in Konkurrenz zur stabilen Höhergruppierung) vorprogrammiert. Das BAG hat sich folglich in langjähriger Rechtsprechung zu der im Kern vergleichbaren Regelung des § 24 BAT mit dieser Frage auseinandergesetzt und über lange Zeit zunächst die Auffassung vertreten, die vorübergehende – an Stelle einer dauerhaften – Übertragung einer höherwertigen Tätigkeit bedürfe – ähnlich wie im Fall befristeter Arbeitsverhältnisse – eines Sachgrundes. Diese Linie hat das BAG in seinem Urt. vom 17. 4. 2002 – 4 AZR 174/01 –, AP Nr. 23 zu § 24 BAT – verlassen, weil nach seiner (neuen) Auffassung an die Voraussetzungen einer vorübergehenden Übertragung höherwertiger Tätigkeiten im Rahmen des dem Arbeitgeber nach § 315 BGB grundsätzlich zustehenden Direktionsrechts nicht die gleichen strengen Maßstäbe anzulegen sind wie in den Fällen befristeter Arbeitsverhältnisse, wo es im Ergebnis um die Frage der Umgehung des gesetzlichen Kündigungsschutzes gehe. Nach der jetzigen Rechtsmeinung des BAG (z. B. Urteil vom 4. 7. 2012 – 4 AZR 759/10 – und vom 27. 1. 2016 – 4 AZR 468/14) muss im Wege einer sogenannten „doppelten Billigkeitsprüfung" erstens geprüft werden, ob die eigentliche Übertragung der höherwertigen Tätigkeit billigem Ermessen entspricht, und zweitens, ob es auch billigem Ermessen entspricht, die Tätigkeit nur vorübergehend (und nicht auf Dauer) zu übertragen.

An die zweite Stufe der Ermessensprüfung – also an die Beurteilung der Frage, ob es gerechtfertigt ist, die Tätigkeit nicht auf Dauer sondern nur vorübergehend zu übertragen – werden in den Fällen längerfristiger oder aufeinander folgender vorübergehender Übertragungen strenge Maßstäbe anzulegen sein. Eine generelle Höchstdauer für den Begriff der „vorübergehenden" Übertragung gibt es aber weder in der Tarifvorschrift, noch lässt sie sich aus der langjährigen arbeitsrechtlichen Rechtsprechung dazu entnehmen.

Bei der Billigkeitsprüfung handelt es sich stets um eine Einzelfallprüfung, bei der der Arbeitgeber als Ausübender des Direktionsrechtes die Beweislast dafür zu tragen hat, dass sowohl die Übertragung der Tätigkeit als auch deren vorübergehender Charakter billigem Ermessen entspricht. Trotz der unentbehrlichen Einzelfallprüfung kann in den folgenden typischen Beispielsfällen jedoch von einer in der Regel zulässigerweise nur vorübergehenden Übertragung höherwertiger Tätigkeiten ausgegangen werden:

- Erprobung: Eine vorübergehende Übertragung zur Erprobung des Beschäftigten ist zulässig; allein der Begriff der Erprobung beinhaltet jedoch, dass hier enge zeitliche Grenzen gesetzt sind.
- Übertragung von Führungspositionen auf Probe oder auf Zeit: Es wird davon auszugehen sein, dass die in der Natur der Tätigkeit liegende Instabilität ausreicht, um an Stelle einer dauerhaften Höhergruppierung die Zahlung einer Zulage für die Zeit der Führungstätigkeit zu rechtfertigen (→ § 31 Abs. 3 und § 32 Abs. 3).
- Organisationsentscheidungen, wie beispielsweise die Entscheidung, die Stelle nur vorübergehend mit dem Beschäftigten zu besetzen, um nach Ablauf einiger Zeit (nach Abschluss der Laufbahnprüfung) dort einen Beamtenanwärter oder einen besser qualifizierten Beschäftigten einzusetzen. Entsprechendes gilt während des Laufs einer Stellenausschreibung oder für die Zeit im Vorfeld einer geplanten Neuorganisation der Arbeitsbereiche.

Ebenfalls schon unter den Begriff der vorübergehenden Tätigkeit lassen sich Vertretungssituationen fassen. Gleichwohl sind sie in der Tarifnorm bzw. der Niederschriftserklärung dazu besonders erwähnt. Bei der Vertretung ist zu beachten, dass es sich bei der Vertretungstätigkeit um eine „andere" als die eigentlich vom Beschäftigten auszuübende Tätigkeit handeln muss. Es kommt also nicht nur auf den reinen Zeitfaktor („mindestens ein Monat"), sondern auch auf die rechtlichen und organisatorischen Rahmenbedingungen an. Nach gefestigter Rechtsprechung des BAG zu der zumindest im Kern vergleichbaren Vorschrift des § 24 BAT werden Abwesenheitsvertretungen (z. B. wegen Urlaub oder Krankheit), die einem Beschäftigten auf Dauer (z. B. durch Geschäftsverteilungsplan) übertragen wurden, zum Inhalt des Arbeitsvertrages und sind in die tarifliche Bewertung seiner Tätigkeit einzubeziehen. Ob sie sich dort im Hinblick auf die relativ geringe Quantität tatsächlich auswirken, spielt keine Rolle. Sie können in diesem Fall keine Zulage mehr auslösen (siehe z. B. BAG, Urt. vom 5. 9. 1973 – 4 AZR 549/72; vom 29. 9. 1982 – 4 AZR 1161/79 und vom 24. 3. 1993 – 10 AZR 416/91). Diese Linie hat das BAG mit Urteil vom 16. April 2015 – 6 AZR 242/14 – inzwischen für den Bereich des TVöD/TV-L bestätigt.

Sollte der Sachverhalt hingegen so sein, dass einem nicht geschäftsplanmäßig damit betrauten Beschäftigten eine höherwertige Tätigkeit für eine mehr als einmonatige Urlaubsvertretung förmlich übertragen wird, so kann in diesem (Ausnahme-)Fall sicher eine Zulage in Betracht kommen.

Vergleichbar ist die Situation bei der Tätigkeit des sogenannten ständigen Vertreters, bei dem die Vertretungstätigkeit Gegenstand seiner arbeitsvertraglichen Beschäftigung ist und sich in der Regel schon in der Eingruppierung niedergeschlagen hat (zumindest wenn ein eingruppierungsrelevanter Umfang erreicht wird bzw. ein Eingruppierungsmerkmal für ständige Vertreter vorgesehen ist). Die von dem Arbeitgeberkreis der BAT-Kommission in seiner Sitzung vom 8. Oktober 1996 zu § 24 BAT vertretene Auffassung, dass auch in den Fällen der ständigen Vertretung keine Bedenken gegen eine Zulage für diese Tätigkeit bestehen, wenn es sich um eine langfristige Vertretung handelt (z. B. bei Vertretung während der Elternzeit) wird im Lichte der Entscheidung des BAG vom 21. 10. 1998 – 10 AZR 224/98, ZTR 1999 S. 177 – kritisch zu beurteilen sein. Jedenfalls ist bei der Zahlung einer Zulage an ständige Vertreter ein strenger Maßstab anzulegen.

Die persönliche Zulage fällt weg, wenn die höherwertige Tätigkeit endet. Einer Änderungskündigung bedarf es nicht.

Voraussetzungen zur Gewährung einer Zulage (Abs. 1)

Wenn die oben erläuterten Billigkeitsprüfungen zu dem Ergebnis kommen, dass die befristete Übertragung einer höherwertigen Tätigkeit rechtlich möglich ist, stellt sich die Frage, ob die höherwertige Tätigkeit, die ja – wegen des vorübergehenden Charakters – nicht zu einer Höhergruppierung führt, eine Zulage nach sich zieht. Dies ist nach der Niederschriftserklärung zu Absatz 1 in ihrer ab dem 1. Januar 2017 geltenden Fassung für bestimmte Arbeiter des kommunalen Bereichs weiterhin nach altem Recht – nämlich dem weitergeltenden Lohngruppenverzeichnis i. V. m. Anlage 3 zum TVÜ-VKA – zu prüfen. Es muss also für einen Vergleich der vertraglichen mit der ausgeübten Tätigkeit eine detaillierte Bewertung der vorübergehenden Tätigkeit erfolgen. Der Beschäftigte muss alle Voraussetzungen der höheren Entgeltgruppe (also auch die persönlichen Qualifikationsmerkmale) erfüllen. Die bloße Ausübung der Tätigkeit genügt nicht, es sei denn, das in Frage kommende Eingruppierungsmerkmal ist auch offen für die sogenannten „sonstigen Beschäftigten".

Der bis zur Aufteilung der Entgeltgruppe 9 in die Entgeltgruppen 9a–9c in der Praxis häufig auftretende Fall, dass ein Beschäftigter der

„kleinen Entgeltgruppe 9" (verlängerte Stufenlaufzeit, gesperrte Endstufe) vorübergehend Tätigkeiten ausübt, die bei dauerhafter Übertragung zur Eingruppierung in die reguläre Entgeltgruppe 9 führten, löste keine Zulage aus. Zwar handelte es sich um eine höherwertige Tätigkeit, sie führte aber nicht zu einer höheren Eingruppierung, so dass die Voraussetzungen des Absatzes 1 Satz 1 nicht erfüllt waren.

Die höherwertige Tätigkeit muss mindestens einen Monat lang ausgeübt worden sein. Ist diese Voraussetzung erfüllt, wird die Zulage rückwirkend ab Beginn der höherwertigen Tätigkeit gezahlt. Höherwertige Tätigkeiten von weniger als einem Monat Dauer werden, wenn es keine landesbezirkliche Vereinbarung bzw. einen entsprechenden Tarifvertrag des Bundes im Sinne des Absatzes 2 gibt, nicht honoriert.

Öffnungsklausel für landesbezirkliche Tarifverträge (Abs. 2)

Absatz 2 enthält eine Öffnungsklausel, nach der für von den Tarifpartnern genau zu bestimmende Tätigkeiten nach näherer Maßgabe eines landesbezirklichen Tarifvertrages (Kommunen) bzw. Bundestarifvertrag (Bund) an die Stelle der Monatsfrist des Absatzes 1 eine Frist von drei Arbeitstagen treten kann.

Die Niederschriftserklärung zu § 18 des TVÜ-Bund bzw. TVÜ-VKA enthält den Auftrag an die Tarifpartner, durch einen spätestens zum 1. Juli 2007 in Kraft tretenden Tarifvertrag zu bestimmen, in welchen zu katalogisierenden Tätigkeiten eine Zulage bereits nach einer Frist von drei Tagen (statt einem Monat) gezahlt wird.

Es bleibt abzuwarten, ob und in welcher Form die Tarifpartner von dieser Öffnungsklausel Gebrauch machen werden.

Höhe der Zulage (Abs. 3)

Wenn die oben beschriebenen Voraussetzungen erfüllt sind, erhielt zunächst (bis 28. Februar 2018) nur der Beschäftigte der Entgeltgruppen 9 bis 14 (Bund) bzw. 9a bis 14 (VKA) eine Zulage in Höhe des Unterschiedsbetrages zwischen seinem jetzigen Tabellenentgelt und dem Tabellenentgelt, das dem Beschäftigten zustehen würde, wenn ihm die vorübergehende Tätigkeit auf Dauer übertragen worden wäre. Das Verfahren, wie das Tabellenentgelt bei Höhergruppierungen ermittelt wird, ist in § 17 Abs. 4 Satz 1 bis 3 (VKA) bzw. § 17 Abs. 5 Satz 1 (Bund) geregelt. § 17 Abs. 4 Satz 3 wurde erst im Zuge des 6. Änderungs-Tarifvertrages zum TVöD vom 8. Dezember 2010 ausdrücklich einbezogen. Die Tarifpartner stellen damit redaktionell klar, dass bei einer Höhergruppierung über mehr als eine Entgeltgruppe das besondere Verfahren des § 17 Abs. 2 Satz 3 zur Anwendung gelangen soll. Dies war bei Einführung des Satzes 3 mit dem Änderungs-Tarifvertrag Nr. 2 vom 31. März 2008 augenscheinlich versäumt worden.

Beschäftigte der Entgeltgruppen 1 bis 8 erhielten bis zum 28. Februar 2018 als Zulage für die vorübergehend oder vertretungsweise ausgeübte höherwertige Tätigkeit 4,5 v. H. ihres individuellen Tabellenentgelts. Ab dem 1. März 2018 gilt auch für sie das oben beschriebene Verfahren, das bis dahin nur für die Beschäftigten der oberen Entgeltgruppen galt.

Wegen der Auswirkungen einer vorübergehenden Übertragung höherwertiger Tätigkeiten auf die Stufenzuordnung bei einer unmittelbar ausschließenden dauerhaften Übertragung siehe Protokollerklärung zu § 17 Abs. 4, 4a und 5.

Wegen der Umschlüsselung der besonderen Entgeltgruppen der Beschäftigten des Sozial- und Erziehungsdienstes sowie in der Krankenpflege in die für die Berechnung der Zulage maßgebenden Entgeltgruppen siehe § 1 Abs. 3 der Anlage zu § 56 (VKA) bzw. § 51a Abs. 1 und § 52 Abs. 3 BT-B sowie § 52 Abs. 1 BT-K.

Aus der Bestimmung des § 24 Abs. 3 i. V. m. Abs. 5 ergibt sich, dass die Zulage, wenn sie nur für Teile eines Monates zusteht, taggenau anteilig gewährt wird.

Die Zulage ist Entgelt im sozialversicherungsrechtlichen Sinn, sie ist steuerpflichtig. Für die Zulage sind daher auch Umlagen an die VBL zu entrichten.

Die Zulage wird ggf. auf den Strukturausgleich angerechnet (siehe § 12 Abs. 4 Satz 2 TVÜ-VKA).

Übergangsregelungen

Die §§ 10 bzw. 18 der Überleitungstarifverträge[1]) enthalten Übergangsregelungen für Beschäftigte, die im Zeitpunkt der Überleitung in den TVöD bereits eine Zulage für höherwertige Tätigkeiten bekamen und die entsprechende Tätigkeit fortführen (§ 10, bzw. übergeleitete Beschäftigte, denen zwischen dem Überleitungsstichtag (30. September 2005) und dem 30. September 2007 erstmals eine höherwertige Tätigkeit übertragen wird (§ 18).

[1]) TVÜ-Bund abgedruckt unter **270**

II

§ 15 Tabellenentgelt

(1) [1]Die/Der Beschäftigte erhält monatlich ein Tabellenentgelt. [2]Die Höhe bestimmt sich nach der Entgeltgruppe, in die sie/er eingruppiert ist, und nach der für sie/ihn geltenden Stufe.

(2) [1]Alle Beschäftigten des Bundes erhalten Entgelt nach Anlage A (Bund). [2]Die Beschäftigten der Mitglieder eines Mitgliedverbandes der VKA erhalten Entgelt nach der Anlage A (VKA).

(3) [1]Im Rahmen von landesbezirklichen bzw. für den Bund in bundesweiten tarifvertraglichen Regelungen können für an- und ungelernte Tätigkeiten in von Outsourcing und/oder Privatisierung bedrohten Bereichen in den Entgeltgruppen 1 bis 4 Abweichungen von der Entgelttabelle bis zu einer dort vereinbarten Untergrenze vorgenommen werden. [2]Die Untergrenze muss im Rahmen der Spannbreite des Entgelts der Entgeltgruppe 1 liegen. [3]Die Umsetzung erfolgt durch Anwendungsvereinbarung, für den Bund durch Bundestarifvertrag.

Erläuterungen

§ 15 TVöD bestimmt das sogenannte Tabellenentgelt als Grundlage der Leistungen an den Beschäftigten. Die Entgelttabellen – getrennt für Bund und Kommunen – sind Bestandteil des TVöD. Sie sind ohne Einhaltung einer Frist, jedoch frühestens zum 31. März 2027 (siehe Tarifeinigung vom 6. April 2025)[1]), gesondert kündbar (§ 39 Abs. 4 Buchst. c).

Die vor In-Kraft-Treten des TVöD übliche Verfahrensweise, die Vergütung in eigenständigen Vergütungstarifverträgen zu regeln, wurde aufgegeben.

Auf die abweichenden Sonderregelungen in §§ 45 und 46 (Bund) des Besonderen Teils Verwaltung[2]) wird hingewiesen.

Begriffsbestimmung (Abs. 1)

Die Höhe des Tabellenentgelts bestimmt sich nach der für den Beschäftigten maßgebenden Entgeltgruppe und seiner individuellen Entgeltstufe und kann dann aus der jeweiligen Tabelle der Anlage A bzw. Anlage B abgelesen werden. Vorläufig sind zur Ermittlung der Entgeltgruppe und -stufe die Vorschriften der Überleitungs-Tarifverträge zu beachten.

Bemessungssätze Ost (frühere Protokollerklärungen zu Abs. 1)

In den Protokollerklärungen zu § 15 Absatz 1 war bestimmt, wie hoch der Bemessungssatz für Entgelte an Beschäftigte im Tarifgebiet Ost

---

[1]) abgedruckt unter **150**

[2]) abgedruckt unter **215**

war. Wegen der Abgrenzung der Tarifgebiete West und Ost → § 38 Abs. 1.

Für den Bereich des Bundes ist bzw. war die Protokollerklärung Nr. 1 maßgebend. Bei Inkrafttreten des TVöD sah sie einen Bemessungssatz von 92,5 v. H. vor. Im Zuge der Entgeltrunde 2008 bzw. des darauf zurückgehenden Änderungstarifvertrages Nr. 2 vom 31. März 2008 wurde der Bemessungssatz für die Beschäftigten des Bundes auf 100 v. H. angehoben; für die Beschäftigten in den Entgeltgruppen 1 bis 9 trat die Angleichung an die West-Beträge am 1. Januar 2008, für die übrigen Beschäftigten am 1. April 2008 in Kraft. Die Protokollerklärung Nr. 1 ist daher zum 1. April 2008 gegenstandslos geworden und durch den Änderungstarifvertrag Nr. 2 aufgehoben worden.

Für die Beschäftigten der Kommunen betrug der Bemessungssatz bei Inkrafttreten des TVöD am 1. Oktober 2005 zunächst 94 v. H.; er erhöhte sich zum 1. Juli 2006 auf 95,5 v. H. und am 1. Juli 2007 auf 97 v. H. Durch den Änderungstarifvertrag Nr. 2 wurde er für die Beschäftigten der Entgeltgruppen 1 bis 9 zum 1. Januar 2008 auf 100 v. H. angehoben. Für die Beschäftigten der Entgeltgruppen 10 und höher blieb es zunächst bei dem Satz von 97 v. H.; eine Anpassung an das West-Niveau erfolgte für diese Beschäftigten erst zum 1. Januar 2010. Die Protokollerklärung Nr. 2 ist daher zum 1. Januar 2010 aufgehoben worden.

Nach der ebenfalls zum 1. Januar 2010 aufgehobenen Protokollerklärung Nr. 3 erhielten Beschäftigte im Tarifgebiet Ost – abweichend von den Grundsätzen der Protokollerklärungen Nr. 1 und 2 – bei vermögenswirksamen Leistungen (→ § 23 Abs. 1) und beim Jubiläumsgeld (→ § 23 Abs. 2) die vollen Beträge.

Benennung der maßgebenden Tabellen (Abs. 2)

Absatz 2 verweist auf die Entgelttabellen, die als Anlage A – getrennt nach Bund und Kommunen – bezeichnet und im Anschluss an den TVöD abgedruckt sind. Die Werte der Entgeltgruppen 2Ü und 15Ü finden sich in § 19 des jeweiligen Überleitungstarifvertrages (TVÜ-Bund, TVÜ-VKA).

Öffnungsklausel (Abs. 3)

Absatz 3 enthält eine Öffnungsklausel, die es in von Outsourcing (Auslagerung auf andere Dienstleister) und/oder Privatisierung bedrohten Bereichen ermöglicht, durch landesbezirkliche (Kommunen) bzw. durch bundesweite (Bund) tarifvertragliche Regelungen von der Entgelttabelle (nach unten) abweichende Entgelte für un- oder angelernte Tätigkeiten zu vereinbaren. Untergrenze dafür ist die Spannbreite der Entgeltgruppe 1. Es bleibt abzuwarten, ob und in welchem

Umfang die Tarifpartner von dieser Öffnungsmöglichkeit Gebrauch machen werden.

Wegen der Umschlüsselung der besonderen Entgeltgruppen der Beschäftigten des Sozial- und Erziehungsdienstes in die für abweichende Vereinbarungen in Frage kommenden Entgeltgruppen siehe § 1 Abs. 3 der Anlage zu § 56 (VKA) bzw. § 52 Abs. 3 BT-B.

II

§ 16 (Bund) Stufen der Entgelttabelle

(1) Die Entgeltgruppen 2 bis 15 umfassen sechs Stufen.

(2) [1]Bei Einstellung werden die Beschäftigten der Stufe 1 zugeordnet, sofern keine einschlägige Berufserfahrung vorliegt. [2]Verfügt die/der Beschäftigte über eine einschlägige Berufserfahrung von mindestens einem Jahr, erfolgt die Einstellung in die Stufe 2; verfügt sie/er über eine einschlägige Berufserfahrung von mindestens drei Jahren, erfolgt bei Einstellung in der Regel eine Zuordnung zur Stufe 3. [3]Unabhängig davon kann der Arbeitgeber bei Neueinstellungen zur Deckung des Personalbedarfs Zeiten einer vorherigen beruflichen Tätigkeit ganz oder teilweise für die Stufenzuordnung berücksichtigen, wenn diese Tätigkeit für die vorgesehene Tätigkeit förderlich ist. [4]Bei Einstellung im unmittelbaren Anschluss an ein Arbeitsverhältnis zum Bund werden die Beschäftigten mit einschlägiger Berufserfahrung der im vorhergehenden Arbeitsverhältnis erworbenen Stufe zugeordnet und die im vorhergehenden Arbeitsverhältnis erreichte Stufenlaufzeit wird fortgeführt.

Protokollerklärung zu Absatz 2:

1. Einschlägige Berufserfahrung ist eine berufliche Erfahrung in der übertragenen oder einer auf die Aufgabe bezogen entsprechenden Tätigkeit.
2. Ein Berufspraktikum nach dem Tarifvertrag für Praktikantinnen / Praktikanten des öffentlichen Dienstes (TVPöD) vom 27. Oktober 2009 gilt grundsätzlich als Erwerb einschlägiger Berufserfahrung.

(3) Bei Einstellung von Beschäftigten in unmittelbarem Anschluss an ein Arbeitsverhältnis im öffentlichen Dienst (§ 34 Abs. 3 Satz 3 und 4) oder zu einem Arbeitgeber, der einen dem TVöD vergleichbaren Tarifvertrag anwendet, kann die in dem vorhergehenden Arbeitsverhältnis erworbene Stufe bei der Stufenzuordnung ganz oder teilweise berücksichtigt werden; Absatz 2 Satz 3 bleibt unberührt.

Niederschriftserklärung zu § 16 (Bund) Abs. 3:

Die Tarifvertragsparteien sind sich darüber einig, dass die erworbene Stufe im Sinne des § 16 (Bund) Abs. 3 auch eine individuelle Endstufe im Sinne des § 6 Abs. 3 Satz 1, § 7 Abs. 2 1. Alternative oder § 8 Abs. 3 Satz 2 TVÜ-Bund oder eine individuelle Zwischenstufe im Sinne des § 7 Abs. 3 Satz 1 oder § 8 Abs. 3 Satz 2 TVÜ-Bund sein kann.

(4) Die Beschäftigten erreichen die jeweils nächste Stufe – von Stufe 3 an in Abhängigkeit von ihrer Leistung gemäß § 17 Abs. 2 – nach folgenden Zeiten einer ununterbrochenen Tätigkeit innerhalb derselben Entgeltgruppe bei ihrem Arbeitgeber (Stufenlaufzeit):

- **Stufe 2 nach einem Jahr in Stufe 1,**
- **Stufe 3 nach zwei Jahren in Stufe 2,**
- **Stufe 4 nach drei Jahren in Stufe 3,**
- **Stufe 5 nach vier Jahren in Stufe 4 und**
- **Stufe 6 nach fünf Jahren in Stufe 5.**

(5) [1]Die Entgeltgruppe 1 umfasst fünf Stufen. [2]Einstellungen erfolgen zwingend in der Stufe 2 (Eingangsstufe). [3]Die jeweils nächste Stufe wird nach vier Jahren in der vorangegangenen Stufe erreicht; § 17 Abs. 2 bleibt unberührt.

II

(6) [1]Zur Deckung des Personalbedarfs oder zur Bindung von qualifizierten Fachkräften kann Beschäftigten abweichend von der tarifvertraglichen Einstufung ein bis zu zwei Stufen höheres Entgelt ganz oder teilweise vorweg gewährt werden. [2]Haben Beschäftigte bereits die Stufe 5 oder die Endstufe ihrer jeweiligen Entgeltgruppe erreicht, kann ihnen unter den Voraussetzungen des Satzes 1 ein um bis zu 20 v. H. der Stufe 2 ihrer jeweiligen Entgeltgruppe höheres Entgelt gewährt werden. [3]Die Gewährung der Zulagen nach den Sätzen 1 und 2 kann zeitlich befristet erfolgen. [4]Die Zulagen sind jederzeit widerruflich und gelten als Tabellenentgelt gemäß § 15.

Erläuterungen

§ 16 TVöD regelt – in zwei getrennten Vorschriften für den Bund bzw. die Kommunen – die Grundsätze der Zuweisung zu den Entgeltstufen bei Einstellung und den späteren Aufstieg in den Stufen.

Die Zuweisung der (Lebens-)Altersstufen war – soweit das Entgeltsystem des BAT überhaupt mit dem des TVöD vergleichbar ist – zuvor in § 27 BAT geregelt.

Für Beschäftigte im Pflegedienst und für Ärztinnen und Ärzte in Bundeswehrkrankenhäusern und anderen kurativen Einrichtungen der Bundeswehr sind die abweichenden Stufen und Stufenlaufzeiten in § 46 (Bund) Nr. 21a und Nr. 22 TVöD BT-V[1]) zu beachten.

Hinweis auf Übergangsregelungen

Bei den Beschäftigten, die zum 1. Oktober 2005 aus dem Geltungsbereich eines der bisherigen Tarifverträge (BAT, MTArb, BMT-G und die entsprechenden Tarifverträge des Tarifgebietes Ost) in den TVöD übergeleitet worden sind, waren bei der Stufenzuweisung die besonderen Vorschriften der Überleitungs-Tarifverträge zu beachten.

Verkürzt dargestellt erfolgte die Überleitung der ehemaligen Angestellten in der Regel in der Weise, dass sie betragsgenau in eine individuelle Zwischenstufe ihrer neuen Entgeltgruppe übergeleitet wurden und von dort zum 1. Oktober 2007 in die nächst höhere Stufe aufstiegen. Wegen Einzelheiten → § 6 TVÜ-Bund.[2])

Arbeiter wurden in der Regel der Stufe zugeordnet, die sie erreicht hätten, wenn der TVöD bereits seit Beginn ihrer Beschäftigungszeit für sie gegolten hätte. Wegen Einzelheiten → § 7 TVÜ-Bund.

---

1) abgedruckt unter **215**

2) abgedruckt unter **270**

Stufen der Entgeltgruppen (Abs. 1)

Nach dieser Vorschrift umfassen die Entgeltgruppen 2 bis 15 jeweils sechs Stufen. Die heutige Fassung geht zurück auf die Tarifrunde 2016 und wurde im Zuge des 11. Änderungstarifvertrages zum TVöD vom 29. April 2016 mit Wirkung vom 1. März 2016 vereinbart. Bis dahin umfassten die Entgeltgruppen 2 bis 8 jeweils sechs und die Entgeltgruppen 9 bis 15 jeweils fünf Stufen.

Bis zum Inkrafttreten der Entgeltordnung (1. Januar 2014) war ein Anhang zu § 16 vereinbart. Darin hatten die Tarifpartner für eine Reihe von bestimmten Tätigkeiten andere Stufen zur Endstufe bestimmt (z. B. „kleine Entgeltgruppe 9" mit Stufe 4 als Endstufe). Dieser Anhang wurde – ebenso wie der in § 16 Abs. 1 Satz 2 a. F. enthaltene Hinweis darauf – im Zuge des 9. Änderungstarifvertrages aufgehoben.

Stufenzuordnung bei Einstellung (Abs. 2)

Die heutige Fassung geht zurück auf die Tarifrunde 2016 und wurde im Zuge des 11. Änderungstarifvertrages zum TVöD vom 29. April 2016 mit Wirkung vom 1. März 2016 vereinbart. Bis dahin gab es getrennte Regelungen der Stufenzuordnung für Beschäftigte der Entgeltgruppen 9 bis 15 einerseits und der Entgeltgruppen 2 bis 8 andererseits. Die Beschäftigten werden bei ihrer Einstellung grundsätzlich der Entgeltgruppe 1 zugeordnet (Satz 1). Wenn sie über eine einschlägige Berufserfahrung von mindestens einem Jahr verfügen (unabhängig davon, wo sie erworben worden ist), erfolgt die Einstufung in Stufe 2; bei entsprechender Berufserfahrung von mindestens drei Jahren werden sie der Stufe 3 zugeordnet (Satz 2). In einer Protokollerklärung zu Absatz 2 haben die Tarifpartner bestimmt, dass eine „einschlägige" Berufserfahrung eine berufliche Erfahrung in der übertragenen Tätigkeit oder einer auf die Aufgabe bezogen entsprechenden Tätigkeit ist (Protokollerklärung Nr. 1). In einer weiteren Protokollerklärung haben sie ergänzend festgelegt, dass auch ein Berufspraktikum nach dem TVPöD als Erwerb einschlägiger Berufserfahrung gilt (Protokollerklärung Nr. 2). Erfahrungen aus einem Ausbildungsverhältnis, Referendariat oder Vorbereitungsdienst – auch beim selben Arbeitgeber Bund – sind im Umkehrschluss nicht anzurechnen.

Das BAG hat sich in verschiedenen Fallkonstellationen mit dem zentralen Tatbestandsmerkmal „einschlägige Berufserfahrung" auseinandergesetzt. Wird die frühere Tätigkeit im Wesentlichen unverändert fortgeführt, liegt unstreitig eine einschlägige Berufserfahrung vor. Nach Auffassung des BAG kann eine einschlägige Berufserfahrung aber auch dann vorliegen, wenn die frühere Tätigkeit inhaltlich gleichartig und zugleich eingruppierungsrechtlich gleichwertig war (siehe hierzu die BAG-Urteile vom 18. Februar 2021 – 6 AZR 205/20 –, vom 15. Oktober 2021 – 6 AZR 268/20 – sowie vom 29. Juni 2022 – 6 AZR 475/21 –).

Das BAG hat nach vorherigem Auskunftsersuchen an den EuGH (Entscheidung des EuGH vom 23. April 2020 – C-710/18) in seinem Urteil vom 29. April 2021 – 6 AZR 232/17 – entschieden, dass die auf Stufe 3 begrenzte Anrechnung einschlägiger Berufserfahrungszeiten in der insoweit vergleichbaren Regelung des § 16 Abs. 2 Satz 3 TV-L gegen die Arbeitnehmerfreizügigkeit des Art. 45 Abs. 1 AEUV verstoße und unanwendbar sei. Entsprechende Berufserfahrungszeiten aus einem vorherigen Arbeitsverhältnis mit einem anderen Arbeitgeber in einem anderen Mitgliedstaat und damit im Anwendungsbereich des Unionsrechts sind daher uneingeschränkt (inkl. „Stufenrestlaufzeiten“) zu berücksichtigen.

Satz 3 enthält eine Regelung, nach der der Arbeitgeber zur Deckung des Personalbedarfs förderliche Zeiten beruflicher Tätigkeit ganz oder teilweise bei der Stufenzuordnung berücksichtigen kann. Ein Rechtsanspruch darauf besteht nicht; der Arbeitgeber ist im Rahmen der Ausübung pflichtgemäßen Ermessens frei zu entscheiden, ob und inwieweit er von dieser Regelung (ggf. bis hin zur Endstufe) Gebrauch macht. Das Vorliegen des Tatbestandsmerkmals „zur Deckung des Personalbedarfs“ ist für jede Gewährung individuell zu prüfen, festzustellen und aktenkundig zu machen.

Die Regelung zur Wiedereinstellung beim Bund in Satz 4 gilt nur in den Fällen, in denen die Einstellung in unmittelbarem Anschluss (keine längere als sechsmonatige rechtliche Unterbrechung)[1]) an ein vorangegangenes Arbeitsverhältnis zum Bund erfolgt. Liegen diese Voraussetzungen vor, werden im Ergebnis die im vorangegangenen Arbeitsverhältnis erreichte Stufe sowie die bereits absolvierte Stufenlaufzeit „nahtlos“ fortgesetzt.

Wechsel innerhalb des öffentlichen Dienstes (Abs. 3)

Die Vorschrift des Absatzes ist mit dem Änderungstarifvertrag Nr. 2 vom 31. März 2008 mit Wirkung vom 1. Januar 2008 eingefügt und durch den 11. Änderungstarifvertrag vom 29. April 2016 ohne inhaltliche Änderungen nach Abs. 3 verschoben worden. Die Tarifpartner haben mit dieser Regelung auf die Erfahrungen der Praxis reagiert, die

---

[1]) Rundschreiben des BMI vom 14. Mai 2024

gezeigt hatten, dass das bisher geltende Prinzip der Stufenzuordnung den gewünschten Wechsel zwischen Arbeitgebern des öffentlichen Dienstes häufig hemmt, weil Vorzeiten nicht bzw. nicht vollständig berücksichtigt werden konnten bzw. weil sich selbst unter Berücksichtigung von Vorzeiten die im Zuge der Überleitung in den TVöD „mitgebrachte" Entgeltstufe nicht erreichen ließ.

Die Regelung im neuen Absatz 3 ermöglicht es dem Arbeitgeber, den im unmittelbaren Anschluss (keine längere als sechsmonatige Unterbrechung)[1]) an ein Arbeitsverhältnis zu einem anderen Arbeitgeber des öffentlichen Dienstes eingestellten Beschäftigten weiterhin der Stufe zuzuordnen, die er dort bereits erlangt hatte. In einer ergänzenden Niederschriftserklärung haben die Tarifpartner festgehalten, dass sie auch eine individuelle Zwischen- oder Endstufe als Stufe im Sinne dieser Vorschrift ansehen. Wenn die Voraussetzungen des Absatzes 3 dem Grunde nach vorliegen, ist auch eine teilweise Berücksichtigung der beim vorangehenden Arbeitgeber erlangten Stufe denkbar.

Beispiel:

Eine Dienststelle des Bundes stellt einen Beschäftigten im unmittelbaren Anschluss an ein Beschäftigungsverhältnis im Landesdienst ein. Die Vorzeiten führen nach Maßgabe des Absatzes 2 zur Zuordnung zu Stufe 2, der Beschäftigte war beim Land in der gleichen Entgeltgruppe der Stufe 4 zugeordnet. Die aufnehmende Dienststelle kann den Beschäftigten entweder der Stufe 2 (nach Absatz 2) oder aber nach Absatz 3 entweder der Stufe 3 oder 4 zuzuordnen.

Als Arbeitgeber des öffentlichen Dienstes sind die unter die Regelung des § 34 Absatz 3 Sätze 3 und 4 fallenden Arbeitgeber anzusehen – also im Wesentlichen Bund, Kommunen und Länder. Die Regelung des Absatzes 3 bezieht aber zusätzlich auch solche Arbeitgeber ein, die einem dem TVöD vergleichbaren Tarifvertrag anwenden. Dies sind beispielsweise Einrichtungen, die den TVöD durch Haustarifverträge in Bezug nehmen. Nach Auffassung des Verfassers dürften keine Bedenken bestehen, Einrichtungen dazu zu rechnen, die den TV-L anzuwenden; denn auch dieser Tarifvertrag ist mit dem TVöD in seiner Grundsystematik und vor allen Dingen den Regelungen zur Stufenzuordnung vergleichbar.

Die Regelung ist zusätzlich zu der Vorschrift des Absatzes 2 Satz 3 aufgenommen worden, nachdem der – das Vorliegen entsprechender förderlicher Zeiten vorausgesetzt – zur Deckung des Personalbedarfs schon bisher eine höhere Stufenzuordnung möglich war. Durch den

[1]) Rundschreiben des BMI vom 14. Mai 2024

Schlusshalbsatz, dass „Absatz 2 Satz 3 unberührt (bleibt)" haben die Tarifpartner verdeutlicht, dass die Anrechnung förderlicher Zeiten über die Vorschrift des Absatzes 3 hinaus erfolgen kann.

II

Beispiel:
Grundbeispiel wie oben. Sofern es zur Deckung des Personalbedarfs erforderlich ist und der Beschäftigte über förderliche Zeiten verfügt, kann auch eine darüber noch hinausgehende Zuordnung nach Maßgabe des Absatzes 2 Satz 3 in Betracht kommen (also bis zur Endstufe). Dies ist insbesondere dann denkbar, wenn der bisherige Arbeitgeber entsprechende Zeiten nicht berücksichtigt hatte.

Die Tarifpartner haben Absatz 3 als „Kann-Vorschrift" ausgestaltet und ihre Anwendung in das Ermessen des Arbeitgebers gestellt. Sie ermöglicht es dem Arbeitgeber also, flexibel (und bedarfsgerecht) von ihr Gebrauch zu machen. Nach der Rechtsprechung des Bundesverwaltungsgerichts zur Mitbestimmung bei der Stufenzuordnung (Urteil bzw. Beschluss vom 27. August 2008 – 6 P 11.07 bzw. 6 P 3.08) wird jedoch ein Mitbestimmungsrecht der Personalvertretung zu bejahen sein.

Stufenaufstieg (Abs. 4)

In dieser Vorschrift sind die Fristen für den Stufenaufstieg geregelt, wobei ab dem Aufstieg von Stufe 3 nach Stufe 4 auch leistungsbezogene Verkürzungen/Verlängerungen der Fristen möglich sind (→ § 17 Abs. 2). Die Zeiten sind bei demselben Arbeitgeber zu absolvieren; sie dürfen – abgesehen von den Ausnahmen des § 17 Abs. 3 – nicht unterbrochen sein.

Entgeltgruppe 1 (Abs. 5)

Absatz 5 enthält nur die Entgeltgruppe 1 betreffende Regelungen. Nach Satz 1 hat diese Entgeltgruppe fünf Stufen; Einstellungen erfolgen zwingend in Stufe 2 (Satz 2). Die folgenden Stufen werden grundsätzlich nach vier Jahren erreicht, wobei auch hier Verkürzungen/Verlängerungen der Fristen auf der Grundlage des § 17 Abs. 2 möglich sind.

Vorweggewährung von Stufen (Abs. 6)

Die Regelung des Absatzes 5 entspricht im Kern der Vorschrift des § 27 Abschn. C BAT und ermöglicht es dem Arbeitgeber, zur Deckung des Personalbedarfs oder zur Bindung qualifizierter Fachkräfte eine Zulage im Volumen von max. zwei Stufen (bei Beschäftigten der vorletzten Stufe max. einer Stufe) zu gewähren (Satz 1) bzw. bei Beschäftigten der Stufe 5 oder der Endstufe einen Steigerungsbetrag (20 v. H. der Stufe 2 der individuellen Entgeltgruppe zusätzlich zum tariflich zustehenden Entgelt zu zahlen (Satz 2). Ob ein möglicher Anwendungsfall des Satzes 1 oder des Satzes 2 vorliegt, hängt davon ab, ob der Beschäftigte bereits die für ihn maßgebende Stufe 5 oder Endstufe erreicht hat. Die Regelung geht weiter als die Vorschrift des Absatzes 2 Satz 3, die das Vorhandensein „förderlicher Vorzeiten" voraussetzt. Eine Stufenvorweggewährung nach dieser Vorschrift kommt auch bei einer Einstellung eines Berufsanfängers ohne jegliche Berufserfahrung in Betracht, wenn der Personalbedarf qualitativ und quantitativ nicht anders gedeckt werden kann. Auf die Anwendung des Absatzes 6 hat der Beschäftigte keinen Rechtsanspruch, es ist in das Ermessen des Arbeitgebers gestellt, die Möglichkeiten des Absatzes 6 zu nutzen.

Beide Zulagen (sowohl die Zulage von max. zwei Stufen nach Satz 1 als auch die Zulage von max. 20 v. H. nach Satz 2) sind widerruflich (Satz 4); sie können zudem befristet werden (Satz 3). Das BAG hat in der Entscheidung vom 15. Juli 2021 – 6 AZR 561/20 – zum in diesem Zeitpunkt wortgleichen § 16 Abs. 5 TV-H die Auffassung vertreten, dass der Arbeitgeber bestimmen kann, ob und inwieweit die Zulage im Falle eines Stufenaufstiegs des Arbeitnehmers abgeschmolzen wird und was bei einer Höher- oder Herabgruppierung geschieht. Bei einer arbeitsvertraglichen Inbezugnahme der tariflichen Vorschrift ohne nähere Bestimmung zum Abschmelzen der Zulage geht das BAG davon aus, dass die Zulage im Fall des Erreichens der nächsthöheren Stufe automatisch aufgezehrt wird. Die fehlende „Abschmelzregelung" im TV-H (und auch TVöD) füllt das BAG mit dem Hinweis, dass nach dem Wortlaut der Regelung das höhere Entgelt im Voraus („vorweg") gewährt wird. Das Wort „vorweg" impliziere ein automatisches Abschmelzen. Die Zulagen gelten als Tabellenentgelt (Satz 4), sie sind somit beispielsweise bei Urlaub bzw. Krankheit fortzuzahlen. Bis zum 31. Dezember 2022 konnte eine Zulage nach Satz 2 lediglich Beschäftigten gewährt werden, die die jeweilige Endstufe bereits erreicht hatten. Dies hatte beispielsweise zur Folge, dass Beschäftigten in Stufe 4, denen bislang die höchstmögliche Zulage nach Satz 1 der Vorschrift gewährt wurde (Entgelt nach Stufe 6), im Falle eines Stufenaufstiegs in Stufe 5 ebenfalls maximal eine Zulage bis zum Entgelt der Stufe 6 gewährt werden konnte. Der Stufenaufstieg blieb in diesen Fällen ohne finanzielle Auswirkung. Im Rahmen der Tarifeinigung 2023 haben die Tarifpartner diesen Effekt ausgeräumt und den Anwendungsbereich des Satzes 2 auch für Beschäftigte der Stufe 5 geöffnet.

§ 17 Allgemeine Regelungen zu den Stufen

(1) Die Beschäftigten erhalten vom Beginn des Monats an, in dem die nächste Stufe erreicht wird, das Tabellenentgelt nach der neuen Stufe.

(2) [1]Bei Leistungen der/des Beschäftigten, die erheblich über dem Durchschnitt liegen, kann die erforderliche Zeit für das Erreichen der Stufen 4 bis 6 jeweils verkürzt werden. [2]Bei Leistungen, die erheblich unter dem Durchschnitt liegen, kann die erforderliche Zeit für das Erreichen der Stufen 4 bis 6 jeweils verlängert werden. [3]Bei einer Verlängerung der Stufenlaufzeit hat der Arbeitgeber jährlich zu prüfen, ob die Voraussetzungen für die Verlängerung noch vorliegen. [4]Für die Beratung von schriftlich begründeten Beschwerden von Beschäftigten gegen eine Verlängerung nach Satz 2 bzw. 3 ist eine betriebliche Kommission zuständig. [5]Die Mitglieder der betrieblichen Kommission werden je zur Hälfte vom Arbeitgeber und vom Betriebs-/Personalrat benannt; sie müssen dem Betrieb/der Dienststelle angehören. [6]Der Arbeitgeber entscheidet auf Vorschlag der Kommission darüber, ob und in welchem Umfang der Beschwerde abgeholfen werden soll.

Protokollerklärung zu Absatz 2:

[1]Die Instrumente der materiellen Leistungsanreize (§ 18) und der leistungsbezogene Stufenaufstieg bestehen unabhängig voneinander und dienen unterschiedlichen Zielen. [2]Leistungsbezogene Stufenaufstiege unterstützen insbesondere die Anliegen der Personalentwicklung.

Protokollerklärung zu Absatz 2 Satz 2:

Bei Leistungsminderungen, die auf einem anerkannten Arbeitsunfall oder einer Berufskrankheit gemäß §§ 8 und 9 SGB VII beruhen, ist diese Ursache in geeigneter Weise zu berücksichtigen.

Protokollerklärung zu Absatz 2 Satz 6:

Die Mitwirkung der Kommission erfasst nicht die Entscheidung über die leistungsbezogene Stufenzuordnung.

(3) [1]Den Zeiten einer ununterbrochenen Tätigkeit im Sinne des § 16 (Bund) Abs. 4 und des § 16 (VKA) Abs. 3 stehen gleich:

a) Zeiten von Beschäftigungsverboten nach dem Mutterschutzgesetz,

b) Zeiten einer Arbeitsunfähigkeit nach § 22 bis zu 39 Wochen,

c) Zeiten eines bezahlten Urlaubs,

d) Zeiten eines Sonderurlaubs, bei denen der Arbeitgeber vor dem Antritt schriftlich ein dienstliches bzw. betriebliches Interesse anerkannt hat,

e) Zeiten einer sonstigen Unterbrechung von weniger als einem Monat im Kalenderjahr,

f) Zeiten der vorübergehenden Übertragung einer höherwertigen Tätigkeit.

[2]Zeiten der Unterbrechung bis zu einer Dauer von jeweils drei Jahren, die nicht von Satz 1 erfasst werden, und Elternzeit bis zu jeweils fünf Jahren sind unschädlich, werden aber nicht auf die Stufenlaufzeit angerechnet. [3]Bei einer Unterbrechung von mehr als drei Jahren, bei Elternzeit von mehr als fünf Jahren, erfolgt eine Zuordnung zu der Stufe, die der vor der Unterbrechung erreichten Stufe vorangeht, jedoch nicht niedriger als bei einer Neueinstellung; die Stufenlaufzeit beginnt mit dem Tag der Arbeitsaufnahme. [4]Zeiten,

in denen Beschäftigte mit einer kürzeren als der regelmäßigen wöchentlichen Arbeitszeit eines entsprechenden Vollbeschäftigten beschäftigt waren, werden voll angerechnet.

(4) [1]Bei Eingruppierung in eine höhere Entgeltgruppe aus den Entgeltgruppen 2 bis 14 der Anlage A (VKA) werden die Beschäftigten im Bereich der VKA der gleichen Stufe zugeordnet, die sie in der niedrigeren Entgeltgruppe erreicht haben, mindestens jedoch der Stufe 2. [2]Die Stufenlaufzeit in der höheren Entgeltgruppe beginnt mit dem Tag der Höhergruppierung. [3]Bei einer Eingruppierung in eine niedrigere Entgeltgruppe ist die/der Beschäftigte der in der höheren Entgeltgruppe erreichten Stufe zuzuordnen; die in der bisherigen Stufe zurückgelegte Stufenlaufzeit wird auf die Stufenlaufzeit in der niedrigeren Entgeltgruppe angerechnet. [4]Die/Der Beschäftigte erhält vom Beginn des Monats an, in dem die Veränderung wirksam wird, das entsprechende Tabellenentgelt aus der in Satz 1 und Satz 3 festgelegten Stufe der betreffenden Entgeltgruppe.

(4a) [1]Bei Eingruppierung in eine höhere Entgeltgruppe aus der Entgeltgruppe 1 werden die Beschäftigten im Bereich der VKA derjenigen Stufe zugeordnet, in der sie mindestens ihr bisheriges Tabellenentgelt erhalten, mindestens jedoch der Stufe 2. [2]Wird die/der Beschäftigte nicht in die nächsthöhere, sondern in eine darüber liegende Entgeltgruppe höhergruppiert, ist das Tabellenentgelt für jede dazwischen liegende Entgeltgruppe nach Satz 1 zu berechnen. [3]Die Stufenlaufzeit in der höheren Entgeltgruppe beginnt mit dem Tag der Höhergruppierung. [4]Die/Der Beschäftigte erhält vom Beginn des Monats an, in dem die Veränderung wirksam wird, das entsprechende Tabellenentgelt aus der in Satz 1 festgelegten Stufe der betreffenden Entgeltgruppe.

(5) [1]Bei Eingruppierung in eine höhere Entgeltgruppe werden die Beschäftigten des Bundes der gleichen Stufe zugeordnet, die sie in der niedrigeren Entgeltgruppe erreicht haben, mindestens jedoch der Stufe 2. [2]Die Stufenlaufzeit in der höheren Entgeltgruppe beginnt mit dem Tag der Höhergruppierung. [3]Bei einer Eingruppierung in eine niedrigere Entgeltgruppe ist die/der Beschäftigte der in der höheren Entgeltgruppe erreichten Stufe zuzuordnen; die in der bisherigen Stufe zurückgelegte Stufenlaufzeit wird auf die Stufenlaufzeit in der niedrigeren Entgeltgruppe angerechnet. [4]Die/Der Beschäftigte erhält das entsprechende Tabellenentgelt vom Beginn des Monats an, in dem die Veränderung wirksam wird.

Protokollerklärungen zu den Absätzen 4, 4a und 5:

1. [1]Ist Beschäftigten nach § 14 Abs. 1 vorübergehend eine höherwertige Tätigkeit übertragen worden, und wird ihnen im unmittelbaren Anschluss daran eine Tätigkeit derselben höheren Entgeltgruppe dauerhaft übertragen, werden sie hinsichtlich der Stufenzuordnung so gestellt, als sei die Höhergruppierung ab dem ersten Tag der vorübergehenden Übertragung der höherwertigen Tätigkeit erfolgt. [2]Unterschreitet bei Höhergruppierungen nach Satz 1 das Tabellenentgelt nach den Sätzen 4 des § 17 Abs. 4, 4a bzw. 5 die Summe aus dem Tabellenentgelt und dem Zulagenbetrag nach § 14 Abs. 3, die die/der Beschäftigte am Tag vor der Höhergruppierung erhalten hat, erhält die/der Beschäftigte dieses Entgelt solange, bis das Tabellenentgelt nach den Sätzen 4 des § 17 Abs. 4, 4a bzw. 5 dieses Entgelt erreicht oder übersteigt.

2. Bei Eingruppierung in eine Entgeltgruppe, die einer anderen als der bisherigen Entgelttabelle zugeordnet ist (Tabellenwechsel), werden die Beschäftigten der gleichen Stufe zugeordnet, die sie in der bisherigen Entgeltgruppe erreicht haben.

Erläuterungen

In § 17 TVöD haben die Tarifvertragsparteien allgemeine Regeln für den Stufenaufstieg (Absätze 1 und 2), die Berücksichtigung bestimmter Zeiten bei der Stufenzuordnung (Absatz 3) und das Verfahren bei Höher-/Herabgruppierungen (Absätze 4, 4a und 5) geregelt. Die Vorschrift gilt – anders als die für Bund und Kommunen teilweise abweichende Regelung der Stufenzuordnung im jeweiligen § 16 – sowohl im Bereich des Bundes als auch der Kommunen. Die Vorschrift des § 17 setzt den Kerngedanken der Tarifreform um und regelt den Stufenaufstieg erstmalig nicht nur zeit-, sondern auch leistungsabhängig. Sie stellt damit hohe Anforderungen an die Praxis, da zukünftig nicht nur die Beamten, sondern auch die Tarifbeschäftigten einer Leistungsbeurteilung unterzogen werden müssen und betriebliche Kommissionen zur Beratung über Beschwerden gegen (wegen unterdurchschnittlicher Leistung) verzögerte Stufenaufstiege einzurichten sind.

Auf die Sonderregelungen zur Vorweggewährung von Stufen bzw. zur Gewährung eines höheren Entgelts in § 53 Abs. 2 BT-K bzw. § 50 Abs. 2 BT-B wird hingewiesen.

Übergangsrecht

Bei der Stufenzuweisung und beim Stufenaufstieg der von den bisherigen Vorschriften in den TVöD übergeleiteten Beschäftigten sind die besonderen Regelungen der §§ 6 und 7 der Überleitungs-Tarifverträge[1]) zu beachten. Demnach erfolgt bei ehemaligen Angestellten – unabhängig davon, in welche individuelle Zwischenstufe sie betragsgenau übergeleitet worden sind – der erste Stufenaufstieg grundsätzlich zum 1. Oktober 2007 (§ 6 TVÜ-Bund, § 6 TVÜ-VKA). Bei ehemaligen Arbeitern erfolgt der Stufenaufstieg zwar nach näherer Maßgabe des § 7 TVÜ-Bund bzw. § 7 TVÜ-VKA grundsätzlich bereits nach den Regeln des TVöD, die Arbeiter werden aber so gestellt, als habe der TVöD bereits zu Beginn ihrer Beschäftigungszeit Anwendung gefunden.

Grundsatz (Abs. 1)

In Absatz 1 ist der Grundsatz festgelegt, dass das entsprechende Tabellenentgelt bereits von dem Beginn des Monats an gezahlt wird, in dem die neue Stufe erreicht wird. Dies gilt für alle Stufenveränderungen – also sowohl für die zeit- als auch für die leistungsabhängigen.

---

[1]) TVÜ-Bund abgedruckt unter **270**

Leistungsabhängiger Stufenaufstieg (Abs. 2)

Mit dieser Vorschrift haben die Tarifpartner erstmals eine Leistungskomponente beim Stufenaufstieg eingeführt. Sie gilt für den Aufstieg in die Stufen 4 bis 6; die Stufen 2 und 3 werden weiterhin nach Zeitablauf erreicht.

In einer Protokollerklärung zu Absatz 2 haben die Tarifvertragsparteien klargestellt, dass der leistungsbezogene Stufenaufstieg unabhängig von den materiellen Leistungsanreizen des § 18 zu sehen ist.

Nach den Sätzen 1 bzw. 2 und 3 der Vorschrift kann die notwendige Zeit für das Erreichen der Stufen 4 bis 6 (also für das Aufrücken aus den Stufen 3 bis 5) bei überdurchschnittlicher Leistung verkürzt (Satz 1) und bei unterdurchschnittlicher Leistung verlängert (Satz 2) werden. Im Fall der Verlängerung ist nach Satz 3 jährlich zu prüfen, ob die Voraussetzungen für die Verlängerung (also die Leistungsschwäche) weiterhin gegeben sind.

Bei Leistungsminderungen, die infolge eines Berufsunfalls oder einer Berufskrankheit auftreten, soll die Ursache in geeigneter Weise berücksichtigt werden. Es ist augenscheinlich der Wille der Tarifpartner, dass in diesen Fällen keine oder deutlich mildere Konsequenzen aus der – unverschuldeten – Leistungsminderung gezogen werden (Protokollerklärung zu Absatz 2 Satz 2).

Grenzen der Verkürzung oder Verlängerung enthält die Vorschrift über den leistungsbezogenen Stufenaufstieg nicht; es sind somit leistungsstarke „Überflieger", die nur ganz kurz auf den nächsten Stufenaufstieg warten müssen, ebenso möglich, wie leistungsschwächere Beschäftigte, die über eine bestimmte Entgeltstufe nicht mehr hinauskommen.

Bei der Nutzung der Vorschrift des § 17 Abs. 2 TVöD darf nicht außer Acht gelassen werden, dass es sich zwar um eine weitgehend in das Ermessen des Arbeitgebers gestellte „Kann-Vorschrift" handelt, die keine unmittelbaren Ansprüche der Beschäftigten beinhaltet (s. BAG vom 9. Juni 2016 – 6 AZR 321/15). Wie bei allen Ermessensvorschriften darf der Arbeitgeber aber auch bei der Anwendung des § 17 Abs. 2 TVöD nicht willkürlich („nach Gutsherrenart") verfahren. Es muss also nachvollziehbar sein, warum ein bestimmter Beschäftigter durch einen verkürzten Stufenaufstieg belohnt wird und warum andere (u. U. vergleichbare) Beschäftigte nicht bedacht werden. Neben einer Transparenz im Umgang mit der Vorschrift wird dazu ein regelmäßiges Beurteilungsverfahren der Beschäftigten notwendig sein, um die Auswahlkriterien und die Arbeitgeberentscheidung (ggf. auch vor den Arbeitsgerichten) in überprüfbarer Weise darlegen zu können.

Die Sätze 4 bis 6 regeln den Umgang mit schriftlich begründeten Beschwerden gegen eine Verlängerung der Stufenlaufzeit gemäß Satz 2 bzw. die Bestätigung der Verlängerung im Rahmen der jährlichen

Prüfung im Sinne des Satzes 3. Für die Beratung über die Beschwerden ist eine betriebliche Kommission einzurichten, deren Mitglieder je zur Hälfte vom Arbeitgeber und vom Betriebs-/Personalrat benannt werden. Die in die Kommission entsandten Mitglieder müssen der Dienststelle angehören – es reicht also nicht, wenn sie lediglich bei dem gleichen Arbeitgeber beschäftigt sind. Die Kommission kann dem Arbeitgeber zwar Lösungsvorschläge darüber unterbreiten, ob und in welchem Umfang der Beschwerde abgeholfen werden sollte. Die Entscheidung darüber obliegt aber allein dem Arbeitgeber (Satz 6). In einer Protokollerklärung zu Absatz 2 Satz 6 ist ausdrücklich vereinbart worden, dass die Kommission nicht über die leistungsbezogene Stufenzuordnung entscheidet; es handelt sich um eine reine Beschwerdekommission. In der Niederschriftserklärung Nr. 2 zu § 18 (VKA) Abs. 7 haben die Verhandlungsführer der kommunalen Arbeitgeber und die Gewerkschaften erklärt, dass die nach § 17 Abs. 2 und nach § 18 Abs. 7 gebildeten Kommissionen identisch sind.

Nach dem Wortlaut des § 6 Abs. 1 Satz 3 der Überleitungstarifverträge („Der **weitere** Stufenaufstieg richtet sich nach den Regelungen des TVöD.") kam die Anwendung der Vorschrift für in eine individuelle Zwischenstufe übergeleitete Beschäftigte vor dem 1. 10. 2007 nicht in Betracht.

Berücksichtigungsfähige Zeiten/Unterbrechungen (Abs. 3)

Nach § 16 (Bund) Abs. 4 bzw. § 16 (VKA) Abs. 3 müssen Tätigkeitszeiten ununterbrochen zurückgelegt worden sein, um bei den (Regel-) Zeiten für Stufenaufstiege berücksichtigt zu werden. § 17 Abs. 3 enthält für eine Reihe von Fällen von diesem Grundsatz abweichende Regelungen.

In den Buchstaben a) bis f) des Satzes 1 ist abschließend aufgezählt, welche Unterbrechungszeiten die Tarifpartner als unschädlich ansehen. In den in diesem Katalog erwähnten Fällen werden auch die Unterbrechungszeiten (z. B. wegen Beschäftigungsverboten nach dem Mutterschutzgesetz, Krankheit, bezahltem Urlaub) mit der „ununterbrochenen Tätigkeit" gleichgestellt. Sie zählen also bei den Zeiten des Stufenaufstiegs in vollem Umfang mit.

Entsprechendes muss nach Auffassung des Verfassers auch für Zeiten des Grundwehr- und Zivildienstes gelten. Auch diese Zeiten unterbrechen die Stufenlaufzeit nicht und können auf die Stufenlaufzeit angerechnet werden. Eine andere Verfahrensweise wäre kaum mit dem Rechtsgedanken des § 6 Abs. 1 bzw. Abs. 4 des Arbeitsplatzschutzgesetzes – ggf. i. V. m. § 78 des Zivildienstgesetzes – in Einklang zu bringen.

Für von der Aufzählung des Satzes 1 nicht erfasste Unterbrechungszeiten bestimmt Satz 2 der Vorschrift, dass sie bis zur Dauer von drei bzw. bei Elternzeit bis zur Dauer von fünf Jahren unschädlich sind. Die davor liegenden Zeiten bleiben folglich als Stufenlaufzeit erhalten; die Unterbrechung selbst zählt aber nicht dazu. Das BAG hat mit Urteil vom 22. Februar 2024 – 6 AZR 126/23 – seine bisherige Rechtsprechung (insbesondere Urteil vom 27. Januar 2011 – 6 AZR 526/09) noch einmal dahingehend bekräftigt, dass die Hemmung der Stufenlaufzeit während der Inanspruchnahme von Elternzeit nicht gegen höherrangiges Recht verstößt. Sie führe nach Auffassung des BAG insbesondere nicht zu einer Diskriminierung wegen des Geschlechts oder zu einer unzulässigen Benachteiligung von Arbeitnehmern in Elternzeit. Der Entscheidung lag der Fall einer Beschäftigten im Geltungsbereich des TVöD zugrunde, welche in der Zeit von 2013 bis 2021 verschiedene Elternzeiten in Anspruch nahm. Die elternzeitbedingten Hemmungen der Stufenlaufzeit führten im Ergebnis dazu, dass die Beschäftigte die Stufe 5 erst 5 Jahre und 2 Monate später erreichte. Das BAG hat mit seinem Urteil die Rechtmäßigkeit der tariflichen Regelung erneut bestätigt. Das Gericht argumentiert unter anderem damit, dass die Tarifvertragsparteien nicht für einen Ausgleich der Nachteile sorgen müssen, die sich für Beschäftigte daraus ergeben, dass nach der gesetzlichen Ausgestaltung das Arbeitsverhältnis in der Zeit des Erziehungsurlaubs ruht.

Unterbrechungszeiten von mehr als drei bzw. fünf Jahren führen bei der Wiederaufnahme der Arbeit dazu, dass der Beschäftigte der Stufe unterhalb der vor der Unterbrechung erreichten Stufe zugeordnet wird. Dabei darf das Ergebnis jedoch nicht geringer sein als bei einer Neueinstellung. Die Stufenlaufzeit beginnt mit dem Wiederaufnahmetag der Arbeit erneut zu laufen (Satz 3).

In Satz 4 haben die Tarifpartner klargestellt, dass die Zeiten einer Teilzeitbeschäftigung voll berücksichtigt werden. Mit dieser Vorschrift tragen die Tarifpartner dem Diskriminierungsverbot des § 4 Abs. 1 des Teilzeit- und Befristungsgesetzes Rechnung.

Höhergruppierungen, Herabgruppierungen im Bereich der Kommunen (Abs. 4 und 4a)

Die Vorschrift wurde im Zusammenhang mit der Einführung der Entgeltordnung für die Beschäftigten der Kommunen im Zuge des 12. Änderungstarifvertrages zum TVöD vereinbart. Sie betrifft nur die Beschäftigten der Kommunen, die ab dem 1. März 2017 höher- oder herabgruppiert werden. Für die Beschäftigten der Kommunen, die vor dem 1. März 2017 höher- oder herabgruppiert wurden, gelten die in § 17 Abs. 4 vereinbarten Regelungen; für die Beschäftigten des

Bundes gilt Absatz 5. Das BAG hat mit Urteil vom 19. Dezember 2019 – 6 AZR 59/19 – entschieden, dass die Beschränkung der stufengleichen Höhergruppierung auf Höhergruppierungen, die ab dem 1. März 2017 erfolgt sind, verfassungskonform ist. **Achtung**: Die Regelungen der Absätze 4 und 4a gelten ebenfalls **nicht** für die Beschäftigten der Kommunen, die im Zusammenhang mit der Einführung der neuen Entgeltordnung von ihrem Antragsrecht auf Höhergruppierung Gebrauch machen. Für diese Höhergruppierungen gelten weiterhin die Vorschriften des § 17 Abs. 4 in der bis zum 28. Februar 2017 geltenden Fassung (siehe § 29b Abs. 2 TVÜ-VKA).

Abweichend von den früheren, bis zum 28. Februar 2017 geltenden Regelungen des Absatzes 4 haben die Tarifpartner in der Neufassung des Absatzes 4 vereinbart, dass Höhergruppierungen stufengleich erfolgen. Die betroffenen Beschäftigten können bei Höhergruppierungen also nicht mehr in den Stufen zurückfallen. Neben diesem Grundsatz enthält Satz 1 der Vorschrift weiterhin die in Absatz 4 Satz 1 a. F. enthaltene Vereinbarung, dass bei Höhergruppierungen mindestens die Stufe 2 erreicht wird. Diese Regelung betrifft letztlich nur den (eher seltenen) Fall, dass Beschäftigte im ersten Jahr ihrer Tätigkeit aus Stufe 1 heraus höhergruppiert werden. Bei der Höhergruppierung beginnt die Stufenlaufzeit in der höheren Entgeltgruppe mit dem Tag der Höhergruppierung neu zu laufen (Satz 2 a. a. O.). Herabgruppierungen erfolgen nach Satz 4 a. a. O. stufengleich. Mit Urteil vom 1. Juni 2017 – 6 AZR 741/15 – hat das BAG entschieden, dass die Stufenlaufzeit auch bei einer einvernehmlichen Herabgruppierung mit dem Tag der Herabgruppierung neu zu laufen beginnt. Die Klägerin war zunächst in der Entgeltgruppe S 14, Stufe 3 des TVöD/VKA eingruppiert. Dort begann die Stufenlaufzeit der Stufe 3 am 1. Mai 2010, der nächste Stufenaufstieg wäre bei unveränderter Tätigkeit am 1. Mai 2014 erfolgt. Zum 15. April 2013 wurde die Klägerin einvernehmlich versetzt; ihre neue Stelle wurde mit der EG S 12 vergütet. Die Beklagte berechnete die Laufzeit der Stufe 3 ab dem 15. April 2013. Die Klägerin vertrat die Ansicht, dass sie zum 1. Mai 2014 der Stufe 4 der EG S 12 zuzuordnen sei. Sie begründete dies unter anderem damit, dass die in der höheren Entgeltgruppe erworbene Berufserfahrung auch in der niedrigeren Entgeltgruppe berücksichtigt werden müsse. Zudem sehe der TVöD-Bund in § 17 Abs. 5 Satz 3 eine entsprechende Anrechnungsregel vor, daher müsse dies auch im Bereich des TVöD/VKA gelten. Dieser Argumentation der Klägerin ist das BAG nicht gefolgt. Im Zuge des 17. Änderungstarifvertrages zum TVöD vom 30. August 2019 haben die Tarifpartner mit Wirkung vom 1. Januar 2020 vereinbart, dass bei einer Herabgruppierung die in der bisherigen Stufe der höheren Entgeltgruppe zurückgelegte Stufenlaufzeit auf die Stufenlaufzeit in der niedrigeren Entgeltgruppe angerechnet wird. Satz 5 der Vorschrift greift den bisherigen, auch in Absatz 4 verankerten Grundsatz auf, dass das geänderte Tabellenentgelt auch bei einer erst im Laufe des Monats eintretenden Höher- oder Herabgruppierung bereits ab dem Monatsbeginn gezahlt wird.

Absatz 4a regelt den Sonderfall der Höhergruppierung aus der Entgeltgruppe 1. Die Zuweisung erfolgt in diesem Fall in die Entgeltgruppe, die das bisherige Tabellenentgelt sichert, mindestens aber zur Stufe 2. Bei Höhergruppierungen über mehr als eine Entgeltgruppe ist Schritt für Schritt von Entgeltgruppe zu Entgeltgruppe vorzugehen.

Höhergruppierungen, Herabgruppierungen im Bereich des Bundes ab 1. März 2014 (Abs. 5)

Die Vorschrift wurde im Zusammenhang mit der Einführung der Entgeltordnung für die Beschäftigten des Bundes im Zuge des 9. Änderungstarifvertrages zum TVöD vereinbart. Sie betrifft nur die Beschäftigten des Bundes, die ab 1. März 2014 höher- oder herabgruppiert werden. Für die Beschäftigten des Bundes, die vor dem 1. März 2014 höher- oder herabgruppiert wurden, sowie für die Beschäftigten der Kommunen gelten die in § 17 Abs. 4 vereinbarten Regelungen. **Achtung:** Die Regelungen des Absatzes 5 gelten ebenfalls nicht für die Beschäftigten des Bundes, die im Zusammenhang mit der Einführung der neuen Entgeltordnung von ihrem Antragsrecht auf Höhergruppierung Gebrauch machen. Für diese Höhergruppierungen gelten weiterhin die Vorschriften des § 17 Abs. 4 (siehe § 26 Abs. 2 TVÜ-Bund).

Abweichend von den Regelungen des Absatzes 4 haben die Tarifpartner in Absatz 5 vereinbart, dass Höhergruppierungen stufengleich erfolgen. Die betroffenen Beschäftigten können bei Höhergruppierungen also nicht mehr in den Stufen zurückfallen. Neben diesem Grundsatz enthält Satz 1 der Vorschrift die auch in Absatz 4 Satz 1 enthaltene Vereinbarung, dass bei Höhergruppierungen mindestens die Stufe 2 erreicht wird. Diese Regelung betrifft letztlich nur den (eher seltenen) Fall, dass Beschäftigte im ersten Jahr ihrer Tätigkeit aus Stufe 1 heraus höhergruppiert werden. Herabgruppierungen erfolgen nach Satz 3 a. a. O. stufengleich, dabei ist die in der höheren Entgeltgruppe absolvierte Stufenlaufzeit in der niedrigeren Entgeltgruppe voll anzurechnen. Bei der Höhergruppierung beginnt die Stufenlaufzeit in der höheren Entgeltgruppe jedoch mit dem Tag der Höhergruppierung neu zu laufen (Satz 2 a. a. O.). Satz 4 der Vorschrift greift den bisherigen, auch in Absatz 4 verankerten Grundsatz auf, dass das geänderte Tabellenentgelt auch bei einer erst im Laufe des Monats eintretenden Höher- oder Herabgruppierung bereits ab dem Monatsbeginn gezahlt wird.

Zu den Protokollerklärungen zu den Absätzen 4, 4a und 5:

Zu Protokollerklärung Nr. 1:

Die Protokollerklärung wurde im Zuge des 17. Änderungstarifvertrages zum TVöD vom 30. August 2019 mit Wirkung vom 1. Januar 2020 eingefügt. Sie regelt den Fall, dass eine vorübergehende Übertragung höherwertiger Tätigkeiten einer anschließenden dauerhaften Übertragung dieser Tätigkeiten unmittelbar vorgeschaltet ist. Die Tarifpartner haben für diesen Fall bestimmt, dass die betroffenen Beschäftigten hinsichtlich der Stufenzuordnung so gestellt werden, als sei die Höhergruppierung bereits ab dem Tag der vorübergehenden Übertragung erfolgt (Satz 1). Da dadurch auch negative Folgen für die Beschäftigten entstehen können, weil eine später (erst bei der endgültigen Übertragung) erfolgende Stufenzuordnung zu einem höheren Ergebnis führen könnte, sichert Satz 2 die Fortzahlung des während der vorübergehenden Übertragung zustehenden Entgelts (Tabellenentgelt zzgl. Zulage gem. § 14 Abs. 3) solange zu, bis es von dem nach Satz 1 ermittelten Betrag mindestens erreicht wird.

Mit Rundschreiben vom 17. Juni 2021 hat das BMI übertariflich zugelassen, dass das Entgelt, das die Beschäftigten nach Satz 2 der Protokollerklärung erhalten, dynamisch ist und (erstmalig am 1. April 2021) an allgemeinen Entgelterhöhungen teilnimmt.

Zu Protokollerklärung Nr. 2:

Die Protokollerklärung Nr. 2 wurde im Rahmen des Änderungstarifvertrages Nr. 20 zum TVöD vom 14. Juli 2022 neu aufgenommen. Die Tarifvertragsparteien stellen mit der Protokollerklärung klar, dass bei ab dem 1. November 2022 stattfindenden Eingruppierungen in eine Entgeltgruppe, die einer anderen als der bisherigen Entgelttabelle zuzuordnen ist (sog. Tabellenwechsel), die Beschäftigten der gleichen Stufe zugeordnet werden, die sie in der bisherigen Entgeltgruppe erreicht haben. Es kommt in diesen Fällen damit zu einer stufengleichen Umgruppierung.

Hinsichtlich der Stufenzuordnung und Stufenlaufzeit gehen die Tarifvertragsparteien davon aus, dass die allgemeinen Regelungen zur Höhergruppierung und Herabgruppierung Anwendung finden. Dies mit der Folge, dass beispielsweise bei einem Tabellenwechsel mit einer gleichzeitigen Eingruppierung in eine höhere Entgeltgruppe der neuen Entgelttabelle der Beschäftigte der gleichen Stufe zugeordnet wird, die er in der niedrigeren Entgeltgruppe der anderen Tabelle bereits erreicht hatte. Die Stufenlaufzeit in der höheren Entgeltgruppe beginnt mit dem Tag der Höhergruppierung neu zu laufen. Für die Frage, ob es sich bei dem Tabellenwechsel um eine Höher- oder Herabgruppierung handelt, sind die Zuordnungsregelungen der §§ 51a Abs. 1, 52 Abs. 3 TVöD BT-B, des § 52 Abs. 1 TVöD BT-K und des § 1 Abs. 3 der Anlage zu § 56 (VKA) TVöD BT-Vheranzuziehen.

Durch die Aufnahme dieser bislang nicht vom Tarifrecht berücksichtigten Fallkonstellation (stufengleiche Umgruppierung bei einem sog. Tabellenwechsel) kann im Bereich des Bundes und der VKA nur noch begrenzt auf die zuvor zu einem vergleichbaren Fall im Geltungsbereich des TV L ergangene Rechtsprechung des BAG (BAG-Urteil vom 18. 2. 2021 – 6 AZR 702/19 –) Bezug genommen werden. Das BAG hatte in dem Fall zum vergleichbaren TV-L wie folgt entschieden:

1. Hat der Wechsel der Tätigkeit eines Beschäftigten zur Folge, dass er künftig aus einer anderen Entgelttabelle als bisher zu vergüten ist (Tabellenwechsel), ist er in der neuen Entgeltgruppe grundsätzlich der Stufe 1 zuzuordnen. Das BAG hielt den ersten Tätigkeitswechsel des zugrundeliegenden Sachverhaltes für eine Umgruppierung in eine wesentlich andere Tätigkeit, die nach einer anderen Entgelttabelle zu vergüten sei. Einschlägige Berufserfahrung könne dann nicht vorliegen und es komme zur Zuordnung zur Stufe 1.
2. Ist der Beschäftigte nach einem erneuten Tabellenwechsel wieder in seine alte Entgeltgruppe eingruppiert, erfolge grundsätzlich eine Besitzstandssicherung gemäß § 17 Abs. 3 Satz 2 und Satz 3 i. V. m. § 16 Abs. 2 Satz 2 TV-L. Es komme damit auf die Dauer der Unterbrechung an.

II

§ 18 (Bund) Leistungsentgelt

(1) Das Leistungsentgelt ist eine variable und leistungsorientierte Bezahlung, die zusätzlich zum Tabellenentgelt gezahlt werden kann.

(2) [1]Für das Leistungsentgelt kann ein Gesamtvolumen von bis zu 1 v. H. der ständigen Monatsentgelte des Vorjahres aller unter den Geltungsbereich des TVöD fallenden Beschäftigten der jeweiligen Dienststelle zur Verfügung gestellt werden. [2]Die Umsetzung richtet sich nach dem Tarifvertrag über das Leistungsentgelt für die Beschäftigten des Bundes.

Protokollerklärung zu Absatz 2 Satz 1:

Ständige Monatsentgelte sind insbesondere das Tabellenentgelt (ohne Sozialversicherungsbeiträge des Arbeitgebers und dessen Kosten für die betriebliche Altersvorsorge), die in Monatsbeträgen festgelegten Zulagen einschließlich Besitzstandszulagen sowie Entgelt im Krankheitsfall (§ 22) und bei Urlaub, soweit diese Entgelte in dem betreffenden Kalenderjahr ausgezahlt worden sind; nicht einbezogen sind dagegen insbesondere Abfindungen, Aufwandsentschädigungen, Auslandsdienstbezüge einschließlich Kaufkraftausgleiche und Auslandsverwendungszuschläge, Einmalzahlungen, Jahressonderzahlungen, Leistungsentgelte, Strukturausgleiche, unständige Entgeltbestandteile und Entgelte der außertariflichen Beschäftigten.

(3) Die ausgezahlten Leistungsentgelte sind zusatzversorgungspflichtiges Entgelt.

Protokollerklärungen zu § 18 (Bund):

1. [1]Eine Nichterfüllung der Voraussetzungen für die Gewährung eines Leistungsentgelts darf für sich genommen keine arbeitsrechtlichen Maßnahmen auslösen. [2]Umgekehrt sind arbeitsrechtliche Maßnahmen nicht durch Teilnahme an einer Zielvereinbarung bzw. durch Gewährung eines Leistungsentgelts ausgeschlossen.
2. [1]Leistungsgeminderte dürfen nicht grundsätzlich aus Leistungsentgelten ausgenommen werden. [2]Ihre jeweiligen Leistungsminderungen sollen angemessen berücksichtigt werden.

Niederschriftserklärung zu § 18 (Bund):

Die Tarifvertragsparteien gehen davon aus, dass Leistungsentgelte Bezüge im Sinne des § 4 TV ATZ sind.

Erläuterungen

§ 18 TVöD regelt – in zwei getrennten Vorschriften für den Bund bzw. die Kommunen – die Grundsätze der zum 1. Januar 2007 vorgesehenen Einführung eines Leistungsentgelts. Die Vorschrift des § 18 setzt damit den Kerngedanken der Tarifreform um, die Einführung leistungsbezogener Zahlungen. § 18 enthält noch keine konkreten Regelungen für Zahlungen an die Beschäftigten, sondern legt insbesondere den Berechnungsrahmen für das ausschüttungsfähige Gesamtvolumen fest. Nähere Regelungen für den Bund sind im Tarifvertrag über das Leistungsentgelt für die Beschäftigten des Bundes

(LeistungsTV-Bund)[1]) festgelegt. Das BMI hat zum LeistungsTV-Bund umfangreiche Anwendungshinweise gegeben.

Die Regelung des § 18 TVöD (Bund) wurde im Zusammenhang mit der Einführung der Entgeltordnung im Zuge des 9. Änderungstarifvertrages zum TVöD mit Wirkung vom 1. Januar 2014 insoweit grundlegend geändert (und faktisch entwertet), als dass die bislang obligatorische Regelung („muss") in eine Option des Arbeitgebers („Kann-Regelung") umgewandelt worden ist.

Einführung des Leistungsentgelts (Abs. 1)

In dieser Vorschrift haben die Tarifpartner die Einführung eines Leistungsentgelts ab dem 1. Januar 2007 vereinbart und dabei klargestellt, dass das Leistungsentgelt als variable und leistungsbezogene Bezahlung zusätzlich zum Tabellenentgelt erfolgt. Eine Festlegung auf bestimmte denkbare Formen eines Leistungsentgelts (z. B. Zulage, Leistungs- oder Erfolgsprämie) ist nicht erfolgt.

Volumen des Leistungsentgelts (Abs. 2 Satz 1)

In Absatz 2 Satz 1 ist festgelegt, dass das Gesamtvolumen der für das Leistungsentgelt zur Verfügung zu stellenden Mittel bis zu 1 v. H. der ständigen Monatsentgelte des Vorjahres aller unter den TVöD fallenden Beschäftigten des jeweiligen Arbeitgebers ist. Angestrebt wurde ursprünglich zu einem späteren, nicht näher bestimmten Zeitpunkt ein Gesamtvolumen von 8 v. H.; dieses Ziel wurde mit der Neufassung zum 1. 1. 2014 aufgegeben.

In einer Protokollerklärung zu Absatz 2 Satz 1 haben die Tarifpartner detailliert geregelt, welche Bestandteile des Entgelts in das „Ständige Monatsentgelt" einfließen bzw. nicht einfließen.

Leistungstarifvertrag (Abs. 2 Satz 2)

Nach Absatz 2 Satz 2 bleiben nähere Regelungen zur Zahlung von Leistungsentgelten dem LeistungsTV-Bund[1]) vorbehalten.

Zusatzversorgung (Abs. 3)

In Absatz 3 ist ausdrücklich vereinbart worden, dass die Leistungsentgelte zusatzversorgungspflichtiges Entgelt darstellen.

---

[1]) abgedruckt unter **630**

Zu den Protokollerklärungen zu § 18

Neben der oben dargestellten Protokollerklärung zu Absatz 2 Satz 1 haben die Tarifpartner zwei weitere Protokollerklärungen zu § 18 vereinbart.

In der Protokollerklärung Nr. 1 ist klargestellt, dass die Gewährung bzw. Nichtgewährung von Leistungsentgelten allein weder arbeitsrechtliche Maßnahmen verhindern noch auslösen kann. Die Feststellung, dass ein Beschäftigter die Voraussetzungen für ein Leistungsentgelt nicht erfüllt, rechtfertigt somit für sich allein betrachtet keine Abmahnung wegen Schlechtleistung (Satz 1). Umgekehrt schließt die Gewährung eines Leistungsentgelts arbeitsrechtliche Maßnahmen nicht aus (Satz 2).

Protokollerklärung Nr. 2 legt fest, dass leistungsgeminderte Beschäftigte nicht generell von Leistungsentgelten ausgeschlossen werden dürfen. Ihre Leistungsminderung ist angemessen zu berücksichtigen, d. h. auch ihr Bemühen und ihr Einsatz werden zu würdigen sein.

§ 18a (VKA) Alternatives Entgeltanreiz-System

(diese Regelung betrifft nur den Bereich der VKA und ist an dieser Stelle nicht abgedruckt)

II

§ 19 Erschwerniszuschläge

(1) [1]Erschwerniszuschläge werden für Arbeiten gezahlt, die außergewöhnliche Erschwernisse beinhalten. [2]Dies gilt nicht für Erschwernisse, die mit dem der Eingruppierung zugrunde liegenden Berufs- oder Tätigkeitsbild verbunden sind.

(2) Außergewöhnliche Erschwernisse im Sinne des Absatzes 1 ergeben sich grundsätzlich nur bei Arbeiten

a) mit besonderer Gefährdung,

b) mit extremer nicht klimabedingter Hitzeeinwirkung,

c) mit besonders starker Schmutz- oder Staubbelastung,

d) mit besonders starker Strahlenexposition oder

e) unter sonstigen vergleichbar erschwerten Umständen.

(3) Zuschläge nach Absatz 1 werden nicht gewährt, soweit der außergewöhnlichen Erschwernis durch geeignete Vorkehrungen, insbesondere zum Arbeitsschutz, ausreichend Rechnung getragen wird.

(4) [1]Die Zuschläge betragen in der Regel 5 bis 15 v. H. – in besonderen Fällen auch abweichend – des auf eine Stunde entfallenden Anteils des monatlichen Tabellenentgelts der Stufe 2 der Entgeltgruppe 2. [2]Teilzeitbeschäftigte erhalten Erschwerniszuschläge, die nach Stunden bemessen werden, in voller Höhe; sofern sie pauschaliert gezahlt werden, gilt dagegen § 24 Abs. 2.

(5) [1]Die zuschlagspflichtigen Arbeiten und die Höhe der Zuschläge werden im Bereich der VKA landesbezirklich – für den Bund durch einen Tarifvertrag auf Bundesebene – vereinbart. [2]Für den Bund gelten bis zum In-Kraft-Treten eines entsprechenden Tarifvertrages die bisherigen tarifvertraglichen Regelungen des Bundes fort.

Niederschriftserklärung zu § 19 (Bund) Abs. 5 Satz 2:

[1]Zwischen den Tarifvertragsparteien besteht Einigkeit, dass im Bereich des Bundes für die Ermittlung des für die Erhöhung der Zuschläge gemäß § 5 LohnzuschlagsTV i. V. m. Nrn. 21, 22 und 23 der Anlage 1 Teil B TVÜ-Bund maßgeblichen Vomhundertsatzes in Höhe von 12 v. H. ab 1. April 2025 3 v. H. und ab dem 1. Mai 2026 2,8 v. H. anzurechnen ist. [2]Die Summe der für eine Erhöhung der Zuschläge gemäß § 5 LohnzuschlagsTV zu berücksichtigenden Vomhundertsätze beträgt nach dem 1. Mai 2026 0,99 v. H.

Erläuterungen

§ 19 TVöD legt in den Abs. 1 bis 4 die Rahmenbedingungen für die Bezahlung von Erschwerniszuschlägen fest. Einzelheiten dazu bleiben gem. Abs. 5 ausfüllenden Tarifverträgen überlassen. Der Themenbereich war früher § 33 Abs. 1 Buchst. c) BAT, § 23 BMT-G und § 29 MTArb sowie in den diese Vorschriften ergänzenden Tarifverträgen (Tarifvertrag über die Gewährung von Zulagen gemäß § 33 Abs. 1

Buchst. c) BAT vom 11. Januar 1962[1]), Tarifvertrag über die Lohnzuschläge gemäß § 29 MTL vom 9. Oktober 1963 und die bezirklichen Tarifverträge zu § 23 Abs. 3 BMT-G) geregelt. Diese Tarifverträge gelten übergangsweise fort (Absatz 5 Satz 2).

Das BAG hat mit Urteil vom 21. April 2010 – 10 AZR 303/09 – entschieden, dass ein Anspruch auf die sogenannte Baustellenzulage (§ 33 Abs. 2 BAT) mit In-Kraft-Treten des TV-L nicht mehr besteht. Da die Vorschriften des TVöD in diesem Punkt denen des TV-L entsprechen, besteht auch für unter den TVöD fallende Beschäftigte kein tarifvertraglicher Anspruch auf Zahlung der Baustellenzulage. Übertarifliche Regelungen (z. B. des Bundes) bleiben davon allerdings unberührt.

Auf die abweichenden Sonderregelungen in §§ 46 und 47 (Bund) und 46 (VKA) des Besonderen Teils Verwaltung wird hingewiesen.

Grundsätze für Erschwerniszuschläge (Abs. 1)

Die Vorschrift legt fest, dass grundsätzlich Erschwerniszuschläge für Arbeiten mit besonderen Erschwernissen zu zahlen sind. Ausgenommen davon sind aber nach Satz 2 solche Erschwernisse, die mit dem Berufs- oder Tätigkeitsbild verbunden sind und daher schon in die Eingruppierung eingeflossen sind.

Außergewöhnliche Erschwernisse (Abs. 2)

In den Buchstaben a) bis e) ist abschließend aufgezählt, bei welchen Arbeiten „außergewöhnliche Erschwernisse" vorliegen, die einen Anspruch auf Erschwerniszuschläge begründen können.

Ausschluss der Erschwerniszuschläge durch besondere Vorkehrungen (Abs. 3)

Absatz 3 schließt die Zahlung von Erschwerniszuschlägen in den Fällen aus, in denen den Erschwernissen durch besondere Vorkehrungen – insbesondere hinsichtlich des Arbeitsschutzes – Rechnung getragen wird.

Betragsmäßiger Rahmen der Erschwerniszuschläge (Abs. 4)

Absatz 4 gibt den Tarifpartnern den Rahmen für Erschwerniszuschläge vor. Diese sollen in der Regel – je nach Grad der Erschwernis – zwischen 5 und 15 v. H. des auf eine Stunde entfallenden Anteils des monatlichen Tabellenentgelts der Stufe 2 der Entgeltgruppe 2 betragen. In beson-

---

[1]) abgedruckt unter **510**

deren Fällen kann davon (nach oben oder unten) abgewichen werden. Der im Zuge des Änderungstarifvertrages Nr. 2 vom 31. März 2008 mit Wirkung vom 1. Juli 2008 eingefügte Satz 2 bewirkt im Ergebnis, dass Teilzeitbeschäftigte – bezogen auf die einzelne Arbeitsstunde – die gleichen Erschwerniszuschläge erhalten wie Vollbeschäftigte. Damit tragen die Tarifpartner den Erfordernissen des Teilzeit- und Befristungsgesetzes[1]) Rechnung, dessen § 4 Absatz 1 eine Diskriminierung Teilzeitbeschäftigter verbietet.

Tarifvertrag (Abs. 5)

Absatz 5 bestimmt, dass die zuschlagspflichtigen Arbeiten und die Höhe der Zuschläge durch landesbezirkliche Tarifverträge (für die Kommunen) bzw. durch einen Bundestarifvertrag (für den Bund) festzulegen sind. Entsprechende Tarifverträge sind bislang noch nicht vereinbart worden. Übergangsweise gelten somit die bisherigen Tarifverträge fort. Rechtsgrundlage dafür ist § 19 Abs. 5 Satz 2 TVöD, für die Kommunen § 23 TVÜ-VKA; siehe unten. Für den Bereich des Bundes sind in einer Niederschriftserklärung die Auswirkungen der Entgelterhöhungen im Zuge der Tarifrunde 2020 festgehalten worden.

Übergangsrecht gemäß § 23 TVÜ-VKA

Die Vorschrift des § 23 des Tarifvertrages zur Überleitung der Beschäftigten der kommunalen Arbeitgeber in den TVöD und zur Regelung des Übergangsrechts (TVÜ-VKA) bestimmt, dass die bislang im Bereich der Kommunen einschlägigen tarifvertraglichen Vorschriften über Erschwerniszuschläge (siehe oben) bis zur (Neu-)Regelung durch einen landesbezirklichen Tarifvertrag fortgelten. Sofern die entsprechenden Verhandlungen nicht bis zum 31. Dezember 2007 abgeschlossen sein sollten, gelten bei Weitergeltung der landesbezirklichen Regelungen im Übrigen die Grenzen und Bemessungsgrundlagen des § 19 Abs. 4 TVöD.

Für den Bund ergibt sich die übergangsweise Weitergeltung des bisherigen Rechts aus § 19 Abs. 5 Satz 2.

---

[1]) abgedruckt als Anhang 1 unter **210** § 30 TVöD

§ 20 (Bund) Jahressonderzahlung

(1) Beschäftigte, die am 1. Dezember im Arbeitsverhältnis stehen, haben Anspruch auf eine Jahressonderzahlung.

(2)[1]) Die Jahressonderzahlung beträgt bei Beschäftigten

in den Entgeltgruppen

1 bis 8	**95 Prozent**
9a bis 12	**90 Prozent**
13 bis 15	**75 Prozent**

der Bemessungsgrundlage nach Absatz 3.

Niederschriftserklärung zu § 20 (Bund) Abs. 2 und § 20 (VKA) Abs. 2 Satz 1:

Die Tarifvertragsparteien stimmen überein, dass die Beschäftigten der Entgeltgruppe 2Ü zu den Entgeltgruppen 1 bis 8 und die Beschäftigten der Entgeltgruppe 15Ü zu den Entgeltgruppen 13 bis 15 gehören.

(3) [1]Bemessungsgrundlage im Sinne des Absatzes 2 ist das monatliche Entgelt, das der/dem Beschäftigten in den Kalendermonaten Juli, August und September durchschnittlich gezahlt wird; unberücksichtigt bleiben hierbei das zusätzlich für Überstunden und Mehrarbeit gezahlte Entgelt (mit Ausnahme der im Dienstplan vorgesehenen Überstunden und Mehrarbeit), Leistungszulagen, Leistungs- und Erfolgsprämien. [2]Der Bemessungssatz bestimmt sich nach der Entgeltgruppe am 1. September. [3]Bei Beschäftigten, deren Arbeitsverhältnis nach dem 30. September begonnen hat, tritt an die Stelle des Bemessungszeitraums der erste volle Kalendermonat des Arbeitsverhältnisses. [4]In den Fällen, in denen im Kalenderjahr der Geburt des Kindes während des Bemessungszeitraums eine elterngeldunschädliche Teilzeitbeschäftigung ausgeübt wird, bemisst sich die Jahressonderzahlung nach dem Beschäftigungsumfang am Tag vor dem Beginn der Elternzeit.

Protokollerklärung zu Absatz 3:

[1]Bei der Berechnung des durchschnittlich gezahlten monatlichen Entgelts werden die gezahlten Entgelte der drei Monate addiert und durch drei geteilt; dies gilt auch bei einer Änderung des Beschäftigungsumfangs. [2]Ist im Bemessungszeitraum nicht für alle Kalendertage Entgelt gezahlt worden, werden die gezahlten Entgelte der drei Monate addiert, durch die Zahl der Kalendertage mit Entgelt geteilt und sodann mit 30,67 multipliziert. [3]Zeiträume, für die Krankengeldzuschuss gezahlt worden ist, bleiben hierbei unberücksichtigt. [4]Besteht während des Bemessungszeitraums an weniger als 30 Kalendertagen Anspruch auf Entgelt, ist der letzte Kalendermonat, in dem für alle Kalendertage Anspruch auf Entgelt bestand, maßgeblich.

---

1) **Absatz 2 wurde durch den Änderungstarifvertrag Nr. 22 vom 6. April 2025 geändert und gilt in vorstehend abgedruckter Fassung ab dem 1. Januar 2026.**
Bis zum 31. Dezember 2025 hatte Absatz 2 folgenden Wortlaut:
„Die Jahressonderzahlung beträgt bei Beschäftigten in den Entgeltgruppen

1 bis 8	90 v. H.
9a bis 12	80 v. H.
13 bis 15	60 v. H.

der Bemessungsgrundlage nach Absatz 3."

(4) [1]Der Anspruch nach den Absätzen 1 bis 3 vermindert sich um ein Zwölftel für jeden Kalendermonat, in dem Beschäftigte keinen Anspruch auf Entgelt oder Fortzahlung des Entgelts nach § 21 haben. [2]Die Verminderung unterbleibt für Kalendermonate,

1. für die Beschäftigte kein Tabellenentgelt erhalten haben wegen
   a) Ableistung von Grundwehrdienst oder Zivildienst, wenn sie diesen vor dem 1. Dezember beendet und die Beschäftigung unverzüglich wieder aufgenommen haben,
   b) Beschäftigungsverboten nach dem Mutterschutzgesetz,
   c) Inanspruchnahme der Elternzeit nach dem Bundeselterngeld- und Elternzeitgesetz bis zum Ende des Kalenderjahres, in dem das Kind geboren ist, wenn am Tag vor Antritt der Elternzeit Entgeltanspruch bestanden hat;

2. in denen Beschäftigten Krankengeldzuschuss gezahlt wurde oder nur wegen der Höhe des zustehenden Krankengelds ein Krankengeldzuschuss nicht gezahlt worden ist.

Niederschriftserklärung zu § 20 (Bund) Abs. 4 Satz 2 Nr. 1 Buchst. c und § 20 (VKA) Abs. 4 Satz 2 Nr. 1 Buchst. c:

Dem Entgeltanspruch steht der Anspruch auf Zuschuss zum Mutterschaftsgeld gleich.

(5) [1]Die Jahressonderzahlung wird mit dem Tabellenentgelt für November ausgezahlt. [2]Ein Teilbetrag der Jahressonderzahlung kann zu einem früheren Zeitpunkt ausgezahlt werden.

Erläuterungen

Im Geltungsbereich des TVöD ist das bisherige Urlaubsgeld und die bisherige Zuwendung (Weihnachtsgeld) in einer Sonderzahlung zusammengefasst worden. Während die Anspruchsgrundlagen und Verfahrensgrundsätze früher in eigenständigen Tarifverträgen (z. B. Tarifvertrag über ein Urlaubsgeld für Angestellte vom 16. März 1977 und Tarifvertrag eine Zuwendung für Angestellte vom 12. Oktober 1973) geregelt waren, ist die Vorschrift über eine Sonderzahlung nun in den TVöD einbezogen worden. Im Zuge des 11. Änderungstarifvertrages vom 29. April 2016 wurden wegen der in der Tarifrunde 2016 vereinbarten abweichenden Prozentsätze der Jahressonderzahlung eigenständige Regelungen für den Bund bzw. die Kommunen eingeführt.

Übergangsrecht

Die Regelungen des § 20 gelten erst ab dem Kalenderjahr 2007. Für die Jahre 2005 und 2006 enthielt § 20 TVÜ-Bund[1]) eine eigene Regelung.

---

[1]) TVÜ-Bund abgedruckt unter **270**

Auf die Darstellung dieses mittlerweile nicht mehr bedeutsamen Übergangsrechts wird an dieser Stelle verzichtet.

Anspruchsvoraussetzung (Abs. 1)

Im Gegensatz zu den bisherigen Regelungen der Zuwendungstarifverträge verzichtet der TVöD auf weitreichende Anspruchsvoraussetzungen und verlangt nur, dass der Beschäftigte am 1. Dezember in einem Arbeitsverhältnis steht. Eine Mindestzeit der Beschäftigung wird nicht vorausgesetzt. Eine Beurlaubung ohne Bezüge im Dezember ist ebenso unschädlich wie das Ausscheiden aus dem Arbeitsverhältnis zu Beginn des Folgejahres. Mit Urteil vom 12. Dezember 2012 – 10 AZR 718/11 – hat das BAG festgestellt, dass die Regelung, wonach der Anspruch auf eine Sonderzahlung vom Bestand des Arbeitsverhältnisses am 1. Dezember des Jahres abhängt, nicht altersdiskriminierend ist. In dem Urteilsfall hatte ein Beschäftigter, der am 31. Oktober aufgrund Einreichens des gesetzlichen Rentenalters aus dem Arbeitsverhältnis ausgeschieden war, sich gegen die Nichtzahlung der Jahressonderzahlung gewandt.

Höhe der Sonderzahlung (Abs. 2 und 3)

Die Zuwendung und das Urlaubsgeld wurden ab dem Jahr 2007 in einer dynamischen Jahressonderzahlung zusammengefasst. Sie bemisst sich (seit dem Kalenderjahr 2020 einheitlich in beiden Tarifgebieten) nach folgenden gestaffelten Prozentsätzen:

- 95 % (bis 31. Dezember 2025: 90 %) für die Entgeltgruppen 1 bis 8
- 90 % (bis 31. Dezember 2025: 80 %) für die Entgeltgruppen 9a bis 12
- 75 % (bis 31. Dezember 2025: 60 %) für die Entgeltgruppen 13 bis 15

Maßgebend ist die Entgeltgruppe am 1. September (bzw. dem ersten Beschäftigungsmonat, wenn das Arbeitsverhältnis später begonnen hat). Hinsichtlich der in der Tarifrunde 2025 vereinbarten teilweisen Umwandlungsmöglichkeit der Jahressonderzahlung in bis zu drei zusätzliche freie Tage siehe § 29a (Bund) „Zeit-statt-Geld-Wahlmodell"

Im Tarifgebiet Ost bemaß sich die Jahressonderzahlung bis einschließlich 2019 anhand abweichender Vomhundertsätze. Im Zuge der Tarifrunde 2016 wurde eine schrittweise Angleichung an das Niveau des Tarifgebietes West bis zum Jahr 2020 vereinbart.

Bemessungsgrundlage ist grundsätzlich das in den Monaten Juli, August und September gezahlte monatliche Entgelt, jedoch ohne das Entgelt für nicht dienstplanmäßige Überstunden, nicht dienstplanmäßige Mehrarbeit, Leistungszulagen/-prämien und Ertrags- und Erfolgsprämien. Absatz 3 Satz 3 und die Protokollerklärung zu Absatz 3 treffen Sonderregelungen für den Fall, dass das Arbeitsverhältnis erst nach dem 30. September begonnen hat (dann wird der erste volle Beschäftigungsmonat als Bemessungsgrundlage herangezogen) bzw. für den Fall, dass nicht für alle Kalendertage des Bemessungszeitraumes Entgelt gezahlt wird (dann wird grundsätzlich „spitz" nach Tagen gerechnet bzw. hochgerechnet).

Nach dem zur vergleichbaren Vorschrift des TV-L ergangenen BAG-Urteil vom 22. März 2017 – 10 AZR 623/15 – ist bei der Bemessung der Jahressonderzahlung und der Frage, ob nach § 20 Abs. 3 Satz 1 und 2 TVöD (Referenzmonate) bzw. nach Satz 3 a. a. O. (erster voller Monat) zu verfahren ist, ausschließlich auf das am 1. Dezember bestehende (und damit anspruchsbegründende) Arbeitsverhältnis abzustellen. In diesem Punkt unterscheidet sich die Betrachtungsweise von der bei der Frage der Zwölftelung maßgebenden, bei der Vorbeschäftigungen im laufenden Jahr mit einzubeziehen sind. Ausgehend von der BAG-Auffassung, dass allein das am 1. Dezember bestehende Arbeitsverhältnis maßgebend ist, ergeben sich die folgenden beiden Varianten:

- 1. Einstellung nach dem 30. September: Gem. § 20 Abs. 3 Satz 3 TVöD ist der erste volle Monat zur Bemessung der Jahressonderzahlung heranzuziehen.
- 2. Einstellung vor dem 30. September: Gem. § 20 Abs. 3 Satz 1 und 2 TVöD, ggf. unter Berücksichtigung der Protokollerklärung, zählt der (ggf. verkürzte) Referenzzeitraum.

Nach Absatz 3 Satz 4 bemisst sich die Sonderzahlung in den Fällen, in denen eine elterngeldunschädliche Teilzeitbeschäftigung (i. S. d. § 15 Abs. 4 BEEG) ausgeübt wird, abweichend von dem Beschäftigungsumfang im Bemessungsmonat nach dem Beschäftigungsumfang am Tage vor dem Beginn der Elternzeit. Dies gilt aber nur für das Kalenderjahr der Geburt des Kindes; im Folgejahr gelten dann die allgemeinen Grundsätze zur Bemessung der Jahressonderzahlung.

In einer Niederschriftserklärung zu Absatz 2 Satz 1 haben die Tarifpartner festgelegt, dass die Beschäftigten der Entgeltgruppe 2 Ü zu den Beschäftigten der Entgeltgruppen 1 bis 8 gehören (und folglich eine 90%ige Sonderzahlung erhalten) und die Beschäftigten der Entgeltgruppe 15 Ü zu den Beschäftigten der Entgeltgruppe 13 bis 15 gehören (und somit eine 60%ige Sonderzahlung erhalten).

Zwölftelung (Abs. 4)

Nach dem in Satz 1 der Vorschrift aufgestellten Grundsatz vermindert sich die Jahressonderzahlung um ein Zwölftel für jeden Kalendermonat, in dem der Beschäftigte keinen Anspruch auf Entgelt, Urlaubsentgelt oder Entgeltfortzahlung hat. Die Kürzung kommt dabei nur in Betracht, wenn für den vollen Monat kein Entgelt o. Ä. gezahlt wird; erhält der Beschäftigte auch nur für einen Tag Entgelt, muss die Kürzung unterbleiben.

Satz 2 der Vorschrift enthält eine abschließende Aufzählung von Ausnahmen, in denen eine Kürzung der Sonderzahlung unterbleibt, obwohl der Beschäftigte kein Entgelt erhalten hat.

Dies sind zunächst die Fälle, in denen die Entgeltzahlung wegen Grundwehr- oder Zivildienst (Voraussetzung ist aber, dass der Beschäftigte am 1. Dezember die Beschäftigung wieder ausübt), Beschäftigungsverboten nach dem Mutterschutzgesetz (sechs Wochen vor und grundsätzlich acht Wochen nach der Entbindung) und Inanspruchnahme von Elternzeit nach dem BEEG (aber nur in dem Geburtsjahr des Kindes und nur, wenn vor Antritt der Elternzeit Entgeltanspruch oder Anspruch auf Zuschuss zum Mutterschaftsgeld bestand) unterblieben ist.

Ferner unterbleibt die Kürzung, wenn den Beschäftigten Krankengeldzuschuss gezahlt oder nur wegen der Höhe des Krankengeldes kein Krankengeldzuschuss gezahlt wurde.

In seiner Entscheidung vom 11. Juli 2012 – 10 AZR 488/11 – hat das BAG (bezogen auf die in diesem Punkt identische Vorschrift des § 20 TV-L) klargestellt, dass die Jahressonderzahlung um je ein Zwölftel für jeden Monat zu kürzen ist, in dem der Beschäftigte nicht bei dem Arbeitgeber beschäftigt war, zu dem am 1. Dezember ein Arbeitsverhältnis bestand. Beschäftigungszeiten bei anderen Arbeitgebern ändern nach Auffassung des BAG an der Anspruchskürzung nach § 20 Abs. 4 TV-L auch dann nichts, wenn es sich um Arbeitgeber des öffentlichen Dienstes handelt. (Im Urteilsfall ging es um einen unterjährigen Wechsel von einem zu einem anderen „TV-L-Arbeitgeber"; die Jahressonderzahlung wurde nur auf der Grundlage des Arbeitsverhältnisses mit dem letzten Arbeitgeber zuerkannt.) Zur Abgrenzung davon hat das BAG in seinem Urteil vom 12. Dezember 2012 – 10 AZR 922/11 – entschieden, dass für die Höhe des Anspruchs auf eine Jahressonderzahlung alle Arbeitsverhältnisse zu berücksichtigen sind, die im Kalenderjahr mit demselben Arbeitgeber bestanden haben – unabhängig davon, ob sie sich nahtlos aneinandergereiht haben oder unterbrochen waren. Eine

Kürzung (Zwölftelung) kann in diesen Fällen somit nur für Monate erfolgen, in denen keinerlei Entgelt gezahlt wurde.

Fälligkeit der Zahlung (Abs. 5)

Die Sonderzahlung ist – wie bisher die Zuwendung – mit dem Entgelt für den Monat November zu zahlen (Satz 1). Ein Teilbetrag der Sonderzahlung kann nach Satz 2 der Vorschrift zu einem früheren Zeitpunkt ausgezahlt werden. Einzelheiten zu dieser Vorschusszahlung haben die Tarifpartner nicht vereinbart.

Besonderheit bei Altersteilzeitarbeit (Abs. 6)

Die Regelungen des TVöD zur Jahressonderzahlung sehen – im Gegensatz zur Vorschrift des § 1 Abs. 2 der früheren Zuwendungstarifverträge – keine Teilzahlung bei unterjährigem Ausscheiden aus dem Beschäftigungsverhältnis beispielsweise wegen Erreichens der Altersgrenze, Erwerbsunfähigkeit oder im Anschluss an Altersteilzeitarbeit vor.

(Nur) für den Fall der Altersteilzeitarbeit enthielt Absatz 6 eine Besitzstandsregelung. Demnach erhielten Beschäftigte, die bis zum 31. März 2005 ein Altersteilzeitarbeitsverhältnis vereinbart hatten, die Jahressonderzahlung auch dann, wenn sie vor dem 1. Dezember (also dem anspruchsbegründenden Zeitpunkt) wegen Rentenbezuges aus dem Arbeitsverhältnis ausschieden. Bemessungsgrundlage für die Sonderzahlung waren dann die letzten drei Kalendermonate vor Beendigung des Arbeitsverhältnisses. Die Regelung ist mittlerweile durch Zeitablauf überholt und wurde daher zum 1. Januar 2020 aufgehoben.

Hinweise des Bundesministeriums des Innern (BMI)

Das BMI hat mit RdSchr. v. 22. Dezember 2017 umfassende Hinweise zur Anwendung der Regelungen zur Jahressonderzahlung veröffentlicht.

§ 21 Bemessungsgrundlage für die Entgeltfortzahlung

[1]In den Fällen der Entgeltfortzahlung nach § 6 Abs. 3 Satz 1, § 22 Abs. 1, § 26, § 27 und § 29 werden das Tabellenentgelt sowie die sonstigen in Monatsbeträgen festgelegten Entgeltbestandteile weitergezahlt. [2]Die nicht in Monatsbeträgen festgelegten Entgeltbestandteile werden als Durchschnitt auf Basis der dem maßgebenden Ereignis für die Entgeltfortzahlung vorhergehenden letzten drei vollen Kalendermonate (Berechnungszeitraum) gezahlt. [3]Ausgenommen hiervon sind das zusätzlich für Überstunden und Mehrarbeit gezahlte Entgelt (mit Ausnahme der im Dienstplan vorgesehenen Überstunden und Mehrarbeit), Leistungsentgelte, Jahressonderzahlungen sowie besondere Zahlungen nach § 23 Abs. 2 und 3.

II

Protokollerklärungen zu den Sätzen 2 und 3:

1. [1]Volle Kalendermonate im Sinne der Durchschnittsberechnung nach Satz 2 sind Kalendermonate, in denen an allen Kalendertagen das Arbeitsverhältnis bestanden hat. [2]Hat das Arbeitsverhältnis weniger als drei Kalendermonate bestanden, sind die vollen Kalendermonate, in denen das Arbeitsverhältnis bestanden hat, zugrunde zu legen. [3]Bei Änderungen der individuellen Arbeitszeit werden die nach der Arbeitszeitänderung liegenden vollen Kalendermonate zugrunde gelegt.
2. [1]Der Tagesdurchschnitt nach Satz 2 beträgt bei einer durchschnittlichen Verteilung der regelmäßigen wöchentlichen Arbeitszeit auf fünf Tage 1/65 aus der Summe der zu berücksichtigenden Entgeltbestandteile, die für den Berechnungszeitraum zugestanden haben. [2]Maßgebend ist die Verteilung der Arbeitszeit zu Beginn des Berechnungszeitraums. [3]Bei einer abweichenden Verteilung der Arbeitszeit ist der Tagesdurchschnitt entsprechend Satz 1 und 2 zu ermitteln.
3. [1]Liegt zwischen der Begründung des Arbeitsverhältnisses oder der Änderung der individuellen Arbeitszeit und dem maßgeblichen Ereignis für die Entgeltfortzahlung kein voller Kalendermonat, ist der Tagesdurchschnitt anhand der konkreten individuellen Daten zu ermitteln. [2]Dazu ist die Summe der zu berücksichtigenden Entgeltbestandteile, die für diesen Zeitraum zugestanden haben, durch die Zahl der tatsächlich in diesem Zeitraum erbrachten Arbeitstage zu teilen.
4. Tritt die Fortzahlung des Entgelts nach einer allgemeinen Entgeltanpassung ein, ist die/der Beschäftigte so zu stellen, als sei die Entgeltanpassung bereits mit Beginn des Berechnungszeitraums eingetreten.

Erläuterungen

In § 21 TVöD haben die Tarifvertragsparteien die Höhe der Entgeltfortzahlung geregelt. Die Rechtsgrundlage für eine Entgeltfortzahlung ergibt sich nicht aus § 21, sondern aus verschiedenen, in der Tarifvorschrift näher benannten Vorschriften des TVöD.

Im Bereich des BAT wurde bislang als Entgeltfortzahlung weitgehend die in § 47 Abs. 2 BAT näher bestimmte Urlaubsvergütung gewährt.

Durchführung der Entgeltfortzahlung

Die Tarifvorschrift regelt nicht den Anspruch auf Entgeltfortzahlung, sondern bestimmt in den abschließend aufgezählten Fällen dessen

Höhe. Rechtsgrundlage für eine Entgeltfortzahlung i. S. d. § 21 sind die Vorschriften des § 6 Abs. 3 Satz 1 (Lohnfortzahlung wegen Freistellung am 24. und 31. Dezember), § 22 Abs. 1 (Lohnfortzahlung im Krankheitsfall), § 26 (Lohnfortzahlung bei Erholungsurlaub), § 27 Lohnfortzahlung bei Zusatzurlaub) und § 29 (Lohnfortzahlung bei Arbeitsbefreiung).

In den in Satz 1 der Vorschrift abschließend genannten Fällen werden als Entgeltfortzahlung das Tabellenentgelt und die in Monatsbeträgen festgelegten Entgeltbestandteile weitergezahlt. In Monatsbeträgen werden beispielsweise die Zulage nach § 14 (vorübergehende Ausübung einer höherwertigen Tätigkeit) und Zulagen nach den Überleitungs-Tarifverträgen (Besitzstandszulagen, Strukturausgleiche) gezahlt. Für nicht in Monatsbeträgen festgelegte Entgeltbestandteile sieht Satz 2 der Vorschrift eine Durchschnittsberechnung auf der Grundlage der letzten drei Monate vor. Die Auszahlung des Tagesdurchschnitts erfolgt gemäß der Fälligkeitsregelung in § 24 Abs. 1 Satz 3 TVöD erst am Zahltag des zweiten Monats, der auf ihre Entstehung folgt. Zu den nicht in Monatsbeträgen festgelegten Entgeltbestandteilen zählen insbesondere die in § 8 (Ausgleich für Sonderformen der Arbeit) genannten Stundenzuschläge und -pauschalen. Ausdrücklich ausgenommen von der Durchschnittsberechnung und somit von der Berücksichtigung im Rahmen der Entgeltfortzahlung sind nach Satz 3 das Überstundenentgelt (mit Ausnahme des Entgelts für im Dienstplan vorgesehene Überstunden und Mehrarbeit, das in die Berechnungsgrundlage einfließt), Leistungsentgelte (§ 18), Jahressonderzahlungen (§ 20) und die besonderen Zahlungen nach § 23 Abs. 2 und 3 (Jubiläumsgeld und Sterbegeld).

Ergänzende Vereinbarungen zur Durchschnittsberechnung

Die Tarifpartner haben in drei Protokollerklärungen ergänzende Vereinbarungen zur Durchschnittsberechnung für nicht in Monatsbeträgen festgelegte Entgeltbestandteile vereinbart.

Die Protokollerklärung Nr. 1 befasst sich mit der Frage, welche Monate in bestimmten Sonderfällen bei der Durchschnittsberechnung zugrunde zu legen sind. Satz 2 der Tarifvorschrift bestimmt, dass der Entgeltdurchschnitt der letzten drei vollen Kalendermonate zu ermitteln ist. Nach Satz 1 der Protokollerklärung sind „volle" Kalendermonate solche Monate, in denen das Arbeitsverhältnis an allen Kalendertagen bestanden hat. Satz 2 der Protokollerklärung legt fest, dass in den Fällen, in denen das Arbeitsverhältnis weniger als drei Kalendermonate bestanden hat, nur die vollen Kalendermonate zugrunde zu legen sind. Satz 3 löst den Fall der Veränderung der individuellen Arbeitszeit während des Berechnungszeitraums und bestimmt, dass dann nur die nach der Änderung der Arbeitszeit liegenden vollen Kalendermonate maßgebend sind.

Protokollerklärung Nr. 2 regelt die Berechnung des Tagesdurchschnitts der nicht in Monatsbeträgen festgelegten Entgeltbestandteile. Dieser beträgt nach Satz 1 der Protokollerklärung $^{1}/_{65}$ der im dreimonatigen Berechnungszeitraum zu berücksichtigenden Entgeltbestandteile. Der Divisor 65 berücksichtigt dabei die durchschnittliche Anzahl der Arbeitstage in drei Monaten – bezogen auf eine Fünf-Tage-Woche. Er ist bei einer abweichenden Verteilung der Arbeitszeit (z. B. auf vier oder sechs Tage in der Woche) anzupassen (Satz 3). Entsprechendes wird gelten müssen, wenn nicht drei, sondern weniger Monate der Durchschnittsberechnung zugrunde liegen. Maßgebend bei der Verteilung der Arbeitszeit sind die Verhältnisse zu Beginn des Berechnungszeitraums (Satz 2).

Die Protokollerklärung Nr. 3 wurde im Zuge des Änderungstarifvertrages Nr. 14 mit Wirkung vom 1. April 2017 eingefügt. Sie regelt den Fall, dass zwischen der Begründung des Arbeitsverhältnisses bzw. der Änderung der individuellen Arbeitszeit und dem Entgeltfortzahlungsereignis kein voller Monat liegt, so dass weder nach § 21 Satz 2 noch nach der Protokollerklärung Nr. 1 eine Berechnungsmethode verbindlich vorgegeben ist. In diesem Fall ist nach der Protokollerklärung Nr. 3 Tag genau auf der Grundlage der Arbeitstage zu rechnen. Die Tarifpartner haben mit der Protokollerklärung Nr. 3 auf das Urteil des BAG vom 20. Januar 2010 – 5 AZR 53/09 – reagiert. In diesem Urteil hatte das BAG für Fälle, in denen zwischen Begründung des Arbeitsverhältnisses bzw. Änderung der individuellen Arbeitszeit und dem Entgeltfortzahlungsereignis kein voller Monat liegt, in den bisherigen Regelungen keine wirksame Abweichung vom Entgeltausfallprinzip des Entgeltfortzahlungsgesetzes gesehen.

Protokollerklärung Nr. 4 stellt sicher, dass vor einer Entgeltfortzahlung eingetretene allgemeine Entgeltanpassungen (z. B. aufgrund von Lohnrunden) bei der Fortzahlung des Entgelts in vollem Umfang berücksichtigt werden.

Rundschreiben des Bundes

Das BMI hat das Verfahren der Entgeltfortzahlung i. S. d. § 21 TVöD in seinem Rundschreiben vom 18. Juni 2020[1]) dargestellt.

---

[1]) abgedruckt als **Anhang 1**

Anhang 1

Durchführungsrundschreiben zu § 21 TVöD

hier: Bemessungsgrundlage für die Entgeltfortzahlung

BMI-Rundschreiben vom 18. Juni 2020
– D 5 – 31002/33#10 – (GMBl. S. 474)

Mit dem vorliegenden Rundschreiben werden die Durchführungshinweise zur Bestimmung und Berechnung der Bemessungsgrundlage für die Entgeltfortzahlung nach § 21 TVöD aktualisiert. Das Rundschreiben vom 30. April 2019 – D5-31002/33#7 wird aufgehoben und durch nachfolgende aktualisierte Neufassung ersetzt.

Im Rahmen der Tarifverhandlungen zur Weiterentwicklung des Tarifrechts (Tarifpflege) haben sich die Tarifvertragsparteien auf den Änderungstarifvertrag Nr. 17 zum TVöD verständigt. Die zum 1. Januar 2020 in Kraft getretenen Änderungen wurden mit dem Rundschreiben vom 16. April 2020 – D5-31000/55#3 bekannt gegeben. Die den § 21 TVöD betreffenden Neuerungen werden nun in diesem Rundschreiben erläutert.

Die Regelung des § 21 TVöD wurde deutlich vereinfacht. In Nummer 2 der Protokollerklärungen zu § 21 Sätze 2 und 3 wurde Satz 4 aufgehoben. Hierdurch ist die Regelung „Kein Durchschnitt vom Durchschnitt“ weggefallen. Siehe dazu im Einzelnen die neu gefassten Hinweise unter Ziffer 3.1.3. Zudem wurde für Fälle einer unverschuldeten Arbeitsversäumnis ohne Anspruch auf Entgelt ein neuer Hinweis aufgenommen (siehe Ziffer 3.1.4).

Hinsichtlich der Berechnung des Urlaubsentgelts in Fällen eines Wechsels des Arbeitszeitmodells im Laufe des Kalenderjahres bitte ich um Beachtung dazu gesondert ergangener Durchführungshinweise.

In diesem Rundschreiben zitierte Paragraphen ohne Tarifvertragsangabe sind solche des TVöD.

1. Allgemeines

§ 21 fand seine Vorgängerregelungen in den Regelungen über die Urlaubsvergütung nach § 47 Abs. 2 BAT/BAT-O bzw. den Urlaubslohn nach § 48 Abs. 2 MTArb/MTArb O. Die Vorschrift begründet (wie bereits die Vorgängerregelungen) selbst keinen Entgeltfortzahlungsanspruch, sondern setzt diesen voraus. § 21 regelt einheitlich für alle Beschäftigten die Höhe des trotz Nichtleistung der Arbeit fortzuzahlenden Entgelts in den nachstehend abschließend aufgezählten Fällen:

- Arbeitsbefreiung am 24./31. Dezember (§ 6 Abs. 3 Satz 1),
- Entgeltfortzahlung im Krankheitsfall (§ 22 Abs. 1),

- Erholungsurlaub (§ 26),
- Zusatzurlaub (§ 27) und
- Arbeitsbefreiung (§ 29).

Die in § 21 geregelte Bemessungsgrundlage für die Entgeltfortzahlung stellt eine Kombination aus dem Lohnausfall- und dem Referenzprinzip dar. Dabei wird nach der Art der Entgeltbestandteile differenziert:

- Die **in Monatsbeträgen festgelegten Entgeltbestandteile** werden nach dem Lohnausfallprinzip weitergezahlt (§ 21 Satz 1); dabei handelt es sich um das Tabellenentgelt (§ 15) und die sonstigen in Monatsbeträgen festgelegten Entgeltbestandteile wie z. B. Zulagen.
- Die **nicht in Monatsbeträgen festgelegten Entgeltbestandteile** (z. B. Zeitzuschläge in Stundensätzen oder Erschwerniszuschläge in Tagessätzen) werden nach dem Referenzprinzip in Form eines arbeitstäglichen Tagesdurchschnitts, der sich auf einen Berechnungszeitraum von drei vollen Kalendermonaten bezieht, gezahlt (§ 21 Sätze 2 und 3).

2. Weiterzahlung nach dem Lohnausfallprinzip (§ 21 Satz 1)

Das Tabellenentgelt (§ 15) und die sonstigen in Monatsbeträgen festgelegten Entgeltbestandteile, also die sog. **ständigen Entgeltbestandteile**, werden nach dem Lohnausfallprinzip weitergezahlt. Die Auszahlung erfolgt an dem allgemein bestimmten Zahltag des laufenden Monats (§ 24 Abs. 1 Satz 2 und 3 ggf. in Verbindung mit Protokollerklärung Nr. 2 zu § 24 Abs. 1); im unmittelbaren Bundesbereich also grundsätzlich jeweils am letzten Tag des Monats, in dem das maßgebende Ereignis für die Entgeltfortzahlung liegt.

3. Tagesdurchschnitt nach dem Referenzprinzip (§ 21 Satz 2)

Die nicht in Monatsbeträgen festgelegten Entgeltbestandteile, also die nach Stunden oder Tagessätzen bemessenen sog. **unständigen Entgeltbestandteile**, werden hingegen nach dem Referenzprinzip für jeden Tag der Entgeltfortzahlung als Durchschnitt aus einem bestimmten Referenzzeitraum berechnet und gezahlt. Die Berechnung des Tagesdurchschnitts erfolgt dabei auf arbeitstäglicher Basis, da derartige Entgeltbestandteile nur an Tagen mit Arbeitsleistung anfallen können. In Anlehnung an die gesetzliche Regelung nach § 11 BUrlG erfolgt die Berechnung des Tagesdurchschnitts pauschaliert (dazu siehe Ziffer 3.1.1.2).

In die Durchschnittsberechnung gehen sowohl tarifliche als auch über- bzw. außertariflich gewährte unständige Entgeltbestandteile ein. Sofern unständige Entgeltbestandteile als Monatspauschalen gezahlt werden, bleiben sie bei der Durchschnittsberechnung unberücksichtigt; sie werden wie ständige Entgeltbestandteile nach Ziffer 2 weitergezahlt. Die Auszahlung des Tagesdurchschnitts erfolgt gemäß der Fälligkeitsregelung in § 24 Abs. 1 Satz 4 zeitversetzt erst am Zahltag des zweiten Kalendermonats, der auf ihre Entstehung folgt.

3.1 Berechnung gemäß § 21 Satz 2

Die Berechnung des Durchschnitts nach § 21 Satz 2 erfolgt in zwei Berechnungsschritten.

3.1.1 Regelfall

3.1.1.1 Erster Berechnungsschritt

Zunächst werden alle zu berücksichtigenden unständigen Entgeltbestandteile, die während des Berechnungszeitraums erzielt wurden, zusammengerechnet. Welche Entgeltbestandteile bei der Ermittlung des Tagesdurchschnitts nicht zu berücksichtigen sind, regelt § 21 Satz 3 (siehe Ziffer 4 dieses Rundschreibens).

Gemäß der Protokollerklärung Nr. 2 Satz 1 zu den Sätzen 2 und 3 des § 21 wird der Tagesdurchschnitt auf Basis „der Summe der zu berücksichtigenden Entgeltbestandteile, die für den Berechnungszeitraum zugestanden haben", ermittelt. Bezugspunkt sind die innerhalb des Berechnungszeitraums liegenden vollen Kalendermonate, in denen die Arbeitsleistung erbracht wurde. Maßgeblich sind also diejenigen unständigen Entgeltbestandteile, die in den entsprechenden Monaten des Bemessungszeitraumes erarbeitet wurden.[1]) Auf die im Berechnungszeitraum fälligen Entgeltbestandteile kommt es mithin nicht an, siehe Protokollerklärung Nr. 2 Satz 1 zu § 21 Sätze 2 und 3. Gemäß der Fälligkeitsregelung nach § 24 Abs. 1 Satz 4 werden die unständigen Entgeltbestandteile am Zahltag des zweiten Kalendermonats, der auf ihre Entstehung folgt, fällig. Auch die Auszahlung des so ermittelten Tagesdurchschnitts erfolgt erst zeitversetzt nach diesem sog. Vorvormonatsprinzip.

Berechnungszeitraum sind dabei im Regelfall die dem maßgebenden Ereignis für die Entgeltfortzahlung vorhergehenden letzten drei vollen Kalendermonate (§ 21 Satz 2). Dabei ist auf den Beginn des maßgebenden Ereignisses abzustellen (vgl. § 11 Abs. 1 Satz 1 BUrlG). Sofern der Anlass für die Entgeltfortzahlung mehr als einen Kalendermonat

1) Entsprechend dem sozialversicherungsrechtlichen Entstehungsprinzip nach § 23 Abs. 1 Satz 2 SGB IV.

betrifft, erfolgt aus diesem Grund daher keine Neuberechnung des Tagesdurchschnitts.

Beispiel:

Eine Beschäftigte hat vom 27. Januar 2020 bis 7. Februar 2020 Erholungsurlaub. Der Tagesdurchschnitt ist auf Basis der vollen Kalendermonate Oktober 2019 bis Dezember 2019 zu berechnen. Eine Neuberechnung des Tagesdurchschnitts für die Urlaubstage im Februar 2020 erfolgt nicht, da der Beginn des Urlaubs maßgeblich ist.

Bei der Durchschnittsberechnung nach § 21 Satz 2 sind gemäß Protokollerklärung Nr. 1 Satz 1 zu § 21 Sätze 2 und 3 nur Kalendermonate, an denen das Arbeitsverhältnis an allen Kalendertagen bestanden hat, zu berücksichtigten.

3.1.1.2 Zweiter Berechnungsschritt

a) Berechnung eines Tagesdurchschnitts

Die Berechnung des Tagesdurchschnitts erfolgt in Anlehnung an die gesetzliche Regelung nach § 11 BUrlG in typisierend-pauschalisierender Betrachtungsweise des durchschnittlichen Arbeitsverdienstes der letzten dreizehn Wochen vor dem Beginn des maßgeblichen Ereignisses auf arbeitstäglicher Basis. Bei einer durchschnittlichen Verteilung der regelmäßigen wöchentlichen Arbeitszeit auf fünf Tage in der Woche ist deshalb der Faktor 1/65 anzusetzen (vgl. Protokollerklärung Nr. 2 Satz 1 zu § 21 Sätze 2 und 3). Dies entspricht in der Fünftagewoche pauschaliert den Arbeitstagen im Bemessungszeitraum von drei Monaten nach § 21 Satz 2 (= 13 Wochen × 5 Arbeitstage).

Bei der Fünftagewoche wird der Tagesdurchschnitt also berechnet, indem die nach Ziffer 3.1.1.1 ermittelte Summe der unständigen Entgeltbestandteile, die in den dem maßgebenden Ereignis für die Entgeltfortzahlung vorhergehenden letzten drei vollen Kalendermonaten erarbeitet wurden, pauschal mit 1/65 multipliziert wird. Bei einer abweichenden Verteilung der Arbeitszeit ist der Tagesdurchschnitt entsprechend zu ermitteln (Protokollerklärung Nr. 2 Satz 3 zu § 21 Sätze 2 und 3). Bei der Sechstagewoche ist beispielsweise pauschal 1/78 (= 13 Wochen × 6 Arbeitstage) anzusetzen. Bei der Ermittlung des Faktors können sich auch Brüche mit Dezimalstellen ergeben (vgl. BAG vom 23. Februar 2010 – 9 AZR 52/09 [Juris-Rz. 20, 32]). In der 3,5-Tage-Woche (z. B. bei Arbeit im wochenweisen Wechsel an 3 und 4 Arbeitstagen) ist pauschal 1/45,5 (= 13 Wochen × 3,5 Arbeitstage) anzusetzen.

Maßgebend für den anzuwendenden Faktor ist die Verteilung der Arbeitszeit zu Beginn des Berechnungszeitraums (Protokollerklärung Nr. 2 Satz 2 zu § 21 Sätze 2 und 3). Da insoweit auf die durchschnittliche regelmäßige wöchentliche Arbeitszeit im Sinne des § 6 Abs. 1 abzustellen ist, geht es also um die generell geltende Verteilung der Arbeitszeit auf die Tage der Woche. Bei einer wochenweise wechselnden Verteilung der Arbeitszeit ist daher der sich für den gesamten Planungszeitraum nach § 6 Abs. 2 (z. B. mehrmonatiger Schichtplanturnus) ergebende Durchschnitt der Wochenarbeitstage maßgeblich. Ohne Belang ist hingegen die sich zufällig ergebende Anzahl und Verteilung der Arbeitstage innerhalb der ersten Woche des Berechnungszeitraums, z. B. aufgrund der kalendarischen Verteilung der Dienste in einem Schichtplan oder der konkreten Anzahl von Wochen, die der betreffende Kalendermonat umfasst.

Den Ausgangspunkt für die Ermittlung des Faktors, der im Rahmen der Entgeltfortzahlung bei der Berechnung des Tagesdurchschnitts anzusetzen ist, bildet also die nach § 6 Abs. 1 Satz 3 festgestellte Verteilung der regelmäßigen Arbeitszeit auf die Wochentage. Bei Vollzeitbeschäftigten dürfte die Fünftagewoche und somit der Faktor 1/65 den Regelfall darstellen.

Beispiel 1:
Ein Beschäftigter, der in der Fünftagewoche (Montag bis Freitag) arbeitet, erzielt in den Kalendermonaten Februar bis April 2020 auf Grund seiner jeweiligen Arbeitsleistung unständige Entgeltbestandteile in Höhe von insgesamt 150 €. Im Mai 2020 nimmt er 10 Arbeitstage Erholungsurlaub. Die Summe des dafür zustehenden Tagesdurchschnitts beträgt insgesamt 23,10 € (= 150,00 € × 1/65 [pauschal] = 2,31 €; 2,31 € × 10). Auf die tatsächliche Anzahl der Arbeitstage im Berechnungszeitraum kommt es hier nach Protokollerklärung Nr. 2 Satz 1 zu § 21 Sätze 2 und 3 nicht an. Die Anzahl der tatsächlichen Arbeitstage im Berechnungszeitraum Februar bis April 2020 beläuft sich auf 64 Arbeitstage[1]); davon entfallen 20 auf Februar, 22 auf März und 22 auf April (einschließlich der gesetzlichen Feiertage Karfreitag und Ostermontag, für die hier Anspruch auf Entgeltfortzahlung nach § 2 Abs. 1 Entgeltfortzahlungsgesetz besteht).

Beispiel 2:
Mit einer Teilzeitbeschäftigten wurde in einer Nebenabrede vereinbart, dass sie ihre arbeitsvertraglich vereinbarte verringerte regelmäßige Arbeitszeit (Teilzeitquotient 50 v. H.) in einem Zeitraum von zwei Wochen erbringt. Die Arbeitsleistung wird abwechselnd in einer Woche an zwei Arbeitstagen und in der folgenden Woche an drei Arbeitstagen erbracht. Die regelmäßige Arbeitszeit in dem Teilzeitmodell wird somit im Durchschnitt der Doppelwoche erreicht. Die Verteilung der regelmäßigen Arbeitszeit in der Doppelwo-

[1]) In vorliegendem Rundschreiben werden aus Vereinfachungsgründen nur die bundeseinheitlichen gesetzlichen Feiertage berücksichtigt. Bei nicht bundeseinheitlichen gesetzlichen Feiertagen ist jedoch ebenso zu verfahren wie bei bundeseinheitlichen gesetzlichen Feiertagen.

che beträgt daher 2,5 Arbeitstage. Die so festgestellte 2,5-Tage-Woche bildet zugleich die Grundlage für die Ermittlung des Faktors zur Berechnung des Tagesdurchschnitts der unständigen Entgeltbestandteile. Der Faktor beträgt hier 1/32,5 (= 13 Wochen × 2,5 Arbeitstage). Ob in der ersten Woche des dreimonatigen (Regel-)Bemessungszeitraums an zwei oder drei Arbeitstagen gearbeitet wurde, ist unerheblich, weil insoweit auf die durchschnittliche regelmäßige wöchentliche Arbeitszeit im Sinne des § 6 Abs. 1 abzustellen ist. Auch auf die tatsächliche Anzahl der Arbeitstage innerhalb des Bemessungszeitraums kommt es wegen des typisierend pauschalisierenden Ansatzes der Protokollerklärung Nr. 2 Satz 3 zu § 21 Sätze 2 und 3 nicht an.

II

b) Berechnung eines Stundendurchschnitts

In Fällen der stundenweisen Entgeltfortzahlung (z. B. in Fällen des § 29 Abs. 1 Satz 1 Buchst. f) bestehen keine Bedenken, die Summe der während des Berechnungszeitraums von drei Kalendermonaten erzielten, berücksichtigungsfähigen unständigen Entgeltbestandteile auf einen Kalendermonat umzurechnen und durch das 4,348-fache der individuellen wöchentlichen Arbeitszeit zu teilen. Es wird also die allgemeine Formel für die Berechnung des Stundenentgelts nach § 24 Abs. 3 angewandt.

Beispiel 1:

Ein Vollzeitbeschäftigter erhält für eine Stunde Entgeltfortzahlung. Im Berechnungszeitraum von drei Kalendermonaten haben unständige Entgeltbestandteile in Höhe von 600 € zugestanden.
600 € : 3 Kalendermonate = 200 €/Kalendermonat;
200 € : 169,57 Stunden [= 39 Stunden × 4,348] = 1,18 €/Stunde.

Beispiel 2:

Ein Teilzeitbeschäftigter mit 50 v. H. der regelmäßigen wöchentlichen Arbeitszeit (= 19,5 Stunden) erhält für eine Stunde Entgeltfortzahlung. Im Berechnungszeitraum von drei Kalendermonaten haben unständige Entgeltbestandteile in Höhe von 300 € zugestanden.
300 € : 3 Kalendermonate = 100 €/Kalendermonat,
100 € : 84,79 Stunden [= 19,5 Stunden × 4,348] = 1,18 €/Stunde.

3.1.2 Ausnahmefälle (Ersatzberechnungszeiträume)

Abweichend vom Regelfall nach Ziffer 3.1.1 findet ein Ersatzberechnungszeitraum Anwendung, wenn vor dem maßgebenden Ereignis für die Entgeltfortzahlung noch kein Bemessungszeitraum von drei vollen Kalendermonaten zur Verfügung steht. Diese Ausnahmefälle betreffen Neueinstellungen oder Änderungen der individuellen Arbeitszeit (Protokollerklärung Nr. 1 Sätze 2 und 3 zu § 21 Sätze 2 und 3).

Dabei ist danach zu differenzieren, ob zwischen der Begründung des Arbeitsverhältnisses oder der Änderung der individuellen Arbeitszeit und dem maßgebenden Ereignis für die Entgeltfortzahlung für die Berechnung des Tagesdurchschnitts nach § 21 Satz 2 mindestens ein voller Kalendermonat zur Verfügung steht oder nicht.

3.1.2.1 Kein voller Kalendermonat

Anhand der konkreten individuellen Daten ist der Tagesdurchschnitt nach § 21 Satz 2 zu ermitteln, solange für dessen Berechnung nicht mindestens ein voller Kalendermonat zur Verfügung steht. Dazu ist die Summe der zu berücksichtigenden, nicht in Monatsbeträgen festgelegten Entgeltbestandteile, die für diesen Ersatzberechnungszeitraum zugestanden haben, durch die Zahl der tatsächlich in diesem Zeitraum erbrachten Arbeitstage zu teilen (siehe die mit Wirkung zum 1. April 2017 eingefügte Protokollerklärung Nr. 3 zu § 21 Sätze 2 und 3).

> **Beispiel:**
>
> Eine Beschäftigte, die zum 15. Januar 2020 eingestellt wurde und in der Fünftagewoche arbeitet, ist durch Arbeitsunfähigkeit infolge Krankheit an der Arbeitsleistung verhindert.
>
> Tritt die Arbeitsunfähigkeit im Januar oder Februar 2020 ein, steht vor dem für die Entgeltfortzahlung maßgebenden Ereignis als Bemessungszeitraum noch kein voller Kalendermonat zur Verfügung.

3.1.2.2 Nur ein oder zwei volle Kalendermonate

Hat das Arbeitsverhältnis mindestens einen vollen Kalendermonat bestanden oder ist seit der Änderung der individuellen Arbeitszeit mindestens ein voller Kalendermonat vergangen, sind für die Berechnung des Tagesdurchschnitts nach § 21 Satz 2 die innerhalb des Bemessungszeitraums liegenden vollen Kalendermonate maßgebend. Siehe Protokollerklärung Nr. 1 Satz 2 zu § 21 Sätze 2 und 3.

Um zusätzlichen Aufwand im Rahmen der Bezügeabrechnung zu vermeiden, bestehen keine Bedenken, den Tagesdurchschnitt hier bei der Fünftagewoche wie folgt zu ermitteln: Zunächst wird die Summe der im Ersatzberechnungszeitraum erarbeiteten berücksichtigungsfähigen unständigen Entgeltbestandteile ermittelt. Diese Summe wird bei einem Ersatzberechnungszeitraum

- von einem vollen Kalendermonat mit 1/22 (= 65 Arbeitstage × 1/3) und
- von zwei vollen Kalendermonaten mit 1/43 (= 65 Arbeitstage × 2/3)

multipliziert. Bei einer abweichenden Verteilung der regelmäßigen wöchentlichen Arbeitszeit auf die Tage der Woche (siehe oben Ziffer 3.1.1.2 Buchst. a) ist der Tagesdurchschnitt entsprechend zu ermitteln.

Beispiele:

Eine Beschäftigte, die zum 15. Januar 2020 eingestellt wurde und in der Fünftagewoche (Montag bis Freitag) arbeitet, ist durch Arbeitsunfähigkeit infolge Krankheit an der Arbeitsleistung verhindert. Das Arbeitsverhältnis hat bei Beginn des für die Entgeltfortzahlung maßgeblichen Ereignisses mehr als einen, aber weniger als drei volle Kalendermonate bestanden, sodass ein Fall der Protokollerklärung Nr. 1 Satz 2 zu § 21 Sätze 2 und 3 vorliegt.

a) Tritt die Arbeitsunfähigkeit im März 2020 ein, ist Ersatzberechnungszeitraum der volle Kalendermonat Februar 2020. Auf die individuell nur 20 Arbeitstage, an denen tatsächlich gearbeitet wurde (hier arbeitsfrei: 5 Samstage, 4 Sonntage), kommt es nicht an. Der Tagesdurchschnitt für die Entgeltfortzahlung im Krankheitsfall im März 2020 ergibt sich folglich, indem die Summe der zu berücksichtigenden unständigen Entgeltbestandteile, die im Kalendermonat Februar 2020 erzielt wurden, pauschal mit 1/22 multipliziert wird.

b) Tritt die Arbeitsunfähigkeit im April 2020 ein, bilden die Kalendermonate Februar 2020 und März 2020 den Ersatzberechnungszeitraum (hier 42 tatsächliche Arbeitstage, die auf die Wochentage Montag bis Freitag entfallen). Der Tagesdurchschnitt für die Entgeltfortzahlung im Krankheitsfall im April 2020 ergibt sich folglich, indem die Summe der zu berücksichtigenden unständigen Entgeltbestandteile, die in den Kalendermonaten Februar und März 2020 erzielt wurden, pauschal mit 1/43 multipliziert wird.

3.1.3 Neue Berechnungsweise bei Fortzahlungstatbeständen, die bereits innerhalb des Berechnungszeitraums vorlagen (Aufhebung des Satzes 4 in Nr. 2 der Protokollerklärungen zu § 21 Sätze 2 und 3)

Mit Wirkung vom 1. Januar 2020 wurde in Nr. 2 der Protokollerklärungen zu § 21 Sätze 2 und 3 der Satz 4 aufgehoben (Änderungstarifvertrag Nr. 17 zum TVöD vom 30. August 2019). Damit ist die sog. Regelung „kein Durchschnitt von Durchschnitt" entfallen. Danach blieben bei der Berechnung des nach § 21 Satz 2 zu bestimmenden Durchschnittswerts der nicht in Monatsbeträgen festgelegten Entgeltbestandteile frühere Fortzahlungstatbestände nach der abschließenden Aufzählung in § 21 Satz 1 (s. o. Ziffer 1) unberücksichtigt, soweit diese bereits innerhalb des Berechnungszeitraums vorlagen. Der gezahlte Tagesdurchschnitt selbst blieb somit von der Bemessungsgrundlage für den fiktiven Tagesdurchschnitt ausgenommen.

Die Berechnung des Tagesdurchschnitts wird durch diese Neuregelung wesentlich vereinfacht. Dadurch entfällt die Notwendigkeit einer Korrektur des Geld- und Zeitfaktors. Die arbeitsaufwändige Ermittlung eines fiktiven Tagesdurchschnitts auf Basis der Hochrechnung der Werte eines bereinigten Teilmonats ist somit nicht mehr erforderlich.

Zur Bemessungsgrundlage für den Tagesdurchschnitt gehören also

a) neuerdings auch die Entgeltfortzahlung, die in den Fällen der o. a. abschließenden Aufzählung in § 21 Satz 1 TVöD geleistet wird sowie

b) weiterhin die in § 2 Abs. 1 des Entgeltfortzahlungsgesetzes[1]) geregelte Entgeltfortzahlung für Arbeitszeit, die infolge eines gesetzlichen Feiertags ausfällt.

Anmerkung:

Arbeitnehmer, die am letzten Arbeitstag vor oder am ersten Arbeitstag nach Feiertagen unentschuldigt der Arbeit fernbleiben, haben gem. § 2 Abs. 3 Entgeltfortzahlungsgesetz keinen Anspruch auf Bezahlung für diese Feiertage.

Neben den gesetzlichen Vorgaben nach § 2 Abs. 1 Entgeltfortzahlungsgesetz sind im Rahmen der Zeitwirtschaft bei feiertags- oder vorfeiertagsunabhängiger planmäßiger Freistellung die tariflichen Vorgaben des § 6 Abs. 3 Satz 3 zu beachten. Danach ist für die dienstplanmäßig ausgefallenen Stunden, die ansonsten vor- oder nachgearbeitet werden müssten, das für den vollen Vergütungsanspruch maßgebliche Arbeitszeitsoll herabzusetzen.

Im Ergebnis gehört damit zur Bemessungsgrundlage sowohl die Summe der erarbeiteten, berücksichtigungsfähigen nicht in Monatsbeträgen festgelegten Entgeltbestandteile, deren Entgeltfortzahlung sich nach der abschließenden Aufzählung in § 21 Satz 1 TVöD sowie aus § 2 Abs. 1 Entgeltfortzahlungsgesetz ergibt (Geldfaktor), als auch die jeweiligen Tage, für die diese Entgeltfortzahlung erfolgt (Zeitfaktor).

Die Berechnung des Tagesdurchschnitts, wenn innerhalb des Berechnungszeitraums bereits Entgeltfortzahlungstatbestände vorlagen, veranschaulichen die folgenden beiden Beispiele.

Beispiel 1:

Ein Beschäftigter, der in der Fünftagewoche arbeitet, erhält – entsprechende Arbeitsleistung vorausgesetzt – einen Erschwerniszuschlag, der als Tagessatz in Höhe von 2,50 € je Arbeitstag* gezahlt wird. Für die Kalendermonate Januar bis März 2020 werden die folgenden unständigen Entgeltbestandteile erarbeitet:

---

[1]) In vorliegendem Rundschreiben werden aus Vereinfachungsgründen nur die bundeseinheitlichen gesetzlichen Feiertage berücksichtigt. Bei nicht bundeseinheitlichen gesetzlichen Feiertagen ist jedoch ebenso zu verfahren wie bei bundeseinheitlichen gesetzlichen Feiertagen.

Kalender-monate	Arbeits-tage	Erarbeitete unständige Entgeltbestandteile	
Jan. 2020*	**23**	57,50 €	Nebenrechnung: 55,00 € für 22 Arbeitstage 2,50 € für gesetzlichen Feiertag
Feb. 2020*	**20**	50,00 €	
Mär. 2020*	**22**	55,00 €	
insgesamt	**65**	**162,50 €**	

* Für den gesetzlichen Feiertag Neujahr erhält der Beschäftigte die 2,50 € im Rahmen der Entgeltfortzahlung nach § 2 Abs. 1 Entgeltfortzahlungsgesetz.
Die Entgeltanpassung i. H. v. 1,06 % gemäß Protokollerklärung Nr. 4 Satz 2 zu § 21 Sätze 2 und 3 ist im Tagessatz i. H. v. 2,50 € bereits berücksichtigt.

Der Tagesdurchschnitt für acht Arbeitstage Erholungsurlaub vom 6. bis 17. April 2020 (Woche vor und nach Ostern) beträgt somit 2,50 €/Arbeitstag (= 162,50 € × 1/65 [pauschal]). Für den Urlaub insgesamt stehen also 20,00 € (2,50 € × 8) zu, die nach § 24 Abs. 1 Satz 4 mit dem Entgelt für den Monat Juni 2020 ausgezahlt werden.

Die in der Fünftagewoche pauschal anzusetzenden 65 Arbeitstage stimmen hier also zufällig mit der Anzahl der tatsächlichen Arbeitstage des Berechnungszeitraums Januar bis März 2020 überein (einschließlich der Summe der gesetzlichen Wochenfeiertage).

Beispiel 1a

Der Beschäftigte aus dem vorstehenden Beispiel 1 wird im Juli 2020 krankheitsbedingt arbeitsunfähig. Für die Berechnung des Tagesdurchschnitts sind die vor dem Beginn der Arbeitsunfähigkeit liegenden vollen Kalendermonate April, Mai und Juni 2020 zu berücksichtigen.

Kalender-monate	Arbeits-tage	Erarbeitete unständige Entgeltbestandteile	
Apr. 2020*	**22**	55,00 €	Nebenrechnung: 30,00 € für 12 Arbeitstage 5,00 € für 2 gesetzliche Feiertage 20,00 € für 8 Arbeitstage Urlaub (s. o.)
Mai 2020*	**21**	52,50 €	47,50 € für 19 Arbeitstage 5,00 € für 2 gesetzliche Feiertage
Jun. 2020*	**22**	55,00 €	52,50 für 21 Arbeitstage 2,50 € für gesetzlichen Feiertag
insgesamt	**65**	**162,50 €**	

* Einschließlich der gesetzlichen Feiertage Karfreitag (10.4.), Ostermontag (13.4.), Tag der Arbeit (1.5.), Christi Himmelfahrt (21.5.) und Pfingstmontag (1.6.) sowie der Entgeltfortzahlung dafür nach § 2 Abs. 1 Entgeltfortzahlungsgesetz

Für die 8 Arbeitstage Urlaub standen dem Beschäftigten 20,00 € zu. Dieser Betrag und die 8 urlaubsbedingten Ausfalltage sind in die Bemessungsgrundlage des neuen Tagesdurchschnitts für die Krankheit im Juli einzubeziehen. Das gilt auch für den Gesamtbetrag von 12,50 € für die Entgeltfortzahlung nach § 2 Abs. 1 Entgeltfortzahlungsgesetz und die feiertagsbedingten 5 Ausfalltage.

II

Der Tagesdurchschnitt für die Entgeltfortzahlung im Juli 2020 beträgt somit arbeitstäglich 2,50 € (162,50 € × 1/65 [pauschal]). Die in der Fünftagewoche pauschal anzusetzenden 65 Arbeitstage stimmen hier also zufällig mit der Anzahl der tatsächlichen Arbeitstage des Bemessungszeitraums April bis Juni 2020 überein (einschließlich der Summe der gesetzlichen Wochenfeiertage).

3.1.4 Zeiten unverschuldeter Arbeitsversäumnisse ohne Anspruch auf Entgelt

Verdienstkürzungen, die im Berechnungszeitraum infolge unverschuldeter Arbeitsversäumnisse eintreten, bleiben bei der Berechnung des Urlaubsentgelts außer Betracht (§ 11 Satz 3 BUrlG). Die gesetzliche Regelung betrifft somit Fälle, in denen innerhalb des Berechnungszeitraums für den Tagesdurchschnitt nach § 21 Satz 2 TVöD Zeiten ohne Anspruch auf Entgelt vorhanden sind. Unverschuldete Arbeitsversäumnisse sind dabei z. B. Zeiten einer Arbeitsunfähigkeit nach Ablauf des Entgeltfortzahlungszeitraums oder einer unbezahlten Arbeitsbefreiung. Damit das Nichterbringen der Arbeitsleistung sich in derartigen Fällen auf die Entgeltfortzahlung nicht nachteilig auswirkt, ist bei der Berechnung des Tagesdurchschnitts die Zahl der Sollarbeitstage entsprechend zu reduzieren. Der pauschale Divisor ist dazu um die Zahl der unverschuldeten Fehltage ohne Anspruch auf Entgelt zu verringern, soweit diese im Berechnungszeitraum für den Tagesdurchschnitt liegen.

Beispiel:

Ein gesetzlich krankenversicherter Beschäftigter, der in der Fünftagewoche arbeitet, nutzt im März 2020 (22 Sollarbeitstage) an sechs Arbeitstagen zur Pflege seines erkrankten Kindes seinen gesetzlichen Anspruch auf unbezahlte Freistellung von der Arbeitsleistung nach § 45 Abs. 3 SGB V; sämtliche dort normierte Tatbestandsvoraussetzungen sind erfüllt. Zwar handelt es sich bei dieser Freistellung zur Kinderpflege um eine unverschuldete Arbeitsversäumnis, der Arbeitgeber muss währenddessen jedoch kein Entgelt zahlen. Die Voraussetzungen für eine Arbeitsbefreiung unter Fortzahlung des Entgelts nach der Tarifnorm des § 29 Abs. 1 Satz 1 Buchst. e Doppelbuchst. bb TVöD sind nicht erfüllt. Die Beschäftigte erhält für die sechs Freistellungstage zur Kinderpflege jedoch von ihrer Krankenkasse sog. Kinderpflegekrankengeld nach § 45 Abs. 1 und 2 SGB V.

Bei Inanspruchnahme von Urlaub im Mai 2020 lägen die sechs unbezahlten Freistellungstage zur Kinderpflege somit innerhalb des dreimonatigen Berechnungszeitraums für den Tagesdurchschnitt nach § 21 Satz 2 (hier: Februar, März, April 2020). Um sicherzustellen, dass die entsprechende

Verdienstkürzung bei der Berechnung des Urlaubsentgelts außer Betracht bleibt, ist wie folgt zu verfahren.

Um den Geldfaktor zu ermitteln, sind die unständigen Bezüge, die im Bemessungszeitraum Februar bis April 2020 erarbeitet wurden, aufzuaddieren (einschließlich der Entgeltfortzahlung nach § 2 Abs. 1 Entgeltfortzahlungsgesetz für die beiden gesetzlichen Feiertage Karfreitag am 10. April 2020 sowie Ostermontag am 13. April 2020). Für die Zeit der Kinderpflege ist dabei kein Betrag zu berücksichtigen, da es sich um sechs unbezahlte Freistellungstage handelt.

Der Zeitfaktor ist ebenfalls um die sechs unbezahlten Freistellungstage zur Kinderpflege zu bereinigen. Dazu ist der in der Fünf-Tage-Woche geltende pauschale Divisor von 65 Arbeitstagen um die 6 Arbeitstage ohne Entgelt zu verringern. Die Summe der unständigen Bezüge ist somit durch 59 Arbeitstage (= 65 – 6) zu dividieren.

Verschuldete Arbeitsversäumnisse (z. B. unentschuldigte Fehltage) hingegen führen zu einer Verringerung des Tagesdurchschnitts. Bei der Anzahl der Tage, durch die die im Berechnungszeitraum erworbenen unständigen Bezüge zu teilen sind, zählen derartige Fehlzeiten ohne Entgeltanspruch mit. D. h., der pauschale Divisor bleibt dann unverändert.

3.2 Dynamisierung

Der Tagesdurchschnitt nimmt an allgemeinen Entgeltanpassungen, die während des Berechnungszeitraums oder während des Ereignisses der Entgeltfortzahlung eintreten, in vollem Umfang teil. Tritt die Entgeltfortzahlung (z. B. Entgeltfortzahlung im Krankheitsfall oder Urlaubsentgelt) nach einer allgemeinen Entgeltanpassung ein, sind die Beschäftigten in Bezug auf die nicht in Monatsbeträgen festgelegten Entgeltbestandteile bei der in § 21 geregelten Bemessungsgrundlage für die Entgeltfortzahlung „so zu stellen, als sei die Entgeltanpassung bereits mit Beginn des Berechnungszeitraums eingetreten" (Protokollerklärung Nr. 4 zu § 21 Sätze 2 und 3). Bei der Berechnung des Tagesdurchschnitts ist deshalb für den gesamten Berechnungszeitraum bzw. Ersatzbemessungszeitraum fiktiv von dem erhöhten Entgelt auszugehen. Diese tarifliche Regelung entspricht § 11 Abs. 1 Satz 2 BUrlG.

Der mit Wirkung vom 1. März 2018 an die Protokollerklärung Nr. 4 zu § 21 Sätze 2 und 3 neu angefügte Satz 2 enthält eine Klarstellung zu den im Rahmen des Tarifabschlusses 2018 maßgebenden Erhöhungssätzen. Danach beträgt der Erhöhungssatz

- 3,19 % für vor dem 1. März 2018,
- 3,09 % für vor dem 1. April 2019 und
- 1,06 % für vor dem 1. März 2020

im Berechnungszeitraum zustehende unständige Entgeltbestandteile.

4. Ausgenommene Bezüge (§ 21 Satz 3)

Ausgenommen von der Bemessungsgrundlage für die Entgeltfortzahlung sind:

II

- Das zusätzlich für **Überstunden** und **Mehrarbeit** gezahlte Entgelt (Stundenentgelt für Überstunden und Zeitzuschläge für Überstunden). Das gilt auch für Überstundenentgelte in Form von Monatspauschalen.
- **Leistungsentgelte.** Ausgenommen von der Bemessungsgrundlage für den Tagesdurchschnitt sind sowohl die monatlich gezahlten Leistungszulagen als auch die einmalig gezahlten Leistungsprämien. Dabei ist unerheblich, ob es sich um ein außertarifliches oder tarifliches Leistungsentgelt handelt.

  Anmerkung:

  In Monatsbeträgen festgesetzte Leistungszulagen fallen hingegen unter § 21 Satz 1 (s. o. Ziffer 2) und werden daher nach dem Lohnausfallprinzip weitergezahlt.
- **Jahressonderzahlungen nach § 20 (Bund).**
- **Besondere Zahlungen nach § 23:**
  - Jubiläumsgeld (§ 23 Abs. 2) und
  - Sterbegeld (§ 23 Abs. 3).

Anmerkung: Folgende Entgeltbestandteile werden nicht von der Ausnahme erfasst und fließen daher in die Bemessungsgrundlage für die Entgeltfortzahlung ein:

- Entgelt für Überstunden und Mehrarbeit, die im Dienstplan vorgesehen sind.
- Pauschalen für Rufbereitschaft nach § 8 Abs. 3 Satz 1 bis 3. Dies gilt unabhängig davon, ob in dieser Zeit tatsächlich eine Arbeitsleistung erbracht wurde.
- Entgelt für die tatsächliche Arbeitsleistung während der Rufbereitschaft[1]) (§ 8 Abs. 3 Satz 4).

---

1) BAG, Urteil vom 6. September 2017 – 5 AZR 429/16.

§ 22 Entgelt im Krankheitsfall

(1) [1]Werden Beschäftigte durch Arbeitsunfähigkeit infolge Krankheit an der Arbeitsleistung verhindert, ohne dass sie ein Verschulden trifft, erhalten sie bis zur Dauer von sechs Wochen das Entgelt nach § 21. [2]Bei erneuter Arbeitsunfähigkeit infolge derselben Krankheit sowie bei Beendigung des Arbeitsverhältnisses gelten die gesetzlichen Bestimmungen. [3]Als unverschuldete Arbeitsunfähigkeit im Sinne der Sätze 1 und 2 gilt auch die Arbeitsverhinderung in Folge einer Maßnahme der medizinischen Vorsorge und Rehabilitation im Sinne von § 9 EFZG.

II

Protokollerklärung zu Absatz 1 Satz 1:

Ein Verschulden liegt nur dann vor, wenn die Arbeitsunfähigkeit vorsätzlich oder grob fahrlässig herbeigeführt wurde.

(2) [1]Nach Ablauf des Zeitraums gemäß Absatz 1 erhalten die Beschäftigten für die Zeit, für die ihnen Krankengeld oder entsprechende gesetzliche Leistungen gezahlt werden, einen Krankengeldzuschuss in Höhe des Unterschiedsbetrags zwischen den tatsächlichen Barleistungen des Sozialleistungsträgers und dem Nettoentgelt. [2]Nettoentgelt ist das um die gesetzlichen Abzüge verminderte Entgelt im Sinne des § 21 (mit Ausnahme der Leistungen nach § 23 Abs. 1); bei freiwillig in der gesetzlichen Krankenversicherung versicherten Beschäftigten ist dabei deren Gesamtkranken- und Pflegeversicherungsbeitrag abzüglich Arbeitgeberzuschuss zu berücksichtigen. [3]Für Beschäftigte, die nicht der Versicherungspflicht in der gesetzlichen Krankenversicherung unterliegen und bei einem privaten Krankenversicherungsunternehmen versichert sind, ist bei der Berechnung des Krankengeldzuschusses der Krankengeldhöchstsatz, der bei Pflichtversicherung in der gesetzlichen Krankenversicherung zustünde, zugrunde zu legen. [4]Bei Teilzeitbeschäftigten ist das nach Satz 3 bestimmte fiktive Krankengeld entsprechend § 24 Abs. 2 zeitanteilig umzurechnen.

(3) [1]Der Krankengeldzuschuss wird bei einer Beschäftigungszeit (§ 34 Abs. 3)

von mehr als einem Jahr längstens bis zum Ende der 13. Woche und

von mehr als drei Jahren längstens bis zum Ende der 39. Woche

seit dem Beginn der Arbeitsunfähigkeit infolge derselben Krankheit gezahlt. [2]Maßgeblich für die Berechnung der Fristen nach Satz 1 ist die Beschäftigungszeit, die im Laufe der krankheitsbedingten Arbeitsunfähigkeit vollendet wird.

(4) [1]Entgelt im Krankheitsfall wird nicht über das Ende des Arbeitsverhältnisses hinaus gezahlt; § 8 EFZG bleibt unberührt. [2]Krankengeldzuschuss wird zudem nicht über den Zeitpunkt hinaus gezahlt, von dem an Beschäftigte eine Rente oder eine vergleichbare Leistung auf Grund eigener Versicherung aus der gesetzlichen Rentenversicherung, aus einer zusätzlichen Alters- und Hinterbliebenenversorgung oder aus einer sonstigen Versorgungseinrichtung erhalten, die nicht allein aus Mitteln der Beschäftigten finanziert ist. [3]Innerhalb eines Kalenderjahres kann das Entgelt im Krankheitsfall nach Absatz 1 und 2 insgesamt längstens bis zum Ende der in Absatz 3 Satz 1 genannten Fristen bezogen werden; bei jeder neuen Arbeitsunfähigkeit besteht jedoch mindestens der sich aus Absatz 1 ergebende Anspruch. [4]Überzahlter Krankengeldzuschuss und sonstige Überzahlungen gelten als Vorschuss auf die

in demselben Zeitraum zustehenden Leistungen nach Satz 2; soweit es sich nicht um öffentlich-rechtliche Sozialversicherungsansprüche auf Rente handelt, gehen die Ansprüche der Beschäftigten insoweit auf den Arbeitgeber über. [5]Der Arbeitgeber kann von der Rückforderung des Teils des überzahlten Betrags, der nicht durch die für den Zeitraum der Überzahlung zustehenden Bezüge im Sinne des Satzes 2 ausgeglichen worden ist, absehen, es sei denn, die/der Beschäftigte hat dem Arbeitgeber die Zustellung des Rentenbescheids schuldhaft verspätet mitgeteilt.

Erläuterungen

In § 22 TVöD haben die Tarifvertragsparteien die Entgeltfortzahlung im Krankheitsfall geregelt. Dabei haben sie in vielen Bereichen auf eigenständige Regelungen verzichtet – insoweit gelten die Vorschriften des Entgeltfortzahlungsgesetzes (EFZG)[1]). Der Tatbestand der Entgeltfortzahlung im Krankheitsfall war bislang in § 37 (Krankenbezüge) und § 71 BAT (Übergangsregelung für die Zahlung von Krankenbezügen) geregelt. Die Vorschriften der §§ 37a (Anzeige- und Nachweispflichten) und 38 (Forderungsübergang bei Dritthaftung) enthielten Regelungen zu Randfragen der Entgeltfortzahlung, die sich nun nach den gesetzlichen Vorschriften des EFZG bestimmen.

Auf die Sonderregelungen für bestimmte Bereiche in § 45 des Besonderen Teils Verwaltung (BT-V)[2]) wird hingewiesen.

Übergangsrecht

Vor einer Betrachtung der aktuellen Vorschrift des § 22 TVöD ist zunächst auf die Übergangsregelungen des jeweiligen § 13 der Überleitungstarifverträge des Bundes bzw. der Kommunen (TVÜ-Bund bzw. TVÜ-VKA)[3]) hinzuweisen.

Diese Übergangsvorschriften enthalten besondere Regelungen für die zum Zeitpunkt der Überleitung in den TVöD (30. September 2005) von § 71 BAT erfassten Beschäftigten und gelten nur für danach ohne Unterbrechung fortgesetzte Arbeitsverhältnisse. Schon § 71 BAT war eine Übergangsvorschrift, die nur für die Angestellten galt, die sich bereits vor dem 1. Juli 1994 in einem Arbeitsverhältnis befunden hatten, das seitdem ununterbrochen fortbestanden hat. Sie ist im Rahmen der Systemumstellung der Entgeltfortzahlung im Krankheitsfall mit dem 69. Änderungs-Tarifvertrag zum BAT vom 25. April 1994 vereinbart worden und bewirkte, dass der davon erfasste Personenkreis auch

---

1) abgedruckt als **Anhang 1**

2) abgedruckt unter **215**

3) TVÜ-Bund abgedruckt unter **270**

nach dem In-Kraft-Treten der Änderungen am 1. Juli 1994 nicht wie die übrigen Angestellten im Krankheitsfall eine sechswöchige Entgeltfortzahlung und anschließend (nur noch) einen Zuschuss zum Krankengeld der Krankenkassen, sondern weiterhin eine Lohnfortzahlung von bis zu sechs Monaten Dauer erhielt. So gesehen handelt es sich nun bei der Vorschrift des § 13 TVÜ um eine Übergangsvorschrift für bereits von einer älteren Übergangsvorschrift geschützte Beschäftigte.

Die jetzige Vorschrift führt zum einen zwar dazu, dass die ursprünglich von § 71 BAT erfassten Beschäftigten im Falle einer Krankheit nun – wie zuvor die übrigen, nicht von § 71 BAT erfassten Angestellten und die übrigen, unter den TVöD fallenden Beschäftigten – auch nur noch sechs Wochen Entgeltfortzahlung bekommen und anschließend einen Krankengeldzuschuss erhalten. Dieser ist aber nach der Regelung des § 13 Abs. 1 TVÜ insoweit höher als der Krankengeldzuschuss nach § 22 TVöD, als dass in diesen Fällen die Differenz zwischen dem **Netto**krankengeld (das ist das um Beiträge des Beschäftigten zur Renten- und Arbeitslosenversicherung bereinigte „Bruttokrankengeld", das von den Tarifpartnern in Anlehnung an die gesetzlichen Vorschriften mit „tatsächliche Barleistung des Sozialversicherungsträgers" bezeichnet wird) und dem Nettoentgelt ausgeglichen wird. Der Beschäftigte erhält somit im Ergebnis weitgehend sein bisheriges Nettoentgelt weiter; die einzige Einbuße besteht für ihn darin, dass bei der Berechnung des „Nettoentgelts" nur die gesetzlichen, nicht aber tarifvertragliche Abzüge (z. B. Arbeitnehmerbeitrag zur VBL) berücksichtigt werden. Nach den Vorschriften des TVöD würde (nur) die Differenz zwischen den „tatsächlichen Barleistungen" (= **Brutto**krankengeld) und dem Nettoentgelt ausgeglichen – der Beschäftigte bliebe also zusätzlich durch seine Beitragsanteile zur Renten- und Arbeitslosenversicherung belastet.

In § 13 Abs. 2 Satz 1 TVÜ ist über die oben dargestellte Besitzstandsregelung hinaus geregelt, dass diejenigen unter § 71 BAT fallenden Beschäftigten, die zum Zeitpunkt der Überleitung arbeitsunfähig erkrankt sind (und deshalb bereits Entgeltfortzahlung erhalten), für die Dauer dieser Krankheit auch nach In-Kraft-Treten des TVöD bis zu insgesamt höchstens 26 Wochen Entgeltfortzahlung erhalten. Faktisch gilt insoweit also das alte Recht weiter. Sollten die Betroffenen nach dem 1. Oktober 2005 wegen derselben Krankheit erneut arbeitsunfähig werden, gilt § 22 TVöD (in Verbindung mit § 13 Abs. 1 TVÜ). In diesem Fall wird gemäß § 13 Abs. 2 Satz 2 TVÜ der Entgeltfortzahlungszeitraum nach Absatz 2 Satz 1 auf die Fristen der Entgeltfortzahlung bzw. des Krankengeldzuschusses des § 22 TVöD angerechnet.

Entgeltfortzahlung (Abs. 1)

Grundsätze

Satz 1 der Vorschrift trifft eine dem EFZG entsprechende Regelung zur Entgeltfortzahlung im Krankheitsfall und wiederholt die gesetzlichen Bestimmungen. Der Spielraum der Tarifpartner ist in diesem Bereich sehr gering; denn die Vorschriften des EFZG sind – abgesehen von der Höhe der Entgeltfortzahlung – nicht abdingbar. Günstigere, über die Mindestanforderungen des EFZG hinausgehende tarifvertragliche Regelungen sind natürlich zulässig, so dass die Tarifpartner in § 22 von einer der Vorschrift des § 3 Abs. 3 EFZG (dort ist ein mindestens vierwöchiger Bestand des Arbeitsverhältnisses als Anspruchsvoraussetzung für die Entgeltfortzahlung im Krankheitsfall festgelegt) entsprechenden Wartezeit absehen konnten.

Grundvoraussetzung für die sechswöchige Entgeltfortzahlung ist sowohl nach § 3 Abs. 1 EFZG als auch nach § 22 Abs. 1 Satz 1 die unverschuldete Arbeitsunfähigkeit infolge Krankheit.

Der Begriff der Krankheit ist weder durch den Gesetzgeber im Rahmen des EFZG noch durch die Tarifpartner näher bestimmt worden. Nach dem allgemeinen und dem medizinischen Sprachgebrauch wird man davon ausgehen können, dass „Krankheit" jeder regelwidrige körperliche oder geistige Zustand ist – unabhängig von den Ursachen, die dazu geführt haben. Krankheit allein reicht als Auslöser des Entgeltfortzahlungsanspruchs aber nicht aus, sie muss grundsätzlich auch zur Arbeitsunfähigkeit führen. Arbeitsunfähigkeit ist auch dann gegeben, wenn die geschuldete Arbeitsleistung nicht voll, sondern nur zum Teil erbracht werden kann. Maßnahmen einer medizinischen Vorsorge oder Rehabilitation sind gemäß § 9 EFZG bzw. § 22 Abs. 1 Satz 3 als unverschuldete Arbeitsunfähigkeit im Sinne des Entgeltfortzahlungsrechtes anzusehen. Nach § 3 Abs. 2 EFZG gilt Entsprechendes für die nicht rechtswidrige Sterilisation und den nicht rechtswidrigen Schwangerschaftsabbruch. Besondere Beachtung verdient in diesem Zusammenhang die mit dem Gesetz zur Änderung des Transplantationsgesetzes vom 21. Juli 2012 (BGBl. I S. 1601) in das Entgeltfortzahlungsgesetz eingefügte Vorschrift des § 3a EFZG. Absatz 1 dieser neuen Vorschrift verschafft dem Organspender gegenüber seinem Arbeitgeber einen Anspruch auf Entgeltfortzahlung. Absatz 2 regelt die Refinanzierungsansprüche des Arbeitgebers gegenüber der Krankenkasse bzw. dem Beihilfeträger des Organempfängers. Durch Artikel 7 des GKV-Versorgungsstärkungsgesetzes vom 16. Juli 2015 (BGBl. I S. 1211) ist die Regelung in § 3a EFZG mit Wirkung vom 23. Juli

2015 um den Anspruch auf Entgeltfortzahlung bei Spende von Blut zur Separation von Blutstammzellen und anderen Blutbestandteilen erweitert worden. Dadurch haben auch diejenigen Beschäftigten einen Anspruch auf Entgeltfortzahlung durch den Arbeitgeber für die Zeit der Abreitunfähigkeit bis zur Dauer von sechs Wochen, die durch Arbeitsunfähigkeit infolge einer Blutspende zur Separation von Blutstammzellen oder anderen Blutbestandteilen im Sinne von § 9 des Transfusionsgesetzes an ihrer Arbeitsleistung verhindert sind. Entsprechend sind die Refinanzierungsmöglichkeiten des Arbeitgebers erweitert worden (§ 3a Abs. 2 EFZG).

Auch der Begriff der Arbeitsunfähigkeit ist in der Tarifvorschrift und im EFZG nicht näher definiert. Hilfen zur Begriffsbestimmung liefern aber die „Richtlinien des Gemeinsamen Bundesausschusses (der Ärzte und Krankenkassen) über die Beurteilung der Arbeitsunfähigkeit und die Maßnahmen zur stufenweisen Wiedereingliederung (Arbeitsunfähigkeits-Richtlinien) nach § 92 Abs. 1 Satz 2 Nr. 7 SGB V".[1])

Wiederholungserkrankungen

In diesem Fall gelten gemäß Satz 2 der Vorschrift die gesetzlichen Bestimmungen. Sie ergeben sich aus § 3 Abs. 1 Satz 2 EFZG. Dabei ist zunächst der Grundsatz zu beachten, dass für jede Krankheit grundsätzlich nur einmal ein sechswöchiger Entgeltfortzahlungsanspruch besteht. Wird der Beschäftigte wegen derselben Krankheit erneut arbeitsunfähig, so kann er zwar ggf. noch nicht ausgeschöpfte Zeiten des Sechswochenzeitraums in Anspruch nehmen; ein erneuter Anspruch entsteht jedoch grundsätzlich nicht. Etwas anderes gilt gemäß § 3 Abs. 1 Satz 2 Ziffer 1 bzw. 2 nur, wenn der Beschäftigte vor Beginn der Wiederholungserkrankung sechs Monate nicht infolge dieser Krankheit arbeitsunfähig war, oder seit dem Beginn der ersten Arbeitsunfähigkeit wegen dieser Krankheit eine Frist von zwölf Monaten abgelaufen ist.

Beispiel:

Der Beschäftigte ist an Rheuma erkrankt und fällt deshalb ab dem 15. März für die Dauer von vier Wochen aus. Ende September des gleichen Jahres fällt er für weitere drei Wochen wegen der gleichen Krankheit aus. Da das halbe Jahr (siehe § 3 Abs. 1 Satz 2 Nr. 1 EFZG) seit Ende der ersten Erkrankung noch nicht abgelaufen ist und somit kein erneuter Anspruch entstanden ist, hat er nur noch Anspruch auf zwei Wochen Entgeltfortzahlung; für die übrige Zeit

[1]) abgedruckt als **Anhang 2**

hat er nur Anspruch auf Krankengeldzuschuss. Ende März des Folgejahres schließt sich die dritte Erkrankung wegen der gleichen Ursache an. Obwohl seit dem Ende der letzten Arbeitsunfähigkeit keine sechs Monate vergangen sind, entsteht nach § 3 Abs. 1 Satz 2 Nr. 2 EFZG ein neuer sechswöchiger Anspruch auf Entgeltfortzahlung, weil seit dem Beginn der ersten Arbeitsunfähigkeit (15. März des Vorjahres) mehr als zwölf Monate vergangen sind.

Die Darlegungs- und Beweislast für das Vorliegen einer Wiederholungserkrankung liegt grundsätzlich beim Arbeitgeber. Wenn der Arbeitgeber das Vorliegen einer Wiederholungserkrankung jedoch bestreitet, muss zunächst der Arbeitnehmer auf Verlangen des Arbeitgebers darlegen, dass seine Arbeitsunfähigkeit nicht auf einer Wiederholungserkrankung beruht (BAG-Urteil v. 18. 1. 2023 – 5 AZR 93/22).

Beendigung des Arbeitsverhältnisses während der Arbeitsunfähigkeit

Auch in diesem Fall gelten gemäß Satz 2 der Vorschrift die gesetzlichen Bestimmungen. Sie ergeben sich aus § 8 EFZG.

Das EFZG unterscheidet zwei Fallgruppen. Zum einen sind es die Fälle, dass der Arbeitgeber das Arbeitsverhältnis während der Arbeitsunfähigkeit krankheitsbedingt kündigt oder sich so verhält (z. B. durch Zahlungsverweigerung), dass der Arbeitnehmer das Arbeitsverhältnis fristlos kündigt. Zum anderen handelt es sich um jene Fallgestaltungen, dass das Arbeitsverhältnis während der Arbeitsunfähigkeit durch Kündigung aus anderen Gründen oder ohne dass es einer Kündigung bedarf (z. B. Fristablauf bei befristeten Arbeitsverträgen) endet. In der ersten Fallgruppe ist der Arbeitgeber verpflichtet, die Entgeltfortzahlung auch über das Ende der (durch diese Vorschrift nicht berührten) Kündigung hinaus zu zahlen, höchstens natürlich bis zum Ende der Sechswochenfrist. Die zweite Fallgruppe führt zum Erlöschen des Entgeltfortzahlungsanspruchs zum Zeitpunkt der Beendigung des Arbeitsverhältnisses.

Aus Anlass der Krankheit auf Veranlassung des Arbeitgebers geschlossene Auflösungsverträge sind nach Auffassung des BAG (Urteil vom 20. 8. 1980 – 5 AZR 227/79 – AP Nr. 14 zu § 6 LohnFG) der ersten Fallgruppe zuzuordnen, führen also nicht zum Erlöschen des Entgeltfortzahlungsanspruchs.

Verschulden

Nur eine „unverschuldete“ Arbeitsunfähigkeit löst den Anspruch auf Entgeltfortzahlung aus. Die Tarifpartner haben jedoch – wie zuvor in § 37 BAT – in einer Protokollerklärung zu Absatz 1 Satz 1 vereinbart, dass ein den Anspruch zunichte machendes „Verschulden“ i. S. des Absatzes 1 Satz 1 nur vorliegt, wenn der Beschäftigte die Arbeitsunfähigkeit durch Vorsatz oder grobe Fahrlässigkeit herbeigeführt hat. Dies ist nach der Rechtsprechung zu den bisherigen Entgeltfortzahlungsregeln, die weiterhin herangezogen werden kann, jedoch nur in Ausnahmefällen zu vermuten und jeweils im Einzelfall zu prüfen. So kann beispielsweise davon ausgegangen werden, dass selbst ein Selbstmordversuch in der Regel nicht schuldhaft ist (weil der Betroffene krankheitsbedingt in seiner Willensbildung eingeschränkt und daher „schuldunfähig" ist) – siehe BAG vom 28. 2. 1979 – 5 AZR 611/77 – AP Nr. 44 zu § 1 LohnFG. Auch bei einem alkoholabhängigen Arbeitnehmer fehlt es nach Auffassung des BAG in seinem Urteil vom 18. März 2015 – 10 AZR 99/14 – suchtbedingt auch im Fall eines Rückfalls nach einer Therapie regelmäßig an einem solchen, die Entgeltfortzahlung ausschließendem Verschulden. Wird ein Arbeitnehmer infolge seiner Alkoholabhängigkeit arbeitsunfähig krank, könne nach dem derzeitigen Stand der medizinischen Erkenntnisse nicht von einem Verschulden im Sinne des Entgeltfortzahlungsrechts ausgegangen werden. Die Entstehung der Alkoholsucht sei vielmehr multikausal, wobei sich die unterschiedlichen Ursachen wechselseitig bedingen würden. Dies gelte im Grundsatz auch bei einem Rückfall nach einer durchgeführten Therapie. Im Hinblick auf eine Abstinenzrate von 40 bis 50 % je nach Studie und Art der Behandlung könne nach einer durchgeführten Rehabilitationsmaßnahme jedoch ein Verschulden des Arbeitnehmers an einem Rückfall nicht generell ausgeschlossen werden. Der Arbeitgeber könne deshalb in diesem Fall das fehlende Verschulden (und damit seine Pflicht zur Entgeltfortzahlung) bestreiten. Das Arbeitsgericht habe dann ein medizinisches Sachverständigengutachten zu der Frage einzuholen, ob der Arbeitnehmer den Rückfall schuldhaft i. S. d. § 3 Abs. 1 EFZG herbeigeführt habe. Ließe sich dies nicht eindeutig feststellen, weil ein Ursachenbündel hierfür vorliegt, gehe dies zulasten des Arbeitgebers. Das im Urteilsfall eingeholte sozialmedizinische Gutachten hatte ein Verschulden des Arbeitnehmers unter Hinweis auf die langjährige und chronische Alkoholabhängigkeit und den daraus folgenden „Suchtdruck" ausgeschlossen.

Hingegen können die vermeidbaren Unfallfolgen, die infolge der Verletzung der Anschnallpflicht entstanden sind, ebenso als selbst verschuldet angesehen werden (BAG vom 7. 10. 1981 – 5 AZR 1113/79 – AP Nr. 46 zu § 1 LohnFG) wie die Verletzungen infolge eines Unfalls wegen grober Verstöße gegen die Verkehrsregeln (BAG vom 23. 11. 1971 – 1 AZR 388/70 – AP Nr. 8 zu § 1 LohnFG).

Krankengeldzuschuss (Abs. 2)

Im Anschluss an die sechswöchige Entgeltfortzahlung nach Absatz 1 der Vorschrift erhalten die Beschäftigten für die Zeit, für die ihnen Krankengeld oder entsprechende gesetzliche Leistungen zustehen, einen Krankengeldzuschuss (Satz 1). Wegen der Höchstdauer siehe aber Absatz 3. „Entsprechende gesetzliche Leistungen" im Sinne des Satzes 1 sind das Übergangsgeld nach § 20 SGB VI bei stationären Rehabilitationsmaßnahmen und entsprechende Zahlungen von Unfallversicherungsträgern oder nach dem Bundesversorgungsgesetz.

Beschäftigte, die nicht in der gesetzlichen Krankenversicherung, sondern privat versichert sind, werden nach Satz 3 mit den Empfängern von Krankengeld gleichgestellt. Bei ihnen ist für die Berechnung des Krankengeldzuschusses der Krankengeldhöchstsatz, der bei unterstellter Pflichtversicherung in der gesetzlichen Krankenversicherung zustünde, zugrunde zu legen. Der Betrag ist nach Satz 4 der Vorschrift bei Teilzeitbeschäftigten zeitanteilig umzurechnen.

Die Höhe des Krankengeldzuschusses bestimmt sich, soweit nicht die Übergangsvorschrift des § 13 Abs. 1 TVÜ zu beachten ist, nach Satz 1 in Verbindung mit Satz 2 der Vorschrift. Die Berechnung des Krankengeldzuschusses nach den Grundsätzen des TVöD einerseits und dem Übergangsrecht andererseits ist oben im Zusammenhang mit der Erläuterung des Übergangsrechts dargestellt. Ergänzend ist auf die Berechnung des Nettoentgelts bei freiwillig in der gesetzlichen Krankenversicherung versicherten Beschäftigten hinzuweisen. Bei diesen Beschäftigten ist nach Absatz 2 Satz 2 zweiter Halbsatz anstelle der (bei ihnen nicht anfallenden) gesetzlichen Abzüge für Kranken- und Pflegeversicherung der gesamte Kranken- und Pflegeversicherungsbeitrag abzüglich des entsprechenden Arbeitgeberzuschusses als „gesetzlicher Abzug" zu berücksichtigen.

Der Krankengeldzuschuss ist nach § 2 Abs. 2 Nr. 5 LStDV steuerpflichtiger Arbeitslohn. Soweit die Summe von Krankengeld und Krankengeldzuschuss das Nettoarbeitsentgelt um nicht mehr als 50 Euro monatlich überschreitet (was ein absoluter Ausnahmefall sein dürfte), gehört der Krankengeldzuschuss nicht zum sozialversicherungsrechtlichen Entgelt (§ 23c Abs. 1 SGB IV). Wird die Freigrenze überschritten, so wird der Krankengeldzuschuss in dem Umfang beitragspflichtig, in dem er das Vergleichs-Netto überschreitet. Gemäß § 15 Abs. 2 ATV/ATV-K[1]) in Verbindung mit Anlage 3 Satz 1 Nr. 8 zum ATV/ATV-K gehört der Krankengeldzuschuss nicht zum zusatzversorgungspflichtigen Entgelt.

Dauer des Krankengeldzuschusses (Abs. 3)

Die Regelung des Absatzes 3 begrenzt die Dauer der Bezugsfristen des Krankengeldzuschusses in Abhängigkeit von der Beschäftigungszeit (→ dazu § 34 Abs. 3). Bei einer Beschäftigungszeit von mehr als

---

[1]) ATV abgedruckt unter **710**

einem Jahr wird der Krankengeldzuschuss längstens bis zum Ende der 13. Woche, bei einer Beschäftigungszeit von mehr als drei Jahren längstens bis zum Ende der 39. Woche seit Beginn der Arbeitsunfähigkeit infolge derselben Krankheit gezahlt. Bei einer Beschäftigungszeit bis zu einem Jahr besteht somit kein Anspruch auf Krankengeldzuschuss. Maßgebend ist nach Satz 2 der Vorschrift die im Laufe der Arbeitsunfähigkeit vollendete Beschäftigungszeit.

Zu beachten ist bei der Berechnung der Bezugsdauer des Krankengeldzuschusses, dass sich die Frist von Beginn der Arbeitsunfähigkeit berechnet, so dass der Zeitraum der sechswöchigen Entgeltfortzahlung nach Absatz 1 mitgezählt wird. Der Zeitraum, für den ein Krankengeldzuschuss gezahlt wird, beträgt somit höchstens 7 bzw. 33 Wochen.

Wegen der Begrenzung der Gesamtdauer der Krankenbezüge siehe Absatz 4 Satz 3 und die Erläuterungen dazu.

Da auch die Bezugsfristen des Krankengeldzuschusses krankheitsbezogen sind, gelten hier ebenfalls die Grundsätze für Wiederholungserkrankungen (s. o.). Dem Beschäftigten steht der Krankengeldzuschuss deshalb bei einer Wiederholungserkrankung nur einmal für höchstens 39 Wochen zu. Auch der Anspruch auf Krankengeldzuschuss lebt wieder auf, wenn die Entgeltfortzahlungsfrist erneut beginnt.

Krankengeld und -zuschuss bei Beendigung des Arbeitsverhältnisses (Abs. 4)

Nach Satz 1 der Vorschrift wird das Entgelt im Krankheitsfall (unter diesen Oberbegriff fallen sowohl die Entgeltfortzahlung als auch der Krankengeldzuschuss) nicht über das Ende des Arbeitsverhältnisses hinaus gezahlt. Zwar bleibt nach dem zweiten Halbsatz des Satzes 1 „§ 8 EFZG unberührt". Diese gesetzliche Vorschrift betrifft aber nur die reine Entgeltfortzahlung, nicht jedoch den Krankengeldzuschuss. Während somit ein Anspruch auf Entgeltfortzahlung unter den Voraussetzungen des § 8 EFZG auch nach dem Ende des Arbeitsverhältnisses besteht (→ dazu Erläuterungen Nr. 3 zu Absatz 1), erlischt der Anspruch auf Krankengeldzuschuss ausnahmslos mit dem Ende des Arbeitsverhältnisses

Satz 2 der Vorschrift bestimmt darüber hinaus, dass der Krankengeldzuschuss nicht über den Zeitpunkt hinaus gezahlt wird, von dem an der Beschäftigte Anspruch auf eine Rente aus der gesetzlichen Rentenversicherung, aus der zusätzlichen Alters- und Hinterbliebenenversorgung oder aus einer sonstigen Versorgungseinrichtung (z. B.

berufsständische Versorgungseinrichtung der Ärzte oder Apotheker) erhält, zu der auch der Arbeitgeber Beiträge erbracht hat.

Der im Zuge des Änderungstarifvertrages Nr. 2 vom 31. März 2008 mit Wirkung vom 1. Juli 2008 eingefügte Satz 3 des Absatzes 4 begrenzt die Bezugsfristen für das Entgelt im Krankheitsfall (also sowohl für die Entgeltfortzahlung als auch für den Krankengeldzuschuss) auf 13 bzw. 39 Wochen innerhalb eines Kalenderjahres. Bei jeder neuen Erkrankung besteht jedoch mindestens Anspruch auf die sechswöchige Entgeltfortzahlung nach Absatz 1.

Nach Satz 4 gelten die über den Rentenbeginn hinaus gezahlten Krankengeldzuschüsse oder sonstigen Zahlungen als Vorschuss auf die entsprechende Rente; die Rentenansprüche des Beschäftigten gehen insoweit auf den Arbeitgeber über (Satz 4 zweiter Halbsatz). Klassischer Anwendungsfall ist die (in der Regel rückwirkende) Gewährung von Erwerbsunfähigkeitsrenten. In diesem Fall entfällt rückwirkend der Anspruch auf Krankengeldzuschuss; bereits geleistete Zahlungen sind mit den für den gleichen Zeitraum zustehenden Rentenansprüchen (die auf den Arbeitgeber übergehen) zu verrechnen. Für den Fall, dass es sich um gesetzliche Rentenansprüche der Beschäftigten handelt, hat das Bundessozialgericht (BSG) mit Urteil vom 29. Januar 2014 – B 5 R 36/12 R – jedoch im Ergebnis entschieden, dass der tarifvertraglich geregelte Forderungsübergang aus § 22 Abs. 4 Satz 4, 2. Halbsatz TVöD für gesetzliche Rentenansprüche von Beschäftigten unzulässig und damit rechtsunwirksam ist. Nach der Entscheidung des BSG ist die Übertragbarkeit von Ansprüchen auf Sozialleistungen abschließend in § 53 des Ersten Buches Sozialgesetzbuch (SGB I) geregelt. Einen Forderungsübergang für gesetzliche Rentenansprüche auf den Arbeitgeber sieht § 53 SGB I nicht vor. Die Tarifvertragsparteien sind in ihrer Normsetzungsbefugnis auf das privatrechtliche Arbeitsverhältnis beschränkt. Sie sind daher nach der Entscheidung des BSG nicht ermächtigt, tarifvertraglich die Abtretung gesetzlicher Rentenansprüche zu regeln.

In der Praxis führt das Urteil dazu, dass überzahlter Krankengeldzuschuss nicht mehr von der Deutschen Rentenversicherung Bund, sondern nur noch von der Versorgungsanstalt des Bundes und der Länder (VBL) bzw. anderen Zusatzversorgungseinrichtungen sowie von den Beschäftigten eingefordert werden kann. Die Rückforderung gegenüber den Beschäftigten ist innerhalb von sechs Monaten nach Fälligkeit des Anspruchs schriftlich geltend zu machen (§ 37 Abs. 1 Satz 1 TVöD). Der Anspruch ist dem Zeitpunkt fällig, in dem der Arbeitgeber Kenntnis über die rückwirkende Rentengewährung samt Leistungszeitraum und Leistungshöhe erlangt. Erst dann kann der Arbeitgeber die Höhe seines Anspruchs beziffern. Die Tarifpartner haben aus der Rechtsprechung Konsequenzen gezogen und die Vorschrift im Rahmen des 14. Änderungstarifvertrages vom 7. Februar 2017 zum TVöD angepasst.

Kommt es dabei zu Überzahlungen (weil der Rentenanspruch hinter den für denselben Zeitraum geleisteten Zahlungen des Arbeitgebers zurückbleibt), so kann der Arbeitgeber nach Satz 5 von der Rückforderung des nicht gedeckten Betrages absehen. Voraussetzung für den Verzicht ist aber, dass der Beschäftigte nicht die Zustellung des Rentenbescheides schuldhaft verspätet mitgeteilt (und dadurch selbst die Ursache für die Überzahlung gesetzt) hat. Die Regelung des Satzes 5 entspricht der früheren Vorschrift des § 37 Abs. 7 Unterabs. 3 BAT.

Nachweispflichten

Die Tarifpartner haben auf eine eigenständige Regelung – wie z. B. im damaligen § 37a BAT – verzichtet. Die Nachweispflichten (für eine Krankheit/Arbeitsunfähigkeit) ergeben sich stattdessen aus § 5 EZFG. Wesentliche materielle Änderungen zum Rechtszustand zu BAT-Zeiten ergeben sich dadurch nicht; denn § 37a BAT entsprach im Kern der gesetzlichen Regelung. Der in der Vergangenheit teilweise anzutreffenden Praxis (insbesondere privater Arbeitgeber), Arbeitnehmer im Falle des Verdachts einer vorgetäuschten Krankheit durch einen Detektiv überwachen zu lassen, hat das BAG mit Urteil vom 19. Februar 2015 – 8 AZR 1007/13 enge Grenzen gesetzt. Nach Auffassung des Gerichts handelt ein Arbeitgeber, der wegen des Verdachts einer vorgetäuschten Arbeitsunfähigkeit einem Detektiv die Überwachung eines Arbeitnehmers überträgt, rechtswidrig, wenn sein Verdacht nicht auf konkreten Tatsachen beruht. Für dabei heimlich hergestellte Abbildungen gilt dasselbe. Eine solche rechtswidrige Verletzung des allgemeinen Persönlichkeitsrechts kann nach Meinung des BAG einen Geldentschädigungsanspruch („Schmerzensgeld") begründen. In einem anderen Fall hat das BAG entschieden, dass der Beweiswert von (Folge-)Arbeitsunfähigkeitsbescheinigungen erschüttert sein kann, wenn ein arbeitsunfähiger Arbeitnehmer nach Zugang der Kündigung eine oder mehrere Folgebescheinigungen vorlegt, die passgenau die Dauer der Kündigungsfrist umfassen, und er unmittelbar nach Beendigung des Arbeitsverhältnisses eine neue Beschäftigung aufnimmt (BAG vom 13. 12. 2023 – 5 AZR 137/23).

Forderungsübergang bei Dritthaftung

Ebenfalls verzichtet haben die Tarifpartner auf eine § 38 BAT entsprechende Vorschrift zum Forderungsübergang bei Dritthaftung. Eine entsprechende Schutzvorschrift für die Beschäftigten (darum handelte es sich, weil der Arbeitgeber hinsichtlich der Lohnfortzahlung zunächst in Vorlage ging, auf diese Weise den Lebensunterhalt des Beschäftigten sicherstellte und sich das Geld erst anschließend von dem zum Schadenersatz Verpflichteten erstatten ließ) ist im Hinblick auf die entsprechenden Regelungen der §§ 6 und 7 EFZG weitgehend entbehrlich. Materielle Änderungen zum bisherigen Recht ergeben sich aber in Bezug auf den Forderungsübergang beim Krankengeldzuschuss, der von der gesetzlichen Vorschrift nicht erfasst wird. Soweit gewollt (zweckmäßig wäre es), muss der Arbeitgeber den Forderungsübergang mit dem Beschäftigten einzelvertraglich vereinbaren.

Anhang 1

Gesetz über die Zahlung des Arbeitsentgelts an Feiertagen und im Krankheitsfall (Entgeltfortzahlungsgesetz)

Vom 26. Mai 1994 (BGBl. I S. 1014)

Zuletzt geändert durch
Drittes Bürokratieentlastungsgesetz
vom 22. November 2019 (BGBl. I S. 1746, 2021 S. 154, 2022 S. 482)

II

§ 1 Anwendungsbereich

(1) Dieses Gesetz regelt die Zahlung des Arbeitsentgelts an gesetzlichen Feiertagen und die Fortzahlung des Arbeitsentgelts im Krankheitsfall an Arbeitnehmer sowie die wirtschaftliche Sicherung im Bereich der Heimarbeit für gesetzliche Feiertage und im Krankheitsfall.

(2) Arbeitnehmer im Sinne dieses Gesetzes sind Arbeiter und Angestellte sowie die zu ihrer Berufsbildung Beschäftigten.

§ 2 Entgeltzahlung an Feiertagen

(1) Für Arbeitszeit, die infolge eines gesetzlichen Feiertages ausfällt, hat der Arbeitgeber dem Arbeitnehmer das Arbeitsentgelt zu zahlen, das er ohne den Arbeitsausfall erhalten hätte.

(2) Die Arbeitszeit, die an einem gesetzlichen Feiertag gleichzeitig infolge von Kurzarbeit ausfällt und für die an anderen Tagen als an gesetzlichen Feiertagen Kurzarbeitergeld geleistet wird, gilt als infolge eines gesetzlichen Feiertages nach Absatz 1 ausgefallen.

(3) Arbeitnehmer, die am letzten Arbeitstag vor oder am ersten Arbeitstag nach Feiertagen unentschuldigt der Arbeit fernbleiben, haben keinen Anspruch auf Bezahlung für diese Feiertage.

§ 3 Anspruch auf Entgeltfortzahlung im Krankheitsfall

(1) Wird ein Arbeitnehmer durch Arbeitsunfähigkeit infolge Krankheit an seiner Arbeitsleistung verhindert, ohne daß ihn ein Verschulden trifft, so hat er Anspruch auf Entgeltfortzahlung im Krankheitsfall durch den Arbeitgeber für die Zeit der Arbeitsunfähigkeit bis zur Dauer von sechs Wochen. Wird der Arbeitnehmer infolge derselben Krankheit erneut arbeitsunfähig, so verliert er wegen der erneuten Arbeitsunfähigkeit den Anspruch nach Satz 1 für einen weiteren Zeitraum von höchstens sechs Wochen nicht, wenn

1. er vor der erneuten Arbeitsunfähigkeit mindestens sechs Monate nicht infolge derselben Krankheit arbeitsunfähig war oder
2. seit Beginn der ersten Arbeitsunfähigkeit infolge derselben Krankheit eine Frist von zwölf Monaten abgelaufen ist.

(2) Als unverschuldete Arbeitsunfähigkeit im Sinne des Absatzes 1 gilt auch eine Arbeitsverhinderung, die infolge einer nicht rechtswidrigen Sterilisation oder eines nicht rechtswidrigen Abbruchs der Schwangerschaft eintritt. Dasselbe gilt für einen Abbruch der Schwangerschaft, wenn die Schwangerschaft innerhalb von zwölf Wochen nach der Empfängnis durch einen Arzt abgebrochen wird, die schwangere Frau den Abbruch verlangt und dem Arzt durch eine Bescheinigung nachgewiesen hat, daß sie sich mindestens drei Tage vor dem Eingriff von einer anerkannten Beratungsstelle hat beraten lassen.

(3) Der Anspruch nach Absatz 1 entsteht nach vierwöchiger ununterbrochener Dauer des Arbeitsverhältnisses.

§ 3a Anspruch auf Entgeltfortzahlung bei Spende von Organen, Geweben oder Blut zur Separation von Blutstammzellen oder anderen Blutbestandteilen

(1) Ist ein Arbeitnehmer durch Arbeitsunfähigkeit infolge der Spende von Organen oder Geweben, die nach den §§ 8 und 8a des Transplantationsgesetzes erfolgt, oder einer Blutspende zur Separation von Blutstammzellen oder anderen Blutbestandteilen im Sinne von § 9 des Transfusionsgesetzes an seiner Arbeitsleistung verhindert, hat er Anspruch auf Entgeltfortzahlung durch den Arbeitgeber für die Zeit der Arbeitsunfähigkeit bis zur Dauer von sechs Wochen. § 3 Absatz 1 Satz 2 gilt entsprechend.

(2) Dem Arbeitgeber sind von der gesetzlichen Krankenkasse des Empfängers von Organen, Geweben oder Blut zur Separation von Blutstammzellen oder anderen Blutbestandteilen das an den Arbeitnehmer nach Absatz 1 fortgezahlte Arbeitsentgelt sowie die hierauf entfallenden vom Arbeitgeber zu tragenden Beiträge zur Sozialversicherung und zur betrieblichen Alters- und Hinterbliebenenversorgung auf Antrag zu erstatten. Ist der Empfänger von Organen, Geweben oder Blut zur Separation von Blutstammzellen oder anderen Blutbestandteilen gemäß § 193 Absatz 3 des Versicherungsvertragsgesetzes bei einem privaten Krankenversicherungsunternehmen versichert, erstattet dieses dem Arbeitgeber auf Antrag die Kosten nach Satz 1 in Höhe des tariflichen Erstattungssatzes. Ist der Empfänger von Organen, Geweben oder Blut zur Separation von Blutstammzellen oder anderen Blutbestandteilen bei einem Beihilfeträger des Bundes bei-

hilfeberechtigt oder berücksichtigungsfähiger Angehöriger, erstattet der zuständige Beihilfeträger dem Arbeitgeber auf Antrag die Kosten nach Satz 1 zum jeweiligen Bemessungssatz des Empfängers von Organen, Geweben oder Blut zur Separation von Blutstammzellen oder anderen Blutbestandteilen; dies gilt entsprechend für sonstige öffentlich-rechtliche Träger von Kosten in Krankheitsfällen auf Bundesebene. Unterliegt der Empfänger von Organen, Geweben oder Blut zur Separation von Blutstammzellen oder anderen Blutbestandteilen der Heilfürsorge im Bereich des Bundes oder der truppenärztlichen Versorgung, erstatten die zuständigen Träger auf Antrag die Kosten nach Satz 1. Mehrere Erstattungspflichtige haben die Kosten nach Satz 1 anteilig zu tragen. Der Arbeitnehmer hat dem Arbeitgeber unverzüglich die zur Geltendmachung des Erstattungsanspruches erforderlichen Angaben zu machen.

§ 4 Höhe des fortzuzahlenden Arbeitsentgelts

(1) Für den in § 3 Abs. 1 oder in § 3a Absatz 1 bezeichneten Zeitraum ist dem Arbeitnehmer das ihm bei der für ihn maßgebenden regelmäßigen Arbeitszeit zustehende Arbeitsentgelt fortzuzahlen.

(1a) Zum Arbeitsentgelt nach Absatz 1 gehören nicht das zusätzlich für Überstunden gezahlte Arbeitsentgelt und Leistungen für Aufwendungen des Arbeitnehmers, soweit der Anspruch auf sie im Falle der Arbeitsfähigkeit davon abhängig ist, daß dem Arbeitnehmer entsprechende Aufwendungen tatsächlich entstanden sind, und dem Arbeitnehmer solche Aufwendungen während der Arbeitsunfähigkeit nicht entstehen. Erhält der Arbeitnehmer eine auf das Ergebnis der Arbeit abgestellte Vergütung, so ist der von dem Arbeitnehmer in der für ihn maßgebenden regelmäßigen Arbeitszeit erzielbare Durchschnittsverdienst der Berechnung zugrunde zu legen.

(2) Ist der Arbeitgeber für Arbeitszeit, die gleichzeitig infolge eines gesetzlichen Feiertages ausgefallen ist, zur Fortzahlung des Arbeitsentgelts nach § 3 oder nach § 3a Absatz 1 verpflichtet, bemißt sich die Höhe des fortzuzahlenden Arbeitsentgelts für diesen Feiertag nach § 2.

(3) Wird in dem Betrieb verkürzt gearbeitet und würde deshalb das Arbeitsentgelt des Arbeitnehmers im Falle seiner Arbeitsfähigkeit gemindert, so ist die verkürzte Arbeitszeit für ihre Dauer als die für den Arbeitnehmer maßgebende regelmäßige Arbeitszeit im Sinne des Absatzes 1 anzusehen. Dies gilt nicht im Falle des § 2 Abs. 2

(4) Durch Tarifvertrag kann eine von den Absätzen 1, 1a und 3 abweichende Bemessungsgrundlage des fortzuzahlenden Arbeitsentgelts

festgelegt werden. Im Geltungsbereich eines solchen Tarifvertrages kann zwischen nichttarifgebundenen Arbeitgebern und Arbeitnehmern die Anwendung der tarifvertraglichen Regelung über die Fortzahlung des Arbeitsentgelts im Krankheitsfalle vereinbart werden.

§ 4a Kürzung von Sondervergütungen

Eine Vereinbarung über die Kürzung von Leistungen, die der Arbeitgeber zusätzlich zum laufenden Arbeitsentgelt erbringt (Sondervergütungen), ist auch für Zeiten der Arbeitsunfähigkeit infolge Krankheit zulässig. Die Kürzung darf für jeden Tag der Arbeitsunfähigkeit infolge Krankheit ein Viertel des Arbeitsentgelts, das im Jahresdurchschnitt auf einen Arbeitstag entfällt, nicht überschreiten.

§ 5 Anzeige- und Nachweispflichten

(1) Der Arbeitnehmer ist verpflichtet, dem Arbeitgeber die Arbeitsunfähigkeit und deren voraussichtliche Dauer unverzüglich mitzuteilen. Dauert die Arbeitsunfähigkeit länger als drei Kalendertage, hat der Arbeitnehmer eine ärztliche Bescheinigung über das Bestehen der Arbeitsunfähigkeit sowie deren voraussichtliche Dauer spätestens an dem darauffolgenden Arbeitstag vorzulegen. Der Arbeitgeber ist berechtigt, die Vorlage der ärztlichen Bescheinigung früher zu verlangen. Dauert die Arbeitsunfähigkeit länger als in der Bescheinigung angegeben, ist der Arbeitnehmer verpflichtet, eine neue ärztliche Bescheinigung vorzulegen. Ist der Arbeitnehmer Mitglied einer gesetzlichen Krankenkasse, muß die ärztliche Bescheinigung einen Vermerk des behandelnden Arztes darüber enthalten, daß der Krankenkasse unverzüglich eine Bescheinigung über die Arbeitsunfähigkeit mit Angaben über den Befund und die voraussichtliche Dauer der Arbeitsunfähigkeit übersandt wird.

(1a) Absatz 1 Satz 2 bis 5 gilt nicht für Arbeitnehmer, die Versicherte einer gesetzlichen Krankenkasse sind. Diese sind verpflichtet, zu den in Absatz 1 Satz 2 bis 4 genannten Zeitpunkten das Bestehen einer Arbeitsunfähigkeit sowie deren voraussichtliche Dauer feststellen und sich eine ärztliche Bescheinigung nach Absatz 1 Satz 2 oder 4 aushändigen zu lassen. Die Sätze 1 und 2 gelten nicht

1. für Personen, die eine geringfügige Beschäftigung in Privathaushalten ausüben (§ 8a des Vierten Buches Sozialgesetzbuch), und
2. in Fällen der Feststellung der Arbeitsunfähigkeit durch einen Arzt, der nicht an der vertragsärztlichen Versorgung teilnimmt.

(2) Hält sich der Arbeitnehmer bei Beginn der Arbeitsunfähigkeit im Ausland auf, so ist er verpflichtet, dem Arbeitgeber die Arbeitsunfähigkeit, deren voraussichtliche Dauer und die Adresse am Aufent-

haltsort in der schnellstmöglichen Art der Übermittlung mitzuteilen. Die durch die Mitteilung entstehenden Kosten hat der Arbeitgeber zu tragen. Darüber hinaus ist der Arbeitnehmer, wenn er Mitglied einer gesetzlichen Krankenkasse ist, verpflichtet, auch dieser die Arbeitsunfähigkeit und deren voraussichtliche Dauer unverzüglich anzuzeigen. Dauert die Arbeitsunfähigkeit länger als angezeigt, so ist der Arbeitnehmer verpflichtet, der gesetzlichen Krankenkasse die voraussichtliche Fortdauer der Arbeitsunfähigkeit mitzuteilen. Die gesetzlichen Krankenkassen können festlegen, daß der Arbeitnehmer Anzeige- und Mitteilungspflichten nach den Sätzen 3 und 4 auch gegenüber einem ausländischen Sozialversicherungsträger erfüllen kann. Absatz 1 Satz 5 gilt nicht. Kehrt ein arbeitsunfähig erkrankter Arbeitnehmer in das Inland zurück, so ist er verpflichtet, dem Arbeitgeber und der Krankenkasse seine Rückkehr unverzüglich anzuzeigen.

§ 6 Forderungsübergang bei Dritthaftung

(1) Kann der Arbeitnehmer auf Grund gesetzlicher Vorschriften von einem Dritten Schadensersatz wegen des Verdienstausfalls beanspruchen, der ihm durch die Arbeitsunfähigkeit entstanden ist, so geht dieser Anspruch insoweit auf den Arbeitgeber über, als dieser dem Arbeitnehmer nach diesem Gesetz Arbeitsentgelt fortgezahlt und darauf entfallende vom Arbeitgeber zu tragende Beiträge zur Bundesagentur für Arbeit, Arbeitgeberanteile an Beiträgen zur Sozialversicherung und zur Pflegeversicherung sowie zu Einrichtungen der zusätzlichen Alters- und Hinterbliebenenversorgung abgeführt hat.

(2) Der Arbeitnehmer hat dem Arbeitgeber unverzüglich die zur Geltendmachung des Schadensersatzanspruchs erforderlichen Angaben zu machen.

(3) Der Forderungsübergang nach Absatz 1 kann nicht zum Nachteil des Arbeitnehmers geltend gemacht werden.

§ 7 Leistungsverweigerungsrecht des Arbeitgebers

(1) Der Arbeitgeber ist berechtigt, die Fortzahlung des Arbeitsentgelts zu verweigern,

1. solange der Arbeitnehmer die von ihm nach § 5 Abs. 1 vorzulegende ärztliche Bescheinigung nicht vorlegt oder den ihm nach § 5 Abs. 2 obliegenden Verpflichtungen nicht nachkommt;
2. wenn der Arbeitnehmer den Übergang eines Schadensersatzanspruchs gegen einen Dritten auf den Arbeitgeber (§ 6) verhindert.

(2) Absatz 1 gilt nicht, wenn der Arbeitnehmer die Verletzung dieser ihm obliegenden Verpflichtungen nicht zu vertreten hat.

II

§ 8 Beendigung des Arbeitsverhältnisses

(1) Der Anspruch auf Fortzahlung des Arbeitsentgelts wird nicht dadurch berührt, daß der Arbeitgeber das Arbeitsverhältnis aus Anlaß der Arbeitsunfähigkeit kündigt. Das gleiche gilt, wenn der Arbeitnehmer das Arbeitsverhältnis aus einem vom Arbeitgeber zu vertretenden Grunde kündigt, der den Arbeitnehmer zur Kündigung aus wichtigem Grund ohne Einhaltung einer Kündigungsfrist berechtigt.

(2) Endet das Arbeitsverhältnis vor Ablauf der in § 3 Abs. 1 oder in § 3a Absatz 1 bezeichneten Zeit nach dem Beginn der Arbeitsunfähigkeit, ohne daß es einer Kündigung bedarf, oder infolge einer Kündigung aus anderen als den in Absatz 1 bezeichneten Gründen, so endet der Anspruch mit dem Ende des Arbeitsverhältnisses.

§ 9 Maßnahmen der medizinischen Vorsorge und Rehabilitation

(1) Die Vorschriften der §§ 3 bis 4a und 6 bis 8 gelten entsprechend für die Arbeitsverhinderung infolge einer Maßnahme der medizinischen Vorsorge oder Rehabilitation, die ein Träger der gesetzlichen Renten-, Kranken- oder Unfallversicherung, eine Verwaltungsbehörde der Kriegsopferversorgung oder ein sonstiger Sozialleistungsträger bewilligt hat und die in einer Einrichtung der medizinischen Vorsorge oder Rehabilitation durchgeführt wird. Ist der Arbeitnehmer nicht Mitglied einer gesetzlichen Krankenkasse oder nicht in der gesetzlichen Rentenversicherung versichert, gelten die §§ 3 bis 4a und 6 bis 8 entsprechend, wenn eine Maßnahme der medizinischen Vorsorge oder Rehabilitation ärztlich verordnet worden ist und in einer Einrichtung der medizinischen Vorsorge oder Rehabilitation oder einer vergleichbaren Einrichtung durchgeführt wird.

(2) Der Arbeitnehmer ist verpflichtet, dem Arbeitgeber den Zeitpunkt des Antritts der Maßnahme, die voraussichtliche Dauer und die Verlängerung der Maßnahme im Sinne des Absatzes 1 unverzüglich mitzuteilen und ihm

a) eine Bescheinigung über die Bewilligung der Maßnahme durch einen Sozialleistungsträger nach Absatz 1 Satz 1 oder

b) eine ärztliche Bescheinigung über die Erforderlichkeit der Maßnahme im Sinne des Absatzes 1 Satz 2

unverzüglich vorzulegen.

§ 10 Wirtschaftliche Sicherung für den Krankheitsfall im Bereich der Heimarbeit

(1) In Heimarbeit Beschäftigte (§ 1 Abs. 1 des Heimarbeitsgesetzes) und ihnen nach § 1 Abs. 2 Buchstabe a bis c des Heimarbeitsgesetzes

Gleichgestellte haben gegen ihren Auftraggeber oder, falls sie von einem Zwischenmeister beschäftigt werden, gegen diesen Anspruch auf Zahlung eines Zuschlags zum Arbeitsentgelt. Der Zuschlag beträgt

1. für Heimarbeiter, für Hausgewerbetreibende ohne fremde Hilfskräfte und die nach § 1 Abs. 2 Buchstabe a des Heimarbeitsgesetzes Gleichgestellten 3,4 vom Hundert,
2. für Hausgewerbetreibende mit nicht mehr als zwei fremden Hilfskräften und die nach § 1 Abs. 2 Buchstabe b und c des Heimarbeitsgesetzes Gleichgestellten 6,4 vom Hundert

des Arbeitsentgelts vor Abzug der Steuern, des Beitrags zur Bundesagentur für Arbeit und der Sozialversicherungsbeiträge ohne Unkostenzuschlag und ohne die für den Lohnausfall an gesetzlichen Feiertagen, den Urlaub und den Arbeitsausfall infolge Krankheit zu leistenden Zahlungen. Der Zuschlag für die unter Nummer 2 aufgeführten Personen dient zugleich zur Sicherung der Ansprüche der von ihnen Beschäftigten.

(2) Zwischenmeister, die den in Heimarbeit Beschäftigten nach § 1 Abs. 2 Buchstabe d des Heimarbeitsgesetzes gleichgestellt sind, haben gegen ihren Auftraggeber Anspruch auf Vergütung der von ihnen nach Absatz 1 nachweislich zu zahlenden Zuschläge.

(3) Die nach den Absätzen 1 und 2 in Betracht kommenden Zuschläge sind gesondert in den Entgeltbeleg einzutragen.

(4) Für Heimarbeiter (§ 1 Abs. 1 Buchstabe a des Heimarbeitsgesetzes) kann durch Tarifvertrag bestimmt werden, daß sie statt der in Absatz 1 Satz 2 Nr. 1 bezeichneten Leistungen die den Arbeitnehmern im Falle ihrer Arbeitsunfähigkeit nach diesem Gesetz zustehenden Leistungen erhalten. Bei der Bemessung des Anspruchs auf Arbeitsentgelt bleibt der Unkostenzuschlag außer Betracht.

(5) Auf die in den Absätzen 1 und 2 vorgesehenen Zuschläge sind die §§ 23 bis 25, 27 und 28 des Heimarbeitsgesetzes, auf die in Absatz 1 dem Zwischenmeister gegenüber vorgesehenen Zuschläge außerdem § 21 Abs. 2 des Heimarbeitsgesetzes entsprechend anzuwenden. Auf die Ansprüche der fremden Hilfskräfte der in Absatz 1 unter Nummer 2 genannten Personen auf Entgeltfortzahlung im Krankheitsfall ist § 26 des Heimarbeitsgesetzes entsprechend anzuwenden.

§ 11 Feiertagsbezahlung der in Heimarbeit Beschäftigten

(1) Die in Heimarbeit Beschäftigten (§ 1 Abs. 1 des Heimarbeitsgesetzes) haben gegen den Auftraggeber oder Zwischenmeister Anspruch auf Feiertagsbezahlung nach Maßgabe der Absätze 2 bis 5. Den gleichen Anspruch haben die in § 1 Abs. 2 Buchstabe a bis d des Heim-

arbeitsgesetzes bezeichneten Personen, wenn sie hinsichtlich der Feiertagsbezahlung gleichgestellt werden; die Vorschriften des § 1 Abs. 3 Satz 3 und Abs. 4 und 5 des Heimarbeitsgesetzes finden Anwendung. Eine Gleichstellung, die sich auf die Entgeltregelung erstreckt, gilt auch für die Feiertagsbezahlung, wenn diese nicht ausdrücklich von der Gleichstellung ausgenommen ist.

II

(2) Das Feiertagsgeld beträgt für jeden Feiertag im Sinne des § 2 Abs. 1 0,72 vom Hundert des in einem Zeitraum von sechs Monaten ausgezahlten reinen Arbeitsentgelts ohne Unkostenzuschläge. Bei der Berechnung des Feiertagsgeldes ist für die Feiertage, die in den Zeitraum von 1. Mai bis 31. Oktober fallen, der vorhergehende Zeitraum vom 1. November bis 30. April und für die Feiertage, die in den Zeitraum vom 1. November bis 30. April fallen, der vorhergehende Zeitraum vom 1. Mai bis 31. Oktober zugrunde zu legen. Der Anspruch auf Feiertagsgeld ist unabhängig davon, ob im laufenden Halbjahreszeitraum noch eine Beschäftigung in Heimarbeit für den Auftraggeber stattfindet.

(3) Das Feiertagsgeld ist jeweils bei der Entgeltzahlung vor dem Feiertag zu zahlen. Ist die Beschäftigung vor dem Feiertag unterbrochen worden, so ist das Feiertagsgeld spätestens drei Tage vor dem Feiertag auszuzahlen. Besteht bei der Einstellung der Ausgabe von Heimarbeit zwischen den Beteiligten Einvernehmen, das Heimarbeitsverhältnis nicht wieder fortzusetzen, so ist dem Berechtigten bei der letzten Entgeltzahlung das Feiertagsgeld für die noch übrigen Feiertage des laufenden sowie für die Feiertage des folgenden Halbjahreszeitraumes zu zahlen. Das Feiertagsgeld ist jeweils bei der Auszahlung in die Entgeltbelege (§ 9 des Heimarbeitsgesetzes) einzutragen.

(4) Übersteigt das Feiertagsgeld, das der nach Absatz 1 anspruchsberechtigte Hausgewerbetreibende oder im Lohnauftrag arbeitende Gewerbetreibende (Anspruchsberechtigte) für einen Feiertag auf Grund des § 2 seinen fremden Hilfskräften (§ 2 Abs. 6 des Heimarbeitsgesetzes) gezahlt hat, den Betrag, den er auf Grund der Absätze 2 und 3 für diesen Feiertag erhalten hat, so haben ihm auf Verlangen seine Auftraggeber oder Zwischenmeister den Mehrbetrag anteilig zu erstatten. Ist der Anspruchsberechtigte gleichzeitig Zwischenmeister, so bleibt hierbei das für die Heimarbeiter oder Hausgewerbetreibenden empfangene und weiter gezahlte Feiertagsgeld außer Ansatz. Nimmt ein Anspruchsberechtigter eine Erstattung nach Satz 1 in Anspruch, so können ihm bei Einstellung der Ausgabe von Heimarbeit die erstatteten Beträge auf das Feiertagsgeld angerechnet werden, das ihm auf Grund des Absatzes 2 und des Absatzes 3 Satz 3 für die

dann noch übrigen Feiertage des laufenden sowie für die Feiertage des folgenden Halbjahreszeitraumes zu zahlen ist.

(5) Das Feiertagsgeld gilt als Entgelt im Sinne der Vorschriften des Heimarbeitsgesetzes über Mithaftung des Auftraggebers (§ 21 Abs. 2), über Entgeltschutz (§§ 23 bis 27) und über Auskunftspflicht über Entgelte (§ 28); hierbei finden die §§ 24 bis 26 des Heimarbeitsgesetzes Anwendung, wenn ein Feiertagsgeld gezahlt ist, das niedriger ist als das in diesem Gesetz festgesetzte.

§ 12 Unabdingbarkeit

Abgesehen von § 4 Abs. 4 kann von den Vorschriften dieses Gesetzes nicht zuungunsten des Arbeitnehmers oder der nach § 10 berechtigten Personen abgewichen werden.

§ 13 Übergangsvorschrift

Ist der Arbeitnehmer von einem Tag nach dem 9. Dezember 1998 bis zum 1. Januar 1999 oder darüber hinaus durch Arbeitsunfähigkeit infolge Krankheit oder infolge einer Maßnahme der medizinischen Vorsorge oder Rehabilitation an seiner Arbeitsleistung verhindert, sind für diesen Zeitraum die seit dem 1. Januar 1999 geltenden Vorschriften maßgebend, es sei denn, daß diese für den Arbeitnehmer ungünstiger sind.

II

Anhang 2

Richtlinie des Gemeinsamen Bundesausschusses über die Beurteilung der Arbeitsunfähigkeit und die Maßnahmen zur stufenweisen Wiedereingliederung nach § 92 Abs. 1 Satz 2 Nr. 7 SGB V (Arbeitsunfähigkeits-Richtlinie)

Vom 14. November 2013 (BAnz. AT 27.01.2014 B4)

Zuletzt geändert durch
Bekanntmachung vom 7. Dezember 2023 (BAnz. AT 20.02.2024 B1)

§ 1 Präambel

(1) Die Feststellung der Arbeitsunfähigkeit und die Bescheinigung über ihre voraussichtliche Dauer erfordern – ebenso wie die ärztliche Beurteilung zur stufenweisen Wiedereingliederung – wegen ihrer Tragweite für Versicherte und ihrer arbeits- und sozialversicherungsrechtlichen sowie wirtschaftlichen Bedeutung besondere Sorgfalt.

(2) Diese Richtlinie hat zum Ziel, ein qualitativ hochwertiges, bundesweit standardisiertes Verfahren für die Praxis zu etablieren, das den Informationsaustausch und die Zusammenarbeit zwischen Vertragsärztin oder Vertragsarzt, Krankenkasse und Medizinischem Dienst verbessert.

§ 2 Definition und Bewertungsmaßstäbe

(1) [1]Arbeitsunfähigkeit liegt vor, wenn Versicherte auf Grund von Krankheit ihre zuletzt vor der Arbeitsunfähigkeit ausgeübte Tätigkeit nicht mehr oder nur unter der Gefahr der Verschlimmerung der Erkrankung ausführen können. [2]Bei der Beurteilung ist darauf abzustellen, welche Bedingungen die bisherige Tätigkeit konkret geprägt haben. [3]Arbeitsunfähigkeit liegt auch vor, wenn auf Grund eines bestimmten Krankheitszustandes, der für sich allein noch keine Arbeitsunfähigkeit bedingt, absehbar ist, dass aus der Ausübung der Tätigkeit für die Gesundheit oder die Gesundung abträgliche Folgen erwachsen, die Arbeitsunfähigkeit unmittelbar hervorrufen.

(2) [1]Arbeitsunfähigkeit besteht auch während einer stufenweisen Wiederaufnahme der Arbeit fort, durch die Versicherten die dauerhafte Wiedereingliederung in das Erwerbsleben durch eine schrittweise Heranführung an die volle Arbeitsbelastung ermöglicht werden soll. [2]Ebenso gilt die befristete Eingliederung arbeitsunfähiger Versicherter in eine Werkstatt für behinderte Menschen nicht als Wiederaufnahme

der beruflichen Tätigkeit. [3]Arbeitsunfähigkeit kann auch während einer Belastungserprobung und einer Arbeitstherapie bestehen.

(3) [1]Versicherte, die arbeitslos sind, ausgenommen Arbeitslose bzw. erwerbsfähige Leistungsberechtigte nach Absatz 3a, sind arbeitsunfähig, wenn sie krankheitsbedingt nicht mehr in der Lage sind, leichte Arbeiten in einem zeitlichen Umfang zu verrichten, für den sie sich bei der Agentur für Arbeit zur Verfügung gestellt haben. [2]Dabei ist es unerheblich, welcher Tätigkeit die oder der Versicherte vor der Arbeitslosigkeit nachging. [3]Arbeitsunfähigkeit liegt bei Schwangeren nach Satz 1 vor, wenn sie ohne Gefährdung für sich oder das ungeborene Kind nicht in der Lage sind, leichte Arbeiten in einem zeitlichen Umfang von mindestens 15 Stunden wöchentlich auszuüben.

(3a) Erwerbsfähige Leistungsberechtigte, die Leistungen zur Sicherung des Lebensunterhalts nach dem SGB II (Grundsicherung für Arbeitsuchende – „Hartz IV") beantragt haben oder beziehen, sind arbeitsunfähig, wenn sie krankheitsbedingt nicht in der Lage sind, mindestens drei Stunden täglich zu arbeiten oder an einer Eingliederungsmaßnahme teilzunehmen.

(4) [1]Versicherte, bei denen nach Eintritt der Arbeitsunfähigkeit das Beschäftigungsverhältnis endet und die aktuell keinen anerkannten Ausbildungsberuf ausgeübt haben (An- oder Ungelernte), sind nur dann arbeitsunfähig, wenn sie die letzte oder eine ähnliche Tätigkeit nicht mehr oder nur unter der Gefahr der Verschlimmerung der Erkrankung ausüben können. [2]Die Krankenkasse informiert die Vertragsärztin oder den Vertragsarzt über das Ende der Beschäftigung und darüber, dass die Arbeitnehmerin oder der Arbeitnehmer an- oder ungelernt ist, und nennt ähnlich geartete Tätigkeiten. [3]Beginnt während der Arbeitsunfähigkeit ein neues Beschäftigungsverhältnis, so beurteilt sich die Arbeitsunfähigkeit ab diesem Zeitpunkt nach dem Anforderungsprofil des neuen Arbeitsplatzes.

(5) [1]Die Beurteilung der Arbeitsunfähigkeit setzt die Befragung der oder des Versicherten durch die Vertragsärztin oder den Vertragsarzt zur aktuell ausgeübten Tätigkeit und den damit verbundenen Anforderungen und Belastungen voraus. [2]Das Ergebnis der Befragung ist bei der Beurteilung von Grund und Dauer der Arbeitsunfähigkeit zu berücksichtigen. [3]Zwischen der Krankheit und der dadurch bedingten Unfähigkeit zur Fortsetzung der ausgeübten Tätigkeit muss ein kausaler Zusammenhang erkennbar sein. [4]Bei Arbeitslosen bezieht sich die Befragung auch auf den zeitlichen Umfang, für den die oder der Versicherte sich der Agentur für Arbeit zur Vermittlung zur Verfügung gestellt hat.

(6) Rentnerinnen und Rentner können, wenn sie eine Erwerbstätigkeit ausüben, arbeitsunfähig nach Maßgabe dieser Richtlinien sein.

(7) Für körperlich, geistig oder seelisch behinderte Menschen, die in Werkstätten für behinderte Menschen oder in Blindenwerkstätten beschäftigt werden, gelten diese Richtlinien entsprechend.

(8) Diese Richtlinie gilt entsprechend für die Feststellung der Arbeitsunfähigkeit versicherter sowie nicht gesetzlich krankenversicherter Personen aufgrund einer im Rahmen des Transplantationsgesetzes erfolgenden Spende von Organen und Gewerben oder einer im Rahmen des Transfusionsgesetzes erfolgenden Spende von Blutstammzellen.

(9) [1]Für die Feststellung der Arbeitsunfähigkeit bei Durchführung medizinischer Maßnahmen zur Herbeiführung einer Schwangerschaft gilt diese Richtlinie entsprechend. [2]Sie gilt auch bei einer durch Krankheit erforderlichen Sterilisation oder einem unter den Voraussetzungen des § 218a Absatz 1 StGB vorgenommenem Abbruch der Schwangerschaft (Beratungsregelung).

(10) [1]Ist eine Dialysebehandlung lediglich während der vereinbarten Arbeitszeit möglich, besteht für deren Dauer, die Zeit der Anfahrt zur Dialyseeinrichtung und für die nach der Dialyse erforderliche Ruhezeit Arbeitsunfähigkeit. [2]Dasselbe gilt für andere extrakorporale Ahereseverfahren. [3]Die Bescheinigung für im Voraus feststehende Termine soll in Absprache mit der oder dem Versicherten in einer für deren oder dessen Belange zweckmäßigen Form erfolgen.

(11) Ist ein für die Ausübung der Tätigkeit oder das Erreichen des Arbeitsplatzes erforderliches Hilfsmittel (z. B. Körperersatzstück) defekt, besteht Arbeitsunfähigkeit so lange, bis die Reparatur des Hilfsmittels beendet oder ein Ersatz des defekten Hilfsmittels erfolgt ist.

§ 3 Ausnahmetatbestände

(1) Arbeitsunfähigkeit besteht nicht, wenn andere Gründe als die in § 2 genannten Gründe Ursache für die Arbeitsverhinderung der oder des Versicherten sind.

(2) Arbeitsunfähigkeit liegt insbesondere nicht vor

- bei Beaufsichtigung, Betreuung oder Pflege eines erkrankten Kindes. Die Bescheinigung hierfür hat auf dem vereinbarten Vordruck (Muster Nummer 21) zu erfolgen, der der Arbeitgeberin oder dem Arbeitgeber vorzulegen ist und zur Vorlage bei der Krankenkasse zum Bezug von Krankengeld ohne bestehende Arbeitsunfähigkeit der oder des Versicherten berechtigt,

- für Zeiten, in denen ärztliche Behandlungen zu diagnostischen oder therapeutischen Zwecken (z. B. im Rahmen von Früherkennungsuntersuchungen) stattfinden; dies gilt nicht, wenn die ärztliche Behandlung selbst zu einer Arbeitsunfähigkeit führt,
- bei Inanspruchnahme von Heilmitteln (z. B. physikalisch-medizinische Therapie),
- bei Teilnahme an ergänzenden Leistungen zur Rehabilitation oder rehabilitativen Leistungen anderer Art (Koronarsportgruppen u. a.),
- bei Durchführung von ambulanten und stationären Vorsorge- und Rehabilitationsleistungen, es sei denn, vor Beginn der Leistung bestand bereits Arbeitsunfähigkeit und diese besteht fort oder die Arbeitsunfähigkeit wird durch eine interkurrente Erkrankung ausgelöst,
- wenn Beschäftigungsverbote nach dem Infektionsschutzgesetz oder dem Mutterschutzgesetz (Zeugnis nach § 16 Absatz 1 MuSchG) ausgesprochen wurden; dies gilt nicht bei Vorliegen der Voraussetzungen nach § 2 Absatz 3 Satz 3 der Richtlinie,
- bei kosmetischen und anderen Operationen ohne krankheitsbedingten Hintergrund und ohne Komplikationen,
- bei einer nicht durch Krankheit bedingten Sterilisation (Verweis auf § 5 Absatz 6 der Richtlinie) oder
- wenn Beschäftigte kurzzeitig der Arbeit fernbleiben, weil dies erforderlich ist, um für einen pflegebedürftigen nahen Angehörigen in einer akut aufgetretenen Pflegesituation eine bedarfsgerechte Pflege zu organisieren oder eine pflegerische Versorgung in dieser Zeit sicherzustellen (kurzzeitige Arbeitsverhinderung gemäß § 2 PflegeZG).

§ 4 Verfahren zur Feststellung der Arbeitsunfähigkeit

(1) Bei der Feststellung der Arbeitsunfähigkeit sind körperlicher, geistiger und seelischer Gesundheitszustand der oder des Versicherten gleichermaßen zu berücksichtigen.

(2) Die ärztlich festgestellte Arbeitsunfähigkeit ist Voraussetzung für den Anspruch auf Entgeltfortzahlung und für den Anspruch auf Krankengeld.

(3) [1]Die Vertragsärztin oder der Vertragsarzt teilt der Krankenkasse auf Anforderung in der Regel innerhalb von drei Werktagen weitere Informationen auf den vereinbarten Vordrucken mit. [2]Derartige Anfragen seitens der Krankenkasse sind in der Regel frühestens nach einer kumulativen Zeitdauer der Arbeitsunfähigkeit von 21 Tagen

zulässig. [3]Soweit erforderlich dürfen dabei folgende Angaben erhoben werden:

1. die die Arbeitsunfähigkeit auslösenden Diagnosen, insbesondere durch Nennung der ICD-10-Codes,
2. Art und Umfang der Berufstätigkeit, die bis zum Beginn der Arbeitsunfähigkeit ausgeübt wurde,
3. bei Empfängern von Leistungen nach dem Dritten Buch Sozialgesetzbuch der zeitliche Umfang, für den die oder der Versicherte unter Berücksichtigung der Regelung nach § 2 Absatz 3 zur Arbeitsvermittlung zur Verfügung steht und
4. die weiteren diagnostischen, therapeutischen und rehabilitativen Maßnahmen, die in Bezug auf die die Arbeitsunfähigkeit auslösenden Diagnosen vorgesehen oder bereits eingeleitet sind; hierzu zählt auch die Angabe, ob eine Überweisung zur fachärztlichen Mitbehandlung ausgestellt wurde und wenn ja, zu welcher Fachrichtung.

(4) Sofern – abweichend von der Feststellung im Entlassungsbericht der Rehabilitationseinrichtung – weiterhin Arbeitsunfähigkeit attestiert wird, ist dies zu begründen.

(5) [1]Die Feststellung der Arbeitsunfähigkeit darf nur auf Grund einer ärztlichen Untersuchung erfolgen. [2]Diese erfolgt unmittelbar persönlich oder mittelbar persönlich im Rahmen einer Videosprechstunde oder nach telefonischer Anamnese nach Maßgabe von Absatz 5a. [3]Eine Feststellung der Arbeitsunfähigkeit auf Grund einer mittelbar persönlichen Untersuchung im Rahmen einer Videosprechstunde kann nur erfolgen, wenn die Erkrankung dies nicht ausschließt. [4]Im Fall einer Videosprechstunde soll die erstmalige Feststellung der Arbeitsunfähigkeit für Versicherte, die der Vertragsärztin oder dem Vertragsarzt oder einer anderen Vertragsärztin oder einem anderen Vertragsarzt derselben Berufsausübungsgemeinschaft aufgrund früherer Behandlung nicht unmittelbar persönlich bekannt sind, über einen Zeitraum von bis zu drei Kalendertagen nicht hinausgehen. [5]Sind Versicherte der Vertragsärztin oder dem Vertragsarzt oder einer anderen Vertragsärztin oder einem anderen Vertragsarzt derselben Berufsausübungsgemeinschaft aufgrund früherer Behandlung hingegen unmittelbar persönlich bekannt, kann eine erstmalige Feststellung der Arbeitsunfähigkeit im Rahmen einer Videosprechstunde für einen Zeitraum von bis zu sieben Kalendertagen erfolgen. [6]Die Feststellung des Fortbestehens der Arbeitsunfähigkeit im Rahmen der Videosprechstunde soll nur erfolgen, wenn bei der oder dem Versicherten bereits zuvor aufgrund unmittelbar persönlicher Untersuchung durch die Vertrags-

ärztin oder den Vertragsarzt Arbeitsunfähigkeit wegen derselben Krankheit festgestellt worden ist. [7]Sofern der Vertragsärztin oder dem Vertragsarzt eine hinreichend sichere Beurteilung der Arbeitsunfähigkeit im Rahmen der Videosprechstunde nicht möglich ist, ist von einer Feststellung der Arbeitsunfähigkeit im Rahmen der Videosprechstunde abzusehen und auf die Erforderlichkeit einer unmittelbar persönlichen Untersuchung durch eine Vertragsärztin oder einen Vertragsarzt zu verweisen. [8]Die oder der Versicherte ist im Vorfeld der Videosprechstunde über die eingeschränkten Möglichkeiten der Befunderhebung zum Zweck der Feststellung der Arbeitsunfähigkeit im Rahmen der Videosprechstunde aufzuklären. [9]Ein Anspruch auf die Feststellung der Arbeitsunfähigkeit im Rahmen der Videosprechstunde besteht nicht. [10]Die Vertragsärztin oder der Vertragsarzt hat dabei die Authentifizierung der oder des Versicherten sicherzustellen.

(5a) [1]Sofern die Feststellung der Arbeitsunfähigkeit im Rahmen einer Videosprechstunde nicht möglich ist, kann diese bei Versicherten mit Erkrankungen, die keine schwere Symptomatik vorweisen, entsprechend der Vorgaben nach Absatz 5 auch nach telefonischer Anamnese mit der Maßgabe erfolgen, dass die erstmalige Feststellung der Arbeitsunfähigkeit über einen Zeitraum von bis zu fünf Kalendertagen nicht hinausgehen soll. [2]Dies gilt nicht für Versicherte nach Absatz 5 Satz 4.

(6) Unterliegen Beschäftigte einer öffentlich-rechtlichen Pflicht zur Absonderung oder besteht eine öffentlichrechtliche Empfehlung zur Absonderung, gilt Absatz 5 mit der Maßgabe, dass sowohl die erstmalige Feststellung als auch die Feststellung des Fortbestehens der Arbeitsunfähigkeit auf Grundlage einer eingehenden telefonischen Befragung jeweils für Zeiträume von bis zu sieben Kalendertagen erfolgen kann, längstens jedoch bis zum Ablauf des Zeitraums der öffentlich-rechtlichen Pflicht oder Empfehlung zur Absonderung.

§ 4a Feststellung der Arbeitsunfähigkeit im Rahmen des Entlassmanagements

[1]Soweit es für die Versorgung der oder des Versicherten unmittelbar nach der Entlassung aus dem Krankenhaus erforderlich ist, kann das Krankenhaus (die Krankenhausärztin oder der Krankenhausarzt) im Rahmen des Entlassmanagements wie eine Vertragsärztin oder ein Vertragsarzt Arbeitsunfähigkeit für einen Zeitraum von bis zu sieben Kalendertagen nach der Entlassung entsprechend dieser Richtlinie feststellen. [2]Die Krankenhausärztin oder der Krankenhausarzt hat in geeigneter Weise im Rahmen des Entlassmanagements rechtzeitig die weiterbehandelnde Vertragsärztin oder den weiterbehandelnden

Vertragsarzt über die Feststellung der Arbeitsunfähigkeit zu informieren. [3]§ 11 Absatz 4 SGB V bleibt unberührt. [4]Die Regelungen der Sätze 1 bis 3 gelten entsprechend für die stationsäquivalente psychiatrische Behandlung sowie für Ärztinnen und Ärzte in Einrichtungen der medizinischen Rehabilitation bei Leistungen nach den §§ 40 Absatz 2 und 41 SGB V.

§ 5 Bescheinigung der Arbeitsunfähigkeit

(1) [1]Die Attestierung der Arbeitsunfähigkeit erfolgt auf dem dafür vorgesehenen Vordruck (Arbeitsunfähigkeitsbescheinigung). [2]Die Übermittlung der Ausfertigung für die Krankenkassen erfolgt ab dem 1. Januar 2021 durch ein elektronisches Verfahren. [3]Die Attestierung einer Arbeitsunfähigkeit (Erst- und Folgebescheinigung) darf nur von Vertragsärztinnen und Vertragsärzten oder deren persönlicher Vertretung vorgenommen werden sowie in den Fällen des § 4a auch von Krankenhausärztinnen und Krankenhausärzten oder Ärztinnen und Ärzten in Einrichtungen der medizinischen Rehabilitation. [4]Auf der Arbeitsunfähigkeitsbescheinigung sind alle die Diagnosen anzugeben, die aktuell vorliegen und die attestierte Dauer der Arbeitsunfähigkeit begründen (§ 295 SGB V). [5]Symptome (z. B. Fieber, Übelkeit) sind nach spätestens sieben Tagen durch eine Diagnose oder Verdachtsdiagnose auszutauschen. [6]Die Arbeitsunfähigkeitsbescheinigung muss erkennen lassen, ob es sich um eine Erst- oder Folgebescheinigung handelt. [7]Eine Erstbescheinigung ist auszustellen, wenn die Arbeitsunfähigkeit erstmalig festgestellt wird.

(2) [1]Dauert die Arbeitsunfähigkeit länger als in der Erstbescheinigung angegeben, ist nach Prüfung der aktuellen Verhältnisse eine Folgebescheinigung auszustellen. [2]Folgen zwei getrennte Arbeitsunfähigkeitszeiten mit unterschiedlichen Diagnosen unmittelbar aufeinander, dann ist für die zweite Arbeitsunfähigkeit eine Erstbescheinigung auszustellen. [3]Hat nach dem Ende einer Arbeitsunfähigkeit Arbeitsfähigkeit bestanden, wenn auch nur kurzfristig, ist eine Erstbescheinigung auszustellen. [4]Dies gilt auch dann, wenn eine neue Arbeitsunfähigkeit am Tag nach dem Ende der vorherigen Arbeitsunfähigkeit beginnt.

(3) [1]Die Arbeitsunfähigkeit soll für eine vor der ersten ärztlichen Inanspruchnahme liegende Zeit grundsätzlich nicht bescheinigt werden. [2]Eine Rückdatierung des Beginns der Arbeitsunfähigkeit auf einen vor dem Behandlungsbeginn liegenden Tag ist ebenso wie eine rückwirkende Bescheinigung über das Fortbestehen der Arbeitsunfähigkeit nur ausnahmsweise und nur nach gewissenhafter Prüfung und in der Regel nur bis zu drei Tagen zulässig. [3]Erscheinen Versicherte entgegen ärztlicher Aufforderung ohne triftigen Grund nicht zum vereinbarten

Folgetermin oder nehmen einen Termin für eine erneute Videosprechstunde nicht wie vereinbart wahr, kann eine rückwirkende Bescheinigung der Arbeitsunfähigkeit versagt werden. [4]In diesem Fall ist von einer erneuten Arbeitsunfähigkeit auszugehen, die durch eine Erstbescheinigung zu attestieren ist. [5]Die Voraussetzung für das Fortbestehen einer lückenlosen Arbeitsunfähigkeit für die Beurteilung eines Anspruchs auf Krankengeld ist, dass die ärztliche Feststellung der weiteren Arbeitsunfähigkeit wegen derselben Krankheit spätestens am nächsten Werktag nach dem zuletzt bescheinigten Ende der Arbeitsunfähigkeit erfolgt; Samstage gelten insoweit nicht als Werktage.

(4) [1]Die voraussichtliche Dauer der Arbeitsunfähigkeit soll nicht für einen mehr als zwei Wochen im Voraus liegenden Zeitraum bescheinigt werden. [2]Ist es auf Grund der Erkrankung oder eines besonderen Krankheitsverlaufs sachgerecht, kann die Arbeitsunfähigkeit bis zur voraussichtlichen Dauer von einem Monat bescheinigt werden. [3]Kann zum Zeitpunkt der Bescheinigung der Arbeitsunfähigkeit bereits eingeschätzt werden, dass die Arbeitsunfähigkeit mit Ablauf des bescheinigten Zeitraums enden wird oder tatsächlich geendet hat, ist die Arbeitsunfähigkeitsbescheinigung als Endbescheinigung zu kennzeichnen.

(5) Besteht an arbeitsfreien Tagen Arbeitsunfähigkeit, z. B. an Samstagen, Sonntagen, Feiertagen, Urlaubstagen oder an arbeitsfreien Tagen auf Grund einer flexiblen Arbeitszeitregelung (sogenannte „Brückentage"), ist sie auch für diese Tage zu bescheinigen.

(6) Bei einer nicht durch Krankheit erforderlichen Sterilisation ist eine Arbeitsunfähigkeitsbescheinigung ausschließlich für Zwecke der Entgeltfortzahlung erforderlich.

(7) [1]Liegen ärztlicherseits Hinweise auf (z. B. arbeitsplatzbezogene) Schwierigkeiten für die weitere Beschäftigung der oder des Versicherten vor, sind diese der Krankenkasse in der Arbeitsunfähigkeitsbescheinigung mitzuteilen (Verweis auf § 6 Absatz 4 der Richtlinie). [2]Bei Feststellung oder Verdacht des Vorliegens eines Versicherungsfalles nach § 7 SGB VII (Arbeitsunfall, Berufskrankheit oder Gesundheitsschaden z. B. im Zusammenhang mit der Spende von Organen oder Geweben im Sinne von § 12a SGB VII), eines Versorgungsleidens, eines sonstigen Unfalls oder bei Vorliegen von Hinweisen auf Gewaltanwendung oder dritt verursachte Gesundheitsschäden ist gemäß § 294a SGB V auf der Arbeitsunfähigkeitsbescheinigung ein entsprechender Vermerk anzubringen

II

§ 6 Zusammenwirken mit anderen Einrichtungen

(1) [1]Die Vertragsärztin oder der Vertragsarzt übermittelt dem Medizinischen Dienst auf Anfrage in der Regel innerhalb von drei Werktagen die Auskünfte und krankheitsspezifischen Unterlagen, die dieser im Zusammenhang mit der Arbeitsunfähigkeit zur Durchführung seiner gesetzlichen Aufgaben benötigt. [2]Sofern vertraglich für diese Auskunftserteilung Vordrucke vereinbart worden sind, sind diese zu verwenden.

(2) [1]Das Gutachten des Medizinischen Dienstes ist grundsätzlich verbindlich. [2]Bestehen zwischen der Vertragsärztin oder dem Vertragsarzt und dem Medizinischen Dienst Meinungsverschiedenheiten, kann die Vertragsärztin oder der Vertragsarzt unter schriftlicher Darlegung von Gründen bei der Krankenkasse eine erneute Entscheidung auf der Basis eines Zweitgutachtens beantragen. [3]Sofern von dieser Möglichkeit Gebrauch gemacht wird, ist dieser Antrag unverzüglich nach Kenntnisnahme der abweichenden Beurteilung des Medizinischen Dienstes zu stellen.

(3) Bei Feststellung oder Verdacht des Vorliegens eines Arbeitsunfalls ist der Versicherte unverzüglich einer Ärztin oder einem Arzt mit Zulassung zur berufsgenossenschaftlichen Heilbehandlung vorzustellen.

(4) Können Versicherte nach ärztlicher Beurteilung die ausgeübte Tätigkeit nicht mehr ohne nachteilige Folgen für ihre Gesundheit oder den Gesundungsprozess verrichten, kann die Krankenkasse mit Zustimmung der oder des Versicherten beim Arbeitgeber die Prüfung anregen, ob eine für den Gesundheitszustand der oder des Versicherten unbedenkliche Tätigkeit bei demselben Arbeitgeber möglich ist.

§ 7 Stufenweise Wiedereingliederung

(1) [1]Bei der Feststellung, ob eine stufenweise Wiedereingliederung gemäß § 74 SGB V und § 44 SGB IX empfohlen werden kann, sind körperlicher, geistiger und seelischer Gesundheitszustand der oder des Versicherten gleichermaßen zu berücksichtigen. [2]Deshalb darf diese Feststellung nur aufgrund ärztlicher Untersuchung erfolgen. [3]Die Empfehlungen zur Umsetzung der stufenweisen Wiedereingliederung in der Anlage dieser Richtlinie sind zu beachten.

(2) Die Feststellung nach Absatz 1 hat spätestens ab einer Dauer der Arbeitsunfähigkeit von sechs Wochen im Zusammenhang mit jeder Bescheinigung der Arbeitsunfähigkeit gemäß § 5 zu erfolgen.

(3) [1]Von einer Feststellung nach Absatz 1 ist abzusehen, sofern durch die Teilnahme an einer Maßnahme der stufenweisen Wiedereinglie-

derung für den Genesungsprozess der oder des Versicherten nachteilige gesundheitliche Folgen erwachsen können. [2]Gleiches gilt, sofern Versicherte eine stufenweise Wiederaufnahme ihrer Tätigkeit ablehnen.

(4) Eine Feststellung nach Absatz 1 erfolgt nicht im Rahmen des Entlassmanagements nach § 4a.

Anlage

Empfehlungen zur Umsetzung der stufenweisen Wiedereingliederung

II

1. Bei Arbeitsunfähigkeit kann eine Rückkehr an den Arbeitsplatz auch bei weiterhin notwendiger Behandlung sowohl betrieblich möglich als auch aus therapeutischen Gründen angezeigt sein. Über den Weg der stufenweisen Wiedereingliederung werden Arbeitnehmerinnen und Arbeitnehmer individuell, d. h. je nach Krankheit und bisheriger Arbeitsunfähigkeitsdauer schonend, aber kontinuierlich bei fortbestehender Arbeitsunfähigkeit an die Belastungen ihres Arbeitsplatzes herangeführt. Die Arbeitnehmerinnen und Arbeitnehmer erhalten damit die Möglichkeit, ihre Belastbarkeit entsprechend dem Stand der wiedererreichten körperlichen, geistigen und seelischen Leistungsfähigkeit zu steigern. Dabei sollte die Wiedereingliederungsphase in der Regel einen Zeitraum von sechs Monaten nicht überschreiten.
2. Die stufenweise Wiedereingliederung erfordert eine vertrauensvolle Zusammenarbeit zwischen der oder dem Versicherten, der behandelnden Vertragsärztin oder dem behandelnden Vertragsarzt, der Arbeitgeberin oder dem Arbeitgeber, der Arbeitnehmervertretung, der Betriebsärztin oder dem Betriebsarzt, der Krankenkasse sowie ggf. dem Medizinischen Dienst und dem Rehabilitationsträger auf der Basis der von der behandelnden Vertragsärztin oder vom behandelnden Vertragsarzt unter Beachtung der Schweigepflicht gegebenen Empfehlungen zur vorübergehenden Einschränkung der quantitativen oder qualitativen Belastung der oder des Versicherten durch die in der Wiedereingliederungsphase ausgeübte berufliche Tätigkeit. Eine standardisierte Betrachtungsweise ist nicht möglich, sodass der zwischen allen Beteiligten einvernehmlich zu findenden Lösung unter angemessener Berücksichtigung der Umstände im Einzelfall maßgebliche Bedeutung zukommt. Die Vertragsärztin oder der Vertragsarzt kann – mit Zustimmung der oder des Versicherten – von der Betriebsärztin oder vom Betriebsarzt, vom Betrieb oder über die Krankenkasse eine Beschreibung über die Anforderungen der Tätigkeit der oder des Versicherten anfordern.
3. Die infolge der krankheitsbedingten Einschränkung der Leistungsfähigkeit zu vermeidenden arbeitsbedingten Belastungen sind von der behandelnden Vertragsärztin oder vom behandelnden Vertragsarzt zu definieren. Die Vertragsärztin oder der Vertragsarzt kann der Krankenkasse einen Vorschlag unterbreiten, der die

quantitativen und qualitativen Anforderungen einer Tätigkeit beschreibt, die aufgrund der krankheitsbedingten Leistungseinschränkung noch möglich sind. Ist die Begrenzung der Belastung der oder des Versicherten durch vorübergehende Verkürzung der täglichen Arbeitszeit medizinisch angezeigt, kann auch dies eine geeignete Maßnahme zur stufenweisen Wiedereingliederung sein.

II

4. Eine stufenweise Wiedereingliederung an Arbeitsplätzen, für welche die Verordnung zur arbeitsmedizinischen Vorsorge (ArbMedVV) in der Fassung vom 23. Oktober 2013 Anwendung findet, kann grundsätzlich nur mit Zustimmung der Betriebsärztin oder des Betriebsarztes erfolgen. Ausgenommen davon bleiben die Fälle, bei denen feststeht, dass die am Arbeitsplatz vorliegende spezifische Belastung keine nachteiligen Auswirkungen auf den Gesundungsprozess des Betroffenen selbst oder Unfall- oder Gesundheitsgefahren für ihn selbst oder Dritte mit sich bringen kann.
5. Während der Phase der stufenweisen Wiedereingliederung sind Versicherte in regelmäßigen Abständen von der behandelnden Vertragsärztin oder vom behandelnden Vertragsarzt auf die gesundheitlichen Auswirkungen zu untersuchen. Ergeben die regelmäßigen Untersuchungen eine Steigerung der Belastbarkeit, ist eine Anpassung der stufenweisen Wiedereingliederung vorzunehmen. Stellt sich während der Phase der Wiedereingliederung heraus, dass für die Versicherten nachteilige gesundheitliche Folgen erwachsen können, ist eine Anpassung an die Belastungseinschränkungen vorzunehmen oder die Wiedereingliederung abzubrechen. Ergibt sich während der stufenweisen Wiedereingliederung, dass die bisherige Tätigkeit auf Dauer krankheitsbedingt nicht mehr in dem Umfang wie vor der Arbeitsunfähigkeit aufgenommen werden kann, so ist hierüber die Krankenkasse unverzüglich schriftlich zu informieren.
6. Erklärt die Arbeitgeberin oder der Arbeitgeber, dass es nicht möglich ist, die Versicherte oder den Versicherten zu beschäftigen, ist die stufenweise Wiedereingliederung nicht durchführbar.
7. Alle Änderungen des vereinbarten Ablaufs der Wiedereingliederung sind den Beteiligten unverzüglich mitzuteilen.
8. Voraussetzung für die stufenweise Wiedereingliederung ist die Einverständniserklärung der oder des Versicherten auf dem vereinbarten Vordruck. Auf diesem hat die Vertragsärztin oder der Vertragsarzt die tägliche Arbeitszeit und diejenigen Tätigkeiten anzugeben, die die oder der Versicherte während der Phase der

Wiedereingliederung ausüben kann bzw. denen sie oder er nicht ausgesetzt werden darf. Die Arbeitgeberin oder der Arbeitgeber soll eine ablehnende Stellungnahme nach Nummer 6 der Anlage dieser Richtlinie ebenfalls auf dem Vordruck bescheinigen.

§ 23 Besondere Zahlungen

(1) [1]Nach Maßgabe des Vermögensbildungsgesetzes in seiner jeweiligen Fassung haben Beschäftigte, deren Arbeitsverhältnis voraussichtlich mindestens sechs Monate dauert, einen Anspruch auf vermögenswirksame Leistungen. [2]Für Vollbeschäftigte beträgt die vermögenswirksame Leistung für jeden vollen Kalendermonat 6,65 Euro. [3]Der Anspruch entsteht frühestens für den Kalendermonat, in dem die/der Beschäftigte dem Arbeitgeber die erforderlichen Angaben schriftlich mitteilt, und für die beiden vorangegangenen Monate desselben Kalenderjahres; die Fälligkeit tritt nicht vor acht Wochen nach Zugang der Mitteilung beim Arbeitgeber ein. [4]Die vermögenswirksame Leistung wird nur für Kalendermonate gewährt, für die den Beschäftigten Tabellenentgelt, Entgeltfortzahlung oder Krankengeldzuschuss zusteht. [5]Für Zeiten, für die Krankengeldzuschuss zusteht, ist die vermögenswirksame Leistung Teil des Krankengeldzuschusses. [6]Die vermögenswirksame Leistung ist kein zusatzversorgungspflichtiges Entgelt.

Protokollerklärung zu Absatz 1 Satz 2:

Im Bereich der VKA beträgt die vermögenswirksame Leistung für Vollbeschäftigte für jeden vollen Kalendermonat mindestens 6,65 Euro.

(2) [1]Beschäftigte erhalten ein Jubiläumsgeld bei Vollendung einer Beschäftigungszeit (§ 34 Abs. 3)

a) von 25 Jahren in Höhe von 350 Euro,

b) von 40 Jahren in Höhe von 500 Euro.

[2]Teilzeitbeschäftigte erhalten das Jubiläumsgeld in voller Höhe. [3]Im Bereich der VKA können durch Betriebs-/Dienstvereinbarung günstigere Regelungen getroffen werden.

(3) [1]Beim Tod von Beschäftigten, deren Arbeitsverhältnis nicht geruht hat, wird der Ehegattin/dem Ehegatten oder der Lebenspartnerin/dem Lebenspartner im Sinne des Lebenspartnerschaftsgesetzes oder den Kindern ein Sterbegeld gewährt. [2]Als Sterbegeld wird für die restlichen Tage des Sterbemonats und – in einer Summe – für zwei weitere Monate das Tabellenentgelt der/des Verstorbenen gezahlt. [3]Die Zahlung des Sterbegeldes an einen der Berechtigten bringt den Anspruch der Übrigen gegenüber dem Arbeitgeber zum Erlöschen; die Zahlung auf das Gehaltskonto hat befreiende Wirkung. [4]Für den Bereich der VKA können betrieblich eigene Regelungen getroffen werden.

Erläuterungen

§ 23 TVöD trifft Regelungen über „Besondere Zahlungen". Dies sind vermögenswirksame Leistungen (Absatz 1), Jubiläumsgeld (Absatz 2) und Sterbegeld (Absatz 3). Diese Tatbestände waren bislang in § 39 (Jubiläumsgeld), § 41 (Sterbegeld) BAT bzw. den vergleichbaren Vorschriften der Manteltarifverträge für Arbeiter geregelt. Die Anspruchsgrundlagen und Verfahrensgrundsätze zur Zahlung vermögenswirksamer Leistungen waren bislang in eigenständigen, in ihrem Kern an das

Fünfte Vermögensbildungsgesetz angelehnten Tarifverträgen (z. B. Tarifvertrag über vermögenswirksame Leistungen an Angestellte vom 17. Dezember 1970) geregelt worden und sind nun in den TVöD einbezogen worden.

Auf die abweichenden Sonderregelungen in § 45 (Bund) des Besonderen Teils Verwaltung[1]) wird hingewiesen.

Vermögenswirksame Leistungen (Abs. 1)

Wie in der Einleitung bereits dargestellt, sind die Vorschriften über vermögenswirksame Leistungen nun in den TVöD einbezogen worden.

Da die Regelung recht kurz gehalten ist, richten sich Einzelheiten weitgehend nach dem Fünften Vermögensbildungsgesetz (s. o.). An den bisherigen Grundsätzen ändert sich aber im Wesentlichen nichts. Wie bisher beträgt die Leistung des Arbeitgebers 6,65 Euro monatlich für Vollbeschäftigte. Im Zuge der Tarifrunde 2020 wurde mit Wirkung vom 1. September 2020 für den Bereich der VKA vereinbart, dass es sich bei dem Monatsbetrag von 6,65 Euro um einen Mindestbetrag handelt. Im kommunalen Bereich darf somit auch mehr gezahlt werden. Dieser Betrag reduziert sich bei Teilzeitkräften entsprechend dem Verhältnis ihrer Arbeitszeit zur Arbeitszeit eines Vollbeschäftigten (→ § 23 Abs. 1 Satz 2 i. V. m. § 24 Abs. 2). Die vermögenswirksame Leistung ist weiterhin kein zusatzversorgungspflichtiges Entgelt (§ 23 Abs. 1 Satz 6).

Wegen der abweichenden Vereinbarung für Beschäftigte und Auszubildende der Sparkassen → § 49 des Besonderen Teils Sparkassen.

Jubiläumsgeld (Abs. 2)

Absatz 2 bestimmt, dass der Beschäftigte nach langjähriger (nämlich 25-jähriger und 40-jähriger Beschäftigungszeit) ein Jubiläumsgeld von 350 bzw. 500 Euro erhält. Ein Jubiläumsgeld nach 50-jähriger Beschäftigungszeit ist tarifvertraglich nicht mehr vorgesehen.

Der Begriff der Beschäftigungszeit ist in § 34 Abs. 3 definiert. Hinsichtlich der im „alten Recht" absolvierten Zeiten ist aber § 14 Abs. 2 TVÜ-Bund/TVÜ-VKA[2]) zu beachten. Dort ist bestimmt, dass für die Festsetzung des Jubiläumsgeldes nach den Vorschriften des TVöD nach altem Recht anerkannte Dienst- (BAT), Beschäftigungs- (BAT-O und MTArb-O) bzw. Jubiläumszeiten (MTArb) berücksichtigt werden.

---

1) abgedruckt unter **215**

2) TVÜ-Bund abgedruckt unter **270**

Die vereinbarten Beträge gelten ungekürzt auch für Nichtvollbeschäftigte (Satz 2). Die Tarifpartner haben in diesem Punkt der zu § 39 BAT ergangenen Rechtsprechung Rechnung getragen (siehe Urteil des BAG vom 22. Mai 1996 – 10 AZR 618/95, AP Nr. 1 zu § 39 BAT).

II

Das Jubiläumsgeld ist steuer- und sozialversicherungspflichtiger Arbeitslohn. Es ist jedoch gemäß Nr. 9 der Anlage 3 zum ATV bzw. Buchstabe f der Anlage 3 zum ATV-K[1]) kein zusatzversorgungspflichtiges Entgelt.

Sterbegeld (Abs. 3)

Die Vorschrift entspricht in ihrem Kern § 41 BAT und sieht vor, dass der hinterbliebene Ehegatte, der Lebenspartner nach dem Lebenspartnerschaftsgesetz bzw. die Kinder des verstorbenen, in einem nicht ruhenden Arbeitsverhältnis tätigen Beschäftigten ein Sterbegeld erhalten.

Ob ein Arbeitsverhältnis im Sinne der Vorschrift „ruht", hängt nicht davon ab, ob Entgelt gezahlt wird, sondern davon, ob es aufgrund von tarifvertraglichen oder gesetzlichen Regelungen förmlich zum Ruhen gebracht wurde. Während einer Erkrankung (auch nach Ablauf der Bezugsfristen für die Entgeltfortzahlung bzw. den Krankengeldzuschuss) oder der Beschäftigungsverbote nach dem Mutterschutzgesetz ruht das Arbeitsverhältnis ebenso wenig wie in Zeiten des Erholungsurlaubs, des „Abfeierns" von Überstunden, Gleitzeitguthaben o. ä. Hingegen bringen Sonderurlaub (z. B. zur Kinderbetreuung), Elternzeit nach dem BEEG oder eine befristete Rente i. S. d. § 33 Abs. 2 Satz 5 und 6 TVöD das Arbeitsverhältnis zum Ruhen.

Das Sterbegeld besteht aus dem restlichen Entgelt für den Sterbemonat und zwei weiteren Monatsentgelten des Verstorbenen. Bemessungsgrundlage für das Sterbegeld ist das Tabellenentgelt des § 15 TVöD, das nach Auffassung des Verfassers auch das Entgelt aus der individuellen Zwischen- bzw. Endstufe umfasst. In Fällen, in denen – ohne dass das Arbeitsverhältnis ruht – im Sterbemonat keine Entgeltzahlung erfolgte (z. B. wegen Ablauf der Bezugsfristen für die Entgeltfortzahlung bzw. den Krankengeldzuschuss) ist das Tabellenentgelt maßgebend, das bei Arbeitsleistung im Sterbemonat zugestanden hätte. Nicht in die Bemessungsgrundlage des Sterbegeldes gehören die sonstigen Entgeltbestandteile – insbesondere nicht die sogenannten unständigen Entgeltbestandteile für Überstunden, Bereitschaftsdienst, Wechselschichtzulagen etc.

---

[1]) ATV abgedruckt unter **710**

Auch nach dem In-Kraft-Treten des TVöD gibt es einige Zulagen, die ihre Rechtsgrundlage nicht im TVöD sondern in anderen noch geltenden Tarifverträgen haben. Diese Tarifverträge beinhalten zum Teil die ausdrückliche Einbeziehung der Zulagen in das Sterbegeld. Besonders zu nennen sind die Zulage nach dem RatSchTV (die nach § 6 Abs. 6 Unterabs. 2 in die Bemessungsgrundlage des Sterbegeldes gehört), die Ministerialzulage (sie gehört gem. § 3 TV über Zulagen an Angestellte bei obersten Bundesbehörden oder bei obersten Landesbehörden in die Bemessungsgrundlage) und die Sicherheitszulage (sie gehört nach § 4 des TV über Zulagen an Angestellte bei den Sicherheitsdiensten des Bundes in die Bemessungsgrundlage). Dass die alten Tariftexte noch § 41 BAT (statt § 23 Abs. 3 TVöD) zitieren, ist unschädlich – siehe § 2 Abs. 4 TVÜ-Bund. Im Bereich der Kommunen ist dieser Grundsatz nicht ausdrücklich im TVÜ-VKA vereinbart; nach Auffassung des Autors wird aber entsprechend zu verfahren sein.

Daneben gibt es noch weitere Zulagen aus der Vergütungsordnung zum BAT, die nach ihrem Wortlaut ebenfalls in die Bemessungsgrundlage für das Sterbegeld gehören. Siehe dazu zum Beispiel:

- bis 31. 12. 2013 Vorbemerkung Nr. 10 zu allen Vergütungsgruppen (Bund)
- bis 31. 12. 2013 Fußnote 1 des Teils II Abschn. P Unterabschn. II (Fernmeldebetriebsdienst/Bund)
- bis 31. 12. 2013 Protokollnotiz 1 des Teils II Abschn. G (Sozial- und Erziehungsdienst/Bund)
- Vorbemerkung Nr. 1 zu Teil III Abschn. A Unterabschn. V (Fremdsprachenassistenten/Bund); ab 1. 1. 2014 Vorbemerkung Nr. 1 zu Teile III Abschn. 16.1 der EntgO Bund
- ab 1. 1. 2014 Vorbemerkung Nr. 2 Abs. 2 zu Teil IV Abschn. 25.1 EntgO Bund
- ab 1. 1. 2014 Vorbemerkung zu Teil IV Abschn. 2.6 EntgO Bund
- Zulage nach den Protokollerklärungen Nr. 1 und 2 für Angestellte im Fernmeldedienst (VKA – Teil B Nr. VI der EntgO)
- Zulage nach der Protokollerklärung für Angestellte als Rettungsassistenten, Rettungssanitäter (VKA – Teil B Br. XIV 1. der EntgO).

Die Zahlung an einen der in Frage kommenden Angehörigen bringt den Anspruch weiterer Berechtigter ebenso zum Erlöschen wie die Zahlung auf das Gehaltskonto des Verstorbenen.

Im Bereich der VKA können eigene (abweichende) betriebliche Regelungen getroffen werden (Satz 4).

Wie bisher wird der allgemeine Rechtsgrundsatz, dass derjenige, der den Tod des Beschäftigten vorsätzlich herbeigeführt hat, keinen Anspruch auf Sterbegeld hat, zu beachten sein.

II

II

§ 24 Berechnung und Auszahlung des Entgelts

(1) [1]Bemessungszeitraum für das Tabellenentgelt und die sonstigen Entgeltbestandteile ist der Kalendermonat, soweit tarifvertraglich nicht ausdrücklich etwas Abweichendes geregelt ist. [2]Die Zahlung erfolgt am letzten Tag des Monats (Zahltag) für den laufenden Kalendermonat auf ein von der/dem Beschäftigten benanntes Konto innerhalb eines Mitgliedstaats der Europäischen Union. [3]Fällt der Zahltag auf einen Samstag, einen Wochenfeiertag oder den 31. Dezember, gilt der vorhergehende Werktag, fällt er auf einen Sonntag, gilt der zweite vorhergehende Werktag als Zahltag. [4]Entgeltbestandteile, die nicht in Monatsbeträgen festgelegt sind, sowie der Tagesdurchschnitt nach § 21 sind am Zahltag des zweiten Kalendermonats, der auf ihre Entstehung folgt, fällig.

Protokollerklärungen zu Absatz 1:

1. Teilen Beschäftigte ihrem Arbeitgeber die für eine kostenfreie bzw. kostengünstigere Überweisung in einen anderen Mitgliedstaat der Europäischen Union erforderlichen Angaben nicht rechtzeitig mit, so tragen sie die dadurch entstehenden zusätzlichen Überweisungskosten.
2. Soweit Arbeitgeber die Bezüge am 15. eines jeden Monats für den laufenden Monat zahlen, können sie jeweils im Dezember eines Kalenderjahres den Zahltag vom 15. auf den letzten Tag des Monats gemäß Absatz 1 Satz 1 verschieben.

(2)[1]) Soweit tarifvertraglich nicht ausdrücklich etwas anderes geregelt ist, gilt hinsichtlich des Tabellenentgelts (§ 15) und aller sonstigen Entgeltbestandteile Folgendes:

a) Teilzeitbeschäftigte erhalten diese Entgelte in dem Umfang, der dem Anteil ihrer individuell vereinbarten durchschnittlichen Arbeitszeit an der regelmäßigen Arbeitszeit vergleichbarer Vollbeschäftigter entspricht.

b) Beschäftigte mit einer erhöhten Arbeitszeit gemäß § 6 Abs. 1a erhalten diese Entgelte in dem Umfang, der ihrer individuell erhöhten regelmäßigen durchschnittlichen wöchentlichen Arbeitszeit gemäß § 6 Abs. 1a Satz 1 entspricht.

(3) [1]Besteht der Anspruch auf das Tabellenentgelt oder die sonstigen Entgeltbestandteile nicht für alle Tage eines Kalendermonats, wird nur der Teil gezahlt, der auf den Anspruchszeitraum entfällt. [2]Besteht nur für einen Teil eines Kalendertags Anspruch auf Entgelt, wird für jede geleistete dienstplanmäßige oder betriebsübliche Arbeitsstunde der auf eine Stunde entfallende Anteil des Tabellenentgelts sowie der sonstigen in Monatsbeträgen festgelegten Entgeltbestandteile gezahlt. [3]Zur Ermittlung des auf eine Stunde entfallenden Anteils sind die in Monatsbeträgen festgelegten Entgeltbestandteile durch das 4,348-fache der regelmäßigen wöchentlichen Arbeitszeit (§ 6 Abs. 1 und entsprechende Sonderregelungen) zu teilen.

---

[1]) **Absatz 2 wurde durch den Änderungstarifvertrag Nr. 22 vom 6. April 2025 geändert und gilt in vorstehend abgedruckter Fassung ab dem 1. Januar 2026.**
Bis zum 31. Dezember 2025 hatte Absatz 2 folgenden Wortlaut:
„(2) Soweit tarifvertraglich nicht ausdrücklich etwas anderes geregelt ist, erhalten Teilzeitbeschäftigte das Tabellenentgelt (§ 15) und alle sonstigen Entgeltbestandteile in dem Umfang, der dem Anteil ihrer individuell vereinbarten durchschnittlichen Arbeitszeit an der regelmäßigen Arbeitszeit vergleichbarer Vollzeitbeschäftigter entspricht."

(4) [1]Ergibt sich bei der Berechnung von Beträgen ein Bruchteil eines Cents von mindestens 0,5, ist er aufzurunden; ein Bruchteil von weniger als 0,5 ist abzurunden. [2]Zwischenrechnungen werden jeweils auf zwei Dezimalstellen durchgeführt. [3]Jeder Entgeltbestandteil ist einzeln zu runden.

(5) Entfallen die Voraussetzungen für eine Zulage im Laufe eines Kalendermonats, gilt Absatz 3 entsprechend.

(6) Einzelvertraglich können neben dem Tabellenentgelt zustehende Entgeltbestandteile (z. B. Zeitzuschläge, Erschwerniszuschläge) pauschaliert werden.

Erläuterungen

§ 24 TVöD trifft Regelungen zur Berechnung und Auszahlung des Entgelts. Dies war früher in den §§ 34 und 36 BAT bzw. den vergleichbaren Bestimmungen für Arbeiter geregelt.

Bemessungszeitraum, Zahlungstermin (Abs. 1)

Bemessungszeitraum für das Tabellenentgelt und die sonstigen Entgeltbestandteile ist nach Satz 1 der Vorschrift grundsätzlich der Kalendermonat, soweit nicht tarifvertraglich etwas Abweichendes bestimmt ist. Abweichende Regelungen enthalten beispielsweise § 8 (Ausgleich für Sonderformen der Arbeit) oder § 19 Abs. 4 (Erschwerniszuschläge), wonach Zuschläge stundenbezogen berechnet werden.

Zahltag ist grundsätzlich der letzte Tag des Monats (Satz 2). Entgeltbestandteile, die nicht in Monatsbeträgen festgelegt sind (z. B. die o. g. Zuschläge) und bestimmte, nach einem Tagesdurchschnitt fortzuzahlende Entgeltbestandteile (→ § 21 Abs. 1 Satz 2) sind jedoch erst am letzten des zweiten auf ihre Entstehung folgenden Kalendermonats fällig (Satz 3).

§ 24 Abs. 1 enthielt zunächst – im Gegensatz zu § 36 Abs. 1 Satz 3 BAT – keine Regelung darüber, wie zu verfahren ist, wenn der Zahltag auf einen Sonn-, Feier- oder Samstag fällt. Erst im Zuge des Änderungstarifvertrages Nr. 2 vom 31. März 2008 haben die Tarifpartner mit Wirkung vom 1. Juli 2008 mit Satz 3 n. F. wieder eine verbindliche Regelung getroffen, wonach in den Fällen in denen der Zahltag auf einen Samstag, den 31. Dezember oder einen Sonn- oder Feiertag fällt, der letzte bzw. im Falle des Sonntags der vorletzte davor liegende Werktag zum Zahltag wird. Da die Arbeitgeber in weiten Bereichen zuvor schon auf freiwilliger Basis so verfahren sind, dient diese neue Regelung weitgehend der Klarstellung bzw. der rechtlichen Absicherung der entsprechenden Verfahrensweise.

Nach der Protokollerklärung Nr. 2 zu Absatz 1 bleibt für Arbeitgeber, die noch nicht von der im Rahmen der Lohnrunde 2003 vereinbarten Verschiebung des Zahlungstermins vom 15. auf den letzten des Monats Gebrauch gemacht haben, diese Möglichkeit weiterhin erhalten. Von ihr kann jedoch nur im Monat Dezember Gebrauch gemacht werden. Der Bund hat den Zahlungstermin im Dezember 2006 umgestellt (RdSchr. d. BMI v. 15. August 2006, GMBl. S. 1151).

II

Die Zahlung hat unbar auf ein vom Beschäftigten benanntes Konto innerhalb der Europäischen Union zu erfolgen (Satz 2). Nach der Protokollerklärung Nr. 1 muss der Beschäftigte, der seinem Arbeitgeber nicht rechtzeitig die notwendigen Angaben für eine kostenfreie bzw. kostengünstige Überweisung in einen anderen EU-Staat mitteilt, die zusätzlichen Überweisungskosten tragen.

Zur Frage der Rückforderung überzahlten Entgelts wird auf das Rundschreiben des Bundesministerium des Innern vom 4. August 2021 hingewiesen.[1])

Vergütung bei Teilzeitbeschäftigung und bei Erhöhungsstunden (Abs. 2)[2])

Nach Absatz 2 erhalten Teilzeitbeschäftigte das Tabellenentgelt und die übrigen Entgeltbestandteile grundsätzlich nur anteilig – d. h. in dem Verhältnis ihrer individuell vereinbarten Arbeitszeit zur regelmäßigen Arbeitszeit eines vergleichbaren Vollbeschäftigten. Ausnahmen von diesem Grundsatz gelten nur, wenn tarifvertraglich etwas anderes vereinbart ist. Dies ist z. B. beim Jubiläumsgeld der Fall; denn in § 23 Abs. 2 Satz 2 haben die Tarifpartner ausdrücklich bestimmt, dass auch Teilzeitbeschäftigte ein volles Jubiläumsgeld erhalten.

Für die ab dem 1. Januar 2026 nach § 6 Abs. 1a zulässige freiwillige Erhöhung der Arbeitszeit wurde folgerichtig in Absatz 2 Buchst. b die Regelung aufgenommen, dass die Beschäftigten die Entgelte in dem Umfang erhalten, der ihrer individuellen erhöhten regelmäßigen durchschnittlichen wöchentlichen Arbeitszeit entspricht. Damit erfolgt die Berechnung spiegelbildlich zur Ermittlung des Entgeltes bei einer Teilzeitbeschäftigung. Zusätzlich erhalten die Beschäftigten Zuschläge für diese Erhöhungsstunden (siehe hierzu § 8 Abs. 7).

Vergütung für Bruchteile eines Monats (Abs. 3)

Satz 1 der Vorschrift regelt die Fälle, in denen nicht für alle Tage des Kalendermonats Anspruch auf das Tabellenentgelt und die sonstigen Entgeltbestandteile bestand (z. B. weil das Arbeitsverhältnis im Laufe des Monats beginnt oder endet). In diesen Fällen ist das Entgelt nur für den Anspruchszeitraum zu zahlen. Zur Berechnung sind dabei die Tage mit Entgeltanspruch in Relation zur Gesamtzahl der (Kalender-)Tage

---

1) abgedruckt als **Anhang 1**

2) siehe hierzu im Einzelnen auch das unter **165** abgedruckte BMI-Rundschreiben vom 22. Oktober 2025.

des Monats zu setzen. Je nach Monat stehen somit für den einzelnen Tag $^1/_{28}$, $^1/_{29}$, $^1/_{30}$ oder $^1/_{31}$ zu.

In Satz 2 und 3 ist geregelt, wie zu verfahren ist, wenn nicht für den gesamten Tag, sondern nur für einen Teil des Tages Anspruch auf Entgelt bestand (z. B. wegen Teilnahme an einem Streik). In diesem Fall ist nur das Entgelt für den Anspruchszeitraum des Tages zu zahlen. Mangels Rundungsvorschrift sind die Zeitanteile dabei bis auf Minuten zu ermitteln. Zur Ermittlung des auf eine Stunde entfallenden Entgeltanteils sind die in Monatsbeträgen festgelegten Entgeltbestandteile – insbesondere der Tabellenlohn – durch das 4,348-fache der regelmäßigen wöchentlichen Arbeitszeit zu teilen. Der Faktor 4,348 drückt dabei die durchschnittliche Wochenzahl eines Monats aus (7 Tage × 4,348 = 30,436 Tage).

Beispiel:
Ein Beschäftigter des Bundes (39 Stunden Wochenarbeitszeit) arbeitet nur sechs von acht Stunden. Das Monatsentgelt (Tabellenentgelt sowie sonstige Entgeltbestandteile) von angenommen 2000 Euro entspricht einem Stundenentgelt von 11,79 Euro (4,348 × 39 = 169,572; 2000 ÷ 169,572 = 11,79).

Rundung (Abs. 4)

In Absatz 4 haben die Tarifpartner Vereinbarungen zur Rundung von Entgelt und Entgeltbestandteilen getroffen.

- Die Beträge sind gemeinüblich zu runden (also ab 0,5 Cent nach oben, sonst nach unten – Satz 1).
  Zwischenrechnungen sind auf zwei Dezimalstellen durchzuführen (Satz 2).
- Jeder Entgeltbestandteil ist einzeln zu runden.

Zulagen für Bruchteile eines Monats (Abs. 5)

Absatz 5 bestimmt, dass in dem Fall, in dem die Voraussetzungen für eine Zulage im Laufe eines Monats entfallen, das Berechnungsverfahren nach Absatz 3 Anwendung findet.

Pauschalierung (Abs. 6)

Absatz 6 lässt – wie zuvor z. B. § 35 Abs. 4 BAT – die einzelvertragliche Pauschalierung von Entgeltbestandteilen (z. B. Zeitzuschlägen, Erschwerniszuschlägen) zu. Die Aufzählung ist nicht abschließend, so dass davon ausgegangen werden kann, dass auch eine Pauschalierung von Überstunden möglich ist. Die Vereinbarung dient der Vereinfachung und erscheint dort sinnvoll, wo aus stets wiederkehrendem Anlass Zuschläge in etwa gleichem Umfang anfallen.

II

Anhang 1

Rückforderung des zu viel gezahlten Entgelts bei Tarifbeschäftigten

BMI-Rundschreiben vom 4. August 2021
– D 5-31002/28#10 –

Dieses Rundschreiben ersetzt das Rundschreiben vom 27. Juli 2006 (Az.: D II 2 – 220 210 2/0), das hiermit aufgehoben wird.

Im Falle der Überzahlung von Entgelt bitte ich im Einvernehmen mit dem Bundesministerium der Finanzen um die Beachtung der folgenden Grundsätze:

1. Rückzahlungsverpflichtung nach Bereicherungsrecht

Zu viel gezahltes Entgelt ist grundsätzlich nach den Vorschriften des Bürgerlichen Gesetzbuchs (BGB) über die Verpflichtung zur Herausgabe einer ungerechtfertigten Bereicherung (§§ 812 ff. BGB) zurückzufordern. Entgelt ist „zu viel gezahlt", soweit es ohne rechtlichen Grund gezahlt wurde, wobei unerheblich ist, ob der rechtliche Grund von Anfang an nicht bestanden hat oder erst später weggefallen ist. Entgelt im Sinne dieses Rundschreibens sind alle Geldleistungen, die der Arbeitgeber erbracht hat (z. B. Tabellenentgelt, Zulagen, Zuschläge, Entgeltfortzahlung, Krankengeldzuschuss, Einmalzahlungen, Trennungsgeld, Reise- und Umzugskostenvergütung).

Eine Rückforderung des zu viel gezahlten Entgelts ist ausgeschlossen, soweit die/der Beschäftigte nicht mehr bereichert ist (§ 818 Abs. 3 BGB). Dies ist nur dann der Fall, wenn das Erlangte ersatzlos weggefallen ist und kein Überschuss zwischen dem vorhandenen Vermögen und dem Vermögen mehr besteht, das ohne den bereichernden Vorgang vorhanden wäre. Ein Wegfall der Bereicherung ist daher anzunehmen, wenn die/der Beschäftigte die rechtsgrundlose Leistung ersatzlos für Ausgaben verwendet hat, die sie/er sonst nicht gemacht hätte.

Von dem Fortbestehen einer Bereicherung ist hingegen in Konstellationen auszugehen, wenn die/der Beschäftigte mit der Ausgabe des Erlangten anderweitige Aufwendungen erspart hat. Ebenso besteht die Bereicherung in Höhe der Befreiung von einer Verbindlichkeit fort, soweit die/der Beschäftigte mit dem Erlangten bestehende Schulden tilgt.

Bei geringen Überzahlungen des laufenden Arbeitsentgelts[1]) spricht ein Beweis des ersten Anscheins dafür, dass das überzahlte Entgelt für den laufenden Lebensunterhalt verbraucht wird. Wird von der/dem Beschäftigten gegen einen Rückforderungsanspruch der Wegfall der Bereicherung eingewendet, kann dieser daher ohne nähere Prüfung unterstellt werden, wenn das im jeweiligen Monat zu viel gezahlte Entgelt 10 v. H. des insgesamt zustehenden Bruttobetrages, höchstens aber 250 Euro brutto, nicht übersteigt.

II

Dies gilt nicht, sofern die Voraussetzungen des § 818 Abs. 4 BGB oder des § 819 BGB vorliegen. Wenn die/der Beschäftigte den Mangel des rechtlichen Grundes für zu viel gezahltes Entgelt kennt oder erfährt ihn später (positive Kenntnis), kann dem Rückforderungsanspruch des Arbeitgebers die Einrede des Wegfalls der Bereicherung nicht entgegengesetzt werden (§ 818 Abs. 3 i. V. m. § 819 Abs. 1 BGB).

Die im Tarifbereich im Unterschied zum Besoldungsbereich bestehende Geltendmachungspflicht der Einrede des Wegfalls der Bereicherung ist eine Konsequenz der unterschiedlichen rechtlichen Rahmenbedingungen; zur verschärften Haftung im Besoldungsbereich siehe § 12 Abs. 2 BBesG.

2. Tarifvertragliche Ausschlussfrist

Die tarifvertragliche Ausschlussfrist nach § 37 TVöD ist zu beachten. Die Ansprüche aus dem Arbeitsverhältnis verfallen, wenn sie nicht innerhalb von sechs Monaten nach ihrer Fälligkeit in Textform geltend gemacht werden. Bei Ansprüchen auf Rückforderung zu viel gezahlter Entgelte wird der Anspruch grundsätzlich im Zeitpunkt der Überzahlung fällig. Der Zahltag wird nach § 24 Abs. 1 TVöD bestimmt. Auf eine Kenntnis des Arbeitgebers, dass er überzahlt hat, kommt es nicht an[2]).

Auf die Ausschlussfrist nach § 37 TVöD kann sich die/der Beschäftigte jedoch nicht berufen, wenn sie/er es pflichtwidrig unterlassen hat, dem Arbeitgeber Umstände mitzuteilen, die die Erhebung des Rückzahlungsanspruchs innerhalb der Ausschlussfrist ermöglicht hätten. Zu einer solchen Mitteilung ist die/der Beschäftigte verpflichtet, wenn sie/er bemerkt hat, dass sie/er eine gegenüber sonst ungewöhnlich hohe Zahlung erhalten hat, deren Grund sie/er nicht klären kann.[3]) Die/Der Beschäftigte kann sich auch nicht auf die Ausschlussfrist berufen,

1) Gilt nicht für Einmalzahlungen, vgl. BAG-Urteil vom 24. 10. 2000 – 9 AZR 610/99.

2) BAG, Urteil vom 19. 02. 2004 – 6 AZR 664/02.

3) BAG, Urteil vom 01. 06. 1995 – 6 AZR 912/94.

wenn eine Überzahlung allein darauf beruht, dass die/der Beschäftigte für die Entgeltzahlung maßgebliche Tatsachen verschweigt[1]).

Die Geltendmachung muss den jeweiligen Rückzahlungsanspruch dem Grunde und der Höhe nach und Rückzahlungsmodalitäten hinreichend deutlich bezeichnen, insbesondere ist der Anspruchszeitraum mit der für die/den Beschäftigte/n notwendigen Deutlichkeit ersichtlich zu machen[2]). Die/Der Beschäftigte muss aus der Geltendmachung erkennen können, aus welchem Sachverhalt und in welcher Größenordnung sie/er in Anspruch genommen werden soll. Die/Der Beschäftigte ist darüber zu unterrichten, in welcher Form die Rückzahlung erfolgen soll. Die Beschäftigte/den Beschäftigten ist auf die Möglichkeit hinzuweisen, sich auf den Wegfall der Bereicherung zu berufen.

Der Rückzahlungsanspruch muss mindestens in Textform gemäß § 126b BGB geltend gemacht werden, so dass eine lesbare Erklärung, in der die Person des Erklärenden genannt ist, auf einem dauerhaften Datenträger abgegeben wird (vgl. Rundschreiben vom 16. April 2020, Az.: DS-31000/55#3, Ziffer 4). Für die Einhaltung der Textform nach § 126b BGB ist beispielsweise eine E-Mail, die den Namen und die Adresse des Absenders enthält und den Abschluss der Erklärung durch eine Grußformel und die Wiederholung des Namens eindeutig kenntlich macht, ausreichend. Textnachrichten, wie SMS oder WhatsApp, entsprechen diesen Vorgaben regelmäßig nicht.

§ 59 BHO und die dazu bestehenden Verwaltungsvorschriften bleiben unberührt.

---

1) BAG, Urteil vom 19. 02. 2004 – 6 AZR 664/02.

2) BAG, Urteil vom 13. 11. 1986 – 6 AZR 529/83.

§ 25 Betriebliche Altersversorgung

Die Beschäftigten haben Anspruch auf Versicherung unter eigener Beteiligung zum Zwecke einer zusätzlichen Alters- und Hinterbliebenenversorgung nach Maßgabe des Tarifvertrages über die betriebliche Altersversorgung der Beschäftigten des öffentlichen Dienstes (Tarifvertrag Altersversorgung – ATV) bzw. des Tarifvertrages über die zusätzliche Altersvorsorge der Beschäftigten des öffentlichen Dienstes – Altersvorsorge-TV-Kommunal – (ATV-K) in ihrer jeweils geltenden Fassung.

Erläuterungen

Die Regelungen des § 25 zur betrieblichen Altersversorgung entsprechen in ihrer Struktur den bisherigen Bestimmungen – z. B. in § 46 BAT.

Wie bisher wird den Beschäftigten kein tarifvertraglicher Anspruch auf betriebliche Altersversorgung eingeräumt, sondern nur ein Anspruch auf Versicherung zum Zwecke einer zusätzlichen Alters- und Hinterbliebenenversorgung nach näherer Maßgabe des Tarifvertrages Altersversorgung (ATV) bzw. des Altersvorsorge-TV-Kommunal (ATV-K)[1]). Weitere Vorschriften zur Durchführung der zusätzlichen Alters- und Hinterbliebenenversorgung ergeben sich aus der Satzung der Versorgungskassen – z. B. der Satzung für die Versorgungsanstalt des Bundes und der Länder (VBL).

Wegen der in ihren Grundzügen vergleichbaren Regelung kann das in den letzten Jahr(zehnt)en gewachsene Recht bzw. die dazu ergangene Rechtsprechung weiterhin zu Rate gezogen werden. Besonders zu beachten sind dabei die folgenden Grundsätze:

Anspruch auf Versicherung

Die tarifliche Regelung verpflichtet den Arbeitgeber, die unter den BAT/TVöD fallenden Beschäftigten zum Zwecke einer zusätzlichen Alters- und Hinterbliebenenversorgung zu versichern. Die Versicherung ist so auszugestalten, dass der pflichtversicherte Arbeitnehmer für sich und seine Hinterbliebenen eine Anwartschaft auf eine neben der gesetzlichen Rente zustehende Rente erwerben kann. Die tarifliche Regelung begründet keinen Anspruch auf zusätzliche Alters- und Hinterbliebenenversorgung unmittelbar gegenüber dem Arbeitgeber. Der Anspruch richtet sich lediglich auf Versicherung zum Zwecke der zusätzlichen Alters- und Hinterbliebenenversorgung. Unterlässt der Arbeitgeber es schuldhaft, den Beschäftigten (überhaupt oder rechtzeitig) entsprechend den tariflichen Vorschriften zu versichern, so haftet er dem Beschäftigten für die diesem daraus entstehenden

---

1) ATV abgedruckt unter **710**

Nachteile (Urteil des BAG vom 26. 11. 1964 – 5 AZR 48/64, AP Nr. 20 zu § 10 AOGÖ – und vom 9. 9. 1966 – 1 AZR 259/65, AP Nr. 76 zu § 611 BGB Fürsorgepflicht). Lehnt ein Beschäftigter die Anwendung des BAT auf sein Arbeitsverhältnis ab, weil er eine höhere als die tarifliche Vergütung behalten möchte, so hat er nach dem Urteil des BAG vom 25. Februar 1999 – 3 AZR 113/97 – (BB 1999 S. 1388) keinen Anspruch darauf, dass der Arbeitgeber ihm aus Gründen der Gleichbehandlung mit BAT-Kräften die tariflich geregelte Zusatzversorgung verschafft. Arbeitgeber, die an der Versorgungsanstalt des Bundes und der Länder (VBL) beteiligt sind, müssen jedem ihrer Beschäftigten die Satzung der Versorgungseinrichtung aushändigen. Eine schuldhafte Verletzung dieser Pflicht kann zu Schadenersatzansprüchen führen, wenn Beschäftigte aus Unkenntnis sinnvolle Versicherungsanträge nicht stellen und dadurch einen Versorgungsschaden erleiden (Urteil des BAG v. 15. 10. 1985 – 3 AZR 612/83 – NZA Heft 11/1986 S. 360). Ebenso können Schadenersatzansprüche des Beschäftigten entstehen, wenn es der Arbeitgeber schuldhaft unterlässt, den Beschäftigten auf die zu dessen Gunsten bestehenden Versorgungsmöglichkeiten hinzuweisen (Urteil des BAG vom 22. 11. 1963 – 1 AZR 17/63, AP Nr. 6 zu § 611 BGB Öffentlicher Dienst). Auskünfte, die der Arbeitgeber dem Beschäftigten hinsichtlich seiner Zusatzversicherung erteilt, müssen richtig und vollständig sein (auch anlässlich der Beendigung des Arbeitsverhältnisses); wenn ein Personalsachbearbeiter Zweifel hat, ob er nach seiner Kenntnis über die Satzung der Zusatzversorgungskasse ein Auskunftsersuchen zutreffend beantworten kann, so muss er sich bei der Kasse unterrichten oder die Anfrage des Beschäftigten dorthin zur Beantwortung weitergeben. Nimmt er diese Möglichkeit nicht wahr und gibt von sich aus eine falsche Auskunft, handelt er schuldhaft. Ein Beschäftigter des öffentlichen Dienstes handelt dagegen nicht schuldhaft, wenn er sich auf eine von dem Personalsachbearbeiter erteilte Auskunft verlässt, die nach den Umständen klar und vollständig erscheint (Urteil des BAG vom 24. 5. 1974 – 3 AZR 422/73, AP Nr. 6 zu § 242 BGB Ruhegehalt VBL).

Eigenbeteiligung

Nach dem Wortlaut des Tarifvertrages hat sich der Beschäftigte an den Aufwendungen für die Versicherung zu beteiligen. Diese Voraussetzung war mit der (stufenweisen) Übernahme des Arbeitnehmeranteils am Versicherungsbeitrag durch den Arbeitgeber praktisch entfallen. Seit dem 1. 7. 1973 trug der Arbeitgeber die Aufwendungen für die Zusatzversicherung nämlich zunächst allein.

Die grundsätzliche Beteiligung der Beschäftigten an den Kosten der Zusatzversorgung war seit dem 1. 1. 1999 aber durch den 24. Änd-TV zum Versorgungs-TV v. 20. 5. 1998, den 22. Änd-TV zum VersTV-Saar v. 20. 5. 1998 und den 32. Änd-TV zum VersTV-G v. 22. 6. 1998 wieder eingeführt worden. Dort war festgelegt worden, dass die Arbeitnehmer bei künftigen Erhöhungen des Umlagesatzes den Erhöhungsbetrag zur Hälfte tragen mussten, sobald der Umlagesatz ihrer Zusatzversorgungseinrichtung 5,2 v. H. des zusatzversorgungspflichtigen Entgelts übersteigt. Während viele bei kommunalen Zusatzversorgungskassen (z. B. rheinische ZVK) versicherte Angestellte weiterhin von einem Eigenanteil verschont blieben, weil der Umlagesatz ihrer Kasse weiterhin die Grenze von 5,2 v. H. nicht überstieg, wurden die bei der VBL Versicherten ab dem 1. 1. 1999 wieder zu einem Arbeitnehmeranteil herangezogen. Da seit dem 1. 1. 1999 der Umlagesatz zur VBL 7,7 v. H. betrug, mussten sich die Arbeitnehmer daran mit 1,25 v. H. [(7,7 – 5,2) ÷ 2] beteiligen; der Arbeitgeber trug den Rest, somit 6,45 v. H. Der Umlagesatz wurde durch die 31. Änderung der VBL-Satzung mit Wirkung vom 1. 1. 2023 auf 5,49 v. H. festgelegt.

Im Zusammenhang mit dem Umstieg auf das neue, im ATV verankerte Zusatzversorgungssystem wurde der Arbeitnehmerbeitrag zur VBL ab dem 1. 1. 2002 auf 1,41 v. H. festgelegt. Der Arbeitnehmerbeitrag erhöht sich für die Beschäftigten des Bundes und der bei der VBL versicherten Beschäftigten Kommunen in drei Schritten (ab 1. 7. 2016 um 0,2 v. H., ab 1. 7. 2017 um 0,3 v. H. und ab 1. 7. 2019 um 0,4 v. H.) auf 1,81 v. H.[1]) Der Arbeitnehmerbeitrag der übrigen Beschäftigten der Kommunen erhöht sich ebenfalls in drei Schritten (ab 1. 7. 2016 um 0,2 v. H., ab 1. 7. 2017 um 0,3 v. H. und ab 1. 7. 2018 um 0,4 v. H.). Wegen der Arbeitnehmerbeiträge im Tarifgebiet Ost vgl. § 37a ATV bzw. § 66a der VBL-Satzung (dort ist der Einstieg ins Kapitaldeckungsverfahren geregelt).

Versicherungsleistungen

Die Tarifpartner haben in der Lohnrunde 2000 – vor allem vor dem Hintergrund sich abzeichnender Deckungslücken bei der VBL – vereinbart, Verhandlungen mit dem Ziel zu führen, die Zusatzversorgung auf eine dauerhaft finanzierbare Grundlage zu stellen. Ergebnis der Verhandlungen war der Altersvorsorgeplan 2001, der mit dem ATV bzw. ATV K umgesetzt worden ist.

Kernpunkt des neuen Rechts, das die zusätzliche Alters- und Hinterbliebenenversorgung auf eine völlig neue Grundlage stellt, ist die Abkehr vom zuvor geltenden System der Gesamtversorgung. Dieses System wurde rückwirkend zum 31. 12. 2000 geschlossen und durch ein Betriebsrentensystem in Form eines versicherungsmathematischen

---

[1]) siehe dazu § 37 ATV, abgedruckt unter **710**

Punktemodells, das die Leistungen unabhängig von dritten Bezugssystemen (Rentenversicherung, Beamtenversorgung, Steuerrecht) definiert, ersetzt.

Nach dem neuen Recht tritt eine nach Entgeltpunkten bemessene Zusatzversorgungsrente additiv zu der Grundversorgung der gesetzlichen Rente hinzu. Die Versorgungspunkte ergeben sich aus dem Produkt von Beiträgen und einem Altersfaktor. Das Verfahren ähnelt dem aus der gesetzlichen Rentenversicherung bekannten Verfahren der Ermittlung von Entgeltpunkten. Es spiegelt im Ergebnis die gesamte Lebensarbeitsleistung wider.

In das neue Betriebsrentensystem werden alle aktiv Beschäftigten übergeleitet. Für die rentennahen Jahrgänge (dies sind Beschäftigte, die am 1. Januar 2002 das 55. Lebensjahr vollendet haben) werden die zu übertragenden Anwartschaften unter weiterer Berücksichtigung des alten Systems, bei den übrigen Arbeitnehmern in Anlehnung an das BetrAVG ermittelt.

Mit dem Umstieg vom Gesamtversorgungssystem auf das neue Punktemodell wird der Arbeitnehmerbeitrag zur VBL-West auf 1,41 v. H. (statt 1,25 v. H. bis 31. 12. 2001) festgeschrieben. Wegen der Arbeitnehmerbeiträge im Tarifgebiet Ost vgl. § 37a ATV bzw. § 66a der VBL-Satzung (dort ist der Einstieg ins Kapitaldeckungsverfahren geregelt). Den Beschäftigten wird indessen eine spätere Rentenleistung garantiert, die sich bei einem kapitalgedeckten (und damit gesicherten) System aus einer Beitragsleistung von 4 v. H. ergibt.

Durch den Systemwechsel erhalten die Beschäftigten nunmehr auch die Möglichkeit, darüber hinaus eine private Altersvorsorge mit der so genannten Riesterförderung zu betreiben, da der in § 10a Abs. 1 Satz 4 EStG normierte Ausschluss der bei einer Zusatzversorgungskasse des öffentlichen Dienstes Pflichtversicherten mit Anspruch auf eine beamtenähnliche Gesamtversorgung nicht mehr greift. Die Beschäftigten des öffentlichen Dienstes gehören nunmehr ab 2002 zum Kreis der nach § 10a EStG begünstigten Personen. Sie haben damit die Möglichkeit, ab 1. Januar 2002 aus ihrem individuell versteuerten und verbeitragten Nettoeinkommen – neben der neuen Betriebsrente – eine zusätzliche kapitalgedeckte Altersversorgung freiwillig und unter Inanspruchnahme der steuerlichen Förderung aufzubauen. Klarstellend sei darauf hingewiesen, dass der Arbeitnehmerbeitrag zur Umlage (Abrechnungsverband West) steuerlich nicht förderfähig ist.

Die Möglichkeit der Entgeltumwandlung ist im TV Entgeltumwandlung[1]) geregelt.

---

[1]) abgedruckt unter **640**

Abschnitt IV
Urlaub und Arbeitsbefreiung

§ 26 Erholungsurlaub

(1)[1]) [1]Beschäftigte haben in jedem Kalenderjahr Anspruch auf Erholungsurlaub unter Fortzahlung des Entgelts (§ 21). [2]Bei Verteilung der wöchentlichen Arbeitszeit auf fünf Tage in der Kalenderwoche beträgt der Urlaubsanspruch in jedem Kalenderjahr 30 Arbeitstage. [3]Bei einer anderen Verteilung der wöchentlichen Arbeitszeit als auf fünf Tage in der Woche erhöht oder vermindert sich der Urlaubsanspruch entsprechend. [4]Verbleibt bei der Berechnung des Urlaubs ein Bruchteil, der mindestens einen halben Urlaubstag ergibt, wird er auf einen vollen Urlaubstag aufgerundet; Bruchteile von weniger als einem halben Urlaubstag bleiben unberücksichtigt. [5]Der Erholungsurlaub muss im laufenden Kalenderjahr gewährt und kann auch in Teilen genommen werden.

Protokollerklärung zu Absatz 1 Satz 5:

Der Urlaub soll grundsätzlich zusammenhängend gewährt werden; dabei soll ein Urlaubsteil von zwei Wochen Dauer angestrebt werden.

(2) Im Übrigen gilt das Bundesurlaubsgesetz mit folgenden Maßgaben:

a) Im Falle der Übertragung muss der Erholungsurlaub in den ersten drei Monaten des folgenden Kalenderjahres angetreten werden. Kann der Erholungsurlaub wegen Arbeitsunfähigkeit oder aus betrieblichen/dienstlichen Gründen nicht bis zum 31. März angetreten werden, ist er bis zum 31. Mai anzutreten.

b) Beginnt oder endet das Arbeitsverhältnis im Laufe eines Jahres, erhält die/der Beschäftigte als Erholungsurlaub für jeden vollen Monat des Arbeitsverhältnisses ein Zwölftel des Urlaubsanspruchs nach Absatz 1; § 5 BUrlG bleibt unberührt.

c) Ruht das Arbeitsverhältnis, so vermindert sich die Dauer des Erholungsurlaubs einschließlich eines etwaigen Zusatzurlaubs für jeden vollen Kalendermonat um ein Zwölftel.

d) Das nach Absatz 1 Satz 1 fortzuzahlende Entgelt wird zu dem in § 24 genannten Zeitpunkt gezahlt.

Erläuterungen

§ 26 TVöD umfasst die Regelungen zum Anspruch auf Erholungsurlaub und konkretisiert damit wesentlich die gesetzlichen Vorschriften des Bundesurlaubsgesetzes (BUrlG)[2]). Im Gegensatz zum frühe-

---

[1]) Durch den Änderungstarifvertrag Nr. 22 vom 6. April 2025 wird ab dem 1. Januar 2027 der Erholungsurlaub nach Absatz 1 Satz 1 von 30 auf 31 Tage erhöht. Zeitgleich wird nach Absatz 1 folgende Protokollerklärung zu Absatz 1 Satz 2 eingefügt:
„Protokollerklärung zu Absatz 1 Satz 2:
Im Falle der Kündigung gemäß § 39 Abs. 4 Buchst. j gilt ab deren Wirksamwerden Satz 2 in folgender Fassung: ‚Bei Verteilung der wöchentlichen Arbeitszeit auf fünf Tage in der Kalenderwoche beträgt der Urlaubsanspruch in jedem Kalenderjahr 30 Arbeitstage.'"

[2]) abgedruckt als **Anhang 1**

ren BAT bzw. der vergleichbaren Regelungen für die Arbeiter haben die Tarifpartner in dieser Vorschrift weitgehend auf eigenständige Regelungen zum Erholungsurlaub verzichtet und vermehrt (z. B. für die Urlaubsabgeltung) das BUrlG in Bezug genommen. Wie der vollständige Name des BUrlG („Mindesturlaubsgesetz für Arbeitnehmer“) schon besagt, regelt das Gesetz insbesondere, in welchem Umfang Arbeitgeber Arbeitnehmern in Deutschland mindestens bezahlten Erholungsurlaub zu gewähren haben.

Während Absatz 1 der Vorschrift den eigentlichen Urlaubsanspruch, die Berechnung ebendieses Anspruches sowie die Gewährung des Urlaubes regelt, enthält Absatz 2 Maßgaben, mit denen die Regelungen des BUrlG im Geltungsbereich des TVöD anzuwenden sind. Ergänzende Hinweise des Bundesministeriums des Innern (BMI) sind in den Anhängen 2–5 beigefügt.

Auf die teilweise abweichenden Sonderregelungen in §§ 45 und 46 (Bund) und §§ 51 und 52 (VKA) des Besonderen Teils Verwaltung[1]) sowie § 52 des Besonderen Teils Pflege- und Betreuungseinrichtungen wird hingewiesen.

Grundsätzlich ist zu beachten, dass die Rechtsprechung im Bereich des Erholungsurlaubes sowohl auf EU-Ebene als auch auf Bundesebene seit vielen Jahren im Fluss ist und stetig fortentwickelt wird.

Anspruch auf Erholungsurlaub (Abs. 1)

In dieser Vorschrift sind die Urlaubsdauer und die Berechnung des Anspruchs auf Erholungsurlaub geregelt.

Die Tarifpartner hatten bei In-Kraft-Treten des TVöD in § 26 Abs. 1 Satz 2 TVöD zunächst eine altersabhängige Urlaubsstaffel vereinbart. Diese sah vor, dass der Urlaub bis zum vollendeten 30. Lebensjahr 26 Arbeitstage, bis zum vollendeten 40. Lebensjahr 29 Arbeitstage und danach 30 Arbeitstage betrug. Das BAG hatte mit Urteil vom 20. März 2012 – 9 AZR 529/10 – entschieden, dass diese altersabhängige Urlaubsstaffel einen Verstoß gegen das Allgemeine Gleichbehandlungsgesetz (AGG) darstelle. Der Verstoß könne in dem anhängigen Fall nur beseitigt werden, indem die Dauer des Urlaubs der Betroffenen so weit „nach oben“ angepasst wird, dass der Urlaubsanspruch in jedem Kalenderjahr einheitlich für alle Altersgruppen 30 Arbeitstage beträgt. Im Rahmen der Tarifrunde 2014 wurde dann im Gesamtpaket der Tarif-

[1]) abgedruckt unter **215**

einigung die Urlaubsstaffel aufgegeben und ein einheitlicher Urlaubsanspruch von 30 Arbeitstagen für alle Beschäftigten vereinbart.

Der Urlaubsanspruch nach dem BUrlG entsteht

- erstmalig nach sechsmonatigem Bestehen des Arbeitsverhältnisses (Wartezeit im Sinne des § 4 BUrlG)
- nach einmal erfüllter Wartezeit jeweils mit dem Beginn eines Kalenderjahres (§ 1 BUrlG).

II

Nähere Ausführungen zur Entstehung des Urlaubsanspruchs enthalten darüber hinaus die Durchführungshinweise im Anhang 2.

Berechnung des Urlaubsanspruchs

Die tarifliche Urlaubsdauer von 30 Tagen ist auf der Grundlage einer Fünf-Tage-Woche festgelegt worden (Satz 2); bei einer anderen Verteilung der wöchentlichen Arbeitszeit ist der Urlaubsanspruch entsprechend umzurechnen (Satz 3). Ein bestimmtes Verfahren zur Umrechnung haben die Tarifpartner im TVöD nicht festgelegt. Es dürften somit keine Bedenken bestehen, nach allgemeinen mathematischen Grundsätzen zu verfahren, sodass der Urlaubsanspruch jeweils durch fünf (wegen der zugrundeliegenden Fünf-Tage-Woche) zu teilen und anschließend mit den tatsächlichen wöchentlichen Arbeitstagen zu multiplizieren ist.

Beispiel:

Ein Beschäftigter arbeitet in einer Sechs-Tage-Woche. Der Urlaubsanspruch von 30 Tagen ist durch fünf zu teilen und mit sechs zu multiplizieren. Der Urlaubsanspruch ist somit auf 36 Tage zu erhöhen. Bei im Laufe des Jahres wechselnder Arbeitsverteilung ist der Urlaubsanspruch ggf. getrennt für jeden Zeitraum zu ermitteln.

Nach Satz 4 der Vorschrift sind Bruchteile von Urlaubstagen (die sich z. B. bei der Berechnung nach Satz 3 ergeben) auf einen vollen Tag aufzurunden, wenn der Bruchteil mindestens einen halben Tag beträgt. Darunterliegende Bruchteile bleiben unberücksichtigt; sie verfallen somit.

Hinsichtlich der Berechnung des Urlaubsanspruchs bei Änderung des Beschäftigungsumfangs/Beschäftigungsmodells im Laufe des Urlaubsjahres hat das BMI mit Rundschreiben vom 20. Dezember 2019 gesonderte Durchführungshinweise erlassen[1]). Erforderlich wurden diese Hinweise insbesondere dadurch, dass das BAG im Jahr 2015 seine bisherige Rechtsprechung zur Berechnung des Urlaubsanspruchs in Folge von unionsrechtlichen Vorgaben durch den Europäischen Gerichtshof

[1]) abgedruckt als **Anhang 3**

(EuGH) grundsätzlich aufgegeben hat (mehr dazu unten). Die Durchführungshinweise stellen die Folgerungen der neuen BAG-Rechtsprechung getrennt für die Urlaubsdauer (Ziffer 2.1 der Hinweise) und für das Urlaubsentgelt (Ziffer 2.2 der Hinweise) dar. Während bei den Folgerungen für die Urlaubsdauer besonders zwischen der Änderung des Beschäftigungsumfangs bei unveränderter Anzahl der Arbeitstage in der Kalenderwoche (Ziffer 2.1.1 der Hinweise) und der Änderung der Anzahl der Arbeitstage in der Kalenderwoche (Ziffer 2.1.2 der Hinweise) zu unterscheiden ist, ergeben sich hinsichtlich der Folgerungen für das Urlaubsentgelt unterschiedliche Rechtsfolgen dahingehend, ob es sich um eine Verringerung der Arbeitszeit (Ziffer 2.2.1 der Hinweise) oder um eine Erhöhung der Arbeitszeit (Ziffer 2.2.2 der Hinweise) handelt.

Hintergrund dieser Durchführungshinweise und der diesen Hinweisen zugrundeliegenden geänderten BAG-Rechtsprechung war im Kern die nachstehende Entwicklung unionsrechtlicher Vorgaben des EuGH:

Der EuGH hat mit seiner sogenannten „Tirol-Entscheidung" (Urteil vom 22. 4. 2010 – C-486/08) festgestellt, dass das Unionsrecht dahingehend auszulegen sei, dass die Inanspruchnahme des Jahresurlaubs zu einer späteren Zeit als dem Bezugszeitraum in keiner Beziehung zu der in dieser späteren Zeit vom Arbeitnehmer erbrachten Arbeitszeit stehe. Folglich darf durch eine Veränderung, insbesondere Verringerung der Arbeitszeit beim Übergang von einer Vollzeit- zu einer Teilzeitbeschäftigung, der Anspruch auf Jahresurlaub, den der Arbeitnehmer in der Zeit der Vollbeschäftigung erworben hat, nicht gemindert werden.

Der Urlaubsanspruch in Deutschland wurde jedoch zu diesem Zeitpunkt bereits bei einem Wechsel auf Teilzeit nicht reduziert, sondern ausschließlich beim Wechsel der Anzahl der Wochenarbeitstage „technisch umgerechnet". Wer vor dem Wechsel auf Teilzeit x Wochen Resturlaub hatte, behält diese Wochenanzahl auch nach Umrechnung (aus 15 Tagen = drei Wochen bei einer Fünf-Tage-Woche bleiben bei einer Drei-Tage-Woche 3/5 = 9 Tage = drei Wochen). Wenn jemand trotz Teilzeit weiterhin in einer Fünf-Tage-Woche arbeitet, erfolgt in Deutschland keine Minderung/Umrechnung. Umgekehrt erfolgt bei einer Vollzeitkraft die Umrechnung der Urlaubstage bei einem Wechsel der Wochenarbeitstage, so dass keine Teilzeitdiskriminierung vorliegt. Eine Änderung im Lichte der EuGH-Entscheidung war daher in diesem Punkt nicht erforderlich.

Etwas anders sah es bei der Berechnung des Urlaubs**entgelts** aus. Denn die Berechnung des Urlaubsentgelts richtete sich bis zu diesem Zeitpunkt nach dem Lohnausfallprinzip. Danach war das Entgelt für den Urlaubszeitraum fortzuzahlen, welches der Beschäftigte erhalten hätte, wenn er weitergearbeitet hätte. Mit Blick auf die EuGH-Rechtsprechung konnte bei Resturlaubsansprüchen, die vor einer Arbeitszeitverkürzung erworben wurden und tatsächlich bis zum Wechsel des Arbeitszeitmodells nicht in Anspruch genommen werden konnten, an dem bisherigen Berechnungsprinzip für das Urlaubsentgelt nicht weiter festgehalten werden. In den Fällen, in denen der Arbeitnehmer konkret gehindert war, den Resturlaub noch in der Phase vor Umstellung seiner Arbeitszeit zu nehmen, ist das Urlaubsentgelt noch auf der Grundlage des vor der Arbeitszeitreduzierung erzielten Entgelts zu zahlen. Dies gilt zumindest in Bezug auf den Mindesturlaub nach dem Bundesurlaubsgesetz.

Anknüpfend an diese „Tirol-Entscheidung" hat der EuGH mit seiner Entscheidung vom 13. Juni 2013 – C-415/12 (Brandes) – auf Veranlassung eines Vorlagebeschlusses des Arbeitsgerichtes Nienburg (beklagt war das Land Niedersachsen) die Aussagen seines Tirol-Beschlusses für das deutsche Urlaubsrecht im Kern bestätigt und ausgeführt, dass eine zeitanteilige Kürzung des Urlaubs wegen Teilzeitbeschäftigung nicht in Betracht kommt, wenn der Urlaub

1. in einer Zeit der Vollzeitbeschäftigung erworben wurde, und
2. der Arbeitnehmer tatsächlich nicht die Möglichkeit hatte, diesen Anspruch auszuüben.

In Folge der sogenannten „Greenfield-Entscheidung" des EuGH (Urteil vom 11. 11. 2015 – C-219/14), worin dieser seine unionsrechtlichen Vorgaben zur Berechnung von Urlaubsansprüchen in einem Fall der Erhöhung der Arbeitszeit präzisiert hat, hat das BMI am 20. Dezember 2019 die als Anhang 3 abgedruckten Durchführungshinweise mit dem Ziel einer möglichst praktikablen Umsetzung und einer weitgehenden Reduzierung des Verwaltungsaufwandes unter Beachtung der zwischenzeitlich ergangenen BAG-Rechtsprechung veröffentlicht.

Geltendmachung und Gewährung von Urlaub

Satz 5 der Vorschrift bestimmt, dass der Erholungsurlaub im laufenden Kalenderjahr gewährt werden muss und auch in Teilen genommen werden kann. Die Protokollerklärung dazu legt ergänzend fest, dass der Urlaub grundsätzlich zusammenhängend genommen werden muss und ein Urlaubsteil dabei die Dauer von mindestens zwei Wochen erreichen soll. Mit dieser Regelung wird dem Erholungszweck des Urlaubs Rechnung getragen.

Arbeitnehmer sollten den Urlaubsanspruch in geeigneter Form geltend machen. Obwohl der Arbeitgeber den Urlaub auch ohne Geltendmachung des Arbeitnehmers gewähren kann (siehe z. B. BAG vom 22. 9. 1992 – 9 AZR 483/91), besteht insoweit keine „Bringschuld" des Arbeitgebers, sodass ansonsten u. U. der Verfall nicht genommenen Urlaubs droht. Mit Blick auf die Entwicklung der Rechtsprechung (u. a. BAG-Urteil vom 19. 2. 2019 – 9 AZR 541/15 – und die Vorabentscheidung des EuGH vom 6. 11. 2018 – C-684/16 –) wird jedoch bereits an dieser Stelle auf die Hinweisobliegenheiten des Arbeitgebers hingewiesen. Das BAG hat im Laufe der vergangenen Jahre immer wieder bekräftigt, dass Resturlaubsansprüche über viele Jahre hinweg fortbestehen und angesammelt werden können, wenn Arbeitgeber ihren Hinweisobliegenheiten nicht ordnungsgemäß nachkommen. Die Beweislast für die Erfüllung der Hinweisobliegenheiten trägt der Arbeitgeber. Ausbessern lassen sich dahingehende Versäumnisse im Nachhinein kaum. Grundvoraussetzung für den Verfall nicht in Anspruch genommener Urlaubsansprüche ist also die pflichtgemäße Erfüllung der Aufforderungs- und Hinweisobliegenheiten des Arbeitgebers (BAG-Urteil vom 20. 12. 2022 – 9 AZR 266/20 –). Hinsichtlich des Sonderfalls Verfall von Urlaubsansprüchen bei einer dauerhaften Erkrankung siehe BAG-Urteil vom 20. 12. 2022 – 9 AZR 245/19 –. Arbeitgeber sind im Lichte der vorgenannten Rechtsprechung des EuGH und des BAG gut beraten, möglichst frühzeitig im Jahr ein entsprechendes „Erinnerungs-Management" schriftlich bzw. elektronisch zu vollziehen (ggf. Wiederholung bei grundlegenden Änderungen im Arbeitsverhältnis). Dabei sollte weder die Anzahl der Urlaubstage noch eine Aufforderung, die Urlaubstage so rechtzeitig zu beantragen, dass sie im Urlaubsjahr genommen werden können, sowie eine Belehrung über den Verfall nicht genommener Urlaubstage fehlen (siehe dazu das aktualisierte BMI-Rundschreiben vom 9. August 2023)[1]). Nach den Entwicklungen in den vergangenen Jahren ist zu erwarten, dass sowohl der EuGH als auch das BAG die Rechtsprechung zu den Hinweisobliegenheiten und zum Urlaubsrecht auch in den kommenden Jahren weiter verschärfen werden.

Das Verfahren zur Geltendmachung („Beantragung") und Gewährung des Urlaubs ist in der Tarifvorschrift gar nicht und im Bundesurlaubsgesetz (BUrlG) nur im Ansatz geregelt.

§ 7 Abs. 1 BUrlG beschränkt sich auf die Aussage, dass bei der zeitlichen Festlegung des Urlaubs die Urlaubswünsche des Arbeitnehmers zu berücksichtigen sind, wenn dem keine dringenden betrieblichen Belange oder Urlaubswünsche anderer Arbeitnehmer, die unter sozialen Gesichtspunkten den Vorrang verdienen, entgegenstehen.

---

[1]) abgedruckt als **Anhang 4**

Ausgehend von dieser eher vagen rechtlichen Basis hat sich in der Vergangenheit im Bereich der Verwaltung bzw. des öffentlichen Dienstes (und auch in der Privatwirtschaft) das in der Vielzahl der Fälle funktionierende System entwickelt, dass der Arbeitnehmer seinen Urlaubsanspruch (bzw. den Urlaubswunsch) mit Hilfe eines förmlichen, von der Vertretung abgezeichneten Urlaubsantrags schriftlich bzw. elektronisch geltend macht, den der Arbeitgeber dann im Regelfall genehmigt. Zum Teil erfolgt eine Vorfestlegung des Urlaubs in Urlaubslisten o. Ä., in denen die Beschäftigten einer größer oder kleiner geschnittenen Arbeitseinheit ihre Urlaubswünsche frühzeitig kundtun. Letztlich dient dieses Verfahren der Umsetzung der Zielvorgaben des § 7 Abs. 1 BUrlG, dass einerseits die Beschäftigten den Urlaubszeitrahmen im Rahmen der Möglichkeiten selbst bestimmen können, dass aber andererseits erstens die Interessen der anderen Beschäftigten unter Berücksichtigung sozialer Gesichtspunkte (z. B. Ferienabhängigkeit wegen schulpflichtiger Kinder) berücksichtigt werden und zweitens die Aufrechterhaltung des Dienstbetriebes gewährleistet ist. Die schriftliche bzw. mittlerweile elektronische Geltendmachung erleichtert zudem aus Verwaltungsgesichtspunkten die Führung der Urlaubskartei und ermöglicht es – nicht nur im Streitfall – die genommenen und noch zustehenden Urlaubsansprüche zu ermitteln. Vor dem Hintergrund der dazu ergangenen Rechtsprechung dürfte es dem Arbeitgeber verwehrt sein, einen bereits genehmigten Urlaub einseitig zu widerrufen oder gar Beschäftigte gegen deren Willen aus dem Urlaub zurückzurufen (siehe z. B. BAG vom 20. 6. 2000 – 9 AZR 405/99 und vom 14. 3. 2006 – 9 AZR 11/05). Die Möglichkeit, in besonderen Bedarfslagen den noch nicht angetretenen Urlaub einvernehmlich zu verschieben, besteht natürlich trotzdem. Entsprechendes gilt für die freiwillige Rückkehr des Beschäftigten aus dem bereits angetretenen Urlaub. In diesem Fall sollte aber vorab die Übernahme eventueller Kosten (z. B. Stornogebühren, zusätzliche Reisekosten) eindeutig festgelegt werden.

Maßgaben bei Anwendung des Bundesurlaubsgesetzes (Abs. 2)

In Absatz 2 haben die Tarifpartner im Eingangssatz zunächst vereinbart, dass „im Übrigen" (also soweit Absatz 1 keine Regelungen enthält) grundsätzlich das BUrlG gilt. In den Buchstaben a bis d des Absatzes 2 wurden jedoch „Maßgaben" (bzw. abweichende Regeln) für die Anwendung des BUrlG vereinbart.

Zu Buchst. a)

In dieser Vorschrift ist die Urlaubsübertragung in das dem Urlaubsjahr folgende Kalenderjahr teilweise abweichend von § 7 Abs. 3 BUrlG geregelt. In Ermangelung einer eigenen Regelung im TVöD gilt hinsichtlich der Übertragung zunächst der Grundsatz des BUrlG, nach dem die Übertragungsmöglichkeit auf betriebliche oder in der Person des Beschäftigten liegende Gründe beschränkt ist. Die Gründe müssen aber im Gegensatz zur Regelung im BUrlG nicht „dringend" sein. Ebenfalls abweichend von den Vorschriften des BUrlG kann – anstelle der im BUrlG vorgesehenen maximalen Übertragungsdauer bis zum 31. März des Folgejahres – der Urlaub bis zum 31. Mai des Folgejahres **angetreten** werden, wenn er in Folge von Arbeitsunfähigkeit oder betrieblichen/dienstlichen Gründen nicht bis zum 31. März genommen werden konnte. Im Ergebnis kann der Beschäftigte, der seinen Urlaub bis zum 31. März aus den genannten Gründen nicht antreten konnte, den Urlaub bis weit in den Juni hineinziehen; er muss ihn nur bis zum 31. Mai angetreten (im Sinne von begonnen) haben.

Das Bundesministerium des Innern hat im Einvernehmen mit dem Bundesministerium der Finanzen für den Bereich des Bundes in langjähriger Praxis übertariflich zugelassen, dass hinsichtlich der Übertragung von Urlaubsansprüchen in das Folgejahr entsprechend der für die Beamten des Bundes geltenden Vorschriften verfahren werden kann (siehe BMI-Rundschreiben vom 23. 5. 2022[1])). Das bedeutet, dass der Urlaub bis zum 31. Dezember des Folgejahres genommen (nicht angetreten!) werden muss (§ 7 Abs. 2 Erholungsurlaubsverordnung). In dem Rundschreiben hat das Bundesministerium des Innern ausdrücklich darauf hingewiesen, dass sich für den gesetzlichen Mindesturlaub in Fällen fortdauernder Arbeitsunfähigkeit der erforderliche Mindestumfang des Übertragungszeitraums von 15 Monaten im Wege der unionsrechtskonformen Auslegung mittlerweile unmittelbar aus § 7 Abs. 3 BUrlG (BAG vom 7. 8. 2012 – 9 AZR 353/10) ergibt.

Auf die Hinweisobliegenheiten des Arbeitgebers hinsichtlich des Verfalls von nicht in Anspruch genommenen Urlaubstagen (vgl. oben) wird in diesem Zusammenhang noch einmal hingewiesen.

Zu Buchst. b) und c)

Diese Regelungen konkretisieren die Vorschrift des § 5 BUrlG zur anteiligen Urlaubsgewährung und bestimmen, dass der Urlaubsanspruch zu zwölfteln ist, wenn das Arbeitsverhältnis nicht das ganze Jahr besteht (Buchst. b) bzw. wenn es ruht (Buchst. c). Der Beschäftigte erhält somit bei einem nur in Teilen des Jahres bestehenden Beschäftigungsver-

---

[1]) abgedruckt als **Anhang 5**

hältnis für jeden vollen Monat ein Zwölftel des tariflichen Urlaubsanspruches.

Dabei ist jedoch zu beachten, dass zu Ungunsten des Beschäftigten nicht von den Vorschriften des BUrlG abgewichen werden darf. Dies ist in erster Linie beim Ausscheiden des Beschäftigten im zweiten Kalenderhalbjahr der Fall. In diesem Fall kann der tarifvertragliche Urlaubsanspruch hinter dem gesetzlichen Anspruch auf Mindesturlaub mit der Folge zurückbleiben, dass der vorrangige gesetzliche Anspruch erfüllt werden muss (siehe BAG vom 9. 8. 2016 – 9 AZR 51/16).

Beispiel:

Ein Beschäftigter scheidet zum 1. August aus dem Beschäftigungsverhältnis aus. Er hat einen tarifvertraglichen Anspruch auf $^{7}/_{12}$ des tariflichen Jahresurlaubs von 30 Tagen; das sind 17,5, aufgerundet 18 Tage. Der gesetzliche Urlaubsanspruch beträgt, da die Kürzungsvorschrift des § 5 Abs. 1 Buchst. c BUrlG beim Ausscheiden in der zweiten Jahreshälfte nicht greift und somit der Urlaubsanspruch in voller Höhe besteht, 24 Werktage, umgerechnet von der dem BUrlG zugrunde liegenden Sechs- auf eine Fünf-Tage-Woche somit 20 Tage. Der gesetzliche Anspruch ist zu erfüllen, dem Beschäftigten stehen 20 Tage Erholungsurlaub zu.

Einen Sonderfall bei der Zwölftelung von Urlaubsansprüchen hat das BMI in seinem Rundschreiben vom 11. Juli 2016 aufgegriffen. Es geht dabei um den Fall, dass ein Ausbildungs- oder Praktikantenverhältnis im Sinne des TVAöD bzw. TVPöD im Laufe eines Monats ohne Unterbrechung in ein Arbeitsverhältnis bei demselben Arbeitgeber übergeht. Wegen der Zwölftelungsregelung, die ein Zwölftel des Urlaubsanspruchs für jeden vollen Monat zuerkennt, in dem das Arbeits- bzw. Ausbildungs-/Praktikantenverhältnis bestand, würde der Teilmonat des Übergangs letztlich unberücksichtigt bleiben. Das BMI hat im Einvernehmen mit dem Bundesministerium der Finanzen zugestanden, diesen Teilmonat dem Arbeitsverhältnis zuzurechnen und anschließend die Urlaubsansprüche aus dem Ausbildungs-/Praktikantenverhältnis einerseits und dem Arbeitsverhältnis andererseits „spitz" auszurechnen, zu addieren und dann zu runden. Der Urlaubsanspruch beträgt bei dieser Rechenweise bei einem nahtlosen Wechsel vom Ausbildungs- in ein Arbeitsverhältnis im Laufe der Monate

- Januar bis Juli 30 Urlaubstage und
- August bis Dezember 29 Urlaubstage.

Für Auszubildende im Bereich des TVAöD – Besonderer Teil Pflege –, die im Schichtdienst arbeiten und denen deshalb im zweiten und dritten Ausbildungsjahr nach § 9 Abs. 1 Satz 2 TVAöD – Besonderer Teil Pflege – pauschal ein weiterer Tag Zusatzurlaub zusteht, beträgt der

Gesamtjahresurlaubsanspruch bei einem nahtlosen Wechsel in ein Arbeitsverhältnis einheitlich 30 Urlaubstage.

Nach dem Rundschreiben kann im Bereich des TVPöD entsprechend verfahren werden.

Zu Buchst. d)

In Buchstabe d) ist bestimmt, dass das Entgelt zum üblichen Zahlungszeitpunkt (siehe dazu § 24) und nicht – wie in § 11 Abs. 2 BUrlG vorgesehen – vor Antritt des Urlaubs auszuzahlen ist.

Urlaubsabgeltung

Der TVöD enthält im Gegensatz zum Vorgängerrecht keine Vereinbarungen zur Abgeltung von Urlaubsansprüchen. Die gesetzliche Vorschrift hierfür ist § 7 Abs. 4 BUrlG, wonach Urlaubsansprüche, die wegen der Beendigung des Arbeitsverhältnisses nicht gewährt werden konnten, abzugelten sind. Grundvoraussetzung für die Urlaubsabgeltung ist somit, dass zum Zeitpunkt der Beendigung des Arbeitsverhältnisses ein offener Urlaubsanspruch besteht, der wegen der Beendigung des Arbeitsverhältnisses ganz oder teilweise nicht mehr gewährt werden kann (BAG vom 19. 2. 2019 – 9 AZR 541/15 –). Während des laufenden Arbeitsverhältnisses ist die Urlaubsabgeltung generell unzulässig.

Hinsichtlich der Höhe der Urlaubsabgeltung enthalten weder der TVöD noch das BUrlG eine Bestimmung. Anhaltspunkt bietet hierbei jedoch das BAG-Urteil vom 15. Januar 2013 – 9 AZR 465/11. Danach ist die Urlaubsabgeltung in der Weise zu berechnen, dass der Arbeitnehmer so gestellt wird, als hätte er den Urlaubsanspruch während der Dauer seines Arbeitsverhältnisses ausgeübt.
Der Urlaubsabgeltungsanspruch entsteht mit Beendigung des Arbeitsverhältnisses (BAG vom 21. 2. 2012 – 9 AZR 486/10). Er wird mit der Beendigung sofort fällig.

Im Anschluss an das Urteil des EuGH vom 20. Januar 2009 – C-350/06 und C-520/06 – hat das BAG seine langjährige gegenteilige Rechtsprechung, nach der die Regelungen des § 7 Abs. 3 und 4 BUrlG so ausgelegt wurden, dass der Urlaubsabgeltungsanspruch erlischt, wenn der Urlaubsanspruch aufgrund von krankheitsbedingter Arbeitsunfähigkeit des Arbeitnehmers bis zum Ende des Übertragungszeitraums nicht erfüllt werden kann, aufgegeben (Urteil vom 24. 3. 2009 – 9 AZR 983/07). Somit kommt eine Abgeltung des gesetzlichen Urlaubs (nicht des i. d. R. höheren tarifvertraglichen Urlaubsanspruchs) auch in Betracht, wenn Beschäftigte nach langjähriger Krankheit (z. B. wegen

Frühverrentung) aus dem Arbeitsverhältnis ausscheiden. Das BAG hat diese Auslegung mit Urteil vom 20. 12. 2022 – 9 AZR 245/19 – noch einmal konkretisiert. Danach gilt bei langjähriger Erkrankung, dass der Urlaubsanspruch für die Kalenderjahre nach Ablauf des Übertragungszeitraums entfällt, in denen der Arbeitnehmer ganzjährig erkrankt ist. Anders verhält es sich jedoch, wenn der Arbeitnehmer im Urlaubsjahr tatsächlich noch gearbeitet hat, bevor er voll erwerbsgemindert oder krankheitsbedingt arbeitsunfähig geworden ist. In dieser Fallkonstellation setzt die Befristung des Urlaubsanspruchs regelmäßig voraus, dass der Arbeitgeber den Arbeitnehmer rechtzeitig vor Eintritt der Arbeitsunfähigkeit in die Lage versetzt hat, seinen Urlaub auch tatsächlich zu nehmen.

Als Reaktion auf den aus damaliger Sicht durchaus als radikal zu bezeichnenden Bruch mit der bis dahin gefestigten Rechtsprechung zum Urlaubsrecht haben die öffentlichen Arbeitgeber Hinweise zum Umgang mit der neuen rechtlichen Situation gegeben; vgl. hierzu das BMI-Rundschreiben vom 13. März 2013.[1])

Geht ein Arbeitnehmer nach einer rechtswidrigen Kündigung einer anderen Beschäftigung nach, entstehen für den Zeitraum der zeitlichen Überschneidung beider Arbeitsverhältnisse ungeminderte Urlaubsansprüche sowohl gegenüber dem alten als auch gegenüber dem neuen Arbeitgeber. In einem solchen Fall ist jedoch zur Vermeidung doppelter Urlaubsansprüche der Urlaub, den der Arbeitnehmer vom neuen Arbeitgeber erhalten hat, auf den Urlaubs- bzw. Urlaubsabgeltungsanspruch gegen seinen alten Arbeitgeber anzurechnen (siehe BAG vom 5. 12. 2023 – 9 AZR 230/22).

Urlaubsabgeltung bei Tod des Beschäftigten

Nach langjähriger gefestigter Rechtsprechung des BAG (z. B. im Urteil vom 20. 9. 2011 – 9 AZR 416/10) erlosch mit dem Tod des Beschäftigten nicht nur das Arbeitsverhältnis, sondern auch ein eventueller Urlaubsabgeltungsanspruch. Abweichend davon hat der EuGH – zurückgehend auf einen Vorlagebeschluss des Landesarbeitsgerichtes Hamm in seinem Urteil vom 12. 6. 2014 – C-118/13 – die Auffassung vertreten, dass das Unionsrecht einzelstaatlichen Rechtsvorschriften oder Gepflogenheiten entgegensteht, „wonach der Anspruch auf bezahlten Jahresurlaub ohne Begründung eines Abgeltungsanspruchs für nicht genommenen Urlaub untergeht, wenn das Arbeitsverhältnis durch den Tod des Arbeitnehmers endet". Im Ergebnis hat der EuGH den

[1]) abgedruckt als **Anhang 2**

Erben eines Beschäftigten, der im laufenden Arbeitsverhältnis verstorben war, einen Anspruch auf Urlaubsabgeltung zugesprochen. Dieser von seiner bisherigen Rechtsprechung abweichenden Auffassung hat sich das BAG angeschlossen (Urteil vom 22. 9. 2015 – 9 AZR 170/14, bestätigt durch Urteil vom 22. 1. 2019 – 9 AZR 45/16).

II

Zusatzurlaub nach § 208 SGB IX

Wegen der Besonderheiten der Berechnung des (Zusatz-)Urlaubs nach § 208 SGB IX siehe § 27 TVöD.

Anhang 1

Mindesturlaubsgesetz für Arbeitnehmer (Bundesurlaubsgesetz)

Vom 8. Januar 1963 (BGBl. I S. 2)

Zuletzt geändert durch
Gesetz zur Umsetzung des Seearbeitsübereinkommens 2006 der Internationalen Arbeitsorganisation
vom 20. April 2013 (BGBl. I S. 868)

II

§ 1 Urlaubsanspruch

Jeder Arbeitnehmer hat in jedem Kalenderjahr Anspruch auf bezahlten Erholungsurlaub.

§ 2 Geltungsbereich

Arbeitnehmer im Sinne des Gesetzes sind Arbeiter und Angestellte sowie die zu ihrer Berufsausbildung Beschäftigten. Als Arbeitnehmer gelten auch Personen, die wegen ihrer wirtschaftlichen Unselbständigkeit als arbeitnehmerähnliche Personen anzusehen sind; für den Bereich der Heimarbeit gilt § 12.

§ 3 Dauer des Urlaubs

(1) Der Urlaub beträgt jährlich mindestens 24 Werktage.

(2) Als Werktage gelten alle Kalendertage, die nicht Sonn- oder gesetzliche Feiertage sind.

§ 4 Wartezeit

Der volle Urlaubsanspruch wird erstmalig nach sechsmonatigem Bestehen des Arbeitsverhältnisses erworben.

§ 5 Teilurlaub

(1) Anspruch auf ein Zwölftel des Jahresurlaubs für jeden vollen Monat des Bestehens des Arbeitsverhältnisses hat der Arbeitnehmer

a) für Zeiten eines Kalenderjahres, für die er wegen Nichterfüllung der Wartezeit in diesem Kalenderjahr keinen vollen Urlaubsanspruch erwirbt;

b) wenn er vor erfüllter Wartezeit aus dem Arbeitsverhältnis ausscheidet;

c) wenn er nach erfüllter Wartezeit in der ersten Hälfte eines Kalenderjahres aus dem Arbeitsverhältnis ausscheidet.

(2) Bruchteile von Urlaubstagen, die mindestens einen halben Tag ergeben, sind auf volle Urlaubstage aufzurunden.

(3) Hat der Arbeitnehmer im Falle des Absatzes 1 Buchstabe c bereits Urlaub über den ihm zustehenden Umfang hinaus erhalten, so kann das dafür gezahlte Urlaubsentgelt nicht zurückgefordert werden.

§ 6 Ausschluß von Doppelansprüchen

(1) Der Anspruch auf Urlaub besteht nicht, soweit dem Arbeitnehmer für das laufende Kalenderjahr bereits von einem früheren Arbeitgeber Urlaub gewährt worden ist.

(2) Der Arbeitgeber ist verpflichtet, bei Beendigung des Arbeitsverhältnisses dem Arbeitnehmer eine Bescheinigung über den im laufenden Kalenderjahr gewährten oder abgegoltenen Urlaub auszuhändigen.

§ 7 Zeitpunkt, Übertragbarkeit und Abgeltung des Urlaubs

(1) Bei der zeitlichen Festlegung des Urlaubs sind die Urlaubswünsche des Arbeitnehmers zu berücksichtigen, es sei denn, daß ihrer Berücksichtigung dringende betriebliche Belange oder Urlaubswünsche anderer Arbeitnehmer, die unter sozialen Gesichtspunkten den Vorrang verdienen, entgegenstehen. Der Urlaub ist zu gewähren, wenn der Arbeitnehmer dies im Anschluß an eine Maßnahme der medizinischen Vorsorge oder Rehabilitation verlangt.

(2) Der Urlaub ist zusammenhängend zu gewähren, es sei denn, daß dringende betriebliche oder in der Person des Arbeitnehmers liegende Gründe eine Teilung des Urlaubs erforderlich machen. Kann der Urlaub aus diesen Gründen nicht zusammenhängend gewährt werden, und hat der Arbeitnehmer Anspruch auf Urlaub von mehr als zwölf Werktagen, so muß einer der Urlaubsteile mindestens zwölf aufeinanderfolgende Werktage umfassen.

(3) Der Urlaub muß im laufenden Kalenderjahr gewährt und genommen werden. Eine Übertragung des Urlaubs auf das nächste Kalenderjahr ist nur statthaft, wenn dringende betriebliche oder in der Person des Arbeitnehmers liegende Gründe dies rechtfertigen. Im Fall der Übertragung muß der Urlaub in den ersten drei Monaten des folgenden Kalenderjahres gewährt und genommen werden. Auf Verlangen des Arbeitnehmers ist ein nach § 5 Abs. 1 Buchstabe a entstehender Teilurlaub jedoch auf das nächste Kalenderjahr zu übertragen.

(4) Kann der Urlaub wegen Beendigung des Arbeitsverhältnisses ganz oder teilweise nicht mehr gewährt werden, so ist er abzugelten.

§ 8 Erwerbstätigkeit während des Urlaubs

Während des Urlaubs darf der Arbeitnehmer keine dem Urlaubszweck widersprechende Erwerbstätigkeit leisten.

§ 9 Erkrankung während des Urlaubs

Erkrankt ein Arbeitnehmer während des Urlaubs, so werden die durch ärztliches Zeugnis nachgewiesenen Tage der Arbeitsunfähigkeit auf den Jahresurlaub nicht angerechnet.

§ 10 Maßnahmen der medizinischen Vorsorge oder Rehabilitation

Maßnahmen der medizinischen Vorsorge oder Rehabilitation dürfen nicht auf den Urlaub angerechnet werden, soweit ein Anspruch auf Fortzahlung des Arbeitsentgelts nach den gesetzlichen Vorschriften über die Entgeltfortzahlung im Krankheitsfall besteht.

§ 11 Urlaubsentgelt

(1) Das Urlaubsentgelt bemißt sich nach dem durchschnittlichen Arbeitsverdienst, das der Arbeitnehmer in den letzten dreizehn Wochen vor dem Beginn des Urlaubs erhalten hat, mit Ausnahme des zusätzlich für Überstunden gezahlten Arbeitsverdienstes. Bei Verdiensterhöhungen nicht nur vorübergehender Natur, die während des Berechnungszeitraums oder des Urlaubs eintreten, ist von dem erhöhten Verdienst auszugehen. Verdienstkürzungen, die im Berechnungszeitraum infolge von Kurzarbeit, Arbeitsausfällen oder unverschuldeter Arbeitsversäumnis eintreten, bleiben für die Berechnung des Urlaubsentgelts außer Betracht. Zum Arbeitsentgelt gehörende Sachbezüge, die während des Urlaubs nicht weitergewährt werden, sind für die Dauer des Urlaubs angemessen in bar abzugelten.

(2) Das Urlaubsentgelt ist vor Antritt des Urlaubs auszuzahlen.

§ 12 Urlaub im Bereich der Heimarbeit

Für die in Heimarbeit Beschäftigten und die ihnen nach § 1 Abs. 2 Buchstaben a bis c des Heimarbeitsgesetzes Gleichgestellten, für die die Urlaubsregelung nicht ausdrücklich von der Gleichstellung ausgenommen ist, gelten die vorstehenden Bestimmungen mit Ausnahme der §§ 4 bis 6, 7 Abs. 3 und 4 und § 11 nach Maßgabe der folgenden Bestimmungen:

1. Heimarbeiter (§ 1 Abs. 1 Buchstabe a des Heimarbeitsgesetzes) und nach § 1 Abs. 2 Buchstabe a des Heimarbeitsgesetzes Gleichgestellte erhalten von ihrem Auftraggeber, oder falls sie von einem Zwischenmeister beschäftigt werden, von diesem bei einem Anspruch auf 24 Werktage ein Urlaubsentgelt von 9,1 vom Hundert des in

II

der Zeit vom 1. Mai bis zum 30. April des folgenden Jahres oder bis zur Beendigung des Beschäftigungsverhältnisses verdienten Arbeitsentgelts vor Abzug der Steuern und Sozialversicherungsbeiträge ohne Unkostenzuschlag und ohne die für den Lohnausfall an Feiertagen, den Arbeitsausfall infolge Krankheit und den Urlaub zu leistenden Zahlungen.

2. War der Anspruchsberechtigte im Berechnungszeitraum nicht ständig beschäftigt, so brauchen unbeschadet des Anspruches auf Urlaubsentgelt nach Nummer 1 nur so viele Urlaubstage gegeben zu werden, wie durchschnittliche Tagesverdienste, die er in der Regel erzielt hat, in dem Urlaubsentgelt nach Nummer 1 enthalten sind.

3. Das Urlaubsentgelt für die in Nummer 1 bezeichneten Personen soll erst bei der letzten Entgeltzahlung vor Antritt des Urlaubs ausgezahlt werden.

4. Hausgewerbetreibende (§ 1 Abs. 1 Buchstabe b des Heimarbeitsgesetzes) und nach § 1 Abs. 2 Buchstaben b und c des Heimarbeitsgesetzes Gleichgestellte erhalten von ihrem Auftraggeber oder, falls sie von einem Zwischenmeister beschäftigt werden, von diesem als eigenes Urlaubsentgelt und zur Sicherung der Urlaubsansprüche der von ihnen Beschäftigten einen Betrag von 9,1 vom Hundert des an sie ausgezahlten Arbeitsentgelts vor Abzug der Steuern und Sozialversicherungsbeiträge ohne Unkostenzuschlag und ohne die für den Lohnausfall an Feiertagen, den Arbeitsausfall infolge Krankheit und den Urlaub zu leistenden Zahlungen.

5. Zwischenmeister, die den in Heimarbeit Beschäftigten nach § 1 Abs. 2 Buchstabe d des Heimarbeitsgesetzes gleichgestellt sind, haben gegen ihren Auftraggeber Anspruch auf die von ihnen nach den Nummern 1 und 4 nachweislich zu zahlenden Beträge.

6. Die Beträge nach den Nummern 1, 4 und 5 sind gesondert im Entgeltbeleg auszuweisen.

7. Durch Tarifvertrag kann bestimmt werden, daß Heimarbeiter (§ 1 Abs. 1 Buchstabe a des Heimarbeitsgesetzes), die nur für einen Auftraggeber tätig sind und tariflich allgemein wie Betriebsarbeiter behandelt werden, Urlaub nach den allgemeinen Urlaubsbestimmungen erhalten.

8. Auf die in den Nummern 1, 4 und 5 vorgesehenen Beträge finden die §§ 23 bis 25, 27 und 28 und auf die in den Nummern 1 und 4 vorgesehenen Beträge außerdem § 21 Abs. 2 des Heimarbeitsgesetzes entsprechende Anwendung. Für die Urlaubsansprüche der

fremden Hilfskräfte der in Nummer 4 genannten Personen gilt § 26 des Heimarbeitsgesetzes entsprechend.

§ 13 Unabdingbarkeit

(1) Von den vorstehenden Vorschriften mit Ausnahme der §§ 1, 2 und 3 Abs. 1 kann in Tarifverträgen abgewichen werden. Die abweichenden Bestimmungen haben zwischen nichttarifgebundenen Arbeitgebern und Arbeitnehmern Geltung, wenn zwischen diesen die Anwendung der einschlägigen tariflichen Urlaubsregelung vereinbart ist. Im übrigen kann, abgesehen von § 7 Abs. 2 Satz 2, von den Bestimmungen dieses Gesetzes nicht zuungunsten des Arbeitnehmers abgewichen werden.

(2) Für das Baugewerbe oder sonstige Wirtschaftszweige, in denen als Folge häufigen Ortswechsels der von den Betrieben zu leistenden Arbeit Arbeitsverhältnisse von kürzerer Dauer als einem Jahr in erheblichem Umfange üblich sind, kann durch Tarifvertrag von den vorstehenden Vorschriften über die in Absatz 1 Satz 1 vorgesehene Grenze hinaus abgewichen werden, soweit dies zur Sicherung eines zusammenhängenden Jahresurlaubs für alle Arbeitnehmer erforderlich ist. Absatz 1 Satz 2 findet entsprechende Anwendung.

(3) Für den Bereich der Deutsche Bahn Aktiengesellschaft sowie einer gemäß § 2 Abs. 1 und § 3 Abs. 3 des Deutsche Bahn Gründungsgesetzes vom 27. Dezember 1993 (BGBl. I S. 2378, 2386) ausgegliederten Gesellschaft und für den Bereich der Nachfolgeunternehmen der Deutschen Bundespost kann von der Vorschrift über das Kalenderjahr als Urlaubsjahr (§ 1) in Tarifverträgen abgewichen werden.

§ 14 (gegenstandslos)

§ 15 Änderung und Aufhebung von Gesetzen

(1) Unberührt bleiben die urlaubsrechtlichen Bestimmungen des Arbeitsplatzschutzgesetzes vom 30. März 1957 (Bundesgesetzbl. I S. 293), geändert durch Gesetz vom 22. März 1962 (Bundesgesetzbl. I S. 169), des Neunten Buches Sozialgesetzbuch, des Jugendarbeitsschutzgesetzes vom 9. August 1960 (Bundesgesetzbl. I S. 665), geändert durch Gesetz vom 20. Juli 1962 (Bundesgesetzbl. I S. 449), und des Seearbeitsgesetzes vom 20. April 2013 (BGBl. I S. 868), jedoch wird

a) in § 19 Abs. 6 Satz 2 des Jugendarbeitsschutzgesetzes der Punkt hinter dem letzten Wort durch ein Komma ersetzt und folgender Satzteil angefügt: „und in diesen Fällen eine grobe Verletzung der Treuepflicht aus dem Beschäftigungsverhältnis vorliegt.“;

II

b) § 53 Abs. 2 des Seemannsgesetzes durch folgende Bestimmungen ersetzt: „Das Bundesurlaubsgesetz vom 8. Januar 1963 (Bundesgesetzbl. I S. 2) findet auf den Urlaubsanspruch des Besatzungsmitglieds nur insoweit Anwendung, als es Vorschriften über die Mindestdauer des Urlaubs enthält."

(2) Mit dem Inkrafttreten dieses Gesetzes treten die landesrechtlichen Vorschriften über den Erholungsurlaub außer Kraft. In Kraft bleiben jedoch die landesrechtlichen Bestimmungen über den Urlaub für Opfer des Nationalsozialismus und für solche Arbeitnehmer, die geistig oder körperlich in ihrer Erwerbsfähigkeit behindert sind.

§ 15a Übergangsvorschrift

Befindet sich der Arbeitnehmer von einem Tag nach dem 9. Dezember 1998 bis zum 1. Januar 1999 oder darüber hinaus in einer Maßnahme der medizinischen Vorsorge oder Rehabilitation, sind für diesen Zeitraum die seit dem 1. Januar 1999 geltenden Vorschriften maßgebend, es sei denn, daß diese für den Arbeitnehmer ungünstiger sind.

§ 16 Inkrafttreten

Dieses Gesetz tritt mit Wirkung vom 1. Januar 1963 in Kraft.

Anhang 2

Rundschreiben des Bundesministeriums des Innern zum Tarifvertrag für den öffentlichen Dienst (TVöD), § 26 Erholungsurlaub, Urlaubs- und Urlaubsabgeltungsansprüche bei krankheitsbedingter Arbeitsunfähigkeit

RdSchr. d. BMI vom 13. März 2013

II

A
Vorbemerkung

Mit Bezugsrundschreiben wurden Durchführungshinweise gegeben, wie in Fällen fortdauernder krankheitsbedingter Arbeitsunfähigkeit nach der neuen Rechtsprechung des Bundesarbeitsgerichts (BAG), die im Anschluss an die Grundsatzentscheidungen des Gerichtshofs der Europäischen Union (EuGH) in den Rechtssachen „Schultz-Hoff" und „KHS" zur Umsetzung der unionsrechtlichen Vorgaben ergangen ist, urlaubsrechtlich zu verfahren ist. In der Zwischenzeit hat das BAG seine neue Rechtsprechung zur Übertragung und Abgeltung von Urlaubsansprüchen in einer Vielzahl weiterer grundlegender Entscheidungen weiterentwickelt und präzisiert. Das Bezugsrundschreiben vom 31. Mai 2012 ist in Teilaspekten deshalb bereits wieder überholt und wird aufgehoben. Das vorliegende Rundschreiben verfolgt das Ziel, die aktuelle Rechtslage im Urlaubsrecht zusammenfassend darzustellen. Die neue Rechtsprechung des BAG ist eingearbeitet und die Durchführungshinweise sind entsprechend ergänzt bzw. berichtigt worden. Die aktualisierte Neufassung ersetzt somit das Bezugsrundschreiben vollständig. Dabei gilt unverändert, dass im Urlaubsrecht mit weiteren Änderungen zu rechnen ist. Auch zum jetzigen Zeitpunkt liegt noch nicht zu allen Folgefragen, die sich aufgrund der verbindlichen Auslegung der unionsrechtlichen Vorgaben durch den EuGH ergeben, höchstrichterliche Rechtsprechung vor. Es ist somit absehbar, dass die Entwicklung des seit der Schultz-Hoff-Entscheidung in Bewegung geratenen deutschen Urlaubsrechts noch nicht abgeschlossen ist.

Die Weiterentwicklung der urlaubsrechtlichen Rechtsprechung, die sich seit der letzten Aktualisierung der Durchführungshinweise vollzogen hat, betrifft im Wesentlichen die Regelungen zur Abgeltung und zum Verfall von tariflichen Mehrurlaubsansprüchen sowie die Höchstbegrenzung des Übertragungszeitraumes für den gesetzlichen Mindesturlaub. Hervorzuheben sind insbesondere folgende Entschei-

II

dungen des BAG, die in den Abschnitten D und E genauer erläutert werden:

- **Abgeltung tariflicher Mehrurlaubsansprüche** richtet sich auch nach der gesetzlichen Regelung des § 7 Abs. 4 BUrlG (BAG vom 22. Mai 2012 – 9 AZR 618/10 –). Der Anspruch auf Abgeltung des tariflichen Mehrurlaubs ist nicht davon anhängig, ob der Arbeitnehmer bei Beendigung des Arbeitsverhältnisses arbeitsfähig ist oder seine Arbeitsfähigkeit bis zum Ende des tariflichen Übertragungszeitraums wieder erlangt.
- **Urlaubsabgeltung** entsteht auch bei Arbeitsfähigkeit des Arbeitnehmers als reiner Geldanspruch bei Beendigung des Arbeitsverhältnisses – **vollständige Aufgabe der Surrogatstheorie** (BAG vom 19. Juni 2012 – 9 AZR 652/10 –). Der Anspruch auf Abgeltung des Urlaubsanspruchs setzt nicht mehr die Erfüllbarkeit des Freistellungsanspruchs in einem fiktiv fortbestehenden Arbeitsverhältnis voraus.
- **Verfall gesetzlicher Mindesturlaubsansprüche bei fortdauernder krankheitsbedingter Arbeitsunfähigkeit nach Ablauf eines verlängerten Übertragungszeitraums von längstens fünfzehn Monaten.** § 7 Abs. 3 BUrlG wird im Anschluss an die KHS-Entscheidung des EuGH nunmehr im Wege der unionsrechtskonformen Auslegung unmittelbar ausgelegt (BAG vom 7. August 2012 – 9 AZR 353/10 –).
- **Urlaubsansprüche im ruhenden Arbeitsverhältnis** aufgrund des Bezugs einer zeitlich befristeten Erwerbsminderungsrente, der eine Erkrankung zugrunde liegt (ebenfalls BAG vom 7. August 2012 – 9 AZR 353/10 –). Die Kürzungsvorschrift des § 26 Abs. 2 Buchst. c TVöD findet in diesen Fällen nur auf den tariflichen Mehrurlaub Anwendung.
- **Anspruchskonkurrenz zwischen gesetzlichem Mindesturlaub und tariflichem Mehrurlaub.** Unterscheidet eine Regelung in Bezug auf den Umfang des Urlaubsanspruchs nicht zwischen gesetzlichem Mindesturlaub und tariflichem Mehrurlaub, werden mit der Freistellung des Arbeitnehmers auch ohne Tilgungsbestimmung beide Ansprüche ganz oder teilweise erfüllt (BAG vom 7. August 2012 – 9 AZR 760/10 –).

B
Vorabentscheidungen des EuGH zum Erhalt des nach Art. 7 der Arbeitszeitrichtlinie unionsrechtlich gewährleisteten Anspruchs auf bezahlten Mindesturlaub in Fällen einer fortdauernden krankheitsbedingten Arbeitsunfähigkeit

Die Vorabentscheidung des **EuGH vom 20. Januar 2009 in den verbundenen Rechtssachen – C-350/06 – (Schultz-Hoff) und C-520/06 (Stringer)** – *(im Folgenden: „Schultz-Hoff")* hatte tiefgreifende Folgen für das deutsche Urlaubsrecht. Der EuGH hat darin u. a. auf Grundlage der ihm vom LAG Düsseldorf vorgelegten Auslegungsfragen die Bestimmungen des Unionsrechts zum bezahlten Mindestjahresurlaub von vier Wochen nach Art. 7 der Richtlinie 2003/88/EG des Europäischen Parlaments und des Rates vom 4. November 2003 über bestimmte Aspekte der Arbeitszeitgestaltung (ABl. L 299, S. 9) – *(im Folgenden: „Arbeitszeitrichtlinie")* – anhand von abstrakten Rechtssätzen präzisiert. Die Fragen betrafen dabei den Ausnahmefall einer fortdauernden krankheitsbedingten Arbeitsunfähigkeit. Also einen Sachverhalt, in dem Arbeitnehmer aus von ihnen unabhängigen Gründen nicht die Möglichkeit hatten, ihren Urlaubsanspruch zu verwirklichen. In den jeweiligen Ausgangsverfahren der im Rahmen der Vorabentscheidung verbundenen Rechtssachen konnten die Arbeitnehmer ihren unionsrechtlich gewährleisteten Anspruch auf bezahlten Jahresurlaub nicht ausüben, weil sie während des gesamten Bezugszeitraums und/oder Übertragungszeitraums oder eines Teils davon ordnungsgemäß krankgeschrieben waren.

Für das deutsche Urlaubsrecht von Bedeutung sind die folgenden vom EuGH aufgestellten vier Rechtssätze:

- Der von Art. 7 Abs. 1 der Arbeitszeitrichtlinie gewährleistete Anspruch auf bezahlten Mindestjahresurlaub von vier Wochen kann bei ordnungsgemäß krankgeschriebenen Arbeitnehmern nicht von einer tatsächlichen Mindestarbeitsleistung abhängig gemacht werden; er entsteht daher auch, wenn Arbeitnehmer im gesamten Bezugszeitraum oder in Teilen arbeitsunfähig krank sind [Rz. 41 a. a. O., bestätigt mit EuGH-Urteil vom 24. Januar 2012 – C-282/10 (Rechtssache Dominguez)].
- Art. 7 Abs. 1 der Arbeitszeitrichtlinie steht grundsätzlich einer nationalen Regelung nicht entgegen, die für die Ausübung des mit der Arbeitszeitrichtlinie ausdrücklich verliehenen Anspruchs auf bezahlten Jahresurlaub Modalitäten vorsieht. Diese kann sogar den Verlust dieses Anspruchs am Ende eines Bezugszeitraums *(= Kalen-*

derjahr) oder eines Übertragungszeitraums umfassen (Rz. 43, 49 a. a. O.).

- Der nach der Arbeitszeitrichtlinie verliehene Urlaubsanspruch erlischt jedoch nur, wenn der Arbeitnehmer tatsächlich die Möglichkeit hatte, ihn auszuüben. Art. 7 Abs. 1 der Arbeitszeitrichtlinie steht deswegen einzelstaatlichen Rechtsvorschriften entgegen, nach denen der Anspruch auf bezahlten Mindestjahresurlaub bei Ablauf des Bezugszeitraums oder eines Übertragungszeitraums auch dann erlischt, wenn der Arbeitnehmer während des gesamten Bezugszeitraums und/oder Übertragungszeitraums oder eines Teils davon krankgeschrieben war (Tenor 2 a. a. O.).
- Das Gleiche gilt für die Urlaubsabgeltung. Insoweit steht Art. 7 Abs. 2 der Arbeitszeitrichtlinie einzelstaatlichen Rechtsvorschriften entgegen, nach denen für nicht genommenen Mindestjahresurlaub bei krankheitsbedingter Arbeitsunfähigkeit am Ende des Arbeitsverhältnisses keine finanzielle Vergütung gezahlt wird. Maßgebend für die Berechnung der Urlaubsabgeltung ist das gewöhnliche Arbeitsentgelt, das während des bezahlten Jahresurlaub zu zahlen gewesen wäre (Tenor 3 a. a. O.).

Der **EuGH** hat die darauf folgende **Vorabentscheidung vom 24. November 2011 – C-214/10 (Rechtssache KHS)** – *(im Folgenden „KHS")* genutzt, um seine in der Schultz-Hoff-Entscheidung getroffene Schlussfolgerung ausdrücklich zu „nuancieren". Auf Vorlage des LAG Hamm hat er ergänzend festgestellt, dass es grundsätzlich zulässig ist, das Ansammeln von Ansprüchen auf bezahlten Jahresurlaub zu begrenzen, wenn ein Arbeitnehmer über mehrere Bezugszeiträume in Folge arbeitsunfähig ist. Ein Recht auf ein unbegrenztes Ansammeln von Ansprüchen auf bezahlten Jahresurlaub, würde dann nicht mehr dem Zweck des Anspruchs auf bezahlten Jahresurlaub entsprechen. Das nationale Recht könne daher einen Übertragungszeitraum vorsehen, nach dessen Ende der Anspruch auf bezahlten Jahresurlaub erlischt, der während eines Zeitraums der Arbeitsunfähigkeit angesammelt wurde. Allerdings müsse ein solcher Übertragungszeitraum die Dauer des Bezugszeitraums, für den der Urlaub gewährt wird, deutlich überschreiten. Ausdrücklich als unionsrechtskonform anerkannt hat der EuGH bei lang andauernder Arbeitsunfähigkeit eine zeitliche Begrenzung der Ansammlung von Urlaubsansprüchen durch einen **verlängerten (Höchst-)Übertragungszeitraum von fünfzehn Monaten**, nach dessen Ablauf der Anspruch auf bezahlten Urlaub erlischt. Bei Überschreitung dieses Zeitraums könne davon ausgegangen werden, dass der bezahlte Jahresurlaub für den Arbeitnehmer keine positive Wirkung als Erholungszeit mehr habe (Rz. 30 ff. a. a. O.).

In seiner **Vorabentscheidung vom 24. Januar 2012 – C-282/10 (Rechtssache Dominguez)** hat der EuGH klargestellt, dass die unionsrechtlichen Vorgaben ausschließlich den nach Art. 7 der Arbeitszeitrichtlinie gewährleisteten Mindestjahresurlaub von vier Wochen betreffen. Die Mitgliedstaaten können die Bedingungen für die Inanspruchnahme und Gewährung des diesen übersteigenden Mehrurlaubs frei regeln. Diese Befugnis schließt die Befristung des Mehrurlaubs ein (Rz. 47 a. a. O.).

C
Grundlegende Entscheidungen des Bundesarbeitsgerichts

Für Fälle krankheitsbedingter Arbeitsunfähigkeit, die bis zum Ende des Urlaubsjahres und/oder des Übertragungszeitraums andauerten, widersprach die vom BAG in ständiger Rechtsprechung vertretene Auslegung des § 7 Abs. 3 und 4 BurlG den beschriebenen Vorabentscheidungen. Nach den Vorgaben der richtlinienkonformen Grundsätze durch den EuGH in seiner **Schultz-Hoff-Entscheidung** hat das BAG seine entgegenstehende Rechtsprechung mit Urteil vom 24. März 2009 – 9 AZR 983/07 – unter Beachtung dieser Vorgaben aufgegeben. Die Schultz-Hoff-Entscheidung beinhaltete jedoch keine Aussagen zur Zulässigkeit einer Begrenzung des Ansammelns von Urlaubsansprüchen in Fällen fortdauernder Arbeitsunfähigkeit. Das BAG hat im Wege einer Rechtsfortbildung deswegen – zunächst ohne weitere zeitliche Einschränkung – angenommen, der gesetzliche Mindesturlaubsanspruch sei im Falle fortdauernder Arbeitsunfähigkeit des Arbeitnehmers entgegen der Regelung in § 7 Abs. 3 Satz 3 BUrlG nicht bis zum 31. März des Folgejahres befristet [vgl. BAG vom 24. März 2009 – 9 AZR 983/07 – (Juris-Rz. 47 ff.)]. Nachdem der EuGH zwischenzeitlich seine Rechtsprechung in der **KHS-Entscheidung** „nuanciert" hat und grundsätzlich eine Begrenzung des Übertragungszeitraums für zulässig erklärte, ist nach Feststellung des BAG auch eine modifizierte unionsrechtskonforme Auslegung unmittelbar aus § 7 Abs. 3 Satz 3 BUrlG geboten (vgl. BAG vom 7. August 2012 – 9 AZR 353/10 –; nähere Einzelheiten hierzu siehe Abschnitt D). Für den tariflichen Mehrurlaub gelten jedoch auch bei langfristiger krankheitsbedingter Arbeitsunfähigkeit für die Befristung und den Verfall die Bestimmungen des § 26 Abs. 2 Buchst. a TVöD bzw. die übertarifliche Regelung, wonach analog zu der für die Beamten und Beamtinnen des Bundes in § 7 Erholungsurlaubsverordnung (EUrlV) geltenden Regelung der Urlaubsanspruch verfällt, wenn er nicht innerhalb von zwölf Monaten nach dem Ende des Urlaubsjahres in dem er entstanden ist, in Anspruch genommen wurde (s. Abschnitt E, Ziffer 1.1.4).

II

Es folgten weitere Grundsatzentscheidungen, deren Kernaussagen im Folgenden kurz erläutert werden:

- Der Urlaubsabgeltungsanspruch wird in Folge der Aufgabe der Surrogatstheorie, die die Erfüllbarkeit des Freistellungsanspruchs in einem fiktiv fortbestehenden Arbeitsverhältnis voraussetzte, nun am Ende des Arbeitsverhältnisses als reiner Geldanspruch fällig, und zwar auch im Falle einer zu diesem Zeitpunkt vorliegenden Arbeitsunfähigkeit (vgl. BAG v. 9. August 2011 – 9 AZR 365/10 –).
- Der Abgeltungsanspruch unterscheidet sich nicht von den sonstigen Entgeltansprüchen aus dem Arbeitsverhältnis und unterliegt dadurch auch den tariflichen Ausschlussfristen und kann verfallen (vgl. BAG v. 9. August 2011 – 9 AZR 352/10 –).
- Die Tarifvertragsparteien haben mit den Regelungen des § 26 Abs. 2 TVöD zur Übertragung und zum Verfall des Urlaubsanspruchs ein eigenständiges Fristregime, losgelöst von den gesetzlichen Bestimmungen des § 7 Abs. 3 BurlG, geschaffen (vgl. zuletzt BAG v. 22. Mai 2012 – 9 AZR 575/10 –). Folglich können tarifliche Mehrurlaubsansprüche weiterhin entsprechend vereinbarter tariflicher Fristen auch bei langandauernder Erkrankung verfallen.
- Urlaubsabgeltungsansprüche sowohl für den gesetzlichen Mindesturlaub als auch für den tariflichen Mehrurlaub richten sich einheitlich nach § 7 Abs. 4 BUrlG (vgl. BAG v. 22. Mai 2012 – 9 AZR 618/10 –). Die Tarifvertragsparteien haben keine eigenständigen Regelungen für Urlaubsabgeltungsansprüche vereinbart. Die Verweisung auf die gesetzlichen Bestimmungen hat den „Gleichlauf" der Ansprüche zur Folge. Urlaubsabgeltungsansprüche werden, soweit sie nicht verfallen sind, bei Beendigung des Arbeitsverhältnisses sofort fällig.
- Die Tarifvertragsparteien haben mit der Regelung des § 26 Abs. 2 Buchst. a TVöD hinsichtlich der Befristung und Übertragung und damit mittelbar auch zugleich bezüglich des Verfalls des Urlaubs ein eigenständiges Fristenregime vereinbart und damit eine von § 7 Abs. 3 BUrlG abweichende eigenständige Regelung getroffen [vgl. BAG v. 22. Mai 2012 – 9 AZR 575/10 – siehe (Juris-Rz. 10, 11 a. a. O.)]. Diese hinreichend deutliche Differenzierung zu den gesetzlichen Bestimmungen lässt erkennen, dass im Tarifvertrag ein sogenannter „Gleichlauf" zum Mindesturlaub nach dem BUrlG nicht beabsichtigt ist. Einem von den Tarifvertragsparteien angeordneten Verfall des übergesetzlichen Urlaubsanspruchs steht nach klarem Richtlinienrecht und der gesicherten Rechtsprechung des EuGH kein Unionsrecht entgegen [BAG vom 24. März 2009 – 9 AZR

983/07 – (Juris-Rz. 81) sowie vom 7. August 2012 – 9 AZR 760/10 – (Juris-Rz. 20)].

D
Kurzdarstellung der neuesten Entscheidungen des Bundesarbeitsgerichts

1. Abgeltung tarifvertraglicher Mehrurlaubsansprüche, BAG-Entscheidungen vom 22. Mai 2012 – 9 AZR 618/10 – und vom 19. Juni 2012 – 9 AZR 652/10 –

Nach den aktuellen BAG-Entscheidungen kann die bisher vertretene Rechtsauffassung, wonach der tarifliche Mehrurlaubsanspruch bei Beendigung des Arbeitsverhältnisses weiterhin seine Erfüllbarkeit bei gedachter Fortdauer des Arbeitsverhältnisses voraussetzt, nicht mehr aufrecht erhalten werden.

Der Neunte Senat hat wiederholt entschieden, dass der Anspruch auf Abgeltung des Urlaubs aufgrund lang andauernder Arbeitsunfähigkeit nach § 7 Abs. 4 BUrlG ein reiner Geldanspruch ist (BAG vom 24. März 2009 – 9 AZR 983/07 –, fortgeführt mit Urteil vom 4. Mai 2010 – 9 AZR 183/09 –). Mit seiner Entscheidung vom 19. Juni 2012 – 9 AZR 652/10 – hat das BAG die Surrogatstheorie nun ausdrücklich insgesamt aufgegeben, also auch für den Fall, dass die/der ausscheidende Beschäftigte arbeitsfähig ist **(= vollständige Aufgabe der Surrogatstheorie)**. Der Abgeltungsanspruch sei nach § 7 Abs. 4 BUrlG in seiner Rechtsqualität ein einheitlicher Anspruch. Die Vorschrift differenziere nicht zwischen arbeitsunfähigen und arbeitsfähigen Arbeitnehmern. Das verbiete es, die Surrogatstheorie nur für Abgeltungsansprüche fortdauernd arbeitsunfähig erkrankter Arbeitnehmer aufzugeben (Juris-Rz. 18 a. a. O.).

Das BAG hat die richtlinienkonforme Rechtsauslegung hinsichtlich der Rechtmäßigkeit zur freien Vereinbarung der **Verfallsregeln für den tarifvertraglichen Mehrurlaub** durch die Tarifvertragsparteien bestätigt und mit seiner aktuellen Rechtsprechung weiter ausgeführt. Mit Urteil vom 22. Mai 2012 – 9 AZR 618/10 – hat der Senat über die **Abgeltung des tariflichen Mehrurlaubs** im Geltungsbereich des Tarifvertrages für den öffentlichen Dienst der Länder (TV-L) entschieden. Der TV-L in der jetzt gültigen Fassung enthält zum Fristenregime sowie zur Verweisung auf Bestimmungen des Bundesurlaubsgesetzes inhaltsgleiche Bestimmungen wie der TVöD; insoweit findet die vorgenannte Rechtsprechung auch für die Beschäftigten des Bundes im Geltungsbereich des TVöD Anwendung. In seinen Entscheidungsgründen weist der Senat erneut darauf hin, dass für den Regelungswillen der Tarifvertragsparteien, zwischen Ansprüchen auf Abgeltung von Mindest- und Mehrurlaub differenzieren zu wollen, deutliche Anhaltspunkte bestehen müssen. Ob ein Gleichlauf von gesetzlichem Mindesturlaub und tariflichen Mehrurlaub vorliege, müsse nach Ansicht des Gerichts anhand der einschlägigen tariflichen Bestimmungen zu den jeweiligen Regelungsgegenständen (Fristenregime und Abgeltungsanspruch) gesondert untersucht werden; dabei erfolgt die Beurteilung jeweils unabhängig voneinander. Das Gericht kommt zu dem Schluss, dass diese Unterscheidung im Tarifvertrag für die Urlaubsabgeltung nicht getroffen wurde. Die Tarifvertragsparteien hätten keine eigenständigen Regelungen zur Abgeltung von Urlaubsansprüchen getroffen, sondern lediglich auf die Bestimmungen zum gesetzlichen Mindesturlaub Bezug genommen. Damit richten sich alle Urlaubsabgeltungsansprüche einheitlich nach § 7 Abs. 4 BUrlG, und zwar unabhängig davon, ob die/der Beschäftigte zu diesem Zeitpunkt arbeitsfähig oder arbeitsunfähig ist. Der sich daraus ergebende **Gleichlauf bei der Abgeltung von Urlaubsansprüchen** lässt nach vollständiger Aufgabe der Surrogatstheorie auch den tariflich noch nicht verfallenen Mehrurlaub als reinen Geldanspruch aus dem Arbeitsverhältnis bei dessen Beendigung entstehen.

2. Urlaubsanspruch im langjährig ruhenden Arbeitsverhältnis, BAG-Entscheidung vom 7. August 2012 – 9 AZR 353/10 –

Nach Feststellung des BAG im Urteil vom 7. August 2012 – 9 AZR 353/10 – ist aus Anlass der Entscheidung des EuGH vom 22. November 2011 – C-214/10 (Rechtssache KHS) § 7 Abs. 3 Satz 3 BUrlG unionskonform so auszulegen, dass **gesetzliche Urlaubsansprüche fünfzehn Monate nach Ablauf des Urlaubsjahres verfallen,** wenn der Arbeitnehmer aus gesundheitlichen Gründen an seiner Arbeitsleistung gehindert war. Sie gehen also spätestens mit Ablauf des 31. März des zweiten Folgejahres unter. Dies gilt auch bei fortdauernder Arbeitsunfähigkeit (Juris-Rz. 32 a. a. O.). Der aufgrund der fünfzehnmonatigen Verfallsfrist in das vom Urlaubsjahr aus betrachtet – übernächste Kalenderjahr übertragene Urlaubsanspruch tritt zum Urlaubsanspruch für das laufende Kalenderjahr hinzu, so dass der gesetzliche Mindesturlaubsanspruch auf kumulierende Weise anwächst. Allerdings besteht die Besonderheit, dass der auf diese Weise übertragene Anteil des Mindesturlaubsanspruchs, der vor dem laufenden Urlaubsjahr entstanden ist, vor Ablauf der fünfzehnmonatigen Verfallsfrist gewährt und genommen werden muss (Juris-Rz. 34 a. a. O.). Besteht die Arbeitsunfähigkeit auch am 31. März des zweiten auf das Urlaubsjahr folgenden Jahres fort, so verfällt der dem Fristenregime des § 7 Abs. 3 Satz 3

BUrlG unterliegende Urlaubsanspruch. Eine erneute Privilegierung des bereits einmal übertragenen Urlaubs ist europarechtlich nicht geboten (Juris-Rz. 40 a. a. O.).

Der Senat hat mit dieser Grundsatzentscheidung ebenfalls seine Rechtsprechung zum neuen Urlaubsrecht bei langjährigem krankheitsbedingten Ruhen des Arbeitsverhältnisses weiter fortgeführt und nationales Recht unionsrechtskonform ausgelegt. Dabei hat er – unter Beachtung der Grundsätze des Unionsrechts – neben dem Verfall des gesetzlichen Mindesturlaubs bei krankheitsbedingtem Arbeitsausfall auch über die **Entstehung und Kürzung von gesetzlichen Urlaubsansprüchen während des Bezuges einer zeitlich befristeten Erwerbsminderungsrente** zu entscheiden gehabt (nähere Einzelheiten siehe Teil E Ziffer 1.1.2). Dabei ist darauf hinzuweisen, dass die Erwerbsminderungsrente in dem entschiedenen Rechtsstreit im kausalen Zusammenhang mit einer andauernden Erkrankung gewährt wurde; nämlich einer schwerbehinderten Arbeitnehmerin, die aus gesundheitlichen Gründen nicht die ihr nach dem Arbeitsvertrag obliegende Arbeitsleistung erbrachte.

E
Folgen der neuen Rechtsprechung für die Praxis in der Bundesverwaltung

Der gesetzliche Mindesturlaubsanspruch ist auch nach Ablauf des Urlaubsjahres bzw. des bisherigen übertariflichen Übertragungszeitraums von zwölf Monaten zu gewähren, wenn die oder der Beschäftigte diesen Urlaub wegen Arbeitsunfähigkeit nicht nehmen konnte. Endet das Arbeitsverhältnis während der Arbeitsunfähigkeit, ist der noch zustehende, nicht genommene und noch nicht verfallene **Urlaub** insgesamt abzugelten (Gesamturlaubsanspruch aus gesetzlichem Mindesturlaub und tariflichem Mehrurlaub). Um dem Rechnung zu tragen, ist § 7 Abs. 3 BUrlG unionsrechtskonform dahin gehend auszulegen, dass gesetzliche Mindesturlaubsansprüche vor Ablauf eines Zeitraums von fünfzehn Monaten nach dem Ende des Urlaubsjahres nicht erlöschen, wenn der oder die Beschäftigte aus gesundheitlichen Gründen an seiner/ihrer Arbeitsleistung gehindert war. Sie gehen jedoch spätestens mit Ablauf des 31. März des zweiten Folgejahres unter.

Die Urteile des EuGH und des BAG bezogen sich ausdrücklich nur auf den gesetzlichen Mindesturlaubsanspruch (vgl. zuletzt BAG vom 22. Mai 2012 – 9 AZR 575/10 –). Der darüber hinausgehende tarifliche Mehrurlaubsanspruch unterfällt nicht den Bestimmungen der Arbeitszeitrichtlinie. Die Tarifvertragsparteien sind deshalb grundsätzlich frei, für diesen Anspruch eigene Verfallsregelungen mit einem eigenständigen Fristenregime zu treffen. Allerdings verlangt das BAG deutliche Anhaltspunkte für den Willen der Tarifvertragsparteien, zwischen gesetzlichen und übergesetzlichen tarifvertraglichen Ansprüchen zu unterscheiden. Mit der o. g. BAG-Entscheidung bestätigte der Urlaubssenat, dass § 26 Abs. 2 Buchst. a TVöD mit den Regelungen zur Übertragung und zum Verfall von Urlaubsansprüchen ein eigenständiges Fristenregime, losgelöst von § 7 Abs 3 BUrlG, darstellt. In der Praxis gelten für die tariflichen Mehrurlaubsansprüche die tarifvertraglich bzw. übertariflich vereinbarten Übertragungs- und Verfallsfristen; und zwar auch dann, wenn der Urlaub aufgrund von langfristiger Erkrankung nicht in Anspruch genommen werden konnte.

1. Mindesturlaub nach dem BUrlG

1.1 Urlaubsanspruch

§ 3 BUrlG regelt die Höhe des gesetzlichen Mindesturlaubsanspruchs. Danach beträgt der jährliche Vollurlaub bei einer Fünf-Tage-Woche 20 Arbeitstage; etwaige Teilurlaubsansprüche hingegen regelt § 5 BUrlG. Dieser Mindesturlaubsanspruch bleibt den Beschäftigten zunächst erhalten, auch wenn sie ihn wegen Arbeitsunfähigkeit im laufenden Kalenderjahr und in dem sich anschließenden übertariflichen Übertragungszeitraum von zwölf Monaten nicht verwirklichen konnten. Hinsichtlich der in Fällen fortdauernder Arbeitsunfähigkeit nach unionsrechtlichen Vorgaben erforderlichen Mindestlänge des Übertragungszeitraums ist jedoch zwischen dem gesetzlichen Mindesturlaub und dem tariflichen Mehrurlaub zu unterscheiden (siehe Ziffer 1.1.4).

1.1.1 Inanspruchnahme (bei rechtzeitiger Rückkehr aus der Arbeitsunfähigkeit)

Geht der übertragene Urlaubsanspruch wegen andauernder Arbeitsunfähigkeit trotz Ablauf des übertariflichen Übertragungszeitraums nicht unter, verfällt er gleichwohl, wenn der Arbeitnehmer im Kalenderjahr oder im Übertragungszeitraum so rechtzeitig gesund und arbeitsfähig wird, dass er in der verbleibenden Zeit den Urlaub hätte nehmen können (BAG vom 9. August 2011 – 9 AZR 425/10 –). Zu den Einzelheiten siehe Ziffer 1.1.4 Buchstabe b sowie dortiges Beispiel.

1.1.2 Rente auf Zeit im Anschluss an die Arbeitsunfähigkeit

Das BAG hat in seiner Entscheidung vom 7. August 2012 – 9 AZR 353/10 – unter Hinweis auf die Rechtsprechung des EuGH [u. a. Urteil vom 24. Januar 2012 – C 282/10 (Rechtssache Dominguez)] festgestellt, dass der gesetzliche Erholungsurlaub nach §§ 1, 3 Abs. 1 BUrlG und der Zusatzurlaub für schwerbehinderte Menschen nach § 125 Abs. 1 SGB IX keine Arbeitsleistung des Arbeitnehmers im Urlaubsjahr voraussetzen. Voraussetzung für das **Entstehen des Urlaubsanspruchs** ist nach dem Bundesurlaubsgesetz allein das Bestehen des Arbeitsverhältnisses (Juris-Rz. 8, 12 a. a. O.). Das in § 33 Abs. 2 Satz 6 TVöD angeordnete Ruhen des Arbeitsverhältnisses während des Bezugs einer Rente auf Zeit (z. B. befristete Rente wegen Erwerbsminderung) hindert somit nicht das Entstehen von Urlaubsansprüchen in diesen Jahren (vgl. Juris-Rz. 7, 8, 15 a. a. O.).

Sowohl der gesetzliche Mindesturlaub als auch der Zusatzurlaub nach § 125 Abs. 1 SGB IX stehen aufgrund ihrer Unabdingbarkeit nach § 13 Abs. 1 Satz 1 BUrlG nicht zur Disposition der Tarifvertragsparteien. Das BAG hat in seiner Entscheidung darauf erkannt, dass eine Tarifvorschrift wie **§ 26 Abs. 2 Buchst. c TVöD**, die die Verminderung der Urlaubsansprüche an das Ruhen des Arbeitsverhältnisses anknüpft, und somit gemäß § 33 Abs. 2 Satz 6 TVöD an den Bezug Rente auf Zeit, insoweit unwirksam ist, als sie auch die Verminderung gesetzlicher Urlaubsansprüche von Arbeitnehmern erfasst, die aus gesundheitlichen Gründen an der Arbeitsleistung gehindert sind. Im Fall des Bezugs einer zeitlich befristeten Erwerbsminderungsrente wirkt sich die Tarifvorschrift des § 26 Abs. 2 Buchst. c TVöD, nach der sich die Dauer des Erholungsurlaubs einschließlich eines etwaigen (tariflichen) Zusatzurlaubs für jeden vollen Kalendermonat um ein Zwölftel vermindert, wenn das Arbeitsverhältnis ruht, daher – wie schon die Vorgängervorschrift des § 48 Abs. 3 Satz 1 BAT – im Ergebnis **nur für den tariflichen Mehrurlaub** aus (vgl. Juris-Rz. 9 a. a. O.).

Soweit die vor und während des Ruhenszeitraums entstandenen Urlaubsansprüche noch nicht verfallen sind, werden diese – wie oben unter Ziffer 1.1.1 für den Fall der Rückkehr nach Beendigung der Arbeitsunfähigkeit ausgeführt – bei Wiederaufnahme der Tätigkeit grundsätzlich dem Urlaub des dann laufenden Kalenderjahres hinzugefügt. Dabei sind die Höchstübertragungsdauer von fünfzehn Monaten für den gesetzlichen Mindesturlaub (siehe oben Abschnitt E) und die übertarifliche Übertragungsfrist von zwölf Monaten für den tariflichen Mehrurlaub (siehe unten Ziffer 1.1.4) zu beachten.

1.1.3 Tarifliche Ausschlussfrist gemäß § 37 TVöD

Nach der bisherigen Rechtsprechung des BAG gilt eine tarifliche Ausschlussfrist nicht für gesetzliche Mindesturlaubsansprüche nach §§ 1 und 3 Abs. 1 BUrlG, die gemäß § 13 BUrlG unabdingbar sind. Dieser Grundsatz ist auch auf Urlaubsansprüche, die wegen krankheitsbedingter Arbeitsunfähigkeit nicht genommen werden konnten, anzuwenden. § 37 TVöD gilt daher auch insoweit nicht, und zwar weder für den gesetzlichen Mindesturlaubsanspruch noch für den tariflichen Mehrurlaub (zum Abgeltungsanspruch siehe aber unten Ziffer 1.2.2).

1.1.4 Befristung, Übertragung und Verfall; unionsrechtskonforme Auslegung des § 7 Abs. 3 BUrlG

Die unionsrechtskonforme Auslegung des § 7 Abs. 3 BUrlG zum erforderlichen Mindestumfang des Übertragungszeitraums in Fällen fortdauernder Arbeitsunfähigkeit betrifft nur den nach Art. 7 Abs. 1 der Arbeitszeitrichtlinie gewährleisteten und von §§ 1 und 3 Abs. 1 BUrlG begründeten vierwöchigen Mindesturlaub (siehe oben Einleitung zu Abschnitt E). Deshalb findet für den tariflichen Mehrurlaub anstelle der Tarifvorschrift des § 26 Abs. 2 Buchstabe a TVöD übertariflich die jeweils für die Beamtinnen und Beamten des Bundes geltende Regelung (§ 7 EUrlV) Anwendung. Danach verfällt Urlaub, der nicht innerhalb von zwölf Monaten nach dem Ende des Urlaubsjahres genommen worden ist. Bis zum Erreichen dieser übertariflichen Begrenzung, also bis zum 31. Dezember des Folgejahres gilt somit für den gesetzlichen Mindesturlaub und den tariflichen Mehrurlaub eine einheitliche Verfallsfrist. Eine Unterscheidung zwischen dem gesetzlichen Mindesturlaub und dem tariflichen Mehrurlaub ist aber in Fällen der fortdauernden Arbeitsunfähigkeit geboten, denn aufgrund der unionsrechtlichen Vorgaben gilt für diese Fälle für den gesetzlichen Mindesturlaub ein Höchstübertragungszeitraum von fünfzehn Monaten. Gesetzlicher Mindesturlaub verfällt also auch bei fortdauernder Arbeitsunfähigkeit spätestens nach Ablauf dieser verlängerten Befristung am 31. März des zweiten auf das Entstehungsjahr des Urlaubs folgenden Jahres.

Beispiel:

Ein Beschäftigter mit einem jährlichen Gesamturlaubsanspruch von 30 Arbeitstagen nach § 26 Abs. 1 TVöD wird im Januar 2010 krankheitsbedingt arbeitsunfähig und kann seine Tätigkeit erst im Januar 2012 wieder aufnehmen. Hatte er von seinem Urlaub für 2010 noch nichts verbraucht, sind hiervon die 10 Arbeitstage tariflicher Mehrurlaub mit Ablauf des 31. Dezember 2011 verfallen. Der gesetzliche Mindestanspruch von 20 Arbeitstagen bleibt hingegen trotz Ablaufs dieser übertariflichen Frist zunächst erhalten (s. o. 1.1).

Die Gliederung der folgenden Hinweise zur Befristung und Übertragung – und damit mittelbar auch zum Verfall – von Urlaubsansprüchen in Fällen fortdauernder Arbeitsunfähigkeit trägt dieser Zweiteilung Rechnung:

a) Einheitliches Fristenregime bis zum Ablauf der übertariflichen Verfallsfrist:

Der Urlaubsanspruch ist grundsätzlich auf das Urlaubsjahr befristet und endet mit dem 31. Dezember des Jahres, in dem er entstanden ist. Dies gilt gleichermaßen für den gesetzlichen Mindesturlaub (§§ 1, 3 Abs. 1 Satz 1 BUrlG) wie für den tariflichen Mehrurlaub (§ 26 Abs. 1 Satz 1 TVöD). Die tarifliche Übertragungsfrist nach § 26 Abs. 2 Buchst. a TVöD kommt aufgrund der übertariflichen Anwendung der beamtenrechtlichen Regelung des § 7 EUrlV sowohl für den gesetzlichen als auch für den tariflichen Urlaub nicht zum Tragen; stattdessen wird die Befristung auf das Folgejahr erweitert und der Urlaub verfällt erst, wenn er bis zum Ende des Folgejahres (= Ablauf des Urlaubsjahres + zwölf Monate) nicht genommen worden ist. Während dieser neuen Befristung ist der Urlaub zu verwirklichen, anderenfalls verfällt er.

Übertragen i. S. von § 7 Abs. 3 Satz 2 BUrlG bedeutet, dass der (Rest-) Urlaub des Vorjahres bis zum Ablauf des Übertragungszeitraums dem Urlaub des nachfolgenden Jahres hinzugerechnet wird. Beide zusammen bilden einen einheitlichen Urlaubsanspruch, d. h. übertragener und zum 1. Januar des laufenden Urlaubsjahres neu erworbener Urlaub unterscheiden sich (im Übertragungszeitraum) nicht voneinander. Zum Urlaubsanspruch gehört somit nicht nur der jeweils neueste, am 1. Januar eines jeden Kalenderjahres entstehende Anspruch, sondern auch der infolge der Übertragung hinzutretende, noch zu erfüllende Anspruch aus dem Vorjahr. Auf diese kumulierende Weise wächst der Urlaubsanspruch an. Besonderheiten gelten allerdings hinsichtlich der Befristung: Der Teil des Urlaubsanspruchs, der zu Beginn des laufenden Urlaubsjahres entstanden ist, ist wiederum an das Urlaubsjahr gebunden (vgl. § 26 Abs. 1 Satz 1 TVöD, §§ 1, 3 Abs. 1 Satz 1 BUrlG). Der aus dem Vorjahr übertragene Teil des Urlaubsanspruchs hingegen unterliegt tarifvertraglich dem besonderen Zeitregime nach § 26 Abs. 2 Buchst. a TVöD. Im Bereich des Bundes fällt das Ende beider Befristungen wegen der übertariflichen Übertragungsfrist entsprechend § 7 EUrlV zusammen (31. Dezember des Folgejahres und Ende des laufenden Urlaubsjahres).

b) Getrenntes Fristenregime nach Ablauf der übertariflichen Verfallsfrist:

Dauert das krankheitsbedingte Hindernis für die Inanspruchnahme an oder tritt ein neues in § 7 Abs. 3 Satz 2 BUrlG geregeltes Hindernis (dringende betriebliche oder personenbedingte Gründe) an dessen Stelle, so bleibt lediglich der gesetzliche Mindesturlaubsanspruch durch weitere Übertragung bis zum Erreichen der nach Unionsrecht gebotenen Höchstübertragungsdauer erhalten (siehe oben Einleitung im Abschnitt E). Der so über die tariflichen bzw. übertariflichen Fristenregelungen hinaus aufrecht erhaltene gesetzliche Mindesturlaub verfällt entsprechend unionsrechtskonformer Auslegung des § 7 Abs. 3 Satz 3 BUrlG am 31. März des zweiten auf das Urlaubsjahr folgenden Jahres, mithin fünfzehn Monate nach dem Ende des Kalenderjahres der Entstehung. Eine erneute Privilegierung des bereits einmal übertragenen Urlaubs ist unionsrechtlich nicht geboten (vgl. BAG vom 7. August 2012 – 9 AZR 353/10 – im Anschluss an die KHS-Entscheidung des EuGH).

Beispiel:

Ein Beschäftigter ist von Juli 2010 bis zum 15. Januar 2012 arbeitsunfähig erkrankt. Nach seiner Rückkehr ist ihm der gesetzliche Mindesturlaub aus dem Jahr 2010, den er wegen der langwierigen krankheitsbedingten Arbeitsunfähigkeit in den Jahren 2010 und 2011 nicht nehmen konnte, noch zu gewähren. Sofern die offenen Mindesturlaubsansprüche aus dem Jahr 2010 im verbleibenden Zeitraum bis zum Erreichen der nach Unionsrecht gebotenen Höchstübertragungsdauer – hier vom 16. Januar bis 31. März 2012 (= Ablauf Urlaubsjahr 2010 + 15 Monate) – nicht gewährt und genommen werden, verfallen sie.

Der Urlaub ist also während dieser verlängerten Befristung, die nach unionsrechtlichen Vorgaben geboten ist, zu verwirklichen, andernfalls verfällt er. Der gesetzliche Mindesturlaubsanspruch verfällt somit gemäß § 7 Abs. 3 Satz 3 BUrlG auch unter Berücksichtigung der unionsrechtskonformen Auslegung, wenn die Arbeitsunfähigkeit bis zum 31. März des zweiten auf das Urlaubsjahr folgenden Jahres oder darüber hinaus fortbesteht.

Beispiel:

Ein Beschäftigter wird im August 2010 arbeitsunfähig und hat zu diesem Zeitpunkt noch gesetzliche Mindesturlaubsansprüche aus den Jahren 2009 und 2010. Er kann seine Tätigkeit erst im Januar 2013 wieder aufnehmen. Dann steht ihm der für die Jahre 2012 und 2013 voll entstandene jährliche Gesamturlaubsanspruch aus gesetzlichem Mindesturlaub und tariflichen Mehrurlaub zu. Für das Jahr 2011 ist der tarifliche Mehrurlaub bereits mit Ablauf des übertariflichen Übertragungszeitraums am 31. Dezember 2012 verfallen, der gesetzliche Mindesturlaub für das Jahr 2011 hingegen bleibt wegen der besonderen Übertragungsfrist von fünfzehn Monaten bis längstens 31. März 2013 erhalten. Die Gesamturlaubsansprüche für 2009 und 2010 sind verfallen.

Variante:

Sofern der Beschäftigte hingegen erst nach dem 31. Mai 2013 wieder arbeitsfähig würde, könnte er auch für das Jahr 2011 keinen Urlaub mehr beanspruchen.

Soweit der gesetzliche Mindesturlaub infolge eines krankheitsbedingten Hindernisses über die tariflichen bzw. übertariflichen Verfallsfristen hinaus fortbesteht, ist er nicht dauerhaft aus dem Fristenregime des § 7 Abs. 3 BUrlG herausgenommen. Der wegen der mangelnden Möglichkeit der Inanspruchnahme infolge krankheitsbedingter Arbeitsunfähigkeit fortbestehende Urlaubsanspruch unterfällt, sobald die Arbeitsunfähigkeit als Erfüllungshindernis wegfällt, erneut dem Fristenregime. Der Urlaub kann deshalb trotz lang andauernder krankheitsbedingter Arbeitsunfähigkeit bereits vor Eingreifen der aus unionsrechtskonformer Auslegung bzw. Rechtsfortbildung abzuleitenden Begrenzung der Höchstübertragungsdauer auf fünfzehn Monate erlöschen, sofern Beschäftigte im Kalenderjahr so rechtzeitig gesund und arbeitsfähig werden, dass sie ihren Urlaub im aktuellen Urlaubsjahr oder spätestens während des Übertragungszeitraums nehmen können (vgl. BAG vom 12. April 2011 – 9 AZR 80/10 –, 9. August 2011 – 9 AZR 425/10 – und 10. Juli 2012 – 9 AZR 11/11 –).

Beispiel 1:

Ein Beschäftigter, der in der Fünf-Tage-Woche arbeitet, hat einen jährlichen Gesamturlaubsanspruch von 30 Arbeitstagen. In der Zeit vom 10. Februar 2012 bis zum 11. Dezember 2012 ist er arbeitsunfähig erkrankt, ohne dass er für das Kalenderjahr 2012 Urlaub in Anspruch genommen hat. Unmittelbar nach seiner Genesung nimmt der Beschäftigte 10 Arbeitstage Erholungsurlaub in Anspruch (Zeitraum vom 12. Dezember 2012 bis 31. Dezember 2012). Da sich die gesetzlichen und tariflichen Urlaubsansprüche insoweit decken, hat der Arbeitgeber mit der Freistellung gleichzeitig sowohl die ersten 10 Arbeitstage des gesetzlichen Mindesturlaubs (verbliebener Restanspruch beträgt 10 Arbeitstage) als auch des tariflichen Erholungsurlaubs (verbliebener Restanspruch beträgt 20 Arbeitstage und schließt den gesetzlichen Mindesturlaub mit ein) erfüllt und zum Erlöschen gebracht (zur Tilgungsreihenfolge im Einzelnen s. u. Ziffer 3). Somit verbleibt am Jahresende ein Gesamtanspruch in Höhe von 20 Arbeitstagen (davon 10 Arbeitstage deckungsgleich und 10 Arbeitstage nur tariflicher Mehrurlaub). Dieser Anspruch wird in das nächste Kalenderjahr 2013 übertragen und verfällt aufgrund der übertariflichen Regelung nach einer weiteren Befristung von zwölf Monaten grundsätzlich mit Ablauf des 31. Dezember 2013. Zusammen mit dem neuen jährlichen Gesamturlaub für 2013 in Höhe von 30 Arbeitstagen verfügt der Beschäftigte am 1. Januar 2013 insgesamt über 50 Arbeitstage Erholungsurlaub.

Hinweis:

Der vorstehende Sachverhalt hat soweit auch Gültigkeit für das Beispiel 2.

Er erkrankt erneut vom 15. Februar 2013 bis zum 10. Januar 2014. Die aus dem Kalenderjahr 2012 übertragenen 10 Arbeitstage tariflicher Mehrurlaub verfallen mit Ablauf der übertariflichen Übertragungsfrist am 31. Dezember 2013. Dabei ist unerheblich, ob der Beschäftigte tatsächlich in der Lage war, diesen tariflichen Mehrurlaub in Anspruch zu nehmen. Anderes gilt für den gesetzlichen Mindesturlaub. Die unionsrechtskonforme Auslegung des § 7 Abs. 3 Satz 3 BUrlG, wonach Urlaubsansprüche bei Arbeitnehmern, die aus gesundheitlichen Gründen an ihrer Arbeitsleistung gehindert sind, erst fünfzehn Monate nach Ablauf des Urlaubsjahres verfallen, gilt in Folge des eigenständigen Fristenregimes nach § 26 Abs. 2 Buchst. a TVöD, nur für den gesetzlichen Mindesturlaub (BAG vom 7. August 2012 – 9 AZR 353/10, im Anschluss an EuGH vom 22. November 2011 – C 214/10 – KHS). Die 10 Arbeitstage gesetzlicher Mindesturlaub aus dem Jahr 2012 verfallen spätestens mit Ablauf der nach unionsrechtlichen Vorgaben auf einen Höchstübertragungszeitraum von fünfzehn Monaten verlängerten Befristung am 31. März 2014 (= 31. März des zweiten auf das Urlaubsjahr folgenden Jahres). Der zu Beginn des Kalenderjahres 2013 entstandene neue jährliche Gesamturlaubsanspruch in Höhe von 30 Arbeitstagen wird in das nächste Kalenderjahr 2014 übertragen und verfällt aufgrund der übertariflichen Regelung nach einer weiteren Befristung von zwölf Monaten grundsätzlich mit Ablauf des 31. Dezember 2014. Am 1. Januar 2014 hat der Beschäftigte daher insgesamt einen Anspruch auf Erholungsurlaub von 70 Arbeitstagen (10 Arbeitstage gesetzlicher Mindesturlaub aus 2012, 30 Arbeitstage Gesamturlaub aus 2013 und 30 Arbeitstage neuen Gesamturlaub für 2014). Infolge des Verfalls der 10 Arbeitstage des gesetzlichen Mindesturlaubs aus 2012 zum 31. März 2014 (s. o.), verfügt der Beschäftigte am 1. April 2014 noch immer über 60 Arbeitstage Erholungsurlaubsanspruch (jeweils 30 Arbeitstage Gesamtanspruch aus 2013 und 2014). Sofern im Kalenderjahr 2014 eine Inanspruchnahme des aus 2013 übertragenen Gesamturlaubsanspruchs nicht durch eine fortdauernde oder eine erneute Arbeitsunfähigkeit unmöglich wird, erlöschen diese 30 Arbeitstage mit Ablauf der übertariflichen Übertragungsfrist am 31. Dezember 2014.

Beispiel 2:

Sachverhalt wie erster Absatz im Beispiel 1. Die zweite krankheitsbedingte Arbeitsunfähigkeit endet jedoch bereits im laufenden Kalenderjahr 2013 (hier Arbeitsunfähigkeit vom 15. Februar 2013 bis 20. Dezember 2013).

Auch hier besteht zu Beginn des Kalenderjahrs 2013 zunächst ein Anspruch auf Erholungsurlaub von insgesamt 50 Arbeitstagen. Konsequenz der Befristungsregelungen ist, dass der gesetzliche Mindesturlaubsanspruch trotz langwieriger krankheitsbedingter Arbeitsunfähigkeit erlischt, wenn der Arbeitnehmer im Kalenderjahr oder im Übertragungszeitraum so rechtzeitig gesund und arbeitsfähig wird, dass er in der verbleibenden Zeit seinen Urlaub nehmen kann (BAG vom 9. August 2011 – 9 AZR 425/10). Am 31. Dezember 2013 verfällt daher der aus 2012 übertragene tarifliche Mehrurlaub vollständig (10 Arbeitstage), während der aus 2012 übertragene gesetzliche Mindesturlaub aus 2012 lediglich teilweise erlischt, und zwar in Höhe von 3 Arbeitstagen. Vom Ende des Jahres 2013 gerechnet, war der Anspruch auf Urlaub im Umfang von 3 Arbeitstage erfüllbar, da der Gewährung keine Hindernisse entgegen standen. Der Teil des Urlaubsanspruchs von 7 Arbeitstagen, der krankheitsbedingt nicht mehr erfüllt werden konnte, wird auf das nächste Kalenderjahr 2014 übertragen. Von dem ursprünglich aus 2012 übertragenen gesetzlichen Mindesturlaubs von 10 Arbeitstagen verbleibt somit ein offener Restanspruch in Höhe von 7 Arbeitstagen, der spätestens am 31. März 2014 verfällt (= 31. März des zweiten auf das Urlaubsjahr folgenden Jahres). Am 1. Januar 2014 hat der Beschäftigte daher insgesamt einen Anspruch auf Erholungsurlaub in Höhe von 67 Arbeitstagen (restliche 7 Arbeitstage gesetzlicher Mindesturlaub aus 2012, 30 Arbeitstage Gesamturlaub aus 2013 und 30 Arbeitstage neuer Gesamturlaub für 2014). Hinsichtlich der Urlaubsansprüche aus den Jahren 2013 und 2014 gelten die Hinweise im Beispiel 1.

Variante:

Würde die zweite krankheitsbedingte Arbeitsunfähigkeit vom 15. Februar 2013 bereits am 4. Oktober 2013 enden und bis zum Jahresende keine erneutes krankheitsbedingtes Hindernis hinzutreten, verfiele der übertragene Resturlaub aus 2012 am 31. Dezember 2013 vollständig. Vom Ende des Jahres 2013 gerechnet, wäre der Anspruch unter Berücksichtigung der arbeitsfreien Tage (hier aufgrund der Verteilung der wöchentlichen Arbeitszeit auf fünf Arbeitstage in der Kalenderwoche die Wochenenden und Wochenfeiertage) in vollem Umfang erfüllbar gewesen.

siehe Grafik hierzu (Anlage)

II

1.1.5 Verjährung

Nach den §§ 195, 199 BGB verjährt ein Anspruch drei Jahre nach Beendigung des Jahres, in dem er entstanden ist. Danach würde ein Urlaubsanspruch drei Jahre nach Ende des Urlaubsjahres verjähren. In der Praxis wird die Frage der Verjährung in der Regel dahinstehen können, da zuvor jeweils die Übertragungsfristen greifen (siehe Ziffer 1.1.4). Art. 7 der Arbeitszeitrichtlinie steht Befristungs- und Verjährungsregelungen nicht entgegen, weil der EuGH ausdrücklich das Recht der Mitgliedstaaten anerkennt, Modalitäten vorzusehen, die zum Verlust des Urlaubsanspruchs am Ende eines Bezugszeitraums oder eines Übertragungszeitraums führen, solange der Arbeitnehmer tatsächlich die Möglichkeit hatte, den Anspruch auszuüben (siehe Rechtssache Schultz-Hoff, Rn. 43). Höchstrichterliche nationale Rechtsprechung zur Verjährung von Urlaubsansprüchen liegt noch nicht vor. Sollte es in Einzelfällen relevant werden, ist vorsorglich die Einrede der Verjährung zu erheben.

1.2 Urlaubsabgeltungsanspruch

1.2.1 Fälligkeit des Anspruchs

§ 7 Abs. 4 BUrlG regelt den Urlaubsabgeltungsanspruch als Ersatz für den wegen Beendigung des Arbeitsverhältnisses nicht mehr zu realisierenden Urlaubsanspruch. Entgegen dem früheren Recht ist nunmehr der Urlaub insgesamt (Gesamturlaubsanspruch aus gesetzlichem Mindesturlaub und tariflichem Mehrurlaub) auch dann abzugelten, wenn er wegen Arbeitsunfähigkeit im Urlaubsjahr und/oder im Übertragungszeitraum nicht genommen werden konnte. Nach der neuen Rechtsprechung steht die beim Ausscheiden aus dem Arbeitsverhältnis und darüber hinaus bestehende Arbeitsunfähigkeit der Erfüllung des Abgeltungsanspruchs nicht entgegen. Folglich ist die Urlaubsabgeltung bereits ab Beendigung des Arbeitsverhältnisses fällig. Wenngleich die Urlaubsabgeltung selbst als reiner Geldanspruch nicht dem Fristenregime unterliegt, so gilt jedoch unverändert, dass ein Urlaubsabgeltungsanspruch nach § 7 Abs. 4 BUrlG am Ende des Arbeitsverhältnisses nur für solche Urlaubsansprüche entstehen kann, die bei Ende des Arbeitsverhältnisses noch bestanden und nicht schon verfallen waren [BAG vom 15. September 2011 – 8 AZR 846/09 – (Juris-Rz. 62)].

Bei Beendigung des Arbeitsverhältnisses durch den Tod des Arbeitnehmers geht der Urlaubsanspruch unter. Er kann sich nicht mehr in einen Abgeltungsanspruch nach § 7 Abs. 4 BUrlG umwandeln, den Erben steht kein nach § 1922 BGB übergegangener Anspruch zu (BAG vom 20. September 2011 – 9 AZR 416/16 –).

1.2.2 Tarifliche Ausschlussfrist/Verjährung

Die tarifliche Ausschlussfrist ist nicht auf die gesetzlichen Mindesturlaubsansprüche nach §§ 1 und 3 Abs. 1 BUrlG anzuwenden (siehe Ziffer 1.1.3). Anderes gilt jedoch nach der neuen Rechtsprechung (BAG vom 9. August 2011 – 9 AZR 365/10 –, vom 22. Mai 2012 – 9 AZR 618/10 – und vom 19. Juni 2012 – 9 AZR 652/10 –) für den Abgeltungsanspruch. Dieser ist nicht mehr als Surrogat des Urlaubsanspruchs, sondern als reiner Geldanspruch anzusehen. Er unterliegt deshalb wie alle übrigen Zahlungsansprüche dem tariflichen Verfall. Als Anspruch aus dem Arbeitsverhältnis verfällt der Abgeltungsanspruch nach § 7 Abs. 4 BUrlG für den gesetzlichen Mindestanspruch **und den tariflichen Mehrurlaub** somit nach § 37 TVöD, wenn er nicht innerhalb von sechs Monaten nach Beendigung des Arbeitsverhältnisses schriftlich geltend gemacht wird.

Die unionsrechtliche Vorgabe in der KHS-Entscheidung des EuGH, dass der Übertragungszeitraum deutlich länger sein müsse als der Bezugszeitraum, ist nicht auf den Urlaubsabgeltungsanspruch von dauerhaft erkrankten Arbeitnehmern übertragbar. Die Vorgabe gilt nur für den Urlaubsanspruch selbst, den dauerhaft erkrankte Arbeitnehmer im bestehenden Arbeitsverhältnis nicht in Anspruch nehmen können. Die Länge einer tariflichen Ausschlussfrist, nach der der Urlaubsabgeltungsanspruch als reiner Geldanspruch dem Verfall unterliegt, kann daher deutlich kürzer als zwölf Monate sein [BAG vom 13. Dezember 2011 – 9 AZR 399/10 – (Juris-Rz. 31)].

Beispiel:

Ein Beschäftigter erkrankt am 15. November 2011. Die Arbeitsunfähigkeit infolge Krankheit besteht durchgehend und das Arbeitsverhältnis endet zum 31. August 2013 noch während der fortbestehenden Arbeitsunfähigkeit. Zum Zeitpunkt der Beendigung des Arbeitsverhältnisses bestehen noch folgende Urlaubsansprüche:

- Ansprüche aus dem Kalenderjahr 2011
  Etwaige noch offene Urlaubsansprüche aus dem Kalenderjahr 2011 sind bereits erloschen. Der gesetzliche Mindesturlaub aus dem Jahr 2011 verfällt in Anwendung der unionsrechtskonformen Grundsätze fünfzehn Monate nach dem Ende des Urlaubsjahres, demnach am 31. März 2013. Der tarifliche Mehrurlaub aus dem Jahr 2011 verfällt unter Berücksichtigung der übertariflichen Übertragungsfrist bereits am 31. Dezember 2012.
- Ansprüche aus dem Kalenderjahr 2012
  30 Arbeitstage Gesamturlaubsanspruch. Die 20 Arbeitstage gesetzlicher Mindesturlaub verfallen in Anwendung der unionsrechtskonformen Grundsätze fünfzehn Monate nach dem Ende des Urlaubsjahres 2012, demnach am 31. März 2014. Die 10 Arbeitstage tariflicher Mehrurlaub aus dem Jahr 2011 verfallen unter Berücksichtigung der übertariflichen Übertragungsfrist bereits am 31. Dezember 2013.
- Ansprüche aus dem Kalenderjahr 2013
  20 Arbeitstage Teilurlaub gemäß § 26 Abs. 2 Buchst. b TVöD für die acht vollen Monate im Zeitraum vom 1. Januar bis 31. August 2013 (= 8/12 von 30 Arbeitstagen).

Der zum Zeitpunkt der Beendigung des Arbeitsverhältnisses noch bestehende **Gesamturlaubsanspruch** von insgesamt 50 Arbeitstagen (30 Arbeitstage Vollurlaub aus dem Jahr 2012 und 20 Arbeitstage Teilurlaub aus dem Jahr 2013) wandelt sich nach § 7 Abs. 4 BUrlG in einen Anspruch auf Urlaubsabgeltung um. Dieser entsteht mit der Beendigung des Arbeitsverhältnisses als reiner Geldanspruch und wird nach § 271 Abs. 1 BGB sofort fällig. Als Anspruch aus dem Arbeitsverhältnis unterliegt die Urlaubsabgeltung – wie andere Entgeltansprüche auch – der tariflichen Ausschlussfrist des § 37 TVöD. Sofern die schriftliche Geltendmachung erst nach Ablauf der sechsmonatigen tariflichen Ausschlussfrist am 28. Februar 2014 erfolgt, ist sie verspätet und der Urlaubsabgeltungsanspruch verfallen.

Es ist zudem davon auszugehen, dass die Urlaubsabgeltung nach Aufgabe der Surrogatstheorie als reiner Geldanspruch nunmehr der dreijährigen Verjährung nach § 195 BGB unterliegt, die wegen § 37 TVöD aber keine praktische Relevanz haben wird.

2. Zusatzurlaub nach § 125 SGB IX

Da der Zusatzurlaub für schwerbehinderte Menschen gemäß § 125 SGB IX nach der Rechtsprechung des BAG ein unabdingbarer gesetzlicher Mindesturlaub ist, sind die Ausführungen unter Ziffer 1 zum Mindesturlaub auch für diesen Urlaubsanspruch und seine Abgeltung zu Grunde zu legen.

II

3. Erholungsurlaub nach § 26 TVöD, Anspruchskonkurrenz bei Urlaubsgewährung

Der Urlaubsanspruch aus § 26 Abs. 1 Satz 1 und 2 TVöD, wonach Beschäftigte in der Fünf-Tage-Woche in jedem Kalenderjahr Anspruch auf bezahlten Erholungsurlaub von 29 Arbeitstagen und nach dem vollendeten 55. Lebensjahr von 30 Arbeitstagen haben, schließt den gesetzlichen Mindesturlaub von 20 Arbeitstagen nach §§ 1, 3 Abs. 1 BUrlG mit ein, damit differenziert die tarifvertragliche Regelung hinsichtlich des Umfangs des Urlaubsanspruchs nicht zwischen dem gesetzlichen Mindesturlaub und dem tarifvertraglichen Mehrurlaub.

3.1 Urlaubsgewährung innerhalb des Urlaubsjahres

Soweit sich beide Ansprüche decken – in der Fünf-Tage-Woche also in der Regel für die ersten zwanzig Urlaubstage – liegt deshalb nach aktueller Rechtsprechung des Bundesarbeitsgerichts bei der Urlaubsgewährung im Kalenderjahr der Entstehung eine Anspruchskonkurrenz vor. Insoweit handelt es sich nach Feststellung des Neunten Senats um einen einheitlichen Anspruch auf Erholungsurlaub, der auf verschiedenen Anspruchsgrundlagen beruht (BAG vom 7. August 2012 – 9 AZR 760/10 –). Dies hat zur Folge, dass mit der urlaubsrechtlichen Freistellung von der Verpflichtung zur Arbeitsleistung auch ohne ausdrückliche Tilgungsbestimmung sowohl der gesetzliche als auch der tarifliche Urlaubsanspruch – soweit beide Ansprüche deckungsgleich sind – ganz oder teilweise erfüllt und gemäß § 362 Abs. 1 BGB zum Erlöschen gebracht werden. Nach ausdrücklichem Hinweis des Senats steht der Annahme, dass es in diesem Fall **keiner Tilgungsbestimmung des Arbeitgebers bedarf**, nicht entgegen, dass ein arbeits- oder tarifvertraglicher Mehrurlaub bezüglich seiner Entstehungsvoraussetzungen, seiner Übertragung, seiner Kürzung bei Vorliegen bestimmter Voraussetzungen, seines Verfalls oder seiner Abgeltung eigenen Regeln unterliegen kann.

Beispiel:

Der Gesamturlaubsanspruch eines Beschäftigten beträgt 30 Arbeitstage im Kalenderjahr. Die tariflichen Urlaubsregelungen bestimmen lediglich den Gesamtumfang des Anspruchs, sie unterscheiden nicht zwischen gesetzlichem Mindesturlaub und tariflichem Erholungsurlaub. Der Beschäftigte ist in der Fünf-Tage-Woche beschäftigt. Im laufenden Urlaubsjahr nimmt er 15 Urlaubstage in Anspruch, die vom Umfang des Gesamturlaubsanspruchs in Abzug zu bringen sind. Der tariflich vereinbarte Urlaubsanspruch in Höhe von insgesamt 30 Arbeitstagen steht im Umfang der ersten 20 Arbeitstage in Anspruchskonkurrenz mit dem gesetzlichen Mindesturlaub, da beide Ansprüche für diesen Zeitraum deckungsgleich sind. Der tarifliche Erholungsurlaub wird nicht zusätzlich zum gesetzlichen Mindesturlaub gewährt, sondern schließt diesen mit ein. Die Urlaubsgewährung der ersten 15 Urlaubstage erfüllt deshalb nach aktueller Rechtsprechung in dem vorliegen Sachverhalt sowohl den tariflichen als auch des gesetzlichen Urlaubsanspruch. Von den darüber hinaus noch offenen 15 Arbeitstagen des verbliebenen Gesamtanspruchs besteht noch für 5 Arbeitstage eine Anspruchskonkurrenz zwischen gesetzlichem Mindesturlaub und tariflichem Erholungsurlaub. Der nach Inanspruchnahme dieser weiteren 5 Arbeitstage verbleibende Restanspruch in Höhe von 10 Arbeitstagen ist dann mangels Anspruchskonkurrenz dem tariflichen Mehrurlaub zuzuordnen (= 21. bis 30. Arbeitstag), da die 20 Arbeitstage gesetzlicher Mindesturlaub bereits verbraucht wurden.

II

3.2 Urlaubsgewährung im Übertragungszeitraum

Das Bundesarbeitsgericht hat in dem oben unter Ziffer 3.1 genannten Urteil nur über die Anspruchskonkurrenz beim Zusammentreffen von gesetzlichen und tariflichen Urlaubsansprüchen aus ein und demselben Kalenderjahr entschieden. Nicht geäußert hat sich der Senat hingegen zu der Frage, wie zu verfahren ist, wenn sich der Gesamturlaubsanspruch aus den kumulierten Ansprüchen **mehrerer Kalenderjahre** zusammensetzt. Nach hiesiger Rechtsauffassung handelt es sich dabei dann jeweils um selbstständige Urlaubsansprüche, die sich aufgrund ihres Entstehungszeitpunkts und ihrer Verfallsfristen unterscheiden. Insoweit bleibt die Auslegungsregel des § 366 Abs. 2 BGB bei der Urlaubsgewährung weiterhin analog anzuwenden. Bei Ansprüchen, die in unterschiedlichen Kalenderjahren entstanden sind, wird danach im Ergebnis vorrangig auf den „ältesten" noch zustehenden Urlaubsanspruch geleistet, weil dieser wegen der Befristung die geringste Sicherheit bietet.

3.2.1 Innerhalb des übertariflichen Übertragungszeitraums (= erste zwölf Monate nach Ende des Urlaubsjahres)

Die in entsprechender Anwendung der beamtenrechtlichen Regelung des § 7 EUrlV übertariflich bis zum Ende des Folgejahres erweiterte Befristung gilt gleichermaßen für den gesetzlichen Mindesturlaub wie tariflichen Erholungsurlaub. Innerhalb der aus dem Vorjahr übertragenen Urlaubstage gelten beim Zusammentreffen von gesetzlichen und tarifvertraglichen Ansprüchen die Hinweise in Ziffer 3.1 entsprechend. Im Verhältnis zu den mit Beginn des Kalenderjahres neu entstandenen Urlaubsansprüchen hingegen sind die aus dem Vorjahr übertragenen Urlaubstage als selbstständige Urlaubsansprüche vorrangig zu tilgen, da sie zu einem früheren Zeitpunkt entstanden sind und vor dem neu entstanden Ansprüchen verfallen. Innerhalb der neuen Urlaubsansprüche für das laufende Urlaubsjahr wiederum gelten die Hinweise in Ziffer 3.1 entsprechend.

II

Beispiel:

Sachverhalt wie im Beispiel unter Ziffer 3.1. Die noch offenen 15 Arbeitstage des verbliebenen Gesamtanspruchs werden auf das folgende Kalenderjahr 2013 übertragen und treten zu dem mit Beginn des Kalenderjahres neu entstanden Gesamturlaubsanspruch von 30 Arbeitstagen für 2013 hinzu. Während der Dauer des übertariflichen Übertragungszeitraums vom 1. Januar 2013 bis 31. Dezember 2013 besteht somit insgesamt ein Anspruch auf 45 Arbeitstagen Erholungsurlaub. Sofern nicht infolge fortdauernder Arbeitsunfähigkeit der Ausnahmefall des unionsrechtlich gebotenen Höchstübertragungszeitraums von fünfzehn Monaten zum Tragen kommt, verfällt der aus 2012 übertragene Urlaubsanspruch von 15 Arbeitstagen mit Ablauf der übertariflichen Befristung am 31. Dezember 2013. Der neu entstandene Urlaubsanspruch des laufenden Urlaubsjahres 2013 hingegen kann aufgrund der übertariflichen Befristung noch innerhalb von zwölf Monaten nach Ende des laufenden Urlaubsjahres 2013 genommen werden; er muss also spätestens bis zum 31. Dezember 2014 abgewickelt sein.

Wird einer Beschäftigten in 2013 ein vierwöchiger Urlaub (20 Arbeitstage) gewährt, ergibt sich im Hinblick auf die noch zustehenden 45 Arbeitstage Erholungsurlaub folgende Tilgungsreihenfolge:

- Vorrangig zu leisten ist zunächst auf den aus dem Vorjahr **übertragenen Erholungsurlaub aus 2012** als dem älteren selbstständigen Urlaubsanspruch. Die ersten 15 Arbeitstage des vierwöchigen Urlaubs werden also auf den aus 2012 übertragenen Urlaub angerechnet.
  - Dabei besteht für die ersten 5 Arbeitstage eine Anspruchskonkurrenz zwischen gesetzlichem Mindesturlaub und tariflichem Erholungsurlaub. Da beide Ansprüche insoweit deckungsgleich sind, werden insoweit sowohl der gesetzliche als auch der tarifliche Urlaubsanspruch erfüllt.
  - Die weiteren 10 Arbeitstage (= 6. bis 15. Arbeitstag) sind dem tariflichen Mehrurlaub zuzuordnen und bringen den aus 2012 übertragenen Resturlaub vollständig zum Erlöschen.
- Die letzten 5 Arbeitstage des vierwöchigen Urlaubs (= 16. bis 20. Arbeitstag) werden auf den **neuen Gesamturlaubsanspruch für 2013** von 30 Arbeitstagen angerechnet. Auch bezüglich dieser 5 Arbeitstage besteht wiederum eine Anspruchskonkurrenz zwischen gesetzlichem Mindesturlaub und tariflichem Erholungsurlaub, so dass diese gleichermaßen auf beide Ansprüche angerechnet werden. Nach Inanspruchnahme des vierwöchigen Urlaubs verbleibt in 2013 somit noch ein Resturlaubsanspruch von 25 Arbeitstagen; davon sind 15 Arbeitstage deckungsgleich und 10 Arbeitstage entfallen nur auf den tariflichen Mehrurlaub.

3.2.2 Innerhalb des unionsrechtlich gebotenen Höchstübertragungszeitraums (= verlängerte Befristung vom 13. bis 15. Monat nach Ende des Urlaubsjahres)

In Fällen einer fortdauernden krankheitsbedingten Arbeitsunfähigkeit gilt Folgendes. Nach Ablauf der übertariflichen Befristung, die eine Abwicklung übertragener Ansprüche innerhalb von zwölf Monaten nach Ende des Urlaubsjahres vorsieht, ist der gesetzliche Mindesturlaubsanspruch, der durch weitere Übertragung (in das übernächste Kalenderjahr nach seiner Entstehung) längstens bis zum Erreichen der nach Unionsrecht gebotenen Höchstübertragungsdauer von fünfzehn Monaten weiter erhalten bleibt, vorrangig zu tilgen. Dies betrifft den Zeitraum vom 13. bis 15. Monat nach Ende des Urlaubsjahres.

Beispiel:

Im Beispiel 1 unter Ziffer 1.1.4 Buchst. b betrifft dies den gesetzlichen Mindesturlaub von 10 Arbeitstagen aus dem Kalenderjahr 2012, der spätestens zum 31. März 2014 verfällt (= Ablauf des Urlaubsjahres + fünfzehn Monate). Im Kalenderjahr 2014 ist dieser aufgrund unionsrechtlicher Vorgaben weiter übertragene Urlaubsanspruch für den Fall einer rechtzeitigen Genesung im Zeitraum vom 1. Januar 2014 bis 31. März 2014 vorrangig zu erfüllen. Vorrangig bedeutet vor dem aus dem Urlaubsjahr 2013 übertragenen Gesamturlaubsanspruch von 30 Arbeitstagen und dem für das Urlaubsjahr 2014 neu entstandenen Gesamturlaubsanspruch von 30 Arbeitstagen.

Anlage

Urlaubsanspruch bei fortdauernder krankheitsbedingter Arbeitsunfähigkeit

(in Arbeitstagen)

Zu Beispiel 1 (Ziffer 1.1.4 Buchst. b)

Urlaubsanspruch am 1.1. und 31.12.2012	Urlaubsanspruch am 1.1. und 31.12.2013	Urlaubsanspruch am 1.1. und 1.4.2014
Jan Feb Mär Apr Mai Jun Jul Aug Sep Okt Nov Dez	Jan Feb Mär Apr Mai Jun Jul Aug Sep Okt Nov Dez	Jan Feb Mär Apr Mai Juni Jul Aug Sep Okt Nov Dez
10.02.2012 bis 11.12.2012: 1. Erkrankung	15.02.2013 bis 10.01.2014: 2. Erkrankung	
20 gesetzl./tarifl. Urlaub (deckungsgleich, Anspruchskonkurrenz)	10 übertragen aus 2012 (deckungsgleich gesetzl./tarifl. Urlaub)	10 übertragener gesetzl. Mindesturlaub aus 2012
10 tarifl. Mehrurlaub	10 übertragen aus 2012 (tarifl. Mehrurlaub.)	30 übertragener Gesamturlaubsanspruch aus 2013 (gesetzl./tarifl.)
30 **Gesamturlaubsanspruch für 2012** (gesetzl./tarifl.)	30 neuer Gesamturlaubsanspruch für 2013 (gesetzl./tarifl.)	30 neuer Gesamturlaubsanspruch für 2014 (gesetzl./tarifl.)
	50 **Insgesamt** (zwei Urlaubsjahre kumuliert)	70 **Insgesamt** (drei Urlaubsjahre kumuliert)
	tarifl. Mehrurlaub 2012 verfällt am 31.12.2013 (vollständig) -10	unionskonform: 15 Monate max. Befristung
Inanspruchnahme gesetzl. Mindesturlaub 12.12. bis 31.12.2012 -10		-10 **gesetzl. Mindesturlaub 2012 verfällt am 31.3.2014**
Resturlaub am 31.12.2012 (davon 10 Arbeitstage tarifl. Mehrurlaub) 20	**Resturlaub am 31.12.2013** (davon 10 Arbeitstage ges. Mindesturlaub 2012) 40	60 **Insgesamt** (kumuliert ab 1.4.2014)

Zu Beispiel 2 (Ziffer 1.1.4 Buchst. b)

Urlaubsanspruch am 1.1. und 31.12.2012	Urlaubsanspruch am 1.1. und 31.12.2013	Urlaubsanspruch am 1.1. und 1.4.2014
Jan Feb Mär Apr Mai Jun Jul Aug Sep Okt Nov Dez	Jan Feb Mär Apr Mai Jun Jul Aug Sep Okt Nov Dez	Jan Feb Mär Apr Mai Jun Jul Aug Sep Okt Nov Dez
10.02.2012 bis 11.12.2012: 1. Erkrankung	15.02.2013 bis 20.12.2013: 2. Erkrankung	
20 gesetzl./tarifl. Urlaub (deckungsgleich, Anspruchskonkurrenz)	10 übertragen aus 2012 (deckungsgleich gesetzl./tarifl. Urlaub)	7 übertragener gesetzl. Mindesturlaub aus 2012
10 tarifl. Mehrurlaub	10 übertragen aus 2012 (tarifl. Mehrurlaub.)	30 übertragener Gesamturlaubsanspruch aus 2013 (gesetzl./tarifl.)
30 **Gesamturlaubsanspruch für 2012**	30 neuer Gesamturlaubsanspruch für 2013 (gesetzl./tarifl.)	30 neuer Gesamturlaubsanspruch für 2014 (gesetzl./tarifl.)
	50 **insgesamt** (zwei Urlaubsjahre kumuliert)	67 **insgesamt** (drei Urlaubsjahre kumuliert)
	am 31.12.2013 verfallen:	
	tarifl. Mehrurlaub 2012 (vollständig) -10	unionskonform: 15 Monate max. Befristung
Inanspruchnahme gesetzl. Mindesturlaub 12.12. bis 31.12.2012 -10	**gesetzl. Mindesturlaub 2012** (teilweise) -3	-7 **gesetzl. Mindesturlaub 2012 verfällt am 31.3.2014**
Resturlaub am 31.12.2012 (davon 10 Arbeitstage tarifl. Mehrurlaub) 20	**Resturlaub am 31.12.2013** (davon 10 Arbeitstage ges. Mindesturlaub 2012) 37	60 **Insgesamt** (kumuliert ab 1.4.2014)

Anhang 3

Urlaubsanspruch der Tarifbeschäftigten bei Änderung des Beschäftigungsumfangs/ Beschäftigungsmodells im Laufe des Urlaubsjahres

II

BMI-Rundschreiben vom 20. Dezember 2019 – D 5 – 31001/3#8 –

hier: Folgerungen aus der Rechtsprechung des BAG vom 20. 03. 2018 – 9 AZR 486/17, vom 18. 09. 2018 – 9 AZR 159/18, vom 20. 11. 2018 – 9 AZR 349/18, vom 19. 03. 2019 – 9 AZR 315/17 und 9 AZR 406/17 – und vom 21. 05. 2019 – 9 AZR 259/18 sowie aus der Rechtsprechung des EuGH vom 11. 11. 2015 – C-219/14 („Greenfield")

Bezug: Rundschreiben vom 22. Januar 2016 – D 5 – 31001/3#8 –

1. Einleitung

In Folge der unionsrechtlichen Vorgaben des Europäischen Gerichtshofes (EuGH) in den Urteilen vom 22. April 2010 – C-486/08 („Tirol"-Entscheidung) und vom 13. Juni 2013 – C-415/12 („Brandes"-Entscheidung) gab das Bundesarbeitsgericht (BAG) mit der o. g. Entscheidung vom 10. Februar 2015 – 9 AZR 53/14 (F) – seine bisherige Rechtsprechung auf. Danach war der Urlaubsanspruch bei einer anderen Verteilung der wöchentlichen Arbeitszeit als auf fünf Tage in der Woche grundsätzlich umzurechnen; der Senat hatte eine Diskriminierung von Teilzeitkräften durch die Umrechnung verneint (vgl. BAG vom 28. April 1998 – 9 AZR 314/97 – [Juris-Rz. 38]).

Der bis dahin vertretenen Rechtsauffassung, die das BAG seitdem aufgegeben hat, lag der Gedanke zu Grunde, dass sich der Gesamturlaubsanspruch nicht nach den bereits erbrachten Arbeitsleistungen richtet, sondern nach der bei Inanspruchnahme des Urlaubs maßgebenden Arbeitszeitverteilung (s. Juris-Rz. 30 a. a. O.). Der für das Urlaubsrecht zuständige Neunte Senat des BAG passte in seiner Entscheidung vom 10. Februar 2015 – 9 AZR 53/14 (F) – seine Rechtsprechung den unionsrechtlichen Vorgaben des EuGH an. Danach steht *„die Inanspruchnahme des Jahresurlaubs zu einer späteren Zeit als dem Bezugszeitraum in keiner Beziehung zu der in dieser späteren Zeit vom Arbeitnehmer erbrachten Arbeitszeit"*. Folglich dürfe *„durch eine Veränderung, insbesondere eine Verringerung der Arbeitszeit beim Übergang von einer Vollzeit- zu einer Teilzeitbeschäftigung*

II

der Anspruch auf Jahresurlaub, den der Arbeitnehmer in der Zeit der Vollzeitbeschäftigung erworben hat, nicht gemindert werden" (s. „Brandes" Rz. 30). Der EuGH nimmt bei Änderungen des Arbeitszeitmodells im Laufe des Kalenderjahres eine dem jeweiligen Beschäftigungsmodell entsprechende abschnittsbezogene Betrachtung vor. Abweichend vom deutschen Urlaubsrecht ordnet der EuGH dabei die Entstehung des gesetzlichen Urlaubsanspruchs anteilig jeweils „fiktiven" Abschnitten vor und nach dem Änderungsstichtag zu.

Der EuGH hatte in einem weiteren Urteil vom 11. November 2015 – C-219/14 (Rechtssache „Greenfield") – seine unionsrechtlichen Vorgaben zur Berechnung der Urlaubsansprüche in einem Fall der Erhöhung der Arbeitszeit dann weiter präzisiert (dazu s. u. Ziffer 1.2) und zur Berechnung des nach Art. 7 der (EU-Arbeitszeit-)Richtlinie 2003/88 gewährleisteten Anspruchs auf bezahlten Jahresurlaub Folgendes klargestellt: Ansprüche auf bezahlten Jahresurlaub werden im Hinblick auf den im Arbeitsvertrag vorgesehenen Arbeitsrhythmus erworben und sind dementsprechend zu berechnen (Rz. 29, 33 a. a. O.). Der EuGH schlussfolgert daraus, dass die Zeiträume, in denen der Arbeitnehmer nach verschiedenen Arbeitsrhythmen arbeitet, für die Berechnung des Urlaubsanspruchs voneinander zu unterscheiden und die Urlaubsansprüche für jeden Zeitraum getrennt zu berechnen sind (Rz. 35 a. a. O.). Im Ergebnis ordnet der EuGH damit also dem Urlaubsanspruch die Wertigkeit zu, die sich aus dem jeweiligen Zeitraum vor und nach der Änderung des Beschäftigungsmodells ergibt (d. h. rechnerisch müssen vor und nach dem betreffenden Änderungsstichtag „fiktive" Abschnitte gebildet werden).

Zwischenzeitlich liegen mehrere Entscheidungen des BAG dazu vor, wie die vorstehenden unionsrechtlichen Vorgaben im deutschen Urlaubsrecht umzusetzen sind. Die Rechtsprechung des BAG ist hierbei stetig im Fluss:

– In Bezug auf den **Umfang des Urlaubsanspruchs bzw. die Urlaubsdauer** ergeben sich aus der neueren BAG-Rechtsprechung keine Änderungen gegenüber den schon im Bezugsrundschreiben dargelegten Berechnungen. Auch der mit BAG-Entscheidung vom 10. Februar 2015 – 9 AZR 53/14 (F) festgestellte Grundsatz, dass § 26 Abs. 1 Satz 3 (n. F.) TVöD keine Obliegenheit der Beschäftigten begründet, ihren erworbenen Urlaubsanspruch vor dem Wechsel des Arbeitszeitmodells in Anspruch zu nehmen, hat weiterhin Bestand. Nach den jüngsten Urteilen des BAG (vom 19. März 2019 – 9 AZR 315/17 und 9 AZR 406/17 sowie vom 21. Mai 2019 – 9 AZR 259/18) bleibt die bereits im Bezugsrundschreiben zugrunde gelegte abschnittsweise Betrachtung von Urlaubsansprüchen vor und nach dem Änderungsstichtag auch für das deutsche Urlaubsrecht zulässig (näher s. u. Ziffer 2).

- Änderungen ergeben sich insoweit jedoch im Hinblick auf die **Berechnung des Urlaubsentgelts**; und zwar infolge der zwischenzeitlich ergangenen Urteile des BAG vom 20. März 2018 – 9 AZR 486/17, vom 18. September 2018 – 9 AZR 159/18, vom 20. November 2018 – 9 AZR 349/18, vom 19. März 2019 – 9 AZR 315/17 und 9 AZR 406/17 – sowie vom 21. Mai 2019 – 9 AZR 259/18. Dies betrifft insbesondere die aus der „Greenfield"-Entscheidung zu ziehenden Folgerungen für Fälle einer Erhöhung der individuellen Arbeitszeit (nähere Erläuterungen dazu enthält der Hinweis in Ziffer 2.2).

II

Das Bezugsrundschreiben vom 22. Januar 2016 wird daher aufgehoben und im Einvernehmen mit dem Bundesministerium der Finanzen durch die vorliegende Neufassung der Durchführungshinweise ersetzt.

Mit der vorliegenden Neufassung der Durchführungshinweise werden zur Vermeidung eines übermäßigen Verwaltungsaufwands im Wege einer pauschalisierenden und typisierenden Betrachtungsweise folgende Vereinfachungen vorgenommen:

- **Einführung einer Rundungsregelung** bei der Berechnung des Urlaubsanspruchs zwecks Vermeidung einer stundenweisen Gewährung von Bruchteilen eines Urlaubstages, die rechnerisch im Rahmen der „fiktiven" abschnittsweisen Betrachtung entstehen können (s. u. Ziffer 2.1.2). Folgeänderungen ergeben sich dadurch bei der Berechnung des Urlaubsentgelts.

- **Umstellung auf eine modifizierte, rein gegenwartsbezogene Betrachtung** in Bezug auf die Berechnung des Urlaubsentgelts. Im Ergebnis kommt damit nur noch der Lösungsansatz zum Tragen, der im Bezugsrundschreiben als zweiter Berechnungsschritt dargestellt wurde. Die bisherige Günstigerprüfung wird dadurch entbehrlich, d. h. es entfallen sowohl der bisher vorgeschaltete vergangenheitsbezogene Berechnungsschritt als auch der abschließende Vergleich.

Die Durchführungshinweise gelten im Übrigen weiterhin entsprechend für den Zusatzurlaub für schwerbehinderte Menschen nach § 208 SGB IX.

2. Folgerungen für die Urlaubsdauer und das Urlaubsentgelt

Im Einvernehmen mit dem Bundesministerium der Finanzen bitte ich entsprechend der folgenden Hinweise zu verfahren.

Zu unterscheiden ist zwischen den Konsequenzen der Rechtsprechung für die Berechnung der Urlaubsdauer (s. u. Ziffer 2.1) sowie für die Berechnung des Urlaubsentgelts (s. u. Ziffer 2.2).

2.1 Urlaubsdauer

Aus der neueren BAG-Rechtsprechung ergeben sich für die Berechnung der Urlaubsdauer keine Neuerungen gegenüber den bisherigen Durchführungshinweisen vom 22. Januar 2016. Mit der Neufassung der Durchführungshinweise wird allerdings aus Gründen der Verwaltungsvereinfachung im Wege einer übertariflichen Maßnahme die Rundung auf ganze Urlaubstage zugelassen (s. u. Ziffer 2.1.2).

Der in § 26 Abs. 1 Satz 3 TVöD angelegte Grundsatz der zeitratierlichen Berechnung bei einer von der Fünftagewoche abweichenden Verteilung der wöchentlichen Arbeitszeit ist anzuwenden. Der EuGH hat ausdrücklich darauf hingewiesen, dass für diese Zeit die Minderung des Anspruchs auf Jahresurlaub gegenüber dem bei Vollzeitbeschäftigung bestehenden Anspruch aus sachlichen Gründen gerechtfertigt ist. Abgelehnt hat er dabei lediglich die Umrechnung des bis zum Wechsel des Arbeitszeitmodells bereits erworbenen Urlaubsanspruchs (vgl. „Tirol" Rz. 33, „Brandes" Rz. 31). Im Rahmen der Umsetzung dieser unionsrechtlichen Vorgaben hat der Urlaubssenat des BAG deshalb auch nur eine Teilnichtigkeit der tarifvertraglichen Regelung zur Umrechnung des Urlaubsanspruchs bei einer von der Fünftagewoche abweichenden Verteilung der Arbeitszeit festgestellt. § 26 Abs. 1 Satz 3 TVöD ist danach unwirksam, soweit dadurch die Anzahl der noch vor der neuen Arbeitszeitverteilung erworbenen Urlaubstage gemindert wird (BAG vom 10. Februar 2015 – 9 AZR 53/14 (F) – [Juris-Rz. 15]). Die Tarifnorm findet im Übrigen weiter Anwendung, d. h. bei einer die Zahl der wöchentlichen Arbeitstage betreffenden Änderung der Arbeitszeitverteilung im Laufe des Urlaubsjahres ist für den Zeitraum nach Beginn der neuen Arbeitszeitverteilung die Urlaubsdauer nach Maßgabe des § 26 Abs. 1 Satz 3 TVöD im Sinne einer abschnittsweisen Betrachtung neu zu bestimmen (näher noch unter Ziffer 2.1.2).

Im Mittelpunkt der folgenden Ausführungen stehen die Fälle eines sog. unterjährigen Wechsels des Arbeitszeitmodells. Denn die unionsrechtlichen Vorgaben betreffen insbesondere Änderungen des Arbeitszeitmodells, die im Laufe des Urlaubsjahres wirksam werden. Eine Neuberechnung des Urlaubsanspruchs wird aber nicht nur erforderlich, wenn der Wechsel des Beschäftigungsmodells im laufenden Jahr erfolgt, sondern auch, wenn Resturlaubsansprüche aus vorangegangenen Kalenderjahren bestehen, die in einem abweichenden Arbeitszeitmodell erworben wurden.

II

2.1.1 Änderung des Beschäftigungsumfangs in der Fünftagewoche

Auf die Urlaubsdauer wirkt sich eine Änderung des Beschäftigungsmodells nur aus, wenn sich dadurch zugleich die Anzahl der wöchentlichen Arbeitstage in der Kalenderwoche ändert (dazu s. u. Ziffer 2.1.2).

Ohne eine Veränderung der Verteilung der wöchentlichen Arbeitszeit auf die Anzahl der Wochentage haben Änderungen der individuellen regelmäßigen Wochenarbeitszeit keinen Einfluss auf die Anzahl der zustehenden Urlaubstage (vgl. BAG vom 20. November 2018 – 9 AZR 349/18 – [Juris-Rz. 23]). Denn wegen des im deutschen Urlaubsrecht geltenden Tagesprinzips ist es für die Anzahl der Urlaubstage unerheblich, wie viele Arbeitsstunden der jeweilige Arbeitstag hat. Maßgebend für die Anrechnung auf den Urlaubsanspruch ist allein, ob an dem betreffenden Urlaubstag aufgrund der individuellen Verteilung der Arbeitszeit an sich eine Arbeitspflicht bestünde. Da sich der Jahresurlaubsanspruch von 30 Arbeitstagen auf die Fünftagewoche bezieht (§ 26 Abs. 1 Satz 2 TVöD), haben Teilzeitbeschäftigte, deren vertraglich verringerte wöchentliche Arbeitszeit auf fünf Arbeitstage in der Kalenderwoche verteilt ist, denselben Urlaubsanspruch wie ebenfalls in der Fünftagewoche tätige Vollzeitbeschäftigte. In allen Fällen einer Veränderung der individuellen, vertraglich festgelegten Arbeitszeit ohne Veränderung der Anzahl der Wochenarbeitstage ergeben sich für die Dauer des Urlaubsanspruchs keine Folgen. Anders stellt sich die Rechtslage bei der Bemessung des Urlaubsentgelts dar (s. u. Ziffer 2.2).

2.1.2 Änderung der Anzahl der Arbeitstage in der Kalenderwoche

Sobald die Anzahl der Arbeitstage in der Kalenderwoche im laufenden Urlaubsjahr geändert wird, ist nach der Rechtsprechung des Urlaubssenats des BAG der noch bestehende Urlaubsanspruch abschnittsbezogen neu zu berechnen. Bei einem unterjährigen Wechsel der Anzahl der Arbeitstage in der Kalenderwoche ist der Gesamtjahresurlaubsanspruch für das betreffende Kalenderjahr unter Berücksichtigung der einzelnen Zeiträume der Beschäftigung und der auf sie entfallenen Wochentage mit Arbeitspflicht umzurechnen (BAG vom 19. März 2019 – 9 AZR 315/17 [Juris-Rz. 17]). Unter Umständen muss die Urlaubsdauer mehrfach berechnet werden [Juris-Rz. 22 a. a. O.].

II

Hinweis:

Die Entscheidung des BAG vom 14. März 2017 – 9 AZR 7/16 – [Juris-Rz. 17]), wonach im Falle eines unterjährigen Wechsels der Arbeitszeitverteilung der kalenderjährig bestimmte Urlaubsanspruch nicht in Zeitabschnitte unterteilt werden könne, ist bereits wieder überholt. Der Urlaubssenat hält daran nicht mehr fest (BAG vom 19. März 2019 – 9 AZR 406/17 Rn. 20 sowie 9 AZR 315/17 Rn. 17). Daher ist der Anspruch auf den gesetzlichen Mindesturlaub nicht nach der zum Zeitpunkt der Urlaubsgewährung geltenden Arbeitszeitregelung zu bemessen (so noch die o. g. überholte Senatsentscheidung vom 14. März 2017), sondern grundsätzlich bezogen auf das gesamte Urlaubsjahr anhand der arbeitsvertraglichen Verteilung der Arbeitszeit auf die Wochentage zu berechnen (BAG vom 19. März 2019 – 9 AZR 406/17 Rn. 20).

Auf den TVöD angewandt bedeutet dies Folgendes: Die Zahl der Urlaubstage, die auf die „fiktiven" Abschnitte vor und nach dem Änderungsstichtag entfallen, bemisst sich nach der für den jeweiligen Abschnitt vereinbarten Anzahl der Wochenarbeitstage (Verteilung der wöchentlichen Arbeitszeit i. S. des § 26 Abs. 1 Satz 2 und 3 TVöD). Diese dem jeweiligen Beschäftigungsmodell entsprechende abschnittsbezogene Betrachtung gilt unabhängig davon, ob das Arbeitszeitvolumen vermindert, beibehalten oder aber erhöht wird. Eine Neuberechnung der Urlaubsdauer ist demnach nur erforderlich, wenn sich die Anzahl der Arbeitstage in der Woche ändert. Vor dem Änderungsstichtag bereits gewährter Urlaub ist in Abzug zu bringen; jedoch scheidet eine vorgriffsweise Anrechnung auf erst in folgenden Urlaubsjahren entstehende Urlaubsansprüche mangels entsprechender nationaler Rechtsgrundlage aus.

Beispiel:

Im laufenden Urlaubsjahr erfolgt zum 1. September ein Wechsel des Beschäftigungsmodells von der Fünftagewoche zu einer Viertagewoche. Der „fiktive" Abschnitt für die während der Fünftagewoche erworbenen Urlaubstage umfasst somit 8 Kalendermonate und der „fiktive" Abschnitt nach dem Änderungsstichtag für die in der Viertagewoche erworbenen Urlaubstage 4 Kalendermonate.

Ergeben sich infolge der veränderten Anzahl der wöchentlichen Arbeitstage in der Kalenderwoche aufgrund der „fiktiven" abschnittsbezogenen Berechnung des Urlaubs Bruchteile, kann die Rundungsregelung des § 26 Abs. 1 Satz 4 TVöD an sich keine Anwendung finden, da es sich wegen des ununterbrochenen Arbeitsverhältnisses weiterhin um Vollurlaubsansprüche handelt. Im Interesse der Verwaltungsvereinfachung erkläre ich mich jedoch damit einverstanden, dass die beiden jeweils „fiktiv" abschnittsbezogen berechneten Urlaubsansprüche gleichwohl nur als ganze Arbeitstage gewährt werden (Anwendung des Tagesprinzips). Zugunsten der Beschäftigten bitte ich dazu wie folgt zu verfahren:

a) Ergeben sich **Bruchteile für** beide **Bezugszeiträume**, sind diese bei dem Bezugszeitraum mit der höheren regelmäßigen wöchentlichen Arbeitszeit aufzurunden; und zwar auch, wenn der Bruchteil weniger als einen halben Urlaubstag beträgt. Im Gegenzug sind die Bruchteile bei dem Bezugszeitraum mit der niedrigeren regelmäßigen wöchentlichen Arbeitszeit abzurunden. Bleibt die regelmäßige wöchentliche Arbeitszeit gleich und ändert sich nur die Anzahl der Wochenarbeitstage, ist bei dem Bezugszeitraum mit der höheren Anzahl an Wochenarbeitstagen aufzurunden, und zwar auch, wenn der Bruchteil weniger als einen halben Urlaubstag beträgt. Im Gegenzug sind Bruchteile bei dem Bezugszeitraum mit der niedrigeren Anzahl an Wochenarbeitstagen abzurunden.

Beispiel 1 (Verringerung der Wochenarbeitstage)

Ein an fünf Arbeitstagen Teilzeitbeschäftigter ändert im Laufe des Monats September die Verteilung seiner wöchentlichen Arbeitszeit auf drei Arbeitstage; die verringerte regelmäßige wöchentliche Arbeitszeit (Teilzeitquote) wird unverändert beibehalten. Der Urlaubsanspruch berechnet sich wie folgt:

Erster Berechnungsschritt (Spitzberechnung)

- 22,5 Urlaubstage stehen für Januar bis September unter Berücksichtigung der Teilzeitbeschäftigung in der Fünftagewoche zu. Im Rahmen der Zwölftelung wird der September, in dessen Verlauf der Wechsel stattfindet, bei dem Bezugszeitraum mit der höheren Anzahl an Wochenarbeitstagen als voller Monat berücksichtigt.

  $= \text{9/12 von 30 Urlaubstagen, d. h. } 30 \times \frac{9 \text{ Monate}}{12 \text{ Monate}}$

- 4,5 Urlaubstage stehen für Oktober bis Dezember unter Berücksichtigung der Teilzeitbeschäftigung in der Dreitagewoche zu

  $= \text{3/12 von 18 Urlaubstagen [30/5} \times \text{3], d. h. } 18 \times \frac{3 \text{ Monate}}{12 \text{ Monate}}$

Ohne Zwischenrundung der beiden Bruchteile betrüge der Jahresurlaubsanspruch insgesamt 27 Arbeitstage (22,5 + 4,5), wobei auf beide Bezugszeiträume rechnerisch jeweils ein halber Arbeitstag entfiele.

Zweiter Berechnungsschritt (Rundung)

Im Rahmen der „fiktiven" abschnittsweisen Berechnung des Urlaubs haben sich für beide Bezugszeiträume Bruchteile ergeben. Da es sich bei dem ersten Bezugszeitraum von Januar bis September um den Bezugszeitraum mit der höheren Anzahl an Wochenarbeitstagen bei gleichbleibender Wochenarbeitszeit handelt, wird der Urlaubsanspruch von

22,5 Arbeitstagen auf 23 Arbeitstage aufgerundet. Im Gegenzug werden die 4,5 Urlaubstage für den zweiten Bezugszeitraum von Oktober bis Dezember auf 4 Urlaubstage abgerundet. In der Summe verbleibt es somit bei einem Jahresurlaubsanspruch von insgesamt 27 Arbeitstagen (23 + 4). Durch die Rundung wird eine stundenweise Berechnung des Urlaubsentgelts für zwei halbe Urlaubstage entbehrlich.

II

b) Ergeben sich **Bruchteile** für nur einen **Bezugszeitraum**, so ist die tarifliche Rundungsregelung nach § 26 Abs. 1 Satz 4 TVöD entsprechend anzuwenden.

Beispiel 2 (Verringerung der Wochenarbeitstage)

Eine Teilzeitbeschäftigte, die in der Viertagewoche arbeitet, verteilt ihre wöchentliche Arbeitszeit im Laufe des Monats März auf nur noch drei Arbeitstage; die verringerte regelmäßige wöchentliche Arbeitszeit wird unverändert beibehalten. Der Urlaubsanspruch berechnet sich wie folgt:

Erster Berechnungsschritt (Spitzberechnung)

– 6 Urlaubstage stehen für Januar bis März unter Berücksichtigung der Teilzeitbeschäftigung in der Viertagewoche zu. Im Rahmen der Zwölftelung wird der März, in dessen Verlauf der Wechsel stattfindet, bei dem Bezugszeitraum mit der höheren Anzahl an Wochenarbeitstagen als voller Monat berücksichtigt.

$$= \text{3/12 von 24 Urlaubstagen [30/5} \times \text{4], d. h. } 24 \times \frac{\text{3 Monate}}{\text{12 Monate}}$$

– 13,5 Urlaubstage stehen für Oktober bis Dezember unter Berücksichtigung der Teilzeitbeschäftigung in der Dreitagewoche zu.

$$= \text{9/12 von 18 Urlaubstagen [30/5} \times \text{3], d. h. } 18 \times \frac{\text{9 Monate}}{\text{12 Monate}}$$

Ohne Rundung des Bruchteils betrüge der Jahresurlaubsanspruch insgesamt 19,5 Arbeitstage (6 + 13,5), wobei nur auf den zweiten Bezugszeitraum rechnerisch ein halber Arbeitstag entfiele.

Zweiter Berechnungsschritt (Rundung)

Im Rahmen der „fiktiven" abschnittsweisen Berechnung des Urlaubs hat sich lediglich für einen der beiden Bezugszeiträume ein Bruchteil ergeben. Im Beispielsfall ist dies der zweite Bezugszeitraum, der nach dem Wechsel liegt. Somit ist die tarifliche Rundungsregel des § 26 Abs. 1 Satz 4 TVöD, nach der Bruchteile von mindestens einem halben Urlaubstag aufzurunden sind und Bruchteile von weniger als einem halben Urlaubstag unberücksichtigt bleiben, entsprechend anzuwenden. Der Bruchteil beträgt 0,5 Arbeitstage und ist daher aufzurunden. D. h. der Urlaubsanspruch von 13,5 Arbeitstagen wird auf 14 Arbeitstage aufgerundet. In der Summe ergibt sich somit ein Jahresurlaubsanspruch von insgesamt 20 Arbeitstagen (6 + 14). Durch die Rundung wird die stundenweise Berechnung des Urlaubsentgelts für einen halben Urlaubstag entbehrlich.

Beispiel 3 (Erhöhung der Wochenarbeitstage und der regelmäßigen wöchentlichen Arbeitszeit)

Ein an vier Arbeitstagen Teilzeitbeschäftigter kehrt im Laufe des Monats April zur Vollzeitbeschäftigung zurück und ändert dabei zeitgleich die Verteilung seiner wöchentlichen Arbeitszeit auf fünf Arbeitstage. Der Urlaubsanspruch berechnet sich wie folgt:

Erster Berechnungsschritt (Spitzberechnung)

- 6 Urlaubstage stehen für Januar bis März unter Berücksichtigung der Teilzeitbeschäftigung in der Viertagewoche zu.

  $= 3/12$ von 24 Urlaubstagen, [30/5 × 4], d. h. $24 \times \frac{3 \text{ Monate}}{12 \text{ Monate}}$

- 22,5 Urlaubstage stehen für April bis Dezember unter Berücksichtigung der Vollzeitbeschäftigung in der Fünftagewoche zu. Im Rahmen der Zwölftelung wird der April, in dessen Verlauf der Wechsel stattfindet, beim zweiten Bezugszeitraum als voller Monat berücksichtigt, weil dieser mit der Vollzeitbeschäftigung die höhere regelmäßige wöchentliche Arbeitszeit aufweist.

  $= 9/12$ von 30 Urlaubstagen, d. h. $30 \times \frac{9 \text{ Monate}}{12 \text{ Monate}}$

Ohne Rundung des Bruchteils betrüge der Jahresurlaubsanspruch insgesamt 28,5 Arbeitstage (6 + 22,5), wobei nur auf den zweiten Bezugszeitraum rechnerisch ein halber Arbeitstag entfiele.

Zweiter Berechnungsschritt (Rundung)

Im Rahmen der „fiktiven" abschnittsweisen Berechnung des Urlaubs hat sich lediglich für einen der beiden Bezugszeiträume ein Bruchteil ergeben. Im Beispielsfall ist dies der zweite Bezugszeitraum, der nach dem Wechsel liegt. Somit ist die tarifliche Rundungsregel des § 26 Abs. 1 Satz 4 TVöD, nach der Bruchteile von mindestens einem halben Urlaubstag aufzurunden sind und Bruchteile von weniger als einem halben Urlaubstag unberücksichtigt bleiben, entsprechend anzuwenden. Der Bruchteil beträgt 0,5 Arbeitstage und ist daher aufzurunden. D. h. der Urlaubsanspruch von 22,5 Arbeitstagen wird auf 23 Arbeitstage aufgerundet. In der Summe ergibt sich somit ein Jahresurlaubsanspruch von insgesamt 29 Arbeitstagen (6 + 23). Durch die Rundung wird die stundenweise Berechnung des Urlaubsentgelts für einen halben Urlaubstag entbehrlich.

Hinweis:

In Fällen einer Erhöhung der individuellen Arbeitszeit sind als Urlaubsentgelt u. a. das Tabellenentgelt und die sonstigen in Monatsbeträgen festgelegten Entgeltbestandteile in der zum Zeitpunkt der Inanspruchnahme des Urlaubs maßgebenden Höhe weiterzuzahlen (s. dazu unter Ziffer 2.2.2).

II

2.1.3 Inkrafttreten der Änderungen

Die unter Ziffer 2.1.2 beschriebene übertarifliche Rundungsregelung zugunsten der Beschäftigten bitte ich ab sofort, also ab Veröffentlichung des Rundschreibens, auf **Neufälle** anzuwenden. Maßgebend ist insoweit der Änderungsstichtag für die Änderung des Beschäftigungsumfangs.

In **Altfällen** kann die neue übertarifliche Rundungsregelung hingegen nur dann Anwendung finden, wenn der Urlaubsanspruch aus sonstigen Gründen ohnehin neu festgesetzt werden muss (z. B. in Fällen der Neuberechnung bei Erhöhung der Arbeitszeit bis einschließlich 2018 (s. u. Ziffer 2.2.3)) oder ein nach Maßgabe des Rundschreibens vom 22. Januar 2016 spitz auf Stundenbasis errechneter anteiliger (Rest-) Urlaubstag noch nicht angetreten wurde.

2.2 Urlaubsentgelt

Zwischenzeitlich liegen auch BAG-Entscheidungen vor, in denen explizit die Berechnung des Urlaubsentgelts bei Beschäftigten des öffentlichen Dienstes der Streitgegenstand war. Zwar ergingen die Urteile zum Tarifrecht der Länder (TV-L) sowie dem der Bundesagentur für Arbeit (TV-BA). Der Regelungsgehalt der dortigen Tarifnormen zum Erholungsurlaub wurde aber weitestgehend inhaltsgleich zum TVöD vereinbart. Deshalb können aus den beiden Entscheidungen auch für die Berechnung des Urlaubsentgelts nach § 26 Abs. 1 Satz 1 i. V. m. § 21 TVöD allgemeine Folgerungen gezogen werden.

Der Urlaubssenat des BAG befasste sich dabei sowohl mit den Folgen einer unterjährigen Verringerung der Arbeitszeit als auch mit denen einer Erhöhung im Laufe des Urlaubsjahres:

- Zum TV-L: Urteil vom 20. März 2018 – 9 AZR 486/17 – Verringerung der Teilzeitquote von 87,5 % [35/40] auf 50 % [20/20] unter Beibehaltung der Fünftagewoche.
- Zum TV-BA: Urteil vom 20. November 2018 – 9 AZR 349/18 – Rückkehr zur Vollzeit [39 Wochenstunden] durch Erhöhung der Teilzeitquote von 84,61 % [33/39], ebenfalls unter Beibehaltung der Fünftagewoche.

Beide vorgenannten Entscheidungen des BAG betrafen die Weiterzahlung des Tabellenentgelts sowie der sonstigen in Monatsbeträgen festgelegten Entgeltbestandteile (im TVöD: § 26 Abs. 1 Satz 1 und § 21 Satz 1). Zur Berechnung des Tagesdurchschnitts der nicht in Monatsbeträgen festgelegten Entgeltbestandteile nach dem Referenzprinzip (§ 21 Satz 2 und 3 TVöD) liegt für Fälle einer unterjährigen Veränderung des Beschäftigungsumfangs bislang noch keine höchstrichterliche Rechtsprechung vor.

Bei der Berechnung des Urlaubsentgelts bitte ich im Fall einer Änderung des Beschäftigungsumfangs im Laufe des Urlaubsjahres wie folgt zu verfahren:

2.2.1 Verringerung der Arbeitszeit

Aus der nunmehr vorliegenden BAG-Rechtsprechung zur Berechnung des Urlaubsentgelts bei einer im Laufe des Urlaubsjahres erfolgten Verringerung des Beschäftigungsumfangs wurde Folgendes deutlich: Eine richtlinienkonforme Umsetzung des nach der Auslegung des EuGH im unionsrechtlichen Urlaubsrecht angelegten Gedankens eines erarbeiteten (vergangenheitsbezogenen) „Wertguthabens" lässt sich auch mit der im deutschen Urlaubsrecht normierten Systematik einer gegenwartsbezogenen Betrachtung realisieren. Dazu reicht es aus, die in § 21 TVöD angelegte zweigeteilte Berechnungsweise des Urlaubsentgelts lediglich punktuell zu modifizieren. Die im Bezugsrundschreiben 2016 noch vorgesehene Günstigerprüfung mit einem weiteren vergangenheitsbezogenen Berechnungsschritt sowie einem abschließenden Vergleich kann daher entfallen.

Nach Auffassung des BAG kommt im Falle einer Arbeitszeitverringerung eine richtlinienkonforme Auslegung der Tarifnormen zur Berechnung des Urlaubsentgelts nicht in Betracht. In einer zum Bereich der Tarifgemeinschaft deutscher Länder (TdL) ergangenen Entscheidung hat der Urlaubssenat deshalb eine Teilnichtigkeit der betreffenden Tarifnormen des TV-L festgestellt. Die Entscheidungsgründe sind auf die insoweit vergleichbaren Bestimmungen des TVöD übertragbar. Demzufolge sind die Regelungen in § 26 Abs. 1 Satz 1 und § 21 Satz 1 TVöD wegen Verstoßes gegen das Verbot der Diskriminierung von Teilzeitkräften (§ 4 Abs. 1 TzBfG) gemäß § 134 BGB unwirksam, soweit sie für die Berechnung des Urlaubsentgelts auf das von den Beschäftigten zu beanspruchende Entgelt auch in den Fällen abstellen, in denen die Beschäftigten nach Verringerung ihrer wöchentlichen Regelarbeitszeit Urlaub nehmen, der aus der Zeit vor der Arbeitszeitreduzierung stammt (zum TV-L vgl. BAG vom 20. März 2018 – 9 AZR 486/17 – [Juris-Rz. 11]).

Der Urlaubssenat führt in seinen Entscheidungsgründen dazu weiter aus, dass in diesen Fällen das Urlaubsentgelt nicht auf der Grundlage der während des jeweiligen Urlaubszeitraums geltenden Teilzeitquote zu gewähren ist, sondern auf der Grundlage der vor der Reduzierung der Regelarbeitszeit geltenden Parameter [Juris-Rz. 10

II

a. a. O.]. Daher wirkt sich im Fall einer individuellen Verringerung der regelmäßigen Arbeitszeit – abweichend vom Wortlaut der gesetzlichen und tariflichen Normen – die oben unter Ziffer 2.1 bei der Urlaubsdauer beschriebene „fiktive" abschnittsbezogene Betrachtung auch bei der Berechnung des Urlaubsentgelts aus. Bei der Berechnung des Urlaubsentgelts wird dem durch einen Rückgriff auf die vor dem Änderungsstichtag geltenden Berechnungsparameter – d. h. Vollzeitbeschäftigung bzw. höhere Teilzeitquote – Rechnung getragen (s. u. zum insoweit modifizierten „Zeitfaktor").

Wegen der Anknüpfung am Verbot der Diskriminierung von Teilzeitkräften gelten die Rechtsfolgen für den Gesamturlaubsanspruch und sind nicht nur auf den gesetzlichen Mindesturlaub beschränkt.

2.2.1.1 Urlaubsentgelt für vor der Verringerung erworbene Urlaubstage

In Fällen einer unterjährigen Verringerung des Beschäftigungsumfangs ergeben sich für die Berechnung des Urlaubsentgelts für vor der Verringerung erworbene Urlaubstage daraus folgende Schlussfolgerungen:

a) Damit Beschäftigte für ihre nicht verbrauchten Urlaubstage, die rechnerisch dem „fiktiven" Abschnitt vor dem Änderungsstichtag zuzuordnen sind (rechnerische Zuordnung), mindestens das Äquivalent des Urlaubsentgelts erhalten, das sie im Falle einer Urlaubsgewährung vor dem Änderungsstichtag erhalten hätten, kann auf die Verhältnisse zum Zeitpunkt der Urlaubsgewährung abgestellt werden, so wie in der Tarifnorm zur Berechnung des Urlaubsentgelts vorgesehen.

b) Dadurch ist sichergestellt, dass zwischenzeitlich eingetretene Verdiensterhöhungen nicht nur vorübergehender Natur (allgemeine Tariferhöhungen, Höhergruppierungen und Stufensteigerungen) berücksichtigt werden. Die **Notwendigkeit einer Dynamisierung** folgt nicht aus den unionsrechtlichen Vorgaben des EuGH, sondern ergibt sich aus den innerstaatlichen Regelungen des deutschen Urlaubsrechts. Nach Feststellung des Urlaubssenats ist die Tarifregelung insoweit wirksam (vgl. zum TV-L: BAG vom 20. März 2018 – 9 AZR 486/17 – [Juris-Rz. 25]).

c) Folgende Modifikation ist jedoch erforderlich, um den unionsrechtlichen Vorgaben gerecht zu werden: **Der auf der Grundlage des neuen Arbeitszeitvolumens**, das während des Urlaubs ausgefallen ist, **ermittelte Betrag (Geldfaktor) muss** anschließend **mittels eines modifizierten Zeitfaktors korrigiert werden**. Dazu sind die beiden Teilbeträge für sog. ständige und unständige Bezüge, die unter Anwendung der geltenden Tarifbestimmungen ermittelt wurden, per Dreisatz hochzurechnen; und zwar auf den höheren Beschäftigungsumfang, der im „fiktiven" Abschnitt vor dem Änderungsstichtag maßgeblich war. Notwendig ist diese Umrechnung also sowohl für den Teilbetrag aus dem Tabellenentgelt und den sonstigen in Monatsbeträgen festgelegten Entgeltbestandteilen nach § 21 Satz 1 TVöD als auch für den Teilbetrag aus den nicht in Monatsbeträgen festgelegten Entgeltbestandteilen nach § 21 Satz 2 und 3 TVöD (zu den sog. ständigen Bezügen nach § 21 Abs. 1 Satz 1 TV-L: BAG vom 20. März 2018 – 9 AZR 486/17 – [Juris-Rz. 22]).

II

Da es um die Bemessung des Urlaubsentgelts für vor dem Änderungsstichtag erworbene Urlaubstage geht, muss stets **ein für den einzelnen Urlaubstag maßgeblicher Tagesdurchschnitt** ermittelt werden. Das gilt auch für den Fall, dass Beschäftigte ausschließlich Anspruch auf ständige Bezüge im Sinne des § 21 Satz 1 TVöD haben. Sofern daneben auch Anspruch auf sog. unständige Bezüge im Sinne des § 21 Satz 2 und 3 TVöD besteht, ergibt sich der für den einzelnen Urlaubstag maßgebliche Tagesdurchschnitt erst aus der Addition von zwei Teilbeträgen. Dabei ist Folgendes zu beachten:

- Für die Berechnung des Teilbetrags aus den nicht in Monatsbeträgen festgesetzten Entgeltbestandteilen (sog. **unständige Bezüge**) kann hier auf die in § 21 Satz 2 und 3 TVöD festgelegte Berechnungsmethode zurückgegriffen werden. Dabei handelt es sich um einen pauschalisierend berechneten Tagesdurchschnitt auf **arbeitstäglicher Basis**. In Abhängigkeit vom Zeitpunkt der Inanspruchnahme des Urlaubs nach dem Änderungsstichtag ist ggf. der für Änderungen der individuellen Arbeitszeit geltende Ersatzberechnungszeitraum nach Nr. 1 Satz 3 der Protokollerklärungen zu § 21 Sätze 2 und 3 TVöD zu berücksichtigen.
- Für die Berechnung des Teilbetrags aus dem Tabellenentgelt und den sonstigen in Monatsbeträgen festgelegten Entgeltbestandteilen nach § 21 Satz 1 TVöD (sog. **ständige Bezüge**), die nur hier im Rahmen der „fiktiven" abschnittsweisen Berechnung notwendig ist, findet hingegen die Regelung des § 24 Abs. 3 Satz 1 TVöD Anwendung. Die auf die einzelnen Urlaubstage entfallenden Beträge sind danach auf **kalendertäglicher Basis** zu berechnen; maßgeblich ist die Anzahl der Kalendertage des Monats, in dem der Urlaub gewährt wird.

Das Zusammenspiel der vorstehenden Maßgaben soll das nachstehende Beispiel verdeutlichen.

Beispiel (Verringerung der Arbeitszeit)

Ein Vollzeitbeschäftigter, der in der Fünftagewoche arbeitet (regelmäßige Arbeitszeit von 39 Stunden wöchentlich), wechselt im Laufe des Monats September in Teilzeit. Die infolge der Halbtagsbeschäftigung verringerte regelmäßige wöchentliche Arbeitszeit von 19,5 Stunden wöchentlich ist weiterhin auf fünf Tage in der Woche verteilt. Infolge des bei der Urlaubsgewährung geltenden Tagesprinzips beträgt der Jahresurlaubsanspruch unverändert 30 Arbeitstage im Kalenderjahr, da trotz Teilzeitbeschäftigung weiterhin in der Fünftagewoche gearbeitet wird. Neben dem Tabellenentgelt (unterstellt 3000 Euro) besteht Anspruch auf Zeit- und Erschwerniszuschläge (= nicht in Monatsbeträgen festgelegte Entgeltbestandteile i. S. des § 21 Sätze 2 und 3 TVöD).

Unter Berücksichtigung des neuen vereinfachten Berechnungsverfahrens entfallen im Rahmen der „fiktiven" abschnittsweisen Betrachtung rechnerisch anteilig 23 Urlaubstage auf den Bezugszeitraum vor dem Änderungsstichtag; diese sind mit einem Urlaubsentgelt, das sich gemäß der vor dem Änderungsstichtag ausgeübten Vollzeitbeschäftigung bemisst, zu bezahlen. Auf den „fiktiven" Abschnitt nach dem Änderungsstichtag entfallen 7 Urlaubstage; diese sind mit einem Urlaubsentgelt entsprechend dem zeitratierlich bemessenen Teilzeitentgelt gemäß § 24 Abs. 2 i. V. m. § 26 Abs. 1 Satz 1 und § 21 TVöD zu bezahlen. Von dem Urlaubsanspruch von 23 Arbeitstagen, der rechnerisch noch während der Vollzeit erworben wurde, sind nur noch 5 Arbeitstage offen; bis zum Änderungsstichtag (Wechsel in die Teilzeitbeschäftigung) wurden bereits 18 Arbeitstage in Anspruch genommen. Seine noch nicht verbrauchten 5 (Vollzeit-)Urlaubstage nimmt der Beschäftigte erst nach der Verringerung seiner Arbeitszeit im Laufe des Monats Dezember, also während der Teilzeitbeschäftigung.

a) Ermittlung der Anzahl der Urlaubstage

Zur Ermittlung der Anzahl der Urlaubstage, die bei der Bemessung des Urlaubsentgelts mit Vollzeit- oder Teilzeitentgelt zugrunde zu legen sind, findet die oben unter Ziffer 2.1.2 beschriebene „fiktive" abschnittsbezogene Betrachtung Anwendung. Für die Ermittlung der rechnerisch anteilig vor und nach dem Änderungsstichtag erworbenen Urlaubstage gilt somit ebenfalls die neue vereinfachte Berechnungsmethode.

Erster Berechnungsschritt (Spitzberechnung)

- 22,5 Urlaubstage stehen für Januar bis September unter Berücksichtigung der Fünftagewoche zu (hier Vollzeitbeschäftigung). Im Rahmen der Zwölftelung wird der September, in dessen Verlauf der Wechsel stattfindet, bei dem Bezugszeitraum mit der höheren regelmäßigen wöchentlichen Arbeitszeit als voller Monat berücksichtigt.

  = 9/12 von 30 Urlaubstagen, d. h. $30 \times \frac{9\ \text{Monate}}{12\ \text{Monate}}$

- 7,5 Urlaubstage stehen für Oktober bis Dezember unter Berücksichtigung der Fünftagewoche zu (hier Teilzeitbeschäftigung).

$$= 3/12 \text{ von 30 Urlaubstagen, d. h. } 30 \times \frac{3 \text{ Monate}}{12 \text{ Monate}}$$

Ohne Zwischenrundung der beiden Bruchteile betrüge der Jahresurlaubsanspruch insgesamt 30 Arbeitstage (22,5 + 7,5), wobei allerdings auf beide Bezugszeiträume rechnerisch jeweils ein halber Arbeitstag entfiele.

<u>Zweiter Berechnungsschritt (Rundung)</u>

b) Im Rahmen der „fiktiven" abschnittsweisen Berechnung des Urlaubsanspruchs haben sich für beide Bezugszeiträume Bruchteile ergeben. Da es sich bei dem ersten Bezugszeitraum von Januar bis September um den Bezugszeitraum mit der höheren regelmäßigen wöchentlichen Arbeitszeit handelt (Vollzeit), wird der Urlaubsanspruch von 22,5 Arbeitstagen auf 23 Arbeitstage aufgerundet. Im Gegenzug werden die 7,5 Urlaubstage für den zweiten Bezugszeitraum der Teilzeitbeschäftigung von Oktober bis Dezember auf 7 Urlaubstage abgerundet. Bei der **gegenwartsbezogenen Betrachtung** ist zur Ermittlung des Tagesdurchschnitts des Urlaubsentgelts auf die tatsächlichen Verhältnisse zum Zeitpunkt der Inanspruchnahme des Urlaubs abzustellen.

Die Berechnung des auf den einzelnen Urlaubstag entfallenden Urlaubsentgelts erfolgt entsprechend § 21 TVöD wiederum in **zwei Teilbeträgen**, die zu addieren sind:

- Für den ersten Teilbetrag aus dem Tabellenentgelt und den sonstigen in Monatsbeträgen festgelegten Entgeltbestandteilen ist der Kalendermonat Dezember mit 31 Kalendertagen maßgeblich. Der kalendertägliche Tagesdurchschnitt nach § 24 Abs. 3 Satz 1 TVöD ist somit mit dem Divisor 31 zu berechnen. Auf der Grundlage des Teilzeitentgelts von 1500 Euro für die Halbtagsbeschäftigung (Teilzeitquote 50 % des Tabellenentgelts von 3000 Euro) ergibt sich unter Berücksichtigung des § 24 Abs. 4 TVöD zunächst ein Tagesdurchschnitt i. H. von 48,39 Euro (= 1500 Euro / 31 Kalendertage). Dieser Betrag ist per Dreisatz auf den im „fiktiven" Abschnitt vor dem Änderungsstichtag maßgeblichen Beschäftigungsumfang umzurechnen. Als Teilbetrag für die ständigen Bezüge ist somit ein **auf Vollzeitbasis hochgerechneter Tagesdurchschnitt i. H. von 96,78 Euro** anzusetzen

  $$(= 48{,}39 \text{ Euro} \times \frac{39 \text{ Wochenstunden}}{19{,}5 \text{ Wochenstunden}}).$$

- Berechnungszeitraum für den **zweiten Teilbetrag** aus den nicht in Monatsbeträgen festgelegten Entgeltbestandteilen nach § 21 Satz 2 TVöD sind hier die letzten zwei vollen Kalendermonate, die dem maßgebenden Ereignis vorausgehen (= Urlaubsbeginn im Laufe des Dezembers). Der Regelberechnungszeitraum nach § 21 Satz 2 TVöD kommt nicht zum Tragen, da zwischen der Änderung der individuellen Arbeitszeit und dem Urlaubsantritt als dem maßgeblichen Ereignis für die Entgeltfortzahlung keine vollen drei Kalendermonate liegen. Maßgeblich ist daher der Ersatzberechnungszeitraum nach Nr. 1 Satz 3 der Protokollerklärungen zu § 21 Sätze 2 und 3 TVöD. Danach sind für die Berechnung des Tagesdurchschnitts die nach der Arbeitszeitänderung liegenden vollen Kalendermonate zugrunde gelegt. Da der Wechsel des Arbeitszeitmodells im Laufe des Septembers erfolgt und der Urlaub im Laufe des Dezembers angetreten wird, sind für die Berechnung des Tagesdurchschnitts daher die beiden volle Kalendermonate Oktober und November zugrunde zu legen.

Unterstellt, die Summe der zu berücksichtigenden Entgeltbestandteile in dem zweimonatigen Ersatzberechnungszeitraum hätte sich entsprechend des auf 50 % reduzierten Beschäftigungsumfangs auf 60 Euro halbiert, dann ergäbe sich nach § 21 Satz 2 i. V. m. Nr. 2 der Protokollerklärungen zu § 21 Sätze 2 und 3 TVöD für die Zeit- und Erschwerniszuschläge auf Teilzeitbasis wegen der Fünftagewoche zunächst ein arbeitstäglicher Tagesdurchschnitt i. H. von 1,40 Euro (= 60 Euro x Faktor 1/43 [= 65 Arbeitstage x 2/3]).

Um dabei rechnerisch sicherzustellen, dass der Beschäftigte das Äquivalent des arbeitstäglichen Tagesdurchschnitts in der Höhe erhält, die seinem Arbeitszeitmodell vor dem Änderungsstichtag entspricht (hier Vollzeitbeschäftigung in der Fünftagewoche), müssen rechnerisch folgende zwei Korrekturen vorgenommen werden:

- Zum einen muss der für den Bezugszeitraum vor dem Änderungsstichtag geltende Berechnungsfaktor angewandt werden. Hier wäre dies der für die Fünftagewoche geltende Faktor, der im Falle des dreimonatigen Regelbemessungszeitraums 1/65 beträgt (s. Protokollerklärung Nr. 2 zu § 21 Sätze 2 und 3 TVöD). Infolge des verkürzten zweimonatigen Ersatzberechnungszeitraums gilt hier in der Fünftagewoche der Faktor 1/43 (= 65 Arbeitstage x 2/3) – dazu siehe Ziffer 3.1.2.2 des Durchführungsrundschreibens zu § 21 TVöD vom 30. April 2019 – D5-31002/33#7). Im vorliegenden Beispielsfall ergibt sich insoweit kein Änderungsbedarf, weil in beiden Bezugszeiträumen jeweils in der Fünftagewoche gearbeitet wird.
- Zum anderen ist die Summe der zu berücksichtigenden Entgeltbestandteile per Dreisatz auf die vor dem Änderungsstichtag geltende Arbeitszeit hoch-zurechnen. Wegen der früheren Vollzeitbeschäftigung ergibt sich hier somit ein auf Vollzeitbasis hochgerechneter arbeitstäglicher Tagesdurchschnitt i. H. von 2,80 Euro

$$= 1{,}40 \text{ Euro} \times \frac{39 \text{ Wochenstunden}}{19{,}5 \text{ Wochenstunden}}).$$

Das tägliche Urlaubsentgelt für die nicht verbrauchten 5 Urlaubstage, die während der Vollzeitbeschäftigung erworben wurden, **beträgt nach Addition der beiden Teilbeträge somit 99,58 Euro** (= 96,78 + 2,80).

2.2.1.2 Urlaubsentgelt für nach dem Änderungsstichtag erworbene Urlaubstage

Für die Urlaubstage, die nach der „fiktiven" abschnittsbezogenen Betrachtung rechnerisch anteilig erst nach dem Änderungsstichtag erworben werden (rechnerische Zuordnung), findet der Grundsatz der zeitratierlichen Entgeltberechnung nach § 24 Abs. 2 TVöD weiterhin

Anwendung *(Hinweis: Der EuGH verwendet den lateinischen Begriff „pro-rata-temporis", das BAG spricht von „Quotierung" oder „verhältnismäßiger Kürzung")*. Die tariflichen Regelungen zur Berechnung des Urlaubsentgelts sind also wirksam. Somit ist das Urlaubsentgelt nach Maßgabe des § 26 Abs. 1 Satz 1 i. V. m. § 21 TVöD zu ermitteln, ggf. auf Grundlage des Ersatzberechnungszeitraums gemäß Nr. 2 Satz 2 und 3 der Protokollerklärung zu § 21 Sätze 2 und 3 TVöD.

Die im TVöD angelegte zweigeteilte Berechnungsweise des Urlaubsentgelts ist zu beachten. Wegen der näheren Einzelheiten wird auf die **Neufassung der Durchführungshinweise zu § 21 TVöD** – Bemessungsgrundlage für die Entgeltfortzahlung verwiesen (Rundschreiben vom 30. April 2019 – D5-31002/33#7).

2.2.2 Erhöhung der Arbeitszeit

In Fällen einer Erhöhung der individuellen Arbeitszeit – gleich ob durch die Rückkehr zur Vollzeitbeschäftigung oder eine Erhöhung der Teilzeitquote – sind die tariflichen Regelungen zur Berechnung des Urlaubsentgelts wirksam. Maßgeblich für die Berechnung des Urlaubsentgelts ist danach der Zeitpunkt der Inanspruchnahme des Urlaubs.

Hinweis:

An der bislang vertretenen Auffassung, dass infolge der unionsrechtlichen Vorgaben in konsequenter Umsetzung der „Greenfield"-Entscheidung und zur Vermeidung von Ungleichbehandlungen abweichend vom Normwortlaut eine richtlinienkonforme Auslegung der Tarifnormen geboten sei (im Bezugsrundschreiben s. in Ziffer 2, fünfter Absatz), wird infolge der zwischenzeitlich vom Urlaubssenat des BAG getroffenen Feststellungen nicht mehr festgehalten. Nach der aktuellen BAG-Rechtsprechung ist es unzulässig, in Fällen einer Erhöhung des individuellen Beschäftigungsumfangs im Laufe des Urlaubsjahres abweichend von der tariflichen Regelung durch die rechnerische Bildung „fiktiver" Abschnitte vor und nach dem Änderungsstichtag eine abschnittsbezogene Zuordnung von Urlaubstagen vorzunehmen.

Somit ist die im TVöD angelegte zweigeteilte Berechnungsweise des Urlaubsentgelts zu beachten. Wegen der näheren Einzelheiten wird auf die **Neufassung der Durchführungshinweise zu § 21 TVöD** – Bemessungsgrundlage für die Entgeltfortzahlung verwiesen (Rundschreiben vom 30. April 2019 – D5-31002/33#7).

- **Sogenannte ständige Bezüge**

  Für die **Weiterzahlung des Tabellenentgelts (§ 15 TVöD) und der sonstigen in Monatsbeträgen festgelegten Entgeltbestandteile**

(z. B. Zulagen) gilt nach § 26 Abs. 1 Satz 1 i. V. m. § 21 Satz 1 TVöD das *[gegenwartsbezogene]* Lohnausfallprinzip. Dieses bezieht sich auf das Entgelt, auf das die/der Beschäftigte unter Berücksichtigung des aktuellen Beschäftigungsumfangs Anspruch hat. Die Regelungen zur Berechnung des Urlaubsentgelts knüpfen dabei nicht unmittelbar an die Dauer der Arbeitszeit an. Anknüpfungspunkt ist vielmehr das Entgelt, das zustände, wenn die/der Beschäftigte ihre/seine Arbeitsleistung erbracht hätte. Maßgeblich ist daher der höhere Beschäftigungsumfang während des Urlaubszeitraums (BAG vom 20. März 2018 – 9 AZR 486/17 – [Juris-Rz. 15, 19]).

Berechnete man das Urlaubsentgelt hingegen auf der Grundlage einer im Vergleich dazu geringeren *[vergangenheitsbezogenen]* Beschäftigungsquote, würde dadurch nach Feststellung des Urlaubssenats das Entgelt für den Urlaubszeitraum gemindert. Ein Rückgriff auf Entgeltansprüche aus vergangenen Zeiträumen stünde jedoch dem in der Tarifnorm angelegten Verstetigungszweck entgegen (vgl. BAG vom 20. November 2018 – 9 AZR 349/18 – [Juris-Rz. 26 bis 28]).

– **Sogenannte unständige Bezüge**

  Die nicht **in Monatsbeträgen festgelegten Entgeltbestandteile** (z. B. Zeitzuschläge in Stundensätzen oder Erschwerniszuschläge in Tagessätzen) werden nach dem Referenzprinzip in Form eines arbeitstäglichen Tagesdurchschnitts auf der Grundlage eines tarifvertraglich bestimmten Berechnungszeitraums gezahlt; Basis sind grundsätzlich die letzten drei vollen Kalendermonate vor dem Urlaubsbeginn (§ 26 Abs. 1 Satz 1 i. V. m. § 21 Satz 2 und 3 TVöD). In Abhängigkeit vom Zeitpunkt der Inanspruchnahme des Urlaubs nach dem Änderungsstichtag ist ggf. der für Änderungen der individuellen Arbeitszeit geltende Ersatzberechnungszeitraum nach Nr. 1 Satz 3 der Protokollerklärungen zu § 21 Sätze 2 und 3 TVöD zu berücksichtigen.

2.2.3 Inkrafttreten der Änderungen

In Fällen der **Verminderung der Arbeitszeit** (s. o. Ziffer 2.2.1.1) bitte ich, das vereinfachte Verfahren bei der Berechnung des *Urlaubsentgelts für* vor *der Verringerung erworbene Urlaubstage* nur in **Neufällen** anzuwenden. Maßgebend ist insoweit der Antritt des Urlaubs als das für die Entgeltfortzahlung maßgebende Ereignis im Sinne des § 21 TVöD. Neufälle liegen somit auch vor, wenn Urlaubstage, die rechnerisch anteilig auf den „fiktiven" Abschnitt vor dem Änderungsstichtag entfallen, erst nach der Bekanntgabe der vorliegenden Neufassung der Durchführungshinweise in Anspruch genommen werden. Sollte der Wechsel des Arbeitszeitmodells selbst bereits zu einem früheren Zeitpunkt erfolgt sein, so ist dies unschädlich. In **Altfällen** kann das neue vereinfachte Berechnungsverfahren hingegen nur dann Anwendung finden, wenn das Urlaubsentgelt aus sonstigen Gründen ohnehin neu festgesetzt werden muss.

In Fällen der **Erhöhung der Arbeitszeit** bitte ich, die Neufestsetzung des Urlaubsentgelts nach Maßgabe der vorstehenden Ziffer 2.2.2 rückwirkend ab dem Kalenderjahr 2018 vorzunehmen. Eine Neufestsetzung von Ansprüchen für davorliegende Kalenderjahre ist nur möglich, soweit diese rechtzeitig nach § 37 TVöD geltend gemacht wurden und noch nicht verjährt sind (dreijährige Verjährungsfrist gemäß §§ 195, 199 BGB).

3. Hinweise zum Anwendungsbereich

Ich weise darauf hin, dass die vorstehenden Ausführungen nur für die in den entschiedenen Rechtsstreitigkeiten zugrundeliegenden Fallgestaltungen eines Wechsels des Arbeitszeitmodells im Laufe des Urlaubsjahres Anwendung finden. Für flexibilisierte Arbeitszeitsysteme, in denen die individuelle Arbeitszeit nicht mehr gleichmäßig auf eine bestimmte Anzahl von Arbeitstagen in der Woche verteilt ist (z. B. Freischichtsysteme), sodass die Gesamtjahresarbeitszeit als Berechnungsgrundlage für den Urlaubsanspruch herangezogen wird, ist dieses Rundschreiben hingegen nicht einschlägig.

Auch auf Urlaubsansprüche, die aus der Zeit eines Altersteilzeitarbeitsverhältnisses im Blockmodell stammen, finden die Hinweise keine Anwendung. Altersteilzeitbeschäftigte treten in der Arbeitsphase mit ihrer höheren Arbeitsleistung im Hinblick auf die sich anschließende Freistellungsphase in Vorleistung. Ein Teil des so erarbeiteten Arbeitsentgelts wird nicht im Monat der Arbeitsleistung, sondern erst in der Freistellungsphase ausgezahlt. Dies gilt sowohl für Zeiten der Arbeitsleistung als auch für Zeiten des Urlaubs, in denen der Arbeitgeber das Entgelt zu zahlen hat, obwohl die/der Beschäftigte nicht gearbeitet hat. Die Stundung des betreffenden Anteils des Urlaubsentgelts führt lediglich dazu, dass ein Teil des Urlaubsentgelts nicht im Urlaubszeitraum zur Verfügung steht (zum Sabbatjahrmodell: BAG vom 18. September 2018 – 9 AZR 159/18 – [Juris-Rz. 24 ff.]). Im Jahr des Übergangs von der Arbeits- zur Freistellungsphase findet für die zeitanteilige Kürzung des Urlaubsanspruchs die Zwölftelungsregelung nach § 10 Satz 2 des Tarifvertrages zur Regelung flexibler Arbeitszeiten für ältere Beschäftigte Anwendung.

II

Lediglich für „Alturlaub“, der in der Zeit vor Beginn des Altersteilzeitarbeitsverhältnisses erworben wurde und erst nach Beginn des Altersteilzeitverhältnisses gewährt wird, sind die Hinweise in diesem Rundschreiben maßgeblich. Das heißt, das Urlaubsentgelt ist insoweit nicht auf der Grundlage der während der Altersteilzeit maßgeblichen Teilzeitquote zu ermitteln, sondern auf der Grundlage der vor Beginn der Altersteilzeit geltenden Regelarbeitszeit (zum Sabbatjahrmodell: BAG vom 18. September 2018 – 9 AZR 159/18 – [Juris-Rz. 16]). Der daraus resultierende Unterschiedsbetrag ist nicht aufzustocken. Bemessungsgrundlage für die Aufstockungsleistungen ist nur das Arbeitsentgelt, das der Arbeitgeber im Rahmen des Altersteilzeitarbeitsverhältnisses regelmäßig zu erbringen hat.

Anhang 4

Rechtsprechung des EuGH und des BAG im Hinblick auf Verfall und Verjährung von Urlaubsansprüchen und entsprechende Mitwirkungsobliegenheiten des Arbeitgebers

BMI-Rundschreiben vom 9. August 2023
– D5.31001/3#16, D2.20202/1#43 –

Dieses Rundschreiben gibt einen Überblick über die aktuellen Entwicklungen der Rechtsprechung des Europäischen Gerichtshofs (EuGH) und des Bundesarbeitsgerichts (BAG) im Hinblick auf Verfall und Verjährung von Urlaubsansprüchen sowie praktische Hinweise zu den bestehenden Mitwirkungsobliegenheiten des Arbeitgebers. Das Rundschreiben gilt sowohl für den Tarif- als auch den Beamtenbereich und ersetzt das Rundschreiben vom 3. September 2019 (Az.: D5-31001/3#16, D2-20202/1#43). Das o. g. Bezugsrundschreiben vom 7. März 2022 (Az.: D2-30106/1#12) für den Bereich der Beamtinnen und Beamten gilt fort.

Inhalt

II

1. Zusammenfassung der Rechtsprechung

1.1 Kein Verfall von Urlaubsansprüchen bei fehlender Antragstellung von Beschäftigten, Mitwirkungsobliegenheiten des Arbeitgebers

1.1.1 EuGH-Rechtsprechung

Der Europäische Gerichtshof (EuGH) hat mit Urteil vom 6. November 2018 (C-684/16, „Max-Planck") auf Vorlage des Bundesarbeitsgerichts (BAG) Folgendes entschieden: Das Unionsrecht lässt es nicht zu, dass eine Arbeitnehmerin/ein Arbeitnehmer die ihr/ihm im Bezugszeitraum zustehenden Urlaubstage automatisch am Ende des betreffenden Bezugszeitraums schon allein deshalb verliert, weil sie/er keinen Urlaub beantragt hat. Laut EuGH gilt dies im Fall der Beendigung des Arbeitsverhältnisses entsprechend für den Anspruch auf eine finanzielle Vergütung für den nicht genommenen Urlaub (Urlaubsabgeltung). Darüber hinaus hat der Gerichtshof festgestellt, dass Urlaubsansprüche nur untergehen können, wenn Arbeitnehmerinnen/Arbeitnehmer vom Arbeitgeber, z. B. durch angemessene Aufklärung, tatsächlich in die Lage versetzt wurden, die fraglichen Urlaubstage rechtzeitig zu nehmen.

Der Arbeitgeber habe konkret und in völliger Transparenz dafür zu sorgen, dass die Arbeitnehmerin/der Arbeitnehmer tatsächlich in der Lage ist, ihren/seinen bezahlten Jahresurlaub zu nehmen, indem er sie/ihn – erforderlichenfalls förmlich – auffordert, dies zu tun. Damit sichergestellt ist, dass der Urlaub noch die Erholung und Entspannung bieten kann, zu denen er beitragen soll, verlangt der EuGH vom Arbeitgeber, dass er seinen Arbeitnehmern klar und rechtzeitig mitteilt, dass der nichtgenommene Urlaub am Ende des Bezugszeitraums oder eines zulässigen Übertragungszeitraums verfallen wird. Die Beweislast trifft insoweit den Arbeitgeber.

1.1.2 BAG-Rechtsprechung

Das BAG hat die vorstehende Entscheidung des EuGH in seinen Urteilen vom 19. Februar 2019 (9 AZR 423/16, 9 AZR 541/15 und 9 AZR 321/16) ins deutsche Recht übertragen und die Grundsätze mit Urteil vom 7. September 2021 (9 AZR 3/21) noch einmal bestätigt. In richtlinienkonformer Auslegung des § 7 Bundesurlaubsgesetz (BUrlG) erlischt der nicht erfüllte Anspruch auf bezahlten Jahresurlaub danach in der Regel folglich nur dann am Ende des Kalenderjahres (bzw. des Übertragungszeitraums), wenn der Arbeitgeber die Arbeitnehmerin/den Arbeitnehmer zuvor in die Lage versetzt hat, ihren/seinen Urlaubsanspruch wahrzunehmen, und die Arbeitnehmerin/der Arbeitnehmer den Urlaub dennoch aus freien Stücken nicht genommen hat (BAG v. 19. Februar 2019 – 9 AZR 541/15, Rn. 27 sowie 9 AZR 423/16, Rn. 22).

Der Arbeitgeber ist grundsätzlich in der Wahl des Mittels zur Erfüllung der Mitwirkungsobliegenheit frei; das Mittel muss jedoch zweckentsprechend sein (BAG v. 19. Februar 2019 – 9 AZR 541/15, Rn. 42 sowie 9 AZR 423/16, Rn. 40).

Nach der Rechtsprechung des BAG erfordert die Mitwirkungsobliegenheit des Arbeitgebers, dass die Arbeitnehmerin/der Arbeitnehmer eine Information in Textform über den konkreten Umfang der jeweiligen Urlaubsansprüche einschließlich der ggf. unterschiedlichen Verfallsfristen der jeweiligen Urlaubsansprüche erhält. Allgemein gefasste Hinweise, wie z. B. generelle Verweise oder Aushänge, die auf die einschlägigen gesetzlichen und tariflichen Urlaubsregelungen hinweisen, sind nicht ausreichend (BAG v. 19. Februar 2019 – 9 AZR 541/15, Rn. 43 f. sowie 9 AZR 423/16, Rn. 41 f.).

Darüber hinaus bedarf es der zeitgerechten Aufforderung – zu Beginn des Jahres –, die bestehenden Urlaubsansprüche vor Ablauf der jeweils einschlägigen Frist so rechtzeitig zu beantragen, dass der Urlaub noch innerhalb des jeweiligen Kalenderjahres (bzw. des Übertragungszeitraums) genommen werden kann sowie eines Hinweises auf die konkret eintretenden Rechtsfolgen (BAG v. 19. Februar 2019 – 9 AZR 541/15, Rn. 43 sowie 9 AZR 423/16, Rn. 41).

Eine erneute Information kann notwendig werden, wenn im Einzelfall ein Urlaubsantrag aus anderen als den in § 7 Abs. 1 Satz 1 BUrlG genannten Gründen abgelehnt wird oder der Arbeitgeber anderweitig eine Situation erzeugt, die geeignet ist, die Arbeitnehmerin/den Arbeitnehmer davon abzuhalten, ihren/seinen Urlaub zu beantragen (BAG v. 19. Februar 2019 – 9 AZR 541/15, Rn. 44 sowie 9 AZR 423/16, Rn. 42).

Sind die erforderlichen Mitwirkungsobliegenheiten nicht oder unvollständig erfüllt, tritt der dadurch nicht verfallene (entfristete) Urlaubsanspruch zu dem im Folgejahr entstehenden Urlaubsanspruch hinzu. Die Mitwirkungsobliegenheiten gelten sowohl für den gesetzlichen Mindesturlaub von vier Wochen (§§ 1, 3 Abs. 1 BUrlG) als auch für den tariflichen Mehrurlaub nach TVöD, sofern keine deutlichen Anhaltspunkte für einen abweichenden Regelungswillen hinsichtlich des Mehrurlaubs erkennbar sind (BAG v. 19. Februar 2019 – 9 AZR 541/15, Rn. 36 ff.; zuletzt auch BAG v. 20. Dezember 2022 – 9 AZR 245/19, Rn. 46 ff.). Abweichungen zwischen gesetzlichem Mindesturlaub und tariflichem Mehrurlaub bestünden lediglich hinsichtlich der Dauer des Übertragungszeitraums, nicht jedoch hinsichtlich der Voraussetzungen, unter denen das Fristenregime aktiviert wird, d. h. in Bezug auf die geltenden Mitwirkungsobliegenheiten.

1.2 Verfall von Urlaubsansprüchen bei Langzeiterkrankung

1.2.1 EuGH-Rechtsprechung

Nach dem Urteil des EuGH vom 22. September 2022 (C-518/20 und C-727/20, „Fraport" und „St. Vincenz-Krankenhaus") verfällt der Urlaubsanspruch des Jahres, in dem eine Arbeitnehmerin/ein Arbeitnehmer voll erwerbsgemindert/arbeitsunfähig wird, nicht nach Ablauf von 15 Monaten, wenn der Arbeitgeber es versäumt hat, seinen Mitwirkungsobliegenheiten rechtzeitig nachzukommen, sofern die Arbeitnehmerin/der Arbeitnehmer im Verlauf des Jahres tatsächlich gearbeitet hat. Die Arbeitnehmerin/der Arbeitnehmer behält diesen Urlaubsanspruch, während der Urlaubsanspruch für die Folgejahre wegen fortdauernder Erkrankung nach Ablauf der 15-Monatsfrist verfällt.

1.2.2 BAG-Rechtsprechung

Mit den Urteilen vom 20. Dezember 2022 (9 AZR 245/19 sowie 9 AZR 401/19) hat das BAG die o. g. EuGH-Rechtsprechung umgesetzt und seine Rechtsprechung damit weiterentwickelt.

Danach erlischt ein Anspruch auf gesetzlichen Mindesturlaub aus einem Urlaubsjahr, **in dem die Arbeitnehmerin/der Arbeitnehmer tatsächlich gearbeitet hat**, bevor sie/er aus gesundheitlichen Gründen an der Inanspruchnahme ihres/seines Urlaubs gehindert war, regelmäßig nur dann nach Ablauf eines Übertragungszeitraums von 15 Monaten, wenn der Arbeitgeber sie/ihn rechtzeitig in die Lage versetzt hat, ihren/seinen Urlaub in Anspruch zu nehmen und die Arbeitnehmerin/der Arbeitnehmer den Urlaub dennoch aus freien Stücken nicht genommen hat. Dies folge aus einer richtlinienkonformen Auslegung des § 7 Abs. 1 und Abs. 3 BUrlG. Diese Grundsätze gelten auch für den tarifvertraglichen Mehrurlaub (BAG v. 20. Dezember 2022 – 9 AZR 245/19, Rn. 34, 46 sowie 9 AZR 401/19, Rn. 19, 22 f.). Etwas anderes gilt nur, sofern deutliche Anhaltspunkte für einen Regelungswillen der Arbeitsvertragsparteien vorliegen, dem zufolge der vertragliche Mehrurlaub mit Ablauf des Kalenderjahres oder am Ende des Übertragungszeitraums unabhängig davon verfallen soll, ob der Arbeitgeber seinen Mitwirkungsobliegenheiten entsprochen hat. Allein der Umstand, dass die Vertragsparteien gegenüber dem BUrlG eigenständige Regelungen zur Befristung und Übertragung bzw. zum Verfall des Anspruchs auf Mehrurlaub getroffen haben, lässt noch nicht darauf schließen, dass auch die gesetzlichen Mitwirkungsobliegenheiten abweichend geregelt werden sollten (BAG v. 20. Dezember 2022 – 9 AZR 401/19, Rn. 24, siehe auch Ziffer 1.1.2).

II

Nach der Rechtsprechung ist eine Zeitspanne von einer (Urlaubs-) Woche für den Arbeitgeber zur Vorbereitung und Durchführung der Belehrung zu Beginn des neuen Urlaubsjahres ausreichend, wenn keine besonderen Umstände vorliegen (wie z. B. Betriebsferien zu Jahresbeginn). Erfüllt er seine Mitwirkungsobliegenheiten also erst später als eine Woche nach Urlaubsentstehung, handelt er nicht mehr unverzüglich i. S. v. § 121 Abs. 1 Satz 1 BGB. Urlaubstage, die noch bis zum Eintritt der Erkrankung hätten tatsächlich in Anspruch genommen werden können, verfallen ab diesem Zeitpunkt grundsätzlich nicht (BAG v. 31. Januar 2023 – 9 AZR 107/20, Rn. 19 ff.).

Der Urlaubsanspruch verfällt aber weiterhin mit Ablauf der 15-Monatsfrist, wenn die Arbeitnehmerin/der Arbeitnehmer **seit Beginn des Urlaubsjahres durchgehend** bis zum 31. März des zweiten auf das Urlaubsjahr folgenden Kalenderjahres (d. h. insgesamt 27 Monate) aus gesundheitlichen Gründen daran gehindert war, ihren/seinen Urlaub anzutreten. Für diesen Fall komme es nicht darauf an, ob der Arbeitgeber seinen Mitwirkungsobliegenheiten nachgekommen ist, weil diese nicht zur Inanspruchnahme des Urlaubs hätten beitragen können (BAG v. 20. Dezember 2022 – 9 AZR 245/19, Rn. 43 sowie 9 AZR 401/19, Rn. 21).

1.3 Verjährung von Urlaubs- und Urlaubsabgeltungsansprüchen

1.3.1 EuGH-Rechtsprechung

Mit der Entscheidung des EuGH vom 22. September 2022 (C-120/21) hat der Gerichtshof an seine bisherige Rechtsprechung (EuGH v. 6. November 2018 – C-619/16, „Kreuziger", sowie EuGH v. 6. November 2018 – C-684/16, „Max-Planck") angeknüpft. Danach steht es dem Unionsrecht entgegen, wenn der Anspruch auf bezahlten Jahresurlaub, den eine Arbeitnehmerin/ein Arbeitnehmer für einen Bezugszeitraum erworben hat, nach Ablauf einer Frist von drei Jahren (§§ 195 ff. BGB) verjährt, wenn der Arbeitgeber die Arbeitnehmerin/den Arbeitnehmer nicht tatsächlich in die Lage versetzt hat, diesen Anspruch wahrzunehmen.

Der Arbeitgeber könne die Rechtssicherheit in einer solchen Situation gewährleisten, indem er seinen Obliegenheiten gegenüber der

Arbeitnehmerin/dem Arbeitnehmer nachkommt, d. h. diese erforderlichenfalls später nachholt.

1.3.2 BAG-Rechtsprechung

II

Das BAG hat in seiner Entscheidung vom 20. Dezember 2022 (9 AZR 266/20) die Vorgaben des EuGH umgesetzt, wonach die dreijährige Verjährungsfrist nach § 195 BGB in richtlinienkonformer Auslegung des § 199 Abs. 1 BGB nicht zwangsläufig mit dem Schluss des Jahres, in dem der Urlaubsanspruch entstanden ist und die Arbeitnehmerin/der Arbeitnehmer davon Kenntnis hat, beginnt. Zusätzlich ist erforderlich, dass der Arbeitgeber die Arbeitnehmerin/den Arbeitnehmer in die Lage versetzt hat, ihren/seinen Urlaubsanspruch wahrzunehmen, also sie/ihn über den konkreten Urlaubsanspruch und die Verfallfristen belehrt hat (BAG v. 20. Dezember 2022 – 9 AZR 266/20, Rn. 38).

2 Umsetzungshinweise für die Praxis

Vor dem Hintergrund dieser Rechtsprechung werden die folgenden Umsetzungshinweise für die Praxis gegeben. Da die Urteile des BAG ausschließlich Arbeitnehmerinnen und Arbeitnehmer betreffen, handelt es sich bei den Umsetzungshinweisen für Beamtinnen und Beamte grundsätzlich um Empfehlungen. Es ist beabsichtigt, die für Beamtinnen und Beamten maßgeblichen Vorschriften der EUrlV zeitnah anzupassen.

2.1 Praxishinweise zur Erfüllung der Mitwirkungsobliegenheiten

Nach unionsrechtskonformer Auslegung obliegt dem Arbeitgeber/Dienstherrn die Initiativlast für die Verwirklichung des Urlaubsanspruchs. Erst die Erfüllung dieser Mitwirkungsobliegenheiten führt zu einer wirksamen Befristung des Urlaubs; d. h. sie ist grundsätzlich **Voraussetzung für das Aktivieren des urlaubsrechtlichen Fristenregimes**. Nicht erfüllte Urlaubsansprüche erlöschen danach in der Regel nur noch dann am Ende des Kalenderjahres bzw. des Übertragungszeitraums, wenn der Arbeitgeber/Dienstherr die Beschäftigten zuvor in die Lage versetzt hat, ihren Urlaubsanspruch wahrzunehmen und die Beschäftigten in Kenntnis aller relevanten Umstände ihren Urlaub aus freien Stücken dennoch nicht genommen haben.

Die Dienststelle muss zur Erfüllung ihrer Mitwirkungsobliegenheiten deshalb konkret und in völliger Transparenz dafür Sorge tragen, dass die Beschäftigten tatsächlich in der Lage sind, ihren Urlaub zu nehmen und ihnen hierfür klar und rechtzeitig mitteilen, dass der Urlaub verfällt, wenn sie ihn nicht nehmen.

Dazu ist Folgendes zu veranlassen:

a) Allen Beschäftigten ist – mindestens einmal – zu Beginn des Kalenderjahres in Textform *(z. B. per E-Mail)* ein **individueller Hinweis** mit folgendem Inhalt zu übersenden; wenn keine besonderen Gründe vorliegen (z. B. Betriebsferien zu Jahresbeginn), muss der Hinweis innerhalb der ersten (Urlaubs-)Woche des Kalenderjahres erfolgen:

   - Eine Auflistung der konkreten Anzahl der Urlaubstage, die im betreffenden Kalenderjahr zustehen, und zwar gesondert nach den Kalenderjahren ihrer Entstehung und unter Angabe der jeweiligen, ggf. unterschiedlichen Verfallsfristen:

     - Für **Tarifbeschäftigte** (unter Berücksichtigung der übertariflichen Regelung zur Urlaubsübertragung gemäß BMI-Rundschreiben vom 23. Mai 2022, Az.: D5–31001/3#4) der Gesamturlaubsanspruch nach dem TVöD (vgl. Ziff. 1.1.2), der den gesetzlichen Mindesturlaub nach dem BUrlG einschließt, der Zusatzurlaub nach § 27 TVöD und der Zusatzurlaub für schwerbehinderte Menschen nach § 208 SGB IX.

     - Für **Beamtinnen und Beamte** der Erholungsurlaub nach § 5 Erholungsurlaubsverordnung (EUrlV), der angesparte Urlaub nach § 7a EUrlV, der Zusatzurlaub nach § 12 EUrlV und der Zusatzurlaub für schwerbehinderte Menschen nach § 208 SGB IX.

   - Eine Aufforderung, den Urlaub zu beantragen (inklusive etwaig bestehender Resturlaubsansprüche); und zwar so rechtzeitig, dass der Urlaub innerhalb des jeweils maßgeblichen Bezugs- oder Übertragungszeitraums in vollem Umfang in Anspruch genommen werden kann.

   - Eine Belehrung über die Konsequenzen, die eintreten, wenn der Urlaub nicht entsprechend der Aufforderung beantragt wird, obwohl die/der Beschäftigte dazu in der Lage war.

   Beachte: Abstrakte Angaben allein – wie etwa im Arbeitsvertrag, in einem Merkblatt oder in einer Kollektivvereinbarung sowie der Verweis auf ein geltendes Rundschreiben – werden den Anforderungen an eine konkrete und transparente Unterrichtung in der Regel nicht genügen.

b) Die Erteilung einer weiteren Mitteilung mit dem o. g. Inhalt ist in folgenden Fallgestaltungen erforderlich: Bei Beschäftigten, deren Urlaubsansprüche erst im Laufe des Kalenderjahres entstehen oder sich im Laufe des Kalenderjahres in der Höhe verändern, z. B. wegen einer Änderung der Zahl der wöchentlichen Arbeitstage.

Anmerkung:
Nicht notwendig ist eine ständige Aktualisierung der erfolgten Mitteilung bei jeder Änderung des Urlaubsanspruchs infolge der Inanspruchnahme von Urlaubstagen.

II

c) Die Beweislast für das Erfüllen der Mitwirkungsobliegenheiten liegt beim Arbeitgeber/Dienstherrn. Sie muss deshalb durch eine hinreichende Dokumentation nachgewiesen werden können.

Beachte:
Werden die erforderlichen Mitwirkungsobliegenheiten nicht rechtzeitig erfüllt, verfällt der Urlaubsanspruch (gesetzlicher Mindesturlaub sowie tariflicher Mehrurlaub) nicht, sondern tritt nach der Rechtsprechung des BAG **im Tarifbereich** zu dem am 1. Januar des Folgejahres entstehenden Urlaubsanspruch hinzu. Das Folgejahr meint nicht das Jahr, das auf das Ende des (übertariflichen) Übertragungszeitraums folgt, sondern das unmittelbar auf das laufende Urlaubsjahr folgende Kalenderjahr; der übertarifliche Übertragungszeitraum kommt hier nicht zum Tragen. Sofern die Erteilung des individuellen Hinweises zu Beginn des Kalenderjahres versäumt wurde, wäre es im Hinblick auf den Erholungsurlaub, der im laufenden Urlaubsjahr entstanden ist und erst mit Ablauf des 31.12. des folgenden Jahres verfällt, (hilfsweise) noch rechtzeitig, wenn die Dienststelle die Information bis zum Beginn des Folgejahres nachholt. **Für Beamtinnen/Beamte** wird eine zeitnahe Anpassung der maßgeblichen Vorschriften der EUrlV die Rechtsfolge der Nichteinhaltung der Mitwirkungsobliegenheiten vorgeben. Dabei ist beabsichtigt, die in der EUrlV geltende Unterscheidung zwischen unionsrechtlich gewährleistetem Mindesturlaub und dem national für Beamtinnen/Beamte gewährten Mehrurlaub beizubehalten. Danach ist nur der Verfall des unionsrechtlich gewährleisteten Mindesturlaubs von der Erfüllung der Mitwirkungsobliegenheiten abhängig.

Die Dienststelle kann das uneingeschränkte Kumulieren von Urlaubsansprüchen aus mehreren Jahren dadurch vermeiden, dass sie ihre Mitwirkungsobliegenheiten nachholt. Nimmt die/der Beschäftigte in einem solchen Fall den kumulierten Urlaubsanspruch nicht wahr, obwohl es ihr/ihm möglich gewesen wäre, verfällt der Urlaub am Ende des Kalenderjahres bzw. eines einschlägigen Übertragungszeitraums.

2.2 Praxishinweise zur Erfüllung der Mitwirkungsobliegenheiten bei Langzeiterkrankung

2.2.1 Fallgestaltungen nach dem BAG

Für den Tarifbereich sind folgende besondere Fallgestaltungen, bei denen sich Verstöße gegen die Mitwirkungsobliegenheiten nicht oder nicht im vollen Umfang auswirken, entschieden worden:

a) Besteht die Arbeitsunfähigkeit bzw. die volle Erwerbsminderung **seit Beginn des Urlaubsjahres durchgehend bis zum 31. März des zweiten auf das Urlaubsjahr folgenden Kalenderjahres**, verfällt der Urlaubsanspruch unabhängig davon, ob der Arbeitgeber seinen Mitwirkungsobliegenheiten nachgekommen ist, nach Ablauf eines Übertragungszeitraums von 15 Monaten.

II

b) **Urlaubsansprüche aus einem Bezugszeitraum, in dessen Verlauf die Arbeitnehmerin oder der Arbeitnehmer tatsächlich gearbeitet hat**, bevor sie/er aufgrund einer seitdem fortbestehenden Langzeiterkrankung arbeitsunfähig geworden ist, erlöschen nur dann nach Ablauf des unionsrechtlich gebotenen Übertragungszeitraums von 15 Monaten, wenn der Arbeitgeber die Arbeitnehmerin/den Arbeitnehmer durch Erfüllung seiner Mitwirkungsobliegenheiten rechtzeitig in die Lage versetzt hat, diesen Urlaubsanspruch auszuüben.

c) Eine besondere Konstellation, in der die unionsrechtlich gebotene 15-Monatsfrist ausnahmsweise zu laufen beginnt, ohne dass der Arbeitgeber seinen Mitwirkungsobliegenheiten nachgekommen ist, **besteht bei einer so früh im Urlaubsjahr eintretenden krankheitsbedingten Arbeitsunfähigkeit**, dass es dem Arbeitgeber tatsächlich nicht möglich war, zuvor seine Mitwirkungsobliegenheiten zu erfüllen. Die Rechtsprechung stellt unter normalen Umständen insoweit auf eine Zeitspanne von einer (Urlaubs-)Woche zu Jahresbeginn ab. In diesem (Sonder-)Fall verfällt der Urlaubsanspruch bei fortdauernder Erkrankung mit Ablauf des unionsrechtlich gebotenen Übertragungszeitraums von 15 Monaten nach Ende des Urlaubsjahres.

d) Eine weitere besondere Konstellation liegt vor, wenn die krankheitsbedingte Arbeitsunfähigkeit zwar **nicht innerhalb der ersten (Urlaubs-)Woche eintritt, aber doch so früh**, dass die Arbeitnehmerin/der Arbeitnehmer nicht mehr alle Urlaubstage bis zum Eintritt der krankheitsbedingten Arbeitsunfähigkeit hätte in Anspruch nehmen können. In diesem Fall bleiben unabhängig von der Erfüllung der Mitwirkungsobliegenheiten die Urlaubstage nur in dem Umfang erhalten, in dem die Arbeitnehmerin/der Arbeitnehmer sie bis zum Eintritt der krankheitsbedingten Arbeitsunfähigkeit hätte tatsächlich in Anspruch nehmen können, abzüglich der (Urlaubs-)Tage, die der Arbeitgeber zur Erfüllung der Mitwirkungsobliegenheiten Zeit hat (in der Regel eine (Urlaubs-)Woche, also fünf (Urlaubs-)Tage).

Diese Rechtsprechung gilt **im Tarifbereich** – weil sich aus der tarifvertraglichen Regelung des § 26 TVöD kein abweichender, spezifisch die Mitwirkungsobliegenheiten des Arbeitgebers betreffender Regelungswille ergibt – sowohl für den gesetzlichen Mindesturlaub (einschließlich eines etwaigen (anteiligen) gesetzlichen Zusatzurlaubs für schwerbehinderte Menschen nach § 208 SGB IX) als auch für den tarifvertraglichen Mehrurlaub.

II

Dass für Erholungsurlaubsansprüche, einschließlich des tarifvertraglichen Mehrurlaubs, ein eigenständiges Fristenregime gilt (vgl. Rundschreiben vom 23. Mai 2022, Az.: D5-31001/3#4), genügt für die Annahme eines abweichenden Regelungswillens nicht. Die Abweichungen betreffen allein die Fristenregelung, nicht aber die Mitwirkungsobliegenheiten des Arbeitgebers, deren Erfüllungen Voraussetzung für die Aktivierung des spezifischen Fristenregimes ist.

Kürzere Verfallsfristen für den tariflichen Mehrurlaub aufgrund des eigenständigen tariflichen Fristenregimes kommen damit nur dann zum Tragen, wenn der Arbeitgeber seine Mitwirkungsobliegenheiten erfüllt hat oder in den vorstehend in Buchst. a bis d beschriebenen Ausnahmefällen, in denen es mangels Kausalität auf das Erfüllen der Mitwirkungsobliegenheiten nicht ankommt.

Anmerkung:
Das Rundschreiben vom 13. März 2013 (Az: D5-220 210-2/26#1) berücksichtigt zwangsläufig nicht die jüngere Rechtsprechung. Es kann in Fällen einer Nichterfüllung der Mitwirkungsobliegenheiten des Arbeitgebers daher nur noch eingeschränkt Anwendung finden; dies ist nach den Umständen des Einzelfalls zu beurteilen.

Beispiel für den Tarifbereich:

Eine Tarifbeschäftigte arbeitet in der Woche fünf Tage in Vollzeit. Der ihr nach § 26 Abs. 1 Satz 2 TVöD auf die Fünftagewoche bezogene zustehende Jahresurlaub beträgt 30 Arbeitstage. Die Tarifbeschäftigte erkrankt am 1. April 2023. Bis zu diesem Zeitpunkt hat sie bereits fünf Urlaubstage aus dem Bezugszeitraum (hier 2023) in Anspruch genommen. Die Arbeitsunfähigkeit besteht seither fort.

Variante 1

Der Arbeitgeber ist seinen Hinweispflichten rechtzeitig zu Beginn des Urlaubsjahres 2023 nachgekommen. In diesem Fall kommt das tarifliche Fristenregime und somit das Rundschreiben vom 13. März 2013 (Az: D5-220 210-2/26#1) weiterhin zum Tragen. Bei den Verfallsfristen ist somit zwischen dem gesetzlichen Mindesturlaub und dem tariflichen Mehrurlaub zu unterscheiden. Angenommen, die Beschäftigte ist über das Jahr 2025 hinaus erkrankt, verfällt der Anspruch auf bezahlten Jahresurlaub aufgrund der seit dem 1. April 2023 andauernden Arbeitsunfähigkeit deshalb wie folgt: Im Umfang der im Bezugszeitraum bisher nicht in Anspruch genommenen 15 Resturlaubstage des gesetzlichen Mindesturlaubs (= 20 – 5) verfällt dieser in europarechtskonformer Auslegung des § 7 Abs. 3 BUrlG 15 Monate nach Ablauf des Urlaubsjahres, folglich am 31. März 2025. Der tarifliche Mehrurlaub von 10 Arbeitstagen hingegen verfällt mit Ablauf des 31. Dezember 2024, also nach Maßgabe der außertariflichen Regelung, die eine Urlaubsübertragung bis zum Ende des Folgejahres (12 Monate) vorsieht.

Variante 2

Der Arbeitgeber ist seinen Hinweispflichten nicht im erforderlichen Umfang nachgekommen. Infolgedessen wird das tarifliche Fristenregime nicht aktiviert, sodass hinsichtlich des Verfalls gesetzlicher Mindesturlaub und tariflicher Mehrurlaub einheitlich zu betrachten sind. Die bisher nicht verbrauchten 25 Resturlaubstage (= 30 – 5) aus dem Bezugszeitraum verfallen daher bei andauernder Krankheit nicht nach Ablauf der gemäß § 7 Abs. 3 BUrlG in europarechtskonformer Auslegung einzuhaltenden 15 Monatsfrist nach Ablauf des Urlaubsjahres, in dem die Tarifbeschäftigte den Anspruch erworben hat. Die betreffenden Urlaubtage können wegen ihrer „Entfristung" infolge der Nichterfüllung der Mitwirkungsobliegenheiten des Arbeitgebers in diesem Fall auch nach Ablauf des 31. März 2025 noch in Anspruch genommen werden. Der Arbeitgeber kann seine Mitwirkungsobliegenheiten jedoch nachholen, um dadurch zumindest für die Zukunft ein weiteres Übertragen der Resturlaubsansprüche zu verhindern.

Für Beamtinnen/Beamte gelten die oben dargestellte Rechtsprechung sowie das Beispiel nur für unionsrechtlich gewährleistete Urlaubstage. Der Mehrurlaub verfällt immer nach Ablauf des Übertragungszeitraums von 12 Monaten nach dem Ende des Urlaubsjahres. Dies soll zeitnah durch eine Änderung der EUrlV auf Verordnungsebene nachvollzogen werden.

2.2.2 Hinweis zum Bestehen der Mitwirkungsobliegenheiten ggü. Langzeiterkrankten

Nach Auffassung des BAG bestehen die Aufforderungs- und Hinweisobliegenheiten des Arbeitgebers auch, wenn und solange die Arbeitnehmerin/der Arbeitnehmer arbeitsunfähig ist (BAG v. 7. September 2021 – 9 AZR 3/21 (A), Rn. 27 f.).

Allerdings ist die Befristung des Urlaubsanspruchs bei richtlinienkonformen Verständnis des § 7 Abs. 3 BUrlG nicht von der Erfüllung der Aufforderungs- und Hinweisobliegenheiten abhängig, wenn es – was allerdings erst im Nachhinein feststellbar ist – objektiv unmöglich gewesen wäre, die Arbeitnehmerin/den Arbeitnehmer durch Mitwirkung des Arbeitgebers in die Lage zu versetzen, den Urlaubsanspruch zu realisieren. In diesem Fall fehlt es an der Kausalität der unterbliebenen Information für die Nichtinanspruchnahme des Urlaubs.

Das BVerwG hat die Frage, ob die Mitwirkungsobliegenheiten auch in Fällen der durchgehenden Erkrankung bestehen, bislang nicht entschieden. In der verwaltungsgerichtlichen Rechtsprechung finden sich jedoch Anhaltspunkte dafür, dass im Einzelfall bereits das Bestehen der Mitwirkungsobliegenheiten abgelehnt wird (vgl. Oberverwaltungsgericht für das Land Nordrhein-Westfalen, Beschluss v. 6. Juni 2023 – 6 A 2059/21, Rn. 44).

II

Mit dem Ziel eines Gleichlaufs **im Tarif- und Beamtenbereich** gilt vor diesem Hintergrund, dass die Mitwirkungsobliegenheiten auch ggü. Langzeiterkrankten in aller Regel erfüllt werden müssen. Dies erfordert die Übersendung der erforderlichen Informationen in der Form, dass die/der langfristig Erkrankte davon unter normalen Umständen Kenntnis erlangen kann. Dabei können aber andere Maßstäbe an Nachweisbarkeit sowie Dokumentation der Erfüllung angelegt werden als bei der Information nicht erkrankter Beschäftigter.

2.3 Praxishinweise zur Verjährung und tariflichen Ausschlussfrist

2.3.1 Verjährung von Urlaubsansprüchen, Ausschlussfrist

Der Urlaubsanspruch der Beschäftigten (d. h. in natura) unterliegt der regulären dreijährigen Verjährungsfrist der §§ 194, 195, 199 BGB. Der Fristlauf beginnt allerdings nur dann mit dem Schluss des Jahres, in dem der Urlaubsanspruch entstanden ist, wenn die Dienststelle ihre Mitwirkungsobliegenheiten erfüllt und die Beschäftigten damit in die Lage versetzt hat, ihren Urlaubsanspruch tatsächlich wahrzunehmen.

Kommt die Dienststelle ihren Mitwirkungsobliegenheiten hingegen nicht oder unvollständig nach, beginnt die Verjährungsfrist erst mit dem Schluss des Jahres, in dem der Arbeitgeber die Beschäftigte/den Beschäftigten über ihren/seinen konkreten Urlaubsanspruch und die Verfallsfristen belehrt hat und sie/er den Urlaub dennoch aus freien Stücken nicht genommen hat.

Für den Tarifbereich gilt, dass der Urlaubsanspruch als Anspruch auf bezahlte Freistellung von der Arbeitsleistung nicht der tariflichen Ausschlussfrist nach § 37 TVöD unterliegt. **Für den Beamtenbereich** existiert schon keine vergleichbare Ausschlussfrist.

2.3.2 Verjährung von Ansprüchen auf Urlaubsabgeltung, Ausschlussfrist

Kann der Urlaub wegen Beendigung des Arbeits- bzw. des Beamtenverhältnisses ganz oder teilweise nicht mehr gewährt werden, so ist er sowohl im Tarif- als auch im Beamtenbereich (finanziell) abzugelten. Dies gilt anders als im Tarifbereich im Beamtenbereich nur für den unionsrechtlich gewährleisteten Mindesturlaub von vier Wochen (siehe dazu für den Beamtenbereich das D2-Rundschreiben vom 7. März 2022, Az.: D2-30106/1#12).

Als reiner Geldanspruch unterliegt dieser der dreijährigen Verjährungsfrist nach den §§ 194, 195, 199 BGB. Die Verjährungsfrist beginnt im Regelfall mit dem Schluss des Jahres, in dem das Arbeits- bzw. Beamtenverhältnis rechtlich beendet worden ist. Das gilt unabhängig davon, ob der Arbeitgeber/Dienstherr seiner Mitwirkungsobliegenheit nachgekommen ist.

Als reiner Geldanspruch unterliegen Ansprüche auf Urlaubsabgeltung im Tarifbereich der **tariflichen Ausschlussfrist**. Für Tarifbeschäftigte ist somit **§ 37 TVöD** zu beachten, mit der Folge, dass der Urlaubsabgeltungsanspruch untergeht, wenn er nach Eintritt der Fälligkeit nicht innerhalb der sechsmonatigen Ausschlussfrist in Textform geltend gemacht wurde. Soweit es der/dem Tarifbeschäftigten im Hinblick auf die vormalige Rechtsprechung des Urlaubssenats des BAG zum Verfall von Urlaubsansprüchen im laufenden Arbeitsverhältnis nicht zumutbar war, Ansprüche auf Abgeltung gegenüber dem Arbeitgeber geltend zu machen, ergibt die gesetzeskonforme Auslegung, dass die tarifliche Ausschlussfrist erst nach dem Tag der Verkündung der EuGH-Entscheidung vom 6. November 2018 – C-684/16 („Max-Planck“) zu laufen begann.

Für Beamtinnen/Beamte regelt § 10 EUrlV die Abgeltung von Urlaubsansprüchen. Eine finanzielle Abgeltung von Erholungsurlaub in Höhe des unionsrechtlich gewährleisteten Mindesturlaubsanspruchs allein wegen vorübergehender Dienstunfähigkeit der Beamtin/des Beamten, wie es § 10 Abs. 1 EUrlV aktuell regelt, ist mit Blick auf die Rechtsprechung des EuGH nicht mehr zulässig. Bis zur entsprechenden Änderung der EUrlV, die zeitnah erfolgen soll, gelten die Vorgriffsregelungen aus dem D2-Rundschreiben vom 7. März 2022, Az.: D2-30106/1#12.

3 Auswirkung auf die übertariflich geregelte Übertragungsfrist (Rundschreiben v. 23. Mai 2022, Az.: D5-31001/3#4)

Mit dem Rundschreiben vom 23. Mai 2022 (Az.: D5-31001/3#4) wurde für den Tarifbereich übertariflich geregelt, dass für die Übertragung von Erholungsurlaubsansprüchen der Tarifbeschäftigten in das Folgejahr die für die Beamtinnen und Beamten des Bundes aktuell gemäß § 7 Abs. 1 und 2 der EUrlV geltende Regelung Anwendung findet. Hiermit wird klargestellt, dass die Übertragungsregelung erhalten bleibt, der Verfall der Urlaubsansprüche im Zusammenhang mit den Mitwirkungsobliegenheiten sich im Ergebnis jedoch nach den oben beschriebenen Ausführungen richtet. Hinsichtlich des Verfalls von Urlaubsansprüchen sind also die Ausführungen des EuGH und des BAG maßgeblich.

Anhang 5

Erholungsurlaub für Tarifbeschäftigte des Bundes

hier: Übertragung des Anspruchs in das Folgejahr

BMI-Rundschreiben vom 23. Mai 2022
– D 5 – 31001/3#4 –

Im Einvernehmen mit dem Bundesministerium der Finanzen bin ich damit einverstanden, dass für die Übertragung von Erholungsurlaubsansprüchen der Tarifbeschäftigten in das Folgejahr die für die Beamtinnen und Beamten des Bundes gemäß § 7 Abs. 1 und 2 der Erholungsurlaubsverordnung (EUrlV) geltende Regelung Anwendung findet. Danach verfällt der Erholungsurlaubsanspruch, wenn er nicht innerhalb von zwölf Monaten nach dem Ende des Urlaubsjahres in Anspruch genommen worden ist.

Für den gesetzlichen Mindesturlaub ergibt sich in Fällen fortdauernder Arbeitsunfähigkeit der erforderliche Mindestumfang des Übertragungszeitraums von fünfzehn Monaten im Wege der unionsrechtskonformen Auslegung unmittelbar aus § 7 Abs. 3 BUrlG, s. Entscheidung des Bundesarbeitsgerichts (BAG) vom 7. August 2012 – 9 AZR 353/10 –. Aus diesem Grund wurde davon abgesehen, die beamtenrechtliche Regelung des § 7 Abs. 3 EUrlV für anwendbar zu erklären.

Die im Bezugsrundschreiben vom 27. März 2015 noch enthaltene Ausnahmeregelung für Erholungsurlaubansprüche aus Kalenderjahren einer Beurlaubung nach § 28 TVöD fußt auf einer inzwischen veralteten Rechtsprechung des BAG. Nach neuer Rechtsprechung des BAG vom 19. März 2019 – 9 AZR 315/17 – steht Tarifbeschäftigten, die sich im (gesamten) Kalenderjahr im unbezahlten Sonderurlaub befinden, mangels Arbeitspflicht kein Anspruch auf Erholungsurlaub zu, auch nicht der gesetzliche Mindesturlaubsanspruch. Ist die Arbeitspflicht nicht im gesamten Kalenderjahr suspendiert, weil sich der Sonderurlaub nur auf einen Teil des Kalenderjahres erstreckt, muss der Urlaubsanspruch nach Zeitabschnitten berechnet werden. Über das Urteil des BAG hat das BMI mit Rundschreiben vom 5. Oktober 2020, Az.: D5-31001/30#2 berichtet.

Das Rundschreiben vom 27. März 2015, Az.: D5-31001/3#4 wurde daher mit Rundschreiben vom 25. März 2022 aufgehoben und ersetzt. Aufgrund eines Redaktionsversehens sind jedoch gegenstandslos gewordene Ausführungen beibehalten worden. Das Rundschreiben vom 25. März 2022 wird daher aufgehoben und durch die vorliegende korrigierte Fassung ersetzt.

Die außertarifliche Anwendung der beamtenrechtlichen Vorschriften ist jederzeit widerruflich.

II

§ 27 Zusatzurlaub

(1) Beschäftigte, die ständig Wechselschichtarbeit nach § 7 Abs. 1 oder ständig Schichtarbeit nach § 7 Abs. 2 leisten und denen die Zulage nach § 8 Abs. 5 Satz 1 oder Abs. 6 Satz 1 zusteht, erhalten

a) bei Wechselschichtarbeit für je zwei zusammenhängende Monate und

b) bei Schichtarbeit für je vier zusammenhängende Monate

einen Arbeitstag Zusatzurlaub.

(2) Im Falle nicht ständiger Wechselschicht- oder Schichtarbeit (z. B. ständige Vertreter) erhalten Beschäftigte des Bundes, denen die Zulage nach § 8 Abs. 5 Satz 2 oder Abs. 6 Satz 2 zusteht, einen Arbeitstag Zusatzurlaub für

a) je drei Monate im Jahr, in denen sie überwiegend Wechselschichtarbeit geleistet haben, und

b) je fünf Monate im Jahr, in denen sie überwiegend Schichtarbeit geleistet haben.

Protokollerklärung zu den Absätzen 1 und 2:

[1]Der Anspruch auf Zusatzurlaub bemisst sich nach der abgeleisteten Schicht- oder Wechselschichtarbeit und entsteht im laufenden Jahr, sobald die Voraussetzungen nach Absatz 1 oder 2 erfüllt sind. [2]Für die Feststellung, ob ständige Wechselschichtarbeit oder ständige Schichtarbeit vorliegt, ist eine Unterbrechung durch Arbeitsbefreiung, Freizeitausgleich, bezahlten Urlaub oder Arbeitsunfähigkeit in den Grenzen des § 22 unschädlich.

(3) Im Falle nicht ständiger Wechselschichtarbeit und nicht ständiger Schichtarbeit im Bereich der VKA soll bei annähernd gleicher Belastung die Gewährung zusätzlicher Urlaubstage durch Betriebs-/Dienstvereinbarung geregelt werden.

(4) [1]Zusatzurlaub nach diesem Tarifvertrag und sonstigen Bestimmungen mit Ausnahme des gesetzlichen zusätzlichen Urlaubs für schwerbehinderte Menschen wird nur bis zu insgesamt sechs Arbeitstagen im Kalenderjahr gewährt. [2]Erholungsurlaub und Zusatzurlaub (Gesamturlaub) dürfen im Kalenderjahr zusammen 35 Arbeitstage nicht überschreiten. [3]Satz 2 ist für Zusatzurlaub nach den Absätzen 1 und 2 hierzu nicht anzuwenden. [4]Bei Beschäftigten, die das 50. Lebensjahr vollendet haben, gilt abweichend von Satz 2 eine Höchstgrenze von 36 Arbeitstagen; maßgebend für die Berechnung der Urlaubsdauer ist das Lebensjahr, das im Laufe des Kalenderjahres vollendet wird.

(5) Im Übrigen gilt § 26 mit Ausnahme von Absatz 2 Buchst. b entsprechend.

Erläuterungen

§ 27 TVöD trifft Regelungen zum Anspruch auf Zusatzurlaub. Dieser Themenbereich war früher in den §§ 48a, 49 BAT bzw. den vergleichbaren Bestimmungen für Arbeiter geregelt. Gesetzliche Bestimmungen (insbesondere § 208 SGB IX, bis zum 31.12.2017 § 125 SGB IX) bleiben unberührt.

Auf die abweichenden Sonderregelungen in §§ 46 und 47 (Bund) des Besonderen Teils Verwaltung[1]) sowie den Besonderen Teilen Pflege- und Betreuungseinrichtungen bzw. Krankenhäuser wird hingewiesen.

Zusatzurlaub bei ständiger (Wechsel-)Schichtarbeit (Abs. 1)

In Absatz 1 ist festgelegt, dass die Beschäftigten, die ständig Wechselschichtarbeit bzw. ständig Schichtarbeit leisten und deshalb eine Zulage nach § 8 Abs. 5 Satz 1 bzw. § 8 Abs. 6 Satz 1 erhalten, Anspruch auf einen Arbeitstag Zusatzurlaub für je zwei bzw. vier zusammenhängende Monate erhalten (Buchst. a – Wechselschichtarbeit bzw. Buchst. b – Schichtarbeit).

Wegen der Begriffsdefinition → § 7 Abs. 1 und 2.

In einer Protokollerklärung zu den Absätzen 1 und 2 haben die Tarifpartner vereinbart, dass sich der Anspruch auf Zusatzurlaub nach den abgeleisteten Schichten bemisst und im laufenden Jahr entsteht, sobald die Voraussetzungen der Absätze 1 und 2 (also z. B. zwei zusammenhängende Monate Wechselschichtarbeit) erfüllt sind. Nach Satz 2 der Protokollnotiz sind Unterbrechungen der (Wechsel-) Schichtarbeit wegen Arbeitsbefreiung, Freizeitausgleich, bezahlten Urlaub oder Arbeitsunfähigkeit in den Grenzen des § 22 unschädlich.

Die Wirkung des Satzes 2 der Protokollerklärung zu § 27 Abs. 1 und 2 TVöD darf nicht überschätzt werden. Diese Vorschrift bestimmt nämlich (nur), dass für die Feststellung, ob ständige Wechselschicht- bzw. Schichtarbeit vorliegt, eine Unterbrechung durch Arbeitsbefreiung, Urlaub, Freizeitausgleich oder Arbeitsunfähigkeit in den Grenzen des § 22 TVöD (max. 39 Wochen) unschädlich ist. Dies bedeutet jedoch nicht, dass die dort genannten Unterbrechungszeiten neben den tatsächlich abgeleisteten Schichten ebenfalls Grundlage für den Anspruch auf Zusatzurlaub sind. Die genannte Vorschrift soll lediglich vermeiden, dass die Unterbrechung der ständigen Wechselschicht- bzw. Schichtarbeit zum Wegfall des Anspruchs auf Zusatzurlaub führen. Sie entbindet nicht von der Voraussetzung, eine bestimmte Anzahl von Schichten als Anspruchsgrundlage für den Zusatzurlaub tatsächlich abzuleisten.

---

[1]) abgedruckt unter **215**

Zusatzurlaub bei nicht ständiger (Wechsel-)Schichtarbeit (Abs. 2)

In Absatz 2 ist bestimmt, dass die Beschäftigten des Bundes, die nicht ständig Wechselschichtarbeit bzw. nicht ständig Schichtarbeit leisten und deshalb eine Zulage nach § 8 Abs. 5 Satz 2 bzw. § 8 Abs. 6 Satz 2 erhalten, Anspruch auf einen Arbeitstag Zusatzurlaub für je drei bzw. fünf Monate haben, in denen sie im Kalenderjahr überwiegend Wechselschicht- (Buchst. a) bzw. Schichtarbeit (Buchst. b) geleistet haben.

Wegen der Begriffsdefinitionen und der Abgrenzung von ständiger zu nicht ständiger (Wechsel-)Schichtarbeit → § 7 Abs. 1 und 2 und die dortigen Erläuterungen.

Zur Protokollerklärung → bei Absatz 1.

Regelung durch Bezirks-/Dienstvereinbarung (Abs. 3)

Absatz 3 ist ein Appell an die Tarifpartner, im Bereich der Kommunen bei annähernd gleicher Belastung den Anspruch auf Zusatzurlaub in den Fällen nicht ständiger (Wechsel-)Schichtarbeit durch Betriebs- oder Dienstvereinbarung zu regeln. Solange entsprechende Vereinbarungen nicht zustande kommen, bleibt es bei der Regelung des Absatzes 2.

Höchstgrenze (Abs. 4)

Diese Vorschrift beschränkt den Anspruch auf Zusatzurlaub in doppelter Hinsicht.

Satz 1 begrenzt den Zusatzurlaub nach dem TVöD und sonstigen Bestimmungen (darunter fallen insbesondere die Überleitungs-Tarifverträge und bezirkliche Regelungen) auf sechs Arbeitstage im Kalenderjahr.

In den Sätzen 2 bis 4 ist eine Obergrenze für die Summe von Erholungs- und Zusatzurlaubstagen festgelegt worden. Sie darf 35 Arbeitstage (bei Beschäftigten, die das 50. Lebensjahr vollendet haben, 36 Arbeitstage) im Kalenderjahr nicht überschreiten. Für die Altersberechnung ist nach Satz 4 2. Halbsatz das Lebensjahr maßgebend, das im Laufe des Kalenderjahres vollendet wird. Die Begrenzung des Satzes 2 für die Summe von Erholungs- und Zusatzurlaub gilt nach Satz 4 nicht für den Zusatzurlaub nach den Absätzen 1 und 2 (für Wechselschicht- bzw. Schichtarbeit) – insoweit kann also die Höchstgrenze von 35 bzw. 36 Arbeitstagen überschritten werden.

Übrige Bestimmungen (Abs. 5)

Gemäß Absatz 5 gelten – mit Ausnahme der Zwölftelungsvorschrift des § 26 Abs. 2 Buchst. b (Beginn oder Ende des Arbeitsverhältnisses im Laufe des Jahres) – im Übrigen die Vorschriften des § 26. Dieser Verweis auf die übrigen urlaubsrechtlichen Vorschriften hat insbesondere Bedeutung hinsichtlich der Urlaubsübertragung in das Folgejahr sowie – so das BAG im Urteil vom 19. 2. 2014 (10 AZR 539/13) – bei der Umrechnung des Urlaubsanspruchs bei einer von der Fünftagewoche abweichenden Verteilung der Arbeitszeit.

Zusatzurlaub nach § 208 SGB IX

Die Regelungen des § 208 SGB IX über die Gewährung von Zusatzurlaub für schwerbehinderte Beschäftigte bleiben von der Tarifvorschrift unberührt. Insbesondere die Zwölftelungsvorschriften des Tarifvertrages gelten nicht. § 208 SGB IX hat folgenden Wortlaut:

§ 208 SGB IX Zusatzurlaub

(1) Schwerbehinderte Menschen haben Anspruch auf einen bezahlten zusätzlichen Urlaub von fünf Arbeitstagen im Urlaubsjahr; verteilt sich die regelmäßige Arbeitszeit des schwerbehinderten Menschen auf mehr oder weniger als fünf Arbeitstage in der Kalenderwoche, erhöht oder vermindert sich der Zusatzurlaub entsprechend. Soweit tarifliche, betriebliche oder sonstige Urlaubsregelungen für schwerbehinderte Menschen einen längeren Zusatzurlaub vorsehen, bleiben sie unberührt.

(2) Besteht die Schwerbehinderteneigenschaft nicht während des gesamten Kalenderjahres, so hat der schwerbehinderte Mensch für jeden vollen Monat der im Beschäftigungsverhältnis vorliegenden Schwerbehinderteneigenschaft einen Anspruch auf ein Zwölftel des Zusatzurlaubs nach Absatz 1 Satz 1. Bruchteile von Urlaubstagen, die mindestens einen halben Tag ergeben, sind auf volle Urlaubstage aufzurunden. Der so ermittelte Zusatzurlaub ist dem Erholungsurlaub hinzuzurechnen und kann bei einem nicht im ganzen Kalenderjahr bestehenden Beschäftigungsverhältnis nicht erneut gemindert werden.

(3) Wird die Eigenschaft als schwerbehinderter Mensch nach § 152 Abs. 1 und 2 rückwirkend festgestellt, finden auch für die Übertragbarkeit des Zusatzurlaubs in das nächste Kalenderjahr die dem Beschäftigungsverhältnis zugrunde liegenden urlaubsrechtlichen Regelungen Anwendung.

Nach der Rechtsprechung des Bundesarbeitsgerichts (BAG) bestand in der Vergangenheit ein Anspruch auf den vollen Zusatzurlaub auch dann, wenn die Schwerbehinderteneigenschaft erst im Laufe des Jahres entstand oder anerkannt wurde (s. Urteile des BAG vom 8. 3. 1994 – 9 AZR 49/93 – und vom 21. 2. 1995 – 9 AZR 166/94 – AP Nrn. 5 und 7 zu § 47 SchwbG 1986).

II

Diese Rechtsprechung ist überholt, seit (mit Wirkung vom 1. 5. 2004) durch das „Gesetz zur Förderung der Ausbildung und Beschäftigung schwerbehinderter Menschen" vom 23. 4. 2004 (BGBl. I S. 606) in § 125 SGB IX eigenständige Vorschriften zur Zwölftelung des Zusatzurlaubs für schwerbehinderte Arbeitnehmer aufgenommen worden sind. Besteht die Schwerbehinderteneigenschaft nicht das ganze Jahr, hat der schwerbehinderte Arbeitnehmer gemäß § 125 Abs. 2 SGB IX für jeden vollen Monat der im Beschäftigungsverhältnis vorliegenden Schwerbehinderteneigenschaft einen Anspruch auf ein Zwölftel des Zusatzurlaubs. Bruchteile von Urlaubstagen, die mindestens einen halben Tag ergeben, sind auf volle Urlaubstage aufzurunden. Der Umgang mit Bruchteilen von Urlaubstagen, die weniger als einen halben Tag ergeben, ist nicht gesetzlich geregelt. Es wird davon auszugehen sein, dass diese nicht abzurunden, sondern in dem geringeren Umfang zu gewähren sind. Bei rückwirkender Feststellung der Schwerbehinderteneigenschaft finden nach der – ebenfalls neu angefügten – Vorschrift des § 125 Abs. 3 SGB IX für die Übertragbarkeit des Zusatzurlaubs in das nächste Kalenderjahr die „dem Beschäftigungsverhältnis zugrunde liegenden urlaubsrechtlichen Regelungen" (also § 26 Abs. 2 Buchstabe a TVöD) Anwendung. Bei länger andauernden Feststellungsverfahren wird der Zusatzurlaub für zurückliegende Kalenderjahre daher trotz rückwirkender Anerkennung der Schwerbehinderteneigenschaft in der Regel verfallen sein.

Während die oben aufgeführte Rechtsprechung des BAG in den Fällen, in denen die Schwerbehinderteneigenschaft erst im Laufe des Jahres eintritt, überholt ist, ist die Zwölftelung nach den Grundsätzen des BAG weiterhin nicht zulässig, wenn der Beschäftigte

– in der ersten Hälfte des Kalenderjahres in das Arbeitsverhältnis eintritt oder
– in der zweiten Hälfte des Kalenderjahres nach erfüllter Wartezeit (§ 4 BUrlG) aus dem Arbeitsverhältnis ausscheidet.

In diesen Fällen steht dem Angestellten der ungekürzte Zusatzurlaub zu.

Übergangsvorschriften

In den Überleitungstarifverträgen (TVÜ-Bund, TVÜ-VKA)[1]) haben die Tarifpartner im jeweiligen § 15 Übergangsbestimmungen getroffen. Auf die Erläuterungen dazu wird Bezug genommen.

---

[1]) TVÜ-Bund abgedruckt unter **270**

§ 28 Sonderurlaub

Beschäftigte können bei Vorliegen eines wichtigen Grundes unter Verzicht auf die Fortzahlung des Entgelts Sonderurlaub erhalten.

Erläuterungen

Die Möglichkeit, Sonderurlaub unter Verzicht auf die Fortzahlung des Entgelts zu gewähren, war bislang in § 50 BAT bzw. den vergleichbaren Vorschriften für Arbeiter geregelt. Die Vorschrift wird in der Praxis nur dann von Bedeutung sein, wenn keine gesetzlichen Freistellungsansprüche (→ dazu Erläuterungen zu § 29) bestehen.

Voraussetzungen der Urlaubsgewährung

Die Tarifpartner haben hinsichtlich der Gewährung von unbezahltem Sonderurlaub eine denkbar „offene" Formulierung gewählt, nach der ein (aus Sicht des Beschäftigten) „wichtiger Grund" Anlass genug für die Möglichkeit der Beurlaubung ist. Es handelt sich um eine Kann-Vorschrift, bei deren Anwendung dem Arbeitgeber ein Ermessen bleibt, das er aber nach einheitlichen Kriterien ausüben muss.

Tarifliche Folgen der Urlaubsgewährung

Die Folgen der Beurlaubung sollten nicht unterschätzt werden. Zur Vermeidung von Missverständnissen und eventueller Forderungen wegen unterlassener Hinweise auf die Folgen sollten die Beschäftigten bei Beantragung des Sonderurlaubs auf die Auswirkungen auf das Arbeitsverhältnis und auf die sozialversicherungsrechtlichen Folgen hingewiesen werden.

Durch die Beurlaubung ruht das Arbeitsverhältnis mit allen seinen Rechten und Pflichten. Es bestehen keine Ansprüche auf Entgelt, Krankenbezüge etc., die Sonderzahlung wird für jeden Monat um ein Zwölftel gekürzt.

Die Zeit des Sonderurlaubs gilt gemäß § 34 Abs. 3 grundsätzlich nicht als Beschäftigungszeit. Ein Sonderurlaub kann somit Auswirkungen auf alle von der Beschäftigungszeit abhängenden tarifvertraglichen Leistungen (insbesondere Bezugsdauer des Krankengeldzuschusses, Kündigungsfristen) haben. Nur wenn der Arbeitgeber vor Antritt des Sonderurlaubs schriftlich ein dienstliches oder betriebliches Interesse an der Beurlaubung anerkannt hat, wird die Zeit der Beurlaubung als Beschäftigungszeit berücksichtigt (→ § 34 Abs. 3 Satz 2). Entsprechendes gilt für die Berücksichtigung des Sonderurlaubs bei der Stufenzuweisung der Entgeltgruppen (→ § 17 Abs. 3 Satz 1 Buchst. d).

Weitere Folgen ergeben sich bei der Anwendung der Vorschriften des § 9 (Vergütungsgruppenzulagen) bzw. § 11 (kinderbezogene Entgeltbestandteile) der Überleitungstarifverträge[1]). Auch dort ist ein Sonderurlaub anspruchsvernichtend.

Versicherungsrechtliche Folgen der Urlaubsgewährung

Mit dem Beginn der Beurlaubung endet die Versicherungs- und Beitragspflicht zu den Zweigen der Sozialversicherung.

In der gesetzlichen Krankenversicherung besteht ggf. Anspruch auf Leistungen für einen Monat nach dem Ende der Mitgliedschaft (§ 19 Abs. 2 SGB V). Der Beschäftigte kann sich – soweit kein Anspruch auf Familienversicherung (§ 10 SGB V) besteht – für die Zeit des unbezahlten Sonderurlaubs in der gesetzlichen Krankenversicherung freiwillig versichern. Dieses Recht besteht nur für Personen, die als Mitglieder aus der Versicherungspflicht ausgeschieden sind und in den letzten 5 Jahren vor dem Ausscheiden mindestens 24 Monate oder unmittelbar vor dem Ausscheiden ununterbrochen mindestens 12 Monate versichert waren (vgl. § 9 Abs. 1 Nr. 1 SGB V). Einzelheiten über den Beginn dieser freiwilligen Versicherung und über die Höhe der zu entrichtenden Beiträge ergeben sich aus § 188 SGB V bzw. § 240 SGB V und den Regelungen der einzelnen Krankenkassen. Für eine solche Versicherung während eines unbezahlten Sonderurlaubs trägt der Arbeitgeber weder einen Arbeitgeberbeitragsanteil zu dieser Versicherung noch einen Zuschuss zu einer privaten oder freiwilligen Krankenversicherung.

Der Beschäftigte kann sich für die Zeit des unbezahlten Sonderurlaubs auch in der gesetzlichen Rentenversicherung freiwillig versichern (§ 7 Abs. 1 SGB VI). Auch für solche Versicherungen werden keine Arbeitgeberbeitragsanteile oder Zuschüsse gewährt. Die Beiträge hat die/der Versicherte selbst zu tragen (§ 171 SGB VI). Hinsichtlich eines Anspruchs auf Renten wegen verminderter Erwerbsfähigkeit (§ 43 SGB V) wird darauf hingewiesen, dass die Zeit einer Beurlaubung ohne Bezüge zu einem Wegfall der Anspruchsvoraussetzungen zum Bezug der genannten Renten führen kann, da Versicherte grundsätzlich nur dann einen Anspruch auf diese Renten haben, wenn sie die Wartezeit erfüllen und in den letzten 5 Jahren vor Eintritt der Minderung der Erwerbsfähigkeit drei Jahre Pflichtbeiträge entrichtet haben (vgl. § 43 Abs. 1 bzw. Abs. 2 SGB VI). Die gesetzlichen Bestimmungen sehen unter bestimmten Voraussetzungen (§ 43 Abs. 4 SGB VI) die Verlän-

---

1) TVÜ-Bund abgedruckt unter **270**

gerung des Zeitraums von fünf Jahren vor. Hinsichtlich der Frage, ob diese Bestimmungen im Einzelfall Anwendung finden, können allein die zuständigen Rentenversicherungsträger Auskunft erteilen.

Während der Zeit der Beurlaubung nach § 28 TVöD bleibt die Pflichtversicherung bei der VBL bestehen (§ 2 Abs. 1 Tarifvertrag Altersversorgung – ATV/ATV-K)[1]). Da während der Zeit der Beurlaubung ohne Bezüge kein laufendes zusatzversorgungspflichtiges Entgelt gezahlt wird, ist in dieser Zeit auch keine Umlage zur VBL zu entrichten (vgl. §§ 15, 16 ATV/ATV-K).

Der Beschäftigte verliert grundsätzlich nicht wegen der Beurlaubung einen etwaigen Anspruch auf eine Zusatzversorgung. Während der Zeit der Beurlaubung wächst jedoch die Zusatzversorgung grundsätzlich nicht weiter an, sofern sich aus § 9 ATV (soziale Komponenten) oder Satz 5 und 6 der Anlage 3 zum ATV keine Besonderheiten ergeben.

Eine Anwartschaft auf Zusatzversorgung bleibt auch dann erhalten, wenn eine bis zum Eintritt des Versicherungsfalles dauernde Beurlaubung (sog. Altersurlaub) ausgesprochen wird. Es bestehen daher aus dieser Sicht keine Bedenken, einen Altersurlaub zu bewilligen.

---

1) ATV abgedruckt unter **710**

§ 29 Arbeitsbefreiung

(1) [1]Als Fälle nach § 616 BGB, in denen Beschäftigte unter Fortzahlung des Entgelts nach § 21 im nachstehend genannten Ausmaß von der Arbeit freigestellt werden, gelten nur die folgenden Anlässe:

a) Niederkunft der Ehefrau, Lebenspartnerin im Sinne des Lebenspartnerschaftsgesetzes oder der in ehe- oder lebenspartnerschaftsähnlicher Gemeinschaft lebenden Lebensgefährtin	**ein Arbeitstag,**
b) Tod der Ehegattin/des Ehegatten, der Lebenspartnerin/des Lebenspartners im Sinne des Lebenspartnerschaftsgesetzes oder der/des in ehe- oder lebenspartnerschaftsähnlicher Gemeinschaft lebenden Lebensgefährtin/Lebensgefährten, eines Kindes oder Elternteils	**zwei Arbeitstage,**
c) Umzug aus dienstlichem oder betrieblichem Grund an einen anderen Ort	**ein Arbeitstag,**
d) 25- und 40-jähriges Arbeitsjubiläum	**ein Arbeitstag,**
e) schwere Erkrankung	
aa) einer/eines Angehörigen, soweit sie/er in demselben Haushalt lebt,	**ein Arbeitstag im Kalenderjahr,**
bb) eines Kindes, das das 12. Lebensjahr noch nicht vollendet hat, wenn im laufenden Kalenderjahr kein Anspruch nach § 45 SGB V besteht oder bestanden hat,	**bis zu vier Arbeitstage im Kalenderjahr,**
cc) einer Betreuungsperson, wenn Beschäftigte deshalb die Betreuung ihres Kindes, das das 8. Lebensjahr noch nicht vollendet hat oder wegen körperlicher, geistiger oder seelischer Behinderung dauernd pflegebedürftig ist, übernehmen müssen,	**bis zu vier Arbeitstage im Kalenderjahr,**
f) Ärztliche Behandlung von Beschäftigten, wenn diese während der Arbeitszeit erfolgen muss,	**erforderliche nachgewiesene Abwesenheitszeit einschließlich erforderlicher Wegezeiten.**

[2]Eine Freistellung nach Satz 1 Buchstabe e erfolgt nur, soweit eine andere Person zur Pflege oder Betreuung nicht sofort zur Verfügung steht und die Ärztin/der Arzt in den Fällen des Doppelbuchstaben aa und bb die Notwendigkeit der Anwesenheit der/des Beschäftigten zur vorläufigen Pflege bescheinigt. [3]Die Freistellung nach Satz 1 Buchstabe e darf insgesamt fünf Arbeitstage im Kalenderjahr nicht überschreiten.

Niederschriftserklärung zu § 29 Abs. 1 Buchst. f:

Die ärztliche Behandlung erfasst auch die ärztliche Untersuchung und die ärztlich verordnete Behandlung.

(2) [1]Bei Erfüllung allgemeiner staatsbürgerlicher Pflichten nach deutschem Recht, soweit Arbeitsbefreiung gesetzlich vorgeschrieben ist und soweit die Pflichten nicht außerhalb der Arbeitszeit, gegebenenfalls nach ihrer Verlegung, wahrgenommen werden können, besteht der Anspruch auf Fortzahlung des Entgelts nach § 21 nur insoweit, als Beschäftigte nicht Ansprüche aus Ersatz des Entgelts geltend machen können. [2]Das fortgezahlte Entgelt gilt in Höhe des Ersatzanspruchs als Vorschuss auf die Leistungen der Kostenträger. [3]Die Beschäftigten haben den Ersatzanspruch geltend zu machen und die erhaltenen Beträge an den Arbeitgeber abzuführen.

(3) [1]Der Arbeitgeber kann in sonstigen dringenden Fällen Arbeitsbefreiung unter Fortzahlung des Entgelts nach § 21 bis zu drei Arbeitstagen gewähren. [2]In begründeten Fällen kann bei Verzicht auf das Entgelt kurzfristige Arbeitsbefreiung gewährt werden, wenn die dienstlichen oder betrieblichen Verhältnisse es gestatten.

Protokollerklärung zu Absatz 3 Satz 2:

Zu den „begründeten Fällen" können auch solche Anlässe gehören, für die nach Absatz 1 kein Anspruch auf Arbeitsbefreiung besteht (z. B. Umzug aus persönlichen Gründen).

(4) [1]Zur Teilnahme an Tagungen kann den gewählten Vertreterinnen/Vertretern der Bezirksvorstände, der Landesbezirksvorstände, der Landesbezirksfachbereichsvorstände, der Bundesfachbereichsvorstände, der Bundesfachgruppenvorstände sowie des Gewerkschaftsrates bzw. entsprechender Gremien anderer vertragsschließender Gewerkschaften auf Anfordern der Gewerkschaften Arbeitsbefreiung bis zu acht Werktagen im Jahr unter Fortzahlung des Entgelts nach § 21 erteilt werden, sofern nicht dringende dienstliche oder betriebliche Interessen entgegenstehen. [2]Zur Teilnahme an Tarifverhandlungen mit dem Bund und der VKA oder ihrer Mitgliedverbände kann auf Anfordern einer der vertragsschließenden Gewerkschaften Arbeitsbefreiung unter Fortzahlung des Entgelts nach § 21 ohne zeitliche Begrenzung erteilt werden.

(5) Zur Teilnahme an Sitzungen von Prüfungs- und von Berufsbildungsausschüssen nach dem Berufsbildungsgesetz sowie für eine Tätigkeit in Organen von Sozialversicherungsträgern kann den Mitgliedern Arbeitsbefreiung unter Fortzahlung des Entgelts nach § 21 gewährt werden, sofern nicht dringende dienstliche oder betriebliche Interessen entgegenstehen.

(6) Zur Ausübung von Lehr- und Prüfungstätigkeiten an den kommunalen Studieninstituten und Verwaltungsschulen kann Beschäftigten auf Antrag Arbeitsbefreiung unter Fortzahlung des Entgelts nach § 21 gewährt werden.

Niederschriftserklärung zu § 29 Abs. 6:

Die Tarifvertragsparteien stimmen darin überein, dass vom Begriff der kommunalen Studieninstitute und Verwaltungsschulen Einrichtungen umfasst sind, die im Auftrag einer oder mehrerer Kommunalverwaltungen Beschäftigte für Aufgaben im Bereich der Allgemeinen Verwaltung aus-, weiter- und fortbilden und deren Kernaufgabe die Berufsausbildung insbesondere zum/r Verwaltungsfachangestellten und die Aufstiegsfortbildung zum/r Verwaltungsfachwirt/in oder die Abschlüsse nach Angestelltenlehrgang I und II sind.

II

Erläuterungen

§ 29 TVöD trifft Regelungen zum Anspruch auf Arbeitsbefreiung aus bestimmten persönlichen Anlässen. Die Vorschrift entspricht im Kern § 52 BAT bzw. den entsprechenden Vorschriften für Arbeiter.

Die tarifliche Vorschrift regelt die Fälle der Arbeitsbefreiung unter Wegfall bzw. unter Weiterzahlung des Entgelts (Entgelt im vorstehenden Sinne ist das Entgelt nach § 21 TVöD).

Sie greift dabei teilweise in den Regelungsbereich des bürgerlichen Gesetzbuches ein. Nach § 616 Satz 1 BGB „wird der zur Dienstleistung Verpflichtete des Anspruchs auf die Vergütung nicht dadurch verlustig, dass er für eine verhältnismäßig nicht erhebliche Zeit durch einen in seiner Person liegenden Grund ohne sein Verschulden an der Dienstleistung verhindert wird". Diese Vorschrift, die für Fälle gilt, „in denen der Angestellte aus bestimmten persönlichen Gründen an der Arbeitsleistung verhindert wird", ist tarifvertraglich abdingbar (siehe dazu Urteil des BAG vom 24. 11. 1988 – 6 AZR 423/86 – AP Nr. 4 zu § 52 BAT). Von dieser Möglichkeit haben die Tarifvertragsparteien mit § 29 TVöD Gebrauch gemacht.

Freistellung aus persönlichen Gründen (Abs. 1)

Die tarifliche Regelung legt fest, welche Anlässe aus dem persönlichen Bereich des Beschäftigten als Freistellungsfälle i. S. d. § 616 BGB anzusehen sind. Bezahlte Freistellung aus persönlichen Gründen ist nur für die Dauer der in Absatz 1 festgelegten Tage zu gewähren; über die tariflich vorgesehenen Freistellungen hinaus bestehen keine weiteren Ansprüche nach § 616 BGB. Reichen diese Tage nicht aus, ist eine darüber hinausgehende Freistellung nur im Wege der Inanspruchnahme von Erholungsurlaub, ggf. Freistellungen im Rahmen von Gleitzeitregelungen oder der Beantragung unbezahlter Arbeitsbefreiung nach Absatz 3 Satz 2 möglich.

Fällt der Anlass für die Freistellung auf einen für den Beschäftigten arbeitsfreien Tag, ist eine Arbeitsbefreiung an einem anderen Tag nicht ausgeschlossen. In der Vorschrift ist nämlich nicht bestimmt, dass die Arbeitsbefreiung genau an dem Tag erfolgen muss, auf den das jeweilige Ereignis fällt. Gleichwohl jedoch ist bei der Arbeitsbefreiung aus persönlichen Gründen ein enger zeitlicher Zusammenhang zwischen dem Anlass der Freistellung und der Freistellung selbst unverzichtbar.

Die Freistellung erfolgt (mit Ausnahme des Buchstaben f dieser Regelung) für volle Arbeitstage. Bricht der Beschäftigte aus einem der aufgeführten Anlässe seine Arbeit im Verlaufe eines Arbeitstages ab, zählt dieser Tag als Freistellungstag bzw. als erster Freistellungstag. Zu den einzelnen Freistellungstatbeständen ist Folgendes anzumerken:

Zu Buchstabe a

Bei Niederkunft der Ehefrau, der Lebenspartnerin im Sinne des Lebenspartnerschaftsgesetzes oder der in ehe- oder lebenspartnerschaftsähnlicher Gemeinschaft lebenden Lebensgefährtin besteht ein Freistellungsanspruch für einen Arbeitstag. Während die Regelung bislang nur für verheiratete Paare bzw. diesen gleichgestellte Lebenspartnerschaften galt, haben die Tarifvertragsparteien mit Änderungstarifvertrag Nr. 20 zum TVöD vom 14. Juli 2022 den Freistellungsanspruch auf nicht verheiratete Paare erweitert. Der Ursprung des Freistellungstatbestandes für verheiratete Paare bzw. eingetragene Lebenspartnerschaften ist auf die normierten Fürsorge- und Unterstützungspflichten bzw. die rechtliche Pflicht zum Beistand des Ehepartners bei der Niederkunft der Ehepartnerin zurückzuführen. Zwar besteht eine solche rechtliche Verpflichtung für nicht verheiratete Paare nicht, die Tarifvertragsparteien bringen mit der Erweiterung des Personenkreises jedoch zum Ausdruck, dass auch diese Paare neben der Erledigung notwendiger Behördengänge sich moralisch und gesellschaftlich zum Beistand verpflichtet fühlen.

Ein Freistellungsanspruch besteht auch, wenn das Kind nicht lebend geboren wird. Bei Mehrlingsgeburten ist der Freistellungsanspruch auf einen Arbeitstag begrenzt.

Zu Buchstabe b

Die Freistellung im Todesfall ist auf den Tod des Ehegatten, des eingetragenen Lebenspartners nach dem Lebenspartnerschaftsgesetz, des in ehe- oder lebenspartnerschaftsähnlicher Gemeinschaft lebenden Lebensgefährten, eines Kindes oder Elternteils begrenzt. Unter „Elternteil" sind nur die leiblichen Eltern zu verstehen. Adoptiveltern haben die Rechtsstellung leiblicher Eltern, wobei das familienrechtliche Verhältnis zu den leiblichen Eltern mit der Adoption jedoch erloschen ist.

Der Freistellungsanspruch ist nicht davon abhängig, dass die Verstorbenen in häuslicher Gemeinschaft mit dem Beschäftigten gelebt haben. Beim Tod eines geschiedenen Ehegatten besteht jedoch kein Freistellungsanspruch. Mit Änderungstarifvertrag Nr. 20 zum TVöD vom 14. Juli 2022 haben die Tarifvertragsparteien den Freistellungstatbestand um die in ehe- oder lebenspartnerschaftsähnlichen Gemeinschaften lebenden Partner erweitert. Nicht erfasst sind Schwiegereltern, Großeltern, Stiefeltern und Pflegeeltern. Nach dem Wortlaut der Vorschrift auch nicht erfasst sind Enkel-, Pflege-, Stief- und Schwiegerkinder. Dass die hinsichtlich von Stief- und Pflegekindern gegenteilige Aussage der Tarifpartner anlässlich der Tarifverhandlungen zur vergleichbaren Vorschrift des § 52 BAT am 16./17. 10. 1956 noch Bestand hat, muss bezweifelt werden.

Die beiden Tage der Freistellung müssen nicht zusammenhängend in Anspruch genommen werden. Eine Aufteilung z. B. in der Weise, dass der erste Tag unmittelbar in zeitlichem Zusammenhang mit dem Todesfall und der zweite Tag anlässlich der Beisetzung gewährt wird, ist zulässig.

Zu Buchstabe c

Die Regelung gilt nur für einen Umzug aus dienstlichen oder betrieblichen Gründen an einen anderen Ort. Was sie unter „dienstlichem oder betrieblichem Grund" verstehen, haben die Tarifpartner nicht erläutert – weder in § 29 TVöD, noch in der vergleichbaren Vorschrift des § 52 BAT. Man muss also Gesamtbild bemühen, um ein Verständnis dessen zu gewinnen, was die Tarifpartner meinten. Schaut man sich den § 52 BAT in einer älteren (bis zum 30. Juni 1996 geltenden) Fassung an, dann gab es dort „Beim Umzug ... mit eigenem Hausstand anlässlich der Versetzung oder Abordnung an einen anderen Ort aus dienstlichen oder betrieblichen Gründen" 3 freie Tage. Die Absenkung der möglichen Freistellungstage zum 1. Juli 1996 auf einen Tag korrespondierte mit der gleichzeitigen Minderung der Anspruchsvoraussetzungen; weder ein eigener Hausstand, noch eine förmliche Versetzung/Abordnung wurden seit dem 1. Juli 1996 noch gefordert.

Vor diesem Hintergrund kann nach Meinung des Verfassers den Begriff der dienstlichen oder betrieblichen Gründe nun insgesamt recht weit gefasst werden. Mindestens die Fälle der Abordnung/Versetzung/Zuweisung an einen anderen Ort, aber auch den Fall des Umzugs an einen anderen Ort aus Anlass der Begründung des Arbeitsverhältnisses sollte dazu gezählt werden. Die Entfernung des anderen vom bisherigen Ort spielt keine Rolle, wenn der dienstliche/betriebliche Grund für den Umzug zu bejahen ist. Auch für einen Umzug über eine große Entfernung besteht ein Freistellungsanspruch lediglich für einen Arbeitstag.

Für private Umzüge, für dienstliche/betriebliche Umzüge am gleichen Ort und auch für zusätzliche (den einen tariflich zugestandenen Tag übersteigende) Freistellungstage für dienstlich/betrieblich begründete Umzüge kommt gem. § 29 Abs. 3 Satz 2 i. V. m. der dazu vereinbarten Protokollerklärung unabhängig davon nur eine unbezahlte Freistellung in Betracht.

Zu Buchstabe d

Der Zeitpunkt des Jubiläumstages ergibt sich aus der Berechnung im Rahmen des § 23 Abs. 2. Der Anspruch auf Freistellung besteht auch dann, wenn der Jubiläumstag auf einen arbeitsfreien Tag fällt. Es muss aber ein zeitlicher Zusammenhang zwischen dem Anlass (Arbeitsjubiläum) und der Freistellung gewahrt bleiben. Anspruch auf Freistellung aus Anlass des 50-jährigen Arbeitsjubiläums besteht danach nicht; der Arbeitgeber kann aber eine Freistellung nach Absatz 3 Satz 1 bewilligen.

Zu Buchstabe e

Die Regelung erfasst alle Fälle einer schweren Erkrankung Dritter, aufgrund derer dem Beschäftigten Arbeitsbefreiung unter Fortzahlung der Bezüge gewährt werden kann. Die Dauer der Freistellung ist je nach Anlass unterschiedlich und darf insgesamt fünf Arbeitstage im Kalenderjahr nicht überschreiten. Die Freistellung dient nur der unvorhersehbaren, kurzfristig eintretenden, vorübergehenden Übernahme der notwendigen Pflege oder Betreuung und der Organisation der weiteren Pflege des Erkrankten oder der Betreuung seines Kindes durch den Beschäftigten. Die Freistellung ist daher nur möglich, wenn eine andere Person zur Übernahme dieser Aufgabe nicht sofort zur Verfügung steht und – in den Fällen der Doppelbuchstaben aa und bb – eine ärztliche Bescheinigung vorliegt, welche die Notwendigkeit der Anwesenheit des Beschäftigten (bzw. einer anderen Person) zur vorläufigen Pflege bestätigt; in dem Fall des Doppelbuchstaben cc ist diese Notwendigkeit wegen des Alters oder wegen der Behinderung des Kindes des Beschäftigten unterstellt. Dass eine andere Person nicht sofort zur Übernahme der Pflege oder Betreuung zur Verfügung steht, hat der Beschäftigte in allen Fällen der Doppelbuchstaben aa bis cc darzulegen.

Für den Bereich des Bundes ist das RdSchr. d. BMI vom 25. August 2008 (GMBl. S 1003) zu beachten. Damit hat das BMI im Einvernehmen mit dem BMF u. a. zugelassen, dass die Arbeitsbefreiung nach § 29 Abs. 1 Buchstabe e) auch in halben Tagen gewährt werden kann.

Auch § 2 des Pflegezeitgesetzes[1]) ermöglicht eine kurzfristige Freistellung bis zur Dauer von 10 Arbeitstagen zur Pflege bzw. Organi-

[1]) abgedruckt als **Anhang 1**

sation der Pflege naher Angehöriger (Definition → § 7 des Gesetzes). Ein Anspruch auf Entgeltfortzahlung gegenüber dem Arbeitgeber besteht nicht.

Neben dieser kurzfristigen Arbeitsbefreiung ermöglicht das Pflegezeitgesetz eine bis zu sechsmonatige vollständige oder teilweise (also Teilzeit) Freistellung zur Betreuung naher Angehöriger (Pflegezeit → §§ 3 und 4 des Gesetzes). Auch für die Pflegezeit besteht kein Anspruch auf Entgeltfortzahlung. Die Verpflichtung zur Freistellung besteht nicht bei Arbeitgebern mit in der Regel 15 oder weniger Beschäftigten. Auch das Familienpflegezeitgesetz[1]) ermöglicht eine Arbeitszeitreduzierung; es gilt nur bei Arbeitgebern mit mehr als 25 Beschäftigten.

Zu Doppelbuchstabe aa

Bei schwerer Erkrankung eines Angehörigen des Beschäftigten kann für einen Arbeitstag im Kalenderjahr Arbeitsbefreiung gewährt werden. Ein solcher Anlass kann daher nur einmal im Kalenderjahr zur Freistellung führen. Voraussetzung ist, dass der erkrankte Angehörige mit dem Angestellten in demselben Haushalt lebt. Zum Kreis der Angehörigen in diesem Sinne können die in § 20 Abs. 5 Verwaltungsverfahrensgesetz (VwVfG, → Erläuterung zu § 11) genannten Personen gezählt werden. Partner einer eingetragenen Lebenspartnerschaft gelten gem. § 11 Abs. 1 Lebenspartnerschaftsgesetz ebenfalls als Familienangehöriger des anderen Partners. Für die Pflege eines schwer erkrankten Kindes, das das 12. Lebensjahr noch nicht vollendet hat, wird, obwohl es zu dem Personenkreis i. S. d. § 20 Abs. 5 VwVfG rechnet, nicht Freistellung nach Doppelbuchstabe aa, sondern nach der speziellen Regelung des Doppelbuchstaben bb gewährt.

Zu Doppelbuchstabe bb

Bezüglich der Pflege erkrankter Kinder ist zunächst zu beachten, dass – bei Vorliegen der gesetzlichen Voraussetzungen – vorrangig ein Freistellungsanspruch nach § 45 SGB V besteht. Die Vorschrift hat folgenden Wortlaut:

§ 45 SGB V Krankengeld bei Erkrankung des Kindes

(1) [1]Versicherte haben Anspruch auf Krankengeld, wenn es nach ärztlichem Zeugnis erforderlich ist, daß sie zur Beaufsichtigung, Betreuung oder Pflege ihres erkrankten und versicherten Kindes der Arbeit fernbleiben, eine andere in ihrem Haushalt lebende Person das Kind nicht beaufsichtigen, betreuen oder pflegen kann und das Kind das zwölfte Lebens-

[1]) abgedruckt als Anhang 1 zu **210** § 11 TVöD

jahr noch nicht vollendet hat oder behindert und auf Hilfe angewiesen ist. ²§ 10 Abs. 4 und § 44 Absatz 2 gelten für den Anspruch nach Satz 1 entsprechend.

(1a) ¹Ein Anspruch auf Krankengeld besteht auch für Versicherte, die nach § 11 Absatz 3 bei stationärer Behandlung ihres versicherten Kindes aus medizinischen Gründen als Begleitperson mitaufgenommen werden, sofern das Kind das zwölfte Lebensjahr noch nicht vollendet hat oder behindert und auf Hilfe angewiesen ist. ²Das Vorliegen der in Satz 1 genannten medizinischen Gründe, die eine Mitaufnahme notwendig machen, sowie die Dauer der notwendigen Mitaufnahme sind von der stationären Einrichtung gegenüber der Begleitperson des versicherten Kindes zu bescheinigen; im Fall des § 11 Absatz 3 Satz 2 ist die Bescheinigung auf die Dauer der in Satz 1 genannten Mitaufnahme zu beschränken. ³Der Anspruch nach Satz 1 besteht nur für einen Elternteil. ⁴§ 10 Absatz 4 und § 44 Absatz 2 gelten für den Anspruch nach Satz 1 entsprechend. ⁵Der Anspruch auf Krankengeld nach Absatz 1 bleibt unberührt. ⁶Kein Anspruch auf Krankengeld nach Satz 1 besteht, wenn Krankengeld nach Absatz 4 oder nach § 44b in Anspruch genommen wird.

(2) ¹Anspruch auf Krankengeld nach Absatz 1 besteht in jedem Kalenderjahr für jedes Kind längstens für 10 Arbeitstage, für alleinerziehende Versicherte längstens für 20 Arbeitstage. ²Der Anspruch nach Satz 1 besteht für Versicherte für nicht mehr als 25 Arbeitstage, für alleinerziehende Versicherte für nicht mehr als 50 Arbeitstage je Kalenderjahr. ³Das Krankengeld nach Absatz 1 oder Absatz 1a beträgt 90 Prozent des ausgefallenen Nettoarbeitsentgelts aus beitragspflichtigem Arbeitsentgelt der Versicherten, bei Bezug von beitragspflichtigem einmalig gezahltem Arbeitsentgelt (§ 23a des Vierten Buches) in den der Freistellung von Arbeitsleistung nach Absatz 3 vorangegangenen zwölf Kalendermonaten 100 Prozent des ausgefallenen Nettoarbeitsentgelts aus beitragspflichtigem Arbeitsentgelt; es darf 70 Prozent der Beitragsbemessungsgrenze nach § 223 Absatz 3 nicht überschreiten. ⁴Erfolgt die Berechnung des Krankengeldes nach Absatz 1 oder Absatz 1a aus Arbeitseinkommen, beträgt dies 70 Prozent des erzielten regelmäßigen Arbeitseinkommens, soweit es der Beitragsberechnung unterliegt. ⁵§ 47 Absatz 1 Satz 6 bis 8, Absatz 4 Satz 3 bis 5 und § 47b gelten entsprechend.

(2a) ¹Abweichend von Absatz 2 Satz 1 besteht der Anspruch auf Krankengeld nach Absatz 1 jeweils in dem Kalenderjahr 2024 und in dem Kalenderjahr 2025 für jedes Kind längstens für 15 Arbeitstage, für alleinerziehende Versicherte längstens für 30 Arbeitstage. ²Der Anspruch nach Satz 1 besteht für Versicherte für nicht mehr als 35 Arbeitstage, für alleinerziehende Versicherte für nicht mehr als 70 Arbeitstage.

(3) ¹Versicherte mit Anspruch auf Krankengeld nach Absatz 1 oder Absatz 1a haben für die Dauer dieses Anspruchs gegen ihren Arbeitgeber Anspruch auf unbezahlte Freistellung von der Arbeitsleistung, soweit nicht aus dem gleichen Grund Anspruch auf bezahlte Freistellung besteht. ²Wird der Freistellungsanspruch nach Satz 1 geltend gemacht, bevor die

Krankenkasse ihre Leistungsverpflichtung nach Absatz 1 oder Absatz 1a anerkannt hat, und sind die Voraussetzungen dafür nicht erfüllt, ist der Arbeitgeber berechtigt, die gewährte Freistellung von der Arbeitsleistung auf einen späteren Freistellungsanspruch zur Beaufsichtigung, Betreuung oder Pflege eines erkrankten Kindes anzurechnen. [3]Der Freistellungsanspruch nach Satz 1 kann nicht durch Vertrag ausgeschlossen oder beschränkt werden.

(4) [1]Versicherte haben ferner Anspruch auf Krankengeld, wenn sie zur Beaufsichtigung, Betreuung oder Pflege ihres erkrankten und versicherten Kindes der Arbeit fernbleiben, sofern das Kind das zwölfte Lebensjahr noch nicht vollendet hat oder behindert und auf Hilfe angewiesen ist und nach ärztlichem Zeugnis an einer Erkrankung leidet,

a) die progredient verläuft und bereits ein weit fortgeschrittenes Stadium erreicht hat,
b) bei der eine Heilung ausgeschlossen und eine palliativ-medizinische Behandlung notwendig oder von einem Elternteil erwünscht ist und
c) die lediglich eine begrenzte Lebenserwartung von Wochen oder wenigen Monaten erwarten lässt.

[2]Der Anspruch besteht nur für ein Elternteil. [3]Absatz 1 Satz 2, Absatz 3 und die §§ 47 und 47b gelten entsprechend.

(5) Anspruch auf unbezahlte Freistellung nach den Absätzen 3 und 4 haben auch Arbeitnehmer, die nicht Versicherte mit Anspruch auf Krankengeld nach Absatz 1 oder Absatz 1a sind.

Gemäß § 45 Abs. 1 SGB V besteht ein Anspruch auf Krankengeld für die Betreuung eines erkrankten Kindes, das das zwölfte Lebensjahr noch nicht vollendet hat. Der Anspruch besteht in jedem Kalenderjahr für jedes Kind längstens für 10 Arbeitstage, für allein erziehende Versicherte längstens 20 Arbeitstage. Insgesamt steht der Anspruch im Kalenderjahr für nicht mehr als 25 Arbeitstage bzw. bei Alleinerziehenden für nicht mehr als 50 Arbeitstage zu (§ 45 Abs. 2 SGB V).

Für die Beaufsichtigung, Betreuung und Pflege **schwerstkranker** Kinder, die das zwölfte Lebensjahr noch nicht vollendet haben oder behindert und auf Pflege angewiesen sind, besteht ein zeitlich unbegrenzter Freistellungsanspruch (§ 45 Abs. 4 SGB V).

Für eine Freistellung auf der Grundlage dieser gesetzlichen Vorschrift ist keine Vergütung zu zahlen; es besteht vielmehr grundsätzlich ein Anspruch auf Krankengeld gegenüber der zuständigen Krankenkasse.

Voraussetzung für die Anwendung der tariflichen Vorschrift und somit für eine vom Arbeitgeber bezahlte Freistellung ist, dass im laufenden Kalenderjahr kein Anspruch nach § 45 SGB V besteht oder bestanden hat. Die Vorschrift kann daher in der Regel nur bei solchen Angestellten in Betracht kommen, die entweder selbst nicht in der gesetzlichen

Krankenversicherung (GKV) versichert sind oder deren Kind aufgrund des Ausschlusses von der Familienversicherung (§ 10 Abs. 3 SGB V) nicht in der GKV versichert sind.

Zwar sieht § 45 Abs. 5 SGB V mittlerweile selbst in diesen Fällen einen Anspruch auf unbezahlte Freistellung vor, der bei einer streng am Wortlaut orientierten Auslegung der Tarifvorschrift die tariflichen Ansprüche auf bezahlte Freistellung zunichte machte. Zur inhaltsgleichen Vorschrift des § 52 BAT haben die öffentlichen Arbeitgeber jedoch die Auffassung vertreten, dass der gesetzliche Anspruch auf unbezahlte Freistellung den tariflichen Anspruch auf bezahlte Freistellung nicht vernichtet.

Die Arbeitsbefreiung beträgt höchstens vier Arbeitstage im Kalenderjahr. Nach Auffassung des BAG (Urteil vom 5. August 2014 – 9 AZR 878/12) gilt die in der Vorschrift festgelegte Höchstdauer von vier Arbeitstagen im Kalenderjahr für **jedes** schwer erkrankte Kind unter zwölf Jahren. Bei schwerer Erkrankung eines anderen Kinderes unter zwölf Jahren ist aber die in § 29 Abs. 1 Satz 3 TVöD vereinbarte Obergrenze von insgesamt fünf Arbeitstagen im Kalenderjahr zu beachten, in die auch Freistellungen nach den anderen Tatbeständen des Buchstabens e – Betreuung von anderen Angehörigen, Erkrankten einer Betreuungsperson – einzubeziehen sind.

Zu Doppelbuchstabe cc

Die Vorschrift regelt den Fall der schweren Erkrankung einer Betreuungsperson, die dazu führt, dass der Beschäftigte selbst die Betreuung seines Kindes, das das achte Lebensjahr noch nicht vollendet hat oder wegen körperlicher, geistiger oder seelischer Behinderung dauernd pflegebedürftig ist, selbst übernehmen muss. Die Arbeitsbefreiung beträgt höchstens vier Arbeitstage im Kalenderjahr, wobei zusätzlich die Höchstbegrenzung (auf maximal fünf Arbeitstage im Kalenderjahr) nach Satz 3 für den Fall des Zusammentreffens mit Tatbeständen nach den Doppelbuchstaben aa und bb zu beachten ist.

Zu Buchstabe f

Die Freistellung zur ärztlichen Behandlung ist ohne Beschränkung auf bestimmte Gruppen von Ärzten geregelt. Es kann sich um einen Kassen- oder einen Privatarzt, aber auch um einen Amts-, Betriebs-, Versorgungs- oder Vertrauensarzt handeln. Der Begriff der ärztlichen Behandlung erfasst – wie die Tarifpartner in einer Niederschriftserklärung ausdrücklich klargestellt haben – auch die ärztliche Untersuchung und die ärztlich verordnete Behandlung. Die Behandlung braucht nicht von einem Arzt durchgeführt zu werden. Erfasst werden deshalb z. B. auch medizinische Massagen, wenn sie von einem Arzt verordnet worden sind. Dies gilt ebenso für ambulant durchgeführte Rehabilitationsmaßnahmen, soweit sie ärztlich verordnet sind.

Der Anspruch auf Freistellung unter Fortzahlung der Vergütung besteht nur dann, wenn die ärztliche Behandlung während der Arbeitszeit erfolgen muss. Der Beschäftigte muss sich deshalb bemühen, einen Untersuchungs- oder Behandlungstermin außerhalb seiner Arbeitszeit zu vereinbaren. Wenn ein Termin außerhalb der Arbeitszeit möglich und zumutbar ist, darf die Behandlung nicht während der Arbeitszeit erfolgen. Der Beschäftigte muss hierzu auch die Möglichkeiten seiner Gleitzeitgestaltung nutzen.

Die Dauer der Freistellung ist auf die erforderliche, d. h. die unumgänglich notwendige, nachgewiesene Abwesenheit von der Arbeit beschränkt. Die „nachgewiesene Abwesenheitszeit" ist zwar nicht dahingehend auszulegen, dass bei jedem Arztbesuch ein besonderer Nachweis, etwa in Form einer ärztlichen Bescheinigung über die erforderliche Zeit der Abwesenheit erbracht werden muss, doch kann bei jedem Arztbesuch ein entsprechender Nachweis verlangt werden. Die Art und Weise des Nachweises ist nicht spezifiziert. Das bedeutet, dass jede Form des Nachweises möglich ist. Entscheidend ist, dass die Erforderlichkeit der Abwesenheit schlüssig dargelegt und auch plausibel ist.

Im Allgemeinen dürfte es ausreichen, wenn der Beschäftigte glaubhaft erklärt, dass die ärztliche Behandlung nur während der Arbeitszeit durchgeführt werden kann. Hält der Arbeitgeber diese Aussage (z. B. im Falle häufiger Wiederholungen) nicht für ausreichend, kann er einen darüber hinausgehenden Nachweis verlangen. Dieser ist insbesondere in der Vorlage einer Bescheinigung der Arztpraxis oder des Instituts zu sehen. Weigert sich der Beschäftigte, eine solche Bescheinigung beizubringen, entfällt der Freistellungsanspruch unter Fortzahlung der Bezüge.

Die Freistellung schließt auch unvermeidbare Wartezeiten beim Arzt und die erforderlichen Wegezeiten zu und von der ärztlichen Behandlung ein.

Freistellung zur Erfüllung staatsbürgerlicher Pflichten (Abs. 2)

Die tarifliche Regelung setzt voraus, dass für die Erfüllung allgemeiner staatsbürgerlicher Pflichten eine Arbeitsbefreiung bereits gesetzlich vorgeschrieben ist. Die Tarifvorschrift regelt lediglich die Bezahlung der Zeit des Arbeitsausfalls.

Allgemeine staatsbürgerliche Pflichten sind solche, die sich aus der Rechtsstellung des Einzelnen als Staatsbürger ergeben, die also grundsätzlich jeden Bürger ohne weiteres treffen können. Spezielle oder besondere Pflichten, die von der Zugehörigkeit zu einer bestimmten gesellschaftlichen Gruppe, einem Berufsstand o. a. abhängen, fallen nicht hierunter. Durch die Einschränkung auf Pflichten nach deutschem Recht wird klargestellt, dass Ansprüche aus Absatz 2 nicht entstehen, wenn es sich um die staatsbürgerliche Pflicht gegenüber einem anderen Staat handelt (z. B. gesetzliche Wahlpflicht in einem ausländischen Staat).

Nicht zu den allgemeinen staatsbürgerlichen Pflichten rechnen danach z. B. die folgenden Tatbestände:

Ausübung des Wahl- und Stimmrechts nach den Wahlgesetzen für die Wahl zum Europäischen Parlament, zum Deutschen Bundestag, zum Landtag und zu den Kommunalparlamenten, da es sich insoweit nicht um die Erfüllung einer rechtlichen Pflicht handelt; im Übrigen bleibt dem Angestellten die Möglichkeit der Briefwahl.

Ausübung folgender öffentlicher Ehrenämter:

- Mitgliedschaft in den Selbstverwaltungsorganen der Sozialversicherungsträger,
- Tätigkeit in den Wahlorganen zur Durchführung der Sozialversicherungswahlen,
- Tätigkeit der Versichertenältesten und der Vertrauensmänner,
- Mitgliedschaft in Prüfungsausschüssen nach dem Berufsbildungsgesetz,
- Mitgliedschaft in den Organen der Bundesagentur für Arbeit,
- Tätigkeit in den Organen und Ausschüssen der als öffentlich-rechtliche Körperschaften ausgestatteten Berufskammern,
- Tätigkeit im Prüfungsausschuss in einer Industrie- und Handelskammer,
- Aufgaben in einem Beirat für Landschaftspflege.

Wegen der Freistellung für die Teilnahme an Sitzungen von Prüfungs- und Berufsbildungsausschüssen nach dem Berufsbildungsgesetz sowie für eine Tätigkeit in Organen von Sozialversicherungsträgern → aber Absatz 5.

Teilnahme an Wahlen der Organe der gesetzlichen Sozialversicherung und anderer öffentlicher Einrichtungen.

Wahrnehmung amtlicher, insbesondere gerichtlicher oder polizeilicher Termine, auch wenn sie nicht durch private Angelegenheiten des Angestellten veranlasst sind; eine Ausnahme gilt jedoch dann, wenn der Angestellte in Angelegenheiten Dritter als Zeuge oder Sachverständiger geladen ist.

Beteiligung an Notfalldiensten, es sei denn, die Heranziehung erfolgt auf der Grundlage landesrechtlicher Gesetze (z. B. aufgrund des nordrhein-westfälischen Gesetzes über den Brandschutz, die Hilfeleistung und den Katastrophenschutz vom 17. Dezember 2015 – GV. NRW. S. 886).

Für die öffentlichen Ehrenämter des Schöffen oder des ehrenamtlichen Richters ergibt sich ein Freistellungsanspruch mittelbar aus dem Gesetz: für die Wahl und Heranziehung der Schöffen aus §§ 31 bis 56 des Gerichtsverfassungsgesetzes; für die ehrenamtlichen Richter in der Arbeits-, Sozial- und Verwaltungsgerichtsbarkeit aus den §§ 16, 20 ff., 35, 43 des Arbeitsgerichtsgesetzes, den §§ 9, 30, 38 des Sozialgerichtsgesetzes und den § 19 ff. der Verwaltungsgerichtsordnung; in diesen Vorschriften wird die Arbeitsbefreiung für die Heranziehung als ehrenamtlicher Richter vorausgesetzt. Ungeachtet bestehender Unterschiede in den einzelnen Zweigen der Gerichtsbarkeit kann daher für jede Heranziehung als Schöffe oder ehrenamtlicher Richter Arbeitsbefreiung nach Absatz 2 gewährt werden.

Hinsichtlich der Tätigkeit in Wahlausschüssen und Wahlvorständen nach dem Bundeswahlgesetz, dem Europawahlgesetz und den Landes- bzw. Kommunalwahlgesetzen besteht eine Verpflichtung zur Übernahme dieses Ehrenamtes und eine gesetzliche Anwesenheitspflicht. Dies steht einer ausdrücklichen Verpflichtung des Arbeitgebers gleich, Arbeitsbefreiung zu gewähren. In diesen Fällen sind die Bezüge entsprechend der Regelung in Absatz 2 fortzuzahlen.

Der Anspruch auf Fortzahlung des Entgelts setzt voraus, dass die gesetzlich vorgeschriebene Arbeitsbefreiung für die Erfüllung allgemeiner staatsbürgerlicher Pflichten nach deutschem Recht in die Arbeitszeit des Beschäftigten fällt. Dazu hat das BAG mit Urteil vom 22. Januar 2009 – 6 AZR 78/08 – entschieden, dass ein ehrenamtlicher Richter, auf dessen Arbeitsverhältnis ein flexibles Arbeitszeitmodell mit Kern- und Gleitzeit Anwendung findet, keine Zeitgutschrift für die in die Gleitzeit fallende Richtertätigkeit verlangen kann. Der Bund hat aber mit Rundschreiben vom 9. September 2022 übertariflich zugelassen, dass in diesen Fällen sowie in Fällen, in denen keine Kernarbeitszeiten festgelegt worden sind, für den notwendigen Umfang der Zeitgutschrift auf die festgelegte regelmäßige tägliche Arbeitszeit abgestellt wird. In Nordrhein-Westfalen ist eine Besonderheit aufgrund des Gesetzes zur Stärkung des kommunalen Ehrenamtes und zur Änderung weiterer kommunalverfassungsrechtlicher Vorschriften vom 18. September 2012 (GV.NRW. S. 436) zu beachten. Das Gesetz sieht nämlich vor, dass bei flexiblen Arbeitszeiten für die Mandatswahrnehmung während der Gleitzeit, die nicht zur Kernarbeitszeit gehört, ein Freistellungsanspruch für die Mandatsträger von 50 % der aufgewendeten Zeit durch Zeitgutschrift auf dem Gleitzeitkonto gewährt wird. Der Anspruch auf Verdienstausfall gegenüber der Kommune, dem Kreis usw. ist in diesem Fall auf 50 % begrenzt. Bei Vorliegen aller Voraussetzungen hat der Arbeitgeber daher das Entgelt für die versäumte Arbeitszeit fortzuzahlen. Steht dem Beschäftigten ein Ersatzanspruch zu, gilt das vom Arbeitgeber fortgezahlte Entgelt in Höhe des Ersatzanspruchs als Vorschuss auf diese Leistungen. Der Beschäftigte hat den Ersatzanspruch geltend zu machen und die erhaltenen Beträge an den Arbeitgeber abzuführen. Die Höhe des Ersatzanspruchs richtet sich nach den gesetzlichen Vorschriften, die der Heranziehung des Beschäftigten zugrunde liegen. Soweit der Erstattungsanspruch hinter dem fortgezahlten Entgelt zurückbleibt, bleibt der Arbeitgeber belastet. Das gilt bei einer Erstattung selbst der Bruttovergütung immer noch für die Arbeitgeberanteile zur Sozialversicherung und die Umlage zur Zusatzversorgung.

Führt der Beschäftigte die erlangten Ersatzleistungen nicht an den Arbeitgeber ab, hat dieser gegen den Beschäftigten einen Anspruch auf Rückzahlung des Vorschusses. Der Arbeitgeber hat keinen Anspruch gegen den Kostenträger, es sei denn, der Beschäftigte habe ihm den Erstattungsanspruch abgetreten.

Aufwandsentschädigungen (z. B. für Fahrtkosten nach § 5 des Justizvergütungs- und -entschädigungsgesetzes) muss der Beschäftigte nicht abführen.

Für den Bereich des Bundes ist das RdSchr. d. BMI vom 29. Januar 2008 (GMBl. S. 263) zu beachten. Damit hat das BMI im Einvernehmen mit dem BMF zugelassen, dass abweichend von § 29 Abs. 2 TVöD bei Tätigkeiten als ehrenamtliche Richter oder bei Inanspruchnahme als Zeugen außertariflich das Entgelt fortgezahlt wird (und zwar in vollem Umfang, und nicht nur hinsichtlich desjenigen Teils, der den Ersatzanspruch des Beschäftigten übersteigt).

Für die Vertreter in den Organen der Versorgungsanstalt des Bundes und der Länder und der kommunalen Zusatzversorgungseinrichtungen ist die Teilnahme an den Sitzungen der Organe Dienst. Einer Arbeitsbefreiung nach § 29 bedarf es nicht.

Arbeitsbefreiung in sonstigen dringenden Fällen (Abs. 3)

Die Vorschrift überlässt es dem Ermessen des Arbeitgebers, bei Verhinderungen anderer Art in Einzelfällen unter Fortzahlung (Satz 1) bzw. unter Wegfall (Satz 2) des Entgelts Arbeitsbefreiung zu gewähren.

Bei der Regelung des Fernbleibens von der Arbeit unter Fortzahlung der Vergütung nach Satz 1 ist zu berücksichtigen, dass es sich nach der umfassenden Regelung in den Absätzen 1 und 2 nur um Ausnahmefälle handeln kann. Die Freistellung ist auf drei Arbeitstage (pro Anlass, nicht je Kalenderjahr) begrenzt.

Zu den „begründeten Fällen" der Freistellung ohne Entgelt i. S. d. Satzes 2 nennt die zu dieser Regelung vereinbarte Protokollerklärung z. B. einen „Umzug aus persönlichen Gründen", für die die tarifliche Regelung in Absatz 1 keine Freistellungsmöglichkeit enthält. Ebenfalls darunter fallen dürften nicht von Buchst. b erfasste Todesfälle sowie das 50-jährige Dienstjubiläum. Eine Definition der „kurzfristigen" Arbeitsbefreiung enthält die tarifliche Vorschrift nicht, gegen eine Freistellung von maximal zwei Wochen dürften jedoch keine Bedenken bestehen. Längerfristige Freistellungen unterliegen den Vorschriften über Sonderurlaub (→ § 28).

Der Bund hat mit Rdschr. d. BMI vom 29. November 2010 zugelassen, dass bei akuten Hochwasserkatastrophen zur Sicherung des eigenen, unmittelbar durch Hochwasser bedrohten Eigentums und „in anderen Fällen der hochwasserbedingten vorübergehenden Verhinderung" (z. B. Betreuung von Kindern unter zwölf Jahren und pflegebedürftigen Angehörigen) eine Freistellung unter Entgeltfortzahlung von bis zu 5 Arbeitstagen bewilligt werden kann.

Sonstige Grundlagen für Arbeitsbefreiung

Gesetzliche Grundlagen

Während durch § 29 Abs. 1 die Regelung des § 616 BGB abgedungen wurde, bleibt eine Vielzahl gesetzlicher Regelungen unberührt und hat Vorrang vor der Tarifvorschrift. Die wichtigsten gesetzlichen Freistellungsmöglichkeiten sind nachfolgend aufgelistet.

Abgeordnetengesetze

- Europäisches Parlament: Europaabgeordnetengesetz vom 6. 4. 1979 (BGBl. I S. 413)
- Bundestag: Gesetz über die Rechtsverhältnisse der Mitglieder des deutschen Bundestages i. d. F. der Bekanntmachung vom 21. 2. 1996 (BGBl. I S. 326)
- Baden-Württemberg: Abgeordnetengesetz vom 12. 9. 1978 (GBl. S. 473)
- Bayern: Bayerisches Abgeordnetengesetz i. d. F. der Bekanntmachung vom 6. 3. 1996 (GVBl. S. 82)
- Berlin: Landesabgeordnetengesetz vom 9. 10. 2019 (GVBl. S. 674)
- Brandenburg: Abgeordnetengesetz in der Fassung der Bekanntmachung vom 2. 12. 2019 (GVBl. I Nr. 55)
- Bremen: Bremisches Abgeordnetengesetz vom 16. 10. 1978 (Brem. GBl. S. 209)

- Hamburg: Hamburgisches Abgeordnetengesetz vom 21. 6. 1996 (GVBl. S. 141)
- Hessen: Hessisches Abgeordnetengesetz vom 18. 10. 1989 (GVBl. I S. 261)
- Mecklenburg-Vorpommern: Abgeordnetengesetz i. d. F. der Bekanntmachung vom 1. 2. 2007 (GVOBl. M-V S. 54)
- Niedersachsen: Niedersächsisches Abgeordnetengesetz i. d. F. der Bekanntmachung vom 20. 6. 2000 (Nds. GVBl. S. 129)
- Nordrhein-Westfalen: Abgeordnetengesetz vom 5. 4. 2005 (GV. NRW. S. 252)
- Rheinland-Pfalz: Abgeordnetengesetz Rheinland-Pfalz vom 21. 7. 1978 (GVBl. S. 587)
- Saarland: Abgeordnetengesetz i. d. F. der Bekanntmachung vom 27. 2. 1991 (Amtsbl. S. 430)
- Sachsen: Abgeordnetengesetz i. d. F. der Bekanntmachung vom 4. 7. 2000 (SächsGVBl. S. 326)
- Sachsen-Anhalt: Abgeordnetengesetz Sachsen-Anhalt i. d. F. der Bekanntmachung vom 14. 6. 2002 (GVBl. LSA S. 270)
- Schleswig-Holstein: Schleswig-Holsteinisches Abgeordnetengesetz i. d. F. der Bekanntmachung vom 13. 2. 1991 (GVOBl. Schl.-H. S. 100)
- Thüringen: Thüringer Abgeordnetengesetz i. d. F. der Bekanntmachung vom 9. 3. 1995 (GVBl. S. 121)

sowie die jeweiligen Kommunalwahl- und Kommunalverfassungsgesetze.

Bildungsurlaubs-, Bildungsfreistellungs- und Weiterbildungsgesetze der Länder

- Baden-Württemberg: Bildungszeitgesetz vom 17. 3. 2015 (GBl. S. 161)
- Berlin: Bildungszeitgesetz vom 5. 7. 2021 (GVBl. S. 849)
- Brandenburg: Erwachsenenbildungsgesetz vom 20. Dezember 2023 (GVBl. I Nr. 29)
- Bremen: Bildungszeitgesetz vom 18. 12. 1974 (BremGBl. S. 348)
- Hamburg: Bildungsurlaubsgesetz vom 21. 1. 1974 (Hamburgisches GVBl. S. 6)
- Hessen: Bildungsurlaubsgesetz vom 28. 7. 1998 (GVBl. S. 294, ber. 348)
- Mecklenburg-Vorpommern: Bildungsfreistellungsgesetz vom 13. 12. 2013 (GVOBl. M-V S. 691)
- Niedersachsen: Bildungsurlaubsgesetz vom 25. 1. 1991 (Nds. GVBl. S. 29)

- Nordrhein-Westfalen: Arbeitnehmerweiterbildungsgesetz vom 6. 11. 1984 (GV. NRW. S. 678)
- Rheinland-Pfalz: Bildungsfreistellungsgesetz vom 30. 3. 1993 (GVBl. S. 157)
- Saarland: Bildungsfreistellungsgesetz vom 10. 2. 2010 (Amtsbl. S. 28)
- Sachsen: Weiterbildungsgesetz vom 29. 6. 1998 (SächsGVBl. S. 270)
- Sachsen-Anhalt: Bildungsfreistellungsgesetz vom 4. 3. 1998 (GVBl. LSA S. 92)
- Schleswig-Holstein: Weiterbildungsgesetz vom 6. 3. 2012 (GVOBl. Schl.-H. S. 282)
- Thüringen: Bildungsfreistellungsgesetz vom 15. 7. 2015 (GVBl. S. 114)

Weitere gesetzliche Freistellungsmöglichkeiten

- § 14 des Arbeitsplatzschutzgesetzes i. d. F. der Bekanntmachung vom 16. 7. 2009 (BGBl. I S. 2055)
- § 2 bzw. § 5 des Gesetzes über Betriebsärzte, Sicherheitsingenieure und andere Fachkräfte für Arbeitssicherheit vom 12. 12. 1973 (BGBl. I S. 1885)
- § 37 des Betriebsverfassungsgesetzes i. d. F. der Bekanntmachung vom 25. 9. 2001 (BGBl. I S. 2518)
- Freizeit zur Stellungssuche: § 626 BGB
- Freistellung zur Arbeitsplatzsuche: § 2 Abs. 2 Satz 2 SGB III
- Frauenförder-/Gleichstellungsgesetze: siehe dazu die Erläuterungen zu § 2 Abs. 1
- Personalvertretungsgesetze: siehe dazu die Erläuterungen zu § 2 Abs. 1
- §§ 2 und 3 des Pflegezeitgesetzes vom 28. 5. 2008 (BGBl. I S. 874)[1])
- Mutterschutzgesetz i. d. F. der Bekanntmachung vom 23. 5. 2017 (BGBl. I S. 1228)
- Freistellung der Vertrauensperson schwerbehinderter Menschen gem. § 179 SGB IX

Außer-/übertarifliche Regelungen

Neben den tarifvertraglichen bzw. gesetzlichen Regelungen haben die öffentlichen Arbeitgeber in der Vergangenheit vielfach zugelassen, dass den Beschäftigten in Anlehnung an die jeweilige beamtenrecht-

[1]) abgedruckt als **Anhang 1**

liche Sonderurlaubsverordnung außer- bzw. übertariflich Arbeitsbefreiung gewährt wird.

Es bleibt abzuwarten, ob die Arbeitgeber diese Praxis fortsetzen werden. Dem könnte vor allen Dingen die Intention der Tarifpartner, mit dem TVöD ein eigenständiges, vom Beamtenrecht gelöstes Tarifrecht zu schaffen, entgegenstehen.

Das Bundesministerium des Innern (BMI) hatte sich bereits mit Rundschreiben vom 8. Januar 2007 (GMBl. S. 281) im Einvernehmen mit dem Bundesministerium der Finanzen damit einverstanden erklärt, dass aus bestimmten Anlässen außertarifliche Arbeitsbefreiung unter Fortzahlung des Entgelts in entsprechender Anwendung der Sonderurlaubsverordnung für Bundesbeamtinnen und Bundesbeamte sowie für Richterinnen und Richter des Bundes (Sonderurlaubsverordnung) gewährt werden kann. Aus Anlass der Neufassung der Sonderurlaubsverordnung vom 1. Juni 2016 (BGBl. I S. 1284) hat das BMI das Rundschreiben aktualisiert. Nun gilt die Fassung vom 20. Juli 2016; sie sieht folgende außertarifliche Freistellungsmöglichkeiten vor:

- § 9 SUrlV – Aus- oder Fortbildung –, insgesamt jedoch mit folgenden Maßgaben:
  - Abs. 1 Nr. 3 und Nr. 4 unter Anrechnung der Tage der Arbeitsbefreiung, die nach landesrechtlichen Vorschriften als Sonderurlaub für Jugendleiterinnen und Jugendleiter/Jugendgruppenleiterinnen und Jugendgruppenleiter gewährt werden, jedoch kann für diese Tage das Entgelt im Rahmen des Abschnitts C fortgezahlt werden,
  - Abs. 2, sofern kein Freistellungsanspruch nach einem Bildungsurlaubsgesetz eines Landes besteht,
- § 10 SUrlV – fremdsprachliche Aus- oder Fortbildung im Ausland – mit schriftlicher Vereinbarung einer Rückzahlungsverpflichtung des gezahlten Entgelts bei vorzeitiger Beendigung des Arbeitsverhältnisses (bis zu zwei Jahren nach Ausbildungsende) aus einem von der oder dem Beschäftigten zu vertretenden Grund,
- § 11 Abs. 1 und 2 SUrlV – Zwecke der militärischen und zivilen Verteidigung –, soweit nicht bereits nach gesetzlichen Vorschriften eine entsprechende Arbeitsbefreiung gewährt werden kann,
- § 12 SUrlV – vereinspolitische Zwecke –,
- § 14 SUrlV – Ausbildung als Schwesternhelferin oder zum Pflegediensthelfer –,
- § 15 SUrlV – gewerkschaftliche Zwecke –, soweit diese Vorschrift über die in § 29 Abs. 4 TVöD getroffene Regelung hinausgeht. Der

II

Begriff „Sitzungen" in § 15 SUrlV entspricht dem Begriff „Tagungen" in § 29 Abs. 4 TVöD,
- § 16 SUrlV – kirchliche Zwecke –,
- § 17 SUrlV – sportliche Zwecke –,
- § 18 SUrlV – Familienheimfahrten –,
- § 19 Abs. 1 Nr. 2 SUrlV – Umzug in das oder aus dem Ausland aus dienstlichem Anlass –,
- § 24 SUrlV – Widerruf –,
- § 25 Abs. 1 Nr. 1, Abs. 2 SUrlV – Ersatz von Mehraufwendungen –,
- § 26 Abs. 2 SUrlV – Zuwendungen von anderer Seite –.

Das Bundesministerium der Finanzen hat außerdem zugelassen, dass – soweit mit dienstlichen Belangen vereinbar – zur Förderung der Arbeit der Sozialwerke:
- den ehrenamtlichen Mitarbeiterinnen und Mitarbeitern gestattet werden kann, ihre Tätigkeit in den Diensträumen als Nebentätigkeit während der regelmäßigen Arbeit wahrzunehmen,
- den Beschäftigten die erforderliche Dienstbefreiung unter Fortzahlung des Entgelts außertariflich gewährt werden kann und
- in angemessenem Rahmen Schreibkräfte in Anspruch genommen werden dürfen und Büroeinrichtungen benutzt werden können.

Die Ausnahmeregelung setzt voraus, dass daneben keine weiteren Kosten aus dem Bundeshaushalt übernommen werden.

Freistellung für gewerkschaftliche Zwecke (Abs. 4)

Absatz 4 eröffnet die Möglichkeit, Vertreter der vertragsschließenden Gewerkschaften zur Teilnahme an Tagungen (Satz 1) und zur Teilnahme an Tarifverhandlungen (Satz 2) unter Fortzahlung der Bezüge freizustellen.

Die Aufzählung der gewerkschaftlichen Gremien und Organe in Satz 1 berücksichtigt im Wesentlichen die Organisationsstrukturen der Gewerkschaft ver.di und ist bei den übrigen vertragsschließenden Gewerkschaften (insbesondere dbb tarifunion) entsprechend anzuwenden.

Nur die gewählten Funktionsträger, nicht aber einfache Mitglieder haben einen Freistellungsanspruch.

Lehrgänge, Schulungen etc. fallen nicht unter den Begriff der Tagung.

Die Freistellung setzt eine Anforderung durch die jeweilige Gewerkschaft voraus. In der Praxis wird ein entsprechendes Einladungsschreiben ausreichen.

Der Freistellungsanspruch nach Satz 1 ist auf acht Werktage im Jahr begrenzt – in § 52 BAT waren für diese Zwecke höchstens sechs Freistellungstage vereinbart.

Die Freistellung kann seitens des Arbeitgebers abgelehnt werden, wenn dringende dienstliche oder betriebliche Interessen dem entgegenstehen.

Zur Teilnahme an den Tarifverhandlungen gehört nicht die Teilnahme an vorbereitenden Sitzungen oder an Sitzungen der Großen Tarifkommission. Reisezeiten zum und vom Verhandlungsort können jedoch berücksichtigt werden.

Auch für die Freistellung nach Satz 2 wird die Anforderung durch die jeweilige Gewerkschaft gefordert.

Der Freistellungsanspruch nach Satz 2 ist zeitlich nicht begrenzt.

Freistellung für Tätigkeiten in Ausschüssen nach dem Berufsbildungsgesetz und in Organen der Sozialversicherungsträger (Abs. 5)

Absatz 5 ermöglicht es, für die Teilnahme an Sitzungen von Prüfungs- und von Berufsbildungsausschüssen nach dem Berufsbildungsgesetz sowie für eine Tätigkeit in Organen von Sozialversicherungsträgern den Mitgliedern bezahlte Arbeitsbefreiung zu gewähren, sofern nicht dringende dienstliche oder betriebliche Interessen entgegenstehen.

Freistellung für Lehr- und Prüfungstätigkeiten (Abs. 6)

Die Lehr- und Prüfungstätigkeiten an kommunalen Studieninstituten und Verwaltungsschulen dienen insbesondere der Sicherung der Leistungsfähigkeit der kommunalen Verwaltung. Im Rahmen der Tarifrunde 2023 haben die Tarifpartner daher Absatz 6 als weiteren Tatbestand zur Arbeitsbefreiung aufgenommen. Erforderlich für die Gewährung einer entsprechenden Arbeitsbefreiung ist, dass der Beschäftigte einen Antrag auf Arbeitsbefreiung stellt, sich dieser Antrag auf Lehr- und/oder Prüfungstätigkeiten an einem kommunalen Studieninstitut oder einer Verwaltungsschule bezieht und die Lehr- und/oder Prüfungstätigkeiten während der Arbeitszeit wahrgenommen werden. Sind die Voraussetzungen erfüllt, kann der Arbeitgeber (in seinem Ermessen) eine Arbeitsbefreiung unter Fortzahlung des Entgeltes in entsprechender Anwendung des § 21 TVöD gewähren.

Anhang 1

Gesetz über die Pflegezeit (Pflegezeitgesetz – PflegeZG)

Vom 28. Mai 2008 (BGBl. I S. 874)

Zuletzt geändert durch
Viertes Bürokratieentlastungsgesetz
vom 23. Oktober 2024 (BGBl. I Nr. 323)

§ 1 Ziel des Gesetzes

Ziel des Gesetzes ist, Beschäftigten die Möglichkeit zu eröffnen, pflegebedürftige nahe Angehörige in häuslicher Umgebung zu pflegen und damit die Vereinbarkeit von Beruf und familiärer Pflege zu verbessern.

§ 2 Kurzzeitige Arbeitsverhinderung

(1) Beschäftigte haben das Recht, bis zu zehn Arbeitstage der Arbeit fernzubleiben, wenn dies erforderlich ist, um für einen pflegebedürftigen nahen Angehörigen in einer akut aufgetretenen Pflegesituation eine bedarfsgerechte Pflege zu organisieren oder eine pflegerische Versorgung in dieser Zeit sicherzustellen.

(2) Beschäftigte sind verpflichtet, dem Arbeitgeber ihre Verhinderung an der Arbeitsleistung und deren voraussichtliche Dauer unverzüglich mitzuteilen. Dem Arbeitgeber ist auf Verlangen eine ärztliche Bescheinigung über die Pflegebedürftigkeit des nahen Angehörigen und die Erforderlichkeit der in Absatz 1 genannten Maßnahmen vorzulegen.

(3) Der Arbeitgeber ist zur Fortzahlung der Vergütung nur verpflichtet, soweit sich eine solche Verpflichtung aus anderen gesetzlichen Vorschriften oder aufgrund Vereinbarung ergibt. Ein Anspruch der Beschäftigten auf Zahlung von Pflegeunterstützungsgeld richtet sich nach § 44a Absatz 3 des Elften Buches Sozialgesetzbuch.

§ 3 Pflegezeit und sonstige Freistellungen

(1) Beschäftigte sind von der Arbeitsleistung vollständig oder teilweise freizustellen, wenn sie einen pflegebedürftigen nahen Angehörigen in häuslicher Umgebung pflegen (Pflegezeit). Der Anspruch nach Satz 1 besteht nicht gegenüber Arbeitgebern mit in der Regel 15 oder weniger Beschäftigten.

(2) Die Beschäftigten haben die Pflegebedürftigkeit des nahen Angehörigen durch Vorlage einer Bescheinigung der Pflegekasse oder des

Medizinischen Dienstes der Krankenversicherung nachzuweisen. Bei in der privaten Pflege-Pflichtversicherung versicherten Pflegebedürftigen ist ein entsprechender Nachweis zu erbringen.

(3) Wer Pflegezeit beanspruchen will, muss dies dem Arbeitgeber spätestens zehn Arbeitstage vor Beginn in Textform ankündigen und gleichzeitig erklären, für welchen Zeitraum und in welchem Umfang die Freistellung von der Arbeitsleistung in Anspruch genommen werden soll. Wenn nur teilweise Freistellung in Anspruch genommen wird, ist auch die gewünschte Verteilung der Arbeitszeit anzugeben. Enthält die Ankündigung keine eindeutige Festlegung, ob die oder der Beschäftigte Pflegezeit oder Familienpflegezeit nach § 2 des Familienpflegezeitgesetzes in Anspruch nehmen will, und liegen die Voraussetzungen beider Freistellungsansprüche vor, gilt die Erklärung als Ankündigung von Pflegezeit. Beansprucht die oder der Beschäftigte nach der Pflegezeit Familienpflegezeit oder eine Freistellung nach § 2 Absatz 5 des Familienpflegezeitgesetzes zur Pflege oder Betreuung desselben pflegebedürftigen Angehörigen, muss sich die Familienpflegezeit oder die Freistellung nach § 2 Absatz 5 des Familienpflegezeitgesetzes unmittelbar an die Pflegezeit anschließen. In diesem Fall soll die oder der Beschäftigte möglichst frühzeitig erklären, ob sie oder er Familienpflegezeit oder eine Freistellung nach § 2 Absatz 5 des Familienpflegezeitgesetzes in Anspruch nehmen wird; abweichend von § 2a Absatz 1 Satz 1 des Familienpflegezeitgesetzes muss die Ankündigung spätestens drei Monate vor Beginn der Familienpflegezeit erfolgen. Wird Pflegezeit nach einer Familienpflegezeit oder einer Freistellung nach § 2 Absatz 5 des Familienpflegezeitgesetzes in Anspruch genommen, ist die Pflegezeit in unmittelbarem Anschluss an die Familienpflegezeit oder die Freistellung nach § 2 Absatz 5 des Familienpflegezeitgesetzes zu beanspruchen; sie ist abweichend von Satz 1 dem Arbeitgeber spätestens acht Wochen vor Beginn in Textform anzukündigen.

(4) Wenn nur teilweise Freistellung in Anspruch genommen wird, haben Arbeitgeber und Beschäftigte über die Verringerung und die Verteilung der Arbeitszeit eine schriftliche Vereinbarung zu treffen. Hierbei hat der Arbeitgeber den Wünschen der Beschäftigten zu entsprechen, es sei denn, dass dringende betriebliche Gründe entgegenstehen.

(5) Beschäftigte sind von der Arbeitsleistung vollständig oder teilweise freizustellen, wenn sie einen minderjährigen pflegebedürftigen nahen Angehörigen in häuslicher oder außerhäuslicher Umgebung betreuen.

Die Inanspruchnahme dieser Freistellung ist jederzeit im Wechsel mit der Freistellung nach Absatz 1 im Rahmen der Gesamtdauer nach § 4 Absatz 1 Satz 4 möglich. Absatz 1 Satz 2 und die Absätze 2 bis 4 gelten entsprechend. Beschäftigte können diesen Anspruch wahlweise statt des Anspruchs auf Pflegezeit nach Absatz 1 geltend machen.

(6) Beschäftigte sind zur Begleitung eines nahen Angehörigen von der Arbeitsleistung vollständig oder teilweise freizustellen, wenn dieser an einer Erkrankung leidet, die progredient verläuft und bereits ein weit fortgeschrittenes Stadium erreicht hat, bei der eine Heilung ausgeschlossen und eine palliativmedizinische Behandlung notwendig ist und die lediglich eine begrenzte Lebenserwartung von Wochen oder wenigen Monaten erwarten lässt. Beschäftigte haben diese gegenüber dem Arbeitgeber durch ein ärztliches Zeugnis nachzuweisen. Absatz 1 Satz 2, Absatz 3 Satz 1 und 2 und Absatz 4 gelten entsprechend. § 45 des Fünften Buches Sozialgesetzbuch bleibt unberührt.

(6a) Beschäftigte von Arbeitgebern mit in der Regel 15 oder weniger Beschäftigten können bei ihrem Arbeitgeber den Abschluss einer Vereinbarung über eine Pflegezeit nach Absatz 1 Satz 1 oder eine sonstige Freistellung nach Absatz 5 Satz 1 oder Absatz 6 Satz 1 beantragen. Der Arbeitgeber hat den Antrag innerhalb von vier Wochen nach Zugang zu beantworten. Eine Ablehnung des Antrags ist zu begründen. Wird eine Pflegezeit oder sonstige Freistellung nach Satz 1 vereinbart, gelten die Absätze 2, 3 Satz 4 und 6 erster Halbsatz, Absatz 4 Satz 1 sowie Absatz 6 Satz 2 und 4 entsprechend.

(7) Ein Anspruch auf Förderung richtet sich nach den §§ 3, 4, 5 Absatz 1 Satz 1 und Absatz 2 sowie den §§ 6 bis 10 des Familienpflegezeitgesetzes.

§ 4 Dauer der Inanspruchnahme

(1) Die Pflegezeit nach § 3 beträgt für jeden pflegebedürftigen nahen Angehörigen längstens sechs Monate (Höchstdauer). Für einen kürzeren Zeitraum in Anspruch genommene Pflegezeit kann bis zur Höchstdauer verlängert werden, wenn der Arbeitgeber zustimmt. Eine Verlängerung bis zur Höchstdauer kann verlangt werden, wenn ein vorgesehener Wechsel in der Person des Pflegenden aus einem wichtigen Grund nicht erfolgen kann; dies gilt nicht für Fälle des § 3 Absatz 6a. Pflegezeit und Familienpflegezeit nach § 2 des Familienpflegezeitgesetzes dürfen gemeinsam die Gesamtdauer von 24 Monaten je pflegebedürftigem nahen Angehörigen nicht überschreiten. Die Pflegezeit wird auf Berufsbildungszeiten nicht angerechnet.

(2) Ist der nahe Angehörige nicht mehr pflegebedürftig oder die häusliche Pflege des nahen Angehörigen unmöglich oder unzumutbar, endet die Pflegezeit vier Wochen nach Eintritt der veränderten Umstände. Der Arbeitgeber ist über die veränderten Umstände unverzüglich zu unterrichten. Im Übrigen kann die Pflegezeit nur vorzeitig beendet werden, wenn der Arbeitgeber zustimmt.

(3) Für die Betreuung nach § 3 Absatz 5 gelten die Absätze 1 und 2 entsprechend. Für die Freistellung nach § 3 Absatz 6 gilt eine Höchstdauer von drei Monaten je nahem Angehörigen. Für die Freistellung nach § 3 Absatz 6 gelten Absatz 1 Satz 2, 3 und 5 sowie Absatz 2 entsprechend; bei zusätzlicher Inanspruchnahme von Pflegezeit oder einer Freistellung nach § 3 Absatz 5 oder Familienpflegezeit oder einer Freistellung nach § 2 Absatz 5 des Familienpflegezeitgesetzes dürfen die Freistellungen insgesamt 24 Monate je nahem Angehörigen nicht überschreiten.

(4) Der Arbeitgeber kann den Erholungsurlaub, der der oder dem Beschäftigten für das Urlaubsjahr zusteht, für jeden vollen Kalendermonat der vollständigen Freistellung von der Arbeitsleistung um ein Zwölftel kürzen.

§ 4a Erneute Pflegezeit nach Inanspruchnahme einer Freistellung auf Grundlage der Sonderregelungen aus Anlass der COVID-19-Pandemie

(1) Abweichend von § 4 Absatz 1 Satz 2 und 3 können Beschäftigte einmalig nach einer beendeten Pflegezeit zur Pflege oder Betreuung desselben pflegebedürftigen Angehörigen Pflegezeit erneut, jedoch insgesamt nur bis zur Höchstdauer nach § 4 Absatz 1 Satz 1 in Anspruch nehmen, wenn die Gesamtdauer nach § 4 Absatz 1 Satz 4 nicht überschritten wird und die Inanspruchnahme der beendeten Pflegezeit auf der Grundlage der Sonderregelungen aus Anlass der COVID-19-Pandemie erfolgte.

(2) Abweichend von § 3 Absatz 3 Satz 4 muss sich die Familienpflegezeit oder eine Freistellung nach § 2 Absatz 5 des Familienpflegezeitgesetzes nicht unmittelbar an die Pflegezeit anschließen, wenn die Pflegezeit auf Grund der Sonderregelungen aus Anlass der COVID-19-Pandemie in Anspruch genommen wurde und die Gesamtdauer nach § 4 Absatz 1 Satz 4 nicht überschritten wird.

(3) Abweichend von § 3 Absatz 3 Satz 6 muss sich die Pflegezeit nicht unmittelbar an die Familienpflegezeit oder an die Freistellung nach § 2 Absatz 5 des Familienpflegezeitgesetzes anschließen, wenn die Familienpflegezeit oder Freistellung auf Grund der Sonderregelun-

gen aus Anlass der COVID-19-Pandemie erfolgte und die Gesamtdauer nach § 4 Absatz 1 Satz 4 nicht überschritten wird.

§ 5 Kündigungsschutz

(1) Der Arbeitgeber darf das Beschäftigungsverhältnis von der Ankündigung, höchstens jedoch zwölf Wochen vor dem angekündigten Beginn, bis zur Beendigung der kurzzeitigen Arbeitsverhinderung nach § 2 oder der Freistellung nach § 3 nicht kündigen. Im Fall einer Vereinbarung über eine Freistellung nach § 3 Absatz 6a dieses Gesetzes oder nach § 2a Absatz 5a des Familienpflegezeitgesetzes beginnt der Kündigungsschutz mit dem Beginn der Freistellung.

(2) In besonderen Fällen kann eine Kündigung von der für den Arbeitsschutz zuständigen obersten Landesbehörde oder der von ihr bestimmten Stelle ausnahmsweise für zulässig erklärt werden. Die Bundesregierung kann hierzu mit Zustimmung des Bundesrates allgemeine Verwaltungsvorschriften erlassen.

§ 6 Befristete Verträge

(1) Wenn zur Vertretung einer Beschäftigten oder eines Beschäftigten für die Dauer der kurzzeitigen Arbeitsverhinderung nach § 2 oder der Freistellung nach § 3 eine Arbeitnehmerin oder ein Arbeitnehmer eingestellt wird, liegt hierin ein sachlicher Grund für die Befristung des Arbeitsverhältnisses. Über die Dauer der Vertretung nach Satz 1 hinaus ist die Befristung für notwendige Zeiten einer Einarbeitung zulässig.

(2) Die Dauer der Befristung des Arbeitsvertrages muss kalendermäßig bestimmt oder bestimmbar sein oder den in Absatz 1 genannten Zwecken zu entnehmen sein.

(3) Der Arbeitgeber kann den befristeten Arbeitsvertrag unter Einhaltung einer Frist von zwei Wochen kündigen, wenn die Freistellung nach § 4 Abs. 2 Satz 1 vorzeitig endet. Das Kündigungsschutzgesetz ist in diesen Fällen nicht anzuwenden. Satz 1 gilt nicht, soweit seine Anwendung vertraglich ausgeschlossen ist.

(4) Wird im Rahmen arbeitsrechtlicher Gesetze oder Verordnungen auf die Zahl der beschäftigten Arbeitnehmerinnen und Arbeitnehmer abgestellt, sind bei der Ermittlung dieser Zahl Arbeitnehmerinnen und Arbeitnehmer, die nach § 2 kurzzeitig an der Arbeitsleistung verhindert oder nach § 3 freigestellt sind, nicht mitzuzählen, solange für sie auf Grund von Absatz 1 eine Vertreterin oder ein Vertreter eingestellt ist. Dies gilt nicht, wenn die Vertreterin oder der Vertreter nicht mitzuzählen ist. Die Sätze 1 und 2 gelten entsprechend, wenn im Rah-

men arbeitsrechtlicher Gesetze oder Verordnungen auf die Zahl der Arbeitsplätze abgestellt wird.

§ 7 Begriffsbestimmungen

(1) Beschäftigte im Sinne dieses Gesetzes sind

1. Arbeitnehmerinnen und Arbeitnehmer,
2. die zu ihrer Berufsbildung Beschäftigten,
3. Personen, die wegen ihrer wirtschaftlichen Unselbständigkeit als arbeitnehmerähnliche Personen anzusehen sind; zu diesen gehören auch die in Heimarbeit Beschäftigten und die ihnen Gleichgestellten.

(2) Arbeitgeber im Sinne dieses Gesetzes sind natürliche und juristische Personen sowie rechtsfähige Personengesellschaften, die Personen nach Absatz 1 beschäftigen. Für die arbeitnehmerähnlichen Personen, insbesondere für die in Heimarbeit Beschäftigten und die ihnen Gleichgestellten, tritt an die Stelle des Arbeitgebers der Auftraggeber oder Zwischenmeister.

(3) Nahe Angehörige im Sinne dieses Gesetzes sind

1. Großeltern, Eltern, Schwiegereltern, Stiefeltern,
2. Ehegatten, Lebenspartner, Partner einer eheähnlichen oder lebenspartnerschaftsähnlichen Gemeinschaft, Geschwister, Ehegatten der Geschwister und Geschwister der Ehegatten, Lebenspartner der Geschwister und Geschwister der Lebenspartner,
3. Kinder, Adoptiv- oder Pflegekinder, die Kinder, Adoptiv- oder Pflegekinder des Ehegatten oder Lebenspartners, Schwiegerkinder und Enkelkinder.

(4) Pflegebedürftig im Sinne dieses Gesetzes sind Personen, die die Voraussetzungen nach den §§ 14 und 15 des Elften Buches Sozialgesetzbuch erfüllen. Pflegebedürftig im Sinne von § 2 sind auch Personen, die die Voraussetzungen nach den §§ 14 und 15 des Elften Buches Sozialgesetzbuch voraussichtlich erfüllen.

§ 8 Unabdingbarkeit

Von den Vorschriften dieses Gesetzes kann nicht zuungunsten der Beschäftigten abgewichen werden.

§ 29a (Bund) Zeit-statt-Geld-Wahlmodell[1])

II

(1) [1]Mit dem Zeit-statt-Geld-Wahlmodell wird Beschäftigten die Möglichkeit eröffnet, einen Teil ihrer Jahressonderzahlung nach § 20 (Bund) in zusätzliche freie Tage einzutauschen. [2]Anspruchsberechtigt sind Beschäftigte, die im laufenden Kalenderjahr Anspruch auf mindestens fünf Zwölftel der Jahressonderzahlung nach § 20 (Bund) haben. [3]Wer das Zeit-statt-Geld-Wahlmodell beanspruchen will, muss dies unter Angabe der Anzahl der gewünschten vollen Freistellungstage (Tauschtage) vom Arbeitgeber bis zum 1. September des laufenden Kalenderjahres in Textform verlangen. [4]Die Umwandlung ist für bis zu drei Tauschtage zulässig, darf jedoch die Anzahl der wöchentlichen Arbeitstage der/des Beschäftigten nicht übersteigen.

(2) [1]Die Berechnung für den Wert eines Tauschtages erfolgt auf Stundenbasis (§ 24 Abs. 3 Satz 3). [2]Bemessungsgrundlage für die Berechnung des Wertes eines Tauschtages ist das durchschnittliche monatliche Entgelt nach § 20 (Bund) Abs. 3. [3]Die Jahressonderzahlung nach § 20 (Bund) vermindert sich um den Betrag, der dem Wert der nach Absatz 1 Satz 3 bis 4 verlangten Anzahl der Tauschtage entspricht (Umwandlungsbetrag). [4]Maßgebend für die Berechnung nach den Sätzen 1 bis 3 sind die Verhältnisse am 1. September des laufenden Kalenderjahres.

Protokollerklärung zu Absatz 2:

[1]Bei der Berechnung des Wertes eines Tauschtages die maßgebende Anzahl der Stunden ermittelt, indem die individuell vereinbarte durchschnittliche wöchentliche Arbeitszeit durch die Anzahl der vereinbarten Arbeitstage pro Kalenderwoche geteilt wird. [2]Anschließend wird die Anzahl der Stunden mit der von der/dem Beschäftigten nach Absatz 1 Satz 3 bis 4 erklärten Anzahl der Tauschtage vervielfacht. [3]Für die Berechnung des Umwandlungsbetrages wird das nach Absatz 2 Satz 2 ermittelte durchschnittliche monatliche Entgelt durch das 4,348-fache der vereinbarten regelmäßigen wöchentlichen Arbeitszeit geteilt (§ 24 Abs. 3 Satz 3). [4]Das danach errechnete Stundenentgelt wird anschließend mit der Gesamtzahl der Stunden für die verlangte Anzahl von Tauschtagen vervielfacht.

(3) [1]Inanspruchnahmezeitraum ist das auf die Umwandlung folgende Kalenderjahr. [2]Bei der zeitlichen Festlegung der Freistellung sind die Wünsche der/des Beschäftigten zu berücksichtigen, sofern diesen keine dringenden dienstlichen/betrieblichen Gründe entgegenstehen. [3]Die Freistellung kann nur für volle Tauschtage erfolgen. [4]Während der Inanspruchnahme eines Tauschtages wird für diesen Tauschtag derjenige Teil des Umwandlungsbetrages nach Absatz 2 gezahlt, der seinem Anteil an der Gesamtzahl der verlangten Tauschtage entspricht. [5]Kann ein bereits bewilligter Tauschtag nicht genommen werden, ist in den Fällen

a) einer unverzüglich angezeigten und durch ärztliches Attest nachgewiesenen Arbeitsunfähigkeit oder

b) eines aus dringenden dienstlichen/betrieblichen Gründen ausnahmsweise erfolgten Widerrufs

---

1) Diese Regelung tritt zum 1. Januar 2026 in Kraft.

dem Wunsch der/des Beschäftigten nach einer Verlegung innerhalb des verbleibenden Inanspruchnahmezeitraums zu entsprechen, wenn dies mit dienstlichen Erfordernissen vereinbar ist.

(4) [1]Tauschtage, die innerhalb des Inanspruchnahmezeitraums nicht genommen werden, verfallen und es entsteht ein finanzieller Ausgleichsanspruch in Höhe des Wertes der nicht genommenen Tauschtage. [2]Maßgebend ist der zum Zeitpunkt der Umwandlung der Jahressonderzahlung ermittelte Umwandlungsbetrag, um den die Jahressonderzahlung gemäß Absatz 2 vermindert wurde. [3]Die Auszahlung erfolgt bis spätestens 31. März des Kalenderjahres, das auf den Inanspruchnahmezeitraum folgt.

Erläuterungen

Sowohl der Bund als auch die VKA haben sich im Tarifkompromiss 2025 für ein Wahlmodell entschieden, bei dem die Beschäftigten ab dem 1. Januar 2026 freiwillig einen Teil ihrer Jahressonderzahlung in bis zu drei freie Tage umwandeln können (sog. „Tauschtage"). Die konkrete Umsetzung erfolgt im Bereich des Bundes durch Neuaufnahme des § 29a (Bund) TVöD „Zeit-statt-Geld-Wahlmodell". Erstmals können die Tauschtage 2026 für das Kalenderjahr 2027 beantragt werden.

Die Vorschrift regelt die Anspruchsvoraussetzungen und die Antragstellung (Absatz 1), die genaue Berechnungsmethode für die Umwandlung (Absatz 2 inkl. Protokollerklärung zu Absatz 2), die Inanspruchnahme der Tauschtage (Absatz 3) sowie den Umgang mit der „Nicht-Inanspruchnahme" von Tauschtagen (Absatz 4).

Grundvoraussetzung ist im Bereich des Bundes, dass dem Beschäftigten im Beantragungsjahr ein Anspruch auf mindestens fünf Zwölftel der Jahressonderzahlung nach § 20 (Bund) TVöD zusteht.

Die Beantragung muss bis zum 1. September in Textform unter Angabe der Anzahl der Tauschtage (bis zu drei Tage, maximal jedoch die Anzahl der wöchentlichen Arbeitstage) beantragt werden. Es können lediglich volle Tauschtage beantragt werden. In Anspruch genommen werden können die Tauschtage in dem auf die Umwandlung folgenden Kalenderjahr (Absatz 3).

Die Bewertung der freien Tage erfolgt nach den Regelungen in Absatz 2. Danach ist der Wert eines Tauschtages auf Stundenbasis (§ 24 Abs. 3 Satz 3 TVöD) zu ermitteln. Maßgeblich sind dafür die Verhältnisse am 1. September des Beantragungsjahres. Die Bemessungsgrundlage für die Berechnung ergibt sich aus Absatz 2 und die detaillierten Berechnungsschritte aus der Protokollerklärung zu Absatz 2.

Während der Inanspruchnahme der Tauschtage wird das Entgelt nach den Regelungen in § 21 TVöD fortgezahlt. Treten zwischen dem

Umwandlungsstichtag und der Inanspruchnahme der Tauschtage Änderungen bzgl. der wöchentlichen Arbeitszeit oder der Eingruppierung ein, hat dies keine Auswirkungen; es kommt hierdurch weder zu einer Rückzahlung noch zu einer Nachforderung.

II

Tauschtage, die im Bereich des Bundes nicht innerhalb des auf die Beantragung folgenden Kalenderjahres genommen werden, verfallen zwar als Freizeitanspruch, nicht jedoch der finanzielle Gegenwert. Die nicht genommenen Tauschtage sind nach den Regelungen in Absatz 4 in den Gegenwert zurückzuwandeln, der bei der ursprünglichen Umwandlung nach Absatz 2 ermittelt und zugrunde gelegt wurde. Dieser Wert ist den Beschäftigten bis zum 31. März des auf den Inanspruchnahmezeitraum folgenden Kalenderjahres auszuzahlen.

Abschnitt V
Befristung und Beendigung des Arbeitsverhältnisses

§ 30 Befristete Arbeitsverträge

(1) [1]Befristete Arbeitsverträge sind nach Maßgabe des Teilzeit- und Befristungsgesetzes sowie anderer gesetzlicher Vorschriften über die Befristung von Arbeitsverträgen zulässig. [2]Für Beschäftigte der Mitglieder eines Mitgliedverbandes der VKA, auf die die Regelungen des Tarifgebiets West Anwendung finden und deren Tätigkeit vor dem 1. Januar 2005 der Rentenversicherung der Angestellten unterlegen hätte sowie für Beschäftigte des Bundes gelten die in den Absätzen 2 bis 5 geregelten Besonderheiten; dies gilt nicht für Arbeitsverhältnisse, für die die §§ 57a ff. HRG, das Gesetz über befristete Arbeitsverträge in der Wissenschaft (Wissenschaftszeitvertragsgesetz) oder gesetzliche Nachfolgeregelungen unmittelbar oder entsprechend gelten.

(2) [1]Kalendermäßig befristete Arbeitsverträge mit sachlichem Grund sind nur zulässig, wenn die Dauer des einzelnen Vertrages fünf Jahre nicht übersteigt; weitergehende Regelungen im Sinne von § 23 TzBfG bleiben unberührt. [2]Beschäftigte mit einem Arbeitsvertrag nach Satz 1 sind bei der Besetzung von Dauerarbeitsplätzen bevorzugt zu berücksichtigen, wenn die sachlichen und persönlichen Voraussetzungen erfüllt sind.

(3) [1]Ein befristeter Arbeitsvertrag ohne sachlichen Grund soll in der Regel zwölf Monate nicht unterschreiten; die Vertragsdauer muss mindestens sechs Monate betragen. [2]Vor Ablauf des Arbeitsvertrages hat der Arbeitgeber zu prüfen, ob eine unbefristete oder befristete Weiterbeschäftigung möglich ist.

(4) [1]Bei befristeten Arbeitsverträgen ohne sachlichen Grund gelten die ersten sechs Wochen und bei befristeten Arbeitsverträgen mit sachlichem Grund die ersten sechs Monate als Probezeit. [2]Innerhalb der Probezeit kann der Arbeitsvertrag mit einer Frist von zwei Wochen zum Monatsschluss gekündigt werden.

(5) [1]Eine ordentliche Kündigung nach Ablauf der Probezeit ist nur zulässig, wenn die Vertragsdauer mindestens zwölf Monate beträgt. [2]Nach Ablauf der Probezeit beträgt die Kündigungsfrist in einem oder mehreren aneinander gereihten Arbeitsverhältnissen bei demselben Arbeitgeber

von insgesamt mehr als sechs Monaten	vier Wochen,
von insgesamt mehr als einem Jahr	sechs Wochen
zum Schluss eines Kalendermonats,	
von insgesamt mehr als zwei Jahren	drei Monate,
von insgesamt mehr als drei Jahren	vier Monate
zum Schluss eines Kalendervierteljahres.	

[3]Eine Unterbrechung bis zu drei Monaten ist unschädlich, es sei denn, dass das Ausscheiden von der/dem Beschäftigten verschuldet oder veranlasst war. [4]Die Unterbrechungszeit bleibt unberücksichtigt.

Protokollerklärung zu Absatz 5:

II

Bei mehreren aneinander gereihten Arbeitsverhältnissen führen weitere vereinbarte Probezeiten nicht zu einer Verkürzung der Kündigungsfrist.

(6) Die §§ 31, 32 bleiben von den Regelungen der Absätze 3 bis 5 unberührt.

Erläuterungen

In § 30 TVöD haben die Tarifvertragsparteien Regelungen über befristete Arbeitsverhältnisse getroffen, die für die Angestellten des Tarifgebietes West aus den bisherigen Regelungen der SR 2y BAT abgeleitet worden sind. Für die übrigen Beschäftigten ist die Befristung nach gesetzlichen Vorschriften zugelassen worden.

Grundzüge des Teilzeit- und Befristungsgesetzes

Die Möglichkeiten und Grenzen der Befristung von Arbeitsverträgen sind weitgehend durch das Gesetz über Teilzeitarbeit und befristete Arbeitsverträge (Teilzeit- und Befristungsgesetz – TzBfG)[1]) gesetzlich vorgegeben worden. Da das TzBfG nur zum Teil Öffnungsklauseln für abweichende tarifvertragliche Regelungen enthält, ist der Spielraum für die Tarifvertragsparteien begrenzt. Gibt es keine Öffnungsklausel, können sie wirksam nur dann vom Gesetz abweichende Regelungen vereinbaren, wenn diese günstiger als das Gesetz sind (§ 22 TzBfG). Da es sich beim TzBfG um eine Vorschrift zum Schutze des Arbeitnehmers handelt, die eine Schlechterstellung des befristeten im Vergleich zum dauerhaft Beschäftigten und die Umgehung des Kündigungsschutzes verhindern soll, sind in diesem Fall „günstigere" Regelungen solche, die eine Befristung erschweren bzw. einschränken.

An dieser Stelle sei kurz auf die wichtigsten Kernvorschriften des TzBfG – soweit die im öffentlichen Dienst typischen Fallgestaltungen berührt werden dürften – hingewiesen:

§ 4 Abs. 2 (Diskriminierungsverbot)

Nach dieser Vorschrift darf ein befristet Beschäftigter ohne sachlichen Grund nicht schlechter gestellt werden als vergleichbare unbefristete Arbeitnehmer. Er muss insbesondere die gleiche Vergütung erhalten (einschließlich eventueller Stufenaufstiege bei längerer Befristung) und die gleichen, von der Dauer der Beschäftigung abhängenden

---

[1]) abgedruckt als **Anhang 1**

Rechte erwerben (z. B. Hineinwachsen in längere Bezugsfristen zum Krankengeldzuschuss).

§ 14 Abs. 1, 2 und 3 (Zulässigkeit der Befristung)

Die Zulässigkeit der Befristung ist nach Absatz 1 grundsätzlich vom Vorliegen eines Sachgrundes abhängig. Der in Absatz 1 Satz 2 enthaltene Katalog von Sachgründen ist nicht abschließend, er bietet aber einen guten Anhaltspunkt für Prüfung der Frage, ob sachliche Gründe die Befristung des Arbeitsverhältnisses rechtfertigen.

In seinen beachtenswerten Urteilen vom 18. Juli 2012 – 7 AZR 443/09 und 7 AZR 783/10 – hat das BAG im Fall sogenannter Kettenarbeitsverträge Aussagen dazu getroffen, ob bzw. wann trotz eines Sachgrundes (hier: Vertretung) eine Befristung ausnahmsweise rechtsmissbräuchlich und daher unwirksam sein kann. Bei einer Gesamtdauer von mehr als elf Jahren mit insgesamt 13 Befristungen hat das BAG Indizien dafür gesehen, dass der beklagte Arbeitgeber die an sich eröffnete Möglichkeit der Vertretungsbefristung rechtsmissbräuchlich ausgenutzt hat. Eine Befristung über sieben Jahre und neun Monate bei insgesamt vier Verträgen hat das BAG hingegen als unbedenklich eingestuft.

Mit seiner Entscheidung vom 26. 10. 2016 – 7 AZR 135/15 – hat das BAG diese Grundsätze bestätigt und noch weitere Details dazu herausgestellt. Das BAG hat in dem Urteilsfall (16 aufeinanderfolgende befristete Arbeitsverträge in einem Zeitraum von sechs Jahren und fast vier Monaten) letztlich entschieden, dass die Klage unbegründet ist. In seinen Entscheidungsgründen hat das BAG Grenzen zur Frage der Kontrolle bzw. Überprüfung des institutionellen Rechtsmissbrauchs in Bezug auf die Gesamtdauer der befristeten Arbeitsverhältnisse und auf die Gesamtzahl der Verlängerungen herausgearbeitet. Der Senat knüpfte dabei zur Bestimmung der Schwelle einer rechtsmissbräuchlichen Gestaltung von Sachgrundbefristungen an die gesetzlichen Kriterien in § 14 Abs. 2 Satz 1 TzBfG an. Diese Regelung sieht eine kalendermäßige Befristung eines Arbeitsvertrages ohne Vorliegen eines sachlichen Grundes bis zur Dauer von zwei Jahren bei maximal dreimaliger Verlängerungsmöglichkeit vor. Übertragen auf die Sachgrundbefristung nach § 14 Abs. 1 TzBfG lässt aus BAG-Sicht das erhebliche (mehrfache) Überschreiten dieser Grenzwerte den Schluss auf eine missbräuchliche Gestaltung zu. Es sei daher eine umfassende Missbrauchskontrolle geboten, wenn einer der Werte des § 14 Abs. 2 Satz 1 TzBfG mehr als das Vierfache beträgt oder beide Werte das Dreifache übersteigen. Konkret führt das BAG dazu aus: Überschreitet die Gesamtdauer des befristeten Arbeitsverhältnisses acht Jahre oder wurden mehr als zwölf Verlängerungen des befristeten Arbeitsvertrags vereinbart, hängt es von den weiteren, zunächst vom Kläger vorzutragenden (und im Streitfall nicht vorgetragenen) Umständen ab, ob ein Rechtsmissbrauch anzunehmen ist. Gleiches gilt, wenn die Gesamtdauer des befristeten Arbeitsverhältnisses sechs Jahre überschreitet und mehr als neun Vertragsverlängerungen vereinbart wurden. Werden aus Sicht des BAG die vorgenannten Grenzwerte alternativ oder kumulativ in besonders gravierendem Ausmaß überschritten, kann eine missbräuchliche Ausnutzung der an sich eröffneten Möglichkeit zur Sachgrundbefristung indiziert sein. Das Gericht geht i. d. R. von einem indizierten Rechtsmissbrauch aus, wenn durch die befristeten Verträge einer der Werte des § 14 Abs. 2 Satz 1 TzBfG um mehr als das Fünffache überschritten wird oder beide Werte mehr als das jeweils Vierfache betragen. Konkret bedeutet dies, dass ein Rechtsmissbrauch indiziert ist, wenn die Gesamtdauer des Arbeitsverhältnisses zehn Jahre überschreitet oder mehr als 15 Vertragsverlängerungen vereinbart wurden oder wenn mehr als zwölf Vertragsverlängerungen bei einer Gesamtdauer von mehr als acht Jahren vorliegen. Insoweit billigt das BAG allerdings dem Arbeitgeber die Möglichkeit zu, die Annahme des indizierten Gestaltungsmissbrauchs durch den Vortrag besonderer Umstände zu entkräften.

Mit Urteil vom 8. Juni 2016 – 7 AZR 259/14 – hat das BAG die für Kettenbefristungen auf der Grundlage des TzBfG aufgestellten Grundsätze auch im Fall einer Befristung nach dem Wissenschaftszeitvertragsgesetz (WissZeitVG) angewendet. Die Klägerin war vom 1. September 1989 bis zum 31. Oktober 2011 durchgehend an einer Hochschule beschäftigt, zunächst bis Februar 1996 auf der Grundlage von vier befristeten Arbeitsverträgen, die auch dem Abschluss der Promotion und dem Erwerb der Habilitation dienten. Anschließend war die Klägerin in dem Zeitraum vom 1. März 1996 bis zum 24. April 2007 als wissenschaftliche Assistentin im Rahmen eines Beamtenverhältnisses auf Zeit tätig. Danach schlossen sich für die Zeit vom 25. April 2007 bis zum 31. Oktober 2011 zwei auf den Sachgrund der Drittmittelfinanzierung gestützte befristete Arbeitsverträge an. Das BAG hat seine bisherige Aussage erneuert, dass die Befristung eines Arbeitsvertrags trotz Vorliegens eines Sachgrunds für die Befristung aufgrund der besonderen Umstände des Einzelfalls nach den Grundsätzen des institutionellen Rechtsmissbrauchs unwirksam sein kann. Dies gelte auch für Befristungen im Hochschulbereich, die auf den Sachgrund der Drittmittelfinanzierung nach § 2 Abs. 2 des WissZeitVG gestützt werden. Im Urteilsfall hatte das BAG die letzte Befristung nicht als rechtsmissbräuchlich angesehen, da ein erheblicher Zeitraum der befristeten Beschäftigung der wissenschaftlichen Qualifizierung der Klägerin diente. Das Verfahren ist zur weiteren Sachverhaltsaufklärung an das LAG zurückverwiesen worden.

Nach Absatz 2 ist bei der erstmaligen Begründung eines Arbeitsverhältnisses zu dem Arbeitgeber auch eine sachgrundlose Befristung bis zur Gesamtdauer von höchstens zwei Jahren zulässig. Nach Absatz 2 Satz 2 ist diese Befristung nicht statthaft, wenn mit demselben Arbeitgeber bereits zuvor ein befristetes oder unbefristetes Arbeitsverhältnis bestanden hat.

Eine „Zuvor-Beschäftigung" im Sinne dieser Vorschrift liegt nach Auffassung des BAG (Urteil vom 6. April 2011 – 7 AZR 716/09) nicht vor, wenn ein früheres Arbeitsverhältnis mehr als drei Jahre zurückliegt. Das ergibt nach der Begründung des BAG die an ihrem Sinn und Zweck orientierte, verfassungskonforme Auslegung der gesetzlichen Regelung. Diese solle zum einen Arbeitgebern ermöglichen, auf schwankende Auftragslagen und wechselnde Marktbedingungen durch befristete Einstellungen zu reagieren, und für Arbeitnehmer eine Brücke zur Dauerbeschäftigung schaffen. Zum anderen sollen durch das Verbot der „Zuvor-Beschäftigung" Befristungsketten und der Missbrauch befristeter Arbeitsverträge verhindert werden. Das Verbot könne allerdings auch zu einem Einstellungshindernis werden. Seine Anwendung ist daher nach Meinung des BAG nur insoweit gerechtfertigt, als dies zur Verhinderung von Befristungsketten erforderlich ist. Das sei bei lange Zeit zurückliegenden früheren Beschäftigungen typischerweise nicht mehr der Fall. Hier rechtfertige der Gesetzeszweck die Beschränkung der Vertragsfreiheit der Arbeitsvertragsparteien und die damit verbundene Einschränkung der Berufswahlfreiheit des Arbeitnehmers nicht. Die Gefahr missbräuchlicher Befristungsketten bestehe regelmäßig nicht mehr, wenn zwischen dem Ende des früheren Arbeitsverhältnisses und dem sachgrundlos befristeten neuen Arbeitsvertrag mehr als drei Jahre liegen. Dieser Zeitraum entspreche auch der gesetzgeberischen Wertung, die in der regelmäßigen zivilrechtlichen Verjährungsfrist zum Ausdruck komme. Diese Rechtsprechung hat das BAG mit Urteil vom 21. September 2011 – 7 AZR 375/10 – bestätigt. Es hat darüber hinaus entschieden, dass ein Berufsausbildungsverhältnis kein Arbeitsverhältnis im Sinne des Vorbeschäftigungsverbots für eine sachgrundlose Befristung ist. Ein zuvor mit demselben Arbeitgeber bestehendes Ausbildungsverhältnis ist demzufolge kein befristetes Arbeitsverhältnis i. S. v. § 14 Abs. 2 Satz 2 TzBfG. Entsprechendes gilt für ein vorangegangenes Beamtenverhältnis (BAG v. 24. Februar 2016 – 7 AZR 712/13) und für eine vorangegangene Heimarbeit (BAG v. 24. August 2016 – 7 AZR 342/14)

Das BVerfG hat mit Beschluss vom 6. Juni 2018 – 1 BvL 7/14, 1 BvR 1375/14 – die seitens des BAG vorgenommene Rechtsauslegung für unzulässig erklärt, da sie die Grenzen vertretbarer Auslegung gesetzlicher Vorgaben und zulässiger richterlicher Rechtsfortbildung

II

durch Verletzung des in Art. 2 Abs. 1 und 20 Abs. 3 GG verankerten Rechtsstaatsprinzips überschreitet. Nach Auffassung des BVerfG ginge die bisherige Auslegung des BAG nicht mit dem Willen des Gesetzgebers einher. Die vom BVerfG genannten Einschränkungsmöglichkeiten des § 14 Abs. 2 Satz 2 TzBfG (z. B. sieht das BVerfG bestimmte geringfügige Nebenbeschäftigungen während der Schul- und Studien- oder Familienzeit sowie die Tätigkeit von Werkstudierenden, studentischen Mitarbeitern im Rahmen ihrer Berufsqualifizierung nicht als einer Befristung entgegenstehende Vorbeschäftigungen an) sind noch nicht abschließend durch eine fachgerichtliche Rechtsprechung weiter ausgelegt. Eine acht Jahre sowie eine 15 Jahre zurückliegende Vorbeschäftigung hat das BAG aber mit Urteil vom 23. Januar 2019 – 7 AZR 733/16 – bzw. vom 17. April 2019 – 7 AZR 323/17 – als befristungsschädlich und eine 22 Jahre zurückliegende Vorbeschäftigung mit Urteil vom 21. August 2019 – 7 AZR 452/17 – als befristungsunschädlich angesehen. In seiner Entscheidung vom 15. Dezember 2021 – 7 AZR 530/20 – hat das BAG auch eine länger zurückliegende Vorbeschäftigung von kurzer Dauer (im Urteilsfall ein 13 Jahre zurückliegendes, achtwöchiges Beschäftigungsverhältnis) als befristungsunschädlich eingestuft.

Wenn die Voraussetzungen für eine Einstellungsbefristung vorliegen, muss der Höchstrahmen von zwei Jahren nicht mit einem Arbeitsvertrag ausgeschöpft werden; es ist auch eine dreimalige Verlängerung – also die Aufteilung in vier Verträge – möglich. Die Verlängerungsverträge dürfen aber keine Abweichungen der Arbeitsbedingungen enthalten.

Das BAG hat mit Urteil vom 16. Januar 2008 – 7 AZR 603/06 – entschieden, dass auch eine zusammen mit der Verlängerung vereinbarte Erhöhung der Wochenarbeitszeit (im Urteilsfall von bisher 20 auf 30 Stunden) einer weiteren sachgrundlosen Befristung entgegensteht. In Fortsetzung dazu hat das BAG mit Urteil vom 20. Februar 2008 – 7 AZR 786/06 – entschieden, dass sogar dann keine bloße Verlängerung, sondern die Begründung eines neuen Arbeitsverhältnisses gegeben ist, wenn in dem Verlängerungsvertrag lediglich auf ein im ursprünglichen Vertrag enthaltenes Kündigungsrecht i. S. d. § 15 Abs. 3 TzBfG verzichtet wurde. Vor dem Hintergrund dieser gefestigten Rechtsprechung ist ein vorsichtiger Umgang mit der Vorschrift angezeigt, weil ansonsten ein hohes Risiko besteht, ungewollt unbefristete Arbeitsverhältnisse zu begründen.

Absatz 3 in der Fassung des Gesetzes zur Verbesserung der Beschäftigungschancen älterer Menschen vom 19. April 2007 (BGBl. I S. 538) behandelt den Sonderfall der Einstellung älterer Arbeitnehmer (nach Vollendung des 52. Lebensjahres). Die gesetzliche Vorschrift gilt nur in den Fällen, in denen der Arbeitnehmer unmittelbar zuvor mindestens vier Monate beschäftigungslos im Sinne des § 119 Abs. 1 Nr. 1 SGB III („arbeitslos") gewesen ist, Transferarbeitslosengeld bezogen oder an einer öffentlich geförderten Beschäftigungsmaßnahme nach dem SGB II oder III teilgenommen hat. Die Neufassung dieser Vorschrift trägt der Rechtsprechung des EuGH Rechnung, der die bis dahin geltende Regelung für eine verbotene Diskriminierung älterer Arbeitnehmer gehalten hatte (Urteil vom 22. 11. 2005 – C 144/04).

II

Die Befristung ist bis zur Gesamtdauer von höchstens fünf Jahren zulässig. Der Zeitraum muss nicht mit einem Arbeitsvertrag ausgeschöpft werden; es ist auch eine mehrfache Verlängerung – also die Aufteilung in mehrere Verträge – möglich.

§ 14 Abs. 5 (Schriftform)

Die Befristung bedarf der Schriftform. Diese Vorschrift kann sich in der Praxis als Fußangel erweisen, weil ihre Missachtung zur Begründung eines unbefristeten Arbeitsverhältnisses führt, das frühestens zum vereinbarten Ende der gescheiterten Befristung ordentlich (d. h. nur bei Vorliegen eines Kündigungsgrundes im Sinne des Kündigungsschutzgesetzes und unter Beachtung der Kündigungsfristen) gekündigt werden kann (→ § 16 TzBfG). Für den nicht selten anzutreffenden Fall, dass ein befristeter Arbeitsvertrag erst nach Aufnahme der Beschäftigung schriftlich fixiert wird, bedeutet dies, dass zwar ein Arbeitsverhältnis bereits mit Arbeitsaufnahme zustande gekommen ist, die Befristung aber wegen Missachtung der Schriftform nicht wirksam ist. Das Arbeitsverhältnis ist somit ein Arbeitsverhältnis auf unbestimmte Zeit (unbefristetes Arbeitsverhältnis); die nachträgliche schriftliche Vereinbarung der zuvor mündlich getroffenen Befristungsvereinbarung ändert daran nichts (vgl. BAG-Urteil vom 1. 12. 2004 – 7 AZR 198/04, ZTR 2005, S. 428, 429).

Das Schriftformerfordernis gilt nur für die Befristungsabrede, nicht jedoch für den Sachgrund (vgl. BAG-Urteil vom 23. 6. 2004 – 7 AZR 636/03, AP Nr. 12 zu § 14 TzBfG).

§ 15 Abs. 1 und 2 (Ende des befristeten Arbeitsvertrages)

Ein kalendermäßig bestimmter (Zeit-)Arbeitsvertrag endet mit Fristablauf, ohne dass es besonderer Hinweise oder sonstiger Schritte des Arbeitgebers bedarf (Absatz 1).

Ein zweckbefristeter Arbeitsvertrag endet zwar grundsätzlich mit Erreichen des Zwecks, frühestens aber zwei Wochen nach Zugang der schriftlichen Unterrichtung des Arbeitgebers über den Zeitpunkt der Zweckerreichung beim Arbeitnehmer (Absatz 2).

§ 15 Abs. 3 und 4 (Kündigung des befristeten Arbeitsverhältnisses)

II

Ein befristetes Arbeitsverhältnis ist gemäß Absatz 3 nur dann ordentlich kündbar, wenn dies im Arbeitsvertrag oder tarifvertraglich vereinbart ist. Die Möglichkeit der außerordentlichen (fristlosen) Kündigung i. S. d. § 626 BGB ist bei Vorliegen entsprechender Gründe auch ohne ausdrückliche Vereinbarung möglich. Absatz 4 enthält eine besondere Kündigungsfrist für befristete Arbeitsverhältnisse, die auf mehr als fünf Jahre oder für die Lebenszeit einer Person eingegangen worden sind.

§ 15 Abs. 5 (Verlängerung auf unbestimmte Zeit)

Nach dieser Vorschrift gilt ein befristetes Arbeitsverhältnis als auf unbestimmte Zeit fortgesetzt, wenn es nach Fristablauf oder nach Erreichen des Zwecks mit Wissen des Arbeitgebers fortgesetzt wird. Zur Vermeidung muss der Arbeitgeber der Fortsetzung unverzüglich widersprechen bzw. dem Arbeitgeber unverzüglich die Erreichung des Zwecks mitteilen.

§ 16 (Folgen unwirksamer Befristung)

Ist eine Befristung unwirksam (z. B. wegen Nichtbeachtung der Schriftform oder weil der angegebene Sachgrund nicht trägt), so gilt das Arbeitsverhältnis als auf unbestimmte Zeit abgeschlossen (→ zu § 14 Abs. 5 TzBfG).

§ 17 (Anrufung des Arbeitsgerichts)

Nach dieser Vorschrift muss der Arbeitnehmer, der die Unwirksamkeit einer Befristungsabrede gerichtlich geltend machen möchte, spätestens drei Wochen nach dem vereinbarten Ende des befristeten Arbeitsvertrages Klage beim zuständigen Arbeitsgericht erheben.

Geltungsbereich der Vorschrift (Abs. 1)

Mit dieser Vorschrift teilen die Tarifvertragspartner die Beschäftigten in zwei Gruppen ein, für die unterschiedliche Regelungen hinsichtlich der Befristung von Arbeitsverhältnissen gelten.

Zunächst wird in Satz 1 der Vorschrift klargestellt, dass befristete Arbeitsverträge nach dem TzBfG und anderen gesetzlichen Vorschriften zur Befristung von Arbeitsverträgen zulässig sind.

Zu den „anderen gesetzlichen Regelungen" zählen zum Beispiel

- § 21 Bundeselterngeld- und Elternzeitgesetz[1]) (Befristung zur Vertretung während Mutterschutz- und Erziehungsurlaubszeiten),
- das Gesetz über befristete Arbeitsverträge mit Ärzten in der Weiterbildung,

[1]) abgedruckt als **Anhang 3**

- § 6 des Pflegezeitgesetzes[1]),
- das Wissenschaftszeitvertragsgesetz.[2])

Mit Blick auf das Urteil des BAG vom 1. Juni 2011 – 7 AZR 827/09 – zum Geltungsbereich des WissZeitVG sollte die Heranziehung des WissZeitVG zu Befristungen von Arbeitsverträgen jedoch genau geprüft werden. Das BAG hat nämlich in diesem Urteil die Auffassung vertreten, dass zum „wissenschaftlichen Personal" nach § 1 Abs. 1 Satz 1 WissZeitVG nur derjenige Arbeitnehmer gehört, der wissenschaftliche Dienstleistungen erbringt. Es komme nicht auf die formelle Bezeichnung des Arbeitnehmers an, sondern auf den wissenschaftlichen Zuschnitt der von ihm auszuführenden Tätigkeit. Bei Mischtätigkeiten sei erforderlich, dass die wissenschaftlichen Dienstleistungen zeitlich überwiegen oder zumindest das Arbeitsverhältnis prägen. Dadurch wurde der in Frage kommende Personenkreis deutlich eingeschränkt.

In Satz 2 haben die Tarifpartner anschließend bestimmt, dass für die zum Tarifgebiet West gehörenden Beschäftigten der Mitglieder eines Mitgliedverbandes der VKA, die nach altem Rentenrecht Angestellte gewesen wären (zur Begriffsbestimmung siehe auch § 38 Abs. 5), sowie für Beschäftigte des Bundes die in den Absätzen 2 bis 5 genannten Besonderheiten gelten. Dabei handelt es sich im Verhältnis zur gesetzlichen Regelung um „günstigere" Bestimmungen. Sie sollen nicht in den Befristungsfällen des Wissenschaftszeitvertragsgesetzes zur Anwendung kommen.

Maßgaben für Befristungen mit Sachgrund (Abs. 2)

Nach dem Willen der Tarifpartner sind kalendermäßig befristete Arbeitsverträge (Zeitverträge) mit Sachgrund für den in Absatz 1 Satz 2 genannten Personenkreis nur zulässig, wenn die Dauer des einzelnen Vertrages fünf Jahre nicht übersteigt (Satz 1). Die Aneinanderreihung mehrerer Zeitverträge über die Dauer von mehr als fünf Jahren ist aber möglich, wenn und solange entsprechende Sachgründe gegeben sind. Andere Arten nicht kalendermäßig befristeter Arbeitsverträge (z. B. Zweckbefristung) sind von der Einschränkung nicht berührt.

Nach Satz 1 zweiter Halbsatz bleiben auch weitergehende gesetzliche Befristungsmöglichkeiten i. S. d. § 23 TzBfG unberührt.

Nach Satz 2 der Vorschrift sind mit Zeitvertrag beschäftigte Angestellte bei der Besetzung von Dauerarbeitsplätzen bevorzugt zu berücksichtigen, wenn sie die sachlichen und persönlichen Voraussetzungen erfül-

[1]) abgedruckt als Anhang 1 unter **210** § 29 TVöD

[2]) abgedruckt als **Anhang 2**

len. Das Auswahlermessen des Arbeitgebers bei der Stellenbesetzung wird durch diese Vorschrift eingeschränkt – zumindest in den Fällen, in denen der bislang befristet Beschäftigte in Eignung, Befähigung und fachlicher Leistung mit den übrigen Bewerbern gleichrangig ist.

II

Maßgaben für Befristungen ohne Sachgrund (Abs. 3)

Eine sachgrundlose Befristung (→ § 14 Abs. 2 und 3 TzBfG) soll zwölf und darf sechs Monate nicht unterschreiten. Das BAG hat mit Urteil vom 4. Dezember 2013 – 7 AZR 468/12 – zur wortgleichen Vorschrift des § 33 Abs. 3 Satz 1 Halbsatz 2 des Tarifvertrages für die Arbeitnehmerinnen und Arbeitnehmer der Bundesagentur für Arbeit vom 28. März 2006 (TV-BA) entschieden, dass die Vorschrift nur eine Mindestdauer des ersten sachgrundlos befristeten Vertrages verlangt, nicht aber auf Vertragsverlägerungen anzuwenden ist. Diese dürfen somit auch wesentlich kürzer als sechs Monate sein. Der Arbeitgeber hat vor Ablauf des Arbeitsverhältnisses zu prüfen, ob eine unbefristete oder befristete Weiterarbeit möglich ist. Abgesehen von der Untergrenze von sechs Monaten handelt es sich um eine Bemühensklausel, die keine verbindlichen Rechtsansprüche begründet. Die Vorschrift gilt nur für den in Absatz 1 Satz 2 genannten Personenkreis.

Probezeit (Abs. 4)

In dieser Vorschrift sind die Dauer der Probezeit für mit (sechs Monate) und ohne (sechs Wochen) sachlichen Grund befristete Arbeitsverträge sowie die Kündigungsmöglichkeit und Frist (zwei Wochen zum Monatsende) festgelegt worden. Die Regelungen gelten nur für den in Absatz 1 Satz 2 genannten Personenkreis.

Kündigung (Abs. 5)

In Absatz 5 haben die Tarifpartner die in § 15 Abs. 3 TzBfG genannte Möglichkeit genutzt, die ordentliche Kündigung befristeter Arbeitsverhältnisse tarifvertraglich zuzulassen. Die Regelung gilt gemäß § 22 Abs. 2 TzBfG auch für nicht tarifgebundene Arbeitnehmer.

Die Kündigung setzt eine Mindestvertragsdauer von zwölf Monaten voraus und sieht nach der Beschäftigungsdauer gestaffelte Kündigungsfristen vor. Arbeitsverhältnisse von weniger als zwölf Monaten Dauer können außerhalb der Probezeit nicht ordentlich gekündigt werden.

Die Regelungen des Absatzes 5 gelten nur für den in Absatz 1 Satz 2 genannten Personenkreis.

Ausnahmen vom Geltungsbereich (Abs. 6)

In Absatz 6 ist vereinbart worden, dass die besonderen Vorschriften für befristete Arbeitsverträge für Führungspositionen auf Probe (§ 31) bzw. auf Zeit (§ 32) nicht von den Regelungen/Einschränkungen der Absätze 3 bis 5 erfasst werden.

Anhang 1

Gesetz über Teilzeitarbeit und befristete Arbeitsverträge (Teilzeit- und Befristungsgesetz – TzBfG)

Vom 21. Dezember 2000 (BGBl. I S. 1966)

Zuletzt geändert durch
Gesetz zur Umsetzung der Richtlinie (EU) 2019/1152 des Europäischen Parlaments und des Rates vom 20. Juni 2019 über transparente und vorhersehbare Arbeitsbedingungen in der Europäischen Union im Bereich des Zivilrechts und zur Übertragung von Aufgaben an die Sozialversicherung für Landwirtschaft, Forsten und Gartenbau
vom 20. Juli 2022 (BGBl. I S. 1174)

Erster Abschnitt
Allgemeine Vorschriften

§ 1 Zielsetzung

Ziel des Gesetzes ist, Teilzeitarbeit zu fördern, die Voraussetzungen für die Zulässigkeit befristeter Arbeitsverträge festzulegen und die Diskriminierung von teilzeitbeschäftigten und befristet beschäftigten Arbeitnehmern zu verhindern.

§ 2 Begriff des teilzeitbeschäftigten Arbeitnehmers

(1) [1]Teilzeitbeschäftigt ist ein Arbeitnehmer, dessen regelmäßige Wochenarbeitszeit kürzer ist als die eines vergleichbaren vollzeitbeschäftigten Arbeitnehmers. [2]Ist eine regelmäßige Wochenarbeitszeit nicht vereinbart, so ist ein Arbeitnehmer teilzeitbeschäftigt, wenn seine regelmäßige Arbeitszeit im Durchschnitt eines bis zu einem Jahr reichenden Beschäftigungszeitraums unter der eines vergleichbaren vollzeitbeschäftigten Arbeitnehmers liegt. [3]Vergleichbar ist ein vollzeitbeschäftigter Arbeitnehmer des Betriebes mit derselben Art des Arbeitsverhältnisses und der gleichen oder einer ähnlichen Tätigkeit. [4]Gibt es im Betrieb keinen vergleichbaren vollzeitbeschäftigten Arbeitnehmer, so ist der vergleichbare vollzeitbeschäftigte Arbeitnehmer auf Grund des anwendbaren Tarifvertrages zu bestimmen; in allen anderen Fällen ist darauf abzustellen, wer im jeweiligen Wirtschaftszweig üblicherweise als vergleichbarer vollzeitbeschäftigter Arbeitnehmer anzusehen ist.

(2) Teilzeitbeschäftigt ist auch ein Arbeitnehmer, der eine geringfügige Beschäftigung nach § 8 Abs. 1 Nr. 1 des Vierten Buches Sozialgesetzbuch ausübt.

§ 3 Begriff des befristet beschäftigten Arbeitnehmers

(1) [1]Befristet beschäftigt ist ein Arbeitnehmer mit einem auf bestimmte Zeit geschlossenen Arbeitsvertrag. [2]Ein auf bestimmte Zeit geschlossener Arbeitsvertrag (befristeter Arbeitsvertrag) liegt vor, wenn seine Dauer kalendermäßig bestimmt ist (kalendermäßig befristeter Arbeitsvertrag) oder sich aus Art, Zweck oder Beschaffenheit der Arbeitsleistung ergibt (zweckbefristeter Arbeitsvertrag).

(2) [1]Vergleichbar ist ein unbefristet beschäftigter Arbeitnehmer des Betriebes mit der gleichen oder einer ähnlichen Tätigkeit. [2]Gibt es im Betrieb keinen vergleichbaren unbefristet beschäftigten Arbeitnehmer, so ist der vergleichbare unbefristet beschäftigte Arbeitnehmer auf Grund des anwendbaren Tarifvertrages zu bestimmen; in allen anderen Fällen ist darauf abzustellen, wer im jeweiligen Wirtschaftszweig üblicherweise als vergleichbarer unbefristet beschäftigter Arbeitnehmer anzusehen ist.

§ 4 Verbot der Diskriminierung

(1) [1]Ein teilzeitbeschäftigter Arbeitnehmer darf wegen der Teilzeitarbeit nicht schlechter behandelt werden als ein vergleichbarer vollzeitbeschäftigter Arbeitnehmer, es sei denn, dass sachliche Gründe eine unterschiedliche Behandlung rechtfertigen. [2]Einem teilzeitbeschäftigten Arbeitnehmer ist Arbeitsentgelt oder eine andere teilbare geldwerte Leistung mindestens in dem Umfang zu gewähren, der dem Anteil seiner Arbeitszeit an der Arbeitszeit eines vergleichbaren vollzeitbeschäftigten Arbeitnehmers entspricht.

(2) [1]Ein befristet beschäftigter Arbeitnehmer darf wegen der Befristung des Arbeitsvertrages nicht schlechter behandelt werden als ein vergleichbarer unbefristet beschäftigter Arbeitnehmer, es sei denn, dass sachliche Gründe eine unterschiedliche Behandlung rechtfertigen. [2]Einem befristet beschäftigten Arbeitnehmer ist Arbeitsentgelt oder eine andere teilbare geldwerte Leistung, die für einen bestimmten Bemessungszeitraum gewährt wird, mindestens in dem Umfang zu gewähren, der dem Anteil seiner Beschäftigungsdauer am Bemessungszeitraum entspricht. [3]Sind bestimmte Beschäftigungsbedingungen von der Dauer des Bestehens des Arbeitsverhältnisses in demselben Betrieb oder Unternehmen abhängig, so sind für befristet beschäftigte Arbeitnehmer dieselben Zeiten zu berücksichtigen wie für unbefristet beschäftigte Arbeitnehmer, es sei denn, dass eine

unterschiedliche Berücksichtigung aus sachlichen Gründen gerechtfertigt ist.

§ 5 Benachteiligungsverbot

II

Der Arbeitgeber darf einen Arbeitnehmer nicht wegen der Inanspruchnahme von Rechten nach diesem Gesetz benachteiligen.

Zweiter Abschnitt
Teilzeitarbeit

§ 6 Förderung von Teilzeitarbeit

Der Arbeitgeber hat den Arbeitnehmern, auch in leitenden Positionen, Teilzeitarbeit nach Maßgabe dieses Gesetzes zu ermöglichen.

§ 7 Ausschreibung; Erörterung; Information über freie Arbeitsplätze

(1) Der Arbeitgeber hat einen Arbeitsplatz, den er öffentlich oder innerhalb des Betriebes ausschreibt, auch als Teilzeitarbeitsplatz auszuschreiben, wenn sich der Arbeitsplatz hierfür eignet.

(2) [1]Der Arbeitgeber hat mit dem Arbeitnehmer dessen Wunsch nach Veränderung von Dauer oder Lage oder von Dauer und Lage seiner vertraglich vereinbarten Arbeitszeit zu erörtern und den Arbeitnehmer über entsprechende Arbeitsplätze zu informieren, die im Betrieb oder Unternehmen besetzt werden sollen. [2]Dies gilt unabhängig vom Umfang der Arbeitszeit. [3]Der Arbeitnehmer kann ein Mitglied der Arbeitnehmervertretung zur Unterstützung oder Vermittlung hinzuziehen.

(3) [1]Der Arbeitgeber hat einem Arbeitnehmer, dessen Arbeitsverhältnis länger als sechs Monate bestanden und der ihm in Textform den Wunsch nach Absatz 2 Satz 1 angezeigt hat, innerhalb eines Monats nach Zugang der Anzeige eine begründete Antwort in Textform mitzuteilen. [2]Hat der Arbeitgeber in den letzten zwölf Monaten vor Zugang der Anzeige bereits einmal einen in Textform geäußerten Wunsch nach Absatz 2 Satz 1 in Textform begründet beantwortet, ist eine mündliche Erörterung nach Absatz 2 ausreichend.

(4) [1]Der Arbeitgeber hat die Arbeitnehmervertretung über angezeigte Arbeitszeitwünsche nach Absatz 2 sowie über Teilzeitarbeit im Betrieb und Unternehmen zu informieren, insbesondere über vorhandene oder geplante Teilzeitarbeitsplätze und über die Umwandlung von Teilzeitarbeitsplätzen in Vollzeitarbeitsplätze oder umgekehrt. [2]Der Arbeitnehmervertretung sind auf Verlangen die erforderlichen Unter-

lagen zur Verfügung zu stellen; § 92 des Betriebsverfassungsgesetzes bleibt unberührt.

§ 8 Zeitlich nicht begrenzte Verringerung der Arbeitszeit

(1) Ein Arbeitnehmer, dessen Arbeitsverhältnis länger als sechs Monate bestanden hat, kann verlangen, dass seine vertraglich vereinbarte Arbeitszeit verringert wird.

(2) [1]Der Arbeitnehmer muss die Verringerung seiner Arbeitszeit und den Umfang der Verringerung spätestens drei Monate vor deren Beginn in Textform geltend machen. [2]Er soll dabei die gewünschte Verteilung der Arbeitszeit angeben.

(3) [1]Der Arbeitgeber hat mit dem Arbeitnehmer die gewünschte Verringerung der Arbeitszeit mit dem Ziel zu erörtern, zu einer Vereinbarung zu gelangen. [2]Er hat mit dem Arbeitnehmer Einvernehmen über die von ihm festzulegende Verteilung der Arbeitszeit zu erzielen.

(4) [1]Der Arbeitgeber hat der Verringerung der Arbeitszeit zuzustimmen und ihre Verteilung entsprechend den Wünschen des Arbeitnehmers festzulegen, soweit betriebliche Gründe nicht entgegenstehen. [2]Ein betrieblicher Grund liegt insbesondere vor, wenn die Verringerung der Arbeitszeit die Organisation, den Arbeitsablauf oder die Sicherheit im Betrieb wesentlich beeinträchtigt oder unverhältnismäßige Kosten verursacht. [3]Die Ablehnungsgründe können durch Tarifvertrag festgelegt werden. [4]Im Geltungsbereich eines solchen Tarifvertrages können nicht tarifgebundene Arbeitgeber und Arbeitnehmer die Anwendung der tariflichen Regelungen über die Ablehnungsgründe vereinbaren.

(5) [1]Die Entscheidung über die Verringerung der Arbeitszeit und ihre Verteilung hat der Arbeitgeber dem Arbeitnehmer spätestens einen Monat vor dem gewünschten Beginn der Verringerung in Textform mitzuteilen. [2]Haben sich Arbeitgeber und Arbeitnehmer nicht nach Absatz 3 Satz 1 über die Verringerung der Arbeitszeit geeinigt und hat der Arbeitgeber die Arbeitszeitverringerung nicht spätestens einen Monat vor deren gewünschtem Beginn in Textform abgelehnt, verringert sich die Arbeitszeit in dem vom Arbeitnehmer gewünschten Umfang. [3]Haben Arbeitgeber und Arbeitnehmer über die Verteilung der Arbeitszeit kein Einvernehmen nach Absatz 3 Satz 2 erzielt und hat der Arbeitgeber nicht spätestens einen Monat vor dem gewünschten Beginn der Arbeitszeitverringerung die gewünschte Verteilung der Arbeitszeit in Textform abgelehnt, gilt die Verteilung der Arbeitszeit entsprechend den Wünschen des Arbeitnehmers als festgelegt. [4]Der Arbeitgeber kann die nach Satz 3 oder Absatz 3 Satz 2 festgelegte Verteilung der Arbeitszeit wieder ändern, wenn das betriebliche Interesse

daran das Interesse des Arbeitnehmers an der Beibehaltung erheblich überwiegt und der Arbeitgeber die Änderung spätestens einen Monat vorher angekündigt hat.

(6) Der Arbeitnehmer kann eine erneute Verringerung der Arbeitszeit frühestens nach Ablauf von zwei Jahren verlangen, nachdem der Arbeitgeber einer Verringerung zugestimmt oder sie berechtigt abgelehnt hat.

(7) Für den Anspruch auf Verringerung der Arbeitszeit gilt die Voraussetzung, dass der Arbeitgeber, unabhängig von der Anzahl der Personen in Berufsbildung, in der Regel mehr als 15 Arbeitnehmer beschäftigt.

§ 9 Verlängerung der Arbeitszeit

Der Arbeitgeber hat einen teilzeitbeschäftigten Arbeitnehmer, der ihm in Textform den Wunsch nach einer Verlängerung seiner vertraglich vereinbarten Arbeitszeit angezeigt hat, bei der Besetzung eines Arbeitsplatzes bevorzugt zu berücksichtigen, es sei denn, dass

1. es sich dabei nicht um einen entsprechenden freien Arbeitsplatz handelt oder
2. der teilzeitbeschäftigte Arbeitnehmer nicht mindestens gleich geeignet ist wie ein anderer vom Arbeitgeber bevorzugter Bewerber oder
3. Arbeitszeitwünsche anderer teilzeitbeschäftigter Arbeitnehmer oder
4. dringende betriebliche Gründe entgegenstehen.

Ein freier zu besetzender Arbeitsplatz liegt vor, wenn der Arbeitgeber die Organisationsentscheidung getroffen hat, diesen zu schaffen oder einen unbesetzten Arbeitsplatz neu zu besetzen.

§ 9a Zeitlich begrenzte Verringerung der Arbeitszeit

(1) [1]Ein Arbeitnehmer, dessen Arbeitsverhältnis länger als sechs Monate bestanden hat, kann verlangen, dass seine vertraglich vereinbarte Arbeitszeit für einen im Voraus zu bestimmenden Zeitraum verringert wird. [2]Der begehrte Zeitraum muss mindestens ein Jahr und darf höchstens fünf Jahre betragen. [3]Der Arbeitnehmer hat nur dann einen Anspruch auf zeitlich begrenzte Verringerung der Arbeitszeit, wenn der Arbeitgeber in der Regel mehr als 45 Arbeitnehmer beschäftigt.

(2) [1]Der Arbeitgeber kann das Verlangen des Arbeitnehmers nach Verringerung der Arbeitszeit ablehnen, soweit betriebliche Gründe entgegenstehen; § 8 Absatz 4 gilt entsprechend. [2]Ein Arbeitgeber,

der in der Regel mehr als 45, aber nicht mehr als 200 Arbeitnehmer beschäftigt, kann das Verlangen eines Arbeitnehmers auch ablehnen, wenn zum Zeitpunkt des begehrten Beginns der verringerten Arbeitszeit bei einer Arbeitnehmerzahl von in der Regel

1. mehr als 45 bis 60 bereits mindestens vier,
2. mehr als 60 bis 75 bereits mindestens fünf,
3. mehr als 75 bis 90 bereits mindestens sechs,
4. mehr als 90 bis 105 bereits mindestens sieben,
5. mehr als 105 bis 120 bereits mindestens acht,
6. mehr als 120 bis 135 bereits mindestens neun,
7. mehr als 135 bis 150 bereits mindestens zehn,
8. mehr als 150 bis 165 bereits mindestens elf,
9. mehr als 165 bis 180 bereits mindestens zwölf,
10. mehr als 180 bis 195 bereits mindestens 13,
11. mehr als 195 bis 200 bereits mindestens 14

andere Arbeitnehmer ihre Arbeitszeit nach Absatz 1 verringert haben.

(3) [1]Im Übrigen gilt für den Umfang der Verringerung der Arbeitszeit und für die gewünschte Verteilung der Arbeitszeit § 8 Absatz 2 bis 5. [2]Für den begehrten Zeitraum der Verringerung der Arbeitszeit sind § 8 Absatz 2 Satz 1, Absatz 3 Satz 1, Absatz 4 sowie Absatz 5 Satz 1 und 2 entsprechend anzuwenden.

(4) Während der Dauer der zeitlich begrenzten Verringerung der Arbeitszeit kann der Arbeitnehmer keine weitere Verringerung und keine Verlängerung seiner Arbeitszeit nach diesem Gesetz verlangen; § 9 findet keine Anwendung.

(5) [1]Ein Arbeitnehmer, der nach einer zeitlich begrenzten Verringerung der Arbeitszeit nach Absatz 1 zu seiner ursprünglichen vertraglich vereinbarten Arbeitszeit zurückgekehrt ist, kann eine erneute Verringerung der Arbeitszeit nach diesem Gesetz frühestens ein Jahr nach der Rückkehr zur ursprünglichen Arbeitszeit verlangen. [2]Für einen erneuten Antrag auf Verringerung der Arbeitszeit nach berechtigter Ablehnung auf Grund entgegenstehender betrieblicher Gründe nach Absatz 2 Satz 1 gilt § 8 Absatz 6 entsprechend. [3]Nach berechtigter Ablehnung auf Grund der Zumutbarkeitsregelung nach Absatz 2 Satz 2 kann der Arbeitnehmer frühestens nach Ablauf von einem Jahr nach der Ablehnung erneut eine Verringerung der Arbeitszeit verlangen.

(6) Durch Tarifvertrag kann der Rahmen für den Zeitraum der Arbeitszeitverringerung abweichend von Absatz 1 Satz 2 auch zuungunsten des Arbeitnehmers festgelegt werden.

(7) Bei der Anzahl der Arbeitnehmer nach Absatz 1 Satz 3 und Absatz 2 sind Personen in Berufsbildung nicht zu berücksichtigen.

II

§ 10 Aus- und Weiterbildung

Der Arbeitgeber hat Sorge zu tragen, dass auch teilzeitbeschäftigte Arbeitnehmer an Aus- und Weiterbildungsmaßnahmen zur Förderung der beruflichen Entwicklung und Mobilität teilnehmen können, es sei denn, dass dringende betriebliche Gründe oder Aus- und Weiterbildungswünsche anderer teilzeit- oder vollzeitbeschäftigter Arbeitnehmer entgegenstehen.

§ 11 Kündigungsverbot

[1]Die Kündigung eines Arbeitsverhältnisses wegen der Weigerung eines Arbeitnehmers, von einem Vollzeit- in ein Teilzeitarbeitsverhältnis oder umgekehrt zu wechseln, ist unwirksam. [2]Das Recht zur Kündigung des Arbeitsverhältnisses aus anderen Gründen bleibt unberührt.

§ 12 Arbeit auf Abruf

(1) [1]Arbeitgeber und Arbeitnehmer können vereinbaren, dass der Arbeitnehmer seine Arbeitsleistung entsprechend dem Arbeitsanfall zu erbringen hat (Arbeit auf Abruf). [2]Die Vereinbarung muss eine bestimmte Dauer der wöchentlichen und täglichen Arbeitszeit festlegen. [3]Wenn die Dauer der wöchentlichen Arbeitszeit nicht festgelegt ist, gilt eine Arbeitszeit von 20 Stunden als vereinbart. [4]Wenn die Dauer der täglichen Arbeitszeit nicht festgelegt ist, hat der Arbeitgeber die Arbeitsleistung des Arbeitnehmers jeweils für mindestens drei aufeinander folgende Stunden in Anspruch zu nehmen.

(2) Ist für die Dauer der wöchentlichen Arbeitszeit nach Absatz 1 Satz 2 eine Mindestarbeitszeit vereinbart, darf der Arbeitgeber nur bis zu 25 Prozent der wöchentlichen Arbeitszeit zusätzlich abrufen. Ist für die Dauer der wöchentlichen Arbeitszeit nach Absatz 1 Satz 2 eine Höchstarbeitszeit vereinbart, darf der Arbeitgeber nur bis zu 20 Prozent der wöchentlichen Arbeitszeit weniger abrufen.

(3) [1]Der Arbeitgeber ist verpflichtet, den Zeitrahmen, bestimmt durch Referenzstunden und Referenztage, festzulegen, in dem auf seine Aufforderung hin Arbeit stattfinden kann. [2]Der Arbeitnehmer ist nur zur Arbeitsleistung verpflichtet, wenn der Arbeitgeber ihm die Lage seiner Arbeitszeit jeweils mindestens vier Tage im Voraus mitteilt und die Arbeitsleistung im Zeitrahmen nach Satz 1 zu erfolgen hat.

(4) [1]Zur Berechnung der Entgeltfortzahlung im Krankheitsfall ist die maßgebende regelmäßige Arbeitszeit im Sinne von § 4 Absatz 1 des Entgeltfortzahlungsgesetzes die durchschnittliche Arbeitszeit der

letzten drei Monate vor Beginn der Arbeitsunfähigkeit (Referenzzeitraum). [2]Hat das Arbeitsverhältnis bei Beginn der Arbeitsunfähigkeit keine drei Monate bestanden, ist der Berechnung des Entgeltfortzahlungsanspruchs die durchschnittliche Arbeitszeit dieses kürzeren Zeitraums zugrunde zu legen. [3]Zeiten von Kurzarbeit, unverschuldeter Arbeitsversäumnis, Arbeitsausfällen und Urlaub im Referenzzeitraum bleiben außer Betracht. [4]Für den Arbeitnehmer günstigere Regelungen zur Berechnung der Entgeltfortzahlung im Krankheitsfall finden Anwendung.

(5) Für die Berechnung der Entgeltzahlung an Feiertagen nach § 2 Absatz 1 des Entgeltfortzahlungsgesetzes gilt Absatz 4 entsprechend.

(6) [1]Durch Tarifvertrag kann von Absatz 1 und von der Vorankündigungsfrist nach Absatz 3 Satz 2 auch zuungunsten des Arbeitnehmers abgewichen werden, wenn der Tarifvertrag Regelungen über die tägliche und wöchentliche Arbeitszeit und die Vorankündigungsfrist vorsieht. [2]Im Geltungsbereich eines solchen Tarifvertrages können nicht tarifgebundene Arbeitgeber und Arbeitnehmer die Anwendung der tariflichen Regelungen über die Arbeit auf Abruf vereinbaren.

§ 13 Arbeitsplatzteilung

(1) [1]Arbeitgeber und Arbeitnehmer können vereinbaren, dass mehrere Arbeitnehmer sich die Arbeitszeit an einem Arbeitsplatz teilen (Arbeitsplatzteilung). [2]Ist einer dieser Arbeitnehmer an der Arbeitsleistung verhindert, sind die anderen Arbeitnehmer zur Vertretung verpflichtet, wenn sie der Vertretung im Einzelfall zugestimmt haben. [3]Eine Pflicht zur Vertretung besteht auch, wenn der Arbeitsvertrag bei Vorliegen dringender betrieblicher Gründe eine Vertretung vorsieht und diese im Einzelfall zumutbar ist.

(2) [1]Scheidet ein Arbeitnehmer aus der Arbeitsplatzteilung aus, so ist die darauf gestützte Kündigung des Arbeitsverhältnisses eines anderen in die Arbeitsplatzteilung einbezogenen Arbeitnehmers durch den Arbeitgeber unwirksam. [2]Das Recht zur Änderungskündigung aus diesem Anlass und zur Kündigung des Arbeitsverhältnisses aus anderen Gründen bleibt unberührt.

(3) Die Absätze 1 und 2 sind entsprechend anzuwenden, wenn sich Gruppen von Arbeitnehmern auf bestimmten Arbeitsplätzen in festgelegten Zeitabschnitten abwechseln, ohne dass eine Arbeitsplatzteilung im Sinne des Absatzes 1 vorliegt.

(4) [1]Durch Tarifvertrag kann von den Absätzen 1 und 3 auch zuungunsten des Arbeitnehmers abgewichen werden, wenn der Tarifvertrag Regelungen über die Vertretung der Arbeitnehmer enthält. [2]Im

Geltungsbereich eines solchen Tarifvertrages können nicht tarifgebundene Arbeitgeber und Arbeitnehmer die Anwendung der tariflichen Regelungen über die Arbeitsplatzteilung vereinbaren.

II

Dritter Abschnitt
Befristete Arbeitsverträge

§ 14 Zulässigkeit der Befristung

(1) [1]Die Befristung eines Arbeitsvertrages ist zulässig, wenn sie durch einen sachlichen Grund gerechtfertigt ist. [2]Ein sachlicher Grund liegt insbesondere vor, wenn

1. der betriebliche Bedarf an der Arbeitsleistung nur vorübergehend besteht,
2. die Befristung im Anschluss an eine Ausbildung oder ein Studium erfolgt, um den Übergang des Arbeitnehmers in eine Anschlussbeschäftigung zu erleichtern,
3. der Arbeitnehmer zur Vertretung eines anderen Arbeitnehmers beschäftigt wird,
4. die Eigenart der Arbeitsleistung die Befristung rechtfertigt,
5. die Befristung zur Erprobung erfolgt,
6. in der Person des Arbeitnehmers liegende Gründe die Befristung rechtfertigen,
7. der Arbeitnehmer aus Haushaltsmitteln vergütet wird, die haushaltsrechtlich für eine befristete Beschäftigung bestimmt sind, und er entsprechend beschäftigt wird oder
8. die Befristung auf einem gerichtlichen Vergleich beruht.

(2) [1]Die kalendermäßige Befristung eines Arbeitsvertrages ohne Vorliegen eines sachlichen Grundes ist bis zur Dauer von zwei Jahren zulässig; bis zu dieser Gesamtdauer von zwei Jahren ist auch die höchstens dreimalige Verlängerung eines kalendermäßig befristeten Arbeitsvertrages zulässig. [2]Eine Befristung nach Satz 1 ist nicht zulässig, wenn mit demselben Arbeitgeber bereits zuvor ein befristetes oder unbefristetes Arbeitsverhältnis bestanden hat. [3]Durch Tarifvertrag kann die Anzahl der Verlängerungen oder die Höchstdauer der Befristung abweichend von Satz 1 festgelegt werden. [4]Im Geltungsbereich eines solchen Tarifvertrages können nicht tarifgebundene Arbeitgeber und Arbeitnehmer die Anwendung der tariflichen Regelungen vereinbaren.

(2a) [1]In den ersten vier Jahren nach der Gründung eines Unternehmens ist die kalendermäßige Befristung eines Arbeitsvertrages ohne Vorliegen eines sachlichen Grundes bis zur Dauer von vier Jahren zulässig; bis zu dieser Gesamtdauer von vier Jahren ist auch die mehrfache Verlängerung eines kalendermäßig befristeten Arbeitsvertrages zulässig. [2]Dies gilt nicht für Neugründungen im Zusammenhang mit der rechtlichen Umstrukturierung von Unternehmen und Konzernen. [3]Maßgebend für den Zeitpunkt der Gründung des Unternehmens ist die Aufnahme einer Erwerbstätigkeit, die nach § 138 der Abgabenordnung der Gemeinde oder dem Finanzamt mitzuteilen ist. [4]Auf die Befristung eines Arbeitsvertrages nach Satz 1 findet Absatz 2 Satz 2 bis 4 entsprechende Anwendung.

(3) [1]Die kalendermäßige Befristung eines Arbeitsvertrages ohne Vorliegen eines sachlichen Grundes ist bis zu einer Dauer von fünf Jahren zulässig, wenn der Arbeitnehmer bei Beginn des befristeten Arbeitsverhältnisses das 52. Lebensjahr vollendet hat und unmittelbar vor Beginn des befristeten Arbeitsverhältnisses mindestens vier Monate beschäftigungslos im Sinne des § 138 Absatz 1 Nummer 1 des Dritten Buches Sozialgesetzbuch gewesen ist, Transferkurzarbeitergeld bezogen oder an einer öffentlich geförderten Beschäftigungsmaßnahme nach dem Zweiten oder Dritten Buch Sozialgesetzbuch teilgenommen hat. [2]Bis zu der Gesamtdauer von fünf Jahren ist auch die mehrfache Verlängerung des Arbeitsvertrages zulässig.

(4) Die Befristung eines Arbeitsvertrages bedarf zu ihrer Wirksamkeit der Schriftform.

Entscheidung des Bundesverfassungsgerichts
vom 6. Juni 2018 (BGBl. I S. 882)

Aus dem Beschluss des Bundesverfassungsgerichts vom 6. Juni 2018 – 1 BvL 7/14, 1 BvR 1375/14 – wird die folgende Entscheidungsformel veröffentlicht:

§ 14 Absatz 2 Satz 2 des Gesetzes über Teilzeitarbeit und befristete Arbeitsverträge (TzBfG) vom 21. Dezember 2000 (Bundesgesetzblatt I Seite 1966), zuletzt geändert durch Gesetz vom 20. Dezember 2011 (Bundesgesetzblatt I S. 2854), ist nach Maßgabe der Gründe mit dem Grundgesetz vereinbar.

Die vorstehende Entscheidungsformel hat gemäß § 31 Absatz 2 des Bundesverfassungsgerichtsgesetzes Gesetzeskraft.

§ 15 Ende des befristeten Arbeitsvertrages

(1) Ein kalendermäßig befristeter Arbeitsvertrag endet mit Ablauf der vereinbarten Zeit.

(2) Ein zweckbefristeter Arbeitsvertrag endet mit Erreichen des Zwecks, frühestens jedoch zwei Wochen nach Zugang der schriftlichen Unterrichtung des Arbeitnehmers durch den Arbeitgeber über den Zeitpunkt der Zweckerreichung.

(3) Wird für ein befristetes Arbeitsverhältnis eine Probezeit vereinbart, so muss diese im Verhältnis zu der erwarteten Dauer der Befristung und der Art der Tätigkeit stehen.

(4) Ein befristetes Arbeitsverhältnis unterliegt nur dann der ordentlichen Kündigung, wenn dies einzelvertraglich oder im anwendbaren Tarifvertrag vereinbart ist.

(5) [1]Ist das Arbeitsverhältnis für die Lebenszeit einer Person oder für längere Zeit als fünf Jahre eingegangen, so kann es von dem Arbeitnehmer nach Ablauf von fünf Jahren gekündigt werden. [2]Die Kündigungsfrist beträgt sechs Monate.

(6) Wird das Arbeitsverhältnis nach Ablauf der Zeit, für die es eingegangen ist, oder nach Zweckerreichung mit Wissen des Arbeitgebers fortgesetzt, so gilt es als auf unbestimmte Zeit verlängert, wenn der Arbeitgeber nicht unverzüglich widerspricht oder dem Arbeitnehmer die Zweckerreichung nicht unverzüglich mitteilt.

§ 16 Folgen unwirksamer Befristung

[1]Ist die Befristung rechtsunwirksam, so gilt der befristete Arbeitsvertrag als auf unbestimmte Zeit geschlossen; er kann vom Arbeitgeber frühestens zum vereinbarten Ende ordentlich gekündigt werden, sofern nicht nach § 15 Absatz 4 die ordentliche Kündigung zu einem früheren Zeitpunkt möglich ist. [2]Ist die Befristung nur wegen des Mangels der Schriftform unwirksam, kann der Arbeitsvertrag auch vor dem vereinbarten Ende ordentlich gekündigt werden.

§ 17 Anrufung des Arbeitsgerichts

[1]Will der Arbeitnehmer geltend machen, dass die Befristung eines Arbeitsvertrages rechtsunwirksam ist, so muss er innerhalb von drei Wochen nach dem vereinbarten Ende des befristeten Arbeitsvertrages Klage beim Arbeitsgericht auf Feststellung erheben, dass das Arbeitsverhältnis auf Grund der Befristung nicht beendet ist. [2]Die §§ 5 bis 7 des Kündigungsschutzgesetzes gelten entsprechend. [3]Wird das Arbeitsverhältnis nach dem vereinbarten Ende fortgesetzt, so beginnt die Frist nach Satz 1 mit dem Zugang der schriftlichen Erklärung des Arbeitgebers, dass das Arbeitsverhältnis auf Grund der Befristung beendet sei.

§ 18 Information über unbefristete Arbeitsplätze

(1) [1]Der Arbeitgeber hat die befristet beschäftigten Arbeitnehmer über entsprechende unbefristete Arbeitsplätze zu informieren, die besetzt werden sollen. [2]Die Information kann durch allgemeine

Bekanntgabe an geeigneter, den Arbeitnehmern zugänglicher Stelle im Betrieb und Unternehmen erfolgen.

(2) [1]Der Arbeitgeber hat einem Arbeitnehmer, dessen Arbeitsverhältnis länger als sechs Monate bestanden und der ihm in Textform den Wunsch nach einem auf unbestimmte Zeit geschlossenen Arbeitsvertrag angezeigt hat, innerhalb eines Monats nach Zugang der Anzeige eine begründete Antwort in Textform mitzuteilen. [2]Satz 1 gilt nicht, sofern der Arbeitnehmer dem Arbeitgeber diesen Wunsch in den letzten zwölf Monaten vor Zugang der Anzeige bereits einmal angezeigt hat.

§ 19 Aus- und Weiterbildung

Der Arbeitgeber hat Sorge zu tragen, dass auch befristet beschäftigte Arbeitnehmer an angemessenen Aus- und Weiterbildungsmaßnahmen zur Förderung der beruflichen Entwicklung und Mobilität teilnehmen können, es sei denn, dass dringende betriebliche Gründe oder Aus- und Weiterbildungswünsche anderer Arbeitnehmer entgegenstehen.

§ 20 Information der Arbeitnehmervertretung

Der Arbeitgeber hat die Arbeitnehmervertretung über die Anzahl der befristetet beschäftigten Arbeitnehmer und ihren Anteil an der Gesamtbelegschaft des Betriebes und des Unternehmens zu informieren.

§ 21 Auflösend bedingte Arbeitsverträge

Wird der Arbeitsvertrag unter einer auflösenden Bedingung geschlossen, gelten § 4 Absatz 2, § 5, § 14 Absatz 1 und 4, § 15 Absatz 2, 4 und 6 sowie die §§ 16 bis 20 entsprechend.

Vierter Abschnitt
Gemeinsame Vorschriften

§ 22 Abweichende Vereinbarungen

(1) Außer in den Fällen des § 9a Absatz 6, § 12 Absatz 6, § 13 Absatz 4 und § 14 Absatz 2 Satz 3 und 4 kann von den Vorschriften dieses Gesetzes nicht zuungunsten des Arbeitnehmers abgewichen werden.

(2) Enthält ein Tarifvertrag für den öffentlichen Dienst Bestimmungen im Sinne des § 8 Absatz 4 Satz 3 und 4, auch in Verbindung mit § 9a Absatz 2, des § 9a Absatz 6, § 12 Absatz 6, § 13 Absatz 4, § 14 Absatz 2 Satz 3 und 4 oder § 15 Absatz 4, so gelten diese Bestimmungen auch zwischen nicht tarifgebundenen Arbeitgebern und Arbeitnehmern

außerhalb des öffentlichen Dienstes, wenn die Anwendung der für den öffentlichen Dienst geltenden tarifvertraglichen Bestimmungen zwischen ihnen vereinbart ist und die Arbeitgeber die Kosten des Betriebes überwiegend mit Zuwendungen im Sinne des Haushaltsrechts decken.

II

§ 23 Besondere gesetzliche Regelungen

Besondere Regelungen über Teilzeitarbeit und über die Befristung von Arbeitsverträgen nach anderen gesetzlichen Vorschriften bleiben unberührt.

Anhang 2

Gesetz über befristete Arbeitsverträge in der Wissenschaft (Wissenschaftszeitvertragsgesetz – WissZeitVG)[1])

Vom 12. April 2007 (BGBl. I S. 506)

Zuletzt geändert durch
Wissenschafts- und Studierendenunterstützungsgesetz
vom 25. Mai 2020 (BGBl. I S. 1073)

II

§ 1 Befristung von Arbeitsverträgen

(1) Für den Abschluss von Arbeitsverträgen für eine bestimmte Zeit (befristete Arbeitsverträge) mit wissenschaftlichem und künstlerischem Personal mit Ausnahme der Hochschullehrerinnen und Hochschullehrer an Einrichtungen des Bildungswesens, die nach Landesrecht staatliche Hochschulen sind, gelten die §§ 2, 3 und 6. Von diesen Vorschriften kann durch Vereinbarung nicht abgewichen werden. Durch Tarifvertrag kann für bestimmte Fachrichtungen und Forschungsbereiche von den in § 2 Abs. 1 vorgesehenen Fristen abgewichen und die Anzahl der zulässigen Verlängerungen befristeter Arbeitsverträge festgelegt werden. Im Geltungsbereich eines solchen Tarifvertrages können nicht tarifgebundene Vertragsparteien die Anwendung der tariflichen Regelungen vereinbaren. Die arbeitsrechtlichen Vorschriften und Grundsätze über befristete Arbeitsverträge und deren Kündigung sind anzuwenden, soweit sie den Vorschriften der §§ 2 bis 6 nicht widersprechen.

(2) Unberührt bleibt das Recht der Hochschulen, das in Absatz 1 Satz 1 bezeichnete Personal auch in unbefristeten oder nach Maßgabe des Teilzeit- und Befristungsgesetzes befristeten Arbeitsverhältnissen zu beschäftigen.

§ 2 Befristungsdauer; Befristung wegen Drittmittelfinanzierung

(1) Die Befristung von Arbeitsverträgen des in § 1 Absatz 1 Satz 1 genannten Personals, das nicht promoviert ist, ist bis zu einer Dauer von sechs Jahren zulässig, wenn die befristete Beschäftigung zur För-

---

1) **Hinweis des Bearbeiters:**
Das Wissenschaftszeitvertragsgesetz, das als Artikel 1 des Gesetzes zur Änderung arbeitsrechtlicher Vorschriften in der Wissenschaft bekannt gegeben worden ist, trifft eigenständige Regelungen über die Befristung von Arbeitsverhältnissen im Hochschulbereich. Die bisherigen Regelungen in den §§ 57a bis 57f des Hochschulrahmengesetzes sind zeitgleich aufgehoben worden.

derung der eigenen wissenschaftlichen oder künstlerischen Qualifizierung erfolgt. Nach abgeschlossener Promotion ist eine Befristung bis zu einer Dauer von sechs Jahren, im Bereich der Medizin bis zu einer Dauer von neun Jahren, zulässig, wenn die befristete Beschäftigung zur Förderung der eigenen wissenschaftlichen oder künstlerischen Qualifizierung erfolgt; die zulässige Befristungsdauer verlängert sich in dem Umfang, in dem Zeiten einer befristeten Beschäftigung nach Satz 1 und Promotionszeiten ohne Beschäftigung nach Satz 1 zusammen weniger als sechs Jahre betragen haben. Die vereinbarte Befristungsdauer ist jeweils so zu bemessen, dass sie der angestrebten Qualifizierung angemessen ist. Die nach den Sätzen 1 und 2 insgesamt zulässige Befristungsdauer verlängert sich bei Betreuung eines oder mehrerer Kinder unter 18 Jahren um zwei Jahre je Kind. Satz 4 gilt auch, wenn hinsichtlich des Kindes die Voraussetzungen des § 15 Absatz 1 Satz 1 des Bundeselterngeld- und Elternzeitgesetzes vorliegen. Die nach den Sätzen 1 und 2 insgesamt zulässige Befristungsdauer verlängert sich bei Vorliegen einer Behinderung nach § 2 Absatz 1 des Neunten Buches Sozialgesetzbuch oder einer schwerwiegenden chronischen Erkrankung um zwei Jahre. Innerhalb der jeweils zulässigen Befristungsdauer sind auch Verlängerungen eines befristeten Arbeitsvertrages möglich.

(2) Die Befristung von Arbeitsverträgen des in § 1 Abs. 1 Satz 1 genannten Personals ist auch zulässig, wenn die Beschäftigung überwiegend aus Mitteln Dritter finanziert wird, die Finanzierung für eine bestimmte Aufgabe und Zeitdauer bewilligt ist und die Mitarbeiterin oder der Mitarbeiter überwiegend der Zweckbestimmung dieser Mittel entsprechend beschäftigt wird; die vereinbarte Befristungsdauer soll dem bewilligten Projektzeitraum entsprechen.

(3) Auf die in Absatz 1 geregelte zulässige Befristungsdauer sind alle befristeten Arbeitsverhältnisse mit mehr als einem Viertel der regelmäßigen Arbeitszeit, die mit einer deutschen Hochschule oder einer Forschungseinrichtung im Sinne des § 5 abgeschlossen wurden, sowie entsprechende Beamtenverhältnisse auf Zeit und Privatdienstverträge nach § 3 anzurechnen. Angerechnet werden auch befristete Arbeitsverhältnisse, die nach anderen Rechtsvorschriften abgeschlossen wurden. Die Sätze 1 und 2 gelten nicht für Arbeitsverhältnisse nach § 6 sowie vergleichbare studienbegleitende Beschäftigungen, die auf anderen Rechtsvorschriften beruhen.

(4) Im Arbeitsvertrag ist anzugeben, ob die Befristung auf den Vorschriften dieses Gesetzes beruht. Fehlt diese Angabe, kann die Befristung nicht auf Vorschriften dieses Gesetzes gestützt werden. Die

Dauer der Befristung muss bei Arbeitsverträgen nach Absatz 1 kalendermäßig bestimmt oder bestimmbar sein.

(5) Die jeweilige Dauer eines befristeten Arbeitsvertrages nach Absatz 1 verlängert sich im Einverständnis mit der Mitarbeiterin oder dem Mitarbeiter um

1. Zeiten einer Beurlaubung oder einer Ermäßigung der Arbeitszeit um mindestens ein Fünftel der regelmäßigen Arbeitszeit, die für die Betreuung oder Pflege eines oder mehrerer Kinder unter 18 Jahren, auch wenn hinsichtlich des Kindes die Voraussetzungen des § 15 Absatz 1 Satz 1 des Bundeselterngeld- und Elternzeitgesetzes vorliegen, oder pflegebedürftiger sonstiger Angehöriger gewährt worden sind,
2. Zeiten einer Beurlaubung für eine wissenschaftliche oder künstlerische Tätigkeit oder eine außerhalb des Hochschulbereichs oder im Ausland durchgeführte wissenschaftliche, künstlerische oder berufliche Aus-, Fort- oder Weiterbildung,
3. Zeiten einer Inanspruchnahme von Elternzeit nach dem Bundeselterngeld- und Elternzeitgesetz und Zeiten eines Beschäftigungsverbots nach den §§ 3 bis 6, 10 Absatz 3, § 13 Absatz 1 Nummer 3 und § 16 des Mutterschutzgesetzes in dem Umfang, in dem eine Erwerbstätigkeit nicht erfolgt ist,
4. Zeiten des Grundwehr- und Zivildienstes,
5. Zeiten einer Freistellung im Umfang von mindestens einem Fünftel der regelmäßigen Arbeitszeit zur Wahrnehmung von Aufgaben in einer Personal- oder Schwerbehindertenvertretung, von Aufgaben eines oder einer Frauen- oder Gleichstellungsbeauftragten oder zur Ausübung eines mit dem Arbeitsverhältnis zu vereinbarenden Mandats und
6. Zeiten einer krankheitsbedingten Arbeitsunfähigkeit, in denen ein gesetzlicher oder tarifvertraglicher Anspruch auf Entgeltfortzahlung nicht besteht.

In den Fällen des Satzes 1 Nummer 1, 2 und 5 soll die Verlängerung die Dauer von jeweils zwei Jahren nicht überschreiten. Zeiten nach Satz 1 Nummer 1 bis 6 werden in dem Umfang, in dem sie zu einer Verlängerung eines befristeten Arbeitsvertrages führen können, nicht auf die nach Absatz 1 zulässige Befristungsdauer angerechnet.

§ 3 Privatdienstvertrag

Für einen befristeten Arbeitsvertrag, den ein Mitglied einer Hochschule, das Aufgaben seiner Hochschule selbständig wahrnimmt, zur Unterstützung bei der Erfüllung dieser Aufgaben mit überwiegend aus Mitteln Dritter vergütetem Personal im Sinne von § 1 Abs. 1 Satz 1 abschließt, gelten die Vorschriften der §§ 1, 2 und 6 entsprechend.

§ 4 Wissenschaftliches Personal an staatlich anerkannten Hochschulen

II

Für den Abschluss befristeter Arbeitsverträge mit wissenschaftlichem und künstlerischem Personal an nach Landesrecht staatlich anerkannten Hochschulen gelten die Vorschriften der §§ 1 bis 3 und 6 entsprechend.

§ 5 Wissenschaftliches Personal an Forschungseinrichtungen

Für den Abschluss befristeter Arbeitsverträge mit wissenschaftlichem Personal an staatlichen Forschungseinrichtungen sowie an überwiegend staatlich, an institutionell überwiegend staatlich oder auf der Grundlage von Artikel 91b des Grundgesetzes finanzierten Forschungseinrichtungen gelten die Vorschriften der §§ 1 bis 3 und 6 entsprechend.

§ 6 Wissenschaftliche und künstlerische Hilfstätigkeiten

Befristete Arbeitsverträge zur Erbringung wissenschaftlicher oder künstlerischer Hilfstätigkeiten mit Studierenden, die an einer deutschen Hochschule für ein Studium, das zu einem ersten oder einem weiteren berufsqualifizierenden Abschluss führt, eingeschrieben sind, sind bis zur Dauer von insgesamt sechs Jahren zulässig. Innerhalb der zulässigen Befristungsdauer sind auch Verlängerungen eines befristeten Arbeitsvertrages möglich.

§ 7 Rechtsgrundlage für bereits abgeschlossene Verträge; Übergangsregelung; Verordnungsermächtigung

(1) Für die seit dem 23. Februar 2002 bis zum 17. April 2007 an staatlichen und staatlich anerkannten Hochschulen sowie an Forschungseinrichtungen im Sinne des § 5 abgeschlossenen Arbeitsverträge gelten die §§ 57a bis 57f des Hochschulrahmengesetzes in der ab 31. Dezember 2004 geltenden Fassung fort. Für vor dem 23. Februar 2002 an staatlichen und staatlich anerkannten Hochschulen sowie an Forschungseinrichtungen im Sinne des § 5 abgeschlossene Arbeitsverträge gelten die §§ 57a bis 57e des Hochschulrahmengesetzes in der vor dem 23. Februar 2002 geltenden Fassung fort. Satz 2 gilt entsprechend für Arbeitsverträge, die zwischen dem 27. Juli 2004 und dem 31. Dezember 2004 abgeschlossen wurden.

(2) Der Abschluss befristeter Arbeitsverträge nach § 2 Abs. 1 Satz 1 und 2 mit Personen, die bereits vor dem 23. Februar 2002 in einem

befristeten Arbeitsverhältnis zu einer Hochschule, einem Hochschulmitglied im Sinne von § 3 oder einer Forschungseinrichtung im Sinne von § 5 standen, ist auch nach Ablauf der in § 2 Abs. 1 Satz 1 und 2 geregelten jeweils zulässigen Befristungsdauer mit einer Laufzeit bis zum 29. Februar 2008 zulässig. Satz 1 gilt entsprechend für Personen, die vor dem 23. Februar 2002 in einem Dienstverhältnis als wissenschaftlicher oder künstlerischer Assistent standen. § 2 Abs. 5 gilt entsprechend.

(3) Die nach § 2 Absatz 1 Satz 1 und 2 insgesamt zulässige Befristungsdauer verlängert sich um sechs Monate, wenn ein Arbeitsverhältnis nach § 2 Absatz 1 zwischen dem 1. März 2020 und dem 30. September 2020 besteht. Das Bundesministerium für Bildung und Forschung wird ermächtigt, durch Rechtsverordnung mit Zustimmung des Bundesrates die zulässige Befristungsdauer höchstens um weitere sechs Monate zu verlängern, soweit dies aufgrund fortbestehender Auswirkungen der COVID-19-Pandemie in der Bundesrepublik Deutschland geboten erscheint; die Verlängerung ist auch auf Arbeitsverhältnisse zu erstrecken, die nach dem 30. September 2020 und vor Ablauf des in der Rechtsverordnung genannten Verlängerungszeitraums begründet werden.

Die nach § 2 Absatz 1 Satz 1 und 2 insgesamt zulässige Befristungsdauer verlängert sich über die in § 7 Absatz 3 Satz 1 genannte Verlängerung hinaus um weitere sechs Monate. Für Arbeitsverhältnisse nach § 2 Absatz 1, die zwischen dem 1. Oktober 2020 und dem 31. März 2021 begründet werden, verlängert sich die nach § 2 Absatz 1 Satz 1 und 2 insgesamt zulässige Befristungsdauer um sechs Monate. Siehe dazu die WissZeitVG-Befristungsdauer-Verlängerungs-Verordnung vom 3. September 2020 (BGBl. I S. 2039).

§ 8 Evaluation

Die Auswirkungen dieses Gesetzes werden im Jahr 2020 evaluiert.

Anhang 3

Gesetz zum Elterngeld und zur Elternzeit (Bundeselterngeld- und Elternzeitgesetz – BEEG)

in der Fassung der Bekanntmachung vom 27. Januar 2015 (BGBl. I S. 33)

– Auszug –

Zuletzt geändert durch
Jahressteuergesetz 2024
vom 2. Dezember 2024 (BGBl. I Nr. 387)

§ 20 Zur Berufsbildung Beschäftigte, in Heimarbeit Beschäftigte

(1) [1]Die zu ihrer Berufsbildung Beschäftigten gelten als Arbeitnehmer und Arbeitnehmerinnen im Sinne dieses Gesetzes. [2]Die Elternzeit wird auf die Dauer einer Berufsausbildung nicht angerechnet, es sei denn, dass während der Elternzeit die Berufsausbildung nach § 7a des Berufsbildungsgesetzes oder § 27b der Handwerksordnung in Teilzeit durchgeführt wird. [3]§ 15 Absatz 4 Satz 1 bleibt unberührt.

(2) [1]Anspruch auf Elternzeit haben auch die in Heimarbeit Beschäftigten und die ihnen Gleichgestellten (§ 1 Absatz 1 und 2 des Heimarbeitsgesetzes), soweit sie am Stück mitarbeiten. [2]Für sie tritt an die Stelle des Arbeitgebers der Auftraggeber oder Zwischenmeister und an die Stelle des Arbeitsverhältnisses das Beschäftigungsverhältnis.

§ 21 Befristete Arbeitsverträge

(1) Ein sachlicher Grund, der die Befristung eines Arbeitsverhältnisses rechtfertigt, liegt vor, wenn ein Arbeitnehmer oder eine Arbeitnehmerin zur Vertretung eines anderen Arbeitnehmers oder einer anderen Arbeitnehmerin für die Dauer eines Beschäftigungsverbotes nach dem Mutterschutzgesetz, einer Elternzeit, einer auf Tarifvertrag, Betriebsvereinbarung oder einzelvertraglichen Vereinbarung beruhenden Arbeitsfreistellung zur Betreuung eines Kindes oder für diese Zeiten zusammen oder für Teile davon eingestellt wird.

(2) Über die Dauer der Vertretung nach Absatz 1 hinaus ist die Befristung für notwendige Zeiten einer Einarbeitung zulässig.

(3) Die Dauer der Befristung des Arbeitsvertrags muss kalendermäßig bestimmt oder bestimmbar oder den in den Absätzen 1 und 2 genannten Zwecken zu entnehmen sein.

(4) [1]Der Arbeitgeber kann den befristeten Arbeitsvertrag unter Einhaltung einer Frist von mindestens drei Wochen, jedoch frühestens zum

Ende der Elternzeit, kündigen, wenn die Elternzeit ohne Zustimmung des Arbeitgebers vorzeitig endet und der Arbeitnehmer oder die Arbeitnehmerin die vorzeitige Beendigung der Elternzeit mitgeteilt hat. [2]Satz 1 gilt entsprechend, wenn der Arbeitgeber die vorzeitige Beendigung der Elternzeit in den Fällen des § 16 Absatz 3 Satz 2 nicht ablehnen darf.

(5) Das Kündigungsschutzgesetz ist im Falle des Absatzes 4 nicht anzuwenden.

(6) Absatz 4 gilt nicht, soweit seine Anwendung vertraglich ausgeschlossen ist.

(7) [1]Wird im Rahmen arbeitsrechtlicher Gesetze oder Verordnungen auf die Zahl der beschäftigten Arbeitnehmer und Arbeitnehmerinnen abgestellt, so sind bei der Ermittlung dieser Zahl Arbeitnehmer und Arbeitnehmerinnen, die sich in der Elternzeit befinden oder zur Betreuung eines Kindes freigestellt sind, nicht mitzuzählen, solange für sie aufgrund von Absatz 1 ein Vertreter oder eine Vertreterin eingestellt ist. [2]Dies gilt nicht, wenn der Vertreter oder die Vertreterin nicht mitzuzählen ist. [3]Die Sätze 1 und 2 gelten entsprechend, wenn im Rahmen arbeitsrechtlicher Gesetze oder Verordnungen auf die Zahl der Arbeitsplätze abgestellt wird.

II

§ 31 Führung auf Probe

(1) [1]Führungspositionen können als befristetes Arbeitsverhältnis bis zur Gesamtdauer von zwei Jahren vereinbart werden. [2]Innerhalb dieser Gesamtdauer ist eine höchstens zweimalige Verlängerung des Arbeitsvertrages zulässig. [3]Die beiderseitigen Kündigungsrechte bleiben unberührt.

(2) Führungspositionen sind die ab Entgeltgruppe 10 zugewiesenen Tätigkeiten mit Weisungsbefugnis, die vor Übertragung vom Arbeitgeber ausdrücklich als Führungspositionen auf Probe bezeichnet worden sind.

(3) [1]Besteht bereits ein Arbeitsverhältnis mit demselben Arbeitgeber, kann der/dem Beschäftigten vorübergehend eine Führungsposition bis zu der in Absatz 1 genannten Gesamtdauer übertragen werden. [2]Der/Dem Beschäftigten wird für die Dauer der Übertragung eine Zulage in Höhe des Unterschiedsbetrags zwischen den Tabellenentgelten nach der bisherigen Entgeltgruppe und dem sich bei Höhergruppierung nach § 17 Abs. 4 Satz 1 im Bereich der VKA und nach § 17 Abs. 5 Satz 1 im Bereich des Bundes ergebenden Tabellenentgelt gewährt. [3]Nach Fristablauf endet die Erprobung. [4]Bei Bewährung wird die Führungsfunktion auf Dauer übertragen; ansonsten erhält die/der Beschäftigte eine der bisherigen Eingruppierung entsprechende Tätigkeit.

Erläuterungen

§ 31 eröffnet die Möglichkeit, Führungspositionen befristet auf Probe zu vergeben und folgt damit den heutigen Üblichkeiten im Beamtenbereich. Das Instrument der „Führung auf Probe" soll in erster Linie der Personalentwicklung und Verbesserung der Führungsqualität dienen. Um dies zu erreichen, können Führungspositionen bis zur Dauer von zwei Jahren befristet übertragen werden. Ziel hierbei ist die Übertragung der Führungsfunktion auf Dauer.

Wegen der ebenfalls neu geschaffenen Möglichkeit, Führungspositionen auf Zeit zu vergeben → § 32.

Führungsposition als befristetes Arbeitsverhältnis (Abs. 1)

Absatz 1 regelt den Fall des „von außen" in eine Führungsposition neu eingestellten Beschäftigten. Das entsprechende Arbeitsverhältnis kann befristet werden. Die Befristungshöchstdauer beträgt insgesamt zwei Jahre. Der Zweijahreszeitraum braucht nicht schon zu Beginn des Arbeitsverhältnisses voll ausgeschöpft zu werden, er kann auch in insgesamt drei Zeiträume aufgeteilt werden (Satz 2). Der Beschäftigte erhält während dieser Zeit das Entgelt, das der Führungsaufgabe – wäre sie auf Dauer vergeben – zugeordnet ist.

Nach Satz 3 der Vorschrift bleiben „die beiderseitigen Kündigungsrechte" unberührt. Damit dürfte den Erfordernissen des § 14 Abs. 3

Teilzeit- und Befristungsgesetz (→ Erläuterung bei § 30) hinreichend Rechnung getragen sein, so dass trotz der Befristung des Arbeitsverhältnisses auch eine ordentliche Kündigung möglich ist. Die besonderen Regelungen des § 30 Abs. 3 bis 5 gelten bei der befristeten Vergabe von Führungspositionen nicht (→ § 30 Abs. 6).

Begriffsbestimmung (Abs. 2)

Nach der Definition des Absatzes 2 sind Führungspositionen Tätigkeiten mit Weisungsbefugnis ab der Entgeltgruppe 10. Wegen der Umschlüsselung der besonderen Entgeltgruppen der Beschäftigten des Sozial- und Erziehungsdienstes in die für diese Vorschrift maßgebende Entgeltgruppe siehe § 1 Abs. 3 der Anlage zu § 56 (VKA) bzw. § 52 Abs. 3 BT-B. Im Zuge des Änderungstarifvertrages Nr. 2 vom 31. März 2008 haben die Tarifpartner mit Wirkung vom 1. Juli 2008 den Zusatz aufgenommen, dass die zugewiesenen Tätigkeiten vom Arbeitgeber ausdrücklich als Führungsposition auf Probe bezeichnet werden müssen. Damit wird der bereits in Absatz 1 Satz 1 bestimmte Charakter der Vorschrift als „Kann-Vorschrift" gestärkt und verhindert, dass (letztlich gegen den Willen des Arbeitgebers) bestimmte Führungspositionen automatisch in ein befristetes Arbeitsverhältnis (Absatz 1) bzw. eine befristete Zulagensituation (Absatz 3) führen.

Beide Voraussetzungen müssen nebeneinander erfüllt sein; d. h. Tätigkeiten einer niedrigeren Entgeltgruppe sind trotz Weisungsbefugnis ebenso wenig Führungsposition im tariflichen Sinne wie Tätigkeiten der Entgeltgruppe 10 und aufwärts ohne Weisungsbefugnis.

Zulage für Führungspositionen (Abs. 3)

Absatz 3 regelt den Fall, dass einem „von innen" kommenden Beschäftigten aus einem bestehenden Arbeitsverhältnis heraus eine Führungsposition übertragen wird. Auch in diesem Fall kann die Führungstätigkeit befristet werden; insoweit gelten die in Absatz 1 vereinbarten Fristen. Der Beschäftigte erhält für die Dauer der Tätigkeit eine Zulage in Höhe des Unterschiedsbetrages zwischen dem Tabellenentgelt nach der bisherigen Entgeltgruppe und dem Tabellenentgelt, das er bei Höhergruppierung in die Entgeltgruppe, die der übertragenen Funktion entspricht, erhielte. Die Zulage wird ggfs. auf den Strukturausgleich angerechnet (s. § 12 Abs. 4 Satz 3 TVÜ-VKA). Nach erfolgreichem Ende der Bewährung wird die Führungsfunktion auf Dauer übertragen und der Beschäftigte wird entsprechend eingruppiert. Ansonsten wird ihm die Führungsposition entzogen und er erhält wieder das seiner bisherigen Eingruppierung entsprechende Entgelt.

§ 32 Führung auf Zeit

(1) [1]Führungspositionen können als befristetes Arbeitsverhältnis bis zur Dauer von vier Jahren vereinbart werden. [2]Folgende Verlängerungen des Arbeitsvertrages sind zulässig:

a) in den Entgeltgruppen 10 bis 12 eine höchstens zweimalige Verlängerung bis zu einer Gesamtdauer von acht Jahren,

b) ab Entgeltgruppe 13 eine höchstens dreimalige Verlängerung bis zu einer Gesamtdauer von zwölf Jahren.

[3]Zeiten in einer Führungsposition nach Buchstabe a bei demselben Arbeitgeber können auf die Gesamtdauer nach Buchstabe b zur Hälfte angerechnet werden. [4]Die allgemeinen Vorschriften über die Probezeit (§ 2 Abs. 4) und die beiderseitigen Kündigungsrechte bleiben unberührt.

(2) Führungspositionen sind die ab Entgeltgruppe 10 zugewiesenen Tätigkeiten mit Weisungsbefugnis, die vor Übertragung vom Arbeitgeber ausdrücklich als Führungspositionen auf Zeit bezeichnet worden sind.

(3) [1]Besteht bereits ein Arbeitsverhältnis mit demselben Arbeitgeber, kann der/dem Beschäftigten vorübergehend eine Führungsposition bis zu den in Absatz 1 genannten Fristen übertragen werden. [2]Der/Dem Beschäftigten wird für die Dauer der Übertragung eine Zulage gewährt in Höhe des Unterschiedsbetrags zwischen den Tabellenentgelten nach der bisherigen Entgeltgruppe und dem sich bei Höhergruppierung nach § 17 Abs. 4 Satz 1 im Bereich der VKA und nach § 17 Abs. 5 Satz 1 im Bereich des Bundes ergebenden Tabellenentgelt, zuzüglich eines Zuschlags von 75 v. H. des Unterschiedsbetrags zwischen den Tabellenentgelten der Entgeltgruppe, die der übertragenen Funktion entspricht, zur nächsthöheren Entgeltgruppe nach § 17 Abs. 4 Satz 1 im Bereich der VKA und nach § 17 Abs. 5 Satz 1 im Bereich des Bundes. [3]Nach Fristablauf erhält die/der Beschäftigte eine der bisherigen Eingruppierung entsprechende Tätigkeit; der Zuschlag entfällt.

Erläuterungen

§ 32 eröffnet die Möglichkeit, Führungspositionen lediglich befristet zu vergeben und folgt damit den heutigen Üblichkeiten im Beamtenbereich. Im Gegensatz zur „Führung auf Probe" (→ § 31) ist das Instrument der „Führung auf Zeit" nicht auf eine dauerhafte Übertragung der Führungsposition gerichtet.

Führungsposition als befristetes Arbeitsverhältnis (Abs. 1)

Absatz 1 regelt den Fall des „von außen" in eine Führungsposition neu eingestellten Beschäftigten. Das entsprechende Arbeitsverhältnis kann befristet werden. Von der Entgeltgruppe 10 bis 12 können die Aufgaben bis zu einer Dauer von (bei Ausschöpfung aller Verlängerungsmöglichkeiten) insgesamt 8 Jahren, ab der Entgeltgruppe 13 bis zu insgesamt 12 Jahren befristet übertragen werden. Der höchstmögliche Befristungszeitraum braucht nicht schon zu Beginn des Arbeitsverhältnisses voll ausgeschöpft werden, er kann auch in insgesamt drei (bis Entgeltgruppe 12) bzw. vier (ab Entgeltgruppe 13) Zeiträume aufgeteilt werden. Der Beschäftigte erhält während dieser Zeit das Entgelt, das der Führungsaufgabe – wäre sie auf Dauer vergeben – zugeordnet ist.

Satz 3 der Vorschrift sieht vor, dass Zeiten einer Führungsposition in den Entgeltgruppen 10 bis 12 auf die Gesamtdauer der Führungspositionen in Entgeltgruppe 13 zur Hälfte angerechnet werden können, wenn sie bei demselben Arbeitgeber zurückgelegt worden sind.

Nach Satz 4 der Vorschrift bleiben die Vorschriften über die Probezeit (→ § 2 Abs. 4) und „die beiderseitigen Kündigungsrechte" unberührt. Damit dürfte den Erfordernissen des § 14 Abs. 3 Teilzeit- und Befristungsgesetz (→ Erläuterungen bei § 30) hinreichend Rechnung getragen sein, so dass trotz der Befristung des Arbeitsverhältnisses auch eine ordentliche Kündigung möglich ist. Die besonderen Regelungen des § 30 Abs. 3 bis 5 gelten bei der befristeten Vergabe von Führungspositionen nicht (→ § 30 Abs. 6).

Begriffsbestimmung (Abs. 2)

Nach der Definition des Absatzes 2 sind Führungspositionen Tätigkeiten mit Weisungsbefugnis ab der Entgeltgruppe 10. Im Zuge des Änderungstarifvertrages Nr. 2 vom 31. März 2008 haben die Tarifpartner mit Wirkung vom 1. Juli 2008 den Zusatz aufgenommen, dass die zugewiesenen Tätigkeiten vom Arbeitgeber ausdrücklich als Führungsposition auf Zeit bezeichnet werden müssen. Damit wird der bereits in Absatz 1 Satz 1 bestimmte Charakter der Vorschrift als „Kann-Vorschrift" gestärkt und verhindert, dass (letztlich gegen den Willen des Arbeitgebers) bestimmte Führungspositionen automatisch in ein befristetes Arbeitsverhältnis (Absatz 1) bzw. eine befristete Zulagensituation (Absatz 3) führen.

Beide Voraussetzungen müssen nebeneinander erfüllt sein; d. h. Tätigkeiten einer niedrigeren Entgeltgruppe sind trotz Weisungsbefugnis ebenso wenig Führungsposition im tariflichen Sinne wie Tätigkeiten der Entgeltgruppe 10 und aufwärts ohne Weisungsbefugnis.

Wegen der Umschlüsselung der besonderen Entgeltgruppen der Beschäftigten des Sozial- und Erziehungsdienstes in die für diese Vorschrift maßgebende Entgeltgruppe siehe § 1 Abs. 3 der Anlage zu § 56 (VKA) bzw. § 52 Abs. 3 BT-B.

Zulage für Führungspositionen (Abs. 3)

Absatz 3 regelt den Fall, dass einem „von innen" kommenden Beschäftigten aus einem bestehenden Arbeitsverhältnis heraus eine Führungsposition übertragen wird. Auch in diesem Fall kann die Führungstätigkeit befristet werden; insoweit gelten die in Absatz 1 vereinbarten Fristen. Neben dem Tabellenentgelt für die befristete Führungsaufgabe (als Differenz zwischen der Entgeltgruppe der Führungsaufgabe zur bisherigen Entgeltgruppe) wird eine Zulage in Höhe von 75 % des Unterschiedsbetrages zwischen den Tabellenentgelten der Entgeltgruppe, die der übertragenen Funktion entspricht, zur nächsthöheren Entgeltgruppe gezahlt.

Beispiel:

Beschäftigter, Entgeltgruppe 11, übt auf Zeit eine Führungsposition der Entgeltgruppe 12 aus. Somit erhält er neben seiner bisherigen Vergütung den Differenzbetrag zur Entgeltgruppe 12 zuzüglich 75 % des Differenzbetrages zwischen den Entgeltgruppen 12 und 13 – jeweils so, als hätte eine Höhergruppierung stattgefunden.

Die Zulage wird ggf. auf den Strukturausgleich angerechnet (s. § 12 Abs. 4 Satz 3 TVÜ-VKA).

Nach Ablauf der Befristung erhält der Beschäftigte wieder das seiner bisherigen Eingruppierung entsprechende Entgelt.

§ 33 Beendigung des Arbeitsverhältnisses ohne Kündigung

(1) Das Arbeitsverhältnis endet, ohne dass es einer Kündigung bedarf,

a) mit Ablauf des Monats, in dem die/der Beschäftigte das gesetzlich festgelegte Alter zum Erreichen der Regelaltersrente vollendet hat, es sei denn, zwischen dem Arbeitgeber und dem/der Beschäftigten ist während des Arbeitsverhältnisses vereinbart worden, den Beendigungszeitpunkt nach § 41 Satz 3 SGB VI hinauszuschieben,

b) jederzeit im gegenseitigen Einvernehmen (Auflösungsvertrag).

(2) [1]Das Arbeitsverhältnis endet ferner, sofern der/dem Beschäftigten der Bescheid eines Rentenversicherungsträgers (Rentenbescheid) zugestellt wird, wonach die/der Beschäftigte eine Rente auf unbestimmte Dauer wegen voller oder teilweiser Erwerbsminderung erhält. [2]Die/Der Beschäftigte hat den Arbeitgeber von der Zustellung des Rentenbescheids unverzüglich zu unterrichten. [3]Das Arbeitsverhältnis endet mit Ablauf des dem Rentenbeginn vorangehenden Tages; frühestens jedoch zwei Wochen nach Zugang der schriftlichen Mitteilung des Arbeitgebers über den Zeitpunkt des Eintritts der auflösenden Bedingung. [4]Liegt im Zeitpunkt der Beendigung des Arbeitsverhältnisses eine nach § 175 SGB IX erforderliche Zustimmung des Integrationsamtes noch nicht vor, endet das Arbeitsverhältnis mit Ablauf des Tages der Zustellung des Zustimmungsbescheids des Integrationsamtes; jedoch auch hier frühestens zwei Wochen nach Zugang der schriftlichen Mitteilung im Sinne von Satz 3. [5]Das Arbeitsverhältnis endet nicht, wenn nach dem Bescheid des Rentenversicherungsträgers eine Rente auf Zeit gewährt wird. [6]In diesem Fall ruht das Arbeitsverhältnis für den Zeitraum, für den eine Rente auf Zeit gewährt wird; für den Beginn des Ruhens des Arbeitsverhältnisses gilt Satz 3 entsprechend.

(3) Im Falle teilweiser Erwerbsminderung endet bzw. ruht das Arbeitsverhältnis nicht, wenn die/der Beschäftigte nach ihrem/seinem vom Rentenversicherungsträger festgestellten Leistungsvermögen auf ihrem/seinem bisherigen oder einem anderen geeigneten und freien Arbeitsplatz weiterbeschäftigt werden könnte, soweit dringende dienstliche bzw. betriebliche Gründe nicht entgegenstehen, und die/der Beschäftigte innerhalb von zwei Wochen nach Zugang des Rentenbescheids ihre/seine Weiterbeschäftigung schriftlich beantragt.

(4) [1]Verzögert die/der Beschäftigte schuldhaft den Rentenantrag oder bezieht sie/er Altersrente nach § 236 oder § 236a SGB VI oder ist sie/er nicht in der gesetzlichen Rentenversicherung versichert, so tritt an die Stelle des Rentenbescheids das Gutachten einer Amtsärztin/eines Amtsarztes oder einer/eines nach § 3 Abs. 4 Satz 2 bestimmten Ärztin/Arztes. [2]Das Arbeitsverhältnis endet in diesem Fall mit Ablauf des Monats, in dem der/dem Beschäftigten das Gutachten bekannt gegeben worden ist; frühestens jedoch zwei Wochen nach Zugang der schriftlichen Mitteilung des Arbeitgebers über den Zeitpunkt des Eintritts der auflösenden Bedingung.

(5) [1]Soll die/der Beschäftigte, deren/dessen Arbeitsverhältnis nach Absatz 1 Buchst. a geendet hat, weiterbeschäftigt werden, ist ein neuer schriftlicher Arbeitsvertrag abzuschließen. [2]Das Arbeitsverhältnis kann jederzeit mit einer Frist von vier Wochen zum Monatsende gekündigt werden, wenn im Arbeitsvertrag nichts anderes vereinbart ist.

Erläuterungen

§ 33 legt die Fälle fest, in denen das Arbeitsverhältnis ohne besondere Kündigung endet. Diese Sachverhalte waren bislang in § 60 (Beendigung durch Erreichen der Altersgrenze), § 58 (Auflösungsvertrag) und § 59 BAT (Beendigung wegen verminderter Erwerbsfähigkeit) bzw. den vergleichbaren Regelungen für Arbeiter geregelt.

Auf die abweichenden Sonderregelungen in § 45 (Bund) und § 51 (VKA) des Besonderen Teils Verwaltung[1]) wird hingewiesen.

Beendigung wegen Alters/Auflösungsvertrag (Abs. 1)

In Absatz 1 sind zwei verschiedene Beendigungsgründe zusammengefasst, nämlich die Beendigung wegen Erreichens der Altersgrenze (Buchstabe a) und die Beendigung durch Auflösungsvertrag (Buchstabe b).

Zu Buchstabe a

Nach dieser Vorschrift endet das Arbeitsverhältnis automatisch mit Vollendung des Monats, in dem der Beschäftigte das gesetzliche Alter zum Erreichen einer Regelaltersrente vollendet – und zwar unabhängig davon, ob er Anspruch auf eine Rente und/oder Zusatzversorgung hat.

Die jetzige Formulierung ist im Zuge des Änderungstarifvertrages Nr. 2 vom 31. März 2008 mit Wirkung vom 1. Juli 2008 vereinbart und durch den 17. Änderungstarifvertrag vom 30. August 2019 um den Ausnahmetatbestand des § 41 Satz 3 SGB VI ergänzt worden. Zuvor war die Beendigung des Arbeitsverhältnisses mit der Vollendung des 65. Lebensjahres verknüpft worden. Mit der jetzigen Regelung tragen die Tarifpartner dem gesetzlich hinausgeschobenen Renteneintrittsalter Rechnung. Die Vereinbarung von Beendigungsklauseln zum Rentenermittlungsalter hat der Gesetzgeber in § 10 Nr. 5 des Allgemeinen Gleichbehandlungsgesetzes vom 14. August 2006 (BGBl. I S. 1897) ausdrücklich gestattet. Auch das BAG (Urteil vom 8. Dezember 2010 – 7 AZR 438/09) und der EuGH (Urteil vom 12. Oktober 2010 – C 45/09) setzen sie als rechtmäßig an.

Wegen der Möglichkeit, den Beschäftigten über diesen Zeitpunkt hinaus zu beschäftigen, → Absatz 5.

Die mit dem Gesetz über Leistungsverbesserungen in der gesetzlichen Rentenversicherung (RV-Leistungsverbesserungsgesetz) vom

[1]) abgedruckt unter 215

23. Juni 2014 (BGBl. I S. 787) eingeführte abschlagsfreie Rente mit dem 63. Lebensjahr für besonders langjährig Versicherte (§ 236b SGB VI) führt nicht zu einer automatischen Beendigung des Arbeitsverhältnisses. Es handelt sich nicht um die Regelaltersgrenze. Diese wird – ggf. unter Berücksichtigung der Übergangsregelung des § 235 Abs. 2 SGB VI – mit Vollendung des 67. Lebensjahres erreicht. Die Beendigung des Arbeitsverhältnissess kann in diesen Fällen durch einen Auflösungsvertrag (s. Abs. 1 Buchst. b) beendet werden.

Zu Buchstabe b

In Buchstabe b haben die Tarifpartner bestimmt, dass die Beendigung des Arbeitsverhältnisses durch Auflösungsvertrag im gegenseitigen Einvernehmen jederzeit (ohne Bindung an Fristen) möglich ist.

Die Beendigung von Arbeitsverhältnissen durch Kündigung oder Auflösungsvertrag bedarf zu ihrer Wirksamkeit gemäß § 623 BGB der Schriftform; die elektronische Form ist ausgeschlossen.

Beendigung wegen Erwerbsminderung (Abs. 2)

Absatz 2 regelt – weitgehend in Anlehnung an das bisherige Recht – die Grundsätze der Beendigung des Arbeitsverhältnisses bei verminderter Erwerbsfähigkeit. Ihre jetzige Fassung hat die Tarifvorschrift im Zuge des 17. Änderungstarifvertrages vom 30. August 2019 erhalten.

Die Definition des Begriffs der verminderten Erwerbsfähigkeit ergibt sich aus dem Recht der gesetzlichen Rentenversicherung, und zwar im Wesentlichen aus § 43 SGB VI.

Voll erwerbsgemindert sind Versicherte, die wegen Krankheit oder Behinderung auf nicht absehbare Zeit außerstande sind, unter den üblichen Bedingungen des allgemeinen Arbeitsmarktes mindestens drei Stunden täglich erwerbstätig zu sein (§ 43 Abs. 2 Satz 2 SGB VI);

Teilweise erwerbsgemindert sind Versicherte, die wegen Krankheit oder Behinderung auf nicht absehbare Zeit außerstande sind, unter den üblichen Bedingungen des allgemeinen Arbeitsmarktes mindestens sechs Stunden täglich erwerbstätig zu sein (§ 43 Abs. 1 Satz 2 SGB VI). Dabei wird auf die konkrete Situation des (Teilzeit-)Arbeitsmarktes abgestellt, so dass Versicherte, die das verbliebene Restleistungsvermögen wegen Arbeitslosigkeit nicht in Erwerbseinkommen umsetzen können, anstelle der halben die volle Erwerbsminderungsrente erhalten (vgl. BT-Drs. 14/230, Seiten 23, 25);

Keine Erwerbsminderungsrente: Ein Restleistungsvermögen auf dem allgemeinen Arbeitsmarkt von sechs Stunden und mehr schließt den

Anspruch auf Erwerbsminderungsrente aus; dabei ist die jeweilige Arbeitsmarktlage nicht zu berücksichtigen (§ 43 Abs. 3 SGB VI).

Übergangsweise können nach § 240 SGB VI diejenigen Versicherten, die vor dem 2. Januar 1961 geboren sind und in ihrem bisherigen Beruf nicht mindestens sechs Stunden täglich arbeiten können, eine halbe Erwerbsminderungsrente unabhängig von den Verhältnissen des Arbeitsmarktes erhalten. Der Begriff der Berufsunfähigkeit ist in § 240 Abs. 2 SGB VI definiert.

Nach Satz 1 der Vorschrift endet das Arbeitsverhältnis grundsätzlich auch, sofern dem Beschäftigten ein Rentenbescheid zugestellt wird, wonach der Beschäftigte eine unbefristete Rente wegen voller oder teilweiser Erwerbsminderung erhält.

Satz 2 verpflichtet den Beschäftigten, den Arbeitgeber unverzüglich von der Zustellung des Rentenbescheides zu unterrichten.

Satz 3 bestimmt, dass das Arbeitsverhältnis mit Ablauf des dem Rentenbeginn vorangehenden Tages endet, frühestens aber zwei Wochen nach Zugang der schriftlichen Mitteilung des Arbeitgebers an den beschäftigten über den Zeitpunkt des Eintritts der auflösenden Bedingung (Rente). Das Erfordernis der Arbeitgeber-Mitteilung wurde im Rahmen des 17. Änderungstarifvertrages vom 30. August 2019 klarstellend aufgenommen. Es geht zurück auf die nachstehend dargestellte, langjährige Rechtsprechung des BAG zu § 59 BAT, der materiell vergleichbaren früheren Vorschrift zur Beendigung des Arbeitsverhältnisses bei verminderter Erwerbsfähigkeit.

- Mit Urteil vom 23. 6. 2004 – 7 AZR 440/03 – hat das BAG eine bedeutsame Entscheidung zum Beendigungszeitpunkt des Arbeitsverhältnisses in den Fällen der Erwerbsminderung getroffen. Das BAG zieht in der Entscheidung erstmals die seit 1. Januar 2001 geltende Vorschrift des § 15 Abs. 2 des Teilzeit- und Befristungsgesetzes (TzBfG), die bei auflösend bedingten Arbeitsverhältnissen entsprechend gilt (§ 21 TzBfG), heran, so dass auch in den Fällen des § 59 BAT/§ 62 MTArb (auflösende Bedingung ist hier der Eintritt der Erwerbsminderung) das Arbeitsverhältnis frühestens zwei Wochen nach Zugang der schriftlichen Unterrichtung des Arbeitnehmers durch den Arbeitgeber über den Zeitpunkt des Eintritts der auflösenden Bedingung endet. Nach Auffassung des BAG ist § 59 Abs. 1 BAT ergänzend gesetzeskonform dahin auszulegen, dass nicht schon der Rentenbescheid, sondern erst ein darauf Bezug nehmendes Schreiben des Arbeitgebers das Arbeitsverhältnis unter Beachtung der gesetzlichen Auslauffrist beenden soll. Erhält der Arbeitgeber Kenntnis von der Zuerkennung einer Erwerbsminderungsrente, muss er den Arbeitnehmer schriftlich auf die Beendigung oder das Ruhen des Arbeitsverhältnisses hinweisen. Die Rechtswirkungen des § 59 BAT treten frühestens zwei Wochen nach Zugang dieser schriftlichen Mitteilung ein.

– Zu der Frage, welche weitreichenden Folgen sich ergeben (können), wenn ein Angestellter trotz der Beendigung des Arbeitsverhältnisses nach § 59 Abs. 1 BAT seine bisherige Tätigkeit fortsetzt, ohne seinen Arbeitgeber von der Zustellung des Rentenbescheides zu unterrichten, wird auf das Urteil des BAG vom 30. 4. 1997 – 7 AZR 122/96 – hingewiesen. Nach Auffassung des BAG erfolgt die Rückabwicklung der rechtsgrundlos erbrachten Arbeitgeberleistungen nach Bereicherungsrecht; die Grundsätze des faktischen Arbeitsverhältnisses finden keine Anwendung. Nach dem der Entscheidung zugrundeliegenden Sachverhalt war der Rentenbescheid im Monat März 1993 zugestellt worden, der Angestellte unterrichtete den Arbeitgeber hierüber aber erst ein Jahr später am 12. April 1994. Der Arbeitgeber verlangte daraufhin die Rückzahlung des Urlaubsgeldes, der Urlaubsvergütung, der geleisteten Krankenbezüge, der Zuschüsse zum Krankenversicherungsbeitrag und der vermögenswirksamen Leistungen sowie der für den Monat April 1994 überzahlten Vergütung. Das BAG hat den Rückzahlungsanspruch des Arbeitgebers weitgehend für berechtigt angesehen. Es stellt zunächst fest, dass zwischen den Arbeitsvertragsparteien seit dem 1. April 1993 kein Arbeitsverhältnis mehr bestand. Die nach diesem Zeitpunkt vom Arbeitgeber erbrachten Zahlungen hat der Angestellte nach den Bestimmungen über die ungerechtfertigte Bereicherung herauszugeben, wobei er für die tatsächlich erbrachte Arbeitsleistung Wertersatz in Höhe der monatlichen Vergütung verlangen kann. Zur Rückzahlung des Urlaubsentgelts sowie des Urlaubsgeldes ist er jedoch verpflichtet, da nach der Rechtsprechung des BAG der Urlaub keine Gegenleistung des Arbeitgebers für erbrachte oder noch zu erbringende Arbeitsleistungen darstellt. Der Rückzahlungsanspruch besteht auch hinsichtlich der geleisteten Krankenbezüge und der während der Arbeitsunfähigkeit geleisteten Zuschüsse zur Krankenversicherung, weil der Arbeitgeber während der Arbeitsunfähigkeit keine wertersetzende Gegenleistung erhalten hat. Das BAG hat den Angestellten auch zur Rückzahlung der anteiligen Sonderzuwendung verurteilt, weil auch die Zuwendung nicht reines Arbeitsentgelt für die erbrachte Arbeitsleistung darstellt, sondern auch der Belohnung vergangener und künftiger Treue zum öffentlichen Dienst dient. Lediglich die vermögenswirksamen Leistungen konnte der Arbeitgeber nicht zurückverlangen, weil diese als Bestandteil der Vergütung für geleistete Arbeit anzusehen sind.

- Das Arbeitsverhältnis eines Angestellten endet nicht nach § 59 Abs. 1 Unterabs. 1 BAT mit Ablauf des Monats, in dem ihm ein Bescheid eines Rentenversicherungsträgers über die Feststellung einer Berufs- oder Erwerbsunfähigkeit zugestellt wird, wenn der Angestellte den Rentenantrag bis zum Ablauf der Widerspruchsfrist des § 84 SGG zurücknimmt (vgl. BAG-Urteil vom 11. 3. 1998 – 7 AZR 101/97). Hingegen hat das BAG mit Urteil vom 3. 9. 2003 – 7 AZR 661/02 – entschieden, dass ein Arbeitsverhältnis, das aufgrund § 59 BAT wegen der Gewährung einer unbefristeten Erwerbsunfähigkeitsrente geendet hatte, nicht wiederauflebt, wenn der schon formell bestandskräftig gewordene Rentenbescheid später wieder aufgehoben wird. In diesem Fall bleibt es bei der bereits eingetretenen Beendigung des Arbeitsverhältnisses. Die Vorschrift des § 59 BAT, die dem beim Ausscheiden bereits unkündbaren Angestellten im Fall der Wiederherstellung der Berufsfähigkeit einen Wiedereinstellungsanspruch (Sollregelung) verschafft, bleibt aber unberührt.

Satz 4 enthält eine weitere Ausnahme zum Beendigungszeitpunkt des Arbeitsverhältnisses. Sofern bei schwerbehinderten Beschäftigten die nach § 175 SGB IX erforderliche Zustimmung des Integrationsamtes bei Zustellung des Rentenbescheides noch nicht vorlag, endet das Arbeitsverhältnis mit schwerbehinderten Beschäftigten erst mit Ablauf des Tages vor der Zustellung des Zustimmungsbescheides des Integrationsamtes.

Im Zuge des 18. Änderungstarifvertrages wurde mit Wirkung vom 1. September 2020 ein Halbsatz in Satz 4 eingefügt, der klarstellt, dass auch in den Fällen des Satzes 4 eine Beendigungswirkung von einer Arbeitgeber-Mitteilung abhängt. Zu den rechtlichen Hintergründen siehe die Erläuterungen zu Absatz 3.

Nach den Sätzen 5 und 6 endet das Arbeitsverhältnis nicht, wenn nach dem Bescheid des Trägers der Rentenversicherung (nur) eine Rente auf Zeit bewilligt wird. In diesem Fall ruht das Arbeitsverhältnis für den Zeitraum der Rente auf Zeit. Für den Beginn des Ruhens sind die Regelungen des Satzes 3 (s.o.) maßgebend; es bedarf also insbesondere auch der Mitteilung an den Beschäftigten

Weiterbeschäftigung bei teilweiser Erwerbsminderung (Abs. 3)

Die Regelung in Absatz 3 entspricht § 59 Abs. 3 BAT

Nach dieser Vorschrift kommt es nicht zur Beendigung oder zum Ruhen des Arbeitsverhältnisses, wenn der Beschäftigte eine Weiterbeschäftigung schriftlich beantragt und eine solche auch möglich ist. Antragsberechtigt sind nur Beschäftigte, bei denen eine teilweise Erwerbsminderung, nicht aber eine volle Erwerbsminderung festgestellt ist. Eine Weiterbeschäftigung kommt aber nur in Betracht, wenn im Umfang des vom Rentenversicherungsträger festgestellten Restleistungsvermögens eine Tätigkeit auf dem bisherigen oder auf einem anderen geeigneten und freien Arbeitsplatz noch möglich ist und dringende dienstliche bzw. betriebliche Gründe nicht entgegenstehen. Der Arbeitgeber ist aber nicht verpflichtet, durch Umorganisation einen neuen Arbeitsplatz zu schaffen, auf dem der Arbeitnehmer trotz seiner Beeinträchtigung beschäftigt werden könnte (vgl. Urteil des BAG vom 9. 8. 2000 – 7 AZR 749/98 – n. v. – sowie Urteil des LAG Niedersachsen vom 1. 12. 2000 – 12 Sa 1849/95 – ZTR 2001, S. 523). Der Beschäftigte, der weiterbeschäftigt werden möchte, muss seine Weiterbeschäftigung nach dem Wortlaut der Vorschrift innerhalb von zwei Wochen nach Zugang des Rentenbescheides schriftlich beantragen (Ausschlussfrist). Sowohl das Schriftformerfordernis als auch die relativ kurze Zweiwochenfrist sind vom BAG in seinen Urteilen vom 1. 12. 2004 – 7 AZR 135/04 – und vom 17. 3. 2016 – 6 AZR 221/15 – ausdrücklich bestätigt worden. Das BAG hat in seinem Urteil vom 23. 7. 2014 – 7 AZR 771/12 die entsprechende Regelung des § 33 Abs. 3 TV-L als im Kern verfassungskonform bestätigt. Die Zwei-Wochen-Frist beginne aber entgegen dem Wortlaut der Vorschrift erst mit der Beendigungsmitteilung durch den Arbeitgeber. Die Beendigungsmitteilung des Arbeitgebers ist demnach unabdingbar.

Endet der Monat, in dem die Beendigungsmitteilung zugestellt worden ist, noch vor Ablauf der 2-Wochen-Frist und hat der Beschäftigte den Antrag auf Weiterbeschäftigung bis zum Monatsschluss noch nicht gestellt, endet bzw. ruht das Arbeitsverhältnis mit Ablauf dieses Monats gemäß der Regelung in Absatz 1. Stellt der Beschäftigte den Antrag auf Weiterbeschäftigung sodann im Folgemonat, aber noch innerhalb der 2-Wochen-Frist, und ist eine Weiterbeschäftigung auch möglich, so fällt die Wirkung des Absatzes 1 nachträglich wieder weg.

Ist eine Weiterbeschäftigung nur mit geringerer Wochenstundenzahl möglich, muss der Arbeitsvertrag entsprechend geändert werden.

Eine Weiterbeschäftigung des Beschäftigten schließt die Anwendung des § 22 Abs. 4 Satz 2 nicht aus, so dass ab dem Zeitpunkt, von dem ab die Erwerbsminderungsrente zusteht, Krankenbezüge höchstens für den gesetzlichen Entgeltfortzahlungszeitraum von sechs Wochen gezahlt werden.

Sonderfälle (Abs. 4)

Absatz 4 regelt die Fälle, in denen nicht zeitgerecht ein Rentenbescheid vorliegt, weil der Beschäftigte den entsprechenden Rentenantrag (auf Rente wegen Erwerbsminderung) schuldhaft verzögert, er Altersrente für langjährig Versicherte (§ 236 SGB VI) oder für schwerbehinderte Menschen (§ 236a SGB VI) erhält, oder er nicht in der gesetzlichen Rentenversicherung versichert ist. In diesen Fällen tritt an die Stelle des Rentenbescheides das Gutachten eines Amtsarztes oder eines sonstigen nach § 3 Abs. 4 bestimmten Arztes. Das Arbeitsverhältnis endet somit mit Ablauf des Monats, in dem das entsprechende Gutachten dem Beschäftigten bekannt gegeben worden ist, frühestens aber zwei Wochen nach Zugang der schriftlichen Mitteilung des Arbeitgebers (siehe Erläuterungen zu Abs. 2 Satz 3).

Weiterbeschäftigung (Abs. 5)

Absatz 5 regelt den Fall, dass Beschäftigte über das Ende des Monats hinaus weiterbeschäftigt werden sollen in dem sie das Alter zum Bezug einer abschlagsfreien Regelaltersrente vollendet haben. Dies kann nach der Bestimmung in Satz 1 nur auf der Grundlage eines neuen schriftlichen Arbeitsvertrages erfolgen. Dieser unterliegt den Regeln des TVöD; lediglich hinsichtlich der Kündigungsmöglichkeiten gelten abweichende Fristen. In Satz 2 ist bestimmt, dass das Arbeitsverhältnis jederzeit mit einer Frist von vier Wochen zum Monatsende gekündigt werden kann; abweichende Vereinbarungen sind möglich. Das BAG hat mit Urteil vom 27. Januar 2011 – 6 AZR 382/09 – entschieden, dass die Stufenzuordnung eines unter den TVöD-VKA fallenden Beschäftigten, der nach der Beendigung seines Arbeitsverhältnisses wegen Erreichens der Altersgrenze aufgrund eines (sich unmittelbar anschließenden) neuen Arbeitsvertrages gemäß § 33 Abs. 5 TVöD weiterbeschäftigt wird, ebenso nach § 16 Abs. 2 TVöD-VKA zu erfolgen hat wie die eines Beschäftigten, der erstmals ein Arbeitsverhältnis mit dem Arbeitgeber begründet. Der Beschäftigte wird somit nach näherer Maßgabe des § 16 Abs. 2 TVöD VKA höchstens der Stufe 3 zugewiesen, sofern der Arbeitgeber nicht nach § 16 Abs. 2 Satz 3 TVöD-VKA „förderliche Zeiten" anrechnet. Entsprechendes gilt nach der vergleichbaren Vorschrift des § 16 Abs. 3 TVöD-Bund für Beschäftigte der Entgeltgruppen 2 bis 8 des Bundes. Für die Beschäftigten der Entgeltgruppe 9 bis 15 des Bundes ist das Urteil im Ergebnis ohne Bedeutung; denn nach § 16 Abs. 2 TVöD Bund sind Zeiten eines vorherigen Arbeitsverhältnisses zum Bund bei der Stufenzuordnung zu berücksichtigen.

II

Mit Wirkung vom 1. Juli 2014 ist eine gravierende Änderung eingetreten: Im Zuge des Gesetzes über Leistungsverbesserungen in der gesetzlichen Rentenversicherung (RV-Leistungsverbesserungsgesetz) vom 23. Juni 2014 (BGBl. I S. 787) wurde § 41 SGB VI um einen neuen Satz 3 ergänzt. Demnach können die Arbeitsvertragsparteien den tarifvertraglich vereinbarten Beendigungszeitpunkt (Regelaltersgrenze nach Abs. 1 Buchst. a einvernehmlich hinausschieben und das Arbeitsverhältnis zu unveränderten Bedingungen fortführen – ggf. auch mehrfach. Ein neuer Arbeitsvertrag ist dazu – anders als in Absatz 5 vorgesehen – nicht notwendig. Da es sich nicht um den Abschluss eines (neuen) befristeten Arbeitsverhältnisses handelt, bedarf es für das Hinausschieben des Beendigungszeitpunktes keines sachlichen Grundes; das Teilzeit- und Befristungsgesetz[1]) greift nicht. Dies hat das BAG mit Urteil vom 19. Dezember 2018 – 7 AZR 70/17 – im Kern bestätigt. Die Regelung in § 41 Satz 3 SGB VI genüge den verfassungsrechtlichen Vorgaben und sei nach der Entscheidung des Gerichtshofes der Europäischen Union vom 28. Februar 2018 (– C 46/17 – [John]) mit Unionsrecht vereinbar.

Im Zuge des 17. Änderungstarifvertrages vom 30. August 2019 haben die Tarifpartner § 33 Abs. 1 Buchst. a entsprechend klarstellend ergänzt, so dass sich bereits aus dieser Vorschrift der Fortbestand des Arbeitsverhältnisses in den Fällen des § 41 Satz 3 SGB VI ergibt.

Im Jahr 2024 hatte das BAG in einem Verfahren darüber zu entscheiden, ob die Verweigerung der Wiedereinstellung eine Diskriminierung aufgrund des Alters darstellen kann. Mit Urteil vom 25. April 2024 – 8 AZR 140/23 – entschied das BAG, dass die Ablehnung der Wiedereinstellung eines wegen Erreichens einer tarifvertraglichen Altersgrenze ausgeschiedenen Arbeitnehmers zugunsten eines jüngeren Bewerbers durchaus zulässig sein kann.

Informationspflichten des Arbeitgebers

Wegen der besonderen Informationspflichten des Arbeitgebers bei Kündigungen, Aufhebungsverträgen und Befristungen nach § 2 Abs. 2 Satz 2 Nr. 3 SGB III → Erläuterung zu § 34.

---

[1]) abgedruckt als Anhang 1 zu **210** § 30 TVöD

§ 34 Kündigung des Arbeitsverhältnisses

(1) [1]Bis zum Ende des sechsten Monats seit Beginn des Arbeitsverhältnisses beträgt die Kündigungsfrist zwei Wochen zum Monatsschluss. [2]Im Übrigen beträgt die Kündigungsfrist bei einer Beschäftigungszeit (Absatz 3 Satz 1 und 2)

bis zu einem Jahr	**ein Monat zum Monatsschluss,**
von mehr als einem Jahr	**6 Wochen,**
von mindestens 5 Jahren	**3 Monate,**
von mindestens 8 Jahren	**4 Monate,**
von mindestens 10 Jahren	**5 Monate,**
von mindestens 12 Jahren	**6 Monate**

zum Schluss eines Kalendervierteljahres.

(2) [1]Arbeitsverhältnisse von Beschäftigten der Mitglieder eines Mitgliedverbandes der VKA, die das 40. Lebensjahr vollendet haben und für die die Regelungen des Tarifgebiets West Anwendung finden sowie von Beschäftigten des Bundes, die das 40. Lebensjahr vollendet haben, können nach einer Beschäftigungszeit (Absatz 3 Satz 1 und 2) von mehr als 15 Jahren durch den Arbeitgeber nur aus einem wichtigen Grund gekündigt werden. [2]Soweit Beschäftigte nach den bis zum 30. September 2005 geltenden Tarifregelungen unkündbar waren, verbleibt es dabei.

(3) [1]Beschäftigungszeit ist die bei demselben Arbeitgeber im Arbeitsverhältnis zurückgelegte Zeit, auch wenn sie unterbrochen ist. [2]Unberücksichtigt bleibt die Zeit eines Sonderurlaubs gemäß § 28, es sei denn, der Arbeitgeber hat vor Antritt des Sonderurlaubs schriftlich ein dienstliches oder betriebliches Interesse anerkannt. [3]Wechseln Beschäftigte zwischen Arbeitgebern, die vom Geltungsbereich dieses Tarifvertrages erfasst werden, werden die Zeiten bei dem anderen Arbeitgeber als Beschäftigungszeit anerkannt. [4]Satz 3 gilt entsprechend bei einem Wechsel von einem anderen öffentlich-rechtlichen Arbeitgeber.

Erläuterungen

Auch wenn die Überschrift des § 34 TVöD etwas anderes vermuten lässt, so handelt es sich bei dieser Vorschrift letztlich nur um eine tarifvertragliche Regelung der Kündigungsfristen und der sogenannten Unkündbarkeit für bestimmte Beschäftigte. Diese Bereiche waren früher in den §§ 53, 55 BAT bzw. den entsprechenden Vorschriften für Arbeiter geregelt.

Im Übrigen ist hinsichtlich der Kündigung weiterhin das allgemeine Arbeitsrecht (des BGB und des Kündigungsschutzgesetzes) und die in den letzten Jahr(zehnt)en dazu gewachsene Rechtsprechung zu beachten.

§ 34 Abs. 3 enthält eine – im Vergleich zum früheren Recht weiter gefasste – Definition des Begriffes der Beschäftigungszeit.

II

1. Allgemeines zur Kündigung

Die ordentliche Kündigung

Unter der ordentlichen Kündigung versteht man eine Maßnahme, ein auf unbestimmte Zeit abgeschlossenes (also unbefristetes) Arbeitsverhältnis unter Einhaltung bestimmter (gesetzlicher, tarifvertraglicher oder arbeitsvertraglicher) Fristen zu beenden.

Berechtigt zur Kündigung sind der Arbeitgeber und der Arbeitnehmer. Die Kündigung ist eine einseitige, grundsätzlich bedingungsfeindliche, empfangsbedürftige und unwiderrufliche Willenserklärung. Der Kündigende kann daher die Kündigung nicht einseitig widerrufen oder zurücknehmen. Selbstverständlich können sich die Vertragspartner aber einvernehmlich darauf verständigen, dass eine Kündigung nicht vollzogen und das Arbeitsverhältnis fortgesetzt wird.

Die Änderungskündigung

Die sogenannte Änderungskündigung ist eine Variante der „normalen" Kündigung – es handelt sich folglich um eine echte Kündigung. Abweichend von der Beendigungskündigung hat der Beschäftigte im Fall der Änderungskündigung aber die Wahl, ob er das Arbeitsverhältnis zu den vom Arbeitgeber für die Zukunft angebotenen (in der Regel verschlechterten) Arbeitsbedingungen fortsetzen möchte, oder ob er das Angebot ablehnt. Lehnt er das Angebot ab, endet das Arbeitsverhältnis fristgemäß. Der Beschäftigte kann das Angebot auch unter Vorbehalt annehmen und die soziale Rechtfertigung der Änderungskündigung durch die Arbeitsgerichte im Rahmen eines Kündigungsschutzprozesses nachprüfen lassen.

Die außerordentliche Kündigung

Die Regeln der außerordentlichen Kündigung ergeben sich aus § 626 BGB. Demnach kann das Dienstverhältnis von jedem Vertragsteil aus wichtigem Grund ohne Einhaltung einer Kündigungsfrist gekündigt werden, wenn Tatsachen vorliegen, auf Grund derer dem Kündigenden unter Berücksichtigung aller Umstände des Einzelfalles und unter Abwägung der Interessen beider Vertragsteile die Fortsetzung des Dienstverhältnisses bis zum Ablauf der Kündigungsfrist oder bis zu der vereinbarten Beendigung des Dienstverhältnisses nicht zugemutet werden kann.

Wichtige Gründe i. S. dieser Vorschrift können beispielsweise sein:

- Androhung einer Krankheit für den Fall, dass der Arbeitgeber Urlaub nicht bewilligt bzw. nicht verlängert
  (BAG v. 5. 11. 1992 – 2 AZR 147/92 – AP Nr. 4 zu § 626 BGB Krankheit),
- beharrliche Arbeitsverweigerung
  (BAG v. 21. 11. 1996 – 2 AZR 357/95 – AP Nr. 130 zu § 626 BGB),

- Diebstahl, grundsätzlich auch von Sachen von geringem Wert (Die recht strengen Grundsätze des sogenannten Bienenstich-Urteils des BAG v. 17. 5. 1984 – 2 AZR 3/83, NZA 1985, 91 – hat das BAG im sogenannten Emmely-Urteil vom 10. 6. 2010 – 2 AZR 5541/09 – ein wenig aufgeweicht. Zwar hat das BAG in diesem Verfahren weiterhin auch dann eine fristlose Kündigung für grundsätzlich möglich gehalten, wenn der Vermögensschaden des Arbeitgebers gering ist. Es sieht darin aber keinen „absoluten Kündigungsgrund" mehr. Vielmehr müsse „unter Berücksichtigung aller Umstände des Einzelfalls und unter Abwägung der Interessen beider Vertragsteile" beurteilt werden, ob ein wichtiger Grund im Sinne des § 626 Abs. 1 BGB vorliege. Unter Umständen könne im Einzelfall [wie im Fall Emmely, wo ein Vermögensschaden von 1,30 Euro einem seit mehr als 30 Jahren ungestörten Arbeitsverhältnis gegenüberstand] auch eine Abmahnung in Betracht kommen.),
- Gleitzeitbetrug
  (BAG v. 27. 1. 1977 – 2 AZR 77/76 – AP Nr. 7 zu § 103 BetrVG 1972, BAG v. 9. 6. 2011 – 2 AZR 381/10 und vom 26. 9. 2013 – 2 AZR 682/12),
- Schmiergeldannahme
  (BAG v. 17. 8. 1972 – 2 AZR 425/71 – AP Nr. 65 zu § 626 BGB),
- schwere Straftaten (außerhalb des Dienstes)
  (BAG v. 6. 8. 2000 – 2 AZR 638/99 – AP Nr. 163 zu § 626 BAG),
- Stalking (im Urteilsfall gegenüber einer Kollegin)
  (BAG v. 19. 4. 2012 – 2 AZR 258/11),
- unerlaubte Selbstbeurlaubung
  (BAG v. 20. 5. 2021 – 2 AZR 457/20),
- ggf. ernstliche Drohung des Arbeitnehmers mit Gefahren für Leib oder Leben von Vorgesetzten oder Arbeitskollegen und/oder deren Verwandten
  (BAG v. 28. 2. 2023 – 2 AZR 194/22).

Die Kündigung kann nur innerhalb von zwei Wochen erfolgen. Die Frist beginnt aber erst mit dem Zeitpunkt, in dem der Kündigungsberechtigte von den für die Kündigung maßgebenden Tatsachen Kenntnis erlangt.

Der Kündigende muss dem anderen Teil auf Verlangen den Kündigungsgrund unverzüglich schriftlich mitteilen.

Es ist durchaus zulässig, neben einer außerordentlichen Kündigung hilfsweise ordentlich zu kündigen. Eine Umdeutung der außerordentlichen in eine ordentliche Kündigung ist aber nur möglich, wenn aus der Kündigung oder sonst eindeutig erkennbar ist, dass das Arbeitsverhältnis in jedem Fall, d. h. auch wenn die Kündigungsgründe für eine außerordentliche Kündigung nicht ausreichen sollten, beendet werden soll.

II

Schriftform

Die Beendigung des Arbeitsverhältnisses durch Kündigung (oder Auflösungsvertrag) bedarf zu ihrer Wirksamkeit gemäß § 623 BGB ausnahmslos der Schriftform; die elektronische Form (also Kündigung durch E-Mail, SMS etc.) ist ausdrücklich ausgeschlossen. Einer besonderen tariflichen Regelung (wie z. B. in § 57 BAT) bedurfte es nicht. Die Außerachtlassung der Schriftform hat die Nichtigkeit der Kündigung zur Folge (siehe z. B. Urteil des BAG vom 9. 2. 1972 – 4 AZR 149/71 – AP Nr. 1 zu § 4 BAT).

2. Die gesetzlichen Grenzen durch das Kündigungsschutzgesetz und andere Gesetze

Das Kündigungsrecht des Arbeitgebers ist durch verschiedene gesetzliche Regelungen eingeschränkt worden. Das Kündigungsrecht des Arbeitnehmers wird dadurch nicht begrenzt.

Kündigungsschutzgesetz[1])

Geltungsbereich: Das Kündigungsschutzgesetz (KSchG) gilt nur in Verwaltungen und Betrieben mit mindestens fünf Arbeitnehmern (ohne Auszubildende). In Verwaltungen mit weniger als zehn Arbeitnehmern gilt der Kündigungsschutz nicht für nach dem 31. Dezember 2003 eingestellte Arbeitnehmer (§ 23 Abs. 1 KSchG). Bei der Feststellung der durchschnittlichen Arbeitnehmerzahl werden Teilzeitbeschäftigte mit einer regelmäßigen wöchentlichen Arbeitszeit von bis zu 20 Stunden mit 0,5, bei bis zu 30 Stunden mit 0,75 berücksichtigt (§ 23 Abs. 1 Satz 4 KSchG).

Geschützter Personenkreis: Der Schutz des Kündigungsschutzgesetzes tritt ein für Arbeitnehmer, deren Arbeitsverhältnis ohne Unterbrechung mehr als sechs Monate bestanden hat.

Folgen des Kündigungsschutzes: Wenn das Kündigungsschutzgesetz Anwendung findet, ist eine Kündigung nur wirksam, wenn sie nicht sozial ungerechtfertigt ist. Nach der Definition in § 1 Abs. 2 Satz 1 KSchG gibt es nur drei Fallgruppen von Gründen, die zur sozialen Rechtfertigung einer Kündigung führen, und zwar

- personenbedingte,
- verhaltensbedingte und
- betriebsbedingte Gründe.

---

1) abgedruckt als **Anhang 1**

Personenbedingte Kündigung

Als personenbedingter Kündigungsgrund kommt – neben z. B. den Fällen fehlender Arbeits- oder Berufserlaubnis – insbesondere die Beeinträchtigung des Arbeitsverhältnisses durch Krankheit des Beschäftigten in Betracht. Dazu ist nach der gefestigten Rechtsprechung der Arbeitsgerichtsbarkeit in einem dreistufigen Prüfverfahren (ggf. unter Beteiligung von Ärzten) zunächst zu prüfen, ob in der Vergangenheit krankheitsbedingte Fehlzeiten zu erheblichen Beeinträchtigungen des Arbeitsverhältnisses (z. B. durch Kosten, Produktionsausfälle, Vertretungsbedarf, etc.) geführt haben.

Danach ist in einem zweiten Schritt eine Prognose über die zukünftige Arbeitsunfähigkeit des Beschäftigten zu stellen. Während z. B. eine ausgestandene Bruchverletzung – auch wenn sie in der zurückliegenden Zeit erhebliche Fehlzeiten verursacht hat – für die Zukunft keine weiteren Ausfallzeiten erwarten lässt, wird bei chronischen Rückenleiden häufig von weiteren Fehlzeiten auszugehen sein. In einem dritten Schritt sind die Interessen der Vertragspartner gegeneinander abzuwägen; insbesondere ist zu prüfen, ob dem Arbeitgeber die Weiterbeschäftigung zuzumuten ist. Dies wird bei einem älteren Arbeitnehmer nach einem langjährigen ungestörten Arbeitsverhältnis anders zu beurteilen sein als bei einem, erst kurze Zeit Beschäftigten, der ständig krankheitsbedingt ausgefallen ist.

Von der Tendenz stellt die Rechtsprechung im Fall der krankheitsbedingten Kündigung strenge Anforderungen an die soziale Rechtfertigung einer Kündigung (vgl. BAG vom 12. 3. 1968 – 1 AZR 413/67, AP Nr. 1 zu § 1 KSchG 1951 Krankheit, sowie BAG vom 25. 11. 1982 – 2 AZR 140/81, AP Nr. 7 zu § 1 KSchG 1969 Krankheit –). Häufige, nicht nur kurzfristige Krankheiten können eine Kündigung sozial rechtfertigen (BAG vom 19. 8. 1976 – 3 AZR 512/75, AP Nr. 2 zu § 1 KSchG 1969 Krankheit –). Dies gilt insbesondere auch dann, wenn im Augenblick der Kündigung weiterhin mit sich wiederholenden Erkrankungen zu rechnen ist, die sich belastend auf den Betrieb auswirken. Entsprechendes gilt nach dem Urteil des BAG v. 21. 5. 1992 – 2 AZR 399/91, AP Nr. 30 zu § 1 KSchG 1969 Krankheit – in den Fällen, in denen der Arbeitnehmer bereits längere Zeit (hier 1,5 Jahre) krank und im Zeitpunkt der Kündigung die Wiederherstellung der Arbeitsfähigkeit noch völlig ungewiss war. Diese Ungewissheit kann wie eine feststehende dauernde Arbeitsunfähigkeit zu einer erheblichen Beeinträchtigung betrieblicher Interessen führen. Nach gefestigter Rechtsprechung des BAG – siehe z. B. Urteil vom 5. 7. 1990 – 2 AZR 154/90, AP Nr. 26 zu § 1 KSchG 1969 Krankheit – kann eine Kündigung auch bei häufigen Kurzerkrankungen sozial gerechtfertigt sein.

Ist ein Arbeitnehmer auf Dauer krankheitsbedingt nicht mehr in der Lage, die geschuldete Arbeit auf seinem bisherigen Arbeitsplatz zu leisten, so ist er nach dem Urteil des BAG vom 29. 1. 1997 – 2 AZR 9/96 – (NZA 13/1997 S. 709) zur Vermeidung einer Kündigung auf einem leidensgerechten Arbeitsplatz im Betrieb oder Unternehmen weiter zu beschäftigen, falls ein solch gleichwertiger oder jedenfalls zumutbarer Arbeitsplatz frei und der Arbeitnehmer für die dort zu leistende Arbeit geeignet ist. Gegebenenfalls hat der Arbeitgeber einen solchen Arbeitsplatz durch Ausübung seines Direktionsrechts frei zu machen und sich – falls erforderlich – auch um die eventuell erforderliche Zustimmung der Personalvertretung zu bemühen. Zu einer weitergehenden Umorganisation ist der Arbeitgeber dagegen nicht verpflichtet.

Die Frage, ob eine Krankheit auf betriebliche Ursachen zurückzuführen ist, ist nach dem Urteil des BAG v. 6. 9. 1989 – 2 AZR 118/89 – (RdA 1990 S. 61) im Rahmen der Interessenabwägung von erheblicher Bedeutung. In solchen Fällen trägt der Arbeitgeber die Darlegungs- und Beweislast dafür, dass ein solcher vom Arbeitnehmer behaupteter ursächlicher Zusammenhang **nicht** besteht.

Die Beurteilung einer Kündigung wegen Alkoholismus richtet sich nach der gefestigten Rechtsprechung des BAG (s. z. B. Urteile vom 22. 12. 2012 – 2 AZR 32/11 und vom 20. 3. 2014 – 2 AZR 565/12) nach den Grundsätzen über die personenbedingte Kündigung. Aus den Besonderheiten der Trunksucht kann sich aber die Notwendigkeit ergeben, an die Prognose im Hinblick auf die weitere Entwicklung der Alkoholabhängigkeit geringere Anforderungen zu stellen. Ist der Arbeitnehmer im Zeitpunkt der Kündigung nicht therapiebereit, kann davon ausgegangen werden, dass er von dieser Krankheit in absehbarer Zeit nicht geheilt wird. Eine von ihm nach Ausspruch der Kündigung durchgeführte Therapie und ihr Ergebnis können daher nicht zur Korrektur der Prognose herangezogen werden (BAG vom 9. 4. 1987 – 2 AZR 210/86 – Betriebs-Berater 1987 S. 1815 –).

Nach der Entscheidung des BAG vom 12. 12. 1984 – 7 AZR 418/83 – AP Nr. 21 zu Art. 140 GG – kann bei einem in einem katholischen Krankenhaus beschäftigten Assistenzarzt der Austritt aus der katholischen Kirche einen personenbedingten Grund für eine ordentliche Kündigung darstellen.

Nach dem Urteil des BAG vom 24. 3. 2011 – 2 AZR 790/09 – ist die Verbüßung einer mehrjährigen Freiheitsstrafe grundsätzlich geeignet, die ordentliche Kündigung des Arbeitsverhältnisses zu rechtfertigen. Haben die der strafgerichtlichen Verurteilung zugrunde liegenden

Taten keinen Bezug zum Arbeitsverhältnis, kommt regelmäßig nur eine personenbedingte Kündigung in Betracht. Sowohl bei den Anforderungen an den Kündigungsgrund als auch bei der einzelfallbezogenen Interessenabwägung ist nach Meinung des BAG zu berücksichtigen, dass der Arbeitnehmer seine Leistungsunmöglichkeit und die damit einhergehende Störung des Arbeitsverhältnisses selbst zu vertreten hat. Dem Arbeitgeber sind deshalb zur Überbrückung der Fehlzeit typischerweise geringere Anstrengungen und Belastungen zuzumuten als bei einer Verhinderung des Arbeitnehmers etwa wegen Krankheit. Zudem ist auf die voraussichtliche Dauer der Leistungsunmöglichkeit Bedacht zu nehmen. Jedenfalls dann, wenn gegen den Arbeitnehmer rechtskräftig eine Freiheitsstrafe von mehr als zwei Jahren verhängt worden ist, kann der Arbeitgeber den Arbeitsplatz nach Auffassung des BAG in der Regel dauerhaft neu besetzen. Die Kündigung des inhaftierten Beschäftigten ist aus einem in der Person des Klägers liegenden Grund gerechtfertigt. Dies hat das BAG mit Urteil vom 23. 3. 2013 – 2 AZR 120/12 – bestätigt.

Verhaltensbedingte Kündigung

Die Gründe für eine verhaltensbedingte Kündigung sind mit denen einer außerordentlichen Kündigung vergleichbar. Hauptunterschied ist aber, dass die Gründe hinsichtlich ihrer Schwere und ihrer Auswirkungen geringer einzustufen sind und es dem Arbeitgeber zuzumuten ist, den Beschäftigten bis zum Ende der ordentlichen Kündigungsfrist weiter zu beschäftigen. In der Regel ist auch eine vorherige Abmahnung erforderlich, damit der Beschäftigte sein Fehlverhalten abstellen kann. Erst wenn er es nicht tut, ist die Kündigung möglich.

Während das BAG die Arbeitsverhinderung aufgrund einer längeren Haftstrafe als Sachgrund für eine personenbedingte Kündigung angesehen hat (s. o.), dürfte eine verhaltensbedingte Kündigung zumindest in den Fällen ausscheiden, in denen die Haftgründe in außerdienstlichem Fehlverhalten zu suchen sind. In § 41 TVöD BT-V wurde die Regelung des § 8 Abs. 1 Satz 1 BAT („Der Angestellte hat sich so zu verhalten, wie es von Angehörigen des ö. D. erwartet wird.") nicht übernommen. Das BAG hat daraus in zwei bemerkenswerten Urteilen (vom 10. 9. 2009 – 2 AZR 257/08 und 28. 10. 2010 – 2 AZR 293/09) geschlossen, dass an das nebenberufliche Verhalten der nicht hoheitlich tätigen Beschäftigten keine erhöhten Ansprüche gestellt werden dürfen. Selbst kriminelle Handlungen bzw. entsprechende Strafen mit außerdienstlichem Hintergrund rechtfertigen nach Auffassung des BAG grundsätzlich nicht die Kündigung des Beschäftigten, aus verhaltensbedingten Gründen. Im Einzelfall hält das BAG allerdings eine personenbedingte Kündigung für möglich, weil auch außerdienstliche Straftaten Eignungsmängel des Beschäftigten darstellen können (s. Urteil vom 10. April 2014 – 2 AZR 684/13; im Urteil ging es um den Handel mit Betäubungsmitteln).

Wegen der Kündigungsmöglichkeiten im Falle der Missachtung politischer Treuepflichten siehe bei § 41 TVöD.

Betriebsbedingte Kündigung

Gründe für eine betriebsbedingte Kündigung sind gegeben, wenn aufgrund von Aufgabenfortfall (z. B. durch geänderte Rahmenbedingungen wie deutlich zurückgehende Zahlen von Asylbewerbern oder Spätaussiedlern) oder durch Rationalisierungsmaßnahmen ein Arbeitsmangel eintritt. Ein betriebliches Erfordernis im Sinne des Kündigungsschutzgesetzes liegt im öffentlichen Dienst auch dann vor, wenn durch den Haushaltsplan bestimmte, nach sachlichen Merkmalen bezeichnete Stellen gestrichen werden. Allgemeine Sparmaßnahmen reichen nicht aus.

Als Besonderheit ist bei betriebsbedingten Kündigungen im öffentlichen Dienst die Vorschrift des § 1 Abs. 2 Satz 2 Nr. 2 Buchst. b KSchG zu beachten. Der dortige Grundsatz, dass eine Versetzung der Kündigung vorzuziehen und die Kündigung nur als letzte denkbare Maßnahme in Betracht kommt („Umsetzung geht vor Freisetzung“) schränkt die Kündigungsmöglichkeiten des öffentlichen Arbeitgebers erheblich ein.

Als weitere Besonderheit ist innerhalb des Geltungsbereiches der – auch nach Inkrafttreten des TVöD weiter geltenden – Rationalisierungsschutztarifverträge die darin vereinbarte weitere Einschränkung der Kündigungsmöglichkeiten und die soziale Abfederung eventueller Kündigungen zu beachten.

Weitere gesetzliche Grenzen

Neben dem oben dargestellten allgemeinen Kündigungsschutz nach dem Kündigungsschutzgesetz ist z. B. in folgenden Fällen aufgrund besonderer gesetzlicher Regelungen i. d. R. eine Kündigung nicht möglich:

- § 17 MuSchG: Kündigung ab 280 Tagen vor dem voraussichtlichen Entbindungstermin (so BAG-Urteil vom 24. 11. 2022 – 2 AZR 11/22) und bis zum Ablauf von vier Monaten nach der Entbindung
- § 18 BEEG: Kündigungsschutz vor der Elternzeit und während der Elternzeit

- § 5 Pflegezeitgesetz: Kündigungsschutz während der Pflegezeit[1])
- § 2 Abs. 3 Familienpflegezeitgesetz[2]): Entsprechende Anwendung des § 5 PflegeZG während der Familienpflegezeit
- § 168 SGB IX: Kündigung eines schwerbehinderten Menschen bedarf der Zustimmung des Integrationsamtes
- § 2 ArbPlSchG: Kündigung während einer Wehrübung
- § 15 Abs. 2 KSchG: Kündigung eines Mitgliedes einer Personalvertretung
- § 179 Abs. 3 SGB IX: Kündigung der Vertrauenspersonen schwerbehinderter Menschen
- § 2 Abs. 3 Abgeordnetengesetz: Kündigung wegen Annahme oder Ausübung eines Bundestagsmandates

II

3. Beteiligung der Personalvertretung

Nach dem Bundespersonalvertretungsgesetz bzw. den Personalvertretungsgesetzen der Länder – ggf. bei ausgegliederten Gesellschaften „am Rande des öffentlichen Dienstes" auch aus dem Betriebsverfassungsgesetz – ergeben sich Beteiligungsrechte der Personalvertretung im Falle der Kündigung. Zur Liste der Personalvertretungsgesetze → Erläuterung zu § 2 Abs. 1.

Eine nicht ordnungsgemäß erfolgte Beteiligung der Personalvertretung führt zur Unwirksamkeit der Kündigung.

Zu beachten ist, dass nur die Kündigungsgründe zum Tragen kommen können, die der Personalvertretung genannt worden sind.

Soll im Falle der außerordentlichen Kündigung hilfsweise eine ordentliche Kündigung ausgesprochen werden, oder geht es um die Umdeutung einer außerordentlichen in eine ordentliche Kündigung, so setzt dies die entsprechende Information/Beteiligung/Anhörung der Personalvertretung voraus.

4. Informationspflichten des Arbeitgebers

Nach § 2 Abs. 2 Satz 2 Nr. 3 SGB III soll der Arbeitgeber den Arbeitnehmer vor der Beendigung des Arbeitsverhältnisses frühzeitig über die Notwendigkeit eigener Aktivitäten bei der Suche nach einer anderen Beschäftigung sowie über die Verpflichtung unverzüglicher Meldung bei der Agentur für Arbeit informieren, ihn hierzu freistellen und die

---

1) abgedruckt als Anhang 1 unter **210** § 29 TVöD

2) abgedruckt als Anhang 1 unter **210** § 11 TVöD

Teilnahme an erforderlichen Qualifizierungsmaßnahmen ermöglichen.

Im Zusammenhang hiermit steht der seit dem 1. Juli 2003 geltende § 37b SGB III (seit 1. Januar 2009 § 38 SGB III), der eine Person, deren Arbeitsverhältnis endet, verpflichtet, sich spätestens drei Monate vor dessen Beendigung persönlich bei der Agentur für Arbeit arbeitsuchend zu melden. Die Pflicht zur Meldung besteht unabhängig davon, ob der Fortbestand des Arbeitsverhältnisses gerichtlich geltend gemacht wird. Für Auszubildende in betrieblicher Ausbildung gilt die Verpflichtung zur frühzeitigen Meldung grundsätzlich nicht, da über die weitere berufliche Situation meist erst unmittelbar nach der Abschlussprüfung entschieden werden kann.

Hat sich der Arbeitslose entgegen § 38 SGB III nicht unverzüglich arbeitsuchend gemeldet, droht nach § 159 SGB III eine Sperrzeit.

Um der gesetzlichen Informationspflicht des Arbeitgebers zu genügen, ist zu empfehlen, im Falle der Kündigung oder Aufhebung eines Arbeitsvertrages (z. B. 58er-Regelung, goldener Handschlag) sowie bei Abschluss befristeter Arbeitsverträge wie folgt vorzugehen:

a) Kündigung/Aufhebung eines Arbeitsvertrages

In das Kündigungsschreiben oder in den Aufhebungsvertrag sollte folgender Mustertext aufgenommen werden:

„Zur Aufrechterhaltung ungekürzter Ansprüche auf Arbeitslosengeld sind Sie verpflichtet, sich spätestens drei Monate vor Ablauf des Beschäftigungsverhältnisses persönlich bei der Agentur für Arbeit arbeitsuchend zu melden. Weiterhin sind Sie verpflichtet, aktiv nach einer Beschäftigung zu suchen."

b) Abschluss eines befristeten Arbeitsvertrages

Bereits bei Abschluss des befristeten Arbeitsvertrages sollte folgender Mustertext aufgenommen werden:

„Zur Aufrechterhaltung ungekürzter Ansprüche auf Arbeitslosengeld sind Sie verpflichtet, sich spätestens drei Monate vor Ablauf des Vertragsverhältnisses persönlich bei der Agentur für Arbeit arbeitsuchend zu melden. Sofern dieses Arbeitsverhältnis für eine kürzere Dauer als drei Monate befristet ist, besteht diese Verpflichtung innerhalb von drei Tagen nach Abschluss des Vertrages. Weiterhin sind Sie verpflichtet, aktiv nach einer Beschäftigung zu suchen."

Zur ergänzenden Information veröffentlicht und aktualisiert die Bundesagentur für Arbeit regelmäßig den „Leitfaden zur frühzeitigen Arbeitsuchendmeldung (§ 38 Abs. 1 SGB III) und Durchführung von Berufsberatung (§ 38 Abs. 2 SGB III)" und hält darüber hinaus eine

Vielzahl von Merkblättern und Informationsmaterial für Beschäftigte bzw. Arbeitslose sowie Arbeitgeber bereit.

Es wird empfohlen, den betroffenen Beschäftigten das Merkblatt bei Beendigung des Arbeitsverhältnisses auszuhändigen. Die Unterlassung der Informationspflicht durch den Arbeitgeber führt nicht zu Schadensersatzpflichten (Urteil des BAG vom 29. 9. 2005 – 8 AZR 571/04).

5. Die Tarifvorschrift (§ 34)

Kündigungsfristen (Abs. 1)

Die Vorschrift des Absatzes 1 ist als abweichende Regelung i. S. d. § 622 Abs. 4 BGB zu sehen; sie ersetzt die Kündigungsfristen des BGB (§ 622 Abs. 1 bis 3 BGB). Dies gilt auch für nicht tarifgebundene Arbeitgeber und Arbeitnehmer, wenn die Anwendung des § 34 TVöD zwischen ihnen vereinbart worden ist (§ 622 Abs. 4 Satz 2 BGB). Nach Betriebszugehörigkeit gestaffelte Kündigungsfristen verletzen nach der zur vergleichbaren Vorschrift des § 622 Abs. 2 Satz 1 BGB ergangenen Entscheidung des BAG vom 18. September 2014 – 6 AZR 636/13 – das Verbot der mittelbaren Altersdiskriminierung des Allgemeinen Gleichbehandlungsgesetzes nicht.

Zwar führe die Differenzierung der Kündigungsfrist nach der Dauer der Betriebszugehörigkeit zu einer mittelbaren Benachteiligung jüngerer Arbeitnehmer. Die Verlängerung der Kündigungsfristen durch § 622 Abs. 2 Satz 1 BGB verfolge jedoch das rechtmäßige Ziel, länger beschäftigten und damit betriebstreuen, typischerweise älteren Arbeitnehmern durch längere Kündigungsfristen einen verbesserten Kündigungsschutz zu gewähren. Zur Erreichung dieses Ziels sei die Verlängerung auch in ihrer konkreten Staffelung angemessen und erforderlich. Darum liege keine mittelbare Diskriminierung wegen des Alters vor.

Die Kündigungsfristen gelten sowohl für den Arbeitgeber als auch den Beschäftigten. Kommt der Beschäftigte während der auch von ihm einzuhaltenden Kündigungsfrist seiner Arbeitsverpflichtung nicht mehr nach, kann er sich schadensersatzpflichtig machen (siehe BAG-Urteil v. 20. 12. 1990 – 2 AZR 412/90 – AP Nr. 3 zu § 53 BAT).

Unkündbare Beschäftigte (Abs. 2)

Bei Beschäftigten der Mitglieder eines Mitgliedverbandes der VKA des Tarifgebiets West sowie bei Beschäftigten des Bundes, die das 40. Lebensjahr vollendet haben, tritt nach Satz 1 der Vorschrift weiterhin nach einer Beschäftigungszeit (→ zu Absatz 3) von 15 Jahren ein erweiterter Kündigungsschutz ein. Entsprechendes gilt gemäß Satz 2 für Beschäftigte, die nach bisherigem Recht unkündbar waren. Die Betroffenen sind nur noch aus in ihrer Person oder ihrem Verhalten liegendem wichtigem Grund (also außerordentlich – s. o.) kündbar. Andere wichtige Gründe, insbesondere dringende betriebliche Erfordernisse, berechtigen nicht zur fristlosen Beendigung des Arbeitsverhältnisses. Die Anknüpfung an ein Mindestalter legt den Verdacht eines möglichen Verstoßes gegen das Diskriminierungsverbot (der jüngeren Beschäftigten) des Allgemeinen Gleichbehandlungsgesetzes (AGG) nahe. Zwar hat das BAG nach Kenntnis des Verfassers bislang zu dieser Tarifregelung noch keine Entscheidung getroffen. Die Entscheidungen vom 20. Juni 2013 – 2 AZR 295/12 sowie vom 7. Juli 2011 – 2 AZR 355/10 (dort Rn. 26 f.) – lassen aber vermuten, dass das BAG einen etwaigen Verstoß gegen das Diskriminierungsverbot als durch ein legitimes Ziel i. S. d. § 10 AGG gerechtfertigt und die Regelung daher als rechtswirksam ansehen würde.

Kommt ausnahmsweise eine außerordentliche Kündigung wegen krankheitsbedingter Fehlzeiten in Betracht, ist grundsätzlich eine der ordentlichen Kündigungsfrist (also sechs Monate zum Schluss des Kalendervierteljahres) entsprechende Auslauffrist einzuhalten (siehe BAG-Urteil v. 18. 10. 2000 – 2 AZR 627/99 – DB 2001 S. 388).

Beschäftigungszeit (Abs. 3)

In Absatz 3 haben die Tarifparteien definiert, was sie unter dem Begriff der Beschäftigungszeit, der für den Eintritt der Unkündbarkeit, aber z. B. auch für die Dauer der Bezugsfristen des Krankengeldzuschusses von Bedeutung ist, verstehen.

Beschäftigungszeit ist demnach die bei demselben Arbeitgeber (→ aber Satz 3 und 4!) im Arbeitsverhältnis (also nicht als Beamter – so BAG v. 29. 6. 2017 – 6 AZR 364/16 –, Auszubildender, Praktikant etc.) zurückgelegte Zeit. Unterbrechungen sind unschädlich. Dies gilt auch für Unterbrechungen in Folge von Sonderurlaub i. S. v. § 28 TVöD. Die Zeit der Beurlaubung zählt aber nur dann als Beschäftigungszeit, wenn der Arbeitgeber vor Antritt des Sonderurlaubs ein dienstliches oder betriebliches Interesse an der Beurlaubung anerkannt hat. Satz 3 und 4 bestimmen – als Ausnahme von Satz 1, dass auch frühere Zeiten bei einem anderen Arbeitgeber, der unter den Geltungsbereich des TVöD fällt, und Zeiten bei einem anderen öffentlich-rechtlichen Arbeitgeber (der u. U. unter den TV-L fällt) als Beschäftigungszeit anerkannt werden. Voraussetzung dafür ist aber ein „Wechsel" von dem anderen zum jetzigen Arbeitgeber. Liegen andere Zeiten (z. B. in der Privatwirtschaft oder als Beamter) dazwischen, scheidet die Anrechnung aus – s. BAG v. 29. 6. 2017 – 6 AZR 364/16. In seinem Urteil vom 19. 11. 2020 – 6 AZR 417/19 – hat das BAG klargestellt, dass nur die Beschäftigungszeit beim unmittelbar vorangegangenen Arbeitgeber berücksichtigt werden kann.

Für den Bereich des Bundes hat das BMI mit Rundschreiben vom 12. 5. 2021 übertariflich zugelassen, dass abweichend vom Urteil des Bundesarbeitsgerichts vom 19. 11. 2020 bei der Festsetzung der Beschäftigungszeit alle vorherigen Zeiten bei einem Arbeitgeber nach § 34 Absatz 3 Satz 3 und 4 als Beschäftigungszeit für die Berechnung der Dauer des Krankengeldzuschusses (§ 22 Absatz 3 TVöD) und das Jubiläumsgeld (§ 23 Absatz 2 TVöD) anerkannt werden können.

Bei der Berechnung der Kündigungsfristen nach § 34 Absatz 1 und der Unkündbarkeit nach Absatz 2 wird nur die Beschäftigungszeit nach „Absatz 3 Satz 1 und 2“ berücksichtigt (so auch BAG v. 22. 2. 2018 – 6 AZR 137/17). Die bei anderen Arbeitgebern des öffentlichen Dienstes zurückgelegten Zeiten wirken sich somit nur auf die Jubiläumszeit (§ 23 Absatz 2) und die Bezugsdauer des Krankengeldzuschusses (§ 22 Absatz 3) aus.

Die Berücksichtigung bestimmter Zeiten als Beschäftigungszeit kann sich auch aus gesetzlichen Bestimmungen, deren Voraussetzungen und Auswirkungen im Einzelfall zu prüfen sind, ergeben. Hierzu gehören z. B. Zeiten

- im Soldatenverhältnis bei der Bundeswehr nach dem Soldatenversorgungsgesetz,
- des Grundwehrdienstes und der Wehrübungen nach dem Arbeitsplatzschutzgesetz,
- der Teilnahme an Eignungsübungen i. S. d. Eignungsübungsgesetz bzw. der Verordnung zum Eignungsübungsgesetzes,
- im Polizeivollzugs- oder Grenzschutzdienst des Bundes nach dem Bundespolizeigesetz,
- im Zivilschutz nach dem Zivilschutzgesetz,
- im Dienst als THW-Helfer nach dem THW-Helferrechtsgesetz,
- im Katastrophenschutz nach den Katastrophenschutzgesetzen,
- im Bergbau unter Tage nach den Gesetzen über den Bergmannsversorgungsschein des Landes Nordrhein-Westfalen und des Saarlandes.

Übergangsvorschriften

Für die vom bisherigen Recht in den TVöD übergeleiteten Beschäftigten enthalten § 14 TVÜ-Bund bzw. § 14 TVÜ-VKA[1]) Übergangsbestimmungen, die im Wesentlichen den Fortbestand der bis zum 30. September 2005 erreichten Beschäftigungszeiten sichern.

II

Eine Neuberechnung der vor dem 1. Oktober 2005 zurückgelegten Zeit ist nicht vorgesehen. Insbesondere werden nicht die alten Zeiten unter Berücksichtigung der neuen Rechtslage des § 34 Abs. 3 TVöD neu bewertet.

In der Überleitungs-Vorschrift des Bundes ist dabei klargestellt, dass für den Eintritt der Unkündbarkeit vor der Wiedervereinigung im Osten zurückgelegte Zeiten unberücksichtigt bleiben.

Die Überleitungs-Vorschrift im TVÜ-VKA bestimmt in Absatz 3 ergänzend zur Regelung der Unkündbarkeit in § 34 Abs. 2 TVöD, dass aus dem Geltungsbereich des BMT-G übergeleitete Beschäftigte, die am 30. September 2005 eine Beschäftigungszeit (§ 6 BMT-G ohne die nach § 68a BMT-G berücksichtigten Ost-Zeiten) von mindestens zehn Jahren zurückgelegt haben, abweichend von § 34 Abs. 2 Satz 1 TVöD den besonderen Kündigungsschutz „nach Maßgabe des § 52 Abs. 1 BMT-G" (also nach 15 Jahren Beschäftigungszeit ohne Mindestalter) noch erlangen.

---

1) TVÜ-Bund abgedruckt unter **270**

Anhang 1

II

Kündigungsschutzgesetz (KSchG)

in der Fassung der Bekanntmachung vom 25. August 1969 (BGBl. I S. 1317)

Zuletzt geändert durch Betriebsrätemodernisierungsgesetz vom 14. Juni 2021 (BGBl. I S. 1762)

Erster Abschnitt
Allgemeiner Kündigungsschutz

§ 1 Sozial ungerechtfertigte Kündigungen

(1) Die Kündigung des Arbeitsverhältnisses gegenüber einem Arbeitnehmer, dessen Arbeitsverhältnis in demselben Betrieb oder Unternehmen ohne Unterbrechung länger als sechs Monate bestanden hat, ist rechtsunwirksam, wenn sie sozial ungerechtfertigt ist.

(2) [1]Sozial ungerechtfertigt ist die Kündigung, wenn sie nicht durch Gründe, die in der Person oder in dem Verhalten des Arbeitnehmers liegen, oder durch dringende betriebliche Erfordernisse, die einer Weiterbeschäftigung des Arbeitnehmers in diesem Betrieb entgegenstehen, bedingt ist. [2]Die Kündigung ist auch sozial ungerechtfertigt, wenn

1. in Betrieben des privaten Rechts
   a) die Kündigung gegen eine Richtlinie nach § 95 des Betriebsverfassungsgesetzes verstößt,
   b) der Arbeitnehmer an einem anderen Arbeitsplatz in demselben Betrieb oder in einem anderen Betrieb des Unternehmens weiterbeschäftigt werden kann

   und der Betriebsrat oder eine andere nach dem Betriebsverfassungsgesetz insoweit zuständige Vertretung der Arbeitnehmer aus einem dieser Gründe der Kündigung innerhalb der Frist des § 102 Abs. 2 Satz 1 des Betriebsverfassungsgesetzes schriftlich widersprochen hat,
2. in Betrieben und Verwaltungen des öffentlichen Rechts
   a) die Kündigung gegen eine Richtlinie über die personelle Auswahl bei Kündigungen verstößt,
   b) der Arbeitnehmer an einem anderen Arbeitsplatz in derselben Dienststelle oder in einer anderen Dienststelle desselben Verwaltungszweiges an demselben Dienstort einschließlich seines Einzugsgebietes weiterbeschäftigt werden kann

II

und die zuständige Personalvertretung aus einem dieser Gründe fristgerecht gegen die Kündigung Einwendungen erhoben hat, es sei denn, daß die Stufenvertretung in der Verhandlung mit der übergeordneten Dienststelle die Einwendungen nicht aufrechterhalten hat.

[3]Satz 2 gilt entsprechend, wenn die Weiterbeschäftigung des Arbeitnehmers nach zumutbaren Umschulungs- oder Fortbildungsmaßnahmen oder eine Weiterbeschäftigung des Arbeitnehmers unter geänderten Arbeitsbedingungen möglich ist und der Arbeitnehmer sein Einverständnis hiermit erklärt hat. [4]Der Arbeitgeber hat die Tatsachen zu beweisen, die die Kündigung bedingen.

(3) [1]Ist einem Arbeitnehmer aus dringenden betrieblichen Erfordernissen im Sinne des Absatzes 2 gekündigt worden, so ist die Kündigung trotzdem sozial ungerechtfertigt, wenn der Arbeitgeber bei der Auswahl des Arbeitnehmers die Dauer der Betriebszugehörigkeit, das Lebensalter, die Unterhaltspflichten und die Schwerbehinderung des Arbeitnehmers nicht oder nicht ausreichend berücksichtigt hat; auf Verlangen des Arbeitnehmers hat der Arbeitgeber dem Arbeitnehmer die Gründe anzugeben, die zu der getroffenen sozialen Auswahl geführt haben. [2]In die soziale Auswahl nach Satz 1 sind Arbeitnehmer nicht einzubeziehen, deren Weiterbeschäftigung, insbesondere wegen ihrer Kenntnisse, Fähigkeiten und Leistungen oder zur Sicherung einer ausgewogenen Personalstruktur des Betriebes, im berechtigten betrieblichen Interesse liegt. [3]Der Arbeitnehmer hat die Tatsachen zu beweisen, die die Kündigung als sozial ungerechtfertigt im Sinne des Satzes 1 erscheinen lassen.

(4) Ist in einem Tarifvertrag, in einer Betriebsvereinbarung nach § 95 des Betriebsverfassungsgesetzes oder in einer entsprechenden Richtlinie nach den Personalvertretungsgesetzen festgelegt, wie die sozialen Gesichtspunkte nach Absatz 3 Satz 1 im Verhältnis zueinander zu bewerten sind, so kann die Bewertung nur auf grobe Fehlerhaftigkeit überprüft werden.

(5) [1]Sind bei einer Kündigung auf Grund einer Betriebsänderung nach § 111 des Betriebsverfassungsgesetzes die Arbeitnehmer, denen gekündigt werden soll, in einem Interessenausgleich zwischen Arbeitgeber und Betriebsrat namentlich bezeichnet, so wird vermutet, dass die Kündigung durch dringende betriebliche Erfordernisse im Sinne des Absatzes 2 bedingt ist. [2]Die soziale Auswahl der Arbeitnehmer kann nur auf grobe Fehlerhaftigkeit überprüft werden. [3]Die Sätze 1 und 2 gelten nicht, soweit sich die Sachlage nach Zustandekommen des Interessenausgleichs wesentlich geändert hat. [4]Der Interessenaus-

gleich nach Satz 1 ersetzt die Stellungnahme des Betriebsrates nach § 17 Abs. 3 Satz 2.

§ 1a Abfindungsanspruch bei betriebsbedingter Kündigung

(1) [1]Kündigt der Arbeitgeber wegen dringender betrieblicher Erfordernisse nach § 1 Abs. 2 Satz 1 und erhebt der Arbeitnehmer bis zum Ablauf der Frist des § 4 Satz 1 keine Klage auf Feststellung, dass das Arbeitsverhältnis durch die Kündigung nicht aufgelöst ist, hat der Arbeitnehmer mit dem Ablauf der Kündigungsfrist Anspruch auf eine Abfindung. [2]Der Anspruch setzt den Hinweis des Arbeitgebers in der Kündigungserklärung voraus, dass die Kündigung auf dringende betriebliche Erfordernisse gestützt ist und der Arbeitnehmer bei Verstreichenlassen der Klagefrist die Abfindung beanspruchen kann.

(2) [1]Die Höhe der Abfindung beträgt 0,5 Monatsverdienste für jedes Jahr des Bestehens des Arbeitsverhältnisses. [2]§ 10 Abs. 3 gilt entsprechend. [3]Bei der Ermittlung der Dauer des Arbeitsverhältnisses ist ein Zeitraum von mehr als sechs Monaten auf ein volles Jahr aufzurunden.

§ 2 Änderungskündigung

[1]Kündigt der Arbeitgeber das Arbeitsverhältnis und bietet er dem Arbeitnehmer im Zusammenhang mit der Kündigung die Fortsetzung des Arbeitsverhältnisses zu geänderten Arbeitsbedingungen an, so kann der Arbeitnehmer dieses Angebot unter dem Vorbehalt annehmen, daß die Änderung der Arbeitsbedingungen nicht sozial ungerechtfertigt ist (§ 1 Abs. 2 Satz 1 bis 3, Abs. 3 Satz 1 und 2). [2]Diesen Vorbehalt muß der Arbeitnehmer dem Arbeitgeber innerhalb der Kündigungsfrist, spätestens jedoch innerhalb von drei Wochen nach Zugang der Kündigung erklären.

§ 3 Kündigungseinspruch

[1]Hält der Arbeitnehmer eine Kündigung für sozial ungerechtfertigt, so kann er binnen einer Woche nach der Kündigung Einspruch beim Betriebsrat einlegen. [2]Erachtet der Betriebsrat den Einspruch für begründet, so hat er zu versuchen, eine Verständigung mit dem Arbeitgeber herbeizuführen. [3]Er hat seine Stellungnahme zu dem Einspruch dem Arbeitnehmer und dem Arbeitgeber auf Verlangen schriftlich mitzuteilen.

§ 4 Anrufung des Arbeitsgerichts

[1]Will ein Arbeitnehmer geltend machen, dass eine Kündigung sozial ungerechtfertigt oder aus anderen Gründen rechtsunwirksam ist, so muss er innerhalb von drei Wochen nach Zugang der schriftlichen Kün-

digung Klage beim Arbeitsgericht auf Feststellung erheben, dass das Arbeitsverhältnis durch die Kündigung nicht aufgelöst ist. [2]Im Falle des § 2 ist die Klage auf Feststellung zu erheben, daß die Änderung der Arbeitsbedingungen sozial ungerechtfertigt oder aus anderen Gründen rechtsunwirksam ist. [3]Hat der Arbeitnehmer Einspruch beim Betriebsrat eingelegt (§ 3), so soll er der Klage die Stellungnahme des Betriebsrates beifügen. [4]Soweit die Kündigung der Zustimmung einer Behörde bedarf, läuft die Frist zur Anrufung des Arbeitsgerichtes erst von der Bekanntgabe der Entscheidung der Behörde an den Arbeitnehmer ab.

§ 5 Zulassung verspäteter Klagen

(1) [1]War ein Arbeitnehmer nach erfolgter Kündigung trotz Anwendung aller ihm nach Lage der Umstände zuzumutenden Sorgfalt verhindert, die Klage innerhalb von drei Wochen nach Zugang der schriftlichen Kündigung zu erheben, so ist auf seinen Antrag die Klage nachträglich zuzulassen. [2]Gleiches gilt, wenn eine Frau von ihrer Schwangerschaft aus einem von ihr nicht zu vertretenden Grund erst nach Ablauf der Frist des § 4 Satz 1 Kenntnis erlangt hat.

(2) [1]Mit dem Antrag ist die Klageerhebung zu verbinden; ist die Klage bereits eingereicht, so ist auf sie im Antrag Bezug zu nehmen. [2]Der Antrag muß ferner die Angabe der die nachträgliche Zulassung begründenden Tatsachen und der Mittel für deren Glaubhaftmachung enthalten.

(3) [1]Der Antrag ist nur innerhalb von zwei Wochen nach Behebung des Hindernisses zulässig. [2]Nach Ablauf von sechs Monaten, vom Ende der versäumten Frist an gerechnet, kann der Antrag nicht mehr gestellt werden.

(4) [1]Das Verfahren über den Antrag auf nachträgliche Zulassung ist mit dem Verfahren über die Klage zu verbinden. [2]Das Arbeitsgericht kann das Verfahren zunächst auf die Verhandlung und Entscheidung über den Antrag beschränken. [3]In diesem Fall ergeht die Entscheidung durch Zwischenurteil, das wie ein Endurteil angefochten werden kann.

(5) [1]Hat das Arbeitsgericht über einen Antrag auf nachträgliche Klagezulassung nicht entschieden oder wird ein solcher Antrag erstmals vor dem Landesarbeitsgericht gestellt, entscheidet hierüber die Kammer des Landesarbeitsgerichts. [2]Absatz 4 gilt entsprechend.

§ 6 Verlängerte Anrufungsfrist

[1]Hat ein Arbeitnehmer innerhalb von drei Wochen nach Zugang der schriftlichen Kündigung im Klagewege geltend gemacht, dass eine

rechtswirksame Kündigung nicht vorliege, so kann er sich in diesem Verfahren bis zum Schluss der mündlichen Verhandlung erster Instanz zur Begründung der Unwirksamkeit der Kündigung auch auf innerhalb der Klagefrist nicht geltend gemachte Gründe berufen. [2]Das Arbeitsgericht soll ihn hierauf hinweisen.

§ 7 Wirksamwerden der Kündigung

Wird die Rechtsunwirksamkeit einer Kündigung nicht rechtzeitig geltend gemacht (§ 4 Satz 1, §§ 5 und 6), so gilt die Kündigung als von Anfang an rechtswirksam; ein vom Arbeitnehmer nach § 2 erklärter Vorbehalt erlischt.

§ 8 Wiederherstellung der früheren Arbeitsbedingungen

Stellt das Gericht im Falle des § 2 fest, daß die Änderung der Arbeitsbedingungen sozial ungerechtfertigt ist, so gilt die Änderungskündigung als von Anfang an rechtsunwirksam.

§ 9 Auflösung des Arbeitsverhältnisses durch Urteil des Gerichts; Abfindung des Arbeitnehmers

(1) [1]Stellt das Gericht fest, daß das Arbeitsverhältnis durch die Kündigung nicht aufgelöst ist, ist jedoch dem Arbeitnehmer die Fortsetzung des Arbeitsverhältnisses nicht zuzumuten, so hat das Gericht auf Antrag des Arbeitnehmers das Arbeitsverhältnis aufzulösen und den Arbeitgeber zur Zahlung einer angemessenen Abfindung zu verurteilen. [2]Die gleiche Entscheidung hat das Gericht auf Antrag des Arbeitgebers zu treffen, wenn Gründe vorliegen, die eine den Betriebszwecken dienliche weitere Zusammenarbeit zwischen Arbeitgeber und Arbeitnehmer nicht erwarten lassen. [3]Arbeitnehmer und Arbeitgeber können den Antrag auf Auflösung des Arbeitsverhältnisses bis zum Schluß der letzten mündlichen Verhandlung in der Berufungsinstanz stellen.

(2) Das Gericht hat für die Auflösung des Arbeitsverhältnisses den Zeitpunkt festzusetzen, an dem es bei sozial gerechtfertigter Kündigung geendet hätte.

§ 10 Höhe der Abfindung

(1) Als Abfindung ist ein Betrag bis zu zwölf Monatsverdiensten festzusetzen.

(2) [1]Hat der Arbeitnehmer das fünfzigste Lebensjahr vollendet und hat das Arbeitsverhältnis mindestens fünfzehn Jahre bestanden, so ist ein Betrag bis zu fünfzehn Monatsverdiensten, hat der Arbeitnehmer das fünfundfünfzigste Lebensjahr vollendet und hat das Arbeitsver-

hältnis mindestens zwanzig Jahre bestanden, so ist ein Betrag bis zu achtzehn Monatsverdiensten festzusetzen. [2]Dies gilt nicht, wenn der Arbeitnehmer in dem Zeitpunkt, den das Gericht nach § 9 Abs. 2 für die Auflösung des Arbeitsverhältnisses festsetzt, das in der Vorschrift des Sechsten Buches Sozialgesetzbuch über die Regelaltersrente bezeichnete Lebensalter erreicht hat.

(3) Als Monatsverdienst gilt, was dem Arbeitnehmer bei der für ihn maßgebenden regelmäßigen Arbeitszeit in dem Monat, in dem das Arbeitsverhältnis endet (§ 9 Abs. 2), an Geld- und Sachbezügen zusteht.

§ 11 Anrechnung auf entgangenen Zwischenverdienst

Besteht nach der Entscheidung des Gerichts das Arbeitsverhältnis fort, so muß sich der Arbeitnehmer auf das Arbeitsentgelt, das ihm der Arbeitgeber für die Zeit nach der Entlassung schuldet, anrechnen lassen,

1. was er durch anderweitige Arbeit verdient hat,
2. was er hätte verdienen können, wenn er es nicht böswillig unterlassen hätte, eine ihm zumutbare Arbeit anzunehmen,
3. was ihm an öffentlich-rechtlichen Leistungen infolge Arbeitslosigkeit aus der Sozialversicherung, der Arbeitslosenversicherung, der Sicherung des Lebensunterhalts nach dem Zweiten Buch Sozialgesetzbuch oder der Sozialhilfe für die Zwischenzeit gezahlt worden ist. Diese Beträge hat der Arbeitgeber der Stelle zu erstatten, die sie geleistet hat.

§ 12 Neues Arbeitsverhältnis des Arbeitnehmers; Auflösung des alten Arbeitsverhältnisses

[1]Besteht nach der Entscheidung des Gerichts das Arbeitsverhältnis fort, ist jedoch der Arbeitnehmer inzwischen ein neues Arbeitsverhältnis eingegangen, so kann er binnen einer Woche nach der Rechtskraft des Urteils durch Erklärung gegenüber dem alten Arbeitgeber die Fortsetzung des Arbeitsverhältnisses bei diesem verweigern. [2]Die Frist wird auch durch eine vor ihrem Ablauf zur Post gegebene schriftliche Erklärung gewahrt. [3]Mit dem Zugang der Erklärung erlischt das Arbeitsverhältnis. [4]Macht der Arbeitnehmer von seinem Verweigerungsrecht Gebrauch, so ist ihm entgangener Verdienst nur für die Zeit zwischen der Entlassung und dem Tage des Eintritts in das neue Arbeitsverhältnis zu gewähren. [5]§ 11 findet entsprechende Anwendung.

§ 13 Außerordentliche, sittenwidrige und sonstige Kündigungen

(1) [1]Die Vorschriften über das Recht zur außerordentlichen Kündigung eines Arbeitsverhältnisses werden durch das vorliegende Gesetz nicht

berührt. [2]Die Rechtsunwirksamkeit einer außerordentlichen Kündigung kann jedoch nur nach Maßgabe des § 4 Satz 1 und der §§ 5 bis 7 geltend gemacht werden. [3]Stellt das Gericht fest, dass die außerordentliche Kündigung unbegründet ist, ist jedoch dem Arbeitnehmer die Fortsetzung des Arbeitsverhältnisses nicht zuzumuten, so hat auf seinen Antrag das Gericht das Arbeitsverhältnis aufzulösen und den Arbeitgeber zur Zahlung einer angemessenen Abfindung zu verurteilen. [4]Das Gericht hat für die Auflösung des Arbeitsverhältnisses den Zeitpunkt festzulegen, zu dem die außerordentliche Kündigung ausgesprochen wurde. [5]Die Vorschriften der §§ 10 bis 12 gelten entsprechend.

(2) Verstößt eine Kündigung gegen die guten Sitten, so finden die Vorschriften des § 9 Abs. 1 Satz 1 und Abs. 2 und der §§ 10 bis 12 entsprechende Anwendung.

(3) Im Übrigen finden die Vorschriften dieses Abschnitts mit Ausnahme der §§ 4 bis 7 auf eine Kündigung, die bereits aus anderen als den in § 1 Abs. 2 und 3 bezeichneten Gründen rechtsunwirksam ist, keine Anwendung.

§ 14 Angestellte in leitender Stellung

(1) Die Vorschriften dieses Abschnitts gelten nicht

1. in Betrieben einer juristischen Person für die Mitglieder des Organs, das zur gesetzlichen Vertretung der juristischen Person berufen ist,
2. in Betrieben einer Personengesamtheit für die durch Gesetz, Satzung oder Gesellschaftsvertrag zur Vertretung der Personengesamtheit berufenen Personen.

(2) [1]Auf Geschäftsführer, Betriebsleiter und ähnliche leitende Angestellte, soweit diese zur selbständigen Einstellung oder Entlassung von Arbeitnehmern berechtigt sind, finden die Vorschriften dieses Abschnitts mit Ausnahme des § 3 Anwendung. [2]§ 9 Abs. 1 Satz 2 findet mit der Maßgabe Anwendung, daß der Antrag des Arbeitgebers auf Auflösung des Arbeitsverhältnisses keiner Begründung bedarf.

Zweiter Abschnitt
Kündigungsschutz im Rahmen der Betriebsverfassung und Personalvertretung

§ 15 Unzulässigkeit der Kündigung

(1) [1]Die Kündigung eines Mitglieds eines Betriebsrats, einer Jugend- und Auszubildendenvertretung, einer Bordvertretung oder eines Seebetriebsrats ist unzulässig, es sei denn, daß Tatsachen vorliegen, die den Arbeitgeber zur Kündigung aus wichtigem Grund ohne Einhal-

tung einer Kündigungsfrist berechtigen, und daß die nach § 103 des Betriebsverfassungsgesetzes erforderliche Zustimmung vorliegt oder durch gerichtliche Entscheidung ersetzt ist. [2]Nach Beendigung der Amtszeit ist die Kündigung eines Mitglieds eines Betriebsrats, einer Jugend- und Auszubildendenvertretung oder eines Seebetriebsrats innerhalb eines Jahres, die Kündigung eines Mitglieds einer Bordvertretung innerhalb von sechs Monaten, jeweils vom Zeitpunkt der Beendigung der Amtszeit an gerechnet, unzulässig, es sei denn, daß Tatsachen vorliegen, die den Arbeitgeber zur Kündigung aus wichtigem Grund ohne Einhaltung einer Kündigungsfrist berechtigen; dies gilt nicht, wenn die Beendigung der Mitgliedschaft auf einer gerichtlichen Entscheidung beruht.

(2) [1]Die Kündigung eines Mitglieds einer Personalvertretung, einer Jugend- und Auszubildendenvertretung oder einer Jugendvertretung ist unzulässig, es sei denn, daß Tatsachen vorliegen, die den Arbeitgeber zur Kündigung aus wichtigem Grund ohne Einhaltung einer Kündigungsfrist berechtigen, und daß die nach dem Personalvertretungsrecht erforderliche Zustimmung vorliegt oder durch gerichtliche Entscheidung ersetzt ist. [2]Nach Beendigung der Amtszeit der in Satz 1 genannten Personen ist ihre Kündigung innerhalb eines Jahres, vom Zeitpunkt der Beendigung der Amtszeit an gerechnet, unzulässig, es sei denn, daß Tatsachen vorliegen, die den Arbeitgeber zur Kündigung aus wichtigem Grund ohne Einhaltung einer Kündigungsfrist berechtigen; dies gilt nicht, wenn die Beendigung der Mitgliedschaft auf einer gerichtlichen Entscheidung beruht.

(3) [1]Die Kündigung eines Mitglieds eines Wahlvorstands ist vom Zeitpunkt seiner Bestellung an, die Kündigung eines Wahlbewerbers vom Zeitpunkt der Aufstellung des Wahlvorschlags an, jeweils bis zur Bekanntgabe des Wahlergebnisses unzulässig, es sei denn, daß Tatsachen vorliegen, die den Arbeitgeber zur Kündigung aus wichtigem Grund ohne Einhaltung einer Kündigungsfrist berechtigen, und daß die nach § 103 des Betriebsverfassungsgesetzes oder nach dem Personalvertretungsrecht erforderliche Zustimmung vorliegt oder durch eine gerichtliche Entscheidung ersetzt ist. [2]Innerhalb von sechs Monaten nach Bekanntgabe des Wahlergebnisses ist die Kündigung unzulässig, es sei denn, daß Tatsachen vorliegen, die den Arbeitgeber zur Kündigung aus wichtigem Grund ohne Einhaltung einer Kündigungsfrist berechtigen; dies gilt nicht für Mitglieder des Wahlvorstands, wenn dieser durch gerichtliche Entscheidung durch einen anderen Wahlvorstand ersetzt worden ist.

(3a) [1]Die Kündigung eines Arbeitnehmers, der zu einer Betriebs-, Wahl- oder Bordversammlung nach § 17 Abs. 3, § 17a Nr. 3 Satz 2,

§ 115 Abs. 2 Nr. 8 Satz 1 des Betriebsverfassungsgesetzes einlädt oder die Bestellung eines Wahlvorstands nach § 16 Abs. 2 Satz 1, § 17 Abs. 4, § 17a Nr. 4, § 63 Abs. 3, § 115 Abs. 2 Nr. 8 Satz 2 oder § 116 Abs. 2 Nr. 7 Satz 5 des Betriebsverfassungsgesetzes beantragt, ist vom Zeitpunkt der Einladung oder Antragstellung an bis zur Bekanntgabe des Wahlergebnisses unzulässig, es sei denn, dass Tatsachen vorliegen, die den Arbeitgeber zur Kündigung aus wichtigem Grund ohne Einhaltung einer Kündigungsfrist berechtigen; der Kündigungsschutz gilt für die ersten sechs in der Einladung oder die ersten drei in der Antragstellung aufgeführten Arbeitnehmer. [2]Wird ein Betriebsrat, eine Jugend- und Auszubildendenvertretung, eine Bordvertretung oder ein Seebetriebsrat nicht gewählt, besteht der Kündigungsschutz nach Satz 1 vom Zeitpunkt der Einladung oder Antragstellung an drei Monate.

(3b) [1]Die Kündigung eines Arbeitnehmers, der Vorbereitungshandlungen zur Errichtung eines Betriebsrats oder einer Bordvertretung unternimmt und eine öffentlich beglaubigte Erklärung mit dem Inhalt abgegeben hat, dass er die Absicht hat, einen Betriebsrat oder eine Bordvertretung zu errichten, ist unzulässig, soweit sie aus Gründen erfolgt, die in der Person oder in dem Verhalten des Arbeitnehmers liegen, es sei denn, dass Tatsachen vorliegen, die den Arbeitgeber zur Kündigung aus wichtigem Grund ohne Einhaltung einer Kündigungsfrist berechtigen. [2]Der Kündigungsschutz gilt von der Abgabe der Erklärung nach Satz 1 bis zum Zeitpunkt der Einladung zu einer Betriebs-, Wahl- oder Bordversammlung nach § 17 Absatz 3, § 17a Nummer 3 Satz 2, § 115 Absatz 2 Nummer 8 Satz 1 des Betriebsverfassungsgesetzes, längstens jedoch für drei Monate.

(4) Wird der Betrieb stillgelegt, so ist die Kündigung der in den Absätzen 1 bis 3a genannten Personen frühestens zum Zeitpunkt der Stilllegung zulässig, es sei denn, daß ihre Kündigung zu einem früheren Zeitpunkt durch zwingende betriebliche Erfordernisse bedingt ist.

(5) [1]Wird eine der in den Absätzen 1 bis 3a genannten Personen in einer Betriebsabteilung beschäftigt, die stillgelegt wird, so ist sie in eine andere Betriebsabteilung zu übernehmen. [2]Ist dies aus betrieblichen Gründen nicht möglich, so findet auf ihre Kündigung die Vorschrift des Absatzes 4 über die Kündigung bei Stillegung des Betriebs sinngemäß Anwendung.

§ 16 Neues Arbeitsverhältnis; Auflösung des alten Arbeitsverhältnisses

[1]Stellt das Gericht die Unwirksamkeit der Kündigung einer der in § 15 Absatz 1 bis 3b genannten Personen fest, so kann diese Person, falls sie inzwischen ein neues Arbeitsverhältnis eingegangen ist, binnen einer

Woche nach Rechtskraft des Urteils durch Erklärung gegenüber dem alten Arbeitgeber die Weiterbeschäftigung bei diesem verweigern. [2]Im übrigen finden die Vorschriften des § 11 und des § 12 Satz 2 bis 4 entsprechende Anwendung.

Dritter Abschnitt
Anzeigepflichtige Entlassungen

§ 17 Anzeigepflicht

(1) [1]Der Arbeitgeber ist verpflichtet, der Agentur für Arbeit Anzeige zu erstatten, bevor er

1. in Betrieben mit in der Regel mehr als 20 und weniger als 60 Arbeitnehmern mehr als 5 Arbeitnehmer,
2. in Betrieben mit in der Regel mindestens 60 und weniger als 500 Arbeitnehmern 10 vom Hundert der im Betrieb regelmäßig beschäftigten Arbeitnehmer oder aber mehr als 25 Arbeitnehmer,
3. in Betrieben mit in der Regel mindestens 500 Arbeitnehmern mindestens 30 Arbeitnehmer

innerhalb von 30 Kalendertagen entläßt. [2]Den Entlassungen stehen andere Beendigungen des Arbeitsverhältnisses gleich, die vom Arbeitgeber veranlaßt werden.

(2) [1]Beabsichtigt der Arbeitgeber, nach Absatz 1 anzeigepflichtige Entlassungen vorzunehmen, hat er dem Betriebsrat rechtzeitig die zweckdienlichen Auskünfte zu erteilen und ihn schriftlich insbesondere zu unterrichten über

1. die Gründe für die geplanten Entlassungen,
2. die Zahl und die Berufsgruppen der zu entlassenden Arbeitnehmer,
3. die Zahl und die Berufsgruppen der in der Regel beschäftigten Arbeitnehmer,
4. den Zeitraum, in dem die Entlassungen vorgenommen werden sollen,
5. die vorgesehenen Kriterien für die Auswahl der zu entlassenden Arbeitnehmer,
6. die für die Berechnung etwaiger Abfindungen vorgesehenen Kriterien.

[2]Arbeitgeber und Betriebsrat haben insbesondere die Möglichkeiten zu beraten, Entlassungen zu vermeiden oder einzuschränken und ihre Folgen zu mildern.

(3) [1]Der Arbeitgeber hat gleichzeitig der Agentur für Arbeit eine Abschrift der Mitteilung an den Betriebsrat zuzuleiten; sie muß zumindest die in Absatz 2 Satz 1 Nr. 1 bis 5 vorgeschriebenen Angaben enthalten. [2]Die Anzeige nach Absatz 1 ist schriftlich unter Beifügung

der Stellungnahme des Betriebsrates zu den Entlassungen zu erstatten. [3]Liegt eine Stellungnahme des Betriebsrates nicht vor, so ist die Anzeige wirksam, wenn der Arbeitgeber glaubhaft macht, daß er den Betriebsrat mindestens zwei Wochen vor Erstattung der Anzeige nach Absatz 2 Satz 1 unterrichtet hat, und er den Stand der Beratungen darlegt. [4]Die Anzeige muß Angaben über den Namen des Arbeitgebers, den Sitz und die Art des Betriebes enthalten, ferner die Gründe für die geplanten Entlassungen, die Zahl und die Berufsgruppen der zu entlassenden und der in der Regel beschäftigten Arbeitnehmer, den Zeitraum, in dem die Entlassungen vorgenommen werden sollen und die vorgesehenen Kriterien für die Auswahl der zu entlassenden Arbeitnehmer. [5]In der Anzeige sollen ferner im Einvernehmen mit dem Betriebsrat für die Arbeitsvermittlung Angaben über Geschlecht, Alter, Beruf und Staatsangehörigkeit der zu entlassenden Arbeitnehmer gemacht werden. [6]Der Arbeitgeber hat dem Betriebsrat eine Abschrift der Anzeige zuzuleiten. [7]Der Betriebsrat kann gegenüber der Agentur für Arbeit weitere Stellungnahmen abgeben. [8]Er hat dem Arbeitgeber eine Abschrift der Stellungnahme zuzuleiten.

(3a) [1]Die Auskunfts-, Beratungs- und Anzeigepflichten nach den Absätzen 1 bis 3 gelten auch dann, wenn die Entscheidung über die Entlassungen von einem den Arbeitgeber beherrschenden Unternehmen getroffen wurde. [2]Der Arbeitgeber kann sich nicht darauf berufen, daß das für die Entlassungen verantwortliche Unternehmen die notwendigen Auskünfte nicht übermittelt hat.

(4) [1]Das Recht zur fristlosen Entlassung bleibt unberührt. [2]Fristlose Entlassungen werden bei Berechnung der Mindestzahl der Entlassungen nach Absatz 1 nicht mitgerechnet.

(5) Als Arbeitnehmer im Sinne dieser Vorschrift gelten nicht

1. in Betrieben einer juristischen Person die Mitglieder des Organs, das zur gesetzlichen Vertretung der juristischen Person berufen ist,
2. in Betrieben einer Personengesamtheit die durch Gesetz, Satzung oder Gesellschaftsvertrag zur Vertretung der Personengesamtheit berufenen Personen,
3. Geschäftsführer, Betriebsleiter und ähnliche leitende Personen, soweit diese zur selbständigen Einstellung oder Entlassung von Arbeitnehmern berechtigt sind.

§ 18 Entlassungssperre

(1) Entlassungen, die nach § 17 anzuzeigen sind, werden vor Ablauf eines Monats nach Eingang der Anzeige bei der Agentur für Arbeit nur mit deren Zustimmung wirksam; die Zustimmung kann auch rückwirkend bis zum Tage der Antragstellung erteilt werden.

(2) Die Agentur für Arbeit kann im Einzelfall bestimmen, daß die Entlassungen nicht vor Ablauf von längstens zwei Monaten nach Eingang der Anzeige bei der Agentur für Arbeit wirksam werden.

(3) (weggefallen)

II

(4) Soweit die Entlassungen nicht innerhalb von 90 Tagen nach dem Zeitpunkt, zu dem sie nach den Absätzen 1 und 2 zulässig sind, durchgeführt werden, bedarf es unter den Voraussetzungen des § 17 Abs. 1 einer erneuten Anzeige.

§ 19 Zulässigkeit von Kurzarbeit

(1) Ist der Arbeitgeber nicht in der Lage, die Arbeitnehmer bis zu dem in § 18 Abs. 1 und 2 bezeichneten Zeitpunkt voll zu beschäftigen, so kann die Bundesagentur für Arbeit zulassen, daß der Arbeitgeber für die Zwischenzeit Kurzarbeit einführt.

(2) Der Arbeitgeber ist im Falle der Kurzarbeit berechtigt, Lohn oder Gehalt der mit verkürzter Arbeitszeit beschäftigten Arbeitnehmer entsprechend zu kürzen; die Kürzung des Arbeitsentgelts wird jedoch erst von dem Zeitpunkt an wirksam, an dem das Arbeitsverhältnis nach den allgemeinen gesetzlichen oder den vereinbarten Bestimmungen enden würde.

(3) Tarifvertragliche Bestimmungen über die Einführung, das Ausmaß und die Bezahlung von Kurzarbeit werden durch die Absätze 1 und 2 nicht berührt.

§ 20 Entscheidungen der Agentur für Arbeit

(1) [1]Die Entscheidungen der Agentur für Arbeit nach § 18 Abs. 1 und 2 trifft deren Geschäftsführung oder ein Ausschuß (Entscheidungsträger). [2]Die Geschäftsführung darf nur dann entscheiden, wenn die Zahl der Entlassungen weniger als 50 beträgt.

(2) [1]Der Ausschuß setzt sich aus dem Geschäftsführer, der Geschäftsführerin oder dem oder der Vorsitzenden der Geschäftsführung der Agentur für Arbeit oder einem von ihm oder ihr beauftragten Angehörigen der Agentur für Arbeit als Vorsitzenden und je zwei Vertretern der Arbeitnehmer, der Arbeitgeber und der öffentlichen Körperschaften zusammen, die von dem Verwaltungsausschuss der Agentur für Arbeit benannt werden. [2]Er trifft seine Entscheidungen mit Stimmenmehrheit.

(3) [1]Der Entscheidungsträger hat vor seiner Entscheidung den Arbeitgeber und den Betriebsrat anzuhören. [2]Dem Entscheidungsträger sind, insbesondere vom Arbeitgeber und Betriebsrat, die von ihm für die Beurteilung des Falles erforderlich gehaltenen Auskünfte zu erteilen.

(4) Der Entscheidungsträger hat sowohl das Interesse des Arbeitgebers als auch das der zu entlassenden Arbeitnehmer, das öffentliche Interesse und die Lage des gesamten Arbeitsmarktes unter besonderer Beachtung des Wirtschaftszweiges, dem der Betrieb angehört, zu berücksichtigen.

§ 21 Entscheidungen der Zentrale der Bundesagentur für Arbeit

[1]Für Betriebe, die zum Geschäftsbereich des Bundesministers für Verkehr oder des Bundesministers für Post- und Telekommunikation gehören, trifft, wenn mehr als 500 Arbeitnehmer entlassen werden sollen, ein gemäß § 20 Abs. 1 bei der Zentrale der Bundesagentur für Arbeit zu bildender Ausschuß die Entscheidungen nach § 18 Abs. 1 und 2. [2]Der zuständige Bundesminister kann zwei Vertreter mit beratender Stimme in den Ausschuß entsenden. [3]Die Anzeigen nach § 17 sind in diesem Falle an die Zentrale der Bundesagentur für Arbeit zu erstatten. [4]Im übrigen gilt § 20 Abs. 1 bis 3 entsprechend.

§ 22 Ausnahmebetriebe

(1) Auf Saisonbetriebe und Kampagne-Betriebe finden die Vorschriften dieses Abschnittes bei Entlassungen, die durch diese Eigenart der Betriebe bedingt sind, keine Anwendung.

(2) [1]Keine Saisonbetriebe oder Kampagne-Betriebe sind Betriebe des Baugewerbes, in denen die ganzjährige Beschäftigung nach dem Dritten Buch Sozialgesetzbuch gefördert wird. [2]Das Bundesministerium für Arbeit und Soziales wird ermächtigt, durch Rechtsverordnung Vorschriften zu erlassen, welche Betriebe als Saisonbetriebe oder Kampagne-Betriebe im Sinne des Absatzes 1 gelten.

Vierter Abschnitt
Schlußbestimmungen

§ 23 Geltungsbereich

(1) [1]Die Vorschriften des Ersten und Zweiten Abschnitts gelten für Betriebe und Verwaltungen des privaten und des öffentlichen Rechts, vorbehaltlich der Vorschriften des § 24 für die Seeschiffahrts-, Binnenschiffahrts- und Luftverkehrsbetriebe. [2]Die Vorschriften des Ersten Abschnitts gelten mit Ausnahme der §§ 4 bis 7 und des § 13 Abs. 1 Satz 1 und 2 nicht für Betriebe und Verwaltungen, in denen in der Regel fünf oder weniger Arbeitnehmer ausschließlich der zu ihrer Berufsbildung Beschäftigten beschäftigt werden. [3]In Betrieben und Verwaltungen, in denen in der Regel zehn oder weniger Arbeitnehmer ausschließlich der zu ihrer Berufsbildung Beschäftigten beschäftigt werden,

gelten die Vorschriften des Ersten Abschnitts mit Ausnahme der §§ 4 bis 7 und des § 13 Abs. 1 Satz 1 und 2 nicht für Arbeitnehmer, deren Arbeitsverhältnis nach dem 31. Dezember 2003 begonnen hat; diese Arbeitnehmer sind bei der Feststellung der Zahl der beschäftigten Arbeitnehmer nach Satz 2 bis zur Beschäftigung von in der Regel zehn Arbeitnehmern nicht zu berücksichtigen. [4]Bei der Feststellung der Zahl der beschäftigten Arbeitnehmer nach den Sätzen 2 und 3 sind teilzeitbeschäftigte Arbeitnehmer mit einer regelmäßigen wöchentlichen Arbeitszeit von nicht mehr als 20 Stunden mit 0,5 und nicht mehr als 30 Stunden mit 0,75 zu berücksichtigen.

(2) Die Vorschriften des Dritten Abschnitts gelten für Betriebe und Verwaltungen des privaten Rechts sowie für Betriebe, die von einer öffentlichen Verwaltung geführt werden, soweit sie wirtschaftliche Zwecke verfolgen.

§ 24 Anwendung des Gesetzes auf Betriebe der Schifffahrt und des Luftverkehrs

(1) Die Vorschriften des Ersten und Zweiten Abschnitts finden nach Maßgabe der Absätze 2 bis 4 auf Arbeitsverhältnisse der Besatzung von Seeschiffen, Binnenschiffen und Luftfahrzeugen Anwendung.

(2) Als Betrieb im Sinne dieses Gesetzes gilt jeweils die Gesamtheit der Seeschiffe oder der Binnenschiffe eines Schifffahrtsbetriebs oder der Luftfahrzeuge eines Luftverkehrsbetriebs.

(3) Dauert die erste Reise eines Besatzungsmitglieds eines Seeschiffes oder eines Binnenschiffes länger als sechs Monate, so verlängert sich die Sechsmonatsfrist des § 1 Absatz 1 bis drei Tage nach Beendigung dieser Reise.

(4) [1]Die Klage nach § 4 ist binnen drei Wochen zu erheben, nachdem die Kündigung dem Besatzungsmitglied an Land zugegangen ist. [2]Geht dem Besatzungsmitglied eines Seeschiffes oder eines Binnenschiffes die Kündigung während der Fahrt des Schiffes zu, ist die Klage innerhalb von sechs Wochen nach dem Dienstende an Bord zu erheben. [3]Geht dem Besatzungsmitglied eines Seeschiffes die Kündigung während einer Gefangenschaft aufgrund von seeräuberischen Handlungen oder bewaffneten Raubüberfällen auf Schiffe im Sinne von § 2 Nummer 11 oder 12 des Seearbeitsgesetzes zu oder gerät das Besatzungsmitglied während des Laufs der Frist nach Satz 1 oder 2 in eine solche Gefangenschaft, ist die Klage innerhalb von sechs Wochen nach der Freilassung des Besatzungsmitglieds zu erheben; nimmt das Besatzungsmitglied nach der Freilassung den Dienst an Bord wieder auf, beginnt die Frist mit dem Dienstende an Bord. [4]An die Stelle der

Dreiwochenfrist in § 5 Absatz 1 und § 6 treten die in den Sätzen 1 bis 3 genannten Fristen.

(5) [1]Die Vorschriften des Dritten Abschnitts finden nach Maßgabe der folgenden Sätze Anwendung auf die Besatzungen von Seeschiffen. [2]Bei Schiffen nach § 114 Absatz 4 Satz 1 des Betriebsverfassungsgesetzes tritt, soweit sie nicht als Teil des Landbetriebs gelten, an die Stelle des Betriebsrats der Seebetriebsrat. [3]Betrifft eine anzeigepflichtige Entlassung die Besatzung eines Seeschiffes, welches unter der Flagge eines anderen Mitgliedstaates der Europäischen Union fährt, so ist die Anzeige an die Behörde des Staates zu richten, unter dessen Flagge das Schiff fährt.

§ 25 Kündigung in Arbeitskämpfen

Die Vorschriften dieses Gesetzes finden keine Anwendung auf Kündigungen und Entlassungen, die lediglich als Maßnahmen in wirtschaftlichen Kämpfen zwischen Arbeitgebern und Arbeitnehmern vorgenommen werden.

§ 25a (gegenstandslos)

§ 26 Inkrafttreten

Dieses Gesetz tritt am Tage nach seiner Verkündung in Kraft.

§ 35 Zeugnis

(1) Bei Beendigung des Arbeitsverhältnisses haben die Beschäftigten Anspruch auf ein schriftliches Zeugnis über Art und Dauer ihrer Tätigkeit, das sich auch auf Führung und Leistung erstrecken muss (Endzeugnis).

(2) Aus triftigen Gründen können Beschäftigte auch während des Arbeitsverhältnisses ein Zeugnis verlangen (Zwischenzeugnis).

(3) Bei bevorstehender Beendigung des Arbeitsverhältnisses können die Beschäftigten ein Zeugnis über Art und Dauer ihrer Tätigkeit verlangen (vorläufiges Zeugnis).

(4) Die Zeugnisse gemäß den Absätzen 1 bis 3 sind unverzüglich auszustellen.

Erläuterungen

§ 35 TVöD trifft Regelungen zur Zeugniserteilung und konkretisiert damit die gesetzlichen Vorschriften des § 630 BGB und § 109 Gewerbeordnung (GewO). Dieser Themenbereich war bis zum In-Kraft-Treten des TVöD in § 61 BAT geregelt.

Die Formulierung des Zeugnisses ist Sache des Arbeitgebers. Er ist hier grundsätzlich frei bei seiner Entscheidung, welche Eigenschaften des Beschäftigten er mehr hervorheben oder eher zurücktreten lassen möchte. Der Inhalt des Zeugnisses muss jedoch der Wahrheit verpflichtet sein und darf daher weder falsche noch in wesentlichen Punkten unvollständige Angaben enthalten bzw. wichtige Dinge verschweigen. Das Zeugnis soll zudem das Fortkommen des Beschäftigten nicht erschweren und soll daher – natürlich nur im Rahmen der Wahrheit – auch wohlwollend formuliert sein.

Die Kosten für die Ausstellung des Zeugnisses trägt der Arbeitgeber; er hat jedoch keine Übersendungs- oder Nachsendepflicht. Seine Arbeitspapiere, zu denen auch das Zeugnis gehört, muss der Beschäftigte nach dem Urteil des BAG vom 8. 3. 1995 – 5 AZR 848/93, AP Nr. 21 zu § 630 BGB – beim Arbeitgeber abholen. Nach § 242 BGB (Treu und Glauben) kann der Arbeitgeber allerdings im Einzelfall gehalten sein, das Arbeitszeugnis nachzuschicken. Dabei ist sicher auch abzuwägen, dass der Aufwand für den Arbeitgeber, ein Zeugnis zu kuvertieren und gegen geringes Entgelt zu verschicken, bedeutend geringer ist als der Aufwand des Beschäftigten, von einem u. U. recht weit entfernten Wohnort anzureisen und das Zeugnis abzuholen.

Die Erteilung des Zeugnisses in elektronischer Form ist ausgeschlossen; dies ergibt sich sowohl aus § 35 Abs. 1 TVöD („schriftliches Zeugnis"), als auch aus den in der Vorbemerkung genannten gesetzlichen Grundlagen.

Endzeugnis (Abs. 1)

Die Beschäftigten haben nach Absatz 1 der Vorschrift bei Beendigung des Arbeitsverhältnisses einen Anspruch auf ein Zeugnis über Art und Dauer der Beschäftigung, das sich auch auf Führung und Leistung erstrecken muss (sogenanntes qualifiziertes, erweitertes Zeugnis). Entgegen der Vorgängerregelung in § 61 BAT oder der gesetzlichen Regelung in § 109 Abs. 1 GewO, wonach ein qualifiziertes Zeugnis von einem entsprechenden Antrag des ehemaligen Beschäftigten abhängt und ansonsten ein auf Art und Dauer der Beschäftigung beschränktes (sogenanntes einfaches) Zeugnis zu erteilen ist, besteht nach der Regelung des TVöD stets ein Anspruch auf ein qualifiziertes Zeugnis.

Während das einfache Zeugnis durch die Angabe von Art des Arbeitsverhältnisses (genaue und vollständige Dokumentation der Tätigkeiten) und dessen Dauer (Bestand des Arbeitsverhältnisses abzgl. ggf. erheblicher Ausfallzeiten) eine reine Tatsachendarstellung umfasst, enthält das qualifizierte Zeugnis mit der persönlichen Leistung des Beschäftigten und dessen Verhalten im Arbeitsverhältnis ein vielmehr wertendes Urteil. Das qualifizierte Arbeitszeugnis ist ein individuell auf den einzelnen Arbeitnehmer zugeschnittenes Arbeitspapier, das dessen persönliche Leistung und sein Verhalten im Arbeitsverhältnis dokumentieren soll. Es stellt mithin eine individuell an den einzelnen Arbeitnehmer angepasste Beurteilung dar. Diesen Anforderungen wird regelmäßig nur ein individuell abgefasster Text gerecht. Die Leistungs- und Verhaltensbeurteilung muss sich dabei auf das Anforderungsprofil der vom Arbeitnehmer wahrgenommenen Aufgaben beziehen und steht damit in einem inneren Zusammenhang mit der Tätigkeitsbeschreibung (siehe BAG-Urteil vom 27. 4. 2021 – 9 AZR 262/20).

Der Grund für die Beendigung des Arbeitsverhältnisses (z. B. Kündigung durch den Arbeitgeber oder Beschäftigten, Auflösungsvertrag) ist für den Anspruch auf ein Zeugnis ohne Bedeutung.

Zwischenzeugnis (Abs. 2)

Nach Absatz 2 der Vorschrift können die Beschäftigten aus triftigen Gründen auch während des Arbeitsverhältnisses ein (Zwischen-)Zeugnis verlangen. An den Begriff der „triftigen Gründe“ werden keine sehr hohen Ansprüche gestellt werden können. Hierzu zählen beispielsweise die Suche nach einem anderen Arbeitsplatz, eine vom Arbeitgeber ins Auge gefasste Kündigung, zur Vorlage bei Behörden, für einen Kreditantrag etc. In seinem Urteil vom 1. 10. 1998 – 6 AZR 176/97, AP Nr. 2 zu § 61 BAT – hat das BAG selbst das Ausscheiden eines

II

langjährigen Vorgesetzten als triftigen Grund für die Erteilung eines Zwischenzeugnisses angesehen. Nach dem Urteil des BAG vom 21. 1. 1993 – 6 AZR 171/92, AP Nr. 1 zu § 61 BAT – liegt ein triftiger Grund für die Erteilung eines Zwischenzeugnisses aber nicht vor, wenn der Arbeitnehmer das Zeugnis allein deshalb verlangt, weil er es in einem Eingruppierungsrechtsstreit als Beweismittel verwenden möchte. Absatz 2 enthält keine ausdrücklichen Bestimmungen zu Form und Inhalt des Zwischenzeugnisses. Nach Auffassung der Autoren müssen hierzu dieselben Normen herangezogen werden wie für das Endzeugnis, so dass auch das Zwischenzeugnis als qualifiziertes Zeugnis auszufertigen ist. Der Anspruch auf ein Zwischenzeugnis ist gesetzlich nicht geregelt.

Vorläufiges Zeugnis (Abs. 3)

Nach Absatz 3 der Vorschrift können Beschäftigte bei bevorstehender Beendigung ihres Arbeitsverhältnisses ein vorläufiges Zeugnis verlangen. Von dieser Vorschrift sind die Fälle erfasst, in denen das Ende des Arbeitsverhältnisses zwar absehbar ist, es aber noch besteht. Dies ist beispielsweise während des Laufs der Kündigungsfrist sowie bei dem absehbaren Ende eines befristeten Arbeitsverhältnisses der Fall. Der Beschäftigte kann nur ein vorläufiges Zeugnis über Art und Dauer der Beschäftigung, also ein einfaches Zeugnis, verlangen.

Zeitrahmen (Abs. 4)

Die Zeugnisse sind nach Absatz 4 der Vorschrift jeweils „unverzüglich“ auszustellen. „Unverzüglich“ bedeutet dabei im rechtlichen Sinne nach § 121 Abs. 1 Satz 1 BGB „ohne schuldhaftes Zögern“.

Sowohl der Anspruch auf Erteilung als auch der Anspruch auf Berichtigung eines Zeugnisses unterliegen der Ausschlussfrist des § 37 TVöD. Dies hat das BAG in seinen Entscheidungen vom 23. 2. 1983 – 5 AZR 515/80, AP Nr. 10 zu § 70 BAT – bzw. 11. 6. 1980 – 4 AZR 443/78, AP Nr. 7 zu § 70 BAT – zur Ausschlussfrist des § 70 BAT ausdrücklich bestätigt.

Der Anspruch auf Erteilung eines qualifizierten Zeugnisses unterliegt der dreijährigen Verjährungsfrist des § 195 BGB, beginnend mit dem Schluss des Kalenderjahres, in dem der Anspruch entstanden ist.

Auch eine Verwirkung des Anspruchs ist denkbar, wenn der Beschäftigte sich nur sehr schleppend um die Angelegenheit kümmert und beim Arbeitgeber der Eindruck entstehen muss, der Beschäftigte verfolge die Angelegenheit nicht weiter – siehe BAG, Urteil vom 17. 2. 1988 – 5 AZR 638/86, AP Nr. 17 zu § 630 BGB.

Weitere Arbeitspapiere

Neben dem Zeugnis sind dem Beschäftigten bei Beendigung des Arbeitsverhältnisses aufgrund von gesetzlichen Vorschriften verschiedene Unterlagen bzw. Bescheinigungen auszuhändigen. Im Einzelnen handelt es sich hierbei um

- die (Jahres-)Lohnsteuerbescheinigung (Ausdruck aus ELStAM – **E**lektronische **L**ohn**St**euer**A**bzugs**M**erkmale),
- eine Entgeltbescheinigung (§ 108 Gewerbeordnung i. V. m. der Entgeltbescheinigungsverordnung),
- die schriftliche Mitteilung über den Inhalt der Meldung an die Einzugsstelle für den Gesamtsozialversicherungsbeitrag (§ 28a Abs. 5 SGB IV),
- eine Arbeitsbescheinigung nach § 312 SGB III,
- den Versicherungsnachweis der Zusatzversorgung nach § 21 ATV/ATV-K[1]) über die bisher insgesamt erworbene Anwartschaft auf Betriebsrente,
- auf Verlangen die Vorausbescheinigung über Arbeitsentgelt in der gesetzlichen Rentenversicherung nach § 194 SGB VI,
- eine Bescheinigung über den im laufenden Urlaubsjahr gewährten oder abgegoltenen Urlaub (§ 6 Abs. 2 BUrlG),[2])
- bei jugendlichen Beschäftigten die nach § 32 ff. JArbSchG ausgestellten ärztlichen Bescheinigungen (§ 41 Abs. 2 JArbSchG).

Bei pflichtwidriger Unterlassung bzw. schuldhaft verspäteter Erfüllung der Herausgabepflicht hat der Arbeitgeber (sofern dem ehemaligen Beschäftigten hierdurch ein kausaler Schaden entstanden ist) damit zu rechnen, dass er zum Ersatz des Verzugsschadens verpflichtet wird.

---

1) ATV abgedruckt unter **710**

2) abgedruckt als Anhang 1 unter **210** § 26 TVöD

Abschnitt VI
Übergangs- und Schlussvorschriften

§ 36 (VKA) Anwendung weiterer Tarifverträge

(hier nicht abgedruckt)

§ 37 Ausschlussfrist

(1) [1]Ansprüche aus dem Arbeitsverhältnis verfallen, wenn sie nicht innerhalb einer Ausschlussfrist von sechs Monaten nach Fälligkeit von der/dem Beschäftigten oder vom Arbeitgeber in Textform geltend gemacht werden. [2]Für denselben Sachverhalt reicht die einmalige Geltendmachung des Anspruchs auch für später fällige Leistungen aus.

(2) Absatz 1 gilt nicht für Ansprüche aus einem Sozialplan sowie für Ansprüche, soweit sie kraft Gesetzes einer Ausschlussfrist entzogen sind.

Erläuterungen

§ 37 TVöD legt fest, dass Ansprüche aus dem Arbeitsverhältnis verfallen, wenn sie nicht innerhalb von sechs Monaten nach ihrer Fälligkeit schriftlich geltend gemacht werden. Die Regelung entspricht § 70 BAT; auf die Erfahrungen mit dieser Vorschrift und die dazu ergangene Rechtsprechung kann somit zurückgegriffen werden.

Die in § 70 BAT enthaltene Formulierung, dass die Ausschlussfrist sechs Monate beträgt, „soweit tarifvertraglich nichts anderes bestimmt ist", wurde nicht in den TVöD übernommen. Da der TVöD (im Gegensatz z. B. zu § 21 BAT) keine „anderen Bestimmungen" zur Dauer der Ausschlussfrist enthält, liefe sie ohnehin ins Leere.

Neu aufgenommen wurde die Vereinbarung des Absatzes 2, dass Ansprüche aus dem Sozialplan und kraft Gesetzes nicht einer Ausschlussfrist unterliegen (z. B. auf Mindestlohn).

Auf die abweichenden Sonderregelungen in § 45 (Bund) des Besonderen Teils Verwaltung wird hingewiesen.

Die nachfolgenden Hinweise basieren auf der gefestigten Rechtsprechung zu den bisherigen Vorschriften über Ausschlussfristen in den Manteltarifverträgen des öffentlichen Dienstes.

Zweck/Allgemeines

Die Ausschlussfrist hat den Zweck, die Parteien des Arbeitsvertrages zur alsbaldigen Geltendmachung und Klärung ihrer Ansprüche zu veranlassen.

Für den Lauf der Ausschlussfrist ist das Kennen oder Kennen müssen des Anspruchs im Allgemeinen ohne Bedeutung. Besteht Unsicherheit, ob ein Anspruch auf eine bestimmte Leistung gegen das Land besteht, muss der Beschäftigte eine Klärung innerhalb der Ausschlussfrist herbeiführen oder den Anspruch schriftlich geltend machen. Eine ungeklärte Rechtsfrage steht der Anwendung der Ausschlussfrist jedenfalls nicht entgegen (BAG vom 1. 8. 1966 – 3 AZR 60/66, AP Nr. 34 zu § 4 TVG Ausschlussfristen).

Die Ausschlussfrist gilt grundsätzlich sowohl für Arbeitnehmer- als auch für Arbeitgeberansprüche.

Es reicht nicht aus, wenn ein Anspruch von einem Dritten geltend gemacht wird, es sei denn, dieser hat erkennbar in Vollmacht des Anspruchsberechtigten gehandelt.

Die Ausschlussfrist gilt auch für nicht tarifgebundene Beschäftigte, wenn mit diesen im Arbeitsvertrag die Anwendung des TVöD vereinbart ist. Ansprüche, die nicht innerhalb der Ausschlussfrist geltend gemacht werden, erlöschen, wobei es auf die Kenntnis der Ausschlussfrist nicht ankommt.

Die Gerichte für Arbeitssachen haben die Ausschlussfrist von Amts wegen zu beachten (vgl. Urteile des BAG vom 13. 5. 1970 – 1 AZR 336/69, AP Nr. 56 zu § 611 BGB Haftung des Arbeitnehmers und vom 3. 5. 1972 – 4 AZR 259/71, AP Nr. 3 zu §§ 22, 23 BAT Krankenkassen).

Die Ansprüche waren nach der Tarifvorschrift in ihrer ursprünglichen Fassung „schriftlich" geltend zu machen. Zur Wahrung der Ausschlussfrist und des Schriftlichkeitsgebots nach § 70 Satz 1 BAT (ist identisch mit § 37 TV-L/TVöD) bedarf es nach dem Urteil des BAG vom 7. Juli 2010 – 4 AZR 549/08 – jedoch nicht der Schriftform (mit eigenhändiger Unterschrift) nach § 126 Abs. 1 BGB. Es genügt die Einhaltung der Textform des § 126b BGB. Eine E-Mail, die den Namen und die Adresse des Ausstellers enthält und den Abschluss der Erklärung durch eine Grußformel und die Wiederholung des Namens eindeutig kenntlich macht, genügt nach der Auffassung des BAG den Erfordernissen des § 126b BGB. Dieser Auffassung folgend haben die Tarifpartner im Zuge des 17. Änderungstarifvertrages das Wort „schriftlich" durch die Wörter „in Textform" ersetzt.

Auch durch eine Klageerhebung kann eine Geltendmachung im Sinne der Tarifvorschrift gesehen werden. Nach gefestigter Rechtsprechung des Bundesarbeitsgerichtes (z. B. Urteile vom 8. 3. 1975 – 5 AZR 361/75, vom 22. 2. 2001 – 6 AZR 603/99 und vom 16. 3. 2016 – 4 AZR 421/15) kommt es aber für die Fristwahrung nicht auf den Zeitpunkt der Klageerhebung, sondern auf den Zeitpunkt der Zustellung der Klage beim Anspruchsgegner an. Zeitverzögerungen gehen zu Lasten des Antragstellers.

Erfasste Ansprüche

Von der Ausschlussfrist wird grundsätzlich jeder Anspruch aus dem Arbeitsverhältnis erfasst, d. h. nicht nur arbeitsvertragliche, sondern auch auf Gesetz beruhende, mit dem Arbeitsverhältnis in sachlichem Zusammenhang stehende Ansprüche. So verfällt neben einem Schadensersatzanspruch des Arbeitgebers wegen schuldhafter Verletzung einer arbeitsvertraglichen Pflicht auch ein aus demselben Vorfall entstandener Anspruch des Arbeitgebers gegen den Beschäftigten aus unerlaubter Handlung. Ein Anspruch, der nur mittelbar mit dem Arbeitsverhältnis zusammenhängt, z. B. der Schadensersatzanspruch aus einem Kraftfahrzeugunfall, den der Arbeitnehmer mit dem ihm zugewiesenen Dienstkraftwagen während der dienstfreien Zeit verursacht, fällt dagegen nicht unter die Ausschlussfrist.

Als weitere Beispiele unter die Ausschlussfrist fallender Ansprüche sind zu nennen

- Ansprüche des Beschäftigten auf Fürsorgeverletzung des Arbeitgebers,
- Lohnerstattungsansprüche des Arbeitgebers (bei Überzahlungen),
- Anspruch auf Zeugniserteilung,
- gesetzliche Ansprüche eines Arbeitnehmers gegen den Arbeitgeber, nicht genommenen Urlaub nach Beendigung des Arbeitsverhältnisses als reinen Geldanspruch abzugelten (Urteil des BAG vom 31. 1. 2023 – 9 AZR 244/20).

Nicht unter die Ausschlussfrist fallen hingegen beispielsweise

- Ansprüche des Arbeitnehmers auf Verletzung des Persönlichkeitsrechts,
- Ansprüche des Arbeitnehmers auf Verschaffung einer Zusatzversorgung und eventuelle Schadensersatzansprüche gegen den Arbeitgeber wegen der Verletzung der Verschaffungspflicht,
- Anspruch auf Kindergeld nach dem EStG bzw. dem BKGG,
- Anspruch des Arbeitnehmers auf den Arbeitgeberzuschuss zur Krankenversicherung nach § 257 SGB V; dieser verjährt in vier Jahren nach Ablauf des Kalenderjahres, in dem er fällig geworden ist. Ist ein Beitragszuschuss für Zeiträume gezahlt worden, in denen die Voraussetzungen des § 257 SGB V nicht vorlagen, unterliegt der Erstattungsanspruch des Arbeitgebers gegenüber dem Arbeitnehmer allerdings der sechsmonatigen Ausschlussfrist.

Besonderheit beim Mindestlohn

Das Bundesarbeitsgericht hat mit Urteilen vom 20. Juni 2018 – 5 AZR 377/17 – sowie vom 18. September 2018 – 9 AZR 162/18 – entschieden, dass der Anspruch auf den gesetzlichen Mindestlohn nicht durch Verfallsfristen ausgeschlossen werden kann. Dem stünde § 3 Satz 1 des Mindestlohngesetzes entgegen. Die Urteile betrafen Beschäftigte aus dem Bereich der gewerblichen Wirtschaft, wo der

Mindestlohn – im Gegensatz zum unmittelbaren öffentlichen Dienst – eine bedeutsamere Rolle spielt. Dass der Anspruch auf Vergütung wegen Annahmeverzugs in Höhe des gesetzlichen Mindestlohns einer Ausschlussfrist nicht unterworfen werden kann, hat das BAG zwischenzeitlich mehrfach bestätigt, beispielsweise mit Urteil vom 13. Juli 2022 – 5 AZR 498/21.

Besonderheit bei der Sozialversicherung

Nach der Rechtsprechung des Bundessozialgerichtes (z. B. Urteile vom 22. 6. 1994 – 10 RAr 3/93 – und vom 30. 8. 1994 – 12 RK 59/92) können die Einzugsstellen vom Arbeitgeber Beiträge auch auf Arbeitsentgelt fordern, das der Arbeitnehmer vom Arbeitgeber wegen einer tariflichen Ausschlussklausel nicht mehr verlangen kann.

Fälligkeit als Beginn der Ausschlussfrist

Die Ausschlussfrist beginnt mit der Fälligkeit des Anspruchs, d. h. regelmäßig schon mit seiner Entstehung (vgl. § 271 Abs. 1 BGB; Regeltatbestand der sofortigen Fälligkeit) zu laufen. Auf die Kenntnis des Anspruchsberechtigten kommt es grundsätzlich nicht an. Es gilt z. B. für die nachstehenden Ansprüche des Arbeitgebers hinsichtlich der Fälligkeit Folgendes:

- Bei Ansprüchen auf Rückforderung zu viel gezahlter Bezüge wird der Anspruch grundsätzlich im Zeitpunkt der Überzahlung fällig. Auf die hier dargestellten Sonderfälle wird hingewiesen.
- Bei Schadensersatzansprüchen aufgrund unmittelbarer Schädigung des Arbeitgebers tritt die Fälligkeit im Zeitpunkt der Schadensentstehung ein.

  Ist der Arbeitgeber z. B. durch eine Überzahlung von Bezügen geschädigt worden, so beginnt die Ausschlussfrist für den Schadensersatzanspruch gegen den für die Überzahlung Verantwortlichen entsprechend der Rechtsprechung des Bundesarbeitsgerichts dann zu laufen, wenn der Arbeitgeber die Möglichkeit hat, die ihm gegenüber dem Beschäftigten zustehenden Schadenersatzansprüche wenigstens in etwa zu beziffern. Voraussetzung hierfür ist, dass der Arbeitgeber vom Schadensereignis Kenntnis erlangt oder bei Beachtung der gebotenen Sorgfalt Kenntnis erlangt hätte.

  Entsteht der Schaden dem Arbeitgeber nicht unmittelbar, sondern einem Dritten, der seinerseits den Arbeitgeber haftbar macht, so wird die Regressforderung des Arbeitgebers gegen den Beschäftigten nicht vor dem Zeitpunkt fällig, in dem der Dritte bei dem Arbeitgeber Ansprüche auf Schadenersatz geltend macht oder in dem der Arbeitgeber in sonstiger Weise von einer drohenden Schadenersatzforderung erfährt (vgl. Urteil des BAG vom 16. 3. 1966 – 1 AZR 411/65, AP Nr. 32 zu § 4 TVG Ausschlussfristen).

II

- Der „normale" Fälligkeitszeitpunkt verändert sich, wenn der Anspruchsgegner durch sein Verhalten bewirkt, dass der Anspruchsinhaber seine Berechtigung nicht erkennen kann.

  In einem solchen Fall wird der Beginn der Ausschlussfrist bis zu dem Zeitpunkt hinausgeschoben, in dem das Hindernis für die Geltendmachung (etwa die falsche Darstellung eines Unfallhergangs durch den Arbeitnehmer) entfallen ist. Sobald der Anspruchsberechtigte jedoch aufgrund der ihm neu bekannt werdenden Tatsachen mit einigermaßen sicherer Aussicht auf Erfolg Klage erheben kann – sei es auch nur eine Feststellungsklage –, ist mit dieser Kenntnismöglichkeit zugleich der Zeitpunkt der Fälligkeit im Sinne der tariflichen Ausschlussregelung gegeben. Um den Beginn der Ausschlussfrist in Lauf zu setzen, genügt also die objektive Möglichkeit, etwaige Ansprüche geltend zu machen; endgültige Kenntnis ist nicht erforderlich (BAG v. 10. 8. 1967 – 3 AZR 221/66, AP Nr. 37 zu § 4 TVG Ausschlussfristen).

- In seinem Urteil vom 19. Februar 2004 – 6 AZR 664/02, AP Nr. 3 zu § 70 BAT-O – hat sich das Bundesarbeitsgericht (BAG) erneut mit der Frage befasst, wann ein Rückzahlungsanspruch fällig wird, wenn ein Beschäftigter die allein ihm bekannten tatbestandlichen Voraussetzungen eines Vergütungsbestandteils – hier: Wegfall der Berechtigung zum Bezug des Ortszuschlags der Stufe 2 – pflichtwidrig nicht mitteilt. Das BAG hat seine bisher dazu vertretene Auffassung bestätigt und ist zu dem Schluss gekommen, dass in diesen Fällen die Fälligkeit (und damit der Beginn der Ausschlussfrist) erst eintreten, wenn der Arbeitgeber erstmals von dem vergütungsrelevanten Tatbestand Kenntnis erlangt.

Beginn der Ausschlussfrist bei neuen Tarifverträgen

Zu der Frage des Beginns des Laufs von Ausschlussfristen bei neuen Regelungen bestand nach der Niederschrift über das Termingespräch vom 19. 6. 1991 zwischen den Tarifvertragsparteien Einvernehmen, dass die Ausschlussfrist für Ansprüche aus neuen Tarifregelungen frühestens beginnt mit dem Erscheinungsdatum der amtlichen Veröffentlichung (z. B. Ministerialblatt, Amtsblatt) bzw. (im VKA-Bereich) mit dem Eingang des Rundschreibens des kommunalen Arbeitgeberverbandes (KAV) mit dem endgültigen Tariftext beim Arbeitgeber.

Wiederkehrende Leistungen

Durch die Regelung in Satz 2 soll vermieden werden, bestimmte Ansprüche allmonatlich geltend machen zu müssen (z. B. auf einen monatlichen Zuschlag). Zu der wortgleichen Vorschrift des § 63 Satz 2 BMT-G II hat das BAG mit Urteil vom 11. 12. 2003 – 6 AZR 539/02 (AP Nr. 1 zu § 63 BMT-G II) entschieden, dass bei sogenannten unständigen Bezügebestandteilen eine einmalige Geltendmachung nicht ausreicht, um die Ausschlussfrist auch für später fällig werdende Leistungen unwirksam zu machen. Sogenannte unständige Bezügebestandteile, die nicht monatlich wiederkehrend oder in unterschiedlicher Höhe anfallen, würden nicht denselben Sachverhalt im Sinne dieser Tarifvorschrift betreffen und seien deshalb nicht von ihr erfasst.

Treu und Glauben

In Ausnahmefällen kann der Berufung auf den Ablauf der Ausschlussfrist der Einwand der unzulässigen Rechtsausübung entgegenstehen (§ 242 BGB), z. B. wenn der Schuldner den Anspruch vor Ablauf der Ausschlussfrist anerkannt hat oder durch sein Verhalten den Gläubiger von der rechtzeitigen Geltendmachung abgehalten hat. Nach dem Urteil des BAG vom 8. Dezember 2011 – 6 AZR 397/10 – stellt die Berufung eines Arbeitgebers auf die tarifliche Ausschlussfrist aber dann keine unzulässige Rechtsausübung dar, wenn eine unrichtige Auskunft nicht von ihm selbst oder der von ihm bestimmten zuständigen Person oder Einrichtung erteilt worden ist, sondern der Arbeitnehmer der unrichtigen Auskunft einer für verbindliche Auskünfte nicht zuständigen Person geglaubt und es deshalb unterlassen hat, seinen Anspruch rechtzeitig und formgerecht geltend zu machen. Nach dem Urteil des BAG vom 27. 10. 1970 – 1 AZR 216/70, AP Nr. 44 zu § 4 TVG Ausschlussfristen – kann sich der Beschäftigte nicht auf den Ablauf der Ausschlussfrist berufen, wenn er die Kenntnisnahme des Arbeitgebers von den Mängeln der Arbeit arglistig verhindert hat.

Verjährung

Von den Ausschlussfristen zu unterscheiden sind die Verjährungsfristen nach dem BGB. Nach § 195 BGB beträgt die regelmäßige Verjährungsfrist drei Jahre, die nach § 199 Abs. 1 BGB mit dem Schluss des Jahres, in dem der Anspruch entstanden ist, zu laufen beginnt. Nur ausnahmsweise kann die Einrede der Verjährung gegen Treu und Glauben verstoßen und eine unzulässige Rechtsausübung darstellen.

Verwirkung

Unabhängig von Ausschlussfrist und Verjährung können Ansprüche aus dem Beschäftigungsverhältnis auch durch Verwirkung untergehen. Verwirkung als Sonderfall der unzulässigen Rechtsausübung tritt dadurch ein, dass sich der Gläubiger in bestimmter Weise verhält und der Schuldner sich auf dieses Verhalten des Gläubigers einrichtet (vgl. dazu z. B. Urteil des BAG v. 23. 12. 1957 – 1 AZR 565/56). Zur Verwirkung hat das BAG in seinem Urteil vom 25. April 2001 – 5 AZR 497/99 erneut grundsätzlich Stellung bezogen und ausgeführt, dass der Eintritt der Verwirkung nicht nur vom Zeit- sondern auch vom Umstandsmoment abhängt. Es reicht nicht, dass der Anspruchsgrund längere Zeit zurückliegt, sondern es müssen darüber hinaus besondere Umstände vorliegen, die die späte Geltendmachung eines Anspruchs treuwidrig erscheinen lassen. Der Erfüllung des Umstandsmoments steht demnach beispielsweise die Unkenntnis einer bestimmten Forderung regelmäßig entgegen, weil in diesem Fall kein Vertrauen geschaffen werden kann, dass sie nicht erhoben werden wird.

Wegfall der Bereicherung

→ dazu das bei der Erläuterung zu § 24 Abs. 1 abgedruckte Rundschreiben des BMI.

§ 38 Begriffsbestimmungen

(1) Sofern auf die Tarifgebiete Ost und West Bezug genommen wird, gilt Folgendes:

a) Die Regelungen für das Tarifgebiet Ost gelten für die Beschäftigten, deren Arbeitsverhältnis in dem in Art. 3 des Einigungsvertrages genannten Gebiet begründet worden ist und bei denen der Bezug des Arbeitsverhältnisses zu diesem Gebiet fortbesteht.

b) Für die übrigen Beschäftigten gelten die Regelungen für das Tarifgebiet West.

(2) Sofern auf die Begriffe „Betrieb", „betrieblich" oder „Betriebspartei" Bezug genommen wird, gilt die Regelung für Verwaltungen sowie für Parteien nach dem Personalvertretungsrecht entsprechend, es sei denn, es ist etwas anderes bestimmt.

(3) Eine einvernehmliche Dienstvereinbarung liegt nur ohne Entscheidung der Einigungsstelle vor.

(4) Leistungsgeminderte Beschäftigte sind Beschäftigte, die ausweislich einer Bescheinigung des beauftragten Arztes (§ 3 Abs. 4) nicht mehr in der Lage sind, auf Dauer die vertraglich geschuldete Arbeitsleistung in vollem Umfang zu erbringen, ohne deswegen zugleich teilweise oder in vollem Umfang erwerbsgemindert im Sinne des SGB VI zu sein.

Protokollerklärung zu Absatz 4:

Die auf leistungsgeminderte Beschäftigte anzuwendenden Regelungen zur Entgeltsicherung bestimmen sich im Bereich des Bundes nach § 16a TVÜ-Bund und im Bereich der VKA nach § 16a TVÜ-VKA.

(5) [1]Die Regelungen für Angestellte finden Anwendung auf Beschäftigte, deren Tätigkeit vor dem 1. Januar 2005 der Rentenversicherung der Angestellten unterlegen hätte. [2]Die Regelungen für Arbeiterinnen und Arbeiter finden Anwendung auf Beschäftigte, deren Tätigkeit vor dem 1. Januar 2005 der Rentenversicherung der Arbeiter unterlegen hätte.

Erläuterungen

§ 38 TVöD definiert die Tarifgebiete Ost und West (Absatz 1) und den Anwendungsbereich der Begriffe „Betrieb", „betrieblich", „Betriebspartei" (Absatz 2), beschreibt, was die Tarifpartner unter einer „einvernehmlichen Dienstvereinbarung" (Absatz 3) und „Leistungsgeminderten Beschäftigten" (Absatz 4) verstehen und grenzt die Begriffe Arbeiter und Angestellte ab (Absatz 5). Die Abgrenzung Angestellte/Arbeiter ist im BAT in § 1 vorgenommen worden. Die Abgrenzung der Tarifgebiete Ost/West ergab sich aus dem Tarifvertrag über den Geltungsbereich der für den öffentlichen Dienst in der Bundesrepublik Deutschland bestehenden Tarifverträge vom 1. August 1990 (danach fanden die bis dahin geschlossenen Tarifverträge im Gebiet der ehemaligen DDR auch nach deren Beitritt keine Anwendung) und aus § 1 BAT-O.

Abgrenzung der Tarifgebiete (Abs. 1)

Der TVöD gilt zwar auch für die Beschäftigten im Tarifgebiet Ost. Da jedoch die Entgelte und die Jahressonderzahlung in den beiden Tarifgebieten bis zur vollständigen Angleichung des Bemessungssatzes noch voneinander abweichen bzw. abwichen (→ z. B. Protokollerklärungen zu § 15 Abs. 1 und § 20 Abs. 3) und der TVöD zudem Regelungen enthält, die sich nur auf das Tarifgebiet West beziehen (→ z. B. bei § 30 oder § 34 Abs. 2), ist die Abgrenzung der Tarifgebiete weiterhin vorzunehmen.

Gemäß Absatz 1 Buchst. a) gelten die Regelungen für das Tarifgebiet Ost für die Beschäftigten, deren Arbeitsverhältnis in dem in Art. 3 Einigungsvertrages genannten Gebiet begründet worden ist und bei denen der Bezug des Arbeitsverhältnisses zu diesem Gebiet fortbesteht. Für die übrigen Beschäftigten gelten gem. Buchstabe b) die Regelungen für das Tarifgebiet West. Diese Festlegung folgt der bisherigen Abgrenzung der Tarifgebiete. Sie trägt der mittlerweile gefestigten Rechtsprechung zur Abgrenzung der Tarifgebiete Rechnung, indem im Rahmen der Vorschrift zur Anwendung des Tarifrechts Ost nicht nur die Begründung des Arbeitsverhältnisses im Beitrittsgebiet, sondern auch der fortdauernde Bezug zu diesem Gebiet gefordert wird. Das BAG hat in seinem Urteil vom 20. 3. 1997 – 6 AZR 10/96, AP Nr. 8 zu § 1 BAT-O – Klarheit zu den Rechtsfolgen eines vorübergehenden Einsatzes eines Beschäftigten im Tarifgebiet West geschaffen, dessen Arbeitsverhältnis im Tarifgebiet Ost begründet worden ist. Danach beurteilt sich die Frage, ob für die vorübergehende Tätigkeit im Tarifgebiet West das Ost- oder das Westtarifrecht gilt, vorrangig nach dem Zweck der Tätigkeit. Auf die Dauer der Tätigkeit kommt es nur insoweit an, als sie noch durch den Zweck gerechtfertigt sein muss. Wird ein Beschäftigter, dessen Arbeitsverhältnis im Tarifgebiet Ost begründet worden ist, zu einer Dienststelle im Tarifgebiet West entsandt, um – sei es auch nur befristet oder auf kurze Dauer – Aufgaben dieser Dienststelle wahrzunehmen, ist nach der o. g. Entscheidung des BAG für die Dauer der Entsendung das Westtarifrecht anzuwenden. Die Fortgeltung des Osttarifrechts während einer Tätigkeit im Tarifgebiet West kommt nach Aussage des BAG nur in Betracht, wenn

> der Beschäftigte durch die Arbeit im Tarifgebiet West Aufgaben seiner im Tarifgebiet Ost liegenden Dienststelle wie ein „verlängerter Arm" wahrnimmt (das BAG nennt in seiner Entscheidung die Beispiele einer Montage, einer Kundenberatung oder die Einarbeitung neuer Ortskräfte) oder

- die Tätigkeit auch im Interesse der im Tarifgebiet Ost liegenden Dienststelle ist (z. B. bei einer Fortbildung).

Dabei muss nach Auffassung des BAG allerdings die Dauer der Tätigkeit im Tarifgebiet West von vornherein vom Arbeitgeber festgelegt werden und im Hinblick auf den Zweck sachgerecht – also nicht unangemessen lang – sein.

Übertragung der Begriffe „Betrieb" etc. auf andere Bereiche (Abs. 2)

Mit der Regelung in Absatz 2 stellen die Tarifpartner klar, dass Tarifvorschriften, die die dem Sprachgebrauch des Betriebsverfassungsgesetzes entnommenen Begriffe „Betrieb", „betrieblich" und „Betriebspartei" verwenden, grundsätzlich auch in den einem Personalvertretungsgesetz unterliegenden Bereichen anzuwenden sind.

Einvernehmliche Dienstvereinbarung (Abs. 3)

In dieser Vorschrift ist bestimmt, dass eine „einvernehmliche" Dienstvereinbarung (z. B. i. S. v. § 6 Abs. 9, § 9 Abs. 2 oder § 10 Abs. 1) nur vorliegt, wenn sie ohne Entscheidung der Einigungsstelle zustande gekommen ist.

Leistungsgeminderte Beschäftigte (Abs. 4)

Nach der Definition sind leistungsgeminderte Beschäftigte solche Beschäftigte, die nach ärztlichen Feststellungen nicht mehr in der Lage sind, auf Dauer die vertraglich geschuldete Leistung zu erbringen, ohne dass sie erwerbsgemindert im Sinne des SGB VI sind (→ dazu die Erläuterungen zu § 33 Abs. 2).

Die leistungsgeminderten Beschäftigten sind im Jahr 2005 zunächst nicht in den TVöD übergeleitet worden. In einer nach § 16 – also am Ende des dritten Abschnitts des jeweiligen TVÜ – abgedruckten Protokollnotiz haben die Tarifvertragsparteien die Verhandlungen zur Überleitung der Entgeltsicherung bei Leistungsminderung einvernehmlich zurückgestellt. Bei Beschäftigten, die eine Zahlung auf der Grundlage der §§ 25, 37 MTArb/MTArb-O bzw. § 56 BAT/BAT-O erhielten, werden die bisherigen Bezüge bis zu einer entsprechenden Regelung als später zu verrechnender Abschlag gezahlt.

Erst im Zuge der Tarifrunde 2014 wurde die Überleitung nachgeholt. Das Verfahren dazu ist in § 16a TVÜ-Bund[1]) bzw. § 16a TVÜ-VKA

---

[1]) TVÜ-Bund abgedruckt unter **270**

geregelt. Darauf verweist die neue Protokollerklärung zu § 38 Abs. 4 TVöD.

Abgrenzung Arbeiter/Angestellte (Abs. 5)

Im TVöD ist die im bisherigen Tarifrecht vorgenommene Trennung von Arbeitern und Angestellten zwar aufgehoben worden. Für die Überleitung und die Anwendung von Sonderregelungen ist die Abgrenzung der Statusgruppen jedoch weiterhin vorzunehmen.

Die bislang in § 1 BAT getroffene Zuordnung in Anlehnung an das Recht der Rentenversicherung (Arbeitnehmer in einer der Rentenversicherung der Angestellten unterliegenden Beschäftigung galten als Angestellte, die in einer der Rentenversicherung der Arbeiter unterliegenden Beschäftigung galten als Arbeiter) läuft ins Leere, seitdem durch das im Wesentlichen zum 1. Januar 2005 in Kraft getretene Gesetz zur Organisationsreform in der gesetzlichen Rentenversicherung vom 9. Dezember 2004 (BGBl. I S. 3242) die bislang getrennten Rentenversicherungszweige für Arbeiter und Angestellte in der Deutschen Rentenversicherung Bund vereinheitlicht worden sind. Die Tarifpartner haben die Zuordnung zur Gruppe der Arbeiter bzw. Angestellten daher davon abhängig gemacht, ob die Tätigkeit des jeweiligen Beschäftigten vor dem 1. Januar 2005 der Rentenversicherung der Arbeiter bzw. Angestellten unterlegen hätte.

§ 38a (Bund) Übergangsvorschriften

Wenn in einem für den Bund geltenden Tarifvertrag ein Verweis auf die Entgeltgruppe 9 enthalten ist, bezieht er sich auf die Entgeltgruppen 9a bis 9c.

Erläuterungen

§ 38a (Bund) hat seine heutige Fassung im Zuge des 16. Änderungstarifvertrages vom 18. April 2018 erhalten. Mit der einzig verbliebenen Aussage reagieren die Tarifpartner darauf, dass die Entgeltgruppe 9 zum 1. Januar 2014 in die Entgeltgruppe 9a und 9b und ab dem 1. März 2018 in die Entgeltgruppen 9a, 9b und 9c aufgesplittet worden ist. Soweit in älteren Tariftexten die Entgeltgruppe 9 benannt ist, soll dies künftig sowohl die Entgeltgruppe 9a als auch die Entgeltgruppen 9b und 9c erfassen.

§ 39 In-Kraft-Treten, Laufzeit

(1) [1]Dieser Tarifvertrag tritt am 1. Oktober 2005 in Kraft. [2]Abweichend von Satz 1 treten

a) § 20 am 1. Januar 2007,

b) § 26 Abs. 1 und Abs. 2 Buchst. b und c sowie § 27 am 1. Januar 2006

in Kraft.

(2) Dieser Tarifvertrag kann von jeder Tarifvertragspartei mit einer Frist von drei Monaten zum Schluss eines Kalenderhalbjahres schriftlich gekündigt werden.

(3) (weggefallen)

(4) Abweichend von Absatz 2 können schriftlich gekündigt werden

a) die Vorschriften des Abschnitts II einschließlich des Anhangs zu § 9 mit einer Frist von einem Monat zum Schluss eines Kalendermonats;

b) unabhängig von Buchstabe a § 8 Abs. 1 mit einer Frist von drei Monaten zum Schluss eines Kalendervierteljahres;

c) die jeweiligen Anlagen A (Bund bzw. VKA) zu § 15 ohne Einhaltung einer Frist, frühestens jedoch zum 31. März 2027;

d) der jeweilige § 20 (Bund bzw. VKA) zum 31. Dezember eines jeden Jahres;

e) § 23 Abs. 1 mit einer Frist von einem Monat zum Schluss eines Kalendermonats;

f) § 26 Abs. 1 mit einer Frist von drei Monaten zum Schluss eines Kalenderjahres;

g) § 12 (Bund) und § 13 (Bund) jederzeit ohne Einhaltung einer Frist, jedoch nur insgesamt, frühestens zum 31. Dezember 2016; die Nachwirkung dieser Vorschriften wird ausgeschlossen;

h) § 12 (VKA) und § 13 (VKA) mit einer Frist von sechs Monaten zum Schluss eines Kalenderjahres, jedoch nur insgesamt, frühestens zum 31. Dezember 2020; die Nachwirkung dieser Vorschriften wird ausgeschlossen;

i) die Anlage 1 – Entgeltordnung (VKA) mit einer Frist von sechs Monaten zum Schluss eines Kalenderjahres, jedoch nur insgesamt, frühestens zum 31. Dezember 2020; die Nachwirkung wird ausgeschlossen,

Protokollerklärung zum Buchstaben i:

Abweichend von dem Buchstaben i kann Teil B Abschnitt XXIV der Anlage 1 – Entgeltordnung (VKA) mit einer Frist von drei Monaten zum Schluss eines Kalendervierteljahres, frühestens jedoch zum 31. Dezember 2026, schriftlich gekündigt werden.

j) unabhängig von Buchstaben a und f § 6 Abs. 1a, § 7 Abs. 9, § 8 Abs. 7, § 24 Abs. 2 Buchstabe b, § 29a (Bund) sowie § 29a (VKA) mit einer Frist von sechs Monaten zum Schluss eines Kalenderjahres, jedoch nur insgesamt, frühestens zum 31. Dezember 2029; die Nachwirkung wird ausgeschlossen.

Protokollerklärungen zum Buchstaben j:

1. Laufende individuelle Vereinbarungen nach § 6 Abs. 1a bleiben für deren vereinbarte Dauer von einer Kündigung unberührt.
2. Die Kündigung wirkt nicht auf Tauschtage, die gemäß § 29a (Bund) bzw. § 29a (VKA) vor Wirksamwerden der Kündigung bereits verlangt bzw. geltend gemacht wurden.

Erläuterungen

In § 39 TVöD haben die Tarifpartner Regelungen zum In-Kraft-Treten und zu den Kündigungsmöglichkeiten des TVöD vereinbart. Hinsichtlich des Inkrafttretens sind daneben die besonderen Vorschriften der Überleitungs-Tarifverträge (TVÜ-Bund, TVÜ-VKA)[1]) zu beachten.

Inkrafttreten (Abs. 1)

Der TVöD ist grundsätzlich am 1. Oktober 2005 in Kraft getreten. Ausnahmen davon gelten hinsichtlich der Sonderzahlung (§ 20, Inkrafttreten 1. Januar 2007; → dazu auch die §§ 20 der Überleitungstarifverträge) und bestimmter Urlaubs-/Zusatzurlaubsregelungen (§§ 26, 27, Inkrafttreten 1. Januar 2006; → dazu die §§ 15 der Überleitungstarifverträge).

Generell empfiehlt sich vor der Anwendung der Tarifvorschriften ein Blick in die Überleitungstarifverträge, weil häufig für die übergeleiteten Beschäftigten Besonderheiten (z. B. bei der Entgeltfortzahlung im Krankheitsfall, Beschäftigungszeit) zu beachten sind.

Kündigungsfrist; Grundsatz (Abs. 2)

Der Tarifvertrag kann grundsätzlich mit einer Frist von drei Monaten zum Halbjahresende gekündigt werden. Die Kündigung bedarf der Schriftform.

Kündigungsfrist; Ausnahme Wochenarbeitszeit/Kommunen (Abs. 3)

Absatz 3 in der bis zum 30. Juni 2008 geltenden Fassung räumte den landesbezirklichen Arbeitgeberverbänden der Kommunen ein Sonderkündigungsrecht der in § 6 Absatz 1 Satz 1 Buchstabe b vereinbarten regelmäßigen wöchentlichen Arbeitszeit ein. Damit sollte die Umsetzung der in § 6 Absatz 1 Satz 1 Buchstabe b a. F. enthaltenen Möglichkeit der Erhöhung der Regelarbeitszeit auf landesbezirklicher Ebene auf bis zu 40 Stunden unterstützt werden.

Da im Zuge des Änderungstarifvertrages Nr. 2 vom 31. März 2008 mit Wirkung vom 1. Juli 2008 eine allgemeine Arbeitszeiterhöhung vereinbart worden ist, wurden sowohl die Möglichkeit einer Arbeitszeitverlängerung auf landesbezirklicher Ebene als auch das damit im Zusammenhang stehende Kündigungsrecht aufgehoben.

---

[1]) TVÜ-Bund abgedruckt unter **270**

Kündigungsfrist; weitere Ausnahmen (Abs. 4)

Absatz 4 enthält eine abschließende Aufzählung von weiteren abweichenden Kündigungsmöglichkeiten. Hierbei handelt es sich im Einzelnen um die folgenden Vereinbarungen:

Zu Buchstabe a)

Hiernach können die Vorschriften des Abschnitts II (§§ 6 bis 11 – Arbeitszeit) einschließlich des Anhangs zu § 9 (Bereitschaftszeiten für Hausmeister und im Rettungsdienst) mit einer Frist von einem Monat zum Monatsende gekündigt werden.

Zu Buchstabe b)

Diese Vorschrift beinhaltet ein Sonderkündigungsrecht für § 8 Abs. 1 (Zeitzuschläge für Sonderformen der Arbeit), das unabhängig von der Kündigungsmöglichkeit des Buchst. a ausgeübt werden kann. Die Kündigungsfrist beträgt drei Monate zum Quartalsende.

Zu Buchstabe c)

Nach dieser Vorschrift können die Entgelttabellen ohne Einhaltung einer Frist, die in der Entgeltrunde 2025 vereinbarten Tabellen frühestens jedoch zum 31. März 2027, gekündigt werden.

Zu Buchstabe d)

Hiernach können die Regelungen über Sonderzahlungen ohne besondere Frist zum Jahresende gekündigt werden.

Zu Buchstabe e)

Diese Vorschrift ermöglicht es, die Vorschriften über vermögenswirksame Leistungen mit einer Frist von einem Monat zum Monatsende zu kündigen.

Zu Buchstabe f)

Nach dieser Vorschrift kann die Regelung der Dauer des Erholungsurlaubs mit einer Frist von drei Monaten zum Jahresende gekündigt werden.

Auch die Kündigung nach den abweichenden Kündigungsvorschriften des Absatzes 4 bedarf generell der Schriftform.

Zu Buchstabe g)

Demnach können die Eingruppierungsvorschriften des Bundes (§§ 12, 13 TVöD Bund) ohne Einhaltung einer Frist, frühestens jedoch zum 31. Dezember 2016 gekündigt werden. Die an sich im Tarifvertragsgesetz vorgesehene Nachwirkung ist ausgeschlossen. Die Kündigungsvorschrift korrespondiert mit der entsprechenden Kündigungsvorschrift der Entgeltordnung – siehe § 20 Abs. 2 des TV EntgO Bund[1]).

Zu Buchstabe h)

Demnach können die Eingruppierungsvorschriften der VKA (§§ 12, 13 VKA) nur insgesamt – nicht getrennt – mit einer Frist von sechs Monaten zum Ende des Kalenderjahres, frühestens jedoch zum 31. Dezember 2020 gekündigt werden. Die an sich im Tarifvertragsgesetz vorgesehene Nachwirkung ist ausgeschlossen. Die Kündigungsvorschrift korrespondiert mit der entsprechenden Kündigungsvorschrift der Entgeltordnung (siehe Buchstabe i).

Zu Buchstabe i)

Demnach kann die Entgeltordnung der VKA (Anlage) mit einer Frist von sechs Monaten zum Ende des Kalenderjahres, frühestens jedoch zum 31. Dezember 2020 gekündigt werden. Die an sich im Tarifvertragsgesetz vorgesehene Nachwirkung ist ausgeschlossen. Wegen der abweichenden (drei Monate zum Quartalsende, frühestens zum 31. Dezember 2026; Nachwirkung nicht ausgeschlossen) Kündigungsmöglichkeiten der Eingruppierungsvorschriften für Beschäftigte im Sozial- und Erziehungsdienst siehe die Protokollerklärung zum Buchstaben i.

Zu Buchstabe j)

Diese neue Kündigungsregelung wurde im Rahmen des 22. Änderungstarifvertrages vom 6. April 2025 aufgenommen. Sie regelt, dass die ab dem 1. Januar 2026 geltenden Vorschriften zur freiwilligen Erhöhung der regelmäßigen wöchentlichen Arbeitszeit sowie die Vorschriften zur Umwandlung der (teilweisen) Jahressonderzahlung in freie Tage mit einer Frist von sechs Monaten zum Schluss eines Kalenderjahres, jedoch nur insgesamt und frühestens zum 31. Dezember 2029 gekündigt werden können. Die Nachwirkung ist ausgeschlossen. Für zum Zeitpunkt der Kündigung bereits laufende Vereinbarungen zur Erhöhung der wöchentlichen Arbeitszeit sowie zu bereits geltend

[1]) abgedruckt unter **410**

gemachten „Tauschtagen" nach § 29a (Bund) bzw. § 29a (VKA) siehe die Protokollerklärung zum Buchstaben j.

Wichtig:

Nach der ab dem 1. Januar 2027 geltenden Protokollerklärung zu § 26 Absatz 1 Satz 2 TVöD wird der Erholungsurlaub im Falle der vorstehenden „Blockkündigung" automatisch wieder von 31 Tagen auf 30 Tage reduziert.

II

Anlage A (Bund)

Tabelle TVöD Bund

gültig vom 1. März 2024 bis 31. März 2025

(monatlich in Euro)

Entgelt-gruppe	Grundentgelt		Entwicklungsstufen			
	Stufe 1	Stufe 2	Stufe 3	Stufe 4	Stufe 5	Stufe 6
15	5504,00	5863,92	6265,40	6813,49	7377,29	7748,20
14	5003,84	5329,75	5755,37	6227,68	6754,16	7132,13
13	4628,76	4985,95	5392,57	5834,04	6353,53	6635,44
12	4170,32	4581,34	5061,67	5594,63	6220,01	6516,74
11	4032,38	4410,41	4765,62	5151,01	5678,44	5975,19
10	3895,33	4191,53	4528,25	4893,44	5300,10	5433,63
9c	3757,21	4013,80	4334,08	4683,04	5061,38	5182,84
9b	3619,09	3736,32	4029,91	4352,06	4706,63	5003,35
9a	3480,97	3699,68	3759,84	3963,16	4335,69	4483,10
8	3281,44	3486,59	3628,68	3770,54	3922,69	3995,85
7	3095,23	3331,58	3472,38	3614,47	3748,49	3820,45
6	3042,04	3236,55	3372,94	3507,92	3640,49	3708,02
5	2928,99	3117,67	3245,11	3380,06	3505,47	3570,28
4	2802,62	2993,55	3153,75	3253,48	3353,20	3411,60
3	2762,69	2968,02	3017,99	3132,21	3217,92	3296,43
2	2582,16	2784,28	2834,67	2906,58	3064,63	3229,97
1		2355,52	2388,86	2430,55	2469,42	2569,47

Anlage A (Bund)

Tabelle TVöD Bund
gültig vom 1. April 2025 bis 30. April 2026

(monatlich in Euro)

Entgelt-gruppe	Grundentgelt		Entwicklungsstufen			
	Stufe 1	**Stufe 2**	**Stufe 3**	**Stufe 4**	**Stufe 5**	**Stufe 6**
15	5669,12	6039,84	6453,36	7017,89	7598,61	7980,65
14	5153,96	5489,64	5928,03	6414,51	6956,78	7346,09
13	4767,62	5135,53	5554,35	6009,06	6544,14	6834,50
12	4295,43	4718,78	5213,52	5762,47	6406,61	6712,24
11	4153,35	4542,72	4908,59	5305,54	5848,79	6154,45
10	4012,19	4317,28	4664,10	5040,24	5459,10	5596,64
9c	3869,93	4134,21	4464,10	4823,53	5213,22	5338,33
9b	3729,09	3848,41	4150,81	4482,62	4847,83	5153,45
9a	3590,97	3810,67	3872,64	4082,05	4465,76	4617,59
8	3391,44	3596,59	3738,68	3883,66	4040,37	4115,73
7	3205,23	3441,58	3582,38	3724,47	3860,94	3935,06
6	3152,04	3346,55	3482,94	3617,92	3750,49	3819,26
5	3038,99	3227,67	3355,11	3490,06	3615,47	3680,28
4	2912,62	3103,55	3263,75	3363,48	3463,20	3521,60
3	2872,69	3078,02	3127,99	3242,21	3327,92	3406,43
2	2692,16	2894,28	2944,67	3016,58	3174,03	3339,97
1		2465,52	2498,86	2540,55	2579,42	2679,47

II

Anlage A (Bund)

Tabelle TVöD Bund
gültig ab 1. Mai 2026
(monatlich in Euro)

Entgelt-gruppe	Grundentgelt		Entwicklungsstufen			
	Stufe 1	Stufe 2	Stufe 3	Stufe 4	Stufe 5	Stufe 6
15	5827,86	6208,96	6634,05	7214,39	7811,37	8204,11
14	5298,27	5643,35	6094,01	6594,12	7151,57	7551,78
13	4901,11	5279,32	5709,87	6177,31	6727,38	7025,87
12	4415,70	4850,91	5359,50	5923,82	6586,00	6900,18
11	4269,64	4669,92	5046,03	5454,10	6012,56	6326,77
10	4124,53	4438,16	4794,69	5181,37	5611,95	5753,35
9c	3978,29	4249,97	4589,09	4958,59	5359,19	5487,80
9b	3833,50	3956,17	4267,03	4608,13	4983,57	5297,75
9a	3691,52	3917,37	3981,07	4196,35	4590,80	4746,88
8	3486,40	3697,29	3843,36	3992,40	4153,50	4230,97
7	3294,98	3537,94	3682,69	3828,76	3969,05	4045,24
6	3240,30	3440,25	3580,46	3719,22	3855,50	3926,20
5	3124,08	3318,04	3449,05	3587,78	3716,70	3783,33
4	2994,17	3190,45	3355,14	3457,66	3560,17	3620,20
3	2953,13	3164,20	3215,57	3332,99	3421,10	3501,81
2	2767,54	2975,32	3027,12	3101,04	3263,52	3433,49
1		2543,55	2568,83	2611,69	2651,64	2754,50

Tarifvertrag für den öffentlichen Dienst – Besonderer Teil Verwaltung – (TVöD BT-V)

Vom 13. September 2005 (GMBl. 2006 S. 487)

Zuletzt geändert durch
Änderungstarifvertrag Nr. 32 vom 6. April 2025[1])

II

Hinweise des Bearbeiters:

Der besondere Teil Verwaltung schließt sich an den Allgemeinen Teil des TVöD an und bildet zusammen mit diesem den Tarifvertrag für die Sparte Verwaltung. Der BT-V bildet die Abschnitte VII bis IX dieses Spartentarifvertrages; die Abschnitte I bis VI sind im allgemeinen Teil des TVöD enthalten.

Der Abschnitt VII enthält allgemeine Vorschriften, die alle unter den Spartentarifvertrag fallende Beschäftigte betreffen.

Die Abschnitte VIII und IX enthalten – getrennt für Bund einerseits und Kommunen andererseits – an die Stelle bestimmter Vorschriften des TVöD tretende Sonderregelungen für Beschäftigte in bestimmten Bereichen (in Auslandsdienststellen, im Bundesministerium der Verteidigung, im Bundesministerium für Digitales und Verkehr, im forstlichen Außendienst, bei nichtbundeseigenen Eisenbahnen, im kommunalen Feuerwehrdienst, in Kernforschungseinrichtungen, in Hafenbetrieben, in der Landwirtschaft, für Lehrkräfte, für Schulhausmeister, im Straßenbau, bei Theatern und Bahnen) und Schlussvorschriften (In-Kraft-Treten, Laufzeit).

Von Erläuterungen der nur für bestimmte Bereiche bedeutsamen Sonderregelungen wurde zunächst abgesehen.

---

[1]) Die Abstimmung des Textes des Änderungstarifvertrages war erst im August 2025 abgeschlossen.
§ 2 des Änderungstarifvertrages Nr. 32 enthält folgende Regelung:
„§ 2 Ausnahmen vom Geltungsbereich
Für Beschäftigte, die spätestens mit Ablauf des 6. April 2025 aus dem Arbeitsverhältnis ausgeschieden sind, gilt dieser Tarifvertrag nur, wenn sie dies bis 30. September 2025 schriftlich beantragen. Für Beschäftigte, die spätestens mit Ablauf des 6. April 2025 aufgrund eigenen Verschuldens ausgeschieden sind, gilt dieser Tarifvertrag nicht."

II

Inhaltsübersicht

§ 40 Geltungsbereich

(1) [1]Dieser Tarifvertrag gilt für alle Beschäftigten, die unter § 1 des Tarifvertrages für den öffentlichen Dienst (TVöD) fallen, soweit sie nicht von anderen Besonderen Teilen des TVöD erfasst sind. [2]Der Tarifvertrag für den öffentlichen Dienst (TVöD) – Besonderer Teil Verwaltung (BT-V) bildet im Zusammenhang mit dem Tarifvertrag für den öffentlichen Dienst – Allgemeiner Teil – den Tarifvertrag für die Sparte Verwaltung.

(2) Soweit in den nachfolgenden Bestimmungen auf die §§ 1 bis 39 verwiesen wird, handelt es sich um die Regelungen des TVöD – Allgemeiner Teil –.

II

Erläuterungen

In der Vorschrift des § 40 haben die Tarifpartner den Geltungsbereich des BT-V geregelt und bestimmt, dass er für alle unter den TVöD fallenden Beschäftigten gilt, soweit sie nicht von einem anderen Besonderen Teil (Krankenhäuser, Flughäfen, Entsorgung, Sparkassen) erfasst werden.

In Absatz 1 Satz 2 wird klargestellt, dass der BT-V in Verbindung mit dem Allgemeinen Teil des TVöD den Tarifvertrag für die Sparte Verwaltung bildet.

§ 41 Allgemeine Pflichten

[1]Die im Rahmen des Arbeitsvertrages geschuldete Leistung ist gewissenhaft und ordnungsgemäß auszuführen. [2]Beschäftigte des Bundes und anderer Arbeitgeber, in deren Aufgabenbereichen auch hoheitliche Tätigkeiten wahrgenommen werden, müssen sich durch ihr gesamtes Verhalten zur freiheitlich demokratischen Grundordnung im Sinne des Grundgesetzes bekennen.

Erläuterungen

In § 41 weisen die Tarifpartner auf die allgemeinen Pflichten hin und bestimmen zudem (in Satz 2 der Vorschrift), dass in hoheitlichen Bereichen Beschäftigte sich zur freiheitlich demokratischen Grundordnung der Bundesrepublik bekennen müssen. Die Regelung in Satz 2 entspricht weitgehend der Bestimmung des § 8 Abs. 1 Satz 2 BAT.

Gewissenhafte Aufgabenerledigung (Satz 1)

Bei der Bestimmung des Satzes 1, dass der Beschäftigte die im Rahmen des Arbeitsvertrages geschuldete Leistung gewissenhaft und ordnungsgemäß durchzuführen hat, handelt es sich eigentlich um eine Selbstverständlichkeit. Schon das allgemeine Arbeitsrecht beinhaltet den Grundsatz, dass der Arbeitnehmer die vertraglich geschuldete Leistung erbringen muss. Bei Nicht- oder Schlechterfüllung des Arbeitsvertrages sind die üblichen arbeitsrechtlichen Instrumente (Abmahnung, Kündigung → § 34) gegeben. In § 41 TVöD BT-V wurde die Regelung des § 8 Abs. 1 Satz 1 BAT („Der Angestellte hat sich so zu verhalten, wie es von Angehörigen des ö. D. erwartet wird.“) nicht übernommen. Das BAG hat daraus in zwei bemerkenswerten Urteilen (vom 10. 9. 2009 – 2 AZR 257/08 – und 28. 10. 2010 – 2 AZR 293/09) geschlossen, dass an das nebenberufliche Verhalten der nicht hoheitlich tätigen Beschäftigten keine erhöhten Ansprüche gestellt werden dürfen. Selbst kriminelle Handlungen bzw. entsprechende Strafen rechtfertigen nach Auffassung des BAG grundsätzlich nicht die Kündigung des Beschäftigten.

Die Frage, ob und in welchem Umfang Beschäftigte berechtigt sind, die Arbeit zur Erreichung kollektiver Ziele niederzulegen oder zu streiken, stellt sich regelmäßig insbesondere in Zeiten einer Lohnrunde. Die öffentlichen Arbeitgeber haben die rechtlichen Möglichkeiten, deren Grenzen und die aus Arbeitgebersicht notwendigen Maßnahmen (z. B. Dokumentationen, Entgeltkürzung) und die Folgen eines Streiks auf tarifvertraglichen Leistungen sowie die Sozialversicherung in so genannten Arbeitskampfrichtlinien zusammengefasst.

Politische Treuepflicht (Satz 2)

Satz 2 entspricht dem Kern der Vorschrift des § 8 Abs. 1 Satz 2 BAT, beschränkt die Pflicht, sich zur freiheitlich demokratischen Grundordnung im Sinne des Grundgesetzes zu bekennen, aber auf Beschäftigte des Bundes und von Arbeitgebern, in deren Aufgabenbereichen auch hoheitliche Aufgaben wahrgenommen werden. Auch der Beschäftigte, der selbst nicht hoheitlich tätig wird und ggf. nicht einmal in den hoheitlichen Bereichen des Arbeitgebers beschäftigt ist, kann unter diese Vorschrift fallen. Es reicht aus, dass der jeweilige Arbeitgeber auch hoheitlich tätig wird. Dies wird für die meisten Kommunen, nicht aber für deren ausgelagerte Wirtschaftsbetriebe zutreffen.

Über das Verfahren zur Überprüfung der Verfassungstreue bei der Einstellung von Beschäftigten bestehen keine gesetzlichen und auch keine tariflichen Vorschriften. Zur Frage der sogenannten politischen Treuepflicht der Beschäftigten des öffentlichen Dienstes wird auf nachstehende Rechtsprechung verwiesen:

- Beschluss des Bundesverfassungsgerichts vom 22. 5. 1975 – 2 BvL 13/73 – (BVerfGE 39, 334):

  „Auch die Angestellten des öffentlichen Dienstes schulden dem Arbeitgeber Loyalität und die gewissenhafte Erfüllung ihrer dienstlichen Verpflichtungen; auch sie dürfen den Staat, in dessen Dienst sie stehen, und seine Verfassungsordnung nicht angreifen; auch sie können wegen grober Verletzung dieser Dienstpflichten fristlos entlassen werden; und auch ihre Einstellung kann abgelehnt werden, wenn damit zu rechnen ist, daß sie ihre mit der Einstellung verbundenen Pflichten nicht werden erfüllen können oder wollen."

- Urteil des BAG vom 31. 3. 1976 – 5 AZR 104/74 (AP Nr. 2 zu Art. 33 Abs. 2 GG):

  „Nicht allen Angestellten und Arbeitern des öffentlichen Dienstes ist das gleiche Maß an politischer Treue abzuverlangen wie den Beamten. Bei Angestellten und Arbeitern müssen sich die in politischer Hinsicht zu stellenden Anforderungen aus dem jeweiligen Amt ergeben. Ein Lehrer und Erzieher muss (insoweit) gesteigerten Anforderungen genügen."

- Urteil des BAG vom 20. 7. 1977 – 4 AZR 142/76 (AP Nr. 3 zu Art. 33 Abs. 2 GG):

  „aa) Art. 12 Abs. 1 GG steht der Kündigung eines Lehrers während der schulpraktischen Ausbildung nach dem Berliner Lehrerbildungsgesetz nicht entgegen.

  bb) Art. 33 Abs. 2 GG kann zur Unwirksamkeit einer Kündigung des Arbeitsverhältnisses führen, wenn der Arbeitnehmer einen unmittelbaren Wiedereinstellungsanspruch haben würde. Das setzt jedoch voraus, dass entsprechende Eignung, Befähigung und fachliche Leistung i. S. von Art. 33 Abs. 2 GG vorliegen.

cc) Eignung i. S. von Art. 33 Abs. 2 GG umfaßt auch die Bereitschaft, der dem Amt entsprechenden politischen Treuepflicht zu genügen; das gilt insbesondere für Lehrer, die Schulunterricht halten. Deshalb kann einem Lehrer wegen aktiver Mitgliedschaft in einer verfassungswidrigen Organisation und entsprechender Betätigung auch während der schulpraktischen Ausbildung gekündigt werden."

- Urteil des BAG vom 6. 6. 1984 – 7 AZR 456/82 – (AP Nr. 11 zu § 1 KSchG Verhaltensbedingte Kündigung):

  „Eine ordentliche Kündigung aus verhaltensbedingten Gründen setzt voraus, daß das Arbeitsverhältnis durch die im außerdienstlichen Bereich entfaltete politische Betätigung konkret beeinträchtigt wird, sei es im Leistungsbereich, im Bereich der Verbundenheit aller bei der Dienststelle beschäftigten Mitarbeiter, im personalen Vertrauensbereich oder im behördlichen Aufgabenbereich." (Dies hat das BAG im Falle eines im Bereich der Bundesanstalt für Arbeit beschäftigten Hauptvermittlers verneint.)

- Urteil des BAG vom 12. Mai 2011 – 2 AZR 479/09:

  „Aktives Eintreten für eine verfassungsfeindliche Partei oder deren Jugendorganisation kann die personenbedingte Kündigung eines im öffentlichen Dienst beschäftigten Arbeitnehmers begründen. Das gilt auch dann, wenn die Partei nicht durch das Bundesverfassungsgericht für verfassungswidrig erklärt worden ist. Hat allerdings der Arbeitgeber den Arbeitnehmer wegen politischer Betätigung abgemahnt, gibt er damit grundsätzlich zu erkennen, dass er die Fortsetzung des Arbeitsverhältnisses für zumutbar erachtet, wenn zukünftig verfassungsfeindliche Aktivitäten unterbleiben. Er kann eine spätere Kündigung deshalb nicht ausschließlich auf Verhalten stützen, das schon seiner Abmahnung zugrunde lag. Die Anfechtung des Arbeitsvertrags wegen verfassungsfeindlicher Betätigung setzt voraus, dass der Arbeitnehmer eine ihm bei seiner Einstellung in den öffentlichen Dienst zulässigerweise gestellte Frage nach seiner Verfassungstreue bewusst falsch beantwortet oder relevante Umstände trotz bestehender Offenbarungspflicht verschwiegen hat."

  (Im Urteilsfall ging es um außerdienstliche Aktivitäten für die NPD und deren Jugendorganisation (JN). Der Kläger, der Mitglied der NPD ist, war seit 2003 beim beklagten Land tätig. Vor Begründung des Arbeitsverhältnisses hatte er sich in einer Erklärung zu den

Grundsätzen der freiheitlichen demokratischen Grundordnung im Sinne des Grundgesetzes bekannt und angegeben, er sei nicht Mitglied einer Organisation, die diese Grundordnung bekämpfe. Nachdem das beklagte Land ihn im Oktober 2007 wegen verschiedener parteipolitischer Aktivitäten abgemahnt hatte, kündigte es das Arbeitsverhältnis im Mai 2008 mit der Begründung, der Kläger habe durch Teilnahme an einer von der NPD abgehaltenen Gedenkveranstaltung erneut seine politische Treuepflicht verletzt. Zudem focht es den Arbeitsvertrag wegen arglistiger Täuschung an. Nach Auffassung des BAG sind Anfechtung des Arbeitsvertrages und Kündigung nicht berechtigt. Der entscheidende Senat ist aufgrund bindender Feststellungen des Landesarbeitsgerichts davon ausgegangen, dass sich der Kläger bei Abgabe seiner Erklärung zur Verfassungstreue eines Eignungsmangels nicht bewusst war. Der Kläger hat nach seiner Abmahnung bis zum Zugang der Kündigung kein Verhalten gezeigt, das als aktives Bekämpfen der freiheitlichen demokratischen Grundordnung des Grundgesetzes angesehen werden kann. Ob die NPD und ihre Jugendorganisation als verfassungsfeindlich einzustufen sind und ob das abgemahnte Verhalten deutlich gemacht hat, dass der Kläger mögliche verfassungsfeindliche Ziele der NPD aktiv unterstützt, brauchte das BAG in dem Urteilsfall nicht zu entscheiden.)

- Urteil des BAG vom 6. September 2012 – 2 AZR 372/11:

  Auch in diesem Urteilsfall ging es um außerdienstliche Aktivitäten für die NPD und deren Jugendorganisation (JN). Der Kläger war Mitglied der NPD und hatte Aufrufe zu Demonstrationen weitergeleitet, in denen die Verfasser für einen gewaltsamen Umsturz eingetreten waren. Das BAG sah darin – auch wenn die NPD nicht verboten ist und die Weiterleitung des Demonstrationsaufrufs nicht strafbar sei – einen Loyalitätsbruch, der eine Kündigung rechtfertige.

II

§ 42 Saisonaler Ausgleich

In Verwaltungen und Betrieben, in denen auf Grund spezieller Aufgaben (z. B. Ausgrabungen, Expeditionen, Schifffahrt) oder saisonbedingt erheblich verstärkte Tätigkeiten anfallen, kann für diese Tätigkeiten die regelmäßige Arbeitszeit auf bis zu 60 Stunden in einem Zeitraum von bis zu sieben Tagen verlängert werden, wenn durch Verkürzung der regelmäßigen wöchentlichen Arbeitszeit bis zum Ende des Ausgleichszeitraums nach § 6 Abs. 2 Satz 1 ein entsprechender Zeitausgleich durchgeführt wird.

Erläuterungen

In § 42 haben die Tarifpartner in bestimmten Verwaltungen und Betrieben unter gewissen Voraussetzungen die Verlängerung der Arbeitszeit auf bis zu 60 Stunden in der Woche zugelassen. Die Regelung entspricht weitgehend der Bestimmung des § 15 Abs. 4 Satz 2 BAT.

Zur Tarifvorschrift

§ 42 regelt den so genannten Jahreszeitenausgleich für diejenigen Verwaltungen und Betriebe, in denen auf Grund spezieller Aufgaben oder saisonaler Schwankungen Zeiten mit erheblich verstärkten Tätigkeiten anfallen. Für diese Bereiche haben die Tarifpartner – abweichend von der grundsätzlichen Regelung in § 6 Abs. 1 – eine Verlängerung der Arbeitszeit auf bis zu 60 Stunden in einem Siebentagezeitraum (der nicht der Kalenderwoche entsprechen muss) zugelassen. Voraussetzung ist allerdings, dass innerhalb des jährlichen Ausgleichszeitraumes des § 6 Abs. 2 Satz 1 ein Zeitausgleich erreicht wird. Im Ergebnis muss also – auf ein Jahr bezogen – wieder eine durchschnittliche Wochenarbeitszeit von 39 (Bund und Kommunen/West) bzw. 40 Stunden (Kommunen/Ost) erreicht werden. Die Ausdehnung des Ausgleichszeitraums auf ein Jahr ist durch § 7 Abs. 1 Nr. 1 Buchst. b des Arbeitszeitgesetzes (→ § 6) gedeckt.

§ 43 Überstunden

[1]Überstunden sind grundsätzlich durch entsprechende Freizeit auszugleichen. [2]Sofern kein Arbeitszeitkonto nach § 10 eingerichtet ist, oder wenn ein solches besteht, die/der Beschäftigte jedoch keine Faktorisierung nach § 8 Abs. 1 geltend macht, erhält die/der Beschäftigte für Überstunden (§ 7 Abs. 7), die nicht bis zum Ende des dritten Kalendermonats – möglichst aber schon bis zum Ende des nächsten Kalendermonats – nach deren Entstehen mit Freizeit ausgeglichen worden sind, je Stunde 100 v. H. des auf die Stunde entfallenden Anteils des Tabellenentgelts der jeweiligen Entgeltgruppe und Stufe, höchstens jedoch nach der Stufe 4. [3]Der Anspruch auf den Zeitzuschlag für Überstunden nach § 8 Abs. 1 besteht unabhängig von einem Freizeitausgleich.

Erläuterungen

In § 43 haben die Tarifpartner den Ausgleich für Überstunden geregelt und insoweit die Vorschriften des § 7 Abs. 7 und § 8 Abs. 1 TVöD ergänzt. Bis zum 31. Oktober 2022 enthielt § 43 einen Absatz 2. Hierin hatten die Tarifpartner besondere Vereinbarungen für bestimmte Beschäftigte in obersten Bundesbehörden und für Leiter von Dienststellen getroffen. Die Tarifpartner haben die Sonderregelung des ehemaligen Absatzes 2, die ein Konkurrenzverhältnis aufgrund abweichender beamtenrechtlicher Regelungen vermeiden sollte, im Rahmen des Änderungstarifvertrages Nr. 29 vom 14. Juli 2022 aufgehoben. Hintergrund für das Aufheben des Absatzes 2 war, dass im Beamtenbereich nunmehr neben der Gewährung der Ministerialzulage auch Mehrarbeitsvergütung gewährt werden kann und damit das zugrundeliegende Konkurrenzverhältnis entfallen ist.

Satz 1 der Vorschrift enthält den Grundsatz, dass Überstunden durch Freizeit auszugleichen sind; und zwar möglichst bis zum Ende des nächsten Kalendermonats nach ihrem Entstehen (Satz 2).

Satz 2 bestimmt, dass Überstunden, die nicht bis zum Ende des dritten Kalendermonats nach ihrem Entstehen durch Freizeit ausgeglichen werden, mit dem auf eine Stunde entfallenden Anteil des Tabellenentgelts der individuellen Entgeltgruppe und -stufe (höchstens aber Stufe 4) zu vergüten sind. Dies gilt jedoch nicht, wenn die Überstunden einem Arbeitszeitkonto im Sinne des § 10 gutgeschrieben werden.

Der Anspruch auf Überstundenzuschlag gemäß § 8 Abs. 1 besteht unabhängig davon, ob ein Zeitausgleich oder eine Bezahlung der Überstunden erfolgt (Satz 3).

§ 44 Reise- und Umzugskosten, Trennungsgeld

(1) Für die Erstattung von Reise- und Umzugskosten sowie Trennungsgeld finden die für die Beamtinnen und Beamten jeweils geltenden Bestimmungen entsprechende Anwendung.

II

(2) [1]Bei Dienstreisen gilt nur die Zeit der dienstlichen Inanspruchnahme am auswärtigen Geschäftsort als Arbeitszeit. [2]Für jeden Tag einschließlich der Reisetage wird jedoch mindestens die auf ihn entfallende regelmäßige, durchschnittliche oder dienstplanmäßige Arbeitszeit berücksichtigt, wenn diese bei Nichtberücksichtigung der Reisezeit nicht erreicht würde. [3]Überschreiten nicht anrechenbare Reisezeiten insgesamt 15 Stunden im Monat, so werden auf Antrag 25 v. H. dieser überschreitenden Zeiten bei fester Arbeitszeit als Freizeitausgleich gewährt und bei gleitender Arbeitszeit im Rahmen der jeweils geltenden Vorschriften auf die Arbeitszeit angerechnet. [4]Der besonderen Situation von Teilzeitbeschäftigten ist Rechnung zu tragen.

(3) Soweit Einrichtungen in privater Rechtsform oder andere Arbeitgeber nach eigenen Grundsätzen verfahren, sind diese abweichend von den Absätzen 1 und 2 maßgebend.

Erläuterungen

In § 44 Abs. 1 haben die Tarifpartner hinsichtlich der Erstattung von Reise- und Umzugskosten sowie Trennungsgeld die für Beamte jeweils geltenden Vorschriften in Bezug genommen. In Absatz 2 ist die Berücksichtigung von Reisezeiten im Rahmen von Dienstreisen als Arbeitszeit geregelt. Absatz 3 lässt für bestimmte Arbeitgeber von den Grundsätzen der Absätze 1 und 2 abweichende Regelungen zu.

Die Tatbestände waren bislang in den §§ 42, 44 und § 17 Abs. 2 BAT geregelt.

Auf die abweichenden Sonderregelungen in den §§ 45 und 47 (Bund) bzw. §§ 54 und 55 (VKA) des Besonderen Teils Verwaltung wird hingewiesen.

Anwendung beamtenrechtlicher Bestimmungen (Abs. 1)

In Absatz 1 ist bestimmt, dass für die Erstattung von Reise- und Umzugskosten sowie Trennungsgeld die für Beamte jeweils geltenden Vorschriften entsprechende – also sinngleiche – Anwendung finden sollen. Die Tarifpartner haben insoweit auf eine eigene Regelung verzichtet und nehmen die – bewährten – Regelungen für Beamte in Bezug.

Die wichtigsten Bestimmungen im Sinne dieser Vorschrift für Beamte sind:

Reisekostengesetze/-verordnungen:

- Baden-Württemberg: Gesetz zur Neufassung des Landesreisekostengesetzes vom 4. 2. 2021 (GBl. S. 111)
- Bayern: Bayerisches Reisekostengesetz i. d. F. der Bekanntmachung vom 24. 4. 2001 (GVBl. S. 133)
- Berlin: Nach § 77 des Landesbeamtengesetzes für Berlin gilt das Bundesreisekostengesetz i. d. F. der Bekanntmachung vom 26. 5. 2005 (BGBl. I S. 1418) mit Maßgaben
- Brandenburg: Nach § 63 des Beamtengesetzes für das Land Brandenburg gilt das Bundesreisekostengesetz i. d. F. der Bekanntmachung vom 26. 5. 2005 (BGBl. I S. 1418)
- Bremen: Bremisches Reisekostengesetz i. d. F. der Bekanntmachung vom 24. 2. 2009 (Brem. GBl. S. 48)
- Hamburg: Hamburgisches Reisekostengesetz i. d. F. der Bekanntmachung vom 14. 1. 2025 (HmbGVBl. S. 153)
- Hessen: Hessisches Reisekostengesetz i. d. F. der Bekanntmachung vom 9. 10. 2009 (GVBl. I S. 397)
- Mecklenburg-Vorpommern: Landesreisekostengesetz vom 3. 6. 1998 (GVOBl. M-V S. 554)
- Niedersachsen: Niedersächsische Reisekostenverordnung vom 10. 1. 2017 (Nds. GVBl. S. 2)
- Nordrhein-Westfalen: Landesreisekostengesetz vom 1. 12. 2021 (GV. NRW. S. 1367)
- Rheinland-Pfalz: Landesreisekostengesetz i. d. F. der Bekanntmachung vom 24. 3. 1999 (GVBl. S. 89)
- Saarland: Saarländisches Reisekostengesetz i. d. F. der Bekanntmachung vom 13. 8. 1976 (Amtsbl. S. 857)
- Sachsen: Sächsisches Reisekostengesetz i. d. F. der Bekanntmachung vom 12. 12. 2008 (SächsGVBl. S. 866, 876)
- Sachsen-Anhalt: gemäß § 4 des Gesetzes zur Neuregelung des Besoldungsrechts des Landes Sachsen-Anhalt vom 8. 2. 2011 (GVBl. LSA S. 68) gilt das Bundesreisekostengesetz i. d. F. der Bekanntmachung vom 26. 5. 2005 (BGBl. I S. 1418) mit Maßgaben
- Schleswig-Holstein: Nach § 84 des Beamtengesetzes für das Land Schleswig-Holstein gilt das Bundesreisekostengesetz i. d. F. der Bekanntmachung vom 26. 5. 2005 (BGBl. I S. 1418) mit Maßgaben
- Thüringen: Thüringer Reisekostengesetz vom 23. 12. 2005 (GVBl. S. 446)

II

Umzugskostengesetze

- Baden-Württemberg: Landesumzugskostengesetz i. d. F. der Bekanntmachung vom 12. 2. 1996 (GBl. S. 127)
- Bayern: Bayerisches Umzugskostengesetz vom 27. 7. 2009 (GVBl. S. 400)
- Berlin: Nach § 77 des Landesbeamtengesetzes für Berlin gilt das Bundesumzugskostengesetz
- Brandenburg: Nach § 63 des Beamtengesetzes für das Land Brandenburg gilt das Bundesumzugskostengesetz
- Bremen: Bremisches Umzugskostengesetz i. d. F. der Bekanntmachung vom 28. 3. 2003 (Brem. GBl. S. 191)
- Hamburg: Nach § 84 Abs. 2 des Hamburgischen Landesbeamtengesetzes gilt das Bundesumzugskostengesetz in der am 31. 12. 2010 geltenden Fassung
- Hessen: Hessisches Umzugskostengesetz vom 26. 10. 1993 (GVBl. I S. 464)
- Mecklenburg-Vorpommern: Landesumzugskostengesetz vom 3. 6. 1998 (GVOBl. M-V S. 559)
- Niedersachsen: Nach § 98 des Niedersächsischen Beamtengesetzes gilt weitgehend das Bundesumzugskostengesetz
- Nordrhein-Westfalen: Landesumzugskostengesetz vom 6. 7. 1993 (GVBl. S. 464)
- Rheinland-Pfalz: Landesumzugskostengesetz vom 22. 12. 1992 (GVBl. S. 377)
- Saarland: Saarländisches Umzugskostengesetz i. d. F. der Bekanntmachung vom 13. 8. 1976 (Amtsbl. S. 863)
- Sachsen: Sächsisches Umzugskostengesetz vom 23. 11. 1993 (SächsGVBl. S. 1070)
- Sachsen-Anhalt: gemäß § 4 des Gesetzes zur Neuregelung des Besoldungsrechts des Landes Sachsen-Anhalt vom 8. 2. 2011 (GVBl. LSA S. 68) gilt weitgehend das Bundesumzugskostengesetz
- Schleswig-Holstein: Nach § 87 des Beamtengesetzes für das Land Schleswig-Holstein gilt weitgehend das Bundesumzugskostengesetz
- Thüringen: Thüringer Umzugskostengesetz vom 2. 5. 2005 (GVBl. S. 446)

Berücksichtigung von Reisezeiten (Abs. 2)

In Absatz 2 haben die Tarifpartner geregelt, inwieweit Dienstreisezeiten als Arbeitszeit berücksichtigt werden. Nach Satz 1 der Vorschrift gilt grundsätzlich nur die Zeit des reinen Dienstgeschäftes als Arbeitszeit. In jedem Fall wird aber mindestens die auf den Dienstreisetag entfallende regelmäßige, durchschnittliche oder dienstplanmäßige Arbeitszeit berücksichtigt (Satz 2). Satz 3 legt fest, dass in den Fällen, in denen nicht anrechenbare Reisezeiten von mehr als 15 Stunden im Monat angefallen sind, 25 v. H. auf Antrag als Arbeitszeit gewertet und durch Freizeit ausgeglichen bzw. dem Gleitzeitkonto gutgeschrieben werden können. Der Bund hat mit Rundschreiben vom 19. Februar 2021[1]) übertariflich zugelassen, dass nach den Regelungen der Arbeitszeitverordnung (AZV) verfahren wird. In Satz 4 ist bestimmt, dass der besonderen Situation von Teilzeitbeschäftigten besonders Rechnung getragen wird. Dies kann in der Praxis nur so aussehen, dass eine während Dienstreisen ggf. erfolgte – bezogen auf die individuelle Arbeitszeit – überproportionale Inanspruchnahme durch Freizeit ausgeglichen wird.

Beschäftigte anderer Arbeitgeber (Abs. 3)

Soweit Einrichtungen in privater Rechtsform oder andere Arbeitgeber eigene Grundsätze zur Erstattung von Reise- und Umzugskosten sowie zur Erstattung von Trennungsgeld und zur Berücksichtigung von Reisezeiten als Arbeitszeit haben, sind diese Grundsätze maßgebend – die beamtenrechtlichen Bestimmungen finden dann keine Anwendung.

II

[1]) abgedruckt als **Anhang 1**

Anhang 1

Anrechnung von Reisezeiten bei Dienstreisen

BMI-Rundschreiben vom 19. Februar 2021
– D 5 – 31006/8#1 –

II

Hier: Entsprechende Anwendung der beamtenrechtlichen Regelung in § 11 Abs. 3 AZV

Mit Wirkung zum 1. März 2021 treten für Beamtinnen und Beamten des Bundes Regelungen zur verbesserten Anrechnung von Reisezeiten außerhalb der regelmäßigen täglichen Arbeitszeit bei Dienstreisen in Kraft. Dazu wurde § 11 Abs. 3 der Arbeitszeitverordnung (AZV) neu gefasst (Art. 1 Nr. 6 Buchst. b i. V. m. Art. 5 Abs. 3 der Verordnung zur Weiterentwicklung dienstrechtlicher Regelungen und zum Sonderurlaub vom 17. Dezember 2020, BGBl. I S. 3011). Die tarifvertragliche Regelung zur Berücksichtigung von Reisezeiten hingegen entspricht inhaltlich der alten AZV-Regelung, in der bis zum 28. Februar 2021 geltenden Fassung.

A Neuregelung zur Anrechnung von Reisezeiten bei Dienstreisen nach der AZV im Beamtenbereich

§ 11 Abs. 3 AZV wird mit Wirkung vom 1. März 2021 neu gefasst und regelt zukünftig, inwieweit bei Dienstreisen, die über die regelmäßige tägliche Arbeitszeit hinausgehen, die nach § 11 Abs. 1 Satz 4 AZV nicht berücksichtigungsfähigen Reisezeiten als Zeitguthaben angerechnet werden. Bei Dienstreisen, die über die regelmäßige tägliche Arbeitszeit hinausgehen, ist künftig ein Freizeitausgleich in Höhe von einem Drittel der nicht anrechenbaren Reisezeiten zu gewähren. Dies gilt auch für Reisezeiten an Sonnabenden, Sonntagen oder gesetzlichen Feiertagen. Bei Gleitzeit wird ein Drittel dieser nicht anrechenbaren Reisezeit dem Gleitzeitkonto gutgeschrieben. Wird die Dienstreise von der Wohnung angetreten oder an der Wohnung beendet, darf höchstens die Reisezeit berücksichtigt werden, die bei einer Abreise von oder der Ankunft an der Dienststätte angefallen wäre. Reisezeiten können nicht als Mehrarbeit im Sinne der §§ 88 und 143 Abs. 1 Satz 1 Nr. 4 des Bundesbeamtengesetzes berücksichtigt werden. Eine Vergütungsfähigkeit von Reisezeiten entsteht demnach nicht. Wird eine Dienstreise mit einer privaten Reise oder einer privaten Fahrt verbunden, so wird für die auf den betroffenen Reiseweg entfallene Reisezeit kein Freizeitausgleich nach § 11 Abs. 3 Satz 1 AZV gewährt.

Zudem entfällt das Erfordernis, einen Antrag auf Anrechnung der Reisezeiten nach § 11 Abs. 3 AZV als Zeitguthaben zu stellen. Die Beamtinnen und Beamten müssen die Reisezeiten jedoch anzeigen, zum Beispiel indem sie diese in ein Zeiterfassungssystem eintragen, damit diese erfasst werden können.

B Entsprechende Anwendung der neuen Regelung zur Anrechnung von Reisezeiten nach der AZV auf die Tarifbeschäftigten des Bundes

Für Tarifbeschäftigte des Bundes regelt § 44 Abs. 2 Sätze 2 und 3 des Tarifvertrags für den öffentlichen Dienst Besonderer Teil Verwaltung (TVöD-BT-V) die Anerkennung von Reisezeiten bei Dienstreisen. Bei Dienstreisen wird danach stets mindestens diejenige Zeit als Arbeitszeit angerechnet, die ohne die Reise auf die Reisetage entfallen wären – soweit diese infolge Nichtberücksichtigung der Reisezeiten nicht erreicht würden. Maßgebend ist die auf die Reisetage entfallende regelmäßige, durchschnittliche oder dienstplanmäßige Arbeitszeit. Summieren sich die nicht anrechenbaren Reisezeiten im Monat auf insgesamt 15 Stunden oder mehr, so kann gem. § 44 Abs. 2 Satz 3 TVöD-BT-V auf Antrag ein Viertel dieser 15 Stunden überschreitenden Zeit bei fester Arbeitszeit ein entsprechender Freizeitausgleich gewährt werden oder bei gleitender Arbeitszeit eine Anrechnung auf die Arbeitszeit erfolgen.

Im Einvernehmen mit dem Bundesministerium der Finanzen bin ich mit folgender Verfahrensweise einverstanden:

Ab dem 1. März 2021 kann bei Dienstreisen, die über die regelmäßige tägliche Arbeitszeit hinausgehen, über die in der Tarifnorm des § 44 Abs. 2 TVöD-BT-V vorgesehene Anrechnung von Reisezeiten hinaus entsprechend § 11 Abs. 3 AZV verfahren werden. Etwaige Mehrkosten sind in den betreffenden Einzelplänen einzusparen.

Für Teilzeitbeschäftigte regelt § 44 Abs. 2 Satz 4 TVöD-BT-V, dass deren besonderer Situation Rechnung zu tragen ist. Die in § 11 Abs. 2 AZV geregelte Vorgehensweise kann hierfür als Maßstab eine Orientierung bieten.

II

Abschnitt VIII
Sonderregelungen (Bund)

§ 45 (Bund) Sonderregelungen für Beschäftigte, die zu Auslandsdienststellen des Bundes entsandt sind

Zu Abschnitt I
Allgemeine Vorschriften

Nr. 1 Zu § 1 – Geltungsbereich –

(1) Diese Sonderregelungen gelten für Beschäftigte mit deutscher Staatsangehörigkeit (Deutsche im Sinne des Artikels 116 GG) oder einer Staatsangehörigkeit eines anderen Mitgliedstaates der Europäischen Union bei den diplomatischen und berufskonsularischen Vertretungen sowie bei anderen Dienststellen der Bundesrepublik im Ausland (Auslandsdienststellen), die nach Abschluss eines Arbeitsvertrages nach Bundestarifrecht von ihrer obersten Bundesbehörde zur Dienstleistung in das Ausland entsandt worden sind (entsandte Kräfte) oder denen die gleiche Rechtsstellung durch einen mit der obersten Bundesbehörde geschlossenen Arbeitsvertrag eingeräumt worden ist.

(2) Die Nrn. 3, 4 und 12 gelten auch für Beschäftigte des Bundes, die bei einer Inlandsdienststelle tätig sind, dem Inhalt ihres Arbeitsvertrages nach jedoch auch zu Auslandsdienststellen entsandt werden können.

(3) Diese Sonderregelungen gelten nicht für Beschäftigte, die Einheiten der Bundeswehr bei deren vorübergehender Verlegung zu Ausbildungszwecken in das Ausland folgen.

Nr. 2

[1]Für Beschäftigte bei Auslandsvertretungen (§ 3 Abs. 1 des Gesetzes über den Auswärtigen Dienst – GAD) gelten die §§ 14, 15, 19, 20, 21, 23, 24, 27 GAD entsprechend. [2]Die §§ 16, 22, 26 GAD gelten für diese Beschäftigten entsprechend, soweit keine Leistungen nach anderen Vorschriften gewährt werden.

Nr. 3 Zu § 3 – Allgemeine Arbeitsbedingungen –

Der Arbeitgeber kann auch Untersuchungen auf Tropentauglichkeit anordnen.

Nr. 4 Zu § 4 – Versetzung, Abordnung, Zuweisung, Personalgestellung –

§ 4 Abs. 1 Satz 2 gilt nicht.

Zu Abschnitt II
Arbeitszeit

Nr. 5 Zu § 6 – Regelmäßige Arbeitszeit –

[1]Eine Verkürzung der regelmäßigen Arbeitszeit für die Beamten an einer Auslandsdienststelle nach § 7 Abs. 2 Satz 1 des Gesetzes über den Auswärtigen Dienst bzw. nach § 3 Abs. 4 der Arbeitszeitverordnung gilt auch für die entsprechenden Beschäftigten an dieser Dienststelle. [2]In diesen Fällen findet ein Ausgleich für Überstunden (Nr. 6 Satz 1) nur statt, wenn die verkürzte regelmäßige Arbeitszeit um mehr als fünf Stunden im Monat überschritten wird.

Nr. 6 Zu § 8 – Ausgleich für Sonderformen der Arbeit –

[1]Überstundenentgelt, Zeitzuschläge und Zulagen nach § 8 werden nicht gezahlt. [2]Alle Überstunden sind bis zum Ende des sechsten Kalendermonats nach Ableistung der Überstunden durch entsprechende bezahlte Arbeitsbefreiung auszugleichen. [3]Rufbereitschaft und Arbeitsleistung innerhalb der Rufbereitschaft werden nicht bezahlt, sondern unter Berücksichtigung des Satzes 1 auf der Berechnungsgrundlage des § 8 Abs. 3 in Freizeit ausgeglichen; § 8 Abs. 2 gilt entsprechend

Protokollerklärung:

Das Entgelt für die tatsächliche Arbeitsleistung zuzüglich der Zeitzuschläge für Überstunden ist das Überstundenentgelt.

Zu Abschnitt III
Eingruppierung, Entgelt und sonstige Leistungen

Nr. 7 Zu § 14 – Vorübergehende Übertragung einer höherwertigen Tätigkeit –

[1]Die persönliche Zulage nach § 14 Abs. 3 wird auch dann nicht gezahlt, wenn die Beschäftigten andere Beschäftigte oder Beamte während deren Heimaturlaubs länger als einen Monat oder im Fall des § 14 Abs. 2 länger als drei Tage vertreten. [2]Zeiten einer höherwertigen Heimaturlaubsvertretung werden bei einer anschließenden höherwertigen Vertretung aus anderen Gründen auf die in § 14 Abs. 1 genannte Frist von einem Monat angerechnet.

Protokollerklärung:

[1]Dem Beschäftigten darf innerhalb eines Jahres eine Heimaturlaubsvertretung nur einmal übertragen werden. [2]Die Regelung für Beschäftigte gemäß § 38 Abs. 5 Satz 2 tritt erst bei In-Kraft-Treten eines Tarifvertrags nach § 14 Abs. 2 in Kraft.

Nr. 8[1]) Zu § 15 – Tabellenentgelt –

(1) [1]Beschäftigten mit dienstlichem und tatsächlichem Wohnsitz im Ausland werden zu dem Tabellenentgelt (§ 15) Auslandsbezüge in entsprechender Anwendung der §§ 15 und 52 bis 55 des Bundesbesoldungsgesetzes gezahlt. [2]Die Auslandsbezüge bleiben bei der Jahressonderzahlung nach § 20 (Bund) unberücksichtigt.

II

(2) [1]Die Tabelle Auslandszuschlag der Anlage VI.1 Bundesbesoldungsgesetz findet mit der Maßgabe Anwendung, dass anstelle der Zeilen des Tabellenkopfes „Grundgehaltsspanne von – bis" der Tabellenkopf nach Anlage B (Bund) Anwendung findet. [2]Die Beträge der Anlage B (Bund) nehmen an allgemeinen Entgeltanpassungen teil.

Protokollerklärung:

Die Tarifvertragsparteien überprüfen Ende 2015, ob die Entwicklung der Zuschlagstabellen für Tarifbeschäftigte und Beamtinnen und Beamte kohärent verläuft oder Anpassungsbedarf besteht.

(3) [1]Zulagen und Zuschläge werden mit Ausnahme der in Absatz 1 geregelten Entgeltbestandteile den bei Auslandsdienststellen tätigen Beschäftigten nicht gezahlt. [2]Aufwandsentschädigungen werden nach den für die entsprechenden Beamtinnen und Beamten geltenden Bestimmungen gezahlt.

Niederschriftserklärung zu Nr. 8:

Die Tarifvertragsparteien stimmen überein, dass der Auslandszuschlag, der nach Maßgabe des § 45 (Bund) Nr. 8 Abs. 2 TVöD-BT-V in entsprechender Anwendung der Tabelle Auslandszuschlag der Anlage VI.1 Bundesbesoldungsgesetz auf der Grundlage einer/eines Vollzeitbeschäftigten ermittelt wurde, anschließend nach § 24 Abs. 2 TVöD zeitratierlich zu berechnen ist.

Nr. 9 Zu § 22 – Entgelt im Krankheitsfall –

(1) [1]Bei einer durch Krankheit oder Arbeitsunfall verursachten Arbeitsunfähigkeit im Ausland werden das Tabellenentgelt und die Auslandsbezüge (Nr. 8) ohne Rücksicht auf die Beschäftigungszeit bis zum Tage vor der Rückreise vom Auslandsdienstort in das Inland gewährt. [2]Die im § 22 Abs. 3 festgesetzten Fristen für die Gewährung eines Krankengeldzuschusses beginnen mit dem Tage der Abreise des Beschäftigten vom Auslandsdienstort zu laufen.

(2) Beschäftigte, die bei einer Auslandsdienststelle tätig sind, sollen den Nachweis der Arbeitsunfähigkeit durch eine Bescheinigung des Vertrauensarztes der Auslandsdienststelle erbringen; Beschäftigte bei

---

[1]) Die Vorschrift ist zum 31. März 2009 gekündigt worden. Für Beschäftigte, deren Arbeitsverhältnis zum Bund über den 31. März 2009 hinaus fortbesteht, gelten die gekündigten Normen im Wege der Nachwirkung bis zur Neuregelung weiter (§ 4 Abs. 5 Tarifvertragsgesetz). Das Bundesministerium des Innern hat sich mit RdSchr. vom 10. Juni 2009 damit einverstanden erklärt, dass die gekündigte Vorschrift für nach dem 31. März 2009 eingestellte Beschäftigte übertariflich ebenfalls Anwendung findet.

einer diplomatischen oder konsularischen Vertretung sollen den Nachweis in der Weise erbringen, wie er durch die Geschäftsordnung für die Auslandsvertretung vorgesehen ist.

Nr. 10 Zu § 23 Abs. 3 – Sterbegeld –

Der Berechnung des Sterbegeldes für die Hinterbliebenen von Beschäftigten gemäß § 23 Abs. 3, die zur Zeit ihres Todes Auslandsbezüge erhielten, sind diese Auslandsbezüge, jedoch ausschließlich einer Aufwandsentschädigung, zugrunde zu legen.

Zu Abschnitt IV
Urlaub und Arbeitsbefreiung

Nr. 11 Zu § 26 – Erholungsurlaub –

(1) Für den Erholungsurlaub gelten neben den tariflichen Vorschriften die jeweiligen Bestimmungen für die im Ausland tätigen Bundesbeamten entsprechend.

(2) [1]Wird das Arbeitsverhältnis während oder mit Ablauf eines Urlaubs im Inland, für den Fahrkostenzuschuss gewährt wurde, aus einem vom Beschäftigten zu vertretenden Grunde gelöst, so werden die niedrigsten Fahrkosten (vgl. § 4 Abs. 2 der Heimaturlaubsverordnung) nur der Reise vom Dienstort in das Inland erstattet. [2]Wird das Arbeitsverhältnis innerhalb eines Jahres nach Beendigung eines Urlaubs im Inland aus einem vom Beschäftigten zu vertretenden Grunde gelöst, so hat der Beschäftigte die Hälfte der dafür erstatteten Fahrkosten zurückzuzahlen, es sei denn, dass er im Anschluss an den Urlaub an einen anderen Dienstort versetzt worden war und den Dienst dort angetreten hatte.

Zu Abschnitt V
Befristung und Beendigung des Arbeitsverhältnisses

Nr. 12 Zu § 33 – Beendigung des Arbeitsverhältnisses ohne Kündigung –

(1) [1]Im Wirtschaftsdienst Beschäftigte der Entgeltgruppen 9 bis 15 bedürfen in den ersten zwei Jahren nach Beendigung des Arbeitsverhältnisses zur Aufnahme einer entgeltlichen Beschäftigung in einem der ausländischen Staaten, in dem sie während ihres Arbeitsverhältnisses tätig waren, der Genehmigung des Arbeitgebers. [2]Wird eine entgeltliche Beschäftigung ohne die erforderliche Genehmigung aufge-

nommen, so hat der Beschäftigte eine Vertragsstrafe in Höhe von drei Monatsbezügen seiner letzten Auslandsvergütung zu entrichten. [3]Die Geltendmachung von Schadensersatzansprüchen bleibt unberührt.

(2) Beschäftigte, die auf Kosten des Arbeitgebers eine besondere Ausbildung in einer Fremdsprache erhalten haben, sind verpflichtet, dem Arbeitgeber die Kosten dieser Ausbildung zu erstatten, wenn das Arbeitsverhältnis aus einem von dem Beschäftigten zu vertretenden Grunde vor Ablauf von drei Jahren nach Abschluss der Sprachausbildung endet.

Zu Abschnitt VII
Allgemeine Vorschriften

Nr. 13 Zu § 44 – Reise- und Umzugskosten, Trennungsgeld –

[1]Für die Gewährung von Umzugskostenvergütung bei Auslandsumzügen sind die für die Beamtinnen/Beamten des Arbeitgebers jeweils geltenden Bestimmungen mit folgenden Maßgaben sinngemäß anzuwenden:

1. Im Falle des Ausscheidens eines Beschäftigten aus dem Arbeitsverhältnis an einem Auslandsdienstort wird eine Umzugskostenvergütung nur gewährt, wenn für den Umzug an den Auslandsdienstort Umzugskostenvergütung gewährt und nicht zurückgefordert worden ist. § 19 Abs. 4 der Auslandsumzugskostenverordnung – AUV – bleibt unberührt.
2. Der Beschäftigte, dessen Arbeitsverhältnis aus einem von ihm nicht zu vertretenden Grunde im Ausland beendet worden ist, hat für sich und die in § 1 Abs. 1 Nr. 2 AUV bezeichneten Personen Anspruch auf eine Umzugskostenvergütung nach §§ 2 bis 5 und 10 AUV sowie § 9 Abs. 1 BUKG. Die Umzugskostenvergütung wird nur gewährt, wenn der Beschäftigte spätestens sechs Monate nach Beendigung des Arbeitsverhältnisses nach einem frei gewählten Wohnort im Inland umzieht. § 19 Abs. 1 bis 3 AUV bleibt unberührt. § 19 Abs. 1 bis 3 AUV gilt entsprechend, wenn der Beschäftigte wegen Bezugs eines vorgezogenen oder flexiblen Altersruhegeldes oder einer entsprechenden Versorgungsrente aus der zusätzlichen Alters- und Hinterbliebenenversorgung im Ausland aus dem Arbeitsverhältnis ausgeschieden ist.
3. In dem Falle der Nr. 11 Abs. 2 Satz 1 werden Auslagen für eine Umzugsreise nicht erstattet.
4. Endet das Arbeitsverhältnis aus einem von dem Beschäftigten zu vertretenden Grunde vor Ablauf von zwei Jahren nach einem Umzug, für den Umzugskostenvergütung nach § 3 Abs. 1 Nr. 1, § 4

Abs. 1 Nr. 1 oder Abs. 2 Nr. 3 und 4 des Bundesumzugskostengesetzes – BUKG – zugesagt worden war, so hat der Beschäftigte die Umzugskostenvergütung zurückzuzahlen. War die Umzugskostenvergütung nach § 3 Abs. 1 Nr. 1 BUKG zugesagt worden, ist nur der nach § 12 AUV gewährte Ausstattungsbeitrag zurückzuzahlen, wenn der Beschäftigte insgesamt mehr als zwei Jahre bei Auslandsdienststellen tätig war. Sätze 1 und 2 gelten nicht für eine nach § 3 Abs. 1 Nr. 1 BUKG zugesagte Umzugskostenvergütung, wenn das Arbeitsverhältnis aufgrund einer Kündigung durch den Beschäftigten endet. § 19 Abs. 4 AUV bleibt unberührt.

Nr. 14

Für Bundeswohnungen, die Beschäftigte an Auslandsdienststellen aus dienstlichen oder sonstigen im Interesse des Bundes liegenden Gründen zugewiesen werden, gilt sinngemäß die Allgemeine Verwaltungsvorschrift über die Bundesdienstwohnungen (Dienstwohnungsvorschriften – DWV –) vom 16. Februar 1970 (GMBl. S. 99) in ihrer jeweils geltenden Fassung und in Verbindung mit der Allgemeinen Verwaltungsvorschrift über die Bundesdienstwohnungen im Ausland (Dienstwohnungsvorschriften Ausland – DWVA –) vom 1. Februar 1973 (GMBl. S. 82) in der jeweils geltenden Fassung.

Zu Abschnitt VI
Übergangs- und Schlussvorschriften

Nr. 15 Zu § 37 – Ausschlussfrist –

Die Ausschlussfrist (§ 37) beträgt 9 Monate.

§ 46 (Bund) Sonderregelungen für Beschäftigte im Bereich des Bundesministeriums der Verteidigung

Kapitel I
Beschäftigte im Bereich des Bundesministeriums der Verteidigung

Zu Abschnitt I
Allgemeine Vorschriften

Nr. 1 Zu § 1 – Geltungsbereich –

Die Regelungen dieses Abschnitts gelten für die Beschäftigten des Bundesministeriums der Verteidigung, soweit sie nicht unter Kapitel II oder die Sonderregelung für in Ausland entsandte Beschäftigte (§ 45) fallen.

Nr. 2 Zu § 3 – Allgemeine Arbeitsbedingungen –

(1) Beschäftigte haben sich unter Fortzahlung des Entgelts nach § 21 einer Ausbildung im Selbstschutz sowie in der Hilfeleistung und Schadensbekämpfung bei Katastrophen zu unterziehen.

(2) [1]Beschäftigte haben jede ärztlich festgestellte und ihnen vom Arzt mitgeteilte übertragbare Krankheit innerhalb ihres Hausstandes unverzüglich dem Dienststellenleiter zu melden. [2]Zur Wahrung der ärztlichen Schweigepflicht kann der Meldung durch Übergabe eines verschlossenen Umschlages genügt werden, der nur vom Arzt zu öffnen ist.

(3) Beschäftigte können an den für die Bundeswehr angeordneten medizinischen Schutzmaßnahmen, insbesondere Schutzimpfungen, auf Kosten des Arbeitgebers teilnehmen.

(4) Beschäftigte haben vor Beginn und Ende einer größeren militärischen Unternehmung Anspruch auf eine ärztliche Untersuchung auf Kosten des Arbeitgebers.

Zu Abschnitt II
Arbeitszeit

Nr. 3 Zu § 6 – Regelmäßige Arbeitszeit –

(1) Kann die Arbeitsstelle nur mit einem vom Arbeitgeber gestellten Fahrzeug erreicht werden und trifft das Fahrzeug infolge höherer Gewalt nicht rechtzeitig an der Arbeitsstelle ein, wird die Zeit ab dem Zeitpunkt des auf der Arbeitsstelle angeordneten Arbeitsbeginns als Arbeitszeit gewertet.

(2) [1]Für Beschäftigte in Versorgungs- und Instandsetzungseinrichtungen sowie auf Flug-, Schieß- und Übungsplätzen beginnt und endet

die Arbeitszeit am jeweils vorgeschriebenen Arbeitsplatz, soweit nicht ein Sammelplatz bestimmt wird. [2]Stellt der Arbeitgeber bei Entfernungen von der Grenze der Arbeitsstelle (z. B. Eingangstor) bis zum Arbeitsplatz von mehr als einem Kilometer für diese Strecke eine kostenlose Beförderungsmöglichkeit nicht zur Verfügung, gilt die über die bei Gestellung eines Fahrzeugs üblicherweise benötigte Beförderungszeit hinausgehende Zeit als Arbeitszeit.

II

Protokollerklärung:

Der Begriff der Arbeitsstelle ist weiter als der Begriff des Arbeitsplatzes. Er umfasst z. B. den Verwaltungs-/Betriebsbereich in dem Gebäude/Gebäudeteil, in dem gearbeitet wird.

Nr. 4 Zu §§ 7, 8 – Sonderformen der Arbeit und Ausgleich für Sonderformen der Arbeit –

(1) Die Zeit des Bereitschaftsdienstes einschließlich der geleisteten Arbeit wird bei der Bemessung des Entgelts mit 50 v. H. als Arbeitszeit gewertet.

(2) [1]Rufbereitschaft darf bis zu höchstens zehn Tagen im Monat, in Ausnahmefällen bis zu höchstens 30 Tagen im Vierteljahr, angeordnet werden. [2]Diese zeitliche Einschränkung gilt nicht für Zeiten erhöhter Bereitschaft für den Bereich der gesamten Bundeswehr.

(3) [1]Die Arbeitszeitdauer des Feuerwehrpersonals und des Wachpersonals beträgt, wenn in erheblichem Umfang Bereitschaftsdienst vorliegt, 24 Stunden je Schicht, sofern der Gesundheitsschutz der Beschäftigten durch Gewährung gleichwertiger Ausgleichsruhezeiten in unmittelbarem Anschluss an die verlängerten Arbeitszeiten gewährleistet wird. [2]Aus dienstlichen Gründen kann ein kürzerer Schichtturnus festgelegt werden. [3]Durch entsprechende Schichteinteilung soll sichergestellt werden, dass die regelmäßige wöchentliche Arbeitszeit bis zum Ende des Ausgleichszeitraums nach § 6 Abs. 2 im Durchschnitt nicht überschritten wird. [4]Zeitzuschläge nach § 8 Abs. 1 Satz 2 Buchst. b werden zu 50 v. H. gezahlt. [5]Zeitzuschläge nach § 8 Abs. 1 Satz 1 Buchst. f, sowie Zulagen nach Abs. 5 und 6 werden nicht gezahlt. [6]Die über 168 Stunden hinausgehende Zeit wird bei der Bemessung des Entgelts mit 50 v. H. als Arbeitszeit gewertet und mit dem Überstundenentgelt vergütet.

(3a)[1]) Unter Beachtung der allgemeinen Grundsätze der Sicherheit und des Gesundheitsschutzes kann die Arbeitszeit des Feuerwehrpersonals, sofern in die Arbeitszeit regelmäßig und in erheblichem Umfang Bereitschaftsdienst fällt, auf bis zu 54 Stunden im Sieben-

---

1) Ist mit Ablauf des 31. Dezember 2019 außer Kraft getreten; vgl. § 50 Abs. 4 TVöD BT-V.

tageszeitraum ohne Ausgleich verlängert werden, wenn dienstliche Gründe bestehen und der oder die Beschäftigte schriftlich eingewilligt hat.

Protokollerklärung zu Absatz 3a:
Bei den Stundenzahlen handelt es sich um Durchschnittswerte, bezogen auf einen Ausgleichszeitraum von einem Jahr.

(3b) (weggefallen)

(3c)[1]) Beschäftigten, die die Einwilligung zur Verlängerung der Arbeitszeit nicht erklären oder die Einwilligung widerrufen, dürfen daraus keine Nachteile entstehen. Die Einwilligung kann mit einer Frist von sechs Monaten schriftlich widerrufen werden. Die Beschäftigten sind auf die Widerrufsmöglichkeit schriftlich hinzuweisen.

(4) Für Beschäftigte, die an Manövern und ähnlichen Übungen teilnehmen, gilt Anhang zu § 46. In den Fällen der Hilfeleistung und der Schadensbekämpfung bei Katastrophen gilt Abs. 1 Nr. 3 bis 5 des Anhangs zu § 46 entsprechend.

(5) Zuschläge – außer Zeitzuschläge nach § 8 – sowie Zulagen können im Einvernehmen mit den vertragsschließenden Gewerkschaften auch durch Verwaltungsanordnungen allgemein oder für den Einzelfall gewährt werden.

Zu Abschnitt III
Eingruppierung, Entgelt und sonstige Leistungen

Nr. 5

Beschäftigte, die für eine andere Tätigkeit qualifiziert werden, erhalten während der Qualifizierungszeit Entgelt nach § 21.

Nr. 5a

Beschäftigte im feuerwehrtechnischen Einsatzdienst der Bundeswehr erhalten eine Zulage in entsprechender Anwendung der Regelungen über die Stellenzulage für Beamtinnen und Beamte der Feuerwehr nach Nr. 10 der Anlage I Bundesbesoldungsordnungen A und B (zu § 20 Abs. 2 Satz 1 BBesG); die Ansprüche auf tarifvertragliche Zuschläge und Zulagen bleiben unberührt.

Nr. 5b

Beschäftigte in psychiatrischen Abteilungen oder Stationen in Bundeswehrkrankenhäusern erhalten eine Zulage in entsprechender Anwendung der Regelungen über die Zulage für Beamtinnen und Beamte

---

[1]) Ist mit Ablauf des 31. Dezember 2019 außer Kraft getreten; vgl. § 50 Abs. 4 TVöD BT-V.

sowie Soldatinnen und Soldaten in der Gesundheits- und Krankenpflege psychiatrischer oder neurologischer Kliniken, Abteilungen oder auf psychiatrischen oder neurologischen Stationen nach § 21 Abs. 3 Erschwerniszulagenverordnung (EZulV); die Ansprüche auf tarifrechtliche Zuschläge und Zulagen bleiben unberührt.

Zu Abschnitt IV
Urlaub und Arbeitsbefreiung

Nr. 6 Zu § 26 – Erholungsurlaub –

Bei der Berechnung nach § 21 werden die leistungsabhängigen Entgeltbestandteile aus dem Leistungslohnverfahren nach dem Tarifvertrag über die Ausführung von Arbeiten im Leistungslohnverfahren im Bereich der SR 2a des Abschnitts A der Anlage 2 MTArb (Gedingerichtlinien) berücksichtigt.

Nr. 7 Zu § 27 – Zusatzurlaub –

Für Beschäftigte, die unter Nr. 4 Abs. 3 fallen, beträgt der Zusatzurlaub für je vier Monate der Arbeitsleistung im Kalenderjahr einen Arbeitstag.

Kapitel II
Besatzungen von Binnen- und Seefahrzeugen und von schwimmenden Geräten im Bereich des Bundesministeriums der Verteidigung

Zu Abschnitt I
Allgemeine Vorschriften

Nr. 8 Zu § 1 – Geltungsbereich –

[1]Die Regelungen dieses Abschnitts gelten für die im Bereich des Bundesministeriums der Verteidigung beschäftigten Besatzungen von Schiffen und schwimmenden Geräten. [2]Zur Besatzung eines Schiffes gehören nur diejenigen Beschäftigten, die mit Rücksicht auf Schifffahrt und Betrieb an Bord, gegebenenfalls in mehreren Schichten, tätig sein müssen und deren Tätigkeit in der Stärke und Ausrüstungsnachweisung (STAN) aufgeführt ist.

Protokollerklärung zu Satz 2:
Die Eintragung in der STAN berührt die Eingruppierung in die Entgeltgruppen nicht.

Nr. 9 Zu § 3 – Allgemeine Arbeitsbedingungen –

(1) Beschäftigte können an den für die Bundeswehr angeordneten medizinischen Schutzmaßnahmen, insbesondere Schutzimpfungen, auf Kosten des Arbeitgebers teilnehmen.

(2) Beschäftigte haben vor Beginn und Ende einer größeren militärischen Unternehmung Anspruch auf eine ärztliche Untersuchung auf Kosten des Arbeitgebers.

(3) [1]Als Besatzungsmitglied von Schiffen und schwimmenden Geräten darf nur beschäftigt werden, wer von einem Betriebsarzt auf Seediensttauglichkeit untersucht sowie von ihr/ihm als seediensttauglich erklärt worden ist und wenn hierüber ein gültiges Zeugnis dieses Arztes vorliegt. [2]Wird in dem Zeugnis keine Seediensttauglichkeit festgestellt, ist dem Besatzungsmitglied grundsätzlich eine geeignete gleichwertige Beschäftigung an anderer Stelle zuzuweisen. [3]Ist dies nicht möglich, erhält der Beschäftigte eine Ausgleichszulage in Höhe des Unterschiedsbetrages zwischen seinem bisherigen und neuen Tabellenentgelt.

(4) [1]Beschäftigte haben jede ärztlich festgestellte und ihnen vom Arzt mitgeteilte übertragbare Krankheit innerhalb ihres Hausstandes unverzüglich dem Dienststellenleiter zu melden. [2]Zur Wahrung der ärztlichen Schweigepflicht kann der Meldung durch Übergabe eines verschlossenen Umschlages genügt werden, der nur vom Arzt zu öffnen ist.

(5) Beschäftigte haben sich unter Fortzahlung des Entgelts nach § 21 einer Ausbildung im Selbstschutz sowie in der Hilfeleistung und Schadensbekämpfung bei Katastrophen zu unterziehen.

(6) Zu den allgemeinen Pflichten gehört auch das Ableisten von Wachdienst.

(7) Besatzungsmitglieder von Schiffen oder schwimmenden Geräten, die mit Schiffsküchen versehen sind, können verpflichtet werden, an der Bordverpflegung teilzunehmen.

Zu Abschnitt II
Arbeitszeit

Nr. 10 Zu § 6 – Regelmäßige Arbeitszeit –

(1) [1]Die regelmäßige Arbeitszeit kann aus notwendigen betrieblichen/dienstlichen Gründen auf sieben Tage verteilt werden. [2]Die gesetzlich vorgeschriebene Ruhezeit darf nur in höchstens zwei Zeiträume aufgeteilt werden, wenn einer eine Mindestdauer von 6 Stunden hat. [3]Bei Fahrten von Schiffen in See können die gesetzlich vorgeschriebenen Ersatzruhetage für Sonn- und Feiertagsarbeit bis zum Ablauf des Ausgleichszeitraums nach § 8 Abs. 2 zusammenhängend gewährt werden.

(2) Die regelmäßige Arbeitszeit beträgt

a) für Hafendiensttage auf Drei-, Zwei- und Einwachenschiffen acht Stunden arbeitstäglich oder 39 Stunden wöchentlich,

b) für Seediensttage auf Dreiwachenschiffen acht Stunden täglich, auf Zwei- und Einwachenschiffen neun Stunden täglich.

Protokollerklärung zu Absatz 2:

1. [1]Seediensttage sind alle Tage, an denen sich das Schiff außerhalb des Stammliegeplatzes aufhält und an denen Dienste bzw. dauerhafte Arbeiten zur Aufrechterhaltung des nautischen, seemännischen und technischen Betriebs anfallen. [2]Liegt ein Schiff außerhalb des Stammliegeplatzes in einem fremden, innerdeutschen Hafen an einem Liegeplatz, an dem Unterstützungsleistungen des technischen Betriebs zur Verfügung stehen, gelten die dort verbrachten Zeiten erst nach Ablauf des dritten Tages als Hafendiensttage. [3]Geht das Schiff in See vor Anker oder wird es in einem außerdeutschen Hafen festgemacht, sind die dort verbrachten Zeiten immer als Seediensttage zu bewerten.
2. Der Stammliegeplatz eines Schiffes ist ein Liegeplatz im Heimathafen, an dem Unterstützungsleistungen in der militärischen Absicherung (z. B. in einem militärischen Sicherheitsbereich) und des technischen Betriebs (z. B. E-Landanschluss) zur Verfügung stehen.

(3) Die regelmäßige Arbeitszeit während der Seedienst- und Hafendiensttage gilt durch das Tabellenentgelt (§ 15) als abgegolten.

(4) [1]Die Arbeitszeit beginnt und endet an der Arbeitsstelle. [2]Kann die Arbeitsstelle nur mit einem vom Arbeitgeber gestellten schwimmenden Fahrzeug erreicht werden, so wird die Transportzeit bei der Hin- und Rückfahrt jeweils mit 50 v. H. als Arbeitszeit gewertet. [3]Die regelmäßige Arbeitszeit kann entsprechend verlängert werden. [4]Trifft das Fahrzeug infolge höherer Gewalt nicht rechtzeitig an der Arbeitsstelle ein, wird – unbeschadet des Satzes 2 – die Zeit ab dem Zeitpunkt des auf der Arbeitsstelle angeordneten Arbeitsbeginns als Arbeitszeit gewertet.

Nr. 11 Zu § 7 – Sonderformen der Arbeit –

(1) [1]Rufbereitschaft darf bis zu höchstens 10 Tagen im Monat, in Ausnahmefällen bis zu höchstens 30 Tagen im Vierteljahr, angeordnet werden. [2]Diese zeitliche Einschränkung gilt nicht für Zeiten erhöhter Bereitschaft für den Bereich der gesamten Bundeswehr.

(2) Außerhalb der regelmäßigen Arbeitszeit angeordnete Anwesenheit an Bord wird bei der Bemessung des Entgelts zu 50 v. H. als Arbeitszeit gewertet, es sei denn, dass Freiwache gewährt wird oder dass Arbeit angeordnet ist.

(3) [1]Für Beschäftigte, die über 10 Stunden hinaus zum Wachdienst herangezogen werden, können Wachschichten bis zu zwölf Stunden festgesetzt werden, wenn in den Wachdienst in erheblichem Umfang Bereitschaftsdienst im Sinne § 7 Abs. 1 Nr. 1 Buchst. a Arbeitszeitge-

setz fällt. [2]Für die Bemessung des Entgelts während der Wachdienste gelten folgende Vorschriften:

1. Bei folgenden Wachschichten wird für jede Wachstunde das volle Entgelt gezahlt:
   a) Durchgehende Wachdienste, bei denen Pausen oder inaktive Zeiten während des Bereitschaftsdienstes weniger als ein Drittel der Gesamtwachzeit ausmachen.
   b) Wachdienste, die ausschließlich im Freien abgeleistet werden oder bei denen auf Anordnung oder infolge besonderer Umstände eine Bindung an einen vorgeschriebenen Platz besteht (z. B. Decks-, Maschinen-, Brücken- oder Ankerwachen).
2. Anwesenheitswachdienste, die nicht den in Nr. 1 genannten Einschränkungen unterliegen, werden wie folgt bewertet:
   a) Bei einer Tageswachschicht wird je eineinhalb Wachstunden das Entgelt für eine Arbeitsstunde gezahlt.
   b) Bei einer Nachtwachschicht bis zu zwölf Stunden wird eine Stundengarantie von drei Arbeitsstunden angesetzt, wenn beim Wachdienst nur Anwesenheit verlangt und eine Schlafgelegenheit gestellt wird. Soweit die Voraussetzungen nach Satz 1 nicht vorliegen, gilt Buchstabe a entsprechend.

(4) Bei sämtlichen Arten der Anwesenheitswachdienste wird für kleine Arbeiten während der Wache, die insgesamt weniger als zwei Stunden betragen, keine besondere Vergütung gezahlt.

(5) [1]Im Seebetrieb kann die tägliche Arbeitszeit für Besatzungsmitglieder

– auf Ein- und Zwei-Wachen-Schiffen auf bis zu 12 Stunden und
– auf Ein-, Zwei- oder Drei-Wachen-Schiffen, wenn hierfür dringende betriebliche/dienstliche Gründe vorliegen, auf bis zu 13 Stunden

verlängert werden. [2]Der Gesundheitsschutz der Besatzungsmitglieder ist durch einen entsprechenden Ausgleich durch Freizeit zu gewährleisten, so dass bis zum Ende des Ausgleichszeitraums nach § 6 Abs. 2 im Durchschnitt möglichst die regelmäßige wöchentliche Arbeitszeit, zumindest aber die gesetzlich nach dem Arbeitszeitgesetz oder tarifvertraglich im Anwendungsbereich des Absatzes 6 vorgesehene Höchstarbeitszeit nicht überschritten wird.

Protokollerklärung zu Absatz 5:

Seebetrieb liegt ab dem Zeitpunkt vor, in dem das Schiff zum Antritt oder zur Fortsetzung der Fahrt in See seinen Liegeplatz im Hafen zu verlassen beginnt und endet mit dem Zeitpunkt, in dem das Schiff im Hafen ordnungsgemäß festgemacht hat. Liegt das Schiff in der Werft, liegt kein Seebetrieb vor.

Nr. 12 Zu § 8 – Ausgleich für Sonderformen der Arbeit –

(1) Bei Seediensttagen werden die über acht Stunden täglich – höchstens 48 Stunden in der Woche – hinaus geleisteten Stunden als Überstunden bezahlt.

(2) Fallen in einer Kalenderwoche nur Hafendiensttage an, ist § 7 Abs. 7 anzuwenden.

(3) [1]Fallen in einer Kalenderwoche Hafen- und Seediensttage an, gelten die über 48 Stunden hinaus geleisteten Arbeitsstunden als Überstunden. [2]Zeiten, die nach Nr. 10 Abs. 1 Satz 3 auszugleichen sind, bleiben unberücksichtigt. [3]Wird die regelmäßige wöchentliche Arbeitszeit nach § 6 Abs. 1 um mindestens zwei Stunden überschritten, gelten bei der Berechnung des Entgelts zusätzlich zwei Arbeitsstunden als Überstunden.

(4) *(gestrichen mit Wirkung vom 1. Januar 2025)*

(5) Bei angeordneter Anwesenheit an Bord nach Nr. 11 Abs. 2 werden Zeitzuschläge nach § 8 Abs. 1 Satz 2 Buchst. c bis f nicht gezahlt.

(6) Bei allen Formen des Wachdienstes im Sinne der Nr. 11 Abs. 3 Satz 2 Nr. 2 wird der Zeitzuschlag nach § 8 Abs. 1 Satz 2 Buchst. f nicht gezahlt.

Zu Abschnitt III
Eingruppierung, Entgelt und sonstige Leistungen

Nr. 13

Beschäftigte, die für eine andere Tätigkeit qualifiziert werden, erhalten während der Qualifizierungszeit ihr bisheriges Tabellenentgelt und sonstige Entgeltbestandteile.

Nr. 14 Zu § 19 – Erschwerniszuschläge –

Bei Bergungen und Hilfeleistungen sowie Havariearbeiten und mit diesen zusammenhängenden Arbeiten werden Zuschläge in Höhe von 25 v. H. des auf eine Stunde entfallenden Anteils des monatlichen Entgelts der Stufe 2 der Entgeltgruppe 2 gezahlt. Dies gilt auch bei Bergungen von Fahrzeugen und Gegenständen der eigenen Verwaltung sowie Hilfeleistungen für solche Fahrzeuge und Gegenstände, sofern die Leistungen besonders schwierig oder mit erheblicher Gefahr verbunden waren.

Zu Abschnitt IV
Urlaub und Arbeitsbefreiung

Nr. 15 Zu § 27 – Zusatzurlaub –

Die Regelungen über Zusatzurlaub nach § 27 finden keine Anwendung.

Nr. 16 Zu Anhang zu § 46 – Regelung für die Teilnahme an Manövern und ähnlichen Übungen –

Der Anhang zu § 46 gilt auch für Besatzungsmitglieder von Binnenfahrzeugen bei Teilnahme an Manövern und ähnlichen Übungen in Binnengewässern.

Nr. 17 Zu Abschnitt VI – Übergangs- und Schlussvorschriften –

Beschäftigten, die auf einem Fahrzeug oder schwimmenden Gerät tätig sind, wird der bei Havarie oder Sinken des Fahrzeuges oder schwimmenden Gerätes, durch Brand, Explosion oder Einbruchsdiebstahl oder durch ähnliche Ursachen auf dem Fahrzeug oder Gerät nachweisbar entstandene Schaden an persönlichen Gegenständen bis zum Höchstbetrag von 2000 Euro im Einzelfall ersetzt.

Kapitel III
Medizinische Beschäftigte einschließlich Ärztinnen und Ärzten sowie Zahnärztinnen und Zahnärzten in Bundeswehrkrankenhäusern und anderen kurativen Einrichtungen der Bundeswehr

Zu Abschnitt I
Allgemeine Vorschriften

Nr. 18 Zu § 1 – Geltungsbereich –

(1) Diese Regelungen gelten für medizinische Beschäftigte, die in Bundeswehrkrankenhäusern und anderen kurativen Einrichtungen der Bundeswehr beschäftigt sind.

Protokollerklärungen zu Absatz 1:

1. Medizinische Beschäftigte sind:
   1. Beschäftigte im Pflegedienst mit Tätigkeiten nach Teil IV Abschnitt 25 der Anlage 1 zum Tarifvertrag über die Entgeltordnung des Bundes,
   2. Ärztinnen und Ärzte sowie Zahnärztinnen und Zahnärzte,
   3. Beschäftigte in Gesundheitsberufen mit Tätigkeiten nach Teil III Abschnitt 21 der Anlage 1 zum Tarifvertrag über die Entgeltordnung des Bundes sowie
   4. Psychologinnen und Psychologen.
2. [1]Andere kurative Einrichtungen sind Einrichtungen, in denen Patientinnen und Patienten ärztlich behandelt oder begutachtet werden, z. B. Fachsanitätszentren, Sanitätsunterstützungszentren, Sanitätsversorgungszentren oder Sanitätsstaffeln. [2]Andere kurative Einrichtungen liegen auch bei Einsatz auf Schiffen, Flugzeugen oder anderen Beförderungsmitteln vor, wenn diese mit medizinischen Beschäftigten ausgestattet sind (z. B. Bord-Ärztin oder Bord-Arzt, MedEvac).

(2) Für die medizinischen Beschäftigten gelten die Regelungen der §§ 41 bis 52 sowie 55 des Tarifvertrages für den öffentlichen Dienst – Besonderer Teil Krankenhäuser – (BT-K) – vom 1. August 2006 in der Fassung des Änderungstarifvertrages Nr. 15 zum BT-K vom 6. April 2025 entsprechend, soweit im Folgenden nicht etwas anderes bestimmt ist.

Zu Abschnitt II
Arbeitszeit

Nr. 19 Zu § 44 BT-K – Regelmäßige Arbeitszeit –

Absatz 1 und 2 finden keine Anwendung.

Nr. 20 Zu § 45 BT-K – Bereitschaftsdienst und Rufbereitschaft –

Die in Absatz 3 Satz 1 eröffnete Möglichkeit einer Umsetzung durch eine Betriebs-/Dienstvereinbarung kann für den Bund auch durch einen Bundestarifvertrag erfolgen.

Nr. 21 Zu § 46 BT-K – Bereitschaftsdienstentgelt –

Absatz 4 gilt mit der Maßgabe, dass an Stelle der Anlage G BT-K die Anlage C (Bund) Anwendung findet und dass sich die Bereitschaftsdienstentgelte bei allgemeinen Entgeltanpassungen um den von den Tarifvertragsparteien für die jeweilige Entgeltgruppe festgelegten Vomhundertsatz verändern.

Zu Abschnitt III
Eingruppierung, Entgelt und sonstige Leistungen

Nr. 21a Zu § 51 BT-K – Ärztinnen und Ärzte –

Absatz 1 gilt in folgender Fassung:

„(1) [1]Ärztinnen und Ärzte sowie Zahnärztinnen und Zahnärzte mit entsprechender Tätigkeit sind in Entgeltgruppe I eingruppiert. [2]Fachärztinnen und Fachärzte sowie Fachzahnärztinnen und Fachzahnärzte mit entsprechender Tätigkeit sind in Entgeltgruppe II eingruppiert. [3]Sie erhalten ein Tabellenentgelt nach Anlage D (Bund). [4]Für sie gelten folgende besondere Stufenzuordnungen:

a) Entgeltgruppe I:
- Stufe 1: weniger als einjährige ärztliche Berufserfahrung,
- Stufe 2: nach einjähriger ärztlicher Berufserfahrung,
- Stufe 3: nach dreijähriger ärztlicher Berufserfahrung,
- Stufe 4: nach fünfjähriger ärztlicher Berufserfahrung,
- Stufe 5: nach neunjähriger ärztlicher Berufserfahrung;

b) Entgeltgruppe II:
- Stufe 1: weniger als vierjährige fachärztliche Berufserfahrung,
- Stufe 2: nach vierjähriger fachärztlicher Berufserfahrung,
- Stufe 3: nach achtjähriger fachärztlicher Berufserfahrung,
- Stufe 4: nach zwölfjähriger fachärztlicher Berufserfahrung.

[5]§ 17 bleibt im Übrigen unberührt."

II

Nr. 22 Zu § 52 BT-K – Tabellenentgelt –

(1) Absätze 1 bis 3 gelten in folgender Fassung:

„(1) [1]Beschäftigte, die nach dem Teil IV Abschnitt 25 Entgeltordnung (Bund) in eine der Entgeltgruppen P 5 bis P 16 eingruppiert sind, erhalten Entgelt nach der Anlage E (Bund). [2]Soweit im Allgemeinen Teil auf bestimmte Entgeltgruppen der Anlage A (Bund) Bezug genommen wird, entspricht

die Entgeltgruppe	der Entgeltgruppe
P 5	3
P 6	4
P 7	7
P 8	8
P 9, P 10	9a
P 11	9b
P 12	9c
P 13	10
P 14, P 15	11
P 16	12.

(2) Abweichend von § 16 (Bund) Abs. 1 Satz 1 ist für die Beschäftigten im Pflegedienst nach Teil IV Abschnitt 25 Entgeltordnung (Bund) Eingangsstufe in den Entgeltgruppen P 7 bis P 16 die Stufe 2.

(3) Abweichend von § 16 (Bund) Abs. 4 wird von den Beschäftigten im Pflegedienst nach Teil IV Abschnitt 25 Entgeltordnung (Bund) in den Entgeltgruppen P 7 und P 8 die Stufe 3 nach drei Jahren in Stufe 2 erreicht.

Protokollerklärung zu Absatz 3:

Absatz 3 findet keine Anwendung auf Beschäftigte, die mindestens zur Hälfte eine oder mehrere der folgenden Tätigkeiten auszuüben haben:

- Pflege Kranker sowie Bedienung und Überwachung der Geräte in Dialyseeinheiten,
- entsprechende Tätigkeiten in Blutzentralen,
- entsprechende Tätigkeiten in besonderen Behandlungs- und Untersuchungsräumen in mindestens zwei Teilgebieten der Endoskopie,
- entsprechende Tätigkeiten in Polikliniken (Ambulanzbereichen) oder Ambulanzen/Nothilfen,
- entsprechende Tätigkeiten im EEG-Dienst,
- Erfüllung von Pflegeaufgaben an Patienten von psychiatrischen oder neurologischen Krankenhäusern, die nicht in diesen Krankenhäusern untergebracht sind,
- Betreuung von psychisch kranken Patienten bei der Arbeitstherapie in psychiatrischen oder neurologischen Krankenhäusern,
- dem zentralen Sterilisationsdienst vorstehen,

- entsprechende Tätigkeiten im Operationsdienst als Operations- bzw. Anästhesiepflegekräfte,
- entsprechende Tätigkeiten mit Verantwortlichkeit für die fachgerechte Lagerung in der großen Chirurgie,
- vorbereiten der Herz-Lungen-Maschine und herangezogen werden zur Bedienung der Maschine während der Operation,
- entsprechende Tätigkeiten in Einheiten für Intensivmedizin,
- in erheblichem Umfange der Ärztin bzw. dem Arzt bei Herzkatheterisierungen, Dilatationen oder Angiographien unmittelbar assistieren."

(2) Absatz 4 findet keine Anwendung.

(3) Die Protokollerklärung zu den Absätzen 5 und 7 findet keine Anwendung.

(4) Die übrigen medizinischen Beschäftigten erhalten das Tabellenentgelt nach den für den Bund geltenden allgemeinen Regelungen des TVöD.

(5) [1]Medizinische Beschäftigte, die für eine andere Tätigkeit qualifiziert werden, erhalten während der Qualifizierungszeit ihr bisheriges Tabellenentgelt und sonstige Entgeltbestandteile. [2]Für Beschäftigte im Pflegedienst gilt § 22 Abs. 2 TVÜ-VKA entsprechend.

Nr. 23 zu § 20 (Bund) – Jahressonderzahlung –

(1) § 20 (Bund) findet auf Ärztinnen und Ärzte keine Anwendung.

(2) Auf die Beschäftigten der Entgeltgruppe P 9 findet der in § 20 (Bund) Abs. 2 Satz 1 für die Entgeltgruppen 1 bis 8 ausgewiesene Prozentsatz Anwendung.

Niederschriftserklärung zu § 46 (Bund) Kapitel III TVöD-BT-V:

Im Falle einer Änderung des Tarifvertrages für den öffentlichen Dienst – Besonderer Teil Krankenhäuser – (BT-K) – vom 1. August 2006 in der Fassung des Änderungstarifvertrages Nr. 5 vom 31. März 2012 im Bereich der §§ 41 bis 52, 55 oder 56 nehmen die Tarifvertragsparteien umgehend Verhandlungen über eine Übernahme der Änderungen auf.

II

§ 47 (Bund) Sonderregelungen für Beschäftigte im Bereich des Bundesministeriums für Digitales und Verkehr

Kapitel I Allgemeine Bestimmungen für Beschäftigte der Wasserstraßen- und Schifffahrtsverwaltung des Bundes und des Bundesamtes für Seeschifffahrt und Hydrographie

Zu Abschnitt I Allgemeine Vorschriften

Nr. 1 Zu § 1 – Geltungsbereich –

(1) [1]Diese Sonderregelungen gelten für die Beschäftigten der Wasserstraßen- und Schifffahrtsverwaltung des Bundes, die beim Bau, der Unterhaltung und dem Betrieb von wasserbaulichen Einrichtungen und wasserwirtschaftlichen Anlagen eingesetzt sind einschließlich der Besatzungen von Schiffen und von schwimmenden Geräten, soweit die Schiffe und schwimmenden Geräte in den von der Verwaltung aufzustellenden Schiffslisten aufgeführt sind. [2]Zur Besatzung eines Schiffes oder schwimmenden Gerätes gehören nur diejenigen Beschäftigten, die mit Rücksicht auf Schifffahrt und Betrieb an Bord, gegebenenfalls in mehreren Schichten, tätig sein müssen und in der von der Verwaltung aufzustellenden Bordliste aufgeführt sind. [3]Beschäftigte, die an Bord Arbeiten verrichten, ohne selbst in der Bordliste aufgeführt zu sein, werden für die Dauer dieser Tätigkeit wie Besatzungsmitglieder behandelt. [4]Die Regelungen gelten auch für Beschäftigte der Wasserstraßen- und Schifffahrtsverwaltung des Bundes, die auf nicht bundeseigenen Schiffen und schwimmenden Geräten eingesetzt sind.

(2) [1]Diese Sonderregelungen gelten auch für die Besatzungen der seegehenden Schiffe des Bundesamtes für Seeschifffahrt und Hydrographie (BSH); Nr. 8 und Kapitel III gelten auch für vorübergehend an Bord eingesetzte Beschäftigte des BSH. [2]Zur Besatzung eines Schiffes gehören nur diejenigen Beschäftigten, die mit Rücksicht auf Schifffahrt und Betrieb an Bord, gegebenenfalls in mehreren Schichten, tätig sein müssen und in der von der Verwaltung aufzustellenden Bordliste aufgeführt sind.

Protokollerklärung:
Die Eintragung in die Bordliste berührt die tarifliche Eingruppierung in die Entgeltgruppen nicht.

Nr. 2 Zu § 3 – Allgemeine Arbeitsbedingungen –

Zu den allgemeinen Pflichten gehört auch das Ableisten von Wachdienst.

II

Zu Abschnitt II
Arbeitszeit

Nr. 3 Zu § 6 – Regelmäßige Arbeitszeit –

(1) Außerhalb der regelmäßigen Arbeitszeit angeordnete Anwesenheit an Bord wird bei der Bemessung des Entgelts zu 50 v. H. als Arbeitszeit gewertet, es sei denn, dass Freiwache gewährt wird oder dass Arbeit angeordnet ist.

(2) [1]Für Beschäftigte, die über 10 Stunden hinaus zum Wachdienst herangezogen werden, können Wachschichten bis zu zwölf Stunden festgesetzt werden, wenn in den Wachdienst in erheblichem Umfang Bereitschaftsdienst im Sinne § 7 Abs. 1 Nr. 1 Buchst. a Arbeitszeitgesetz fällt. [2]Für die Bemessung des Entgelts während der Wachdienste gelten folgende Vorschriften:

1. Bei folgenden Wachschichten wird für jede Wachstunde das volle Entgelt gezahlt:
   a) Durchgehende Wachdienste, bei denen Pausen oder inaktive Zeiten während des Bereitschaftsdienstes weniger als ein Drittel der Gesamtwachzeit ausmachen.
   b) Wachdienste, die ausschließlich im Freien abgeleistet werden oder bei denen auf Anordnung oder infolge besonderer Umstände eine Bindung an einen vorgeschriebenen Platz besteht (z. B. Decks-, Maschinen-, Brücken- oder Ankerwachen).
2. Anwesenheitswachdienste, die nicht den in Nr. 1 genannten Einschränkungen unterliegen, werden wie folgt bewertet:
   a) Bei einer Tageswachschicht wird je eineinhalb Wachstunden das Entgelt für eine Arbeitsstunde gezahlt.
   b) Bei einer Nachtwachschicht bis zu zwölf Stunden wird eine Stundengarantie von drei Arbeitsstunden angesetzt, wenn beim Wachdienst nur Anwesenheit verlangt und eine Schlafgelegenheit gestellt wird. Soweit die Voraussetzungen nach Satz 1 nicht vorliegen, gilt Buchstabe a entsprechend.

(3) Bei sämtlichen Arten der Anwesenheitswachdienste wird für kleine Arbeiten während der Wache, die insgesamt weniger als zwei Stunden betragen, keine besondere Vergütung gezahlt.

Nr. 4 Zu § 8 – Ausgleich für Sonderformen der Arbeit –

(1) Bei angeordneter Anwesenheit an Bord nach Nr. 3 Abs. 1 werden Zeitzuschläge nach § 8 Abs. 1 Satz 2 Buchst. c bis f nicht gezahlt.

(2) Bei allen Formen des Wachdienstes im Sinne der Nr. 3 Abs. 2 Satz 2 Nr. 2 wird der Zeitzuschlag nach § 8 Abs. 1 Satz 2 Buchst. f nicht gezahlt.

Zu Abschnitt III
Eingruppierung, Entgelt und sonstige Leistungen

Nr. 5

Beschäftigte, die für eine andere Tätigkeit qualifiziert werden, erhalten während der Qualifizierungszeit Entgelt nach § 21.

Nr. 6 Zu § 19 – Erschwerniszuschläge –

(1) Bei Bergungen und Hilfeleistungen sowie Havariearbeiten und mit diesen zusammenhängenden Arbeiten werden Zuschläge in Höhe von 25 v. H. des auf eine Stunde entfallenden Anteils des monatlichen Entgelts der Stufe 2 der Entgeltgruppe 2 gezahlt. Dies gilt auch bei Bergungen von Fahrzeugen und Gegenständen der eigenen Verwaltung sowie Hilfeleistungen für solche Fahrzeuge und Gegenstände, sofern die Leistungen besonders schwierig oder mit erheblicher Gefahr verbunden waren.

(2) Auf Gewässerschutzschiffen gemäß Objektkatalog und auf bundeseigenen Laderaumsaugbaggern wird für Einsätze zum Feuerschutz bzw. zur Bekämpfung von Schadstoffen, Öl oder Chemikalien je Einsatztag ein Zuschlag in Höhe von 50 Euro gezahlt und die Verpflegung vom Arbeitgeber unentgeltlich bereitgestellt; dies gilt nicht für Übungseinsätze. Absatz 1 findet keine Anwendung.

(3) [1]Tauchereinsatzleiterinnen und Tauchereinsatzleiter erhalten pro Stunde ihres Einsatzes einen Zuschlag in derselben Höhe, wie ihn die Taucherinnen und Taucher nach dem Tarifvertrag über Taucherzuschläge für Arbeiter des Bundes vom 13. September 1973 erhalten, für die die Tauchereinsatzleiterinnen und Tauchereinsatzleiter während der Tauchgangs verantwortlich sind. [2]Sind Tauchereinsatzleiterinnen und Tauchereinsatzleiter bei einem Einsatz für mehrere Taucherinnen oder Taucher verantwortlich, steht ihnen der Zuschlag nur in einfacher Höhe zu.

Zu Abschnitt IV
Urlaub und Arbeitsbefreiung

Nr. 7 Zu § 27 – Zusatzurlaub –

Die Regelungen über Zusatzurlaub nach § 27 gelten nicht bei Tätigkeiten nach Nr. 3.

Zu Abschnitt VI
Übergangs- und Schlussvorschriften

Nr. 8

Beschäftigten, die auf einem Fahrzeug oder schwimmenden Gerät tätig sind, wird der bei Havarie oder Sinken des Fahrzeuges oder schwimmenden Gerätes, durch Brand, Explosion oder Einbruchsdiebstahl oder durch ähnliche Ursachen auf dem Fahrzeug oder Gerät nachweisbar entstandene Schaden an persönlichen Gegenständen bis zum Höchstbetrag von 2000 Euro im Einzelfall ersetzt.

Kapitel II
Besondere Bestimmungen für Beschäftigte der Wasserstraßen- und Schifffahrtsverwaltung des Bundes

Für die in Kapitel I Nr. 1 Abs. 1 aufgeführten Beschäftigten der Wasserstraßen- und Schifffahrtsverwaltung des Bundes finden ergänzend folgende besondere Bestimmungen Anwendung:

Zu Abschnitt II
Arbeitszeit

Nr. 9 Zu § 6 – Regelmäßige Arbeitszeit –

(1) [1]Die Arbeitszeit beginnt und endet an der Arbeitsstelle. [2]Im Tidebetrieb richten sich Beginn und Ende der Arbeitszeit nach den Gezeiten. [3]Kann die Arbeitsstelle nur mit einem vom Arbeitgeber gestellten Fahrzeug erreicht werden und trifft das Fahrzeug infolge höherer Gewalt nicht rechtzeitig an der Arbeitsstelle ein, wird die Zeit ab dem Zeitpunkt des auf der Arbeitsstelle angeordneten Arbeitsbeginns als Arbeitszeit gewertet.

(2) [1]Kann die Arbeitsstelle auf Schiffen und schwimmenden Geräten nur mit einem vom Arbeitgeber gestellten schwimmenden Fahrzeug erreicht werden, so wird die Transportzeit bei der Hin- und Rückfahrt jeweils mit 50 v. H. als Arbeitszeit gewertet. [2]Die regelmäßige Arbeitszeit kann entsprechend verlängert werden. [3]Für Maschinisten auf Schiffen, schwimmenden Geräten und sonstigen Motorgeräten kann die regelmäßige Arbeitszeit für Vor- und Abschlussarbeiten um täglich bis zu einer Stunde verlängert werden.

(3) [1]Sofern die Einsatzkonzeption von seegehenden Schiffen und schwimmenden Geräten dies erfordert (z. B. 24-Stunden-Betrieb) kann die Arbeitszeit in einem Zeitraum von 24 Stunden auf bis zu 12 Stunden verlängert und auf einen Zeitraum von 168 Stunden verteilt werden, wenn im unmittelbaren Anschluss an den verlängerten Arbeitszeitraum ein Ausgleich durch Freizeit erfolgt, der dem Umfang der regelmäßigen Arbeitszeit nach § 6 Abs. 1 Satz 1 entspricht. [2]Im Rahmen der Wechselschichten nach Satz 1 geleistete Arbeitsstunden, die über das Doppelte der regelmäßigen wöchentlichen Arbeitszeit nach § 6 Abs. 1 Satz 1 hinausgehen, sind Überstunden im Sinne des § 7 Abs. 7.

(4) [1]Die Ruhezeit beträgt für die Besatzungsmitglieder pro 24-Stunden-Zeitraum mindestens elf Stunden. [2]Diese Ruhezeit darf nur in höchstens zwei Zeiträume aufgeteilt werden, wenn einer eine Mindestdauer von sechs Stunden hat.

(5) Die Regelungen der Absätze 1 bis 4 gelten auch für Beschäftigte der Wasserstraßen- und Schifffahrtsverwaltung des Bundes, die auf nicht bundeseigenen Schiffen und schwimmenden Geräten eingesetzt sind.

(6) Bei Beschäftigten der Wasserstraßen- und Schifffahrtsverwaltung des Bundes, die nicht auf Schiffen und schwimmenden Geräten eingesetzt sind,

a) bildet die durchgehende Arbeitszeit die Regel und

b) kann bei Arbeit im Schichtbetrieb die gesetzlich vorgeschriebene Gesamtdauer der Ruhepausen auf Kurzpausen von angemessener Dauer aufgeteilt werden, sofern wegen des zu erwartenden kontinuierlichen Arbeitsanfalls mangels Vertretung die Gewährung von Ruhepausen in Zeitabschnitten von jeweils mindestens 15 Minuten nicht gewährleistet werden kann.

(7) [1]Besatzungsmitglieder auf Gewässerschutzschiffen gemäß Objektkatalog und auf bundeseigenen Laderaumsaugbaggern, deren Arbeitszeit sich nach Absatz 3 richtet, erhalten pro Einsatztag einen Zuschlag in Höhe von 25 Euro. [2]Überstunden sind bis zu zwei Stunden täglich abgegolten (z. B. für kleinere Reparaturen); dies gilt nicht im Falle von Havarien, Bergungsarbeiten oder angeordneten Reparaturen. [3]Der Zuschlag nach Satz 1 ist von der Durchschnittsberechnung nach § 21 Satz 2 ausgenommen.

Nr. 10 Zu § 44 – Reise- und Umzugskosten, Trennungsgeld –

(1) [1]Für Dienstreisen von Beschäftigten im Außendienst werden die entstandenen notwendigen Fahrtkosten nach Maßgabe der §§ 4 und 5 BRKG erstattet, sofern sie die Fahrtkosten zu der Arbeitsstätte, der der/die Beschäftigte dauerhaft personell zugeordnet ist, übersteigen. [2]An Stelle des Tagegeldes im Sinne des § 6 BRKG wird nachfolgende Aufwandsvergütung gezahlt:

- bei einer beruflichen Auswärtstätigkeit ohne Übernachtung außerhalb der eigenen Wohnung für eine Abwesenheit von mehr als acht Stunden in Höhe von 7 Euro,
- bei einer mehrtägigen Auswärtstätigkeit mit Übernachtung außerhalb der eigenen Wohnung für jeden Kalendertag einer Abwesenheit von mehr als acht Stunden in Höhe von 9,50 Euro.

[3]Beträgt hierbei die Entfernung zwischen der Arbeitsstätte, der der bzw. die Beschäftigte dauerhaft personell zugeordnet ist, und der Stelle, an der das Dienstgeschäft erledigt wird, weniger als zwei km, wird Aufwandsvergütung nach Satz 2 nicht gewährt. [4]Notwendige Übernachtungskosten werden gemäß § 7 BRKG erstattet.

Protokollerklärung zu Absatz 1 Satz 2:

Beginnt die auswärtige berufliche Tätigkeit an einem Kalendertag und endet am nachfolgenden Kalendertag ohne Übernachtung, wird die Aufwandsvergütung in Höhe von 7 Euro für den Kalendertag gewährt, auf den der überwiegende Teil der Abwesenheit von insgesamt mehr als acht Stunden entfiel.

(2) Abweichend von Absatz 1 Satz 2 wird bei Abwesenheit von 3 bis zu 8 Stunden eine Pauschale in Höhe von 2 Euro gezahlt.

(3) [1]Für Beschäftigte auf Schiffen oder schwimmenden Geräten ist Absatz 1 mit folgenden Maßgaben anzuwenden:

1. Für die Berechnung des Tagegeldes nach Absatz 1 Satz 2 ist maßgebend, dass sich das Schiff nicht am ständigen Liegeplatz (Heimathafen) befindet.

2. Bei Übernachtungen auf Schiffen oder schwimmenden Geräten, die nicht den erlassenen Mindestbestimmungen entsprechen, wird ein Übernachtungsgeld in Höhe von 8 Euro gezahlt.

[2]Reisebeihilfen für Familienheimfahrten werden nach Maßgabe des § 8 Sätze 3 und 4 BRKG gezahlt. [3]Satz 2 gilt nicht für Trennungsgeldempfänger nach der Trennungsgeldverordnung.

(4) Die Regelungen in Absatz 1 und 3 ersetzen die Vorschriften über die Erstattung von Reisekosten des § 44 Abs. 1.

(5) Abweichend von § 44 Abs. 2 Satz 3 werden nicht anrechenbare Reisezeiten bei fester Arbeitszeit zu 50 v. H. als Freizeitausgleich gewährt und bei gleitender Arbeitszeit im Rahmen der jeweils geltenden Vorschriften als Arbeitszeit angerechnet.

Kapitel III
Besondere Bestimmungen für Besatzungen der seegehenden Schiffe des Bundesamtes für Seeschifffahrt und Hydrographie

Für die in Kapitel I Nr. 1 Abs. 2 aufgeführten Beschäftigten des Bundesamtes für Seeschifffahrt und Hydrographie finden ergänzend folgende besondere Bestimmungen Anwendung:

II

Zu Abschnitt I
Allgemeine Vorschriften

Nr. 11 Zu § 3 – Allgemeine Arbeitsbedingungen –

Beschäftigte, die dienstlich an Bord eingesetzt sind, müssen an der Bordverpflegung teilnehmen.

Zu Abschnitt II
Arbeitszeit

Nr. 12 Zu § 6 – Regelmäßige Arbeitszeit –

(1) [1]Die regelmäßige Arbeitszeit kann aus notwendigen betrieblichen/dienstlichen Gründen auf sieben Tage verteilt werden. [2]Bei Fahrten von Schiffen in See können die gesetzlich vorgeschriebenen Ersatzruhetage für Sonn- und Feiertagsarbeit bis zum Ablauf des Ausgleichszeitraums nach § 6 Abs. 2 zusammenhängend gewährt werden.

(2) [1]Die Ruhezeit beträgt für die Besatzungsmitglieder pro 24-Stunden-Zeitraum mindestens elf Stunden. [2]Diese Ruhezeit darf nur in höchstens zwei Zeiträume aufgeteilt werden, wenn einer eine Mindestdauer von sechs Stunden hat. [3]Es ist sicherzustellen, dass die durchschnittliche regelmäßige wöchentliche Arbeitszeit bei Fahrten in See durch eine ungleichmäßige Verteilung der Arbeitszeit nicht unterschritten wird. [4]§ 7 Abs. 7 bleibt unberührt.

(3) Soweit dienstplanmäßig eine Mittagspause vorgesehen ist, darf sie eine Stunde nicht überschreiten.

(4) Werden Besatzungsmitglieder einer Wache zugeteilt, gilt diese Zeit als regelmäßige Arbeitszeit.

(5) Dienstlicher Aufenthalt außerhalb des Schiffes auf Sandbänken oder im Wattgebiet sowie in den Beibooten rechnet durchgehend als Arbeitszeit.

(6) Für Köche und Stewards richten sich Beginn und Ende der Arbeitszeit sowie die Arbeitspausen nach den festgelegten Mahlzeiten der Besatzung.

Zu Abschnitt VII
Allgemeine Vorschriften

Nr. 13 Zu § 44 – Reise- und Umzugskosten, Trennungsgeld –

(1) [1]Für Dienstreisen werden den Beschäftigten die Reisekosten nach Maßgabe des BRKG in der jeweils gültigen Fassung gezahlt. [2]Abweichend von Satz 1 werden für Dienstreisen auf Schiffen die entstandenen notwendigen Fahrtkosten nach Maßgabe der §§ 4 und 5

BRKG erstattet. [3]An Stelle des Tagegeldes im Sinne des § 6 BRKG wird Beschäftigten, die an Bord eingesetzt sind, für jeden Kalendertag ein Bordtagegeld von jeweils 9,50 Euro gezahlt, wenn eine unentgeltliche Unterkunft bereitgestellt wird und die Beschäftigten mehr als acht Stunden dienstlich an Bord eingesetzt sind. [4]Für die Berechnung des Bordtagegeldes ist maßgeblich, dass sich das Schiff nicht am ständigen Liegeplatz (Heimathafen) befindet. [5]Bei Einsätzen in fremdländischen Gewässern kann bei nachgewiesenen notwendigen Mehrkosten das Bordtagegeld entsprechend erhöht werden. [6]Besatzungsmitglieder erhalten einmal monatlich Reisebeihilfen für Familienheimfahrten nach Maßgabe des § 8 Sätze 3 und 4 BRKG. [7]Satz 6 gilt nicht für Trennungsgeldempfänger nach der Trennungsgeldverordnung.

(2) Soweit die Voraussetzungen für ein Bordtagegeld nach Absatz 1 Sätze 3 und 4 nicht vorliegen, wird Beschäftigten für jeden Kalendertag, an dem sie mindestens acht Stunden dienstlich an Bord im Heimathafen (ständiger Liegeplatz) eingesetzt sind, eine tägliche Pauschale in Höhe von 9,50 Euro gezahlt.

(3) Die Regelungen in Absatz 1 Sätze 2 bis 7 ersetzen die Vorschriften über die Erstattung von Reisekosten des § 44 Absatz 1.

§ 48 (Bund) Sonderregelungen für Beschäftigte im forstlichen Außendienst

Zu Abschnitt I
Allgemeine Vorschriften

II

Nr. 1 Zu § 1 – Geltungsbereich –

Diese Sonderregelung gilt für Beschäftigte im forstlichen Außendienst, die nicht von § 1 Abs. 2 Buchst. g erfasst werden.

Zu Abschnitt II
Arbeitszeit

Nr. 2

(1) [1]Der tarifliche wöchentliche Arbeitszeitkorridor beträgt 48 Stunden. [2]Abweichend von § 7 Abs. 7 sind nur die Arbeitsstunden Überstunden, die über den Arbeitszeitkorridor nach Satz 1 hinaus auf Anordnung geleistet worden sind. [3]§ 10 Abs. 1 Satz 3 findet keine Anwendung, auf Antrag der/des Beschäftigten kann ein Arbeitszeitkonto in vereinfachter Form durch Selbstaufschreibung geführt werden.

(2) Absatz 1 gilt nicht, wenn Dienstvereinbarungen zur Gleitzeit bestehen oder vereinbart werden.

§ 49 (Bund) Sonderregelungen für Beschäftigte als Lehrkräfte

Zu Abschnitt I
Allgemeine Vorschriften

Nr. 1 Zu § 1 – Geltungsbereich –

[1]Diese Sonderregelungen gelten für Beschäftigte als Lehrkräfte an allgemein bildenden Schulen und berufsbildenden Schulen (Berufs-, Berufsfach- und Fachschulen). [2]Sie gelten nicht für Lehrkräfte an Schulen und Einrichtungen der Verwaltung, die der Ausbildung oder Fortbildung von Angehörigen des öffentlichen Dienstes dienen, an Krankenpflegeschulen und ähnlichen der Ausbildung dienenden Einrichtungen.

Protokollerklärung:

Lehrkräfte im Sinne dieser Sonderregelungen sind Personen, bei denen die Vermittlung von Kenntnissen und Fertigkeiten im Rahmen eines Schulbetriebes der Tätigkeit das Gepräge gibt.

Zu Abschnitt II
Arbeitszeit

Nr. 2

[1]Die §§ 6 bis 10 finden keine Anwendung. [2]Es gelten die Bestimmungen für die entsprechenden Beamtinnen und Beamten des Bundes in der jeweils geltenden Fassung. [3]Sind entsprechende Beamtinnen und Beamte nicht vorhanden, so ist die Arbeitszeit im Arbeitsvertrag zu regeln.

Zu Abschnitt III
Eingruppierung, Entgelt und sonstige Leistungen

Nr. 2a zu § 16 (Bund) – Stufen der Entgelttabelle –

Bei Anwendung des § 16 Abs. 4 (Bund) gilt:

Für ab 1. Januar 2011 neubegründete Arbeitsverhältnisse von Lehrkräften wird die zur Vorbereitung auf den Lehrerberuf abgeleistete Zeit des Referendariats oder des Vorbereitungsdienstes im Umfang von sechs Monaten auf die Stufenlaufzeit der Stufe 1 angerechnet.

Niederschriftserklärung zu Nr. 2a:

Die Tarifvertragsparteien sind sich einig, dass der Vorbereitungsdienst/das Referendariat der Lehrkräfte wegen des dortigen Ausmaßes der eigenverantwortlichen Tätigkeit (im Vollbild der Berufstätigkeit) eine teilweise Anrechnung auf die Stufenlaufzeit der Stufe 1 rechtfertigt und deshalb mit Ausbildungsgängen anderer Berufe nicht vergleichbar ist.

II

Zu Abschnitt IV
Urlaub und Arbeitsbefreiung

Nr. 3

(1) [1]Der Urlaub ist in den Schulferien zu nehmen. [2]Wird die Lehrkraft während der Schulferien durch Unfall oder Krankheit arbeitsunfähig, so hat sie dies unverzüglich anzuzeigen. [3]Die Lehrkraft hat sich nach Ende der Schulferien oder, wenn die Krankheit länger dauert, nach Wiederherstellung der Arbeitsfähigkeit zur Arbeitsleistung zur Verfügung zu stellen.

(2) [1]Für eine Inanspruchnahme der Lehrkraft während der den Urlaub in den Schulferien übersteigenden Zeit gelten die Bestimmungen für die entsprechenden Beamtinnen und Beamten des Bundes. [2]Sind entsprechende Beamtinnen und Beamte nicht vorhanden, erfolgt die Regelung durch Dienst- oder Betriebsvereinbarung.

Zu Abschnitt V
Befristung und Beendigung des Arbeitsverhältnisses

Nr. 4

Das Arbeitsverhältnis endet, ohne dass es einer Kündigung bedarf, mit Ablauf des Schulhalbjahres (31. Januar beziehungsweise 31. Juli), in dem die Lehrkraft das gesetzlich festgelegte Alter zum Erreichen einer Regelaltersgrenze vollendet hat.

Abschnitt IX
Übergangs- und Schlussvorschriften (Bund)

§ 50 (Bund) In-Kraft-Treten, Laufzeit

(1) [1]Dieser Tarifvertrag tritt am 1. Oktober 2005 in Kraft. [2]Er kann mit einer Frist von drei Monaten zum Schluss eines Kalenderhalbjahres schriftlich gekündigt werden.

II

(2) [1]Abweichend von Absatz 1 können schriftlich gesondert gekündigt werden

a) § 45 Nr. 6 und 8, soweit sich die entsprechenden besoldungsrechtlichen Grundlagen der Auslandsbezahlung für Beamte ändern. [2]Die Kündigungsfrist beträgt einen Kalendermonat zum Schluss des Monats der Verkündung der Neuregelungen im Bundesgesetzblatt folgenden Kalendermonats,

b) § 46 Nr. 19 bis 21 (Kapitel III) mit einer Frist von einem Monat zum Monatsende. [2]Das Sonderkündigungsrecht in § 47 Sonderkündigungsrecht der Bereitschafts- und Rufbereitschaftsregelung BT-K bleibt unberührt,

c) Anlage C (Bund), Anlage D (Bund) und Anlage E (Bund) ohne Einhaltung einer Frist.

(3) § 45 Nr. 6 Satz 3 gilt bis zum Inkrafttreten der Eingruppierungsvorschriften des TVöD (Entgeltordnung).

(4) Unbeschadet von Absatz 1 Satz 2 treten außer Kraft

a) § 46 Nr. 4 Abs. 3b mit Ablauf des 30. November 2010,

b) § 46 Nr. 4 Abs. 3a und 3c mit Ablauf des 31. Dezember 2019.

Niederschriftserklärung zu Absatz 4 Buchst. b:

[1]Der Zeitpunkt des Außerkrafttretens wurde im Einklang mit dem Zeitpunkt des Außerkrafttretens des § 13 Absatz 2 der Arbeitszeitverordnung für die Beamtinnen und Beamten des Bundes (AZV) festgelegt. [2]Falls der Geltungszeitraum für die in § 13 Absatz 2 AZV enthaltene Opt-out-Regelung verlängert wird, werden die Tarifvertragsparteien Gespräche über eine Verlängerung des Geltungszeitraums der tariflichen Opt-out-Regelung für das Feuerwehrpersonal führen.

(5) Unbeschadet von Absatz 1 Satz 2 tritt § 46 Nr. 11 Abs. 6 mit Inkrafttreten der Verordnung über die Arbeitszeit der Arbeitnehmerinnen und Arbeitnehmer als Besatzungen von Seefahrzeugen im Bereich des Bundesministeriums der Verteidigung, spätestens mit Ablauf des 30. Juni 2012 außer Kraft.

Anhang zu § 46 (Bund)

Teilnahme an Manövern und Übungen

II

(1) Nehmen Beschäftigte aus dringenden dienstlichen Gründen an Übungen im Sinne des § 46 Nr. 4 Abs. 4 teil, so gilt nachstehende Regelung:

1. Die tägliche Arbeitszeit der Beschäftigten kann während der Teilnahme an der Übung abweichend geregelt werden.
2. [1]Die Beschäftigten erhalten für die Dauer ihrer Teilnahme als Abgeltung ihrer zusätzlichen Arbeitsleistung neben ihrem Tabellenentgelt und dem in Monatsbeträgen festgelegten Entgeltbestandteilen einen täglichen Pauschbetrag in Höhe des Entgelts für fünf Überstunden. [2]Dieser Pauschbetrag schließt das Entgelt für Überstunden, für Bereitschaftsdienst und die Zulagen für Wechselschicht- und Schichtarbeit sowie die Zeitzuschläge nach § 8 Abs. 1 ein. [3]Der Pauschbetrag wird auch für die Tage des Beginns und der Beendigung der Übung gezahlt, an denen die Beschäftigten mehr als acht Stunden von ihrem Beschäftigungsort bzw. von ihrem Wohnort abwesend sind. [4]Die Sätze 1 und 2 gelten nicht, wenn Beschäftigte täglich an ihren Beschäftigungsort zurückkehren. [5]Beschäftigte, die unter § 43 Abs. 2 fallen, erhalten den Pauschbetrag nicht. [6]Auf Antrag kann den Beschäftigten, die Anspruch auf den Pauschbetrag haben, ganz oder teilweise Arbeitsbefreiung an Stelle des Pauschbetrages gewährt werden, soweit die dienstlichen Verhältnisse dies zulassen. [7]Dabei tritt an die Stelle des Entgelts für eine Überstunde eine Stunde Arbeitsbefreiung sowie ein Betrag in Höhe des Zeitzuschlages nach § 8 Abs. 1 Satz 2 Buchst. a.
3. [1]Die Beschäftigten erhalten während der Übung unentgeltlich Gemeinschaftsverpflegung und unentgeltliche amtliche Unterkunft. [2]Nehmen die Beschäftigten die Gemeinschaftsverpflegung oder die amtliche Unterkunft nicht in Anspruch, so erhalten sie dafür keine Entschädigung. [3]Kann in Einzelfällen die Gemeinschaftsverpflegung aus Übungsgründen nicht gewährt werden, so erhalten die Beschäftigten Ersatz nach den für die Beamtinnen/Beamten jeweils geltenden Bestimmungen. [4]Den Beschäftigten ist, soweit erforderlich, vom Arbeitgeber Schutzkleidung gegen Witterungseinflüsse unentgeltlich zur Verfügung zu stellen. [5]Die Beschäftigten sind verpflichtet, diese zu tragen. [6]§ 44 gilt nicht.
4. [1]Bei Arbeitsunfähigkeit durch Erkrankung oder Arbeitsunfall während der Übung werden der Pauschbetrag und die Pauschalentschädigung nach den Nummern 2 und 3 bis zur Wiedererlangung der Arbeitsfähigkeit, längstens jedoch bis zu den in Satz 2 genannten

Zeitpunkten, gezahlt. [2]Die Teilnahme von erkrankten Beschäftigten an der Übung endet mit der Rückkehr an den Beschäftigungsort bzw. an den Wohnort oder mit Ablauf des Tages der Einweisung in ein außerhalb des Beschäftigungsortes des Wohnortes gelegenes Krankenhaus. [3]Für die der Beendigung der Übung folgende Zeit des Krankenhausaufenthaltes bei Abwesenheit von dienstlichem Wohnsitz bzw. Wohnort sowie für die anschließende Rückreise haben die Beschäftigten Anspruch auf Reisekostenerstattung. [4]Auf die Fristen für die Bezugsdauer des Tagegeldes und des Übernachtungsgeldes bzw. für das Einsetzen der Beschäftigungsvergütung wird die Zeit ab Beginn der Übung der Beschäftigten mitgerechnet. [5]Hierbei wird die Teilnahme an der Übung – ohne Rücksicht darauf, ob der tatsächliche Aufenthaltsort der Beschäftigten ständig gleich geblieben oder ob er gewechselt hat – insgesamt als „Aufenthalt an ein und demselben auswärtigen Beschäftigungsort" gerechnet.

5. [1]Wird den Beschäftigten Arbeitsbefreiung nach § 29 gewährt, so sind ihnen die Reisekosten für die Rückreise zum Dienstort nach den Reisekostenvorschriften zu erstatten. [2]Die Zahlung des Pauschbetrages nach Nummer 2 und der Pauschalentschädigung nach Nummer 3 endet mit Ablauf des Tages, an dem die Rückreise angetreten wird. [3]Wird für den Rückreisetag ein volles Tagegeld gewährt, so entfällt die Pauschalentschädigung nach Nummer 3.

(2) Diese Anlage gilt nicht für die Beschäftigten, für die § 46 Kapitel II – Besatzungen von Binnen- und Seefahrzeugen und von schwimmenden Geräten im Bereich des Bundesministeriums der Verteidigung –, § 47 Kapitel II – Besondere Bestimmungen für Beschäftigte der Wasserstraßen- und Schifffahrtsverwaltung des Bundes – und Kapitel III Besondere Bestimmungen für Besatzungen der seegehenden Schiffe des Bundesamtes für Seeschifffahrt und Hydrographie anwendbar ist.

Anlage B (Bund)

Tabellenentgeltspannen

Gültig vom 1. März 2024 bis 31. März 2025

Tabellenentgeltspanne	1	2	3	4	5	6	7	8	9	10	11
von		2855,15	3182,84	3555,17	3978,23	4475,02	5045,47	5693,59	6430,01	7266,73	8217,44
bis	2855,14	3182,83	3555,16	3978,22	4475,01	5045,46	5693,58	6430,00	7266,72	8217,43	

Gültig vom 1. April 2025 bis 30. April 2026

Tabellenentgeltspanne	1	2	3	4	5	6	7	8	9	10	11
von		2965,15	3292,84	3665,17	4097,58	4609,27	5196,83	5864,40	6622,91	7484,73	8463,96
bis	2965,14	3292,83	3665,16	4097,57	4609,26	5196,82	5864,39	6622,90	7484,72	8463,95	

Gültig ab 1. Mai 2026

Tabellenentgeltspanne	1	2	3	4	5	6	7	8	9	10	11
von		3048,17	3385,04	3767,79	4212,31	4738,33	5342,34	6028,60	6808,35	7694,30	8700,95
bis	3048,16	3385,03	3767,78	4212,30	4738,32	5342,33	6028,59	6808,34	7694,29	8700,94	

Anlage C (Bund)

Bereitschaftsentgelte gemäß § 46 (Bund) Nr. 21 zu § 46 TVöD-BT-K I. Ärztinnen und Ärzte			
Entgeltgruppe	**Stundenentgelt gültig bis 30. März 2025**	**Stundenentgelt gültig vom 1. April 2025 bis 30. April 2026**	**Stundenentgelt gültig ab 1. Mai 2026**
Ärztinnen und Ärzte gem. § 51 Abs. 3 TVöD-BT-K	47,63 €	49,11 €	50,49 €
Ärztinnen und Ärzte gem. § 51 Abs. 4 TVöD-BT-K	44,67 €	46,06 €	47,35 €
II	40,37 €	41,63 €	42,80 €
I	33,23 €	34,26 €	35,22 €

Bereitschaftsentgelte gemäß § 46 (Bund) Nr. 21 zu § 46 TVöD-BT-K II. Beschäftigte im Pflegedienst			
Entgeltgruppe	**Stundenentgelt gültig bis 31. März 2025**	**Stundenentgelt gültig vom 1. April 2025 bis 30. April 2026**	**Stundenentgelt gültig ab 1. Mai 2026**
P 16	31,86 €	32,85 €	33,77 €
P 15	29,75 €	30,68 €	31,54 €
P 14	28,12 €	28,99 €	29,80 €
P 13	26,35 €	27,17 €	27,93 €
P 12	25,37 €	26,16 €	26,89 €
P 11	24,46 €	25,22 €	25,93 €
P 10	23,35 €	24,08 €	24,75 €
P 9	22,99 €	23,70 €	24,36 €
P 8	21,98 €	22,66 €	23,29 €
P 7	21,05 €	21,70 €	22,31 €
P 6	19,50 €	20,11 €	20,67 €
P 5	18,11 €	18,67 €	19,19 €

Bereitschaftsentgelte gemäß § 46 (Bund) Nr. 21 zu § 46 TVöD-BT-K III. Übrige medizinische Beschäftigte			
Entgeltgruppe	**Stundenentgelt gültig bis 31. März 2025**	**Stundenentgelt gültig vom 1. April 2025 bis 30. April 2026**	**Stundenentgelt gültig ab 1. Mai 2026**
15Ü	40,23 €	41,48 €	42,64 €
15	35,14 €	36,23 €	37,24 €
14	32,40 €	33,41 €	34,35 €
13	31,00 €	31,96 €	32,85 €
12	29,31 €	30,22 €	31,07 €
11	26,82 €	27,65 €	28,42 €
10	24,70 €	25,47 €	26,18 €
9c	24,62 €	25,39 €	26,10 €
9b	23,34 €	24,07 €	24,74 €
9a	22,58 €	23,28 €	23,93 €
8	22,12 €	22,81 €	23,45 €
7	21,19 €	21,85 €	22,46 €
6	20,30 €	20,93 €	21,52 €
5	19,50 €	20,11 €	20,67 €
4	18,58 €	19,16 €	19,70 €
3	17,85 €	18,41 €	18,93 €
2Ü	17,14 €	17,67 €	18,16 €
2	16,79 €	17,31 €	17,79 €
1	13,94 €	14,37 €	14,77 €

Anlage D (Bund)

Entgelttabelle für Ärztinnen und Ärzte gemäß § 46 (Bund) Nr. 21a Abs. 1 zu § 51 TVöD-BT-K

gültig bis 31. März 2025

(monatlich in Euro)

Entgelt-gruppe	Stufe 1	Stufe 2	Stufe 3	Stufe 4	Stufe 5
II	6706,68	7378,65	7975,96	8647,92	
I	5362,73	5765,93	6034,73	6258,72	6408,04

Entgelttabelle für Ärztinnen und Ärzte gemäß § 46 (Bund) Nr. 21a Abs. 1 zu § 51 TVöD-BT-K

gültig vom 1. April 2025 bis 30. April 2026

(monatlich in Euro)

Entgelt-gruppe	Stufe 1	Stufe 2	Stufe 3	Stufe 4	Stufe 5
II	6907,88	7600,01	8215,24	8907,36	
I	5523,61	5938,91	6215,77	6446,48	6600,28

Entgelttabelle für Ärztinnen und Ärzte gemäß § 46 (Bund) Nr. 21a Abs. 1 zu § 51 TVöD-BT-K

gültig ab 1. Mai 2026

(monatlich in Euro)

Entgelt-gruppe	Stufe 1	Stufe 2	Stufe 3	Stufe 4	Stufe 5
II	7101,30	7812,81	8445,27	9156,77	
I	5678,27	6105,20	6389,81	6626,98	6785,09

II

Anlage E (Bund)

Entgelttabelle für Beschäftigte im Pflegedienst gemäß § 46 (Bund) Nr. 22 Abs. 1 Satz 1 zu § 52 TVöD-BT-K

gültig vom 1. März 2024 bis 31. März 2025
(monatlich in Euro)

Entgelt-gruppe	Grundentgelt		Entwicklungsstufen			
	Stufe 1	Stufe 2	Stufe 3	Stufe 4	Stufe 5	Stufe 6
P 16		4948,85	5114,94	5651,24	6276,41	6552,17
P 15		4847,09	4999,09	5379,10	5833,89	6007,57
P 14		4734,92	4883,26	5254,07	5757,88	5849,82
P 13		4622,78	4767,43	5129,03	5390,13	5457,55
P 12		4398,42	4535,73	4878,96	5089,81	5187,87
P 11		4174,11	4304,05	4628,90	4844,63	4942,71
P 10		3951,87	4072,74	4415,60	4581,08	4685,28
P 9		3770,53	3951,87	4072,74	4305,27	4403,33
P 8		3490,40	3647,59	3849,10	4011,86	4239,52
P 7		3304,69	3490,40	3776,15	3919,00	4066,15
P 6	2820,44	2990,59	3161,86	3526,14	3619,00	3790,39
P 5	2718,00	2950,63	3019,01	3133,28	3219,01	3420,40

Anlage E (Bund)

Entgelttabelle für Beschäftigte im Pflegedienst gemäß § 46 (Bund) Nr. 22 Abs. 1 Satz 1 zu § 52 TVöD-BT-K

gültig vom 1. April 2025 bis 30. April 2026

(monatlich in Euro)

Entgelt-gruppe	Grundentgelt		Entwicklungsstufen			
	Stufe 1	Stufe 2	Stufe 3	Stufe 4	Stufe 5	Stufe 6
P 16		5097,32	5268,39	5820,78	6464,70	6748,74
P 15		4992,50	5149,06	5540,47	6008,91	6187,80
P 14		4876,97	5029,76	5411,69	5930,62	6025,31
P 13		4761,46	4910,45	5282,90	5551,83	5621,28
P 12		4530,37	4671,80	5025,33	5242,50	5343,51
P 11		4299,33	4433,17	4767,77	4989,97	5090,99
P 10		4070,43	4194,92	4548,07	4718,51	4825,84
P 9		3883,65	4070,43	4194,92	4434,43	4535,43
P 8		3600,40	3757,59	3964,57	4132,22	4366,71
P 7		3414,69	3600,40	3889,43	4036,57	4188,13
P 6	2930,44	3100,59	3271,86	3636,14	3729,00	3904,10
P 5	2828,00	3060,63	3129,01	3243,28	3329,01	3530,40

Anlage E (Bund)

Entgelttabelle für Beschäftigte im Pflegedienst gemäß § 46 (Bund) Nr. 22 Abs. 1 Satz 1 zu § 52 TVöD-BT-K

gültig ab 1. Mai 2026
(monatlich in Euro)

Entgelt-gruppe	Grundentgelt		Entwicklungsstufen			
	Stufe 1	Stufe 2	Stufe 3	Stufe 4	Stufe 5	Stufe 6
P 16		5240,04	5415,90	5983,76	6645,71	6937,70
P 15		5132,29	5293,23	5695,60	6177,16	6361,06
P 14		5013,53	5170,59	5563,22	6096,68	6194,02
P 13		4894,78	5047,94	5430,82	5707,28	5778,68
P 12		4657,22	4802,61	5166,04	5389,29	5493,13
P 11		4419,71	4557,30	4901,27	5129,69	5233,54
P 10		4184,40	4312,38	4675,42	4850,63	4960,96
P 9		3992,39	4184,40	4312,38	4558,59	4662,42
P 8		3701,21	3862,80	4075,58	4247,92	4488,98
P 7		3510,30	3701,21	3998,33	4149,59	4305,40
P 6	3012,49	3187,41	3363,47	3737,95	3833,41	4013,41
P 5	2907,18	3146,33	3216,62	3334,09	3422,22	3629,25

Musterverträge und -vorlagen (Bund)

Anhang 1

BMI-Hinweise zu Mustern[1])

II

I. Grundsätzliches:

Es ist jeweils das passende Arbeits- oder Ausbildungsvertragsmuster zu verwenden. Der Anwendungsbereich ergibt sich jeweils aus der Überschrift der Muster.

Die Kästchen in den Arbeits- und Ausbildungsvertragsmustern eröffnen entweder eine Wahlmöglichkeit zwischen zwei oder mehreren Alternativen oder auch, ob eine Regelung in den individuellen Arbeits- oder Ausbildungsvertrag aufgenommen werden soll. Dabei ist Zutreffendes anzukreuzen, nicht Zutreffendes ist zu streichen.

Die Ausführungen unter der nachstehenden Ziffer II. beziehen sich auf die Arbeitsvertragsmuster für die Einstellung auf unbestimmte Zeit (Anhang 2) sowie die befristete Einstellung, und zwar sowohl allgemein (Anhang 3) als auch die befristete Einstellung im Anschluss an das Berufsausbildungsverhältnis (zu den Voraussetzungen siehe Rundschreiben vom 3. August 2012 – D5 – 220 233 – 53/7). Gesonderte Hinweise werden, soweit erforderlich, zum Änderungsvertrag (Anhang 4; siehe Ziffer III.) und zu den Ausbildungsverträgen (siehe Ziffer IV.) gegeben.

II. Arbeitsvertragsmuster für die Einstellung:

Kopf des Arbeitsvertrages

Ein Arbeitsvertrag wird unter Vorbehalt geschlossen, wenn die Wirksamkeit des Vertrages z. B. von dem Ergebnis einer Prüfung oder einer ärztlichen Untersuchung abhängig gemacht wird.

§ 1 des Arbeitsvertrages (Arbeitszeitumfang und Dauer des Arbeitsverhältnisses)

Teilzeitbeschäftigung:
Der Regelfall einer Teilzeitbeschäftigung ist die individuelle Vereinbarung einer durchschnittlichen Arbeitszeit in einem prozentualen Verhältnis zur regelmäßigen Arbeitszeit vergleichbarer Vollzeitbeschäftigter. Soll ausnahmsweise abweichend von diesem Grundsatz eine feste Stundenzahl – die auch bei einer allgemeinen tariflichen Änderung der regelmäßigen wöchentlichen Arbeitszeit unverändert

[1]) BMI-Hinweise wegen der Anlagennummerierung redaktionell bearbeitet.

bleiben soll – für die Teilzeitbeschäftigung vereinbart werden, so ist der Arbeitsvertrag entsprechend abzuändern.

Der Vertrag enthält zudem eine Regelung gemäß § 6 Abs. 5 TVöD, wonach für Teilzeitbeschäftigte die Verpflichtung zur Leistung von Bereitschaftsdienst, Rufbereitschaft, Überstunden und Mehrarbeit arbeitsvertraglich zu regeln ist.

Befristung:

- Allgemeines:
  Für Befristungen von Arbeitsverhältnissen gelten die Regelungen des § 30 TVöD. Demnach sind befristete Arbeitsverträge nach Maßgabe des Teilzeit- und Befristungsgesetzes (TzBfG) sowie anderer gesetzlicher Vorschriften über die Befristung von Arbeitsverträgen zulässig (Abs. 1 Satz 1).

  Das TzBfG unterscheidet bei befristeten Arbeitsverträgen zwischen kalendermäßig befristeten und zweckbefristeten Arbeitsverträgen (§ 3 Abs. 1 TzBfG). Dabei bedarf die Befristung eines Arbeitsvertrages zu ihrer Wirksamkeit der Schriftform (§ 14 Abs. 4 TzBfG). Das Schriftformerfordernis erfasst nicht die Angabe des Befristungsgrundes (mit/ohne Sachgrund bzw. welcher Sachgrund).
- Kalendermäßig befristeter Arbeitsvertrag
  Das kalendermäßig befristete Arbeitsverhältnis endet mit Ablauf der vereinbarten Zeit (§ 15 Abs. 1 TzBfG).
- Zweckbefristung
  Bei der Zweckbefristung ist das Ende des Arbeitsverhältnisses nicht an einen bestimmten Termin gebunden, sondern an das Erreichen eines im Arbeitsvertrag definierten Zwecks. Der Zweck muss im Arbeitsvertrag so hinreichend umschrieben sein, dass man zuverlässig feststellen kann, ob er erreicht ist. Der Gesetzgeber verpflichtet den Arbeitgeber, die/den Beschäftigte/n zwei Wochen vor Erreichen des Zwecks schriftlich davon zu unterrichten (§ 15 Abs. 2 TzBfG). Es wird empfohlen, Zweckbefristungen regelmäßig mit einer kalendermäßigen Befristung des Arbeitsverhältnisses zu verbinden.
- Sachgrundlose – kalendermäßige – Befristung (§ 14 Abs. 2 TzBfG)
  Ein Arbeitsverhältnis kann ohne Vorliegen eines sachlichen Grundes bis zu einer Dauer von zwei Jahren abgeschlossen werden. Innerhalb der Gesamtdauer von zwei Jahren kann das Arbeitsverhältnis bis zu dreimal verlängert werden. Zu beachten ist, dass bei einer eventuellen Verlängerung innerhalb des Zweijahreszeitraums keine über die bloße Verlängerung hinausgehende Vereinbarung getroffen werden darf. Jede darüber hinaus gehende Änderung des Arbeitsverhältnisses (z. B. Art der Tätigkeit/Arbeitszeit) oder der

Abschluss eines neuen Arbeitsvertrages anstelle der bloßen Verlängerung führen zu einer unwirksamen Befristung und in der Folge nach § 16 TzBfG zu einem auf unbestimmte Zeit abgeschlossenen Arbeitsvertrag. Ebenfalls darf kein vorheriges Arbeitsverhältnis im Sinne des § 14 Abs. 2 TzBfG zu demselben Arbeitgeber bestanden haben. Ein Ausbildungsverhältnis gilt nicht als ein derartiges Arbeitsverhältnis.

– Besonderheiten für Beschäftigte, auf die die Regelungen des Tarifgebiets West Anwendung finden und deren Tätigkeit vor dem 1. Januar 2005 der Rentenversicherung der Angestellten unterlegen hätte
  – Kalendermäßig befristete Arbeitsverträge mit sachlichem Grund sind nur zulässig, wenn die Dauer des einzelnen Vertrages fünf Jahre nicht übersteigt (§ 30 Abs. 2 Satz 1 TVöD).
  – Ein befristeter Arbeitsvertrag ohne sachlichen Grund soll in der Regel zwölf Monate nicht unterschreiten; die Vertragsdauer muss mindestens sechs Monate betragen (§ 30 Abs. 3 Satz 1 TVöD).

  Diese Besonderheiten gelten nicht für Arbeitsverhältnisse, für die die §§ 57a ff. HRG, das Wissenschaftszeitvertragsgesetz oder gesetzliche Nachfolgeregelungen unmittelbar oder entsprechend gelten.

– Befristungen nach § 21 BEEG
  Ein sachlicher Grund für die Befristung eines Arbeitsverhältnisses liegt vor, wenn Beschäftigte zur Vertretung einer/eines anderen Beschäftigten für die Dauer eines Beschäftigungsverbots nach dem Mutterschutzgesetz/der Elternzeit/ der Arbeitsfreistellung zur Betreuung eines Kindes nach § 21 BEEG eingestellt werden. Die Dauer der Befristung des Arbeitsvertrages muss kalendermäßig bestimmt oder bestimmbar sein oder den rechtlich zulässigen Zweck erkennen lassen.

– Übertragung von Führungspositionen auf Zeit und auf Probe (§§ 31 und 32 TVöD)
  Es bestehen keine besonderen Formerfordernisse; die Arbeitsvertragsmuster für befristete Einstellungen finden uneingeschränkt Anwendung.

– Besonderheiten beim Arbeitsvertragsmuster für die befristete Beschäftigung im Anschluss an das Berufsausbildungsverhältnis
  Im Falle der Befristung aufgrund § 16a Satz 1 TVAöD ist das Muster für Arbeitsverträge mit Beschäftigten, die im Anschluss an das Berufsausbildungsverhältnis befristet nach § 16a Satz 1 TVAöD – Allgemeiner Teil – eingestellt werden zu verwenden. Die Laufzeit des befristeten Vertrages muss zwölf Monate betragen.

Soll die Befristung außerhalb von § 16a TVAöD – Allgemeiner Teil – erfolgen, ist das Muster für befristete Arbeitsverträge zu verwenden. Sofern die Befristung außerhalb von § 16a TVAöD – Allgemeiner Teil – erfolgt, kann auch eine kürzere oder längere Befristungsdauer als zwölf Monate innerhalb der Höchstdauer von zwei Jahren gemäß § 14 Abs. 2 Satz 1 TzBfG vereinbart werden.

II

§ 2 des Arbeitsvertrages (Verweis auf Tarifrecht)

Für Beschäftigte des Bundes bestimmt sich das Arbeitsverhältnis nach dem Tarifvertrag für den öffentlichen Dienst (TVöD), den besonderen Regelungen für die Verwaltung (TVöD – Besonderer Teil Verwaltung), dem Tarifvertrag zur Überleitung der Beschäftigten des Bundes in den TVöD und zur Regelung des Übergangsrechts (TVÜ-Bund) und die diese ergänzenden, ändernden oder ersetzenden Tarifverträge in der für den Bereich des Bundes jeweils geltenden Fassung.

Auszuwählen ist, ob die Regelungen für das Tarifgebiet Ost oder West Anwendung finden. Gemäß § 38 Abs. 1 TVöD gelten die Regelungen für das Tarifgebiet Ost für die Beschäftigen, deren Arbeitsverhältnis in dem in Art. 3 des Einigungsvertrages genannten Gebiet begründet worden ist und bei denen der Bezug des Arbeitsverhältnisses zu diesem Gebiet fortbesteht.

Bei Abschluss eines befristeten Arbeitsverhältnisses mit sachlichem Grund nach § 21 BEEG ist folgender Satz aufzunehmen: „Auf das Arbeitsverhältnis findet § 21 Abs. 1 bis 5 BEEG Anwendung.“ Eine entsprechende Option ist in den Arbeitsvertragsmustern für befristete Verträge vorgesehen.

§ 3 des Arbeitsvertrages
(Probezeit und Kündigung befristeter Arbeitsverhältnisse)

<u>Probezeit:</u>
Nach § 2 Abs. 4 TVöD gelten die ersten 6 Monate der Beschäftigung als Probezeit, soweit nicht eine kürzere Zeit vereinbart ist.

Bei befristeten Arbeitsverträgen für Beschäftigte, auf die die Regelungen des Tarifgebietes West Anwendung finden und deren Tätig keit vor dem 1. Januar 2005 der Rentenversicherung der Angestellten unterlegen hätte, gelten

- bei einer Befristung ohne sachlichen Grund die ersten sechs Wochen
- bei einer Befristung mit sachlichem Grund die ersten 6 Monate

als Probezeit (§ 30 Abs. 4 Satz 1 TVöD).

II

Wird die/der Beschäftigte im unmittelbaren Anschluss an ein erfolgreich abgeschlossenes Ausbildungsverhältnis nach dem Tarifvertrag für Auszubildende im öffentlichen Dienst (TVAöD) bei derselben Dienststelle oder bei demselben Betrieb eingestellt, entfällt die Probezeit (§ 2 Abs. 4 Satz 2 TVöD). Der Text des § 3 im Arbeitsvertragsmuster für die befristete Beschäftigung im Anschluss an das Berufsausbildungsverhältnis enthält deshalb eine entsprechende Formulierung. Im Falle einer Befristung außerhalb des § 16a Satz 1 TVAöD – Allgemeiner Teil – sowie bei unbefristeter Einstellung ist diese Formulierung in § 3 des entsprechenden Arbeitsvertragsmusters aufzunehmen.

Kündigung befristeter Arbeitsverhältnisse:
Befristete Arbeitsverhältnisse dürfen gemäß § 15 Abs. 3 TzBfG nur ordentlich gekündigt werden, wenn dies tarif- oder arbeitsvertraglich ausdrücklich vereinbart ist. Für befristete Arbeitsverhältnisse nach § 30 Abs. 1 Satz 2 TVöD ist die ordentliche Kündigung ausdrücklich in § 30 Abs. 4 und 5 TVöD vereinbart. Der Satz in § 3 der einschlägigen Arbeitsvertragsmuster ist daher deklaratorisch.

Bei befristeten Arbeitsverhältnissen nach § 30 Abs. 1 Satz 1 ist dagegen eine ordentliche Kündigung im TVöD nicht ausdrücklich vorgesehen. Deshalb ist zwingend der Verweis auf die Kündigungsmöglichkeit nach § 34 Abs. 1 TVöD aufzunehmen.

§ 4 des Arbeitsvertrages (Eingruppierung)

Im Arbeitsvertrag ist die maßgebliche Entgeltgruppe anzugeben. Die Entgeltgruppe nach TVöD bestimmt den Rahmen des Direktionsrechts des Arbeitgebers. Deren Aufnahme in den Arbeitsvertrag stellt über die Wiedergabe der tariflichen Regelung hinaus zugleich eine eigenständige Vereinbarung zwischen Beschäftigtem und Arbeitgeber über den Umfang des Direktionsrechts dar. Allgemein beinhaltet das Direktionsrecht des Arbeitgebers die Befugnis, Art, Ort und Umfang der Tätigkeit des oder der Beschäftigten im Einzelnen zu bestimmen. Im Rahmen des Direktionsrechts können – z. B. anlässlich einer Umsetzung – dem Beschäftigten jedoch nur Tätigkeiten übertragen werden, deren Tätigkeitsmerkmale derselben Entgeltgruppe zugeordnet sind wie die Tätigkeitsmerkmale der bisher auszuübenden Tätigkeit (ständige Rechtsprechung: BAG vom 23. November 2004 – 2 AZR 38/04; BAG vom 21. November 2002 – 6 AZR 82/01; BAG vom 24. April 1996 – 4 AZR 976/94, BAG vom 14. Dezember 1961 – 5 AZR 180/61). Sind die neuen Tätigkeiten einer höheren Entgeltgruppe zugeordnet, handelt es sich um eine Höhergruppierung und es ist ein neuer Arbeitsvertrag oder ein Änderungsvertrag abzuschließen. Sind die neuen Tätigkeiten einer niedrigeren Entgeltgruppe zugeordnet, handelt es sich um eine Herabgruppierung. Hierfür ist, wenn die oder der Beschäftigte einer Arbeitsvertragsänderung nicht zustimmt, eine Änderungskündigung erforderlich.

§ 5 des Arbeitsvertrages (Nebenabreden)

Für den Fall, dass eine vereinbarte Nebenabrede während der Laufzeit des Vertrages nicht gesondert kündbar sein soll, ist Absatz 2 zu streichen und Absatz 3 wird Absatz 2.

In Umsetzung von Rechtsprechung des BAG ist in den Musterarbeitsverträgen keine allgemeine Schriftformklausel mehr enthalten. Nicht hiervon betroffen ist hingegen das in § 2 Abs. 3 TVöD tarifvertraglich vereinbarte und nun in § 5 Abs. 3 der Arbeitsvertragsmuster aufgenommene Schriftformerfordernis für Nebenabreden.

III. Arbeitsvertragsmuster Änderungsvertrag (Anhang 4)

Das Muster enthält Optionen für eine Änderung des bestehenden Arbeitsvertrags. Die Änderungsoptionen beziehen sich auf die jeweiligen Vorschriften des Musterarbeitsvertrags. Die Ausführungen unter Ziffer II gelten, soweit sie eine die jeweils vorzunehmende Änderung betreffende Frage (z. B. Dauer oder Umfang des Arbeitsverhältnisses) betreffen, auch für den Änderungsvertrag.

Bei Abschluss eines Änderungsvertrages ist zu beachten, dass der Umfang der vorzunehmenden Änderungen vom Stand des bisher verwendeten Arbeitsvertragsmusters abhängt, insbes. ob das bisherige Arbeitsvertragsmuster noch aus der Zeit vor Einführung des TVöD stammt oder aus der Zeit danach. Unabhängig von der Art der Änderung sind jeweils die Absätze des Arbeitsvertragsmusters auszufüllen, die von den Regelungen des Ursprungsarbeitsvertrags abweichen, nicht Zutreffendes ist wegzulassen oder zu streichen.

Neu aufgenommen in das Arbeitsvertragsmuster wurden die drei nachstehenden Optionen:

- Befristete Vereinbarung von Teilzeit (§ 11 Abs. 1 Satz 2 TVöD), mit der Folge, dass nach Ablauf der Frist die vorherige Vereinbarung zur Arbeitszeit wieder auflebt. Die Befristungsdauer kann gemäß § 11 Abs. 1 Satz 2 TVöD bis zu fünf Jahre betragen.
- Hinausschieben des tariflich geregelten Beendigungszeitpunkts des Arbeitsverhältnisses während des laufenden Arbeitsverhältnisses (Erreichen der Regelaltersgrenze, § 33 Abs. 1 Buchst. a) TVöD – Vereinbarung nach § 41 Satz 3 SGB VI, vgl. Rundschreiben vom 30. Juni 2014 – D 5 – 31005/24#3 und D 5 – 31007/1#10, S. 5). Im Zusam-

menhang mit dem zum 1. Juli 2014 neu in Kraft getretenen § 41 Satz 3 SGB VI ist durch die Rechtsprechung noch nicht geklärt, ob gleichzeitig mit der befristeten Verlängerung des Arbeitsvertrages Arbeitsbedingungen geändert werden können. § 14 Abs. 2 TzBfG verbietet dies bei sachgrundlosen Befristungen. Um das Risiko einer unwirksamen Befristung und damit einen unbefristeten Arbeitsvertrag auszuschließen, sollte die Entscheidung der Gerichte abgewartet werden, bevor eine solche Änderung der Arbeitsbedingungen gleichzeitig mit der Befristung vereinbart wird.

Einzutragen ist der beibehaltene Arbeitszeitumfang, weil dies sonst bei der durch die Änderung vorgenommene Ersetzung von § 1 des Arbeitsvertrags im Arbeitsvertrag nicht mehr ausdrücklich erwähnt wäre. Falls es sich bei dem Arbeitsverhältnis, dessen Beendigungszeitpunkt hinausgeschoben wird, um ein Teilzeitarbeitsverhältnis handelt, ist der bei Teilzeitbeschäftigung in den Arbeitsvertragsmustern enthaltene Satz „Der Teilzeitbeschäftigte ist im Rahmen begründeter dienstlicher Notwendigkeiten zur Leistung von Bereitschaftsdienst, Rufbereitschaft, Überstunden und Mehrarbeit verpflichtet." aufzunehmen.

- Bei Vereinbarung eines FALTER-Arbeitszeitmodells sowie eines Altersteilzeitarbeitsverhältnisses sind jeweils besondere Hinweise an die Beschäftigten bezüglich der Auswirkungen dieser Vertragsänderungen notwendig. Diese Hinweise sind am Ende des Änderungsvertragsmusters abgedruckt und jeweils nur dann aufzunehmen, wenn die entsprechende Änderungsvereinbarung getroffen wird.

Hinsichtlich der Nebenabrede sind drei Änderungsvarianten vorgesehen, die Ergänzung oder Ersetzung einer bereits vereinbarten Nebenabrede, sowie die erstmalige Vereinbarung einer Nebenabrede. Ob bei Ergänzung oder Ersetzung einer vereinbarten Nebenabrede die ggf. bereits vereinbarte gesonderte Kündigungsmöglichkeit auch für die neue Nebenabrede gelten soll, ist zu prüfen. Gegebenenfalls ist eine Regelung zur gesonderten Kündbarkeit (§ 5 Abs. 2 der Musterarbeitsverträge zur Einstellung) anzufügen. Wird erstmals eine Nebenabrede vereinbart, gelten die obigen Ausführungen (unter Ziffer II zu § 5).

In Umsetzung der Rechtsprechung des Bundesarbeitsgerichts zur Unwirksamkeit einer doppelten Schriftformklausel in einem Formularvertrag wurde die entsprechende Klausel in den Arbeitsvertragsmustern für die Einstellung entfernt (bislang § 6 des Arbeitsvertragsmusters). Das tarifvertraglich vereinbarte Schriftformerfordernis für Nebenabreden aus § 2 Abs. 3 Satz 1 TVöD ist davon nicht betroffen und wurde deshalb als § 5 Abs. 3 der Arbeitsvertragsmuster neu aufgenommen. Als Folgeänderungen wurden im Arbeitsvertragsmuster „Änderungsvertrag" die beiden Optionen am Schluss aufgenommen. So kann die vereinbarte Schriftformklausel in § 6 des bisherigen Arbeitsvertrags aufgehoben und für Nebenabreden die neue Schriftformklausel als neuer § 5 Abs. 3 des Arbeitsvertrags vereinbart werden.

IV. Muster für Ausbildungsverträge

Die Muster für Ausbildungsverträge nach dem TVAöD – Besonderer Teil Pflege – und dem TVAöD – Besonderer Teil BBiG – haben eine eigene, von der Struktur der Musterarbeitsverträge abweichende, Gliederung. Hierzu ist auf folgendes hinzuweisen:

- **§ 6:** Einzusetzen ist das bei Abschluss des Ausbildungsvertrages nach § 8 Abs. 1 TVAöD – Besonderer Teil BBiG bzw. Besonderer Teil Pflege – für den Bereich des Bundes maßgebende Ausbildungsentgelt.
- **§ 7:** Einzusetzen ist die bei Abschluss des Ausbildungsvertrages nach § 9 TVAöD Besonderer Teil Pflege bzw. TVAöD – Besonderer Teil BBiG – maßgebende Dauer des Erholungsurlaubs.
- **Unterschrift gesetzlicher Vertreter:** Ist der gesetzliche Vertreter ein Vormund oder Pfleger, verpflichtet er sich, die nach den Vorschriften des Bürgerlichen Gesetzbuches zur Wirksamkeit des Vertrages erforderliche Genehmigung des Vormundschaftsgerichts unverzüglich beizubringen.

Anhang 2

Arbeitsvertragsmuster für Beschäftigte, für die der TVöD gilt und die auf unbestimmte Zeit eingestellt werden

Zwischen
der Bundesrepublik Deutschland
vertreten durch .... (Arbeitgeber)

und

Frau/Herrn ....
wohnhaft in ....
geboren am: .... (Beschäftigte/r)
wird – vorbehaltlich – folgender

Arbeitsvertrag

geschlossen:

§ 1

Frau/Herr ....
wird ab ....
auf unbestimmte Zeit

☐ als Vollbeschäftigte eingestellt.

☐ als Teilzeitbeschäftigte/er mit .... v. H. der durchschnittlichen regelmäßigen wöchentlichen Arbeitszeit eines entsprechenden Vollbeschäftigten eingestellt. Die/Der Teilzeitbeschäftigte ist im Rahmen begründeter dienstlicher Notwendigkeiten zur Leistung von Bereitschaftsdienst, Rufbereitschaft, Überstunden und Mehrarbeit verpflichtet.

§ 2

Das Arbeitsverhältnis bestimmt sich nach dem Tarifvertrag für den öffentlichen Dienst (TVöD), den besonderen Regelungen für die Verwaltung (TVöD – Besonderer Teil Verwaltung), dem Tarifvertrag zur Überleitung der Beschäftigten des Bundes in den TVöD und zur Regelung des Übergangsrechts (TVÜ-Bund) und den diese ergänzenden, ändernden oder ersetzenden Tarifverträgen in der für den Bereich des Bundes jeweils geltenden Fassung.

Auf das Arbeitsverhältnis finden die Regelungen für das Tarifgebiet ☐ Ost ☐ West Anwendung.

§ 3

Die Probezeit nach § 2 Abs. 4 TVöD beträgt sechs Monate.

§ 4

Die/Der Beschäftigte ist in die Entgeltgruppe ..... TVöD eingruppiert.

Der Arbeitgeber ist berechtigt, der/dem Beschäftigten aus dienstlichen Gründen eine andere Tätigkeit im Rahmen der Entgeltgruppe zuzuweisen.

§ 5

(1) Es wird folgende Nebenabrede vereinbart:

☐

(2) Die Nebenabrede kann mit einer Frist

☐ von zwei Wochen zum Monatsschluss

☐ von .... zum ....

schriftlich gekündigt werden.

(3) Die Vereinbarung von Nebenabreden bedarf der Schriftform (§ 2 Abs. 3 Satz 1 TVöD).

....

(Ort, Datum)

....	....
(Arbeitgeber)	(Beschäftigte/r)

Anhang 3

Arbeitsvertragsmuster für Beschäftigte, für die der TVöD gilt und die befristet eingestellt werden

Zwischen
der Bundesrepublik Deutschland
vertreten durch .... (Arbeitgeber)
und
Frau/Herr ....
wohnhaft in ....
geboren am: .... (Beschäftigte/r)
wird – vorbehaltlich – folgender

Arbeitsvertrag

geschlossen:

§ 1

Frau/Herr ....
wird ab ....

☐ als Vollbeschäftigte/er eingestellt.

☐ als Teilzeitbeschäftigte/er mit .... v. H. der durchschnittlichen regelmäßigen wöchentlichen Arbeitszeit eines entsprechenden Vollbeschäftigten befristet eingestellt. Die/Der Teilzeitbeschäftigte ist im Rahmen begründeter dienstlicher Notwendigkeiten zur Leistung von Bereitschaftsdienst, Rufbereitschaft, Überstunden und Mehrarbeit verpflichtet.

Das Arbeitsverhältnis ist befristet

☐ bis zum

☐ bis zum Erreichen folgenden Zweckes „ ....“; längstens bis zum ....

☐ für die Dauer eines Beschäftigungsverbotes nach dem Mutterschutzgesetz/der Elternzeit/der Arbeitsfreistellung zur Betreuung eines Kindes von ....; längstens bis zum ....

§ 2

Das Arbeitsverhältnis bestimmt sich nach dem Tarifvertrag für den öffentlichen Dienst (TVöD), den besonderen Regelungen für die Verwaltung (TVöD – Besonderer Teil Verwaltung), dem Tarifvertrag zur Überleitung der Beschäftigten des Bundes in den TVöD und zur Regelung des Übergangsrechts (TVÜ-Bund) und den diese ergänzenden, ändernden oder ersetzenden Tarifverträgen in der für den Bereich des Bundes jeweils geltenden Fassung.

Auf das Arbeitsverhältnis finden die Regelungen für das Tarifgebiet ☐ Ost ☐ West Anwendung.

☐ Auf das Arbeitsverhältnis findet § 21 Abs. 1 bis 5 BEEG Anwendung.

§ 3

(1) ☐ Die Probezeit beträgt sechs Monate.

☐ Die Probezeit beträgt sechs Wochen.

(2) ☐ Für die Kündigung des gemäß § 30 Abs. 1 Satz 1 TVöD befristeten Arbeitsverhältnisses gilt § 34 Abs. 1 TVöD.

☐ Für die Kündigung des gemäß § 30 Abs. 1 Satz 2 TVöD befristeten Arbeitsverhältnisses gilt § 30 Abs. 4 und 5 TVöD.

§ 4

Die/Der Beschäftigte ist in die Entgeltgruppe ..... TVöD eingruppiert.

Der Arbeitgeber ist berechtigt, der/dem Beschäftigten aus dienstlichen Gründen eine andere Tätigkeit im Rahmen der Entgeltgruppe zuzuweisen.

§ 5

(1) Es wird folgende Nebenabrede vereinbart:

☐

(2) Die Nebenabrede kann mit einer Frist

☐ von zwei Wochen zum Monatsschluss

☐ von .... zum ....

schriftlich gekündigt werden.

(3) Die Vereinbarung von Nebenabreden bedarf der Schriftform (§ 2 Abs. 3 Satz 1 TVöD).

....

(Ort, Datum)

....

(Arbeitgeber) (Beschäftigte/r)

Anhang 4[1])

Änderungsvertrag für Beschäftigte, für die der TVöD gilt

Zwischen
der Bundesrepublik Deutschland
vertreten durch .... (Arbeitgeber)

und

Frau/Herr ....
wohnhaft in ....
geboren am: .... (Beschäftigte/r)

wird in Abänderung des Arbeitsvertrages vom ....

☐ in der Fassung des Änderungsvertrages vom .... folgender

Änderungsvertrag

geschlossen:

§ 1

(1) ☐ § 1 wird durch folgende Vereinbarung ersetzt:

Frau/Herr ....
wird ab ....

☐ als Vollbeschäftigte/er weiterbeschäftigt.

☐ als Teilzeitbeschäftigte/er mit .... v. H. der durchschnittlichen regelmäßigen wöchentlichen Arbeitszeit eines entsprechenden Vollbeschäftigten weiterbeschäftigt. Die/Der Teilzeitbeschäftigte ist im Rahmen begründeter dienstlicher Notwendigkeiten zur Leistung von Bereitschaftsdienst, Rufbereitschaft, Überstunden und Mehrarbeit verpflichtet.

☐ als Teilzeitbeschäftigte/er mit .... v. H. der durchschnittlichen regelmäßigen wöchentlichen Arbeitszeit eines entsprechenden Vollbeschäftigten bis zum .... weiterbeschäftigt. Die/Der Teilzeitbeschäftigte ist im Rahmen begründeter dienstlicher Notwendigkeiten zur Leistung von Bereitschaftsdienst, Rufbereitschaft, Überstunden und Mehrarbeit verpflichtet. Nach Ablauf der Frist gilt wieder die Arbeitszeit des Arbeitsvertrages vom ....

---

1) *Redaktioneller Hinweis:* Der unter § 1 Absatz 1 des Vertragsmusters in Bezug genommene Tarifvertrag zur Regelung flexibler Arbeitszeiten für ältere Beschäftigte vom 27. Februar 2010 wurde nicht über den 31. Dezember 2022 hinaus verlängert.

☐ unter Hinausschieben des in § 33 Abs. 1 Buchst. a aufgeführten Beendigungszeitpunktes (Ablauf des Monats, in dem das gesetzlich festgelegte Alter zum Erreichen der Regelaltersgrenze vollendet wird) unter Beibehaltung des bisherigen Arbeitszeitumfangs (.....) befristet bis zum .... weiterbeschäftigt.

☐ auf der Grundlage des Tarifvertrages zur Regelung flexibler Arbeitszeiten für ältere Beschäftigte vom 27. Februar 2010 (im Folgenden „Tarifvertrag“) in der jeweils geltenden Fassung im FALTER-Arbeitszeitmodell nach folgenden Maßgaben weiterbeschäftigt.

Das Arbeitsverhältnis endet abweichend von § 33 Abs. 1 Buchst. a TVöD am .... Unabhängig davon endet das Arbeitsverhältnis, ohne dass es einer Kündigung bedarf, bei Inanspruchnahme einer mehr als hälftigen Teilrente oder einer Vollrente (§ 14 Abs. 2 des Tarifvertrages).

Die durchschnittliche wöchentliche Arbeitszeit während des FALTER-Arbeitszeitmodells beträgt

☐ .... Stunden (Hälfte der regelmäßigen wöchentlichen Arbeitszeit gem. § 13 Abs. 3 Satz 1 des Tarifvertrages)

☐ .... Stunden (weniger als die Hälfte der regelmäßigen wöchentlichen Arbeitszeit gem. § 13 Abs. 3 Satz 2 des Tarifvertrages) im Blockmodell.

☐ auf der Grundlage des Altersteilzeitgesetzes vom 23. Juli 1996 (BGBl. I S. 1078) sowie des Tarifvertrages zur Regelung flexibler Arbeitszeiten für ältere Beschäftigte vom 27. Februar 2010 (im Folgenden „Tarifvertrag“) in der jeweils geltenden Fassung nach Maßgabe der folgenden Vereinbarung ab .... in einem Altersteilzeitarbeitsverhältnis weiterbeschäftigt.

Das Arbeitsverhältnis endet unbeschadet der vorzeitigen Beendigungstatbestände des § 8 Abs. 2 des Tarifvertrages am ....

Die durchschnittliche wöchentliche Arbeitszeit während des Altersteilzeitarbeitsverhältnisses beträgt .... Stunden (Hälfte der bisherigen wöchentlichen Arbeitszeit gem. § 6 Abs. 2 des Tarifvertrages). Sie wird geleistet

☐ im Blockmodell
(Arbeitsphase vom .... bis .... und ....
Freistellungsphase vom .... bis ....)

☐ im Teilzeitmodell.

(2) § 2 wird wie folgt ersetzt:

„Das Arbeitsverhältnis bestimmt sich nach dem Tarifvertrag für den öffentlichen Dienst (TVöD), den besonderen Regelungen für die Verwaltung (TVöD – Besonderer Teil Verwaltung), dem Tarifvertrag zur Überleitung der Beschäftigten des Bundes in den TVöD und zur Regelung des Übergangsrechts (TVÜ-Bund) und den diese ergänzenden, ändernden oder ersetzenden Tarifverträgen in der für den Bereich des Bundes jeweils geltenden Fassung.

Auf das Arbeitsverhältnis finden die Regelungen für das Tarifgebiet ☐ Ost ☐ West Anwendung."

(3) ☐ § 4 des Arbeitsvertrages wird wie folgt ersetzt:

„Die Beschäftigte ist in die Entgeltgruppe .... TVöD eingruppiert.

Der Arbeitgeber ist berechtigt, der/dem Beschäftigten aus dienstlichen Gründen eine andere Tätigkeit im Rahmen der Entgeltgruppe zuzuweisen."

(4) ☐ In § 5 des Arbeitsvertrages wird

- ☐ die vereinbarte Nebenabrede um folgende Nebenabrede ergänzt:
- ☐ die vereinbarte Nebenabrede durch folgende Nebenabrede ersetzt:
- ☐ folgende Nebenabrede vereinbart:

  „(1)

  (2) Die Nebenabrede kann mit einer Frist

  ☐ von zwei Wochen zum Monatsschluss

  ☐ von .... zum ....

  schriftlich gekündigt werden.

  (3) Die Vereinbarung von Nebenabreden bedarf der Schriftform (§ 2 Abs. 3 Satz 1 TVöD)."

(5) ☐ § 6 des Arbeitsvertrages wird aufgehoben.

☐ § 5 des Arbeitsvertrages wird um folgenden Absatz 3 ergänzt: „Die Vereinbarung von Nebenabreden bedarf der Schriftform (§ 2 Abs. 3 Satz 1 TVöD)."

§ 2

Dieser Änderungsvertrag tritt ☐ am/☐ mit Wirkung vom .... in Kraft.

....

(Ort, Datum)

....

(Arbeitgeber) (Beschäftigte/r)

Hinweise zum Änderungsvertrag im Falle der Fortführung des Arbeitsverhältnisses als FALTER-Arbeitszeitmodell

Zu den Auswirkungen der Vertragsänderung hat der Arbeitgeber dem Beschäftigten nahe gelegt, sich vor Vertragsabschluss wegen der sozialversicherungsrechtlichen Auswirkungen sowie wegen der Auswirkungen in der betrieblichen Altersversorgung mit den jeweils zuständigen Stellen in Verbindung zu setzen:

- Sozialversicherung: Rentenversicherungsträger, Krankenkassen.
- Betriebliche Altersversorgung: Versorgungsanstalt des Bundes und der Länder (VBL) oder sonstige zuständige Zusatzversorgungseinrichtung.

Wegen der Besonderheiten bei der Inanspruchnahme einer abschlagsfreien Rente mit 63 verweise ich auf das Rundschreiben vom 30. Juni 2014 – D 5 – 31005/24#3, D 5 – 31007/1#10 –.

Hinweise zum Änderungsvertrag im Falle der Vereinbarung eines Altersteilzeitarbeitsverhältnisses

Zu den Auswirkungen der Vertragsänderung hat der Arbeitgeber dem Beschäftigten nahe gelegt, sich vor Vertragsabschluss wegen der sozialversicherungs- und steuerrechtlichen Auswirkungen sowie wegen der Auswirkungen in der betrieblichen Altersversorgung mit den jeweils zuständigen Stellen in Verbindung zu setzen:

- Sozialversicherung: Rentenversicherungsträger, Krankenkassen.
- Steuer: Finanzämter.
- Betriebliche Altersversorgung: Versorgungsanstalt des Bundes und der Länder (VBL) oder sonstige zuständige Zusatzversorgungseinrichtung.

Zur Befristungsabrede:

Mit dem Abschluss des vorliegenden Änderungsvertrags über die Vereinbarung eines Altersteilzeitarbeitsverhältnisses nach dem Tarifvertrag zur Regelung flexibler Arbeitszeiten für ältere Beschäftigte vom 27. Februar 2010 (im Folgenden „Tarifvertrag") wird das bestehende Arbeitsverhältnis als Teilzeitarbeitsverhältnis fortgeführt und zugleich eine Befristungsabrede getroffen.

Die Altersteilzeit soll den gleitenden Übergang vom Erwerbsleben in die Altersrente ermöglichen (vgl. § 2 Tarifvertrag i. V. m. § 1 Abs. 1

Altersteilzeitgesetz). Aus diesem Grund ist das Altersteilzeitarbeitsverhältnis so zu gestalten, dass es bis an den Rentenbezugszeitraum heranreicht. Die Laufzeit für das Altersteilzeitarbeitsverhältnis kann längstens bis zum Erreichen des frühestmöglichen Bezugszeitpunkts für eine (beliebige) ungekürzte Altersrente (d. h. ohne Inkaufnahme von Abschlägen, hierunter fällt auch die abschlagsfreie Rente mit 63) vereinbart werden. Der entsprechende Beendigungszeitpunkt des Altersteilzeitarbeitsverhältnisses ist bereits bei der Vereinbarung von Altersteilzeit festzulegen (siehe § 1 Abs. 2 des Änderungsvertrags). **Das Altersteilzeitarbeitsverhältnis endet** spätestens **mit Ablauf dieser vereinbarten** Zeitbefristung**. Siehe hierzu auch das Rundschreiben vom 30. Juni 2014 – D 5 – 31005/24#3, 31007/1#10 –.**

Darüber hinaus sind die vorzeitigen Beendigungstatbestände **nach § 8 Abs. 2 Tarifvertrag zu beachten.** Diese tarifliche Regelung knüpft ausdrücklich an die jeweiligen Rententatbestände des Sechsten Buches Sozialgesetzbuch (SGB VI) an. Dadurch ist die Beendigung des Altersteilzeitarbeitsverhältnisses nicht vom Fortbestand der zum Zeitpunkt des Vertragsabschlusses geltenden bzw. individuell maßgebenden rentenrechtlichen Voraussetzungen abhängig. Sofern sich später tatsächliche oder rechtliche Änderungen gegenüber dem in der Altersteilzeitvereinbarung festgelegten Beendigungszeitpunkt ergeben, endet das Altersteilzeitarbeitsverhältnis danach automatisch zu dem Zeitpunkt, in dem die/der Altersteilzeitbeschäftigte

- die frühestmögliche ungekürzte Altersrente (d. h. ohne Inkaufnahme von Rentenabschlägen) beanspruchen kann (§ 8 Abs. 2 Buchst. a Tarifvertrag)

  oder
- eine Altersrente – gleich ob mit oder ohne Rentenabschläge – tatsächlich bezieht (§ 8 Abs. 2 Buchst. b Tarifvertrag).

Unter den vorgenannten Voraussetzungen tritt also eine vorzeitige Beendigung des Altersteilzeitarbeitsverhältnisses ein, d. h. noch vor Ablauf des in § 1 Abs. 2 des Änderungsvertrags genannten Beendigungszeitpunkts. Tritt bei Beschäftigten bei Vereinbarung einer Altersteilzeit im Blockmodell nachträglich eine Schwerbehinderung ein, gelten hinsichtlich der vorzeitigen Beendigung der Altersteilzeit Besonderheiten. Hierzu verweise ich auf das Rundschreiben vom 3. Juni 2014 – D 5 – 31005/24#3 –.

Anhang 5

Niederschrift nach dem Nachweisgesetz

Nach dem Gesetz über den Nachweis der für ein Arbeitsverhältnis geltenden wesentlichen Bedingungen (Nachweisgesetz) vom 20. Juli 1995 wird neben dem zwischen

der Bundesrepublik Deutschland, vertreten durch

....

mit Sitz in .... (Arbeitgeber)

und

....

geschlossenen Arbeitsvertrag vom ....

Folgendes niedergelegt:

1. Die Beschäftigung erfolgt

☐ in .... (Arbeitsort)

☐ an verschiedenen Orten

   Die tariflichen Vorschriften über die Versetzung, Abordnung, Zuweisung und Personalgestellung bleiben unberührt.

2. Die Beschäftigung erfolgt als ....

   Die Übertragung anderer Tätigkeiten bleibt vorbehalten.

3. Die Zusammensetzung und Höhe des Arbeitsentgelts, die Arbeitszeit, die Möglichkeit der Anordnung von Überstunden, die Dauer des Urlaubs sowie ein etwaiger Anspruch auf Fortbildung richten sich nach dem Tarifvertrag für den öffentlichen Dienst (TVöD) einschließlich der besonderen Regelungen für die Verwaltung (TVöD BT-V) und den diesen ergänzenden, ändernden oder ersetzenden Tarifverträgen in der für den Bereich des Bundes jeweils geltenden Fassung (§ 2 Abs. 1 Satz 2 Nr. 7, 8, 10, 11 und 12 des Nachweisgesetzes)

4. Neben dem tariflich zustehenden Arbeitsentgelt wird folgender Entgeltbestandteil/werden folgende Entgeltbestandteile gewährt:

5. Versorgungsträger für die betriebliche Altersversorgung nach dem Tarifvertrag Altersversorgung (ATV) ist die Versorgungsanstalt des Bundes und der Länder (VBL) in 76240 Karlsruhe (§ 2 Abs. 1 Satz 2 Nr. 13 Nachweisgesetz).

6. Das bei der Kündigung des Arbeitsverhältnisses einzuhaltende Verfahren (§ 2 Abs. 1 Satz 2 Nr. 14 Nachweisgesetz) richtet sich nach dem Tarifvertrag für den öffentlichen Dienst (TVöD) einschließlich der besonderen Regelungen für die Verwaltung (TVöD BT-V) und

den diesen ergänzenden, ändernden oder ersetzenden Tarifverträgen in der für den Bereich des Bundes jeweils geltenden Fassung sowie nach den jeweils geltenden gesetzlichen Bestimmungen. Dies sind insbesondere:
- §§ 30, 34 TVöD (Kündigungsfristen)
- § 623 Bürgerliches Gesetzbuch (Schriftform)
- § 4 Kündigungsschutzgesetz (Frist für die Erhebung einer Kündigungsschutzklage).

7. Auf das Arbeitsverhältnis finden die beim Arbeitgeber geltenden Dienstvereinbarungen in der jeweiligen Fassung Anwendung (§ 2 Abs. 1 Satz 2 Nr. 15 Nachweisgesetz).

....
(Ort, Datum) (Arbeitgeber)

Ich bestätige hiermit den Erhalt der Niederschrift:

....
Ort, Datum (Vor- und Nachname)

Hinweise zum Ausfüllen dieser Niederschrift (werden nicht ausgehändigt)	
Zu Ziffer 1	Die Alternative „an verschiedenen Orten" kommt in Betracht, wenn die/der Beschäftigte nicht nur an einem Ort beschäftigt werden soll.
Zu Ziffer 2	Hier ist die Bezeichnung der zu leistenden Tätigkeit aufzunehmen, z. B. „Beschäftigte/r im allgemeinen Verwaltungsdienst"
Zu Ziffer 4	Einzusetzen sind über- bzw. außertarifliche gezahlte Entgeltbestandteile. Aufzuführen sind insbesondere folgende Zulagen gemäß Rundschreiben D5-31002/68#1 vom 23. Dezember 2019: – Zulagen nach den Ziffern 5 bis 14; – ZITiS-Zulage nach Ziffer 4. Nicht aufzuführen sind Zulagen, die Bestandteil des Arbeitsvertrages, einer Nebenabrede oder einer sonstigen schriftlichen Arbeitgeberzusage sind. Zulagen, die aufgrund Gesetz oder Tarifvertrag gezahlt werden, sind ebenfalls nicht aufzuführen. Sofern keine entsprechenden Zulagen gezahlt werden, ist Ziffer 4 zu streichen.

II

Anhang 6

Niederschrift über die förmliche Verpflichtung nicht beamteter Personen

Verhandelt

.... Ort, den .... (Datum)

Vor dem Unterzeichneten erschien heute zum Zwecke der Verpflichtung nach § 1 des Gesetzes über die förmliche Verpflichtung nichtbeamteter Personen vom 2. März 1974 (BGBl. I S. 547)

Herr

Der Erschienene wurde auf die gewissenhafte Erfüllung seiner Obliegenheiten verpflichtet. Ihm wurde der Inhalt der folgenden Strafvorschriften des Strafgesetzbuches bekannt gegeben:

§ 133 Abs. 3	Verwahrungsbruch,
§ 201 Abs. 3	Verletzung der Vertraulichkeit des Wortes,
§ 203 Abs. 2, 4, 5	Verletzung von Privatgeheimnissen,
§ 204	Verwertung fremder Geheimnisse,
§§ 331, 332	Vorteilsnahme und Bestechlichkeit,
§ 353b	Verletzung des Dienstgeheimnisses und einer besonderen Geheimhaltungspflicht,
§ 358	Nebenfolgen,
§ 97b Abs. 2 i. V. m. §§ 94 bis 97	Verrat in irriger Annahme eines illegalen Geheimnisses,
§ 120 Abs. 2	Gefangenenbefreiung,
§ 355	Verletzung des Steuergeheimnisses.

Der Erschienene wurde darauf hingewiesen, dass die vorgenannten Strafvorschriften auf Grund der Verpflichtung für ihn anzuwenden sind.

Er erklärt, nunmehr von dem Inhalt der genannten Bestimmungen unterrichtet zu sein. Er unterzeichnet dieses Protokoll nach Vorlesung zum Zeichen der Genehmigung und bestätigt gleichzeitig den Empfang einer Abschrift der Niederschrift und der oben genannten Vorschriften.

v. u. g.

....	....
Unterschrift des Verpflichtenden	Unterschrift des Verpflichteten

II

Anhang 7

Merkblatt für Beschäftigte bei Beendigung des Arbeitsverhältnisses

Im Zusammenhang mit der Beendigung des Arbeitsverhältnisses wird auf Folgendes hingewiesen:

Beschäftigte sind verpflichtet, bereits bei einem bestehenden Arbeitsverhältnis frühzeitig vor dessen Beendigung eigenverantwortlich nach einer weiteren Beschäftigung zu suchen (§ 2 Abs. 5 Nr. 2 SGB III).

Weiterhin sind Beschäftigte verpflichtet, sich spätestens drei Monate vor der Beendigung des Arbeitsverhältnisses persönlich bei der Bundesagentur für Arbeit arbeitsuchend zu melden. Liegen zwischen der Kenntnis des Beendigungszeitpunktes und der Beendigung des Arbeitsverhältnisses weniger als drei Monate, hat die Meldung innerhalb von drei Tagen nach Kenntnis des Beendigungszeitpunktes zu erfolgen. Die Pflicht zur Meldung besteht unabhängig davon, ob der Fortbestand des Arbeitsverhältnisses gerichtlich geltend gemacht oder vom Arbeitgeber in Aussicht gestellt wird (§ 38 Abs. 1 SGB III).

Eine verspätete Meldung bei der Bundesagentur für Arbeit zieht eine Sperrzeit für den Anspruch auf Arbeitslosengeld von einer Woche nach sich (§ 159 Abs. 1 Nr. 7 SGB III).

Kenntnis genommen am

....

(Unterschrift Beschäftigter)

II

Tarifvertrag zur Überleitung der Beschäftigten des Bundes in den TVöD und zur Regelung des Übergangsrechts (TVÜ-Bund)

Vom 13. September 2005 (GBMl. 2006 S. 503)

Zuletzt geändert durch
Änderungstarifvertrag Nr. 18 vom 6. April 2025[1])

Tarifvertragstext mit Erläuterungen

Inhaltsübersicht

---

[1]) Die Abstimmung des Textes des Änderungstarifvertrages war erst im August 2025 abgeschlossen.
§ 2 des Änderungstarifvertrages Nr. 18 enthält folgende Regelung:

„§ 2
Ausnahmen vom Geltungsbereich

Für Beschäftigte, die spätestens mit Ablauf des 6. April 2025 aus dem Arbeitsverhältnis ausgeschieden sind, gilt dieser Tarifvertrag nur, wenn sie dies bis 30. September 2025 schriftlich beantragen. Für Beschäftigte, die spätestens mit Ablauf des 6. April 2025 aufgrund eigenen Verschuldens ausgeschieden sind, gilt dieser Tarifvertrag nicht."

II

1. Abschnitt
Allgemeine Vorschriften

§ 1 Geltungsbereich

II

(1) [1]Dieser Tarifvertrag gilt für Angestellte, Arbeiterinnen und Arbeiter, deren Arbeitsverhältnis zum Bund über den 30. September 2005 hinaus fortbesteht, und die am 1. Oktober 2005 unter den Geltungsbereich des Tarifvertrages für den öffentlichen Dienst (TVöD) fallen, für die Dauer des ununterbrochen fortbestehenden Arbeitsverhältnisses. [2]Dieser Tarifvertrag gilt ferner für die unter § 19 Abs. 2 fallenden Beschäftigten.

Protokollerklärung zu Absatz 1 Satz 1:

Unterbrechungen von bis zu einem Monat sind unschädlich.

(2) Nur soweit nachfolgend ausdrücklich bestimmt, gelten die Vorschriften dieses Tarifvertrages auch für Beschäftigte, deren Arbeitsverhältnis zum Bund nach dem 30. September 2005 beginnt und die unter den Geltungsbereich des TVöD fallen.

(3) (aufgehoben)

(4) Die Bestimmungen des TVöD gelten, soweit dieser Tarifvertrag keine abweichenden Regelungen trifft.

Erläuterungen

Nach Maßgabe des § 1 gilt der TVÜ-Bund für die Beschäftigten des Bundes, die am 30. September 2005 in einem Beschäftigungsverhältnis zum Bund stehen, das über den 1. Oktober hinaus fortgesetzt wird (und deshalb dem TVöD unterliegt). Ferner gilt der TVöD für die in §§ 19 Abs. 2 und 20 TVÜ fallenden Beschäftigten. Dies sind die „Spitzenangestellten" (Angestellte der Vergütungsgruppe I BAT – § 19 Abs. 2 – bzw. Beschäftigte mit Anspruch auf Versorgung nach beamtenrechtlichen Vorschriften – § 20).

Von § 1 Abs. 1 TVÜ erfasst sind somit auch alle Beschäftigte, die im September 2005 – z. B. aufgrund Beurlaubung, Mutterschutz oder Elternzeit, Wehr- oder Zivildienst – keine oder nur für Teile des Monats September Bezüge erhalten. Maßgeblich ist allein, dass zum Überleitungsstichtag ein Arbeitsverhältnis besteht, welches über den 1. Oktober 2005 hinaus fortbesteht. Wegen der Berechnung des Vergleichsentgeltes in diesen Fällen siehe § 5 Abs. 6 TVÜ.

Der Schutz durch den Überleitungs-TV ist grundsätzlich auf die Dauer des nach dem 1. Oktober 2005 ununterbrochen fortbestehenden Arbeitsverhältnisses begrenzt, wobei Unterbrechungen von bis zu einem Monat unschädlich sind. Die zunächst in der Protokollerklärung zu § 1 Abs. 1 Satz 1 vereinbarte Befristung (bis 30. September 2007) ist durch den Änderungstarifvertrag Nr. 1 vom 31. März 2008 gestrichen worden (siehe dazu die auszugsweise als Anhang abgedruckten Hinweise des BMI vom 21. September 2007 bzw. 27. Mai 2009).

Das BAG hat mit Urteil vom 27. November 2008 – 6 AZR 632/08 – entschieden, dass die weitere Anwendung des TVÜ-VKA ausscheidet, wenn das Arbeitsverhältnis mehr als einen Monat unterbrochen ist, und dass es hierbei alleine auf die Dauer der Unterbrechung ankommt. Ein möglicher sachlicher Zusammenhang zwischen den beiden Arbeitsverhältnissen ändere daran nichts.

Für Beschäftigte, deren Arbeitsverhältnis zum Bund nach dem 30. September 2005 beginnt und die unter den Geltungsbereich des TVöD fallen, gelten die Regelungen des TVÜ nur, wenn es im TVÜ ausdrücklich bestimmt ist (z. B. § 11 Abs. 3 Buchst. b und § 17).

Hinweise des BMI zum Geltungsbereich des TVÜ-Bund

Vom 21. September 2007[1])

– Auszug –

Im Einvernehmen mit dem Bundesministerium der Finanzen gebe ich mit diesem Rundschreiben erläuternde Hinweise zur Durchführung des § 1 Abs. 1 TVÜ-Bund ab dem 1. Oktober 2007.

Der TVÜ-Bund gilt für bisherige Angestellte, Arbeiterinnen und Arbeiter, deren Arbeitsverhältnis zum Bund über den 30. September 2005 hinaus fortbestanden hat und die seit dem 1. Oktober 2005 unter den Geltungsbereich des TVöD fallen, solange dieses Arbeitsverhältnis ununterbrochen fortbesteht (vgl. § 1 Abs. 1 Satz 1 TVÜ-Bund). Unterbrechungen eines solchen Arbeitsverhältnisses von bis zu einem Monat sind nach der Protokollerklärung zu § 1 Abs. 1 Satz 1 TVÜ-Bund unschädlich, wenn der neue Vertrag bis zum 30. September 2007 geschlossen worden ist. Ab dem 1. Oktober 2007 führt nur noch die nahtlose Fortsetzung eines solchen Arbeitsverhältnisses zur vollständigen Anwendbarkeit des TVÜ-Bund. In den übrigen Fällen gelten für die Neueinstellungen nur noch die Normen des TVÜ-Bund, deren Anwendung ausdrücklich auch für Neueinstellungen nach dem 1. Oktober 2005 bestimmt ist, vgl. § 1 Abs. 2 TVÜ-Bund. Diese Grundsätze werden im Folgenden näher erläutert:

1 Arbeitgeber Bund, Definition

Der Begriff des Arbeitsverhältnisses zum Bund gem. § 1 Abs. 1 Satz 1 TVÜ-Bund erfasst Arbeitsverhältnisse mit der Bundesrepublik Deutschland. Im Einvernehmen mit dem Bundesministerium der Finanzen bin ich damit einverstanden, dass darüber hinaus auch Arbeitsverhältnisse in der mittelbaren Bundesverwaltung, mit den Fraktionen des Deutschen Bundestages sowie mit institutionell geförderten Zuwendungsempfängern des Bundes, sofern diese den TVöD anwenden und der Anteil des Bundes an der öffentlichen Finanzierung mindestens 50 v. H. beträgt, einbezogen werden (vgl. dazu auch Ziffer 2.1.2.1 zu § 16 TVöD (Bund) [Seite 32] meines Rundschreibens vom 8. Dezember 2005 – D II 2 – 220 210-2/0).

---

[1]) Die Hinweise des BMI im RdSchr. vom 21. September 2007 sind durch die Neufassung der Protokollerklärung zu § 1 Abs. 1 Satz 1 TVÜ-Bund weitgehend überholt. An dieser Stelle abgedruckt ist daher nur noch die weiterhin gültige übertarifliche Regelung der Nr. 1 des Rundschreibens.
Zur Neufassung der Protokollerklärung siehe auch Nr. 5 des auszugsweise abgedruckten RdSchr. des BMI vom 27. Mai 2009.

Beispiel 1:

Ein (ehemaliger) Angestellter der Stiftung Preußischer Kulturbesitz (institutionell geförderter Zuwendungsempfänger des Bundes, der den TVöD anwendet und bei dem der Anteil des Bundes an der öffentlichen Finanzierung mehr als 50 v. H. beträgt) wurde dort am 1. Oktober 2005 in den TVöD übergeleitet, sein Arbeitsverhältnis dauerte bis zum 31. Januar 2007 ohne Unterbrechung an. Im unmittelbaren Anschluss daran beginnt am 1. Februar 2007 ein Arbeitsverhältnis im Auswärtigen Amt. Auch das Arbeitsverhältnis zur Stiftung Preußischer Kulturbesitz gilt aufgrund der übertariflichen Regelung zu § 1 Abs. 1 Satz 1 TVÜ-Bund als Arbeitsverhältnis zum Bund. Da auch die weiteren Voraussetzungen des § 1 Abs. 1 Satz 1 TVÜ-Bund erfüllt sind, gilt die Einstellung im Auswärtigen Amt nicht als Neueinstellung; vielmehr handelt es sich um ein ununterbrochen fortbestehendes Arbeitsverhältnis zum Bund im Sinne des § 1 Abs. 1 Satz 1 TVÜ-Bund.

Beispiel 2:

Eine (ehemalige) Angestellte des Forschungszentrums Jülich GmbH (institutionell geförderter Zuwendungsempfänger des Bundes, der den TVöD anwendet und bei dem der Anteil des Bundes an der öffentlichen Finanzierung mehr als 50 v. H. beträgt) wurde dort am 1. Oktober 2005 in den TVöD übergeleitet. Ihr befristetes Arbeitsverhältnis endete am 14. August 2007. Im unmittelbaren Anschluss am 15. August 2007 begann ihr Arbeitsverhältnis im Hahn-Meitner Institut Berlin GmbH (gleichfalls ein institutionell geförderter Zuwendungsempfänger des Bundes, der den TVöD anwendet und bei dem der Anteil des Bundes an der öffentlichen Finanzierung mehr als 50 v. H. beträgt). Die Arbeitsverhältnisse zum Forschungszentrum Jülich GmbH und zum Hahn-Meitner-Institut Berlin GmbH gelten aufgrund der übertariflichen Regelung des § 1 Abs. 1 Satz 1 TVÜ-Bund jeweils als Arbeitsverhältnis zum Bund. Da auch die weiteren Voraussetzungen des § 1 Abs. 1 Satz 1 TVÜ-Bund erfüllt waren, liegt bei der Einstellung im Hahn-Meitner-Institut Berlin GmbH keine Neueinstellung vor, vielmehr handelt es sich um ein ununterbrochen fortbestehendes Arbeitsverhältnis zum Bund im Sinne des § 1 Abs. 1 Satz 1 TVÜ-Bund.

Beim Bund neu eingestellte Beschäftigte, die zuvor unter den Geltungsbereich des TVÜ-VKA oder TVÜ-Länder gefallen sind, werden nicht vom Geltungsbereich des TVÜ-Bund erfasst; diese gelten als Neueinstellungen.

Hinweise des BMI zur Unschädlichkeit von Unterbrechungen des Arbeitsverhältnisses

Rundschreiben vom 27. Mai 2009
– Auszug –

5. Protokollerklärung zu § 1 Abs. 1 Satz 1 TVÜ-Bund

§ 1 Abs. 1 Satz 1 TVÜ-Bund regelt den Geltungsbereich des TVÜ-Bund. Danach findet der TVÜ-Bund mit seinen Besitzstandsregelungen Anwendung für ehemalige Angestellte sowie Arbeiterinnen und Arbeiter,

- deren Arbeitsverhältnis zum Bund über den 30. September 2005 hinaus fortbesteht und
- die am 1. Oktober 2005 unter den Geltungsbereich des TVöD fallen.

Die Regelungen gelten für die Dauer des ununterbrochen fortbestehenden Arbeitsverhältnisses zum Bund (§ 1 Abs. 1 Satz 1 TVÜ-Bund). Für nach dem 30. September 2005 eingestellte und unter den TVöD fallende Beschäftigte gilt der TVÜ-Bund grundsätzlich nur, soweit dies im TVÜ-Bund ausdrücklich bestimmt ist (§ 1 Abs. 2 TVÜ-Bund).

5.1 Bisherige Protokollerklärung

Die bisherige Protokollerklärung zu § 1 Abs. 1 Satz 1 TVÜ-Bund traf eine Ausnahme von dem Grundsatz, dass die Besitzstandsregelungen des TVÜ-Bund auf neu eingestellte und unter den TVöD fallende Beschäftigte keine Anwendung finden. Nach der Protokollerklärung waren in der Zeit bis zum 30. September 2007 für die Anwendung des § 1 Abs. 1 TVÜ-Bund Unterbrechungen von bis zu einem Monat unschädlich und führten zur Anwendung der den übergeleiteten Beschäftigten ansonsten vorbehaltenen Besitzstandsregelungen des TVÜ-Bund (vgl. Rundschreiben vom 21. September 2007 – D II 2 – 220 210 – 1/1).

5.2 Neuregelung der Protokollerklärung

Die neue Protokollerklärung zu § 1 Abs. 1 Satz 1 TVÜ-Bund greift die Regelung der alten Protokollerklärung mit Wirkung zum 1. Januar 2008 wieder auf, verzichtet aber auf eine Befristung. Unterbrechungen des Arbeitsverhältnisses bei demselben Arbeitgeber von bis zu einem Monat sind für den Erhalt der Besitzstandsregelungen des TVÜ-Bund also weiterhin unschädlich.

Voraussetzung für die Anwendung der neuen Protokollerklärung ist, dass es sich um Beschäftigte handelt, die am 30. September 2005 schon und am 1. Oktober 2005 noch in einem Arbeitsverhältnis zum Bund gestanden haben. Bei einer Beendigung des Arbeitsverhältnisses nach dem 1. Oktober 2005, etwa infolge Ablaufs einer Befristung, und einer erneuten Einstellung beim Bund findet die neu gefasste Protokollerklärung Anwendung, wenn zwischen der Beendigung des vorhergehenden Arbeitsverhältnisses und der Wiedereinstellung nicht mehr als ein Monat liegt. Es handelt sich um eine absolute Frist, die nicht verlängerbar ist.

Die neue Protokollerklärung zu § 1 Abs. 1 Satz 1 TVÜ-Bund schließt zeitlich nicht nahtlos an die bisherige Protokollerklärung an. Im Einvernehmen mit dem Bundesministerium der Finanzen bin ich jedoch damit einverstanden, dass die neue Protokollerklärung zu § 1 Abs. 1 Satz 1 TVÜ-Bund mit Wirkung für die Zukunft auch auf Unterbrechungsfälle zwischen dem 1. Oktober 2007 und dem 31. Dezember 2007 angewandt werden kann.

II

§ 2 Ersetzung bisheriger Tarifverträge durch den TVöD

(1) [1]Der TVöD ersetzt in Verbindung mit diesem Tarifvertrag für den Bereich des Bundes die in Anlage 1 TVÜ-Bund Teil A und Anlage 1 TVÜ-Bund Teil B aufgeführten Tarifverträge (einschließlich Anlagen) bzw. Tarifvertragsregelungen, soweit im TVöD, in diesem Tarifvertrag oder in den Anlagen nicht ausdrücklich etwas anderes bestimmt ist. [2]Die Ersetzung erfolgt mit Wirkung vom 1. Oktober 2005, soweit kein abweichender Termin bestimmt ist.

Protokollerklärung zu Absatz 1:

[1]Die noch abschließend zu verhandelnde Anlage 1 TVÜ-Bund Teil B (Negativliste) enthält – über die Anlage 1 TVÜ-Bund Teil A hinaus – die Tarifverträge bzw. die Tarifvertragsregelungen, die am 1. Oktober 2005 ohne Nachwirkung außer Kraft treten. [2]Ist für diese Tarifvorschriften in der Negativliste ein abweichender Zeitpunkt für das Außerkrafttreten bzw. eine vorübergehende Fortgeltung vereinbart, beschränkt sich die Fortgeltung dieser Tarifverträge auf deren bisherigen Geltungsbereich (Arbeiter/Angestellte und Tarifgebiet Ost/Tarifgebiet West).

Niederschriftserklärung zu § 2 Abs. 1:

Die Tarifvertragsparteien gehen davon aus, das der TVöD und der diesen ergänzende TVÜ das bisherige Tarifrecht auch dann ersetzen, wenn arbeitsvertragliche Bezugnahmen nicht ausdrücklich den Fall der ersetzenden Regelung beinhalten.

(2) [1]Im Übrigen werden solche Tarifvertragsregelungen mit Wirkung vom 1. Oktober 2005 ersetzt, die

- **materiell in Widerspruch zu Regelungen des TVöD bzw. dieses Tarifvertrages stehen,**
- **einen Regelungsinhalt haben, der nach dem Willen der Tarifvertragsparteien durch den TVöD bzw. diesen Tarifvertrag ersetzt oder aufgehoben worden ist, oder**
- **zusammen mit dem TVöD bzw. diesem Tarifvertrag zu Doppelleistungen führen würden.**

Niederschriftserklärung zu § 2 Abs. 2:

Mit Abschluss der Verhandlungen über die Anlage 1 TVÜ-Bund Teil B heben die Tarifvertragsparteien § 2 Abs. 2 auf.

(3) [1]Die in der Anlage 1 TVÜ-Bund Teil C aufgeführten Tarifverträge und Tarifvertragsregelungen gelten fort, soweit im TVöD, in diesem Tarifvertrag oder in den Anlagen nicht ausdrücklich etwas anderes bestimmt ist. [2]Die Fortgeltung erfasst auch Beschäftigte im Sinne des § 1 Abs. 2.

Protokollerklärung zu Absatz 3:

Die Fortgeltung dieser Tarifverträge beschränkt sich auf den bisherigen Geltungsbereich (Arbeiter/Angestellte; Tarifgebiet Ost/Tarifgebiet West usw.).

(4) Soweit in nicht ersetzten Tarifverträgen und Tarifvertragsregelungen auf Vorschriften verwiesen wird, die aufgehoben oder ersetzt worden sind, gelten an deren Stelle bis zu einer redaktionellen Anpassung die Regelungen des TVöD bzw. dieses Tarifvertrages entsprechend.

Erläuterungen

§ 2 bestimmt als Rahmenvorschrift, welche Tarifverträge zum 1. Oktober 2005 durch den TVöD ersetzt werden. Einzelheiten dazu ergeben sich aus mehreren Anlagen bzw. Teilen einer Anlage, nämlich der Anlage 1 TVÜ-Bund Teil A und der Anlage 1 TVÜ-Bund Teil B.

In Anlage 1 TVÜ-Bund Teil C sind die weitergeltenden Tarifverträge aufgezählt. Sie gelten in ihrem jeweiligen Geltungsbereich fort (siehe Protokollerklärung zu Absatz 3). Absatz 4 bestimmt, dass bis zu einer redaktionellen Anpassung Verweise anderer Tariftexte auf aufgehobene Vorschriften nun als Verweis auf den TVöD gelten.

Durch eine Niederschriftserklärung ist von den Tarifvertragsparteien klargestellt worden, dass der TVöD das bisherige Tarifrecht auch dann ersetzen soll, wenn arbeitsvertragliche Bezugnahmen nicht ausdrücklich den Fall der ersetzenden Regelung beinhalten (so auch Urteil des BAG vom 19. Mai 2010 – 4 AZ R 796/08). Dies dürfte im Hinblick auf die in der Praxis verwendeten Musterarbeitsverträge, die regelmäßig vorsehen, dass das Arbeitsverhältnis sich „nach dem BAT und den diesen ergänzenden, ändernden und ersetzenden Tarifverträgen ..." bestimmt, ohnehin die Ausnahme sein.

2. Abschnitt
Überleitungsregelungen

§ 3 Überleitung in den TVöD

Die von § 1 Abs. 1 erfassten Beschäftigten werden am 1. Oktober 2005 gemäß den nachfolgenden Regelungen in den TVöD übergeleitet.

Erläuterungen

§ 3 bestimmt, dass die Beschäftigten zum 1. Oktober 2005 unter Beachtung der Regelungen des TVÜ in den TVöD übergeleitet werden.

§ 4 Zuordnung der Vergütungs- und Lohngruppen

(1) [1]Für die Überleitung der Beschäftigten wird ihre Vergütungs- bzw. Lohngruppe (§ 22 BAT/BAT-O bzw. entsprechende Regelungen für Arbeiterinnen und Arbeiter bzw. besondere tarifvertragliche Vorschriften für bestimmte Berufsgruppen) nach der Anlage 2 TVÜ-Bund den Entgeltgruppen des TVöD zugeordnet.

(2) Beschäftigte, die im Oktober 2005 bei Fortgeltung des bisherigen Tarifrechts die Voraussetzungen für einen Bewährungs-, Fallgruppen- oder Tätigkeitsaufstieg erfüllt hätten, werden für die Überleitung so behandelt, als wären sie bereits im September 2005 höhergruppiert bzw. höher eingereiht worden.

(3) Beschäftigte, die im Oktober 2005 bei Fortgeltung des bisherigen Tarifrechts in eine niedrigere Vergütungs- bzw. Lohngruppe eingruppiert bzw. eingereiht worden wären, werden für die Überleitung so behandelt, als wären sie bereits im September 2005 herabgruppiert bzw. niedriger eingereiht worden.

Erläuterungen

Bei dieser Vorschrift handelt es sich um eine der in Teilbereichen lange umstrittenen Kernvorschriften des TVÜ, ohne die die Tarifreform nicht denkbar wäre. Die Regelungen haben aber nach der Überleitung der Beschäftigten in den TVöD zum 1. Oktober 2005, spätestens aber seit dem Inkrafttreten der Entgeltordnung für die Beschäftigten der Kommunen zum 1. Januar 2017 ihre Bedeutung verloren. Da die Erläuterungen weiterhin zum besseren Verständnis der von den Tarifpartnern zur Überleitung der Beschäftigten in den TVöD vereinbarten Verfahrensweise dienen, haben wir sie im Werk belassen.

Zu § 4 Abs. 1

Für die Überleitung der Beschäftigten werden die bisherigen Vergütungs- bzw. Lohngruppen einer neuen Entgeltgruppe des TVöD zugeordnet, § 4 Abs. 1 TVÜ. Maßgeblich ist die Vergütungs- bzw. Lohngruppe am 30. September 2005. Die Zuordnung der Vergütungsgruppen der Anlage 1a zum BAT/BAT-O und der Lohngruppen des Lohngruppenverzeichnisses ist für die Überleitung in die neuen Entgeltgruppen in der Anlage 2 des TVÜ festgelegt.

Die Zuordnung erfolgt bei den bisherigen Statusgruppen nach unterschiedlichen Grundsätzen.

Arbeiter

Bei den Arbeitern erfolgt die Zuordnung anhand der Lohn- und Fallgruppe, die im September 2005 maßgeblich ist. Es kommt dabei allerdings nicht allein auf die zum Stichtag erreichte Lohngruppe an; die Überleitung richtet sich vielmehr nach der Lohngruppenentwicklung, die der Tätigkeit zugeordnet ist. Anknüpfungspunkt ist daher die jeweils einschlägige „Aufstiegskette" aus Grundtätigkeit und Bewährungs- bzw. Tätigkeitsaufstiegen. Unerheblich ist, in welcher Stufe dieser Kette sich der Beschäftigte zum Stichtag befindet. Die verschiedenen Fallgestaltungen sind in Anlage 2 TVÜ einzeln aufgeführt.

II

Beispiele:

Ein Arbeiter erhält im September 2005 Lohn der Lohngruppe 4 Fallgruppe 1. Da ihm die zum Überleitungszeitpunkt ausgeübte Tätigkeit nach bisherigem Recht den Aufstieg in die Lohngruppen 5 und 5a eröffnet hätte, wird er gemäß Anlage 2 TVÜ der Entgeltgruppe 5 zugeordnet.

Dem Arbeiter aus Beispiel 1 ist eine Tätigkeit der Lohngruppe 4 Fallgruppe 3 übertragen, die nach bisherigem Recht zu einem Aufstieg in die Lohngruppe 4a geführt hätte. In diesem Fall erfolgt die Zuordnung zur Entgeltgruppe 4.

Einem Arbeiter ist eine Tätigkeit der Lohngruppe 1 Fallgruppe 1 übertragen, das bisherige Recht eröffnet den Aufstieg nach Lohngruppe 2 und 2a. Die Zuordnung erfolgt nach Anlage 2 TVÜ übergangsweise bis zum Inkrafttreten einer neuen Entgeltordnung in die Entgeltgruppe 2 Ü. Gleiches gilt für Arbeiter mit Tätigkeiten der Lohngruppe 2 mit Aufstieg nach Lohngruppe 2a.

Angestellte

Bei den Angestellten ergibt sich die Zuordnung der einzelnen Vergütungsgruppen zu den Entgeltgruppen ebenfalls aus Anlage 2 TVÜ. Dabei kann wie folgt unterschieden werden:

- Für die Entgeltgruppe 2 sowie die Entgeltgruppen 9 bis 15 richtet sich die Zuordnung ebenfalls nach der übertragenen Tätigkeit und der zugeordneten Vergütungsentwicklung. Bei Tätigkeitsmerkmalen ohne Bewährungs- oder Fallgruppenaufstieg wird demnach die zum Stichtag einschlägige Vergütungsgruppe zugrunde gelegt. Sieht die Vergütungsordnung dagegen für die einschlägige Fallgruppe Bewährungs- oder Fallgruppenaufstiege vor, wird in der Anlage 2 TVÜ vorgegeben, an welche „Aufstiegskette" anzuknüpfen ist und ob es darauf ankommt, ob der Beschäftigte zum Überleitungszeitpunkt Bewährungs- oder Fallgruppenaufstiege erreicht hat.
- Für die Zuordnung zu den Entgeltgruppen 3, 5, 6 und 8 ist allein die Vergütungsgruppe am 30. September 2005 entscheidend. Ob die einschlägige Fallgruppe weitere Bewährungs- oder Fallgruppenaufstiege vorsieht oder im Wege eines solchen Aufstiegs erreicht wurde, spielt für die Zuordnung keine Rolle.

Die vorstehenden Grundsätze lassen sich durch folgende Beispiele verdeutlichen:

II

Beispiele:

Eine Verwaltungsangestellte mit Tätigkeiten der Vergütungsgruppe BAT VIII Fallgruppe 1b ist am 1. April 2005 im Wege des Aufstiegs in die Vergütungsgruppe VII Fallgruppe 1c aufgerückt. Sie wird daher nach Anlage 2 TVÜ mit ihrer im September 2005 maßgeblichen Vergütungsgruppe BAT VII der Entgeltgruppe 5 zugeordnet.

Der Aufstieg der in Beispiel 1 genannten Verwaltungsangestellten steht erst am 1. April 2006 an, am 30. September 2005 ist sie (noch) in Vergütungsgruppe BAT VIII eingruppiert. Nach Anlage 2 TVÜ erfolgt die Zuordnung in dieser Konstellation zur Entgeltgruppe 3. Der „spätere Aufstieg" ist nach § 8 Abs. 1 TVÜ erst zum individuellen „Aufstiegszeitpunkt" zu berücksichtigen (hier 1. April 2006).

Eine Verwaltungsangestellte der Vergütungsgruppe BAT IVa Fallgruppe 1a ist am 1. April 2005 im Wege des Fallgruppenaufstieges in die Vergütungsgruppe BAT III Fallgruppe 1b aufgerückt. Entsprechend Anlage 2 TVÜ wird sie zum 1. Oktober 2005 der Entgeltgruppe 11 zugeordnet.

Abweichend von Beispiel 3 steht der Aufstieg der dort genannten Verwaltungsangestellten erst zum 1. April 2006 an. Anders als nach der Systematik in Beispiel 2 erfolgt die Zuordnung hier nicht zu der niedrigeren, sondern zu derselben Entgeltgruppe. Die Verwaltungsangestellte wird also ebenfalls der Entgeltgruppe 11 zugeordnet. Der „spätere Aufstieg" ist nach § 8 Abs. 2 TVÜ erst zum individuellen „Aufstiegszeitpunkt" (hier 1. April 2006) durch Neuberechnung des Vergleichsentgelts zu berücksichtigen.

Der Verwaltungsangestellten aus Beispiel 3 ist eine Tätigkeit der Vergütungsgruppe BAT IVa Fallgruppe 1b übertragen worden. Diese Tätigkeit eröffnet nicht den Aufstieg in die Vergütungsgruppe BAT III. In diesem Fall erfolgt die Zuordnung zur Entgeltgruppe 10.

Der TVÜ ordnet auf Grundlage der Eingruppierung/Einreihung bei Überleitung die Beschäftigten anhand der Anlage 2 TVÜ einer neuen Entgeltgruppe zu. Wird nachträglich festgestellt, dass die Eingruppierung unzutreffend gewesen ist, bleiben die allgemeinen arbeits- und tarifrechtlichen Regelungen – insbesondere die Regelungen der korrigierenden Rückgruppierung – unberührt.

Erhalten Beschäftigte am 30. September 2005 eine persönliche Zulage für die Ausübung einer höherwertigen Tätigkeit nach § 24 BAT/BAT-O bzw. den entsprechenden Regelungen für Arbeiterinnen und Arbeiter, ist für die Überleitung die Vergütungs- bzw. Lohngruppe maßgeblich, in die die Beschäftigten eingruppiert sind; sie erhalten aber ab dem 1. Oktober 2005 eine Besitzstandszulage nach Maßgabe des § 10 TVÜ.

Die bisherige Vergütungsgruppe I BAT/BAT-O ist in der Entgelttabelle des TVöD nicht mehr abgebildet. Die Beschäftigungsverhältnisse bei Übertragung entsprechender Tätigkeiten sind ab dem 1. Oktober 2005 außertariflich zu regeln (§ 17 Abs. 2 TVÜ). Bei Überleitung vorhandene Angestellte der Vergütungsgruppe I BAT/BAT-O unterliegen dem TVöD und werden in eine besondere Entgeltgruppe 15 Ü übergeleitet; Stufen, Werte und regelmäßige Verweildauer sind in § 19 Abs. 2 TVÜ näher geregelt.

Außertarifliche Angestellte, für die der BAT nach dessen § 3 Buchst. h nicht galt, werden auch vom TVÜ nicht erfasst. Ihre außertarifliche Vergütung gilt fort. Nach den arbeitsvertraglichen Abreden bestimmt sich, inwieweit die Regelungen des TVöD und des diesen ergänzenden TVÜ ab dem 1. Oktober 2005 auch für diese Beschäftigten zur Anwendung kommen. Wird arbeitsvertraglich auf Regelungen des BAT/BAT-O verwiesen, treten an deren Stelle die entsprechenden Regelungen des TVöD, ggf. in Verbindung mit dem TVÜ.

Zu § 4 Abs. 2 und 3

In Absatz 2 bzw. Absatz 3 der Vorschrift ist bestimmt, dass Bewährungs-, Fallgruppen- oder Tätigkeitsaufstiege sowie Herabgruppierungen, die bei Fortgeltung des bisherigen Rechts im Monat Oktober 2005 vollzogen worden wären, für die Überleitung so behandelt werden, als wären sie bereits im September 2005 vollzogen worden.

§ 5 Vergleichsentgelt

(1) Für die Zuordnung zu den Stufen der Entgelttabelle des TVöD wird für die Beschäftigten nach § 4 ein Vergleichsentgelt auf der Grundlage der im September 2005 erhaltenen Bezüge gemäß den Absätzen 2 bis 7 gebildet.

II

(2) [1]Bei Beschäftigten aus dem Geltungsbereich des BAT/BAT-O setzt sich das Vergleichsentgelt aus Grundvergütung, allgemeiner Zulage und Ortszuschlag der Stufe 1 oder 2 zusammen. [2]Ist auch eine andere Person im Sinne von § 29 Abschn. B Abs. 5 BAT/BAT-O ortszuschlagsberechtigt oder nach beamtenrechtlichen Grundsätzen familienzuschlagsberechtigt, wird nur die Stufe 1 zugrunde gelegt; findet der TVöD am 1. Oktober 2005 auch auf die andere Person Anwendung, geht der jeweils individuell zustehende Teil des Unterschiedsbetrages zwischen den Stufen 1 und 2 des Ortszuschlags in das Vergleichsentgelt ein. [3]Ferner fließen im September 2005 tarifvertraglich zustehende Funktionszulagen insoweit in das Vergleichsentgelt ein, als sie nach dem TVöD nicht mehr vorgesehen sind. [4]Erhalten Beschäftigte eine Gesamtvergütung (§ 30 BAT/BAT-O), bildet diese das Vergleichsentgelt. [5]Bei Lehrkräften im Sinne der Vorbemerkung Nr. 5 zu allen Vergütungsgruppen der Anlage 1a zum BAT/BAT-O wird die Zulage nach § 2 Absatz 3 des Tarifvertrages über Zulagen an Angestellte in das Vergleichsentgelt eingerechnet. [6]Abweichend von Satz 5 wird bei Lehrkräften, die am 30. September 2005 einen Anspruch auf die Zulage nach dem Erlass des Bundesministeriums der Verteidigung vom 31. März 1998 – PSZ II 4 (S II 3) – Az 18-20-02 haben, die Zulage nach § 2 Abs. 2 Buchst. c des Tarifvertrages über Zulagen an Angestellte, und bei Lehrkräften, die einen arbeitsvertraglichen Anspruch auf Zahlung einer allgemeinen Zulage wie die unter die Anlage 1a zum BAT/BAT-O fallenden Angestellten haben, diese Zulage in das Vergleichsentgelt eingerechnet.

Protokollerklärungen zu Absatz 2 Satz 2:

1. Findet der TVöD am 1. Oktober 2005 für beide Beschäftigte Anwendung und hat einer der beiden im September 2005 keine Bezüge erhalten wegen Elternzeit, Wehr- oder Zivildienstes, unbezahlten Sonderurlaubs aufgrund von Familienpflichten im Sinne des § 4 Abs. 2 BGleiG vom 30. November 2001 (BGBl. I S. 3234), Sonderurlaubs, bei dem der Arbeitgeber vor Antritt ein dienstliches oder betriebliches Interesse an der Beurlaubung anerkannt hat, Bezuges einer Rente auf Zeit wegen verminderter Erwerbsfähigkeit oder wegen Ablaufs der Krankenbezugsfristen, erhält die/der andere Beschäftigte zusätzlich zu ihrem/seinem Entgelt den Differenzbetrag zwischen dem ihr/ihm im September 2005 individuell zustehenden Teil des Unterschiedsbetrages zwischen der Stufe 1 und 2 des Ortszuschlags und dem vollen Unterschiedsbetrag als Besitzstandszulage.
2. Hat die andere ortszuschlagsberechtigte oder nach beamtenrechtlichen Grundsätzen familienzuschlagsberechtigte Person im September 2005 aus den in Nr. 1 genannten Gründen keine Bezüge erhalten, erhält die/der in den TVöD übergeleitete Beschäftigte zusätzlich zu ihrem/seinem Entgelt den vollen Unterschiedsbetrag zwischen der Stufe 1 und der Stufe 2 des Ortszuschlags als Besitzstandszulage.
3. [1]Ist die andere ortszuschlagsberechtigte oder familienzuschlagsberechtigte Person im September 2005 aus dem öffentlichen Dienst ausgeschieden, ist das Tabellenentgelt ab dem 1. Juli 2008 auf Antrag neu zu ermitteln. [2]Basis ist dabei die Stufenzuordnung nach § 6 Abs. 1 Satz 2, die sich zum 1. Oktober 2007 ergeben

hätte, wenn das Vergleichsentgelt unter Berücksichtigung der Stufe 2 des Ortszuschlags gebildet worden wäre.

4. [1]Die Besitzstandszulage nach den Nrn. 1 und 2 oder das neu ermittelte Tabellenentgelt nach Nr. 3 wird auf einen bis zum 30. September 2008 zu stellenden schriftlichen Antrag (Ausschlussfrist) vom 1. Juli 2008 an gezahlt. [2]Ist eine entsprechende Leistung bis zum 31. März 2008 schriftlich geltend gemacht worden, erfolgt die Zahlung vom 1. Juni 2008 an.
5. [1]In den Fällen der Nrn. 1 und 2 wird bei Stufensteigerungen und Höhergruppierungen der Unterschiedsbetrag zum bisherigen Entgelt auf die Besitzstandszulage angerechnet. [2]Die/Der Beschäftigte hat das Vorliegen der Voraussetzungen der Nrn. 1 und 2 nachzuweisen und Änderungen anzuzeigen. [3]Die Besitzstandszulage nach den Nrn. 1 und 2 entfällt mit Ablauf des Monats, in dem die/der andere Beschäftigte die Arbeit wieder aufnimmt.

(3) [1]Bei Beschäftigten aus dem Geltungsbereich des MTArb/MTArb-O wird der Monatstabellenlohn als Vergleichsentgelt zugrunde gelegt. [2]Absatz 2 Satz 3 gilt entsprechend. [3]Erhalten Beschäftigte Lohn nach § 23 Abs. 1 MTArb/MTArb-O, bildet dieser das Vergleichsentgelt.

(4) [1]Beschäftigte, die im Oktober 2005 bei Fortgeltung des bisherigen Rechts die Grundvergütung bzw. den Monatstabellenlohn der nächsthöheren Lebensalters- bzw. Lohnstufe erhalten hätten, werden für die Bemessung des Vergleichsentgelts so behandelt, als wäre der Stufenaufstieg bereits im September 2005 erfolgt. [2]§ 4 Abs. 2 und 3 gilt bei der Bemessung des Vergleichsentgelts entsprechend.

(5) Bei Teilzeitbeschäftigten wird das Vergleichsentgelt auf der Grundlage eines vergleichbaren Vollzeitbeschäftigten bestimmt.

Protokollerklärung zu § 5 Abs. 5:

[1]Lediglich das Vergleichsentgelt wird auf der Grundlage eines entsprechenden Vollzeitbeschäftigten ermittelt; sodann wird nach der Stufenzuordnung das zustehende Entgelt zeitratierlich berechnet. [2]Diese zeitratierliche Kürzung des auf den Ehegattenanteil im Ortszuschlag entfallenden Betrages (§ 5 Abs. 2 Satz 2 2. Halbsatz) unterbleibt nach Maßgabe des § 29 Abschn. B Abs. 5 Satz 2 BAT/BAT-O.

(6) Für Beschäftigte, die nicht für alle Tage im September 2005 oder für keinen Tag dieses Monats Bezüge erhalten, wird das Vergleichsentgelt so bestimmt, als hätten sie für alle Tage dieses Monats Bezüge erhalten; in den Fällen des § 27 Abschn. A Abs. 7 und Abschn. B Abs. 3 Unterabs. 4 BAT/BAT-O bzw. der entsprechenden Regelungen für Arbeiterinnen und Arbeiter werden die Beschäftigten für das Vergleichsentgelt so gestellt, als hätten sie am 1. September 2005 die Arbeit wieder aufgenommen.

(7) Abweichend von den Absätzen 2 bis 6 wird bei Beschäftigten, die gemäß § 27 Abschn. A Abs. 8 oder Abschn. B Abs. 7 BAT/BAT-O bzw. den entsprechenden Regelungen für Arbeiterinnen und Arbeiter den Unterschiedsbetrag zwischen der Grundvergütung bzw. dem Monatstabellenlohn ihrer bisherigen zur nächsthöheren Lebensalters- bzw. Lohnstufe im September 2005 nur zur Hälfte erhalten, für die Bestimmung des Vergleichsentgelts die volle Grundvergütung bzw. der volle Monatstabellenlohn aus der nächsthöheren Lebensalters- bzw. Lohnstufe zugrunde gelegt.

Wichtiger Hinweis auf bedeutsame Rechtsprechung des EuGH und des BAG

Der EuGH hat sich in seinem Urteil vom 8. September 2011 (C-297/10 und C-298/10) mit folgenden, für die Überleitung der Beschäftigten aus dem BAT in den TVöD elementaren Fragen auseinandergesetzt:

- Verstießen die Lebensaltersstufen des BAT gegen das Verbot der Altersdiskriminierung?
- Setzt sich eine etwaige Diskriminierung in der Überleitung aus dem BAT in den TVöD durch den TVÜ-Bund (Stichwort: Vergleichsentgelt) fort?

Die gleiche Fragestellung ergibt sich analog auch für die Überleitung aus dem BAT in den TVöD auf der Grundlage des TVÜ-VKA und für die Überleitung in den TV-L durch den TVÜ-Länder. Die Regelungen sind identisch bzw. vergleichbar.

Zur ersten Frage hat der EuGH festgestellt, dass die Lebensaltersstufen des BAT eine unzulässige Diskriminierung wegen des Lebensalters dargestellt haben.

Zur zweiten Frage hat der EuGH entschieden, dass die Überleitung aus dem BAT in den TVöD zwar eine unmittelbare Diskriminierung darstellt, diese aber gerechtfertigt war, denn es sei ein legitimes Ziel (Wahrung der Besitzstände) verfolgt worden, das Mittel (Überleitung durch den TVÜ-Bund) sei erforderlich gewesen (individuelle Zwischenstufe als einzige Möglichkeit, das bisherige Niveau zu gewährleisten; Übergangscharakter durch schrittweises Auswachsen der Diskriminierung) und das Mittel sei angemessen gewesen (Sozialpartner haben keine sachwidrigen Übergangsregelungen getroffen, weiter Gestaltungsspielraum).

Im Ergebnis hat der EuGH also die Rechtmäßigkeit des von den Tarifpartnern in den §§ 5 und 6 vereinbarten Überleitungsverfahrens bestätigt. Das BAG hat sich dieser Auffassung in seinem Urteil vom 8. Dezember 2011 (6 AZR 319/09) angeschlossen.

Erläuterungen

Während in § 4 die Zuordnung zu den Entgeltgruppen festgelegt ist, bestimmen die §§ 5 bis 7 das Verfahren der Zuordnung zu den Entgeltstufen.

Zu § 5 Abs. 1

Hierzu ist zunächst ein Vergleichsentgelt zu ermitteln, und zwar grundsätzlich auf der Basis der Bezüge des Monats September 2005.

Besondere Beachtung verdient das Urteil des BAG vom 25. Juni 2009 – 6 AZR 384/08. Demnach kann ein fehlerhaft gebildetes Vergleichsentgelt für künftige Entgeltzahlungen jederzeit korrigiert werden. Die Ausschlussfrist des § 37 TVöD steht nach Auffassung des BAG nur einer unbegrenzten Rückforderung des in der Vergangenheit zu viel gezahlten Entgelts entgegen.

Zu § 5 Abs. 2

Im Vergleichsentgelt sind bei Angestellten gem. § 5 Abs. 2 zu berücksichtigen:

Grundvergütung und **Allgemeine Zulage**;

Funktionszulagen nur insoweit, als sie nach dem TVöD nicht mehr vorgesehen sind.

Die **Vergütungsgruppenzulage** fließt nicht in das Vergleichsentgelt ein; es ist aber eine Besitzstandsregelung vereinbart (siehe § 9 TVÜ).

Die durch den Änderungstarifvertrag Nr. 2 vom 6. Oktober 2008 mit Wirkung vom 1. August 2008 angefügten Sätze 5 und 6 regeln die Höhe der in das Vergleichsentgelt einfließenden (allgemeinen) Zulage für Lehrkräfte. Grundsätzlich ist dies die „Lehrer-Zulage" nach § 2 Abs. 3 des Tarifvertrags über Zulagen für Angestellte (zuletzt 42,98 €). Höhere Beträge können nur berücksichtigt werden, soweit sich ein entsprechender Anspruch aus dem Erlass des Bundesministeriums der Verteidigung vom 31. März 1998 ergibt (siehe Satz 6). In diesem Fall wird die allgemeine Zulage nach § 2 Abs. 2 Buchst. c des Tarifvertrages über Zulagen an Angestellte (zuletzt 114,60 €) in das Vergleichsentgelt eingerechnet.

Bis zum Inkrafttreten der neuen Entgeltordnung am 1. Januar 2014 erhielten vorhandene Beschäftigte ihre **Meister-, Techniker- und Programmiererzulage** unter den bisherigen Voraussetzungen als Besitzstandszulage (siehe Protokollerklärung zu § 5 Abs. 2 Satz 3 TVÜ). Für die Zeit nach Inkrafttreten der neuen Entgeltordnung enthält § 25 Abs. 3 TVÜ eine Besitzstandsregelung.

Familienbezogene Entgeltbestandteile – und damit auch der Verheiratetenzuschlag nach § 29 Abschn. B Abs. 2 BAT/BAT-O – sind im TVöD nicht mehr vorgesehen. In das Vergleichsentgelt fließt zur Sicherung des bisherigen Gehaltsniveaus grundsätzlich der individuell nach § 29 Abschn. B Abs. 2 BAT/BAT-O zustehende Ortszuschlag der Stufe 1 oder 2 ein. Ausschlaggebend sind die Bezüge im September 2005. Veränderungen im Familienstand (z. B. Eheschließung, Scheidung) ab Oktober 2005 wirken sich auf das Vergleichsentgelt nicht mehr aus. Es bleibt bei der Einbeziehung desjenigen Ortszuschlages in das Vergleichsentgelt, der im September 2005 zugestanden hat. Nach der Auffassung des BAG in seinem zur vergleichbaren Vorschrift des § 5 TVÜ-Länder ergangenen Urteil vom 22. April 2010 – 6 AZR 966/08 – muss für alleinerziehende Angestellte, deren Söhne im September 2005 Grundwehr- oder Zivildienst leisteten, das Vergleichsentgelt jedoch für die Zeit ab Beendigung dieses Dienstes neu berechnet werden, wenn ohne den Grundwehr- oder Zivildienst im September 2005 noch die tariflichen Voraussetzungen (des § 29 Abschn. B Abs. 2 Nr. 4 BAT) für den Ortszuschlag der Stufe 2 erfüllt gewesen wären. Die tarifliche Regelung benachteilige ohne sachliche Rechtfertigung alleinerziehende Angestellte, deren Söhne im für die Berechnung des Vergleichsentgelts maßgeblichen Monat September 2005 der allgemeinen staatsbürgerlichen Pflicht zum Wehr- oder Ersatzdienst nachkamen, gegenüber alleinerziehenden Elternteilen von Töchtern sowie von Söhnen, die nicht wehrtauglich waren oder tatsächlich nicht zum Wehrdienst bzw. Zivildienst herangezogen wurden.

Ist zum Überleitungszeitpunkt auch eine andere Person im Sinne des § 29 Abschn. B Abs. 5 BAT/BAT-O ortszuschlagsberechtigt oder nach § 40 Abs. 4 BBesG familienzuschlagsberechtigt (Konkurrenzfall), gilt für die Ermittlung des Vergleichsentgelts eine gesonderte Regelung (§ 5 Abs. 2 Satz 2 TVÜ): Kann der Ehegatte des Angestellten – mit Rücksicht auf den Wegfall des Ortzuschlags im Geltungsbereich des TVöD – den vollen Ortszuschlag der Stufe 2 oder Familienzuschlag der Stufe 1 bei seinem Arbeitgeber oder Dienstherrn beanspruchen (z. B. wenn der Ehegatte Angestellter eines noch den BAT oder BAT-O anwendenden Arbeitgebers oder Beamter ist), wird für das Vergleichsentgelt lediglich die Stufe 1 des bisherigen Ortszuschlags zugrunde gelegt.

Werden beide Personen, im Regelfall also beide Ehepartner, am 1. Oktober 2005 in den TVöD übergeleitet, erfolgt die Überleitung jeweils mit dem Ortszuschlag der Stufe 1 zuzüglich des individuell zustehenden Teils des Unterschiedsbetrages zwischen den Stufen 1 und 2 des Ortszuschlags.

Für eingetragene Lebenspartnerschaften nach dem Lebenspartnerschaftsgesetz gilt Entsprechendes.

Das Familieneinkommen soll durch die Überleitung eines Berechtigten in den TVöD nicht erhöht werden. Hierzu dient die Einbeziehung nur des Ortzuschlags der Stufe 1 statt der Stufe 1 ½ bzw. des bislang individuell zustehenden Anteils am Ehegattenanteil in das Vergleichsentgelt bei Eingreifen der Konkurrenzregelung des § 29 Abschn. B Abs. 5 BAT/BAT O. Der Grund: wird der andere Berechtigte nicht ebenfalls gleichzeitig in den TVöD übergeleitet, hat dieser wegen Wegfalls der Voraussetzungen für ein Eingreifen der Konkurrenzregelung ab dem 1. Oktober 2005 Anspruch auf den Ortzuschlag der Stufe 2 bzw. eine vergleichbare Leistung.

Der kinderbezogene Anteil des Ortszuschlags (Stufe 3 und weitere Stufen) wird nach § 11 TVÜ als dynamische Besitzstandszulage fortgezahlt und fließt nicht in das Vergleichsentgelt ein.

Unter Berücksichtigung dieser Grundsätze sind folgende Fallgestaltungen besonders zu erwähnen:

In den Konkurrenzfällen des § 29 Abschn. B Abs. 5 BAT/BAT-O ist danach zu unterscheiden, ob die andere Person ebenfalls in den TVöD übergeleitet wird. In diesem Fall wird bei beiden Personen der bisher zustehende Ortszuschlag der Stufe 1 zuzüglich des halben Ehegattenanteils (Stufe 1½) in das Vergleichsentgelt einbezogen.

Wird die andere Person nicht in den TVöD übergeleitet, etwa weil sie Beamter, Versorgungsempfänger oder als Angestellter bei einem anderen, noch den BAT/BAT-O anwendenden öffentlichen Arbeitgeber einschließlich der dem öffentlichen Dienst gleichgestellten Arbeitgeber im Sinne des § 29 Abschn. B Abs. 7 BAT/BAT-O tätig ist, ist in das Vergleichsentgelt der Ortszuschlag der Stufe 1 einzubeziehen. Die andere Person hat vom 1. Oktober 2005 an Anspruch auf den Ortszuschlag der Stufe 2 bzw. eine entsprechende Leistung. Durch die Einbeziehung nur des Ortszuschlags der Stufe 1 in diesen Fällen wird eine überleitungsbedingte Erhöhung des Entgelts der beiden im öffentlichen Dienst beschäftigten Personen vermieden. Diese Verfahrensweise hat das BAG mit Urteil vom 30. Oktober 2008 – 6 AZR 682/07 – bestätigt. Etwaige Verluste, die dadurch eintreten können, dass der andere Ehegatte, z. B. als Beamter, wegen der unterschiedlichen Höhe von Familienzuschlag und Ortszuschlag keinen vollen Ausgleich erhält, werden nicht ausgeglichen.

Bestimmte Arbeitsvertragsrichtlinien und tarifvertragliche Regelungen von Arbeitgebern des öffentlichen Dienstes im Sinne des Ortszuschlagsrechts enthalten sog. Gegenkonkurrenzregelungen. Nach diesen wird der Ortszuschlag der Stufe 2 bzw. eine entsprechende Leistung nicht gezahlt, wenn dessen Ehepartner Anspruch auf den Ortszuschlag der Stufe 2 hat. Folge hiervon ist, dass die Konkurrenzregelung des § 29 Abschn. B Abs. 5 BAT/BAT-O in diesen Fällen keine Anwendung findet, also bislang Ortszuschlag der Stufe 2 zu zahlen war. Da die sog. Gegenkonkurrenzregel mit der Überleitung des Angestellten in den TVöD nicht mehr greift, die andere Person also Anspruch auf den Ortszuschlag der Stufe 2 bzw. eine vergleichbare Leistung vom

1. Oktober 2005 an hat, ist in diesen Fällen der Ortszuschlag der Stufe 1 in das Vergleichsentgelt einzubeziehen. Dies hat das BAG mit Urteil vom 17. Juni 2008 – 6 AZR 365/07 – im Ergebnis bestätigt.

Hat der überzuleitende Angestellte im Monat September 2005 keine Bezüge erhalten, z. B. aufgrund Elternzeit oder Sonderurlaub, wird das Vergleichsentgelt gemäß § 5 Absatz 6 TVÜ so bestimmt, als hätte er für alle Tage dieses Monats Bezüge erhalten, wobei er in den Fällen des § 27 Abschnitt A Absatz 6, Absatz 7 BAT/BAT-O und § 27 Abschnitt B Absatz 3 Unterabsatz 4 BAT/BAT-O für das Vergleichsentgelt so gestellt wird, als wäre am 1. September 2005 die Arbeit wieder aufgenommen worden. Bezogen auf den Ortszuschlag bedeutet diese Regelung, dass zu prüfen ist, welche Stufe beim Ortszuschlag zugestanden hätte, wenn Anspruch auf Vergütung bestanden hätte. Hätte hiernach im September 2005 Ortszuschlag der Stufe 1 oder der Stufe 2 zugestanden, ist auch die Stufe 1 bzw. die Stufe 2 in das – fiktive – Vergleichsentgelt einzubeziehen und der Angestellte damit überzuleiten. Bei Eingreifen der Konkurrenzregelung, also der Beschäftigung einer anderen Person ebenfalls im öffentlichen Dienst, gilt die oben dargestellte Grundregel. Wird die andere ortszuschlagsberechtigte Person ebenfalls in den TVöD übergeleitet, ist hiernach der Ortszuschlag mit dem individuell zustehenden Anteil am Ehegattenanteil in das Vergleichsentgelt einzubeziehen, andernfalls der Ortszuschlag der Stufe 1.

Zu den Protokollerklärungen zu Absatz 2 Satz 2

Im Zuge des 1. Änderungstarifvertrages vom 31. März 2008 haben die Tarifpartner mit Wirkung vom 1. Juli 2008 neue Protokollerklärungen vereinbart. Inhalt dieser Vorschriften sind Regelungen, die Härten aufgrund der (teilweisen) Nichtberücksichtigung des Ortszuschlages bei der Ermittlung des Vergleichsentgeltes ausgleichen sollen. Die Regelungen sollten an sich schon unmittelbar nach dem Inkrafttreten des TVöD/TVÜ vereinbart werden und waren in Ihrem Kern schon lange Zeit ausgehandelt. Die Tarifpartner haben sie dann aber wegen übergeordneter Meinungsverschiedenheiten (z. B. in der Arbeitszeitfrage) „auf Eis gelegt" und erst im Rahmen der Entgeltrunde 2008 vereinbart.

Ausgeglichen werden eintretende Verluste beim Ortszuschlag (OZ) in folgenden Fällen:

1. Beide OZ-Partner werden in den TVöD übergeleitet, der Verheiratetenanteil wird bei Beiden grundsätzlich zur Hälfte im Vergleichsentgelt berücksichtigt (OZ 1½). Aus den in Protokollerklärung Nr. 1 abschließend genannten Gründen (z. B. Elternzeit, Wehrdienst,

Ablauf der Krankenbezugsfristen) erhielt einer der OZ-Partner im September 2005 keine Bezüge; der hälftige OZ-Anteil geht also unter. Nach Protokollerklärung Nr. 1 findet ein Ausgleich statt. Die Zahlung ist antragsgebunden. Der Antrag muss bis zum 30. September 2008 gestellt werden;[1]) Zahlungsaufnahme ist dann der 1. Juli 2008, bei bis zum 31. März 2008 gestellten Anträge der 1. Juni 2008. Die entsprechende Zahlung ist bei Stufensteigerungen und Höhergruppierungen aufzehrbar, sie entfällt, sobald der andere OZ-Partner die Arbeit wieder aufnimmt (Protokollerklärung Nr. 5).

2. Der in Protokollerklärung Nr. 2 geregelte Sachverhalt ist mit dem der Protokollerklärung Nr. 1 vergleichbar; der andere OZ-Partner ist aber Beamter oder ansonsten OZ-berechtigt. In diesem Fall liegt ein Verlust in Höhe des vollen OZ vor, weil dieser ja an sich dem anderen Partner gezahlt werden musste, aber wegen des Ruhens der Bezüge nicht zusteht. Auch hier besteht Antragspflicht (Protokollerklärung Nr. 4), damit ein Ausgleich stattfindet. Aufzehrbarkeit bzw. Zahlungsende ergeben sich ebenfalls aus Protokollerklärung Nr. 5.
3. Protokollerklärung Nr. 3 aaO regelt die „Septemberfälle". Das sind die Fälle, in denen der andere OZ-Partner bereits im September 2005 aus dem öffentlichen Dienst ausgeschieden war, so dass das Vergleichentgelt im Ergebnis schon im Oktober 2005 falsch (zu niedrig) war. Auf Antrag (nach Protokollerklärung Nr. 4 – s. o.) wird das Vergleichsentgelt zum 1. Oktober 2007 auf der Grundlage des OZ Stufe 2 neu berechnet und der erhöhte Betrag ab 1. Juli 2008 gezahlt.

Die Aufzählung der Sonderfälle in den Protokollerklärungen ist abschließend, weitere denkbare Sachverhalte werden nicht berücksichtigt.

Zu § 5 Abs. 3

Bei Arbeitern bildet der Monatstabellenlohn das Vergleichsentgelt. Hinsichtlich der Funktionszulagen gilt die Regelung für Angestellte entsprechend.

Zu § 5 Abs. 4

Stufenaufstiege (sowohl für Arbeiter als auch für Angestellte), die bei Fortgeltung des bisherigen Rechts im Monat Oktober 2005 vollzogen worden wären, werden für die Ermittlung des Vergleichsentgelts so behandelt, als wären sie bereits im September 2005 vollzogen worden.

---

[1]) Das Bundesministerium des Innern hat die Antragsfrist zuletzt mit Rundschreiben vom 3. Dezember 2008 im Einvernehmen mit dem Bundesministerium der Finanzen übertariflich bis zum 28. Februar 2009 verlängert.

II

Zu § 5 Abs. 5

Bei Teilzeitbeschäftigten wird zum Zweck der Stufenzuordnung das Vergleichsentgelt zunächst auf der Grundlage eines vergleichbaren Vollbeschäftigten berechnet und dann die maßgebende Stufe ermittelt.

In der Niederschriftserklärung zu dieser Vorschrift ist festgelegt, dass das monatliche Entgelt des Teilzeitbeschäftigten dann der seiner Arbeitszeit entsprechende Bruchteil des Tabellenwertes ist. Wegen Ausnahmen beim Ehegattenanteil im Ortszuschlag siehe Satz 2 der Protokollerklärung.

Zu § 5 Abs. 6

In Absatz 6 der Vorschrift ist bestimmt, dass die Beschäftigten, die für den Monat September 2005 entweder gar keine Bezüge oder nicht für alle Tage des Monats Bezüge erhalten, so gestellt werden, als hätten sie Bezüge für den vollen Monat September 2005 erhalten.

Zu § 5 Abs. 7

Absatz 7 befasst sich mit dem Sonderfall, dass Beschäftigte – wie in der Lohnrunde 2003 vereinbart und in § 27 Abschn. A Abs. 8 oder Abschn. B Abs. 7 BAT/BAT-O bzw. den entsprechenden Regelungen für Arbeiter im Detail festgelegt – nach bisherigem Recht den Unterschiedsbetrag zwischen zwei Stufen für die Dauer eines Jahres nur zur Hälfte erhalten. § 5 Abs. 7 TVÜ bestimmt dazu, dass zur Ermittlung des Vergleichsentgelts der ungekürzte Stufenbetrag zugrunde zu legen ist.

Im Hinblick darauf, dass diese Regelung nur bis zum 31. Dezember 2004 galt, die letzten Fälle somit Ende 2005 (Stufensteigerung und Kürzung auf die Hälfte im Dezember 2004, Dauer der Kürzung ein Jahr) auslaufen, ist die praktische Bedeutung dieser Vorschrift eher gering.

II

§ 6 Stufenzuordnung der Angestellten

(1) [1]Beschäftigte aus dem Geltungsbereich des BAT/BAT-O werden einer ihrem Vergleichsentgelt entsprechenden individuellen Zwischenstufe der gemäß § 4 bestimmten Entgeltgruppe zugeordnet. [2]Zum 1. Oktober 2007 steigen diese Beschäftigten in die dem Betrag nach nächsthöhere reguläre Stufe ihrer Entgeltgruppe auf. [3]Der weitere Stufenaufstieg richtet sich nach den Regelungen des TVöD.

(2) [1]Werden Beschäftigte vor dem 1. Oktober 2007 höhergruppiert (nach § 8 Abs. 1 und 3 1. Alternative, § 9 Abs. 3 Buchst. a oder aufgrund Übertragung einer mit einer höheren Entgeltgruppe bewerteten Tätigkeit), so erhalten sie in der höheren Entgeltgruppe Tabellenentgelt nach der regulären Stufe, deren Betrag mindestens der individuellen Zwischenstufe entspricht, jedoch nicht weniger als das Tabellenentgelt der Stufe 2; der weitere Stufenaufstieg richtet sich nach den Regelungen des TVöD. [2]In den Fällen des Satzes 1 gilt § 17 Abs. 4 Satz 2 TVöD entsprechend. [3]Werden Beschäftigte vor dem 1. Oktober 2007 herabgruppiert, werden sie in der niedrigeren Entgeltgruppe derjenigen individuellen Zwischenstufe zugeordnet, die sich bei Herabgruppierung im September 2005 ergeben hätte; der weitere Stufenaufstieg richtet sich nach Absatz 1 Satz 2 und 3.

(3) [1]Liegt das Vergleichsentgelt über der höchsten Stufe der gemäß § 4 bestimmten Entgeltgruppe, werden die Beschäftigten abweichend von Absatz 1 einer dem Vergleichsentgelt entsprechenden individuellen Endstufe zugeordnet; bei Lehrkräften im Sinne der Vorbemerkung Nr. 5 zu allen Vergütungsgruppen der Anlage 1a zum BAT/BAT-O gilt dabei die Entgelttabelle des TVöD (Bund) mit den Maßgaben des § 19 Abs. 2a. [2]Das Entgelt aus der individuellen Endstufe gilt als Tabellenentgelt im Sinne des § 15 TVöD. [3]Bei einer Höhergruppierung aus einer individuellen Endstufe werden die Beschäftigten entsprechend § 17 Abs. 5 TVöD der Endstufe der höheren Entgeltgruppe zugeordnet. [4]Beträgt das Tabellenentgelt nach Satz 3 weniger als die Summe aus dem Entgelt der bisherigen individuellen Endstufe zuzüglich 2 v. H. der Endstufe der höheren Entgeltgruppe, wird die/der Beschäftigte in der höheren Entgeltgruppe erneut einer individuellen Endstufe zugeordnet. [5]Das Entgelt der neuen individuellen Endstufe wird dabei festgesetzt auf die Summe aus dem Entgelt der bisherigen individuellen Endstufe zuzüglich 2 v. H. des Tabellenentgelts der Endstufe der höheren Entgeltgruppe. [6]Der Betrag der individuellen Endstufe verändert sich um denselben Vomhundertsatz bzw. in demselben Umfang wie die höchste Stufe der jeweiligen Entgeltgruppe.

Protokollerklärung zu Absatz 3 Satz 6:
Für die Veränderung der Beträge der individuellen Endstufen ab 1. April 2025 und ab 1. Mai 2026 gelten folgende Prozentsätze:

a) Anlage A (Bund) zum TVöD:

Entgeltgruppe	ab 1. April 2025	ab 1. Mai 2026
15	3,00 %	2,80 %
14	3,00 %	2,80 %
13	3,00 %	2,80 %
12	3,00 %	2,80 %
11	3,00 %	2,80 %
10	3,00 %	2,80 %
9c	3,00 %	2,80 %
9b	3,00 %	2,80 %
9a	3,00 %	2,80 %
8	3,00 %	2,80 %
7	3,00 %	2,80 %
6	3,00 %	2,80 %
5	3,08 %	2,80 %
4	3,22 %	2,80 %
3	3,34 %	2,80 %
2	3,41 %	2,80 %
1	4,28 %	2,80 %

b) Entgeltgruppen 2Ü und 15Ü:

Entgeltgruppe	ab 1. April 2025	ab 1. Mai 2026
15Ü	3,00 %	2,80 %
2Ü	3,47 %	2,80 %

(4) [1]Beschäftigte, deren Vergleichsentgelt niedriger ist als das Tabellenentgelt in der Stufe 2, werden abweichend von Absatz 1 der Stufe 2 zugeordnet. [2]Der weitere Stufenaufstieg richtet sich nach den Regelungen des TVöD. [3]Abweichend von Satz 1 werden Beschäftigte, denen am 30. September 2005 eine in der Allgemeinen Vergütungsordnung (Anlage 1a) durch die Eingruppierung in Vergütungsgruppe Va BAT/BAT-O mit Aufstieg nach IVb und IVa BAT/BAT-O abgebildete Tätigkeit übertragen ist, der Stufe 1 der Entgeltgruppe 10 zugeordnet.

II

Erläuterungen

Zu § 6 Abs. 1

Am 1. Oktober 2005 werden die Angestellten mit dem zum Stichtag ermittelten Vergleichsentgelt in eine individuelle Zwischenstufe ihrer neuen Entgeltgruppe übergeleitet. Es erfolgt zum Stichtag also keine direkte Zuordnung der Angestellten zu einer bestimmten Grundentgelt- oder Entwicklungsstufe der neuen Tabelle, sie werden in der Übergangszeit zwischen der betragsmäßig nächstniedrigeren und der nächsthöheren Stufe ihrer neuen Entgeltgruppe geführt. Zum 1. Oktober 2007 steigen die der individuellen Zwischenstufe zugeordneten ehemaligen Angestellten in die nächsthöhere Stufe auf und erhalten das dort vorgesehene Tabellenentgelt. Der weitere Stufenaufstieg richtet sich dann nach den Regelungen des TVöD.

Beispiel:

Angestellter des Bundes, BAT VII ohne Aufstieg nach VIb, Stufe 29 Jahre

Grundvergütung:	1305,86 Euro
Ortzuschlag Stufe 1	473,21 Euro
Allgemeine Zulage	107,44 Euro
Vergleichsentgelt	1886,51 Euro

Laut Anlage 2 zum TVÜ Überleitung in EG 5 zwischen Stufe 2 (1875) und Stufe 3 (1970); das Vergleichsentgelt von 1886,51 Euro wird bis zum 30. September 2007 gezahlt; zum 1. Oktober 2007 Aufrücken in Stufe 3; der weitere Stufenaufstieg richtet sich nach den Regeln des TVöD. Wäre der Angestellte bislang von der Regelung des § 27 Abschn. A Abs. 8 BAT erfasst worden und hätte den Unterschiedsbetrag zwischen der 27. und der 29. Lebensaltersstufe nur zur Hälfte erhalten, wäre das oben dargestellte Ergebnis wegen § 5 Abs. 7 TVÜ unverändert (siehe Erläuterungen dort).

Zu § 6 Abs. 2

Beschäftigte in einer individuellen Zwischenstufe, die vor dem 1. Oktober 2007 höhergruppiert werden, erhalten in der höheren Entgeltgruppe gemäß § 6 Abs. 2 Satz 1 Entgelt nach der regulären Stufe, deren Betrag mindestens das bisherige Vergleichsentgelt erreicht, mindestens aber das Entgelt der Stufe 2 der neuen Entgeltgruppe („doppelte Absicherung nach unten“). Der weitere Stufenaufstieg richtet sich gemäß Satz 3 „nach Absatz 1 Satz 2 und 3“. Das bedeutet, dass zum 1. Oktober 2007 der Aufstieg aus der individuellen Zwischenstufe in die darüber liegende Stufe erfolgt; spätere Stufenaufstiege erfolgen nach den Regeln des TVöD.

Herabgruppierungen in der Zeit vor dem 1. Oktober 2007 werden so gehandhabt, als sei die Herabgruppierung bereits im September erfolgt; die Stufenzuweisung und der weitere Stufenaufstieg richten sich nach den allgemeinen Grundsätzen.

Zu § 6 Abs. 3

Die Tarifvertragsparteien hatten sich bei der Einführung des TVöD darauf verständigt, dass niemand nach Überleitung in den TVöD weniger verdienen soll als vorher. Liegt das Vergleichsentgelt daher über der Endstufe der maßgeblichen Entgeltgruppe, werden diese Beschäftigten am 1. Oktober 2005 einer individuellen Endstufe jenseits der Tabellenendstufe zugeordnet. Die individuelle Endstufe ist dynamisch ausgestaltet; d. h., sie wird bei Lohnerhöhungen/-minderungen (z. B. aufgrund künftiger Lohnrunden) in dem gleichen Maß erhöht bzw. vermindert wie die höchste Stufe der jeweiligen Entgeltgruppe (Satz 6). Für die Tabellenerhöhung der Tarifrunde 2023 haben die Tarifpartner die jeweiligen Steigerungssätze in einer Protokollerklärung zu Absatz 3 Satz 6 vereinbart. Auch nach einer Höhergruppierung bleibt mindestens der Betrag der individuellen Endstufe erhalten. In der bis zum 28. Februar 2014 geltenden Fassung (Satz 2 a. F.) war geregelt, dass Beschäftigte bei einer Höhergruppierung aus der individuellen Endstufe in der höheren Entgeltgruppe mindestens das Entgelt ihrer bisherigen individuellen Endstufe erhielten; ein Höhergruppierungsgewinn war damit u. U. nicht verbunden. Aus Anlass der Einführung der Entgeltordnung für die Beschäftigten des Bundes und dem damit im Zusammenhang stehenden „stufengleichen Aufstieg" bei Höhergruppierungen (s. § 17 Abs. 5 TVöD) haben die Tarifpartner im Zuge des 9. Änderungstarifvertrages zum TVÜ-Bund vom 17. Oktober 2014 rückwirkend zum 1. März 2014 ein neues Verfahren bei der Höhergruppierung aus der individuellen Endstufe vereinbart, das nicht nur den bisherigen Betrag garantiert, sondern darüber hinaus einen Höhergruppierungsgewinn sicherstellt (s. Sätze 3 bis 5 n. F.). Demnach wird der höhergruppierte Beschäftigte in der höheren Entgeltgruppe der Endstufe zugeordnet (Satz 3). Wenn der Betrag dieser Endstufe mindestens so hoch ist wie die Summe aus dem bisherigen individuellen Entgelt zuzüglich 2 v. H. der Endstufe der höheren Entgeltgruppe, dann erhält der Beschäftigte den Betrag der Endstufe der höheren Entgeltgruppe. Bleibt der Betrag dahinter zurück, dann erhält der Beschäftigte einen Mindestbetrag – nämlich das vor der Höhergruppierung zustehende individuelle Entgelt zzgl. 2 v. H. der Endstufe der höheren Entgeltgruppe (Sätze 4 und 5).

Bei Lehrkräften sind gemäß Satz 1 2. Halbsatz die besonderen Maßgaben des § 19 Abs. 2a TVÜ-Bund zu beachten (siehe dort).

II

Zu § 6 Abs. 4

Absatz 4 garantiert, dass die Beschäftigten grundsätzlich mindestens der Stufe 2 zugeordnet werden, und zwar auch dann, wenn ihr Vergleichsentgelt unterhalb der Stufe 2 liegt. Da es sich bei der Zuweisung zu Stufe 2 nicht um die Zuweisung zu einer individuellen Zwischenstufe handelt, erfolgt der weitere Aufstieg in den Stufen nach den allgemeinen Regelungen des TVöD. Die Stufe 3 ist somit nach zwei Jahren erreichbar.

Eine Ausnahme gilt nach Satz 3 der Vorschrift für die Angestellten des Bundes, denen am 30. September 2005 eine Tätigkeit der Vergütungsgruppe Va BAT/BAT-O mit Aufstieg nach IVb und IVa BAT/BAT-O übertragen ist. Diese Beschäftigten sind der Stufe 1 der Entgeltgruppe 10 zugeordnet.

§ 7 Stufenzuordnung der Arbeiterinnen und Arbeiter

(1) [1]Beschäftigte aus dem Geltungsbereich des MTArb/MTArb-O werden entsprechend ihrer Beschäftigungszeit nach § 6 MTArb/MTArb-O der Stufe der gemäß § 4 bestimmten Entgeltgruppe zugeordnet, die sie erreicht hätten, wenn die Entgelttabelle des TVöD bereits seit Beginn ihrer Beschäftigungszeit gegolten hätte; Stufe 1 ist hierbei ausnahmslos mit einem Jahr zu berücksichtigen. [2]Der weitere Stufenaufstieg richtet sich nach den Regelungen des TVöD.

(2) § 6 Abs. 3 und Abs. 4 Satz 1 und 2 gilt für Beschäftigte gemäß Absatz 1 entsprechend.

(3) [1]Ist das Tabellenentgelt nach Absatz 1 Satz 1 niedriger als das Vergleichsentgelt, werden die Beschäftigten einer dem Vergleichsentgelt entsprechenden individuellen Zwischenstufe zugeordnet. [2]Der Aufstieg aus der individuellen Zwischenstufe in die dem Betrag nach nächsthöhere reguläre Stufe ihrer Entgeltgruppe findet zu dem Zeitpunkt statt, zu dem sie gemäß Absatz 1 Satz 1 die Voraussetzungen für diesen Stufenaufstieg aufgrund der Beschäftigungszeit erfüllt haben. [3]§ 6 Abs. 3 Satz 4 gilt entsprechend.

(4) [1]Werden Beschäftigte während ihrer Verweildauer in der individuellen Zwischenstufe höhergruppiert, erhalten sie in der höheren Entgeltgruppe Tabellenentgelt nach der regulären Stufe, deren Betrag mindestens der individuellen Zwischenstufe entspricht, jedoch nicht weniger als das Tabellenentgelt der Stufe 2; der weitere Stufenaufstieg richtet sich nach den Regelungen des TVöD. [2]§ 17 Abs. 4 Satz 2 TVöD gilt entsprechend. [3]Werden Beschäftigte während ihrer Verweildauer in der individuellen Zwischenstufe herabgruppiert, erfolgt die Stufenzuordnung in der niedrigeren Entgeltgruppe, als sei die niedrigere Einreihung bereits im September 2005 erfolgt; der weitere Stufenaufstieg richtet sich bei Zuordnung zu einer individuellen Zwischenstufe nach Absatz 3 Satz 2, ansonsten nach Absatz 1 Satz 2.

Erläuterungen

Zu § 7 Abs. 1

Arbeiter werden zum Stichtag 1. Oktober 2005 zunächst nach ihrer Beschäftigungszeit (§ 6 MTArb/MTArb-O) in die Entgeltstufe ihrer neuen Entgeltgruppe übergeleitet, die sie erreicht hätten, wenn die neue Entgelttabelle bereits seit dem Beginn ihrer Beschäftigungszeit gegolten hätte; dabei wird die Stufe 1 in jedem Fall mit einem Jahr berücksichtigt. Der weitere Stufenaufstieg erfolgt nach den Grundsätzen des TVöD, also nach den §§ 16, 17 TVöD.

> **Beispiel:**
>
> Überleitung eines Arbeiters der Lohngruppe 5a zum 1. November 2006, Beginn der Beschäftigungszeit am 1. September 1999 = 7 Jahre, Monatstabellenlohn der Lohnstufe 4: 2040,54 EUR, Tarifgebiet West

II

1. Schritt: Überleitung in Entgeltgruppe 5

2. Schritt: Stufenzuordnung nach Beschäftigungszeit

Aufgrund der Beschäftigungszeit von 7 Jahren erfolgt die Zuordnung zur Stufe 4 = 2065,00 EUR

Berechnung des Vergleichsentgelts:
Das Entgelt der Stufe 4 ist höher als das Vergleichsentgelt (entspricht Monatstabellenlohn). Der Arbeiter wird nach § 7 Abs. 1 Satz 1 TVÜ ab 1. November 2006 der Stufe 4 in der Entgeltgruppe 5 zugeordnet.

Weiterer Stufenaufstieg:
Der weitere Stufenaufstieg richtet sich nach den Regelungen des TVöD (§ 7 Abs. 1 Satz 2 TVÜ). Nach der Zuordnung zu der regulären Stufe der neuen Entgeltgruppe ist die bisher erreichte Beschäftigungszeit nicht mehr relevant (dies hat das BAG mit Urteil vom 13. August 2009 – 6 AZR 177/08 ausdrücklich bestätigt). Im neuen Entgeltsystem ist allein die jeweilige Stufenlaufzeit (§ 16 Abs. 3 TV-L) maßgeblich. Im vorstehenden Beispiel beginnt die Laufzeit für den nächsten Stufenaufstieg aus der Stufe 4 am 1. November 2006. Damit erfolgt der Aufstieg in die nächsthöhere Stufe 5 bei regelmäßiger Stufenlaufzeit (4 Jahre in Stufe 4) zum 1. November 2010.

Das BAG hat mit Urteil vom 26. 6. 2008 – 6 AZR 498/07 – entschieden, dass es bei der Überleitung von Arbeitern hinsichtlich der Stufenzuordung nur auf die tatsächliche Beschäftigungszeit ankommt. Etwaige „förderliche Zeiten", die im bisherigen Recht für die Lohnstufenzuordnung der Beschäftigungszeit hinzugerechnet werden konnten, bleiben nach Auffassung des BAG unberücksichtigt. Das Urteil ist zwar auf der Grundlage der kommunalen Vorschriften (§ 7 TVÜ-VKA nach Überleitung aus dem BTM-G) ergangen. Die Grundsätze sind aber wegen der in diesem Punkt weitergehenden Übereinstimmung von § 7 TVÜ-VKA, TVÜ-Bund und TVÜ-Länder bzw. BTM-G und MTArb auch im Bereich des Überleitungsrechts des Bundes und der Länder von Bedeutung.

Zu § 7 Abs. 2

Gemäß § 7 Abs. 2 gelten § 6 Abs. 3 (individuelle Endstufe oberhalb der höchsten Stufe einer Entgeltgruppe) und Abs. 4 Satz 1 und 2 (Zuweisung mindestens zur Stufe 2) entsprechend. Einzelheiten dazu siehe unter Erläuterungen zu § 6 Abs. 3 und 4.

Zu § 7 Abs. 3

Absatz 3 bestimmt, dass auch den Arbeitern nach der Überführung in das neue Entgeltsystem mindestens das Vergleichsentgelt erhalten bleibt. Sofern es höher ist, als das nach Absatz 1 Satz 1 zustehende

Entgelt, wird das Vergleichsentgelt – wie bei den Angestellten – als individuelle Zwischenstufe weiter gewährt (Satz 1).

Anders als bei ehemaligen Angestellten richtet sich die Verweildauer in der individuellen Zwischenstufe – ebenso wie die Verweildauer in einer „normalen" neuen Entgeltstufe – nach der für das Erreichen der nächsten Stufe noch verbleibenden individuellen Beschäftigungszeit. Ein genereller „Beförderungstag" (wie der 1. Oktober 2007 bei ehemaligen Angestellten) ist bei ehemaligen Arbeitern nicht vorgesehen.

Beispiel:

Überleitung eines Arbeiters der Lohngruppe 5a zum 1. Oktober 2005, Beginn der Beschäftigungszeit am 1. August 1996 = 9 Jahre, Monatstabellenlohn der Lohnstufe 5: 2.073,19 EUR, Tarifgebiet West

1. Schritt: Überleitung in Entgeltgruppe 5

2. Schritt: Stufenzuordnung nach Beschäftigungszeit

Aufgrund der Beschäftigungszeit von 9 Jahren erfolgt die Zuordnung zur Stufe 4 = 2.065,00 EUR

Berechnung des Vergleichsentgelts:

Das Entgelt der Stufe 4 ist niedriger als das Vergleichsentgelt (entspricht Monatstabellenlohn). Der Arbeiter wird deshalb nach § 7 Abs. 3 Satz 1 TVÜ mit dem Betrag von 2.073,19 EUR in die individuelle Zwischenstufe 4+ übergeleitet.

Weiterer Stufenaufstieg:

Im Gegensatz zur Stufenzuordnung nach der Beschäftigungszeit bleibt in den Fällen, in denen die Überleitung in eine individuelle Zwischenstufe erfolgt, die bisher erreichte Beschäftigungszeit des Arbeiters für den Aufstieg in die nächsthöhere reguläre Stufe weiter relevant. Der Aufstieg in die reguläre Stufe 5 erfolgt somit am 1. August 2006, da die nächsthöhere reguläre Stufe 5 eine Beschäftigungszeit von 10 Jahren voraussetzt und diese am 1. August 2006 erfüllt ist.

Durch den im Zuge des Änderungstarifvertrages Nr. 1 vom 31. März 2008 mit Wirkung vom 1. Januar 2008 angefügten Satz 3 wird (durch Verweis auf die entsprechende Regelung in § 6 Abs. 3 Satz 4) sichergestellt, dass auch das invididuelle Vergleichsentgelt bei allgemeinen Entgelterhöhungen angepasst wird.

Zu § 7 Abs. 4

Die Regelung des § 7 Abs. 4 in den Fällen der Höher- bzw. Herabgruppierung von ehemaligen Arbeitern während der Zeit der Verweildauer in einer individuellen Zwischenstufe entspricht im Kern der Regelung in § 6 Abs. 2 (siehe Erläuterung zu § 6 Abs. 2).

3. Abschnitt
Besitzstandsregelungen

§ 8 Bewährungs- und Fallgruppenaufstiege

(1) [1]Aus dem Geltungsbereich des BAT/BAT-O in eine der Entgeltgruppen 3, 5, 6 oder 8 übergeleitete Beschäftigte, die am 1. Oktober 2005 bei Fortgeltung des bisherigen Tarifrechts die für eine Höhergruppierung erforderliche Zeit der Bewährung oder Tätigkeit zur Hälfte erfüllt haben, sind zu dem Zeitpunkt, zu dem sie nach bisherigem Recht höhergruppiert wären, in die nächsthöhere Entgeltgruppe des TVöD eingruppiert. [2]Abweichend von Satz 1 erfolgt die Höhergruppierung in die Entgeltgruppe 5, wenn die Beschäftigten aus der Vergütungsgruppe VIII BAT/BAT-O mit ausstehendem Aufstieg nach Vergütungsgruppe VII BAT/BAT-O übergeleitet worden sind; sie erfolgt in die Entgeltgruppe 8, wenn die Beschäftigten aus der Vergütungsgruppe VIb BAT/BAT-O mit ausstehendem Aufstieg nach Vergütungsgruppe Vc BAT/BAT-O übergeleitet worden sind. [3]Voraussetzung für die Höhergruppierung nach Satz 1 und 2 ist, dass

- zum individuellen Aufstiegszeitpunkt keine Anhaltspunkte vorliegen, die bei Fortgeltung des bisherigen Rechts einer Höhergruppierung entgegengestanden hätten, und
- bis zum individuellen Aufstiegszeitpunkt nach Satz 1 weiterhin eine Tätigkeit auszuüben ist, die diesen Aufstieg ermöglicht hätte.

[4]Die Sätze 1 bis 3 gelten nicht in den Fällen des § 4 Abs. 2. [5]Erfolgt die Höhergruppierung vor dem 1. Oktober 2007, gilt – gegebenenfalls unter Berücksichtigung des Satzes 2 – § 6 Abs. 2 Satz 1 und 2 entsprechend.

(2) [1]Aus dem Geltungsbereich des BAT/BAT-O in eine der Entgeltgruppen 2 sowie 9 bis 15 übergeleitete Beschäftigte, die am 1. Oktober 2005 bei Fortgeltung des bisherigen Tarifrechts die für eine Höhergruppierung erforderliche Zeit der Bewährung oder Tätigkeit zur Hälfte erfüllt haben und in der Zeit zwischen dem 1. November 2005 und dem 30. September 2007 höhergruppiert worden wären, erhalten ab dem Zeitpunkt, zu dem sie nach bisherigem Recht höhergruppiert wären, in ihrer bisherigen Entgeltgruppe Entgelt nach derjenigen individuellen Zwischen- bzw. Endstufe, die sich ergeben hätte, wenn sich ihr Vergleichsentgelt (§ 5) nach der Vergütung aufgrund der Höhergruppierung bestimmt hätte. [2]Voraussetzung für diesen Stufenaufstieg ist, dass

- zum individuellen Aufstiegszeitpunkt keine Anhaltspunkte vorliegen, die bei Fortgeltung des bisherigen Rechts einer Höhergruppierung entgegengestanden hätten, und
- bis zum individuellen Aufstiegszeitpunkt nach Satz 1 weiterhin eine Tätigkeit auszuüben ist, die diesen Aufstieg ermöglicht hätte.

[3]Ein etwaiger Strukturausgleich wird ab dem individuellen Aufstiegszeitpunkt nicht mehr gezahlt. [4]Der weitere Stufenaufstieg richtet sich bei Zuordnung zu einer individuellen Zwischenstufe nach § 6 Abs. 1. [5]§ 4 Abs. 2 bleibt unberührt. [6]§ 6 Abs. 3 Sätze 2 bis 6 gelten entsprechend.

Niederschriftserklärung zu § 8 Abs. 2:

Die Neuberechnung des Vergleichsentgelts führt nicht zu einem Wechsel der Entgeltgruppe.

II

(3) [1]Abweichend von Absatz 1 Satz 1 und Absatz 2 Satz 1 gelten die Absätze 1 bzw. 2 auf schriftlichen Antrag entsprechend für übergeleitete Beschäftigte die bei Fortgeltung des BAT/BAT-O bis spätestens zum 31. Dezember 2013 wegen Erfüllung der erforderlichen Zeit der Bewährung oder Tätigkeit höhergruppiert worden wären, unabhängig davon, ob die Hälfte der erforderlichen Bewährungs- oder Tätigkeitszeit am Stichtag erfüllt ist. [2]In den Fällen des Absatzes 2 Satz 1 erhalten Beschäftigte, die in der Zeit zwischen dem 1. Oktober 2007 und dem 31. Dezember 2013 bei Fortgeltung des BAT/BAT-O höhergruppiert worden wären, in ihrer bisherigen Entgeltgruppe Entgelt nach derjenigen individuellen Zwischen- oder Endstufe, die sich aus der Summe des bisherigen Tabellenentgelts und dem nach Absatz 2 ermittelten Höhergruppierungsgewinn nach bisherigem Recht ergibt; die Stufenlaufzeit bleibt hiervon unberührt. [3]Bei Beschäftigten mit individueller Endstufe erhöht sich in diesen Fällen ihre individuelle Endstufe um den nach bisherigem Recht ermittelten Höhergruppierungsgewinn. [4]§ 6 Abs. 3 Sätze 2 bis 6 gelten entsprechend.

Protokollerklärungen zu Absatz 3:

1. Wäre die/der Beschäftigte bei Fortgeltung des BAT/BAT-O in der Zeit vom 1. Oktober 2007 bis 31. Dezember 2007 wegen Erfüllung der Voraussetzungen des Absatzes 3 höhergruppiert worden, findet Absatz 3 auf schriftlichen Antrag vom 1. Januar 2008 an Anwendung.
2. Die individuelle Zwischenstufe verändert sich bei allgemeinen Entgeltanpassungen um den von den Tarifvertragsparteien für die jeweilige Entgeltgruppe festgelegten Prozentsatz; sie erhöht sich am 1. April 2025 um 3,00 Prozent, mindestens aber um 110,00 Euro, und am 1. Mai 2026 um weitere 2,8 Prozent.

(4) [1]Ist bei einer Lehrkraft, die gemäß Nr. 5 der Vorbemerkungen zu allen Vergütungsgruppen nicht unter die Anlage 1a BAT fällt, eine Höhergruppierung nur vom Ablauf einer Bewährungszeit und von der Bewährung abhängig und ist am Stichtag die Hälfte der Mindestzeitdauer für einen solchen Aufstieg erfüllt oder wäre unabhängig von der Erfüllung der Hälfte der Mindestzeitdauer am Stichtag die Lehrkraft bei Fortgeltung des BAT/BAT-O bis spätestens zum 31. Dezember 2009 wegen Erfüllung der erforderlichen Zeit der Bewährung höhergruppiert, erfolgt in den Fällen der Absätze 1 und 3 unter den weiteren dort genannten Voraussetzungen zum individuellen Aufstiegszeitpunkt der Aufstieg in die nächsthöhere Entgeltgruppe. [2]Absatz 1 Satz 2 und Höhergruppierungsmöglichkeiten durch entsprechende Anwendung beamtenrechtlicher Regelungen bleiben unberührt. [3]Im Fall der Absätze 2 und 3 gilt Satz 1 mit der Maßgabe, dass anstelle der Höhergruppierung eine Neuberechnung des Vergleichsentgelts/Entgelts der individuellen Zwischen- bzw. Endstufe nach Absatz 2 beziehungsweise Absatz 3 Satz 2 und 3 erfolgt.

Erläuterungen

Die Vorschrift bestimmt – unterschiedlich für die Beschäftigten der Entgeltgruppen 3, 5, 6 oder 8 (Absatz 1) einerseits und die Beschäftigten der Entgeltgruppen 2 sowie 9 bis 15 (Absatz 2) andererseits, inwieweit sich bei der Überleitung bereits zurückgelegte Bewährungs-/Tätigkeitszeiten in der neuen Entgeltordnung auswirken. Es handelt sich dabei im Ergebnis um eine Besitzstandsregelung für „abgeschnittene" Bewährungs-/Tätigkeitsaufstiege.

Zu § 8 Abs. 1

Für Angestellte, die in eine der Entgeltgruppen 3, 5, 6 oder 8 überführt werden und am Stichtag (1. Oktober 2005) die Hälfte der Zeitdauer für einen Aufstieg in die nächst höhere BAT-Vergütungsgruppe erfüllt haben, erfolgt zum individuellen Aufstiegszeitpunkt der „Aufstieg" in die nächst höhere Entgeltgruppe entsprechend den Regelungen des TVöD über Höhergruppierungen, soweit der Beschäftigte zum Stichtag die persönlichen Voraussetzungen erfüllt hätte (Satz 1 und 3).

Beschäftigte der Vergütungsgruppe VIII BAT/BAT-O mit ausstehendem Aufstieg nach Vergütungsgruppe VII BAT/BAT-O werden (von Entgeltgruppe 3) in die Entgeltgruppe 5, Beschäftigte der Vergütungsgruppe VIb BAT/BAT-O mit ausstehendem Aufstieg nach Vergütungsgruppe Vc BAT/BAT-O werden (von Entgeltgruppe 6) in die Entgeltgruppe 8 höhergruppiert, denn die Entgeltgruppen 4 und 7 sind nur für ehemalige Arbeiter vorgesehen (Satz 2).

Die von § 4 Abs. 2 erfassten Beschäftigten (das sind die Höhergruppierungsfälle im Oktober 2005, die für die Ermittlung des Vergleichsentgelts ohnehin berücksichtigt werden – siehe Erläuterungen zu § 4 Abs. 2) sind von dem oben dargestellten Grundsatz ausgenommen (Satz 4).

Wenn die Höhergruppierung aufgrund dieser Vorschrift in der Zeit vor dem 1. Oktober 2007 erfolgt, sind die Grundsätze des § 6 Abs. 2 Satz 1 (siehe Erläuterung zu § 6 Abs. 2) zu beachten (Satz 5). Wegen der Besonderheiten in den Fällen, in denen im Anschluss an einen Aufstieg noch eine Vergütungsgruppenzulage vorgesehen ist, siehe Erläuterungen zu § 9 Abs. 3 Buchstabe a.

Zu § 8 Abs. 2

Angestellte, die in eine der Entgeltgruppen 2 sowie 9 bis 15 überführt werden und am Stichtag die Hälfte der Zeitdauer für einen Aufstieg in die nächsthöhere BAT-Vergütungsgruppe erfüllt haben, steigen zwar zum individuellen Aufstiegszeitpunkt nicht in die nächsthöhere Entgeltgruppe auf.

Bei Beschäftigten, die am 1. Oktober 2005 die Hälfte der Zeitdauer für einen Aufstieg in die nächsthöhere BAT-Vergütungsgruppe erfüllt haben, in der Zeit zwischen dem 1. November 2005 und dem 30. September 2007 höhergruppiert worden wären, und die zum Stichtag die persönlichen Voraussetzungen erfüllt hätten, wird aber zu dem individuellen Aufstiegszeitpunkt das für die Überleitung maßgebende Vergleichsentgelt (siehe Erläuterungen zu § 5) neu berechnet. Dabei wird anstelle der tatsächlichen Vergütungsgruppe die bei unterstellter Höhergruppierung erreichte Vergütungsgruppe zugrunde gelegt. Auf dieser Basis wird dann das zustehende Entgelt nach der individuellen Zwischenstufe (der durch die Überleitung erreichten Entgeltgruppe) bzw. ggf. der Endstufe nach den allgemeinen Grundsätzen (siehe Erläuterungen zu § 6) neu ermittelt (Satz 1 und 2). Ein Wechsel der Entgeltgruppe ist damit nicht verbunden (Niederschriftserklärung zu § 8 Abs. 2); Auswirkungen ergeben sich somit nur bei der Entgeltstufe. Das BAG hält diese Verfahrensweise für rechtmäßig (s. Urteil vom 16. Oktober 2014 – 6 AZR 661/12).

Etwaige Strukturausgleiche (siehe § 12) werden ab diesem Zeitpunkt nicht mehr gezahlt (Satz 3).

Ist im Wege des „fiktiven Aufstieges" die Zuordnung zu einer individuellen Zwischenstufe erfolgt, richtet sich der weitere Stufenaufstieg nach § 6 Abs. 1 – er erfolgt somit zum 1. Oktober 2007 (Satz 4; siehe auch Erläuterungen zu § 6 Allgemeines).

Nach Satz 5 der Vorschrift bleibt § 4 Abs. 2 unberührt – bei den darunter fallenden Beschäftigten (das sind die Höhergruppierungsfälle im Oktober 2005) wird die Höhergruppierung für die Ermittlung des Vergleichsentgelts ohnehin berücksichtigt (siehe Erläuterungen zu § 4).

Satz 6 wurde durch den 9. Änderungstarifvertrag zum TVöD vom 17. Oktober 2014 mit Wirkung vom 1. März 2014 angefügt. Die Regelung stellt einen Mindesthöhergruppierungsgewinn bei der Höhergruppierung aus einer individuellen Endstufe sicher und verweist dazu auf § 6 Abs. 3 Sätze 2 bis 6 (siehe dort).

Zu § 8 Abs. 3

Nach Absatz 3 erfolgte der Bewährungs-/Fallgruppenaufstieg nach Absatz 1 bzw. der „fiktive Bewährungs-/Fallgruppenaufstieg" nach Absatz 2 in den Fällen, in denen der tatsächliche Aufstieg bei Weitergeltung alten Rechts bis zum 30. September 2007 erfolgt wäre, auch dann, wenn die in den Absätzen 1 und 2 geforderte „Halbzeit" noch nicht erreicht war. Dass es in Einzelfällen zu einer Besserstellung dieser vom „fiktiven Aufstieg" profitierenden Beschäftigten gegenüber denjenigen Beschäftigten kommen kann, die den Bewährungsaufstieg nach BAT/BAT-O bereits vor dem 1. Oktober 2007 vollzogen haben, ist nach den Ausführungen des BAG unerheblich (s. Urteil vom 16. Oktober 2014 – 6 AZR 661/12).

Die praktische Bedeutung dieser Vorschrift war eher gering; sie konnte unter Berücksichtigung der Datenlage nur dann zur Anwendung kommen, wenn zwischen der Grund- und der Aufstiegsvergütungsgruppe eine relativ kurze Zeit lag.

Absatz 3 ist in einem ersten Schritt im Zuge des Änderungstarifvertrages Nr. 1 vom 31. März 2008 mit Wirkung vom 1. Januar 2008 erheblich geändert und hinsichtlich seiner Wirkung erweitert worden. Im Ergebnis fanden nach der Neufassung des Absatzes 3 auch die Aufstiege, die bei Fortgeltung des bisherigen (BAT-)Rechts in der Zeit vom 1. Januar 2008 bis zum 31. Dezember 2009 erfolgt wären, noch statt, wenn die Betroffenen dies beantragten. Im Eckpunktepapier zur Lohnrunde 2008 hatten die Tarifpartner schon festgelegt, dass über eine Verlängerung dieser Regelung im Rahmen der Lohnrunde 2010 beraten werden kann. Im Rahmen der Lohnrunde 2010 wurde dann die Verlängerung der Regelung bis zum 29. Februar 2012 vereinbart; die Vereinbarung wurde mit dem Änderungstarifvertrag Nr. 3 vom 27. Februar 2010 umgesetzt. Im Zusammenhang mit der Einführung der neuen Entgeltordnung wurde die Frist im Zuge des 7. Änderungstarifvertrages vom 5. September 2013 letztmalig bis zum 31. Dezember 2013 verlängert. Die Verlängerung wurde rückwirkend zum 1. März 2012 (und somit im nahtlosen Anschluss) vereinbart. Bei der Antragstellung ist zu bedenken, dass sich durch einen Aufstieg gemäß § 8 Absatz 2 Satz 3 bzw. § 12 Absatz 5 Auswirkungen (Fortfall bzw. Minderung) auf einen ggf. zustehenden Strukturausgleich ergeben, die unter Umständen einen Höhergruppierungsgewinn zumindest vorübergehend übersteigen.

Im Fall der in die Entgeltgruppen 3, 5, 6 oder 8 übergeleiteten Beschäftigten erfolgt entsprechend der Regelung in Absatz 1 ein „echter" Aufstieg zum individuellen Aufstiegszeitpunkt (Satz 1). In den Fällen der in die Entgeltgruppen 2 und 9 bis 15 übergeleiteten ehemaligen

Angestellten wird in Anlehnung an das Verfahren des Absatzes 2 der nach bisherigem Recht ermittelte Höhergruppierungsgewinn zusätzlich zum Tabellenentgelt hinzugerechnet und die Summe aus Tabellenentgelt und Höhergruppierungsgewinn dann als neue individuelle Zwischen- oder Endstufe der jeweiligen Entgeltgruppe gezahlt. Die Stufenzuweisung wird davon nicht berührt; die betroffenen Beschäftigten steigen somit erst zum regulär vorgesehenen Zeitpunkt in die nächst höhere Stufe auf (Satz 2 und 3).

Beispiel:

Eine Beschäftigte mit originärer Eingruppierung in die VergGr. Vb mit seinerzeit noch ausstehendem Aufstieg nach VergGr. IVb (nach 6 Jahren) ist mit ihrem Vergleichsentgelt gem. § 5 TVÜ-Bund (35. LASt, Ortszuschlagsstufe 1) in Höhe von 2.454,73 EUR in die Entgeltgruppe 9 und einer Zuordnung zu einer individuellen Zwischenstufe zwischen den Stufen 3 und 4 (Stufe 3+) übergeleitet worden. Am 1. Oktober 2007 rückte sie gem. § 6 Abs. 1 Satz 2 TVÜ-Bund in die reguläre Stufe 4 auf. Am 1. Januar 2008 erhöhte sich ihr monatliches Tabellenentgelt auf 2866,18 EUR und am 1. Januar 2009 auf 2946,43 EUR. Am 1. Juli 2009 erreicht sie den individuellen Zeitpunkt, zu dem sie nach bisherigem Recht in die VergGr. IVb höhergruppiert worden wäre.

Ab dem 1. Juli 2009 hat sie Anspruch auf ein erhöhtes Entgelt in ihrer Entgeltgruppe 9. Ihr Höhergruppierungsgewinn berechnet sich wie folgt:

Vergleichsentgelt VergGr Vb, 35. LASt, OZ 1	=	2454,73 Euro
Vergleichsentgelt VergGr IVb, 35. LASt, OZ 1	=	2713,59 Euro
Differenz (Höhergruppierungsgewinn)	=	258,86 Euro

Ab dem 1. Juli 2009 erhält sie daher zusätzlich zu ihrem Tabellenentgelt in Höhe von 2946,43 EUR den individuellen Höhergruppierungsgewinn in Höhe von 258,86 EUR monatlich; das ergibt in der Summe 3205,29 EUR als neues monatliches Entgelt.

Die Stufenlaufzeit nach Stufe 5 (vier Jahre nach Erreichen der Stufe 4, gerechnet ab 1. Oktober 2007) bleibt unberührt; die Stufe 5 wird somit zum 1. Oktober 2011 erreicht.

Durch den Verweis in Satz 4 auf § 6 Abs. 3 Sätze 2 bis 6 (s. dort) werden ein Mindesthöhergruppierungsgewinn bei der Höhergruppierung aus einer individuellen Endstufe sowie die Dynamisierung des Betrages bei allgemeinen Entgelterhöhungen sichergestellt.

In der Protokollerklärung Nr. 1 zu Absatz 3 n. F. haben die Tarifpartner vereinbart, dass die Vorschrift auf Antrag auch für solche Aufstiege anzuwenden ist, die in der Zeit vom 1. Oktober 2007 (also nach dem Auslaufen der Regelung des Absatzes 3 a. F.) und dem Inkrafttreten der Neufassung (1. Januar 2008) stattgefunden hätten. Die erhöhten Beträge stehen dann ab dem 1. Januar 2008 zu.

Die Protokollerklärung Nr. 2 wurde durch den Änderungstarifvertrag Nr. 3 vom 27. Februar 2010 mit Wirkung vom 1. Januar 2010 hinzugefügt. Sie bewirkt, dass bei den Beschäftigten der Entgeltgruppe 2 sowie 9 bis 15 auch die individuelle Zwischenstufe dynamisch ausgestattet ist. Für Beschäftigte der Entgeltgruppe 2 sowie 9 bis 15, die durch den zusätzlich gezahlten Höhergruppierungsgewinn eine individuelle Endstufe erreicht hatten, tritt dieser Effekt durch Satz 5 (Querverweis auf § 6 Abs. 3 Satz 4) ein.

Zu § 8 Abs. 4

In Absatz 4 ist die sinngleiche Übertragung der Grundsätze zur Sicherung von Bewährungs-/Fallgruppenaufstiegen auf (die nicht unter die Anlage 1a zum BAT fallenden) Lehrkräfte vereinbart worden.

Zur Niederschriftserklärung

In einer Niederschriftserklärung zu § 8 Abs. 1 Satz 2 und Abs. 2 Satz 2 sowie § 9 Abs. 2 bis 4 (abgedruckt am Ende des § 9) haben die Tarifvertragspartner bestimmt, dass eine missbräuchliche Entziehung der bisherigen Tätigkeit mit dem ausschließlichen Ziel, eine Höhergruppierung zu verhindern, nicht zulässig ist.

Dadurch wird das allgemeine Direktionsrecht des Arbeitgebers, nach dem er an sich berechtigt wäre, dem Arbeitnehmer anstelle einer zum Aufstieg führenden Tätigkeit die Tätigkeit der gleichen Vergütungsgruppe, aber einer nicht zum Aufstieg führenden Fallgruppe, zuzuweisen, eingeschränkt. Die Einschränkung gilt aber nur, wenn die Verhinderung des Aufstieges das ausschließliche Ziel der Entziehung der zum Aufstieg berechtigenden Tätigkeit ist. Die Zuweisung einer anderen, nicht zum Aufstieg berechtigenden Tätigkeit im Rahmen beispielsweise einer Neustrukturierung der Dienststelle wird durch die Niederschriftserklärung nicht blockiert.

§ 9 Vergütungsgruppenzulagen

(1) Aus dem Geltungsbereich des BAT/BAT-O übergeleitete Beschäftigte, denen am 30. September 2005 nach der Vergütungsordnung zum BAT/BAT-O eine Vergütungsgruppenzulage zusteht, erhalten in der Entgeltgruppe, in die sie übergeleitet werden, eine Besitzstandszulage in Höhe ihrer bisherigen Vergütungsgruppenzulage.

(2) [1]Aus dem Geltungsbereich des BAT/BAT-O übergeleitete Beschäftigte, die bei Fortgeltung des bisherigen Rechts nach dem 30. September 2005 eine Vergütungsgruppenzulage ohne vorausgehenden Fallgruppenaufstieg erreicht hätten, erhalten ab dem Zeitpunkt, zu dem ihnen die Zulage nach bisherigem Recht zugestanden hätte, eine Besitzstandszulage. [2]Die Höhe der Besitzstandszulage bemisst sich nach dem Betrag, der als Vergütungsgruppenzulage zu zahlen gewesen wäre, wenn diese bereits am 30. September 2005 zugestanden hätte. [3]Voraussetzung ist, dass

- am 1. Oktober 2005 die für die Vergütungsgruppenzulage erforderliche Zeit der Bewährung oder Tätigkeit nach Maßgabe des § 23b Abschn. A BAT/BAT-O zur Hälfte erfüllt ist,
- zu diesem Zeitpunkt keine Anhaltspunkte vorliegen, die bei Fortgeltung des bisherigen Rechts der Vergütungsgruppenzulage entgegengestanden hätten und
- bis zum individuellen Zeitpunkt nach Satz 1 weiterhin eine Tätigkeit auszuüben ist, die zu der Vergütungsgruppenzulage geführt hätte.

(2a) [1]Absatz 2 gilt auf schriftlichen Antrag entsprechend für übergeleitete Beschäftigte, die bei Fortgeltung des BAT/BAT-O bis spätestens zum 31. Dezember 2013 wegen Erfüllung der erforderlichen Zeit der Bewährung oder Tätigkeit die Voraussetzungen der Vergütungsgruppenzulage erfüllt hätten, unabhängig davon, ob die Hälfte der erforderlichen Zeit der Bewährung oder Tätigkeit am Stichtag erfüllt ist. [2]Die Protokollerklärung zu § 8 Abs. 3 gilt entsprechend.

(3) [1]Für aus dem Geltungsbereich des BAT/BAT-O übergeleitete Beschäftigte, die bei Fortgeltung des bisherigen Rechts nach dem 30. September 2005 im Anschluss an einen Fallgruppenaufstieg eine Vergütungsgruppenzulage erreicht hätten, gilt Folgendes:

a) [1]In eine der Entgeltgruppen 3, 5, 6 oder 8 übergeleitete Beschäftigte, die den Fallgruppenaufstieg am 30. September 2005 noch nicht erreicht haben, sind zu dem Zeitpunkt, zu dem sie nach bisherigem Recht höhergruppiert worden wären, in die nächsthöhere Entgeltgruppe des TVöD eingruppiert; § 8 Abs. 1 Satz 2 bis 5 gilt entsprechend. [2]Eine Besitzstandszulage für eine Vergütungsgruppenzulage steht nicht zu.

b) [1]Ist ein der Vergütungsgruppenzulage vorausgehender Fallgruppenaufstieg am 30. September 2005 bereits erfolgt, gilt Absatz 2 mit der Maßgabe, dass am 1. Oktober 2005 die Hälfte der Gesamtzeit für den Anspruch auf die Vergütungsgruppenzulage einschließlich der Zeit für den vorausgehenden Aufstieg zurückgelegt sein muss oder die Vergütungsgruppenzulage bei Fortgeltung des bisherigen Rechts bis zum 31. Dezember 2013 erworben

II

worden wäre. [2]Im Fall des Satzes 1 2. Alternative wird die Vergütungsgruppenzulage auf schriftlichen Antrag gewährt. [3]Die Protokollerklärung zu § 8 Abs. 3 gilt entsprechend.

c) [1]Wäre im Fall des Buchstaben a nach bisherigem Recht der Fallgruppenaufstieg spätestens am 30. September 2007 erreicht worden, gilt Absatz 2 mit der Maßgabe, dass am 1. Oktober 2007 die Hälfte der Gesamtzeit für den Anspruch auf die Vergütungsgruppenzulage einschließlich der Zeit für den vorausgehenden Aufstieg erreicht worden sein muss und die Vergütungsgruppenzulage bei Fortgeltung des bisherigen Rechts bis zum 31. Dezember 2013 erworben worden wäre. [2]Die Protokollerklärung zu § 8 Abs. 3 gilt entsprechend.

(4) [1]Die Besitzstandszulage nach den Absätzen 1, 2 und 3 Buchst. b wird so lange gezahlt, wie die anspruchsbegründende Tätigkeit ununterbrochen ausgeübt wird und die sonstigen Voraussetzungen für die Vergütungsgruppenzulage nach bisherigem Recht weiterhin bestehen. [2]Sie verändert sich bei allgemeinen Entgeltanpassungen um den von den Tarifvertragsparteien für die jeweilige Entgeltgruppe festgelegten Vomhundertsatz. [3]Daneben steht ein weiterer Anspruch auf eine Entgeltgruppenzulage nach dem Tarifvertrag über die Entgeltordnung des Bundes nicht zu.

Protokollerklärungen zu Absatz 4 Sätze 1 und 2:

1. [1]Unterbrechungen wegen Elternzeit, Wehr- oder Zivildienstes, Sonderurlaubs, bei dem der Arbeitgeber vor Antritt ein dienstliches oder betriebliches Interesse an der Beurlaubung anerkannt hat, Bezuges einer Rente auf Zeit wegen verminderter Erwerbsfähigkeit oder wegen Ablaufs der Krankenbezugsfristen sowie wegen vorübergehender Übertragung einer höherwertigen Tätigkeit sind unschädlich. [2]Bis zum 30. April 2015 sind Unterbrechungen wegen unbezahlten Sonderurlaubs aufgrund von Familienpflichten im Sinne des § 4 Abs. 2 BGleiG vom 30. November 2001 (BGBl. I S. 3234), das zuletzt durch Artikel 15 Absatz 54 des Gesetzes vom 5. Februar 2009 (BGBl. I S. 160) geändert worden ist, unschädlich. [3]Ab dem 1. Mai 2015 sind Unterbrechungen wegen unbezahlten Sonderurlaubs aufgrund von Familien- und Pflegeaufgaben im Sinne des § 3 Nummer 6 und 7 BGleiG vom 24. April 2015 (BGBl. I S. 642, 643) in der jeweils geltenden Fassung unschädlich. [4]In den Fällen, in denen eine Unterbrechung aus den in Satz 1 oder 2 genannten Gründen nach dem 30. September 2005 und vor dem 1. Juli 2008 endet, wird eine Besitzstandszulage nach § 9 Abs. 1, 2 oder 3 Buchst. b oder c vom 1. Juli 2008 an gezahlt, wenn bis zum 30. September 2008 ein entsprechender schriftlicher Antrag (Ausschlussfrist) gestellt worden ist. [5]Ist eine entsprechende Leistung bis zum 31. März 2008 schriftlich geltend gemacht worden, erfolgt die Zahlung vom 1. Juni 2008 an.
2. Die Besitzstandszulage erhöht sich am 1. April 2025 um 3,11 Prozent und am 1. Mai 2026 um weitere 2,8 Prozent.

Niederschriftserklärung zu § 8 Abs. 1 Satz 2 und Abs. 2 Satz 2 sowie § 9 Abs. 2 bis 4:
Eine missbräuchliche Entziehung der Tätigkeit mit dem ausschließlichen Ziel, eine Höhergruppierung zu verhindern, ist nicht zulässig.

Erläuterungen

Die Vorschrift regelt, inwieweit Vergütungsgruppenzulagen bzw. „Anwartschaftszeiten" auf Vergütungsgruppenzulagen beim Wechsel in die neue Entgeltordnung berücksichtigt werden. Dabei sind unterschiedliche Regelungen vereinbart worden für aus dem BAT/BAT-O übergeleitete Beschäftigte, die am 30. September 2005 bereits eine Vergütungsgruppenzulage erhalten, für Beschäftigte, die nach altem Recht Anspruch auf eine Vergütungsgruppenzulage ohne vorausgehenden Fallgruppenaufstieg hatten, und für Beschäftigte, die nach altem Recht Anspruch auf eine Vergütungsgruppenzulage nach vorausgehenden Fallgruppenaufstieg hatten.

Zu § 9 Abs. 1

Beschäftigte, die am Stichtag bereits eine Vergütungsgruppenzulage erhalten, erhalten in der übergeleiteten Entgeltgruppe eine der bislang gezahlten Vergütungsgruppenzulage entsprechende Besitzstandszulage.

Wegen der Dauer der Zahlung und ihrer Dynamisierung siehe Abs. 4.

Zu § 9 Abs. 2

Beschäftigte, die nach altem Recht Anspruch auf eine Vergütungsgruppenzulage ohne vorausgehenden Fallgruppenaufstieg hatten, erhalten in der übergeleiteten Entgeltgruppe ab dem Zeitpunkt, in dem die Vergütungsgruppenpauschale nach altem Recht zugestanden hätte, eine Besitzstandszulage in Höhe dieser Vergütungsgruppenzulage (Satz 1 und 2), wenn sie am 1. Oktober 2005 die für die Vergütungsgruppenzulage erforderliche Bewährungszeit zur Hälfte zurückgelegt haben und die persönlichen Voraussetzungen für die Zulage erfüllen (Satz 3). Auch diese Zulage ist dynamisch und wird so lange gezahlt, wie die anspruchsbegründende Tätigkeit ununterbrochen ausgeübt wird und die sonstigen Voraussetzungen für eine Vergütungsgruppenzulage weiterhin bestehen (siehe Erläuterungen zu Absatz 4).

Zu § 9 Abs. 2a

Absatz 2a ist in einem ersten Schritt im Zuge des Änderungstarifvertrages Nr. 1 vom 31. März 2008 mit Wirkung vom 1. Januar 2008 eingefügt worden. Die Vorschrift erweiterte den Geltungsbereich der Regelung des Absatzes 2 auch auf die Fälle, die am 1. Oktober 2005 noch nicht die nach Absatz 2 erforderliche „Halbzeit" für die Vergütungsgruppenzulage erfüllt hatten. Auch in diesen Fällen wurde nach der Neuregelung des Absatzes 2a eine Vergütungsgruppenzulage gezahlt, wenn bei Fortgeltung des bisherigen (BAT-)Rechts der Beginn der Zulagenzahlung in der Zeit vom 1. Januar 2008 bis zum 31. Dezember 2009 gelegen hätte. Die Zahlungsaufnahme setzt einen entsprechenden schriftlichen Antrag der Betroffenen voraus. Im Eckpunktepapier zur Lohnrunde 2008 haben die Tarifpartner schon festgelegt, dass über eine Verlängerung dieser Regelung im Rahmen der Lohnrunde 2010 beraten werden kann. Im Rahmen der Lohnrunde 2010 wurde dann die Verlängerung der Regelung bis zum 29. Februar 2012 vereinbart und mit dem Änderungstarifvertrag Nr. 3 vom 27. Februar 2010 umgesetzt. Im Zusammenhang mit der Einführung der neuen Entgeltordnung wurde die Frist im Zuge des 7. Änderungstarifvertrages vom 5. September 2013 letztmalig bis zum 31. Dezember 2013 verlängert. Die Verlängerung wurde rückwirkend zum 1. März 2012 (und somit im nahtlosen Anschluss) vereinbart. Nach Satz 2 der Vorschrift gilt die Protokollerklärung zu § 8 Absatz 3 entsprechend. Somit ist die Vorschrift des Absatzes 2a auf schriftlichen Antrag auch für solche Vergütungsgruppenzulagen anzuwenden, die in der Zeit vom 1. Oktober 2007 und dem 1. Januar 2008 begonnen hätten. Die erhöhten Beträge stehen dann ab dem 1. Januar 2008 zu.

Zu § 9 Abs. 3

In eine der Entgeltgruppen 3, 5, 6 oder 8 übergeleitete Beschäftigte bei noch nicht erreichtem Fallgruppenaufstieg:

Diese Beschäftigten, für die nach bisherigem Recht zunächst ein Fallgruppenaufstieg und danach eine Vergütungsgruppenzulage vorgesehen war („doppelter Bewährungsaufstieg"), werden zu dem Zeitpunkt, zu dem sie nach bisherigem Recht höhergruppiert worden wären, in die nächsthöhere Entgeltgruppe eingruppiert (Absatz 3 Buchst. a). Dabei gilt die Vorschrift der Sätze 2 bis 5 des § 8 entsprechend (siehe Erläuterungen zu § 8 Abs. 1).

Eine Besitzstandszulage für eine (verpasste) Vergütungsgruppenzulage steht in diesen Fällen nicht zu.

In andere Entgeltgruppen übergeleitete Beschäftigte bei noch nicht erreichtem Fallgruppenaufstieg:

Dieser Fall ist nicht geregelt. Sofern entsprechende Fallgestaltungen in der Praxis überhaupt auftreten können, wird dann weder – wie in den Fällen der Entgeltgruppen 3, 5, 6 oder 8 – eine Höhergruppierung vollzogen, noch besteht Anspruch auf eine Besitzstandszulage. Die Besitzstandsregelungen des § 8 Abs. 2 sind aber ggf. zu beachten (siehe Erläuterungen zu § 8 Abs. 2).

Besitzstandszulagen für Vergütungsgruppenzulagen bei bereits erreichtem Fallgruppenaufstieg:

In diesen Fällen gilt gemäß Absatz 3 Buchstabe b die Vorschrift des Absatzes 2 (siehe Erläuterungen zu Absatz 2) mit der Maßgabe, dass am 1. Oktober 2005 die Hälfte der **Gesamtzeit** für den Anspruch auf die Vergütungsgruppenzulage einschließlich der Zeit für den vorausgegangenen Aufstieg zurückgelegt sein muss. Auch diese Vorschrift ist im Zuge des Änderungstarifvertrages Nr. 1 vom 31. März 2008 mit Wirkung vom 1. Januar 2008 modifiziert worden. Nach näherer Maßgabe der neu in den Satz 1 aufgenommenen zweiten Alternative genügt es auch hier, dass der Anspruch auf Vergütungsgruppenzulage nach bisherigem Recht bis zum 31. Dezember 2009 erworben worden wäre (zur Verlängerung dieses Datums im Rahmen der Entgeltrunde 2010 und im Zusammenhang mit der Einführung der Entgeltordnung siehe bei den Erläuterungen zum Absatz 2a). Die Zahlungsaufnahme setzt einen entsprechenden schriftlichen Antrag der Betroffenen voraus. Nach Satz 2 der Vorschrift gilt die Protokollerklärung zu § 8 Absatz 3 entsprechend. Somit ist die Regelung auf schriftlichen Antrag auch für solche Vergütungsgruppenzulagen anzuwenden, die in der Zeit vom 1. Oktober 2007 und dem 1. Januar 2008 begonnen hätten. Die erhöhten Beträge stehen dann ab dem 1. Januar 2008 zu.

Auch diese Zulage ist dynamisch und wird so lange gezahlt, wie die anspruchsbegründende Tätigkeit ununterbrochen ausgeübt wird und die sonstigen Voraussetzungen für eine Vergütungsgruppenzulage weiterhin bestehen (siehe Erläuterungen zu Absatz 4).

Der durch den Änderungstarifvertrag Nr. 1 eingefügte Buchstabe c des Absatzes 3 führt zu einer Ausweitung des für eine Besitzstandszulage in Frage kommenden Personenkreises. Bis dahin hatten die unter Absatz 3 Buchstabe a fallenden Beschäftigten unter den dort genannten Voraussetzungen nur einen Anspruch auf den Aufstieg, nicht aber auf eine sich daran anschließende Vergütungsgruppenzulage. Nach der Neuregelung kommt eine Zulage (nach Aufstieg) auch in den Fällen noch in Betracht, in denen der Aufstieg nach bisherigem Recht spätestens am 30. September 2007 erfolgt wäre, am 1. Oktober 2007 die Gesamtzeit für den Aufstieg und den Anspruch auf Vergütungsgruppenzulage insgesamt zur Hälfte absolviert war und der Anspruch auf Zulage bis zum 31. Dezember 2009 erworben wird. Ist dies der Fall, so steigen die Beschäftigten nicht nur zum individuellen Zeitpunkt auf, sondern erhalten dann zu dem Zeitpunkt, an dem nach altem Recht der Anspruch auf eine Vergütungsgruppenzulage entstanden wäre, eine Besitzstandszulage. Weitere Voraussetzung ist ein schriftlicher Antrag der Betroffenen. Zur Verlängerung des Enddatums 31. Dezember 2009 im Rahmen der Entgeltrunde 2010 siehe bei den Erläuterungen zum Absatz 2a. Nach Satz 3 der Vorschrift gilt die Protokollerklärung zu § 8 Absatz 3 entsprechend. Somit ist die Regelung auf schriftlichen Antrag auch für solche Vergütungsgruppenzulagen anzuwenden, die in der Zeit vom 1. Oktober 2007 und dem 1. Januar 2008 begonnen hätten. Die erhöhten Beträge stehen dann ab 1. Januar 2008 zu.

Zu § 9 Abs. 4

Die Besitzstandszulage wird nach Absatz 4 solange fortgezahlt, wie die anspruchsbegründende Tätigkeit ununterbrochen ausgeübt wird und die sonstigen Voraussetzungen für eine Vergütungsgruppenzulage weiterhin bestehen.

Unterbrechungen aus den in der Protokollerklärung Nr. 1 zu Absatz 4 Satz 1 genannten Gründen (z. B. wegen Elternzeit, Wehrdienst) sind unschädlich. Die Protokollerklärung ist im Zuge der Entgeltrunde 2008 durch den Änderungstarifvertrag Nr. 1 vom 31. März 2008 mit Wirkung vom 1. Juli 2008 eingeführt worden. Für zurückliegende Zeiträume galt diese Regelung nur auf Antrag.

Die Zulage ist dynamisch gestaltet; d. h. sie wird bei Entgeltanpassungen um den gleichen Prozentsatz verändert wie das Entgelt der Entgeltgruppe, in die der Beschäftigte eingruppiert ist (Absatz 4 Satz 2). In der Protokollerklärung Nr. 2 haben die Tarifpartner die Erhöhung im Zuge der Tarifrunde 2025 festgelegt.

Mit dem durch den Änderungstarifvertrag Nr. 7 im Zuge der Einführung der neuen Entgeltordnung mit Wirkung vom 1. Januar 2014 angefügten Satz 3 wird klargestellt, dass der Anspruch auf die Besitzstandszulage den Anspruch auf eine Entgeltgruppenzulage neuen Rechts ausschließt.

Zur Niederschriftserklärung

Siehe hierzu Erläuterungen zu § 8.

§ 10 Fortführung vorübergehend übertragener höherwertiger Tätigkeit

[1]Beschäftigte, denen am 30. September 2005 eine Zulage nach § 24 BAT/BAT-O zusteht, erhalten nach Überleitung in den TVöD eine Besitzstandszulage in Höhe ihrer bisherigen Zulage, solange sie die anspruchsbegründende Tätigkeit weiterhin ausüben und die Zulage nach bisherigem Recht zu zahlen wäre. [2]Wird die anspruchsbegründende Tätigkeit über den 30. September 2007 hinaus beibehalten, finden mit Wirkung ab dem 1. Oktober 2007 die Regelungen des TVöD über die vorübergehende Übertragung einer höherwertigen Tätigkeit Anwendung. [3]Für eine vor dem 1. Oktober 2005 vorübergehend übertragene höherwertige Tätigkeit, für die am 30. September 2005 wegen der zeitlichen Voraussetzungen des § 24 Abs. 1 bzw. 2 BAT/BAT-O noch keine Zulage gezahlt wird, gilt Satz 1 und 2 ab dem Zeitpunkt entsprechend, zu dem nach bisherigem Recht die Zulage zu zahlen gewesen wäre. [4]Sätze 1 bis 3 gelten in den Fällen des § 9 MTArb/MTArb-O entsprechend; bei Vertretung einer Arbeiterin/eines Arbeiters bemisst sich die Zulage nach dem Unterschiedsbetrag zwischen dem Lohn nach § 9 Abs. 2 Buchst. a MTArb/MTArb-O und dem im September 2005 ohne Zulage zustehenden Lohn. [5]Sätze 1 bis 4 gelten bei besonderen tarifvertraglichen Vorschriften über die vorübergehende Übertragung höherwertiger Tätigkeiten entsprechend. [6]Ist Beschäftigten, die eine Besitzstandszulage nach Satz 1 erhalten, die anspruchsbegründende Tätigkeit bis zum 30. September 2007 dauerhaft übertragen worden, erhalten sie eine persönliche Zulage. [7]Die Zulage nach Satz 6 wird für die Dauer der Wahrnehmung dieser Tätigkeit auf einen bis zum 30. September 2008 zu stellenden schriftlichen Antrag (Ausschlussfrist) der/des Beschäftigten vom 1. Juli 2008 an gezahlt. [8]Die Höhe der Zulage bemisst sich nach dem Unterschiedsbetrag zwischen dem am 1. Oktober 2005 nach § 6 oder § 7 zustehenden Tabellenentgelt oder Entgelt nach einer individuellen Zwischen- oder Endstufe einschließlich der Besitzstandszulage nach Satz 1 und dem Tabellenentgelt nach der Höhergruppierung. [9]Allgemeine Entgeltanpassungen, Erhöhungen des Entgelts durch Stufenaufstiege und Höhergruppierungen sowie Zulagen gemäß § 14 Abs. 3 TVöD sind auf die persönliche Zulage in voller Höhe anzurechnen.

Niederschriftserklärung zu § 10:

Die Tarifvertragsparteien stellen klar, dass die vertretungsweise Übertragung einer höherwertigen Tätigkeit ein Unterfall der vorübergehenden Übertragung einer höherwertigen Tätigkeit ist.

Erläuterungen

Diese Regelung bewirkt im Ergebnis, dass die Vorschriften des § 24 BAT/BAT-O bzw. § 9 MTArb/MTArb-O für die übergeleiteten Beschäftigten, denen am 30. September 2005 vorübergehend (oder vertretungsweise – siehe Niederschriftserklärung zu § 10) höherwertige Tätigkeiten übertragen waren, die sie auch nach dem 1. Oktober 2005 fortführen, bis zum 30. September 2007 weiter gelten. Danach sind die Vorschriften des TVöD anzuwenden.

Mit den im Zuge des 1. Änderungstarifvertrages vom 31. März 2008 mit Wirkung vom 1. Juli 2008 angefügten Sätzen 6 bis 9 haben die Tarifpartner eine besondere Regelung für den Fall getroffen, dass Beschäftigten in der Zeit bis zum 30. September 2007 die anspruchsbegründende Tätigkeit dauerhaft übertragen wird. Zum Ausgleich der in diesen Fällen denkbaren Gehaltsminderung, die daraus resultiert, dass das Vergleichsentgelt zuzüglich der nach bisherigem Recht berechneten Zulage höher ist als der „Beförderungsgewinn", haben die Tarifpartner eine Zulage vereinbart. Sie wird zunächst in Höhe des Differenzbetrages zwischen der Summe aus Vergleichsentgelt bei Überleitung in den TVöD und der nach bisherigem Recht (z. B. § 24 BAT) ermittelten Zulage einerseits und dem Tabellenentgelt nach Höhergruppierung andererseits gezahlt. Die Zulage wird grundsätzlich zwar für die Zeit der Wahrnehmung der dauerhaft übertragenen Tätigkeit gewährt. Sie ist aber aufzehrbar; Entgeltsteigerungen durch allgemeine Entgeltanpassungen, Stufenaufstiege und Höhergruppierungen, sowie Zulagen i. S. des § 14 Absatz 3 TVöD bzw. § 18 Absatz 4 Satz 1 TVÜ sind auf die Differenzzulage voll anzurechnen.

Die Zulagenzahlung ist antragsgebunden und setzt einen schriftlichen Antrag bis zum 30. September 2008[1]) voraus. Zahlungsbeginn ist bei rechtzeitiger Antragsstellung der 1. Juli 2008.

---

[1]) Das Bundesministerium des Innern hat die Antragsfrist zuletzt mit Rundschreiben vom 3. Dezember 2008 im Einvernehmen mit dem Bundesministerium der Finanzen übertariflich bis zum 28. Februar 2009 verlängert.

§ 11 Kinderbezogene Entgeltbestandteile

(1) [1]Für im September 2005 zu berücksichtigende Kinder werden die kinderbezogenen Entgeltbestandteile des BAT/BAT-O oder MTArb/MTArb-O in der für September 2005 zustehenden Höhe als Besitzstandszulage fortgezahlt, solange für diese Kinder Kindergeld nach dem Einkommensteuergesetz (EStG) oder nach dem Bundeskindergeldgesetz (BKGG) ununterbrochen gezahlt wird oder ohne Berücksichtigung des § 64 oder § 65 EStG oder des § 3 oder § 4 BKGG gezahlt würde. [2]Die Besitzstandszulage entfällt ab dem Zeitpunkt, zu dem einer anderen Person, die im öffentlichen Dienst steht oder auf Grund einer Tätigkeit im öffentlichen Dienst nach beamtenrechtlichen Grundsätzen oder nach einer Ruhelohnordnung versorgungsberechtigt ist, für ein Kind, für welches die Besitzstandszulage gewährt wird, das Kindergeld gezahlt wird; die Änderung der Kindergeldberechtigung hat die/der Beschäftigte dem Arbeitgeber unverzüglich schriftlich anzuzeigen. [3]Unterbrechungen wegen Ableistung von Grundwehrdienst, Zivildienst oder Wehrübungen sowie die Ableistung eines freiwilligen sozialen oder ökologischen Jahres sind unschädlich; soweit die unschädliche Unterbrechung bereits im Monat September 2005 vorliegt, wird die Besitzstandszulage ab dem Zeitpunkt des Wiederauflebens der Kindergeldzahlung gewährt.

Protokollerklärungen zu Absatz 1:

1. [1]Die Unterbrechung der Entgeltzahlung im September 2005 wegen Elternzeit, Wehr- oder Zivildienstes, unbezahlten Sonderurlaubs aufgrund von Familienpflichten im Sinne des § 4 Abs. 2 BGleiG vom 30. November 2001 (BGBl. I S. 3234), Sonderurlaubs, bei dem der Arbeitgeber vor Antritt ein dienstliches oder betriebliches Interesse an der Beurlaubung anerkannt hat, Bezuges einer Rente auf Zeit wegen verminderter Erwerbsfähigkeit oder wegen des Ablaufs der Krankenbezugsfristen ist für das Entstehen des Anspruchs auf die Besitzstandszulage unschädlich. [2]Für die Höhe der Besitzstandszulage nach Satz 1 gilt § 5 Abs. 6 entsprechend.
2. Ist die andere Person im September 2005 aus dem öffentlichen Dienst ausgeschieden und entfiel aus diesem Grund der kinderbezogene Entgeltbestandteil, entsteht der Anspruch auf die Besitzstandszulage bei dem in den TVöD übergeleiteten Beschäftigten.
3. [1]Beschäftigte mit mehr als zwei Kindern, die im September 2005 für das dritte und jedes weitere Kind keinen kinderbezogenen Entgeltanteil erhalten haben, weil sie nicht zum Kindergeldberechtigten bestimmt waren, haben Anspruch auf die Besitzstandszulage für das dritte und jedes weitere Kind, sofern und solange sie für diese Kinder Kindergeld erhalten, wenn sie bis zum 30. September 2008 einen Berechtigtenwechsel beim Kindergeld zu ihren Gunsten vornehmen und der Beschäftigungsumfang der kindergeldberechtigten anderen Person am 30. September 2005 30 Wochenstunden nicht überstieg. [3]Die Höhe der Besitzstandszulage ist so zu bemessen, als hätte die/der Beschäftigte bereits im September 2005 Anspruch auf Kindergeld gehabt.
4. [1]Bei Tod der/des Kindergeldberechtigten wird ein Anspruch nach Absatz 1 für den anderen in den TVöD übergeleiteten Beschäftigten auch nach dem 1. Oktober 2005 begründet. [2]Die Höhe der Besitzstandszulage ist so zu bemessen, als hätte sie/er bereits im September 2005 Anspruch auf Kindergeld gehabt.
5. [1]Endet eine Unterbrechung aus den in Nr. 1 Satz 1 genannten Gründen vor dem 1. Juli 2008, wird die Besitzstandszulage vom 1. Juli 2008 an gezahlt, wenn bis zum 30. September 2008 ein entsprechender schriftlicher Antrag (Ausschlussfrist)

gestellt worden ist. [2]Wird die Arbeit nach dem 30. Juni 2008 wieder aufgenommen oder erfolgt die Unterbrechung aus den in Nr. 1 Satz 1 genannten Gründen nach dem 30. Juni 2008, wird die Besitzstandszulage nach Wiederaufnahme der Arbeit auf schriftlichen Antrag gezahlt. [3]In den Fällen der Nrn. 2 und 3 wird die Besitzstandszulage auf einen bis zum 30. September 2008 zu stellenden schriftlichen Antrag (Ausschlussfrist) vom 1. Juli 2008 an gezahlt. [4]Ist eine den Nrn. 1 bis 3 entsprechende Leistung bis zum 31. März 2008 schriftlich geltend gemacht worden, erfolgt die Zahlung vom 1. Juni 2008 an. [5]In den Fällen der Nr. 4 wird die Besitzstandszulage auf schriftlichen Antrag ab dem ersten Tag des Monats, der dem Sterbemonat folgt, frühestens jedoch ab dem 1. Juli 2008, gezahlt. [6]Die/der Beschäftigte hat das Vorliegen der Voraussetzungen der Nrn. 1 bis 4 nachzuweisen und Änderungen anzuzeigen.

(2) [1]§ 24 Abs. 2 TVöD ist anzuwenden. [2]Die Besitzstandszulage nach Absatz 1 Satz 1 verändert sich bei allgemeinen Entgeltanpassungen um den von den Tarifvertragsparteien für die jeweilige Entgeltgruppe festgelegten Vomhundertsatz. [3]Ansprüche nach Absatz 1 können für Kinder ab dem vollendeten 16. Lebensjahr durch Vereinbarung mit der/dem Beschäftigten abgefunden werden.

Protokollerklärung zu Absatz 2 Satz 2:

Die Besitzstandszulage erhöht sich am 1. April 2025 um 3,11 Prozent und ab dem 1. Mai 2026 um weitere 2,80 Prozent.

(3) Die Absätze 1 und 2 gelten entsprechend für

a) zwischen dem 1. Oktober 2005 und dem 31. Dezember 2005 geborene Kinder der übergeleiteten Beschäftigten,

b) die Kinder von bis zum 31. Dezember 2005 in ein Arbeitsverhältnis übernommenen Auszubildenden, Schülerinnen/Schüler in der Gesundheits- und Krankenpflege, Gesundheits- und Kinderkrankenpflege und in der Entbindungspflege sowie Praktikantinnen und Praktikanten aus tarifvertraglich geregelten Beschäftigungsverhältnissen, soweit diese Kinder vor dem 1. Januar 2006 geboren sind.

Erläuterungen

Fortzahlung der bisherigen kinderbezogenen Entgeltbestandteile (Abs. 1)

Die Fortzahlung der bisherigen kinderbezogenen Entgeltbestandteile (§ 29 Abschn. B Abs. 3, 4 und 6 BAT/BAT-O, § 41 MTArb/MTArb-O) als Besitzstandszulage ab 1. Oktober 2005 setzt grundsätzlich voraus, dass im September 2005 tatsächlich entsprechende kinderbezogene Entgeltbestandteile zugestanden haben.

Folgende Fallgestaltungen verdienen besondere Betrachtung:

Die Fortzahlung der tariflichen Besitzstandszulage ab dem 1. Oktober 2005 erfolgt nur, solange für die Kinder nach dem Einkommensteuergesetz (EStG) oder Bundeskindergeldgesetz (BKGG) ununterbrochen Kindergeld gezahlt wird oder ohne Berücksichtigung des § 64 oder

§ 65 EStG oder des § 3 oder § 4 BKGG gezahlt würde. Daher sind Unterbrechungen beim gesetzlichen Kindergeld grundsätzlich schädlich und haben den endgültigen Wegfall der Besitzstandszulage zur Folge. Das BAG hat diese Rechtsfolge in seinem Urteil vom 29. Juni 2022 – 6 AZR 465/21 – zum vergleichbaren § 11 TVÜ-Länder bestätigt.

Ein späteres Wiederaufleben der tariflichen Besitzstandszulage mit der Wiederaufnahme der Kindergeldzahlung im Anschluss an den Wegfall des Unterbrechungsgrundes erfolgt grundsätzlich nur in den abschließend genannten Ausnahmefällen: Also bei der Ableistung von Grundwehrdienst, Zivildienst oder Wehrübungen (§ 11 Abs. 1 Satz 3 TVÜ). Soweit eine solche Unterbrechung bereits im September 2005 vorgelegen hat, wird die Besitzstandszulage mit dem Wiederaufleben der Zahlung des gesetzlichen Kindergeldes gewährt. Durch Artikel 7 des Steuerumgehungsbekämpfungsgesetzes vom 23. Juni 2017 (BGBl. I S. 1682) wurde dem § 66 EStG mit Wirkung vom 1. Januar 2018 ein neuer Absatz 3 angefügt. Die neue Vorschrift bewirkt, dass das Kindergeld auch dann nur noch für maximal sechs Monate nachgezahlt werden kann, wenn ein Anspruch für davor liegende Zeiträume grundsätzlich besteht. Bei verspäteter Antragstellung des Kindergeldberechtigten (z. B., wenn zu spät auf die Einstellung der Kindergeldzahlung bei Vollendung des 18. Lebensjahres reagiert wird) kann es daher zu einer Unterbrechung der Kindergeldzahlung kommen. Diese würde nach dem Wortlaut der Tarifvorschrift zum Wegfall der Besitzstandszulage nach § 11 TVÜ-Bund führen. Da der Anspruch jedoch dem Grunde nach besteht, erscheint das Ergebnis unbillig. Es dürften daher keine Bedenken dagegen bestehen, die Zahlung der kinderbezogenen Besitzstandszulage in diesen Fällen auf Antrag mit der Zahlung des Kindergeldes (übertariflich) wieder aufzunehmen.

Das Bundesministerium des Innern hat mit Blick auf das Wehrrechtsänderungsgesetz 2011 vom 28. April 2011 (BGBl. I S. 678) im RdSchr. v. 21. September 2015 die Auffassung vertreten, dass für kindergeldrechtlich berücksichtigungsfähige Kinder unter den Voraussetzungen des Urteils des Bundesfinanzhofs vom 3. Juli 2014 – III R 53/13 (BStBl. 2015 II S. 282) auch die Zeit eines freiwilligen Wehrdienstes als Ausbildungszeit bzw. Übergangszeit zwischen zwei Ausbildungsabschnitten gelten kann, so dass für diese Zeiten ein Kindergeldanspruch bestehen kann. Dies hat zur Folge, dass in diesen Fällen auch ein Anspruch auf die Besitzstandszulage nach § 11 TVÜ-Bund für diese Kinder besteht.

Erhält nach der Überleitung eine andere Person, die im öffentlichen Dienst tätig ist, Kindergeld für ein Kind, für das bisher die Besitzstandszulage nach § 11 TVÜ gewährt wird, so entfällt die Besitzstandszulage mit dem Wechsel der Kindergeldzahlung, § 11 Abs. 1 Satz 2 TVÜ. Ein

Anwendungsfall des § 11 Abs. 1 Satz 2 TVÜ-Bund liegt nach Auffassung des BAG nur dann vor, wenn mit dem Kindergeldberechtigtenwechsel zugleich ein Anspruch auf kinderbezogene Leistungen der anderen Person verbunden ist. Abweichend vom Wortlaut der Tarifvorschrift, der nur darauf abstellt, ob der anderen Person Kindergeld gezahlt wird, hält das BAG danach einen Wegfall der Besitzstandszulage für nicht gerechtfertigt, wenn sich das Arbeitsverhältnis der anderen Person z. B. nach dem TVöD oder nach dem TV-L richtet, die andere Person aber keinen Anspruch auf kinderbezogene Leistungen aus ihrer Tätigkeit im öffentlichen Dienst hat. Der Bund hat aus diesem Urteil mit RdSchr. vom 24. August 2012 allgemeine Konsequenzen gezogen. Das BAG-Urteil verhindert in diesen Fällen lediglich trotz Kindergeldberechtigtenwechsel den Fortfall des Anspruchs auf Besitzstandszulage. Das erstmalige Entstehen von Ansprüchen nach dem 1. November 2006 ist damit nicht verbunden. Ansonsten führen auch spätere Änderungen der Verhältnisse nicht dazu, dass erstmalig ein Anspruch auf die Besitzstandszulage entsteht. Dies hat das LAG Hamm mit Urteil vom 23. Februar 2012 – 11 Sa 1606/11 – festgestellt. In dem Urteilsfall hatte zunächst der ebenfalls als Arbeitnehmer im öffentlichen Dienst beschäftigte kindergeldberechtigte Ehemann der Klägerin die Besitzstandszulage erhalten. Nach dessen Verrentung begehrte die Klägerin die Besitzstandszulage. Die Klage und die Berufung der Klägerin wurden zurückgewiesen. Das Urteil ist rechtskräftig; die gegen die Nichtzulassung der Revision gerichtete Beschwerde der Klägerin hat das BAG mit Beschluss vom 20. September 2012 – 6 AZN 1053/12 – zurückgewiesen.

Bei sog. Gegenkonkurrenzregelungen (diese gibt es z. B. in den Arbeitsvertragsrichtlinien der Caritas) wurden zu Zeiten des BAT kinderbezogene Entgeltbestandteile nicht gewährt, wenn der andere Anspruchsberechtigte im öffentlichen Dienst tätig war. Die öffentlichen Arbeitgeber haben die Auffassung vertreten, dass es für die Zahlung des Kinderbesitzstandes nach § 11 TVÜ auf den tatsächlichen Kindergeldbezug im Vormonat der Überleitung ankomme. Erhalte der andere Anspruchsberechtigte, für den bisher die Gegenkonkurrenzklausel gegolten hat, tatsächlich das Kindergeld, so stünde dem in den TVöD übergeleiteten Beschäftigten eine Besitzstandszulage nicht zu. Die sog. Gegenkonkurrenzklausel greife mit der Überleitung des Beschäftigten in den TVöD nicht mehr; die andere Person habe Anspruch auf kinderbezogene Leistungen vom Überleitungsmonat an. Dieser Auffassung ist das BAG in seinem Urteil vom 13. August 2009 – 6 AZR 319/08 – nicht gefolgt. Nach Auffassung des BAG hat der bei dem öffentlichen Arbeitgeber beschäftigte Ehepartner selbst dann Anspruch auf eine Besitzstandszulage für den kinderbezogenen Ortszuschlag, wenn der im Geltungsbereich der AVR Caritas beschäftigte Ehepartner aufgrund einer Vereinbarung mit seinem Ehegatten für die gemeinsamen Kinder das Kindergeld bezieht. Ab dem Überleitungsmonat kann er nach Auffassung des BAG von seinem Arbeitgeber eine entsprechende Besitzstandszulage verlangen.

Waren die bisherigen Konkurrenzregelungen aus anderen Gründen, z. B. wegen Elternzeit der anderen Person, im September 2005 nicht einschlägig, leben sie aber nach dem 30. September 2005 wieder auf und erhält die andere Person für das Kind Kindergeld, fällt die Besitzstandszulage ebenfalls weg, § 11 Abs. 1 Satz 2 1. Halbsatz TVÜ. Die Änderung der Kindergeldberechtigung bzw. die Zahlungsaufnahme von kinderbezogenen Entgeltbestandteilen bei einer anderen für das Kind kindergeldberechtigten Person ist von dem Beschäftigten unverzüglich schriftlich anzuzeigen.

Zu den Protokollerklärungen zu Absatz 1

Im Zuge des 1. Änderungstarifvertrages vom 31. März 2008 haben die Tarifpartner mit Wirkung vom 1. Juli 2008 Protokollerklärungen zu Absatz 1 vereinbart. Inhalt dieser Vorschriften sind Regelungen, die Härten bei der Zahlung des Kinderbesitzstandes ausgleichen sollen. Die Regelungen sollten an sich schon unmittelbar nach dem Inkrafttreten des TVöD/TVÜ vereinbart werden und waren in ihrem Kern schon lange Zeit ausgehandelt. Die Tarifpartner haben sie dann aber wegen übergeordneter Meinungsverschiedenheiten (z. B. in der Arbeitszeitfrage) „auf Eis gelegt" und erst im Rahmen der Entgeltrunde 2008 vereinbart.

Die Protokollerklärungen regeln folgende Sonderfälle:

1. Die Entgeltzahlung des in den TVöD übergeleiteten Beschäftigten war im für den Kinderbesitzstand maßgebenden Monat September aus den in Protokollerklärung Nr. 1 abschließend genannten Gründen (z. B. Elternzeit, Wehrdienst, Ablauf der Krankenbezugsfristen) unterbrochen. Ein Anspruch auf die Besitzstandszahlung trat somit nicht ein. Nach Protokollerklärung Nr. 1 a.a.O. wird die Besitzstandszulage grundsätzlich ab Wiederaufnahme der Entgeltzahlung gezahlt. Die Zahlung ist antragsgebunden, der Antrag muss bis zum 30. September 2008 gestellt werden.[1]) Zahlungsaufnahme ist dann der 1. Juli 2008, bei bis zum 31. März 2008 gestellten Anträ-

---

[1]) Das Bundesministerium des Innern hat die Antragsfrist zuletzt mit Rundschreiben vom 3. Dezember 2008 im Einvernehmen mit dem Bundesministerium der Finanzen übertariflich bis zum 28. Februar 2009 verlängert.

gen der 1. Juni 2008 (siehe Protokollerklärung Nr. 5). Auch wenn die Entgeltzahlung aus den genannten Gründen zu einem späteren Zeitpunkt unterbrochen wird, ist dies unschädlich. Der Anspruch auf den Kinderbesitzstand lebt auch in diesem Fall bei Wiederaufnahme der Entgeltzahlung auf (→ dazu Protokollerklärung Nr. 5).

2. Protokollerklärung Nr. 2 regelt die „Septemberfälle". Das sind die Fälle, in denen „die andere Person" im Sinne des § 11 Absatz 1 Satz 2 bereits im September 2005 aus dem öffentlichen Dienst ausgeschieden war. Die kinderbezogenen Entgeltbestandteile können somit bei der anderen Person wegen deren Ausscheiden aus dem öffentlichen Dienst nicht mehr realisiert werden und würden ohne Ausgleich entfallen. Auf Antrag (nach Protokollerklärung Nr. 5 – s. o.) wird der Kinderbesitzstand entgegen dem Wortlaut des Absatzes 1 Satz 2 doch noch gezahlt.
3. Protokollerklärung Nr. 3 räumt Beschäftigten mit mindestens drei Kindern ein, durch einen Wechsel der Kindergeldberechtigung doch noch in den Genuss des Kinderbesitzstandes zu gelangen, der bislang wegen der Kindergeldberechtigung der „anderen Person" nicht zustand. Voraussetzung ist jedoch, dass der Beschäftigungsumfang der anderen Person am 30. September 2005 30 Wochenstunden nicht überstieg. Der Wechsel ist bis zum 30. September 2008 vorzunehmen; die Zahlungsaufnahme ist antragsgebunden (nach Protokollerklärung Nr. 5 – s. o.).
4. Protokollerklärung Nr. 4 regelt den Härtefall, dass der Kindergeldberechtigte stirbt. Die Tarifpartner haben vereinbart, dass in diesem Fall der Beschäftigte auf Antrag ab dem 1. des auf den Sterbemonat folgenden Monats (frühestens aber ab dem 1. Juli 2008) den Kinderbesitzstand erhalten kann.
5. Protokollerklärung Nr. 5 regelt die Antragsfristen und die frühesten Zahlungstermine für die Leistungen nach den Protokollerklärungen 1 bis 4 (s. o.).

Die Aufzählung der Sonderfälle in den Protokollerklärungen ist abschließend, weitere denkbare Sachverhalte werden nicht berücksichtigt.

Höhe der Besitzstandszulage (Abs. 2)

Ausgangsbetrag für die Besitzstandszulage ist der letztgültige Wert aus dem Vergütungstarifvertrag Nr. 35 BAT: 90,57 Euro. Dieser Betrag ist bei allgemeinen Entgeltanpassungen um den von den Tarifpartnern für die jeweilige Entgeltgruppe festgelegten Vomhundertsatz zu erhöhen und wird im Tarifgebiet Ost noch mit dem Bemessungssatz multipliziert.

Unter Berücksichtigung des Ergebnisses der Lohnrunden 2008, 2010, 2012, 2014, 2016, 2018, 2020 und 2023 (für den Erhöhungsschritt zum 1. März 2024 siehe Protokollerkärung zu Absatz 2 Satz 2) ergeben sich die nachstehenden Beträge:

Geltungsbereich	**ab 1. 1. 2008**		**ab 1. 4. 2008**	**ab 1. 1. 2009**	
West	+ 3,1 %	93,38 €		+ 2,8 %	95,99 €
Ost	+ 3,1 %	93,38 € (bis EG 9) 86,38 € (ab EG 10 92,5 %)	93,38 € (alle Beträge wie West)	+ 2,8 %	95,99 €

Geltungsbereich	**ab 1. 1. 2010**		**ab 1. 1. 2011**		**ab 1. 8. 2011**	
West/Ost	+ 1,2 %	97,14 €	+ 0,6 %	97,72 €	+ 0,5 %	98,21 €

Geltungsbereich	**ab 1. 3. 2012**		**ab 1. 1. 2013**		**ab 1. 8. 2013**	
West/Ost	+ 3,5 %	101,65 €	+ 1,4 %	103,07 €	+ 1,4 %	104,51 €

Geltungsbereich	**ab 1. 3. 2014**		**ab 1. 3. 2015**		**ab 1. 3. 2016**		**ab 1. 2. 2017**	
West/Ost	+ 3,0 %	107,65 €	+ 2,4 %	110,23 €	+ 2,4 %	112,88 €	+ 2,35 %	115,53 €

Geltungsbereich	**ab 1. 3. 2018**		**ab 1. 4. 2019**		**ab 1. 3. 2020**	
West/Ost	+ 3,19 %	119,22 €	+ 3,09 %	122,90 €	+ 1,06 %	124,20 €

Geltungsbereich	**ab 1. 4. 2021**		**ab 1. 4. 2022**	
West/Ost	+ 1,4 %	125,94 €	+ 1,8 %	128,21 €

Geltungsbereich	**ab 1. 3. 2024**	
West/Ost	+ 11,5 %	142,95 €

Geltungsbereich	**ab 1. 4. 2025**		**ab 1. 5. 2026**	
West/Ost	+ 3,11 %	147,40 €	+ 2,8 %	151,53 €

Hinzu kommen die sog. Kindererhöhungsbeträge, die bisherigen Angestellten der VergGrn. X bis VIII BAT/BAT-O und bisherigen Arbeitern der LoGrn. 1 bis 4 im September 2005 zustanden. Die Weiterzahlung der sog. Kindererhöhungsbeträge als Besitzstandszulage ist an den Kindergeldanspruch für dieses Kind, nicht aber an weitere Voraussetzungen geknüpft. Ein nach dem 30. September 2005 eintretender Wegfall bei der Anzahl der im Rahmen der Besitzstandszulage berücksichtigten Kinder führt demzufolge nicht zu einer Anpassung oder zum Wegfall des sog. Kindererhöhungsbetrages in der Besitzstandszulage für die weiter berücksichtigungsfähigen Kinder. Auch eine spätere Höhergruppierung des Beschäftigten hat auf die Höhe der Besitzstandszulage einschließlich etwaiger Kindererhöhungsbeträge keine Auswirkungen.

II

Die Kindererhöhungsbeträge ergeben sich aus der nachstehenden Tabelle für das Tarifgebiet West, die ab dem 1. 1. 2010 uneingeschränkt auch im Tarifgebiet Ost gilt:

Zeitraum ab	**Kindererhöhungsbetrag**			
	VGr. X–VIII, Kr. I, II, LGr. 1–4	**VGr. X, IXb, Kr. I, LGr. 1, 1a, 2**	**VGr. IXa, Kr. II, LGr. 2a, 3, 3a**	**VGr. VIII, LGr. 4**
	1. Kind	**Jedes weitere zu berücksichtigende Kind**		
01. 10. 2005	5,11 €	25,56 €	20,45 €	15,34 €
01. 01. 2008				
– allgemein	5,27 €	26,35 €	21,08 €	15,82 €
– nur BT-K	*5,19 €*	*25,97 €*	*20,78 €*	*15,59 €*
01. 01. 2009	5,42 €	27,09 €	21,67 €	16,26 €
01. 01. 2010	5,49 €	27,42 €	21,93 €	16,46 €
01. 01. 2011	5,52 €	27,58 €	22,06 €	16,56 €
01. 08. 2011	5,55 €	27,72 €	22,17 €	16,64 €
01. 03. 2012	5,74 €	28,69 €	22,95 €	17,22 €
01. 01. 2013	5,82 €	29,09 €	23,27 €	17,46 €
01. 08. 2013	5,90 €	29,50 €	23,60 €	17,70 €
01. 03. 2014	6,08 €	30,39 €	24,31 €	18,23 €
01. 03. 2015	6,23 €	31,12 €	24,89 €	18,67 €
01. 03. 2016	6,38 €	31,87 €	25,49 €	19,12 €
01. 02. 2017	6,53 €	32,62 €	26,09 €	19,57 €
01. 03. 2018	6,74 €	33,66 €	26,92 €	20,19 €
01. 04. 2019	6,95 €	34,70 €	27,75 €	20,81 €
01. 03. 2020	7,02 €	35,07 €	28,04 €	21,03 €
01. 04. 2021	7,12 €	35,56 €	28,43 €	21,32 €
01. 04. 2022	7,25 €	36,20 €	28,94 €	21,70 €
01. 03. 2024	8,08 €	40,36 €	32,27 €	24,20 €
01. 04. 2025	8,33 €	41,62 €	33,27 €	24,95 €
01. 05. 2026	8,56 €	42,79 €	34,20 €	25,65 €

Teilzeitbeschäftigte erhalten die Besitzstandszulage dann in voller Höhe, wenn ihnen im September 2005 der kinderbezogene Entgeltbestandteil auch in voller Höhe zustand (z. B. auf Grund des § 29

Abschn. B Abs. 6 Satz 3 BAT/BAT-O). Dies ergibt sich aus § 11 Abs. 1 Satz 1 TVÜ. In den übrigen Fällen erhalten Teilzeitbeschäftigte die Besitzstandszulage zeitanteilig.

Bei individuellen Arbeitszeitveränderungen nach dem 30. September 2005 ist die Besitzstandszulage neu zu berechnen. Hier gilt die allgemeine Regelung zur zeitanteiligen Bemessung des Entgelts von Teilzeitbeschäftigten nach § 24 Absatz 2 TVöD. Erhöht sich die Arbeitszeit, so verändert sich die Besitzstandszulage ebenfalls entsprechend § 24 Absatz 2 TVöD.

Beispiel:

Eine Beschäftigte war im September 2005 vollzeitbeschäftigt und hat den Kinderanteil für ein Kind bezogen, der ihr ab Oktober 2005 als Besitzstandszulage in voller Höhe zusteht. Ab März 2006 beträgt ihr Arbeitszeitumfang 50 v. H. und ab August 2006 wieder 100 v. H.

Die Besitzstandszulage steht ihr in den Monaten März bis Juli 2006 in Höhe von 50 v. H. zu und ab August 2006 wieder in Höhe von 100 v. H.

Eine Besonderheit ist in den Fällen zu beachten, in denen die kinderbezogene Besitzstandszulage aufgrund eines Konkurrenzfalls trotz einer Teilzeitbeschäftigung zunächst zu 100 % zustand. Das Bundesarbeitsgericht (BAG) hat für diesen Fall mit Urteil vom 15. November 2012 – 6 AZR 373/11 – im Wege einer einschränkenden Auslegung entschieden, dass bei späteren, unterhalb einer Vollzeitbeschäftigung bleibenden Arbeitszeiterhöhungen entgegen dem Wortlaut des § 11 Abs. 2 Satz 1 TVÜ-Länder i. V. m. § 24 Abs. 2 TV-L eine Verringerung der Besitzstandszulage nach Sinn und Zweck der Tarifnorm nicht eintritt. Das Urteil schlägt auch auf die identischen Vorschriften des Überleitungsrechts zum TVöD durch.

Standen im September 2005 die kinderbezogenen Entgeltbestandteile nur anteilig zu, weil das Arbeitsverhältnis erst im Laufe des Monats September 2005 begründet worden ist, gilt Folgendes: In diesen Fällen ist die Besitzstandszulage gleichwohl in der Höhe zu zahlen, die maßgebend gewesen wäre, wenn die kinderbezogenen Entgeltbestandteile im gesamten Monat September 2005 zugestanden hätten.

Die Besitzstandszulage verändert sich bei allgemeinen Entgeltanpassungen um den von den Tarifvertragsparteien für die jeweilige Entgeltgruppe des Beschäftigten festgelegten Vomhundertsatz.

Eine Nutzung der Möglichkeit zur Abfindung im Sinne des § 11 Abs. 2 Satz 3 TVÜ-Bund obliegt der Entscheidung des jeweiligen Arbeitgebers.

§ 12 Strukturausgleich

(1) [1]Aus dem Geltungsbereich des BAT/BAT-O übergeleitete Beschäftigte erhalten ausschließlich in den in Anlage 3 TVÜ-Bund aufgeführten Fällen zusätzlich zu ihrem monatlichen Entgelt einen nicht dynamischen Strukturausgleich. [2]Maßgeblicher Stichtag für die anspruchsbegründenden Voraussetzungen (Vergütungsgruppe, Lebensalterstufe, Ortszuschlag, Aufstiegszeiten) ist der 1. Oktober 2005, sofern in Anlage 3 TVÜ-Bund nicht ausdrücklich etwas anderes geregelt ist.

II

(2) Die Zahlung des Strukturausgleichs beginnt im Oktober 2007, sofern in Anlage 3 TVÜ-Bund nicht etwas anderes bestimmt ist.

(3) (weggefallen)

(4) Bei Teilzeitbeschäftigung steht der Strukturausgleich anteilig zu (§ 24 Abs. 2 TVöD).

Protokollerklärung zu Absatz 4:

Bei späteren Veränderungen der individuellen regelmäßigen wöchentlichen Arbeitszeit der/des Beschäftigten ändert sich der Strukturausgleich entsprechend.

(5) [1]Bei Höhergruppierungen wird der Unterschiedsbetrag zum bisherigen Entgelt auf den Strukturausgleich angerechnet. [2]Dies gilt auch, wenn eine Höhergruppierung aufgrund der Überleitung in den Tarifvertrag über die Entgeltordnung des Bundes gemäß § 26 erfolgt. [3]Für die Dauer der vorübergehenden Übertragung einer höherwertigen Tätigkeit wird die Zulage nach § 14 Abs. 3 TVöD auf den Strukturausgleich angerechnet. [4]Entsprechendes gilt für die Zulage in den Fällen der Übertragung einer Führungsposition auf Probe nach § 31 TVöD und auf Zeit nach § 32 TVöD. [5]Für Beschäftigte in einer der Entgeltgruppen 9a bis 15 wird bei Erreichen der Stufe 6 auch der Unterschiedsbetrag zwischen Stufe 5 und Stufe 6 auf den Strukturausgleich angerechnet; dies gilt auch in den Fällen des § 29.

Protokollerklärung zu Absatz 5:

Eine Überleitung in die Entgeltgruppen 9a, 9b oder 14 gemäß § 27 gilt nicht als Höhergruppierung.

(6) Einzelvertraglich kann der Strukturausgleich abgefunden werden.

Protokollerklärung zu § 12:

Aus dem Geltungsbereich des BAT/BAT-O übergeleitete Lehrkräfte des Bundes erhalten rückwirkend (ab dem 1. Oktober 2007 beziehungsweise den Zeitpunkten der Anlage 3 TVÜ-Bund) entsprechend den Voraussetzungen und Bedingungen des § 12 i. V. m. der Anlage 3 TVÜ-Bund einen Strukturausgleich. Aufgrund des rückwirkenden Überleitungszeitpunkts zum 1. Oktober 2005 kommt es damit für Spalte 2 der Anlage 3 TVÜ-Bund auf den Zeitpunkt des In-Kraft-Tretens des TVÜ-Bund an.

Niederschriftserklärung zu § 12:

1. [1]Die Tarifvertragsparteien sind sich angesichts der Fülle der denkbaren Fallgestaltungen bewusst, dass die Festlegung der Strukturausgleiche je nach individueller Fallgestaltung in Einzelfällen sowohl zu überproportional positiven Folgen als auch zu Härten führen kann. [2]Sie nehmen diese Verwerfungen im Interesse einer für eine Vielzahl von Fallgestaltungen angestrebten Abmilderung von Exspektanzverlusten hin.

2. [1]Die Tarifvertragsparteien erkennen unbeschadet der Niederschriftserklärung Nr. 1 an, dass die Strukturausgleiche in einem Zusammenhang mit der zukünftigen Entgeltordnung stehen. [2]Die Tarifvertragsparteien werden nach einer Vereinbarung der Entgeltordnung zum TVöD, rechtzeitig vor Ablauf des 30. September 2007, prüfen, ob und in welchem Umfang sie neben den bereits verbindlich vereinbarten Fällen, in denen Strukturausgleichsbeträge festgelegt sind, für einen Zeitraum bis längstens Ende 2014 in weiteren Fällen Regelungen, die auch in der Begrenzung der Zuwächse aus Strukturausgleichen bestehen können, vornehmen müssen. [3]Sollten zusätzliche Strukturausgleiche vereinbart werden, sind die sich daraus ergebenden Kostenwirkungen in der Entgeltrunde 2008 zu berücksichtigen.

Erläuterungen

Anders als der Besitzstand dient der Strukturausgleich nicht der Sicherung einer bestehenden Vergütungshöhe, sondern als Ausgleich für fiktive zukünftige Einkommenseinbußen. Grundsätzlich werden nicht mehr realisierte Erwerbsaussichten nach dem alten Recht im TVöD nicht geschützt. Nach Überführung in die neue Tabelle können sich aber bei einzelnen Gruppen von bisherigen Angestellten im Vergleich zu der Einkommensentwicklung, die sie nach BAT gehabt hätten, Differenzen ergeben, die die Tarifvertragsparteien unter Vertrauensschutzgesichtspunkten teilweise ausgleichen wollten.

Dabei sind sich die Tarifvertragsparteien bewusst, dass durch die Strukturausgleiche Verwerfungen entstehen können, weil im Einzelfall Härten oder überproportionale Begünstigungen eintreten können. Sie haben dies im Interesse einer für eine Vielzahl von Fallgestaltungen angestrebten Abmilderung von Expektanzverlusten in Kauf genommen, werden die Regelungen aber vor dem 30. September 2007 überprüfen (siehe Niederschriftserklärung zu § 12).

Mit Rundschreiben vom 28. November 2012 hat das Bundesministerium des Innern im Einvernehmen mit dem Bundesministerium der Finanzen umfassende Hinweise zur Anwendung des § 12 TVÜ gegeben (abgedruckt als Anhang 1).

Zur Protokollerklärung zu § 12:

Durch die mit dem Änderungstarifvertrag Nr. 2 vom 6. Oktober 2008 mit Wirkung vom 1. August 2008 angefügte Protokollerklärung wurden Lehrkräfte in den Geltungsbereich der Regelungen über den Strukturausgleich einbezogen. Mit dem Änderungstarifvertrag Nr. 4 vom 24. Juni 2010 wurde die Tabelle der Strukturausgleiche (Anl. 3) um Ausgleiche für aus der Vergütungsgruppe IIb BAT übergeleitete Beschäftigte (Lehrkräfte) ergänzt. Daraus resultierende Zahlungen können rückwirkend frühestens ab dem 1. Februar 2008 erfolgen.

Änderungen im Zusammenhang mit der Einführung der neuen Entgeltordnung

Im Zuge des 7. Änderungstarifvertrages vom 5. September 2013 wurden im Zusammenhang mit der Einführung der neuen Entgeltordnung Absatz 5 Satz 2 und die Protokollerklärung zu Absatz 5 eingefügt. Damit haben die Tarifpartner dargestellt, dass auch in den Fällen der „Antragshöhergruppierung" aus Anlass der neuen Entgeltordnung, nicht aber bei der Überleitung der Beschäftigten in die Entgeltgruppen 9a und 9b sowie Entgeltgruppe 14 (Beschäftigte der Entgeltgruppe 13 mit Zulage nach § 17 Abs. 8 TVÜ-Bund) nach den Grundsätzen des Absatzes 5 zu verfahren ist.

Änderungen im Zusammenhang mit der Einfügung der Stufe 6 in den Entgeltgruppen 9a bis 15

Im Zuge der Tarifeinigung 2016 wurde vereinbart, dass ab dem 1. März 2016 auch die Entgeltgruppen 9a bis 15 eine Stufe 6 erhalten. Zeitgleich wurde (mit dem 10. Änderungstarifvertrag) geregelt, dass beim Erreichen der Stufe 6 der Unterschiedsbetrag zwischen den Stufen 5 und 6 auf den Strukturausgleich angerechnet wird. Dies gilt auch für diejenigen Beschäftigten, die auf der Grundlage des § 29 unmittelbar zum 1. März 2016 in die Stufe 6 höhergestuft werden.

Anhang 1

Hinweise zur Anwendung der Regelungen über Strukturausgleiche gemäß § 12 TVÜ-Bund

Vom 28. November 2012 (RdSchr. d. BMI, D 5 – 220 210 1/12)

Die Durchführungshinweise in meinem Rundschreiben vom 20. April 2011 – D 5 – 220 210 – 1/12 zur Anwendung des § 12 TVÜ-Bund werden aufgehoben und im Einvernehmen mit dem Bundesministerium für Finanzen nachfolgend neu gefasst. Die Neufassung ist angesichts höchstrichterlicher Rechtsprechung zum Fortbestand des Anspruchs auf Strukturausgleich nach Herabgruppierung und Zahlung einer Zulage für die vorübergehende Übertragung einer höherwertigen Tätigkeit gemäß § 14 TVöD erforderlich geworden. So ist die Ziffer 4.1.1 an die neue Rechtsprechung angepasst worden. Die Ziffern 4.3.1 und 4.4.1 wurden geändert. Die ehemalige Ziffer 4.3.2 ist entfallen, die ehemalige Ziffer 4.3.3. ist inhaltlich unverändert jetzt Ziffer 4.3.2. Die Ziffer 4.4.3 ist entfallen. Angefügt wurden die neuen Ziffern 5.1.5 und 5.1.6. Die übrigen Ziffern dieses Rundschreibens haben sich im Vergleich zu dem aufgehobenen Rundschreiben vom 20. April 2011 inhaltlich nicht verändert.

Die neue Rechtsprechung hat zur Folge, dass ein Anspruch auf Strukturausgleich, der am 1. Oktober 2005 bestanden hat, aufgrund der Stichtagsbetrachtung auch nach einer späteren Herabgruppierung oder vorübergehenden Übertragung einer höherwertigen Tätigkeit unverändert bestehen bleibt. Ich bitte dies zukünftig zu beachten.

Beschäftigten mit einem Anspruch auf Strukturausgleich am 1. Oktober 2005, die danach herabgruppiert wurden und bei denen die Zahlung des Strukturausgleichs eingestellt wurde, wird der Strukturausgleich auf Antrag wieder gewährt. Stellen die Beschäftigten einen solchen Antrag, bin ich im Einvernehmen mit dem Bundesministeriums der Finanzen im Interesse einer einheitlichen Verfahrensweise damit einverstanden, dass

- im Falle einer Herabgruppierung und Einstellung der Zahlung des Strukturausgleichs vor dem 28. Februar 2011 die Zahlung rückwirkend ab Februar 2011 wieder aufgenommen wird,
- im Falle einer Herabgruppierung und Einstellung der Zahlung des Strukturausgleichs nach dem 28. Februar 2011 die Wiederaufnahme der Zahlung ab dem Monat erfolgt, ab dem der Strukturausgleich nicht mehr gezahlt wurde.

In den Fällen, in denen die Zulage aufgrund der Übertragung einer höherwertigen Tätigkeit auf die Höhe des Strukturausgleichs angerechnet worden ist und die/der Beschäftigte die volle Höhe der Zulage geltend macht, bitte ich, die Ausschlussfrist des § 37 TVöD zu beachten.

Evtl. Personalmehrausgaben sind im jeweiligen Einzelplan zu erwirtschaften.

Inhaltsverzeichnis

II

1. Vorbemerkungen

Einzelne Gruppen der früheren Angestellten, die aus dem Geltungsbereich des BAT/BAT-O in den TVöD übergeleitet worden sind, erhalten nach § 12 TVÜ-Bund[1]) unter bestimmten Voraussetzungen zusätzlich zu ihrem monatlichen Entgelt einen Strukturausgleich, der je nach Fallgestaltung unterschiedlich hoch sein und für unterschiedlich lange Zeit bezogen werden kann. Zum Hintergrund der Regelung sei auf Folgendes hingewiesen:

Bei der Tabellengestaltung und den Tabellenwerten des TVöD ist das in den Bewährungs-, Fallgruppen- und Zeitaufstiegen enthaltene Finanzvolumen ebenso berücksichtigt worden wie das Volumen des bisherigen Verheiratetenanteils im Ortszuschlag der Angestellten. Zudem galt es, die Absicht der Tarifvertragsparteien zu verwirklichen, die Einkommensentwicklung für jüngere Beschäftigte attraktiver zu gestalten und im Gegenzug die bisherigen Tabellenwerte in den Endstufen vielfach etwas abzuflachen. Neben einer Angleichung der Werte von Bund und VKA wurde bei der Gestaltung der neuen Entgelttabelle auch mitberücksichtigt, dass die früheren Lebensaltersstufen der Angestellten einvernehmlich durch tätigkeitsbezogene Entwicklungsstufen ersetzt und dabei die bisherige Stufenzahl (bis zu zwölf Stufen der unter die Anlage 1a zum BAT/BAT-O fallenden Angestellten und acht Stufen bei den Arbeitern) verringert werden sollte. Auf Grund dieser strukturellen Unterschiede ist ein individueller Vergleich der früheren Lohn- und Vergütungstabellen mit der Entgelttabelle des TVöD nicht möglich. Gleichwohl haben sich die Tarifvertragsparteien dazu entschlossen, flankierend für eine eng begrenzte Zahl von Fallgestaltungen sog. Strukturausgleiche einzuführen. Die Strukturausgleiche haben nicht die Funktion, Exspektanzen der Beschäftigten, die bei Fortgeltung des BAT/BAT-O ggf. bestanden hätten, im Einzelfall zu sichern oder zu kompensieren. Die Tarifvertragsparteien haben insoweit

- keine einzelfallbezogene, sondern eine typisierte Betrachtung vorgenommen,
- sich auf einige, aus übereinstimmender Sicht regelungsbedürftige Fallgestaltungen beschränkt und
- keine volle Kompensation, sondern einen begrenzten Ausgleich bzw. eine Abmilderung veränderter Perspektiven angestrebt.

Bei der Regelung des § 12 waren sich die Tarifvertragsparteien der damit im Einzelfall unter Umständen verbundenen Härten und Ver-

[1]) In diesem Rundschreiben zitierte Paragrafenangaben ohne Tarifvertragsbezeichnung sind solche des TVÜ-Bund.

II

werfungen bewusst. Sie haben deshalb in der Niederschriftserklärung Nr. 1 zu § 12 ausdrücklich Folgendes festgehalten:

„Die Tarifvertragsparteien sind sich angesichts der Fülle der denkbaren Fallgestaltungen bewusst, dass die Festlegung der Strukturausgleiche je nach individueller Fallgestaltung in Einzelfällen sowohl zu überproportional positiven Folgen als auch zu Härten führen kann. Sie nehmen diese Verwerfungen im Interesse einer für eine Vielzahl von Fallgestaltungen angestrebten Abmilderung von Exspektanzverlusten hin."

Nicht erfasst sind ehemalige Arbeiterinnen und Arbeiter; bei diesen Beschäftigten bestehen keine vergleichbaren Exspektanzverluste. Zum Strukturausgleich für Pflegekräfte und Ärzte siehe Ziff. 5.2.

2. Aufbau der Regelungen in § 12 und der Anlage 3 TVÜ-Bund

Anspruchsvoraussetzungen (dazu im Folgenden Ziff. 3) und Rechtsfolgen (dazu im Folgenden Ziff. 4) für den Erhalt eines Strukturausgleiches sind im Wesentlichen in § 12 Abs. 1 in Verbindung mit Anlage 3 TVÜ-Bund und der dort aufgeführten Tabelle (nachfolgend kurz: Tabelle) geregelt. Die Tabelle gliedert sich in sieben Spalten. Dabei listen die Spalten 1 bis 5 die Anspruchsvoraussetzungen auf. In den Spalten 6 und 7 sind die Rechtsfolgen genannt, also Höhe, Zahlungsbeginn und Dauer der Zahlung des Strukturausgleiches. Sind alle Voraussetzungen der Spalten 1 bis 5 einer Zeile der Tabelle erfüllt, ist der Anspruch für den in der jeweiligen Zeile der Tabelle genannten Strukturausgleich grundsätzlich in der dort genannten Höhe und Dauer gegeben.

Spalte 1	Spalte 2	Spalte 3	Spalte 4	Spalte 5	Spalte 6	Spalte 7
Entgeltgruppe	VergGr	Aufstieg	OZ-Stufe	LASt	Höhe	Dauer
Anspruchsvoraussetzungen					Rechtsfolgen	

Weitere Voraussetzungen und Rechtsfolgen finden sich außerdem in § 12 Abs. 2 bis 5 sowie in den Vorbemerkungen in Anlage 3 TVÜ-Bund (nachfolgend kurz: Vorbemerkungen).

Besteht ein Anspruch auf Strukturausgleich, handelt es sich um einen regelmäßigen, statischen und zusätzlichen Entgeltbestandteil: Strukturausgleiche werden zusätzlich zum monatlichen Entgelt gezahlt (§ 12 Abs. 1 Satz 1). Der Strukturausgleich ist nicht dynamisch (§ 12 Abs. 1 Satz 1), wird also bei linearen Einkommenssteigerungen nicht erhöht. Einkommenssteigerungen werden – mit Ausnahme bei Höhergruppierungen (§ 12 Abs. 5, siehe dazu unten Ziff. 4.3.1) – grundsätzlich nicht auf die Höhe des Strukturausgleiches angerechnet.

Im Einzelnen ist bei der Festsetzung von Strukturausgleichen wie folgt zu verfahren:

3. Anspruchsvoraussetzungen

Einen Anspruch auf Strukturausgleich haben

- aus dem Geltungsbereich von BAT/BAT-O in den TVöD übergeleitete Beschäftigte im Sinne des § 1 Abs. 1 (siehe dazu sogleich Ziff. 3.1),
- die bei In-Kraft-Treten des TVÜ-Bund (dazu Ziff. 3.2)
- in eine der in Spalte 1 genannten Entgeltgruppen übergeleitet wurden (dazu Ziff. 3.3) und
- aus einer der in Spalte 2 bezeichneten Vergütungsgruppen in den TVöD übergeleitet worden sind (dazu Ziff. 3.4.1),
- aus der in Spalte 2 bezeichneten Vergütungsgruppe nach der Anlage 1a zum BAT (Vergütungsordnung) den in Spalte 3 ausgewiesenen Aufstieg gehabt hätten (dazu Ziff. 3.4.2) und
- Anspruch auf den in Spalte 4 ausgewiesenen Ortszuschlag (Ziff. 3.5) gehabt hätten und
- die in Spalte 5 ausgewiesene Lebensaltersstufe (Ziff. 3.6) erreicht hätten,
- sofern kein unter Ziff. 5 beschriebener Sonderfall besteht.

Die Anspruchsvoraussetzungen richten sich also im Wesentlichen nach den ersten fünf Spalten der Tabelle, die alle kumulativ erfüllt sein müssen.

3.1 Überleitung aus BAT/BAT-O in den TVöD (§ 12 Abs. 1)

Ein Anspruch auf Strukturausgleich setzt voraus, dass es sich um übergeleitete ehemalige Angestellte im Sinne des § 1 Abs. 1 handelt. Insoweit wird auf die Ausführungen im Rundschreiben vom 10. Oktober 2005 – D II 2 – 220 210 / 643 – (vgl. dort Ziff. 1.1) verwiesen.

3.2 Stichtag

Stichtag für das Vorliegen der Tatbestandsvoraussetzungen eines Strukturausgleichsanspruchs ist der 1. Oktober 2005 (§ 12 Abs. 1 Satz 2). Dies wirkt sich insbesondere für die Beurteilung von Tatbestandsmerkmalen aus, die sich auf Regelungen des BAT/BAT-O beziehen. Da die Regelungen des BAT/BAT-O mit Ablauf des 30. September 2005 außer Kraft getreten sind, ist bei Veränderungen nach dem 30. September 2005 zu prüfen, welche Rechtsfolgen sich bei fiktiver Weitergeltung von BAT/BAT-O am 1. Oktober 2005 ergeben hätten (vgl. auch Ziff. 3.4 [S. 52] im Rundschreiben vom 10. Oktober 2005 – D II 2 – 220 210 / 643).

Im Regelfall kommt es darauf an, auf Grund welcher Vergütungsmerkmale die/der Beschäftigte nach dem TVÜ-Bund in die Entgelttabelle des TVöD übergeleitet worden ist. Durch den Stichtag „1. Oktober 2005" können sich allerdings im Einzelfall – über § 4 Abs. 2 und 3 hinaus – Korrekturen ergeben, etwa bei Heirat am 1. Oktober 2005 oder in den sog. Konkurrenzfällen des § 5 Abs. 2 (siehe Ziff. 3.5). Ein tatsächlicher Bezug von Entgelt am 1. Oktober 2005 ist nicht Voraussetzung. Ebenso wenig erfolgt ein Abgleich mit der Höhe des Vergleichsentgelts bei Überleitung i. S. v. § 5.

Beispiel:

Ein Angestellter in der VergGr VIb Fallgruppe 1a BAT (ohne Aufstiegsmöglichkeit), Lebensaltersstufe 35 und Anspruch auf Ortszuschlag der Stufe 1 ist mit In-Kraft-Treten des TVöD in die Entgeltgruppe 6 übergeleitet worden.

Für die Prüfung eines Anspruchs auf Strukturausgleich ist zu prüfen,

- in welche Entgeltgruppe die Beschäftigten am 1. Oktober 2005 nach § 4 übergeleitet worden sind,
- welche tatsächliche Vergütungsgruppe (mit Fallgruppe) nach Anlage 1a zum BAT der Überleitung in den TVÖD zugrunde lag,
- inwieweit an diese Fallgruppe ein Bewährungs- bzw. Fallgruppenaufstieg anknüpft,
- welche Lebensaltersstufe und welcher Ortszuschlag dem Beschäftigten am 1. Oktober 2005 zugestanden hätte, wenn die Regelungen des BAT/BAT-O am 1. Oktober 2005 noch Anwendung gefunden hätten (fiktive Weitergeltung).

3.3 Spalte 1 – „Entgeltgruppe"

Für die weitere Prüfung des Anspruchs auf Strukturausgleich ist nach Spalte 1 der Tabelle die Entgeltgruppe maßgeblich, in welche die Beschäftigten nach § 4 Abs. 1 bis 3 zum 1. Oktober 2005 übergeleitet worden sind. Soweit Beschäftigte bei der Überleitung übertariflich eingruppiert waren, bestehen im Einvernehmen mit dem Bundesministerium der Finanzen keine Bedenken, wenn der Anspruch auf einen Strukturausgleich für die Dauer der übertariflichen Eingruppierung nach der übertariflichen Entgeltgruppe – sowie der (früheren) übertariflichen Vergütungsgruppe – bestimmt wird.

Entgeltgruppen, in welche die/der Beschäftigte aufgrund von Höher- oder Herabgruppierungen nach der Überleitung – einschließlich solcher im Sinne des § 6 Abs. 2 – eingruppiert ist, begründen keine Ansprüche aus § 12. Höhergruppierungen nach der Überleitung – auch nach § 8 Abs. 1 und Abs. 3 1. Alternative – führen zu einer Anrechnung des Höhergruppierungsgewinns (siehe Ziff. 4.3.1); bei Höhergruppierungen nach § 8 Abs. 3 2. Alternative (siehe Ziff. 4.4.2) entfällt der Anspruch.

3.4 Spalten 2 und 3

3.4.1 Spalte 2 – „Vergütungsgruppe bei In-Kraft-Treten TVÜ"

In Spalte 2 der Tabelle „Vergütungsgruppe bei In-Kraft-Treten TVÜ" ist auf die Vergütungsgruppe abzustellen, in welche die/der ehemalige Angestellte bei In-Kraft-Treten des TVÜ am 1. Oktober 2005 bei Weitergeltung des BAT/BAT-O **tatsächlich** eingruppiert gewesen ist. Es handelt sich also um die Vergütungsgruppe, aus der die/der ehemalige Angestellte nach § 4 in Verbindung mit Anlage 2 TVÜ-Bund in den TVöD übergeleitet worden ist (vgl. Ziff. 3.4 [Seite 53] meines Rundschreibens vom 10. Oktober 2005 – D II 2 – 220 210 7 643). Ausdrücklich aufgegeben wird an dieser Stelle die bisher vertretene Rechtsansicht, dass in Spalte 2 der Tabelle auf die Vergütungsgruppe abzustellen sei, in welche die/der ehemalige Angestellte bei In-Kraft-Treten des TVÜ-Bund originär eingruppiert war. Zu übertariflichen Eingruppierungen wird auf Ziff. 3.3 verwiesen.

3.4.2 Spalte 3 – „Aufstieg"

3.4.2.1 Fälle „ohne" Aufstieg

Soweit in Spalte 3 „Aufstieg" das Wort „ohne" steht, bedeutet dies, dass aus der tatsächlichen Vergütungsgruppe nach Spalte 2, aus der die Überleitung in den TVöD erfolgt ist, gemäß Anlage 1a zum BAT (Vergütungsordnung) kein Aufstieg (Bewährungs- oder Fallgruppenaufstieg) oder auch kein **weiterer** Aufstieg mehr möglich gewesen wäre.

Beispiel:

Ein Büroangestellter, Ortszuschlag der Stufe 2, 39. Lebensaltersstufe, war noch vor In-Kraft-Treten des TVöD aus der VergGr. VII Fallgruppe 1a BAT, in die er originär eingruppiert worden ist, nach sechsjähriger Bewährung in VergGr. VIb Fallgruppe 1b BAT aufgestiegen. Am 1. Oktober 2005 ist er mit der durch den Aufstieg erlangten Vergütungsgruppe VIb in die Entgeltgruppe 6 übergeleitet worden.

Für die Prüfung der Anspruchsvoraussetzungen sind diejenige Zeilen der Tabelle maßgeblich, welche in Spalte 1 die Entgeltgruppe 6 und in Spalte 2 die tatsächliche Vergütungsgruppe VIb BAT ausweisen, aus der er in den TVöD übergeleitet worden ist.

Da die Anlage 1a zum BAT (Vergütungsordnung) nach dem Aufstieg aus Vergütungsgruppe VII nach VIb keinen weiteren Aufstieg mehr vorgesehen hat, muss die Spalte 3 der Tabelle in Anlage 3 das Wort „ohne" aufweisen.

Da auch die Voraussetzungen der Spalte 4 sowie der Spalte 5 nach folgender Zeile der Tabelle erfüllt sind, ergibt sich ein Anspruch auf dauerhafte Zahlung eines Strukturausgleichs in Höhe 50 € monatlich:

E	VergGr	Aufstieg	OZ-Stufe	LASt	Höhe	Dauer
6	VIb	ohne	OZ 2	39	50 €	dauerhaft

II

Anmerkung:

Nach dem Durchführungsrundscheiben vom 10. August 2007 haben aus dieser Zeile der Anlage 3 TVÜ-Bund bereits die Beschäftigten einen Anspruch auf Strukturausgleich erworben, die mit ihrer originären Eingruppierung in die Vergütungsgruppe VI b ohne Aufstiegsmöglichkeit in die Entgeltgruppe 6 übergeleitet worden sind, und die übrigen Voraussetzungen der Spalten 3 und 4 der Tabelle erfüllen. Diese Fälle (Bestandsfälle) erfüllen auch nach der neuen Auslegung der Tabelle die Voraussetzungen auf einen Strukturausgleich. Für diese Bestandsfälle ergeben sich also keine Änderungen.

Klarstellend weise ich darauf hin, wie zu verfahren ist, wenn in Spalte 7 der Tabelle in Anlage 3 TVÜ-Bund als Rechtsfolge keine dauerhafte Zahlung, sondern eine Zahlung erst nach einer bestimmten Anzahl von Jahren oder/und für die Dauer von bestimmten Jahren ausgewiesen wird:

1. **Zahlungsbeginn nach einer bestimmten Anzahl von Jahren**

   Da in den Fällen, in denen in Spalte 3 (Aufstieg) mit dem Eintrag „ohne" in Spalte 7 ein – vom Grundsatz Oktober 2007 abweichender – Zahlungsbeginn (häufig: „nach 4 Jahren") genannt ist, beginnen die Zahlungen nach den genannten Jahren nach Inkrafttreten des TVöD, somit im Falle von „nach 4 Jahren" im Monat Oktober 2009.

2. **Zahlungsdauer für eine begrenzte Anzahl an Jahren**

   Ist die Zahlungsdauer auf eine bestimmte Anzahl von Jahren begrenzt, rechnet der Zahlungsbeginn in diesen Fällen grundsätzlich ab Oktober 2007.

3. **Zahlungsbeginn nach einer bestimmten Anzahl von Jahren für eine begrenzte Dauer**

   Es gelten die beiden Hinweise zu 1. und 2.

3.4.2.2 Fälle mit ausgewiesenem Aufstieg

Die neue Rechtsprechung wirkt sich nicht nur auf die dem BAG vorgetragenen Fälle aus, bei denen in Spalte 3 (Aufstieg) das Wort „ohne" steht, sondern grundsätzlich auch auf alle sonstigen Fälle, also auch auf Bestandsfälle. In Fällen der nachfolgenden Variante A (Aufstieg war zum Zeitpunkt der Überleitung in den TVöD noch nicht vollzogen) haben sich auch bei neuer Auslegung im Ergebnis keine Änderungen für den Strukturausgleich ergeben. Anders bei Variante B, also den

Bestandsfällen, bei denen zum Zeitpunkt der Überleitung in den TVöD der Aufstieg bereits vollzogen war. In diesen Fällen ist der Anspruch im Lichte der Rechtsprechung zu überprüfen.

Variante A (Aufstieg stand bei Überleitung noch aus)

II

Ist in Spalte 3 ein Aufstieg von bestimmter Dauer in die dort genannte höhere Vergütungsgruppe ausgewiesen, bedeutet dies Folgendes: Tarifvertraglich erfasst sind Beschäftigte, bei denen der am Stichtag aus ihrer tatsächlichen Vergütungsgruppe (Spalte 2) nach altem BAT-Recht (Anlage 1a zum BAT – Vergütungsordnung) bestehende Bewährungs- bzw. Fallgruppenaufstieg nach der in Spalte 3 genannten Zeitdauer noch aussteht. Dabei ist für die Zuordnung zur Spalte 3 ohne Bedeutung, ob § 8 den nach der Vergütungsordnung vorgesehenen Aufstieg gesichert hat bzw. sichert.

Beispiel 1:

Ein Angestellter, Ortszuschlag der Stufe 1, ist seit dem Jahr 1999 in VergGr IIa Fallgruppe 1a BAT eingruppiert, aus der sich gemäß Anlage 1a zum BAT nach elfjähriger Bewährung ein Aufstieg in die VergGr Ib Fallgruppe 2 BAT ergibt; er ist mit Lebensaltersstufe 35 am 1. Oktober 2005 in die Entgeltgruppe 14 übergeleitet worden.

Für die Prüfung der Anspruchsvoraussetzungen ist diejenige Zeile der Tabelle Strukturausgleich heranzuziehen, welche in Spalte 1 die Entgeltgruppe 14 und in Spalte 2 die zum Zeitpunkt tatsächliche Vergütungsgruppe IIa BAT des Beschäftigten ausweist. Spalte 3 muss die Zeit des Aufstieges in die VergGr Ib BAT in der konkreten Fallgruppe (hier elf Jahre) enthalten. Die folgenden beiden Spalten bilden die persönlichen Daten des Beschäftigten zutreffend ab, so dass er Anspruch auf Zahlung eines dauerhaften Strukturausgleiches in Höhe von 50 € monatlich für die Dauer von 5 Jahren hat:

E	VergGr	Aufstieg	OZ-Stufe	LASt	Höhe	Dauer
14	IIa	Ib nach 11 Jahren	OZ 1	35	50 €	für 5 Jahre

Auch bei neuer Auslegung haben sich im Ergebnis keine Änderungen für den Strukturausgleich ergeben. In diesen Fällen ist also nichts weiter zu veranlassen.

Variante B (Aufstieg war bei Überleitung bereits erfolgt)

In Ziffer 3.4.2.2 meines vorherigen Durchführungsrundschreibens zum § 12 TVÜ-Bund vom 10. August 2007 hatte ich übertariflich keine Bedenken, dass die Voraussetzungen für einen Strukturausgleich auch angenommen werden können, wenn der in Spalte 3 genannte Aufstieg am Stichtag bereits erfolgt ist. Diese übertarifliche Regelung entfällt, da sie nach der neuen Rechtsprechung keinen Anwendungsbereich mehr hat. Die Bestandsfälle sind im Lichte der neuen Rechtsprechung zu überprüfen. Maßgebliche Änderung bei der Neuprüfung ist, dass nunmehr in Spalte 2 auf die tatsächliche Vergütungsgruppe abzustellen ist (siehe Ziffer 3.4.1). Bei der Neuprüfung dieser Bestandsfälle können sich folgende drei Möglichkeiten ergeben:

II

1. Strukturausgleich bleibt unverändert

Auch nach erneuter Prüfung der Anspruchsvoraussetzungen für diese Bestandsfälle nach der neuen Auslegung der Spalte 2 (Vergütungsgruppe) und der Spalte 3 (Aufstieg) ergibt sich im Ergebnis keine Änderung der Strukturausgleichszahlung; d. h. sowohl die Höhe der monatlichen Zahlung in Spalte 6 der Tabelle als auch deren Dauer nach Spalte 7 der Tabelle bleiben unverändert.

Beispiel:

Nach der übertariflichen Regelung in Ziffer 3.4.2.2 meines vorherigen Durchführungsrundschreibens zum § 12 TVÜ-Bund vom 10. August 2007 hatten Beschäftigte mit OZ 2 und LASt 37, die mit originärer Eingruppierung in Vergütungsgruppe Vb BAT ihren 2, 3, 4 oder 6jährigen Aufstieg in die Vergütungsgruppe IVb zum Zeitpunkt der Überleitung in den TVöD bereits vollzogen haben, Anspruch auf dauerhafte Zahlung eines Strukturausgleichs in Höhe von 60 € monatlich nach folgender Zeile der Tabelle in Anlage 3 TVÜ-Bund:

E	VergGr	Aufstieg	OZ-Stufe	LASt	Höhe	Dauer
9	Vb	IVb nach 2, 3, 4 oder 6 Jahren	OZ 2	37	60 €	dauerhaft

Im Lichte der Rechtsprechung ist der Anspruch dieses Bestandsfalls erneut zu prüfen. Maßgeblich für die Spalte 2 ist die Vergütungsgruppe, aus welcher der ehemalige Angestellte tatsächlich in den TVöD übergeleitet worden ist (siehe Ziffer 3.4.1). Bei Spalte 3 (Aufstieg) ist demzufolge ein Anspruch nach dem Eintrag „ohne" zu prüfen. Nach erneuter Prüfung ergibt sich für diesen Bestandsfall daher ein Anspruch auf Zahlung eines Strukturausgleichs nach folgender Zeile der Tabelle in Anlage 3 TVÜ-Bund:

E	VergGr	Aufstieg	OZ-Stufe	LASt	Höhe	Dauer
9	IVb	ohne	OZ 2	37	60 €	dauerhaft

Der Anspruch hat sich daher weder in der Höhe noch in der Bezugsdauer verändert.

Nach der Feststellung sowie der Benachrichtigung der/des Beschäftigten, dass sich im Ergebnis die Strukturausgleichszahlung nicht verändert hat, ist nichts weiter zu veranlassen.

2. Strukturausgleich ändert sich

Nach erneuter Prüfung der Anspruchsvoraussetzungen für diese Bestandsfälle nach der neuen Auslegung der Spalten 2 (Vergütungsgruppe) und 3 (Aufstieg) ergeben sich Änderungen bei der Strukturausgleichszahlung; d. h. entweder in der Höhe der monatlichen Zahlung in Spalte 6 der Tabelle und/oder bei deren Dauer nach Spalte 7 der Tabelle.

II

Beispiel:

Nach der übertariflichen Regelung in Ziffer 3.4.2.2 meines vorherigen Durchführungsrundschreibens zum § 12 TVÜ-Bund vom 10. August 2007 wurde Beschäftigten mit OZ 2 und LASt 35, die mit originärer Eingruppierung in Vergütungsgruppe IIa BAT ihren 11-jährigen Aufstieg in die Vergütungsgruppe Ib zum Zeitpunkt der Überleitung in den TVöD bereits vollzogen haben, ein Strukturausgleich in Höhe von 50 € monatlich für die Dauer von 5 Jahren nach folgender Zeile der Tabelle in Anlage 3 TVÜ-Bund gewährt:

E	VergGr	Aufstieg	OZ-Stufe	LASt	Höhe	Dauer
14	IIa	Ib nach 11 Jahren	OZ 1	35	50 €	für 5 Jahre

Im Lichte der Rechtsprechung sind diese Bestandsfälle erneut zu prüfen. Maßgeblich für die Spalte 2 ist die Vergütungsgruppe, aus welcher die ehemaligen Angestellten in den TVöD übergeleitet worden sind (siehe Ziffer 3.4.1). Bei Spalte 3 (Aufstieg) ist der Eintrag „ohne" maßgeblich. Anders wäre nur dann zu verfahren, wenn die Anlage 1a zum BAT (Vergütungsordnung) nach einem Aufstieg im Ausnahmefall die Möglichkeit eines weiteren (zweiten) Aufstiegs vorsieht. Nach Überprüfung ergibt sich für diesen Bestandsfall daher ein Anspruch auf Zahlung eines Strukturausgleichs nach folgender Zeile der Tabelle in Anlage 3 TVÜ-Bund:

E	VergGr	Aufstieg	OZ-Stufe	LASt	Höhe	Dauer
14	Ib	ohne	OZ 1	35	100 €	für 4 Jahre

Der Anspruch hat sich verändert. Statt des übertariflichen Strukturausgleichs in Höhe von 50 € stehen den Beschäftigten nunmehr 100 € zu, die Zahlungsdauer verkürzt sich von fünf auf vier Jahre.

Den Beschäftigten ist daher der höhere Strukturausgleich in Höhe von 100 € monatlich zu zahlen. Die Ausschlussfrist des § 37 TVöD ist dabei zu berücksichtigen. Da die Dauer der Zahlung (Spalte 7 der Tabelle) ab dem Oktober 2007 rechnet (siehe Ziffer 3.4.2.1) endet die Zahlung nach vier Jahren mit dem Monat September 2011.

Fallvariante:

Die Überprüfung seines Strukturausgleichs wurde von einem Beschäftigten bereits mit Schreiben vom 15. Oktober 2010 beantragt.

Nach § 37 TVöD (Ausschlussfrist) hat der Beschäftigte Anspruch auf Zahlung des Strukturausgleichs in Höhe von 100 € monatlich bereits ab dem Monat April 2010. Die vierjährige Zahlungsdauer wird hierdurch nicht berührt.

II

Sollte sich in diesen Bestandsfällen bei Neufeststellung der Ansprüche ein geringerer **Strukturausgleichsbetrag** ergeben, gilt grundsätzlich Folgendes: Tariflich steht nur noch der geringere Strukturausgleichsbetrag zu. Überzahlungen sind zu verrechnen. Ergibt sich in diesen Bestandsfällen bei Neufeststellung der Ansprüche eine Verkürzung der Anspruchsdauer, ist entsprechend zu verfahren.

3. Strukturausgleich fällt weg

Nach erneuter Prüfung der Anspruchsvoraussetzungen für diese Bestandsfälle nach der neuen Auslegung der Spalte 2 (Vergütungsgruppe) und der Spalte 3 (Aufstieg) entfällt der Anspruch auf Strukturausgleichszahlung.

Beispiel:

Nach der übertariflichen Regelung in Ziffer 3.4.2.2 meines vorherigen Durchführungsrundschreibens zum § 12 TVÜ-Bund vom 10. August 2007 hatten Beschäftigte mit OZ 2 und LASt 37, die mit originärer Eingruppierung in Vergütungsgruppe IIa BAT ihren 11-jährigen Aufstieg zum Zeitpunkt der Überleitung in den TVöD bereits vollzogen haben, Anspruch auf Zahlung eines dauerhaften Strukturausgleichs in Höhe von 110 € monatlich nach folgender Zeile der Tabelle in Anlage 3 TVÜ-Bund:

E	VergGr	Aufstieg	OZ-Stufe	LASt	Höhe	Dauer
14	IIa	Ib nach 11 Jahren	OZ 2	37	110 €	dauerhaft

Im Lichte der Rechtsprechung ist der Anspruch dieses Bestandsfalls erneut zu prüfen. Nach erneuter Prüfung ergibt sich für diesen Bestandsfall nunmehr kein Anspruch mehr auf Zahlung eines Strukturausgleichs. Für diesen Fall wurde in Anlage 3 TVÜ-Bund kein Strukturausgleich vereinbart.

In diesen Fällen besteht kein Anspruch auf einen Strukturausgleichsbetrag, die übertarifliche Maßnahme entfällt mangels Anwendungsbereich. Die Zahlungen sind schnellstmöglich einzustellen und die unter Vorbehalt geleisteten Zahlungen zurückzufordern.

3.5 Spalte 4 – „Ortszuschlag Stufe 1, 2 bei In-Kraft-Treten TVÜ“

Spalte 4 der Tabelle unterscheidet beim Strukturausgleich nach der Stufe des Ortszuschlags nach altem Recht. Maßgeblich ist nach § 12 Abs. 1 Satz 2 die Stufe des Ortszuschlags, welche die/der Beschäftigte am 1. Oktober 2005 bei Weitergeltung von BAT/BAT-O erhalten hätte. Nicht entscheidend ist, welche Stufe des Ortszuschlags in das Vergleichsentgelt eingeflossen ist. Es kommt vielmehr auf die tatsächlichen Verhältnisse des Familienstandes am 1. Oktober 2005 an. Für Fälle, in denen § 29 Abschnitt B Abs. 5 BAT/BAT-O Anwendung finden würde (Konkurrenzregelung), gelten die unter Ziff. 5.1 dargestellten Besonderheiten.

Soweit also noch am 1. Oktober 2005 eine Änderung des Familienstandes eingetreten ist, die nach altem Recht im Monat Oktober 2005 zu einem Anspruch auf Ortszuschlag der Stufe 2 geführt hätte, ist dies beim Strukturausgleich zu berücksichtigen. Änderungen im Familienstand nach dem 1. Oktober 2005 wirken sich auf den Anspruch auf Strukturausgleich nicht mehr aus. § 29 Abschnitt C Abs. 2 BAT/BAT-O findet keine Anwendung.

Bei einer – bislang nicht bekannten – Änderung des Familienstandes am 1. Oktober 2005 bzw. im September 2005, die im Monat Oktober 2005 zu einem Anspruch auf Ortszuschlag der Stufe 1 statt der bisherigen Stufe 2, z. B. wegen rechtskräftiger Scheidung im September 2005, oder zu einem Anspruch auf Ortszuschlag der Stufe 2 statt der Stufe 1 geführt hätte, muss ein daraus folgender Anspruch auf Strukturausgleich von der/dem Beschäftigten nachgewiesen werden. Im Übrigen bestehen keine Bedenken, bei der Feststellung, ob die Konkurrenzregelung des § 29 Abschnitt B Abs. 5 BAT/BAT-O eingreift (vgl. hierzu nachfolgend unter Ziff. 5.1.1), auf die bekannten Verhältnisse am 30. September 2005 abzustellen und nur auf Antrag der/des Beschäftigten den Wegfall der Konkurrenzregelung infolge Ausscheidens des Ehegatten aus dem öffentlichen Dienst spätestens mit Ablauf des 30. September 2005 zu berücksichtigen.

3.6 Spalte 5 – „Lebensaltersstufe bei In-Kraft-Treten TVÜ"

Die Spalte 5 „Lebensaltersstufe" der Tabelle enthält die Stufe, die für die/den in den TVöD übergeleiteten Beschäftigten bei Fortgeltung des BAT/BAT-O am 1. Oktober 2005 gegolten hätte. Bis zur Überleitung vorweggewährte Lebensaltersstufen (§ 27 Abschnitt C BAT/BAT-O) werden berücksichtigt. Da nach § 5 Abs. 4 eine im Oktober 2005 bei Fortgeltung des bisherigen Rechts eingetretene Stufensteigerung beim Vergleichsentgelt ohnehin berücksichtigt worden ist, ist stets die Stufe maßgebend, mit der die Beschäftigten in den TVöD übergeleitet worden sind. Für Beschäftigte, die gemäß § 27 Abschn. A Abs. 8 BAT/BAT-O den Unterschiedsbetrag zwischen der Grundvergütung ihrer bisherigen zur nächsthöheren Stufe im September 2005 nur zur Hälfte erhalten haben, ist für den Strukturausgleich die nächsthöhere Stufe zu Grunde gelegt (vgl. § 5 Abs. 7).

4. Rechtsfolgen

Liegen die unter Ziff. 3 näher bezeichneten Tatbestandsvoraussetzungen vor, besteht dem Grunde nach Anspruch auf Strukturausgleich. Der Inhalt des Anspruchs, insbesondere Beginn, Höhe und Zahlungsdauer, richtet sich nach den Spalten 6 und 7 der Tabelle sowie § 12 Abs. 2 bis 5. Danach besteht der Anspruch auf Strukturausgleich

- in der Höhe gemäß Spalte 6 der Tabelle (dazu Ziff. 4.1),
- ab dem in § 12 Abs. 2 und Spalte 7 bestimmten Zeitpunkt (dazu Ziff. 4.2.1),
- für die Dauer gemäß Spalte 7 der Tabelle (dazu Ziff. 4.2.2, 4.2.3 und 4.4) und
- in dem in § 12 Abs. 3 und 4 bestimmten Umfang (dazu Ziff. 4.1.2 und 4.1.3),
- sofern keine Anrechnung (z. B. nach § 12 Abs. 5) erfolgt (dazu Ziff. 4.3) und
- kein unter Ziff. 5. beschriebener Sonderfall besteht.

4.1 Höhe der Ausgleichszahlung

4.1.1 Allgemeines

Beschäftigte erhalten den Strukturausgleich zusätzlich zu ihrem monatlichen Entgelt (§ 12 Abs. 1 Satz 1). Die Zahlung eines Strukturausgleiches setzt daher die Zahlung von Entgelt voraus. Der Begriff des Entgelts umfasst neben dem Tabellenentgelt die sonstigen in Monatsbeträgen festgelegten Entgeltbestandteile.

Die Ausgleichsbeträge sind nicht dynamisch (§ 12 Abs. 1 Satz 1). Sie nehmen daher an allgemeinen Entgeltanpassungen nicht teil, sondern bleiben für die Dauer der Zahlung in der Höhe grundsätzlich unverändert. Andererseits sind allgemeine Entgeltanpassungen auch nicht auf den Strukturausgleich anzurechnen. Die Strukturausgleichsbeträge können sich aber bei einer Änderung der individuellen regelmäßigen Arbeitszeit (siehe Ziff. 4.1.2) oder bei der Anrechnung in Folge von Höhergruppierung (siehe Ziff. 4.3.1) nachträglich ändern bzw. entfallen (siehe Ziff. 4.4.2).

Die Höhe des Ausgleichsbetrages ist der sechsten Spalte der Tabelle zu entnehmen. Dabei sind monatliche Beträge zwischen 20 € und 110 € vereinbart. Die Strukturausgleichsbeträge sind zusatzversorgungspflichtiges Entgelt (§ 15 Abs. 2 Satz 1 ATV); sie fließen als sonstige in Monatsbeträgen festgelegte Entgeltbestandteile in die Bemessungsgrundlage für die Entgeltfortzahlung (§ 21 Satz 1 TVöD) ein.

Besteht nicht für alle Tage eines Kalendermonats ein Anspruch auf Entgelt, wird ein Strukturausgleich nur anteilig für den Zeitraum gezahlt, für den ein Entgeltanspruch besteht (vgl. § 24 Abs. 3 Satz 1 TVöD). Dies gilt sinngemäß bei Änderungen des Teilzeitumfangs im Laufe eines Kalendermonats.

Steht ein Strukturausgleichsbetrag nur anteilig zu (z. B. aufgrund von Teilzeitbeschäftigung), ist die Rundungsregelung des § 24 Abs. 4 TVöD zu berücksichtigen.

4.1.2 Teilzeitbeschäftigung

Teilzeitbeschäftigten steht der Strukturausgleich – mit Ausnahme der unter Ziff. 5.1.4 dargestellten Sonderfälle – zeitanteilig zu (§ 12 Abs. 4 Satz 1 TVÜ-Bund i. V. m. § 24 Abs. 2 TVöD). Bei individuellen Veränderungen des Arbeitszeitumfangs (also Erhöhungen und Reduzierungen) ändert sich der Strukturausgleich entsprechend. Dies gilt sowohl für Arbeitszeitänderungen vor als auch nach Zahlungsbeginn (Protokollerklärung zu § 12 Abs. 4).

Beispiel:

Ein vollzeitbeschäftigter Angestellter der VergGr IVa Fallgruppe 1b BAT (ohne Aufstieg), Lebensaltersstufe 43 und mit einem Ortszuschlag der Stufe 2 ist in die Entgeltgruppe 10 übergeleitet worden. Er erhält ab Oktober 2007 dauerhaft einen monatlichen Strukturausgleich in Höhe von 60 € aus folgender Zeile der Tabelle:

E	VergGr	Aufstieg	OZ-Stufe	LASt	Höhe	dauer
10	IVa	ohne	OZ 2	43	60 €	dauerhaft

Ab 16. April 2008 reduziert er seine wöchentliche Arbeitszeit auf 75 v.H. eines Vollzeitbeschäftigten.

Für April 2008 beträgt der Strukturausgleich 52,50 €; ab Mai 2008 erhält der Beschäftigte 75 v.H. des vollen Strukturausgleiches, somit 45 € monatlich.

Hinsichtlich der Veränderung des Arbeitszeitumfangs von Beschäftigten, deren für Spalte 4 der Tabelle maßgeblicher Ortszuschlag sich nach § 29 Abschnitt B Abs. 5 BAT/BAT-O (Konkurrenzregelung) bemisst, gelten die unter Ziff. 5.1.4 dargestellten Besonderheiten

4.1.3 Tarifgebiet Ost

Für Beschäftigte, für die nach dem TVöD die Regelungen des Tarifgebiets Ost (§ 38 Abs. 1 TVöD) Anwendung finden, galt bis zur Ost-West Anpassung zum 1. Januar 2008 (E 1 bis E 9) bzw. 1. April 2008 (E 10 und höher) der jeweilige Bemessungssatz (§ 12 Abs. 3 TVÜ-Bund i. V. m. Protokollerklärung Nr. 1 zu § 15 Abs. 1 TVöD) in der jeweils geltenden Fassung.

4.2 Zahlungsbeginn und -dauer, Unterbrechungen

4.2.1 Zahlungsbeginn

II

Der Beginn der Zahlung des Strukturausgleichs ist der Monat Oktober 2007 (§ 24 Abs. 1 TVöD), sofern in Spalte 7 der Tabelle nicht etwas anderes bestimmt ist (§ 12 Abs. 2, vgl. auch Absatz 2 Satz 1, 2 der Vorbemerkungen).

> **Beispiel:**
> Wird in Spalte 7 als Zahlungsbeginn „nach 4 Jahren" genannt, bedeutet dies einen Zahlungsbeginn nach 4 Jahren, gerechnet von Oktober 2005 an, also im Oktober 2009.

Unterbrechungen der Entgeltzahlung vor dem in Spalte 7 der Tabelle bestimmten Zeitpunkt führen nach Absatz 2 Satz 2 der Vorbemerkungen nicht zu einer Verschiebung des Zahlungsbeginns (vgl. auch Ziff. 4.2.3).

4.2.2 Zahlungsdauer

Die Dauer der Zahlung richtet sich ebenfalls nach den Angaben in Spalte 7 der Tabelle. In der Mehrzahl der Fälle wird der Strukturausgleich dauerhaft zusätzlich zum monatlichen Entgelt gezahlt, d. h. für den gesamten Zeitraum des Arbeitsverhältnisses, sofern Entgelt geschuldet wird (vgl. § 12 Abs. 1 Satz 1 i. V. m. Absatz 2 Satz 3 der Vorbemerkungen). Teilweise ist die Bezugsdauer aber befristet; dabei bezieht sich diese Angabe auf konkrete Kalenderzeiträume, stets gerechnet ab Oktober 2007 (vgl. Absatz 3 Satz 1 der Vorbemerkungen). Die Angabe „für 3 Jahre" bedeutet einen Zahlungsanspruch von Oktober 2007 bis September 2010. Die Angabe „nach 4 Jahren für 7 Jahre" bedeutet Zahlungsbeginn im Oktober 2009 und letzte Zahlung im September 2016. Zu Unterbrechungen vgl. Ziff. 4.2.3.

Sofern in Spalte 7 der Tabelle eine Befristung des Strukturausgleichs auf eine bestimmte Anzahl von Jahren festgelegt ist, muss hinsichtlich der Beendigung folgende – in Absatz 3 Satz 2 der Vorbemerkungen geregelte – Besonderheit beachtet werden: Eine tarifvertragliche Ausnahme zu Gunsten der Beschäftigten besteht dann, wenn das Ende des Zahlungszeitraumes zeitlich nicht mit einem Stufenaufstieg in der jeweiligen Entgeltgruppe zusammenfällt; in diesen Fällen wird der Strukturausgleich bis zum nächsten Stufenaufstieg fortgezahlt. Maßgeblich ist der tatsächliche Zeitpunkt des Stufenaufstiegs, auch im Fall der Verkürzung oder Verlängerung der Stufenlaufzeit nach § 17 Abs. 2 und 3 TVöD. Da durch die Klausel bei Beschäftigten, welche die Endstufe noch nicht erreicht haben, eine Verringerung der monatlichen Bezüge vermieden werden soll, gilt die Ausnahmeregelung nicht, wenn der Stufenaufstieg in die Endstufe erfolgt; in diesen Fällen bleibt es bei der festgelegten Dauer.

Beispiel:

Eine vollzeitbeschäftigte Angestellte ist am 1. Oktober 2005 mit einem Vergleichsentgelt von 3.539,60 € in eine individuelle Zwischenstufe zwischen die Stufen 2 und 3 (Stufe 2+) der Entgeltgruppe 14 übergeleitet worden und hat nach folgender Zeile der Tabelle Strukturausgleiche Anspruch auf einen Ausgleichsbetrag von 50 € monatlich für die Dauer von 5 Jahren:

E	VergGr	Aufstieg	OZ-Stufe	LASt	Höhe	Dauer
14	IIa	Ib nach 11 Jahren	OZ 1	35	50 €	für 5 Jahre

Am 1. Oktober 2007 rückt sie gemäß § 6 Abs. 1 Satz 2 in die nächsthöhere reguläre Stufe 3 auf. Bei durchschnittlicher Leistung rückt sie nach dreijähriger Stufenlaufzeit am 1. Oktober 2010 in die Stufe 4 auf. Im Oktober 2007 erhält sie erstmalig einen monatlichen Strukturausgleich in Höhe von 50 €. Aufgrund der Beschränkung auf 5 Jahre würde die letzte Zahlung im September 2012 erfolgen.

Weil die regelmäßige Stufenlaufzeit zum Erreichen der Stufe 5 – durchschnittliche Leistung wird unterstellt – vier Jahre beträgt, steht der Beschäftigten bis zum Erreichen der nächst höheren Stufe 5, also bis September 2014, der Strukturausgleich zu. Die Bezugsdauer des Strukturausgleiches verlängert sich also um zwei Jahre.

4.2.3 Unterbrechung der Zahlung

Ruht vorübergehend der tarifliche Anspruch auf Entgelt z. B. wegen des Ablaufs der Krankenbezüge, wegen der Inanspruchnahme von Elternzeit oder wegen Sonderurlaubs (§ 28 TVöD), besteht für diesen Zeitraum auch kein Anspruch auf Zahlung eines Strukturausgleiches (§ 12 Abs. 1 Satz 1 – vgl. Ziff. 4.1.1). Ist in Spalte 7 der Tabelle eine zeitlich begrenzte Bezugsdauer angegeben, wird dieser Kalenderzeitraum nicht um Unterbrechungszeiten verlängert, sondern rechnet unverändert ab dem Monat des Beginns des Strukturausgleichs (vgl. Ziff. 4.2.1).

Beispiel:

Ein Beschäftigter hat ab Oktober 2007 Anspruch auf Zahlung eines Strukturausgleiches für die Dauer von 3 Jahren bis September 2010. Am 10. September 2009 endet seine sechswöchige Bezugsfrist für Entgelt im Krankheitsfall gemäß § 22 Abs. 1 TVöD. Vom 11. September 2009 bis 9. Juni 2010 hat er Anspruch auf Krankengeldzuschuss gemäß § 22 Abs. 2 TVöD. Seine Arbeit nimmt er am 15. Dezember 2010 wieder auf. In der Zeit vom 10. Juni bis 14. Dezember 2010 besteht kein Anspruch auf Entgelt.

Für die Dauer des Erhalts von Entgelt im Krankheitsfall gem. § 22 Abs. 1 TVöD besteht auch Anspruch auf Zahlung des Strukturausgleiches; also bis 10. September 2009 (für September 2009 nur anteilig). Für die Zeit des Anspruchs auf Krankengeldzuschuss gemäß § 22 Abs. 2 TVöD ist der Strukturausgleich in die Berechnung des Krankengeldzuschusses mit einzubeziehen. Ab 10. Juni 2010 und für die weiteren Kalendermonate ohne Entgeltanspruch besteht kein Anspruch auf Zahlung eines Strukturausgleiches. Im September 2010 endet ohnehin der auf einen Kalenderzeitraum von 3 Jahren befristete Strukturausgleich. Eine Verlängerung des im Oktober 2007 beginnenden Bezugszeitraums um Zeiten ohne Anspruch auf Zahlung des Strukturausgleiches, also der Zeit vom 10. Juni bis Ende September 2010 ab der Wiederaufnahme der Arbeit im Dezember 2010, findet nicht statt.

4.3 Anrechnungen

Nach § 12 Abs. 5 wird bei Höhergruppierungen der Unterschiedsbetrag zum bisherigen Entgelt auf den Strukturausgleich angerechnet.

4.3.1 Anrechnung bei Höhergruppierung

Bei Höhergruppierungen nach § 17 Abs. 4 TVöD oder nach § 6 Abs. 2 einschließlich Höhergruppierungen nach § 8 Abs. 1 und Abs. 3 1. Alternative wird der Unterschiedsbetrag zum bisherigen Entgelt nach § 12 Abs. 5 auf den Strukturausgleich angerechnet. Dies gilt für alle Höhergruppierungen, gleich aus welchem Grund.

Angerechnet werden Höhergruppierungsgewinne infolge einer Höhergruppierung vor Beginn der Zahlung des Strukturausgleichs ebenso wie Höhergruppierungsgewinne nach Zahlungsaufnahme des Strukturausgleichs. Anzurechnen ist der Höhergruppierungsgewinn im Zeitpunkt der Höhergruppierung einschließlich eines etwaigen Garantiebetrages nach § 17 Abs. 4 Satz 2 TVöD sowie ggf. nachfolgende Stufensteigerungen (vgl. Ziff. 4.3.2). Allgemeine Entgeltanpassungen führen dagegen nicht zu weiterer Verrechnung.

4.3.2 Höhe des Anrechnungsbetrages

Nach § 12 Abs. 5 wird bei einer Höhergruppierung der Unterschiedsbetrag zum bisherigen Entgelt auf den Strukturausgleich angerechnet. Unterschiedsbetrag ist die Differenz zwischen dem bisherigen Tabellenentgelt, das im Monat vor der Höhergruppierung gezahlt wurde, und dem sich auf Grund der Höhergruppierung ergebenden Entgelt ggf. einschließlich eines Garantiebetrages (vgl. § 17 Abs. 4 TVöD, § 6 Abs. 2 TVÜ-Bund).

Beispiel:

Eine Angestellte ist mit einem fiktiven Vergleichsentgelt von 2.622,58 € in eine individuelle Zwischenstufe zwischen den Stufen 3 und 4 (Stufe 3+) der Entgeltgruppe 9 übergeleitet worden und hat nach folgender Zeile der

Tabelle ab Oktober 2007 Anspruch auf einen dauerhaften Ausgleichsbetrag in Höhe von 60 € monatlich:

E	VergGr	Aufstieg	OZ-Stufe	LASt	Höhe	Dauer
9	Vb	IVb nach 2, 3, 4, 6 Jahren	OZ 2	37	60 €	dauerhaft

Am 1. Juli 2007 – drei Monate vor Beginn der Zahlung eines Strukturausgleiches – wird sie in Entgeltgruppe 10 höhergruppiert und erhält nach § 6 Abs. 2 Satz 1 ein monatliches Tabellenentgelt in Höhe von 2.800 €.

Die Differenz zwischen dem bisherigen und dem neuen Tabellenentgelt beträgt 177,42 € monatlich. Diese Steigerung ihres Entgelts überschreitet den Ausgleichsbetrag von 60 € um 117,42 € und zehrt deshalb den Ausgleichsbetrag völlig auf. Der dem Grunde nach bestehende Anspruch auf Zahlung des Strukturausgleiches entfällt daher aufgrund der Höhergruppierung.

Wird der Strukturausgleich durch die Höhergruppierung nicht vollständig aufgezehrt, erfolgt bei anschließenden Stufenaufstiegen eine weitere Anrechnung. Gleiches gilt bei erneuter Höhergruppierung.

4.4 Wegfall

4.4.1 Fallgestaltungen

Während die Einstellung der Entgeltzahlung eine Unterbrechung bewirkt (siehe Ziff. 4.2.3), entfällt der Anspruch auf Strukturausgleich

- bei Ablauf der festgelegten Dauer (siehe Ziff. 4.2.2),
- bei vollständiger Aufzehrung nach Höhergruppierung (siehe Ziff. 4.3.2) sowie
- bei Neuberechnung des Vergleichsentgelts nach Abs. 3 (siehe Ziff. 4.4.2).

4.4.2 Neuberechnung des Vergleichsentgelts nach Abs. 3

Ergibt sich nach § 8 Abs. 3 ein höheres Vergleichsentgelt, entfällt der Anspruch auf Strukturausgleich (§ 8 Abs. 2 Satz 3). Übertariflich bin ich im Einvernehmen mit dem Bundesministerium der Finanzen in den Fällen, in denen der Höhergruppierungsgewinn niedriger als der Strukturausgleichsbetrag ist, damit einverstanden, dass der Höhergruppierungszugewinn auf den Strukturausgleichsbetrag lediglich angerechnet wird (siehe auch Ziff. 4.3.1).

5. Sonderfälle

Abweichungen von den unter Ziff. 3. dargestellten Tatbestandsvoraussetzungen wie auch von den unter Ziff. 4. dargestellten Rechtsfolgen ergeben sich in zwei Sonderfällen, nämlich in sogenannten Konkurrenzfällen des Ortszuschlags (dazu sogleich Ziff. 5.1) und bei Beschäftigten im Bereich des Bundesministeriums der Verteidigung, deren Eingruppierung sich am 30. September 2005 nach der Anlage 1b BAT/BAT-O richtete (dazu Ziff. 5.2).

5.1 Konkurrenzfälle des Ortszuschlags

Der Anspruch auf Strukturausgleich knüpft tatbestandlich an den Ortszuschlagsanspruch nach altem Recht an. Dabei sind in Spalte 4 der Tabelle nur Fallgestaltungen des Ortszuschlags 1 und des Ortszuschlags 2 abgebildet. Für den besonderen Fall, dass sich der Ortszuschlag zum 1. Oktober 2005 nach § 29 Abschn. B Abs. 5 BAT/BAT-O bemessen hätte, sind die Sonderregelungen gemäß Absatz 1 der Vorbemerkungen zu beachten.

5.1.1 Anwendungsbereich

Absatz 1 der Vorbemerkungen betrifft Fälle, in denen zum Überleitungsstichtag der Ehegatte einer/eines Beschäftigten als Angestellter, Beamter, Richter oder Soldat im öffentlichen Dienst steht oder auf Grund einer Tätigkeit im öffentlichen Dienst nach beamtenrechtlichen Grundsätzen versorgungsberechtigt ist und ihm ebenfalls der Familienzuschlag der Stufe 1 oder der Ortszuschlag der Stufe 2 oder eine entsprechende Leistung in Höhe von mindestens der Hälfte des Unterschiedsbetrages zwischen der Stufe 1 und der Stufe 2 des Ortszuschlages der höchsten Tarifklasse zustünde (vgl. § 29 Abschn. B Abs. 5 BAT/BAT-O).

Maßgeblich ist, ob § 29 Abschn. B Abs. 5 BAT/BAT-O am Stichtag, also am 1. Oktober 2005 Anwendung finden würde (vgl. Ziff. 3.2). Die Regelung findet daher sowohl für Beschäftigte, deren Ehegatte am Stichtag weiterhin ortszuschlagsberechtigt war, als auch für Beschäftigte, deren Ehegatte zum Stichtag ebenfalls in den TVöD übergeleitet worden ist, Anwendung. Wegen der auf den Stichtag 1. Oktober 2005 bezogenen fiktiven Weitergeltung ist es unerheblich, welche Stufe des Ortszuschlags in das Vergleichsentgelt nach § 5 eingeflossen ist (§ 12 Abs. 1 Satz 2 verweist ausdrücklich nicht auf § 5).

Beispiel:

Ein verheirateter Angestellter (OZ Stufe 2) in VergGr Vb BAT mit noch ausstehendem fünfjährigen Aufstieg in VergGr IVb ist am 1. Oktober 2005 in die Entgeltgruppe 9 übergeleitet worden. Weil die Ehefrau des Beschäftigten bei einem öffentlichen Arbeitgeber beschäftigt war, welcher über den 30. September 2005 hinaus den BAT/BAT-O anwendete, ging bei Überleitung in den TVöD die Stufe 1 des Ortszuschlags in das Vergleichsentgelt des Beschäftigten ein (§ 5 Abs. 2 Satz 2).

Bei der Prüfung, ob dem Beschäftigten ein Strukturausgleich zusteht und wenn ja, in welcher Höhe, ist Absatz 1 der Vorbemerkungen anzuwenden. Es sind daher die mit Ortszuschlag der Stufe 2 ausgewiesenen Strukturausgleiche maßgeblich (zur Höhe siehe Ziff. 5.1.3).

II

Unerheblich ist, ob sich nach dem 1. Oktober 2005 die für den Ortszuschlag relevanten Verhältnisse ändern (siehe Ziff. 3.5).

Beispiel:

Heirat nach dem 1. Oktober 2005 oder Ausscheiden des Ehegatten aus dem öffentlichen Dienst nach dem 1. Oktober 2005.

5.1.2 Für Konkurrenzfälle maßgebliche OZ-Stufe der Tabelle

In den Fällen der Konkurrenzregelung des § 29 Abschnitt B Abs. 5 BAT/BAT-O sind ausschließlich die mit Ortszuschlag der Stufe 2 ausgewiesenen Strukturausgleiche maßgeblich (siehe Absatz 1 der Vorbemerkungen).

5.1.3 Höhe des Strukturausgleichs

Sofern die übrigen Tatbestandsvoraussetzungen vorliegen (siehe dazu oben Ziff. 3), steht als Strukturausgleich die Hälfte des Strukturausgleichsbetrages zu, welcher für Beschäftigte mit Ortszuschlag der Stufe 2 ausgewiesen ist, also die Hälfte des in Spalte 6 genannten Betrages.

Beispiel:

Ein verheirateter vollzeitbeschäftigter Angestellter der VergGr III Fallgruppe 2a BAT mit achtjährigem Aufstieg nach IIa BAT, Lebensaltersstufe 39, ist am 1. Oktober 2005 in die Entgeltgruppe 12 übergeleitet worden. Die Ehefrau des Beschäftigten war zum Stichtag ebenfalls im öffentlichen Dienst tätig.

Der Strukturausgleich bestimmt sich grundsätzlich nach der Stufe 2 in Spalte 4 der Tabelle. Demnach ist folgende Zeile der Tabelle heranzuziehen:

E	VergGr	Aufstieg	OZ-Stufe	LASt	Höhe	Dauer
12	III	IIa nach 8 Jahren	OZ 2	39	100 €	dauerhaft

Nach Absatz 1 der Vorbemerkungen steht dem Beschäftigten als Strukturausgleich die Hälfte des in Spalte 6 ausgewiesenen Betrages, also dauerhaft 50 €/Monat, zu.

5.1.4 Teilzeitarbeit

Nach § 29 Abschn. B Abs. 5 BAT/BAT-O war die Höhe des Ortszuschlages bei Teilzeitarbeit in Konkurrenzfällen, anders als in Fällen ohne Konkurrenz, in bestimmten Fällen nicht zeitratierlich zu bemessen; § 34 Abs. 1 Unterabs. 1 Satz 1 BAT/BAT-O fand auf Grund der Regelung in § 29 Abschn. B Abs. 5 BAT/BAT-O in bestimmten Fällen der Konkurrenz im Ortszuschlag keine Anwendung (§ 29 Abschn. B Abs. 5 Satz 2 BAT/BAT-O). Diese Besonderheiten sind durch die Inbezugnahme von § 29 Abschn. B Abs. 5 BAT/BAT-O in Absatz 1 der Vorbemerkungen auch bei der Ermittlung der Höhe des Strukturausgleichs zu berücksichtigen, werden aber in dieser Vorbemerkung zugleich modifiziert.

Beispiel:
Daraus ergeben sich Besonderheiten in der Bemessung des Strukturausgleichs, die in Fortführung der Kasuistik von § 29 Abschn. B Abs. 5 Satz 2 und § 34 Abs. 1 Unterabs. 1 Satz 1 BAT/BAT-O je nach Teilzeitumfang der/des Beschäftigten und des Ehegatten zu einem hälftigen oder unterhälftigen Strukturausgleichsanspruch führen. Wegen der Bezugnahme auf § 29 Abschn. B Abs. 5 Satz 2 und § 34 Abs. 1 Unterabs. 1 Satz 1 BAT/BAT-O können zukünftige Veränderungen im Teilzeitumfang je nach Fallgestaltung zu Veränderungen der Höhe des Strukturausgleichs führen (Kürzungen des hälftigen Strukturausgleichs oder Aufwachsen bis auf einen maximal hälftigen Strukturausgleichsanspruch).

Im Interesse der Verwaltungsvereinfachung ist in diesen Fällen im Einvernehmen mit dem Bundesministerium für Finanzen wie folgt zu verfahren:

- Beschäftigte, für die zum Stichtag § 29 Abschn. B Abs. 5 BAT/BAT-O Anwendung finden würde, erhalten die Hälfte des Strukturausgleichsbetrages, welcher für Beschäftigte mit Ortszuschlag der Stufe 2 ausgewiesen ist, also die Hälfte des in Spalte 6 genannten Betrages.
- Veränderungen im Arbeitszeitumfang vor oder nach Aufnahme der Strukturausgleichszahlung bleiben bei diesen Beschäftigten unberücksichtigt. Die Beschäftigten erhalten also unabhängig von Veränderungen im Teilzeitumfang für die in Spalte 7 ausgewiesene Dauer stets die Hälfte des in Spalte 6 genannten Betrages.

5.1.5 Herabgruppierung

Für den Anspruch auf Strukturausgleiche ist die sich nach BAT/BAT-O ergebende Vergütungsgruppe zum Stichtag 1. Oktober 2005 maßgebend. Eine Herabgruppierung nach dem 1. Oktober 2005 entfaltet daher keine Auswirkung auf den Anspruch auf den Strukturausgleich, so dass dieser unverändert fortbesteht.

5.1.6 Vorübergehende Übertragung einer höherwertigen Tätigkeit

Aufgrund des BAG-Urteils vom 26. Juli 2012 ist die Zulage aufgrund einer vorübergehenden Übertragung einer höherwertigen Tätigkeit nicht auf den Strukturausgleich anzurechnen, so dass dieser in unveränderter Höhe fortzuzahlen ist.

5.2 Strukturausgleich für Ärzte und Pflegekräfte

Für Beschäftigte gemäß § 38 Abs. 5 Satz 1 TVöD gelten die Regelungen der §§ 41 bis 52 Tarifvertrag für den öffentlichen Dienst – Besonderer Teil Krankenhäuser – (BT-K) entsprechend (§ 46 Nr. 18 bis 22 TVöD-BT-V). Die Strukturausgleichsbeträge für diese Beschäftigten ergeben sich aus Anlage 2 Abschn. II TVÜ-VKA; im Übrigen gilt § 12 TVÜ-Bund (Nr. 3b Anlage 5 TVÜ-Bund). Ärztinnen und Ärzte sowie Zahnärztinnen und Zahnärzte in Bundeswehrkrankenhäusern haben gemäß § 46 Nr. 22 Abs. 1 TVöD-BT-V i. V. m. § 12 Abs. 6 TVÜ-VKA keinen Anspruch auf Strukturausgleich.

6. Abfindung des Strukturausgleichs

Von der Möglichkeit zur einmaligen Abfindung des Strukturausgleiches (§ 12 Abs. 6) ist gegenwärtig im unmittelbaren Bundesbereich kein Gebrauch zu machen.

II

§ 13 Entgeltfortzahlung im Krankheitsfall

(1) [1]Bei Beschäftigten, für die bis zum 30. September 2005 § 71 BAT gegolten hat, wird abweichend von § 22 Abs. 2 TVöD für die Dauer des über den 30. September 2005 hinaus ununterbrochen fortbestehenden Arbeitsverhältnisses der Krankengeldzuschuss in Höhe des Unterschiedsbetrages zwischen dem festgesetzten Nettokrankengeld oder der entsprechenden gesetzlichen Nettoleistung und dem Nettoentgelt (§ 22 Abs. 2 Satz 2 und 3 TVöD) gezahlt. [2]Nettokrankengeld ist das um die Arbeitnehmeranteile zur Sozialversicherung reduzierte Krankengeld. [3]Für Beschäftigte, die nicht der Versicherungspflicht in der gesetzlichen Krankenversicherung unterliegen, ist bei der Berechnung des Krankengeldzuschusses der Höchstsatz des Nettokrankengeldes, der bei Pflichtversicherung in der gesetzlichen Krankenversicherung zustünde, zugrunde zu legen.

Protokollerklärung zu § 13:

[1]Soweit Beschäftigte, deren Arbeitsverhältnis mit dem Bund vor dem 1. August 1998 begründet worden ist, Anspruch auf Beihilfe im Krankheitsfall haben, besteht dieser nach den bisher geltenden Regelungen des Bundes zur Gewährung von Beihilfen an Arbeitnehmerinnen und Arbeitnehmer fort. [2]Änderungen der Beihilfevorschriften für die Beamtinnen und Beamten des Bundes kommen zur Anwendung.

Erläuterungen

§ 13 ist eine Besitzstandsregelung für die bei Überleitung in den TVöD unter die Besitzstandsregelung des § 71 BAT fallenden Beschäftigten und sichert diesen weiterhin ein höheres als das an sich tarifvertraglich vorgesehene Entgelt im Krankheitsfall[1]). In der Protokollerklärung zu § 13 ist bestimmt, dass bestimmte Beschäftigte des Bundes weiterhin Anspruch auf Beihilfe haben. Abs. 2 enthielt Übergangsregelungen für über den Überleitungsstichtag (30. September 2005) hinaus fortbestehende Krankheitsfälle. Die Regelung war mittlerweile bedeutungslos und wurde im Zuge des Änderungstarifvertrages Nr. 10 vom 29. April 2016 aufgehoben.

---

1) siehe dazu auch die Erläuterungen zu **210** § 22 TVöD

§ 14 Beschäftigungszeit

(1) [1]Für die Dauer des über den 30. September 2005 hinaus fortbestehenden Arbeitsverhältnisses werden die vor dem 1. Oktober 2005 nach Maßgabe der jeweiligen tarifrechtlichen Vorschriften anerkannten Beschäftigungszeiten als Beschäftigungszeit im Sinne des § 34 Abs. 3 TVöD berücksichtigt. [2]Abweichend von Satz 1 bleiben bei § 34 Abs. 2 TVöD für Beschäftigte Zeiten, die vor dem 3. Oktober 1990 im Beitrittsgebiet (Art. 3 des Einigungsvertrages vom 31. August 1990) zurückgelegt worden sind, bei der Beschäftigungszeit unberücksichtigt.

(2) Für die Anwendung des § 23 Abs. 2 TVöD werden die bis zum 30. September 2005 zurückgelegten Zeiten, die nach Maßgabe

- **des BAT anerkannte Dienstzeit,**
- **des BAT-O bzw. MTArb-O anerkannte Beschäftigungszeit,**
- **des MTArb anerkannte Jubiläumszeit**

sind, als Beschäftigungszeit im Sinne des § 34 Abs. 3 TVöD berücksichtigt.

Erläuterungen

Zu § 14 Abs. 1

In Absatz 1 der Vorschrift ist festgelegt, dass Vordienstzeiten (für den Eintritt der Unkündbarkeit mit Ausnahme von Zeiten im Beitrittsgebiet vor dem 3. Oktober 1990) als Beschäftigungszeit berücksichtigt werden. Eine Neuberechnung der vor dem 1. Oktober 2005 zurückgelegten Zeit ist nicht vorgesehen. Insbesondere werden nicht die alten Zeiten unter Berücksichtigung der neuen Rechtslage des § 34 Abs. 3 TVöD neu bewertet.

Beispiel:

Ein vom BAT in den TVöD wechselnder Arbeitnehmer hat am 1. Oktober 2005 eine Beschäftigungszeit von 10 Jahren absolviert. Weitere drei Jahre sind ihm in der Vergangenheit gestrichen worden, weil er auf eigenen Wunsch aus dem Beschäftigungsverhältnis ausgeschieden war (§ 19 Abs. 1 Unterabs. 2 BAT). Obwohl es eine mit § 19 Abs. 1 Unterabs. 2 BAT vergleichbare Regelung im § 34 Abs. 3 TVöD nicht gibt, bleibt es bei der Nichtberücksichtigung dieser drei Jahre.

Zu § 14 Abs. 2

In Absatz 2 ist bestimmt, dass für die Festsetzung des Jubiläumsgeldes nach den Vorschriften des TVöD nach altem Recht anerkannte Dienst- (BAT), Beschäftigungs-(BAT-O und MTArb-O) bzw. Jubiläumszeiten (MTArb) berücksichtigt werden. Diese Besitzstandsregelung gilt aber nur für die Dauer des fortbestehenden Arbeitsverhältnisses mit demselben Arbeitgeber; siehe BAG v. 19. 11. 2020 – 6 AZR 417/19.

II

§ 15 Urlaub

(1) und (2) (weggefallen)

(3) § 49 Abs. 1 und 2 MTArb/MTArb-O i.V.m. dem Tarifvertrag über Zusatzurlaub für gesundheitsgefährdende Arbeiten für Arbeiter des Bundes gelten bis zum In-Kraft-Treten eines entsprechenden Tarifvertrags des Bundes fort.

Erläuterungen

Mit dieser Vorschrift haben die Tarifvertragsparteien vom TVöD abweichende Regelungen für das Urlaubsjahr 2005 (und 2006) sowie für bestimmte Beschäftigte getroffen. Die Regelungen sind – mit Ausnahme der in Abs. 3 getroffenen Vereinbarung zur Fortgeltung alten Tarifrechts – bedeutungslos und wurden im Zuge des 10. Änderungstarifvertrages vom 29. April 2016 aufgehoben.

Zu § 15 Abs. 3

Absatz 3 bestimmt, dass die Regelungen des § 49 Abs. 1 und 2 MTArb/MTArb-O i. V. m. dem Tarifvertrag über Zusatzurlaub für gesundheitsgefährdende Arbeiten für Arbeiter des Bundes bis zum Inkrafttreten eines entsprechenden neuen Tarifvertrages des Bundes fortgelten. Der Tarifvertrag ist als Anhang abgedruckt.

Anhang 1

Tarifvertrag über Zusatzurlaub für gesundheitsgefährdende Arbeiten für Arbeiter der Länder

Vom 17. Dezember 1959

§ 1

(1) Als gesundheitsgefährdend im Sinne des § 49 Abs. 1 MTArb gelten nachstehende Arbeiten:

1. Arbeiten in Getreidesilos,
2. Arbeiten in Steinbrüchen bei erheblicher Einwirkung von kieselsäurehaltigem Staub,
3. Arbeiten in Splittsilos mit Siebtrommeln oder mechanischer Beschickungsanlage,
4. Dampfkesselreinigen von innen,
5. Drehen, Bohren, Fräsen von Grauguss bei erheblicher Staubentwicklung,
6. Arbeiten mit Sandstrahlgebläsen,
7. E-Schweißen mit ummantelten Elektroden sowie Handreichungen beim E-Schweißen mit ummantelten Elektroden oder beim Löten unter Verwendung von Schweißgeräten, wenn der Arbeiter hierbei der Einwirkung des Rauches unmittelbar ausgesetzt ist,
8. autogenes Schneiden und Schweißen an mit Mennige oder sonstigen gesundheitsgefährdenden Schutzfarben vorgestrichenen Eisenteilen,
9. Schweißen und Arbeiten mit Schneidbrennern im Innern von Kesseln und Behältern,
10. Anstreichen mit Blei-, Nitrofarben oder sonstigen giftigen Stoffen in engen Räumen oder Behältern,
11. Spritzen mit Blei-, Nitrofarben oder sonstigen giftigen Stoffen in geschlossenen Räumen,
12. maschinelles Aufbringen von Teer, Bitumen und Asphalt für die am Gerät tätigen Spritzer,
13. Mischen, Herstellen und Einstreichen der Füllmasse in die Platten (Gitter und Rahmen) von Bleiakkumulatoren, Abbau gebrauchter Bleiakkumulatoren,
14. Grobschmieden bei schweren, großen Stücken oder bei Feuerarbeit an großen Schmiedefeuern oder Öfen,
15. Kesselschmieden,
16. Arbeiten mit stark schlagenden Pressluftwerkzeugen einschl. Gegenhalten beim Nieten,

17. Reinigungsarbeiten an Dükern unter Kanälen und natürlichen Wasserläufen (im Bereich der SR 2 b des Abschnitts B der Anlage 2 MTArb),
18. Arbeiten in Druckluft,
19. Taucherarbeiten,
20. Arbeiten in den Tierkörperbeseitigungsanstalten und in der Konfiskatbeseitigung, wenn eine erhebliche Infektionsgefahr gegeben ist,
21. Arbeiten an offenen Kläranlagen von Krankenanstalten, Sanatorien oder ähnlichen Einrichtungen, die von Hand gereinigt werden müssen und bei denen eine erhebliche Infektionsgefahr gegeben ist,
22. Desinfektionsarbeiten mit Ausnahme von Schädlingsbekämpfung,
23. Arbeiten in Prosekturen und an Verbrennungsöfen in Krankenanstalten, Sanatorien und ähnlichen Einrichtungen, wenn in erheblichem Umfang Infektionsgefahr gegeben ist,
24. (gestrichen)
25. Arbeiten in Brünieranlagen, wenn der Arbeiter der Einwirkung dabei entstehender Gase und Dämpfe ausgesetzt ist,
26. Aufladen offener Batteriezellen in Batterieladestationen,
27. Löten unter Verwendung von Schweißgeräten.

(2) Die Höhe des Zusatzurlaubs beträgt drei Arbeitstage.

Protokollnotiz zu § 1:

Bei Prüfung der Frage, ob ein Arbeiter während des Urlaubsjahres mindestens sechs Monate überwiegend unter erheblicher Gefährdung arbeitet, sind die Zeiträume, in denen verschiedene der im § 1 Abs. 1 bezeichneten Arbeiten verrichtet werden, zusammenzurechnen.

§ 2

(gestrichen)

§ 3

Arbeiter der Freien und Hansestadt Hamburg, die während des Urlaubsjahres mindestens sechs Monate überwiegend mit den nachstehenden Arbeiten beschäftigt sind, erhalten folgenden Zusatzurlaub:

1. Arbeiter in den Betriebsbereichen der Stadtentwässerung	5 Arbeitstage,
2. Arbeiter vor den Verbrennungsöfen und in der Leichenhalle des Krematoriums Ohlsdorf	3 Arbeitstage.

§ 4

(1) Die beim Inkrafttreten dieses Tarifvertrages im Arbeitsverhältnis stehenden Arbeiter des Landes Baden-Württemberg, die nach Abschn. IV Abs. 2 der Urlaubsvorschriften des Landes Baden-Württemberg für das Urlaubsjahr 1958 einen längeren Zusatzurlaub erhalten haben, als ihnen nach diesem Tarifvertrag zustehen würde, erhalten dieses Zusatzurlaub für die Dauer des Arbeitsverhältnisses weiter.

(2) (gestrichen)

(3) Die beim In-Kraft-Treten dieses Tarifvertrages im Arbeitsverhältnis stehenden Arbeiter des Saarlandes, die nach § 5 Abs. 1 Ziff. 5 der Urlaubsordnung für Beamte, Angestellte und Lohnempfänger des öffentlichen Dienstes v. 28. 3. 1955 (ABl. S. 573) für das Urlaubsjahr 1958 einen längeren Zusatzurlaub erhalten haben, als ihnen nach diesem Tarifvertrag zustehen würde, erhalten diesen Zusatzurlaub für die Dauer des Arbeitsverhältnisses weiter.

§ 5

Dieser Tarifvertrag tritt am 1. April 1959 in Kraft. Er kann mit einer Frist von sechs Monaten zum Ende eines Kalendervierteljahres schriftlich gekündigt werden. Unabhängig vom Satz 2 gilt eine Kündigung des MTArb als Kündigung dieses Tarifvertrages.

§ 16 Abgeltung

[1]Durch Vereinbarung mit der/dem Beschäftigten können Entgeltbestandteile aus Besitzständen, ausgenommen für Vergütungsgruppenzulagen, pauschaliert bzw. abgefunden werden. [2]§ 11 Abs. 2 Satz 3 und § 12 Abs. 6 bleiben unberührt.

Erläuterungen

§ 16 eröffnet – neben den Abfindungsmöglichkeiten des § 11 Abs. 2 Satz 3 (siehe Erläuterungen zu § 11) und § 12 Abs. 6 (siehe Erläuterungen zu § 12 Abs. 6) die Möglichkeit, das Entgelt für bestimmte Besitzstände zu pauschalieren oder abzufinden. Ausdrücklich von dieser Möglichkeit ausgenommen sind lediglich Besitzstandszulagen für Vergütungsgruppenzulagen (siehe Erläuterungen zu § 9).

Zur Protokollerklärung zu Abschnitt 3

In einer nach § 16 – also am Ende des dritten Abschnitts des TVÜ – abgedruckten Protokollnotiz hatten die Tarifvertragsparteien die Verhandlungen zur Überleitung der Entgeltsicherung bei Leistungsminderung einvernehmlich zurückgestellt. Bei Beschäftigten, die eine Zahlung auf der Grundlage der §§ 25, 37 MTArb/MTArb-O bzw. § 56 BAT/BAT-O erhielten, wurden die bisherigen Bezüge bis zu einer entsprechenden Regelung als später zu verrechnender Abschlag gezahlt. Sollte das Verhandlungsergebnis später hinter den vorläufigen Zahlungen zurückbleiben, wurde eine Rückforderung ausgeschlossen. Die Regelung des § 55 Abs. 2 Unterabs. 2 Satz 2 BAT (Ausschluss der Kündigung in bestimmten Fällen der Leistungsminderung) blieb bestehen. Im Zusammenhang mit der Einführung der neuen Entgeltordnung haben die Tarifpartner auch die Vorarbeiterzulage und die Ausbildungszulage in die Regelungen der Protokollerklärung einbezogen. Erst im Zuge der Tarifrunde 2014 haben die Tarifpartner sich auf Regelungen für die leistungsgeminderten Beschäftigten geeinigt und den vorhandenen Schwebezustand mit Wirkung vom 1. März 2014 beendet. Die „Neu-"Regelungen in § 38 Abs. 4 TVöD und § 16a TVÜ-Bund führen letztlich zur Weitergeltung der in § 16a TVÜ-Bund noch einmal besonders genannten Vorschriften des alten Rechts des BAT und MTArb. Gleichzeitig wurde die Protokollerklärung zum 3. Abschnitt des TVÜ-Bund gestrichen.

§ 16a Leistungsgeminderte Beschäftigte

(1) [1]§§ 25 und 37 MTArb/MTArb-O finden auf Beschäftigte, die nach Tätigkeitsmerkmalen eingruppiert sind, welche im Anhang zu Nrn. 21, 22 und 23 der Anlage 1 Teil B aufgelistet sind, entsprechend Anwendung, und zwar auch auf Beschäftigte im Sinne des § 1 Abs. 2. [2]Bei der Anwendung der nach Satz 1 fortgeltenden Bestimmungen wird § 37 MTArb/MTArb-O auch auf die Zulage für Vorarbeiterinnen und Vorarbeiter sowie Vorhandwerkerinnen und Vorhandwerker nach § 15 Tarifvertrag über die Entgeltordnung des Bundes und die Ausbildungszulage nach § 16 Tarifvertrag über die Entgeltordnung des Bundes angewendet. [3]§ 56 BAT/BAT-O findet auf Beschäftigte, die nicht nach Tätigkeitsmerkmalen eingruppiert sind, welche im Anhang zu Nrn. 21, 22 und 23 der Anlage 1 Teil B aufgelistet sind, entsprechend Anwendung, und zwar auch auf Beschäftigte im Sinne des § 1 Abs. 2. [4]Für die Beschäftigten nach Satz 3, für die die Regelungen des Tarifgebiets West Anwendung finden, bleibt § 55 Abs. 2 Unterabs. 2 Satz 2 BAT in seinem bisherigen Geltungsbereich unberührt.

(2) Die in Absatz 1 genannten Regelungen des MTArb/MTArb-O und BAT/BAT-O ergeben sich aus dem Anhang zu § 16a.

Erläuterungen

Zum Hintergrund und zu den Wirkungen dieser im Zuge der Tarifrunde 2014 mit Wirkung vom 1. März 2014 eingefügten Vorschrift siehe die Erläuterungen zur Protokollerklärung zum 3. Abschnitt des TVÜ-Bund (nach § 16).

II

Anhang zu § 16a

Die in § 16a in Bezug genommenen Tarifvorschriften lauten wie folgt:

§ 25 MT Arb/MT Arb-O
Nicht voll leistungsfähige Arbeiter

(1) [1]Mit dem Arbeiter, der bei seiner Einstellung nach amtsärztlichem Gutachten mehr als 20 v.H. erwerbsbeschränkt ist und infolgedessen die ihm zu übertragende Arbeit nicht voll auszuführen vermag, kann entsprechend dem Grad seiner Leistungsfähigkeit ein geminderter Lohn vereinbart werden. [2]Der Arbeiter soll aber möglichst auf einem Arbeitsplatz verwendet werden, auf dem er die Leistung eines voll leistungsfähigen Arbeiters erbringen kann.

(2) Ist nach Absatz 1 Satz 1 ein geminderter Lohn vereinbart worden, besteht bei Änderung der Leistungsfähigkeit für den Arbeitgeber und den Arbeiter ein Anspruch auf Neufestsetzung des Lohnes.

(3) Absatz 1 gilt nicht für den Arbeiter, dessen Leistungsfähigkeit durch Ereignisse im Sinne von § 1 des Bundesversorgungsgesetzes oder von § 1 des Bundesgesetzes zur Entschädigung für Opfer der nationalsozialistischen Verfolgung gemindert ist.

§ 37 MT Arb/MT Arb-O
Sicherung des Lohnstandes bei Leistungsminderung

(1) [1]Ist der Arbeiter, der eine mindestens einjährige Beschäftigungszeit zurückgelegt hat, infolge eines Unfalls, den er in Ausübung oder infolge seiner Arbeit ohne Vorsatz oder grobe Fahrlässigkeit erlitten hat, in seiner Lohngruppe nicht mehr voll leistungsfähig und wird er deshalb in einer niedrigeren Lohngruppe weiterbeschäftigt, wird der Unterschiedsbetrag zwischen dem jeweiligen Monatstabellenlohn der bisherigen und der neuen Lohngruppe als persönliche Zulage gewährt. [2]Lohnzuschläge nach § 29, die der Arbeiter bei Eintritt der Leistungsminderung mindestens fünf Jahre für mindestens drei Viertel der regelmäßigen Arbeitszeit bezogen hat, erhält er in der zuletzt bezogenen Höhe weiter. [3]Dies gilt unter den Voraussetzungen des Satzes 2 auch für Lohnzuschläge nach § 29, die in einem Pauschalzuschlag oder in einem Gesamtpauschallohn gemäß § 30 Abs. 6 enthalten sind. [4]Lohnzuschläge nach § 29, die der Arbeiter in der niedrigeren Lohngruppe erhält, werden nur insoweit gezahlt, als sie über die Lohnzuschläge nach Satz 2 hinausgehen.

Das Gleiche gilt bei einer Berufskrankheit im Sinne des § 9 SGB VII nach einer mindestens zweijährigen Beschäftigungszeit*).

---

*) Im Bereich des MTArb-O: Beschäftigungszeit (§ 6 – ohne die nach Nr. 3 der Übergangsvorschriften zu § 6 berücksichtigten Zeiten)

Protokollnotiz zu Absatz 1 Unterabs. 1 Satz 2:

Ein Lohnzuschlag gilt auch dann als gewährt, wenn der Arbeiter den Lohnzuschlag vorübergehend wegen Arbeitsunfähigkeit, Erholungsurlaubs oder Arbeitsbefreiung nicht erhalten hat.

II

(2) Absatz 1 gilt entsprechend

a) für Arbeiter nach zehnjähriger Beschäftigungszeit, wenn die Leistungsminderung durch eine Gesundheitsschädigung hervorgerufen wurde, die durch fortwirkende schädliche Einflüsse der Arbeit eingetreten ist,

b) für mindestens 53 Jahre alte Arbeiter nach fünfzehnjähriger Beschäftigungszeit, wenn die Leistungsminderung durch Abnahme der körperlichen Kräfte und Fähigkeiten infolge langjähriger Arbeit verursacht ist,

c) für mindestens 50 Jahre alte Arbeiter nach zwanzigjähriger Beschäftigungszeit, wenn die Leistungsminderung durch Abnahme der körperlichen Kräfte und Fähigkeiten infolge langjähriger Arbeit verursacht ist,

d) für Arbeiter nach fünfundzwanzigjähriger Beschäftigungszeit, wenn die Leistungsminderung durch Abnahme der körperlichen Kräfte und Fähigkeiten infolge langjähriger Arbeit verursacht ist.

Wenn der Arbeiter erst in den letzten zwei Jahren vor Eintritt der Leistungsminderung in seine Lohngruppe aufgerückt war, erhält er den jeweiligen Monatstabellenlohn der Lohngruppe, in der er vorher war.

Protokollnotiz zu Absatz 2 Unterabs. 1:

Ist streitig, ob der erforderliche Ursachenzusammenhang vorliegt, soll auf Verlangen die Stellungnahme eines Arztes des beiderseitigen Vertrauens eingeholt werden. Ist kein anderer Kostenträger zuständig, trägt die Kosten der Arbeitgeber, wenn der Anspruch auf Lohnsicherung endgültig zuerkannt ist; anderenfalls trägt sie der Arbeiter.

§ 56 BAT/BAT-O
Ausgleichszulage bei Arbeitsunfall und Berufskrankheit

[1]Ist der Angestellte infolge eines Unfalls, den er nach mindestens einjähriger ununterbrochener Beschäftigung bei demselben Arbeitgeber in Ausübung oder infolge seiner Arbeit ohne Vorsatz oder grobe Fahrlässigkeit erlitten hat, in seiner bisherigen Vergütungsgruppe nicht mehr voll leistungsfähig und wird er deshalb in einer niedrigeren Vergütungsgruppe weiterbeschäftigt, so erhält er eine Ausgleichszulage in Höhe des Unterschiedsbetrages zwischen der ihm in der neuen Vergütungsgruppe jeweils zustehenden Grundvergütung zuzüglich der allgemeinen Zulage und der Grundvergütung zuzüglich der allgemeinen Zulage, die er in der verlassenen Vergütungsgruppe zuletzt bezogen hat. [2]Das Gleiche gilt bei einer Berufskrankheit im

Sinne des § 9 SGB VII nach mindestens dreijähriger ununterbrochener Beschäftigung.

4. Abschnitt
Sonstige vom TVöD abweichende oder ihn ergänzende Bestimmungen

§ 17 Eingruppierung

(1) bis (6) (weggefallen)

(7) In den Fällen des § 16 (Bund) Abs. 3 TVöD kann die Eingruppierung unter Anwendung der Anlage 2 TVÜ-Bund in der bis zum 31. Dezember 2013 geltenden Fassung in die in dem unmittelbar vorhergehenden Arbeitsverhältnis gemäß § 4 Abs. 1 i. V. m. Anlage 2 TVÜ-Bund in der bis zum 31. Dezember 2013 geltenden Fassung, § 8 Abs. 1 und 3 oder durch vergleichbare Regelungen erworbene Entgeltgruppe erfolgen, sofern das unmittelbar vorhergehende Arbeitsverhältnis vor dem 1. Oktober 2005 begründet worden ist.

Protokollerklärung zu Absatz 7:

Im vorhergehenden Arbeitsverhältnis noch nicht vollzogene Bewährungs-, Tätigkeits- oder Zeitaufstiege werden in dem neuen Arbeitsverhältnis nicht weitergeführt.

Erläuterungen

Am 1. Januar 2014 ist für die Beschäftigten des Bundes die Entgeltordnung zum TVöD in Kraft getreten. Wegen Einzelheiten dazu wird auf die umfassende Darstellung „Einführung in die Entgeltordnung für die Beschäftigten des Bundes"[1]) hingewiesen.

Die Entgeltordnung beendet für die Beschäftigten des Bundes den seit Inkrafttreten des TVöD am 1. Oktober 2005 bekannten Zustand, dass zur Ermittlung der maßgebenden (vorläufigen) Entgeltgruppe zunächst die nach altem (BAT/MTArb) Recht maßgebende Vergütungs-/Lohngruppe zu ermitteln und diese dann nach der Anlage 4 zum TVÜ-Bund umzuschlüsseln war.

Die entsprechenden Regelungen des § 17 TVÜ-Bund sind von den Tarifpartnern durch den 7. Änderungstarifvertrag zum TVÜ weitgehend zum 1. Januar 2014 aufgehoben worden. Lediglich die Regelungen des § 17 Absatz 7 zur Eingruppierung der von anderen Arbeitgebern des öffentlichen Dienstes übernommenen Beschäftigten wurden beibehalten.

Da der bisherige Tariftext und die Kommentierung für Zeiträume vor 2014 und zum besseren Verständnis der Eingruppierungstechnik der Zeit vom 1. Oktober 2005 bis zum 31. Dezember 2013 weiterhin hilfreich ist, haben wir die Texte in diesem Werk belassen und im Anschluss an den aktuellen Tariftext abgedruckt.

[1]) abgedruckt unter **405**

4. Abschnitt
Sonstige vom TVöD abweichende oder ihn ergänzende Bestimmungen

§ 17 Eingruppierung

(1) [1]Bis zum In-Kraft-Treten der Eingruppierungsvorschriften des TVöD (mit Entgeltordnung) gelten die §§ 22, 23 BAT/BAT-O einschließlich der Vergütungsordnung, die §§ 1, 2 Absätze 1 und 2 und § 5 des Tarifvertrages über das Lohngruppenverzeichnis des Bundes zum MTArb (TVLohngrV) einschließlich des Lohngruppenverzeichnisses mit Anlagen 1 und 2 sowie die entsprechenden Regelungen für das Tarifgebiet Ost über den 30. September 2005 hinaus fort. [2]Diese Regelungen finden auf übergeleitete und ab dem 1. Oktober 2005 neu eingestellte Beschäftigte im jeweiligen bisherigen Geltungsbereich nach Maßgabe dieses Tarifvertrages Anwendung. [3]An die Stelle der Begriffe Vergütung und Lohn tritt der Begriff Entgelt.

(2) Abweichend von Absatz 1

- gelten Vergütungsordnung und Lohngruppenverzeichnis nicht für ab dem 1. Oktober 2005 in Entgeltgruppe 1 TVöD neu eingestellte Beschäftigte,
- gilt die Vergütungsgruppe I der Vergütungsordnung zum BAT/BAT-O ab dem 1. Oktober 2005 nicht fort; die Ausgestaltung entsprechender Arbeitsverhältnisse erfolgt außertariflich.

(3) [1]Mit Ausnahme der Eingruppierung in die Entgeltgruppe 1 sind alle zwischen dem 1. Oktober 2005 und dem In-Kraft-Treten der neuen Entgeltordnung stattfindenden Eingruppierungsvorgänge (Neueinstellungen und Umgruppierungen) vorläufig und begründen keinen Vertrauensschutz und keinen Besitzstand. [2]Dies gilt nicht für Aufstiege gemäß § 8 Abs. 1 Satz 1 und 2 und Abs. 3.

(4) [1]Anpassungen der Eingruppierung aufgrund des In-Kraft-Tretens der neuen Entgeltordnung erfolgen mit Wirkung für die Zukunft. [2]Bei Rückgruppierungen, die in diesem Zusammenhang erfolgen, sind finanzielle Nachteile im Wege einer nicht dynamischen Besitzstandszulage auszugleichen, solange die Tätigkeit ausgeübt wird. [3]Die Besitzstandszulage vermindert sich nach dem 30. September 2008 bei jedem Stufenaufstieg um die Hälfte des Unterschiedsbetrages zwischen der bisherigen und der neuen Stufe; bei Neueinstellungen (§ 1 Abs. 2) vermindert sich die Besitzstandszulage jeweils um den vollen Unterschiedsbetrag. [4]Die Grundsätze korrigierender Rückgruppierung bleiben unberührt.

(5) [1]Bewährungs-, Fallgruppen- und Tätigkeitsaufstiege gibt es ab dem 1. Oktober 2005 nicht mehr; §§ 8 und 9 bleiben unberührt. [2]Satz 1 gilt auch für Vergütungsgruppenzulagen, es sei denn, dem Tätigkeitsmerkmal einer Vergütungsgruppe der Allgemeinen Vergütungsordnung (Anlage 1a) ist eine Vergütungsgruppenzulage zugeordnet, die unmittelbar mit Übertragung der Tätigkeit zusteht; bei Übertragung einer entsprechenden Tätigkeit wird diese bis zum In-Kraft-Treten der neuen Entgeltordnung unter den Voraussetzungen des bisherigen Tarifrechts als Besitzstandszulage in der bisherigen Höhe gezahlt; § 9 Abs. 4 gilt entsprechend.

(6) In der Zeit zwischen dem 1. Oktober 2005 und dem In-Kraft-Treten der neuen Entgeltordnung erhalten Beschäftigte, denen ab dem 1. Oktober 2005 eine anspruchsbegründende Tätigkeit übertragen wird, eine persönliche Zulage, die sich betragsmäßig nach der entfallenen Techniker-, Meister- und Programmiererzulage bemisst, soweit die Anspruchsvoraussetzungen nach bisherigem Tarifrecht erfüllt sind.

(7) [1]Für Eingruppierungen zwischen dem 1. Oktober 2005 und dem In-Kraft-Treten der neuen Entgeltordnung werden die Vergütungsgruppen der Allgemeinen Vergütungsordnung (Anlage 1a) und die Lohngruppen des Lohngruppenverzeichnisses gemäß Anlage 4 TVÜ-Bund den Entgeltgruppen des TVöD zugeordnet. [2]In den Fällen des § 16 (Bund) Abs. 3 TVöD kann die Eingruppierung unter Anwendung der Anlage 2 TVÜ-Bund in die in dem unmittelbar vorhergehenden Arbeitsverhältnis gem. § 4 Abs. 1 i. V. m. Anlage 2 TVÜ-Bund, § 8 Abs. 1 und 3 oder durch vergleichbare Regelungen erworbene Entgeltgruppe erfolgen, sofern das unmittelbar vorhergehende Arbeitsverhältnis vor dem 1. Oktober 2005 begründet worden ist. [3]Absatz 1 Satz 2 bleibt unberührt.

Protokollerklärung zu Absatz 7 Satz 2:

Im vorhergehenden Arbeitsverhältnis noch nicht vollzogene Bewährungs-, Tätigkeits- oder Zeitaufstiege werden in dem neuen Arbeitsverhältnis nicht weitergeführt.

(8) [1]Beschäftigte, die zwischen dem 1. Oktober 2005 und dem In-Kraft-Treten der neuen Entgeltordnung in Entgeltgruppe 13 eingruppiert werden und die nach der Allgemeinen Vergütungsordnung (Anlage 1a) in Vergütungsgruppe IIa BAT/BAT-O mit fünf- bzw. sechsjährigem Aufstieg nach Vergütungsgruppe Ib BAT/BAT-O eingruppiert wären, erhalten bis zum In-Kraft-Treten der neuen Entgeltordnung eine persönliche Zulage in Höhe des Unterschiedsbetrages zwischen dem Entgelt ihrer Stufe nach Entgeltgruppe 13 und der entsprechenden Stufe der Entgeltgruppe 14. [2]Von Satz 1 werden auch Fallgruppen der Vergütungsgruppe Ib BAT/BAT-O erfasst, deren Tätigkeitsmerk-

male eine bestimmte Tätigkeitsdauer voraussetzen. [3]Die Sätze 1 und 2 gelten auch für Beschäftigte im Sinne des § 1 Abs. 2.

Niederschriftserklärung zu § 17 Abs. 8:

Mit dieser Regelung ist keine Entscheidung über Zuordnung und Fortbestand/Besitzstand der Zulage im Rahmen der neuen Entgeltordnung verbunden.

(9) [1]Bis zum In-Kraft-Treten der Eingruppierungsvorschriften des TVöD gelten die bisherigen Regelungen für Vorarbeiter/innen und für Vorhandwerker/innen im bisherigen Geltungsbereich fort; dies gilt auch für Beschäftigte im Sinne des § 1 Abs. 2. [2]Satz 1 gilt für Lehrgesellen entsprechend. [3]Ist anlässlich der vorübergehenden Übertragung einer höherwertigen Tätigkeit im Sinne des § 14 TVöD zusätzlich eine Tätigkeit auszuüben, für die nach bisherigem Recht ein Anspruch auf Zahlung einer Zulage für Vorarbeiter/innen, Vorhandwerker/innen oder Lehrgesellen besteht, erhält die/der Beschäftigte bis zum In-Kraft-Treten der neuen Entgeltordnung abweichend von den Sätzen 1 und 2 sowie von § 14 Abs. 3 TVöD anstelle der Zulage nach § 14 TVöD für die Dauer der Ausübung sowohl der höherwertigen als auch der zulagenberechtigenden Tätigkeit eine persönliche Zulage in Höhe von insgesamt 10 v. H. ihres/seines Tabellenentgelts.

Protokollerklärung zu Absatz 9 Satz 1 und 2:

Die Zulage für Vorarbeiter/innen und Vorhandwerker/innen sowie Lehrgesellen/innen verändert sich bei allgemeinen Entgeltanpassungen nach dem 31. Dezember 2009 um den von den Tarifvertragsparteien für die jeweilige Entgeltgruppe festgelegten Vomhundertsatz.

(10) [1]Beschäftigte mit Tätigkeiten nach Teil II Abschnitt G der Vergütungsordnung (Sozial- und Erziehungsdienst) erhalten bis zum Inkrafttreten der neuen Entgeltordnung für die Dauer der Ausübung ihrer Tätigkeit eine Zulage in Höhe von 130,00 Euro monatlich. [2]§ 24 Abs. 2 TVöD gilt entsprechend. [3]Satz 1 gilt auch für Beschäftigte im Sinne des § 1 Abs. 2.

(11) Die Absätze 1 bis 9 gelten für besondere tarifvertragliche Vorschriften über die Eingruppierungen entsprechend.

Protokollerklärung zu § 17:

Die Tarifvertragsparteien sind sich darin einig, dass in der noch zu verhandelnden Entgeltordnung die bisherigen unterschiedlichen materiellen Wertigkeiten aus Fachhochschulabschlüssen (einschließlich Sozialpädagogen/innen und Ingenieuren/innen) auf das Niveau der vereinbarten Entgeltwerte der Entgeltgruppe 9 ohne Mehrkosten (unter Berücksichtigung der Kosten für den Personenkreis, der nach der Übergangsphase nicht mehr in eine höhere bzw. niedrigere Entgeltgruppe eingruppiert ist) zusammengeführt werden; die Abbildung von Heraushebungsmerkmalen oberhalb der Entgeltgruppe 9 bleibt davon unberührt.

Erläuterungen

Mit den Regelungen des Vierten Abschnitts (das sind die §§ 17 bis 24) tragen die Tarifpartner dem Umstand Rechnung, dass der TVöD im Wesentlichen zum 1. Oktober 2005 in Kraft tritt, die Überleitung des vorhandenen Personals zu diesem Zeitpunkt erfolgt, neu Eingestellte einer Entgeltgruppe zuzuordnen sind, aber die Eingruppierungsvorschriften des TVöD und eine neue Entgeltordnung noch nicht vereinbart worden sind.

Zu § 17 Abs. 1

Nach Absatz 1 gelten die bisherigen Bestimmungen über die Eingruppierung der Angestellten und Einreihung der Arbeiter grundsätzlich fort[1]).

Zu § 17 Abs. 2

Der in Absatz 1 vereinbarte Grundsatz der Weitergeltung des bisherigen Rechts gilt gemäß Absatz 2 der Vorschrift nicht für die ab dem 1. Oktober 2005 in die Entgeltgruppe 1 neu eingestellten Beschäftigten und die ehemaligen Angestellten der Vergütungsgruppe I BAT/BAT-O, die ab dem 1. Oktober 2005 zu außertariflichen Bedingungen weiterbeschäftigt werden (siehe dazu aber Erläuterungen zu § 19 Abs. 2).

Zu § 17 Abs. 3

Abgesehen von den Einstellungen in die neue Entgeltgruppe 1 erfolgen grundsätzlich alle zwischen dem 1. Oktober 2005 und dem Inkrafttreten einer neuen Entgeltordnung stattfindenden Eingruppierungs- und Einreihungsvorgänge – sei es im Wege der Umgruppierung als auch bei Neueinstellungen – vorläufig. Vertrauensschutz bzw. Besitzstände werden dadurch nicht begründet. Lediglich die Höhergruppierungen aufgrund besitzstandsweise vollzogener Bewährungsaufstieg im Sinne des § 8 Abs. 1 Satz 1 und 2 (siehe Erläuterungen zu § 8 Abs. 1) bzw. Abs. 3 erfolgen nicht vorläufig (Satz 2).

Zu § 17 Abs. 4

In Absatz 4 wird klargestellt, dass Anpassungen der Eingruppierung aufgrund einer neuen Entgeltordnung mit Wirkung für die Zukunft – also für den Zeitraum nach deren Inkrafttreten – erfolgen. Das bedeutet, dass Zahlungen für davor liegende Zeiträume nicht mehr aufge-

---

[1]) Die §§ 22, 23 BAT sind als **Anhang 1** zu § 17 TVÜ Bund a. F. abgedruckt.

griffen werden. Sofern Rückgruppierungen erfolgen, sind Nachteile durch eine nicht dynamische Besitzstandszulage für den Zeitraum der Ausübung der Tätigkeit abzufangen. Dabei wird unterschieden zwischen den übergeleiteten Beschäftigten (Abbau der Besitzstandszulage bei Stufenaufstiegen nach dem 30. September 2008 in Höhe der Hälfte des jeweiligen Steigerungsbetrages) und nach dem 1. Oktober 2005 neu Eingestellten (statt hälftiger Anrechnung der Stufensteigerung Vollanrechnung des jeweiligen Steigerungsbetrages). Nach Satz 4 der Vorschrift bleiben die Grundsätze korrigierender Rückgruppierung unberührt. Dieser Fall kann aber nur gegeben sein, wenn die vorläufige Zuordnung zu einer Entgeltgruppe bereits auf der Grundlage des in diesem Zeitpunkt geltenden Rechts fehlerhaft war (also Bearbeitungsfehler vorlagen).

Zu § 17 Abs. 5

Absatz 5 bestimmt, dass es – abgesehen von den in Folge der Besitzstandsregeln der §§ 8 und 9 erfolgten Aufstiege – ab dem 1. Oktober 2005 keine Aufstiege mehr gibt (Satz 1). Vergütungsgruppenzulagen kommen nach Satz 2 ebenfalls nicht mehr in Betracht – es sei denn, die Vergütungsgruppenzulage steht nach den Regeln der Vergütungsordnung bereits unmittelbar bei Übertragung der Tätigkeit (und nicht erst nach Bewährung) zu. In diesem Fall wird die Vergütungsgruppenzulage bis zum Inkrafttreten der neuen Entgeltordnung gezahlt. § 9 Abs. 4 gilt entsprechend; somit ist auch diese Zulage dynamisch und wird so lange gezahlt, wie die anspruchsbegründende Tätigkeit ununterbrochen ausgeübt wird und die sonstigen Voraussetzungen für eine Vergütungsgruppenzulage bestehen (siehe Erläuterungen zu § 9 Abs. 1).

Zu § 17 Abs. 6

Diese Vorschrift korrespondiert mit der Regelung in der Protokollerklärung zu § 5 Abs. 2 Satz 3 (siehe Erläuterungen zu § 5 Abs. 2) und bestimmt, dass auch Beschäftigten, denen nach dem 1. Oktober 2005 eine anspruchsberechtigende Tätigkeit übertragen wird, bis zum Inkrafttreten der neuen Entgeltordnung eine entsprechende Zulage gezahlt wird.

Zu § 17 Abs. 7

Für die Eingruppierungsvorgänge zwischen dem 1. Oktober 2005 und dem Inkrafttreten der neuen Entgeltordnung gilt gemäß Absatz 7 die eigenständige Zuordnungsregelung der Anlage 4 zum TVÜ-Bund.

Wegen Ausgleichszahlungen an bestimmte Beschäftigte, die nach dem Inkrafttreten des TVöD auf der Grundlage der Anlage 4 TVÜ/Bund eingruppiert worden sind, siehe die Regelungen des Tarifvertrages über eine Pauschalzahlung.

Mit dem im Zuge des 1. Änderungstarifvertrages vom 31. März 2008 eingefügten neuen Satz 2 haben die Tarifpartner bestimmt, dass in den Fällen des § 16 Absatz 3a (im Zuge des 10. Änderungstarifvertrages vom 29. April 2016 umbenannt in Abs. 3) TVöD die beim vorangegangenen Arbeitgeber im Wege der Überleitung ermittelte Entgeltgruppe beibehalten werden kann. § 16 Absatz 3 TVöD erfasst die Fälle, in denen Beschäftigte im unmittelbaren Anschluss an ein Beschäftigungsverhältnis im öffentlichen Dienst oder bei einem anderen den TVöD anwendenden Arbeitgeber eingestellt werden.

Im Gleichklang zur Regelung des § 16 Absatz 3 TVöD ist auch die Regelung des § 17 Absatz 7 Satz 2 TVÜ als „Kann-Regelung" ausgestaltet, die in das Ermessen des Arbeitgebers gestellt ist.

Zu § 17 Abs. 8

Absatz 8 bestimmt, dass Angestellte der Vergütungsgruppe IIa BAT/BAT-O mit fünf- oder sechsjährigem Aufstieg nach Vergütungsgruppe Ib BAT/BAT-O sowie Angestellte der Vergütungsgruppe Ib BAT/BAT-O, deren Tätigkeitsmerkmale eine bestimmte Tätigkeitsdauer voraussetzen, eine Zulage in Höhe des Unterschiedsbetrages zwischen den Entgeltgruppen 14 und 13 erhalten. Nach der Niederschriftserklärung dazu soll durch diese Regelung keine Entscheidung über die Eingruppierung im Rahmen der neuen Entgeltordnung verbunden sein.

Zu § 17 Abs. 9

Nach Maßgabe des Absatzes 9 gelten die bisherigen Regelungen für Vorarbeiter/-handwerker bis zum Inkrafttreten der neuen Entgeltordnung fort. Maßgebend ist somit § 3 TVLohngrV, dessen Absätze 1 und 2 folgenden Wortlaut haben:

„§ 3
Vorarbeiter und Vorhandwerker

(1) Vorarbeiter erhalten zum Lohn ihrer Lohngruppe eine Zulage von acht vom Hundert des Monatstabellenlohnes der Lohngruppe 1 Lohnstufe 4 bzw. von acht vom Hundert des auf eine Stunde entfallenden Anteils des Monatstabellenlohnes der Lohngruppe 1 Lohnstufe 4.

Vorarbeiter sind Arbeiter, die aufgrund schriftlicher Bestellung einer Arbeitergruppe vorstehen und selbst mitarbeiten. Die Gruppe muss außer dem Vorarbeiter aus mindestens zwei Arbeitern der Lohngruppen 1 bis 3a bestehen.

(2) Vorhandwerker erhalten zum Lohn ihrer Lohngruppe eine Zulage von zwölf vom Hundert des Monatstabellenlohnes der Lohngruppe 4 Lohnstufe 4 bzw. von zwölf vom Hundert des auf eine Stunde entfallenden Anteils des Monatstabellenlohnes der Lohngruppe 4 Lohnstufe 4.

II

Vorhandwerker sind Arbeiter mit Ausbildung nach Lohngruppe 4 Fallgruppe 1 oder 2 des Allgemeinen Teils der Anlage 1, die aufgrund schriftlicher Bestellung einer Arbeitergruppe vorstehen und selbst mitarbeiten. Die Gruppe muss außer dem Vorhandwerker aus mindestens zwei selbständig tätigen Arbeitern bestehen, von denen mindestens ein Arbeiter eine Ausbildung nach Lohngruppe 4 Fallgruppe 1 oder 2 des Allgemeinen Teils haben muss; Auszubildende nach dem Manteltarifvertrag für Auszubildende vom 6. Dezember 1974 in der jeweils geltenden Fassung können im dritten oder vierten Ausbildungsjahr als Arbeiter der Lohngruppe 4 Fallgruppe 1 des Allgemeinen Teils gerechnet werden.

Die Vorhandwerkerzulage erhalten auch zu Vorarbeitern bestellte Arbeiter der Lohngruppe 4 oder einer höheren Lohngruppe; dies gilt nicht für Arbeiter, die in die Lohngruppe 4 aufgrund eines Bewährungsaufstiegs oder in die Lohngruppe 4a eingereiht sind. Unterabsatz 2 Satz 2 gilt entsprechend.“

Wurden vorübergehend höherwertige Tätigkeiten übertragen, die nach altem Recht einen Anspruch auf Zahlung einer Vorarbeiter-, Vorhandwerker- oder Lehrgesellenzulage auslösten, so erhält der Betroffene – abweichend von § 14 TVöD – eine Zulage in Höhe von 10 % seines Tabellenentgelts. Dadurch ist sowohl die höherwertige Tätigkeit als auch die Vorarbeitertätigkeit etc. abgegolten.

Durch die Protokollerklärung haben die Tarifpartner eine Teilhabe der Vorarbeiter-/Handwerkerzulage an Entgelterhöhungen sichergestellt.

Zu § 17 Abs. 10

Absatz 10 ist durch den 5. Änderungstarifvertrag vom 4. März 2011 mit Wirkung vom 1. Januar 2011 eingefügt worden und bewirkt die Erhöhung des Entgelts der Beschäftigten im Sozial- und Erziehungsdienst des Bundes. Die neu geschaffene Zulage für diesen Personenkreis beträgt 130 Euro monatlich; sie steht Teilzeitbeschäftigten anteilig zu. Nach Satz 3 der Vorschrift haben nicht nur übergeleitete Beschäftigte, sondern auch diejenigen im Sozial- und Erziehungsdienst des Bundes tätigen Arbeitnehmer einen Anspruch auf die Zulage, deren Arbeitsverhältnis erst nach dem 1. Oktober 2005 begonnen hat.

Die Zulagenregelung ist bis zum Inkrafttreten einer neuen Entgeltordnung befristet.

Zu § 17 Abs. 11

Gemäß Absatz 11 gelten die Vorschriften der Absätze 1 bis 10 für „besondere tarifvertragliche Vorschriften über die Eingruppierung" entsprechend. Was sie darunter verstehen, haben die Tarifpartner nicht näher beschrieben.

Anhang 1

II

Bundes-Angestelltentarifvertrag (Bund, Länder, Gemeinden) (BAT)

Vom 23. Februar 1961 (GMBl. S. 137)

– Auszug –

Zuletzt geändert durch
78. Tarifvertrag zur Änderung des Bundes-Angestelltentarifvertrages (BAT)
vom 31. Januar 2003 (GMBl. S. 392)

Abschnitt VI Eingruppierung

§ 22 Eingruppierung

(1) Die Eingruppierung der Angestellten richtet sich nach den Tätigkeitsmerkmalen der Vergütungsordnung (Anlagen 1a und 1b). Der Angestellte erhält Vergütung nach der Vergütungsgruppe, in der er eingruppiert ist.

(2) Der Angestellte ist in der Vergütungsgruppe eingruppiert, deren Tätigkeitsmerkmalen die gesamte von ihm nicht nur vorübergehend auszuübende Tätigkeit entspricht.

Die gesamte auszuübende Tätigkeit entspricht den Tätigkeitsmerkmalen einer Vergütungsgruppe, wenn zeitlich mindestens zur Hälfte Arbeitsvorgänge anfallen, die für sich genommen die Anforderungen eines Tätigkeitsmerkmals oder mehrerer Tätigkeitsmerkmale dieser Vergütungsgruppe erfüllen. Kann die Erfüllung einer Anforderung in der Regel erst bei der Betrachtung mehrerer Arbeitsvorgänge festgestellt werden (z. B. vielseitige Fachkenntnisse), sind diese Arbeitsvorgänge für die Feststellung, ob diese Anforderung erfüllt ist, insoweit zusammen zu beurteilen.

Werden in einem Tätigkeitsmerkmal mehrere Anforderungen gestellt, gilt das in Unterabsatz 2 Satz 1 bestimmte Maß, ebenfalls bezogen auf die gesamte auszuübende Tätigkeit für jede Anforderung.

Ist in einem Tätigkeitsmerkmal ein von Unterabsatz 2 oder 3 abweichendes zeitliches Maß bestimmt, gilt dieses.

Ist in einem Tätigkeitsmerkmal als Anforderung eine Voraussetzung in der Person des Angestellten bestimmt, muß auch diese Anforderung erfüllt sein.

Protokollnotizen zu Absatz 2:

1. Arbeitsvorgänge sind Arbeitsleistungen (einschließlich Zusammenhangsarbeiten), die, bezogen auf den Aufgabenkreis des Angestellten, zu einem bei natürlicher Betrachtung abgrenzbaren Arbeitsergebnis führen (z. B. unterschriftsreife Bearbeitung eines Aktenvorgangs, Erstellung eines EKG, Fertigung einer Bauzeichnung, Eintragung in das Grundbuch, Konstruktion einer Brücke oder eines Brückenteils, Bearbeitung eines Antrags auf Wohngeld, Festsetzung einer Leistung nach dem Bundessozialhilfegesetz). Jeder einzelne Arbeitsvorgang ist als solcher zu bewerten und darf dabei hinsichtlich der Anforderungen zeitlich nicht aufgespalten werden.
2. Eine Anforderung im Sinne des Unterabsatzes 2 ist auch das in einem Tätigkeitsmerkmal geforderte Herausheben der Tätigkeit aus einer niedrigeren Vergütungsgruppe.

(3) Die Vergütungsgruppe des Angestellten ist im Arbeitsvertrag anzugeben.

§ 23 Eingruppierung in besonderen Fällen

Ist dem Angestellten eine andere, höherwertige Tätigkeit nicht übertragen worden, hat sich aber die ihm übertragene Tätigkeit (§ 22 Abs. 2 Unterabs. 1) nicht nur vorübergehend derart geändert, daß sie den Tätigkeitsmerkmalen einer höheren als seiner bisherigen Vergütungsgruppe entspricht (§ 22 Abs. 2 Unterabs. 2 bis 5), und hat der Angestellte die höherwertige Tätigkeit ununterbrochen sechs Monate lang ausgeübt, ist er mit Beginn des darauffolgenden Kalendermonats in der höheren Vergütungsgruppe eingruppiert. Für die zurückliegenden sechs Kalendermonate gilt § 24 Abs. 1 sinngemäß.

Ist die Zeit der Ausübung der höherwertigen Tätigkeit durch Urlaub, Arbeitsbefreiung, Arbeitsunfähigkeit, Kur- oder Heilverfahren oder Vorbereitung auf eine Fachprüfung für die Dauer von insgesamt nicht mehr als sechs Wochen unterbrochen worden, wird die Unterbrechungszeit in die Frist von sechs Monaten eingerechnet. Bei einer längeren Unterbrechung oder bei einer Unterbrechung aus anderen Gründen beginnt die Frist nach der Beendigung der Unterbrechung von neuem.

Wird dem Angestellten vor Ablauf der sechs Monate wieder eine Tätigkeit zugewiesen, die den Tätigkeitsmerkmalen seiner bisherigen Vergütungsgruppe entspricht, gilt § 24 Abs. 1 sinngemäß.

§ 18 Vorübergehende Übertragung einer höherwertigen Tätigkeit nach dem 30. September 2005

(1) (weggefallen)

II

(2) Wird aus dem Geltungsbereich des MTArb/MTArb-O übergeleiteten Beschäftigten nach dem 30. September 2005 erstmalig außerhalb von § 10 eine höherwertige Tätigkeit vorübergehend übertragen, gelten bis zum In-Kraft-Treten eines Tarifvertrages über eine persönliche Zulage die bisherigen Regelungen des MTArb/MTArb-O mit der Maßgabe entsprechend, dass sich die Höhe der Zulage nach dem TVöD richtet.

Niederschriftserklärung zu § 18:

1. Abweichend von der Grundsatzregelung des TVöD über eine persönliche Zulage bei vorübergehender Übertragung einer höherwertigen Tätigkeit ist durch einen Tarifvertrag für den Bund im Rahmen eines Katalogs, der die hierfür in Frage kommenden Tätigkeiten aufführt, zu bestimmen, dass die Voraussetzung für die Zahlung einer persönlichen Zulage bereits erfüllt ist, wenn die vorübergehende übertragene Tätigkeit mindestens drei Arbeitstage angedauert hat und der/die Beschäftigte ab dem ersten Tag der Vertretung in Anspruch genommen ist. Der Tarifvertrag soll spätestens am 1. Juli 2007 in Kraft treten.
2. Die Niederschriftserklärung zu § 10 gilt entsprechend.

Erläuterungen

Diese Vorschrift ergänzt § 10 (siehe Erläuterung dort) und trifft Regelungen für die vorübergehende (oder vertretungsweise – siehe Ziffer 2 der Niederschriftserklärung) Übertragung höherwertiger Tätigkeiten nach dem 1. Oktober 2005 (§ 10 regelt die Fälle vorheriger Übertragung entsprechender Tätigkeiten).

Seine heutige Fassung hat § 18 TVÜ-Bund im Zusammenhang mit der Einführung der Entgeltordnung für die Beschäftigten des Bundes durch den 7. Änderungstarifvertrag zum TVÜ-Bund vom 5. September 2013 erhalten. In diesem Zusammenhang wurden die Absätze 1 und 3 aufgehoben.

Absatz 1 a. F. traf Regelungen für aus dem BAT/BAT-O in den TVöD übergeleitete Beschäftigte (Angestellte im alten Rechtssinn), denen in der Zeit vom 1. Oktober 2005 bis zum 30. September 2007 erstmalig höherwertige Tätigkeiten übertragen worden waren. Die Regelung lief mit Blick auf den Aspekt der „vorübergehenden" Aufgabenübertragung mittlerweile ins Leere und wurde von den Tarifpartnern aufgehoben.

Absatz 3 a. F. legte fest, dass bei der Prüfung der Frage, ob es sich um tariflich höherwertige Tätigkeiten handelte, bis zum Inkrafttreten der neuen Entgeltordnung die Regelungen des § 22 BAT/BAT-O heranzuziehen waren. Diese Übergangsregelung war mit dem Inkrafttreten der Entgeltordnung hinfällig geworden und wurde daher aufgehoben.

Zu § 18 Abs. 2

Absatz 2 bestimmt, dass bei ehemaligen, zum 1. Oktober 2005 in den TVöD übergeleiteten Arbeitern, denen nach dem 1. Oktober 2005 erstmals eine höherwertige Tätigkeit übertragen wird, die bisherigen Regeln des MTArb/MTArb-O anzuwenden sind. Nach näherer Maßgabe des § 9 MTArb/MTArb-O steht die Zulage – abweichend von § 14 TVöD – dann bereits vom ersten Tag an zu, wenn die höherwertige Tätigkeit an mehr als zwei aufeinanderfolgenden Tagen auszuüben ist. Lediglich die Höhe der Zulage bestimmt sich nach den Regeln des TVöD.

Zur Niederschriftserklärung

Die Niederschriftserklärung Nr. 1 enthält den Auftrag, im Bereich des Bundes durch einen spätestens zum 1. Juli 2007 in Kraft tretenden Tarifvertrag zu bestimmen, in welchen zu katalogisierenden Tätigkeiten eine Zulage bereits nach einer Frist von drei Tagen (statt einem Monat) gezahlt wird. Dass die Tarifpartner den selbst gesetzten Auftrag bis heute nicht erfüllt haben, hat keine Konsequenzen.

II

§ 19 Entgeltgruppen 2 Ü und 15 Ü

(1) Für Beschäftigte, die in die Entgeltgruppe 2 Ü übergeleitet worden sind, oder zwischen dem 1. Oktober 2005 und dem 31. Dezember 2013 in die Lohngruppe 1 mit Aufstieg nach 2 und 2a oder in die Lohngruppe 2 mit Aufstieg nach 2a eingestellt und der Entgeltgruppe 2Ü zugeordnet worden sind, gelten folgende besondere Tabellenwerte, soweit sich aus den Regelungen im 5. Abschnitt nichts anderes ergibt:

	Stufe 1	Stufe 2	Stufe 3	Stufe 4	Stufe 5	Stufe 6
gültig bis 31. März 2025	2601,60 €	2835,82 €	2921,62 €	3036,03 €	3114,63 €	3173,31 €
gültig ab 1. April 2025	2711,60 €	2945,82 €	3031,62 €	3146,03 €	3224,63 €	3283,31 €
gültig ab 1. Mai 2026	2787,52 €	3028,30 €	3116,51 €	3234,12 €	3314,92 €	3375,24 €

(2) [1]Übergeleitete Beschäftigte der Vergütungsgruppe I BAT/BAT-O unterliegen dem TVöD. [2]Sie werden in die Entgeltgruppe 15 Ü übergeleitet. [3]Für sie gelten folgende Tabellenwerte:

	Stufe 1	Stufe 2	Stufe 3	Stufe 4	Stufe 5
gültig bis 31. März 2025	6670,43 €	7379,87 €	8051,94 €	8500,01 €	8604,56 €
gültig ab 1. April 2025	6870,54 €	7601,27 €	8293,50 €	8755,01 €	8862,70 €
gültig ab 1. Mai 2026	7062,92 €	7814,11 €	8525,72 €	9000,15 €	9110,86 €

[4]Die Verweildauer in den Stufen 2 bis 5 beträgt jeweils fünf Jahre. [5]§ 6 Abs. 4 findet keine Anwendung.

Erläuterungen

Die Vorschrift legt die Tabellenwerte der in der Grundentgelttabelle zum TVöD noch nicht definierten Entgeltgruppen 2 Ü und 15 Ü fest. Für das Tarifgebiet Ost war der jeweilige Bemessungsfaktor zu beachten (Absatz 3 – aufgehoben mit dem Änderungstarifvertrag Nr. 3 vom 27. Februar 2010).

Zu § 19 Abs. 1

Hierunter fallen die unmittelbar in Entgeltgruppe 2 Ü übergeleiteten Beschäftigten sowie die in Lohngruppe 1 mit Aufstieg nach 2 und 2a und Lohngruppe 2 mit Aufstieg nach 2a eingestellten Beschäftigten.

Zu § 19 Abs. 2

Hiervon werden die aus Vergütungsgruppe I BAT/BAT-O übergeleiteten Beschäftigten erfasst. Abweichend von den allgemeinen Grundsätzen beträgt die Verweildauer in den Stufen 1 bis 4 jeweils fünf Jahre. § 6 Abs. 4 (Mindeststufe) findet keine Anwendung.

Zu § 19 Abs. 2a (aufgehoben)

Mit der Regelung des Abs. 2a wurden die nicht von der Vergütungsordnung zum BAT bzw. Entgeltordnung zum TVöD erfassten Lehrkräfte in die Entgelttabellen zum TVöD einbezogen. Die Tabellenwerte waren zunächst abgesenkt und wurden in zehn Schritten der regulären Tabelle angeglichen. Nachdem dieser Prozess abgeschlossen war, haben die Tarifpartner den Abs. 2a aufgehoben.

§ 20 (weggefallen)

Erläuterungen

II

§ 20 enthielt Regelungen über die Jahressonderzahlung 2006 im Bereich des Bundes. Die Regelung ist inzwischen bedeutungslos und wurde im Zuge des Änderungstarifvertrages Nr. 6 vom 31. März 2012 aufgehoben.

§ 21 (weggefallen)

Erläuterungen

Mit dieser Vorschrift haben die Tarifpartner bestimmt, dass die bis zum 30. September 2005 „verdienten“ unständigen Bezügebestandteile zu diesem Zeitpunkt nach altem Recht in der Weise abgerechnet werden, als hätte das Beschäftigungsverhältnis zu diesem Zeitpunkt geendet. Die Regelung ist mittlerweile ohne praktische Bedeutung und wurde im Zuge des Änderungstarifvertrages Nr. 6 vom 31. März 2012 aufgehoben.

§ 22 Bereitschaftszeiten

[1]Nr. 3 SR 2r BAT/BAT-O für Hausmeister und entsprechende Tarifregelungen für Beschäftigtengruppen mit Bereitschaftszeiten innerhalb ihrer regelmäßigen Arbeitszeit gelten fort. [2]Dem Anhang zu § 9 TVöD widersprechende Regelungen zur Arbeitszeit sind bis zum 31. Dezember 2005 entsprechend anzupassen.

II

Erläuterungen

Nach dieser Vorschrift gelten die Nr. 3 SR 2r BAT/BAT-O (Hausmeister) und entsprechende Tarifregelungen für Beschäftigtengruppen, in deren regelmäßiger Arbeitszeit Bereitschaftszeiten fallen, fort. Die entsprechenden Arbeitszeitregelungen sind nach Satz 2 der Vorschrift aber an die Vereinbarungen zu § 9 TVöD anzupassen.

Der Umstand, dass die vereinbarte Anpassungsfrist mittlerweile verstrichen ist, hat keine Auswirkung auf den Fortbestand der Altregelungen.

Die Vorschrift der Nr. 3 SR 2r BAT hatte zuletzt folgenden Wortlaut:

„Nr. 3
Zu § 15 – Regelmäßige Arbeitszeit –

(1) Die regelmäßige Arbeitszeit beträgt durchschnittlich 50 ½ Stunden wöchentlich.

(2) § 15 Abs. 2 und 4 findet keine Anwendung."

Mit Blick auf die Regelungen des Arbeitszeitgesetzes (abgedruckt als Anhang 1 zu § 6 TVöD) dürfte mittlerweile von einer Höchstgrenze von 48 Wochenstunden auszugehen sein (jüngst nochmals EuGH, Urt. v. 25. 11. 2010 – Rs C-429/09 sowie bereits auch das BAG im Urteil vom 14. Oktober 2004 – 6 AZR 564/03). Während das BAG noch die Auffassung vertreten hat, dass auch bei einer rechtswidrigen Arbeitszeit von mehr als 48 Wochenstunden kein Vergütungsanspruch für die übersteigende Zeit besteht, sieht der EuGH hierfür einen Schadensersatzanspruch vor. Der EuGH lässt aber ausdrücklich offen, in welcher Form (Geld, Freizeitausgleich?) und Höhe dieser Schadensersatz zu erbringen ist.

§ 23 Sonderregelungen für besondere Berufsgruppen

Die Überleitungs-, Übergangs- und Besitzstandsregelungen für besondere Berufsgruppen im Bereich des Bundes ergeben sich aus der Anlage 5 TVÜ-Bund.

Erläuterungen

Besonderheiten für bestimmte Berufsgruppen (z. B. für Beschäftigte des ehemaligen Luftfahrtbundesamtes und Mautkontrolleure sind in der Anlage 5 TVÜ-Bund geregelt. Dort ist auch bestimmt, dass Lehrkräfte des Bundes ihre bisherigen Bezüge zunächst als Abschlag weiter erhalten.

5. Abschnitt
Überleitung in den TV EntgO Bund am 1. Januar 2014

§ 24 Grundsatz

II

[1]Für die in den TVöD übergeleiteten Beschäftigten (§ 1 Abs. 1) sowie für die zwischen dem Inkrafttreten des TVöD und dem 31. Dezember 2013 beim Bund neu eingestellten Beschäftigten (§ 1 Abs. 2), deren Arbeitsverhältnis zum Bund über den 31. Dezember 2013 hinaus fortbesteht und die am 1. Januar 2014 unter den Geltungsbereich des TVöD fallen, gelten ab dem 1. Januar 2014 für Eingruppierungen § 12 (Bund) und § 13 (Bund) TVöD in Verbindung mit dem Tarifvertrag über die Entgeltordnung des Bundes (TV EntgO Bund). [2]Diese Beschäftigten sind zum 1. Januar 2014 gemäß den Regelungen dieses Abschnitts in den TV EntgO Bund übergeleitet.

Erläuterungen

Bei den §§ 24 bis 28 TVÜ-Bund handelt es sich um die zentralen Vorschriften zur Überleitung der Beschäftigten des Bundes in die neue Entgeltordnung. Im Ergebnis wurde eine umfassende Besitzstandsregelung vereinbart, die für die am 31. Dezember 2013/1. Januar 2014 in der gleichen Tätigkeit beim selben Arbeitgeber Beschäftigten nur „nach oben" führen kann.

Wegen der umfassenden Darstellung der Überleitungstechnik bzw. der Regeln beim In-Kraft-Setzen der neuen Entgeltordnung wird auf Abschnitt V. des Beitrags unter **410** hingewiesen.

Zusammengefasst lässt sich die Überleitung wie folgt darstellen:

- Die Entgeltordnung tritt am 1. Januar 2014 in Kraft; alle Eingruppierungsvorgänge un-terliegen ab diesem Zeitpunkt der neuen Entgeltordnung. Zurückgelegte Zeiten werden uneingeschränkt berücksichtigt (siehe § 25 Abs. 2 TVÜ-Bund).
- Für über den 31. Dezember 2013 hinaus beim selben Arbeitgeber weiterhin ausgeübte Tätigkeiten bleibt es bei der bisherigen Eingruppierung; eine Überprüfung findet ebenso wenig statt wie eine Herabgruppierung; die nach Anlage 2 oder 4 zum TVÜ-Bund vorgenommene Eingruppierung gilt als zutreffend und hat weiterhin Bestand (siehe § 25 Abs. 1 TVÜ-Bund und die dazu vereinbarte Protokollerklärung).
- Beschäftigte, die nach der Entgeltordnung höher eingruppiert sind als nach der Anlage 2 oder 4 zum TVÜ-Bund, haben ein Antragsrecht, um die höhere Eingruppierung zu wählen (siehe § 26 Abs. 1 TVÜ-Bund).
- Der Antrag muss, nachdem das ursprüngliche Datum 31. Dezember 2014 im Zuge des 9. Änderungstarifvertrages zum TVÜ-Bund

vom 17. Oktober 2014 verlängert wurde, bis zum 30. Juni 2015 (bei ruhendem Arbeitsverhältnis innerhalb eines Jahres nach dem Ende des Ruhens) gestellt werden; er wirkt auf den 1. Januar 2014 zurück. Wird der Antrag nicht oder nicht fristgerecht gestellt, erlischt das Antragsrecht – s. BAG-Urteil vom 18. September 2019 zur vergleichbaren Regelung des § 26 TVÜ-Bund – 4 AZR 42/19; Rn. 30.

II

- Im Falle eines Antrags findet eine „normale" Höhergruppierung nach den Regeln des § 17 Abs. 4 TVöD alter Fassung (nicht § 17 Abs. 5 TVöD!) statt (Ausnahme bei der Stufenzuordnung bei Beschäftigten in der Stufe 1). Achtung: Auch die Anrechnung beim Strukturausgleich findet nach den üblichen Regeln (§ 12 Abs. 5 TVÜ-Bund) statt.
- Beschäftigte der bisherigen Entgeltgruppe 13 mit Zulage nach § 17 Abs. 8 TVÜ-Bund/alt (13 + Z) werden stufengleich ohne besonderen Antrag in die Entgeltgruppe 14 überführt (siehe § 27 Abs. 1 TVÜ-Bund).
- Die Beschäftigten der Entgeltgruppe 9 ohne besondere Stufenregelungen werden ohne besonderen Antrag stufengleich in die Entgeltgruppe 9b übergeleitet (siehe § 27 Abs. 2 TVÜ-Bund).
- Die Beschäftigten der Entgeltgruppe 9 mit besonderen Stufenregelungen („kleine Entgeltgruppe 9") werden ohne besonderen Antrag betragsgleich (nicht: stufengleich!) in die Entgeltgruppe 9a übergeleitet (siehe § 27 Abs. 3 TVÜ-Bund). Für bestimmte Beschäftigte, die in die Stufe 1 oder 2 übergeleitet wurden, gelten weiterhin besondere Stufenregeln (s. § 27 Abs. 3 Satz 4).
- Die Absätze 3 bis 5 des § 26 TVÜ-Bund enthalten besondere Regelungen für die Höher-gruppierung von Beschäftigten mit Besitzstandszulagen. Die Zulagen entfallen zwar, wirken sich aber bei der Berechnung des Höhergruppierungsgewinns aus bzw. haben Einfluss auf die Stufenzuordnung und die anzurechnenden Stufenlaufzeiten in der höheren Entgeltgruppe.
- Das für Höhergruppierungen geltende Recht gilt auch im Falle des erstmaligen Anspruchs auf Entgeltgruppenzulage (siehe § 28 TVÜ-Bund).

Mit RdSchr. v. 4. August 2014 hat sich das BMI im Einvernehmen mit dem BMF mit folgender übertariflichen Sonderregelung bei der Stufenzuordnung von Beschäftigten einverstanden erklärt:

„Beschäftigte, die

- zum Stichtag 31. Dezember 2013 nach den Tätigkeitsmerkmalen der Lohngruppe 9 des Lohngruppenverzeichnisses zum MTArb oder der Sonderverzeichnisse dazu und nach Anlage 4 zum TVÜ-Bund übergeleitet in die Entgeltgruppe 9 TVöD mit besonderen Stufenlaufzeiten (sog. kleine EG 9), eingruppiert und gemäß § 16 TVöD einer der Stufen 1 oder 2 zugeordnet sind und

- zum 1. Januar 2014 nach § 27 Abs. 3 TVÜ-Bund in die Entgeltgruppe 9a TVöD übergeleitet wurden,

werden nach Ablauf der in § 16 Abs. 4 TVöD vorgesehenen Zeit, in der sie der Stufe 2 TVöD zugeordnet sind, abweichend nicht der Stufe 3 sondern direkt der Stufe 4 TVöD zugeordnet.

Sie erreichen die Stufe 5 – in Abhängigkeit von ihrer Leistung gemäß § 17 Abs. 2 TVöD – abweichend von § 16 Abs. 4 TVöD erst nach sieben Jahren einer ununterbrochenen Tätigkeit innerhalb der Entgeltgruppe 9a bei ihrem Arbeitgeber (Stufenlaufzeit)."

§ 25 Besitzstandsregelungen

(1) Die Überleitung erfolgt unter Beibehaltung der bisherigen Entgeltgruppe für die Dauer der unverändert auszuübenden Tätigkeit.

Protokollerklärung zu Absatz 1:

[1]Die vorläufige Zuordnung zu der Entgeltgruppe des TVöD nach der Anlage 2 oder 4 TVÜ-Bund in der bis zum 31. Dezember 2013 geltenden Fassung gilt als Eingruppierung. [2]Eine Überprüfung und Neufeststellung der Eingruppierungen findet aufgrund der Überleitung in den TV EntgO Bund nicht statt.

(2) Hängt die Eingruppierung nach § 12 (Bund) und § 13 (Bund) TVöD in Verbindung mit dem TV EntgO Bund von der Zeit einer Tätigkeit oder Berufsausübung ab, wird die vor dem 1. Januar 2014 zurückgelegte Zeit so berücksichtigt, wie sie zu berücksichtigen wäre, wenn § 12 (Bund) und § 13 (Bund) TVöD sowie der TV EntgO Bund bereits seit dem Beginn des Arbeitsverhältnisses gegolten hätten.

(3) Beschäftigte, denen am 31. Dezember 2013 eine persönliche Besitzstandszulage nach der Protokollerklärung zu § 5 Abs. 2 Satz 3 oder eine persönliche Zulage nach § 17 Abs. 6 in der bis zum 31. Dezember 2013 geltenden Fassung (entfallene Techniker-, Meister- oder Programmiererzulage) zugestanden hat, erhalten eine Besitzstandszulage in Höhe ihrer bisherigen Zulage, solange die anspruchsbegründende Tätigkeit unverändert auszuüben ist.

(4) [1]Soweit an die Tätigkeit in der bisherigen Entgeltgruppe besondere Entgeltbestandteile geknüpft waren und diese in dem TV EntgO Bund in geringerer Höhe entsprechend vereinbart sind, wird die hieraus am 1. Januar 2014 bestehende Differenz unter den bisherigen Voraussetzungen als Besitzstandszulage so lange gezahlt, wie die anspruchsbegründende Tätigkeit unverändert auszuüben ist und die sonstigen Voraussetzungen für den besonderen Entgeltbestandteil nach bisherigem Recht weiterhin bestehen. [2]Dies gilt entsprechend, wenn besondere Entgeltbestandteile im TV EntgO Bund nicht mehr vereinbart sind. [3]Die Differenz verändert sich bei allgemeinen Entgeltanpassungen um den von den Tarifvertragsparteien für die jeweilige Entgeltgruppe festgelegten Vomhundertsatz.

Protokollerklärung zu Absatz 4 Satz 3:

Der Differenzbetrag erhöht sich am 1. April 2025 um 3,11 Prozent und am 1. Mai 2026 um weitere 2,80 Prozent.

Erläuterungen

Siehe dazu die Ausführungen bei § 21 TVÜ Bund.

§ 26 Höhergruppierungen

(1) [1]Ergibt sich nach dem TV EntgO Bund eine höhere Entgeltgruppe, sind die Beschäftigten auf Antrag in der Entgeltgruppe eingruppiert, die sich nach § 12 (Bund) TVöD ergibt. [2]Der Antrag kann nur bis zum 30. Juni 2015 gestellt werden (Ausschlussfrist) und wirkt auf den 1. Januar 2014 zurück; nach dem Inkrafttreten des TV EntgO Bund eingetretene Änderungen der Stufenzuordnung in der bisherigen Entgeltgruppe bleiben bei der Stufenzuordnung nach Absatz 2 bis 5 unberücksichtigt. [3]Ruht das Arbeitsverhältnis am 1. Januar 2014, beginnt die Frist von einem Jahr mit der Wiederaufnahme der Tätigkeit; der Antrag wirkt auf den 1. Januar 2014 zurück.

(2) [1]Die Stufenzuordnung in der höheren Entgeltgruppe richtet sich nach den Regelungen für Höhergruppierungen (§ 17 Abs. 4 TVöD in der bis zum 28. Februar 2014 geltenden Fassung). [2]War die/der Beschäftigte in der bisherigen Entgeltgruppe der Stufe 1 zugeordnet, wird sie/er abweichend von Satz 1 der Stufe 1 der höheren Entgeltgruppe zugeordnet; die bisher in Stufe 1 verbrachte Zeit wird angerechnet.

(3) [1]Sind Beschäftigte, die eine Besitzstandszulage nach § 9 (Vergütungsgruppenzulagen) erhalten, auf Antrag nach Absatz 1 höhergruppiert, entfällt die Besitzstandszulage rückwirkend ab dem 1. Januar 2014. [2]Abweichend von Absatz 2 Satz 1 wird für die Anwendung des § 17 Abs. 4 Satz 1 und 2 TVöD zu dem jeweiligen bisherigen Tabellenentgelt die wegfallende Zulage hinzugerechnet und anschließend der Unterschiedsbetrag ermittelt. [3]§ 25 Abs. 4 findet keine Anwendung.

Niederschriftserklärung zu § 26 Abs. 3 Satz 2:

Die Tarifvertragsparteien sind sich einig, dass im Falle einer Höhergruppierung über mehr als eine Entgeltgruppe die Besitzstandszulage nach § 9 (Vergütungsgruppenzulagen) nur in der Ausgangsentgeltgruppe dem Tabellenentgelt hinzugerechnet wird.

(4) [1]Sind Beschäftigte, die eine Besitzstandszulage nach § 25 Abs. 3 (Techniker-, Meister- oder Programmiererzulage) erhalten, auf Antrag nach Absatz 1 höhergruppiert, entfällt die Besitzstandszulage rückwirkend ab dem 1. Januar 2014. [2]Ergibt sich durch die Höhergruppierung die Zuordnung zu einer niedrigeren Stufe als in der bisherigen Entgeltgruppe, wird abweichend von Absatz 2 Satz 1 die in der bisherigen Stufe zurückgelegte Stufenlaufzeit auf die Stufenlaufzeit in der höheren Entgeltgruppe angerechnet. [3]Ist dadurch am Tag der Höhergruppierung in der höheren Entgeltgruppe die Stufenlaufzeit zum Erreichen der nächsthöheren Stufe erfüllt, beginnt in dieser nächsthöheren Stufe die Stufenlaufzeit von Neuem. [4]§ 25 Abs. 4 findet keine Anwendung.

Niederschriftserklärung zu § 26 Abs. 4 und 5:

Die Tarifvertragsparteien sind sich einig, dass im Falle einer Höhergruppierung über mehr als eine Entgeltgruppe die Mitnahme der Stufenlaufzeit nur bei der ersten dazwischenliegenden Entgeltgruppe nach § 17 Abs. 4 Satz 3 Halbsatz 1 erfolgt.

(5) [1]Sind Beschäftigte, die eine Besitzstandszulage nach § 9 (Vergütungsgruppenzulagen) und eine Besitzstandszulage nach § 25 Abs. 3 (Techniker-, Meister- oder Programmiererzulage) erhalten, auf Antrag nach Absatz 1 höhergruppiert, entfallen beide Besitzstandszulagen rückwirkend ab dem 1. Januar

2014. [2]Abweichend von Absatz 2 Satz 1 werden für die Anwendung des § 17 Abs. 4 Satz 1 und 2 TVöD zu dem jeweiligen bisherigen Tabellenentgelt die beiden wegfallenden Besitzstandszulagen hinzugerechnet und anschließend der Unterschiedsbetrag ermittelt. [3]Ergibt sich durch die Höhergruppierung die Zuordnung zu einer niedrigeren Stufe als in der bisherigen Entgeltgruppe, wird abweichend von Absatz 2 Satz 1 die in der bisherigen Stufe zurückgelegte Stufenlaufzeit auf die Stufenlaufzeit in der höheren Entgeltgruppe angerechnet. [4]Ist dadurch am Tag der Höhergruppierung in der höheren Entgeltgruppe die Stufenlaufzeit zum Erreichen der nächsthöheren Stufe erfüllt, beginnt in dieser nächsthöheren Stufe die Stufenlaufzeit von Neuem. [5]§ 25 Abs. 4 findet keine Anwendung.

Niederschriftserklärung zu § 26 Abs. 5 Satz 2:

Die Tarifvertragsparteien sind sich einig, dass im Falle einer Höhergruppierung über mehr als eine Entgeltgruppe die Besitzstandszulagen nach § 9 (Vergütungsgruppenzulagen) und nach § 25 Abs. 3 (Techniker-, Meister- oder Programmiererzulage) nur in der Ausgangsentgeltgruppe dem Tabellenentgelt hinzugerechnet werden.

Erläuterungen

Siehe dazu die Ausführungen bei § 24 TVÜ-Bund.

§ 27 Besondere Überleitungsregelungen

(1) Beschäftigte mit einem Anspruch auf die bisherige Zulage nach § 17 Abs. 8 in der bis zum 31. Dezember 2013 geltenden Fassung sind stufengleich und unter Beibehaltung der in ihrer Stufe zurückgelegten Stufenlaufzeit in die Entgeltgruppe 14 übergeleitet.

II

(2) Beschäftigte der Entgeltgruppe 9, für die keine besonderen Stufenregelungen gelten, sind stufengleich und unter Beibehaltung der in ihrer Stufe zurückgelegten Stufenlaufzeit in die Entgeltgruppe 9b übergeleitet.

(3) [1]Beschäftigte der Entgeltgruppe 9, für die gemäß des Anhangs zu § 16 (Bund) TVöD in der bis zum 31. Dezember 2013 geltenden Fassung besondere Stufenregelungen gelten, sind unter Beibehaltung der in ihrer Stufe zurückgelegten Stufenlaufzeit in die Stufe der Entgeltgruppe 9a übergeleitet, deren Betrag dem Betrag ihrer bisherigen Stufe entspricht. [2]Ist dadurch am Tag der Überleitung in die Entgeltgruppe 9a die Stufenlaufzeit zum Erreichen der nächsthöheren Stufe erfüllt, beginnt in dieser nächsthöheren Stufe die Stufenlaufzeit von Neuem. [3]Im Falle der sich aus Satz 2 ergebenden Zuordnung zu der Stufe 3 wird die zwei Jahre übersteigende Stufenlaufzeit auf die Stufenlaufzeit in der Stufe 3 angerechnet. [4]In Stufe 1 oder 2 übergeleitete Beschäftigte, die am 31. Dezember 2013 nach einem Tätigkeitsmerkmal der Lohngruppe 9 des Tarifvertrags über das Lohngruppenverzeichnis des Bundes zum MTArb in Verbindung mit § 17 TVÜ-Bund und der Anlage 4 zum TVÜ-Bund in der bis zum 31. Dezember 2013 geltenden Fassung oder in Verbindung mit § 4 Abs. 1 und der Anlage 2 zum TVÜ-Bund in der bis zum 31. Dezember 2013 geltenden Fassung in Entgeltgruppe 9 TVöD eingruppiert waren und für die gemäß § 16 (Bund) Abs. 4 Satz 2 TVöD in der bis zum 31. Dezember 2013 geltenden Fassung abweichende Stufenlaufzeiten und Endstufen galten, erreichen nach Ablauf der Stufenlaufzeit in Stufe 2 die Stufe 4; die Stufenlaufzeit in Stufe 4 zum Erreichen der Stufe 5 beträgt sieben Jahre. [5]Für die in Entgeltgruppe 9a übergeleiteten Beschäftigten bemessen sich für die Dauer der Eingruppierung in Entgeltgruppe 9a die Zeitzuschläge gemäß § 8 Abs. 1 Satz 2 TVöD nach dem auf eine Stunde entfallenden Anteil des Tabellenentgelts der Stufe 4, und bei Überstunden richtet sich das Entgelt für die tatsächliche Arbeitsleistung abweichend von der Protokollerklärung nach § 8 Abs. 1 Satz 1 TVöD nach der individuellen Stufe, höchstens jedoch nach der Stufe 5.

Protokollerklärung zu Absatz 2 und 3:

Die Zuordnung zu einer individuellen Zwischen- oder Endstufe bleibt unberührt.

(4) Ergibt sich nach dem TV EntgO Bund für Tätigkeitsmerkmale der Entgeltgruppe 2 oder der Entgeltgruppe 3 erstmalig die Stufe 6, ist die/der Beschäftigte auf Antrag der Stufe 6 zugeordnet, wenn die fünfjährige Stufenlaufzeit in der Stufe 5 erfüllt ist.

(5) [1]In Entgeltgruppe 2Ü eingruppierte Beschäftigte mit Zuordnung zur Stufe 6 werden auf Antrag in Entgeltgruppe 2 eingruppiert und der Stufe 6 dieser Entgeltgruppe zugeordnet. [2]Die Eingruppierung in Entgeltgruppe 2 erfolgt individuell mit Beginn des Monats, in dem der Antrag gestellt worden

ist, frühestens aber zum Zeitpunkt des Erreichens der Stufe 6 in der Entgeltgruppe 2Ü.

Erläuterungen

Siehe dazu die Ausführungen bei § 24 TVÜ-Bund.

§ 28 Entgeltgruppenzulagen

Ergibt sich nach dem TV EntgO Bund erstmalig der Anspruch auf eine Entgeltgruppenzulage, steht den Beschäftigten auf Antrag die Zulage zu; § 26 Abs. 1 Satz 2 und 3 gilt entsprechend.

II

Erläuterungen

Siehe dazu die Ausführungen bei § 24 TVÜ-Bund.

6. Abschnitt
Weitere Überleitungsregelungen

§ 29 Zuordnung zur Stufe 6 in den Entgeltgruppen 9a bis 15 am 1. März 2016

II

[1]Am 29. Februar 2016 in eine der Entgeltgruppen 9a bis 15 eingruppierte Beschäftigte mit Zuordnung zur Stufe 5 und einer zu diesem Zeitpunkt in Stufe 5 absolvierten Stufenlaufzeit von mindestens fünf Jahren sind am 1. März 2016 der Stufe 6 ihrer Entgeltgruppe zugeordnet; entsprechendes gilt für Beschäftigte in einer individuellen Endstufe. [2]Ist das Tabellenentgelt der Stufe 6 niedriger als der Betrag der individuellen Endstufe, wird die/der Beschäftigte erneut einer individuellen Endstufe unter Beibehaltung der bisherigen Entgelthöhe zugeordnet. [3]§ 6 Abs. 3 Sätze 2 bis 6 gelten entsprechend. [4]Für Beschäftigte in der Entgeltgruppe 9b wird die vor dem 1. Januar 2014 in der Stufe 5 der Entgeltgruppe 9 absolvierte Stufenlaufzeit angerechnet. [5]Für Beschäftigte in der Entgeltgruppe 9a wird die vor dem 1. Januar 2014 in der Stufe 4 der Entgeltgruppe 9 absolvierte Stufenlaufzeit angerechnet.

Erläuterungen

Im Zuge der Tarifrunde 2016 ist auch für die Entgeltgruppen 9a bis 15 eine Stufe 6 vereinbart worden. Die neue, mit dem 10. Änderungstarifvertrag vom 29. April 2016 mit Wirkung vom 1. März 2016 eingefügte Vorschrift regelt die Überleitung der am 29. Februar 2016 bereits mindestens fünf Jahre der Stufe 5 zugeordneten Beschäftigten in die Stufe 6 und bestimmt, dass die Überleitung ohne Antrag automatisch zum 1. März 2016 erfolgt (Satz 1). Für Beschäftigte, die einer individuellen Endstufe zugeordnet werden, erfolgt erneut eine Zuordnung zu einer individuellen Endstufe („6 +"), wenn das individuelle Entgelt auch oberhalb der neuen Stufe sechs liegt (Satz 2). Durch den Verweis in Satz 3 auf die Regelungen des § 6 Abs. 3 Sätze 2 bis 6 gelten die dortigen Regelungen zum Mindesthöhergruppierungsgewinn bei einer Höhergruppierung aus der individuellen Endstufe sowie zur Dynamisierung der Endstufe bei allgemeinen Entgelterhöhungen. Die Sätze 4 und 5 beinhalten besondere Anrechnungsregelungen für diejenigen Beschäftigten, die im Zuge der Einführung der Entgeltordnung/Bund zum 1. Januar 2014 den neuen Entgeltgruppen 9a und 9b zugeordnet worden sind.

§ 29a Überleitung Pflegekräfte in die P-Tabelle am 1. März 2018

(1) [1]Die unter die Anlage E (Bund) zum TVöD – BT-V in der bis zum 28. Februar 2018 gültigen Fassung fallenden Beschäftigten sind stufengleich und unter Mitnahme der in ihrer Stufe zurückgelegten Stufenlaufzeit von der Entgeltgruppe Kr. in die Entgeltgruppe P der Anlage E (Bund) zum TVöD – BT-V in der ab 1. März 2018 geltenden Fassung wie folgt übergeleitet:

II

Kr. 12a	P 16
Kr. 11b	P 15
Kr. 11a	P 14
Kr. 10a	P 13
Kr. 9d	P 12
Kr. 9c	P 11
Kr. 9b	P 10
Kr. 9a	P 9
Kr. 8a	P 8
Kr. 7a	P 7
Kr. 4a	P 6
Kr. 3a	P 5

[2]Aus der Stufe 1 der Entgeltgruppen Kr. 7a und Kr. 8a erfolgt die Überleitung in die Stufe 2 der Entgeltgruppe P 7 bzw. P 8 der Anlage E (Bund) zum TVöD – BT-V unter Mitnahme der in der Stufe 1 zurückgelegten Stufenlaufzeit. [3]Erfolgt die Überleitung aus der Stufe 2 der Entgeltgruppen Kr. 7a oder Kr. 8a, wird die Stufenlaufzeit der Stufe 1 auf die Stufenlaufzeit der Stufe 2 der Entgeltgruppe P 7 bzw. P 8 der Anlage E (Bund) zum TVöD – BT-V angerechnet. [4]Ist durch eine Verkürzung der Stufenlaufzeit in der Anlage E (Bund) zum TVöD – BT-V am 1. März 2018 die Stufenlaufzeit zum Erreichen der nächsthöheren Stufe der jeweiligen Entgeltgruppe erfüllt, beginnt in dieser nächsthöheren Stufe die Stufenlaufzeit neu. [5]Haben am 28. Februar 2018 einer der Entgeltgruppen Kr. 9a bis Kr. 11a der Anlage E (Bund) zum TVöD – BT-V in der bis zum 28. Februar 2018 gültigen Fassung zugeordnete Beschäftigte in der Stufe 5 ihrer Entgeltgruppe eine Stufenlaufzeit von mindestens fünf Jahren zurückgelegt, erfolgt die Zuordnung zu der Stufe 6 der Entgeltgruppe der Anlage E (Bund) zum TVöD – BT-V in der ab dem 1. März 2018 geltenden Fassung, in die sie gemäß Satz 1 übergeleitet werden.

(2) [1]Ergibt sich nach den Tätigkeitsmerkmalen des Teils IV Abschnitt 25 der Anlage 1 zum TV EntgO Bund (Entgeltordnung) in der ab dem 1. März 2018 geltenden Fassung eine höhere Entgeltgruppe, sind die Beschäftigten auf Antrag in der Entgeltgruppe eingruppiert, die sich nach § 12 (Bund) TVöD ergibt. [2]Der Antrag kann nur bis zum 28. Februar 2019 gestellt werden (Ausschlussfrist) und wirkt auf den 1. März 2018 zurück; nach dem 28. Februar 2018 eingetretene Änderungen der Stufenzuordnung in der bisherigen Entgeltgruppe bleiben bei der Stufenzuordnung unberücksichtigt. [3]Ruht das Arbeitsverhältnis am 1. März 2018, beginnt die Frist von einem Jahr mit der Wiederaufnahme der Tätigkeit; der Antrag wirkt auf den 1. März 2018 zurück.

(3) [1]Beschäftigte, die nach Absatz 2 aus den Stufen 3, 4 oder 5 der Entgeltgruppe P 7 in die Entgeltgruppe P 8 höhergruppiert werden, erhalten zusätzlich zu ihrem Tabellenentgelt der Entgeltgruppe P 8

- **für die Dauer des Verbleibs in der Stufe 2 der Entgeltgruppe P 8 bei Höhergruppierung aus der Stufe 3 der Entgeltgruppe P 7,**
- **für die Dauer des Verbleibs in der Stufe 4 der Entgeltgruppe P 8 bei Höhergruppierung aus der Stufe 4 der Entgeltgruppe P 7,**
- **für die Dauer des Verbleibs in der Stufe 5 der Entgeltgruppe P 8 bei Höhergruppierung aus der Stufe 5 der Entgeltgruppe P 7**

eine monatliche Zulage in Höhe von 90 Euro, sofern und solange sie nach der Vorbemerkung Nr. 4 des Teils IV Abschnitt 25 der Anlage 1 zum TV EntgO Bund (Entgeltordnung) in der bis zum 28. Februar 2018 gültigen Fassung einen Anspruch auf eine monatliche Zulage gehabt hätten. [2]Für die Dauer des Verbleibs in der Stufe 5 im Anschluss an die Stufenlaufzeit der Stufe 4 der Entgeltgruppe P 8 bei Höhergruppierung aus der Stufe 4 der Entgeltgruppe P 7 erhalten die Beschäftigten unter den sonstigen Voraussetzungen des Satzes 1 eine monatliche Zulage in Höhe von 45 Euro.

(4) Beschäftigte, die am 28. Februar 2018 in der Entgeltgruppe Kr. 7a einer der Stufen 4 bis 6 oder einer individuellen Zwischen- oder Endstufe oberhalb der Stufe 4 der Anlage E (Bund) zum TVöD – BT-V in der bis zum 28. Februar 2018 gültigen Fassung bzw. in der Entgeltgruppe Kr. 8a den Stufen 5 oder 6 oder einer individuellen Zwischen- oder Endstufe oberhalb der Stufe 5 der Anlage E (Bund) zum TVöD – BT-V in der bis zum 28. Februar 2018 gültigen Fassung zugeordnet waren, erhalten solange ihr Bereitschaftsdienstentgelt nach dem Stand vom 28. Februar 2018, bis das Bereitschaftsdienstentgelt nach der Anlage C (Bund) zum TVöD – BT-V dieses übersteigt.

Erläuterungen

Die Vorschrift des § 29a wurde im Zuge der Tarifrunde 2018/2019 durch den Änderungstarifvertrag Nr. 13 mit Wirkung vom 1. März 2018 eingefügt. Sie flankiert den Wechsel des Krankenpflegepersonals des Bundes (Bundeswehrkrankenhäuser) von der so genannten „KR-Tabelle" in die neu vereinbarte „P Tabelle".

Die Tätigkeitsmerkmale für die Beschäftigten im Pflegedienst wurden beim Inkrafttreten der Entgeltordnung des Bundes am 1. Januar 2014 zunächst ohne materielle Änderungen aus der Vergütungsordnung zum BAT (Anlage 1b) in Teil IV Abschnitt 25 der Entgeltordnung für die Beschäftigten des Bundes übernommen. Die Tarifpartner folgten insoweit dem Vorbild der bereits zum 1. Januar 2012 in Kraft getretenen Entgeltordnung zum TV-L. Die am 1. Januar 2017 in Kraft getretene Entgeltordnung für die kommunalen Beschäftigten war hingegen sowohl hinsichtlich der Eingruppierung als auch hinsichtlich der Tabellenwerte bereits eine Weiterentwicklung. Schon die

Bezeichnung („P" statt „KR") macht dies deutlich, aber darüber hinaus wurden auch Struktur und Wertigkeit der Eingruppierung teilweise deutlich verändert.

Zum 1. März 2018 haben Bund und Gewerkschaften die kommunalen Regelungen für die Eingruppierung und Bezahlung der Pflegekräfte inhaltlich übernommen und sowohl den Teil IV Abschnitt 25 der Entgeltordnung als auch die Tabelle (Anlage E/Bund zum BT-V) entsprechend geändert. Die Vorschrift des § 29a dient in erster Linie der Überleitung von der individuellen KR-Entgeltgruppe in eine P-Entgeltgruppe (Abs. 1) und verschafft den Beschäftigten, deren Eingruppierung nach den neuen Tätigkeitsmerkmalen höher ist, ein befristetes Antragsrecht auf Höhergruppierung (Abs. 2). Für bestimmte Beschäftigte werden bei einer Antragshöhergruppierung Zulagen gesichert (Abs. 3); Abs. 4 sichert für besondere Fallkonstellationen das Niveau von Bereitschaftsdienstentgelten.

Im Einzelnen ist auf Folgendes hinzuweisen:

Zu § 29a Abs. 1

In Absatz 1 Satz 1 ist die reine Überleitung aus der am 28. Februar 2018 vorliegenden individuellen KR-Entgeltgruppe in eine P-Entgeltgruppe zum 1. März 2018 vereinbart. Das bedeutet, dass die P-Entgeltgruppe am 1. März 2018 nicht aus der Entgeltordnung (Teil IV Abschnitt 25) ermittelt, sondern aus der vorhandenen KR-Entgeltgruppe abgeleitet wird. Die Überleitung erfolgt im Regelfall stufengleich unter Mitnahme (und Fortführung) der bereits zurückgelegten Stufenlaufzeit (Satz 1). Nur für bestimmte, in den Sätzen 2 bis 5 näher beschriebene Fallkonstellationen wurden Ausnahmen von dem Grundsatz des Satzes 1 zur Stufenlaufzeit vereinbart. Der eher „handwerkliche" Überleitungsakt führt für einen großen Teil der Beschäftigten zwar dazu, dass sich die Bezeichnung ihrer Entgeltgruppe ändert und das (veränderte) Entgelt aus einer anderen Tabelle abgelesen wird. Das Eingruppierungsniveau wird dadurch aber nicht berührt.

Zu § 29a Abs. 2 und 3

Absatz 2 räumt denjenigen Beschäftigten, die nach den neuen Tätigkeitsmerkmalen des Teils IV Abschnitt 25 höher eingruppiert wären als nach der auf der Grundlage des Absatzes 1 aus der bisherigen Eingruppierung abgeleiteten Entgeltgruppe eine Antragsmöglichkeit ein. Im Einzelfall muss also immer die aus der KR-Entgeltgruppe nach Maßgabe des Absatzes 1 Satz 1 abgelesene Entgeltgruppe mit der auf der Grundlage des neu gefassten Teils IV Abschnitt 25 der Entgeltordnung ermittelten Entgeltgruppe verglichen werden. Ergibt sich eine Abweichung nach oben, besteht für die Beschäftigten ein Antragsrecht. Der Antrag ist im Ergebnis innerhalb eines Jahres ab Inkrafttreten der Änderungen der Entgeltordnung zu stellen – also bis zum 28. Februar 2019 (s. § 29a Abs. 2 Satz 2). Es handelt sich um eine Ausschlussfrist, die nicht verlängerbar ist; Ausnahme: Ruht das Arbeitsverhältnis beim Inkrafttreten der Änderungen der Entgeltordnung, beginnt die Einjahresfrist mit der Wiederaufnahme der Tätigkeit (s. § 29a Abs. 2 Satz 3). Der Antrag – egal wann er gestellt wird – bezieht sich auf den Zeitpunkt des Inkrafttretens der Änderungen der Entgeltordnung, also den 1. März 2018 (s. § 29a Abs. 2 Satz 2). Nach Inkrafttreten der Änderungen der Entgeltordnung eingetretene Veränderungen, z. B. der Stufenzuordnung in der bisherigen Entgeltgruppe, bleiben somit unberücksichtigt – u. U. mit entsprechenden Folgen bei der Berechnung des Höhergruppierungsgewinns. Die Entscheidung darüber, ob er einen entsprechenden Antrag stellt, obliegt dem Beschäftigten. Er muss insbesondere unter Berücksichtigung seiner individuellen Situation abwägen, ob der zu erwartende Höhergruppierungsgewinn absehbar höher ist, als eventuelle Einbußen bei der Jahressonderzahlung (80 % statt 90 %) bei einer Höhergruppierung von der Entgeltgruppe 8 in die Entgeltgruppe 9. Im Wege der Fürsorgepflicht wird die jeweilige Dienststelle gehalten sein, ihm Daten (insbesondere in Bezug auf die konkrete Eingruppierung) bereitzustellen.

In Absatz 3 der Vorschrift haben die Tarifpartner eine Besitzstandsregelung für bestimmte Beschäftigte vereinbart, die im Zuge einer Antragshöhergruppierung von der Entgeltgruppe P 7 in die Entgeltgruppe P 8 höhergruppiert werden. In den von den Tarifpartnern beschriebenen Fällen bleiben die Zulagen nach Vorbemerkung Nr. 4 zu Teil IV Abschnitt 25 erhalten.

Zu § 29a Abs. 4

Bei dieser Vorschrift handelt es sich ebenfalls um eine Besitzstandsregelung. Unter sie fallen bestimmte Beschäftigte, die am 28. Februar 2018 in die Entgeltgruppen KR 7a oder KR 8a eingruppiert und der Stufe 4 bis 6 (KR 7a), 5 und 6 (KR 8a) oder einer individuellen Zwischen- oder Endstufe zugeordnet waren. Bei diesen Beschäftigten wird das Bereitschaftsdienstentgelt auf dem Stand 28. Februar 2018 gesichert.

§ 29b Höhergruppierung auf Antrag am 1. März 2018 für bestimmte Beschäftigtengruppen

(1) [1]Ergibt sich nach den Tätigkeitsmerkmalen der Anlage 1 zum TV EntgO Bund (Entgeltordnung) in der ab dem 1. März 2018 geltenden Fassung die Entgeltgruppe 9c, sind die Beschäftigten auf Antrag in dieser Entgeltgruppe eingruppiert. [2]Der Antrag kann nur bis zum 28. Februar 2019 gestellt werden (Ausschlussfrist) und wirkt auf den 1. März 2018 zurück; nach dem 28. Februar 2018 eingetretene Änderungen der Stufenzuordnung in der bisherigen Entgeltgruppe bleiben bei der Stufenzuordnung unberücksichtigt. [3]Ruht das Arbeitsverhältnis am 1. März 2018, beginnt die Frist von einem Jahr mit der Wiederaufnahme der Tätigkeit; der Antrag wirkt auf den 1. März 2018 zurück.

(2) [1]Ergibt sich nach den Tätigkeitsmerkmalen des Teils III Abschnitt 21 der Anlage 1 zum TV EntgO Bund (Entgeltordnung) in der ab dem 1. März 2018 geltenden Fassung eine höhere Entgeltgruppe, sind die Beschäftigten auf Antrag in der Entgeltgruppe eingruppiert, die sich nach § 12 (Bund) TVöD ergibt. [2]Absatz 1 Satz 2 und 3 gelten entsprechend.

(3) [1]Ergibt sich nach den Tätigkeitsmerkmalen des Teils IV Abschnitt 14 der Anlage 1 zum TV EntgO Bund (Entgeltordnung) in der ab dem 1. März 2018 geltenden Fassung die Entgeltgruppe 3, sind die Beschäftigten auf Antrag in dieser Entgeltgruppe eingruppiert. [2]Absatz 1 Satz 2 und 3 gelten entsprechend.

Erläuterungen

Die Vorschrift des § 29b wurde im Zuge der Tarifrunde 2018/2019 durch den Änderungstarifvertrag Nr. 13 mit Wirkung vom 1. März 2018 eingefügt. Sie korrespondiert mit den zeitgleich vereinbarten Änderungen der Entgeltordnung, nämlich der in verschiedenen Teilen der Entgeltordnung neu eingefügten Entgeltgruppe 9c, der Verbesserung der Eingruppierung für Beschäftigte in Gesundheitsberufen (Teil III Abschnitt 21 der Entgeltordnung) sowie der Eingruppierungsanhebung für die Helfer(innen) im Bereich der Bundeswehrkrankenhäuser (Teil IV Abschnitt 14 der Entgeltordnung). Absatz 1 der Vorschrift gilt für die Beschäftigten der Entgeltgruppe 9c, Absatz 2 für die Beschäftigten in Gesundheitsberufen und Absatz 3 für die Helfer(innen) im Bereich der Bundeswehrkrankenhäuser. Für die im Bereich der Pflegekräfte vereinbarten Neuerungen siehe die eigenständige Regelung in § 29a.

Inhaltsgleich räumen die einzelnen Absätze den jeweils darunter fallenden Beschäftigten eine Antragsmöglichkeit für eine Höhergruppierung ein, wenn und soweit die neuen, ab dem 1. März 2018 geltenden Eingruppierungsvorschriften zu einer höheren Eingruppierung führen. Der Antrag ist im Ergebnis innerhalb eines Jahres ab Inkrafttreten der Änderungen der Entgeltordnung zu stellen – also bis zum 28. Februar 2019 (s. § 29b Abs. 1 Satz 2 bzw. Abs. 2 Satz 2 und

Abs. 3 Satz 2). Es handelt sich um eine Ausschlussfrist, die nicht verlängerbar ist; Ausnahme: Ruht das Arbeitsverhältnis beim Inkrafttreten der Änderungen der Entgeltordnung, beginnt die Einjahresfrist mit der Wiederaufnahme der Tätigkeit (s. § 29b Abs. 1 Satz 3 bzw. Abs. 2 Satz 2 und Abs. 3 Satz 2). Der Antrag – egal wann er gestellt wird – bezieht sich auf den Zeitpunkt des Inkrafttretens der Änderungen der Entgeltordnung, also den 1. März 2018 (s. § 29b Abs. 1 Satz 2 bzw. Abs. 2 Satz 2 und Abs. 3 Satz 2). Nach Inkrafttreten der Änderungen der Entgeltordnung eingetretene Veränderungen, z. B. der Stufenzuordnung in der bisherigen Entgeltgruppe, bleiben somit unberücksichtigt – u. U. mit entsprechenden Folgen bei der Berechnung des Höhergruppierungsgewinns. Die Entscheidung darüber, ob er einen entsprechenden Antrag stellt, obliegt dem Beschäftigten. Er muss insbesondere unter Berücksichtigung seiner individuellen Situation abwägen, ob der zu erwartende Höhergruppierungsgewinn absehbar höher ist, als eventuelle Verluste beim Strukturausgleich sowie ggfs. bei einer Höhergruppierung von der Entgeltgruppe 8 in die Entgeltgruppe 9 die Einbußen bei der Jahressonderzahlung (80 % statt 90 %). Im Wege der Fürsorgepflicht wird die jeweilige Dienststelle gehalten sein, ihm Daten (insbesondere in Bezug auf die konkrete Eingruppierung) bereitzustellen.

II

§ 29c Höhergruppierung auf Antrag bis 31. Oktober 2023 für bestimmte Beschäftigtengruppen

(1) [1]Ergibt sich aufgrund des Änderungstarifvertrags Nummer 9 zum TV EntgO Bund vom 14. Juli 2022 eine höhere Entgeltgruppe, sind die Beschäftigten auf Antrag in der Entgeltgruppe eingruppiert, die sich aufgrund dieses Änderungstarifvertrags nach § 12 (Bund) TVöD ergibt. [2]Der Antrag kann nur bis zum 31. Oktober 2023 gestellt werden (Ausschlussfrist), und wirkt auf den 1. November 2022 zurück. [3]Ruht das Arbeitsverhältnis am 1. November 2022, beginnt die zwölfmonatige Frist mit der Wiederaufnahme der Tätigkeit; der Antrag wirkt auf den 1. November 2022 zurück.

(2) Beschäftigte, die vor dem 1. November 2022 außerhalb des Bundessprachenamtes oder des Auswärtigen Amtes bereits nach den Tätigkeitsmerkmalen des Teils III Abschnitt 16 Unterabschnitt 16.5 der Anlage 1 zum Tarifvertrag über die Entgeltordnung des Bundes als Sprachlehrerinnen oder Sprachlehrer eingruppiert sind, erhalten Bestandsschutz für ihre Eingruppierung für die Dauer der unverändert auszuübenden Tätigkeit.

(3) Beschäftigte, die vor dem 1. November 2022 als Pflegedienstleiterinnen und Pflegedienstleiter oder als ständige Vertreterinnen und Vertreter von Pflegedienstleiterinnen und Pflegedienstleitern beschäftigt sind, erhalten Bestandsschutz für ihre Eingruppierung für die Dauer der unverändert auszuübenden Tätigkeit.

Erläuterungen

Die Vorschrift des § 29c wurde im Rahmen des Änderungstarifvertrages Nr. 15 zum TVÜ-Bund vom 14. Juli 2022 mit Wirkung vom 1. November 2022 eingefügt. Die neu aufgenommene Vorschrift bezieht sich auf die zeitgleich vereinbarten Änderungen der Entgeltordnung (Änderungstarifvertrag Nr. 9 zum TV EntgO Bund vom 14. Juli 2022).

Absatz 1 räumt den Beschäftigten eine Antragsmöglichkeit für eine Höhergruppierung ein, wenn und soweit die neuen, ab dem 1. November 2022 geltenden Eingruppierungsvorschriften zu einer höheren Eingruppierung führen. Die Vorschrift bezieht sich nach Satz 1 ausschließlich auf den Änderungstarifvertrag Nr. 9 zum TV EntgO Bund vom 14. Juli 2022. Der Antrag ist nach Satz 2 innerhalb eines Jahres ab Inkrafttreten der Änderungen der Entgeltordnung zu stellen – also bis zum 31. Oktober 2023. Es handelt sich bei der Frist um eine Ausschlussfrist, die nicht verlängerbar ist. Eine Ausnahme hiervon haben die Tarifvertragsparteien allerdings für ein Ruhen des Arbeitsverhältnisses vorgesehen (Satz 3). Ruht das Arbeitsverhältnis während des Inkrafttretens der Änderungen der Entgeltordnung, beginnt die Antragsfrist von einem Jahr erst mit der Wiederaufnahme der Tätigkeit zu laufen. Der Antrag bezieht sich – egal, wann er gestellt wird – immer auf den Zeitpunkt des Inkrafttretens der Änderungen der Entgeltordnung, also den 1. November 2022. Veränderungen bleiben somit unberücksichtigt, die nach Inkrafttreten der Änderungen der Entgeltordnung eintreten, z. B. die Stufenzuordnung in der bisherigen Entgeltgruppe – unter Umständen mit Folgen bei der Berechnung des Höhergruppierungsgewinns. Die Entscheidung darüber, ob der Beschäftigte einen Antrag stellt oder nicht, obliegt alleine ihm. Er muss insbesondere unter Berücksichtigung seiner individuellen Situation abwägen, ob der zu erwartende Höhergruppierungsgewinn absehbar höher ist als eventuelle Verluste beim Verbleib in der bisherigen Entgeltgruppe.

Die Absätze 2 und 3 enthalten jeweils eine Bestandsschutzregelung für Beschäftigte, die vor dem 1. November 2022 außerhalb des Bundessprachenamtes oder des Auswärtigen Amtes bereits nach den Tätigkeitsmerkmalen des Teils III Abschnitt 16 Unterabschnitt 16.5 der Anlage 1 zum Tarifvertrag über die Entgeltordnung des Bundes als Sprachlehrerinnen oder Sprachlehrer eingruppiert sind (Absatz 2) sowie für Beschäftigte, die vor dem 1. November 2022 als Pflegedienstleiterinnen und Pflegedienstleiter oder als ständige Vertreterinnen und Vertreter von Pflegedienstleiterinnen und Pflegedienstleitern beschäftigt sind (Absatz 3). Für diese Beschäftigten gilt für die Dauer der unverändert auszuübenden Tätigkeit ein Bestandsschutz hinsichtlich der bisherigen Eingruppierung.

II

§ 29d Höhergruppierung auf Antrag bis 30. Juni 2025 für bestimmte Berufsgruppen

[1]Ergibt sich aufgrund des Änderungstarifvertrags Nummer 11 zum TV EntgO Bund vom 24. Oktober 2024 eine höhere Entgeltgruppe, sind die Beschäftigten auf Antrag in die Entgeltgruppe eingruppiert, die sich aufgrund dieses Änderungstarifvertrags nach § 12 (Bund) TVöD ergibt. [2]Der Antrag kann nur bis zum 30. Juni 2025 gestellt werden (Ausschlussfrist), und wirkt auf den 1. Januar 2025 zurück. [3]Ruht das Arbeitsverhältnis am 1. Januar 2025, beginnt die sechsmonatige Frist mit der Wiederaufnahme der Tätigkeit; der Antrag wirkt auf den 1. Januar 2025 zurück.

Erläuterungen

Die Vorschrift des § 29d wurde im Rahmen des Änderungstarifvertrages Nr. 17 zum TVÜ-Bund vom 24. Oktober 2024 mit Wirkung vom 1. Januar 2025 eingefügt. Die neu aufgenommene Vorschrift bezieht sich auf die zeitgleich vereinbarten Änderungen der Entgeltordnung (Änderungstarifvertrag Nr. 11 zum TV EntgO Bund vom 24. Oktober 2024).

Die Vorschrift räumt den Beschäftigten eine Antragsmöglichkeit für eine Höhergruppierung ein, wenn und soweit die neuen, ab dem 1. Januar 2025 geltenden Eingruppierungsvorschriften zu einer höheren Eingruppierung führen. Die Vorschrift bezieht sich nach Satz 1 ausschließlich auf den Änderungstarifvertrag Nr. 11 zum TV EntgO Bund vom 24. Oktober 2024. Der Antrag ist nach Satz 2 innerhalb eines halben Jahres ab Inkrafttreten der Änderungen der Entgeltordnung zu stellen – also bis zum 30. Juni 2025.

Achtung: Auch wenn es sich auf den ersten Blick um eine nahezu identische Überleitungsvorschrift wie beispielsweise bei § 29b oder § 29c TVÜ-Bund handelt, sieht § 29d TVÜ-Bund nur eine Frist von einem **halben Jahr** vor. Es handelt sich bei der Frist um eine Ausschlussfrist, die nicht verlängerbar ist. Eine Ausnahme hiervon haben die Tarifvertragsparteien allerdings für ein Ruhen des Arbeitsverhältnisses vorgesehen (Satz 3). Ruht das Arbeitsverhältnis während des Inkrafttretens der Änderungen der Entgeltordnung, beginnt die Antragsfrist von einem halben Jahr erst mit der Wiederaufnahme der Tätigkeit zu laufen. Der Antrag bezieht sich – egal, wann er gestellt wird – immer auf den Zeitpunkt des Inkrafttretens der Änderungen der Entgeltordnung, also den 1. Januar 2025. Veränderungen bleiben somit unberücksichtigt, sofern sie nach Inkrafttreten der Änderungen der Entgeltordnung eintreten, z. B. die Stufenzuordnung in der bisherigen Entgeltgruppe – unter Umständen mit Folgen bei der Berechnung des Höhergruppierungsgewinns. Die Entscheidung darüber, ob der Beschäftigte einen

Antrag stellt, obliegt alleine ihm. Er muss insbesondere unter Berücksichtigung seiner individuellen Situation abwägen, ob der zu erwartende Höhergruppierungsgewinn absehbar höher ist als eventuelle Verluste beim Verbleib in der bisherigen Entgeltgruppe.

7. Abschnitt
Übergangs- und Schlussvorschrift

§ 30 Inkrafttreten, Laufzeit

II

(1) Dieser Tarifvertrag tritt am 1. Oktober 2005 in Kraft.

(2) [1]Der Tarifvertrag kann ohne Einhaltung einer Frist jederzeit schriftlich gekündigt werden. [2]Die §§ 18 und 19 können ohne Einhaltung einer Frist, jedoch nur insgesamt, schriftlich gekündigt werden; die Nachwirkung dieser Vorschriften wird ausgeschlossen.

Erläuterungen

Der Tarifvertrag trat am 1. Oktober 2005 in Kraft (Absatz 1).

Frühest möglicher Kündigungstermin war nach näherer Maßgabe des Absatzes 2 in seiner Urfassung der 31. Dezember 2007; Kündigungsfristen wurden nicht vereinbart.

Die §§ 18 und 19 können eigenständig gekündigt werden; auch hier muss keine besondere Frist gewahrt werden. Der Ausschluss der tarifvertragsgesetzlichen Nachwirkung führt dazu, dass eine Kündigung auch im Zeitpunkt der Kündigung vorhandene Beschäftigte unmittelbar beträfe.

Anlage 1
Teil A

Anlage 1 TVÜ-Bund Teil A

II

1. Bundes-Angestelltentarifvertrag (BAT) vom 23. Februar 1961, zuletzt geändert durch den 78. Tarifvertrag zur Änderung des Bundes-Angestelltentarifvertrages vom 31. Januar 2003
2. Tarifvertrag zur Anpassung des Tarifrechts – Manteltarifliche Vorschriften – (BAT-O) vom 10. Dezember 1990, zuletzt geändert durch den Änderungstarifvertrag Nr. 13 vom 31. Januar 2003 zum Tarifvertrag zur Anpassung des Tarifrechts – Manteltarifliche Vorschriften – (BAT-O)
3. Manteltarifvertrag für Arbeiterinnen und Arbeiter des Bundes und der Länder (MTArb) vom 6. Dezember 1995, zuletzt geändert durch den Änderungstarifvertrag Nr. 4 vom 31. Januar 2003 zum Manteltarifvertrag für Arbeiterinnen und Arbeiter des Bundes und der Länder (MTArb)
4. Tarifvertrag zur Anpassung des Tarifrechts für Arbeiter an den MTArb – (MTArb-O) vom 10. Dezember 1990, zuletzt geändert durch den Änderungstarifvertrag Nr. 11 vom 31. Januar 2003 zum Tarifvertrag zur Anpassung des Tarifrechts für Arbeiter an den MTArb – (MTArb-O)

Anlage 1
Teil B

Anlage 1 TVÜ-Bund Teil B

Vorbemerkungen:

1. Die nachfolgende Liste ist noch nicht abschließend. Sobald die Verhandlungen der Tarifvertragsparteien zu Anlage 1 TVÜ-Bund Teil B abgeschlossen sind, ersetzt die Neufassung diese Anlage.
2. [1]Die Nrn. 21, 22 und 23 gelten für Beschäftigte, die nach Tätigkeitsmerkmalen eingruppiert sind, welche im Anhang zu Nrn. 21, 22 und 23 aufgelistet sind. [2]Die Nrn. 19 und 20 gelten für Beschäftigte, die nicht nach Tätigkeitsmerkmalen eingruppiert sind, welche im Anhang zu Nrn. 21, 22 und 23 aufgelistet sind. [3]Die Bestimmung des persönlichen Geltungsbereichs in den Sätzen 1 und 2 gilt weder als eine tarifliche Neuregelung der Erschwerniszuschläge gemäß § 19 TVöD im Sinne der Nrn. 19 bis 23 noch als Inkrafttreten eines entsprechenden Tarifvertrages im Sinne des § 19 Abs. 5 Satz 2 TVöD.
3. [1]Arbeiterinnen und Arbeiter der Wasser- und Schifffahrtsverwaltung des Bundes im Sinne der Anlage 2 Satz 3 Buchstabe a des Tarifvertrags über die betriebliche Altersversorgung der Beschäftigten des öffentlichen Dienstes (Tarifvertrag Altersversorgung – ATV) sind die Beschäftigten der Wasser- und Schifffahrtsverwaltung des Bundes, die nach Tätigkeitsmerkmalen eingruppiert sind, welche im Anhang zu Nrn. 21, 22 und 23 aufgelistet sind; dies gilt nicht für Beschäftigte des Bundesamtes für Seeschifffahrt und Hydrographie. [2]Die bei der betrieblichen Altersversorgung im Rahmen der Pflichtversicherung am 31. Dezember 2013 bestehende Zuordnung von Beschäftigten der Wasser- und Schifffahrtsverwaltung des Bundes zu einer Zusatzversorgungseinrichtung des öffentlichen Dienstes bleibt ungeachtet der Veränderung der für sie maßgeblichen Tätigkeitsmerkmale für die Dauer der unverändert auszuübenden Tätigkeit bestehen.
4. Soweit einzelne Tarifvertragsregelungen vorübergehend fortgelten, erstreckt sich die Fortgeltung auch auf Beschäftigte i. S. d. § 1 Abs. 2 TVÜ-Bund.

1. Tarifvertrag zu § 71 BAT betreffend Besitzstandswahrung vom 23. Februar 1961
2. Tarifvertrag über die Regelung der Arbeitsbedingungen der Kapitäne und der Besatzungsmitglieder der Fischereischutzboote und der Fischereiforschungsschiffe des Bundes vom 11. Januar 1972
3. Tarifvertrag über eine Zuwendung für Kapitäne und Besatzungsmitglieder der Fischereischutzboote und Fischereiforschungsschiffe des Bundes vom 31. Januar 1974
4. Tarifvertrag für die Angestellten der Wasser- und Schifffahrtsverwaltung des Bundes auf Laderaumsaugbaggern vom 22. März 1978
5. Tarifvertrag für die Arbeiter der Wasser- und Schifffahrtsverwaltung des Bundes auf Laderaumsaugbaggern vom 22. März 1978
6. Festlegung des Gerichtsstandes bei Arbeitsrechtsstreitigkeiten zwischen dem Bund und den Angestellten des Deutschen Wetterdienstes, Tarifvertrag vom 2. September 1964
7. Vergütungstarifvertrag Nr. 35 zum BAT für den Bereich des Bundes vom 31. Januar 2003
8. Vergütungstarifvertrag Nr. 7 zum BAT-O für den Bereich des Bundes vom 31. Januar 2003, mit Ausnahme des § 3 Abs. 1 der für die Tabellenentgelte der Anlage B – Bund nach § 15 Abs. 2 Satz 2 TVöD i. V. m. der Anlage 2 zu § 4 Abs. 1 und der Anlage 4 zu § 17 Abs. 7 TVÜ-Bund fortgilt
9. Monatslohntarifvertrag Nr. 5 zum MTArb vom 31. Januar 2003
10. Monatslohntarifvertrag Nr. 7 zum MTArb-O vom 31. Januar 2003, mit Ausnahme des § 3 Abs. 1, der für die Tabellenentgelte der Anlage B – Bund nach § 15 Abs. 2 Satz 2 TVöD i. V. m. der Anlage 2 zu § 4 Abs. 1 und der Anlage 4 zu § 17 Abs. 7 TVÜ-Bund fortgilt
11. Tarifvertrag über das Lohngruppenverzeichnis des Bundes zum MTArb (TV LohngrV) vom 11. Juli 1966
12. Tarifvertrag über das Lohngruppenverzeichnis des Bundes zum MTArb-O (TV Lohngruppen-O-Bund) vom 8. Mai 1991
13. Tarifvertrag über die Ausführung von Arbeiten im Leistungslohnverfahren im Bereich der SR 2g des Abschnitts A der Anlage 2 MTArb vom 16. November 1971
14. Tarifvertrag zur Überleitung der Arbeiter der Zoll- und Verbrauchssteuerverwaltung und der Bundesvermögensverwaltung der Oberfinanzdirektion Berlin sowie der Bundesmonopolverwaltung für Branntwein in das Tarifrecht des Bundes vom 18. September 1991

15. Tarifvertrag über die Eingruppierung der Angestellten in den Warenfachabteilungen und bei den Außenstellen der Einfuhr- und Vorratsstellen, der Einfuhrstelle für Zucker und der Mühlenstelle vom 8. Dezember 1966
16. Tarifvertrag über Zusatzurlaub für gesundheitsgefährdende Arbeiten für Arbeiter des Bundes vom 26. Juli 1960
17. Tarifvertrag über Zulagen an Angestellte (Bund) vom 17. Mai 1982, mit Ausnahme der §§ 6a, 9 und 10
18. Tarifvertrag über Zulagen an Angestellte (TV Zulagen Ang-O) (Bund) vom 8. Mai 1991, mit Ausnahme
des Eingangssatzes des § 1 Abs. 1,
des § 1 Abs. 1 Nr. 1, 1. Halbsatz entsprechend Nr. 20,
des § 1 Abs. 1 Nr. 2 entsprechend Nr. 17 und
des § 1 Abs. 1 Nr. 4, 5 und 7
19. Tarifvertrag über die Gewährung von Zulagen gemäß § 33 Abs. 1 Buchst. c BAT vom 11. Januar 1962
Fortgeltung bis zum In-Kraft-Treten einer tariflichen Neuregelung der Erschwerniszuschläge gemäß § 19 TVöD
20. Tarifvertrag über die Gewährung von Zulagen gemäß § 33 Abs. 1 Buchst. c BAT-O (TV Zulagen zu § 33 BAT-O) vom 8. Mai 1991
Fortgeltung bis zum In-Kraft-Treten einer tariflichen Neuregelung der Erschwerniszuschläge gemäß § 19 TVöD
21. Tarifvertrag über Lohnzuschläge gemäß § 29 MTArb für Arbeiter des Bundes (LohnzuschlagsTV) vom 9. Mai 1969
Fortgeltung bis zum In-Kraft-Treten einer tariflichen Neuregelung der Erschwerniszuschläge gemäß § 19 TVöD
22. Tarifvertrag über Taucherzuschläge für Arbeiter des Bundes vom 13. September 1973
Fortgeltung bis zum In-Kraft-Treten einer tariflichen Neuregelung der Erschwerniszuschläge gemäß § 19 TVöD
23. Tarifvertrag über Lohnzuschläge gemäß § 29 MTArb-O und über Taucherzuschläge für Arbeiter des Bundes im Geltungsbereich des MTArb-O (TV Lohnzuschläge-O-Bund) vom 8. Mai 1991
Fortgeltung bis zum In-Kraft-Treten einer tariflichen Neuregelung der Erschwerniszuschläge gemäß § 19 TVöD
24. Tarifvertrag über vermögenswirksame Leistungen an Angestellte vom 17. Dezember 1970
25. Tarifvertrag über vermögenswirksame Leistungen an Angestellte (TV VL Ang-O) vom 8. Mai 1991
26. Tarifvertrag über vermögenswirksame Leistungen an Arbeiter (Bund) vom 17. Dezember 1970

27. Tarifvertrag über vermögenswirksame Leistungen an Arbeiter (TV VL Arb-O) vom 8. Mai 1991
28. Tarifvertrag über eine Zuwendung für Angestellte vom 12. Oktober 1973
29. Tarifvertrag über eine Zuwendung für Angestellte (TV Zuwendung Ang-O) vom 10. Dezember 1990
30. Tarifvertrag über eine Zuwendung für Arbeiter des Bundes und der Länder vom 12. Oktober 1973
31. Tarifvertrag über eine Zuwendung für Arbeiter (TV Zuwendung Arb-O) vom 10. Dezember 1990
32. Tarifvertrag über ein Urlaubsgeld für Angestellte vom 16. März 1977
33. Tarifvertrag über ein Urlaubsgeld für Angestellte (TV Urlaubsgeld Ang-O) vom 10. Dezember 1990
34. Tarifvertrag über ein Urlaubsgeld für Arbeiter vom 16. März 1977
35. Tarifvertrag über ein Urlaubsgeld für Arbeiter (TV Urlaubsgeld Arb-O) vom 10. Dezember 1990
36. Beihilfetarifvertrag, TV vom 15. Juni 1959
37. Tarifvertrag über die Gewährung von Beihilfen an Arbeiter, Lehrlinge und Anlernlinge des Bundes vom 15. Juni 1959
38. Tarifvertrag zur Regelung der Rechtsverhältnisse der Ärzte/Ärztinnen im Praktikum vom 10. April 1987
39. Tarifvertrag zur Regelung der Rechtsverhältnisse der Ärzte/Ärztinnen im Praktikum (Mantel-TV AiP-O) vom 5. März 1991
40. Entgelttarifvertrag Nr. 12 für Ärzte/Ärztinnen im Praktikum vom 31. Januar 2003
41. Entgelttarifvertrag Nr. 7 für Ärzte/Ärztinnen im Praktikum (Ost) vom 31. Januar 2003
42. Tarifvertrag über vermögenswirksame Leistungen an Ärzte/Ärztinnen im Praktikum vom 10. April 1987
43. Tarifvertrag über eine Zuwendung für Ärzte/Ärztinnen im Praktikum vom 10. April 1987
44. Tarifvertrag über eine Zuwendung für Ärzte/Ärztinnen im Praktikum (TV Zuwendung AiP-O) vom 5. März 1991
45. Tarifvertrag über ein Urlaubsgeld für Ärzte/Ärztinnen im Praktikum vom 10. April 1987
46. Tarifvertrag über ein Urlaubsgeld für Ärzte/Ärztinnen im Praktikum (TV Urlaubsgeld AiP-O) vom 5. März 1991
47. Tarifvertrag über die Erhöhung der Löhne und Gehälter für Beschäftigte im öffentlichen Dienst vom 4. September 1990

48. Tarifvertrag über die Eingruppierung der Angestellten des Bundesverbandes für den Selbstschutz vom 15. November 1978
49. Tarifvertrag über eine Zulage an Arbeiter bei der Bundesanstalt für Flugsicherung vom 20. September 1990
50. Tarifvertrag über eine Zulage an Arbeiter beim Bundesausfuhramt vom 15. April 1992
51. Tarifvertrag über eine Zulage für Angestellte mit Aufgaben nach dem Asylverfahrensgesetz (TV Zulage Asyl Ang-O) vom 3. Mai 1993
52. Tarifvertrag über eine Zulage an Auszubildende (TV-Zulage Azubi-O) vom 5. März 1991
53. Vereinbarung über die Schaffung zusätzlicher Ausbildungsplätze im öffentlichen Dienst vom 17. Juli 1996
54. Tarifvertrag über die Versorgung der Arbeitnehmer des Bundes und der Länder sowie von Arbeitnehmern kommunaler Verwaltungen und Betriebe (Versorgungs-TV) vom 4. November 1966

Anhang

zu Nrn. 21, 22 und 23

Tätigkeitsmerkmale der Entgeltordnung:

1. Teil II
2. Teil III

   Abschnitt 4, Abschnitt 9, Abschnitt 10, Abschnitt 19, Abschnitt 22, Abschnitt 23, Abschnitt 29, Abschnitt 31 Entgeltgruppen 3 und 4, Abschnitt 33, Abschnitt 37, Abschnitt 38, Abschnitt 39, Abschnitt 44, Abschnitt 45 Entgeltgruppe 3, Entgeltgruppe 4, Entgeltgruppe 5 Fallgruppe 2 und Entgeltgruppe 6 Fallgruppe 2, Abschnitt 47, Abschnitt 48 Entgeltgruppe 8.
3. Teil IV
   a) Abschnitt 1 Entgeltgruppen 3 bis 7, Entgeltgruppe 8 Fallgruppen 1 bis 3 und Entgeltgruppe 9a,
   b) Abschnitte 4 bis 6,
   c) Abschnitt 8 Entgeltgruppen 5 und 6,
   d) Abschnitte 12 und 13,
   e) Abschnitt 14 Entgeltgruppe 2 und Entgeltgruppe 3 Fallgruppe 1,
   f) Abschnitte 15 bis 19,
   g) Abschnitte 21 und 22,

- h) Abschnitt 23 Entgeltgruppen 3 und 5, Entgeltgruppe 6 Fallgruppen 2 bis 8, Entgeltgruppe 7 Fallgruppen 4 bis 8, Entgeltgruppe 8 Fallgruppen 4 bis 9,
- i) Abschnitt 26 Entgeltgruppe 9a Fallgruppe 2,
- i) Abschnitt 28,
- k) Abschnitt 30,
- l) Abschnitt 31 Entgeltgruppen 5 bis 8,
- m) Abschnitt 32 Entgeltgruppe 4 und Entgeltgruppe 5 Fallgruppe 2.

4. Teil V
   - a) Abschnitt 1
     - aa) Unterabschnitt 1 Entgeltgruppen 4 bis 7, Entgeltgruppe 8 Fallgruppen 1, 2 und 5 bis 11 und Entgeltgruppe 9a,
     - bb) Unterabschnitt 2 Entgeltgruppen 4 bis 6, Entgeltgruppe 7 Fallgruppe 2 und Entgeltgruppe 8 Fallgruppe 2,
     - cc) Unterabschnitt 3 Entgeltgruppe 6 Fallgruppe 2,
   - b) Abschnitt 2 Unterabschnitt 1 Entgeltgruppen 3 bis 7, Entgeltgruppe 8 Fallgruppen 3 und 5 bis 9 und Entgeltgruppe 9a und Unterabschnitt 2,
   - c) Abschnitt 3 Entgeltgruppen 3 bis 8 und Entgeltgruppe 9a Fallgruppen 1 und 3,
   - d) Abschnitt 4 Unterabschnitt 1 Entgeltgruppen 4 bis 7 und Entgeltgruppe 8 Fallgruppen 3 bis 8.
5. Teil VI

Anlage 1
(Teil C)

Anlage 1 TVÜ-Bund Teil C

II

Vorbemerkung:

Die in dieser Anlage aufgeführten Tarifverträge sind in der jeweils geltenden Fassung zitiert.

1. Tarifvertrag für Arbeitnehmer des Bundes über die Arbeitsbedingungen bei besonderen Verwendungen im Ausland (AuslandsV-TV) vom 9. November 1993
2. Tarifvertrag zur Regelung der Arbeitsbedingungen der bei Auslandsvertretungen der Bundesrepublik Deutschland beschäftigten nicht entsandten Arbeitnehmer – Tarifvertrag Arbeitnehmer Ausland (TV AN Ausland) vom 30. November 2001
3. (weggefallen)
4. (weggefallen)
5. Tarifvertrag über den Rationalisierungsschutz für Angestellte (RatSchTV Ang) vom 9. Januar 1987
6. Tarifvertrag über den Rationalisierungsschutz für Arbeiter des Bundes und der Länder (RatSchTV Arb) vom 9. Januar 1987
7. Tarifvertrag zur Ergänzung der Lohn- und Vergütungssicherung in bestimmten Bereichen des Bundes vom 9. Januar 1987
8. (weggefallen)
9. Tarifvertrag über sozialverträgliche Begleitmaßnahmen im Zusammenhang mit der Umgestaltung der Bundeswehr vom 18. Juli 2001
10. Tarifvertrag über die Geltung des Tarifvertrages über sozialverträgliche Begleitmaßnahmen im Zusammenhang mit der Umgestaltung der Bundeswehr vom 18. Juli 2001 für die Fernleitungs-Betriebsgesellschaft mbH vom 15. Januar 2002
11. Tarifvertrag über Begleitmaßnahmen im Zusammenhang mit dem Beschluss des deutschen Bundestages vom 20. Juni 1991 zur Vollendung der Einheit Deutschlands (UmzugsTV) vom 24. Juni 1996
12. Tarifvertrag zur Regelung der Altersteilzeitarbeit (TV ATZ) vom 5. Mai 1998
13. Tarifvertrag über die betriebliche Altersversorgung der Beschäftigten des öffentlichen Dienstes (Tarifvertrag Altersversorgung – ATV) vom 1. März 2002
14. Tarifvertrag über den Geltungsbereich der für den öffentlichen Dienst in der Bundesrepublik Deutschland bestehenden Tarifverträge vom 1. August 1990

15. Tarifvertrag zur Übernahme von Tarifverträgen vom 12. Mai 1975
16. Tarifvertrag über Zulagen an Angestellte bei obersten Bundesbehörden vom 4. November 1971
17. Tarifvertrag über Zulagen an Arbeiter bei obersten Bundesbehörden oder bei obersten Landesbehörden vom 4. November 1971
18. Tarifvertrag über Zulagen an Angestellte bei den Sicherheitsdiensten des Bundes vom 21. Juni 1977
19. Tarifvertrag über eine Zulage für Angestellte beim Bundesamt für Sicherheit in der Informationstechnik vom 14. Dezember 1990
20. Tarifvertrag über Zulagen an Arbeiter bei den Sicherheitsdiensten des Bundes vom 21. Juni 1977
21. Tarifvertrag über eine Zulage für Arbeiter beim Bundesamt für Sicherheit in der Informationstechnik vom 14. Dezember 1990
22. Tarifvertrag über Zulagen an Arbeiter des Bundes im Geltungsbereich des MTArb-O (TV Zulagen Arb-O-Bund) vom 8. Mai 1991
23. Tarifvertrag über die Ausführung von Arbeiten im Leistungslohnverfahren im Bereich der SR 2a des Abschnitts A der Anlage 2 MTArb (Gedingerichtlinien) vom 1. April 1964
24. (weggefallen)

Hinweis zu den Anlagen 2 und 4:

Am 1. Januar 2014 ist für die Beschäftigten des Bundes die Entgeltordnung zum TVöD in Kraft getreten.

Die Entgeltordnung beendet für die Beschäftigten des Bundes den seit In-Kraft-Treten des TVöD am 1. Oktober 2005 bekannten Zustand, dass zur Ermittlung der maßgebenden (vorläufigen) Entgeltgruppe zunächst die nach altem (BAT/MTArb) Recht maßgebende Vergütungs-/Lohngruppe zu ermitteln und diese dann nach der Anlage 2 bzw. 4 zum TV-Bund umzuschlüsseln war. Die Anlagen 2 und 4 zum TV -Bund wurden im Zusammenhang mit der Einführung der neuen Entgeltordnung durch den 7. Änderungstarifvertrag zum TVÜ-Bund vom 5. September 2013 „unter Beibehaltung der Überschrift aufgehoben".

Da die Anlagen für Zeiträume vor 2014 und zum besseren Verständnis der Eingruppierungstechnik der Zeit bis zum 31. Dezember 2013 weiterhin hilfreich sind, haben wir die Texte in diesem Werk belassen.

Anlage 2 a. F.

Zuordnung der Vergütungs- und Lohngruppen zu den Entgeltgruppen für am 30. September / 1. Oktober 2005 vorhandene Beschäftigte für die Überleitung (Bund)

Entgelt-gruppe	Vergütungsgruppe	Lohngruppe
15 Ü	I	Keine
15	Keine Stufe 6 Ia Ia nach Aufstieg aus Ib Ib mit ausstehendem Aufstieg nach Ia	Keine
14	Keine Stufe 6 Ib ohne Aufstieg nach Ia Ib nach Aufstieg aus IIa IIa mit ausstehendem Aufstieg nach Ib	Keine
13	Keine Stufe 6 IIa ohne Aufstieg nach Ib	Keine
12	Keine Stufe 6 IIa nach Aufstieg aus III III mit ausstehendem Aufstieg nach IIa	Keine

Entgelt-gruppe	Vergütungsgruppe	Lohngruppe
11	Keine Stufe 6 IIb ohne Aufstieg nach IIa III ohne Aufstieg nach IIa III nach Aufstieg aus IVa IVa mit ausstehendem Aufstieg nach III	Keine
10	Keine Stufe 6 IVa ohne Aufstieg nach III IVa nach Aufstieg aus IVb IVb mit ausstehendem Aufstieg nach IVa Va in den ersten sechs Monaten der Berufsausübung, wenn danach IVb mit Aufstieg nach IVa (Zuordnung zu Stufe 1) Vb in den ersten 6 Monaten der Einarbeitungszeit, wenn danach IVb mit Aufstieg nach IVa (Zuordnung zur Stufe 1)	Keine

Entgelt-gruppe	Vergütungsgruppe	Lohngruppe
9	IVb ohne Aufstieg nach IVa (keine Stufe 6) IVb nach Aufstieg aus Va ohne weiteren Aufstieg nach IVa (keine Stufe 6) IVb nach Aufstieg aus Vb (keine Stufe 6) Va mit ausstehendem Aufstieg nach IVb ohne weiteren Aufstieg nach IVa (keine Stufe 6) Va ohne Aufstieg nach IVb (Stufe 3 nach 5 Jahren in Stufe 2, Stufe 4 nach 9 Jahren in Stufe 3, keine Stufen 5 und 6) Vb mit ausstehendem Aufstieg nach IVb (keine Stufe 6) Vb ohne Aufstieg nach IVb (Stufe 3 nach 5 Jahren in Stufe 2, Stufe 4 nach 9 Jahren in der Stufe 3, keine Stufen 5 und 6) Vb nach Aufstieg aus Vc (Stufe 3 nach 5 Jahren in Stufe 2, Stufe 4 nach 9 Jahren in Stufe 3, keine Stufen 5 und 6) Vb nach Aufstieg aus VIb (Stufe 3 nach 5 Jahren in Stufe 2, Stufe 4 nach 9 Jahren in Stufe 3, keine Stufe 5)	9 (Stufe 4 nach 7 Jahren in Stufe 3, keine Stufen 5 und 6)
8	Vc mit ausstehendem Aufstieg nach Vb Vc ohne Aufstieg nach Vb Vc nach Aufstieg aus VIb	8a 8 mit ausstehendem Aufstieg nach 8a
7	Keine	7a 7 mit ausstehendem Aufstieg nach 7a 7 nach Aufstieg aus 6 6 mit ausstehendem Aufstieg nach 7 und 7a
6	VIb mit ausstehendem Aufstieg nach Vb VIb mit ausstehendem Aufstieg nach Vc VIb ohne Aufstieg nach Vc VIb nach Aufstieg aus VII	6a 6 mit ausstehendem Aufstieg nach 6a 6 nach Aufstieg aus 5 5 mit ausstehendem Aufstieg nach 6 und 6a

Entgelt-gruppe	Vergütungsgruppe	Lohngruppe
5	VII mit ausstehendem Aufstieg nach VIb VII ohne Aufstieg nach VIb VII nach Aufstieg aus VIII	5a 5 mit ausstehendem Aufstieg nach 5a 5 nach Aufstieg aus 4 4 mit ausstehendem Aufstieg nach 5 und 5a
4	Keine	4a 4 mit ausstehendem Aufstieg nach 4a 4 nach Aufstieg aus 3 3 mit ausstehendem Aufstieg nach 4 und 4a
3	Keine Stufe 6 VIII mit ausstehendem Aufstieg nach VII VIII ohne Aufstieg nach VII VIII nach Aufstieg aus IXb	3a 3 mit ausstehendem Aufstieg nach 3a 3 nach Aufstieg aus 2 und 2a mit ausstehendem Aufstieg nach 3a 3 nach Aufstieg aus 2a mit ausstehendem Aufstieg nach 3a 3 nach Aufstieg aus 2 und 2a (keine Stufe 6) 2a nach Aufstieg aus 2 mit ausstehendem Aufstieg nach 3 und 3a 2a mit ausstehendem Aufstieg nach 3 und 3a 2a nach Aufstieg aus 2 (keine Stufe 6) 2 mit ausstehendem Aufstieg nach 2a, 3 und 3a 2 mit ausstehendem Aufstieg nach 2a und 3 (keine Stufe 6)
2Ü	Keine	2a 2 mit ausstehendem Aufstieg nach 2a 2 nach Aufstieg aus 1 1 mit ausstehendem Aufstieg nach 2 und 2a

Entgelt-gruppe	Vergütungsgruppe	Lohngruppe
2	IXa IXb mit ausstehendem Aufstieg nach VIII IXb mit ausstehendem Aufstieg nach IXa IXb nach Aufstieg aus X (keine Stufe 6) X (keine Stufe 6)	1a (keine Stufe 6) 1 mit ausstehendem Aufstieg nach 1a (keine Stufe 6)
1	Keine	Keine

Anlage 3

Strukturausgleiche für Angestellte (Bund)

Angestellte, deren Ortszuschlag sich nach § 29 Abschnitt B Abs. 5 BAT / BAT-O bemisst, erhalten den entsprechenden Anteil, in jedem Fall aber die Hälfte des Strukturausgleichs für Verheiratete.

Soweit nicht anders ausgewiesen, beginnt die Zahlung des Strukturausgleichs am 1. Oktober 2007. Die Angabe „nach . . . Jahren" bedeutet, dass die Zahlung nach den genannten Jahren ab dem In-Kraft-Treten des TVöD beginnt; so wird z. B. bei dem Merkmal „nach 4 Jahren" der Zahlungsbeginn auf den 1. Oktober 2009 festgelegt, wobei die Auszahlung eines Strukturausgleichs mit den jeweiligen Monatsbezügen erfolgt. Die Dauer der Zahlung ist ebenfalls angegeben; dabei bedeutet „dauerhaft" die Zahlung während der Zeit des Arbeitsverhältnisses.

Ist die Zahlung „für" eine bestimmte Zahl von Jahren angegeben, ist der Bezug auf diesen Zeitraum begrenzt (z. B. „für 5 Jahre" bedeutet Beginn der Zahlung im Oktober 2007 und Ende der Zahlung mit Ablauf September 2012). Eine Ausnahme besteht dann, wenn das Ende des Zahlungszeitraumes nicht mit einem Stufenaufstieg in der jeweiligen Entgeltgruppe zeitlich zusammenfällt; in diesen Fällen wird der Strukturausgleich bis zum nächsten Stufenaufstieg fortgezahlt. Diese Ausnahmeregelung gilt nicht, wenn der Stufenaufstieg in die Endstufe erfolgt; in diesen Fällen bleibt es bei der festgelegten Dauer.

Entgelt-gruppe	Vergütungs gruppe bei In-Kraft-Treten TVÜ	Aufstieg	Ortszuschlag Stufe 1, 2	Lebensaltersstufe	Höhe Ausgleichsbetrag	Dauer
			bei In-Kraft-Treten TVÜ			
2	X	IXb nach 2 Jahren	OZ 2	23	40 €	für 4 Jahre
2	X	IXb nach 2 Jahren	OZ 2	29	30 €	dauerhaft
2	X	IXb nach 2 Jahren	OZ 2	31	30 €	dauerhaft
2	X	IXb nach 2 Jahren	OZ 2	33	30 €	dauerhaft
2	X	IXb nach 2 Jahren	OZ 2	35	20 €	dauerhaft
3	VIII	ohne	OZ 2	25	35 €	nach 4 Jahren dauerhaft

II

Entgeltgruppe	Vergütungsgruppe bei In-Kraft-Treten TVÜ	Aufstieg	Ortszuschlag Stufe 1, 2	Lebensaltersstufe	Höhe Ausgleichsbetrag	Dauer
			bei In-Kraft-Treten TVÜ			
3	VIII	ohne	OZ 2	27	35 €	dauerhaft
3	VIII	ohne	OZ 2	29	35 €	nach 4 Jahren dauerhaft
3	VIII	ohne	OZ 2	31	35 €	dauerhaft
3	VIII	ohne	OZ 2	33	35 €	dauerhaft
3	VIII	ohne	OZ 2	35	35 €	dauerhaft
3	VIII	ohne	OZ 2	37	20 €	dauerhaft
6	VIb	ohne	OZ 2	29	50 €	dauerhaft
6	VIb	ohne	OZ 2	31	50 €	dauerhaft
6	VIb	ohne	OZ 2	33	50 €	dauerhaft
6	VIb	ohne	OZ 2	35	50 €	dauerhaft
6	VIb	ohne	OZ 2	37	50 €	dauerhaft
6	VIb	ohne	OZ 2	39	50 €	dauerhaft
8	Vc	ohne	OZ 2	37	40 €	dauerhaft
8	Vc	ohne	OZ 2	39	40 €	dauerhaft
9	Vb	ohne	OZ 1	29	60 €	für 12 Jahre
9	Vb	ohne	OZ 1	31	60 €	nach 4 Jahren für 7 Jahre
9	Vb	ohne	OZ 1	33	60 €	für 7 Jahre
9	Vb	ohne	OZ 2	27	90 €	nach 4 Jahren für 7 Jahre
9	Vb	ohne	OZ 2	29	90 €	für 7 Jahre
9	Vb	ohne	OZ 2	35	20 €	nach 4 Jahren dauerhaft
9	Vb	ohne	OZ 2	37	40 €	nach 4 Jahren dauerhaft
9	Vb	ohne	OZ 2	39	40 €	dauerhaft
9	Vb	ohne	OZ 2	41	40 €	dauerhaft
9	Vb	IVb nach 6 Jahren	OZ 1	29	50 €	für 3 Jahre
9	Vb	IVb nach 2, 3, 4, 6 Jahren	OZ 1	35	60 €	für 4 Jahre
9	Vb	IVb nach 2, 3, 4, 6 Jahren	OZ 2	31	50 €	für 4 Jahre

II

Entgelt-gruppe	Vergütungs gruppe bei In-Kraft-Treten TVÜ	Aufstieg	Ortszuschlag Stufe 1, 2	Lebensaltersstufe	Höhe Ausgleichsbetrag	Dauer
			bei In-Kraft-Treten TVÜ			
9	Vb	IVb nach 2, 3, 4, 6 Jahren	OZ 2	37	60 €	dauerhaft
9	Vb	IVb nach 2, 3, 4, 6 Jahren	OZ 2	39	60 €	dauerhaft
9	Vb	IVb nach 2, 3, 4, 6 Jahren	OZ 2	41	60 €	dauerhaft
9	IVb	ohne	OZ 1	35	60 €	für 4 Jahre
9	IVb	ohne	OZ 2	31	50 €	für 4 Jahre
9	IVb	ohne	OZ 2	37	60 €	dauerhaft
9	IVb	ohne	OZ 2	39	60 €	dauerhaft
9	IVb	ohne	OZ 2	41	60 €	dauerhaft
10	IVb	IVa nach 2, 4, 6 Jahren	OZ 1	35	40 €	für 4 Jahre
10	IVb	IVa nach 2, 4, 6 Jahren	OZ 1	41	30 €	dauerhaft
10	IVb	IVa nach 2, 4, 6 Jahren	OZ 1	43	30 €	dauerhaft
10	IVb	IVa nach 6 Jahren	OZ 2	29	70 €	für 7 Jahre
10	IVb	IVa nach 2, 4, 6 Jahren	OZ 2	37	60 €	nach 4 Jahren dauerhaft
10	IVb	IVa nach 2, 4, 6 Jahren	OZ 2	39	60 €	dauerhaft
10	IVb	IVa nach 2, 4, 6 Jahren	OZ 2	41	85 €	dauerhaft
10	IVb	IVa nach 2, 4, 6 Jahren	OZ 2	43	60 €	dauerhaft
10	IVa	ohne	OZ 1	35	40 €	für 4 Jahre
10	IVa	ohne	OZ 1	41	30 €	dauerhaft
10	IVa	ohne	OZ 1	43	30 €	dauerhaft
10	IVa	ohne	OZ 2	37	60 €	nach 4 Jahren dauerhaft
10	IVa	ohne	OZ 2	39	60 €	dauerhaft
10	IVa	ohne	OZ 2	41	85 €	dauerhaft
10	IVa	ohne	OZ 2	43	60 €	dauerhaft

II

Entgelt-gruppe	Vergütungs gruppe bei In-Kraft-Treten TVÜ	Aufstieg	Ortszuschlag Stufe 1, 2	Lebensaltersstufe	Höhe Ausgleichsbetrag	Dauer
			bei In-Kraft-Treten TVÜ			
11	IVa	III nach 4, 6, 8 Jahren	OZ 1	41	40 €	dauerhaft
11	IVa	III nach 4, 6, 8 Jahren	OZ 1	43	40 €	dauerhaft
11	IVa	III nach 4, 6, 8 Jahren	OZ 2	37	70 €	nach 4 Jahren dauerhaft
11	IVa	III nach 4, 6, 8 Jahren	OZ 2	39	70 €	dauerhaft
11	IVa	III nach 4, 6, 8 Jahren	OZ 2	41	85 €	dauerhaft
11	IVa	III nach 4, 6, 8 Jahren	OZ 2	43	70 €	dauerhaft
11	III	ohne	OZ 1	41	40 €	nach 4 Jahren dauerhaft
11	III	ohne	OZ 1	43	40 €	dauerhaft
11	III	ohne	OZ 2	37	70 €	nach 4 Jahren dauerhaft
11	III	ohne	OZ 2	39	70 €	dauerhaft
11	III	ohne	OZ 2	41	85 €	dauerhaft
11	III	ohne	OZ 2	43	70 €	dauerhaft
11	IIb	ohne	OZ 1	31	60 €	nach 4 Jahren für 2 Jahre*)
11	IIb	ohne	OZ 1	39	60 €	nach 4 Jahren dauerhaft
11	IIb	ohne	OZ 1	41	80 €	dauerhaft
11	IIb	ohne	OZ 2	29	60 €	nach 4 Jahren für 2 Jahre
11	IIb	ohne	OZ 2	35	80 €	nach 4 Jahren dauerhaft
11	IIb	ohne	OZ 2	37	100 €	nach 4 Jahren dauerhaft
11	IIb	ohne	OZ 2	39	110 €	dauerhaft
11	IIb	ohne	OZ 2	41	80 €	dauerhaft
12	III	IIa nach 10 Jahren	OZ 1	33	95 €	für 5 Jahre

*) Der Strukturausgleich wird rückwirkend, jedoch frühestens ab dem 1. Februar 2008 geleistet.

Entgelt-gruppe	Vergütungs gruppe bei In-Kraft-Treten TVÜ	Aufstieg	Ortszuschlag Stufe 1, 2	Lebensaltersstufe	Höhe Ausgleichsbetrag	Dauer
			bei In-Kraft-Treten TVÜ			
12	III	IIa nach 10 Jahren	OZ 1	35	95 €	für 4 Jahre
12	III	IIa nach 10 Jahren	OZ 1	39	50 €	nach 4 Jahren dauerhaft
12	III	IIa nach 10 Jahren	OZ 1	41	50 €	dauerhaft
12	III	IIa nach 10 Jahren	OZ 1	43	50 €	dauerhaft
12	III	IIa nach 10 Jahren	OZ 2	33	100 €	für 4 Jahre
12	III	IIa nach 10 Jahren	OZ 2	37	100 €	nach 4 Jahren dauerhaft
12	III	IIa nach 10 Jahren	OZ 2	39	100 €	dauerhaft
12	III	IIa nach 10 Jahren	OZ 2	41	100 €	dauerhaft
12	III	IIa nach 10 Jahren	OZ 2	43	85 €	dauerhaft
12	III	IIa nach 8 Jahren	OZ 1	35	95 €	für 4 Jahre
12	III	IIa nach 8 Jahren	OZ 1	39	50 €	nach 4 Jahren dauerhaft
12	III	IIa nach 8 Jahren	OZ 1	41	50 €	dauerhaft
12	III	IIa nach 8 Jahren	OZ 1	43	50 €	dauerhaft
12	III	IIa nach 8 Jahren	OZ 2	31	100 €	für 5 Jahre
12	III	IIa nach 8 Jahren	OZ 2	33	100 €	für 4 Jahre
12	III	IIa nach 8 Jahren	OZ 2	37	100 €	nach 4 Jahren dauerhaft
12	III	IIa nach 8 Jahren	OZ 2	39	100 €	dauerhaft
12	III	IIa nach 8 Jahren	OZ 2	41	100 €	dauerhaft
12	III	IIa nach 8 Jahren	OZ 2	43	85 €	dauerhaft
12	III	IIa nach 5 Jahren	OZ 1	29	100 €	für 3 Jahre

II

Entgeltgruppe	Vergütungsgruppe bei In-Kraft-Treten TVÜ	Aufstieg	Ortszuschlag Stufe 1, 2	Lebensaltersstufe	Höhe Ausgleichsbetrag	Dauer
			bei In-Kraft-Treten TVÜ			
12	III	IIa nach 5 u. 6 Jahren	OZ 1	35	95 €	für 4 Jahre
12	III	IIa nach 5 u. 6 Jahren	OZ 1	39	50 €	nach 4 Jahren dauerhaft
12	III	IIa nach 5 u. 6 Jahren	OZ 1	41	50 €	dauerhaft
12	III	IIa nach 5 u. 6 Jahren	OZ 1	43	50 €	dauerhaft
12	III	IIa nach 5 u. 6 Jahren	OZ 2	33	100 €	für 4 Jahre
12	III	IIa nach 5 u. 6 Jahren	OZ 2	37	100 €	nach 4 Jahren dauerhaft
12	III	IIa nach 5 u. 6 Jahren	OZ 2	39	100 €	dauerhaft
12	III	IIa nach 5 u. 6 Jahren	OZ 2	41	100 €	dauerhaft
12	III	IIa nach 5 u. 6 Jahren	OZ 2	43	85 €	dauerhaft
13	IIa	ohne	OZ 2	39	60 €	nach 4 Jahren dauerhaft
13	IIa	ohne	OZ 2	41	60 €	dauerhaft
13	IIa	ohne	OZ 2	43	60 €	dauerhaft
14	IIa	Ib nach 15 Jahren	OZ 1	39	80 €	dauerhaft
14	IIa	Ib nach 15 Jahren	OZ 1	41	80 €	dauerhaft
14	IIa	Ib nach 15 Jahren	OZ 1	43	80 €	dauerhaft
14	IIa	Ib nach 15 Jahren	OZ 1	45	60 €	dauerhaft
14	IIa	Ib nach 15 Jahren	OZ 2	37	110 €	dauerhaft
14	IIa	Ib nach 15 Jahren	OZ 2	39	110 €	dauerhaft
14	IIa	Ib nach 15 Jahren	OZ 2	41	110 €	dauerhaft
14	IIa	Ib nach 15 Jahren	OZ 2	43	110 €	dauerhaft

Entgelt-gruppe	Vergü-tungs gruppe bei In-Kraft-Treten TVÜ	Aufstieg	Ortszu-schlag Stufe 1, 2	Lebens-alters-stufe	Höhe Aus-gleichs-betrag	Dauer
			bei In-Kraft-Treten TVÜ			
14	IIa	Ib nach 15 Jahren	OZ 2	45	60 €	dauerhaft
14	IIa	Ib nach 5 u. 6 Jahren	OZ 1	31	100 €	für 3 Jahre
14	IIa	Ib nach 5 u. 6 Jahren	OZ 1	35	100 €	für 4 Jahre
14	IIa	Ib nach 5 u. 6 Jahren	OZ 1	41	80 €	nach 4 Jahren dauerhaft
14	IIa	Ib nach 5 u. 6 Jahren	OZ 1	43	80 €	dauerhaft
14	IIa	Ib nach 5 u. 6 Jahren	OZ 1	45	60 €	dauerhaft
14	IIa	Ib nach 5 u. 6 Jahren	OZ 2	31	110 €	für 7 Jahre
14	IIa	Ib nach 5 u. 6 Jahren	OZ 2	33	50 €	für 4 Jahre
14	IIa	Ib nach 5 u. 6 Jahren	OZ 2	39	110 €	nach 4 Jahren dauerhaft
14	IIa	Ib nach 5 u. 6 Jahren	OZ 2	41	110 €	dauerhaft
14	IIa	Ib nach 5 u. 6 Jahren	OZ 2	43	110 €	dauerhaft
14	IIa	Ib nach 5 u. 6 Jahren	OZ 2	45	60 €	dauerhaft
14	IIa	Ib nach 11 Jahren	OZ 1	33	50 €	nach 4 Jahren für 5 Jahre
14	IIa	Ib nach 11 Jahren	OZ 1	35	50 €	für 5 Jahre
14	IIa	Ib nach 11 Jahren	OZ 1	37	80 €	für 4 Jahre
14	IIa	Ib nach 11 Jahren	OZ 1	41	80 €	nach 4 Jahren dauerhaft
14	IIa	Ib nach 11 Jahren	OZ 1	43	80 €	dauerhaft
14	IIa	Ib nach 11 Jahren	OZ 1	45	60 €	dauerhaft
14	IIa	Ib nach 11 Jahren	OZ 2	35	110 €	nach 3 Jahren für 3 Jahre
14	IIa	Ib nach 11 Jahren	OZ 2	37	110 €	dauerhaft

II

Entgelt-gruppe	Vergü-tungs gruppe bei In-Kraft-Treten TVÜ	Aufstieg	Ortszu-schlag Stufe 1, 2	Lebens-alters-stufe	Höhe Aus-gleichs-betrag	Dauer
			bei In-Kraft-Treten TVÜ			
14	IIa	Ib nach 11 Jahren	OZ 2	39	110 €	nach 4 Jahren dauerhaft
14	IIa	Ib nach 11 Jahren	OZ 2	41	110 €	dauerhaft
14	IIa	Ib nach 11 Jahren	OZ 2	43	110 €	dauerhaft
14	IIa	Ib nach 11 Jahren	OZ 2	45	60 €	dauerhaft
14	Ib	ohne	OZ 1	35	100 €	für 4 Jahre
14	Ib	ohne	OZ 1	41	80 €	nach 4 Jahren dauerhaft
14	Ib	ohne	OZ 1	43	80 €	dauerhaft
14	Ib	ohne	OZ 1	45	60 €	dauerhaft
14	Ib	ohne	OZ 2	33	50 €	für 4 Jahre
14	Ib	ohne	OZ 2	39	110 €	nach 4 Jahren dauerhaft
14	Ib	ohne	OZ 2	41	110 €	dauerhaft
14	Ib	ohne	OZ 2	43	110 €	dauerhaft
14	Ib	ohne	OZ 2	45	60 €	dauerhaft
15	Ia	ohne	OZ 1	39	110 €	für 4 Jahre
15	Ia	ohne	OZ 1	43	50 €	dauerhaft
15	Ia	ohne	OZ 1	45	50 €	dauerhaft
15	Ia	ohne	OZ 2	37	110 €	für 4 Jahre
15	Ia	ohne	OZ 2	41	50 €	dauerhaft
15	Ia	ohne	OZ 2	43	50 €	dauerhaft
15	Ia	ohne	OZ 2	45	50 €	dauerhaft
15	Ib	Ia nach 8 Jahren	OZ 1	39	110 €	für 4 Jahre
15	Ib	Ia nach 8 Jahren	OZ 1	43	50 €	dauerhaft
15	Ib	Ia nach 8 Jahren	OZ 1	45	50 €	dauerhaft
15	Ib	Ia nach 8 Jahren	OZ 2	37	110 €	für 4 Jahre
15	Ib	Ia nach 8 Jahren	OZ 2	41	50 €	dauerhaft
15	Ib	Ia nach 8 Jahren	OZ 2	43	50 €	dauerhaft

Entgelt-gruppe	**Vergü-tungs gruppe bei In-Kraft-Treten TVÜ**	**Aufstieg**	**Ortszu-schlag Stufe 1, 2**	**Lebens-alters-stufe**	**Höhe Aus-gleichs-betrag**	**Dauer**
			bei In-Kraft-Treten TVÜ			
15	Ib	Ia nach 8 Jahren	OZ 2	45	50 €	dauerhaft
15	Ib	Ia nach 4 Jahren	OZ 1	39	110 €	für 4 Jahre
15	Ib	Ia nach 4 Jahren	OZ 1	43	50 €	dauerhaft
15	Ib	Ia nach 4 Jahren	OZ 1	45	50 €	dauerhaft
15	Ib	Ia nach 4 Jahren	OZ 2	37	110 €	für 4 Jahre
15	Ib	Ia nach 4 Jahren	OZ 2	41	50 €	dauerhaft
15	Ib	Ia nach 4 Jahren	OZ 2	43	50 €	dauerhaft
15	Ib	Ia nach 4 Jahren	OZ 2	45	50 €	dauerhaft
15Ü	I	ohne	OZ 2	43	50 €	dauerhaft
15Ü	I	ohne	OZ 2	45	50 €	dauerhaft

Hinweis zu den Anlagen 2 und 4:

Am 1. Januar 2014 ist für die Beschäftigten des Bundes die Entgeltordnung zum TVöD in Kraft getreten.

Die Entgeltordnung beendet für die Beschäftigten des Bundes den seit In-Kraft-Treten des TVöD am 1. Oktober 2005 bekannten Zustand, dass zur Ermittlung der maßgebenden (vorläufigen) Entgeltgruppe zunächst die nach altem (BAT/MTArb) Recht maßgebende Vergütungs-/Lohngruppe zu ermitteln und diese dann nach der Anlage 2 bzw. 4 zum TV -Bund umzuschlüsseln war. Die Anlagen 2 und 4 zum TV -Bund wurden im Zusammenhang mit der Einführung der neuen Entgeltordnung durch den 7. Änderungstarifvertrag zum TVÜ-Bund vom 5. September 2013 „unter Beibehaltung der Überschrift aufgehoben".

Da die Anlagen für Zeiträume vor 2014 und zum besseren Verständnis der Eingruppierungstechnik der Zeit bis zum 31. Dezember 2013 weiterhin hilfreich sind, haben wir die Texte in diesem Werk belassen.

Anlage 4 a. F.

Vorläufige Zuordnung der Vergütungs- und Lohngruppen zu den Entgeltgruppen für zwischen dem 1. Oktober 2005 und dem In-Kraft-Treten der neuen Entgeltordnung stattfindende Eingruppierungsvorgänge (Bund)

Entgeltgruppe	Vergütungsgruppe	Lohngruppe
15	Zwingend Stufe 1, keine Stufe 6 Ia Ib mit Aufstieg nach Ia	–
14	Zwingend Stufe 1, keine Stufe 6 Ib ohne Aufstieg nach Ia	–
13	Zwingend Stufe 1, keine Stufe 6 Beschäftigte mit Tätigkeiten, die eine abgeschlossene wissenschaftliche Hochschulausbildung voraussetzen (IIa mit und ohne Aufstieg nach Ib) [ggf. Zulage nach § 17 Abs. 8 TVÜ] sowie Beschäftigte, die nach der Vergütungsordnung zum BAT/BAT-O originär in IIa (ohne Aufstieg) eingruppiert sind.	–
12	Zwingend Stufe 1, keine Stufe 6 III mit Aufstieg nach IIa	–

Entgeltgruppe	Vergütungsgruppe	Lohngruppe
11	Zwingend Stufe 1, keine Stufe 6 IIb ohne Aufstieg nach IIa III ohne Aufstieg nach IIa IVa mit Aufstieg nach III	–
10	Zwingend Stufe 1, keine Stufe 6 IVa ohne Aufstieg nach III IVb mit Aufstieg nach IVa Va in den ersten sechs Monaten der Berufsausübung, wenn danach IVb mit Aufstieg nach IVa Vb in den ersten 6 Monaten der Einarbeitungszeit, wenn danach IVb mit Aufstieg nach IVa	–
9	IVb ohne Aufstieg nach IVa (zwingend Stufe 1, keine Stufe 6) Va mit Aufstieg nach IVb ohne weiteren Aufstieg nach IVa (zwingend Stufe 1, keine Stufe 6) Va ohne Aufstieg nach IVb (zwingend Stufe 1, Stufe 3 nach 5 Jahren in Stufe 2, Stufe 4 nach 9 Jahren in Stufe 3, keine Stufen 5 und 6) Vb mit Aufstieg nach IVb (zwingend Stufe 1, keine Stufe 6) Vb ohne Aufstieg nach IVb (zwingend Stufe 1, Stufe 3 nach 5 Jahren in Stufe 2, Stufe 4 nach 9 Jahren in Stufe 3, keine Stufen 5 und 6)	9 (zwingend Stufe 1, Stufe 4 nach 7 Jahren in Stufe 3, keine Stufen 5 und 6)
8	Vc mit Aufstieg nach Vb Vc ohne Aufstieg nach Vb	8 mit Aufstieg nach 8a
7	Keine	7 mit Aufstieg nach 7a 6 mit Aufstieg nach 7 und 7a
6	VIb mit Aufstieg nach Vb VIb mit Aufstieg nach Vc VIb ohne Aufstieg nach Vc	6 mit Aufstieg nach 6a 5 mit Aufstieg nach 6 und 6a
5	VII mit Aufstieg nach VIb VII ohne Aufstieg nach VIb	5 mit Aufstieg nach 5a 4 mit Aufstieg nach 5 und 5a
4	Keine	4 mit Aufstieg nach 4a 3 mit Aufstieg nach 4 und 4a

II

Entgeltgruppe	Vergütungsgruppe	Lohngruppe
3	Keine Stufe 6 VIII mit Aufstieg nach VII VIII ohne Aufstieg nach VII	3 mit Aufstieg nach 3a 2a mit Aufstieg nach 3 und 3a 2 mit Aufstieg nach 2a, 3 und 3a 2 mit Aufstieg nach 2a und 3 (keine Stufe 6)
2Ü	Keine	2 mit Aufstieg nach 2a 1 mit Aufstieg nach 2 und 2a
2	IX b mit Aufstieg nach VIII IX b mit Aufstieg nach IXa X mit Aufstieg nach IXb (keine Stufe 6)	1 mit Aufstieg nach 1a (keine Stufe 6)
1	Beschäftigte mit einfachsten Tätigkeiten, zum Beispiel Essens- und Getränkeausgeber/innen – Garderobenpersonal – Spülen und Gemüseputzen und sonstige Tätigkeiten im Haus- und Küchenbereich – Reiniger/innen in Außenbereichen wie Höfe, Wege, Grünanlagen, Parks – Wärter/innen von Bedürfnisanstalten – Servierer/innen – Hausarbeiter/innen – Hausgehilfe/Hausgehilfin – Bote/Botin (ohne Aufsichtsfunktion) Ergänzungen können durch Tarifvertrag auf Bundesebene geregelt werden. **Hinweis:** Diese Zuordnung gilt unabhängig von bisherigen tariflichen Zuordnungen zu Vergütungs-/Lohngruppen.	

Anlage 5

Anlage 5 zu § 23 TV-Bund

1. Übergangsregelung zu § 45 Nr. 7 TVöD:

   a) [1]Bis zum In-Kraft-Treten eines Tarifvertrags über eine persönliche Zulage nach § 14 gilt die in § 18 Abs. 2 i. V. m. § 9 Abs. 1 MTArb/MTArb-O genannte Frist von 30 Tagen nicht für zu einer Auslandsdienststelle entsandten Beschäftigte, die vor dem 1. Januar 2005 der Rentenversicherung der Arbeiter unterlegen hätten. Diese Beschäftigten sind verpflichtet,

   – während des Heimaturlaubs,
   – in anderen Fällen Beschäftigte oder Beamtinnen/Beamte bis zur Dauer von drei Monaten

   zu vertreten. [2]§ 18 Abs. 2 i. V. m. § 9 Abs. 2 MTArb/MTArb-O finden für diesen Zeitraum keine Anwendung.

   b) [1]Bei Änderungen infolge der Zuordnung zu den neuen Entgeltgruppen bei ins Ausland entsandten Beschäftigten, die unter die Sonderregelungen für Beschäftigte, die zu Auslandsdienstorten des Bundes entsandt sind, fallen, bemisst sich die Höhe der Auslandsbezüge bis zur nächsten Versetzung nach der bis zum 30. September 2005 geltenden Rechtslage. [2]Ergeben sich nach altem Recht höhere Auslandsbezüge als nach neuem Recht, erhalten Beschäftigte eine abbaubare persönliche Zulage in Höhe des Unterschiedsbetrags zwischen den Auslandsbezügen, die sich nach dem bis zum 30. September 2005 geltenden Recht ergeben hätten, und dem ab 1. Oktober 2005 zu zahlenden Auslandsentgelt. [3]Die persönliche Zulage entfällt bei einer Höhergruppierung. [4]Allgemeine Entgeltanpassungen werden auf die persönliche Zulage angerechnet.

2. Übergangsregelung für Personen, denen am 30. September 2005 nach den Sonderregelungen für die Angestellten im Bereich des Bundesministeriums der Verteidigung (SR 2e I BAT) sowie nach dem Tarifvertrag über einen sozialverträglichen Personalabbau im Bereich des Bundesministers der Verteidigung vom 30. November 1991 (SOPA) eine Übergangsversorgung zugestanden hat:

   Nr. 9a der SR 2e I BAT gilt weiter.

3. Übergangs- und Überleitungsregelung zu § 46 Sonderregelungen für die Beschäftigten im Bereich des Bundesministeriums der Verteidigung:

a) Die SR 2b Nr. 10 Abs. 3 MTArb/MTArb-O und SR 2e II Nr. 9 Abs. 1 und 3 BAT/BAT-O gelten bis zum In-Kraft-Treten einer ablösenden tarifvertraglichen Regelung fort.

b) Für Beschäftigte im Pflegedienst ergeben sich die Strukturausgleichsbeträge aus Anlage 2 Abschnitt II TVÜ-VKA; im Übrigen gilt § 12 TVÜ-Bund.

4. Regelung für Beschäftigte, die unter den Geltungsbereich der ehemaligen SR 2 h BAT fallen:

[1]Für Beschäftigte des Luftfahrt-Bundesamtes, die auf Grund von § 1 des Gesetzes zur Übernahme der Beamten und Arbeitnehmer bei der Bundesanstalt für Flugsicherung (Artikel 7 des Zehnten Gesetzes zur Änderung des Luftverkehrsgesetzes vom 23. Juli 1992) Aufgaben der Flugsicherung wahrnehmen, gelten die Sonderregelungen 2h BAT für den Bereich des Bundes in der bis zum 31. Dezember 2001 geltenden Fassung für die Dauer des fortbestehenden Arbeitsverhältnisses weiter. [2]Teil III Abschn. C der Anlage 1a zum BAT gilt fort. [3]Diese Beschäftigten werden zum Zwecke der Berechnung ihres Tabellenentgelts so gestellt, als wären sie in den TVöD übergeleitet worden.

5. Übergangsregelung für die Beschäftigten auf Fischereischutzbooten und Fischereiforschungsfahrzeugen einschließlich der Ärzte und Heilgehilfen im Bereich des Bundesministeriums für Verbraucherschutz, Ernährung und Landwirtschaft:

[1]Beschäftigte auf Fischereischutzbooten und Fischereiforschungsfahrzeugen einschließlich der Ärzte und Heilgehilfen, jedoch ohne die auf diesen Fahrzeugen eingesetzten Beschäftigten des Deutschen Wetterdienstes, werden vom Geltungsbereich des TVöD und TVÜ-Bund vorläufig ausgenommen. [2]Für die Beschäftigten, für die die Regelungen des Tarifgebiets West Anwendung finden, gelten der Tarifvertrag zur Regelung der Arbeitsbedingungen und der Besatzungsmitglieder der Fischereischutzboote und Fischereiforschungsfahrzeuge vom 11. Januar 1972 in der Fassung vom 13. März 1987 und der Tarifvertrag über eine Zuwendung für Kapitäne und Besatzungsmitglieder der Fischereischutzboote und Fischereiforschungsschiffe des Bundes vom 31. Januar 1974 vorläufig weiter. [3]Die Tarifvertragsparteien stimmen darüber ein, dass die Beschäftigten nach Satz 1 in den TVöD übergeleitet werden sollen. [4]Die Tarifverhandlungen sollen spätestens nach In-Kraft-Treten der Entgeltordnung aufgenommen werden.

6. Übergangsregelung für Beschäftigte im Bereich des Bundesministeriums der Finanzen:

a) Für Arbeiterinnen und Arbeiter des Bundes bei der Bundesmonopolverwaltung für Branntwein, deren dortiges Arbeitsverhältnis über den 30. September 2005 hinaus fortbesteht, und die zum 1. Oktober 2005 unter den Geltungsbereich des TVöD fallen, gelten für die Dauer des ununterbrochen fortbestehenden Arbeitsverhältnisses die tarifvertraglichen Bestimmungen der Nr. 5 und 7 der Sonderregelung 2g MTArb/MTArb-O sowie der Tarifvertrag über die Ausführung von Arbeiten im Leistungslohnverfahren im Bereich der SR 2g des Abschnitts A der Anlage 2 MTArb vom 16. November 1971 weiter.

b) Für Arbeiterinnen und Arbeiter des Bundes im Geltungsbereich des Tarifvertrags zur Überleitung der Arbeiter der Zoll- und Verbrauchsteuerverwaltung und der Bundesvermögensverwaltung der Oberfinanzdirektion Berlin sowie der Bundesmonopolverwaltung für Branntwein in das Tarifrecht des Bundes vom 18. September 1991, deren Arbeitsverhältnis zum Bund über den 30. September 2005 hinaus fortbesteht, und die zum 1. Oktober 2005 unter den Geltungsbereich des TVöD fallen, gelten für die Dauer des ununterbrochen fortbestehenden Arbeitsverhältnisses die tarifvertraglichen Bestimmungen des vorgenannten Überleitungstarifvertrags weiter.

c) Für Beschäftigte der Bundesmonopolverwaltung für Branntwein, für die bis zum 31. Dezember 2013 das Sonderverzeichnis 2g zum TV Lohngruppenverzeichnis Bund gegolten hat und deren dortiges Beschäftigungsverhältnis über den 31. Dezember 2013 hinaus fortbesteht, gelten für die Dauer des ununterbrochen fortbestehenden Beschäftigungsverhältnisses für Eingruppierungen nach dem 31. Dezember 2013 bis zum Ablauf des Bundesmonopoles für Branntwein die folgenden Tätigkeitsmerkmale:

Entgeltgruppe	Fallgruppe	Tätigkeitsmerkmal
3	1	Beschäftigte in Brennspiritus-Abfüll- und -Verpackungslinien.
3	2	Füller.
3	3	Rangierarbeiter.
3	4	Fahrer von nicht zum öffentlichen Verkehr zugelassenen Gabelstaplern
3	5	Maschinenführer in Brennspiritus-Abfüll- und -Verpackungslinien.

II

Entgeltgruppe	Fallgruppe	Tätigkeitsmerkmal
3	6	Beschäftigte als Mitfahrer bei der Brennspiritus-Auslieferung mit Inkassotätigkeiten.
4	1	Beschäftigte bei einer Außenabteilung der Verwertungsstelle, die Personen- und Warenkontrollen an Betriebsein- und -ausgängen durchführen.
4	2	Diesellokführer.
4	3	Fahrer von nicht zum öffentlichen Verkehr zugelassenen Gabelstaplern mit einer Hubkraft ab 1 t, die auch brennbare Flüssigkeiten transportieren.
5	1	Füller mit einschlägiger abgeschlossener dreijähriger Berufsausbildung.
5	2	Maschinenführer in Brennspiritus-Abfüll- und -Verpackungslinien mit einschlägiger dreijähriger Berufsausbildung.
6	1	Rangierer mit Rangierleiterprüfung.
8	1	Beschäftigte mit einschlägiger abgeschlossener dreijähriger Berufsausbildung, die als Apparateführer in einer Reinigungsanstalt tätig sind.
8	2	Beschäftigte mit einschlägiger abgeschlossener dreijähriger Berufsausbildung als Erste Gehilfen des Meisters in einer Reinigungsanstalt oder in einem Lagerbetrieb, denen die Vertretung des Meisters obliegt. **Protokollerklärung:** Für die Vertretung des Meisters wird keine Zulage nach § 14 TVöD gezahlt.
9a	1	Beschäftigte mit einschlägiger abgeschlossener dreijähriger Berufsausbildung als Apparateführer in einer Reinigungsanstalt, die Verfahrensanlagen im Druckstufenverbund mit Prozessleitsystem (zentrale Mess-, Steuer- und Regeltechnik) führen, warten, instand halten und die Steuerung der Anlagen den jeweiligen Produktionsvorgaben anpassen.
9a	2	Beschäftigte mit einschlägiger abgeschlossener dreijähriger Berufsausbildung in einer Reinigungsanstalt mit Verfahrensanlagen im Druckstufenverbund und Prozessleitsystem (zentrale Mess-, Steuer- und Regeltechnik), die besonders schwierige Prüf-, Wartungs- und Instandsetzungsarbeiten durchführen sowie Programmfehler feststellen und beseitigen.

7. (weggefallen)

8. (weggefallen)

9. (weggefallen)

10. Für die Eingruppierung der Beschäftigten im Sozial- und Erziehungsdienst im Sinne des § 1 Abs. 1 und 2 gilt Folgendes:

    a) [1]Die Beschäftigten, deren Arbeitsverhältnis zum Bund über den 31. Dezember 2013 hinaus fortbesteht, und die am 1. Januar 2014 unter den Geltungsbereich des TVöD fallen, bleiben für die Dauer der unverändert auszuübenden Tätigkeit in der bisherigen Entgeltgruppe eingruppiert. [2]Die Protokollerklärung zu § 25 Abs. 1 gilt entsprechend. [3]§§ 8 und 9 bleiben unberührt.

    b) Für Eingruppierungen nach dem 31. Dezember 2013 gelten die folgenden Tätigkeitsmerkmale.

    c) [1]Die Beschäftigten erhalten für die Dauer der Ausübung ihrer Tätigkeit eine Zulage in Höhe von 160,00 Euro monatlich. [2]§ 24 Abs. 2 TVöD gilt entsprechend.

Abschnitt 1: Leiter von Kindertagesstätten

Vorbemerkungen

1. Kindertagesstätten im Sinne der Tätigkeitsmerkmale dieses Unterabschnitts sind Krippen, Kindergärten, Horte, Kinderbetreuungsstuben und Kinderhäuser.

2. Der Ermittlung der Durchschnittsbelegung ist für das jeweilige Kalenderjahr grundsätzlich die Zahl der vom 1. Oktober bis 31. Dezember des vorangegangenen Kalenderjahres vergebenen, je Tag gleichzeitig belegbaren Plätze zugrunde zu legen.

Entgeltgruppe	Fallgruppe	Tätigkeitsmerkmal
11		Leiter von Kindertagesstätten mit einer Durchschnittsbelegung von mindestens 180 Plätzen.
10[1])	1	Leiter von Kindertagesstätten mit einer Durchschnittsbelegung von mindestens 130 Plätzen.

[1]) Wegen der Möglichkeit übertariflicher Zulagen siehe das als Anhang zu Anlage 5 abgedruckte BMI-Rundschreiben vom 24. August 2021.

II

Entgeltgruppe	Fallgruppe	Tätigkeitsmerkmal
10	2	Beschäftigte, die durch ausdrückliche Anordnung als ständige Vertreter von Leitern von Kindertagesstätten mit einer Durchschnittsbelegung von mindestens 180 Plätzen bestellt sind.
10	3	Leiter von Kindertagesstätten mit einer Durchschnittsbelegung von mindestens 100 Plätzen.
10	4	Beschäftigte, die durch ausdrückliche Anordnung als ständige Vertreter von Leitern von Kindertagesstätten mit einer Durchschnittsbelegung von mindestens 130 Plätzen bestellt sind.
9b[1])	1	Leiter von Kindertagesstätten mit einer Durchschnittsbelegung von mindestens 70 Plätzen.
9b	2	Beschäftigte, die durch ausdrückliche Anordnung als ständige Vertreter von Leitern von Kindertagesstätten mit einer Durchschnittsbelegung von mindestens 100 Plätzen bestellt sind.
9b	3	Leiter von Kindertagesstätten mit einer Durchschnittsbelegung von mindestens 40 Plätzen.
9b	4	Beschäftigte, die durch ausdrückliche Anordnung als ständige Vertreter von Leitern von Kindertagesstätten mit einer Durchschnittsbelegung von mindestens 70 Plätzen bestellt sind.
8	1	Leiter von Kindertagesstätten.
8	2	Beschäftigte, die durch ausdrückliche Anordnung als ständige Vertreter von Leitern von Kindertagesstätten mit einer Durchschnittsbelegung von mindestens 40 Plätzen bestellt sind.

[1]) Wegen der Möglichkeit einer übertariflichen Eingruppierung in die Entgeltgruppe 9c sowie der Zahlung einer Entgeltgruppenzulage siehe das als Anhang zu Anlage 5 abgedruckte BMI-Rundschreiben vom 24. August 2021.

II

Abschnitt 2: Sozialarbeiter/Sozialpädagogen, Heilpädagogen

Entgeltgruppe	Fallgruppe	Tätigkeitsmerkmal
12		Sozialarbeiter/Sozialpädagogen mit staatlicher Anerkennung und entsprechender Tätigkeit sowie sonstige Beschäftigte, die aufgrund gleichwertiger Fähigkeiten und ihrer Erfahrungen entsprechende Tätigkeiten ausüben, deren Tätigkeit sich durch das Maß der damit verbundenen Verantwortung erheblich aus der Entgeltgruppe 11 heraushebt.
11		Sozialarbeiter/Sozialpädagogen mit staatlicher Anerkennung und entsprechender Tätigkeit sowie sonstige Beschäftigte, die aufgrund gleichwertiger Fähigkeiten und ihrer Erfahrungen entsprechende Tätigkeiten ausüben, deren Tätigkeit sich durch besondere Schwierigkeit und Bedeutung aus der Entgeltgruppe 9b Fallgruppe 1 heraushebt.
10		Sozialarbeiter/Sozialpädagogen mit staatlicher Anerkennung und entsprechender Tätigkeit sowie sonstige Beschäftigte, die aufgrund gleichwertiger Fähigkeiten und ihrer Erfahrungen entsprechende Tätigkeiten ausüben, deren Tätigkeit sich mindestens zu einem Drittel durch besondere Schwierigkeit und Bedeutung aus der Entgeltgruppe 9b Fallgruppe 1 heraushebt.
9b[1])	1	Sozialarbeiter/Sozialpädagogen mit staatlicher Anerkennung und entsprechender Tätigkeit sowie sonstige Beschäftigte, die aufgrund gleichwertiger Fähigkeiten und ihrer Erfahrungen entsprechende Tätigkeiten ausüben, mit schwierigen Tätigkeiten. (Hierzu Protokollerklärung)
9b	2	Sozialarbeiter/Sozialpädagogen mit staatlicher Anerkennung und entsprechender Tätigkeit sowie sonstige Beschäftigte, die aufgrund gleichwertiger Fähigkeiten und ihrer Erfahrungen entsprechende Tätigkeiten ausüben.
8		Heilpädagogen mit staatlicher Anerkennung und entsprechender Tätigkeit.
8		Beschäftigte in der Tätigkeit von Sozialarbeitern/Sozialpädagogen mit staatlicher Anerkennung.

[1]) Diese Beschäftigten können gem. BMI Rundschreiben vom 31. Oktober 2019 – D 5 – 31003/13#5 – in Entgeltgruppe 9c eingruppiert werden. Ein entsprechender Antrag ist bis zum 30. April 2020 zu stellen.

Protokollerklärung:

Schwierige Tätigkeiten sind z. B. die

a) Beratung von Suchtmittel-Abhängigen,
b) Beratung von HIV-Infizierten oder an AIDS erkrankten Personen,
c) Koordinierung der Arbeiten mehrerer Beschäftigter mindestens der Entgeltgruppe 9a.

Abschnitt 3: Erzieherinnen, Kinderpflegerinnen

Entgeltgruppe	Fallgruppe	Tätigkeitsmerkmal
9a		Erzieherinnen mit staatlicher Anerkennung und entsprechender Tätigkeit sowie sonstige Beschäftigte, die aufgrund gleichwertiger Fähigkeiten und ihrer Erfahrungen entsprechende Tätigkeiten ausüben, mit fachlich koordinierenden Aufgaben für mindestens drei Beschäftigte mindestens der Entgeltgruppe 8 Fallgruppe 1. (Hierzu Protokollerklärungen Nrn. 1 und 2)
8	1	Erzieherinnen mit staatlicher Anerkennung und entsprechender Tätigkeit sowie sonstige Beschäftigte, die aufgrund gleichwertiger Fähigkeiten und ihrer Erfahrungen entsprechende Tätigkeiten ausüben, mit besonders schwierigen fachlichen Tätigkeiten. (Hierzu Protokollerklärungen Nrn. 1, 2 und 3)
8	2	Erzieherinnen mit staatlicher Anerkennung und entsprechender Tätigkeit sowie sonstige Beschäftigte, die aufgrund gleichwertiger Fähigkeiten und ihrer Erfahrungen entsprechende Tätigkeiten ausüben, in Schulkindergärten, Vorklassen oder Vermittlungsgruppen für nicht schulpflichtige Kinder. (Hierzu Protokollerklärungen Nrn. 2 und 4)
6		Erzieherinnen mit staatlicher Anerkennung und entsprechender Tätigkeit sowie sonstige Beschäftigte, die aufgrund gleichwertiger Fähigkeiten und ihrer Erfahrungen entsprechende Tätigkeiten ausüben. (Hierzu Protokollerklärungen Nrn. 1 und 2)
5	1	Kinderpflegerinnen mit staatlicher Anerkennung oder mit staatlicher Prüfung und entsprechender Tätigkeit sowie sonstige Beschäftigte, die aufgrund gleichwertiger Fähigkeiten und ihrer Erfahrungen entsprechende Tätigkeiten ausüben, mit schwierigen fachlichen Tätigkeiten. (Hierzu Protokollerklärung Nr. 5)
5	2	Beschäftigte in der Tätigkeit von Erzieherinnen mit staatlicher Anerkennung. (Hierzu Protokollerklärung Nr. 1)

Entgeltgruppe	Fallgruppe	Tätigkeitsmerkmal
3		Kinderpflegerinnen mit staatlicher Anerkennung oder mit staatlicher Prüfung und entsprechender Tätigkeit sowie sonstige Beschäftigte, die aufgrund gleichwertiger Fähigkeiten und ihrer Erfahrungen entsprechende Tätigkeiten ausüben.
2		Beschäftigte in der Tätigkeit von Kinderpflegerinnen mit staatlicher Anerkennung.

Protokollerklärungen:

Nr. 1 Als entsprechende Tätigkeit von Erzieherinnen gilt auch die Betreuung von über 18-jährigen Personen (z. B. in Einrichtungen für behinderte Menschen im Sinne des § 2 SGB IX oder für Obdachlose).

Nr. 2 Nach diesem Tätigkeitsmerkmal eingruppiert sind auch

a) Kindergärtnerinnen und Hortnerinnen mit staatlicher Anerkennung oder staatlicher Prüfung,

b) Gesundheits- und Kinderkrankenpflegerinnen, die in Kinderkrippen tätig sind.

Nr. 3 Besonders schwierige fachliche Tätigkeiten sind z. B. die

a) Tätigkeiten in Integrationsgruppen (Erziehungsgruppen, denen besondere Aufgaben in der gemeinsamen Förderung behinderter und nicht behinderter Kinder zugewiesen sind) mit einem Anteil von mindestens einem Drittel von behinderten Kindern im Sinne des § 2 SGB IX in Einrichtungen der Kindertagesbetreuung,

b) Tätigkeiten in Gruppen von behinderten Menschen im Sinne des § 2 SGB IX oder von Kindern und/oder Jugendlichen mit wesentlichen Erziehungsschwierigkeiten,

c) Tätigkeiten in Jugendzentren/Häusern der offenen Tür,

d) Tätigkeiten in geschlossenen (gesicherten) Gruppen,

e) fachlichen Koordinierungstätigkeiten für mindestens vier Beschäftigte mindestens der Entgeltgruppe 6,

f) Tätigkeiten einer Facherzieherin mit einrichtungsübergreifenden Aufgaben.

Nr. 4 Die Tätigkeit setzt voraus, dass überwiegend Kinder, die im nächsten Schuljahr schulpflichtig werden, nach einem speziellen pädagogischen Konzept gezielt auf die Schule vorbereitet werden.

Nr. 5 Schwierige fachliche Tätigkeiten sind z. B.

a) Tätigkeiten in Einrichtungen für behinderte Menschen im Sinne des § 2 SGB IX und in psychiatrischen Kliniken,

b) allein verantwortliche Betreuung von Gruppen z. B. in Randzeiten,

c) Tätigkeiten in Integrationsgruppen (Erziehungsgruppen, denen besondere Aufgaben in der gemeinsamen Förderung behinderter und nicht behinderter Kinder zugewiesen sind) mit einem Anteil von mindestens einem Drittel von behinderten Kindern im Sinne des § 2 SGB IX in Einrichtungen der Kindertagesbetreuung,

d) Tätigkeiten in Gruppen von behinderten Menschen im Sinne des § 2 SGB IX oder in Gruppen von Kindern und/oder Jugendlichen mit wesentlichen Erziehungsschwierigkeiten,

e) Tätigkeiten in geschlossenen (gesicherten) Gruppen.

11. Übergangsregelung für Beschäftigte mit besonderen körperlich/handwerklich geprägten Tätigkeiten:

Für Beschäftigte im Sinne des § 1 Abs. 1 und 2, die eines der nachstehend aufgeführten Tätigkeitsmerkmale erfüllen, gilt Folgendes:

II

a) [1]Die Beschäftigten, deren Arbeitsverhältnis zum Bund über den 31. Dezember 2013 hinaus fortbesteht, und die am 1. Januar 2014 unter den Geltungsbereich des TVöD fallen, bleiben für die Dauer der unverändert auszuübenden Tätigkeit in der bisherigen Entgeltgruppe eingruppiert. [2]Die Protokollerklärung zu § 25 Abs. 1 gilt entsprechend.

b) [1]Für Eingruppierungen nach dem 31. Dezember 2013 gelten für Beschäftigte mit körperlich/handwerklich geprägten Tätigkeiten bis zu einer Neuregelung die folgenden Tätigkeitsmerkmale. [2]§ 2 Abs. 3 Tarifvertrag über die Entgeltordnung des Bundes gilt entsprechend.

Entgeltgruppe	**Fallgruppe**	**Tätigkeitsmerkmal**
9a	1	Beschäftigte mit körperlich/handwerklich geprägten Tätigkeiten mit abgeschlossener einschlägiger Berufsausbildung in einem anerkannten Ausbildungsberuf mit einer Ausbildungsdauer von mindestens dreieinhalb Jahren, die als Bediener von CNC-gesteuerten Maschinen komplizierte Werkstücke aus verschiedenen Materialien herstellen und dafür selbstständig nach Fertigungsunterlagen Arbeitsablaufprogramme ergänzen, Maschinenprogramme eingeben, testen und fahren sowie Programmfehler feststellen und beseitigen.
9a	2	Beschäftigte mit körperlich/handwerklich geprägten Tätigkeiten mit abgeschlossener einschlägiger Berufsausbildung in einem anerkannten Ausbildungsberuf mit einer Ausbildungsdauer von mindestens dreieinhalb Jahren, die bei Einsatz von Laserschneidtechnik und Lasergraviertechnik selbstständig Arbeitsablaufprogramme ergänzen, eingeben, testen und fahren sowie Programmfehler feststellen und beseitigen.
8	1	Beschäftigte der Entgeltgruppe 6 als Werkzeugmacher für die Anfertigung und Unterhaltung komplizierter Werkzeuge.

Entgeltgruppe	Fallgruppe	Tätigkeitsmerkmal
8	2	Bohrwerkdreher mit abgeschlossener einschlägiger Berufsausbildung in einem anerkannten Ausbildungsberuf mit einer Ausbildungsdauer von mindestens drei Jahren an Bohrwerken, die mehrere Arbeitsgänge gleichzeitig erledigen, wenn sie die erforderlichen Werkzeuge selbst einstellen.
7	1	Beschäftigte der Entgeltgruppe 6 als Werkzeugmacher für die Anfertigung und Unterhaltung von Werkzeugen.
7	2	Beschäftigte mit körperlich/handwerklich geprägten Tätigkeiten mit abgeschlossener einschlägiger Berufsausbildung in einem anerkannten Ausbildungsberuf mit einer Ausbildungsdauer von mindestens drei Jahren als Einrichter. **Protokollerklärung:** Einrichter sind Beschäftigte, die Werkzeuge schleifen und Maschinen einzurichten haben.
6		Beschäftigte mit körperlich/handwerklich geprägten Tätigkeiten mit abgeschlossener einschlägiger Berufsausbildung in einem anerkannten Ausbildungsberuf mit einer Ausbildungsdauer von mindestens drei Jahren als Werkzeugmacher

12. Für Hausmeister des Auswärtigen Amtes, die mit einer Tätigkeit der Lohngruppe 4 Fallgruppe 5.6 des Lohngruppenverzeichnisses des Bundes zum MTArb und mit einer Zuordnung zur Entgeltgruppe 5 gemäß dem fünften Abschnitt in den TV EntgO Bund übergeleitet werden und die der Rotation unterliegen, gilt abweichend von Teil III Abschnitt 23 der Anlage 1 TV EntgO Bund, dass sie bei nach dem 31. Dezember 2013 veranlassten Arbeitsplatzwechseln und erneuter Übertragung der Tätigkeit als Hausmeister in Entgeltgruppe 5 eingruppiert sind, sofern die neu übertragene Tätigkeit bei Fortgeltung des bis zum 31. Dezember 2013 geltenden Eingruppierungsrechts zur Zuordnung zur Entgeltgruppe 5 geführt hätte.

Anhang zu Anlage 5

Eingruppierung und Zulagenzahlung für Beschäftigte im Sozial- und Erziehungsdienst hier: Leiterinnen und Leiter von Kindertagesstätten

BMI-Rundschreiben vom 24. August 2021
– D 5-31003/13#1 –

Im Einvernehmen mit dem Bundesministerium der Finanzen bin ich mit folgenden Änderungen für Beschäftigte im Sozial- und Erziehungsdienst einverstanden:

1. Beschäftigten, die nach Abschnitt 1 der Nr. 10 der Anlage 5 zu § 23 TVÜ-Bund nach dem Tätigkeitsmerkmal der Entgeltgruppe 10 Fallgruppe 1

   „Leiter von Kindertagesstätten mit einer Durchschnittsbelegung von mindestens 130 Plätzen"

   eingruppiert sind und die Erfahrungsstufe 5 erreichen bzw. erreicht haben, kann eine Entgeltgruppenzulage nach § 17 Nr. 3 des TV EntgO Bund (derzeit 102,65 €) gezahlt werden.

   Wenn diese Beschäftigten die Erfahrungsstufe 6 erreichen oder erreicht haben, kann zusätzlich dazu auch noch eine Entgeltgruppenzulage nach § 17 Nr. 8 TV EntgO Bund (derzeit 168,11 €) gezahlt werden.

2. Beschäftigte, die nach Abschnitt 1 der Nr. 10 der Anlage 5 zu § 23 TVÜ-Bund dem Tätigkeitsmerkmal der Entgeltgruppe 9b Fallgruppe 1

   „Leiter von Kindertagesstätten mit einer Durchschnittsbelegung von mindestens 70 Plätzen"

   oder dem Tätigkeitsmerkmal der Entgeltgruppe 9b Fallgruppe 2

   „Beschäftigte, die durch ausdrückliche Anordnung als ständige Vertreter von Leitern von Kindertagesstätten mit einer Durchschnittsbelegung von mindestens 100 Plätzen bestellt sind."

   eingruppiert sind, können rückwirkend zum 1. Januar 2021 übertariflich der Entgeltgruppe 9c TVöD zugeordnet werden.

   Diesen Beschäftigten kann eine Entgeltgruppenzulage nach § 17 Nr. 5 TV EntgO Bund (derzeit 128,28 €) gezahlt werden.

Für die Maßnahme nach Ziffer 2 gilt:

Betroffene Beschäftigte, die bereits beim Bund beschäftigt sind, sind nur auf Antrag in die Entgeltgruppe 9c TVöD eingruppiert. Der Antrag kann nur bis zum 31. Januar 2022 gestellt werden (Ausschlussfrist) und wirkt auf den 1. Januar 2021 zurück. Nach dem 1. Januar 2021 eingetretene Änderungen der Stufenzuordnung in der bisherigen Entgeltgruppe bleiben bei der Stufenzuordnung unberücksichtigt. Ruht das Arbeitsverhältnis zum Zeitpunkt der Bekanntgabe dieses Rundschreibens, beginnt die Frist von einem halben Jahr mit der Wiederaufnahme der Tätigkeit. Der Antrag wirkt auf den 1. Januar 2021 zurück.

Für die Maßnahme nach Nr. 1 ist kein Antrag erforderlich.

Beide Maßnahmen erfolgen mit der Maßgabe, dass die erforderlichen Stellen und Haushaltsmittel vorhanden sein müssen, da keine zusätzlichen Finanzmittel bereitgestellt werden können.

II

Abschnitt III
Tarifrecht der Auszubildenden, Praktikanten, Schüler und Studierenden

Tarifvertrag für Auszubildende des öffentlichen Dienstes – Allgemeiner Teil – (TVAöD)

Vom 13. September 2005

Zuletzt geändert durch Änderungstarifvertrag Nr. 14 vom 6. April 2025[1])

Inhaltsübersicht

---

1) Die Abstimmung des Textes des Änderungstarifvertrages war erst im August 2025 abgeschlossen.

§ 1 Geltungsbereich

(1) Dieser Tarifvertrag gilt für

a) Personen, die in Verwaltungen und Betrieben, die unter den Geltungsbereich des TVöD fallen, in einem staatlich anerkannten oder als staatlich anerkannt geltenden Ausbildungsberuf ausgebildet werden,

b) Schülerinnen/Schüler
   - in der Gesundheits- und Krankenpflege, Gesundheits- und Kinderkrankenpflege, Entbindungspflege, Altenpflege,
   - in der Operationstechnischen Assistenz und der Anästhesietechnischen Assistenz, die unter das Gesetz über den Beruf der Anästhesietechnischen Assistentin und des Anästhesietechnischen Assistenten und über den Beruf der Operationstechnischen Assistentin und des Operationstechnischen Assistenten (Anästhesietechnische- und Operationstechnische-Assistenten-Gesetz – ATA-OTA-G) fallen,
   - nach dem Notfallsanitätergesetz,
   - in praxisintegrierten Ausbildungsgängen zur Erzieherin/zum Erzieher nach landesrechtlichen Regelungen,
   - für Auszubildende in der Pflege nach dem Gesetz über Pflegeberufe (Pflegeberufegesetz) und
   - in praxisintegrierten Ausbildungsgängen zur Heilerziehungspflegerin/zum Heilerziehungspfleger nach landesrechtlichen Regelungen,

   die in Verwaltungen und Betrieben, die unter den Geltungsbereich des TVöD fallen, ausgebildet werden,

Protokollerklärung zu Abs. 1 Buchst. b zweiter Spiegelstrich:

Für Schülerinnen/Schüler, die ihre Ausbildung in der Operationstechnischen Assistenz und der Anästhesietechnischen Assistenz vor dem 1. Januar 2022 begonnen haben, richtet sich diese jeweils nach der Empfehlung der Deutschen Krankenhausgesellschaft vom 17. September 2013.

c) Auszubildende in betrieblich-schulischen Gesundheitsberufen, die in Verwaltungen und Betrieben, die unter den Geltungsbereich des TVöD fallen, ausgebildet werden, nach folgenden Maßgaben:

III

		Berufsausbildung	Gesetzliche Vorschriften in der jeweils aktuellen Fassung
1.		Orthoptistinnen und Orthoptisten	Orthoptistengesetz vom 28. November 1989 (BGBl. I S. 2061) Ausbildungs- und Prüfungsverordnung für Orthoptistinnen und Orthoptisten vom 21. März 1990 (BGBl. I S. 563)
2.		Logopädinnen und Logopäden	Gesetz über den Beruf des Logopäden vom 7. Mai 1980 (BGBl. I S. 529) Ausbildungs- und Prüfungsordnung für Logopäden vom 1. Oktober 1980 (BGBl. I S. 1892)
3.	a)	Medizinisch-technische Laboratoriumsassistentinnen und Medizinisch-technische Laboratoriumsassistenten	MTA-Gesetz vom 2. August 1993 (BGBl. I S. 1402) Ausbildungs- und Prüfungsverordnung für technische Assistenten in der Medizin vom 25. April 1994 (BGBl. I S. 922)
	b)	Medizinisch-technische Radiologieassistentinnen und Medizinisch-technische Radiologieassistenten	
	c)	Medizinisch-technische Assistentinnen für Funktionsdiagnostik und Medizinisch-technische Assistenten für Funktionsdiagnostik	
4.		Ergotherapeutinnen und Ergotherapeuten	Ergotherapeutengesetz vom 25. Mai 1976 (BGBl. I S. 1246) Ergotherapeuten-Ausbildungs- und Prüfungsverordnung vom 2. August 1999 (BGBl. I S. 1731)
5.		Physiotherapeutinnen und Physiotherapeuten	Masseur- und Physiotherapeutengesetz vom 26. Mai 1994 (BGBl. I S. 1084) Ausbildungs- und Prüfungsverordnung für Physiotherapeuten vom 6. Dezember 1994 (BGBl. I S. 3786)

	Berufsausbildung	Gesetzliche Vorschriften in der jeweils aktuellen Fassung
6.	Diätassistentinnen und Diätassistenten	Diätassistentengesetz vom 8. März 1994 (BGBl. I S. 446) Ausbildungs- und Prüfungsverordnung für Diätassistentinnen und Diätassistenten vom 1. August 1994 (BGBl. I S. 2088),

d) Auszubildende in Betrieben oder Betriebsteilen, auf deren Arbeitnehmerinnen/Arbeitnehmer der TV-V oder der TV-WW/NW Anwendung findet,

e) Auszubildende in Betrieben oder Betriebsteilen, auf deren Arbeitnehmerinnen/Arbeitnehmer ein TV-N Anwendung findet, soweit und solange nicht eine anderweitige landesbezirkliche Regelung getroffen wurde (Auszubildende).

(2) Dieser Tarifvertrag gilt nicht für

a) Schülerinnen/Schüler in der Krankenpflegehilfe und Altenpflegehilfe,[1])

b) Praktikantinnen/Praktikanten und Volontärinnen/Volontäre,

c) Auszubildende, die in Ausbildungsberufen der Landwirtschaft, des Weinbaues oder der Forstwirtschaft ausgebildet werden, es sei denn, dass die Beschäftigten des Ausbildenden unter den Tarifvertrag für den öffentlichen Dienst (TVöD) fallen,

d) körperlich, geistig oder seelisch behinderte Personen, die aufgrund ihrer Behinderung in besonderen Ausbildungswerkstätten, Berufsförderungswerkstätten oder in Lebenshilfeeinrichtungen ausgebildet werden sowie

e) für Studierende in einem ausbildungsintegrierten dualen Studium, die vom Geltungsbereich des Tarifvertrages für Studierende in ausbildungsintegrierten dualen Studiengängen im öffentlichen Dienst (TVSöD) erfasst sind.

(3) Soweit in diesem Tarifvertrag nichts anderes geregelt ist, gelten die jeweils einschlägigen gesetzlichen Vorschriften.

Niederschriftserklärung zu § 1:

Ausbildender im Sinne dieses Tarifvertrages ist, wer andere Personen zur Ausbildung einstellt.

---

1) Die Tarifpartner haben im Zuge des Tarifergebnisses 2023 vereinbart, nach Abschluss der Tarifrunde 2023 Tarifverhandlungen zur Regelung der Ausbildungen zur Kranken- und Altenpflegehelferinnen und -helfer aufzunehmen

III

§ 1a Geltungsbereich des Besonderen Teils

(In den Besonderen Teilen BBiG bzw. Pflege geregelt)

§ 2 Ausbildungsvertrag, Nebenabreden

(1) [1]Vor Beginn des Ausbildungsverhältnisses ist ein schriftlicher Ausbildungsvertrag zu schließen, der neben der Bezeichnung des Ausbildungsberufs mindestens Angaben enthält über

a) die maßgebliche Ausbildungs- und Prüfungsordnung in der jeweils geltenden Fassung sowie Art, sachliche und zeitliche Gliederung der Ausbildung,
b) Beginn und Dauer der Ausbildung,
c) Dauer der regelmäßigen täglichen oder wöchentlichen Ausbildungszeit,
d) Dauer der Probezeit,
e) Zahlung und Höhe des Ausbildungsentgelts,
f) Dauer des Urlaubs,
g) Voraussetzungen, unter denen der Ausbildungsvertrag gekündigt werden kann,
h) die Geltung des Tarifvertrages für Auszubildende im öffentlichen Dienst (TVAöD) sowie einen in allgemeiner Form gehaltenen Hinweis auf die auf das Ausbildungsverhältnis anzuwendenden Betriebs-/Dienstvereinbarungen.

[2]Bei Auszubildenden in der Pflege nach dem Pflegeberufegesetz muss der Ausbildungsvertrag darüber hinaus folgende Angaben enthalten:

a) den gewählten Vertiefungseinsatz einschließlich einer Ausrichtung nach § 7 Abs. 4 Satz 2 Pflegeberufegesetz,
b) Verpflichtung der Auszubildenden/des Auszubildenden zum Besuch der Ausbildungsveranstaltungen der Pflegeschule,
c) Umfang etwaiger Sachbezüge,
d) Hinweis auf die Rechte als Arbeitnehmerin/Arbeitnehmer im Sinne von § 5 des Betriebsverfassungsgesetzes oder von § 4 des Bundespersonalvertretungsgesetz des Trägers der praktischen Ausbildung.

(2) [1]Nebenabreden sind nur wirksam, wenn sie schriftlich vereinbart werden. [2]Sie können gesondert gekündigt werden, soweit dies einzelvertraglich vereinbart ist.

§ 3 Probezeit

(In den Besonderen Teilen BBiG bzw. Pflege geregelt)

§ 4 Ärztliche Untersuchungen

(1) [1]Auszubildende haben auf Verlangen des Ausbildenden vor ihrer Einstellung ihre gesundheitliche Eignung durch das Zeugnis einer Betriebsärztin/eines Betriebsarztes, einer Personalärztin/eines Personalarztes oder einer Amtsärztin/eines Amtsarztes nachzuweisen, soweit sich die Betriebsparteien nicht auf eine andere Ärztin/einen anderen Arzt geeinigt haben. [2]Für Auszubildende, die unter das Jugendarbeitsschutzgesetz fallen, ist ergänzend § 32 Abs. 1 JArbSchG zu beachten.

(2) [1]Der Ausbildende ist bei begründeter Veranlassung berechtigt, Auszubildende zu verpflichten, durch ärztliche Bescheinigung nachzuweisen, dass sie in der Lage sind, die nach dem Ausbildungsvertrag übernommenen Verpflichtungen zu erfüllen. [2]Bei der beauftragten Ärztin/dem beauftragten Arzt kann es sich um eine Betriebsärztin/einen Betriebsarzt, eine Personalärztin/einen Personalarzt oder eine Amtsärztin/einen Amtsarzt handeln, soweit sich die Betriebsparteien nicht auf eine andere Ärztin/einen anderen Arzt geeinigt haben. [3]Die Kosten dieser Untersuchung trägt der Ausbildende.

(3) Auszubildende, die besonderen Ansteckungsgefahren ausgesetzt, mit gesundheitsgefährdenden Tätigkeiten beschäftigt oder mit der Zubereitung von Speisen beauftragt sind, sind in regelmäßigen Zeitabständen oder auf ihren Antrag bei Beendigung des Ausbildungsverhältnisses ärztlich zu untersuchen.

§ 5 Schweigepflicht, Nebentätigkeiten, Schadenshaftung

(1) Auszubildende haben in demselben Umfang Verschwiegenheit zu wahren wie die Beschäftigten des Ausbildenden.

(2) [1]Nebentätigkeiten gegen Entgelt haben Auszubildende ihrem Ausbildenden rechtzeitig vorher schriftlich anzuzeigen. [2]Der Ausbildende kann die Nebentätigkeit untersagen oder mit Auflagen versehen, wenn diese geeignet ist, die nach dem Ausbildungsvertrag übernommenen Verpflichtungen der Auszubildenden oder berechtigte Interessen des Ausbildenden zu beeinträchtigen.

(3) Für die Schadenshaftung der Auszubildenden finden die für die Beschäftigten des Ausbildenden geltenden tariflichen Bestimmungen entsprechende Anwendung.

§ 6 Personalakten

(1) [1]Die Auszubildenden haben ein Recht auf Einsicht in ihre vollständigen Personalakten. [2]Sie können das Recht auf Einsicht durch einen

hierzu schriftlich Bevollmächtigten ausüben lassen. [3]Sie können Auszüge oder Kopien aus ihren Personalakten erhalten.

(2) [1]Beurteilungen sind Auszubildenden unverzüglich bekannt zu geben. [2]Die Bekanntgabe ist aktenkundig zu machen.

§ 7 Wöchentliche und tägliche Ausbildungszeit

(In den Besonderen Teilen BBiG bzw. Pflege geregelt)

§ 8 Ausbildungsentgelt

(In den Besonderen Teilen BBiG bzw. Pflege geregelt)

§ 8a Unständige Entgeltbestandteile

Für die Ausbildung an Samstagen, Sonntagen, Feiertagen und Vorfesttagen, für den Bereitschaftsdienst und die Rufbereitschaft, für die Überstunden und für die Zeitzuschläge gelten die für die Beschäftigten des Ausbildenden geltenden Regelungen sinngemäß.

§ 8b Sonstige Entgeltregelungen

(In den Besonderen Teilen BBiG bzw. Pflege geregelt)

§ 9 Urlaub

(In den Besonderen Teilen BBiG bzw. Pflege geregelt)

§ 10 Ausbildungsmaßnahmen außerhalb der Ausbildungsstätte

(In den Besonderen Teilen BBiG bzw. Pflege geregelt)

§ 10a Familienheimfahrten

(In den Besonderen Teilen BBiG bzw. Pflege geregelt)

§ 11 Schutzkleidung, Ausbildungsmittel

(In den Besonderen Teilen BBiG bzw. Pflege geregelt)

§ 12 Entgelt im Krankheitsfall

(1) Werden Auszubildende durch Arbeitsunfähigkeit infolge Krankheit ohne ihr Verschulden verhindert, ihre Verpflichtungen aus dem Ausbildungsvertrag zu erfüllen, erhalten sie für die Zeit der Arbeitsunfähigkeit für die Dauer von bis zu sechs Wochen sowie nach Maßgabe der gesetzlichen Bestimmungen bei Wiederholungserkrankungen das Ausbildungsentgelt (§ 8) in entsprechender Anwendung der für die Beschäftigten des Ausbildenden geltenden Regelungen fortgezahlt.

(2) Im Übrigen gilt das Entgeltfortzahlungsgesetz.

(3) Bei der jeweils ersten Arbeitsunfähigkeit, die durch einen bei dem Ausbildenden erlittenen Arbeitsunfall oder durch eine bei dem Ausbildenden zugezogene Berufskrankheit verursacht ist, erhalten Auszubildende nach Ablauf des nach Absatz 1 maßgebenden Zeitraums bis zum Ende der 26. Woche seit dem Beginn der Arbeitsunfähigkeit einen Krankengeldzuschuss in Höhe des Unterschiedsbetrages zwischen dem Bruttokrankengeld und dem sich nach Absatz 1 ergebenden Nettoausbildungsentgelt, wenn der zuständige Unfallversicherungsträger den Arbeitsunfall oder die Berufskrankheit anerkennt.

§ 12a Entgeltfortzahlung in anderen Fällen

(1) Auszubildenden ist das Ausbildungsentgelt (§ 8) für insgesamt fünf Ausbildungstage fortzuzahlen, um sich vor den in den Ausbildungsordnungen vorgeschriebenen Abschlussprüfungen ohne Bindung an die planmäßige Ausbildung auf die Prüfung vorbereiten zu können; bei der Sechstagewoche besteht dieser Anspruch für sechs Ausbildungstage.

(2) Der Freistellungsanspruch nach Absatz 1 verkürzt sich um die Zeit, für die Auszubildende zur Vorbereitung auf die Abschlussprüfung besonders zusammengefasst werden; es besteht jedoch mindestens ein Anspruch auf zwei Ausbildungstage.

(3) Im Übrigen gelten die für die Beschäftigten des Ausbildenden maßgebenden Regelungen zur Arbeitsbefreiung entsprechend.

§ 13 Vermögenswirksame Leistungen

(1) [1]Nach Maßgabe des Vermögensbildungsgesetzes in seiner jeweiligen Fassung erhalten Auszubildende eine vermögenswirksame Leistung in Höhe von 13,29 Euro monatlich. [2]Der Anspruch auf vermögenswirksame Leistungen entsteht frühestens für den Kalendermonat, in dem den Ausbildenden die erforderlichen Angaben mitgeteilt werden, und für die beiden vorangegangenen Monate desselben Kalenderjahres.

(2) Die vermögenswirksamen Leistungen sind kein zusatzversorgungspflichtiges Entgelt.

(3) Der in Absatz 1 Satz 1 genannte Betrag gilt nicht für die Auszubildenden der Sparkassen

§ 14 Jahressonderzahlung

(In den Besonderen Teilen BBiG bzw. Pflege geregelt)

§ 15 Zusätzliche Altersversorgung

Die Versicherung zum Zwecke einer zusätzlichen Altersversorgung wird durch besonderen Tarifvertrag geregelt.

§ 16 Beendigung des Ausbildungsverhältnisses

(1) [1]Das Ausbildungsverhältnis endet mit Ablauf der Ausbildungszeit; abweichende gesetzliche Regelungen bleiben unberührt. [2]Im Falle des Nichtbestehens der Abschlussprüfung verlängert sich das Ausbildungsverhältnis auf Verlangen der Auszubildenden bis zur nächstmöglichen Wiederholungsprüfung, höchstens um ein Jahr.

III

(2) Können Auszubildende ohne eigenes Verschulden die Abschlussprüfung erst nach beendeter Ausbildungszeit ablegen, gilt Absatz 1 Satz 2 entsprechend.

(3) Beabsichtigt der Ausbildende bzw. im Bereich des Bundes die ausbildende Dienststelle/der ausbildende Betrieb keine Übernahme in ein befristetes oder unbefristetes Arbeitsverhältnis, hat sie/er dies den Auszubildenden drei Monate vor dem voraussichtlichen Ende der Ausbildungszeit schriftlich mitzuteilen.

(4) Nach der Probezeit (§ 3) kann das Ausbildungsverhältnis unbeschadet der gesetzlichen Kündigungsgründe nur gekündigt werden

a) aus einem sonstigen wichtigen Grund ohne Einhalten einer Kündigungsfrist,
b) von Auszubildenden mit einer Kündigungsfrist von vier Wochen.

(5) Werden Auszubildende im Anschluss an das Ausbildungsverhältnis beschäftigt, ohne dass hierüber ausdrücklich etwas vereinbart worden ist, so gilt ein Arbeitsverhältnis auf unbestimmte Zeit als begründet.

§ 16a Übernahme von Auszubildenden

(1) [1]Auszubildende, die ihre Ausbildung mindestens mit der Gesamtnote „Befriedigend" abgeschlossen haben, werden bei dienstlichem bzw. betrieblichem Bedarf im unmittelbaren Anschluss an das Ausbildungsverhältnis in ein unbefristetes Arbeitsverhältnis übernommen, sofern nicht im Einzelfall personenbedingte, verhaltensbedingte, betriebsbedingte oder gesetzliche Gründe entgegenstehen. [2]Für eine Übernahme beim Bund und anderen Arbeitgebern, in deren Aufgabenbereichen auch hoheitliche Tätigkeiten wahrgenommen werden, müssen sich die Auszubildenden durch ihr gesamtes Verhalten zur freiheitlich demokratischen Grundordnung im Sinne des Grundgesetzes bekennen.

(2) [1]Auszubildende, die ihre Ausbildung nicht mit mindestens der Gesamtnote „Befriedigend" abgeschlossen haben, werden nach

erfolgreich bestandener Abschlussprüfung bei dienstlichem bzw. betrieblichem Bedarf im unmittelbaren Anschluss an das Ausbildungsverhältnis für die Dauer von zwölf Monaten in ein Arbeitsverhältnis übernommen, sofern nicht im Einzelfall personenbedingte, verhaltensbedingte, betriebsbedingte oder gesetzliche Gründe entgegenstehen; Absatz 1 Satz 2 gilt entsprechend. [2]Im Anschluss daran werden diese Beschäftigten bei entsprechender Bewährung in ein unbefristetes Arbeitsverhältnis übernommen.

(3) [1]Der dienstliche bzw. betriebliche Bedarf nach Absatz 1 Satz 1 oder Absatz 2 Satz 1 muss zum Zeitpunkt der Beendigung der Ausbildung vorliegen und setzt zudem eine freie und besetzbare Stelle bzw. einen freien und zu besetzenden Arbeitsplatz bei der Ausbildungsdienststelle bzw. dem Ausbildungsbetrieb voraus, die/der eine ausbildungsadäquate Beschäftigung auf Dauer ermöglicht. [2]Bei einer Auswahlentscheidung sind die Ergebnisse der Abschlussprüfung und die persönliche Eignung zu berücksichtigen. [3]Bestehende Mitbestimmungsrechte bleiben unberührt.

Protokollerklärung zu § 16a:

Besteht kein dienstlicher bzw. betrieblicher Bedarf für eine unbefristete Beschäftigung, ist eine befristete Beschäftigung außerhalb von § 16a möglich.

§ 17 Abschlussprämie

(1) [1]Bei Beendigung des Ausbildungsverhältnisses aufgrund erfolgreich abgeschlossener Abschlussprüfung bzw. staatlicher Prüfung erhalten Auszubildende eine Abschlussprämie als Einmalzahlung in Höhe von 400 Euro. [2]Die Abschlussprämie ist kein zusatzversorgungspflichtiges Entgelt. [3]Sie ist nach Bestehen der Abschlussprüfung bzw. der staatlichen Prüfung fällig.

(2) [1]Absatz 1 gilt nicht für Auszubildende, die ihre Ausbildung nach erfolgloser Prüfung aufgrund einer Wiederholungsprüfung abschließen. [2]Im Einzelfall kann der Ausbildende von Satz 1 abweichen.

§ 18 Zeugnis

(Im Besonderen Teil BBiG geregelt)

§ 19 Ausschlussfrist

Ansprüche aus dem Ausbildungsverhältnis verfallen, wenn sie nicht innerhalb einer Ausschlussfrist von sechs Monaten nach Fälligkeit von den Auszubildenden oder vom Ausbildenden schriftlich geltend gemacht werden.

§ 20 In-Kraft-Treten, Laufzeit

(1) [1]Dieser Tarifvertrag tritt am 1. Oktober 2005 in Kraft.

(2) Dieser Tarifvertrag kann mit einer Frist von drei Monaten zum Ende eines Kalenderhalbjahres schriftlich gekündigt werden.

(3) Abweichend von Absatz 2 kann § 17 gesondert zum 31. Dezember eines jeden Jahres schriftlich gekündigt werden.

(4) [1]Dieser Tarifvertrag ersetzt für den Bereich des Bundes die in Anlage 2 aufgeführten Tarifverträge. [2]Die Ersetzung erfolgt mit Wirkung vom 1. Oktober 2005, soweit in Anlage 2 kein abweichender Termin bestimmt ist.

(5) Mit In-Kraft-Treten dieses Tarifvertrages finden im Bereich der Mitgliedverbände der VKA die in Anlage 3 aufgeführten Tarifverträge auf die in § 1 Abs. 1 genannten Personen keine Anwendung mehr.

(6) § 16a tritt mit Ablauf des 31. März 2027 außer Kraft.

§ 20a In-Kraft-Treten, Laufzeit des Besonderen Teils

(In den Besonderen Teilen BBiG bzw. Pflege geregelt)

Anlage 1 (Bund)

(Mit Wirkung vom 1. Januar 2008 weggefallen)

Anlage 1 (VKA)

(Mit Wirkung vom 1. Januar 2008 weggefallen)

Anlage 2 (Bund)
(zu § 20 Abs. 4 – Bund)

1. Manteltarifvertrag für Auszubildende vom 6. Dezember 1974
2. Manteltarifvertrag für Auszubildende (Mantel-TV Azubi-O) vom 5. März 1991
3. Ausbildungsvergütungstarifvertrag Nr. 22 für Auszubildende vom 31. Januar 2003
4. Ausbildungsvergütungstarifvertrag Nr. 7 für Auszubildende (Ost) vom 31. Januar 2003
5. Tarifvertrag über vermögenswirksame Leistungen an Auszubildende vom 17. Dezember 1970
6. Tarifvertrag über vermögenswirksame Leistungen an Auszubildende (TV VL Azubi-O) vom 8. Mai 1991
7. Tarifvertrag über ein Urlaubsgeld für Auszubildende (Bund) vom 16. März 1977, mit Wirkung ab 1. Januar 2006
8. Tarifvertrag über ein Urlaubsgeld für Auszubildende (TV Urlaubsgeld Azubi-O) vom 5. März 1991, mit Wirkung ab 1. Januar 2006
9. Tarifvertrag über eine Zuwendung für Auszubildende (Bund) vom 12. Oktober 1973, mit Wirkung ab 1. Januar 2006
10. Tarifvertrag über eine Zuwendung für Auszubildende (TV Zuwendung Azubi-O) vom 5. März 1991, mit Wirkung ab 1. Januar 2006
11. Tarifvertrag zur Regelung der Rechtsverhältnisse der Schülerinnen/Schüler, die nach Maßgabe des Krankenpflegegesetzes oder des Hebammengesetzes ausgebildet werden, vom 28. Februar 1986
12. Tarifvertrag zur Regelung der Rechtsverhältnisse der Schülerinnen/Schüler, die nach Maßgabe des Krankenpflegegesetzes oder des Hebammengesetzes ausgebildet werden (Mantel-TV Schü-O), vom 5. März 1991
13. Ausbildungsvergütungstarifvertrag Nr. 12 für Schülerinnen/Schüler, die nach Maßgabe des Krankenpflegegesetzes oder des Hebammengesetzes ausgebildet werden, vom 31. Januar 2003
14. Ausbildungsvergütungstarifvertrag Nr. 7 für Schülerinnen/Schüler, die nach Maßgabe des Krankenpflegegesetzes oder des Hebammengesetzes ausgebildet werden (Ost), vom 31. Januar 2003
15. Tarifvertrag über ein Urlaubsgeld für Schülerinnen/Schüler, die nach Maßgabe des Krankenpflegegesetzes in der Krankenpflege oder in der Kinderkrankenpflege oder nach Maßgabe des Hebammengesetzes ausgebildet werden, vom 21. April 1986, mit Wirkung ab 1. Januar 2006

16. Tarifvertrag über ein Urlaubsgeld für Schülerinnen/Schüler, die nach Maßgabe des Krankenpflegegesetzes in der Krankenpflege oder in der Kinderkrankenpflege oder nach Maßgabe des Hebammengesetzes ausgebildet werden (TV Urlaubsgeld Schü-O), vom 5. März 1991, mit Wirkung ab 1. Januar 2006
17. Tarifvertrag über eine Zuwendung für Schülerinnen/Schüler, die nach Maßgabe des Krankenpflegegesetzes oder des Hebammengesetzes ausgebildet werden, vom 21. April 1986, mit Wirkung ab 1. Januar 2006
18. Tarifvertrag über eine Zuwendung für Schülerinnen/Schüler, die nach Maßgabe des Krankenpflegegesetzes oder des Hebammengesetzes ausgebildet werden (TV Zuwendung Schü-O), vom 5. März 1991, mit Wirkung ab 1. Januar 2006

Anlage 3 (VKA)
(zu § 20 Abs. 5 – VKA)

1. Manteltarifvertrag für Auszubildende vom 6. Dezember 1974
2. Manteltarifvertrag für Auszubildende (Mantel-TV Azubi-O) vom 5. März 1991
3. Manteltarifvertrag für Auszubildende (Mantel-TV Azubi-Ostdeutsche Sparkassen) vom 16. Mai 1991
4. Ausbildungsvergütungstarifvertrag Nr. 22 für Auszubildende vom 31. Januar 2003
5. Ausbildungsvergütungstarifvertrag Nr. 7 für Auszubildende (Ost) vom 31. Januar 2003
6. Ausbildungsvergütungstarifvertrag Nr. 7 für Auszubildende der ostdeutschen Sparkassen vom 31. Januar 2003
7. Tarifvertrag über vermögenswirksame Leistungen an Auszubildende vom 17. Dezember 1970
8. Tarifvertrag über vermögenswirksame Leistungen an Auszubildende (TV VL Azubi-O) vom 8. Mai 1991
9. Tarifvertrag über ein Urlaubsgeld für Auszubildende vom 16. März 1977
10. Tarifvertrag über ein Urlaubsgeld für Auszubildende (TV Urlaubsgeld Azubi-O) vom 5. März 1991
11. Tarifvertrag über ein Urlaubsgeld für Auszubildende (TV Urlaubsgeld Azubi-Ostdeutsche Sparkassen) vom 25. Oktober 1990
12. Tarifvertrag zur Regelung der Rechtsverhältnisse der Schülerinnen/Schüler, die nach Maßgabe des Krankenpflegegesetzes oder des Hebammengesetzes ausgebildet werden, vom 28. Februar 1986
13. Tarifvertrag zur Regelung der Rechtsverhältnisse der Schülerinnen/Schüler, die nach Maßgabe des Krankenpflegegesetzes oder des Hebammengesetzes ausgebildet werden (Mantel-TV Schü-O), vom 5. März 1991
14. Ausbildungsvergütungstarifvertrag Nr. 12 für Schülerinnen/Schüler, die nach Maßgabe des Krankenpflegegesetzes oder des Hebammengesetzes ausgebildet werden, vom 31. Januar 2003
15. Ausbildungsvergütungstarifvertrag Nr. 7 für Schülerinnen/Schüler, die nach Maßgabe des Krankenpflegegesetzes oder des Hebammengesetzes ausgebildet werden (Ost), vom 31. Januar 2003
16. Tarifvertrag über ein Urlaubsgeld für Schülerinnen/Schüler, die nach Maßgabe des Krankenpflegegesetzes in der Krankenpflege

oder in der Kinderkrankenpflege oder nach Maßgabe des Hebammengesetzes ausgebildet werden, vom 21. April 1986

17. Tarifvertrag über ein Urlaubsgeld für Schülerinnen/Schüler, die nach Maßgabe des Krankenpflegegesetzes in der Krankenpflege oder in der Kinderkrankenpflege oder nach Maßgabe des Hebammengesetzes ausgebildet werden (TV Urlaubsgeld Schü-O), vom 5. März 1991

Anlage 4 (VKA)
(Mit Wirkung vom 1. Januar 2008 weggefallen)

Anlage 5

Übergangsregelungen für Schülerinnen/Schüler in der Altenpflege

1. Für Schülerinnen/Schüler in der Altenpflege, deren Ausbildungsverhältnis vor dem 1. Oktober 2005 begonnen hat, gelten die jeweils einzelvertraglich vereinbarten Ausbildungsentgelte bis zur Beendigung des Ausbildungsverhältnisses weiter, soweit einzelvertraglich nichts Abweichendes vereinbart wird.
2. Soweit Ausbildende von Schülerinnen/Schülern in der Altenpflege bis zum 30. September 2005 ein Ausbildungsentgelt gezahlt haben, das niedriger ist als die in § 8 Abs. 1 geregelten Ausbildungsentgelte, gelten für die Ausbildungsentgelte bei Ausbildungsverhältnissen, die nach dem 30. September 2005 beginnen, spätestens ab 1. Januar 2008 die in § 8 Abs. 1 geregelten Beträge.

Tarifvertrag für Auszubildende des öffentlichen Dienstes – Besonderer Teil BBiG – (TVAöD – BBiG)

Vom 13. September 2005 (GMBl. 2006 S. 541)

Zuletzt geändert durch
Änderungstarifvertrag Nr. 14 vom 6. April 2025[1])

III

Inhaltsübersicht

[1]) Die Abstimmung des Textes des Änderungstarifvertrages war erst im August 2025 abgeschlossen.

§ 1a Geltungsbereich des Besonderen Teils

(1) [1]Dieser Tarifvertrag gilt nur für die in § 1 Abs. 1 des Tarifvertrages für Auszubildende des öffentlichen Dienstes (TVAöD) – Allgemeiner Teil unter Buchst. a, d und e aufgeführten Auszubildenden. [2]Er bildet im Zusammenhang mit dem Allgemeinen Teil des TVAöD den Tarifvertrag für die Auszubildenden des öffentlichen Dienstes nach BBiG (TVAöD – BBiG).

(2) Soweit in den nachfolgenden Bestimmungen auf die §§ 12 und 16 verwiesen wird, handelt es sich um die Regelungen des TVAöD – Allgemeiner Teil –.

III

§ 3 Probezeit

(1) Die Probezeit beträgt drei Monate.

(2) Während der Probezeit kann das Ausbildungsverhältnis von beiden Seiten jederzeit ohne Einhalten einer Kündigungsfrist gekündigt werden.

§ 7 Wöchentliche und tägliche Ausbildungszeit

(1) [1]Die regelmäßige durchschnittliche wöchentliche Ausbildungszeit und die tägliche Ausbildungszeit der Auszubildenden, die nicht unter das Jugendarbeitsschutzgesetz fallen, richten sich nach den für die Beschäftigten des Ausbildenden maßgebenden Vorschriften über die Arbeitszeit. [2]Für Auszubildende der Mitglieder des Kommunalen Arbeitgeberverbandes Baden-Württemberg im Geltungsbereich des BT-K ist eine abweichende Regelung vereinbart.

(2) Wird das Führen von Berichtsheften (Ausbildungsnachweisen) verlangt, ist den Auszubildenden dazu Gelegenheit während der Ausbildungszeit zu geben.

(3) An Tagen, an denen Auszubildende an einem theoretischen betrieblichen Unterricht von mindestens 270 tatsächlichen Unterrichtsminuten teilnehmen, dürfen sie nicht zur praktischen Ausbildung herangezogen werden.

(4) [1]Unterrichtszeiten einschließlich der Pausen gelten als Ausbildungszeit. [2]Dies gilt auch für die notwendige Wegezeit zwischen Unterrichtsort und Ausbildungsstätte, sofern die Ausbildung nach dem Unterricht fortgesetzt wird.

(5) Auszubildende dürfen an Sonn- und Wochenfeiertagen und in der Nacht zur Ausbildung nur herangezogen werden, wenn dies nach dem Ausbildungszweck erforderlich ist.

(6) [1]Auszubildende dürfen nicht über die nach Absatz 1 geregelte Ausbildungszeit hinaus zu Mehrarbeit herangezogen und nicht mit Akkordarbeit beschäftigt werden. [2]§§ 21, 23 JArbSchG und § 17 Abs. 7 BBiG bleiben unberührt.

III

§ 8 Ausbildungsentgelt

(1) Das monatliche Ausbildungsentgelt beträgt:

	bis 31. März 2025	**ab 1. April 2025**	**ab 1. Mai 2026**
im ersten Ausbildungsjahr	1218,26 Euro	1293,26 Euro	1368,26 Euro
im zweiten Ausbildungsjahr	1268,20 Euro	1343,20 Euro	1418,20 Euro
im dritten Ausbildungsjahr	1314,02 Euro	1389,02 Euro	1464,02 Euro
im vierten Ausbildungsjahr	1377,59 Euro	1452,59 Euro	1527,59 Euro

(2) Das Ausbildungsentgelt ist zu demselben Zeitpunkt fällig wie das den Beschäftigten des Ausbildenden gezahlte Entgelt.

(3) Im Geltungsbereich des TVöD – Besonderer Teil Sparkassen wird eine von Absatz 1 abweichende Regelung getroffen.

(4) Ist wegen des Besuchs einer weiterführenden oder einer berufsbildenden Schule oder wegen einer Berufsausbildung in einer sonstigen Einrichtung die Ausbildungszeit verkürzt, gilt für die Höhe des Ausbildungsentgelts der Zeitraum, um den die Ausbildungszeit verkürzt wird, als abgeleistete Ausbildungszeit.

(5) Wird die Ausbildungszeit

a) gemäß § 16 Abs. 1 Satz 2 verlängert oder

b) auf Antrag der Auszubildenden nach § 8 Abs. 2 BBiG von der zuständigen Stelle oder nach § 27c Abs. 2 der Handwerksordnung von der Handwerkskammer verlängert, wenn die Verlängerung erforderlich ist, um das Ausbildungsziel zu erreichen,

wird während des Zeitraums der Verlängerung das Ausbildungsentgelt des letzten regelmäßigen Ausbildungsabschnitts gezahlt.

(6) In den Fällen des § 16 Abs. 2 erhalten Auszubildende bis zur Ablegung der Abschlussprüfung das Ausbildungsentgelt des letzten regelmäßigen Ausbildungsabschnitts, bei Bestehen der Prüfung darüber hinaus rückwirkend von dem Zeitpunkt an, an dem das Ausbildungsverhältnis geendet hat, den Unterschiedsbetrag zwischen dem ihnen gezahlten Ausbildungsentgelt und dem für das vierte Ausbildungsjahr maßgebenden Ausbildungsentgelt.

§ 8b Sonstige Entgeltregelungen

(1a) Auszubildenden im Bereich des Bundes können bei Vorliegen der geforderten Voraussetzungen 50 v. H. der Zulagen gewährt werden, die für Beschäftigte im Sinne des § 38 Abs. 5 Satz 1 TVöD gemäß § 19 Abs. 5 TVöD in Verbindung mit § 33 Abs. 1 Buchst. c und Abs. 6 BAT/BAT-O jeweils vereinbart sind.

(1b) Auszubildenden, die in einem Ausbildungsverhältnis zu einem Ausbildenden stehen, der Mitglied eines Mitgliedverbandes der VKA ist, können bei Vorliegen der geforderten Voraussetzungen 50 v. H. der Zulagen gewährt werden, die für Beschäftigte im Sinne des § 38 Abs. 5 Satz 1 TVöD gemäß § 23 Abs. 1 Satz 1 dritter bzw. vierter Spiegelstrich TVÜ-VKA in Verbindung mit § 33 Abs. 1 Buchst. c und Abs. 6 BAT/BAT-O jeweils vereinbart sind.

(2a) Auszubildenden im Bereich des Bundes, die im Rahmen ihrer Ausbildung in erheblichem Umfang mit Arbeiten beschäftigt werden, für die Beschäftigten im Sinne des § 38 Abs. 5 Satz 2 TVöD nach Maßgabe des § 19 Abs. 5 TVöD Erschwerniszuschläge zustehen, kann im zweiten bis vierten Ausbildungsjahr ein monatlicher Pauschalzuschlag in Höhe von 10 Euro gezahlt werden.

(2b) Auszubildenden, die in einem Ausbildungsverhältnis zu einem Ausbildenden stehen, der Mitglied eines Mitgliedverbandes der VKA ist, und die im Rahmen ihrer Ausbildung in erheblichem Umfang mit Arbeiten beschäftigt werden, für die Beschäftigten im Sinne des § 38 Abs. 5 Satz 2 TVöD nach Maßgabe des § 23 Abs. 1 Satz 1 erster bzw. zweiter Spiegelstrich TVÜ-VKA Erschwerniszuschläge zustehen, kann im zweiten bis vierten Ausbildungsjahr ein monatlicher Pauschalzuschlag in Höhe von 10 Euro gezahlt werden.

Niederschriftserklärung zu § 8b TVAöD – Besonderer Teil BBiG:

[1]§ 8b Abs. 1a und 1b gelten für Auszubildende, die in Berufen ausgebildet werden, die vor dem 1. Januar 2005 der Rentenversicherung der Angestellten unterlegen hätten. [2]§ 8b Abs. 2a und 2b gelten für Auszubildende, die in Berufen ausgebildet werden, die vor dem 1. Januar 2005 der Rentenversicherung der Arbeiter unterlegen hätten.

§ 9 Urlaub

(1)[1]) Auszubildende erhalten Erholungsurlaub unter Fortzahlung ihres Ausbildungsentgelts (§ 8) in entsprechender Anwendung der für die Beschäftigten des Ausbildenden geltenden Regelungen mit der Maßgabe, dass der Urlaubsanspruch bei Verteilung der wöchentlichen Aus-

---

1) Infolge des Änderungstarifvertrages Nr. 14 vom 6. April 2025 erhöht sich der Erholungsurlaub ab dem 1. Januar 2027 von 30 auf 31 Tage.

bildungszeit auf fünf Tage in der Kalenderwoche in jedem Kalenderjahr 30 Ausbildungstage beträgt.

(2) Auszubildende in Betrieben oder Betriebsteilen, auf deren Arbeitnehmer der TV-V oder ein TV-N Anwendung findet, erhalten abweichend von Absatz 1 Erholungsurlaub in entsprechender Anwendung der für die Arbeitnehmer des Ausbildenden geltenden Regelungen.

(3) Der Erholungsurlaub ist nach Möglichkeit zusammenhängend während der unterrichtsfreien Zeit zu erteilen und in Anspruch zu nehmen.

§ 10 (Bund) Ausbildungsmaßnahmen außerhalb der Ausbildungsstätte

(1) Bei Dienstreisen und Reisen zur Ablegung der in den Ausbildungsordnungen vorgeschriebenen Prüfungen erhalten Auszubildende eine Entschädigung in entsprechender Anwendung der für die Beschäftigten des Ausbildenden geltenden Reisekostenbestimmungen in der jeweiligen Fassung.

(2) [1]Bei Reisen zur Teilnahme an überbetrieblichen Ausbildungsmaßnahmen im Sinne des § 5 Abs. 2 Satz 1 Nr. 6 BBiG außerhalb der politischen Gemeindegrenze der Ausbildungsstätte werden die entstandenen notwendigen Fahrtkosten bis zur Höhe der Kosten der Fahrkarte der jeweils niedrigsten Klasse des billigsten regelmäßig verkehrenden Beförderungsmittels (im Bahnverkehr ohne Zuschläge) erstattet; Möglichkeiten zur Erlangung von Fahrpreisermäßigungen (z. B. Schülerfahrkarten, Monatsfahrkarten, BahnCard) sind auszunutzen. [2]Beträgt die Entfernung zwischen den Ausbildungsstätten hierbei mehr als 100 km, werden im Bahnverkehr Zuschläge bzw. besondere Fahrpreise (z. B. für ICE) erstattet. [3]Die nachgewiesenen notwendigen Kosten einer Unterkunft am auswärtigen Ort werden, soweit nicht eine unentgeltliche Unterkunft zur Verfügung steht, erstattet. [4]Zu den Auslagen des bei notwendiger auswärtiger Unterbringung entstehenden Verpflegungsmehraufwands wird für volle Kalendertage der Anwesenheit am auswärtigen Ausbildungsort ein Verpflegungszuschuss gewährt, dessen Höhe sich in entsprechender Anwendung der für die Beschäftigten des Ausbildenden geltenden Reisekostenbestimmungen in der jeweiligen Fassung bemisst. [5]Bei unentgeltlicher Verpflegung wird der Verpflegungszuschuss entsprechend einbehalten. [6]Bei einer über ein Wochenende oder einen Feiertag hinaus andauernden Ausbildungsmaßnahme werden die dadurch entstandenen Mehrkosten für Unterkunft und Verpflegungsmehraufwand nach Maßgabe der Sätze 3 bis 5 erstattet.

(3) [1]Für den Besuch einer auswärtigen Berufsschule werden die notwendigen Fahrtkosten nach Maßgabe von Absatz 2 Satz 1 erstattet, soweit sie monatlich 6 v. H. des Ausbildungsentgelts für das erste Ausbildungsjahr übersteigen. [2]Satz 1 gilt nicht, soweit die Fahrtkosten nach landesrechtlichen Vorschriften von einer Körperschaft des öffentlichen Rechts getragen werden. [3]Die notwendigen Auslagen für Unterkunft und Verpflegungsmehraufwand werden bei Besuch der regulären auswärtigen Berufsschule im Blockunterricht entsprechend Absatz 2 Sätze 3 bis 6 erstattet. [4]Leistungen Dritter sind anzurechnen.

(4) Bei Abordnungen und Zuweisungen werden die Kosten nach Maßgabe des Absatzes 2 erstattet.

§ 10 (VKA) Ausbildungsmaßnahmen außerhalb der Ausbildungsstätte

(1) Bei Dienstreisen und Reisen zur Ablegung der in den Ausbildungsordnungen vorgeschriebenen Prüfungen erhalten Auszubildende eine Entschädigung in entsprechender Anwendung der für die Beschäftigten des Ausbildenden geltenden Reisekostenbestimmungen in der jeweiligen Fassung.

(2) [1]Bei Reisen zur Teilnahme an überbetrieblichen Ausbildungsmaßnahmen im Sinne des § 5 Abs. 2 Satz 1 Nr. 6 BBiG außerhalb der politischen Gemeindegrenze der Ausbildungsstätte werden die entstandenen notwendigen Fahrtkosten bis zur Höhe der Kosten der Fahrkarte der jeweils niedrigsten Klasse des billigsten regelmäßig verkehrenden Beförderungsmittels (im Bahnverkehr ohne Zuschläge) erstattet; Möglichkeiten zur Erlangung von Fahrpreisermäßigungen (z. B. Schülerfahrkarten, Monatsfahrkarten, BahnCard) sind auszunutzen. [2]Beträgt die Entfernung zwischen den Ausbildungsstätten hierbei mehr als 100 km, werden im Bahnverkehr Zuschläge bzw. besondere Fahrpreise (z. B. für ICE) erstattet. [3]Die nachgewiesenen notwendigen Kosten einer Unterkunft am auswärtigen Ort werden, soweit nicht eine unentgeltliche Unterkunft zur Verfügung steht, erstattet. [4]Zu den Auslagen des bei notwendiger auswärtiger Unterbringung entstehenden Verpflegungsmehraufwands am auswärtigen Ausbildungsort wird Auszubildenden für volle Kalendertage der Anwesenheit sowie für den An- und Abreisetag ein Verpflegungszuschuss gewährt, dessen Höhe sich in entsprechender Anwendung der für die Beschäftigten des Ausbildenden geltenden Reisekostenbestimmungen in der jeweiligen Fassung bemisst. [5]Bei unentgeltlicher Verpflegung wird der Verpflegungszuschuss entsprechend einbehalten. [6]Bei einer über ein Wochenende oder einen Feiertag hinaus andauernden Ausbildungsmaßnahme werden die dadurch entstandenen Mehrkosten für Unter-

kunft und Verpflegungsmehraufwand nach Maßgabe der Sätze 3 bis 5 erstattet.

III

(3) [1]Für den Besuch einer auswärtigen Berufsschule werden die notwendigen Fahrtkosten nach Maßgabe von Absatz 2 Satz 1 erstattet, soweit sie monatlich 6 v. H. des Ausbildungsentgelts für das erste Ausbildungsjahr übersteigen. [2]Satz 1 gilt nicht, soweit die Fahrtkosten nach landesrechtlichen Vorschriften von einer Körperschaft des öffentlichen Rechts getragen werden. [3]Die notwendigen Auslagen für die Unterkunft werden beim Besuch der regulären auswärtigen Berufsschule im Blockunterricht entsprechend Absatz 2 Satz 3 erstattet. [4]Für die notwendigen Auslagen beim Verpflegungsmehraufwand wird bei Besuch der regulären auswärtigen Berufsschule im Blockunterricht für volle Kalendertage der Anwesenheit am auswärtigen Ausbildungsort ein Verpflegungszuschuss in Höhe der nach der Sozialversicherungsentgeltverordnung maßgebenden Sachbezugswerte für Frühstück, Mittagessen und Abendessen gewährt. [5]Bei unentgeltlicher Verpflegung wird der jeweilige Sachbezugswert einbehalten. [6]Soweit eine Maßnahme nach Satz 1 über ein Wochenende oder einen Feiertag hinaus andauert, gelten die Sätze 3 bis 5 entsprechend. [7]Leistungen Dritter sind anzurechnen.

(4) Bei Abordnungen und Zuweisungen werden die Kosten nach Maßgabe des Absatzes 2 erstattet.

§ 10a Familienheimfahrten

[1]Für Familienheimfahrten vom jeweiligen Ort der Ausbildungsstätte oder vom Ort der auswärtigen Berufsschule, deren Besuch vom Ausbildenden veranlasst wurde, zum Wohnort der Eltern, der Erziehungsberechtigten oder der Ehegattin/dem Ehegatten oder der Lebenspartnerin/des Lebenspartners werden den Auszubildenden monatlich einmal die im Bundesgebiet entstandenen notwendigen Fahrtkosten bis zur Höhe der Kosten der Fahrkarte der jeweils niedrigsten Klasse des billigsten regelmäßig verkehrenden Beförderungsmittels (im Bahnverkehr ohne Zuschläge) erstattet; Möglichkeiten zur Erlangung von Fahrpreisermäßigungen (z. B. Schülerfahrkarten, Monatsfahrkarten, BahnCard) sind auszunutzen. [2]Beträgt die Entfernung mehr als 300 km, können im Bahnverkehr Zuschläge bzw. besondere Fahrpreise (z. B. für ICE) erstattet werden. [3]Die Sätze 1 und 2 gelten nicht, wenn aufgrund geringer Entfernung eine tägliche Rückkehr möglich und zumutbar ist oder der Aufenthalt am jeweiligen Ort der Ausbildungsstätte oder der auswärtigen Berufsschule weniger als vier Wochen beträgt.

Niederschriftserklärung zu § 10a TVAöD – Besonderer Teil BBiG:

Die Fahrtkosten für Familienheimfahrten umfassen die Kosten für die Hin- und Rückfahrt.

§ 11 Schutzkleidung, Ausbildungsmittel, Lernmittelzuschuss

(1) Soweit das Tragen von Schutzkleidung gesetzlich vorgeschrieben oder angeordnet ist, wird sie unentgeltlich zur Verfügung gestellt und bleibt Eigentum des Ausbildenden.

(2) Der Ausbildende hat den Auszubildenden kostenlos die Ausbildungsmittel zur Verfügung zu stellen, die zur Berufsausbildung und zum Ablegen von Zwischen- und Abschlussprüfungen erforderlich sind.

(3) [1]In jedem Ausbildungsjahr erhalten die Auszubildenden einen Lernmittelzuschuss in Höhe von 50,00 Euro brutto. [2]Absatz 2 bleibt unberührt. [3]Der Lernmittelzuschuss ist möglichst mit dem Ausbildungsentgelt des ersten Monats des jeweiligen Ausbildungsjahres zu zahlen, er ist spätestens im Zahlungsmonat September des betreffenden Ausbildungsjahres fällig.

§ 14 Jahressonderzahlung

(1) [1]Auszubildende, die am 1. Dezember in einem Ausbildungsverhältnis stehen, haben Anspruch auf eine Jahressonderzahlung. [2]Die Jahressonderzahlung beträgt 90 v. H. des den Auszubildenden für November zustehenden Ausbildungsentgelts (§ 8).

(2) [1]Der Anspruch ermäßigt sich um ein Zwölftel für jeden Kalendermonat, in dem Auszubildende keinen Anspruch auf Ausbildungsentgelt (§ 8), Fortzahlung des Entgelts während des Erholungsurlaubs (§ 9) oder im Krankheitsfall (§ 12) haben. [2]Die Verminderung unterbleibt für Kalendermonate, für die Auszubildende wegen Beschäftigungsverboten nach dem Mutterschutzgesetz kein Ausbildungsentgelt erhalten haben. [3]Die Verminderung unterbleibt ferner für Kalendermonate der Inanspruchnahme der Elternzeit nach dem Bundeselterngeld- und Elternzeitgesetz bis zum Ende des Kalenderjahres, in dem das Kind geboren ist, wenn am Tag vor Antritt der Elternzeit Entgeltanspruch bestanden hat.

Niederschriftserklärung zu § 14 Abs. 2 Satz 1 TVAöD – Besonderer Teil BBiG:

Dem Entgeltanspruch steht der Anspruch auf Zuschuss zum Mutterschaftsgeld gleich.

(3) [1]Die Jahressonderzahlung wird mit dem für November zustehenden Ausbildungsentgelt ausgezahlt. [2]Ein Teilbetrag der Jahressonderzahlung kann zu einem früheren Zeitpunkt ausgezahlt werden.

(4) Auszubildende, die im unmittelbaren Anschluss an die Ausbildung von ihrem Ausbildenden in ein Arbeitsverhältnis übernommen werden und am 1. Dezember noch in diesem Arbeitsverhältnis stehen, erhalten zusammen mit der anteiligen Jahressonderzahlung aus dem Arbeitsverhältnis eine anteilige Jahressonderzahlung aus dem Ausbildungsverhältnis.

§ 18 Zeugnis

[1]Der Ausbildende hat den Auszubildenden bei Beendigung des Berufsausbildungsverhältnisses ein Zeugnis auszustellen. [2]Das Zeugnis muss Angaben über Art, Dauer und Ziel der Berufsausbildung sowie über die erworbenen Fertigkeiten und Kenntnisse der Auszubildenden enthalten. [3]Auf deren Verlangen sind auch Angaben über Führung, Leistung und besondere fachliche Fähigkeiten aufzunehmen.

§ 20a In-Kraft-Treten, Laufzeit des Besonderen Teils

(1) Dieser Tarifvertrag tritt am 1. Oktober 2005 in Kraft.

(2) Er kann mit einer Frist von drei Monaten zum Ende eines Kalenderhalbjahres schriftlich gekündigt werden.

(3) Abweichend von Absatz 2 kann

a) § 8 Abs. 1 mit einer Frist von einem Monat zum Schluss eines Kalendermonats, frühestens jedoch zum 31. März 2027,

b) § 14 zum 31. Dezember eines jeden Jahres

gesondert schriftlich gekündigt werden.

Ab dem 1. Januar 2027 hat Absatz 3 folgenden Wortlaut:

„(3) Abweichend von Absatz 2 können schriftlich gekündigt werden

a) § 8 Abs. 1 mit einer Frist von einem Monat zum Schluss eines Kalendermonats, frühestens jedoch zum 31. März 2027;

b) § 14 zum 31. Dezember eines jeden Jahres;

c) § 9 Abs. 1 mit einer Frist von drei Monaten zum Schluss eines Kalenderjahres;

d) im Falle der Kündigung gemäß § 39 Abs. 4 Buchst. j des Tarifvertrages für den öffentlichen Dienst (TVöD) § 9 Abs. 1 mit einer Frist von drei Monaten zum Schluss des maßgeblichen Kalenderjahres.

Protokollerklärung zu Buchstabe d:

Im Falle der Kündigung gemäß Buchstabe d gilt ab deren Wirksamwerden § 9 Abs. 1 in folgender Fassung: ‚Auszubildende erhalten Erholungsurlaub unter Fortzahlung ihres Ausbildungsentgelts (§ 8) in entsprechender Anwendung der für die Beschäftigten des Ausbildenden geltenden Regelungen mit der Maßgabe, dass der Urlaubsanspruch bei Verteilung der wöchentlichen Ausbildungszeit auf fünf Tage in der Kalenderwoche in jedem Kalenderjahr 30 Ausbildungstage beträgt.'"

Tarifvertrag für Auszubildende des öffentlichen Dienstes – Besonderer Teil Pflege – (TVAöD – Pflege)

Vom 13. September 2005

Zuletzt geändert durch
Änderungstarifvertrag Nr. 18 vom 6. April 2025[1])

III

Inhaltsübersicht

[1]) Die Abstimmung des Textes des Änderungstarifvertrages war erst im August 2025 abgeschlossen.

III

§ 1a Geltungsbereich des Besonderen Teils[1])

(1) [1]Dieser Tarifvertrag gilt nur für die in § 1 Abs. 1 des Tarifvertrages für Auszubildende des öffentlichen Dienstes (TVAöD) – Allgemeiner Teil unter Buchst. b und c aufgeführten Auszubildenden. [2]Er bildet im Zusammenhang mit dem Allgemeinen Teil des TVAöD den Tarifvertrag für die Auszubildenden des öffentlichen Dienstes in Pflegeberufen (TVAöD – Pflege).

(2) Soweit in den nachfolgenden Bestimmungen auf die §§ 1, 8a und 12 verwiesen wird, handelt es sich um die Regelungen des TVAöD – Allgemeiner Teil –.

§ 3 Probezeit

(1) Die Probezeit beträgt sechs Monate.

(2) Während der Probezeit kann das Ausbildungsverhältnis von beiden Seiten jederzeit ohne Einhalten einer Kündigungsfrist gekündigt werden.

§ 7 Wöchentliche und tägliche Ausbildungszeit

(1) [1]Die regelmäßige durchschnittliche wöchentliche Ausbildungszeit und die tägliche Ausbildungszeit der Auszubildenden, die nicht unter das Jugendarbeitsschutzgesetz fallen, richten sich nach den für die Beschäftigten des Ausbildenden maßgebenden Vorschriften über die Arbeitszeit. [2]Für Auszubildende der Mitglieder des Kommunalen Arbeitgeberverbandes Baden-Württemberg im Geltungsbereich des BT-K ist eine abweichende Regelung vereinbart.

(2) Auszubildende dürfen im Rahmen des Ausbildungszwecks auch an Sonntagen und Wochenfeiertagen und in der Nacht ausgebildet werden.

(3) Eine über die durchschnittliche regelmäßige wöchentliche Ausbildungszeit hinausgehende Beschäftigung ist nur ausnahmsweise zulässig.

§ 8 Ausbildungsentgelt

(1) Das monatliche Ausbildungsentgelt beträgt für Auszubildende nach § 1 Abs. 1 Buchst. b

---

1) Die Tarifpartner haben im Zuge des Tarifergebnisses 2023 vereinbart, nach Abschluss der Tarifrunde 2023 Tarifverhandlungen zur Regelung der Ausbildungen zur/zum Kranken- und Altenpflegehelferin und -helfer aufzunehmen. Die Ausbildungen sind bislang nach § 1 Abs. 2 TVAöD – Allgemeiner Teil vom Geltungsbereich ausgenommen.

	bis 31. März 2025	ab 1. April 2025	ab 1. Mai 2026
im ersten Ausbildungsjahr	1340,69 Euro	1415,69 Euro	1490,69 Euro
im zweiten Ausbildungsjahr	1402,07 Euro	1477,07 Euro	1552,07 Euro
im dritten Ausbildungsjahr	1503,38 Euro	1578,38 Euro	1653,38 Euro.

(2) Das monatliche Ausbildungsentgelt beträgt für Auszubildende nach § 1 Abs. 1 Buchst. c

	bis 31. März 2025	ab 1. April 2025	ab 1. Mai 2026
im ersten Ausbildungsjahr	1215,24 Euro	1290,24 Euro	1365,24 Euro
im zweiten Ausbildungsjahr	1275,30 Euro	1350,30 Euro	1425,30 Euro
im dritten Ausbildungsjahr	1372,03 Euro	1447,03 Euro	1522,03 Euro.

(3) Das Ausbildungsentgelt ist zu demselben Zeitpunkt fällig wie das den Beschäftigten des Ausbildenden gezahlte Entgelt.

(4) Ist wegen des Besuchs einer weiterführenden oder einer berufsbildenden Schule oder wegen einer Berufsausbildung in einer sonstigen Einrichtung die Ausbildungszeit verkürzt, gilt für die Höhe des Ausbildungsentgelts der Zeitraum, um den die Ausbildungszeit verkürzt wird, als abgeleistete Ausbildungszeit.

§ 8b Sonstige Entgeltregelungen

(1) [1]§ 8a[1]) findet mit der Maßgabe Anwendung, dass der Zeitzuschlag für Nachtarbeit mindestens 1,28 Euro pro Stunde beträgt. [2]Auszubildende erhalten unter denselben Voraussetzungen wie die beim Ausbildenden Beschäftigten im Sinne des § 38 Abs. 5 Satz 1 TVöD 75 v. H. der Zulagenbeträge gemäß § 8 Abs. 5 und 6 TVöD.

Protokollerklärung zu Absatz 1 Satz 2:

Für den Anspruch der Auszubildenden auf eine Zulage nach Satz 2 ist es unbeachtlich, wenn den Beschäftigten des Ausbildenden aufgrund der Protokollerklärung Nr. 5 des Teil B Abschnitt XI Ziffer 1 (Beschäftigte in der Pflege) der Anlage 1 zum TVöD – Entgeltordnung (VKA), der Protokollerklärung zu § 29a Abs. 4 TVÜ-VKA oder § 29d Abs. 2 TVÜ-VKA keine Zulage oder eine Zulage in verminderter Höhe zusteht.

(2) [1]Soweit Beschäftigten des Bundes gemäß den Protokollerklärungen Nr. 1 bis 3 des Teils IV Abschnitt 25 Unterabschnitt 25.1 der Anlage 1 zum TV EntgO Bund oder gemäß § 19 Abs. 5 Satz 2 TVöD in Verbindung mit § 33 Abs. 1 Buchst. c und Abs. 6 BAT/BAT-O eine Zulage zusteht, erhalten Auszubildende des Bundes unter denselben Voraussetzungen 50 v. H. des entsprechenden Zulagenbetrages. [3]Soweit

1) Red. Anm.: Gemeint ist § 8a des Allgemeinen Teils

Beschäftigten im Sinne von § 38 Abs. 5 Satz 1 TVöD im Bereich der VKA gemäß der Protokollerklärung Nr. 1 zu Teil B Abschnitt XI Ziffer 1 der Anlage 1 – Entgeltordnung (VKA) zum TVöD oder gemäß § 19 Abs. 5 Satz 2 TVöD bzw. § 23 Abs. 1 TVÜ-VKA in Verbindung mit § 33 Abs. 1 Buchst. c und Abs. 6 BAT/BAT-O eine Zulage zusteht, erhalten Auszubildende im Bereich der VKA unter denselben Voraussetzungen 50 v. H. des entsprechenden Zulagenbetrages.

(3) [1]Falls im Bereich der Mitgliedverbände der VKA im Rahmen des Ausbildungsvertrages eine Vereinbarung über die Gewährung einer Personalunterkunft getroffen wird, ist dies in einer gesondert kündbaren Nebenabrede (§ 2 Abs. 2) festzulegen. [2]Der Wert der Personalunterkunft wird im Bereich der Mitgliedverbände der VKA im Tarifgebiet West nach dem Tarifvertrag über die Bewertung der Personalunterkünfte für Angestellte vom 16. März 1974 in der jeweils geltenden Fassung auf das Ausbildungsentgelt mit der Maßgabe angerechnet, dass der nach § 3 Abs. 1 Unterabs. 1 des genannten Tarifvertrages maßgebende Quadratmetersatz um 15 v. H. zu kürzen ist.

§ 9 Urlaub

(1)[1]) [1]Auszubildende erhalten Erholungsurlaub unter Fortzahlung ihres Ausbildungsentgelts (§ 8) in entsprechender Anwendung der für die Beschäftigten des Ausbildenden geltenden Regelungen mit der Maßgabe, dass der Urlaubsanspruch bei Verteilung der wöchentlichen Ausbildungszeit auf fünf Tage in der Kalenderwoche in jedem Kalenderjahr 30 Ausbildungstage beträgt. [2]Im zweiten und dritten Ausbildungsjahr erhalten Auszubildende im Schichtdienst pauschal jeweils einen Tag Zusatzurlaub.

(2) Der Erholungsurlaub ist nach Möglichkeit zusammenhängend während der unterrichtsfreien Zeit zu erteilen und in Anspruch zu nehmen.

§ 10 (Bund) Ausbildungsmaßnahmen außerhalb der Ausbildungsstätte

(1) Bei Dienstreisen erhalten die Auszubildenden eine Entschädigung in entsprechender Anwendung der für die Beschäftigten des Ausbildenden geltenden Reisekostenbestimmungen in der jeweiligen Fassung.

(2) [1]Bei Reisen zur vorübergehenden Ausbildung an einer anderen Einrichtung außerhalb der politischen Gemeindegrenze der Ausbildungsstätte sowie zur Teilnahme an Vorträgen, an Arbeitsgemein-

---

1) Infolge des Änderungstarifvertrages Nr. 18 vom 6. April 2025 erhöht sich der Erholungsurlaub ab dem 1. Januar 2027 von 30 auf 31 Tage.

schaften oder an Übungen werden die entstandenen notwendigen Fahrtkosten bis zur Höhe der Kosten für die Fahrkarte der jeweils niedrigsten Klasse des billigsten regelmäßig verkehrenden Beförderungsmittels (im Bahnverkehr ohne Zuschläge) erstattet; Möglichkeiten zur Erlangung von Fahrpreisermäßigungen (z. B. Schülerfahrkarten, Monatsfahrkarten, BahnCard) sind auszunutzen. [2]Die nachgewiesenen notwendigen Kosten einer Unterkunft am auswärtigen Ort werden, soweit nicht eine unentgeltliche Unterkunft zur Verfügung steht, erstattet. [3]Zu den Auslagen des bei notwendiger auswärtiger Unterbringung entstehenden Verpflegungsmehraufwandes wird für volle Kalendertage der Anwesenheit am auswärtigen Ausbildungsort ein Verpflegungszuschuss gewährt, dessen Höhe sich in entsprechender Anwendung der für die Beschäftigten des Ausbildenden geltenden Reisekostenbestimmungen in der jeweiligen Fassung bemisst. [4]Bei unentgeltlicher Verpflegung wird der Verpflegungszuschuss entsprechend einbehalten. [5]Bei einer über ein Wochenende oder einen Feiertag hinaus andauernden Ausbildungsmaßnahme werden die dadurch entstandenen Mehrkosten für Unterkunft und Verpflegungsmehraufwand nach Maßgabe der Sätze 2 bis 4 erstattet. [6]Leistungen Dritter sind anzurechnen.

Protokollerklärung zu Absatz 2:

Absatz 2 gilt auch für den Besuch einer auswärtigen beruflichen Schule.

§ 10 (VKA) Ausbildungsmaßnahmen außerhalb der Ausbildungsstätte

(1) Bei Dienstreisen erhalten die Auszubildenden eine Entschädigung in entsprechender Anwendung der für die Beschäftigten des Ausbildenden geltenden Reisekostenbestimmungen in der jeweiligen Fassung.

(2) [1]Bei Reisen zur vorübergehenden Ausbildung an einer anderen Einrichtung außerhalb der politischen Gemeindegrenze der Ausbildungsstätte sowie zur Teilnahme an Vorträgen, an Arbeitsgemeinschaften oder an Übungen werden die entstandenen notwendigen Fahrtkosten bis zur Höhe der Kosten für die Fahrkarte der jeweils niedrigsten Klasse des billigsten regelmäßig verkehrenden Beförderungsmittels (im Bahnverkehr ohne Zuschläge) erstattet; Möglichkeiten zur Erlangung von Fahrpreisermäßigungen (z. B. Schülerfahrkarten, Monatsfahrkarten, BahnCard) sind auszunutzen. [2]Bei Reisen zur vorübergehenden Ausbildung an einer anderen Einrichtung außerhalb der politischen Gemeindegrenzen der Ausbildungsstätte nach Satz 1 wird bei notwendiger Unterbringung am auswärtigen Ausbildungsort für volle Kalendertage der Anwesenheit sowie für den An- und Abreise-

tag ein Verpflegungszuschuss gewährt, dessen Höhe sich in entsprechender Anwendung der für die Beschäftigten des Ausbildenden geltenden Reisekostenbestimmungen in der jeweiligen Fassung bemisst. [3]Bei unentgeltlicher Verpflegung wird der Verpflegungszuschuss entsprechend einbehalten. [4]Bei einer über ein Wochenende oder einen Feiertag hinaus andauernden Ausbildungsmaßnahme wird der Verpflegungsmehraufwand nach Maßgabe der Sätze 2 und 3 erstattet.

Protokollerklärung zu Absatz 2:

Die Sätze 2 bis 4 gelten nicht für den Besuch einer auswärtigen beruflichen Schule.

§ 10a Familienheimfahrten

[1]Für Familienheimfahrten vom jeweiligen Ort der Ausbildungsstätte zum Wohnort der Eltern, der Erziehungsberechtigten oder der Ehegattin/des Ehegatten oder der Lebenspartnerin/des Lebenspartners werden den Auszubildenden monatlich einmal die im Bundesgebiet entstandenen notwendigen Fahrtkosten bis zur Höhe der Kosten der Fahrkarte der jeweils niedrigsten Klasse des billigsten regelmäßig verkehrenden Beförderungsmittels (im Bahnverkehr ohne Zuschläge) erstattet; Möglichkeiten zur Erlangung von Fahrpreisermäßigungen (z. B. Schülerfahrkarten, Monatsfahrkarten, BahnCard) sind auszunutzen. [2]Beträgt die Entfernung mehr als 300 km, können im Bahnverkehr Zuschläge bzw. besondere Fahrpreise (z. B. für ICE) erstattet werden. [3]Die Sätze 1 und 2 gelten nicht, wenn aufgrund geringer Entfernung eine tägliche Rückkehr möglich und zumutbar ist oder der Aufenthalt am jeweiligen Ort der Ausbildungsstätte weniger als vier Wochen beträgt.

Niederschriftserklärung zu § 10a TVAöD – Besonderer Teil Pflege:

Die Fahrtkosten für Familienheimfahrten umfassen die Kosten für die Hin- und Rückfahrt.

§ 11 Schutzkleidung, Ausbildungsmittel

(1) Für die Gewährung von Schutzkleidung gelten die für die in dem Beruf beim Ausbildenden tätigen Beschäftigten jeweils maßgebenden Bestimmungen, in dem die Auszubildenden ausgebildet werden.

(2) Der Ausbildende hat den Auszubildenden kostenlos die Ausbildungsmittel zur Verfügung zu stellen, die zur Ausbildung und zum Ablegen der staatlichen Prüfung erforderlich sind.

§ 14 Jahressonderzahlung

(1) [1]Auszubildende, die am 1. Dezember in einem Ausbildungsverhältnis stehen, haben Anspruch auf eine Jahressonderzahlung. [2]Im Bereich des Bundes beträgt diese 90 v. H. des den Auszubildenden in den

Kalendermonaten August, September und Oktober durchschnittlich gezahlten Entgelts (Ausbildungsentgelt, in Monatsbeträgen gezahlte Zulagen und unständige Entgeltbestandteile gemäß § 8a und § 8b, soweit diese nicht gemäß § 20 (Bund) Abs. 3 Satz 1 TVöD von der Bemessung ausgenommen sind). [3]Im Bereich der VKA beträgt diese 90 v. H. des den Auszubildenden in den Kalendermonaten August, September und Oktober durchschnittlich gezahlten Entgelts (Ausbildungsentgelt, in Monatsbeträgen gezahlte Zulagen und unständige Entgeltbestandteile gemäß § 8a und § 8b, soweit diese nicht gemäß § 20 (VKA) Abs. 2 Satz 1 TVöD von der Bemessung ausgenommen sind). [4]Bei Auszubildenden, deren Ausbildungsverhältnis nach dem 31. Oktober begonnen hat, tritt an die Stelle des Bemessungszeitraums nach Satz 2 bzw. Satz 3 der erste volle Kalendermonat.

III

(2) [1]Der Anspruch ermäßigt sich um ein Zwölftel für jeden Kalendermonat, in dem Auszubildende keinen Anspruch auf Ausbildungsentgelt (§ 8), Fortzahlung des Entgelts während des Erholungsurlaubs (§ 9) oder im Krankheitsfall (§ 12) haben. [2]Die Verminderung unterbleibt für Kalendermonate, für die Auszubildende wegen Beschäftigungsverboten nach dem Mutterschutzgesetz kein Ausbildungsentgelt erhalten haben. [3]Die Verminderung unterbleibt ferner für Kalendermonate der Inanspruchnahme der Elternzeit nach dem Bundeselterngeld- und Elternzeitgesetz bis zum Ende des Kalenderjahres, in dem das Kind geboren ist, wenn am Tag vor Antritt der Elternzeit Entgeltanspruch bestanden hat.

Niederschriftserklärung zu § 14 Abs. 2 Satz 1 TVAöD – Besonderer Teil Pflege:

Dem Entgeltanspruch steht der Anspruch auf Zuschuss zum Mutterschaftsgeld gleich.

(3) [1]Die Jahressonderzahlung wird mit dem für November zustehenden Ausbildungsentgelt ausgezahlt. [2]Ein Teilbetrag der Jahressonderzahlung kann zu einem früheren Zeitpunkt ausgezahlt werden.

(4) Auszubildende, die im unmittelbaren Anschluss an die Ausbildung von ihrem Ausbildenden in ein Arbeitsverhältnis übernommen werden und am 1. Dezember noch in diesem Arbeitsverhältnis stehen, erhalten zusammen mit der anteiligen Jahressonderzahlung aus dem Arbeitsverhältnis eine anteilige Jahressonderzahlung aus dem Ausbildungsverhältnis.

§ 20a In-Kraft-Treten, Laufzeit des Besonderen Teils

(1) Dieser Tarifvertrag tritt am 1. Oktober 2005 in Kraft.

(2) Er kann mit einer Frist von drei Monaten zum Ende eines Kalenderhalbjahres schriftlich gekündigt werden.

(3) Abweichend von Absatz 2 kann

a) § 8 Abs. 1 und Abs. 2 mit einer Frist von einem Monat zum Schluss eines Kalendermonats, frühestens jedoch zum 31. März 2027,

b) § 14 zum 31. Dezember eines jeden Jahres

gesondert schriftlich gekündigt werden.

Ab dem 1. Januar 2027 hat Absatz 3 folgenden Wortlaut:

„(3) Abweichend von Absatz 2 können schriftlich gekündigt werden

a) § 8 Abs. 1 mit einer Frist von einem Monat zum Schluss eines Kalendermonats, frühestens jedoch zum 31. März 2027;

b) § 14 zum 31. Dezember eines jeden Jahres;

c) § 9 Abs. 1 mit einer Frist von drei Monaten zum Schluss eines Kalenderjahres;

d) im Falle der Kündigung gemäß § 39 Abs. 4 Buchst. j des Tarifvertrages für den öffentlichen Dienst (TVöD) § 9 Abs. 1 mit einer Frist von drei Monaten zum Schluss des maßgeblichen Kalenderjahres.

Protokollerklärung zu Buchstabe d:

Im Falle der Kündigung gemäß Buchstabe d gilt ab deren Wirksamwerden § 9 Abs. 1 in folgender Fassung: ‚Auszubildende erhalten Erholungsurlaub unter Fortzahlung ihres Ausbildungsentgelts (§ 8) in entsprechender Anwendung der für die Beschäftigten des Ausbildenden geltenden Regelungen mit der Maßgabe, dass der Urlaubsanspruch bei Verteilung der wöchentlichen Ausbildungszeit auf fünf Tage in der Kalenderwoche in jedem Kalenderjahr 30 Ausbildungstage beträgt.'"

III

Tarifvertrag für Studierende in ausbildungsintegrierten dualen Studiengängen im öffentlichen Dienst (TVSöD)

Vom 29. Januar 2020

Zuletzt geändert durch
Änderungstarifvertrag Nr. 4 vom 6. April 2025[1])

III

Inhaltsübersicht

---

[1]) Die Abstimmung des Textes des Änderungstarifvertrages war erst im August 2025 abgeschlossen.

§ 1 Geltungsbereich, Begriffsbestimmungen

(1) [1]Dieser Tarifvertrag gilt für Personen, die mit Verwaltungen und Betrieben einen Vertrag für die Teilnahme an einem ausbildungsintegrierten dualen Studiengang schließen. [2]Die Personen werden nachfolgend Studierende genannt. [3]Voraussetzung dafür, dass dieser Tarifvertrag auf Studierende Anwendung findet, ist auch, dass die Studierenden in einem Beruf ausgebildet werden, der

a) für Studierende im Bereich des Bundes von

- § 1 Abs. 1 Buchst. a),
- § 1 Abs. 1 Buchst. b) oder
- § 1 Abs. 1 Buchst. c)

und

b) für Studierende, die in einem Ausbildungsverhältnis zu einem Ausbildenden stehen, der Mitglied eines Mitgliedverbands der VKA ist, von

- § 1 Abs. 1 Buchst. a),
- § 1 Abs. 1 Buchst. b),
- § 1 Abs. 1 Buchst. c),
- § 1 Abs. 1 Buchst. d) oder
- § 1 Abs. 1 Buchst. e)

des Tarifvertrages für Auszubildende des öffentlichen Dienstes – Allgemeiner Teil (TVAöD – Allgemeiner Teil –) erfasst wird.

(2) [1]Ausbildender ist, wer andere Personen zur Ausbildung einstellen darf. [2]Die Ausbildereigenschaft bestimmt sich nach dem Aufbau der Verwaltung.

(3) [1]Das ausbildungsintegrierte duale Studium verbindet auf der Grundlage eines schriftlichen Ausbildungs- und Studienvertrags eine betriebliche Ausbildung, die von Absatz 1 Satz 3 Buchstaben a) oder b) erfasst wird, mit einem Studium, das in einem vom Ausbildenden vorgegebenen Studiengang an einer Hochschule absolviert wird. [2]Das ausbildungsintegrierte duale Studium gliedert sich in einen Ausbildungsteil und einen Studienteil, die beide jeweils dem Erreichen der entsprechenden Abschlussqualifikation dienen. [3]Dabei beinhaltet der Studienteil des ausbildungsintegrierten dualen Studiums fachtheoretische Studienabschnitte an der Hochschule (Lehrveranstaltungen) und berufspraktische Studienabschnitte beim Ausbildenden oder einem von dem Ausbildenden zu bestimmenden Dritten.

§ 2 Ausbildungs- und Studienvertrag, Nebenabreden

(1) [1]Vor Beginn des Ausbildungs- und Studienverhältnisses ist ein schriftlicher Ausbildungs- und Studienvertrag zu schließen, der neben der Bezeichnung des beabsichtigten Studienabschlusses (Studienteil) und des integrierten Ausbildungsberufes (Ausbildungsteil) mindestens folgende Angaben enthält:

a) die maßgebliche Studien- und Prüfungsordnung in der jeweils geltenden Fassung, die kooperierende Hochschule, den Aufbau und die sachliche Gliederung des ausbildungsintegrierten dualen Studiums, die maßgebliche Ausbildungs- und Prüfungsordnung in der jeweils geltenden Fassung sowie Art, sachliche und zeitliche Gliederung des Ausbildungsteils,
b) Beginn, Dauer und Verteilung des Studienteils einschließlich berufspraktischer Studienabschnitte (Studienplan) und Festlegung der diesbezüglichen Teilnahmepflicht sowie Beginn, Dauer und Verteilung des Ausbildungsteils (Ausbildungsplan),
c) Dauer der regelmäßigen täglichen oder wöchentlichen Ausbildungs- und Studienzeit,
d) Dauer der Probezeit,
e) Zahlung und Höhe des Studienentgelts sowie Studiengebühren,
f) Dauer und Inanspruchnahme des Urlaubs,
g) Voraussetzungen, unter denen das Vertragsverhältnis gekündigt werden kann,
h) Bindungs- und Rückzahlungsbedingungen,
i) die Geltung dieses Tarifvertrages sowie einen in allgemeiner Form gehaltenen Hinweis auf die Betriebs- und Dienstvereinbarungen, die auf das Ausbildungs- und Studienverhältnis anzuwenden sind,
j) die Form des Ausbildungsnachweises nach dem Berufsbildungsgesetz (BBiG) für Studierende mit einem Ausbildungsteil nach § 1 Abs. 1 Buchst. a) TVAöD – Allgemeiner Teil –.

[2]Bei Studierenden mit einem Ausbildungsteil nach § 1 Abs. 1 Buchst. b) TVAöD – Allgemeiner Teil – mit einer integrierten Ausbildung nach dem Pflegeberufegesetz (PflBG) muss der Ausbildungs- und Studienvertrag darüber hinaus folgende Angaben enthalten:

a) den gewählten Vertiefungseinsatz einschließlich einer Ausrichtung nach § 7 Abs. 4 Satz 2 PflBG,
b) Verpflichtung der Studierenden zum Besuch der Ausbildungsveranstaltungen der Pflegeschule,
c) Umfang etwaiger Sachbezüge nach § 19 Abs. 2 PflBG,

d) Hinweis auf die Rechte als Arbeitnehmerin/Arbeitnehmer im Sinne von § 5 Betriebsverfassungsgesetz oder des für den Ausbilder jeweils geltenden Landespersonalvertretungsgesetzes.

(2) [1]Nebenabreden sind nur wirksam, wenn sie schriftlich vereinbart werden. [2]Sie können gesondert gekündigt werden, soweit dies einzelvertraglich vereinbart ist.

(3) [1]Falls im Bereich der Mitgliedverbände der VKA im Rahmen des Ausbildungs- und Studienvertrages eine Vereinbarung über die Gewährung einer Personalunterkunft getroffen wird, ist dies in einer gesondert kündbaren Nebenabrede festzulegen. [2]Der Wert der Personalunterkunft wird im Bereich der Mitgliedverbände der VKA im Tarifgebiet West nach dem Tarifvertrag über die Bewertung der Personalunterkünfte für Angestellte vom 16. März 1974 in der jeweils geltenden Fassung auf das Studienentgelt mit der Maßgabe angerechnet, dass der nach § 3 Abs. 1 Unterabs. 1 des genannten Tarifvertrages maßgebende Quadratmetersatz um 15 v. H. zu kürzen ist.

§ 3 Probezeit, Kündigung

(1) Die Probezeit beträgt

a) drei Monate für Studierende mit einem Ausbildungsteil nach § 1 Abs. 1 Buchst. a), d) oder e) TVAöD – Allgemeiner Teil – und

b) sechs Monate für Studierende mit einem Ausbildungsteil nach § 1 Abs. 1 Buchst. b) oder c) TVAöD – Allgemeiner Teil –.

(2) Während der Probezeit kann das Vertragsverhältnis von beiden Seiten jederzeit ohne Einhalten einer Kündigungsfrist gekündigt werden.

(3) Nach der Probezeit kann das Vertragsverhältnis unbeschadet der gesetzlichen Kündigungsgründe nur gekündigt werden

a) aus einem sonstigen wichtigen Grund ohne Einhalten einer Kündigungsfrist,

b) von den Studierenden mit einer Kündigungsfrist von vier Wochen.

§ 4 Ärztliche Untersuchungen

(1) [1]Studierende haben auf Verlangen des Ausbildenden vor ihrer Einstellung ihre gesundheitliche Eignung durch das Zeugnis einer Betriebsärztin/eines Betriebsarztes, einer Personalärztin/eines Personalarztes oder einer Amtsärztin/eines Amtsarztes nachzuweisen, soweit sich die Betriebsparteien nicht auf eine andere Ärztin/einen anderen Arzt geeinigt haben. [2]Für Studierende, die unter das Jugendarbeitsschutzgesetz (JArbSchG) fallen, ist ergänzend § 32 Abs. 1 JArbSchG zu beachten.

(2) [1]Der Ausbildende ist bei begründeter Veranlassung berechtigt, Studierende zu verpflichten, durch ärztliche Bescheinigung nachzuweisen, dass sie in der Lage sind, die nach dem Ausbildungs- und Studienvertrag übernommenen Verpflichtungen zu erfüllen. [2]Bei der beauftragten Ärztin/dem beauftragten Arzt kann es sich um eine Betriebsärztin/einen Betriebsarzt, eine Personalärztin/einen Personalarzt oder eine Amtsärztin/einen Amtsarzt handeln, soweit sich die Betriebsparteien nicht auf eine andere Ärztin/einen anderen Arzt geeinigt haben. [3]Die Kosten dieser Untersuchung trägt der Ausbildende.

(3) Studierende, die besonderen Ansteckungsgefahren ausgesetzt, mit gesundheitsgefährdenden Tätigkeiten beschäftigt oder mit der Zubereitung von Speisen beauftragt sind, sind in regelmäßigen Zeitabständen oder auf ihren Antrag bei Beendigung des Ausbildungs- und Studienverhältnisses ärztlich zu untersuchen.

§ 5 Schweigepflicht, Nebentätigkeiten, Schadenshaftung

(1) Studierende haben in demselben Umfang Verschwiegenheit zu wahren wie die Beschäftigten des Ausbildenden.

(2) [1]Nebentätigkeiten gegen Entgelt haben Studierende ihrem Ausbildenden rechtzeitig vorher schriftlich anzuzeigen. [2]Der Ausbildende kann die Nebentätigkeit untersagen oder mit Auflagen versehen, wenn diese geeignet ist, die nach dem Ausbildungs- und Studienvertrag übernommenen Verpflichtungen der Studierenden oder berechtigte Interessen des Ausbildenden zu beeinträchtigen.

(3) Für die Schadenshaftung der Studierenden finden die für die Beschäftigten des Ausbildenden geltenden tariflichen Bestimmungen entsprechende Anwendung.

§ 6 Nachweispflichten, Akteneinsichtsrecht

(1) [1]Die Leistungsnachweise aus dem Studienteil des ausbildungsintegrierten dualen Studiums sind Bestandteil der Personalakte der Studierenden. [2]Hierzu haben die Studierenden die von den Hochschulen auszustellenden Leistungsübersichten nach den jeweiligen Studien- und Prüfungsordnungen sowie eine Abschrift des Abschlusszeugnisses unverzüglich nach Aushändigung dem Ausbildenden vorzulegen.

(2) [1]Die Studierenden haben ein Recht auf Einsicht in ihre vollständigen Personalakten. [2]Sie können das Recht auf Einsicht durch einen hierzu schriftlich Bevollmächtigten ausüben lassen. [3]Sie können Auszüge oder Kopien aus ihren Personalakten erhalten.

(3) [1]Beurteilungen sind Studierenden unverzüglich bekannt zu geben. [2]Die Bekanntgabe ist aktenkundig zu machen.

§ 7 Wöchentliche und tägliche Ausbildungs- und Studienzeit

(1) [1]Die regelmäßige durchschnittliche wöchentliche Ausbildungs- und Studienzeit und tägliche Ausbildungs- und Studienzeit der Studierenden richten sich während der fachtheoretischen Abschnitte nach der jeweiligen Ausbildungs-, Studien- und Prüfungsordnung. [2]Die regelmäßige durchschnittliche wöchentliche Ausbildungs- und Studienzeit der Studierenden, die nicht unter das Jugendarbeitsschutzgesetz fallen, richtet sich während der berufspraktischen Abschnitte beim Ausbildenden nach den für die Beschäftigten des Ausbildenden maßgebenden Vorschriften über die Arbeitszeit. [3]Die Sätze 1 und 2 gelten auch bei der Durchführung von berufspraktischen Abschnitten einschließlich der praktischen Ausbildung des Ausbildungsteils bei einem Dritten. [4]In dem Ausbildungs- und Studienvertrag nach § 2 werden die berufspraktischen Abschnitte verbindlich in einem Ausbildungs- und Studienplan vereinbart.

(2) Wird das Führen von Berichtsheften (Ausbildungsnachweisen) verlangt, ist den Studierenden dazu während der Ausbildungs- und Studienzeit Gelegenheit zu geben.

(3) [1]An Tagen, an denen Studierende fachtheoretische Studienabschnitte an der Hochschule absolvieren, gilt die tägliche Ausbildungs- und Studienzeit als erfüllt. [2]Im Übrigen gelten für Studierende, die eine Ausbildung nach § 1 Abs. 1 Buchst. a), d) oder e) TVAöD – Allgemeiner Teil – absolvieren, Unterrichtszeiten einschließlich der Pausen als Ausbildungs- und Studienzeit. [3]Dies gilt auch für die notwendige Wegezeit zwischen Unterrichtsort und Ausbildungsstätte, sofern die praktische Ausbildung oder berufspraktische Studienabschnitte nach dem Unterricht fortgesetzt werden.

(4) Im Übrigen gilt für Studierende mit einem Ausbildungsteil nach § 1 Abs. 1 Buchst. a), d) oder e) TVAöD – Allgemeiner Teil –, dass sie an Tagen, an denen sie im Rahmen ihres Ausbildungsteils an einem theoretisch betrieblichen Unterricht von mindestens 270 tatsächlichen Unterrichtsminuten teilnehmen, nicht zur praktischen Ausbildung herangezogen werden dürfen.

(5) Studierende dürfen im Rahmen des Ausbildungs- und Studienzwecks auch an Sonntagen und Wochenfeiertagen und in der Nacht ausgebildet werden.

(6) [1]Eine Beschäftigung, die über die nach Absatz 1 geregelte Ausbildungs- und Studienzeit hinausgeht, ist nur ausnahmsweise zulässig. [2]§§ 21, 23 JArbSchG, § 17 Abs. 7 BBiG und § 19 Abs. 3 PflBG bleiben unberührt.

§ 8 Studienentgelt und Studiengebühren

(1) [1]Studierende erhalten bis zum Ablauf des Kalendermonats, in dem die Abschlussprüfung des Ausbildungsteils erfolgreich abgelegt wird, ein Studienentgelt, das sich aus einem monatlichen Entgelt und einer monatlichen Zulage zusammensetzt. [2]Das monatliche Entgelt beträgt

a) für Studierende nach § 1 Abs. 1 Buchst. a), d) oder e) TVAöD – Allgemeiner Teil –

	bis 31. März 2025	ab 1. April 2025	ab 1. Mai 2026
im ersten Ausbildungsjahr	1218,26 Euro	1293,26 Euro	1368,26 Euro
im zweiten Ausbildungsjahr	1268,20 Euro	1343,20 Euro	1418,20 Euro
im dritten Ausbildungsjahr	1314,02 Euro	1389,02 Euro	1464,02 Euro
im vierten Ausbildungsjahr	1377,59 Euro	1452,59 Euro	1527,59 Euro

b) für Studierende nach § 1 Abs. 1 Buchst. b) TVAöD – Allgemeiner Teil –

	bis 31. März 2025	ab 1. April 2025	ab 1. Mai 2026
im ersten Ausbildungsjahr	1340,69 Euro	1415,69 Euro	1490,69 Euro
im zweiten Ausbildungsjahr	1402,07 Euro	1477,07 Euro	1552,07 Euro
im dritten Ausbildungsjahr	1503,38 Euro	1578,38 Euro	1653,38 Euro

c) für Studierende nach § 1 Abs. 1 Buchst. c) TVAöD – Allgemeiner Teil –

	bis 31. März 2025	ab 1. April 2025	ab 1. Mai 2026
im ersten Ausbildungsjahr	1215,24 Euro	1290,24 Euro	1365,24 Euro
im zweiten Ausbildungsjahr	1275,30 Euro	1350,30 Euro	1425,30 Euro
im dritten Ausbildungsjahr	1372,03 Euro	1447,03 Euro	1522,03 Euro.

[3]Die monatliche Zulage beträgt 150 Euro. [4]Die Zulage erfolgt als monatliche Pauschale und damit unabhängig von der zeitlichen Verteilung der Ausbildungs- und Studienteile.

(2) [1]Nach dem Ablauf des Kalendermonats, in dem die Abschlussprüfung des Ausbildungsteils erfolgreich abgelegt wurde, erhalten die

Studierenden anstelle des Studienentgelts nach Absatz 1 bis zur Beendigung des ausbildungsintegrierten dualen Studiums ein monatliches Studienentgelt. [2]Das monatliche Studienentgelt nach Satz 1 beträgt

- bei einem ausbildungsintegrierten dualen Studiengang mit einem Ausbildungsteil nach § 1 Abs. 1 Buchst. a), d) oder e) TVAöD – Allgemeiner Teil –

bis 31. März 2025	ab 1. April 2025	ab 1. Mai 2026
1475,00 Euro	1550,00 Euro	1625,00 Euro

- bei einem ausbildungsintegrierten dualen Studiengang mit einem Ausbildungsteil nach § 1 Abs. 1 Buchst. b) TVAöD – Allgemeiner Teil –

bis 31. März 2025	ab 1. April 2025	ab 1. Mai 2026
1665,00 Euro	1740,00 Euro	1815,00 Euro

- und bei einem ausbildungsintegrierten dualen Studiengang mit einem Ausbildungsteil nach § 1 Abs. 1 Buchst. c) TVAöD – Allgemeiner Teil –

bis 31. März 2025	ab 1. April 2025	ab 1. Mai 2026
1535,00 Euro	1610,00 Euro	1685,00 Euro.

(3) Das Studienentgelt ist zu demselben Zeitpunkt fällig wie das den Beschäftigten des Ausbildenden gezahlte Entgelt.

(4) Der Ausbildende übernimmt die notwendigen Studiengebühren.

(5) Ist wegen des Besuchs einer weiterführenden oder einer berufsbildenden Schule oder wegen einer Berufsausbildung in einer sonstigen Einrichtung die Ausbildungszeit des Ausbildungsteils verkürzt, gilt für die Höhe des Studienentgelts nach Absatz 1 der Zeitraum, um den die Ausbildungszeit des Ausbildungsteils verkürzt wird, als abgeleistete Ausbildungszeit.

(6) Wird bei einem ausbildungsintegrierten dualen Studiengang mit einem Ausbildungsteil nach Maßgabe des § 1 Abs. 1 Buchst. a), d) oder e) TVAöD – Allgemeiner Teil – die Ausbildungszeit des Ausbildungsteils

a) im Falle des Nichtbestehens der Abschlussprüfung auf Verlangen der Studierenden bis zur nächstmöglichen Wiederholungsprüfung, höchstens um ein Jahr, verlängert oder

b) auf Antrag der Studierenden nach § 8 Abs. 2 BBiG von der zuständigen Stelle oder nach § 27c Abs. 2 der Handwerksordnung (HwO) von der Handwerkskammer verlängert, wird während des Zeitraums der Verlängerung das Studienentgelt nach Absatz 1 Satz 1 in Verbindung mit Satz 2 Buchst. a des letzten regelmäßigen Ausbildungsabschnitts des Ausbildungsteils gezahlt.

(7) [1]Können Studierende bei einem ausbildungsintegrierten dualen Studiengang mit einem Ausbildungsteil nach § 1 Abs. 1 Buchst. a), d) oder e) TVAöD – Allgemeiner Teil – ohne eigenes Verschulden die Abschlussprüfung des Ausbildungsteils erst nach beendeter Ausbildungszeit ablegen, erhalten die Studierenden bis zur Ablegung der Abschlussprüfung des Ausbildungsteils ein Studienentgelt nach Absatz 1 Satz 1 in Verbindung mit Satz 2 Buchst. a) für den letzten regelmäßigen Ausbildungsabschnitt. [2]Im Falle des Bestehens der Prüfung erhalten die Studierenden darüber hinaus rückwirkend von dem Zeitpunkt an, an dem der Ausbildungsteil geendet hat, den Unterschiedsbetrag zwischen dem ihnen gezahlten Studienentgelt nach Satz 1 und dem für das vierte Ausbildungsjahr maßgebenden Studienentgelt nach Absatz 1 Satz 1 in Verbindung mit Satz 2 Buchst. a).

§ 8a Unständige Entgeltbestandteile

(1) [1]Für Studierende, deren berufspraktische Abschnitte einschließlich der praktischen Ausbildung des Ausbildungsteils an Samstagen, Sonntagen, Feiertagen und Vorfesttagen stattfinden, gelten die für die Beschäftigten des Ausbildenden geltenden Regelungen sinngemäß. [2]Dies gilt auch für den Bereitschaftsdienst und die Rufbereitschaft, für die Überstunden und für die Zeitzuschläge.

(2) [1]Für Studierende mit einem Ausbildungsteil nach § 1 Abs. 1 Buchst. b) oder c) TVAöD – Allgemeiner Teil – beträgt der Zeitzuschlag für Nachtarbeit mindestens 1,28 Euro pro Stunde. [2]Studierende mit einem Ausbildungsteil nach § 1 Abs. 1 Buchst. b) oder c) TVAöD – Allgemeiner Teil – erhalten unter denselben Voraussetzungen wie die beim Ausbildenden Beschäftigten im Sinne des § 38 Abs. 5 Satz 1 Tarifvertrag für den öffentlichen Dienst (TVöD) 75 v. H. der Zulagenbeträge gemäß § 8 Abs. 5 und 6 TVöD.

§ 8b Sonstige Entgeltregelungen

(1) Studierenden im Bereich des Bundes mit einem Ausbildungsteil nach § 1 Abs. 1 Buchst. a) TVAöD – Allgemeiner Teil – können bei Vorliegen der geforderten Voraussetzungen 50 v. H. der Zulagen gewährt werden, die für Beschäftigte im Sinne des § 38 Abs. 5 Satz 1 TVöD gemäß § 19 Abs. 5 TVöD in Verbindung mit § 33 Abs. 1 Buchst. c) und Abs. 6 BAT/BAT-O jeweils vereinbart sind.

(2) Studierenden mit einem Ausbildungsteil nach § 1 Abs. 1 Buchst. a), d) oder e) TVAöD – Allgemeiner Teil –, die in einem Ausbildungsver-

hältnis zu einem Ausbildenden stehen, der Mitglied eines Mitgliedverbandes der VKA ist, können bei Vorliegen der geforderten Voraussetzungen 50 v. H. der Zulagen gewährt werden, die für Beschäftigte im Sinne des § 38 Abs. 5 Satz 1 TVöD gemäß § 23 Abs. 1 Satz 1 dritter bzw. vierter Spiegelstrich TVÜ-VKA in Verbindung mit § 33 Abs. 1 Buchst. c) und Abs. 6 BAT/BAT-O jeweils vereinbart sind.

(3) Studierenden im Bereich des Bundes mit einem Ausbildungsteil nach § 1 Abs. 1 Buchst. a) TVAöD – Allgemeiner Teil –, die in erheblichem Umfang mit Arbeiten beschäftigt werden, für die Beschäftigten im Sinne des § 38 Abs. 5 Satz 2 TVöD nach Maßgabe des § 19 Abs. 5 TVöD Erschwerniszuschläge zustehen, kann im zweiten bis vierten Ausbildungsjahr ein monatlicher Pauschalzuschlag in Höhe von 10 Euro gezahlt werden.

(4) Studierenden mit einem Ausbildungsteil nach § 1 Abs. 1 Buchst. a), d) oder e) TVAöD – Allgemeiner Teil –, die in einem Ausbildungsverhältnis zu einem Ausbildenden stehen, der Mitglied eines Mitgliedverbandes der VKA ist, und in erheblichem Umfang mit Arbeiten beschäftigt werden, für die Beschäftigten im Sinne des § 38 Abs. 5 Satz 2 TVöD nach Maßgabe des § 23 Abs. 1 Satz 1 erster bzw. zweiter Spiegelstrich TVÜ-VKA Erschwerniszuschläge zustehen, kann im zweiten bis vierten Ausbildungsjahr ein monatlicher Pauschalzuschlag in Höhe von 10 Euro gezahlt werden.

(5) Soweit Beschäftigten des Bundes gemäß den Protokollerklärungen Nr. 1 bis 3 des Teils IV Abschnitt 25 Unterabschnitt 25.1 der Anlage 1 zum TV EntgO Bund oder gemäß § 19 Abs. 5 Satz 2 TVöD in Verbindung mit § 33 Abs. 1 Buchst. c) und Abs. 6 BAT/BAT-O eine Zulage zusteht, erhalten Studierende im Bereich des Bundes mit einem Ausbildungsteil nach § 1 Abs. 1 Buchst. b) oder c) TVAöD – Allgemeiner Teil – unter denselben Voraussetzungen 50 v. H. des entsprechenden Zulagenbetrages.

(6) Soweit Beschäftigten im Sinne von § 38 Abs. 5 Satz 1 TVöD im Bereich der VKA gemäß der Protokollerklärung Nr. 1 zu Teil B Abschnitt XI Ziffer 1 der Anlage 1 Entgeltordnung (VKA) zum TVöD oder gemäß § 19 Abs. 5 Satz 2 TVöD bzw. § 23 Abs. 1 TVÜ-VKA in Verbindung mit § 33 Abs. 1 Buchst. c) und Abs. 6 BAT/BAT-O eine Zulage zusteht, erhalten Studierende mit einem Ausbildungsteil nach § 1 Abs. 1 Buchst. b) oder c) TVAöD – Allgemeiner Teil – im Bereich der VKA unter denselben Voraussetzungen 50 v. H. des entsprechenden Zulagenbetrages.

Protokollerklärung zu Absatz 6:

Für den Anspruch der Studierenden auf eine Zulage nach Absatz 6 ist es unbeachtlich, wenn den Beschäftigten des Ausbildenden aufgrund der Protokollerklärung Nr. 5 des Teil B Abschnitt XI Ziffer 1 (Beschäftigte in der Pflege) der Anlage 1 zum

TVöD – Entgeltordnung (VKA), der Protokollerklärung zu § 29a Abs. 4 TVÜ-VKA oder § 29d Abs. 2 TVÜ-VKA keine Zulage oder eine Zulage in verminderter Höhe zusteht.

§ 9 Urlaub

(1)[1]) Studierende erhalten Erholungsurlaub unter Fortzahlung ihres Studienentgelts in entsprechender Anwendung der für die Beschäftigten des Ausbildenden geltenden Regelungen mit der Maßgabe, dass der Urlaubsanspruch bei Verteilung der wöchentlichen Ausbildungszeit auf fünf Tage in der Kalenderwoche in jedem Kalenderjahr 30 Ausbildungstage beträgt.

III

(2) Der Erholungsurlaub ist in der vorlesungs- und unterrichtsfreien Zeit in Anspruch zu nehmen.

(3) [1]Studierende mit einem Ausbildungsteil nach § 1 Abs. 1 Buchst. b) oder c) TVAöD – Allgemeiner Teil –, die im Ausbildungsteil im Schichtdienst eingesetzt werden, erhalten im zweiten und dritten Jahr des Ausbildungsteils entsprechend § 9 Abs. 1 Satz 2 TVAöD – Besonderer Teil Pflege – jeweils einen Tag Zusatzurlaub. [2]Absatz 2 gilt entsprechend.

§ 10 (Bund) Ausbildungs- und Studienmaßnahmen außerhalb der Ausbildungsstätte

(1) [1]Bei Dienstreisen, die im Rahmen des Ausbildungsteils oder der berufspraktischen Studienabschnitte erfolgen, erhalten die Studierenden eine Entschädigung in analoger Anwendung der Reisekostenbestimmungen, die für die Beschäftigten des Ausbildenden jeweils gelten. [2]Gleiches gilt bei Reisen zur Ablegung der in den Ausbildungsordnungen bzw. in den Studien- und Prüfungsordnungen vorgeschriebenen Prüfungen für Studierende mit einem Ausbildungsteil nach § 1 Abs. 1 Buchst. a), d) oder e) TVAöD – Allgemeiner Teil –.

(2) [1]Bei Reisen von Studierenden mit einem Ausbildungsteil nach § 1 Abs. 1 Buchst. a), d) oder e) TVAöD – Allgemeiner Teil – zur Teilnahme an überbetrieblichen Ausbildungsmaßnahmen im Sinne des § 5 Abs. 2 Satz 1 Nr. 6 BBiG außerhalb der politischen Gemeindegrenze der Ausbildungsstätte, werden die entstandenen notwendigen Fahrtkosten bis zur Höhe der Kosten der Fahrkarte der jeweils niedrigsten Klasse des billigsten regelmäßig verkehrenden Beförderungsmittels (im Bahnverkehr ohne Zuschläge) erstattet; Möglichkeiten zur Erlangung von Fahrpreisermäßigungen (z. B. Schülerfahrkarten, Monatsfahrkarten, BahnCard, Semesterticket) sind auszunutzen. [2]Beträgt die Ent-

---

[1]) Infolge des Änderungstarifvertrages Nr. 4 vom 6. April 2025 erhöht sich der Erholungsurlaub ab dem 1. Januar 2027 von 30 auf 31 Tage.

fernung zwischen den Ausbildungsstätten hierbei mehr als 100 km, werden im Bahnverkehr Zuschläge beziehungsweise besondere Fahrpreise (z. B. für ICE) erstattet. [3]Die nachgewiesenen notwendigen Kosten einer Unterkunft am auswärtigen Ort werden, soweit nicht eine unentgeltliche Unterkunft zur Verfügung steht, erstattet. [4]Zu den Auslagen des bei notwendiger auswärtiger Unterbringung entstehenden Verpflegungsmehraufwands wird für volle Kalendertage der Anwesenheit am auswärtigen Ausbildungsort ein Verpflegungszuschuss gewährt, dessen Höhe sich in analoger Anwendung der für die Beschäftigten des Ausbildenden geltenden Reisekostenbestimmungen in der jeweiligen Fassung bemisst. [5]Bei unentgeltlicher Verpflegung wird der Verpflegungszuschuss entsprechend einbehalten. [6]Bei einer über ein Wochenende oder einen Feiertag hinaus andauernden Ausbildungsmaßnahme werden die dadurch entstandenen Mehrkosten für Unterkunft und Verpflegungsmehraufwand nach Maßgabe der Sätze 3 bis 5 erstattet. [7]Die Sätze 1 bis 6 gelten auch für Reisen im Rahmen der fachtheoretischen Studienabschnitte, die Bestandteil von Studien- und Prüfungsordnungen sind, wenn die Hochschule außerhalb der politischen Gemeindegrenze der Ausbildungsstätte liegt.

III

(3) [1]Bei Reisen von Studierenden mit einem Ausbildungsteil nach § 1 Abs. 1 Buchst. b) oder c) TVAöD – Allgemeiner Teil – zur vorübergehenden Ausbildung an einer anderen Einrichtung außerhalb der politischen Gemeindegrenze der Ausbildungsstätte sowie zur Teilnahme an Vorträgen, an Arbeitsgemeinschaften oder an Übungen werden die entstandenen notwendigen Fahrtkosten bis zur Höhe der Kosten für die Fahrkarte der jeweils niedrigsten Klasse des billigsten regelmäßig verkehrenden Beförderungsmittels (im Bahnverkehr ohne Zuschläge) erstattet; Möglichkeiten zur Erlangung von Fahrpreisermäßigungen (z. B. Schülerfahrkarten, Monatsfahrkarten, BahnCard, Semesterticket) sind auszunutzen. [2]Die nachgewiesenen notwendigen Kosten einer Unterkunft am auswärtigen Ort werden, soweit nicht eine unentgeltliche Unterkunft zur Verfügung steht, erstattet. [3]Zu den Auslagen des bei notwendiger auswärtiger Unterbringung entstehenden Verpflegungsmehraufwandes wird für volle Kalendertage der Anwesenheit am auswärtigen Ausbildungsort ein Verpflegungszuschuss gewährt, dessen Höhe sich in entsprechender Anwendung der für die Beschäftigten des Ausbildenden geltenden Reisekostenbestimmungen in der jeweiligen Fassung bemisst. [4]Bei unentgeltlicher Verpflegung wird der Verpflegungszuschuss entsprechend einbehalten. [5]Bei einer über ein Wochenende oder einen Feiertag hinaus andauernden Ausbildungsmaßnahme werden die dadurch entstandenen Mehrkosten für Unterkunft und Verpflegungsmehraufwand nach Maßgabe der Sätze 2 bis 4 erstattet. [6]Leistungen Dritter sind anzurechnen.

Protokollerklärung zu Absatz 3:

Absatz 3 gilt auch für den Besuch einer auswärtigen beruflichen Schule sowie für Reisen im Rahmen der fachtheoretischen Studienabschnitte, die Bestandteil von Studien- und Prüfungsordnungen sind, wenn die Hochschule außerhalb der politischen Gemeindegrenze der Ausbildungsstätte liegt.

(4) [1]Bei Reisen von Studierenden mit einem Ausbildungsteil nach § 1 Abs. 1 Buchst. a), d) oder e) TVAöD – Allgemeiner Teil –, die im Rahmen des Ausbildungsteils für den Besuch einer auswärtigen Berufsschule erfolgen, werden die notwendigen Fahrtkosten erstattet, soweit sie monatlich 6 v. H. des Studienentgelts nach § 8 Abs. 1 für das erste Studienjahr übersteigen. [2]Satz 1 gilt nicht, soweit die Fahrtkosten nach landesrechtlichen Vorschriften von einer Körperschaft des öffentlichen Rechts getragen werden. [3]Die notwendigen Auslagen für Unterkunft und Verpflegungsmehraufwand werden bei Besuch der regulären auswärtigen Berufsschule im Blockunterricht entsprechend Absatz 2 Sätze 3 bis 6 erstattet. [4]Leistungen Dritter sind anzurechnen.

(5) Bei Abordnungen und Zuweisungen von Studierenden mit einem Ausbildungsteil nach § 1 Abs. 1 Buchst. a), d) oder e) TVAöD – Allgemeiner Teil –, die im Rahmen des Ausbildungsteils erfolgen, werden die Kosten nach Maßgabe des Absatzes 2 erstattet.

§ 10 (VKA) Ausbildungs- und Studienmaßnahmen außerhalb der Ausbildungsstätte

(1) [1]Bei Dienstreisen, die im Rahmen des Ausbildungsteils oder der berufspraktischen Studienabschnitte erfolgen, erhalten die Studierenden eine Entschädigung in analoger Anwendung der Reisekostenbestimmungen, die für die Beschäftigten des Ausbildenden jeweils gelten. [2]Gleiches gilt bei Reisen zur Ablegung der in den Ausbildungsordnungen bzw. in den Studien- und Prüfungsordnungen vorgeschriebenen Prüfungen für Studierende mit einem Ausbildungsteil nach § 1 Abs. 1 Buchst. a), d) oder e) TVAöD – Allgemeiner Teil –.

(2) [1]Bei Reisen von Studierenden mit einem Ausbildungsteil nach § 1 Abs. 1 Buchst. a), d) oder e) TVAöD – Allgemeiner Teil – zur Teilnahme an überbetrieblichen Ausbildungsmaßnahmen im Sinne des § 5 Abs. 2 Satz 1 Nr. 6 BBiG außerhalb der politischen Gemeindegrenze der Ausbildungsstätte, werden die entstandenen notwendigen Fahrtkosten bis zur Höhe der Kosten der Fahrkarte der jeweils niedrigsten Klasse des billigsten regelmäßig verkehrenden Beförderungsmittels (im Bahnverkehr ohne Zuschläge) erstattet; Möglichkeiten zur Erlangung von Fahrpreisermäßigungen (z. B. Schülerfahrkarten, Monatsfahrkarten, BahnCard, Semesterticket) sind auszunutzen. [2]Beträgt die Entfernung zwischen den Ausbildungsstätten hierbei mehr als 100 km,

werden im Bahnverkehr Zuschläge beziehungsweise besondere Fahrpreise (z. B. für ICE) erstattet. [3]Die nachgewiesenen notwendigen Kosten einer Unterkunft am auswärtigen Ort werden, soweit nicht eine unentgeltliche Unterkunft zur Verfügung steht, erstattet. [4]Zu den Auslagen des bei notwendiger auswärtiger Unterbringung entstehenden Verpflegungsmehraufwands am auswärtigen Ausbildungsort wird Studierenden für volle Kalendertage der Anwesenheit sowie für den An- und Abreisetag ein Verpflegungszuschuss gewährt, dessen Höhe sich in analoger Anwendung der für die Beschäftigten des Ausbildenden geltenden Reisekostenbestimmungen in der jeweiligen Fassung bemisst. [5]Bei unentgeltlicher Verpflegung wird der jeweilige Verpflegungszuschuss einbehalten. [6]Bei einer über ein Wochenende oder einen Feiertag hinaus andauernden Ausbildungsmaßnahme werden die dadurch entstandenen Mehrkosten für Unterkunft und Verpflegungsmehraufwand nach Maßgabe der Sätze 3 bis 5 erstattet. [7]Die Sätze 1 bis 3 gelten auch für Reisen im Rahmen der fachtheoretischen Studienabschnitte, die Bestandteil von Studien- und Prüfungsordnungen sind, wenn die Hochschule außerhalb der politischen Gemeindegrenze der Ausbildungsstätte liegt. [8]Für die notwendigen Auslagen beim Verpflegungsmehraufwand wird bei Reisen nach Satz 7 für volle Kalendertage der Anwesenheit am auswärtigen Ausbildungsort ein Verpflegungszuschuss in Höhe der nach der Sozialversicherungsentgeltverordnung maßgebenden Sachbezugswerte für Frühstück, Mittagessen und Abendessen gewährt. [9]Bei unentgeltlicher Verpflegung wird der jeweilige Sachbezugswert einbehalten. [10]Soweit eine Reise nach Satz 7 über ein Wochenende oder einen Feiertag hinaus andauert, gelten die Sätze 1 bis 3, 8 und 9 entsprechend.

(3) [1]Bei Reisen von Studierenden mit einem Ausbildungsteil nach § 1 Abs. 1 Buchst. b) oder c) TVAöD – Allgemeiner Teil – zur vorübergehenden Ausbildung an einer anderen Einrichtung außerhalb der politischen Gemeindegrenze der Ausbildungsstätte sowie zur Teilnahme an Vorträgen, an Arbeitsgemeinschaften oder an Übungen werden die entstandenen notwendigen Fahrtkosten bis zur Höhe der Kosten für die Fahrkarte der jeweils niedrigsten Klasse des billigsten regelmäßig verkehrenden Beförderungsmittels (im Bahnverkehr ohne Zuschläge) erstattet; Möglichkeiten zur Erlangung von Fahrpreisermäßigungen (z. B. Schülerfahrkarten, Monatsfahrkarten, BahnCard, Semesterticket) sind auszunutzen. [2]Bei Reisen zur vorübergehenden Ausbildung an einer anderen Einrichtung außerhalb der politischen Gemeindegrenzen der Ausbildungsstätte nach Satz 1 wird bei notwendiger Unterbringung am auswärtigen Ausbildungsort für volle Kalendertage der Anwesenheit sowie für den An- und Abreisetag ein

Verpflegungszuschuss gewährt, dessen Höhe sich in analoger Anwendung der für die Beschäftigten des Ausbildenden geltenden Reisekostenbestimmungen in der jeweiligen Fassung bemisst. [3]Bei unentgeltlicher Verpflegung wird der Verpflegungszuschuss entsprechend einbehalten. [4]Bei einer über ein Wochenende oder einen Feiertag hinaus andauernden Ausbildungsmaßnahme werden die durch den Verpflegungsmehraufwand entstandenen Mehrkosten nach Maßgabe der Sätze 2 und 3 erstattet.

Protokollerklärung zu Absatz 3:

Die Sätze 2 bis 4 gelten nicht für den Besuch einer auswärtigen beruflichen Schule sowie für Reisen im Rahmen der fachtheoretischen Studienabschnitte, die Bestandteil von Studien- und Prüfungsordnungen sind, wenn die Hochschule außerhalb der politischen Gemeindegrenze der Ausbildungsstätte liegt.

(4) [1]Bei Reisen von Studierenden mit einem Ausbildungsteil nach § 1 Abs. 1 Buchst. a), d) oder e) TVAöD – Allgemeiner Teil –, die im Rahmen des Ausbildungsteils für den Besuch einer auswärtigen Berufsschule erfolgen, werden die notwendigen Fahrtkosten erstattet, soweit sie monatlich 6 v. H. des Studienentgelts nach § 8 Abs. 1 für das erste Studienjahr übersteigen. [2]Satz 1 gilt nicht, soweit die Fahrtkosten nach landesrechtlichen Vorschriften von einer Körperschaft des öffentlichen Rechts getragen werden. [3]Die notwendigen Auslagen für die Unterkunft und Verpflegung werden bei Besuch der regulären auswärtigen Berufsschule im Blockunterricht entsprechend Absatz 2 Sätze 3, 8 und 9 erstattet. [4]Soweit eine Reise nach Satz 3 über ein Wochenende oder einen Feiertag hinaus andauert, gilt Absatz 2 Sätze 3, 8 und 9 entsprechend. [5]Leistungen Dritter sind anzurechnen.

(5) Bei Abordnungen und Zuweisungen von Studierenden mit einem Ausbildungsteil nach § 1 Abs. 1 Buchst. a), d) oder e) TVAöD – Allgemeiner Teil –, die im Rahmen des Ausbildungsteils erfolgen, werden die Kosten nach Maßgabe des Absatzes 2 erstattet.

§ 10a Familienheimfahrten

[1]Für Familienheimfahrten vom jeweiligen Ort der Ausbildungsstätte oder vom Ort der auswärtigen Berufsschule/Hochschule, deren Besuch vom Ausbildenden veranlasst wurde, zum Wohnort der Eltern, der Erziehungsberechtigten oder der Ehegattin/des Ehegatten oder der Lebenspartnerin/des Lebenspartners werden den Studierenden monatlich einmal die im Bundesgebiet entstandenen notwendigen Fahrtkosten bis zur Höhe der Kosten der Fahrkarte der jeweils niedrigsten Klasse des billigsten regelmäßig verkehrenden Beförderungsmittels (im Bahnverkehr ohne Zuschläge) erstattet; Möglichkeiten zur Erlangung von Fahrpreisermäßigungen (z. B. Schülerfahrkarten,

Monatsfahrkarten, Semesterticket, BahnCard) sind auszunutzen. 2Beträgt die Entfernung mehr als 300 km, können im Bahnverkehr Zuschläge bzw. besondere Fahrpreise (z. B. für ICE) erstattet werden. 3Die Sätze 1 und 2 gelten nicht, wenn aufgrund geringer Entfernung eine tägliche Rückkehr möglich und zumutbar ist oder der Aufenthalt am jeweiligen Ort der Ausbildungsstätte oder der auswärtigen Berufsschule/Hochschule weniger als vier Wochen beträgt.

§ 11 Schutzkleidung, Ausbildungsmittel, Lernmittelzuschuss

(1) 1Studierende erhalten Schutzkleidung nach den Bestimmungen, die für die entsprechenden Beschäftigten des Ausbildenden maßgebend sind. 2Diese wird unentgeltlich zur Verfügung gestellt, soweit das Tragen von Schutzkleidung gesetzlich vorgeschrieben oder angeordnet ist. 3Die Schutzkleidung bleibt Eigentum des Ausbildenden.

(2) Der Ausbildende hat den Studierenden im Rahmen des Ausbildungsteils kostenlos die Ausbildungsmittel zur Verfügung zu stellen, die zur Berufsausbildung und zum Ablegen von Zwischen- und Abschlussprüfungen bzw. der staatlichen Prüfung erforderlich sind.

(3) 1Studierende mit einem Ausbildungsteil nach § 1 Abs. 1 Buchst. a), d) oder e) TVAöD – Allgemeiner Teil – erhalten bis zum Abschluss des Ausbildungsteils einmal jährlich einen Lernmittelzuschuss in Höhe von 50 Euro brutto. 2Absatz 2 bleibt unberührt. 3Der Lernmittelzuschuss ist möglichst mit dem Ausbildungsentgelt des ersten Monats des jeweiligen Ausbildungsjahres zu zahlen, er ist spätestens im Zahlungsmonat September des betreffenden Ausbildungsjahres fällig.

§ 12 Entgelt im Krankheitsfall

(1) Werden Studierende durch Arbeitsunfähigkeit infolge Krankheit ohne ihr Verschulden verhindert, ihre Verpflichtungen aus dem Ausbildungs- und Studienvertrag zu erfüllen, erhalten sie für die Zeit der Arbeitsunfähigkeit für die Dauer von bis zu sechs Wochen sowie nach Maßgabe der gesetzlichen Bestimmungen bei Wiederholungserkrankungen das Studienentgelt (§ 8) in entsprechender Anwendung der für die Beschäftigten des Ausbildenden geltenden Regelungen fortgezahlt.

(2) Im Übrigen gilt das Entgeltfortzahlungsgesetz.

(3) Bei der jeweils ersten Arbeitsunfähigkeit, die durch einen bei dem Ausbildenden erlittenen Arbeitsunfall oder durch eine bei dem Ausbildenden zugezogene Berufskrankheit verursacht ist, erhalten Studierende nach Ablauf des nach Absatz 1 maßgebenden Zeitraums bis zum Ende der 26. Woche seit dem Beginn der Arbeitsunfähigkeit einen

Krankengeldzuschuss in Höhe des Unterschiedsbetrages zwischen dem Bruttokrankengeld und dem sich nach Absatz 1 ergebenden Nettostudienentgelt, wenn der zuständige Unfallversicherungsträger den Arbeitsunfall oder die Berufskrankheit anerkennt.

§ 12a Entgeltfortzahlung in sonstigen Fällen

(1) Studierenden ist das Studienentgelt nach § 8 Abs. 1 für insgesamt fünf Tage fortzuzahlen, um sich vor den in den Ausbildungsordnungen für den Ausbildungsteil vorgeschriebenen Abschlussprüfungen ohne Bindung an die planmäßige Ausbildung auf die Prüfung vorbereiten zu können; bei der Sechstagewoche besteht dieser Anspruch für sechs Tage.

(2) Der Freistellungsanspruch nach Absatz 1 verkürzt sich um die Zeit, für die Studierende zur Vorbereitung auf die Abschlussprüfung besonders zusammengefasst werden; es besteht jedoch mindestens ein Anspruch auf zwei Ausbildungstage.

(3) Im Übrigen gelten die für die Beschäftigten des Ausbildenden maßgebenden Regelungen zur Arbeitsbefreiung entsprechend.

§ 13 Vermögenswirksame Leistungen

(1) [1]Nach Maßgabe des Vermögensbildungsgesetzes in seiner jeweiligen Fassung erhalten Studierende eine vermögenswirksame Leistung in Höhe von 13,29 Euro monatlich. [2]Der Anspruch auf vermögenswirksame Leistungen entsteht frühestens für den Kalendermonat, in welchem dem Ausbildenden die erforderlichen Angaben mitgeteilt werden, und für die beiden vorangegangenen Monate desselben Kalenderjahres.

(2) Die vermögenswirksamen Leistungen sind kein zusatzversorgungspflichtiges Entgelt.

§ 14 Jahressonderzahlung

(1) [1]Studierende, die am 1. Dezember in einem Ausbildungs- und Studienverhältnis stehen, haben Anspruch auf eine Jahressonderzahlung. [2]Die Jahressonderzahlung beträgt 90 v. H. des den Studierenden für November zustehenden Studienentgelts (§ 8 Abs. 1 und 2).

(2) [1]Der Anspruch ermäßigt sich um ein Zwölftel für jeden Kalendermonat, in dem Studierende keinen Anspruch auf Studienentgelt (§ 8), Fortzahlung des Entgelts während des Erholungsurlaubs (§ 9) oder im Krankheitsfall (§ 12) haben. [2]Die Verminderung unterbleibt für Kalendermonate, für die Studierende wegen Beschäftigungsverboten nach dem Mutterschutzgesetz kein Studienentgelt erhalten haben.

[3]Die Verminderung unterbleibt ferner für Kalendermonate der Inanspruchnahme der Elternzeit nach dem Bundeselterngeld- und Elternzeitgesetz bis zum Ende des Kalenderjahres, in dem das Kind geboren ist, wenn am Tag vor Antritt der Elternzeit Entgeltanspruch bestanden hat.

(3) [1]Die Jahressonderzahlung wird mit dem für November zustehenden Studienentgelt ausgezahlt. [2]Ein Teilbetrag der Jahressonderzahlung kann zu einem früheren Zeitpunkt ausgezahlt werden.

(4) Studierende, die im unmittelbaren Anschluss an den ausbildungsintegrierten dualen Studiengang von ihrem Ausbildenden in ein Beschäftigungsverhältnis übernommen werden und Anspruch auf eine Jahressonderzahlung nach §§ 20, 21 TVöD haben, erhalten einmalig zusammen mit der anteiligen Jahressonderzahlung aus dem Beschäftigungsverhältnis die anteilige Jahressonderzahlung aus dem Ausbildungs- und Studienverhältnis.

§ 15 Zusätzliche Altersversorgung

[1]Die Studierenden haben Anspruch auf eine zusätzliche Alters- und Hinterbliebenenversorgung unter Eigenbeteiligung. [2]Einzelheiten bestimmen die Tarifverträge über die betriebliche Altersversorgung der Beschäftigten des öffentlichen Dienstes (Tarifvertrag Altersversorgung – ATV – und der Tarifvertrag Altersversorgung – ATV-K) in den jeweils geltenden Fassungen.

§ 16 Beendigung, Verkürzung und Verlängerung des Vertragsverhältnisses

(1) Das Ausbildungs- und Studienverhältnis endet mit dem Ablauf der im Ausbildungs- und Studienvertrag vereinbarten Vertragslaufzeit.

(2) Das Ausbildungs- und Studienverhältnis endet zudem:

a) bei wirksamer Kündigung (§ 3 Absätze 2 und 3) oder
b) bei Exmatrikulation durch die Hochschule nach der jeweiligen Studien- und Prüfungsordnung oder
c) bei endgültigem Nichtbestehen einer notwendigen Ausbildungsprüfung des Ausbildungsteils, dies gilt nicht, wenn sich im Falle des Nichtbestehens der Abschlussprüfung der Ausbildungsteil auf Verlangen der Studierenden bis zur nächstmöglichen Wiederholungsprüfung, höchstens um ein Jahr, verlängert oder die Abschlussprüfung ohne eigenes Verschulden erst nach beendeter Ausbildungszeit des Ausbildungsteils abgelegt wird.

(3) [1]Eine Verkürzung des Studienteils (Regelstudienzeit) kann in Abstimmung mit dem Ausbildenden beantragt werden, sofern eine

Verkürzung nach der Studien- und Prüfungsordnung für den ausbildungsintegrierten dualen Studiengang zulässig ist und die Vereinbarkeit mit dem gleichzeitig zu absolvierenden Ausbildungsteil gewährleistet ist. [2]Der Ausbildungs- und Studienvertrag ist entsprechend anzupassen.

(4) Beabsichtigt der Ausbildende bzw. im Bereich des Bundes die ausbildende Dienststelle/der ausbildende Betrieb keine Übernahme in ein Arbeitsverhältnis, hat sie/er dies der Studierenden/dem Studierenden drei Monate vor dem voraussichtlichen Ende des Vertragsverhältnisses schriftlich mitzuteilen.

(5) Werden Studierende im Anschluss an das Ausbildungs- und Studienverhältnis beschäftigt, ohne dass hierüber ausdrücklich etwas vereinbart worden ist, so gilt ein Arbeitsverhältnis auf unbestimmte Zeit als begründet.

§ 16a Übernahme von Studierenden

(1) [1]Studierende, die den Ausbildungs- und den Studienteil jeweils mindestens mit der Gesamtnote „Befriedigend" abgeschlossen haben, werden bei dienstlichem bzw. betrieblichem Bedarf im unmittelbaren Anschluss an das Ausbildungs- und Studienverhältnis in ein unbefristetes Arbeitsverhältnis übernommen, sofern nicht im Einzelfall personenbedingte, verhaltensbedingte, betriebsbedingte oder gesetzliche Gründe entgegenstehen. [2]Für eine Übernahme beim Bund und anderen Arbeitgebern, in deren Aufgabenbereichen auch hoheitliche Tätigkeiten wahrgenommen werden, müssen sich die Studierenden durch ihr gesamtes Verhalten zur freiheitlich demokratischen Grundordnung im Sinne des Grundgesetzes bekennen.

(2) [1]Der dienstliche bzw. betriebliche Bedarf nach Absatz 1 Satz 1 muss zum Zeitpunkt der Beendigung des Ausbildungs- und Studienverhältnisses vorliegen und setzt zudem eine freie und besetzbare Stelle bzw. einen freien und zu besetzenden Arbeitsplatz bei der Ausbildungsdienststelle bzw. dem Ausbildungsbetrieb voraus, die/der eine abschlussadäquate Beschäftigung auf Dauer ermöglicht. [2]Bei einer Auswahlentscheidung sind die jeweiligen Abschlussergebnisse und die persönliche Eignung zu berücksichtigen. [3]Bestehende Mitbestimmungsrechte bleiben unberührt.

Protokollerklärung zu § 16a:

Besteht kein dienstlicher bzw. betrieblicher Bedarf für eine unbefristete Beschäftigung, ist eine befristete Beschäftigung außerhalb von § 16a möglich.

§ 17 Abschlussprämie

(1) [1]Bei Beendigung des Ausbildungsteils aufgrund erfolgreich abgeschlossener Abschlussprüfung bzw. staatlicher Prüfung erhalten Studierende eine Abschlussprämie als Einmalzahlung in Höhe von 400 Euro. [2]Die Abschlussprämie ist kein zusatzversorgungspflichtiges Entgelt. [3]Sie ist nach Bestehen der Abschlussprüfung bzw. der staatlichen Prüfung fällig.

(2) [1]Absatz 1 gilt nicht für Studierende, die den Ausbildungsteil des ausbildungsintegrierten dualen Studiums nach erfolgloser Prüfung aufgrund einer Wiederholungsprüfung abschließen. [2]Im Einzelfall kann der Ausbildende von Satz 1 abweichen.

§ 18 Rückzahlungsgrundsätze

(1) Werden die Studierenden oder die ehemals Studierenden beim Ausbildenden nach Beendigung ihres ausbildungsintegrierten dualen Studiums in ein Beschäftigungsverhältnis entsprechend ihrer erworbenen Abschlussqualifikation übernommen, sind sie verpflichtet, dort für die Dauer von fünf Jahren beruflich tätig zu sein.

(2) Der vom Ausbildenden bis zur Beendigung oder zum Abbruch des ausbildungsintegrierten dualen Studiums gezahlte Gesamtbetrag, bestehend aus der monatlichen Zulage nach § 8 Abs. 1 Satz 1 in Verbindung mit Satz 3, dem Studienentgelt nach § 8 Abs. 2 und den Studiengebühren (§ 8 Abs. 4), ist von den Studierenden oder den ehemals Studierenden zurückzuerstatten:

a) bei endgültigem Nichtbestehen einer notwendigen Ausbildungs- oder Studienprüfung, wenn die Erfolglosigkeit in den Verantwortungsbereich der Studierenden fällt, weil sie es schuldhaft unterlassen haben, den erfolgreichen Abschluss des ausbildungsintegrierten dualen Studiums im Rahmen des ihnen Möglichen zielstrebig zu verfolgen,

b) bei Beendigung des ausbildungsintegrierten dualen Studiums durch Kündigung vom Ausbildenden aus einem von den Studierenden zu vertretenden Grund oder durch eine Eigenkündigung der Studierenden nach Ende der Probezeit, die nicht durch einen wichtigen Grund gemäß § 626 BGB gerechtfertigt ist,

c) bei Ablehnung des Angebots, beim Ausbildenden im Anschluss an das erfolgreich bestandene ausbildungsintegrierte duale Studium entsprechend der erworbenen Abschlussqualifikation ein Beschäftigungsverhältnis zu begründen,

d) soweit das Beschäftigungsverhältnis, das beim Ausbildenden im Anschluss an das erfolgreich bestandene ausbildungsintegrierte duale Studium entsprechend der erworbenen Abschlussqualifikation begründet wurde, aus einem von den ehemals Studierenden zu vertretenden Grund innerhalb der ersten fünf Jahre seines Bestehens endet.

(3) Sofern berufspraktische Studienabschnitte beim Ausbildenden absolviert wurden, verringert sich der Rückzahlungsbetrag auf 75 v. H. des Gesamtbetrages nach Absatz 2.

(4) Der zurückzuerstattende Gesamtbetrag nach Absatz 2 bzw. 3 wird für jeden vollen Monat, in dem nach Beendigung des ausbildungsintegrierten dualen Studiums ein Beschäftigungsverhältnis bestand, um 1/60 vermindert.

(5) [1]Die Rückzahlungspflicht in den Fällen des Absatzes 2 Buchstabe a) oder b) entfällt, wenn die Studierenden nach endgültigem Nichtbestehen der notwendigen Studienprüfung oder nach Kündigung infolge des Abbruchs des Studiums in ein Beschäftigungsverhältnis entsprechend der im Ausbildungsverhältnis erworbenen Qualifikation übernommen werden und dieses für die nach Satz 3 festgelegte Bindungsdauer fortbesteht. [2]Die Rückzahlungspflicht entfällt nicht, wenn das Beschäftigungsverhältnis innerhalb der Bindungsdauer gemäß Satz 3 aus einem vom Beschäftigten zu vertretenden Grund endet. [3]Abweichend zu Absatz 1 bemisst sich die Bindungsdauer nach der Dauer des Ausbildungs- und Studienverhältnisses, wobei jeder volle Monat des Ausbildungs- und Studienverhältnisses einem Monat Bindungsdauer entspricht. [4]Zur Berechnung der Rückzahlungspflicht gilt Absatz 3; Absatz 4 ist sinngemäß anzuwenden.

(6) Auf die Rückzahlungspflicht kann ganz oder teilweise verzichtet werden, soweit sie für die Studierenden oder die ehemals Studierenden eine besondere Härte bedeuten würde.

§ 19 Zeugnis

[1]Der Ausbildende hat den Studierenden bei Beendigung des Ausbildungsteils nach § 1 Abs. 1 Buchst. a), d) oder e) TVAöD – Allgemeiner Teil – ein Zeugnis gemäß § 16 BBiG auszustellen. [2]Das Zeugnis muss Angaben über Art, Dauer und Ziel der Ausbildung sowie über die erworbenen Fertigkeiten und Kenntnisse der Studierenden enthalten. [3]Auf deren Verlangen sind auch Angaben über Führung, Leistung und besondere fachliche Fähigkeiten aufzunehmen.

§ 20 Ausschlussfrist

Ansprüche aus dem Ausbildungs- und Studienvertrag verfallen, wenn sie nicht innerhalb einer Ausschlussfrist von sechs Monaten nach Fälligkeit von den Studierenden oder vom Ausbildenden schriftlich geltend gemacht werden.

§ 21 Inkrafttreten und Laufzeit

(1) Dieser Tarifvertrag tritt mit Wirkung vom 1. August 2020 in Kraft.

(2) Dieser Tarifvertrag kann mit einer Frist von drei Monaten zum Ende eines Kalenderhalbjahres schriftlich gekündigt werden, frühestens jedoch zum 31. Dezember 2020.

(3) Abweichend von Absatz 2 können ferner

a) § 8 Abs. 1 Satz 2 und Abs. 2 mit einer Frist von einem Monat zum Ende eines Kalendermonats, frühestens jedoch zum 31. März 2027; eine Kündigung nach Absatz 2 erfasst nicht den § 8 Absatz 1 Satz 2 und Absatz 2.

b) § 14 zum 31. Dezember eines jeden Jahres

gesondert schriftlich gekündigt werden.

(4) § 16a tritt mit Ablauf des 31. März 2027 außer Kraft.

Ab dem 1. Januar 2027 hat Absatz 3 folgenden Wortlaut:

„(3) Abweichend von Absatz 2 können schriftlich gekündigt werden

a) § 8 Abs. 1 Satz 2 und Abs. 2 mit einer Frist von einem Monat zum Ende eines Kalendermonats, frühestens jedoch zum 31. März 2027; eine Kündigung nach Absatz 2 erfasst nicht den § 8 Absatz 1 Satz 2 und Absatz 2;

b) § 14 zum 31. Dezember eines jeden Jahres;

c) § 9 Abs. 1 mit einer Frist von drei Monaten zum Schluss eines Kalenderjahres;

d) im Falle der Kündigung gemäß § 39 Abs. 4 Buchst. j des Tarifvertrages für den öffentlichen Dienst (TVöD) § 9 Abs. 1 mit einer Frist von drei Monaten zum Schluss des maßgeblichen Kalenderjahres.

Protokollerklärung zu Buchstabe d:

Im Falle der Kündigung gemäß Buchstabe d gilt ab deren Wirksamwerden § 9 Abs. 1 in folgender Fassung: ‚Studierende erhalten Erholungsurlaub unter Fortzahlung ihres Studienentgelts in entsprechender Anwendung der für die Beschäftigten des Ausbildenden geltenden Regelungen mit der Maßgabe, dass der Urlaubsanspruch bei Verteilung der wöchentlichen Ausbildungszeit auf fünf Tage in der Kalenderwoche in jedem Kalenderjahr 30 Ausbildungstage beträgt.'"

III

Tarifvertrag für Praktikantinnen/Praktikanten des öffentlichen Dienstes (TVPöD)

Vom 27. Oktober 2009

Zuletzt geändert durch
Änderungstarifvertrag Nr. 11 vom 6. April 2025[1])

Inhaltsübersicht

[1]) Die Abstimmung des Textes des Änderungstarifvertrages war erst im August 2025 abgeschlossen.

§ 1 Geltungsbereich

(1) Dieser Tarifvertrag gilt für Praktikantinnen/Praktikanten für den Beruf

a) der Sozialarbeiterin/des Sozialarbeiters, der Sozialpädagogin/des Sozialpädagogen und der Heilpädagogin/des Heilpädagogen während der praktischen Tätigkeit, die nach Abschluss des Fachhochschulstudiums der staatlichen Anerkennung als Sozialarbeiter/in, Sozialpädagogin/Sozialpädagoge oder Heilpädagogin/Heilpädagoge vorauszugehen hat,

b) der pharmazeutisch-technischen Assistentin/des pharmazeutisch technischen Assistenten während der praktischen Tätigkeit nach § 6 des Gesetzes über den Beruf des pharmazeutisch-technischen Assistenten in der Neufassung vom 23. September 1997 (BGBl. I S. 2349),

c) der Erzieherin/des Erziehers und der Kinderpflegerin/des Kinderpflegers während der praktischen Tätigkeit, die nach den geltenden Ausbildungsordnungen der staatlichen Anerkennung als Erzieherin/Erzieher oder Kinderpflegerin/Kinderpfleger vorauszugehen hat,

d) der Masseurin und medizinischen Bademeisterin/des Masseurs und medizinischen Bademeisters während der praktischen Tätigkeit nach § 7 des Gesetzes über die Berufe in der Physiotherapie (Masseur- und Physiotherapeutengesetz) vom 26. Mai 1994 (BGBl. I S. 1084),

e) der Rettungsassistentin/des Rettungsassistenten während der praktischen Tätigkeit nach § 7 des Gesetzes über den Beruf der Rettungsassistentin und des Rettungsassistenten (Rettungsassistentengesetz) vom 10. Juli 1989 (BGBl. I S. 1384),

die in einem Praktikantenverhältnis zu einem Arbeitgeber stehen, dessen Beschäftigte unter den Geltungsbereich des TVöD fallen.

(2) Dieser Tarifvertrag gilt nicht für PraktikantInnen/Praktikanten, deren praktische Tätigkeit in die schulische Ausbildung oder die Hochschulausbildung integriert ist.

§ 2 Praktikantenvertrag, Nebenabreden

(1) Vor Beginn des Praktikantenverhältnisses ist ein schriftlicher Praktikantenvertrag zu schließen.

(2) [1]Nebenabreden sind nur wirksam, wenn sie schriftlich vereinbart werden. [2]Sie können gesondert gekündigt werden, soweit dies einzelvertraglich vereinbart ist.

§ 3 Probezeit

(1) Die Probezeit beträgt drei Monate.

(2) Während der Probezeit kann das Praktikantenverhältnis von beiden Seiten jederzeit ohne Einhalten einer Kündigungsfrist gekündigt werden.

§ 4 Ärztliche Untersuchungen

(1) [1]Der Arbeitgeber ist bei begründeter Veranlassung berechtigt, Praktikantinnen/Praktikanten zu verpflichten, durch ärztliche Bescheinigung nachzuweisen, dass sie in der Lage sind, die nach § 1 Abs. 1 erforderliche praktische Tätigkeit auszuüben. [2]Bei der beauftragten Ärztin/dem beauftragten Arzt kann es sich um eine Betriebsärztin/einen Betriebsarzt, eine Personalärztin/einen Personalarzt oder eine Amtsärztin/einen Amtsarzt handeln, soweit sich die Betriebsparteien nicht auf eine andere Ärztin/einen anderen Arzt geeinigt haben.

(2) Praktikantinnen/Praktikanten, die besonderen Ansteckungsgefahren ausgesetzt, mit gesundheitsgefährdenden Tätigkeiten beschäftigt oder mit der Zubereitung von Speisen beauftragt sind, sind auf ihren Antrag bei Beendigung des Praktikantenverhältnisses ärztlich zu untersuchen.

§ 5 Schweigepflicht, Nebentätigkeiten, Haftung, Schutzkleidung

(1) Praktikantinnen/Praktikanten haben in demselben Umfang Verschwiegenheit zu wahren wie die Beschäftigten des Arbeitgebers.

(2) [1]Nebentätigkeiten gegen Entgelt haben Praktikantinnen/Praktikanten ihrem Arbeitgeber rechtzeitig vorher schriftlich anzuzeigen. [2]Der Arbeitgeber kann die Nebentätigkeit untersagen oder mit Auflagen versehen, wenn diese geeignet ist, die nach § 1 Abs. 1 erforderliche praktische Tätigkeit der Praktikantinnen/Praktikanten oder berechtigte Interessen des Arbeitgebers zu beeinträchtigen.

(3) Für die Schadenshaftung der Praktikantinnen/Praktikanten finden die für die Beschäftigten des Arbeitgebers geltenden Bestimmungen des TVöD entsprechende Anwendung.

(4) Soweit das Tragen von Schutzkleidung gesetzlich vorgeschrieben oder angeordnet ist, wird sie unentgeltlich zur Verfügung gestellt und bleibt Eigentum des Arbeitgebers.

§ 6 Personalakten

[1]Die Praktikantinnen/Praktikanten haben ein Recht auf Einsicht in ihre vollständigen Personalakten. [2]Sie können das Recht auf Einsicht durch

eine/n hierzu schriftlich Bevollmächtigte/n ausüben lassen. [3]Sie können Auszüge oder Kopien aus ihren Personalakten erhalten.

§ 7 Wöchentliche und tägliche Arbeitszeit

Die durchschnittliche regelmäßige wöchentliche Arbeitszeit und die tägliche Arbeitszeit der Praktikantinnen/Praktikanten richten sich nach den Bestimmungen, die für die Arbeitszeit der bei dem Arbeitgeber in dem künftigen Beruf der Praktikantinnen/Praktikanten Beschäftigten gelten, § 44 Abs. 1 Satz 3 BT-K bleibt unberührt.

§ 8 Entgelt

(1) Das monatliche Entgelt beträgt für Praktikantinnen/Praktikanten für den Beruf

der Sozialarbeiterin/des Sozialarbeiters, der Sozialpädagogin/des Sozialpädagogen, der Heilpädagogin/des Heilpädagogen

bis 31. März 2025	ab 1. April 2025	ab 1. Mai 2026
2026,21 Euro	2101,21 Euro	2176,21 Euro

der pharmazeutisch-technischen Assistentin/des pharmazeutisch-technischen Assistenten, der Erzieherin/des Erziehers

bis 31. März 2025	ab 1. April 2025	ab 1. Mai 2026
1802,02 Euro	1877,02 Euro	1952,02 Euro

der Kinderpflegerin/des Kinderpflegers, der Masseurin und medizinischen Bademeisterin/des Masseurs und medizinischen Bademeisters

bis 31. März 2025	ab 1. April 2025	ab 1. Mai 2026
1745,36 Euro	1820,36 Euro	1895,36 Euro

(2) Das Entgelt nach Absatz 1 ist zu demselben Zeitpunkt fällig wie das den Beschäftigten des Arbeitgebers gezahlte Entgelt.

§ 9 Sonstige Entgeltregelungen

(1) [1]Für die praktische Tätigkeit an Samstagen, Sonntagen, Feiertagen und Vorfesttagen, für den Bereitschaftsdienst und die Rufbereitschaft, für die Überstunden und für die Zeitzuschläge gelten die für die Beschäftigten des Arbeitgebers geltenden Regelungen sinngemäß. [2]Der Zeitzuschlag für Nachtarbeit beträgt mindestens 1,28 Euro pro Stunde.

(2) Soweit Beschäftigten im Sinne von § 38 Abs. 5 Satz 1 TVöD gemäß § 19 Abs. 5 Satz 2 TVöD bzw. § 23 Abs. 1 TVÜ-VKA in Verbindung mit § 33 Abs. 1 Buchst. c und Abs. 6 BAT/BAT-O eine Zulage zusteht,

erhalten Praktikantinnen und Praktikanten unter denselben Voraussetzungen die entsprechende Zulage in voller Höhe.

(3) Soweit Beschäftigten, die im Heimerziehungsdienst tätig sind, eine Zulage nach Teil B Abschnitt XXIV der Anlage 1 – Entgeltordnung (VKA) zum TVöD zusteht, erhalten Praktikantinnen und Praktikanten unter denselben Voraussetzungen die entsprechende Zulage in voller Höhe.

(4) Soweit Beschäftigten gemäß § 8 Abs. 5 bzw. 6 TVöD eine Wechselschicht- bzw. Schichtzulage zusteht, erhalten Praktikantinnen und Praktikanten unter denselben Voraussetzungen 75 v. H. des entsprechenden Zulagenbetrages.

(5) [1]Falls im Bereich der Mitgliedverbände der VKA im Rahmen des Praktikantenvertrages eine Vereinbarung über die Gewährung einer Personalunterkunft getroffen wird, ist dies in einer gesondert kündbaren Nebenabrede (§ 2 Abs. 2) festzulegen. [2]Der Wert der Personalunterkunft wird im Bereich der Mitgliedverbände der VKA im Tarifgebiet West nach dem Tarifvertrag über die Bewertung der Personalunterkünfte für Angestellte vom 16. März 1974 in der jeweils geltenden Fassung auf das Entgelt (§ 8) mit der Maßgabe angerechnet, dass der nach § 3 Abs. 1 Unterabs. 1 des genannten Tarifvertrages maßgebende Quadratmetersatz um 15 v. H. zu kürzen ist.

§ 10 Urlaub[1)]

Praktikantinnen/Praktikanten erhalten Erholungsurlaub unter Fortzahlung ihres Entgelts (§ 8 Abs. 1) in entsprechender Anwendung der für die Beschäftigten des Arbeitgebers geltenden Regelungen mit der Maßgabe, dass der Urlaubsanspruch bei Verteilung der wöchentlichen Arbeitszeit auf fünf Tage in der Kalenderwoche in jedem Kalenderjahr 30 Arbeitstage beträgt.

§ 11 Entgelt im Krankheitsfall

(1) Werden Praktikantinnen/Praktikanten durch Arbeitsunfähigkeit infolge Krankheit ohne ihr Verschulden verhindert, die nach § 1 Abs. 1 erforderliche praktische Tätigkeit auszuüben, erhalten sie für die Zeit der Arbeitsunfähigkeit für die Dauer von bis zu sechs Wochen sowie nach Maßgabe der gesetzlichen Bestimmungen bei Wiederholungserkrankungen das Entgelt (§ 8 Abs. 1) in entsprechender Anwendung der für die Beschäftigten des Arbeitgebers geltenden Regelungen fortgezahlt.

---

1) Infolge des Änderungstarifvertrages Nr. 14 vom 6. April 2025 erhöht sich der Erholungsurlaub ab dem 1. Januar 2027 von 30 auf 31 Tage.

(2) Im Übrigen gilt das Entgeltfortzahlungsgesetz.

(3) Bei der jeweils ersten Arbeitsunfähigkeit, die durch einen bei dem Arbeitgeber erlittenen Arbeitsunfall oder durch eine bei dem Arbeitgeber zugezogene Berufskrankheit verursacht ist, erhält die Praktikantin/der Praktikant nach Ablauf des nach Absatz 1 maßgebenden Zeitraums bis zum Ende der 26. Woche seit dem Beginn der Arbeitsunfähigkeit einen Krankengeldzuschuss in Höhe des Unterschiedsbetrages zwischen dem Bruttokrankengeld und dem sich nach Absatz 1 ergebenden Nettoentgelt, wenn der zuständige Unfallversicherungsträger den Arbeitsunfall oder die Berufskrankheit anerkennt.

§ 12 Entgeltfortzahlung in anderen Fällen

Praktikantinnen/Praktikanten haben Anspruch auf Arbeitsbefreiung unter Fortzahlung ihres Entgelts (§ 8 Abs. 1) unter denselben Voraussetzungen wie die Beschäftigten des Arbeitgebers.

§ 13 Vermögenswirksame Leistungen

[1]Nach Maßgabe des Vermögensbildungsgesetzes in seiner jeweiligen Fassung erhalten Praktikantinnen/Praktikanten eine vermögenswirksame Leistung in Höhe von 13,29 Euro monatlich. [2]Der Anspruch auf vermögenswirksame Leistungen entsteht frühestens für den Kalendermonat, in dem dem Arbeitgeber die erforderlichen Angaben mitgeteilt werden, und für die beiden vorangegangenen Monate desselben Kalenderjahres.

§ 14 Jahressonderzahlung

(1) [1]Praktikantinnen/Praktikanten, die am 1. Dezember in einem Praktikantenverhältnis stehen, haben Anspruch auf eine Jahressonderzahlung. [2]Die Jahressonderzahlung beträgt 82,14 v. H. des den Praktikantinnen und Praktikanten für November zustehenden Entgelts (§ 8 Abs. 1).

(2) [1]Der Anspruch ermäßigt sich um ein Zwölftel für jeden Kalendermonat, in dem Praktikantinnen/Praktikanten keinen Anspruch auf Entgelt (§ 8 Abs. 1), Fortzahlung des Entgelts während des Erholungsurlaubs (§ 10) oder im Krankheitsfall (§ 11) haben. [2]Die Verminderung unterbleibt für Kalendermonate, für die Praktikantinnen wegen Beschäftigungsverboten nach dem Mutterschutzgesetz kein Entgelt erhalten haben, sowie für Kalendermonate der Inanspruchnahme der Elternzeit nach dem Bundeselterngeld- und Elternzeitgesetz (BEEG) bis zum Ende des Kalenderjahres, in dem das Kind geboren ist, wenn am Tag vor Antritt der Elternzeit Entgeltanspruch bestanden hat.

(3) Die Jahressonderzahlung wird mit dem für November zustehenden Entgelt ausgezahlt.

(4) [1]Praktikantinnen/Praktikanten, die im unmittelbaren Anschluss an das Praktikantenverhältnis von ihrem Arbeitgeber in ein Arbeitsverhältnis übernommen werden und am 1. Dezember noch in diesem Arbeitsverhältnis stehen, erhalten zusammen mit der anteiligen Jahressonderzahlung aus dem Arbeitsverhältnis eine anteilige Jahressonderzahlung aus dem Praktikantenverhältnis. [2]Erfolgt die Übernahme im Laufe eines Kalendermonats, wird für diesen Monat nur die anteilige Jahressonderzahlung aus dem Arbeitsverhältnis gezahlt.

§ 15 Beendigung des Praktikantenverhältnisses

(1) Das Praktikantenverhältnis endet mit dem im Praktikantenvertrag vereinbarten Zeitpunkt, ohne dass es einer Kündigung bedarf.

(2) Nach der Probezeit (§ 3) kann das Praktikantenverhältnis unbeschadet der gesetzlichen Kündigungsgründe nur gekündigt werden

a) aus einem sonstigen wichtigen Grund ohne Einhalten einer Kündigungsfrist,

b) von der Praktikantin/dem Praktikanten mit einer Kündigungsfrist von vier Wochen.

§ 16 Zeugnis

[1]Der Arbeitgeber hat den Praktikantinnen/Praktikanten bei Beendigung des Praktikantenverhältnisses ein Zeugnis auszustellen. [2]Das Zeugnis muss Angaben über Art, Dauer und Ziel des Praktikums sowie über die erworbenen Fertigkeiten und Kenntnisse enthalten. [3]Auf Verlangen der Praktikantinnen/Praktikanten sind auch Angaben über Führung, Leistung und besondere fachliche Fähigkeiten aufzunehmen.

§ 17 Ausschlussfrist

Ansprüche aus dem Praktikantenverhältnis verfallen, wenn sie nicht innerhalb einer Ausschlussfrist von sechs Monaten nach Fälligkeit von der Praktikantin/dem Praktikanten oder vom Arbeitgeber schriftlich geltend gemacht werden.

§ 18 Inkrafttreten, Laufzeit

(1) Dieser Tarifvertrag tritt am 1. Dezember 2009 in Kraft.

(2) Dieser Tarifvertrag kann mit einer Frist von drei Monaten zum Ende eines Kalenderhalbjahres schriftlich gekündigt werden.

(3) Abweichend von Absatz 2 können

a) § 8 Abs. 1 mit einer Frist von einem Monat zum Schluss eines Kalendermonats, frühestens jedoch zum 31. März 2027,

b) § 14 zum 31. Dezember eines jeden Jahres,

schriftlich gekündigt werden.

(4) [1]Dieser Tarifvertrag ersetzt für den Bereich des Bundes mit Wirkung vom 1. Dezember 2009 die in der Anlage aufgeführten Tarifverträge. [2]Im Bereich der Mitgliedverbände der VKA finden die in der Anlage aufgeführten Tarifverträge mit dem Inkrafttreten dieses Tarifvertrages auf die in § 1 Abs. 1 genannten Personen keine Anwendung mehr.

Ab dem 1. Januar 2027 hat Absatz 3 folgenden Wortlaut:

„(3) Abweichend von Absatz 2 können schriftlich gekündigt werden

a) § 8 Abs. 1 mit einer Frist von einem Monat zum Schluss eines Kalendermonats, frühestens jedoch zum 31. März 2027;

b) § 14 zum 31. Dezember eines jeden Jahres;

c) § 10 mit einer Frist von drei Monaten zum Schluss eines Kalenderjahres;

d) im Falle der Kündigung gemäß § 39 Abs. 4 Buchst. j des Tarifvertrages für den öffentlichen Dienst (TVöD) § 10 mit einer Frist von drei Monaten zum Schluss des maßgeblichen Kalenderjahres.

Protokollerklärung zu Buchstabe d:

Im Falle der Kündigung gemäß Buchstabe d gilt ab deren Wirksamwerden § 10 in folgender Fassung: ‚Praktikantinnen/Praktikanten erhalten Erholungsurlaub unter Fortzahlung ihres Entgelts (§ 8 Abs. 1) in entsprechender Anwendung der für die Beschäftigten des Arbeitgebers geltenden Regelungen mit der Maßgabe, dass der Urlaubsanspruch bei Verteilung der wöchentlichen Arbeitszeit auf fünf Tage in der Kalenderwoche in jedem Kalenderjahr 30 Arbeitstage beträgt.'"

Anlage
(zu § 18 Abs. 4)

1. Tarifvertrag über die vorläufige Weitergeltung der Regelungen für die Praktikantinnen/Praktikanten vom 13. September 2005 in der Fassung des Änderungstarifvertrages Nr. 1 vom 31. März 2008.
2. Tarifvertrag über die Regelung der Arbeitsbedingungen der Praktikantinnen/Praktikanten (TV Prakt) vom 22. März 1991.
3. Tarifvertrag über die Regelung der Arbeitsbedingungen der Praktikantinnen/Praktikanten (TV Prakt-O) vom 5. März 1991.
4. Tarifvertrag über eine Zuwendung für Praktikantinnen (Praktikanten) vom 12. Oktober 1973.
5. Tarifvertrag über eine Zuwendung für Praktikantinnen/Praktikanten (TV Zuwendung Prakt-O) vom 5. März 1991.
6. Tarifvertrag über vermögenswirksame Leistungen an Auszubildende vom 17. Dezember 1970.
7. Tarifvertrag über vermögenswirksame Leistungen an Auszubildende (TV VL Azubi-O) vom 8. Mai 1991.

Richtlinie des Bundes zur Beschäftigung von Praktikantinnen und Praktikanten (Praktikantenrichtlinie Bund)

Vom 1. Januar 2015
in der Fassung der 1. Änderung vom 20. Juli 2023

Präambel

[1]Praktika dienen dazu, unter zielgerichteter Betreuung und fachlicher Anleitung praktische Kenntnisse und Arbeitsplatzerfahrungen zu vermitteln. [2]Praktikantinnen und Praktikanten sollen dabei auf den künftigen Beruf vorbereitet oder bei der Berufswahl unterstützt werden oder ihre Ausbildung durch Praxiserfahrungen vervollständigen können. [3]Erfolgreiche Praktika sind ein Grundstock für das gesamte Berufsleben eines jeden jungen Menschen und sichern den Fachkräftebedarf der Zukunft. [4]Sie dienen dazu, Potentiale zu erschließen und leistungsstarke junge Menschen für eine Ausbildung und einen späteren Berufsweg im öffentlichen Dienst zu gewinnen.

1. Geltungsbereich

Diese Richtlinie gilt für Praktikantinnen und Praktikanten,

a) die ein Praktikum auf Grund einer schulrechtlichen Bestimmung, einer Ausbildungsordnung, einer hochschulrechtlichen Bestimmung oder im Rahmen einer Ausbildung an einer gesetzlich geregelten Berufsakademie leisten (Pflichtpraktikum) oder

b) die ein Praktikum von bis zu drei Monaten zur Orientierung für eine Berufsausbildung oder für die Aufnahme eines Studiums leisten (freiwilliges Praktikum) oder

c) die ein Praktikum von bis zu drei Monaten begleitend zu einer Berufs- oder Hochschulausbildung leisten, wenn nicht zuvor bereits ein solches Praktikumsverhältnis bei einer Bundesbehörde bestanden hat (freiwilliges Praktikum).

2. Dauer von Praktika

Praktika dürfen die Dauer von drei Monaten nicht überschreiten, es sei denn, die einschlägigen Ausbildungsordnungen, schulrechtlichen oder hochschulrechtlichen Bestimmungen sehen eine längere Dauer vor.

3. Aufwandsentschädigung/Vergütung

3.1 Höhe der Aufwandsentschädigung/Vergütung

(1) [1]Praktikantinnen und Praktikanten, die ein Pflichtpraktikum nach Ziffer 1 Buchstabe a absolvieren, kann auf der Grundlage einer vertraglichen Regelung zum Ausgleich einer bestehenden finanziellen Belastung eine steuerpflichtige Aufwandsentschädigung gezahlt werden. [2]Wird eine Aufwandsentschädigung gezahlt, soll diese bis zum 31. Dezember 2023 in der Regel mindestens 300 Euro monatlich und **ab dem 1. Januar 2024 mindestens 450 Euro monatlich** (jeweils bezogen auf ein Vollzeitpraktikum) betragen.

(2) [1]Praktikantinnen und Praktikanten, die ein freiwilliges Praktikum nach Ziffer 1 Buchstabe b oder c absolvieren, haben Anspruch auf eine angemessene Vergütung nach § 26 i. V. m. § 17 BBiG. [2]Die Vergütung bemisst sich nach Monaten. [3]Bei der Berechnung der Vergütung für einzelne Tage wird der Monat nach § 26 i. V. m. § 18 BBiG zu 30 Tagen gerechnet.

3.2 Fortzahlung der Vergütung/Aufwandsentschädigung

3.2.1 Fortzahlung der Vergütung im Krankheitsfall

[1]Praktikantinnen und Praktikanten, die ein freiwilliges Praktikum nach Ziffer 1 Buchstabe b oder c absolvieren, haben Anspruch auf Fortzahlung der Vergütung bis zur Dauer von sechs Wochen, wenn sie infolge einer unverschuldeten Krankheit das Praktikum nicht durchführen können. [2]Der Anspruch entsteht erst nach vierwöchiger ununterbrochener Dauer des Praktikumsverhältnisses. [3]Gleiches gilt für einen unverschuldeten Unfall, medizinische Vorsorgemaßnahmen und sonstige medizinisch notwendige Eingriffe.

3.2.2 Fortzahlung der Vergütung in sonstigen Fällen

(1) Praktikantinnen und Praktikanten, die ein freiwilliges Praktikum nach Ziffer 1 Buchstabe b oder c absolvieren, haben Anspruch auf Fortzahlung der Vergütung bis zur Dauer von sechs Wochen, wenn sich die Praktikantin oder der Praktikant für das Praktikum bereithält, dieses aber ausfällt.

(2) Ein Anspruch auf Fortzahlung der Vergütung bis zur Dauer von sechs Wochen besteht ebenfalls, wenn die Praktikantin oder der Praktikant aus einem sonstigen, in ihrer oder seiner Person liegendem Grund unverschuldet nicht an der Praktikantenausbildung teilnehmen kann.

3.2.3 Fortzahlung der Aufwandsentschädigung

Erhalten Praktikantinnen und Praktikanten, die ein Pflichtpraktikum nach Ziffer 1 Buchstabe a absolvieren, eine Aufwandsentschädigung, finden Ziffern 3.2.1 und 3.2.2 entsprechend Anwendung.

3.3 Sachbezüge

[1]Besteht für die Praktikantin oder den Praktikanten ein Anspruch auf Vergütung nach § 17 Absatz 1 BBiG, können gewährte Sachbezüge (z. B. freie Unterkunft oder Verpflegung) nach § 17 Absatz 2 BBiG in Höhe der in § 2 Sozialversicherungsentgeltverordnung festgesetzten Sachbezugswerte angerechnet werden, jedoch nicht über 75 Prozent der Bruttovergütung hinaus. [2]Gleiches gilt für die Fälle, in denen die Praktikantenvergütung nach Ziffer 3.2 fortgezahlt wird.

3.4 Andere Geld- und Sachbezüge

Andere als die vorgenannten Geld- und Sachbezüge kommen nicht in Betracht (z. B. Jahressonderzahlung, vermögenswirksame Leistungen).

4. Erstattung von Fahrtkosten und Kosten bei notwendigen Dienstreisen

(1) Für die erstmalige Anreise und letztmalige Abreise zu der Praktikantenstelle kann eine Fahrtkostenerstattung entsprechend der Regelung in § 10 Absatz 3 Satz 1 TVAöD – Besonderer Teil BBiG – gezahlt werden.

(2) Bei notwendigen Dienstreisen, die Praktikantinnen und Praktikanten im Rahmen ihrer Tätigkeit auf Veranlassung der Praktikumsstelle unternehmen, sind die entstandenen Kosten in entsprechender Anwendung des Bundesreisekostengesetzes zu erstatten.

5. Erholungsurlaub

(1) Praktikantinnen und Praktikanten, die ein Pflichtpraktikum nach Ziffer 1 Buchstabe a absolvieren, haben in der Regel keinen Urlaubsanspruch.

(2) [1]Praktikantinnen und Praktikanten, die ein freiwilliges Praktikum nach Ziffer 1 Buchstabe b oder c absolvieren, haben Anspruch auf den gesetzlichen Mindesturlaub nach dem Bundesurlaubsgesetz. [2]Für Praktikantinnen und Praktikanten, die noch nicht 18 Jahre alt sind, gilt das Jugendarbeitsschutzgesetz.

6. Steuerpflicht (Lohnsteuer, Solidaritätszuschlag, Kirchensteuer)

[1]Aufwandsentschädigung, Vergütung sowie Sachbezüge sind von den Praktikantinnen und Praktikanten nach Maßgabe der einschlägigen steuerlichen Bestimmungen gemäß den jeweiligen Lohnsteuerabzugsmerkmalen individuell zu versteuern. [2]Die Pauschalversteuerung von Geld- und Nebenbezügen (§ 37b, §§ 40 bis 40b Einkommensteuergesetz) ist unzulässig.

7. Sozialversicherungspflicht

Die jeweilige Dienststelle ist für die versicherungs- und beitragsrechtliche Beurteilung der Praktikantin oder des Praktikanten verantwortlich.

8. Haftungsregelungen, Haftpflichtversicherung

[1]Für die Haftung von Schäden, die Praktikantinnen oder Praktikanten während des Praktikums verursachen, gelten die von der Rechtsprechung aufgestellten Grundsätze zur Arbeitnehmerhaftung. [2]Bestehen besondere haftungsrelevante Risiken, die sich während des Praktikums realisieren können, gehen eventuelle Schäden in der Regel zu Lasten der Dienstelle.

9. Unfallversicherung

[1]Praktikantinnen und Praktikanten sind während der Dauer des Praktikums gesetzlich unfallversichert. [2]Welcher Unfallversicherungsträger zuständig ist, richtet sich nach der konkreten Ausgestaltung des Praktikumsverhältnisses. [3]Bei Zweifelsfällen über den Unfallversicherungsträger ist Rücksprache mit der Unfallversicherung Bund und Bahn zu halten. [4]Bei Praktika nach Ziffer 1 Buchstabe a besteht i. d. R. Unfallversicherungsschutz über den Unfallversicherungsträger der Schule, Hochschule bzw. den Ausbildungsbetrieb. [5]Bei Praktika nach Ziffer 1 Buchstabe b und c besteht Unfallversicherungsschutz über den für die Dienststelle zuständigen Unfallversicherungsträger; hier ist die jeweilige Dienststelle für die Meldung der Praktikantin oder des Praktikanten an die Unfallversicherung Bund und Bahn zuständig.

10. Praktikantenvertrag, Zeugnis

10.1 Praktikantenvertrag

[1]Mit Praktikantinnen und Praktikanten ist ein schriftlicher Praktikantenvertrag zu schließen. [2]In den Praktikantenvertrag sind mindestens aufzunehmen:

- Name und Anschrift der Vertragsparteien
- Art des Praktikums
- die mit dem Praktikum verfolgten Lern- und Ausbildungsziele
- Beginn und Dauer des Praktikums
- Dauer der regelmäßigen wöchentlichen Praktikumszeit
- Zahlung und Höhe der Vergütung/Aufwandsentschädigung.

[3]Der auf der BMI-Website bereitgestellte Mustervertrag kann verwendet werden.

III

10.2 Praktikumsbescheinigung, Zeugnis

(1) [1]Praktikantinnen und Praktikanten, die ein Pflichtpraktikum nach Ziffer 1 Buchstabe a absolvieren, ist mindestens eine Bescheinigung über das abgeleistete Praktikum zu erteilen. [2]Auf Verlangen ist der Praktikantin oder dem Praktikanten ein Zeugnis auszustellen.

(2) [1]Praktikantinnen und Praktikanten, die ein freiwilliges Praktikum nach Ziffer 1 Buchstabe b oder c absolvieren, haben Anspruch auf Ausstellung eines Zeugnisses. [2]Dieses muss mindestens Angaben über Art und Dauer des Praktikums sowie über die erworbenen Fertigkeiten, Kenntnisse und Fähigkeiten enthalten. [3]Auf Wunsch der Praktikantin oder des Praktikanten können darüber hinaus auch Angaben über Verhalten und Leistung aufgenommen werden.

11. Inkrafttreten

(1) Diese Richtlinie tritt in dieser Fassung am 1. Januar 2015 in Kraft.

(2) Gleichzeitig tritt die Richtlinie in der Fassung vom 1. Dezember 2011 außer Kraft.

(3) Die Richtlinie wird drei Jahre nach Neufassung erneut evaluiert.

III

Abschnitt IV
Eingruppierung

IV

IV

IV

IV

Teil V
Besondere Tätigkeitsmerkmale im Bereich des Bundesministeriums für Digitales und Verkehr

IV

Einführung in die Entgeltordnung für die Beschäftigten des Bundes

Von Jörg Effertz und Andreas Bach-Terhorst

Hinweis:

Die unter dieser Leitziffer abgedruckten Hinweise wurden im Ursprung dazu verfasst, die am 1. Januar 2014 in Kraft getretene Entgeltordnung für die Beschäftigten des Bundes, ihre Hintergründe und die Überleitung in das neue Recht zu erläutern. Diese Hinweise wurden fortlaufend aktualisiert und sind daher weiterhin ein wichtiger Ratgeber, um Hintergründe, Struktur und Technik der Entgeltordnung zu verstehen und sie leichter anwenden zu können.

I. Rückschau auf die Entstehungsgeschichte

1. Überblick

Nach sehr langen Verhandlungen mit mehreren Unterbrechungen und erneuten Ansätzen haben sich die Tarifpartner im September 2013 – und damit rund acht Jahre nach Inkrafttreten des TVöD – auf die wesentlichen Punkte einer Entgeltordnung für die Beschäftigten des Bundes geeinigt. Die redaktionelle Umsetzung – also die Übertragung der vereinbarten Eckpunkte in Tariftext – hat dann noch einmal mehrere Monate in Anspruch genommen und die Erfahrungen der Vergangenheit bestätigt, dass insbesondere bei größeren Tarifreformen der Zeitaufwand für „handwerkliche Abschlussarbeiten" nicht zu unterschätzen ist. Ende Februar 2014 lagen dann die abgestimmten Tariftexte vor. Kern dessen war der „Tarifvertrag über die Entgeltordnung des Bundes (TV EntgO Bund)" mit der eigentlichen Entgeltordnung des Bundes als Anlage 1. Im Laufe der Jahre haben die Tarifpartner die Entgeltordnung durch eine Vielzahl von Änderungstarifverträgen präzisiert, um fortlaufend eine gerechte Entgeltstruktur zu gewährleisten und die unterschiedlichen Qualifikationen und Tätigkeiten der Beschäftigten immer besser abzubilden.

Die nachstehenden Ausführungen sollen auch viele Jahre nach dem Inkrafttreten der Entgeltordnung zum besseren Verständnis des von den Tarifpartnern gewählten Weges beitragen.

2. Ausgangslage nach Inkrafttreten des TVöD

Im Verlauf der Verhandlungen zum TVöD und zu dem damit einhergehenden Übergangs- bzw. Überleitungsrecht des TVÜ-Bund bzw. TVÜ-VKA hatten die Tarifpartner die Themen „zentrale Eingruppierungsvorschrift" und „Entgeltordnung" im Interesse einer zügigen Einführung eines modernen Tarifrechts zurückgestellt und letztlich den TVöD zunächst ohne Neuregelung dieser Themen vereinbart. Ein konkretes Datum für eine neue Entgeltordnung wurde bei den Verhandlungen zum TVöD nicht vereinbart. Bei etwas pragmatischerer Betrachtung muss man zugestehen, dass ohne die Entzerrung von allgemeinem Manteltarifrecht einerseits und Entgeltordnung andererseits der Wechsel vom BAT/MTArb/BMT-G in den TVöD – und damit die größte Tarifreform seit Inkrafttreten des BAT im Jahr 1961 – nicht zu schultern gewesen wäre.

Um die Zeit zwischen dem Inkrafttreten des TVöD am 1. Oktober 2005 und der Vereinbarung eines neuen Eingruppierungsrechts zu überbrücken und in dieser Zeit die Zuordnung von Beschäftigten zu den Entgeltgruppen des TVöD zu gewährleisten, hatten die Tarifpartner den vorübergehenden Fortbestand der alten zentralen Eingruppierungsvorschriften der §§ 22, 23 BAT bzw. der entsprechenden Regelungen für Arbeiter, der Vergütungsordnung zum BAT sowie des für Arbeiter jeweils geltenden Lohngruppenverzeichnisses mit bestimmten Maßgaben vereinbart (§ 17 Abs. 1 TVÜ-Bund bzw. TVÜ-VKA).

Grundsystematik der Übergangsregelungen zur Eingruppierung war, dass zunächst im alten Recht der Eingruppierung/Einreihung eine tarifgerechte Vergütungs-/Lohngruppe ermittelt und diese dann nach näherer Maßgabe der Anlage 4 zum TVÜ-Bund bzw. Anlage 3 zum TVÜ-VKA in die neue Entgeltgruppe „umgeschlüsselt" wurde. Ausnahmen bestanden nur für Randbereiche sowie für die zwischenzeitlich anderweitig tariflich geregelte Berufsgruppe der Ärzte an kommunalen Krankenhäusern. Den Tarifpartnern war bei Vereinbarung des neuen Rechts klar, dass der Umweg über das alte Recht keine Dauerlösung darstellen konnte. Und dies nicht nur wegen des durch den Umweg über das alte Eingruppierungsrecht verursachten Mehraufwandes, sondern auch wegen als ungerecht empfundener Eingruppierungsergebnisse. Insbesondere der Umstand, dass bei Neueinstellungen und Tätigkeitswechseln nach dem 1. Oktober 2005 für die Beschäftigten der ehemaligen Vergütungsgruppen BAT X bis Vc nach näherer Maßgabe der Anlage 4 zum TVÜ-Bund bzw. Anlage 3 zum TVÜ-VKA oft eine geringere Eingruppierung als für übergeleitete Beschäftigte vorgesehen war, führte in der Praxis zu Unverständnis und Unmut. Der Druck auf die Tarifvertragsparteien zur Einführung eines neuen Eingruppierungsrechts stieg zunehmend an.

3. Die neue Entgeltordnung der Länder

Den Tarifpartnern der Länder, die nach Inkrafttreten des Tarifvertrages für den öffentlichen Dienst der Länder (TV-L) zum 1. November 2006 vor einer vergleichbaren Situation standen, hatten bereits in der Tarifrunde 2009 einen neuen Weg zur Schaffung eines Eingruppierungsrechts zum TV-L vereinbart, nachdem zuvor alle (zum Teil eher zaghaften) Versuche zur Reform des Eingruppierungsrechts wegen weit auseinander liegender Vorstellungen und einer nicht einmal ansatzweise einzuhaltenden Kostenneutralität gescheitert waren. Wesentliche Neuerung zu allen vorangegangenen Verhandlungsansätzen war die von den Tarifpartnern verabredete redaktionelle Bereinigung und Überarbeitung des bestehenden Eingruppierungs-/Einreihungssystems. Es wurde also sowohl hinsichtlich der zentralen Eingruppierungsvorschriften als auch hinsichtlich der Tätigkeitsmerkmale auf Bewährtem aufgesetzt, das aber redaktionell bereinigt und „entschlackt" wurde. Die Umsetzung machte mehr als zwei Jahre intensive Verhandlungen notwendig und wich in einigen Details von dem rein redaktionellen Überarbeitungsansatz ab. Der Wechsel in die neue, am 1. Januar 2012 in Kraft getretene Entgeltordnung zum TV-L ist dann aber – auch wegen der von den Tarifpartnern mit viel Fingerspitzengefühl vereinbarten und mit einer langen Frist versehenen Überleitungsregelung – nahezu reibungslos erfolgt.

IV

4. Die neue Entgeltordnung des Bundes

Die zum 1. Januar 2014 in Kraft getretene Entgeltordnung des Bundes baut zwar im Ansatz auf die Entgeltordnung der Länder auf, stellt aber insoweit eine Fortentwicklung dar, als dass die Überarbeitungstiefe erheblich größer war. Neben einer deutlich weiter gehenden Überarbeitung (Modernisierung) der einzelnen Tätigkeitsmerkmale ging dies auch mit einer konsequenteren Streichung des alten Überleitungsrechts des TVÜ-Bundes einher. Die zu einem noch späteren Zeitpunkt im Rahmen der Tarifrunde 2016/2017 vereinbarte Entgeltordnung für die Beschäftigten der Kommunen wich hinsichtlich der Überarbeitungstiefe und dem Änderungsumfang noch weiter von den alten Eingruppierungsregeln ab als die neue Entgeltordnung der Länder oder des Bundes und führte insbesondere bei den Tätigkeitsmerkmalen für Beschäftigte in der allgemeinen Verwaltung und in den Pflegeberufen zu einer höheren Eingruppierung.

Anders als die Entgeltordnungen der Länder oder später auch der Kommunen, die jeweils als Anlage an den TV-L bzw. TVöD (VKA) angefügt wurden, haben die Tarifpartner im Bereich des Bundes einen eigenständigen Tarifvertrag, den Tarifvertrag über die Entgeltordnung des Bundes (TV EntgO Bund), vereinbart. Dieser Tarifvertrag enthält neben Aussagen zu seinem Geltungsbereich (§ 1) und seinem Inkrafttreten sowie den Kündigungsmöglichkeiten (§ 20) verschiedene Grundsatzregelungen, die im alten Eingruppierungsrecht „verstreut" in den einzelnen Tätigkeitsmerkmalen, in Vorbemerkungen oder Protokollerklärungen enthalten waren. So ist zum Beispiel der auch im alten Recht anzutreffende, dort in den Vorbemerkungen zu allen Vergütungsgruppen der Anlage 1a zum BAT enthaltene Grundsatz vereinbart, dass Spezialmerkmale Vorrang vor den Merkmalen des allgemeinen Teils haben (§ 3 TV EntgO Bund). Auch der Grundsatz, dass Beschäftigte, die Vorbildungs- oder Ausbildungsvoraussetzungen eines bestimmten Merkmals nicht erfüllen, eine Entgeltgruppe niedriger eingruppiert sind, findet sich nun im TV EntgO Bund (jetzt § 12 TV EntgO Bund, zuvor in den Vorbemerkungen zu allen Vergütungsgruppen der Anlage 1a zum BAT). Entsprechendes gilt für die Definition der „ständigen Vertreter" (jetzt § 4 TV EntgO Bund) und die Berücksichtigung von Beamten bei Unterstellungsverhältnissen (§ 5 TV EntgO Bund). Ebenfalls im TV EntgO Bund sind Ausbildungsvoraussetzungen definiert (z. B. wissenschaftliche Hochschulbildung in § 7 TV EntgO Bund). In Abschnitt III (§§ 15 bis 19) sind Zulagenregelungen (Vorarbeiterzulage, Höhe und Dynamisierung der Entgeltgruppenzulagen und Zulagen im Pflegedienst) zusammengefasst. In dieser Struktur liegt ein echter Komfortgewinn im Vergleich zu dem gewachsenen (bzw. teilweise verwachsenen) Alt-Recht. Die eigentliche Entgeltordnung des Bundes ist dem TV EntgO Bund als Anlage 1 angefügt.

II. Zentrale Eingruppierungsvorschriften

1. Neufassung §§ 12 (Bund) und 13 (Bund) TVöD

Die zentralen Eingruppierungsvorschriften wurden durch den 9. Änderungstarifvertrag zum TVöD mit Wirkung vom 1. Januar 2014 in den TVöD (Bund) eingefügt. Sie gelten nur für die Beschäftigten des Bundes, nicht für die der Kommunen. Für die Beschäftigten der Kommunen wurden vergleichbare Regelungen mit Wirkung zum 1. Januar 2017 in den TVöD (VKA) aufgenommen. Die Neufassung der §§ 12 (Bund), 13 (Bund) TVöD wurde aus den §§ 22, 23 BAT entwickelt; sie entspricht in ihrem Regelungsinhalt den §§ 12, 13 TV-L.

Die §§ 12 (Bund) und 13 (Bund) TVöD haben den folgenden Wortlaut:

§ 12 (Bund) TVöD – Eingruppierung

(1) [1]Die Eingruppierung des/der Beschäftigten richtet sich nach dem Tarifvertrag über die Entgeltordnung des Bundes (TV EntgO Bund). [2]Die/Der Beschäftigte erhält Entgelt nach der Entgeltgruppe, in der sie/er eingruppiert ist.

(2) [1]Die/Der Beschäftigte ist in der Entgeltgruppe eingruppiert, deren Tätigkeitsmerkmalen die gesamte von ihr/ihm nicht nur vorübergehend auszuübende Tätigkeit entspricht. [2]Die gesamte auszuübende Tätigkeit entspricht den Tätigkeitsmerkmalen einer Entgeltgruppe, wenn zeitlich mindestens zur Hälfte Arbeitsvorgänge anfallen, die für sich genommen die Anforderungen eines Tätigkeitsmerkmals oder mehrerer Tätigkeitsmerkmale dieser Entgeltgruppe erfüllen. [3]Kann die Erfüllung einer Anforderung in der Regel erst bei der Betrachtung mehrerer Arbeitsvorgänge festgestellt werden (z. B. vielseitige Fachkenntnisse), sind diese Arbeitsvorgänge für die Feststellung, ob diese Anforderung erfüllt ist, insoweit zusammen zu beurteilen. [4]Werden in einem Tätigkeitsmerkmal mehrere Anforderungen gestellt, gilt das in Satz 2 bestimmte Maß, ebenfalls bezogen auf die gesamte auszuübende Tätigkeit, für jede Anforderung. [5]Ist in einem Tätigkeitsmerkmal ein von Satz 2 oder 4 abweichendes zeitliches Maß bestimmt, gilt dieses. [6]Ist in einem Tätigkeitsmerkmal als Anforderung eine Voraussetzung in der Person des/der Beschäftigten bestimmt, muss auch diese Anforderung erfüllt sein.

Protokollerklärungen zu Absatz 2:

1. [1]Arbeitsvorgänge sind Arbeitsleistungen (einschließlich Zusammenhangsarbeiten), die, bezogen auf den Aufgabenkreis der/des Beschäftigten, zu einem bei natürlicher Betrachtung abgrenzbaren Arbeitsergebnis führen (z. B. unterschriftsreife Bearbeitung eines Aktenvorgangs, eines Widerspruchs oder eines Antrags, Betreuung bzw. Pflege einer Person oder Personengruppe, Fertigung einer Bauzeichnung, Erstellung eines EKG, Durchführung einer Unterhaltungs- bzw. Instandsetzungsarbeit). [2]Jeder einzelne Arbeitsvorgang ist als solcher zu bewerten und darf dabei hinsichtlich der Anforderungen zeitlich nicht aufgespalten werden.
2. Eine Anforderung im Sinne der Sätze 2 und 3 ist auch das in einem Tätigkeitsmerkmal geforderte Herausheben der Tätigkeit aus einer niedrigeren Entgeltgruppe.

(3) Die Entgeltgruppe des/der Beschäftigten ist im Arbeitsvertrag anzugeben.

§ 13 (Bund) TVöD – Eingruppierung in besonderen Fällen

(1) [1]Ist der/dem Beschäftigten eine andere, höherwertige Tätigkeit nicht übertragen worden, hat sich aber die ihr/ihm übertragene Tätigkeit (§ 12 Abs. 2 Satz 1) nicht nur vorübergehend derart geändert, dass sie den Tätigkeitsmerkmalen einer höheren als ihrer/seiner bisherigen Entgeltgruppe entspricht (§ 12 Abs. 2 Sätze 2 bis 6), und hat die/der Beschäftigte die hö-

IV

herwertige Tätigkeit ununterbrochen sechs Monate lang ausgeübt, ist sie/er mit Beginn des darauffolgenden Kalendermonats in der höheren Entgeltgruppe eingruppiert. [2]Für die zurückliegenden sechs Kalendermonate gilt § 14 sinngemäß.

(2) [1]Ist die Zeit der Ausübung der höherwertigen Tätigkeit durch Urlaub, Arbeitsbefreiung, Arbeitsunfähigkeit, Kur- oder Heilverfahren oder Vorbereitung auf eine Fachprüfung für die Dauer von insgesamt nicht mehr als sechs Wochen unterbrochen worden, wird die Unterbrechungszeit in die Frist von sechs Monaten eingerechnet. [2]Bei einer längeren Unterbrechung oder bei einer Unterbrechung aus anderen Gründen beginnt die Frist nach der Beendigung der Unterbrechung von neuem.

(3) Wird der/dem Beschäftigten vor Ablauf der sechs Monate wieder eine Tätigkeit zugewiesen, die den Tätigkeitsmerkmalen seiner bisherigen Entgeltgruppe entspricht, gilt § 14 sinngemäß.

2. Anmerkungen zum Grundkonzept der Eingruppierungsvorschriften

Die zentralen Eingruppierungsvorschriften enthalten im Vergleich zum früheren Recht keine materiellen Veränderungen. Insbesondere die tragenden Gedanken der Tarifautomatik, die Anknüpfung an die auszuübende Tätigkeit, die Bildung von Arbeitsvorgängen, die Notwendigkeit eines eingruppierungsrelevanten Umfangs der Tätigkeit usw. entsprechen dem Vorgängerrecht, das sich über Jahrzehnte bewährt hat und für dessen Auslegung bis heute auf eine gewachsene Rechtsprechung zurückgegriffen werden kann.

Im Einzelnen ist dazu Folgendes anzumerken:

3. § 12 (Bund) TVöD: Eingruppierung

3.1 Arbeitsvertrag und auszuübende Tätigkeit

Die Eingruppierung der Beschäftigten richtet sich nach der Tätigkeit, die aufgrund des Arbeitsvertrages auf Dauer auszuüben ist. Entscheidend ist also die Gestaltung des Arbeitsvertrages. Die Vereinbarung im Arbeitsvertrag über die auszuübende Tätigkeit begründet einen Anspruch auf Beschäftigung mit entsprechenden Tätigkeiten und ist maßgebend für die Eingruppierung und damit auch für das Entgelt. Im Interesse der Klarheit ist die Entgeltgruppe im Arbeitsvertrag – ggf. als Änderung – anzugeben (§ 12 (Bund) Abs. 3 TVöD).

Einer der Kerngedanken der Eingruppierungsvorschriften ist, dass die Eingruppierung aufgrund der sog. Tarifautomatik erfolgt. Der Arbeitnehmer ist danach automatisch in die Entgeltgruppe eingruppiert, deren Tätigkeitsmerkmale die gesamte, von dem Beschäftigten nicht nur vorübergehend auszuübende Tätigkeit entspricht. Die Eingruppierung ist also eine zwingende Rechtsfolge, die sich aus dem Tarifvertrag ergibt, ohne dass es dazu eines formellen Eingruppierungsaktes des Arbeitgebers bedarf. Ein solcher hat allenfalls deklaratorische Wirkung.

3.2 Geltungsbereich und Kernaussagen des § 12 (Bund) TVöD

§ 12 (Bund) TVöD bestimmt,

- welche Tätigkeit für die Eingruppierung maßgebend ist, nämlich die gesamte auszuübende Tätigkeit, und
- in welchem zeitlichen Umfang die in den Tätigkeitsmerkmalen beschriebene Tätigkeit als Voraussetzung für die Eingruppierung ausgeübt werden muss (grundsätzlich mindestens zur Hälfte).
- Gegenstand der Bewertung ist jeder einzelne Arbeitsvorgang innerhalb der gesamten auszuübenden Tätigkeit.

IV

§ 12 (Bund) TVöD gilt sowohl für die Eingruppierung bei Neueinstellungen als auch bei Übertragung einer anderen Tätigkeit. Nach § 12 (Bund) Abs. 2 Satz 1 TVöD sind Beschäftigte in der Entgeltgruppe eingruppiert, deren Tätigkeitsmerkmalen die gesamte von ihnen nicht nur vorübergehend auszuübende Tätigkeit entspricht.

Die Vorschrift enthält dabei gleich mehrere Aussagen:

- Die Worte „Die/Der Beschäftigte ist ... eingruppiert" machen deutlich, dass sich die Eingruppierung als zwingende rechtliche Folge aus der Tätigkeit ergibt. Damit kommt der Grundsatz der Tarifautomatik klar zum Ausdruck.
- Die gesamte Tätigkeit ist maßgebend. Es kommt also nicht auf die Feststellung und Unterscheidung von Teiltätigkeiten an und darauf, ob und welche Teiltätigkeit überwiegt und ggf. der Bewertung zugrunde zu legen ist oder für die Bewertung außer Betracht zu bleiben hat. Die „gesamte auszuübende Tätigkeit" eines Beschäftigten setzt sich aus Arbeitsvorgängen zusammen, siehe dazu weiter unten.
- Es ist allein auf die auszuübende, d. h. auf die vom Arbeitgeber im Rahmen des Arbeitsvertrages ausdrücklich übertragene Tätigkeit abzustellen. Die mit den im Arbeitsumfeld tätigen Kollegen und gegebenenfalls auch mit dem unmittelbaren Fachvorgesetzten abgestimmte tatsächliche Ausübung einer höherwertigen Tätigkeit durch die Beschäftigten ohne (auch nur stillschweigende) diesbezügliche Zustimmung der für Personalangelegenheiten zuständigen Stelle des Arbeitgebers vermag keinen Anspruch der Beschäftigten auf Höhergruppierung zu begründen (BAG, Urteil vom

26. März 1997 – 4 AZR 489/95). Die an die auszuübende Tätigkeit anknüpfende Tarifautomatik gilt grundsätzlich auch während der Zeit der Einarbeitung auf einem Arbeitsplatz, sofern die Aufgaben des Arbeitsplatzes den Beschäftigten uneingeschränkt übertragen sind, obgleich sie in qualitativer und/oder quantitativer Hinsicht noch keine vollwertigen Arbeitsergebnisse zu erzielen vermögen. Dies gilt nicht, wenn der Beschäftigte zunächst lediglich Teil-Aufgaben (die einer niedrigeren Entgeltgruppe entsprechen) zu erfüllen hat.

3.3 Bewertung Arbeitsvorgänge

Wann die nach § 12 (Bund) Abs. 2 Satz 1 TVöD maßgebende gesamte auszuübende Tätigkeit den Tätigkeitsmerkmalen einer Entgeltgruppe entspricht, ergibt sich aus Absatz 2 Sätze 2 ff. und den Protokollerklärungen zu Absatz 2. Nach § 12 (Bund) Abs. 2 Satz 2 TVöD ist Grundlage der Eingruppierung die Bewertung einzelner Arbeitsvorgänge (Protokollerklärung Nr. 1).

3.4 Ermittlung Entgeltgruppe

Die gesamte auszuübende Tätigkeit eines Beschäftigten setzt sich aus Arbeitsvorgängen zusammen. Die einzelnen Arbeitsvorgänge sind die Elemente für die Bewertung der Tätigkeit. Für jeden Arbeitsvorgang ist das Tätigkeitsmerkmal zu ermitteln, dessen Anforderungen er erfüllt. Die für die einzelnen Arbeitsvorgänge, die derselben Entgeltgruppe zuzuordnen sind, **normalerweise** aufzuwendenden Zeiten sind zusammenzurechnen. Ergibt sich, dass zeitlich mindestens die Hälfte oder das ggf. im Tätigkeitsmerkmal festgelegte abweichende Maß (z. B. ein Drittel oder ein Fünftel) erreicht ist, folgt daraus, dass die gesamte Tätigkeit den Tätigkeitsmerkmalen dieser Entgeltgruppe entspricht und der Beschäftigte in dieser Entgeltgruppe eingruppiert ist.

Beispiel:

Von den im Monatsdurchschnitt insgesamt zu erledigenden Arbeitsvorgängen eines Beschäftigten sind

- der Anzahl nach 60 % schwierige Tätigkeiten im Sinne der Entgeltgruppe 4 des Teils I; sie nehmen 35 % der gesamten Arbeitszeit in Anspruch,
- der Anzahl nach 40 % solche Arbeitsvorgänge, die gründliche Fachkenntnisse im Sinne der Entgeltgruppe 5 a. a. O. erfordern; sie nehmen 65 % der gesamten Arbeitszeit in Anspruch.

Der Beschäftigte ist in der Entgeltgruppe 5 eingruppiert.

Nach der Protokollerklärung Nr. 2 ist das in einem Tätigkeitsmerkmal geforderte Herausheben der Tätigkeit aus einer niedrigeren Entgeltgruppe ebenfalls eine Anforderung im Sinne des § 12 (Bund) Abs. 2 Sätze 2 und 3 TVöD.

Beispiel:

Ein Beschäftigter hat Arbeitsvorgänge zu erledigen, von denen – dem zeitlichen Aufwand nach – 70 % besonders verantwortungsvolle Tätigkeiten im Sinne der Entgeltgruppe 9c des Teils I darstellen. Ein Teil davon, der 25 % der gesamten Arbeitszeit ausmacht, besteht aus Arbeitsvorgängen, deren Erledigung besonders schwierig und bedeutend im Sinne der Entgeltgruppe 11 bzw. Entgeltgruppe 10 ist. Der Beschäftigte ist nicht in der Entgeltgruppe 11 eingruppiert, da der zeitliche Aufwand für die Erledigung der Arbeitsvorgänge, deren Erledigung besonders schwierig und bedeutend ist, nicht mindestens 50 % beträgt. Er ist auch nicht in der Entgeltgruppe 10 eingruppiert, da auch das dort geforderte Maß der Heraushebung (ein Drittel) nicht erreicht wird. Der Beschäftigte ist somit in Entgeltgruppe 9c a. a. O. eingruppiert.

IV

3.5 Definition Arbeitsvorgang

Was ein Arbeitsvorgang ist, wird in der Protokollerklärung Nr. 1 erläutert. Die Tarifvertragsparteien haben mit dem Begriff des Arbeitsvorgangs das Ziel verfolgt, die Bewertung der Tätigkeit anhand des kleinsten bei natürlicher und vernünftiger Betrachtungsweise abgrenzbaren Teils der gesamten Tätigkeit aufzubauen. Die Abgrenzung ergibt sich aus dem jeweiligen konkreten Arbeitsergebnis, zu dem der Arbeitsvorgang führt. Damit ist gewährleistet, dass z. B. sog. Zusammenhangsarbeiten, die als ein- und untergeordnete Teile einer Arbeitsleistung anzusehen sind, nicht gesondert gewertet werden dürfen (z. B. das für die Bearbeitung eines Aktenvorgangs erforderliche Heraussuchen eines Aktenstücks oder die Beiziehung anderer Vorgänge).

Das für die Abgrenzung des Arbeitsvorgangs maßgebende Arbeitsergebnis ist auf den Aufgabenkreis des Beschäftigten bezogen. Bei arbeitsteiliger Erledigung der Aufgaben ist z. B. nicht die Erstellung eines Bauplanes als Arbeitsvorgang anzusehen, sondern der konkrete Beitrag des Beschäftigten hierzu, soweit der Beitrag nicht seinerseits aus mehreren Arbeitsvorgängen besteht.

Der so gebildete einzelne Arbeitsvorgang ist methodisch gesehen der kleinste – selbstständige – Gegenstand der tariflichen Bewertung und darf hinsichtlich der Anforderungen zeitlich nicht weiter aufgespalten („atomisiert") werden (Protokollerklärung Nr. 1 Satz 2). Daraus folgt: Ein Arbeitsvorgang ist als solcher entweder schwierig – oder er ist es nicht; er erfordert als solcher entweder eine selbstständige

Leistung – oder er erfordert sie nicht. Dabei kommt es darauf an, ob innerhalb des Arbeitsvorgangs beispielsweise schwierige oder selbstständige Leistungen in einem rechtserheblichen Umfang anfallen. Ein Arbeitsvorgang, der nur zu einem Drittel schwierig wäre oder nur zu einem Fünftel selbstständige Leistungen erfordern würde, ist mit Blick auf die Definition des Arbeitsvorgangs nicht denkbar. Das Verbot der zeitlichen Aufspaltung bedeutet deshalb, dass der zeitliche Anteil, zu dem die tariflichen Tätigkeitsmerkmale einer bestimmten Fallgruppe erfüllt sein müssen, nicht innerhalb des Arbeitsvorgangs, sondern nach dem zeitlichen Anteil der entsprechenden Arbeitsvorgänge innerhalb der gesamten auszuübenden Tätigkeit festgestellt werden müssen. Innerhalb des einzelnen Arbeitsvorgangs sind nämlich die zu verzeichnenden Anforderungen stets jeweils voll oder gar nicht erfüllt.

Hinweis:

Das BAG neigt mittlerweile zur Bildung „großer" Arbeitsvorgänge; z. B. hat es in den Urteilen vom 28. Februar 2018 – 4 AZR 816/16 – sowie vom 9. September 2020 – 4 AZR 195/20 – die Tätigkeit von Geschäftsstellenverwaltern bzw. Beschäftigten in Serviceeinheiten bei Gerichten als jeweils einen einheitlichen Arbeitsvorgang angesehen. Sobald in dieser Tätigkeit in „rechtserheblichem Ausmaß" Tätigkeiten mit besonderer Heraushebung (z. B. Schwierigkeit) vorliegen, erfüllt der gesamte Arbeitsvorgang nach Auffassung des BAG diese Heraushebung. Folge ist eine tendenziell höhere Eingruppierung.

3.6 Betrachtung mehrerer Arbeitsvorgänge

Bestimmte Anforderungen, die in Tätigkeitsmerkmalen gestellt werden, können ihrer Natur nach vielfach nicht in einem einzigen Arbeitsvorgang erfüllt sein. So wird beispielsweise die Anforderung „vielseitige Fachkenntnisse" regelmäßig erst in der Bearbeitung mehrerer Arbeitsvorgänge auf verschiedenartigen Fach- oder Rechtsgebieten erfüllt werden können. Um dieser Besonderheit Rechnung zu tragen, ist in § 12 (Bund) Abs. 2 Satz 3 TVöD zugelassen, dass für die Prüfung, ob derartige Anforderungen erfüllt sind, entsprechende Arbeitsvorgänge **insoweit** zusammen betrachtet werden (= sog. „Anforderungsbetrachtung").

3.7 Ein Tätigkeitsmerkmal – mehrere Anforderungen

§ 12 (Bund) Abs. 2 Satz 4 TVöD regelt die Fälle, in denen in einem Tätigkeitsmerkmal mehrere Anforderungen gestellt werden (z. B. gründliche und vielseitige Fachkenntnisse einerseits, selbstständige Leistungen andererseits). In diesen Fällen muss jede dieser Anforderungen in dem für die Bewertung der gesamten Tätigkeit geforderten zeitlichen Ausmaß erfüllt sein. Dieses zeitliche Ausmaß beträgt nach § 12 (Bund) Abs. 2 Satz 2 TVöD grundsätzlich die Hälfte; ist in einem Tätigkeitsmerkmal selbst ein anderes zeitliches Maß bestimmt (z. B. „zu einem Drittel selbstständige Leistungen"), so gilt dieses Maß (Satz 5 a. a. O.).

3.8 Tätigkeitsmerkmale mehrerer Entgeltgruppen

Eine Besonderheit liegt in den Fällen vor, in denen dieselbe Anforderung in Tätigkeitsmerkmalen mehrerer Entgeltgruppen verwendet wird und lediglich das zeitliche Maß über die Eingruppierung entscheidet. Die eingruppierungsrelevante Zuordnung ergibt sich in diesen Fällen erst nach Feststellung der zeitlichen Inanspruchnahme mit Arbeitsvorgängen, die diese Anforderung erfüllen (= sog. „Gesamtbetrachtung").

Beispiel:

Ein Beschäftigter erledigt:

a) Arbeitsvorgänge, die schwierige Tätigkeiten im Sinne der Entgeltgruppe 4 des Teils I darstellen (Arbeitsvorgänge A),

b) Arbeitsvorgänge, die gründliche und vielseitige Fachkenntnisse im Sinne der Entgeltgruppe 6 des Teils I erfordern (Arbeitsvorgänge B),

c) Arbeitsvorgänge, die gründliche und vielseitige Fachkenntnisse sowie selbstständige Leistungen im Sinne der Entgeltgruppe 7, 8 bzw. 9a des Teils I erfordern (Arbeitsvorgänge C).

Der Beschäftigte ist in der Entgeltgruppe 4 eingruppiert, wenn die Arbeitsvorgänge A zeitlich überwiegen.

Der Beschäftigte ist in Entgeltgruppe 6 eingruppiert, wenn die Arbeitsvorgänge B und C zusammen zeitlich mindestens 50 v. H. ausmachen.

Der Beschäftigte ist in der Entgeltgruppe 9a eingruppiert, wenn bei einem mindestens hälftigen Zeitanteil der Arbeitsvorgänge B und C die Arbeitsvorgänge C zeitlich mindestens die Hälfte ausmachen.

Der Beschäftigte ist in der Entgeltgruppe 8 eingruppiert, wenn bei einem mindestens hälftigen Zeitanteil der Arbeitsvorgänge B und C die Arbeitsvorgänge C zeitlich mindestens 33 1/3 v. H. aber weniger als 50 v. H. ausmachen.

Der Beschäftigte ist in der Entgeltgruppe 7 eingruppiert, wenn bei einem mindestens hälftigen Zeitanteil der Arbeitsvorgänge B und C die Arbeitsvorgänge C zeitlich mindestens 20 v. H., aber weniger als 33 1/3 v. H. ausmachen.

Der Beschäftigte ist in der Entgeltgruppe 4 eingruppiert, wenn die Arbeitsvorgänge C zeitlich zwar mehr als 20 v. H., die Arbeitsvorgänge B und C zusammen jedoch weniger als 50 v. H. ausmachen (siehe oben).

3.9 Mischarbeitsplätze

In diesem Zusammenhang stellt sich in der Praxis häufig die Frage, wie im Fall von sog. Mischarbeitsplätzen (Gesamtheit von selbstständig zu bewertenden Arbeitsvorgängen, die unterschiedlichen Tätigkeitsmerkmalen in unterschiedlichen Teilen, Abschnitten oder Unterabschnitten der Entgeltordnung zuzuordnen sind) zu verfahren ist. Hier ist zunächst nach den vorstehend genannten Grundsätzen innerhalb der jeweils einschlägigen Gliederungseinheit der Entgeltordnung eine Zuordnung der Arbeitsvorgänge zu den dort aufgeführten Entgeltgruppen vorzunehmen. Anschließend erfolgt ggf. eine sog. „Entgeltgruppenbetrachtung". Dies ergibt sich daraus, dass gemäß § 12 (Bund) Abs. 2 Satz 2 TVöD die gesamte auszuübende Tätigkeit den Tätigkeitsmerkmalen einer Entgeltgruppe entspricht, wenn zeitlich mindestens zur Hälfte Arbeitsvorgänge anfallen, die für sich genommen die Anforderungen eines Tätigkeitsmerkmals oder mehrerer Tätigkeitsmerkmale **dieser Entgeltgruppe** erfüllen.

IV

Beispiel:

Die Tätigkeit eines Beschäftigten besteht aus vier Arbeitsvorgängen, wobei keiner für sich genommen ein zeitliches Maß von mindestens der Hälfte der Gesamttätigkeit erreicht. Diese Arbeitsvorgänge erfüllen die Anforderungen der folgenden Tätigkeitsmerkmale verschiedener Gliederungseinheiten der Entgeltordnung:

1. Bezügerechner mit einem Zeitanteil von **35 v. H.** (Teil III Abschnitt 8 EntgO Bund, Tätigkeit i. S. d. **EG 9a**)
2. Bürodienst mit Sachbearbeitung mit einem Zeitanteil von **20 v. H.** (Teil I EntgO Bund, gründliche und vielseitige Fachkenntnisse und selbst. Leistungen i. S. d. **EG 9a**)
3. Bürodienst mit Sachbearbeitung mit einem Zeitanteil von **20 v. H.** (Teil I EntgO Bund, gründliche und vielseitige Fachkenntnisse i. S. d. **EG 6**)
4. Bürodienst mit einem Zeitanteil von **25 v. H.** (Teil I EntgO Bund, schwierige Tätigkeiten i. S. d. **EG 4**)

Festzustellen ist zunächst, dass der Arbeitsvorgang 1 dem Teil III Abschnitt 8 EntgO Bund und die Arbeitsvorgänge 2 bis 4 dem Teil I EntgO Bund zuzuordnen sind („eingruppierungsrechtlicher Spezialitätsgrundsatz" – d. h. spezielle Tätigkeitsmerkmale gehen den allgemeinen Tätigkeitsmerkmalen immer vor).

Schritt 1: Keiner der Arbeitsvorgänge 2 bis 4 erreicht für sich genommen das notwendige zeitliche Maß von 50 v. H. der Gesamtarbeitszeit.

Schritt 2: Anforderungsbetrachtung: Es sind keine Anhaltspunkte dafür ersichtlich, dass sich durch die zusammenfassende Beurteilung von Arbeitsvorgängen derselben Gliederungseinheit der Entgeltordnung (hier: Arbeitsvorgänge 2 bis 4) die Erfüllung einer höheren Anforderung ergeben könnte.

Schritt 3: Gesamtbetrachtung: Da die einschlägigen Tätigkeitsmerkmale in Teil I der EntgO Bund aufeinander aufbauen und ein höheres Tätigkeitsmerkmal damit immer auch die darunter liegenden Tätigkeitsmerkmale erfüllt, liegt bei den Arbeitsvorgängen 2 und 3 jeweils auch die Anforderung der „schwierigen Tätigkeit" vor. Diese Arbeitsvorgänge können mit ihren Zeitanteilen dem Arbeitsvorgang 4 hinzugerechnet werden, sodass sich eine Eingruppierung in **Entgeltgruppe 4** ergäbe (mindestens zu 50 v. H. „schwierige Tätigkeiten"). Eine Hinzurechnung des Arbeitsvorgangs 3 zum Arbeitsvorgang 2 hingegen würde nicht für eine Eingruppierung in Entgeltgruppe 6 ausreichen, da zusammen nur zu 40 v. H. „gründliche und vielseitige" Fachkenntnisse vorlägen.

Schritt 4: Entgeltgruppenbetrachtung: In den Arbeitsvorgängen 1 und 2 werden Tätigkeitsmerkmale erfüllt, die jeweils der Entgeltgruppe 9a zugeordnet sind, ohne für sich allein genommen den erforderlichen Zeitanteil von mindestens 50 v. H. der Gesamttätigkeit zu erfüllen. Im Rahmen der Entgeltgruppenbetrachtung sind die Zeitanteile von Arbeitsvorgängen der gleichen Entgeltgruppe (in diesem Fall Entgeltgruppe 9a aus den Arbeitsvorgängen 1 und 2) zu addieren, und zwar unabhängig von dem Teil bzw. der Gliederungseinheit der Entgeltordnung, in dem die jeweiligen Tätigkeitsmerkmale geregelt sind. Nach Addition der Zeitanteile aus Arbeitsvorgang 1 mit 35 v. H. und aus Arbeitsvorgang 2 mit 20 v. H. ergeben sich zu 55 v. H. Zeitanteile der Entgeltgruppe 9a. Hiermit ist das erforderliche zeitliche Maß von mindestens der Hälfte der Gesamttätigkeit des Beschäftigten für die Entgeltgruppe 9a erfüllt.

3.10 Zeitraum der Bewertung

Für die Bewertung der von dem Beschäftigten auszuübenden Tätigkeit ist ein angemessener Zeitraum zugrunde zu legen. Der Zeitraum ist angemessen, wenn gewährleistet ist, dass die in dem Aufgabenkreis des Beschäftigten auf Dauer regelmäßig anfallenden Arbeitsvorgänge sicher erfasst werden. Hierzu hat das Bundesarbeitsgericht mit Urteil vom 26. April 1966 – 1 AZR 458/64 – entschieden, dass, wenn die Tätigkeit des Beschäftigten in ihrem Schwierigkeitsgrad Schwankungen unterworfen ist, die Feststellung, ob der Beschäftigte überwiegend selbstständige Leistungen erbringt, über einen längeren (z. B. sechsmonatigen) Zeitraum zu erstrecken sind.

3.11 Anforderungen in der Person des Beschäftigten

Bei den nach § 12 (Bund) Abs. 2 Satz 6 TVöD geforderten Anforderungen in der Person des Beschäftigten kann es sich z. B. um eine geforderte Ausbildung, staatliche Anerkennung oder um die Erfüllung der Zeit einer Tätigkeit handeln.

3.12 Anforderungen in der Funktion des Beschäftigten

§ 12 (Bund) TVöD gilt auch für Tätigkeitsmerkmale, in denen eine bestimmte Funktion des Beschäftigten für die Eingruppierung maßgebend ist (z. B. Kassenleiter, ständiger Vertreter des ..., Beschäftigter ... mit x Unterstellten). In diesen Fällen bedarf es nicht der Bewertung der einzelnen Arbeitsvorgänge, da diese bereits im Tätigkeitsmerkmal selbst insgesamt pauschal bewertet sind. Übt ein Beschäftigter daneben eine Tätigkeit aus, die unter ein anderes Tätigkeitsmerkmal fällt, ist bei der Anwendung des § 12 (Bund) Abs. 2 TVöD die Funktionstätigkeit als Summe gleich zu bewertender Arbeitsvorgänge anzusehen. Es kommt also auf das zeitliche Ausmaß an, in dem die geforderte Funktion ausgeübt wird.

3.13 Nachweis Eingruppierung

Zum Nachweis der tarifgerechten Eingruppierung sind in der Regel die dem Beschäftigten übertragenen Tätigkeiten und deren Zuordnung zu den Tätigkeitsmerkmalen der Entgeltordnung in einer Arbeitsplatzbeschreibung vollständig und nachprüfbar darzustellen. Die Arbeitsplatzbeschreibung gliedert sich klassischerweise in zwei Teile: Tätigkeitsdarstellung und Tätigkeitsbewertung.

- Die Tätigkeitsdarstellung sollte möglichst klar und detailliert die Aufgaben (ggf. schon in den für die Tätigkeitsbewertung relevanten „Arbeitsvorgängen“ gegliedert), die Verantwortlichkeiten, die Anforderungen und die betriebliche Eingliederung der Position des Beschäftigten darstellen. Sie sollte Haupttätigkeiten sowie spezielle Aufgaben umfassen und ggf. bereits auf Tätigkeitsmerkmale eingehen, die für die Tätigkeitsbewertung entscheidend sind (z. B. Funktionsmerkmale).
- In der Tätigkeitsbewertung werden die festgestellten Arbeitsvorgänge einschließlich der Zusammenhangstätigkeiten dann unter die einschlägigen Tätigkeitsmerkmale der Entgeltordnung subsumiert. Dabei ist jeder einzelne Arbeitsvorgang als solcher zu bewerten, er darf dabei nicht nach verschiedenen Anforderungen zeitlich aufgespalten („atomisiert“) werden.

3.14 Neu eingestellte Beschäftigte

Bei neu eingestellten Beschäftigten, die erst eingearbeitet oder erprobt werden, oder bei Beschäftigten, die auf einem anderen Arbeitsplatz eingearbeitet oder erprobt werden, genügt zunächst eine Tätigkeitsdarstellung und -bewertung mit den Angaben, die für die endgültige Übertragung der Tätigkeiten maßgebend sind. Für eine Abweichung hiervon müssten in einem Vermerk die Gründe festgehalten werden, die einer höheren Eingruppierung derzeit noch entgegenstehen (dass z. B. wegen der Einarbeitung oder Erprobung selbstständige Leistungen noch nicht zu erbringen sind oder eine besondere Verantwortung mit der Ausübung der Tätigkeit noch nicht verbunden ist).

3.15 Höherwertige Tätigkeit in Vertretung

Wird einem Beschäftigten vertretungsweise eine andere, höherwertige Tätigkeit übertragen (§ 14 Abs. 1 TVöD), kann von der Erstellung einer Tätigkeitsdarstellung und bewertung abgesehen werden, wenn die Tätigkeitsdarstellung und -bewertung des Vertretenen ausreichenden Aufschluss über die vertretungsweise auszuübende Tätigkeit gibt. Erst eine dauerhafte Übertragung einer höher bewerteten Tätigkeit führt zu einer verbesserten Eingruppierung nach § 12 (Bund) TVöD.

3.16 Tätigkeitsbereich/Vereinbarung Arbeitsvertrag

Falls keine spezielle Vereinbarung im Arbeitsvertrag getroffen worden ist, können dem Beschäftigten alle Tätigkeiten übertragen werden, die die Merkmale der für ihn maßgebenden Entgeltgruppe erfüllen (siehe die gefestigte Rechtsprechung des Bundesarbeitsgerichts, z. B. Urteil vom 26. Juni 2002 – 6 AZR 50/00). Die Zuweisung der einer niedrigeren Entgeltgruppe zuzurechnenden Tätigkeit scheidet aber selbst dann aus, wenn das bisher gezahlte Entgelt fortgezahlt wird (BAG, Urteil vom 8. Oktober 1962 – 2 AZR 550/61).

3.17 Fehlerhafte Entgeltgruppe

Nach dem Urteil des Bundesarbeitsgerichts vom 23. August 1995 – 4 AZR 352/94 – bedarf es zur Korrektur der Eingruppierung bei dem Beschäftigten unzutreffend mitgeteilter Entgeltgruppe – unbeschadet der erforderlichen Mitbestimmung der Personalvertretung – keiner Änderungskündigung, wenn die unzutreffend mitgeteilte Entgeltgruppe auf eine rechtsfehlerhafte Tarifanwendung zurückzuführen ist. Der Mitteilung der Entgeltgruppe durch den Arbeitgeber kommt nach Auffassung des BAG (siehe Urteil vom 16. Februar 2000 – 4 AZR 62/99) nur eine deklaratorische Bedeutung zu.

Hinsichtlich der Beweislast bei der Korrektur einer fehlerhaften Eingruppierung gilt grundsätzlich, dass wenn Beschäftigte der Ansicht sind, sie seien zu niedrig eingruppiert, sie alle Tatsachen vortragen müssen, aus denen sich die behauptete höhere Eingruppierung ergibt. Umgekehrt sieht es hingegen bei korrigierenden Herabgruppierungen aus (Urteil des BAG vom 16. August 2023 – 4 AZR 339/22).

4. Zu § 13 (Bund) TVöD: Eingruppierung in besonderen Fällen

4.1 Änderung der einschlägigen Tätigkeitsmerkmale

§ 13 (Bund) TVöD regelt nur die Fälle, in denen dem Beschäftigten nicht eine höherwertige Tätigkeit vom Arbeitgeber übertragen wird, sondern sich die Tätigkeit des Beschäftigten aus sich heraus (z. B. durch Änderung von Gesetzen usw.) derart ändert, dass sie den Tätigkeitsmerkmalen einer höheren Entgeltgruppe entspricht. Eine solche Änderung „aus sich heraus" ist ein Sonderfall. Ein verständiger und fürsorglicher Arbeitgeber sollte von Zeit zu Zeit prüfen, ob der Zuschnitt des Arbeitsplatzes noch der Eingruppierungssituation entspricht; er kann dann durch Umverteilungen, Aufgabenverlagerungen etc. steuernd eingreifen.

4.2 Dauer der Tätigkeit

Der Beschäftigte ist automatisch in der höheren Entgeltgruppe eingruppiert, wenn er die höherwertige Tätigkeit sechs Monate lang ununterbrochen (wegen unschädlicher bzw. schädlicher Unterbrechungen siehe jedoch Absatz 2 der Vorschrift) ausgeübt hat und zwar mit dem Ersten des nach Ablauf der sechs Monate folgenden Kalendermonats. Dabei wird die Dauerhaftigkeit der Änderung vorausgesetzt; eine nur vorübergehende Änderung der Anforderungen berührt die Eingruppierung nicht. Für die zurückliegenden sechs Kalendermonate erhält der Beschäftigte eine Zulage nach § 14 TVöD.

4.3 Entzug höherwertiger Tätigkeit

Nach Absatz 3 der Vorschrift gilt § 14 TVöD auch sinngemäß bei Entzug der höherwertigen Tätigkeit.

III. Wesentliche Veränderungen in der Entgeltordnung

1. Grundsatz

Wie in den Einleitungssätzen des Abschnitts C dieser Betrachtung dargestellt, baut die Entgeltordnung des Bundes auf der für die Beschäftigten der Länder zum 1. Januar 2012 vereinbarten Entgeltordnung auf. Anders als die Tarifpartner im Bereich der Länder verfolgten die Tarifpartner des Bundes bei der Schaffung der Entgeltordnung zum TVöD aber nicht nur den eher redaktionellen Ansatz der Ländertarifpartner.

Zur redaktionellen Arbeit gehörte aber auch bereits im Länderbereich, dass z. B. veraltete Berufsbezeichnungen ersetzt oder gestrichen wurden. Unmittelbarer Ausdruck des eher redaktionellen Auftrags war dort allerdings, dass die Überarbeitung grundsätzlich nicht zu einer Verschiebung der in den alten Regelwerken sowie dem Überleitungsrecht des TVÜ-Länder vereinbarten Wertigkeiten der Tätigkeiten führen sollte. Diesen Auftrag haben die Tarifpartner der Länder nicht aus dem Auge verloren, so dass die redaktionelle Überarbeitung letztlich nur in Teilbereichen zu materiellen Veränderungen geführt hat. Sowohl die redaktionelle Tiefe bei der Überarbeitung (ggf. auch Streichung) der Tätigkeitsmerkmale, als auch die materiellen Eingriffe gingen im Bereich des Bundes deutlich weiter als im Länderbereich. Nachstehend sind in Kürze die aus Sicht des Verfassers wichtigsten materiellen Veränderungen im Vergleich zum früheren, übergangsweise fortgeltenden Eingruppierungs-/Einreihungsrecht des Bundes dargestellt.

2. Wichtige materielle Änderungen

2.1 Abschaffung kurze Bewährungsaufstiege in den unteren Entgeltgruppen

Über die reine Redaktion hinausgehende materielle Änderungen wurden für bestimmte Merkmale der Entgeltgruppen 3 bis 8 vereinbart. Dort haben die Tarifpartner des Bundes unter weitestgehender Übernahme der im Länderbereich gefundenen Grundsätze eine Neubewertung der auszuübenden Tätigkeiten vorgenommen und die im alten Recht zu Verläufen mit kurzem Aufstieg (bis zu sechs Jahren) führenden Tätigkeiten im Vergleich zum Niveau der Anlage 4 TVÜ-Bund einer höheren Entgeltgruppe zugewiesen. Tragende Überlegung für die Tarifpartner war dabei der Gedanke, dass die früher nach einer kurzen Tätigkeits-/Bewährungszeit erreichbare Vergütungsgruppe die eigentliche Wertigkeit der Tätigkeit widerspiegelt, während es sich bei der ersten, bezogen auf die durchschnittliche Verweildauer oder gar ein Berufsleben eher kurze Tätigkeitsphase faktisch um eine abgesenkte Eingruppierung gehandelt hat.

Die Aufstiegsmerkmale in den Entgeltgruppen 9 und höher wurden gestrichen.

2.2 Entgeltgruppen 4 und 7 für ehemalige Angestellte

Teilweise wurden in der neuen Entgeltordnung ehemalige Angestelltentätigkeiten erstmalig der Entgeltgruppe 4 bzw. der Entgeltgruppe 7 zugeordnet. Dadurch ließ sich trotz der im Vergleich zum alten Eingruppierungssystem reduzierten Anzahl der Entgeltgruppen eine gewisse „Feineinstellung" erreichen, die mit Blick auf die eher geringen finanziellen Abstände der unteren Entgeltgruppen voneinander wünschenswert war. Die Belegung der Entgeltgruppe 7 im Teil I der Entgeltordnung ging hingegen nicht auf eine frühere Aufstiegssituation zurück, sondern stellte auch im Vergleich zum alten BAT-Recht eine echte Verbesserung dar.

2.3 Einarbeitungszeiten

Entsprechend der unter 2.1 genannten Langzeitbetrachtung wurden auch kurze Einarbeitungszeiten (bis zu einem Jahr) bzw. die entsprechenden Merkmale ersatzlos gestrichen. Diese Beschäftigten sind unmittelbar entsprechend dem im alten Recht erst nach Einarbeitung erreichten Niveau eingruppiert.

2.4 Entgeltgruppe 13 plus Zulage

Diejenigen Merkmale der früheren Vergütungsgruppe IIa BAT mit kürzeren Aufstiegen, die formal zur Eingruppierung in Entgeltgruppe 13 führten und nach näherer Maßgabe des § 17 Abs. 8 TVÜ-Bund eine Zulage in Höhe des Unterschiedsbetrages zwischen Entgeltgruppe 13 und Entgeltgruppe 14 beinhalteten, wurden unmittelbar der Entgeltgruppe 14 zugeordnet.

2.5 Entgeltgruppen 9a und 9b

Die Tarifpartner des Bundes haben die frühere Unterteilung der Entgeltgruppe 9 in eine „kleine" Entgeltgruppe 9 (mit längeren Stufenlaufzeiten und fehlender Stufe 5) und eine uneingeschränkte Entgeltgruppe 9 abgeschafft. An die Stelle der „kleinen" Entgeltgruppe 9 ist die Entgeltgruppe 9a getreten. Dabei handelt es sich um eine eigenständige Entgeltgruppe mit regulären Stufenlaufzeiten. Die Beschäftigten der „kleinen" Entgeltgruppe 9 wurden nach näherer Maßgabe des § 27 Abs. 3 TVÜ-Bund unter Beibehaltung ihrer Stufenlaufzeit in die Stufe der Entgeltgruppe 9a übergeleitet, deren Betrag ihrer bisherigen Stufe entspricht. Durch die Anrechnung der Stufenlaufzeiten konnte im Einzelfall bei der Überleitung ein Stufenaufstieg erfolgen; wegen der Anrechnung eventueller Restzeiten siehe § 27 Abs. 3 Sätze 2 bis 4 TVÜ-Bund.

Die uneingeschränkte Entgeltgruppe 9 wurde ohne betragsmäßige Veränderungen in Entgeltgruppe 9b umbenannt. Die Beschäftigten der Entgeltgruppe 9 ohne Einschränkungen wurden stufengleich unter Beibehaltung ihrer Stufenlaufzeit in die Entgeltgruppe 9b übergeleitet (siehe § 27 Abs. 2 TVÜ-Bund).

In der Tarifeinigung 2018/2019 wurde zusätzlich die Einführung einer Entgeltgruppe 9c oberhalb der Entgeltgruppe 9b vereinbart. Die entsprechenden Tätigkeitsmerkmale wurden im Zuge des Änderungstarifvertrages Nr. 6 zum TV EntgO Bund in die Entgeltordnung aufgenommen.

3. Bestimmte Beschäftigtengruppen

3.1 Technische Beschäftigte, Ingenieure, Meister

Die früher im Allgemeinen Teil der Anlage 1a zum BAT zu findenden Tätigkeitsmerkmale für technische, vermessungstechnische sowie landkartentechnische Beschäftigte (früher: Angestellte) sind dem Teil III Abschnitt 25 (Ingenieure) bzw. 41 (Techniker) der Entgeltordnung zugeordnet. Für die Ingenieure wurden insoweit (über einen redaktionellen Ansatz der neuen Entgeltordnung hinaus) strukturelle Verbesserungen vereinbart, als dass für eine Heraushebung aus Entgeltgruppe 10 (nach 11), Entgeltgruppe 11 (nach 12) und Entgeltgruppe 12 (nach 13) ein Drittel-Umfang der Heraushebung ausreicht (statt dem an sich erforderlichen Hälfte-Umfang). Auch die Eingruppierung der Techniker wurde im Vergleich zur früheren Eingruppierung und der Entgeltordnung für die Beschäftigten der Länder angehoben (z. B. Eingangseingruppierung Entgeltgruppe 8 statt 7). Dafür entfiel die Technikerzulage. Entsprechendes galt für Meister und die Meisterzulage.

3.2 Beschäftigte im Pflegedienst (Teil IV EntgO Bund)

Die Tätigkeitsmerkmale für Pflegekräfte, die sich im alten Recht aus der Anlage 1b zum BAT ergaben, blieben von der materiellen Überarbeitung ebenfalls nicht ganz unberührt; so wurde beispielsweise auch die Fachweiterbildung in der Onkologie berücksichtigt und führt in die Entgeltgruppe KR 9a Fallgruppe 2a des Abschnitts 25.6 in Teil IV der Entgeltordnung. Ansonsten blieb es – entsprechend der Regelung im Bereich der Länder – weitgehend bei einer redaktionellen Überarbeitung, die insbesondere zu einer übersichtlicheren Gliederung führte. Außerdem wurden die möglichen Zulagen in § 18 TV EntgO Bund zusammengefasst. Daneben wurden die aus der in Anlage E (Bund) zum TVöD Besonderer Teil Verwaltung (BT-V) bekannten, im Vergleich zur alten Anlage 1b zum BAT feiner differenzierenden Entgeltgruppenbezeichnungen übernommen (z. B. KR 9a, 9b, 9c, …). Insgesamt bleibt das bewährte System der „KR-Entgeltgruppen" aber erhalten. Die nach den Karriereverläufen ermittelte Eingruppierung und das durch Besonderheiten der Tabellenstruktur geprägte Entgelt lassen sich aus einer eigenständigen KR-Tabelle ablesen, die auch die

Besonderheiten bei der Stufenzuordnung und Laufzeit erfasst und weitere Einzelfallfeststellungen entbehrlich macht.

Die Tätigkeitsmerkmale für Pflegekräfte sind – relativ eigenständig – als Abschnitt 25 im Teil IV der neuen Entgeltordnung (Besondere Tätigkeitsmerkmale im Bereich des Bundesministeriums der Verteidigung) aufgenommen worden. Die Platzierung in diesem Teil der Entgeltordnung ist dem Umstand geschuldet, dass es beim Bund nur im Bereich der Bundeswehr Pflegekräfte gibt.

3.3 Lehrer

Die weitestgehende Ausnahme der Lehrkräfte vom Geltungsbereich der Entgeltordnung wurde beibehalten.

Im bisherigen Recht ergab sich der Ausschluss der Lehrkräfte aus Vorbemerkung Nr. 5 zu allen Vergütungsgruppen der Vergütungsordnung. Deren Inhalt wurde sinngleich in § 1 Abs. 2 Buchst. a) TV EntgO Bund übernommen. Diese Vorschrift hat folgenden Wortlaut:

§

(2) Dieser Tarifvertrag gilt nicht für

a) Beschäftigte, die als Lehrkräfte – auch wenn sie nicht unter § 49 (Bund) TVöD BT-V fallen – beschäftigt sind, soweit nicht ein besonderes Tätigkeitsmerkmal vereinbart ist,

Damit sind alle Beschäftigten von der Entgeltordnung ausgenommen, deren Tätigkeit durch die Vermittlung von Fähigkeiten und Kenntnissen im Rahmen eines Schul-, Hochschul- oder vergleichbaren Betriebes (z. B. Ausbildungseinrichtungen der Verwaltung) geprägt wird. Nicht dazu gehören Beschäftigte, die Personen am Arbeitsplatz außerhalb eines Schulbetriebes unterweisen (Ausbilder) – siehe dazu BAG vom 10. Oktober 1984 – 4 AZR 411/82. Diese Beschäftigten fallen ebenso unter die Entgeltordnung wie diejenigen Lehrkräfte, für die eigenständige Tätigkeitsmerkmale in der Entgeltordnung ausdrücklich vereinbart wurden (z. B. für Unterrichtsschwestern im Teil IV Abschnitt 25.3).

IV. Gliederung der Entgeltordnung

Die Entgeltordnung fasst die Tätigkeitsmerkmale zusammen, die früher im Teil I (Allgemeiner Teil) und in den Teilen II (Zusätzliche Tätigkeitsmerkmale) und III (Zusätzliche Tätigkeitsmerkmale Bund) der Anlage 1a zum BAT, der Anlage 1b zum BAT (Pflegedienst) sowie dem Lohngruppenverzeichnis zum MTArb enthalten waren.

In Teil I der Entgeltordnung sind die Allgemeinen Tätigkeitsmerkmale für den Verwaltungsdienst (diese sind abgeleitet aus den jeweils ersten Fallgruppen des früheren Teils I der Anlage 1a zum BAT) aufgenommen worden. Teil II der Entgeltordnung bildet die ehemaligen „allgemeinen" Arbeitermerkmale des Lohngruppenverzeichnisses (also die ehemaligen Oberbegriffe) ab. Teil III der Entgeltordnung enthält besondere Tätigkeitsmerkmale für bestimmte Beschäftigtengruppen (das sind die übrigen Merkmale des Teils I sowie die Merkmale der Teile II und III der Anlage 1a zum BAT sowie die Beispiele und Ferner-Merkmale des Lohngruppenverzeichnisses). Teil IV enthält die besonderen Tätigkeitsmerkmale für die Beschäftigten im Bereich des Bundesministeriums der Verteidigung (einschließlich der Tätigkeitsmerkmale für Pflegekräfte, die zuvor in Anlage 1b zum BAT platziert waren), die Teile V und VI enthalten besondere Tätigkeitsmerkmale für die Beschäftigten im Bereich des Bundesministeriums für Digitales und Verkehr bzw. im Bereich des Bundesministeriums des Innern.

Daraus ergibt sich die nachstehende Gliederung:

Teil I Allgemeine Tätigkeitsmerkmale für den Verwaltungsdienst

Teil II Allgemeine Tätigkeitsmerkmale für körperlich/handwerklich geprägte Tätigkeiten

Teil III Tätigkeitsmerkmale für besondere Beschäftigtengruppen

1. Apothekerinnen und Apotheker
2. Beschäftigte in Archiven, Bibliotheken, Büchereien, Museen und anderen wissenschaftlichen Anstalten
3. Ärztinnen und Ärzte sowie Zahnärztinnen und Zahnärzte
4. Ausbilderinnen und Ausbilder in Betrieben und Werkstätten
5. Fachangestellte für Bäderbetriebe sowie geprüfte Meisterinnen und Meister für Bäderbetriebe
6. Baustellenaufseherinnen und -aufseher sowie Bauaufseherinnen und -aufseher
7. Bauzeichnerinnen und -zeichner sowie technische Systemplanerinnen und -planer
8. Berechnerinnen und Berechner von Amts-, Dienst- und Versorgungsbezügen sowie von Entgelten
9. Botinnen und Boten sowie Pförtnerinnen und Pförtner

9a. Fachlehrerinnen und -lehrer im Bereich des Bundesministeriums der Verteidigung und des Bundesministeriums für Familie, Senioren, Frauen und Jugend sowie der Bundespolizei

10. Fahrerinnen und Fahrer
11. Systemtechnikerinnen und -techniker in der Fernmeldetechnik
12. Beschäftigte in der Forschung
13. Beschäftigte im Forstdienst
14. FotografInnen und Fotografen

15. Fotolaborantinnen und -laboranten
16. Beschäftigte im Fremdsprachendienst
17. Gartenbau-, landwirtschafts- und weinbautechnische Beschäftigte
18. Geprüfte Gärtnermeisterinnen und -meister
19. Beschäftigte in der Instandhaltung und Bedienung von Gebäude- und Betriebstechnik
20. Geschäftsstellenverwalterinnen und -verwalter, Beschäftigte in Serviceeinheiten sowie Justizhelferinnen und -helfer bei Gerichten und Staatsanwaltschaften
21. Beschäftigte in Gesundheitsberufen
22. Haus- und Hofarbeiterinnen und -arbeiter
23. Hausmeisterinnen und Hausmeister
24. Beschäftigte in der Informationstechnik
25. Ingenieurinnen und Ingenieure
26. *(weggefallen)*
27. Beschäftigte im Kassendienst
28. Beschäftigte in der Konservierung, Restaurierung und Grabungstechnik
29. Küchenhilfskräfte und Buffethilfskräfte
30. Laborantinnen und Laboranten sowie Werkstoffprüferinnen und -prüfer
31. Fachkräfte für Lagerlogistik, Fachlageristinnen und -lageristen sowie Magazinwärterinnen und -wärter
32. Geprüfte Meisterinnen und Meister
33. Modellbauerinnen und -bauer sowie Modelltischlerinnen und -tischler
34. Operateurinnen und Operateure, Strahlenschutztechnikerinnen und -techniker sowie Strahlenschutzlaborantinnen und -laboranten in Kernforschungseinrichtungen
35. Redakteurinnen und Redakteure
36. Beschäftigte in Registraturen
37. Reinigerinnen und Reiniger (gestrichen)
38. Reproduktions- und medientechnische Beschäftigte
39. Schweißerinnen und Schweißer
40. Beschäftigte in der Steuerverwaltung
41. Technikerinnen und Techniker
42. Technische Assistentinnen und Assistenten
43. Tierärztinnen und -ärzte

44. Tierpflegerinnen und -pfleger
45. Vermessungstechnikerinnen und -techniker, Geomatikerinnen und Geomatiker sowie Messgehilfinnen und -gehilfen
46. Vorlesekräfte für Blinde und besondere Hilfskräfte für sonstige schwerbehinderte Menschen
47. Wächterinnen und Wächter
48. Weitere Beschäftigte

Teil IV Besondere Tätigkeitsmerkmale im Bereich des Bundesministeriums der Verteidigung

Teil V Besondere Tätigkeitsmerkmale im Bereich des Bundesministeriums für Digitales und Verkehr

Teil VI Besondere Tätigkeitsmerkmale im Bereich des Bundesministeriums des Innern

Bei der Struktur der Tätigkeitsmerkmale („Allgemeine Tätigkeitsmerkmale" und „Tätigkeitsmerkmale für besondere Beschäftigtengruppen") drängt sich die Frage auf, ob und inwieweit die allgemeinen Tätigkeitsmerkmale des Teils I und II der Entgeltordnung eine Auffangfunktion darstellen, was u. U. auch dazu führen könnte, dass eine höhere Eingruppierung als nach den besonderen Merkmalen der Teile III bis VI möglich wäre.

Letztlich haben es die Tarifpartner (wie auch im Länderbereich) bei dem bewährten Abgrenzungssystem der Vorbemerkungen zu allen Vergütungsgruppen der Anlage 1a zum BAT und der dazu bestehenden gefestigten Rechtsprechung des BAG (insbesondere Urteil vom 14. August 1985 – 4 AZR 322/84) belassen und den Grundsatz „Spezialmerkmal geht vor Allgemeinem Merkmal" in § 3 TV EntgO Bund und in den dazu vereinbarten Niederschriftserklärungen verankert. Die Auffangfunktion der Allgemeinen Teile (Teil I Verwaltungsdienst und Teil II körperliche/handwerkliche Prägung) beschränkt sich somit allein auf Tätigkeiten, für die die Teile III bis VI keine Tätigkeitsmerkmale bereithalten; in den Entgeltgruppen 2 bis 12 wird außerdem noch ein Verwaltungsbezug gefordert, um die Merkmale des Teils I anwenden zu können (siehe dazu auch Niederschriftserklärung zu § 3 Abs. 4 TV EntgO Bund). Entsprechend der Unterteilung der gesamten auszuübenden Tätigkeit nach § 12 (Bund) Abs. 2 TVöD in einzelne Arbeitsvorgänge kommt es auch für den Vorrang des speziellen Tätigkeitsmerkmals jeweils auf den zu bewertenden Arbeitsvorgang an. Zu der Eingruppierung bei sog. Mischtätigkeiten siehe III.3.4.7.

V. Struktur der Tätigkeitsmerkmale

Nachstehend wird unter 1. zunächst beispielhaft auf die allgemeinen Tätigkeitsmerkmale im Verwaltungsdienst (Teil I) eingegangen.

Unter 2. und 3. finden Sie in diesem Zusammenhang Ausführungen zu den Eingruppierungsgrundsätzen „Minus-Eins-Regelung" sowie „Sonstige Beschäftigte". Die allgemeinen Tätigkeitsmerkmale für Beschäftigte mit körperlich/handwerklich geprägten Tätigkeiten (Teil II) werden unter 4. aufgegriffen. Die beispielhaften Ausführungen zu den Allgemeinen Tätigkeitsmerkmalen unter 1. und 4. bieten aufgrund von in der Entgeltordnung wiederkehrenden Tätigkeitsmerkmalen auch für besondere Beschäftigtengruppen eine Orientierung.

1. Allgemeiner Teil

Die Tätigkeitsmerkmale des Allgemeinen Teils (Teil I) der Entgeltordnung sind aus den jeweils ersten Fallgruppen des Teils I der Anlage 1a zum BAT abgeleitet worden. Während die Entgeltgruppen 2 bis 4 ohne Ausbildungsbezug unter Heranziehung unbestimmter Rechtsbegriffe festgelegt sind, haben die Tarifpartner für die darüber liegenden Entgeltgruppen 5 bis 15 (bezogen auf die Entgeltgruppen 5 bis 12 erstmalig) ein Ausbildungserfordernis vereinbart. In den Entgeltgruppen 5 bis 9a wird eine abgeschlossene (mindestens) dreijährige Berufsausbildung vorausgesetzt. Die Eingruppierung in die Entgeltgruppen 9b bis 12 erfordert eine abgeschlossene Bachelor- bzw. Fachhochschulausbildung. Die Tätigkeitsmerkmale der Entgeltgruppen 13 bis 15 setzen weiter eine abgeschlossene Hochschulausbildung voraus. Zum Sonderfall des sogenannten „sonstigen Beschäftigten" siehe weiter unten in diesem Abschnitt.

Dies vorangestellt ergibt sich folgende Struktur (da die Tätigkeitsmerkmale bzw. deren Anforderungen aufeinander aufbauen, von unten nach oben):

§ **Entgeltgruppe 1**

Beschäftigte mit einfachsten Tätigkeiten.

Einfachste Tätigkeiten i. S. der Entgeltgruppe 1 sind Tätigkeiten, die regelmäßig keine Vor- oder Ausbildung bzw. in Abgrenzung zu den einfachen Tätigkeiten (Entgeltgruppe 2) keine fachliche Einarbeitung erfordern. Der in Protokollerklärung Nr. 9 aufgeführte Beispielskatalog mit einfachsten Tätigkeiten ist nicht abschließend.

§ **Entgeltgruppe 2**

Beschäftigte im Büro-, Buchhalterei-, sonstigen Innendienst und im Außendienst
mit einfachen Tätigkeiten.

Einfache Tätigkeiten sind nach näherer Maßgabe der Protokollerklärung Nr. 8 Tätigkeiten, die weder eine Vor- noch eine Ausbildung, aber eine Einarbeitung erfordern. Im Regelfall dauert die Einarbeitung mehrere Tage oder wenige Wochen (BAG-Urteil vom 20. Mai 2009 – 4 AZR 315/08). In Abgrenzung zur Entgeltgruppe 3 darf keine eingehende Einarbeitung erforderlich sein.

Entgeltgruppe 3

Beschäftigte im Büro-, Buchhalterei-, sonstigen Innendienst und im Außendienst
mit Tätigkeiten, für die eine eingehende Einarbeitung bzw. eine fachliche Anlernung erforderlich ist, die über eine Einarbeitung im Sinne der Entgeltgruppe 2 hinausgeht.

Der Entgeltgruppe 3 werden nur die Tätigkeiten zugeordnet, die über die Entgeltgruppe 2 hinausgehen, aber noch nicht als „schwierig" im Sinne der Entgeltgruppe 4 angesehen werden können. Eine „eingehende fachliche Einarbeitung" i. S. d. Entgeltgruppe 3 ist erforderlich, wenn zur Ausübung der Tätigkeit fachbezogene Kenntnisse und Fertigkeiten benötigt werden, die – ohne eine Vor- oder Ausbildung vorauszusetzen – vom Arbeitgeber in der Regel binnen eines Zeitraums von sechs Wochen vermittelt werden können (siehe BAG-Urteil vom 13. Dezember 2023 – 4 AZR 317/22).

Entgeltgruppe 4

1. Beschäftigte im Büro-, Buchhalterei-, sonstigen Innendienst und im Außendienst
   mit schwierigen Tätigkeiten.
2. Beschäftigte der Entgeltgruppe 3,
   deren Tätigkeit mindestens zu einem Viertel gründliche Fachkenntnisse erfordert.

Anmerkung zur Fallgruppe 1:

Schwierige Tätigkeiten nach der Fallgruppe 1 sind nach näherer Maßgabe der Protokollerklärung Nr 7 solche, die über die Tätigkeiten der Entgeltgruppe 3 hinausgehen bzw. die mehr als eine eingehende fachliche Einarbeitung im Sinne der Entgeltgruppe 3 erfordern und z. B. ein höheres Maß an gedanklicher Arbeit erfordern.

Anmerkung zur Fallgruppe 2:

Das Tätigkeitsmerkmal der Fallgruppe 2 stellt eine Heraushebung aus der Entgeltgruppe 3 dar. Erforderlich sind neben einfachen Tätigkeiten mit einer eingehenden fachlichen Einarbeitung bzw. einer fachlichen Anlernung (Entgeltgruppe 3) gemäß Protokollerklärung Nr. 6 (im zeitlichen Umfang von mindestens 25 v. H.) nähere Kenntnisse von

Gesetzen, Verwaltungsvorschriften und Tarifbestimmungen usw. des Aufgabenkreises.

Entgeltgruppe 5

1. Beschäftigte im Büro-, Buchhalterei-, sonstigen Innendienst und im Außendienst mit abgeschlossener Berufsausbildung und entsprechender Tätigkeit.
2. Beschäftigte im Büro-, Buchhalterei-, sonstigen Innendienst und im Außendienst,
   deren Tätigkeit gründliche Fachkenntnisse erfordert.

Anmerkung zur Fallgruppe 1:

Das Tätigkeitsmerkmal der Fallgruppe 1 ist gegenüber dem früheren Eingruppierungsrecht neu; es berücksichtigt erstmalig einen Ausbildungsbezug. Was die Tarifvertragsparteien unter einer „abgeschlossenen Berufsausbildung" im Sinne der Entgeltordnung verstehen, haben sie in § 11 TV EntgO Bund vereinbart. Danach muss es sich u. a. um eine mindestens dreijährige Berufsausbildung in einem staatlich anerkannten Ausbildungsberuf handeln. Ein anerkannter Ausbildungsberuf ist nach der Definition im BBiG ein Beruf, der als Grundlage für eine geordnete und einheitliche Berufsausbildung sowie zu ihrer Anpassung an die technischen, wirtschaftlichen und gesellschaftlichen Erfordernisse durch das Bundesministerium für Wirtschaft und Energie im Einvernehmen mit dem Bundesministerium für Bildung und Forschung (BMBF) staatlich anerkannt ist (§ 4 BBiG; § 25 HwO). Die auszuübende Tätigkeit und die Inhalte des erlernten Berufes müssen sich im Wesentlichen decken.

Anmerkung zur Fallgruppe 2:

Gründliche Fachkenntnisse im Sinne der Fallgruppe 2 erfordern gemäß Protokollerklärung Nr. 6 nähere Kenntnisse von Gesetzen, Verwaltungsvorschriften und Tarifbestimmungen usw. des Aufgabenkreises. Im Gegensatz zur Fallgruppe 1 muss keine abgeschlossene Berufsausbildung vorliegen.

Entgeltgruppe 6

Beschäftigte der Entgeltgruppe 5 Fallgruppen 1 oder 2,
deren Tätigkeit vielseitige Fachkenntnisse erfordert.

Das Tätigkeitsmerkmal ist ein Heraushebungsmerkmal aus der Entgeltgruppe 5 Fallgruppe 1 bzw. 2 und fordert neben einer abgeschlossenen Berufsausbildung (Fallgruppe 1) bzw. gründlichen Fachkenntnissen (Fallgruppe 2) „vielseitige Fachkenntnisse". Nach näherer Maßgabe in Protokollerklärung Nr. 5 müssen sich die gründlichen und vielseitigen Kenntnisse zwar nicht auf das gesamte Gebiet der Verwaltung erstrecken, allerdings muss der Aufgabenkreis des Beschäftigten schon darauf zugeschnitten sein, dass der Beschäftigte ihn nur mit gründlichen und vielseitigen Fachkenntnissen bearbeiten kann. Das Tätigkeitsmerkmal gilt als Heraushebung aus der Entgeltgruppe 5 nur für die Beschäftigten im Büro-, Buchhalterei-, sonstigen Innendienst und im Außendienst.

Entgeltgruppe 7

Beschäftigte der Entgeltgruppe 6,
deren Tätigkeit mindestens zu einem Fünftel selbstständige Leistungen erfordert.

Das Tätigkeitsmerkmal ist ein Heraushebungsmerkmal aus der Entgeltgruppe 6. Zusätzlich zu den Voraussetzungen der Entgeltgruppe 6 (siehe oben) erfordert es zu mindestens einem Fünftel selbstständige Leistungen. Selbstständige Leistungen erfordern nach der Protokollerklärung Nr. 4 ein den vorausgesetzten Fachkenntnissen entsprechendes selbstständiges Erarbeiten eines Ergebnisses unter Entwicklung einer eigenen geistigen Initiative; eine leichte geistige Arbeit kann diese Anforderung nicht erfüllen. Das Tätigkeitsmerkmal gilt als Heraushebung aus der Entgeltgruppe 5 nur für die Beschäftigten im Büro-, Buchhalterei-, sonstigen Innendienst und im Außendienst.

Entgeltgruppe 8

Beschäftigte der Entgeltgruppe 6,
deren Tätigkeit mindestens zu einem Drittel selbstständige Leistungen erfordert.

Das Tätigkeitsmerkmal unterscheidet sich von dem Merkmal der Entgeltgruppe 7 lediglich durch das Maß der selbstständigen Leistungen (ein Drittel statt einem Fünftel).

Entgeltgruppe 9a

Beschäftigte der Entgeltgruppe 6,
deren Tätigkeit selbstständige Leistungen erfordert.

Das Tätigkeitsmerkmal unterscheidet sich von den Merkmalen der Entgeltgruppen 7 und 8 lediglich durch das Maß der selbstständigen Leistungen. Es greift der allgemeine Eingruppierungsgrundsatz – es müssen mindestens zur Hälfte selbstständige Leistungen vorliegen statt zu einem Drittel bzw. einem Fünftel.

Entgeltgruppe 9b

1. Beschäftigte im Büro-, Buchhalterei-, sonstigen Innendienst und im Außendienst mit abgeschlossener Hochschulbildung und entsprechender Tätigkeit sowie sonstige Beschäftigte, die aufgrund gleich-

wertiger Fähigkeiten und ihrer Erfahrungen entsprechende Tätigkeiten ausüben.

2. Beschäftigte im Büro-, Buchhalterei-, sonstigen Innendienst und im Außendienst,
deren Tätigkeit gründliche, umfassende Fachkenntnisse und selbstständige Leistungen erfordert.

Anmerkung zur Fallgruppe 1:

Das Tätigkeitsmerkmal der Fallgruppe 1 ist gegenüber dem früheren Eingruppierungsrecht neu; es berücksichtigt erstmalig einen Ausbildungsbezug. Was die Tarifvertragsparteien unter einer „abgeschlossenen Hochschulbildung" verstehen, haben sie in § 8 TV EntgO Bund näher definiert.

§ 8 TV EntgO Bund hat folgenden Wortlaut:

§ 8 TV EntgO Bund – Hochschulbildung

[1]Eine abgeschlossene Hochschulbildung liegt vor, wenn von einer staatlichen Hochschule im Sinne des § 1 Hochschulrahmengesetz (HRG) oder einer nach § 70 HRG staatlich anerkannten Hochschule ein Diplomgrad mit dem Zusatz „Fachhochschule" („FH"), ein anderer nach § 18 HRG gleichwertiger Abschlussgrad oder ein Bachelorgrad verliehen wurde. [2]Die Abschlussprüfung muss in einem Studiengang abgelegt worden sein, der seinerseits mindestens das Zeugnis der Hochschulreife (allgemeine Hochschulreife oder einschlägige fachgebundene Hochschulreife) oder eine andere landesrechtliche Hochschulzugangsberechtigung als Zugangsvoraussetzung erfordert, und für den Abschluss eine Regelstudienzeit von mindestens sechs Semestern – ohne etwaige Praxissemester, Prüfungssemester o. Ä. – vorschreibt. [3]Der Bachelorstudiengang muss nach den Regelungen des Akkreditierungsrats akkreditiert sein. [4]Dem gleichgestellt sind Abschlüsse in akkreditierten Bachelorausbildungsgängen an Berufsakademien. [5]§ 7 Satz 6 gilt entsprechend.

Protokollerklärung zu Satz 3 und 4:

Das Akkreditierungserfordernis ist bis zum 31. Dezember 2029 ausgesetzt.

Das Tätigkeitsmerkmal ist auch für die sogenannten „sonstigen Beschäftigten" geöffnet (siehe dazu weiter unten unter Ziffer 3).

Anmerkung zur Fallgruppe 2:

In der Protokollerklärung Nr. 3 haben die Tarifpartner definiert, was sie unter „gründlichen, umfassenden Fachkenntnissen" verstehen. Gründliche, umfassende Fachkenntnisse bedeuten demnach gegenüber den in den Entgeltgruppen 6, 7, 8 und 9a geforderten gründlichen und vielseitigen Fachkenntnissen eine Steigerung der Tiefe und der Breite nach. Hinsichtlich der selbstständigen Leistungen siehe die Ausführungen zu Entgeltgruppe 7 und Protokollerklärung Nr. 4.

Für alle Tatbestandsvoraussetzungen gilt der allgemeine Eingruppierungsgrundsatz von mindestens 50 v. H.

Entgeltgruppe 9c

Beschäftigte der Entgeltgruppe 9b Fallgruppe 1 oder 2,
deren Tätigkeit sich dadurch aus der Entgeltgruppe 9b heraushebt, dass sie besonders verantwortungsvoll ist.

Das Merkmal „besonders verantwortungsvolle Tätigkeit" verlangt eine Heraushebung bezüglich der Verantwortung aus einer Tätigkeit, die zeitlich mindestens zur Hälfte Arbeitsvorgänge enthält, die entweder eine abgeschlossene Hochschulbildung (Entgeltgruppe 9b Fallgruppe 1) oder gründliche, umfassende Fachkenntnisse und selbstständige Leistungen (Entgeltgruppe 9b Fallgruppe 2) erfordert. Es gilt aufgrund der Heraushebung aus der Entgeltgruppe 9b ebenfalls für Beschäftigte im Büro-, Buchhalterei-, sonstigen Innendienst und im Außendienst. Die Entgeltgruppe 9c ist die Basis für Heraushebungen in die Entgeltgruppen 10 bis 12.

Entgeltgruppe 10

Beschäftigte der Entgeltgruppe 9c,
deren Tätigkeit sich mindestens zu einem Drittel durch besondere Schwierigkeit und Bedeutung aus der Entgeltgruppe 9c heraushebt.

Das Tätigkeitsmerkmal gilt ebenfalls für Beschäftigte im Büro-, Buchhalterei-, sonstigen Innendienst und im Außendienst. Es ist ein Heraushebungsmerkmal aus der Entgeltgruppe 9c und verlangt, dass sich die Tätigkeit im Vergleich dazu zu mindestens einem Drittel durch besondere Schwierigkeit und Bedeutung heraushebt. Damit enthält das Heraushebungsmerkmal zwei selbstständig nebeneinanderstehende Tätigkeitsmerkmale, die beide erfüllt sein müssen. Die besondere Schwierigkeit bezieht sich in erster Linie auf die fachliche Qualifikation. Sie erfordert ein ungewöhnlich hohes Maß an Fachwissen. Die Bedeutung hingegen knüpft an die Auswirkungen der Tätigkeit an.

Entgeltgruppe 11

Beschäftigte der Entgeltgruppe 9c,
deren Tätigkeit sich durch besondere Schwierigkeit und Bedeutung aus der Entgeltgruppe 9c heraushebt.

Das Tätigkeitsmerkmal gilt ebenfalls für Beschäftigte im Büro-, Buchhalterei-, sonstigen Innendienst und im Außendienst. Es unterscheidet sich von dem Merkmal der Entgeltgruppe 10 lediglich durch das Maß der besonderen Schwierigkeit und Bedeutung. Es greift der allgemeine Eingruppierungsgrundsatz – es müssen mindestens zur Hälfte die Heraushebungsmerkmale vorliegen statt zu einem Drittel bzw. einem Fünftel.

Entgeltgruppe 12

Beschäftigte der Entgeltgruppe 11,
deren Tätigkeit sich durch das Maß der damit verbundenen Verantwortung erheblich aus der Entgeltgruppe 11 heraushebt.

Das Tätigkeitsmerkmal ist ein Heraushebungsmerkmal aus der Entgeltgruppe 11, die selbst eine Heraushebung aus der Entgeltgruppe 9c darstellt, bei der es sich wiederum um eine Heraushebung aus den Fallgruppen 1 oder 2 der Entgeltgruppe 9b handelt. Die Tätigkeit muss somit zunächst die Voraussetzungen der Entgeltgruppe 9b Fallgruppe 1 (abgeschlossene Hochschulausbildung) bzw. 2 (gründliche, umfassende Fachkenntnisse und selbstständige Leistungen) erfüllen, darüber hinaus besonders verantwortungsvoll sein (Entgeltgruppe 9c) und sich dann durch besondere Schwierigkeit und Bedeutung (Entgeltgruppe 11) sowie das Maß der damit verbundenen Verantwortung (Entgeltgruppe 12) hervorheben. Das Merkmal gilt ebenfalls nur für Beschäftigte im Büro-, Buchhalterei-, sonstigen Innendienst und im Außendienst. Zu beachten ist, dass es sich bei dem „herausgehobenen Maß der Verantwortung" noch einmal um eine Steigerung der „besonderen Verantwortung" im Sinne der Entgeltgruppe 9c handelt. Das BAG hat mit Urteil vom 16. April 1986 – 4 AZR 595/84 – zur Vorgängerregelung ausgeführt, dass es sich um eine „Spitzengruppe mit herausgehobenem Charakter" handeln müsse.

IV

Entgeltgruppe 13

Beschäftigte mit abgeschlossener wissenschaftlicher Hochschulbildung und entsprechender Tätigkeit sowie sonstige Beschäftigte, die aufgrund gleichwertiger Fähigkeiten und ihrer Erfahrungen entsprechende Tätigkeiten ausüben.

Was sie unter einer „abgeschlossenen wissenschaftlichen Hochschulbildung" verstehen, haben die Tarifpartner in § 7 TV EntgO Bund dargestellt. Diese Vorschrift hat folgenden Wortlaut:

§ 7 TV EntgO Bund – Wissenschaftliche Hochschulbildung[1])

[1]Eine abgeschlossene wissenschaftliche Hochschulbildung liegt vor, wenn das Studium an einer staatlichen Hochschule im Sinne des § 1 Hochschulrahmengesetz (HRG) oder einer nach § 70 HRG staatlich anerkannten Hochschule

a) mit einer nicht an einer Fachhochschule abgelegten ersten Staatsprüfung, Magisterprüfung oder Diplomprüfung oder

[1]) in der Fassung des Änderungstarifvertrages Nr. 7 vom 9. September 2019

b) mit einer Masterprüfung

beendet worden ist.

[2]Diesen Prüfungen steht eine Promotion oder die Akademische Abschlussprüfung (Magisterprüfung) einer Philosophischen Fakultät nur in den Fällen gleich, in denen die Ablegung einer ersten Staatsprüfung, einer Masterprüfung oder einer Diplomprüfung nach den einschlägigen Ausbildungsvorschriften nicht vorgesehen ist. [3]Eine abgeschlossene wissenschaftliche Hochschulbildung im Sinne des Satzes 1 Buchst. a setzt voraus, dass die Abschlussprüfung in einem Studiengang abgelegt wurde, der seinerseits mindestens das Zeugnis der Hochschulreife (allgemeine Hochschulreife oder einschlägige fachgebundene Hochschulreife) oder eine andere landesrechtliche Hochschulzugangsberechtigung als Zugangsvoraussetzung erfordert, und für den Abschluss eine Regelstudienzeit von mindestens acht Semestern – ohne etwaige Praxissemester, Prüfungssemester o. Ä. – vorschreibt. [4]Ein Bachelorstudiengang erfüllt diese Voraussetzung auch dann nicht, wenn mehr als sechs Semester für den Abschluss vorgeschrieben sind. [5]Der Masterstudiengang muss nach den Regelungen des Akkreditierungsrats akkreditiert sein. [6]Ein Abschluss an einer ausländischen Hochschule gilt als abgeschlossene wissenschaftliche Hochschulbildung, wenn er von der zuständigen staatlichen Stelle als dem deutschen Hochschulabschluss vergleichbar bewertet wurde.

Protokollerklärung zu Satz 5:

Das Akkreditierungserfordernis ist bis zum 31. Dezember 2029 ausgesetzt.

Zum Sonderfall des sog. „sonstigen Beschäftigten" siehe weiter unten in diesem Abschnitt.

§ **Entgeltgruppe 14**

1. Beschäftigte der Entgeltgruppe 13,
   deren Tätigkeit sich durch besondere Schwierigkeit und Bedeutung aus der Entgeltgruppe 13 heraushebt.
2. Beschäftigte der Entgeltgruppe 13,
   deren Tätigkeit sich mindestens zu einem Drittel durch besondere Schwierigkeit und Bedeutung aus der Entgeltgruppe 13 heraushebt.
3. Beschäftigte der Entgeltgruppe 13,
   deren Tätigkeit sich dadurch aus der Entgeltgruppe 13 heraushebt, dass sie mindestens zu einem Drittel hochwertige Leistungen bei besonders schwierigen Aufgaben erfordert.
4. Beschäftigte der Entgeltgruppe 13,
   denen mindestens drei Beschäftigte mindestens der Entgeltgruppe 13 durch ausdrückliche Anordnung ständig unterstellt sind.

Anmerkung zur Fallgruppe 1:

Das Tätigkeitsmerkmal der Fallgruppe 1 ist ein Heraushebungsmerkmal aus der Entgeltgruppe 13. Es gilt damit für Beschäftigte mit abgeschlossener wissenschaftlicher Hochschulbildung und entsprechender

Tätigkeit sowie sonstige Beschäftigte, die aufgrund gleichwertiger Fähigkeiten und ihrer Erfahrungen entsprechende Tätigkeiten ausüben (Entgeltgruppe 13) und deren Tätigkeit sich zudem (im Umfang von mindestens 50 v. H.) durch besondere Schwierigkeit und Bedeutung aus der Entgeltgruppe 13 heraushebt. Das Tätigkeitsmerkmal hat innerhalb der Entgeltgruppe 14 keine Bedeutung; denn für die Eingruppierung in Entgeltgruppe 14 reicht bereits eine Heraushebung durch besondere Schwierigkeit und Bedeutung im Umfang von einem Drittel aus (siehe Fallgruppe 2). Das Merkmal wird aber für die weitere Heraushebung in Entgeltgruppe 15 Fallgruppe 1 benötigt. Die besondere Schwierigkeit bezieht sich in erster Linie auf die fachliche Qualifikation. Sie erfordert ein ungewöhnlich hohes Maß an Fachwissen. Die Bedeutung hingegen knüpft an die Auswirkungen der Tätigkeit an.

Anmerkung zur Fallgruppe 2:

Das Tätigkeitsmerkmal der Fallgruppe 2 ist ein Heraushebungsmerkmal aus der Entgeltgruppe 13. Es gilt damit für Beschäftigte mit abgeschlossener wissenschaftlicher Hochschulbildung und entsprechender Tätigkeit sowie sonstige Beschäftigte, die aufgrund gleichwertiger Fähigkeiten und ihrer Erfahrungen entsprechende Tätigkeiten ausüben (Entgeltgruppe 13) und deren Tätigkeit sich (im Umfang von einem Drittel) durch besondere Schwierigkeit und Bedeutung aus der Entgeltgruppe 13 heraushebt. Die besondere Schwierigkeit bezieht sich in erster Linie auf die fachliche Qualifikation. Sie erfordert ein ungewöhnlich hohes Maß an Fachwissen. Die Bedeutung hingegen knüpft an die Auswirkungen der Tätigkeit an.

Anmerkung zur Fallgruppe 3:

Das Tätigkeitsmerkmal der Fallgruppe 3 ist ein Heraushebungsmerkmal aus der Entgeltgruppe 13. Es gilt damit für Beschäftigte mit abgeschlossener wissenschaftlicher Hochschulbildung und entsprechender Tätigkeit sowie sonstige Beschäftigte, die aufgrund gleichwertiger Fähigkeiten und ihrer Erfahrungen entsprechende Tätigkeiten ausüben (Entgeltgruppe 13), deren Tätigkeit sich dadurch aus der Entgeltgruppe 13 heraushebt, dass sie mindestens zu einem Drittel hochwertige Leistungen bei besonders schwierigen Aufgaben erfordert.

Anmerkung zur Fallgruppe 4:

Das Tätigkeitsmerkmal der Fallgruppe 4 ist ein Heraushebungsmerkmal aus der Entgeltgruppe 13. Es gilt damit für Beschäftigte mit abgeschlossener wissenschaftlicher Hochschulbildung und entsprechender Tätigkeit sowie sonstige Beschäftigte, die aufgrund gleichwertiger Fähigkeiten und ihrer Erfahrungen entsprechende Tätigkeiten ausüben (Entgeltgruppe 13), denen mindestens drei Beschäftigte mindestens der Entgeltgruppe 13 durch ausdrückliche Anordnung ständig unterstellt sind. Zu dem Begriff der Unterstellungsverhältnisse siehe § 5 TV EntgO Bund.

§

Entgeltgruppe 15

1. Beschäftigte der Entgeltgruppe 14 Fallgruppe 1, deren Tätigkeit sich durch das Maß der damit verbundenen Verantwortung erheblich aus der Entgeltgruppe 14 Fallgruppe 1 heraushebt.
2. Beschäftigte der Entgeltgruppe 13, denen mindestens fünf Beschäftigte mindestens der Entgeltgruppe 13 durch ausdrückliche Anordnung ständig unterstellt sind.

Anmerkung zur Fallgruppe 1:

Das Tätigkeitsmerkmal der Fallgruppe 1 ist ein Heraushebungsmerkmal aus der Entgeltgruppe 14 Fallgruppe 1. Es gilt damit für Beschäftigte mit abgeschlossener wissenschaftlicher Hochschulbildung und entsprechender Tätigkeit sowie für sonstige Beschäftigte, die aufgrund gleichwertiger Fähigkeiten und ihrer Erfahrungen entsprechende Tätigkeiten ausüben (Entgeltgruppe 13), deren Tätigkeit sich durch besondere Schwierigkeit und Bedeutung aus der Entgeltgruppe 13 heraushebt (Entgeltgruppe 14 Fallgruppe 1) und sich zudem durch das Maß der damit verbundenen Verantwortung erheblich aus der Entgeltgruppe 14 Fallgruppe 1 heraushebt.

Mit der „besonderen Schwierigkeit", der „Bedeutung" sowie „das Maß der damit verbundenen Verantwortung" enthält das Heraushebungsmerkmal gleich drei selbstständig nebeneinanderstehende Tätigkeitsmerkmale, die zugleich erfüllt sein müssen. Die besondere Schwierigkeit bezieht sich in erster Linie auf die fachliche Qualifikation. Sie erfordert ein ungewöhnlich hohes Maß an Fachwissen. Die Bedeutung hingegen knüpft an die Auswirkungen der Tätigkeit an. Beides muss sich durch das Maß der damit verbundenen Verantwortung aus der Entgeltgruppe 14 herausheben

Anmerkung zur Fallgruppe 2:

Das Tätigkeitsmerkmal der Fallgruppe 2 ist ein Heraushebungsmerkmal aus der Entgeltgruppe 13. Es gilt damit für Beschäftigte mit abgeschlossener wissenschaftlicher Hochschulbildung und entsprechender Tätigkeit sowie sonstige Beschäftigte, die aufgrund gleichwertiger Fähigkeiten und ihrer Erfahrungen entsprechende Tätigkeiten ausüben (Entgeltgruppe 13), denen mindestens fünf Beschäftigte mindestens der Entgeltgruppe 13 durch ausdrückliche Anordnung ständig unterstellt sind. Zu dem Begriff der Unterstellungsverhältnisse siehe § 5 TV EntgO Bund.

2. Grundsatz „eine Entgeltgruppe niedriger, wenn die ausbildungsmäßigen Voraussetzungen nicht erfüllt sind"

Nach § 12 TV EntgO Bund sind Beschäftigte, die nicht über die im Tätigkeitsmerkmal geforderte Vor- oder Ausbildung verfügen, die aber die sonstigen Anforderungen dieses Tätigkeitsmerkmals erfüllen, eine Entgeltgruppe niedriger eingruppiert (auch als sog. „Minus-Eins-Regelung" bekannt). Ausdrücklich klargestellt ist in Absatz 2 der Vorschrift, dass dieser Grundsatz auch in Merkmalen mit „sonstigen Beschäftigten" zur Anwendung kommt, wenn die entsprechenden Beschäftigten die Voraussetzungen für die Eingruppierung als „sonstiger Beschäftigter" ebenfalls nicht erfüllen. Der Grundsatz greift hingegen nicht, wenn in dem jeweiligen Abschnitt bereits Tätigkeitsmerkmale für „Beschäftigte in der Tätigkeit von ..." vereinbart worden sind, da mit dem Tätigkeitsmerkmal „Beschäftigte in der Tätigkeit von ..." eine konkrete Eingruppierung für die Tätigkeit ohne Ausbildungsbezug vorgegeben ist (siehe § 12 Abs. 4 TV EntgO Bund). Die Vorschrift des § 12 TV EntgO Bund hat folgenden Wortlaut:

IV

§ 12 TV EntgO Bund – Eingruppierung bei Nichterfüllung einer Vorbildungs- oder Ausbildungsvoraussetzung

(1) Ist in einem Tätigkeitsmerkmal eine Vorbildung oder Ausbildung als Anforderung bestimmt, ohne dass sonstige Beschäftigte, die aufgrund gleichwertiger Fähigkeiten und ihrer Erfahrungen entsprechende Tätigkeiten ausüben, von ihm miterfasst werden, sind Beschäftigte, die die geforderte Vorbildung oder Ausbildung nicht besitzen, bei Erfüllung der sonstigen Anforderungen des Tätigkeitsmerkmals eine Entgeltgruppe niedriger eingruppiert.

(2) Ist in einem Tätigkeitsmerkmal

a) eine Vorbildung oder Ausbildung als Anforderung bestimmt und

b) werden von ihm sonstige Beschäftigte, die aufgrund gleichwertiger Fähigkeiten und ihrer Erfahrungen entsprechende Tätigkeiten ausüben, miterfasst, sind Beschäftigte, die weder die Voraussetzung nach Buchstabe a noch die nach Buchstabe b erfüllen, bei Erfüllung der sonstigen Anforderungen des Tätigkeitsmerkmals eine Entgeltgruppe niedriger eingruppiert.

(3) Die Absätze 1 und 2 gelten entsprechend für Tätigkeitsmerkmale, die bei Erfüllung qualifizierter Anforderungen eine höhere Eingruppierung vorsehen.

(4) Die Absätze 1 bis 3 gelten nicht, wenn die Entgeltordnung in dem jeweiligen Abschnitt neben einem Tätigkeitsmerkmal mit einer Vorbildungs- oder Ausbildungsvoraussetzung ein besonderes Tätigkeitsmerkmal enthält (z. B. „Beschäftigte in der Tätigkeit von ...").

3. „Sonstige Beschäftigte"

Viele Tätigkeitsmerkmale sind auch für „sonstige Beschäftigte, die aufgrund gleichwertiger Fähigkeiten und ihrer Erfahrungen entsprechende Tätigkeiten ausüben", geöffnet. Die Rechtsfigur des „sonstigen Beschäftigten" ist Gegenstand langjähriger, gefestigter Rechtsprechung. Bei der Prüfung der Frage, ob ein Beschäftigter die Anforderungen erfüllt, um als „sonstiger Beschäftigter" eingruppiert zu werden, sind die folgenden Grundsätze zu beachten:

3.1 Definition

Sonstige Beschäftigte sind Beschäftigte, die nicht über die jeweils geforderte Vorbildung oder Ausbildung verfügen. Sie müssen aber alle übrigen in den Tätigkeitsmerkmalen genannten Anforderungen erfüllen, d. h. sie müssen **kumulativ** über die **„Fähigkeiten und Erfahrungen"** verfügen, die denen der in den Tätigkeitsmerkmalen genannten ausgebildeten Beschäftigten entsprechen; außerdem muss die auszuübende „entsprechende Tätigkeit" derartige Fähigkeiten und Erfahrungen erfordern und damit den Zuschnitt der Tätigkeit der in den Tätigkeitsmerkmalen genannten ausgebildeten Beschäftigten haben.

a) Die subjektive Anforderung der „gleichwertigen Fähigkeiten" setzt voraus, dass der sonstige Beschäftigte über Fähigkeiten verfügt, die denen, die in der jeweiligen Ausbildung vermittelt werden, gleichwertig sind (vgl. BAG, Urteil vom 26. Juli 1967 – 4 AZR 433/66). Dabei wird nicht das gleiche Wissen und Können, aber eine ähnlich gründliche Beherrschung eines entsprechend umfangreichen Wissensgebietes vorausgesetzt (vgl. BAG, Urteil vom 31. Juli 1963 – 4 AZR 425/62), wobei die Begrenzung auf ein engbegrenztes Teilgebiet nicht ausreicht (vgl. BAG, Urteil vom 10. Oktober 1979 – 4 AZR 1029/77, vom 26. November 1980 – 4 AZR 809/78, vom 29. Oktober 1980 – 4 AZR 750/78, vom 29. September 1982 – 4 AZR 1161/79 – und vom 24. Oktober 1984 – 4 AZR 386/82).

   Die weiter geforderte „Erfahrung" muss ebenfalls in der Person des sonstigen Beschäftigten vorliegen. Die Erfahrung kann zwangsläufig nur nach einer längeren Zeit der Ausübung einer einschlägigen Tätigkeit – ggf. auch außerhalb des öffentlichen Dienstes – erworben werden. So ist z. B. ausgeschlossen, dass ein Berufsanfänger als sonstiger Beschäftigter eingruppiert ist.

b) Aufgrund gleichwertiger Fähigkeiten und ihrer Erfahrungen müssen die sonstigen Beschäftigten „entsprechende Tätigkeiten" ausüben. Dies bedeutet, dass sich die auszuübende Tätigkeit auf die konkrete Fachrichtung der jeweiligen Ausbildung beziehen muss und dass sie gerade die durch die Ausbildung erworbenen Fähigkeiten erfordert (vgl. BAG, Urteil vom 23. Mai 1979 – 4 AZR 576/77 – und vom 23. Februar 1994 – 4 AZR 217/93).

Eine entsprechende Tätigkeit ist demnach nur dann gegeben, wenn sie objektiv ein Wissen und Können erfordert, das sich im Vergleich zu der in den Tätigkeitsmerkmalen geforderten Ausbildung als ähnlich gründliche Beherrschung eines Wissensgebietes darstellt (vgl. BAG, Urteil vom 25. Oktober 1972 – 4 AZR 511/71), d. h. insbesondere die Befähigung, wie ein einschlägig ausgebildeter Mitarbeiter Zusammenhänge zu überschauen und Ergebnisse zu entwickeln (vgl. BAG, Urteil vom 2. April 1980 – 4 AZR 306/78, vom 29. Januar 1986 – 4 AZR 465/84 – und vom 28. September 1994 – 4 AZR 830/93).

3.2 Tarifrechtliche Prüfung

Bei der tarifrechtlichen Prüfung ist wie folgt zu verfahren:

- Grundlage der zu treffenden Feststellungen ist in jedem Fall eine – ggf. zu aktualisierende – Arbeitsplatzbeschreibung und -bewertung.
- Alle tariflichen Voraussetzungen für die Eingruppierung als sonstiger Beschäftigter müssen kumulativ vorliegen (vgl. Nr. 3.1). Der Beschäftigte muss über gleichwertige **Fähigkeiten und Erfahrungen** verfügen wie ein Beschäftigter mit der geforderten Vorbildung oder Ausbildung **und** er muss eine **entsprechende Tätigkeit** ausüben.
- Ein tariflicher Eingruppierungsanspruch als sonstiger Beschäftigter besteht z. B. dann nicht, wenn der Beschäftigte zwar möglicherweise über Fähigkeiten und Erfahrungen wie ein Akademiker oder Diplom-Ingenieur (FH) verfügt, der auszuübenden Tätigkeit als solcher aber ein akademischer bzw. ingenieurmäßiger Zuschnitt fehlt (vgl. BAG, Urteil vom 17. Mai 1972 – 4 AZR 280/71, vom 18. Mai 1977 – 4 AZR 18/76 – und vom 10. Februar 1982 – 4 AZR 393/79).
- Beansprucht der Beschäftigte für sich die Eigenschaft eines sonstigen Beschäftigten, trifft ihn hinsichtlich aller Tatsachen die Darlegungs- und Beweispflicht.
- Es ist rechtlich möglich, aus der auszuübenden entsprechenden Tätigkeit Rückschlüsse auf die Fähigkeiten und Erfahrungen eines sonstigen Beschäftigten zu ziehen; ist ein solcher Beschäftigter z. B. wie ein ausgebildeter Diplom-Ingenieur (FH) vielfältig einsetzbar, so kann das dafür sprechen, dass er über entsprechende Fähigkeiten und Erfahrungen verfügt; fehlt es an einer derartigen breiten

Verwendungsfähigkeit, so kann das gegen gleichwertige Fähigkeiten und Erfahrungen sprechen (vgl. BAG, Urteil vom 13. Dezember 1978 – 4 AZR 322/77).

- Daraus kann aber weder der Rechtssatz noch der allgemeine Erfahrungssatz hergeleitet werden, dass immer dann, wenn ein Beschäftigter eine solche entsprechende Tätigkeit ausübt, dieser auch notwendigerweise über gleichwertige Fähigkeiten und Erfahrungen verfügen müsse. Viele Beschäftigte mit solchen entsprechenden Tätigkeiten sind gleichwohl – anders als z. B. ein ausgebildeter Diplom-Ingenieur (FH) – an anderen Stellen deshalb nicht einsetzbar, weil ihnen dafür notwendige Kenntnisse und Erfahrungen fehlen (vgl. BAG, Urteil vom 26. November 1980 – 4 AZR 809/78).

3.3 Vergütungsanspruch

Werden **alle** Voraussetzungen als sonstiger Beschäftigter erfüllt, führt dies tarifrechtlich zu einem entsprechenden Vergütungsanspruch. Der Arbeitgeber, der das Vorliegen dieser Voraussetzungen bestätigt, sollte alle dafür ausschlaggebenden Gründe – auch und gerade hinsichtlich der personenbezogenen Anforderungen – vollständig und nachvollziehbar festhalten und zu den Akten nehmen.

3.4 „eine Entgeltgruppe niedriger, wenn die ausbildungsmäßigen Voraussetzungen nicht erfüllt sind"

Der Grundsatz „eine Entgeltgruppe niedriger, wenn die ausbildungsmäßigen Voraussetzungen nicht erfüllt sind" (siehe § 12 Abs. 1 TV EntgO Bund) gilt nach der ausdrücklichen Regelung in § 12 Abs. 2 TV EntgO Bund auch für Merkmale, die einen „sonstigen Beschäftigten" beinhalten, allerdings nur dann, wenn der entsprechende Beschäftigte weder die eigentlich geforderten Vor- bzw. Ausbildungsvoraussetzungen erfüllt, noch die für „sonstige Beschäftigte" geforderten Voraussetzungen erfüllt.

4. Beschäftigte mit körperlich/handwerklich geprägten Tätigkeiten (Teil II EntgO Bund)

Die früheren Regelungen zu der dort „Einreihung" genannten Eingruppierung der damaligen Arbeiter im Lohngruppenverzeichnis zum MTArb (zur Abgrenzung der ehemaligen Arbeiter von den ehemaligen Angestellten siehe § 38 Abs. 5 TVöD und § 2 Abs. 3 TV EntgO Bund) wurde vielfach als eher unübersichtlich angesehen. Dies lag nicht zuletzt an der Vielzahl von (aus Verwaltungssicht) eher exotischen Berufsbezeichnungen, für die das Lohngruppenverzeichnis Tätigkeitsmerkmale bereithielt. Vor diesem Hintergrund war der Ansatz der Tarifpartner, das Lohngruppenverzeichnis deutlich zu „entschlacken", sehr zu begrüßen; die Verschlankung der Merkmale war längst überfällig. Die Tätigkeitsmerkmale für Arbeiter im alten Rechtssinn sind – relativ eigenständig – als Teil II der neuen Entgeltordnung aufgenommen worden. Die besonderen Tätigkeitsmerkmale in den Teilen III bis VI der Entgeltordnung beinhalten sowohl Merkmale für Beschäftigte, die im alten Rechtssinn Angestellte gewesen wären, als auch Merkmale für Arbeiter im alten Rechtssinn. Teil II enthält lediglich sieben Entgeltgruppen.

Dies vorangestellt, ergibt sich folgende Struktur der allgemeinen Tätigkeitsmerkmale im Teil II (da die Tätigkeitsmerkmale bzw. deren Anforderungen aufeinander aufbauen, von unten nach oben):

Entgeltgruppe 1

Beschäftigte mit körperlich/handwerklich geprägten Tätigkeiten mit einfachsten Tätigkeiten.

Einfachste Tätigkeiten i. S. d. Entgeltgruppe 1 sind Tätigkeiten, die regelmäßig keine Vor- oder Ausbildung bzw. in Abgrenzung zu den einfachen Tätigkeiten (Entgeltgruppe 2) keine fachliche Einarbeitung erfordern. Der in Protokollerklärung Nr. 5 aufgeführte Beispielskatalog mit einfachsten Tätigkeiten ist nicht abschließend.

Entgeltgruppe 2

Beschäftigte mit körperlich/handwerklich geprägten Tätigkeiten mit einfachen Tätigkeiten.

Einfache Tätigkeiten sind nach näherer Maßgabe der Protokollerklärung Nr. 4 Tätigkeiten, die keine Vor- und Ausbildung, aber eine Einarbeitung erfordern, die über eine sehr kurze Einweisung oder Anlernphase hinausgeht. Die Einarbeitung dient dem Erwerb derjenigen Kenntnisse und Fertigkeiten, die für die Beherrschung der Arbeitsabläufe als solche erforderlich sind. Im Regelfall dauert die Einarbeitung mehrere Tage oder wenige Wochen (BAG vom 20. Mai 2009 – 4 AZR 315/08). In Abgrenzung zur Entgeltgruppe 3 Fallgruppe 1 darf keine eingehende Einarbeitung erforderlich sein.

Entgeltgruppe 3

1. Beschäftigte mit körperlich/handwerklich geprägten Tätigkeiten, für die eine eingehende Einarbeitung erforderlich ist.
2. Angelernte Beschäftigte mit körperlich/handwerklich geprägten Tätigkeiten.
3. Beschäftigte mit Tätigkeiten der Entgeltgruppe 2, die die Körperkräfte außerordentlich beanspruchen oder mit besonderer Verantwortung verbunden sind.

Anmerkung zur Fallgruppe 1:

Eine „eingehende fachliche Einarbeitung" i. S. d. Entgeltgruppe 3 ist erforderlich, wenn zur Ausübung der Tätigkeit fachbezogene Kenntnisse und Fertigkeiten benötigt werden, die – ohne eine Vor- oder Ausbildung vorauszusetzen – vom Arbeitgeber in der Regel binnen eines Zeitraums von sechs Wochen vermittelt werden können (siehe BAG-Urteil vom 13. Dezember 2023 – 4 AZR 317/22).

Anmerkung zur Fallgruppe 2:

Angelernte Beschäftigte sind gemäß Protokollerklärung Nr. 3 Beschäftigte mit Tätigkeiten, die eine handwerkliche oder fachliche Anlernung erfordern.

§ **Entgeltgruppe 4**

Beschäftigte mit körperlich/handwerklich geprägten Tätigkeiten mit abgeschlossener Berufsausbildung mit einer Ausbildungsdauer von weniger als drei Jahren, die in ihrem oder einem diesem verwandten Beruf beschäftigt werden.

Was die Tarifvertragsparteien unter einer Berufsausbildung verstehen, haben sie in § 11 TV EntgO Bund näher definiert. In Abgrenzung zur Entgeltgruppe 5 kommt es maßgeblich auf die Ausbildungsdauer von weniger als drei Jahren an.

§ **Entgeltgruppe 5**

Beschäftigte mit körperlich/handwerklich geprägten Tätigkeiten mit abgeschlossener Berufsausbildung, die in ihrem oder einem diesem verwandten Beruf beschäftigt werden.

Was die Tarifvertragsparteien unter einer Berufsausbildung verstehen, haben sie in § 11 TV EntgO Bund näher definiert. In Abgrenzung zur Entgeltgruppe 4 kommt es maßgeblich auf die Ausbildungsdauer von mindestens drei Jahren an.

§ **Entgeltgruppe 6**

Beschäftigte der Entgeltgruppe 5,
die hochwertige Arbeiten verrichten.

Hochwertige Arbeiten sind nach der Vereinbarung in Protokollerklärung Nr. 2 Arbeiten, die an das Überlegungsvermögen und das fachliche Geschick der Beschäftigten Anforderungen stellen, die über das Maß dessen hinausgehen, das von solchen Beschäftigten üblicherweise verlangt werden kann.

§ **Entgeltgruppe 7**

Beschäftigte der Entgeltgruppe 5,
die besonders hochwertige Arbeiten verrichten.

Besonders hochwertige Arbeiten sind gemäß Protokollerklärung Nr. 1 Arbeiten, die neben vielseitigem hochwertigem fachlichem Können besondere Umsicht und Zuverlässigkeit erfordern.

VI. Überleitung vorhandener Beschäftigter in die neue Entgeltordnung (Historie)

Die Tarifpartner haben die Regelungen zur Überleitung vorhandener Beschäftigter in die neue Entgeltordnung im TVÜ-Bund – und dort im Wesentlichen in den §§ 24 bis 28 – platziert. Die durch die Vereinbarung der Entgeltordnung für die Beschäftigten des Bundes überflüssig gewordenen Übergangsregelungen des TVÜ-Bund wurden mit Wirkung vom 1. Januar 2014 aufgehoben (z. B. § 17 TVÜ-Bund).

Folgende Punkte waren im Zusammenhang mit dem Inkrafttreten der Entgeltordnung und der Überleitung vorhandener Beschäftigter besonders zu erwähnen:

1. Zeitpunkt

Die neue Entgeltordnung ist wie geplant zum 1. Januar 2014 in Kraft getreten.

2. Überleitungstechnik

2.1 Grundsatz

Beschäftigte sollten für die Dauer der unverändert auszuübenden Tätigkeit in der bisherigen Entgeltgruppe eingruppiert bleiben. Die Überleitung erfolgte deshalb unter Beibehaltung der bisherigen Entgeltgruppe für die Dauer der unverändert auszuübenden Tätigkeit (siehe § 25 Abs. 1 TVÜ-Bund). Die Tarifautomatik des § 12 TVöD Bund griff insoweit nicht. Soweit an die weiterhin auszuübende Tätigkeit Entgeltbestandteile geknüpft waren, wurden diese unter den vorherigen Voraussetzungen weiter geleistet (siehe § 25 Abs. 4 TVÜ-Bund). Dies galt auch für die Techniker-, Meister- und Programmiererzulagen (siehe § 25 Abs. 3 TVÜ-Bund). Die vorläufige Zuordnung der vorherigen Vergütungs-/Lohngruppen nach der Anlage 2 bzw. 4 TVÜ-Bund galt als Eingruppierung; eine Komplettprüfung aller beim Start der neuen Entgeltordnung vorgefundenen Eingruppierungen auf ihre sachliche Richtigkeit war nicht vorgesehen (siehe Protokollerklärung zu § 25 Abs. 1 TVÜ-Bund).

Für die Praxis bedeutete dieser Grundsatz, dass keine „flächendeckende Eingruppierungswelle“ erfolgte. Alle am 31. Dezember 2013 vorgefundenen Eingruppierungen galten als richtig und blieben erhalten. In den Fällen, in denen die Beschäftigten von der neuen Entgeltordnung profitierten, eröffneten sich für sie die nachstehend unter 2.2 dargestellte Antragsmöglichkeit.

2.2 Antragsmöglichkeit

Ergab sich nach der neuen Entgeltordnung für die Dauer der unverändert auszuübenden Tätigkeit eine höhere Entgeltgruppe als nach der bisherigen Eingruppierung, wurden die Beschäftigten auf Antrag in die Entgeltgruppe höhergruppiert, die sich nach § 12 (Bund) TVöD ergab (siehe § 26 Abs. 1 TVÜ-Bund). Für die „Antragshöhergruppierung" galten noch die Regelungen des § 17 (Bund) Abs. 4 TVöD alter Fassung (= betragsmäßige Höhergruppierung). Es erfolgte keine stufengleiche Höhergruppierung im Sinne des § 17 (Bund) Abs. 5 TVöD neuer Fassung (siehe § 26 Abs. 2 TVÜ-Bund).

Potenziell von einer höheren Eingruppierung profitieren konnten in erster Linie bestimmte Beschäftigte der Entgeltgruppen 2 bis 8, für die die Effekte ehemals kurzfristiger (bis max. sechs Jahre) Bewährungsaufstiege in Form einer höheren Eingruppierung wieder hergestellt worden sind (siehe dazu Abschnitt II Ziffer 2.1).

2.3 Antragstellung

Der Antrag war, nachdem das ursprüngliche Datum 31. Dezember 2014 im Zuge des 9. Änderungstarifvertrages zum TVÜ-Bund vom 17. Oktober 2014 verlängert wurde, bis zum 30. Juni 2015 zu stellen. Es handelte sich um eine Ausschlussfrist, die nicht verlängerbar war; Ausnahme: Ruhte das Arbeitsverhältnis beim Inkrafttreten der Entgeltordnung, begann die Frist mit der Wiederaufnahme der Tätigkeit (siehe § 26 Abs. 1 Sätze 2 und 3 TVÜ-Bund). Der Antrag – egal wann er gestellt wurde – bezog sich auf den Zeitpunkt des Inkrafttretens der Entgeltordnung, also den 1. Januar 2014. Nach Inkrafttreten der Entgeltordnung eingetretene Veränderungen, z. B. der Stufenzuordnung in der bisherigen Entgeltgruppe, blieben somit unberücksichtigt – u. U. mit entsprechenden Folgen bei der Berechnung des Höhergruppierungsgewinns. Die Entscheidung darüber, ob er einen entsprechenden Antrag stellt, oblag dem Beschäftigten. Er musste insbesondere unter Berücksichtigung seiner individuellen Situation abwägen, ob der zu erwartende Höhergruppierungsgewinn absehbar höher war als eventuelle Verluste beim Strukturausgleich (siehe unten Ziffer 3.7) sowie bei einer Höhergruppierung von der Entgeltgruppe 8 in die Entgeltgruppe 9a die Einbußen bei der Jahressonderzahlung (80 % statt 90 %). Im Wege der Fürsorgepflicht wurde die jeweilige Dienststelle gehalten, ihm Daten (insbesondere in Bezug auf die konkrete Eingruppierung) bereitzustellen.

2.4 Folgen einer „Antragshöhergruppierung"

Der aus Anlass der Überleitung auf Antrag erfolgte Wechsel der Entgeltgruppe richtete sich noch nach den allgemeinen Regelungen für Höhergruppierungen gemäß § 17 Abs. 4 TVöD a. F. Maßgebend waren die Verhältnisse zum Zeitpunkt des Inkrafttretens der neuen Entgeltordnung (siehe oben unter 2.3). Die betroffenen Beschäftigten konnten also nicht noch im Laufe des Jahres 2014 eintretende Stufensteigerungen abwarten, um dadurch u. U. einen größeren Höhergruppierungsgewinn zu realisieren. Bei einer Überleitung aus Stufe 1 der bisherigen Entgeltgruppe erfolgte die Zuordnung in Stufe 1 der höheren Entgeltgruppe; die bisher in Stufe 1 verbrachte Zeit wurde angerechnet (siehe § 26 Abs. 2 Satz 2 TVÜ-Bund). Beschäftigte der Entgeltgruppe 13 plus Zulage wurden stufengleich unter Beibehaltung ihrer bisherigen Stufenlaufzeit in die Entgeltgruppe 14 höhergruppiert (siehe Abschnitt II Ziffer 2.4 und § 27 Abs. 1 TVÜ-Bund). Beschäftigte der Entgeltgruppe 9 ohne besondere Stufenregelungen wurden ohne besonderen Antrag stufengleich unter Beibehaltung ihrer bisherigen Stufenlaufzeit in die Entgeltgruppe 9b übergeleitet (siehe § 27 Abs. 2 TVÜ-Bund). Beschäftigte der Entgeltgruppe 9 mit besonderen Stufenregelungen wurden ohne besonderen Antrag betragsgleich (nicht stufengleich) in die Entgeltgruppe 9a übergeleitet (siehe § 27 Abs. 3 TVÜ-Bund). Wurden Beschäftigte, denen bestimmte Besitzstandszulagen (Vergütungsgruppenzulagen, Techniker-, Meister- oder Programmiererzulagen) zustanden, auf ihren Antrag höhergruppiert, entfielen diese Zulagen zwar. Sie wurden aber bei der Berechnung des Höhergruppierungsgewinns berücksichtigt bzw. hatten Einfluss auf die Stufenzuordnung in der höheren Entgeltgruppe und die dort anzurechnenden Stufenlaufzeiten (siehe § 26 Abs. 3 bis 5 TVÜ-Bund und die dazu vereinbarten Niederschriftserklärungen).

3. Weitere Änderungen im Zusammenhang mit der Einführung der neuen Entgeltordnung

3.1 Vergütungsgruppenzulagen/Entgeltgruppenzulagen

Vergütungsgruppenzulagen (heute: Entgeltgruppenzulagen) sind in bestimmten Entgeltgruppen weiterhin vorgesehen. Die betroffenen Beschäftigten erhielten die Entgeltgruppenzulage nach neuem Recht nicht erst nach einem bestimmten Zeitablauf, sondern von Beginn der anspruchsbegründenden Tätigkeit. Der dadurch faktisch eingetretenen verlängerten Bezugsdauer trugen die Tarifpartner dadurch

Rechnung, dass der monatliche Zulagenbetrag fortan entsprechend reduziert („abgezinst“) wurde. Die neue Entgeltordnung räumte den Betroffenen durch einen Zusatz zu dem jeweiligen Tätigkeitsmerkmal oder eine entsprechende Regelung in den Vorbemerkungen zu dem jeweiligen Abschnitt einen Anspruch auf eine Entgeltgruppenzulage ein. Die Höhe der Zulage ergab sich aus § 17 des TV EntgO Bund bzw. für Pflegekräfte aus § 18 TV EntgO Bund. Durch die Zusammenfassung der Zulagenbeträge in den §§ 17 und 18 TV EntgO Bund haben die Tarifpartner erreicht, dass bei Entgelterhöhungen (z. B. im Rahmen einer Tarifrunde – siehe dazu § 19 TV EntgO Bund) keine Änderungen an vielen Stellen der Entgeltordnung notwendig wurden, sondern nur die §§ 17 und 18 TV EntgeltO Bund anzupassen sind. Bereits in der Vergangenheit erworbene Ansprüche auf eine Besitzstandszulage blieben nach Maßgabe des § 9 Abs. 4 TVÜ-Bund erhalten; eine Absenkung auf das neue Niveau erfolgte also insoweit nicht.

Höhergruppierungen aus Entgeltgruppen mit Vergütungs-/Entgeltgruppenzulagen konnten dazu führen, dass die Beschäftigten „unter dem Strich“ Einbußen erlitten, weil der tarifvertraglich vorgesehene Höhergruppierungsgewinn nicht den Verlust durch den Fortfall der Zulage ausglich. Bei Höhergruppierungen war für die Stufenzuordnung nämlich nach dem Wortlaut des § 17 Abs. 4 TVöD a. F. und § 17 Abs. 5 TVöD/Bund n. F. allein das Tabellenentgelt maßgebend. Die Tarifpartner haben diesen Effekt nur für Antrags-Höhergruppierungen aus Anlass der Einführung der neuen Entgeltordnung ausgeglichen (siehe § 26 Abs. 3 TVÜ-Bund). Eine dauerhafte Absicherung – wie im Länderbereich in § 17 Abs. 4 Satz 2 zweiter Halbsatz TV-L vereinbart – wurde nicht aufgenommen.

3.2 Verlängerte Übergangsregelungen beim Aufstieg (§ 8 TVÜ-Bund) und bei Vergütungsgruppenzulagen (§ 9 TVÜ-Bund)

Parallel zur Einführung der neuen Entgeltordnung wurden die bereits mehrfach verlängerten Antragsfristen der §§ 8 Abs. 3, 9 Abs. 2a und 3 TVÜ-Bund letztmalig (und „nahtlos“) bis zum 31. Dezember 2013 verlängert.

3.3 Meister-, Techniker-, Programmiererzulagen

Die Techniker-, Meister- und Programmiererzulagen wurden in bisheriger Höhe auch nach Inkrafttreten der Entgeltordnung als Besitzstandszulagen weitergezahlt, solange die anspruchsbegründende Tätigkeit weiterhin unverändert ausgeübt wurde (siehe § 25 Abs. 3 TVÜ-Bund). Für die Zukunft entfielen diese Zulagen und werden durch höhere Eingruppierungen kompensiert.

3.4 Vorarbeiter- und Vorhandwerkerzulage

Die Vorarbeiterzulage sowie die Vorhandwerkerzulage wurden als dynamische Zulagen in § 15 (i. V. m. § 19) TV EntgO Bund geregelt. Wie zuvor sind die Zulagen von der Eingruppierung der unterstellten Beschäftigten abhängig. Demnach erhalten Vorarbeiter von Beschäftigten der Entgeltgruppen 1 bis 4 und Vorhandwerker von Beschäftigten mindestens der Entgeltgruppe 5 eine monatliche Zulage. Die aktuelle Höhe dieser Zulagen ergibt sich aus § 15 TV EntgO Bund.

3.5 Lehrgesellenzulage/Ausbildungszulage

Die Lehrgesellenzulage wurde als dynamische Ausbildungszulage in § 16 (i. V. m. § 19) TV EntgO Bund vereinbart.

3.6 Strukturausgleich

Die Regelungen über Strukturausgleiche (§ 12 TVÜ-Bund i. V. m. Anlage 3 zum TVÜ-Bund) blieben unberührt. Höhergruppierungen aufgrund der neuen Entgeltordnung galten als „normale" Höhergruppierung und lösten die üblichen Folgen auf den Strukturausgleich aus (siehe § 12 Abs. 5 TVÜ-Bund). Da somit Höhergruppierungsgewinne auf den Strukturausgleich angerechnet wurden, bedurfte die Entscheidung, ob sich ein Höhergruppierungsantrag (siehe oben Ziffer 2.3) ggf. auch nach Gegenrechnung eines (Teil-)Verlustes des Strukturausgleichs rechnete, einer gründlichen Abwägung.

Tarifvertrag über die Entgeltordnung des Bundes (TV EntgO Bund)

Vom 5. September 2013

Zuletzt geändert durch
Änderungstarifvertrag Nr. 12 vom 6. April 2025[1])

Inhaltsübersicht

---

[1]) Die Abstimmung des Textes des Änderungstarifvertrages war erst im August 2025 abgeschlossen.
§ 2 des Änderungstarifvertrages Nr. 12 enthält folgende Regelung:

„§ 2
Ausnahmen vom Geltungsbereich
Für Beschäftigte, die spätestens mit Ablauf des 6. April 2025 aus dem Arbeitsverhältnis ausgeschieden sind, gilt dieser Tarifvertrag nur, wenn sie dies bis 30. September 2025 schriftlich beantragen. Für Beschäftigte, die spätestens mit Ablauf des 6. April 2025 aufgrund eigenen Verschuldens ausgeschieden sind, gilt dieser Tarifvertrag nicht."

IV

Der Abdruck der Richtlinien für verwaltungseigene Prüfungen (Anlage 2 des TV EntgO Bund) findet sich unter **415**.

Die Entgeltordnung (Anlage 1 des TV EntgO Bund) ist abgedruckt unter **420**.

Abschnitt I
Allgemeine Vorschriften

§ 1 Geltungsbereich

(1) Dieser Tarifvertrag gilt für alle Beschäftigten des Bundes, die unter den Geltungsbereich des Tarifvertrags für den öffentlichen Dienst (TVöD) fallen.

(2) Dieser Tarifvertrag gilt nicht für

a) Beschäftigte, die als Lehrkräfte – auch wenn sie nicht unter § 49 (Bund) TVöD BT-V fallen – beschäftigt sind, soweit nicht ein besonderes Tätigkeitsmerkmal vereinbart ist,

b) Ärztinnen und Ärzte sowie Zahnärztinnen und Zahnärzte in Bundeswehrkrankenhäusern und anderen kurativen Einrichtungen der Bundeswehr.

§ 2 Tätigkeitsmerkmale, körperlich/handwerklich geprägte Tätigkeiten

(1) Die Tätigkeitsmerkmale ergeben sich aus der Anlage 1 (Entgeltordnung).

(2) [1]Werden in einem Tätigkeitsmerkmal Beschäftigte einer anderen Entgeltgruppe in Bezug genommen, handelt es sich um Beschäftigte einer Entgeltgruppe derselben jeweils kleinsten Gliederungseinheit (Unterabschnitt, Abschnitt bzw. Teil) der Entgeltordnung, wenn in dem Tätigkeitsmerkmal nichts anderes geregelt ist. [2]Satz 1 gilt nicht, soweit ein Tätigkeitsmerkmal auf unterstellte Beschäftigte abstellt.

Protokollerklärung zu Absatz 2 Satz 1:

[1]Es müssen auch die Anforderungen des in Bezug genommenen Tätigkeitsmerkmals erfüllt sein; bei mehrfachen Verweisungen auch die Anforderungen der weiteren Tätigkeitsmerkmale. [2]Die Erfüllung der Anforderungen des in Bezug nehmenden Tätigkeitsmerkmals setzt keine vorherige Eingruppierung nach dem in Bezug genommenen Tätigkeitsmerkmal voraus.

(3) Körperlich/handwerklich geprägte Tätigkeiten sind solche, die bei Weitergeltung des Tarifvertrages über das Lohngruppenverzeichnis des Bundes zum MTArb von einem Tätigkeitsmerkmal der Anlage 1 des Tarifvertrags über das Lohngruppenverzeichnis des Bundes zum MTArb erfasst würden.

§ 3 Geltung der einzelnen Teile der Entgeltordnung

(1) [1]Die Tätigkeitsmerkmale des Teils IV gelten nur für Tätigkeiten im Bereich des Bundesministeriums der Verteidigung. [2]Die Tätigkeitsmerkmale des Teils V gelten nur für Tätigkeiten im Bereich des Bundesministeriums für Digitales und Verkehr. [3]Die Tätigkeitsmerkmale des Teils VI gelten nur für Tätigkeiten im Bereich des Bundesministeriums

des Innern. [4]Erfüllt die Tätigkeit einer/eines Beschäftigten ein Tätigkeitsmerkmal der Teile IV, V oder VI, gilt dieses Tätigkeitsmerkmal. [5]Im Fall des Satzes 4 gelten die Tätigkeitsmerkmale der Teile I, II und III weder in der Entgeltgruppe, in der das Tätigkeitsmerkmal in den Teilen IV, V oder VI aufgeführt ist, noch in einer höheren Entgeltgruppe.

(2) [1]Erfüllt die Tätigkeit einer/eines Beschäftigten kein Tätigkeitsmerkmal der Teile IV, V oder VI, gelten die Tätigkeitsmerkmale des Teils III, wenn ihre/seine Tätigkeit eines der dort aufgeführten Tätigkeitsmerkmale erfüllt. [2]Im Fall des Satzes 1 gelten die Tätigkeitsmerkmale der Teile I und II weder in der Entgeltgruppe, in der das Tätigkeitsmerkmal in Teil III aufgeführt ist, noch in einer höheren Entgeltgruppe.

(3) [1]Erfüllt die Tätigkeit einer/eines Beschäftigten keines der Tätigkeitsmerkmale der Teile III, IV, V oder VI, gelten die Tätigkeitsmerkmale des Teils II, wenn die auszuübende Tätigkeit körperlich/handwerklich geprägt ist. [2]Im Fall des Satzes 1 gelten die Tätigkeitsmerkmale des Teils I weder in der Entgeltgruppe, in der das Tätigkeitsmerkmal in Teil II aufgeführt ist, noch in einer höheren Entgeltgruppe.

(4) [1]Erfüllt die Tätigkeit einer/eines Beschäftigten keines der Tätigkeitsmerkmale der Teile III, IV, V oder VI und handelt es sich nicht um eine körperlich/handwerklich geprägte Tätigkeit, gelten die Tätigkeitsmerkmale des Teils I. [2]Die Tätigkeitsmerkmale der Entgeltgruppen 2 bis 12 des Teils I gelten nur, wenn die auszuübende Tätigkeit einen unmittelbaren Bezug zu den eigentlichen Aufgaben der betreffenden Verwaltungsdienststellen, -behörden oder -institutionen hat. [3]Die Tätigkeitsmerkmale der Entgeltgruppen 13 bis 15 des Teils I gelten für Beschäftigte mit einer abgeschlossenen wissenschaftlichen Hochschulbildung und entsprechender Tätigkeit sowie für sonstige Beschäftigte, die aufgrund gleichwertiger Fähigkeiten und ihrer Erfahrungen entsprechende Tätigkeiten ausüben, es sei denn, dass die Tätigkeit in einem der Tätigkeitsmerkmale der Entgeltgruppen 13 bis 15 der Teile III, IV, V oder VI aufgeführt ist.

Niederschriftserklärung zu § 3 Abs. 4:

Die Tarifvertragsparteien sind sich einig, dass die allgemeinen Tätigkeitsmerkmale für den Verwaltungsdienst (Teil I der Entgeltordnung) eine Auffangfunktion in dem gleichen Umfang besitzen wie – bestätigt durch die ständige Rechtsprechung des BAG – die ersten Fallgruppen des Allgemeinen Teils der Anlage 1a zum BAT.

(5) Das Tätigkeitsmerkmal der Entgeltgruppe 1 der Teile I und II gilt auch für Tätigkeiten der Teile III bis VI.

Protokollerklärung zu § 3:

Die Geltung von Tätigkeitsmerkmalen der einzelnen Teile ist für jeden Arbeitsvorgang (Protokollerklärung Nr. 1 zu § 12 [Bund] Abs. 2 TVöD) gesondert festzustellen.

Niederschriftserklärung zu § 3:

[1]In der Entgeltordnung sind die bisher getrennten Regelwerke für die Eingruppierung von Angestellten sowie von Arbeiterinnen und Arbeitern in einer neuen Struktur zusammengeführt. [2]Die jeweiligen besonderen Tätigkeitsmerkmale sind in den Teilen III bis VI zusammengefasst, während die allgemeinen Tätigkeitsmerkmale der Vergütungsordnung (Fallgruppen 1 des Teils I der Anlage 1a zum BAT) in Teil I und die Oberbegriffe des allgemeinen Teils des Lohngruppenverzeichnisses in Teil II abgebildet sind. [3]Die bisherige Regelungsweise im Lohngruppenverzeichnis in Form von Oberbegriffen, Beispielen und „Ferner"-Merkmalen und ihr Verhältnis zueinander entfällt. [4]§ 3 regelt die Geltung der einzelnen Teile der Entgeltordnung auf der Grundlage der Vorbemerkung Nr. 1 zu allen Vergütungsgruppen der Anlage 1a zum BAT. [5]Die Tarifvertragsparteien sind sich einig, dass es dadurch nicht zu Regelungslücken oder strukturellen Verschlechterungen für die ehemaligen Arbeiterinnen und Arbeiter kommen soll. [6]Vor diesem Hintergrund sollen folgende Beispielsfälle den Regelungsgehalt von § 3 verdeutlichen, wobei durch die Bildung von Beispielen mit ausschließlich auszuübenden Tätigkeiten in den Nummern 1, 2, 3, 4, 6 und 7 § 12 (Bund) Abs. 2 Satz 2 TVöD unberührt bleibt.

IV

1. Verhältnis der Teile IV bis VI zu Teil III der Entgeltordnung

[1]Für die in den besonderen Tätigkeitsmerkmalen der Teile IV, V oder VI geregelten Tätigkeiten ist der jeweilige Teil abschließend. [2]Soweit die Tätigkeit keines der in dem jeweiligen Teil aufgeführten Tätigkeitsmerkmale erfüllt, sind die Teile IV, V und VI nicht abschließend. [3]In diesem Fall ist zunächst zu prüfen, ob ein Tätigkeitsmerkmal des Teils III erfüllt ist. [4]Erfüllt die Tätigkeit eines der Tätigkeitsmerkmale des Teils III, so gilt dieses.

> ***Beispiel 1***
> ***(Botentätigkeit im Bundesministerium für Digitales und Verkehr [BMDV])***
> *[1]Einer Beschäftigten im Bereich des BMDV sind ausschließlich Botentätigkeiten übertragen worden. [2]Zwar sind für die Eingruppierung dieser Beschäftigten die im Teil V geregelten Tätigkeitsmerkmale für den Bereich des BMDV vorrangig zu prüfen (§ 3 Abs. 1 Sätze 2, 4 und 5). [3]Da jedoch Teil V keine Tätigkeitsmerkmale für Botentätigkeiten enthält, ist als nächstes Teil III zu prüfen, obwohl es sich um eine Tätigkeit im Bereich des BMDV handelt. [4]Im Teil III ist in Abschnitt 9 (Botinnen und Boten sowie Pförtnerinnen und Pförtner) in der Entgeltgruppe 3 das Tätigkeitsmerkmal „Botinnen und Boten" vereinbart. [5]Die Beschäftigte ist in Entgeltgruppe 3 eingruppiert.*

2. Zur Bedeutung der Untergliederung der Teile III bis VI der Entgeltordnung

[1]Die weitere Untergliederung der Teile III bis VI in Abschnitte und Unterabschnitte, welche aus Gründen der Übersichtlichkeit jeweils mit Überschriften versehen sind, hat nicht zur Folge, dass alle Beschäftigten, deren Tätigkeit im weitesten Sinne von einer Überschrift „erfasst" ist, zwingend nach den Tätigkeitsmerkmalen des entsprechenden Abschnitts oder Unterabschnitts eingruppiert sind. [2]Vielmehr sind die Tätigkeitsmerkmale, die unter bestimmten Überschriften in einzelnen Abschnitten oder Unterabschnitten aufgeführt sind, nur für solche Tätigkeiten abschließend, die unter ein Tätigkeitsmerkmal des jeweiligen Abschnitts oder Unterabschnitts zu subsumieren sind.

> ***Beispiel 2a***
> ***(Tischlertätigkeit im Bereich Film-Bild-Ton des Bundesministeriums der Verteidigung [BMVg])***
> *[1]Ein Beschäftigter mit einer Berufsausbildung als Tischler ist innerhalb des Bereichs des BMVg im Bereich Film-Bild-Ton tätig. [2]Ihm sind ausschließlich besonders hochwertige Tischlerarbeiten übertragen worden. [3]Da Tischlertätigkeiten jedoch keines der im Teil IV Abschnitt 9 (Beschäftigte im Bereich Film-Bild-Ton) aufgeführten Tätigkeitsmerkmale erfüllt, sind die Tätigkeitsmerkmale dieses Abschnitts für seine Tätigkeit nicht einschlägig. [4]Damit stellt sich die Frage nicht,*

ob die Tätigkeitsmerkmale des Teils IV Abschnitt 9 abschließend sind (§ 3 Abs. 1 Sätze 1, 4 und 5). [5]Da die Tätigkeit auch keines der Tätigkeitsmerkmale des Teils III erfüllt und es sich um eine körperlich/handwerklich geprägte Tätigkeit handelt, gelten die Tätigkeitsmerkmale des Teils II. [6]Seine Tätigkeit erfüllt dort das Tätigkeitsmerkmal der Entgeltgruppe 7 „Beschäftigte der Entgeltgruppe 5, die besonders hochwertige Arbeiten verrichten." [7]Der Beschäftigte ist in Entgeltgruppe 7 eingruppiert.

Die Tarifvertragsparteien stimmen darin überein, dass eine Überschrift, die einen Geltungsbereich (z. B. Beschäftigte einer bestimmten Behörde) benennt, Beschäftigte außerhalb dieses Geltungsbereichs von den unter der Überschrift genannten Tätigkeitsmerkmalen ausschließt.

Beispiel 2b

(Internet- und Rundfunkauswertertätigkeit im Bundesministerium der Finanzen [BMF])

[1]Ein Beschäftigter wertet im BMF Internet- und Rundfunkveröffentlichungen aus. [2]Da der Beschäftigte nicht dem Presse- und Informationsamt der Bundesregierung angehört, gelten für ihn nicht die Tätigkeitsmerkmale des Abschnitts 26 des Teils III. [3]Für den Beschäftigten gelten vielmehr die Tätigkeitsmerkmale des Teils I.

IV

3. Eingruppierung bei Erfüllung eines Tätigkeitsmerkmals der Teile III, IV, V oder VI der Entgeltordnung

[1]Erfüllt die Tätigkeit einer oder eines Beschäftigten ein Tätigkeitsmerkmal der Teile III, IV, V oder VI, so gilt dieses Tätigkeitsmerkmal. [2]Selbst wenn diese Tätigkeit ein Tätigkeitsmerkmal einer höheren Entgeltgruppe in Teil I oder II erfüllen würde, ist eine Anwendung der Tätigkeitsmerkmale der Teile I oder II und damit eine höhere Eingruppierung ausgeschlossen (§ 3 Abs. 1 Sätze 4 und 5 und Abs. 2 Satz 2).

Beispiel 3

(Diesellokführertätigkeiten)

[1]Einer Beschäftigten im Bereich des BMVg ist ausschließlich die Tätigkeit als Diesellokführerin einer Diesellokomotive mit 300 kW übertragen worden. [2]Die Beschäftigte erfüllt mit ihrer Tätigkeit das Tätigkeitsmerkmal der Entgeltgruppe 6 in Teil IV Abschnitt 5 „Diesellokführerinnen und Diesellokführer, die Diesellokomotiven über 257 kW (349 PS) führen". [3]Das Tätigkeitsmerkmal ist maßgeblich. [4]Die Tätigkeitsmerkmale der Teile I, II und III finden keine Anwendung. [5]Selbst wenn sich bei Anwendung eines der Tätigkeitsmerkmale der Teile I, II oder III eine niedrigere oder höhere Eingruppierung ergäbe, bleibt es bei der Eingruppierung in Entgeltgruppe 6 nach Teil IV Abschnitt 5 (§ 3 Abs. 1 Satz 4 und 5).

4. Eingruppierung nach Funktionsmerkmalen

Für die Eingruppierung nach einem Funktionsmerkmal kommt es nicht auf die Bezeichnung der Tätigkeit oder Funktion der oder des Beschäftigten an, sondern auf die auszuübende Tätigkeit (§ 12 [Bund] Abs. 2 TVöD).

Beispiel 4

(Hausmeistertätigkeiten)

a. *[1]Einem Beschäftigten sind ausschließlich Hausmeistertätigkeiten übertragen worden. [2]Er verfügt über eine einschlägige dreijährige Berufsausbildung. [3]Der Beschäftigte erfüllt mit seiner Tätigkeit das Tätigkeitsmerkmal der Entgeltgruppe 5 in Teil III Abschnitt 23 „Hausmeisterinnen und Hausmeister" und ist entsprechend eingruppiert. [4]Die Tätigkeitsmerkmale der Teile I und II gelten nicht (§ 3 Abs. 2).*

b. *[1]Etwas anderes gilt, wenn der Beschäftigte zwar als Hausmeister bezeichnet wird, aber ausschließlich Tätigkeiten eines Facharbeiters (z. B. Elektroniker, Tischler) auszuüben hat. [2]Für diese Tätigkeiten ist zunächst zu prüfen, ob ein Tätigkeitsmerkmal der Teile IV, V oder VI erfüllt ist. [3]Ist das nicht der Fall, ist zu prüfen, ob ein Tätigkeitsmerkmal des Teils III erfüllt ist. [4]Ist das auch nicht der Fall, gelten die Tätigkeitsmerkmale des Teils II, weil die Tätigkeit eines Facharbeiters körperlich/*

handwerklich geprägt ist. [5]Der Beschäftigte ist – wenn er über eine entsprechende Berufsausbildung verfügt oder eine verwaltungseigene Prüfung (§ 13) bestanden hat – je nach Anforderung der Tätigkeit in Entgeltgruppe 5, 6 oder 7 eingruppiert.
c. *[1]Wird ein Beschäftigter zwar als Hausmeister bezeichnet, hat aber ausschließlich Anlagen der Gebäude- und Betriebstechnik zu bedienen und instand zu halten, für deren Betrieb ein entsprechender Sachkundenachweis Voraussetzung ist, gelten für ihn nicht die Tätigkeitsmerkmale für Hausmeisterinnen und Hausmeister in Teil III Abschnitt 23, sondern die Tätigkeitsmerkmale für Beschäftigte in der Instandhaltung und Bedienung von Gebäude- und Betriebstechnik in Teil III Abschnitt 19. [2]Er ist bei Erfüllung der nach diesen Tätigkeitsmerkmalen geforderten Voraussetzungen in der Person je nach Anforderung der Tätigkeit in Entgeltgruppe 6, 7, 8 oder 9a eingruppiert.*

5. Eingruppierung bei mehreren Arbeitsvorgängen

Besteht die auszuübende Tätigkeit aus mehreren Arbeitsvorgängen, erfolgt die Prüfung der Geltung von Tätigkeitsmerkmalen der einzelnen Teile der Entgeltordnung für jeden Arbeitsvorgang gesondert (Protokollerklärung zu § 3).

IV

Beispiel 5
(Registratur-, Bürosachbearbeitungs- und Pförtnertätigkeiten im Bundesministerium des Innern [BMI])
Die Registraturtätigkeiten einer Beschäftigten nehmen 40 Prozent der Tätigkeit ein, die Bürosachbearbeitungstätigkeiten 30 Prozent und die Pförtnertätigkeiten ebenfalls 30 Prozent:
Arbeitsvorgang 1 Registraturtätigkeiten
[1]Da im Teil VI (Tätigkeiten im Bereich des BMI) keine Tätigkeitsmerkmale für Registraturtätigkeiten vereinbart sind, finden die Tätigkeitsmerkmale in Teil III Abschnitt 36 (Registraturen) Anwendung. [2]Die Tätigkeitsmerkmale der Teile II und I finden keine Anwendung (§ 3 Abs. 2 Satz 2).
Arbeitsvorgang 2 Bürosachbearbeitungstätigkeiten
[1]Weder im Teil VI noch im Teil III sind Tätigkeitsmerkmale für Bürosachbearbeitungstätigkeiten vereinbart. [2]Es handelt sich auch nicht um körperlich/handwerklich geprägte Tätigkeiten (Teil II. [3]Da im Teil I Tätigkeitsmerkmale für den Büro-, Buchhalterei-, sonstigen Innendienst und Außendienst vereinbart sind, gelten für diese Tätigkeiten der Beschäftigten die Tätigkeitsmerkmale des Teils I (§ 3 Abs. 4 Satz 1 und 2).
Arbeitsvorgang 3 Pförtnertätigkeiten
[1]Da im Teil VI keine Tätigkeitsmerkmale für Beschäftigte mit Pförtnertätigkeiten vereinbart sind, finden die Tätigkeitsmerkmale in Teil III Abschnitt 9 (Botinnen und Boten sowie Pförtnerinnen und Pförtner) Anwendung. [2]Die Tätigkeitsmerkmale der Teile II und I finden keine Anwendung (§ 3 Abs. 2 Satz 2).

6. Tätigkeitsmerkmale mit Voraussetzungen in der Person in den Teilen III bis VI der Entgeltordnung

[1]Ist einer oder einem Beschäftigten eine Tätigkeit übertragen worden, die unter ein Tätigkeitsmerkmal der Teile III, IV, V oder VI zu subsumieren ist, das eine Voraussetzung in der Person enthält (§ 6), die die bzw. der Beschäftigte nicht erfüllt, finden dennoch die Tätigkeitsmerkmale des jeweiligen Teils und Abschnitts bzw. Unterabschnitts Anwendung, weil diese für die darin geregelten Tätigkeiten abschließend sind. [2]Die Tätigkeitsmerkmale der Teile I und II gelten nicht. [3]Die oder der Beschäftigte ist eine Entgeltgruppe niedriger eingruppiert, als sich nach dem Tätigkeitsmerkmal ergeben würde (§ 12).

Beispiel 6
(Bibliotheksdienst)
[1]Einem Beschäftigten ist ausschließlich die Tätigkeit eines Beschäftigten mit einschlägiger abgeschlossener Hochschulbildung und entsprechender Tätigkeit im Bibliotheksdienst übertragen worden. [2]Der Beschäftigte verfügt aber nicht über

die geforderte einschlägige Hochschulbildung und erfüllt auch nicht die Voraussetzungen des „sonstigen Beschäftigten". [3]Dies führt aber nicht dazu, dass deswegen die Tätigkeitsmerkmale für den Bibliotheksdienst keine Anwendung finden würden. [4]Da die Tätigkeit das Tätigkeitsmerkmal der Entgeltgruppe 9b des Teils III Abschnitt 2 (Beschäftigte in Archiven, Bibliotheken, Büchereien, Museen und anderen wissenschaftlichen Anstalten) erfüllt, sind die Tätigkeitsmerkmale dieses Abschnitts für ihn abschließend. [5]Denn nach § 3 kommt es nur darauf an, dass die Tätigkeit des Beschäftigten ein Tätigkeitsmerkmal erfüllt. [6]Der Beschäftigte ist mangels Erfüllung der geforderten Voraussetzungen in der Person gemäß § 12 Abs. 2 eine Entgeltgruppe niedriger und somit in der Entgeltgruppe 9a eingruppiert. [7]Die Tätigkeitsmerkmale der Teile I und II gelten nicht (§ 3 Abs. 2). [8]Selbst wenn die Tätigkeit das Tätigkeitsmerkmal der Entgeltgruppe 9b Fallgruppe 2 des Teils I erfüllen würde (gründliche, umfassende Fachkenntnisse und selbständige Leistungen ohne das Erfordernis einer abgeschlossenen einschlägigen Hochschulbildung), bliebe es bei der Eingruppierung in Entgeltgruppe 9a nach Teil III Abschnitt 2 (§ 3 Abs. 2 Satz 2).

IV

7. Hilfstätigkeiten

[1]Sind in einem Abschnitt oder Unterabschnitt der Teile III, IV, V oder VI nur Tätigkeitsmerkmale für Beschäftigte mit abgeschlossener Berufsausbildung und entsprechender Tätigkeit vereinbart (in der Regel in Entgeltgruppe 5 und höheren Entgeltgruppen), finden diese Tätigkeitsmerkmale für Tätigkeiten, die diese Anforderungen nicht erfüllen, keine Anwendung. [2]Es finden die Tätigkeitsmerkmale der Entgeltgruppe 1 bis 4 der Teile I oder II Anwendung.

Beispiel 7a
(Zeichner)

[1]Einer Beschäftigten ist ausschließlich eine zeichnerische Tätigkeit übertragen worden, bei der es sich nicht um eine der Ausbildung als Bauzeichnerin oder als technische Systemplanerin entsprechende Tätigkeit handelt. [2]Die Tätigkeit erfüllt damit keines der Tätigkeitsmerkmale des Teils III Abschnitt 7 (Bauzeichnerinnen und Bauzeichner sowie technische Systemplanerinnen und Systemplaner). [3]Der Abschnitt ist daher für diese Fälle auch nicht „abschließend". [4]Vielmehr ist die Geltung der Tätigkeitsmerkmale der Teile I und II eröffnet, weil die Voraussetzungen von § 3 Abs. 2 Satz 1 nicht vorliegen. [5]Die Beschäftigte ist – je nachdem, wie die übertragene Tätigkeit im Einzelnen ausgestaltet ist – nach den Tätigkeitsmerkmalen des Teils I in Entgeltgruppe 1, 2, 3 oder 4 eingruppiert, wenn es sich bei der auszuübenden Tätigkeit nicht um eine körperlich/handwerklich geprägte Tätigkeit handelt und wenn ihre Tätigkeit einen unmittelbaren Bezug zu den eigentlichen Aufgaben der betreffenden Verwaltungsdienststelle, -behörde oder -institution hat (§ 3 Abs. 4 Satz 2).

Beispiel 7b
(Bedienung und Instandhaltung von Gebäude- und Betriebstechnik)

[1]Einem Beschäftigten, der über keine abgeschlossene Berufsausbildung verfügt, ist ausschließlich das Ablesen von Zählerständen von Anlagen der Gebäude- und Betriebstechnik im Sinne der Vorbemerkung Nr. 1 zum Teil III Abschnitt 19 (Beschäftigte in der Instandhaltung und Bedienung von Gebäude und Betriebstechnik) übertragen worden. [2]Da der Beschäftigte durch das Ablesen von Zählerständen nicht Anlagen der Gebäude- und Betriebstechnik bedient und instand hält, erfüllt die ihm übertragene Tätigkeit keines der in Teil III Abschnitt 19 aufgeführten Tätigkeitsmerkmale. [3]Damit gelten für seine Tätigkeit nicht die besonderen Tätigkeitsmerkmale des Teils III Abschnitt 19. [4]Vielmehr ist die Geltung der Tätigkeitsmerkmale der Teile I und II eröffnet, weil die Voraussetzungen von § 3 Abs. 2 Satz 1 nicht vorliegen. [5]Der Beschäftigte ist – je nachdem wie die übertragene Tätigkeit im Einzelnen ausgestaltet ist – nach den Tätigkeitsmerkmalen des Teils II in Entgeltgruppe 1, 2 oder 3 eingruppiert, wenn es sich bei der auszuübenden Tätigkeit um eine körperlich/handwerklich geprägte Tätigkeit handelt.

§ 4 Ständige Vertreterinnen und Vertreter

Ständige Vertreterinnen und Vertreter sind nicht die Vertreterinnen und Vertreter in Urlaubs- und sonstigen Abwesenheitsfällen.

§ 5 Unterstellungsverhältnisse

[1]Soweit die Eingruppierung von der Zahl der unterstellten Beschäftigten abhängig ist, rechnen hierzu auch Beamtinnen und Beamte sowie Soldatinnen und Soldaten der vergleichbaren Besoldungsgruppen. [2]Für diesen Zweck ist vergleichbar:

der Entgeltgruppe	die Besoldungsgruppe
2	A 2
3	A 3
4	A 4
5	A 5
6	A 6
7	A 7
8	A 8
9a, 9b, 9c	A 9
10	A 10
11	A 11
12	A 12
13	A 13
14	A 14
15	A 15

[3]Bei der Zahl der unterstellten bzw. beaufsichtigten oder der in dem betreffenden Bereich beschäftigten Personen zählen Teilzeitbeschäftigte entsprechend dem Verhältnis der mit ihnen im Arbeitsvertrag vereinbarten Arbeitszeit zur regelmäßigen Arbeitszeit einer/eines Vollzeitbeschäftigten. [4]Für die Eingruppierung ist es unschädlich, wenn im Organisations- und Stellenplan zur Besetzung ausgewiesene Stellen nicht besetzt sind.

Abschnitt II
Voraussetzungen in der Person

§ 6 Voraussetzungen in der Person

Dieser Abschnitt enthält Regelungen zu Voraussetzungen in der Person gemäß § 12 (Bund) Abs. 2 Satz 6 TVöD.

IV

§ 7 Wissenschaftliche Hochschulbildung

[1]Eine abgeschlossene wissenschaftliche Hochschulbildung liegt vor, wenn das Studium an einer staatlichen Hochschule im Sinne des § 1 Hochschulrahmengesetz (HRG) oder einer nach § 70 HRG staatlich anerkannten Hochschule

a) mit einer nicht an einer Fachhochschule abgelegten ersten Staatsprüfung, Magisterprüfung oder Diplomprüfung oder

b) mit einer Masterprüfung

beendet worden ist.

[2]Diesen Prüfungen steht eine Promotion oder die Akademische Abschlussprüfung (Magisterprüfung) einer Philosophischen Fakultät nur in den Fällen gleich, in denen die Ablegung einer ersten Staatsprüfung, einer Masterprüfung oder einer Diplomprüfung nach den einschlägigen Ausbildungsvorschriften nicht vorgesehen ist. [3]Eine abgeschlossene wissenschaftliche Hochschulbildung im Sinne des Satzes 1 Buchst. a setzt voraus, dass die Abschlussprüfung in einem Studiengang abgelegt wurde, der seinerseits mindestens das Zeugnis der Hochschulreife (allgemeine Hochschulreife oder einschlägige fachgebundene Hochschulreife) oder eine andere landesrechtliche Hochschulzugangsberechtigung als Zugangsvoraussetzung erfordert, und für den Abschluss eine Regelstudienzeit von mindestens acht Semestern – ohne etwaige Praxissemester, Prüfungssemester o. Ä. – vorschreibt. [4]Ein Bachelorstudiengang erfüllt diese Voraussetzung auch dann nicht, wenn mehr als sechs Semester für den Abschluss vorgeschrieben sind. [5]Der Masterstudiengang muss nach den Regelungen des Akkreditierungsrats akkreditiert sein. [6]Ein Abschluss an einer ausländischen Hochschule gilt als abgeschlossene wissenschaftliche Hochschulbildung, wenn er von der zuständigen staatlichen Stelle als dem deutschen Hochschulabschluss vergleichbar bewertet wurde.

Protokollerklärung zu Satz 5:

Das Akkreditierungserfordernis ist bis zum 31. Dezember 2029 ausgesetzt.

§ 8 Hochschulbildung

[1]Eine abgeschlossene Hochschulbildung liegt vor, wenn von einer staatlichen Hochschule im Sinne des § 1 Hochschulrahmengesetz (HRG) oder einer nach § 70 HRG staatlich anerkannten Hochschule ein Diplomgrad mit dem Zusatz „Fachhochschule" („FH"), ein anderer nach § 18 HRG gleichwertiger Abschlussgrad oder ein Bachelorgrad verliehen wurde. [2]Die Abschlussprüfung muss in einem Studiengang abgelegt worden sein, der seinerseits mindestens das Zeugnis der Hochschulreife (allgemeine Hochschulreife oder einschlägige

fachgebundene Hochschulreife) oder eine andere landesrechtliche Hochschulzugangsberechtigung als Zugangsvoraussetzung erfordert, und für den Abschluss eine Regelstudienzeit von mindestens sechs Semestern – ohne etwaige Praxissemester, Prüfungssemester o. Ä. – vorschreibt. [3]Der Bachelorstudiengang muss nach den Regelungen des Akkreditierungsrats akkreditiert sein. [4]Dem gleichgestellt sind Abschlüsse in akkreditierten Bachelorausbildungsgängen an Berufsakademien. [5]§ 7 Satz 6 gilt entsprechend.

Protokollerklärung zu Satz 3 und 4:
Das Akkreditierungserfordernis ist bis zum 31. Dezember 2029 ausgesetzt.

§ 9 Technische Hochschulbildung

[1]Eine abgeschlossene technische Hochschulbildung liegt vor, wenn von einer staatlichen Hochschule im Sinne des § 1 Hochschulrahmengesetz (HRG) oder einer nach § 70 HRG staatlich anerkannten Hochschule ein Diplomgrad mit dem Zusatz „Fachhochschule" („FH"), ein anderer nach § 18 HRG gleichwertiger Abschlussgrad oder ein Bachelorgrad verliehen wurde, der den Zugang zur Laufbahn des gehobenen technischen Verwaltungsdienstes des Bundes oder des gehobenen naturwissenschaftlichen Dienstes des Bundes eröffnet. [2]§ 7 Satz 6 gilt entsprechend.

§ 10 Geprüfte Meisterinnen und Meister sowie staatlich geprüfte Technikerinnen und Techniker

(1) Geprüfte Meisterinnen und Meister sind Beschäftigte, die eine Meisterprüfung auf Grundlage der Handwerksordnung oder des Berufsbildungsgesetzes bestanden haben.

(2) Staatlich geprüfte Technikerinnen und Techniker sind Beschäftigte, die nach dem Berufsordnungsrecht berechtigt sind, diese Berufsbezeichnung zu führen.

§ 11 Berufsausbildung

[1]Eine abgeschlossene Berufsausbildung liegt vor, wenn eine Abschlussprüfung in einem nach dem Berufsbildungsgesetz oder nach der Handwerksordnung staatlich anerkannten oder als staatlich anerkannt geltenden Ausbildungsberuf mit einer Ausbildungsdauer von mindestens drei Jahren erfolgreich bestanden wurde. [2]In Tätigkeitsmerkmalen genannte Ausbildungsberufe umfassen auch die entsprechenden früheren Ausbildungsberufe.

Niederschriftserklärung zu § 11 Satz 2:
Die Tarifvertragsparteien sind sich einig, dass die Abschlussprüfungen, die nach Teil II Abschnitt L Unterabschnitte III, IV, X und XI der Anlage 1a zum BAT in den Tätigkeitsmerkmalen für Laboranten, Zeichner, Fotografen und Fotolaboranten als „Abschluss-

IV

prüfung" anerkannt waren, als entsprechende frühere Ausbildungsberufe gelten und damit auch in der Zukunft als „abgeschlossene Berufsausbildung" anerkannt sind.

§ 12 Eingruppierung bei Nichterfüllung einer Vorbildungs- oder Ausbildungsvoraussetzung

(1) Ist in einem Tätigkeitsmerkmal eine Vorbildung oder Ausbildung als Anforderung bestimmt, ohne dass sonstige Beschäftigte, die aufgrund gleichwertiger Fähigkeiten und ihrer Erfahrungen entsprechende Tätigkeiten ausüben, von ihm miterfasst werden, sind Beschäftigte, die die geforderte Vorbildung oder Ausbildung nicht besitzen, bei Erfüllung der sonstigen Anforderungen des Tätigkeitsmerkmals eine Entgeltgruppe niedriger eingruppiert.

(2) Ist in einem Tätigkeitsmerkmal

a) eine Vorbildung oder Ausbildung als Anforderung bestimmt und
b) werden von ihm sonstige Beschäftigte, die aufgrund gleichwertiger Fähigkeiten und ihrer Erfahrungen entsprechende Tätigkeiten ausüben, miterfasst,

sind Beschäftigte, die weder die Voraussetzung nach Buchstabe a noch die nach Buchstabe b erfüllen, bei Erfüllung der sonstigen Anforderungen des Tätigkeitsmerkmals eine Entgeltgruppe niedriger eingruppiert.

(3) Die Absätze 1 und 2 gelten entsprechend für Tätigkeitsmerkmale, die bei Erfüllung qualifizierter Anforderungen eine höhere Eingruppierung vorsehen.

(4) Die Absätze 1 bis 3 gelten nicht, wenn die Entgeltordnung in dem jeweiligen Abschnitt neben einem Tätigkeitsmerkmal mit einer Vorbildungs- oder Ausbildungsvoraussetzung ein besonderes Tätigkeitsmerkmal enthält (z. B. „Beschäftigte in der Tätigkeit von . . .").

§ 13 Verwaltungseigene Prüfungen

[1]Für die Eingruppierung von Beschäftigten mit körperlich/handwerklich geprägten Tätigkeiten nach Tätigkeitsmerkmalen, welche im Anhang zur Anlage 2 aufgelistet sind, steht eine bestandene verwaltungseigene Prüfung einer abgeschlossenen Berufsausbildung im Sinne von § 11 gleich. [2]Die verwaltungseigene Prüfung ist in Anlage 2 geregelt.

§ 14 Übergangsregelungen DDR-Abschlüsse

(1) [1]Aufgrund des Artikels 37 des Einigungsvertrages und der Vorschriften hierzu als gleichwertig festgestellte Abschlüsse, Prüfungen und Befähigungsnachweise stehen ab dem Zeitpunkt ihres Erwerbs

den in den Tätigkeitsmerkmalen geforderten entsprechenden Anforderungen gleich. [2]Ist die Gleichwertigkeit erst nach Erfüllung zusätzlicher Erfordernisse festgestellt worden, gilt die Gleichstellung ab der Feststellung.

(2) Facharbeiterinnen und Facharbeiter mit einem im Beitrittsgebiet erworbenen Facharbeiterzeugnis, das nach Artikel 37 des Einigungsvertrages und den Vorschriften hierzu dem Prüfungszeugnis in einem anerkannten Ausbildungsberuf mit einer Ausbildungsdauer von mindestens drei Jahren bzw. einer kürzeren Ausbildungsdauer gleichgestellt ist, sind bei entsprechender Tätigkeit wie Beschäftigte mit erfolgreich abgeschlossener Ausbildung in einem solchen Ausbildungsberuf eingruppiert.

Abschnitt III
Zulagen

§ 15 Zulage für Vorarbeiterinnen und Vorarbeiter sowie Vorhandwerkerinnen und Vorhandwerker

(1) § 15 gilt nur für Beschäftigte, die nach einem Tätigkeitsmerkmal eingruppiert sind, welches im Anhang zu § 15 aufgelistet ist.

(2) [1]Vorarbeiterinnen und Vorarbeiter erhalten zum Tabellenentgelt eine Zulage. [2]Die Zulage beträgt bis zum 31. März 2025 monatlich 199,92 Euro, vom 1. April 2025 bis zum 30. April 2026 monatlich 205,92 Euro und ab dem 1. Mai 2026 monatlich 211,69 Euro. [3]Vorarbeiterinnen und Vorarbeiter sind Beschäftigte, die aufgrund schriftlicher Bestellung einer Arbeitsgruppe vorstehen und selbst mitarbeiten. [4]Die Gruppe muss außer der Vorarbeiterin oder dem Vorarbeiter aus mindestens zwei Beschäftigten der Entgeltgruppen 1 bis 4 bestehen.

(3) [1]Vorhandwerkerinnen und Vorhandwerker erhalten zum Tabellenentgelt eine Zulage. [2]Die Zulage beträgt bis zum 31. März 2025 monatlich 342,25 Euro, vom 1. April 2025 bis zum 30. April 2026 monatlich 352,52 Euro und ab dem 1. Mai 2026 monatlich 362,39 Euro. [3]Vorhandwerkerinnen und Vorhandwerker sind Beschäftigte mit einer Berufsausbildung nach § 11, die aufgrund schriftlicher Bestellung einer Arbeitsgruppe vorstehen und selbst mitarbeiten. [4]Die Gruppe muss außer der Vorhandwerkerin oder dem Vorhandwerker aus mindestens zwei selbständig tätigen Beschäftigten bestehen, von denen mindestens eine Beschäftigte oder ein Beschäftigter eine Berufsausbildung nach § 11 haben muss. [5]Auszubildende nach dem Tarifvertrag für Auszubildende des öffentlichen Dienstes vom 13. September 2005 in der jeweils geltenden Fassung können im dritten oder vierten Ausbildungsjahr als Beschäftigte mit Berufsausbildung nach § 11 gerech-

net werden. [6]Die Zulage für Vorhandwerkerinnen und Vorhandwerker erhalten auch zu Vorarbeiterinnen oder Vorarbeitern bestellte Beschäftigte der Entgeltgruppe 5 oder einer höheren Entgeltgruppe; Satz 4 gilt entsprechend.

(4) Im Bereich des Bundesministeriums der Verteidigung und im Bereich der Bundespolizei gilt § 5 entsprechend.

(5) Wird die Bestellung zur Vorarbeiterin oder zum Vorarbeiter oder zur Vorhandwerkerin oder zum Vorhandwerker widerrufen, so ist die Zulage für Vorarbeiterinnen und Vorarbeiter bzw. für Vorhandwerkerinnen und Vorhandwerker für die Dauer von vier Wochen weiterzuzahlen, es sei denn, dass die Bestellung von vornherein für eine bestimmte Zeit erfolgt ist.

(6) Die Absätze 2 bis 5 gelten nicht für Beschäftigte im Wachdienst sowie Wächterinnen und Wächter der Entgeltgruppen 4 und 5, Besatzungen von Schiffen und schwimmenden Geräten – mit Ausnahme der Führerinnen und Führer von Schwimmrammen –, Schleusendecksleute sowie Feuerwehrleute.

(7) [1]Im Bereich des Bundesministeriums der Verteidigung rechnen zur Gruppe der Beschäftigten nach Absatz 2 Satz 4 und Absatz 3 Satz 4 auch Beschäftigte von Kooperationspartnern der Bundeswehr. [2]Kooperationspartner der Bundeswehr sind Wirtschaftsunternehmen, die mit der Bundeswehr eine Kooperation im Sinne des Kooperationsgesetzes der Bundeswehr (BwKoopG) eingegangen sind.

§ 16 Ausbildungszulage

(1) [1]Beschäftigte, die nach einem Tätigkeitsmerkmal des Teils III Abschnitt 4 der Entgeltordnung eingruppiert sind, erhalten für die Dauer der Ausübung der Ausbildungstätigkeit als solche eine monatliche Zulage. [2]Die monatliche Zulage erhalten auch Beschäftigte, denen vorübergehend höherwertige Tätigkeiten nach einem Tätigkeitsmerkmal des Teils III Abschnitt 4 der Entgeltordnung übertragen werden, soweit und solange die/der Beschäftigte dafür die persönliche Zulage nach § 14 TVöD erhält. [3]Daneben wird die Zulage nach § 15 nicht gezahlt.

(2) [1]Sofern ein Anspruch auf die Ausbildungszulage nicht für alle Tage eines Kalendermonats besteht, gilt § 24 Abs. 3 TVöD. [2]Die Ausbildungszulage wird bei Unterbrechung der Ausübung der Ausbildungstätigkeit für die Dauer von vier Wochen weitergezahlt.

(3) Die Zulage nach Absatz 1 beträgt bis zum 31. März 2025 monatlich 342,25 Euro, vom 1. April 2025 bis 30. April 2026 monatlich 352,52 Euro und ab 1. Mai 2026 monatlich 362,39 Euro.

§ 17 Entgeltgruppenzulagen

Die in der Entgeltordnung ausgebrachten Entgeltgruppenzulagen betragen:

Nr. der Entgelt-gruppenzulage	Betrag bis 31. März 2025	Betrag vom 1. April 2025 bis 30. April 2026	Betrag ab 1. Mai 2026
	Euro je Monat	Euro je Monat	Euro je Monat
1	72,19	74,36	76,44
2	98,43	101,38	104,22
3	110,25	113,56	116,74
4	124,67	128,41	132,01
5	137,77	141,90	145,87
6	146,97	151,38	155,62
7	158,78	163,54	168,12
8	180,55	185,97	191,18

§ 18 Zulagen für Beschäftigte im Pflegedienst

Die Zulagen für Beschäftigte im Pflegedienst gemäß Protokollerklärung Nr. 2 zu Abschnitt 25 Unterabschnitt 2 des Teils IV der Entgeltordnung (Bund) betragen:

Nr. der Zulage	Betrag bis 31. März 2025	Betrag vom 1. April 2025 bis 30. April 2026	Betrag ab 1. Mai 2026
	Euro je Monat	Euro je Monat	Euro je Monat
2	582,61	600,09	616,89
3	540,60	556,82	572,41

§ 19 Dynamisierung der Zulagen

[1]Die Zulagen nach §§ 15 bis 18 verändern sich bei allgemeinen Entgeltanpassungen um den von den Tarifvertragsparteien für die jeweilige Entgeltgruppe festgelegten Vomhundertsatz. [2]Sockelbeträge, Mindestbeträge und vergleichbare nichtlineare Steigerungen bleiben unberücksichtigt.

Abschnitt IV
Schlussvorschriften

§ 20 Inkrafttreten, Laufzeit

(1) Dieser Tarifvertrag tritt am 1. Januar 2014 in Kraft.

(2) Der Tarifvertrag einschließlich Anlagen kann ohne Einhaltung einer Frist, jedoch nur insgesamt, jederzeit schriftlich gekündigt werden, frühestens jedoch zum 31. Dezember 2016; die Nachwirkung dieser Vorschriften wird ausgeschlossen.

Anhang
zu § 15

Zulage für Vorarbeiterinnen und Vorarbeiter sowie Vorhandwerkerinnen und Vorhandwerker

Tätigkeitsmerkmale der Entgeltordnung (Anlage 1)

1. Teil II
2. Teil III

   Abschnitt 4, Abschnitt 9, Abschnitt 19, Abschnitt 22, Abschnitt 23, Abschnitt 29, Abschnitt 31 Entgeltgruppen 3 und 4, Abschnitt 33, Abschnitt 37, Abschnitt 38, Abschnitt 39, Abschnitt 44, Abschnitt 45 Entgeltgruppe 3, Entgeltgruppe 4, Entgeltgruppe 5 Fallgruppe 2 und Entgeltgruppe 6 Fallgruppe 2, Abschnitt 48 Entgeltgruppe 8.
3. Teil IV
   - a) Abschnitt 1 Entgeltgruppen 3 bis 7, Entgeltgruppe 8 Fallgruppen 1 bis 3 und Entgeltgruppe 9a,
   - b) Abschnitte 4 bis 6,
   - c) Abschnitte 12 und 13,
   - d) Abschnitt 14 Entgeltgruppe 2 und Entgeltgruppe 3 Fallgruppe 1,
   - e) Abschnitte 15 und 16,
   - f) Abschnitt 17 Entgeltgruppe 3, Entgeltgruppe 5 und Entgeltgruppe 6 Fallgruppe 1,
   - g) Abschnitte 18 und 19,
   - h) Abschnitte 21 und 22,
   - i) Abschnitt 26 Entgeltgruppe 9a Fallgruppe 2,
   - j) Abschnitt 28,
   - k) Abschnitt 30,
   - l) Abschnitt 31 Entgeltgruppen 5 bis 8.
4. Teil V
   - a) Abschnitt 1 Unterabschnitt 2 Entgeltgruppe 6, Entgeltgruppe 7 Fallgruppe 2 und Entgeltgruppe 8 Fallgruppe 2,
   - b) Abschnitt 2 Unterabschnitt 2,
   - c) Abschnitt 3 Entgeltgruppen 3 bis 8 und Entgeltgruppe 9a Fallgruppen 1 und 3.

5. Teil VI
   a) Abschnitt 1,
   b) Abschnitt 2 Entgeltgruppen 3 und 5 sowie Entgeltgruppe 6 Fallgruppe 1,
   c) Abschnitte 3 und 4.

Richtlinien für verwaltungseigene Prüfungen[1])

Vom 5. September 2013

Zuletzt geändert durch
Änderungstarifvertrag Nr. 7 zum Tarifvertrag über die
Entgeltordnung des Bundes (TV EntgO Bund)
vom 9. September 2019

Abschnitt I
Allgemeine Regelungen

§ 1 Geltungsbereich

IV

(1) [1]Diese Richtlinien gelten für Beschäftigte, die Tätigkeiten in einem anerkannten Ausbildungsberuf mit einer Ausbildungsdauer von mindestens drei Jahren ausüben, die von einem der im Anhang aufgelisteten Tätigkeitsmerkmale erfasst werden, ohne über die im Tätigkeitsmerkmal geforderte abgeschlossene Berufsausbildung zu verfügen, und eine verwaltungseigene Prüfung (§ 13) ablegen wollen. [2]Für die verwaltungseigenen Prüfungen von Messgehilfinnen und Messgehilfen gelten die Sonderregelungen des Abschnitts II, für die verwaltungseigenen Prüfungen von Beschäftigten im Munitionsfachdienst gelten die Sonderregelungen des Abschnitts III.

(2) Verwaltungseigene Prüfungen können nur für die Tätigkeiten abgelegt werden, die in dem Bereich der Verwaltung, bei der die oder der Beschäftigte beschäftigt ist, vorkommen und für die ein anerkannter Ausbildungsberuf die Grundlage bildet; das gilt nicht für die Abschnitte II und III.

(3) [1]Die abgelegte Prüfung gilt für den gesamten Bereich des Bundes. [2]Eine verwaltungseigene Prüfung, die bei einem anderen Arbeitgeber im Bereich des öffentlichen Dienstes abgelegt worden ist, kann anerkannt werden.

§ 2 Zulassungsantrag

(1) [1]Den Antrag auf Zulassung zur Prüfung hat die oder der Beschäftigte bei der zuständigen Dienststelle schriftlich einzureichen. [2]Die Dienststelle entscheidet über die Zulassung.

(2) Dem Antrag soll stattgegeben werden, wenn die oder der Beschäftigte in Zukunft voraussichtlich überwiegend mit Tätigkeiten beschäftigt wird, die sonst nur von Beschäftigten mit abgeschlossener mindestens dreijähriger Berufsausbildung ausgeführt werden.

---

[1]) Die Richtlinien sind als Anlage 2 des TV EntgO Bund (**410**) vereinbart worden.

§ 3 Zulassungsvoraussetzungen

(1) [1]Für die Zulassung zur Prüfung muss eine mindestens dreijährige Beschäftigung beim Bund mit einschlägigen Tätigkeiten des Ausbildungsberufs vorliegen, in dem die Prüfung abgelegt werden soll. [2]Für die Feststellung der dreijährigen Tätigkeit sollen unterbrochene Beschäftigungen zusammengerechnet werden; Unterbrechungen von weniger als zwei Jahren sind unschädlich.

(2) Außerhalb des Bundes erworbene vorherige Zeiten mit einschlägigen Tätigkeiten können auf die dreijährige Beschäftigung angerechnet werden, wenn nach der Beendigung dieser Tätigkeiten in dem vorherigen Arbeitsverhältnis und der Fortsetzung der Tätigkeit beim Bund nicht mehr als drei Monate vergangen sind.

(3) [1]Zeiten als Wehrpflichtiger oder freiwilligen Wehrdienst Leistende oder Leistender, in denen überwiegend einschlägige Tätigkeiten im Sinne des Absatzes 1 ausgeübt worden sind, werden auf die dreijährige Beschäftigung angerechnet. [2]Das gilt auch für entsprechende Zeiten als Soldatin oder Soldat auf Zeit oder als Berufssoldatin oder Berufssoldat.

§ 4 Prüfungsausschuss

(1) [1]Die Prüfung ist vor einem Prüfungsausschuss abzulegen. [2]Er setzt sich zusammen aus einer Vorsitzenden oder einem Vorsitzendem und zwei Beisitzenden.

(2) [1]Den Vorsitz hat eine sachverständige Beamtin oder ein sachverständiger Beamter oder eine sachverständige Arbeitnehmerin oder ein sachverständiger Arbeitnehmer. [2]Im Bereich des Bundesministeriums der Verteidigung können auch entsprechend vorgebildete Offizierinnen oder Offiziere Vorsitzende sein.

(3) Beisitzende sind

a) eine geprüfte Meisterin oder ein geprüfter Meister des betreffenden Ausbildungsberufs; im Bereich des Bundesministeriums der Verteidigung kann dies auch eine Soldatin oder ein Soldat in Meisterfunktion des betreffenden Ausbildungsberufs sein, und

b) eine Arbeitnehmerin oder ein Arbeitnehmer, die bzw. der in dem zu prüfenden Berufszweig über eine abgeschlossene Berufsausbildung verfügt.

(4) Die Prüfung kann auch vor dem Prüfungsausschuss einer anderen Verwaltung oder eines anderen Betriebes des Arbeitgebers abgelegt werden.

§ 5 Prüfungsanforderungen

(1) [1]Die Prüfung hat den Nachweis zu erbringen, dass die oder der Beschäftigte die in dem betreffenden Ausbildungsberuf gebräuchlichen Handgriffe und Fertigkeiten mit genügender Sicherheit ausübt und die notwendigen Fachkenntnisse besitzt. [2]Diese Kenntnisse und Fertigkeiten müssen den an durchschnittliche Beschäftigte zu stellenden fachlichen Anforderungen entsprechen.

(2) [1]Die Prüfung soll von den Gegebenheiten der Betriebspraxis ausgehen. [2]Sie besteht aus einem praktischen und einem mündlichen Teil. [3]Das Hauptgewicht ist auf den praktischen Teil zu legen, in dem die Beschäftigten durch eine geeignete Arbeitsprobe ihr praktisches Können nachzuweisen haben.

§ 6 Durchführung der Prüfung

(1) Der Prüfungstermin und der Prüfungsort werden von der oder dem Vorsitzenden des Prüfungsausschusses festgesetzt und den Beteiligten rechtzeitig bekannt gegeben.

(2) [1]Über den Hergang der Prüfung ist eine Niederschrift aufzunehmen, die außer dem Gesamtergebnis auch die Bewertung des praktischen und mündlichen Prüfungsteils enthalten soll. [2]Die Niederschrift ist von allen Mitgliedern des Prüfungsausschusses zu unterschreiben.

(3) Nach beendeter Prüfung entscheidet der Prüfungsausschuss auf Grund des Ergebnisses der praktischen und mündlichen Prüfung, ob die oder der Beschäftigte bestanden hat, und teilt das Ergebnis der bzw. dem Beschäftigten sofort mit.

(4) [1]Die oder der Vorsitzende des Prüfungsausschusses gibt die Prüfungsunterlagen mit der Niederschrift über das Ergebnis der Prüfung an die zuständige Dienststelle. [2]Hat die oder der Beschäftigte die Prüfung bestanden, so stellt die zuständige Dienststelle hierüber ein Zeugnis aus. [3]In dem Zeugnis ist anzugeben, in welchem Ausbildungsberuf die Prüfung abgelegt worden ist; dies gilt nicht für die Prüfungen nach Abschnitt II und III.

(5) Prüfungsgebühren werden nicht erhoben.

§ 7 Wiederholung der Prüfung

(1) [1]Hat die oder der Beschäftigte die Prüfung nicht bestanden, so kann sie nach einer vom Prüfungsausschuss zu bestimmenden Frist wiederholt werden. [2]Die Frist soll mindestens sechs Monate betragen. [3]Sie ist in der Prüfungsniederschrift festzulegen. [4]Die Prüfung ist in allen Teilen zu wiederholen.

(2) Eine weitere Wiederholung der Prüfung ist nicht zulässig.

§ 8 Arbeitsbefreiung, Entgeltfortzahlung

Die oder der Beschäftigte wird zum Ablegen der Prüfung für die Dauer der unumgänglich notwendigen Abwesenheit unter Fortzahlung des Entgelts nach § 21 TVöD von der Arbeit freigestellt.

§ 9 Reisekosten

Für die Erstattung der aus Anlass der Vorbereitung und Durchführung der Prüfung entstehenden Reisekosten findet § 44 TVöD-BT-V entsprechende Anwendung.

Abschnitt II
Sonderregelungen für verwaltungseigene Prüfungen von Messgehilfinnen und -gehilfen

Zu § 1 Geltungsbereich

Dieser Abschnitt gilt für verwaltungseigene Prüfungen von Messgehilfinnen und -gehilfen (Teil III Abschnitt 45 Entgeltgruppe 5 Fallgruppe 2 und Entgeltgruppe 6 Fallgruppe 2 der Anlage 1).

Zu § 3 Zulassungsvoraussetzungen

[1]Für die Zulassung zur Prüfung muss eine mindestens dreijährige Tätigkeit als Messgehilfin oder -gehilfe im Dienste einer behördlichen Vermessungsstelle oder bei einer öffentlich bestellten Vermessungsingenieurin oder einem öffentlich bestellten Vermessungsingenieur vorliegen. [2]Gleichartige Tätigkeiten bei anderen Stellen sollen angerechnet werden.

Zu § 4 Prüfungsausschuss

(1) [1]Der Ausschuss setzt sich zusammen aus

a) einer Beamtin oder einem Beamten des vermessungstechnischen Dienstes oder einer oder einem vermessungstechnischen Beschäftigten als Vorsitzender bzw. Vorsitzenden,
b) einer Beamtin oder einem Beamten des vermessungstechnischen Dienstes oder einer oder einem vermessungstechnischen Beschäftigten als Beisitzerin bzw. Beisitzer und
c) einer geprüften Messgehilfin oder einem geprüften Messgehilfen als Beisitzerin bzw. Beisitzer.

[2]Solange Beisitzende nach Satz 1 Buchstabe c nicht zur Verfügung stehen, ist hierfür eine weitere Beisitzerin oder ein weiterer Beisitzer nach Satz 1 Buchstabe b zu bestellen.

(2) Im Bereich des Bundesministeriums der Verteidigung kann an die Stelle der Beamtin oder des Beamten des vermessungstechnischen

Dienstes oder der oder des vermessungstechnischen Beschäftigten auch eine entsprechend vorgebildete Offizierin oder ein entsprechend vorgebildeter Offizier als Vorsitzende bzw. Vorsitzender und eine entsprechend vorgebildete Unteroffizierin oder ein entsprechend vorgebildeter Unteroffizier als Beisitzerin bzw. Beisitzer treten.

Zu § 5 Prüfungsanforderungen

(1) Zu den Prüfungsanforderungen gehören insbesondere:

a) Aufsuchen von Grenz- und Vermessungspunkten nach Weisung, Skizzen und einfachen Rissangaben,

b) Einfluchten von Vermessungslinien ohne Vermessungsinstrumente, Absetzen von Parallelen in einfachen Fällen, Bestimmung von Linienschnittpunkten,

c) Streckenmessung,

d) Aufnahme und Absetzen rechter Winkel mit Winkelprisma,

e) Handhabung von Tachymeter- und Nivellierlatten und Gefällmessern und Plattensuchern,

f) Handhabung von Vermessungsinstrumenten und Zubehör,

g) einfache Aufschreibungen und Skizzen,

h) Setzen von Grenz- und Vermessungsmarken mit und ohne Sicherungen,

i) Signalisierung von Vermessungspunkten,

j) Pflege der Vermessungsgeräte einschließlich Zubehör und Ausführung kleinerer Reparaturen.

(2) Die praktische Prüfung besteht in der Mithilfe bei einer Vermessung, in der die Messgehilfin oder der Messgehilfe ihr bzw. sein praktisches Können bei den in Absatz 1 bezeichneten Arbeiten nachzuweisen hat.

(3) [1]In der mündlichen Prüfung hat die Messgehilfin oder der Messgehilfe ihre bzw. seine Fachkenntnisse auch auf folgenden Gebieten nachzuweisen:

a) Allgemeine Materialkunde über Vermessungsgeräte und Abmarkungsmaterial,

b) Absicherung einer Vermessungsstelle, Erste Hilfe, Unfallverhütung,

c) Verhalten beim Betreten fremder Grundstücke und im Umgang mit den Beteiligten, Vermelden von Schäden an Bauwerken, Anlagen und unterirdischen Leitungen,

d) geometrische Grundbegriffe, einfache Aufgaben in den Grundrechenarten, Grundkenntnisse der Messverfahren.

IV

[2]Die Beantwortung der bei der praktischen Prüfung gestellten Fragen kann als Teil der mündlichen Prüfung gewertet werden.

(4) Der praktische Teil der Prüfung soll etwa drei Stunden, der mündliche Teil der Prüfung soll etwa eine halbe Stunde dauern.

Abschnitt III
Sonderregelungen für verwaltungseigene Prüfungen von Beschäftigten im Munitionsfachdienst

Zu § 1 Geltungsbereich

Dieser Abschnitt gilt für verwaltungseigene Prüfungen von Beschäftigten im Munitionsfachdienst (Teil IV Abschnitt 22 der Anlage 1).

Zu § 3 Zulassungsvoraussetzungen

(1) [1]Für die Zulassung zur Prüfung soll eine mindestens dreijährige Beschäftigung in den einschlägigen Tätigkeiten von Beschäftigten im Munitionsfachdienst vorliegen. [2]Die dreijährige Beschäftigung soll in der Verwaltung oder dem Betrieb, in dem die oder der Beschäftigte beschäftigt ist, verbracht sein.

(2) [1]Bei der Übernahme von Beschäftigten, die bei den Stationierungsstreitkräften beschäftigt waren, können Zeiten mit einschlägigen Tätigkeiten auf die dreijährige Beschäftigung angerechnet werden, wenn die bei den Stationierungsstreitkräften ausgeübte Tätigkeit innerhalb von drei Monaten nach dem Ausscheiden bei der Bundeswehr fortgesetzt wurde. [2]Dies gilt entsprechend auch bei der Übernahme von Beschäftigten anderer Verwaltungen.

(3) Bei Beschäftigten, die als Wehrpflichtige, freiwilligen Wehrdienst Leistende, Soldatin oder Soldat auf Zeit oder als Berufssoldatin oder Berufssoldat Wehrdienst in der Bundeswehr geleistet haben, werden Zeiten, in denen sie überwiegend mit einschlägigen Tätigkeiten beschäftigt waren, auf die dreijährige Beschäftigung angerechnet.

(4) Zeiten, in denen Beschäftigte überwiegend mit artverwandten Tätigkeiten des Munitionsfachdienstes beschäftigt waren, können bis zu einer Dauer von zwölf Monaten auf die dreijährige Beschäftigung angerechnet werden.

(5) Als einschlägige Tätigkeit gilt eine solche, die die in der Protokollerklärung zu Absatz 1 der Sonderregelung zu § 5 aufgeführten Fertigkeiten und Kenntnisse der entsprechenden Spezialtätigkeit des Munitionsfachdienstes zum überwiegenden Teil umfasst.

(6) Als artverwandt gelten Tätigkeiten mit Fertigkeiten und Kenntnissen in der Metallbearbeitung, im Ablauf mechanischer und chemischer Arbeitsgänge sowie im Kennzeichnen, Lagern und Versandfertigmachen von Waren.

Zu § 4 Prüfungsausschuss

Der Ausschuss setzt sich zusammen aus

a) einer sachverständigen Beamtin, Offizierin oder Arbeitnehmerin oder einem sachverständigen Beamten, Offizier oder Arbeitnehmer der entsprechenden Fachrichtung als Vorsitzender bzw. Vorsitzenden,

b) einer Beamtin, Arbeitnehmerin oder Soldatin oder einem Beamten, Arbeitnehmer oder Soldaten in Meisterfunktion in der betreffenden Spezialtätigkeit als Beisitzerin bzw. Beisitzer und

c) einer Arbeiternehmerin oder einem Arbeiternehmer mit Prüfungszeugnis nach diesen Richtlinien.

Zu § 5 Prüfungsanforderungen

(1) [1]In der Fertigkeitsprüfung soll die oder der Beschäftigte durch geeignete Arbeitsproben nachweisen, dass sie bzw. er die wichtigsten und notwendigen Fertigkeiten des Munitionsfachdienstes beherrscht. [2]Die Arbeitszeit für Arbeitsproben soll drei Stunden nicht überschreiten.

Protokollerklärung zu Absatz 1:

[1]Die Fertigkeitsprüfung soll umfassen:

a) Handhaben der einschlägigen Werkzeuge, Maschinen, Messvorrichtungen und sonstigen Geräte sowie das Überprüfen auf ihre Verwendungsfähigkeit an Hand der Bedienungs-und Prüfanleitungen,

b) Arbeiten an der Munition, wie Prüfen, Zerlegen, Zusammensetzen, Auswechseln von Teilen der Munition,

c) Kennzeichnen und Beschriften von Munition und ihrer Verpackung an Hand von Zeichnungen,

d) Verpacken und Palettieren von Munition,

e) Stapeln von Munition in Stapeln und Packgefäßen, Be- und Entladen von Fahrzeugen,

f) Vernichten von Munition und Explosivstoffen als Gehilfin oder Gehilfe der Sprengmeisterin oder des Sprengmeisters.

[2]Die oder der Beschäftigte muss die Prüfungsarbeit unter Beachtung der einschlägigen Bestimmungen ausführen. [3]Es ist besonders darauf zu achten, ob das richtige Arbeitsverfahren angewandt wird, die Arbeit planmäßig aufgebaut wird, die vorauszusetzenden Bestimmungen bekannt sind und die Arbeiten mit der erforderlichen Sorgfalt ausgeführt werden.

(2) [1]In der schriftlichen Kenntnisprüfung werden der oder dem Beschäftigten 15 Fragen aus dem Gebiet der Fachkunde und fünf Fachrechenaufgaben gestellt. [2]Die oder der Beschäftigte hat hierbei nachzuweisen, dass sie bzw. er neben den fachlichen Kenntnissen auch die notwendigen schreib- und rechentechnischen Fertigkeiten beherrscht. [3]Die schriftliche Prüfung soll die Zeit von drei Stunden nicht überschreiten.

(3) [1]Die mündliche Kenntnisprüfung soll von praktischen betrieblichen Situationen ausgehen und in Form eines freien Prüfungsgesprächs durchgeführt werden. [2]Sie soll eine Leistungsbeurteilung der oder des Beschäftigten unter Berücksichtigung ihres bzw. seines persönlichen Eindrucks ermöglichen. [3]Auf jeden Prüfling soll in der mündlichen Prüfung eine tatsächliche Prüfungszeit von 15 bis 20 Minuten entfallen.

Protokollerklärung zu Absatz 2 und 3:

Die Kenntnisprüfung soll umfassen:

1. Fachkundeprüfung

a) Grundbegriffe auf dem Munitions- und Explosivstoffgebiet,
b) Wesen und Wirkung der Explosivstoffe und sonstigen gefährlichen Stoffe in der Munition,
c) Behandlung, Verwendung und Verpackung der gefährlichen Stoffe,
d) Eigenschaften der gefährlichen Stoffe, sofern sie für den unfallsicheren Umgang von Bedeutung sind,
e) Aufbau, Wirkungsweise und Verpackung der gebräuchlichsten Munitionsarten,
f) Gefahren und Schutzmaßnahmen beim Umgang mit Munition und Explosivstoffen.

Darüber hinaus ist die Kenntnis der einschlägigen Dienstvorschriften zu prüfen, insbesondere die Kenntnis der Bestimmungen für das Handhaben, Lagern, Sichten, Sortieren, Untersuchen, Prüfen, Bearbeiten (Zusammensetzen, Zerlegen, Instandsetzen, Ändern), Versenden und Vernichten von Munition und Explosivstoffen und der einschlägigen Unfallschutzbestimmungen.

2. Fachzeichnen

Die Fertigkeit, Zeichnungen zu lesen, ist zu prüfen, entweder am Skizzieren eines einfachen Munitionsteiles, am Herstellen einer einfachen Ergänzungszeichnung oder am Herausziehen (Zeichnen) von Einzelheiten aus einer Zusammenstellungszeichnung.

3. Fachrechnen

Es sind einfache, auf das Fachgebiet abgestellte Aufgaben in Anwendung der Grundrechnungsarten zu lösen.

Anhang
zur Anlage 2

Tätigkeitsmerkmale der Entgeltordnung

1. Teil II
2. Teil III

   Abschnitt 4, Abschnitt 19, Abschnitt 23, Abschnitt 31, Abschnitt 33, Abschnitt 38, Abschnitt 39, Abschnitt 44, Abschnitt 45 Entgeltgruppe 5 Fallgruppe 2 und Entgeltgruppe 6 Fallgruppe 2, Abschnitt 48 Entgeltgruppe 8.
3. Teil IV

   Abschnitt 1 Entgeltgruppen 6 bis 7, Entgeltgruppe 8 Fallgruppen 1 bis 3 und Entgeltgruppe 9a, Abschnitt 4, Abschnitt 8, Abschnitte 12 und 13, Abschnitte 15 bis 17, Abschnitt 19, Abschnitte 21 bis 23, Abschnitt 28, Abschnitt 31.
4. Teil V
   a) Abschnitt 1 Unterabschnitt 1 und Unterabschnitt 2,
   b) Abschnitt 2 Unterabschnitt 1 und Unterabschnitt 2,
   c) Abschnitt 3,
   d) Abschnitt 4 Unterabschnitt 1.
5. Teil VI
   a) Abschnitt 1 mit Ausnahme der Entgeltgruppen 10, 9b und 9a Fallgruppen 3 bis 7,
   b) Abschnitte 2 bis 4.

Entgeltordnung des Bundes[1][2]

Vom 5. September 2013

Zuletzt geändert durch
Änderungstarifvertrag Nr. 11 vom 24. Oktober 2024[3]

IV

---

1) Die Entgeltordnung ist als Anlage 1 zum Tarifvertrag über die Entgeltordnung des Bundes vom 5. September 2013 vereinbart worden.

2) **Niederschriftserklärung zur Entgeltordnung**
Niederschriftserklärung:
a) [1]In einzelnen Abschnitten des bisherigen Rechts unterschiedlich gefasste Tätigkeitsmerkmale, insbesondere Tätigkeitsmerkmale mit „sonstigen Beschäftigten" und tätigkeitsbezogenen Heraushebungen, werden in der Entgeltordnung in einem nunmehr einheitlichen Aufbau aufgeführt. [2]Die Tarifvertragsparteien sind sich darin einig, dass durch diese Vereinheitlichung keine materiellen Änderungen beabsichtigt sind.
b) [1]In der Entgeltordnung werden aufeinander aufbauende Tätigkeitsmerkmale
aa) in den Entgeltgruppen 2 bis 9a einheitlich nach der im Lohngruppenverzeichnis und der mehrheitlich in den unteren Vergütungsgruppen der Anlage 1a zum BAT verwendeten Form und
bb) in den Entgeltgruppen 9b bis 15 einheitlich nach der mehrheitlich in den oberen Vergütungsgruppen der Anlage 1a zum BAT verwendeten Form
formuliert. [2]Die Tarifvertragsparteien sind sich darin einig, dass nur durch die Art dieser Vereinheitlichung keine materiellen Änderungen beabsichtigt sind.
Beispiel: Anstatt der in Vergütungsgruppe VIII Fallgruppe 1b des Teils I der Anlage 1a zum BAT verwendeten Formulierung „(...), deren Tätigkeit sich dadurch aus (...) heraushebt, dass sie mindestens zu einem Viertel gründliche Fachkenntnisse erfordert.", wird in Entgeltgruppe 4 Fallgruppe 2 des Teils I der Entgeltordnung formuliert: „(...), deren Tätigkeit mindestens zu einem Viertel gründliche Fachkenntnisse erfordert."

3) Die Abstimmung des Textes des Änderungstarifvertrages war erst im Dezember 2024 abgeschlossen.

Inhaltsübersicht

Teil I
Allgemeine Tätigkeitsmerkmale für den Verwaltungsdienst

Teil II
Allgemeine Tätigkeitsmerkmale für körperlich/handwerklich geprägte Tätigkeiten

Teil III
Tätigkeitsmerkmale für besondere Beschäftigtengruppen

IV

IV

IV

IV

IV

IV

Teil I
Allgemeine Tätigkeitsmerkmale für den Verwaltungsdienst

Entgeltgruppe 15

1. Beschäftigte der Entgeltgruppe 14 Fallgruppe 1,

   deren Tätigkeit sich durch das Maß der damit verbundenen Verantwortung erheblich aus der Entgeltgruppe 14 Fallgruppe 1 heraushebt.

2. Beschäftigte der Entgeltgruppe 13,

   denen mindestens fünf Beschäftigte mindestens der Entgeltgruppe 13 durch ausdrückliche Anordnung ständig unterstellt sind.

   (Hierzu Protokollerklärung Nr. 1)

IV

Entgeltgruppe 14

1. Beschäftigte der Entgeltgruppe 13,

   deren Tätigkeit sich durch besondere Schwierigkeit und Bedeutung aus der Entgeltgruppe 13 heraushebt.

2. Beschäftigte der Entgeltgruppe 13,

   deren Tätigkeit sich mindestens zu einem Drittel durch besondere Schwierigkeit und Bedeutung aus der Entgeltgruppe 13 heraushebt.

3. Beschäftigte der Entgeltgruppe 13,

   deren Tätigkeit sich dadurch aus der Entgeltgruppe 13 heraushebt, dass sie mindestens zu einem Drittel hochwertige Leistungen bei besonders schwierigen Aufgaben erfordert.

4. Beschäftigte der Entgeltgruppe 13,

   denen mindestens drei Beschäftigte mindestens der Entgeltgruppe 13 durch ausdrückliche Anordnung ständig unterstellt sind.

   (Hierzu Protokollerklärung Nr. 1)

Entgeltgruppe 13

Beschäftigte mit abgeschlossener wissenschaftlicher Hochschulbildung und entsprechender Tätigkeit sowie sonstige Beschäftigte, die aufgrund gleichwertiger Fähigkeiten und ihrer Erfahrungen entsprechende Tätigkeiten ausüben.

Entgeltgruppe 12

Beschäftigte der Entgeltgruppe 11,

deren Tätigkeit sich durch das Maß der damit verbundenen Verantwortung erheblich aus der Entgeltgruppe 11 heraushebt.

Entgeltgruppe 11

Beschäftigte der Entgeltgruppe 9c,

deren Tätigkeit sich durch besondere Schwierigkeit und Bedeutung aus der Entgeltgruppe 9c heraushebt.

Entgeltgruppe 10

Beschäftigte der Entgeltgruppe 9c,

deren Tätigkeit sich mindestens zu einem Drittel durch besondere Schwierigkeit und Bedeutung aus der Entgeltgruppe 9c heraushebt.

Entgeltgruppe 9c

Beschäftigte der Entgeltgruppe 9b Fallgruppe 1 oder 2,

deren Tätigkeit sich dadurch aus der Entgeltgruppe 9b heraushebt, dass sie besonders verantwortungsvoll ist.

Entgeltgruppe 9b

1. Beschäftigte im Büro-, Buchhalterei-, sonstigen Innendienst und im Außendienst mit abgeschlossener Hochschulbildung und entsprechender Tätigkeit sowie sonstige Beschäftigte, die aufgrund gleichwertiger Fähigkeiten und ihrer Erfahrungen entsprechende Tätigkeiten ausüben.

   (Hierzu Protokollerklärung Nr. 2)
2. Beschäftigte im Büro-, Buchhalterei-, sonstigen Innendienst und im Außendienst,

   deren Tätigkeit gründliche, umfassende Fachkenntnisse und selbständige Leistungen erfordert.

   (Hierzu Protokollerklärungen Nrn. 2, 3 und 4)

Entgeltgruppe 9a

Beschäftigte der Entgeltgruppe 6,

deren Tätigkeit selbständige Leistungen erfordert.

(Hierzu Protokollerklärung Nr. 4)

Entgeltgruppe 8

Beschäftigte der Entgeltgruppe 6,

deren Tätigkeit mindestens zu einem Drittel selbständige Leistungen erfordert.

(Hierzu Protokollerklärung Nr. 4)

Entgeltgruppe 7

Beschäftigte der Entgeltgruppe 6,

deren Tätigkeit mindestens zu einem Fünftel selbständige Leistungen erfordert.

(Hierzu Protokollerklärung Nr. 4)

Entgeltgruppe 6

Beschäftigte der Entgeltgruppe 5 Fallgruppe 1 oder 2,

deren Tätigkeit vielseitige Fachkenntnisse erfordert.

(Hierzu Protokollerklärung Nr. 5)

Entgeltgruppe 5

1. Beschäftigte im Büro-, Buchhalterei-, sonstigen Innendienst und im Außendienst mit abgeschlossener Berufsausbildung und entsprechender Tätigkeit.

   (Hierzu Protokollerklärung Nr. 2)

2. Beschäftigte im Büro-, Buchhalterei-, sonstigen Innendienst und im Außendienst,

   deren Tätigkeit gründliche Fachkenntnisse erfordert.

   (Hierzu Protokollerklärungen Nrn. 2 und 6)

Entgeltgruppe 4

1. Beschäftigte im Büro-, Buchhalterei-, sonstigen Innendienst und im Außendienst

   mit schwierigen Tätigkeiten.

   (Hierzu Protokollerklärungen Nrn. 2 und 7)

   Niederschriftserklärung zu Teil I Entgeltgruppe 4 Fallgruppe 1:

   [1]Die Tarifvertragsparteien haben sich in der Entgeltgruppe 4 Fallgruppe 1 des Teils I auf das neue Heraushebungsmerkmal „schwierige Tätigkeiten" verständigt. [2]Im Hinblick auf die Neustrukturierung der Tätigkeitsmerkmale in den Entgeltgruppen 3 und 4 des Teils I waren sie sich darüber einig, dass die bisher unter das Heraushebungsmerkmal „schwierigere Tätigkeiten" (Vergütungsgruppe VIII Fallgruppe 1a des Teils I der Anlage 1a zum BAT und Beispielkatalog hierzu) fallenden Tätigkeiten in Abhängigkeit ihrer jeweiligen konkreten Anforderungen der Entgeltgruppe 3 oder der Entgeltgruppe 4 zugeordnet werden sollen.

   [3]Unter Bezugnahme auf den o. g. Beispielkatalog werden die Tätigkeiten „Mitwirkung bei der Bearbeitung laufender oder gleichartiger Geschäfte nach Anleitung", „Entwerfen von dabei zu erledigenden Schreiben nach skizzierten Angaben", „Erledigung ständig wiederkehrender Arbeiten in Anlehnung an ähnliche Vorgänge – auch ohne Anleitung –" der Entgeltgruppe 3 zugeordnet. [4]Die Tätigkeiten „Führung von Karteien oder elektronischen Dateien, die nach technischen oder wissenschaftlichen Merkmalen geordnet sind oder deren Führung die Kenntnis fremder Sprachen voraussetzt" werden der Entgeltgruppe 4 zugeordnet.

2. Beschäftigte der Entgeltgruppe 3,

   deren Tätigkeit mindestens zu einem Viertel gründliche Fachkenntnisse erfordert.

   (Hierzu Protokollerklärung Nr. 6)

Entgeltgruppe 3

Beschäftigte im Büro-, Buchhalterei-, sonstigen Innendienst und im Außendienst

mit Tätigkeiten, für die eine eingehende Einarbeitung bzw. eine fachliche Anlernung erforderlich ist, die über eine Einarbeitung im Sinne der Entgeltgruppe 2 hinausgeht.

(Hierzu Protokollerklärung Nr. 2)

Entgeltgruppe 2

Beschäftigte im Büro-, Buchhalterei-, sonstigen Innendienst und im Außendienst

mit einfachen Tätigkeiten.

(Hierzu Protokollerklärungen Nrn. 2 und 8)

Entgeltgruppe 1

Beschäftigte mit einfachsten Tätigkeiten.

(Hierzu Protokollerklärung Nr. 9)

Protokollerklärungen:

Nr. 1 Bei der Zahl der Unterstellten zählen nicht mit:

a) Beschäftigte, die nach Teil III Abschnitt 17, 24 oder 25 eingruppiert sind,

b) Beamtinnen und Beamte der Besoldungsgruppe A 13, soweit sie der Laufbahn des gehobenen Dienstes angehören.

Nr. 2 Buchhaltereidienst im Sinne dieses Tätigkeitsmerkmals bezieht sich nur auf Tätigkeiten von Beschäftigten, die mit kaufmännischer Buchführung beschäftigt sind.

Nr. 3 Gründliche, umfassende Fachkenntnisse bedeuten gegenüber den in den Entgeltgruppen 6, 7, 8 und 9a geforderten gründlichen und vielseitigen Fachkenntnissen eine Steigerung der Tiefe und der Breite nach.

Nr. 4 Selbständige Leistungen erfordern ein den vorausgesetzten Fachkenntnissen entsprechendes selbständiges Erarbeiten eines Ergebnisses unter Entwicklung einer eigenen geistigen Initiative; eine leichte geistige Arbeit kann diese Anforderung nicht erfüllen.

Nr. 5 [1]Die gründlichen und vielseitigen Fachkenntnisse brauchen sich nicht auf das gesamte Gebiet der Verwaltung/des Betriebes, in der/dem die/der Beschäftigte tätig ist, zu beziehen. [2]Der Aufgabenkreis der/des Beschäftigten muss aber so gestaltet sein, dass er nur beim Vorhandensein gründlicher und vielseitiger Fachkenntnisse ordnungsgemäß bearbeitet werden kann.

Nr. 6 Erforderlich sind nähere Kenntnisse von Gesetzen, Verwaltungsvorschriften und Tarifbestimmungen usw. des Aufgabenkreises.

Nr. 7 Schwierige Tätigkeiten sind solche, die mehr als eine eingehende Einarbeitung bzw. mehr als eine fachliche Anlernung i. S. der Entgeltgruppe 3 erfordern, z. B. durch einen höheren Aufwand an gedanklicher Arbeit.

Nr. 8 [1]Einfache Tätigkeiten sind Tätigkeiten, die weder eine Vor- noch eine Ausbildung, aber eine Einarbeitung erfordern, die über eine sehr kurze Einweisung oder Anlernphase hinausgeht. [2]Die Einarbeitung dient dem Erwerb derjenigen Kenntnisse und Fertigkeiten, die für die Beherrschung der Arbeitsabläufe als solche erforderlich sind.

Nr. 9 Einfachste Tätigkeiten üben z. B. aus

a) Beschäftigte, die Essen und Getränke ausgeben,
b) Garderobenpersonal,
c) Beschäftigte, die spülen, Gemüse putzen oder sonstige Tätigkeiten im Haus- und Küchenbereich ausüben,
d) (gestrichen mit Wirkung vom 1. Januar 2025)
e) Wärterinnen und Wärter von Bedürfnisanstalten,
f) Serviererinnen und Servierer,
g) Hausarbeiterinnen und -arbeiter sowie
h) Hausgehilfinnen und -gehilfen.

IV

Teil II
Allgemeine Tätigkeitsmerkmale für körperlich/ handwerklich geprägte Tätigkeiten

Entgeltgruppe 7

Beschäftigte der Entgeltgruppe 5,
die besonders hochwertige Arbeiten verrichten.
(Hierzu Protokollerklärung Nr. 1)

Entgeltgruppe 6

Beschäftigte der Entgeltgruppe 5,
die hochwertige Arbeiten verrichten.
(Hierzu Protokollerklärung Nr. 2)

Entgeltgruppe 5

Beschäftigte mit körperlich/handwerklich geprägten Tätigkeiten mit abgeschlossener Berufsausbildung, die in ihrem oder einem diesem verwandten Beruf beschäftigt werden.

Entgeltgruppe 4

Beschäftigte mit körperlich/handwerklich geprägten Tätigkeiten mit abgeschlossener Berufsausbildung mit einer Ausbildungsdauer von weniger als drei Jahren, die in ihrem oder einem diesem verwandten Beruf beschäftigt werden.

Entgeltgruppe 3

1. Beschäftigte mit körperlich/handwerklich geprägten Tätigkeiten, für die eine eingehende Einarbeitung erforderlich ist.
2. Angelernte Beschäftigte mit körperlich/handwerklich geprägten Tätigkeiten.
   (Hierzu Protokollerklärung Nr. 3)
3. Beschäftigte der Entgeltgruppe 2 mit Tätigkeiten, die die Körperkräfte außerordentlich beanspruchen oder mit besonderer Verantwortung verbunden sind.

Entgeltgruppe 2

Beschäftigte mit körperlich/handwerklich geprägten Tätigkeiten
mit einfachen Tätigkeiten.
(Hierzu Protokollerklärung Nr. 4)

Entgeltgruppe 1

Beschäftigte mit körperlich/handwerklich geprägten Tätigkeiten mit einfachsten Tätigkeiten.
(Hierzu Protokollerklärung Nr. 5)

Protokollerklärungen:

Nr. 1 Besonders hochwertige Arbeiten sind Arbeiten, die neben vielseitigem hochwertigem fachlichen Können besondere Umsicht und Zuverlässigkeit erfordern.

Nr. 2 Hochwertige Arbeiten sind Arbeiten, die an das Überlegungsvermögen und das fachliche Geschick der Beschäftigten Anforderungen stellen, die über das Maß dessen hinausgehen, das von solchen Beschäftigten üblicherweise verlangt werden kann.

Nr. 3 Angelernte Beschäftigte sind Beschäftigte mit Tätigkeiten, die eine handwerkliche oder fachliche Anlernung erfordern.

Nr. 4 [1]Einfache Tätigkeiten sind Tätigkeiten, die weder eine Vor- noch eine Ausbildung, aber eine Einarbeitung erfordern, die über eine sehr kurze Einweisung oder Anlernphase hinausgeht. [2]Die Einarbeitung dient dem Erwerb derjenigen Kenntnisse und Fertigkeiten, die für die Beherrschung der Arbeitsabläufe als solche erforderlich sind.

Nr. 5 Einfachste Tätigkeiten üben z. B. aus

a) Beschäftigte, die Essen und Getränke ausgeben,
b) Garderobenpersonal,
c) Beschäftigte, die spülen, Gemüse putzen oder sonstige Tätigkeiten im Haus- und Küchenbereich ausüben,
d) (gestrichen mit Wirkung vom 1. Januar 2025)
e) Wärterinnen und Wärter von Bedürfnisanstalten,
f) Serviererinnen und Servierer,
g) Hausarbeiterinnen und -arbeiter sowie
h) Hausgehilfinnen und -gehilfen.

IV

Teil III
Tätigkeitsmerkmale für besondere Beschäftigtengruppen

1. Apothekerinnen und Apotheker

Entgeltgruppe 15

Apothekerinnen und Apotheker als Leiterinnen oder Leiter von Apotheken,
denen mindestens vier Apothekerinnen oder Apotheker durch ausdrückliche Anordnung ständig unterstellt sind.
(Hierzu Protokollerklärung)

Entgeltgruppe 14

Apothekerinnen und Apotheker mit entsprechender Tätigkeit.

Protokollerklärung:

Gegen Stundenentgelt tätige Apothekerinnen und Apotheker, die im Jahresdurchschnitt nicht mehr als 18 Stunden wöchentlich zur Arbeitsleistung herangezogen werden, zählen nicht mit.

2. Beschäftigte in Archiven, Bibliotheken, Büchereien, Museen und anderen wissenschaftlichen Anstalten[1])

Entgeltgruppe 12

Beschäftigte der Entgeltgruppe 11,

deren Tätigkeit sich durch das Maß der damit verbundenen Verantwortung erheblich aus der Entgeltgruppe 11 heraushebt.

Entgeltgruppe 11

Beschäftigte der Entgeltgruppe 9c,

deren Tätigkeit sich durch besondere Schwierigkeit und Bedeutung aus der Entgeltgruppe 9c heraushebt.

Entgeltgruppe 10

Beschäftigte der Entgeltgruppe 9c,

deren Tätigkeit sich mindestens zu einem Drittel durch besondere Schwierigkeit und Bedeutung aus der Entgeltgruppe 9c heraushebt.

Entgeltgruppe 9c

Beschäftigte der Entgeltgruppe 9b,

deren Tätigkeit sich dadurch aus der Entgeltgruppe 9b heraushebt, dass sie besonders verantwortungsvoll ist.

Entgeltgruppe 9b

Beschäftigte im Fachdienst in Archiven, Bibliotheken, Büchereien, Museen oder in anderen wissenschaftlichen Anstalten mit einschlägiger abgeschlossener Hochschulbildung und entsprechender Tätigkeit sowie sonstige Beschäftigte, die aufgrund gleichwertiger Fähigkeiten und ihrer Erfahrungen entsprechende Tätigkeiten ausüben.

Entgeltgruppe 8

Beschäftigte der Entgeltgruppe 5 Fallgruppe 1 oder 2,

deren Tätigkeit vielseitige Fachkenntnisse und selbständige Leistungen erfordert.

(Hierzu Protokollerklärungen Nrn. 1 und 2)

Entgeltgruppe 6

Beschäftigte der Entgeltgruppe 5 Fallgruppe 1 oder 2,

deren Tätigkeit vielseitige Fachkenntnisse und zu einem Viertel selbständige Leistungen erfordert.

(Hierzu Protokollerklärungen Nrn. 1 und 2)

---

[1]) Das BMI hat hierzu ergänzende Eingruppierungsrichtlinien für Beschäftigte in Archiven, Bibliotheken, Büchereien, Museen und anderen wissenschaftlichen Anstalten erlassen (BMI-Rundschreiben vom 23. November 2022 – D5-31003/55#4 –).

Entgeltgruppe 5

1. Beschäftigte im Fachdienst in Archiven, Bibliotheken oder Büchereien mit einschlägiger abgeschlossener Berufsausbildung und entsprechender Tätigkeit.
2. Beschäftigte im Fachdienst in Archiven, Bibliotheken oder Büchereien,
   deren Tätigkeit gründliche Fachkenntnisse erfordert.
   (Hierzu Protokollerklärung Nr. 3)
3. Beschäftigte im Fachdienst in Museen oder anderen wissenschaftlichen Anstalten,
   deren Tätigkeit gründliche Fachkenntnisse erfordert.
   (Hierzu Protokollerklärung Nr. 3)

Entgeltgruppe 4

Beschäftigte im Fachdienst in Archiven, Bibliotheken, Büchereien, Museen oder anderen wissenschaftlichen Anstalten
mit schwierigen Tätigkeiten.
(Hierzu Protokollerklärung Nr. 4)

Entgeltgruppe 3

Beschäftigte im Fachdienst in Archiven, Bibliotheken, Büchereien, Museen oder anderen wissenschaftlichen Anstalten
mit Tätigkeiten, für die eine eingehende Einarbeitung bzw. eine fachliche Anlernung erforderlich ist, die über eine Einarbeitung im Sinne der Entgeltgruppe 2 hinausgeht.

Entgeltgruppe 2

Beschäftigte im Fachdienst in Archiven, Bibliotheken, Büchereien, Museen oder anderen wissenschaftlichen Anstalten
mit einfachen Tätigkeiten.
(Hierzu Protokollerklärung Nr. 5)

Protokollerklärungen:

Nr. 1 Selbständige Leistungen erfordern ein den vorausgesetzten Fachkenntnissen entsprechendes selbständiges Erarbeiten eines Ergebnisses unter Entwicklung einer eigenen geistigen Initiative; eine leichte geistige Arbeit kann diese Anforderung nicht erfüllen.

Nr. 2 [1]Die gründlichen und vielseitigen Fachkenntnisse brauchen sich nicht auf das gesamte Gebiet der Verwaltung/des Betriebes, in der/dem die/der Beschäftigte tätig ist, zu beziehen. [2]Der Aufgabenkreis der/des Beschäftigten muss aber so gestaltet sein, dass er nur beim Vorhandensein gründlicher und vielseitiger Fachkenntnisse ordnungsgemäß bearbeitet werden kann.

Nr. 3 Erforderlich sind nähere Kenntnisse von Gesetzen, Verwaltungsvorschriften und Tarifbestimmungen usw. des Aufgabenkreises.

Nr. 4 Schwierige Tätigkeiten sind solche, die mehr als eine eingehende Einarbeitung bzw. mehr als eine fachliche Anlernung i. S. der Entgeltgruppe 3 erfordern, z. B. durch einen höheren Aufwand an gedanklicher Arbeit.

Nr. 5 [1]Einfache Tätigkeiten sind Tätigkeiten, die weder eine Vor- noch eine Ausbildung, aber eine Einarbeitung erfordern, die über eine sehr kurze Einweisung oder Anlernphase hinausgeht. [2]Die Einarbeitung dient dem Erwerb derjenigen Kenntnisse und Fertigkeiten, die für die Beherrschung der Arbeitsabläufe als solche erforderlich sind.

3. Ärztinnen und Ärzte sowie Zahnärztinnen und Zahnärzte

Entgeltgruppe 15

1. Ärztinnen und Ärzte als Leiterinnen oder Leiter des Blutspendedienstes außerhalb von Krankenhäusern.
2. Ärztinnen und Ärzte,
   denen mindestens fünf Ärztinnen oder Ärzte oder Zahnärztinnen oder Zahnärzte durch ausdrückliche Anordnung ständig unterstellt sind.
   (Hierzu Protokollerklärung)
3. Zahnärztinnen und Zahnärzte,
   denen mindestens fünf Zahnärztinnen oder Zahnärzte durch ausdrückliche Anordnung ständig unterstellt sind.
   (Hierzu Protokollerklärung)
4. Fachärztinnen und Fachärzte mit entsprechender Tätigkeit.
5. Fachzahnärztinnen und Fachzahnärzte mit entsprechender Tätigkeit.

Entgeltgruppe 14

1. Ärztinnen und Ärzte mit entsprechender Tätigkeit.
2. Zahnärztinnen und Zahnärzte mit entsprechender Tätigkeit.

Protokollerklärung:

Gegen Stundenentgelt tätige Ärztinnen und Ärzte sowie Zahnärztinnen und Zahnärzte, die im Jahresdurchschnitt nicht mehr als 18 Stunden wöchentlich zur Arbeitsleistung herangezogen werden, zählen nicht mit.

Niederschriftserklärung zu Teil III Abschnitt 3:

Die Tarifvertragsparteien sind sich einig, dass sie bei nicht unwesentlichen Änderungen im Bereich der Ärztinnen und Ärzte im Gesundheitswesen Gespräche über die fachlich-inhaltliche Anpassung der Entgeltordnung führen werden.

4. Ausbilderinnen und Ausbilder in Betrieben und Werkstätten

Entgeltgruppe 9a

1. Beschäftigte mit körperlich/handwerklich geprägten Tätigkeiten mit abgeschlossener Berufsausbildung, die ein Tätigkeitsmerkmal der Entgeltgruppen 8 oder 9a der Teile III, IV, V oder VI erfüllen und dazu bestellt sind, neben ihrer handwerksmäßigen Tätigkeit Auszubildenden nach dem Tarifvertrag für Auszubildende des öffentlichen Dienstes vom 13. September 2005 in der jeweils geltenden Fassung in Betrieben oder Werkstätten Unterweisungen zu erteilen.
2. Beschäftigte mit körperlich/handwerklich geprägten Tätigkeiten mit abgeschlossener Berufsausbildung, die in Ausbildungswerkstätten bei der Erteilung des theoretischen Unterrichts oder mit der Unterweisung beim praktischen Unterricht beschäftigt werden.

IV

Entgeltgruppe 7

Beschäftigte mit körperlich/handwerklich geprägten Tätigkeiten mit abgeschlossener Berufsausbildung, die dazu bestellt sind, neben ihrer handwerksmäßigen Tätigkeit Auszubildenden nach dem Tarifvertrag für Auszubildende des öffentlichen Dienstes vom 13. September 2005 in der jeweils geltenden Fassung in Betrieben oder Werkstätten Unterweisungen zu erteilen.

5. Fachangestellte für Bäderbetriebe sowie geprüfte Meisterinnen und Meister für Bäderbetriebe

Entgeltgruppe 9a

1. Geprüfte Meisterinnen und Meister für Bäderbetriebe als Betriebsleiterinnen oder Betriebsleiter,

   denen die Aufsicht über mindestens 18 Beschäftigte, davon mindestens fünf Fachangestellte für Bäderbetriebe bzw. Beschäftigte in der Tätigkeit von Fachangestellten für Bäderbetriebe, durch ausdrückliche Anordnung ständig übertragen ist.

   (Beschäftigte in dieser Fallgruppe erhalten eine Entgeltgruppenzulage gemäß § 17 Nr. 8.)

   (Hierzu Protokollerklärungen Nrn. 1 und 2)

IV

2. Geprüfte Meisterinnen und Meister für Bäderbetriebe als Betriebsleiterinnen oder Betriebsleiter,

   denen die Aufsicht über mindestens zehn Beschäftigte, davon mindestens drei Fachangestellte für Bäderbetriebe bzw. Beschäftigte in der Tätigkeit von Fachangestellten für Bäderbetriebe, durch ausdrückliche Anordnung ständig übertragen ist.

   (Hierzu Protokollerklärungen Nrn. 1 und 2)

3. Geprüfte Meisterinnen und Meister für Bäderbetriebe,

   die durch ausdrückliche Anordnung als ständige Vertreterinnen oder Vertreter der in Fallgruppe 1 eingruppierten Betriebsleiterinnen oder Betriebsleiter bestellt sind.

   (Hierzu Protokollerklärung Nr. 3)

Entgeltgruppe 8

1. Geprüfte Meisterinnen und Meister für Bäderbetriebe mit entsprechender Tätigkeit.
2. Beschäftigte der Entgeltgruppe 5 als Badebetriebsleiterinnen oder -leiter.

Entgeltgruppe 7

Beschäftigte der Entgeltgruppe 5 als stellvertretende Badebetriebsleiterinnen oder -leiter.

Entgeltgruppe 6

Beschäftigte der Entgeltgruppe 5,

denen als Schichtführerinnen oder Schichtführer die Aufsicht über mindestens vier Beschäftigte oder über mindestens zwei Fachangestellte für Bäderbetriebe bzw. Beschäftigte in der Tätigkeit von

Fachangestellten für Bäderbetriebe durch ausdrückliche Anordnung ständig übertragen ist.
(Hierzu Protokollerklärung Nr. 1)

Entgeltgruppe 5

Fachangestellte für Bäderbetriebe mit entsprechender Tätigkeit.

Protokollerklärungen:

Nr. 1 Anstelle einer Beschäftigten oder eines Beschäftigten in der Tätigkeit von Fachangestellten für Bäderbetriebe kann auch eine Aufsichtskraft mit Rettungsschwimmernachweis treten.

Nr. 2 (1) Zu den Aufgaben der Betriebsleiterinnen und Betriebsleiter gehören die Aufgaben der Badebetriebsleitung, d. h. im Wesentlichen

a) Überwachung des Badebetriebes und Einhaltung der Haus- und Badeordnung,
b) Einsatz, Beaufsichtigung und Überwachung des Badepersonals,
c) Überwachung der Badeeinrichtungen und
d) Beaufsichtigung der Reinigungsarbeiten.

(2) [1]Zusätzlich bestehen die Aufgaben der Betriebsleiterinnen und Betriebsleiter im Folgenden:

a) Haushalts- und Kassenangelegenheiten
Mitwirkung bei der Aufstellung des Haushaltsplanes, Bewirtschaftung der Haushaltsmittel, Auswertung der ermittelten Betriebsergebnisse, Prüfung der Tages- und Monatsabrechnungen.
b) Personalangelegenheiten
Erstellung der Dienstpläne bzw. Mitwirkung bei der Erstellung der Dienstpläne, Prüfung der Stundennachweise, Bearbeitung von Urlaubs- und Krankheitsfällen, Aufsicht über das Verwaltungs- und das betriebstechnische Personal.
c) Allgemeine Verwaltungsangelegenheiten
Aufnahme von Diebstählen und Unfällen, Führen von Statistiken, Fertigen von Berichten, Materialverwaltung.

[2]Es ist unschädlich, wenn der Betriebsleiterin oder dem Betriebsleiter einzelne in den Buchstaben a bis c genannte Aufgaben nicht übertragen sind.

Nr. 3 [1]Die vertretene Person kann auch im Beamten- oder Soldatenverhältnis stehen. [2]In diesem Falle ist auf das Tätigkeitsmerkmal abzustellen, nach dem die vertretene Person eingruppiert wäre, wenn sie unter diesen Abschnitt fiele.

6. Baustellenaufseherinnen und -aufseher sowie Bauaufseherinnen und -aufseher

Entgeltgruppe 6

Beschäftigte der Entgeltgruppe 4,
die schwierige Kontrollarbeiten verrichten.
(Hierzu Protokollerklärung Nr. 1)

Entgeltgruppe 4

Baustellenaufseherinnen und -aufseher sowie Bauaufseherinnen und -aufseher.
(Hierzu Protokollerklärung Nr. 2)

Entgeltgruppe 3

Beschäftigte in der Baustellen- bzw. Bauaufsicht
mit Tätigkeiten, für die eine eingehende Einarbeitung bzw. eine fachliche Anlernung erforderlich ist, die über eine sehr kurze Einweisung oder Anlernphase hinausgeht.
(Hierzu Protokollerklärung Nr. 3)

Protokollerklärungen:

Nr. 1 Schwierige Kontrollarbeiten sind z. B.:
- a) Festhalten von Zwischenaufmaßen, die während der Bauausführung erforderlich werden;
- b) Fertigen von einfacheren Aufmaßskizzen sowie einfacheren Flächen- und Massenberechnungen;
- c) Überwachen von Erdarbeiten in schwierigem Gelände;
- d) Kontrolle des Gefälles bei Gräben und Rohrleitungen;
- e) Kontrolle der Materialeinbringung für Stahlbetonarbeiten;
- f) Überwachen der Arbeiten zahlreicher Baugewerke auf größeren Baustellen.

Nr. 2 Baustellenaufseherinnen und -aufseher sowie Bauaufseherinnen und -aufseher sind Beschäftigte, die die vorgeschriebene Ausführung von Bauarbeiten und das Baumaterial nach Menge und Güte kontrollieren.

Nr. 3 Die Einarbeitung dient dem Erwerb derjenigen Kenntnisse und Fertigkeiten, die für die Beherrschung der Arbeitsabläufe als solche erforderlich sind.

7. Bauzeichnerinnen und -zeichner sowie technische Systemplanerinnen und -planer

Entgeltgruppe 6

Beschäftigte der Entgeltgruppe 5,

deren Tätigkeit besondere Leistungen erfordert.

(Hierzu Protokollerklärung)

Entgeltgruppe 5

Bauzeichnerinnen und -zeichner sowie technische Systemplanerinnen und -planer mit abgeschlossener Berufsausbildung und entsprechender Tätigkeit sowie sonstige Beschäftigte, die aufgrund gleichwertiger Fähigkeiten und ihrer Erfahrungen entsprechende Tätigkeiten ausüben.

Protokollerklärung:

Besondere Leistungen sind z. B.: Anfertigung schwieriger Zeichnungen und Pläne nach nur groben Angaben oder nach Unterlagen ohne Anleitung sowie Erstellung der sich daraus ergebenden Detailzeichnungen, Ausführung der hiermit zusammenhängenden technischen Berechnungen wie Massenermittlungen bzw. Aufstellung von Stücklisten, selbständige Ermittlung technischer Daten und Werte und ihre Auswertung bei der Anfertigung von Plänen.

8. Berechnerinnen und Berechner von Amts-, Dienst- und Versorgungsbezügen sowie von Entgelten

Entgeltgruppe 9b

Beschäftigte, denen mindestens drei Beschäftigte dieses Abschnitts mindestens der Entgeltgruppe 6 durch ausdrückliche Anordnung ständig unterstellt sind.

Entgeltgruppe 9a

1. Beschäftigte der Entgeltgruppe 6 Fallgruppe 1,

   die aufgrund der angegebenen tatsächlichen Verhältnisse Entgelte einschließlich der Krankenbezüge und Urlaubsentgelte selbständig errechnen und die damit zusammenhängenden Arbeiten (z. B. Feststellen der Versicherungspflicht in der Sozialversicherung und der Zusatzversicherung, Bearbeiten von Abtretungen und Pfändungen) selbständig ausführen sowie den damit zusammenhängenden Schriftwechsel selbständig führen.

   (Hierzu Protokollerklärungen Nrn. 1 und 2)
2. Beschäftigte der Entgeltgruppe 6 Fallgruppe 2,

   die aufgrund der angegebenen tatsächlichen Verhältnisse die für die programmgestützte Errechnung und Zahlbarmachung der Amts-, Dienst- oder Versorgungsbezüge oder Entgelte einschließlich der Krankenbezüge und Urlaubsentgelte notwendigen Merkmale und die sonstigen Anspruchsvoraussetzungen feststellen, die erforderlichen Arbeiten (z. B. Feststellen der Versicherungspflicht in der Sozialversicherung und der Zusatzversicherung, Bearbeiten von Abtretungen und Pfändungen) und Kontrollen verantwortlich vornehmen sowie den damit zusammenhängenden Schriftwechsel selbständig führen.

   (Hierzu Protokollerklärungen Nrn. 1, 2 und 3)

Entgeltgruppe 7

Beschäftigte der Entgeltgruppe 6 Fallgruppe 2,

die mindestens zu einem Drittel aufgrund der angegebenen tatsächlichen Verhältnisse die für die programmgestützte Errechnung und Zahlbarmachung der Amts-, Dienst- oder Versorgungsbezüge oder der Entgelte einschließlich der Krankenbezüge und Urlaubsentgelte notwendigen Merkmale und die sonstigen Anspruchsvoraussetzungen feststellen, die erforderlichen Arbeiten (z. B. Bearbeiten von Abtretungen und Pfändungen) und Kontrollen verantwortlich vornehmen sowie den damit zusammenhängenden Schriftwechsel selbständig führen.

(Hierzu Protokollerklärungen Nrn. 2 und 3)

Entgeltgruppe 6

1. Beschäftigte der Entgeltgruppe 5,

   die aufgrund der angegebenen Merkmale Amts-, Dienst- oder Versorgungsbezüge oder Entgelte einschließlich der Krankenbezüge und Urlaubsentgelte selbständig errechnen.

   (Hierzu Protokollerklärung Nr. 2)

2. Beschäftigte, die aufgrund der angegebenen Merkmale die für die programmgestützte Errechnung und Zahlbarmachung der Amts-, Dienst- oder Versorgungsbezüge oder der Entgelte einschließlich der Krankenbezüge und Urlaubsentgelte erforderlichen Arbeiten und Kontrollen verantwortlich vornehmen.

   (Hierzu Protokollerklärung Nr. 2)

Entgeltgruppe 5

Berechnerinnen und Berechner von Amts-, Dienst- oder Versorgungsbezügen oder von Entgelten einschließlich der Krankenbezüge oder Urlaubsentgelte,

deren Tätigkeit gründliche Fachkenntnisse erfordert.

(Hierzu Protokollerklärungen Nrn. 2 und 4)

Protokollerklärungen:

Nr. 1 Das Tätigkeitsmerkmal ist auch erfüllt, wenn die oder der Beschäftigte die Beschäftigungszeit sowie das Tabellenentgelt nach §§ 15 und 16 TVöD bei der Einstellung nicht festzusetzen und Abtretungen und Pfändungen nicht zu bearbeiten hat.

Nr. 2 Zu den Dienst- und Versorgungsbezügen bzw. den Entgelten im Sinne dieses Tätigkeitsmerkmals gehören gegebenenfalls auch sonstige Leistungen, z. B. Beitragszuschuss nach § 257 SGB V oder vermögenswirksame Leistungen.

Nr. 3 Das Tätigkeitsmerkmal ist auch erfüllt, wenn die oder der Beschäftigte

a) die Erfahrungszeit oder die ruhegehaltfähigen Dienstbezüge nicht erstmals festzusetzen hat,

b) die ruhegehaltfähige Dienstzeit bei der Einstellung nicht festzustellen hat,

c) keine Widerspruchsbescheide zu erteilen hat oder

d) Abtretungen und Pfändungen nicht zu bearbeiten hat.

Nr. 4 Erforderlich sind nähere Kenntnisse von Gesetzen, Verwaltungsvorschriften und Tarifbestimmungen usw. des Aufgabenkreises.

9. Botinnen und Boten sowie Pförtnerinnen und Pförtner

Entgeltgruppe 3

1. Botinnen und Boten.
2. Pförtnerinnen und Pförtner.

9a. Fachlehrerinnen und -lehrer im Bereich des Bundesministeriums der Verteidigung und des Bundesministeriums für Familie, Senioren, Frauen und Jugend sowie der Bundespolizei

Vorbemerkung

Die folgenden Tätigkeitsmerkmale gelten für Beschäftigte im Bereich des Bundesministeriums der Verteidigung und des Bundesministeriums für Familie, Senioren, Frauen und Jugend sowie der Bundespolizei

in der Tätigkeit von Lehrkräften des höheren oder gehobenen Dienstes mit abgeschlossenem Lehramtsstudium an einer wissenschaftlichen Hochschule und mit abgeschlossenem Lehramtsreferendariat oder Lehramtsvorbereitungsdienst,

sofern keine anderen tariflichen Tätigkeitsmerkmale einschlägig sind.

IV

Entgeltgruppe 15

1. Lehrkräfte der Entgeltgruppe 13 Fallgruppe 1,

   als Leiterin oder Leiter einer Fachschule mit beruflichem oder fachlichem Unterricht mit bis zu 360 Unterrichtsteilnehmerinnen oder Unterrichtsteilnehmern.

2. Lehrkräfte der Entgeltgruppe 13 Fallgruppe 1,

   als die ständige Vertreterin oder der ständige Vertreter der Direktorin oder des Direktors einer Fachschule als Leiterin oder Leiter einer Fachschule mit beruflichem oder fachlichem Unterricht mit mehr als 360 Unterrichtsteilnehmerinnen oder Unterrichtsteilnehmern.

Entgeltgruppe 14

1. Lehrkräfte der Entgeltgruppe 13 Fallgruppe 1,

   als die ständige Vertreterin oder der ständige Vertreter der Direktorin oder des Direktors einer Fachschule als Leiterin oder Leiter einer Fachschule mit beruflichem oder fachlichem Unterricht mit bis zu 360 Unterrichtsteilnehmerinnen oder Unterrichtsteilnehmern.

2. Lehrkräfte der Entgeltgruppe 13 Fallgruppe 1,

   als Stufenleiterin oder Stufenleiter Sekundarstufe I an einer Fachschule.

3. Lehrkräfte der Entgeltgruppe 13 Fallgruppe 1,

   die ihre Tätigkeit auf einem gebündelten Dienstposten A 13h/A 14 wahrnehmen,

   nach fünfjähriger Berufsausübung.

Entgeltgruppe 13

1. Lehrkräfte mit Lehramtsbefähigung für die Sekundarstufe II oder für berufliche Schulen und entsprechender Tätigkeit.
   (Hierzu Protokollerklärungen Nrn. 1 und 4)
2. Lehrkräfte mit Lehramtsbefähigung für die Sekundarstufe I und entsprechender Tätigkeit.
   (Hierzu Protokollerklärungen Nrn. 2 und 4)
3. Lehrkräfte der Entgeltgruppe 12 Fallgruppe 1
   nach fünfjähriger Berufsausübung.
4. Lehrkräfte mit abgeschlossener Lehrerausbildung nach dem Recht der ehemaligen DDR.

Entgeltgruppe 12

1. Lehrkräfte
   mit abgeschlossenem Lehramtsstudium an einer wissenschaftlichen Hochschule,
   die aufgrund ihres Studiums die fachlichen Voraussetzungen zum Unterrichten in mindestens zwei Fächern haben.
   (Hierzu Protokollerklärungen Nrn. 3 und 5)
2. Lehrkräfte
   mit abgeschlossener wissenschaftlicher Hochschulbildung,
   die aufgrund ihres Studiums die fachlichen Voraussetzungen zum Unterrichten in mindestens einem Fach haben.
   (Hierzu Protokollerklärung Nr. 5)

Entgeltgruppe 11

Lehrkräfte
mit abgeschlossener Hochschulbildung,
die aufgrund ihres Studiums die fachlichen Voraussetzungen zum Unterrichten in mindestens einem Fach haben.
(Hierzu Protokollerklärung Nr. 5)

Entgeltgruppe 10

Lehrkräfte.

Protokollerklärungen:

Nr. 1 Eine Lehramtsbefähigung für die Sekundarstufe II oder für berufliche Schulen liegt vor, wenn die Lehrkraft ein entsprechendes Lehramtsstudium an einer wissenschaftlichen Hochschule abgeschlossenen hat, aufgrund dieses Studiums die fachlichen Voraussetzungen zum Unterrichten in mindestens zwei Fächern vorliegen und ein entsprechendes Lehramtsreferendariat bzw. ein entsprechender Lehramtsvorbereitungsdienst abgeschlossen wurde.

Nr. 2 Eine Lehramtsbefähigung für die Sekundarstufe I liegt vor, wenn die Lehrkraft ein Lehramtsstudium für mindestens Sekundarstufe I an einer wissenschaftlichen Hochschule abgeschlossenen hat, aufgrund dieses Studiums die fachlichen Voraussetzungen zum Unterrichten in mindestens zwei Fächern vorliegen und ein entsprechendes Lehramtsreferendariat bzw. ein entsprechender Lehramtsvorbereitungsdienst für mindestens Sekundarstufe I abgeschlossen wurde.

Nr. 3 Ein abgeschlossenes Lehramtsstudium an einer wissenschaftlichen Hochschule liegt vor, wenn das Studium lehramtsbezogen ist und mit einer ersten Staatsprüfung, mit einer Diplomprüfung oder mit einer Masterprüfung beendet worden ist.

Nr. 4 Ein abgeschlossenes Lehramtsreferendariat oder ein abgeschlossener Lehramtsvorbereitungsdienst liegt vor, wenn das Lehramtsreferendariat oder der Lehramtsvorbereitungsdienst mit einer zweiten Staatsprüfung bzw. einem vergleichbaren Abschluss erfolgreich beendet worden ist.

Nr. 5 Ein Abschluss an einer ausländischen Hochschule gilt als

a) abgeschlossenes Lehramtsstudium,
b) abgeschlossene wissenschaftliche Hochschule,
c) abgeschlossene Hochschule,

wenn dieser von einer zuständigen Landesbehörde dem deutschen Hochschulabschluss gleichgestellt ist.

10. Fahrerinnen und Fahrer

Entgeltgruppe 5

1. Fahrerinnen und Fahrer von überschweren Kraftfahrzeugen, gepanzerten Rad- und Kettenfahrzeugen, Baugeräten oder sonstigen Spezialfahrzeugen, z. B. Lastkraftwagen – ggf. mit Anhänger – mit einer zulässigen Gesamtmasse von mehr als 3.500 kg, Sattelschleppern, Planierraupen, Straßenhobeln, Baggern.
2. Fahrerinnen und Fahrer von Kraftfahrzeugen mit mehr als acht Fahrgastsitzplätzen.
3. Fahrerinnen und Fahrer von sondergeschützten (voll gepanzerten) Kraftfahrzeugen für die Dauer dieser Tätigkeit.
   (Hierzu Protokollerklärung)
4. Kraftfahrerinnen und Kraftfahrer, die im ständigen Wechsel und in einem Umfang von mindestens einem Viertel auch in den Fallgruppen 1, 2 oder 3 aufgeführte Kraftfahrzeuge fahren.

Entgeltgruppe 4

1. Kraftfahrerinnen und Kraftfahrer.
2. Fahrerinnen und Fahrer von zum öffentlichen Verkehr zugelassenen Flurförderzeugen.
3. Fahrerinnen und Fahrer von landwirtschaftlichen Ein- oder Mehrachsschleppern.

Entgeltgruppe 3

Fahrerinnen und Fahrer von nicht zum öffentlichen Verkehr zugelassenen Flurförderzeugen, landwirtschaftlichen Einachsschleppern, Elektrofahrzeugen oder Elektrokarren.

Protokollerklärung:

Abweichend von § 17 Abs. 5 Satz 2 TVöD wird bei Höhergruppierungen in diese Entgeltgruppe die in der bisherigen Stufe zurückgelegte Stufenlaufzeit auf die Stufenlaufzeit angerechnet.

11. Systemtechnikerinnen und -techniker in der Fernmeldetechnik

Vorbemerkungen

1. Systemtechnikerinnen und -techniker sind Beschäftigte mit einschlägiger abgeschlossener Berufsausbildung mit Tätigkeiten, die die Fähigkeit voraussetzen, digitale Telekommunikationssysteme zu konfigurieren (Vermittlungsanlagen und Übertragungssysteme) sowie Funktionen und Schaltungsabläufe von Fernmeldeanlagen verschiedener Systeme (bau- und systemtechnische Anlagen) anhand technischer Unterlagen (z. B. Stromlaufplänen, Montageplänen, Zeitdiagrammen, Datenflussplänen) zu erkennen, um in der Lage zu sein, solche Fernmeldeanlagen selbständig instand zu halten und instand zu setzen.
2. Beschäftigte im Bereich des Bundesministeriums der Verteidigung, denen die TIV-ID 7 in einem einschlägigen Ausbildungsberuf zuerkannt worden ist, sind bei der Eingruppierung den Beschäftigten mit einschlägiger abgeschlossener Berufsausbildung gleichgestellt.

Entgeltgruppe 9a

Beschäftigte der Entgeltgruppe 5,

denen mindestens vier Systemtechnikerinnen oder -techniker durch ausdrückliche Anordnung ständig unterstellt sind.

Entgeltgruppe 8

1. Beschäftigte der Entgeltgruppe 5

   mit besonders schwierigen Tätigkeiten.

   (Hierzu Protokollerklärung Nr. 1)
2. Beschäftigte der Entgeltgruppe 6,

   die an elektronischen Systemen selbständig Funktionsprüfungen durchführen und Fehler beseitigen, wenn dabei schwierige Messungen vorzunehmen sind.

   (Hierzu Protokollerklärung Nr. 2)
3. Beschäftigte der Entgeltgruppe 6,

   die an Telekommunikationssystemen besonderer Bauart selbständig Funktionsprüfungen durchführen und Fehler beseitigen, wenn dazu besonderes Fachwissen erforderlich ist.
4. Beschäftigte der Entgeltgruppe 5,

   denen mindestens eine Systemtechnikerin oder ein Systemtechniker durch ausdrückliche Anordnung ständig unterstellt ist.

Entgeltgruppe 7

Beschäftigte der Entgeltgruppe 6 nach dreijähriger Tätigkeit in der Entgeltgruppe 6,
denen das Überprüfen und Überwachen des technischen Zustandes der telekommunikationstechnischen Anlagen gemäß den VDE-Vorschriften übertragen ist.

Entgeltgruppe 6

Beschäftigte der Entgeltgruppe 5
mit schwierigen Tätigkeiten.

Entgeltgruppe 5

Systemtechnikerinnen und -techniker in der Fernmeldetechnik.

Protokollerklärungen:

Nr. 1 Besonders schwierige Tätigkeiten sind z. B. Funktionskontrollen einschließlich Eingrenzen und Beseitigen von Fehlern in Knotenvermittlungsanlagen oder an digitalen Fernübertragungssystemen.

Nr. 2 Elektronische Systeme sind z. B.:
- a) digitale Übertragungssysteme (z. B. multiplexe Übertragungstechnik, Richtfunksysteme),
- b) Kommunikationssysteme (z. B. Fernmeldeanlagen, Kabelanlagen, Mobilfunk),
- c) Funkanlagen (z. B. nautischer Informationsfunk),
- d) Videoüberwachungsanlagen,
- e) hydrologische Messstellen/Umwelttechnik (z. B. digitale Pegelmessanlagen, Radioaktivitätsmessstellen).

12. Beschäftigte in der Forschung

Vorbemerkung

[1]Eine Tätigkeit in der Forschung ist die Wahrnehmung von Forschungsaufgaben. [2]Forschungsaufgaben sind Aufgaben, die dazu bestimmt sind, den wissenschaftlichen Kenntnisstand zu erweitern, neue wissenschaftliche Methoden zu entwickeln oder wissenschaftliche Kenntnisse und wissenschaftliche Methoden auf bisher nicht beurteilbare Sachverhalte anzuwenden. [3]Die Tätigkeitsmerkmale für Beschäftigte mit Forschungsaufgaben gelten auch für Ärztinnen und Ärzte, Apothekerinnen und Apotheker, Tierärztinnen und Tierärzte sowie Zahnärztinnen und Zahnärzte mit Forschungsaufgaben.

Entgeltgruppe 15

Beschäftigte der Entgeltgruppe 14 Fallgruppe 1,

deren Tätigkeit sich dadurch, dass sie bei schwierigen Forschungsaufgaben hochwertige Leistungen erfordert, aus der Entgeltgruppe 14 Fallgruppe 1 heraushebt.

Entgeltgruppe 14

1. Beschäftigte der Entgeltgruppe 13,

   deren Tätigkeit sich dadurch aus der Entgeltgruppe 13 heraushebt, dass schwierige Forschungsaufgaben zur selbständigen und verantwortlichen Bearbeitung übertragen sind.
2. Beschäftigte der Entgeltgruppe 13,

   deren Tätigkeit sich dadurch aus der Entgeltgruppe 13 heraushebt, dass mindestens zu einem Drittel schwierige Forschungsaufgaben zur selbständigen und verantwortlichen Bearbeitung übertragen sind.

Entgeltgruppe 13

Beschäftigte mit abgeschlossener wissenschaftlicher Hochschulbildung und entsprechender Tätigkeit in der Forschung sowie sonstige Beschäftigte, die aufgrund gleichwertiger Fähigkeiten und ihrer Erfahrungen entsprechende Tätigkeiten ausüben.

13. Beschäftigte im Forstdienst

Entgeltgruppe 12

Beschäftigte der Entgeltgruppe 11,
deren Tätigkeit sich durch das Maß der damit verbundenen Verantwortung erheblich aus der Entgeltgruppe 11 heraushebt.

Entgeltgruppe 11

Beschäftigte der Entgeltgruppe 9c,
deren Tätigkeit sich durch besondere Schwierigkeit und Bedeutung aus der Entgeltgruppe 9c heraushebt.

Entgeltgruppe 10

Beschäftigte der Entgeltgruppe 9c,
deren Tätigkeit sich mindestens zu einem Drittel durch besondere Schwierigkeit und Bedeutung aus der Entgeltgruppe 9c heraushebt.

Entgeltgruppe 9c

Beschäftigte der Entgeltgruppe 9b,
deren Tätigkeit sich dadurch aus der Entgeltgruppe 9b heraushebt, dass sie besonders verantwortungsvoll ist.

Entgeltgruppe 9b

Beschäftigte im forstlichen Innen- oder Außendienst mit abgeschlossener forstlicher Hochschulbildung und entsprechender Tätigkeit sowie sonstige Beschäftigte, die aufgrund gleichwertiger Fähigkeiten und ihrer Erfahrungen entsprechende Tätigkeiten ausüben.

14. Fotografinnen und Fotografen

Entgeltgruppe 9b

Beschäftigte der Entgeltgruppe 9a Fallgruppe 3,

die mindestens zu einem Viertel selbständig neue Arbeitsverfahren zu entwickeln und zu erproben haben.

Entgeltgruppe 9a

1. Beschäftigte der Entgeltgruppe 5,

   denen mindestens acht Beschäftigte dieses Abschnitts durch ausdrückliche Anordnung ständig unterstellt sind.
2. Beschäftigte der Entgeltgruppe 5,

   denen mindestens vier Beschäftigte dieses Abschnitts mindestens der Entgeltgruppe 8 durch ausdrückliche Anordnung ständig unterstellt sind.
3. Beschäftigte der Entgeltgruppe 8 Fallgruppe 1,

   die in Forschungseinrichtungen Arbeitsergebnisse zu erbringen haben, die hohen wissenschaftlichen Ansprüchen genügen.

Entgeltgruppe 8

1. Beschäftigte der Entgeltgruppe 5

   mit besonders schwierigen Tätigkeiten.

   (Hierzu Protokollerklärung Nr. 1)
2. Beschäftigte der Entgeltgruppe 5,

   denen mindestens vier Beschäftigte dieses Abschnitts durch ausdrückliche Anordnung ständig unterstellt sind.

Entgeltgruppe 6

Beschäftigte der Entgeltgruppe 5

mit schwierigen Tätigkeiten.

(Hierzu Protokollerklärung Nr. 2)

Entgeltgruppe 5

Fotografinnen und Fotografen mit abgeschlossener Berufsausbildung und entsprechender Tätigkeit sowie sonstige Beschäftigte, die aufgrund gleichwertiger Fähigkeiten und ihrer Erfahrungen entsprechende Tätigkeiten ausüben.

Protokollerklärungen:

Nr. 1 Besonders schwierige Tätigkeit ist das selbständige Herstellen objektgerechter fotografischer Aufnahmen unter Berücksichtigung der jeweiligen fachlichen Anforderungen bei besonders erschwerten fototechnischen Aufnahmebedingungen, z. B.

a) Aufnahmen von schlecht sichtbaren Spuren im Polizeidienst;
b) Intraoralaufnahmen, Aufnahme eines Lehrfilms bei einer Shuntoperation im medizinischen Bereich;
c) Aufnahmen, die die besondere Herausarbeitung bestimmter für die wissenschaftliche Bearbeitung notwendiger Merkmale erfordern, in der Forschung und in der Materialprüfung;
d) Aufnahmen in schwer zugänglichem Gelände, für die umfangreiche alpine Kenntnisse wie z. B. alpines Skifahren, Klettern bis mindestens Schwierigkeitsgrad 5 mit Akia oder behelfsmäßiger Ausrüstung notwendig sind.

Nr. 2 Schwierige Tätigkeit ist das selbständige Herstellen objektgerechter fotografischer Aufnahmen unter Berücksichtigung der jeweiligen fachlichen Anforderungen, z. B.
a) Aufnahmen zur Beweissicherung an Tat- und Unfallorten im Polizeidienst;
b) Operationsaufnahmen im medizinischen Bereich;
c) Aufnahmen bei der Durchführung von Forschungsaufgaben, für Lehrzwecke oder bei Versuchen zur Materialprüfung in den Bereichen der Forschung, der wissenschaftlichen Lehre und der Materialprüfung.

15. Fotolaborantinnen und -laboranten

Entgeltgruppe 6

Beschäftigte der Entgeltgruppe 4,

die bei Colorentwicklungsarbeiten selbständig Filterbestimmungen zur Erzielung höchster Farbgenauigkeit oder besonderer Farbdarstellung vornehmen.

Entgeltgruppe 4

Fotolaborantinnen und -laboranten mit abgeschlossener Berufsausbildung und entsprechender Tätigkeit.

Entgeltgruppe 3

Beschäftigte in der Tätigkeit von Fotolaborantinnen und -laboranten mit abgeschlossener Berufsausbildung.

16. Beschäftigte im Fremdsprachendienst

16.1 Fremdsprachenassistentinnen und -assistenten (Fremdsprachensekretärinnen und -sekretäre)

Vorbemerkungen

1. [1]Beschäftigte, die im Rahmen ihrer Tätigkeit Tastaturen mit nichtlateinischen Schriftzeichen bedienen und hierbei vollwertige Leistungen erbringen, erhalten für die Dauer dieser Tätigkeit eine Entgeltgruppenzulage:
   Beschäftigte der Entgeltgruppe 8 gemäß § 17 Nr. 5,
   Beschäftigte der Entgeltgruppen 9a und 9b gemäß § 17 Nr. 6.
   [2]Der Umfang dieser Schreibleistungen muss mindestens ein Drittel der unter diesen Unterabschnitt fallenden Tätigkeit ausmachen. [3]Die Entgeltgruppenzulage gilt bei der Bemessung des Sterbegeldes (§ 23 Abs. 3 TVöD) als Bestandteil des Tabellenentgelts.
2. [1]Ein einsprachiger Einsatz liegt vor, wenn der schriftliche Einsatz in der fremden Sprache mindestens 10 v. H. der gesamten Arbeitszeit der oder des Beschäftigten ausmacht. [2]Ein zweisprachiger Einsatz liegt vor, wenn der schriftliche Einsatz in der zweiten fremden Sprache mindestens 5 v. H. der gesamten Arbeitszeit der oder des Beschäftigten ausmacht. [3]Ein mehr als zweisprachiger Einsatz liegt vor, wenn der schriftliche Einsatz in einer dritten fremden Sprache ebenfalls mindestens 5 v. H. der gesamten Arbeitszeit der oder des Beschäftigten ausmacht.

Entgeltgruppe 9b

Fremdsprachenassistentinnen und -assistenten (Fremdsprachensekretärinnen und -sekretäre), die in mehr als zwei fremden Sprachen Sekretariats- und Bürotätigkeiten geläufig ausüben.

(Hierzu Protokollerklärung Nr. 1)

Entgeltgruppe 9a

Fremdsprachenassistentinnen und -assistenten (Fremdsprachensekretärinnen und -sekretäre), die in zwei fremden Sprachen Sekretariats- und Bürotätigkeiten geläufig ausüben.

(Hierzu Protokollerklärungen Nrn. 1 und 3)

Entgeltgruppe 8

Fremdsprachenassistentinnen und -assistenten (Fremdsprachensekretärinnen und -sekretäre), die in einer fremden Sprache Sekretariats- und Bürotätigkeiten geläufig ausüben.

(Hierzu Protokollerklärungen Nrn. 1 und 3)

Entgeltgruppe 7

Beschäftigte, die mit Rücksicht auf die beabsichtigte Beschäftigung als Fremdsprachenassistentin oder -assistent (Fremdsprachensekretärin oder -sekretär) bei der Einstellung den Nachweis erbringen, dass sie in zwei fremden Sprachen schriftlich und mündlich Sekretariats- und Bürotätigkeiten geläufig ausüben können.

(Hierzu Protokollerklärung Nr. 2)

Entgeltgruppe 6

Beschäftigte, die mit Rücksicht auf die beabsichtigte Beschäftigung als Fremdsprachenassistentin oder -assistent (Fremdsprachensekretärin oder -sekretär) bei der Einstellung den Nachweis erbringen, dass sie in einer fremden Sprache schriftlich und mündlich Sekretariats- und Bürotätigkeiten geläufig ausüben können.

(Hierzu Protokollerklärung Nr. 2)

IV

Protokollerklärungen:

Nr. 1 [1]Schriftliche fremdsprachliche Sekretariats- und Bürotätigkeiten sind insbesondere Übersetzungen von Texten, deren Verständnis in der Ausgangssprache weder inhaltlich noch sprachlich Schwierigkeiten bietet sowie von Texten, deren adäquate Wiedergabe in der Zielsprache keine besonderen Anforderungen an das Formulierungsvermögen stellt. [2]Die Übertragung einfacher Texte schließt auch die Erledigung der fremdsprachigen Routinekorrespondenz, die Anfertigung von Gesprächsprotokollen, die sprachliche Mitgestaltung des Internetauftritts sowie die Erstellung von Einladungen und Programmen ein. [3]Hierzu gehört auch die Aufbereitung von Texten für computerunterstütztes Übersetzen und die computerunterstützte Sprachausbildung. [4]Unter mündliche fremdsprachliche Sekretariats- und Bürotätigkeiten fallen insbesondere fremdsprachliche Telefongespräche, Gespräche im Rahmen des Besucher- und Kundenverkehrs, sowie die dienstliche Kommunikation mit anderen Beschäftigten der Dienststellen im Ausland, die der deutschen Sprache nicht hinreichend mächtig sind. [5]Die dienstliche Kommunikation beinhaltet, Ausführungen bis zur Dauer von einer Minute inhaltlich richtig aus einer fremden Sprache ins Deutsche und umgekehrt mündlich zu übertragen.

Nr. 2 Der Anspruch auf Eingruppierung nach den Entgeltgruppen 6 und 7 erlischt, wenn nicht spätestens nach Ablauf von drei Jahren nach der Einstellung die endgültige Beschäftigung als Fremdsprachenassistentin oder -assistent (Fremdsprachensekretärin oder -sekretär) erfolgt und während dieser Frist nicht durch alljährlich von der beschäftigenden Behörde anzuordnende Überprüfungen die erforderlichen sprachlichen Kenntnisse und Fähigkeiten nachgewiesen werden.

Nr. 3 Werden einer oder einem nach diesem Unterabschnitt in den Entgeltgruppen 8 oder 9a eingruppierten Beschäftigten im Rahmen der im Auswärtigen Dienst üblichen Rotation aus zwingenden dienstlichen Gründen Tätigkeiten einer niedrigeren Entgeltgruppe übertragen, bleibt die bisherige Eingruppierung für die Dauer der aus zwingenden dienstlichen Gründen wahrgenommenen Tätigkeit der niedrigeren Entgeltgruppe unberührt (ohne zeitliche Befristung).

16.2 (weggefallen)

16.3 Konferenzdolmetscherinnen und -dolmetscher

Vorbemerkungen

1. [1]Voraussetzung für die Eingruppierung nach den Tätigkeitsmerkmalen dieses Unterabschnitts ist, dass die Beschäftigten die Fähigkeit besitzen, konsekutiv und simultan zu dolmetschen.

   [2]Beschäftigte dolmetschen konsekutiv, wenn sie Ausführungen in einer Sprache unmittelbar anschließend inhaltlich richtig und sprachlich einwandfrei in eine andere Sprache mündlich übertragen. [3]Sie müssen zusammenhängende Ausführungen von etwa 10 Minuten Dauer übertragen können.

   [4]Beschäftigte dolmetschen simultan, wenn sie über eine technische Anlage Ausführungen einer Rednerin oder eines Redners hören und die Ausführungen gleichzeitig inhaltlich richtig und sprachlich einwandfrei in eine andere Sprache mündlich übertragen.

   [5]Dolmetschen Beschäftigte nur konsekutiv oder nur simultan, so erfüllen sie ebenfalls die Voraussetzung für die Eingruppierung nach den Tätigkeitsmerkmalen dieses Unterabschnitts.
2. Auf die mindestens dreijährige Berufserfahrung als Dolmetscherin oder Dolmetscher werden Zeiten gleicher Tätigkeit außerhalb des Geltungsbereichs dieses Tarifvertrages angerechnet.

Entgeltgruppe 15

1. Beschäftigte mit einschlägiger abgeschlossener wissenschaftlicher Hochschulbildung oder mindestens dreijähriger Berufserfahrung als Dolmetscherinnen oder Dolmetscher, die aus mindestens einer fremden Sprache ins Deutsche und umgekehrt dolmetschen und aufgrund ihrer sprachlichen und fachlichen Kenntnisse allseitig verwendet werden.

   (Hierzu Protokollerklärung Nr. 1)
2. Beschäftigte mit einschlägiger abgeschlossener wissenschaftlicher Hochschulbildung oder mindestens dreijähriger Berufserfahrung als Dolmetscherinnen oder Dolmetscher, die aus mindestens zwei fremden Sprachen ins Deutsche und umgekehrt dolmetschen und aufgrund ihrer sprachlichen und fachlichen Kenntnisse vielseitig verwendet werden.

   (Hierzu Protokollerklärung Nr. 2)
3. Beschäftigte mit einschlägiger abgeschlossener wissenschaftlicher Hochschulbildung oder mindestens dreijähriger Berufserfahrung als Dolmetscherinnen oder Dolmetscher, die einen Sprachendienst oder, im Falle einer größeren gegliederten Arbeitseinheit, einen seiner Fachbereiche leiten

   (Hierzu Protokollerklärung Nr. 3)

Entgeltgruppe 14

1. Beschäftigte mit einschlägiger abgeschlossener wissenschaftlicher Hochschulbildung oder mindestens dreijähriger Berufserfahrung als Dolmetscherinnen oder Dolmetscher, die aus mindestens einer fremden Sprache ins Deutsche und umgekehrt dolmetschen und die gleichzeitig entweder aufgrund ihrer sprachlichen und fachlichen Kenntnisse vielseitig verwendet werden oder denen dauerhaft über ihren Aufgabenbereich hinausgehende fachliche oder sprachliche Planungs- und Koordinierungsaufgaben schriftlich übertragen wurden.

   (Hierzu Protokollerklärungen Nrn. 2 und 4)

2. Beschäftigte mit einschlägiger abgeschlossener wissenschaftlicher Hochschulbildung oder mindestens dreijähriger Berufserfahrung als Dolmetscherinnen oder Dolmetscher, die aus mindestens zwei fremden Sprachen ins Deutsche und umgekehrt dolmetschen.

Entgeltgruppe 13

Beschäftigte mit einschlägiger abgeschlossener wissenschaftlicher Hochschulbildung oder mindestens dreijähriger Berufserfahrung als Dolmetscherinnen oder Dolmetscher, die aus einer fremden Sprache ins Deutsche und umgekehrt dolmetschen.

Protokollerklärungen:

Nr. 1 Die allseitige Verwendung erfordert die Fähigkeit, ohne Rücksicht auf die Zahl der Teilnehmerinnen und Teilnehmer in Konferenzen oder bei Besprechungen zwischen führenden Persönlichkeiten auf den wesentlichen Fachgebieten des Ressorts und ggf. auch auf einzelnen ressortfremden Fachgebieten zu dolmetschen.

Nr. 2 Die vielseitige Verwendung erfordert die Fähigkeit, auf mehreren Fachgebieten des Ressorts zu dolmetschen.

Nr. 3 [1]Ein Sprachendienst in Form einer größeren gegliederten Arbeitseinheit ist mehrzügig organisiert und besteht aus mehreren Fachbereichen. [2]Der Leitung eines Fachbereichs sind mindestens drei Beschäftigte dieses Unterabschnitts unterstellt.

Nr. 4 [1]Zu den fachlichen oder sprachlichen Planungs- und Koordinierungsaufgaben zählen die Rekrutierung und Koordination von Dolmetscherteams bei internationalen Konferenzen, die Planung und Durchführung von Fortbildungsmaßnahmen oder die Leitung einer aus mindestens vier Beschäftigten der Unterabschnitte 3 und 4 bestehenden Sprachgruppe. [2]Die genannten Tätigkeiten müssen mindestens 10 v. H. der Gesamttätigkeit ausmachen. [3]Pro Sprache darf nur eine Person mit der Sprachgruppenleitung beauftragt sein.

16.4 Überprüferinnen und Überprüfer, Übersetzerinnen und Übersetzer, Terminologinnen und Terminologen sowie Lexikografinnen und Lexikografen

Vorbemerkung

Werden Überprüferinnen oder Überprüfer oder Übersetzerinnen oder Übersetzer neben ihrer Tätigkeit als solche nicht nur gelegentlich als Konferenzdolmetscherinnen oder -dolmetscher beschäftigt, so sind sie nach den dafür in Betracht kommenden Tätigkeitsmerkmalen der Konferenzdolmetscherinnen und -dolmetscher einzugruppieren, sofern es für sie günstiger ist.

Entgeltgruppe 15

1. Beschäftigte mit einschlägiger abgeschlossener wissenschaftlicher Hochschulbildung oder mindestens dreijähriger Berufserfahrung als Überprüferinnen oder Überprüfer oder als Übersetzerinnen oder Übersetzer,

   die Übersetzungen in mindestens drei Sprachrichtungen verantwortlich überprüfen und in druckreife Form bringen.

   (Hierzu Protokollerklärungen Nrn. 1, 2 und 3)
2. Beschäftigte mit einschlägiger abgeschlossener wissenschaftlicher Hochschulbildung oder mindestens dreijähriger Berufserfahrung als Überprüferinnen oder Überprüfer oder als Übersetzerinnen oder Übersetzer,

   die in mindestens zwei Sprachrichtungen entweder Übersetzungen verantwortlich überprüfen oder schwierige Texte qualifiziert übersetzen und die jeweils aufgrund ihrer sprachlichen und fachlichen Kenntnisse allseitig verwendet werden.

   (Hierzu Protokollerklärungen Nrn. 1, 3, 4, 5 und 6)
3. Beschäftigte mit einschlägiger abgeschlossener wissenschaftlicher Hochschulbildung oder mindestens dreijähriger Berufserfahrung als Überprüferinnen oder Überprüfer, als Übersetzerinnen oder Übersetzer oder als Terminologinnen oder Terminologen,

   die einen Sprachendienst oder, im Falle einer größeren gegliederten Arbeitseinheit, einen seiner Fachbereiche leiten.

   (Hierzu Protokollerklärungen Nrn. 3 und 7)

Entgeltgruppe 14

1. Beschäftigte mit einschlägiger abgeschlossener wissenschaftlicher Hochschulbildung oder mindestens dreijähriger Berufserfahrung als Überprüferinnen oder Überprüfer oder als Übersetzerinnen oder Übersetzer,

die Übersetzungen in mindestens einer Sprachrichtung verantwortlich überprüfen und in druckreife Form bringen.

(Hierzu Protokollerklärungen Nrn. 1, 2, und 3)

2. Beschäftigte mit einschlägiger abgeschlossener wissenschaftlicher Hochschulbildung oder mindestens dreijähriger Berufserfahrung als Überprüferinnen oder Überprüfer oder als Übersetzerinnen oder Übersetzer,
   die in mindestens zwei Sprachrichtungen entweder Übersetzungen verantwortlich überprüfen oder schwierige Texte qualifiziert übersetzen und
   a) die aufgrund ihrer sprachlichen und fachlichen Kenntnisse vielseitig verwendet werden oder
   b) denen mindestens zu einem Zehntel über ihren Aufgabenbereich hinausgehende fachliche oder sprachliche Planungs- und Koordinierungsaufgaben schriftlich übertragen wurden.

   (Hierzu Protokollerklärungen Nrn. 1, 3, 4, 5, 8 und 9)

IV

3. Beschäftigte mit einschlägiger abgeschlossener wissenschaftlicher Hochschulbildung oder mindestens dreijähriger Berufserfahrung als Terminologinnen oder Terminologen, als Überprüferinnen oder Überprüfer oder als Übersetzerinnen oder Übersetzer,
   die redaktionell bearbeitete Wortgutbestände überprüfen und grundsätzliche und verbindliche lexikografische und terminologische Entscheidungen herbeiführen.

   (Hierzu Protokollerklärung Nr. 3)

Entgeltgruppe 13

1. Beschäftigte mit einschlägiger abgeschlossener wissenschaftlicher Hochschulbildung oder mindestens dreijähriger Berufserfahrung als Überprüferinnen oder Überprüfer oder als Übersetzerinnen oder Übersetzer,
   die Übersetzungen in mindestens zwei Sprachrichtungen verantwortlich überprüfen.

   (Hierzu Protokollerklärungen Nrn. 1 und 3)

2. Beschäftigte mit einschlägiger abgeschlossener wissenschaftlicher Hochschulbildung oder mindestens dreijähriger Berufserfahrung als Überprüferinnen oder Überprüfer oder als Übersetzerinnen oder Übersetzer, die
   a) Übersetzungen in einer Sprachrichtung verantwortlich überprüfen und
   b) aufgrund ihrer sprachlichen und fachlichen Kenntnisse vielseitig verwendet werden.

   (Hierzu Protokollerklärungen Nrn. 1, 3 und 8)

3. Beschäftigte mit einschlägiger abgeschlossener wissenschaftlicher Hochschulbildung,

   die schwierige Texte in mindestens zwei Sprachrichtungen qualifiziert übersetzen.

   (Hierzu Protokollerklärungen Nrn. 4 und 5)
4. Beschäftigte mit mindestens dreijähriger Berufserfahrung als Übersetzerinnen oder Übersetzer, die
   a) schwierige Texte in mindestens zwei Sprachrichtungen übersetzen und
   b) in der Sprachrichtung, in der sie überwiegend eingesetzt sind, nachweislich Leistungen erbringen, die denen von Beschäftigten der Entgeltgruppe 13 Fallgruppe 3 entsprechen.

   (Hierzu Protokollerklärungen Nrn. 3, 5 und 10)
5. Beschäftigte mit einschlägiger abgeschlossener wissenschaftlicher Hochschulbildung oder mindestens dreijähriger Berufserfahrung als Terminologinnen oder Terminologen, als Überprüferinnen oder Überprüfer oder als Übersetzerinnen oder Übersetzer,

   die lexikografische Arbeiten und terminologische Auswertungen verantwortlich überprüfen.

   (Hierzu Protokollerklärung Nr. 3)

IV

Entgeltgruppe 12

1. Beschäftigte mit einschlägiger abgeschlossener Hochschulbildung und entsprechender Tätigkeit sowie sonstige Beschäftigte, die aufgrund gleichwertiger Fähigkeiten und ihrer Erfahrungen entsprechende Tätigkeiten ausüben, die
   a) schwierige Texte in zwei Sprachrichtungen übersetzen und dabei gründliche Kenntnisse auf mindestens einem Fachgebiet des Ressorts oder auf einem wissenschaftlichen oder wissenschaftlich-technischen Fachgebiet zur Geltung bringen sowie
   b) bei Besprechungen kürzere zusammenhängende Ausführungen inhaltlich und sprachlich richtig in eine fremde Sprache und umgekehrt mündlich übertragen.

   (Hierzu Protokollerklärungen Nrn. 5, 11 und 12)
2. Beschäftigte mit einschlägiger abgeschlossener Hochschulbildung und entsprechender Tätigkeit sowie sonstige Beschäftigte, die aufgrund gleichwertiger Fähigkeiten und ihrer Erfahrungen entsprechende Tätigkeiten ausüben, die
   a) schwierige Texte in mindestens drei Sprachrichtungen übersetzen und

b) dabei gründliche Kenntnisse auf mindestens einem Fachgebiet des Ressorts oder auf einem wissenschaftlichen oder wissenschaftlich-technischen Fachgebiet zur Geltung bringen.

(Hierzu Protokollerklärungen Nrn. 5 und 12)

3. Beschäftigte mit einschlägiger abgeschlossener Hochschulbildung und entsprechender Tätigkeit sowie sonstige Beschäftigte, die aufgrund gleichwertiger Fähigkeiten und ihrer Erfahrungen entsprechende Tätigkeiten ausüben, die

   a) schwierige Texte in mindestens drei Sprachrichtungen übersetzen und

   b) bei Besprechungen kürzere zusammenhängende Ausführungen inhaltlich und sprachlich richtig in eine fremde Sprache und umgekehrt mündlich übertragen.

IV

(Hierzu Protokollerklärungen Nrn. 5 und 11)

4. Beschäftigte mit einschlägiger abgeschlossener Hochschulbildung und entsprechender Tätigkeit sowie sonstige Beschäftigte, die aufgrund gleichwertiger Fähigkeiten und ihrer Erfahrungen entsprechende Tätigkeiten ausüben,

   die Grundlagen für die Übersetzertätigkeit erarbeiten und bereits seit mindestens zwei Jahren schwierige Texte in mindestens zwei Sprachrichtungen übersetzen und

   a) dabei gründliche Kenntnisse auf mindestens einem Fachgebiet des Ressorts oder auf einem wissenschaftlichen oder wissenschaftlich-technischen Fachgebiet zur Geltung bringen, oder

   b) bei Besprechungen kürzere zusammenhängende Ausführungen inhaltlich und sprachlich richtig in eine fremde Sprache und umgekehrt mündlich übertragen.

(Hierzu Protokollerklärungen Nrn. 5, 11 und 12)

5. Beschäftigte mit einschlägiger abgeschlossener Hochschulbildung und entsprechender Tätigkeit sowie sonstige Beschäftigte, die aufgrund gleichwertiger Fähigkeiten und ihrer Erfahrungen entsprechende Tätigkeiten ausüben, die

   a) fremdsprachig/deutsches und deutsch/fremdsprachiges Wortgut in mindestens zwei fremden Sprachen lexikografisch bearbeiten sowie

   b) fremdsprachiges und deutsches Schrifttum in diesen Sprachen vergleichend terminologisch auswerten und Wortgutbestände redaktionell bearbeiten.

(Hierzu Protokollerklärungen Nrn. 13 und 14)

Entgeltgruppe 11

1. Beschäftigte mit einschlägiger abgeschlossener Hochschulbildung und entsprechender Tätigkeit sowie sonstige Beschäftigte, die aufgrund gleichwertiger Fähigkeiten und ihrer Erfahrungen entsprechende Tätigkeiten ausüben, die
   a) schwierige Texte in zwei Sprachrichtungen übersetzen und
   b) dabei gründliche Kenntnisse auf mindestens einem Fachgebiet des Ressorts oder auf einem wissenschaftlichen oder wissenschaftlich-technischen Fachgebiet zur Geltung bringen.

   (Hierzu Protokollerklärungen Nrn. 5 und 12)
2. Beschäftigte mit einschlägiger abgeschlossener Hochschulbildung und entsprechender Tätigkeit sowie sonstige Beschäftigte, die aufgrund gleichwertiger Fähigkeiten und ihrer Erfahrungen entsprechende Tätigkeiten ausüben, die
   a) schwierige Texte in zwei Sprachrichtungen übersetzen und
   b) bei Besprechungen kürzere zusammenhängende Ausführungen inhaltlich und sprachlich richtig in eine fremde Sprache und umgekehrt mündlich übertragen.

   (Hierzu Protokollerklärungen Nrn. 5 und 11)
3. Beschäftigte mit einschlägiger abgeschlossener Hochschulbildung und entsprechender Tätigkeit sowie sonstige Beschäftigte, die aufgrund gleichwertiger Fähigkeiten und ihrer Erfahrungen entsprechende Tätigkeiten ausüben, die
   a) schwierige Texte in einer Sprachrichtung übersetzen und dabei gründliche Kenntnisse auf mindestens einem Fachgebiet des Ressorts oder auf einem wissenschaftlichen oder wissenschaftlich-technischen Fachgebiet zur Geltung bringen sowie
   b) bei Besprechungen kürzere zusammenhängende Ausführungen inhaltlich und sprachlich richtig in eine fremde Sprache und umgekehrt mündlich übertragen.

   (Hierzu Protokollerklärungen Nrn. 5, 11 und 12)
4. Beschäftigte mit einschlägiger abgeschlossener Hochschulbildung und entsprechender Tätigkeit sowie sonstige Beschäftigte, die aufgrund gleichwertiger Fähigkeiten und ihrer Erfahrungen entsprechende Tätigkeiten ausüben,

   die schwierige Texte in mindestens drei Sprachrichtungen übersetzen.

   (Hierzu Protokollerklärung Nr. 5)
5. Beschäftigte mit einschlägiger abgeschlossener Hochschulbildung und entsprechender Tätigkeit sowie sonstige Beschäftigte, die auf-

grund gleichwertiger Fähigkeiten und ihrer Erfahrungen entsprechende Tätigkeiten ausüben, die

a) fremdsprachig/deutsches und deutsch/fremdsprachiges Wortgut in mindestens einer fremden Sprache lexikografisch bearbeiten sowie
b) fremdsprachiges und deutsches Schrifttum in dieser Sprache vergleichend terminologisch auswerten und Wortgutbestände redaktionell bearbeiten.

(Hierzu Protokollerklärungen Nrn. 13 und 14)

6. Beschäftigte mit einschlägiger abgeschlossener Hochschulbildung und entsprechender Tätigkeit sowie sonstige Beschäftigte, die aufgrund gleichwertiger Fähigkeiten und ihrer Erfahrungen entsprechende Tätigkeiten ausüben, die
   a) fremdsprachig/deutsches und deutsch/fremdsprachiges Wortgut in mindestens zwei fremden Sprachen lexikografisch bearbeiten sowie
   b) fremdsprachiges und deutsches Schrifttum in diesen Sprachen vergleichend terminologisch auswerten.

   (Hierzu Protokollerklärungen Nrn. 13 und 14)

Entgeltgruppe 10

1. Beschäftigte mit einschlägiger abgeschlossener Hochschulbildung und entsprechender Tätigkeit sowie sonstige Beschäftigte, die aufgrund gleichwertiger Fähigkeiten und ihrer Erfahrungen entsprechende Tätigkeiten ausüben,

   die schwierige Texte in zwei Sprachrichtungen übersetzen.

   (Hierzu Protokollerklärung Nr. 5)
2. Beschäftigte mit einschlägiger abgeschlossener Hochschulbildung und entsprechender Tätigkeit sowie sonstige Beschäftigte, die aufgrund gleichwertiger Fähigkeiten und ihrer Erfahrungen entsprechende Tätigkeiten ausüben, die
   a) schwierige Texte in einer Sprachrichtung übersetzen und
   b) dabei gründliche Kenntnisse auf mindestens einem Fachgebiet des Ressorts oder auf einem wissenschaftlichen oder wissenschaftlich-technischen Fachgebiet zur Geltung bringen.

   (Hierzu Protokollerklärungen Nrn. 5 und 12)
3. Beschäftigte mit einschlägiger abgeschlossener Hochschulbildung und entsprechender Tätigkeit sowie sonstige Beschäftigte, die aufgrund gleichwertiger Fähigkeiten und ihrer Erfahrungen entsprechende Tätigkeiten ausüben, die
   a) schwierige Texte in einer Sprachrichtung übersetzen und

b) bei Besprechungen kürzere zusammenhängende Ausführungen inhaltlich und sprachlich richtig in eine fremde Sprache und umgekehrt mündlich übertragen.

(Hierzu Protokollerklärungen Nrn. 5 und 11)

4. Beschäftigte mit einschlägiger abgeschlossener Hochschulbildung und entsprechender Tätigkeit sowie sonstige Beschäftigte, die aufgrund gleichwertiger Fähigkeiten und ihrer Erfahrungen entsprechende Tätigkeiten ausüben, die

   a) fremdsprachig/deutsches und deutsch/fremdsprachiges Wortgut in mindestens einer fremden Sprache lexikografisch bearbeiten sowie

   b) fremdsprachiges und deutsches Schrifttum vergleichend terminologisch auswerten.

   (Hierzu Protokollerklärungen Nrn. 13 und 14)

5. Beschäftigte mit einschlägiger abgeschlossener Hochschulbildung und entsprechender Tätigkeit sowie sonstige Beschäftigte, die aufgrund gleichwertiger Fähigkeiten und ihrer Erfahrungen entsprechende Tätigkeiten ausüben,

   die fremdsprachig/deutsches und deutsch/fremdsprachiges Wortgut in mindestens zwei fremden Sprachen lexikografisch bearbeiten.

   (Hierzu Protokollerklärung Nr. 14)

IV

Entgeltgruppe 9b

1. Beschäftigte mit einschlägiger abgeschlossener Hochschulbildung und entsprechender Tätigkeit sowie sonstige Beschäftigte, die aufgrund gleichwertiger Fähigkeiten und ihrer Erfahrungen entsprechende Tätigkeiten ausüben,

   die schwierige Texte in mindestens einer Sprachrichtung übersetzen.

   (Hierzu Protokollerklärung Nr. 5)

2. Beschäftigte mit einschlägiger abgeschlossener Hochschulbildung und entsprechender Tätigkeit sowie sonstige Beschäftigte, die aufgrund gleichwertiger Fähigkeiten und ihrer Erfahrungen entsprechende Tätigkeiten ausüben,

   die fremdsprachig/deutsches und deutsch/fremdsprachiges Wortgut lexikografisch bearbeiten

   (Hierzu Protokollerklärung Nr. 14)

Protokollerklärungen:

Nr. 1 [1]Überprüfen heißt Vergleichen von Übersetzungen mit dem Originaltext auf Vollständigkeit, auf sprachliche, sachliche und terminologische Richtigkeit, ferner soweit erforderlich das stilistische Ausfeilen der Übersetzung unter Wahrung der Stilebene des Originaltextes. [2]Die Übersetzungen dürfen nur von Übersetzerinnen oder Übersetzern oder anderen Beschäftigten, nicht aber von der oder dem Überprüfenden angefertigt worden sein. [3]Beschäftigte überprüfen verantwortlich, wenn die überprüfte Übersetzung keiner weiteren Kontrolle mehr unterliegt.

Nr. 2 [1]Eine Übersetzung ist dann in druckreife Form zu bringen, wenn sie unter Wahrung der Stilebene des Originaltextes stilistisch ausgefeilt werden und den für die Abfassung von Gesetzen, Verträgen, Vorschriften, anderen amtlichen Veröffentlichungen oder wissenschaftlichen Arbeiten geltenden Grundsätzen der sprachlichen Gestaltung vollständig entsprechen und höchsten Anforderungen genügen muss. [2]Ob die druckreife Form erforderlich ist, ergibt sich aus dem Verwendungszweck der Übersetzung oder aus einer ausdrücklichen Anordnung im Einzelfall.

Nr. 3 Auf die mindestens dreijährige Berufserfahrung als Übersetzerin oder Übersetzer, als Überprüferin oder Überprüfer oder als Terminologin oder Terminologe werden Zeiten gleicher Tätigkeit außerhalb des Geltungsbereiches dieses Tarifvertrages angerechnet.

IV

Nr. 4 Beschäftigte übersetzen qualifiziert, wenn die Übersetzung besonderen qualitativen Anforderungen entspricht, weil sie in druckreife Form zu bringen ist.

Nr. 5 Ein Text ist dann als schwierig zu bezeichnen, wenn

a) zu seinem sprachlich und inhaltlich richtigen Verständnis eine eingehende Textanalyse sowie ein entsprechendes Einfühlungs- und Vorstellungsvermögen auf den einschlägigen wissenschaftlichen oder technischen Fachgebieten erforderlich ist und

b) seine originalgetreue, sinnwahrende, inhaltlich und formal adäquate Übertragung die erforderliche Vertrautheit mit den Ausdrucksmitteln der Zielsprache voraussetzt.

Nr. 6 Die allseitige Verwendung erfordert die Fähigkeit, auf den wesentlichen Fachgebieten des Ressorts und ggf. auch auf einzelnen ressortfremden Fachgebieten qualifiziert zu übersetzen bzw. verantwortlich zu überprüfen.

Nr. 7 [1]Ein Sprachendienst in Form einer größeren gegliederten Arbeitseinheit ist mehrzügig organisiert und besteht aus mehreren Fachbereichen. [2]Der Leitung eines Fachbereichs sind mindestens drei Beschäftigte mindestens der Entgeltgruppe 13 dieses Abschnitts oder mindestens fünf Beschäftigte dieses Unterabschnitts unterstellt.

Nr. 8 Die vielseitige Verwendung erfordert die Fähigkeit, auf mehreren Fachgebieten des Ressorts qualifiziert zu übersetzen bzw. verantwortlich zu überprüfen.

Nr. 9 [1]Zu den fachlichen oder sprachlichen Planungs- und Koordinierungsaufgaben zählen die Rekrutierung und Koordination von Übersetzerteams bei internationalen Konferenzen, die Planung und Durchführung von Fortbildungsmaßnahmen oder die Leitung einer aus mindestens vier Beschäftigten der Unterabschnitte 3 und 4 bestehenden Sprachgruppe. [2]Pro Sprache darf nur eine Person mit der Sprachgruppenleitung beauftragt sein.

Nr. 10 [1]Die oder der Beschäftigte hat nachzuweisen, dass ihre oder seine Leistungen denen von Beschäftigten der Entgeltgruppe 13 Fallgruppe 3 entsprechen. [2]Dieser Nachweis ist geführt, wenn die oder der Beschäftigte erfolgreich die Prüfung vor der Prüfungskommission nach Maßgabe der im Anhang enthaltenen Prüfungsordnung erbracht hat. [3]Besteht die oder der Beschäftigte die Prüfung, so wird sie oder er mit Ablauf der geforderten Tätigkeitsdauer höhergruppiert, wenn sie oder er den Antrag auf Zulassung zur Prüfung vor Ablauf der geforderten Tätigkeitsdauer gestellt und die Prüfung in dem auf die Antragstellung folgenden Prüfungstermin bestanden hat. [4]In allen anderen Fällen erfolgt die Höhergruppierung mit Wirkung vom Ersten des Monats, in dem die Prüfung bestanden wird.

Nr. 11 Die Eingruppierung in diese Fallgruppe setzt den Nachweis voraus, dass die oder der Beschäftigte zusammenhängende Ausführungen von etwa drei Minuten Dauer übertragen kann.

Nr. 12 [1]Gründliche Kenntnisse auf mindestens einem Fachgebiet liegen vor, wenn die oder der Beschäftigte befähigt ist, die wesentlichen fachlichen Zusammenhänge aus dem zugewiesenen Fachgebiet zu erfassen und Übersetzungen in der zugehörigen Fachsprache abzufassen. [2]Bei den geforderten Kenntnissen handelt es sich nicht um Kenntnisse, die von Beschäftigten mit abgeschlossener wissenschaftlicher Hochschulbildung gefordert werden.

Nr. 13 Die vergleichende terminologische Auswertung umfasst im Wesentlichen die Erkennung und Erfassung von äquivalentem Wortgut aus originaler Fachliteratur eines oder mehrerer Sprachenpaare und seine kritische Beurteilung unter Berücksichtigung der Quellenlage und der Qualität der Quellen sowie den Vergleich des Befundes in mehreren Quellen; ferner die Erkennung und Registrierung von Synonymen und Neologismen.

Nr. 14 Die lexikografische Bearbeitung von Wortgut umfasst im Wesentlichen die Auswahl von Wortgut aus gegebenen Wortgutsammlungen, die thematische und qualitative Klassifizierung, inhaltliche Erläuterung und sonstige lexikografische Aufbereitung des ausgewählten Wortguts im Hinblick auf seine weitere Verarbeitung; ferner die Ermittlung von Definitionen und Anwendungsbeispielen aus anderen Quellen, Erfassung von Schreibweisevarianten u. ä.

IV

Anhang zu Unterabschnitt 4 Prüfungsordnung

A. Vorschriften über die Ablegung der Prüfung

I. Prüfungskommission

1. Der Prüfungskommission gehören an:
   a) Die Leiterin oder der Leiter des Sprachendienstes des Auswärtigen Amts oder ihre oder seine Vertretung als Vorsitzende oder Vorsitzender;
   b) die Leiterin oder der Leiter des Sprachendienstes der Bundesbehörde, in deren Bereich die Eingruppierung erfolgen soll, oder ihre oder seine Vertretung als erste Beisitzerin oder erster Beisitzer. Ist eine solche Person nicht vorhanden, so tritt an deren Stelle die Leiterin oder der Leiter des Sprachendienstes des Bundesministeriums der Finanzen. Gehört die Prüfungskandidatin oder der Prüfungskandidat dem Sprachendienst des Auswärtigen Amts an, so werden die Aufgaben der ersten Beisitzerin oder des ersten Beisitzers von der Leiterin oder dem Leiter des Sprachendienstes des Bundesministeriums der Finanzen wahrgenommen. Handelt es sich um eine Übersetzerin oder einen Übersetzer, die oder der bei einer Auslandsvertretung des Auswärtigen Amts beschäftigt ist, so wird die erste Beisitzerin oder der erste Beisitzer von der Personalabteilung des Auswärtigen Amts bestimmt,
   c) eine von der oder dem Vorsitzenden der Prüfungskommission im Einvernehmen mit der ersten Beisitzerin oder dem ersten Beisit-

zer von Fall zu Fall zu benennende zweite BeisitzerIn oder ein zu benennender zweiter Beisitzer; diese oder dieser muss im Fremdsprachendienst der Bundesverwaltung tätig sein und regelmäßig Übersetzungen in die Prüfungssprache der Prüfungskandidatin oder des Prüfungskandidaten überprüfen;

d) eine von den vertragsschließenden Gewerkschaften von Fall zu Fall zu benennende Angehörige oder ein zu benennender Angehöriger des Fremdsprachendienstes der Bundesverwaltung, die oder der mindestens in Entgeltgruppe 13 eingruppiert sein muss und zu deren oder dessen Arbeitssprachen die Prüfungssprache der Kandidatin oder des Kandidaten gehört, als dritte Beisitzerin oder dritter Beisitzer.

2. Erweist es sich bei Prüfungssprachen, die weniger geläufig sind, als unmöglich, eine zweite oder dritte Beisitzerin oder einen zweiten oder dritten Beisitzer zu benennen, die oder der die Voraussetzungen der Nr. 1 Buchst. c oder d erfüllt, so
   a) benennt die oder der Vorsitzende eine Beamtin oder einen Beamten oder eine Beschäftigte oder einen Beschäftigten des Auswärtigen Dienstes oder eine sonstige anerkannte Sachverständige oder einen sonstigen anerkannten Sachverständigen, die oder der die Prüfungssprache beherrscht, als zweite Beisitzerin oder als zweiten Beisitzer,
   b) benennen die vertragsschließenden Gewerkschaften eine Angehörige oder einen Angehörigen des Fremdsprachendienstes der Bundesverwaltung, die oder der die Voraussetzungen der Nr. 1 Buchst. d erfüllt, oder eine anerkannte Sachverständige oder einen anerkannten Sachverständigen, die oder der die Prüfungssprache beherrscht, als dritte Beisitzerin oder dritten Beisitzer.
3. Die Geschäfte des Sekretariats der Prüfungskommission werden von einer Verwaltungsbeamtin oder einem Verwaltungsbeamten des Sprachendienstes des Auswärtigen Amts wahrgenommen.

II. Prüfungstermin

Prüfungen finden jeweils in der zweiten Woche der Monate Mai und November eines jeden Jahres statt, wenn mindestens eine Meldung zur Prüfung bei der oder dem Vorsitzenden der Prüfungskommission eingereicht worden ist.

III. Meldung zur Prüfung

1. Wer die Prüfung abzulegen wünscht, hat über ihre oder seine personalbearbeitende Dienststelle/Behörde einen schriftlichen Antrag auf Zulassung zur Prüfung beim Sekretariat der Prüfungskommis-

sion einzureichen. Aus dem Antrag muss hervorgehen, in welcher Sprachrichtung sie oder er als Übersetzerin oder Übersetzer überwiegend eingesetzt wird.

2. Der Antrag muss spätestens jeweils bis zum 1. März oder 1. September gestellt sein. Erfüllt die Kandidatin oder der Kandidat die Voraussetzungen für die Zulassung zur Prüfung gemäß Entgeltgruppe 13 Fallgruppe 4, so leitet die personalbearbeitende Dienststelle/Behörde den Antrag über die jeweilige oberste Bundesbehörde unverzüglich an die Vorsitzende oder den Vorsitzenden der Prüfungskommission weiter, so dass er dort spätestens einen Monat vor der Prüfungswoche vorliegt.

   Erfüllt die Kandidatin oder der Kandidat die Voraussetzungen nicht, so unterrichtet die personalbearbeitende Dienststelle/Behörde sie oder ihn hiervon unverzüglich.

   Ist bei der Dienststelle/Behörde der Kandidatin oder des Kandidaten keine Sprachendienstleitung vorhanden, so kann die Kandidatin oder der Kandidat im Falle der Nichtweiterleitung ihres oder seines Antrags die Prüfungskommission unmittelbar um Entscheidung bitten, ob sie oder er schwierige Texte im Sinne der Protokollerklärung Nr. 5 zu übersetzen hat. Die Prüfungskommission entscheidet unverzüglich, ob die Kandidatin oder der Kandidat die Voraussetzungen für die Zulassung zur Prüfung erfüllt.

3. Ein nicht fristgerecht gestellter Antrag gilt als Meldung für den nächsten Prüfungstermin.

IV

VI. Prüfungsaufgaben

1. Die Prüfungskandidatinnen und -kandidaten haben folgende Leistungen zur erbringen:

   Übersetzen von zwei schwierigen Texten (ein Text aus dem einschlägigen Fachgebiet und ein allgemeinsprachlicher Text) von je 1500 Zeichen (ohne Leerstellen) in der Sprachrichtung, in der sie oder er überwiegend eingesetzt wird, unter Verwendung nicht elektronischer Nachschlagewerke nach Wahl der Kandidatin oder des Kandidaten (Zeit je 90 Minuten). Bei Übersetzungen aus einer Fremdsprache mit Silbenschrift wird ein Ausgangstext gewählt, dessen deutsche Übersetzung etwa 1500 Zeichen beträgt.

2. Nach Aufforderung der oder des Vorsitzenden übersendet die Sprachendienstleiterin oder der Sprachendienstleiter der obersten Bundesbehörde, deren Bereich die Kandidatin oder der Kandidat angehört, dem Sekretariat der Prüfungskommission unverzüglich unter Verschluss jeweils zwei Sätze der in Frage kommenden Arbeiten als Prüfungstexte zur Auswahl durch die Prüfungskommission. Hat die

oberste Bundesbehörde der Kandidatin oder des Kandidaten keine Sprachendienstleitung, so beschafft die oder der Vorsitzende die erforderlichen Prüfungstexte.

3. Die Übersetzungen werden in Klausur angefertigt. Auf Wunsch wird der Kandidatin oder dem Kandidaten ein Computer zur Verfügung gestellt. Die Kandidatin oder der Kandidat hat diesen Wunsch in ihrem oder seinem Antrag auf Zulassung zur Prüfung zum Ausdruck zu bringen.

V. Feststellung und Bekanntgabe des Prüfungsergebnisses

1. Die Prüfungskommission beauftragt mit Stimmenmehrheit eines ihrer Mitglieder, die Prüfungsarbeiten unverzüglich unter Beachtung der Korrekturrichtlinien zu korrigieren oder korrigieren zu lassen und anschließend dem Sekretariat der Prüfungskommission zuzuleiten. Den Mitgliedern der Prüfungskommission wird je eine Ablichtung der korrigierten Prüfungsarbeiten zugesandt. Die oder der Vorsitzende beruft sodann die Prüfungskommission zur mündlichen Verhandlung ein, bei der das Prüfungsergebnis von den Kommissionsmitgliedern festgestellt wird.
2. Die Kommission kann mit Stimmenmehrheit beschließen, die von der Korrektorin oder dem Korrektor vorgenommene Fehlerbewertung zu ändern. Änderungen sind mit den entsprechenden Korrekturzeichen in grüner dokumentenechter Farbe auf dem Prüfungsoriginal vorzunehmen; entsprechende rote Korrekturzeichen sind dabei zu streichen oder zu ändern. Die dann ermittelte Fehlerzahl wird in ein Korrekturgitter (Stempelaufdruck) eingetragen. Für die Bewertung der Gesamtfehlerzahl gelten folgende Richtlinien:

„Sehr gut"	ist eine Arbeit, die keine Fehler aufweist.
„Gut"	ist eine Arbeit, die höchstens drei Fehler, aber keinen Doppelfehler aufweist.
„Befriedigend"	ist eine Arbeit, die höchstens sieben Fehler, davon höchstens einen Doppelfehler, aufweist.
„Ausreichend"	ist eine Arbeit, die höchstens zehn Fehler, davon höchstens zwei Doppelfehler, aufweist.
„Mangelhaft"	ist eine Arbeit, die höchstens 15 Fehler, davon höchstens drei Doppelfehler, aufweist.
„Ungenügend"	ist eine Arbeit mit mehr als 15 Fehlern oder mehr als drei Doppelfehlern.

3. Die Prüfungskommission kann mit Stimmenmehrheit das Prädikat einer Prüfungsarbeit um eine Note anheben, wenn das Gesamtbild der Arbeit erkennen lässt, dass der Prüfling den Text im Wesent-

lichen richtig wiedergegeben hat, und sich die Gesamtfehlerzahl überwiegend aus halben Fehlern zusammensetzt. In diesem Falle ist die Prüfungsarbeit mit einer entsprechenden Begründung zu versehen.

4. Nach dieser Verfahrensfolge stellt die Prüfungskommission das Prüfungsergebnis fest. Die Feststellung lautet auf „bestanden", wenn beide Prüfungsarbeiten mindestens mit „ausreichend" bewertet worden sind; andernfalls lautet sie auf „nicht bestanden". Die Feststellung ist endgültig.
5. Über die Verhandlung wird eine Niederschrift aufgenommen, die von den Mitgliedern der Prüfungskommission zu unterzeichnen ist.
6. Das Prüfungsergebnis wird der Kandidatin oder dem Kandidaten sowie der obersten Bundesbehörde, der sie oder er angehört, von der oder dem Vorsitzenden der Prüfungskommission schriftlich mitgeteilt.

VI. Wiederholung von Prüfungen

Lautet das Prüfungsergebnis auf „nicht bestanden", so kann die Prüfung frühestens am nächstfolgenden Prüfungstermin wiederholt werden. Weitere Wiederholungen sind nicht zulässig.

B. Korrekturrichtlinien

Für die Korrektur schriftlicher Prüfungsarbeiten gelten die nachstehenden Richtlinien:

1. Jede Prüfungsarbeit wird von einer Korrektorin oder einem Korrektor geprüft.
2. Die Korrektur der Prüfungsarbeit besteht in der Kennzeichnung der sprachlichen und sachlichen Verstöße, jedoch nicht in der Festsetzung der Prädikate.
3. Die Korrektur ist in roter dokumentenechter Farbe vorzunehmen.
4. Sprachliche und sachliche Verstöße sind im Text zu unterstreichen und auf dem Korrekturrand durch Korrekturzeichen (siehe Nr. 5) kenntlich zu machen. Gleiche Fehler sind jedes Mal nur im Text (nicht auf dem Korrekturrand) zu kennzeichnen.
5. Jedes Korrekturzeichen besteht aus der Angabe der
   a) Art,
   b) Schwere des Fehlers,

   Dabei bedeuten:

   a) G = Grammatik
      V = Vokabular
      A = Ausdruck bzw. Stil

T = Texttreue
O = Orthographie
I = Interpunktion

b) + = Doppelfehler
/ = ganzer Fehler
- = halber Fehler

6. Die Prüfungsarbeiten sind von der Korrektorin oder dem Korrektor mit Namen, Amtsbezeichnung und Datum abzuzeichnen.
7. Als Grammatikfehler (G) gilt ein Verstoß gegen Formen- oder Satzlehre.
   a) Als Doppelfehler (G+) zählt ein sehr grober oder sinnentstellender Verstoß.
   b) Als ganzer Fehler (G/) zählt ein grober Verstoß.
   c) Als halber Fehler (G-) zählt ein geringfügiger Verstoß.
8. Als Vokabelfehler (V) gilt falsche Wortwahl.
   a) Als Doppelfehler (V+) zählt ein sehr grober Verstoß mit schwerwiegender Sinnentstellung.
   b) Als ganzer Fehler (V/) zählt ein grober Verstoß ohne schwerwiegende Sinnentstellung.
   c) Als halber Fehler (V-) zählt ein geringfügiger Verstoß ohne Sinnentstellung.
9. Als Ausdrucks- bzw. Stilfehler (A) gilt eine mangelhafte Formulierung, die jedoch dem Sachverhalt bzw. Vorstellungsinhalt entspricht und die Verständlichkeit nicht beeinträchtigt. Ein Ausdrucks- bzw. Stilfehler zählt als halber Fehler (A-).
10. Als Verstoß gegen die Texttreue (T) gelten missverstandene Sätze oder Satzteile, allzu freie Übersetzung, Auslassungen oder Hinzufügungen. Bei Auslassungen ist das Zeichen // an die betr. Stelle im Text zu setzen.
    a) Als Doppelfehler (T+) zählt ein sehr grober, sinnentstellender Verstoß.
    b) Als ganzer Fehler (T/) zählt ein grober, jedoch nicht stark sinnentstellender Verstoß.
    c) Als halber Fehler (T-) zählt ein geringfügiger Verstoß (z. B. zu freie, aber sinnerhaltende Übersetzung).

    Bei Auslassungen ganzer Sätze oder Satzglieder wird für jeden fehlenden Satz bzw. jedes fehlende Satzglied je nach Länge der Auslassung ein Doppelfehler (T+) oder ein ganzer Fehler (T/) angerechnet. Bei Hinzufügungen ist sinngemäß zu verfahren.

IV

11. Als Orthographiefehler (0) gilt ein Verstoß gegen die Regeln der Rechtschreibung.
    a) Als ganzer Fehler (0/) zählt ein grober Verstoß.
    b) Als halber Fehler (0-) zählt ein geringfügiger Verstoß.

    Sofern für eine Sprache in ihren verschiedenen Sprachgebieten unterschiedliche Regeln der Rechtschreibung gelten (z. B. brit. und amerik. Englisch), ist darauf zu achten, dass die Rechtschreibung jeweils einheitlich den Regeln eines Systems folgt. Verstöße hiergegen gelten als halbe Fehler.
12. Als Interpunktionsfehler (I) gilt falsche Zeichensetzung.
    a) Als ganzer Fehler (I/) zählt ein grober, sinnentstellender Verstoß.
    b) Als halber Fehler (I-) zählt ein Verstoß gegen Grundregeln.

    Im Übrigen sind Interpunktionsfehler nicht zu bewerten.
13. Bei mehreren Fehlern in einem Wort wird nur der schwerste angerechnet; mehrere halbe Fehler in einem Wort werden als ein ganzer Fehler angerechnet.

IV

16.5 Sprachlehrerinnen und -lehrer beim Bundessprachenamt und im Bereich des Auswärtigen Amtes

Vorbemerkung

Als Tätigkeit der Sprachlehrerinnen und Sprachlehrer der Entgeltgruppen 10 bis 13 gilt auch das Erarbeiten von Lehr-, Lern- oder Prüfmaterial für den Sprachunterricht.

Entgeltgruppe 15

1. Beschäftigte der Entgeltgruppe 13 Fallgruppe 1 oder 2,

   die die zentrale Lehrkräfteschulung im Bundessprachenamt verantwortlich leiten.
2. Beschäftigte der Entgeltgruppe 13 Fallgruppe 1 oder 2,

   die wissenschaftliche Grundlagen für die Entwicklung fremdsprachlichen Lehr-, Lern- und Prüfmaterials verantwortlich erarbeiten und das erstellte Material verantwortlich überprüfen.
3. Beschäftigte der Entgeltgruppe 13 Fallgruppe 1 oder 2,

   denen mindestens zehn Sprachlehrerinnen oder Sprachlehrer, davon mindestens drei mindestens der Entgeltgruppe 13 Fallgruppe 1 oder 2, ständig fachlich unterstellt sind.
4. Beschäftigte der Entgeltgruppe 13 Fallgruppe 1 oder 2,

   die die Sprachausbildung in der Akademie Auswärtiger Dienst verantwortlich leiten.

Entgeltgruppe 14

1. Beschäftigte der Entgeltgruppe 13 Fallgruppe 1 oder 2,
   denen mindestens vier Sprachlehrerinnen oder Sprachlehrer mindestens der Entgeltgruppe 12 ständig fachlich unterstellt sind.
2. Beschäftigte der Entgeltgruppe 13 Fallgruppe 1 oder 2,
   die in der zentralen Lehrkräfteschulung des Bundessprachenamts unterrichten.
3. Beschäftigte der Entgeltgruppe 13 Fallgruppe 1 oder 2,
   die zur allgemeinen Verwendung bestimmtes fremdsprachliches Lehr-, Lern- oder Prüfmaterial erarbeiten.
4. Beschäftigte der Entgeltgruppe 13 Fallgruppe 1 oder 2,
   deren Tätigkeit sich dadurch aus der Entgeltgruppe 13 Fallgruppe 1 oder 2 heraushebt, dass sie besondere Leistungen erfordert.
   (Hierzu Protokollerklärung Nr. 1)

Entgeltgruppe 13

1. Sprachlehrerinnen und Sprachlehrer mit einschlägiger abgeschlossener wissenschaftlicher Hochschulbildung und entsprechender Tätigkeit.
2. Beschäftigte der Entgeltgruppe 10,
   die durch entsprechenden Leistungsnachweis die Einarbeitungszeit beendet und Tätigkeiten der Fallgruppe 1 auszuüben haben.
   (Hierzu Protokollerklärung Nr. 2)
3. Beschäftigte der Entgeltgruppe 10,
   denen mindestens acht Sprachlehrerinnen oder Sprachlehrer ständig fachlich unterstellt sind.

Entgeltgruppe 12

1. Beschäftigte der Entgeltgruppe 10
   mit Tätigkeiten der Entgeltgruppe 13 Fallgruppe 1 während einer längstens zweijährigen Einarbeitungszeit.
   (Hierzu Protokollerklärung Nr. 2)
2. Beschäftigte der Entgeltgruppe 11 Fallgruppe 3
   mit mindestens dreijähriger Berufserfahrung,
   die vielseitig verwendbar sind.
   (Hierzu Protokollerklärung Nr. 3)

Entgeltgruppe 11

1. Beschäftigte der Entgeltgruppe 10,
   denen mindestens drei Sprachlehrerinnen oder Sprachlehrer ständig fachlich unterstellt sind.

2. Beschäftigte der Entgeltgruppe 10 mit mindestens dreijähriger Berufserfahrung in der Entgeltgruppe 10, die vielseitig verwendbar sind und

   deren Tätigkeit sich dadurch aus der Entgeltgruppe 10 heraushebt, dass sie die Lehrziele in einem standardisierten Ausbildungssystem in selbständiger Unterrichtsgestaltung erreichen.

   (Hierzu Protokollerklärungen Nrn. 3 und 4)

3. Beschäftigte der Entgeltgruppe 10,

   deren Tätigkeit sich dadurch aus der Entgeltgruppe 10 heraushebt, dass sie besondere fachsprachliche Kenntnisse oder besondere Kenntnisse in der Landeskunde vermitteln oder regelmäßig Sprachunterricht auch in einer zweiten Sprache erteilen oder für die Erstellung von Lehr-, Lern- oder Prüfmaterial unter wissenschaftlicher Anleitung eingesetzt werden.

   (Hierzu Protokollerklärung Nr. 5)

Entgeltgruppe 10

Sprachlehrerinnen und Sprachlehrer mit einschlägiger abgeschlossener Hochschulbildung sowie sonstige Beschäftigte, die aufgrund gleichwertiger Kenntnisse und ihrer Erfahrungen entsprechende Tätigkeiten ausüben.

Protokollerklärungen:

Nr. 1 Beschäftigte erbringen besondere Leistungen, wenn

a) ihnen regelmäßig Sprachlehrerinnen oder Sprachlehrer zur fachlichen Einarbeitung oder Weiterbildung zugewiesen sind,

b) sie zur allgemeinen Verwendung geeignete Unterrichtsgrundlagen entwickeln,

c) sie regelmäßig Sprachunterricht auch in einer zweiten Sprache zu erteilen haben,

d) sie regelmäßig fremdsprachliche Seminare für Statement- und Redetraining für ausländische Diplomatinnen oder Diplomaten durchführen oder

e) sie regelmäßig die fremdsprachlichen Bestandteile von Auswahlverfahren, Laufbahnprüfungen und Diplomarbeiten für den Auswärtigen Dienst verantwortlich betreuen.

Nr. 2 Auf die Einarbeitungszeit werden Zeiten entsprechender Lehrtätigkeit außerhalb des Geltungsbereiches dieses Tarifvertrages angerechnet.

Nr. 3 Vielseitige Verwendung erfordert die Fähigkeit, Sprachunterricht auf mehreren Fachgebieten des Ressorts zu erteilen.

Nr. 4 Ein standardisiertes Sprachausbildungssystem umfasst eine festgelegte Methodik und Didaktik zur Erlangung einer verwendungs- und fertigkeitsbezogenen Kommunikationsfähigkeit auf der Grundlage von einheitlichen Leistungsstufendefinitionen für die einzelnen Sprachfertigkeiten.

Nr. 5 Besondere fachsprachliche Kenntnisse oder besondere Kenntnisse in der Landeskunde sind solche, die über die bei allen Lehrkräften vorausgesetzten Kenntnisse erheblich hinausgehen.

17. Gartenbau-, landwirtschafts- und weinbautechnische Beschäftigte

Entgeltgruppe 13

Beschäftigte der Entgeltgruppe 12,
deren Tätigkeit sich durch das Maß der Verantwortung erheblich aus der Entgeltgruppe 12 heraushebt.
(Hierzu Protokollerklärungen Nrn. 1, 2 und 3)

Entgeltgruppe 12

Beschäftigte der Entgeltgruppe 11
mit mindestens dreijähriger praktischer Erfahrung,
deren Tätigkeit sich durch besondere Schwierigkeit und Bedeutung oder durch künstlerische oder Spezialaufgaben aus der Entgeltgruppe 11 heraushebt.
(Hierzu Protokollerklärungen Nrn. 1, 2 und 4)

Entgeltgruppe 11

Beschäftigte der Entgeltgruppe 10,
deren Tätigkeit sich durch besondere Leistungen aus der Entgeltgruppe 10 heraushebt.
(Hierzu Protokollerklärungen Nrn. 1, 2 und 5)

Entgeltgruppe 10

Gartenbau-, landwirtschafts- und weinbautechnische Beschäftigte aller Fachrichtungen mit einschlägiger abgeschlossener Hochschulbildung und entsprechender Tätigkeit sowie sonstige Beschäftigte, die aufgrund gleichwertiger Fähigkeiten und ihrer Erfahrungen entsprechende Tätigkeiten ausüben.
(Hierzu Protokollerklärungen Nrn. 1, 2 und 6)

Entgeltgruppe 9a

1. Beschäftigte der Entgeltgruppe 7 Fallgruppe 1,
   deren Tätigkeit sich durch den Umfang und die Bedeutung des Aufgabengebietes und große Selbständigkeit wesentlich aus der Entgeltgruppe 7 Fallgruppe 1 heraushebt.
   (Hierzu Protokollerklärungen Nrn. 7 und 8)
2. Beschäftigte der Entgeltgruppe 7 Fallgruppe 2,
   deren Tätigkeit sich durch den Umfang und die Bedeutung des Aufgabengebietes und große Selbständigkeit wesentlich aus der Entgeltgruppe 7 Fallgruppe 2 heraushebt.
   (Hierzu Protokollerklärungen Nrn. 7 und 8)

Entgeltgruppe 7

1. Beschäftigte der Entgeltgruppe 6 Fallgruppe 1

   mit Tätigkeiten, die vielseitige Fachkenntnisse und mindestens zu einem Viertel selbständige Leistungen erfordern.

   (Hierzu Protokollerklärungen Nrn. 7, 9 und 10)

2. Beschäftigte der Entgeltgruppe 6 Fallgruppe 2,

   deren Tätigkeit vielseitige Fachkenntnisse und mindestens zu einem Viertel selbständige Leistungen erfordert.

   (Hierzu Protokollerklärungen Nrn. 7, 9 und 10)

Entgeltgruppe 6

1. Staatlich geprüfte Agrarbetriebswirtinnen und -wirte sowie Beschäftigte mit abgeschlossener gleichwertiger Ausbildung mit entsprechender Tätigkeit sowie sonstige Beschäftigte, die aufgrund gleichwertiger Fähigkeiten und ihrer Erfahrungen entsprechende Tätigkeiten ausüben.

   (Hierzu Protokollerklärung Nr. 7)

2. Beschäftigte der Entgeltgruppe 5,

   die auf ihrem Fachgebiet in der technischen Beratung einfacherer Art oder bei der Durchführung von Versuchen und sonstigen Arbeiten mit entsprechendem Schwierigkeitsgrad tätig sind.

   (Hierzu Protokollerklärungen Nrn. 7 und 11)

Entgeltgruppe 5

Gartenbau-, landwirtschafts- und weinbautechnische Beschäftigte aller Fachrichtungen mit einschlägiger abgeschlossener Berufsausbildung und entsprechender Tätigkeit sowie sonstige Beschäftigte, die aufgrund gleichwertiger Fähigkeiten und ihrer Erfahrungen entsprechende Tätigkeiten ausüben.

(Hierzu Protokollerklärung Nr. 7)

Protokollerklärungen:

Nr. 1 Als Fachrichtungen der gartenbau-, landwirtschafts- und weinbautechnischen Beschäftigten mit einschlägiger abgeschlossener Hochschulbildung gelten Gartenbau, Landbau, Weinbau und ländliche Hauswirtschaft mit allen jeweiligen Fachgebieten und Untergebieten, z. B.:

In der Fachrichtung Gartenbau die Fachgebiete

Baumschulen, Blumen- und Zierpflanzenbau, Garten- und Landschaftsgestaltung, Obst- und Gemüsebau, Obst- und Gemüseverwertung, Pflanzenschutz, Samenbau u. a. oder in der Fachrichtung Landbau die Fachgebiete:

Betriebswirtschaft, Obstbau, Pflanzenbau, Pflanzenschutz, Tierhaltung und -fütterung, Tierzucht u. a.

mit den Untergebieten z. B. in der Betriebswirtschaft:

Arbeitswirtschaft, Betriebsabrechnungswesen, Kreditwesen, Landesplanung, Landtechnik, Marktwirtschaft, Raumordnung u. a.

Nr. 2 Unter dieses Tätigkeitsmerkmal fallen auch Beschäftigte, die am 31. Dezember 1990 in einem Arbeitsverhältnis gestanden haben, das am 1. Januar 1991 zu demselben Arbeitgeber fortbestanden hat, und die vor dem 1. Januar 1991 die Abschlussprüfung einer sechssemestrigen höheren Fachschule abgelegt haben oder die die Abschlussprüfung einer sechssemestrigen höheren Landfrauenschule abgelegt haben und dieser Abschlussprüfung entsprechende Tätigkeiten ausüben.

Nr. 3 Tätigkeiten im Sinne der Entgeltgruppe 13 sind z. B.:

a) Entwickeln arbeitstechnischer Verfahren in der Produktion und in der Aufbereitung der Erzeugnisse;
b) Erarbeiten von Leitbildern für die Arbeitswirtschaft und für die Mechanisierung von Betrieben oder als Muster für die Bauausführung;
c) Beratung aufgrund eigener Auswertung von Arbeitstagebüchern für schwierige Betriebsumstellungen;
d) Fortbildung oder Spezialberatung von Beratungskräften der Entgeltgruppen 9 bis 12 mehrerer Dienststellen oder vergleichbarer Beratungskräfte außerhalb des öffentlichen Dienstes oder selbständiges Ausarbeiten von Richtlinien für Einzelaufgaben dieser Beratungskräfte;
e) Ausarbeiten von Gutachten über Anträge für Förderungsmaßnahmen für schwierige umfassende Betriebsumstellungen;
f) Ausarbeiten von Vorschlägen für regionale Strukturprogramme aufgrund selbständiger Auswertung der Strukturdaten;
g) Selbständiges Bestimmen der optimalen Produktionsverfahren der verschiedenen Produktionszweige im Einzelbetrieb;
h) Ausarbeiten von allgemeinen Grundsätzen und Tabellen für die Bewertung von Wirtschaftsgütern (Werttaxen);
i) Ausarbeiten von landeskulturellen Plänen und gutachtlichen landesplanerischen und raumordnerischen Stellungnahmen größeren Umfangs;
j) Spezialtätigkeit mit besonderer Bedeutung und besonderer Schwierigkeit als Hilfskraft bei wissenschaftlichen Aufgaben;
k) Entwickeln von Leitbildern und Planungsgrundsätzen für Raum- und Einrichtungsprogramme, die als Grundlage für übergebietliche Programme dienen;
l) Leitung größerer Sachgebiete (Ämter, Abteilungen, Abschnitte oder Referate) in Gartenbauverwaltungen, wenn

   mindestens vier Beschäftigte mit Tätigkeiten mindestens

   der Entgeltgruppe 10 des Abschnitts 25 oder

   der Entgeltgruppe 9b des Teils I und

   mindestens drei Beschäftigte mit Tätigkeiten mindestens

   der Entgeltgruppe 8 der Abschnitte 18 oder 41,

   der Entgeltgruppe 6 des Teils I oder

   der Entgeltgruppe 7 dieses Abschnitts

   durch ausdrückliche Anordnung ständig unterstellt sind;
m) Ausarbeiten besonders schwieriger und umfangreicher Programme und Folgepläne im Rahmen städtebaulicher und landschaftspflegerischer Pla-

nungen, z. B. als Grundlage für Flächennutzungspläne und Bebauungspläne;

n) Selbständiges Planen und Leiten von Pflanzenschutzaktionen in Gebieten mit vielfältigen Kulturen unter schwierigen geografischen Bedingungen.

Nr. 4 Tätigkeiten im Sinne der Entgeltgruppe 12 sind z. B.:

a) Entwickeln von besonderen Methoden für die praktische Durchführung von Versuchen;

b) Erproben neuer arbeitstechnischer Verfahren in der Produktion und in der Aufbereitung der Erzeugnisse;

c) Selbständige Beratung auf besonders schwierigen Gebieten, z. B. Beratung in Umschuldungsfragen, Beratung von Siedlungsträgern oder von Fertigbauherstellern über den hauswirtschaftlichen Raumbedarf oder die Raumausstattung (Einflussnahme auf die Entwicklung neuer Bautypen mit Variationsmöglichkeiten), übergebietliche (Regierungsbezirk oder Kammerbereich) Spezialberatung;

d) Umfassende Planung und Beratung eines ländlichen Haushalts aufgrund einer Haushaltsanalyse (Stufenplan für mindestens zehn Jahre, geld- und arbeitswirtschaftliche Voranschläge);

e) Beratung aufgrund eigener Auswertung von Arbeitstagebüchern;

f) Beurteilen von Erfolgsrechnungen (Jahresabschlüssen) und Analysieren von Ergebnissen der Betriebs- bzw. Haushaltsrechnungen anhand von errechneten Kenndaten;

g) Erarbeiten von Arbeitsvoranschlägen;

h) Ausarbeiten von Vorschlägen für umfassende Förderungsmaßnahmen zur Schwerpunktbildung im Einzelbetrieb aufgrund eines Betriebsumstellungs- oder Entwicklungsplanes;

i) Selbständiges Auswerten von Strukturdaten;

j) Ausarbeiten von Vorschlägen für Strukturmaßnahmen, z. B. Beurteilung der topographischen Verhältnisse, Vorschläge für Gehöftstandorte;

k) Ermitteln der Werte von Pflanzenbeständen und des Wertes des lebenden und toten Inventars eines Gartenbau-, Landwirtschafts- oder Weinbaubetriebes;

l) Selbständiges Planen und Leiten von Pflanzenschutzaktionen;

m) Besonders schwierige Tätigkeiten als Hilfskraft bei wissenschaftlichen Aufgaben;

n) Ausarbeiten von Programmen und Folgeplänen im Rahmen städtebaulicher oder landschaftspflegerischer Planungen, z. B. als Grundlage für Flächennutzungspläne und Bebauungspläne;

o) Leitung des Abschnitts für Planungs- oder Neubau oder Pflege- und Ordnungsmaßnahmen im Grünflächenwesen oder in der Landschaftspflege, wenn der Abschnittsleitung

p) mindestens eine Beschäftigte oder ein Beschäftigter mit Tätigkeiten mindestens der Entgeltgruppe 9b des Teils I und

q) mindestens zwei Beschäftigte mit Tätigkeiten mindestens

r) der Entgeltgruppe 8 der Abschnitte 18 oder 41 oder

s) der Entgeltgruppe 6 des Teils I

t) durch ausdrückliche Anordnung ständig unterstellt sind;

u) Aufstellen oder Prüfen von Entwürfen besonders schwieriger Art (z. B. für Bezirkssportanlagen, Ausstellungsparks) einschließlich Massen und Kostenberechnungen und von Verdingungsunterlagen, deren Bearbeitung besondere Fachkenntnisse und besondere praktische Erfahrung oder künstlerische Begabung voraussetzt;

v) Selbständige Beratung im Pflanzenschutzdienst von Spezialbetrieben, die eine betriebsbezogene Arbeitsplanung zur Durchführung des integrierten Pflanzenschutzes erfordert.

Nr. 5 Tätigkeiten im Sinne der Entgeltgruppe 11 sind z. B.:

a) Selbständiges Planen und Auswerten von Versuchen und Wertprüfungen mit besonderer Schwierigkeit, z. B. mit gleichzeitig mehreren Fragestellungen (Komplexversuche) oder für landtechnische Verfahren der Innen- und Außenwirtschaft;

b) Durchführen von Versuchen und Wertprüfungen in größerem Ausmaß, wenn der oder dem Beschäftigten mehrere gartenbau-, landwirtschafts- und weinbautechnische Beschäftigte mindestens in Tätigkeiten der Entgeltgruppe 7 Fallgruppe 1 oder 2 durch ausdrückliche Anordnung ständig unterstellt sind;

c) Feststellen der Wirkung von Pflanzenschutzmitteln für das Julius-Kühn-Institut – Bundesforschungsinstitut für Kulturpflanzen (JKI);

d) Selbständige Beratung in schwierigen Bereichen des Fachgebiets der Beschäftigten, die besondere Fachkenntnisse und besondere praktische Erfahrung voraussetzt, z. B. Ausarbeiten schwieriger Wirtschaftlichkeitsrechnungen oder schwieriger Finanzierungspläne, Ausarbeiten von Arbeitsvoranschlägen nach der vereinfachten Methode;

e) Selbständige Beratung über einfachere Gemeinschaftsmaßnahmen im Rahmen der Verbesserung der Agrar-, Erzeugungs- oder Marktstruktur;

f) Beratung über Maßnahmen für den Fremdenverkehr als Betriebszweig auf dem Bauernhof;

g) Gruppenberatung durch schwierige Fachvorträge;

h) Durchführen von Erwachsenenfortbildungslehrgängen über Rationalisierung im landwirtschaftlichen Haushalt;

i) Ausarbeiten von Vorschlägen zur Durchführung einzelner Maßnahmen im Rahmen von Betriebsumstellungen;

j) Ausarbeiten von Vorschlägen für Baumaßnahmen, z. B. zur Grundrissgestaltung (Raumzuordnung und Einrichtung) für grundlegende technische Einrichtungen, z. B. zentrale Heizungs- und Warmwasserbereitungsanlagen mit Berechnungen der notwendigen Nennheizleistungen, der Wärmedämmung oder des Heizmaterialbedarfs;

k) Selbständige schwierige Erhebungen und Berechnungen für Teilaufgaben bei der Vorplanung von Flurbereinigungen oder sonstigen Maßnahmen zur Verbesserung der Agrarstruktur, z. B. Feststellen der künftigen Acker-, Grünland- und Sonderkulturflächen aufgrund der natürlichen Voraussetzungen, Feststellen von Grenzertragsböden;

l) Selbständiges Erarbeiten der betriebswirtschaftlichen Unterlagen für die Kalkulation von Produktionsverfahren;

m) Ermitteln der Werte von Wirtschaftserschwernissen bei Flächenverlusten;

n) Nachzuchtbeurteilungen für Zuchtwertschätzungen von Vatertieren, z. B. Beurteilung von Jungtieren der Besamungsbullen;

o) Selbständiges Vorbereiten von Entscheidungen im Saatenanerkennungsverfahren bei Vorstufen und Hybridsorten, bei denen verschiedene Zuchtkomponenten zu berücksichtigen sind;

p) Selbständige Planung und Organisation von Pflanzenschutz- oder Schädlingsbekämpfungsmaßnahmen, die sich auf das Gebiet einer oder mehrerer Gemeinden erstrecken, und das Überwachen ihrer Auswirkungen;

q) Herausgabe von Warnmeldungen im Pflanzenschutzdienst für den Beratungsbezirk aufgrund eigener Feststellungen, soweit das Ermitteln der biologischen Daten schwierige Methoden erfordert;
r) Tätigkeit als Hilfskraft bei wissenschaftlichen Aufgaben mit einem besonderen Maß von Verantwortlichkeit;
s) Aufstellen oder Prüfen von Entwürfen einschließlich Massen- und Kostenberechnungen oder Verdingungsunterlagen, deren Bearbeitung besondere Fachkenntnisse und besondere praktische Erfahrungen oder künstlerische Begabung voraussetzt;
t) Beaufsichtigen von Schätzerinnen oder Schätzern oder verantwortliches Schätzen der Pflanzenbestände und des Inventarbestandes von Kleingartenanlagen oder Kleinsiedlungen in schwierigen Fällen;
u) Örtliche Leitung schwieriger Gartenbau-, Landschaftsbau-, Obstbau-, Pflanzenbau-, Pflanzenschutz- oder Weinbaumaßnahmen und deren Abrechnung;
v) Selbständige Beratung über die Bekämpfung von Schädlingen, Krankheiten und Schadpflanzen im Pflanzenschutzdienst einschließlich der selbständigen Beratung über die Anwendung von Pflanzenschutzmitteln und -geräten für hochwertige Spezialkulturen.

Nr. 6 Tätigkeiten im Sinne der Entgeltgruppe 10 sind z. B.:

a) Selbständiges Planen von Versuchen nach vorgegebener Aufgabenstellung und Auswerten der Versuche nach variationsstatistischen Methoden;
b) Überwachen von mehreren gartenbau-, landwirtschafts- oder weinbautechnischen Beschäftigten in Tätigkeiten der Entgeltgruppen 5 bis 8 bei der Durchführung von Versuchen;
c) Anlage und Auswertung von Wertprüfungen;
d) Selbständige produktionstechnische Beratung auf dem Fachgebiet der oder des Beschäftigten, z. B. Ausarbeiten von Wirtschaftlichkeitsberechnungen, schwierigen Einzelplänen und Geldvoranschlägen; Beratung über einzelne Folgemaßnahmen nach Flurbereinigungen und landkulturellen Maßnahmen oder nach Betriebsumstellungen;
e) Tierzuchttechnische Beratung, z. B. Auswahl weiblicher Zuchttiere im Einzelbetrieb;
f) Gruppenberatung durch schwierige Fachvorträge auf dem Gebiet der oder des Beschäftigten;
g) Beratung in der ländlichen Hauswirtschaft, insbesondere in der Haushaltsführung, z. B. Ausarbeiten schwieriger Einzelpläne für Organisationspläne, von Plänen für Haushaltseinrichtungen einschließlich technischer Anlagen, Beratung über Vorratshaltung durch Gefrieren und Kühlen;
h) Selbständige Beratung in Gesundheits- und Ernährungsfragen;
i) Aufstellen und Prüfen von Entwürfen nicht nur einfacher Art einschließlich Massen- und Kostenberechnungen oder von Verdingungsunterlagen, Bearbeiten der damit zusammenhängenden technischen Angelegenheiten – auch im technischen Rechnungswesen;
j) Örtliche Leitung oder Mitwirken bei der Leitung von nicht nur einfachen Gartenbau-, Landschaftsbau-, Obstbau-, Pflanzenbau-, Pflanzenschutz- oder Weinbaumaßnahmen und deren Abrechnung;
k) Mitwirken bei der Vorplanung von Flurbereinigungen oder von sonstigen Maßnahmen zur Verbesserung der Agrarstruktur, z. B. Erheben und Berechnen von Daten, Beurteilung des Ist-Zustandes;
l) Selbständiges Bearbeiten von Kreditfällen, die innerhalb der Beleihungsgrenze liegen, bei landwirtschaftlichen Förderungsmaßnahmen;

m) Feststellen von betriebswirtschaftlichen Daten für die Kalkulation von Produktionsverfahren;
n) Mitwirken bei Strukturanalysen;
o) Ermitteln von Pachtpreisen für gartenbaulich, landwirtschaftlich oder weinbaulich genutzte Grundstücke;
p) Schätzen des Wertes von Pflanzenbeständen;
q) Selbständiges Vorbereiten von Entscheidungen für die Saatenanerkennung oder für die Körung von Tieren oder für die Ankörung von Obstmuttergehölzen;
r) Selbständige Beratung über die Bekämpfung von Schädlingen, Krankheiten und Schadpflanzen im Pflanzenschutzdienst einschließlich der selbständigen Beratung über die Anwendung von Pflanzenschutzmitteln und -geräten;
s) Herausgabe von Warndienstmeldungen im Pflanzenschutzdienst für den Beratungsbezirk aufgrund eigener Feststellungen, soweit das Ermitteln der biologischen Daten keine schwierigen Methoden erfordert;
t) Tätigkeit als Hilfskraft bei wissenschaftlichen Aufgaben;
u) Überwachung der Einhaltung von Vermarktungs- bzw. Qualitätsnormen verschiedener ein- und auszuführender Produkte in den Fachgebieten
   aa) Obst, Zitrus- und Südfrüchte, Gemüse, sonstige pflanzliche Erzeugnisse des Landbaus, für die andere als EG- oder deutsche Handelsklassenvorschriften bestehen, Kartoffeln sowie Schnittblumen und Blattwerk oder
   bb) Vieh und Fleisch sowie Eier und Geflügel.

Nr. 7 [1]Als Fachrichtung der gartenbau-, landwirtschafts- und weinbautechnischen Beschäftigten mit abgeschlossener einschlägiger Berufsausbildung gelten Gartenbau, Landbau, Weinbau, ländliche Hauswirtschaft mit den jeweiligen Fachgebieten und Untergebieten, z. B.:

In der Fachrichtung Gartenbau die Fachgebiete:

Baumschulen, Blumen- und Zierpflanzenbau, Landschaftsgärtnerei, Obst- und Gemüsebau, Obst- und Gemüseverwertung, Pflanzenschutz, Samenbau u. a. oder

in der Fachrichtung Landbau die Fachgebiete:

Obstbau, Pflanzenbau, Pflanzenschutz, Tierhaltung und -fütterung, Tierzucht u. a.

mit den Untergebieten z. B. in der Tierzucht:

Geflügelzucht, Pferdezucht, Rinderzucht, Schafzucht, Schweinezucht, Ziegenzucht u. a.

[2]Der einschlägigen abgeschlossenen Berufsausbildung steht eine einschlägige Gehilfenprüfung mit durchlaufener einjähriger einschlägiger Fachschule gleich.

Nr. 8 Tätigkeiten im Sinne der Entgeltgruppe 9a sind z. B.:
a) Durchführen und Auswerten schwieriger Versuche und Gegenüberstellen der Ergebnisse;
b) Überwachen der Leistungsprüfungen an Prüfstationen;
c) Durchführen von Versuchen zur Feststellung von Sorten, die zu Gefrierverfahren geeignet sind;
d) Produktionstechnische Beratung, z. B. in Spezialbetriebszweigen beim Aufbau von Erzeugerringen, Erzeugergemeinschaften oder Anbaugemeinschaften; Ausarbeiten von Einzelplänen wie Anbauplänen, Düngungsplänen, Fruchtfolgeplänen, Fütterungsplänen, Spritzplänen;
e) Mitwirken bei Gruppen- und Massenberatungen durch Fachvorträge;

f) Beratung bei der Planung von Gemeinschaftseinrichtungen für hauswirtschaftliche Zwecke;
g) Beratung bei der Einrichtung von einzelnen Wohn- und Wirtschaftsräumen;
h) Beratung in der Organisation der Vatertierhaltung;
i) Mitwirken bei Fachlehrgängen der landwirtschaftlichen Berufsausbildung und -fortbildung;
j) Selbständiges Durchführen von Feldbegehungen unter produktionstechnischen Gesichtspunkten;
k) Mitwirken bei Anerkennungsentscheidungen nach Feldbeständen bei der Saatenanerkennung;
l) Arbeitszeitfeststellungen in der ländlichen Hauswirtschaft;
m) Selbständige pflanzenbauliche Beurteilungen und Schätzungen, z. B. Bonitierungen, Schadensfeststellungen oder Identifizierungen von Sorten.

Nr. 9 Tätigkeiten im Sinne der Entgeltgruppe 7 sind z. B.:
a) Durchführen und Auswerten von einfachen Versuchen nach statistischen Methoden und Gegenüberstellen der Ergebnisse;
b) Durchführen von landtechnischen Versuchen mit Datenermittlung, z. B. Schlupf- und Zugwiderstandsmessungen, Feststellen von Ladeleistungen;
c) Durchführen von schwierigen Leistungsprüfungen, z. B. Zugleistungsprüfungen bei Pferden einschließlich Auswerten der Messdiagramme, Ultraschallmessungen bei Schweinen, Messungen am Schlachtkörper;
d) Einfache produktionstechnische oder verwertungstechnische Beratung oder Absatzberatung auf dem Fachgebiet der oder des Beschäftigten;
e) Aufnehmen des Betriebszustandes und Prüfen der Betriebsverhältnisse für die produktionstechnische Beratung;
f) Laufende Prüfung der Betriebsvorgänge einschließlich Erstellen der Betriebsberechnung;
g) Einfachere Produktionswertberechnungen;
h) Einfache Beratung in der Technik der ländlichen Hauswirtschaft;
i) Herstellen von Beratungs- und Anschauungsmaterial nach Weisung;
j) Mitwirken bei der landwirtschaftlichen Berufsausbildung und -fortbildung;
k) Mitwirken bei pflanzenbaulichen Beurteilungen und Schätzungen, z. B. Bonitierungen, Schadensfeststellungen und Identifizierung von Sorten;
l) Sortenfeststellung und Güteprüfung nach äußeren Merkmalen bei der Saatgutverkehrskontrolle;
m) Handbonitierung von Qualitätsproben nach Bewertungsschlüsseln;
n) Durchführen von Qualitätsprüfungen;
o) Mitwirken bei amtlichen Überwachungen und Anerkennungen, z. B. bei Saatgutanerkennungen oder Körungen;
p) Mitwirken beim Vollzug staatlicher Förderungsmaßnahmen;
q) Mitwirken bei der Erzeugungs- und Marktberichterstattung;
r) Ernteermittlungen;
s) Durchführen der Blattlauskontrolle in virusgefährdeten Kulturen.

Nr. 10 Die selbständigen Leistungen müssen sich auf die Tätigkeit, die der Gesamttätigkeit das Gepräge gibt, beziehen.

Nr. 11 [1]Technische Beratungen einfacherer Art sind Empfehlungen und Hinweise in produktionstechnischen Fragen nach allgemeinen Richtlinien und dazugehörige technische Berechnungen.

[2]Zur Durchführung von Versuchen und sonstigen Arbeiten mit entsprechendem Schwierigkeitsgrad gehören z. B. folgende Tätigkeiten:

a) Feststellen von Produktionsvorgängen oder Entwicklungsabläufen bei der Durchführung von einfacheren Versuchen aller Art nach Plan;
b) Beaufsichtigen oder Leiten von Arbeitsgruppen oder Arbeitskolonnen bei Versuchen nach Weisung;
c) Fachtechnische Arbeiten für Ausstellungen, Schauen, Vorführungen oder Wettbewerbe;
d) Mitwirken bei Feldbegehungen und Besichtigungsfahrten.

Niederschriftserklärung zu Teil III Abschnitt 17:

Die Tarifvertragsparteien sind sich einig, dass staatlich geprüfte Technikerinnen und Techniker der Fachrichtung Weinbau und Kellerwirtschaft nach den Tätigkeitsmerkmalen des Teils III Abschnitt 41 (staatlich geprüfte Technikerinnen und Techniker) eingruppiert sind.

18. Geprüfte Gärtnermeisterinnen und -meister

Vorbemerkung

Geprüfte Gärtnermeisterinnen und -meister sind Beschäftigte mit einschlägiger Meisterprüfung, die eine Tätigkeit in folgenden Fachgebieten ausüben: Baumschule, Friedhofsgärtnerei, Garten- und Landschaftsbau, Gemüsebau, Obstbau, Staudengärtnerei, Zierpflanzenbau.

Entgeltgruppe 9b

1. Beschäftigte der Entgeltgruppe 8,
   a) denen mehrere geprüfte Gärtnermeisterinnen oder -meister, davon mindestens eine oder einer mit Tätigkeiten mindestens der Entgeltgruppe 8, durch ausdrückliche Anordnung ständig unterstellt sind oder
   b) die regelmäßig vergleichbare Arbeitskräfte von Unternehmern einzusetzen und zu beaufsichtigen haben.
2. Beschäftigte der Entgeltgruppe 9a Fallgruppe 1,
   deren Tätigkeit sich
   a) dadurch, dass sie in einem besonders bedeutenden Arbeitsbereich mit einem höheren Maß von Verantwortlichkeit beschäftigt sind und
   b) durch den Umfang und die Bedeutung des Aufgabengebietes und große Selbständigkeit wesentlich
   aus der Entgeltgruppe 9a Fallgruppe 1 heraushebt.
   (Hierzu Protokollerklärung Nr. 1)
3. Beschäftigte der Entgeltgruppe 9a Fallgruppe 2,
   deren Tätigkeit sich durch den Umfang und die Bedeutung des Aufgabengebietes und große Selbständigkeit wesentlich
   aus der Entgeltgruppe 9a Fallgruppe 2 heraushebt.

Entgeltgruppe 9a

1. Beschäftigte der Entgeltgruppe 8,
   die besonders schwierige Arbeitsbereiche zu beaufsichtigen haben, in denen Gärtnerinnen oder Gärtner mit abgeschlossener Berufsausbildung beschäftigt werden.
   (Hierzu Protokollerklärungen Nrn. 1 und 2)
2. Beschäftigte der Entgeltgruppe 8,
   die in einem besonders bedeutenden Arbeitsbereich mit einem höheren Maß von Verantwortlichkeit beschäftigt sind.
   (Hierzu Protokollerklärung Nr. 1)

Entgeltgruppe 8

Geprüfte Gärtnermeisterinnen und -meister mit entsprechender Tätigkeit.

Protokollerklärungen:

Nr. 1 Arbeitsbereiche im Sinne dieses Tätigkeitsmerkmals sind z. B. Betriebsstätten.

Nr. 2 Besonders schwierige Arbeitsbereiche im Sinne dieses Tätigkeitsmerkmals sind solche, die erheblich über den normalen Schwierigkeitsgrad hinausgehen.

19. Beschäftigte in der Instandhaltung und Bedienung von Gebäude- und Betriebstechnik

Vorbemerkungen

1. Anlagen der Gebäude- und Betriebstechnik sind z. B. Abwasser-, Wasser-, Gas-, Kälte-, Wärmeversorgungsanlagen, Lufttechnische Anlagen, Nieder- und Mittelspannungsanlagen und sicherheitstechnische Anlagen.
2. Das Instandhalten von Anlagen umfasst die Wartung, Inspektion und Instandsetzung.

Entgeltgruppe 9a

1. Beschäftigte der Entgeltgruppe 8 Fallgruppe 1 mit einer zusätzlichen fachlichen Fortbildung in der Mess-, Steuer- und Regelungstechnik,

   die bei Bedarf die Regelungstechnik programmieren.

   (Hierzu Protokollerklärungen Nrn. 1 und 2)
2. Beschäftigte der Entgeltgruppe 8 Fallgruppe 3 mit einer zusätzlichen fachlichen Fortbildung,

   die in großen Arbeitsstätten mit zentraler Gebäude- und Betriebstechnik komplizierte Anlagen instand halten, die Betriebsbereitschaft gewährleisten und in der Lage sind, die Regelung und Steuerung der Anlagen technischen Änderungen anzupassen.

   (Hierzu Protokollerklärungen Nrn. 2 und 3)

Entgeltgruppe 8

1. Beschäftigte der Entgeltgruppe 7 Fallgruppe 1 oder 2,

   die Anlagen der zentralen Gebäude- und Betriebstechnik bedienen und instand halten und bei Bedarf die Regelungstechnik IT-gestützt parametrieren.

   (Hierzu Protokollerklärungen Nrn. 1 und 3)
2. Beschäftigte der Entgeltgruppe 7 Fallgruppe 1 oder 2 mit einer zusätzlichen fachlichen Fortbildung in der Mess-, Steuer- und Regelungstechnik,

   die Anlagen der Gebäude- und Betriebstechnik bedienen und instand halten und bei Bedarf die Regelungstechnik programmieren.

   (Hierzu Protokollerklärung Nr. 1)
3. Beschäftigte der Entgeltgruppe 7 Fallgruppe 2,

   die neben der Beaufsichtigung oder Wartung von Regelanlagen zur Steuerung angeschlossener Unterzentralen besonders schwierige Instandsetzungen durchführen.

IV

Entgeltgruppe 7

1. Beschäftigte der Entgeltgruppe 6,
   die bei Bedarf die Regelungstechnik parametrieren (auch IT-gestützt).
   (Hierzu Protokollerklärung Nr. 1)
2. Beschäftigte der Entgeltgruppe 6,
   die an umfangreichen Anlagen der Gebäude- und Betriebstechnik schwierige Instandsetzungen selbständig durchführen.

Entgeltgruppe 6

Beschäftigte mit einschlägiger abgeschlossener Berufsausbildung und anlagenspezifischem Sachkundenachweis,

die Anlagen der Gebäude- und Betriebstechnik bedienen und instand halten, für deren Betrieb ein entsprechender Sachkundenachweis Voraussetzung ist.

Protokollerklärungen:

Nr. 1 Das Parametrieren oder Programmieren setzt voraus, dass in die Regelungstechnik eingegriffen wird. Dabei sind mit einer bestehenden Software regelungstechnische Anpassungen und Erweiterungen durchzuführen.

Nr. 2 Die zusätzliche fachliche Fortbildung wird auch durch einen Meisterbrief erfüllt.

Nr. 3 Zentrale Gebäude- und Betriebstechnik ist eine Vernetzung verschiedener Anlagen der Gebäude- und Betriebstechnik, die durch eine zentrale Gebäudeautomation (Gebäudeleittechnik) gesteuert werden.

20. Geschäftsstellenverwalterinnen und -verwalter, Beschäftigte in Serviceeinheiten sowie Justizhelferinnen und -helfer bei Gerichten und Staatsanwaltschaften

Entgeltgruppe 9a

1. Beschäftigte der Entgeltgruppe 5
   mit schwierigen Tätigkeiten.
   (Hierzu Protokollerklärung Nr. 1)
2. Beschäftigte der Entgeltgruppe 6 Fallgruppe 3
   mit schwierigen Tätigkeiten.
   (Hierzu Protokollerklärung Nr. 1)

Entgeltgruppe 8

1. Beschäftigte der Entgeltgruppe 5
   mit mindestens zu einem Drittel schwierigen Tätigkeiten.
   (Hierzu Protokollerklärung Nr. 1)
2. Beschäftigte der Entgeltgruppe 6 Fallgruppe 3
   mit mindestens zu einem Drittel schwierigen Tätigkeiten.
   (Hierzu Protokollerklärung Nr. 1)

Entgeltgruppe 6

1. Beschäftigte der Entgeltgruppe 5
   mit mindestens zu einem Fünftel schwierigen Tätigkeiten.
   (Beschäftigte in dieser Fallgruppe erhalten eine Entgeltgruppenzulage gemäß § 17 Nr. 1.)
   (Hierzu Protokollerklärungen Nrn. 1 und 2)
2. Beschäftigte der Fallgruppe 3
   mit mindestens zu einem Fünftel schwierigen Tätigkeiten.
   (Beschäftigte in dieser Fallgruppe erhalten eine Entgeltgruppenzulage gemäß § 17 Nr. 1.)
   (Hierzu Protokollerklärungen Nrn. 1 und 2)
3. Beschäftigte in Serviceeinheiten bei Gerichten oder Staatsanwaltschaften.
   (Hierzu Protokollerklärung Nr. 3)

Entgeltgruppe 5

Geschäftsstellenverwalterinnen und -verwalter bei Gerichten oder Staatsanwaltschaften.
(Hierzu Protokollerklärung Nr. 4)

Entgeltgruppe 3

Justizhelferinnen und -helfer.

(Hierzu Protokollerklärung Nr. 5)

Protokollerklärungen:

Nr. 1 Schwierige Tätigkeiten im Sinne dieses Tätigkeitsmerkmals sind z. B.:

a) die Anordnung von Zustellungen, die Ladung von Amts wegen, die Heranziehung und die Vermittlung von Zustellungen im Parteibetrieb, die Heranziehung und die Ladung der ehrenamtlichen Richterinnen und Richter, die Besorgung der öffentlichen Zustellung und Ladung;

b) die Erteilung von Rechtskraft- und Notfristzeugnissen sowie die Erteilung von Vollstreckungsklauseln, die Vollstreckbarkeitsbescheinigung in Strafsachen;

IV

c) die Aufgaben nach den Anordnungen über die Erhebung von statistischen Daten und der Mitteilung an das Bundeszentralregister, das Gewerbezentralregister und das Kraftfahrtbundesamt;

d) die Aufgaben der Kostenbeamtin oder des Kostenbeamten, die Aufgaben der Geschäftsstelle bei der Bewilligung von Prozesskostenbeihilfe mit Zahlungsbestimmung, die Festsetzung und Anweisung der den Zeuginnen und Zeugen, Sachverständigen und ehrenamtlichen Richterinnen und Richtern sowie den Beteiligten zu gewährenden Entschädigungen (einschl. etwaiger Vorschüsse);

e) die Aufgaben als Urkundsbeamtin oder Urkundsbeamter der Geschäftsstellen bei den obersten Gerichtshöfen des Bundes und beim Generalbundesanwalt;

f) die unterschriftsreife Vorbereitung von Beschlüssen und Verfügungen sowie die Anordnungen für Richterinnen und Richter, Staatsanwältinnen und Staatsanwälte sowie Rechtspflegerinnen und Rechtspfleger, die Vorprüfung von Klagen und Anschuldigungsschriften, Anträgen sowie Rechtsmitteln und Rechtsbehelfen in Gerichtsverfahren (z. B Spruchkörperzuständigkeit, Ermittlung des Berichterstatters, Fristwahrung, Beweisangebote in patentgerichtlichen Verfahren), die Überprüfung fristgebundener Gebührenzahlungen in patentgerichtlichen Verfahren;

g) die Beantwortung von Sachstandsanfragen und Auskunftsersuchen formeller Art sowie die Überwachung von Akteneinsichten in patentgerichtlichen Verfahren.

Nr. 2 Das Tätigkeitsmerkmal ist auch erfüllt, wenn die schwierigen Tätigkeiten zusammen mit der selbständigen Fertigung von Inhaltsprotokollen in Strafsachen mindestens 35 v. H. der Gesamttätigkeit ausmachen.

Nr. 3 Beschäftigte in Serviceeinheiten bei Gerichten oder Staatsanwaltschaften sind Beschäftigte, die die Ausbildung nach der Verordnung über die Berufsausbildung zum Justizfachangestellten/zur Justizfachangestellten vom 26. Januar 1998 (BGBl. I S. 195) erfolgreich abgeschlossen haben und Aufgaben des mittleren Justizdienstes bzw. der entsprechenden Qualifikationsebene und der Justizfachangestellten (z. B. Geschäftsstellentätigkeit, Protokollführung, Assistenztätigkeiten) ganzheitlich bearbeiten, sowie sonstige Beschäftigte, die aufgrund gleichwertiger Fähigkeiten und ihrer Erfahrungen entsprechende Tätigkeiten in Serviceeinheiten ausüben.

Nr. 4 Geschäftsstellenverwalterinnen und -verwalter sind Beschäftigte, die Schriftgut verwalten und mindestens zu einem Drittel ihrer Gesamttätigkeit die sonstigen, in den Geschäftsordnungen für die Gerichte und Staatsanwaltschaften für ihr

Arbeitsgebiet dem mittleren Dienst bzw. der entsprechenden Qualifikationsebene zugewiesenen Tätigkeiten wahrnehmen.

Nr. 5 Justizhelferinnen und -helfer sind Beschäftigte bei den Gerichten und Staatsanwaltschaften, die die Aufgaben einer Justizwachtmeisterin oder eines Justizwachtmeisters erfüllen (insbesondere auch Sitzungs- und Vorführdienst).

21. Beschäftigte in Gesundheitsberufen

Vorbemerkung

Die Bezeichnungen	umfassen auch
Audiologie-Assistentinnen und -Assistenten	Audiometristinnen und Audiometristen
Ergotherapeutinnen und -therapeuten	Beschäftigungstherapeutinnen und -therapeuten
Masseurinnen und medizinische Bademeisterinnen und Masseure und medizinische Bademeister	Masseurinnen und Masseure
Medizinische Fachangestellte	Arzthelferinnen und Arzthelfer
Pharmazeutisch-kaufmännische Angestellte	Apothekenhelferinnen und -helfer
Physiotherapeutinnen und -therapeuten	Krankengymnastinnen und Krankengymnasten
Präparationstechnische Assistentinnen und Assistenten	Dermoplastikerinnen und Dermoplastiker, Moulageurinnen und Moulageure, Biologiemodellmacherinnen und -modellmacher
Zahnmedizinische Fachangestellte	Zahnärztliche Helferinnen und Helfer

IV

21.1 Audiologie-Assistentinnen und -Assistenten

Entgeltgruppe 9b

1. Beschäftigte der Entgeltgruppe 7,

   die als Hilfskräfte bei wissenschaftlichen Forschungsaufgaben mit einem besonders hohen Maß von Verantwortlichkeit tätig sind.

2. Beschäftigte der Entgeltgruppe 7,

   die mindestens zur Hälfte eine oder mehrere der folgenden Aufgaben erfüllen:

   - Gehörprüfungen bei Säuglingen oder schwersterkrankten Patientinnen oder Patienten,
   - Durchführung des Hörtrainings nach Cochlea-Implantationen,
   - Mitwirkung bei der BAHA- oder Soundbridge-Versorgung, Hörtraining nach der Versorgung mit BAHA- oder Soundbridge-Implantaten,
   - spezifische Diagnostik (z. B. BERA-Untersuchung) während Operationen.

Entgeltgruppe 9a

Beschäftigte der Entgeltgruppe 7,
die schwierige Aufgaben erfüllen.
(Hierzu Protokollerklärung)

Entgeltgruppe 8

Beschäftigte der Entgeltgruppe 7,
die mindestens zu einem Viertel schwierige Aufgaben erfüllen.
(Hierzu Protokollerklärung)

Entgeltgruppe 7

Audiologie-Assistentinnen und -Assistenten mit staatlicher Anerkennung oder mit mindestens zweijähriger Fachausbildung an Universitätskliniken oder medizinischen Akademien und entsprechender Tätigkeit.

Entgeltgruppe 5

Beschäftigte in der Tätigkeit von Audiologie-Assistentinnen und -Assistenten.

Protokollerklärung:

Schwierige Aufgaben sind z. B. Fertigung von Sprach-, Spiel- und Reflexaudiogrammen, Gehörprüfung bei Kleinkindern oder geistig behinderten Patientinnen oder Patienten sowie Gehörgeräteanpassung und Gehörerziehung – Hörtraining – bei Kleinkindern.

21.2 Desinfektorinnen und Desinfektoren, Gesundheitsaufseherinnen und -aufseher sowie Beschäftigte in der Medizinprodukteaufbereitung

Entgeltgruppe 9a

1. Beschäftigte der Entgeltgruppe 4

   als Leiterinnen oder Leiter des technischen Betriebes von Desinfektionsanstalten,

   denen mindestens 18 Desinfektorinnen oder Desinfektoren mit Prüfung durch ausdrückliche Anordnung ständig unterstellt sind.

   (Hierzu Protokollerklärung Nr. 1)
2. Beschäftigte der Entgeltgruppe 6 Fallgruppe 4,

   denen mindestens fünf Gesundheitsaufseherinnen oder -aufseher oder Beschäftigte in der Tätigkeit von Gesundheitsaufseherinnen oder -aufsehern durch ausdrückliche Anordnung ständig unterstellt sind.

   (Hierzu Protokollerklärung Nr. 2)

3. Beschäftigte der Entgeltgruppe 6 Fallgruppe 4,
   die schwierige Aufgaben erfüllen.
   (Hierzu Protokollerklärungen Nrn. 2 und 3)

Entgeltgruppe 8

1. Beschäftigte der Entgeltgruppe 4
   als Leiterinnen oder Leiter des technischen Betriebes von Desinfektionsanstalten,
   denen mindestens neun Desinfektorinnen oder Desinfektoren mit Prüfung durch ausdrückliche Anordnung ständig unterstellt sind.
   (Hierzu Protokollerklärung Nr. 1)

2. Beschäftigte der Entgeltgruppe 4
   als ausdrücklich bestellte ständige Vertreterinnen oder Vertreter von Leiterinnen oder Leitern des technischen Betriebes von Desinfektionsanstalten,
   denen mindestens 18 Desinfektorinnen oder Desinfektoren mit Prüfung durch ausdrückliche Anordnung ständig unterstellt sind.
   (Hierzu Protokollerklärung Nr. 1)
3. Beschäftigte der Entgeltgruppe 6 Fallgruppe 4,
   denen mindestens zwei Gesundheitsaufseherinnen oder -aufseher oder Beschäftigte in der Tätigkeit von Gesundheitsaufseherinnen oder -aufsehern durch ausdrückliche Anordnung ständig unterstellt sind.
   (Hierzu Protokollerklärung Nr. 2)
4. Beschäftigte der Entgeltgruppe 6 Fallgruppe 4,
   die in nicht unerheblichem Umfange schwierige Aufgaben im gesamten Aufgabenbereich einer Gesundheitsaufseherin oder eines Gesundheitsaufsehers erfüllen.
   (Hierzu Protokollerklärungen Nrn. 2 und 3)
5. Leiterinnen oder Leiter von Aufbereitungseinheiten für Medizinprodukte.
   (Hierzu Protokollerklärung Nr. 4)

Entgeltgruppe 6

1. Beschäftigte der Entgeltgruppe 4
   als ausdrücklich bestellte ständige Vertreterinnen und Vertreter von Leiterinnen und Leitern des technischen Betriebes von Desinfektionsanstalten,
   denen mindestens neun Desinfektorinnen oder Desinfektoren mit Prüfung durch ausdrückliche Anordnung ständig unterstellt sind.
   (Hierzu Protokollerklärung Nr. 1)

2. Beschäftigte der Entgeltgruppe 4,

   denen mindestens vier Desinfektorinnen oder Desinfektoren mit Prüfung durch ausdrückliche Anordnung ständig unterstellt sind.
3. Beschäftigte der Entgeltgruppe 4,

   die mindestens zu einem Viertel Aufsichtstätigkeit bei Begasungen mit hochgiftigen Stoffen auf Schiffen, schwimmenden Geräten oder an Land in Gebäuden, Silos, Containern oder Waggons ausüben.
4. Gesundheitsaufseherinnen und -aufseher mit Prüfung und entsprechender Tätigkeit.

   (Hierzu Protokollerklärung Nr. 2)
5. Beschäftigte der Entgeltgruppe 5 Fallgruppe 2,

   denen mindestens fünf Beschäftigte dieses Unterabschnitts durch ausdrückliche Anordnung ständig unterstellt sind.

Entgeltgruppe 5

1. Beschäftigte der Entgeltgruppe 4,

   denen mindestens zwei Desinfektorinnen oder Desinfektoren mit Prüfung durch ausdrückliche Anordnung ständig unterstellt sind.
2. Fachkräfte für Medizinprodukteaufbereitung mit entsprechender Tätigkeit sowie sonstige Beschäftigte, die aufgrund gleichwertiger Fähigkeiten und ihrer Erfahrungen entsprechende Tätigkeiten ausüben.

Entgeltgruppe 4

1. Desinfektorinnen und Desinfektoren mit Prüfung und entsprechender Tätigkeit.
2. Beschäftigte in Aufbereitungseinheiten für Medizinprodukte mit Fachkunde I und II.

Entgeltgruppe 3

1. Desinfektionshelferinnen und -helfer.
2. Beschäftigte in der Tätigkeit von Gesundheitsaufseherinnen und -aufsehern.

   (Hierzu Protokollerklärung Nr. 2)
3. Beschäftigte in Aufbereitungseinheiten für Medizinprodukte.

Protokollerklärungen:

Nr. 1 Zu den Desinfektionsanstalten rechnen auch entsprechende Einrichtungen mit anderer Bezeichnung.

Nr. 2 Beschäftigte, die die Tätigkeit einer Gesundheitsaufseherin oder eines -aufsehers ausüben und die Prüfung als Gesundheitsaufseherin oder -aufseher deshalb nicht abgelegt haben, weil in dem betreffenden Land eine Prüfungsmöglichkeit für Gesundheitsaufseherinnen und -aufseher nicht besteht, sind nach den Tätigkeitsmerkmalen für Gesundheitsaufseherinnen und -aufseher mit Prüfung eingruppiert.

Nr. 3 [1]Schwierige Aufgaben sind z. B. die Begutachtung von Flächennutzungsplänen und die Begutachtung von großen Bauvorhaben mit noch nicht gesicherter Wasserversorgung und Abwässerbeseitigung. [2]Zur Erfüllung der schwierigen Aufgaben gehört auch, dass die Gesundheitsaufseherin oder der Gesundheitsaufseher den Sachverhalt bewertet, daraus die notwendigen Folgerungen zieht und die hiermit zusammenhängenden Berichte, Gutachten und sonstigen Schreiben entwirft.

Nr. 4 Voraussetzung für die Leitung einer Aufbereitungseinheit für Medizinprodukte (AEMP) ist eine erfolgreich abgeschlossene Weiterbildung für das Fachgebiet „Leitung einer AEMP". Dieser Managementlehrgang umfasst mindestens 720 Stunden aufgeteilt in Module.

21.3 Diätassistentinnen und -assistenten

IV

Entgeltgruppe 9b

1. Beschäftigte der Entgeltgruppe 7
   als Leiterinnen oder Leiter von Diätküchen, die für die Versorgung von durchschnittlich täglich mindestens 400 Personen mit Diätverpflegung verantwortlich sind.
   (Hierzu Protokollerklärung Nr. 1)
2. Beschäftigte der Entgeltgruppe 7 mit zusätzlicher Ausbildung als Ernährungsberaterin oder -berater und entsprechender Tätigkeit.

Entgeltgruppe 9a

1. Beschäftigte der Entgeltgruppe 7
   als Leiterinnen oder Leiter von Diätküchen, die für die Versorgung von durchschnittlich täglich mindestens 200 Personen mit Diätverpflegung verantwortlich sind.
   (Hierzu Protokollerklärung Nr. 1)
2. Beschäftigte der Entgeltgruppe 7
   als durch ausdrückliche Anordnung bestellte ständige Vertreterinnen oder Vertreter von Leiterinnen oder Leitern von Diätküchen, die für die Versorgung von durchschnittlich täglich mindestens 400 Personen mit Diätverpflegung verantwortlich sind.
   (Hierzu Protokollerklärung Nr. 1)
3. Beschäftigte der Entgeltgruppe 7,
   die schwierige Aufgaben erfüllen.
   (Hierzu Protokollerklärung Nr. 2)

Entgeltgruppe 8

1. Beschäftigte der Entgeltgruppe 7,
   als durch ausdrückliche Anordnung bestellte ständige Vertreterinnen oder Vertreter von Leiterinnen oder Leitern von Diätküchen, die für die Versorgung von durchschnittlich täglich mindestens 200 Personen mit Diätverpflegung verantwortlich sind.
   (Hierzu Protokollerklärung Nr. 1)

2. Beschäftigte der Entgeltgruppe 7
   als Diätküchenleiterin oder -leiter.
   (Hierzu Protokollerklärungen Nrn. 1 und 3)
3. Beschäftigte der Entgeltgruppe 7,
   die mindestens zu einem Viertel schwierige Aufgaben erfüllen.
   (Hierzu Protokollerklärung Nr. 2)

Entgeltgruppe 7

Diätassistentinnen und -assistenten mit entsprechender Tätigkeit.

Entgeltgruppe 5

Beschäftigte in der Tätigkeit von Diätassistentinnen und -assistenten.

IV

Protokollerklärungen:

Nr. 1 [1]Diätküchen können auch unselbständige Teile einer Großküche sein. [2]Zu den Diätküchen zählen auch die Diätmilchküchen. [3]Schonkost ist keine Diätkost.

Nr. 2 Schwierige Aufgaben sind z. B.:
- a) Diätberatung von einzelnen Patientinnen oder Patienten,
- b) selbständige Durchführung von Ernährungserhebungen,
- c) Mitarbeit bei Grundlagenforschung im Fachbereich klinische Ernährungslehre,
- d) Herstellung und Berechnung spezifischer Diätformen bei dekompensierten Leberzirrhosen, Niereninsuffizienz, Hyperlipidämien,
- e) Stoffwechsel-Bilanz-Studien,
- f) Maldigestion und Malabsorption nach Shunt-Operationen,
- g) Kalzium-Test-Diäten,
- h) spezielle Anfertigung von Sondenernährung für Patientinnen oder Patienten auf Intensiv- und Wachstationen.

Nr. 3 In den Ländern, in denen eine staatliche Anerkennung als Diätküchenleiterin oder Diätküchenleiter nicht erfolgt, gilt das Tätigkeitsmerkmal als erfüllt, wenn sich die Diätassistentin oder der Diätassistent drei Jahre als Diätküchenleiterin oder -leiter bewährt hat.

21.4 Ergotherapeutinnen und -therapeuten

Entgeltgruppe 9b

1. Beschäftigte der Entgeltgruppe 7,
   denen mindestens zwei Beschäftigte dieses Unterabschnitts durch ausdrückliche Anordnung ständig unterstellt sind.
2. Beschäftigte der Entgeltgruppe 7,
   die mindestens zur Hälfte folgende Aufgabe erfüllen:
   Ergotherapie bei Patientinnen oder Patienten mit Demenz.

Entgeltgruppe 9a

Beschäftigte der Entgeltgruppe 7,
die schwierige Aufgaben erfüllen.
(Hierzu Protokollerklärung)

Entgeltgruppe 8

Beschäftigte der Entgeltgruppe 7,
die mindestens zu einem Viertel schwierige Aufgaben erfüllen.
(Hierzu Protokollerklärung)

Entgeltgruppe 7

Ergotherapeutinnen und -therapeuten mit entsprechender Tätigkeit.

Entgeltgruppe 5

Beschäftigte in der Tätigkeit von Ergotherapeutinnen und -therapeuten.

Protokollerklärung:

Schwierige Aufgaben sind z. B. Beschäftigungstherapie bei Querschnittslähmungen, in Kinderlähmungsfällen, mit spastisch Gelähmten, in Fällen von Dysmelien, in der Psychiatrie oder Geriatrie.

21.5 Lehrkräfte in Gesundheitsberufen

Entgeltgruppe 10

Beschäftigte der Entgeltgruppe 9b Fallgruppe 1
als Erste Lehrkräfte.
(Hierzu Protokollerklärung)

Entgeltgruppe 9b

1. Audiologie-Assistentinnen und -Assistenten, Diätassistentinnen und -assistenten, Ergotherapeutinnen und -therapeuten, Logopädinnen und Logopäden, Medizinisch-technische Assistentinnen und Assistenten, Orthoptistinnen und Orthoptisten, Pharmazeutisch-technische Assistentinnen und Assistenten, Physiotherapeutinnen und -therapeuten,
   die als Lehrkräfte an entsprechenden Schulen eingesetzt sind.
2. Beschäftigte der Entgeltgruppe 9a
   als Erste Lehrkräfte.
   (Hierzu Protokollerklärung)

Entgeltgruppe 9a

Masseurinnen und medizinische Bademeisterinnen und Masseure und medizinische Bademeister sowie Physiotherapeutinnen und -therapeuten,
die als Lehrkräfte an Schulen für Masseurinnen und medizinische Bademeisterinnen und Masseure und medizinische Bademeister eingesetzt sind.

Protokollerklärung:

Erste Lehrkräfte sind Lehrkräfte, denen auch die Leitungsaufgaben der Schule unter der Verantwortung der Leiterin oder des Leiters der Schule durch ausdrückliche Anordnung übertragen sind.

21.6 Logopädinnen und Logopäden

Entgeltgruppe 9b

Beschäftigte der Entgeltgruppe 6,
die als Hilfskräfte bei wissenschaftlichen Forschungsaufgaben mit einem besonders hohen Maß von Verantwortlichkeit tätig sind.

Entgeltgruppe 9a

Beschäftigte der Entgeltgruppe 6,
die schwierige Aufgaben erfüllen.
(Hierzu Protokollerklärung)

Entgeltgruppe 8

Beschäftigte der Entgeltgruppe 6,
die mindestens zu einem Viertel schwierige Aufgaben erfüllen.
(Hierzu Protokollerklärung)

Entgeltgruppe 6

Logopädinnen und Logopäden mit entsprechender Tätigkeit.

Entgeltgruppe 4

Beschäftigte in der Tätigkeit von Logopädinnen und Logopäden.

Protokollerklärung:

Schwierige Aufgaben sind z. B. die Behandlung von Kehlkopflosen, von Patientinnen oder Patienten nach Schlaganfällen oder Gehirnoperationen, von Patientinnen oder Patienten mit Intelligenzminderungen, von Aphasiepatientinnen oder -patienten, von Patientinnen oder Patienten mit spastischen Lähmungen im Bereich des Sprachapparates.

21.7 Masseurinnen und medizinische Bademeisterinnen und Masseure und medizinische Bademeister

Entgeltgruppe 9a

Beschäftigte der Entgeltgruppe 5,
denen mindestens acht Beschäftigte dieses Unterabschnitts durch ausdrückliche Anordnung ständig unterstellt sind.

Entgeltgruppe 8

1. Beschäftigte der Entgeltgruppe 5,
   denen mindestens vier Beschäftigte dieses Unterabschnitts durch ausdrückliche Anordnung ständig unterstellt sind.
2. Beschäftigte der Entgeltgruppe 6 Fallgruppe 1,
   die schwierige Aufgaben erfüllen.
   (Hierzu Protokollerklärung)

Entgeltgruppe 6

1. Beschäftigte der Entgeltgruppe 5,
   denen mindestens zwei Beschäftigte dieses Unterabschnitts durch ausdrückliche Anordnung ständig unterstellt sind.
2. Beschäftigte der Entgeltgruppe 5,
   die mindestens zu einem Viertel schwierige Aufgaben erfüllen.
   (Hierzu Protokollerklärung)

Entgeltgruppe 5

Masseurinnen und medizinische Bademeisterinnen und Masseure und medizinische Bademeister mit entsprechender Tätigkeit.

Entgeltgruppe 3

Beschäftigte in der Tätigkeit von Masseurinnen und medizinischen Bademeisterinnen und Masseuren und medizinischen Bademeistern.

Protokollerklärung:

Schwierige Aufgaben sind z. B. Verabreichung von Kohlensäure- oder Sauerstoffbädern bei Herz- und Kreislaufbeschwerden, Massage- oder Bäderbehandlung nach Schlaganfällen oder bei Kinderlähmung, Massagebehandlung von Frischoperierten.

21.8 Medizinische Fachangestellte und zahnmedizinische Fachangestellte

Entgeltgruppe 8

1. Beschäftigte der Entgeltgruppe 5,
   denen mindestens zehn Beschäftigte der Entgeltgruppe 5 dieses Unterabschnitts durch ausdrückliche Anordnung ständig unterstellt sind.
2. Fachwirtinnen und -wirte für ambulante medizinische Versorgung mit entsprechender Tätigkeit.

Entgeltgruppe 7

Beschäftigte der Entgeltgruppe 5 Fallgruppe 1, die eigenverantwortlich Heilfürsorgeangelegenheiten bearbeiten und das Personal der Teileinheit G-Kartei/Heilfürsorge führen, beaufsichtigen und anleiten.

Entgeltgruppe 6

1. Beschäftigte der Entgeltgruppe 5,
   die schwierige Aufgaben erfüllen.
   (Hierzu Protokollerklärung)
2. Beschäftigte der Entgeltgruppe 5 Fallgruppe 2,
   denen mindestens fünf Beschäftigte der Entgeltgruppe 5 Fallgruppe 2 dieses Unterabschnitts durch ausdrückliche Anordnung ständig unterstellt sind.

Entgeltgruppe 5

1. Medizinische Fachangestellte mit entsprechender Tätigkeit.
2. Zahnmedizinische Fachangestellte mit entsprechender Tätigkeit.

Protokollerklärung:

Schwierige Aufgaben sind z. B. Patientenabrechnungen im stationären und ambulanten Bereich, Durchführung von Elektro-Kardiogrammen mit allen Ableitungen, Einfärben von cytologischen Präparaten oder gleich schwierige Einfärbungen, Durchführen zahnmedizinisch-spezifischer diagnostischer, präventiver und therapeutischer Maßnahmen, z. B. Zahnprophylaxe.

21.9 Medizinisch-technische Assistentinnen und Assistenten sowie medizinisch-technische Gehilfinnen und Gehilfen

IV

Entgeltgruppe 10

Leitende medizinisch-technische Assistentinnen und Assistenten,

denen mindestens 16 Beschäftigte dieses Unterabschnitts durch ausdrückliche Anordnung ständig unterstellt sind.

(Hierzu Protokollerklärung Nr. 1)

Entgeltgruppe 9b

1. Beschäftigte der Entgeltgruppe 7,

   denen mindestens zwei Beschäftigte dieses Unterabschnitts durch ausdrückliche Anordnung ständig unterstellt sind.
2. Beschäftigte der Entgeltgruppe 7,

   die als Hilfskräfte bei wissenschaftlichen Forschungsaufgaben mit einem besonders hohen Maß von Verantwortlichkeit tätig sind.

   (Hierzu Protokollerklärung Nr. 2)
3. Beschäftigte der Entgeltgruppe 7,

   die mindestens zur Hälfte eine oder mehrere Aufgaben der Entgeltgruppe 9a erfüllen.

Entgeltgruppe 9a

Beschäftigte der Entgeltgruppe 7,

die mindestens zu einem Viertel eine oder mehrere der folgenden Aufgaben erfüllen:

a) Wartung und Justierung von hochwertigen und schwierig zu bedienenden Messgeräten (z. B. Autoanalyzern) und Anlage der hierzu gehörenden Eichkurven, Bedienung eines Elektronenmikroskops sowie Vorbereitung der Präparate für Elektronenmikroskopie;

b) Quantitative Bestimmung von Kupfer und Eisen, Bestimmung der Eisenbindungskapazität, schwierige Hormonbestimmungen, schwierige Fermentaktivitätsbestimmungen, schwierige gerinnungsphysiologische Untersuchungen;

c) Virusisolierungen oder ähnliche schwierige mikrobiologische Verfahren, Gewebezüchtungen, schwierige Antikörperbestimmungen (z. B. Coombs-Test, Blutgruppen-Serologie);

d) Vorbereitung und Durchführung von röntgenologischen Gefäßuntersuchungen in der Schädel-, Brust- oder Bauchhöhle;

e) Mitwirkung bei Herzkatheterisierungen, Schichtaufnahmen in den drei Dimensionen mit Spezialgeräten, Enzephalografien, Ventrikulografien, schwierigen intraoperativen Röntgenaufnahmen.

Entgeltgruppe 8

Beschäftigte der Entgeltgruppe 7,

die mindestens zu einem Viertel schwierige Aufgaben erfüllen.

(Hierzu Protokollerklärung Nr. 3)

Entgeltgruppe 7

Medizinisch-technische Assistentinnen und Assistenten mit entsprechender Tätigkeit.

Entgeltgruppe 6

Beschäftigte der Entgeltgruppe 4,

die mindestens zu einem Viertel schwierige Aufgaben erfüllen, soweit diese nicht den medizinisch-technischen Assistentinnen und Assistenten vorbehalten sind.

(Hierzu Protokollerklärungen Nr. 3)

Entgeltgruppe 4

Medizinisch-technische Gehilfinnen und Gehilfen mit staatlicher Prüfung nach zweisemestriger Ausbildung und mit entsprechender Tätigkeit sowie sonstige Beschäftigte, die aufgrund gleichwertiger Fähigkeiten und ihrer Erfahrungen entsprechende Tätigkeiten ausüben.

Protokollerklärungen:

Nr. 1 Leitende medizinisch-technische Assistentinnen und Assistenten im Sinne dieses Tätigkeitsmerkmals sind Assistentinnen und Assistenten, denen unter der Verantwortung einer Ärztin oder eines Arztes für eine Laboratoriumsabteilung oder für eine radiologische Abteilung insbesondere die Arbeitseinteilung, die Überwachung des Arbeitsablaufs und der Arbeitsausführung durch ausdrückliche Anordnung übertragen sind.

Nr. 2 Medizinisch-technische Assistentinnen und Assistenten, die im Rahmen ihrer Tätigkeit als Hilfskräfte bei wissenschaftlichen Forschungsaufgaben mit einem besonders hohen Maß von Verantwortlichkeit tätig sind, sind auch dann als solche eingruppiert, wenn sie im Rahmen dieser Tätigkeit Aufgaben erfüllen, die im Tätigkeitsmerkmal der Entgeltgruppe 9a genannt sind.

Nr. 3 Schwierige Aufgaben sind z. B. der Diagnostik vorausgehende technische Arbeiten bei überwiegend selbständiger Verfahrenswahl auf histologischem, mikrobiologischem, serologischem und quantitativ klinisch-chemischem Gebiet; ferner schwierige röntgenologische Untersuchungsverfahren, insbesondere zur röntgenologischen Funktionsdiagnostik, messtechnische Aufgaben und Hilfeleistung bei der Verwendung von radioaktiven Stoffen sowie schwierige medizinisch-fotografische Verfahren.

21.10 Orthoptistinnen und Orthoptisten

IV

Entgeltgruppe 9b

1. Beschäftigte der Entgeltgruppe 7,

   denen mindestens zwei Beschäftigte dieses Unterabschnitts durch ausdrückliche Anordnung ständig unterstellt sind.

2. Beschäftigte der Entgeltgruppe 7,

   die als Hilfskräfte bei wissenschaftlichen Forschungsaufgaben mit einem besonders hohen Maß von Verantwortlichkeit tätig sind.

3. Beschäftigte der Entgeltgruppe 7,

   die mindestens zur Hälfte eine oder mehrere der folgenden Aufgaben erfüllen:

   - orthoptische Untersuchungen bei Säuglingen, Kleinkindern oder geistig behinderten Patienten mit Schielerkrankungen oder Nystagmus,
   - diagnostische Untersuchungen zur Vorbereitung auf Schieloperationen und Mitwirken bei der Dosierung der Operationsstrecken,
   - Durchführung und Auswertung von VEP-Messungen,
   - Untersuchung von komplizierten infra- und supranukleären Mobilitätsstörungen sowie nystagmusbedingten Kopfzwangshaltungen an z. B. Tangentenskalen oder Synoptometern,
   - neuroophthalmologische Untersuchungen bei Orbitaerkrankungen (z. B. Tumorerkrankungen).

Entgeltgruppe 9a

Beschäftigte der Entgeltgruppe 7,

die schwierige Aufgaben erfüllen.

(Hierzu Protokollerklärung)

Entgeltgruppe 8

Beschäftigte der Entgeltgruppe 7,

die mindestens zu einem Viertel schwierige Aufgaben erfüllen.

(Hierzu Protokollerklärung)

Entgeltgruppe 7

Orthoptistinnen und Orthoptisten mit entsprechender Tätigkeit.

Entgeltgruppe 5

Beschäftigte in der Tätigkeit von Orthoptistinnen und Orthoptisten.

IV

Protokollerklärung:

Schwierige Aufgaben sind z. B. die Behandlung eingefahrener beidäugiger Anomalien, exzentrischer Fixationen und Kleinstanomalien.

21.10a. Pharmakantinnen und Pharmakanten

Entgeltgruppe 9a

1. Beschäftigte der Entgeltgruppe 7,

   die in Reinräumen der Klasse B mit der Sterilproduktion einschließlich deren Vor- und Nachbereitung beschäftigt sind.

   (Hierzu Protokollerklärungen Nrn. 1 und 2)

2. Beschäftigte der Entgeltgruppe 7,

   die in Reinräumen der Klasse B mit der aseptischen Herstellung einschließlich deren Vor- und Nachbereitung und Überwachung beschäftigt sind.

   (Hierzu Protokollerklärungen Nrn. 1, 2 und 3)

3. Beschäftigte der Entgeltgruppe 7,

   die neben der Arzneimittelproduktion in der Qualitätsanalyse von Produkten sowie Roh- und Hilfsstoffen oder in der Systemsteuerung und Störungsbeseitigung beschäftigt sind.

Entgeltgruppe 8

Beschäftigte der Entgeltgruppe 7,

die Tätigkeiten mit besonderen hygienischen Anforderungen bei der Arzneimittelproduktion in Reinräumen bis Klasse C ausüben (z. B. in Blutbanken).

(Hierzu Protokollerklärung Nr. 1)

Entgeltgruppe 7

Pharmakantinnen und Pharmakanten mit entsprechender Tätigkeit.

Protokollerklärungen:

Nr. 1 In Reinräumen bestehen besondere hygienische Anforderungen. Damit keine Keime oder Verschmutzungen in den Reinraum oder ein Produkt eingeschleppt werden, gelten strenge Hygienevorschriften, z. B. das Tragen einer speziellen Schutzkleidung (Reinraumwäsche, Mundschutz, Haarnetz und Haube, Schutzbrille, zwei paar Latexhandschuhe, ein Overall sowie Galoschen über den Sicherheitsschuhen), die in festen Abläufen über mehrere Schleusen angezogen werden muss. Einen Reinraum dürfen nur Beschäftigte betreten, die dazu gesondert ermächtigt sind und die hierfür notwendige Schulung nachweisen können. Reinräume werden gem. Leitfaden EU-GMP mit Annex 1 in die Klassen A, B, C und D festgelegt.

Nr. 2 Die Produktion von sterilen Arzneimitteln mit Endsterilisation erfolgt in einem Reinraum der Klasse B. Die aseptische Herstellung erfolgt in einem Reinraum der Klasse A, z. B. in einem Kabinett mit laminarer Luftströmung oder Isolator, dessen Umgebung ein Reinraum der Klasse B ist.

Nr. 3 Für die aseptische Herstellung ist eine besonders hohe Erfahrung in der Produktion, spezielle Schulung und Prozessverständnis notwendig. Von den Beschäftigten wird ein Höchstmaß an Konzentration, Selbstbeherrschung und fachlichem Können gefordert. Der Herstellungsprozess wird zum Produktschutz u. a. videoüberwacht.

IV

21.11 Pharmazeutisch-kaufmännische Angestellte

Entgeltgruppe 6

1. Beschäftigte der Entgeltgruppe 5

   in Arzneimittelausgabestellen,

   denen mindestens drei Beschäftigte dieses Unterabschnitts durch ausdrückliche Anordnung ständig unterstellt sind.

   (Hierzu Protokollerklärung Nr. 1)

2. Beschäftigte der Entgeltgruppe 5,

   die schwierige Aufgaben erfüllen.

   (Hierzu Protokollerklärung Nr. 2)

Entgeltgruppe 5

Pharmazeutisch-kaufmännische Angestellte mit entsprechender Tätigkeit.

(Hierzu Protokollerklärung Nr. 3)

Protokollerklärungen:

Nr. 1 Apotheken sind keine Arzneimittelausgabestellen im Sinne dieses Tätigkeitsmerkmals.

Nr. 2 Schwierige Aufgaben sind z. B. Taxieren, Mitwirkung bei der Herstellung von sterilen Lösungen oder sonstigen Arzneimitteln unter Verantwortung einer Apothekerin oder eines Apothekers.

Nr. 3 Den pharmazeutisch-kaufmännischen Angestellten stehen Drogistinnen und Drogisten gleich.

21.12 Pharmazeutisch-technische Assistentinnen und Assistenten

Entgeltgruppe 9b

1. Beschäftigte der Entgeltgruppe 7,

   denen mindestens zwei pharmazeutisch-technische Assistentinnen oder Assistenten oder pharmazeutisch-kaufmännische Angestellte mit Tätigkeiten mindestens der Entgeltgruppe 7 durch ausdrückliche Anordnung ständig unterstellt sind.

   (Hierzu Protokollerklärung Nr. 1)

2. Beschäftigte der Entgeltgruppe 7,

   die als Hilfskräfte bei wissenschaftlichen Forschungsaufgaben mit einem besonders hohen Maß von Verantwortlichkeit tätig sind.

IV

Entgeltgruppe 9a

Beschäftigte der Entgeltgruppe 7,

die mindestens zur Hälfte schwierige Aufgaben erfüllen.

(Hierzu Protokollerklärung Nr. 2)

Entgeltgruppe 8

Beschäftigte der Entgeltgruppe 7,

die mindestens zu einem Viertel schwierige Aufgaben erfüllen.

(Hierzu Protokollerklärung Nr. 2)

Entgeltgruppe 7

Pharmazeutisch-technische Assistentinnen und Assistenten mit entsprechender Tätigkeit.

Protokollerklärungen:

Nr. 1 Den pharmazeutisch-kaufmännischen Angestellten stehen Drogistinnen und Drogisten gleich.

Nr. 2 Schwierige Aufgaben sind z. B.:

a) in der chemisch-physikalischen Analyse: gravimetrische, titrimetrische und fotometrische Bestimmungen einschl. Komplexometrie, Leitfähigkeitsmessungen und chromatografische Analysen;

b) in der Pflanzenanalyse: Anfertigung mikroskopischer Schnitte, schwierige Identitäts- und Reinheitsprüfungen nach dem Deutschen Arzneibuch (Chemikalien, Drogen);

c) Herstellung und Kontrolle steriler Lösungen der verschiedensten Zusammensetzungen in größerem Umfang unter Verwendung moderner Apparaturen;

d) Herstellung von sonstigen Arzneimitteln in größerem Umfang unter Verwendung moderner in der Galenik gebräuchlicher Apparaturen (Suppositorien, Salben, Pulvergemische, Ampullen, Tabletten u. a.);

e) Herstellung von Arzneizubereitungen nach Rezept oder Einzelvorschrift.

21.13 Physiotherapeutinnen und -therapeuten

Entgeltgruppe 10

Leitende Physiotherapeutinnen und -therapeuten,

denen mindestens 16 Beschäftigte dieses Unterabschnitts durch ausdrückliche Anordnung ständig unterstellt sind.

(Hierzu Protokollerklärung Nr. 1)

Entgeltgruppe 9b

1. Beschäftigte der Entgeltgruppe 7,

   denen mindestens zwei Beschäftigte dieses Unterabschnitts durch ausdrückliche Anordnung ständig unterstellt sind.
2. Beschäftigte der Entgeltgruppe 7,

   die mindestens zur Hälfte eine oder mehrere der folgenden Aufgaben erfüllen:
   - Physiotherapie bei Patientinnen oder Patienten mit Demenz,
   - Physiotherapie bei Patientinnen oder Patienten auf einer Intensivstation nach einem Polytrauma.

Entgeltgruppe 9a

Beschäftigte der Entgeltgruppe 7,

die schwierige Aufgaben erfüllen.

(Hierzu Protokollerklärung Nr. 2)

Entgeltgruppe 8

Beschäftigte der Entgeltgruppe 7,

die mindestens zu einem Viertel schwierige Aufgaben erfüllen.

(Hierzu Protokollerklärung Nr. 2)

Entgeltgruppe 7

Physiotherapeutinnen und -therapeuten mit entsprechender Tätigkeit

Entgeltgruppe 5

Beschäftigte in der Tätigkeit von Physiotherapeutinnen und -therapeuten.

Protokollerklärungen:

Nr. 1 Leitende Physiotherapeutinnen und -therapeuten sind Physiotherapeutinnen oder -therapeuten, denen unter der Verantwortung einer Ärztin oder eines Arztes für eine physiotherapeutische Abteilung insbesondere die Arbeitseinteilung, die Überwachung des Arbeitsablaufs und der Arbeitsausführung durch ausdrückliche Anordnung übertragen sind.

Nr. 2 Schwierige Aufgaben sind z. B. Krankengymnastik nach Lungen- oder Herzoperationen, nach Herzinfarkten, bei Querschnittslähmungen, in Kinderlähmungsfällen, mit spastisch Gelähmten, in Fällen von Dysmelien, nach Verbrennungen, in der Psychiatrie oder Geriatrie, nach Einsatz von Endoprothesen.

21.14 Präparationstechnische Assistentinnen und Assistenten sowie Sektionsgehilfinnen und -gehilfen

Entgeltgruppe 9a

1. Beschäftigte der Entgeltgruppe 7,

   denen mindestens zwei Beschäftigte der Entgeltgruppe 7 dieses Unterabschnitts, davon mindestens eine oder einer mit Tätigkeiten der Entgeltgruppe 8 Fallgruppe 2, durch ausdrückliche Anordnung ständig unterstellt sind.

2. Beschäftigte der Entgeltgruppe 8 Fallgruppe 2,

   die mindestens zu einem Drittel ihrer Gesamttätigkeit selbständig Demonstrationen im Hörsaal vorbereiten und bei der Durchführung mitwirken.

Entgeltgruppe 8

1. Beschäftigte der Entgeltgruppe 7,

   denen mindestens zwei Beschäftigte mindestens der Entgeltgruppe 7 dieses Unterabschnitts durch ausdrückliche Anordnung ständig unterstellt sind.

2. Beschäftigte der Entgeltgruppe 7,

   die mindestens zu einem Viertel schwierige Aufgaben erfüllen.

   (Hierzu Protokollerklärung)

Entgeltgruppe 7

Präparationstechnische Assistentinnen und Assistenten mit entsprechender Tätigkeit.

Entgeltgruppe 6

Beschäftigte der Entgeltgruppe 3,

die mindestens zu einem Viertel auch Tätigkeiten von präparationstechnischen Assistentinnen und Assistenten ausüben und

denen mindestens zwei Beschäftigte dieses Unterabschnitts durch ausdrückliche Anordnung ständig unterstellt sind.

Entgeltgruppe 3

Sektionsgehilfinnen und -gehilfen.

Protokollerklärung:

Schwierige Aufgaben sind z. B. Herstellung von Korrosionspräparaten, Darstellung feinerer Gefäße und Nerven.

21.15 Psychologisch-technische Assistentinnen und Assistenten

Entgeltgruppe 9a

Beschäftigte der Entgeltgruppe 7
die besonders schwierige Aufgaben erfüllen.
(Hierzu Protokollerklärung Nr. 1)

Entgeltgruppe 8

Beschäftigte der Entgeltgruppe 7,
die schwierige Aufgaben erfüllen.
(Hierzu Protokollerklärung Nr. 2)

Entgeltgruppe 7

Beschäftigte mit einschlägiger abgeschlossener Berufsausbildung und einer Weiterbildung zur psychologisch-technischen Assistentin oder zum psychologisch-technischen Assistenten mit entsprechender Tätigkeit.

Protokollerklärungen:

Nr. 1 Besonders schwierige Aufgaben sind:

a) eigenverantwortliche Einsteuerung der Bewerberinnen und Bewerber in Stationen der psychologischen Eignungsfeststellung, insbesondere Steuerung und Organisation der computergestützten Testverfahren in Abstimmung mit anderen Stationen der Eignungsfeststellung;

b) Aufsichtsfunktion;

c) Standardisierung der Testleitertätigkeiten;

d) Ausbildung und Einweisung neuer Testleiterinnen und Testleiter oder Karriereberaterinnen und Karriereberater;

e) Im Rahmen von experimentell-wissenschaftlichen, psychologischen Untersuchungen mit Probandinnen und Probanden oder Versuchsreihen bei Forschungsprojekten: Durchführung und Auswertung dieser Untersuchungen.

Nr. 2 Schwierige Aufgaben sind z. B.:

a) Durchführung komplexer eignungsdiagnostischer Verfahren, die sich aus der Vielzahl und Vielseitigkeit der untersuchten zivil/militärischen Verwendungen und Laufbahnen ergeben; hierfür sind besondere Kenntnisse der Anforderungen der Verwendungen und Laufbahnen sowie Kenntnisse zu den Testverfahren/Normgruppen erforderlich;

b) Durchführung komplexer eignungsdiagnostischer Verfahren für Spezialpersonal (z. B. KSK, Pilotinnen und Piloten) die Kenntnisse zu den spezifischen Anforderungen der Verwendung voraussetzen;

c) Durchführung komplexer eignungsdiagnostischer Verfahren, die die nachgewiesene Fähigkeit zur Gesprächsführung und Verhaltensbeobachtung/-bewertung erfordern;

d) Arbeit mit psychisch belasteten/psychisch erkrankten Probandinnen und Probanden im Bereich der klinischen Psychologie, die besondere Kenntnisse und Fähigkeiten für den Umgang mit den betreffenden Personen erfordert.

21.16 Zahntechnikerinnen und -techniker

Entgeltgruppe 10

Beschäftigte der Entgeltgruppe 8 Fallgruppe 1,
denen mindestens 16 Beschäftigte dieses Unterabschnitts durch ausdrückliche Anordnung ständig unterstellt sind.

Entgeltgruppe 9b

1. Beschäftigte der Entgeltgruppe 8 Fallgruppe 1 oder der Entgeltgruppe 6,
   denen mindestens zwei Beschäftigte dieses Unterabschnitts mit Tätigkeiten mindestens der Entgeltgruppe 8 Fallgruppe 3 durch ausdrückliche Anordnung ständig unterstellt sind.
2. Beschäftigte der Entgeltgruppe 8 Fallgruppe 1 oder der Entgeltgruppe 6,
   die als Hilfskräfte bei wissenschaftlichen Forschungsaufgaben mit einem besonders hohen Maß von Verantwortlichkeit tätig sind.

Entgeltgruppe 9a

1. Beschäftigte der Entgeltgruppe 8 Fallgruppe 1
   mit Tätigkeiten, die Kenntnisse in der kieferchirurgischen Prothetik erfordern, oder die Epithesen herstellen.
2. Beschäftigte der Entgeltgruppe 8 Fallgruppe 1,
   denen an Universitätskliniken die handwerkliche Unterweisung von Studentinnen oder Studenten in zahntechnischen Arbeiten obliegt.

Entgeltgruppe 8

1. Geprüfte Zahntechnikermeisterinnen und -meister mit entsprechender Tätigkeit.
2. Beschäftigte der Entgeltgruppe 6
   mit Tätigkeiten, die Kenntnisse in der kieferchirurgischen Prothetik erfordern, oder die Epithesen herstellen.
3. Beschäftigte der Entgeltgruppe 6,
   die schwierige Aufgaben erfüllen.
   (Hierzu Protokollerklärung)

Entgeltgruppe 6

Zahntechnikerinnen und -techniker mit entsprechender Tätigkeit.

Protokollerklärung:

Schwierige Aufgaben sind z. B. Tätigkeiten in der zahnärztlichen Keramik, in der Kiefer-Orthopädie, in der Parallelometertechnik, in der Vermessungstechnik für Einstückgussprothesen, in der Geschiebetechnik.

Niederschriftserklärung zu Teil III Abschnitt 21:

Die Tarifvertragsparteien sind sich einig, dass sie über berufsbildungsrechtliche Entwicklungen im Bereich der Gesundheitsberufe Gespräche führen werden.

21.17 Beschäftigte im Rettungsdienst

Entgeltgruppe 8

Notfallsanitäterinnen und -sanitäter mit entsprechender Tätigkeit.

Entgeltgruppe 6

Rettungsassistentinnen und -assistenten mit entsprechender Tätigkeit.

Entgeltgruppe 4

Rettungssanitäterinnen und -sanitäter mit entsprechender Tätigkeit.

(Die Beschäftigten dieser Entgeltgruppe erhalten eine Entgeltgruppenzulage gemäß § 17 Nr. 1.)

Niederschriftserklärung zu Teil III Abschnitt 21:

Die Tarifvertragsparteien sind sich einig, dass sie über berufsbildungsrechtliche Entwicklungen im Bereich der Gesundheitsberufe Gespräche führen werden.

22. Haus- und Hofarbeiterinnen und -arbeiter

Entgeltgruppe 2

Haus- und Hofarbeiterinnen und -arbeiter, soweit nicht in Entgeltgruppe 1 eingruppiert.

23. Hausmeisterinnen und Hausmeister

Entgeltgruppe 5

Hausmeisterinnen und Hausmeister mit einschlägiger abgeschlossener Berufsausbildung.

Entgeltgruppe 4

Hausmeisterinnen und Hausmeister.

24. Beschäftigte in der Informationstechnik

Vorbemerkung

[1]Nach diesem Abschnitt sind Beschäftigte eingruppiert, die sich mit Systemen der Informationstechnik befassen ohne Rücksicht auf ihre organisatorische Eingliederung. [2]Zu diesen Systemen zählen insbesondere informationstechnische Hard- und Softwaresysteme, Anwendungsprogramme, Datenbanken, Komponenten der Kommunikationstechnik in lokalen IT- und IT-Weitverkehrsnetzen sowie Produkte und Services, die mit diesen Systemen erstellt werden. [3]Dabei werden Tätigkeiten im gesamten Lebenszyklus eines solchen IT-Systems erfasst, also dessen Planung, Spezifikation, Entwurf, Design, Erstellung, Implementierung, Test, Integration in die operative Umgebung, Produktion, Optimierung und Tuning, Pflege, Fehlerbeseitigung und Qualitätssicherung. [4]Auch Tätigkeiten zur Sicherstellung der Informationssicherheit fallen unter die nachfolgenden Merkmale. [5]Da mit den informations-technischen Systemen in der Regel Produkte oder Services erstellt werden, gelten die nachfolgenden Merkmale auch für die Beschäftigten in der Produktionssteuerung und im IT-Servicemanagement.

[6]Nicht unter diesen Abschnitt fallen Beschäftigte, die lediglich IT-Systeme anwenden oder Beschäftigte, die lediglich die Rahmenbedingungen für die Informationstechnik schaffen und sich die informationstechnischen Spezifikationen von den IT-Fachleuten zuarbeiten lassen (z. B. Beschäftigte in der Personalwirtschaft und -entwicklung, auch wenn es dabei um die Betreuung von IT-Personal geht oder Beschäftigte in der Beschaffung, auch wenn IT-Systeme beschafft werden).

Entgeltgruppe 13

1. Beschäftigte der Entgeltgruppe 12 Fallgruppe 1,

   deren Tätigkeit sich mindestens zu einem Drittel durch das Maß der Verantwortung erheblich aus der Entgeltgruppe 12 Fallgruppe 1 heraushebt.
2. Beschäftigte der Entgeltgruppe 10

   mit mindestens dreijähriger praktischer Erfahrung,

   die durch ausdrückliche Anordnung als Leiterin oder Leiter einer IT-Gruppe bestellt sind und denen mindestens
   a) zwei Beschäftigte dieses Abschnitts mindestens der Entgeltgruppe 12 oder
   b) drei Beschäftigte dieses Abschnitts mindestens der Entgeltgruppe 11

   durch ausdrückliche Anordnung ständig unterstellt sind.

Entgeltgruppe 12

1. Beschäftigte der Entgeltgruppe 11 Fallgruppe 1

   mit mindestens dreijähriger praktischer Erfahrung, deren Tätigkeit sich

   durch besondere Schwierigkeit und Bedeutung oder durch Spezialaufgaben

   aus der Entgeltgruppe 11 Fallgruppe 1 heraushebt.

2. Beschäftigte der Entgeltgruppe 11 Fallgruppe 1

   mit mindestens dreijähriger praktischer Erfahrung, deren Tätigkeit sich

   mindestens zu einem Drittel durch besondere Schwierigkeit und Bedeutung oder durch Spezialaufgaben

   aus der Entgeltgruppe 11 Fallgruppe 1 heraushebt.

3. Beschäftigte der Entgeltgruppe 10

   mit mindestens dreijähriger praktischer Erfahrung,

   die durch ausdrückliche Anordnung als Leiterin oder Leiter einer IT-Gruppe bestellt sind und denen mindestens

   a) zwei Beschäftigte dieses Abschnitts mindestens der Entgeltgruppe 11 oder

   b) drei Beschäftigte dieses Abschnitts mindestens der Entgeltgruppe 10

   durch ausdrückliche Anordnung ständig unterstellt sind.

Entgeltgruppe 11

1. Beschäftigte der Entgeltgruppe 10,

   deren Tätigkeit sich durch besondere Leistungen aus der Entgeltgruppe 10 heraushebt.

   (Hierzu Protokollerklärung Nr. 1)

2. Beschäftigte der Entgeltgruppe 10,

   deren Tätigkeit sich mindestens zu einem Drittel durch besondere Leistungen aus der Entgeltgruppe 10 heraushebt.

   (Hierzu Protokollerklärung Nr. 1)

Entgeltgruppe 10

Beschäftigte mit einschlägiger abgeschlossener Hochschulbildung (z. B. in der Fachrichtung Informatik) und entsprechender Tätigkeit sowie sonstige Beschäftigte, die aufgrund gleichwertiger Fähigkeiten und ihrer Erfahrungen entsprechende Tätigkeiten ausüben.

Niederschriftserklärung zu Teil III Abschnitt 24 Entgeltgruppen 10 bis 13:
Die Tarifvertragsparteien sind sich einig, dass Beschäftigte, die bis zum 31. Dezember 2013 die Voraussetzungen der Protokollnotizen Nrn. 1 Buchstaben a zu Teil II Abschnitt B Unterabschnitte I, II, III oder VI der Anlage 1a zum BAT erfüllt haben, den Beschäftigten mit einschlägiger abgeschlossener Hochschulbildung (z. B. in der Fachrichtung Informatik) gleichgestellt sind.

Entgeltgruppe 9b

Beschäftigte der Entgeltgruppe 9a,
deren Tätigkeit umfassende Fachkenntnisse erfordert.
(Hierzu Protokollerklärung Nr. 2)

Entgeltgruppe 9a

Beschäftigte der Entgeltgruppe 8,
deren Tätigkeit zusätzliche Fachkenntnisse erfordert.

Entgeltgruppe 8

Beschäftigte der Entgeltgruppe 7,
deren Tätigkeit über die Standardfälle hinaus Gestaltungsspielraum erfordert.

Entgeltgruppe 7

Beschäftigte der Entgeltgruppe 6,
die ohne Anleitung tätig sind.

Entgeltgruppe 6

Beschäftigte mit einschlägiger abgeschlossener Berufsausbildung (z. B. Fachinformatikerinnen und -informatiker der Fachrichtungen Anwendungsentwicklung oder Systemintegration, Technische Systeminformatikerinnen und -informatiker, IT-System-Kaufleute oder IT-Systemelektronikerinnen und -elektroniker) und entsprechender Tätigkeit sowie sonstige Beschäftigte, die aufgrund gleichwertiger Fähigkeiten und ihrer Erfahrungen entsprechende Tätigkeiten ausüben.

Protokollerklärungen:

Nr. 1 Besondere Leistungen sind Tätigkeiten, deren Bearbeitung besondere Fachkenntnisse und besondere praktische Erfahrung voraussetzt oder die eine fachliche Weisungsbefugnis beinhalten.

Nr. 2 Umfassende Fachkenntnisse bedeuten gegenüber den in der Entgeltgruppe 9a geforderten Fachkenntnissen eine Steigerung der Tiefe und der Breite nach.

25. Ingenieurinnen und Ingenieure

Vorbemerkung

Die Tätigkeitsmerkmale dieses Abschnitts gelten auch für Beschäftigte mit abgeschlossener Hochschulbildung in einem naturwissenschaftlichen Studiengang und entsprechender Tätigkeit.

Entgeltgruppe 13

1. Beschäftigte der Entgeltgruppe 12 Fallgruppe 1,

   deren Tätigkeit sich mindestens zu einem Drittel durch das Maß der Verantwortung erheblich aus der Entgeltgruppe 12 Fallgruppe 1 heraushebt.

2. Beschäftigte der Entgeltgruppe 12 Fallgruppe 3

   deren Tätigkeit sich mindestens zu einem Drittel durch das Maß der Verantwortung erheblich aus der Entgeltgruppe 12 Fallgruppe 3 heraushebt.

IV

Entgeltgruppe 12

1. Beschäftigte der Entgeltgruppe 11 Fallgruppe 1

   mit mindestens dreijähriger praktischer Erfahrung, deren Tätigkeit sich

   durch besondere Schwierigkeit und Bedeutung oder durch künstlerische oder Spezialaufgaben

   aus der Entgeltgruppe 11 Fallgruppe 1 heraushebt.

2. Beschäftigte der Entgeltgruppe 11 Fallgruppe 1

   mit mindestens dreijähriger praktischer Erfahrung, deren Tätigkeit sich

   mindestens zu einem Drittel durch besondere Schwierigkeit und Bedeutung oder durch künstlerische oder Spezialaufgaben

   aus der Entgeltgruppe 11 Fallgruppe 1 heraushebt.

3. Beschäftigte der Entgeltgruppe 11 Fallgruppe 3

   mit mindestens dreijähriger praktischer Erfahrung, deren Tätigkeit sich

   durch besondere Schwierigkeit und Bedeutung oder durch schöpferische oder Spezialaufgaben

   aus der Entgeltgruppe 11 Fallgruppe 3 heraushebt.

   (Hierzu Protokollerklärung Nr. 1)

4. Beschäftigte der Entgeltgruppe 11 Fallgruppe 3

   mit mindestens dreijähriger praktischer Erfahrung, deren Tätigkeit sich

mindestens zu einem Drittel durch besondere Schwierigkeit und Bedeutung oder durch schöpferische oder Spezialaufgaben aus der Entgeltgruppe 11 Fallgruppe 3 heraushebt.
(Hierzu Protokollerklärung Nr. 1)

Entgeltgruppe 11

1. Beschäftigte der Entgeltgruppe 10 Fallgruppe 1,
   deren Tätigkeit sich durch besondere Leistungen aus der Entgeltgruppe 10 Fallgruppe 1 heraushebt.
   (Hierzu Protokollerklärung Nr. 2)
2. Beschäftigte der Entgeltgruppe 10 Fallgruppe 1,
   deren Tätigkeit sich mindestens zu einem Drittel durch besondere Leistungen aus der Entgeltgruppe 10 Fallgruppe 1 heraushebt.
   (Hierzu Protokollerklärung Nr. 2)
3. Beschäftigte der Entgeltgruppe 10 Fallgruppe 2,
   deren Tätigkeit sich durch besondere Leistungen aus der Entgeltgruppe 10 Fallgruppe 2 heraushebt.
4. Beschäftigte der Entgeltgruppe 10 Fallgruppe 2,
   deren Tätigkeit sich mindestens zu einem Drittel durch besondere Leistungen aus der Entgeltgruppe 10 Fallgruppe 2 heraushebt.

Entgeltgruppe 10

1. Technische Beschäftigte mit abgeschlossener technischer Hochschulbildung und entsprechender Tätigkeit sowie sonstige Beschäftigte, die aufgrund gleichwertiger Fähigkeiten und ihrer Erfahrungen entsprechende Tätigkeiten ausüben.
   (Hierzu Protokollerklärung Nr. 3)
2. Beschäftigte in der Vermessungstechnik und Geomatik mit abgeschlossener technischer Hochschulbildung und entsprechender Tätigkeit sowie sonstige Beschäftigte, die aufgrund gleichwertiger Fähigkeiten und ihrer Erfahrungen entsprechende Tätigkeiten ausüben.
   (Hierzu Protokollerklärungen Nrn. 4 und 5)

Protokollerklärungen:

Nr. 1 Besonders schwierige Tätigkeiten und bedeutende Aufgaben im Sinne dieses Tätigkeitsmerkmals sind z. B.:

a) Ausführung von umfangreichen Vermessungen zur Fortführung oder Neueinrichtung des Liegenschaftskatasters (Katastervermessungen) mit widersprüchlichen Unterlagen oder von umfangreichen Katastervermessungen mit gleichem Schwierigkeitsgrad (z. B. in Grubensenkungsgebieten);
b) Absteckungen für umfangreiche Ingenieurbauten, z. B. für Brücken-, Straßen, Bahnen, Schleusen, Wehre, Tunnel oder andere vergleichbare Inge-

nieurbauten wie z. B. Hochhäuser, Hallen etc., ggf. einschließlich der Vor- und Folgearbeiten;

c) Lagefestpunktvermessungen (Erkundung bzw. Erkundung und Messung) in engbebauten Gebieten oder unter gleich schwierigen Verhältnissen, z. B. Baustellen, Gewässer, Senkungsgebiete (Lagefestpunkte sind trigonometrische Polygon- und gleichwertige Punkte);

d) Ausführung oder Auswertung von Präzisionsvermessungen in übergeordneten Netzen des Lage- oder Höhenfestpunktfeldes;

e) Aufsichts- und Prüftätigkeit bei der Auswertung von Vermessungen mit widersprüchlichen Unterlagen oder bei kartografischen, nivellitischen, photogrammetrischen, topographischen oder trigonometrischen Arbeiten oder bei Verfahren mit gleichem Schwierigkeitsgrad. (Das Fehlen der Aufsichtstätigkeit ist unerheblich, wenn dem Beschäftigten besondere schwierige Prüfungen übertragen sind, z. B. Prüftätigkeit zur Übernahme von Vermessungsunterlagen bei umfangreichen Fortführungs- oder Neuvermessungen);

f) Aufsichts- und Prüftätigkeit bei der Prüfung fertiger Arbeitsergebnisse der Flurbereinigung, ggf. einschließlich der Herstellung der Unterlagen für die Berichtigung des Grundbuches und der vermessungstechnischen Unterlagen für die Berichtigung des Liegenschaftskatasters, oder beim Ausbau der gemeinschaftlichen Anlagen;

g) vermessungstechnische Auswertung von Bauleitplänen unter besonderen technischen Schwierigkeiten;

h) vermessungstechnische Auswertung von schwierigen Vermessungen im Innendienst (umfangreiche Fortführungs-, Bau- und Sondervermessungen wie z. B. hydrographische Vermessungen);

i) vermessungstechnische Auswertung zur Karten- oder Planherstellung und -fortführung durch technische Verfahren wie Luftbildvermessung, Laserscan, Radar, Sonar.

Nr. 2 Besondere Leistungen sind z. B.: Aufstellung oder Prüfung von Entwürfen, deren Bearbeitung besondere Fachkenntnisse und besondere praktische Erfahrung oder künstlerische Begabung voraussetzt, sowie örtliche Leitung bzw. Mitwirkung bei der Leitung von schwierigen Bauten und Bauabschnitten sowie deren Abrechnung.

Nr. 3 Entsprechende Tätigkeiten sind z. B.:

a) Aufstellung oder Prüfung von Entwürfen nicht nur einfacher Art einschließlich Massen-, Kosten- und statischen Berechnungen und Verdingungsunterlagen, Bearbeitung der damit zusammenhängenden laufenden technischen Angelegenheiten – auch im technischen Rechnungswesen –, örtliche Leitung oder Mitwirkung bei der Leitung von Bauten und Bauabschnitten sowie deren Abrechnung;

b) Ausführung besonders schwieriger Analysen, Schiedsanalysen oder selbständige Erledigung neuartiger Versuche nach kurzer Weisung in Versuchslaboratorien, Versuchsanstalten und Versuchswerkstätten.

Nr. 4 (1) [1]Beschäftigte in der Vermessungstechnik und Geomatik, die vor dem 1. Juli 1972 eine der technischen Hochschulbildung gleichwertige behördliche Prüfung abgelegt haben, sind den Beschäftigten in der Vermessungstechnik und Geomatik mit abgeschlossener technischer Hochschulbildung gleichgestellt. [2]Das gleiche gilt, wenn die behördliche Prüfung nach dem 30. Juni 1972 abgelegt worden ist, die Ausbildung jedoch vor dem 1. Juli 1972 begonnen hat.

(2) [1]Den Beschäftigten in der Vermessungstechnik und Geomatik mit einer vor dem 1. Juli 1972 abgelegten gleichwertigen behördlichen Prüfung stehen die behördlich geprüften Kulturbautechnikerinnen und -techniker gleich, die vor

dem 1. Juli 1972 die behördliche Prüfung nach der hessischen Ausbildungs- und Prüfungsordnung für kulturbautechnische Angestellte der Wasserwirtschaftsverwaltung vom 21. Januar 1958 (Staats-Anzeiger für das Land Hessen S. 134) erfolgreich abgelegt haben. [2]Absatz 1 Satz 2 gilt entsprechend.

Nr. 5 Entsprechende Tätigkeiten sind z. B.:

a) Ausführung oder Auswertung von trigonometrischen oder topographischen Messungen nach Lage und Höhe nicht nur einfacher Art, von Katastermessungen oder von bautechnischen Messungen nicht nur einfacher Art; photogrammetrische Auswertungen und Entzerrungen;

b) kartografische Entwurfs- und Fortführungsarbeiten.

26. (weggefallen)

27. Beschäftigte im Kassendienst

Vorbemerkung

Unter diesen Abschnitt fallen Beschäftigte in der Kassen- oder Kontenverwaltung in der Zentralkasse des Bundes, den Bundeskassen und Zahlstellen.

Entgeltgruppe 9b

1. Beschäftigte der Entgeltgruppe 6 Fallgruppe 5,
   die das Ergebnis mehrerer Kassiererinnen oder Kassierer zusammenfassen.
2. Beschäftigte der Entgeltgruppe 8 Fallgruppe 1,
   deren Tätigkeit sich dadurch aus der Entgeltgruppe 8 Fallgruppe 1 heraushebt, dass sie besonders verantwortungsvoll ist.
3. Beschäftigte der Entgeltgruppe 6 Fallgruppe 4,
   denen mindestens drei Beschäftigte der Entgeltgruppe 8 Fallgruppe 3 oder der Entgeltgruppe 6 Fallgruppe 4 dieses Abschnitts mit buchhalterischen Tätigkeiten ständig unterstellt sind.
4. Beschäftigte der Entgeltgruppe 6 Fallgruppe 4 mit besonders schwierigen Tätigkeiten.
   (Hierzu Protokollerklärung Nr. 1)

Entgeltgruppe 8

1. Beschäftigte der Entgeltgruppe 5 Fallgruppe 1,
   die schwierige buchhalterische Tätigkeiten ausüben.
   (Hierzu Protokollerklärung Nr. 2)
2. Beschäftigte im Kassendienst,
   denen mindestens drei Beschäftigte mindestens der Entgeltgruppe 5 mit buchhalterischen Tätigkeiten ständig unterstellt sind.
3. Beschäftigte der Entgeltgruppe 6 Fallgruppe 4,
   die schwierige buchhalterische Tätigkeiten ausüben.
   (Hierzu Protokollerklärung Nr. 2)
4. Beschäftigte der Entgeltgruppe 6 Fallgruppe 6,
   denen mindestens drei Beschäftigte ständig unterstellt sind.
5. Leiterinnen und Leitern von Kassen mit mindestens drei Beschäftigten dieses Abschnitts mindestens der Entgeltgruppe 4.

Entgeltgruppe 6

1. Beschäftigte der Entgeltgruppe 5 Fallgruppe 1,
   die mindestens zu einem Viertel schwierige buchhalterische Tätigkeiten ausüben
   (Hierzu Protokollerklärung Nr. 2)

2. Beschäftigte der Entgeltgruppe 5 Fallgruppe 3,
   deren Tätigkeit besondere Zuverlässigkeit erfordert.
   (Hierzu Protokollerklärung Nr. 3)
3. Beschäftigte im Kassendienst,
   denen mindestens drei Beschäftigte mindestens der Entgeltgruppe 4 mit buchhalterischen Tätigkeiten ständig unterstellt sind.
4. Beschäftigte in der Zentralkasse des Bundes, die verantwortlich Personen- oder Sachkonten führen oder verwalten.
   (Hierzu Protokollerklärung Nr. 4)
5. Kassiererinnen und Kassierer in Kassen, soweit nicht anderweitig eingruppiert.
   (Hierzu Protokollerklärung Nr. 5)
6. Verwalterinnen und Verwalter von Zahlstellen, in denen ständig nach Art und Umfang besonders schwierige Zahlungsgeschäfte anfallen.
7. Leiterinnen und Leiter von Kassen mit mindestens einer oder einem Kassenbeschäftigten mindestens der Entgeltgruppe 4.

Entgeltgruppe 5

1. Beschäftigte, die verantwortlich Personen- oder Sachkonten führen oder verwalten.
   (Hierzu Protokollerklärung Nr. 4)
2. Beschäftigte im Kassendienst, deren Tätigkeit gründliche Fachkenntnisse erfordert.
   (Hierzu Protokollerklärung Nr. 6)
3. Kassiererinnen und Kassierer in kleineren Kassen.
   (Hierzu Protokollerklärung Nr. 5)
4. Zahlstellenverwalterinnen und -verwalter größerer Zahlstellen.
5. Verwalterinnen und Verwalter von Einmannkassen

Entgeltgruppe 4

Beschäftigte im Kassendienst mit schwierigen Tätigkeiten.
(Hierzu Protokollerklärung Nr. 7)

Entgeltgruppe 3

Beschäftigte im Kassendienst
mit Tätigkeiten, für die eine eingehende Einarbeitung bzw. eine fachliche Anlernung erforderlich ist, die über eine Einarbeitung im Sinne der Entgeltgruppe 2 hinausgeht.

Entgeltgruppe 2

Beschäftigte im Kassendienst
mit einfachen Tätigkeiten.
(Hierzu Protokollerklärung Nr. 8)

Protokollerklärungen:

Nr. 1 Besonders schwierige Tätigkeiten sind z. B. Zahlungsverkehr; Nachweis der zentralen Kredite, Rücklagen, Geldanlagen; Gesamtrechnungslegung.

Nr. 2 Schwierige buchhalterische Tätigkeiten sind z. B.:
- a) selbständiger Verkehr mit den bewirtschafteten Stellen;
- b) Bearbeiten schwierig aufzuklärender Verwahrposten;
- c) Führen oder Verwalten von Sachkonten für Haushaltsausgaben, wenn damit das Überwachen zahlreicher Zahlungen mit Kontrollnummern verbunden ist;
- d) Führen oder Verwalten von Konten für den Abrechnungsverkehr mit Kassen oder Zahlstellen;
- e) Führen oder Verwalten schwieriger Konten der Vermögensrechnung;
- f) Führen oder Verwalten von Sachkonten mit zahlreichen Buchungen von Verpflichtungsermächtigungen und damit verbundenen Festlegungen.

Nr. 3 Besondere Zuverlässigkeit liegt vor, wenn die fachliche Aufsicht auf ein Mindestmaß beschränkt werden kann.

Nr. 4 Beschäftigte führen oder verwalten verantwortlich Personen- oder Sachkonten, wenn sie die Belege (auch Anordnungen oder Anweisungen, die durch elektronische Schnittstellen übermittelt und freigegeben werden) vor der Buchung auf ihre Ordnungsmäßigkeit nach den Kassenvorschriften zu prüfen und für die Richtigkeit der Buchungen die Verantwortung zu tragen haben.

Nr. 5 Unter dieses Tätigkeitsmerkmal fallen auch Kassiererinnen und Kassierer sowie Beschäftigte für unbaren Zahlungsverkehr.

Nr. 6 Erforderlich sind nähere Kenntnisse von Gesetzen, Verwaltungsvorschriften und Tarifbestimmungen usw. des Aufgabenkreises.

Nr. 7 Schwierige Tätigkeiten sind solche, die mehr als eine eingehende Einarbeitung bzw. mehr als eine fachliche Anlernung i. S. der Entgeltgruppe 3 erfordern, z. B. durch einen höheren Aufwand an gedanklicher Arbeit.

Nr. 8 [1]Einfache Tätigkeiten sind Tätigkeiten, die weder eine Vor- noch eine Ausbildung, aber eine Einarbeitung erfordern, die über eine sehr kurze Einweisung oder Anlernphase hinausgeht. [2]Die Einarbeitung dient dem Erwerb derjenigen Kenntnisse und Fertigkeiten, die für die Beherrschung der Arbeitsabläufe als solche erforderlich sind.

IV

28. Beschäftigte in der Konservierung, Restaurierung und Grabungstechnik

28.1 Beschäftigte in der Konservierung und Restaurierung

Vorbemerkungen

1. Dieser Unterabschnitt gilt für Beschäftigte im Bereich der Konservierung und Restaurierung an kunstgeschichtlichen, kulturgeschichtlichen und naturkundlichen Sammlungen und Forschungseinrichtungen, an Archiven, Bibliotheken und in der Denkmalpflege.

2. (1) Konservierung und Restaurierung im Sinne dieses Unterabschnitts sind sämtliche Tätigkeiten, die zum Ziel haben, Objekte bzw. audiovisuelle Aufzeichnungen von künstlerischer, kulturhistorischer, wissenschaftlicher oder dokumentarischer Bedeutung oder von didaktischem Wert ohne Rücksicht auf ihren materiellen oder kommerziellen Wert langfristig zu erhalten sowie wiederherzustellen, und sie damit u. a. für die wissenschaftliche als auch allgemeine Nutzung zu sichern und zu bewahren.

   (2) [1]Eine Restaurierung kann auch die Nachbildung bzw. Rekonstruktion als Ergänzung fehlender Teile des Originals einschließen. [2]Fallweise ist es auch notwendig, die im Rahmen der restauratorischen Untersuchung am Objekt festgestellten Materialzusammensetzungen oder auch Schadensbilder an Modellen künstlich zu erzeugen, um z. B. neue, adäquate Restaurierungsmethoden zu entwickeln bzw. kunsttechnologische Befunde anhand von Rekonstruktionen zu überprüfen.

   (3) Zur Konservierung und Restaurierung gehören auch Tätigkeiten wie z. B.:

   a) Sammlungsbetreuung und Schadensprävention etwa durch konservatorisch richtige Lagerung der Sammlungsobjekte, Erstellen von Vorgaben zur Klimatisierung und Ausstattung der Ausstellungs- und Depoträume, Beratung zu Ausstellungs- und Depotflächen bei Neu- und Umbau;

   b) technologisch materielle Untersuchung und Erforschung der Objekte;

   c) Tätigkeiten im Zusammenhang mit Leihverkehr und Ausstellung, z. B. Beurteilung der Leihfähigkeit aus restauratorischer Sicht, Definieren der Transport- und Ausstellungsbedingungen, Erstellen von Zustandsprotokollen, Überwachen sowohl des Ein- und Auspackens sowie des Transports und der Montierung der Sammlungsobjekte vor Ort;

   d) Bestandserhaltungsmanagement, wie Planung und Koordination inklusive Vergabewesen;

IV

e) Forschungstätigkeit sowie Verfassen wissenschaftlicher Publikationen und Öffentlichkeitsarbeit;

f) beratende und gutachterliche Tätigkeiten.

Entgeltgruppe 15

1. Beschäftigte der Entgeltgruppe 14 Fallgruppe 1,

   deren Tätigkeit sich durch das Maß der damit verbundenen Verantwortung erheblich aus der Entgeltgruppe 14 Fallgruppe 1 heraushebt.

2. Beschäftigte der Entgeltgruppe 13,

   denen mindestens fünf Beschäftigte mindestens der Entgeltgruppe 13 durch ausdrückliche Anordnung ständig unterstellt sind.

Entgeltgruppe 14

1. Beschäftigte der Entgeltgruppe 13,

   deren Tätigkeit sich durch besondere Schwierigkeit und Bedeutung aus der Entgeltgruppe 13 heraushebt.

2. Beschäftigte der Entgeltgruppe 13,

   denen mindestens drei Beschäftigte mindestens der Entgeltgruppe 13 durch ausdrückliche Anordnung ständig unterstellt sind.

Entgeltgruppe 13

Beschäftigte mit einschlägiger abgeschlossener wissenschaftlicher Hochschulbildung und entsprechender Tätigkeit sowie sonstige Beschäftigte, die aufgrund gleichwertiger Fähigkeiten und ihrer Erfahrungen entsprechende Tätigkeiten ausüben.

(Hierzu Protokollerklärung Nr. 1)

Entgeltgruppe 12

Beschäftigte der Entgeltgruppe 11,

deren Tätigkeit sich durch das Maß der Verantwortung aus der Entgeltgruppe 11 heraushebt.

(Hierzu Protokollerklärung Nr. 2)

Entgeltgruppe 11

Beschäftigte der Entgeltgruppe 10,

deren Tätigkeit sich durch besondere Leistungen aus der Entgeltgruppe 10 heraushebt.

(Hierzu Protokollerklärung Nr. 3)

Entgeltgruppe 10

1. Beschäftigte der Entgeltgruppe 9b

   mit mindestens dreijähriger Erfahrung in Tätigkeiten der Entgeltgruppe 9b,

   deren Tätigkeit sich dadurch aus der Entgeltgruppe 9b heraushebt, dass sie besondere Fachkenntnisse erfordert.

   (Hierzu Protokollerklärung Nr. 4)

2. Beschäftigte der Entgeltgruppe 9b,

   denen mindestens drei Beschäftigte dieses Abschnitts durch ausdrückliche Anordnung ständig unterstellt sind, davon mindestens eine oder einer mindestens der Entgeltgruppe 9b.

Entgeltgruppe 9b

1. Beschäftigte mit einschlägiger abgeschlossener Hochschulbildung und entsprechender Tätigkeit sowie sonstige Beschäftigte, die aufgrund gleichwertiger Fähigkeiten und ihrer Erfahrungen entsprechende Tätigkeiten ausüben.

   (Hierzu Protokollerklärung Nr. 5)

2. Beschäftigte mit Tätigkeiten im Bereich der Konservierung und Restaurierung,

   denen mindestens sieben Beschäftigte, davon mindestens zwei mindestens der Entgeltgruppe 6 Fallgruppe 1 dieses Unterabschnitts, durch ausdrückliche Anordnung ständig unterstellt sind.

Entgeltgruppe 8

Beschäftigte mit Tätigkeiten im Bereich der Konservierung und Restaurierung,

denen mindestens zwei Beschäftigte, davon mindestens eine oder einer mindestens der Entgeltgruppe 6 Fallgruppe 1 dieses Unterabschnitts, durch ausdrückliche Anordnung ständig unterstellt sind.

Entgeltgruppe 6

1. Beschäftigte mit schwierigen Tätigkeiten im Bereich der Konservierung und Restaurierung.

   (Hierzu Protokollerklärung Nr. 6)

2. Beschäftigte mit Tätigkeiten im Bereich der Konservierung und Restaurierung,

   denen mindestens zwei Beschäftigte dieses Unterabschnitts durch ausdrückliche Anordnung ständig unterstellt sind.

Entgeltgruppe 5

Beschäftigte mit nicht mehr einfachen Tätigkeiten im Bereich der Konservierung und Restaurierung.

(Hierzu Protokollerklärung Nr. 7)

Entgeltgruppe 4

Beschäftigte mit einfachen Tätigkeiten im Bereich der Konservierung und Restaurierung.

(Hierzu Protokollerklärung Nr. 8)

Protokollerklärungen:

Nr. 1 Entsprechende Tätigkeiten sind z. B.:

a) Durchführen von konservatorischen und restauratorischen Maßnahmen an bedeutenden oder sehr empfindlichen Objekten mit einem sehr komplexen Schadensbild; insbesondere Durchführen besonders schwieriger, z. B. sensibler und risikoreicher Maßnahmen;
b) Durchführen kunst- und materialtechnologischer Untersuchungen auf wissenschaftlicher Grundlage;
c) wissenschaftliches Auswerten von Ergebnissen naturwissenschaftlicher Analysen oder bildgebender Untersuchungsverfahren, auch zur Echtheitsbestimmung;
d) Erkennen von Degradationsprozessen auf Grundlage naturwissenschaftlicher Kenntnisse, Abschätzen des damit verbundenen Schadenspotenzials und Konzipieren des weiteren Vorgehens;
e) Erstellen von Konzepten für konservatorische und restauratorische Maßnahmen an Objekten, die aufgrund ihrer sehr komplexen Beschaffenheit und Herstellungstechnik oder ihres Schadensbildes sehr empfindlich oder besonders bedeutend sind;
f) Konzepterstellung im Bereich der präventiven Konservierung, wenn neben sammlungs- oder materialspezifischen auch übergreifende Gesichtspunkte zu berücksichtigen sind;
g) Betreuung und Koordinierung von externen Vergabeverfahren einschließlich der Erstellung des Restaurierungskonzepts, der Kostenkalkulation und der Kontrolle sowie Endabnahme;
h) Beurteilen der Leihfähigkeit von empfindlichen oder bedeutenden Objekten;
i) Entwickeln oder Leiten eines wissenschaftlichen Forschungsvorhabens einschließlich Entwickeln neuartiger Restaurierungsverfahren;
j) Erstellen von Gutachten und Beraten zu umfassenden restauratorischen, konservatorischen oder kunsttechnologischen Fragestellungen, z. B. bei Echtheitsprüfungen, Neuerwerbungen oder Bauvorhaben.

Nr. 2 Eine Heraushebung durch das Maß der Verantwortung liegt z. B. vor bei:

a) Durchführen von konservatorischen und restauratorischen Maßnahmen an sehr empfindlichen Objekten mit einem komplexen Schadensbild;
b) Erstellen von Konzepten für konservatorische und restauratorische Maßnahmen für Sammlungskonvolute mit heterogenem Zustand und Schadensbild;
c) Erstellen von Konzepten im Bereich der präventiven Konservierung für ganze Sammlungen unter Berücksichtigung sammlungs- oder materialspezifischer Gesichtspunkte.

Nr. 3 Eine Heraushebung durch besondere Leistungen liegt vor, wenn spezielle Kenntnisse und Erfahrungen erforderlich sind, z. B. bei:

a) Durchführen von konservatorischen und restauratorischen Maßnahmen an empfindlichen Objekten mit einem weniger komplexen Schadensbild;
b) Erstellen von Konzepten für konservatorische und restauratorische Maßnahmen für empfindliche Objekte mit einem weniger komplexen Schadensbild;
c) Erfassen und Kartieren weniger komplexer Schadensbilder;
d) Durchführen schwieriger materialtechnologischer Untersuchungen;
e) Erstellen von detaillierten Zustandsprotokollen für den Leihverkehr und Kurierbegleitung bei empfindlichen Objekten einschließlich deren Installierung vor Ort.

Nr. 4 Besondere Fachkenntnisse erfordert z. B.:

a) das Durchführen von konservatorischen und restauratorischen Maßnahmen an Objekten, die aufgrund ihrer Empfindlichkeit und ihres Schadensbildes fortgeschrittene Fähig- und Fertigkeiten sowie besondere Umsicht und Sorgfalt erfordern;
b) das Durchführen nicht mehr einfacher materialtechnologischer Untersuchungen;
c) Erfassen und Kartieren nicht mehr einfacher Schadensbilder.

Nr. 5 Eine entsprechende Tätigkeit liegt z. B. vor bei:

a) Durchführen konservatorischer und restauratorischer Maßnahmen an wenig empfindlichen Objekten mit einem nicht mehr einfachen Schadensbild;
b) Maßnahmen zur Schadensprophylaxe, wie die Erfassung möglicher Umgebungseinflüsse (z. B. Klima oder Licht) auf das Kulturgut sowie Kontrolle und Umsetzung von Verbesserungsmaßnahmen;
c) Erstellen von detaillierten Zustandsprotokollen für den Leihverkehr und Kurierbegleitung bei weniger empfindlichen Objekten einschließlich deren Installierung vor Ort;
d) schriftlichem und fotografischem Dokumentieren und Kartieren von Befunden und Maßnahmen;
e) Erfassen und Kartieren einfacherer Schadensbilder;
f) Durchführen einfacher materialtechnologischer Untersuchungen;
g) abschließendem Prüfen neu hergestellter audiovisueller Archivalien auf Erreichen des Ziels der konservatorischen oder restauratorischen Maßnahme und Fehlerfreiheit, gegebenenfalls Formulieren von Reklamationsansprüchen;
h) schwierigem analogen oder digitalen Restaurieren an schad- und fehlerhaften Bild- oder Tonaufzeichnungen wie z. B. Farbkorrektur starker Bildausbleichung, Reduzieren breitbandigen Tonrauschens, Ausfiltern oberwellenhaltiger Tonstörungen.

Nr. 6 Schwierige Tätigkeiten im Bereich der Konservierung und Restaurierung liegen z. B. vor bei:

1. Reinigen:

   Die Reinigung umfasst die Trockenreinigung (Absaugen, Entstauben o. ä. mittels Pinsel oder Mikrofasertuch) ohne Verwendung von chemischen Behandlungsmitteln bzw. die Anwendung mechanischer und abrasiver Behandlungsmethoden (z. B. schlecht erhaltener Ledergegenstände oder vergleichbar empfindlicher organischer Materialien).

2. Aufbau von Ausstellungen und Betreuen von zeitgenössischen Kunstobjekten („Art-Handling"):

IV

a) Unterstützen beim Aufbau von Kunstobjekten, wie Installationen aus großen, unempfindlichen Elementen, die zum Kunstwerk gehören, bei denen Geräte wie z. B. Kran oder Steiger bedient werden müssen;
b) Unterstützen bei der Hängung/Montage von komplizierten, mehrteiligen Objekten oder Objekten ohne Schutzrahmen;
c) Bedienen von komplizierten technischen Geräten, die zum Kunstwerk gehören und eine sensible Handhabung erfordern, z. B. Einlegen von ungeschütztem Filmmaterial;
d) Austauschen von Ersatzteilen an kinetischen, elektrischen oder elektronischen Kunstwerken einschließlich Auswechseln von zum Kunstobjekt gehörenden Leuchtmitteln.

3. Tätigkeiten im Rahmen von Konservierungs- und Restaurierungsmaßnahmen:
a) Zusammensetzen und Ergänzen von Gebrauchskeramik, -porzellan und -gläsern;
b) einfaches Zusammensetzen empfindlicher Skulpturen;
c) einfaches Montieren von Wandmalereifragmenten und Mosaiken mit einfachen Bruchflächen;
d) Vorbereiten des Freilegens durch Abnehmen schwer entfernbarer Übertünchungen auf stabilen, mehrschichtig übermalten Wandmalereien und Mosaiken und schwer entfernbarer Sinterschichten auf stabilen Mosaiken;
e) standardisierte Behandlungsbäder ungefasster Steingegenstände;
f) Behandeln von Wasserrändern und Stockflecken an weniger empfindlichen Archivalien sowie anschließendes Glätten solcher Blätter;
g) Schließen von Rissen und Fehlstellen an empfindlichen Archivalien mittels Japanpapier und Buchblättern im Massenverfahren;
h) Lösen zusammengeklebter unempfindlicher Archivalien und Buchblätter in schwierigen Fällen;
i) Heften unempfindlicher Lagen unter Verwendung historischer Techniken;
j) Herstellen von handgestochenen Kapitalen für Bucheinbände nach historischen Vorlagen;
k) Herstellen von Buchbeschlägen komplizierter Art;
l) Herstellen von schwierigen Bucheinbänden in schwierigen Fällen (z. B. aus Gewebe, Papier, Leder oder Pergament);
m) vorbereitende Arbeiten für das Ergänzen reich ornamentaler oder reich intarsierter Möbel oder an Gemälderahmen;
n) Nacharbeiten fehlender Außenteile und entsprechend schwierige Arbeiten an Musikinstrumenten zur äußeren Wiederherstellung;
o) Herstellen von Galvanoplastiken nach Originalen;
p) originalgetreues Nachformen von Originalen komplizierter Form;
q) originalgetreues Kolorieren von Nachbildungen;
r) Herstellen schwieriger Modelle von Sammlungsgegenständen und sonstigen Objekten von wissenschaftlichem Interesse nach skizzenhaften Angaben;
s) schwierige zeichnerische Rekonstruktion von Sammlungsgegenständen und sonstigen Objekten von wissenschaftlichem Interesse;
t) Retuschen an beschädigten fotografischen Archivalien.

4. Tätigkeiten im Rahmen der präventiven Konservierung:
   a) Auflegen empfindlicher, gut erhaltener Textilien auf stützende Unterlagen sowie Unterlegen von Fehlstellen;
   b) Absaugen/Entstauben von empfindlichen Bucheinbänden inhomogener Buchbestände (z. B. Trockenreinigung mittels Saugen oder Pinsel).
5. Anfertigen von individuell, an das jeweilige Objekt anzupassenden Aufbewahrungs-, Präsentations- oder Transportbehältnissen, die eine Handhabung des Originals erfordern, z. B.:
   a) Anfertigen von an das Objekt angepassten Schutzhüllen, z. B. für einen barocken Stuhl mit gepolsterter Arm- und Rückenlehne;
   b) Anfertigen von dreidimensionalen Buchstützen ohne erhabene Beschläge oder Sonderformen/Verformungen;
   c) Anfertigen von Passepartouts für gebrochene Glasnegative;
   d) Anfertigen von Präsentationshilfen aus verschiedenen Materialien inkl. Anpassen und Umkleiden eines Stützkerns mit schadstofffreien Materialien und Standkonstruktionen für Objekte komplizierter Form, auch aus Kompositmaterialien, wie z. B. für Federhauben oder Dudelsäcke;
   e) Anfertigen von aufwändigeren Transport- und Depotverpackungen;
   f) Herstellen von Unterkonstruktionen zur Präsentation kompletter historischer Raumausstattungen;
   g) Fertigen von Figurinen für Kostüme nach vorgegebenen Modellen;
   h) fadengerechtes Spannen von Stoffen zur Unterlage und dauerhaften Montierung von historischen Textilien.
6. Schwieriges Verpacken und Umlagern von schwer handhabbaren oder empfindlichen Objekten, z. B.:
   a) Verlagern von fertig palettierten oder in Lagergestellen befindlichen Großbildwerken und monumentalen Denkmälern mit hohen Eigengewichten und komplizierten Formen, bei denen geeignete Transportmittel zu bedienen und statische Erfordernisse zu bewerten sind;
   b) Aufrichten von Einhausungen, Abdeckungen und Schutzwänden um monumentale Bildwerke, z. B. aus Stein oder Metall, wobei die Gefährdung der Objekte zu berücksichtigen ist;
   c) Entfernen von schädigenden Diarahmen von ungeschütztem Filmmaterial.

Nr. 7 Nicht mehr einfache Tätigkeiten im Bereich der Konservierung und Restaurierung liegen z. B. vor bei:
1. Reinigen:
   a) der Oberfläche von:
      – empfindlichen und ungefassten Steinfragmenten;
      – empfindlichem und gebranntem Ton, Keramik, Porzellan oder Glas;
      – empfindlichen Mosaiken;
   b) ungefasster Skulpturen;
   c) gut erhaltener Ledergegenstände oder vergleichbar empfindlichen Materials;
   d) empfindlicher Siegel;
   e) empfindlicher Teile und Mechaniken von Musikinstrumenten;
   f) unempfindlicher Bucheinbände inhomogener Buchbestände.

   Die Reinigung umfasst die Trockenreinigung (Absaugen, Entstauben o. ä. mittels Pinsel oder Mikrofasertuch) ohne die Verwendung von chemischen Behandlungsmitteln bzw. die Anwendung mechanischer und abrasiver Behandlungsmethoden.

IV

2. Aufbau von Ausstellungen und Betreuen von zeitgenössischen Kunstobjekten („Art-Handling"):
   a) Ein- und Ausrahmen von unempfindlichen Gemälden;
   b) Bedienen von technischen Geräten, die zum Kunstwerk gehören und eine besonders sorgfältige Handhabung erfordern, z. B. Handhaben von nur teilweise geschütztem Filmmaterial.
3. Tätigkeiten im Rahmen von Konservierungs- und Restaurierungsmaßnahmen:
   a) einfaches Zusammensetzen unempfindlicher Skulpturen;
   b) mechanisches Abnehmen leicht entfernbarer Übertünchungen auf stabilen Wandmalereien und Mosaiken mit guter Oberflächenerhaltung und fester Haftung an ihrem Untergrund;
   c) Vorbereiten und Durchführen von Behandlungsbädern an Archivalien und Büchern in Massenverfahren;
   d) klebstofffreies Montieren empfindlicher grafischer Blätter und Archivalien;
   e) Schließen von Rissen an leicht beschädigten Archivalien mittels Japanpapier;
   f) Lösen zusammengeklebter unempfindlicher Archivalienblätter und Buchblätter;
   g) Nachleimen von Papieren in Massenverfahren im Bereich der Archivalienrestaurierung;
   h) Herstellen von Bucheinbänden (z. B. aus Gewebe, Papier, Leder oder Pergament);
   i) Heften unempfindlicher Lagen bei regelmäßigem Fadenverlauf;
   j) Rekonstruieren von komplizierten Holzdeckeln für Bucheinbände;
   k) vorbereitende Arbeiten für das Ergänzen ornamentaler Holz- und Metallteile an Möbeln oder Gemälderahmen (z. B. Schnitzen einer Rocaille);
   l) Stimmen von Cembali mithilfe eines Stimmgeräts;
   m) Herstellen von Negativformen von unempfindlichen und ungefassten Objekten komplizierter Form und Herstellen der Abgüsse;
   n) einfache zeichnerische Rekonstruktion von Sammlungsgegenständen und sonstigen Objekten von wissenschaftlichem Interesse;
   o) Herstellen schwieriger Modelle von Sammlungsgegenständen und sonstigen Objekten von wissenschaftlichem Interesse nach Vorlagen;
   p) Manuelles oder maschinelles Behandeln mechanisch, chemisch oder biologisch geschädigter fotografischer oder audiovisueller Archivalien;
   q) Herstellen von Reproduktionen beschädigter fotografischer Archivalien einschließlich Retuschen;
   r) Herstellen von Reproduktionen beschädigter audiovisueller Archivalien;
   s) Vergleichen und Kennzeichnen von audiovisuellen Archivalien zur Herstellung möglichst vollständiger und qualitativ hochwertiger Kopien;
   t) Prüfen von fotografischen und audiovisuellen Archivalien auf Chemikalienrückstände;
   u) nicht mehr einfache Reparatur- und Ausbesserungsarbeiten an audiovisuellen Archivalien wie z. B. komplizierte durchgehende Risse oder völlig fehlende Perforation;
   v) nicht mehr einfache analoge oder digitale Reparatur- und Ausbesserungsarbeiten an schad- und fehlerhaften Bild- oder Tonaufzeichnungen wie z. B. automatische Korrektur von Dichteschwankungen nach Referenzbild, automatische Beseitigung von Klickgeräuschen;

4. Tätigkeiten im Rahmen der präventiven Konservierung:
   a) Oberflächenbehandlung von gut erhaltenen Metallgegenständen;
   b) Auflegen empfindlicher und gut erhaltener Textilien.
5. Anfertigen von objektbezogenen, passgerechten Hilfsmitteln und Behältnissen für die Aufbewahrung, Präsentation oder den Transport, z. B.:
   a) mehrschichtig aufgebaute und bespannte Wabenplatten für Textilobjekte;
   b) Vorbereiten und Verarbeiten von Materialien mit komplizierten Formen für Konservierung, Aufbewahrung und Präsentation, z. B. Anfertigen von Podesten, Einhausungen, Abdeckungen und Schutzwänden für monumentale Bildwerke (z. B. aus Stein oder Metall);
   c) Fertigen und Ausstatten von mehrschichtigen, aus verschiedenen Materialien gefertigten Transportbehältnissen.
6. Sortieren, Verpacken und Umlagern von weniger stabilen und empfindlicheren, aber gut handhabbaren Objekten, z. B.:
   a) Tonscherben, Steinobjekte aus empfindlicherem, aber nicht vorgeschädigtem Gestein (z. B. Kalkstein, Alabaster und Mineralien);
   b) Einlegen empfindlicherer grafischer Blätter und Archivalien in Mappen.

Nr. 8 Einfache Tätigkeiten im Bereich der Konservierung und Restaurierung liegen z. B. vor bei:
1. Reinigen:
   a) der Oberfläche von:
      – unempfindlichen und ungefassten Steinen;
      – unempfindlichem und gebranntem Ton, Keramik, Porzellan oder Glas;
      – stabilen Wandmalereien oder Mosaiken;
   b) unempfindlicher Siegel;
   c) unempfindlicher Teile von Musikinstrumenten;
   d) von unempfindlichen Bucheinbänden aus Leder bei homogenen Buchbeständen

   Die Reinigung umfasst die Trockenreinigung (Absaugen, Entstauben o. ä. mittels Pinsel oder Mikrofasertuch) ohne die Verwendung von chemischen Behandlungsmitteln bzw. die Anwendung mechanischer und abrasiver Behandlungsmethoden.
2. Aufbau von Ausstellungen und Betreuung von zeitgenössischen Kunstobjekten („Art-Handling"):

   einfache Montage unempfindlicher Exponate und Ausstellungshilfsmittel.
3. Tätigkeiten im Rahmen von Konservierungs- und Restaurierungsmaßnahmen:
   a) Durchführen und Überwachung von standardisierten Waschverfahren unempfindlicher, ungefasster Keramikfragmente;
   b) klebstofffreies Montieren unempfindlicher grafischer Blätter und Archivalien;
   c) Schließen von Rissen an leicht beschädigten Archivalien in Massenverfahren;
   d) Rekonstruieren von einfachen Holzdeckeln für Bucheinbände;
   e) Heften einfacher Art bei stabiler Lage (z. B. Aktenstich);
   f) einfache analoge oder digitale Reparatur- und Ausbesserungsarbeiten an audiovisuellen Archivalien, z. B. an schad- und fehlerhaften Bild- oder Tonaufzeichnungen (z. B. manuelle Bildretusche und Ausführung einfacher Tonschnitte);

g) Synchronlegen von getrennt vorliegenden analogen oder digitalen Bild- oder Tonaufzeichnungen mit Startzeichen bei audiovisuellen Archivalien;
h) Herstellen von Negativformen von unempfindlichen und ungefassten Originalen einfacher Form und Herstellen der Abgüsse;
i) Herstellen einfacher Modelle von Sammlungsgegenständen und sonstigen Objekten von wissenschaftlichem Interesse nach Vorlagen.

4. Tätigkeiten im Rahmen der präventiven Konservierung:
a) punktuelles Erfassen und Dokumentieren der vorgegebenen Klimawerte (Temperatur, relative Feuchte, Lux/UV) einschließlich Bedienen der analogen/digitalen Klimaaufzeichnungsgeräte;
b) Auflegen unempfindlicher und gut erhaltener Textilien.

5. Anfertigen bzw. Vorbereiten von Hilfsmitteln für die Konservierung, Aufbewahrung oder Präsentation, z. B.:
a) Falten und Aufrichten von einfachen, vorgestanzten Kartonagen und Aufbewahrungsbehältnissen für die Deponierung;
b) Anfertigen von Hilfsmitteln, wie z. B. Zulagen jeglicher Art, Keile, Gewichte oder einfachere Objektbefestigungen;
c) Nähen von Staub- und Lichtschutztüchern, z. B. Hülle in rechteckiger Form mit einer offenen Seite;
d) Vorbereiten der Materialien zum Schutz von Objekten wie das Zuschneiden von Stoffen, Pappen, Folien, Glas oder anderen Materialien in einfacherer Form.

6. Sortieren und Umverpacken von stabilen, unempfindlichen und gut handhabbaren Objekten, z. B.:
a) Einlegen unempfindlicher Blätter und Archivalien in Mappen;
b) Umschläge nach Bedarf zuschneiden, falzen und unempfindliche Bücher und Archivalien einlegen („rehousing“);
c) Verpacken, Verlagern und Sortieren von Objekten aus ungefasstem, unempfindlichem und nicht vorgeschädigtem Gestein, z. B. Granit, Marmor oder Basalt oder Keramik.

IV

28.2 Beschäftigte in der Grabungstechnik

Vorbemerkungen

1. [1]Dieser Unterabschnitt kommt für Beschäftigte zum Tragen, die in der Bodendenkmalpflege, archäologischen Forschung und Entwicklung sowie mit der Dokumentation von archäologischen Kulturgütern beschäftigt bzw. betraut sind. [2]Bei diesen Tätigkeiten spielt die Verbindung einer wissenschaftlich-fundierten Arbeitsweise mit ingenieurtechnischen bzw. methodischen Arbeitsansätzen eine zentrale Rolle. [3]Je nach Einsatzaufgaben sind unterschiedliche Kenntnisse bzw. Berufsabschlüsse denkbar.
2. [1]Zu den Aufgaben in der Grabungstechnik gehört die technische Leitung archäologischer Ausgrabungen oder Kontrolle der Arbeit von Grabungsfirmen. [2]Die Beschäftigten entscheiden vor Ort selbständig über Grabungs-, Bergungs- und Dokumentationsmethoden, leiten die Beschäftigten an und treffen Absprachen mit Investoren, Bauherren und Baubetrieben und vertreten damit öffentliche Ins-

titutionen vor Ort. [3]Durch Aufgaben bei der Erfassung und Pflege von Bodendenkmalen tragen sie in erheblichem Maße zum Schutz und Erhalt von archäologischem Kulturgut bei. [4]Zu den Tätigkeiten von Grabungstechnikerinnen und Grabungstechnikern zählen weiterhin die Vermittlung von Grabungsergebnissen durch Öffentlichkeitsarbeit und Publikationen. [5]Um archäologische Quellen bestmöglich zu erschließen und für die Zukunft zu bewahren, entwickeln sie unter Anwendung moderner Technologien neue Methoden und wissenschaftliche Konzepte. [6]Sie betreuen die Ausbildung und führen Fortbildungsveranstaltungen durch.

Entgeltgruppe 13

Beschäftigte mit einschlägiger abgeschlossener wissenschaftlicher Hochschulbildung (z. B. Diplom-Ausgrabungsingenieurin und Diplom-Ausgrabungsingenieur, Master Geo- oder Feldarchäologie, Master Landschaftsarchäologie) und entsprechender Tätigkeit sowie sonstige Beschäftigte, die aufgrund gleichwertiger Fähigkeiten und ihrer Erfahrungen entsprechende Tätigkeiten ausüben.

(Hierzu Protokollerklärung Nr. 1)

Entgeltgruppe 12

Beschäftigte der Entgeltgruppe 11

deren Tätigkeit sich durch das Maß der Verantwortung aus der Entgeltgruppe 11 heraushebt.

(Hierzu Protokollerklärung Nr. 2)

Entgeltgruppe 11

Beschäftigte der Entgeltgruppe 10,

deren Tätigkeit sich durch besondere Leistungen aus der Entgeltgruppe 10 heraushebt.

(Hierzu Protokollerklärung Nr. 3)

Entgeltgruppe 10

Beschäftigte der Entgeltgruppe 9b mit mindestens dreijähriger Erfahrung in Tätigkeiten der Entgeltgruppe 9b,

deren Tätigkeit sich dadurch aus der Entgeltgruppe 9b heraushebt, dass sie besondere Fachkenntnisse erfordert.

(Hierzu Protokollerklärung Nr. 4)

Entgeltgruppe 9b

Beschäftige mit einschlägiger abgeschlossener Hochschulbildung und entsprechender Tätigkeit sowie sonstige Beschäftigte, die auf-

grund gleichwertiger Fähigkeiten und ihrer Erfahrungen entsprechende Tätigkeiten ausüben.
(Hierzu Protokollerklärung Nr. 5)

Entgeltgruppe 8

Beschäftigte mit besonders schwierigen Tätigkeiten im Bereich der Grabungstechnik.
(Hierzu Protokollerklärung Nr. 6)

Entgeltgruppe 6

Beschäftigte mit schwierigen Tätigkeiten im Bereich der Grabungstechnik.
(Hierzu Protokollerklärung Nr. 7)

Entgeltgruppe 5

Beschäftigte mit nicht mehr einfachen Tätigkeiten im Bereich der Grabungstechnik.
(Hierzu Protokollerklärung Nr. 8)

Entgeltgruppe 4

Beschäftigte mit einfachen Tätigkeiten im Bereich der Grabungstechnik.
(Hierzu Protokollerklärung Nr. 9)

Protokollerklärungen:

Nr. 1 Entsprechende Tätigkeiten sind z. B.:

a) die technische Leitung von herausragend schwierigen Grabungen, z. B. Grabungen im Bereich der Landschaftsarchäologie, der Unterwasser- oder Feuchtbodenarchäologie sowie der Höhlen- bzw. Montanarchäologie, einschließlich dem Ausarbeiten der publikationsreifen Grabungsberichte;

b) die wissenschaftliche Weiterentwicklung und Erprobung von Methoden zur Bearbeitung und Erhebung von Daten in der Bodendenkmalpflege.

Nr. 2 Eine Heraushebung durch das Maß der Verantwortung liegt z. B. vor:

a) bei der technischen Leitung mehrerer oder einer besonders schwierigen Grabung (wie z. B. komplizierte Kirchen-, Burgen- oder Stadtkerngrabungen, sowie bei Ausgrabungen an Grabhügeln und komplizierten mehrphasigen Siedlungsgrabungen) einschließlich des Ausarbeitens der publikationsreifen Grabungsberichte;
bei der Vorbereitung und technischen Leitung von mehreren Grabungen oder Prospektionen;

b) (Es ist von mehreren Grabungen/Prospektionen auszugehen, wenn die einzelnen Bodeneingriffe bzw. Personaleinsatzgebiete weiter als 100 Meter voneinander entfernt sind oder durch naturräumliche Gegebenheiten bzw. eine differierende Zeitstellung die methodische Grabungsweise in den einzelnen Bereichen der Ausgrabung wesentlich voneinander abweichen.

c) Mit dem Begriff Prospektion werden alle Untersuchungen in der archäologischen Forschung oder Denkmalpflege bezeichnet, die zur Auffindung,

Bestimmung, räumlichen Eingrenzung, etc. von Fundstellen dienen. Bei einer Prospektion werden ohne aufwendige Erdarbeiten relevante Daten über ein Gebiet bzw. Denkmal ermittelt. Bodeneingriffe werden nur in begrenztem Maße mit Bohrungen oder kleinen Sondagen hinzugerechnet.)

bei der Vorbereitung und technischen Leitung einer Grabung oder Prospektion im außereuropäischen Ausland.

Nr. 3 Eine Heraushebung durch besondere Leistungen liegt z. B. vor bei:

a) sehr schwierigen Vermessungen (z. B. bei Grabungen in noch stehenden Gebäuden oder Gebäudeteilen, in Tunneln bzw. Höhlengrabungen, Geoprofilen oder in vermessungstechnisch noch nicht erfassten Gebieten) inklusive der Aufbereitung der entstandenen Daten;

b) (Vermessungstechnisch noch nicht erfasste Gebiete sind solche Gebiete, in der kein für die Ausgrabung verwendungsfähiges Lagebezugssystem anzutreffen ist, sondern von den Beschäftigten erst geplant, erstellt und in ein übliches Landes- bzw. Weltbezugssystem überführt werden muss.)

c) der selbständigen Umsetzung und Anpassung geeigneter Schutzmaßnahmen für gefährdete Denkmale;

d) bei der Vorbereitung und technischen Leitung einer komplexen Grabung oder Prospektion.

e) (Eine komplexe Grabung oder Prospektion liegt vor, wenn bei der Tätigkeit naturwissenschaftliche Methoden [z. B. C14-Datierung, Dendrochronologie, Phosphatanalysen, Thermoluminiszens, Geomagnetik, Geoelektrik, Bodenradar, etc.] zur Anwendung kommen, die eine wichtige Rolle zur Klärung der zentralen wissenschaftlichen Fragestellung spielen. Aufgaben des Beschäftigten bei der Vorbereitung und technischen Leitung einer komplexen Grabung oder Prospektion sind z. B. die Koordination des Einsatzes der verschiedenen Methoden, die Vorbereitung der Bodeneingriffe für eine naturwissenschaftliche Bestimmung oder die korrekte Entnahme von Probenmaterial bzw. die Durchführung der Methode.)

Nr. 4 Besondere Fachkenntnisse erfordern z. B.:

a) topographische Vermessungen, die besondere Fertigkeiten erfordern, z. B. Burgwälle, Grabhügel und andere komplizierte Geländedenkmäler, einschließlich der Aufbereitung der entstandenen Daten (z. B. Höhenschichtplänen);

b) die technische Leitung von einer Grabung oder einer Prospektion inklusive der Erstellung eines Grabungsberichts;

c) die Beratung in Fragen der Arbeitssicherheit, der Erarbeitung von Gefährdungsanalysen und der Ermittlung von Lösungsvorschlägen im Rahmen von schwierigen Grabungsvorhaben;

d) die Erstellung von Grabungsrichtlinien, Leistungsverzeichnissen und Standards für Ausgrabungen in der Bodendenkmalpflege;

e) die denkmalfachliche Beratung sowie Betreuung von Maßnahmenpartnern externer archäologischer Ausgrabungen;

f) die Darstellung und öffentliche Präsentation von Grabungen und ihren Ergebnissen.

Nr. 5 Entsprechende Tätigkeiten sind z. B.:

a) die Durchführung schwieriger Grabungen unter wissenschaftlicher oder technischer Anleitung. Dazu gehören z. B. Planen und Vermessen von Probeschnitten, Anfertigen schwieriger Grabungszeichnungen und Grabungs- oder Fundberichte sowie fotografische Dokumentation;

b) die Erkennung und Bewertung archäologischer Bodendenkmäler (Feldbegehung) sowie deren Lagebestimmung.

Nr. 6 [1]Eine besonders schwierige Tätigkeit ist z. B. die Durchführung einfacherer Teilgrabungen. [2]Dazu gehören z. B.:

a) Vermessungstätigkeiten nach einfachen Methoden;
b) fotografische Dokumentation;
c) Fundfreilegung von empfindlichen Objekten auf dem Grabungsgelände;
d) Anfertigen einfacher maßstäblicher Grabungszeichnungen und einfacher Grabungs- oder Fundberichte;
e) Beaufsichtigung von mindestens zwei Grabungsarbeiterinnen oder -arbeitern.

[3]Eine Teilgrabung liegt vor, wenn die oder der Beschäftigte die Aufsicht über einen von mehreren Bodeneingriffen bzw. Personaleinsatzgebieten im Bereich einer Grabung übertragen bekommt. [4]Diese Tätigkeit wird häufig als „Schnittleiter" bezeichnet. [5]Dabei muss die Grabung durch eine technische oder wissenschaftliche Leiterin oder einen technischen oder wissenschaftlichen Leiter geführt werden, unter deren oder dessen Anleitung die oder der Beschäftige ihre oder seine Teilgrabung beaufsichtigt.

Nr. 7 Schwierige Tätigkeiten sind z. B.:

a) das Anfertigen schwieriger Grabungszeichnungen und unterstützende Tätigkeiten bei der Grabungsvermessung;
b) das Anleiten und Überwachen von einfachen Tätigkeiten in der Fundregistrierung.

Nr. 8 Nicht mehr einfache Tätigkeiten sind z. B.:

a) das Freilegen und Bergen von Bodenfunden;
b) das Herrichten von Erdprofilen und Grabungsflächen zum Zeichnen und Messen;
c) das Anfertigen von Grabungsskizzen oder einfachen maßstäblichen Grabungszeichnungen;
d) das Begehen von Gebieten (meist „Feldbegehung" bezeichnet) nach archäologischem Fundmaterial unter wissenschaftlicher oder technischer Anleitung.

Nr. 9 Einfache Tätigkeiten sind z. B.:

a) das Freilegen wenig empfindlicher Bodenfunde oder Strukturen;
b) die Fundregistrierung bei Grabungen.

29. Küchenhilfskräfte und Buffethilfskräfte

Entgeltgruppe 3

1. Beschäftigte der Entgeltgruppe 2, die nicht nur gelegentlich kassieren.
2. Beschäftigte der Entgeltgruppe 2, die Kaltverpflegung zubereiten, Maschinen bedienen oder nicht nur gelegentlich mit schweren körperlichen Arbeiten beschäftigt werden.

Entgeltgruppe 2

Küchenhilfskräfte und Buffethilfskräfte, soweit nicht in Entgeltgruppe 1 eingruppiert.

30. Laborantinnen und Laboranten sowie Werkstoffprüferinnen und -prüfer

Entgeltgruppe 9a

Laborantinnen und Laboranten mit abgeschlossener Berufsausbildung,
die schwierige Aufgaben erfüllen und mindestens zu einem Viertel verantwortlichere Tätigkeiten verrichten.

Entgeltgruppe 7

Beschäftigte der Entgeltgruppe 6,
die sich in Entgeltgruppe 6 besonders bewährt haben, deren Tätigkeit selbständige Leistungen erfordert.

Entgeltgruppe 6

Beschäftigte der Entgeltgruppe 5
mit Tätigkeiten, die besondere Leistungen erfordern.

Entgeltgruppe 5

Laborantinnen und Laboranten sowie Werkstoffprüferinnen und -prüfer mit abgeschlossener Berufsausbildung und entsprechender Tätigkeit.

Entgeltgruppe 4

Beschäftigte der Entgeltgruppe 3
mit schwierigen Tätigkeiten.

Entgeltgruppe 3

Beschäftigte in der Tätigkeit von Laborantinnen und Laboranten sowie Werkstoffprüferinnen und -prüfern.

31. Fachkräfte für Lagerlogistik, Fachlageristinnen und -lageristen sowie Magazinwärterinnen und -wärter

Entgeltgruppe 8

Beschäftigte der Entgeltgruppe 7,

bei denen die Leitung mit besonderer Verantwortung verbunden ist.

(Hierzu Protokollerklärung Nr. 1)

Entgeltgruppe 7

Beschäftigte der Entgeltgruppe 5

als Leiterinnen oder Leiter eines Lagers oder Magazins.

(Hierzu Protokollerklärung Nr. 2)

Entgeltgruppe 6

Beschäftigte der Entgeltgruppe 5

mit besonders verantwortlichen Tätigkeiten.

(Hierzu Protokollerklärung Nr. 1)

Entgeltgruppe 5

Fachkräfte für Lagerlogistik mit abgeschlossener Berufsausbildung und entsprechender Tätigkeit.

Entgeltgruppe 4

1. Fachlageristinnen und -lageristen mit abgeschlossener zweijähriger Berufsausbildung und entsprechender Tätigkeit.
2. Magazinwärterinnen und -wärter.

   (Hierzu Protokollerklärung Nr. 2)

Entgeltgruppe 3

Helferinnen und Helfer in einem Magazin oder in einem Lager.

(Hierzu Protokollerklärung Nr. 2)

Protokollerklärungen:

Nr. 1 Eine besondere Verantwortung liegt z. B. vor bei der Lagerung von besonders wertvollen oder gefährlichen Gütern oder von Gütern, an deren Lagerung und Umgang besondere Anforderungen gestellt werden.

Nr. 2 Magazin ist eine Stelle für die Einnahme und Ausgabe von Werkzeugen oder Materialien bei Instandsetzungs- oder Ausbildungseinrichtungen.

32. Geprüfte Meisterinnen und Meister

Vorbemerkung

Aufgabenspezifische Sonderausbildungen sind Ausbildungen von Handwerkerinnen und Handwerkern oder Facharbeiterinnen und Facharbeitern im militärfachlichen Meisterlehrgang der Bundeswehr in der Materialerhaltung von Luftfahrtgerät sowie Ausbildungen in gleichwertigen Ausbildungsgängen für Handwerkerinnen und Handwerker oder Facharbeiterinnen und Facharbeiter.

Entgeltgruppe 9b

Beschäftigte der Entgeltgruppe 9a Fallgruppe 1 oder 2,
deren Tätigkeit sich durch den Umfang und die Bedeutung des Aufgabengebietes und große Selbständigkeit wesentlich aus der Entgeltgruppe 9a Fallgruppe 1 oder 2 heraushebt.

Entgeltgruppe 9a

1. Beschäftigte der Entgeltgruppe 8,
   die große Arbeitsstätten (Bereiche, Werkstätten, Abteilungen oder Betriebe) zu beaufsichtigen haben, in denen Handwerkerinnen und Handwerker oder Facharbeiterinnen und Facharbeiter beschäftigt sind.
2. Beschäftigte der Entgeltgruppe 8,
   die an einer besonders wichtigen Arbeitsstätte mit einem höheren Maß von Verantwortlichkeit beschäftigt sind.

Entgeltgruppe 8

Geprüfte Meisterinnen und Meister mit entsprechender Tätigkeit sowie sonstige Beschäftigte, die aufgrund gleichwertiger Fähigkeiten und ihrer Erfahrungen entsprechende Tätigkeiten ausüben, sowie Meisterinnen und Meister mit erfolgreich abgeschlossener Sonderausbildung und entsprechender Tätigkeit.

Niederschriftserklärung zu Teil III Abschnitt 32:

[1]Der Bund beabsichtigt zukünftig Meistertätigkeiten nur noch Beschäftigten zu übertragen, die die in den Tätigkeitsmerkmalen des Teil III Abschnitt 32 geforderten Voraussetzungen in der Person erfüllen. [2]Tätigkeiten im Sinne der bisherigen Tätigkeitsmerkmale für Maschinenmeister beabsichtigt er nicht mehr zu übertragen.

33. Modellbauerinnen und -bauer sowie Modelltischlerinnen und -tischler

Entgeltgruppe 8

Beschäftigte der Entgeltgruppe 7,

die selbständig nach Entwurfsunterlagen besonders schwierige Modelle anfertigen (z. B. Anfertigen von Kernkästen, Zahnradmodellen).

Entgeltgruppe 7

Modellbauerinnen und -bauer sowie Modelltischlerinnen und -tischler mit einschlägiger abgeschlossener Berufsausbildung.

34. Operateurinnen und Operateure, Strahlenschutztechnikerinnen und -techniker sowie Strahlenschutzlaborantinnen und -laboranten in Kernforschungseinrichtungen

Vorbemerkungen

1. Kernforschungseinrichtungen sind Reaktoren sowie Hochenergiebeschleuniger- und Plasmaforschungsanlagen und ihre hiermit räumlich oder funktionell verbundenen Institute und Einrichtungen.
2. Hochenergiebeschleunigeranlagen im Sinne dieser Regelung sind solche, deren Endenergie bei der Beschleunigung von Elektronen 100 Mill. Elektronenvolt (MeV), bei Protonen, Deuteronen und sonstigen schweren Teilchen 20 MeV überschreitet.
3. Plasmaforschungsanlagen im Sinne dieser Regelung sind solche Anlagen, deren Energiespeicher mindestens 1 Million Joule aufnimmt und mindestens 1 Million VA als Impulsleistung abgibt oder die für länger als 1 msec mit Magnetfeldern von mindestens 50 000 Gauß arbeiten und in denen eine kontrollierte Kernfusion angestrebt wird.

IV

Entgeltgruppe 9b

Beschäftigte der Entgeltgruppe 8,

deren Tätigkeit aufgrund schwieriger Arbeitsabläufe besonders hohe Anforderungen stellt.

Entgeltgruppe 9a

Beschäftigte der Entgeltgruppe 7,

deren Tätigkeit ein hohes Maß an Verantwortung erfordert oder die schwierige Aufgaben erfüllen.

Entgeltgruppe 8

Beschäftigte der Entgeltgruppe 6,

deren Tätigkeit besondere Zuverlässigkeit erfordert.

Entgeltgruppe 7

Beschäftigte im Strahlenschutz, die Kontrollbereiche selbständig überwachen oder Abschirmungs- und Dosisberechnungen durchführen (Strahlenschutztechnikerinnen und -techniker).

Entgeltgruppe 6

Operateurinnen und Operateure.

(Hierzu Protokollerklärung)

Entgeltgruppe 5

1. Beschäftigte während der Ausbildungszeit zur Operateurin oder zum Operateur.
   (Hierzu Protokollerklärung)
2. Beschäftigte, die einfache Operateuraufgaben selbständig erledigen.
3. Beschäftigte der Entgeltgruppe 3,
   die Strahlungsmessungen beurteilen und Empfehlungen für strahlenschutzgerechtes Verhalten geben.

Entgeltgruppe 3

Beschäftigte, die Strahlungsmessungen durchführen und protokollieren (Strahlenschutzlaborantinnen und -laboranten).

Protokollerklärung:

Operateurinnen und Operateure sind Beschäftigte an Reaktoren, Beschleunigeranlagen, Tieftemperaturanlagen, heißen Zellen oder vergleichbaren Experimentieranlagen, die eine oder mehrere der nachstehenden Aufgaben erfüllen:

a) Bedienung des Steuerpults eines Reaktors oder Beschleunigers und der Betriebskreisläufe,
b) Kontrolle und Bedienung von Experimentieranlagen und -kreisläufen,
c) Kontrolle und Bedienung der zu den in den Buchstaben a und b genannten Anlagen gehörenden Maschinenanlagen und Behebung von Störungen.

35. Redakteurinnen und Redakteure

Entgeltgruppe 15

1. Beschäftigte der Entgeltgruppe 14 Fallgruppe 1,

   deren Tätigkeit sich durch das Maß der damit verbundenen Verantwortung erheblich aus der Entgeltgruppe 14 Fallgruppe 1 heraushebt.

2. Beschäftigte der Entgeltgruppe 13,

   die Unterrichtungsprodukte der damit befassten Abteilung des Presse- und Informationsamtes der Bundesregierung zum Zwecke der Unterrichtung der Bundesregierung selbständig und alleinverantwortlich erstellen, mit vielseitiger Verwendbarkeit.

   (Hierzu Protokollerklärungen Nrn. 1 und 2)

Entgeltgruppe 14

1. Beschäftigte der Entgeltgruppe 13,

   deren Tätigkeit sich

   a) durch die besondere Schwierigkeit und Bedeutung ihres Aufgabenkreises oder

   b) durch hochwertige Leistungen in einem besonders schwierigen Aufgabenkreis

   aus der Entgeltgruppe 13 heraushebt.

2. Beschäftigte der Entgeltgruppe 13,

   denen mindestens drei Beschäftigte mindestens der Entgeltgruppe 13 ständig unterstellt sind.

Entgeltgruppe 13

Redakteurinnen und Redakteure mit abgeschlossener wissenschaftlicher Hochschulbildung und entsprechender Tätigkeit sowie sonstige Beschäftigte, die aufgrund gleichwertiger Fähigkeiten und ihrer Erfahrungen entsprechende Tätigkeiten ausüben.

(Hierzu Protokollerklärungen Nrn. 3 und 4)

Protokollerklärungen:

Nr. 1 Die selbständige und alleinverantwortliche Erstellung von Unterrichtungsprodukten erfüllt das Merkmal, wenn die Arbeitsergebnisse ohne Überprüfung herausgegeben werden.

Nr. 2 Die Anforderung der vielseitigen Verwendbarkeit ist erfüllt, wenn die Redakteurin oder der Redakteur im Lagezentrum oder in mindestens zwei Redaktionen der damit befassten Abteilung des Presse- und Informationsamtes der Bundesregierung als Redakteurin oder Redakteur verwendbar ist.

Nr. 3 Das Tätigkeitsmerkmal der Redakteurinnen und Redakteure mit abgeschlossener wissenschaftlicher Hochschulbildung ist erfüllt, wenn die Erledigung der übertragenen Aufgaben

a) zur Unterrichtung von Verfassungsorganen, obersten Bundesbehörden oder Auslandsmissionen: Sammeln, Sichten, Ordnen sowie Bearbeiten von Informationsmaterial zum Zwecke der allgemeinen Unterrichtung;
b) zur Information der Öffentlichkeit: Planung und Bestimmung der Themen, Gestaltung und Erarbeitung des zu veröffentlichenden Materials, Auswahl und fachliche Beratung anderer Autorinnen oder Autoren sowie Überarbeitung des von diesen gelieferten Materials

ein Wissen und Können erfordert, wie es im Regelfall durch eine abgeschlossene wissenschaftliche Hochschulbildung vermittelt wird.

(Die Anforderung in Buchstabe b kann im Einzelfall auch dann erfüllt sein, wenn die Redakteurin oder der Redakteur nicht alle aufgeführten Tätigkeiten ausübt.)

Nr. 4 Unter dieses Tätigkeitsmerkmal fallen auch Beschäftigte mit abgeschlossener wissenschaftlicher Hochschulbildung, die in der damit befassten Abteilung des Presse- und Informationsamtes der Bundesregierung das deutsche und fremdsprachige Nachrichtenmaterial sammeln, sichten und für die endgültige Verarbeitung vorbereiten, sowie sonstige Beschäftigte, die aufgrund gleichwertiger Fähigkeiten und ihrer Erfahrungen entsprechende Tätigkeiten ausüben.

36. Beschäftigte in Registraturen

Vorbemerkung

Die Registraturtätigkeiten umfassen auch solche der elektronischen Schriftgutverwaltung.

Entgeltgruppe 9b

Leiterinnen und Leiter von Registraturen,
deren Tätigkeit sich durch die besondere Bedeutung der Registratur aus der Entgeltgruppe 8 Fallgruppe 1 oder 2 heraushebt.

Entgeltgruppe 9a

IV

1. Leiterinnen und Leiter einer nach Sachgesichtspunkten vielfach gegliederten Registratur,
   denen mindestens fünf Registraturbeschäftigte, davon zwei mindestens der Entgeltgruppe 6 Fallgruppe 3, ständig unterstellt sind.
   (Hierzu Protokollerklärungen Nrn. 1, 2, und 3)
2. Leiterinnen und Leiter einer nach Sachgesichtspunkten vielfach gegliederten Registratur in obersten Bundesbehörden,
   denen mindestens drei Registraturbeschäftigte, davon zwei mindestens der Entgeltgruppe 6 Fallgruppe 3, ständig unterstellt sind.
   (Hierzu Protokollerklärungen Nrn. 1, 2, und 3)

Entgeltgruppe 8

1. Leiterinnen und Leiter einer nach Sachgesichtspunkten vielfach gegliederten Registratur,
   denen mindestens drei Registraturbeschäftigte, davon eine oder einer mindestens der Entgeltgruppe 6 Fallgruppe 3, ständig unterstellt sind.
   (Hierzu Protokollerklärungen Nrn. 1, 2 und 3)
2. Leiterinnen und Leiter einer nach Sachgesichtspunkten vielfach gegliederten Registratur in obersten Bundesbehörden,
   denen mehrere Registraturbeschäftigte, davon eine oder einer mindestens der Entgeltgruppe 6 Fallgruppe 3, ständig unterstellt sind.
   (Hierzu Protokollerklärungen Nrn. 1, 2 und 3)
3. Leiterinnen und Leiter von Registraturen,
   denen mindestens vier Registraturbeschäftigte, davon drei mindestens der Entgeltgruppe 5 Fallgruppe 1, ständig unterstellt sind.
   (Hierzu Protokollerklärungen Nrn. 2 und 3)
4. Leiterinnen und Leiter von Registraturen,
   denen mindestens acht Registraturbeschäftigte ständig unterstellt sind.
   (Hierzu Protokollerklärungen Nrn. 2 und 3)

Entgeltgruppe 7

1. Beschäftigte der Entgeltgruppe 6 Fallgruppe 3,

   die aufgrund des Verständnisses der fremdsprachlichen Fachtermini fremdsprachliche Dokumente verwalten.
2. Beschäftigte der Entgeltgruppe 6 Fallgruppe 3,

   die in einer Verschlusssachen-Registratur tätig sind.

   (Hierzu Protokollerklärung Nr. 4)

Entgeltgruppe 6

1. Leiterinnen und Leiter von Registraturen,

   denen mindestens zwei Registraturbeschäftigte, davon mindestens eine oder einer mindestens der Entgeltgruppe 5 Fallgruppe 1 ständig unterstellt sind.

   (Hierzu Protokollerklärungen Nrn. 2 und 3)
2. Leiterinnen und Leiter von Registraturen,

   denen mindestens fünf Registraturbeschäftigte ständig unterstellt sind.

   (Hierzu Protokollerklärungen Nrn. 2 und 3)
3. Registraturbeschäftigte in einer nach Sachgesichtspunkten vielfach gegliederten Registratur,

   deren Tätigkeiten gründliche, umfangreiche Fachkenntnisse des Registraturwesens und eingehende Kenntnisse des verwalteten Schriftgutes erfordern.

   (Hierzu Protokollerklärung Nr. 1)

Entgeltgruppe 5

1. Registraturbeschäftigte, deren Tätigkeiten gründliche Fachkenntnisse erfordern.

   (Hierzu Protokollerklärung Nr. 5)
2. Leiterinnen und Leiter von Registraturen.

Entgeltgruppe 4

Registraturbeschäftigte mit schwierigen Tätigkeiten.

(Hierzu Protokollerklärung Nr. 6)

Entgeltgruppe 3

Registraturbeschäftigte

mit Tätigkeiten, für die eine eingehende Einarbeitung bzw. eine fachliche Anlernung erforderlich ist, die über eine Einarbeitung im Sinne der Entgeltgruppe 2 hinausgeht.

Entgeltgruppe 2

Registraturbeschäftigte mit einfachen Tätigkeiten.
(Hierzu Protokollerklärung Nr. 7)

Protokollerklärungen:

Nr. 1 Eine nach Sachgesichtspunkten vielfach gegliederte Registratur liegt vor, wenn das Schriftgut auf der Grundlage eines eingehenden, systematisch nach Sachgebieten, Oberbegriffen, Untergruppen und Stichworten weit gefächerten Aktenplans unterzubringen ist; nur in alphabetischer oder numerischer Reihenfolge geordnetes Schriftgut erfüllt diese Voraussetzungen nicht.

Nr. 2 Leiterinnen und Leiter von Registraturen, denen weniger Registraturbeschäftigte als im Tätigkeitsmerkmal gefordert ständig unterstellt sind, sind nach den Tätigkeitsmerkmalen für Registraturbeschäftigte eingruppiert, wenn dies für sie günstiger ist.

Nr. 3 Zu den Registraturbeschäftigten im Sinne dieses Tätigkeitsmerkmals gehören auch die Beschäftigten im Registraturdienst der Entgeltgruppen 2 bis 4.

Nr. 4 Eine Verschlusssachen-Registratur ist eine Registratur, in der Verschlusssachen mit der Einstufung VS-vertraulich, geheim oder streng geheim verwaltet werden.

Nr. 5 Erforderlich sind eingehende Kenntnisse im Geschäftsbereich, in der Weiterführung und im Ausbau einer Registratur.

Nr. 6 Schwierige Tätigkeiten sind solche, die mehr als eine eingehende Einarbeitung bzw. mehr als eine fachliche Anlernung i. S. der Entgeltgruppe 3 erfordern, z. B. durch einen höheren Aufwand an gedanklicher Arbeit.

Nr. 7 [1]Einfache Tätigkeiten sind Tätigkeiten, die weder eine Vor- noch eine Ausbildung, aber eine Einarbeitung erfordern, die über eine sehr kurze Einweisung oder Anlernphase hinausgeht. [2]Die Einarbeitung dient dem Erwerb derjenigen Kenntnisse und Fertigkeiten, die für die Beherrschung der Arbeitsabläufe als solche erforderlich sind.

37. Reinigerinnen und Reiniger

(mit Wirkung vom 1. Januar 2025 gestrichen)

38. Reproduktions- und medientechnische Beschäftigte

Vorbemerkung

Nach diesem Abschnitt sind auch medientechnische Beschäftigte aller Fachrichtungen eingruppiert.

Entgeltgruppe 9a

Beschäftigte der Entgeltgruppe 6,
die schwierige Aufgaben besonderer Art erfüllen.
(Hierzu Protokollerklärung Nr. 1)

Entgeltgruppe 8

Beschäftigte der Entgeltgruppe 6,
die schwierige Aufgaben erfüllen.
(Hierzu Protokollerklärung Nr. 2)

Entgeltgruppe 7

Beschäftigte der Entgeltgruppe 6,
die mindestens zu einem Viertel schwierige Aufgaben erfüllen.
(Hierzu Protokollerklärung Nr. 2)

Entgeltgruppe 6

Beschäftigte der Entgeltgruppe 5,
deren Tätigkeit besondere Leistungen erfordert.

Entgeltgruppe 5

Beschäftigte mit abgeschlossener Berufsausbildung in einem reproduktions- und medientechnischen Beruf und entsprechender Tätigkeit sowie sonstige Beschäftigte, die aufgrund gleichwertiger Fähigkeiten und ihrer Erfahrungen entsprechende Tätigkeiten ausüben.
(Hierzu Protokollerklärung Nr. 3)

Entgeltgruppe 4

1. Beschäftigte an Bürooffsetmaschinen.
2. Beschäftigte in Druckereien
   a) als Maschinenhelferinnen und -helfer im Buch- oder Flachdruck,
   b) als Anlegerinnen und Anleger für großformatigen Mehrfarbendruck oder
   c) als Anlegerinnen und Anleger beim Druck mehrfarbiger Landkarten.

Entgeltgruppe 3

Beschäftigte

a) an Bürovervielfältigungs- oder Druckmaschinen oder

b) in der Mikroverfilmung.

Entgeltgruppe 2

Beschäftigte

mit einfachen reproduktionstechnischen Tätigkeiten.

(Hierzu Protokollerklärungen Nrn. 1 und 4)

Protokollerklärungen:

Nr. 1 Schwierige Aufgaben besonderer Art sind z. B.:

a) Vorbereiten und Herstellen von großformatigen Karten mit Transparenzen, Kartenteilen im Format DIN A0 und größer oder inhaltsreichen Karten im Maßstab 1:25.000 und kleiner mit komplexen Darstellungen;

b) Setzen von Farbprofilen zum Plot auf verschiedenen Papiersorten oder Durchführen von Farbmessungen, die ein sehr hohes Maß an Fachwissen voraussetzen;

c) Konzeption oder Herstellung besonders hochwertiger Medien- und Printprodukte, wie z. B. Kunstkataloge unter Verwendung von Spezialmaterialen wie Folien, Kunststoffen und gussgestrichenem Papier;

d) Planung, Konzeption, Layout von Medienelementen (z. B. Symbolen, Logos, Emblemen) für die crossmediale Verwendung; Anfertigung grafisch hochwertiger und gestaltungstechnisch anspruchsvoller Produkte unter Einhaltung der ausgaberelevanten Spezifikationen.

Nr. 2 Schwierige Aufgaben sind z. B.:

a) Fertigen von Entwürfen und/oder Herstellen von besonders komplexen Medienprodukten für Print und Online und komplexen grafischen Darstellungen, die über die Tätigkeiten der Entgeltgruppe 6 hinausgehen, wie z. B. Broschüren, Kataloge, Schriftreihen, großformatige Medien sowie Video-, Bild- und Tonaufnahmen;

b) Bedarfsgerechte eigenständige Weiterentwicklung oder Modifikation von geltenden Gestaltungsvorgaben; konzeptionelle Planung von Medien- und Printprodukten nach Auftragsvorgaben;

c) Veredelung und Weiterverarbeitung von Printmedien unter Anwendung von material- und produktspezifischen Druckverarbeitungstechniken.

Nr. 3 Reproduktions- und medientechnische Berufe sind z. B.:

a) Mediengestalterin und Mediengestalter Digital und Print,

b) Mediengestalterin und Mediengestalter Bild und Ton,

c) Medientechnologin und Medientechnologe Druck.

Nr. 4 [1]Einfache Tätigkeiten sind Tätigkeiten, die weder eine Vor- noch eine Ausbildung, aber eine Einarbeitung erfordern, die über eine sehr kurze Einweisung oder Anlernphase hinausgeht. [2]Die Einarbeitung dient dem Erwerb derjenigen Kenntnisse und Fertigkeiten, die für die Beherrschung der Arbeitsabläufe als solche erforderlich sind.

39. Schweißerinnen und Schweißer

Entgeltgruppe 8

Beschäftigte der Entgeltgruppe 6 mit Schweißfachmannprüfung und entsprechender Tätigkeit in einem Schweißfachbetrieb.

Entgeltgruppe 7

Beschäftigte der Entgeltgruppe 6 mit Schweißwerkmeisterprüfung und entsprechender Tätigkeit.

Entgeltgruppe 6

Beschäftigte der Entgeltgruppe 4 mit abgeschlossener Berufsausbildung im technischen Bereich.

IV

Entgeltgruppe 4

Schweißerinnen und Schweißer mit Schweißberechtigung.

40. Beschäftigte in der Steuerverwaltung

Vorbemerkung

[1]Nach diesem Abschnitt sind Beschäftigte bei der Zollverwaltung eingruppiert, die nach § 12 Abs. 2 des Finanzverwaltungsgesetzes bei der Verwaltung der Kraftfahrzeugsteuer mitwirken. [2]Dazu gehören nicht die Beschäftigten mit allgemeinen Verwaltungsaufgaben, die Beschäftigten in den Kassen und Zahlstellen sowie die Beschäftigten im Außendienst mit Ausnahme der Steuerermittlerinnen und -ermittler sowie Fahndungshelferinnen und -helfer.

Entgeltgruppe 12

Leiterinnen und Leiter von Sachgebieten.

(Hierzu Protokollerklärung Nr. 1)

Entgeltgruppe 11

Beschäftigte der Entgeltgruppe 9c,

deren Tätigkeit sich durch besondere Schwierigkeit und Bedeutung aus der Entgeltgruppe 9c heraushebt.

Entgeltgruppe 10

Beschäftigte der Entgeltgruppe 9c,

deren Tätigkeit sich mindestens zu einem Drittel durch besondere Schwierigkeit und Bedeutung aus der Entgeltgruppe 9c heraushebt.

Entgeltgruppe 9c

Beschäftigte der Entgeltgruppe 9b,

deren Tätigkeit sich dadurch aus der Entgeltgruppe 9b heraushebt, dass sie besonders verantwortungsvoll ist.

Entgeltgruppe 9b

Sachbearbeiterinnen und Sachbearbeiter

Entgeltgruppe 9a

Beschäftigte der Entgeltgruppe 6, die einfachere Veranlagungen durchführen oder gleichwertige Tätigkeiten ausüben.

(Hierzu Protokollerklärungen Nrn. 2 und 3)

Entgeltgruppe 8

Beschäftigte der Entgeltgruppe 6, die mindestens zu einem Drittel einfachere Veranlagungen durchführen oder gleichwertige Tätigkeiten ausüben.

(Hierzu Protokollerklärungen Nrn. 2 und 3)

Entgeltgruppe 7

Beschäftigte der Entgeltgruppe 6, die mindestens zu einem Fünftel einfachere Veranlagungen durchführen oder gleichwertige Tätigkeiten ausüben.
(Hierzu Protokollerklärung Nrn. 2 und 3)

Entgeltgruppe 6

Beschäftigte der Entgeltgruppe 5 Fallgruppe 1 oder 2, deren Tätigkeit vielseitige Fachkenntnisse erfordert.

Entgeltgruppe 5

1. Beschäftigte in der Kraftfahrzeugsteuerverwaltung mit einschlägiger abgeschlossener Berufsausbildung und entsprechender Tätigkeit.
2. Beschäftigte in der Kraftfahrzeugsteuerverwaltung, deren Tätigkeit gründliche Fachkenntnisse erfordert.

(Hierzu Protokollerklärung Nr. 4)

Protokollerklärungen:

Nr. 1 Ist für die Tätigkeit einer Sachgebietsleiterin oder eines Sachgebietsleiters eine abgeschlossene wissenschaftliche Hochschulbildung erforderlich, gilt § 3 Abs. 4 Satz 3.

Nr. 2 Einfachere Veranlagungen zur Kraftfahrzeugsteuer umfassen insbesondere die
- a) Ermittlung der Besteuerungsgrundlagen, soweit diese nicht maschinell erfolgt ist,
- b) Prüfung der Voraussetzungen für Steuerbefreiungen und Steuerermäßigungen und
- c) Festsetzung (Neufestsetzung oder Änderung) der Höhe der Steuer.

Nr. 3 Gleichwertige Tätigkeiten sind z. B. die Bearbeitung von
- a) Stundungs- und Erlassanträgen oder
- b) Anträgen auf Aussetzung der Vollziehung.

Nr. 4 Erforderlich sind nähere Kenntnisse von Gesetzen, Verwaltungsvorschriften und Tarifbestimmungen usw. des Aufgabenkreises.

41. Technikerinnen und Techniker

Vorbemerkungen

1. Die Tätigkeitsmerkmale dieses Abschnitts gelten auch für Kern-, Reaktor-, Rechenmaschinen-, Synchrotron-, Tieftemperatur- sowie Vakuumtechnikerinnen und -techniker in Kernforschungseinrichtungen im Sinne des Abschnitts 34.
2. Die Tätigkeitsmerkmale dieses Abschnitts gelten auch für Beschäftigte, die diese Tätigkeiten unter der Bezeichnung „Baustellenaufseherin" oder „Baustellenaufseher", „Bauaufseherin" oder „Bauaufseher" oder „Zeichnerin" oder „Zeichner" ausüben.
3. Für Beschäftigte mit einer Ausbildung als Chemotechniker im Sinne der Rahmenordnung der staatlichen Prüfung für Chemotechniker vom 14./15. Mai 1964 bzw. vom 31. Juli 1970 gelten die Tätigkeitsmerkmale des Abschnitts 42 (Technische Assistentinnen und Assistenten).

Entgeltgruppe 9b

Beschäftigte der Entgeltgruppe 9a,
die schwierige Aufgaben erfüllen.
(Hierzu Protokollerklärung Nr. 1)

Entgeltgruppe 9a

Beschäftigte der Entgeltgruppe 8,
die selbständig tätig sind.
(Hierzu Protokollerklärung Nr. 2)

Entgeltgruppe 8

Staatlich geprüfte Technikerinnen und Techniker mit entsprechender Tätigkeit sowie sonstige Beschäftigte, die aufgrund gleichwertiger Fähigkeiten und ihrer Erfahrungen entsprechende Tätigkeiten ausüben.

Protokollerklärungen:

Nr. 1 Schwierige Aufgaben sind Aufgaben, die in dem betreffenden Fachgebiet im oberen Bereich der Schwierigkeitsskala liegen oder die in konkreten Einzelfällen wegen der Besonderheiten Leistungen erfordern, die über das im Regelfall erforderliche Maß an Kenntnissen und Fähigkeiten wesentlich hinausgehen, z. B. durch die Breite des geforderten fachlichen Wissens und Könnens, die geforderten Spezialkenntnisse, außergewöhnliche Erfahrungen oder sonstige Qualifizierungen vergleichbarer Wertigkeit.

Nr. 2 [1] Technikerinnen und Techniker sind selbständig tätig, wenn sie bei technischen Arbeitsabläufen in Ausführung technischer, mehr routinemäßiger Entwurfs-, Leitungs- und Planungsarbeiten eigene technische Entscheidungen zu treffen haben. [2] Dass das Arbeitsergebnis einer Kontrolle, einer fachlichen Anleitung und Überwachung durch Vorgesetzte unterworfen wird, berührt die Selbständigkeit der Tätigkeit nicht. [3]Aufgrund der nach der Ausbildung vorauszusetzenden Kenntnisse sind der zur Erfüllung der Aufgabe einzuschlagende Weg und die anzuwendende Methode zu finden.

42. Technische Assistentinnen und Assistenten

Vorbemerkung

Technische Assistentinnen und Assistenten mit staatlicher Anerkennung im Sinne der Tätigkeitsmerkmale dieses Abschnitts sind z. B. chemisch-technische Assistentinnen und Assistenten, physikalisch-technische Assistentinnen und Assistenten oder landwirtschaftlich-technische Assistentinnen und Assistenten jeweils mit staatlicher Anerkennung

Entgeltgruppe 9b

Beschäftigte der Entgeltgruppe 7,

deren Tätigkeit ein besonders hohes Maß an Verantwortlichkeit erfordert.

Entgeltgruppe 9a

Beschäftigte der Entgeltgruppe 7,

die mindestens zu einem Viertel verantwortlichere Tätigkeiten verrichten.

Entgeltgruppe 7

Beschäftigte der Entgeltgruppe 6,

die schwierige Aufgaben erfüllen.

Entgeltgruppe 6

Technische Assistentinnen und Assistenten mit staatlicher Anerkennung und entsprechender Tätigkeit sowie sonstige Beschäftigte, die aufgrund gleichwertiger Fähigkeiten und ihrer Erfahrungen entsprechende Tätigkeiten ausüben.

Niederschriftserklärung zu Teil III Abschnitt 42:

[1]Die Tarifvertragsparteien halten eine Neuvereinbarung der Vorbemerkung Nr. 4 zu allen Vergütungsgruppen der Anlage 1a zum BAT für entbehrlich. [2]Es besteht Einvernehmen, dass – wie bisher – unter „technischen Assistentinnen und technischen Assistenten mit staatlicher Anerkennung" diejenigen Personen zu verstehen sind, die nach dem Berufsordnungsrecht berechtigt sind, diese Berufsbezeichnung zu führen.

43. Tierärztinnen und -ärzte

Entgeltgruppe 15

1. Beschäftigte der Entgeltgruppe 14,
   denen mindestens fünf Tierärztinnen oder -ärzte durch ausdrückliche Anordnung ständig unterstellt sind.
   (Hierzu Protokollerklärung)
2. Fachtierärztinnen und -ärzte mit entsprechender Tätigkeit.

Entgeltgruppe 14

Tierärztinnen und -ärzte mit entsprechender Tätigkeit.

IV

Protokollerklärung:

Gegen Stundenentgelt tätige Tierärztinnen und -ärzte, die im Jahresdurchschnitt nicht mehr als 18 Stunden wöchentlich zur Arbeitsleistung herangezogen werden, und gegen Stückvergütung tätige Tierärztinnen und -ärzte zählen nicht mit.

44. Tierpflegerinnen und -pfleger

Entgeltgruppe 8

Beschäftigte der Entgeltgruppe 7 Fallgruppe 1 oder 2
mit besonders verantwortlicher Tätigkeit.
(Hierzu Protokollerklärung Nr. 1)

Entgeltgruppe 7

1. Beschäftigte der Entgeltgruppe 6 Fallgruppe 1 oder 2,
   die Tierversuche nach § 8 Tierschutzgesetz durchführen und überwachen.
2. Beschäftigte der Entgeltgruppe 5,
   die besonders hochwertige Arbeiten verrichten.
   (Hierzu Protokollerklärung Nr. 2)

IV

Entgeltgruppe 6

1. Beschäftigte der Entgeltgruppe 5,
   die die Versuchsnachbereitung nach § 7 Tierschutzgesetz einschließlich § 4 Tierschutzgesetz durchführen.
2. Beschäftigte der Entgeltgruppe 5,
   die hochwertige Arbeiten verrichten.
   (Hierzu Protokollerklärung Nr. 3)

Entgeltgruppe 5

Tierpflegerinnen und -pfleger mit abgeschlossener Berufsausbildung und entsprechender Tätigkeit.

Entgeltgruppe 4

Helferinnen und Helfer in der Tierpflege mit schwierigen Tätigkeiten.

Entgeltgruppe 3

Helferinnen und Helfer in der Tierpflege (Tierwärterinnen und -wärter).

Protokollerklärungen:

Nr. 1 Besonders verantwortliche Tätigkeiten liegen bei gesteigerten Anforderungen an die zu betreuenden Tiere vor, z. B. wenn von den Tieren eine große Gefährdung ausgeht, oder wenn deren Pflege außerordentliche hygienische Maßnahmen erfordern oder wenn es sich um Tiere mit besonders hohem Wert handelt.

Nr. 2 Besonders hochwertige Arbeiten sind z. B. die Leitung eines Bereichs, in dem Tiere mit unterschiedlichen Belastungen durch verschiedene Krankheitserreger oder mindestens zehn verschiedene Tierarten zu betreuen sind.

Nr. 3 Hochwertige Arbeiten sind z. B. die Mitwirkung bei der Planung und Einrichtung neuartiger Haltungssysteme, das Erkennen und die Beschreibung von Verhaltensanomalien und sonstigen klinischen Anzeichen, oder die Vornahme von schwierigen Inokulationen beispielsweise in das Gehirn oder in das Muskelgewebe.

45. Vermessungstechnikerinnen und -techniker, Geomatikerinnen und Geomatiker sowie Messgehilfinnen und -gehilfen

Vorbemerkung

Den Vermessungstechnikerinnen und -technikern mit abgeschlossener Berufsausbildung sind die nach der hessischen Ausbildungs- und Prüfungsordnung für kulturbautechnische Angestellte der Wasserwirtschaftsverwaltung vom 21. Januar 1958 (Staats-Anzeiger für das Land Hessen S. 134) ausgebildeten Kulturbautechnikerinnen und -techniker mit verwaltungseigener Lehrabschlussprüfung gleichgestellt.

Entgeltgruppe 9a

Beschäftigte der Entgeltgruppe 6 Fallgruppe 1,
die schwierige Aufgaben erfüllen.
(Hierzu Protokollerklärung)

Entgeltgruppe 8

Beschäftigte der Entgeltgruppe 6 Fallgruppe 1,
die mindestens zu einem Drittel schwierige Aufgaben erfüllen.
(Hierzu Protokollerklärung)

Entgeltgruppe 7

Beschäftigte der Entgeltgruppe 6 Fallgruppe 1,
die mindestens zu einem Viertel schwierige Aufgaben erfüllen.
(Hierzu Protokollerklärung)

Entgeltgruppe 6

1. Beschäftigte der Entgeltgruppe 5 Fallgruppe 1,
   deren Tätigkeit besondere Leistungen erfordert.
2. Beschäftigte mit abgeschlossener Berufsausbildung und mit verwaltungseigener Prüfung zur Messgehilfin oder zum Messgehilfen und entsprechender Tätigkeit.

Entgeltgruppe 5

1. Vermessungstechnikerinnen und -techniker sowie Geomatikerinnen und Geomatiker mit abgeschlossener Berufsausbildung und entsprechender Tätigkeit sowie sonstige Beschäftigte, die aufgrund gleichwertiger Fähigkeiten und ihrer Erfahrungen entsprechende Tätigkeiten ausüben,
2. Messgehilfinnen und -gehilfen mit verwaltungseigener Prüfung und entsprechender Tätigkeit.

Entgeltgruppe 4

Beschäftigte der Entgeltgruppe 3, die auch Dienstfahrzeuge führen.

Entgeltgruppe 3

Messgehilfinnen und -gehilfen.

Protokollerklärung

Schwierige Aufgaben sind z. B.:

a) schwierige Einmessungen von Nutzungs-, Schätzungs-, und Bodenwertgrenzen;
b) Gebäudeeinmessungen oder Lageplanvermessungen in bebauten Ortslagen, wenn die Messung behindert ist, oder bei gleich schwierigen Verhältnissen;
c) einfachere Lagepasspunktbestimmungen;
d) Messungen in Sondergebieten (Bergbau, See, Gewässer etc.) unter Einsatz spezieller Hard- oder Software;
e) Bearbeiten von schwierigeren Vermessungen im Innendienst (wie Bau-, Sondervermessungen oder hydrographische Vermessungen oder Bearbeiten von Fortführungsvermessungen bei einer größeren Zahl von Nachweisen);
f) in der Luftbildvermessung:
Vorbereiten der Kartenunterlagen für den Bildflug; Passpunktbestimmung; schwierige Einpassungen von Luftbildern in Grundrisse unter gleichzeitiger topographischer Auswertung; selbständige photogrammetrische Auswertungen einfacher Art; Entzerrungen einfacher Art;
g) schwierige Neuherstellung und Fortführung von Karten- oder Grundrissdaten in Geoinformationssystemen (z. B. in Altstadtgebieten, von schwierigen Straßen- und Wasserlaufvermessungen); schwieriges Einpassen von Kartenteilen;
h) Generalisierung von Situation (ohne Ortsteile) und Gelände (Höhenlinien);
i) besonders schwierige Herstellung und Fortführung von Karten- oder Geodatenoriginalen nach Entwurfsvorlagen – einschließlich Randbearbeitung und Ausführung von Korrekturen – in der Kartografie;
j) besonders schwierige Montagen oder Übertragungen in inhaltsreichen Karten- oder Geodatensystemen;
k) schwierige Übertragung und Generalisierung von Fachplanungen für das Raumordnungskataster (z. B. Neueintragung von Fachplanungen mit Maßstabsumstellung und Neudarstellung);
l) Nachweis und Führung von Nutzungsrechten, Lasten und Beschränkungen, rechtlichen Einschränkungen, Jagd- und Fischereirechten in Sonderkarten- und Geoinformationssystemen.

46. Vorlesekräfte für Blinde und besondere Hilfskräfte für sonstige schwerbehinderte Menschen

Entgeltgruppe 6

Beschäftigte der Entgeltgruppe 5 mit schwieriger Tätigkeit.

Entgeltgruppe 5

Vorlesekräfte für Blinde und besondere Hilfskräfte für sonstige schwerbehinderte Menschen.

47. Wächterinnen und Wächter

Entgeltgruppe 6

Leiterinnen und Leiter einer Wachgruppe, denen mindestens fünf Wachleute ständig unterstellt sind.

Entgeltgruppe 5

Beschäftigte der Entgeltgruppe 3 mit einschlägiger abgeschlossener Berufsausbildung und entsprechender Tätigkeit.

(Hierzu Protokollerklärung)

Entgeltgruppe 4

IV

1. Beschäftigte der Entgeltgruppe 3 mit Dienstwaffe, Begleithund oder im Freien.
2. Beschäftigte der Entgeltgruppe 3 mit abgeschlossener Berufsausbildung mit einer Ausbildungsdauer von weniger als drei Jahren und entsprechender Tätigkeit.

Entgeltgruppe 3

Wächterinnen und Wächter.

Protokollerklärung

Einschlägige Berufsausbildung ist z. B. die Ausbildung als Fachkraft für Schutz und Sicherheit.

48. Weitere Beschäftigte

Entgeltgruppe 9b

Technische Beschäftigte mit besonders verantwortungsvoller Tätigkeit

a) als Schichtführerinnen oder Schichtführer in großen thermischen Kraftwerken, großen Heizkraftwerken oder großen Müllverbrennungsanlagen, die außerhalb der regulären Tagesarbeitszeit für den gesamten Betrieb allein verantwortlich sind,

b) in großen E-Lastverteileranlagen, die in der Schicht für die Netzbetriebsführung allein verantwortlich sind,

c) als Leiterinnen oder Leiter von großen und vielschichtig strukturierten Instandsetzungsbereichen

sowie

sonstige technische Beschäftigte mit vergleichbarer Tätigkeit, die wegen der Schwierigkeit der Aufgaben und der Größe der Verantwortung ebenso zu bewerten ist, wie die Tätigkeiten nach Buchstaben a bis c.

(Beschäftigte in dieser Fallgruppe erhalten eine Entgeltgruppenzulage gemäß § 17 Nr. 8.)

(Hierzu Protokollerklärungen Nrn. 1 und 2)

IV

Entgeltgruppe 8

1. Beschäftigte mit abgeschlossener Berufsausbildung im technischen Bereich, die überwiegend nach Entwurfsunterlagen oder sonstigen technischen Angaben hochwertige Versuchsgeräte oder Instrumente unter eigener Verantwortung zusammenbauen und justieren.
2. Beschäftigte mit abgeschlossener Berufsausbildung im technischen Bereich, die besonders schwierige Instandsetzungen an elektrisch oder mechanisch komplizierten Funk- oder sonstigen Spezialgeräten ausführen, wobei sie Fehler durch eigene hochfrequenztechnische oder gleich schwierige Messungen selbst eingrenzen.
3. Beschäftigte mit abgeschlossener Berufsausbildung im technischen Bereich, die besonders schwierige Instandsetzungen und Spezialarbeiten an hoch empfindlichen und komplizierten Geräten selbständig ausführen.
4. Beschäftigte mit abgeschlossener Berufsausbildung im elektrotechnischen Bereich, die bei Kabelfehlern an Hoch-, Mittel-, und Niederspannungsanlagen selbständig und eigenverantwortlich die Ortung vorbereiten und Ortungen mit schwierigen Hochleistungsmessgeräten wie Messbrücken oder Impulsmessgeräten ausführen.

Protokollerklärungen:

Nr. 1 [1]Ein vielschichtig strukturierter Bereich liegt vor, wenn in diesem Bereich die Arbeit von mindestens drei Gewerken zu koordinieren ist und mindestens drei Gewerken jeweils geprüfte Meisterinnen oder Meister vorstehen. [2]Gewerke sind Fachrichtungen im Sinne anerkannter Ausbildungsberufe, in denen die Meisterprüfung abgelegt werden kann. [3]Im Mehrschichtbetrieb ist es unschädlich, wenn in den mindestens drei Gewerken nicht in allen Schichten jeweils Meisterinnen oder Meister im Sinne des Satzes 1 eingesetzt sind.

Nr. 2 Dieses Tätigkeitsmerkmal gilt nicht für den Bereich des Bundesministeriums der Verteidigung.

Teil IV
Besondere Tätigkeitsmerkmale im Bereich des Bundesministeriums der Verteidigung

1. Besondere Tätigkeitsmerkmale

Entgeltgruppe 9b

Technische Beschäftigte

a) im Technischen Betriebsdienst

denen mindestens drei geprüfte Meisterinnen oder Meister oder Meisterinnen oder Meister mit erfolgreich abgeschlossener aufgabenspezifischer Sonderausbildung durch ausdrückliche Anordnung ständig unterstellt sind, wenn keine Beschäftigten mit abgeschlossener technischer Hochschulbildung eingesetzt sind,

IV

b) in Luftverteidigungsanlagen

als Leiterinnen oder Leiter der Koordination oder als Schichtführerinnen oder Schichtführer,

c) in der Flugzeuginstandsetzung

aa) als Leiterinnen oder Leiter von Instandsetzungsbereichen, denen mindestens fünf geprüfte Meisterinnen oder Meister oder Meisterinnen oder Meister mit erfolgreich abgeschlossener aufgabenspezifischer Sonderausbildung durch ausdrückliche Anordnung ständig unterstellt sind,

bb) als Leiterinnen oder Leiter der Kraftstoffgeräteinstandsetzung,

cc) als Leiterinnen oder Leiter der Instandsetzung von Chassis elektronischer Bauteile oder von Avionikgeräten mit Hilfe rechnergesteuerter Prüfgeräte,

dd) als Leiterinnen oder Leiter der Triebwerksabnahme an stationären Prüfständen oder

ee) als Leiterinnen oder Leiter anderer besonders wichtiger Arbeitsbereiche, die nach ihrer Größe und Bedeutung sowie nach dem Umfang der Verantwortung der Beschäftigten den vorstehend genannten entsprechen,

d) in der Instandsetzung von Schiffen,

aa) die als Leiterinnen oder Leiter von Instandsetzungsgruppen Mess-, Prüf-, Justier- und Abgleicharbeiten an komplexen Ortungs- oder Navigationsanlagen, sofern diese über ein automatisiertes Datenaufbereitungssystem zusammengeschaltet sind, selbstverantwortlich vorzunehmen haben oder bb) als Leiterinnen oder Leiter anderer besonders wichtiger Arbeitsbereiche, die nach ihrer Größe und Bedeutung sowie nach dem Umfang der Verantwortung der Beschäftigten den vorstehend genannten entsprechen.

(Beschäftigte in dieser Fallgruppe erhalten eine Entgeltgruppenzulage gemäß § 17 Nr. 8.)

Entgeltgruppe 9a

1. Beschäftigte mit einschlägiger abgeschlossener Berufsausbildung, die in Hauptquartieren und Schulen der Bundeswehr komplexe rechnergestützte Informationsdarstellungs- und -verarbeitungssysteme (Großlagedarstellungen) warten und besonders schwierige Instandsetzungen selbständig durchführen.
2. Beschäftigte mit einschlägiger abgeschlossener Berufsausbildung, die im Kalibrierungszentrum der Bundeswehr nach Durchführung von Eingangsprüfungen oder Fehlerdiagnosen hochempfindliche und komplizierte lichttechnische servopneumatische oder prozessorgesteuerte Mess- und Prüfgeräte instand setzen und eigenverantwortlich kalibrieren.
3. Beschäftigte mit einschlägiger abgeschlossener Berufsausbildung, die in Heeresinstandsetzungswerken oder vergleichbaren Einrichtungen schwierige Prüfarbeiten an elektronischem Gerät mit automatisierten Prüfstationen durchführen und die hierfür erforderlichen Prüfprogramme erarbeiten, anwenden, optimieren und pflegen.
4. Beschäftigte mit einschlägiger abgeschlossener Berufsausbildung, die in zentralen Instandhaltungseinrichtungen, im Marinearsenal oder in vergleichbaren Einrichtungen besonders schwierige Instandsetzungen an hochempfindlichen und komplexen Waffen- oder Teilsystemen (z. B. rechnergestützten Waffenleit- oder Ortungsanlagen, Anlagen der elektronischen Kampfführung, Flugkörperwaffenanlagen) durchführen und hierfür fachübergreifende Kenntnisse benötigen.

Entgeltgruppe 8

1. Beschäftigte mit abgeschlossener Berufsausbildung im technischen Bereich, die in den Lehrmittelwerkstätten Lehr-, Ausbildungs- und Versuchsgeräte nach Entwurfsunterlagen oder sonstigen technischen Angaben unter Eigenverantwortung fertigen, zusammenbauen oder justieren.

2. Beschäftigte mit abgeschlossener Berufsausbildung im technischen Bereich, die als Arbeitsprüfer in Eingangs- oder Ausgangsinspektionen (keine Baugruppen) beschäftigt werden.
3. Beschäftigte mit abgeschlossener Berufsausbildung im technischen Bereich, die besonders schwierige Instandsetzungen oder Spezialarbeiten an hoch empfindlichen und komplizierten Waffen oder Geräten oder Schiffsantriebsanlagen selbständig durchführen.
4. Beschäftigte, die an Simulatoren eingesetzt sind und dabei Simulationsabläufe nach Vorgaben konfigurieren, erstellen oder ausführen.
5. Beschäftigte mit abgeschlossener Berufsausbildung im technischen Bereich, die nach Entwurfsunterlagen oder sonstigen technischen Angaben besonders schwierige Bauteile und Ausrüstungsgegenstände für den Erprobungsflugbetrieb an unterschiedichen Luftfahrzeugbaumustern im Bereich der Absetztechnik selbständig herstellen, einbauen, Instand setzen und erproben.

Entgeltgruppe 7

1. Beschäftigte der Entgeltgruppe 6 Fallgruppe 1 oder 2,

   die besonders hochwertige Arbeiten verrichten.

   (Hierzu Protokollerklärungen Nrn. 1 und 2)
2. Beschäftigte mit abgeschlossener Berufsausbildung als Kraftfahrzeugmechatronikerin oder -mechatroniker, Kraftfahrzeugschlosserin oder -schlosser, Kraftfahrzeugmechanikerin oder -mechaniker, Kraftfahrzeugelektrikerin oder -elektriker oder in einem verwandten Beruf, die schwierige Instandsetzungen an verschiedenen in der Entgeltgruppe 5 Fallgruppen 1, 2, 3, 4 oder 5 Buchstaben b und c oder in der Entgeltgruppe 6 Fallgruppe 1 des Abschnitts 6 genannten Spezialfahrzeugen in Instandsetzungseinrichtungen und Werkstätten durchführen.

Entgeltgruppe 6

1. Beschäftigte mit abgeschlossener Berufsausbildung und aufgabenspezifischer Fortbildung oder Einweisung und entsprechender Tätigkeit.

   (Hierzu Protokollerklärungen Nrn. 2 und 3)
2. Beschäftigte mit abgeschlossener Berufsausbildung und entsprechender Tätigkeit,

   die zu mindestens einem Drittel mit Arbeiten beschäftigt werden, die an die Eignung und selbständige Überlegung besondere Anforderungen stellen.

   (Hierzu Protokollerklärungen Nrn. 2 und 4)

3. Motorenwärterinnen und -wärter mit einschlägiger abgeschlossener Berufsausbildung oder mit entsprechender Befähigung im Marinearsenal oder in Wehrtechnischen Dienststellen.

Entgeltgruppe 5

1. Fallschirmlegerinnen und -leger.
2. Bremsschirmlegerinnen und -leger.

Entgeltgruppe 4

Akkumulatorenwärterinnen und -wärter, die Torpedohochleistungsbatterien oder vergleichbare Hochleistungsbatterien aufbereiten und hierbei auch Platten und Separatoren ein- und ausbauen.

Entgeltgruppe 3

1. Helferinnen und Helfer in Nachschub- oder Versorgungseinrichtungen, Vorschriften- und Kartenstellen oder in Waffen-, Geräte- oder Bekleidungskammern.
2. Museumsaufseherinnen und -aufseher.
3. Wärterinnen und Wärter von Zug- oder Tragtieren.

(Hierzu Protokollerklärung Nr. 5)

Protokollerklärungen:

Nr. 1 Besonders hochwertige Arbeiten sind Arbeiten, die neben vielseitigem hochwertigem fachlichen Können besondere Umsicht und Zuverlässigkeit erfordern.

Nr. 2 Das Tätigkeitsmerkmal gilt nur für körperlich/handwerklich geprägte Tätigkeiten und nur, sofern keine spezielleren Tätigkeitsmerkmale des Teils III einschlägig sind.

Nr. 3 Hierunter fallen zum Beispiel Beschäftigte als Mechanikerinnen oder Mechaniker, Mechatronikerinnen oder Mechatroniker, Elektrikerinnen oder Elektriker sowie Elektronikerinnen oder Elektroniker für Luft-, Wasser oder Bodenfahrzeuge, oder anderes bundeswehrspezifisches Gerät, Waffen oder Material, Büchsenmacherinnen oder -macher, Flugzeugsattlerinnen oder -sattler, Schlosserinnen oder Schlosser oder Tischlerinnen oder Tischler in Lehrmittelwerkstätten.

Nr. 4 [1]Derartige Arbeiten sind zum Beispiel:

a) schwierige Instandsetzungen von Kraft- oder Arbeitsmaschinen einschließlich der Stark- oder Schwachstromanlagen oder von Kälteaggregaten, Aufzugsanlagen, Heizungsanlagen oder Klimaanlagen,
b) Einstellen, Instandsetzen oder Prüfen komplizierter Apparate wie Zünd-, Licht- oder Anlassmaschinen sowie Kraftstoffeinspritzvorrichtungen an Kraftfahrzeugen,
c) sonstige handwerkliche Arbeiten, die im Allgemeinen nur aufgrund besonderer Erfahrungen geleistet werden können, sofern bei der Ausführung der Arbeiten an das Überlegungsvermögen und handwerksmäßige Geschick Anforderungen gestellt werden, die über das Maß dessen hinausgehen, was von Beschäftigten der Entgeltgruppe 5 des Teils II verlangt werden kann.

[2]Handwerkliche Arbeiten, die im Allgemeinen nur aufgrund besonderer Erfahrungen geleistet werden können, liegen auch vor, wenn Handwerkerinnen und Handwerker ständig neben den Arbeiten im erlernten Handwerk auch handwerkliche Arbeiten in anderen Berufen zu leisten haben und auch in diesen Berufen vollwertige Leistungen erbringen.

Nr. 5 Unter dieses Tätigkeitsmerkmal fallen auch Wärterinnen und Wärter von Zug- oder Tragtieren, die auch die Tiere führen.

2. Beschäftigte in der Arbeitsvorbereitung oder in der Betriebsorganisation

Vorbemerkung

Eine aufgabenspezifische Sonderausbildung im Sinne dieses Abschnitts ist die Ausbildung von Handwerkerinnen und Handwerkern sowie Facharbeiterinnen und -arbeitern im militärfachlichen Meisterlehrgang der Bundeswehr in der Materialerhaltung von Luftfahrtgerät oder eine Ausbildung in einem den militärfachlichen Meisterlehrgängen gleichwertigen Ausbildungsgang für Handwerkerinnen und Handwerker oder Facharbeiterinnen und -arbeiter.

Entgeltgruppe 13

Beschäftigte mit abgeschlossener technischer Hochschulbildung und abgeschlossener REFA-Grundausbildung sowie mit einer REFA-Sonderausbildung auf dem Gebiet der Arbeitsvorbereitung sowie sonstige Beschäftigte mit abgeschlossener REFA-Fachausbildung oder MTM-Praktikerausbildung, die aufgrund gleichwertiger Fähigkeiten und ihrer Erfahrungen entsprechende Tätigkeiten ausüben,

als Leiterinnen oder Leiter der gesamten Arbeitsvorbereitung in Dienststellen mit über 300 Beschäftigten.

(Hierzu Protokollerklärung Nr. 1)

Entgeltgruppe 12

Beschäftigte mit abgeschlossener technischer Hochschulbildung und abgeschlossener REFA-Grundausbildung sowie mit einer REFA-Sonderausbildung auf dem Gebiet der Arbeitsvorbereitung sowie sonstige Beschäftigte mit abgeschlossener REFA-Fachausbildung oder MTM-Praktikerausbildung, die aufgrund gleichwertiger Fähigkeiten und ihrer Erfahrungen entsprechende Tätigkeiten ausüben,

als Leiterinnen oder Leiter der gesamten Arbeitsvorbereitung.

Entgeltgruppe 11

Beschäftigte mit abgeschlossener technischer Hochschulbildung und abgeschlossener REFA-Grundausbildung sowie sonstige Beschäftigte mit abgeschlossener REFA-Fachausbildung oder MTM-Praktikerausbildung, die aufgrund gleichwertiger Fähigkeiten und ihrer Erfahrungen entsprechende Tätigkeiten ausüben,

als Leiterinnen oder Leiter der Auftragsvorbereitung, Auftragsplanung, Koordinierung, Kapazitätsplanung, Kalkulation, Arbeitsplanung oder Arbeitsaufnahme.

Entgeltgruppe 10

1. Beschäftigte mit abgeschlossener technischer Hochschulbildung sowie sonstige Beschäftigte mit abgeschlossener REFA-Fachausbildung oder MTM-Praktikerausbildung, die aufgrund gleichwertiger Fähigkeiten und ihrer Erfahrungen entsprechende Tätigkeiten ausüben,

   als Arbeitsplanerinnen oder -planer, Fachleute für Zeitstudien oder Kalkulatorinnen oder Kalkulatoren.

   (Hierzu Protokollerklärungen Nrn. 2 und 3)

2. Beschäftigte mit abgeschlossener technischer Hochschulbildung sowie sonstige Beschäftigte mit abgeschlossener REFA-Fachausbildung oder MTM-Praktikerausbildung, die aufgrund gleichwertiger Fähigkeiten und ihrer Erfahrungen entsprechende Tätigkeiten ausüben,

   als Arbeitsgruppenleiterinnen oder -leiter in der Auftragsvorbereitung, Auftragsplanung, Koordinierung, Kapazitätsplanung, Kalkulation, Arbeitsplanung, Arbeitsaufnahme oder Werkstattkalkulation.

3. Beschäftigte mit abgeschlossener technischer Hochschulbildung sowie sonstige Beschäftigte mit abgeschlossener REFA-Fachausbildung oder MTM-Praktikerausbildung, die aufgrund gleichwertiger Fähigkeiten und ihrer Erfahrungen entsprechende Tätigkeiten ausüben,

   die als Betriebsplanerinnen oder -planer oder Steuererinnen oder Steuerer die Eigen- und Fremdleistungen, Ersatzteil- und Gerätebeistellungen bei großen Projekten (z. B. bei umfangreichen Instandsetzungen, Umbauten oder Überholungen von Schiffen) koordinieren.

Entgeltgruppe 9c

Geprüfte Meisterinnen und Meister sowie Meisterinnen und Meister mit erfolgreich abgeschlossener aufgabenspezifischer Sonderausbildung sowie staatlich geprüfte Technikerinnen und Techniker

mit zusätzlicher militärischer Qualifikation (z. B. SASPF, ESS oder MDS) zur technischen Betriebsführung für mehrere Muster fliegender Waffensysteme, die auf Grundlage ihrer zusätzlichen Qualifikation

a) als Terminbearbeiterinnen oder -bearbeiter für komplexe Geräte schwierige Koordinationstätigkeiten zwischen Dienststellen, Werkstätten, Industrie- oder Handwerksbetrieben ausüben oder

IV

b) als Betriebsplanerinnen oder -planer oder -steuererinnen oder -steuerer für komplexe Geräte nicht programmierbare Arbeitsaufträge unter Berücksichtigung der Kapazität einplanen oder steuern.

(Hierzu Protokollerklärung Nr. 4)

Entgeltgruppe 9b

1. Beschäftigte mit abgeschlossener REFA-Fachausbildung und MTM-Praktikerausbildung, die als Arbeitsplanerinnen oder -planer oder Fachleute für Zeitstudien Arbeitsstudien für überbetriebliche Datensysteme durchführen.
2. Beschäftigte mit abgeschlossener REFA-Grundausbildung, die als Arbeitsvorbereiterinnen oder -vorbereiter für die gesamte Arbeitsvorbereitung in Mechatronikzentren oder in Dienststellen mit vergleichbarem Aufgabenumfang bei der Arbeitsvorbereitung verantwortlich sind.
3. Beschäftigte mit abgeschlossener REFA-Grundausbildung, als Arbeitsplanerinnen oder -planer, Fachleute für Zeitstudien oder Kalkulatorinnen oder Kalkulatoren

   für schwierige Arbeitsgebiete (z. B. Motoren, Getriebe, Bremsanlagen, Funkgeräte, Fernschreiber, Elektroanlagen).

   (Hierzu Protokollerklärung Nr. 5)
4. Beschäftigte mit abgeschlossener REFA-Grundausbildung, die als Terminbearbeiterinnen oder -bearbeiter für komplexe Geräte schwierige Koordinierungstätigkeiten zwischen Dienststellen, Werkstätten, Industrie- oder Handwerksbetrieben ausüben.

   (Hierzu Protokollerklärung Nr. 6)
5. Beschäftigte mit abgeschlossener REFA-Grundausbildung, die als Betriebsplanerinnen oder -planer oder Steuererinnen oder Steuerer für komplexe Geräte nicht programmierte Arbeitsaufträge unter Berücksichtigung der Kapazität einplanen oder steuern.

   (Hierzu Protokollerklärung Nr. 6)
6. Geprüfte Meisterinnen und Meister sowie Meisterinnen und Meister mit erfolgreich abgeschlossener aufgabenspezifischer Sonderausbildung sowie staatlich geprüfte Technikerinnen und Techniker mit zusätzlicher militärischer Qualifikation (z. B. SASPF, ESS oder MDS) zur technischen Betriebsführung für ein Muster fliegender Waffensysteme, die auf Grundlage ihrer zusätzlichen Qualifikation
   a) als Terminbearbeiterinnen oder -bearbeiter für komplexe Geräte schwierige Koordinationstätigkeiten zwischen Dienststellen, Werkstätten, Industrie- oder Handwerksbetrieben ausüben oder

b) als Betriebsplanerinnen oder -planer oder -steurerinnen oder -steuerer für komplexe Geräte nicht programmierbare Arbeitsaufträge unter Berücksichtigung der Kapazität einplanen oder steuern.
(Hierzu Protokollerklärung Nr. 4)

Entgeltgruppe 9a

1. Beschäftigte mit abgeschlossener REFA-Grundausbildung als Arbeitsvorbereiterinnen oder -vorbereiter, Arbeitsplanerinnen oder -planer, Arbeitsaufnehmerinnen oder -aufnehmer, Werkstattkalkulatorinnen oder -kalkulatoren, Terminbearbeiterinnen oder -bearbeiter, Betriebsplanerinnen oder -planer oder Steurerinnen oder Steuerer.
2. Materialdisponentinnen und -disponenten mit abgeschlossener REFA-Grundausbildung mit schwieriger Tätigkeit,
   denen mindestens vier Materialdisponentinnen oder -disponenten, davon mindestens zwei der Entgeltgruppe 8 Fallgruppe 4, durch ausdrückliche Anordnung ständig unterstellt sind.

Entgeltgruppe 8

1. Terminbearbeiterinnen und -bearbeiter, die den Arbeitsablauf zwischen den Zubringer- und Hauptwerkstätten abstimmen und im Arbeitsablauf auftretende Störungen beseitigen.
2. Betriebsplanerinnen und -planer sowie Steurerinnen und Steuerer, die eingehende Arbeitsaufträge in den Arbeitsablauf einplanen oder steuern.
3. Kostenrechnerinnen und -rechner, die in der Auftragsabrechnung Aufträge in ihrer Gesamtheit zum Zwecke der Kostenermittlung bearbeiten.
4. Beschäftigte der Entgeltgruppe 6
   mit schwieriger Tätigkeit.
   (Hierzu Protokollerklärung Nr. 7)

Entgeltgruppe 6

Materialdisponentinnen und -disponenten, die auftragsgebundenes Material, Gerät oder Leistungsbeistellungen anfordern.

Protokollerklärungen:

Nr. 1 Für die Ermittlung der Beschäftigtenzahl gilt § 5 entsprechend.

Nr. 2 Entsprechende Tätigkeiten sind z. B.: Arbeitsplanung oder Kalkulation bei der Instandsetzung von hochwertigen Sende- und Empfangsanlagen, wie Mehrkanalfernwählgeräten von Sprechsendern oder DmW-Sprechsendern und -empfängern, automatischen Sichtpeilanlagen, HF-Steueranlagen, Infrarot-Geräten, Sonaranlagen, elektronischen Messgeräten, elektromechanischen Feuerleitgeräten und Feuerleitrechengeräten, kompletten Flak- und Seezielgeräten, selbstzielsuchender Munition; Projektkalkulationen mit hohem Schwierigkeitsgrad, wie Havariekalkulationen.

Nr. 3 Nach diesem Tätigkeitsmerkmal sind auch Beschäftigte mit abgeschlossener technischer Hochschulbildung eingruppiert, die Angemessenheitsbeurteilungen von Angeboten und Rechnungen vornehmen, sowie sonstige Beschäftigte mit abgeschlossener REFA-Fachausbildung oder MTM-Praktikerausbildung, die aufgrund gleichwertiger Fähigkeiten und ihrer Erfahrungen entsprechende Tätigkeiten ausüben.

Nr. 4 Der Nachweis der zusätzlichen militärischen Qualifikation erfolgt zweistufig in Form eines Lehrganges für die jeweiligen Betriebsführungssysteme des Waffensystems und einer erfolgreichen Ausbildung am Arbeitsplatz.

Nr. 5 Nach diesem Tätigkeitsmerkmal sind auch die Projektkalkulatorinnen und -kalkulatoren eingruppiert.

Nr. 6 Komplexe Geräte sind solche, in denen mehrere Teilgeräte oder Baugruppen, die verschiedenen Fachgebieten mindestens einer Ingenieurfachrichtung (z. B. Maschinenbau) zuzuordnen sind, funktionell zusammenwirken.

Nr. 7 Schwierige Tätigkeiten sind z. B. die Ermittlung oder Auswahl von gleichwertigem Material, Gerät oder gleichwertigen Ersatzteilen.

3. Beschäftigte im Bereich des Bundesamtes für Ausrüstung, Informationstechnik und Nutzung der Bundeswehr

3.1 Beschäftigte im Beschaffungs- oder Vertragswesen sowie in der Vertrags- und Instandsetzungsabrechnung

Entgeltgruppe 11

1. Beschäftigte der Entgeltgruppe 10 Fallgruppe 1, denen mindestens zwei Beschäftigte dieses Unterabschnitts mindestens der Entgeltgruppe 9b ständig unterstellt sind.
2. Beschäftigte in der Vertrags- und Instandsetzungsabrechnung, denen mindestens
   a) vier Beschäftigte in der Vertrags- und Instandsetzungsabrechnung mindestens der Entgeltgruppe 8, davon mindestens zwei Beschäftigte mindestens der Entgeltgruppe 9b,
   oder
   b) drei Beschäftigte in der Vertrags- und Instandsetzungsabrechnung mindestens der Entgeltgruppe 9b

   ständig unterstellt sind.

IV

Entgeltgruppe 10

1. Sachbearbeiterinnen und Sachbearbeiter im Beschaffungs- oder Vertragswesen, die selbständig besonders schwierige Verträge vorbereiten und abwickeln.
   (Hierzu Protokollerklärungen Nrn. 1 und 2)
2. Sachbearbeiterinnen und Sachbearbeiter in der Vertrags- und Instandsetzungsabrechnung,
   a) die besonders schwierige Abrechnungsvorgänge rechnerisch oder wirtschaftlich abwickeln und
   b) denen mindestens zwei Beschäftigte in der Vertrags- und Instandsetzungsabrechnung mindestens der Entgeltgruppe 6 ständig unterstellt sind.

   (Hierzu Protokollerklärung Nr. 3)

Entgeltgruppe 9b

1. Sachbearbeiterinnen und Sachbearbeiter in der Vertrags- und Instandsetzungsabrechnung, die schwierige Abrechnungsvorgänge rechnerisch oder wirtschaftlich verantwortlich abwickeln.
   (Hierzu Protokollerklärung Nr. 4)
2. Sachbearbeiterinnen und Sachbearbeiter im Beschaffungs- oder Vertragswesen, die selbständig Verträge vorbereiten und abwickeln.
   (Hierzu Protokollerklärung Nr. 1)

3. Sachbearbeiterinnen und Sachbearbeiter in der Vertrags- und Instandsetzungsabrechnung, die schwierigere Abrechnungsvorgänge rechnerisch oder wirtschaftlich verantwortlich abwickeln.

   (Hierzu Protokollerklärung Nr. 5)

Entgeltgruppe 8

Beschäftigte in der Vertrags- und Instandsetzungsabrechnung, die einfachere Abrechnungsvorgänge rechnerisch verantwortlich abwickeln.

Protokollerklärungen:

Nr. 1 Verträge im Sinne dieses Tätigkeitsmerkmals sind im Wesentlichen:
- a) Beschaffungsverträge,
- b) Entwicklungsverträge,
- c) Dienstleistungsverträge.

Nr. 2 Tätigkeiten im Sinne dieses Tätigkeitsmerkmals sind z. B. die Vorbereitung und Abwicklung internationaler Entwicklungsverträge einfacherer Art, die Bearbeitung von Gewährleistungsfällen oder von Haftungsfragen.

Nr. 3 Tätigkeiten im Sinne dieses Tätigkeitsmerkmals sind z. B.
- a) die Abrechnung von Verträgen mit verschiedenen Preistypen (Fest-, Richt- und Erstattungspreise), Mischpreisen, Preisgleitklauseln,
- b) die Abrechnung von bi- und multilateralen, teils fremdsprachlichen Verträgen aus internationalen Gemeinschaftsprogrammen mit teils verschiedenen Buchführungsarten sowie Devisenhilfen.

Nr. 4 Tätigkeiten im Sinne dieses Tätigkeitsmerkmals sind insbesondere:
- a) die Bearbeitung von Abrechnungsvorgängen und Unterlagen, die schwierige Abrechnungsarbeiten erfordern, die insbesondere von den gewöhnlichen Zahlungs- und Abrechnungsbedingungen stark abweichen, z. B. prozentual festgelegte Ratenzahlungen im Schiffbau, Voraus- und Abschlagszahlungen, Verwahr- und Sonderkonten;
- b) Abrechnungsarbeiten, die aufweisen: Bürgschaftsleistungen und -entlassungen, Prämienrückvergütungen, Forderungsabtretungen, Kostenverbuchung bei mehreren Haushaltstiteln (insbesondere bei Fremdwährung);
- c) Bearbeitung von Forderungen des Bundes, Zahlungsverboten und Pfändungs- und Überweisungsbeschlüssen;
- d) Verfolgen von Ansprüchen in Insolvenz- und Vergleichsverfahren.

Nr. 5 Tätigkeiten im Sinne dieses Tätigkeitsmerkmals sind insbesondere die Bearbeitung von Abrechnungsvorgängen, für die nicht nur die üblichen Zahlungs- und Abrechnungsbedingungen vereinbart sind, einschließlich des Entwurfs von Vermerken und Schreiben bei einfacherem Sachverhalt; diese umfassen ggf. auch die Verrechnung von Kosten im Rahmen der Gemeinschaftsprogramme.

3.2 Beschäftigte in der Preisverhandlung und in der Preisprüfung

Entgeltgruppe 11

1. Beschäftigte der Entgeltgruppe 10 Fallgruppe 1,

   deren Tätigkeit sich dadurch aus der Entgeltgruppe 10 Fallgruppe 1 heraushebt, dass sie

a) über vorkalkulatorisch ermittelte Preise mit Klein- und Mittelbetrieben oder

b) mit Großbetrieben

aa) über einfache vorkalkulatorisch ermittelte Preise oder

bb) über nachkalkulatorisch ermittelte Preise

selbständig verhandeln.

(Hierzu Protokollerklärungen Nrn. 1 und 2)

2. Beschäftigte der Entgeltgruppe 10 Fallgruppe 2,

deren Tätigkeit sich dadurch aus der Entgeltgruppe 10 Fallgruppe 2 heraushebt, dass sie besonders schwierig und verantwortungsvoll ist.

(Hierzu Protokollerklärung Nr. 3)

Entgeltgruppe 10

1. Preisverhandlerinnen und -verhandler mit gründlichen und umfassenden Fachkenntnissen des industriellen Rechnungswesens, die

a) schwierige Preiskalkulationen und schwierige Prüfungsberichte auswerten oder

b) über nachkalkulatorisch ermittelte Preise mit Klein- und Mittelbetrieben oder über Marktpreise selbständig verhandeln.

(Hierzu Protokollerklärungen Nrn. 1, 2 und 4)

2. Preisprüferinnen und -prüfer mit gründlichen und umfassenden Fachkenntnissen des industriellen Rechnungswesens, die

a) schwierige Preiskalkulationen oder einfache Preiskalkulationen mit tiefer Gliederung der Kostenrechnung prüfen oder

b) größere Teilprüfungsaufgaben innerhalb einer Prüfungsgruppe selbständig durchführen.

(Hierzu Protokollerklärung Nr. 5)

Entgeltgruppe 9b

1. Preisverhandlerinnen und -verhandler mit gründlichen und umfassenden Fachkenntnissen der industriellen Kostenrechnung, die

a) Preiskalkulationen oder Prüfungsberichte auswerten oder

b) bei der Vereinbarung von Marktpreisen oder nachkalkulatorisch ermittelten Preisen mit Klein- und Mittelbetrieben mitwirken.

(Hierzu Protokollerklärungen Nrn. 1 und 2)

2. Preisprüferinnen und -prüfer mit gründlichen und umfassenden Fachkenntnissen der industriellen Kostenrechnung, die
   a) Preiskalkulationen ohne tiefe Gliederung der Kostenrechnung anhand schlüssiger Unterlagen der Betriebsabrechnung prüfen oder
   b) Teilprüfungsaufgaben innerhalb einer Prüfungsgruppe durchführen.

Protokollerklärungen:

Nr. 1 Nachkalkulatorisch ermittelte Preise sind Selbstkostenerstattungspreise nach § 7 der Verordnung Preisrecht 30/53.

Nr. 2 Kleinbetriebe sind Betriebe mit bis zu 100 Beschäftigten, Mittelbetriebe sind Betriebe mit mehr als 100 bis 500 Beschäftigten.

Nr. 3 Besonders schwierige und verantwortungsvolle Tätigkeiten liegen z. B. vor, wenn – ggf. unter Hinzuziehung technischer Kostenprüferinnen oder -prüfer – Nachkalkulationen ohne Begrenzung der Auftragswerte und Fertigungszeiten oder finanziell bedeutsame Vorkalkulationen erheblicher Schwierigkeitsgrade überprüft oder schwierige Teilprüfungsaufgaben innerhalb einer Prüfungsgruppe selbständig durchgeführt werden.

Nr. 4 Schwierige Preiskalkulationen oder schwierige Prüfungsberichte liegen vor, wenn kalkulatorische Kostenbereiche, z. B. Fertigungswagnisse, kalkulatorische Abschreibungen, kalkulatorischer Unternehmerlohn, beurteilt werden müssen.

Nr. 5 Schwierige Preiskalkulationen liegen z. B. vor, wenn sie einen komplexen Aufbau oder Nebenkalkulationen aufweisen.

4. Brückenwärterinnen und -wärter

Entgeltgruppe 7

Brückenwärterinnen und -wärter mit einschlägiger abgeschlossener Berufsausbildung, die an der Jachmannbrücke in Wilhelmshaven die Aufsicht verantwortlich führen.

Entgeltgruppe 4

Brückenwärterinnen und -wärter in den Standortbereichen Borkum und Wilhelmshaven.

5. Diesellokführerinnen und -lokführer sowie Rangiererinnen und Rangierer

Entgeltgruppe 6

Diesellokführerinnen und -lokführer, die Diesellokomotiven über 257 kW (349 PS) führen.

Entgeltgruppe 5

Diesellokführerinnen und -lokführer.

Entgeltgruppe 4

Rangiererinnen und Rangierer mit Rangierleiterprüfung der Deutsche Bahn AG.

(Hierzu Protokollerklärung)

Protokollerklärung:

Die entsprechenden Prüfungen der Deutschen Bundesbahn und der Deutschen Reichsbahn sind gleichgestellt.

6. Fahrerinnen und Fahrer sowie Wagenpflegerinnen und -pfleger

Entgeltgruppe 8

Fahrerinnen und Fahrer von Fahrzeugkränen mit einer Hublast von mindestens 35 t.

Entgeltgruppe 6

1. Fahrerinnen und Fahrer von Panzern.

   (Hierzu Protokollerklärung Nr. 1)

2. Fahrerinnen und Fahrer von

   a) Flurförderzeugen oder

   b) Feldumschlaggeräten

   mit einer Hublast von mindestens 8 t für Container.

3. Fahrerinnen und Fahrer von Fahrzeugkränen mit einer Hublast von mindestens 10 t.

4. Fahrerinnen und Fahrer von Schwerlasttransportern mit einer Nutzlast von mehr als 40 t, die auch die Zusatzgeräte dieser Fahrzeuge bedienen.

   (Hierzu Protokollerklärung Nr. 2)

5. Fahrerinnen und Fahrer solcher Spezialfahrzeuge, die in der Entgeltgruppe 5 Fallgruppen 1, 2, 3, 4 oder 5 ausdrücklich erwähnt sind, wenn sie als Einfahrerinnen oder Einfahrer oder beim Unterweisen tätig sind, sowie Fahrerinnen und Fahrer bei Erprobungsaufgaben für Kraftfahrzeuge in den Wehrtechnischen Dienststellen.

Entgeltgruppe 5

1. Fahrerinnen und Fahrer von Lastkraftwagen mit einer zulässigen Gesamtmasse von mehr als 3.500 kg.

2. Fahrerinnen und Fahrer von Kraftomnibussen oder Kraftfahrzeugen, die zur Beförderung von mehr als acht Personen außer dem Fahrzeugführer ausgelegt und gebaut sind.

3. Fahrerinnen und Fahrer von Krankentransportwagen.

4. Fahrerinnen und Fahrer von sondergeschützten (voll gepanzerten) Kraftfahrzeugen für die Dauer dieser Tätigkeit.

   (Hierzu Protokollerklärung Nr. 3)

5. Fahrerinnen und Fahrer von

   a) zum öffentlichen Verkehr zugelassenen Mehrzweckfahrzeugen (Unimog, Mehrachsschlepper und vergleichbare Fahrzeuge) bei regelmäßiger Verwendung verschiedener Anbaugeräte,

   b) zum öffentlichen Verkehr zugelassenen Planierraupen, Straßenhobeln, Baggern, Schwenkladern oder von Flurförderzeugen oder Feldumschlaggeräten mit einer Hublast ab 5 t oder
   c) Spezialfahrzeugen der Bundeswehrfeuerwehr oder von geschützten oder gepanzerten Rad- und Kettenfahrzeugen oder von sonstigen Spezialfahrzeugen (z. B. Sattelschleppern, Röntgenschirmbildfahrzeugen).
6. Kraftfahrerinnen und Kraftfahrer der Entgeltgruppe 4 Fallgruppe 1, die im ständigen Wechsel und zu mindestens einem Viertel auch in den Fallgruppen 1 oder 5 aufgeführte Spezialfahrzeuge fahren.

Entgeltgruppe 4

1. Kraftfahrerinnen und Kraftfahrer.
2. Fahrerinnen und Fahrer von Flurförderzeugen oder Feldumschlaggeräten, die nicht zum öffentlichen Verkehr zugelassen sind, mit einer Hubkraft
   a) ab 2 t oder
   b) ab 1 t im Verpflegungsamt der Bundeswehr, in der Bekleidungswirtschaft für die Bundeswehr einschließlich der von der Bundeswehr beauftragten Bekleidungseinrichtungen (mit den Aufgaben der ehemaligen Wehrbereichsbekleidungsämter), Depots oder ähnlichen Versorgungseinrichtungen.
3. Fahrerinnen und Fahrer von Elektrofahrzeugen, Flurförderzeugen, Feldumschlaggeräten oder Mehrachsschleppern, wenn die Fahrzeuge zum öffentlichen Verkehr zugelassen sind.

Entgeltgruppe 3

1. Wagenpflegerinnen und -pfleger.
2. Beschäftigte, die motorgetriebene Gartenbau- und Landmaschinen (mit Ausnahme von einfachen Rasenmähern) führen.
3. Fahrerinnen und Fahrer, die landwirtschaftliche Einachsschlepper bedienen, für die eine Fahrerlaubnis erforderlich ist.
4. Fahrerinnen und Fahrer von nicht zum öffentlichen Verkehr zugelassenen Flurförderzeugen, Feldumschlaggeräten oder Lagerhausschleppern.

Protokollerklärungen:

Nr. 1 Hierunter fallen auch Fahrerinnen und Fahrer von Bergepanzern, Brückenlegepanzern oder Fahrerinnen und Fahrer von Panzern bei Erprobungsaufgaben.

Nr. 2 Dieses Tätigkeitsmerkmal gilt auch, wenn das Fahrzeug von zwei Fahrerinnen oder Fahrern einer Besatzung abwechselnd gefahren wird.

Nr. 3 Abweichend von § 17 Abs. 5 Satz 2 TVöD wird bei Höhergruppierungen in diese Entgeltgruppe die in der bisherigen Stufe zurückgelegte Stufenlaufzeit auf die Stufenlaufzeit angerechnet.

7. Fernsprecherinnen und -sprecher

Vorbemerkung

[1]Fernsprecherin oder -sprecher ist, wer einen entsprechenden Befähigungsnachweis oder eine vergleichbare Prüfung erfolgreich abgelegt hat. [2]Zu den Tätigkeiten gehören z. B.: Abwickeln des Fernsprechverkehrs (Gesprächsannahme und -vermittlung) im öffentlichen Fernsprechnetz (Inland), im Bundeswehr-Fernsprechnetz (Inland) und in Bundeswehr-Sondernetzen unter Berücksichtigung der einschlägigen Vorschriften.

Entgeltgruppe 8

Beschäftigte der Entgeltgruppe 4, die die Aufsicht über mindestens 18 weitere Beschäftigte dieses Abschnitts führen.

Entgeltgruppe 6

1. Beschäftigte der Entgeltgruppe 4, die die Aufsicht über neun weitere Beschäftigte dieses Abschnitts führen.
2. Beschäftigte der Entgeltgruppe 4, die fremdsprachlichen Fernsprechverkehr abwickeln.

Entgeltgruppe 5

1. Beschäftigte der Entgeltgruppe 4, die zu mindestens einem Viertel fremdsprachlichen Fernsprechverkehr abwickeln.

   (Die Beschäftigten in dieser Fallgruppe erhalten für die Dauer der ihnen übertragenen Tätigkeit als Schichtführerin oder Schichtführer eine Entgeltgruppenzulage gemäß § 17 Nr. 4, wenn neben ihnen mindestens eine weitere Fernsprecherin oder ein weiterer Fernsprecher in dieser Schicht tätig ist und sie für den ordnungsgemäßen Ablauf ihrer Schicht verantwortlich sind.)
2. Beschäftigte der Entgeltgruppe 4 an Auskunftsplätzen.

Entgeltgruppe 4

Fernsprecherinnen und -sprecher.

(Die Beschäftigten erhalten für die Dauer der ihnen übertragenen Tätigkeit als Schichtführerin oder Schichtführer eine Entgeltgruppenzulage gemäß § 17 Nr. 3, wenn neben ihnen mindestens eine weitere Fernsprecherin oder ein weiterer Fernsprecher in dieser Schicht tätig ist und sie für den ordnungsgemäßen Ablauf ihrer Schicht verantwortlich sind.)

8. Beschäftigte im feuerwehrtechnischen Dienst der Bundeswehrfeuerwehr

Vorbemerkung

Eine einschlägige Berufsausbildung im Sinne dieses Abschnitts ist diejenige, die üblicherweise von den Berufsfeuerwehren als einschlägig anerkannt wird.

Entgeltgruppe 9b

1. Beschäftigte im feuerwehrtechnischen Dienst mit einschlägiger abgeschlossener Berufsausbildung und erfolgreich abgeschlossenem B3-Lehrgang als Leiterinnen oder Leiter einer Bundeswehrfeuerwehr
   a) auf Flugplätzen, denen mindestens 60 Beschäftigte ständig unterstellt sind oder
   b) auf den Flugplätzen Büchel, Nörvenich und Fürstenfeldbruck.

   (Die Beschäftigten in dieser Fallgruppe erhalten eine Entgeltgruppenzulage gemäß § 17 Nr. 1.)
2. Beschäftigte im feuerwehrtechnischen Dienst mit einschlägiger abgeschlossener Berufsausbildung und erfolgreich abgeschlossenem B3-Lehrgang

   als Leiterinnen oder Leiter einer Bundeswehrfeuerwehr auf Flugplätzen, in Depots oder Untertageanlagen.

Entgeltgruppe 9a

Beschäftigte im feuerwehrtechnischen Dienst mit einschlägiger abgeschlossener Berufsausbildung und erfolgreich abgeschlossenem B3-Lehrgang

als Leiterinnen oder Leiter einer Bundeswehrfeuerwehr (Hauptbrandmeisterinnen und -meister).

Entgeltgruppe 8

Beschäftigte im feuerwehrtechnischen Dienst mit einschlägiger abgeschlossener Berufsausbildung und erfolgreich abgeschlossenem B3-Lehrgang

a) als ständige Vertreterinnen oder Vertreter der Leiterinnen oder Leiter der Bundeswehrfeuerwehr (Wachabteilungsleiterinnen und -leiter) oder

b) als ständige Vertreterinnen oder Vertreter der Wachabteilungsleiterinnen oder -leiter (Einsatzleiterinnen und -leiter im Außendienst).

Entgeltgruppe 7

Beschäftigte im feuerwehrtechnischen Dienst mit einschlägiger abgeschlossener Berufsausbildung und erfolgreich abgeschlossenem B3-Lehrgang (Oberbrandmeisterinnen und -meister) als Staffelführerinnen oder Staffelführer, Truppführerinnen oder Truppführer oder Disponentinnen oder Disponenten.

Entgeltgruppe 6

Beschäftigte im feuerwehrtechnischen Dienst mit einschlägiger abgeschlossener Berufsausbildung und Zusatzprüfung für den feuerwehrtechnischen Dienst als Truppfrauen oder -männer (Brandmeisterinnen und -meister).

9. Beschäftigte im Bereich Film-Bild-Ton

Entgeltgruppe 15

1. Chefredakteurinnen und -redakteure AV/TV mit abgeschlossener wissenschaftlicher Hochschulbildung.
2. Dramaturginnen und Dramaturgen mit
   a) abgeschlossener wissenschaftlicher Hochschulbildung oder
   b) künstlerischer Ausbildung und mindestens dreijähriger Berufserfahrung

   mit entsprechender Tätigkeit, die auch Drehbücher für Eigenproduktionen verfassen.

Entgeltgruppe 14

1. Dramaturginnen und Dramaturgen mit
   a) abgeschlossener wissenschaftlicher Hochschulbildung oder
   b) künstlerischer Ausbildung und mindestens dreijähriger Berufserfahrung

   mit entsprechender Tätigkeit.
2. Leiterinnen und Leiter des Hörfunk-Dienstes, die die Arbeiten von Programm-, Musik- und Wortredaktionen, Archiven und Studios koordinieren, Produktionsvorbereitungen und Sendungen verantwortlich leiten und denen das gesamte Personal des Hörfunk-Dienstes durch ausdrückliche Anordnung ständig unterstellt ist (Sendeleiterinnen und Sendeleiter).
3. Leiterinnen und Leiter der Abteilung Technik (Film-TV-Hörfunk) mit abgeschlossener wissenschaftlicher Hochschulbildung mit entsprechender Tätigkeit, denen die selbständige Planung der technischen Ausrüstung der Dienststelle sowie die Durchführung der Truppenversuche übertragen und das gesamte Produktionspersonal durch ausdrückliche Anordnung ständig fachlich unterstellt ist.
4. Produktionsleiterinnen und -leiter (Film-TV-Hörfunk), die die Arbeiten von Programmredaktion, Dramaturgie, Regie, Produktionsbetrieb, Musikproduktion und Archiv koordinieren, Produktionen verantwortlich leiten und denen das Personal der Produktionsleitung durch ausdrückliche Anordnung ständig fachlich unterstellt ist.

Entgeltgruppe 13

1. Regisseurinnen und Regisseure.
2. Erste Produktionsleiterinnen und -leiter (Film-TV-Hörfunk), die Film-TV-Hörfunkproduktionen sowie Dokumentation und Ankauf von Archivmaterial verantwortlich in organisatorischer, technischer und künstlerischer Hinsicht überwachen und finanziell abwickeln.

3. Erste Bildproduktionsleiterinnen und -leiter, die die Auftrags- und Eigenproduktion von Bildreihen in organisatorischer, technischer und künstlerischer Hinsicht überwachen und finanziell abwickeln.
4. Leiterinnen und Leiter HF- und NF-Technik mit abgeschlossener technischer Hochschulbildung sowie sonstige Beschäftigte, die auf Grund gleichwertiger Fähigkeiten und ihrer Erfahrungen entsprechende Tätigkeiten ausüben,

denen das technische Personal dieses Bereichs durch ausdrückliche Anordnung ständig fachlich unterstellt ist.

Entgeltgruppe 11

1. Chefkameraleute, die selbständig Bildregie führen und denen mindestens zwei Kameraleute durch ausdrückliche Anordnung ständig fachlich unterstellt sind.
2. Chefschnittmeisterinnen und -meister sowie Cutterinnen und Cutter, denen mindestens zwei Filmschnittmeisterinnen oder -meister durch ausdrückliche Anordnung ständig fachlich unterstellt sind, und die selbständig ohne Anweisung der Regisseurin oder des Regisseurs die Zusammenstellung des vorhandenen Filmmaterials und den Ablauf der Mischungen nach künstlerischen und technischen Gesichtspunkten vornehmen.
3. Tonmeisterinnen und -meister, die nach künstlerischen und technischen Gesichtspunkten Tonmischungen durchführen.
4. Filmproduktionsleiterinnen und -leiter (Film-TV), denen die selbständige Leitung der Synchronisation übertragen ist (Eigenproduktion).
5. Chefsprecherinnen und -sprecher, die verantwortlich redaktionelle Beiträge bearbeiten, schwierige und besonders wichtige Texte sprechen und für die Aus- und Weiterbildung von Sprecherinnen und Sprechern verantwortlich sind.
6. Programmingenieurinnen und -ingenieure in der Bildtechnik sowie Beschäftigte der Entgeltgruppe 9b Fallgruppe 5,

   deren Tätigkeit sich durch besondere Schwierigkeit und Bedeutung ihres Aufgabengebietes oder durch künstlerische oder Spezialtätigkeit heraushebt.

   (Hierzu Protokollerklärung)
7. Leiterinnen und Leiter des Film-Bild-Ton Archivs/der Mediendatenbank mit abgeschlossener technischer Hochschulbildung sowie sonstige Beschäftigte, die aufgrund gleichwertiger Fähigkeiten und ihrer Erfahrungen entsprechende Tätigkeiten ausüben, denen

das gesamte Personal der Mediendatenbank durch ausdrückliche Anordnung ständig unterstellt ist.

Entgeltgruppe 10

1. Leiterinnen und Leiter der Filmstelle einer Wehrtechnischen Dienststelle, denen mindestens zwei Kameraleute durch ausdrückliche Anordnung ständig unterstellt sind.
2. Kameraleute, die Aufnahmen selbständig nach künstlerischen und technischen Gesichtspunkten herstellen und Bildregie führen.
3. Zweite Produktionsleiterinnen und -leiter, denen die Überwachung der einzelnen Produktionen und der Disposition, die Vorprüfung der Kalkulation und der Organisation der Vorhaben übertragen ist.
4. Programmingenieurinnen und -ingenieure in der Bildtechnik sowie Beschäftigte der Entgeltgruppe 9b Fallgruppe 5,

   deren Tätigkeit sich dadurch heraushebt, dass sie besondere Leistungen erfordert.
5. Landeskundlerinnen und -kundler bei der PSV.
6. Aufnahmeleiterinnen und -leiter, die verantwortlich die Eigenherstellung von Film-, Fernseh- oder Hörfunkproduktionen vorbereiten und begleiten.
7. Medieninformatikerinnen und -informatiker mit abgeschlossener technischer Hochschulbildung in der AV-/Fernsehproduktion sowie sonstige Beschäftigte, die auf Grund gleichwertiger Fähigkeiten und ihrer Erfahrungen entsprechende Tätigkeiten ausüben,

   die die Medieninformations- und -produktionssysteme und entsprechende Netzwerke aller Art selbständig installieren, verwalten und pflegen sowie Softwaretools anpassen und entsprechend der Produktionsaufgaben entwickeln.
8. Grafikdesignerinnen und -designer mit abgeschlossener Hochschulbildung und mindestens dreijähriger Berufserfahrung sowie sonstige Beschäftigte, die auf Grund gleichwertiger Fähigkeiten und ihrer Erfahrungen entsprechende Tätigkeiten ausüben,

   die im Bereich Film- und TV-Produktion sowie Printmedien auf digitaler Basis Grafiken, Animationen, Senderlayouts, Formate, reale und virtuelle Kulissen sowie Grundlagengestaltung entwerfen und umsetzen.
9. Chefschnittmeisterinnen und -meister, denen mindestens zwei Filmschnittmeisterinnen oder -meister durch ausdrückliche Anordnung ständig fachlich unterstellt sind.

Entgeltgruppe 9b

1. Leiterinnen und Leiter der Teileinheit Filmdokumentation einer Wehrtechnischen Dienststelle oder des Marinearsenals, denen mindestens sechs Beschäftigte dieses Abschnitts durch ausdrückliche Anordnung ständig fachlich unterstellt sind.
2. Kameraleute, die Aufnahmen selbständig nach künstlerischen und technischen Gesichtspunkten durchführen.
3. Filmschnittmeisterinnen und -meister sowie Cutterinnen und Cutter, die Filmschnitt- und Filmvertonungsarbeiten nach künstlerischen und technischen Gesichtspunkten selbständig durchführen.
4. Rundfunksprecherinnen und -sprecher, die Nachrichten und Kommentare sprechen.
5. Bild-, Mess-, Sender- oder Toningenieurinnen und -ingenieure mit abgeschlossener technischer Hochschulbildung und entsprechender Tätigkeit, sowie sonstige Beschäftigte, die auf Grund gleichwertiger Fähigkeiten und ihrer Erfahrungen entsprechende Tätigkeiten ausüben.
6. Grafikdesignerinnen und -designer mit abgeschlossener Hochschulbildung sowie sonstige Beschäftigte, die aufgrund gleichwertiger Fähigkeiten und ihrer Erfahrungen entsprechende Tätigkeiten ausüben,

   die im Bereich Film- und TV-Produktion sowie Printmedien auf digitaler Basis Grafiken, Animationen, Senderlayouts, Formate, reale und virtuelle Kulissen nach Vorgaben einer Beschäftigten oder eines Beschäftigten nach Entgeltgruppe 10 Fallgruppe 8 kreativ und selbständig umsetzen.
7. Bildmischerinnen und -mischer, die nach Regieanweisung oder selbständig nach Regiebuch die Bildgeschehnisse von Kameras, Diagebern, Filmgebern oder magnetischen Bildaufzeichnungsanlagen nach künstlerischen und technischen Gesichtspunkten sowie nach der Aktualität im Bild-Mischpult mischen.
8. Programmgestalterinnen und -gestalter, die im Rahmen des Programmauftrages Teile des Gesamtprogramms selbständig gestalten.
9. Leiterinnen und Leiter des Verleihwesens, denen die selbständige Abwicklung des Verteilungs- und Verleihwesens von Filmen und Bildvorhaben für die Bundeswehr im In- und Ausland übertragen ist.
10. Leiterinnen und Leiter der Film- und Bildstelle einer Wehrtechnischen Dienststelle, in der Stehbilder und Filme vorführfertig hergestellt werden.

11. Leiterinnen und Leiter der Teileinheit Fotodokumentation einer Wehrtechnischen Dienststelle oder eines Marinearsenals,

    denen mindestens vier Beschäftigte, davon mindestens zwei Beschäftigte mindestens der Entgeltgruppe 6 dieses Abschnitts, durch ausdrückliche Anordnung ständig fachlich unterstellt sind.
12. Beschäftigte, die das Filmentwicklungs- und -kopierwerk einer Wehrtechnischen Dienststelle leiten und schwierige Licht- und Farbfilterbestimmungen ausführen.

Entgeltgruppe 8

1. Beschäftigte der Entgeltgruppe 6 Fallgruppe 1, die mindestens zu einem Drittel selbständig einfachere Aufnahmen drehen.
2. Beschäftigte der Entgeltgruppe 6 Fallgruppe 1, die mindestens zu einem Drittel selbständig Tonaufnahmen durchführen.
3. Beschäftigte der Entgeltgruppe 6 Fallgruppe 2, die schwierige Aufgaben erfüllen und selbständig tätig sind.
4. Beschäftigte der Entgeltgruppe 6 Fallgruppe 6, die mindestens zu einem Drittel selbständig Regieanweisungen nach vorliegendem künstlerischem Entwurf (Drehbuch) geben.
5. Leiterinnen und Leiter der Teileinheit Fotodokumentation einer Wehrtechnischen Dienststelle oder eines Marinearsenals, denen mindestens zwei Beschäftigte, davon mindestens eine oder einer mindestens der Entgeltgruppe 6 dieses Abschnitts, durch ausdrückliche Anordnung ständig fachlich unterstellt sind.
6. Aufnahmetruppführerinnen und -truppführer für Stehbildaufnahmen in den Wehrtechnischen Dienststellen, denen mindestens zwei Beschäftigte, davon mindestens eine oder einer mindestens der Entgeltgruppe 6 dieses Abschnitts, durch ausdrückliche Anordnung ständig fachlich unterstellt sind.
7. Beschäftigte, die in Wehrtechnischen Dienststellen Filmschnitte für Bewegungsanalysen selbständig herstellen.

Entgeltgruppe 6

1. Filmschnitt-, Kamera- oder Tonassistentinnen und -assistenten.
2. Bild-, Mess-, Sender- oder Tontechnikerinnen und -techniker.
3. Assistentinnen und Assistenten in der Dramaturgie, Film- oder Bildproduktion, Synchronisation oder Redaktion.
4. Mediengestalterinnen und -gestalter, die Schrift und Grafiken nach Vorgabe einer Grafikdesignerin oder eines Grafikdesigners für TV-Produktionen herstellen.

5. Beschäftigte, die selbständig Dispositionen des zentralen Verleihs aller Film-Bild-Ton-Ausbildungshilfen an militärische und zivile Stellen durchführen (Verleihdisponentinnen und -disponenten).
6. Regieassistentinnen und -assistenten.
7. Leiterinnen und Leiter der Teileinheit Film-, Bilddokumentation einer Wehrtechnischen Dienststelle oder eines Marinearsenals.

Entgeltgruppe 3

Medienhelferinnen und -helfer.

Protokollerklärung:

Solche Tätigkeiten sind z. B.:

a) verantwortliche bildtechnische Abwicklung schwieriger elektronischer Studioproduktionen;
b) verantwortliche messtechnische Überprüfung der gesamten Sender-, Studio- und Fernsehtechnik;
c) selbständige Leitung und Bedienung eines mobilen Rundfunksenders;
d) verantwortliche Studioleitung zur Durchführung der Programmproduktion und der technischen Betriebsabwicklung nach Programmplan;
e) verantwortliche Her- oder Sicherstellung technisch schwieriger Mischungen in mobilen Einrichtungen.

10. Beraterinnen und Berater im Flugsicherheitsdienst

Entgeltgruppe 10

Beschäftigte der Entgeltgruppe 9b,

denen mindestens drei Beschäftigte der Entgeltgruppe 9b dieses Abschnitts ständig unterstellt sind.

Entgeltgruppe 9b

Beschäftigte der Entgeltgruppe 9a nach erfolgreich abgeschlossenem Lehrgang für die militärische Flugberatung (Teil 1 und Teil 2).

(Die Beschäftigten in dieser Fallgruppe erhalten Entgeltgruppenzulagen gemäß § 17 Nrn. 2 und 4.)

Entgeltgruppe 9a

Beraterinnen und Berater im Flugsicherheitsdienst nach erfolgreich abgeschlossenem Grundlagenlehrgang für die militärische Flugberatung.

(Die Beschäftigten in dieser Fallgruppe erhalten eine Entgeltgruppenzulage gemäß § 17 Nr. 4 sowie zusätzlich nach § 17 Nr. 2, wenn sie in Flugsicherungssektoren sowie in zentralen Stellen der Flugdatenbearbeitung eingesetzt sind.)

11. Geprüfte Meisterinnen und Meister sowie staatlich geprüfte Technikerinnen und Techniker in der Flugsicherungstechnik, Flugdatenerfassung oder Flugmesstechnik

Vorbemerkung

Eine aufgabenspezifische Sonderausbildung im Sinne dieses Abschnitts ist die Ausbildung von Handwerkerinnen und Handwerkern sowie Facharbeiterinnen und -arbeitern im militärfachlichen Meisterlehrgang der Bundeswehr in der Flugsicherungstechnik, Flugdatenerfassung oder Flugmesstechnik oder eine Ausbildung in gleichwertigen Ausbildungsgängen für Handwerkerinnen und Handwerker sowie Facharbeiterinnen und -arbeiter.

IV

Entgeltgruppe 11

Geprüfte Meisterinnen und Meister sowie Meisterinnen und Meister mit erfolgreich abgeschlossener aufgabenspezifischer Sonderausbildung sowie staatlich geprüfte Technikerinnen und Techniker in der Flugsicherungstechnik,

die aufgrund entsprechender fachlicher Befähigung und bundeswehrspezifischer Zusatzausbildung für Radar selbständig Wartungs- und Instandsetzungsarbeiten, Störungssuche sowie die Überwachung an Flugsicherheitsanlagen vornehmen.

Entgeltgruppe 10

1. Geprüfte Meisterinnen und Meister sowie Meisterinnen und Meister mit erfolgreich abgeschlossener aufgabenspezifischer Sonderausbildung sowie staatlich geprüfte Technikerinnen und Techniker in der Flugsicherungstechnik,

   die aufgrund entsprechender fachlicher Befähigung und bundeswehrspezifischer Zusatzausbildung für Funkgerätemechanik selbständig Wartungs- und Instandsetzungsarbeiten, Störungssuche sowie die Überwachung an Flugsicherheitsanlagen vornehmen.
2. Geprüfte Meisterinnen und Meister sowie Meisterinnen und Meister mit erfolgreich abgeschlossener aufgabenspezifischer Sonderausbildung sowie staatlich geprüfte Technikerinnen und Techniker in der Flugdatenerfassung oder Flugmesstechnik in Wehrtechnischen Dienststellen, die aufgrund entsprechender fachlicher Befähigung und bundeswehrspezifischer Zusatzausbildung für Flugdatenerfassungseinrichtungen oder Luftfahrzeugmessanlagen selbstständig Wartungs- und Instandsetzungsarbeiten, Störungssuche sowie die Überwachung an Flugdatenerfassungsanlagen oder an im Luftfahrzeug eingesetzten Messanlagen vornehmen.

12. Beschäftigte in der Forschung und Materialprüfung

Entgeltgruppe 8

Beschäftigte der Entgeltgruppe 6 mit mindestens dreijähriger Berufserfahrung in Forschungs- oder Materialprüfungsstätten oder in wehrwissenschaftlichen oder wehrtechnischen Dienststellen,

die überdurchschnittliche Kenntnisse der Werkstoffe und deren Verarbeitung besitzen und bei Materialprüf- und -versuchsarbeiten selbständig und gestaltend mitwirken.

Entgeltgruppe 6

Beschäftigte der Entgeltgruppe 5 mit Tätigkeiten, für die neben vielseitigem hochwertigem fachlichen Können besondere Umsicht und Zuverlässigkeit erforderlich sind.

Entgeltgruppe 5

Beschäftigte mit abgeschlossener Berufsausbildung im technischen Bereich, die die für die Forschung, wissenschaftliche Lehre und Materialprüfung benötigten Apparaturen, Hilfsgeräte oder Prüfkörper anfertigen, instand setzen oder bedienen und instand setzen.

Niederschriftserklärung zu Teil IV Abschnitt 12

Die Tarifvertragsparteien stimmen darin überein, dass vom Begriff „Material" in Teil IV Abschnitt 12 auch Waffen und Munition umfasst sind.

13. Festmacherinnen und Festmacher, Taklerinnen und Takler, Bootswartinnen und -warte, Maschinistinnen und Maschinisten sowie Elektrotechnikerinnen und -techniker in Landanschlusszentralen

Entgeltgruppe 8

1. Beschäftigte mit abgeschlossener Berufsausbildung im technischen Bereich oder mit nationalem schiffsmaschinentechnischen Befähigungszeugnis als Maschinistin oder Maschinist an Dampf- oder Motorenantriebsschulanlagen der technischen Marineschulen.
2. Beschäftigte mit abgeschlossener elektrotechnischer Berufsausbildung in den Landanschlusszentralen für schwimmende Einheiten der Bundesmarine.

Entgeltgruppe 6

Taklerinnen und Takler mit abgeschlossener Berufsausbildung als Schiffsmechanikerin oder -mechaniker, Matrosin oder Matrose oder Binnenschifferin oder -schiffer.

Entgeltgruppe 5

1. Bootswartinnen und -warte mit abgeschlossener Berufsausbildung als Schiffsmechanikerin oder -mechaniker, Matrosin oder Matrose oder Binnenschifferin oder -schiffer.
2. Festmacherinnen und Festmacher mit abgeschlossener Berufsausbildung als Schiffsmechanikerin oder -mechaniker, Matrosin oder Matrose oder Binnenschifferin oder -schiffer.
3. Taklerinnen und Takler.

Entgeltgruppe 3

Festmacherinnen und Festmacher.

14. Helferinnen und Helfer in Bundeswehrkrankenhäusern oder anderen kurativen Einrichtungen der Bundeswehr

Entgeltgruppe 3

1. Desinfektionshelferinnen und -helfer.
2. Helferinnen und Helfer in Bundeswehrkrankenhäusern oder anderen kurativen Einrichtungen der Bundeswehr.
3. Stationshilfen in Bundeswehrkrankenhäusern oder anderen kurativen Einrichtungen der Bundeswehr.

15. Beschäftigte mit speziellen Instandsetzungs- oder Wartungstätigkeiten an Luftfahrzeugen

Entgeltgruppe 9c

Beschäftigte der Entgeltgruppe 9a Fallgruppen 2 und 3 mit mehr als zwei TIV-ID 6 oder zwei TIV-ID 6 für Waffensysteme, bei denen mehrere Systeme in einem Ausbildungsgang zusammengefasst werden.

Entgeltgruppe 9b

Beschäftigte der Entgeltgruppe 9a Fallgruppen 2 und 3 mit zwei TIV-ID 6 oder einer TIV-ID 6 für Waffensysteme, bei denen mehrere Systeme in einem Ausbildungsgang zusammengefasst werden.

IV

Entgeltgruppe 9a

1. Beschäftigte mit einschlägiger abgeschlossener Berufsausbildung, die in Instandsetzungszentren der Bundeswehr oder vergleichbaren Einrichtungen tätig sind und besonders schwierige Instandsetzungen oder schwierige Spezialarbeiten
   a) an ausgebauten hoch empfindlichen und komplizierten Luftfahrzeuginstrumenten (z. B. kodierter oder servopneumatischer Höhenmesser),
   b) an ausgebauten hoch empfindlichen und komplizierten Luftfahrzeughydraulikbauteilen (z. B. Höhenruderkraftsteuergerät),
   c) an komplexen Komponenten der Luftfahrzeugavionik, Luftfahrzeugelektronik oder Luftfahrzeugoptronik oder
   d) an automatischen Prüfgeräten für Luftfahrzeugkomponenten

   selbständig durchführen und Abnahmeprüfungen an den o. a. Instrumenten, Bauteilen oder Komponenten verantwortlich durchführen.
2. Beschäftigte mit einschlägiger abgeschlossener Berufsausbildung und zusätzlicher militärischer Meisterprüfung für das jeweilige Baumuster, die
   a) komplexe Systeme (z. B. Hydraulik, Mechanik, Triebwerk, Navigations-/Avionikgeräte) an Luftfahrzeugen der Bundeswehr selbständig überprüfen, warten und instand setzen,
   b) im Rahmen von periodischen Inspektionen komplexe Systeme (Hydraulik, Mechanik, Triebwerk) selbständig überprüfen und instand setzen sowie nicht planbare Instandsetzungen selbständig durchführen oder
   c) besonders schwierige Instandsetzungen oder schwierige Spezialarbeiten an ausgebauten hochempfindlichen und komplizierten

Luftfahrzeuginstrumenten oder an komplexen Komponenten der Luftfahrzeugelektronik/-optronik selbständig durchführen.

3. Beschäftigte mit einschlägiger abgeschlossener Berufsausbildung bei Wehrtechnischen Dienststellen, die
   a) Arbeiten aller Materialerhaltungsstufen an unterschiedlichen Flugzeugbaumustern durchführen und hierfür mindestens drei Berechtigungsscheine benötigen oder
   b) besonders schwierige Erprobungseinbauten und -umbauten an unterschiedlichen Flugzeugbaumustern selbständig durchführen.

Entgeltgruppe 8

1. Beschäftigte mit abgeschlossener Berufsausbildung im technischen Bereich, die besonders schwierige Instandsetzungen oder Spezialarbeiten an ausgebauten hoch empfindlichen und komplizierten Instrumenten (z. B. kodierter oder servopneumatischer Höhenmesser) oder Hydraulikbauteilen (z. B. Höhenruderkraftsteuergerät) von Flugzeugen oder Hubschraubern in Instandsetzungseinheiten selbständig durchführen.
2. Flugzeug- oder Hubschrauberwartinnen und -warte in Wartungs- oder Sicherungsstaffeln sowie Flugzeug- oder Hubschrauberwartinnen und -warte im Cross-Servicing mit Berechtigungsscheinen für mehrere Luftfahrzeugtypen, die überwiegend Vor-, Zwischen- und Nachflugkontrollen durchführen und Störungen beheben.

16. Kasernenwärterinnen und -wärter, Gebirgshüttenwartinnen und -warte sowie Helferinnen und Helfer in Unterkünften und Liegenschaften

Entgeltgruppe 5

Beschäftigte der Entgeltgruppe 4 Fallgruppe 2 mit einschlägiger abgeschlossener Berufsausbildung.

Entgeltgruppe 4

1. Gebirgshüttenwartinnen und -warte, die mit der Wartung und Instandhaltung sowie kleineren Reparaturen an der Hütte, den Aggregaten und des Pionier- und Unterkunftsgeräts beauftragt sind.
2. Kasernenwärterinnen und -wärter.

Entgeltgruppe 3

Helferinnen und Helfer in Unterkünften oder Liegenschaften.

17. Köchinnen und Köche, Kochsmaaten, Stewardessen und Stewards sowie Bedienungskräfte

Entgeltgruppe 8

Beschäftigte der Entgeltgruppe 5 Fallgruppe 1 als Erste Köchin oder Erster Koch auf Schiffen oder schwimmenden Geräten, denen mindestens eine weitere Köchin oder ein weiterer Koch unterstellt ist.

Entgeltgruppe 6

1. Beschäftigte der Entgeltgruppe 5 Fallgruppe 1, die Arbeiten verrichten, die an das Überlegungsvermögen und das fachliche Geschick Anforderungen stellen, die über das Maß dessen hinausgehen, das von solchen Beschäftigten üblicherweise verlangt werden kann.
2. Beschäftigte der Entgeltgruppe 5 Fallgruppe 1 als Köchinnen oder Köche auf Schiffen oder schwimmenden Geräten.
3. Beschäftigte der Entgeltgruppe 5 Fallgruppe 2 als Erste Stewardess oder Erster Steward, denen mindestens eine weitere Beschäftigte oder ein weiterer Beschäftigter mindestens der Entgeltgruppe 5 Fallgruppe 2 dieses Abschnitts unterstellt ist.

IV

Entgeltgruppe 5

1. Köchinnen und Köche mit abgeschlossener Berufsausbildung als Köchin oder Koch, Fleischerin oder Fleischer, Bäckerin oder Bäcker oder Konditorin oder Konditor oder mit abgeschlossener Ausbildung als Feldköchin oder -koch.
2. Stewardessen und Stewards mit abgeschlossener einschlägiger Ausbildung aus dem Gastronomie- oder Hauswirtschaftsbereich.

Entgeltgruppe 4

Fachkräfte Küche mit abgeschlossener zweijähriger Berufsausbildung und entsprechender Tätigkeit sowie sonstige Beschäftigte, die aufgrund gleichwertiger Fähigkeiten und ihrer Erfahrungen entsprechende Tätigkeiten ausüben.

Entgeltgruppe 3

1. Bedienungskräfte in Kasinos oder vergleichbaren Einrichtungen.
2. Kochsmaate.
3. Stewardessen und Stewards.

Niederschriftserklärung zu Teil IV Abschnitt 17:

Es besteht Einvernehmen zwischen den Tarifvertragsparteien, dass Tätigkeiten von Küchenmeistern Tätigkeiten für geprüfte Meisterinnen und Meister des Teils III Abschnitt 32 entsprechen.

18. Konserviererinnen und Konservierer, Verpackerinnen und Verpacker, Packerinnen und Packer, Präserviererinnen und Präservierer sowie Warenauszeichnerinnen und -auszeichner

Entgeltgruppe 4

Konserviererinnen und Konservierer sowie Verpackerinnen und Verpacker an Konservierungs- oder Verpackungsanlagen.

Entgeltgruppe 3

1. Packerinnen und Packer sowie Warenauszeichnerinnen und -auszeichner in Depoteinrichtungen oder Lagern für Bundeswehrgerät und Material.
2. Präserviererinnen und Präservierer sowie Entpräserviererinnen und Entpräservierer von Waffen, Geräten, Fahrzeugen oder Motoren, auch soweit bei dieser Tätigkeit ein Zerlegen oder Zusammensetzen notwendig ist.

19. Kranführerinnen und Kranführer sowie Anschlägerinnen und Anschläger

Entgeltgruppe 8

1. Beschäftigte der Entgeltgruppe 5 Fallgruppe 1 auf Kränen ab 80 t Tragkraft.
2. Beschäftigte der Entgeltgruppe 5 Fallgruppe 1 auf Schwimmkränen ab 80 t Tragfähigkeit.

Entgeltgruppe 7

1. Beschäftigte der Entgeltgruppe 5 Fallgruppe 1 auf überschweren Kränen ab 25 t Tragkraft, Portaldrehwippkränen oder Verladebrücken.
2. Beschäftigte der Entgeltgruppe 5 Fallgruppe 1 auf Schwimmkränen.

Entgeltgruppe 6

1. Beschäftigte der Entgeltgruppe 5 Fallgruppe 1,
   die Geräte führen, für deren Bedienung und Unterhaltung ein amtlich anerkanntes oder vergleichbares Befähigungszeugnis erforderlich ist.
2. Führerinnen und Führer von Portaldrehwippkränen oder Verladebrücken.
3. Anschlägerinnen und Anschläger auf Schwimmkränen.

Entgeltgruppe 5

1. Kranführerinnen und Kranführer mit einschlägiger abgeschlossener Berufsausbildung.
2. Anschlägerinnen und Anschläger an Portaldrehwippkränen, Verladebrücken oder überschweren Portalkränen ab 50 t Tragfähigkeit.

Entgeltgruppe 4

Anschlägerinnen und Anschläger an Portaldrehwippkränen, Verladebrücken oder überschweren Portalkränen ab 25 t Tragfähigkeit.

Entgeltgruppe 3

Kranführerinnen und Kranführer.

20. Küchenbuchhalterinnen und -buchhalter

Vorbemerkung

Küchenbuchhalterinnen und -buchhalter sind Beschäftigte, die bei der Bereitstellung von Verpflegungsmitteln den Bedarf für die Ausschreibung errechnen, Verpflegungsmittel abrufen und nach Menge und Qualität abnehmen, Rechnungen überprüfen und rechnerisch feststellen, den Verpflegungsmittelbestands- und Wertabschluss aufstellen sowie die damit zusammenhängenden Arbeiten erledigen.

Entgeltgruppe 8

Beschäftigte der Entgeltgruppe 6, die Verpflegungsmittel im Rahmen der freihändigen Vergabe selbständig beschaffen und an der Aufstellung des Verpflegungsplans verantwortlich beteiligt sind, wenn diese Tätigkeiten zusammen mit der Abnahme der Verpflegungsmittel nach Qualität überwiegen.

Entgeltgruppe 6

Küchenbuchhalterinnen und -buchhalter.

21. Maschinistinnen und Maschinisten an besonderen Anlagen

Entgeltgruppe 8

Maschinistinnen und Maschinisten mit einschlägiger abgeschlossener Berufsausbildung

in Kraftwerken in Luftraumüberwachungseinrichtungen.

Entgeltgruppe 7

1. Maschinistinnen und Maschinisten mit einschlägiger abgeschlossener Berufsausbildung

   in kombinierten Versorgungsanlagen.

2. Maschinistinnen und Maschinisten mit einschlägiger abgeschlossener Berufsausbildung

   an Stromerzeugungsanlagen mit mindestens insgesamt 588 kW (800 PS).

22. Beschäftigte im Munitionsfachdienst

Entgeltgruppe 8

Beschäftigte der Entgeltgruppe 6,

die besonders schwierige Instandsetzungen oder Spezialarbeiten an hoch empfindlicher und komplizierter oder unbekannter Munition durchführen.

Entgeltgruppe 7

Beschäftigte der Entgeltgruppe 6,

die schwierige Spezialarbeiten verrichten.

Entgeltgruppe 6

1. Beschäftigte der Entgeltgruppe 5,

   die Munition untersuchen und dabei Messungen unter Verwendung von nicht einfachen Messgeräten ausführen oder Gewichte mit Präzisionswaagen ermitteln.
2. Beschäftigte der Entgeltgruppe 5,

   die zurückgelieferte, vorbelastete, abgeänderte oder beschädigte Munition untersuchen, klassifizieren oder laborieren.

Entgeltgruppe 5

Beschäftigte im Munitionsfachdienst mit verwaltungseigener Prüfung.

IV

23. Nautische Beschäftigte und Beschäftigte im Schiffs- und Seedienst

Vorbemerkung

Hinsichtlich Gültigkeit, Gleichwertigkeit und Umfang der nautischen und technischen Befähigungszeugnisse wird zwischen folgenden Bereichen und Berufsgruppen unterschieden:

1. Nautische Beschäftigte auf Schiffen und schwimmenden Geräten

   [1]Die Einteilung der internationalen und nationalen Befähigungszeugnisse richtet sich nach der Verordnung über die Befähigungen der Seeleute in der Seeschifffahrt (Seeleute-Befähigungsverordnung – See-BV) in der jeweils geltenden Fassung. [2]Beschäftigte auf Schiffen und schwimmenden Geräten, von denen ein nautisches oder technisches Befähigungszeugnis verlangt wird, müssen über ein gültiges Befähigungszeugnis nach der See-BV verfügen.

2. Nautische Beschäftigte an Land

   [1]Die Einteilung der internationalen und nationalen Befähigungszeugnisse richtet sich nach der Verordnung über die Befähigungen der Seeleute in der Seeschifffahrt (Seeleute-Befähigungsverordnung – See-BV) in der jeweils geltenden Fassung. [2]Beschäftigte, die an Land eingesetzt werden, und von denen ein nautisches oder technisches Befähigungszeugnis verlangt wird, müssen über ein Befähigungszeugnis nach der See-BV verfügen, dessen Gültigkeit mindestens einmal vorgelegen haben muss.

3. Die Gleichwertigkeit der Befähigungszeugnisse, die vor dem 1. Juni 2014 ausgestellt worden sind, zu den in den Ziffern 1 und 2 geforderten Befähigungszeugnissen ergibt sich wie folgt:

See-BV ab 1. 6. 2014	**Befähigungszeugnisse nach SchOffAusbV vor dem 1. 6. 2014**	**Patente bis 2002**	**Ehemalige DDR ab 1. 4. 1972**
Internationales nautisches Befähigungszeugnis NK, NEO, NWO, BG, BGW, BK, BKW	Internationales nautisches Befähigungszeugnis BG, BGW, BK, BKW	AG, AGW	A6, A5
		AM, AMW	A4, A3, B6, B5
		AK, AKW	A2, A1 B2, B1
Nationales nautisches Befähigungszeugnis NK 500; NWO 500, NSF, BKü	Nationales nautisches Befähigungszeugnis BKü	AN AKü	
Internationales schiffsmaschinentechnisches Befähigungszeugnis TLM, TZO, TWO	Internationales schiffsmaschinentechnisches Befähigungszeugnis	CI CIW	C6, C5
		CT CTW	C4, C3
		CMa CMaW	C2, C1

See-BV ab 1. 6. 2014	Befähigungszeugnisse nach SchOffAusbV vor dem 1. 6. 2014	Patente bis 2002	Ehemalige DDR ab 1. 4. 1972
Schiffsmaschinentechnisches Befähigungszeugnis zum Schiffsmaschinisten für Schiffe mit einer Antriebsleistung bis 750 kW TSM	Schiffsmaschinentechnisches Befähigungszeugnis zum Schiffsmaschinisten für Schiffe mit einer Antriebsleistung bis 750 kW	CKü, CMot, Maschinistenprüfung	

IV

Entgeltgruppe 13

1. Beschäftigte der Entgeltgruppe 9b Fallgruppe 4 auf Betriebsstofftransportern der Klasse 707, die in der Seeversorgung eingesetzt werden.

   (Die Beschäftigten in dieser Fallgruppe erhalten eine Entgeltgruppenzulage gemäß § 17 Nr. 8.)
2. Beschäftigte der Entgeltgruppe 9b Fallgruppe 4 auf Betriebsstofftransportern mit einer Ladekapazität über 10 000 t, die in der Seeversorgung eingesetzt werden, auf dem Wehrforschungsschiff „Planet" oder auf Hochseeschleppern.
3. Erste nautische Offizierinnen und Offiziere mit internationalem nautischen Befähigungszeugnis auf Betriebsstofftransportern der Klasse 707, die in der Seeversorgung eingesetzt werden.
4. Beschäftigte der Entgeltgruppe 8, Fallgruppe 2 auf Betriebsstofftransportern der Klasse 707, die in der Seeversorgung eingesetzt werden.

Entgeltgruppe 12

1. Beschäftigte der Entgeltgruppe 9b Fallgruppe 4 auf Bergungsschleppern.
2. Erste nautische Offizierinnen und Offiziere mit internationalem nautischen Befähigungszeugnis auf Betriebsstofftransportern mit einer Ladekapazität über 10 000 t, die in der Seeversorgung eingesetzt werden, auf dem Wehrforschungsschiff „Planet" oder auf Hochseeschleppern.
3. Beschäftigte der Entgeltgruppe 8 Fallgruppe 2 auf Betriebsstofftransportern mit einer Ladekapazität über 10 000 t, die in der Seeversorgung eingesetzt werden, auf dem Wehrforschungsschiff „Planet" oder auf Hochseeschleppern.

Entgeltgruppe 11

1. Beschäftigte der Entgeltgruppe 9b Fallgruppe 4 auf Seeschleppern, Mehrzweckbooten (mittel), Taucherschulbooten oder auf seegängigen 100-t-Schwimmkränen.
2. Erste nautische Offizierinnen und Offiziere mit internationalem nautischen Befähigungszeugnis auf Bergungsschleppern.
3. Beschäftigte der Entgeltgruppe 8 Fallgruppe 2 auf Bergungsschleppern.
4. Zweite technische Offizierinnen und Offiziere mit internationalem schiffsmaschinentechnischen Befähigungszeugnis auf Betriebsstofftransportern der Klasse 707.
5. Zweite nautische Offizierinnen und Offiziere mit internationalem nautischen Befähigungszeugnis auf Betriebsstofftransportern der Klasse 707.

Entgeltgruppe 10

1. Erste nautische Offizierinnen und Offiziere mit internationalem nautischen Befähigungszeugnis auf Seeschleppern, Mehrzweckbooten (mittel) oder auf Taucherschulbooten.
2. Zweite nautische Offizierinnen und Offiziere mit internationalem nautischen Befähigungszeugnis auf Betriebsstofftransportern mit einer Ladekapazität über 10 000 t, die in der Seeversorgung eingesetzt werden, auf dem Wehrforschungsschiff „Planet" oder auf Hochseeschleppern.
3. Beschäftigte der Entgeltgruppe 8 Fallgruppe 2 auf Taucherschulbooten und auf Seeschleppern.
4. Zweite technische Offizierinnen und Offiziere mit internationalem schiffsmaschinentechnischen Befähigungszeugnis auf Betriebsstofftransportern mit einer Ladekapazität über 10 000 t, die in der Seeversorgung eingesetzt werden, oder auf Hochseeschleppern.
5. Dritte nautische Offizierinnen und Offiziere mit internationalem nautischen Befähigungszeugnis auf Betriebsstofftransportern der Klasse 707.

Entgeltgruppe 9c

1. Beschäftigte der Entgeltgruppe 9a Fallgruppe 5 auf Betriebsstofftransportern der Klasse 707.
2. Dritte technische Offizierinnen und Offiziere mit internationalem schiffsmaschinentechnischen Befähigungszeugnis auf Betriebsstofftransportern der Klasse 707.

Entgeltgruppe 9b

1. Beschäftigte der Entgeltgruppe 8 Fallgruppe 2 auf Mehrzweckbooten (mittel).
2. Zweite technische Offizierinnen und Offiziere mit internationalem schiffsmaschinentechnischen Befähigungszeugnis auf Bergungsschleppern, auf dem Wehrforschungsschiff „Planet", auf Seeschleppern oder auf Taucherschulbooten.
3. Dritte technische Offizierinnen und Offiziere mit internationalem schiffsmaschinentechnischen Befähigungszeugnis auf Betriebsstofftransportern mit einer Ladekapazität über 10 000 t, die in der Seeversorgung eingesetzt werden, oder auf Hochseeschleppern.
4. Kapitäninnen und Kapitäne mit internationalem nautischen Befähigungszeugnis und entsprechender Tätigkeit.
5. Beschäftigte der Entgeltgruppe 8 Fallgruppe 1 auf seegängigen 100-t-Schwimmkränen.
6. Zweite und Dritte nautische Offizierinnen und Offiziere mit internationalem nautischen Befähigungszeugnis, auf Seeschleppern, Taucherschulbooten oder auf Bergungsschleppern.
7. Beschäftigte der Entgeltgruppe 9a Fallgruppe 5 auf Betriebsstofftransportern mit einer Ladekapazität über 10 000 t, die in der Seeversorgung eingesetzt werden, oder auf dem Wehrforschungsschiff „Planet".
8. Beschäftigte der Entgeltgruppe 9a Fallgruppe 6 auf Schiffen mit dieselelektrischem Antrieb, Betriebsstofftransportern der Klasse 707, Hochseeschleppern oder auf dem Wehrforschungsschiff „Planet".
9. Dritte nautische Offizierinnen und Offiziere mit internationalem nautischen Befähigungszeugnis auf Hochseeschleppern.

Entgeltgruppe 9a

1. Nautische Beschäftigte mit internationalem nautischen Befähigungszeugnis, dessen Gültigkeit mindestens einmal vorgelegen haben muss, die als Kreuzkartenberichtigerinnen oder berichtiger Seekarten unter eigener Verantwortung zu berichtigen haben.
2. Kapitäninnen und Kapitäne mit nationalem nautischen Befähigungszeugnis.
3. Beschäftigte der Entgeltgruppe 8 Fallgruppe 2 oder 3 auf Mehrzweckbooten (klein) oder auf seegängigen 100-t-Schwimmkränen.
4. Beschäftigte der Entgeltgruppe 8 Fallgruppe 4 auf Betriebsstofftransportern der Klasse 707, auf Hochseeschleppern oder auf dem Wehrforschungsschiff „Planet".

IV

5. Erste Funkoffizierinnen und -offiziere sowie Alleinfunkoffizierinnen und -offiziere mit allgemeinem Betriebszeugnis für Funker (General Operator's Certificate, GOC) und Zusatzausbildung im Seefunkdienst der Bundeswehr als Krypto-Bearbeiterinnen oder -Bearbeiter.
   (Die Beschäftigten in dieser Fallgruppe erhalten eine Entgeltgruppenzulage gemäß § 17 Nr. 4.)
6. Geprüfte Elektromeisterinnen und -meister auf Schiffen.
7. Dockmeisterinnen und -meister mit internationalem nautischen oder schiffsmaschinentechnischen Befähigungszeugnis oder geprüfte Meisterinnen und Meister in einschlägiger Fachrichtung auf Schwimm- oder Hebedocks.

8. Zweite und Dritte Funkoffizierinnen und -offiziere sowie Alleinfunkoffizierinnen und -offiziere mit allgemeinem Betriebszeugnis für Funker (General Operator's Certificate, GOC) und Zusatzausbildung im Seefunkdienst der Bundeswehr.
9. Bootsleute auf Betriebsstofftransportern der Klasse 707 und auf Hochseeschleppern.

Entgeltgruppe 8

1. Nautische Wachoffizierinnen und -offiziere mit internationalem nautischen Befähigungszeugnis.
   (Die Beschäftigten in dieser Fallgruppe erhalten eine Entgeltgruppenzulage gemäß § 17 Nr. 1.)
2. Leiterinnen und Leiter der Maschinenanlage mit internationalem schiffsmaschinentechnischen Befähigungszeugnis.
   (Die Beschäftigten in dieser Fallgruppe erhalten eine Entgeltgruppenzulage gemäß § 17 Nr. 1.)
3. Technische Alleinoffizierinnen und -offiziere mit internationalem schiffsmaschinentechnischen Befähigungszeugnis.
   (Die Beschäftigten in dieser Fallgruppe erhalten eine Entgeltgruppenzulage gemäß § 17 Nr. 1.)
4. Technische Wachoffizierinnen und -offiziere mit internationalem schiffsmaschinentechnischen Befähigungszeugnis.
   (Die Beschäftigten in dieser Fallgruppe erhalten eine Entgeltgruppenzulage gemäß § 17 Nr. 1.)
5. Beschäftigte der Entgeltgruppe 6 Fallgruppe 1 mit Zusatzausbildung im Seefunkdienst der Bundeswehr und entsprechender Tätigkeit.
   (Die Beschäftigten in dieser Fallgruppe erhalten eine Entgeltgruppenzulage gemäß § 17 Nr. 1.)

6. Bootsführerinnen und Bootsführer mit nationalem nautischen Befähigungszeugnis und entsprechender Tätigkeit.
7. Bootsfrauen und Bootsmänner.
8. Beschäftigte der Entgeltgruppe 6 Fallgruppe 4
   a) auf Erprobungs- oder Forschungsschiffen mit umfangreicher elektrotechnischer Ausrüstung (z. B. Kontrollanlagen für die Schiffsführung, elektrische Steuerungsanlagen, elektrische Ausrüstung für Waffenerprobung),
   b) auf Diesel-Elektroschiffen,
   c) auf Schwimmdocks des Marinearsenals,
   d) auf Hochseeschleppern oder
   e) auf Betriebsstofftransportern der Klasse 707.
9. Beschäftigte der Entgeltgruppe 6 Fallgruppe 2 mit nationalem nautischen oder schiffsmaschinentechnischen Befähigungszeugnis und entsprechender Tätigkeit.
10. Beschäftigte der Entgeltgruppe 6 Fallgruppe 6 als Maschinistinnen oder Maschinisten mit internationalem schiffsmaschinentechnischen Befähigungszeugnis und entsprechender Tätigkeit.
11. Steuerleute mit nautischem Patent.
12. Beschäftigte der Entgeltgruppe 6 Fallgruppe 6 als Signalmatrosinnen oder -matrosen auf Betriebsstofftransportern der Klasse 707 oder auf Hochseeschleppern.
13. Pumpenfrauen und -männer auf Betriebsstofftransportern der Klasse 707.

Entgeltgruppe 7

1. Nautische Beschäftigte mit internationalem nautischen Befähigungszeugnis, die als Seekartenberichtigerinnen oder -berichtiger eingesetzt werden.
2. Nautische Wachoffizierinnen und -offiziere mit nationalem nautischen Befähigungszeugnis.
3. Dockmaschinistinnen und -maschinisten mit nationalem schiffsmaschinentechnischen Befähigungszeugnis auf Schwimm- oder Hebedocks.
4. Beschäftigte der Entgeltgruppe 6 Fallgruppe 4,
   die Spezialanlagen instand halten, instand setzen und etwaige Fehler selbständig beseitigen.
5. Beschäftigte der Entgeltgruppe 6 Fallgruppe 5
   a) auf Motorbooten über 65 kW (89 PS),
   b) auf Motorbooten, die im Fahrgastverkehr eingesetzt sind oder
   c) auf Schleppschiffen (Schleppbooten) oder auf sonstigen Schiffen, die mindestens zu einem Drittel im Schleppdienst eingesetzt sind.

6. Beschäftigte der Entgeltgruppe 6 als Signalmatrosinnen oder -matrosen.
7. Beschäftigte der Entgeltgruppe 6,
   die besonders hochwertige Arbeiten verrichten.
8. Pumpenfrauen und -männer auf Tankschiffen.
9. Beschäftigte der Entgeltgruppe 6 Fallgruppe 6 auf Betriebsstofftransportern der Klasse 707 oder auf Hochseeschleppern.

Entgeltgruppe 6

1. Funkoffizierinnen und -offiziere mit allgemeinem Betriebszeugnis für Funker (General Operator's Certificate, GOC).
2. Geräteführerinnen und Geräteführer.
3. Lagerhalterinnen und -halter auf Betriebsstofftransportern.
   (Beschäftigte in dieser Fallgruppe auf Betriebsstofftransportern der Klasse 707 erhalten eine Entgeltgruppenzulage gemäß § 17 Nr. 1.)
4. Beschäftigte mit abgeschlossener Berufsausbildung als Elektromechanikerin oder Elektromechaniker oder Mechatronikerin oder Mechatroniker der Fachrichtung Elektrotechnik oder Mechanik oder in einem vergleichbaren Ausbildungsberuf mit entsprechender Tätigkeit.
5. Bootsführerinnen und Bootsführer.
6. Schiffsmechanikerinnen und -mechaniker mit abgeschlossener Berufsausbildung.
   (Hierzu Protokollerklärung)

Entgeltgruppe 4

Schiffs-, Geräte- oder Bootspersonal (Decksleute).

Protokollerklärung:

Unter dieses Tätigkeitsmerkmal fallen auch Matrosinnen und Matrosen sowie Motorenwärterinnen und -wärter, die ihre Ausbildung vor Inkrafttreten der Entgeltordnung abgeschlossen haben.

24. Pfarrhelferinnen und -helfer sowie Seelsorgeassistentinnen und -assistenten

Entgeltgruppe 8

Beschäftigte der Entgeltgruppe 6 mit mindestens einjähriger Erfahrung in Tätigkeiten der Entgeltgruppe 6,

die diakonische oder vergleichbare seelsorgliche Tätigkeiten ausüben.

(Hierzu Protokollerklärung Nr. 1)

Entgeltgruppe 6

Beschäftigte der Entgeltgruppe 5 mit abgeschlossener mindestens eineinhalbjähriger diakonischer oder theologischer Ausbildung im kirchlichen Bereich.

(Hierzu Protokollerklärung Nr. 2)

Entgeltgruppe 5

Pfarrhelferinnen und -helfer sowie Seelsorgeassistentinnen und -assistenten.

Protokollerklärungen:

Nr. 1 Eine einjährige Erfahrung in Tätigkeiten der Entgeltgruppe 6 wird durch ein Abschlusszertifikat nachgewiesen.

Nr. 2 Die Ausbildung muss entsprechen

a) im evangelischen Zweig der Militärseelsorge einer mindestens eineinhalbjährigen diakonischen Ausbildung,

b) im katholischen Zweig der Militärseelsorge dem erfolgreichen Abschluss des Grundkurses „Theologie im Fernkurs" gemäß Rahmenprüfungsordnung der Katholischen Akademie Domschule Würzburg,

jeweils nachgewiesen durch ein Abschlusszertifikat.

25. Beschäftigte im Pflegedienst

25.1 Beschäftigte in der Pflege

Vorbemerkungen

1. [1]Die Bezeichnung „Pflegehelferinnen und Pflegehelfer" umfasst auch Gesundheits- und Krankenpflegehelferinnen und Gesundheits- und Krankenpflegehelfer, Pflegeassistentinnen und Pflegeassistenten sowie Altenpflegehelferinnen und Altenpflegehelfer. [2]Die Bezeichnung „Pflegerinnen und Pfleger" umfasst Gesundheits- und Krankenpflegerinnen und Gesundheits- und Krankenpfleger, Gesundheits- und Kinderkrankenpflegerinnen und Gesundheits- und Kinderkrankenpfleger, Pflegefachfrauen und Pflegefachmänner sowie Altenpflegerinnen und Altenpfleger in allen Fachrichtungen bzw. Spezialisierungen.

IV

2. Gesundheits- und Kinderkrankenpflegerinnen und Gesundheits- und Kinderkrankenpfleger, die die Tätigkeiten von Gesundheits- und Krankenpflegerinnen und Gesundheits- und Krankenpflegern oder von Pflegefachfrauen und Pflegefachmännern ausüben, sind als Pflegerinnen und Pfleger eingruppiert.
3. Altenpflegerinnen und Altenpfleger, die die Tätigkeiten von Gesundheits- und Krankenpflegerinnen und Gesundheits- und Krankenpflegern oder von Pflegefachfrauen und Pflegefachmännern ausüben, sind als Pflegerinnen und Pfleger eingruppiert.
4. Nach den Tätigkeitsmerkmalen für Pflegerinnen und Pfleger sind auch Hebammen und Entbindungspfleger sowie Operationstechnische Assistentinnen und Assistenten und Anästhesietechnische Assistentinnen und Assistenten mit abgeschlossener Ausbildung nach der DKG-Empfehlung vom 17. September 2013 in der jeweiligen Fassung oder nach gleichwertiger landesrechtlicher Regelung, die die Tätigkeit von Gesundheits- und Krankenpflegerinnen und Gesundheits- und Krankenpflegern oder von Gesundheits- und Kinderkrankenpflegerinnen und Gesundheits- und Kinderkrankenpflegern auszuüben haben, eingruppiert.
5. Zu der entsprechenden Tätigkeit von Pflegehelferinnen und Pflegehelfern bzw. von Pflegerinnen und Pflegern gehört auch die Tätigkeit in Ambulanzen, Blutzentralen und Dialyseeinheiten, soweit es sich nicht überwiegend um eine Verwaltungs- oder Empfangstätigkeit handelt.
6. Die Bezeichnungen
   - Gesundheits- und Krankenpflegerinnen und Gesundheits- und Krankenpfleger umfassen auch Pflegefachfrauen und Pflegefachmänner.

- Gesundheits- und Krankenpflegehelferinnen und Gesundheits- und Krankenpflegehelfer umfassen auch Krankenpflegehelferinnen und Krankenpflegehelfer.
- Gesundheits- und Krankenpflegerinnen und Gesundheits- und Krankenpfleger umfassen auch Krankenschwestern und Krankenpfleger.
- Gesundheits- und Kinderkrankenpflegerinnen und Gesundheits- und Kinderkrankenpfleger umfassen auch Kinderkrankenschwestern und Kinderkrankenpfleger.

Entgeltgruppe 12

Beschäftigte der Entgeltgruppe 11,

deren Tätigkeit sich durch das Maß der damit verbundenen Verantwortung erheblich aus der Entgeltgruppe 11 heraushebt.

Entgeltgruppe 11

Beschäftigte der Entgeltgruppe 9c,

deren Tätigkeit sich durch besondere Schwierigkeit und Bedeutung aus der Entgeltgruppe 9c heraushebt.

Entgeltgruppe 10

Beschäftigte der Entgeltgruppe 9c,

deren Tätigkeit sich mindestens zu einem Drittel durch besondere Schwierigkeit und Bedeutung aus der Entgeltgruppe 9c heraushebt.

Entgeltgruppe 9c

Beschäftigte der Entgeltgruppe 9b,

deren Tätigkeit sich dadurch aus der Entgeltgruppe 9b heraushebt, dass sie besonders verantwortungsvoll ist.

Entgeltgruppe 9b

Beschäftigte mit abgeschlossener Hochschulbildung und den Anforderungen der Protokollerklärung Nr. 7 entsprechender Tätigkeit sowie sonstige Beschäftigte, die aufgrund gleichwertiger Fähigkeiten und ihrer Erfahrungen entsprechende Tätigkeiten ausüben.

(Hierzu Protokollerklärung Nr. 7)

Entgeltgruppe P 9

1. Beschäftigte der Entgeltgruppe P 7 Fallgruppe 1 mit abgeschlossener Fachweiterbildung und entsprechender Tätigkeit.

   (Hierzu Protokollerklärungen Nrn. 1 bis 3 und 6)

2. Beschäftigte der Entgeltgruppe P 7 Fallgruppe 1 mit erfolgreich abgeschlossener Fachweiterbildung zur Hygienefachkraft und entsprechender Tätigkeit.

Entgeltgruppe P 8

1. Beschäftigte der Entgeltgruppe P 7 Fallgruppe 1, deren Tätigkeit sich aufgrund besonderer Schwierigkeit erheblich aus der Entgeltgruppe P 7 Fallgruppe 1 heraushebt.
   (Hierzu Protokollerklärungen Nrn. 1 bis 6)
2. Praxisanleiterinnen und Praxisanleiter in der Pflege mit berufspädagogischer Zusatzqualifikation nach bundesrechtlicher Regelung und entsprechender Tätigkeit.
   (Hierzu Protokollerklärungen Nrn. 1 bis 3 und 6)
3. Beschäftigte der Entgeltgruppe P 7 Fallgruppe 2, deren Tätigkeit sich aufgrund besonderer Schwierigkeit erheblich aus der Entgeltgruppe P 7 Fallgruppe 2 heraushebt.
   (Hierzu Protokollerklärungen Nrn. 1 bis 6)

IV

Entgeltgruppe P 7

1. Pflegerinnen und Pfleger mit mindestens dreijähriger Ausbildung und entsprechender Tätigkeit.
   (Hierzu Protokollerklärungen Nrn. 1 bis 3 und 7)
2. Operationstechnische Assistentinnen und Assistenten sowie Anästhesietechnische Assistentinnen und Assistenten mit abgeschlossener Ausbildung nach der DKG-Empfehlung vom 17. September 2013 in der jeweiligen Fassung oder nach gleichwertiger landesrechtlicher Regelung und jeweils entsprechender Tätigkeit.
   (Hierzu Protokollerklärungen Nrn. 1 bis 3)

Entgeltgruppe P 6

Pflegehelferinnen und Pflegehelfer mit mindestens einjähriger Ausbildung und entsprechender Tätigkeit.
(Hierzu Protokollerklärungen Nrn. 1 bis 3)

Entgeltgruppe P 5

Pflegehelferinnen und Pflegehelfer mit entsprechender Tätigkeit.
(Hierzu Protokollerklärungen Nrn. 1 bis 3)

Protokollerklärungen:

1. [1]Beschäftigte der Entgeltgruppen P 5 bis P 9, die die Grund- und Behandlungspflege zeitlich überwiegend bei
   a) an schweren Infektionskrankheiten erkrankten Patientinnen oder Patienten (z. B. Tuberkulose-Patientinnen oder -Patienten), die wegen der Ansteckungsgefahr in besonderen Infektionsabteilungen oder Infektionsstationen untergebracht sind,

b) Kranken in geschlossenen oder halbgeschlossenen (Open-door-system) psychiatrischen Abteilungen oder Stationen,
c) Kranken in geriatrischen Abteilungen und Stationen,
d) Gelähmten oder an multipler Sklerose erkrankten Patientinnen und Patienten,
e) Patientinnen oder Patienten nach Transplantationen innerer Organe oder von Knochenmark,
f) an AIDS (Vollbild) erkrankten Patientinnen oder Patienten,
g) Patientinnen oder Patienten, bei denen Chemotherapien durchgeführt oder die mit Strahlen oder mit inkorporierten radioaktiven Stoffen behandelt werden,

ausüben, erhalten für die Dauer dieser Tätigkeit eine monatliche Zulage in Höhe von 90 Euro. [2]Die Zulage steht auch bei Erfüllung mehrerer Tatbestände nur einmal zu.

2. [1]Beschäftigte der Entgeltgruppen P 5 bis P 9, die zeitlich überwiegend in der Anästhesiepflege, in der Intensivmedizin oder im Operationsdienst einschließlich der Vor- und Nachbereitung tätig sind, erhalten für die Dauer dieser Tätigkeit eine monatliche Zulage von 150 Euro. [2]Operationsdienst leisten hierbei Beschäftigte, die der Ärztin oder dem Arzt bei der Vorbereitung, Durchführung und Nachbereitung von Operationen mit pflegerischen und operationstechnischen Tätigkeiten assistieren. [3]Dies schließt auch invasive Operationen und Eingriffe ein. [4]Sofern die Voraussetzungen nach der Protokollerklärung 1 dieses Unterabschnitts erfüllt werden, wird nur die höhere Zulage gezahlt.
3. [1]Beschäftigte der Entgeltgruppen P 5 bis P 9, die die Grund- und Behandlungspflege bei schwerbrandverletzten Patientinnen oder Patienten in Einheiten für Schwerbrandverletzte, denen durch die Einsatzzentrale/Rettungsleitstelle der Feuerwehr Hamburg Schwerbrandverletzte vermittelt werden, ausüben, erhalten eine Zulage in Höhe von 1,80 Euro für jede volle Arbeitsstunde dieser Pflegetätigkeit. [2]Eine nach den Protokollerklärungen Nrn. 1 und 2 zustehende Zulage vermindert sich um den Betrag, der in demselben Kalendermonat nach Satz 1 zusteht.
4. Tätigkeiten, die sich aufgrund besonderer Schwierigkeit erheblich aus der Entgeltgruppe P 7 herausheben, sind
   a) Tätigkeiten in Spezialbereichen, in denen eine Fachweiterbildung nach den DKG-Empfehlungen zur Weiterbildung von Gesundheits- und (Kinder-)Krankenpflegekräften (siehe Protokollerklärung Nr. 6) vorgesehen ist, oder
   b) die Wahrnehmung einer der folgenden besonderen pflegerischen Aufgaben außerhalb von Spezialbereichen nach Buchstabe a:
      - Wundmanagerin oder Wundmanager,
      - Gefäßassistentin oder Gefäßassistent,
        Breast Nurse/Lactation,
      - Painnurse,
      - auf einer Stroke-Unit-Station,
      - auf einer Intermediate-Care-Station oder
   c) die Tätigkeit im Case- oder Caremanagement.
5. Auf Pflegerinnen und Pfleger in Psychiatrien und psychiatrischen Krankenhäusern oder Einrichtungen, die aufgrund Erfüllung der Anforderung des Buchstaben a der Protokollerklärung Nr. 4 in Entgeltgruppe P 8 eingruppiert sind, finden
   a) Buchstabe b der Protokollerklärung Nr. 1 und
   b) § 1 Abs. 1 Ziffer 5 Unterabs. 1 des Tarifvertrages über die Gewährung von Zulagen gemäß § 33 Abs. 1 Buchst. c BAT

   keine Anwendung.

IV

6. [1]Bei den Fachweiterbildungen muss es sich entweder um eine Fachweiterbildung nach § 1 der DKG-Empfehlung zur pflegerischen Weiterbildung vom 29. September 2015 in der jeweiligen Fassung oder um eine Fachweiterbildung nach § 1 der DKG-Empfehlung für die Weiterbildung Notfallpflege vom 18. Juni 2019 in der jeweiligen Fassung bzw. um eine gleichwertige Weiterbildung jeweils nach § 21 dieser DKG-Empfehlung handeln. [2]Bei der Weiterbildung zur Praxisanleitung muss es sich um eine Befähigung im Sinne des § 4 Abs. 3 der Ausbildungs- und Prüfungsverordnung für die Pflegeberufe vom 2. Oktober 2018 in der jeweiligen Fassung handeln. [3]Besteht keine bundesrechtliche Regelung der Weiterbildung, dient die DKG-Empfehlung vom 18. Juni 2019 als Maßstab.
7. Die hochschulische Ausbildung befähigt darüber hinaus insbesondere
   a) zur Steuerung und Gestaltung hochkomplexer Pflegeprozesse auf der Grundlage wissenschaftsbasierter oder wissenschaftsorientierter Entscheidungen,
   b) vertieftes Wissen über Grundlagen der Pflegewissenschaft, des gesellschaftlich institutionellen Rahmens des pflegerischen Handelns sowie des normativ-institutionellen Systems der Versorgung anzuwenden und die Weiterentwicklung der gesundheitlichen und pflegerischen Versorgung dadurch maßgeblich mitzugestalten,
   c) sich Forschungsgebiete der professionellen Pflege auf dem neuesten Stand der gesicherten Erkenntnisse erschließen und forschungsgestützte Problemlösungen wie auch neue Technologien in das berufliche Handeln übertragen zu können sowie berufsbezogene Fort- und Weiterbildungsbedarfe zu erkennen,
   d) sich kritisch reflexiv und analytisch sowohl mit theoretischem als auch praktischem Wissen auseinandersetzen und wissenschaftsbasiert innovative Lösungsansätze zur Verbesserung im eigenen beruflichen Handlungsfeld entwickeln und implementieren zu können und
   e) an der Entwicklung von Qualitätsmanagementkonzepten, Leitlinien und Expertenstandards mitzuwirken.

IV

25.2 Leitende Beschäftigte in der Pflege

Vorbemerkungen

1. [1]Die Tarifvertragsparteien legen dem Aufbau der Tätigkeitsmerkmale für Leitungskräfte in der Pflege folgende regelmäßige Organisationsstruktur zu Grunde:
   a) [1]Die Gruppen- bzw. Teamleitung stellt die unterste Leitungsebene dar. [2]Einer Gruppen- bzw. einer Teamleitung sind in der Regel nicht mehr als neun Beschäftigte unterstellt.
   b) [1]Die Station ist die kleinste organisatorische Einheit. [2]Einer Stationsleitung sind in der Regel nicht mehr als zwölf Beschäftigte unterstellt.
   c) [1]Ein Bereich bzw. eine Abteilung umfasst in der Regel mehrere Stationen. [2]Einer Bereichs- bzw. Abteilungsleitung sind in der Regel nicht mehr als 48 Beschäftigte unterstellt.

   [2]Die Beschäftigten müssen fachlich unterstellt sein.
2. Soweit für vergleichbare organisatorische Einheiten von den vorstehenden Bezeichnungen abweichende Bezeichnungen verwandt werden, ist dies unbeachtlich.

3. § 5 gilt mit folgenden Maßgaben:
   a) Personen, die zu einem Teil ihrer Arbeitszeit unterstellt oder zu einem Teil ihrer Arbeitszeit in einem Bereich beschäftigt sind, zählen entsprechend dem Verhältnis dieses Anteils an der regelmäßigen Arbeitszeit einer oder eines entsprechenden Vollbeschäftigten.
   b) [1]Auszubildende zur Pflegefachfrau und zum Pflegefachmann, Schülerinnen und Schüler in der Gesundheits- und Krankenpflege, Gesundheits- und Krankenpflegehilfe, bleiben außer Betracht. [2]Für die Berücksichtigung von Stellen, auf die Schülerinnen und Schüler angerechnet werden, gilt § 5 Satz 4 entsprechend.

Entgeltgruppe 15

1. Beschäftigte der Entgeltgruppe 13 Fallgruppe 1, deren Tätigkeit sich
   - durch besondere Schwierigkeit und Bedeutung sowie
   - erheblich durch das Maß der damit verbundenen Verantwortung

   aus der Entgeltgruppe 13 Fallgruppe 1 heraushebt.
2. Beschäftigte in Krankenhäusern, deren Tätigkeit wegen der Schwierigkeit der Aufgaben und der Größe ihrer Verantwortung ebenso zu bewerten ist wie Tätigkeiten nach Fallgruppe 1.

Entgeltgruppe 14

1. Beschäftigte der Entgeltgruppe 13 Fallgruppe 1, deren Tätigkeit sich mindestens zu einem Drittel
   - durch besondere Schwierigkeit und Bedeutung oder
   - durch das Erfordernis hochwertiger Leistungen bei besonders schwierigen Aufgaben

   aus der Entgeltgruppe 13 Fallgruppe 1 heraushebt.
2. Beschäftigte in Krankenhäusern, deren Tätigkeit wegen der Schwierigkeit der Aufgaben und der Größe ihrer Verantwortung ebenso zu bewerten ist wie Tätigkeiten nach Fallgruppe 1.

Entgeltgruppe 13

1. Beschäftigte mit abgeschlossener wissenschaftlicher Hochschulbildung und entsprechender Tätigkeit sowie sonstige Beschäftigte, die aufgrund gleichwertiger Fähigkeiten und ihrer Erfahrungen entsprechende Tätigkeiten ausüben.
2. Beschäftigte in Krankenhäusern, deren Tätigkeit wegen der Schwierigkeit der Aufgaben und der Größe ihrer Verantwortung ebenso zu bewerten ist wie Tätigkeiten nach Fallgruppe 1.

Entgeltgruppe P 16

Beschäftigte der Entgeltgruppe P 15,

deren Tätigkeit sich durch das Maß der damit verbundenen Verantwortung erheblich aus der Entgeltgruppe P 15 heraushebt.

Entgeltgruppe P 15

1. Beschäftigte als Bereichsleiterinnen oder Bereichsleiter oder als Abteilungsleiterinnen oder Abteilungsleiter,

   deren Tätigkeit sich durch den Umfang und die Bedeutung ihres Aufgabengebietes sowie durch große Selbständigkeit erheblich aus der Entgeltgruppe P 14 heraushebt.
2. Beschäftigte als ständige Vertreterinnen oder Vertreter von Beschäftigten der Entgeltgruppe P 16.

Entgeltgruppe P 14

1. Beschäftigte als Bereichsleiterinnen oder Bereichsleiter oder als Abteilungsleiterinnen oder Abteilungsleiter.
2. Beschäftigte als ständige Vertreterinnen oder Vertreter von Bereichsleiterinnen oder Bereichsleitern oder Abteilungsleiterinnen oder Abteilungsleitern der Entgeltgruppe P 15.

Entgeltgruppe P 13

Beschäftigte als Stationsleiterinnen oder Stationsleiter mit einem höheren Maß von Verantwortlichkeit oder von großen Stationen.

(Hierzu Protokollerklärung Nr. 1)

Entgeltgruppe P 12

1. Beschäftigte als Stationsleiterinnen oder Stationsleiter.

   (Hierzu Protokollerklärung Nr. 1)
2. Beschäftigte als ständige Vertreterinnen oder Vertreter von Stationsleiterinnen oder Stationsleitern der Entgeltgruppe P 13 oder von Bereichsleiterinnen oder Bereichsleitern oder Abteilungsleiterinnen oder Abteilungsleitern.

   (Hierzu Protokollerklärung Nr. 1)

Entgeltgruppe P 11

1. Beschäftigte als Gruppenleiterinnen oder Gruppenleiter oder als Teamleiterinnen oder Teamleiter mit einem höheren Maß von Verantwortlichkeit oder von großen Gruppen oder Teams.

   (Hierzu Protokollerklärung Nr. 1)

2. Beschäftigte als ständige Vertreterinnen oder Vertreter von Stationsleiterinnen oder Stationsleitern.

   (Hierzu Protokollerklärung Nr. 1)

Entgeltgruppe P 10

1. Beschäftigte als Gruppenleiterinnen oder Gruppenleiter oder als Teamleiterinnen oder Teamleiter.

   (Hierzu Protokollerklärung Nr. 1)
2. Beschäftigte als ständige Vertreterinnen oder Vertreter von Gruppenleiterinnen oder Gruppenleitern bzw. von Teamleiterinnen oder Teamleitern der Entgeltgruppe P 11 Fallgruppe 1.

   (Hierzu Protokollerklärung Nr. 1)

IV

Entgeltgruppe P 9

Beschäftigte als ständige Vertreterinnen oder Vertreter von Gruppenleiterinnen oder Gruppenleitern bzw. von Teamleiterinnen oder Teamleitern.

(Hierzu Protokollerklärung Nr. 1)

Protokollerklärungen:

1. Gruppenleiterinnen und Gruppenleiter, Teamleiterinnen und Teamleiter, Stationsleiterinnen und Stationsleiter sowie deren ständige Vertreterinnen und Vertreter erhalten die Zulage nach der Protokollerklärung Nr. 1 oder 2 zu Unterabschnitt 25.1 ebenfalls, wenn die ihnen durch ausdrückliche Anordnung ständig unterstellten Pflegekräfte Anspruch auf die jeweilige Zulage haben.
2. [1]Leitende Gesundheits- und Krankenpflegerinnen und -pfleger, die durch ausdrückliche schriftliche Anordnung zu Mitgliedern der Krankenhausbetriebsleitung bestellt worden sind, erhalten für die Dauer dieser Tätigkeit eine Zulage

in Entgeltgruppe	gemäß § 18
P 16	Nr. 2
P 15	Nr. 3

[2]Die Zulage wird nur für die Zeiträume gezahlt, in denen Beschäftigte einen Anspruch auf Entgelt oder auf Entgeltfortzahlung nach § 21 TVöD haben. [3]Sie ist bei der Bemessung des Sterbegeldes (§ 23 Abs. 3 TVöD) zu berücksichtigen.

25.3 Lehrkräfte in der Pflege

Entgeltgruppe 15

Leiterinnen und Leiter einer Pflegeschule.

Entgeltgruppe 14

1. Stellvertretende Leiterinnen und Leiter einer Pflegeschule.
2. Fachbereichsleiterinnen und Fachbereichsleiter einer Pflegeschule.

Entgeltgruppe 13

Lehrkräfte mit abgeschlossener wissenschaftlicher Hochschulbildung und – soweit nach dem jeweiligen Landesrecht vorgesehen – mit erfolgreich absolviertem Vorbereitungsdienst (Referendariat) und entsprechender Tätigkeit sowie sonstige Beschäftigte, die aufgrund gleichwertiger Fähigkeiten und ihrer Erfahrungen entsprechende Tätigkeiten ausüben.

Entgeltgruppe 11

Lehrkräfte an Pflegeschulen mit abgeschlossener Hochschulbildung und entsprechender Tätigkeit sowie sonstige Beschäftigte, die aufgrund gleichwertiger Fähigkeiten und ihrer Erfahrungen entsprechende Tätigkeiten ausüben.

Entgeltgruppe 10

Lehrkräfte mit entsprechender Zusatzqualifikation.

26. Prüferinnen und Prüfer von Luftfahrtgerät

Vorbemerkungen

[1]Prüferinnen und Prüfer von Luftfahrtgerät, die die Nachprüferlaubnis nach der ZDv 19/1 besitzen, erhalten eine Zulage von 40,90 Euro monatlich; die Zulage wird nicht gewährt, wenn eine andere Prüferlaubnis die Nachprüferlaubnis lediglich einschließt. [2]Die Zulage gilt bei der Bemessung des Sterbegeldes (§ 23 Abs. 3 TVöD) als Bestandteil des Tabellenentgeltes. [3]Die Zulage ist – auch im Rahmen der Jahressonderzahlung – nicht zusatzversorgungspflichtig.

IV

Entgeltgruppe 11

Geprüfte Meisterinnen und Meister sowie Meisterinnen und Meister mit erfolgreich abgeschlossenem Meisterlehrgang der Bundeswehr in einschlägiger Fachrichtung

als Leiterinnen oder Leiter einer Prüfgruppe.

Entgeltgruppe 10

1. Beschäftigte mit einer Militärluftfahrzeuginstandhaltungslizenz für Freigabeberechtigtes Personal der Kategorie C gemäß der VO (EG) Nr. 1321/2014 Anhang III (Teil 66) und der Berechtigung zur Erteilung von Freigabebescheinigungen (CRS) für mindestens zwei Luftfahrzeugmuster,

   mit entsprechender Tätigkeit.

   (Die Beschäftigten in dieser Fallgruppe erhalten eine Entgeltgruppenzulage gemäß § 17 Nr. 8.)
2. Geprüfte Meisterinnen und Meister sowie Meisterinnen und Meister mit erfolgreich abgeschlossenem Meisterlehrgang der Bundeswehr in einschlägiger Fachrichtung

   als Systemprüferinnen oder -prüfer.
3. Beschäftigte mit einer Militärluftfahrzeuginstandhaltungslizenz für Freigabeberechtigtes Personal der Kategorie B gemäß der VO (EG) Nr. 1321/2014 Anhang III (Teil 66) und der Berechtigung zur Erteilung von Freigabebescheinigungen (CRS) für mindestens zwei Luftfahrzeugmuster,

   mit entsprechender Tätigkeit.
4. Prüferinnen und Prüfer für zerstörungsfreie Werkstoffprüfung im Geltungsbereich C Stufe 3 gemäß der Allgemeinen Regelung A2-1033/0-0-3 „Zerstörungsfreie Prüfung"; Ziff. 308, mit der Berechtigung zur Durchführung und Auswertung von zerstörungsfreien Prüfungen und der Berechtigung Prüfanweisungen und Ausbil-

dung/Auditierung (A2-1033/0-0-3; Ziff. 138 i. V. m. Ziffer 134) von ZfP-Prüfern aller Stufen zu genehmigen,

mit entsprechender Tätigkeit.

5. Beschäftigte mit einer Militärluftfahrzeuginstandhaltungslizenz für Freigabeberechtigtes Personal der Kategorie C gemäß der VO (EG) Nr. 1321/2014 Anhang III (Teil 66) und der Berechtigung zur Erteilung von Freigabebescheinigungen (CRS) für ein Luftfahrzeugmuster,

   mit entsprechender Tätigkeit.

Entgeltgruppe 9c

1. Beschäftigte mit einer Prüferlaubnis für luftfahrttechnisches Prüfpersonal
   a) in mehr als einer Fachrichtung mit Freigabeberechtigung für mehr als ein Sachgebiet oder
   b) für mindestens drei Luftfahrzeugmuster und entsprechender Freigabeberechtigung

   gem. Allgemeiner Regelung „Das Prüf- und Zulassungswesen für Luftfahrzeuge und Luftfahrtgerät Teil 1“ A1-275/2-8901,

   die auf Grundlage der Berechtigung die Verkehrssicherheit des Luftfahrzeugmusters bestätigen.
2. Prüferinnen und Prüfer für zerstörungsfreie Werkstoffprüfung im Geltungsbereich C Stufe 2 gemäß der Allgemeinen Regelung A2-1033/0-0-3 „Zerstörungsfreie Prüfung“; Ziff. 307, und der Berechtigung zur Durchführung und Auswertung von zerstörungsfreien Prüfungen sowie zum Entwurf von Prüfanweisungen,

   mit entsprechender Tätigkeit.

Entgeltgruppe 9b

1. Beschäftigte mit Militärluftfahrzeuginstandhaltungslizenz (MAML) für Freigabeberechtigtes Personal der Kategorie B und der Berechtigung des Instandhaltungsbetriebs zur Erteilung von Freigabebescheinigungen (CRS) für ein Luftfahrzeugmuster,

   mit entsprechender Tätigkeit.
2. Beschäftigte mit einer Prüferlaubnis für luftfahrttechnisches Prüfpersonal in einer Fachrichtung oder einer Freigabeberechtigung für ein Sachgebiet am Luftfahrzeug gem. Allgemeiner Regelung „Das Prüf- und Zulassungswesen für Luftfahrzeuge und Luftfahrtgerät Teil 1“ A1-275/2-8901,

   die auf Grundlage der Berechtigung die Verkehrssicherheit des Luftfahrzeugmusters bestätigen.

Entgeltgruppe 9a

Beschäftigte mit Militärluftfahrzeuginstandhaltungslizenz (Military Airworthiness Maintenance License (MAML)) für Freigabeberechtigtes Personal der Kategorie A und der Berechtigung des Instandhaltungsbetriebs Freigabebescheinigungen (Certificate of Release to Service (CRS)) zu erteilen,

mit entsprechender Tätigkeit.

27. Rechnungsführerinnen und Rechnungsführer

Entgeltgruppe 8

Beschäftigte der Entgeltgruppe 6,

die mindestens zu einem Drittel Trennungsgeld, Fahrkostenzuschuss, Reisekostenvergütung oder Umzugskostenvergütung berechnen.

Entgeltgruppe 6

Rechnungsführerinnen und Rechnungsführer (z. B. für Wehrsold oder Verpflegung).

28. Beschäftigte im Schieß- und Erprobungsbetrieb

Entgeltgruppe 7

Schießleiterinnen und -leiter mit abgeschlossener Berufsausbildung als Elektrikerin oder Elektriker, Elektronikerin oder Elektroniker oder Mechatronikerin oder Mechatroniker oder in einem metallverarbeitenden Ausbildungsberuf und dem Nachweis der Befähigung für den Umgang mit Munition und Explosivstoffen – mindestens der Stufe B –, die Schieß- und Versuchsvorhaben mit

a) eingeführter oder nicht eingeführter Waffe oder eingeführtem oder nicht eingeführtem Waffensystem,
b) nicht eingeführter oder eingeführter oder belasteter Munition oder
c) veränderter Waffe oder Munition oder verändertem Waffensystem

gemäß der Betriebsschutzweisung für das Schießen bei Erprobungen, Versuchen und sonstigen Überprüfungen von Waffen und Munition durchführen und überwachen.

IV

Entgeltgruppe 6

Beschäftigte mit abgeschlossener Berufsausbildung als Elektrikerin oder Elektriker, Elektronikerin oder Elektroniker, Mechatronikerin oder Mechatroniker oder in einem metallverarbeitenden Ausbildungsberuf, die in Sicherheitsleitstellen den Erprobungsbetrieb koordinieren und überwachen

Entgeltgruppe 5

1. Beschäftigte mit einschlägiger abgeschlossener Berufsausbildung, die an Scheibenzuganlagen die Anlage und deren Aggregate auch warten oder instand setzen.
2. Schießbahnwartinnen- und -warte, Schießstandwartinnen und -warte sowie Pioniergeräte- oder Schießstandgerätewartinnen und -warte mit einschlägiger abgeschlossener Berufsausbildung.
3. Beschäftigte mit abgeschlossener Berufsausbildung in einem elektrotechnischen Ausbildungsberuf, die im Zielbau auf Truppenübungsplätzen tätig sind und die Zielbaugeräte oder Scheibenzuganlagen mit elektrischen oder elektronischen Baugruppen aufbauen, überprüfen, bedienen, warten oder instand setzen.

Entgeltgruppe 4

1. Beschäftigte an Scheibenzuganlagen.
2. Beschäftigte in der Tätigkeit von Beschäftigten der Entgeltgruppe 5 Fallgruppe 3.

Entgeltgruppe 3

1. Schießstandgerätewartinnen und -warte.
2. Fernmeldeleitungsbauerinnen und -bauer auf Schießplätzen oder Truppenübungsplätzen.
3. Helferinnen und Helfer auf Schießplätzen und Truppenübungsplätzen.
4. Helferinnen und Helfer bei Erprobungen in Wehrtechnischen oder Wehrwissenschaftlichen Dienststellen oder im Marinearsenal.

IV

29. Sportlehrerinnen und -lehrer

Entgeltgruppe 15

Sportlehrerinnen und -lehrer mit einschlägiger abgeschlossener wissenschaftlicher Hochschulbildung als Leiterinnen oder Leiter des Dezernats Sport beim Kommando Streitkräftebasis.

Entgeltgruppe 14

Sportlehrerinnen und -lehrer mit einschlägiger abgeschlossener wissenschaftlicher Hochschulbildung als Sportreferentinnen oder -referenten oder Sportdezernentinnen oder -dezernenten in Kommandobehörden.

Entgeltgruppe 13

Beschäftigte der Entgeltgruppe 11 Fallgruppe 2, die als Leitende Sportlehrerinnen oder -lehrer an einer Ausbildungseinrichtung oder in einem Kommando tätig sind.

Entgeltgruppe 12

Beschäftigte der Entgeltgruppe 11 Fallgruppe 2, die

a) in der Ausbildung von Übungsleiterinnen oder -leitern der Bundeswehr oder Trainerinnen oder Trainern (Truppenfachlehrerin oder -lehrer) an der Sportschule der Bundeswehr oder an den Offiziersschulen,

b) in spezifischer Lehrtätigkeit in der Abteilung Flugphysiologie (FlugMedInst) oder

c) in der wissenschaftlichen Grundlagenarbeit an der Sportschule der Bundeswehr

tätig sind.

Entgeltgruppe 11

1. Sportlehrerinnen und -lehrer der Entgeltgruppe 9b, die
   a) in der Ausbildung von Fachsportleiterinnen oder -leitern, in Sonderlehrgängen oder im Rahmen von Truppenversuchen an der Sportschule der Bundeswehr,
   b) in der Weiterbildung von Übungsleiterinnen oder -leitern der Bundeswehr oder Fachsportleiterinnen oder -leitern,
   c) in spezifischer Lehrtätigkeit (z. B. Ausbildung von Rettungsschwimmerinnen oder -schwimmern),
   d) in der Beratung von Kommandeurinnen oder Kommandeuren, Dienststellenleiterinnen oder -leitern und Sportverantwortlichen (Sportlehrerin oder -lehrer Truppe) oder

e) als Sportlehrerinnen oder -lehrer bei speziellen Einsatzkräften (z. B. KSK, SEK M)

tätig sind.

2. Diplom-Sportlehrerinnen und -lehrer mit abgeschlossener Hochschulbildung und entsprechender Tätigkeit.

Entgeltgruppe 10

Sportlehrerinnen und -lehrer der Entgeltgruppe 9b, die an Sportzentren der Universitäten der Bundeswehr, an der Führungsakademie der Bundeswehr oder an Unteroffiziersschulen der Bundeswehr tätig sind.

Entgeltgruppe 9b

Staatlich geprüfte Sportlehrerinnen und -lehrer sowie staatlich geprüfte Fachsportlehrerinnen und -lehrer mit entsprechender Tätigkeit.

30. Strahlgerätebedienerinnen und -bediener

Entgeltgruppe 4

Beschäftigte der Entgeltgruppe 3,
deren Tätigkeit an das fachliche Geschick besondere Anforderungen stellt.

Entgeltgruppe 3

Beschäftigte, die Strahlgeräte für feste Strahlmittel bedienen.

IV

IV

31. Taucherinnen und Taucher sowie Taucherarztgehilfinnen und -gehilfen

Entgeltgruppe 9b

Tauchermeisterinnen und -meister mit Tauchermeisterprüfung als Tauchereinsatzleiterinnen oder -einsatzleiter.

Entgeltgruppe 8

1. Beschäftigte der Entgeltgruppe 7, die Erprobungsaufgaben durchführen.
2. Taucherarztgehilfinnen und -gehilfen, die mit Erfolg an einem Taucherarztgehilfen-Lehrgang der Bundeswehr teilgenommen haben.

Entgeltgruppe 7

Taucherinnen und Taucher mit einschlägiger abgeschlossener Berufsausbildung.

Entgeltgruppe 6

1. Taucherinnen und Taucher.
2. Signalfrauen und -männer mit einschlägiger abgeschlossener Berufsausbildung.

Entgeltgruppe 5

Signalfrauen und -männer.

32. Beschäftigte im Wachdienst

Entgeltgruppe 6

Wachleiterinnen und Wachleiter.

Entgeltgruppe 5

1. Wachschichtführerinnen und Wachschichtführer, die die Aufsicht führen und die selbst nicht regelmäßig Wache gehen.
2. Beschäftigte der Entgeltgruppe 4, die zugleich den Dienst als Aufsichtshabende wahrnehmen.
3. Beschäftigte der Entgeltgruppe 3 mit einschlägiger abgeschlossener Berufsausbildung und entsprechender Tätigkeit.
   (Hierzu Protokollerklärung)

Entgeltgruppe 4

1. Beschäftigte der Entgeltgruppe 3 mit abgeschlossener Berufsausbildung mit einer Ausbildungsdauer von weniger als drei Jahren und entsprechender Tätigkeit.
2. Beschäftigte der Entgeltgruppe 3, die mit militärischen Aufgaben im Sinne des § 1 Abs. 3 des Gesetzes über die Anwendung unmittelbaren Zwanges und die Ausübung besonderer Befugnisse durch Soldaten der Bundeswehr und verbündeter Streitkräfte sowie zivile Wachpersonen (UZwGBw) beauftragt sind.

Entgeltgruppe 3

Wächterinnen und Wächter.

Protokollerklärung:

Einschlägige Berufsausbildung ist z. B. die Ausbildung als Fachkraft für Schutz und Sicherheit.

Teil V
Besondere Tätigkeitsmerkmale im Bereich des Bundesministeriums für Digitales und Verkehr

Vorbemerkungen zu den Abschnitten 1 bis 4

1. Für die Gültigkeit, die Gleichwertigkeit und den Umfang der nautischen und schiffsmaschinentechnischen Befähigungszeugnisse wird zwischen folgenden Bereichen und Berufsgruppen unterschieden:

(1) Beschäftigte auf Schiffen und schwimmenden Geräten sowie an Land im Bereich der Seeschifffahrtsstraßen und See:

a) [1]Die Unterscheidung zwischen den internationalen und nationalen Befähigungszeugnissen richtet sich für die Beschäftigten auf den Schiffen und schwimmenden Geräten sowie an Land im Bereich der Seeschifffahrtsstraßen und See nach der Verordnung über die Befähigungen der Seeleute in der Seeschifffahrt (Seeleute-Befähigungsverordnung – See-BV) in der jeweils geltenden Fassung. [2]Die Befähigungszeugnisse des Kapitäns in der küstennahen Fahrt bis 500 BRZ und des nautischen Wachoffiziers in der küstennahen Fahrt bis 500 BRZ gelten weiterhin als nationale Befähigungszeugnisse. [3]Die Befähigungszeugnisse des Kapitäns auf kleineren Schiffen bis 100 BRZ gelten als nationale Befähigungszeugnisse.

b) Beschäftigte auf Schiffen und schwimmenden Geräten, von denen ein nautisches oder schiffsmaschinen- bzw. elektrotechnisches Befähigungszeugnis oder Befähigungsnachweis zum Schiffselektriker verlangt wird, müssen über ein gültiges Befähigungszeugnis bzw. Befähigungsnachweis nach der See-BV verfügen.

c) Beschäftigte, die an Land eingesetzt werden und von denen ein nautisches oder schiffsmaschinen- bzw. elektrotechnisches Befähigungszeugnis oder Befähigungsnachweis zum Schiffselektriker verlangt wird, müssen über ein Befähigungszeugnis bzw. Befähigungsnachweis nach der See-BV verfügen, dessen Gültigkeit mindestens einmal vorgelegen haben muss.

d) Die Gleichwertigkeit der Befähigungszeugnisse, die vor dem 1. Juni 2014 ausgestellt worden sind, zu den in Buchstaben b und c geforderten Befähigungszeugnissen ergibt sich wie folgt:

See-BV ab 1. 6. 2014	**Befähigungszeugnisse nach SchOffAusbV vor dem 1. 6. 2014**	**Patente bis 2002**	**Ehemalige DDR ab 1. 4. 1972**
Internationales nautisches Befähigungszeugnis NK, NEO, NWO, BG, BGW, BK, BKW	Internationales nautisches Befähigungszeugnis BG, BGW, BK, BKW	AG, AGW	A6, A5
		AM, AMW	A4, A3, B6, B5
		AK, AKW	A2, A1 B2, B1
Nationales nautisches Befähigungszeugnis NK 500; NWO 500, NSF, BKü	Nationales nautisches Befähigungszeugnis BKü	AN AKü	
Internationales schiffsmaschinentechnisches Befähigungszeugnis TLM, TZO, TWO	Internationales schiffsmaschinentechnisches Befähigungszeugnis	CI CIW	C6, C5
		CT CTW	C4, C3
		CMa CMaW	C2, C1
Schiffsmaschinentechnisches Befähigungszeugnis zum Schiffsmaschinisten für Schiffe mit einer Antriebsleistung bis 750 kW TSM	Schiffsmaschinentechnisches Befähigungszeugnis zum Schiffsmaschinisten für Schiffe mit einer Antriebsleistung bis 750 kW	CKü, CMot, Maschinistenprüfung	

(2) [1]Beschäftigte auf Schiffen und schwimmenden Geräten sowie an Land im Bereich der Binnenschifffahrtsstraßen (Bundeswasserstraßen Rhein, Mosel und Donau sowie diejenigen Bundeswasserstraßen, auf denen die Binnenschifffahrtsstraßen-Ordnung gilt):

[2]Die Zuordnung der entsprechenden nautischen Befähigungszeugnisse richtet sich für die Beschäftigten auf Schiffen und schwimmenden Geräten sowie an Land im Bereich der Binnenschifffahrtsstraßen nach der Verordnung über die Besatzung und über die Befähigungen der Besatzung von Fahrzeugen in der Binnenschifffahrt (Binnenschifffahrtpersonalverordnung – BinSchPersV) in der jeweils geltenden Fassung und im Bereich des Rheins nach der Verordnung über das Schiffspersonal auf dem Rhein (Schiffspersonalverordnung-Rhein – RheinSchPersV) in der jeweils geltenden Fassung.

[3]Hierbei wird zwischen einem Befähigungszeugnis ohne Einschränkungen und einem Befähigungszeugnis mit Einschränkungen entsprechend der RheinSchPersV und der BinSchPersV wie folgt unterschieden:

	BinSchPersV ab 18.1.2022	BinSchPatV bis 17.1.2022	RheinSchPersV ab 1.4.2023	RheinSchPersV bis 31.3.2023
Nautisches Befähigungszeugnis ohne Einschränkungen	Unionspatent	Schifferpatent A Schifferpatent B	Rheinpatent	Großes Patent
Nautisches Befähigungszeugnis mit Einschränkungen	Kleinschifferzeugnis Behördenschifferzeugnis	Schifferpatent C1* Schifferpatent C2*	Behördenpatent Befähigungszeugnis nach den nationalen Vorschriften der Rheinuferstaaten und Belgiens für Binnengewässer	Kleines Patent** Behördenpatent Befähigungszeugnis nach den nationalen Vorschriften der Rheinuferstaaten und Belgiens für Binnengewässer

* Die Schifferpatente C1 und C2 sind zum 18. Januar 2022 weggefallen. Sie bleiben bis zu dem auf der Patentkarte vermerkten Ungültigkeitsdatum, längstens jedoch bis zum 17. Januar 2032 gültig. Die Übergangsbestimmungen der BinSchPersV sind zu beachten.

** Das Kleine Patent auf dem Rhein ist zum 1. April 2023 weggefallen. Kleine Rheinpatente bleiben bis zu dem auf der Patentkarte vermerkten Ungültigkeitsdatum, längstens jedoch bis zum 17. Januar 2032 gültig. Die Übergangsbestimmungen der RheinSchPersV sind zu beachten.

[4]Nachweise über erforderliche Streckenkunde bleiben davon unberührt. [5]Die Befähigung zum Führen eines Dienstfahrzeuges der Wasserstraßen- und Schifffahrtsverwaltung von weniger als 20 Metern Länge und ohne Zulassung oder Eignung zum Schieben oder Schleppen kann auch durch einen amtlichen Berechtigungsschein i. S. d. BinSchPersV nachgewiesen werden. [6]Der amtliche Berechtigungsschein ist in diesen Fällen einem nautischen Befähigungszeugnis mit Einschränkungen gleichzusetzen.

[7]Die Übergangsbestimmungen der BinSchPersV zur Gültigkeit von Befähigungsnachweisen und -zeugnissen, die vor dem 18. Januar 2022 erworben wurden, sowie die Übergangsbestimmungen der RheinSchPersV zur Gültigkeit von Befähigungsnachweisen und -zeugnissen, die vor dem 1. April 2023 erworben wurden, finden entsprechende Anwendung.

2. Für Beschäftigte auf Schiffen und schwimmenden Geräten, die sowohl im Küsten- als auch im Binnenbereich eingesetzt sind (z. B. auf dem Nord-Ostsee-Kanal), findet je nach Anforderung an das Befähigungszeugnis entweder Unterabschnitt 1.1 (Küstenbereich) oder Unterabschnitt 2.1 (Binnenbereich) Anwendung.
3. Die Zuordnung der Wasserfahrzeugtypen richtet sich nach der Verwaltungsvorschrift der Wasserstraßen- und Schifffahrtsverwaltung des Bundes – Objektkatalog (ObKat) VV-WSV 1102 in der Fassung vom 31. Januar 2005.

1. Beschäftigte bei der Wasserstraßen- und Schifffahrtsverwaltung – Küstenbereich

1.1 Besatzungen von Schiffen und schwimmenden Geräten

Vorbemerkungen

1. Dieser Unterabschnitt gilt für Besatzungen von Schiffen und schwimmenden Geräten auf Wasserstraßen, die unter die Seeschifffahrtsstraßen-Ordnung (SeeSchStrO) fallen.
2. Der Begriff Schiffsführerinnen und Schiffsführer umfasst auch Bootsführerinnen und Bootsführer.

Entgeltgruppe 12

1. Schiffsführerinnen und Schiffsführer mit abgeschlossener technischer Hochschulbildung, durch die ein internationales nautisches Befähigungszeugnis erworben wird, auf einem Gewässerschutzschiff.
2. Geräteführerinnen und Geräteführer mit abgeschlossener technischer Hochschulbildung, durch die ein internationales nautisches Befähigungszeugnis erworben wird, auf einem Laderaumsaugbagger.

Entgeltgruppe 11

1. Schiffsführerinnen und Schiffsführer mit abgeschlossener technischer Hochschulbildung, durch die ein internationales nautisches Befähigungszeugnis erworben wird, und entsprechender Tätigkeit.
2. Leiterinnen und Leiter der Maschinenanlage mit abgeschlossener technischer Hochschulbildung, durch die ein internationales schiffsmaschinentechnisches Befähigungszeugnis erworben wird, und entsprechender Tätigkeit.
3. Erste nautische Offizierinnen und Offiziere mit abgeschlossener technischer Hochschulbildung, durch die ein internationales nautisches Befähigungszeugnis erworben wird, auf einem Gewässerschutzschiff.

Entgeltgruppe 10

Schiffsführerinnen und Schiffsführer mit internationalem nautischen Befähigungszeugnis und Zusatzqualifikation zur Seevermessungstechnikerin oder zum Seevermessungstechniker und entsprechender Tätigkeit.

Entgeltgruppe 9b

1. Schiffsführerinnen und Schiffsführer mit internationalem nautischen Befähigungszeugnis und entsprechender Tätigkeit.
2. Geräteführerinnen und Geräteführer mit internationalem nautischen Befähigungszeugnis und entsprechender Tätigkeit.
3. Steuerleute mit internationalem nautischen Befähigungszeugnis und entsprechender Tätigkeit auf einem Gewässerschutzschiff oder auf einem Laderaumsaugbagger.
4. Steuerleute mit internationalem nautischen Befähigungszeugnis und Zusatzqualifikation zur Seevermessungstechnikerin oder zum Seevermessungstechniker und entsprechender Tätigkeit.
5. Leiterinnen und Leiter der Maschinenanlage mit internationalem schiffsmaschinentechnischen Befähigungszeugnis und entsprechender Tätigkeit.
6. Maschinistinnen und Maschinisten mit internationalem schiffsmaschinentechnischen Befähigungszeugnis und entsprechender Tätigkeit auf einem Gewässerschutzschiff oder auf einem Laderaumsaugbagger.
7. Staatlich geprüfte Technikerinnen und Techniker mit entsprechender Tätigkeit sowie sonstige Beschäftigte, die aufgrund gleichwertiger Fähigkeiten und ihrer Erfahrungen entsprechende Tätigkeiten ausüben, auf einem Gewässerschutzschiff oder auf einem Laderaumsaugbagger.
8. Schiffsführerinnen und Schiffsführer mit internationalem nautischen Befähigungszeugnis bis 500 BRZ in der küstennahen Fahrt mit Einsätzen in den Gewässern und Fahrten nach Häfen des europäischen Teiles der Niederlande, Polens und Dänemarks (mit Ausnahme der Färöer und Grönland) und Zusatzqualifikation zur Seevermessungstechnikerin oder zum Seevermessungstechniker und entsprechender Tätigkeit.
9. Elektrotechnische Offizierinnen und Offiziere mit internationalem elektrotechnischen Befähigungszeugnis und entsprechender Tätigkeit auf einem Gewässerschutzschiff oder auf einem Laderaumsaugbagger.

Entgeltgruppe 9a

1. Schiffsführerinnen und Schiffsführer mit nationalem nautischen Befähigungszeugnis und Zusatzqualifikation zur Seevermessungstechnikerin oder zum Seevermessungstechniker und entsprechender Tätigkeit.

2. Schiffsführerinnen und Schiffsführer mit internationalem nautischen Befähigungszeugnis bis 500 BRZ in der küstennahen Fahrt mit Einsätzen in den Gewässern und Fahrten nach Häfen des europäischen Teiles der Niederlande, Polens und Dänemarks (mit Ausnahme der Färöer und Grönland) und entsprechender Tätigkeit.
3. Geräteführerinnen und Geräteführer mit internationalem nautischen Befähigungszeugnis bis 500 BRZ in der küstennahen Fahrt mit Einsätzen in den Gewässern und Fahrten nach Häfen des europäischen Teiles der Niederlande, Polens und Dänemarks (mit Ausnahme der Färöer und Grönland) und entsprechender Tätigkeit.
4. Steuerleute mit internationalem nautischen Befähigungszeugnis bis 500 BRZ in der küstennahen Fahrt mit Einsätzen in den Gewässern und Fahrten nach Häfen des europäischen Teiles der Niederlande, Polens und Dänemarks (mit Ausnahme der Färöer und Grönland) und Zusatzqualifikation zur Seevermessungstechnikerin oder zum Seevermessungstechniker und entsprechender Tätigkeit.

Entgeltgruppe 8

1. Schiffsführerinnen und Schiffsführer mit nationalem nautischen Befähigungszeugnis.
2. Geräteführerinnen und Geräteführer mit nationalem nautischen Befähigungszeugnis und entsprechender Tätigkeit.
3. Steuerleute mit internationalem nautischen Befähigungszeugnis und entsprechender Tätigkeit.
4. Maschinistinnen und Maschinisten mit internationalem schiffsmaschinentechnischen Befähigungszeugnis zum technischen Wachoffizier und entsprechender Tätigkeit.
5. Beschäftigte der Entgeltgruppe 5 Fallgruppe 1

   mit Zusatzqualifikation zur Seevermessungstechnikerin oder zum Seevermessungstechniker und entsprechender Tätigkeit.

   (Hierzu Protokollerklärung Nr. 1)
6. Steuerleute mit nationalem nautischen Befähigungszeugnis und Zusatzqualifikation zur Seevermessungstechnikerin oder zum Seevermessungstechniker und entsprechender Tätigkeit.
7. Bordhandwerkerinnen und Bordhandwerker mit abgeschlossener Berufsausbildung im metalltechnischen Bereich, die auf einem Laderaumsaugbagger selbständig besonders schwierige Arbeiten durchführen, z. B. Fehlersuche, Schadensfeststellung und Instandsetzung von baggertechnischen und hydraulischen Systemen.

8. Beschäftigte der Entgeltgruppe 5 Fallgruppe 2,
   die Spezialanlagen auf einem Gewässerschutzschiff oder auf einem Laderaumsaugbagger warten, instand setzen und Fehler selbständig beseitigen.
9. Bootsleute mit einschlägiger abgeschlossener Berufsausbildung, denen mindestens zwei Beschäftigte dieses Unterabschnitts mindestens der Entgeltgruppe 5 Fallgruppe 1 oder 2 unterstellt sind.
   (Hierzu Protokollerklärung Nr. 1)
10. Rohrführerinnen und Rohrführer mit nationalem nautischen Befähigungszeugnis auf einem Laderaumsaugbagger.
11. Fährschiffsführerinnen und Fährschiffsführer mit nationalem nautischen Befähigungszeugnis auf dem Nord-Ostsee-Kanal.

Entgeltgruppe 7

1. Steuerleute mit nationalem nautischen Befähigungszeugnis.
2. Geräteführerinnen und Geräteführer mit schiffsmaschinentechnischem Befähigungszeugnis zum Schiffsmaschinisten.
3. Maschinistinnen und Maschinisten mit schiffsmaschinentechnischem Befähigungszeugnis zum Schiffsmaschinisten.
4. Fährmaschinistinnen und Fährmaschinisten mit abgeschlossener Berufsausbildung im elektro- oder metalltechnischen Bereich auf einer Schwebefähre.
5. Beschäftigte der Entgeltgruppe 5 Fallgruppe 1 oder 2,
   die auf einem Laderaumsaugbagger schwierige Spezialarbeiten verrichten.
   (Hierzu Protokollerklärung Nr. 1)
6. Kranführerinnen und Kranführer mit einschlägiger abgeschlossener Berufsausbildung auf einem Gewässerschutzschiff oder einem Tonnenleger.
   (Hierzu Protokollerklärung Nr. 1)
7. Erste Seezeichenmatrosinnen und -matrosen mit einschlägiger abgeschlossener Berufsausbildung auf einem Tonnenleger oder einem Gewässerschutzschiff.
   (Hierzu Protokollerklärung Nr. 1)
8. Erste Matrosinnen und Matrosen mit einschlägiger abgeschlossener Berufsausbildung auf einem Laderaumsaugbagger.
   (Hierzu Protokollerklärung Nr. 1)
9. Beschäftigte der Entgeltgruppe 5 Fallgruppe 2,
   die Spezialanlagen warten, instand setzen und Fehler selbständig beseitigen.
10. Steuerleute mit internationalem nautischen Befähigungszeugnis bis 500 BRZ in der küstennahen Fahrt mit Einsätzen in den

Gewässern und Fahrten nach Häfen des europäischen Teiles der Niederlande, Polens und Dänemarks (mit Ausnahme der Färöer und Grönland).

(Beschäftigte dieser Fallgruppe erhalten eine Entgeltgruppenzulage gemäß § 17 Nr. 3).

Entgeltgruppe 6

1. Kranführerinnen und Kranführer sowie Erdbaugeräteführerinnen und Erdbaugeräteführer mit einschlägiger abgeschlossener Berufsausbildung auf Schiffen oder schwimmenden Geräten.
   (Hierzu Protokollerklärung Nr. 1)
2. Beschäftigte der Entgeltgruppe 5 Fallgruppe 1 oder 2,
   die zugleich als Köchin oder Koch eingesetzt sind.
   (Hierzu Protokollerklärung Nr. 1)
3. Köchinnen und Köche mit einschlägiger abgeschlossener Berufsausbildung.
4. Beschäftigte der Entgeltgruppe 5 Fallgruppe 1 oder 2,
   die hochwertige Arbeiten verrichten.
   (Hierzu Protokollerklärungen Nrn. 1 und 2)
5. Beschäftigte der Entgeltgruppe 5 Fallgruppe 1 auf einem Gewässerschutzschiff oder auf einem Laderaumsaugbagger.

Entgeltgruppe 5

1. Beschäftigte mit einschlägiger abgeschlossener Berufsausbildung und entsprechender Tätigkeit.
   (Beschäftigte in dieser Fallgruppe erhalten eine Entgeltgruppenzulage gemäß § 17 Nr. 1.)
   (Hierzu Protokollerklärung Nr. 1)
2. Beschäftigte mit abgeschlossener Berufsausbildung im elektro- oder metalltechnischen Bereich und entsprechender Tätigkeit.
3. Stewardessen und Stewards mit abgeschlossener einschlägiger Ausbildung aus dem Gastronomie- oder Hauswirtschaftsbereich.

Entgeltgruppe 4

Beschäftigte auf Schiffen oder schwimmenden Geräten.

Protokollerklärungen:

Nr. 1 Einschlägige Berufsausbildungen sind z. B. die Ausbildung als Schiffsmechanikerin und Schiffsmechaniker oder die frühere Ausbildung als Matrosin und Matrose.

Nr. 2 Hochwertige Arbeiten sind z. B. Tätigkeiten als Erste Matrosin oder Erster Matrose oder im maschinentechnischen oder elektromechanischen Betrieb.

IV

1.2 Beschäftigte an Seeschleusen

Entgeltgruppe 9a

Wachleitende Schleusenmeisterinnen und -meister sowie Betriebsstellenleiterinnen und -leiter mit internationalem nautischen Befähigungszeugnis und entsprechender Tätigkeit.

Entgeltgruppe 8

1. Wachleitende Schleusenmeisterinnen und -meister mit nationalem nautischen Befähigungszeugnis.
2. Schleusenmaschinistinnen und -maschinisten mit abgeschlossener Berufsausbildung im metall- oder elektrotechnischen Bereich,
   die auf der Seeschleuse Wilhelmshaven schichtweise die Verantwortung für den technischen Betrieb tragen.
3. Schleusenmeisterinnen und -meister mit internationalem nautischen Befähigungszeugnis.

Entgeltgruppe 7

1. Schleusenmeisterinnen und -meister mit nationalem nautischen Befähigungszeugnis oder mit nautischem Befähigungszeugnis des Binnenbereiches.
2. Beschäftigte der Entgeltgruppe 6 Fallgruppe 1,
   die selbständig Instandsetzungsarbeiten ausführen.

Entgeltgruppe 6

1. Schleusen- oder Pumpwerksmaschinistinnen und -maschinisten mit abgeschlossener Berufsausbildung im metall- oder elektrotechnischen Bereich.
2. Beschäftigte der Entgeltgruppe 5 als Schleusengehilfinnen oder -gehilfen.

Entgeltgruppe 5

Schleusendecksleute mit abgeschlossener Berufsausbildung als Schiffsmechanikerin oder -mechaniker, Matrosin oder Matrose oder Binnenschifferin oder Binnenschiffer.

Entgeltgruppe 4

Schleusendecksleute.

1.3 Beschäftigte an Land im nautischen Bereich

Vorbemerkung

Dieser Unterabschnitt gilt auch für Beschäftigte an Land im nautischen Bereich der Bundesstelle für Seeunfalluntersuchung.

Entgeltgruppe 15

Beschäftigte der Entgeltgruppe 14 Fallgruppe 1,

deren Tätigkeit sich durch das Maß der damit verbundenen Verantwortung erheblich aus der Entgeltgruppe 14 Fallgruppe 1 heraushebt.

Entgeltgruppe 14

1. Beschäftigte der Entgeltgruppe 13 Fallgruppe 1,

   deren Tätigkeit sich durch besondere Schwierigkeit und Bedeutung aus der Entgeltgruppe 13 Fallgruppe 1 heraushebt.
2. Beschäftigte der Entgeltgruppe 13 Fallgruppe 1,

   deren Tätigkeit sich mindestens zu einem Drittel durch besondere Schwierigkeit und Bedeutung aus der Entgeltgruppe 13 Fallgruppe 1 heraushebt.
3. Untersuchungsführerinnen und Untersuchungsführer bei Seeunfalluntersuchungen mit einer wissenschaftlichen Hochschulbildung im Bereich Schiffsführung- oder Schiffsbetriebstechnik, durch die ein internationales Befähigungszeugnis erworben wird.
4. Untersuchungsführerinnen und Untersuchungsführer bei Seeunfalluntersuchungen mit einer wissenschaftlichen Hochschulbildung im Bereich Schiffsbau.

Entgeltgruppe 13

1. Beschäftigte der Entgeltgruppe 10 Fallgruppe 1 mit darauf aufbauender abgeschlossener wissenschaftlicher Hochschulbildung und entsprechender Tätigkeit.
2. Beschäftigte der Entgeltgruppe 12 Fallgruppe 1,

   deren Tätigkeit sich mindestens zu einem Drittel durch das Maß der Verantwortung erheblich aus der Entgeltgruppe 12 Fallgruppe 1 heraushebt.

Entgeltgruppe 12

1. Beschäftigte der Entgeltgruppe 11 Fallgruppe 1

   mit mindestens dreijähriger praktischer Erfahrung, deren Tätigkeit sich

   durch besondere Schwierigkeit und Bedeutung oder Spezialaufgaben

   aus der Entgeltgruppe 11 Fallgruppe 1 heraushebt.
2. Beschäftigte der Entgeltgruppe 11 Fallgruppe 1

   mit mindestens dreijähriger praktischer Erfahrung, deren Tätigkeit sich mindestens zu einem Drittel durch besondere Schwierigkeit und Bedeutung oder Spezialaufgaben

aus der Entgeltgruppe 11 Fallgruppe 1 heraushebt.

3. Leiterinnen und Leiter einer Verkehrszentrale mit abgeschlossener technischer Hochschulbildung, durch die ein internationales nautisches Befähigungszeugnis erworben wird.
4. Untersuchungskräfte bei Seeunfalluntersuchungen mit abgeschlossener technischer Hochschulbildung, durch die ein internationales nautisches Befähigungszeugnis erworben wird.

Entgeltgruppe 11

1. Beschäftigte der Entgeltgruppe 10 Fallgruppe 1,

   deren Tätigkeit sich durch besondere Leistungen aus der Entgeltgruppe 10 Fallgruppe 1 heraushebt.
2. Beschäftigte der Entgeltgruppe 10 Fallgruppe 1,

   deren Tätigkeit sich mindestens zu einem Drittel durch besondere Leistungen aus der Entgeltgruppe 10 Fallgruppe 1 heraushebt.
3. Beschäftigte der Entgeltgruppe 10 Fallgruppe 2 mit Zusatzqualifikation zum Nautiker vom Dienst und entsprechender Tätigkeit in einer Verkehrszentrale.

Entgeltgruppe 10

1. Beschäftigte mit abgeschlossener technischer Hochschulbildung, durch die ein internationales nautisches Befähigungszeugnis erworben wird, und entsprechender Tätigkeit.
2. Beschäftigte mit abgeschlossener technischer Hochschulbildung, durch die ein internationales nautisches Befähigungszeugnis erworben wird, und entsprechender Tätigkeit in einer Verkehrszentrale.

Entgeltgruppe 9a

1. Beschäftigte der Entgeltgruppe 7,

   deren Tätigkeit selbständige Leistungen erfordert.
2. Nautische Beschäftigte mit internationalem nautischen Befähigungszeugnis, die die dadurch erworbenen Fähigkeiten und Kenntnisse in der Bauaufsicht anwenden.
3. Nautische Beschäftigte mit internationalem nautischen Befähigungszeugnis und entsprechender Tätigkeit in einer Verkehrszentrale.

Entgeltgruppe 8

1. Beschäftigte der Entgeltgruppe 7,

   deren Tätigkeit mindestens zu einem Drittel selbständige Leistungen erfordert.
2. Nautische Beschäftigte mit nationalem nautischen Befähigungszeugnis und entsprechender Tätigkeit in einer Verkehrszentrale.

   (Beschäftigte in dieser Fallgruppe erhalten eine Entgeltgruppenzulage gemäß § 17 Nr. 1.)

Niederschriftserklärung zu Teil V Unterabschnitt 1.3 Entgeltgruppe 8 Fallgruppe 2:
Es besteht Einvernehmen zwischen den Tarifvertragsparteien, dass die nautischen Beschäftigten ohne nautisches Befähigungszeugnis, die am 31. Mai 1993 in den Verkehrszentralen in einem Arbeitsverhältnis gestanden haben und am 1. Januar 2014 noch in diesem Arbeitsverhältnis stehen, für die Dauer dieser Tätigkeit wie nautische Beschäftigte mit nationalem nautischen Befähigungszeugnis behandelt werden.

3. Hafenmeisterinnen und -meister mit internationalem nautischen Befähigungszeugnis.

IV

Entgeltgruppe 7

Nautische Beschäftigte mit internationalem nautischen Befähigungszeugnis und entsprechender Tätigkeit.

Entgeltgruppe 6

1. Nautische Beschäftigte mit nationalem nautischen Befähigungszeugnis und entsprechender Tätigkeit.

   (Beschäftigte in dieser Fallgruppe erhalten eine Entgeltgruppenzulage gemäß § 17 Nr. 1.)
2. Hafenaufseherinnen und -aufseher mit nationalem nautischen Befähigungszeugnis.

2. Beschäftigte bei der Wasserstraßen- und Schifffahrtsverwaltung – Binnenbereich

2.1 Besatzungen von Schiffen und schwimmenden Geräten

Vorbemerkungen

1. Dieser Unterabschnitt gilt für Besatzungen von Schiffen und schwimmenden Geräten auf Binnenschifffahrtsstraßen (Bundeswasserstraßen Rhein, Mosel und Donau sowie diejenigen Bundeswasserstraßen, auf denen die Binnenschifffahrtsstraßen-Ordnung gilt).
2. Der Begriff Schiffsführerinnen und Schiffsführer umfasst auch Bootsführerinnen und Bootsführer.

IV

Entgeltgruppe 9a

1. Geräteführerinnen und Geräteführer mit nautischem Befähigungszeugnis mit Einschränkung auf einem selbstfahrenden Löffelschwimmbagger, selbstfahrenden Hebebock oder selbstfahrenden Taucherschacht.
2. Einsatzleiterinnen und -leiter mit nautischem Befähigungszeugnis ohne Einschränkung auf einem Taucherschacht.

Entgeltgruppe 8

1. Schiffsführerinnen und Schiffsführer mit nautischem Befähigungszeugnis mit Einschränkungen auf einem Peilschiff, hydrologischen Messschiff oder Eisbrecher.
2. Schiffsführerinnen und Schiffsführer sowie Geräteführerinnen und Geräteführer mit nautischem Befähigungszeugnis mit Einschränkungen, denen kein Schiff oder schwimmendes Gerät fest zugewiesen ist.
3. Schiffsführerinnen und Schiffsführer auf Schiffen, für deren Einsatz ein nautisches Befähigungszeugnis ohne Einschränkungen erforderlich ist.
4. Geräteführerinnen und Geräteführer auf Schiffen, für deren Einsatz ein nautisches Befähigungszeugnis ohne Einschränkungen erforderlich ist.
5. Geräteführerinnen und Geräteführer auf einem Hebebock oder Taucherschacht.
6. Beschäftigte der Entgeltgruppe 5 Fallgruppe 1 oder 2
   mit verwaltungsinterner vermessungstechnischer Fortbildung, die Vermessungstätigkeiten ausüben.
7. Beschäftigte der Entgeltgruppe 7 Fallgruppe 2,
   die auf einem Taucherschacht oder Hebebock tätig sind.

8. Beschäftigte der Entgeltgruppe 7 Fallgruppe 2,
   die zugleich als Geräteführerinnen oder Geräteführer tätig sind.
9. Fährschiffsführerinnen und Fährschiffsführer mit nautischem Befähigungszeugnis auf dem Nord-Ostsee-Kanal.

Entgeltgruppe 7

1. Schiffsführerinnen und Schiffsführer sowie Geräteführerinnen und Geräteführer auf Schiffen, für deren Einsatz ein nautisches Befähigungszeugnis mit Einschränkungen erforderlich ist.
2. Beschäftigte mit abgeschlossener Berufsausbildung im technischen Bereich (z. B. Binnenschifferinnen und Binnenschiffer oder Metallbauerinnen und Metallbauer) und Zusatzqualifikation zur Maschinistin oder zum Maschinisten oder der Qualifikation als Maschinenkundige oder Maschinenkundiger und entsprechender Tätigkeit.
3. Beschäftigte der Entgeltgruppe 6 Fallgruppe 1,
   die auf einem Spezialschiff oder auf einem schwimmenden Gerät mit eigenem Antrieb oder auf einem Hebebock tätig sind und in alleiniger Verantwortung die maschinentechnischen Aufgaben wahrnehmen.

Entgeltgruppe 6

1. Beschäftigte der Entgeltgruppe 5 Fallgruppe 1 oder 2,
   die als Matrosenmotorenwärterinnen oder -wärter oder als Bootsfrauen oder Bootsmänner tätig sind.
2. Beschäftigte der Entgeltgruppe 5 Fallgruppe 1 oder 2,
   die hochwertige Arbeiten verrichten.
   (Hierzu Protokollerklärung)
3. Köchinnen und Köche mit einschlägiger abgeschlossener Berufsausbildung.
4. Beschäftigte der Entgeltgruppe 5 Fallgruppe 1 oder 2,
   die zugleich als Köchin oder Koch eingesetzt sind.

Entgeltgruppe 5

1. Beschäftigte mit abgeschlossener Berufsausbildung zur Binnenschifferin oder zum Binnenschiffer, die als Matrosinnen oder Matrosen tätig sind.
2. Beschäftigte mit abgeschlossener Berufsausbildung und der Qualifikation zur Matrosin oder zum Matrosen und entsprechender Tätigkeit.
3. Beschäftigte der Entgeltgruppe 4 mit der Qualifikation zur Matrosenmotorenwärterin oder zum Matrosenmotorenwärter oder zur Bootsfrau oder zum Bootsmann und entsprechender Tätigkeit.

Entgeltgruppe 4

Matrosinnen und Matrosen.

Entgeltgruppe 3

Bordarbeiterinnen und Bordarbeiter
(ungelerntes Boots-, Geräte- und Schiffspersonal).

Protokollerklärung:

Hochwertige Arbeiten sind z. B. Tätigkeiten als Kran- oder Erdbaugeräteführerin oder Kran- oder Erdbaugeräteführer oder Peil- und Messarbeiten.

2.2 Beschäftigte an Schleusen an Binnenschifffahrtsstraßen[1])

Vorbemerkung

Bootsschleusen sind Schiffsschleusen für den Verkehr mit kleinen Schiffen, besonders Sportbooten gemäß DIN 4054 in Verbindung mit der Verwaltungsvorschrift der WSV des Bundes (VV-WSV 2302) „Schleusenbetrieb an Binnenschifffahrtsstraßen".

Entgeltgruppe 9a

Betriebsstellenleiterinnen und -leiter mit einer abgeschlossenen Berufsausbildung und Zusatzqualifikation zur Schichtleiterin oder zum Schichtleiter

a) in einer Leitzentrale für Schleusenanlagen,

b) an den Schleusen Iffezheim oder Geesthacht oder

c) in der Betriebszentrale Gösselthalmühle.

(Hierzu Protokollerklärung Nr. 1)

Niederschriftserklärung zu Teil V Unterabschnitt 2.2 Entgeltgruppe 9a und Entgeltgruppe 8 Fallgruppe 1:

Die Tarifvertragsparteien gehen davon aus, dass der Umbau von Einzelschleusen an Wasserstraßen der Klasse IV zu Leitzentralen bis zum 31. Dezember 2034 abgeschlossen sein wird. Falls dieser Umbau bis zum 31. Dezember 2034 nicht abgeschlossen sein sollte, werden die Tarifvertragsparteien Gespräche über Lösungsmöglichkeiten führen.

Entgeltgruppe 8

1. Schichtleiterinnen und -leiter mit einer abgeschlossenen Berufsausbildung und Zusatzqualifikation zur Schichtleiterin oder zum Schichtleiter

   a) in einer Leitzentrale für Schleusenanlagen,

   b) an den Schleusen Iffezheim oder Geesthacht oder

---

[1]) **Hierzu wurde in § 2 Abs. 1 des Änderungstarifvertrages Nr. 4 vom 31. August 2016 Folgendes vereinbart:**
„(1) Bei Beschäftigten, deren Eingruppierung als Betriebsstellenleiter einer Bootsschleuse auf der Grundlage der aufgehobenen Verfügung der GDWS Zentrale Bonn vom 21. Juli 2014 (AZ. 3800/Z-111.4) in der Zeit vom 21. Juli 2014 bis 8. Januar 2015 in der Entgeltgruppe 8 festgestellt wurde, wird die Eingruppierung bei Zuweisung einer anderen Tätigkeit in einer Leitzentrale für Bootsschleusen aufgrund Automatisierung ebenfalls auf der Grundlage der Verfügung vom 21. Juli 2014 festgestellt."

c) in der Betriebszentrale Gösselthalmühle.

(Hierzu Protokollerklärung Nr. 2)

Niederschriftserklärung zu Teil V Unterabschnitt 2.2 Entgeltgruppe 9a und Entgeltgruppe 8 Fallgruppe 1:

Die Tarifvertragsparteien gehen davon aus, dass der Umbau von Einzelschleusen an Wasserstraßen der Klasse IV zu Leitzentralen bis zum 31. Dezember 2034 abgeschlossen sein wird. Falls dieser Umbau bis zum 31. Dezember 2034 nicht abgeschlossen sein sollte, werden die Tarifvertragsparteien Gespräche über Lösungsmöglichkeiten führen.

2. Betriebsstellenleiterin und -leiter mit einer abgeschlossenen Berufsausbildung und Zusatzqualifikation zur Schichtleiterin oder zum Schichtleiter

   an einer Schleusenanlage.

3. Betriebsstellenleiterinnen und -leiter mit einer abgeschlossenen Berufsausbildung und Zusatzqualifikation zur Schichtleiterin oder zum Schichtleiter

   an einer Leitzentrale für Bootsschleusen.

IV

Entgeltgruppe 7

1. Schichtleiterinnen und -leiter mit einer abgeschlossenen Berufsausbildung und entsprechender Zusatzqualifikation

   an einer Schleusenanlage.

2. Betriebsstellenleiterinnen und -leiter mit einer abgeschlossenen Berufsausbildung und Zusatzqualifikation zur Schichtleiterin oder zum Schichtleiter

   an einer Bootsschleuse mit dazugehörigen Wehren.

3. Schichtleiterinnen und -leiter mit einer abgeschlossenen Berufsausbildung und entsprechender Zusatzqualifikation

   an einer Leitzentrale für Bootsschleusen.

Entgeltgruppe 6

1. (weggefallen)

2. Schichtleiterinnen und -leiter mit einer abgeschlossenen Berufsausbildung und entsprechender Zusatzqualifikation

   an einer Bootsschleuse mit dazugehörigen Wehren.

3. Beschäftigte mit einer abgeschlossenen Berufsausbildung in einer Leitzentrale und entsprechender Tätigkeit.

4. Schaltwärterinnen und Schaltwärter mit einer abgeschlossenen Berufsausbildung.

Entgeltgruppe 5

1. Schleusen- und Wehrgehilfinnen und -gehilfen mit einer abgeschlossenen Berufsausbildung.
2. Beschäftigte mit einer abgeschlossenen Berufsausbildung, denen die Betriebsabwicklung an einer Bootsschleuse mit dazugehörigen Wehren obliegt.[1])
   (Beschäftigte in dieser Fallgruppe erhalten eine Entgeltgruppenzulage gemäß § 17 Nr. 1)
   (Hierzu Protokollerklärung Nr. 3)

Entgeltgruppe 4

Beschäftigte der Entgeltgruppe 3,
denen mindestens schichtweise die Betriebsabwicklung an einer Bootsschleuse und den dazugehörigen Wehren obliegt.

Entgeltgruppe 3

Beschäftigte an einer Schleusen- oder Wehranlage.

Protokollerklärungen:

Nr. 1 Bei Übertragung einer entsprechenden Tätigkeit bis zum 31. Dezember 2034 sind Betriebsstellenleiterinnen und -leiter im Mehrschichtbetrieb an einer Schleusenanlage, die für den Schiffsverkehr auf Wasserstraßen der Klasse IV und höher eingerichtet ist, in Entgeltgruppe 9a eingruppiert.

Nr. 2 Bei Übertragung einer entsprechenden Tätigkeit bis zum 31. Dezember 2034 sind Schichtleiterinnen und -leiter im Mehrschichtbetrieb an einer Schleusenanlage, die für den Schiffsverkehr auf Wasserstraßen der Klasse IV und höher eingerichtet ist, in Entgeltgruppe 8 eingruppiert.

Nr. 3 Die Betriebsabwicklung erfordert keine Zusatzqualifikation als Schichtleiterin oder Schichtleiter.

2.3 Beschäftigte an Land im nautischen Bereich

Entgeltgruppe 11

Beschäftigte der Entgeltgruppe 9c, deren Tätigkeit sich
durch besondere Schwierigkeit und Bedeutung aus der Entgeltgruppe 9c heraushebt.

Entgeltgruppe 10

Beschäftigte der Entgeltgruppe 9c, deren Tätigkeit sich
mindestens zu einem Drittel durch besondere Schwierigkeit und Bedeutung aus der Entgeltgruppe 9c heraushebt.

---

[1]) **Hierzu wurde in § 2 Abs. 2 des Änderungstarifvertrages Nr. 4 vom 31. August 2016 Folgendes vereinbart:**
„(2) Bei der vorübergehenden Übertragung der Tätigkeit nach dem Tätigkeitsmerkmal der Entgeltgruppe 5 Fallgruppe 2 des Teils V Unterabschnitt 2.2 der EntgO erhalten Beschäftigte der Entgeltgruppe 5 für die Dauer der Ausübung der Tätigkeit die Entgeltgruppenzulage Nr. 1."

Entgeltgruppe 9c

Beschäftigte der Entgeltgruppe 9b Fallgruppe 1,

deren Tätigkeit sich dadurch aus der Entgeltgruppe 9b Fallgruppe 1 heraushebt, dass sie besonders verantwortungsvoll ist.

Entgeltgruppe 9b

1. Nautische Beschäftigte mit nautischem Befähigungszeugnis und entsprechender Tätigkeit,

   deren Tätigkeit gründliche, umfassende Fachkenntnisse und selbständige Leistungen erfordert.
2. Nautische Sachverständige mit nautischem Befähigungszeugnis in einer Schiffsuntersuchungskommission.
3. Leiterinnen und Leiter einer Revierzentrale mit nautischem Befähigungszeugnis.

Entgeltgruppe 8

Nautische Beschäftigte mit nautischem Befähigungszeugnis und entsprechender Tätigkeit in einer Revierzentrale.

3. Beschäftigte mit WSV-spezifischen Tätigkeiten an Land

Vorbemerkung

Dieser Abschnitt gilt sowohl für den Küsten- als auch für den Binnenbereich.

Entgeltgruppe 9b

Geprüfte Wasserbaumeisterinnen und -meister als Erste Wasserbaumeisterinnen oder -meister im Leitungsbereich eines Außenbezirks.

Entgeltgruppe 9a

1. Geprüfte Wasserbaumeisterinnen und -meister als Zweite Wasserbaumeisterinnen oder -meister im Leitungsbereich eines Außenbezirks.
2. Beschäftigte mit einschlägiger abgeschlossener Berufsausbildung und Unterweisung im Schiffseichdienst und entsprechender Tätigkeit.
3. Beschäftigte der Entgeltgruppe 8 Fallgruppe 3,

   die bei Entwicklungs- und Versuchsarbeiten an Modellen oder bei der Erstellung von Modellen selbständig und gestaltend mitwirken, wenn diese Tätigkeiten überdurchschnittliche Kenntnisse der Werkstoffe und deren Verarbeitung erfordern.

Entgeltgruppe 8

1. Geprüfte Wasserbaumeisterinnen und -meister mit entsprechender Tätigkeit in einem Außenbezirk.
2. Tauchermeisterinnen und -meister mit entsprechender Tätigkeit.
3. Beschäftigte mit einschlägiger abgeschlossener Berufsausbildung, die besonders schwierige Instandsetzungen oder besonders schwierige Spezialarbeiten an Seezeichen oder an Modellen selbständig durchführen.
4. Beschäftigte mit einschlägiger abgeschlossener Berufsausbildung als Maschinistinnen und Maschinisten auf Schleusen, Pumpwerken oder Hubbrücken.
5. Beschäftigte mit abgeschlossener Berufsausbildung im metalltechnischen Bereich, die
   a) selbständig besonders schwierige Einbauten von Schiffsantriebsanlagen durchführen,
   b) auf Prüfständen Motoren einstellen, einregulieren und abbremsen oder
   c) Dieselmotoren überholen und einstellen.

6. Beschäftigte mit abgeschlossener Berufsausbildung im elektrotechnischen Bereich, die besonders schwierige Instandsetzungen oder Spezialarbeiten an komplizierten elektrischen Anlagen oder Geräten selbständig ausführen.
7. Beschäftigte mit einschlägiger abgeschlossener Berufsausbildung, die selbständig besonders schwierige Arbeiten an Antrieben oder Steuerungen ausführen.
8. Maschinistinnen und Maschinisten in der Leitstelle und den Maschinenanlagen des Fahrzeug- und Fußgängertunnels Rendsburg sowie der Klappbrücke (früher Herrenbrücke) in Lübeck.
9. Wasserbewirtschafterinnen und -bewirtschafter mit einschlägiger abgeschlossener Berufsausbildung in der Fernsteuerzentrale Datteln, den Zentralen für Wasserbewirtschaftung Minden, Magdeburg-Rothensee, Gösselthalmühle, Griesheim, Eddersheim und Leda-Sperrwerk.

Entgeltgruppe 7

1. Bauaufseherinnen und -aufseher mit einer abgeschlossenen Berufsausbildung, die die von Unternehmern auszuführenden Bauarbeiten beaufsichtigen, z. B. an Schleusen, Wehren oder Brücken.
2. Taucherinnen und Taucher mit einschlägiger abgeschlossener Berufsausbildung.
3. Beschäftigte mit einschlägiger abgeschlossener Berufsausbildung, die schwierige Spezialarbeiten an Seezeichen oder an Modellen verrichten.
4. Beschäftigte mit abgeschlossener Berufsausbildung sowie mit Zusatzqualifikation zur Vergabefachkraft und entsprechender Tätigkeit, z. B. selbständiges Erstellen von Leistungsverzeichnissen.
5. Beschäftigte der Entgeltgruppe 6 Fallgruppe 2, die hochwertige Arbeiten verrichten.

   (Hierzu Protokollerklärung)

Entgeltgruppe 6

1. Dammbeobachterinnen und -beobachter mit einer abgeschlossenen Berufsausbildung.
2. Elektronikerinnen und Elektroniker mit abgeschlossener Berufsausbildung und entsprechender Tätigkeit.
3. Kranführerinnen und Kranführer, Erdbaugeräteführerinnen und Erdbaugeräteführer sowie Radladerfahrerinnen und -fahrer mit einer abgeschlossenen Berufsausbildung.
4. Köchinnen und Köche mit abgeschlossener Berufsausbildung in einem Berufsbildungszentrum

5. Wahrschauerinnen und Wahrschauer mit einer abgeschlossenen Berufsausbildung im Wahrschaudienst.
6. Beschäftigte mit einer abgeschlossenen Berufsausbildung, die an der Erstellung von Modellen mitwirken.
7. Taucherinnen und Taucher.
8. Signalfrauen und -männer mit einschlägiger abgeschlossener Berufsausbildung.

Entgeltgruppe 5

1. Hafenaufseherinnen und -aufseher.
2. Signalfrauen und -männer.

Entgeltgruppe 4

1. Fahrerinnen und Fahrer von Flurförderzeugen mit einer Hubkraft ab 2000 Kilogramm.
2. Kranführerinnen und Kranführer.

Entgeltgruppe 3

Helferinnen und Helfer in der Streckenunterhaltung oder in einem Bauhof.

Protokollerklärung:

Hochwertige Arbeiten sind Arbeiten, die an das Überlegungsvermögen und das fachliche Geschick der Beschäftigten Anforderungen stellen, die über das Maß dessen hinausgehen, das von solchen Beschäftigten üblicherweise verlangt werden kann.

4. Beschäftigte beim Bundesamt für Seeschifffahrt und Hydrographie

4.1 Besatzungen der Schiffe

Entgeltgruppe 13

1. Kapitäninnen und Kapitäne
   a) mit abgeschlossener technischer Hochschulbildung, durch die ein internationales nautisches Befähigungszeugnis erworben wird, und
   b) mit abgeschlossener technischen Hochschulbildung der Fachrichtung Vermessungstechnik und Geomatik sowie sonstige Beschäftigte, die auf Grund gleichwertiger Fähigkeiten und ihrer Erfahrungen entsprechende Tätigkeiten ausüben,

   die zugleich als Leiterin oder Leiter der Vermessung tätig sind.

   (Beschäftigte in dieser Fallgruppe erhalten eine Entgeltgruppenzulage gemäß § 17 Nr. 8.)
2. Erste nautische Offizierinnen und Offiziere
   a) mit abgeschlossener technischer Hochschulbildung, durch die ein internationales nautisches Befähigungszeugnis erworben wird, und
   b) mit abgeschlossener technischer Hochschulbildung der Fachrichtung Vermessungstechnik und Geomatik sowie sonstige Beschäftigte, die auf Grund gleichwertiger Fähigkeiten und ihrer Erfahrungen entsprechende Tätigkeiten ausüben,

   die zugleich als Erste Vermessungsgruppenleiterin oder -leiter tätig sind.

Entgeltgruppe 12

1. Erste nautische Offizierinnen und Offiziere
   a) mit internationalem nautischen Befähigungszeugnis und
   b) mit abgeschlossener technischer Hochschulbildung der Fachrichtung Vermessungstechnik und Geomatik sowie sonstige Beschäftigte, die auf Grund gleichwertiger Fähigkeiten und ihrer Erfahrungen entsprechende Tätigkeiten ausüben,

   die zugleich als Erste Vermessungsgruppenleiterin oder -leiter tätig sind.
2. Nautische Offizierinnen und Offiziere
   a) mit abgeschlossener technischer Hochschulbildung, durch die ein internationales nautisches Befähigungszeugnis erworben wird, und

b) mit abgeschlossener technischer Hochschulbildung der Fachrichtung Vermessungstechnik und Geomatik sowie sonstige Beschäftigte, die auf Grund gleichwertiger Fähigkeiten und ihrer Erfahrungen entsprechende Tätigkeiten ausüben,

die zugleich als Vermessungsgruppenleiterin oder -leiter tätig sind.

Entgeltgruppe 11

1. Nautische Offizierinnen und Offiziere
   a) mit internationalem nautischen Befähigungszeugnis und
   b) mit abgeschlossener technischer Hochschulbildung der Fachrichtung Vermessungstechnik und Geomatik sowie sonstige Beschäftigte, die auf Grund gleichwertiger Fähigkeiten und ihrer Erfahrungen entsprechende Tätigkeiten ausüben,

   die zugleich als Vermessungsgruppenleiterin oder -leiter tätig sind.
2. Leiterinnen und Leiter der Maschinenanlage mit abgeschlossener technischer Hochschulbildung, durch die ein internationales schiffsmaschinentechnisches Befähigungszeugnis erworben wird, und entsprechender Tätigkeit sowie

   sonstige Beschäftigte mit internationalem schiffsmaschinentechnischen Befähigungszeugnis, die auf Grund gleichwertiger Fähigkeiten und ihrer Erfahrungen entsprechende Tätigkeiten ausüben.

Entgeltgruppe 10

1. Nautische Offizierinnen und Offiziere mit abgeschlossener technischer Hochschulbildung, durch die ein internationales nautisches Befähigungszeugnis erworben wird, und entsprechender Tätigkeit.
2. Elektrotechnische Offizierinnen und Offiziere mit abgeschlossener technischer Hochschulbildung, durch die ein internationales elektrotechnisches Befähigungszeugnis erworben wird, und entsprechender Tätigkeit.

   (Die Beschäftigten dieser Fallgruppe erhalten eine Entgeltgruppenzulage gemäß § 17 Nr. 8.)

Entgeltgruppe 9b

1. Nautische Offizierinnen und Offiziere mit internationalem nautischen Befähigungszeugnis und Zusatzqualifikation zur Seevermessungstechnikerin oder zum Seevermessungstechniker und entsprechender Tätigkeit.
2. Leiterinnen und Leiter der Maschinenanlage als Alleinmaschinistinnen oder -maschinisten mit internationalem schiffsmaschinentechnischen Befähigungszeugnis.
3. Technische Offizierinnen und Offiziere mit internationalem schiffsmaschinentechnischen Befähigungszeugnis zur Zweiten techni-

schen Offizierin oder zum Zweiten technischen Offizier und entsprechender Tätigkeit.
4. Elektrotechnische Offizierinnen und Offiziere mit internationalem elektrotechnischen Befähigungszeugnis
und entsprechender Tätigkeit.
5. Staatlich geprüfte Elektrotechnikerinnen und Elektrotechniker mit internationalem Befähigungsnachweis zur Schiffselektrikerin oder zum Schiffselektriker und entsprechender Tätigkeit sowie sonstige Beschäftigte, die aufgrund gleichwertiger Fähigkeiten und ihrer Erfahrungen entsprechende Tätigkeiten ausüben.

Entgeltgruppe 9a

1. Nautische Offizierinnen und Offiziere mit internationalem nautischen Befähigungszeugnis und entsprechender Tätigkeit.
2. Technische Offizierinnen und Offiziere mit internationalem schiffsmaschinentechnischen Befähigungszeugnis zur technischen Wachoffizierin oder zum technischen Wachoffizier und entsprechender Tätigkeit.

Entgeltgruppe 8

1. Tauchermeisterinnen und -meister sowie gleichwertige Taucheraufseherinnen und Taucheraufseher,
denen mindestens eine Taucherin oder ein Taucher dieses Unterabschnitts unterstellt ist.
2. Bootsführerinnen und Bootsführer mit nationalem nautischen Befähigungszeugnis und entsprechender Tätigkeit.
3. Beschäftigte der Entgeltgruppe 5 Fallgruppe 1
als Bootsleute, denen mindestens zwei Beschäftigte dieses Unterabschnitts mindestens der Entgeltgruppe 5 unterstellt sind.
4. Beschäftigte der Entgeltgruppe 5 Fallgruppe 1
mit Zusatzqualifikation zur Seevermessungstechnikerin oder zum Seevermessungstechniker und entsprechender Tätigkeit.
5. Beschäftigte der Entgeltgruppe 7 mit nationalem nautischen Befähigungszeugnis,
die zugleich als Bootsführerin oder Bootsführer eingesetzt werden.
6. Beschäftigte der Entgeltgruppe 7 mit Zusatzqualifikation zur Seevermessungstechnikerin und zum Seevermessungstechniker,
die zugleich als Seevermessungstechnikerin oder -techniker eingesetzt werden.
7. Beschäftigte mit abgeschlossener Berufsausbildung im elektrotechnischen Bereich und mit internationalem Befähigungsnachweis zur Schiffselektrikerin oder zum Schiffselektriker
und entsprechender Tätigkeit.

Entgeltgruppe 7

Taucherinnen und Taucher mit einschlägiger abgeschlossener Berufsausbildung.

Entgeltgruppe 6

1. Beschäftigte der Entgeltgruppe 5 Fallgruppe 1, die hochwertige Arbeiten verrichten.
   (Hierzu Protokollerklärung Nr. 1)
2. Beschäftigte der Entgeltgruppe 5 Fallgruppe 1 auf Schiffen im mehrtägigen Einsatz.
3. Köchinnen und Köche mit einschlägiger abgeschlossener Berufsausbildung.
4. Taucherinnen und Taucher.
5. Signalfrauen und -männer mit einschlägiger abgeschlossener Berufsausbildung.

Entgeltgruppe 5

1. Beschäftigte mit abgeschlossener Berufsausbildung im technischen Bereich und entsprechender Tätigkeit.
   (Beschäftigte in dieser Fallgruppe erhalten eine Entgeltgruppenzulage gemäß § 17 Nr. 1.)
   (Hierzu Protokollerklärung Nr. 2)
2. Stewardessen und Stewards mit abgeschlossener einschlägiger Ausbildung aus dem Gastronomie- oder Hauswirtschaftsbereich.
3. Signalfrauen und -männer.

Entgeltgruppe 4

Stewardessen und Stewards als Servierkräfte.

Protokollerklärungen:

Nr. 1 Hochwertige Arbeiten sind z. B. die Bedienung ozeanographischer Geräte oder sonstiger Spezialgeräte, die Durchführung von Vermessungsarbeiten oder Arbeiten im maschinentechnischen Bereich.

Nr. 2 Abgeschlossene Berufsausbildungen im technischen Bereich sind z. B. Berufsausbildungen zur Schiffsmechanikerin oder zum Schiffsmechaniker, zur Matrosin oder zum Matrosen oder zur Metallbauerin oder zum Metallbauer.

4.2 Beschäftigte an Land im nautischen Bereich

Entgeltgruppe 15

Beschäftigte der Entgeltgruppe 14 Fallgruppe 1,

deren Tätigkeit sich durch das Maß der damit verbundenen Verantwortung erheblich aus der Entgeltgruppe 14 Fallgruppe 1 heraushebt.

Entgeltgruppe 14

1. Beschäftigte der Entgeltgruppe 13 Fallgruppe 1,
   deren Tätigkeit sich durch besondere Schwierigkeit und Bedeutung aus der Entgeltgruppe 13 Fallgruppe 1 heraushebt.
2. Beschäftigte der Entgeltgruppe 13 Fallgruppe 1,
   deren Tätigkeit sich mindestens zu einem Drittel durch besondere Schwierigkeit und Bedeutung aus der Entgeltgruppe 13 Fallgruppe 1 heraushebt.

Entgeltgruppe 13

1. Beschäftigte der Entgeltgruppe 10 mit darauf aufbauender abgeschlossener wissenschaftlicher Hochschulbildung und entsprechender Tätigkeit.
2. Leiterinnen und Leiter einer Organisationseinheit mit abgeschlossener technischer Hochschulbildung, durch die ein internationales nautisches oder ein internationales schiffsmaschinentechnisches Befähigungszeugnis erworben wird,
   denen mindestens drei Beschäftigte dieses Unterabschnitts mit internationalem nautischen oder internationalem technischen Befähigungszeugnis ständig unterstellt sind.
3. Beschäftigte der Entgeltgruppe 12 Fallgruppe 1,
   deren Tätigkeit sich mindestens zu einem Drittel durch das Maß der Verantwortung erheblich aus der Entgeltgruppe 12 Fallgruppe 1 heraushebt.

Entgeltgruppe 12

1. Beschäftigte der Entgeltgruppe 11 Fallgruppe 1
   mit mindestens dreijähriger praktischer Erfahrung, deren Tätigkeit sich
   durch besondere Schwierigkeit und Bedeutung oder Spezialaufgaben
   aus der Entgeltgruppe 11 Fallgruppe 1 heraushebt.
2. Beschäftigte der Entgeltgruppe 11 Fallgruppe 1
   mit mindestens dreijähriger praktischer Erfahrung, deren Tätigkeit sich
   mindestens zu einem Drittel durch besondere Schwierigkeit und Bedeutung oder Spezialaufgaben
   aus der Entgeltgruppe 11 Fallgruppe 1 heraushebt.
3. Beschäftigte der Entgeltgruppe 10,
   deren Tätigkeit sich dadurch aus der Entgeltgruppe 11 Fallgruppe 3 heraushebt, dass Ihnen die Überprüfung der Leistungen von Beschäftigten mit internationalen nautischen Befähigungszeug-

nissen bei der Bearbeitung nautischer Veröffentlichungen übertragen ist.

Entgeltgruppe 11

1. Beschäftigte der Entgeltgruppe 10,
   deren Tätigkeit sich durch besondere Leistungen aus der Entgeltgruppe 10 heraushebt.
2. Beschäftigte der Entgeltgruppe 10,
   deren Tätigkeit sich mindestens zu einem Drittel durch besondere Leistungen aus der Entgeltgruppe 10 heraushebt.
3. Beschäftigte der Entgeltgruppe 10,
   deren Tätigkeit sich dadurch aus der Entgeltgruppe 10 heraushebt, dass sie nautische Veröffentlichungen bearbeiten, die fachliche Fremdsprachenkenntnisse erfordern.
4. Beschäftigte der Entgeltgruppe 10,
   deren Tätigkeit sich dadurch aus der Entgeltgruppe 10 heraushebt, dass sie selbständig Prüf-, Genehmigungs-, Anerkennungs- oder Anmeldeverfahren durchführen.

Entgeltgruppe 10

Technische Beschäftigte mit abgeschlossener technischer Hochschulbildung, durch die ein internationales nautisches oder ein internationales schiffsmaschinentechnisches Befähigungszeugnis erworben wird, und entsprechender Tätigkeit.

Entgeltgruppe 9a

Beschäftigte mit abgeschlossener einschlägiger Berufsausbildung und Unterweisung im Schiffseichdienst und entsprechender Tätigkeit.

5. Beschäftigte im Kontrolldienst beim Bundesamt für Logistik und Mobilität

Entgeltgruppe 12

Regionalkoordinatorinnen und -koordinatoren des Verkehrskontrolldienstes oder der technischen Unterwegskontrolle,

denen durch ausdrückliche Anordnung übergeordnete Konzeptions- und Koordinierungsaufgaben sowie übergreifende Aufgaben der Qualitätssicherung übertragen sind.

(Hierzu Protokollerklärung Nr. 1)

Entgeltgruppe 11

Leiterinnen und Leiter einer Kontrolleinheit, denen mindestens

a) drei Beschäftigte dieses Abschnitts mindestens der Entgeltgruppe 9b oder

b) fünf Beschäftigte dieses Abschnitts

durch ausdrückliche Anordnung ständig unterstellt sind.

Entgeltgruppe 10

1. Beschäftigte der Fallgruppe 2, denen die Tätigkeiten auf dem Gebiet der technischen Unterwegskontrolle übertragen sind.

   (Beschäftigte in dieser Fallgruppe erhalten eine Entgeltgruppenzulage gemäß § 17 Nr. 8.)

   (Hierzu Protokollerklärungen Nrn. 2 und 3)

2. Verkehrskontrolleurinnen und -kontrolleure mit abgeschlossener technischer Hochschulbildung und entsprechender Tätigkeit

   sowie sonstige Beschäftigte, die aufgrund gleichwertiger Fähigkeiten und ihrer Erfahrungen entsprechende Tätigkeiten ausüben.

   (Hierzu Protokollerklärung Nr. 2)

3. Beschäftigte der Entgeltgruppe 9c oder der Entgeltgruppe 9b,

   denen aufgrund ausdrücklicher Anordnung die ständige Vertretung der Leitung einer Kontrolleinheit übertragen wurde.

   (Hierzu Protokollerklärungen Nrn. 2 und 4)

Entgeltgruppe 9c

Verkehrskontrolleurinnen und -kontrolleure der Ebene 3b.

(Hierzu Protokollerklärungen Nrn. 2 und 5)

Entgeltgruppe 9b

Verkehrskontrolleurinnen und -kontrolleure der Ebene 3a.

(Beschäftigte in dieser Fallgruppe erhalten eine Entgeltgruppenzulage gemäß § 17 Nr. 6.)

(Hierzu Protokollerklärungen Nrn. 2 und 6)

Entgeltgruppe 9a

1. Beschäftigte der Entgeltgruppe 8 dieses Abschnitts mit entsprechender Tätigkeit im Verkehrskontrolldienst der Ebene 2.

   (Beschäftigte in dieser Fallgruppe erhalten eine Entgeltgruppenzulage gemäß § 17 Nr. 8.)

   (Hierzu Protokollerklärungen Nrn. 2 und 7)

2. Beschäftigte der Entgeltgruppe 8 mit aufgabenspezifischer Unterweisung, die aufgrund nachgewiesener fachlicher Befähigung die Tätigkeiten des Verkehrskontrolldienstes selbstständig durchführen.

   (Beschäftigte in dieser Fallgruppe erhalten eine Entgeltgruppenzulage gemäß § 17 Nr. 1.)

   (Hierzu Protokollerklärungen Nrn. 2 und 8)

Entgeltgruppe 8

1. Beschäftigte der Entgeltgruppe 8 des Teils III Abschnitte 32 oder 41 mit entsprechender Tätigkeit im Verkehrskontrolldienst der Ebene 1.

   (Beschäftigte in dieser Fallgruppe erhalten eine Entgeltgruppenzulage gemäß § 17 Nr. 4.)

   (Hierzu Protokollerklärungen Nrn. 2 und 9)

2. Beschäftigte im Verkehrskontrolldienst der Ebene 1 mit abgeschlossener Berufsausbildung, die die notwendigen Fähigkeiten und Kenntnisse zur Ausübung der Tätigkeiten im Verkehrskontrolldienst der Ebene 1 nachgewiesen haben.

   (Hierzu Protokollerklärungen Nrn. 2 und 9)

Protokollerklärungen

Nr. 1 Übergeordnete Konzeptions- und Koordinierungsaufgaben sind z. B.
- die Wahrnehmung der regionalen Fachaufsicht,
- die regionale Steuerung und Koordinierung,
- die regionale Qualitätssicherung der jeweiligen Fachbereiche,
- die Koordinierung der Expertinnen und Experten und
- die internationale Zusammenarbeit.

Nr. 2 Die Tätigkeit als Verkehrskontrolleurin oder -kontrolleur beinhaltet die Kontrolltätigkeit und bei Zuwiderhandlungen die vorgesehenen Maßnahmen zu ergreifen.

Nr. 3 Verkehrskontrolleurinnen und -kontrolleure auf dem Gebiet der technischen Unterwegskontrolle führen nach einer besonderen Qualifizierung und ausdrücklichen Ermächtigung die Kontrollen des technischen Zustands von Nutzfahrzeugen aufgrund der Verordnung über technische Kontrollen von Nutzfahrzeugen auf der Straße und des Güterkraftverkehrsgesetzes (GüKG) durch.

Nr. 4 Die ständige Vertretung der Leitung einer Kontrolleinheit nimmt als eigenen Aufgabenbereich stellvertretende Leitungstätigkeiten und Multiplikatorentätigkeiten wahr, wie z. B.

- die Überwachung und Koordinierung der ordnungsgemäßen Aufgabenwahrnehmung,
- die dienstliche und fachliche Anleitung und Betreuung der Beschäftigten einer Kontrolleinheit oder
- die Klärung rechtlicher Auslegungsfragen der Kontrollpraxis.

Nr. 5 Die Ebene 3b beinhaltet die Durchführung von Spezialkontrollen und besonderer Kontrollen zur Einhaltung spezieller Rechtsgebiete, wie des Gefahrgutrechts und des Abfallrechts.

Nr. 6 Die Ebene 3a beinhaltet:

- die umfassende Überwachung des Güter- und Personenverkehrs auf der Straße,
- die Kontrollen von Kraftfahrzeugen in sämtlichen Regelungsbereichen des GüKG, wie
  - Beförderung gefährlicher Güter,
  - Vorschriften zur Ladesicherung oder
  - Einhaltung nationaler und internationaler Abfallvorschriften.

Nr. 7 Die Ebene 2 beinhaltet gegenüber der Ebene 1 zusätzliche Verkehrskontrollaufgaben nach weiteren Regelungsbereichen des GüKG, insbesondere

- die Prüfung der Einhaltung der Vorschriften zu technischen Untersuchungsterminen,
- die Überwachung der Lenk- und Ruhezeiten,
- die Sicherheitsprüfung nach dem Straßenverkehrsrecht (StrVR),
- die Prüfung der Einhaltung des Kraftfahrzeugsteuerrechts sowie
- die Kontrollen auf der Straße in den Rechtsgebieten Fahrpersonalrecht Bundesfernstraßenmautgesetz (BFStrMG) in Verbindung mit der TUK-Richtlinie (Manipulationskontrollen).

Nr. 8 [1]Die aufgabenspezifische Unterweisung umfasst eine theoretische und praktische Qualifizierung der Beschäftigten, die eine selbständige Verkehrskontrolltätigkeit im jeweiligen Aufgabenbereich ermöglicht. [2]Die Beschäftigten sind selbständig tätig, wenn sie bei Arbeitsabläufen in Ausführung technischer, verwaltungs- und rechtsgebietsspezifischer Verkehrskontrollaufgaben eigene Entscheidungen zu treffen haben. [3]Dass das Arbeitsergebnis einer Kontrolle, einer fachlichen Anleitung und Überwachung durch Vorgesetzte unterworfen wird, berührt die Selbständigkeit der Tätigkeit nicht. [4]Aufgrund der nach der Unterweisungsphase vorauszusetzenden Kenntnisse sind der zur Erfüllung der Aufgabe einzuschlagende Weg und die anzuwendende Methode zu finden.

Nr. 9 In Ebene 1 werden Verkehrskontrollen nach einzelnen Regelungsbereichen des GüKG durchgeführt. Sie beinhaltet z. B.

- Regelungen zu Maßen und Gewichten,
- Einhaltung des Sonn- und Feiertagsverbots sowie
- Regelungen zur Feststellung der Mautpflicht nach BFStrMG.

6. Beschäftigte im Wetterfachdienst beim Deutschen Wetterdienst

Entgeltgruppe 12

1. Leiterinnen und Leiter einer Luftfahrtberatungszentrale.
2. Leiterinnen und Leiter einer Regionalen Messnetzgruppe.

Entgeltgruppe 11

1. Wetterberaterinnen und Wetterberater mit abgeschlossener Hochschulbildung in der Fachrichtung Meteorologie und einer Wetterberaterlizenz.
2. Lehrkräfte mit abgeschlossener Hochschulbildung in der Fachrichtung Meteorologie an dem Bildungs- und Tagungszentrum für den Wetterfachdienst.

Entgeltgruppe 9a

1. Leiterinnen und Leiter von Wetterwarten mit anerkannter wetterfachlicher Ausbildung.
   (Beschäftigte in dieser Fallgruppe erhalten eine Entgeltgruppenzulage gemäß § 17 Nr. 1.)
   (Hierzu Protokollerklärung)
2. Beschäftigte mit anerkannter wetterfachlicher Ausbildung und entsprechender Tätigkeit,
   denen die Betriebsaufsicht über Organisationseinheiten übertragen ist.
   (Beschäftigte in dieser Fallgruppe erhalten eine Entgeltgruppenzulage gemäß § 17 Nr. 1.)
   (Hierzu Protokollerklärung)

Entgeltgruppe 8

1. Bürosachbearbeiterinnen und -sachbearbeiter mit anerkannter wetterfachlicher Ausbildung und entsprechender Tätigkeit.
   (Beschäftigte in dieser Fallgruppe erhalten eine Entgeltgruppenzulage gemäß § 17 Nr. 6.)
   (Hierzu Protokollerklärung)
2. Wetterbeobachterinnen und -beobachter sowie Wetterfachkräfte mit anerkannter wetterfachlicher Ausbildung.
   (Hierzu Protokollerklärung)

Protokollerklärung:

Eine wetterfachliche Ausbildung ist anzuerkennen, wenn sie dem Niveau und dem Inhalt der Laufbahnausbildung im mittleren naturwissenschaftlichen Dienst des Bundes mit Abschluss als meteorologisch-technische Assistentin oder meteorologisch-technischer Assistent entspricht.

Teil VI
Besondere Tätigkeitsmerkmale im Bereich des Bundesministeriums des Innern

1. Besondere Tätigkeitsmerkmale im Bereich der Bundespolizei

Entgeltgruppe 10

1. Beschäftigte im Hubschrauberinstandhaltungsbetrieb mit der Lizenz für Freigabeberechtigtes Personal der Kategorie C gemäß der VO (EG) Nr. 1321/2014 Anhang III (Teil 66) und

   mit der Autorisation des Instandhaltungsbetriebs der Bundespolizei-Fliegergruppe zur Erteilung von Freigabebescheinigungen für mindestens zwei im Bundespolizei-Flugdienst betriebene Hubschraubermuster,

   mit entsprechender Tätigkeit.

   (Die Beschäftigten in dieser Fallgruppe erhalten eine Entgeltgruppenzulage gemäß § 17 Nr. 8.)

2. Beschäftigte im Hubschrauberinstandhaltungsbetrieb mit der Lizenz für Freigabeberechtigtes Personal der Kategorie C gemäß der VO (EG) Nr. 1321/2014 Anhang III (Teil 66) und

   mit der Autorisation des Instandhaltungsbetriebs der Bundespolizei-Fliegergruppe zur Erteilung von Freigabebescheinigungen für mindestens ein im Bundespolizei-Flugdienst betriebenes Hubschraubermuster, welches als großes Luftfahrzeug eingestuft ist,

   mit entsprechender Tätigkeit.

   (Hierzu Protokollerklärung Nr. 1)

3. Beschäftigte im Hubschrauberinstandhaltungsbetrieb mit der Lizenz für Freigabeberechtigtes Personal der Kategorie B 1.3 oder B 2 gemäß der VO (EG) Nr. 1321/2014 Anhang III (Teil 66) und

   mit der Autorisation des Instandhaltungsbetriebs der Bundespolizei-Fliegergruppe zur Erteilung von Freigabebescheinigungen für mindestens zwei im Bundespolizei-Flugdienst betriebene Hubschraubermuster,

   mit entsprechender Tätigkeit.

Entgeltgruppe 9c

1. Beschäftigte im Hubschrauberinstandhaltungsbetrieb mit der Lizenz für Freigabeberechtigtes Personal der Kategorie B 1.3 oder B 2 gemäß der VO (EG) Nr. 1321/2014 Anhang III (Teil 66) und

   mit der Autorisation des Instandhaltungsbetriebs der Bundespolizei-Fliegergruppe zur Erteilung von Freigabebescheinigungen

IV

für mindestens ein im Bundespolizei-Flugdienst betriebenes Hubschraubermuster, welches als großes Luftfahrzeug eingestuft ist,

mit entsprechender Tätigkeit.

(Hierzu Protokollerklärung Nr. 1)

2. Prüferinnen und Prüfer von Luftfahrtgerät Klasse 4 in den Fachrichtungen Flugsicherungsausrüstung oder Flugmotoren

   mit mindestens zwei aktiven Komponenteneinträgen gemäß VO (EU) Nr. 1321/2014 Anhang II und III in Verbindung mit der Verordnung über Luftfahrtpersonal (LuftPersV) und der Verordnung über die Prüfung von Luftfahrtgerät (LuftGerPV) und

   mit der Autorisation des Instandhaltungsbetriebes der Bundespolizei-Fliegergruppe zur Erteilung von Freigabebescheinigungen für Komponenten der Flugsicherungsausrüstung oder für Flugmotoren mit mindestens zwei aktiven Komponenteneinträgen,

   mit entsprechender Tätigkeit.

3. Prüferinnen und Prüfer für zerstörungsfreie Werkstoffprüfung Stufe 2 mit mindestens zwei aktiven Verfahrenseinträgen gemäß VO (EG) Nr. 1321/2014 Anhang II in Verbindung mit der DIN EN 4179 und

   mit der Autorisation des Instandhaltungsbetriebs der Bundespolizei-Fliegergruppe für die Durchführung und Bescheinigung von zerstörungsfreien Werkstoffprüfungen mit mindestens zwei aktiven Verfahrenseinträgen,

   mit entsprechender Tätigkeit.

IV

Entgeltgruppe 9b

1. Beschäftigte im Hubschrauberinstandhaltungsbetrieb mit der Lizenz für Freigabeberechtigtes Personal der Kategorie B 1.3 oder B 2 gemäß der VO (EG) Nr. 1321/2014 Anhang III (Teil 66) und

   mit der Autorisation des Instandhaltungsbetriebs der Bundespolizei-Fliegergruppe zur Erteilung von Freigabebescheinigungen für mindestens ein im Bundespolizei-Flugdienst betriebenes einmotoriges Hubschraubermuster,

   mit entsprechender Tätigkeit.

2. Prüferinnen und Prüfer von Luftfahrtgerät Klasse 4 in den Fachrichtungen Flugsicherungsausrüstung oder Flugmotoren mit mindestens einem aktiven Komponenteneintrag gemäß VO (EU) Nr. 1321/2014 Anhang II und III in Verbindung mit der Verordnung über Luftfahrtpersonal (LuftPersV) und der Verordnung über die Prüfung von Luftfahrtgerät (LuftGerPV), und

mit der Autorisation des Instandhaltungsbetriebes der Bundespolizei-Fliegergruppe für die Erteilung von Freigabebescheinigungen für Komponenten der Flugsicherungsausrüstung oder Flugmotoren mit mindestens einem aktiven Komponenteneintrag,

mit entsprechender Tätigkeit.

3. Prüferinnen und Prüfer für zerstörungsfreie Werkstoffprüfung Stufe 2 mit mindestens einem aktiven Verfahrenseintrag gemäß VO (EG) Nr. 1321/2014 Anhang II in Verbindung mit der DIN EN 4179 und

   mit der Autorisation des Instandhaltungsbetriebs der Bundespolizei-Fliegergruppe für die Durchführung und Bescheinigung von zerstörungsfreien Werkstoffprüfungen mit mindestens einem aktiven Verfahrenseintrag,

   mit entsprechender Tätigkeit.
4. Geprüfte Meisterinnen und Meister des Kraftfahrzeughandwerks, die als amtlich anerkannte Prüfer mit Teilbefugnissen verantwortlich die Hauptuntersuchungen (HU) an Kraftfahrzeugen der Bundespolizei nach § 29 Straßenverkehrszulassungsordnung (StVZO) abnehmen.

Entgeltgruppe 9a

1. Beschäftigte mit einschlägiger abgeschlossener Berufsausbildung und mit mindestens zwei Lizenzen der Bundespolizei-Fliegergruppe für unterschiedliche Hubschraubermuster zur Durchführung von Instandhaltungsarbeiten aller Schwierigkeitsgrade bis zur Grundüberholung,

   die an Hubschraubern verschiedener Muster im Rahmen von periodischen Inspektionen komplexe Systeme (Hydraulik, Mechanik, Triebwerk) fachübergreifend selbständig überprüfen und instand setzen sowie nicht planbare Instandsetzungen fachübergreifend selbständig durchführen.
2. Beschäftigte mit einschlägiger abgeschlossener Berufsausbildung und mit mindestens zwei Lizenzen der Bundespolizei-Fliegergruppe für unterschiedliche Hubschraubermuster zur Durchführung von Instandhaltungsarbeiten aller Schwierigkeitsgrade bis zur Grundüberholung,

   die an Hubschraubern verschiedener Muster besonders schwierige Instandsetzungen oder schwierige Spezialarbeiten an eingebauten oder ausgebauten hochempfindlichen und komplizierten Luftfahrzeuginstrumenten oder an komplexen Komponenten und Systemen der Luftfahrzeugelektronik- oder -optronik selbständig durchführen.

3. Geprüfte Meisterinnen und Meister des Kraftfahrzeughandwerks,

   die verantwortlich die Abgasuntersuchung (AU) und Sicherheitsprüfung (SP) an Kraftfahrzeugen der Bundespolizei nach § 29 Straßenverkehrszulassungsordnung (StVZO) abnehmen.

4. Geprüfte Elektrotechnikermeisterinnen und Elektrotechnikermeister oder geprüfte Industriemeisterinnen und Industriemeister der Fachrichtung Elektrotechnik, die an optischen, draht- und/oder funkgebundenen Hochfrequenznetzwerken (z. B. LAN, TETRA, LTE, 5G) besonders schwierige Instandsetzungen durchführen oder an komplexen Komponenten und Systemen der Informationstechnik (z. B. Leitstellentechnik) selbständig arbeiten.

Entgeltgruppe 8

1. Beschäftigte mit einschlägiger abgeschlossener Berufsausbildung,

   die besonders schwierige Instandsetzungen oder Spezialarbeiten an hoch empfindlichen und komplizierten Waffen oder Geräten, oder an Hubschraubern oder Hubschraubergruppen oder an Schiffsantriebsanlagen selbständig durchführen.

2. Beschäftigte mit einschlägiger abgeschlossener Berufsausbildung,

   die besonders schwierige Instandsetzungen oder Spezialarbeiten an eingebauten oder ausgebauten hochempfindlichen und komplizierten Instrumenten oder Bauteilen der Avionik (z. B. kodierter oder servopneumatischer Höhenmesser) oder an Bauteilen der Flugregelanlage (z. B. Steuerungsteil des Autopiloten) von Luftfahrzeugen selbständig durchführen.

3. Beschäftigte mit einschlägiger abgeschlossener Berufsausbildung,

   die in Werkstätten überwiegend nach Entwurfsunterlagen oder sonstigen technischen Angaben hochwertige Geräte oder Instrumente unter Eigenverantwortung zusammenbauen und justieren.

Entgeltgruppe 7

1. Beschäftigte der Entgeltgruppe 6 Fallgruppe 1 oder 2,

   die besonders hochwertige Arbeiten verrichten.

   (Hierzu Protokollerklärung Nr. 2)

2. Kraftfahrzeugmechatronikerinnen und -mechatroniker, Kraftfahrzeugschlosserinnen und -schlosser, Kraftfahrzeugmechanikerinnen und -mechaniker oder Kraftfahrzeugelektrikerinnen und -elektriker sowie Karosseriebauerinnen und Karosseriebauer oder Beschäftigte mit abgeschlossener Berufsausbildung in einem verwandten Beruf,

die in Werkstätten schwierige Instandsetzungen an verschiedenen Spezialfahrzeugen durchführen.

(Hierzu Protokollerklärung Nr. 3)

3. Beschäftigte mit einschlägiger abgeschlossener Berufsausbildung,

   die Instandsetzungen an elektrisch oder mechanisch komplizierten Funk- oder sonstigen Spezialgeräten ausführen, wobei sie Fehler durch eigene schwierige Messungen selbst eingrenzen.

Entgeltgruppe 6

1. Beschäftigte mit abgeschlossener Berufsausbildung im technischen Bereich, die

   a) als Mechanikerin oder Mechaniker, Mechatronikerin oder Mechatroniker, Elektrikerin oder Elektriker oder Elektronikerin oder Elektroniker an Luft-, Wasser- oder Bodenfahrzeugen oder anderem spezifischem Gerät, Waffen oder Material der Bundespolizei,

   b) als Büchsenmacherin oder Büchsenmacher oder

   c) als Schlosserin oder Schlosser oder Tischlerin oder Tischler in Lehrmittelwerkstätten

   hochwertige Arbeiten verrichten.

   (Hierzu Protokollerklärung Nr. 4)

2. Beschäftigte mit abgeschlossener Berufsausbildung im technischen Bereich,

   die mindestens zu einem Drittel hochwertige Arbeiten verrichten, welche an die Eignung und selbständige Überlegung besondere Anforderungen stellen.

   (Hierzu Protokollerklärungen Nrn. 5 und 6)

Entgeltgruppe 3

Helferinnen und Helfer sowie Packerinnen und Packer in Versorgungseinrichtungen (Lager für Waffen, Gerät oder Material) oder in Waffen-, Geräte- oder Bekleidungskammern.

Protokollerklärungen:

Nr. 1 Ein großes Luftfahrzeug ist ein mehrmotoriger Hubschrauber und demnach ein Group 1 Luftfahrzeug gem. VO (EU) 1321/2014).

Nr. 2 Besonders hochwertige Arbeiten sind Arbeiten, die neben vielseitigem hochwertigem fachlichen Können besondere Umsicht und Zuverlässigkeit erfordern.

Nr. 3 Spezialfahrzeuge sind z. B.:

a) besonders ausgestattete LKW und ihre Anhänger (z. B. schwere Zugmaschinen mit Ladekran, Wechselpritschen-LKW mit Überladekran zum Anhänger, Taucherbasisfahrzeuge, Wasserwerfer),

b) Spezialfahrzeuge der technischen Einsatzeinheit (TEE) oder des technischen Einsatzdienstes (TED), z. B. Planierraupen, Baugeräte, Mehrzweck-Arbeitsgeräte mit vielen Anbaugeräten, Dekontaminationsanhänger,
c) Kraftomnibusse mit polizeitypischen Einbauten,
d) Krankenkraftfahrzeuge,
e) gepanzerte oder sondergeschützte Kraftfahrzeuge (z. B. Sonderwagen, geschützte Kraftfahrzeuge für Verwendungen in Krisengebieten),
f) sonstige Spezialfahrzeuge (z. B. Observationskraftfahrzeuge mit verdeckt verbauten Observationsmitteln, Funkpeilfahrzeuge, Messfahrzeuge für Funk, Wärmebildkraftfahrzeuge, Vorserienfahrzeuge, Fahrzeuge mit polizeitypischer Sonderausstattung).

Nr. 4 Hochwertige Arbeiten sind Arbeiten, die an das Überlegungsvermögen und das fachliche Geschick der Beschäftigten Anforderungen stellen, die über das Maß dessen hinausgehen, das von solchen Beschäftigten üblicherweise verlangt werden kann.

Nr. 5 Das Tätigkeitsmerkmal gilt nur für körperlich/handwerklich geprägte Tätigkeiten und nur, sofern keine spezielleren Tätigkeitsmerkmale des Teils III einschlägig sind.

Nr. 6 Hochwertige Arbeiten, welche an die Eignung und selbständige Überlegung besondere Anforderungen stellen, sind z. B.:

a) das Einstellen, Instandsetzen oder Prüfen komplizierter Einrichtungen an Kraftfahrzeugen wie polizeispezifische Sondereinbauten, verdeckt verbaute Sondereinbauten, Funkanlagen oder Observationstechnik;
b) schwierige Instandsetzungen an Kraft- oder Arbeitsmaschinen einschließlich der Stark- oder Schwachstromanlagen oder von Kälteaggregaten, Aufzugsanlagen, Heizungsanlagen oder Klimaanlagen;
c) das Einstellen, Instandsetzen oder Prüfen komplizierter Apparate wie Zünd-, Licht- oder Anlassmaschinen sowie Kraftstoffeinspritzvorrichtungen an Kraftfahrzeugen;
d) sonstige handwerkliche Arbeiten, die im Allgemeinen nur aufgrund besonderer Erfahrungen geleistet werden können, sofern bei der Ausführung der Arbeiten an das Überlegungsvermögen und fachliche Geschick Anforderungen gestellt werden, die über das Maß dessen hinausgehen, was von Beschäftigten der Entgeltgruppe 5 üblicherweise verlangt werden kann.

2. Köchinnen und Köche sowie Bedienungskräfte bei der Bundespolizei

Entgeltgruppe 6

1. Beschäftigte der Entgeltgruppe 5 in Truppenküchen oder in vergleichbaren Einrichtungen,
   die fachlich selbständig Küchen vorstehen.
2. Beschäftigte der Entgeltgruppe 5 in Truppenküchen oder in vergleichbaren Einrichtungen,
   denen mindestens zwei Köchinnen oder Köche unterstellt sind.
3. Beschäftigte der Entgeltgruppe 5 auf Schiffen oder schwimmenden Geräten.
4. Beschäftigte der Entgeltgruppe 5, die Arbeiten verrichten, die an das Überlegungsvermögen und das fachliche Geschick Anforderungen stellen, die über das Maß dessen hinausgehen, das von solchen Beschäftigten üblicherweise verlangt werden kann.

Entgeltgruppe 5

Köchinnen und Köche

mit abgeschlossener Berufsausbildung als Köchin oder Koch, Fleischerin oder Fleischer, Bäckerin oder Bäcker, Konditorin oder Konditor.

Entgeltgruppe 4

Fachkräfte Küche mit abgeschlossener zweijähriger Berufsausbildung und entsprechender Tätigkeit sowie sonstige Beschäftigte, die aufgrund gleichwertiger Fähigkeiten und ihrer Erfahrungen entsprechende Tätigkeiten ausüben.

Entgeltgruppe 3

Bedienungskräfte in Kasinos oder vergleichbaren Einrichtungen.

3. Beschäftigte im Schießbetrieb der Bundespolizei

Entgeltgruppe 5

Beschäftigte der Entgeltgruppe 4 mit einschlägiger abgeschlossener Berufsausbildung.

Entgeltgruppe 4

Schießstandwartinnen und -warte sowie Wartinnen und Warte für Raumschießanlagen.

4. Unterkunftswärterinnen und -wärter, Gebirgshüttenwartinnen und -warte sowie Helferinnen und Helfer in Unterkünften und Liegenschaften im Bereich der Bundespolizei

Entgeltgruppe 5

Beschäftigte der Entgeltgruppe 4 Fallgruppe 2 mit einschlägiger abgeschlossener Berufsausbildung.

Entgeltgruppe 4

1. Gebirgshüttenwartinnen und -warte auf Hütten der Bundespolizei, die mit der Wartung und Instandhaltung sowie kleineren Reparaturen an der Hütte, den Aggregaten und dem Pionier- und Unterkunftsgerät beauftragt sind.
2. Unterkunftswärterinnen und -wärter.

IV

Entgeltgruppe 3

Helferinnen und Helfer in Unterkünften oder Liegenschaften.

IV

Abschnitt V
Zulagen

V

Tarifvertrag über die Gewährung von Zulagen gem. § 33 Abs. 1 Buchst. c BAT[1])

Vom 11. Januar 1962

... wird gemäß § 33 Abs. 1 Buchst. c und Abs. 6 BAT folgender Tarifvertrag geschlossen:

§ 1 Zulagen in Monatsbeträgen

(1) Zulagen in Monatsbeträgen erhalten:

		Monatsbetrag Euro
1.	Angestellte, die in unterirdischen Anlagen – mit Ausnahme von Kelleranlagen – mit unzureichender Entlüftung oder in fensterlosen überirdischen Betonbunkern mit unzureichender Entlüftung arbeiten	7,67
2.	Angestellte, die Desinfektionsarbeiten – mit Ausnahme der Schädlingsbekämpfung – ausüben	10,23
3.	Angestellte, die bei Arbeiten mit gesundheitsschädigenden, ätzenden oder giftigen Stoffen der Einwirkung dieser Stoffe ausgesetzt sind, wenn sie im Kalendermonat durchschnittlich mindestens 1/4 der regelmäßigen Arbeitszeit in Räumen oder mindestens 1/3 der regelmäßigen Arbeitszeit im Freien dieser Einwirkung ausgesetzt sind	12,78
4.	Angestellte, die Versuchstiere in wissenschaftlichen Anstalten, Lehr-, Versuchs- oder Untersuchungsanstalten pflegen, wenn sie bei der Pflege der Tiere mit diesen in unmittelbare Berührung kommen	12,78
5.	Pflegepersonen in psychiatrischen Krankenhäusern (Heil- und Pflegeanstalten) oder psychiatrischen Kliniken, Abteilungen oder Stationen,	15,34
	Pflegepersonen in neurologischen Kliniken, Abteilungen oder Stationen, die ständig geisteskranke Patienten pflegen,	
	Angestellte in psychiatrischen oder neurologischen Krankenhäusern, Kliniken oder Abteilungen, die im EEG-Dienst oder in der Röntgendiagnostik ständig mit geisteskranken Patienten Umgang haben,	
	Angestellte der Krankengymnastik, die überwiegend mit geisteskranken Patienten Umgang haben,	

[1]) Zur vorläufigen Weitergeltung dieses Tarifvertrages siehe Ziffer 19 der Anlage 1 Teil B zum TVÜ-Bund.

		Monatsbetrag Euro
	sonstige Angestellte, die ständig mit geisteskranken Patienten zu arbeitstherapeutischen Zwecken zusammenarbeiten oder sie hierbei beaufsichtigen	
6.	Angestellte, die in großen Behandlungsbecken (nicht in Badewannen) Unterwassermassagen ausführen, wenn sie im Kalendermonat durchschnittlich mindestens ¼ der regelmäßigen Arbeitszeit mit diesen Arbeiten beschäftigt sind	10,23
7.	Angestellte als Sektionsgehilfen in der Human- oder Tiermedizin	15,34
8.	Angestellte, die in Leichenschauhäusern oder in Einrichtungen, die die Aufgaben von Leichenschauhäusern zu erfüllen haben, Leichen versorgen und herrichten	12,78
9.	Angestellte, die in Kühlhäusern, Kühlräumen oder Kühlwagen im Kalendermonat durchschnittlich arbeitstäglich mindestens zwei Stunden arbeiten sind den Angestellten Arbeiter unterstellt, so richten sich die Voraussetzungen für die Gewährung der Zulage nach den jeweils für die Arbeiter geltenden Vorschriften	12,78
10.	Angestellte, die in Tropenkammern mit einer Temperatur von über 40° C im Kalendermonat durchschnittlich arbeitstäglich mindestens zwei Stunden arbeiten sind den Angestellten Arbeiter unterstellt, so richten sich die Voraussetzungen für die Gewährung der Zulage nach den jeweils für die Arbeiter geltenden Vorschriften	15,34
11.	Tierpfleger in zoologischen Gärten, die gefährliche Tiere pflegen	12,78
12.	Angestellte, die in unterirdischen Abwässerkanälen im Kalendermonat durchschnittlich mindestens ¼ der regelmäßigen Arbeitszeit arbeiten	10,23
13.	Angestellte im kommunalen Dienst, die ständig Blitzschutzanlagen zu überprüfen haben	12,78
14.	Angestellte mit Arbeiten in Prüfständen von Motoren für Kettenfahrzeuge oder Schiffe sowie bei Belastungsproben für Panzermotoren	12,78
15.	Angestellte mit Prüfungs- oder Kontrollarbeiten an Propellerflugzeugen oder auf Flugzeugmotorenprüfständen bei laufendem Motor	17,90
16.	Angestellte mit Prüfungs- oder Kontrollarbeiten an Flugzeugen oder in Prüfständen bei laufendem Düsentriebwerk	25,56

V

(2) Voraussetzung für die Gewährung der Zulagen nach den Nrn. 1, 2, 4, 8, 11, 14, 15 und 16 ist, daß die zulageberechtigende Tätigkeit regelmäßig und nicht nur in unerheblichem Umfange ausgeführt wird.

(3) Beginnt die zulageberechtigende Tätigkeit nicht am Ersten, sondern im Laufe eines Kalendermonats, so ist in diesem Monat für jeden Kalendertag ab Beginn dieser Tätigkeit 1/30 des Monatsbetrages zu zahlen.

(4) Die Zulage entfällt mit Ablauf des Kalendermonats, in dem die Voraussetzungen für die Gewährung der Zulage weggefallen sind (§ 33 Abs. 3 BAT).

§ 2 Zulagen in Tagesbeträgen

(1) Zulagen in Tagesbeträgen erhalten:

		Tagesbetrag Euro
1.	Angestellte, zu deren regelmäßigen Aufgaben das Besteigen von Masten in Höhe von mindestens 10 m über Dach bzw. mindestens 20 m über dem Erdboden gehört	1,02
2.	Angestellte des Eichdienstes, die Hochtanks in einer Höhe von mindestens 20 m über dem Erdboden ohne feste Einrüstung vermessen	1,02
3.	Angestellte in der Brückenunterhaltung, die Brückenkonstruktionen in einer Höhe von mindestens 20 m über dem Erdboden oder der Wasserfläche ohne feste Einrüstung überwachen	1,02
4.	Angestellte, die Schleusentore von mindestens 15 m Höhe ohne ausreichende Sicherungsvorrichtung durch Einsteigen in die Tore überprüfen oder unter Einsteigen den Ein- und Ausbau solcher Tore überwachen	1,02

(2) Die Zulage wird für jeden Tag gewährt, an dem der Angestellte die Tätigkeit ausübt.

§ 3 Sonstige Zulagen

(1) Für Arbeiten am Stromnetz unter Spannung, die nach den einschlägigen Vorschriften zulässig sind, erhalten die Angestellten Zulagen unter den gleichen Voraussetzungen und in der gleichen Höhe, wie sie jeweils die Arbeiter ihres Arbeitgebers erhalten. Soweit ein Arbeitgeber im Zeitpunkt des Inkrafttretens des Tarifvertrages für diese Arbeiten an Angestellte höhere Zulagen zahlt, bleiben diese unberührt.

(2) Die Angestellten im Baggereibetrieb der Bundeswasser- und Schifffahrtsverwaltung erhalten bei Munitionsfunden Zulagen unter den gleichen Voraussetzungen und in der gleichen Höhe, wie sie die Arbeiter der Bundeswasser- und Schiffahrtsverwaltung jeweils erhalten.

(3) Sind in den Fällen der Absätze 1 und 2 die Zulagen für die Arbeiter in Vom-Hundert-Sätzen des Lohnes bemessen, so richten sich die Zulagen der Angestellten nach der bei dem Arbeitgeber jeweils geltenden höchsten Lohngruppe und Dienstzeitzulage.

§ 4 Zusammentreffen von Ansprüchen

(1) Liegen die Voraussetzungen für mehrere Zulagen nach diesem Tarifvertrag vor, so wird jeweils nur die höchste Zulage gezahlt.

(2) Wird für eine Tätigkeit, für die eine Zulage nach diesem Tarifvertrag zusteht, eine Zulage nach § 33 Abs. 1 Buchst. a BAT gezahlt, so wird die Zulage nach diesem Tarifvertrag nur insoweit gewährt, als sie die Zulage nach § 33 Abs. 1 Buchst. a BAT übersteigt.

(3) Neben den Zulagen nach diesem Tarifvertrag werden bei gegebenen Voraussetzungen

a) die Zusatzverpflegung nach § 33 Abs. 4 BAT

b) die Zulagen der Protokollnotizen Nr. 1 zu den Vergütungsgruppen Kr. I bis Kr. VI der Anlage 1b zum BAT

gewährt.

§ 5 Zahlung der Zulagen

Die Zulagen nach diesem Tarifvertrag sind spätestens mit der Vergütung für den übernächsten Monat (§ 36 Abs. 1 BAT) zu zahlen.

§ 6 Besitzstandswahrung

Erhalten Angestellte im Zeitpunkt des Inkrafttretens dieses Tarifvertrages für eine Tätigkeit, für die in den §§ 1 und 2 eine Zulage vereinbart ist, eine höhere Zulage als die nach §§ 1 und 2, so erhalten sie während des zu diesem Zeitpunkt bestehenden Arbeitsverhältnisses die höhere Zulage für die Dauer der Ausübung der Tätigkeit weiter.

§ 7 Inkrafttreten und Laufzeit

(betrifft Inkrafttreten und Kündigungsvorschrift des Tarifvertrages vom 11. Januar 1962)

Tarifvertrag über Zulagen an Angestellte[1])

Vom 17. Mai 1982

§ 1 Geltungsbereich

Dieser Tarifvertrag gilt für Angestellte, die unter die Anlagen 1a und 1b zum Bundes-Angestelltentarifvertrag (BAT) fallen. Für Lehrkräfte, die nach Nr. 5 der Vorbemerkungen zu allen Vergütungsgruppen nicht unter die Anlage 1a zum BAT fallen, gelten § 2 Abs. 3 und 4 sowie § 7.

§ 2 Allgemeine Zulage [2])

(1) Die Angestellten erhalten eine allgemeine Zulage.

(2) Die allgemeine Zulage beträgt monatlich für die unter die Anlagen 1a und 1b zum BAT fallenden Angestellten in den Vergütungsgruppen

a) X bis IXa sowie VIII (soweit in der Protokollnotiz Nr. 1 aufgeführt), Kr. I und Kr. II 90,97 Euro,

b) VIII (soweit nicht in der Protokollnotiz Nr. 1 aufgeführt) bis Vc sowie Vb (soweit in der Protokollnotiz Nr. 2 aufgeführt), Kr. III bis Kr. VI 107,44 Euro,

c) Vb (soweit nicht in der Protokollnotiz Nr. 2 aufgeführt) bis IIa, Kr. VII bis Kr. XIII 114,60 Euro,

d) Ib bis I 42,98 Euro.

(3) Für die Lehrkräfte, die nach Nr. 5 der Vorbemerkungen zu allen Vergütungsgruppen nicht unter die Anlage 1a zum BAT fallen, beträgt die allgemeine Zulage monatlich 42,98 Euro.

(4) Bei allgemeinen Vergütungs- und Lohnerhöhungen erhöht sich die allgemeine Zulage um den von den Tarifvertragsparteien festgelegten durchschnittlichen Vomhundertsatz der allgemeinen Vergütungs- und Lohnerhöhung.

Protokollnotizen

1. Die Zulage nach Absatz 2 Buchst. a erhalten die Angestellten, die nach folgenden Tätigkeitsmerkmalen der Vergütungsgruppe VIII der Anlage 1a zum BAT eingruppiert sind:

Teil II Abschn. L	Unterabschn. III	Fallgruppe 3,
	Unterabschn. IV	Fallgruppe 2,
	Unterabschn. VIII	Fallgruppen 2 und 3,
	Unterabschn. XI	Fallgruppe 2.

---

1) Zur Weitergeltung dieses Tarifvertrages siehe Ziffer 17 der Anlage 1 Teil B zum TVÜ-Bund.

2) Beträge in der ab dem 1. 5. 2004 geltenden Fassung; die Allg. Zulage ist im Vergleichsentgelt (§ 5 TVÜ-Bund bzw. § 5 TVÜ-Länder) aufgegangen.

V

2. Die Zulage nach Absatz 2 Buchst. b erhalten die Angestellten, die nach folgenden Tätigkeitsmerkmalen der Vergütungsgruppe Vb der Anlage 1a zum BAT eingruppiert sind:

I. Im Bereich des Bundes und im Bereich der Tarifgemeinschaft deutscher Länder

1. Teil I

1.1 Fallgruppen 1c, 7a, 7b, 25a und 25b,

2. Teil II

2.1 Abschnitt B	Unterabschnitt III	Fallgruppe 2,
	Unterabschnitt VI	Fallgruppen 2, 3, 5 bis 7
	Unterabschnitt VII	Fallgruppen 2 bis 4,
2.2 Abschnitt E	Unterabschnitt I	alle Fallgruppen,
	Unterabschnitt II	einzige Fallgruppe
2.3 Abschnitt G		Fallgruppen 2, 3, 5 und 6,
2.4 Abschnitt H		Fallgruppen 1 bis 5 und 7 bis 14,
2.5 Abschnitt I		einzige Fallgruppe
2.6 Abschnitt J	Unterabschnitt I	Fallgruppen 1, 2, 4 bis 6, 8 und 10,
	Unterabschnitt II	Fallgruppen 2 bis 5, 7 und 13,
2.7 Abschnitt L	Unterabschnitt I	alle Fallgruppen,
	Unterabschnitt II	Fallgruppe 3,
	Unterabschnitt VI	einzige Fallgruppe,
	Unterabschnitt VII	einzige Fallgruppe,
	Unterabschnitt VIII	einzige Fallgruppe,
	Unterabschnitt IX	Fallgruppe 2,
2.8 Abschnitt Q		alle Fallgruppen,
2.9 Abschnitt R		alle Fallgruppen,
2.10 Abschnitt S		Fallgruppe 2,
2.11 Abschnitt T	Unterabschnitt I	alle Fallgruppen.

II. Im Bereich des Bundes

1. Teil II

1.1 Abschnitt M	Unterabschnitt II	einzige Fallgruppe,
	Unterabschnitt III	einzige Fallgruppe,

2. Teil III

2.1 Abschnitt B	Unterabschnitt I	alle Fallgruppen,
	Unterabschnitt II	alle Fallgruppen,
	Unterabschnitt III	alle Fallgruppen,
2.2 Abschnitt C	Unterabschnitt IV	einzige Fallgruppe,
2.3 Abschnitt F	Unterabschnitt III	einzige Fallgruppe,
2.4 Abschnitt G		alle Fallgruppen,
2.5 Abschnitt J		Fallgruppen 2 und 3,
2.6 Abschnitt K		Fallgruppe 4,

2.7 Abschnitt L	Unterabschnitt X	alle Fallgruppen,
	Unterabschnitt XI	alle Fallgruppen.

III. Im Bereich der Tarifgemeinschaft deutscher Länder

1. Teil II

1.1 Abschnitt M	Unterabschnitt I	einzige Fallgruppe,

2. Teil IV

2.1 Abschnitt B		Fallgruppen 1, 2 und 10,
2.2 Abschnitt C		Fallgruppen 1, 2, 5, 6, 8 bis 11,
2.3 Abschnitt D		alle Fallgruppen,
2.4 Abschnitt E	Unterabschnitt I	Nr. 1 Fallgruppen 1, 3a und 4 Nr. 2 alle Fallgruppen.

§ 3 Technikerzulage

(1) Angestellte der Vergütungsgruppen Va bis IIa mit technischer Ausbildung nach Nr. 2 der Vorbemerkungen zu allen Vergütungsgruppen und entsprechender Tätigkeit sowie sonstige Angestellte, die aufgrund gleichwertiger Fähigkeiten und ihrer Erfahrungen entsprechende Tätigkeiten ausüben, erhalten eine Technikerzulage von monatlich 23,01 Euro.

(2) Absatz 1 gilt entsprechend für

a) gartenbau-, landwirtschafts- und weinbautechnische Angestellte aller Fachrichtungen mit abgeschlossener einschlägiger Fachhochschulausbildung mit entsprechender Tätigkeit sowie sonstige Angestellte, die aufgrund gleichwertiger Fähigkeiten und ihrer Erfahrungen entsprechende Tätigkeiten ausüben,

b) in der Protokollnotiz Nr. 11 zu Teil II Abschn. E Unterabschn. I der Anlage 1a zum BAT genannte Angestellte,

c) nautische Angestellte mit Patent AG und für schiffsmaschinentechnische Angestellte mit Patent CT oder CI der Vergütungsgruppen Va bis IIa des Teils III Abschnitte B und G sowie des Teils IV Abschnitte C und D der Anlage 1a zum BAT,

d) in der Protokollnotiz Nr. 31 zu Teil I der Anlage 1a zum BAT genannte Angestellte,

e) Amtliche Landwirtschaftliche Sachverständige in den Steuerverwaltungen der Länder.

§ 4 Programmiererzulage

(1) Angestellte der Vergütungsgruppen Vb (soweit nicht in der Protokollnotiz Nr. 2 zu § 2 aufgeführt) bis IIb sowie IIa (mit Ausnahme der

in der Protokollnotiz genannten Angestellten) erhalten für die Zeit ihrer überwiegenden Beschäftigung im Bereich der Ablaufplanung und Programmierung von Arbeitsverfahren unter Einsatz von elektronischen Datenverarbeitungsanlagen und Systemprogrammen eine Programmiererzulage von monatlich 23,01 Euro.

(2) Die Programmiererzulage ist nicht zusatzversorgungspflichtig.

Protokollnotiz:

Angestellte der Vergütungsgruppe IIa mit abgeschlossener wissenschaftlicher Hochschulbildung und entsprechender Tätigkeit sowie sonstige Angestellte, die aufgrund gleichwertiger Fähigkeiten und ihrer Erfahrungen entsprechende Tätigkeiten ausüben, erhalten die Programmiererzulage nicht.

§ 5 Außendienstzulage in der Steuerverwaltung

(1) Angestellte der Vergütungsgruppen VII bis IIa, die unter Teil II Abschn. J der Anlage 1a zum BAT fallen, erhalten für die Zeit ihrer überwiegenden Beschäftigung im Außendienst der Steuerprüfung eine Außendienstzulage.

V

(2) Die Außendienstzulage beträgt monatlich in den Vergütungsgruppen

a) VII bis Vc sowie Vb (soweit in der Protokollnotiz Nr. 2 zu § 2 aufgeführt) 17,05 Euro,

b) Vb (soweit nicht in der Protokollnotiz Nr. 2 zu § 2 aufgeführt) bis IIb sowie IIa (mit Ausnahme der in der Protokollnotiz genannten Angestellten) 38,35 Euro.

(3) (gestrichen)

Protokollnotiz:

Angestellte, die nach den Tätigkeitsmerkmalen der Vergütungsgruppe IIa Fallgruppen 2 und 3 des Teils II Abschn. J Unterabschn. II der Anlage 1a zum BAT eingruppiert sind, erhalten die Außendienstzulage nicht.

§ 6 Zulage für Angestellte bei Justizvollzugseinrichtungen und bei bestimmten Psychiatrischen Krankenanstalten

(1) Angestellte bei Justizvollzugseinrichtungen, in abgeschlossenen Vorführbereichen der Gerichte sowie in geschlossenen Abteilungen oder Stationen bei Psychiatrischen Krankenanstalten, die ausschließlich dem Vollzug von Maßregeln der Sicherung und Besserung dienen und in Abschiebehafteinrichtungen, erhalten für die Zeit ihrer überwiegenden Beschäftigung in diesen Einrichtungen, Bereichen bzw. Abteilungen oder Stationen eine Vollzugszulage von monatlich 95,53 Euro.

(2) Die Vollzugszulage ist nicht zusatzversorgungspflichtig. Abweichend von Satz 1 ist die Vollzugszulage bei Angestellten, die diese

Zulage bereits vor dem 1. Januar 1999 erhalten haben, zusatzversorgungspflichtig nach Ablauf des Kalendermonats, in dem sie sieben Jahre lang bezogen worden ist, längstens jedoch bei Angestellten der Vergütungsgruppen IVb bis I und Kr. IX bis Kr. XIII bis zum 31. Dezember 2004 und bei Angestellten der Vergütungsgruppen X bis Va/b und Kr. I bis Kr. VIII bis zum 31. Dezember 2007. Auf die Mindestzeit werden auch solche Zeiträume angerechnet, während derer die Vollzugszulage nur aufgrund von Konkurrenzvorschriften oder nur wegen Ablaufs der Krankenbezugsfristen nicht zugestanden hat.

§ 6a (weggefallen)

§ 6b Zulage für Meister

Angestellte, die nach den Tätigkeitsmerkmalen

a) der Vergütungsgruppen IVb Fallgruppen 1 und 2, Vb Fallgruppen 1 bis 3 und Vc Fallgruppen 1 und 2 des Teils II Abschn. G,

b) der Vergütungsgruppen Vb Fallgruppen 1 bis 5 und 7 bis 14, Vc Fallgruppen 1 bis 5, 7 bis 11 und 13 bis 21, VIb Fallgruppen 2, 4, 9 bis 12, 15, 16 und 18 bis 20 und VII Fallgruppen 9 und 13 des Teils II Abschn. H,

c) der Vergütungsgruppen des Teils II Abschn. Q,

d) der Vergütungsgruppen Vb Fallgruppen 1 bis 3, Vc Fallgruppen 1 bis 3 und VIb Fallgruppe 1 des Teils II Abschn. R,

e) der Vergütungsgruppen Vb Fallgruppen 1, 2 und 7, Vc Fallgruppen 1 bis 3 und VIb Fallgruppen 1 und 2 des Teils IV Abschn. B

der Anlage 1a zum BAT eingruppiert sind, erhalten eine Meisterzulage von monatlich 38,35 Euro.

§ 7 Gemeinsame Vorschriften

(1) Die Zulagen werden nur für Zeiträume gezahlt, für die Bezüge (Vergütung, Urlaubsvergütung, Krankenbezüge) zustehen.

(2) In den Fällen des § 30 BAT stehen die Zulagen in Höhe des nach dieser Vorschrift für den Angestellten maßgebenden Vomhundertsatzes zu.

(3) Die allgemeine Zulage ist bei der Bemessung des Sterbegeldes (§ 41 BAT) und des Übergangsgeldes (§ 63 BAT) zu berücksichtigen.

(4) Zulagen, die nicht zusatzversorgungspflichtig sind, sind auch im Rahmen der Zuwendung nach dem Tarifvertrag über eine Zuwendung für Angestellte nicht zusatzversorgungspflichtig.

V

§ 8 Anrechnungsvorschriften[1])

(1) Auf die allgemeine Zulage werden die für denselben Zeitraum zustehenden

a) Zulagen nach Nr. 5a und Nr. 6 Abs. 3 SR 2o BAT,

b) Zulagen nach den Protokollnotizen
Nrn. 4 und 7 zu Unterabschnitt I des Teils II Abschn. N
Nrn. 1 und 3 zu Unterabschnitt II des Teils II Abschn. N
Nr. 2 zu Unterabschnitt III des Teils II Abschn. N
Nrn. 2 und 5 zu Unterabschnitt VII des Teils III Abschn. L
Nr. 3 zu Abschnitt O des Teils III

der Anlage 1a zum BAT sowie entsprechende außertarifliche Zulagen (z. B. an Protokollführer),

V

c) Zulagen nach der Fußnote 2 zu Unterabschnitt I des Teils III Abschn. C und der Fußnote 1 zu Unterabschnitt I des Teils III Abschn. F der Anlage 1a zum BAT

in den Fällen des § 2 Abs. 2 Buchst. a und b bis zu einem Betrag von 48 Euro, in den Fällen des § 2 Abs. 2 Buchst. c bis zu einem Betrag von 71,63 Euro angerechnet; § 2 Abs. 4 gilt für die genannten Beträge entsprechend.

Unterabsatz 1 Buchst. a gilt nicht, wenn neben der allgemeinen Zulage die Technikerzulage oder die Programmiererzulage zusteht.

(2)[2]) Steht neben der Vollzugszulage für denselben Zeitraum eine Zulage nach § 1 Abs. 1 Nr. 5 des Tarifvertrages über die Gewährung von Zulagen an Angestellte gemäß § 33 Abs. 1 Buchst. c BAT oder nach der jeweiligen Protokollerklärung Nr. 1 zu den Abschnitten A und B der Anlage 1b zum BAT zu, vermindert sich die Vollzugszulage um die Beträge dieser Zulagen, höchstens jedoch um insgesamt 46,02 Euro.

---

[1]) Beträge ab 1. 5. 2004.

[2]) Regelung ab 1. 11. 1991; Unterabsatz 2 in der ab 1. Juli 1995 geltenden Fassung. § 2 des ÄnderungsTV Nr. 14 vom 18. 7. 1995 enthält dazu folgende Regelung zur Besitzstandswahrung:
„§ 2 Besitzstandswahrung
Verringert sich durch das Inkrafttreten dieses Tarifvertrages die Vollzugszulage eines Angestellten, der am 30. Juni 1995 schon und am 1. Juli 1995 noch in einem unter den BAT fallenden Arbeitsverhältnis gestanden hat, erhält er für die Dauer des Fortbestehens dieses Arbeitsverhältnisses den Unterschiedsbetrag zwischen der am 30. Juni und der am 1. Juli 1995 zustehenden Vollzugszulage als persönliche Zulage. Die persönliche Zulage vermindert sich bei allgemeinen Vergütungserhöhungen, die nach dem 30. Juni 1995 wirksam werden, um die Hälfte des Betrages, um den sich die Vergütung (§ 26 BAT) und die allgemeine Zulage (§ 2 des Tarifvertrages über Zulagen an Angestellte) erhöhen. Anhebungen der Vollzugszulage werden voll auf die persönliche Zulage angerechnet."

Die Vollzugszulage vermindert sich ferner, wenn daneben für denselben Zeitraum dem Angestellten, der

a) unter die Anlage 1a zum BAT fällt, eine Wechselschicht- oder Schichtzulage nach § 33a Abs. 1 oder 2 BAT zusteht, um die Hälfte dieser Zulage,
b) unter die Anlage 1b zum BAT fällt, eine Wechselschichtzulage nach § 33a Abs. 1 BAT zusteht, um 25,56 Euro.

§ 9 Konkurrenzvorschriften

(1) Die Technikerzulage und die Programmiererzulage stehen neben einer Zulage nach dem

a) Tarifvertrag über Zulagen an Angestellte bei obersten Bundesbehörden oder bei obersten Landesbehörden,
b) Tarifvertrag über Zulagen an Angestellte bei den Sicherheitsdiensten des Bundes,
c) Tarifvertrag über Zulagen an Angestellte bei den Sicherheitsdiensten der Länder,
d) Tarifvertrag über eine Zulage für Angestellte beim Bundesamt für Sicherheit in der Informationstechnik

nicht zu.

(2) Steht nach Absatz 1 die Technikerzulage nicht zu, ist von der Zulage, die nach einem in Absatz 1 Buchstabe a bis e genannten Tarifvertrag zusteht, ein Betrag von 23,01 Euro zusatzversorgungspflichtig; dies gilt nicht mehr von dem Zeitpunkt an, von dem an die nach einem in Absatz 1 Buchst. b bis d genannten Tarifvertrag zustehende Zulage zusatzversorgungspflichtig geworden ist.

(3) Neben der Technikerzulage steht die Programmiererzulage nicht zu.

§ 10 Besitzstandszulage

Angestellte, die bis einschließlich 30. April 1982 aufgrund des Tarifvertrages über Zulagen an Angestellte nach besoldungsrechtlichen Vorschriften vom 28. September 1970 (TdL) in Verbindung mit Nummer 23 Abs. 1 der Vorbemerkungen zu den Bundesbesoldungsordnungen A und B des Bundesbesoldungsgesetzes eine Zulage erhalten haben, erhalten für die Dauer des fortbestehenden Arbeitsverhältnisses eine Besitzstandszulage von 10,23 Euro. Die Besitzstandszulage entfällt, wenn bei Fortgeltung des bisherigen Rechts die Zulage weggefallen wäre.

Die §§ 7, 8 Abs. 1 und § 9 sind entsprechend anzuwenden; dabei gilt die Besitzstandszulage als Technikerzulage

V

§§ 11 und 12 (weggefallen)

§ 13 Inkrafttreten, Laufzeit

§ 11 tritt mit Wirkung vom 1. Januar 1982, die übrigen Vorschriften mit Wirkung vom 1. Mai 1982 in Kraft. Dieser Tarifvertrag kann mit einer Frist von einem Monat zum Schluss eines Kalendermonats, frühestens zum 31. Dezember 1985 schriftlich gekündigt werden.

Abschnitt VI
Weiteres Tarifrecht des Bundes

VI

Tarifvertrag für die Kraftfahrer und Kraftfahrerinnen des Bundes (KraftfahrerTV Bund)

Vom 13. September 2005 (GMBl. 2006 S. 545)

Zuletzt geändert durch
Änderungstarifvertrag Nr. 9 vom 6. April 2025[1])

Inhaltsübersicht

VI

---

[1]) Die Abstimmung des Textes des Änderungstarifvertrages war erst im August 2025 abgeschlossen.
§ 2 des Änderungstarifvertrages Nr. 9 enthält folgende Regelung:

„§ 2
Ausnahmen vom Geltungsbereich

Für Beschäftigte, die spätestens mit Ablauf des 6. April 2025 aus dem Arbeitsverhältnis ausgeschieden sind, gilt dieser Tarifvertrag nur, wenn sie dies bis 30. September 2025 schriftlich beantragen. Für Beschäftigte, die spätestens mit Ablauf des 6. April 2025 aufgrund eigenen Verschuldens ausgeschieden sind, gilt dieser Tarifvertrag nicht.“

§ 1 Geltungsbereich

Dieser Tarifvertrag gilt für die unter den TVöD fallenden als Kraftfahrer/Kraftfahrerin von Personen- und Lastkraftwagen sowie von Omnibussen beschäftigten Arbeitnehmer des Bundes mit Ausnahme

1. der Kraftfahrer/Kraftfahrerinnen, die zu Auslandsdienststellen entsandt sind (§ 45 TVöD BT-V [Bund]),
2. der Kraftfahrer/Kraftfahrerinnen, die nicht oder nur gelegentlich über die regelmäßige Arbeitszeit (§ 6 Abs. 1 TVöD) hinaus beschäftigt werden.

Protokollerklärung:

Ein Kraftfahrer/eine Kraftfahrerin ist dann nicht nur gelegentlich über die regelmäßige Arbeitszeit hinaus beschäftigt, wenn er/sie im vorangegangenen Kalenderhalbjahr in einem Kalendermonat mindestens 15 Überstunden geleistet hat. Er/Sie bleibt in der Pauschalgruppe, wenn er/sie im Durchschnitt des laufenden Kalenderhalbjahres die für die jeweilige Pauschalgruppe mindestens erforderliche monatliche Arbeitszeit erfüllt. Ist der Kraftfahrer/die Kraftfahrerin im vorangegangenen Kalenderhalbjahr infolge Erkrankung oder Unfalls mindestens 3 Monate arbeitsunfähig gewesen, sind auch die Überstunden zu berücksichtigen, die er/sie ohne Arbeitsunfähigkeit geleistet hätte.

VI

§ 2 Arbeitszeit, höchstzulässige Arbeitszeit

(1) Die Arbeitszeit umfasst reinen Dienst am Steuer, Vor- und Abschlussarbeiten, Wartezeiten, Wagenpflege, Wartungsarbeiten und sonstige Arbeit. Die höchstzulässige Arbeitszeit richtet sich grundsätzlich nach den Vorschriften des Arbeitszeitgesetzes (ArbZG).

(2) [1]Wenn der Kraftfahrer/die Kraftfahrerin schriftlich einwilligt und geeignete Maßnahmen zur Gewährleistung des Gesundheitsschutzes getroffen sind, wie insbesondere das Recht des Kraftfahrers/der Kraftfahrerin zu einer jährlichen, für den Beschäftigten kostenfreien arbeitsmedizinischen Untersuchung bei einem vom Arbeitgeber bestimmten Arzt (unbeschadet der Pflichten aus anderen Rechtsvorschriften) und/oder die Gewährung eines Freizeitausgleichs möglichst durch ganze Tage oder durch zusammenhängende arbeitsfreie Tage zur Regenerationsförderung, kann die höchstzulässige Arbeitszeit im Hinblick auf die in ihr enthaltenen Wartezeiten auf bis zu 15 Stunden täglich ohne Ausgleich verlängert werden (§ 7 Abs. 2a ArbZG); sie darf 268 Stunden im Kalendermonat ohne Ausgleich nicht übersteigen. [2]Gemäß § 7 Abs. 1 Nr. 3 in Verbindung mit Abs. 2a ArbZG wird zugleich die Ruhezeit auf bis zu 9 Stunden verkürzt, wenn die ordnungsgemäße Durchführung des betreffenden Fahrdienstes dies erfordert. [3]Die Kürzung der Ruhezeit ist grundsätzlich bis zum Ende der folgenden Woche auszugleichen.

(3) [1]Muss die höchstzulässige monatliche Arbeitszeit nach Absatz 2 Satz 1 aus zwingenden dienstlichen oder betrieblichen Gründen ausnahmsweise überschritten werden, so sind die über 268 Stunden hinausgehenden Stunden im Laufe des kommenden oder des darauf folgenden Monats durch Erteilung entsprechender Freizeit auszugleichen, ferner ist der Zeitzuschlag für Überstunden nach § 7 Abs. 1 Buchst. a TVöD zu zahlen. [2]Die Zahlung einer geldlichen Entschädigung anstelle der Erteilung entsprechender Freizeit ist aus Gründen des Gesundheitsschutzes (Absatz 2 Satz 1) unzulässig.

(4) Bei der Prüfung, ob die höchstzulässige monatliche Arbeitszeit nach Absatz 2 Satz 1 erreicht ist, sind Ausfallzeiten sowie Zeiten eines Freizeitausgleichs nach § 3 Abs. 3 einzurechnen; für einen Ausfalltag sind höchstens 10 Stunden anzusetzen.

(5) Die Vorschriften über die höchstzulässige Arbeitszeit und über die Folgen ihrer Überschreitung nach Absatz 2 gelten nicht für Zeiten der Teilnahme an Manövern und Übungen (Anhang zu § 46 zum TVöD BT-V [Bund]).

Protokollerklärung:

Die regelmäßige Arbeitszeit des Fahrers/der Fahrerin nach § 6 Abs. 1 TVöD bleibt unberührt. Soweit die höchstzulässige Arbeitszeit nach Absatz 2 Satz 1 zweiter Halbsatz nicht überschritten wird, ist § 6 Abs. 2 TVöD mit der Maßgabe anwendbar, dass bei der Berechnung auf das jeweilige Kalenderhalbjahr abzustellen ist.

§ 3 Monatsarbeitszeit

(1) Die in einem Kalendermonat im Rahmen von § 2 geleistete Arbeitszeit ist die Monatsarbeitszeit.

(2) [1]Für die Ermittlung der Monatsarbeitszeit gilt als tägliche Arbeitszeit die Zeit vom Arbeitsbeginn bis zur Beendigung der Arbeit, gekürzt um die dienstplanmäßigen Pausen. [2]Bei ununterbrochener dienstlicher Abwesenheit des Fahrers/der Fahrerin von der Dienststelle zwischen 12 und 14 Uhr oder bei einer Dienstreise zwischen 6 und 12 Stunden findet keine Kürzung statt, bei einer eintägigen Dienstreise über 12 Stunden wird einheitlich eine Kürzung von 30 Minuten vorgenommen.

(3) Im Falle einer/eines

- Beurlaubung (§§ 26, 27 TVöD),
- Arbeitsunfähigkeit infolge Erkrankung oder Unfalls,
- Freistellung von der Arbeit unter Entgeltfortzahlung (§ 29 TVöD),
- Qualifizierung in überwiegend dienstlichem oder betrieblichem Interesse unter Zahlung des Entgelts,
- Freizeitausgleichs nach § 2 Abs. 3 Satz 1,

- ganz oder teilweisen Ausfalls wegen der Tätigkeit als Mitglied einer Personalvertretung/eines Betriebsrates,
- ganz oder teilweisen Ausfalls infolge eines Wochenfeiertages,

sind für jeden Arbeitstag folgende Stunden pauschal anzusetzen:

a) bei ständiger Verteilung der regelmäßigen wöchentlichen Arbeitszeit auf 5 Werktage oder wechselnd auf 5 Werktage in je drei Wochen je Kalendermonat und im Übrigen auf 6 Werktage für:

Fahrer/Fahrerinnen der Pauschalgruppen I	8,65 Stunden,
Fahrer/Fahrerinnen der Pauschalgruppen II	9,65 Stunden,
Fahrer/Fahrerinnen der Pauschalgruppen III	10,65 Stunden,
Fahrer/Fahrerinnen der Pauschalgruppen IV	11,65 Stunden,
Chefkraftfahrer/Chefkraftfahrerinnen	11,65 Stunden,

b) bei ständiger Verteilung der regelmäßigen wöchentlichen Arbeitszeit auf 6 Werktage oder ständig wechselnd auf 6 bzw. 5 Werktage für:

Fahrer/Fahrerinnen der Pauschalgruppen I	7,65 Stunden,
Fahrer/Fahrerinnen der Pauschalgruppen II	8,65 Stunden,
Fahrer/Fahrerinnen der Pauschalgruppen III	9,65 Stunden,
Fahrer/Fahrerinnen der Pauschalgruppen IV	10,65 Stunden,
Chefkraftfahrer/Chefkraftfahrerinnen	10,65 Stunden.

VI

(4) [1]Jeder Tag einer mehrtägigen Dienstreise oder einer Teilnahme an Manövern und ähnlichen Übungen (Anhang zu § 46 zum TVöD BT-V [Bund]) ist mit 12 Stunden anzusetzen. [2]Für die Berechnung der Zeitzuschläge nach § 4 Abs. 4 ist bei mehrtägigen Dienstreisen wie folgt zu verfahren:

[3]Beginnt die mehrtägige Dienstreise nach 12.00 Uhr, ist für diesen Tag die Zeit von 12.00 bis 24.00 Uhr, endet die mehrtägige Dienstreise vor 12.00 Uhr, ist für diesen Tag die Zeit von 0.00 bis 12.00 Uhr, für alle übrigen Tage die Zeit von 8.00 bis 20.00 Uhr anzusetzen.

(5) Bei Arbeitsbefreiung (§ 29 TVöD) oder Beurlaubung (§ 28 TVöD) ohne Entgeltfortzahlung werden die Stunden angesetzt, die der Fahrer/die Fahrerin ohne diese Ausfallsgründe innerhalb der regelmäßigen Arbeitszeit (§ 6 Abs. 1 TVöD) geleistet hätte.

Protokollerklärung zu den Absätzen 3 und 4:

1. Zur Tätigkeit als Mitglied einer Personalvertretung/eines Betriebsrates gemäß Absatz 3 gehören auch mehrtägige Reisen gemäß § 44 Abs. 1 Satz 2 Bundespersonalvertretungsgesetz/§ 40 Abs. 1 Betriebsverfassungsgesetz, die zur Erfüllung der Personalrats-/Betriebsratsaufgaben notwendig sind.
2. Eine mehrtägige Dienstreise gemäß Absatz 4 liegt vor, wenn sie nach Ablauf des Kalendertages endet, an dem sie begonnen hat. Der Pauschalansatz von 12 Stunden gilt auch für den Kalendertag, an dem eine mehrtägige Dienstreise beginnt

oder endet und an dem weitere Arbeit geleistet wird bzw. eine weitere Dienstreise geendet hat oder beginnt.

§ 4 Pauschalentgelt

(1) Für die Kraftfahrer/Kraftfahrerinnen wird ein Pauschalentgelt festgesetzt, mit dem das Tabellenentgelt (§ 15 Abs. 1 TVöD) sowie das Entgelt für Überstunden und Zeitzuschläge für Überstunden (§ 8 Abs. 1 Satz 1 Buchst. a TVöD) abgegolten sind.

(2) [1]Die Höhe des Pauschalentgelts bemisst sich nach der durchschnittlichen Monatsarbeitszeit (§ 3) im vorangegangenen Kalenderhalbjahr in der jeweiligen Pauschalgruppe (§ 5) der Entgeltgruppe. [2]Bei Fahrern/Fahrerinnen, die zu einer anderen Dienststelle versetzt werden, richtet sich die Höhe des Pauschalentgelts bis zum Schluss des laufenden Kalenderhalbjahres nach der Monatsarbeitszeit (§ 3) im jeweiligen Kalendermonat bei der neuen Dienststelle.

(3) Die Beträge des Pauschalentgelts ergeben sich aus Anlage 1 zu diesem Tarifvertrag.

(4) Neben dem Pauschalentgelt werden für die Inanspruchnahme an Sonntagen, gesetzlichen Wochenfeiertagen, Vorfesttagen, in der Nacht und an Samstagen Zeitzuschläge nach Maßgabe des § 8 Abs. 1 TVöD gezahlt.

VI

(5) [1]Die Pauschalentgelte werden um denselben Vomhundertsatz verändert, um den sich die Tabellenentgelte bei einer allgemeinen Entgelterhöhung verändern. [2]Die Tarifvertragsparteien werden diese Anpassung zum Zeitpunkt des Wirksamwerdens einer allgemeinen Entgeltwerhöhung ohne Kündigung vereinbaren.

Niederschriftserklärung:

Die Tarifvertragsparteien erklären, dass die Festlegung der Beträge für die Pauschalgruppe der Entgeltgruppe 4 auf der Grundlage der Zuordnung der Fahrer mit Tätigkeiten der derzeitigen Lohngruppe 4 mit Aufstieg nach Lohngruppe 4a und die der Beträge der Pauschalgruppe der Entgeltgruppe 5 auf der Grundlage der Zuordnung der Fahrer mit Tätigkeiten der derzeitigen Lohngruppe 5 mit Aufstieg nach Lohngruppe 5a erfolgt ist (Geschäftsgrundlage).

§ 5 Pauschalgruppen

(1) Entsprechend ihrer Monatsarbeitzeit (§ 3) sind die Kraftfahrer/Kraftfahrerinnen folgenden Pauschalgruppen zugeordnet:

- Pauschalgruppe I
  bei einer Monatsarbeitszeit ab 185 bis 196 Stunden,
- Pauschalgruppe II
  bei einer Monatsarbeitszeit über 196 bis 221 Stunden,

- Pauschalgruppe III
  bei einer Monatsarbeitszeit über 221 bis 244 Stunden,
- Pauschalgruppe IV
  bei einer Monatsarbeitszeit über 244 bis 268 Stunden,
- Chefkraftfahrer/Chefkraftfahrerinnen
  bei einer Monatsarbeitszeit bis 288 Stunden.

(2) Chefkraftfahrer/Chefkraftfahrerin ist ausschließlich der/die persönliche Kraftfahrer/Kraftfahrerin:

a) des Bundespräsidenten/der Bundespräsidentin,
b) des Präsidenten/der Präsidentin des Bundestages und seiner/ihrer Stellvertreter,
c) des Präsidenten/der Präsidentin des Bundesrates,
d) des Bundeskanzlers/der Bundeskanzlerin,
e) der Bundesminister/der Bundesministerinnen,
f) der Staatssekretäre/der Staatssekretärinnen,
g) des Präsidenten/der Präsidentin beim Bundesverfassungsgericht,
h) der Präsidenten/der Präsidentinnen der obersten Gerichtshöfe des Bundes,
i) des Präsidenten/der Präsidentin des Bundesrechnungshofes,
k) des/der Wehrbeauftragten des Bundestages,
l) des Generalinspekteurs/der Generalinspekteurin der Bundeswehr.

VI

(3) [1]Die höchstzulässige Arbeitszeit der Chefkraftfahrer/Chefkraftfahrerinnen soll 288 Stunden im Monat nicht überschreiten. [2]§ 2 Abs. 2 und 3 gilt entsprechend. [3]§ 2 Abs. 4 gilt mit der Maßgabe, dass die Stundensätze der Pauschalgruppe IV zugrunde zu legen sind. [4]Das Pauschalentgelt der Chefkraftfahrer/Chefkraftfahrerinnen wird nur für die Zeit der tatsächlichen Dienstleistung als Chefkraftfahrer/Chefkraftfahrerin gewährt.

(4) [1]Für den Fahrer/die Fahrerin, der einen Chefkraftfahrer/eine Chefkraftfahrerin für mindestens einen vollen Arbeitstag vertritt, erhöht sich sein/ihr Pauschalentgelt für die Dauer der Vertretung um den Unterschiedsbetrag zwischen dem Pauschalentgelt, das er/sie als Fahrer/Fahrerin der Pauschalgruppe IV, und dem Pauschalentgelt, das er/sie als Chefkraftfahrer/Chefkraftfahrerin erhalten würde. [2]§ 6 gilt entsprechend. [3]Bei Vertretung für die Zeit eines vollen Kalendermonats gilt Absatz 3 Sätze 1 und 2 entsprechend. [4]Bei Vertretung für einzelne Arbeitstage erhöht sich die höchstzulässige Arbeitszeit des Kalendermonats (§ 2 Abs. 2) für jeden Arbeitstag um eine Stunde, höchstens jedoch auf 288 Stunden im Kalendermonat; § 2 Abs. 2 und 3 gilt entsprechend.

§ 6 Anteiliges Pauschalentgelt

Endet das Arbeitsverhältnis im Laufe eines Kalendermonats oder steht das Pauschalentgelt aus einem sonstigen Grunde nicht für den ganzen Kalendermonat zu, wird nur der Teil des Pauschalentgelts gezahlt, der auf den Anspruchszeitraum entfällt.

Protokollerklärung:

Ein sonstiger Grund im Sinne dieser Vorschrift ist auch die Teilnahme an Manövern und Übungen (Anhang zu § 46 zum TVöD BT-V [Bund]).

§ 7 Sicherung des Pauschalentgelts

(1) Kraftfahrer/Kraftfahrerinnen mit mindestens fünfjähriger ununterbrochener Beschäftigung nach diesem Tarifvertrag und/oder dem Tarifvertrag für die Kraftfahrer des Bundes vom 5. April 1965 und/oder dem Tarifvertrag für die Kraftfahrer des Bundes im Geltungsbereich des MTArb-O vom 8. Mai 1991, die infolge eines Unfalles, welcher nach In-Kraft-Treten dieses Tarifvertrages in Ausübung oder infolge der Arbeit ohne Vorsatz oder grobe Fahrlässigkeit erlitten wurde, nicht mehr als Kraftfahrer/Kraftfahrerin weiterbeschäftigt werden, erhalten eine persönliche Zulage.

VI

(2) [1]Die Zulage wird in Höhe der Differenz zwischen dem Pauschalentgelt aus der nächst niedrigeren Pauschalgruppe als der, der der Kraftfahrer/die Kraftfahrerin zuletzt in der bisherigen Tätigkeit angehört hat, und dem durchschnittlichen Tabellenentgelt der ersten drei vollen Kalendermonate in der neuen Tätigkeit einschließlich bezahlte Überstunden gewährt, sofern dieses geringer ist. [2]Gehörte der Kraftfahrer/die Kraftfahrerin in den letzten zwei Jahren in der bisherigen Tätigkeit mehr als ein halbes Jahr einer niedrigeren Pauschalgruppe an, tritt an die Stelle der nächst niedrigeren die unmittelbar unter der nächst niedrigeren liegende Pauschalgruppe.

(3) [1]Die Zulage vermindert sich nach Ablauf von jeweils einem Jahr um ein Drittel der ursprünglichen Höhe. [2]War der Kraftfahrer/die Kraftfahrerin mehr als zehn Jahre ununterbrochen als Kraftfahrer/Kraftfahrerin im Sinne dieses Tarifvertrages und/oder des Tarifvertrages für die Kraftfahrer des Bundes vom 5. April 1965 und/oder des Tarifvertrages für die Kraftfahrer des Bundes im Geltungsbereich des MTArb-O vom 8. Mai 1991 beschäftigt, vermindert sich die Zulage um 15 v.H. [3]War er/sie mehr als 20 Jahre ununterbrochen als Kraftfahrer/Kraftfahrerin im Sinne dieses Tarifvertrages, des Tarifvertrages für die Kraftfahrer des Bundes vom 5. April 1965 oder des Tarifvertrages für die Kraftfahrer des Bundes im Geltungsbereich des MTArb-O vom 8. Mai 1991 beschäftigt, wird ein Restbetrag von 30 v.H. des Ausgangsbetrages der Zulage nicht abgebaut. [4]Steht zu einem späteren Zeitpunkt erneut ein

Pauschalentgelt nach diesem Tarifvertrag zu, werden die Mehrbeträge auf die Zulage angerechnet.

(4) Die Absätze 1 bis 3 gelten entsprechend

a) für Fahrer/Fahrerinnen nach zehnjähriger ununterbrochener Beschäftigung als Fahrer/Fahrerin bei demselben Arbeitgeber, davon die letzten fünf Jahre als Fahrer/Fahrerin im Sinne dieses Tarifvertrages und/oder des Tarifvertrages für die Kraftfahrer des Bundes vom 5. April 1965 und/oder des Tarifvertrages für die Kraftfahrer des Bundes im Geltungsbereich des MTArb-O vom 8. Mai 1991, wenn die Leistungsminderung durch eine Gesundheitsschädigung hervorgerufen wurde, die durch fortwirkende schädliche Einflüsse der Arbeit eingetreten ist,

b) für mindestens 55 Jahre alte Fahrer/Fahrerinnen nach fünfzehnjähriger ununterbrochener Beschäftigung als Fahrer/Fahrerin bei demselben Arbeitgeber, davon die letzten fünf Jahre als Fahrer/Fahrerin im Sinne dieses Tarifvertrages und/oder des Tarifvertrages für die Kraftfahrer des Bundes vom 5. April 1965 und/oder des Tarifvertrages für die Kraftfahrer des Bundes im Geltungsbereich des MTArb-O vom 8. Mai 1991, wenn die Leistungsminderung der Abnahme der körperlichen Kräfte und Fähigkeiten infolge langjähriger Arbeit verursacht wurde,

c) für Fahrer/Fahrerinnen nach fünfundzwanzigjähriger ununterbrochener Beschäftigung als Fahrer/Fahrerin bei demselben Arbeitgeber, davon die letzten fünf Jahre als Fahrer/Fahrerin im Sinne dieses Tarifvertrages und/oder des Tarifvertrages für die Kraftfahrer des Bundes vom 5. April 1965 und/oder des Tarifvertrages für die Kraftfahrer des Bundes im Geltungsbereich des MTArb-O vom 8. Mai 1991, wenn die Leistungsminderung durch Abnahme der körperlichen Kräfte und Fähigkeiten infolge langjähriger Arbeit verursacht wurde.

§ 8 Übergangsvorschrift für am 30. September 2005/1. Oktober 2005 vorhandene Kraftfahrer/Kraftfahrerinnen

(1) Für die am 30. September 2005 vorhandenen Kraftfahrer/Kraftfahrerinnen, deren Arbeitsverhältnisse zum Bund über den 30. September 2005 hinaus fortbestehen und die am 1. Oktober 2005 unter den Geltungsbereich des TVöD fallen, gelten die nachfolgenden besonderen Regelungen.

(2) [1]Ein Kraftfahrer/eine Kraftfahrerin ist dann nicht nur – im Sinne des § 1 – gelegentlich über die regelmäßige Arbeitszeit hinaus beschäftigt, wenn er/sie im vorangegangenen Kalenderhalbjahr in mehr als

6 Wochen Überstunden geleistet hat. [2]Ist der Kraftfahrer/die Kraftfahrerin im vorangegangenen Kalenderhalbjahr infolge Erkrankung oder Unfalls mindestens 3 Monate arbeitsunfähig gewesen, sind auch die Überstunden zu berücksichtigen, die er/sie ohne Arbeitsunfähigkeit geleistet hätte.

(3) Die Beträge des Pauschalentgelts ergeben sich aus Anlage 3 zu diesem Tarifvertrag.

(4) Abweichend von § 5 Abs. 1 beläuft sich die Monatsarbeitszeit (§ 3) bei Pauschalgruppe I ab 170 bis 196 Stunden.

(5) Für die seit dem 31. Januar 1977 von dem Tarifvertrag für die Kraftfahrer des Bundes vom 5. April 1965 erfassten Fahrer/Fahrerinnen gilt als Besitzstand die Regelung in Anlage A.

Protokollerklärung zu § 8 Abs. 1 bis 4:

Vorhandene Kraftfahrer/Kraftfahrerinnen im Sinne dieser Vorschrift sind alle über den 30. September 2005 hinaus beim Bund beschäftigten Fahrer/Fahrerinnen, unabhängig davon, ob sie in den Geltungsbereich des Tarifvertrages für die Kraftfahrer des Bundes vom 5. April 1965 oder des Tarifvertrages für die Kraftfahrer des Bundes im Geltungsbereich des MTArb-O vom 8. Mai 1991 gefallen sind.

VI

§ 9 Überleitungs- und Besitzstandsregelung

(1) [1]Die Überleitung der Kraftfahrer/Kraftfahrerinnen, die unter den Geltungsbereich des Tarifvertrages zur Überleitung der Beschäftigten des Bundes in den TVöD und zur Regelung des Übergangsrechts (TVÜ-Bund) fallen, am 1. Oktober 2005 bestimmt sich nach dem vorgenannten Tarifvertrag. [2]Die dem Pauschallohn zu Grunde liegende Lohngruppe bildet die Grundlage für die Zuordnung nach den §§ 4 ff. TVÜ.

(2) In die Pauschalentgelttabelle (§ 8 Abs. 3) werden sie am 1. Oktober 2005 auf der Grundlage der am 30. September 2005 zustehenden Lohngruppe und der erreichten Jahre in den Lohnstufen der jeweiligen Anlage 3 zum Tarifvertrag für die Kraftfahrer des Bundes vom 5. April 1965 bzw. zum Tarifvertrag für die Kraftfahrer des Bundes im Geltungsbereich des MTArb-O vom 8. Mai 1991 übergeleitet.

§ 10 In-Kraft-Treten

(1) Dieser Tarifvertrag tritt am 1. Oktober 2005 in Kraft und ersetzt den Tarifvertrag für die Kraftfahrer des Bundes vom 5. April 1965 und den Tarifvertrag für die Kraftfahrer des Bundes im Geltungsbereich des MTArb-O vom 8. Mai 1991.

(2) Dieser Tarifvertrag kann mit einer Frist von 3 Monaten zum Schluss eines Kalendervierteljahres schriftlich gekündigt werden.

Anlage 1

Pauschalentgelt für ab dem 1. Oktober 2005 neu eingestellte Kraftfahrer/Kraftfahrerinnen gültig vom 1. März 2024 bis 31. März 2025

(monatlich in Euro)

	Stufen	E 4	E 5
Pauschalgruppe I Monatliche Arbeitszeit ab 185 bis 196 Stunden	1.–10. Jahr	3422,11	3550,80
	11.–15. Jahr	3639,47	3782,47
	ab 16. Jahr	3732,42	3879,74
Pauschalgruppe II Monatliche Arbeitszeit über 196 bis 221 Stunden	**Stufen**	**E 4**	**E 5**
	1.–10. Jahr	3722,40	3851,12
	11.–15. Jahr	3949,77	4104,61
	ab 16. Jahr	4042,72	4206,16
Pauschalgruppe III Monatliche Arbeitszeit über 221 bis 244 Stunden	**Stufen**	**E 4**	**E 5**
	1.–10. Jahr	4051,31	4198,67
	11.–15. Jahr	4304,71	4482,44
	ab 16. Jahr	4401,83	4582,52
Pauschalgruppe IV Monatliche Arbeitszeit über 244 bis 268 Stunden	**Stufen**	**E 4**	**E 5**
	1.–10. Jahr	4512,33	4676,60
	11.–15. Jahr	4779,67	4976,79
	ab 16. Jahr	4876,73	5078,36
Chefkraftfahrer Monatliche Arbeitszeit bis 288 Stunden	**Stufen**	**E 4**	**E 5**
	1.–10. Jahr	5094,77	5303,90
	11.–15. Jahr	5389,01	5613,03
	ab 16. Jahr	5486,11	5714,60

Anlage 1

Pauschalentgelt für ab dem 1. Oktober 2005 neu eingestellte Kraftfahrer/Kraftfahrerinnen

gültig vom 1. April 2025 bis 30. April 2026

(monatlich in Euro)

	Stufen	E 4	E 5
Pauschalgruppe I Monatliche Arbeitszeit ab 185 bis 196 Stunden	1.–10. Jahr	3532,11	3660,80
	11.–15. Jahr	3749,47	3895,94
	ab 16. Jahr	3844,39	3996,13
Pauschalgruppe II Monatliche Arbeitszeit über 196 bis 221 Stunden	**Stufen**	**E 4**	**E 5**
	1.–10. Jahr	3834,07	3966,65
	11.–15. Jahr	4068,26	4227,75
	ab 16. Jahr	4164,00	4332,34
Pauschalgruppe III Monatliche Arbeitszeit über 221 bis 244 Stunden	**Stufen**	**E 4**	**E 5**
	1.–10. Jahr	4172,85	4324,63
	11.–15. Jahr	4433,85	4616,91
	ab 16. Jahr	4533,88	4720,00
Pauschalgruppe IV Monatliche Arbeitszeit über 244 bis 268 Stunden	**Stufen**	**E 4**	**E 5**
	1.–10. Jahr	4647,70	4816,90
	11.–15. Jahr	4923,06	5126,09
	ab 16. Jahr	5023,03	5230,71
Chefkraftfahrer Monatliche Arbeitszeit bis 288 Stunden	**Stufen**	**E 4**	**E 5**
	1.–10. Jahr	5247,61	5463,02
	11.–15. Jahr	5550,68	5781,42
	ab 16. Jahr	5650,69	5886,04

VI

Anlage 1

Pauschalentgelt für ab dem 1. Oktober 2005 neu eingestellte Kraftfahrer/Kraftfahrerinnen gültig ab 1. Mai 2026

(monatlich in Euro)

	Stufen	E 4	E 5
Pauschalgruppe I Monatliche Arbeitszeit ab 185 bis 196 Stunden	1.–10. Jahr	3631,01	3763,30
	11.–15. Jahr	3854,46	4005,03
	ab 16. Jahr	3952,03	4108,02
Pauschalgruppe II Monatliche Arbeitszeit über 196 bis 221 Stunden	**Stufen**	**E 4**	**E 5**
	1.–10. Jahr	3941,42	4077,72
	11.–15. Jahr	4182,17	4346,13
	ab 16. Jahr	4280,59	4453,65
Pauschalgruppe III Monatliche Arbeitszeit über 221 bis 244 Stunden	**Stufen**	**E 4**	**E 5**
	1.–10. Jahr	4289,69	4445,72
	11.–15. Jahr	4558,00	4746,18
	ab 16. Jahr	4660,83	4852,16
Pauschalgruppe IV Monatliche Arbeitszeit über 244 bis 268 Stunden	**Stufen**	**E 4**	**E 5**
	1.–10. Jahr	4777,84	4951,77
	11.–15. Jahr	5060,91	5269,62
	ab 16. Jahr	5163,67	5377,17
Chefkraftfahrer Monatliche Arbeitszeit bis 288 Stunden	**Stufen**	**E 4**	**E 5**
	1.–10. Jahr	5394,54	5615,98
	11.–15. Jahr	5706,10	5943,30
	ab 16. Jahr	5808,91	6050,85

VI

Anlage 3

Pauschalentgelt für am 1. Oktober 2005 vorhandene Kraftfahrer/Kraftfahrerinnen*) gültig vom 1. März 2024 bis 31. März 2025

(monatlich in Euro)

	Stufen	E 4	E 5
Pauschalgruppe I Monatliche Arbeitszeit ab 170 bis 196 Stunden	1.–4. Jahr	3487,90	3623,71
	5.–8. Jahr	3549,39	3688,10
	9.–12. Jahr	3639,47	3782,47
	ab 13. Jahr	3732,42	3879,74
	Stufen	**E 4**	**E 5**
Pauschalgruppe II Monatliche Arbeitszeit über 196 bis 221 Stunden	1.–4. Jahr	3798,21	3946,91
	5.–8. Jahr	3859,69	4011,24
	9.–12. Jahr	3949,77	4104,61
	ab 13. Jahr	4042,72	4206,16
	Stufen	**E 4**	**E 5**
Pauschalgruppe III Monatliche Arbeitszeit über 221 bis 244 Stunden	1.–4. Jahr	4146,41	4316,67
	5.–8. Jahr	4210,63	4383,89
	9.–12. Jahr	4304,71	4482,44
	ab 13. Jahr	4401,83	4582,52
	Stufen	**E 4**	**E 5**
Pauschalgruppe IV Monatliche Arbeitszeit über 244 bis 268 Stunden	1.–4. Jahr	4621,33	4811,01
	5.–8. Jahr	4685,56	4878,24
	9.–12. Jahr	4779,67	4976,79
	ab 13. Jahr	4876,73	5078,36
	Stufen	**E 4**	**E 5**
Chefkraftfahrer Monatliche Arbeitszeit bis 288 Stunden	1.–4. Jahr	5230,70	5447,26
	5.–8. Jahr	5294,94	5514,47
	9.–12. Jahr	5389,01	5613,03
	ab 13. Jahr	5486,11	5714,60

VI

*) Für die am 30. September 2005 vorhandenen Kraftfahrer/Kraftfahrerinnen, deren Arbeitsverhältnis zum Bund über den 30. September 2005 hinaus fortbesteht und die am 1. Oktober 2005 unter den Geltungsbereich des TVöD fallen.

Anlage 3

Pauschalentgelt für am 1. Oktober 2005 vorhandene Kraftfahrer/Kraftfahrerinnen*)

gültig vom 1. April 2025 bis 30. April 2026

(monatlich in Euro)

	Stufen	E 4	E 5
Pauschalgruppe I Monatliche Arbeitszeit ab 170 bis 196 Stunden	1.–4. Jahr	3597,90	3733,71
	5.–8. Jahr	3659,39	3798,74
	9.–12. Jahr	3749,47	3895,94
	ab 13. Jahr	3844,39	3996,13
	Stufen	**E 4**	**E 5**
Pauschalgruppe II Monatliche Arbeitszeit über 196 bis 221 Stunden	1.–4. Jahr	3912,16	4065,32
	5.–8. Jahr	3975,48	4131,58
	9.–12. Jahr	4068,26	4227,75
	ab 13. Jahr	4164,00	4332,34
	Stufen	**E 4**	**E 5**
Pauschalgruppe III Monatliche Arbeitszeit über 221 bis 244 Stunden	1.–4. Jahr	4270,80	4446,17
	5.–8. Jahr	4336,95	4515,41
	9.–12. Jahr	4433,85	4616,91
	ab 13. Jahr	4533,88	4720,00
	Stufen	**E 4**	**E 5**
Pauschalgruppe IV Monatliche Arbeitszeit über 244 bis 268 Stunden	1.–4. Jahr	4759,97	4955,34
	5.–8. Jahr	4826,13	5024,59
	9.–12. Jahr	4923,06	5126,09
	ab 13. Jahr	5023,03	5230,71
	Stufen	**E 4**	**E 5**
Chefkraftfahrer Monatliche Arbeitszeit bis 288 Stunden	1.–4. Jahr	5387,62	5610,68
	5.–8. Jahr	5453,79	5679,90
	9.–12. Jahr	5550,68	5781,42
	ab 13. Jahr	5650,69	5886,04

*) Für die am 30. September 2005 vorhandenen Kraftfahrer/Kraftfahrerinnen, deren Arbeitsverhältnis zum Bund über den 30. September 2005 hinaus fortbesteht und die am 1. Oktober 2005 unter den Geltungsbereich des TVöD fallen.

Anlage 3

Pauschalentgelt für am 1. Oktober 2005 vorhandene Kraftfahrer/Kraftfahrerinnen*)

gültig ab 1. Mai 2026

(monatlich in Euro)

	Stufen	E 4	E 5
Pauschalgruppe I Monatliche Arbeitszeit ab 170 bis 196 Stunden	1.–4. Jahr	3698,64	3838,25
	5.–8. Jahr	3761,85	3905,10
	9.–12. Jahr	3854,46	4005,03
	ab 13. Jahr	3952,03	4108,02
	Stufen	**E 4**	**E 5**
Pauschalgruppe II Monatliche Arbeitszeit über 196 bis 221 Stunden	1.–4. Jahr	4021,70	4179,15
	5.–8. Jahr	4086,79	4247,26
	9.–12. Jahr	4182,17	4346,13
	ab 13. Jahr	4280,59	4453,65
	Stufen	**E 4**	**E 5**
Pauschalgruppe III Monatliche Arbeitszeit über 221 bis 244 Stunden	1.–4. Jahr	4390,38	4570,66
	5.–8. Jahr	4458,38	4641,84
	9.–12. Jahr	4558,00	4746,18
	ab 13. Jahr	4660,83	4852,16
	Stufen	**E 4**	**E 5**
Pauschalgruppe IV Monatliche Arbeitszeit über 244 bis 268 Stunden	1.–4. Jahr	4893,25	5094,00
	5.–8. Jahr	4961,26	5165,28
	9.–12. Jahr	5060,91	5269,62
	ab 13. Jahr	5163,67	5377,17
	Stufen	**E 4**	**E 5**
Chefkraftfahrer Monatliche Arbeitszeit bis 288 Stunden	1.–4. Jahr	5538,47	5767,78
	5.–8. Jahr	5606,50	5838,94
	9.–12. Jahr	5706,10	5943,30
	ab 13. Jahr	5808,91	6050,85

*) Für die am 30. September 2005 vorhandenen Kraftfahrer/Kraftfahrerinnen, deren Arbeitsverhältnis zum Bund über den 30. September 2005 hinaus fortbesteht und die am 1. Oktober 2005 unter den Geltungsbereich des TVöD fallen

Tarifvertrag über das Leistungsentgelt für die Beschäftigten des Bundes (LeistungsTV-Bund)

Vom 25. August 2006

Inhaltsübersicht

Präambel

[1]Das Leistungsentgelt soll dazu beitragen, die Effizienz der öffentlichen Verwaltung zu stärken und die öffentlichen Dienstleistungen zu verbessern. [2]Zugleich sollen Motivation, Eigenverantwortung und Führungskompetenz gestärkt werden. [3]Bei Anwendung und Ausfüllung dieses Tarifvertrages sind die Diskriminierungsfreiheit und Transparenz der Bewertungs- und Feststellungsregelungen sicherzustellen. [4]Bei der Gestaltung der Leistungsanforderungen und -bewertungen ist dem Grundsatz der Vereinbarkeit von Familie und Beruf Rechnung zu tragen und das Leitprinzip der Gleichstellung von Frauen und Männern (Gender-Mainstreaming) zu verwirklichen.

I. Abschnitt
Allgemeine Vorschriften

§ 1 Geltungsbereich

Dieser Tarifvertrag gilt für alle Beschäftigten des Bundes, die unter den Geltungsbereich des Tarifvertrages für den öffentlichen Dienst (TVöD) fallen.

VI

§ 2 Regelungsstruktur

[1]Dieser Tarifvertrag regelt den Rahmen und legt wesentliche Details für die Gewährung des Leistungsentgelts nach § 18 TVöD fest. [2]Die weitere Ausgestaltung erfolgt durch einvernehmliche Dienstvereinbarung oder durch einvernehmliche Betriebsvereinbarung.

II. Abschnitt
Leistungsfeststellung

§ 3 Instrumente der Leistungsfeststellung

(1) [1]Die Feststellung von Leistungen erfolgt anhand von Zielvereinbarungen (§ 4) oder systematischen Leistungsbewertungen (§ 5). [2]Beide Instrumente können auch miteinander verbunden werden (§ 6). [3]Für die Leistungsfeststellung kann sowohl an die individuelle Leistung als auch an die Leistung einer Gruppe von Beschäftigten (Teamleistung) angeknüpft werden.

(2) [1]Für die Leistungsfeststellung dürfen nur Ziele oder Kriterien herangezogen werden, die auf die auszuübende Tätigkeit der/des Beschäftigten bezogen sind, von der/dem Beschäftigten beeinflusst und in der regelmäßigen Arbeitszeit erreicht werden können. [2]Voraussetzung der Leistungsfeststellung sind Transparenz und Nachvollziehbarkeit der auf die Tätigkeit bezogenen Leistungskriterien.

(3) [1]Die Leistungsfeststellung erfolgt jährlich. [2]Durch kürzere oder längere Laufzeiten von Zielvereinbarungen dürfen Beschäftigte oder Beschäftigtengruppen nicht von dem Leistungsentgelt ausgenommen werden; § 11 bleibt unberührt. [3]Beginn und Ende des maßgeblichen Leistungs- und Feststellungszeitraums werden in der Dienstvereinbarung geregelt.

(4) [1]Die Leistungsfeststellung erfolgt durch die jeweilige Führungskraft. [2]Der Arbeitgeber bestimmt zu Beginn des Leistungszeitraums die jeweils zuständige Führungsebene.

Protokollerklärung zu § 3:

[1]Bei schwerbehinderten Menschen ist eine durch die Schwerbehinderung bedingte Minderung der Arbeitsleistung angemessen zu berücksichtigen. [2]Die Protokollerklärung Nr. 2 zu § 18 TVöD bleibt unberührt.

§ 4 Zielvereinbarung

VI

(1) [1]Eine Zielvereinbarung ist eine schriftlich niedergelegte, freiwillige und verbindliche Abrede zwischen der Führungskraft und einzelnen Beschäftigten oder Beschäftigtengruppen für einen festgelegten Zeitraum über objektivierbare Leistungsziele und die Bedingungen ihrer Erfüllung. [2]Die Leistungsziele sind eindeutig, konkret und präzise zu bestimmen. [3]Das gilt auch für den Zeitraum bzw. den Zeitpunkt der Zielerreichung. [4]Die Leistungsziele müssen realistisch, messbar und nachvollziehbar sein.

(2) [1]In der Zielvereinbarung sind ein oder mehrere Leistungsziele und die Bedingungen ihrer Erfüllung zu vereinbaren. [2]Für die Zielvereinbarung können bis zu 5 Ziele festgelegt werden; sie können unterschiedlich gewichtet werden. [3]Für jedes Ziel sind bis zu 5 Zielerreichungsgrade festzulegen. [4]Näheres regelt die Dienstvereinbarung.

(3) [1]Erklärt die/der Beschäftigte oder eine Beschäftigtengruppe bzw. die jeweilige Führungskraft ihren Wunsch nach Abschluss einer Zielvereinbarung, ist ein Gespräch zu führen, um die Möglichkeit des Abschlusses einer Zielvereinbarung zu prüfen; ein Anspruch auf Abschluss einer Zielvereinbarung besteht nicht. [2]Kommt eine Zielvereinbarung mit einzelnen Beschäftigten oder Beschäftigtengruppen nicht zu Stande, erfolgt eine Leistungsfeststellung jeder/jedes dieser Beschäftigten auf Grundlage einer systematischen Leistungsbewertung.

(4) [1]Eine Zielvereinbarung mit einer Beschäftigtengruppe erfolgt in Form einer Abrede zwischen der jeweiligen Führungskraft und jeder/jedem Beschäftigten der Gruppe. [2]Eine Zielvereinbarung für die Gruppe kommt zustande, wenn sich alle Beschäftigten der Gruppe

und die jeweilige Führungskraft für den Abschluss der Gruppenzielvereinbarung entscheiden.

(5) [1]Während der Laufzeit von Zielvereinbarungen sollen Gespräche zum Zwischenstand der Zielerreichung zwischen der jeweiligen Führungskraft und der/dem Beschäftigten geführt werden. [2]Bei relevanten Änderungen, die die Zielerreichung gefährden, sind die Gespräche zeitnah zu führen. [3]Ist ein Zielerreichungsgrad zu erwarten, der ein Leistungsentgelt ausschließt, ist ein Gespräch mit der/dem Beschäftigten zu führen, um gemeinsam Wege zur Zielerreichung zu erörtern. [4]Die Initiative für ein Gespräch kann von der/dem Beschäftigten oder der jeweiligen Führungskraft ausgehen.

Protokollerklärung zu Absatz 5 Satz 2:

[1]Eine relevante Änderung ist zum Beispiel ein Arbeitsplatzwechsel. [2]Ein Tätigkeitswechsel, die Reduzierung oder der Wegfall personeller oder materieller Ressourcen können relevante Änderungen sein.

(6) Die Leistungsfeststellung erfolgt nach § 3 Abs. 4 durch den Vergleich der vereinbarten Ziele mit dem Grad der Zielerreichung (Soll-Ist Vergleich).

§ 5 Systematische Leistungsbewertung

VI

(1) Systematische Leistungsbewertung ist die auf einem festgelegten System beruhende Feststellung der erbrachten Leistung nach möglichst messbaren oder anderweitig objektivierbaren Kriterien.

(2) [1]Für die Bewertung ist ein System mit bis zu fünf Bewertungsstufen zu bilden. [2]Die Bewertungsstufen können textlich oder auf andere Weise bezeichnet werden. [3]Die Bewertung erfolgt nach Leistungskriterien, die durch Dienstvereinbarung festgelegt werden. [4]Die Leistungskriterien sind aus den Merkmalen Adressatenorientierung, Arbeitsqualität (einschließlich z. B. Arbeitsweise und Prioritätensetzung), Arbeitsquantität, Führungsverhalten, Wirtschaftlichkeit und Zusammenarbeit in ausfüllenden Dienstvereinbarungen zu konkretisieren. [5]Dabei müssen nicht alle Merkmale abgebildet werden; die Merkmale und Kriterien können unterschiedlich gewichtet und nach Arbeitsbereichen differenziert werden.

(3) [1]Grundlage einer Leistungsbewertung ist eine Aufgabenbenennung des zurückliegenden Bewertungszeitraums von bis zu 5 Aufgaben, die im Wesentlichen den Arbeitsplatz tragen. [2]Beim Bewertungsgespräch der systematischen Leistungsbewertung sollen die voraussichtlichen Schwerpunkte des künftigen Bewertungszeitraums erörtert werden. [3]Sie ersetzen nicht die für die systematische Leistungsbewertung relevanten Aufgabenbenennungen aus Satz 1. [4]Ist aufgrund der Leistungen der/des Beschäftigten absehbar, dass die Bewertung so ausfallen

wird, dass ein Leistungsentgelt nicht zustehen wird, ist mit der/dem Beschäftigten ein Gespräch zu führen, um gemeinsam Wege zur Leistungssteigerung (z. B. Qualifizierungsbedarf, regelmäßige Gespräche als Zwischenschritte zur jährlichen Leistungsbewertung, Veränderungen der Arbeitsabläufe) zu erörtern.

Protokollerklärung zu § 5:

[1]Die systematische Leistungsbewertung entspricht nicht der Regelbeurteilung. [2]Quoten dürfen nicht vereinbart werden.

§ 6 Verbindung der Instrumente

[1]Werden systematische Leistungsbewertung und Zielvereinbarung verbunden (§ 3 Abs. 1 Satz 2), erfolgt die Feststellung der Leistung anhand beider Instrumente (Gesamtleistungsfeststellung). [2]Der Anteil der Zielvereinbarung an der Gesamtleistungsfeststellung wird in der Zielvereinbarung vereinbart. [3]Entsprechendes gilt bei der Verbindung einer Zielvereinbarung, die auf die individuelle Leistung der/des Beschäftigten bezogen ist, mit einer Zielvereinbarung, die auf die Leistungen einer Beschäftigtengruppe bezogen sind.

VI

§ 7 Verhältnis der Instrumente

(1) Der mögliche Höchstauszahlungsbetrag ist unabhängig von der Wahl der Instrumente der Leistungsfeststellung gleich.

(2) [1]Für die Stufen der Leistungsbewertung bzw. die Zielerreichungsgrade sind Punktwerte festzulegen; die Differenz der Punktwerte darf von Stufe zu Stufe nicht höher sein als die Differenz zwischen den ersten beiden Stufen. [2]Näheres regelt die Dienstvereinbarung.

(3) [1]In einem System mit ungerader Stufenanzahl entspricht die volle Erfüllung („Erfüllt die Anforderungen in vollem Umfang") des jeweiligen Leistungsmerkmals oder -kriteriums der systematischen Leistungsbewertung der mittleren Stufe (Normalleistung); es sind gleich viele Stufen unterhalb und oberhalb der Normalleistung zu bilden. [2]Die volle Zielerreichung (100 v. H.) bei der Zielvereinbarung entspricht wertmäßig der mittleren Stufe der systematischen Leistungsbewertung, es sei denn, in der Dienstvereinbarung wird eine andere Zuordnung festgelegt.

(4) [1]In einem System mit gerader Stufenanzahl sind Stufen ober- und unterhalb der Normalleistung zu bilden. [2]Die Normalleistung und die volle Zielerreichung (100 v. H.) entsprechen wertmäßig der gleichen Stufe, es sei denn, in der Dienstvereinbarung wird eine andere Zuordnung festgelegt.

III. Abschnitt
Leistungsentgelt

Niederschriftserklärung zu Abschnitt III:

Die Tarifvertragsparteien sind sich einig, spätestens im Jahr 2008 die praktische Umsetzung der Bestimmung und Aufteilung des Entgeltvolumens zu prüfen und etwaige notwendige Anpassungen für die Folgezeit im Tarifvertrag vorzunehmen.

§ 8 Formen und Auszahlung des Leistungsentgelts

(1) [1]Das Leistungsentgelt wird als Leistungsprämie oder Leistungszulage ausgezahlt. [2]Die Leistungsprämie ist eine einmalige Zahlung. [3]Die Leistungszulage ist eine zeitlich befristete, widerrufliche, in der Regel monatlich wiederkehrende Zahlung.

Niederschriftserklärung zu § 8 Abs. 1 Satz 1:

[1]Die Tarifvertragsparteien sind sich einig, dass das Leistungsentgelt bis auf weiteres als Leistungsprämie ausgezahlt wird. [2]Vor der Einführung einer Leistungszulage werden die Tarifvertragsparteien ergänzende Regelungen zur Auszahlung vereinbaren.

(2) Die Auszahlung des Leistungsentgelts soll spätestens im vierten Monat nach Abschluss der Leistungsfeststellung in der Verwaltung bzw. in dem Verwaltungsteil im Sinne des § 9 Abs. 1 zu dem in § 24 Abs. 1 Satz 2 TVöD bestimmten Zahltag erfolgen.

VI

Niederschriftserklärung zu § 8 Abs. 2:

[1]Die Tarifvertragsparteien sind sich einig, dass Beschwerden (§ 13 Abs. 1) und das Fehlen einzelner Leistungsfeststellungen (z. B. auf Grund von Krankheit) dem Auszahlungsverfahren für die übrigen Beschäftigten nicht entgegen stehen. [2]Bei Beschwerden wird das auf den unstreitigen Teil der Leistungsfeststellung entfallende Leistungsentgelt ausgezahlt.

§ 9 Aufteilung des Entgeltvolumens nach § 18 TVöD

(1) [1]Grundsätzlich steht das Volumen des Leistungsentgelts den Beschäftigten jeder Verwaltung, für die im jeweiligen Einzelplan des Haushalts ein Kapitel ausgebracht ist, zur Verfügung. [2]Das Volumen entspricht dem Entgeltvolumen der ständigen Monatsentgelte des Vorjahres der Beschäftigten, das sich bei Anwendung des in § 18 Abs. 2 Satz 1 TVöD bestimmten Vomhundertsatzes ergibt. [3]Weitere Aufteilungen auf Teile der Verwaltung nach Satz 1 innerhalb der Kapitel (Verwaltungsteile, z. B. auf Behörden oder Dienststellen) erfolgen unter Beteiligung der zuständigen Personalvertretungen nach Maßgabe des Bundespersonalvertretungsgesetzes.

Protokollerklärung zu Absatz 1:

Nr. 1: Soweit kapitelübergreifend Planstellen und Stellen zur Verstärkung herangezogen werden, können durch Dienstvereinbarung die zur Verfügung stehenden Volumina der betroffenen Verwaltungen festgelegt werden; Pauschalierungen (z. B. nach Anzahl der Beschäftigten zu einem bestimmten Stichtag) sind dabei zulässig.

Nr. 2: Absatz 1 gilt entsprechend für Beschäftigte sonstiger Einrichtungen, bei denen das Tarifrecht des Bundes zur Anwendung kommt.

Nr. 3: Durch Dienstvereinbarung kann bestimmt werden, dass – zur vereinfachten Erfassung und Berechnung – die weitere Aufteilung in pauschalierter Form (z. B. nach Anzahl der Beschäftigten zu einem bestimmten Stichtag) erfolgt.

(2) [1]Für die Ermittlung der ständigen Monatsentgelte des Vorjahres (§ 18 Abs. 2 Satz 1 TVöD) wird jeweils der Zeitraum vom 1. Januar bis zum 31. Dezember zu Grunde gelegt. [2]Das Gesamtvolumen nach Absatz 1 Satz 1 ist jeweils bis zum 30. April eines jeden Jahres zu ermitteln.

(3) [1]Wird das Gesamtvolumen der Verwaltung bzw. des Verwaltungsteils nicht ausgeschöpft, so erhöht sich das betreffende Volumen im Folgejahr um die verbleibenden Restanteile. [2]Überschreitungen eines Volumens werden im Folgejahr auf das betreffende Volumen angerechnet.

VI

(4) [1]Der zuständigen Personalvertretung ist das ermittelte Gesamtvolumen nach Absatz 1 (SOLL) sowie das ausgezahlte Volumen (IST) mitzuteilen. [2]Über- oder Unterschreitungen sind auszuweisen und darzulegen.

§ 10 Berechnung des Leistungsentgelts

(1) [1]Die Höhe des individuellen Leistungsentgeltes der/des Beschäftigten ergibt sich aus dem durch Dienstvereinbarung festzulegenden Schlüssel, der das Ergebnis der individuellen Leistungsfeststellung der/des Beschäftigten mit der Höhe des jeweils zur Verfügung stehenden Gesamtvolumens nach Absatz 2 verknüpft. [2]Durch Dienstvereinbarung kann eine Obergrenze für das individuelle Leistungsentgelt festgelegt werden.

(2) [1]Das Gesamtvolumen für eine Verwaltung bzw. einen Verwaltungsteil ist grundsätzlich nach Entgeltgruppen getrennt aufzuteilen. [2]Durch Dienstvereinbarung kann auf eine Trennung nach Entgeltgruppen verzichtet und/oder eine Zusammenfassung von Entgeltgruppen vorgenommen werden; in dieser kann auch eine Aufteilung nach organisatorischen Gesichtspunkten erfolgen.

Protokollerklärung zu Absatz 2:

Nr. 1: Wird das Gesamtvolumen nach Entgeltgruppen aufgeteilt, ist bei der Bildung der Teilvolumina unter Berücksichtigung der Protokollerklärung Nr. 4 zu gewährleisten, dass das betreffende Volumen in den einzelnen Entgeltgruppen verbleibt.

Nr. 2: Wird das Gesamtvolumen nach Gruppen von Entgeltgruppen aufgeteilt, ist bei der Bildung der Teilvolumina unter Berücksichtigung der Protokollerklärung Nr. 4 zu gewährleisten, dass das betreffende Volumen in den einzelnen Gruppen von Entgeltgruppen verbleibt.

Nr. 3: [1]Wird das Gesamtvolumen nach organisatorischen Gesichtpunkten aufgeteilt, ist bei der Bildung der Teilvolumina unter Berücksichtigung der Protokollerklärung Nr. 4 zu gewährleisten, dass das betreffende Volumen in den einzelnen organisatorischen Bereichen verbleibt. [2]Bei einer Aufteilung nach organisatorischen Gesichtspunkten ist innerhalb des jeweiligen Teilvolumens eine Differenzierung zwischen den Entgeltgruppen im Sinne von Nr. 1 im Rahmen des Schlüssels sicherzustellen.

Nr. 4: Pauschalierungen und Rundungen sind zulässig (z. B. nach Anzahl der Beschäftigten zu einem bestimmten Stichtag).

Niederschriftserklärung zu Abschnitt III:

Die Tarifvertragsparteien sind sich einig, spätestens im Jahr 2008 die praktische Umsetzung der Bestimmung und Aufteilung des Entgeltvolumens zu prüfen und etwaige notwendige Anpassungen für die Folgezeit im Tarifvertrag vorzunehmen.

IV. Abschnitt
Gemeinsame Vorschriften

§ 11 Unterjährige Veränderungen, besondere Situationen

(1) Eine Leistungsfeststellung findet nicht statt, wenn die/der Beschäftigte während des Leistungszeitraums weniger als 2 Kalendermonate tätig war.

VI

(2) [1]Beschäftigte, für die gemäß Absatz 1 keine Leistungsfeststellung erfolgt, erhalten kein Leistungsentgelt. [2]Bestand nicht während des gesamten Leistungszeitraums ein Entgeltanspruch, wird das Leistungsentgelt der/des Beschäftigten für jeden Kalendermonat, in dem kein Entgeltanspruch bestand, um ein Zwölftel gekürzt.

Protokollerklärung zu Absatz 1 und 2:

Verstirbt die/der Beschäftigte vor einer Leistungsfeststellung, erhöht sich die Zahlung nach § 23 Abs. 3 TVöD um ein pauschales Leistungsentgelt in Höhe des in § 18 Abs. 2 Satz 1 TVöD bestimmten Vomhundertsatzes des jeweiligen Jahrestabellenentgelts.

Niederschriftserklärung zu § 11 Abs. 2 Satz 2:

Die Tarifvertragsparteien sind sich einig, dass ein Entgeltanspruch auch bei Entgeltfortzahlung im Krankheitsfall nach § 22 TVöD besteht

(3) Ein Leistungsentgelt wird nicht gezahlt, wenn das Arbeitsverhältnis aus einem Grund, den die/der Beschäftigte durch eigenes Verschulden verursacht hat, beendet wurde.

(4) [1]Im Fall eines Arbeitsplatzwechsels oder eines Wechsels der Führungskraft erhält die/der Beschäftigte grundsätzlich ein Zwischenergebnis zur Feststellung der bisherigen Leistungen. [2]Durch Dienstvereinbarung kann bestimmt werden, dass anstelle eines Zwischenergebnisses eine gemeinschaftliche Leistungsfeststellung der früheren und der aktuellen Führungskraft der/des Beschäftigten erfolgt. [3]Näheres regelt die Dienstvereinbarung.

Protokollerklärung zu Absatz 4:

Stichtag für die Zuordnung zu einer Entgeltgruppe bei der Berechnung der Höhe des Leistungsentgelts ist der letzte Tag des Leistungszeitraums.

Niederschriftserklärung zu § 11 Abs. 4:

Die Tarifvertragsparteien sind sich einig, dass ein Arbeitsplatzwechsel auch bei einem Wechsel der/des Beschäftigten zu einer anderen Behörde oder Dienststelle gegeben ist.

(5) [1]Beschäftigte, die nach Bundesgleichstellungsgesetz, Bundespersonalvertretungsgesetz oder Sozialgesetzbuch Neuntes Buch von der Erbringung ihrer Arbeitsleistung zu 75 v. H. und mehr ihrer individuellen durchschnittlichen Arbeitszeit freigestellt worden sind, erhalten ohne Leistungsfeststellung ein Leistungsentgelt in Höhe des Durchschnittsbetrages der Beschäftigten ihrer jeweiligen Entgeltgruppe. [2]Für Beschäftigte, die nach Satz 1 zu 50 v. H. und weniger freigestellt sind, erfolgt eine Leistungsfeststellung auf Grundlage der erbrachten Arbeitsleistungen in den nicht freigestellten Zeiten. [3]Für die Berechnung des Leistungsentgelts ist dieses Ergebnis auf den freigestellten Anteil der Arbeitsleistung zu übertragen. [4]Beschäftigte, die nach Satz 1 zu weniger als 75 v. H. und mehr als 50 v. H. freigestellt sind, können zwischen der Regelung nach Satz 1 und Satz 2 wählen; das Wahlrecht muss zu Beginn des Leistungszeitraums, bei einer entsprechenden Freistellung während des Leistungszeitraums am ersten Tag dieser Freistellung ausgeübt werden.

VI

Protokollerklärung zu Absatz 5

Bei der Leistungsfeststellung von teilweise freigestellten Beschäftigten ist sicherzustellen, dass diese wegen ihrer Tätigkeit weder benachteiligt noch begünstigt werden.

Niederschriftserklärung zu § 11 Abs. 5 Satz 2:

Die Tarifvertragsparteien werden den TV ATZ entsprechend anpassen.

(6) [1]Bei Teilzeitbeschäftigten beziehen sich die Leistungsanforderungen auf die individuell vereinbarte durchschnittliche Arbeitszeit. [2]Für die Höhe des Leistungsentgelts findet § 24 Abs. 2 TVöD Anwendung; Stichtag für den maßgeblichen Arbeitszeitumfang ist der letzte Tag des Leistungszeitraums. [3]Bei Beschäftigten, die in Altersteilzeit im Blockmodell beschäftigt sind, bemisst sich das Leistungsentgelt nach der Arbeitszeit, die während der jeweiligen Phase der Altersteilzeit geschuldet wird.

Protokollerklärung zu Absatz 6 Satz 2:

Leistungsentgelt wird neben den Aufstockungsleistungen nach § 5 TV ATZ gezahlt und bleibt bei der Berechnung von Aufstockungsleistungen nach § 5 TV ATZ unberücksichtigt.

§ 12 Dokumentation

(1) Das Ergebnis der individuellen Leistungsfeststellung wird in schriftlicher Form zur Personalakte genommen; eine Kopie ist der/dem Beschäftigten auszuhändigen.

(2) [1]Die Ergebnisse der Leistungsfeststellung und des Leistungsentgelts sind innerhalb jeder Verwaltung im Sinne von § 9 Abs. 1 Satz 1 statistisch zu erfassen und bekannt zu machen. [2]Im Fall einer Aufteilung nach § 9 Abs. 1 Satz 3 erfolgt die Erfassung und Bekanntmachung nach Satz 1 in dem jeweiligen Verwaltungsteil. [3]Näheres regelt die Dienstvereinbarung.

§ 13 Konfliktlösung

(1) Jede/jeder Beschäftigte kann das Ergebnis seiner Leistungsfeststellung gegenüber der zuständigen Personalstelle unter Beifügung einer schriftlichen Begründung innerhalb von drei Wochen nach Eröffnung des Ergebnisses der Leistungsfeststellung beanstanden (Beschwerde).

(2) [1]Wird der Beschwerde nicht abgeholfen, wird sie der paritätischen Kommission (§ 14) zur Beratung zugeleitet. [2]Die Beratung bezieht sich auf die Einhaltung der durch diesen Tarifvertrag und die jeweils maßgeblichen ihn ausfüllenden Dienstvereinbarungen vorgegebenen Verfahren und auf die Einhaltung der sachlichen Grenzen einer Bewertung; die Mitwirkung erfasst nicht die Leistungsbewertung oder die Entscheidung über die Vergabe von Leistungsentgelten im Einzelfall. [3]Der Arbeitgeber entscheidet auf Vorschlag der Kommission, ob und in welchem Umfang der Beschwerde im Einzelfall abgeholfen wird. [4]Folgt der Arbeitgeber dem Vorschlag nicht, hat er seine Gründe darzulegen.

Protokollerklärung zu Absatz 2 Satz 2:

Die Einhaltung der sachlichen Grenzen einer Bewertung umfasst eine Kontrolle hinsichtlich eines Bewertungsausfalls, eines Bewertungsfehlgebrauchs, einer Überschreitung des Bewertungsrahmens und das Zugrundelegen unrichtiger Tatsachen.

Niederschriftserklärung zu § 13 Abs. 2 Satz 4:

Die Gründe werden der/dem Beschäftigten und der Paritätischen Kommission mitgeteilt.

(3) [1]Durch Dienstvereinbarung kann vorgesehen werden, dass nach einer Beschwerde gemäß Absatz 1 zunächst ein gestuftes Verfahren unter Einbeziehung von z. B. der nächst höheren Führungskraft und/oder einem Mitglied der Personalvertretung einsetzt. [2]Erledigt sich die Beschwerde dadurch nicht, steht das Verfahren gemäß Absatz 2 offen.

§ 14 Paritätische Kommission

(1) [1]Die Anzahl der Mitglieder der Paritätische Kommission ist durch Dienstvereinbarung festzulegen; jeweils die Hälfte der Mitglieder wird vom Arbeitgeber und von der Personalvertretung in der Regel aus dessen Mitte benannt; jedes Mitglied der Paritätischen Kommission muss der Verwaltung bzw. dem Verwaltungsteil, bei der/dem die Paritätische Kommission gebildet wird, angehören. [2]Die Gleichstellungsbeauftragte und die Vertrauensperson schwerbehinderter Menschen können auf ihren Wunsch an den Beratungen der Kommission teilnehmen; sie haben kein Stimmrecht. [3]Beteiligte i. S. d. § 13 Abs. 1 sind in eigenen Angelegenheiten von der Mitwirkung in der paritätischen Kommission ausgeschlossen. [4]Ein Mitglied der Paritätischen Kommission kann von der Partei, welche es benannt hat, jederzeit durch Benennung einer anderen Person nach Satz 1 ersetzt werden. [5]Eine Paritätische Kommission ist für jede Verwaltung im Sinne des § 9 Abs. 1 Satz 1 zu bilden. [6]Durch Dienstvereinbarung kann vorgesehen werden, dass im Fall einer Aufteilung nach § 9 Abs. 1 Satz 3 die Paritätische Kommission in dem jeweiligen Verwaltungsteil gebildet wird.

VI

(2) [1]Unabhängig von der Beteiligung nach § 13 wirkt die Paritätische Kommission bei der ständigen Kontrolle des durch Dienstvereinbarung ausgestalteten Systems der Leistungsfeststellung und -bezahlung mit. [2]Sie kann Empfehlungen zur Weiterentwicklung und zu Korrekturen des Systems bzw. von Systembestandteilen geben.

(3) Die Rechte der Personalvertretungen, der Gleichstellungsbeauftragten und der Vertrauenspersonen schwerbehinderter Menschen bleiben unberührt.

§ 15 Dienstvereinbarungen zur Ausgestaltung dieses Tarifvertrages

[1]Das in den Dienststellen anzuwendende System der Leistungsfeststellung und der Gewährung eines Leistungsentgelts wird im Rahmen dieses Tarifvertrages durch Dienstvereinbarungen nach § 2 Satz 2 festgelegt. [2]In diesen Dienstvereinbarungen sollen insbesondere

- der Beginn und das Ende des maßgeblichen Leistungs- und Feststellungszeitraums (§ 3 Abs. 3 Satz 3),
- die Ausgestaltung von und mögliche konkrete Anforderungen an Zielvereinbarungen (§ 4 Abs. 2),
- das Bewertungssystem der systematischen Leistungsbewertung einschließlich der Gewichtung der Kriterien (§ 5 Abs. 2),
- die Punktwerte der Stufen der Leistungsbewertung bzw. der Zielerreichungsgrade (§ 7 Abs. 2),

- die Anzahl der Stufen der systematischen Leistungsbewertung, die Anzahl der Zielerreichungsgrade und die Festlegung, welcher Stufe der systematischen Leistungsbewertung die volle Zielerreichung zugeordnet wird (§ 7 Abs. 3 und 4),
- das Berechnungsverfahren für das jeweilige Leistungsentgelt einschließlich einer etwaigen Obergrenze für das individuelle Leistungsentgelt (§ 10 Abs. 1),
- eine gegebenenfalls von der Aufteilung nach Entgeltgruppen abweichende Aufteilung des Leistungsentgeltvolumens (§ 10 Abs. 2),
- die Leistungsfeststellung im Fall eines Arbeitsplatzwechsels oder eines Wechsels der Führungskraft (§ 11 Abs. 4),
- die statistische Erfassung der Ergebnisse von Leistungsfeststellung und Leistungsentgelt (§ 12 Abs. 2),
- ein etwaiges gestuftes Verfahren vor Eröffnung der Beschwerde zur Paritätischen Kommission (§ 13 Abs. 3),
- die Anzahl der Mitglieder der Paritätischen Kommission (§ 14 Abs. 1),
- gegebenenfalls die Bildung einer Paritätischen Kommission in dem jeweiligen Verwaltungsteil (§ 14 Abs. 1 Satz 6)

geregelt werden.

V. Abschnitt
Schlussvorschriften

§ 16 Einführungs- und Übergangsregelungen

(1) [1]Im Jahr 2007 erhalten alle Beschäftigten mit dem Tabellenentgelt des Monats Juli 2007 ein Leistungsentgelt in Höhe von 6 v. H. des ihnen für den Monat März 2007 jeweils gezahlten Tabellenentgelts. [2]Soweit Beschäftigte im März 2007 kein Tabellenentgelt beziehen, wird auf das zuletzt bezogene Tabellenentgelt abgestellt, es sei denn für die Beschäftigte/den Beschäftigten hätte nach § 11 keine Leistungsfeststellung stattgefunden. [3]Das danach verbleibende Entgeltvolumen für das Jahr 2007 erhöht das Gesamtvolumen der Verwaltung nach § 9 Abs. 1 Satz 1 für das Jahr 2008. [4]Der erste Leistungszeitraum beginnt am 1. Juli 2007 und dauert mindestens sechs, höchstens neun Monate. [5]Der daran anschließende Leistungszeitraum kann abweichend von § 3 Abs. 3 Satz 1 um bis zu drei Monate verlängert werden.

Niederschriftserklärung zu § 16 Abs. 1:

[1]Im Bewusstsein um ihre Verantwortung für den Einführungsprozess haben sich die Tarifvertragsparteien entschlossen, den ersten Leistungszeitraum am 1. Juli 2007

beginnen zu lassen und das Leistungsentgelt für die erste Jahreshälfte 2007 anteilig pauschal auszukehren. [2]Sie haben sich dabei von folgenden Maßgaben leiten lassen:

Nr. 1: [1]Die Tarifvertragsparteien haben sich seit In-Kraft-Treten des TVöD intensiv mit der Konzeption und Ausgestaltung eines Systems der Leistungsbezahlung auseinandergesetzt. [2]Im Wissen, dass die Beschäftigten die wichtigste Ressource des öffentlichen Dienstes sind, haben sie sich bei den Verhandlungen von dem Ziel leiten lassen, im Interesse der erfolgreichen Einführung des Leistungsentgelts der Qualität den Vorrang vor der Schnelligkeit der Einführung zu geben.

Nr. 2: [1]Die Tarifvertragsparteien sehen die Verantwortung für die erfolgreiche Umsetzung dieses Tarifvertrages auch bei den Parteien der noch abzuschließenden Dienstvereinbarungen. [2]Auch in Anbetracht der mit der EU-Ratspräsidentschaft der Bundesrepublik Deutschland im ersten Halbjahr 2007 verbundenen Mehrbelastung geben sie den Beteiligten mit den Bestimmungen des Absatzes 1 zusätzliche Zeit, um die erfolgreiche Einführung des Leistungsentgelts vorzubereiten.

Nr. 3: Mit Blick auf das Bestreben der Bundesregierung, auch für die Beamtinnen und Beamten des Bundes ein System einer leistungsorientierten Bezahlung einzuführen, wollen die Tarifvertragsparteien mit den Bestimmungen zum ersten Leistungszeitraum die Möglichkeit eröffnen, sowohl für Tarifbeschäftigte als auch für Beamtinnen und Beamte zum gleichen Zeitpunkt ein leistungsorientiertes Bezahlungssystem einzuführen.

(2) [1]Kommt bis zum 30. Juni 2007 keine Dienstvereinbarung nach § 15 zustande, erhalten die Beschäftigten mit dem Tabellenentgelt des Monats April 2008 6 v. H. des für den Monat Dezember 2007 jeweils zustehenden Tabellenentgelts. [2]Das Leistungsentgelt erhöht sich im Folgejahr um den verbleibenden Betrag des Gesamtvolumens der Verwaltung bzw. des Verwaltungsteils. [3]Solange auch in den Folgejahren keine Dienstvereinbarung zustande kommt, gelten Satz 1 und 2 entsprechend.

Protokollerklärung zu Absatz 1 und 2:

Dem Tabellenentgelt stehen Entgelt aus einer individuellen Zwischenstufe oder individuellen Endstufe gleich.

Niederschriftserklärung zu § 16:

Die Tarifvertragsparteien werden die Umsetzung dieses Tarifvertrages im Jahr 2009 analysieren und gegebenenfalls notwendige Folgerungen ziehen.

§ 17 Begriffsbestimmungen

(1) In Betrieben, in denen dieser Tarifvertrag zur Anwendung kommt, erfolgt die Ausgestaltung dieses Tarifvertrages durch Betriebsvereinbarung; an die Stelle der Begriffe „Dienstvereinbarung" und „Personalvertretung" treten in diesem Fall die Begriffe „Betriebsvereinbarung" und „Betriebsrat".

(2) Leistungszeitraum ist der Zeitraum, welcher für die Feststellung der Leistungen der Beschäftigten berücksichtigt wird.

(3) Feststellungszeitraum ist der Zeitraum, in welchem die Leistungen der Beschäftigten festgestellt werden.

(4) Wird in diesem Tarifvertrag auf Regelungen des TVöD Bezug genommen, sind die für den Bund geltenden Vorschriften gemeint.

§ 18 In-Kraft-Treten

(1) Dieser Tarifvertrag tritt am 1. Januar 2007 in Kraft.

(2) Dieser Tarifvertrag kann von jeder Tarifvertragspartei mit einer Frist von drei Monaten zum Schluss eines Kalenderhalbjahres schriftlich gekündigt werden, frühestens jedoch zum 31. Dezember 2009.

Tarifvertrag zur Entgeltumwandlung für die Beschäftigten des Bundes und der Länder (TV-EntgeltU-B/L)

Vom 25. Mai 2011

Präambel

[1]Die Bundesrepublik Deutschland und zahlreiche Bundesländer führen seit über 60 Jahren die Versorgungsanstalt des Bundes und der Länder (VBL) als gemeinsame Anstalt des öffentlichen Rechts fort. [2]Bei der VBL wird dementsprechend die betriebliche Altersversorgung der Beschäftigten des öffentlichen Dienstes des Bundes und der Mehrzahl der in der Tarifgemeinschaft deutscher Länder zusammengeschlossenen Länder durchgeführt. [3]In Anbetracht dessen schließen die Bundesrepublik Deutschland und die Tarifgemeinschaft deutscher Länder diesen Tarifvertrag gemeinsam.

§ 1 Geltungsbereich

VI

Dieser Tarifvertrag gilt für Arbeitnehmerinnen und Arbeitnehmer sowie Auszubildende (Beschäftigte), die unter den Geltungsbereich des

a) Tarifvertrages für den öffentlichen Dienst (TVöD) oder des Tarifvertrages für Auszubildende des öffentlichen Dienstes (TVAöD) bzw. des

b) Tarifvertrages für den öffentlichen Dienst der Länder (TV-L), des Tarifvertrages für Auszubildende der Länder in Ausbildungsberufen nach dem Berufsbildungsgesetz (TVA-L BBiG) oder des Tarifvertrages für Auszubildende der Länder in Pflegeberufen (TVA-L Pflege)

fallen.

§ 2 Grundsatz der Entgeltumwandlung

Dieser Tarifvertrag regelt die Grundsätze zur Umwandlung tarifvertraglicher Entgeltbestandteile zum Zwecke der betrieblichen Altersversorgung.

Protokollerklärung:

Der Klammerzusatz „(einschließlich des Ausschlusses der Entgeltumwandlung und der Verhandlungszusage nach 1.3)" in § 40 Abs. 4 des Tarifvertrages Altersversorgung findet keine Anwendung mehr.

§ 3 Anspruchsvoraussetzungen

(1) Beschäftigte haben Anspruch darauf, dass künftige Entgeltansprüche durch Entgeltumwandlung für ihre betriebliche Altersversorgung verwendet werden.

(2) [1]Der Höchstbetrag für die Entgeltumwandlung wird begrenzt auf jährlich bis zu 4 v. H. der jeweiligen Beitragsbemessungsgrenze (West) in der allgemeinen Rentenversicherung zuzüglich 1800 Euro. [2]Im beiderseitigen Einvernehmen kann in der Entgeltumwandlungsvereinbarung (§ 5 Abs. 2) vereinbart werden, dass ein über den Höchstbetrag nach Satz 1 hinausgehender Betrag des Entgelts umgewandelt wird.

(3) Der umzuwandelnde Entgeltbetrag für ein Jahr muss mindestens 1/160 der Bezugsgröße nach § 18 Abs. 1 SGB IV erreichen.

§ 4 Umwandelbare Entgeltbestandteile

(1) Beschäftigte können nur künftige Entgeltansprüche umwandeln.

(2) Umwandelbar sind künftige Ansprüche auf die Jahressonderzahlung sowie auf monatliche Entgeltbestandteile.

(3) Vermögenswirksame Leistungen können nicht umgewandelt werden.

§ 5 Geltendmachung des Entgeltumwandlungsanspruchs

(1) Beschäftigte müssen den Anspruch auf Entgeltumwandlung rechtzeitig gegenüber dem Arbeitgeber schriftlich geltend machen.

Niederschriftserklärung zu Absatz 1:

Die Arbeitgeber weisen darauf hin, dass für die Durchführung der Entgeltumwandlung technische Vorarbeiten notwendig sind, die gewisse Vorlaufzeiten erfordern. Die Entgeltumwandlung wird deshalb in der Regel nur für Entgeltbestandteile möglich sein, deren Umwandlung mindestens zwei Monate vor ihrer Fälligkeit beantragt wurde. Die Gewerkschaften nehmen dies zur Kenntnis.

(2) Für die Entgeltumwandlung schließen die/der Beschäftigte und der Arbeitgeber eine schriftliche Vereinbarung (Entgeltumwandlungsvereinbarung).

(3) [1]Die Umwandlung monatlicher Entgeltbestandteile hat mindestens für den Zeitraum eines Jahres zu erfolgen. [2]In begründeten Einzelfällen ist ein kürzerer Zeitraum zulässig. [3]Der Arbeitgeber kann bei Umwandlung monatlicher Entgeltbestandteile verlangen, dass für den Zeitraum eines Jahres gleich bleibende monatliche Beträge umgewandelt werden.

(4) Die Absätze 1 bis 3 gelten für die Änderung bestehender Vereinbarungen zur Entgeltumwandlung entsprechend.

§ 6 Durchführungsweg

[1]Für den Durchführungsweg gelten die Vorschriften des Betriebsrentengesetzes. [2]Die Entgeltumwandlung ist bei der VBL durchzuführen; dies gilt nicht für die Beschäftigten des Saarlandes und der Freien und Hansestadt Hamburg.

Protokollerklärung:
Die Tarifvertragsparteien stimmen darin überein, dass die Durchführung der Entgeltumwandlung ausschließlich bei der Versorgungsanstalt des Bundes und der Länder erfolgt, die seit jeher für die betriebliche Altersversorgung der Arbeitnehmerinnen und Arbeitnehmer von Bund und Ländern zuständig ist. Lediglich im Saarland und in der Freien und Hansestadt Hamburg wird die betriebliche Altersversorgung nicht über die VBL durchgeführt; dort gelten für den Durchführungsweg deshalb ausschließlich die Vorschriften des Betriebsrentengesetzes.

§ 7 In-Kraft-Treten

(1) Dieser Tarifvertrag tritt am 1. August 2011 in Kraft.

(2) Dieser Tarifvertrag kann mit einer Frist von drei Monaten zum Ende eines Kalendervierteljahres, frühestens zum 31. Dezember 2011, schriftlich gekündigt werden.

(3) Mit In-Kraft-Treten dieses Tarifvertrages tritt der Tarifvertrag zur Entgeltumwandlung für die Beschäftigten der Länder vom 12. Oktober 2006 (TV-EntgeltU-L) außer Kraft.

(4) Die Rechtswirksamkeit von bereits vor In-Kraft-Treten dieses Tarifvertrages abgeschlossenen Entgeltumwandlungsvereinbarungen bleibt unberührt, ebenso die Möglichkeit nachträglicher Änderungen entsprechend § 5 TV-EntgeltU-L.

Tarifeinigung über mobile Arbeitsformen

Vom 10. Juni 2021

[1]Die Tarifvertragsparteien haben sich darüber geeinigt, dass, soweit in einer Dienststelle Formen des mobilen Arbeitens zur Anwendung kommen, die Ausgestaltung durch Dienstvereinbarung zu regeln ist. [2]Dabei sind die Funktionsfähigkeit sowie die effektive und effiziente behördliche Aufgabenwahrnehmung in der Dienststelle zu gewährleisten und die Interessen der Beschäftigten angemessen zu berücksichtigen.

[3]In der Dienstvereinbarung sind insbesondere Regelungen zu folgenden Gegenständen zu treffen:

a) persönlicher Geltungsbereich,
b) Regelungen zur Arbeitszeit (einschließlich Beginn und Ende),
c) Kostentragung durch den Arbeitgeber für arbeitgeberseitig übergebene/zur Verfügung gestellte Arbeitsmittel und -geräte sowie deren Wartung und Reparatur,
d) Grundsätzlich keine Verwendung von personenbezogenen Daten zur Leistungs- und Verhaltenskontrolle,
e) Benachteiligungsverbot gegenüber Beschäftigten bei Anwendung oder Nicht-Anwendung von mobilen Arbeitsformen.

[4]Dienstvereinbarungen, die bei Inkrafttreten dieser Tarifeinigung bereits bestehen, oder bereits bestehende anderweitige (Zusatz-)Vereinbarungen zum mobilen Arbeiten bleiben unberührt.

[5]Diese Tarifeinigung tritt zum 1. Januar 2022 in Kraft. [6]Sie kann von jeder Tarifvertragspartei schriftlich gekündigt werden, frühestens jedoch zum 31. Dezember 2025.

VI

Digitalisierungstarifvertrag (DigiTV)

Vom 10. Juni 2021

Inhaltsübersicht

Präambel

Die Digitalisierung bietet große Chancen und verändert die Arbeitswelt. Beispielsweise ermöglicht E-Government Bürgerinnen, Bürgern und Unternehmen den unkomplizierten und zeitlich unabhängigen Zugang zu den Leistungen des Staates. Verwaltungshandeln wird schneller. Von einer erfolgreichen digitalen Verwaltung profitieren Bürgerinnen und Bürger und Beschäftigte gleichermaßen. Die Digitalisierung hat die Arbeitswelt in der Bundesverwaltung bereits verändert und wird dies auch in Zukunft tun. Diese Veränderungen können aber auch Bedenken auslösen. Diese Bedenken nehmen die Tarifvertragsparteien ernst.

Verlässliche Prognosen bezüglich der konkreten Auswirkungen auf die bestehenden Arbeitsprozesse in den Behörden und die jeweiligen individuellen Arbeitsplätze lassen sich aufgrund der dynamischen Entwicklung in der Digitalisierung nicht aufstellen. Die Bandbreite reicht von für die jeweiligen Arbeitsplätze unwesentlichen Anpassungen bis zu massiven Veränderungen. Hinzu kommt die große Vielfalt der Bundesbehörden mit unterschiedlichsten Aufgaben und dazu korrespondierend, divergierenden Arbeitsplätzen. Insofern gestalten sich die Auswirkungen der Digitalisierung auf diese Arbeitsplätze notwendigerweise heterogen. Mit diesem Tarifvertrag werden daher Mechanismen insbesondere für die Arbeitsplatzsicherung sowie die notwendige Qualifizierung geregelt.

Der Bund hat mit dem erheblichen Stellenaufwuchs in dieser Legislaturperiode für einen deutlichen Personalaufbau gesorgt. Diesen Personalaufwuchs wollen die Tarifvertragsparteien gemeinsam sichern. Digitalisierung führt daher nach ihrem Verständnis keineswegs zum Arbeitsplatzverlust, sondern im Gegenteil: Digitalisierung macht unsere Arbeitsplätze beim Arbeitgeber Bund zukunftssicher. Mit diesem Tarifvertrag findet daher eine Arbeitsplatzsicherung statt. In diesem Tarifvertrag finden sich deshalb auch keine Regelungen, die den Abbau von Arbeitsplätzen betreffen, sondern Regelungen für den Umgang mit Veränderungen aufgrund von Digitalisierung.

Der Qualifizierung kommt dabei eine Schlüsselrolle zu. Die Tarifvertragsparteien haben sich schon 2005 zu einem hohen Qualifikationsniveau und lebenslangem Lernen bekannt. Die berufliche Weiterbildung ist Voraussetzung einer vorausschauenden Fachkräfte- und Innovationspolitik. Dies gilt umso mehr im Zusammenhang mit digitaler Transformation, weshalb dies ein wesentlicher Regelungsbereich dieses Tarifvertrags ist und durch die Dienststellen und Personalvertretungen näher auszugestalten ist. Dabei trifft alle Beteiligten Verantwortung sowie Verpflichtung gleichermaßen. Weiterbildung bietet im Wandel zugleich Chance und Schutz für Betroffene.

§ 1 Anwendungsbereich

(1) Digitalisierung im Sinne dieses Tarifvertrags ist die erstmalige Einführung digital gestützter Arbeitsprozesse oder die Ausweitung/Fortentwicklung eben dieser digital gestützten Arbeitsprozesse.

(2) Falls die Digitalisierung zur Folge hat, dass in einer Dienststelle eine wesentliche Änderung von Arbeitsprozessen (Arbeitstechnik und/oder Arbeitsorganisation) zur wesentlichen Änderung der Arbeitsplatzanforderungen oder Arbeitsplatzbedingungen (wesentliche personelle Auswirkungen wie insbesondere Änderung des Arbeitsortes, Qualifizierungsnotwendigkeit oder Änderung der Entgeltgruppe) führt, gelten die nachstehenden Regelungen.

(3) Beschäftigte, die Ansprüche aus diesem Tarifvertrag geltend machen, können nicht zu gleichen Sachverhalten Ansprüche aus dem Tarifvertrag über den Rationalisierungsschutz für Arbeiter und Angestellte sowie den Tarifvertrag über sozialverträgliche Begleitmaßnahmen im Zusammenhang mit der Umgestaltung der Bundeswehr geltend machen.

§ 2 Arbeitsplatzsicherung

(1) Falls die in § 1 Abs. 2 genannte Folge der Digitalisierung ohne weiteren Eingriff zu einem Wegfall der bisher ausgeübten Tätigkeit oder zu einer niedrigeren tariflichen Eingruppierung für die betroffenen Beschäftigten führt, greifen nachfolgende Maßnahmen.

(2) [1]Die Sicherung eines gleichwertigen Arbeitsplatzes hat Vorrang vor allen anderen Sicherungsmaßnahmen. [2]Bei der Arbeitsplatzsicherung gilt folgende Reihenfolge:

a) gleichwertiger Arbeitsplatz in derselben Behörde am bisherigen Beschäftigungsort,
b) gleichwertiger Arbeitsplatz in einer anderen Behörde am bisherigen Beschäftigungsort,
c) gleichwertiger Arbeitsplatz in derselben Behörde an einem anderen, nächstmöglichen Beschäftigungsort,
d) gleichwertiger Arbeitsplatz in einer anderen Behörde an einem anderen, nächstmöglichen Beschäftigungsort,
e) niedriger bewerteter Arbeitsplatz in derselben Behörde am bisherigen Beschäftigungsort,
f) niedriger bewerteter Arbeitsplatz in einer anderen Behörde am bisherigen Beschäftigungsort,

g) niedriger bewerteter Arbeitsplatz in derselben Behörde an einem anderen, nächstmöglichen Beschäftigungsort,
h) niedriger bewerteter Arbeitsplatz in einer anderen Behörde an einem anderen, nächstmöglichen Beschäftigungsort.

[3]Von der vorstehenden Reihenfolge kann im Einvernehmen mit den betroffenen Beschäftigten abgewichen werden.

(3) Falls kein gleichwertiger aber ein höherwertiger Arbeitsplatz zur Verfügung steht, soll die/der Beschäftigte entsprechend ihrer/seiner persönlichen Eignung qualifiziert werden, wenn ihr/ihm dadurch die Übernahme dieses Arbeitsplatzes angeboten werden kann.

Protokollerklärung zu Abs. 2 und 3:
[1]Gleichwertig ist ein Arbeitsplatz, wenn sich durch die neue Tätigkeit die Entgeltgruppe nicht ändert und die/der Beschäftigte in der neuen Tätigkeit vollbeschäftigt bzw. im bisherigen Umfang nicht vollbeschäftigt bleibt. [2]Die Arbeitsplatzsicherung erfolgt auf der Grundlage des jeweilig geltenden Haushaltsrechts des Bundes.

§ 3 Entgeltsicherung

(1) Verringert sich bei Beschäftigten auf Grund einer Maßnahme nach § 2 das Tabellenentgelt, wird eine persönliche Zulage gewährt.

(2) [1]Die Höhe der persönlichen Zulage errechnet sich aus der Differenz zwischen dem Tabellenentgelt aus der neuen Verwendung und dem bisherigen Tabellenentgelt. [2]Bei der Berechnung der persönlichen Zulage werden jeweils zusätzlich zum Tabellenentgelt etwaige nach § 17 TV EntgO Bund und § 25 Abs. 3 TVÜ-Bund zustehende Zulagen hinzugerechnet.

(3) [1]Die persönliche Zulage nimmt an allgemeinen Entgelterhöhungen teil. [2]Ungeachtet von Satz 1 verringert sie sich nach Ablauf der sich aus § 34 Abs. 1 TVöD ohne Berücksichtigung des § 34 Abs. 2 TVöD ergebenden Kündigungsfrist bei jeder allgemeinen Entgelterhöhung bei Beschäftigten, die
a) eine Beschäftigungszeit von 15 Jahren zurückgelegt haben, um ein Drittel,
b) noch keine Beschäftigungszeit von 15 Jahren zurückgelegt haben, um zwei Drittel

des Erhöhungsbetrages. [3]Die Kündigungsfrist nach Satz 2 beginnt mit dem Tag der Aufnahme der neuen Tätigkeit.

(4) Entgelterhöhungen aufgrund von
- Höhergruppierungen nach § 17 Abs. 5 TVöD,
- Stufenaufstiegen nach § 16 (Bund) TVöD,
- Maßnahmen nach §§ 8 und 9 TVÜ-Bund und
- persönlichen Zulagen nach § 14 TVöD, § 10 und § 18 TVÜ-Bund

werden ungeachtet des Absatzes 3 in voller Höhe auf die persönliche Zulage angerechnet.

(5) Wird mit Beschäftigten auf deren Antrag nach Aufnahme der neuen Tätigkeit eine Teilzeitbeschäftigung vereinbart, verringert sich die persönliche Zulage für die Dauer der Teilzeitbeschäftigung entsprechend.

(6) [1]Die Absätze 1 bis 4 gelten nicht, wenn Beschäftigte ihre Zustimmung zu einer Qualifizierungsmaßnahme entgegen ihrer Verpflichtung nach § 4 Abs. 5 Satz 2 verweigern oder diese aus einem von ihnen zu vertretenden Grund abbrechen. [2]Die persönliche Zulage entfällt, wenn die/der Beschäftigte die Übernahme einer höherwertigen Tätigkeit ohne triftige Gründe ablehnt.

(7) Bei Einkommenssicherung nach den vorstehenden Absätzen finden die Vorschriften über die Änderungskündigung keine Anwendung.

§ 4 Qualifizierung

(1) [1]Falls für die Durchführung von Maßnahmen zur Arbeitsplatzsicherung nach § 2 oder für die Einarbeitung in eine aufgrund der Digitalisierung erfolgte wesentlich geänderte Tätigkeit Qualifizierung erforderlich wird, besteht ein Anspruch auf Qualifizierung inklusive der Pflicht zur Teilnahme. [2]Dafür sind in einer Dienstvereinbarung die nachfolgenden Regelungen auszugestalten.

(2) [1]Beschäftigte haben einen Anspruch auf Durchführung eines Gesprächs zur Feststellung des konkreten individuellen Qualifizierungsbedarfs. [2]Sie sind zur Mitwirkung bei der Feststellung des individuellen Qualifizierungsbedarfs verpflichtet.

(3) Die Beschäftigten erhalten auf Wunsch eine Dokumentation des Gesprächsergebnisses.

(4) [1]Der Anspruch auf Durchführung des Qualifizierungsgesprächs gilt auch für die Beschäftigten in Elternzeit und anderen ruhenden Arbeitsverhältnissen, um diesen einen Wiedereinstieg zu ermöglichen. [2]Auf Wunsch informiert der Arbeitgeber die Beschäftigten in Elternzeit über bestehende Weiterbildungsangebote.

(5) [1]Soweit konkreter individueller Qualifizierungsbedarf vom Arbeitgeber auf Basis des Gesprächs festgestellt wurde, wird der/dem Beschäftigten eine geeignete Qualifizierungsmaßnahme angeboten. [2]Die/Der Beschäftigte ist zur Teilnahme verpflichtet.

Protokollerklärung zu Abs. 5:

Die Geeignetheit einer Qualifizierungsmaßnahme ist auch von einer angemessenen Berücksichtigung der Vereinbarkeit von Familie und Beruf abhängig.

(6) [1]Es kommen alle geeigneten Qualifizierungsmaßnahmen in Betracht, unter anderem:

a) maßgeschneiderte Kurse (mit Teilnahmebescheinigung),

b) allgemeingültige Kurse (mit Zertifikat) oder

c) Studiengänge (ggf. mit akademischem Grad).

[2]Die Qualifizierungsmaßnahmen können in klassischen Schulungsmaßnahmen oder in digitalen Formen der Wissensvermittlung (E-Learning) erfolgen.

(7) [1]Die Kosten einer Qualifizierungsmaßnahme – einschließlich Reisekosten – werden grundsätzlich vom Arbeitgeber getragen. [2]Sofern durch die Qualifizierungsmaßnahme das Qualifikationsniveau deutlich erhöht und dadurch die persönlichen Voraussetzungen für eine höhere Eingruppierung geschaffen werden, kann ein möglicher Eigenbeitrag durch eine Qualifizierungsvereinbarung geregelt werden. [3]Die Dienstvereinbarungsparteien sind gehalten, die Grundsätze einer fairen Kostenverteilung unter Berücksichtigung des dienstlichen und individuellen Nutzens zu regeln. [4]Der Eigenbeitrag der Beschäftigten kann in Geld und/oder Zeit erfolgen.

VI

(8) [1]Zeiten von vereinbarten Qualifizierungsmaßnahmen gelten als Arbeitszeit. [2]Für Beschäftigte mit individuellen Arbeitszeiten sollen Qualifizierungsmaßnahmen so angeboten werden, dass ihnen eine gleichberechtigte Teilnahme ermöglicht wird.

(9) Die Teilnahme an einer Qualifikationsmaßnahme wird dokumentiert und den Beschäftigten in Textform bestätigt.

(10) [1]Setzen Beschäftigte nach der Qualifizierungsmaßnahme aus einem von ihnen zu vertretenden Grund das Arbeitsverhältnis nicht für mindestens einen der Dauer der Qualifizierungsmaßnahme entsprechenden Zeitraum fort, ist der Arbeitgeber berechtigt, die Kosten der Qualifizierungsmaßnahme ganz oder teilweise zurückzufordern. [2]Im Falle einer erheblichen Freistellung für die Durchführung der Qualifizierungsmaßnahme kann dies auch das gezahlte Entgelt umfassen. [3]Auf die Rückzahlungspflicht kann ganz oder teilweise verzichtet werden, soweit sie für die Beschäftigten eine besondere Härte bedeuten würde. [4]Die Einzelheiten sind in der Qualifizierungsvereinbarung zu regeln.

(11) Im Übrigen gilt § 5 TVöD.

§ 5 Mobilitätszahlung

(1) Beschäftigten wird unter folgenden Voraussetzungen eine Einmalzahlung gewährt:

a) die Durchführung einer Maßnahme nach § 2 hat einen dauerhaften Wechsel des Beschäftigungsortes zur Folge,
b) der neue Beschäftigungsort liegt außerhalb der politischen Gemeinde des bisherigen Beschäftigungsortes, und
c) die Entfernung zwischen dem Wohnort und dem neuen Beschäftigungsort ist mindestens 50 Kilometer größer als die Entfernung zwischen dem Wohnort und dem bisherigen Beschäftigungsort (zusätzliche Entfernung).

(2) Die Höhe der Einmalzahlung richtet sich nach der zusätzlichen Entfernung im Sinne des Abs. 1 Buchst. c) und ist wie folgt gestaffelt:

Zusätzliche Entfernung, Abs. 1 Buchst. c)	**Höhe der Einmalzahlung**
ab 50 bis unter 100 Kilometer	2.000,00 Euro
ab 100 bis unter 200 Kilometer	4.000,00 Euro
ab 200 Kilometer	6.000,00 Euro

(3) [1]Die Einmalzahlung wird mit dem ersten Monatsentgelt nach Aufnahme der Tätigkeit am neuen Beschäftigungsort ausgezahlt. [2]Sie ist bei der Bemessung sonstiger Leistungen nicht zu berücksichtigen.

VI

§ 6 Laufzeit

(1) Dieser Tarifvertrag tritt zum 1. Januar 2022 in Kraft.

(2) Dieser Tarifvertrag kann von jeder Tarifvertragspartei schriftlich gekündigt werden, frühestens jedoch zum 31. Dezember 2025.

Abschluss der Tarifverhandlungen zu einem Digitalisierungstarifvertrag – Hinweise zur Anwendung und Durchführung

BMI-Rundschreiben vom 31. August 2021
– D5-31000/19#7 –

In den Tarifverhandlungen zu einem Digitalisierungstarifvertrag des Bundes mit den Gewerkschaften ver.di und dbb beamtenbund und tarifunion haben sich die Tarifvertragsparteien am 10. Juni 2021 auf den Abschluss eines Digitalisierungsvertrages[1]) verständigt. Neben dem Digitalisierungstarifvertrag ist auch eine Einigung über Rahmenbedingungen für mobile Arbeitsformen erzielt worden[2]). Das Unterschriftsverfahren wurde mit Schlusszeichnung durch den Bundesminister des Innern, für Bau und Heimat am 18. August 2021 abgeschlossen.

A. Tarifeinigung über einen Digitalisierungstarifvertrag[1])

Da die Digitalisierung die Arbeitswelt in der Bundesverwaltung bereits verändert hat und diese Veränderungen stetig und künftig, jedoch ohne sichere Prognose der Auswirkungen auf die jeweiligen Arbeitsplätze erfolgen werden, sind die Tarifvertragsparteien mit dem Digitalisierungstarifvertrag gezielt auf Befürchtungen bzw. Bedenken der Beschäftigten eingegangen und haben insbesondere Regelungen zur Qualifizierung sowie zur Arbeitsplatz-, aber auch Entgeltsicherung getroffen. Grundlage war die gemeinsame Erwartung, dass die Digitalisierung große Chancen bietet und Arbeitsplätze zukunftssicher macht. Der Tarifvertrag enthält deshalb keine Regelungen zum Arbeitsplatzabbau, sondern Regelungen zum Umgang mit Veränderungen aufgrund von Digitalisierung. Der Tarifvertrag tritt mit Wirkung zum 1. Januar 2022 in Kraft.

Mit diesem Rundschreiben gebe ich für den Bund Hinweise zur Anwendung und Durchführung des Digitalisierungstarifvertrages (DigiTV).

1. Anwendungsbereich (§ 1 DigiTV)

Dieser Tarifvertrag gilt für Personen, die unter den Geltungsbereich des Tarifvertrages für den öffentlichen Dienst (TVöD) fallen. „Digitalisierung" ist ein schwer fassbarer Begriff. Unter Digitalisierung im Sinne dieses Tarifvertrages wird die erstmalige Einführung oder Ausweitung/Fortentwicklung digital gestützter Arbeitsprozesse verstan-

---

[1]) abgedruckt unter **662**

[2]) abgedruckt unter **660**

den (§ 1 Abs. 1 DigiTV). Damit sind sowohl die erstmalige Anwendung von digital gestützten Prozessen in Bereichen gemeint, die vormals noch analog betrieben wurden, wie auch die Fortentwicklung schon bestehender digital gestützter Arbeitsprozesse.

Zudem wird die Anwendung des Tarifvertrages erst dadurch eröffnet, dass die so verstandene Digitalisierung eine wesentliche Änderung von Arbeitsprozessen zur Folge hat, die zu einer wesentlichen Änderung der Arbeitsplatzanforderungen oder Arbeitsplatzbedingungen führt (§ 1 Abs. 2 DigiTV).

- Eine wesentliche Änderung von Arbeitsprozessen liegt in der Regel vor, wenn sich die Arbeitstechnik, wie z. B. durch den Einsatz neuer Anlagen, Maschinen oder Geräte und/ oder die Arbeitsorganisation, wie z. B. Arbeitsabläufe oder die Kommunikations- und Kooperationserfordernisse und -möglichkeiten, ändern. Der bloße Austausch von Gerätschaften mit lediglich höherem Standard oder ein Softwareupdate genügen nicht.
- Eine wesentliche Änderung der Arbeitsplatzanforderungen oder der Arbeitsplatzbedingungen liegt in der Regel vor, wenn die Änderung tiefgreifende personelle Auswirkungen hat, wie insbesondere eine Änderung des Arbeitsortes oder das Erfordernis einer Qualifizierung oder eine Änderung der Eingruppierung. Eine bloße Änderung von Arbeitsprozessen ohne derartig gravierende Konsequenzen für die Beschäftigten genügt nicht.

Um Doppelansprüche bzw. Konkurrenzen zu vermeiden, wird in § 1 Abs. 3 DigiTV klargestellt, dass Beschäftigte, die Ansprüche aus diesem Tarifvertrag geltend machen, nicht zu gleichen Sachverhalten Ansprüche aus den Tarifverträgen über den Rationalisierungsschutz für Arbeiter und Angestellte (RatSchTV Arb/RatSchTV Ang) oder aus dem Tarifvertrag über sozialverträgliche Begleitmaßnahmen im Zusammenhang mit der Umgestaltung der Bundeswehr (TV UmBw) geltend machen können. Das bedeutet zum Beispiel, dass Beschäftigte, die Ansprüche aus § 3 DigiTV (Entgeltsicherung) geltend machen, sich nicht mehr auf Ansprüche aus § 6 RatSchTV Ang (Vergütungssicherung) berufen können. Beide Regelungen betreffen in dem Beispiel den gleichen Sachverhalt, nämlich die Sicherung des Entgelts.

2. Arbeitsplatzsicherung (§ 2 DigiTV)

Falls die oben beschriebene Folge der Digitalisierung (§ 1 Abs. 2 DigiTV) ohne weiteren Eingriff zu einem Wegfall der bisher ausgeübten Tätigkeit oder zu einer niedrigeren tariflichen Eingruppierung für die betroffenen Beschäftigten führt, greifen nach § 2 Abs. 1 DigiTV die im Tarifvertrag aufgeführten Maßnahmen der Arbeitsplatzsicherung. Satz 2 der Protokollerklärung zu Absatz 2 und 3 besagt, dass die Arbeitsplatzsicherung auf Grundlage des jeweilig geltenden Haushaltsrechts erfolgt, also eine entsprechende Planstelle/Stelle haushaltsrechtlich auch zur Verfügung stehen muss.

Nach § 2 Abs. 2 DigiTV soll bei Vorliegen dieser Voraussetzungen vorrangig ein gleichwertiger Arbeitsplatz gesichert werden. Dementsprechend soll die vorzunehmende Arbeitsplatzsicherung entsprechend der Kaskade mit einem gleichwertigen Arbeitsplatz in derselben Behörde am bisherigen Beschäftigungsort beginnen. Im Übrigen ist die Reihenfolge, die bei der Arbeitsplatzsicherung durch die Dienststelle eingehalten werden soll, in § 2 Abs. 2 Satz 2 Buchst. a) bis h) DigiTV geregelt. Nach Satz 1 der Protokollerklärung zu Abs. 2 und 3 ist ein Arbeitsplatz gleichwertig, wenn sich durch die neue Tätigkeit die Entgeltgruppe nicht ändert und die/der Beschäftigte in der neuen Tätigkeit vollbeschäftigt bzw. im bisherigen Umfang nicht vollbeschäftigt bleibt.

Die Arbeitsplatzsicherung kann formal im Wege einer Versetzung nach § 4 Abs. 1 TVöD oder durch einen Änderungsvertrag erfolgen.

Nach § 2 Abs. 2 Satz 3 DigiTV kann von der Reihenfolge im Einvernehmen mit der/dem betroffenen Beschäftigten abgewichen werden. Der Arbeitgeber kann also z. B. an erster Stelle auch einen gleichwertigen Arbeitsplatz in einer anderen Behörde an einem anderen Beschäftigungsort anbieten und die/der Beschäftigte kann diesen annehmen.

Ergibt die Prüfung, dass ein gleichwertiger Arbeitsplatz im vorstehenden Rahmen nicht zur Verfügung steht, aber ein höherwertiger Arbeitsplatz, dann soll die/der Beschäftigte gemäß § 2 Abs. 3 DigiTV entsprechend ihrer/seiner persönlichen Eignung (nach § 4 DigiTV) qualifiziert werden, wenn ihr/ihm dadurch die Übernahme dieses Arbeitsplatzes angeboten werden kann.

3. Entgeltsicherung (§ 3 DigiTV)

Die Tarifvertragsparteien haben sich in § 3 DigiTV auf eine Regelung zur Entgeltsicherung in Form einer persönlichen Zulage verständigt.

3.1 Voraussetzungen

Ein Anspruch auf die persönliche Zulage besteht unter folgenden Voraussetzungen:

- **Maßnahme zur Arbeitsplatzsicherung nach § 2 DigiTV**

  Ist die bisher ausgeübte Tätigkeit aufgrund von wesentlichen Änderungen der Arbeitsplatzanforderungen oder Arbeitsplatzbedingungen weggefallen, ist der/dem Beschäftigten nach den Regelun-

VI

gen des § 2 DigiTV ein Angebot über einen anderen Arbeitsplatz zu unterbreiten, der auch niedriger bewerten sein kann als zuvor.

– **Verringerung des Tabellenentgeltes nach dem Arbeitsplatzwechsel**

  Ein Anspruch auf eine persönliche Zulage kann nur entstehen, sofern sich das Tabellenentgelt nach dem Arbeitsplatzwechsel verringert. Dies kann etwa durch eine niedrigere Eingruppierung der Fall sein. Maßgeblich ist die Differenz zwischen dem Tabellenentgelt aus der neuen Verwendung und dem bisherigen Tabellenentgelt. Zu berücksichtigen sind abschließend folgende Entgeltbestandteile:

Tabellenentgelt (§ 15 TVöD) vor der Maßnahme nach § 2 Abs. 2	**Tabellenentgelt (§ 15 TVöD)** nach der Maßnahme nach § 2 Abs. 2
+ Zulage aus § 17 TV EntgO Bund, sofern diese vor der Maßnahme nach § 2 Abs. 2 zustand	**+ Zulage aus § 17 TV EntgO Bund,** sofern diese nach der Maßnahme nach § 2 Abs. 2 zusteht
+ Zulage aus § 25 Abs. 3 TVÜ-Bund, sofern diese vor der Maßnahme nach § 2 Abs. 2 zustand	**+ Zulage aus § 25 Abs. 3 TVÜ-Bund,** sofern diese nach der Maßnahme nach § 2 Abs. 2 zusteht
= Summe vorher	**= Summe nachher**

VI

Ein Anspruch auf die persönliche Zulage kann also nur entstehen, wenn die Summe nach der Maßnahme nach § 2 Abs. 2 DigiTV geringer ausfällt als vorher.
Weitere Zulagen und Zuschläge als die oben genannten sind bei der Vergleichsberechnung nicht zu berücksichtigen.

3.2 Höhe und Dynamisierung der persönlichen Zulage

Die persönliche Zulage wird in Höhe des Differenzbetrages (siehe vorstehender Abschnitt) gezahlt (§ 3 Abs. 2 DigiTV).

Die persönliche Zulage nimmt grundsätzlich an den allgemeinen Entgelterhöhungen teil (§ 3 Abs. 3 Satz 1 DigiTV). Gleichzeitig haben sich die Tarifvertragsparteien darauf verständigt, dass die persönliche Zulage unter bestimmten Voraussetzungen nicht in vollem Maße an der allgemeinen Entgelterhöhung teilnimmt (§ 3 Abs. 3 Satz 2 DigiTV). Hierzu gilt Folgendes:

– **Keine Kürzung des Erhöhungsbetrages** erfolgt, sofern die allgemeine Entgelterhöhung innerhalb eines Zeitraums eintritt, der den (Kündigungs-) Fristen aus § 34 Abs. 1 TVöD entspricht. Die (Kündigungs-) Frist beginnt mit dem ersten Tag der Aufnahme der neuen Tätigkeit (§ 3 Abs. 3 Satz 3 DigiTV).

> **Beispiel:**
> Die neue Tätigkeit wird am 1. Februar aufgenommen. Die persönliche Zulage beträgt 100,00 Euro. Am 1. April desselben Jahres tritt eine allgemeine Entgelterhöhung von 3 % in Kraft. Das Arbeitsverhältnis bestand bereits seit mindestens acht Jahren. Die (Kündigungs-) Frist nach § 34 Abs. 1 TVöD beträgt vier Monate zum Schluss des Kalendervierteljahres. Da die allgemeine Entgelterhöhung innerhalb der Frist nach § 34 Abs. 1 TVöD erfolgte, nimmt die persönliche Zulage in vollem Umfang daran teil. Die persönliche Zulage beträgt ab dem 1. April 103,00 Euro.

– Eine **Kürzung des Erhöhungsbetrages um ein Drittel** erfolgt, sofern zum Zeitpunkt der Entgelterhöhung die (Kündigungs-) Frist aus § 34 Abs. 1 TVöD seit Übertragung der neuen Tätigkeit bereits abgelaufen ist und das Arbeitsverhältnis bereits mindestens 15 Jahre bestand. Die (Kündigungs-) Frist beginnt (auch hier) mit dem ersten Tag der Aufnahme der neuen Tätigkeit (§ 3 Abs. 3 Satz 3 DigiTV).

> **Beispiel:**
> Die neue Tätigkeit wird am 1. Januar aufgenommen. Die persönliche Zulage beträgt 100,00 Euro. Am 1. Dezember desselben Jahres tritt eine allgemeine Entgelterhöhung von 3 % in Kraft. Das Arbeitsverhältnis bestand bereits seit 18 Jahren. Die (Kündigungs-) Frist nach § 34 Abs. 1 TVöD beträgt sechs Monate zum Schluss des Kalendervierteljahres. Da die allgemeine Entgelterhöhung erst nach Ablauf der Frist nach § 34 Abs. 1 TVöD erfolgt, nimmt die persönliche Zulage nicht in vollem Umfang an der allgemeinen Entgelterhöhung teil. Der Erhöhungsbetrag wird um **ein Drittel** gekürzt. Die persönliche Zulage beträgt ab dem 1. Dezember 102,00 Euro.

– Eine **Kürzung des Erhöhungsbetrages um zwei Drittel** erfolgt, sofern zum Zeitpunkt der Entgelterhöhung die (Kündigungs-) Frist aus § 34 Abs. 1 TVöD seit Übertragung der neuen Tätigkeit bereits abgelaufen ist und das Arbeitsverhältnis weniger als 15 Jahre bestand. Die (Kündigungs-) Frist beginnt (auch hier) mit dem ersten Tag der Aufnahme der neuen Tätigkeit (§ 3 Abs. 3 Satz 3 DigiTV).

> **Beispiel:**
> Die neue Tätigkeit wird am 1. Januar aufgenommen. Die persönliche Zulage beträgt 100,00 Euro. Am 1. Dezember desselben Jahres tritt eine allgemeine Entgelterhöhung von 3 % in Kraft. Das Arbeitsverhältnis bestand bereits seit 9 Jahren. Die (Kündigungs-) Frist nach § 34 Abs. 1 TVöD beträgt vier Monate zum Schluss des Kalendervierteljahres. Da die allgemeine Entgelterhöhung erst nach Ablauf der Frist nach § 34 Abs. 1 TVöD erfolgte, nimmt die persönliche Zulage nicht in vollem Umfang an der allgemeinen Entgelterhöhung teil. Der Erhöhungsbetrag wird um **zwei Drittel** gekürzt. Die persönliche Zulage beträgt ab dem 1. Oktober 101,00 Euro.

Hinweis: Bei der Ermittlung der zugrunde zu legenden Beschäftigungszeit für die Kürzungsregelung ist immer auf den Zeitpunkt der jeweiligen allgemeinen Entgelterhöhung abzustellen.

VI

3.3 Anrechnung

Die Tarifvertragsparteien haben sich darauf verständigt, dass folgende Entgelterhöhungen in voller Höhe auf die persönliche Zulage angerechnet werden (§ 3 Abs. 4 DigiTV):

- Höhergruppierungen nach § 17 Abs. 5 TVöD,
- Stufenaufstiege nach § 16 (Bund) TVöD,
- Maßnahmen nach §§ 8, 9 TVÜ-Bund und
- persönliche Zulagen nach § 14 TVöD und §§ 10, 18 TVÜ-Bund (für den Zeitraum, in dem ein Anspruch auf diese Zulagen besteht).

Die Kürzungsregelung zur Dynamisierung (siehe vorstehender Absatz) bleibt hiervon unberührt.

3.4 Teilzeitbeschäftigung

VI

Wird mit Beschäftigten auf deren Antrag nach Aufnahme der neuen Tätigkeit eine Teilzeitbeschäftigung vereinbart, verringert sich die Höhe der persönlichen Zulage für die Dauer der Teilzeitbeschäftigung entsprechend (§ 3 Abs. 5 DigiTV).

Erhöht eine Beschäftige/ein Beschäftigter nach Aufnahme der neuen Tätigkeit die individuelle durchschnittliche Arbeitszeit, (von Teilzeit auf Vollzeit oder höherer Teilzeitfaktor), bleibt die Höhe der persönlichen Zulage unverändert.

3.5 Sonstiges

Die Tarifvertragsparteien haben sich zudem auf folgende Regelungen verständigt:

- Die vorgenannten Regelungen zur Entgeltsicherung gelten nicht, wenn Beschäftige ihre Zustimmung zu einer Qualifizierungsmaßnahme entgegen ihrer Verpflichtung nach § 4 Abs. 5 Satz 2 DigiTV verweigern oder diese aus einem von ihnen zu vertretenen Grund abbrechen (§ 3 Abs. 6 Satz 1 DigiTV).
- Zudem entfällt die persönliche Zulage, wenn die/der Beschäftigte die Übernahme einer höherwertigen Tätigkeit ohne triftige Gründe ablehnt (§ 3 Abs. 6 Satz 2 DigiTV).
- Weiterhin stellen die Tarifvertragsparteien klar, dass die Vorschriften über Änderungskündigungen auf die Entgeltsicherung nach § 3 DigiTV keine Anwendung finden.

4. Qualifizierung (§ 4 DigiTV)

In § 4 DigiTV wird abweichend von § 5 TVöD der Anspruch auf eine geeignete Qualifizierungsmaßnahme zum erforderlichen Kompetenzerwerb festgeschrieben, sofern die persönlichen Voraussetzungen der/des Beschäftigten das zulassen. Mit dem DigiTV wird damit ein Anspruch geschaffen, der über den Anspruch auf ein regelmäßiges Qualifizierungsgespräch in § 5 TVöD hinausgeht. Folgende Voraussetzungen müssen für einen Anspruch auf Qualifizierungsmaßnahmen vorliegen:

- Digitalisierungsmaßnahme nach § 1 DigiTV,
- Betroffenheit des Arbeitsplatzes des Beschäftigten,
- Erforderlichkeit der Qualifikation für
  - die Durchführung einer Maßnahme zur Arbeitsplatzsicherung nach § 2 DigiTV oder
  - die Einarbeitung in eine wesentlich geänderte Tätigkeit.

Dafür sind die Regelungen aus § 4 Abs. 2 bis 10 DigiTV durch Dienstvereinbarung auszugestalten. Um den spezifischen Bedürfnissen vor Ort und den unterschiedlichen Auswirkungen der Digitalisierung Rechnung tragen zu können, sind hier Dienstvereinbarungen notwendig.

VI

4.1 Durchführung von Qualifizierungsgesprächen

Die Dienstvereinbarung wird im Zuge der Umsetzung einer Digitalisierungsmaßnahme nach § 1 DigiTV zwischen Dienststelle und Personalvertretung vor Ort geschlossen. Kernstück der Dienstvereinbarung ist der Anspruch der betroffenen Beschäftigten auf Durchführung eines Gesprächs zur Feststellung des jeweils konkreten individuellen Qualifizierungsbedarfs (Qualifizierungsgespräch). Im Gegenzug sind die Beschäftigten zur Mitwirkung bei der Feststellung des Qualifizierungsbedarfs verpflichtet (vgl. § 4 Abs. 2 DigiTV). Den Beschäftigten ist auf Wunsch eine Dokumentation des Gesprächsergebnisses zur Verfügung zu stellen (vgl. § 4 Abs. 3 DigiTV).

Der Anspruch auf Durchführung des Qualifizierungsgesprächs gilt auch für Beschäftigte in Elternzeit und anderen ruhenden Arbeitsverhältnissen. Beschäftigte in Elternzeit werden auf Wunsch über Weiterbildungsangebote der Dienststelle informiert (vgl. § 4 Abs. 4 DigiTV).

Bei der Ermittlung des notwendigen Qualifizierungsbedarfs sind die bei den Beschäftigten bereits vorhandenen Kompetenzen zu berücksichtigen. Die Erfahrungen und Kenntnisse können in Vorverwendungen oder im privaten Bereich erworben worden sein. Mit der Berücksichtigung der vorhandenen Kompetenzen wird sichergestellt, dass

Qualifizierungsmaßnahmen zielgerichtet und nur im notwendigem Umfang durchgeführt werden.

4.2 Qualifizierungsmaßnahmen

Ob ein Qualifizierungsbedarf besteht, wird durch die Dienststelle ermittelt und festgestellt. Sofern konkreter individueller Qualifizierungsbedarf ermittelt wurde, wird der/dem Beschäftigten eine geeignete Qualifizierungsmaßnahme angeboten (vgl. § 4 Abs. 5 DigiTV). Die Qualifizierungsmaßnahme ist dann geeignet, wenn sie die erforderliche Kompetenzvermittlung für die künftige Aufgabenwahrnehmung sicherstellt und die persönliche Eignung der/des Beschäftigten für die Qualifizierungsmaßnahme vorliegt. Dabei wird die Vereinbarkeit von Familie und Beruf angemessen berücksichtigt (vgl. Protokollerklärung zu Absatz 5).

Qualifizierungsmaßnahmen können als klassische Präsenzveranstaltungen oder in Form von E-Learning durchgeführt werden, wobei neben Kostenerwägungen auch die Bedürfnisse der Beschäftigten Berücksichtigung finden sollen. Dies schließt auch den Umfang der Qualifizierungsmaßnahme mit ein, vom maßgeschneiderten, ggf. von der Dienststelle konzipierten, Kurs bis hin zu Studiengängen, die mit dem Erwerb eines akademischen Grades verbunden sind (vgl. § 4 Abs. 6 DigiTV). Die Entscheidung über die Art der Qualifizierungsmaßnahme orientiert sich am konkreten Bedarf im Hinblick auf die künftig wahrzunehmenden Aufgaben. Stehen potentiell mehrere Bewerberinnen und Bewerber für eine Qualifizierungsmaßnahme zur Verfügung, ist die am besten geeignete Bewerberin/der am besten geeignete Bewerber im Rahmen eines Auswahlverfahrens zu ermitteln.

Beschäftigten mit individuellen Arbeitszeiten sollen Qualifizierungsmaßnahmen angeboten werden, die eine gleichberechtigte Teilnahme ermöglichen (vgl. § 4 Abs. 8 Satz 2 DigiTV). Die Dienststelle stellt sicher, dass die Qualifizierungsmaßnahme dokumentiert und eine Bescheinigung über die Teilnahme ausgehändigt wird (vgl. § 4 Abs. 9 DigiTV).

4.3 Regelungen zu Kosten/Rückzahlung

Die Kosten für die Qualifizierungsmaßnahme werden im Regelfall vollständig vom Arbeitgeber getragen. Das schließt eventuelle Lehrgangs- und Studiengebühren ebenso wie die zur Teilnahme an den Qualifizierungsmaßnahmen notwendigen Reisekosten mit ein (vgl. § 4 Abs. 7 DigiTV). Ebenso gelten die Zeiten von vereinbarten Qualifizierungsmaßnahmen als Arbeitszeit (vgl. § 4 Abs. 8 DigiTV).

In Einzelfällen kann es aus Sicht der Dienststelle sinnvoll sein, über den kurzfristigen Bedarf hinaus Qualifizierungsmaßnahmen vorzusehen, die Vorsorge für einen sich mittelfristig abzeichnenden Bedarf aufgrund von Fluktuation treffen, wie z. B. der Renteneintritt eines aktuellen Stelleninhabers verbunden mit Gewinnungsproblemen bei der Nachbesetzung.

Erfordern die Qualifizierungsmaßnahmen einen erheblichen finanziellen Einsatz und/oder einen hohen Freistellungsumfang für die Teilnahme an der Qualifizierungsmaßnahme einerseits und liegt andererseits auf Seiten der/des Beschäftigten ein hohes Interesse an der Absolvierung der Qualifizierungsmaßnahme vor, kann ein Eigenbeitrag der/des Beschäftigten an den Kosten vereinbart werden. Der Umfang des Eigenbeitrags ist abhängig vom Interesse bzw. dem Nutzen für die Beschäftigte/den Beschäftigten. Zudem ist Voraussetzung für eine Kostenbeteiligung der/des Beschäftigten, dass mit der Qualifizierungsmaßnahme ein deutlich höheres Qualifizierungsniveau und die persönlichen Voraussetzungen für eine höhere Eingruppierung erzielt werden. Der Eigenbeitrag kann in Geld und/oder Zeit erfolgen. Die Einzelheiten dazu werden in der zu schließenden Qualifizierungsvereinbarung festgehalten. Darin ist ggf. auch die Rückzahlung von Qualifizierungskosten zu vereinbaren.

VI

Die Vereinbarung einer Bindungsfrist kommt dann in Betracht, wenn mit der Durchführung der Qualifizierungsmaßnahme für die Dienststelle erhebliche Kosten verbunden sind oder die in der Qualifizierungsmaßnahme erworbenen Kompetenzen zwingend für die Aufrechterhaltung des Dienstbetriebs erforderlich sind. Die Kosten ergeben sich aus den Ausgaben für die Qualifizierungsmaßnahmen und/oder auch aus dem Freistellungsumfang. Als Bindungsdauer kommt nach aktueller Rechtsprechung die Dauer der Qualifizierungsmaßnahme in Betracht.

Eine Rückzahlungspflicht besteht dann, wenn das Beschäftigungsverhältnis innerhalb der Bindungsfrist aus einem von der/dem Beschäftigten zu vertretenden Grund endet. Der Rückforderungsbetrag setzt sich aus den Kosten für die Teilnahme an der Qualifizierungsmaßnahme (sämtliche Ausgaben, Reisekosten, Trennungsgeld, Entgeltanteile) zusammen. Bei Qualifizierungsmaßnahmen mit einem erheblichen Freistellungsumfang bei Entgeltfortzahlung, kann auch das während der Qualifizierungsmaßnahme gezahlte Entgelt zurückgefordert werden.

Beispiel:

Ein Beschäftigter, der aktuell nach EG 11, Stufe 4 (Stand 01.04.2021: 4.599,68 Euro/Monat) vergütet wird, absolviert ein zweijähriges berufsbegleitendes Masterstudium. Mit dem Beschäftigten wird eine Qualifizierungsvereinbarung geschlossen, die eine Bindungsklausel für einen Zeitraum von zwei Jahren nach Abschluss der Qualifizierungsmaßname enthält. Die Kosten für die Qualifizierungsmaßnahme setzen sich folgendermaßen zusammen:

	Einzelkosten	**Kosten für 24 Monate**
Studiengebühren	1.000,00 Euro pro Semester	4.000,00 Euro
Reisekosten (Fahrtkosten und Tagegeld, Übernachtungskosten) für die Teilnahme an Lehrveranstaltungen	500,00 Euro pro Semester	2.000,00 Euro
Anteiliges Entgelt (20% Freistellungsumfang von der Arbeit bei Entgeltfortzahlung)	919,94 entspricht 20% von 4.599,68 Euro	22.078,56 Euro
Gesamt		28.078,56 Euro

a) Der Beschäftigte kündigt 6 Monate vor Beendigung der Qualifizierungsmaßnahme das Arbeitsverhältnis. Die Zahlung der Studiengebühren oder Reisekosten sind einzustellen. Für die Teilnahme an der Qualifizierungsmaßnahme erfolgt keine Freistellung mehr. Es ergibt sich folgender Rückforderungsbetrag:

	Kosten für 18 Monate
Studiengebühren	3.000,00 Euro
Reisekosten (Fahrtkosten und Tagegeld, Übernachtungskosten) für die Teilnahme an Lehrveranstaltungen	1.500,00 Euro
Anteilmäßiges Entgelt (20% Freistellungsumfang von der Arbeit bei Entgeltfortzahlung)	16.558,92 Euro
Rückforderung	21.058,92 Euro

b) Der Beschäftigte kündigt mit Beendigung der Qualifizierungsmaßnahme das Arbeitsverhältnis. Das Arbeitsverhältnis endet gleichzeitig mit der Qualifizierungsmaßnahme. Es ergibt sich folgender Rückforderungsbetrag:

	Kosten für 24 Monate
Studiengebühren	4.000,00 Euro
Reisekosten (Fahrtkosten und Tagegeld, Übernachtungskosten) für die Teilnahme an Lehrveranstaltungen	2.000,00 Euro

Anteilmäßiges Entgelt (20% Freistellungsumfang von der Arbeit bei Entgeltfortzahlung)	22.078,56 Euro
Rückforderungsbetrag	28.078,56 Euro

c) Der Beschäftigte kündigt nach Beendigung der Qualifizierungsmaßnahme das Arbeitsverhältnis. Das Arbeitsverhältnis endet acht Monate nach Ende der Qualifizierungsmaßnahme. Es ergibt sich folgender Rückforderungsbetrag:

	Kosten für 24 Monate
Studiengebühren	4.000,00 Euro
Reisekosten (Fahrtkosten und Tagegeld, Übernachtungskosten) für die Teilnahme an Lehrveranstaltungen	2.000,00 Euro
Anteilmäßiges Entgelt (20% Freistellungsumfang von der Arbeit bei Entgeltfortzahlung)	22.078,56 Euro
Gesamt:	28.076,56 Euro
Rückforderungsbetrag (anteilmäßige Kosten für 16 Monate der Qualifizierungsmaßnahme, 24 Monate - 8 Monate)	18.719,14 Euro

Auf die Rückzahlung des zurückzuerstattenden Betrages kann verzichtet werden, wenn dies eine unzumutbare Härte für die/den Beschäftigten darstellen würde. Die Pflicht zur Rückzahlung stellt dabei stets den Regelfall dar. Die Dienststelle prüft jedoch nach eigenem Ermessen, ob die Rückzahlungspflicht im speziellen Einzelfall aufgrund besonderer Umstände eine finanziell unzumutbare Situation bei der/dem Beschäftigten hervorrufen würde.

5. Mobilitätszahlung (§ 5 DigiTV)

Beschäftige haben unter den Voraussetzungen des § 5 Abs. 1 DigiTV einen Anspruch auf eine Einmalzahlung. Die Höhe der Einmalzahlung richtet sich nach § 5 Abs. 2 DigiTV.

5.1 Voraussetzungen

Ein Anspruch auf die Einmalzahlung nach § 5 Abs. 1 DigiTV setzt voraus, dass alle genannten Tatbestandsvoraussetzungen erfüllt sind. Im Einzelnen:

- **Wechsel des Beschäftigungsortes, § 5 Abs. 1 Buchst. a) DigiTV**

  Grundvoraussetzung ist, dass sich der Beschäftigungsort infolge einer Maßnahme nach § 2 DigiTV dauerhaft verändert. Damit knüpft § 5 Abs. 1 Buchst. a) DigiTV an die Regelungen zur Sicherung des Arbeitsplatzes nach § 2 Abs. 2 DigiTV an. Ein Arbeitsplatzwechsel kann zu einem Wechsel des Beschäftigungsortes führen, wenn die bisherige Beschäftigungsbehörde mehrere Dienststellen an unterschiedlichen Orten unterhält oder wenn Beschäftigte in eine andere Behörde an einen anderen Ort wechseln. Im Übrigen wird auf die Ausführungen zu § 2 DigiTV verwiesen (siehe oben Ziff. 2).

Die Anknüpfung an § 2 Abs. 2 DigiTV gibt auch vor, dass ein bloß vorübergehender, nicht auf Dauer angelegter Einsatz in einer anderen Dienststelle/Behörde die Voraussetzungen für eine Einmalzahlung nach § 5 Abs. 1 Buchst. a) DigiTV nicht erfüllt.

– **Wechsel in eine andere politische Gemeinde, § 5 Abs. 1 Buchst. b) DigiTV**

  Der Anspruch auf die Einmalzahlung besteht zudem nur, wenn der neue Beschäftigungsort nicht in derselben politischen Gemeinde liegt, wie der bisherige Beschäftigungsort. Der Begriff der politischen Gemeinde wurde in Anlehnung an das Reisekostenrecht gewählt, vgl. etwa Ziffer 2.1 der Allgemeinen Verwaltungsvorschrift zum Bundesreisekostengesetz (BRKGVwV). Ein Wechsel des Beschäftigungsortes innerhalb der Berliner Landesgrenzen erfüllt die Voraussetzungen des § 5 Abs. 1 Buchst. b) DigiTV damit beispielsweise nicht.

– **Zusätzliche Entfernung mindestens 50 Kilometer, § 5 Abs. 1 Buchst. c) DigiTV**

  Die Tarifvertragsparteien haben sich zudem darauf verständigt, dass eine Einmalzahlung nur dann erfolgen soll, wenn durch den Wechsel des Beschäftigungsortes eine in § 5 Abs. 1 Buchst. c) DigiTV definierte zusätzliche Entfernung zwischen Wohnung und Beschäftigungsort liegt. Maßgeblich ist die einfache Entfernung zwischen Wohnort und Beschäftigungsort. Diese zusätzliche (einfache) Entfernung muss mindestens 50 Kilometer betragen.

  Bei der Ermittlung der zusätzlichen Entfernung werden folgende Entfernungen miteinander verglichen:

  - Entfernung bisheriger Beschäftigungsort ↔ Wohnort der/des Beschäftigten, und
  - Entfernung neuer Beschäftigungsort ↔ Wohnort der/des Beschäftigten.

  Sofern die zusätzliche Entfernung, die sich durch den Wechsel des Beschäftigungsortes ergibt, mindesten 50 Kilometer beträgt und die weiteren Voraussetzungen nach § 5 Abs. 1 DigiTV vorliegen, besteht ein Anspruch auf eine entsprechende Einmalzahlung.

VI

Beispiel 1:

Zwischen dem bisherigen Beschäftigungsort und dem Wohnort der/des Beschäftigten liegen 5 Kilometer. Zwischen dem neuen Beschäftigungsort und dem Wohnort der/des Beschäftigten liegen 30 Kilometer. Die zusätzliche Entfernung im Sinne des § 5 Abs. 1 Buchst. c) DigiTV beträgt 25 Kilometer. Es besteht kein Anspruch auf die Einmalzahlung nach § 5 DigiTV.

Beispiel 2:

Zwischen dem bisherigen Beschäftigungsort und dem Wohnort der/des Beschäftigten liegen 5 Kilometer. Zwischen dem neuen Beschäftigungsort und dem Wohnort der/des Beschäftigten liegen 70 Kilometer. Die zusätzliche Entfernung im Sinne des § 5 Abs. 1 Buchst. c) DigiTV beträgt 65 Kilometer. Sofern auch die übrigen Voraussetzungen nach § 5 Abs. 1 DigiTV vorliegen, besteht ein Anspruch auf die Einmalzahlung.

Es ist nicht auszuschließen, dass Beschäftigte im Zuge eines Wechsels des Beschäftigungsortes umziehen. Anknüpfungspunkt für die Ermittlung der zusätzlichen Entfernung nach § 5 Abs. 1 Buchst. c) ist in diesem Fall der bisherige Wohnort.

Beispiel 3:

Zwischen dem bisherigen Beschäftigungsort und dem bisherigen Wohnort der/des Beschäftigten liegen 5 Kilometer. Zwischen dem neuen Beschäftigungsort und dem bisherigen Wohnort der/des Beschäftigten liegen 500 Kilometer. Die zusätzliche Entfernung im Sinne des § 5 Abs. 1 Buchst. c) DigiTV beträgt 495 Kilometer. Sofern auch die übrigen Voraussetzungen nach § 5 Abs. 1 DigiTV vorliegen, besteht ein Anspruch auf die Einmalzahlung.

Umzug: Auch, wenn die/der Beschäftigte aufgrund der großen Entfernung umgezogen ist und nun in unmittelbarer Nähe zum neuen Beschäftigungsort wohnt, ist dies für die Berechnung der Einmalzahlung unerheblich. Maßgeblich ist der bisherige Wohnort.

5.2 Höhe der Einmalzahlung

Die Höhe der Einmalzahlung richtet sich nach der zusätzlichen Entfernung im Sinne des § 5 Abs. 1 Buchst. c) DigiTV. Zur Ermittlung der zusätzlichen Entfernung wird auf den vorstehenden Absatz verwiesen. Die Einmalzahlung ist wie folgt gestaffelt:

Zusätzliche Entfernung, Abs. 1 Buchst. c)	Höhe der Einmalzahlung
ab 50 bis unter 100 Kilometer	2.000,00 Euro
ab 100 bis unter 200 Kilometer	4.000,00 Euro
ab 200 Kilometer	6.000,00 Euro

Zur Klarheit in der Anwendung der Norm wird darauf hingewiesen, dass sich die Beträge bei einer weiteren Entfernung nicht addieren.

VI

Bei einer zusätzlichen Entfernung von beispielsweise 150 Kilometern beträgt die Höhe der Einmalzahlung 4.000,00 Euro.

5.3 Fälligkeit

Nach § 5 Abs. 3 Satz 1 DigiTV ist die Einmalzahlung mit dem ersten Monatsentgelt nach Aufnahme der Tätigkeit am neuen Beschäftigungsort auszuzahlen. Sofern mit dem Wechsel des Beschäftigungsortes auch ein Wechsel der Anstellungsbehörde einhergeht, ist die Einmalzahlung von der neuen Dienststelle zu zahlen.

5.4 Keine Berücksichtigung der Einmalzahlung

Nach § 5 Abs. 3 Satz 2 DigiTV ist die Einmalzahlung bei der Bemessung sonstiger Leistungen nicht zu berücksichtigen. Sie ist daher z. B. kein „monatliches Entgelt" im Sinne von § 20 Abs. 2 Satz 1 TVöD und fließt deshalb nicht in die Bemessungsgrundlage für die Jahressonderzahlung ein. Gleiches gilt für die Bemessungsgrundlage für die Entgeltfortzahlung nach § 21 TVöD und das Leistungsentgelt nach § 18 TVöD.

6. Laufzeit (§ 6 DigiTV)

Der Tarifvertrag tritt zum 1. Januar 2022 in Kraft und kann von jeder Tarifvertragspartei schriftlich gekündigt werden, frühestens jedoch zum 31. Dezember 2025. Da eine Nachwirkung des Tarifvertrages nicht ausdrücklich ausgeschlossen ist, gelten seine Rechtsnormen gemäß § 4 Abs. 5 des Tarifvertragsgesetzes auch nach Ablauf des Tarifvertrages weiter, bis sie durch eine andere Abmachung ersetzt werden.

B. Tarifeinigung über mobile Arbeitsformen[1])

In der Tarifeinigung über mobile Arbeitsformen, die die gleiche Verbindlichkeit wie ein Tarifvertrag hat, sind die zentralen Regelungsgegenstände festgelegt, die in einer Dienstvereinbarung zum mobilen Arbeiten notwendigerweise zu regeln sind. Die Regelung zu mobilen Arbeitsformen war separat aufzunehmen, weil der Digitalisierungstarifvertrag an eine wesentliche Veränderung der Arbeitsplatzbedingungen durch Digitalisierung anknüpft, die Rahmenbedingungen für mobiles Arbeiten aber generell für alle Beschäftigten auch außerhalb der Anforderungen des Digitalisierungstarifvertrages gelten sollen.

Unter die Rahmenbedingungen fallen z. B. Themen, wie Arbeitszeit (einschließlich deren Beginn und Ende) oder die Kostentragung durch

---

1) abgedruckt unter **660**

den Arbeitgeber für arbeitgeberseitig gestellte Geräte. Die konkrete Ausgestaltung bleibt den Dienststellen und damit auch der Organisationshoheit der Ressorts vorbehalten.

Dienstvereinbarungen, die bei Inkrafttreten dieser Tarifeinigung bereits bestehen oder bereits bestehende anderweitige (Zusatz-) Vereinbarungen zum mobilen Arbeiten bleiben unberührt.

Auch diese Tarifeinigung tritt zum 1. Januar 2022 in Kraft. Sie kann von jeder Tarifvertragspartei schriftlich gekündigt werden, frühestens jedoch zum 31. Dezember 2025. Auch hier ist eine Nachwirkung nicht ausdrücklich ausgeschlossen, so dass die Regelungen gemäß § 4 Abs. 5 des Tarifvertragsgesetzes auch nach Ablauf der Tarifeinigung weitergelten, bis sie durch eine andere Abmachung ersetzt werden.

C. Haushaltsmäßige Auswirkungen

Die aufgrund des Tarifvertrages entstehenden Mehrausgaben sind in den jeweiligen Einzelplänen einzusparen.

[illegible]

VI

Abschnitt VII
Altersvorsorge und Altersteilzeit

Tarifvertrag über die betriebliche Altersversorgung der Beschäftigten des öffentlichen Dienstes (Tarifvertrag Altersversorgung – ATV)[1])

Vom 1. März 2002

Zuletzt geändert durch
Änderungstarifvertrag Nr. 11 vom 10. November 2021

Inhaltsübersicht

---

1) Zur Weitergeltung dieses Tarifvertrages siehe Nr. 13 der Anlage 1 Teil C zum TVÜ-Bund

VII

VII

Präambel

[1]Die Tarifvertragsparteien haben sich – auch in Ausfüllung des Beschlusses des Bundesverfassungsgerichts vom 22. März 2000 (1 BvR 1136/96) – am 13. November 2001 auf eine grundlegende Reform der Zusatzversorgung des öffentlichen Dienstes geeinigt, um deren Zukunftsfähigkeit zu sichern; der Altersvorsorgeplan 2001 vom 13. November 2001 ist zugleich Geschäftsgrundlage dieses Tarifvertrages.

[2]Das bisherige Gesamtversorgungssystem wird mit Ablauf des 31. Dezember 2000 geschlossen und durch ein Punktemodell ersetzt, in dem entsprechend den nachfolgenden Regelungen diejenigen Leistungen zugesagt werden, die sich ergeben würden, wenn eine Gesamt-Beitragsleistung von vier v. H. des zusatzversorgungspflichtigen Entgelts vollständig in ein kapitalgedecktes System eingezahlt würde. [3]Das Jahr 2001 wird im Rahmen des Übergangsrechts berücksichtigt.

[4]Bei den Zusatzversorgungseinrichtungen kann als Leistung der betrieblichen Altersversorgung auch eine zusätzliche kapitalgedeckte Altersvorsorge durch eigene Beiträge unter Inanspruchnahme der steuerlichen Förderung durchgeführt werden.

Erster Teil
Punktemodell

Abschnitt I
Geltungsbereich

§ 1 Geltungsbereich

Dieser Tarifvertrag gilt für die Arbeitnehmerinnen/Arbeitnehmer und Auszubildende (Beschäftigte), die unter den Geltungsbereich der in der Anlage 1 aufgeführten Tarifverträge des öffentlichen Dienstes fallen und deren Arbeitgeber bei der Versorgungsanstalt des Bundes und der Länder (VBL) Beteiligter oder bei der Ruhegehalts- und Zusatzversorgungskasse des Saarlandes (ZVK-Saar) Mitglied ist.

Abschnitt II
Versicherung bei der Zusatzversorgungseinrichtung

§ 2 Pflichtversicherung

(1) [1]Die Beschäftigten sind vorbehaltlich der Absätze 2 und 3 zu versichern, wenn sie

a) das 17. Lebensjahr vollendet haben und

b) die Wartezeit (§ 6) erfüllen können.

[2]Die Wartezeit muss bis zum Ablauf des Monats, in dem die/der Beschäftigte das gesetzlich festgelegte Alter zum Erreichen einer abschlagsfreien Regelaltersrente vollendet, erfüllt werden können; frühere Versicherungszeiten, die auf die Wartezeit angerechnet werden, sind zu berücksichtigen.

[3]Die Pflicht zur Versicherung setzt mit dem Beginn des Beschäftigungsverhältnisses bei der öffentlichen Zusatzversorgungseinrichtung, bei der der Arbeitgeber Mitglied/Beteiligter ist, ein.

[4]Die Pflicht zur Versicherung endet mit der Beendigung des Beschäftigungsverhältnisses.

(2) [1]Beschäftigte mit einer wissenschaftlichen Tätigkeit an Hochschulen oder Forschungseinrichtungen, die für ein befristetes Arbeitsverhältnis eingestellt werden, in dem sie wegen der Dauer der Befristung die Wartezeit nach § 6 Abs. 1 nicht erfüllen können, und die bisher keine Pflichtversicherungszeiten in der Zusatzversorgung haben, sind auf ihren schriftlichen Antrag vom Arbeitgeber von der Pflicht zur Versicherung zu befreien. [2]Der Antrag ist innerhalb von zwei Monaten nach Beginn des Arbeitsverhältnisses zu stellen. Zugunsten der nach Satz 1 von der Pflichtversicherung befreiten Beschäftigten werden Versorgungsanwartschaften auf eine freiwillige Versicherung (entsprechend § 26 Abs. 3 Satz 1) mit Beiträgen in Höhe der auf den Arbeitgeber entfallenden Aufwendungen für die Pflichtversicherung, einschließlich eines eventuellen Arbeitnehmerbeitrags nach § 37a Abs. 2, höchstens jedoch mit vier v. H. des zusatzversorgungspflichtigen Entgelts begründet. [3]Wird das Arbeitsverhältnis im Sinne des Satzes 1 verlängert oder fortgesetzt, beginnt die Pflichtversicherung anstelle der freiwilligen Versicherung mit dem Ersten des Monats, in dem die Verlängerung oder Fortsetzung des Arbeitsverhältnisses über fünf Jahre hinaus vereinbart wurde. [4]Eine rückwirkende Pflichtversicherung von Beginn des Arbeitsverhältnisses an ist ausgeschlossen.

(3) Von der Pflicht zur Versicherung ausgenommen sind die von der Anlage 2 erfassten Beschäftigten.

(4) Der Anspruch der/des Beschäftigten nach § 1 Abs. 2 Nr. 4, zweiter Halbsatz in Verbindung mit § 1a Abs. 4 BetrAVG auf Fortführung der Versicherung mit eigenen Beiträgen in entgeltlosen Zeiten während eines bestehenden Beschäftigungsverhältnisses ist für die Pflichtversicherung ausgeschlossen.

§ 3 Beitragsfreie Versicherung

(1) Die Versicherung bleibt als beitragsfreie Versicherung bestehen, wenn das Beschäftigungsverhältnis endet.

(2) Die beitragsfreie Versicherung endet bei Eintritt des Versicherungsfalles, Überleitung der Versicherung auf eine andere Zusatzversorgungseinrichtung, Tod, Erlöschen der Anwartschaft oder bei Beginn einer erneuten Pflichtversicherung.

§ 4 Überleitung der Versicherung

(1) [1]Die Beschäftigten, die bei einer anderen Zusatzversorgungseinrichtung versichert sind, von der die Versicherung übergeleitet wird, sind verpflichtet, die Überleitung der Versicherung auf die für ihren Arbeitgeber zuständige Zusatzversorgungseinrichtung zu beantragen, es sei denn, dass bei der anderen Zusatzversorgungseinrichtung Pflicht zur Versicherung besteht oder auch bei Überleitung der Versicherung keine Pflicht zur Versicherung bei der für ihren Arbeitgeber zuständigen Zusatzversorgungseinrichtung entstünde. [2]Das Gleiche gilt für die Beschäftigten, die gegen eine in Satz 1 genannte Zusatzversorgungseinrichtung Anspruch auf Rente haben, und zwar auch dann, wenn diese Zusatzversorgungseinrichtung die Rente weiter gewährt.

(2) Werden Beschäftigte als Arbeiterinnen/Arbeiter der Wasser- und Schifffahrtsverwaltung des Bundes oder bei der Häfen- und Schifffahrtsverwaltung des Landes Niedersachsen oder bei der Wasserwirtschaftsverwaltung eines Landes eingestellt und bei der Bahnversicherungsanstalt Abteilung B versicherungspflichtig, sind sie verpflichtet, die Überleitung der Versicherung von der für ihren bisherigen Arbeitgeber zuständigen Zusatzversorgungseinrichtung auf die Bahnversicherungsanstalt Abteilung B zu beantragen, wenn ein entsprechendes Überleitungsabkommen besteht.

VII

Abschnitt III
Betriebsrente

§ 5 Versicherungsfall und Rentenbeginn

[1]Der Versicherungsfall tritt am Ersten des Monats ein, von dem an der Anspruch auf gesetzliche Rente wegen Alters als Vollrente bzw. wegen teilweiser oder voller Erwerbsminderung besteht. [2]Der Anspruch ist durch Bescheid des Trägers der gesetzlichen Rentenversicherung nachzuweisen.

[3]Den in der gesetzlichen Rentenversicherung Pflichtversicherten, bei denen der Versicherungsfall nach Satz 1 eingetreten ist und die die Wartezeit nach § 6 erfüllt haben, wird auf ihren schriftlichen Antrag von der Zusatzversorgungseinrichtung eine Betriebsrente gezahlt. [4]Die Betriebsrente beginnt – vorbehaltlich des § 12 – mit dem Beginn der Rente aus der gesetzlichen Rentenversicherung.

§ 6 Wartezeit

(1) [1]Betriebsrenten werden erst nach Erfüllung der Wartezeit von 60 Kalendermonaten gewährt. [2]Dabei wird jeder Kalendermonat berücksichtigt, für den mindestens für einen Tag Aufwendungen für die Pflichtversicherung nach §§ 16, 18 erbracht wurden. [3]Bis zum 31. Dezember 2000 nach dem bisherigen Recht der Zusatzversorgung als Umlagemonate zu berücksichtigende Zeiten zählen für die Erfüllung der Wartezeit. [4]Für die Erfüllung der Wartezeit werden Versicherungsverhältnisse bei Zusatzversorgungseinrichtungen nach § 2 Abs. 1 zusammengerechnet.

(2) [1]Die Wartezeit gilt als erfüllt, wenn der Versicherungsfall durch einen Arbeitsunfall eingetreten ist, der im Zusammenhang mit dem die Pflicht zur Versicherung begründenden Arbeitsverhältnis steht oder wenn die/der Versicherte infolge eines solchen Arbeitsunfalls gestorben ist. [2]Ob ein Arbeitsunfall vorgelegen hat, ist durch Bescheid des Trägers der gesetzlichen Unfallversicherung nachzuweisen.

(3) In den Fällen des § 7 Abs. 5 des Gesetzes über die Rechtsverhältnisse der Mitglieder des Deutschen Bundestages und entsprechender gesetzlicher Vorschriften werden Zeiten einer nach dem Beginn der Pflichtversicherung liegenden Mitgliedschaft im Deutschen Bundestag, im Europäischen Parlament oder in dem Parlament eines Landes auf die Wartezeit angerechnet.

§ 7 Höhe der Betriebsrente

(1) Die monatliche Betriebsrente errechnet sich aus der Summe der bis zum Beginn der Betriebsrente (§ 5 Satz 4) erworbenen Versorgungspunkte (§ 8), multipliziert mit dem Messbetrag von vier Euro.

(2) Die Betriebsrente wegen teilweiser Erwerbsminderung beträgt die Hälfte der Betriebsrente, die sich nach Absatz 1 bei voller Erwerbsminderung ergeben würde.

(3) Die Betriebsrente mindert sich für jeden Monat, für den der Zugangsfaktor nach § 77 SGB VI herabgesetzt ist, um 0,3 v. H., höchstens jedoch um insgesamt 10,8 v. H.

§ 8 Versorgungspunkte

(1) [1]Versorgungspunkte ergeben sich

a) für das zusatzversorgungspflichtige Entgelt (§ 15),

b) für soziale Komponenten (§ 9) und

c) als Bonuspunkte (§ 19).

[2]Die Versorgungspunkte nach Satz 1 Buchst. a und b werden jeweils zum Ende des Kalenderjahres bzw. zum Zeitpunkt der Beendigung des Arbeitsverhältnisses festgestellt und dem Versorgungskonto gutgeschrieben; die Feststellung und Gutschrift der Bonuspunkte erfolgt zum Ende des folgenden Kalenderjahres. [3]Versorgungspunkte werden jeweils auf zwei Nachkommastellen unter gemeinüblicher Rundung berechnet.

(2) [1]Die Anzahl der Versorgungspunkte für ein Kalenderjahr nach Absatz 1 Satz 1 Buchst. a ergibt sich aus dem Verhältnis eines Zwölftels des zusatzversorgungspflichtigen Jahresentgelts zum Referenzentgelt von 1000 Euro, multipliziert mit dem Altersfaktor (Absatz 3); dies entspricht einer Beitragsleistung von vier v. H. des zusatzversorgungspflichtigen Entgelts. [2]Bei einer vor dem 1. Januar 2003 vereinbarten Altersteilzeit auf der Grundlage des Altersteilzeitgesetzes werden die Versorgungspunkte nach Satz 1 mit dem 1,8-fachen berücksichtigt, soweit sie nicht auf Entgelten beruhen, die in voller Höhe zustehen.

Protokollnotiz zu Absatz 2 Satz 2:

Wird aufgrund einer Einzelregelung ein Beitrag an die gesetzliche Rentenversicherung gezahlt, der den Mindestbeitrag nach § 3 Abs. 1 Nr. 1 Buchst. b des Altersteilzeitgesetzes übersteigt, ist das zusatzversorgungspflichtige Entgelt so zu erhöhen, dass sich nach Anwendung von Absatz 2 Satz 2 so viele Versorgungspunkte ergeben, wie dies dem über den gesetzlichen Mindestbeitrag erhöhten Beitrag zur gesetzlichen Rentenversicherung entspricht.

VII

(3) Der Altersfaktor beinhaltet eine jährliche Verzinsung von 3,25 v. H. während der Anwartschaftsphase und von 5,25 v. H. während des Rentenbezuges und richtet sich nach der folgenden Tabelle; dabei gilt als Alter die Differenz zwischen dem jeweiligen Kalenderjahr und dem Geburtsjahr:

Alter	Altersfaktor
17	3,1
18	3,0
19	2,9
20	2,8
21	2,7
22	2,6
23	2,5
24	2,4
25	2,4
26	2,3
27	2,2
28	2,2
29	2,1

Alter	Altersfaktor
30	2,0
31	2,0
32	1,9
33	1,9
34	1,8
35	1,7
36	1,7
37	1,6
38	1,6
39	1,6
40	1,5
41	1,5
42	1,4
43	1,4
44	1,3
45	1,3
46	1,3
47	1,2
48	1,2
49	1,2
50	1,1
51	1,1
52	1,1
53	1,0
54	1,0
55	1,0
56	1,0
57	0,9
58	0,9
59	0,9
60	0,9
61	0,9
62	0,8
63	0,8
64 + älter	0,8

VII

§ 9 Soziale Komponenten

(1) [1]Für jeden vollen Kalendermonat, in dem das Arbeitsverhältnis wegen einer Elternzeit nach § 15 des Bundeserziehungsgeldgeset-

zes ruht, werden für jedes Kind, für das ein Anspruch auf Elternzeit besteht, die Versorgungspunkte berücksichtigt, die sich bei einem zusatzversorgungspflichtigen Entgelt von 500 Euro in diesem Monat ergeben würden. [2]Es werden je Kind höchstens 36 Kalendermonate berücksichtigt. [3]Bestehen mehrere zusatzversorgungspflichtige Arbeitsverhältnisse im Sinne des Satzes 1, bestimmt die/der Pflichtversicherte, für welches Arbeitsverhältnis die Versorgungspunkte nach Satz 1 berücksichtigt werden.

[4]Für die Zeit, in der das Arbeitsverhältnis wegen der Schutzfristen nach § 3 Abs. 2 und § 6 Abs. 1 MuSchG ruht, werden die Versorgungspunkte berücksichtigt, die sich ergeben würden, wenn in dieser Zeit das fiktive Entgelt nach § 21 TVöD/§ 21 TV-L bzw. entsprechenden tarifvertraglichen Regelungen gezahlt worden wäre. [5]Diese Zeiten werden als Umlage-/Beitragsmonate für die Erfüllung der Wartezeiten berücksichtigt.

(2) [1]Bei Eintritt des Versicherungsfalles wegen teilweiser oder voller Erwerbsminderung vor Vollendung des 60. Lebensjahres werden Pflichtversicherten für jeweils zwölf volle, bis zur Vollendung des 60. Lebensjahres fehlende Kalendermonate so viele Versorgungspunkte hinzugerechnet, wie dies dem Verhältnis von durchschnittlichem monatlichem zusatzversorgungspflichtigem Entgelt der letzten drei Kalenderjahre vor Eintritt des Versicherungsfalles zum Referenzentgelt entspricht; bei Berechnung des durchschnittlichen Entgelts werden Monate ohne zusatzversorgungspflichtiges Entgelt nicht berücksichtigt. [2]Ist in diesem Zeitraum kein zusatzversorgungspflichtiges Entgelt angefallen, ist für die Berechnung nach Satz 1 das Entgelt zugrunde zu legen, das sich als durchschnittliches monatliches zusatzversorgungspflichtiges Entgelt im Kalenderjahr vor dem Rentenbeginn ergeben hätte.

(3) [1]Bei Beschäftigten, die am 1. Januar 2002 bereits 20 Jahre pflichtversichert sind, werden für jedes volle Kalenderjahr der Pflichtversicherung bis zum 31. Dezember 2001 mindestens 1,84 Versorgungspunkte berücksichtigt. [2]Bei Beschäftigten, deren Gesamtbeschäftigungsquotient am 31. Dezember 2001 kleiner als 1,0 ist, gilt Satz 1 entsprechend mit der Maßgabe, dass der Faktor 1,84 mit dem am 31. Dezember 2001 maßgebenden Gesamtbeschäftigungsquotienten multipliziert wird.

§ 10 Betriebsrente für Hinterbliebene

(1) [1]Stirbt eine Versicherte/ein Versicherter, die/der die Wartezeit (§ 6) erfüllt hat, oder eine Betriebsrentenberechtigte/ein Betriebsrentenberechtigter, hat die hinterbliebene Ehegattin/der hinterbliebene Ehegatte Anspruch auf eine kleine oder große Betriebsrente für Wit-

VII

wen/Witwer, wenn und solange ein Anspruch auf Witwen-/Witwerrente aus der gesetzlichen Rentenversicherung besteht oder bestehen würde, sofern kein Rentensplitting unter Ehegatten durchgeführt worden wäre. [2]Art (kleine/große Betriebsrenten für Witwen/Witwer), Höhe (der nach Ablauf des Sterbevierteljahres maßgebende Rentenartfaktor nach § 67 Nrn. 5 und 6 und § 255 Abs. 1 SGB VI) und Dauer des Anspruchs richten sich – soweit keine abweichenden Regelungen getroffen sind – nach den entsprechenden Bestimmungen der gesetzlichen Rentenversicherung. [3]Bemessungsgrundlage der Betriebsrenten für Hinterbliebene ist jeweils die Betriebsrente, die die Verstorbene/der Verstorbene bezogen hat oder hätte beanspruchen können, wenn sie/er im Zeitpunkt ihres/seines Todes wegen voller Erwerbsminderung ausgeschieden wäre. [4]Die Kinder der/des Verstorbenen haben entsprechend den Sätzen 1 bis 3 Anspruch auf Betriebsrente für Voll- oder Halbwaisen. [5]Als Kinder im Sinne des Satzes 4 gelten nur die Kinder, die nach § 32 Abs. 3 und 4 Satz 1 Nr. 1 bis 3 EStG berücksichtigungsfähig sind. [6]Der Anspruch ist durch Bescheid des Trägers der gesetzlichen Rentenversicherung nachzuweisen.

(2) Anspruch auf Betriebsrente für Witwen/Witwer besteht nicht, wenn die Ehe mit der/dem Verstorbenen weniger als zwölf Monate gedauert hat, es sei denn, dass nach den besonderen Umständen des Falles die Annahme nicht gerechtfertigt ist, dass es der alleinige oder überwiegende Zweck der Heirat war, der Witwe/dem Witwer eine Betriebsrente zu verschaffen.

(3) [1]Betriebsrenten für Witwen/Witwer und Waisen dürfen zusammen den Betrag der ihrer Berechnung zugrunde liegenden Betriebsrente nicht übersteigen. [2]Ergeben die Hinterbliebenenrenten in der Summe einen höheren Betrag, werden sie anteilig gekürzt. [3]Erlischt eine der anteilig gekürzten Hinterbliebenenrenten, erhöhen sich die verbleibenden Hinterbliebenenrenten vom Beginn des folgenden Monats entsprechend, jedoch höchstens bis zum vollen Betrag der Betriebsrente der/des Verstorbenen.

(4) Für einen Anspruch auf Betriebsrente für Witwen/Witwer gelten als Heirat auch die Begründung einer Lebenspartnerschaft, als Ehe auch eine Lebenspartnerschaft, als Witwe und Witwer auch ein/e überlebende/r Lebenspartner/in und als Ehegatte auch ein/e Lebenspartner/in jeweils im Sinne des Lebenspartnerschaftsgesetzes.

§ 11 Anpassung und Neuberechnung

(1) Die Betriebsrenten werden, beginnend ab dem Jahr 2002, zum 1. Juli eines jeden Jahres um 1,0 v. H. dynamisiert.

(2) [1]Die Betriebsrente ist neu zu berechnen, wenn bei einer/einem Betriebsrentenberechtigten ein neuer Versicherungsfall eintritt und seit der Festsetzung der Betriebsrente aufgrund des früheren Versicherungsfalles zusätzliche Versorgungspunkte zu berücksichtigen sind.

[2]Durch die Neuberechnung wird die bisherige Betriebsrente um den Betrag erhöht, der sich als Betriebsrente aufgrund der neu zu berücksichtigenden Versorgungspunkte ergibt; für diese zusätzlichen Versorgungspunkte wird der Abschlagsfaktor nach § 7 Abs. 3 gesondert festgestellt.

[3]Wird aus einer Betriebsrente wegen teilweiser Erwerbsminderung eine Betriebsrente wegen voller Erwerbsminderung oder wegen Alters, wird die bisher nach § 7 Abs. 2 zur Hälfte gezahlte Betriebsrente voll gezahlt. [4]Wird aus einer Betriebsrente wegen voller Erwerbsminderung eine Betriebsrente wegen teilweiser Erwerbsminderung, wird die bisher gezahlte Betriebsrente entsprechend § 7 Abs. 2 zur Hälfte gezahlt. [5]Die Sätze 1 und 2 sind entsprechend anzuwenden, wenn zusätzliche Versorgungspunkte zu berücksichtigen sind.

[6]Bei Neuberechnung der Betriebsrente sind Versorgungspunkte nach § 9 Abs. 2, die aufgrund des früheren Versicherungsfalls berücksichtigt wurden, nur noch insoweit anzurechnen, als sie die zusätzlichen Versorgungspunkte – ohne Bonuspunkte nach § 19 – aus einer Pflichtversicherung übersteigen oder soweit in dem nach § 9 Abs. 2 maßgebenden Zeitraum keine Pflichtversicherung mehr bestanden hat.

[7]Für Hinterbliebene gelten die Sätze 3 und 4 entsprechend.

VII

§ 12 Nichtzahlung und Ruhen

(1) [1]Die Betriebsrente wird von dem Zeitpunkt an nicht gezahlt, von dem an die Rente wegen Alters aus der gesetzlichen Rentenversicherung nach § 100 Abs. 3 Satz 1 in Verbindung mit § 34 Abs. 2 SGB VI endet. [2]Die Betriebsrente ist auf Antrag vom Ersten des Monats an wieder zu zahlen, für den der/dem Rentenberechtigten die Rente wegen Alters aus der gesetzlichen Rentenversicherung wieder geleistet wird.

[3]Wird die Altersrente der gesetzlichen Rentenversicherung nach Eintritt des Versicherungsfalls (§ 5) als Teilrente gezahlt, wird die Betriebsrente nur in Höhe eines entsprechenden Anteils gezahlt.

(2) Ist der Versicherungsfall wegen voller oder teilweiser Erwerbsminderung eingetreten und wird die Rente aus der gesetzlichen Rentenversicherung wegen Hinzuverdienstes nicht oder nur zu einem Anteil gezahlt, wird auch die Betriebsrente nicht oder nur in Höhe eines entsprechenden Anteils gezahlt.

(3) Die Betriebsrente ruht, solange die Rente aus der gesetzlichen Rentenversicherung ganz oder teilweise versagt wird.

(4) Die Betriebsrente ruht ferner, solange die/der Berechtigte ihren/seinen Wohnsitz oder dauernden Aufenthalt außerhalb eines Mitgliedstaates der Europäischen Union hat und trotz Aufforderung der Zusatzversorgungseinrichtung keine Empfangsbevollmächtigte/keinen Empfangsbevollmächtigten im Inland bestellt.

(5) Die Betriebsrente ruht ferner in Höhe des Betrages des für die Zeit nach dem Beginn der Betriebsrente gezahlten Krankengeldes aus der gesetzlichen Krankenversicherung, soweit dieses nicht nach § 96a Abs. 3 SGB VI auf eine Rente wegen teilweiser Erwerbsminderung anzurechnen oder bei einer Rente wegen voller Erwerbsminderung bzw. wegen Alters als Vollrente dem Träger der Krankenversicherung zu erstatten ist.

(6) Für Hinterbliebene gelten die Vorschriften der gesetzlichen Rentenversicherung über das Zusammentreffen von Rente und Einkommen entsprechend mit folgenden Maßgaben:

a) Eventuelle Freibeträge sowie das Einkommen, das auf die Rente aus der gesetzlichen Rentenversicherung angerechnet wird, bleiben unberücksichtigt.

b) Der/Dem Hinterbliebenen werden mindestens 35 v.H. der ihr/ihm nach § 10 zustehenden Betriebsrente gezahlt.

VII

§ 13 Erlöschen

(1) Der Anspruch auf Betriebsrente erlischt mit dem Ablauf des Monats,

a) in dem die/der Betriebsrentenberechtigte gestorben ist oder

b) für den Rente nach § 43 bzw. § 240 SGB VI letztmals gezahlt worden ist oder

c) der dem Monat vorangeht, von dessen Beginn an die Zusatzversorgungseinrichtung, zu der die Versicherung übergeleitet worden ist, zur Zahlung der Betriebsrente verpflichtet ist.

(2) [1]Der Anspruch auf Betriebsrente für Witwen/Witwer sowie Lebenspartner/innen im Sinne des Lebenspartnerschaftsgesetzes erlischt im Übrigen mit dem Ablauf des Monats, in dem die Witwe/der Witwer oder der/die hinterbliebene eingetragene Lebenspartner/in geheiratet oder eine Lebenspartnerschaft begründet hat. [2]Für das Wiederaufleben der Betriebsrenten für Witwen/Witwer sowie Lebenspartner/innen im Sinne des Lebenspartnerschaftsgesetzes gilt § 46 Abs. 3 SGB VI entsprechend.

(3) [1]Der Anspruch auf Betriebsrente erlischt ferner unbeschadet des Satzes 2 mit Ablauf des Monats, in dem die Entscheidung eines deutschen Gerichts rechtskräftig geworden ist, durch die die/der Betriebsrentenberechtigte

a) wegen einer vorsätzlichen Tat zu einer Freiheitsstrafe von mindestens zwei Jahren oder
b) wegen einer vorsätzlichen Tat, die nach den Vorschriften über Friedensverrat, Hochverrat, Gefährdung des demokratischen Rechtsstaates oder Landesverrat und Gefährdung der äußeren Sicherheit strafbar ist, zu einer Freiheitsstrafe von mindestens sechs Monaten

verurteilt worden ist. [2]Es ist eine Beitragserstattung nach § 24 durchzuführen.

Protokollnotiz zu Abschnitt III:

[1]Die Anpassungen an die veränderten Rahmenbedingungen bzgl. Biometrie und Zins durch den Änderungstarifvertrag Nr. 9 vom 29. April 2016 erfolgen ausschließlich auf der Finanzierungsseite, die zusätzlichen Finanzierungsmittel nach § 16 Abs. 1 Satz 5 und 6, § 37 Abs. 1 Satz 2 und 4 und § 37a Abs. 1 Satz 2 und 4 führen nicht zu zusätzlichen Leistungen. [2]Die bisherigen und die künftigen Ansprüche (Startgutschriften, Anwartschaften aus dem Punktemodell, Anwartschaftsdynamik und Renten) bleiben der Höhe nach unverändert, es ergeben sich keine Verschlechterungen und keine Verbesserungen; insbesondere werden die künftigen Anwartschaften und Überschüsse weiterhin entsprechend der Altersfaktorentabelle nach § 8 Abs. 3 und auf der Basis eines Beitrags von 4,0 v. H. berechnet, ungeachtet des zugrundeliegenden Finanzierungsverfahrens (Umlagefinanzierung, Kapitaldeckung, Mischfinanzierung) und ungeachtet der tatsächlichen Umlage-/Beitragshöhe.

Abschnitt IV
Beschäftigte, die in der gesetzlichen Rentenversicherung nicht versichert sind

§ 14 Sonderregelungen für Beschäftigte, die in der gesetzlichen Rentenversicherung nicht versichert sind

[1]Für Beschäftigte, die in der gesetzlichen Rentenversicherung nicht versichert sind, gelten die §§ 2 bis 13 entsprechend. [2]Soweit auf Regelungen des Rechts der gesetzlichen Rentenversicherung Bezug genommen wird, ist die jeweilige Regelung so entsprechend anzuwenden, wie dies bei unterstellter Versicherung in der gesetzlichen Rentenversicherung der Fall wäre. [3]Bei Anwendung des § 5 sind dabei anstelle der Versicherungszeiten in der gesetzlichen Rentenversicherung die Pflichtversicherungszeiten in der Zusatzversorgung zu berücksichtigen.

[4]Die teilweise oder volle Erwerbsminderung ist durch einen von der Zusatzversorgungseinrichtung zu bestimmenden Facharzt nachzuweisen. [5]Die Betriebsrente ruht, solange sich die Betriebsrentenberech-

tigten trotz Verlangens der Zusatzversorgungseinrichtung innerhalb einer von dieser zu setzenden Frist nicht fachärztlich untersuchen lassen oder das Ergebnis der Untersuchung der Zusatzversorgungseinrichtung nicht vorlegen. [6]Der Anspruch auf Betriebsrente erlischt mit Ablauf des Monats, der auf den Monat folgt, in dem der/dem Berechtigten die Entscheidung der Zusatzversorgungseinrichtung über das Erlöschen des Anspruchs wegen Wegfalls der Erwerbsminderung zugegangen ist.

Abschnitt V
Finanzierung

§ 15 Finanzierungsgrundsätze und zusatzversorgungspflichtiges Entgelt

(1) [1]Die Finanzierung der Pflichtversicherung wird von den Zusatzversorgungseinrichtungen eigenständig geregelt. [2]Nach den Möglichkeiten der einzelnen Zusatzversorgungseinrichtungen kann die Umlagefinanzierung schrittweise durch eine kapitalgedeckte Finanzierung abgelöst werden (Kombinationsmodell).

(2) [1]Zusatzversorgungspflichtiges Entgelt ist, soweit sich aus Anlage 3 nichts anderes ergibt, der steuerpflichtige Arbeitslohn. [2]Wird Altersteilzeit nach dem 31. Dezember 2002 vereinbart, ist – unter Berücksichtigung des Satzes 1 – zusatzversorgungspflichtiges Entgelt während des Altersteilzeitarbeitsverhältnisses das 1,8fache der zur Hälfte zustehenden Bezüge nach § 4 TV ATZ zuzüglich derjenigen Bezüge, die in voller Höhe zustehen.

VII

Protokollnotiz zu Absatz 2 Satz 2:

Wird aufgrund einer Einzelregelung ein Beitrag an die gesetzliche Rentenversicherung gezahlt, der den Mindestbeitrag nach § 3 Abs. 1 Nr. 1 Buchst. b des Altersteilzeitgesetzes übersteigt, ist das zusatzversorgungspflichtige Entgelt nach Absatz 2 Satz 2 entsprechend zu erhöhen.

(3) [1]Durch landesbezirklichen Tarifvertrag kann für Mitglieder/Beteiligte einer Zusatzversorgungseinrichtung, die sich in einer wirtschaftlichen Notlage befinden, für die Pflichtversicherung geregelt werden, dass für die Zusage von Leistungen für die Dauer von bis zu drei Jahren bis zu einer Mindesthöhe von zwei v. H. von der nach § 8 Abs. 2 zugesagten Leistung abgewichen werden kann. [2]Entsprechend der Verminderung der Leistungszusage für die bei dem Mitglied/Beteiligten beschäftigten Pflichtversicherten reduziert sich für die Mitglieder/Beteiligten insoweit die zu tragende Umlagebelastung bzw. der zu zahlende Beitrag an die Zusatzversorgungseinrichtung. [3]Die Feststellung der wirtschaftlichen Notlage wird durch eine paritätisch besetzte Kommission der betroffenen Tarifvertragsparteien getroffen.

[4]Die Regelung kann durch landesbezirklichen Tarifvertrag über die in Satz 1 genannte Dauer verlängert werden.

§ 16 Umlagen

(1) [1]Von der Zusatzversorgungseinrichtung festgesetzte monatliche Umlagen in Höhe eines bestimmten Vomhundertsatzes des zusatzversorgungspflichtigen Entgelts der Beschäftigten (Umlagesatz) führt der Arbeitgeber – ggf. einschließlich des von der/dem Beschäftigten zu tragenden Umlage-Beitrags – an die Zusatzversorgungseinrichtung ab. [2]Die Umlage-Beiträge der Beschäftigten behält der Arbeitgeber von deren Arbeitsentgelt ein. [3]Bei Pflichtversicherten bleiben die am 1. November 2001 geltenden Vomhundertsätze für die Erhebung der Umlage-Beiträge bei der jeweiligen Zusatzversorgungseinrichtung maßgebend, soweit sich nicht aus § 37 oder § 37a etwas anderes ergibt. [4]Der Umlage-Beitrag für die Beschäftigten des Saarlandes beträgt abweichend von Satz 3 ab 1. Januar 2007 1,41 v. H. [5]Neben dem Umlage-Beitrag nach Satz 3 bzw. 4 wird von den bei der ZVK-Saar pflichtversicherten Beschäftigten entsprechend § 37 Abs. 1 Satz 2 und 3 ein zusätzlicher Arbeitnehmerbeitrag zur Umlage in Höhe von 0,4 v. H. des zusatzversorgungspflichtigen Entgelts erhoben; abweichend davon beträgt der zusätzliche Arbeitnehmerbeitrag zur Umlage für

a) die Beschäftigten des Saarlandes in der Zeit vom 1. Juli 2016 bis 30. Juni 2017 0,3 v. H. des zusatzversorgungspflichtigen Entgelts;

b) die Beschäftigten der Mitglieder des Kommunalen Arbeitgeberverbandes Saar

   - in der Zeit vom 1. Juli 2016 bis 30. Juni 2017 0,2 v. H. des zusatzversorgungspflichtigen Entgelts und
   - in der Zeit vom 1. Juli 2017 bis 30. Juni 2018 0,3 v. H. des zusatzversorgungspflichtigen Entgelts.

[6]Ergeben sich für das Saarland und die Mitglieder des Kommunalen Arbeitgeberverbandes Saar bei der ZVK-Saar künftig Mehrkosten aufgrund der veränderten biometrischen Risikoverhältnisse, werden diese paritätisch je zur Hälfte vom Arbeitgeber und durch eine entsprechende Entnahme aus dem mit dem zusätzlichen Arbeitnehmerbeitrag gebildeten Vermögen getragen.

(2) Der Arbeitgeber hat die auf ihn entfallende Umlage bis zu einem Betrag von monatlich 89,48 Euro pauschal zu versteuern, solange die Pauschalversteuerung rechtlich möglich ist und soweit sich aus § 37 nicht etwas anderes ergibt.

VII

(3) [1]Die auf die Umlage entfallenden Pflichtversicherungszeiten und die daraus erworbenen Versorgungspunkte sind von der Zusatzversorgungseinrichtung auf einem personenbezogenen Versorgungskonto zu führen (Versorgungskonto I); umfasst sind auch Aufwendungen und Auszahlungen. [2]Das Weitere regelt die Satzung der Zusatzversorgungseinrichtung.

Protokollnotiz:

Für den Fall, dass die pauschal versteuerte Umlage über den am 1. Januar 2001 geltenden Umfang hinaus in der Sozialversicherung beitragspflichtig werden sollte, werden die Tarifvertragsparteien unverzüglich Verhandlungen aufnehmen mit dem Ziel, ein dem Zweck der Pauschalversteuerung entsprechendes Ergebnis zu erreichen.

§ 17 Sanierungsgelder

(1) [1]Zur Deckung des infolge der Schließung des Gesamtversorgungssystems und des Wechsels vom Gesamtversorgungssystem zum Punktemodell zusätzlichen Finanzbedarfs, der über die am 1. November 2001 jeweils geltende Umlage hinausgeht, erhebt die Zusatzversorgungseinrichtung vom Arbeitgeber Sanierungsgelder. [2]Diese Sanierungsgelder sind kein steuerpflichtiger Arbeitslohn.

(2) Sanierungsgelder kommen nicht in Betracht, wenn der am 1. November 2001 jeweils gültige Umlagesatz weniger als vier v. H. des zusatzversorgungspflichtigen Entgelts betragen hat.

VII

§ 18 Beiträge im Kapitaldeckungsverfahren

(1) Soweit die Zusatzversorgungseinrichtung für die Pflichtversicherung Beiträge im Kapitaldeckungsverfahren von höchstens vier v. H. des zusatzversorgungspflichtigen Entgelts erhebt, trägt diese der Arbeitgeber, soweit sich aus § 37a nichts anderes ergibt.

(2) Die Beiträge im Sinne des Absatzes 1 einschließlich der darauf entfallenden Erträge sind von der Zusatzversorgungseinrichtung auf einem gesonderten personenbezogenen Versorgungskonto getrennt von den sonstigen Einnahmen zu führen (Versorgungskonto II).

(3) Die Einnahmen und Ausgaben einschließlich der Kapitalanlagen sind gesondert zu führen und zu verwalten.

§ 19 Bonuspunkte

(1) [1]Die Zusatzversorgungseinrichtung stellt jährlich bis zum Jahresende für das vorangegangene Geschäftsjahr fest, in welchem Umfang aus verbleibenden Überschüssen (Absatz 2) Bonuspunkte (§ 8 Abs. 1 Satz 1 Buchst. c) vergeben werden können. [2]Bonuspunkte nach Satz 1 kommen in Betracht für die am Ende des laufenden Geschäftsjahres

Pflichtversicherten sowie für die zum gleichen Zeitpunkt beitragsfrei Versicherten, die eine Wartezeit von 120 Umlage-/Beitragsmonaten erfüllt haben. [3]Über die Vergabe von Bonuspunkten entscheidet das zuständige Gremium der Zusatzversorgungseinrichtung auf Vorschlag des Verantwortlichen Aktuars der Zusatzversorgungseinrichtung. [4]Grundlage für die Feststellung und Entscheidung ist eine auf anerkannten versicherungsmathematischen Grundsätzen (Anlage 4) beruhende und durch den Verantwortlichen Aktuar erstellte fiktive versicherungstechnische Bilanz für die Verpflichtungen gegenüber den Pflichtversicherten und den beitragsfrei Versicherten mit erfüllter Wartezeit von 120 Umlage-/Beitragsmonaten. [5]Soweit eine Kapitaldeckung vorhanden ist, werden dabei das Vermögen und die tatsächlich erzielten Kapitalerträge nur veranschlagt, soweit sie auf Beitragsleistungen von bis zu 4,0 v. H. der zusatzversorgungspflichtigen Entgelte entfallen. [6]Soweit keine Kapitaldeckung vorhanden ist, wird die durchschnittliche laufende Verzinsung der zehn nach der Bilanzsumme größten Pensionskassen gemäß dem zum Zeitpunkt der Fertigstellung der Bilanz nach Satz 4 jeweils aktuellen Geschäftsbericht des Bundesaufsichtsamtes für das Versicherungswesen bzw. der Nachfolgebehörde zugrunde gelegt. [7]Beschäftigte, deren Arbeitsverhältnis in Folge von Witterungseinflüssen oder wegen anderer Naturereignisse nach besonderen tarifvertraglichen Vorschriften geendet hat und die bei Wiederaufnahme der Arbeit Anspruch auf Wiedereinstellung haben, sowie Saisonbeschäftigte, die bei Beginn der nächsten Saison voraussichtlich wieder eingestellt werden, gelten als Pflichtversicherte im Sinne des Satzes 2.

VII

(2) [1]Ergibt die fiktive versicherungstechnische Bilanz einen Überschuss, wird dieser Überschuss um den Aufwand für soziale Komponenten nach § 9 und um die Verwaltungskosten der Zusatzversorgungseinrichtung vermindert und nach Maßgabe des Absatzes 1 verwendet; soweit keine Kapitaldeckung vorhanden ist, werden für die fiktive Verzinsung nach Absatz 1 Satz 6 als Verwaltungskosten zwei v. H. dieser fiktiven Zinserträge berücksichtigt. [2]Ergibt die versicherungstechnische Bilanz eine Unterdeckung, wird diese vorgetragen. [3]Einzelheiten werden in den Ausführungsbestimmungen zur Satzung der Zusatzversorgungseinrichtung geregelt.

Protokollnotiz:

Die Tarifvertragsparteien gehen davon aus, dass wegen der unverändert hohen Mindestverzinsung zumindest mittelfristig weiterhin keine Ausschüttung von Bonuspunkten für die seit 2001 im Punktemodell erworbenen Anwartschaften und die Startgutschriften erfolgen wird.

Abschnitt VI
Verfahren

§ 20 Pflichten der Versicherten und der Betriebsrentenberechtigten

(1) [1]Der Zusatzversorgungseinrichtung sind alle für die Prüfung des Anspruchs auf Betriebsrente notwendigen Angaben zu machen und die erforderlichen Nachweise beizubringen. [2]Die Zusatzversorgungseinrichtung fordert die für die Feststellung des Eintritts des Versicherungsfalls und die Berechnung der Betriebsrente erforderlichen Daten elektronisch durch gesicherte und verschlüsselte Datenübertragung von den Trägern der gesetzlichen Rentenversicherung an. [3]Dies gilt nach Rentenbeginn auch für die Prüfung des Anspruchs auf Betriebsrente dem Grunde und der Höhe nach. [4]Soweit eine elektronische Datenübertragung der erforderlichen Daten nicht möglich ist, besteht die Verpflichtung nach Satz 1 insoweit fort. [5]Die Zusatzversorgungseinrichtung informiert die Betriebsrentenberechtigten über die elektronische Datenübertragung. [6]Die Satzung der Zusatzversorgungseinrichtung regelt den Zeitpunkt, von dem an die Daten erstmals elektronisch bei den Trägern der gesetzlichen Rentenversicherung angefordert werden.

(2) Kommen Betriebsrentenberechtigte der Verpflichtung nach Absatz 1 nicht nach, kann die Betriebsrente zurückbehalten werden.

VII

(3) Vereinbarungen mit Dritten über die Abtretung, Verpfändung oder Beleihung eines Anspruchs auf Betriebsrente sind vorbehaltlich zwingender gesetzlicher Vorschriften gegenüber dem Arbeitgeber und der Zusatzversorgungseinrichtung unwirksam.

(4) Ist der Versicherungsfall durch ein Verhalten Dritter verursacht worden, sind Schadensersatzansprüche, soweit rechtlich zulässig, bis zur Höhe des Brutto-Betrages der Betriebsrente an die Zusatzversorgungseinrichtung abzutreten; soweit die Abtretung nicht erfolgt oder die zur Durchsetzung des Anspruchs erforderlichen Nachweise nicht vorgelegt werden, kann die Betriebsrente zurückbehalten werden.

(5) [1]Ohne Rechtsgrund gezahlte Betriebsrenten sind in Höhe ihrer Brutto-Beträge zurückzuzahlen. [2]Haben Versicherte oder Betriebsrentenberechtigte ihre Pflichten nach Absatz 1 verletzt, können sie sich nicht auf den Wegfall der Bereicherung berufen.

§ 21 Versicherungsnachweise

(1) [1]Pflichtversicherte erhalten jeweils nach Ablauf des Kalenderjahres bzw. bei Beendigung der Pflichtversicherung einen Nachweis über ihre bisher insgesamt erworbene Anwartschaft auf Betriebsrente wegen Alters nach § 7. [2]Dabei ist neben der Anwartschaft auch die

Zahl der Versorgungspunkte und der Messbetrag anzugeben. [3]Im Falle der Kapitaldeckung sind zusätzlich die steuerrechtlich vorgeschriebenen Angaben zu beachten. [4]Der Nachweis ist mit einem Hinweis auf die Ausschlussfrist nach Absatz 2 zu versehen. [5]Wird der Nachweis im Zusammenhang mit der Beendigung der Pflichtversicherung erbracht, ist er um den Hinweis zu ergänzen, dass die aufgrund der Pflichtversicherung erworbene Anwartschaft bis zum erneuten Beginn der Pflichtversicherung bzw. bis zum Eintritt des Versicherungsfalles nicht dynamisiert wird, wenn die Wartezeit von 120 Umlage-/Beitragsmonaten nicht erfüllt ist. [6]Das Weitere regelt die Satzung der Zusatzversorgungseinrichtung.

(2) [1]Die Beschäftigten können nur innerhalb einer Ausschlussfrist von sechs Monaten nach Zugang des Nachweises nach Absatz 1 gegenüber ihrem Arbeitgeber schriftlich beanstanden, dass die vom Arbeitgeber zu entrichtenden Beiträge oder die zu meldenden Entgelte nicht oder nicht vollständig an die Zusatzversorgungseinrichtung abgeführt oder gemeldet wurden. [2]Beanstandungen in Bezug auf die ausgewiesenen Bonuspunkte sind innerhalb der Ausschlussfrist des Satzes 1 schriftlich unmittelbar gegenüber der Zusatzversorgungseinrichtung zu erheben.

§ 22 Zahlung und Abfindung

(1) [1]Die Betriebsrenten werden monatlich im Voraus auf ein Girokonto der Betriebsrentenberechtigten innerhalb eines Mitgliedstaates der Europäischen Union überwiesen. [2]Die Kosten der Überweisung auf ein Konto im Inland, mit Ausnahme der Kosten für die Gutschrift, trägt die Zusatzversorgungseinrichtung.

[3]Besteht der Betriebsrentenanspruch nicht für einen vollen Kalendermonat, wird der Teil gezahlt, der auf den Anspruchszeitraum entfällt.

(2) [1]Die Satzung der Zusatzversorgungseinrichtung kann vorsehen, dass Betriebsrenten, die einen Monatsbetrag von bis zu 30 Euro nicht überschreiten, abgefunden werden. [2]Darüber hinaus kann die Abfindung der Betriebsrente ermöglicht werden, wenn die Kosten der Übermittlung der Beriebsrenten unverhältnismäßig hoch sind.

§ 23 Ausschlussfristen

[1]Der Anspruch auf Betriebsrente für einen Zeitraum, der mehr als zwei Jahre vor dem Ersten des Monats liegt, in dem der Antrag bei der Zusatzversorgungseinrichtung eingegangen ist, kann nicht mehr geltend gemacht werden (Ausschlussfrist). [2]Dem Antrag steht eine Mitteilung der/des Berechtigten gleich, die zu einem höheren Anspruch führt. [3]Die Beanstandung, die mitgeteilte laufende monat-

VII

liche Betriebsrente, eine Rentennachzahlung, eine Abfindung, eine Beitragserstattung oder eine Rückzahlung sei nicht oder nicht in der mitgeteilten Höhe ausgezahlt worden, ist nur schriftlich und innerhalb einer Ausschlussfrist von einem Jahr zulässig; die Frist beginnt bei laufenden Betriebsrenten mit dem Ersten des Monats, für den die Betriebsrente zu zahlen ist, im Übrigen mit dem Zugang der Mitteilung über die entsprechende Leistung.

[4]Auf die Ausschlussfrist ist in der Mitteilung über die Leistung hinzuweisen.

§ 24 Beitragserstattung

(1) [1]Die beitragsfrei Versicherten, die die Wartezeit (§ 6) nicht erfüllt haben, können bis zur Vollendung ihres 69. Lebensjahres die Erstattung der von ihnen getragenen Beiträge beantragen. [2]Der Antrag auf Beitragserstattung gilt für alle von den Versicherten selbst getragenen Beiträge und kann nicht widerrufen werden. [3]Rechte aus der Versicherung für Zeiten, für die Beiträge erstattet werden, erlöschen mit der Antragstellung. [4]Die Beiträge werden ohne Zinsen erstattet.

(2) [1]Sterben Versicherte nach Antragstellung, aber vor Beitragserstattung, gehen die Ansprüche auf die Hinterbliebenen über, die betriebsrentenberechtigt sind. [2]Mit der Zahlung an einen der Hinterbliebenen erlischt der Anspruch der übrigen Berechtigten gegen die Zusatzversorgungseinrichtung.

VII

(3) Beiträge im Sinne dieser Vorschrift sind

a) die für die Zeit vor dem 1. Januar 1978 entrichteten Pflichtbeiträge einschließlich der Beschäftigtenanteile an den Erhöhungsbeträgen,
b) die für die Zeit nach dem 31. Dezember 1977 entrichteten Beschäftigtenanteile an den Erhöhungsbeträgen,
c) die für die Zeit nach dem 31. Dezember 1998 entrichteten Umlage-Beiträge der Beschäftigten.

Abschnitt VII
Zuschüsse des Arbeitgebers zu anderen Zukunftssicherungssystemen

§ 25 Zuschüsse des Arbeitgebers zu anderen Zukunftssicherungssystemen

(1) [1]Für Beschäftigte, die als Mitglieder einer berufsständischen Versicherung von der Versicherung in der gesetzlichen Rentenversicherung befreit sind, richtet sich die Beteiligung des Arbeitgebers am

Beitrag zur berufsständischen Versorgungseinrichtung nach § 172 Abs. 2 SGB VI.

[2]Pflichtversicherte, die nach § 231 Abs. 1 oder § 231a SGB VI von der Versicherungspflicht in der gesetzlichen Rentenversicherung befreit und freiwillig in der gesetzlichen Rentenversicherung versichert sind oder die für sich und ihre Hinterbliebenen eine (befreiende) Lebensversicherung abgeschlossen haben oder die freiwillig im Versorgungswerk der Presse versichert sind, erhalten von ihrem Arbeitgeber auf schriftlichen Antrag für jeden Kalendermonat, für den ihnen Entgelt, Urlaubsentgelt oder Entgelt im Krankheitsfall zustehen, einen Zuschuss in Höhe der Hälfte des Betrages, der zu zahlen wäre, wenn sie in der gesetzlichen Rentenversicherung versichert wären, höchstens jedoch die Hälfte des Beitrages.

[3]Beschäftigte, die freiwilliges Mitglied des Versorgungswerkes der Presse sind und die antragsgemäß (Anlage 2 Satz 2) von der Pflicht zur Versicherung in einer Zusatzversorgungseinrichtung befreit wurden, erhalten auf ihren Antrag für die Zeit, für die ohne die Befreiung die Pflicht zur Versicherung bestünde und für die ihnen Entgelt, Urlaubsentgelt oder Entgelt im Krankheitsfall zustehen, einen zweckgebundenen Zuschuss zu ihren Beiträgen zur Versicherung im Versorgungswerk der Presse. [4]Der Zuschuss beträgt die Hälfte des Beitrages, höchstens jedoch vier v. H. des zusatzversorgungspflichtigen Entgelts.

VII

[5]Die Zuschüsse nach den Sätzen 1 und 2 dürfen insgesamt den Betrag nicht übersteigen, den der Arbeitgeber zu zahlen hätte, wenn die Beschäftigten in der gesetzlichen Rentenversicherung pflichtversichert wären.

(2) Im Falle der freiwilligen Versicherung in der gesetzlichen Rentenversicherung behält der Arbeitgeber den von den Beschäftigten zu tragenden Teil des Beitrages von deren Bezügen ein und führt den Beitrag nach der Verordnung über die Zahlung von Beiträgen zur gesetzlichen Rentenversicherung ab.

(3) [1]Verfügen die Beschäftigten ohne vorherige Zustimmung des Arbeitgebers durch Abtretung und Verpfändung über ihre Lebensversicherung oder über die sich aus dem Zuschuss nach Absatz 1 Satz 3 ergebende Anwartschaft, wird der Zuschuss nach Absatz 1 Satz 2 bzw. Satz 3 nicht gewährt. [2]Der Zuschuss wird bis zu der in Absatz 1 bestimmten Höhe auch gewährt, wenn im Beitrag Mehrbeträge für Versicherungsleistungen bei Eintritt der vollen oder teilweisen Erwerbsminderung enthalten sind.

Zweiter Teil
Freiwillige Versicherung

§ 26 Freiwillige Versicherung

(1) [1]Den Pflichtversicherten wird die Möglichkeit eröffnet, durch Entrichtung eigener Beiträge unter Inanspruchnahme der steuerlichen Förderung (Sonderausgabenabzug, Zulage) bei der Zusatzversorgungseinrichtung nach deren Satzungsvorschriften eine zusätzliche kapitalgedeckte Altersvorsorge im Rahmen der betrieblichen Altersversorgung aufzubauen. [2]Nach Beendigung der Pflichtversicherung kann die freiwillige Versicherung – unabhängig davon, ob eine steuerliche Förderung möglich ist – längstens bis zum Eintritt des Versicherungsfalles (§ 5) fortgesetzt werden. [3]Die Fortsetzung ist innerhalb einer Ausschlussfrist von drei Monaten nach Beendigung der Pflichtversicherung zu beantragen.

Protokollnotiz zu Absatz 1:

Arbeiterinnen/Arbeiter, die nach Satz 3 der Anlage 2 bei der Bahnversicherungsanstalt Abteilung B versichert bleiben und die sonst bei der VBL pflichtversichert wären, können die freiwillige Versicherung bei der VBL entsprechend § 26 durchführen.

(2) [1]Die eigenen Beiträge der Pflichtversicherten zur freiwilligen Versicherung werden entsprechend deren schriftlicher Ermächtigung vom Arbeitgeber aus dem Arbeitsentgelt an die Zusatzversorgungseinrichtung abgeführt. [2]Der Arbeitgeber schuldet auch in Anbetracht von Absatz 5 keine eigenen Beiträge.

VII

(3) [1]Die freiwillige Versicherung kann in Anlehnung an das Punktemodell erfolgen. [2]Wahlweise kann sie auch durch fondsgebundene Rentenversicherung erfolgen, sofern die Zusatzversorgungseinrichtung Entsprechendes anbietet. [3]Unbeschadet etwaiger von der Zusatzversorgungseinrichtung übernommener Zinsgarantien, haftet der Arbeitgeber nach § 1 Abs. 2 Nr. 2 BetrAVG nur für den Erhalt der eingezahlten Beiträge, soweit sie nicht rechnungsmäßig für einen biometrischen Risikoausgleich verbraucht wurden.

[4] Das Nähere regelt die Satzung der Zusatzversorgungseinrichtung.

(4) [1]Die Beschäftigten behalten ihre Anwartschaft, wenn ihr Arbeitsverhältnis vor Eintritt des Versicherungsfalles (§ 5) endet. [2] Eine Abfindung von Anwartschaften ist nur dann möglich, wenn der Beschäftigte die freiwillige Versicherung kündigt. [3]Im Rahmen dieser Abfindung erhält der Beschäftigte seine eingezahlten Beiträge abzüglich der durch die Satzung und die Allgemeinen Versicherungsbedingungen der freiwilligen Versicherung der Zusatzversorgungseinrichtung näher beschriebenen Abschläge zurück. [4]Die Beschäftigten können

jedoch verlangen, dass der Barwert ihrer Anwartschaft auf eine andere Zusatzversorgungseinrichtung, auf die die bisherige Pflichtversicherung nach § 4 übergeleitet wird, oder auf ein Versorgungssystem einer überstaatlichen Einrichtung, mit der ein entsprechendes Abkommen besteht, zu übertragen ist, wenn die Versorgungszusage des neuen Arbeitgebers eine dem übertragenen Barwert wertmäßig entsprechende Zusage auf lebenslange Altersvorsorge umfasst. [5]Besteht bei einem Arbeitgeberwechsel die Pflichtversicherung bei der Zusatzversorgungseinrichtung fort, kann verlangt werden, dass die Versorgungszusage des neuen Arbeitgebers eine dem Barwert der bisherigen Anwartschaften wertmäßig entsprechende Zusage auf lebenslange Altersvorsorge umfasst. [6]Das Verlangen ist nur innerhalb einer Ausschlussfrist von sechs Monaten nach Beendigung des Arbeitsverhältnisses möglich. [7]Mit der Versorgungszusage durch den neuen Arbeitgeber erlischt die Verpflichtung des früheren Arbeitgebers.

(5) Der Arbeitgeber kann zu einer freiwilligen Versicherung der Beschäftigten eigene Beiträge außerhalb einer Entgeltumwandlung leisten; Absätze 2 bis 4 gelten entsprechend.

§ 27 Verfahren

VII

(1) Die Zusatzversorgungseinrichtung hat die Beiträge, die im Rahmen der freiwilligen Versicherung entrichtet werden, einschließlich der Erträge auf einem gesonderten personenbezogenen Versicherungskonto getrennt von den sonstigen Einnahmen zu führen; umfasst sind auch Aufwendungen und Auszahlungen.

(2) [1]Die freiwillige Versicherung wird in einem eigenen Abrechnungsverband geführt. [2]Die Einnahmen und Ausgaben einschließlich der Kapitalanlagen sind gesondert zu führen und zu verwalten.

(3) [1]Die freiwillig Versicherten erhalten jeweils nach Ablauf des Kalenderjahres sowie bei Beendigung der freiwilligen Versicherung einen Nachweis mit den steuerlich vorgeschriebenen Angaben bzw. soweit keine steuerliche Förderung möglich ist, über die Höhe der geleisteten Beiträge sowie über Art und Umfang der bisher erworbenen Anwartschaften. [2]Eine unterbliebene oder nicht vollständige Abführung der Beiträge an die Zusatzversorgungseinrichtung kann nur innerhalb einer Ausschlussfrist von sechs Monaten nach Zugang des Nachweises beanstandet werden. [3]Im Übrigen gelten die §§ 20, 21 und 22 Abs. 1 entsprechend.

Dritter Teil
Übergangs- und Schlussvorschriften

Abschnitt I
Übergangsregelungen zur Versicherungspflicht

§ 28 Höherversicherte

[1]Die Beschäftigten, deren zusätzliche Alters- und Hinterbliebenenversorgung im Wege der Höherversicherung bis 31. Dezember 1997 durchgeführt wurde, sind weiterhin nicht zu versichern. [2]Der Arbeitgeber zahlt einen Zuschuss zur Verwendung für eine zusätzliche Alters- und Hinterbliebenenversorgung von 66,47 Euro monatlich.

§ 29 Von der Pflichtversicherung Befreite

(1) Beschäftigte, die am 31. Dezember 1966 im Arbeitsverhältnis gestanden haben, nach der zwischen ihrem Arbeitgeber und der Zusatzversorgungseinrichtung bestehenden Mitgliedschafts-/Beteiligungsvereinbarung nicht zu versichern waren und die keinen Antrag auf Versicherung bei dem Arbeitgeber gestellt haben, bleiben weiterhin von der Pflicht zur Versicherung befreit.

(2) Beschäftigte, deren zusätzliche Alters- und Hinterbliebenenversorgung im Wege der Versicherung bei einem Lebensversicherungsunternehmen durchgeführt worden ist und die keinen Antrag auf Versicherung nach einem der in § 40 Abs. 3 aufgeführten Tarifverträge gestellt haben, sind – entsprechend den bis zum In-Kraft-Treten dieses Tarifvertrages geltenden Regelungen – weiterhin nicht bei der Zusatzversorgungseinrichtung zu versichern.

Abschnitt II
Übergangsregelungen für die Rentenberechtigten

§ 30 Am 31. Dezember 2001 Versorgungsrentenberechtigte

(1) Die Versorgungsrenten, die sich ohne Berücksichtigung von Nichtzahlungs- und Ruhensregelungen ergeben, und die Ausgleichsbeträge nach dem bis zum 31. Dezember 2000 geltenden Zusatzversorgungsrecht werden für die am 31. Dezember 2001 Versorgungsrentenberechtigten und versorgungsrentenberechtigten Hinterbliebenen zum 31. Dezember 2001 festgestellt.

(2) [1]Die nach Absatz 1 festgestellten Versorgungsrenten werden vorbehaltlich des Satzes 3 als Besitzstandsrenten weitergezahlt und entsprechend § 11 Abs. 1 dynamisiert. [2]Die abbaubaren Ausgleichsbeträge werden jeweils in Höhe des Dynamisierungsgewinns abgebaut; die nicht abbaubaren Ausgleichsbeträge werden nicht dynamisiert.

[3]Die am Tag vor In-Kraft-Treten dieses Tarifvertrages geltenden Regelungen über die Nichtzahlung und das Ruhen sind entsprechend anzuwenden.

(3) Es gelten folgende Maßgaben:

a) [1]Neuberechnungen werden nur unter den Voraussetzungen des § 11 Abs. 2 durchgeführt; zusätzliche Versorgungspunkte nach Satz 2 sind dabei zu berücksichtigen. [2]Soweit noch Zeiten vor dem 1. Januar 2002 zu berücksichtigen sind, wird eine Startgutschrift entsprechend den §§ 32 bis 34 berechnet; übersteigt der hiernach festgestellte Betrag den Betrag, der sich als Versorgungsrente am 31. Dezember 2001 ergeben hat bzw. ohne Nichtzahlungs- und Ruhensregelungen ergeben hätte, wird die Differenz durch den Messbetrag geteilt und dem Versorgungskonto (§ 8 Abs. 1) als Startgutschrift gutgeschrieben.

b) § 10 Abs. 3 und die §§ 12 bis 14 sowie 20 bis 23 gelten entsprechend.

c) [1]Hat die Versorgungsrente vor dem 1. Januar 2002 geendet und besteht die Möglichkeit einer erneuten Rentengewährung, ist die Versorgungsrente, die sich unter Außerachtlassung von Nichtzahlungs- und Ruhensregelungen und ohne Berücksichtigung eines Ausgleichsbetrages (Absatz 1) am 31. Dezember 2001 ergeben hätte, durch den Messbetrag zu teilen und als Startgutschrift auf dem Versorgungskonto (§ 8 Abs. 1) gutzuschreiben; im Übrigen gelten in diesen Fällen die Vorschriften des Punktemodells. [2]Satz 1 gilt entsprechend, wenn der Versicherungsfall vor dem 1. Januar 2002 eingetreten ist, die Versorgungsrente jedoch erst nach dem 1. Januar 2002 beginnen würde.

(4) Stirbt eine unter Absatz 1 fallende Versorgungsrentenberechtigte/ein unter Absatz 1 fallender Versorgungsrentenberechtigter, gelten die Vorschriften des Punktemodells für Hinterbliebene entsprechend.

(5) Die Absätze 1 bis 4 gelten für Rentenberechtigte entsprechend, deren Rente aus der Zusatzversorgung am 1. Januar 2002 beginnt.

Zur Vorschrift des § 30 Abs. 3 Buchstabe a Satz 1 haben die Tarifpartner im Rahmen des Änderungstarifvertrages Nr. 4 folgende Protokollnotiz vereinbart:

„Sind in Fällen, die den mit Urteilen des BGH vom 14. Juni 2006 – Az. IV ZR 54/05 und IV ZR 55/07 – entschiedenen Fällen vergleichbar sind, bereits vor dem 22. Juni 2007 Ansprüche aufgrund der vor Vereinbarung des 4. Änderungstarifvertrags geltenden Formulierung des § 30 Abs. 3 ATV geltend gemacht worden, verbleibt es für diese Fälle beim bisherigen Wortlaut."

§ 31 Am 31. Dezember 2001 Versicherungsrentenberechtigte

(1) Für Versicherungsrentenberechtigte und versicherungsrentenberechtigte Hinterbliebene, deren Versicherungsrente spätestens am

31. Dezember 2001 begonnen hat, wird die am 31. Dezember 2001 maßgebende Versicherungsrente festgestellt.

(2) Die nach Absatz 1 festgestellten Versicherungsrenten werden als Besitzstandsrenten weitergezahlt und entsprechend § 11 Abs. 1 dynamisiert.

(3) § 30 Abs. 3 bis 5 gilt entsprechend.

(4) Die Absätze 1 bis 3 gelten für Leistungen nach der am Tag vor In-Kraft-Treten dieses Tarifvertrages geltenden Sonderregelung für Arbeitnehmer im Beitrittsgebiet (§ 105b VBL-Satzung) und für Betriebsrenten nach § 18 BetrAVG, die spätestens am 31. Dezember 2001 begonnen haben, entsprechend.

Abschnitt III
Übergangsregelungen für Anwartschaften der Versicherten

§ 32 Grundsätze

(1) [1]Für die Versicherten werden die Anwartschaften (Startgutschriften) nach dem am 31. Dezember 2000 geltenden Recht der Zusatzversorgung entsprechend den §§ 33 und 34 ermittelt. [2]Die Anwartschaften nach Satz 1 werden ohne Berücksichtigung der Altersfaktoren in Versorgungspunkte umgerechnet, indem der Anwartschaftsbetrag durch den Messbetrag von vier Euro geteilt wird; sie werden dem Versorgungskonto (§ 8 Abs. 1) ebenfalls gutgeschrieben. [3]Eine Verzinsung findet vorbehaltlich des § 19 Abs. 1 nicht statt.

(2) [1]Das Jahr 2001 wird entsprechend dem Altersvorsorgeplan 2001 berücksichtigt; dies gilt auch für im Jahr 2001 eingetretene Rentenfälle. [2]Ist der Versicherungsfall der teilweisen oder vollen Erwerbsminderung im Jahr 2001 eingetreten, gilt Satz 1 mit der Maßgabe, dass die zusatzversorgungsrechtliche Umsetzung der Neuregelungen im gesetzlichen Erwerbsminderungsrecht aus der 39. Änderung der Satzung der VBL vom 19. Oktober 2001 oder der Änderung der Satzung der ZVK-Saar vom 10. Dezember 2001 zu berücksichtigen ist.

(3) Soweit in den §§ 33, 34 und 39 auf Vorschriften des bis zum 31. Dezember 2000 geltenden Satzungsrechts verwiesen wird, erfolgt dies durch Benennung der bisherigen Regelung in der VBL-Satzung mit dem Zusatz „a. F."; für den Bereich der ZVK-Saar gelten die entsprechenden Vorschriften ihrer Satzung in der bis zum 31. Dezember 2000 geltenden Fassung.

(4) [1]Für die Berechnung der Anwartschaften sind, soweit jeweils erforderlich, die Rechengrößen (Entgelt, Gesamtbeschäftigungsquotient, Steuertabelle, Sozialversicherungsbeiträge, Familienstand u. a.) vom

31. Dezember 2001 maßgebend; soweit gesamtversorgungsfähiges Entgelt zu berücksichtigen ist, ergibt sich dieses aus den entsprechenden Kalenderjahren vor dem 1. Januar 2002, dabei bleibt die Dynamisierung zum 1. Januar 2002 unberücksichtigt. [2]Für die Rentenberechnung nach § 18 Abs. 2 BetrAVG ist das am 31. Dezember 2001 geltende Rentenrecht maßgebend (Anlage 4 Nr. 5 Satz 2).

(5) [1]Beanstandungen gegen die mitgeteilte Startgutschrift sind innerhalb einer Ausschlussfrist von sechs Monaten nach Zugang des Nachweises der Zusatzversorgungseinrichtung schriftlich unmittelbar gegenüber der Zusatzversorgungseinrichtung zu erheben. [2]Auf die Ausschlussfrist ist in dem Nachweis hinzuweisen.

(6) [1]Soweit die Summe aus der Startgutschrift ohne Berücksichtigung des § 33 Abs. 1 Satz 3, dem Zuschlag zur Startgutschrift nach § 33 Abs. 1a sowie dem Betrag, der nach § 33 Abs. 3a als zusätzliche Startgutschrift ermittelt wurde, die Höhe der Anwartschaft nach § 33 Abs. 1 erreicht oder übersteigt, verbleibt es bei der bereits mitgeteilten Startgutschrift. [2]Einer gesonderten Mitteilung durch die Zusatzversorgungseinrichtung bedarf es in diesen Fällen nicht, es sei denn es liegt eine Beanstandung nach Absatz 5 vor oder die Zusatzversorgungseinrichtung hat auf die Beanstandung der Startgutschriften verzichtet. [3]Im Übrigen übermittelt die Zusatzversorgungseinrichtung eine neue Mitteilung über die Höhe der Startgutschrift.

VII

§ 33 Höhe der Anwartschaften für am 31. Dezember 2001 schon und am 1. Januar 2002 noch Pflichtversicherte

(1) [1]Die Anwartschaften der am 31. Dezember 2001 schon und am 1. Januar 2002 noch Pflichtversicherten berechnen sich nach § 18 Abs. 2 BetrAVG, soweit sich aus Absatz 2 nichts anderes ergibt. [2]Satz 1 gilt entsprechend für Beschäftigte, die nach den am 31. Dezember 2000 geltenden Vorschriften der Zusatzversorgungseinrichtung als pflichtversichert gelten. [3]Bei Anwendung von Satz 1 ist an Stelle des Faktors von 2,25 v. H. nach § 18 Abs. 2 Nr. 1 Satz 1 BetrAVG der Faktor zu berücksichtigen, der sich ergibt, indem man 100 v. H. durch die Zeit in Jahren vom erstmaligen Beginn der Pflichtversicherung bis zum Ende des Monats, in dem das 65. Lebensjahr vollendet wird, teilt; der Faktor beträgt jedoch mindestens 2,25 v. H. und höchstens 2,5 v. H.

Protokollnotiz zu Absatz 1 Satz 3:

[1]Bei Anwendung von Absatz 1 Satz 3 werden Teilmonate ermittelt, indem die Pflichtversicherungszeit unabhängig von der tatsächlichen Anzahl der Tage des betreffenden Monats durch 30 dividiert wird. [2]Aus der Summe der (Teil-)Monate werden die Jahre der Pflichtversicherung berechnet. [3]Die sich nach Satz 1 und 2 ergebenden Werte werden jeweils auf zwei Nachkommastellen gemeinüblich gerundet. [4]Der

sich durch die Division mit der Zeit in Jahren ergebende Faktor wird auf vier Nachkommastellen gemeinüblich gerundet.

(1a) [1]Bei Beschäftigten, deren Anwartschaft nach Absatz 1 (rentenferne Jahrgänge) berechnet wurde, wird auch ermittelt, welche Anwartschaft sich bei einer Berechnung nach § 18 Abs. 2 BetrAVG unter Berücksichtigung folgender Maßgaben ergeben würde:

1. [1]Anstelle des Vomhundertsatzes nach § 18 Abs. 2 Nr. 1 Satz 1 BetrAVG wird ein Unverfallbarkeitsfaktor entsprechend § 2 Abs. 1 Satz 1 BetrAVG errechnet. [2]Dieser wird ermittelt aus dem Verhältnis der Pflichtversicherungszeit vom Beginn der Pflichtversicherung bis zum 31. Dezember 2001 zu der Zeit vom Beginn der Pflichtversicherung bis zum Ablauf des Monats, in dem das 65. Lebensjahr vollendet wird. [3]Der sich danach ergebende Vomhundertsatz wird auf zwei Stellen nach dem Komma gemeinüblich gerundet und um 7,5 Prozentpunkte vermindert.
2. [1]Ist der nach Nummer 1 Satz 3 ermittelte Vomhundertsatz höher als der bisherige Vomhundertsatz nach § 18 Abs. 2 Nr. 1 Satz 1 BetrAVG, wird für die Voll-Leistung nach § 18 Abs. 2 BetrAVG ein individueller Brutto- und Nettoversorgungssatz nach § 41 Abs. 2 und 2b VBL-Satzung a. F. ermittelt. [2]Als gesamtversorgungsfähige Zeit werden dabei berücksichtigt
   a) die bis zum 31. Dezember 2001 erreichten Pflichtversicherungsmonate zuzüglich der Monate vom 1. Januar 2002 bis zum Ablauf des Monats, in dem das 65. Lebensjahr vollendet wird, und
   b) die Monate ab Vollendung des 17. Lebensjahres bis zum 31. Dezember 2001 abzüglich der Pflichtversicherungsmonate bis zum 31. Dezember 2001 zur Hälfte.

   [3]Für Beschäftigte, für die der Umlagesatz des Abrechnungsverbandes Ost maßgebend war und die nur Pflichtversicherungszeiten in der Zusatzversorgung nach dem 31. Dezember 1996 haben, gilt Satz 2 Buchst. b mit der Maßgabe, dass für die Zeit vor dem 1. Januar 1997 höchstens 75 Monate zur Hälfte berücksichtigt werden.

   [4]Bei Anwendung des § 41 Abs. 2 Satz 5 VBL-Satzung a. F. gilt als Eintritt des Versicherungsfalls der Erste des Kalendermonats nach Vollendung des 65. Lebensjahres; als gesamtversorgungsfähige Zeit im Sinne des § 42 Abs. 1 VBL-Satzung a. F. sind die Zeiten nach Satz 2 Buchst. a zu berücksichtigen.

Protokollnotiz zu Absatz 1a Satz 1 Nr. 2:

Der „bisherige Vomhundertsatz nach § 18 Abs. 2 Nr. 1 Satz 1 BetrAVG" wird für jedes Jahr der Pflichtversicherung mit dem Faktor 2,25 v. H. berechnet, Absatz 1 Satz 3 findet keine Anwendung.

VII

[2]Ist die unter Berücksichtigung der Maßgaben nach den Nummern 1 und 2 berechnete Anwartschaft höher als die Anwartschaft nach Absatz 1, wird der Unterschiedsbetrag zwischen diesen beiden Anwartschaften ermittelt und als Zuschlag zur Anwartschaft nach Absatz 1 berücksichtigt. [3]Der Zuschlag vermindert sich um den Betrag, der bereits nach Absatz 3a als zusätzliche Startgutschrift ermittelt wurde.

Protokollnotiz zu Absatz 1 und Absatz 1a:

Zur Ermittlung der Anwartschaften nach den Absätzen 1 und 1a wird bei Berechnung der Voll-Leistung nach § 18 Abs. 2 Nr. 1 BetrAVG ausschließlich das sogenannte Näherungsverfahren entsprechend § 18 Abs. 2 Nr. 1 Satz 2 Buchst. f BetrAVG berücksichtigt.

(2) [1]Für Beschäftigte im Tarifgebiet West bzw. für bei der VBL versicherte Beschäftigte, für die der Umlagesatz des Abrechnungsverbandes West maßgeblich ist (§ 76 Abs. 4 Satz 3 VBL-Satzung a. F.) oder die Pflichtversicherungszeiten in der Zusatzversorgung vor dem 1. Januar 1997 haben, und die am 1. Januar 2002 das 55. Lebensjahr vollendet haben (rentennahe Jahrgänge), ist Ausgangswert für die bis zum 31. Dezember 2001 in der Zusatzversorgung (Gesamtversorgung) erworbene Anwartschaft die Versorgungsrente, die sich unter Beachtung der Maßgaben des § 32, insbesondere unter Berücksichtigung der Mindestgesamtversorgung (§ 41 Abs. 4 VBL-Satzung a. F.) und des § 44a VBL-Satzung a. F., für die Berechtigte/den Berechtigten bei Eintritt des Versicherungsfalles am 31. Dezember 2001, frühestens jedoch zum Zeitpunkt der Vollendung des 63. Lebensjahres ergeben würde. [2]Von diesem Ausgangswert ist der Betrag abzuziehen, den die Versicherten aus dem Punktemodell bis zur Vollendung des 63. Lebensjahres vor Berücksichtigung des Abschlages noch erwerben könnten, wenn für sie zusatzversorgungspflichtige Entgelte in Höhe des gesamtversorgungsfähigen Entgelts gezahlt würden. [3]Sind am 31. Dezember 2001 die Voraussetzungen für die Berücksichtigung des § 98 Abs. 5 VBL-Satzung a. F. erfüllt, berechnet sich der Versorgungsvomhundertsatz nach dieser Vorschrift mit der Maßgabe, dass nach § 98 Abs. 5 Satz 2 VBL-Satzung a. F. abzuziehende Monate die Monate sind, die zwischen dem 31. Dezember 1991 und dem Ersten des Monats liegen, der auf die Vollendung des 63. Lebensjahres folgt. [4]Die Sätze 1 bis 3 gelten für Beschäftigte, die am 31. Dezember 2001 das 52. Lebensjahr vollendet haben und eine Rente für schwerbehinderte Menschen beanspruchen könnten, wenn sie zu diesem Zeitpunkt bereits das 60. Lebensjahr vollendet hätten, entsprechend mit der Maßgabe, dass an die Stelle des 63. Lebensjahres das entsprechende, für sie individuell frühestmögliche Eintrittsalter in die abschlagsfreie Rente für schwerbehinderte Menschen maßgeblich ist. [5]Werden in den Fällen des Satzes 4 die Voraussetzungen für die Min-

VII

destgesamtversorgung zwischen dem Zeitpunkt der Hochrechnung nach Satz 4 und der Vollendung des 63. Lebensjahres erfüllt, erfolgt die Berechnung der Anwartschaft abweichend von Satz 4 bezogen auf den Zeitpunkt, zu dem die Voraussetzungen der Mindestgesamtversorgung erfüllt wären.

(3) Für Beschäftigte im Tarifgebiet West bzw. für bei der VBL versicherte Beschäftigte, für die der Umlagesatz des Abrechnungsverbandes West maßgeblich ist (§ 76 Abs. 4 Satz 3 VBL-Satzung a. F.) oder die Pflichtversicherungszeiten in der Zusatzversorgung vor dem 1. Januar 1997 haben, und die vor dem 14. November 2001 Altersteilzeit oder einen Vorruhestand vereinbart haben, gilt Absatz 2 mit folgenden Maßgaben:

a) An die Stelle des 63. Lebensjahres tritt das vereinbarte Ende des Altersteilzeitarbeitsverhältnisses bzw. in den Fällen des Vorruhestandes das Alter, zu dem nach der Vorruhestandsvereinbarung die Rente beginnen würde.

b) Der anzurechnende Bezug nach Absatz 4 wird in den Fällen, in denen die Mindestgesamtversorgung nach dem bis zum 31. Dezember 2000 geltenden Zusatzversorgungsrecht maßgeblich gewesen wäre, um die Abschläge vermindert, die sich zu dem Zeitpunkt, auf den die Startgutschrift hochgerechnet wird, voraussichtlich ergeben werden; diese Abschläge sind der Zusatzversorgungseinrichtung vom Beschäftigten in geeigneter Weise nachzuweisen. Die Startgutschrift ist in den Fällen des Satzes 1 um den Betrag der sich im Zeitpunkt der Hochrechnung nach Satz 1 voraussichtlich ergebenden Abschläge gemäß § 7 Abs. 3 zu erhöhen.

VII

(3a) [1]Pflichtversicherte, bei denen der Versicherungsfall der vollen Erwerbsminderung vor dem 1. Januar 2007 eingetreten ist, deren Startgutschrift nach Absatz 1 berechnet wurde und die am 31. Dezember 2001

a) das 47. Lebensjahr vollendet sowie

b) mindestens 120 Umlagemonate zurückgelegt hatten,

erhalten in Abweichung von dem üblichen Verfahren eine zusätzliche Startgutschrift in Höhe des Betrages, um den die Startgutschrift nach Absatz 2 die Startgutschrift nach Absatz 1 übersteigt; bei Berechnung der Startgutschrift nach Absatz 2 sind die Maßgaben der Sätze 2 und 3 zu beachten. [2]Die Berechnung erfolgt bezogen auf die Vollendung des 63. Lebensjahres. [3]Als anzurechnender Bezug wird die tatsächliche, entsprechend Absatz 5 auf das vollendete 63. Lebensjahr hochgerechnete gesetzliche Rente zugrunde gelegt. [4]Die sich nach den Sätzen 1 bis 3 ergebende zusätzliche Startgutschrift gilt bei Anwendung des § 19 als soziale Komponente im Sinne des § 9.

(4) [1]Für die Berechnung der Startgutschrift nach Absatz 2 ist die Rentenauskunft des gesetzlichen Rentenversicherungsträgers zum Stichtag 31. Dezember 2001 nach Durchführung einer Kontenklärung maßgebend. [2]Die Pflichtversicherten haben, sofern sie nicht bereits über eine Rentenauskunft aus dem Jahr 2001 verfügen, bis zum 30. September 2002 eine Rentenauskunft zu beantragen und diese unverzüglich der zuständigen Zusatzversorgungseinrichtung zu übersenden. [3]Sofern die Rentenauskunft aus von den Pflichtversicherten zu vertretenden Gründen bis zum 31. Dezember 2003 nicht beigebracht wird, wird die Startgutschrift nach Absatz 1 berechnet. [4]Bei Vorliegen besonderer Gründe kann die Zusatzversorgungseinrichtung eine angemessene Fristverlängerung gewähren. [5]Soweit bis zum 31. Dezember 2002 bereits ein bestands- oder rechtskräftiger Rentenbescheid der gesetzlichen Rentenversicherung vorliegt, ist – abweichend von Satz 1 – dieser Grundlage für die Berechnung nach Absatz 2.

(5) [1]Für die Zeit bis zur Vollendung des 63. Lebensjahres werden Entgeltpunkte in Höhe des jährlichen Durchschnitts der in dem Zeitraum vom 1. Januar 1999 bis 31. Dezember 2001 tatsächlich aus Beitragszeiten erworbenen Entgeltpunkte in Ansatz gebracht. [2]Bei Pflichtversicherten, die nicht in der gesetzlichen Rentenversicherung versichert sind, wird der anzurechnende Bezug nach der bisher geltenden Regelung berücksichtigt, Zuschüsse werden in Höhe des jährlichen Durchschnitts der in der Zeit vom 1. Januar 1999 bis 31. Dezember 2001 tatsächlich gemeldeten Zuschüsse in Ansatz gebracht. [3]Ist in den Jahren 1999 bis 2001 kein zusatzversorgungspflichtiges Entgelt bezogen worden, ist gesamtversorgungsfähiges Entgelt das zusatzversorgungspflichtige Entgelt, das sich ergeben hätte, wenn für den gesamten Monat Dezember 2001 eine Beschäftigung vorgelegen hätte. [4]Sind in den Jahren 1999 bis 2001 keine Entgeltpunkte erworben worden, ist für die Ermittlung der Entgeltpunkte das rentenversicherungspflichtige Entgelt maßgebend, das im Monat Dezember 2001 bezogen worden wäre, wenn während des gesamten Monats eine Beschäftigung vorgelegen hätte; für die Ermittlung der Zuschüsse gilt dies entsprechend.

(6) [1]Für die Berechnung der Startgutschrift nach Absatz 1 und 2 haben die Pflichtversicherten bis zum 31. Dezember 2002 ihrem Arbeitgeber den Familienstand am 31. Dezember 2001 (§ 41 Abs. 2c Satz 1 Buchst. a und b VBL-Satzung a. F.) mitzuteilen. [2]Der Arbeitgeber hat die Daten an die Zusatzversorgungseinrichtung zu melden.

VII

(7) [1]Für die Dynamisierung der Anwartschaften gilt § 19. [2]Auf den Zuschlag zur Anwartschaft nach Absatz 1a werden für die Jahre 2001 bis 2010 keine Bonuspunkte (§ 19) gewährt. [3]Die Vergabe von Bonuspunkten für die Zeit bis zum 31. Dezember 2016 wird durch die Neuberechnung der Startgutschriften aufgrund der Änderungen durch § 1 des Änderungstarifvertrages Nr. 10 zum ATV vom 8. Juni 2017 nicht berührt.

Protokollnotiz zu Absatz 7:

Die Tarifvertragsparteien gehen davon aus, dass wegen der unverändert hohen Mindestverzinsung zumindest mittelfristig weiterhin keine Ausschüttung von Bonuspunkten für die seit 2001 im Punktemodell erworbenen Anwartschaften und die Startgutschriften erfolgen wird.

§ 34 Höhe der Anwartschaften für am 1. Januar 2002 beitragsfrei Versicherte

(1) [1]Die Startgutschriften der am 1. Januar 2002 beitragsfrei Versicherten werden nach der am 31. Dezember 2001 geltenden Versicherungsrentenberechnung ermittelt. [2]Auf einen gesetzlichen Anspruch nach § 18 Abs. 2 BetrAVG sind § 33 Abs. 1 Satz 3 und Abs. 1a entsprechend anzuwenden. [3]Für die Dynamisierung der Anwartschaften gilt § 33 Abs. 7 entsprechend.

(2) [1]Für Beschäftigte, für die § 105b VBL-Satzung a. F. gilt, findet Absatz 1 mit der Maßgabe Anwendung, dass die Startgutschriften nur nach § 44 VBL-Satzung a. F. berechnet werden und dass der Berechnung das Entgelt zugrunde zu legen ist, das bei Pflichtversicherung in den letzten fünf Jahren vor Beendigung des Arbeitsverhältnisses zusatzversorgungspflichtig gewesen wäre. [2]Für Beschäftigte nach Satz 1 gilt die Wartezeit als erfüllt.

(3) Für die freiwillig Weiterversicherten gilt Absatz 1 entsprechend.

Abschnitt IV
Schlussvorschriften

§ 35 Sterbegeld

[1]Sterbegeld wird bei Fortgeltung des bisherigen Rechts Anspruchsberechtigten unter Berücksichtigung des am 31. Dezember 2001 maßgebenden Gesamtbeschäftigungsquotienten in folgender Höhe gezahlt für Sterbefälle

im Jahr 2002	1535 Euro,
im Jahr 2003	1500 Euro,
im Jahr 2004	1200 Euro,
im Jahr 2005	900 Euro,

im Jahr 2006	600 Euro,
im Jahr 2007	300 Euro.

[2]Ab dem Jahr 2008 entfällt das Sterbegeld.

§ 36 Sonderregelungen für die Jahre 2001/2002

(1) Anstelle von § 2 Abs. 2 und des Satzes 1 der Anlage 2 finden bis zum 31. Dezember 2002 der § 5 Abs. 3 und § 6 Abs. 1 bis 3 Versorgungs-TV sowie § 4 Abs. 1 und § 5 Abs. 1 bis 3 VersTV-Saar weiterhin Anwendung.

(2) Soweit bis zum 31. Dezember 2002 zusatzversorgungspflichtiges Entgelt entsprechend § 8 Versorgungs-TV oder § 7 VersTV-Saar gemeldet wurde, hat es dabei sein Bewenden.

(3) Soweit bis zum 31. Dezember 2002 Beiträge im Sinne des § 25 entsprechend den Vorschriften des Versorgungs-TV oder des VersTV-Saar gezahlt wurden, hat es dabei sein Bewenden.

§ 36a Übergangsregelungen

(1) Ist die/der Versicherte oder die/der Betriebsrentenberechtigte vor dem 1. Juli 2007 verstorben, findet § 10 Abs. 1 Satz 5 keine Anwendung; dies gilt nicht für Neuzusagen, die nach dem 31. Dezember 2006 erteilt wurden.

VII

(2) [1]Für Mutterschutzzeiten nach § 3 Abs. 2 und § 6 Abs. 1 MuSchG, die in der Zeit vom 1. Januar 2002 bis zum 31. Dezember 2011 liegen, gilt § 9 Abs. 1 Satz 4 und 5 mit folgenden Maßgaben:

a) [1]Die Mutterschutzzeiten werden auf schriftlichen Antrag der Beschäftigten berücksichtigt. [2]Geeignete Nachweise zum Beginn und Ende der Mutterschutzfristen sind vorzulegen. [3]Der Antrag und die Nachweise sind bei der Zusatzversorgungseinrichtung einzureichen, bei der die Pflichtversicherung während der Mutterschutzzeit bestanden hat.

b) [1]Das für die Mutterschutzzeit anzusetzende zusatzversorgungspflichtige Entgelt wird errechnet aus dem durchschnittlichen kalendertäglichen zusatzversorgungspflichtigen Entgelt des Kalenderjahres, das dem Jahr vorangeht, in dem die Mutterschutzfrist begonnen hat. [2]Bei der Berechnung des durchschnittlichen Entgelts werden Kalendermonate ohne zusatzversorgungspflichtiges Entgelt nicht berücksichtigt. [3]Ist in diesem Zeitraum kein zusatzversorgungspflichtiges Entgelt angefallen, ist für die Berechnung das Entgelt zugrunde zu legen, das sich als durchschnittliches zusatzver sorgungspflichtiges Entgelt im Kalenderjahr vor Beginn der Mutterschutzzeit ergeben hätte.

c) Das zusatzversorgungspflichtige Entgelt nach Buchstabe b vermindert sich um das zusatzversorgungspflichtige Entgelt, das nach § 9 Abs. 1 in der Fassung des Änderungstarifvertrages Nr. 2 vom 12. März 2003 für Kalendermonate berücksichtigt worden ist, in denen das Arbeitsverhältnis ganz oder teilweise nach § 6 Abs. 1 MuSchG geruht hat.

[2]Für Mutterschutzzeiten vor dem 1. Januar 2002 gilt Satz 1 bei entsprechendem Antrag der Versicherten bzw. der Rentenberechtigten sinngemäß für die Berechnung ihrer Startgutschriften. [3]Am 31. Dezember 2001 Rentenberechtigte mit Mutterschutzzeiten vor dem 1. Januar 2002 erhalten auf Antrag einen Zuschlag zu ihrer Besitzstandsrente, der sich ergibt, wenn auf der Grundlage der Entgelte gemäß Satz 1 Buchst. b entsprechend § 8 Versorgungspunkte gutgeschrieben würden.

§ 37 Sonderregelungen für die VBL

(1) [1]Zu § 16 Abs. 1: Bei Pflichtversicherten, für die der Umlagesatz des Abrechnungsverbandes West der VBL maßgebend ist, beträgt der Umlage-Beitrag 1,41 v. H. des zusatzversorgungspflichtigen Entgelts. [2]Neben dem Umlage-Beitrag nach Satz 1 wird ein zusätzlicher Arbeitnehmerbeitrag zur Umlage in Höhe von 0,4 v. H. des zusatzversorgungspflichtigen Entgelts erhoben; abweichend davon beträgt der zusätzliche Arbeitnehmerbeitrag zur Umlage bei

VII

a) den Beschäftigten eines Mitglieds der TdI oder eines Mitglieds eines Mitgliedsverbandes der TdI, die bei der VBL pflichtversichert sind, in der Zeit vom 1. Juli 2016 bis 30. Juni 2017 0,3 v. H. des zusatzversorgungspflichtigen Entgelts;
b) den Beschäftigten des Bundes und den Beschäftigten eines Mitglieds eines Mitgliedsverbandes der VKA, die bei der VBL pflichtversichert sind,
   - in der Zeit vom 1. Juli 2016 bis 30. Juni 2017 0,2 v. H. des zusatzversorgungspflichtigen Entgelts und
   - in der Zeit vom 1. Juli 2017 bis 30. Juni 2018 0,3 v. H. des zusatzversorgungspflichtigen Entgelts.

[3]Der zusätzliche Arbeitnehmerbeitrag zur Umlage nach Satz 2 dient der Finanzierung von Mehrkosten aufgrund der Veränderung der biometrischen Risiken (Richttafeln Heubeck 1998, derzeit VBL 2010G); er wird zunächst in einem Sondervermögen des Abrechnungsverbandes West der VBL angespart.

[4]Die Arbeitgeber im Abrechnungsverband West der VBL tragen entsprechend dem periodischen Bedarf im Umlageverfahren eine Umlage von 6,45 v. H. bis zu 6,85 v. H. der zusatzversorgungspflichtigen Entgelte.

[5]Für die Finanzierung der sich aufgrund der veränderten biometrischen Risikoverhältnisse im Abrechnungsverband West der VBL ergebenden Mehrkosten gilt folgendes Verfahren:

a) Die Mehrkosten aufgrund der veränderten biometrischen Risikoverhältnisse im Sinne von Satz 3 werden für den jeweiligen Deckungsabschnitt pauschal ermittelt, indem auf die sich für die einzelnen Kalenderjahre des Deckungsabschnitts ergebenden Rentenausgaben der sich aus der Anlage 6 jeweils ergebende Vomhundertsatz angewandt wird.

b) Die Hälfte der sich nach Buchstabe a ergebenden Mehrkosten in dem jeweiligen Deckungsabschnitt wird durch eine Entnahme aus dem Sondervermögen nach Satz 3 finanziert; die aus dem Sondervermögen hierzu entnommenen Mittel sind dem jeweiligen Arbeitgeber bzw. seiner Arbeitgebergruppe in dem Verhältnis zuzurechnen, in dem das Sondervermögen von deren Beschäftigten aufgebaut wurde.

c) Die andere Hälfte der sich nach Buchstabe a ergebenden Mehrkosten, höchstens jedoch 0,4 v. H. der zusatzversorgungspflichtigen Entgelte, wird von den Arbeitgebern im Rahmen der Festsetzung des Finanzierungsaufwandes für den jeweiligen Deckungsabschnitt getragen.

d) Die Anwendung der Buchstaben a bis c im jeweiligen Deckungsabschnitt setzt einen Umlagesatz in diesem Deckungsabschnitt von mindestens 7,86 v. H. voraus.

Protokollnotizen zu Absatz 1:

1. Eine Entnahme aus dem Sondervermögen erfolgt erst ab 2023.
2. Über die Frage der Finanzierung der durch die neuen Startgutschriften entstehenden Mehrkosten werden die Tarifvertragsparteien entscheiden, wenn das derzeitige von den Arbeitgebern zu tragende Finanzierungsvolumen (Umlage/Sanierungsgeldsätze) bei der VBL (Abrechnungsverband West) nicht ausreichen sollte.

(2) Zu § 16 Abs. 2: Bei Pflichtversicherten, deren zusatzversorgungspflichtiges Entgelt sich nach für das Tarifgebiet West geltenden Tarifvertragsregelungen bemisst und für die der Umlagesatz des Abrechnungsverbandes West maßgebend ist, gilt anstelle des in § 16 Abs. 2 genannten Betrages ein Betrag von 92,03 Euro.

(3) Zu § 17: Die Sanierungsgelder nach § 17 werden im Abrechnungsverband West nach dem Verhältnis der Entgeltsumme aller Pflicht-

VII

versicherten zuzüglich der neunfachen Rentensumme aller Renten zu den entsprechenden Werten, die einem Arbeitgeberverband oder einem Arbeitgeber zurechenbar sind, erhoben. Die Satzung regelt die Grundsätze der Zuordnung von Beteiligten zu den jeweiligen Arbeitgebergruppen entsprechend dem Altersvorsorgeplan 2001 und dem Beschluss des Verwaltungsrates vom 1. Februar 2002.

(4) Zu § 26 Abs. 3: Die VBL hat die für die sonstigen Pensionskassen geltenden Regelungen des § 54 Abs. 2 und 3 VAG in Verbindung mit der Anlageverordnung, der §§ 54b, 66 VAG einschließlich der nach § 65 VAG erlassenen Deckungsrückstellungsverordnung zu beachten, soweit sich aufsichtsrechtlich nichts anderes ergibt.

(5) Zu § 34 Abs. 1: § 34 Abs. 1 Satz 2 gilt in folgender Fassung:

„[2]Soweit die Startgutschrift nach § 18 Abs. 2 BetrAVG berechnet wurde, sind § 32 Abs. 6 sowie § 33 Abs. 1 Satz 3 und Abs. 1a entsprechend anzuwenden.“

(6) Zu § 36a Abs. 2: Anstelle von § 36a Abs. 2 Sätze 2 und 3 gilt folgender Satz 2:

„[2]Für Mutterschutzzeiten vor dem 1. Januar 2002 gilt Satz 1 bei entsprechendem Antrag der Versicherten bzw. Rentenberechtigten sinngemäß für die Berechnung ihrer bis zum 31. Dezember 2001 erworbenen Anwartschaften.“

§ 37a Sonderregelungen für das Tarifgebiet Ost

(1) [1]Bei Pflichtversicherten, für die der Umlagesatz des Abrechnungsverbandes Ost der VBL maßgebend ist, beträgt der Arbeitnehmerbeitrag zur Pflichtversicherung 2,0 v. H. des zusatzversorgungspflichtigen Entgelts. [2]Dieser Arbeitnehmerbeitrag zur Kapitaldeckung erhöht sich auf 4,25 v. H. des zusatzversorgungspflichtigen Entgelts; abweichend davon beträgt der Arbeitnehmerbeitrag zur Kapitaldeckung bei

a) den Beschäftigten eines Mitglieds der TdL oder eines Mitglieds eines Mitgliedsverbandes der TdL, die bei der VBL pflichtversichert sind, in der Zeit vom 1. Juli 2016 bis 30. Juni 2017 3,5 v. H. des zusatzversorgungspflichtigen Entgelts;

b) den Beschäftigten des Bundes und den Beschäftigten eines Mitglieds eines Mitgliedsverbandes der VKA, die bei der VBL pflichtversichert sind,
   - in der Zeit vom 1. Juli 2016 bis 30. Juni 2017 2,75 v. H. des zusatzversorgungspflichtigen Entgelts und
   - in der Zeit vom 1. Juli 2017 bis 30. Juni 2018 3,5 v. H. des zusatzversorgungspflichtigen Entgelts.

[3]Der Arbeitgeberbeitrag im Kapitaldeckungsverfahren der VBL-Ost beträgt 2,0 v. H. der zusatzversorgungspflichtigen Entgelte. [4]Im Umlageverfahren tragen die Arbeitgeber im Abrechnungsverband Ost der VBL entsprechend dem periodischen Bedarf eine Umlage von 1,0 v. H. bis zu 3,25 v. H. der zusatzversorgungspflichtigen Entgelte. [5]Mit dieser Umlage werden auch die Leistungen aus der Kapitaldeckung finanziert, soweit die Entnahmen aus der Kapitaldeckung dazu nicht ausreichen (Mischfinanzierung).

Protokollnotiz zu Absatz 1:

Solange wegen der aktuellen Niedrigzinsphase tatsächlich ein Beitrag von über 8,0 v. H. des zusatzversorgungspflichtigen Entgelts zur Finanzierung der Leistungen des Punktemodells im Rahmen der Kapitaldeckung erforderlich ist, wirkt sich der zusätzliche Arbeitnehmerbeitrag nach Absatz 1 Satz 2 nicht auf den sofort unverfallbaren Teil der Anwartschaften aus.

(2) In den Fällen der freiwilligen Versicherung aufgrund von § 2 Abs. 2 wird ein entsprechender Arbeitnehmerbeitrag zur freiwilligen Versicherung erhoben; § 16 Abs. 1 Satz 2 gilt entsprechend.

(3) Der Zuschuss nach § 25 Abs. 1 Satz 4 wird für Beschäftigte im Tarifgebiet Ost um den Betrag gemindert, der sich ohne die Befreiung von der Pflichtversicherung als Arbeitnehmerbeitrag nach Absatz 1 ergeben würde.

Protokollnotiz zu den Absätzen 2 und 3:

In den Fällen der Absätze 2 und 3 wird als Arbeitnehmerbeitrag ein Beitrag von 2,0 v. H. des zusatzversorgungspflichtigen Entgelts zugrunde gelegt.

VII

§ 37b Rechtsfolgen des Ausscheidens eines Beteiligten aus der VBL

[1]Mit dem Ausscheiden eines Beteiligten aus der VBL enden die Pflichtversicherungen der bei ihm im Arbeitsverhältnis stehenden Beschäftigten. [2]Die Versicherungen bleiben bei der VBL als beitragsfreie Versicherungen bis zum Beginn einer erneuten Pflichtversicherung bzw. bis zum Eintritt des Versicherungsfalls ebenso bestehen wie die dort erworbenen Anwartschaften und Leistungsansprüche der aktiven und ehemaligen Beschäftigten des ausgeschiedenen Beteiligten. [3]Diese dürfen nicht abweichend von Anwartschaften und Leistungsansprüchen solcher Beschäftigten geregelt werden, deren Arbeitgeber weiterhin Beteiligter der VBL ist.

§ 37c Zahlung eines Gegenwertes

(1) [1]Zur Sicherung der Umlage- und Solidargemeinschaft zahlt ein Beteiligter, der aus der VBL ausscheidet, einen Gegenwert an die VBL für die dort verbleibenden Leistungsansprüche und unverfallbaren Anwartschaften, die ihm zuzurechnen sind. [2]Bei der Berechnung des Gegenwertes sind folgende Grundsätze zu berücksichtigen:

a) Der ausgeschiedene Beteiligte hat neben den Leistungsansprüchen und Anwartschaften, die seine aktiven und ehemaligen Beschäftigten und deren Hinterbliebene bei der VBL während seiner Beteiligung erworben haben, auch die bis zu seinem Ausscheiden entstandenen Leistungsansprüche und Anwartschaften auszufinanzieren, die ihm nach der Satzung der VBL in den bis zum 31. Dezember 2015 gültigen Fassungen bzw. aufgrund Verpflichtungserklärung ausdrücklich zugeordnet worden sind und die nicht bereits vor dem Zeitpunkt des Ausscheidens kapitalgedeckt finanziert waren.

b) Die Höhe des Gegenwertes ist nach den anerkannten Regeln der Versicherungsmathematik unter Heranziehung von zum Ausscheidenszeitpunkt bestehenden und unter Verwendung der in den nachfolgenden Buchstaben c bis e näher bezeichneten Rechnungsgrundlagen zu berechnen.

c) Als Rechnungszins wird der zum Ausscheidenszeitpunkt jeweils gültige Höchstzinssatz nach § 2 Abs. 1 der Verordnung über Rechnungsgrundlagen für die Deckungsrückstellungen (Deckungsrückstellungsverordnung) zu Grunde gelegt, mindestens jedoch 2 v. H. und höchstens 4 v. H.

d) Hinsichtlich der biometrischen Risiken sind die jeweils aktuellen Sterbetafeln der VBL für die Pflichtversicherung zu berücksichtigen.

VII

e) Die Verwaltungskosten werden pauschal mit 2 v. H. des Gegenwertes berechnet.

Protokollnotiz zu Absatz 1 Satz 2 Buchstabe c:

Im Fall des Wegfalls des Zinssatzes der Deckungsrückstellungsverordnung wird die Anknüpfung an einen anderen angemessenen Zinssatz durch die Tarifvertragsparteien vereinbart.

(2) Zum Ausgleich des Risikos, dass der nach Absatz 1 ermittelte Gegenwert aufgrund sich verändernder Rechnungsgrundlagen zu hoch oder zu niedrig ist, gilt Folgendes:

a) [1]Die VBL wiederholt die Gegenwertberechnung nach Absatz 1 alle zehn Jahre. [2]Die Kosten hierfür trägt die Umlagegemeinschaft. [3]Auf Veranlassung der VBL oder des ausgeschiedenen Beteiligten kann eine Neuberechnung auch bereits nach Ablauf von fünf Jahren seit der letzten Berechnung erneut durchgeführt werden. [4]In diesem Fall werden die Kosten durch den Veranlasser getragen.

b) [1]Übersteigt nach der Neuberechnung der bisher berechnete Gegenwert die bestehenden Verpflichtungen (Überschuss), werden dem ausgeschiedenen Beteiligten für jeweils fünf volle Jahre seit dem Ausscheiden 6,25 v. H. dieses Überschusses ausgezahlt. [2]Nach Ablauf von 80 Jahren seit dem Ausscheiden, spätestens mit dem Versterben des letzten Leistungsempfängers werden 100 v. H. des zu diesem Zeitpunkt festgestellten Überschusses ausgezahlt.

c) [1]Decken die zum Zeitpunkt der Neuberechnung aus dem bisherigen Gegenwert noch vorhandenen Mittel nicht alle bestehenden Verpflichtungen, besteht eine Nachschusspflicht des ausgeschiedenen Beteiligten. [2]Für die Nachschusspflicht gelten die in Buchstabe b aufgeführten Regelungen entsprechend.

d) [1]Auf Antrag des ausgeschiedenen Beteiligten unterbleibt die Neuberechnung nach Buchstaben a bis c, wenn der ausgeschiedene Beteiligte einen Zuschlag von 10 v. H. der Gegenwertsumme innerhalb von sechs Monaten nach seinem Ausscheiden zahlt. [2]Reichen Zuschlag und Gegenwert nicht aus, um die dem ausgeschiedenen Beteiligten zuzurechnenden Leistungsansprüche und Anwartschaften zu finanzieren, tragen dieses Risiko die Solidargemeinschaft der verbliebenen Beteiligten sowie diejenigen Beteiligten, die sich für das Erstattungsmodell nach § 37e entschieden haben, entsprechend dem periodischen Bedarf im Umlageverfahren.

§ 37d Vermögensanrechnung

[1]Ergab sich bei Ende des letzten Deckungsabschnitts vor dem Ausscheiden des Beteiligten ein überschüssiges Vermögen, verringert sich der Gegenwert nach § 37c um den Anteil, der dem ausgeschiedenen Beteiligten nach Satz 3 zuzurechnen ist. [2]Als überschüssiges Vermögen gilt der Betrag, der aufgrund eines Überschusses am Ende des vorangegangenen Deckungsabschnitts als sonstige Einnahme bei der Kalkulation des Finanzierungsaufwandes im laufenden Deckungsabschnitt berücksichtigt wurde. [3]Der Anteil des ausgeschiedenen Beteiligten berechnet sich wie folgt:

a) Der Anteil des ausscheidenden Beteiligten an dem überschüssigen Vermögen wird nach der Summe der zusatzversorgungspflichtigen Entgelte der über ihn Pflichtversicherten bei Ende der Beteiligung im Verhältnis zur Summe der zusatzversorgungspflichtigen Entgelte aller zu diesem Zeitpunkt Pflichtversicherten ermittelt.

b) Der ausgeschiedene Beteiligte erhält von dem Vermögensanteil nach Buchstabe a 30 v. H. sowie für jedes vollendete Kalenderjahr, das nach dem Ende der Beteiligung bis zum Ende des laufenden Deckungsabschnitts folgt,

- bei einem fünfjährigen Deckungsabschnitt weitere 10,0 v. H. und
- bei einem siebenjährigen Deckungsabschnitt weitere 6,67 v. H.,

höchstens insgesamt 70 v. H.

VII

[4]Ergab sich bei Ende des letzten Deckungsabschnitts vor dem Ausscheiden des Beteiligten eine Unterfinanzierung, die im Zuge der Kalkulation für den Finanzierungsaufwand des laufenden Deckungsabschnitts in diesem ausgeglichen wird, erhöht sich der Gegenwert nach § 37c um den Anteil, der dem ausgeschiedenen Beteiligten in entsprechender Anwendung von Satz 3 zuzurechnen ist. [5]Die Anrechnung des überschüssigen Vermögens nach Satz 1 oder der Ausgleich einer Unterdeckung nach Satz 4 erfolgt nur einmalig bei Beendigung der Beteiligung. [6]Eine über die Sätze 1 bis 4 hinausgehende Vermögensbeteiligung bzw. Beteiligung an einer Unterdeckung erfolgt nicht.

§ 37e Erstattungsmodell

[1]Der ausgeschiedene Beteiligte ist berechtigt, anstelle der Zahlung eines Gegenwertes nach § 37c die Aufwendungen der VBL für die ihm nach § 37c Abs. 1 Satz 2 Buchst. a zuzurechnenden Leistungsansprüche zuzüglich anteiliger Verwaltungskosten in Höhe von 2 v. H. des jeweiligen Erstattungsbetrages fortlaufend zu erstatten (Erstattungsmodell). [2]Er kann – auch nachträglich – den Erstattungszeitraum verkürzen, indem er einen Deckungsstock zur Ausfinanzierung verbleibender Ansprüche nach § 37c Abs. 1 Satz 2 Buchst. b bis c aufbaut oder zukünftig einen Gegenwert zur Ausfinanzierung solcher verbleibenden Ansprüche zahlt. [3]Dabei sind folgende Grundsätze zu berücksichtigen:

VII

a) Beim Erstattungsmodell kann der ausscheidende Beteiligte zwischen reiner Erstattung, verkürzter Erstattung mit Deckungsstock und verkürzter Erstattung mit verbleibendem Gegenwert wählen.
b) [1]Das Ende des zu vereinbarenden Erstattungszeitraums kann der ausscheidende Beteiligte festlegen. [2]Wählt er das reine Erstattungsmodell, endet der Erstattungszeitraum mit der letzten ihm zuzurechnenden Rentenzahlung.
c) [1]Aufbau und Höhe eines vom ausscheidenden Beteiligten gewählten Deckungsstocks bestimmen sich nach dem von ihm festgelegten Ende des Erstattungszeitraums und den dann noch vorhandenen Leistungsansprüchen und Anwartschaften; die Einzelheiten sind unter entsprechender Berücksichtigung der Maßgaben nach § 37c Abs. 1 Satz 2 Buchst. b bis e durch die VBL festzulegen. [2]Ist der Deckungsstock am Ende des gewählten Erstattungszeitraums höher als die noch vorhandenen Leistungsansprüche, erhält der ausgeschiedene Beteiligte den Überschuss.
d) [1]Wählt der ausscheidende Beteiligte die Zahlung eines verbleibenden Gegenwertes für die bei Ende des von ihm festgelegten Erstattungszeitraums noch vorhandenen Leistungsansprüche und Anwartschaften, so gelten für den Gegenwert § 37c Abs. 1 und 2 entsprechend. [2]Dies gilt auch bei einem gebildeten Deckungsstock.

e) [1]Ausgeschiedene Beteiligte, die statt der Zahlung eines Gegenwertes nach § 37c Abs. 1 das Erstattungsmodell wählen, werden für die Dauer der Erstattungen – wie bei einer fortbestehenden Beteiligung – an den Kosten von vergangenen bzw. zukünftigen Beendigungen von Beteiligungen beteiligt, soweit diese von den ausgeschiedenen Beteiligten nicht selbst getragen werden. [2]Der ausgeschiedene Beteiligte hat keine Ausfallsicherung beizubringen.

f) § 37d gilt entsprechend.

Gemeinsame Niederschriftserklärungen zu §§ 37b bis 37e ATV

1. Um wieder zu einer einheitlichen Nummerierung der ATV-Änderungstarifverträge zurückzukehren, erhält dieser Tarifvertrag die Ordnungszahl „8". Der Änderungstarifvertrag vom 28. März 2015 zum ATV ist faktisch der Änderungstarifvertrag Nr. 7; formal wird ihm die Ordnungszahl „7" jedoch nicht zugewiesen, so dass es bei der bisherigen Bezeichnung bleibt.
2. Die aktuellen biometrischen Rechnungsgrundlagen der VBL (§ 37c Absatz 1 Satz 2 Buchst. d ATV) sind derzeit (7. Januar 2016) die Richttafeln VBL 2010G.
3. Zu § 37d ATV: Das für die Jahre 2013 bis 2015 zurückzuzahlende Sanierungsgeld einschließlich hierauf gezahlter Nutzungsentschädigungen stellen kein Vermögen im Sinne von § 37d ATV dar.
4. Zu den Kosten, die von ausgeschiedenen Beteiligten nicht selbst getragen werden (§ 37e Satz 3 Buchst. e ATV), gehören die Kosten aufgrund von Insolvenzen, Liquidationen und zu niedrig bemessener Gegenwerte. Das Nähere regelt die VBL-Satzung.
5. Die Tarifvertragsparteien wirken auf die Vertreter in den Gremien der VBL hin,
   a) den Abrechnungsverband Gegenwerte aufzulösen und ihn in die entsprechenden Abrechnungsverbände der VBL (Umlage-West bzw. Umlage-Ost) zu integrieren,
   b) durch Satzungsänderung vorzusehen, dass die Aufnahme insolvenzfähiger Arbeitgeber von Sicherheiten abhängig gemacht werden kann, wenn und solange konkrete Anhaltspunkte dafür bestehen, dass der Arbeitgeber keinen dauerhaften Bestand haben wird; eine darüberhinausgehende Insolvenzsicherungspflicht bei der Vereinbarung neuer Beteiligungen unterbleibt.

VII

§ 37f Rechtsfolgen von Personalübertragungen

(1) [1]Werden kraft Rechtsvorschrift (Gesetz, Verordnung, Satzung) oder aufgrund einer Vereinbarung (einschließlich Betriebsübergang und Fusion) zwischen einem an der VBL Beteiligten und einem nicht beteiligten Arbeitgeber Arbeitsverhältnisse mit Pflichtversicherten auf Letzteren übertragen (Personalübertragungen) und scheidet dadurch ein wesentlicher Teil von Pflichtversicherten des Beteiligten aus der VBL aus, ist dieser verpflichtet, hierfür einen anteiligen Gegenwert zu zahlen. [2]Dabei sind folgende Grundsätze zu berücksichtigen.

a) [1]Ein wesentlicher Teil von Pflichtversicherten ist gegeben, wenn in den vergangenen zehn Jahren (jeweils Stand Jahresende) zehn v. H. der Pflichtversicherten des Beteiligten oder 500 Pflichtversicherte übertragen worden sind. [2]Der zehnjährige Betrachtungszeitraum beginnt neu, wenn ein Gegenwert geschuldet wird. [3]Hat ein beteiligter Arbeitgeber im Betrachtungszeitraum im Wege einer Personalübertragung von nicht beteiligten Arbeitgebern zusätzliche Pflichtversicherte übernommen, wird der Umfang zugunsten des Beteiligten berücksichtigt.

b) [1]Mit dem anteiligen Gegenwert sind unverfallbare Anwartschaften der Versicherten zu finanzieren, deren Pflichtversicherungen wegen der Personalübertragungen während des Betrachtungszeitraums enden. [2]Zusätzlich sind Anwartschaften von beitragsfreien Versicherungen sowie Leistungsansprüche von Betriebsrentenberechtigten und Hinterbliebenen in dem Anteil zu finanzieren, der dem Verhältnis des übertragenen Pflichtversichertenbestandes zu dem Pflichtversichertenbestand des Beteiligten vor der Personalübertragung entspricht.

c) Im Übrigen gelten die Grundsätze nach § 37c und § 37d entsprechend.

d) [1]Anstelle eines anteiligen Gegenwertes kann der Beteiligte die Aufwendungen der VBL für die ihm im Zusammenhang mit den Personalübertragungen nach Buchstabe b zuzurechnenden Leistungsansprüche entsprechend § 37e erstatten. [2]§ 37d gilt entsprechend.

(2) Die Personalübertragungen nach Absatz 1 stellen für sich genommen keinen Grund zur fristlosen Kündigung der Beteiligung dar.

VII

(3) Die Einzelheiten zu Absatz 1 regelt die VBL eigenständig.

§ 38 Sonderregelung für die VKA

[1]Zu § 29 Abs. 2: Beschäftigte, deren zusätzliche Altersvorsorge bei einem Lebensversicherungsunternehmen durchgeführt worden ist, sind auf ihren schriftlichen Antrag beim Vorliegen der sonstigen Voraussetzungen bei der Zusatzversorgungseinrichtung zu versichern. [2]Der Antrag kann nur bis zum Ablauf von sechs Monaten nach dem Beginn der Mitgliedschaft des Arbeitgebers bei einem Mitgliedverband der Vereinigung der kommunalen Arbeitgeberverbände gestellt werden. [3]Beschäftigte, die den Antrag nach Satz 1 nicht stellen, haben die Lebensversicherung mindestens zu den bisherigen Bedingungen fortzuführen. [4]Der Arbeitgeber hat sich nach den am Tage vor dem Beitritt des Arbeitgebers zu einem Mitgliedverband der Vereinigung der kommunalen Arbeitgeberverbände bestehenden Vereinbarungen an den Beiträgen zur Lebensversicherung zu beteiligen. [5]Daneben hat der Arbeitgeber für die Zeit, für die die Beschäftigten Arbeitsentgelt erhalten, einen zusätzlichen Beitragsanteil in Höhe von 1,5 v. H. des der Beitragsberechnung in der gesetzlichen Rentenversicherung zugrunde liegenden Arbeitsentgelts zu entrichten; dabei bleibt die Beitragsbemessungsgrenze unberücksichtigt. [6]Die Beitragsanteile des

Arbeitgebers dürfen den insgesamt zu zahlenden Beitrag nicht übersteigen.

§ 39 Sonderregelungen für das zusatzversorgungspflichtige Entgelt

(1) [1]Bei Bund und TdL gilt für pflichtversicherte Beschäftigte und für freiwillig versicherte Beschäftigte mit wissenschaftlicher Tätigkeit (§ 2 Absatz 2) Folgendes: Soweit das monatliche zusatzversorgungspflichtige Entgelt den Grenzbetrag nach Satz 2 übersteigt, hat der Arbeitgeber ab 1. Januar 2002 im Rahmen der freiwilligen Versicherung nach § 26 Abs. 3 Satz 1 einen Beitrag von acht v. H. des übersteigenden Betrages an die Zusatzversorgungseinrichtung zu zahlen. [2]Grenzbetrag ist das 1,181-fache des Betrages der Entgeltgruppe 15 Stufe 5 TVöD/Bund Tarifgebiet West bzw. Tarifgebiet Ost – jährlich einmal einschließlich der Jahressonderzahlung, wenn die/der Beschäftigte eine zusatzversorgungspflichtige Jahressonderzahlung erhält. [3]Die Sätze 1 und 2 gelten nur für Beschäftigte, für die keine zusätzliche Umlage nach Absatz 2 zu entrichten ist.

(2) [1]Für Beschäftigte, für die für Dezember 2001 schon und für Januar 2002 noch eine zusätzliche Umlage nach § 29 Abs. 4 VBL-Satzung a. F. gezahlt wurde, gilt Folgendes: Soweit das monatliche zusatzversorgungspflichtige Entgelt den Grenzbetrag nach Satz 3 übersteigt, ist in diesem Arbeitsverhältnis zusätzlich eine Umlage von neun v. H. des übersteigenden Betrages zu zahlen. [2]Die sich daraus ergebenden Versorgungspunkte sind zu verdreifachen. [3]Grenzbetrag ist das 1,133-fache des Betrages der Entgeltgruppe 15 Stufe 6 TVöD/VKA Tarifgebiet West bzw. Tarifgebiet Ost – jährlich einmal einschließlich der Jahressonderzahlung, wenn die/der Beschäftigte eine zusatzversorgungspflichtige Jahressonderzahlung erhält.

Protokollnotiz:

Bei Beschäftigten im Tarifgebiet Ost, für die der Umlagesatz des Abrechnungsverbandes West der VBL maßgeblich ist, sind bei Erhebung des Beitrags nach Absatz 1 und der zusätzlichen Umlage nach Absatz 2 die jeweiligen Beträge für das Tarifgebiet West zu berücksichtigen.

§ 40 In-Kraft-Treten

(1) [1]Dieser Tarifvertrag tritt mit Wirkung vom 1. Januar 2001 in Kraft. [2]Abweichend von Satz 1 tritt § 2 Abs. 2 am 1. Januar 2003 mit der Maßgabe in Kraft, dass er nur für nach dem 31. Dezember 2002 begründete Arbeitsverhältnisse Anwendung findet.

(2) [1]Dieser Tarifvertrag kann jederzeit schriftlich mit einer Frist von drei Monaten zum Monatsende gekündigt werden, frühestens jedoch zum 30. Juni 2026. [2]Abweichend von Satz 1 kann dieser Tarifvertrag von

und gegenüber der TdL mit einer Frist von drei Monaten zum Monatsende gekündigt werden, frühestens jedoch zum 31. Dezember 2024.

(3) Mit dem In-Kraft-Treten dieses Tarifvertrages treten – unbeschadet des § 36 – außer Kraft der

a) Tarifvertrag über die Versorgung der Arbeitnehmer des Bundes und der Länder sowie von Arbeitnehmern kommunaler Verwaltungen und Betriebe (Versorgungs-TV) vom 4. November 1966,

b) Tarifvertrag über die Versorgung der Arbeitnehmer des Saarlandes und der Mitglieder des Kommunalen Arbeitgeberverbandes e. V. Saar (VersTV-Saar) vom 15. November 1966.

(4) Soweit vorstehend keine Regelung getroffen ist, findet der als Anlage 5 beigefügte Altersvorsorgeplan 2001 vom 13. November 2001 mit seinen Anlagen Anwendung (einschließlich des Ausschlusses der Entgeltumwandlung und der Verhandlungszusage nach 1.3).

Niederschriftserklärung

Im Zusammenhang mit dem Änderungstarifvertrag Nr. 2 vom 12. März 2003 zum ATV haben die Tarifvertragsparteien folgende Niederschriftserklärung abgegeben:

„1. Im Zusammenhang mit den Änderungen zu § 33 sind weitere Fallkonstellationen umfassend erörtert worden. Die Tarifvertragsparteien sind sich einig, dass kein weiterer Änderungsbedarf besteht.

2. Für die Waldarbeiter wird eine dem § 19 Abs. 1 Satz 7 ATV/ATV-K entsprechende Regelung im ATV-W angestrebt.

3. Die Abfindung nach § 22 Abs. 2 ATV/ATV-K ist während des Bezugs einer Erwerbsminderungsrente nur auf Antrag der/des Rentenberechtigten zulässig.

4. Soweit eine Nachversicherung sog. unterhälftig Teilzeitbeschäftigter bisher nicht erfolgt ist, soll diese nunmehr zeitnah nachgeholt werden.

5. Die Zusatzversorgungseinrichtungen haben nach § 26 Abs. 3 Satz 1 ATV/ATV-K eine freiwillige Versicherung in Anlehnung an das Punktemodell anzubieten.

6. Bei Berechnung der Startgutschriften erfolgt eine ausschließlich stichtagsbezogene Berücksichtigung des Familienstandes zum 31. Dezember 2001, auf deren Basis eine Differenzierung nach Steuerklasse III/0 bzw. I/0 erfolgt; ein späterer Wechsel der berücksichtigten Steuerklasse ist ausgeschlossen.

7. In den Fällen des § 33 Abs. 1 ATV/ATV-K erfolgt bei Berechnung des anzurechnenden Bezuges eine Rechtskreistrennung (Ost/West) bei der Frage der zu berücksichtigenden Beitragsbemessungsgrenze. Dies gilt auch für die Berechnung des fiktiven Nettoarbeitsentgelts (§ 41 Abs. 2c VBL-Satzung a. F.).

8. Die noch erreichbare Betriebsrente nach § 33 Abs. 2 Satz 2 ATV/ATV-K ist unter Berücksichtigung der sich nach § 38 ATV-K, § 39 Abs. 1 bzw. 2 ATV ggf. noch ergebenden Betriebsrente zu berechnen.

9. Auch in den Fällen des Vorruhestandes erfolgt die Hochrechnung der Anwartschaft entsprechend § 33 Abs. 3 ATV/ATV-K nicht auf das vollendete 63. Lebensjahr, sondern auf den voraussichtlichen Rentenbeginn.

10. Die Tarifvertragsparteien gehen weiterhin davon aus, dass die im Altersvorsorgeplan 2001 bzw. ATV/ATV-K gefundenen Regelungen zur Ermittlung der Startgutschrift inklusive der Übergangsregelungen zur Anwendung des § 44a VBL-Satzung a. F. (ausschließlich im § 33 Abs. 2, 3 und 3a) rechtmäßig sind."

Anlage 1

Geltungsbereich

[1]Tarifverträge im Sinne des § 1 sind der

1. Tarifvertrag für den öffentlichen Dienst (TVöD),
2. Tarifvertrag für den öffentlichen Dienst der Länder (TV-L),
3. Tarifvertrag für die Auszubildenden des öffentlichen Dienstes (TVAöD),
4. Tarifvertrag für Auszubildende der Länder in Ausbildungsberufen nach dem Berufsbildungsgesetz (TVA-L BBiG),
5. Tarifvertrag für Auszubildende der Länder in Pflegeberufen (TVA-L Pflege),
6. Tarifvertrag über die Regelung der Rechtsverhältnisse der nicht vollbeschäftigten amtlichen Tierärzte und Fleischkontrolleure in öffentlichen Schlachthöfen und in Einfuhruntersuchungsstellen (TV Ang iöS),
7. Tarifvertrag über die Regelung der Rechtsverhältnisse der nicht vollbeschäftigten amtlichen Tierärzte und Fleischkontrolleure in öffentlichen Schlachthöfen und in Einfuhruntersuchungsstellen (TV Ang-O iöS),
8. Tarifvertrag Versorgungsbetriebe (TV-V),
9. Spartentarifvertrag Nahverkehrsbetriebe eines Arbeitgeberverbandes, der der Vereinigung der kommunalen Arbeitgeberverbände angehört, soweit die Anwendung des öffentlichen Zusatzversorgungsrechts dort geregelt ist,
10. Tarifvertrag für die Arbeitnehmer/innen der Wasserwirtschaft in Nordrhein-Westfalen (TV-WW/NW).

Protokollnotiz zu Satz 1:

Soweit in Satz 1 der Anlage 1 in der Fassung des 3. Änderungstarifvertrags aufgeführte Tarifverträge noch nicht durch einen der in Satz 1 der Anlage 1 aufgeführten Tarifverträge abgelöst sind, verbleibt es bis zur Ablösung beim bisherigen Geltungsbereich.

[2]Dieser Tarifvertrag gilt nicht für die Beschäftigten

a) des Landes und der Stadtgemeinde Bremen bzw. der Mitglieder des kommunalen Arbeitgeberverbandes Bremen e.V., die unter den Geltungsbereich des Bremischen Ruhelohngesetzes vom 22. Dezember 1998 fallen,

b) der Freien und Hansestadt Hamburg,

c) der Mitglieder der Arbeitsrechtlichen Vereinigung Hamburg e. V.

VII

Anlage 2

Ausnahmen von der Versicherungspflicht

[1]Von der Pflicht zur Versicherung sind Beschäftigte ausgenommen, die

1. nach einer aufgrund einer im Zeitpunkt des Beginns der Mitgliedschaft/Beteiligung bestehenden Ruhelohnordnung oder einer entsprechenden Bestimmung eine Anwartschaft oder einen Anspruch auf Ruhelohn haben und denen Hinterbliebenenversorgung gewährleistet ist,
2. eine Anwartschaft oder einen Anspruch auf lebenslängliche Versorgung nach beamten- oder soldatenrechtlichen Vorschriften oder Grundsätzen oder entsprechenden kirchenrechtlichen Regelungen mindestens in Höhe der beamtenrechtlichen Mindestversorgungsbezüge haben und denen Hinterbliebenenversorgung gewährleistet ist,
3. aufgrund Tarifvertrages, Arbeitsvertrages, der Satzung der Zusatzversorgungseinrichtung oder der Satzung einer Zusatzversorgungseinrichtung, von der Versicherungen übergeleitet werden, von der Versicherungspflicht befreit worden sind,
4. für das bei dem Beteiligten bestehende Arbeitsverhältnis aufgrund gesetzlicher, tariflicher oder vertraglicher Vorschrift einer anderen Zusatzversorgungseinrichtung (Versorgungsanstalt der deutschen Bühnen, Versorgungsanstalt der deutschen Kulturorchester, Bahnversicherungsanstalt Abteilung B oder eine gleichartige Versorgungseinrichtung) angehören müssen,
5. bei der Versorgungsanstalt der deutschen Bühnen oder der Versorgungsanstalt der deutschen Kulturorchester freiwillig weiterversichert sind, und zwar auch dann, wenn diese freiwilligen Weiterversicherungen später als drei Monate nach dem Beginn des Arbeitsverhältnisses enden,
6. Rente wegen Alters nach §§ 35 bis 40 bzw. §§ 235 bis 238 SGB VI als Vollrente erhalten oder erhalten haben oder wenn der Versicherungsfall der Betriebsrente wegen Alters (§ 5) bei einer Zusatzversorgungseinrichtung, von der Überleitungen (§ 4) erfolgen, eingetreten ist,
7. eine Übergangszahlung nach § 46 Nummer 4 TVöD BT-V (VKA) oder § 47 Nummer 3 TV-L beziehungsweise eine Übergangsversorgung nach den tariflichen Vorgängerregelungen erhalten oder
8. im Sinne des § 8 Abs. 1 Nr. 2 SGB IV geringfügig beschäftigt sind.

[2]Auf ihren beim Arbeitgeber schriftlich zu stellenden Antrag sind Beschäftigte, solange sie freiwilliges Mitglied des Versorgungswerks

der Presse sind, nicht zu versichern; wird der Antrag spätestens zwölf Monate nach Beginn der Pflicht zur Versicherung gestellt, gilt die Pflichtversicherung als nicht entstanden.

[3]Zwischen den Tarifvertragsparteien besteht Einvernehmen, dass die Arbeiterinnen und Arbeiter

a) der Wasser- und Schifffahrtsverwaltung des Bundes,
b) der Häfen- und Schifffahrtsverwaltung des Landes Niedersachsen und der Wasserwirtschaftsverwaltungen der Länder

weiterhin bei der Bahnversicherungsanstalt Abteilung B versichert bleiben, soweit die Bahnversicherungsanstalt Abteilung B als Versicherungsträger bestimmt ist.

Anlage 3

Ausnahmen vom und Sonderregelungen zum zusatzversorgungspflichtigen Entgelt

[1]Kein zusatzversorgungspflichtiges Entgelt im Sinne des § 15 Abs. 2 sind

1. Bestandteile des Arbeitsentgelts, die durch Tarifvertrag auf Bundes-, Landes- oder landesbezirklicher Ebene ausdrücklich als nicht zusatzversorgungspflichtig bezeichnet sind sowie über- und außertarifliche Bestandteile des Arbeitsentgelts, soweit sie durch Betriebsvereinbarung oder Arbeitsvertrag ausdrücklich als nicht zusatzversorgungspflichtig bezeichnet sind,

   Protokollnotiz zu Nr. 1:

   Für am 30. Juni 2007 bestehende Vereinbarungen in Tarifverträgen, Betriebsvereinbarungen oder Arbeitsverträgen über die Ausnahme von Bestandteilen des Arbeitsentgelts aus der Zusatzversorgung gilt Anlage 3 Satz 1 Nr. 1 in der bis zum 1. Januar 2007 geltenden Fassung.

2. Bestandteile des Arbeitsentgelts, die auf einer Verweisung auf beamtenrechtliche Vorschriften beruhen, soweit die beamtenrechtlichen Bezüge nicht ruhegehaltfähig sind,
3. Aufwandsentschädigungen; reisekostenähnliche Entschädigungen (z. B. Ausbleibezulage, Auswärtszulage),
4. geldliche Nebenleistungen wie Ersatz von Werbungskosten (z. B. Aufwendungen für Werkzeuge, Berufskleidung, Fortbildung) sowie Zuschüsse z. B. zu Fahr-, Heizungs-, Wohnungs-, Essens-, Kontoführungskosten, Schul- und Sprachenbeihilfen, Mietbeiträge, Kassenverlustentschädigungen (Mankogelder, Fehlgeldentschädigungen),
5. Leistungszulagen, Leistungsprämien sowie erfolgsabhängige Entgelte (z. B. Tantiemen, Provisionen, Abschlussprämien und entsprechende Leistungen, Prämien für Verbesserungsvorschläge, Erfindervergütungen),
6. einmalige und sonstige nicht laufend monatlich gezahlte über- oder außertarifliche Leistungen,
7. Entgelte aus Nebentätigkeiten einschließlich Einkünfte, die aus ärztlichen Liquidationserlösen zufließen,
8. Krankengeldzuschüsse,
9. Jubiläumsgelder,
10. Aufwendungen des Arbeitgebers für eine Zukunftssicherung der Beschäftigten,

11. geldwerte Vorteile/Sachbezüge, soweit derartige Leistungen nicht anstelle von Entgelt für Zeiträume gezahlt werden, für die laufendes zusatzversorgungspflichtiges Entgelt zusteht,
12. Zuschläge für Sonntags-, Feiertags- und Nachtarbeit,
13. einmalige Zahlungen (z. B. Urlaubsabgeltungen, Abfindungen), die aus Anlass der Beendigung, des Eintritts des Ruhens oder nach der Beendigung des Arbeitsverhältnisses gezahlt werden,
14. einmalige Zahlungen (z. B. Zuwendungen) insoweit, als bei ihrer Berechnung Zeiten berücksichtigt sind, für die keine Umlagen für laufendes zusatzversorgungspflichtiges Entgelt zu entrichten sind,
15. einmalige Unfallentschädigungen,
16. bei einer Verwendung im Ausland diejenigen Bestandteile des Arbeitsentgelts, die wegen dieser Verwendung über das für eine gleichwertige Tätigkeit im Inland zustehende Arbeitsentgelt hinaus gezahlt werden.

[2]Kein zusatzversorgungspflichtiges Entgelt ist ferner der Teil des steuerpflichtigen Arbeitsentgelts, der nach Anwendung des Satzes 1 den 2,5fachen Wert der monatlichen Beitragsbemessungsgrenze in der gesetzlichen Rentenversicherung (West bzw. Ost) übersteigt; wenn eine zusatzversorgungspflichtige Jahressonderzahlung gezahlt wird, ist der vorgenannte Wert jährlich einmal im Monat der Jahressonderzahlung zu verdoppeln.

[3]Als zusatzversorgungspflichtiges Entgelt gilt für Kalendermonate, in denen Beschäftigte für mindestens einen Tag Anspruch auf Krankengeldzuschuss haben – auch wenn dieser wegen der Höhe der Barleistungen des Sozialversicherungsträgers nicht gezahlt wird –, das fiktive Entgelt nach § 21 TVöD/§ 21 TV-L bzw. entsprechenden tarifvertraglichen Regelungen, das für die Tage, für die tatsächlich Anspruch auf Entgelt, Entgeltfortzahlung oder Krankengeldzuschuss bestand, im Falle eines entsprechenden Entgeltfortzahlungsanspruchs gezahlt worden wäre.

[4]In diesen Kalendermonaten geleistete einmalige Zahlungen sind neben dem fiktiven Entgelt nach § 21 TVöD/§ 21 TV-L bzw. entsprechenden tarifvertraglichen Regelungen nach Maßgabe der Sätze 1 und 2 zusatzversorgungspflichtiges Entgelt.

[5]Für Beschäftigte, die zur Übernahme von Aufgaben der Entwicklungshilfe im Sinne des § 1 Entwicklungshelfergesetz vom 18. Juni 1969 in der jeweils geltenden Fassung ohne Arbeitsentgelt beurlaubt sind, hat der Arbeitgeber für die Zeit der Beurlaubung Umlagen an die Zusatzversorgungseinrichtung abzuführen, wenn der Träger der Entwicklungshilfe die Umlagen erstattet. [6]Für die Bemessung der Umla-

VII

gen gilt als zusatzversorgungspflichtiges Entgelt das Entgelt, von dem nach § 166 Abs. 1 Nr. 4 SGB VI die Beiträge für die gesetzliche Rentenversicherung zu berechnen sind.

[7]Für Beschäftigte, die eine Ausgleichszahlung nach Maßgabe des § 11 des Tarifvertrages über sozialverträgliche Begleitmaßnahmen im Zusammenhang mit der Umgestaltung der Bundeswehr vom 18. Juli 2001 erhalten, ist zusatzversorgungspflichtiges Entgelt das der Bemessung dieser Ausgleichszahlung zugrunde liegende unverminderte Einkommen im Sinne des vorgenannten Tarifvertrages.

Anlage 4

Versicherungsmathematische Grundsätze für die Bewertung der Verpflichtungen im Rahmen der versicherungstechnischen Bilanz

1. Bewertungsgegenstand

Bewertet werden die Verpflichtungen nach dem Stande vom Bilanzstichtag (= Inventurstichtag). Bereits feststehende allgemeine Leistungsveränderungen, die erst nach dem Stichtag wirksam werden, bleiben unberücksichtigt.

2. Bewertungsmethode

Es wird der versicherungsmathematische Barwert der Verpflichtungen nach dem Grundsatz der Einzelbewertung ermittelt.

3. Rechnungsgrundlagen

Als biometrischen Rechnungsgrundlagen dienen die Richttafeln 1998 von Klaus Heubeck. Als Altersgrenze ist die Vollendung des 65. Lebensjahres in Ansatz zu bringen.

Der Rechnungszins beträgt 3,25 % in der Zeit bis zum Eintritt eines Versorgungsfalles und 5,25 % nach Eintritt eines Versorgungsfalles.

4. Verwaltungskostenrückstellung

Eine Verwaltungskostenrückstellung wird nicht gebildet.

5. Sonstiges

Solange die den Besitzstand abbildenden Versorgungspunkte noch nicht ermittelt sind, werden die anzurechnenden Sozialversicherungsrenten nach dem steuerlichen Näherungsverfahren in Ansatz gebracht. Der in diesem Verfahren anzusetzende Korrekturfaktor wird einheitlich für alle Berechtigten auf 0,9086 festgesetzt, Entgelt und Beitragsbemessungsgrenze sind nach dem Stande vom 31. 12. 2001 zu berücksichtigen.

Ein nach Feststellung der den Besitzstand abbildenden Versorgungspunkte ermittelter Unterschiedsbetrag gegenüber dem vorläufigen Bewertungsansatz bleibt bei der Ermittlung des Überschusses unberücksichtigt.

VII

Anlage 5

Altersvorsorgeplan 2001

Dieser Tarifvertrag gilt einheitlich für die Tarifgebiete Ost und West

1. Ablösung des Gesamtversorgungssystems

1.1 Das bisherige Gesamtversorgungssystem wird mit Ablauf des 31. 12. 2000 geschlossen und durch das Punktemodell ersetzt. Zur juristischen Bewertung vgl. Anlage 1.

1.2 Auf ein Zurückfallen der Renten und Anwartschaften auf den Stand des Jahres 2000 wird verzichtet.

1.3 Durch den Systemwechsel erhalten die Arbeitnehmer die Möglichkeit, eine zusätzliche kapitalgedeckte Altersversorgung durch eigene Beiträge unter Inanspruchnahme der steuerlichen Förderung aufzubauen (Riester-Rente). Diese Möglichkeit soll auch bei den Zusatzversorgungskassen eröffnet werden.

Die Möglichkeit der Entgeltumwandlung besteht derzeit – einheitlich für alle Arbeitnehmer – nicht; die Tarifvertragsparteien geben sich eine Verhandlungszusage für eine tarifvertragliche Regelung zur Entgeltumwandlung.

1.4 Die Umlagefinanzierung wird auch nach Systemwechsel beibehalten. Sie kann schrittweise nach den Möglichkeiten der einzelnen Zusatzversorgungskassen durch Kapitaldeckung abgelöst werden (Kombinationsmodell).

2. Punktemodell

2.1 Die Leistungsbemessung erfolgt nach dem Punktemodell. Es werden diejenigen Leistungen zugesagt, die sich ergeben würden, wenn eine Gesamt-Beitragsleistung von 4 v. H. vollständig in ein kapitalgedecktes System eingezahlt würde.

2.2 Soweit eine Kapitaldeckung vorhanden ist, werden die tatsächlich erzielten Kapitalerträge veranschlagt.

Soweit keine Kapitaldeckung vorhanden ist, wird jährlich die laufende Verzinsung der zehn größten Pensionskassen gemäß jeweils aktuellem Geschäftsbericht des Bundesaufsichtsamtes für das Versicherungswesen (bzw. Nachfolgeeinrichtung) zugrunde gelegt.

Überschüsse werden wie bei einer Pensionskasse festgestellt. Von diesen Überschüssen werden nach Abzug der Verwaltungskosten (soweit fiktiv: 2 v. H.) vorrangig die sozialen Komponenten und dann Bonuspunkte finanziert.

Soziale Komponenten sind:

a) Zurechnungszeiten bei Erwerbsminderungs- und Hinterbliebenenrenten (vgl. Textziffer 2.5)

b) Kindererziehungszeiten

Berücksichtigung eines Beitrages von 20 Euro pro Monat pro Kind für die Dauer der gesetzlichen Erziehungszeit (ohne Beschäftigung).

c) Übergangsregelung für alle Versicherten mit einer Mindestpflichtversicherungszeit von 20 Jahren die monatlich weniger als 3600 DM brutto verdienen. Ihre erworbenen Anwartschaften werden festgestellt und ggf. auf mindestens 0,8 Versorgungspunkte für jedes volle Kalenderjahr der Pflichtversicherung angehoben (Einbeziehung des Beschäftigungsquotienten).

2.3 Die als Anlage beigefügte Tabelle kommt zur Anwendung. Diese Tabelle basiert auf folgenden Parametern:

Ein Zinssatz entsprechend § 2 der Deckungsrückstellungsverordnung von derzeit 3,25 v. H. vor Eintritt des Versorgungsfalls wird zugrunde gelegt. Nach Eintritt des Versorgungsfalls gilt ein Zinssatz von 5,25 v. H. Bei Änderungen des Verordnungs-Zinssatzes gilt dieser bis zum Wirksamwerden einer entsprechenden tarifvertraglichen Anpassung fort. Die versicherungsmathematischen Berechnungen basieren auf den Richttafeln 1998 von Klaus Heubeck.

2.4 Die Versicherungsfälle entsprechen denen in der gesetzlichen Rentenversicherung (Altersrenten, Erwerbsminderungsrenten, Hinterbliebenenrenten). Bei teilweiser Erwerbsminderung wird die Hälfte des Betrages gezahlt, der bei voller Erwerbsminderung zustünde.

Abschläge werden für jeden Monat der vorzeitigen Inanspruchnahme der Rente (wie gesetzliche Rentenversicherung) in Höhe von 0,3 v. H. erhoben; höchstens jedoch insgesamt 10,8 v. H.

2.5 Bei Erwerbsminderungs- und Hinterbliebenenrenten vor Vollendung des 60. Lebensjahres werden Versorgungspunkte hinzugerechnet. Für ein Referenzentgelt wird für jedes Kalenderjahr vor Vollendung des 60. Lebensjahres je ein Versorgungspunkt hinzugerechnet.

2.6 Von den Verpflichtungen zur Beitragszahlung in der Textziffer 2.1 dieses Tarifvertrages kann bis zu einer Mindesthöhe von zwei v. H. für die Dauer von bis zu drei Jahren im Rahmen eines landesbezirklichen Tarifvertrages abgewichen werden, wenn sich der Betrieb in einer wirtschaftlichen Notlage befindet. Die Feststellung der wirtschaftlichen Notlage wird durch eine paritätisch besetzte Kommission der Tarifvertragsparteien getroffen.

Die Regelung kann verlängert werden.

2.7 Entgelte aus Altersteilzeit werden in Höhe des vereinbarten Entgelts mindestens jedoch mit 90 v. H. des vor Beginn der Altersteilzeit maßgebenden Wertes berücksichtigt (wie nach bisherigem Recht). Fälle des Vorruhestandes werden wie nach altem Recht behandelt.

3. Übergangsrecht

3.1 Die Höhe der laufenden Renten und der Ausgleichsbeträge wird zum 31. 12. 2001 festgestellt.

3.2 Die laufenden Renten werden als Besitzstandsrenten weitergezahlt. Die abbaubaren Ausgleichsbeträge werden in Höhe des Dynamisierungsgewinns abgebaut.

3.3 Die Besitzstandsrenten und die Neurenten werden beginnend mit dem Jahr 2002 jeweils zum 1. 7. eines Jahres bis 2007 mit 1 v. H. jährlich dynamisiert.

3.4 Die Anwartschaften der am 31. 12. 2001 schon und am 1. 1. 2002 noch pflichtversicherten Arbeitnehmer werden wie folgt berechnet:

3.4.1 Es gelten die Berechnungsvorgaben des § 18 Abs. 2 BetrAVG. Der danach festgestellte Betrag wird in Versorgungspunkte unter Berücksichtigung eines Zinssatzes von 3,25 umgerechnet und in das Punktemodell transferiert. Die transferierten Versorgungspunkte nehmen an der Dynamisierung nach Ziffer 2.2 teil.

3.4.2 Für Arbeitnehmer im Tarifgebiet West, die am 1. 1. 2002 das 55. Lebensjahr vollendet haben (rentennahe Jahrgänge), gilt folgende Besitzstandsregelung: Auf der Grundlage des am 31. 12. 2000 geltenden Rechts der Zusatzversorgung ist Ausgangswert für die Bemessung des in das Punktemodell zu transferierenden Betrages die individuell bestimmte Versorgungsrente im Alter von 63 (bei Behinderten Alter entsprechend gesetzlicher Rentenversicherung) unter Berücksichtigung der Mindestgesamtversorgung und des § 44a VBL-Satzung bzw. entsprechende Versorgungsregelung; die gesetzliche Rente ist nach persönlichen Daten anzurechnen; von diesem nach den Bemessungsgrößen per 31. 12. 2001 einmalig ermittelten Ausgangswert ist die aus dem Punktemodell noch zu erwerbende Betriebsrente abzuziehen; die Differenz ist die Besitzstandsrente; sie wird in Versorgungspunkte umgerechnet und in das Punktemodell transferiert.

3.4.3 Textziffer 3.4.2 gilt entsprechend für solche Arbeitnehmer, die im Jahre 2001 das 55. Lebensjahr vollendet und vor Inkrafttreten des Tarifvertrages Altersteilzeit bzw. Vorruhestand vereinbart haben.

3.5 Die im bisherigen Versorgungssystem erworbenen Anwartschaften von Arbeitnehmern, die am 1. 1. 2002 nicht mehr pflichtversichert sind und die eine unverfallbare Anwartschaft haben, werden entsprechend der bisherigen Versicherungsrentenberechnung festgestellt, transferiert und nicht dynamisiert.

4. Finanzierung

4.1 Jede Kasse regelt ihre Finanzierung selbst.

Zusätzlicher Finanzbedarf über die tatsächliche Umlage des Jahres 2001 hinaus (Stichtag 1. 11. 2001) – mindestens jedoch ab Umlagesatz von 4 v. H. – wird durch steuerfreie, pauschale Sanierungsgelder gedeckt.

Im Tarifgebiet West verbleibt es bei den von den Arbeitnehmern bei Zusatzversorgungskassen geleisteten Beiträgen.

4.2 Für die VBL-West gilt:

Ab 2002 betragen die Belastungen der Arbeitgeber 8,45 v. H. Dies teilt sich auf in eine steuerpflichtige, mit 180 DM/Monat pauschal versteuerte Umlage von 6,45 v. H. und steuerfreie pauschale Sanierungsgelder von 2,0 v. H., die zur Deckung eines Fehlbetrages im Zeitpunkt der Schließung dienen sollen.

Ab 2002 beträgt der aus versteuertem Einkommen zu entrichtende Umlagebeitrag der Arbeitnehmer 1,41 v. H.

4.3 Die Verteilung der Sanierungsgelder auf Arbeitgeberseite bestimmt sich nach dem Verhältnis der Entgeltsumme aller Pflichtversicherten zuzüglich der neunfachen Rentensumme aller Renten zu den entsprechenden Werten, die einem Arbeitgeberverband bzw. bei Verbandsfreien, dem einzelnen Arbeitgeber zuzurechnen sind; ist ein verbandsfreier Arbeitgeber einer Gebietskörperschaft mittelbar oder haushaltsmäßig im Wesentlichen zuzuordnen, wird dieser bei der Gebietskörperschaft einbezogen.

Arbeitgebern, die seit dem 1. November 2001 durch Ausgliederung entstanden sind, sind zur Feststellung der Verteilung der Sanierungszuschüsse Renten in dem Verhältnis zuzurechnen, das dem Verhältnis der Zahl der Pflichtversicherten des Ausgegliederten zu der Zahl der Pflichtversicherten des Ausgliedernden zum 1. 11. 2001 entspricht.

4.4 Bei abnehmendem Finanzierungsbedarf für die laufenden Ausgaben werden die übersteigenden Einnahmen – getrennt und individualisierbar – zum Aufbau einer Kapitaldeckung eingesetzt.

5. Die Tarifvertragsparteien gehen davon aus, dass mit diesem Tarifvertrag das Abwandern von Betrieben oder Betriebsteilen aus den Zusatzversorgungseinrichtungen des öffentlichen Dienstes verhindert wird.

Während der Laufzeit des Tarifvertrages überprüfen die Tarifvertragsparteien, ob es zu signifikanten Abwanderungen aus einzelnen Zusatzversorgungseinrichtungen gekommen ist. Sie beauftragen einen Gutachter, die Gründe für eventuelle Abwanderungen darzustellen. Dies gilt auch für den Tarifvertrag über sozialverträgliche Begleitmaßnahmen im Zusammenhang mit der Umgestaltung der Bundeswehr.

6. Laufzeit des Tarifvertrages bis zum 31. 12. 2007.

Zu Anlage 5: Anlage 1

Juristische Zulässigkeit des rückwirkenden Systemwechsels zum 31. 12. 2000 (Arbeitskreis 2)

Die Tarifvertragsparteien gehen davon aus, dass der rückwirkende Wechsel vom Gesamtversorgungssystem in ein Punktemodell zum 1. 1. 2001 verfassungsrechtlich zulässig ist. Dies gilt auch für den Transfer der am 31. 12. 2000 bestehenden Anwartschaften.

Für das Jahr 2001 ist aus verwaltungstechnischen Gründen eine Einführungsphase für das neue System vorgesehen, in der sich Anwartschaften technisch weiterhin nach den Berechnungsmethoden des alten Systems fortentwickeln. Diese für die Betroffenen günstige Übergangsregelung liegt in der Normsetzungsbefugnis der Tarifvertragsparteien.

Seit dem Ergebnis der Tarifrunde 2000 konnte niemand auf den Fortbestand des bisherigen Versorgungssystems vertrauen und deshalb davon ausgehen, dass dieses unverändert bestehen bleiben würde.

Sollte ein Bundesgericht abschließend feststellen, dass Arbeitnehmern oder Versorgungsempfängern mit Vordienstzeiten (Beschäftigungen außerhalb des öffentlichen Dienstes) im neuen System im Hinblick auf den Beschluss des Bundesverfassungsgerichts vom 22. 3. 2000 (1 BvR 1136/96) höhere als die überführten Ansprüche zustehen, werden den Berechtigten diese Ansprüche auch dann rückwirkend erfüllt, wenn sie sie nicht vor der neuen Entscheidung geltend gemacht haben.

VII

Zu Anlage 5: Anlage 2

Rentenformel im Punktemodell

ohne Zwischenschaltung eines Regelbeitrages und bei Überschussanteilen in Form von beitragslosen Versorgungspunkten

Die Rentenhöhe ist abhängig von der gesamten Erwerbsbiografie im öffentlichen Dienst. In jedem Beschäftigungsjahr t werden Versorgungspunkte VPt erworben. Die Höhe der Versorgungspunkte ergibt sich aus der Formel:

VPt = Et / RE × Tabx

Ggf. wird VPt aus Überschüssen erhöht.

Darin bedeuten

VP_t Versorgungspunkt für das Jahr t
E_t Entgelt des Versicherten im Jahr t
RE Referenzentgelt
Tab_x Tabellenwert für das Alter X des Versicherten im Jahr t

Im Versorgungsfall ergibt sich die Rente nach der Formel

Rente = [Summe aller VPt] × Messbetrag

Der Messbetrag beträgt 0,4 % des Referenzentgeltes.

X	Tabx
17	3,1
18	3,0
19	2,9
20	2,8
21	2,7
22	2,6
23	2,5
24	2,4
25	2,4
26	2,3
27	2,2
28	2,2
29	2,1
30	2,0
31	2,0
32	1,9
33	1,9
34	1,8

X	Tabx
35	1,7
36	1,7
37	1,6
38	1,6
39	1,6
40	1,5
41	1,5
42	1,4
43	1,4
44	1,3
45	1,3
46	1,3
47	1,2
48	1,2
49	1,2
50	1,1
51	1,1
52	1,1
53	1,0
54	1,0
55	1,0
56	1,0
57	0,9
58	0,9
59	0,9
60	0,9
61	0,9
62	0,8
63	0,8
64 + älter	0,8

Anlage 6

Ermittlung der biometriebedingten Mehrkosten

Auf der Grundlage der Berechnungen von AONHewitt im Schreiben vom 7. Januar 2015 werden die Mehrkosten aufgrund der veränderten biometrischen Verhältnisse pauschal ermittelt, indem jeweils folgender Vomhundertsatz auf die Rentenausgaben angewandt wird, die sich in dem Kalenderjahr unter Berücksichtigung der tatsächlichen biometrischen Risikoverhältnisse voraussichtlich ergeben werden:

Kalenderjahr	Anteil der Mehrkosten aufgrund der veränderten biometrischen Verhältnisse an den voraussichtlichen tatsächlichen Rentenausgaben in v. H.
2023	4,77
2024	5,34
2025	5,93
2026	6,51
2027	7,06
2028	7,63
2029	8,16
2030	8,67
2031	9,17
2032	9,63
2033	10,10
2034	10,57
2035	11,08
2036	11,59
2037	12,14
2038	12,67
2039	13,12
2040	13,62
2041	14,06
2042	14,47
2043	14,86
2044	15,21
2045	15,49
2046	15,75
2047	15,99
2048	16,17
2049	16,30
2050	16,42
2051	16,48
2052	16,52
2053	16,59
ab 2054	16,60

Tarifvertrag zur Regelung flexibler Arbeitszeiten für ältere Beschäftigte

Vom 27. Februar 2010

Zuletzt geändert durch
Änderungstarifvertrag Nr. 3 vom 25. Oktober 2020[1])

Inhaltsübersicht

[1]) Die Möglichkeit der Inanspruchnahme (Protokollerklärung zu § 1) wurde im Rahmen der Tarifeinigung 2023 erstmals nicht mehr verlängert.

VII

Abschnitt I
Geltungsbereich

§ 1 Geltungsbereich

Dieser Tarifvertrag gilt für Beschäftigte, die unter den Geltungsbereich des Tarifvertrages für den öffentlichen Dienst (TVöD) fallen.

Protokollerklärung zu § 1:[1])

[1]Dieser Tarifvertrag gilt für Beschäftigte, die bis zum 31. Dezember 2022 die jeweiligen tariflichen Voraussetzungen erfüllen und deren Arbeitsverhältnis nach den Abschnitten II oder III vor dem 1. Januar 2023 begonnen hat. [2]Auf Altersteilzeitarbeitsverhältnisse, die vor dem 1. Januar 2010 begonnen haben, findet dieser Tarifvertrag keine Anwendung.

Abschnitt II
Regelungen zur Altersteilzeit

§ 2 Möglichkeiten der Altersteilzeit

Auf der Grundlage des Altersteilzeitgesetzes (AltTZG) vom 23. Juli 1996 in der jeweils geltenden Fassung ist die Änderung des Arbeitsverhältnisses in ein Altersteilzeitarbeitsverhältnis in Restrukturierungs- und Stellenabbaubereichen (§ 3) und im Übrigen im Rahmen einer Quote (§ 4) möglich.

VII

§ 3 Altersteilzeit in Restrukturierungs- und Stellenabbaubereichen

(1) Altersteilzeit im Sinne des Altersteilzeitgesetzes kann, ohne dass darauf ein Rechtsanspruch besteht, in Restrukturierungs- und Stellenabbaubereichen bei dienstlichem oder betrieblichem Bedarf vereinbart werden, wenn die persönlichen Voraussetzungen nach § 5 vorliegen.

(2) Die Festlegung der in Absatz 1 genannten Bereiche und die Entscheidung, ob, in welchem Umfang und für welchen Personenkreis dort Altersteilzeit zugelassen wird, erfolgt durch den Arbeitgeber.

Niederschriftserklärung zu § 3 Abs. 2:

[1]Der Bund erklärt: Die Festlegung der Restrukturierungs- und Stellenabbaubereiche erfolgt durch die jeweils zuständige oberste Bundesbehörde im Einvernehmen mit dem Bundesministerium der Finanzen, das seinerseits zuvor den Haushaltsausschuss (Rechnungsprüfungsausschuss) des Deutschen Bundestages um dessen Einvernehmen ersucht. [2]Das Bundesministerium des Inner kann, im Einvernehmen mit dem Bundesministerium der Finanzen, das seinerseits zuvor den Haushaltsausschuss (Rechnungsprüfungsausschuss) des Deutschen Bundestages um dessen Einvernehmen ersucht hat, die obersten Bundesbehörden ermächtigen, in ihrem Geschäftsbereich eigenständig weitere Bereiche als Stellenabbaubereiche festzulegen, soweit dort haushaltsgesetzliche Stelleneinsparungen zu erbringen sind.

---

[1]) Die Möglichkeit der Inanspruchnahme (Protokollerklärung zu § 1) wurde im Rahmen der Tarifeinigung 2023 erstmals nicht mehr verlängert.

§ 4 Altersteilzeit im Übrigen

(1) Beschäftigte haben im Rahmen der Quote nach Absatz 2 Anspruch auf Vereinbarung eines Altersteilzeitarbeitsverhältnisses im Sinne des Altersteilzeitgesetzes, wenn die persönlichen Voraussetzungen nach § 5 vorliegen.

(2) [1]Der Anspruch auf Vereinbarung eines Altersteilzeitarbeitsverhältnisses nach Absatz 1 ist ausgeschlossen, wenn und solange 2,5 v. H. der Beschäftigten des Arbeitgebers im Sinne des § 1 von einer Altersteilzeitregelung im Sinne des Altersteilzeitgesetzes Gebrauch machen. [2]Maßgeblich für die Berechnung der Quote ist die Anzahl der Beschäftigten sowie die Anzahl der Altersteilzeitarbeitsverhältnisse jeweils zum Stichtag 30. Juni des Vorjahres; sofern der Arbeitgeber zur Meldung an das Statistische Bundesamt verpflichtet ist, gilt die dort gemeldete Zahl.

(3) Der Arbeitgeber kann ausnahmsweise die Vereinbarung eines Altersteilzeitarbeitsverhältnisses ablehnen, wenn dienstliche oder betriebliche Gründe entgegenstehen.

Protokollerklärungen zu § 4:

1. Die Quote von 2,5 v. H. wird jeweils für die obersten Bundesbehörden (einschließlich ihrer nachgeordneten Bereiche) berechnet, wobei jeweils eine weitere Aufteilung auf Teile der Verwaltung innerhalb ihres Geschäftsbereichs (Verwaltungsteile, z. B. auf Behörden oder Dienststellen) möglich ist.
2. [1]In die Quote werden alle zum jeweiligen Stichtag bestehenden Altersteilzeitarbeitsverhältnisse einschließlich solcher nach § 3 dieses Tarifvertrages einbezogen. [2]Die so errechnete Quote gilt für das gesamte Kalenderjahr; unterjährige Veränderungen bleiben unberücksichtigt. [3]Die Quote wird jährlich überprüft.

VII

§ 5 Persönliche Voraussetzungen für Altersteilzeit

(1) Altersteilzeit nach diesem Tarifvertrag setzt voraus, dass die Beschäftigten

a) das 60. Lebensjahr vollendet haben und

b) innerhalb der letzten fünf Jahre vor Beginn der Altersteilzeitarbeit mindestens 1080 Kalendertage in einer versicherungspflichtigen Beschäftigung nach dem Dritten Buch Sozialgesetzbuch gestanden haben

(2) Das Altersteilzeitarbeitsverhältnis muss sich zumindest auf die Zeit erstrecken, bis eine Rente wegen Alters beansprucht werden kann.

(3) [1]Die Beschäftigten haben die Vereinbarung von Altersteilzeit mit einer Frist von drei Monaten vor dem geplanten Beginn des Altersteilzeitarbeitsverhältnisses schriftlich zu beantragen; von dem Fristerfordernis kann einvernehmlich abgewichen werden. [2]Der Antrag kann

wirksam frühestens ein Jahr vor Erfüllung der Voraussetzungen nach Absatz 1 gestellt werden.

§ 6 Vereinbarung eines Altersteilzeitarbeitsverhältnisses

(1) Das Altersteilzeitarbeitsverhältnis muss ein versicherungspflichtiges Beschäftigungsverhältnis im Sinne des Dritten Buches Sozialgesetzbuch sein, darf die Dauer von fünf Jahren nicht überschreiten und muss vor dem 1. Januar 2023 beginnen.

(2) [1]Die durchschnittliche wöchentliche Arbeitszeit während des Altersteilzeitarbeitsverhältnisses beträgt die Hälfte der bisherigen wöchentlichen Arbeitszeit. [2]Für die Berechnung der bisherigen wöchentlichen Arbeitszeit gilt § 6 Abs. 2 AltTZG. [3]Dabei bleiben Arbeitszeiten außer Betracht, die die tarifliche regelmäßige wöchentliche Arbeitszeit überschritten haben.

Protokollerklärung zu Absatz 2:

Für die unter den KraftfahrerTV Bund fallenden Beschäftigten gilt für die Anwendung dieses Tarifvertrages die den Pauschalgruppen zugrunde liegende Arbeitszeit als regelmäßige Arbeitszeit.

(3) Die während der Dauer des Altersteilzeitarbeitsverhältnisses zu leistende Arbeit kann so verteilt werden, dass sie

a) in der ersten Hälfte des Altersteilzeitarbeitsverhältnisses geleistet und die Beschäftigten anschließend von der Arbeit unter Fortzahlung der Leistungen nach Maßgabe des § 7 freigestellt werden (Blockmodell) oder

b) durchgehend erbracht wird (Teilzeitmodell).

Protokollerklärung zu Absatz 3:

Für die unter den KraftfahrerTV Bund fallenden Beschäftigten ist Altersteilzeit nur im Blockmodell möglich.

(4) Die Beschäftigten können vom Arbeitgeber verlangen, dass ihr Wunsch nach einer bestimmten Verteilung der Arbeitszeit mit dem Ziel einer einvernehmlichen Regelung erörtert wird.

§ 7 Leistungen des Arbeitgebers

(1) [1]Beschäftigte erhalten während der Gesamtdauer des Altersteilzeitarbeitsverhältnisses das Tabellenentgelt und alle sonstigen Entgeltbestandteile in Höhe der sich für entsprechende Teilzeitbeschäftigte nach § 24 Abs. 2 TVöD ergebenden Beträge mit der Maßgabe, dass die nicht in Monatsbeträgen festgelegten Entgeltbestandteile (§ 21 Satz 2 TVöD) entsprechend dem Umfang der tatsächlich geleisteten Tätigkeit berücksichtigt werden. [2]Maßgebend ist die nach § 6 Abs. 2 vereinbarte durchschnittliche wöchentliche Arbeitszeit.

(2) [1]Die den Beschäftigten nach Absatz 1 zustehenden Entgelte zuzüglich des darauf entfallenden sozialversicherungspflichtigen Teils der vom Arbeitgeber zu tragenden Umlage zur Zusatzversorgungseinrichtung (Regelarbeitsentgelt) werden um 20 v. H. aufgestockt. [2]Steuerfreie Entgeltbestandteile und Entgelte, die einmalig (z. B. Jahressonderzahlung nach § 20 (Bund) TVöD) oder die nicht für die vereinbarte Arbeitszeit (z. B. Überstunden- oder Mehrarbeitsentgelt) gezahlt werden, gehören nicht zum Regelarbeitsentgelt und bleiben bei der Aufstockung unberücksichtigt. [3]Entgeltbestandteile, die für den Zeitraum der vereinbarten Altersteilzeit nicht vermindert worden sind, bleiben bei der Aufstockung außer Betracht.

Protokollerklärung zu Absatz 2:

Bei Beschäftigten, die unter den KraftfahrerTV Bund fallen, ist beim Regelarbeitsentgelt in der Freistellungsphase das Entgelt aus der Pauschalgruppe anzusetzen, die mindestens während der Hälfte der Dauer der Arbeitsphase maßgebend war.

(3) [1]Neben den vom Arbeitgeber zu tragenden Sozialversicherungsbeiträgen für die nach Absatz 1 zustehenden Entgelte entrichtet der Arbeitgeber für die Beschäftigten zusätzliche Beiträge zur gesetzlichen Rentenversicherung in Höhe des Beitrags, der auf 80 v. H. des Regelarbeitsentgelts für die Altersteilzeit, begrenzt auf den Unterschiedsbetrag zwischen 90 v. H. der monatlichen Beitragsbemessungsgrenze und dem Regelarbeitsentgelt, entfällt, höchstens bis zur Beitragsbemessungsgrenze (§ 3 Abs. 1 Nr. 1b i. V. m. § 6 Abs. 1 AltTZG). [2]Für von der Versicherungspflicht befreite Beschäftigte im Sinne von § 4 Abs. 2 AltTZG gilt Satz 1 entsprechend.

VII

(4) [1]In Fällen krankheitsbedingter Arbeitsunfähigkeit besteht ein Anspruch auf Leistungen nach Absatz 2 längstens in den Grenzen des § 22 TVöD. [2]Die Leistungen nach Absatz 3 werden längstens für die Dauer nach § 22 Abs. 1 TVöD gezahlt.

Protokollerklärung zu Absatz 4:

Der Aufstockungsbetrag nach Absatz 2 wird für die Zeit der Zahlung des Krankengeldzuschusses (§ 22 Abs. 2 bis 4 TVöD), längstens bis zum Ende der 26. Krankheitswoche, in Höhe des kalendertäglichen Durchschnitts des in den letzten drei abgerechneten Kalendermonaten maßgebenden Aufstockungsbetrages gezahlt; Einmalzahlungen bleiben unberücksichtigt.

(5) [1]Sind Beschäftigte bei Altersteilzeit im Blockmodell während der Arbeitsphase über den Zeitraum der Entgeltfortzahlung hinaus arbeitsunfähig erkrankt, verlängert sich die Arbeitsphase um die Hälfte des den Entgeltfortzahlungszeitraum übersteigenden Zeitraums der Arbeitsunfähigkeit. [2]Die Dauer der Freistellungsphase verkürzt sich entsprechend.

Niederschriftserklärung zu § 7:

Die Tarifvertragsparteien wirken darauf hin, den ATV dahingehend anzupassen, dass als zusatzversorgungspflichtiges Entgelt im Sinne des § 15 Abs. 2 ATV das 1,6fache des Entgelts nach § 7 Abs. 1 gilt.

§ 8 Ende des Altersteilzeitarbeitsverhältnisses

(1) Das Altersteilzeitarbeitsverhältnis endet zu dem in der Altersteilzeitvereinbarung festgelegten Zeitpunkt.

(2) Das Altersteilzeitarbeitsverhältnis endet unbeschadet der sonstigen tariflichen Beendigungstatbestände

a) mit Ablauf des Kalendermonats vor dem Monat, von dem an die oder der Beschäftigte eine abschlagsfreie Rente wegen Alters beanspruchen kann,
oder

b) mit Beginn des Kalendermonats, für den die oder der Beschäftigte eine Rente wegen Alters tatsächlich bezieht.

(3) [1]Endet das Altersteilzeitarbeitsverhältnis bei Vereinbarung eines Blockmodells vorzeitig, so erhalten Beschäftigte die etwaige Differenz zwischen dem nach § 7 Abs. 1 gezahltem tariflichen Entgelt einschließlich der Aufstockungsleistung nach § 7 Abs. 2 und dem Entgelt für den Zeitraum ihrer tatsächlichen Beschäftigung, das sie ohne Eintritt in die Altersteilzeit erzielt hätten. [2]Bei Tod steht der Anspruch den Erben zu.

VII

§ 9 Nebentätigkeiten

(1) [1]Beschäftigte dürfen während des Altersteilzeitarbeitsverhältnisses keine Beschäftigungen oder selbstständigen Tätigkeiten ausüben, die die Geringfügigkeitsgrenze des § 8 des Vierten Buches Sozialgesetzbuch überschreiten, es sei denn, diese Beschäftigungen oder selbständigen Tätigkeiten sind bereits innerhalb der letzten 5 Jahre vor Beginn des Altersteilzeitarbeitsverhältnisses ständig ausgeübt worden. [2]Bestehende tarifliche Regelungen über Nebentätigkeiten bleiben unberührt.

(2) [1]Der Anspruch auf die Aufstockungsleistungen ruht während der Zeit, in der Beschäftigte eine unzulässige Beschäftigung oder selbstständige Tätigkeit im Sinne des Absatzes 1 ausüben oder über die Altersteilzeitarbeit hinaus Mehrarbeit oder Überstunden leisten, die den Umfang der Geringfügigkeitsgrenze des § 8 des Vierten Buches Sozialgesetzbuch übersteigen. [2]Hat der Anspruch auf die Aufstockungsleistungen mindestens 150 Tage geruht, erlischt er; mehrere Ruhenszeiträume werden zusammengerechnet.

§ 10 Urlaub

[1]Für Beschäftigte, die Altersteilzeit im Blockmodell leisten, besteht kein Urlaubsanspruch für die Zeit der Freistellung von der Arbeit. [2]Im Kalenderjahr des Übergangs von der Beschäftigung zur Freistellung haben die Beschäftigten für jeden vollen Beschäftigungsmonat Anspruch auf ein Zwölftel ihres Jahresurlaubs.

Abschnitt III
Regelungen zum flexiblen Übergang in den Ruhestand (FALTER)

§ 11 Begriffsbestimmung

[1]FALTER ist ein Arbeitszeitmodell, das einen gleitenden Übergang in den Ruhestand bei gleichzeitig längerer Teilhabe am Berufsleben ermöglichen soll. [2]Es verbindet eine Teilzeitbeschäftigung (§ 11 TVöD) mit dem gleichzeitigen Bezug einer Teilrente. [3]FALTER beginnt vor Erreichen des maßgebenden Alters für eine abschlagsfreie Altersrente und wird für die gleiche Dauer über diesen Zeitpunkt hinaus fortgesetzt.

§ 12 Voraussetzungen für die Inanspruchnahme des FALTER-Arbeitszeitmodells

(1) Beschäftigte und Arbeitgeber können bei dienstlichem oder betrieblichem Bedarf und ohne dass ein Rechtsanspruch besteht, einen flexiblen Übergang in den Ruhestand bei gleichzeitig längerer Lebensarbeitszeit vereinbaren.

(2) [1]Das Arbeitszeitmodell beginnt frühestens zwei Jahre vor Erreichen des Kalendermonats, für den die Beschäftigten eine abschlagsfreie Rente wegen Alters in Anspruch nehmen können, und endet spätestens zwei Jahre nach Erreichen dieser Altersgrenze. [2]Die Zeiträume vor und nach Erreichen dieser Altersgrenze müssen von gleicher Dauer sein.

(3) [1]Der Beginn des Arbeitszeitmodells setzt den Beginn einer hälftigen Teilrente voraus. [2]§ 5 Abs. 3 gilt entsprechend.

§ 13 Vereinbarung des FALTER-Arbeitszeitmodells

(1) [1]Die Arbeit nach dem Arbeitszeitmodell darf die Dauer von vier Jahren nicht überschreiten und muss vor dem 1. Januar 2023 beginnen. [2]In den Fällen der Vereinbarung des Arbeitszeitmodells wird der Beendigungszeitpunkt nach § 33 Abs. 1 Buchst. a TVöD um bis zu zwei Jahre hinausgeschoben.

VII

(2) Die Vereinbarung des Arbeitszeitmodells erfordert Regelungen über eine reduzierte Arbeitszeit nach Absatz 3 sowie über den Beendigungszeitpunkt nach Absatz 1 Satz 2.

(3) [1]Die durchschnittliche wöchentliche Arbeitszeit während der Dauer des Arbeitszeitmodells beträgt die Hälfte der regelmäßigen wöchentlichen Arbeitszeit nach § 6 Abs. 1 TVöD. [2]Eine geringere Arbeitszeit kann vereinbart werden.

(4) Die zu leistende Arbeit ist gleichmäßig über die Gesamtdauer des Arbeitszeitmodells zu verteilen.

§ 14 Ende des Arbeitsverhältnisses

(1) Abweichend von § 33 Abs. 1 Buchst. a TVöD endet das Arbeitsverhältnis, ohne dass es einer Kündigung bedarf, zu dem nach § 13 Abs. 2 vertraglich festgelegten Zeitpunkt.

(2) Unabhängig davon endet das Arbeitsverhältnis, ohne dass es einer Kündigung bedarf, bei Inanspruchnahme einer mehr als hälftigen Teilrente oder einer Vollrente.

Abschnitt IV
Sonstige Regelungen

§ 15 Mitteilungspflichten

Beschäftigte haben während der Dauer des gesamten Altersteilzeitarbeitsverhältnisses oder FALTER-Arbeitszeitmodells dem Arbeitgeber solche Umstände unverzüglich mitzuteilen, die für die Leistungen nach § 7 Abs. 2 bis 4 oder für den Bestand des Arbeitszeitmodells nach § 14 Abs. 2 erheblich sind.

§ 16 Qualifizierungen

Der Arbeitgeber bietet bei Bedarf Maßnahmen zur Qualifizierung im Sinne von § 5 TVöD an, die die Beschäftigten befähigen, auch über die Regelaltersgrenze hinaus arbeiten zu können.

§ 17 Inkrafttreten

Dieser Tarifvertrag tritt mit Wirkung vom 1. Januar 2010 in Kraft.

Neuregelung der Altersteilzeit und des FALTER-Arbeitszeitmodells des Bundes ab dem 1. Januar 2010

– Durchführungshinweise –
Bekanntmachungsrundschreiben vom 31. August 2010

Inhaltsübersicht

VII

A Allgemeines

Allgemeines

Mit dem Tarifvertrag zur Regelung flexibler Arbeitszeiten für ältere Beschäftigte vom 27. Februar 2010 sollen die besonderen Belange älterer Beschäftigter mit den dienstlichen und betrieblichen Interessen der öffentlichen Arbeitgeber in Einklang gebracht werden.

Der Tarifvertrag sieht vor, älteren Beschäftigten im Rahmen der dienstlichen Gegebenheiten einen flexiblen Übergang in den Ruhestand zu ermöglichen. Neben der Möglichkeit, im Rahmen der Altersteilzeit vorzeitig aus der aktiven Phase des Berufslebens auszuscheiden, kann erstmals auch vereinbart werden, dass Beschäftigte länger am Berufsleben teilhaben können. Dazu können sie bereits vor Erreichen der Altersgrenze für eine abschlagsfreie Altersrente für langjährig Versicherte mit dem Arbeitgeber das FALTER-Arbeitszeitmodell vereinbaren. Dieses sieht eine Reduzierung der Arbeitszeit bei gleichzeitiger Inanspruchnahme einer Teilrente vor. Dieses Arbeitszeitmodell wird über den Zeitpunkt des Erreichens des maßgebenden Alters für eine abschlagsfreie Altersrente für langjährig Versicherte (und damit über die Regelaltersgrenze) hinaus für einen bestimmten Zeitraum fortgesetzt.

Der Tarifvertrag ist in vier Abschnitte untergliedert: Im ersten Abschnitt wird der Geltungsbereich des Tarifvertrages festgelegt, Abschnitt zwei trifft Regelungen zur Altersteilzeit, Abschnitt drei enthält die Regelungen zum FALTER-Arbeitszeitmodell und Abschnitt vier greift sonstige regelungsbedürftige Sachverhalte auf.

Mit diesem Tarifvertrag wird nicht der bisherige Tarifvertrag zur Regelung der Altersteilzeitarbeit (TV ATZ) vom 5. Mai 1998 ersetzt. Er tritt neben den TV ATZ, der übergangsweise noch für die vor dem 1. Januar 2010 begonnenen Altersteilzeitarbeitsverhältnisse fortgilt.

1. Geltungsbereich, § 1

Der Tarifvertrag gilt für Tarifbeschäftigte des Bundes nach Maßgabe des § 1 TVöD. Für die Beschäftigten von kommunalen Einrichtungen existiert ein eigenständiger Tarifvertrag, der teilweise abweichende Regelungen enthält.

Unter den Tarifvertrag fallen nicht diejenigen Altersteilzeitarbeitsverhältnisse, die vor dem 1. Januar 2010 begonnen haben. Für diese Arbeitsverhältnisse findet unverändert der TV ATZ Anwendung.

2. Anwendung des Altersteilzeitgesetzes, § 2

Für ab dem 1. Januar 2010 abzuschließende Altersteilzeitarbeitsverhältnisse wird grundsätzlich das Altersteilzeitgesetz (AltTZG) in seiner jeweils geltenden Fassung zugrunde gelegt. Damit wird sichergestellt, dass bei Altersteilzeit im Blockmodell auch während der Freistellungsphase die Sozialversicherungspflicht besteht und die Aufstockungsleistungen des Arbeitgebers nach § 3 Nr. 28 des Einkommenssteuergesetzes (EStG) steuerfrei und damit auch beitragsfrei in der Sozialversicherung bleiben (Näheres dazu s. u. Teil B Ziffer 6.7).

Künftige gesetzliche Änderungen gelten damit unmittelbar und bedürfen keiner weiteren tarifvertraglichen Umsetzung.

B Regelungen zur Altersteilzeit

1. Allgemeines

Altersteilzeit i. S. dieses Tarifvertrages ist ab Vollendung des 60. Lebensjahres entweder im Rahmen einer Quote oder in Restrukturierungs- und Stellenabbaubereichen möglich.

Ein Anspruch auf Vereinbarung von Altersteilzeit besteht, solange die tariflich festgelegte Altersteilzeitquote nicht erreicht ist und dienstliche oder betriebliche Gründe nicht entgegenstehen (s. u. Ziffer 2).

In Restrukturierungs- und Stellenabbaubereichen hat der Arbeitgeber bei dienstlichem oder betrieblichem Bedarf die Möglichkeit, Altersteilzeit zu vereinbaren (s. u. Ziffer 3). Ein Rechtsanspruch hierauf besteht jedoch nicht.

Eine individuelle Vereinbarung von Altersteilzeit, die nicht diesem Tarifvertrag entspricht, ist nicht zulässig.

2. Anspruch auf Altersteilzeit im Rahmen der Quote, § 4

Ein Anspruch auf Vereinbarung von Altersteilzeit besteht nur, wenn und solange weniger als 2,5 v. H. der Tarifbeschäftigten des Arbeitgebers von einer Altersteilzeitregelung Gebrauch machen. Die weitergehende Überforderungsschutzklausel des § 3 Abs. 1 Nr. 3 AltTZG findet keine Anwendung.

2.1 Anzahl der Beschäftigten

Als Beschäftigte im Sinne von § 4 zählen alle Tarifbeschäftigten. Maßgebend ist der rechtliche Bestand des Arbeitsverhältnisses, so dass insbesondere folgende Personen im Rahmen der Quote mitzuzählen sind:

– Tarifbeschäftigte, die krankheitsbedingt arbeitsunfähig sind,

VII

- Tarifbeschäftigte, die sich im Mutterschutz und/oder Elternzeit befinden,
- Tarifbeschäftigte, die sich im Sonderurlaub nach § 28 TVöD befinden.

Nicht zu den Beschäftigten, die im Rahmen der Quote berücksichtigt werden müssen, zählen solche im Sinne des § 1 Abs. 2 TVöD, also insbesondere nicht
- geringfügig Beschäftigte (§ 1 Abs. 2 Buchst. m TVöD),
- außertariflich Beschäftigte (§ 1 Abs. 2 Buchst. b TVöD),
- Auszubildende (§ 1 Abs. 2 Buchst. h TVöD),
- Praktikanten und Volontäre (§ 1 Abs. 2 Buchst. h TVöD) sowie
- abgeordnete oder gestellte Beschäftigte eines anderen Arbeitgebers.

In die Berechnung nicht einbezogen werden ferner Beamte, Richter und Soldaten.

Die Anzahl der Tarifbeschäftigten bemisst sich nach der tatsächlichen Personenzahl, so dass Vollzeit- und Teilzeitbeschäftigte unabhängig von deren Arbeitsumfang mitzuzählen sind.

2.2 Anzahl der Altersteilzeitarbeitsverhältnisse, Protokollerklärung zu § 4

Zu den für die Berechnung der Quote zählenden Altersteilzeitarbeitsverhältnissen zählen kumulativ alle bestehenden Arbeitsverhältnisse, die unter den TV ATZ und diesen Tarifvertrag fallen, auch soweit sich Beschäftigte in der Freistellungsphase befinden. Nicht in die Berechnung der Quote fließen zum Stichtag (s. u. Ziffer 2.3) verbindlich vereinbarte, aber noch nicht begonnene sowie bereits beendete Altersteilzeitarbeitsverhältnisse ein.

2.3 Stichtag für die Ermittlung der Quote, § 4 Abs. 2 und Protokollerklärung Nr. 2 zu § 4

Stichtag für die Ermittlung der Quote ist jeweils der 30. Juni des Vorjahres. Maßgebend sind die Zahlen des Statistischen Bundesamtes für die Personalstandsstatistik. Diesen Zahlen liegen die abschließenden Meldungen der Arbeitgeber zugrunde. Das Statistische Bundesamt stellt den obersten Bundesbehörden jährlich eine Aufstellung der Daten zur Verfügung, die zur Ermittlung der Quote erforderlich sind. Die Aufstellung wird den obersten Bundesbehörden im ersten Halbjahr des Folgejahres nach dem Stichtag für die Quote übermittelt.

Hinweis:

Beschäftigte, die sich in Elternzeit oder im Sonderurlaub nach § 28 TVöD befinden, können vom Statistischen Bundesamt nicht ausgewiesen werden. Die Zahl dieser Beschäftigten ist von den obersten Bundesbehörden eigenständig zu ermitteln und bei der Berechnung der Quote zu berücksichtigen.

Bis zur Übermittlung der Zahlen durch das Statistische Bundesamt wird die Quote für das laufende Kalenderjahr durch die obersten Bundesbehörden wie folgt ermittelt: Zugrunde gelegt wird die Beschäftigtenzahl aus der bereits vorliegenden Statistik. Die Altersteilzeitarbeitsverhältnisse zum Stichtag 30. Juni des Vorjahres werden von den obersten Bundesbehörden festgestellt.

Beispiel:

Ressort A möchte im Dezember 2010 für das Jahr 2011 ermitteln, ob Altersteilzeit aufgrund der Quote möglich ist. Es liegt eine aktuelle Personalstandsstatistik aus dem Jahr 2009 vor. Danach beträgt die Zahl der zu berücksichtigenden Tarifbeschäftigten 529. Diese Statistik weist zudem 35 Tarifbeschäftigte auf, die sich in Altersteilzeit befinden. Das Ressort A ermittelt anhand ihrer Personaldaten, dass sich zum 30. Juni 2010 nur noch 33 Tarifbeschäftigte in einem Altersteilzeitarbeitsverhältnis befanden. Das Ressort errechnet nun anhand dieser Daten (33 Altersteilzeitfälle auf 529 berücksichtigungsfähige Tarifbeschäftigte) eine Ressortquote von 6,2 v. H. Im Jahr 2011 können damit keine neuen Altersteilzeitarbeitsverhältnisse begründet werden.

Sobald der jeweiligen obersten Bundesbehörde die aktuellen Zahlen des Statistischen Bundesamtes für das Vorjahr vorliegen, gilt diese Quote für das gesamte Kalenderjahr. Die rückwirkende Vereinbarung von Altersteilzeit ist nicht zulässig (s. u. Ziffer 5.1).

VII

Beispiel:

Im obigen Beispiel erhält das Ressort A im Juni 2011 die Daten des Statistischen Bundesamtes zum Stichtag 30. Juni 2010 übermittelt. Danach waren zum Stichtag 523 Tarifbeschäftigte und 33 Altersteilzeitarbeitsverhältnisse für die Quote zu berücksichtigen. Die Quote beträgt damit für das Jahr 2011 6,3 v. H. Diese Quote ist die maßgebende Quote für das gesamte Kalenderjahr 2011 für das Ressort A

Hinweis:

Für das Jahr 2010 liegen die amtlichen Zahlen des Statistischen Bundesamtes bereits vor.

Ändert sich die Quote im laufenden Kalenderjahr, wird dies erst im Folgejahr berücksichtigt.

Beispiel:

Das Ressort XY hat zum Stichtag 30. Juni 2010 eine Altersteilzeitquote von 2,8 v. H. Für das Jahr 2011 können damit keine neuen Altersteilzeitarbeitsverhältnisse i. S. des § 4 vereinbart werden. Auch wenn im Jahr 2011 mehrere

Altersteilzeitarbeitsverhältnisse enden und die Quote bereits im Mai 2011 unter die 2,5 v. H. fällt, gilt die im Vorjahr ermittelte Quote weiter und es können keine neuen Altersteilzeitarbeitsverhältnisse vereinbart werden. Erst für das Jahr 2012 können nach einer Neuberechnung der Quote zum Stichtag 30. Juni 2011 neue Altersteilzeitarbeitsverhältnisse begründet werden.

2.4 Ermittlung der Quote, Protokollerklärung Nr. 1 zu § 4

Die Quote wird jeweils für die obersten Bundesbehörden einschließlich ihrer nachgeordneten Bereiche ermittelt (Ressortquote).

Ist die tariflich vereinbarte Quote nicht erreicht, legt die oberste Bundesbehörde jeweils für das betreffende Jahr im Voraus die Anzahl der möglichen Altersteilzeitarbeitsverhältnisse fest. Für die Reihenfolge der Bewilligung von Altersteilzeit gilt Ziffer 2.5.

Beispiel:

Die Ressortquote für das Ressort X liegt bei 1,4 v. H. Bis zum Erreichen der 2,5 v. H. können 35 neue Altersteilzeitarbeitsverhältnisse im nächsten Jahr begründet werden. Das Ressort X entscheidet über die Bewilligung von Altersteilzeit bis zum Erreichen der Quote.

Beispiel:

Die Ressortquote für das Ressort Z liegt bei 6,8 v. H. Im nächsten Jahr haben die Beschäftigten keinen Anspruch auf Altersteilzeit nach § 4 des Tarifvertrages.

VII

Ergibt sich bei der Berechnung der Anzahl der möglichen Altersteilzeitarbeitsverhältnisse ein Bruchteil, wird auf volle Stellen abgerundet.

Beispiel:

Die Quote im Ressort A liegt bei 2,1 v. H. Bis zum Erreichen der Quote könnten 4,6 Altersteilzeitarbeitsverhältnisse begründet werden. Da nur ganze Stellen in die Berechnung einfließen und die Quote nicht überschritten werden darf, dürfen nur vier Altersteilzeitarbeitsverhältnisse begründet werden.

Die oberste Bundesbehörde kann jedoch auch anstelle einer Ressortquote die Quoten der einzelnen Behörden (Behördenquote) im nachgeordneten Bereich als maßgebliche Quote für einen Anspruch auf Bewilligung von Altersteilzeit festlegen (Protokollerklärung Nr. 1 zu § 4). In diesem Fall entscheidet die nachgeordnete Behörde im Rahmen der tariflichen Quote, die sich für die betreffende Behörde ergibt, über die Bewilligung von Altersteilzeit. Die Entscheidung, dass die Behördenquote maßgebend ist, hat das Ressort für das betreffende Jahr im Voraus zu treffen.

Beispiel:

Das Ressort M legt fest, dass für einen Anspruch nach § 4 des Tarifvertrages die Quoten der einzelnen nachgeordneten Behörden maßgebend sein sollen. Behörde A hat danach eine Quote von 2,7 v. H., Behörde B von 1,1 v. H. und Behörde C von 4,5 v. H. Nur in der Behörde B entsteht ein Anspruch auf Altersteilzeit. Unerheblich ist in diesem Fall, ob die Ressortquote 2,5 v. H. über- oder unterschreitet.

2.5 Reihenfolge der Berücksichtigung der Anträge

Liegen mehr Anträge auf Vereinbarung eines Altersteilzeitarbeitsverhältnisses vor als vereinbart werden können, muss die personalverwaltende Stelle über die Reihenfolge der Berücksichtigung der Anträge entscheiden. Nach der Rechtsprechung des BAG zur Altersteilzeit ist für die Reihenfolge der Zeitpunkt des Erfüllens der persönlichen Voraussetzungen und hilfsweise der Eingang des Antrags maßgebend.

2.6 Ablehnungsgründe, § 4 Abs. 3

Die Vereinbarung eines Altersteilzeitarbeitsverhältnisses kann ausnahmsweise bei einem Anspruch nach § 4 Abs. 1 abgelehnt werden, wenn dienstliche oder betriebliche Gründe entgegenstehen. Das können z. B. organisatorische, personalwirtschaftliche sowie finanzielle oder haushaltsmäßige Gründe sein. Bei der Entscheidung über den Antrag sind einzelfallbezogen die Grundsätze des billigen Ermessens i. S. von § 315 Abs. 1 BGB zu berücksichtigen.

Die mit Rundschreiben vom 22. November 2005 (GMBl S. 1346) – D II 2 – 220 770-1/18 – (Einschränkungen bei der Bewilligung von Altersteilzeit der Altersgruppe 55 bis 59; Bewilligung von Altersteilzeit ab 60. Lebensjahr nur unter dem Vorbehalt, dass keine dringenden dienstlichen oder betrieblichen Gründe vorliegen) und 8. März 2006 (GMBl S. 442) – D II 2 – 220 770 -1/18 – (Einschränkung der Bewilligung von Altersteilzeit im Blockmodell) bekannt gegebenen Einschränkungen bei der Bewilligung von Altersteilzeit finden auf diesen Tarifvertrag keine Anwendung.

3. Altersteilzeit in Restrukturierungs- und Stellenabbaubereichen, § 3

Altersteilzeit kann in Restrukturierungs- und Stellenabbaubereichen vereinbart werden. Dies ist unabhängig vom Erreichen der Quote im Sinne von § 4. Ein Anspruch hierauf besteht jedoch nicht (s. u. Ziffer 3.2). Die Vereinbarung von Altersteilzeit in diesen Bereichen dient vor allem dem sozialverträglichen Abbau von Stellen.

3.1 Restrukturierungs- und Stellenabbaubereiche, § 3 Abs. 1

Restrukturierungs- und Stellenabbaubereiche sind insbesondere Bereiche, in denen z. B. infolge der Umorganisation, der Auflösung von Behörden, Behördenteilen oder Funktionsbereichen oder bei der Verlegung von Standorten oder ohne solche organisatorischen Maßnahmen Stellen sozialverträglich abgebaut werden sollen.

Die Vereinbarung von Altersteilzeitarbeitsverhältnissen in Restrukturierungs- und Stellenabbaubereichen setzt grundsätzlich voraus, dass keine Ersatz(plan)stellen zur Beschäftigung von Ersatzkräften ausgebracht werden und die Stellen der Altersteilzeitbeschäftigten nach Beendigung der Altersteilzeitarbeitsverhältnisse ersatzlos wegfallen. Ausnahmen hiervon können – vorbehaltlich der Zustimmung des Haushaltsausschusses (Rechnungsprüfungsausschuss) des Deutschen Bundestages – in Restrukturierungsbereichen im Rahmen eines mit dem Bundesministerium der Finanzen abgestimmten Konzepts vorgesehen werden.

Die Festlegung der Restrukturierungs- und Stellenabbaubereiche erfolgt durch die jeweils zuständige oberste Bundesbehörde im Einvernehmen mit dem Bundesministerium der Finanzen unter Beteiligung des Haushaltsausschusses (Rechnungsprüfungsausschuss) des Deutschen Bundestages.

3.2 Dienstlicher Bedarf als Grundvoraussetzung, § 3 Abs. 2

Für die Vereinbarung von Altersteilzeit in besonders festgelegten Restrukturierungs- und Stellenabbaubereichen ist auch im Einzelfall ein dienstlicher oder betrieblicher Bedarf erforderlich (§ 3 Abs. 1). Dies unterliegt der alleinigen und uneingeschränkten Entscheidung der jeweiligen personalverwaltenden Stelle. Gleiches gilt für die Entscheidung, ob in welchem Umfang und für welchen Personenkreis Altersteilzeit in Restrukturierungs- und Stellenabbaubereichen zugelassen wird (§ 3 Abs. 2). Sachliche Gründe für die Feststellung eines dienstlichen Bedarfs können namentlich konkrete organisatorische, personalwirtschaftliche sowie finanzielle oder haushaltsmäßige Erwägungen sein.

4. Voraussetzungen der Altersteilzeit, § 5

4.1 Persönliche Voraussetzungen, § 5 Abs. 1

Die Regelung des § 5 zu den persönlichen Voraussetzungen betrifft beide Möglichkeiten der Vereinbarung von Altersteilzeit, also sowohl nach § 3 als auch nach § 4. Altersteilzeit kann erst ab Vollendung des 60. Lebensjahres bewilligt werden. Diese Altersgrenze gilt für alle

Beschäftigten gleichermaßen, auch für solche, die die Möglichkeit zum Bezug einer vorzeitigen Altersrente haben (z. B. schwerbehinderte Menschen).

Wie bisher müssen Beschäftigte vor Inanspruchnahme der Altersteilzeit innerhalb der letzten fünf Jahre mindestens 1080 Kalendertage in einer versicherungspflichtigen Beschäftigung i. S. d. SGB III gestanden haben.

Nicht erforderlich als Voraussetzung für die Vereinbarung von Altersteilzeit nach diesem Tarifvertrag ist das Erreichen einer Beschäftigungszeit von fünf Jahren (Voraussetzung nach dem TV ATZ).

4.2 Dauer des Altersteilzeitarbeitsverhältnisses, § 5 Abs. 2, § 6 Abs. 1

Das Altersteilzeitarbeitsverhältnis muss sich mindestens auf den Zeitraum erstrecken, bis eine Rente wegen Alters in Anspruch genommen werden kann. Diese Voraussetzung ist auch erfüllt, wenn die Rente mit Abschlägen in Anspruch genommen werden kann.

Beispiel für eine Rente mit Abschlägen:

Ein Beschäftigter Jahrgang 1952 möchte eine Altersrente für langjährig Versicherte bereits ab dem 63. Lebensjahr unter Inkaufnahme von Rentenabschlägen in Anspruch nehmen. Im Änderungsvertrag kann vereinbart werden, dass das Altersteilzeitarbeitsverhältnis bereits ab Vollendung des 63. Lebensjahres endet.

VII

Das Altersteilzeitarbeitsverhältnis darf die Höchstdauer von fünf Jahren nicht überschreiten. Eine bestimmte Mindestdauer für die Vereinbarung von Altersteilzeit ist nicht vorgesehen. Im Zusammenhang mit der schrittweisen Anhebung des Renteneintrittsalters ist zu beachten, dass ein Altersteilzeitarbeitsverhältnis dann u. U. bereits vor dem Anspruch auf eine abschlagsfreie Rente endet.

Beispiel:

Ein Beschäftigter ist am 3. Mai 1952 geboren und möchte ab 1. Juni 2012 Altersteilzeit vereinbaren. Das Altersteilzeitarbeitsverhältnis endet damit spätestens am 31. Mai 2017. Der Rentenversicherungsträger hat mitgeteilt, dass er als langjährig Versicherter mit Abschlägen bereits mit einem Alter von 63 Jahren zum 1. Juni 2015 eine Altersrente erhalten kann. Eine abschlagsfreie Rente erreicht der Beschäftigte allerdings erst mit 65 Jahren und 6 Monaten zum 1. Dezember 2017. Bei Abschluss des Altersteilzeitarbeitsverhältnisses zum 1. Juni 2012 sind die persönlichen Voraussetzungen (Vollendung des 60. Lebensjahres, Mindestdauer der versicherungspflichtigen Beschäftigung in den letzten fünf Jahren) erfüllt, das Altersteilzeitarbeitsverhältnis dauert auch mindestens bis zu dem Zeitpunkt, ab dem eine Rente wegen Alters in Anspruch genommen werden kann (1. Juni 2015).

Bei Beginn des Altersteilzeitarbeitsverhältnisses am 1. Juni 2012 endet dieses spätestens am 31. Mai 2017. Will der Beschäftigte jedoch erst am 1. Dezember 2017 abschlagsfrei in Rente gehen, kann das Altersteilzeitarbeitsverhältnis frühestens zum 1. Dezember 2012 beginnen.

Wird ein Altersteilzeitarbeitsverhältnis antragsgemäß so vereinbart, dass es vor Beginn einer abschlagsfreien Rente wegen Alters endet, hat der Beschäftigte entsprechende Rentenabschläge in Kauf zu nehmen.

4.3 Frist und Formerfordernisse, § 5 Abs. 3

Der Antrag auf Vereinbarung von Altersteilzeit ist spätestens drei Monate vor dem geplanten Beginn schriftlich zu stellen. Ein Abweichen von der Frist ist einvernehmlich möglich (siehe aber hierzu auch unten Ziffer 5.1). Es wird jedoch empfohlen, von dieser Abweichungsmöglichkeit nur restriktiv Gebrauch zu machen.

Frühester Zeitpunkt für eine wirksame Antragstellung ist ein Jahr vor Erfüllen der persönlichen Voraussetzungen für die Altersteilzeit (s. o. Ziffer 4.1). Anträge, die vor diesem Zeitpunkt beim Arbeitgeber eingehen, entfalten keine Rechtswirkung.

Der Nachweis über die Erfüllung der persönlichen Voraussetzungen ist von den Beschäftigten zu erbringen und vorzulegen (s. u. Ziffer 5.2).

5. Vereinbarung eines Altersteilzeitarbeitsverhältnisses, § 6

Altersteilzeit nach diesem Tarifvertrag muss vor dem 1. Januar 2017 beginnen.

5.1 Umgang mit Anträgen, die ab dem 1. Januar 2010 gestellt wurden

Anträge auf Vereinbarung von Altersteilzeit nach diesem Tarifvertrag können erst ab dem 30. April 2010 wirksam gestellt werden (siehe auch mein Rundschreiben vom 3. Mai 2010 (GMBl S. 836) – D 5 – 220 232 – 1/5 –). Erst mit diesem Zeitpunkt stand der Inhalt des Tarifvertrages mit Bindungswirkung für die Tarifvertragsparteien fest.

Wegen des Fristerfordernisses von drei Monaten (s. o. Ziffer 4.3) kann Altersteilzeit nach diesem Tarifvertrag frühestens zum 1. August 2010 beginnen.

Die rückwirkende Vereinbarung von Altersteilzeit, z. B. zum 1. Januar 2010, ist nicht möglich (Urteil des BAG vom 23. Januar 2007 – 9 AZR 393/06 –).

5.2 Einholen von Auskünften vor Vereinbarung eines Altersteilzeitarbeitsverhältnisses

Eine Entscheidung über den Antrag setzt voraus, dass die Beschäftigten eine aktuelle Bescheinigung bzw. Rentenauskunft ihres Rentenversicherungsträgers vorlegen, aus der hervorgeht, ab welchem Zeitpunkt eine Altersrente bezogen werden kann (frühester Zeitpunkt und Zeitpunkt der Inanspruchnahme einer abschlagsfreien Rente). Diese Bescheinigung bzw. Rentenauskunft ist wichtig für die Festlegung der Dauer des Altersteilzeitarbeitsverhältnisses.

Bevor Beschäftigte den Antrag auf Abschluss eines Altersteilzeitarbeitsverhältnisses stellen, ist es ratsam, dass sie bei den zuständigen Sozialversicherungsträgern (Rentenversicherungsträger, Krankenkassen) und beim Finanzamt Informationen zu den Auswirkungen nach Veränderung ihres Arbeitsverhältnisses einholen (s. u. Ziffer 6.7). Bei entsprechenden Anfragen sind Antragsteller an die vorgenannten Stellen zu verweisen. Aufgrund der Komplexität des Rechts der betrieblichen Altersversorgung sollten die Beschäftigten zu den diesbezüglichen einzelfallbezogenen Auswirkungen an die Versorgungsanstalt des Bundes und der Länder – VBL (Postfach 6553, 76128 Karlsruhe bzw. E-Mail-Adresse: info@vbl.de) verwiesen werden.

5.3 Inhalt des Antrags auf Vereinbarung eines Altersteilzeitarbeitsverhältnisses

Der Antrag auf Änderung des bestehenden Arbeitsverhältnisses in ein Altersteilzeitarbeitsverhältnis muss nach § 6 des Tarifvertrages folgende vertragswesentlichen Bestandteile enthalten:

- Antrag auf Umwandlung des bisherigen Arbeitsverhältnisses in ein Altersteilzeitarbeitsverhältnis im Sinne dieses Tarifvertrages,
- Beginn der Altersteilzeit,
- Dauer bzw. Zeitpunkt der Beendigung des Arbeitsverhältnisses,
- Verteilung der Arbeitszeit.

5.4 Umfang und Berechnung der Arbeitszeit, § 6 Abs. 2

Altersteilzeitbeschäftigte müssen eine versicherungspflichtige Beschäftigung im Sinne des Dritten Buchs Sozialgesetzbuch (SGB III) ausüben. Um versicherungspflichtig in diesem Sinne zu sein, muss die Beschäftigung mehr als geringfügig im Sinne des § 8 Viertes Buch Sozialgesetzbuch (SGB IV) sein. Damit wird gewährleistet, dass im Falle einer vorzeitigen Beendigung der Altersteilzeit (sog. Störfall) der Schutz der Arbeitslosenversicherung gegeben ist.

Die durchschnittliche wöchentliche Arbeitszeit während der Altersteilzeit beträgt die Hälfte der bisherigen wöchentlichen Arbeitszeit. Nach § 6 Abs. 2 Satz 1 AltTZG ist die bisherige wöchentliche Arbeitszeit zunächst die zuletzt vertraglich vereinbarte Arbeitszeit, jedoch keine höhere als die im Durchschnitt der letzten 24 Monate vor Übergang in die Altersteilzeitarbeit vereinbarte Arbeitszeit (§ 6 Abs. 2 Satz 2 AltTZG). Ist die zuletzt vereinbarte Arbeitszeit niedriger als der errechnete Durchschnittswert der letzten 24 Monate, ist die zuletzt vereinbarte Arbeitszeit Basis für die Berechnung der Arbeitszeit. Denn die Regelung zur Errechnung des Durchschnittswerts der letzten 24 Monate gibt lediglich eine Höchstgrenze vor, die sich selbst nicht erhöhend auswirkt. Mehrarbeit und Überstunden bleiben bei der Berechnung außer Betracht.

Bei Kraftfahrern nach dem KraftfahrerTV Bund gilt die den Pauschalgruppen zugrunde liegende Arbeitszeit als die regelmäßige Arbeitszeit.

Die bei Abschluss des Altersteilzeitarbeitsvertrages geltende Stundenzahl ist für die Gesamtdauer der Altersteilzeitarbeit maßgebend. Eine nachträgliche allgemeine Erhöhung der tariflichen regelmäßigen wöchentlichen Arbeitszeit darf während der laufenden Altersteilzeitarbeit nicht durch eine Änderung im Arbeitsvertrag nachvollzogen werden (siehe Rundschreiben vom 13. Oktober 2006 (GMBl S. 1125) – D II 2 – 220 770-1/18 –).

5.5 Wahl des Modells, § 6 Abs. 3 und 4

§ 6 Abs. 3 nennt ausdrücklich die beiden möglichen Modelle der Verteilung der Arbeitszeit während des Altersteilzeitarbeitsverhältnisses: das Blockmodell und das Teilzeitmodell.

Einen Rechtsanspruch auf die Vereinbarung eines bestimmten der beiden Modelle haben Beschäftigte nicht. Dies folgt aus § 6 Abs. 4, der lediglich einen Erörterungsanspruch gegenüber dem Arbeitgeber über den Wunsch nach einer bestimmten Arbeitszeitverteilung vorsieht.

Für die unter den KraftfahrerTV Bund fallenden Beschäftigten ist Altersteilzeit nur im Blockmodell möglich (Protokollerklärung zu § 6 Abs. 3).

5.6 Änderungsvertrag

Für die Vereinbarung von Altersteilzeit ist der Abschluss eines Änderungsvertrages zum bisherigen Arbeitsvertrag erforderlich, d. h. das bestehende Arbeitsverhältnis wird als Teilzeitarbeitsverhältnis fortgeführt (zur Befristungsabrede siehe Ziffer 8.1). Ein Muster ist als Anlage 2 zu diesem Rundschreiben beigefügt.

6. Leistungen des Arbeitgebers, § 7

Während der Gesamtdauer des Altersteilzeitarbeitsverhältnisses erhalten Beschäftigte neben dem ihnen nach § 7 Abs. 1 zustehenden (Teilzeit-)Entgelt (s. u. Ziffer 6.1) vom Arbeitgeber zusätzlich Aufstockungsleistungen. Die Entgeltaufstockung regelt § 7 Abs. 2 (s. u. Ziffer 6.2) und die zusätzlichen Beiträge zur gesetzlichen Rentenversicherung regelt § 7 Abs. 3 (s. u. Ziffer 6.5).

6.1 Berechnung des anteiligen Tabellenentgelts und der Entgeltbestandteile, § 7 Abs. 1

6.1.1 Grundsatz der Entgeltberechnung (sog. Halbierungsgrundsatz)

§ 7 Abs. 1 entspricht der bisherigen Regelung in § 4 Abs. 1 TV ATZ. Altersteilzeitbeschäftigte erhalten regelmäßig zeitanteilig nach § 24 Abs. 2 TVöD die sich für entsprechende Teilzeitbeschäftigte mit der Hälfte der bisherigen wöchentlichen Arbeitszeit ergebenden Beträge (sog. Halbierungsgrundsatz nach § 7 Abs. 1 Satz 1 erste Alternative).

Zu dem zeitanteilig zu zahlenden Entgelt gehören das Tabellenentgelt (§ 15 TVöD) und die sonstigen in Monatsbeträgen festgelegten Entgeltbestandteile (z. B. monatliche Zulagen).

VII

6.1.2 Ausnahmen vom sog. Halbierungsgrundsatz

Die nicht in Monatsbeträgen festgelegten Entgeltbestandteile (sog. unständige Entgeltbestandteile) werden entsprechend dem Umfang der tatsächlich geleisteten Tätigkeit berücksichtigt (§ 7 Abs. 1 Satz 1 zweite Alternative). Dies sind in der Regel Entgeltbestandteile, die bei der Bemessungsgrundlage für die Entgeltfortzahlung in die Berechnung des Tagesdurchschnitts einfließen (siehe Klammerzusatz in § 7 Abs. 1 Satz 1 mit Hinweis auf § 21 Satz 2 TVöD). Die nachstehende Aufzählung ist nicht abschließend:

- Überstundenentgelte (Zeitzuschlag nach § 8 Abs. 1 Satz 2 Buchst. a TVöD und Stundenentgelt nach § 43 Abs. 1 Satz 2 TVöD-BT-V),
- Zeitzuschläge (§ 8 Abs. 1 Satz 2 TVöD),
- Entgelte für Rufbereitschaft und Bereitschaftsdienste (§ 8 Abs. 3 und 4 TVöD),
- Zulagen für nicht ständige Wechselschicht-/Schichtarbeit (§ 8 Abs. 5 und 6 TVöD) oder
- Erschwerniszuschläge (§ 19 TVöD).

Diese Ausnahme ist bei Altersteilzeitarbeit in Form des Blockmodells von Bedeutung, weil hier die gesamte während der Dauer des Altersteilzeitarbeitsverhältnisses zu leistende Arbeit schon in der ersten Hälfte erbracht wird und anschließend in der zweiten Hälfte nach Maßgabe des § 7 eine bezahlte Freistellung erfolgt (siehe § 6 Abs. 3 Buchst. a). Demzufolge werden diese Entgeltbestandteile bei Altersteilzeitarbeitsverhältnissen im Blockmodell nicht halbiert, sondern in der Arbeitsphase in der vollen, erarbeiteten Höhe ausgezahlt; für die Freistellungsphase bleibt folglich kein derartiger Zahlbetrag mehr übrig.

6.1.3 Einmalzahlungen

Altersteilzeitbeschäftigte erhalten auch Einmalzahlungen in Höhe der sich für entsprechende Teilzeitbeschäftigte ergebenden Beträge.

Soweit tarifvertraglich nicht ausdrücklich etwas anderes geregelt ist, sind die Beträge der Einmalzahlungen zeitanteilig nach § 24 Abs. 2 TVöD umzurechnen. Dies gilt z. B. für die Einmalzahlung nach dem Tarifvertrag über die einmalige Sonderzahlung vom 27. Februar 2010.

Spezielle Regelungen zur Bemessung von Einmalzahlungen bei Teilzeitbeschäftigung enthalten u. a. folgende Tarifvorschriften:

- Jahressonderzahlung (§ 20 TVöD). Hier spiegelt sich der Beschäftigungsumfang unmittelbar im innerhalb des Bemessungszeitraums durchschnittlich gezahlten monatlichen Entgelt wider, so dass Altersteilzeit in den Kalendermonaten Juli, August und September die Höhe der Bemessungsgrundlage verringert (siehe Ziffer 2.2.2.3 des Rundschreibens vom 11. April 2007 (GMBl S. 532) – D II 2 – 220 210-2/20 –).
- Jubiläumsgeld (§ 23 Abs. 2 Satz 2 TVöD). Teilzeitbeschäftigte erhalten das Jubiläumsgeld danach in voller Höhe.
- Leistungsprämie nach § 18 (Bund) TVöD. Nach § 11 Abs. 6 Satz 3 LeistungsTV-Bund erfolgt die Zahlung im Blockmodell nur in der Arbeitsphase.

6.1.4 Entgelterhöhungen, Stufensteigerungen

Allgemeine Entgelterhöhungen, das Erreichen der nächsten Stufe der Entgelttabelle (§ 16 Abs. 4 TVöD) sowie Höher- oder Herabgruppierungen sind während der Gesamtdauer des Altersteilzeitarbeitsverhältnisses zu berücksichtigen. Beim Blockmodell gilt dies auch für die Freistellungsphase, soweit es sich nicht um Höher- oder Herabgruppierungen handelt.

6.2 Entgeltaufstockung, § 7 Abs. 2

Der Tarifvertrag sieht wie das Altersteilzeitgesetz für Altersteilzeitarbeit, die nach dem 30. Juni 2004 begonnen wurde – nur noch eine Form der Entgeltaufstockung vor. Die Entgeltaufstockung nach § 7 Abs. 2 Satz 1 ist bruttobezogen und somit steuerklassenunabhängig; sie entspricht § 5 Abs. 1 Satz 1 TV ATZ. Die im TV ATZ darüber hinaus noch enthaltenen komplexen Regelungen über eine Zusatzaufstockung bis zum Erreichen eines pauschalierten, steuerklassenabhängigen Mindestnettobetrags (siehe § 5 Abs. 2 TV ATZ) sind hingegen entfallen.

6.2.1 Regelarbeitsentgelt

Der Tarifvertrag enthält in § 7 Abs. 2 Satz 1 eine eigenständige Begriffsdefinition des Regelarbeitsentgelts. Zum Regelarbeitsentgelt zählt danach das nach § 7 Abs. 1 tariflich zustehende Entgelt zuzüglich des darauf entfallenden sozialversicherungspflichtigen Teils der vom Arbeitgeber zu tragenden Umlage zur Zusatzversorgungseinrichtung (= beitragspflichtiges Arbeitsentgelt).

Die Aufstockung des Regelarbeitsentgelts um 20 v. H., die sich an § 3 Abs. 1 Nr. 1a AltTZG anlehnt, erfolgt somit in zwei Schritten:

VII

1. Schritt: Anknüpfend an den Entgeltbegriff des TVöD werden alle nach § 7 Abs. 1 zustehenden Entgelte um 20 v. H. aufgestockt, soweit sie nicht nach § 7 Abs. 2 und 3 ausgenommen sind (s. u. Ziffer 6.2.2) oder soweit in anderen Tarifverträgen nicht ausdrücklich etwas anderes geregelt ist. Daher gehen grundsätzlich auch die nicht in Monatsbeträgen festgelegten Entgeltbestandteile in die Bemessungsgrundlage für die Aufstockung ein.
2. Schritt: Anschließend ist das beitragspflichtige Arbeitsentgelt festzustellen. Dabei ist zu beachten, dass bis zum Erreichen der monatlichen Beitragsbemessungsgrenze in der Arbeitslosenversicherung (Kalenderjahr 2010. West 5500 € und Ost 4650 €) – wie bisher nach § 5 Abs. 1 Satz 1 TV ATZ – das sog. sozialversicherungspflichtige Arbeitsentgelt maßgebend ist. Die Besonderheiten der betrieblichen Altersversorgung nach § 14 SGB IV i. V. m. der Sozialversicherungsentgeltverordnung sind zu berücksichtigen. Sofern das nach § 7 Abs. 1 zustehende Entgelt die monatliche Beitragsbemessungsgrenze in der Arbeitslosenversicherung übersteigt, erfolgt jedoch wie bisher nach § 5 Abs. 1 TV ATZ keine Deckelung. In diesen Fällen bildet das nach § 7 Abs. 1 zustehende Entgelt unmittelbar die Bemessungsgrundlage für die Entgeltaufstockung.

Hinweis:
Die Ausführungen im gemeinsamen Rundschreiben der Spitzenverbände der Sozialversicherungsträger vom 9. März 2004 finden keine Anwendung, da der Begriff des Regelarbeitsentgelts nach diesem Tarifvertrag eigenständig definiert ist.

6.2.2 Ausnahmen vom Regelarbeitsentgelt

Nicht zum Regelarbeitsentgelt und somit von der Aufstockung ausgenommen sind folgende in § 7 Abs. 2 Satz 2 genannten Entgeltbestandteile:

- Steuerfreie Entgeltbestandteile,
- Entgelte, die einmalig gezahlt werden (z. B. Jahressonderzahlung § 20 TVöD) und
- Entgelte, die nicht für die vereinbarte Arbeitszeit gezahlt werden (z. B. Überstunden- und Mehrarbeitsentgelt).

Bei der Aufstockung außer Betracht bleiben zudem Entgeltbestandteile, die für den Zeitraum der vereinbarten Altersteilzeit nicht vermindert werden (§ 7 Abs. 2 Satz 3).

6.2.3 Ungeminderte Leistungen, § 7 Abs. 2 Satz 3

VII

Nach § 7 Abs. 2 Satz 3 bleiben Entgeltbestandteile, die für den Zeitraum der vereinbarten Altersteilzeitarbeit nicht vermindert worden sind (sog. 100 v. H.-Leistungen), bei der Entgeltaufstockung außer Betracht. Dabei handelt es sich nur um Entgeltbestandteile, auf die während der gesamten Dauer des Altersteilzeitarbeitsverhältnisses Anspruch in voller Höhe besteht. Die Entgeltbestandteile müssen also beim Blockmodell auch während der Freistellungsphase zu 100 v. H. gezahlt werden; fallen Entgeltbestandteile in der Freistellungsphase nicht mehr an, liegt insoweit keine 100 v. H.-Leistung vor. Folglich findet die Regelung des § 7 Abs. 2 Satz 3 keine Anwendung auf unständige Entgeltbestandteile, die der Ausnahme vom Halbierungsgrundsatz nach § 7 Abs. 1 Satz 1 zweite Alternative unterfallen und somit lediglich in der Arbeitsphase des Blockmodells bereits in voller Höhe ausbezahlt werden (s. o. Ziffer 6.1.2). Zu den zusätzlichen Rentenversicherungsbeiträgen s. u. Ziffer 6.5.

6.3 Besonderheiten der Entgeltzahlung im Blockmodell (Spiegelbildprinzip)

6.3.1 Grundsatz der Spiegelung

Im Blockmodell nach § 6 Abs. 3 Buchst. a treten Altersteilzeitbeschäftigte während der Arbeitsphase mit ihrer vollen Arbeitsleistung im Hinblick auf die sich anschließende Freistellungsphase in Vorleistung.

Insoweit findet das vom Bundesarbeitsgericht entwickelte Spiegelbildprinzip Anwendung (u. a. Urteil des BAG vom 4. Oktober 2005 – 9 AZR 449/04). Danach haben Altersteilzeitbeschäftigte während der Freistellungsphase Anspruch auf die durch ihre Vorleistung in der Arbeitsphase erworbenen Entgeltansprüche. Die zweite Hälfte des Entgelts wird als Wertguthaben angespart und gelangt in der Phase der Freistellung zur Auszahlung (Entsparung).

In das Wertguthaben fließen alle Entgeltbestandteile, die während der Gesamtdauer des Altersteilzeitarbeitsverhältnisses nach dem Halbierungsgrundsatz (s. o. Ziffer 6.1.1) lediglich zeitanteilig nach § 24 Abs. 2 TVöD entsprechend der verringerten Arbeitszeit nach § 6 Abs. 2 gezahlt werden. Neben laufenden Zahlungen (Tabellenentgelt und sonstige in Monatsbeträgen festgelegten Entgeltbestandteile) sind beim Wertguthaben somit auch zeitanteilig verminderte Einmalzahlungen zu berücksichtigen.

Keinen Eingang in das Wertguthaben finden Entgeltbestandteile, die bereits in der Arbeitsphase in der vollen, erarbeiteten Höhe ausgezahlt wurden (s. o. Ziffer 6.1.2). Sie können in der Freistellungsphase nicht nochmals zur Auszahlung kommen, weil insoweit kein Wertguthaben angespart wurde.

Das Wertguthaben betrifft also grundsätzlich nur die zeitanteilig gezahlten (Altersteilzeit-)Entgelte nach § 7 Abs. 1 Satz 1 erste Alternative. Auf die Entgeltaufstockung nach § 7 Abs. 2 wirkt sich die Spiegelung hingegen nur mittelbar aus, weil insoweit als Bemessungsgrundlage für die Aufstockung um 20 v. H. auf die (Altersteilzeit-) Entgelte nach § 7 Abs. 1 zurückgegriffen wird.

6.3.2 Führung und Verwaltung der Wertguthaben

Hinweis:

Die nachstehenden Ausführungen beschränken sich auf das arbeitsrechtliche Wertguthaben (Arbeitsentgelte als Entgeltguthaben). Das Wertguthaben im Sinne des Sozialversicherungsrechts zur sozialrechtlichen Absicherung flexibler Arbeitszeitregelungen (Summenfelder-Modell) ist nicht Gegenstand dieses Rundschreibens; insoweit wird auf die Gemeinsamen Rundschreiben der Spitzenorganisationen der Sozialversicherung in der jeweils geltenden Fassung verwiesen (aktuell vom 31. März 2009 sowie speziell für die Altersteilzeit vom 9. März 2004).

Ob für die Führung und Verwaltung der Wertguthaben besondere Aufzeichnungen erforderlich sind (Darstellung von Zu- und Abgängen in den Entgeltunterlagen), hängt davon ab, welche Verfahrensweise bei der Auszahlung der Wertguthaben in der Freistellungsphase zum Tragen kommt:

- Soweit wie möglich, werden die Entgelte in der Freistellungsphase mit den für den jeweiligen Zahlungsmonat aktuellen Beträgen weitergezahlt (Regelfall). Dies erfolgt programmgestützt auf Basis der in den Bezügezahlungsverfahren vorhandenen Daten, so dass keine besonderen Aufzeichnungen erforderlich sind.
- Nur sofern eine Weiterzahlung des Entgelts anhand der zum Zeitpunkt des Übergangs in der Freistellungsphase vorhandenen Daten zu sachwidrigen Ergebnissen führen würde, sind die Wertguthaben mittels besonderer Aufzeichnungen zu führen (Ausnahmefall). Die Auszahlung der Wertguthaben in der Freistellungsphase erfolgt dann ratierlich im Wege einer Durchschnittsberechnung auf der Grundlage dieser besonderen Aufzeichnungen. Dadurch soll der erhebliche Verwaltungsaufwand, der mit einer monatsgenauen Spiegelung verbunden wäre, vermieden werden. Zu den Einzelheiten der Durchschnittsberechnung s. u. Ziffer 6.3.2.3.

Im Folgenden wird erläutert, welche der beiden vorgenannten Verfahrensweisen für die Führung der jeweiligen Wertguthaben maßgebend ist.

6.3.2.1 Laufende Entgelte

a) Tabellenentgelt

VII

Für die Umsetzung der Spiegelung sind hier grundsätzlich keine besonderen Aufzeichnungen erforderlich. Beschäftigte erhalten ab Beginn der Freistellungsphase das Tabellenentgelt nach der Entgeltgruppe, in die sie eingruppiert sind, und nach der für sie geltenden Stufe.

Eine besondere Aufzeichnung ist erforderlich, wenn nach einer Herabgruppierung keine oder eine abbaubare Ausgleichs-/Besitzstandszulage gezahlt wird (z. B. nach einer tarifwidrigen Eingruppierung), da eine Weiterzahlung des Entgelts anhand der zum Zeitpunkt des Übergangs in die Freistellungsphase maßgebenden niedrigeren Entgeltgruppe ggf. zuzüglich einer teilweise bereits abgebauten Ausgleichs-/Besitzstandszulage zu sachwidrigen Ergebnissen führen würde.

- Wird nach einer Herabgruppierung keine Ausgleichs-/Besitzstandszulage gezahlt, fließt die hälftige Differenz zwischen dem Entgelt in der neuen Entgeltgruppe und dem Entgelt der höheren Entgeltgruppe für die Monate der Arbeitsphase, in denen die höhere Entgeltgruppe galt, in das dynamische Wertguthaben (s. u. Ziffer 6.3.2.3).
- Wird nach einer Herabgruppierung eine abbaubare Ausgleichs-/Besitzstandszulage gezahlt, fließt die hälftige Differenz der um den abgebauten Betrag reduzierten Ausgleichs-/Besitzstandszu-

lage und der davor gültigen Ausgleichs-/Besitzstandszulage für die Monate der Arbeitsphase, in denen noch die jeweils höhere Ausgleichs-/Besitzstandszulage galt, in das statische Wertguthaben (s. u. Ziffer 6.3.2.3).

b) Sonstige Entgeltbestandteile, die in Monatsbeträgen festgelegt sind

Auch hier sind für die Umsetzung der Spiegelung grundsätzlich keine besonderen Aufzeichnungen erforderlich. In der Regel können sonstige Entgeltbestandteile, die in Monatsbeträgen festgelegt sind, während der Freistellungsphase weitergezahlt werden. Dies gilt beispielsweise für Garantiebeträge (§ 17 Abs. 4 Satz 2 TVöD), vermögenswirksame Leistungen (§ 23 Abs. 1 TVöD), Vergütungsgruppenzulagen (§ 9 TVÜ-Bund), Funktionszulagen (§ 17 Abs. 1 TVÜ-Bund) oder persönliche Besitzstandszulagen anstelle der Techniker-, Meister- und Programmiererzulage (PE zu § 5 Abs. 2 Satz 3 und § 17 Abs. 6 TVÜ-Bund).

Nur in Ausnahmefällen sind hier für die Umsetzung der Spiegelung besondere Aufzeichnungen erforderlich. Hat in der Arbeitsphase der Anspruch auf sonstige Entgeltbestandteile, die in Monatsbeträgen festgelegt sind, lediglich zeitlich begrenzt bestanden, führte es nämlich zu sachwidrigen Ergebnissen, wenn das Entgelt in der Freistellungsphase nur anhand der zum Zeitpunkt des Übergangs in die Freistellungsphase vorhandenen Daten einfach weitergezahlt würde. Beispiele für monatliche Zulagen, die zeitlich befristet sind, sind u. a. persönliche Zulagen bei vorübergehender Übertragung einer höherwertigen Tätigkeit nach § 14 TVöD, Besitzstandszulagen für Kinder nach § 11 TVÜ-Bund oder Strukturausgleiche nach § 12 TVÜ-Bund). Entsprechendes gilt, wenn eine Zulagenberechtigung nicht durchgehend besteht, etwa weil sie von der Einteilung in einem Schichtplan (z. B. Zulagen für ständige Wechselschichtarbeit nach § 8 Abs. 5 Satz 1 TVöD bzw. ständige Schichtarbeit nach § 8 Abs. 6 Satz 1 TVöD) oder von einer sonstigen Organisationsentscheidung des Arbeitgebers (z. B. Vorhandwerkerzulage nach § 17 Abs. 9 TVÜ-Bund) abhängt.

Die Auszahlung des Wertguthabens in der Freistellungsphase erfolgt dann im Wege einer Durchschnittsberechnung auf der Grundlage dieser besonderen Aufschreibungen.

VII

6.3.2.2 Einmalzahlungen

Auch Einmalzahlungen gehen nur dann in das Wertguthaben ein, sofern sie in der Arbeitsphase trotz Vollarbeit lediglich zeitanteilig gezahlt werden.

a) Wiederkehrende Einmalzahlungen

Bei Einmalzahlungen, die jährlich wiederkehren, sind für die Umsetzung der Spiegelung grundsätzlich keine besonderen Aufzeichnungen erforderlich, da diese auch in der Freistellungsphase gemäß den tariflichen Vorschriften weitergezahlt werden (z. B. Jahressonderzahlung nach § 20 TVöD).

Eine Ausnahme gilt lediglich für den Fall, dass der Übergang von der Arbeitsphase in die Freistellungsphase so vereinbart wird, dass eine wiederkehrende Einmalzahlung in der Arbeitsphase einmal mehr gezahlt wird als in der Freistellungsphase. Dann ist durch gesonderte Aufzeichnung festzuhalten, dass dieser „überzählige" Anspruch in das dynamische Wertguthaben eingeht (s. u. Ziffer 6.3.2.3). Die Auszahlung des Wertguthabens für die wiederkehrenden Einmalzahlungen erfolgt nur insoweit im Wege einer Durchschnittsberechnung, als das Wertguthaben auf dem „überzähligen" Anspruch beruht.

b) Nicht wiederkehrende Einmalzahlungen

Bei nicht wiederkehrenden Einmalzahlungen (z. B. einmalige Sonderzahlung nach TV Sonderzahlung 2011) ist für die Umsetzung der Spiegelung durch besondere Aufzeichnungen festzuhalten, dass die „zweite Hälfte" in das statische Wertguthaben einfließt (s. u. Ziffer 6.3.2.3). Die Auszahlung des entsprechenden Wertguthabens in der Freistellungsphase erfolgt dann im Wege einer Durchschnittsberechnung auf der Grundlage dieser besonderen Aufzeichnungen.

Siehe dazu auch unten die Beispiele 1 und 2.

6.3.2.3 Durchschnittsberechnung

Soweit die Auszahlung der Wertguthaben in der Freistellungsphase im Wege einer Durchschnittsberechnung erfolgt (s. o. Ziffer 6.3.2.1 und 6.3.2.2), sind die Wertguthaben einschließlich deren Änderungen durch Zu- und Abgänge in den Entgeltunterlagen darzustellen. Dabei sind der Abrechnungsmonat, in dem die erste Gutschrift erfolgt, sowie alle weiteren Abrechnungsmonate, in denen Änderungen der Wertguthaben erfolgen, anzugeben. Maßgebend sind insoweit die Daten der jeweiligen Lohnkonten. Sofern die Entgeltzahlung durch das BADV erfolgt, kann für diese Zwecke die Liste 2300 (Lohnkonto Vorjahr) verwendet werden, die jährlich im Monat März erstellt wird. Es bestehen keine Bedenken, wenn die für die Durchschnittsberechnung erforderlichen besonderen Aufzeichnungen erst zum Ende der Arbeitsphase anlassbezogen auf der Grundlage der vorgenannten Hilfsmittel gefertigt werden.

Es sind zwei Wertguthaben getrennt zu führen und zu verwalten:

- Ein statisches Wertguthaben, das aus statischen Entgeltbestandteilen erzielt wurde, und
- ein dynamisches Wertguthaben, in das die dynamischen Entgeltbestandteile einfließen.

Alle Entgeltbestandteile, die in die Durchschnittsberechnung eingehen, sind in Abhängigkeit von ihrem jeweiligen Charakter einem dieser beiden getrennten Wertguthaben zuzuordnen. Zum Ende der Arbeitsphase sind dann auf dieser Grundlage ein statischer und ein dynamischer Durchschnittsbetrag zu berechnen. Dazu sind die in dem jeweiligen Wertguthaben dargestellten Zugänge aufzuaddieren. Die so ermittelte Summe ist anschließend durch die Anzahl der Monate der Freistellungsphase zu teilen (Durchschnittsberechnung). Der Rückfluss des Wertguthabens erfolgt dann in Form des statischen und des dynamischen Monatsdurchschnittsbetrages, die für jeden Abrechnungsmonat der Freistellungsphase ausgezahlt werden.

Bemessungszeitraum für die Berechnung und Auszahlung des Entgelts bleibt insoweit der Kalendermonat (§ 24 Abs. 1 Satz 1 TVöD). Daraus folgt, dass der ermittelte Monatsdurchschnitt entsprechend § 24 Abs. 3 Satz 1 TVöD in Teilmonatsbeträge umzurechnen ist, wenn die Freistellungsphase im Laufe eines Kalendermonats beginnt oder endet.

Siehe dazu auch unten Beispiel 2.

6.3.2.4 Entwicklung der Wertguthaben bei allgemeinen Entgeltanpassungen

Die Wertguthaben sind nicht zu verzinsen, darin eingeflossene dynamische Entgeltbestandteile nehmen jedoch an allgemeinen Entgeltanpassungen teil. Die Verfahrensweise bei der Auszahlung der Wertguthaben in der Freistellungsphase ist auch für die Art der Dynamisierung maßgebend.

c) Wertguthaben, das ohne gesonderte Aufzeichnung geführt wird (Regelfall)

Werden dynamische Entgelte in der Freistellungsphase **weitergezahlt** (z. B. Tabellenentgelt oder Garantiebetrag), ist durch die Berücksichtigung der für den jeweiligen Zahlungsmonat aktuellen Beträge sichergestellt, dass die Beschäftigten an allgemeinen Entgeltanpassungen teilhaben.

d) Wertguthaben, das mittels gesonderter Aufzeichnung geführt wird (Ausnahmefall)

Das mittels **besonderer Aufzeichnungen** geführte und verwaltete dynamische Wertguthaben ist hingegen manuell anzupassen. Es ist sicherzustellen, dass die Beschäftigten in der Freistellungsphase zum Zeitpunkt der ratierlichen Auszahlung an den zwischenzeitlichen allgemeinen Entgeltanpassungen teilhaben.

- Allgemeine Entgeltanpassungen während der Arbeitsphase

  Die Beträge der in das dynamische Wertguthaben eingeflossenen Entgeltbestandteile sind auf die Höhe der im ersten Auszahlungsmonat der Freistellungsphase geltenden aktuellen Werte anzuheben,
- Allgemeine Entgeltanpassungen während der Freistellungsphase

  Sofern allgemeine Entgeltanpassungen erst nach Ablauf der Arbeitsphase wirksam werden, ist nur noch das infolge der ratierlichen Auszahlung in der Freistellungsphase verbliebene (Rest-) Wertguthaben entsprechend zu berichtigen. Im Fall einer linearen Tariferhöhung reicht es aus, wenn der bisherige Monatsdurchschnittsbetrag durch Multiplikation mit einem der prozentualen Entgelterhöhung entsprechenden Faktor berichtigt wird. Siehe dazu auch unten Beispiel 3.

6.3.3 Ausnahmen von der Spiegelung

Das Spiegelbildprinzip gilt nicht für Entgeltbestandteile, die bereits in der Arbeitsphase in vollem Umfang entsprechend der geleisteten Vorarbeit ausgezahlt werden. Diese können in der Freistellungsphase nicht nochmals zur Auszahlung kommen, weil insoweit kein Wertguthaben angespart wurde. Keinen Eingang in das Wertguthaben finden somit folgende Entgeltbestandteile.

a) Entgeltbestandteile, die nicht in Monatsbeträgen festgelegt sind

Entgeltbestandteile, die nicht in Monatsbeträgen festgelegt sind (sog. unständige Entgeltbestandteile), sind nach § 7 Abs. 1 Satz 1 zweite Alternative vom sog. Halbierungsgrundsatz ausgenommen. Sie werden bereits in der Arbeitsphase in der vollen, erarbeiteten Höhe ausgezahlt, da sie entsprechend dem Umfang der tatsächlich geleisteten Tätigkeit zu berücksichtigen sind (s. o. Ziffer 6.1.2). Dies betrifft insbesondere:

- Zeitzuschläge (§ 8 Abs. 1 TVöD),
- Überstundenentgelte (PE zu § 8 Abs. 1 TVöD i. V. m. § 43 TVöD BT-V),
- Entgelte nach § 8 Abs. 2 TVöD,

- Entgelte für Bereitschaftsdienst (§ 8 Abs. 3 TVöD),
- Entgelte für Rufbereitschaft (§ 8 Abs. 4 TVöD),
- Zulagen für nicht ständige Wechselschicht- und Schichtarbeit (§ 8 Abs. 5 Satz 2 und Abs. 6 Satz 2 TVöD), die jeweils pro Stunde gezahlt werden,
- Erschwerniszuschläge (§ 19 Abs. 5 Satz 2 TVöD).

Erfolgt die Zahlung in Form von Monatspauschalen, sind diese wie unständige Entgeltbestandteile zu behandeln. Dies hat zur Folge, dass solche Monatspauschalen in der Freistellungsphase des Blockmodells nicht mehr zustehen.

b) Ungeminderte Leistungen (sog. 100 v. H.-Leistungen)

Laufende Entgeltbestandteile, auf die während der gesamten Dauer des Altersteilzeitarbeitsverhältnisses Anspruch in voller Höhe besteht, die beim Blockmodell also auch während der Freistellungsphase zu 100 v. H. gezahlt werden (vgl. zur Entgeltaufstockung Ziffer 6.2.3), sind vom Halbierungsgrundsatz ausgenommen. Dies ist etwa bei geldwerten Vorteilen der Fall, wenn diese während der Freistellungsphase anfallen (etwa eine Dienstwohnung oder ein zinsverbilligtes Darlehen).

c) Ungeminderte Einmalzahlungen

VII

Einmalzahlungen, die nach speziellen tarifvertraglichen Regelungen während der Altersteilzeit in vollem Umfang gezahlt werden (z. B. Jubiläumsgeld nach § 23 Abs. 2 Satz 2 TVöD oder Leistungsprämie nach § 18 [Bund] TVöD i. V. m. § 11 Abs. 6 Satz 3 LeistungsTV-Bund), sind vom Halbierungsgrundsatz ausgenommen.

Beispiele zum Spiegelbildprinzip

Beispiel 1 Zu 6.3.2.2 „Einmalzahlungen"

Zu a) Wiederkehrende Einmalzahlungen

Variante 1 (gleiche Anzahl von Einmalzahlungen)

Altersteilzeit im Blockmodell über eine Gesamtdauer von 48 Monaten (Arbeitsphase vom 01. 01. 2011 bis 31. 12. 2012 und Freistellungsphase vom 01. 01. 2013 bis 31. 12. 2014). In die Arbeits- und Freistellungsphase fallen jeweils zwei Jahressonderzahlungen nach § 20 TVöD (Arbeitsphase 11/2011 und 11/2012 und Freistellungsphase 11/2013 und 11/2014). Der durch die Vorleistung in der Arbeitsphase erarbeitete Anspruch auf die „zweite Hälfte" des Arbeitsentgelts kommt in der Freistellungsphase zur Auszahlung. Für die Umsetzung der Spiegelung sind hier keine besonderen Aufzeichnungen erforderlich. Die zeitanteilige Jahressonderzahlung wird in der Freistellungsphase gemäß den tariflichen Vorschriften des § 20 TVöD einfach weitergezahlt.

Variante 2 („überzählige" Einmalzahlung in Freistellungsphase)

Altersteilzeit im Blockmodell über eine Gesamtdauer von 60 Monaten (Arbeitsphase vom 01. 01. 2011 bis 30. 06. 2013 und Freistellungsphase vom 01. 07. 2013 bis 31. 12. 2015). In die Arbeitsphase fallen nur zwei Jahressonderzahlungen nach § 20 TVöD (11/2011 und 11/2012), in die Freistellungsphase hingegen drei (11/2013, 11/2014 und 11/2015). Bei der Spiegelung geht es um den Ausgleich des Anspruchs auf die „zweite Hälfte" des Arbeitsentgelts, das durch die Vorleistung bereits in der Arbeitsphase erarbeitet wurde. Soweit in der Freistellungsphase mindestens die gleiche Anzahl an Jahressonderzahlungen zusteht wie in der vorangegangenen Arbeitsphase, sind für die Umsetzung der Spiegelung keine besonderen Aufzeichnungen erforderlich. Auch hier kann die zeitanteilige Jahressonderzahlung in der Freistellungsphase einfach gemäß den tariflichen Vorschriften des § 20 TVöD weitergezahlt werden.

Variante 3 („überzählige" Einmalzahlung in Arbeitsphase)

Altersteilzeit im Blockmodell über eine Gesamtdauer von 60 Monaten (Arbeitsphase 1. Juli 2011 bis 31. Dezember 2013 und Freistellungsphase vom 1. Januar 2014 bis 30. Juni 2016). In die Arbeitsphase fallen drei Jahressonderzahlungen nach § 20 TVöD (11/2011, 11/2012 und 11/2013), in die Freistellungsphase hingegen nur zwei (11/2014 und 11/2015). Für die Umsetzung der Spiegelung sind hier gesonderte Aufzeichnungen erforderlich, jedoch nur in Bezug auf die „überzählige" dritte Jahressonderzahlung in der Arbeitsphase. Diese wurde in der Arbeitsphase trotz Vollarbeit lediglich zeitanteilig vermindert gezahlt. Die „zweite Hälfte" der Jahressonderzahlung 11/2013 fließt daher in das dynamische Wertguthaben und somit die Durchschnittsberechnung ein (s. o. Ziffer 6.3.2.3). Die Auszahlung des Wertguthabens in der Freistellungsphase erfolgt dann ratierlich als Monatsdurchschnittsbetrag. Die ersten beiden Jahressonderzahlungen aus der Arbeitsphase hingegen sind durch die beiden regulären Jahressonderzahlungen in der Freistellungsphase abgedeckt, so dass insoweit keine besonderen Aufzeichnungen erforderlich sind.

Zu b) Nicht wiederkehrende Einmalzahlungen

Siehe Beispiel 2 zu 6.3.2.3 „Durchschnittsberechnung".

Beispiel 2 Zu 6.3.2.3 „Durchschnittsberechnung"

Hinweis

Das folgende Beispiel für die Durchschnittsberechnung berücksichtigt nur den heute bereits bekannten 3. Schritt der allgemeinen Entgeltanpassung aus der Tarifrunde 2010/2011, der 08/2011 erfolgen wird. Sofern nach dem 29. 02. 2012 (= Ende der Laufzeit der Tarifeinigung vom 27. Februar 2010) allgemeine Entgeltanpassungen vereinbart werden, wären die dynamischen Entgelte entsprechend fortzuentwickeln (zum dynamischen Wertguthaben s. o. Ziffer 6.3.2.4).

VII

A. Sachverhalt

Altersteilzeit im Blockmodell über eine Gesamtdauer von 60 Monaten (Arbeitsphase 01. 07. 2011 bis 31. 12. 2013 und Freistellungsphase vom 01. 01. 2014 bis 30. 06. 2016).

I. Laufende Entgelte

	ab 01. 01. 2011		ab 01. 08. 2011	
	bisher	ATZ	bisher	ATZ
Tabellenentgelt (E 10 Stufe 5)	3701,04 €	1850,52 €	3719,55 €	1859,78 €
Technikerzulage	23,01 €	11,51 €	unverändert	
Vermögenswirksame Leistung	6,65 €	3,33 €	unverändert	

Für die letzten drei Kalendermonate der Arbeitsphase besteht Anspruch auf eine persönliche Zulage bei vorübergehender Übertragung einer höherwertigen Tätigkeit nach § 14 TVöD. Vom 01. 10. 2013 bis 31. 12. 2013 werden daher **insgesamt 414,78 €** (= 138,28 € × 3 Monate) gezahlt.

In den ersten 24 Kalendermonaten der Arbeitsphase wird die/der Beschäftigte nach einem Schichtplan eingesetzt, der die Voraussetzungen der Schichtarbeit nach § 7 Abs. 2 TVöD erfüllt. Vom 01. 07. 2011 bis 30. 06. 2013 werden daher ständige Schichtzulagen nach § 8 Abs. 6 Satz 1 TVöD in Höhe von **insgesamt 480,00 €** (= 20 € × 24 Monate) gezahlt.

II. Einmalzahlungen

a) Jährlich wiederkehrende Einmalzahlungen

In die Arbeitsphase fallen drei Jahressonderzahlungen nach § 20 TVÖD:

- 11/2011 in Höhe von 1515,62 €,
- 11/2012 in Höhe von 1513,03 € und
- 11/2013 in Höhe von 1497,03 €.

In der Freistellungsphase fallen hingegen nur zwei Einmalzahlungen an (11/2014 und 11/2015).

Die während der Gesamtdauer des Altersteilzeitarbeitsverhältnisses auf die Hälfte der bisherigen wöchentlichen Arbeitszeit verringerte Arbeitszeit nach § 6 Abs. 2 spiegelt sich unmittelbar in dem im Bemessungszeitraum für die Jahressonderzahlung nach § 20 Abs. 2 Satz 1 TVöD (jeweils Juli, August, September) durchschnittlich gezahlten monatlichen Entgelt wieder.

b) Nicht wiederkehrende Einmalzahlungen

01/2011 wird eine **einmalige Sonderzahlung** in Höhe von **120 €** nach dem Tarifvertrag über eine einmalige Sonderzahlung 2011 vom 27. Februar 2010 (künftig TV Sonderzahlung) gezahlt. Der vorgenannte Betrag ist gem. § 2 Abs. 2 Satz 1 TV Sonderzahlung bereits zeitanteilig vermindert.

VII

B. Lösung

I. Weiterzahlung (s. o. Ziffer 6.3.2.1)

Folgende Entgeltbestandteile werden in der Freistellungsphase weitergezahlt, ohne dass es insoweit für die Umsetzung der Spiegelung besonderer Aufzeichnungen bedarf:

- Tabellenentgelt (§ 15 TVöD)

  Weiterzahlung auf Basis der Entgeltgruppe und Stufe sowie der Tabellenwerte, die im Auszahlungsmonat maßgebend sind. Unterstellt, es würde beim dritten Schritt der zum 01. 08. 2011 erfolgten allgemeinen Entgeltanpassung aus der Tarifrunde 2010/2011 verbleiben, wären somit **monatlich 1859,78 €** weiterzuzahlen.
- Technikerzulage (PE zu § 5 Abs. 2 Satz 3 und § 17 Abs. 6 TVÜ-Bund)

  Da es sich um eine statische Zulage handelt, die nicht nur zeitlich begrenzt anfällt, sind anhand der zum Zeitpunkt des Übergangs in die Freistellungsphase vorhandenen Daten **monatlich 11,51 €** weiterzuzahlen.
- Vermögenswirksame Leistungen – VL (§ 23 Abs. 1 TVöD)

  Da es sich um eine statische Zulage handelt, die nicht nur zeitlich begrenzt anfällt, sind anhand der zum Zeitpunkt des Übergangs in die Freistellungsphase vorhandenen Daten **monatlich 3,33 €** weiterzuzahlen.
- Jahressonderzahlung (§ 20 TVöD)

  Während der Freistellungsphase wird die Jahressonderzahlung entsprechend der Tarifvorschrift des § 20 TVöD mit dem Tabellenentgelt für 11/2014 und 11/2015 ausgezahlt. Bemessungsgrundlage bilden dabei die im dreimonatigen Bemessungszeitraum (Juli, August und September) gezahlten Entgelte (§ 20 Abs. 2 Satz 1 TVöD).

VII

II. Durchschnittsberechnung (s. o. Ziffer 6.3.2.3)

Bei folgenden Entgeltbestandteilen erfolgt die Auszahlung des Wertguthabens in der Freistellungsphase im Wege einer Durchschnittsberechnung. Je nachdem, ob es sich um dynamische oder statische Entgeltbestandteile handelt, sind zwei getrennte Wertguthaben zu führen, in denen die Zu- und Abgänge dargestellt werden.

1. Ansparen der Wertguthaben

a) Dynamisches Wertguthaben:

In das dynamische Wertguthaben fließen folgende Entgeltbestandteile ein:

- Persönliche Zulage bei vorübergehender Übertragung höherwertiger Tätigkeiten (§ 14 TVöD)

  Die Zulage ist dynamisch. Sie bemisst sich entweder nach dem Unterschiedsbetrag zwischen dem individuellen Tabellenentgelt und dem Tabellenentgelt, das sich bei dauerhafter Übertragung ergeben hätte (Entgeltgruppen 9 bis 14) oder prozentual vom individuellen Tabellenentgelt (Entgeltgruppen 1 bis 8). Eine Weiterzahlung anhand der zum Zeitpunkt des Übergangs in die Freistellungsphase vorhandenen Daten würde zu sachwidrigen Ergebnissen führen, da insoweit während der Arbeitsphase nur ein zeitlich befristeter Anspruch bestand (hier die letzten drei Monate der Arbeitsphase von 10/2013 bis 12/2013). Die in Höhe von **414,78 € insgesamt** gezahlten Beträge fließen daher in das dynamische Wertguthaben ein.

– „Überzählige" Jahressonderzahlung (§ 20 TVöD)

Die Jahressonderzahlung bemisst sich aus dem durchschnittlich in den Monaten Juli, August und September gezahlten monatlichen Entgelt und ist daher dynamisch. Die „überzählige" letzte Jahressonderzahlung aus der Arbeitsphase (11/2013) fließt daher in Höhe von **1497,03 €** ebenfalls in das dynamische Wertguthaben und die Durchschnittsberechnung ein. Dadurch wird sichergestellt, dass in der Freistellungsphase neben den beiden regulären Jahressonderzahlungen (11/2014 und 11/2015) zusätzlich die aufgrund der Vorarbeit in der Arbeitsphase erarbeitete „zweite Hälfte" der „überzähligen" Jahressonderzahlung zur Auszahlung kommt.

Das dynamische Wertguthaben zum Ende der Arbeitsphase beträgt somit 1911,81 €.

b) Statisches Wertguthaben

– Ständige Schichtzulage (§ 8 Abs. 6 Satz 1 TVöD)

Bei der ständigen Wechselschichtzulage handelt es sich um eine statische Zulage. Eine Weiterzahlung anhand der zum Zeitpunkt des Übergangs in die Freistellungsphase vorhandenen Daten würde zu sachwidrigen Ergebnissen führen, da insoweit während der Arbeitsphase nur ein zeitlich befristeter Anspruch bestand (hier in den ersten 24 Monaten der Arbeitsphase von 07/2011 bis 06/2013). Die in Höhe von **insgesamt 480,00 €** gezahlten Beträge fließen daher in das statische Wertguthaben ein.

– Einmalige Sonderzahlung 2011 (TV Sonderzahlung)

Bei der 01/2011 gezahlten einmaligen Sonderzahlung 2011 in Höhe von **120 €** handelt es sich um eine „nicht wiederkehrende Einmalzahlung". Derartige einmalige Leistungen können zwangsläufig nicht dynamisch sein und fließen daher im Rahmen der Spiegelung in das statische Wertguthaben ein.

Das statische Wertguthaben zum Ende der Arbeitsphase beträgt somit 600,00 €.

2. Auszahlung der beiden getrennten Wertguthaben

Die Auszahlung der getrennten dynamischen und des statischen Wertguthabens erfolgt jeweils ratierlich in Form von Monatsdurchschnittsbeträgen. Dazu ist die bis zum Ende der Arbeitsphase jeweils angesparte Summe durch die Anzahl der Monate in der Freistellungsphase zu teilen.

a) Dynamisches Wertguthaben:

Die Auszahlung des dynamischen Wertguthabens erfolgt während der Freistellungsphase ratierlich mit einem Monatsdurchschnittsbetrag in Höhe 63,73 € (1911,81 €: 30 Monate = 63,727, aufgerundet gem. § 24 Abs. 4 TVöD auf 63,73 €).

VII

b) Statisches Wertguthaben:

Die Auszahlung des statischen Wertguthabens erfolgt während der Freistellungsphase ratierlich mit einem Monatsdurchschnittsbetrag in Höhe 20,00 € (= 600,00 €: 30 Monate).

Beispiel 3 Zu 6.3.2.4 „Entwicklung der Wertguthaben bei allgemeinen Entgeltanpassungen"

Altersteilzeit im Blockmodell über 24 Monate (Arbeitsphase 01. 08. 2010 bis 31. 07. 2011; Freistellungsphase vom 01. 08. 2011 bis 31. 07. 2012). In der Arbeitsphase wurde für drei Monate (10/2010, 11/2010 und 12/2010) eine persönliche Zulage bei vorübergehender Übertragung einer höherwertigen Tätigkeit nach § 14 TVöD in Höhe des Unterschiedsbetrags zwischen Entgeltgruppe 10 Stufe 5 und Entgeltgruppe 11 Stufe 5 gezahlt. Lineare Tariferhöhung zum 01. 01. 2011 um 0,6 v. H. sowie zum 01. 08. 2011 um weitere 0,5 v. H.

	ab 01. 01. 2010		ab 01. 01. 2011		ab 01. 08. 2011	
	bisher	ATZ	bisher	ATZ	bisher	ATZ
E 11 Stufe 5	3952,49 €	1976,25 €	3976,20 €	1988,10 €	3996,08 €	1998,04 €
E 10 Stufe 5	3678,97 €	1839,49 €	3701,04 €	1850,52 €	3719,55 €	1859,78 €
Differenz	273,52 €	136,76 €	275,16 €	137,58 €	276,53 €	138,26 €

In den Abrechnungsmonaten, in denen die Gutschriften zum dynamischen Wertguthaben erfolgen (10/2010, 11/2010 und 12/2010), beträgt die persönliche Zulage monatlich 136,76 €. Das dynamische Wertguthaben enthält somit insgesamt Zugänge in Höhe von 410,28 € (136,76 € × 3 Monate).

Aufgrund der während der Arbeitsphase zum 01. 01. 2011 wirksam werdenden linearen Tariferhöhung in Höhe von 0,6 v. H. ist das dynamische Wertguthaben auf 412,74 € (137,58 € × 3 Monate) anzuheben. Im ersten Auszahlungsmonat der Freistellungsphase (hier 08/2011) beträgt der ratierlich auszuzahlende Monatsdurchschnittsbetrag somit 34,40 € (412,74 €: 12 Monate = 34,395; aufgerundet gem. § 24 Abs. 4 TVöD auf 34,40 €).

Infolge der während der Freistellungsphase zum 01. 08. 2011 wirksam werdenden weiteren linearen Tariferhöhung in Höhe von 0,5 v. H. ist der bisherige Monatsdurchschnittsbetrag von 34,40 € mit dem Faktor 1,005 anzupassen. Der neue Monatsdurchschnittsbetrag ab 01. 08. 2011 beträgt für die Monate der Freistellungsphase somit 34,57 € (34,40 € × 1,005 = 34,572; abgerundet gem. § 24 Abs. 4 TVöD auf 34,57 €).

6.4 Rentenversicherung

In der gesetzlichen Rentenversicherung gibt es hinsichtlich der sozialversicherungsrechtlichen Beurteilung keinerlei Besonderheiten. Für die Dauer der vereinbarten Altersteilzeitarbeit besteht grundsätzlich Rentenversicherungspflicht nach § 1 Satz 1 Nr. 1 SGB VI. Maßgebend für die Berechnung des jeweils zur Hälfte von Arbeitgeber und Arbeitnehmer zu zahlenden Beitrags zur Rentenversicherung ist das für

Altersteilzeitarbeit jeweils fällige beitragspflichtige (Teilzeit-)Entgelt i. S. des § 7 Abs. 1.

6.5 Zusätzliche Rentenversicherungsbeiträge, § 7 Abs. 3

Der Arbeitgeber hat für Altersteilzeitbeschäftigte zusätzliche Rentenversicherungsbeiträge gem. § 3 Abs. 1 Buchst. b AltTZG zu entrichten. Nach dieser Regelung hat der Arbeitgeber für 80 v. H. des Regelarbeitsentgelts (siehe § 7 Abs. 2 Satz 1) die vollen Beiträge zur gesetzlichen Rentenversicherung (2010: 19,9 v. H.) zu zahlen. Dabei dürfen die 80 v. H. des Regelarbeitsentgelts nicht höher sein als die Differenz von 90 v. H. der monatlichen Beitragsbemessungsgrenze in der Rentenversicherung (2010: West 5500 €, Ost: 4650 €) und dem Regelarbeitsentgelt. Diesen zusätzlichen Betrag trägt der Arbeitgeber allein (§ 168 Abs. 1 Nr. 6 SGB VI). Vereinfacht ausgedrückt werden Altersteilzeitbeschäftigte im wirtschaftlichen Ergebnis so gestellt, als ob sie während der Gesamtdauer des Altersteilzeitarbeitsverhältnisses mit 90 v. H. ihrer bisherigen wöchentlichen Arbeitszeit gearbeitet hätten.

Beispiel (in vereinfachter Form) zur Anwendung des § 7 Abs. 3:

Beitragssatz gesetzliche Rentenversicherung 2010: 19,9 v. H. Beitragsbemessungsgrenze (BBG) 2010: 5500 € (West), 4650 € (Ost)

	Inhalt	Berechnung
	Vollzeitentgelt	5000 €
A	Regelarbeitsentgelt	2500 €
B	80 v. H. von A	80 v. H. von 2500 € = 2000 €
C	19,9 v. H. von B	19,9 v. H. von 2000 € = 398 €
D	BBG	5500 € (West)
E	90 v. H. der BBG	4950 €
F	Differenz von E und A	4950 € – 2500 € = 2450 €
G	Vergleich F und B	2450 € > 2000 €
H	19,9 v. H. von B	19,9 v. H. von 2000 € = 398 €

Nur laufend gezahlte Entgeltbestandteile sind bei dem zusätzlichen Rentenversicherungsbeitrag zu berücksichtigen. Das hat zur Folge, dass einmalig gezahltes Entgelt bei der Berechnung der zusätzlichen Rentenversicherungsbeträge nach § 3 Abs. 1 Nr. 1 Buchst. b AltTZG generell nicht zu berücksichtigen ist.

Regelmäßige Bestandteile des Regelarbeitsentgelts (i. S. von Ziffer 6.2.3), die nicht vermindert worden sind (sog. 100 v. H.-Leistungen), sind bei der Ermittlung des zusätzlichen Rentenversicherungsbeitrags zu berücksichtigen.

Sind Altersteilzeitbeschäftigte von der Versicherungspflicht in der gesetzlichen Rentenversicherung befreit, werden entsprechende Zahlungen zu vergleichbaren Aufwendungen der Altersteilzeitbeschäftigten bei ihren Versorgungseinrichtungen gewährt.

6.6 Zusatzversorgungspflichtiges Entgelt, Niederschriftserklärung zu § 7

Im Einvernehmen mit dem Bundesministerium der Finanzen gilt bis zu einer Änderung des Tarifvertrages Altersversorgung (ATV) für die Bemessung des zusatzversorgungspflichtigen Entgelts § 15 Abs. 2 ATV entsprechend. An Stelle der dortigen Verweisung auf § 4 TV ATZ ist nunmehr § 7 Abs. 1 des Tarifvertrags maßgebend.

6.7 Steuer- und sozialversicherungsrechtliche Behandlung der Aufstockungsleistungen des Arbeitgebers

Die Aufstockungsbeträge nach § 7 Abs. 2 und die zusätzlichen Beiträge zur gesetzlichen Rentenversicherung nach § 7 Abs. 3 sowie entsprechende Aufwendungen für Beschäftigte, die von der Versicherungspflicht in der gesetzlichen Rentenversicherung befreit sind, sind nach Maßgabe des EStG steuerfrei (vgl. § 3 Nr. 28 EStG) und damit nach Maßgabe des SGB IV in der Sozialversicherung nicht beitragspflichtig (vgl. § 14 SGB IV i. V. m. der Sozialversicherungsentgeltverordnung). Die erhöhte Aufstockung nach § 7 Abs. 3 ist unbeschadet ihrer Steuerfreiheit nach Maßgabe des § 163 Abs. 5 Sechstes Buch Sozialgesetzbuch (SGB VI) als beitragspflichtige Einnahme zu berücksichtigen. Die steuerfreien Aufstockungsbeträge nach § 7 Abs. 2 werden aber im Rahmen der Einkommensteuerveranlagung bei der Ermittlung des Steuersatzes berücksichtigt, dem das übrige steuerpflichtige Einkommen unterliegt (Progressionsvorbehalt gem. § 32b Abs. 1 Nr. 1 Buchstabe g EStG). Die Aufstockungsbeträge sind daher entsprechend den Eintragungen des Arbeitgebers in der Lohnsteuerbescheinigung unter Vorlage der vom Arbeitgeber nach Ablauf des maßgeblichen Kalenderjahres erstellten Bescheinigung in der Einkommensteuererklärung anzugeben (vgl. § 32b Abs. 3 EStG). Hierdurch kann es bei der Veranlagung durch das Finanzamt zu Steuernachforderungen kommen.

7. Entgeltfortzahlung im Krankheitsfall, § 7 Abs. 4

7.1 Entgeltaufstockung bei Krankheit

Bei Altersteilzeitarbeit ist im Falle von Arbeitsunfähigkeit infolge Krankheit bei der Zahlungsdauer zwischen der Aufstockungsleistung nach § 7 Abs. 2 und dem zusätzlichen Rentenversicherungsbeitrag nach § 7 Abs. 3 zu unterscheiden.

Die 20 v. H. – Aufstockungsleistung auf das Regelarbeitsentgelt während der Altersteilzeit (§ 7 Abs. 2) wird längstens bis zum Ablauf der 26. Woche der Arbeitsunfähigkeit gezahlt. In Fällen, in denen Altersteilzeitbeschäftigte nach sechs Wochen Krankheit keine Entgeltfortzahlung mehr erhalten (nur Krankengeld und Krankengeldzuschuss, Versorgungskrankengeld, Verletztengeld oder Übergangsgeld usw.), liegt kein Regelarbeitsentgelt mehr vor. Deshalb ist von der siebten bis zum Ende der 26. Woche der Krankheit der Aufstockungsbetrag auf das Regelarbeitsentgelt in Höhe des kalendertäglichen Durchschnitts des in den letzten drei abgerechneten Kalendermonaten maßgebenden Aufstockungsbetrages zu zahlen. Einmalzahlungen bleiben bei der Durchschnittsberechnung unberücksichtigt.

Beispiel
(in vereinfachter Form) zur Berechnung des kalendertäglichen Durchschnitts

arbeitsunfähig erkrankt:	3. Mai bis 9. Dezember
Entgeltfortzahlung	bis 13. Juni (Ablauf sechste Woche)
Krankengeldzuschuss	14. Juni bis 31. Oktober (Ablauf 26. Woche)
vor Beginn des Krankengeldzuschusses abgerechnete Kalendermonate:	Höhe der Aufstockungsleistungen:
März:	550 €
April:	560 €
Mai:	510 €
Summe der ab 14. Juni zustehenden Aufstockungsbeträge:	**1620 €** : 92 Kalendertage = 17,61 €
Aufstockungsbeträge ab 14. Juni bis 31. Oktober:	17 Tage × 17,61 € = 299,37 €
Juni	31 Tage × 17,61 € = 545,91 €
Juli	31 Tage x 17,61 € = 545,91 €
August	30 Tage × 17,61 € = 528,30 €
September	31 Tage × 17,61 € = 545,91 €
Oktober	

Die zusätzlichen Beiträge zur Rentenversicherung (§ 7 Abs. 3) entrichtet der Arbeitgeber nur bis zum Ablauf der sechs Wochen Entgeltfortzahlung. Die Regelungen des § 22 TVöD zur Zahlung des Krankengeldzuschusses bleiben unberührt.

7.2 Nacharbeit nach Arbeitsunfähigkeit, § 7 Abs. 5

Die Regelung des § 7 Abs. 5 zur Nacharbeit bei Arbeitsunfähigkeit gelten – wie bei Altersteilzeit nach TV ATZ – nur für Altersteilzeitbeschäftigte, die ihre Altersteilzeitarbeit im Blockmodell leisten.

Danach verlängert sich die Arbeitsphase im Blockmodell bei einer über die Entgeltfortzahlungsfrist hinausgehenden Erkrankung des Altersteilzeitbeschäftigten. Die Arbeitsphase verlängert sich in diesem Fall um die Hälfte des den Entgeltfortzahlungszeitraum übersteigenden Zeitraums. Die anschließende Freistellungsphase verkürzt sich entsprechend.

Die bisherige Regelung im TV ATZ, wonach für den Fall, dass Beschäftigte infolge krankheitsbedingter Arbeitsunfähigkeit das Altersteilzeitarbeitsverhältnis nicht zum arbeitsvertraglich festgelegten Zeitpunkt beenden können, die Arbeitsvertragsparteien über eine interessengerechte Vertragsanpassung verhandeln, ist auf Wunsch der Gewerkschaften entfallen.

8. Ende des Altersteilzeitarbeitsverhältnisses, § 8

8.1 Beendigungstatbestände, § 8 Abs. 1 und 2

8.1.1 Bei Vertragsschluss bestehende Beendigungstatbestände

Grundsätzlich endet das Altersteilzeitarbeitsverhältnis zu dem von den Arbeitsvertragsparteien in der Altersteilzeitvereinbarung festgelegten Zeitpunkt (§ 8 Abs. 1, siehe auch Mustervertrag § 1). Da die Altersteilzeit den gleitenden Übergang vom Erwerbsleben in die Altersrente ermöglichen soll (vgl. § 2 des Tarifvertrags i. V. m. § 1 Abs. 1 AltTZG), wird dies in der Regel der bei Vertragsabschluss bestehende frühestmögliche Zeitpunkt für eine abschlagsfreie Altersrente sein (vgl. § 8 Abs. 2 Buchst. a). Sofern Beschäftigte einen früheren Beendigungszeitpunkt und somit eine (vorzeitige) Altersrente unter Inkaufnahme von Rentenabschlägen anstreben, kann dieser Zeitpunkt vereinbart werden (vgl. § 8 Abs. 2 Buchst. b).

Für die Feststellung dieses Zeitpunktes kommt es auf die in Betracht kommende Art der Altersrente sowie den Geburtsmonat und das Geburtsjahr der Altersteilzeitbeschäftigten oder des Altersteilzeitbeschäftigten an.

Zu den verschiedenen Arten der Altersrenten und deren Voraussetzungen sowie zur stufenweisen Anhebung des Renteneintrittsalters sollten sich Beschäftigte beim jeweiligen Rentenversicherungsträger informieren (s. o. Ziffer 5.2).

8.1.2 Vorzeitige Beendigungstatbestände

Die Beendigung des Altersteilzeitarbeitsverhältnisses ist nicht vom Fortbestand der zum Zeitpunkt des Vertragsabschlusses geltenden bzw. individuell maßgebenden rentenrechtlichen Voraussetzungen abhängig. Die weiteren Beendigungstatbestände des § 8 Abs. 2 knüpfen ausdrücklich an die jeweiligen Rententatbestände des Sechsten Buches Sozialgesetzbuch (SGB VI) an. Sofern sich später tatsächliche oder rechtliche Änderungen gegenüber dem in der Altersteilzeitvereinbarung nach § 8 Abs. 1 festgelegten Beendigungszeitpunkt ergeben, endet das Altersteilzeitarbeitsverhältnis somit vorzeitig automatisch zu dem Zeitpunkt, in dem die Altersteilzeitbeschäftigte oder der Altersteilzeitbeschäftigte

- die frühestmögliche Altersrente ohne Inkaufnahme von Rentenabschlägen beanspruchen kann (§ 8 Abs. 2 Buchst. a) oder
- eine Altersrente (mit oder ohne Rentenabschlägen) tatsächlich bezieht (§ 8 Abs. 2 Buchst. b).

Dies bedeutet Folgendes: Sofern im Laufe des Altersteilzeitarbeitsverhältnisses die Voraussetzungen für die Inanspruchnahme einer abschlagsfreien vorzeitigen Altersrente erfüllt werden (z. B. Altersrente für schwerbehinderte Menschen), endet das Arbeitsverhältnis vorzeitig vor Ablauf der vereinbarten Zeitbefristung.

8.2 Nachzahlung bei vorzeitiger Beendigung des Arbeitsverhältnisses bei Altersteilzeitarbeit im Blockmodell, § 8 Abs. 3

§ 8 Abs. 3 regelt die arbeitsrechtlichen Folgen einer vorzeitigen Beendigung des Altersteilzeitarbeitsverhältnisses (sog. Störfall). Danach besteht ein Anspruch der Altersteilzeitbeschäftigten bzw. ihrer Erben auf eine etwaige Differenz zwischen dem Entgelt (§ 7 Abs. 1) und dem Aufstockungsbetrag zum Regelarbeitsentgelt (§ 7 Abs. 2), das sie erhalten haben und dem Entgelt, das sie für den Zeitraum ihrer tatsächlichen Beschäftigung erhalten hätten, wenn kein Altersteilzeitarbeitsverhältnis begründet worden wäre. Die vom Arbeitgeber gezahlten zusätzlichen Beträge zur gesetzlichen Rentenversicherung nach § 7 Abs. 3 sind in die Berechnung der Differenz nicht einzubeziehen. Hierzu und zum Eintritt des sog. Störfalls in der Freistellungsphase der Altersteilzeitarbeit siehe Ausführungen zum Urteil des BAG vom 14. Oktober 2003 – 9 AZR 146/03 – und 18. November 2004 – 9 AZR 270/03 – im Rundschreiben vom 1. Juli 2004 (GMBl S. 782) – D II 2 – 220 770-1/18 –.

9. Nebentätigkeiten, § 9

Hinsichtlich der Nebentätigkeiten ergeben sich keine Änderungen zur bisherigen Regelung im TV ATZ. Danach sind Beschäftigte nach § 9 Abs. 1 verpflichtet, auf die Ausübung einer Beschäftigung oder selbstständigen Tätigkeit während des Altersteilzeitarbeitsverhältnisses, die die Geringfügigkeitsgrenze des § 8 SGB IV überschreitet, zu verzichten. Eine Ausnahme gilt nur, wenn diese Beschäftigung oder selbstständige Tätigkeit bereits innerhalb der letzten fünf Jahre vor Beginn des Altersteilzeitarbeitsverhältnisses ausgeübt wurde. Üben Beschäftigte während der Altersteilzeit eine unzulässige Beschäftigung oder selbstständige Tätigkeit aus, ruht der Anspruch auf Aufstockungsleistungen (§ 9 Abs. 2 Satz 1). Unter den Voraussetzungen des § 9 Abs. 2 Satz 2 erlischt der Anspruch. Insoweit wird auf die Durchführungshinweise in Teil II Ziffer 7 des Rundschreibens vom 9. September 1998 (GMBl S. 638) – D II 4 – 220 770-1/18 – und in Ziffer 2 des Rundschreibens vom 7. Februar 2003 (GMBl S. 397) – D II 2 – 220 770-1/18 – verwiesen.

Bei Kraftfahrern ist nach Protokollerklärung zu § 6 Abs. 2 zu beachten, dass diese keine Mehrarbeit über die Altersteilzeitarbeit hinaus leisten. Bei diesen ist die zu leistende Arbeit als regelmäßige Arbeitszeit zu qualifizieren. Das gilt auch im Rahmen des § 9 Abs. 2.

10. Urlaub, § 10

Für Beschäftigte, die sich im Blockmodell befinden, besteht in der Freistellungsphase kein Anspruch auf Urlaub. Zum Urlaubsanspruch im Jahr des Übergangs wird auf das Rundschreiben vom 15. September 2005 – D II 2 – 220 770-1/18 – verwiesen.

11. Sozialrechtliche Fragen

Beschäftigten wird empfohlen, vor Abschluss eines Altersteilzeitarbeitsverhältnisses bei der zuständigen Krankenkasse Auskünfte zu den Auswirkungen nach Veränderung des Arbeitsverhältnisses einzuholen.

Soweit nach der Protokollerklärung zu § 13 TVÜ-Bund ein Anspruch auf Gewährung von Beihilfe besteht, erhalten Altersteilzeitbeschäftigte, wie auch alle nicht vollbeschäftigten beihilfeberechtigten Tarifbeschäftigten, nur die Hälfte der Beihilfeleistungen, die ihnen bei bisheriger Arbeitszeit betragsmäßig zustünden.

Bemessungsgrundlage für die Berechnung der Sozialversicherungsbeiträge ist das Arbeitsentgelt der Beschäftigten aus der versicherungspflichtigen Beschäftigung. Der hälftige Arbeitgeberanteil (ebenso wie der hälftige Arbeitnehmeranteil) zur Kranken-, Pflege-, Renten-

und Arbeitslosenversicherung richtet sich nach der Höhe des nach § 7 Abs. 1 Satz 1 zustehenden beitragspflichtigen Entgelts.

Bei Unterschreiten der Jahresarbeitsentgeltgrenze zur Krankenversicherung (2010: 49 950 €) im Laufe eines Kalenderjahres aufgrund des durch Altersteilzeitarbeit reduzierten Entgelts endet die Versicherungsfreiheit nach § 6 Abs. 1 Nr. 1 Fünftes Buch Sozialgesetzbuch (SGB V) unmittelbar und nicht erst zum Ende des Kalenderjahres. Dabei ist jedoch besonders die Regelung für Beschäftigte nach Vollendung des 55. Lebensjahres zu beachten. Nach § 6 Abs. 3a SGB V besteht für diesen Personenkreis der Zugang zur gesetzlichen Krankenversicherung nicht mehr, wenn unmittelbar zuvor kein ausreichender Bezug zur gesetzlichen Krankenversicherung nachweisbar ist. Zu Auswirkungen dieser gesetzlichen Regelung auf den Abschluss von Altersteilzeitvereinbarungen siehe Rundschreiben vom 25. Februar 2000 (GMBl S. 287) – D II 2 – 220 770-1/18 –.

Mit der Versicherungspflicht in der Krankenversicherung setzt auch die Versicherungspflicht in der sozialen Pflegeversicherung ein.

C Regelungen zum FALTER-Arbeitszeitmodell

1. Beschreibung des Arbeitszeitmodells, § 11

Das FALTER-Arbeitszeitmodell ermöglicht einen gleitenden Übergang in den Ruhestand. Anders als bei der Altersteilzeit wird die aktive Arbeitsphase jedoch verlängert. Mit Beginn des Modells nehmen Beschäftigte zudem bereits eine Teilrente in Anspruch. Das Modell basiert damit auf den finanziellen Säulen Arbeitsentgelt und Rente.

Das FALTER-Arbeitszeitmodell kann z. B. wie folgt gestaltet werden:

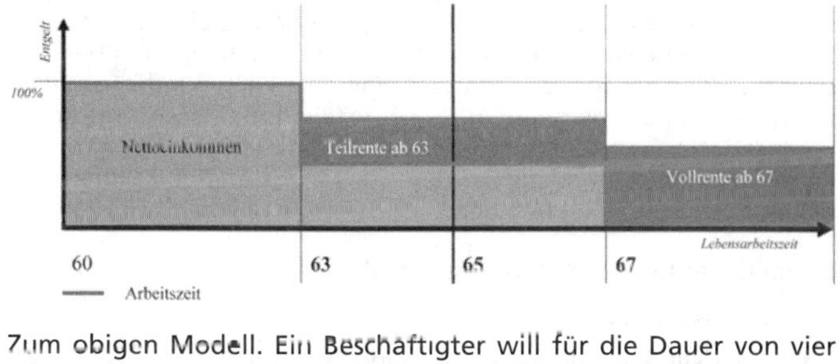

Zum obigen Modell. Ein Beschäftigter will für die Dauer von vier Jahren das FALTER-Arbeitszeitmodell vereinbaren. Die Altersgrenze für die abschlagsfreie Altersrente für langjährig Versicherte liegt für ihn bei 65 Jahren, das Modell beginnt daher nach Vollendung des

63. Lebensjahres und dauert bis zur Vollendung des 67. Lebensjahres. Mit Beginn des Modells erhält der Beschäftigte bei hälftiger Arbeitszeit sein hälftiges Entgelt. Daneben erhält er eine hälftige Teilrente. Nach Beendigung des Modells bezieht er seine bisherige Altersrente als Vollrente.

Eine weitere Gestaltungsmöglichkeit zeigt das nachfolgende Modell auf:

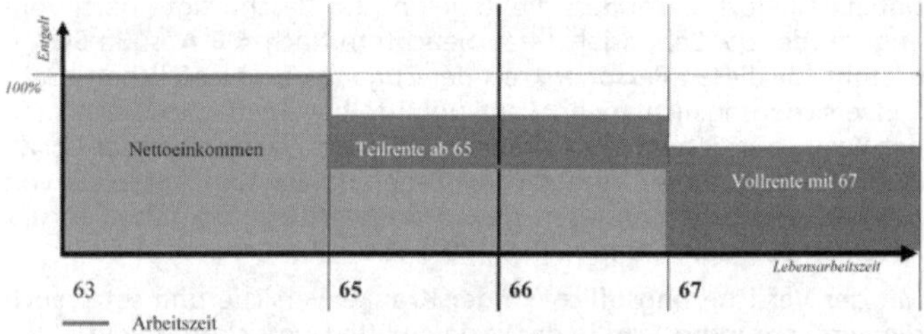

Zum obigen Modell: Eine Beschäftigte will für die Dauer von zwei Jahren das FALTER-Arbeitszeitmodell vereinbaren. Die Altersgrenze für eine abschlagsfreie Altersrente für langjährig Versicherte liegt für sie bei 66 Jahren, das Modell beginnt daher nach Vollendung des 65. Lebensjahres und dauert bis zur Vollendung des 67. Lebensjahres. Mit Beginn des Modells erhält die Beschäftigte bei hälftiger Arbeitszeit ihr hälftiges Entgelt. Daneben erhält sie eine hälftige Teilrente. Nach Beendigung des Modells bezieht sie ihre bisherige Altersrente als Vollrente.

VII

Die Altersgrenze für die abschlagsfreie Altersrente für langjährig Versicherte und die frühestmögliche Inanspruchnahme einer Altersrente als Teilrente sind von verschiedenen Faktoren abhängig. Hierüber, und über die Höhe der Teil- und späteren Vollrente kann nur der jeweilige Rentenversicherungsträger Auskunft erteilen. Bei Nachfrage sollte Beschäftigten empfohlen werden, sich rechtzeitig vor Beginn des FALTER-Arbeitszeitmodells bei dem für sie zuständigen Rentenversicherungsträger zu erkundigen.

2. Vereinbarung des Arbeitszeitmodells

2.1 Voraussetzungen, § 12

2.1.1 Freiwillige Vereinbarung, § 12 Abs. 1

Das FALTER-Arbeitszeitmodell kann nur auf Antrag der Beschäftigten vereinbart werden.

Voraussetzung für die Vereinbarung des FALTER-Arbeitszeitmodells ist ein dienstlicher oder betrieblicher Bedarf. Die Entscheidung darüber ist in jedem Einzelfall gesondert zu treffen, und zwar insbesondere unter Berücksichtigung organisatorischer, personalwirtschaftlicher und/oder haushaltsmäßiger Gesichtspunkte. Bei der Entscheidung, ob dienstliche Gründe zu einer Ablehnung des Antrags auf Vereinbarung des FALTER-Arbeitszeitmodells führen, ist auch die geplante Verteilung der Arbeitszeit zu berücksichtigen. Die Entscheidung obliegt dem Arbeitgeber, d. h. der jeweiligen personalverwaltenden Stelle.

Ein individueller Anspruch auf Vereinbarung des FALTER-Arbeitszeitmodells besteht nicht.

2.1.2 Teilrentenbezug, § 12 Abs. 3

Persönliche Voraussetzung für die Vereinbarung des FALTER-Arbeitszeitmodells ist eine Teilrente, die zum Zeitpunkt des Beginns dieses Arbeitszeitmodells bezogen werden bzw. beginnen muss. Das Modell kann nur dann vereinbart werden, wenn rentenversicherungsrechtlich ein Anspruch auf die vorzeitige Inanspruchnahme einer Teilrente besteht.

Als Altersrenten, die als Teilrenten in Anspruch genommen werden können, kommen für das FALTER-Arbeitszeitmodell derzeit in Betracht:

- Altersrente für langjährig Versicherte,
- Altersrente für Frauen (Jahrgänge vor 1952),
- Altersrente für schwerbehinderte Menschen.

Für die Altersrente wegen Arbeitslosigkeit oder nach Altersteilzeitarbeit dürften regelmäßig die Voraussetzungen „Arbeitslosigkeit" oder „Altersteilzeitarbeit" bei Beginn des Modells nicht vorliegen. Diese Altersrente kommt für das FALTER-Arbeitszeitmodell daher in der Regel nicht in Betracht.

Keine zulässigen Altersrenten nach dem FALTER-Arbeitszeitmodell sind:

- Regelaltersrente, weil sie nicht vorzeitig als Teilrente in Anspruch genommen werden kann,
- Altersrente für besonders langjährig Versicherte, weil sie nicht vorzeitig als Teilrente in Anspruch genommen werden kann.

Für die Vereinbarung des FALTER-Arbeitszeitmodells bedarf es tarifvertraglich einer hälftigen Teilrente. § 12 Abs. 3 ist dahingehend auszulegen, dass bei Beginn des Arbeitszeitmodells in jedem Fall eine Teilrente bezogen werden muss, die jedoch maximal eine hälftige Teilrente sein darf. Beschäftigte können daher auch eine Teilrente von

VII

einem Drittel bei Beginn des Arbeitszeitmodells in Anspruch nehmen. Die Vereinbarung scheidet folglich aus, wenn eine Teilrente zu 2/3 in Anspruch genommen wird (s. u. Ziffer 2.3).

2.1.3 Beginn des Arbeitszeitmodells, § 12 Abs. 2

Das FALTER-Arbeitszeitmodell darf frühestens zwei Jahre vor Erreichen des Kalendermonats für die Inanspruchnahme einer abschlagsfreien Altersrente für langjährig Versicherte beginnen. Ab diesem Zeitpunkt können neben dem FALTER-Arbeitszeitmodell die Altersrente für langjährig Versicherte, die Altersrente für schwerbehinderte Menschen oder die Altersrente für Frauen als Teilrente bezogen werden, sofern die jeweiligen rentenrechtlichen Voraussetzungen vorliegen.

Möchten schwerbehinderte Beschäftigte bereits vor dem vorstehend genannten Zeitpunkt eine Teilzeitbeschäftigung neben einer Altersteilrente für schwerbehinderte Menschen ausüben, so besteht diese Möglichkeit außerhalb des FALTER-Arbeitszeitmodells im Rahmen von § 11 Abs. 2 TVöD.

Beschäftigte, die das FALTER-Arbeitszeitmodell in Anspruch nehmen wollen, haben eine aktuelle Rentenauskunft des Rentenversicherungsträgers vorzulegen. Aus dieser ergibt sich der frühestmögliche Beginn einer abschlagsfreien Altersrente für langjährig Versicherte. Weiterhin kann der Rentenauskunft entnommen werden, ob die rentenrechtlichen Voraussetzungen für eine der oben genannten Altersrenten erfüllt sind.

VII

Beispiel:

Beschäftigte, geboren 15. 1. 1950, Altersgrenze für die abschlagsfreie Altersrente für langjährig Versicherte): 65 Jahre 4 Monate, Beginn der abschlagsfreien Altersrente für langjährig Versicherte: 1. 6. 2015; frühestmöglicher Beginn dieser Altersrente (= frühestmöglicher Beginn dieser Altersrente als Teilrente): 1. 2. 2013

Das FALTER-Arbeitszeitmodell darf in diesem Fall nicht vor dem 1. 6. 2013 beginnen: Ab 1. 2. 2013 könnte zwar bereits eine Teilrente bezogen werden, das FALTER-Arbeitszeitmodell darf aber frühestens zwei Jahre vor Erreichen des Kalendermonats beginnen, ab dem die Altersrente für langjährig Versicherte abschlagsfrei beginnen könnte. Ab dem 1. 6. 2013 könnte sich die Beschäftigte – sofern die rentenrechtlichen Voraussetzungen vorliegen – auch für die Altersrente für Frauen oder die Altersrente für schwerbehinderte Menschen als Teilrente entscheiden.

2.1.4 Hinzuverdienstgrenzen

Bei Inanspruchnahme von Teilrenten vor Erreichen der Regelaltersgrenze bestehen Hinzuverdienstgrenzen. Die Höhe der Hinzuverdienstgrenze ist abhängig vom bisherigen Einkommen und von der Höhe der Teilrente.

In aller Regel wird die Hinzuverdienstgrenze bei Inanspruchnahme einer hälftigen Teilrente und bei hälftigem Arbeitsentgelt nicht überschritten. Wegen der genauen Höhe der Hinzuverdienstgrenze und der Konsequenzen bei Überschreitung dieser Grenze (Rentenkürzung von einer ½-Rente auf eine 1/3-Rente oder vollständiger Wegfall der Rente) sollten die Beschäftigten vor Vereinbarung des FALTER-Arbeitszeitmodells den Rentenversicherungsträger um Auskunft bitten.

Nach Erreichen der Regelaltersgrenze bestehen keine Hinzuverdienstgrenzen mehr.

2.1.5 Sozialversicherungsrechtliche Auswirkungen

Höhe der Rente

Für jeden Monat, den eine Altersrente vor Erreichen der für die abschlagsfreie Altersrente maßgebenden Altersgrenze in Anspruch genommen wird, vermindert sich die monatliche Rente um 0,3 v. H. (Abschlag von 3,6 v. H. pro Jahr).

Ein Abschlag kann sich nur für die bezogene Teilrente ergeben. Dieser Abschlag bleibt dauerhaft erhalten. Für den anderen Teil der Rente, der nicht in Anspruch genommen wird, ergibt sich im Ergebnis kein Abschlag. Ob und in welcher Höhe beim FALTER-Arbeitszeitmodell ein Abschlag anfällt, ist von der Rentenart abhängig.

Für die als Teilrente bezogene Altersrente für langjährig Versicherte bzw. Altersrente für Frauen ergibt sich beim FALTER-Arbeitszeitmodell immer ein Abschlag. Er beträgt maximal 7,2 v. H.

Für die als Teilrente bezogene Altersrente für schwerbehinderte Menschen ergibt sich beim FALTER-Arbeitszeitmodell kein Abschlag.

Für jeden Monat, den eine Altersrente nach Erreichen der Regelaltersgrenze nicht in Anspruch genommen wird, erhöht sich die monatliche Rente um 0,5 v. H (Zuschlag von 6 v. H. pro Jahr)

Ein solcher Zuschlag ergibt sich nur für den nicht in Anspruch genommenen anderen Teil der Rente. Für die ab der Regelaltersgrenze nicht bezogene Teilrente ergibt sich damit maximal ein Zuschlag von 12 v. H.

Aus dem FALTER-Arbeitszeitmodell werden außerdem zusätzliche Entgeltpunkte erwirtschaftet, die die Rente erhöhen.

Die spätere Vollrente errechnet sich vereinfacht wie folgt:

Vollrente = (bezogene Teilrente, ggf. mit Abschlag) + (bisher nicht bezogene Teilrente + Zuschlag + zusätzliche Entgeltpunkte aus der Weiterbeschäftigung).

Die personalverwaltende Stelle sollte von rentenrechtlichen Auskünften absehen und Beschäftigten bei Interesse an dem FALTER-Arbeitszeitmodell empfehlen, Auskünfte bei dem jeweiligen Rentenversicherungsträger einzuholen.

Sozialversicherungspflicht

Das Arbeitsentgelt während des FALTER-Arbeitszeitmodells ist sozialversicherungspflichtig (Arbeitslosen-, Renten-, Kranken- und Pflegeversicherung). Zu den sonstigen sozialrechtlichen Auswirkungen bei Reduzierung der Arbeitszeit s. o. Teil B Ziffer 11.

Ab Erreichen der Regelaltersgrenze entfällt der Beitrag zur Arbeitslosenversicherung.

Zusatzversorgung

Die Pflichtversicherung in der Zusatzversorgung besteht bei Vereinbarung des FALTER-Arbeitszeitmodells fort. Es werden während der Gesamtdauer des Modells weitere Anwartschaften für die Zusatzversorgung erworben. Die Zahlung einer Teilrente führt jedoch nicht zur Zahlung einer Teilbetriebsrente. In der Zusatzversorgung tritt der Versicherungsfall nur dann ein, wenn eine Altersrente als Vollrente gezahlt wird. Ein Zuschlag bei der gesetzlichen Rente nach Erreichen der Regelaltersgrenze führt bei der Betriebsrente der VBLklassik (Pflichtversicherung) hingegen nicht zu entsprechenden Zuschlägen.

Krankenversicherung

Bei bisher privat versicherten Beschäftigten ist für die Beurteilung der Jahresentgeltgrenze ausschließlich das erzielte Entgelt aus der Beschäftigung maßgebend. Die Verbeitragung der Teilrente erfolgt davon unabhängig. Bei der Frage, ob sofort eine gesetzliche Versicherungspflicht eintritt, sind aber darüber hinaus die besonderen Voraussetzungen für privat versicherungspflichtige Beschäftigte, die das 55. Lebensjahr überschritten haben, nach dem SGB V zu beachten. In der Regel dürfte bei langjährig privat versicherten Beschäftigten daher keine gesetzliche Versicherungspflicht eintreten.

Soweit nach der Protokollerklärung zu § 13 TVÜ-Bund ein Anspruch auf Gewährung von Beihilfe besteht, erhalten Beschäftigte nach dem FALTER-Arbeitszeitmodell Beihilfe nur anteilig entsprechend der im Einzelfall vereinbarten wöchentlichen Arbeitszeit. Die Gewährung von Beihilfe erfolgt während der gesamten Dauer des FALTER-Arbeitszeitmodells (auch über die Regelaltersgrenze hinaus).

2.1.6 Antrag, § 12 Abs. 3 Satz 2

Für Form und Frist des Antrags gelten die gleichen Vorgaben wie bei Altersteilzeit (s. o. Teil B Ziffer 4.3).

2.2 Vereinbarung und Dauer des Arbeitszeitmodells, §§ 13, 14 Abs. 1

Mit der Vereinbarung des FALTER-Arbeitszeitmodells wird das fortbestehende Arbeitsverhältnis in ein Teilzeitarbeitsverhältnis geändert. Das Arbeitszeitmodell kann jederzeit vereinbart werden, wenn die Voraussetzungen des § 12 vorliegen. Es muss vor dem 1. Januar 2017 beginnen.

2.2.1 Änderungsvertrag, § 13 Abs. 2

Für die Vereinbarung des FALTER-Arbeitszeitmodells ist der Abschluss eines Änderungsvertrages zum bisherigen Arbeitsvertrag erforderlich. Ein Muster ist als Anlage 3 zu diesem Rundschreiben beigefügt.

2.2.2 Dauer und Ende des Arbeitszeitmodells, § 13 Abs. 1

Das Modell darf insgesamt für vier Jahre vereinbart werden. Es muss sich immer auf einen Zeitraum vor Erreichen der Altersgrenze für eine abschlagsfreie Altersrente für langjährig Versicherte und einen Zeitraum danach erstrecken. Die Zeiträume müssen von gleicher Dauer sein.

Beispiel:
Altersgrenze für die abschlagsfreie Altersrente für langjährig Versicherte: 65 Jahre, 6 Monate. Das Arbeitszeitmodell beginnt 1 Jahr und 6 Monate vor Erreichen dieser Altersgrenze, also mit 64 Jahren und muss dann bis zum 67. Lebensjahr andauern. Nicht zulässig: Beginn mit 64 Jahren und Ende mit 66 Jahren (Zeitraum davor: 1 Jahr und 6 Monate, Zeitraum danach: 6 Monate).

Beispiel:
Altersgrenze für die abschlagsfreie Altersrente für langjährig Versicherte: 65 Jahre. Das Arbeitszeitmodell beginnt frühestens mit Beginn des 63. Lebensjahres und dauert bis max. zur Vollendung des 67. Lebensjahres an. Nicht zulässig: Beginn mit 63 Jahren, Ende mit 65 Jahren und 10 Monaten (Zeitraum davor: 2 Jahre, Zeitraum danach: 10 Monate).

In dem Änderungsvertrag müssen Beginn und Ende des Arbeitszeitmodells festgelegt werden. Mit dem Ende des Arbeitszeitmodells endet – abweichend von § 33 Abs. 1 Buchst. a TVöD – auch das Arbeitsverhältnis, ohne dass es einer Kündigung bedarf.

Demzufolge endet das Arbeitsverhältnis bei Vereinbarung des FALTER-Arbeitszeitmodells nicht automatisch bei Erreichen der Regel-

VII

altersgrenze; vielmehr wird der in § 33 Abs. 1 Buchst. a TVöD genannte Beendigungszeitpunkt durch die Vereinbarung des FALTER-Arbeitszeitmodells um maximal zwei Jahre hinausgeschoben. Auch § 33 Abs. 5 TVöD findet damit keine Anwendung.

2.2.3 Änderung des bisherigen Arbeitsverhältnisses in ein Teilzeitarbeitsverhältnis, § 13 Abs. 2 und 3

Bei dem FALTER-Arbeitszeitmodell wird – anders als bei der Altersteilzeit – die wöchentliche Arbeitszeit auf die Hälfte der regelmäßigen wöchentlichen Arbeitszeit reduziert.

Beispiele:

Eine Beschäftigte arbeitet mit der regelmäßigen wöchentlichen Arbeitszeit (derzeit 39 Stunden). Die Arbeitszeit wird beim FALTER-Arbeitszeitmodell auf 19,5 Stunden reduziert.

Ein Beschäftigter arbeitet in Teilzeit 30 Stunden wöchentlich. Die Arbeitszeit beim FALTER-Arbeitszeitmodell beträgt für ihn die Hälfte der regelmäßigen wöchentlichen Arbeitszeit (derzeit 39 Stunden), also 19,5 Stunden.

Eine geringere wöchentliche Arbeitszeit ist ausnahmsweise im Einzelfall möglich, wenn dafür wichtige Gründe bestehen. Das ist z. B. der Fall, wenn schon vor Beginn des FALTER-Arbeitszeitmodells eine Teilzeitbeschäftigung mit geringerer Arbeitszeit als der hälftigen Arbeitszeit vereinbart war oder wenn bei Vereinbarung der hälftigen Arbeitszeit die Hinzuverdienstgrenze für die Inanspruchnahme einer hälftigen Teilrente überschritten würde (s. o. Ziffer 2.1.4).

Beispiele:

Eine Beschäftigte arbeitet in Teilzeit mit 18 Stunden wöchentlich. Die Arbeitszeit beim FALTER-Arbeitszeitmodell kann auf Antrag mit 18 Stunden wöchentlich fortgeführt werden.

Ein Beschäftigter würde beim FALTER-Arbeitszeitmodell mit reduzierter Arbeitszeit die für ihn maßgebenden Hinzuverdienstgrenzen überschreiten. Die Arbeitszeit kann daher entsprechend reduziert werden, bis die Hinzuverdienstgrenze unterschritten wird.

Dagegen ist die Vereinbarung einer längeren als der hälftigen regelmäßigen wöchentlichen Arbeitszeit nicht möglich (vgl. § 13 Abs. 3 Satz 2).

2.2.4 Arbeitszeitmodell, § 13 Abs. 4

Das FALTER-Arbeitszeitmodell kann nur als Teilzeitmodell erbracht werden. Eine blockweise Verteilung der Arbeitszeit mit Arbeitsphase und Freistellungsphase ist nicht möglich.

2.3 Vorzeitiges Ende des Arbeitszeitmodells, § 14 Abs. 2

Das FALTER-Arbeitszeitmodell endet grundsätzlich mit Ablauf des vertraglich festgelegten Zeitpunktes, ohne dass es einer Kündigung bedarf.

Allerdings tritt eine vorzeitige Beendigung des Arbeitszeitmodells und damit auch des gesamten Arbeitsverhältnisses ein, wenn Beschäftigte eine mehr als hälftige Teilrente in Anspruch nehmen. Grundsätzlich steht es den Beschäftigten frei, nach Wegfall der Hinzuverdienstgrenzen mit dem Erreichen der Regelaltersgrenze eine Vollrente in Anspruch zu nehmen. Dieses Recht kann tarifvertraglich nicht ausgeschlossen werden. Die Tarifvertragsparteien haben jedoch mit der Regelung des § 14 Abs. 2 das Arbeitsverhältnis zugleich unter die auflösende Bedingung gestellt, dass sich Beschäftigte während der Dauer des FALTER-Arbeitszeitmodells für eine Zwei-Drittel-Rente oder Vollrente entscheiden.

Eine vorzeitige Beendigung des FALTER-Arbeitszeitmodells tritt ferner auch durch Kündigung der Beschäftigten oder durch Aufhebungsvertrag ein.

3. Nebentätigkeiten, Urlaub

Nebentätigkeiten und Urlaub richten sich nach den Regelungen des TVöD.

D Qualifizierungsmaßnahmen für ältere Beschäftigte, § 16

1. Hintergrund und Ziele

Um den besonderen Belangen lebensälterer Beschäftigter Rechnung zu tragen, sollen die Arbeitgeber bei Bedarf Maßnahmen anbieten, die die Beschäftigten befähigen, auch über die Regelaltersgrenze hinaus arbeiten zu können. Die Maßnahmen stellen freiwillige Angebote des Arbeitgebers gegenüber den Beschäftigten dar.

2. Maßnahmen

Als Qualifizierung kommen die in § 5 TVöD aufgeführten Maßnahmen in Betracht. Darüber hinaus bleibt es den Arbeitgebern überlassen, weitere Angebote, z. B. zur Gesundheitsvorsorge etc., zur Verfügung zu stellen.

E Sonstige Regelungen

Mitteilungspflichten, § 15

Nach § 15 haben Beschäftigte, die Altersteilzeit oder das FALTER-Arbeitszeitmodell in Anspruch nehmen, die Pflicht, alle Umstände, die sich auf die Leistung des Arbeitgebers auswirken können, unverzüglich mitzuteilen. Hierzu gehört auch die Inanspruchnahme einer Zwei-Drittel- oder einer Vollrente bei Vereinbarung des FALTER-Arbeitszeitmodells.

VII

Stichwortverzeichnis

Die fett gedruckten Zahlen verweisen auf die entsprechenden Leitziffern.

Findex

Findex

Findex

Findex

Findex

Findex

Findex